第一卷　总则

新时代法学精品教程

中国民法学

Excellent Textbooks of Law in the New Era
Chinese Civil Law

李永军　主编

尹志强　于飞　刘家安　副主编

李永军　于飞　本卷执行主编

中国民主法制出版社
全国百佳图书出版单位

图书在版编目（CIP）数据

中国民法学 / 李永军主编. -- 北京 : 中国民主法制出版社, 2021.7

新时代法学精品教程

ISBN 978-7-5162-2639-1

Ⅰ. ①中… Ⅱ. ①李… Ⅲ. ①民法—法学—中国—教材 Ⅳ. ①D923.01

中国版本图书馆CIP数据核字(2021)第120458号

图书出品人：刘海涛

出版统筹：乔先彪

责任编辑：逯卫光　杨丽丽

书名 / 中国民法学

作者 / 李永军　主编

尹志强　于飞　刘家安　副主编

出版·发行 / 中国民主法制出版社

地址 / 北京市丰台区右安门外玉林里7号（100069）

电话 /（010）63055259（总编室）　63058068　63057714（营销中心）

传真 /（010）63055259

http: // www.npcpub. com

E-mail: // mzfz@npcpub. com

经销 / 新华书店

开本 / 16开　710毫米 × 1000毫米

印张 / 129.5　**字数** / 2021千字

版本 / 2022年2月第1版　2022年2月第1次印刷

印刷 / 天津创先河普业印刷有限公司

书号 / ISBN 978-7-5162-2639-1

定价 / 186.00元（全4册）

本卷编委会

主　　编

李永军

副 主 编

尹志强　于　飞　刘家安

执行主编

李永军　于　飞

撰 稿 人（以撰写章节先后为序）

于　飞：第一、二章

李永军：第三、四章，第十四、十五章

吴香香：第五章

谢远扬：第六、七章

王　雷：第八至十一章

席志国：第十二、十三章

作者简介

（以撰写章节先后为序）

于　飞　法学博士，中国政法大学民商经济法学院教授、博士生导师，兼任中国法学会理事等。代表性著作有《权利与利益区分保护的侵权法体系之研究》等；代表性论文有《公序良俗原则与诚实信用原则的区分》等。

李永军　法学博士，中国政法大学民商经济法学院教授、博士生导师，二级教授，兼任中国法学会民法学研究会副会长等。代表性著作有《民法总论》等；代表性论文有《物权与债权的二元划分对民法内在与外在体系的影响》等。

吴香香　法学博士，中国政法大学民商经济法学院教授，兼任北京市物权法学研究会理事。代表性著作有《请求权基础——方法、体系与实例》等；代表性论文有《〈民法典〉第598条（出卖人主给付义务）评注》等。

谢远扬　法学博士，中国政法大学民商经济法学院讲师。代表性著作有《个人信息的私法保护》等；代表性论文有《信息论视角下个人信息的价值——兼对隐私权保护模式的检讨》等。

王　雷　法学博士，中国政法大学民商经济法学院副教授、博士生导师，兼任中国法学会民法学研究会理事兼副秘书长等。代表性著作有《民法学视野中的情谊行为》等；代表性论文有《农民集体成员权、农民集体决议与乡村治理体系的健全》等。

席志国　法学博士，中国政法大学民商经济法学院教授，兼任中国法学会民法学研究会理事等。代表性著作有《中国物权法论》等；代表性论文有《论德国民法上的所有人占有人关系——兼评我国〈民法典〉第459—461条之规定》等。

总序

Foreword

2020年《民法典》的通过，是我国政治、经济、社会生活、法治建设中具有里程碑意义的重大事件，对法学教育必定会产生深远的影响。仅就从法学教育来说，《民法典》为建立中国特色的法学教育奠定了基础和框架。在《民法典》之前的中国民法教学，可以说是处于一种 “众所纷纭”的状态——因为没有体系化的《民法典》。因此，即使是依单行法（如《合同法》或《物权法》），在体系上也难免迷失方向而找不到坐标。特别是在我国没有债法的一般性规定的时候，甚至连“什么是物权”“什么是债权”这样的基本概念及其区分都存在很大的争议，来自不同法系的观点交织在一起，很难得出“共识性”的知识。这种状况对于法学教育，特别是本科法学教育会产生不利的影响。因此，我们的立法机关、司法机关和法学教育机构必须共同努力，以《民法典》为基础和依据，根据我国《民法典》的体系，建构我国立法、司法和法学教育相互统一的法教义学。因此，最高法院的司法解释也必须高度重视，这是我国民法教义学不可分割的部分。我们这一本教材恰恰就是在这种观念和目标的指导下，为适应《民法典》后的民法学教育而撰写的。

我国《民法典》可谓21世纪全球最新，有很多自己的特色和亮点，体现了时代特征和本土化特征。例如，“人格权”独立成编、信息与人格权的分别保护并用大量规范来完善保护，这是当代社会最主要、最鲜明的时代特征和人民最大的需求；在婚姻家庭编（如夫妻平等、姓名权独立、子女可以随父姓也可以随母姓、夫妻共同债务和共同财产、离婚财产的分割原则等）、继承编中的中国传统美德和权利义务一致的继承原则、物权法种类和内容（如所有权、用益物权、相邻关系、担保物权等）、有名合同的增加（如物业服务合同、融资租赁合同等）、侵权责任等各编的制度和原则都强烈体现出我国的本土化特征和民族特色。特别是我国《民法典》适应现代社会和我国实践的需要，对于法人进行了不同于传统民法的分类：先把法人分为营利法人与非营利法人，然后再规定特别法人，尤其是特别法人，是兼顾我国历史上形成的法人种类的特别规定。诸如这些特色，我们必须在教材中予以重点阐述和介绍。

在体系方面，我国《民法典》也有自己的特色。从法典的模式来看，从罗马法开始到法国民法典，可以说是“三编制”的代表。直至德国民法典，其式样可以说是“五编制”的代表。自从德国民法典以后，世界各国（民法法典化国家）就区分为“法法法系”和“德法法系”。我们必须明白的是：任何一个法系式样，都不是放之四海而皆准的模板。当然，从历史上看，无论是清末的“大清民律草案”还是国民党统治时期的民法典（现我国台湾地区“民法”），都是以德国民法典为模板的。我国大陆自1949年来的法学教育大概也是以德国法为模板的：我国大陆学者编写的民法教材一般都是：《民法总论》+《债法学》+《物权法（原理）》+《婚姻家庭法（亲属法）》+《继承法学》。但此次《民法典》编纂，我们打破了这个模式，形成了中国《民法典》的“七编制”——总则编+物权编+合同编+人格权编+婚姻家庭编+继承编+侵权责任编。尽管是七编制，但是，从体系化的视角来看，侵权责任编与合同编仍然是传统民法学中的债编的主要内容。特别是我国《民法典》第118条第2款规定：“债权是因合同、侵权行为、无因管理、不当得利以及法律的其他规定，权利人请求特定义务人为或者不为一定行为的权利。”我们可以说，我们将合同和侵权责任独立为两编，是因为之前存在1999年的《合同法》与2009年的《侵权责任法》两个单行法的缘故，但从体系上来看，特别是上述《民法典》第118条之规定看，都属于债的发生原因，是传统的债的内容。至于人格权，我国《民法典》独立成编是为了更好地保护人格权、人格尊严和自由。但是，从内容上看，人格权仍然属于自然人的自由、尊严的体现，法人制虽然享有名称权、荣誉权和名誉权，但它却不是人身自由和人格尊严的体现。这一点，我们从《民法典》的具体规范中就可以清楚地看出来。《民法典》第109条规定："自然人的人身自由、人格尊严受法律保护。" 第110条规定："自然人享有生命权、身体权、健康权、姓名权、肖像权、名誉权、荣誉权、隐私权、婚姻自主权等权利。法人、非法人组织享有名称权、名誉权和荣誉权。" 第990条规定："人格权是民事主体享有的生命权、身体权、健康权、姓名权、名称权、肖像权、名誉权、荣誉权、隐私权等权利。除前款规定的人格权外，自然人享有基于人身自由、人格尊严产生的其他人格权益。"因此，人格权从法学研究的体系化上说，大致可以归属到自然人的名下，至少可以归到民事主体名下。因此，我国现行《民法典》从体系上说，大致也是德法法系的模式。但是，从实用性的视角看，也许这种"分别规定"的方式照顾到单行法的历史，在适用起来的时候更加方便[1]。这就出现一个问题：从我国《民法典》的体系结构上看，大致上是一个"总+分"的结构——总则编与各个分编的关系是"总+分"；各个分编也是本着"先一般后特殊"的"总+分"结构，唯独在

〔1〕 当然，是否方便还要实践给出结论。

债的这一部分没有“债法总则”。但是，虽然从表面上看，我国《民法典》是没有“债法总则”的，但债法总则的全部内容分别规定在《民法典》的“总则编”+“合同编”中。因此，我们在编写教材的时候，又用民法教义学的方法重新把债法总则找了回来，作为第四卷“债法”的第一部分。由于人格权的内容和体系结构，我们把人格权放在了第一卷“总论”部分。但是，我们的教义学体系是以《民法典》的基本内容为依据和基础的，稍微的变动是为了更好地满足教学的需要——让学生有一个更加体系化的知识体系。

还有一点是必须要说明的：中国政法大学民商经济法学院的民法所历来重视教学研究，本教材是我们全体研究所教师的集体作品。我们经过了整整一个学期的集体研究和校对、相互学习——每周二下午都集体讨论这部书稿，最后集中讨论了三天，最终完成了书稿。这种方式对于我校的民法教学奠定了良好的基础，这个过程本身也许更重要。虽则如此，作为主编，还是觉得《民法典》及教义学体系需要更进一步地研究。因此，不能说该教材就完美无瑕，肯定还存在诸多错误和不足，敬请各位同人不吝赐教。您的批评和建议将是我们进步和完善的动力和源泉。

在此，还想代表所有作者对所有关心这部教材出版发行的同人和编辑表示衷心的感谢，感谢您们的支持和帮助！

李永军

2021年初秋

目录

Contents

绪论

民事主体

民事权利

民事法律行为

法律行为的代理

民法上的时间及确定规则

绪 论

第一章 概述

提 要

“民法”一词来自日本学者津田真道对荷兰语的翻译。民法调整平等主体的自然人、法人和非法人组织之间的人身关系和财产关系。从表现形式来看，民法主要表现为《民法典》；从实质内容来看，民法主要是私法、实体法、权利法。

民法的渊源是指民法的表现形式。我国民法的法源，可以包含制定法、有权解释、习惯、国际条约、国际惯例和法理。制定法包括民事法律、行政法规、地方性法规、自治条例、单行条例；有权解释包括立法解释和司法解释。以上共同构成了我国民法的法源。

民事法律关系就是社会关系中以民法规范调整的部分，也就是民事权利义务关系。通说认为，民事法律关系由主体、内容和客体三个要素构成。民事法律关系的主体是指参加民事法律关系，享有民事权利和承担民事义务的人。民事法律关系的客体与主体相对，是民事权利义务指向的对象。民事法律关系的内容是指民事主体所享有的权利和承担的义务。民事法律关系的变动可以分为民事法律关系的发生、变更和消灭。因民事法律关系的变动造成了民事权利义务的变动。

将众多法律依一定标准加以整理而形成的体系，构成所谓的法律体系。民法体系化的大成之作就是民法典。传统民法典的编纂模式有二，一为罗马式，二为潘德克顿式。前者分为人、物、取得财产的各种方法；后者分为总则、债权、物权、亲属、继承。我国《民法典》受《德国民法典》影响更大，并在其基础上独创了七编制体例，分为总则、物权、合同、人格权、婚姻家庭、继承、侵权责任。

重点问题

1. 理解民法的内涵，能够区分民法与其他部门法。
2. 掌握民法适用的对人效力、时间效力和空间效力，理解民法的适用规则。
3. 掌握我国民法的渊源有哪些。

4. 掌握民事法律关系的各要素。

5. 掌握民事法律事实的分类和体系。

6. 了解民法的编纂体例，掌握我国民法的编纂体例，理解民法典与体系化的关系。

第一节 民法的概念与特征

问题示例

A因常年无业，缺乏收入，迫于生计，入室盗窃B的手机一部，后被公安机关抓获。因赃物尚未处理，B要求A交还赃物手机。后由检察院审查起诉，经法院审判，判处A罚金3000元。请问，这其中哪些法律关系需要以民法进行调整?

一、民法的概念与历史发展

（一）民法的概念

民法是调整民事关系的实体法，是大陆法系特有的术语。在现代法律体系当中，民法是私法的一般法，属于基本法律。《民法典》第2条规定："民法调整平等主体的自然人、法人和非法人组织之间的人身关系和财产关系。"

我们可以将民法定义为：民法是调整平等主体的自然人、法人和非法人组织之间的人身关系和财产关系的法律规范总和。

（二）民法的分类

1. 形式民法与实质民法

民法有形式民法和实质民法两种内涵。形式民法，即指以民法命名的成文法典。实质民法有广义和狭义两种含义。广义的实质民法与私法同义，不仅包括狭义的民法，而且囊括商法及特别法中的民法；也即不仅包括成文的民法典，还包括一切具有民法性质的法律、法规及判例法、习惯法。狭义的实质民法是指在私法中除去商法及特别法中民法的剩余部分，又称一般私法。

民法典作为形式民法，并不能囊括一切实质民法。对于民商分立国家，除了民法典之外，还有商事特别法和散见于其他法律中的民法；在民商合一国家，除了民法典之外，还有民事特别法。

2.普通民法与特别民法

普通民法是指民法典。民法典对于人、地域、事项等不作限制，规范一般的民事生活关系，因此被称为普通民法。特别民法是指仅适用于特定领域、特定时间、特定人及特定事项的法律。在采民商合一主义的国家的各民事单行法，以及在采民商分立国家的商法典，相对于作为普通民法的民法典而言属于特别民法，如《公司法》、《合伙企业法》、《海商法》、《保险法》、《企业破产法》和《票据法》等。如果对某一事项存在特别法，应当优先适用特别法的规定，不存在特别法时才适用普遍法。随着经济快速发展，社会生活日益变迁，复杂的社会关系归入既有体系的成本较高，常常需要以特别法的方式先行规制，待适用成熟后，再纳入民法典。因此，民法典所能完全支配的领域越来越少，特别法越来越多，形成“民事特别法肥大化”的现象。[1]

在适用法律时，应当优先适用特别民法。只有在就特别事项没有特别规定时，才会适用普通民法。针对某一待决案件，判断规范之间是否构成普通与特别关系时，应当首先判断其规定的内容是否为同类事项。只有就某一问题规定同类的事项，才会产生一般民法和特别民法的关系。同时应当注意，普通与特别之间的区分是相对的，而并非绝对的。例如，土地管理法中的民法规范，相对于民法典而言是特别法，但是相对于城市规范法则属于一般法。[2]

（三）民法的语源

“民法”这一词汇来自罗马法“ius civile”，意指市民法。罗马法有市民法（ius civile）与万民法（ius gentium）之分。根据国籍身份不同，罗马城邦的公民适用“市民法”，而罗马市民以外的人适用“万民法”。公元212年，为了向非公民征税，罗马卡拉卡拉大帝宣布罗马内的居住者都被赋予了市民身份。自此市民法与万民法之间的区别就不复存在，统称为罗马市民法。于是，中世纪以来，“ius civile”就作为罗马法的总称，代指私法。法语为“droit civil”，英语为“civil law”，德语为“Bürgerliches Recht”，荷兰语为“Burgerlyk Regt”。日语之“民法”一词，是庆应四年，学者津田真道由荷兰语翻译而来。[3]

我国古代有“民法”一词，但不是法律术语。《尚书·孔传》中记载，

---

〔1〕 陈聪富：《民法总则》，中国台湾地区元照出版有限公司 2016 年版，第 10 页。

〔2〕 陈华彬：《民法总则》，中国政法大学出版社 2017 年版，第 35 页。

〔3〕 梁慧星：《民法总论》（第五版），法律出版社 2017 年版，第 1 页。

“咎单，臣名，主土地之官，作《明居民法》一篇，亡”。但此处的“民法”是中国古代的“安民之法”，即民众重土建屋之法，堪舆之术。[1]现代意义上的“民法”一词，是清末沈家本、伍庭芳主持修律，聘请松冈义正等人辅助民法典的起草时，从日本引入的。

（四）民法的历史发展

民法具有深厚的历史渊源。在法典化时代之前，一般民事关系主要依靠习惯法调整。后来，为了保持规则的稳定和透明，人类开始以制定法的方式公布法律条文。古代民法最著名的是罗马法，其开端时也是表现为习惯法形式。公元前450年，罗马共和国颁布《十二表法》，成为罗马最早的成文法。其中第三表至第八表规定了民事关系。[2]公元527年东罗马帝国优士丁尼继位，第二年设立法典编纂委员会，委员会对罗马帝国现存法律进行整理，编成《优帝法典》；对罗马法学者的理论著作进行摘录，编成《学说汇纂》；仿照通行的教材，编成法律教科书《优帝法学阶梯》，最后将帝国新颁布的法令汇编称为《优帝新律》。上述四部合称“国法大全”。[3]罗马法内容非常庞杂，包括不同性质的规范，甚至将实体法与程序法合为一体，没有现代意义上的部门法划分。但其中的民法制度对后世产生了深远影响。

在漫长的中世纪，市场经济发展缓慢，民法的发展也非常缓慢，法学成为神学的附庸。至11世纪末，意大利的博洛尼亚兴起“罗马法复兴”运动，基于重新发现的“国法大全”文本展开了罗马法研究。由于“国法大全”内容庞杂，理论深刻，在这一阶段，学者们开始努力整合、修复“国法大全”当中散落的篇章，力图抽象出背后的法理因素，并形成了“注释法学派”。15世纪后，欧洲大陆各国普遍继受罗马法，罗马法成为欧洲的法律渊源。除此之外适用的还有教会法和一些当地的习惯法。由于罗马法的普遍适用，其被称为欧洲大陆的普通法（jus commune）。

由于原文的散落，特别是生活方式的实质改变，“国法大全”中存在很多难以被理解、解释和适用的地方，造成法律适用的困难。即使在德国，有时也很难确定一些罗马法规则的规范目的，并且各邦都存在不同的理解。[4]这种法

---

〔1〕谭启平：《中国民法学》（第二版），法律出版社 2018 年版，第 5 页。

〔2〕梁慧星：《民法总论》（第五版），法律出版社 2017 年版，第 3 页。

〔3〕梁慧星：《民法总论》（第五版），法律出版社 2017 年版，第 3 页。

〔4〕参见［德］安东·弗里德里希·尤斯图斯·蒂堡：《论制定一部德意志统一民法典之必要性》，傅广宇译，商务印书馆 2016 年版，第 12—22 页。

律适用的不统一造成了分裂，促使各民族国家制定自己的民法典。近代以来，资产阶级改革与革命相结合，各国纷纷制定自己的民法典，于是迎来了民法的大发展。1804年《法国民法典》旨在重建法国大革命推翻旧政权后之法律秩序，贯彻自由、平等、博爱的理想。《奥地利民法典》推行了女皇玛丽娅·特雷莎政治及行政改革。1896年《德国民法典》旨在实践一个民族、一个国家、一个法律的目标。1898年《日本民法典》则是明治维新的产物，目的在于废除领事裁判权。[1]

二、民法的特征

把握民法的含义，最重要的是理解民法的特征。民法具有如下特征。

（一）民法是私法

民法为市民社会的法，公法为政治国家的法。不论任何学说，均承认民法为私法。在18世纪末至19世纪初，欧洲各国发生了政治国家与市民社会的分离，即以“家”为原型的各种自立权力构成的传统政治社会解体，集中了一切政治要素的国家与作为纯粹经济社会的市民社会彻底分离。[2]因此，市民社会与政治国家相对应，其存在于私人空间及市场经济领域，是独立于国家的自治领域。民法作为私法的基本法，其目的是构建一整套公平竞争的市场规则，保障交易秩序，维护家庭秩序，是调整市民社会法律关系的规范。

因而，界定私法的范围对认知民法具有重要意义。一般认为，公法包括宪法、刑法、行政法和各种诉讼法，私法的外延与实质民法相当。目前公法和私法的划分标准存在争议，共有以下四种学说。

1. 利益说，也称目的说。该说由乌尔比安创立。利益说认为，公私法的划分主要依照其保护的主体利益不同，有关国家事务、维护公共利益的是公法，维护私人利益的是私法。该说存在的不足是，公益和私益本身难以划分。由于人类社会的团体性，个体之间的行为会互相影响，导致很难找到纯粹的“私人利益”。如果认为法律是政策载体，民法为实现人民共同利益的工具，还存在认为一切法律都是公法的危险。[3]而解释社会法（如劳动法、消费者权益保护法）的公私法性质，更是利益说面对的一大难题。

---

〔1〕 梁慧星：《民法总论》（第五版），法律出版社 2017 年版，第 3 页。
〔2〕 梁慧星：《民法总论》（第五版），法律出版社 2017 年版，第 31 页。
〔3〕 朱庆育：《民法总论》（第二版），北京大学出版社 2016 年版，第 8 页。

2. 意思说，又称关系说、应用说、从属说、权力说、隶属说等。该说主要从主体的平等性出发，进而从法律内容是否可以通过意思自治进行变更来划分公私法。由于规制主体不平等，因此不依赖主体的意思，不能因双方当事人的协议而变更的规范是公法；而依赖于主体之间的意思，能够通过协议变更的是私法。意思说也存在不足：在公法主体中，同等级的公权力机关也是平等的，但他们之间应当以公法调整；国家之间是平等的，但是应当适用国际法；而且国家也并非可以任意行使权力，仍然应当在一定限度内尊重民众的意见。在私法的界定中该说也存在问题：民法中父母与子女、雇主与劳动者之间也是不平等的，存在强制和管理关系，并非完全依赖意思自治。

3. 主体说。该说认为公私法的划分的标准在于规范所调整的法律关系中某一方是否为国家。如果有一方主体是国家或行使公权的主体，该规范就是公法；否则为私法。该说的不足之处在于，国家也有可能参加民事活动，进入民事法律关系。此时国家与私人是平等的，应当受到私法约束。

4. 新主体说，该说融合了意思说与主体说，是目前德国的通说。该说认为，国家或者行使公权力的机关以公权主体身份参与法律关系时适用公法，否则为私法。新主体说同时采用了两个标准对此进行划分，相对更为周延合理。但是公权行使领域与私人领域并不容易划分清楚。尤其在我国，由于土地公有、铁路邮政等被国家垄断，在此背景下，有关土地使用权出让合同、农村土地承包经营合同以及铁路运输、邮政合同等法律关系是否完全适用私法，尚值得斟酌。[1]

由于区分上的困难，部分学者质疑这一分类。例如，按照凯尔森的观念，则可以摒弃公私法的划分，统一于国家规范。我国通说认为，公法与私法区分的标准在于，公法主体至少有一方是国家或由国家授予公权并以公权主体之身份参与法律关系者，私法主体都是个人、非公权者的团体或以非公权主体身份参与法律关系的国家或公权者，与新主体说相近。

（二）民法是实体法

法律根据其规定内容不同，可以分为实体法和程序法。实体法是法律的实质规范，如民法、刑法等；程序法是法律施行的程序，如民事诉讼法、刑事诉讼法等。民法规定的内容是私法的权利义务关系，因此属于实体法。这些权利义务的实现受到阻碍时，当事人应依民事诉讼法等规定的程序请求国家机关救

---

〔1〕 朱庆育：《民法总论》（第二版），北京大学出版社2016年版，第9页。

济。虽有以上区分，但程序法和实体法并不分孰轻孰重。在司法实务中，适用实体法必然以发动法律程序为前提。只有有效提起诉讼，符合民事案件的受理标准，才有实体法的适用问题。实体法和程序法的关系，就像是“车之两轮，鸟之两翼，相辅相成，而非处于主从上下之地位”。[1]

（三）民法是权利法

民法是以权利为基本内核进行构造的。在价值序列上，民法以权利为本位。从总则的内容来看，其实质就是权利主体、权利的产生、权利的行使及权利的限制；从分则的内容来看，实际上就是物权、债权、人身权等民事权利的具体内容。因此，民法典是人民的权利法，最基本的职能在于对民事权利的确认和保护。民法以确立民事权利为目标，公权力不能随意介入民事权利的行使。只有义务主体拒绝履行义务时，才能根据权利人的要求，通过国家强制力保障民事权利的实现。

（四）民法的救济方式为同质救济

民法以填补为原则，并不以惩罚为目的。刑法、行政法以惩罚为目的，因此非常注重行为人行为时的主观可责性，其目的在于以报应原理作出惩罚。民事救济的主要目的并非惩罚行为人，而是恢复受害人遭到侵害的民事权利。在民事权利受到侵犯后，受害人可以请求回复原状。在回复原状不成的情况下，可以进一步要求损害赔偿，填补自己所遭受的损害。因此，民法本身不可能实现法律的全部目的，社会秩序的维持必然依靠公法和私法的协调运作。

（五）民法中以任意性规范为主，兼有强制性规范

以法律效力的强弱为标准，法律可以区分为任意法和强行法。可以依当事人意思通过协议加以变更的规范为任意法；不能够通过当事人意思变更，行为人必须遵守的规范为强行法。从任意法的性质来看，实际上是当事人意思的解释或补充而已。民法以意思自治为基本理念，倡导行为人通过自己的行为获得权利、负担义务，因此其规范以任意法为主，强行法为辅。

（六）民法同时具有行为规范与裁判规范的功能

行为规范，是指民事主体从事民事活动所必须遵循的活动规范；裁判规范，是指法院裁判案件所必须遵循的规范。很多民事规范兼具这两种功能：不仅指导民事活动中民事主体的行为，而且在发生争议时，法院可以据此作

〔1〕 林诚二：《民法总则》（上册），法律出版社2008年版，第10页。

出裁判。

思考与延伸

公法与私法划分的来源：从历史的角度分析，或许能够对公私法的划分有更明确的认识。公法与私法的划分虽然来自乌尔比安，但彼时罗马法在实证法上并没有作出这种区分。[1]在罗马法中，损害赔偿并非适用填补原则，而是应当交付定额“罚金”。通过向受害人交付“罚金”可以让加害人免于同态复仇。但罗马后期通货膨胀严重，《十二表法》上所规定的定额“罚金”不足以弥补受害人，阿奎流斯法才开始根据损害进行估价。[2]因此，与现代国家的公私法理念不同，彼时罗马法的损害赔偿不仅仅负担了填补功能和预防功能，还负担了惩罚功能，具有公法属性。这种法律有效遏制了同态复仇，节约了社会资源，具有很大的进步。

以上民刑不分的情况在欧洲大陆民族国家兴起之后发生了改变。新兴民族国家需要经由课税与刑事罚金增加政府收入。在现代德国国家形成过程中，德国君主在与贵族斗争过程中，通过刑罚权的控制，有效促进了中央集权。[3]孟德斯鸠在《论法的精神》中，以“civil”表示横向的平等关系，以“politique”表示纵向的不平等关系，就是这一思路的明证。[4]相反，在英国，由于贵族的黑暗统治，英国人民担心政府权力过大，不愿意建立强大的警察制度或检察制度。因此，英国继续保留了类似于罗马法中向受害人给付“罚金”的惩罚性赔偿，以弥补公权力的不足。[5]因此，从历史角度来看，公私法的划分应当与每个国家独自的历史进程有关。

现在进一步挑战公私法划分的是“私法公法化”和“公法私法化”两种不同趋势。20世纪以来，在私法领域，特别是公司法、企业破产法等商法领域内，越来越多地体现了管制色彩，如商业登记、商业账簿等。在劳动保障、消费者保护领域内，为了追求实质公平，法律并不会完全尊重当事人的意思自

〔1〕 陈华彬：《民法总则》，中国政法大学出版社 2017 年版，第 10—11 页。

〔2〕 黄文煌：《阿奎流斯法——大陆法系侵权法的罗马法基础》，中国政法大学出版社 2015 年版，第 21—22 页。

〔3〕 陈聪富：《美国法上之惩罚性赔偿金制度》，载陈聪富：《侵权归责原则与损害赔偿》，北京大学出版社 2005 年版，第 201 页。

〔4〕 梁慧星：《民法总论》（第五版），法律出版社 2017 年版，第 31 页。

〔5〕 陈聪富：《美国法上之惩罚性赔偿金制度》，载《侵权归责原则与损害赔偿》，北京大学出版社 2005 年版，第 202—203 页。

治，而是强制施加给强势一方（雇主、生产者或销售者）以保护义务。相反，国家提供社会服务时，很多时候也会重视行政相对人的意思。这使得德国最先开始盛行“三分法”，在“公法”和“私法”之外另立“社会法”“第三法域”。这就对公私法的划分形成了冲击。

但是，我们应当看到，即便是在科学技术日新月异、公私法相互交融、社会法日益重要的现代社会，公法与私法的划分仍然具有重要的意义。

首先，这一划分可以对法律规范进行有效的整理，作出系统的区分。公私法的划分是部门法分类产生的一个重要依据。其次，这一划分对法律技术也存在意义。对于立法者来讲，立法者可以根据处理两类法律关系的方式进行区别对待，决定规范是否允许通过主体自由决定进行变更。[1]再次，对于司法者来说，对公法需要严格遵守“法无授权即禁止”，严格解释法律规定；对私法则要遵循“法无禁止即自由”，尽量维护当事人的意思自治。[2]复次，在救济手段上，公法和私法基本原理不同，公法重在惩罚，以救济公共秩序；私法重在赔偿，以填补私人损害。最后，公私法也适用完全不同的审判程序。

三、民法与其他部门法之间的关系

为进一步理解民法的内涵，还需要厘清民法与其他部门法之间错综复杂的关系。

（一）民法与商法

商法是调整商事主体关系和商事行为关系的法律规范的总称。商法存在形式意义上的商法和实质意义上的商法。前者是指商法规范的表现形式，包括民法典之外的商法典和公司法、证券法、保险法、票据法、海商法等。后者是指商法规范，指一切有关于商法的规则。

商事活动与民事活动都是市场经济活动，区别主要在于商事活动具有高度的专业化，以营利为目的，是特殊的民事关系。对这一特质的不同理解，导致了民法和商法之间关系的两种不同的观点：民商合一和民商分立。所谓民商合一，是指不区分民法和商法，将民事规范统一适用于民商事关系。在形式表现上，民商合一主义下一般不设立独立的商法典，而以民法典统摄民商事法律适用。为了兼顾商法的特殊性，再以单行法的方式调整商事活动。民商分立是指

---

〔1〕黄立：《民法总则》，中国政法大学出版社2002年版，第12页。

〔2〕王泽鉴：《民法总则》，北京大学出版社2009年版，第16页。

民法和商法为不同的法律部门，分别适用不同的法律规范。在形式表现上，民商分立模式下有独立的商法典。

由于民事关系与商事关系本质上的同一性，作为市场经济的组成部分，民法中的基本制度构成了商法的基础；商法是民法的特别法，商法调整的对象是民法调整对象的一部分。只不过出于商法的特别性，需要对民法的一般规则作出一些补充和变更的例外规定。我国坚持民商合一主义，民法规则统一适用于所有的民商事关系，并不存在单独的商法典。《民法典》不仅适用于民事关系，而且适用于商事关系。商事活动的特殊性，由《公司法》等单行法体现。

（二）民法与行政法

行政法是规范国家公权机关进行行政管理的法律规范的总称。行政法属于典型的公法，与作为私法的民法存在明显的不同。从规制主体上看，行政关系规范的是行政主体，规范的是针对国家及公权组织对各个领域的组织、管理和监督，调整的是行政主体和行政相对人之间的权利义务，是纵向的管理关系；而民法规范的是民事主体，是在市场经济关系当中的平等关系、平权关系，各主体之间的法律地位平等。行政法往往采用服从和管理的方式，而民法注重意思自治，一方当事人不得强迫命令另一方。

| 思考与延伸 |

划分部门法的理论来自苏联。由于法律被当作阶级斗争的工具，因此苏联法学家为了不与政治家发生冲突，并有效影响决策，获得政治地位，将部门法的划分与规范性文件的划分相结合，并主张各部门法适用单独的审判程序。[1]

从哲学角度看，只有二分法才是完全符合逻辑的；因为超出二分法，就会存在不止一个划分标准。而在部门法的划分中却存在不止一个标准。学界一般认为，传统部门法划分标准有两条:一是调整对象，二是调整方法。前者为主，后者为辅。以该标准所得出的分类结果就必然存在部分重合。从立法机关层面来看，中国的法律体系由在宪法统领下的宪法及宪法相关法、民商法、行政法、经济法、社会法、刑法、诉讼与非诉讼程序法七个部分构成，包括法律、行政法规、地方性法规三个层次。而从学科设置的层面来看，则可以分为法学理论、法律史、宪法学与行政法学、刑法学、民商法学（含劳动法学、社会保障法学）、诉讼法学、经济法学、环保法学、国际法学、军事法学十个部门法

〔1〕 梁文永:《一场静悄悄的革命:从部门法学到领域法学》，载《政法论丛》2017年第1期。

二级学科，甚至中国政法大学这样的专门院校还会另外设置其他的部门法学科，如人权法学、知识产权法学、比较法学、法与经济学、法治文化（交叉学科）、证据法学等。[1]

可以看出，这些分类不仅包含实体法与程序法、公法与私法、法学研究方法等标准，而且以问题为导向，面向新兴领域，产生了以问题为中心而非以体系为中心的部门法。同时，用多个标准划分解决了有些法律难以归入某一类型的困难，如社会法；但其缺点是必然导致一定范围的重合。以经济法为例，经济法中的规划制定与审批、预决算的审批等宏观调控行为多为宪政法律规范，对应着违宪责任和违宪审查程序；金融监管、税收征管等无不体现着行政法律规范，对应着行政责任和行政诉讼程序；税务代理、产品责任、国债认购等即为民事法律规范，对应着民事责任和民事诉讼程序；当经济法主体的诸多行为在情节严重构成犯罪的情况下，即为刑事法律规范，对应着刑事责任和刑事诉讼程序等。[2]这种做法有利于立法规划的方便或者是学术研究范围的统合。现在解构部门法划分的呼声越来越高，如打破宪法、刑法、行政法的区隔，建立统一的公法学等。应当认识到，部门法划分的目的是法及法学条理化、社会实践和学术研究的便利需要；其形式意义也在于此，而非部门法实质意义，故无须过分计较。[3]本章节所介绍民法与其他部门法之间的区分，主要是为了勾勒民法的轮廓及其在法律体系中的边界，以明确对民法的认识。

四、民法的适用

民法的适用主要是指将作为法律规则的民法适用到个案之中，最终将民法规范应用到社会实践的过程中。广义中民法的适用不仅指民事诉讼程序中法官适用民法规范解决纠纷的实践、在仲裁程序中仲裁员解决纠纷的实践，而且包括民事主体在民事活动中通过民法规范调整自己行为的实践，或者发生矛盾冲突后自行运用民法规范进行协商的实践。狭义民法的适用只包括民事诉讼和仲裁程序中民法的适用。本书主要介绍狭义民法的适用，主要包括民法的适用范围、适用原则、适用方法。通俗地表述，就是民法在何时、何地对哪些人适

---

〔1〕 解志勇：《法学学科结构的重塑研究》，载《政法论坛》2019年第2期。

〔2〕 李昌庚：《经济法责任及其诉讼程序的反思与拷问——兼与颜运秋教授等商榷》，载《法治研究》2009年第3期。

〔3〕 李昌庚：《中国经济法学的困境与出路——兼对社会法等部门法划分的反思》，载《北方法学》2014年第5期。

用；以及存在多个可以适用的法律规范时，应当适用哪个规范。

（一）民法的适用范围

1. 民法适用的时间范围

民法适用的时间范围，也就是民法的时间效力，是指民事法律生效、失效的时间，以及新颁布的民事法律规范对其生效前的民事法律关系是否具有溯及既往的效力。[1]

法律可能自公布之日起生效，但也可能在公布后一段时间生效。具体采取哪种方式，需要立法机关结合新法施行的准备工作进行规定。具体法律规范何时发生效力，可以在法律条文中明确列出，也可以由立法机关以命令或决议的方式作出。新法的施行往往就意味着旧法的失效。民法规范失效主要就是指民法终止效力或被废止，通常有三种情形：（1）新法直接规定废止旧法；（2）旧法与新法抵触的部分无效；（3）国家机关颁布专门决议宣布某些法律失效。

例如，我国《民法典》在附则部分第1260条明确规定："本法自2021年1月1日起施行。《中华人民共和国婚姻法》、《中华人民共和国继承法》、《中华人民共和国民法通则》、《中华人民共和国收养法》、《中华人民共和国担保法》、《中华人民共和国合同法》、《中华人民共和国物权法》、《中华人民共和国侵权责任法》、《中华人民共和国民法总则》同时废止。"这就将新法的生效时间和旧法的失效时间都规定在了法律当中，并且明确表示法律的生效和失效。

有些行为在发生时，旧法仍然处在有效状态中。但当事人形成争议时，新法颁布，使得行为时的法律和裁判时的法律不一致，导致适用新法还是旧法的问题。如果新法可以对颁布前的法律关系发生效力，就是可溯及既往；如果不可以对颁布前的法律关系发生效力，就是不可溯及既往。社会公众需要根据已颁布的法律内容调整自己的行为，如果以新颁布的法律来调整过去产生的民事法律关系，将会完全打破行为人的合理预期，使民事主体无所适从，造成社会混乱。因此，原则上，应当以民事法律关系发生、变更和终止的时间来确定适用的法律，即不可溯及既往。《最高人民法院关于适用〈中华人民共和国民法典〉时间效力的若干规定》（以下简称《民法典时间效力规定》）第1条规定："民法典施行后的法律事实引起的民事纠纷案件，适用民法典的规定。民法典施行前的法律事实引起的民事纠纷案件，适用当时的

---

〔1〕 屈茂辉主编：《中国民法》（第二版），法律出版社 2014 年版，第 47 页。

法律、司法解释的规定，但是法律、司法解释另有规定的除外。民法典施行前的法律事实持续至民法典施行后，该法律事实引起的民事纠纷案件，适用民法典的规定，但是法律、司法解释另有规定的除外。”可以看出，最高人民法院坚持法不溯及既往的原则。

但法不溯及既往并非绝对的。出于立法政策的变化或者是立法技术的发展，有些案件适用新法对社会发展及当事人利益保护更为有利。因此，一般认为，作为例外可以承认法溯及既往的效力，但必须以法律明确规定为限。[1]《民法典时间效力规定》第1条中的“但是法律、司法解释另有规定的除外”就是例外存在的明确规定。为了尽量周延地列举例外，《民法典时间效力规定》第2—5条就法溯及既往的例外情形进行了概括规定，并且在第6—27条中具体列举了哪些条文可以溯及既往。由此，法官可以首先适用该司法解释第6—27条的内容，判断待决案件是否可以适用新法；如果待决案件并非被囊括在第6—27条当中，就需要根据第2—5条进行判断；均不在此范围的，应当适用旧法，不溯及既往。

2. 民法适用的空间范围

民法的空间范围，是指民法规范发生效力的地域范围，也被称为民法的空间效力。通俗地讲，就是民法可以在哪些地方适用。任何国家确定空间效力时，都必须维护自己的领土主权和完整，保护法治统一。因此，必须根据属地管辖原则，划定法律的适用范围。空间效力可以分为域内效力和域外效力。

域内效力，是指一国的法律效力可以及于该国管辖的全部领域。我国《民法典》第12条规定：“中华人民共和国领域内的民事活动，适用中华人民共和国法律。法律另有规定的，依照其规定。”这一条就是有关我国《民法典》空间效力的规定。我国领域包括领土、领空、领海，还包括根据国际法视为我国领域的驻外使馆，以及在我国领域外航行的我国船舶和飞行于我国领空以外的飞行器。如果属于涉外民事活动，则应当根据国际私法来确定。例如，根据国际私法上的原则，当事人可以自愿约定处理其纠纷适用的法律。如果选择适用国外或境外的法律，应当承认其效力；如果选择适用我国法，则归我国法管辖。

域外效力，是指法律在其制定国管辖区域以外的效力。出于互相尊重主权的需要，原则上国内法不得在境外发生效力。但是随着国际交往的发展，各国之间的联系日益密切。每个国家的生产、消费活动都会对其他国家产生影响。

---

〔1〕王利明等：《民法学》（第五版），法律出版社2017年版，第17页。

为了保护本国利益，法律有时也会规定域外效力。例如，《海洋环境保护法》第2条第3款规定："在中华人民共和国管辖海域以外，造成中华人民共和国管辖海域污染的，也适用本法。"

3. 民法对人的适用范围

民法对人的适用范围，就是民事法律规范对于哪些人具有法律效力，包括本国人、外国人和无国籍人。我国采取的是属地主义为主，属人主义、保护主义相结合的原则。也就是说，我国领域内有中国国籍的自然人，依据我国法律设定的中国法人及其他组织，相互间的民事法律关系，均适用我国法律；在我国领域内的外国人、无国籍人、外国法人在我国领域内的民事活动，一般适用我国法律，但法律另有规定的除外；我国的公民和法人在国外发生的民事法律关系，依照我国法律、法规以及我国签订的国际条约或者没有国际条约但存在相应国际惯例适用我国法时，应当适用我国法。

（二）民法适用的原则

1. 特别法优于一般法

前文提到，根据法律适用范围的限制，可以分为一般法和特别法。一般法通常适用于全国领域、规定一般事项，并且无适用的时间限制；特别法仅仅适用于特定领域、特定事项以及限定的时间。由于特别法往往规定更为具体，将具体客观情况更为细致地呈现在规范中，因此如果对某一事项同时存在特别法与一般法的，应当优先适用特别法。

但要注意的是，上位法优于下位法的规则要优先于特别法优于一般法规则适用。只有同一机关制定的规范性文件，才能够存在一般法与特别法的关系。根据《立法法》第92条的规定，同一机关制定的法律、行政法规、地方性法规、自治条例和单行条例、规章，特别规定与一般规定不一致的，适用特别规定。例如，《民法典》与《公司法》均为全国人大制定的法律，《公司法》构成《民法典》的特别法，有关公司法人设立、股东权利义务、公司终止等问题，《公司法》优先于《民法典》适用。但行政法规、地方性法规、部门规章及地方规章不是由全国人大制定的，而是由地位低于全国人大的其他机关制定，它们就不能构成《民法典》的特别法。以上规范性文件与《民法典》发生冲突时，应当优先适用上位法优于下位法规则，适用《民法典》中的规范解决纠纷，并纠正下位法对上位法的偏离。

因此，特别法优于一般法可以具化为以下三个规则。

（1）在不同的法律之间，民事特别法优先于民事普通法而适用。如《消费者权益保护法》在消费者领域应当优先于《民法典》而适用；《企业破产法》在破产程序中优先于《民法典》适用。

（2）在同一法律之内，特别规定应当优先于一般规定。对于同时存在总则与分则的法律，如果规定的是同一事项，原则上分则的规定应当优先于总则的规定。例如，买卖合同中有关违约责任的规定应当优先于《民法典》合同编中总则的规定，更优先于民法总则部分关于民事责任的规定。只有在买卖合同部分不能找到可以适用的规范时，才可以到合同编总则中寻找；在合同编总则还不能提供规则时，才能进入民法总则中寻找，进而一直溯及至民法基本原则。

（3）例外规定排除一般规定。民法规范针对一般情形适用时，是一般规定；针对特别情形适用时，是例外规定。例如，我国《民法典》第18条规定："成年人为完全民事行为能力人，可以独立实施民事法律行为。十六周岁以上的未成年人，以自己的劳动收入为主要生活来源的，视为完全民事行为能力人。"作为独立参与民事活动的成年人，原则上应当以年龄作为判断标准，但作为例外，可以适用劳动成年制度。如果符合例外情形，劳动成年制度就应当优先适用。

2. 新法优于旧法

所谓新法优于旧法，是指如果由于新法的颁布，导致存在具有同等级别、同一位阶的法律适用发生冲突，那么应当首先适用新法。这一规则的理由是，如果新颁布的规则与旧规则不一致，即使立法者没有明确表示，也默示新规则取代了旧规则，旧规则被废除。《立法法》第92条规定："同一机关制定的法律、行政法规、地方性法规、自治条例和单行条例、规章，特别规定与一般规定不一致的，适用特别规定；新的规定与旧的规定不一致的，适用新的规定。"这一条中就包含了新法优于旧法的规则。

值得注意的是，新法优于旧法这一规则只能存在于同一位阶的法律之中，否则就应当优先适用上位法优于下位法。但新法优于旧法的规则如果与普通法优于特别法的规则发生冲突，也即发生了新的普通法与旧的特别法之间的冲突，两个规则并无孰轻孰重之分，应当根据法律目的进行衡量。[1]

---

〔1〕李宇：《民法总则要义：规范释论与判解集注》，法律出版社2017年版，第78—80页。

第二节　民法的法源

问题示例

A村的甲男与B村的乙女结婚，乙女搬到A村居住。按照当地习惯，“出嫁女”要收回耕地，因此B村村委会决定将乙女家部分耕地收回；同时，由于A村的耕地已经按户承包完毕，不能因乙女加入而再次分地。乙女诉至法院，要求B村不得收回其承包地，B村村委会辩称收回承包地的行为属于当地习惯。请问，习惯是否为民法的渊源？本案中的习惯是否可以成为民法的渊源？为什么？

在没有制定法的早期人类社会，特别是宗教与法律紧密结合的时期，裁判都是根据裁判者个人判断进行，社会成员不能预测裁判的结果，从而使法的安定性受到损害。近代以来强调法的安定性，大陆法系国家以制定法的方式约束法官的裁判行为，法院裁判案件必须严格遵循这些规则。这其中的实质问题是，作为司法三段论大前提的规则应当从哪里寻找，这也就是法源问题。民法的渊源，是指作为私法普通法的实质民法的存在形式。

一、法的渊源的含义

法的渊源简称法源，是指法的存在形式和表现形式。法的渊源可以根据是否由专门国家机关经立法程序制定，分为直接渊源与间接渊源。前者指国家立法机关经过立法程序颁布的制定法，如宪法、法律、行政法规等；后者指并非经过立法机关颁布，没有法律效力，但经过国家机关认可，可以调整法律关系的社会规范，如习惯、法理。

根据民法存在形式的不同，可以分为成文法主义和不成文法主义。大陆法系国家采以民法典为基轴的成文法主义，绝大多数规则以制定法的方式表现出来。此外，作为成文法法源的补充，习惯法及判例法也起着重要的作用。英美法系各国采不成文法主义，判例法是基本的法源，并没有形式上的民法典。虽然现在英美法系越来越重视制定法的作用，但其主要的民法规则仍然依靠判例法，成文法仅仅处于补充地位。但需要注意的是，两种制度并无优劣之分，并且存在相互借鉴融合的趋势。大陆法系国家为了补救成文法易于僵化、缺乏弹性的缺陷，日益重视诚信原则等一般条款及判例的作用；英美法系国家为了简化判例法的复杂性，也越来越重视制定法的作用。

二、中国民法的法源

《民法典》第10条规定："处理民事纠纷，应当依照法律；法律没有规定的，可以适用习惯，但是不得违背公序良俗。"可见，我国不仅承认制定法为法源，而且承认习惯为法源。其他类型法源的确立有赖于对该条的法律解释。我国民法的渊源包括如下。

（一）制定法

1. 民事法律

在大陆法系法典化国家，民法典是民事基本法的表现形式，为民法最主要的法源。它包括民法规范的绝大部分，居于民事基本法的地位。在我国，法律是由全国人民代表大会及其常务委员会依照法定职权和程序制定的规范性文件。与大陆法系相类似，目前我国民事法律主要就是民事基本法和民事特别法。民事基本法指《民法典》，民事特别法主要指《公司法》《票据法》《海商法》《保险法》《证券法》《企业破产法》等。在《民法典》出台前，我国还存在《民法通则》《民法总则》《物权法》《合同法》《担保法》等民事单行法，提供主要的民法规范。但随着《民法典》的出台，这些民事单行法都不再发生效力。另外，综合性单行法中也经常存在民法规范。例如《矿产资源法》、《产品质量法》、《消费者权益保护法》和《道路交通安全法》等，均包含相当多的民法规范。

2. 行政法规

国务院根据宪法和法律，依照法律职权和程序制定的规范性文件称作行政法规。按照《立法法》第7条和第8条的规定，民事法律的制定和修改，属于国家立法权；有关民事基本制度的事项，只能由全国人民代表大会制定法律。第9条规定，全国人民代表大会及其常务委员会有权作出决定，授权国务院根据实际需要，对尚未制定法律的属于本法第8条规定的部分事项，先制定行政法规。因此，行政法规中也有可能包含民事规范。如《计算机软件保护条例》《集成电路布图设计保护条例》《植物新品种保护条例》等均属于民事性法规，《城镇国有土地使用权出让和转让暂行条例》《国内水路运输管理条例》等，虽然不完全属于民事性法规，但其中也包含了很多民事规范。

3. 地方性法规、自治条例、单行条例和部门规章

地方性法规、自治条例、单行条例是指地方人民代表大会在宪法、法律规定的权限范围内所制定、发布的规范性法律文件。地方性法规、自治条例和单行条例中如果包含了民事法律规范，也是民法的渊源，但是其效力只限于行政区划内。需要注意的是，这些规范虽然可以作为民法渊源，但是不能直接作为判断合同效力的依据。部门规章中也会涉及民事内容，如教育部发布的《学生伤害事故处理办法》。但部门规章并不能直接作为法律渊源，只在法院裁判案件时可以参照。[1]

（二）有权解释

有权解释是指有解释权的机关对民事立法所作的解释。有权解释的目的在于确保法律目的实现，细化已有的制定法规则，统一人民法院的法律适用。在存在法律漏洞的场合，有权解释甚至通过解释的方法补充现行法漏洞，有创立规则的性质。有权解释包括立法解释与司法解释，尤其是司法解释构成我国民法的重要渊源。

1. 立法解释

全国人民代表大会常务委员会作出的立法解释，与法律有同等效力。全国人大在《民法典》颁布前只做过一次民事立法解释，即《全国人民代表大会常务委员会关于〈中华人民共和国民法通则〉第九十九条第一款、〈中华人民共和国婚姻法〉第二十二条的解释》。《民法典》颁布后，全国人大尚未作过立法解释。

2. 司法解释

最高人民法院是我国最高审判机关，依法享有监督地方各级人民法院和各专门人民法院审判工作的职权。《立法法》第104条规定："最高人民法院、最高人民检察院作出的属于审判、检察工作中具体应用法律的解释，应当主要针对具体的法律条文，并符合立法的目的、原则和原意。……"根据《全国人民代表大会常务委员会关于加强法律解释工作的决议》第2条规定："凡属于法院审判工作中具体应用法律、法令的问题，由最高人民法院进行解释。……"《人民法院组织法》第18条第1款规定："最高人民法院可以对属于审判工作中具体应用法律的问题进行解释。"因此，最高人民法院的司法解释属于有权解释。

---

〔1〕 刘松山：《人民法院判决的依据》，载《政法论坛》2006 年第 2 期。

根据《最高人民法院关于司法解释工作的规定》第6条的规定，最高人民法院的司法解释形式分为“解释”“规定”“批复”和“决定”四种。在《民法典》颁布后，为了细化民事规则，最高人民法院废止了部分针对原来民事单行法的司法解释，发布了有关《民法典》的司法解释。例如，《民法典时间效力规定》、《最高人民法院关于适用〈中华人民共和国民法典〉物权编的解释（一）》、《最高人民法院关于适用〈中华人民共和国民法典〉有关担保制度的解释》和《最高人民法院关于适用〈中华人民共和国民法典〉继承编的解释（一）》等。这些解释都是重要的民法渊源。

3. 指导性案例

最高人民法院和最高人民检察院都有权发布指导性案例，但只有最高人民法院发布过民事指导案例。依照《最高人民法院关于案例指导工作的规定》，最高人民法院发布的指导性案例，各级人民法院审判类似案件时应当参照（第7条）。《〈最高人民法院关于案例指导工作的规定〉实施细则》第9条进一步规定：“各级人民法院正在审理的案件，在基本案情和法律适用方面，与最高人民法院发布的指导性案例相类似的，应当参照相关指导性案例的裁判要点作出裁判。”各级人民法院审理类似案件参照指导性案例的，应当将指导性案例作为裁判理由引述，但不作为裁判依据引用。也即，指导性案例并不能直接作为裁判依据，不是法律渊源，只能作为法律论证的组成部分。

指导性案例发挥效力的并非整个案例，而是裁判摘要。案例作为裁判摘要的补充，只能在解释摘要时发生作用。因此，指导性案例虽然也是案例，但并非判例法。判例法在英美法系国家为民法主要法源，其特征在于本院或上级法院作出的裁判具有约束力，可以直接被援引作为裁判依据。大陆法系国家民法主要法源是民法典及其他成文法，案例的地位不如英美法国家那样重要，只能作为法官解释法律适用的认知渊源。除了指导性案例之外，最高人民法院发表的批复、解答和公报案例中形成的许多规则，虽然没有强制拘束力，但无疑也是中国民法的重要组成部分。

（三）国际条约和国际惯例

国际条约是指两个或两个以上的国家就特定事项有关权利义务所达成的协议。国际条约的名称包括条约、公约、协定、合约、盟约、换文、宣言、声明、公报等。国际惯例即为国际习惯，在国际条约没有规定时可以适用。

国际条约根据是否需要转化程序才能发生效力，分为直接效力说和间接效力说。前者认为，签订国际条约后，直接对司法实践产生法律拘束力；后者认为，签订国际条约后，必须经过国内立法程序转化为国内法，才能产生法律拘束力。我国原《民法通则》曾经采直接效力说。第142条规定："……中华人民共和国缔结或者参加的国际条约同中华人民共和国的民事法律有不同规定的，适用国际条约的规定，但中华人民共和国声明保留的条款除外。中华人民共和国法律和中华人民共和国缔结或者参加的国际条约没有规定的，可以适用国际惯例。"《民法典》删除了这一规定。

（四）习惯

习惯，是指社会实践中关于同一事项反复为同一行为形成的行为准则。习惯经过国家承认时，方为习惯法。在制定法出现之前，习惯法曾经是重要的法源。在制定法出现之后，习惯仍然发挥着重要的作用，到现在仍然是英美法的主要法律渊源之一。习惯本身作为通行实践，只因存在而具备合理性，其内涵并不一定符合整个共同体的价值。因此如果习惯想要发挥法律效力，应当受到公序良俗原则的限制。我国《民法典》第10条规定："处理民事纠纷，应当依照法律；法律没有规定的，可以适用习惯，但是不得违背公序良俗。"1951年《最高人民法院西南分院关于赘婿要求继承岳父母财产问题的批复》中指出："如当地有习惯，而不违反政策精神者，则可酌情处理。"因此，如果习惯有悖公序良俗，则不能构成习惯法作为法源。

制定法作为最重要的法律渊源，为民法提供了大部分所需要的规范。但限于立法者的认识能力，制定法不可能面面俱到地把所有民事生活的内容都规定到民法典当中。立法者限于资源，也不可能频繁修法。特别是现代社会发展迅速，新技术带来的新生事物对既有规则每每形成挑战。而且民商事实践不断变化发展，需要合适的规则予以应对。因此，各国大抵承认习惯法为民法的法源。作为民间的习惯，其本身不能够产生法律效力，只有在被有权机关认可后，才能成为习惯法。我国也存在习惯法，典权就是一例。民国时期曾在民法中作出过关于典权的明文规定，新中国成立后被废止。《物权法》颁布前，最高人民法院有关典权的批复、解答有十多件，均承认典权作为习惯法制度，而具有物权效力。

（五）法理

所谓法理，是指依据民法之基本原则所应有的原理。与制定法和习惯不同，法理是通过法学的系统性研究、教育而形成的法学价值与法律技术。作为法律共同体的理念，法理可以广泛对法律的解释、适用和漏洞填补发挥功能。作为抽象层面的技术，不论法律是否存在明文规定，都无法阻止法理的适用。因此，在制定法和习惯无法提供裁判规则时，法官可以向法理寻求裁判依据。

因而，法理是民法的法源。按照域外法的通例，或者不规定法源，或者规定三位阶法源（制定法—习惯法—法理）。

但较为遗憾的是，我国只规定了两位阶法源。在习惯法之后，我国《民法典》缺失了第三位阶的法源（法理）。如果从制定法和习惯中都不能获得裁判依据，那么法官就会陷入两难境地：既不能拒绝裁判，又没有裁判依据。作为解决方式，可以考虑将《民法典》总则编第一章所规定的民法基本原则作为法的一般原则，解释为第三位阶的法源。[1]

法理是人类文明的产物，因此需要法学家的挖掘。法学家通过对法理的探求，形成法律解释和适用的结论，称为学说。作为学理上的研究，并无国家强制力，只代表学者个人意见，并不能直接作为裁判依据。但由于制定法的抽象性，其解释和适用存在一定难度，如果形成有力的通说，会对司法实践产生很大影响；即使是少数说，其理由有时也会被司法实践援引。

第三节　民事法律关系

问题示例

早上太阳升起时，A与B签订了买卖合同，约定2月15日A交付1万元给B，2月18日B交付给A地板砖200块，用于A建造房屋。2月15日A完成了付款；2月18日，B并没有按时交付地板砖，A对B进行催告。3月20日，A建成该房屋。请问，该例中，有哪些民事法律事实？它们分别对民事法律关系产生了什么影响？

一、民事法律关系概述

人类生活于社会之中，必然要与他人产生联系，时刻产生不同的关系。同学关系、师生关系、同事关系即都属于此。限于法律资源的有限性，法律手段的局限性，并非所有的社会关系都适合以法律来调整。因此，错综复杂的社会关系大都停留在现实层面，不需要法律的调整。只有需要接受法律调整的，才能称为法律关系，也就是权利义务关系。民事法律关系就是法律关系中以民法规范调整的部分。民事法律关系是基于民事法律事实，由民事法律调整的，以

〔1〕于飞：《民法总则法源条款的缺失与补充》，载《法学研究》2018年第1期。

民事权利和民事义务为内容的社会关系。民事法律关系的特征表现如下。

1. 民事法律关系是民法调整的结果。作为规范层面的法律可以同时调整同一社会关系。同样的社会关系可以用不同的部门法调整，进而形成不同的法律关系。其中只有用民法调整的才能被称作民事法律关系。公法调整的多种关系，如税收法律关系，就并非民事法律关系。例如，甲偷了乙的钱包，这一事实在刑法上可能被评价为盗窃罪，由国家发动刑罚；也可能在行政法上被评价为违法行为，受到行政处罚（如拘留）；而在民法上，就会授予乙请求甲返还原物、返还不当得利的权利。只有受到民法调整的部分，才是民事法律关系。

2.民事法律关系是平等主体之间的关系。在民事关系中，双方当事人之间的权利是平等的，双方只能平等、自由地协商，任何一方不得把自己的意志强加给另一方。而在公法关系中，双方的权利是不对等的。在税收、财政等公法关系中，就是以管理者和被管理者、命令者和服从者的形式构建权利义务关系。在民事法律关系中，即使是政府，也必须以民事主体的身份来参加民事活动，不能要求享有特权。

3. 民事法律关系尊重意思自治。以私人利益构建的民法规范，一般不涉及社会公共利益，尊重私人意思的空间较大，大多时候可以根据双方当事人的意思形成、变更和消灭民事法律关系。根据民法对民事关系作用的强度不同，可以分为强行性规范和任意性规范。前者范围内由于秩序意义重大，民法强制当事人接受法定的权利义务安排，不容忍基于当事人意思的变更，如婚姻、收养和继承关系。而后者以私人利益为基础，权利义务的分配尊重当事人意思自治；在这些民事法律关系发生、变更以及消灭的问题上，当事人意思都占据着重要的地位，可以通过双方的合意改变法律的规定。民法规范以后者为主，因而更为尊重意思自治。

4. 民事法律关系是以民事权利义务为内容的社会关系。民事权利义务关系，实际上就是民事主体之间的关系。即使是人格权关系、物权关系，表面上看是主体与客体之间的关系，实际上是通过权利和客体，将复数主体之间相连，本质上仍然是人与人之间的社会关系。

二、民事法律关系的构成要素

民事法律关系的要素是指构成民事法律关系的必要因素。通说认为，民事法律关系由主体、内容和客体三个要素构成。[1]

（一）民事法律关系的主体

民事法律关系的主体是指参加民事法律关系，享有民事权利和承担民事义务的人。民事法律关系的主体就是民事权利义务的所属者，也被称作当事人，《民法典》将其称为“民事主体”。民事主体包括自然人、法人和非法人组织。在民事法律关系中，国家作为公法人，也可以成为民事法律关系的主体。其中享有权利的一方称作权利主体，负担义务的一方称作义务主体。

民事主体的资格是法律赋予的。要成为民事主体，不仅需要事实上享有权利、履行义务，还必须受到法律认可，即享有民事权利能力。民事权利能力是享有民事权利义务的资格。有此资格的，称为“人格”。故法律上所谓“人”，是指有民事权利能力之主体。[2] 想要成为“民事主体”，必须具有主体资格，享有民事权利能力。已经死去的人和尚未出生的胎儿在法律上不被评价为“人”，因此不能作为民事主体。而“法人”“非法人组织”，虽然并非自然意义上的人，但因为可以作为享有权利义务的主体，因此可以被作为“人”。

但应当注意，与主体承担民事权利义务有关的共有三个能力：民事权利能力、民事行为能力和民事责任能力。除了上文所指的民事权利能力之外，民事行为能力是指行为人是否能够以自己的行为获得权利和履行义务的能力。民事责任能力是指行为人是否能够自己承担民事责任的能力。后两种能力并不决定民事主体的资格，但对于民事主体获得权利义务，承担责任仍然具有重要意义。

民事主体的权利主体和义务主体并不必然是一一对应的，可能产生多种排列组合。在合同法律关系中，债权人和债务人每一方既可以是多个人，也可以是一个人。在物权法律关系中，物的权利人可以是一个人，也可以是多个人（如共有），而义务人则是所有不特定的人。

（二）民事法律关系的客体

民事法律关系的客体与主体相对，是民事权利义务指向的对象。各国民法典一般以“物”一章作为民事法律关系的客体。但这一概括是不全面的，民事法律关系客体应当区分不同的民事法律关系来确定。民事权利的本质系由特定利益与法律上之力两要素构成，本质上是受法律保护的特定利益。此特定利益的客观

〔1〕王利明等：《民法学》（第五版），法律出版社2017年版，第38页。
〔2〕梁慧星：《民法总论》（第五版），法律出版社2017年版，第59页。

存在形式就是权利的客体，亦可称为权利的标的。传统上认为，民事法律关系的客体主要有三种：物、行为、智力成果。就物权法律关系而言，其客体为物；就知识产权法律关系而言，其客体为智力成果；就债权法律关系而言，其客体为行为。然而就人格权与处分行为之客体究竟为何学说上尚存在广泛的争议。

但随着社会生活的发展与变迁，客体日益丰富，有的难以归入这三类。例如，类似比特币的虚拟财产和数据就很难确定其属性。一方面，虚拟货币依赖于服务商提供的服务，一旦服务商终止服务，虚拟货币就不能存在，因此，不符合所有权绝对性、永续性和排他性的要求；另一方面，在针对服务商之外的他人时，虚拟财产又显示出支配性，能够有效排斥他人的侵犯，完全按照债权处理，也不符合虚拟财产的特性。我国《民法典》第127条规定："法律对数据、网络虚拟财产的保护有规定的，依照其规定。"与此类似，个人信息等均难以被四类客体所包含。甚至个人信息是否是一种权利，在学界还没有定论。我国《民法典》第111条规定："自然人的个人信息受法律保护。任何组织或者个人需要获取他人个人信息的，应当依法取得并确保信息安全，不得非法收集、使用、加工、传输他人个人信息，不得非法买卖、提供或者公开他人个人信息。"由于没有使用"个人信息权"的表述，对其保护又需要结合行为违法性的程度，应当只是作为一种利益。因此，民事法律关系的客体具有多样性，随着社会经济、文化生活的发展，其还会不断扩张，从而呈现出一个开放的、发展的局面。

（三）民事法律关系的内容

民事法律关系的内容是指民事主体所享有的权利和承担的义务。例如，在所有权关系中，民事主体对自己的物享有占有、使用、收益、处分的权利，其他人负担不得干涉所有人行使所有权的义务。在合同关系中，合同双方往往互相负担权利义务，一方的权利内容就是另一方的义务。

民事权利是指法律通过国家强制力予以保障的特定利益。因此民事权利的主要构成要素有二，其一是特定利益，其二是法律上之力。特定利益构成民事权利的实质内容，是民事权利的价值所在；法律上之力为特定利益的实现提供法律基础，为权利的实现提供保障。

民事义务是指法律为了保障民事权利的实现，而对民事主体施加的为或不为一定行为的法律负担。民事义务的内容来自法律的规定或合同的约定，体现为一种负担，是一种不利益。为了保证这一负担的履行，民事义务具有强制性，由国家强制力保障实施。但即使承担民事义务，也不会拘束民事主体的人格；在人格上，民事权利主体和民事义务主体仍然是平等的。

三、民事法律关系的变动

民事法律关系的变动可以分为民事法律关系的发生、变更和消灭。因民事法律关系的变动造成了民事权利义务的变动。民事法律关系的变更与民事权利的变更有所不同。例如，债权债务关系中，如果改变的是履行期限或履行方式，则不属于民事权利的变更。民事法律关系的消灭也并非一定可以带来民事权利的消灭。民事法律关系中往往存在多个权利义务，其中一个权利的消灭不能带来全部法律关系的消灭。例如，买卖合同关系中，交付价金的请求权因交付而消灭，但是买卖合同关系仍然不消灭，交付标的物的请求权仍然存在。

民事权利的发生（取得）可以分为原始取得和继受取得。继受取得可以分为特定继受取得和概括继受取得。前者指从他人财产中取得特定物，如物品买卖；后者指直接取得他人的全部财产（全部权利义务），如继承或者法人合并。《民法典》第129条规定："民事权利可以依据民事法律行为、事实行为、法律规定的事件或者法律规定的其他方式取得。"

四、民事法律关系变动的原因

民事法律关系的变动并非凭空发生的，其发生、变更、消灭均需要存在法律上的原因，也就是民事法律事实。所谓民事法律事实，是指能够引起民事法律关系发生、变更、消灭的客观情形。并非一切客观的变动都会引起民事法律关系的变动。自然界的日升日落、刮风下雨、云卷云舒，人类社会的门庭若市、车水马龙，其本身并不会带来民事法律关系的变动。只有具备法律意义的客观事实，才能引起民事法律关系的变动。

民事法律事实以民法规范为依据。作为社会关系的变动，只有民法赋予规范意义的法律事实才能带来民事法律关系的变动。作为抽象依据的法律规范，以构成要件的方式明确了哪些法律事实能够带来法律后果。这些构成要件赋予了客观事实以法律效力，指示了哪些法律事实能够带来法律效力；同时，法律后果决定了民事法律事实的变动方向。

民事法律事实以客观现象带来法律关系的变动。单纯的法律规范只停留在抽象层面，并不能直接对具体的民事法律关系产生效力。只有能够被民法规范涵摄的客观事实发生了，才能真正带来相应的法律后果。民事法律事实存在两个子分类：自然事实和人的行为。其中，自然事实又分为状态与事件。人的行为分为法律行为、准法律行为、事实行为和违法行为。

（一）自然事实

民法上所称的自然事实，是指人的行为之外的，不受主体意志影响的，能够引起民事法律关系发生、变更或消灭的一切客观情况。例如，物的灭失会带来物权消灭的后果；人的死亡会带来主体灭失的后果，发生继承。自然事实又分为两种：状态和事件。状态是指持续性的某种客观情况，如时间流逝、对物的占有、人的成年等；事件是指一时性的某种客观情况，如战争、罢工、果实落地（孳息分离）等。

（二）人的行为

行为是指人有意识的活动。产生民事法律关系变动的行为，主要是民法上的行为。行为可以分为适法行为和违法行为。

1. 合法行为与违法行为

合法行为，是指符合民法规定，或者至少不违反民法规定，能引起民事法律关系发生、变更或消灭的行为。合法行为可以分为法律行为、准法律行为和事实行为三种。其中法律行为和准法律行为可以合称为“表意行为”，事实行为可以被称为“非表意行为”。

违法行为是指违反民法规定，侵犯他人合法权益，依法应当承担民事责任的行为，主要包括侵权行为、违约行为。有的学者还会在合法行为和违法行为之外单列“其他行为”，具体包括防卫过当、避险过当。[1]

2. 法律行为与准法律行为

（1）法律行为。法律行为是指以私法上效果的意思表示为要素的一种法律事实。法律行为是学理上的概念，是对表意行为的一般抽象概括。我国制定法上并没有“法律行为”这一词汇，而采用了“民事法律行为”的概念。根据《民法典》第133条的规定：“民事法律行为是民事主体通过意思表示设立、变更、终止民事法律关系的行为。”法律行为与事实行为的区别在于法律效果的发生方式。如果根据当事人意思表示的内容发生法律拘束力，那么就是法律行为；如果根据法律规定直接发生拘束力，与当事人意思表示的内容无关，则属于事实行为。因此，由于以意思表示作为实质内核，法律行为必须对外表示，而事实行为则不必。

（2）准法律行为。准法律行为是指行为人以一定心理状态表现于外部，效力由法律规定的行为。准法律行为就是用意思表达的方式告知他人事项。准法

〔1〕 梁慧星：《民法总论》（第五版），法律出版社2017年版，第65页。

律行为与法律行为可以被共同归纳为广义上的法律行为。[1]但是准法律行为的表示内容并不能直接带来法律后果，而是通过法律规定赋予。例如，我国《民法典》第384条规定："地役权人有下列情形之一的，供役地权利人有权解除地役权合同，地役权消灭：……（二）有偿利用供役地，约定的付款期限届满后在合理期限内经两次催告未支付费用。"由此规定可知，在给付义务人没有给付款项时，权利人必须经过两次催告才能够解除合同。如果权利人只对给付义务人进行了一次催告，即使催告中写明"十日之内不付款即解除合同"，也不能当然发生效力。因为催告的效力是法律规定赋予的，与当事人意思表示无关。准法律行为包括意思通知、观念通知与感情表示。

意思通知是指表示内心意思的行为。该行为虽然存在表示意思的行为，但仅为内心意愿的告知，发生的法律后果与当事人内心意愿无关，如要约拒绝、履行催告、选择权行使催告。观念通知，是指某种客观事实通知对方当事人的行为，仅包括有关事实，不包括意思的表达，如承诺迟到通知、债权让与通知。感情表示，是表示行为人感情的行为，如被继承人的宽恕。有关准法律行为的规定往往较为简单，需要进行类推适用。是否能够适用有关法律行为的规定，还需要结合具体行为的性质。但由于准法律行为和法律行为都是表示行为，需要表意人的表示，因此有关行为能力、意思表示瑕疵、意思表示效力的发生时期及代理之规定原则上均得类推适用。[2]

法律适用

对于"行为"这一民事法律事实的划分存在一定争议，争议点之一在于"事实行为"是否包含了"侵权行为"。从这一套概念的源头来看，德国民法典《立法理由书》中将行为三分为"法律行为"、"法律上行为"和"侵权行为"。在这个三分法中，所谓的"法律上行为"实际上是通过否定"法律行为"和"侵权行为"得出的。因此"法律上行为"本身并不具有共通的内核。[3]从"法律上行为"可以看出，其实质上包括了准法律行为和事实行为。因此，若认为事实行为直接包含侵权行为，可能与这一套概念体系的本来面目不符。

除此之外，我国学者进一步寻找了区分事实行为与侵权行为的论据，即侵

〔1〕黄立：《民法总则》，中国政法大学出版社2002年版，第192—193页。
〔2〕王泽鉴：《民法总则》，北京大学出版社2009年版，第239—240页。
〔3〕［德］维尔纳·弗卢梅：《法律行为论》，迟颖译，法律出版社2013年版，第123—124页。

权行为与事实行为之间存在本质不同。事实行为不适用行为能力制度，不论行为人能力如何，均会产生法律后果，如拾得遗失物或建筑房屋。而侵权行为则不然，行为人对自己的侵权行为承担法律责任，必然以其具备责任能力为前提。只有达到一定年龄，具有足够的辨识、控制能力的行为人，才能对自己的行为承担责任。[1]另外，侵权行为产生包含法律否定性评价和制裁的侵权责任，而事实行为并不会产生民事责任。如果侵权行为与事实行为存在实质差别，那么的确并非一定要将侵权行为纳入事实行为。

认为事实行为与侵权行为应当区分的学说，重视的是两者之间的区别。认为侵权行为是事实行为之一种的学说，重视的是两者之间的相同，即两者都不包含意思表示，都是依法律规定产生相应法律效果。作为抽象性的技术，如何概括一个概念都是可以的，并无优劣，但必须注意到概念的两个功用：一方面，概念承载了法学学术交流的基础，具有通识意义的概念是能够交流的前提。因此，概念具备稳固的内涵自然是必要的；另一方面，概念的目的是囊括其实质内核，并据此确立规范，对生活事实进行有效的评价，安放法律后果。从这个角度来看，重要的是界定概念之后能够有效承载规范的适用，其后的评价（法律后果）必须能够反映其内容，在理论上具备正当性。即使不能得到最终的结果，了解这些分类也有助于加深对概念的理解。

第四节　中国《民法典》的结构与编纂背景

一、民法与体系化

法律体系可以分为内部体系和外部体系，前者是指由法律基本原则构成的价值系统；后者是指以概念为基础的规范构造。民法典最重要的任务就是整理民法规范，促进民法的体系化。体系化的民法存在以下优点。

（一）体系化可以促进民法形成科学结构

理性主义者都希望能够把世界纳入一种理性的结构之中。[2]受理性主义影响，法学家希望把这一理念引到民法中，探寻民法的科学结构，寻求民法的体

〔1〕朱庆育：《民法总论》（第二版），北京大学出版社 2016 年版，第 83 页。

〔2〕［英］约翰·科廷汉：《理性主义者》，江怡译，辽宁教育出版社、牛津大学出版社 1998 年版，第 7 页。

系化与科学化。从形式合理性的角度来看，法典要具备形式的、客观的合理性，表现为手段和程序的可计算性、形式的合逻辑性。从实质理性的角度看，法律追求目的和后果的价值。[1]以上也就要求民法符合法律正确性的要求。通过这一理性化的双重构建，使得法典能够负载立法使命，以最为精确的方式表达出来。当然，作为人文科学的法学，不可能如数学般精确而变成绝对意义上的“科学”。但“科学化”一词表现的是一种趋向，是体系化的努力，要求立法者竭尽所能减少法律体系的矛盾，向理想的“科学”标准不断努力。

在《民法典》颁行前，我国存在众多民商事单行法，但是这些法律法规是在缺少体系性安排的情况下颁布的。在改革开放后中国飞速发展的几十年间，为了满足客观条件的变化，众多民商事法律不断出台，不同的民商事法律反映了不同的时代要求和经济特色，其中的矛盾和冲突之处已经对法律的理解和适用造成了一定困难。例如，在市场主体方面，既有依所有制形式制定的《全民所有制工业企业法》，也有依企业组织形式制定的《公司法》，还有民法、诉讼法中法人、非法人组织、其他组织的称谓，法律之中重复、矛盾的地方比比皆是。[2]通过《民法典》的颁布，能够有效统一私法领域内概念、规则及法律适用的情形，降低法官法律整理和找法工作的难度。

（二）体系化效应能够更准确地适用法律

作为民事基本规范的民法，不仅要有效调整市场经济关系，维持经济稳定，还要贯彻法律原则和政策，实现立法者的价值判断。因此，社会生活对民事规范的周延程度具有非常高的要求。特别是新的科学技术往往首先运用到经济生活中，冲击着原来的规范结构，要求民法快速地作出有效回应。

这种挑战并不能单纯依靠立法者来解决：现代社会的变化越来越快，而立法程序却非常冗长。因此，必须借助司法的力量，通过法官对法学方法论的应用，让民法规范具有一定的活力，自发地生长出新的规范。当然，这一规范的成长并非无条件的，而是必须依托既有的民法体系，以“融贯性”作为判断标准，经由法官利益衡量，生发出新的裁判规则。通过法典的篇章结构、谋篇布局形成民法的外在体系；通过法典的价值位阶、基本原则形成民法的内在体系，为法官解释法律及漏洞补充提供了实质理由。正是因为众多规范共同构成了一张“体系化”的大网，才能通过成熟的教义学体系不断生发出新的规范。

---

〔1〕姚辉主编：《民法总则基本理论研究》，中国人民大学出版社2019年版，第15—17页。

〔2〕柳经纬：《中国民法典编纂若干问题探讨》，载《中国高校社会科学》2015年第2期。

即使遇到了法律没有明确规定的案件，也可以通过形式上的逻辑构造和实质上的价值位阶，形成具体案件的裁判规范，有效维持法律的稳定。对于希望以脱法行为的方式规避民事法律的市场投机行为，也可以借助民法的体系效应，通过法学方法的努力生发出新的规则。

（三）体系化民法能够提供更稳定的价值评价

平等原则要求同等情况同等对待，不同情况不同对待。因此，良好的民事秩序要求价值评价的稳定性。如果案件事实评价要素相同，却对于相同的案件作出了不同的裁判结果，必然有害于规范背后法律原则的贯彻。相反，如果存在评价要素的差别，却得出了相同的裁判结果，也就失去了裁判的合理性。因此，在规范表述存在模糊和歧义时，必须保证寻找规范方法的谨慎和妥适。体系化的民法能够让价值内涵有据可循，使价值评价的要素清晰化，保证法学方法适用的合理性。因此，民法将不同规范的排列体系化，可以更为清晰地展示出立法者作出的价值评判，让司法者更易形成妥当的价值判断，从而在解释、适用法律时充分保证裁判的合理性。

（四）民法典是民法高度体系化的形式表现

民法的外部体系表现就是民法典。民法典就是将全部的民法或一个大的民法规范符合逻辑地汇编成一部法典。由于市民生活的复杂性，民法囊括了平等主体之间的人身关系和财产关系，规范的数量和复杂程度极高，使得民法典的编纂具有很高的技术难度。如何有效整理私法规范并构建民法典，体现了一国的民法的理论实践水平。同时必须注意到，民法典作为成文法，必然存在不周延性、滞后性、不合目的性等局限性，[1]甚至由于立法者认识的有限性，还会有不妥之处。因此，我们还必然需要依靠特别法和案例，来补充成文法典之不足。

二、法典编纂结构的类型

（一）比较法上的法典编纂

民法有两种编纂体例，一种是罗马式，即法学阶梯式；另一种是德意志式，即潘德克顿式。罗马式来自罗马法学家盖尤斯的法学教科书《法学阶梯》的体例，共三编，第一编为人法，第二编为物法，第三编为诉讼法。《法国民法典》采取这一编纂思路，唯将诉讼法排除在外，首创实体法与程序法分立的先例。该

〔1〕 徐国栋：《民法基本原则解释：诚信原则的历史，实务、法理研究》（再造版），北京大学出版社 2013 年版，第 264—269 页。

法典由序编加三编构成，序编规定法律的公布、效力与适用；第一编规定人，包括民事权利的享有与丧失、身份证书、住所、失踪、结婚、离婚、父母子女、收养与监护、亲权的解除、成年、禁治产等；第二编规定财产及对所有权的各种限制，包括财产的分类、所有权、用益权等；第三编规定取得财产的各种方法，包括继承、赠与、遗嘱、契约等内容。2002年新增一编“适用于马约特岛的规定”，主要内容是关于前三编在法国海外省的马约特岛施行的规定。2006年将原来第三编中的保证、质押、优先权与抵押权三部分内容抽出来，作为新增的第四编“担保”。[1]罗马式编纂体例的特征为：没有作为共通规范的民法总则，将继承作为取得财产的一种方法，关于亲属法与人格法的部分内容混同，没有区分物权和债权。[2]意大利、比利时、西班牙和日本旧民法均采此例。

德意志式又称潘德克顿式。潘德克顿就是罗马法大全中《学说汇纂》的音译。19世纪德国法学发展迅速，通过研究《学说汇纂》而形成了一套近代民法理论体系，称为“潘德克顿法学”。潘德克顿式的五编制划分要比罗马式三编制更为细腻，并有一个逐渐演变的过程。例如，欧陆第一部民法典1756年《巴伐利亚民法典》采用四编制，人法、物法、债法、继承法，就可以看出最初潘德克顿式的雏形。[3]1863年萨克森王国制定颁布的《萨克森民法典》已经完全按照潘德克顿体系编排法典的内容。[4]

后来，德国继承了这一编纂思路，制定了《德国民法典》。该法典共分五编，第一编为总则，规定了人、物、法律行为、代理、时效与期间、权利的行使与保护等一般规定；第二编为债的关系，规定了债的内容、因契约产生的债务、债权债务关系的消灭、债权的转让、债务的承担、多数债务人和债权人等；第三编为物权，规定了占有、所有权、地上权、役权、先买权、土地负担、抵押权、质权等内容；第四编为亲属，规定了婚姻、亲属关系和监护等；第五编为继承，规定了继承顺序、继承人的法律地位、遗嘱、继承契约、特留份、丧失继承资格、抛弃继承等。这一体例的特点是，通过“提取公因式”方法将各编通用的规则从各编中抽取出来，形成通用的规则。于是在债权、物

---

〔1〕梁慧星：《民法总论》（第五版），法律出版社 2017 年版，第 13 页。

〔2〕陈华彬：《民法总则》，中国政法大学出版社 2017 年版，第 45 页。

〔3〕何勤华、周小凡：《我国民法典编纂与德国法律文明的借鉴——中国继受 1900 年〈德国民法典〉120 年考略》，载《法学》2020 年第 5 期。

〔4〕何勤华、周小凡：《我国民法典编纂与德国法律文明的借鉴——中国继受 1900 年〈德国民法典〉120 年考略》，载《法学》2020 年第 5 期。

权、亲属、继承四编之上，抽象出一个共通的总则编，规定民法的一般规则。不仅如此，债权、物权、亲属、继承各编之开头，也往往设第一章，规定该编的共同制度和共同规则，作为该编的总则。在总则之后，将债编放置于其他各分编之前，以表明债编可以类推适用于其他各编。这种“提取公因式”的方法，使得《德国民法典》冲破了罗马式的束缚，在立法技术上更为精密和科学，成为法律科学的巅峰之作。这种法典编纂体例逻辑性极强，在适用于具体案件时，常常需要同时适用不同分编的规定，未经过严格训练的人很难有效掌握这一适用方法，因此也被称为学说法。但也有学者对此提出批评：法学阶梯体系中的人法，被分解成了总则和亲属法两个部分，造成了对“人法—物法”结构的破坏，这是一个糟糕的分解；物法部分被分解成了债权法、物权法和继承法三个部分，由于对物法作了进一步的科学分析，这是一个明智的分解。[1]

除此之外，较为著名的法典还有1898年《日本民法典》、1912年《瑞士民法典》以及1922年《苏俄民法典》。当然，在借鉴潘德克顿式时，这些民法典也受到了罗马式的影响。以上所列民法典都对我国产生了很大的影响。

体系化并非只需立法者的工作，更需要法学家的积累和贡献。《法国民法典》三编制立法体例的形成就前后经历了多马、波蒂埃、布尔琼、波塔利斯等人的理论发展。《德国民法典》的五编制模式也是从注释法学派开始，经过萨维尼、海瑟、温德沙伊德等人的发展，是德国数代民法学者的集体智慧结晶。[2]

（二）我国《民法典》的编纂背景

中华人民共和国成立后，废除“伪法统”，开始着力于制定新的社会主义民法典。初期仿照苏联，于1950年颁布第一部《婚姻法》。之后以1922年《苏俄民法典》为蓝本，于1956年第一次完成新中国民法草案，分为总则、所有权、债、继承四编，共525条，但因历史原因未能颁行。[3]不过，由于《苏俄民法典》本身是参考《德国民法典》制定的，因此我国《民法典》仍然与大陆法系民法理念相通。

---

〔1〕 徐国栋：《民法典草案的基本结构——以民法的调整对象理论为中心》，载《法学研究》2000年第1期。

〔2〕 王利明：《民法典编纂与中国民法学体系的发展》，载《法学家》2019年第3期。

〔3〕 章正璋：《民法典修订的百年历程与当前中国民法典的制定》，载《江苏社会科学》2004年第6期。

1962年全国人大常委会开始第二次《民法典》起草工作。1964年7月，完成了三编体例的《民法典》。第一编为“总则”，第二编为“财产的所有”，第三编为“财产的流转”，将亲属、继承、侵权行为等排除在法典之外，将预算关系、税收关系等公法关系纳入法典。该次起草后因历史原因中断。

改革开放后，经济建设客观上要求颁布一部《民法典》。1979年全国人大常委会开始第三次《民法典》起草工作，主要参考1962年《苏联民事立法纲要》、1964年《苏俄民法典》和1978年《匈牙利民法典》，并于1982年完成了《中华人民共和国民法草案（第四稿）》，包括8编、43章、465条。[1]后考虑到经济体制改革刚刚开始，社会生活处在快速变动之中，若一次性通过庞大法典，必然会因为经济社会的快速发展而导致法典的频繁修改，不利于法律稳定。于是立法思路发生调整，采取“改批发为零售”“成熟一个通过一个”的方法。自此，我国开始以单行法的方式发展我国民事法律。在单行法的轨道上，我国于1981年颁布《经济合同法》，1985年颁布《涉外经济合同法》，但由于缺乏共通制度的一般规定，不能有效确立市场经济秩序，单行法难以发挥作用。因此在《民法草案（第四稿）》的基础上，制定了一部概括性的民事基本法律，此即1986年颁布的《民法通则》。随后，又陆续颁布了《商标法》《专利法》《海商法》《票据法》《担保法》等单行法。1999年通过《合同法》，废止《经济合同法》、《涉外经济合同法》和《技术合同法》。

1998年全国人大决定恢复《民法典》起草，第四次启动了《民法典》编纂工作，并于2002年完成了一部草案。2002年12月23日，第九届全国人大常委会第三十一次会议对《民法典（草案）》进行了初次审议。该草案包括9编，总则、《物权法》、《合同法》、《人格权法》、《婚姻法》、《收养法》、《继承法》、《侵权责任法》和《涉外民事关系法律适用法》。但2004年恢复了《物权法（草案）》的修改、审议，搁置了《民法典（草案）》的审议工作，我国又回到了制定单行法的轨道上。2007年3月16日通过《物权法》，2009年通过《侵权责任法》，我国以单行法的方式构建民事法律体系基本完成。

2014年10月，《中共中央关于全面推进依法治国若干重大问题的决定》明确提出“加强市场法律制度建设，编纂民法典”，第五次启动了《民法典》编纂工作。根据党中央的工作部署，《民法典》的起草工作由全国人大常委会法制工作委员会牵头，最高人民法院、最高人民检察院、司法部、中国社会科学院、中国

---

〔1〕章正璋:《民法典修订的百年历程与当前中国民法典的制定》，载《江苏社会科学》2004年第6期。

法学会为协助单位。立法机关于2016年7月公布的《关于〈中华人民共和国民法总则（草案）〉的说明》指出，编纂《民法典》采取“两步走”的工作思路进行：第一步，制定《民法总则》，作为《民法典》的总则编；第二步，编纂《民法典》各分编，经全国人大常委会审议和修改完善后，再与《民法总则》合并为一部完整的《民法典（草案）》。

2015年3月，全国人大常委会法制工作委员会开始着手第一步的《民法总则》制定工作，以1986年制定的《民法通则》为基础，形成《民法总则（草案）》。2017年3月由第十二届全国人民代表大会第五次会议审议通过的《民法总则》，完成了《民法典》编纂工作的第一步，为《民法典》编纂奠定了坚实基础。此后，第十二届、第十三届全国人大常委会开始着力于《民法典》分编的编纂。在已有的各单行法的基础上，形成了包括物权、合同、人格权、婚姻家庭、继承、侵权责任6个分编在内的《民法典》各分编草案，在此基础上，将《民法总则》与经过常委会审议和修改完善的《民法典》各分编草案合并，形成《民法典（草案）》。2020年5月28日15时08分，十三届全国人大三次会议表决通过了《中华人民共和国民法典》，宣告中国“民法典时代”正式到来。

三、我国《民法典》的结构

（一）我国《民法典》的篇章结构

《中华人民共和国民法典》共7编、1260条，各编依次为总则、物权、合同、人格权、婚姻家庭、继承、侵权责任，以及附则。我国虽然继受了潘德克顿模式，但是与传统的潘德克顿式法典并不相同，设置了人格权编和侵权责任编，并且以合同编代替了债编。以下简略介绍各编及附则内容。

1. 总则编

第一编“总则”规定民事活动必须遵循的基本原则和一般性规则，统领民法典各分编。第一编共10章、204条，主要内容包括：基本规定、自然人、法人、非法人组织、民事权利、民事法律行为、代理、民事责任、诉讼时效和期间计算。

2. 物权编

第二编共5个分编、20章、258条，主要内容包括：通则、所有权、用益物权、担保物权、占有。物权编首先根据现实状况对物权法进行了调整。例如，按照中央政策的发展变化，物权编加入了“三权分置”的内容，删除了原《物权法》第184条中关于耕地不得抵押的规定。同时，物权编为了适应社会发展需要，新增了部分制度，如居住权。为便利融资，发展经济，对担保物权中的动产担保部分进行了较大的修改完善。

3. 合同编

第三编共3个分编、29章、526条，主要内容包括：通则、典型合同、准合同。在原《合同法》买卖合同、赠与合同、借款合同、租赁合同等15种典型合同的基础上，增加了4种新的典型合同：保证合同、保理合同、物业服务合同和合伙合同。准合同包括无因管理和不当得利。

4. 人格权编

第四编共6章、51条，主要内容包括：一般规定；生命权、身体权和健康权；姓名权和名称权；肖像权；名誉权和荣誉权；隐私权和个人信息保护。本编结合了事先预防与事后救济，如规定了人格权的禁令制度，要求用人单位防止性骚扰等。对于因高科技产生的基因编辑、人体胚胎以及临床试验等多个新问题也进行了探索规定。

5. 婚姻家庭编

第五编共5章、79条，主要内容包括：一般规定、结婚、家庭关系、离婚、收养。该部分有效整合了《婚姻法》和《收养法》，在保护弱势群体、维护家庭和谐稳定的价值基础上，补充了新的制度。例如，第1054条增设第2款，赋予了无过错方在婚姻无效或者被撤销时的损害赔偿请求权；第1087条规定，离婚时夫妻对共同财产处理协议不成的，法院除按照照顾子女、女方权益原则判决外，也要遵循照顾无过错方权益的原则。

6. 继承编

第六编共4章、45条，主要内容包括：一般规定、法定继承、遗嘱继承和遗赠、遗产的处理。继承编也对原来《继承法》作出了部分修正。例如，扩大了代位继承人的范围，增加被继承人的兄弟姐妹的子女为代位继承人；取消公证遗嘱的优先效力，确立设立在后的遗嘱效力优先规则等。

7. 侵权责任编

第七编共10章、95条，主要内容包括：一般规定、损害赔偿、责任主体的特殊规定，以及各种具体侵权责任。具体侵权责任包括产品生产销售、机动车交通事故、医疗、环境污染和生态破坏、高度危险、饲养动物、建筑物和物件等领域的侵权责任。新增了自甘风险规则、生态破坏责任等。

8. 附则

“附则”（包含2条内容）明确了《民法典》与原《婚姻法》、《继承法》、《民法通则》、《收养法》、《担保法》、《合同法》、《物权法》、《侵权责任法》、《民法总则》的关系。

（二）我国《民法典》的特征

1.“编”“纂”结合，分阶段完成

在制定《民法典》时应当区分起草和编纂。编纂是指存在法律规范基础，但需要进行法律整理，消除矛盾的部分，补充欠缺的内容，进而形成一部法典；而起草则是不存在法律规范基础，重新制定出一部法典。

改革开放以来，我国在民事领域已经有了深厚的立法基础。《民法典》颁布前就已经存在《民法通则》《民法总则》《合同法》《物权法》《担保法》《侵权责任法》《婚姻法》《继承法》《收养法》，因此，党的十八届四中全会决定“编纂民法典”，这是非常准确的表述。此次《民法典》并非简单地汇集各编内容，而是吸收和借鉴已有单行法的经验，结合中国国情，进一步完成了体系化和科学化的作业。《民法典》一方面进行系统整合、修改、完善，将不一致的规定统一起来，将重复的规定进行合并精简，对其中已经不适应现实情况的规定进行修改完善；另一方面结合实践经验和新时代需求，补充空白的规定，对社会经济生活中的新情况、新问题作出有针对性的新规定。[1]最终，我国按照“两步走”的规划，完成了我国《民法典》的编纂。

2. 坚持实用主义导向

我国《民法典》有较强的实用主义导向。首先，从条文占比上看，我国《民法典》明显以财产法为主干，更加重视《民法典》的经济意义。物权编、合同编与侵权责任编的条文数量在《民法典》中占69.8%之多，而婚姻家庭编和继承编的条文在数量上仅为《民法典》的9.8%。[2]

其次，立法者关注的重点是社会热点问题，力图从各个方面充实完善《民法典》的内容，使《民法典》能够反映当前社会生活的特点和要求。[3]正是因为《民法典》的规则常常是为了解决实际问题，可以说《民法典》以其内容的实用性为第一要义，而并不特别注重形式理性和体系建构。因此，《民法典》颁布后，通过理论研究建构民法体系，形成成熟的法教义学，是重要的解释论工作。

3. 人格权独立成编，着力保护人格尊严

---

〔1〕张鸣起：《民法典分编的编纂》，载《中国法学》2020年第3期。

〔2〕朱广新：《民法法典化的历程与特色》，载《中国法律评论》2020年第3期。

〔3〕郭明瑞：《关于编纂民法典须处理的几种关系的思考》，载《清华法学》2014年第6期。

近代民法以财产法为中心，核心要义是私法自治。进入21世纪，民法不再执着于形式平等，而更多强调弱势群体保护和人格尊严优先。我国《民法典》将人格权独立成编，就是这一思想的体现。人格权独立成编凸显了民法作为“人法”的本质，有助于改变传统民法“重物轻人”的体系缺陷。[1]

“人格权编”扩充了人格权相关的条文数量，形成了人格权体系。从上述罗马式与潘德克顿式两种编纂体例可以看出，罗马式中有专门的“人法”，而潘德克顿式则将“人法”拆解，一部分放到总则，另一部分放到亲属编和继承编。由于分编部分都是身份法的内容，导致人格权无处安放。[2]而我国《民法典》则为人格权设立了独立编章：“人格权编”一般规定部分抽取了人格权的共通规则，分则部分则以具体人格权展开。通过姓名、肖像等权利，以类型化的方式提供了比较稳定的规则，而且以“一般人格权”进行兜底，同时保护了人格尊严、人格平等和人身自由。

从法律适用角度看，人格权编规则大多不是独立的请求权基础规范，而是侵权责任编规则的辅助规范。王泽鉴先生指出：“《民法典》第995条第1句规定：‘人格权受到侵害的，受害人有权依照本法和其他法律的规定请求行为人承担民事责任。’所谓本法，系指《民法典》，尤其是侵权责任编的规定。由此可知，人格权编本身并未明定人格权受侵害的请求权规范（要件及效果），其所规定的多属个别人格权的概念、保护范围，从而必须连接于侵权责任法始能适用。在此意义上，人格权编系侵权责任法的辅助规范（不完全法条、定义性、补充性规定），不具法律适用的完整性，此亦为学者反对人格权独立成编的重要理由。”“此种规范模式造成法律适用的复杂性，从而处理个案时必须结合侵权责任编及人格权编的相关规定，始能建立完全的请求权规范。”[3]由此带来的法律适用问题，尚须理论与实践协作予以解决。

4. 拆解债法，分设合同编和侵权责任编

我国《民法典》单设“侵权责任编”，该编同时存在总则和分则；在“侵权责任编”中抽象出了共通规则，也是非常有特色的做法。侵权责任编位于法典最末，从而形成了我国民法典“权利—救济”的体系，即以权利为主线，以权利救济为结尾。

---

〔1〕 王利明：《体系创新：中国民法典的特色与贡献》，载《比较法研究》2020年第4期。

〔2〕 李开国：《评〈民法草案〉的体系结构》，载《现代法学》2004年第4期。

〔3〕 王泽鉴：《中国民法的特色及解释适用》，载《法律适用》2020年第13期。

传统大陆法系并不单设侵权责任编，而是以“债编”统摄合同、侵权、无因管理和不当得利等债的发生原因。所有的债都被抽象为一个民事主体向另一个民事主体主张作为或不作为的权利。在债的体例下，债法总则就债权行使抽象出了足够的共性，可以适用于整个债法领域，有效地节省了立法资源。但由于各个债的发生原因之间区别较大，债法总则往往以合同法为原型构建，有时并不能兼顾其他债的发生原因。合同规制特别结合关系，是合法行为，是当事人通过意思自治形成的自愿交易，能够促进社会财富的增长；而侵权行为调整陌生人之间的一般结合关系，是违法行为，是加害人侵犯受害人的权利，造成了社会财富的减损。侵权法体现了法律的强行性，在债的产生、责任范围、抵销以及免责条款的设计等方面两者均有较大不同。[1]因此，作为法定之债的侵权法，相当部分债法总则的规定并不能适用。同时，因为债编需要统摄的内容过多，往往无法对侵权法作出更为翔实的规定，限制了侵权法的发展。《法国民法典》只有区区九条规定侵权责任，《德国民法典》也只有二十余条，并不能适应风险社会对侵权规范的需求。[2]我国单设侵权责任编，将排除妨害等绝对权保护方法纳入权利的救济体系中，有效弥补了损害赔偿的不足，是体例上的一大创建。

法律适用

“七编制”是我国《民法典》非常有特色的体例。但就其带来的法律适用问题，可能尚需要进一步思考。

侵权责任独立成编可以追溯到苏联对民事责任的认识。[3]而出于我国独特的立法历史，这一认识被加强了。改革开放以来很长一段时间我国并无《民法典》，而是“成熟一个，制定一个”的“零售式”作业。在市场经济中，合同是最基本的交易方式。对合同法的迫切需求使得立法者最先将合同部分从债法中抽离出来，先后颁布《经济合同法》、《涉外经济合同法》和《技术合同法》，后来单独颁布《合同法》。这样虽然高效地满足了社会的规范需求，但是就此肢解了债法。为了进一步填补法定之债的空白，只能单独颁布《侵权责任法》。就此，加上《民法通则》第92、93条的不当得利和无因管理，已经初步形成了债法体系，即以《合同法》总则、《侵权责任法》一般规定以及《民

〔1〕 王利明：《论侵权行为法的独立成编》，载《现代法学》2003 年第 4 期。
〔2〕 王利明：《体系创新：中国民法典的特色与贡献》，载《比较法研究》2020 年第 4 期。
〔3〕 温世扬：《中国民法典体系构造的“前世”与“今生”》，载《东方法学》2020 年第 4 期。

法通则》第92、93条作为债法总则，《合同法》分则、《侵权责任法》具体责任制度以及其他相关单行法规范作为债法分则。[1]这种立法满足了实践的要求，却给《民法典》设置债编带来了技术障碍：《合同法》和《侵权责任法》都具备完善的总—分结构，规范内容丰富，各自形成了程度不同的体系，统一设立债法总则意味着拆解和重组已有的《合同法》和《侵权责任法》，带来了一定技术难度。最后立法者没有选择设立债法总则，应当有这一难题的考虑。但规范的外部体系不应当影响到内部体系的建构，我国《民法典》可以没有债法编，但我国民法学不能没有债法体系，这一点在学习民法时尤其应当注意。

在我国《民法典》的体例上，需要通过总则编的条文搭建整个债法体系。《民法典》第118条规定："民事主体依法享有债权。债权是因合同、侵权行为、无因管理、不当得利以及法律的其他规定，权利人请求特定义务人为或者不为一定行为的权利。"通过该条，确立了债权和债的发生原因，为整个债法体系的搭建提供了基础。[2]

搭建债法体系更为重要的是为法律适用提供规则，也就是将《合同编》中有关债法的规范重新回归债法总则，进而适用于侵权责任编及其他债的类型。这一解释论作业依托于《民法典》第468条。该条规定："非因合同产生的债权债务关系，适用有关该债权债务关系的法律规定；没有规定的，适用本编通则的有关规定，但是根据其性质不能适用的除外。""适用本编通则的有关规定"这一表述为"合同编"通则规定适用于其他各编提供了通道。此时重点就是识别"合同编"通则之中哪些规范属于债法规范，哪些规范属于合同法的规范，从而让债法规范适用于整体债之领域，合同法规范仅适用于合同。由此，总则编第118条为我国债法体系建立基础，合同编通则中的实质债法规范构成我国的债法总则。合同编典型合同部分、侵权责任编、合同编准合同规定的无因管理及不当得利、合同编第500条缔约过失的规定等，共同构成我国的债法分则。我国《民法典》虽无形式上的债编，但却有实质上的债法体系，该体系可以在以"给付关系"为核心的债法领域中，合理地实现"同样事项，同样处理"，具有重要的法律适用意义。[3]

〔1〕温世扬、朱海荣：《中国民法典对潘德克顿体系的扬弃》，载《苏州大学学报（哲学社会科学版）》2020年第4期。

〔2〕孙宪忠：《当前我国民法典分则编纂的几点思考》，载《华东政法大学学报》2019年第5期。

〔3〕于飞：《我国民法典实质债法总则的确立与解释论展开》，载《法学》2020年第9期。

第二章　民法基本原则

提　要

民法基本原则，是指蕴含在整体民事法律制度和民事法律规范之中，指导民事立法、民事司法及民事活动的民法根本准则和价值判断标准。《民法典》总则编第一章“基本规定”规定了我国民法基本原则。以制定法的方式，将传统民法中的一些价值理念肯认为民法基本原则，这是我国民事立法及《民法典》的一个重要特点。民法基本原则具有立法准则功能、司法准则功能、法律解释功能及漏洞补充功能。

站在解释论立场上，以制定法为依据，我国民法基本原则共有以下七个，即“权益保护原则”（《民法典》第3条）、“平等原则”（《民法典》第4条）、“自愿原则”（《民法典》第5条）、“公平原则”（《民法典》第6条）、“诚信原则”（《民法典》第7条）、“公序良俗原则”（《民法典》第8条）以及“绿色原则”（《民法典》第9条）。在以上原则中，权益保护原则、平等原则、自愿原则可称为“基本体制原则”，公平原则、诚信原则、公序良俗原则、绿色原则可称为“体制限制原则”。两类原则构成民法中相辅相成的两条价值线索。

重点问题

1. 民法基本原则的功能。
2. “基本体制原则”与“体制限制原则”之间的关系。
3. 诚实信用原则在司法裁判中的功能。
4. 公序良俗原则在司法裁判中的功能。

第一节　民法基本原则概述

一、我国民法基本原则的发展史

法、德、瑞、意、奥、日、中国台湾地区等大陆法系传统民法典中，没有民法典首章“基本原则”的立法体例。平等、自由、公平、权利受保护这些民法基本价值理念，一般不会在民法典中明文规定。以“基本原则”为民法典首章的立法体例来源于社会主义法系。1922年《苏俄民法典》第一章即“基本原则”，[1]1964年《苏俄民法典》第一章沿袭之，[2]并影响了众多社会主义民法典。苏联学者苏哈诺夫在对众多社会主义民法典进行比较分析之后指出：“各个社会主义民法典，都以这样或那样的方式把一般性规定、首先是社会主义民事法律调整任务和原则单独分开规定。”[3]可以说，以“基本原则”为法典首章，是社会主义民法典的一个体系标识。

我国目前公开资料中可查的最早的民法草案——1955年10月5日的“民法总则草稿”，第一章即“基本原则”。[4]以后历次《民法典》编纂中形成的草案沿袭了这一立法体例。特别值得指出的是，《苏俄民法典》第一章虽然称为“基本原则”，但其中并没有平等、自愿、公平、诚信、公序良俗、权益保护这些我国现在认为是民法基本原则的内容。实际上，这些基本原则是我国改革开放后第三次编纂《民法典》过程中，在历次草案里逐渐添加进去的。[5]质言之，我国一方面继受了“基本原则”这个社会主义民法典的典型结构，另一方面向该结构里注入了自己独特的实质内容。对比来看，大陆法系传统民法典没有“基本原则”这一立法结构，社会主义民法典虽有这样的立法结构，却无民法基本价值理念这些内容。“‘基本原则’的形式结构+民法价值理念的实质内容”这一组合，构成我国民法的一个显著特色。

1986年《民法通则》第一章即“基本原则”，该章在内容上把自由、平等、权利、公平等民法价值理念以法条形式明文规定，再把传统民法中本来就有的诚实信用、公序良俗概括条款提升一步，将价值理念与概括条款熔为一炉，在“基本原则”的名称下统一了起来。2017年《民法总则》基于第一章除

---

〔1〕《苏俄民法典》，郑华译，法律出版社1956年版。

〔2〕中国社会科学院法学研究所民法研究室编：《苏俄民法典》，中国社会科学出版社1980年版。

〔3〕法学教材编辑部、《外国民法资料选编》组选编：《外国民法资料选编》，法律出版社1983年版，第151页。

〔4〕何勤华、李秀清、陈颐编：《新中国民法典草案总览》（增订本）（上卷），北京大学出版社2017年版，第1页。

〔5〕《中华人民共和国民法草案（征求意见稿）》（1980年8月15日）、《中华人民共和国民法草案（征求意见二稿）》（1981年4月10日）、《中华人民共和国民法草案（第三稿）》（1981年7月31日）、《中华人民共和国民法草案（第四稿）》（1982年5月1日）、《中华人民共和国民法总则（讨论稿）》（1985年7月10日），何勤华、李秀清、陈颐编：《新中国民法典草案总览》（增订本）（中卷），北京大学出版社2017年版，第1151—1344页。

基本原则外还包括了法源、法律适用等其他内容，将章名改为“基本规定”；在内容上，将体现市场经济发展阶段性的“等价有偿”排除于基本原则之外，并新增了绿色原则。以上章名及内容均被《民法典》所沿袭。

二、民法基本原则的概念和功能

民法基本原则，是指蕴含在整体民事法律制度和民事法律规范之中，指导民事立法、民事司法及民事活动的民法根本准则和价值判断标准。

德国学者认为，民法体系分为内在体系和外在体系。外在体系是指对法律事实和法律制度所作的概念上的整理和阐明，内在体系是指支配整个民法的基本原则以及这些原则之间的实质联系。[1]民法基本原则构成民法的内在体系，其对民法之整体起到价值统领和支配作用，以调和外在体系中的规则冲突和价值冲突，将一套和谐统一的价值体系融贯在民法规则之中，并经由规则适用将价值体系贯彻于民事实践，因此民法基本原则意义重大。

通常认为，民法基本原则具有以下功能。

（一）立法准则功能

民法基本原则是贯穿于整个民事立法并对各项民法制度和民法规范起统率与指导作用的立法方针。在各项民事立法活动中，立法者有义务遵循民法基本原则的价值指示，并将这些民法基本价值判断贯彻于各个民法规则之中。

（二）行为准则功能

民法基本原则是一切民事主体进行民事活动之时的行为准则。民事主体在为民事活动时，不仅要遵循各项民事具体规范，还要遵循民法基本原则上的价值指引。因此，民法基本原则构成民事主体的行为规范。

（三）法律解释功能

民法基本原则是进行法律解释的依据。法律非经解释不能适用。法官在对法律条文进行解释时，应遵循民法基本原则的价值指导，尤其在涉及法律目的的解释活动中，要在民法基本原则构成的内在体系中探求法律的客观目的。

在传统的法律解释方法——文义解释、体系解释、历史解释、目的解释之中，民法基本原则尤其与目的解释关系密切。目的解释中的目的，并非指立法者在历史上的主观目的，而是指法律在当今法秩序中的客观目的，此种目的尤其应当在法律价值中寻找。而民法基本原则正是表达法律价值的载体，从而其

---

〔1〕［德］卡尔·拉伦茨：《德国民法通论》（上册），王晓晔等译，法律出版社 2013 年版，第 1 页。

与目的解释紧密勾连起来。传统大陆法系民法典通常不会明文规定民法基本原则，我国将民法基本原则制定法化，有利于明确法律目的的内涵，从而便利目的解释的操作及其功效的发挥。

（四）漏洞补充功能

法律解释以可能的文义为界限，超越此界限即进入漏洞补充的范畴。由于成文法天然地具有不周延性、滞后性等局限性，[1]故其必定存在法律漏洞，并且漏洞还会随着社会发展及新情况的出现而日见其多。基于法官具有不得拒绝裁判的义务，故若存在法律漏洞，法官就需要积极寻找对个案妥当的规则并依之裁判。在法官进行漏洞补充作业时，民法基本原则就是其重要的漏洞补充依据。

须强调的是，在依民法基本原则进行漏洞补充时，作为法官裁判依据的并不是民法基本原则本身，而是对民法基本原则进行具体化产生的某个“规则”。换言之，禁止法官在判决书中“依某某原则，判决如下”，此举会使漏洞补充过程黑洞化。相反，法官有义务在判决书中指出其依据哪个或哪些基本原则，依何种方法论路径，得出了怎样的个案具体规则；然后再依该规则进行裁判。唯有如此，通过基本原则进行漏洞补充所做判决的合理性，才能被检验和控制；我国民法基本原则的法解释体系才可能逐渐累积和完善。[2]

在基本原则的法律解释功能中，作为法官裁判依据的是被解释的法条；在基本原则的漏洞补充功能中，作为法官裁判依据的是依漏洞补充作业产生的新规则。因此，在司法裁判中，民法基本原则本身并不是法官的裁判依据，理解这一点对基本原则的正确适用非常重要。

三、基本体制原则与体制限制原则

在解释论立场下，确认我国民法基本原则应当以制定法为依据。在我国《民法典》第一章中，被法律明文规定的基本原则有以下七个：“权益保护原则”（第3条）、“平等原则”（第4条）、“自愿原则”（第5条）、“公平原则”（第6条）、“诚信原则”（第七条）、“公序良俗原则”（第8条）以及“绿色原则”（第9条）。本章将对以上七个有制定法依据的中国民法基本原则进行阐述。

---

〔1〕民法基本原则对成文法局限性的克服，尤请参见徐国栋：《民法基本原则解释：诚信原则的历史、实务、法理研究》（再造版），北京大学出版社 2013 年版，第七、八章。

〔2〕于飞：《民法总则法源条款的缺失与补充》，载《法学研究》2018 年第 1 期。

民法基本原则中有两条价值线索。一条是权益保护原则、平等原则、自愿原则；另一条是诚信原则、公序良俗原则、公平原则、绿色原则。前一条线索中，平等原则使得民事主体适用相同的竞赛规则；自愿原则使得民事主体可以在竞赛中凭借自己的自由意思追逐利益；权益保护原则使得民事主体在竞赛所获得的利益能够得到法律保障。以上三个原则均以个体利益为中心，是社会效率的源泉。它们构筑了市场经济及自由竞争的法律基础，可称为“基本体制原则”。然而，基本体制原则的功能经充分发挥，时日既久，民事主体在竞赛中成败效果会逐步累积，导致日益严重的强弱分化。强弱分化产生巨大的社会问题，使社会正义价值受损。为弥补市场机制的缺陷，后一条价值线索逐渐在民法中凸显了出来，诚信原则、公序良俗原则、公平原则及绿色原则分别从不同角度对前一条线索形成限制和修正，要求主体在行为之时不能完全以个体利益为中心，而是要兼顾相关人利益、社会利益及生态环境利益；其实质是国家以公权力之手对自由市场机制进行一定的干预，从而使社会正义价值得到体现，以上原则可称为“体制限制原则”。[1]

基本体制原则与体制限制原则并非平行关系，而是有主有辅。平等、自愿、权益保护原则构成的基本体制原则居于主导地位，这条价值线若不存在，民法本身就不复存在，市场经济与自由竞争机制也不复存在。诚信原则、公序良俗原则、公平原则、绿色原则构成的体制限制原则居于辅助地位，其功能在于使基本体制原则妥当地发挥功能，尽量避免负面效果。故，体制限制原则虽然对基本体制原则形成一定的限制和修正，但绝非颠覆或取代。从根本上说，社会正义价值更主要靠公法和社会法去实现，作为私法的民法虽然也要对社会发展的新需求作出回应，并在自己的弹性范围内进行一定的调整，但这种调整绝非否定自我。否则，社会效率价值在法律中就无从贯彻了。

第二节　权益保护原则

一、权益保护原则的含义

《民法典》第3条规定：“民事主体的人身权利、财产权利以及其他合法权

〔1〕 基本体制原则与体制限制原则的提法，参见龙卫球、刘保玉主编：《中华人民共和国民法总则释义与适用指导》，中国法制出版社 2017 年版，第 33—34 页。

益受法律保护，任何组织或者个人不得侵犯。”该条规定了权益保护原则。

民法以权利为本位，我国亦应强调权利本位为主体的民法思想。[1]在立法上，《民法通则》第5条就规定了合法权益受法律保护，《民法总则》及《民法典》沿袭了这一规定，并在体系上将该原则由《民法通则》第5条提升为现在的第3条，成为继《民法典》第1条立法目的、第2条调整对象之后，在表述次序上排第一位的民法基本原则。以上可以理解为权益保护理念获得了立法者进一步的重视和强调。

二、权益保护原则的内容

《民法典》第3条将受法律保护的民事权益范围界定为“人身权利、财产权利以及其他合法权益”。这一表述中的保护对象可以拆分为四部分——人身权利、财产权利、其他权利以及其他合法利益。其中，各类型权利主要由《民法典》总则编第五章“民事权利”及相关分则内容进行规定，其中“其他权利”主要指兼具人身性、财产性的综合性权利，如继承权（《民法典》第124条）、股权（《民法典》第125条）等。这里的问题在于，受保护的“利益”的范围有多大？首先须明确，此处的利益是一个开放概念，目的就是使社会上新产生的利益类型有可能纳入民法保护范围。当下民法体系中已获肯认的利益形态，如胎儿利益、死者人格利益、物权法上的占有利益、侵权法上的纯粹经济利益等，都是其典型。但以上利益并非全部，社会生活中涌现的新利益类型仍得以进入民法保护范围。利益之前的“合法”，意味着利益并非一概保护，但这仅系一个概括抽象的限制，具体如何判断须依靠特别法规则。

《民法典》第3条强调权益受保护，同时也强调“任何组织或者个人不得侵犯”；其中“任何组织”尤其针对公权力组织，其意在于遏制公权力对私人权益的侵犯。

在我国现行法律上，权益保护原则有诸多体现。如《民法典》总则编第109条规定：“自然人的人身自由、人格尊严受法律保护。”总则编第113条规定：“民事主体的财产权利受法律平等保护。”物权编第207条规定：“国家、集体、私人的物权和其他权利人的物权受法律平等保护，任何组织或者个人不得侵犯。”合同编第465条第1款规定：“依法成立的合同，受法律保护。”人格权编第991条规定：“民事主体的人格权受法律保护，任何组织或者个人不得侵害。”侵权责任

[1] 梁慧星：《民法总论》（第五版），法律出版社2017年版，第41—44页。

编第1165条第1款规定："行为人因过错侵害他人民事权益造成损害的，应当承担侵权责任。"以上都是权益保护原则在《民法典》各编中的体现。

三、权益保护原则的功能

民法在本质上为权利法，权益保护原则即以基本原则的方式，阐明民法以民事权益的确认和保护为其核心和目的。该原则承认了民事主体在市民竞赛中获得的利益被法律所保障，这是市场经济中激励机制的源泉；故权益保护原则有建构社会经济基础的意义。同时，该原则又对主体人格尊严等人身权益提供保护，使其又具有了伦理意义。

权益保护原则不是规则，不是法官的裁判依据。若将该原则作为规则来理解，会得到一切权益都必须在裁判中得到保护的结论，这显然与民法中诸多利益冲突与平衡机制不符；善意取得就是一个所有权保护的显然反例。实际上，权益保护原则作为我国民法内在体系的一部分，其在法律解释和漏洞补充中均得发挥作用。该原则意在强调，法官在解释适用法律及为漏洞补充作业时，必须遵循民法关于权益保护之价值立场，须充分考虑个案中的"合法权益"要素，尤其在对合法民事权益不予保护时，应负有充分论证的义务。

第三节　平等原则

一、平等原则的含义

《民法典》第4条规定："民事主体在民事活动中的法律地位一律平等。"该条确立了"平等原则"。此处所谓平等是指形式平等或机会平等，而非指实际享受权利和承担义务的均等，也即不是实质平等或结果平等。

比较法上，各国一般将平等原则在宪法上规定。民法典上则通常经由权利能力平等的规定，来彰显平等原则；但一般不会在民法典中直接规定平等原则。如《法国民法典》第8条规定："所有法国人均享有民事权利。"《瑞士民法典》第11条规定："人都有权利能力。在法律范围内，人都有平等的权利能力及义务能力。"我国民事立法一直将平等原则作为民法基本原则之一，我国原《民法通则》第3条、《合同法》第3条、《民法总则》第4条都明文规定了这一原则。《民法典》沿袭了以上立法例。

在与其他原则的关系上，平等原则为自愿原则奠定了基础；既然民事主体的法律地位平等，则民事主体之间不能相互命令、强迫或干涉他人意思，自愿（意思自治）才成为可能。在与权益保护原则的关系上，平等原则的内涵包括了民事主体的利益平等地受法律保护的含义；但权益保护强调的是“受保护”，平等原则强调的是“平等地”受保护，两者内涵仍然有明显差异。在与公平原则的关系上，两者完全不同；平等原则是指形式平等和机会平等，公平原则是指实质公平和结果公平。

二、平等原则的内容

我国民法理论通常认为，平等原则包含以下三层内容。

第一，自然人的权利能力平等。自然人无论其民族、性别、年龄、精神状态、宗教信仰和文化程度等有何差别，其民事权利能力都是平等的。任何机关或个人不得任意剥夺或限制自然人的民事权利能力，自然人自己也不得放弃或者自我限制其民事权利能力。

第二，在具体的民事法律关系中，民事主体的法律地位平等。民事主体在产生、变更和消灭民事法律关系时，应当平等协商；任何一方民事主体不得享有特权；具有隶属关系的上下级单位，在民事活动中也是平等的主体，即使是国家作为民事主体参与民事活动时也不例外；不同所有制性质的民事主体，其法律地位也是平等的。

第三，民事主体的合法权益平等地受法律保护。任何民事主体合法的民事权益受到非法侵害时，都可以请求人民法院依法保护和救济；法律保护不应依主体不同而区分等级。[1]《民法典》第113条规定：“民事主体的财产权利受法律平等保护。”此即平等保护的典型表现。

三、平等原则的方法论意义

王泽鉴先生将平等原则解为：“相类似者，应作相同处理”“非相类似的，应为不同的处理”，从而为平等原则赋予了方法论意义。[2]

相类似的，应作相同处理。一个事项若在所有法律评价的重要之点上与一个既有法律规则相类似，但该事项却欠缺规则而形成法律漏洞时，应发生类推

〔1〕马俊驹、余延满：《民法原论》（第四版），法律出版社2010年版，第34—35页；梁慧星主编：《中国民法典草案建议稿附理由：总则编》，法律出版社2004年版，第8页。

〔2〕王泽鉴：《法律思维与民法实例：请求权基础理论体系》，中国政法大学出版社2001年版，第253、265页。

适用。因此，平等原则是类推适用的方法论基础。同理，平等原则也要求不相类似的，应作不同处理。若不相类似的事项在法律上被同样处理了，则依法律的目的应将不相类似的事项排除于法律调整范围之外，此即目的性限缩。因此，平等原则也是目的性限缩的方法论基础。[1]

平等原则中的“主体法律地位平等”与《民法典》第2条调整对象中的“平等主体”，功能并不相同。第2条的“平等主体”，意在判断一个社会关系是否由民法调整，从而确定民法的调整范围；而“平等原则”是在一个社会关系确定地适用民法之后，在调整中不要造成违反形式平等的差别对待。例如，基于一个案件的双方当事人是否为平等主体，决定其是否适用《民法典》，这是第2条调整对象中“平等主体”的问题；而该案件在适用民法典后，当事人的合法权益要平等地受到保护，这是第4条“平等原则”的问题。

四、平等原则的现代修正

近代民法模式中确立了主体的抽象人格，并在此基础上建立了人与人之间的形式平等。这种模式建立在两个基本判断之上，其一为主体地位的平等性，其二为主体地位的互换性。也即，主体之间的实质地位是相似的，如一个小农场主与一个小作坊主，他们之间的实际经济地位没有太大差别。即使主体之间的实际地位有一定的差别，由于主体经常互换法律关系中的角色，如在上一个合同中为买受人，在下一个合同中就变成了出卖人，于是在一种角色中所受的损失，会在另一种角色扮演中得到弥补。基于以上主体法律地位的平等性和互换性，国家可以对私法领域采取放任态度，并奉行最大程度的契约自由。但是，以上基本判断在现代以来发生了根本性改变。首先，主体地位出现了严重的实质不平等和巨大的强弱分化，典型体现在经营者与消费者之间、企业主和劳动者之间；其次，主体之间的地位互换性丧失，消费者与劳动者没有机会与强势的对方互换地位，弱者身份被固化，无法在交易中通过变换角色和交易地位来补偿自己之前的损失。[2]

在平等原则的基础发生根本变化的背景之下，再单纯地强调法律地位上的形式平等，只会固化已有的实质不平等，并为实质不平等的进一步扩大创造条

〔1〕 王泽鉴：《法律思维与民法实例：请求权基础理论体系》，中国政法大学出版社2001年版，第253、265页。同参［德］卡尔·拉伦茨：《法学方法论》，陈爱娥译，商务印书馆2003年版，第258页。

〔2〕 梁慧星：《从近代民法到现代民法——二十世纪民法回顾》，载《中外法学》1997年第2期。

件。因此，现代民法模式从抽象的法律人格中，开始分化出若干具体的法律人格，典型如经营者、消费者、雇主、劳动者、垄断企业等。以上具体法律人格在劳动法、消费者保护法、反垄断法等法域中，分别基于其强者或弱者的身份，而有了不同的权利和义务；从而使强者受到特别限制及承担特别义务，弱者受到特别保护及享有特别权利。[1]于是，权利与义务的产生来源，经“由身份到契约”的历史变迁，现在又有了“由契约到身份”的回转现象。

以上是在现代背景下，民法为回应社会变化而在自己弹性范围内所作的调整，可称之为平等原则的现代修正。但在此必须强调的是，虽经一定调整，但坚持形式平等仍是民法的价值主线，其基本体制原则的地位并未动摇。

第四节　自愿原则

一、自愿原则的含义

《民法典》第5条规定：“民事主体从事民事活动，应当遵循自愿原则，按照自己的意思设立、变更、终止民事法律关系。”该条规定了自愿原则。自愿原则，是指在法律允许的范围内，民事主体可以按照自己的自由意思决定民事法律关系，为自己创设权利和义务。自愿原则即传统民法中的意思自治原则。[2]

民法的基本原理为私法自治，即国家公权力原则上不干涉私法领域，该领域中的事务由私人自行治理。私法领域何以实现自治？其途径即通过私人的自由意思进行自治，此即意思自治。意思自治的主要制度体现即契约自由。因此，私法自治—意思自治—契约自由，构成民法中的一条核心理念脉络。

二、自愿原则的功能

民法上自愿原则的功能，在于允许民事主体依其个人意思设立法律关系、创设权利和追求自己的利益，并排除一切他人——包括公权机关和国家的非法干预。倘若希望每个主体的每件事项都由公权力安排得尽皆妥当，既在主观上

---

〔1〕梁慧星：《民法总论》（第五版），法律出版社2017年版，第4页。

〔2〕梁慧星：《民法总论》（第五版），法律出版社2017年版，第47页；王利明：《民法总则研究》（第二版），中国人民大学出版社2012年版，第115页。

合乎每个主体的意愿，又在客观上符合每个主体的利益，这是根本不可能的。若勉力为之，只会造成公权对资源的垄断、资源使用效率的低下和腐败的滋生。事实上，最明白自己意愿与利益为何的正是主体自己，而非任何他人。由各个主体依其意思自由地追逐自己的利益，是实现各个主体差别化利益的最佳方式。同时，社会效率也会因此而增长，每个个体人格也有了自由和差异化发展的可能性与空间。在市场经济中，每个市场主体为追求各自利益，依其意愿自由地订立合同，实现资源的流转和优化配置，这是市场经济赖以存在的基础。因此，自愿原则体现的也是市场经济的要求。

民法意图使主体在私法领域中依其自由意思实现自我治理，因此承认和维护人的自由应为基本立场。若要对意思自由进行限制，应当由提出限制者负举证责任，证明其主张具有足够正当且充分的理由。若不能举证，则须维持自由的立场，而不能让自由来自证其正当性。

在与其他原则的关系上，自愿原则以平等原则为基础。诚实信用主要在权利的行使上对自愿原则形成限制；公序良俗主要在权利的产生上，通过否定法律行为效力对自愿原则形成限制。

三、自愿原则的体现

自愿（意思自治）原则是民法基本原则的核心内容，体现于民法的各项制度中。在合同法领域中，自愿原则体现为合同自由；在婚姻法领域，自愿原则表现为婚姻自由，包括结婚自由和离婚自由；在继承法领域，自愿原则表现为遗嘱自由；在物权法领域，自愿原则表现为所有权享有和使用的自由；在侵权法领域中体现为自己责任。

需要注意，自愿原则或意思自治原则虽然是民法基本原则，但其在民法各部分中表现出的强度是有差异的。总体而言，财产法中的意思自治强于身份法；在财产法中，债权法中的意思自治强于物权法；在债权法中，又以合同法体现意思自治原则最为强烈和典型。

四、自愿原则的限制

现代民法对自愿（意思自治）原则也存在一些必要的限制，这主要是因为社会强弱分化造成的。社会强弱悬殊的前提下，若再一味强调无限制的意思自治，该原则就会成为强者欺凌弱者的工具。试想，一个无资力的市民，仅能购买最廉价的商品，所谓合同自由，又有多少选择余地？一个普通消费者，零散孤立，欠缺必要信息，如何能够对抗在市场上居于优势地位的经营者，并签订公平合理的合同？这就必然要求国家伸出干预之手，对强者进行特殊限制，对弱者进行特殊保护，意思自治、尤其是强者的意思自治就会因此受到一定限制。这些限制，有时通过特别法规范体现出来，如消费者保护、劳动者保护相关的法律规定；有时通过诚实信用、公序良俗等概括条款在个案中的适用体现出来。[1]

但如前所述，自愿（意思自治）原则是民法的基本体制原则，是民法的质的规定性；纵有所限制，也不失其在民法中的根基性、决定性之地位。这一点对民法命运攸关，兹再强调。

| 思考与延伸 |

意思自治的观念基础，是假设民法中的人是强而智的理性人或经济人。所谓理性人或经济人的假设，包含三项内容：其一，人是完全理性的，因此他们知道自己的利益何在；其二，人是有完全意志力的，因此他们会不懈追求自己的利益；其三，人是完全自利的，知道利益及追求利益都是为了自利的结果。这种理性人或经济人，就是民法上的强而智的人。让这样的人去意思自治，安排自己的权利义务，的确可以发挥理想中的效率最大化。

然而，经济人的假设很早就受到了批判和反思，行为经济学家证明了人在以上三个方面的有限性。人的理性是有限的，无法完全认识自己的利益。人的意志力是有限的，即使知道什么是最好的，也往往缺乏足够的自制力去达到行为效用最大化。人的自利也是有限的，人因为多种原因也会考虑他人的利益。以上三个方面的有限性决定了民法上的强而智的人只能是一种假设，事实上民事主体是普遍弱而愚的，只是弱和愚的程度各不相同，因此都需要一定程度的公力救助。基于这种新的认识，意思自治的人性根基受到了动摇，国家一定程度的保护性干预就有了存在的合理性。[2]

然而，虽然受到一定的反思，民法中也出现了诸多限制意思自治的规则，但我们必须坚持自愿原则或意思自治原则的基本体制原则的地位，对其纵有限制或补充，也不能从根本上动摇这种地位。因为自愿原则或意思自治原则是民法的根基，这一根基若被动摇，民法也就不复存在了。

---

〔1〕 梁慧星主编：《中国民法典草案建议稿》（第三版），法律出版社 2013 年版，第 10 页。

〔2〕 徐国栋：《民法总论》，高等教育出版社 2007 年版，第 140—144 页。

第五节　公平原则

一、公平原则的含义

《民法典》第6条规定："民事主体从事民事活动，应当遵循公平原则，合理确定各方的权利和义务。"该条规定了"公平原则"。

公平原则中所指的"公平"，是指实质平等、结果平等，而非形式平等、机会平等。正是在这一点上，公平原则与平等原则有了明确的区分，否则公平原则就没有独立存在的余地。[1]由于民法系以追求形式平等为原则，以追求实质平等为例外，故公平原则是在平等原则发挥基本体制作用的基础上，在特定情况下用以纠偏的一个原则。

大陆法系民法典一般不规定公平原则；仅在具体领域中，针对具体问题规定若干体现公平理念的衡平规定。在大陆法系传统民法理论上，一般也不会把公平作为基本原则来认识。我国民事立法历来对公平原则非常重视，我国原《民法通则》第4条、原《民法总则》第6条规定了公平原则，《民法典》沿袭了以上规定。

在与其他原则关系上，公平原则（实质平等）是平等原则（形式平等）的对立物。公平原则与自愿原则处于动态互补关系。有学者认为合同发生效力的正当性依据有"合意度"与"均衡度"两个要素；两要素之间动态互补。[2]"合意度"是自愿原则（意思自治）的体现，"均衡度"则是公平原则的体现。若合同"合意度"的满足程度高，即使缺乏"均衡度"合同也应当有效。此即弗卢梅指出的，在法秩序的范围内，意思自治先于法律价值评判而存在。[3]若"合意度"的满足程度很低，则即使合同的结果公平，合同效力也有瑕疵，如《民法典》第148、149、150条所规定的欺诈、胁迫，即使结果公平法律行为也可撤销。如果合同当事人虽非自愿，但也未如欺诈、胁迫那样"合意度"严重不足，而是处于中间状态，如《民法典》第151条所规定的"一方利

---

〔1〕王利明：《民法总则研究》（第二版），中国人民大学出版社2012年版，第122页；马俊驹、余延满：《民法原论》（第四版），法律出版社2010年版，第39页。

〔2〕解亘：《格式条款内容规制的规范体系》，载《法学研究》2013年第2期。

〔3〕［德］维尔纳·弗卢梅：《法律行为论》，迟颖译，法律出版社2013年版，第5页。

用对方处于危困状态、缺乏判断能力”，则需要“均衡度”也达到一定水平，合同才能有效；若合同结果显著不公平（显失公平），“均衡度”不足以弥补“合意度”的欠缺，则合同效力发生瑕疵。以上可见，自愿原则与公平原则虽处于动态互补关系，但自愿原则处于优先地位。“合意度”高度满足时，不需要“均衡度”来补充；而“合意度”严重不足时，“均衡度”也无法补充；仅在“合意度”一定程度上不足时，“均衡度”才有补充的可能。因此，意思自治是优先于结果公平的。

以上也是自愿（意思自治）及同价值取向的原则在民法中居于主线地位，公平及同价值取向的原则在民法中居于辅助地位的一个佐证。

二、公平原则的功能

平等、自愿、权益保护这些基本体制原则会激发市场机制的高效率，但也会造成严重的强弱分化。此时需要有效手段介入，以维护社会正义价值。从法律部门的分工上说，结果平等主要靠公法、经济法、社会法等来实现，但民法也应当在自己的弹性范围内对结果平等价值有所兼顾，这就出现了一些以追求结果公平为目的的民法规则，它们在法理念上的概括反映，就是公平原则。

需要注意的是，公平原则本身并非裁判规范，这一点在我国司法实践中常有误解，导致出现了大量以公平原则为裁判依据的司法判决。实际上，一方面，没有法律的具体规定之时，不能直接适用基本原则、包括公平原则进行裁判；另一方面，有法律具体规定之时，也不需要适用公平原则。因此，公平原则并非法官的裁判依据，不能作为司法三段论的大前提。公平原则仅是民法中既有体现衡平理念的具体规定的抽象表达。

如果发现民法中有除法定情形外的其他需要衡平规定的场所，则应以立法方式补充之。在立法之前，可以用法学方法论上的适宜方法来补充漏洞，此时，法官的裁判依据是经特定漏洞补充方法而产生的某个具体规则，该规则及推导过程须于判决书中明示。无论何时，法官的裁判依据都不能是公平原则本身。

三、公平原则的具体化与法定化

民法以追求形式公平为原则、实现实质公平为例外；然而例外必须要法定，才成称为例外。如果例外并非法定，而是由法官在个案中任凭己意决定，则例外就会无限多且不可控制，例外就不再是例外，原则也就无法再成为原则。

一个典型例子是我国侵权法中曾经出现过的“公平责任”，其被视为我国公平原则的一个重要体现，在原《侵权责任法》中表现为第24条的“公平分担损失规则”，即“受害人和行为人对损害的发生都没有过错的，可以根据实际情况，由双方分担损失。”侵权法的基本思维模式是损害应当停留在原地，仅在有正当理由时才得转移。这里的正当理由，典型表现就是侵权法上的过错责任和无过错责任。如果不存在这些正当理由，损害就应当由受损者承担；即使因此出现了严重的结果不公，也应当交由社会保障法、社会救济法等去处理，而不是改变侵权法上的损害分配规则。公平责任——现在的公平分担损失规则亦然——的意义无非是在没有法定转移损害的正当理由时，法官仍得继续在个案中转移损害，而且这里并无实质性的规则控制。例外一旦可以任意不受控制地出现，原则也就不存在了。可以想见，侵权法的重要机能在于帮助行为人建立行为预期，预见并控制行为风险，从而保障行为自由；一旦在法定规则上有不可转移风险之处，个案中又可以由法官任意转移时，行为人就无法建立合理预期，也无法明了和控制风险，保障行为自由也就谈不上了。

如何避免例外的无限和不可控？根本途径在于例外的法定化。例如，比较法上虽然也有类似的衡平性规定，但通常都是针对具体问题的具体规则，典型如常为我国学者所援引的《德国民法典》第829条，未成年人或聋哑人致人损害，行为人和监护人对损害均不负责时，受害人可以根据情况合理要求赔偿。又如我国台湾地区“民法”第187、188条，无责任能力人及雇用人在特定情况下的损害分担。质言之，民法中可能确实有些地方需要衡平规则，使法官能够在个案中根据具体情况创设结果公平的例外，但绝非在所有的地方都需要这种衡平规则。若果真如此，民事立法会失去对法官的拘束力。

《民法典》第1186条对原《侵权责任法》第24条进行了完善，规定“受害人和行为人对损害的发生都没有过错的，依照法律的规定由双方分担损失。”这里最大的修改在于添加了“依照法律的规定”，从而使得必须另有法律的明文规定才能产生衡平责任，实际上废止了该条独立作为裁判依据的功能。而这种法律另有明文规定实际上很少，由此实现了侵权法上衡平责任的法定化。这一修改，符合公平原则在我国民法体系中的例外性质，是合理的。民法中何处需要衡平规定，就应在何处通过立法手段解决；民法不需要一个无所不在的作为裁判依据的衡平规定。

思考与延伸

公平原则是对民事主体的要求，还是对法官的要求？从《民法典》第6条的文义来看，“民事主体从事民事活动，应当遵循公平原则，合理确定各方的权利和义务。”这显然是对民事主体的要求。但是，合理确定各方权利和义务，实际是要求主体注意维系彼此之间的利益平衡，而维持当事人之间的利益平衡是诚信原则的核心内涵。[1]若如此理解公平原则，会发生公平原则与诚信原则无法区分的问题。

笔者认为，民事主体在民事活动中主动地顾及其他主体的利益，维系当事人之间的利益平衡，这已经是诚信原则长期发展形成的固定内涵领域。举凡诚信原则的典型制度体现，如依诚信要求行使权利、附随义务的产生、情事变更规则、权利失效制度等，都是要求当事人在行为时要顾及他方利益，不要置他人利益于不顾地去追求自己的利益。如果把这个核心内涵从诚信原则中夺走，划归公平原则管辖领域，一方面会扰乱诚信原则长期形成的理论构造，另一方面不会带来任何裁判上的实益，诚属无谓。

公平原则的真正功能，也是其特有功能，是在民法中建立一些衡平规定，而衡平规定都是专为法官而设的裁判规范，不具有指导当事人行为的意义，如《民法典》第1190条第1款规定：“完全民事行为能力人对自己的行为暂时没有意识或者失去控制造成他人损害有过错的，应当承担侵权责任；没有过错的，根据行为人的经济状况对受害人适当补偿。”如病理性醉酒者在不知情的情况下误饮含有酒精的饮料，导致其行为失去控制致他人损害。依第1190条，该无过错的行为人应当根据其经济状况对受害人进行适当补偿。该规则就是在损害发生后由法官去适用的，当事人无法用它事先指导自己的行为，合理确定彼此的权利义务。人们脑海中典型设想的事先合理确定当事人之间权利义务的情形，可能还是在合同磋商领域中。但合同磋商时，如前文所述，只要有充分的意思自治，并不要求结果的公平，此时当事人也没有顾及结果公平的法律上义务。而当主体有法律上的顾及他方当事人的义务，须注意维系当事人间利益平衡之时，该情形就已经落入诚信原则长期发展形成的射程之中。

---

〔1〕维持双方当事人利益平衡是诚信原则的核心内涵，请参见徐国栋：《民法总论》，高等教育出版社2007年版，第120页；王利明：《民法总则研究》（第二版），中国人民大学出版社2012年版，第131页；马俊驹、余延满：《民法原论》（第四版），法律出版社2010年版，第40页。

总之，当事人维系彼此之间利益平衡属于诚信原则的既有领域，公平原则不宜与之发生重复。公平原则的独特功能在于设置一些由法官个案把握的追求实质公平的衡平规定，因此，公平原则是对法官提出的要求。

第六节 诚实信用原则

问题示例

甲为妨碍乙企业发展，假意与乙企业进行合同磋商，磋商数月后又突然中断谈判，导致乙企业徒然支出了食宿费、路费、招待费、勘验标的物费等磋商费用，并丧失了其他可能的合同交易机会。请问，乙企业能否就其损失向甲请求赔偿？

一、诚实信用原则的含义

诚实信用原则，起源于罗马法上的善意（bona fides），要求行为人恪守诺言、诚实不欺，在民事活动中本着值得信赖、真诚和为他人着想的观念而行事，在顾及他人利益的前提下追求自己的利益。[1]诚实，要求行为人正直；信用，指相对人可以对其信赖。唯其诚实，始具信用，方可信赖，体现的是诚实信用原则的伦理性。[2]

诚实信用原则是民法最重要的基本原则之一，被称为民法的“帝王条款”。[3]从法律史角度来看，诚实信用原则最开始被规定在债法领域，用于调整债务关系当中权利的行使、义务的履行。[4]随着学说与实践的发展，诚实信用原则的适用范围逐渐扩及整个民法领域，遂有“帝王条款”一说。从近年来的学说发展与比较法实践来看，诚实信用原则也逐渐扩展到私法以外的其他法

---

〔1〕梁慧星：《民法总论》（第五版），法律出版社2017年版，第273页；崔建远等著：《民法总论》（第二版），清华大学出版社2013年版，第41页。

〔2〕王泽鉴：《诚实信用与权利滥用——我国台湾地区“最高法院”九一年台上字第七五四号判决评析》，载《北方法学》2013年第6期。

〔3〕王泽鉴：《民法总则》，北京大学出版社2009年版，第441页；史尚宽：《民法总论》，中国政法大学出版社2000年版，第334页；梁慧星：《民法总论》（第五版），法律出版社2017年版，第275页。

〔4〕《德国民法典》第242条、《瑞士民法典》第2条第1款。

律部门。[1]

我国民事立法历来将诚信原则置于重要地位。原《民法通则》第4条明文规定了诚信原则；原《合同法》第6条亦规定："当事人行使权利、履行义务应当遵循诚实信用原则。"《民法典》第7条在表述上并未将诚信原则的适用范围限于"行使权利、履行义务"，而是采用"民事活动"的表述，这里既有原《民法通则》传统的影响，也意在显示诚信原则适用范围的广阔。

二、诚实信用原则的个案运用

诚实信用在缓和成文法僵硬性的同时，会对法的安定性有所冲击。为求在增加法律弹性与降低法的安定性之间取得平衡，妥当地发挥诚实信用的功能，应注意以下问题。

一是诚实信用的运用次序。在法律适用上，如果法律有具体规定（即使该规定起源于诚实信用原则），必须首先适用该规定，禁止向一般条款逃避；如果法律没有具体规定，则存在法律漏洞，须优先考虑通过类推适用等更具确定性的法律方法填补该漏洞，而非径行运用诚实信用。

二是本土案例的类型化。诚实信用原则的个案判断标准，需要在对本土案例的类型化中获得，抽象的理论探讨及比较法研究都只能提供有限的帮助。原因有二：其一，是否违背诚信，这是随着时间、地域等具体情事而有所区别的。其二，诚实信用、公序良俗等原则主要的实质作用，仍在于弥补具体规范之间的缝隙。各国具体规范的体系不同，规范之间的缝隙也就不同，这些原则的实际作用的领域也就不同。这就导致脱离本土案例去谈具体标准，总是难以切中肯綮。本土案例的类型化，实为最重要、最具裁判意义的具体化方法。

在本土案例类型化工作尚未成熟之前，诚实信用、公序良俗相关条款的司法适用都会呈现一定的"乱象"，此时我们一方面可以通过加强理论框架和法学方法论的研究，来为法官提供一定的思维辅助，另一方面也须认识到这是一个必经的过程，是试图缓和成文法僵硬性所必然付出的代价。

三、诚实信用原则的功能

民法的基本立场是以个体及个人利益为中心。但在其弹性范围内，民法又作出了一定修正；其中一个重要内容就是要求民事主体在为自己利益而行为

---

〔1〕 徐国栋：《论诚信原则向公法部门的扩张》，载《东方法学》2012年第1期。

时，要合理地兼顾相关方利益，由此衍生一系列新的注意义务和法律规则，形成了诚信原则的诸多具体功能类型。

（一）行使权利与履行义务的方法

任何权利，必有其界限，权利人行使其权利，不得超出其界限。诚实信用原则即为权利行使的界限。具体来说，其规范效果在于：行使权利的某个具体行为被否定，不发生权利行使的效果，但产生权利的法律行为效力不受影响；嗣后权利行使的方式符合诚信要求的，仍有继续行使权利的可能。因此，在功能上，学者将其称为权利的“行使审查”。〔1〕若行使权利违反诚信要求，以损害他人为主要目的的，〔2〕构成权利滥用，须被禁止；此即所谓禁止权利滥用。因此禁止权利滥用是诚实信用在权利行使领域的反向规定。

《民法典》第132条规定：“民事主体不得滥用民事权利损害国家利益、社会公共利益或者他人合法权益。”此即我国法上的禁止权利滥用条款，实为诚实信用原则在权利行使领域的体现。但由于第132条在“民事权利”章，故其只涉及权利行使，并不规制义务履行。在义务履行方面，我国民事立法上尚欠缺一般规则。

（二）情事变更

合同基础丧失之后，当事人仍依原来的约定主张合同权利，这种权利行使行为即违反诚信，不予准许。因此，情事变更规则所否定的，是当事人对合同权利的某次背信行使行为，而非权利本身；是否对当事人关系进行调整及怎样调整，仍取决于当事人本人，如请求法院变更或者解除合同（参见《民法典》第533条）。有学者对我国情事变更进行了案例类型化研究，值得参考。〔3〕

（三）权利失效

权利人在相当期间内不行使权利，导致相对人产生合理信赖，相信权利人不欲其履行义务，若权利人再行使权利，使前后行为发生矛盾，依诚信原则应不予准许。权利失效制度的效果，一般认为是产生抗辩权。〔4〕权利失效制度所

---

〔1〕于飞：《公序良俗原则与诚实信用原则的区分》，载《中国社会科学》2015年第11期。

〔2〕在权利行使是否“以损害他人为主要目的”的判断基准上，有从行为人的主观意思向客观的利益衡量的变迁。参见王泽鉴：《民法总则》，北京大学出版社2009年版，第437—439页。

〔3〕韩世远：《情事变更若干问题研究》，载《中外法学》2014年第3期；韩强：《情势变更原则的类型化研究》，载《法学研究》2010年第4期。

〔4〕王泽鉴：《权利失效》，载王泽鉴：《民法学说与判例研究》（1），中国政法大学出版社1998年版，第307—318页。

否定的，亦是权利人的某次背信的权利行使行为，权利本身并未消灭，产生权利的法律行为更非无效。

（四）附随义务的创设

债务关系在发展过程中，除给付义务外，根据具体情形，还会发生其他义务，如照顾、保管、告知、协助等。这类义务的产生，即是以诚实信用原则为依据。从功能上看，附随义务主要包括两类：其一，促进实现给付义务；其二，维护对方当事人人身及财产之固有利益。从时间上看，附随义务可能发生在契约订立前、契约履行中及契约履行完毕后。

附随义务属于诚实信用原则对契约内容的补充。这是产生新的义务，而非对既已存在的权利义务进行控制。附随义务的特点在于，相对人不得诉请履行；但若义务人违反该义务，相对人可主张义务违反之后果（损害赔偿）。经过学说与实践的发展，附随义务通常能在法典中找到直接条文依据；如《民法典》第500条、第509条第2款、第558条，即为适例。当事人负有何种附随义务，取决于具体情形，但必须以诚实信用原则为准则。

《民法典》第500条规定，假借订立合同，恶意进行磋商，造成对方损失的，应当承担赔偿责任。该行为被称为缔约过失行为，违反了附随义务中的先合同义务，这是典型的违反诚信原则的表现。

（五）法律行为的解释

当事人对合同内容发生争议，或约定不明，或未作约定时，可以依诚实信用原则对之加以解释、补充或评价。对此，《民法典》第142条明文规定诚信原则是意思表示的重要解释基准；比较法上，亦属通论。〔1〕

（六）法律解释

诚信原则也可以与前述价值理念型基本原则一样，在法律解释中发挥功能，是解释法律、发展法律的重要工具。〔2〕以诚实信用原则作为法律解释工具，是我国司法实践对诚实信用原则的适用情形之一。〔3〕

（七）漏洞补充

在法律没有具体规定之时，诚信原则可以发挥漏洞补充功能，基于诚实信

〔1〕 参见《德国民法典》第157条：“合同解释，必须依照诚实信用方法，顾及交易习惯而为之。”另参见［德］卡尔·拉伦茨：《法学方法论》，陈爱娥译，商务印书馆2003年版，第180页。

〔2〕 梁慧星：《民法总论》（第四版），法律出版社2011年版，第271页；［德］卡尔·拉伦茨：《法学方法论》，陈爱娥译，商务印书馆2003年版，第294页。

〔3〕 徐国栋：《我国司法适用诚信原则情况考察》，载《法学》2012年第4期。

用的价值基础产生新规则，以填补漏洞。

以上七项功能基本上可以规则化，其中有的在我国现行法中已经被规定，如权利行使、附随义务创设、情事变更、合同解释等。由于我国现行法中还有一些体现诚实信用的具体规则尚付阙如，如义务履行的一般规则、权利失效等，因此当下的《民法典》第7条还有一个功能或使命，即通过方法论手段补充这些欠缺的概括条款或规则。

第七节　公序良俗原则

问题示例

黄某与蒋某系夫妻，后黄某与张某相识并同居。后黄某被查出患有肝癌，遂立下公证遗嘱，将其个人财产遗赠给张某。黄某死后，张某与蒋某就遗产分配发生纠纷。法院判决黄某的遗嘱因违反公序良俗原则无效。你对此案有何看法？

一、公序良俗原则的含义

《民法典》第8条规定："民事主体从事民事活动，不得违反法律，不得违背公序良俗。"该条确立了"公序良俗原则"。

公序良俗原则，是指民事主体从事民事活动不得违反公共秩序与善良风俗。公序良俗，即公共秩序与善良风俗的简称。

（一）公共秩序与善良风俗的各自内涵

学说上一般认为公共秩序是指社会一般利益，善良风俗是指社会一般道德。[1]这样的界定仍显笼统，不易操作。善取不如善弃，我们可以从"公序良俗不是什么"开始，展开有启发意义的讨论。

公共秩序不是指现行法律规范。若认为两者等同，会导致不违反现行法就不违反公共秩序的结论。公序良俗是对现行法规范，尤其是现行强行法规范的补充，如果认为只在违反现行法规范时才有公序的违反，等于公序没有自己独

〔1〕郑玉波：《民法总则》，中国政法大学出版社2003年版，第467页；王泽鉴：《民法总则》，北京大学出版社2009年版，第232页。

立的适用余地。实际上，公共秩序应当从超出现行法规范之上的法律价值体系中去理解，这种法律价值体系尤其存在于宪法基本权利价值体系当中。[1]

善良风俗不是指道德本身。若善良风俗是指道德，则不违背善良风俗的要求就会为民事主体设立过高的行为标准，这会严重限制行为自由。道德也分层次，作为法律概念的善良风俗并非包括了道德的全部，而只是道德之中构成社会存在发展基础的一部分，即社会一般道德或社会最低伦理标准，被称为“伦理的最小值”[2]。这部分道德“从道德秩序中裁剪下来”“被烙上法律印记”[3]。

公共秩序系指法律价值与精神，常表现为一种脱离习惯与流行意见的法律上和意识形态上的概念，故公共秩序在一定程度上是主观的。当法官利用公共秩序概念传导宪法基本权利价值去保护人格尊严时，社会上常常还没有这种惯行，甚至连流行意见都未形成。这时需要法官发挥司法的能动性，对社会和主流观念进行一定的引导。善良风俗则与之不同，它被认为是客观可认定的事实，[4]深深扎根于生活与习惯之中；认定善良风俗须探求和参照社会中的习惯。

（二）公序与良俗：统一或分立？

公共秩序与善良风俗既然是两个概念，那么公序良俗原则究竟为一项原则还是两项原则？在适用公序良俗原则时，法官有没有义务指明当事人违反的究竟是公共秩序还是善良风俗？学说上是否应当区分地发展公序良俗原则的解释论？

比较法上，法国法虽然同时承认了公共秩序与善良风俗，但其解释论是以公序为中心发展的。[5]《德国民法典》上只规定了善良风俗。《日本民法典》、我国台湾地区“民法”上虽然同时承认了公共秩序与善良风俗，但在适用时以“社会妥当性”统称之，将违背公序良俗称为具有“反社会性”。[6]也即，以上立法例都没有在适用中区分地发展公序与良俗的解释论。

本书赞同公序良俗不区分适用的立场。从可能性上说，两者大部分内容相

---

〔1〕 王泽鉴：《民法总则》，北京大学出版社 2009 年版，第 231—232 页。

〔2〕 [德] 迪特尔·梅迪库斯：《德国民法总论》，邵建东译，法律出版社 2000 年版，第 511 页。

〔3〕 [德] 迪特尔·梅迪库斯：《德国民法总论》，邵建东译，法律出版社 2000 年版，第 510—511 页。

〔4〕 沈达明、梁仁洁：《德意志法上的法律行为》，对外贸易教育出版社 1992 年版，第 180 页。

〔5〕 梁慧星：《市场经济与公序良俗原则》，载梁慧星主编：《民商法论丛》（第 1 卷），法律出版社 1994 年版。

〔6〕 [日] 我妻荣：《我妻荣民法讲义Ⅰ：新订民法总则》，于敏译，中国法制出版社 2008 年版，第 254 页；[日] 山本敬三：《民法讲义Ⅰ总则》，解亘译，北京大学出版社 2004 年版，第 177—178 页；史尚宽：《民法总论》，中国政法大学出版社 2000 年版，第 335 页；郑玉波：《民法总则》，中国政法大学出版社 2003 年版，第 467 页。

同，界限模糊，区分困难。损害社会一般利益的行为，亦常违反一般道德；而有悖于一般道德的行为，又常损于社会一般利益。从必要性上说，违反公共秩序、善良风俗两者任何之一都会导致相同的结果，即法律行为无效，因此通常没有必要区分究竟是违反了两者中的哪一个。[1]

（三）公序良俗原则应当从反面表达和理解

通说认为，公序良俗并非为了正面推行一种高标准的道德伦理要求，而只是为了从反面否定践踏社会底线的法律行为的效力，从而拒绝为此类法律行为提供履行强制。[2]从这个角度说，公序良俗原则只宜从反面表达为“不违反”，而不宜从正面表达为“遵循”；遵循最低标准等于否定了人们追求更高标准的自由。

（四）公序良俗概念的形成及在我国的肯认

“善良风俗”（bonos mores）源于罗马法。“公共秩序”一词在罗马法上并未出现，它是一个法国固有法上的概念。在《法国民法典》编纂时，立法者将从罗马法上继受来的“善良风俗”与固有法中的“公共秩序”结合起来，形成了《法国民法典》中的“公序良俗”这一组合概念。德国因直接继受罗马法，对法国固有法概念并不认可，故其民法典中只有“善良风俗”。受《法国民法典》影响，《日本民法典》也采纳了“公序良俗”概念，法、日立法例又影响了我国台湾地区“民法”，后者则影响了大陆民法的术语选择和相关理论构造。[3]

我国原《民法通则》第7条规定：“民事活动应当尊重社会公德，不得损害社会公共利益，扰乱社会经济秩序。”原《合同法》第7条规定：“当事人订立、履行合同，应当遵守法律、行政法规，尊重社会公德，不得扰乱社会经济秩序，损害社会公共利益。”通说认为以上条文是我国的公序良俗原则，[4]只是在概念表述上受苏联民事立法及民法理论影响，未采公序良俗概念。[5]原

---

〔1〕［日］我妻荣：《我妻荣民法讲义Ⅰ：新订民法总则》，于敏译，中国法制出版社2008年版，第254页。

〔2〕［德］迪特尔·梅迪库斯：《德国民法总论》，邵建东译，法律出版社2000年版，第511页。

〔3〕于飞：《公序良俗原则研究——以基本原则的具体化为中心》，北京大学出版社2006年版，第11—16页。

〔4〕梁慧星：《民法总论》（第四版），法律出版社2011年版，第50页；王利明：《民法总则研究》（第二版），中国人民大学出版社2012年版，第135页；韩世远：《合同法总论》（第三版），法律出版社2011年版，第42页。

〔5〕梁慧星：《民法总论》（第五版），法律出版社2017年版，第51页。

《民法总则》及现行《民法典》均在第8条规定："民事主体从事民事活动，不得违反法律，不得违背公序良俗。"以上条文正式在我国制定法中确立了"公序良俗"这一通行术语。

《民法典》第8条将公序良俗原则的适用范围界定为"民事活动"；从字面意义来看，不仅包含法律行为，也应包括其他领域，如侵权行为、不当得利以及确定法律渊源等。在法律行为领域，公序良俗旨在否定法律行为效力，限制意思自治的范围；在侵权法领域，公序良俗旨在遴选特定的纯粹经济损失加以保护，在扩张损害赔偿义务时平衡行为自由；在无因管理中，公序良俗用于否定不法无因管理的法律效果；在不当得利情形下，公序良俗原则旨在规范财产的变动；在确定习惯法作为民法渊源时，公序良俗原则发挥着限制习惯法范围的作用。[1]《民法典》第8条最终使用"民事活动"的表述，应当理解为系采全面概括之义。

公序良俗原则实为法律强制性规定的补充。因此，《民法典》第8条将不违法与不违背公序良俗规定在一个条文中，也意在体现公序良俗对法律强制性规定的补充关系。

二、公序良俗原则的功能

公序良俗原则及相关规范的核心功能在于发挥转介作用，将民法外的规范引入民法之中。公序指向法律的价值体系，尤其是宪法基本权利价值体系，良俗指向社会一般道德或社会最低伦理标准；公序良俗原则犹如一根双头虹管，一头插入法律价值层面，另一头插入社会伦理层面，使民法典可以不断吸收这两个层面的营养，在不修改法典的情况下实质性地更新自己的规则，从而使民法典永葆青春，不至于落伍。故公序良俗原则具有克服成文法局限性的功能。

公序良俗原则的主要具体功能类型如下。

1.否定法律行为效力

在法律行为领域内，公序良俗的规范目的主要是对法律行为作出否定性评价，故公序良俗是意思自治的边界及限制。意思自治的限制，首先依靠法律的禁止性规定。在禁止性规定不足之时，公序良俗起补充作用。《民法典》第153条第2款规定："违背公序良俗的民事法律行为无效。"

---

〔1〕 于飞：《公序良俗原则研究——以基本原则的具体化为中心》，北京大学出版社2006年版，第4页。

在违背公序良俗判断的时间点上，一般以法律行为成立的时间点为准，而非以法效果产生的时间点为准。[1]法律行为成立时若因违背公序良俗而无效，不因其后公序良俗观念的变更而使其复活。遗嘱是一个例外，由于遗嘱成立后至遗嘱人死亡之前，遗嘱人可以随时修改遗嘱，因此在遗嘱成立时没有必要进行妥当性判断；在遗嘱人死亡遗嘱发生效力时，再进行是否背俗的判断即可。[2]

在构成要件层面，客观上必须存在违反公序良俗之行为；主观上行为人只要对构成违反公序良俗的客观情形有所认识即为已足，而不需要对行为违反公序良俗有所认识。[3]否则当事人就可以以不知道存在某种公序良俗为由，逃避否定性评价。

2.在不当财产变动中充当判断标准

在具有给付关系的财产变动中，如果基于不法或违背公序良俗的原因而为给付，即构成不法原因给付，给付人不得请求返还；但不法原因仅存在于受领人一方时除外。[4]因此，公序良俗在调整给付型不当财产变动中，发挥着重要作用。

3.否定不法无因管理的法律效果

不法无因管理，又称不适法无因管理，指管理人无法定或约定义务而为他人管理事务，但其管理违反本人意思的行为。[5]在存在不法无因管理的情况下，管理人不享有管理费用偿还请求权，因管理事务受到损失的，也不享有请求受益人适当补偿的权利。但是，受益人的真实意思违反法律或者违背公序良俗的除外（参见《民法典》第979条）。可见，公序良俗可以用于否定不法无因管理的法律效果。

4.习惯能否成为法源的检验标准

《民法典》第10条规定：“处理民事纠纷，应当依照法律；法律没有规定的，可以适用习惯，但是不得违背公序良俗。”“习惯”已经被《民法典》第10条确认为法源之一，这是我国法源论的一大更新。习惯若要构成法源，须经过公序良俗的检验。例如，我国民间有“顶盆过继”的习惯，该习惯合乎我国传统文化中“慎终追远”的价值追求。一方面体现“慎终”的观念，使被继承

---

〔1〕［德］迪特尔·梅迪库斯：《德国民法总论》，邵建东译，法律出版社2000年版，第518页。

〔2〕王泽鉴：《民法总则》，北京大学出版社2009年版，第232—233页。

〔3〕王泽鉴：《民法总则》，北京大学出版社2009年版，第232—233页。

〔4〕《德国民法典》第817条、我国台湾地区“民法”第180条。

〔5〕张广兴：《债法总论》，法律出版社1997年版，第81页。

人身后有所托付，得享祭祀；另一方面也保证被继承人财产不至于失散，有助于继承人的生活改善。故既具有文化价值，又具有社会意义，不违反公序良俗，可以依该习惯确立继承权。[1]

如前所述，《民法典》第8条上的公序良俗原则也是一种法理念，仅在法律解释与漏洞补充中发挥作用。能直接作为法官的裁判依据的，是作为概括条款的公序良俗，如《民法典》第153条第2款。同时，当下的《民法典》第8条也是补充产生欠缺的公序良俗概括条款——如不当得利中的公序良俗、侵权法中的背俗故意致损等——的基础。

三、我国公序良俗违反的案例类型

与诚实信用相同，公序良俗司法适用的根本推动力量，仍在于本土案例的类型化。有学者在这方面作出了努力，可供参考。

蔡唱教授根据我国案例，归纳了以下我国公序良俗的运用领域：（1）判断法律行为的效力；（2）认定侵权行为的违法性；（3）解决物权纠纷；（4）辅助解决人格权与身份权纠纷；（5）解决继承与婚姻纠纷；（6）认定是否符合解除劳动合同事由。蔡唱教授根据裁判样本分析认为，请托行为、对逝者不尊重的行为、婚外同居行为是在我国实践中比较一致的违反公序良俗的类型，并展望公序良俗以后可以在债务人超出自己预计给付能力的债务违反、基本权利维护、保护环境等案例类型中适用。[2]

李岩教授整理我国案例，提出将公序良俗适用的案例类型归为以下五类：（1）禁止祖父母、外祖父母等父母之外的其他近亲属探望孙子女、外孙子女的行为；（2）请托他人办事形成的协议或不当得利；（3）以人身为交易内容或所附条件的民事协议；（4）违反性道德而为的赠与；（5）侵犯生命周期仪式的行为。[3]

以上案例类型的可贵之处，在于它们是在我国本土案例的梳理当中产生的，而非仅源于比较法经验；故这些努力都取向于中国问题的解决。当然，成熟的案例类型需要众多研究者的投入、大量案例的有效梳理以及司法与学说的

---

〔1〕汪洋：《习惯作为法源的适用——石坊昌诉石忠雪顶盆过继案》，载周江洪、陆青、章程主编：《民法判例百选》，法律出版社2020年版，第17—21页。

〔2〕蔡唱：《公序良俗在我国的司法适用研究》，载《中国法学》2016年第6期。

〔3〕李岩：《公序良俗原则的司法乱象与本相——兼论公序良俗原则适用的类型化》，载《法学》2015年第11期。

密切互动，这是一个长期的过程。

另须注意，以上案例类型须根据其不同的功能归并到不同的法条之下。其中多数应当归入《民法典》第153条第2款的公序良俗概括条款中。只有公序良俗在案例中发挥法律解释及漏洞补充功能之时，才应当归入《民法典》第8条中的公序良俗原则。

第八节　绿色原则

一、绿色原则的含义

绿色原则，是指民事主体在民事活动中，应当节约资源、保护生态环境。《民法典》第9条规定："民事主体从事民事活动，应当有利于节约资源、保护生态环境。"该条从民法基本原则高度规定生态环境保护，是我国民事立法的一个创举。这样层级且这种内容的条款，无论是在我国民法中还是在比较法上都尚未有过。

徐国栋教授是我国最早公开提出这一原则的学者。徐教授的《民法典（草案）》建议稿被称为"绿色民法典草案"，该建议稿第9条即"绿色原则"。[1]

《民法典》有时代性，它总是在回应其被制定之时的重大社会需求。当今中国，严重的环境污染与生态危机威胁着每一个人的生存与发展。"绿色原则"的立法化，表明中国《民法典》试图对当今中国重大社会问题和社会需求作出一个民法上的回应。

二、绿色原则的功能

"绿色原则"是我国《民法典》的一个创新，它进一步丰富了我国民法"内在体系"的价值内涵，为我国民法的体制限制原则增加了新的内容。民法的基本体制原则——自愿、平等、合法权益受保护——系以个人利益为中心；民法的体制限制原则之中，诚信、公平意图实现民事主体之间的利益平衡，公序良俗意图实现民事主体与社会之间的利益平衡。"绿色原则"增加了一种体制限制，要求实现民事主体与生态环境之间的利益平衡。可以说，"绿色原

〔1〕 徐国栋主编：《绿色民法典草案》，社会科学文献出版社2004年版，第4页。

则”是民法典社会化方面的新表现和新动向。

客观地说，如果要在传统民法资源内回应生态环境保护需求，可以将生态环境保护解释为公序良俗原则，尤其是公共秩序的内涵。但一个问题的现实重要性越高，它在体系中的独立倾向就会越显著。《民法典》“绿色原则”的出现，就是环境问题的高度现实重要性的体现。

“绿色原则”是民法基本原则。在立法过程中，曾经把该条的内容移至“民事权利”章的权利行使部分，这在解释上意味着该条仅对权利行使发生作用，对其他领域，如权利产生（法律行为效力评价）不发生作用。但立法最终恢复了绿色原则的基本原则地位，意味着该原则的精神可以覆盖民法各个领域。

绿色原则会导致环境资源类法律法规对民法产生何种程度的影响？这种影响具体在个案中如何表现？以上尚需要司法实践的检验和发展，以及学说理论与实践之间的互动。但须注意一点，绿色原则也是体制限制原则之一，仅能对基本体制原则起补充和纠偏的作用，而不能颠覆之。要预防环境资源保护的强制性规范经由绿色原则的孔道，对民法的自由精神及个体权利保护产生过大的钳制作用。“绿色原则”在民法中作用的发挥，尤须注意适度。

民事主体

何为民法上的人？我们常常将民法上的人称为民事主体，而民事主体则是那些在民法上能够享有民事权利并承担义务的人，并将权利能力的拥有作为民事主体地位的标志与象征〔1〕。作为民事主体地位标志的权利能力与民事主体的形式结构具有极大的关联，并因此而产生了民事主体结构形式的“二元论”与“三元论”之争。

“二元论”者认为：民法上仅有两类主体，要么是自然人，要么是法人，不存在第三类主体。像合伙这样的团体不能成为一类独立的民事主体，仅仅称为“无权利能力的社团”〔2〕。因为合伙等团体本身没有意思机关，自身不能独立作出意思表示，也就不能进行意思自治和过错归责。另外，合伙等类似团体也不能独立享有权利或承担义务，以合伙的名义取得的财产归属各个合伙人共同共有，而合伙的债务直接归属于合伙人并负担连带责任，并且，在我国及其他国家，合伙均不是一类独立的纳税主体。这就与法人这种团体有本质的区别：以法人的名义取得的财产直接归属于法人而不是其成员，法人的债务归属于法人而不直接归属于其成员。因此，合伙这种团体不是一种独立的民事主体。

“三元论”者认为，民法上的形式主体有三类：一为自然人，二为法人，三为合伙等团体组织形式。其理由是：以合伙为代表的第三类主体，虽然不能独立享有权利承担义务，但这与其主体地位无关，法律地位与责任是毫不相关的事情。令人生疑的是：它与意思自治和过错归责有关吗？这当然是我们需要认真思考的问题。

德国学者多主张“二元论”〔3〕，而我国学者多主张“三元论”。我国《民法典》采取的就是“三元论”观点，本教材也采取《民法典》的观点。

---

〔1〕 主体地位与权利能力是否是同一意义，学者之间存在争议。有人认为，此二者不同：权利能力仅仅是能够作为权利义务主体之资格的一种可能性，同权利主体显然有别。——［日］星野英一：《私法中的人——以民法财产法为中心》，王闯译，载梁慧星主编：《民商法论丛》（第8卷），法律出版社1997年版，第156页。我国学者尹田教授认为：德国人为了满足《德国民法典》在形式结构方面的需要，创立了“权利能力”一词，从技术上解决了自然人与法人在同一民事主体制度下共存的问题，从而避开了主体的伦理性。但主体地位（人格）同权利能力是不一样的（摘自尹田教授于2004年5月20日在中国政法大学的学术报告）。笔者十分同意尹田教授的分析，但笔者认为权利能力是主体地位在民法上的标志，至少从规范角度上看，大概不会错。但是，主体性要素却不只是权利能力。

〔2〕 参见《德国民法典》第54条。

〔3〕［德］卡尔·拉伦茨：《德国民法通论》（上册），王晓晔等译，法律出版社2013年版，第56—57页。

第三章 自然人

提 要

民法典上的自然人虽然称为“自然人”，但它仅仅是以“自然人”的名义从个体人的存在中抽象出来的、与团体或者组织体相对立的主体，已经不是现实世界中活生生的个人。民法典里的自然人具有“被规定了”的主体性要素：权利能力、行为能力、人格尊严。尽管在当今世界中，每个人一出生就是民法典上的“自然人”，但是，“它”并不是指现实世界中的你我，与法人一样，是法律塑造出来的主体。应从以下两个方面来理解民法上的自然人：（1）民法上的自然人是民法世界中的区别于法人的个人而非现实世界中的个人。民法世界“自然人”的概念也不过是法学上的构造，其实就是一种“法”人。这是民法根据法律构造的需要设计出来的人——其只有“二维结构”——一是规定其“权利能力”的所谓主体性地位，二是通过规定其理性能力——行为能力来设计作为民事主体的自然人：具有了权利能力，就具有了主体地位，而具有了理性能力（行为能力）就可以实行意思自治、就能够因过错而被归责。（2）自然人是为了区别法人而特别适用的一个概念。尽管民法上的自然人与法人一样，都是法律的设计物，但民法世界中区分自然人与法人还是具有一定意义的：个体相对于团体来适用，即自然人与法人的区别实际上反映了个体与团体的区分。从民法典的整体设计看，任何一个国家赋予团体以主体地位都有自己的政策和衡量，都具有特定的条件，并非任何团体都一定被赋予主体资格。尽管民法中的自然人，犹如一幅理性勾画出来的人的画像而非具体的现实世界中的自然人，在民法中适用“自然人”一词还是具有十分重要的意义的：其一，使自然出生的人与民法上的主体地位的自然人打通了。在罗马法上，自然意义上的自然人与作为法律上的人相差太远。自《德国民法典》开始，民事主体直接使用“自然人”一词，使自然意义上的人从一出生就获得作为主体的“自然人”的地位，这是历史的进步，从此，自然人的主体地位始于出生成为一种普遍的现实。我国《民法典》就使用“自然人”一词，是非常正确的。同时，“自然人”与“公民”对比，更符合对人的保护。《法国民法典》使用“公民”一词，而未使用“自然人”（见该法典第8条规定），更强调对法国人的保护。而使用“自然人”则不同，不仅本土的“自然人”受到本国法律保护，外国“自然人”也受到保护（双边或者多边国际条约有规定的除外），尤其是当今世界，更具有进步意义。其二，自然人是民事主体制度的原型。尽管现代民法用“权利能力”统一了自然人与法人，但实际上不可否认的是，民法的所有的权利只有自然人才能完整地享有，包括人身权利（人格权与身份权）和财产权利，而法人纯粹是充当交易主体或者其他有目的的主体而仿照自然人塑造的，例如，理性（权利能力）等（因此法人“拟制说”是有道理的）。因此，罗马法上仅仅关注自然人是否是民事主体，《法国民法典》也仅仅规定了自然人主体。故自然人是民事主体原型，法人所享有的民事权利主要是财产权利，法人主要是为了交易或者其他特定目的而存在。

重点问题

1. 自然人的概念和特征（与公民的区别）。
2. 自然人的权利能力与行为能力的区别。
3. 行为能力与意思自治和过错责任的关系。
4. 监护和亲权的关系。
5. 法定监护与意定监护。
6. 行为能力的分类及其对法律行为效力的影响。

第一节　自然人概述

一、自然人的概念与特征

应该说自1900年《德国民法典》使用“自然人”一词替代“公民”这一概念之后，使得人自然出生以后，就当然成为民事主体，显然比1804年的《法国民法典》有显著的进步。我国1986年的《民法通则》将公民与自然人等同适用，这大概是一个误解。因为公民和自然人这两个概念无论从内涵还是外延上，都是不能画等号的。因此，我国2020年的《民法典》已经明确使用“自然人”一词。那么，在我国《民法典》上，有下列问题需要澄清：（1）自然人是一个抽象的概念还是一个具体的概念？也就是说，自然人是一个抽象的人的画像，还是活生生的你我他？（2）民法典上的自然人的内涵由哪些要素构成？

“权利能力”“人格尊严”“行为能力”“责任能力”是否应该是一个自然人应有的要素？我们通常说，人一出生就享有“权利能力”，就是民事主体。但是，一个没有“行为能力”和“责任能力”的人是否属于完整意义上的民事主体？一个事事处处都需要监护的人，却被作为民事主体对待，是否属于一种例外？（3）权利能力与责任之关系是什么？（4）行为能力与责任能力是否可以相互替代？我国《民法典》上没有规定“责任能力”，那么，比较法上的类似问题在我国《民法典》上应如何解决？

我国《民法典》和民法学理对于主体的认识一般是“三元论”的——自然人、法人和非法人组织。就自然人来说，我们从需要法律的视角来观察：法律世界中的自然人与现实世界中的自然人是否是相同的？

我们必须看到，我们每个人并非必然为法律上的人，[1]要达到这一主体性标准，就必须按照“被规定了的标准”来构造民事主体，否则民法体系就无法构建。因此，为了法律体系的构建，就必须把自然人与现实生活中的活生生的人相区别。人一出生，就被赋予“权利能力”，然后是“理性”的审查——根据其年龄和智力、健康状况赋予其理性等级：完全民事行为能力、限制民事行为能力和无民事行为能力。因此，法律上的人不等同于现实世界中活生生的人，而是一个没有自己意志而仅有符合“被规定了的共同意志”的意志之人。就如德国学者兹特尔曼（Zitelmann）所指出的：“人格是意志的法律能力，人的肉体是其人格的完全不相关的附庸。”[2]因此，法律上的人是思辨中的人，其是民法非感性的法律主体的典型。法律上的人不必通过拟制与人等同，或者根本不必通过人的生活加以填补，也不必被提炼成为一个较多的组织的生命单元，相反，经验中的人必须致力于约束、抑制其感情与情感，以成为道德与法律上的人。[3]所以，民法典是不知晓农民、手工业者、制造业者、企业家、劳动者之间的区别的，私法中的人就是作为被抽象掉了各种能力和财力等的抽

---

〔1〕关于这一点，在奴隶社会中表达得最为充分：奴隶是自然世界的动物世界上的人，但却不是法律世界的人。而在今天，由于人的出生这一简单的事实就可以使人进入法律世界，使一个自然世界的人无障碍地成为法律主体，因此，自然世界的人与法律世界的人的原则区分却被忽视了。但是，作为自然意义上的有各种爱好的人与民法上被规定了的“爱好”的人还是有本质区别的。

〔2〕［美］约翰·齐普曼·格雷：《法律主体》，载《清华法学》2002年第1期，第233页。

〔3〕［德］罗尔夫·克尼佩尔：《法律与历史——论〈德国民法典〉的形成与变迁》，朱岩译，法律出版社2003年版，第87页。

象的个人而存在。[1]这种自然人的理论构造，在民法体系的构建中意义重大。民法中的所谓自然人，即民事主体的理性创造，使得法律上的人成为思辨中的人，它不仅使非人的组织可以成为主体，而且，用一种可以量化的标准将人的行为统一到限定的有目的的秩序中去，从而使得对人与人之间关系的评价变得可能与容易。因为按照康德的绝对命令的模式，法律关系是调整理性动物与理性动物的联系，并用一种对双方来说都是实际的方式和方法来调整。在此，为了能够评价实际的过程，也就是说为了能够评价通过身体的相互交往，更准确地说为了能够评价其时服务于群体利益的交往，完全是相应地构造了人格体这一概念[2]。民法中的人，犹如一幅理性勾画出来的人的画像，挂在民法的圣殿中，尽管其来源于人的形象，但却不是真实的人。诚如学者所言：人格体是一种"当为"（即规范要求下的理性行为）的形式，即一种客观的构造。[3]

民法上的意思自治与过错归责原则都是以这种人格人构建出来的制度：（1）人既然是有理性的，他便有能力去独立地创设一种有利于自己的权利义务关系，承认意思自治，就等于承认了人的理性能力。因此，那些尚无理性的人就被排除在意思自治的大门之外，并用一种代理或者监护制度去弥补这种不足。（2）人既然是有理性的，那么他便是可以归责的，即其意志的不良状态就可以被归于责任承担。在这里我们不得不再一次提到康德的论述：人通过理性的内在立法约束情感并基于此种方式成为道德律令之下的一个理性的物，即作为人格人除受制于所给出的律令外，不受制于其他任何律令。因此，其行为是可以归责的。为了形成秩序，达到可预见性、自治的无私、能力，情感中信马由缰的意愿受到规制，主体将相互施加的强制理解为共同法则。[4]即符合这种"共同法则"的人才是自由的，在此法则允许的范围内，即使对他人造成危害，也不能将责任归结于他，因为其行为为理性所容许。如果超出这种"共同法则"，那么其指挥行为的意志即为不良状态，就应将责任归结于他。问题是：用一种什么样的具体参照去衡量是否符合"共同法则"呢？许多立法、判

---

〔1〕［日］星野英一：《私法中的人——以民法财产法为中心》，王闯译，载梁慧星主编：《民商法论丛》（第8卷），法律出版社1997年版，第168页。

〔2〕［德］京特·雅科布斯：《规范·人格体·社会——法哲学前思》，冯军译，法律出版社2001年版，第35页。

〔3〕［德］京特·雅科布斯：《规范·人格体·社会——法哲学前思》，冯军译，法律出版社2001年版，第88页。

〔4〕［德］罗尔夫·克尼佩尔：《法律与历史——论〈德国民法典〉的形成与变迁》，朱岩译，法律出版社2003年版，第77—78页。

例与民法理论创造了一个“共同法则”的化身与代言人——理性第三人。如果一个人的行为符合“理性第三人”标准，则不予归责，否则便予以归责。根据通说，这种“理性第三人”是仿照罗马法上的“善良家父”的形象创造出来的，但我们必须注意的是，这样一个“理性第三人”是客观的而非主观的，他在现实世界中根本就不存在。就如学者所言：理性的自然人的典型是这样被刻画，法典将该概念非人化，并且导入了交易中必要的注意的客观一般性。现在，经过司法判例，交易中所要求的必要的注意中所剩余的主观部分已被剔除出去。[1]

经过这样的理性处理之后，现实世界中具体的人的行为就被一种规范中的“法则”所约束，并在这种理性法则中统一了人们的行为，使一种秩序成为可能并变得容易。法官在裁决案件时，当事人是否能够预见、是否应当预见以及是否具有自治的能力，不必去询问具体的行为人，只要问“理性”（其代言人就是理性第三人）即可。

因此，凯尔森通过论证认为，所谓“自然人”的概念也不过是法学上的构造，并且其本身完全不同于“MAN”的概念。所以，所谓“自然人”其实就是一种“法”人。[2]

在作了上面的澄清之后，民法上的自然人是指具有民事主体地位的、被法律抽象出来的、与法人相对的、能够享有权利承担义务的抽象的个体。尽管在当今世界中，每个人一出生就是民法典上的“自然人”，但是，“它”并不是指现实世界中的你我，与法人一样，是法律塑造出来的主体。应从以下两个方面来理解民法上的自然人：（1）民法上的自然人是民法世界中的区别于法人的个人而非现实世界中的个人。民法世界“自然人”的概念也不过是法学上的构造，其实就是一种“法”人。这是民法根据法律构造的需要设计出来的人——其只有“二维结构”——一是规定其“权利能力”的所谓主体性地位，二是通过规定其理性能力——行为能力来设计作为民事主体的自然人：具有了权利能力，就具有了主体地位，而具有了理性能力（行为能力）就可以实行意思自治、就能够因过错而被归责。（2）自然人是为了区别法人而特别适用的一个概念。尽管民法上的自然人与法人一样，都是法律的设计物，但民法世界中区分

〔1〕［德］罗尔夫·克尼佩尔：《法律与历史——论〈德国民法典〉的形成与变迁》，朱岩译，法律出版社2003年版，第123页。

〔2〕［奥］凯尔森：《法与国家的一般理论》，沈宗灵译，中国大百科全书出版社1996年版，第109页。

自然人与法人还是具有一定意义的：个体相对于团体来适用，即自然人与法人的区别实际上反映了个体与团体的区分。从民法典的整体设计看，任何一个国家赋予团体以主体地位都有自己的政策和衡量，都具有特定的条件，并非任何团体都一定被赋予主体资格。

二、“自然人”一词的使用在民法上的进步意义

尽管民法中的自然人，犹如一幅理性勾画出来的人的画像而非具体的现实世界中的自然人，在民法中使用“自然人”一词还是具有十分重要的意义的。

其一，使自然出生的人与民法上的主体地位的自然人打通了。在罗马法上，自然意义上的自然人与作为法律上的人相差太远。自《德国民法典》开始，民事主体直接使用“自然人”一词，使自然意义上的人从一出生就获得作为主体的“自然人”的地位，这是历史的进步，从此，自然人的主体地位始于出生成为一种普遍的现实。我国《民法典》使用“自然人”一词是非常正确的。

同时，“自然人”与“公民”对比，更符合对人的保护。《法国民法典》使用“公民”一词，而未使用“自然人”（见该法典第8条规定），更强调对法国人的保护。而使用“自然人”则不同，不仅本土的“自然人”受到本国法律保护，外国“自然人”也受到保护（双边或者多边国际条约有规定的除外），尤其是当今世界，更具有进步意义。

其二，自然人是民事主体制度的原型。尽管现代民法用“权利能力”统一了自然人与法人，但实际上不可否认的是，民法的所有的权利只有自然人才能完整地享有，包括人身权利（人格权与身份权）和财产权利，而法人纯粹是充当交易主体或者其他有目的的主体而仿照自然人塑造的。例如，理性（权利能力）等（因此法人“拟制说”是有道理的）。因此，罗马法上仅仅关注自然人是否是民事主体，《法国民法典》也仅仅规定了自然人主体。故自然人是民事主体原型，法人所享有的民事权利主要是财产权利，法人主要是为了交易或者其他特定目的而存在。

三、自然人的主体性要素

民法在构造自然人的时候，其主体性要素必然就是：权利能力、行为能力和责任能力（下面详细说明）。除此之外，人格尊严不仅仅是自然人的一种权利或者利益，而是其主体性要素。这是自然人区别于其他主体的本质性问题。

那么，在我国《民法典》上，人格权是否属于人格尊严的范畴呢？如果我们观察《民法典》第109条及第990条的规定，似乎能够得出这一结论。

《民法典》第109条规定："自然人的人身自由、人格尊严受法律保护。"第990条规定："人格权是民事主体享有的生命权、身体权、健康权、姓名权、名称权、肖像权、名誉权、荣誉权、隐私权等权利。除前款规定的人格权外，自然人享有基于人身自由、人格尊严产生的其他人格权益。"从该两条的规定看，似乎可以说，人格权就是人的人格尊严的体现。

但如果再仔细对比《民法典》第110条的规定，就会产生犹豫。第110条规定："自然人享有生命权、身体权、健康权、姓名权、肖像权、名誉权、荣誉权、隐私权、婚姻自主权等权利。法人、非法人组织享有名称权、名誉权和荣誉权。"那么，"法人、非法人组织的名称权、名誉权和荣誉权"也属于人格尊严吗？特别是自然人享有"名誉权和荣誉权"，法人也享有 "名誉权和荣誉权"，这两种权利在自然人和法人之间有差别吗？

我们之所以犹豫，当然是因为一个简单的逻辑推理：如果说"人格权人格尊严的体现"这一前提是正确的，那么，法人就显然不能享有人格权。因为人格尊严只有自然人才能享有，法人哪里来的自由、尊严？

当然，在所有这些主体性要素中，"理性"——行为能力是最重要的。这是康德哲学关于主体最核心的要求，而康德哲学对于德国民法典的构建意义重大。 康德认为，没有理性的东西只具有一种相对的价值，只能作为手段，因此叫作物。而有理性的生灵叫作"人"，因为人依其本质即为目的的本身，而不能仅仅作为手段来使用。无论是在你自己，还是任何其他一个人，你都应将人类看作目的，而永远不要看作手段。[1]那么，何为理性呢？在康德看来，理性不仅是指人类认识可感知世界的事物及其规律性的能力，而且包括人类识别道德要求并根据道德要求处世行事的能力。道德要求的本质就是理性本身。人类的这种绝对价值，即人的尊严，就是以人所有的这种能力为基础的。[2]由于受康德、黑格尔哲学思想的影响，法律主体被定格为"理性—意志—主体"的图式，即民事主体是有理性的，而有理性的人可以被允许按照自己的意志支配自己的财产（所有权绝对）、自由创设私法上的权利与义务（契约自由）、可以

---

〔1〕［德］卡尔·拉伦茨：《德国民法通论》（上册），王晓晔等译，法律出版社 2013 年版，第 46 页。

〔2〕［德］卡尔·拉伦茨：《德国民法通论》（上册），王晓晔等译，法律出版社 2013 年版，第 46 页。

因过错而被归责（过错责任）。当这种图式被用于法人的时候，法律就必然要求法人有“意思机关”，否则其意思自治和过错归责就无法落实。即使是没有意思机关的“财团法人”，也必须要求其受到“外部意志的约束”从而成为他律法人，进而实现意志的统治，使其符合理性的公式。

从而我们可以看出，理性在大陆法系国家，特别是受到《德国民法典》影响的国家的法律中的地位和重大影响。正是因为理性的作用，德国学理否认合伙具有主体地位——一个没有理性的躯体，何以成为民事主体？

第二节　自然人的民事权利能力

一、自然人民事权利能力的概念和特征

一般认为，权利能力是指一个人作为法律关系主体的能力，也即作为权利享有者和义务承担者的能力（或称资格）。[1]用通俗的话来说，权利能力是一种权利义务的归属资格。我们认为，用“归属资格”来解释法人的权利能力更符合其创设的本意。权利能力的规范目的在于：一个人是否能够作为民事主体在民法上享有权利承担义务。因此，权利能力是一个人能够取得权利义务的前提与基础，但不是具体的权利或者义务。权利能力具有以下特征。

（一）平等性

由于行为能力是理性的体现，而不平等恰恰是人被理性衡量的结果。与行为能力不同，权利能力不分年龄、性别、职业、精神状况等因素而一律平等。这是宪法上的平等原则在私法上的具体化，也是民法赖以生存的市民社会的本质特征。人的权利能力的平等是近代私法的重要进步之一，是资产阶级革命的胜利成果之一。就如学者所言：人的权利能力平等在今日被认为理所当然，然而，在当时应该说是西欧历史中划时代的重要事件[2]。我国《民法典》第14条明确规定：“自然人的民事权利能力一律平等。”

但是，我国有学者从具体权利义务的享有角度来衡量与质疑权利能力的平

---

〔1〕［德］卡尔·拉伦茨：《德国民法通论》（上册），王晓晔等译，法律出版社2013年版，第119—120页；［德］迪特尔·梅迪库斯：《德国民法总论》，邵建东译，法律出版社2000年版，第781页；王泽鉴：《民法概要》，中国政法大学出版社2003年版，第47—48页。

〔2〕［日］星野英一：《私法中的人——以民法财产法为中心》，王闯译，载梁慧星主编：《民商法论丛》（第8卷），法律出版社1997年版，第156页。

等性。指出：自然人的权利能力范围实际上有大有小，如结婚权利能力，并非人皆有之。有学者更将权利能力分为一般权利能力与特别权利能力。[1]有学者对此批评道：对权利能力作“一般”与“特别”之分，表面看来周到精致，然恰巧不能反映权利能力最重要的本质，即权利能力对于人的法律地位之集中表现。质言之，权利能力作为享有权利的资格，其所指仅为享有法律允许享有的一切权利（权利之总和）的资格，正是在此意义上，权利能力与法律人格被视为等同。而享有某种特定的具体权利的资格之有无，则与人格之有无毫无关系。实质上，即便是“享有总和之权利的资格”，与直接表达和体现人之尊严、平等及自由的“人格”，仍有角度和价值理念上的不同。但是，鉴于权利能力之概念使用上的习惯，我们无必要另设概念来表达主体享有具体权利的资格。[2]

而有的学者正确地指出：对于平等原则应从其法律伦理价值的角度去理解，而不能机械地理解。[3]这种思路对于自然人的权利能力非常适合，但对于法人的权利能力就难能说明，因为法人的权利能力是技术产物而非伦理产物。

应该说，上述学者对权利能力平等原则之不同视角的阐述颇有道理，但我们更倾向于从另外一个角度去理解权利能力的平等原则。首先，权利能力平等是一种抽象的平等而非具体平等，是一种资格或者说是一种取得权利的可能性的平等，而非具体权利的平等。也就是说，是一种起点平等而非结果平等。由于人的能力不同，因此即使作为平等的起点相同，在具体取得的权利方面肯定也是不平等的，就如赛跑的人虽然起点相同而结果不同一样。这种不平等恰恰才是平等的。上述学者所认为的权利能力有大有小的观点，恰恰就是混淆了作为取得权利资格的平等与具体取得的权利的平等性之间的差异。因此，需要再一次强调：权利能力与具体权利是不同的。其次，实践中许多对人之行为范围的限制，是基于某种价值判断或者国家政策对自然人行为的限制而非对其“权利能力”的限制，也即由于考虑到某种行为的特殊性或者资源有限性，往往要附加一些条件，例如，上述学者举出的所谓“结婚能力”就是著例。人人都有结婚的可能性，但必须达到一定的条件才能变为现实性，如没有法律禁止结婚的情形、年龄达到一定界限等。这是对具体行为设定的条件，而非对其权利能

〔1〕 罗玉珍主编：《民事主体论》，中国政法大学出版社1992年版，第54页。
〔2〕 尹田：《论自然人的法律人格与权利能力》，载《法制与社会发展》2002年第1期。
〔3〕 张俊浩主编：《民法学原理》（修订第三版），中国政法大学出版社2000年版，第96页。

力的限制。否则就难以解释下列矛盾：人的权利能力始于出生而终于死亡，一个人在出生时没有结婚这种权利能力而以后却有了；在死亡前由于变为无行为能力而又失去这种权利能力。这显然是不合逻辑的，也是违反权利能力设立的基本宗旨的。另外，从《法国民法典》第144、148条及第156条的规定看，一个未成年人结婚（法国法规定年满18周岁为成年，但15周岁可以结婚）要征得监护人同意。由此可见，针对结婚行为的这种具体限制是由一个国家的基本政策所决定的，但不能据此认为是对权利能力的限制或者是特殊权利能力。所以，将这种具体权利义务取得或者享有中的限制条件作为衡量权利是否平等的做法，是因对权利能力在认识上存在误区。[1]另外，对于自然人来说，权利能力是宪法地位在私法上的体现，而实体法是无法处分这种地位的，故无限制的可能性。

综上所述，权利能力平等作为民法的一项基本的原则是不可动摇的，否则就会借助于所谓实质正义而消灭作为抽象意义上的平等。

当然，权利能力不仅自然人享有，法人也享有权利能力。从民法意义上说，自然人的权利能力与法人的权利能力并没有任何实质的差别。恰恰相反，“权利能力”这一概念正是因为民法承认团体的主体地位而发生的——《德国民法典》以前的民法典从来没有正面承认过团体可以取得主体地位，因而也就没有权利能力这样一个概念。因为自然人由于有宪法上的主体地位，其作为民法上的主体并不存在任何说明障碍。但是团体却不同，它没有宪法上的地位，因此必须借助于民法获得主体地位。因此，权利能力的出现是因为民法承认团体的主体资格——法人导致的。然而，我们必须明白的是：自然人的权利能力与法人的权利能力尽管在民法意义上没有本质差别，但是，在哲学意义上是不同的：自然人的主体地位来自宪法，甚至有人认为是“天赋”，但是，法人的主体地位却来自民法。

（二）自然人权利能力与自然生命同步

在今天，权利能力因出生的事实而当然取得，不须登记；因死亡的事实而当然消灭；不存在像物权、债权那样的转让与继承问题，其与人的自然生命同步而不得被剥夺，因此具有与自然生命的同步性。

权利能力不得被剥夺是没有争议的，但是，权利能力能否被限制？对此，

---

〔1〕试想：虽然人人都有受教育的资格，但是，由于教育资源（特别是高等教育）的有限性，进入学校就要达到一定的条件，有人因不符合这些条件而不能接受教育，是否就意味着人与人的资格不平等？

有不同观点。台湾学者王泽鉴认为：权利能力为人之尊严的表现，法律虽得加以限制（如矿业权等），但须有正当理由[1]。也有人认为不可限制。笔者也同意“不可限制”的观点，因为：（1）如果将权利能力理解为主体地位的标志，那么，权利能力就是不可限制的，主体地位如何限制？实际生活中对某人不能取得某种权利的限制，是对其行为的限制而非权利能力的限制。像王泽鉴教授列举的矿业权问题，笔者认为不是一个权利能力问题，而是一个国家对稀缺资源的分配政策问题，如果以此为例来说明权利能力的限制，那么将导致不可理解的结果：有些权利只能由法人取得而不能由自然人取得，如电信经营权、建筑资质、银行经营权等，这是否意味着法人的主体地位高于个人？另外，对外国自然人的限制问题，在许多国家的民法上都存在，更不能用来作为说明限制自然人权利能力的证据，这恰恰是民法属地法的特征。（2）在《德国民法典》《法国民法典》《瑞士民法典》《日本民法典》等这些常常被用来作为许多国家民法立法蓝本的法典中都没有提到权利能力可以被限制的问题，而德国著名的民法著作中也没有讨论这一问题（如卡尔·拉伦茨的《德国民法总论》、迪特尔·梅迪库斯的《德国民法总论》等），这是否意味着他们认为权利能力不得被限制是一个当然的、不需要讨论的问题呢？虽然这样就作出结论说“是”，显得有些武断，但笔者还是愿意说这样一个肯定性结论。（3）如果权利能力被允许按照实体法限制，一方面，将动摇权利能力的宪法基础，而实体法也不能处分权利能力的宪法基础。另一方面，民法对权利能力的任意限制会影响权利能力的伦理价值——平等与自由。

（三）自然人权利能力的不可转让性与不可放弃性

权利能力的不可转让性与不可放弃是基于三个方面的原因：其一是基于法律的伦理性及人文关怀。因为权利能力是一个自然人为主体而非客体的标志，因此，它与人须臾不可分离。基于此种对人的关怀，法律不允许转让与抛弃。德国学者卡尔·拉伦茨指出不存在有效地放弃权利能力的法律规定。[2]我国台湾地区“民法”第16条也明确规定：权利能力不得抛弃。其二是不存在转让的市场，因为权利能力对一个人来说，一个足矣，多个权利能力是没有意义的。其三是放弃权利能力对于交易安全来说也是有害的。一个人具有权利能力，不

〔1〕 王泽鉴：《民法总则》（增订版），中国政法大学出版社2001年版，第105页。

〔2〕 ［德］卡尔·拉伦茨：《德国民法通论》（上册），王晓晔等译，法律出版社2013年版，第121页。

仅具有积极的意义——取得权利，同时也有消极的意义——承担义务。也就是说，不仅可以作为原告，也可以作为被告。如果一个债务人放弃权利能力，也就意味着他不能再作为被告。这样，对于债权人来说，就无法得到保护。

但对于法人来说，可以通过法定程序解散，然后注销来消灭权利能力。但直接放弃权利能力也为法律所不允许，因为要保证其原告与被告资格，从而保护债权人的利益。

（四）抽象性

权利能力是一个抽象而非具体的资格，它仅仅是一种取得权利承担义务的可能性的资格。而且，这种可能性“无限大”——无论多么大的权利或义务，只要不为法律所禁止，都可以取得。无论是自然人还是法人，其权利能力的抽象性是一样的。但在具体生活中，权利能力的真正意义往往被行为能力的巨大差异所淡化。

二、自然人民事权利能力的开始

现代民法典一般都认为：自然人的权利能力因出生而取得，我国《民法典》第13条也作了相同的规定。前面已经论及，自然人的权利能力（私法上的地位）因出生的事实而自然取得并人人平等，是法律的伟大进步。但由于医学的发展，使得人们对出生有了更加精确的解释，也就有了不同的看法。关于出生的学说大致有：部分露出说、全部露出说、断脐带说、初啼说、独立呼吸说等。民法之所以对出生的界定发生兴趣，主要是因为出生与以下两个方面问题有关：（1）继承；（2）主体性问题。法律不能仅仅考虑纯粹医学上的合理性，而应当从保护人的存在为出发点，因此，应选择在以上各种学说中出生最早的时间为法律上的出生。

至于出生的具体时间，我国《民法典》第15条规定：“自然人的出生时间和死亡时间，以出生证明、死亡证明记载的时间为准；没有出生证明、死亡证明的，以户籍登记或者其他有效身份登记记载的时间为准。有其他证据足以推翻以上记载时间的，以该证据证明的时间为准。”

三、自然人民事权利能力的终止

自然人的权利能力因死亡而终止为法律的一般原则。而所谓自然人的死亡包括自然死亡与拟制死亡。

（一）关于自然死亡

近年来，由于医学的发展，如同人的出生一样，对何为死亡，也存在不同的观点，大致有心搏终止说、脑电波消失说、呼吸停止说等。从保护人的视角考虑，法律应选择死亡时间最晚的观点为死亡。

（二）关于拟制死亡

拟制死亡并非真正的死亡，而仅仅是被宣告人在法律上死亡了，因此，与自然死亡的法律结果在某些方面是一样的。因为自然死亡只是一个事实，其真正的意义也是在法律意义上来说的。但拟制死亡有一个不可忽视的问题是：被法律宣告死亡的人虽然在法律上死亡了，但他确实可能在自然意义上还活着。这就出现了一个矛盾：被宣告死亡的人在法律上死亡而没有权利能力，但其作为生存着的人还有权利能力，并且在生存期间所为的法律行为仍然有效。如何解释这一问题?

其实，宣告死亡的真正意义与目的根本不是解决权利能力的消灭问题，而是在于解决被宣告人既存的各种法律关系问题，即人身关系与财产关系问题。也就是说，被宣告死亡后，配偶关系、收养关系、父母子女关系等因此消灭；继承发生；代理关系终止；死亡人不得再作为诉讼关系的原告或者被告，而仅仅能够针对其财产诉讼等。至于其权利能力是否终止，仅仅是由于拟制死亡也是死亡，因此，只能推定其权利能力也因这种死亡而消灭。但是，权利能力伴随生命的存在而存在，既然是推定，就可以因为其他事实而被推翻，所以，生存着的被法律宣告死亡的人当然具有权利能力。

四、胎儿利益的特殊保护

我们必须清楚，对于胎儿利益的特殊保护，并非对于胎儿权利能力的讨论。因为权利能力始于出生，这是一般原则，因此，一般的推论也是“胎儿无权利能力”。对胎儿利益的特殊保护的讨论，主要涉及胎儿的继承权与受损害的赔偿请求权问题。如果胎儿无权利能力，何以解释其尚未出生就可以继承遗产？何以解释其未出生前本人或者其父母遭受第三人侵害时的损害赔偿请求权问题？很自然地，人们试图给予胎儿以权利能力，以企图从逻辑上合理地解释胎儿的继承与损害赔偿请求权。

对于胎儿的继承权，如果法律严格遵循“权利能力始于出生”的原则，那么，父母（或者任何一方）在胎儿出生前死亡，而其出生后就不能继承遗产。为了保护胎儿的利益，自罗马法开始，就确立了一条原则：在保护胎儿利益所需要的限度内，视其已经出生。我国《民法典》第16条专门规定了胎儿利益的保护："涉及遗产继承、接受赠与等胎儿利益保护的，胎儿视为具有民事权利能力。但是，胎儿娩出时为死体的，其民事权利能力自始不存在。"

从比较法和理论来看，胎儿利益的保护问题主要涉及两个问题：一是继承问题，二是胎儿受到损害的远距离损害赔偿请求权的问题。我国《民法典》仅仅明确规定了第一个问题，但并没有规定第二个问题。在实践中，这一问题远远比胎儿接受赠与的能力重要得多：这不仅是因为现实生活中胎儿接受赠与的情形十分罕见，而且在制度设计上存在诸多问题——按照《民法典》赠与之规定，有两个问题在《民法典》上无法安排：（1）如果赠与给胎儿，赠与合同如何签订？向谁为意思表示？谁是胎儿的法定代理人？赠与合同什么时候生效？（2）赠与是可以撤销的，以非诉讼方式撤销的时候，会出现与赠与成立时相同的问题：谁是代理人？如果通过诉讼撤销，则谁是被告？

我们认为，胎儿的接受赠与的能力与另外一个问题比起来，似乎另一个问题更重要：那就是胎儿的损害赔偿请求权问题，即活着出生的人是否有权对他出生前（即在其胎体的形成过程中）因第三人的不法行为所导致的他的损害请求赔偿？有人认为：孩子可以提出损害赔偿的前提条件是他在受到损害时已具有权利能力。而卡尔·拉伦茨反对这种观点，指出：未出生的人被侵害的问题并不取决于他是否具有权利能力，人们坚信：孩子仅是随着出生才成为法律意义上的人从而取得了权利能力，但这并不改变他的生命体已存在着一个很长的"前史"。究竟什么时候是"人的生命"的开始，从什么时候起可以受到法律的保护，这是与什么时候人具有权利能力完全无关的另一个问题。出生前身体器官受到损害，在出生后表现为器官残损而继续存在，人只有出生而取得权利后，才能对其在出生前身体受到的侵犯请求赔偿。一般情况下，损害与损害赔偿请求权是同时产生的，为了使胎儿受到损害时就有请求权而将权利能力的获得提前到出生前，是不必要的。[1] 民法典仅仅规定权利能力因出生而开始，但并不是说其作为自然生命体的存在也是因出生而开始。[2] 迪特尔·梅迪库斯也指出：受害人在损害行为发生之时是否已经出生或者孕育，从侵权行为法方面来说是毫无意义的。即使胎儿受到损害是立即发生的，而损害的后果则是在出

---

〔1〕［德］卡尔·拉伦茨：《德国民法通论》（上册），王晓晔等译，法律出版社2013年版，第127—128页。

〔2〕［德］卡尔·拉伦茨：《德国民法通论》（上册），王晓晔等译，法律出版社2013年版，第127页。

生之后才显示出来，由已经具有权利能力的受害人主张损害赔偿请求权也不存在任何障碍。[1]也就是说，损害事实的发生与对损害主张赔偿请求权可以是不同步的，也就没有必要将胎儿的权利能力说成开始于出生前。我国《民法典》第16条应该包括之。

第三节　民事主体的理性标志——民事行为能力

一、民事行为能力的概念

民事行为能力是权利主体依自己的意志独立实施法律行为而取得权利或者承担义务的资格。德国学者卡尔·拉伦茨指出：行为能力是指法律所认可的一个人可进行法律行为的能力，即为本人或者被代理人所为的能产生法律后果的行为的能力[2]。迪特尔·梅迪库斯则认为：理智地形成意思的能力，在民法中称为行为能力。自然人具备了行为能力即可通过自己而不是仅仅通过代理人的意思表示构建其法律关系[3]。我国学者对行为能力的概念与德国学者的概念基本相同。

行为能力所要解决的问题是：一个具有权利能力的人能否以独立的意志去创设、变更或者消灭权利义务关系，是理性能力的直接体现。

行为能力对于自然人意义重大，讨论行为能力主要是针对自然人，因为自然人的理性有区别，故区分为完全民事行为能力人、限制民事行为能力人和无民事行为能力人。而法人的理性是拟制的，因此，不存在分类的意义，也不具有讨论的价值。

二、制度价值

（一）体现了民法对人的关怀和保护

在民法上，权利主体与权利义务的结合有两种途径：一是通过自己的行为去积极地取得；二是通过法律的规定而消极地被动承受。对于后一种情况，则

〔1〕［德］迪特尔·梅迪库斯：《德国民法总论》，邵建东译，法律出版社2000年版，第786页。
〔2〕［德］卡尔·拉伦茨：《德国民法通论》（上册），王晓晔等译，法律出版社2013年版，第133页。
〔3〕［德］迪特尔·梅迪库斯：《德国民法总论》，邵建东译，法律出版社2000年版，第409页。

无须行为能力，只要有权利能力就可以了，例如，在幼儿园的儿童可以因继承而取得财产。但对于第一种情况就大不相同，必须要求其能够认识到自己行为的性质、后果、意义等，以避免对自己造成损害。例如，一个3岁的孩子可能会用妈妈的金戒指与一块糖果进行交换，如果法律保护这种交易，显然会损害未成年人的利益。就像英国学者阿蒂亚所言："如果有人要问，规定关于未成年人订立合同的行为能力规则的目的是什么，那么他可能得到的答复是：要保护未成年人，使他们不至于由于自己缺乏经验而受到损害。……还可能得到的答复是，防止未成年人由于借钱或赊购货物而负担债务。"〔1〕所以，法律要求一个行为人对自己所从事的行为有认识能力与判断能力。

（二）维护完整真实意义上的意思自治

既然意思自治的真正含义是"让民事主体以自己的独立自由意志去创设权利义务关系"，那么，法律就必须关注主体是否有这样的能力去独立判断与设计自己的权利义务关系。如果让一个3岁的小孩或者精神病患者去自治，就会破坏意思自治的真正价值。因此，凡是实行意思自治的国家，都有行为能力的要求与制度设计。我国《民法典》从第17条至第24条用整整8条来规定行为能力的有关问题，足以看出行为能力在民法中的重要性。

（三）民法理性主义的实证贯彻

前面已经论及，民法上的人为理性人，只有具备了行为能力，才能达到"被规定了的"理性标准，才能去进行意思自治、去支配物权、因过错而被归责，否则，其虽为主体，却用理性的拟制来说明。因此，行为能力是民法理性主义的实证贯彻。

三、分类标准

从前面的论述可以看出，如果对于行为能力采取如同权利能力那样人人平等的做法，显然会出现不公平的结果。因此，有必要对人的行为能力进行区分。

从自然属性上说，人与人之间的差别是绝对的、普遍的，没有完全等同的两个人，否则就是机器人。因此，对于每个人的认识与判断能力进行个案审查是最精确的。但是，对于每个人进行个案审查的方式几乎是不可操作

---

〔1〕［英］P·S·阿蒂亚：《合同法概论》，程正康、周忠海、刘振民译，李志敏校，法律出版社1982年版，第117页。

的，即使从理论上说能够操作，其成本也十分高昂。因此，各国民法典采取的是非个案审查的抽象方式，将人的行为能力类型化，其采取的标准是——判断能力的有无以及大小。《瑞士民法典》第13条规定："成年且有判断能力的人有行为能力。"第16条规定："凡非因未成年、精神病、精神衰弱、酗酒或者其他类似情况而不能理智地行为的人，均具有本法意义上的判断能力。"但判断能力如何确定？一般来说，对于没有精神障碍的人来说，其年龄的增长判断能力也会同步增长，所以，年龄就成为最稳定的分类标准。另外，也必须考虑到精神障碍方面的因素，对于患有精神障碍的人来说，其判断能力与年龄的增长并不同步。

应当说，年龄标准是一个相对科学的标准，但按这一标准可能会出现这样的情况，即一个人从无民事行为能力人变成限制民事行为能力人，或从限制民事行为能力人变为完全民事行为能力人只相隔一天。在此情况下将之划分为行为能力完全不同的人，的确难称科学，故阿蒂亚称之为"愚蠢的规则"。〔1〕但是，除这种一刀切的方式外，也没有更合适的方式替代。

四、我国民法上的分类

（一）完全民事行为能力人

按照我国《民法典》第17条及第18条〔2〕的规定，18周岁以上且无精神障碍的人为完全民事行为能力人。考虑到我国现实情况，即有的人在16岁就参军或者参加工作，因此，法律规定16周岁以上而不满18周岁的无精神障碍的且以自己的劳动收入作为主要生活来源的，也视为完全民事行为能力人。

（二）无民事行为能力人

无民事行为能力人包括两种：一是不满8周岁的人；二是虽然已经达到8周岁，但患有严重的精神障碍使其判断能力相当于不满8周岁的未成年人或者成年人〔3〕。

---

〔1〕［英］P·S·阿蒂亚：《合同法概论》，程正康、周忠海、刘振民译，李志敏校，法律出版社1982年版，第116页。

〔2〕我国《民法典》第17条规定："十八周岁以上的自然人为成年人。不满十八周岁的自然人为未成年人。"第18条规定："成年人为完全民事行为能力人，可以独立实施民事法律行为。十六周岁以上的未成年人，以自己的劳动收入为主要生活来源的，视为完全民事行为能力人。"

〔3〕按照英美普通法的规定，已结婚的妇女没有缔结契约的能力，其法律主体资格被夫的法律主体资格所吸收。英国法的理论是夫和妻为一人，而这个人就是夫。妻不能享受任何财产上的权利，也无缔结契约的能力。但这种情形在19世纪后随着妇女已获得选举权而被废除。这种情形在欧洲大陆也曾一度盛行。

由于我国1986年《民法通则》对无民事行为能力的规定年龄过高，规定为10周岁，与我国现实生活极不符合。因此，《民法典》第20条将10 周岁改为8周岁。但我们认为，由于我国义务教育阶段普遍采取7周岁上小学的年龄界限，应该以7周岁作为无民事行为能力分界线更加合适。另外，从比较法上看，大多数国家也是采取7周岁的标准。

（三）限制民事行为能力人

限制民事行为能力人也包括两种：一种是8周岁以上而不满18周岁的无精神障碍的未成年人；另一种是具有部分判断能力的成年人（其判断能力相当于8周岁以上而不满18周岁的精神正常的未成年人）。

五、民事行为能力对行为之法律后果的影响

民法对民事行为能力进行分类的目的在于确定各类民事行为能力人的行为在法律上的后果，因此，民事行为能力对行为人行为后果的影响才是实质性的。如果行为人的行为超出了法律规定的可能性，将导致其行为后果的瑕疵。

（一）无民事行为能力人的行为在法律上的后果

德国学者迪特尔·梅迪库斯指出：无民事行为能力人的意思表示本身就是无效的，第三人向无民事行为能力人发出的意思表示必须达至法定代理人。这说明，无民事行为能力人仍然是权利主体，即也有权利能力，但是他不能自己实施行为来充当法律行为的参与人，亦即他不能自己发出意思表示或者受领意思表示，而必须由他人来代理。〔1〕

迪特尔·梅迪库斯的上述论断是无民事行为能力人与限制民事行为能力人的重大区别之一：在限制民事行为能力人从事某种其依照法律不能从事的法律行为时，其代理人可以事前同意也可以事后追认，但是，对无民事行为能力人却不存在事前同意或者事后追认的问题。如果说，在现实生活中其法定代理人事后追认的话，也仅仅是进行了一项新的法律行为而不是对无民事行为能力人行为的追认。

我国《民法典》第20条规定："不满八周岁的未成年人为无民事行为能力人，由其法定代理人代理实施民事法律行为。"第21条规定："不能辨认自己行为的成年人为无民事行为能力人，由其法定代理人代理实施民事法律行为。

〔1〕［德］迪特尔·梅迪库斯：《德国民法总论》，邵建东译，法律出版社 2000 年版，第 416—417 页。

八周岁以上的未成年人不能辨认自己行为的，适用前款规定。”

更直接地说，无民事行为能力人单独实施的法律行为无效，任何发出或者接受意思表示必须由其法定代理人代理。

（二）限制民事行为能力人及其法律后果

由于限制民事行为能力人介于无民事行为能力与完全民事行为能力之间，因此，对其行为及其法律后果的判断，在实际上存在较大的困难。具体来说，有下列问题需要分析。

1.限制民事行为能力人能够从事哪些法律行为？

我国《民法典》第19条规定：“八周岁以上的未成年人为限制民事行为能力人，实施民事法律行为由其法定代理人代理或者经其法定代理人同意、追认；但是，可以独立实施纯获利益的民事法律行为或者与其年龄、智力相适应的民事法律行为。”第22条规定：“不能完全辨认自己行为的成年人为限制民事行为能力人，实施民事法律行为由其法定代理人代理或者经其法定代理人同意、追认；但是，可以独立实施纯获利益的民事法律行为或者与其智力、精神健康状况相适应的民事法律行为。”由此可见，我国法律承认限制民事行为能力人可以独立从事两种法律行为而不必经其法定代理人同意：一是与其年龄、智力、精神健康状况相适应的法律行为；二是纯获利益的法律行为。

那么，如何判定限制民事行为能力人的行为与其年龄、智力或者精神状况相适应？根据我国长期司法实践经验，未成年人或者不能完全辨认自己行为的精神病人进行的民事活动是否与其年龄、智力状况相适应，可以从行为与本人生活的关联的程度、本人的智力能否理解其行为，并预见相应的行为后果，以及行为标的数额等方面认定。

另外，如何解释“纯获利益的法律行为”？应该理解为：在法律上只有权利没有义务的法律行为，如赠与合同就是著例。不能理解为“差价获利”，如A出卖电脑给成年人B的价格是8000元，出卖给未成年人C是6000元。这种法律行为不能认为是纯获利益的法律行为。

2.限制民事行为能力人不能从事的行为应如何实施？

限制民事行为能力人依法不能实施的行为，可以通过以下两种方式实施：一是由其法定代理人为其实施；二是事前得到其法定代理人的同意或者事后得到其法定代理人的追认。

（1）关于事前同意

事前同意既可以是对单个事项的同意，也可以是概括性地同意。这种允许既可以向未成年人作出，也可以向与未成年人进行交易的相对人作出。

（2）关于事后追认

如果未成年人在行为前未得到其法定代理人的同意，也可以在事后取得其法定代理人的追认。这种追认既可以向未成年人作出，也可以向与未成年人进行交易的相对人作出。但在追认前，行为处于效力待定状态。一经追认，被追认的行为从开始生效。 特别应当强调的是，如果在追认时限制民事行为能力人已经成为完全民事行为能力人，则由他自己追认。

法律在保护未成年人利益的同时，也保护善意相对人的利益。对此，法律赋予其两种权利：催告权与撤销权。所谓催告权，是指相对人在法定期间内催促与其缔约的限制民事行为能力人的法定代理人作出是否追认的权利。因为需要追认的行为在追认前处于效力待定状态，因此，法律给予相对人这样一种权利以便尽快结束这种不确定状态。根据我国《民法典》第145条的规定，相对人可以催告法定代理人在一个月内予以追认。法定代理人未作表示的，视为拒绝追认。

这里所说的撤销权，是指限制民事行为能力人所从事法律行为的善意相对人在限制民事行为能力人的法定代理人追认前，可以撤销法律行为的权利。我国《民法典》第145条第2款规定："相对人可以催告法定代理人自收到通知之日起三十日内予以追认。法定代理人未作表示的，视为拒绝追认。民事法律行为被追认前，善意相对人有撤销的权利。撤销应当以通知的方式作出。"

（3）事前同意或者事后追认的行为的后果归属

限制民事行为能力人事前经其法定代理人同意或者事后追认的行为有效，但该有效的结果由谁来承担呢？我国《民法典》对此未作规定，实为一疑问。德国学者卡尔·拉伦茨指出：允许的结果是由未成年人本人为自己所为的法律行为享有权利并承担义务。然而这并不意味着其法定代理人本人须对未成年人的交易对方承担责任，即使他的允许是对交易对方作出的，也同样如此。如果对方希望不仅可以向未成年人本人而且还可以向其法定代理人行使请求权，他就得要求对未成年人的义务设定保证[1]（以法定代理人为保证人）。从理论上说，笔者十分同意卡尔·拉伦茨的观点，但在日常生活中，限制民事行为能力人分两种情况：一是限制民事行为能力人本身具有财产或者具有履行非金钱债

〔1〕［德］卡尔·拉伦茨：《德国民法通论》（上册），王晓晔等译，法律出版社2013年版，第148—149页。

务的能力；二是限制民事行为能力人无财产也无履行非金钱债务的能力。在第一种情况下，由限制民事行为能力人承担后果自无问题。但在第二种情况下，即使法定代理人允许，限制行为能力人仍然没有履行能力。因此，实际的情况是，法定代理人追认的情况一般都是愿意替限制行为能力人承担履行义务。如果他不打算替代履行，那么，他一般就不会允许。

完全民事行为能力人之行为的法律后果从意思自治的完整性意义上说，完全民事行为能力人所为的法律行为应当有效。当然，影响一个法律行为效力的因素有许多，行为能力仅仅是一个主要的因素。法律行为也可能因诸如违法、违反善良风俗等无效。

六、需要说明的问题

（一）在行为能力问题上，是否存在善意第三人的保护？

人们在实践中常常提出的一个疑问是：在缔约能力（行为能力）方面，是否有善意第三人的保护问题？即如果一个未成年人外部看上去很像成年人，或者他自己也谎称为成年人，善意第三人是否会因善意信赖而主张合同有效？对此，德国学者指出：无民事行为能力及其原因无须具有可识别性，因此，他方当事人完全可能在没有任何过失的情况下信赖某行为的有效性，而该项行为实际上因行为人无民事行为能力而无效。我们的法律制度从来不是因为对交易能力的诚信导致交易效力而保护这种信赖，法律之所以规定无民事行为能力人从事的行为无效，恰恰是为了保护无民事行为能力人，而这种保护应当与对方当事人的善意或者恶意无关，这也就是说，在通常情况下，每一个人都应当自行承担遇见无民事行为能力人并因此遭受信赖损害的风险。〔1〕英国判例也坚持这样的原则：如果一个未成年人谎称自己是成年人并劝使另一个人和他订立合同，任凭他进行欺骗，该合同对他仍然是不能执行的。这种观点值得赞同，因此，在行为能力问题上，不存在善意第三人的保护问题。

这里所说的不存在善意第三人的保护问题，是指第三人不得主张自己无过错信赖对方有行为能力而主张法律行为有效。但是，前面已经提到，在限制民事行为能力人的法定代理人追认前，善意第三人有撤销其意思表示的权利。在这种意义上讲，也存在善意第三人的保护问题。

---

〔1〕［德］迪特尔·梅迪库斯：《德国民法总论》，邵建东译，法律出版社2000年版，第417页。

（二）行为能力在侵权行为中是否适用?

前面已经提到，只有涉及法律行为时，才有行为能力的适用问题。而侵权行为虽然有时是人的行为，但却不是法律行为，不需要意思表示。因此，即使无民事行为能力人也可以作为侵害他人绝对权的侵权人。如果他本人无财产赔偿，可以适用“责任转承”原则，即由他的监护人承担赔偿责任。我国《民法典》第1188条第1款规定：“无民事行为能力人、限制民事行为能力人造成他人损害的，由监护人承担侵权责任。监护人尽到监护职责的，可以减轻其侵权责任。”

（三）限制民事行为能力、无民事行为能力的认定问题

一个完全民事行为能力人或者一个限制民事行为能力人，有可能因为某种原因而变为限制民事行为能力人或者无民事行为能力人。而在有些情况下，是否为限制民事行为能力或者无民事行为能力很难识别与辨认。例如，对于间歇性精神病患者，其行为后果常常存在疑问。从理论上说，间歇性精神病患者在不犯病期间为完全民事行为能力人，在犯病期间按照无民事行为能力人对待。但在实践中却难以举证。因此，为了识别的方便，法律创设了限制民事行为能力、无民事行为能力的认定制度。对于具备法定条件的自然人，可以被利害关系人申请法院认定为限制民事行为能力人或无民事行为能力人。

1.成年人限制民事行为能力或者无民事行为能力的认定问题

《民法典》总结多年的理论与司法实践经验，于第24条专门规定了对于成年人进行无行为能力或者限制民事行为能力的认定：“不能辨认或者不能完全辨认自己行为的成年人，其利害关系人或者有关组织，可以向人民法院申请认定该成年人为无民事行为能力人或者限制民事行为能力人。被人民法院认定为无民事行为能力人或者限制民事行为能力人的，经本人、利害关系人或者有关组织申请，人民法院可以根据其智力、精神健康恢复的状况，认定该成年人恢复为限制民事行为能力人或者完全民事行为能力人。本条规定的有关组织包括：居民委员会、村民委员会、学校、医疗机构、妇女联合会、残疾人联合会、依法设立的老年人组织、民政部门等。”

2.未成年人能否由限制民事行为能力人认定为无民事行为能力人?

对此问题，《民法典》没有规定，而仅仅规定了成年人的认定。从法律解释学的视角看，可以认为，这是排除对于未成年人的认定。但从我国《民法典》第24条规定精神来看，似乎可以。因此，对于未成年的限制民事行为能力人，也可以根据其健康或者精神状况，认定为无民事行为能力人。

（四）纯获利益的行为之有效规则是否也适用于无民事行为能力人?

根据《德国民法典》的规定及学者的论述（上面已经提到），即使是纯获利益的行为，也仅仅对限制民事行为能力人适用，而对于无民事行为能力人无效。

从我国《民法典》第19条规定看，仅仅规定了限制民事行为能力人纯获利益的民事法律行为不经其法定代理人追认也有效，而没有规定无民事行为能力人的适用。由此可见，《民法典》遵循了德国法的模式。

（五）无民事行为能力人与限制民事行为能力人之行为能力的欠缺仅仅是对法律行为效力产生影响

《民法典》区分行为能力的种类，仅仅是在法律行为的限度内才有意义，也就是说，无民事行为能力人与限制民事行为能力人之法律行为才受到行为能力的影响，但并非规定其“行为”无效或者效力待定。例如，无民事行为能力人拾得遗失物的行为、从事了悬赏广告中指定的行为等，都发生法律效果。

第四节　自然人的监护制度

一、监护的概念

由于立法体例的不同，我国的监护制度与许多国家的监护制度之内涵与外延有较大不同：我国目前的监护制度不仅包括对无民事行为能力人及限制民事行为能力人的“能力欠缺”的救济，而且包含大陆法系传统民法中亲权的许多内容；而大陆法系传统民法所谓的监护，是指在亲权法之外的对民事行为能力欠缺的救济制度。这也正是我国学者之间对监护制度的概念及立法体例的争议所在。

我国大部分学者编写的教科书认为：监护是指对未成年人和精神病人的人身、财产及其他合法权益进行监护和保护的一种民事制度。[1]但也有学者主张，监护应当是对不能得到亲权保护的未成年人与精神病人所设立的保护制度。相应地，在我国《民法典》的编纂过程中关于监护的立法体例上，也就存在不同的观点：一是主张保持现有的体例不变；二是主张将监护放在亲

〔1〕 佟柔主编：《中国民法》，法律出版社1990年版，第75页。

属法中，而在自然人编中仅仅规定无民事行为能力人与限制民事行为能力人的法定代理人。

但从我国《民法典》对于监护的规定看，监护包括两个方面的内容：一是对于民事行为能力欠缺的救济；二是对于民事行为能力欠缺者的人身、财产及其他合法权益进行监护和保护。由此可以得出我国法上关于监护的概念：监护是指对于民事行为能力欠缺的救济，以及对于民事行为能力欠缺者的人身、财产和其他合法权益进行保护的制度。在这种保护中，也包括对未成年人的教育、生活照顾等。

二、监护制度的价值[1]

我国《民法典》上的监护制度之价值主要体现在两个方面：一方面是对民事行为能力欠缺者的救济，另一方面是对其生活、教育、财产管理等方面的辅助。由于民事行为能力欠缺者，即无民事行为能力人与限制民事行为能力人不能从事民事活动，或者仅仅能够从事范围很小的民事活动，而日常生活中的人是难以离开民事活动而生活的，因此，为了其生活需要，更重要的是为了他作为一个完整意义上的人，实现法律意义上的人人平等，必须有一个对民事行为能力欠缺的救济制度。因为，我们的民法一方面宣称“自然人权利能力平等”，而另一方面却在民事行为能力上分不同种类，使民事行为能力欠缺者不能从事许多民事行为，因此，权利能力平等就不可能真正实现，民事行为能力欠缺者也就不能称为完全意义上的人。除此之外，无民事行为能力人多是成长中的未成年人，其生活需要照顾、财产需要管理，还需要对之进行教育，因此，也有必要设立监护制度（亲权法上的职能）。

三、监护的种类

从不同的角度或者以不同的标准，可以将监护分为以下不同的种类。

其一，以被监护的对象为标准，可以将监护分为未成年人监护和成年人监护。《民法典》第27条规定了未成年人监护，而第28条则规定了成年人监护。

其二，以监护权来自法律的直接规定还是当事人的意思，可以分为法定监护和意定监护。《民法典》第27、28条规定的都是法定监护，而第29条及第33

[1] 在此，笔者不是仅仅在亲权以外的意义上使用“监护”这一概念，而是集亲权与亲权外的监护为一体。

条规定的则是意定监护。

我们下面就以监护对象为标准对于监护进行说明。

四、未成年人的监护人

（一）法定监护人

法定监护人是指根据法律规定的身份而产生的监护人。这种监护也称为法定监护。根据我国《民法典》第27条的规定：父母是未成年子女的监护人。未成年人的父母已经死亡或者没有监护能力的，由下列有监护能力的人按顺序担任监护人：（1）祖父母、外祖父母；（2）兄、姐；（3）其他愿意担任监护人的个人或者组织，但是须经未成年人住所地的居民委员会、村民委员会或者民政部门同意。

（二）补充监护人

其实，按照我国《民法典》第32条的规定，补充监护也是由法律直接规定的，故从实质上说，也是法定监护人的一种。按照该条的规定，没有依法具有监护资格的人的，监护人由民政部门担任，也可以由具备履行监护职责条件的被监护人住所地的居民委员会、村民委员会担任。

（三）意定监护人

由于被监护人为无民事行为能力人或者为限制民事行为能力人，因此，这里的“意定”当然是指被监护人之外的人的意定。根据《民法典》第29条的规定，被监护人的父母担任监护人的，可以通过遗嘱指定监护人。

（四）临时监护人

临时监护人是指我国《民法典》第31条第3款规定的情形，即当事人对于监护人的确定有争议，在有关部门指定监护人之前，为避免被监护人的人身权利、财产权利以及其他合法权益处于无人保护状态，由被监护人住所地的居民委员会、村民委员会、法律规定的有关组织或者民政部门担任临时监护人。

五、无民事行为能力或者限制民事行为能力的成年人的监护人

（一）法定监护人

无民事行为能力或者限制民事行为能力的成年人的法定监护人就是指《民法典》第28条规定的监护人：无民事行为能力或者限制民事行为能力的成年人，由下列有监护能力的人按顺序担任监护人：（1）配偶；（2）父母、子女；（3）其他近亲属；（4）其他愿意担任监护人的个人或者组织，但是须经被监护人住所地

的居民委员会、村民委员会或者民政部门同意。

（二）补充监护人

即按照我国《民法典》第32条的规定而产生的监护人：没有依法具有监护资格的人的，监护人由民政部门担任，也可以由具备履行监护职责条件的被监护人住所地的居民委员会、村民委员会担任。

（三）意定监护人

与未成年人不同，成年人的意定监护人有两种：（1）《民法典》第33条规定的意定监护人：具有完全民事行为能力的成年人，可以与其近亲属、其他愿意担任监护人的个人或者组织事先协商，以书面形式确定自己的监护人。协商确定的监护人在该成年人丧失或者部分丧失民事行为能力时，履行监护职责。（2）按照《民法典》第29条规定的方式产生的监护人：被监护人的父母担任监护人的，可以通过遗嘱指定监护人。

（四）临时监护人

临时监护人是指我国《民法典》第31条第3款规定的情形，即当事人对于监护人的确定有争议，在有关部门指定监护人之前，为避免被监护人的人身权利、财产权利以及其他合法权益处于无人保护状态，由被监护人住所地的居民委员会、村民委员会、法律规定的有关组织或者民政部门担任临时监护人。

（五）法定监护人之间的协议变更

《民法典》第30条规定："依法具有监护资格的人之间可以协议确定监护人。协议确定监护人应当尊重被监护人的真实意愿。"对于该条应该作如下正确解释和理解。

1.这种变更仅仅限于未成年人或者成年人的法定监护人之间，其他的补充监护人或者意定监护人之间，或者法定监护人与他们之间都不得协议变更。

2.协议变更应当本着有利于保护被监护人的利益为原则。在现实生活中，具有法定监护资格的人中，有些更适合作为监护人，行使监护职权。那么，这种变更就更有利于维护被监护人的利益。

3.这里所谓的"应当尊重被监护人的真实意愿"，并非指法律意义上的"意思表示"。如果被监护人能够在确定监护人方面为意思表示，那么他（她）也就不需要监护了。这里的"真实意愿"，应该是指被监护人之"好恶"，通俗来说，就是被监护人是否喜欢。从一般生活常识看，如果被监护人不喜欢监护人（父母除外），可能监护职责难以落实。

按照我国立法机关的解释，该条是在吸收司法实践经验的基础上，对协议监护制度作出规定。本法第27、28条分别对未成年人、无民事行为能力和限制民事行为能力的成年人规定了具有监护资格的人的范围。在法律已对具有监护资格的人作了严格限定的前提下，允许具有监护资格的人之间协议确定监护人，不会损害被监护人的合法权益。《民法典》第27、28条规定了担任监护人的顺序，主要目的在于防止具有监护资格的监护人推卸责任，导致监护人缺位的情况出现。协议监护可以不按照第27、28条规定的顺序确定监护人。具有监护资格的人之间可以根据各自与被监护人的生活联系状况、经济条件、能够提供的教育条件或者生活照料措施等，在尊重被监护人意愿的基础上，经过充分协商，选择合适的监护人。这既是对具有监护资格的人共同意愿的尊重，也有利于保护被监护人的合法权益。法律对协议监护制度予以认可，既是对实践需求的回应，也有利于进一步规范协议监护制度。依据该条规定，协议监护具有以下几个特点。

第一，协议主体必须是依法具有监护资格的人，即本法第27、28条规定的具有监护资格的人。未成年人的父母有监护能力的，不得与其他人签订协议，确定由其他人担任监护人，推卸自身责任。对于未成年人，协议监护只限于父母死亡或者没有监护能力的情况，协议的主体为：（1）祖父母、外祖父母；（2）兄、姐；（3）经未成年人住所地的居民委员会、村民委员会或者民政部门同意的其他愿意担任监护人的个人或者有关组织。对于父母丧失监护能力的，父母可以不作为协议监护的主体。但对协议确定监护人也可以提出自己的意见，具有监护资格的人在协议确定未成年人的监护人时，从有利于保护被监护人的利益出发，应当尽量予以尊重。对于无民事行为能力或者限制民事行为能力的成年人，协议的主体为：（1）配偶；（2）父母、子女；（3）其他近亲属；（4）经该成年人住所地的居民委员会、村民委员会或者民政部门同意的其他愿意担任监护人的个人或者有关组织。

第二，协议确定的监护人必须从有监护资格的人之间产生，不得在法律规定的具有监护资格的人之外确定监护人。在具有监护资格的人之外确定监护人的，协议监护无效。

第三，协议监护是具有监护资格的人合意的结果，合意产生后，由协议确定的监护人担任监护人，履行监护职责。监护人一旦确定，即不得擅自变更，否则要承担相应的法律责任。[1]

---

〔1〕 黄薇主编：《中华人民共和国民法典总则编释义》，法律出版社2020年版，第81—82页。

六、对于监护人确定的争议及解决方式

对此问题，我国《民法典》第31条有4款规定："对监护人的确定有争议的，由被监护人住所地的居民委员会、村民委员会或者民政部门指定监护人，有关当事人对指定不服的，可以向人民法院申请指定监护人；有关当事人也可以直接向人民法院申请指定监护人。居民委员会、村民委员会、民政部门或者人民法院应当尊重被监护人的真实意愿，按照最有利于被监护人的原则在依法具有监护资格的人中指定监护人。依照本条第一款规定指定监护人前，被监护人的人身权利、财产权利以及其他合法权益处于无人保护状态的，由被监护人住所地的居民委员会、村民委员会、法律规定的有关组织或者民政部门担任临时监护人。监护人被指定后，不得擅自变更；擅自变更的，不免除被指定的监护人的责任。"

该条是在解决在确定监护人的时候， 如何解决争议的问题。第1款规定了对监护人的确定有争议情况下，如何确定监护人。对于该款，有以下问题需要注意。

其一，这里所说的"对监护人的确定有争议的"，指的是什么？也就是说，是对于什么范围内的监护人确定有争议？对此问题，立法机关的解释是：该条规定了确定监护人有争议的两种解决途径：一是由被监护人住所地的居民委员会、村民委员会或者民政部门指定监护人。该指定并没有终局效力。有关当事人对该指定不服的，可以向法院提出申请，由法院指定监护人，法院的指定具有终局效力，被指定的监护人应当履行监护职责。不得推卸。二是有关当事人可以不经居民委员会、村民委员会或者民政部门的指定，直接向法院提出申请，由法院指定监护人。本款规定的"对监护人的确定有争议的"既包括争当监护人的情况，也包括推卸责任拒不担当监护人的情况，主要包括以下情形：一是具有监护资格的人均认为自己适合担任监护人；二是按照《民法典》第27、28条规定的顺序应当担任监护人的，认为自己没有监护能力，无法履行监护职责或者认为其他具有监护资格的人更适宜担任监护人的；三是后一顺序具有监护资格的人要求前一顺序具有监护资格的人依法履行监护职责的；四是具有监护资格的人均推卸监护职责，拒不担当监护人的情况。对此，居民委员会、村民委员会或者民政部门应当介入切实履行起指定监护的职责，依法指定监护人。本款中的两处"有关当事人"均指对监护人的确定有争议的当事

人[1]。

我们认为，立法机关的上述解释显然是对《民法典》第31条作了“扩大解释”，从上下文及体系结构的逻辑看，似乎不应包括消极层面——如果按照《民法典》第27、28条规定的顺序应当担任监护人的，都认为自己没有监护能力，就不存在争议。也就更不存在由被监护人住所地的居民委员会、村民委员会或者民政部门指定的问题。只有大家都认为自己具有监护能力，才可能存在由被监护人住所地的居民委员会、村民委员会或者民政部门指定监护人的情况。因此，我们认为，该款是指：①对于未成年人来说，是指《民法典》第27条规定的除了父母以外的其他人担任监护人有争议，如祖父母、外祖父母哪个更合适？兄、姐哪个更合适？其他愿意担任监护人的个人或者组织哪个更合适？②对于无民事行为能力或者限制民事行为能力的成年人来说，是指除了配偶之外的其他有监护资格的人担任监护人有争议。

其二，第2款是解决指定的范围是什么。该款已经规定得非常清楚：按照最有利于被监护人的原则在依法具有监护资格的人中指定监护人。

其三，争议期间的临时监护人如何确定？指定监护人前，被监护人的人身权利、财产权利以及其他合法权益处于无人保护状态的，由被监护人住所地的居民委员会、村民委员会、法律规定的有关组织或者民政部门担任临时监护人。

其四，不得随意变更监护人。监护人被指定后，不得擅自变更；擅自变更的，不免除被指定的监护人的责任。

七、监护人的职责

其实，监护人的职责有两个大的方面——法定代理与保护其权益，即《民法典》第34条规定的两个方面：（1）监护人的职责是代理被监护人实施民事法律行为；（2）保护被监护人的人身权利、财产权利以及其他合法权益等。例如，①保护被监护人的身体健康；②照顾被监护人的生活；③管理和保护被监护人的财产；④代理被监护人进行民事活动；⑤对被监护人进行管理和教育；⑥在被监护人合法权益受到侵害或者与人发生争议时，代理其进行诉讼等。

我国《民法典》有一个很有特色的地方，即第26条第1款规定：“父母对未成年子女负有抚养、教育和保护的义务。”这是典型的亲权内容。那么，我

〔1〕 黄薇主编：《中华人民共和国民法典总则编释义》，法律出版社2020年版，第83—84页。

们的疑问是：其他监护人是否有这种对管理未成年人成长的义务？从第34条至第39条的规定看，似乎没有。我们认为，对于未成年人来说，监护人应该有此义务。

八、监护人履行监护职责的原则

根据我国《民法典》第35条的规定，监护人履行监护职责应该坚持以下原则。

1. 监护人应当按照最有利于被监护人的原则履行监护职责。

2. 监护人除为维护被监护人利益外，不得处分被监护人的财产。这里所谓的处分仅仅指“消极处分”，仅仅是为了被监护人的生活和教育等处分其财产。不能认为，如现在股票行情很好，或者房屋可能涨价，就替被监护人购买。这种风险行为不能包括在内。

3. 成年人的监护人履行监护职责，应当最大程度地尊重被监护人的真实意愿，在作出与被监护人利益有关的决定时，应当根据被监护人的年龄和智力状况，尊重被监护人的真实意愿，保障并协助被监护人实施与其智力、精神健康状况相适应的民事法律行为。对被监护人有能力独立处理的事务，监护人不得干涉。

九、监护人资格的撤销

按照我国《民法典》第36条的规定，监护人有下列情形之一的，人民法院根据有关个人或者组织的申请，撤销其监护人资格：（1）实施严重损害被监护人身心健康的行为；（2）怠于履行监护职责，或者无法履行监护职责并且拒绝将监护职责部分或者全部委托给他人，导致被监护人处于危困状态；（3）实施严重侵害被监护人合法权益的其他行为。

这里的所谓“有关个人或者组织”是指：其他依法具有监护资格的人，居民委员会、村民委员会、学校、医疗机构、妇女联合会、残疾人联合会、未成年人保护组织、依法设立的老年人组织、民政部门等。

《民法典》第36条专门规定，如果以上个人和组织未及时向人民法院申请撤销监护人资格的，民政部门应当向人民法院申请。

我国《民法典》第37条同时规定：“依法负担被监护人抚养费、赡养费、扶养费的父母、子女、配偶等，被人民法院撤销监护人资格后，应当继续履行负担的义务。”

十、被监护人资格的恢复

《民法典》第38条规定："被监护人的父母或者子女被人民法院撤销监护人资格后，除对被监护人实施故意犯罪的外，确有悔改表现的，经其申请，人民法院可以在尊重被监护人真实意愿的前提下，视情况恢复其监护人资格，人民法院指定的监护人与被监护人的监护关系同时终止。"

十一、监护关系的终止

根据我国《民法典》第39条的规定，有下列情形之一的，监护关系终止：（1）被监护人取得或者恢复完全民事行为能力；（2）监护人丧失监护能力；（3）被监护人或者监护人死亡；（4）人民法院认定监护关系终止的其他情形。

监护关系终止后，被监护人仍然需要监护的，应当依法另行确定监护人。

十二、其他需要说明的问题

（一）夫妻离婚或者子女被收养时的监护问题

对此问题，《民法典》没有规定，但原《最高人民法院关于贯彻执行〈中华人民共和国民法通则〉若干问题的意见（试行）》（以下简称原《民通意见》），第21、23条规定：夫妻离婚后，与子女共同生活的一方无权取消对方对该子女的监护权；但是，未与该子女共同生活的一方，对该子女有犯罪行为、虐待行为或者对该子女明显不利的，人民法院认为可以取消的除外。夫妻一方死亡后，另一方将子女送给他人收养，如收养对子女的健康成长并无不利，又办了合法收养手续的，认定收养关系成立；其他有监护资格的人不得以收养未经其同意而主张收养关系无效。

（二）违反职责的法律后果

根据《民法典》第34条第3款的规定，监护人不履行监护职责或者侵害被监护人合法权益的，应当承担法律责任。也就是说，监护人不履行监护职责给被监护人造成财产损失或者侵害被监护人利益的，应当赔偿损失。人民法院还可以根据第36条的规定，根据有关人员或者有关单位的申请，撤销监护人的资格。

根据原《民通意见》第20条的规定，监护人不履行监护职责，或者侵害了被监护人的合法权益，其他有监护资格的人或者单位向人民法院起诉，要求监护人承担民事责任的，按照普通程序审理；要求变更监护关系的，按照特别程序审理；既要求承担民事责任，又要求变更监护关系的，分别审理。

（三）监护人的转承责任

前面已经提到，由于民事行为能力欠缺的人在大多数情况下是没有赔偿能力的，故许多国家民法规定了监护人的“转承责任”。我国《民法典》侵权责任编第1188条也规定了这种责任：无民事行为能力人、限制民事行为能力人造成他人损害的，由监护人承担侵权责任。监护人尽到监护职责的，可以减轻其侵权责任。有财产的无民事行为能力人、限制民事行为能力人造成他人损害的，从本人财产中支付赔偿费用；不足部分，由监护人赔偿。

（四）监护的变更

广义的监护变更有三种情形：（1）监护可以因协议而变更。我国民法允许有监护资格的人通过协议的方式变更监护人，如第一顺序的监护资格人可以与第二顺序的人协议，由第二顺序的人担任监护人。（2）监护可以因撤销而变更。监护可以因监护人不履行或者不正确履行监护职责而撤销，因而也可因此而变更监护人。（3）监护可以因监护人死亡或者丧失民事行为能力而变更。

第五节　自然人的民事责任能力〔1〕

一、责任能力的概念

所谓责任能力，又称归责能力，是指因自己的过错而承担责任的资格。责任能力的缺乏，并不排除行为客观的违法性，而是排除了行为人的过错。〔2〕在德国，“责任能力”被称为“过错能力”。德国学者指出：只有当行为人因其过错而应当受到谴责时，才可能使他承受侵权责任的法律后果。这种对加害人的可谴责性以其具有一定程度的精神（智力）能力为前提，并从这种能力中，我们能够推导出加害人的个人责任。我们将加害人的这种特质称为过错能力或者侵权责任能力，没有这种能力的人就不承担责任。现行《德国民法典》的立法者最初将过错能力按照加害人的年龄来确定，并且有意识地将过错能力参照有关行为能力的条文进行了规定。也就是说，年满7周岁之前无须承担侵权责

〔1〕李永军：《被监护人受侵害时法律救济的理论与实证考察》，载《华东政法大学学报》2013年第4期，第102—105页。

〔2〕王利明、周友军、高圣平：《中国侵权责任法教程》，人民法院出版社2010年版，第476页。

任，而年满18周岁之后具有完全过错能力。而在两者之间的年龄段，则要取决于未成年人是否具有认知责任的必要判断力。过错能力的标准为“具有认知责任的判断力”，对此，只要求对一般危险或者一般损失的认知能力，以及能够一般地理解自己的行为可能以某种方式产生责任。至于是否成熟到可以根据这种判断力而采取相应的行动，则不属于过错能力所要规定的问题。[1]在欧洲许多国家，关于责任能力存在两个方面的问题：一是是否承认责任能力的存在不一致；二是各国关于如何认定责任能力方面也存在很大的争议。

首先，在责任能力的认同方面，法国并不认同，而其他国家，如德国、奥地利、希腊、意大利等国家则认同。正如德国学者所指出的，在欧洲大陆侵权行为法中，对儿童的责任之态度大多都是保护性的，但法国却建立了完全相反的先例。法国最高法院在20世纪80年代中期以来极大地加重了未成年人的责任。法国判例法目前的观点是：民事过错完全取决于实施的行为，加害人的年龄、个性、智力与职业上的能力没有关系，不是将一个幼儿的行为与另外一个幼儿的行为进行比较，而是将该幼儿的行为与一个理性的人的行为进行比较：如果一个理性的人不像他们（幼儿）那样行事，我们就认定他们（幼儿）实施了过错行为。在一个判例中，即一个5岁的小女孩没有注意来往的车辆而跑到马路上，结果被一辆机动车撞倒造成了致命的伤害。最高法院以孩子具有共同过错为由将加害人的责任减轻了50%。[2]法国的这种做法受到了学者的批评，认为：对成年人和孩子的待遇没有区别，即他们都负有严格的注意义务（的做法）不能证明法国最高法院所推动的进程是正确的。剥夺要求儿童有辨别能力的这一保护性条件，是给他们（幼儿）在开始自己的生活之前就加上了沉重的义务。[3]

在欧洲大陆的其他国家，则责任能力方面，要么采取规定一个具体的年龄，要么规定一个年龄标准 + 识别能力标准的做法。前者如《奥地利民法典》第1309条就规定：“14岁以下的儿童以及精神病人通常无须为他们引发的损害承担责任。”《荷兰民法典》第164条规定：“不满14周岁的儿童所实

[1] [德]马克西米利安·福克斯：《侵权行为法》，齐晓琨译，法律出版社2006年版，第87—88页。
[2] [德]克雷斯蒂安·冯·巴尔：《欧洲比较侵权行为法》（上卷），张新宝译，法律出版社2001年版，第97—98页。
[3] [德]克雷斯蒂安·冯·巴尔：《欧洲比较侵权行为法》（上卷），张新宝译，法律出版社2001年版，第102页。

施的行为，不得作为侵权行为由其承担责任。”后者如《德国民法典》第828条的规定：“（1）未满7周岁的人，对自己给他人造成的损害，不负责任。（2）满7周岁但未满10周岁的人，对自己在与机动车、有轨电车或者悬浮轨道之事故中给他人造成的损害，不负责任。其故意引致侵害的，不适用此种规定。（3）未满18周岁的人，以其责任不依第1款或者第2款被排除为限，在自己于实施致害行为之际，不具有认识责任所必要的辨识时，对自己给他人造成的损害不负责任。”

但是，在年龄及具体的标准方面差异很大，从上面三国的具体规定就可以看出来：奥地利、荷兰是14岁，德国为7岁，而丹麦关于儿童最低年龄限于4岁。[1]在欧洲的许多国家，关于责任能力（辨别能力）的最低的、普遍被接受的共同标准被以不同的方式表达为：以恰当的方式判断一个行为之社会价值的能力；区别善恶以及理解后者的法律后果的能力和理解一个人的行为之侵权性的能力。[2]

然而，辨别能力的注意义务标准是什么呢？没有一部欧洲民法典对此作出过回答。欧洲国家的法院（法国除外）一般是参考对与被告同龄的人可以指望的注意标准来判断少年人本人的责任能力。德国最高法院一直采取“年龄组类型过失”，即对儿童的心理成熟的检验必须与对该组年龄的人可以一般地指望的注意进行比较……这与最高法院过去的判决并不矛盾，如果事实问题仍然可以提出来，那些法院在对过失进行检验时，就会考虑一定年龄的少年人在特定情况下自发冲动和感情行事的一些共性，如好玩的天性、对尝试和探索的渴望、缺乏纪律性、好斗、容易冲动和在激情驱使下实施行为……如果在此等情况下，未成年人的加害行为一般是不能避免的，而且行为缺乏个人主观的过失即“内部的”努力，这时他的行为就不是过失的。意大利的法院更加具体，在考虑哪一年龄为善良家父年龄所指望的注意时，行为人的年龄是有关系的。按照学者的观点，未成年人分为三组：第一组是接近于成年人（16岁和17岁），对他们通常可以适用善良家父的标准；第二组是12—15岁的少年，他们的行为应当与对其同龄的人可以被指望的注意义务进行比较；第三组是6—11岁的儿

[1] ［德］克雷斯蒂安·冯·巴尔：《欧洲比较侵权行为法》（上卷），张新宝译，法律出版社2001年版，第91页。

[2] ［德］克雷斯蒂安·冯·巴尔：《欧洲比较侵权行为法》（上卷），张新宝译，法律出版社2001年版，第104页。

童，他们很少被认定有过失。[1]

二、我国法对民事责任能力的态度

在我国，关于未成年人或者有精神障碍者的责任能力问题并无直接的民法规定，但却有行为能力的规定。因此，责任能力问题在我国引起了长期的争议，尤其是2009年通过的《侵权责任法》没有规定这一问题，2020年通过的《民法典》也没有正面规定这一问题。有学者指出，从我国法律规定的解释论角度可以认为，未成年人或者有精神障碍者没有责任能力，侵权责任能力与民事行为能力的判断标准同一，即没有完全民事行为能力就没有民事责任能力。但从立法论的角度看，应借鉴德国法上的侵权责任能力的规定。[2]

我们认为，如果从我国法律的整体结构来解释，应该也能够得出我国民法上有"责任能力"的规定。主要理由是：（1）我国《刑法》第17条规定："已满十六周岁的人犯罪，应当负刑事责任。已满十四周岁不满十六周岁的人，犯故意杀人、故意伤害致人重伤或者死亡、强奸、抢劫、贩卖毒品、放火、爆炸、投放危险物质罪的，应当负刑事责任。已满十二周岁不满十四周岁的人，犯故意杀人、故意伤害罪，致人死亡或者以特别残忍手段致人重伤造成严重残疾，情节恶劣，经最高人民检察院核准追诉的，应当负刑事责任。……"第18条第3款规定："尚未完全丧失辨认或者控制自己行为能力的精神病人犯罪的，应当负刑事责任，但是可以从轻或者减轻处罚。"从以上规定来看，14周岁或者16周岁的人或者尚未完全丧失辨认或者控制自己行为能力的精神病人犯罪都需要承担刑事责任，即具有"刑事责任能力"，为什么就不能有侵权法上的民事责任能力？《刑法》的这一规定实际上已经清楚地显示了责任能力与行为能力的区别：认识到不侵害他人的后果的消极能力标准比认识到通过法律行为为自己创设权利义务的积极后果的标准要求要低。而且，侵权责任是从刑事责任中分离出来的，其关于故意和过失的概念都几乎相同。因此关于这种消极能力的年龄认定也应保持一致。（2）我国《民法典》第145条规定："限制民事行为能力人实施的纯获利益的民事法律行为或者与其年龄、智力、精神健康状况相适应的民事法律行为有效；实施的其他民事法律行为经法定代理人同意或

〔1〕［德］克雷斯蒂安·冯·巴尔：《欧洲比较侵权行为法》（上卷），张新宝译，法律出版社2001年版，第107—109页。

〔2〕王利明、周友军、高圣平：《中国侵权责任法教程》，人民法院出版社2010年版，第477页。

者追认后有效。相对人可以催告法定代理人自收到通知之日起三十日内予以追认。法定代理人未作表示的，视为拒绝追认。民事法律行为被追认前，善意相对人有撤销的权利。撤销应当以通知的方式作出。”从该条规定看，限制民事行为能力人订立的合同都不当然认定无效，既然其有部分积极的理性能力，在侵权责任能力方面为什么还要坚持完全民事行为能力呢？法律一方面承认其可以参与部分交易（与其年龄、智力、精神健康状况相适应而订立的合同不必经法定代理人追认而有效）的行为能力，却在侵犯他人时不承认其责任能力，似乎与理不符。（3）从世界上大部分国家的经验来看，一般不将行为能力与侵权法上的责任能力等同，而是在法律规定或者法院判例中确定责任能力的年龄和要求比合同法上要低，就如德国学者所指出的：“在任何判决中法院几乎都不会否认，一个精神健康的少年人在其日常生活中对常见的问题有辨别是非的能力。”〔1〕基于以上理由，笔者认为，限制民事行为能力人（被监护人）只要能够认识到相应侵权后果，就应当认为其具有相应责任能力。我国法院也有具体的判例，如由河南省新郑市人民法院审理的“赵某俭、张某萍与河南省新郑市某中学生命权、健康权、身体权纠纷一案”就比较典型。原告赵某俭，男；原告张某萍，女。被告河南省新郑市某中学，住所地新郑市新村镇白象大道，法定代表人赵某华，该校校长。原告诉称，两原告之子赵某聪自2004年8月在新郑市某中学上高中，两原告平常在外地工作，平时赵某聪可以到外婆家住。被告是一所封闭式管理学校，实行24小时巡逻，学生出门必须有学生班主任签字的出门条，并经过门岗验证。2005年“五一”长假后，赵某聪于5月5日返校，后二十多天没有和家里联系。实际上，2005年5月19日晚自习过后，赵某聪不明原因离开学校，一直下落不明。2005年5月23日赵某聪母亲张某萍在向赵某聪班主任询问赵某聪情况时，才得知赵某聪离校未归。之前校方并未通知二原告赵某聪离校未归。2005年5月31日，新郑市某中学某副校长郭某超以“赵某聪不明原因离校，现一直无音信”为由，到新郑市公安局报案。赵某聪失踪后，两原告多次要求被告协助寻找，均被被告拒绝。不得已，两原告自费从新疆赶到河南新郑寻找，也曾去过北京、宁夏、武汉等地寻找，但都没有赵某聪的消息。2007年9月和2010年6月，经新郑市人民法院先后判决，宣告赵某聪为失踪人，宣告赵某聪死亡。原告因此蒙受了巨大的经济损失和精神痛苦，故诉至法院，

〔1〕［德］克雷斯蒂安·冯·巴尔：《欧洲比较侵权行为法》（上卷），张新宝译，法律出版社2001年版，第106页。

要求被告赔偿原告交通费、住宿费、伙食费、误工费、通信费，以及死亡赔偿金、精神损失费等共计462378元。法院认为：根据《最高人民法院关于审理人身损害赔偿案件适用法律若干问题的解释》第7条第1款规定:“对未成年人依法负有教育、管理、保护义务的学校、幼儿园或者其他教育机构，未尽职责范围内的相关义务致使未成年人遭受人身损害，或者未成年人致他人人身损害的，应当承担与其过错相应的赔偿责任。”新郑市某中学应当预知学生私自离校存在受到伤害及走失的危险，故应采取相应措施防止学生私自离开学校，以避免可能发生的伤害。赵某聪在不是正常的离校时间离开学校，说明新郑市某中学对学生私自离校的防范措施不力，新郑市某中学对此存在过错。作为寄宿制学校，新郑市某中学应当在学生晚间就寝时查明学生就寝情况，如发现学生无理由未在寝室应及时查明情况并采取措施。如发现学生不明原因离校，应及时寻找、告知家长并向当地公安机关报案，但新郑市某中学并未及时将赵某聪非正常离校的情况告知其的父母，并且是在赵某聪离校多日后才报案，失去了寻找赵某聪的最好时机，对此新郑市某中学存在过错。由于新郑市某中学的以上过错致赵某聪失踪，最后被宣告死亡，新郑市某中学应当承担民事责任。《最高人民法院关于审理人身损害赔偿案件适用法律若干问题的解释》第2条规定：受害人对同一损害的发生或者扩大有故意、过失的，依照《民法通则》第131条的规定，可以减轻或者免除赔偿义务人的赔偿责任。赵某聪作为一名高中生，已具备一定的预知能力，对于擅自离开学校的危险性应当有一定的预知，但仍然在未经老师许可的情况下离开学校，且在离校后不与老师及家人联系，对于损害的发生也存在过错，故应减轻被告的赔偿责任。综合比较双方的过错程度，确定新郑市某中学应承担40%的赔偿责任。[1] 由这一判例我们可以看到，我国的司法实践是承认未成年人的责任能力而适用过失相抵原则的。

〔1〕 河南新郑市人民法院（2010）新民初字第2370号。

第六节 自然人的其他法律属性

一、自然人的亲属关系

自然人的亲属关系主要是指父母与成年子女、祖父母与孙子女、外祖父母与外孙子女以及兄弟姐妹之间的关系。这些关系在有关“亲属法”部分有详细论述，在此不再赘述。

二、自然人的住所

（一）住所的概念与种类

住所是自然人进行有民事意义活动的中心场所。住所与居所不同，居所是自然人居住的处所。住所与居所的区别主要表现在：（1）大多数国家的法律规定，自然人只能有一个住所，但可以有多个居所；（2）住所是自然人为一般目的而生活的地方，而居所是为了特定目的而居住的地方；（3）居所具有临时性，一般不具有法律上的意义，而住所必须是稳定地连续地居住，具有法律上的意义。〔1〕

住所大致可以分为意定住所、法定住所与拟制住所。所谓意定住所，是指基于当事人的意思而设立的住所。意定住所的存在往往与迁徙自由联系在一起，因此，只有在宪法上实行“迁徙自由”的国家才有可能存在这一类型，如法国、日本及英美法系国家。所谓法定住所是指不依当事人的意思而由法律直接规定的住所，如我国《民法典》第25条规定的“自然人以户籍登记或者其他有效身份登记记载的居所为住所”，这种住所制度即为法定住所。所谓拟制住所，是指法律规定在特殊情况下将居所视为住所，如我国《民法典》第25条规定：“……经常居所与住所不一致的，经常居所视为住所。”

以上三种分类在我国民法上是否存在以及在什么程度上存在，学者之间存在争议。从上述《民法典》第25条的规定看，似乎能够得出我国是实行“法定住所”制度，但仔细分析该条，似乎该条也规定了“意定住所”制度与“拟制住所”制度，即应这样理解：任何人可以通过意愿来选择与户籍不一致的居住

---

〔1〕马俊驹、余延满：《民法原论》（第二版），法律出版社2005年版，第99页。

地，只有不能确认其经常居住地时，才可以将户籍所在地的居住地视为住所。另外，加上我国现在的许多政策，如户政制度实行户口簿与身份证分离的制度，就使得自然人的意定住所在法律上得到了承认。

（二）住所在法律上的意义

住所在法律上具有以下意义：（1）确定司法管辖。如根据我国《民事诉讼法》第22条规定，对公民提起的民事诉讼，由被告住所地人民法院管辖。（2）准据法的确定。在实行联邦制的国家中，住所对于确定准据法具有十分重要的意义，而在我国由于法律是统一的，因而对此方面的意义并不是很大。仅在确定适用某些地方法规方面具有一定意义。但是，在涉外法律关系的适用中仍然具有意义，如我国1986年《民法通则》第146条第1款规定："侵权行为的损害赔偿，适用侵权行为地法律。当事人双方国籍相同或者在同一国家有住所的，也可以适用当事人本国法律或者住所地法律。"第149条规定："遗产的法定继承，动产适用被继承人死亡时住所地法律，不动产适用不动产所在地法律。"

（三）住所的确定

对住所的确定采取"法定或者意定与唯一"的原则。前面已经提到，从我国《民法典》第25条的规定看，实际上承认了我国在住所制度上采取意定的原则。至于行为能力有欠缺的人，因其户籍往往与监护人一致或者经常居住地与监护人一致，因此，其以其监护人的住所为住所。

唯一原则，是指自然人的住所，依法只能有一个。如以户籍所在地为住所，只能有一个；如果户籍所在地与经常居住地不一致，经常居住地也只能有一个。

（四）住所的变更

住所是可以变更的，如何变更才具有法律效力呢？有的国家实行住所登记制度，只要进行变更登记，就发生有效变更。但我国目前还没有这种制度，因此，我国的住所变更主要表现在两个方面：（1）因经常居住地与户籍所在地不一致，而发生事实上的变更；（2）户籍所在地发生改变，如将户籍由山东济南迁到北京。

第七节 自然人的宣告失踪和宣告死亡

一、自然人的宣告失踪

（一）宣告失踪的概念

所谓宣告失踪，是指自然人离开住所或者居所后下落不明达到法定期间，为保护其财产以稳定社会关系，法院经利害关系人的申请依法定程序宣告其为失踪人，并为之设定财产管理人的制度。

宣告失踪制度为许多国家民法所规定，但立法例有所不同。《民法典》第40条规定："自然人下落不明满二年的，利害关系人可以向人民法院申请宣告该自然人为失踪人。"

（二）宣告失踪制度的价值

宣告失踪制度的主要立法目的在于保护被宣告失踪人的财产及维护社会秩序。因为对于自然人来说，其财产不仅是生存及发展自我的重要基础，同时也是其偿还债务的保障。而自然人失踪后，其财产处于无人管理的状态，如果任由这种状态持续存在，不仅会损害失踪人的利益，而且会损害其债权人的利益。同时，如果自然人的财产无人管理，就会出现失踪人的债权人为满足债权而纷纷哄抢其财产、甚至无利益关系的第三人也会抢夺其财产的情形，导致社会秩序混乱。因此，法律有必要设立此种制度。

（三）宣告失踪的条件

根据我国《民法典》第40条及第41条的规定，宣告失踪的条件如下。

1. 自然人下落不明达到法定期间

根据《民法典》第40条的规定，自然人下落不明必须满二年。何为"下落不明"？按照我国自1986年《民法通则》实施以来的司法实践及理论研究，一般认为，"下落不明"是指自然人离开最后居住地没有音讯的状况。

这种二年的期间从何时开始计算呢？根据《民法典》第41条之规定，自然人下落不明的时间，从该自然人失去音讯之日起计算。战争期间下落不明的，下落不明的时间自战争结束之日或者有关机关确定的下落不明之日起计算。

2. 经利害关系人申请

根据《民法典》第40条之规定，失踪宣告采取"不告不理"的原则，只有当利害关系人提出申请时，法院才能依法宣告某自然人为失踪人。利害关系人是何人呢？

笔者认为，从继承、监护和财产关系等方面看，申请宣告失踪的利害关系人包括被申请宣告失踪人的配偶、父母、子女、兄弟姐妹、祖父母、外祖父母、孙子女、外孙子女以及其他与被申请人有民事权利义务关系的人。

3. 由有管辖权的法院依法定程序宣告

根据《民法典》第40条的规定，利害关系人可以向有管辖权的法院申请宣告自然人为失踪人。人民法院审理宣告失踪的案件，比照《民事诉讼法》规定的特别程序进行。

（四）财产代管人

1. 财产代管人的范围

根据《民法典》第42条的规定，失踪人的财产由其配偶、父母、成年子女或者其他愿意担任财产代管人的人代管。

代管有争议、没有上述代管人或者上述代管人无代管能力的，由人民法院指定的人代管。另外，无民事行为能力人、限制民事行为能力人失踪的，其监护人即为财产代管人。

2. 财产代管人的职责

代管人的职责主要有：（1）以善良管理人的注意妥善管理被宣告失踪人的财产，维护其财产利益；（2）失踪人所欠税款、债务和应付的其他费用，由财产代管人从失踪人的财产中支付。其他费用主要是指赡养费、扶养费、抚育费和因代管财产所需的管理费等必要的费用；（3）在与被宣告失踪人财产有关的限度内作为原告起诉与被告应诉；（4）财产代管人因故意或者重大过失造成失踪人财产损失的，应当承担赔偿责任。

3. 财产代管人的变更

根据《民法典》第44条之规定：（1）如财产代管人不履行代管职责、侵害失踪人财产权益或者丧失代管能力的，失踪人的利害关系人可以向人民法院申请变更财产代管人。（2）财产代管人有正当理由的，可以向人民法院申请变更财产代管人。（3）人民法院变更财产代管人的，变更后的财产代管人有权请求原财产代管人及时移交有关财产并报告财产代管情况。

（五）对失踪宣告的撤销

根据《民法典》第45条的规定，被宣告失踪的人重新出现，经本人或者利害关系人申请，人民法院应当撤销失踪宣告。被宣告失踪的人重新出现，有权请求财产代管人及时移交有关财产并报告财产代管情况。

二、自然人的宣告死亡

（一）宣告死亡的概念与制度价值

自然人的宣告死亡是指自然人失踪达到法定期间，经利害关系人申请，由法院依法定程序宣告其死亡，从而在法律上结束其生前的人身关系与财产关系的制度。因宣告死亡仅仅是在法律上的死亡，而实际是否死亡并不清楚，所以，又称为拟制死亡或者推定死亡。

关于宣告死亡的制度价值，我国学者张俊浩教授作了这样的论述：失踪期间达到一定长度时，依社会共同生活经验判断，其生还的可能性已经微乎其微。此时，相对人的利益——尤其是配偶的再婚利益、继承人的继承利益，上升到优先于失踪人的利益受保护的程度。保护的方式是：拟制失踪人死亡，以便其配偶取得再婚权，其继承人得以继承遗产，并清偿债权人的债务。此项拟制，须慎之又慎，而关键在于两点：其一，恰当规定利害关系人申请宣告失踪人死亡的期间；其二，当能够证明受死亡宣告的人病危死亡时，应允许撤销死亡宣告。[1]笔者赞同这种制度价值的定位。

需要指出的是，宣告死亡实际上是一种推定失踪者死亡的制度，其实际是否死亡并不确定。因此，宣告死亡制度并不是从法律或者事实上消灭失踪人，而是为了保护其配偶和继承人利益。在被宣告死亡后，失踪人实际没有死亡的，其民法上的主体资格并不消灭（权利能力、行为能力都存在）。其从事的任何法律行为和非法律行为都会产生相应的法律后果。

（二）宣告死亡的条件

1. 下落不明须达到法定期间

由于宣告死亡比宣告失踪的法律后果更加严重，因此，法律规定的期间也更长。根据《民法典》第46条的规定，自然人有下列情形之一的，利害关系人可以向人民法院申请宣告该自然人死亡：（1）下落不明满四年的；（2）因意外事件下落不明，从事件发生之日起满二年的。此外因意外事件下落不明，经有关机关证明该自然人不可能生存的，申请宣告死亡不受二年时间的限制。

需要特别注意的一点是，无法正常取得通信联系的，不得以下落不明宣告死亡。

---

〔1〕 张俊浩主编:《民法学原理》(修订第三版)，中国政法大学出版社 2000 年版，第 101—102 页。

2. 须经利害关系人申请

对于利害关系人的范围，《民法典》并没有作出具体规定。根据继承、婚姻和财产关系，可以认为，利害关系人的范围应该是：（1）配偶；（2）父母、子女；（3）兄弟姐妹、祖父母、外祖父母、孙子女、外孙子女；（4）其他有民事权利义务关系的人。

另外，《民法典》并没有规定申请人的申请顺序，应该认为，任何人都可以申请。这种做法比原《民通意见》第25条的规定更加合适，因为顺序的规定往往损害债权人。即使没有顺序规定，如果被申请人的亲属，如配偶、子女要阻止债权人申请宣告被申请人死亡，也非常简单：只要偿还债务即可。如果既不想偿还债务，又要以顺序为由阻止债权人申请，是不合理的。

3. 法院依法定程序宣告

受理宣告死亡案件后，能够确认符合上述宣告死亡条件的，应当按照《民事诉讼法》规定的程序依法宣告被申请人死亡。被宣告死亡的人，人民法院判决确定的日期视为其死亡的日期；判决未确定死亡日期的，判决作出之日视为其死亡的日期；因意外事件下落不明宣告死亡的，意外事件发生之日视为其死亡的日期（《民法典》第48条）。

（三）宣告死亡的法律后果

宣告死亡仅仅在身份关系与继承关系方面发生与自然死亡相同的法律后果，但并非所有的方面都发生与自然死亡相同的法律后果。

因为宣告死亡不能确定的是，被宣告人是否已经确定死亡。因此，被宣告人可能还生存。而宣告死亡的制度价值和目的并不在于消灭被申请人或者被宣告人，因此，如果被宣告人事实上还生存，其权利能力和行为能力并不因法律的死亡宣告而消灭，故《民法典》第49条特别规定：自然人被宣告死亡但是并未死亡的，不影响该自然人在被宣告死亡期间实施的民事法律行为的效力。

（四）对宣告死亡的撤销

因为宣告死亡的目的在于结束被宣告人的法律关系，而不在于消灭其本人。所以，我国《民法典》第50条专门规定："被宣告死亡的人重新出现，经本人或者利害关系人申请，人民法院应当撤销对期间的死亡宣告。"

宣告死亡如果被依法撤销后，原则上其人身关系与财产关系应当恢复到宣告死亡前的状态。但是，实践中也有许多限制性因素。

1. 婚姻关系

按照《民法典》第51条的规定，被宣告死亡的人的婚姻关系，自死亡宣告之日起消灭。死亡宣告被撤销的，婚姻关系自撤销死亡宣告之日起自行恢复，但是其配偶再婚或者向婚姻登记机关书面声明不愿意恢复的除外。比较以前的最高法院司法解释，这一规定更加合适[1]。但从逻辑和程序法的角度看，为什么要向婚姻登记机关书面声明呢？更为重要的是：什么时候去登记机关声明？声明之后，婚姻登记机关又该如何操作呢？例如，A被宣告死亡后，其婚姻关系消灭。但结婚证件一直保留。如果A确实已经死亡，当然这种结婚证件也仅仅具有纪念意义。如果宣告死亡被撤销，其婚姻关系恢复，还需要重新办理结婚登记吗？如果是这种情况，向婚姻登记机关书面声明是有意义的；如果说A的配偶在其被宣告死亡后一直没有再婚，其被撤销死亡宣告后，婚姻自行恢复，不需要到登记机关办理手续，原来的结婚证件也恢复效力，在此情况下，去登记机关书面声明不同意恢复婚姻关系，就不会自动恢复，这时候是否需要办理结婚登记证件的注销手续呢？

其实，这种规定看起来简单，实际上非常复杂。最简单的方式应该是：如果宣告死亡，婚姻关系消灭。如果被撤销死亡宣告，就按照复婚办理，既符合逻辑，也避免复杂。

2. 收养关系

被宣告死亡的人在被宣告死亡期间，其子女被他人依法收养，被宣告死亡的人在死亡宣告被撤销后，不得仅以未经本人同意而主张收养行为无效（《民法典》第52条），但收养人和被收养人同意的，是否可以呢？

3. 继承财产的返还

按照《民法典》第53条第1款的规定：被撤销死亡宣告的人有权请求依照继承法取得其财产的民事主体返还财产；无法返还的，应当给予适当补偿。

这里的“适当补偿”在实践中造成了大量的误解：许多人把这里的“适当”，不是正确地理解为“不多不少”，而是理解为“多少给点儿”，将这一立法语言口语化。笔者认为，这里的“补偿”是对善意取得人而言的，应当理解为“对于不能返还的财产的对价给付”。补偿既不包括孳息，也不包括由此造成的损失。

另外，对《民法典》第53条第一句话“被撤销死亡宣告的人有权请求……

---

〔1〕 根据《最高人民法院关于贯彻执行〈中华人民共和国民法通则〉若干问题的意见（试行）》第37条规定，死亡宣告被人民法院撤销，如果其配偶尚未再婚的，夫妻关系从撤销死亡宣告之日起自行恢复；如果其配偶再婚后又离婚或者再婚后配偶又死亡的，则不得认定夫妻关系自行恢复。

返还财产”该如何理解呢？是针对所有取得财产的人，还是仅仅针对继承人而言？笔者认为，如果是债权人因为债务人被宣告死亡而取得财产，即使宣告死亡被撤销，被撤销死亡宣告的人也无权请求其返还财产。

4. 善意第三人的保护

被撤销死亡宣告的人请求返还财产，其原物已被第三人合法取得的，第三人可不予返还。被撤销死亡宣告的人可以请求转让该财产的人赔偿相应损失。

5. 恶意申请人的赔偿责任

对于恶意申请他人死亡而取得财产的人，其赔偿责任应当重于善意取得人。按照《民法典》第53条第2款的规定，利害关系人隐瞒真实情况，致使他人被宣告死亡而取得其财产的，除应当返还财产外，还应当对由此造成的损失承担赔偿责任。其实，我国自1986年《民法通则》实施以来的私法实践一直坚持这一原则[1]。

三、宣告失踪与宣告死亡的关系

宣告失踪是否是宣告死亡的必经程序？例如，某人下落不明已经达到五年，既符合宣告失踪的条件，也符合宣告死亡的条件，申请人是否可以直接申请法院宣告死亡？《民法典》第47条已经进行了明确的规定：“对同一自然人，有的利害关系人申请宣告死亡，有的利害关系人申请宣告失踪，符合本法规定的宣告死亡条件的，人民法院应当宣告死亡。”也就是说，宣告失踪并非宣告死亡的前置条件。

法律适用

1. 宣告死亡与自然死亡的区别

许多人想当然地认为，宣告死亡与自然死亡发生相同的法律后果。实际上，这两者是有巨大区别的：宣告死亡仅仅在身份关系与继承关系方面发生与自然死亡相同的法律后果，但并非所有的方面都发生与自然死亡相同的法律后果。因为宣告死亡不能确定的是，被宣告人是否已经确定死亡。因此，被宣告人可能还生存。而宣告死亡的制度价值和目的并不在于消灭被申请人

〔1〕《最高人民法院关于贯彻执行〈中华人民共和国民法通则〉若干问题的意见（试行）》第39条规定：“利害关系人隐瞒真实情况使他人被宣告死亡而取得其财产的，除应返还原物及孳息外，还应对造成的损失予以赔偿。”

或者被宣告人，因此，如果被宣告人事实上还生存，其权利能力和行为能力并不因法律的死亡宣告而消灭，故《民法典》第49条特别规定："自然人被宣告死亡但是并未死亡的，不影响该自然人在被宣告死亡期间实施的民事法律行为的效力。"

2.责任能力与行为能力的区别

所谓责任能力，又称归责能力，是指因自己的过错而承担责任的资格。责任能力的缺乏，并不排除行为客观的违法性，而是排除了行为人的过错 。在德国，"责任能力"被称为"过错能力"。德国学者指出：只有当行为人因其过错而应当受到谴责时，才可能使他承受侵权责任的法律后果。这种对加害人的可谴责性以其具有一定程度的精神（智力）能力为前提，并从这种能力中，我们能够推导出加害人的个人责任。我们将加害人的这种特质称为过错能力或者侵权责任能力，没有这种能力的人就不承担责任。现行《德国民法典》的立法者最初将过错能力按照加害人的年龄来确定，并且有意识地将过错能力参照有关行为能力的条文进行了规定。也就是说，年满7岁之前无须承担侵权责任，而年满18周岁之后具有完全过错能力。而在两者之间的年龄段，则要取决于未成年人是否具有认知责任的必要判断力。过错能力的标准为"具有认知责任的判断力"，对此，只要求对一般危险或者一般损失的认知能力，以及能够一般地理解到自己的行为可能以某种方式产生责任。至于是否成熟到可以根据这种判断力而采取相应的行动，则不属于过错能力所要规定的问题 。在欧洲许多国家，关于责任能力存在两个方面的问题：一是是否承认责任能力的存在不一致；二是各国关于如何认定责任能力方面也存在很大的争议。

我国《民法典》对此问题并没有直接的规定，但却有行为能力的规定。因此，责任能力问题在我国引起了长期的争议。如果从我国法律的整体结构来解释，应该也能够得出我国民法上有"责任能力"的规定。另外，我国自《民法通则》实施以来确定的"替代责任"似乎也掩盖了"责任能力"在我国法上的重要性。

总之，责任能力与行为能力的区别，主要有以下两个方面：（1）两者所针对的问题不同：责任能力一般是针对消极行为——非法律行为，而行为能力主要是针对法律行为这样的积极行为；（2）要求不同：法律行为的要求要高于非法律行为，即对积极行为的能力的要求要高于对于消极行为的能力的要求，因此，责任能力在年龄上要低于行为能力。

3. 限制行为能力人的行为效力的具体认定标准是什么？

（1）一般认定标准是什么？

根据我国长期司法实践经验，未成年人或者不能完全辨认自己行为的精神病人进行的民事活动是否与其年龄、智力状况相适应，可以从行为与本人生活的关联程度、本人的智力能否理解其行为，并预见相应的行为后果，以及行为标的数额等方面认定。

（2）社会典型交易中行为能力是否适用？

技术的发展，使传统的交易方式发生了较大的变化，自动售货机、公共电话、公共汽车等类似交易行为中，是否也适用行为能力的规定？德国不来梅地方法院在关于一个8岁儿童乘坐电车游玩的案例中认为：儿童不仅应当支付票价，而且应当支付一般运输条件中规定的罚款。即这一判决否定了在公共运输行业中，适用行为能力的规定。这一判决受到了各界的严厉批评，学者指出：民法典对于未成年人的保护制度，不能因为这些规定而被彻底改变 。但是，这一问题在我国并没有得到应有的重视，甚至有许多学者认为在这些典型的社会交易行为中，行为能力不适用。如果真的如此，随着格式交易的不断发展，民法关于行为能力规定中对限制行为能力人的保护价值将会失去意义。我们不能想象原本是一个人与限制行为能力人交易，其效力为待定。所以，德国学者的意见值得注意。

（3）是否区分单方法律行为与双方法律行为而确定效力？

《德国民法典》区分单方法律行为与双方法律行为而规定有不同的法律效力。根据该法典第110条的规定，未成年人未取得法定代理人的必要同意而为的单方法律行为无效；而根据第108条的规定，合同经其法定代理人的追认后才生效，为效力待定。我国《民法典》对此没有明确规定，但我们认为，德国民法的这种规定是合理的，而且对保护未成年人来说是有益的。因为按照民法的一般原理，“任何人的单方行为仅得为他人创设权利而不得设定义务”，故单方行为是使他人受益而对自己不利的行为。所以，法律否定未成年人从事单方法律行为的效力，恰恰在于保护未成年人。也许有人会认为：让这种单方行为效力待定也未尝不可。但是，我们不能不顾“效力待定”的制度价值：它的目的在于让法定代理人衡量未成年人的行为是否对其有利，如果有利就追认，否则就拒绝追认。既然这种单方行为不能给未成年人带来任何利益，法律直接否定其效力可能更合适。

至于双方法律行为，因双方互负债务与互享权利，故这种权利义务是否对等、是否会损害未成年人的利益，让其法定代理人进行衡量，并作出是否追认的决定。这样也不会损害未成年人的利益。

（4）纯获利益的行为之有效规则是否也适用于无行为能力人？

根据《德国民法典》的规定及学者的论述，即使是纯获利益的行为，也仅仅对限制行为能力人适用，而对于无行为能力人则无效。从我国《民法典》第19条规定看，仅仅规定了限制民事行为能力人纯获利益的民事法律行为不经其法定代理人追认也有效，而没有规定无民事行为能力人的适用。由此可见，《民法典》遵循了德国法的模式。

第四章 法人

提 要

我国《民法典》第57条规定："法人是具有民事权利能力和民事行为能力，依法独立享有民事权利和承担民事义务的组织。" 尽管对于法人这种纯粹法律技术之产物的许多问题至今仍然存在许多争议，但法人所具有的下列特征为多数学者所接受从而成为通说：（1）只有人的结合体与依特殊目的所组织的财产才有可能成为私法法人；（2）私法法人资格的取得是法律承认的结果；（3）法人具有权利能力。

大陆法系国家的民法典大多分为社团法人与财团法人，再将社团法人分为营利法人与非营利法人。而我国《民法典》直接以营利与非营利来区分法人，而在这种区分之外又列举为特别法人。根据《民法典》第76条的规定，以取得利润并分配给其股东等出资人为目的成立的法人，为营利法人。营利法人包括有限责任公司、股份有限公司和其他企业法人等。按照我国《民法典》第87条的规定，为公益目的或者其他非营利目的成立，不向出资人、设立人或者会员分配所取得利润的法人，为非营利法人。非营利法人包括事业单位、社会团体、基金会、社会服务机构等。特别法人，根据《民法典》第96条的规定，是指机关法人、农村集体经济组织法人、城镇农村的合作经济组织法人、基层群众性自治组织法人。这些法人要么属于传统民法中的公法人，要么是因为其成立原因特殊，或者使命特殊，从而成为特别法人。需要特别指出的是，特别法人并不等于公法人。

在法人与其出资人的关系上，实行"三个独立"原则：（1）法人与其成员或者设立人的人格彼此独立。法人的人格不依赖于其成员或者设立人的人格而独立存在，法人的成员或者设立人也不因加入法人或者设立法人而丧失其固有的人格。法人人格与其成员或者设立人人格的"二元"化，是法人财产独立与责任独立的基础，也正是在这个意义上法人区别于合伙。（2）法人的财产与其成员或者设立人的财产相互区别而独立存在。法人作为具有独立人格的团体，在法律上可以独立享有财产所有权。虽然法人的最初财产来源于其成员或者设立人（捐助人）的出资，但其成员或者捐助人一旦出资，财产所有权就发生转移而归法人所有，其成员或者设立人不得直接支配法人的财产。于是，形成了法人财产与其成员或者设立人财产的明显区分，这是法人独立承担责任的先决条件。"法人人格否认理论”与实践恰恰从反面解释了这一基本原则，即当法人的财产与其成员的财产彼此不独立时，成为个案中视法人独立人格于不顾的因素。（3）法人债务与其成员或者设立人的债务彼此独立。法人既然是一种具有独立人格的主体，就应当能够独立承担责任，这也是法人区别于合伙的主要标志之一，即法人不为其成员或者设立人的债务承担责任，其成员或者设立人也不为法人的债务承担责任，其成员或者设立人仅仅以出资额或者捐助额为限对法人的经营承担风险。这一原则的最典型的表现形式为有限责任公司与股份有限公司。对此，我国《民法典》第60条规定：“法人以其全部财产独立承担民事责任。”但是，如果法人的出资人违反前两个前提条件，则可能会导致“法人人格否认”。

重点问题

1.营利法人与非营利法人的区别是什么？

2.法人设立的条件是什么？

3.特别法人的特别之处是什么？

4.法人解散的原因和后果是什么？

5.法人合并的形式与后果是什么？

6.营利法人的组织机构有哪些？

7.民法典上所说的社会团体法人是指什么？

8.事业单位法人与社会服务机构法人的区别是什么？

第一节　法人概述

一、法人的概念与特征

我国《民法典》第57条规定：“法人是具有民事权利能力和民事行为能力，依法独立享有民事权利和承担民事义务的组织。”我国许多学者都坚持这一概念[1]。也有的学者认为，法人是法律认可其主体资格的团体[2]。还有的

---

〔1〕刘凯湘：《民法总论》（第三版），北京大学出版社 2011 年版，第 175 页；孙宪忠主编：《民法总论》，社会科学文献出版社 2004 年版，第 131 页；谭启平主编：《中国民法学》，法律出版社 2015 年版，第 125 页；王利明：《民法总则研究》（第二版），中国人民大学出版社 2012 年版，第 265 页。

〔2〕朱庆育：《民法总论》（第二版），北京大学出版社 2016 年版，第 418 页。

学者认为，法人是具有民事权利能力的社会组织〔1〕。德国有的学者认为，法人是被法律认可为独立法律主体的团体或者财产集合〔2〕。也有的学者认为，法人是被法律认可具有权利能力，并可以成为权利的所有者和义务承担者，法人既可以是其成员的变更与其存在没有关系的人的联合体，也可以是为了一定目的并具有为此目的而筹集的财产而组建起来的组织体〔3〕。我国台湾地区学者也认为，法人乃自然人之外，由法律所创设，得为权利义务主体的组织体。其由社员结合而成者，为社团；其以独立财产为组成基础者，为财团〔4〕。日本学者几乎持相同的观点〔5〕。对于这一概念，在国外民法或者域外民法上都没有异议，但在我国现在的民法体系框架内，或者直接说《民法典》的规范体系内是否准确呢?

其实，关于法人的上述概念是否准确的评价，与如何看待非法人组织的地位有直接的关系。如果像德国、日本及我国台湾地区将其称为“无权利能力的社团”，那么，法人与非法人团体的质的区别就是是否具有权利能力、能否独立享有权利承担义务，由此，上述概念就是正确的。但是，我国现在的学理和立法，特别是《民法典》已经把非法人组织看成具有权利能力团体，而且能够以自己的名义取得权利承担义务（可以成为权利主体和义务主体——具体见《民法典》第102条、《合伙企业法》第20条），那么，上述传统的关于法人的定义就难以说是准确的了，因为它没有将法人与非法人团体区别开来。如果像在我国现行的理论和立法下，将法人与非法人组织区别开来，必须在上述法人的定义中加入更多的内涵：法人是具有民事权利能力和民事行为能力，依法独立享有民事权利和承担民事义务，并且与其成员的意志、责任及财产相互独立的组织（包括人的集合和财产集合）。当然，这里是指私法人。这也符合我国《民法典》的规定体系：公法人是作为特别法人规定的。

尽管对于法人这种纯粹法律技术之产物的许多问题至今仍然存在许多争

---

〔1〕 尹田：《民法学总论》，北京师范大学出版社 2010 年版，第 154 页。

〔2〕［德］汉斯·布洛克斯、［德］沃尔夫·迪特里希·瓦尔克：《德国民法总论》（第 33 版），张艳译，中国人民大学出版社 2014 年版，第 432 页。

〔3〕［德］卡尔·拉伦茨：《德国民法通论》（上册），王晓晔等译，法律出版社 2013 年版，第 178 页。

〔4〕 陈聪富：《民法总则》，中国台湾地区元照出版有限公司 2016 年版，第 90 页；王泽鉴：《民法总则》（增订版），中国政法大学出版社 2001 年版，第 148 页。

〔5〕［日］山本敬三：《民法讲义 I 总则》，解亘译，北京大学出版社 2004 年版，第 295 页；［日］近江幸治：《民法讲义 I 民法总则》（第 6 版补订），渠涛等译，北京大学出版社 2015 年版，第 79 页。

议，但法人所具有的下列特征为多数学者所接受从而成为通说。

（一）只有人的结合体与以特殊目的所组织的财产才有可能成为私法法人

这是大陆法系传统民法所持的一贯原则，过去和现在没有多少差别。人的结合体可以成为社团法人，而财产组织体可以成为财团法人。我国《民法典》也承认这两种法人。

但是，对于"人的结合体"的理解却发生了重大变化。传统民法坚持至少有两人才能组成团体，但随着"一人公司"也可以取得法人资格的盛行，对于什么是"结合体"的理解发生了重大的认识上的变化：既然独立意思、独立财产、组织机构可以承担独立责任是法人的本质特征，那么，这些条件在一人公司难道不可以达到吗？就如有的学者所指出的：团体是否具有独立的人格，最终取决于团体与其成员的人格是否彻底分离并独立存在。企业与企业成员的法律分离，是企业取得法律人格的充分条件。企业成员的团体性只是使企业的非个人意志便于体现和识别，但它却不是构成企业法人成立的充分条件（我们认为此处应为"必要条件"）。基于这一思想，一人公司法人得以设立和存在。〔1〕

（二）私法法人资格的取得是法律承认的结果

这一特征显示出法人的主体地位为法律所赋予，而法律是否赋予团体或者组织以法人地位则要取决于一个国家的立法政策。例如，德国学者在评述《德国民法典》对于法人制度的规定时指出：对于《德国民法典》关于法人这种难以令人满意的立法的理解，首先应置于当时政治不稳定的背景下。在德国直至19世纪中叶，有关社团的立法仍旧深深地带有对在当时社会中所结成的各种结合体不信任的烙印，当时的国家视之为对自己权力的潜在威胁。因此当时的国家在已不能对这种人的结合体采取禁止或者镇压手段时，必然会试图通过法人设立许可与国家监督的方法而对其予以控制。在此前提下法人资格的授予只能视为国家主权的行使。在19世纪下半叶，这种立场虽然随着自由化的进程而逐渐被抛弃，但在《德国民法典》制定时仍然是很现实的。即使是现在的《德国民法典》仍然带有这种立场的痕迹。《德国民法典》关于法人的这种客观上非常不合理的规定，主要是针对政治党派以及工人工会组织的，即借助于这些规定可以对其进行控制。〔2〕《法国民法典》未规定法人制度，其原因也大致如此，只不过法国人走得更远——干脆不规定法人制度而不给团体的合法存在留

---

〔1〕 董学立：《法人人格与有限责任》，载《现代法学》2001年第5期。

〔2〕［德］托马斯·莱赛尔：《德国民法中的法人制度》，张双根译，载《中外法学》2001年第1期。

下任何余地。

方流芳教授在考察中西公司法律地位的时候指出国家与法人制度之间的另一个侧面的关系：西方商业社团之所以争取法人地位，正是求助于国家权力的介入，以形成私人力量难以单独实现的行业垄断。国家之所以确认商业社团的法人地位—— 一种以团体名义受领、行使和持有行业垄断权的资格，正是将商业社团改造成推行公共政策的工具。因此，用“政企合一”来描述法人的初始形态是最恰当不过的了。[1]

当然，从一个国家的管理和秩序来看，也不可能对任何一个团体都赋予法人资格，即使在今天成立法人十分便利和简单的情况下，大部分国家对于团体法人资格的取得也有控制。我国《民法典》第58条第1款明确规定：“法人应当依法成立。”

（三）法人具有权利能力

具有权利能力，即独立享有权利与承担义务的资格，是传统民法上法人不同于其他团体的标志。但是，法人“拥有权利能力”的确切含义是什么呢？如果按照传统的理解，应该是法人独立享有权利与承担责任的能力，这样才能得出法人与其成员人格分离的结论，否则若法人被淹没在其成员人格中，则其主体地位就难以成立。例如，在合伙中，重要的是作为合伙人的人格，而联合体附属于其成员。但是，这一点并不是没有争议的，正如德国学者所言：法人得享有一切非以自然人之本质为要件的权利义务，对此在解释上尚存在问题。尤其是法人责任仅限于法人财产而排除其成员的责任是否为法人概念的一项要素，在这个具有特别的实际意义的问题上，也未得到彻底的澄清。尽管占统治地位的观点直至今天对该问题仍持肯定意见，但他们又不得不承认大量例外，而恰恰是这些例外已使人们对该规则的正确性提出质疑。[2]

权利能力是否意味着法人以其自有财产承担有限责任，德国学者之间也存在不同看法。例如，像拉伦茨与梅迪库斯就持肯定的观点[3]。这也是德国的主流观点。而有学者则认为：法人以其自有财产承担有限责任不应是法人概念的标志，

---

〔1〕方流芳：《中西公司法律地位历史考察》，载《中国社会科学》1992年第4期。

〔2〕［德］托马斯·莱赛尔：《德国民法中的法人制度》，张双根译，载《中外法学》2001年第1期。

〔3〕［德］迪特尔·梅迪库斯：《德国民法总论》，邵建东译，法律出版社2000年版，第818—857页；［德］卡尔·拉伦茨：《德国民法通论》（上册），王晓晔等译，法律出版社2013年版，第179—199页。

这与德国的流行观点不同。[1]日本学术界的主流观点也是肯定的。[2]

但在我国，权利能力是否是法人区别于其他团体的标志，基本上可以说不是。因为大部分学者都认为，合伙等也有权利能力。那么，权利能力的概念在这里实际上已经发生了变异。因为按照权利能力的传统民法概念，它是指团体能够独立享有权利和承担义务的资格，如果团体具有了这一资格，成员必然是有限责任。因为以团体名义从事活动，权利或者义务直接归属团体，它像一堵墙，阻隔了其成员与团体的财产、权利、责任。甚至有人主张，只要以团体的名义从事活动，都具有权利能力。那么，团体人格就显得模糊不清：所有的法人与非法人组织之间的区别，仅仅就是其成员的责任不同。但权利能力的概念似乎与责任存在矛盾。

尽管如此，我国《民法典》第59条仍然规定，法人不仅具有民事权利能力与民事行为能力，而且是从法人成立时产生，到法人终止时消灭。

在这里我们不禁有一个疑问：行为能力仅仅是自然人的专利，还是法人也享有？因为从比较法上看，其多强调法人的权利能力，很少讨论法人的行为能力问题。但是，法人既然可以从事法律行为，从理论上说，应该是具有行为能力的。其原因大概如学者所言，法人仅是法律拟制的主体，无法自为法律行为，须借由其代理人对外为意思表示。因此，法人一般借由其董事为代表机关，代表法人为法律行为，其行为即为法人的行为。[3]因此，讨论法人的行为能力就显得多余，法人不同于自然人，其智力有一个由弱到强的过程，因此，法人的行为能力几乎是一个在民法上不需要讨论的问题。在实践中也多是关于法人是否具有权利能力的问题，也几乎难以遇到行为能力之纠纷判例。但在我国法上及实践中，可能讨论行为能力的情况有以下两种。

第一，我国企业法人被市场监督管理部门吊销营业执照，但没有注销登记。这时候，需要讨论的问题就是：吊销营业执照是否意味着行为能力被停止，但权利能力没有被消灭，因为法人没有清算和注销登记。

第二，法人破产宣告。一般来说，法人被宣告破产，其法人资格并没有终止，在清算的限度内其法人资格依然存在，但一般不能经营，其行为能力虽然没有终止，但也会被大大地限制。

---

〔1〕［德］托马斯·莱赛尔：《德国民法中的法人制度》，张双根译，载《中外法学》2001年第1期。
〔2〕［日］山本敬三：《民法讲义Ⅰ总则》，解亘译，北京大学出版社2004年版，第295—296页。
〔3〕陈聪富：《民法总则》，中国台湾地区元照出版有限公司2016年版，第102页。

二、法人的本质

（一）关于法人本质的各种学说

德国学者指出：在整个19世纪没有一个问题像关于法人的本质问题这样使德国民法界投入那么多的精力，而且到《德国民法典》颁布时这个争论还没有终结[1]。关于法人本质的争论，大致有以下几种观点。

1. 法人拟制说

法人拟制说来自德国法学家萨维尼，依其主张，在罗马法传统、基督教神学、启蒙学说以及理性主义德国哲学中，仅视自然人为法律秩序的法律主体，因为只有自然人是能够在上帝面前负责且能道德自律的产物[2]。罗马教皇伊诺生徒四世就曾说过："被视为法人的信徒团体与其个人不同，因其不能接受洗礼，也不能因异端为由而受破门制裁，故法人完全是法律上被拟制的一个观念上的存在。"[3]因此，若要使超个体的社会团体像自然人一样享有同等的权利能力，则只能借助于客观法所创设的使其与自然人享有同等地位的方法，而这种同等地位并不能取代个人所固有的属性，仅仅是拟制而已。至于这种同等地位是否存在以及在多大范围内存在，这是实证法规范的事情，即取决于立法者的决定。[4]

2. 目的财产说

该学说认为：倘若超个体的社会团体自身并不能当然地是法律上的人，而只能通过法律制度视其与自然人享有同等法律地位时，则将具有特殊目的的但没有主体参与的特别财产也视为法人，在理论上不应有任何障碍。同时，该学说还指出了这样一个不容忽视的事实，即机构法人与财团法人历来就是无成员的法人，进而以此作为其学说的主要依据[5]。

以布林兹（Brinz）为代表的人格化的目的财产说，在法人拟制说看来，只是该学说的一个分支，更确切地说是拟制思想的逻辑产物[6]。因此，仅仅是法人拟制说在背面的展开。

3. 法人实在说

〔1〕［德］托马斯·莱赛尔：《德国民法中的法人制度》，张双根译，载《中外法学》2001年第1期。
〔2〕［德］托马斯·莱赛尔：《德国民法中的法人制度》，张双根译，载《中外法学》2001年第1期。
〔3〕刘得宽：《民法诸问题与新展望》，中国政法大学出版社2002年版，第438页。
〔4〕［德］托马斯·莱赛尔：《德国民法中的法人制度》，张双根译，载《中外法学》2001年第1期。
〔5〕［德］托马斯·莱赛尔：《德国民法中的法人制度》，张双根译，载《中外法学》2001年第1期。
〔6〕刘得宽：《民法诸问题与新展望》，中国政法大学出版社2002年版，第440页。

法人实在说由德国法学家基尔克（Otto von Gierk）提出并以其为代表。法人实在说更看重社会团体的社会实在性与精神实在性，他们视团体为超个体的生物，是社会实体。他们通过为其作决定的人来行为，如同自然人通过其器官来行为一样。故在他们看来，只要团体在社会生活中仅以一个行为单位的面目出现，且他人亦认为它们是一个行为单位，则原则上就可以在法律中将它们同自然人一样当作法律上的人来对待。该学说的模型是早期的社会群体，如家庭协同体、民族与城邦。个人生活于该社会群体，而该社会群体则决定他的生活，在群体内个人很少能够表现其个体的存在。同时，法律不是主动地创造这些社会群体，而只是去发展与限制，并根据其生活条件进行规范。此外，依该学说，新成立的团体也拥有超个体的自有生存，且该自有生存在该学说看来如同自然人的一样。再者，国家法律虽然可以通过承认来对新成立的团体授予法人资格，并按自己的希望对其发展予以引导，但国家对其不能进行创造和遏制。[1]

该学说在说明何为“实在”时，又分为两派：一是有机体说，二是组织体说。有机体说为基尔克所倡导。他认为：存在于社会的人类之结合体，在各个所结合形成的全体中，内存着其统一性。在此所谓统一性者，一方面与其所担当之个人多数性相分离，而宛如保有其单一性。然在另一方面还以多数性为其基础而依存且内在于此。这种统一体因实存于人类结合的内部而具有统一体固有的生命，其与自然人的有机体个人一样，以个人为其构成部分形成社会有机体而具有一个团体的存在性，同时还具有类似于个人意思的团体意思。这种实体是法人的本体，法人格者，乃对此社会的实在者在法世界里所予以承认的法律上的主体。因此，法人乃是依其自己的意思由自己机关行动。

总之，根据有机体说，个人要结合成一个团体时，便存在一个与其构成成员并存的独立实体。所谓团体者，虽然由个体所构成，但同时还具有与个体分离的独立存在。这里颇类似于个人，即一个人虽然由各个肢体所构成，但人却以一个有机的整体而存在。而对于法人，法律在承认其为主体前已经是一个实际存在者，故法律承认其为主体，犹如自然人出生而取得权利能力一样。个人的存在的本质是有其独立的意志，而法人也有其独立于成员的意志。这种原理也适用于财团法人，即财团法人也在为一定目的所捐助的财产上存在着单一的独立意志。[2]基尔克的这一思想深受日耳曼团体主义影响，其法人说明的原型

---

〔1〕［德］托马斯·莱赛尔：《德国民法中的法人制度》，张双根译，载《中外法学》2001年第1期。
〔2〕刘得宽：《民法诸问题与新展望》，中国政法大学出版社2002年版，第441—442页。

其实也是日耳曼早期的社会群体。

组织体说乃由法国的米修德（L. Mechoud）与塞雷勒斯（R. Salielles）所倡导。该说在关于法人实在说方面的主张虽与基尔克一致，但在说明何为“实在”时，却与基尔克不同。他们认为：法人存在的基础，不在于其为社会的有机体而在于其有适于权利主体的组织。此项组织，就是基于一定目的的社团或者财团。[1]也就是说，组织体说认为，法人并非依赖于拟制的方式而存在，而是实在者。然其实在者并非如有机体说所言以意思主体而存在，而是在法人制度下将适于作为权利主体的团体或者目的财产组织化，以之承认组织体的意思形成，而对其实体赋予法人资格[2]。

（二）评价

以上三种对法人本质的学说，若从认识论上看，目的财产说的贡献在于它强调了团体所具有的目的性，并指出：任何法人为了能够在法律交易中像自然人那样地行为，就必须拥有意思决定机关与财产基础[3]。但它其实是拟制说的另外一种展现，故我们把评价视野仅仅限于法人拟制说与实在说。

但是，我国台湾地区有的学者将“目的财产说”归结为“法人否认说”[4]，笔者认为是不准确的。其实，无论是法人“拟制说”，还是“实在说”，都是在承认法人在实证法上现实存在的前提下，为其存在的合理性寻找法律根据。“拟制说”承认法人在法律上的存在，但却又不得不追问：一个不是人的“人”为什么会在法律上存在？其旨在为此作出说明；“目的财产说”当然也不否认法人的存在，也是从“法人为什么会存在”这一角度去解释，只不过其视角与拟制说略有不同；“实在说”也是在力图解释法人是一种什么样的存在。

对于“法人拟制说”，有学者作出了这样的评价：法人拟制说与萨维尼生活的时代相吻合，即当时国家极力避免介于个人与国家之间的团体的存在，在当时，对于社会上现实活动团体的存在，已经成为不可否认的事实。但在这些团体中值得在法律上受保护的，由主权者（国王）之特许授予法人资格而被拟制为财产主体。法人是一种借助于法律完成的观念上的存在，其内部构造均由法律决定。社会团体在事实上即使有意思形成的可能，也不具有固有的意思，

---

〔1〕 胡长清：《中国民法总论》，中国政法大学出版社 1997 年版，第 100 页。

〔2〕 刘得宽：《民法诸问题与新展望》，中国政法大学出版社 2002 年版，第 443 页。

〔3〕［德］托马斯·莱赛尔：《德国民法中的法人制度》，张双根译，载《中外法学》2001 年第 1 期。

〔4〕 刘得宽：《民法诸问题与新展望》，中国政法大学出版社 2002 年版，第 440 页。

它虽然属于权利义务的归属者，然却不能为独立的行为，故其行为只有通过代理人来代行，并指出了拟制说的三方面缺点：（1）拟制说忽视了这样一个事实：无论是自然人还是法人的权利能力都是由法律赋予的。拟制说认为自然人有权利能力是因其有意思能力，那么刚刚出生的婴儿与白痴岂不无权利能力？〔1〕（2）拟制说不承认团体的侵权行为能力，在理论上有不够充分之嫌。（3）拟制说关于团体在对内对外关系上的说明不能与现实生活中团体以一个意思主体或者行为主体的事实相符合，因此，拟制说已经丧失一般人的支持。〔2〕也有学者认为，在现代社会，法人林立，从事各类社会公益与经济活动，无法否认法人的独立人格，从而法人拟制说与法人否定说，均与社会实情不合，无法成为有力的见解。〔3〕这些评价显然是曲解了萨维尼学说最本质的东西：法人拟制说从来没有否认过法人在实证法上的存在，仅仅是在解释"法人为什么存在"时的一种理论而已。

对于"法人实在说"，学者认为，虽然其在"为何法律承认团体之主体性"问题上未作说明，但承认法人的事实存在，较之目的财产说有所进步，又不以意思作用为说明权利能力的根据，且可以避免法人拟制说与有机体说的非难，故各国学者多从此说。〔4〕

但是，大陆法系德国的许多学者及美国许多学者认为：对于法人本质的讨论其实在法律上的意义并不大。例如，德国学者梅迪库斯指出：19世纪人们曾经对法人的理论进行过激烈的争论。但这两种中的任何一种，即使仅仅是作为短语，也都不适合于把握那些已被承认为法人之性质的东西。因此，今天的人们大多认为，这一争论是无益之争。〔5〕美国学者格雷也指出：团体是否是一个拟制实体，或者是否是一个没有实在意志的实体，或者依据基尔克的理论，是

〔1〕这一理由不够充分，因为婴儿与白痴通过代理而对其意思有了一种拟制的存在。此外，有的学者也提出了另外一种对拟制的合理性说明：所谓"拟制"，就是仿制，很明显，视自然人为人，从而确认其人格，是承认事实、尊重事实，不存在什么拟制问题。而视团体或者财产为人，赋予其人格，那就只能是拟制——见李锡鹤：《论法人的本质》，载《法学论坛》1997年第2期。美国学者格雷也认为：应该注意到，即使社团是实在物，它也仍然是拟制主体，因为它没有真正的意志。参见［美］约翰·齐普曼·格雷：《法律主体》，载《清华法学》2002年第1期，第245页。

〔2〕刘得宽：《民法诸问题与新展望》，中国政法大学出版社2002年版，第439—440页。

〔3〕陈聪富：《民法总则》，中国台湾地区元照出版有限公司2016年版，第90页。

〔4〕胡长清：《中国民法总论》，中国政法大学出版社1997年版，第100页。

〔5〕参见［德］迪特尔·梅迪库斯：《德国民法总论》，邵建东译，法律出版社2000年版，第823页。

否是一个具有实在意志的实体，看起来是一个不具有实践重要性或者利益的事情。基于任何一种理论，由国家强加的义务都是相同的。[1]日本学者也指出：这样的本质讨论可以追溯到19世纪德国和法国的议论。当时，传统的法律体系是以个人为中心构成的，所以如何评价、定位新兴的拥有力量的法人，就成了一个问题。以上的议论，在以这样的时代背景为前提时才有意义。可是，在今天，法人在社会中的地位已经确立，相应的法律技术也已经完备。在这种情况下，法人拟制说与法人实在说哪一个正确的这种问题的设问方法，只会误导对法人的理解。不过，如果要对问题进行法律构成，不可否认，基于拟制说的观点更为合适[2]。德国学者罗尔夫指出：法人的两个结构——拟制或者真实的团体人格——的论证都掉入了一个陷阱，即19世纪受启蒙哲学影响的法学思想所掉入的那个陷阱。[3]德国学者拉伦茨认为：这些相互对立的观点，没有一个能够完全站得住脚。拟制说的出发点是：法人在其本来意义上仅仅是自然人的一种表现。他们把法人看作一种法律技术的产物，是把不同的东西看作相同，但并没有回答法人的本质是什么，以及从这种本质出发它在哪些方面和多大程度上同自然人是相同的。基尔克的"实在的组织人格"的理论避而不谈作为自然界生命体的和伦理意义上的自然人，与那些由法律所规范的社会世界的产物之间的差别。后者的权利能力仅仅是被赋予的。这种理论仿佛是把法人看作一种扩大了的人，它不是把法人与人同等看待看作人为的技术手段，相反认为是一种事实真相。与这种观点相反，人们必须承认的是，这里根本不存在相同，充其量不过是一种类推。法人本身的基本特征是它作为一个法律实体与其作为法律实体的成员或者职能机关的个人相分离，从而它本身能够作为法律主体，享有权利和承担义务，具有与自然人相同的地位。[4]

我们赞同上述学者关于法人本质讨论在法律实践中并无太大意义的观点，即"法人拟制说"与"法人实在说"在关于法人作为权利义务主体方面无任何差别。私法中的人都是法律上的人而非现实中的人，即使是民法上规定的自然人也是法律世界中的人而不是现实中的人。因此，许多学者认为，这种争议缺

---

〔1〕［美］约翰·齐普曼·格雷：《法律主体》，载《清华法学》2002年第1期，第246—247页。

〔2〕［日］山本敬三：《民法讲义Ⅰ总则》，解亘译，北京大学出版社2004年版，第310页。

〔3〕［德］罗尔夫·克尼佩尔：《法律与历史——论〈德国民法典〉的形成与变迁》，朱岩译，法律出版社2003年版，第71页。

〔4〕［德］卡尔·拉伦茨：《德国民法通论》（上册），王晓晔等译，法律出版社2013年版，第180—181页。

乏实益的观点是正确的。正如德国学者梅迪库斯所言，人们更倾向于采取中性的表述：法人就其宗旨而言被视为归属载体。[1]

三、法人的分类

在传统民法上，根据不同的标准，可以将法人分为不同的种类。而这些分类有的是根据学理，有的则是根据立法。特别是在学理分类中，对于具体标准及分类意义，学者之间尚有不同的争议，如对于公法人与私法人的分类标准就存在很大的争议。虽然说，历史已经演进了许多年，有些分类在今天看来也许已经作为历史的陈迹而存在，但我们今天研究这些分类，对于正确把握法人仍然具有重要的意义。

（一）公法人与私法人

1. 公法人与私法人的概念及分类标准

公法人与私法人的概念的界定实际上取决于人们对于这种分类标准的认识，故在界定这种概念时，必须首先对分类标准进行研究。德国学者梅迪库斯指出，对于公法人与私法人进行分类，可以从不同的角度进行：首先，强调设立行为。设立公法人依据公法行为或者法律；设立私法人依据法律行为（大多是设立合同或者捐助行为）。其次，是任务。公法人旨在执行国家的任务。最后，根据法人以何种身份出现进行区分。[2]另一位德国学者拉伦茨指出：今天占主导地位的观点即公法人与私法人的区别在于前者是根据私法的设立行为而成立的，后者是基于一种公权力行为，特别是依照法律而成立或者后经法律认可作为公共事业的承担者而成立的。就人的组织来说，私法上的联合体的成员是基于其私法上的意思行为而得到成员资格。相反，公法上团体的成员则是根据法律规定的事由得到成员资格，在大多数情况下不取决于当事人的意思。公法上而且只有公法上的法人，才可以行使主权者的强制手段。[3]

各种划分的手段虽有差异，但实质是一样的，即其同国家权力与公共利益的关联性。就如江平教授所言：各种划分标准的实质内容是一致的，归根到底还是社会利益和公共利益的问题。依公法设立的法人，由国家或者公共团体设

---

〔1〕［德］迪特尔·梅迪库斯：《德国民法总论》，邵建东译，法律出版社2000年版，第823页。

〔2〕［德］迪特尔·梅迪库斯：《德国民法总论》，邵建东译，法律出版社2000年版，第816—817页。

〔3〕［德］卡尔·拉伦茨：《德国民法通论》（上册），王晓晔等译，法律出版社2013年版，第179页。

立的法人，与国家有特别关系并受其特别保护以及行使或者分担国家权力或者政府职能的法人，其设立或者活动主要是为了社会的利益，国家不过是社会利益的集中代表者。而依私法设立的法人，由私人设立的法人，与国家无特别利害关系以及不行使国家权力的法人，其设立和活动则是为了私人利益。因此，在公法人与私法人划分标准上存在的差异是形式上的差异，而不是实质上的差异，在确定某个社会组织是公法人还是私法人时，这些不同标准的结论又大致是相同的。[1]

2. 公法人与私法人的具体区别

（1）私法人是根据私法规范并基于私人设立行为而成立的，而公法人大多数是基于一种公权力行为，特别是依据法律（公法）而成立。

（2）就人的组织来说，私法上的联合体的成员是基于其私法上的意思行为而得到成员资格。相反，公法上团体的成员则是根据法律规定的事由得到成员资格，在大多数情况下不取决于当事人的意思。

（3）公法上的法人可以行使主权者的强制手段，而私法上的法人以彼此地位平等而无实施强制手段的可能性。

（4）私法人必须有自己的章程，章程是私法人的“宪法”，法人的成员依章程而统一起来，章程使法人“活”起来。而公法人活动的依据则是宪法，不可能有自己的章程，法律也不可能允许其制定自己的章程。

（5）法律要求多数私法人成立须经登记，而公法人成立一般不要求其进行登记。

（6）私法人一般要求一个意思机关（或者称为权力机关或者决策机关），而公法人没有这样的机关，公法人活动的范围或者职责直接由法律规定。

（7）公法人存在的目的在于行使国家权力或者社会公共利益。从公法人的一般目的来看，公法人一般不得从事营利性活动，即使其偶尔作为民事主体而涉足民事领域，也多为非营利性活动，如政府机关作为办公用品的采购者的采购行为。而私法人有的为营利，有的则为公益，其行为与其成立宗旨有关。

3. 公法人与私法人划分的意义

公法人与私法人的划分在西方已经有很长的历史，并且在学理上是一种重要的分类。这种分类主要与西方社会中政治国家与市民社会、公法与私法的划分直接相关，并形成了许多规则。从最初的理论意义上说，是为了防止国家权

---

〔1〕 江平主编：《法人制度论》，中国政法大学出版社 1994 年版，第 42 页。

力无限制地干预私人生活从而给私人社会的安全提供理论支持。但是，笔者个人认为，公法人与私法人的这种划分，在民法实践中的意义要远远小于其在法理学与宪法上的意义。因为公法人的设立与规范均不属于民法，就如学者所言：关于公法人的规则，定之于公法，不属于民法。[1]民法上所说的法人，本来仅仅限于私法人，但是，公法上的法人作为私法之外的一种存在，私法无法排除其在民法中的地位而必须承认之，甚至从法人的发展历史看，公法人的存在要远远早于私法人。所有权等私法权利本来仅仅是民法上的权利，但没有任何人可以排斥国家作为财产的所有者而存在于民法中。而当其存在于民法中时，它与其他民事主体并无不同。我们前面所说的公法人与私法人的不同，并非民法上的不同。因此，笔者十分赞同我国《民法典》不以这种标准来划分法人的做法。

但是，需要说清楚的是，民法上所谓的法人，一般都是指私法人。因此，无论是社团法人，还是财团法人，营利法人还是非营利法人，都是针对私法人而言。因为它们无论如何都是根据私法规范设立，其目的也是完成私的目的。我国《民法典》在处理这一问题的时候，对于公法人等适用了“特别法人”，是非常正确的。因为像政府机关等公法人，其成立、使命和运行等基本与民法无关，只是偶尔涉足民法领域，在特别情形下充当民事原告或者被告。从这一点来说，公法人与私法人的划分在民法上也具有意义。

（二）社团法人与财团法人

1. 分类标准及概念

社团法人与财团法人分类的标准是法人成立的基础：凡是以人的集合为基础成立的法人均为社团法人；[2]而以财产为基础成立的法人为财团法人。就如日本学者所言：对于人的团体，承认其具有成为权利主体资格的，叫作社团法人；对于财产的集合，承认其具有成为权利主体资格的，叫作财团法人。[3]

2. 社团法人与财团法人的主要区别

（1）成立基础不同

---

〔1〕［日］富井政章：《民法原论》（第一卷），陈海瀛等译，中国政法大学出版社2003年版，第141页。

〔2〕在此应当特别强调：社团法人的成立并不是不要求财产，实际上在社团法人成立中，为保证法人活动的相对人的利益，法律往往也要求一定的财产。这里所谓的“以人的集合为基础”，是指以人的集合为主要特征。

〔3〕［日］山本敬三：《民法讲义Ⅰ总则》，解亘译，北京大学出版社2004年版，第296—297页。

如前所述，社团法人是以人的集合为基础成立的法人；而财团法人则是以财产为基础成立的法人。当然，社团法人的成立也需要财产要件，但财产并不是这一法人的核心要件。

（2）设立人的地位不同

一般来说，社团法人的设立人在法人成立后会成为该法人的成员，而财团法人因无社员，因此，设立人设立后不成为法人的成员。

（3）设立行为不同

社团法人的设立一般是双方或者多方的生前契约行为，而财团法人的设立可以是单方行为，并且也可以遗嘱的方式设立。

（4）有无意思机关不同

社团法人必须有意思机关（或称权力机关），而财团法人则无该机关。因此，前者称为“自律法人”，后者称为“他律法人”。

（5）目的事业不同

社团法人的目的事业既可以是公益事业，也可以是营利性事业；而财团法人一般为公益事业而非营利事业。[1]

（6）法律对其设立的要求不同

总的说来，法律对于财团法人的设立要比社团法人的设立要求严格，一般地说，社团法人的设立采取“准则主义”，而对于财团法人的设立则采取“许可主义”。这是因为财团法人涉及许多税收等方面的优惠，因此，为防止有人以设立财团为名而逃避遗产税特作如此严格的规定。例如，若一个人死亡后其财产由其继承人继承，一般要求交纳一定的遗产税。为避免纳税，此人就设立一个财团法人，然后指定其继承人为受益人。这实际上是变相继承而逃避遗产税。

（7）解散的原因及解散的后果不同

社团法人可以因许多原因而解散，其中成员的自愿解散是一种重要的方式；而财团法人因其没有社员，故不存在自愿解散的情形。财团法人多是因存在期间届满或者因财产不足以支持目的事业而解散。

另外，社团法人解散后，经清算之后有剩余财产的，应分配给其社员；但财团法人因没有社员，即使清算后有剩余财产的，也不可能发生归属其成员的问题。我国《民法典》第95条规定：“为公益目的成立的非营利法人终止时，不得向出资人、设立人或者会员分配剩余财产。剩余财产应当按照法人章程的

---

〔1〕 张俊浩主编：《民法学原理》（修订第三版），中国政法大学出版社 2000 年版，第 180—181 页。

规定或者权力机构的决议用于公益目的；无法按照法人章程的规定或者权力机构的决议处理的，由主管机关主持转给宗旨相同或者相近的法人，并向社会公告。”从比较法上看，该条规定的基本精神很类似《德国民法典》：按照《德国民法典》（第88条及第46条）的规定，财团法人解散后，财产归章程指定的人。如果章程没有指定，则归属国库。国库应当以最符合该社团目的的方法使用该财产。

3. 社团法人与财团法人作为民法法人基本分类的原因

传统民法典之所以将社团法人与财团法人作为构建民法典的基础分类，主要是因为：（1）容易从组织体的视角抽象出最一般的公因式；（2）这种分类反映了社会生活最一般的需要：人们有的想进行交易而赚钱，有的则想做好事（公益事业）。对于前一种人来说，他们想组织起来进行交易，从而聚合财产与凝聚精神，又想使这一组织体脱离自己而单独承担责任，从而减少自己的风险。这种想法只有社团法人能够满足：一方面使自己成立的社团法人独立承担责任和享有权利，但自己又可以分配权利（财产利益）；另一方面把自己的责任降低到最小，仅仅以出资承担风险。对于想做好事的人来说，他们也想把用于做好事的财产同自己的财产区分开来，从而降低风险。对于这一目的，其实有两种方式：一种方式是成立一个特别的法人——财团法人（如基金会、学校、教堂等）；另一种方式是英美人发明的“信托制度”。但成立财团法人与信托相比，在各个方面更加清晰和方便。

（三）营利性法人与非营利性法人

根据法人是否从事经营性活动并且是否将经营所得分配给其成员为标准，将法人分为营利性法人与非营利性法人。

1. 营利性法人

以营利为目的且向其成员分配利益的法人称为营利性法人。按照我国《民法典》第76条的规定，以取得利润并分配给其股东等出资人为目的成立的法人，为营利法人。营利法人包括有限责任公司、股份有限公司和其他企业法人等。

2. 非营利性法人

按照我国《民法典》第87条的规定，为公益目的或者其他非营利目的成立，不向出资人、设立人或者会员分配所取得利润的法人，为非营利法人。非营利法人包括事业单位、社会团体、基金会、社会服务机构等。按照传统民法，它又分为以下两种。

（1）公益法人

按照日本学者的观点，有关祭祠、宗教、慈善、学术、技艺以及其他公益的社团和不以营利为目的的社团法人称为公益法人[1]。

（2）中间法人

虽然不以营利为目的，但也不以公益为目的的法人，称为中间法人[2]，如同乡会等。

但是，按照我国《民法典》第87条的规定，公益法人的范围将被大大缩减。因为传统民法本身就包括两种：一是根本不从事经营活动的法人，如中间法人、某些宗教团体（有些宗教团体从事经营活动）和有些事业单位等；二是有些虽然从事经营活动，但不将经营活动的所得分配给成员或者设立人，如有些基金会、事业单位等是从事经营活动的，但其经营所得是为了扩大或者充实其公益事业。根据我国《民法典》第87条的规定，似乎难以包括这两种。或者说，立法者是想表达包括这两种类型的意思，但表达不准确。准确的表达应该是：不从事经营活动或者虽然从事经营活动但其经营所得并非用于分配给成员，而是以扩大目的事业为目的而成立的法人，为非营利法人。

营利法人与非营利法人的分类，是我国《民法典》最基本的法人分类，但这种分类缺乏体系性，难以抽象出共同的法人规则。因此，我国《民法典》中的法人之一般规定，似乎难以反映出法人之基本的问题。

对于非营利法人的问题，日本在这一方面的改革应当引起我们的注意。日本已经看到人们对公益法人的滥用，不再刻意区分公益法人与非公益法人，而是采取事后认定的方式来确认一个法人是公益的还是营利的。因此，一个一般性的法人可以通过事后认定其是否一直从事公益事业而成为公益法人。就如日本学者所指出的："在一般法人中，因实施特定的公益为目的事业而获得行政厅授予的公益认定，可以成为公益法人。因此，公益法人再也不是与过去的营利法人相对应的概念了。"[3]

（四）一般法人与特别法人

这是我国《民法典》上独特的分类。按照我国《民法典》总则编第三章的规定，营利法人与非营利法人都属于一般法人。按照我国《民法典》第87条的规定，为公益目的或者其他非营利目的成立，不向出资人、设立人或者会员分配

〔1〕［日］山本敬三：《民法讲义 I 总则》，解亘译，北京大学出版社2004年版，第297页。
〔2〕［日］山本敬三：《民法讲义 I 总则》，解亘译，北京大学出版社2004年版，第297页。
〔3〕［日］近江幸治：《民法讲义 I 民法总则》（第6版补订），渠涛等译，北京大学出版社2015年版，第85页。

所取得利润的法人，为非营利法人。非营利法人包括事业单位、社会团体、基金会、社会服务机构等。由此可知，即使是非营利法人也是为“私”的目的而存在。对于国有企业而言，不能因为其股东的特殊性，就认为其为公法人或其为私法人。

特别法人，根据《民法典》第96条的规定，是指机关法人、农村集体经济组织法人、城镇农村的合作经济组织法人、基层群众性自治组织法人。这些法人要么属于传统民法中的公法人，要么是因为其成立原因特殊，或者使命特殊，从而成为特别法人。需要特别指出的是，特别法人并不等于公法人。

四、法人的设立

“法人非依法律不得设立”已经成为大部分国家认可的原则，但是，不同的国家对于不同类型和目的的法人的设立，所采取的控制措施和干预程度是不同的。例如，在我国及大陆法系许多国家，一般来说，设立一个经营性的贸易公司要比设立一个基金会容易得多。因此，在这里有必要对设立法人的原则和条件作简单的阐述。

（一）法人设立的原则

1. 特许主义原则

所谓特许主义原则，是指任何一个法人的设定必须依据法律或者国家元首许可。此种原则盛行于昔日法国。[1] 实际上，这一原则不仅在昔日的法国，在英国历史上也曾一度实行。例如，1628年，英王授予扑克牌制造商专营国产扑克的权力，行会同意按固定价格每周向英王出售一定数量的扑克牌，每年交纳5000—6000英镑的赋税，因此，特许状又被认为是国王与行会之间的契约。[2]

特许主义原则在目前私法中已经鲜有使用，有些国家的中央银行、大型国有企业等仍然使用这一原则。但在公法中仍然可以作为重要的原则。

2. 许可主义原则

许可主义原则是指法人须经国家行政主管部门的许可方得成立。这一原则因适应国家对特殊行业法人的控制，故在许多国家仍然使用。例如，《德国民

〔1〕［日］富井政章：《民法原论》（第一卷），陈海瀛等译，中国政法大学出版社 2003 年版，第 145 页。

〔2〕方流芳：《中西公司法律地位历史考察》，载《中国社会科学》1992 年第 4 期。

法典》对于民法上的营利性社团及财团采取许可制。[1]在我国，对于公益法人当然要采取许可主义，而有些行业的公司设立，也采取这一原则，如根据我国《保险法》第67条的规定，设立保险公司应当经国务院保险监督管理机构批准。实际上，在我国所有金融类企业的设立都必须经过有关主管机关的批准。

大部分国家对于公益法人采取较强的干预政策，原因有二：（1）对于公益法人之所以采取如此严厉的做法，是因为其背后存在这样一种想法，即有关公益的事项本来是属于国家的任务[2]。（2）因公益法人一般不纳税，为避免有人通过设立公益法人并指定受益人的方式逃避税收，故采取严厉的措施，采取许可主义原则。

对于有些营利法人之所以采取许可主义原则，主要是国家认为有些行业关涉国计民生，或者对于国家的经济秩序有重大影响者，加以控制和管理。

因此，我国《民法典》第58条第3款规定："设立法人，法律、行政法规规定须经有关机关批准的，依照其规定。"

3. 准则主义

准则主义是指法律对法人的设立规定了具体要件，只要符合这些条件，发起人就可以向登记机关申请登记。经登记机关审核认为符合法定条件的，就予以登记并成立法人。从目前来看，准则主义是私法人成立的主要原则，为世界许多国家的立法所确认，如德国对于商法上的公司法人以及民法上的非经营性社团法人采取准则主义原则。我国《公司法》对于有限责任公司和股份公司的设立也采取准则主义原则。

准则主义原则之所以成为当代世界许多国家设立营利性社团法人普遍适用的原则，主要是因为：商品经济要求从事经济活动的主体本着平等、自由的原则在统一的市场上展开公平竞争，任何组织、个人不得享有特权，这与特许设

---

〔1〕由于德国采取"民商分离"的立法模式，商法上的公司法人采取"准则主义"，但民法上的社团法人则采取"许可主义原则"。原因正如其学者所指出的：如果社团以经营营利性事业为目的（所谓营利性社团），则其权利能力同样只能依特许制取得。实践对营利性社团持非常保守的态度。这样做是正确的，因为如要从事营利性活动，就应当采取商法上的法律形式。而如采取商法上的法律形式，要么由股东承担个人责任，要么公司法对某个特定的最低资本额规定了筹措原则，部分也规定了维持原则。因此，只有商法道路上的大门乃无法合理期待的例外情况下，才能根据第22条授予营利性社团权利能力，将社团法的大门向经济活动打开。只有对非以营利性事业为宗旨的所谓"非营利性社团"才适用规范制。——参见［德］迪特尔·梅迪库斯：《德国民法总论》，邵建东译，法律出版社2000年版，第829页。

〔2〕［日］山本敬三：《民法讲义Ⅰ总则》，解亘译，北京大学出版社2004年版，第300页。

立或者许可设立下的营利性社团因承担某些公共职能而享有对市场的行政性垄断权根本不相容。准则主义使营利性社团法人失去行政性垄断权与分担国家职能的地位，使之成为纯粹的民事主体，适应了这一趋势。此外，根据法律规定的要件，设立法人不仅可以使营利性法人的设立规范化、有序化、平等化，而且减少了烦琐的特许设立程序或者行政审批程序，从而极大地减少了营利性法人组织的设立费用，提高了工作效率，避免了社会财富的浪费。[1]

4. 关于强制设立主义原则及疑问

有许多学者认为：在法人设立中，还有一种原则称为强制设立主义，即依国家法律规定，在某些领域必须设立法人，如我国台湾地区有关法律规定，商业同业工会、工业同业工会、建筑师工会、律师工会等必须设立[2]。笔者认为这一原则能否称为原则殊值探讨，因为：（1）若有强制设立主义原则，就必有任意设立主义原则。按照这一逻辑，所谓强制设立主义原则的划分标准显然与上面诸原则有本质差别；（2）这些法人的设立也多是基于公共政策的考虑，而且这些法人也不以从事私法上的事务为主业。因此，将其作为私法上的法人之设立原则值得商榷。

（二）法人设立的条件

在《民法典》的编纂过程中，是否需要规定法人设立的条件，存在争议。有的主张没必要在《民法典》中像《民法通则》一样，再规定法人设立的具体条件。1986年的《民法通则》之所以规定具体条件，是因为《民法通则》颁布时，没有《公司法》等法律，需要《民法通则》解决法人的成立具体条件问题。而现在，法人依据不同法律成立，这些不同的法律都详细规定了成立条件，如成立公司，《公司法》对于成立不同的公司规定有详细的、具体的、不同的条件，故没有必要再在《民法典》中规定之。有的则主张，还是应该在《民法典》中大致规定法人成立的一般条件，具体法律另有规定的，从其规定。其实，《民法典》采取了第二种主张，在第58条第1、2款规定了法人成立的条件。笔者其实是主张第一种观点的，确实各种法人的成立条件不同，既然是法人必须依法设立，依据什么法设立，就按照什么法规定的条件即可。从比较法上看，民法典中也鲜有直接规定法人成立条件的。但关于具体法人的法律，都直接规定该类型法人的成立条件，如《公司法》等。

---

〔1〕 江平主编：《法人制度论》，中国政法大学出版社1994年版，第116页。

〔2〕 王泽鉴：《民法概要》，中国政法大学出版社2003年版，第59页。

按照《民法典》第58条的规定，法人成立的一般条件包括以下几个方面。

1. 法人设立应当有规范基础

德国学者拉伦茨指出：法人的设立除组织成员的利益外，还会涉及第三人，特别是债权人利益，所以，在公司类型上存在着强制归类的状况。[1]任何法人的设立必须符合该类法人的设立规范，进而让任何一个与该法人打交道的人都知道该法人的财产归属、义务承担及其与成员的责任关系。同时，考虑到不同类型的存在对社会的影响，许多国家对不同类型法人制定了不同的规范。例如，在民商分立的国家中，商事公司的成立必须遵循商法规范，而民法上的经营性与非经营性法人，则要遵守民法规范。在我国，公司的成立要遵循《公司法》的规范，基金会财团法人的设立除了遵照《民法典》之外，还要遵循《社会团体登记管理条例》《基金会管理办法》等规范。

2. 法人的设立应当具有自己的章程

无论是社团法人还是财团法人，也无论是营利法人还是非营利法人，从原则上说，设立法人必须要有章程。例如，根据我国《公司法》第11条的规定，设立公司必须要制定章程；根据《民法典》第79条的规定，设立营利法人应当依法制定法人章程。按照《民法典》第87—93条的规定，非营利法人成立一般也应当有自己的章程，法律规定不需要章程的除外。

对于社团法人来说，所谓章程，是指以设立社团为目的、就社团的名称、宗旨，组织及社员地位等重要事项加以规定，是社团运作及社员权利义务的确定所依据的法律文件。社团成立后，章程为社团运行及社员权利义务的主要依据与基本规范，故民法的立法者认为：章程乃法人组织及活动的基础[2]。

对于财团法人或者非营利法人来说，所谓章程，是指以设立财团法人为目的，就财团的名称、宗旨、组织机构、财产来源及使用方式、财团解散后的财产归属等重要事项加以规定，是财团法人运作所依据的法律文件。

从本质意义上讲，章程是法人的宪法，法人之所以成为民法上的一个整体意义上的“人”，很重要的就是因为它有一个章程。对此，拉伦茨指出：为了使法人能够通过其机关确立统一的意思，并进行活动，就要建立机关，确定活动范围，它就必须在设立过程中制定规定联合活动和机关行为的规范，也就是

[1] [德]卡尔·拉伦茨：《德国民法通论》(上册)，王晓晔等译，法律出版社2013年版，第179页。

[2] 邱聪智：《民法总论》(上)，中国台湾地区三民书局2005年版，第333页。

说，需要制定一个章程。法人之所以成为一个“活动体”，只是因为章程规定了它自己的法律制度，如果没有这个章程，便不能有这个活动体[1]。

3. 法人设立必须有自己的财产或者经费

财产是法人对外活动的基础，也是责任的保障，因此，法人必须有完成其目的事业的财产。因为法人不同于自然人，自然人生存于社会的根本不在于其财产，而在于其“能力”；而法人存在于社会的基础，便是其财产。关于这一点，在许多国家的破产法上表现得尤为明显：在德国与日本破产法上，宣告法人破产可出于两种原因：一是不能清偿到期债务，二是“资不抵债”（债务超过财产）；但宣告自然人破产的原因仅仅是不能清偿到期债务。由此可见，财产之于法人与自然人有极大的不同。

如果一个法人没有必要的财产，就是通常俗称的“皮包公司”，这种法人的存在对于交易安全有极大的潜在威胁，因此，许多国家的法律对法人成立都有财产方面的要求。以我国《公司法》为例，以前的《公司法》对于不同类型的公司要求的最低注册资本有具体要求，虽现在已经取消，但根据《公司法》第23条及第76条的规定，必须有财产。但是，对于特殊行业和特殊类型的公司，仍然要求有最低出资额。例如，经营证券经纪、证券投资咨询及与证券交易、证券投资活动有关的财务顾问等证券公司的注册资本最低限额为5000万元，且为实收资本；经营证券承销与保荐、证券自营、证券资产管理等业务的证券公司的注册资本最低限额为1亿元且为实收资本；经营两项以上的证券公司的注册资本最低限额为5亿元，且为实收资本（《证券法》第127条）；信托投资公司的最低注册资本为3亿元人民币或等值的可自由兑换货币，注册资本为实缴货币资本（《信托公司管理办法》第10条）；期货经纪公司注册资本的最低限额为人民币3000万元（《期货交易管理条例》第16条第1款第1项）；基金管理公司的最低注册限额为1亿元人民币，且为实缴资本（《证券投资基金管理公司管理办法》第7条第1项）；商业银行的注册资本最低限额为10亿元人民币，且为实缴资本（《商业银行法》第13条）等。

当然，近年来学理与立法对于法人之财产的意义进行了反思与讨论，许多学者对于传统民法对法人财产的强行性要求提出了质疑，认为：法人之财产的有无对于交易安全的影响是否真的存在？如果有人愿意与一个没有财产的法人

---

〔1〕［德］卡尔·拉伦茨：《德国民法通论》（上册），王晓晔等译，法律出版社2013年版，第183页。

进行交易，这是一个自我选择的结果。而任何一个自愿选择其行为的人，应对选择后果承担风险，法律不应替代当事人的选择与控制。这种观点有一定的合理性，但法律不仅关涉个人利益，更重要的是关系社会的经济秩序。如果一个社会的交易秩序完全交给个人，将会产生灾难性后果。因此，法律必须进行最低限度的控制，将个人选择的风险降低。因此，笔者认为，法律对法人财产的强行性要求有其充分的理由。

当然，基于特定的目的，也可以对某些种类的法人作出特别规定。例如，在日本，对特定的非营利性法人就没有规定最小限度的财产，目的在于使小规模的团体也有可能取得法人资格。[1]

4.法人应当有自己的名称

名称的意义对于法人与自然人有十分不同的意义：一个自然人一生没有名字可以生存，而法人没有名称一天也不能生存。因为自然人是一种自然存在，而法人是一种法律存在。

关于名称问题，我国《公司法》（第23、76条）规定为法人成立的必要条件。除此之外，有关法规及部门规章对法人的名称也有许多限制性规定，例如，1991年5月6日国务院批准的《企业名称登记管理规定》第6条与第7条分别规定了对于法人名称的两个主要规则：（1）企业只能有一个名称，而且在登记机关管辖区域内不得与已经登记注册的同行业企业名称相同或者近似；（2）企业名称应当含有下列部分：企业所在地省或者市或者县行政区划的名称；字号；行业或者经营特点；企业的组织形式。例如，山东易成粮油有限责任公司，即为包含上述四个部分的名称。[2]

5.应有自己的组织机构

与自然人不同，法人不是“人”，因此，其活动是由不同建构的组织依章程被统一起来的，因此，一个法人如果想正常运转，必须有必要的组织。德国学者拉伦茨指出：社团需要必要的机关，因为只有通过机关，社团才能作为法律上联合起来的整体，形成统一的总意思，并且进行活动，特别是参与法律交往[3]。具体来说，社团法人应有自己的决策机关、代表机关、执行机关，有时

---

〔1〕［日］山本敬三：《民法讲义 I 总则》，解亘译，北京大学出版社 2004 年版，第 303 页。

〔2〕 由于我国部分企业有很大的特性，关于名称的问题，国务院及国家工商行政管理总局有许多文件规范这一行为。

〔3〕［德］卡尔·拉伦茨：《德国民法通论》（上册），王晓晔等译，法律出版社 2013 年版，第 209 页。

还要求有监督机关。而财团法人应当有自己的执行机构、监督机构。

五、设立中的社团之法律地位

（一）研究设立中的社团的意义

任何社团的设立都需要一个过程，而在这个过程中，作为一个团体可能要进行某些民事法律行为，那么，这些法律行为的后果属于该团体还是全体设立人？该团体登记并取得权利能力（法人资格）后，是否当然转移给法人？如果该团体不能被登记为法人，设立过程中的这些权利义务将如何处理？这便是研究这一问题的意义所在。

（二）设立中的社团的法律地位

设立中的社团因已经有协议与章程，故已经是一个类似于合伙的团体，因此，传统民法及学理认为对之应准用合伙的规定，确有理由。但该团体在未经登记之前，没有权利能力，也不得以法人的名义从事民事法律行为，此为当今通说。我国的学理也基本主张这种观点。但这种主张已经受到挑战。

（三）设立中的社团与设立后的法人于权利义务关系上的承继

一个法人在设立过程中（设立中的社团）所承担的义务或者获得的权利，在法人有效设立后是否当然地、自动地转移？

早期的德国学理对于设立中的法人与成立后的法人之间的关系上，严格坚持“分离说”，即法人成立后，设立中的法人所发生的权利义务，除非另有特别的法律转移程序，不得自动转移于成立后的法人。因此，设立中的法人发生的一切权利义务或者诉讼，在法人成立后获得转移时，法人也可以以自己的名义重新起诉。设立中的法人的不动产，非经办理所有权变更登记，不能转移给成立后的法人。[1]也就是说，这种理论主张一个法人在设立过程中（设立中的社团）所承担的义务或者获得的权利，在法人有效设立后并非当然地、自动地转移，其坚持了形式上的主体二元性。

现在德国的主流学派已经坚持“同一性”原则，如德国学者托马斯认为：传统理论认为，在社团登记簿或者商事登记簿中进行登记是取得法人资格的前提条件。如在登记之前就以法人的名义从事行为，则如同无权利能力的社团，由行为人自行承担责任。此外，若在登记之前因从事交易而受到损失，从而使

---

〔1〕黄立：《民法总则》，中国政法大学出版社2002年版，第141页；龙卫球：《民法总论》，中国法制出版社2001年版，第405页。

公司的资金不能得到保障时，则该公司就不能再到商事登记机关去登记了。但由于登记程序的漫长，参与公司成立的股东实际上多在取得登记之前就已经对外从事交易活动，而在法律上却对这种很强烈的实践采取否定的态度，这本身就说明这种学说不是很可靠。现在联邦最高法院已经承认成立中的公司具有独立的法律主体资格，可通过其机关为法律行为，取得自己的权利与承担义务，并可进行诉讼。如果成立中的公司将来登记于商事登记簿，则该成立中的公司的财产权及针对第三人的权利义务均自动地转移于登记后的法人。[1] 梅迪库斯也指出：设立中的社团与事后取得权利能力的社团存在着同一性，因此，为设立中的社团形成的权利义务，都直接转移于法人。权利义务转移后，为设立中的社团从事行为的行为人的个人责任也随之消灭[2]。拉伦茨也指出：前社团作为开始时，无权利能力的社团与登记后成为有权利能力的社团是同一个社团。因为这里涉及的是同一个由设立合同建立起来的人的长期联合体，它们有着同一个名称。不同之处仅仅在于其权利与义务的归属方式不同，社团在无权利能力时，其权利义务归于相互成为一个整体的全体成员；而在取得权利能力后，则归于作为法律主体的社团本身。这个权利义务的归属方式发生了变化，但这个真实的社会组织体却没有改变，即权利义务都归属于这个社会组织体。这里也无须将原来属于相互结成一个整体的成员的权利转移给有权利能力的社团。并不是那个合法组成的团体解散了，而只是表现为另一种组织形式而已，以前和以后都是同一个团体。[3]

拉伦茨的主张虽然在许多地方很具说服力，但却也有不合逻辑之处：既然是同一个团体，为什么在登记前权利义务归属于团体的个人而使个人承担无限责任，登记后就归属于团体从而使成员承担有限责任？既然是同一个团体，为什么在登记前不能以法人的名义从事活动？登记前个人对设立中团体的责任是基于什么转移给成立后的法人的——是成立后的法人对成立前团体个人的债务的免责承担，还是基于法律的规定？因此，笔者认为，这种同一性学说，其实是迁就于实践的功利需要，而分离说则更注重理论说明。

按照我国《民法典》第75条的规定，设立人为设立法人从事的民事活动，其法律后果由法人承受；法人未成立的，其法律后果由设立人承受。设立人为

---

〔1〕［德］托马斯·莱赛尔：《德国民法中的法人制度》，张双根译，载《中外法学》2001 年第 1 期。

〔2〕［德］迪特尔·梅迪库斯：《德国民法总论》，邵建东译，法律出版社 2000 年版，第 832 页。

〔3〕［德］卡尔·拉伦茨：《德国民法通论》（上册），王晓晔等译，法律出版社 2013 年版，第 208 页。

二人以上的，享有连带债权，承担连带债务。设立人为设立法人以自己的名义从事民事活动产生的民事责任，第三人有权选择请求法人或者设立人承担。[1]

六、法人的设立标志与权利能力、行为能力

法人的设立一般来说需要登记，只有极少数情况下才不需要登记。因此，我国《民法典》第77条规定，营利法人经依法登记成立，取得法人资格。第88条至第93条规定，非营利法人依法经登记成立；依法不需要登记的，自成立时起具有法人资格。

一般来说，法人自成立之日起，取得权利能力与行为能力。但是，在关于什么叫“成立”的问题上，在营利法人与非营利法人之间存在较大的差别。

对于非营利法人，自登记之日或者在不需要登记时，成立之日就取得权利能力和行为能力。但对营利法人而言，按照我国《民法典》第78条规定，营利法人的成立日期为营业执照的签发日期。

前面已经提到，讨论法人的行为能力一般来说是没有意义的，因为法人一般不能“自己行为”，当然也不存在行为能力的欠缺或者限制问题。相反，人们更多地是讨论以下问题：谁可以代表法人从事行为？代表人的行为后果在什么情况下由法人承担？代表人本身有什么责任等？

法人可能由很多成员组成，但由于法人与其成员人格分离的缘故，这些人的行为与法人的行为不能混为一谈。这些成员的行为一般来说由他们自己负责，所谓“自己行为自己责任”。只有在特殊情况下，这些人的行为才例外地由法人负责——法人授权或者法律规定。为了方便辨认谁能够对外代表法人，《民法典》专门规定了“法定代表人”制度，其行为对外代表法人。《民法典》第61条第1款规定：“依照法律或者法人章程的规定，代表法人从事民事活动的负责人，为法人的法定代表人。”

但是，法定代表人本身也有自己独立的人格，那么，其行为什么时候属于自己的行为，什么时候属于代表法人的行为呢？对此，《民法典》第61条第2款规定：“法定代表人以法人名义从事的民事活动，其法律后果由法人承受。”但是，在我国，什么是“以法人名义从事的民事活动”，需要认真解释。因为我国实行法人“公章”辨认习惯，大多数情况下，凡是法人的行为除由法定代

---

〔1〕具体设立中的法人与设立人的关系，请参照《最高人民法院关于适用〈中华人民共和国公司法〉若干问题的规定（三）》。

表人签字外，还需要法人盖章。这样，就可以比较准确地认定为“以法人名义从事的民事活动”，属于法定代表人的职务行为。但有时候法人没有盖章，仅有法定代表人的签字。这时候，就需要来认定：法定代表人的行为是自己的行为而应该由自己负责，还是职务行为而由法人承担。而这种不同的责任主体，往往涉及第三人利益。我国的司法实践一般来说，要按照事务的性质来认定。例如，由江苏省宜兴法院在2015年审理的一起劳动工资纠纷案件中，就出现了这一问题的认定：原告张某2014年在被告华友公司工作，公司拖欠工资，直到2015年1月15日，被告华友公司的法定代表人蒋某才出具欠条，写明欠张某工资67700元。嗣后，经多次催要，蒋某偿还15000元，还欠52700元。为此，张某起诉到法院，请求华友公司与蒋某承担连带责任。法院经过审理认为，蒋某的签字属于职务行为，应该由华友公司承担支付责任，而蒋某不承担责任。[1]在近几年，由于民间借贷十分普遍，许多中小企业在借款方面很多借条上都是以法定代表人签字并无公司盖章，在认定谁是被告时，应特别注意该法定代表人是个人行为还是职务行为。

七、法人对其不法行为的责任

从一般意义上说，无论是社团法人还是财团法人，对其法定代表人造成第三人的损害的不法行为，应该承担赔偿责任，是没有异议的。但是，法人承担的这种责任究竟是法人自身的责任，还是替代责任，是有争议的。

肯定说主要是从“法人实在说”出发，认为既然承认法人自身的行为，那么只要该行为至少在表面上为“目的范围内”的行为，对作为其结果的不法行为就应该承担损害赔偿责任。否定说从“法人否定说”出发，认为法人自身不能够实施行为，因此而不存在法人自身的不法行为。因此，法人的不法行为责任应解释为对于被法人使用的人的责任，是对他人行为的赔偿责任的一种类型[2]（替代责任）。

在我国，学理一般不区分法人实在说或者拟制说。前面已经提到，这种学说对于法人的存在实际上是没有意义的。笔者认为，由于法人本来就是法律模拟自然人而创制的主体（民法上的自然人也是法律模拟的），因法定代表人本

---

〔1〕参见《“老总”签了字缘何不担责》，载《江苏法制报》，2015年12月28日。

〔2〕［日］近江幸治：《民法讲义Ⅰ民法总则》（第6版补订），渠涛等译，北京大学出版社2015年版，第117页。

来就是法人的一个机关，是法人的当然组成部分，其行为应可以视为法人的行为，当然包括不法行为。

当然，常常引起我们忽视的问题是：为什么法定代表人的意思就可以是法人的意思、其行为也是法人的行为？这里实际上存在着一种“拟制”。

但是，法人与其法定代表人毕竟是具有相互独立的人格，法定代表人在履行职责时，应尽到“善良管理人”的注意义务。如果其具有过失时，法人对第三人承担赔偿责任后，可以向法定代表人追偿（《民法典》第62条）。日本判例也认为，无论任何人，只要实际侵害了他人权利并有损害的事实，他自己的不法行为当然由此而成立。既然不存在关于其作为法人之理事履行职务时所为的个人责任可予以免除的规定，理事就应该按照一般规定，作为个人与法人共同负担起损害赔偿之责。[1]

八、法人与其成员或者设立人的关系

按照通常的理论，社团法人与其成员或者设立人的关系可以分为以下三个方面。

（一）法人与其成员或者设立人的人格彼此独立

法人的人格不依赖于其成员或者设立人的人格而独立存在，法人的成员或者设立人也不因加入法人或者设立法人而丧失其固有的人格。法人人格与其成员或者设立人人格的“二元”化，是法人财产独立于责任独立的基础，也正是在这个意义上法人区别于合伙。

（二）法人的财产与其成员或者设立人的财产相互区别而独立存在

法人作为具有独立人格的团体，在法律上可以独立享有财产所有权。虽然法人的最初财产来源于其成员或者设立人（捐助人）的出资，但其成员或者捐助人一旦出资，财产所有权就发生转移而归法人所有，其成员或者设立人不得直接支配法人的财产。于是，形成了法人财产与其成员或者设立人财产的明显区分，这是法人独立承担责任的先决条件。“法人人格否认理论”与实践恰恰从反面解释了这一基本原则，即当法人的财产与其成员的财产彼此不独立时，成为个案中视法人独立人格于不顾的因素。

（三）法人债务与其成员或者设立人的债务彼此独立

〔1〕［日］近江幸治：《民法讲义Ⅰ民法总则》（第6版补订），渠涛等译，北京大学出版社2015年版，第120页。

法人既然是一种具有独立人格的主体，就应当能够独立承担责任，这也是法人区别于合伙的主要标志之一，即法人不为其成员或者设立人的债务承担责任，其成员或者设立人也不为法人的债务承担责任，其成员或者设立人仅仅以出资额或者捐助额为限对法人的经营承担风险。这一原则的最典型的表现形式为有限责任公司与股份有限公司。对此，我国《民法典》第60条规定："法人以其全部财产独立承担民事责任。"

但是，近年来许多学者对法人与其成员之间的责任关系提出了质疑，认为成员的有限责任并非法人的必然特征，股东对公司的债务既可以承担有限责任，也可以承担无限连带责任，这并不影响法人的存在。我国《民法典》及现行《公司法》并没有采取这种观点，没有承认股东的无限责任。

九、法人的变更

（一）法人变更的概述

法人的变更是指法人的登记事项（如经营范围、法定代表人、住所等）、组织形式发生变更或者法人的分立或合并。

法人登记事项（如经营范围、法定代表人、住所等）的变更，必须经过法人章程规定或者法律规定的程序作出决定，然后再到登记管理部门办理变更登记。否则，不可对抗善意第三人。我国《民法典》第64—65条规定，法人在存续期间登记事项发生变化的，应当依法向登记机关申请变更登记。法人的实际情况与登记的事项不一致的，不得对抗善意第三人。法人登记机关应当及时公示法人登记的有关信息。

法人组织形式的变更，主要是指法人成立后组织类型发生变化，如从有限责任公司变为股份有限公司等。由于前面所讲的原因，即法律对法人组织形式强行归类的需要，法人组织形式是必须明确公示的事项，因此，其变更需要依照法律规定进行。例如，从有限责任公司变为股份有限公司，实际上是有限责任公司的消灭和股份有限公司的成立。

当然，组织形式的变更不仅应当包括有限责任公司变为股份有限公司，也应当包括股份有限公司变为有限责任公司。但从法理上讲，公司组织形式的变更主要是公司决策机关的意思自治问题，在不损害债权人利益的前提下，应当没有禁止的理由。

（二）法人的分立与合并

在法人的变更中，最重要的是法人的分立与合并。下面专门就这一问题作一简单阐述。

1. 法人的分立

（1）法人分立的概念与形式

法人的分立是指一个法人分为两个或者两个以上法人的行为。在实践中，法人的分立可分为存续式分立与新设分立。

① 存续式分立。存续式分立是指法人分出一个法人后，原法人继续存在。例如，原山东大学艺术系从山东大学分立出来而成立了山东艺术学院（独立法人）后，山东大学作为法人继续存在。可以用图式表示为：

A ————————A 与 B

② 新设分立。新设分立是指一个法人分为两个或者两个以上法人后，原来的法人不再存在。可以用图式表示为：

A————————B 与 C

（2）法人分立后的债权债务关系的处理

《民法典》第67条第2款规定：“法人分立的，其权利和义务由分立后的法人享有连带债权，承担连带债务，但是债权人和债务人另有约定的除外。”

我国《公司法》第175条至第176条对公司法人的分立有特别的规定。公司分立，应当编制资产负债表及财产清单。公司应当自作出分立决议之日起十日内通知债权人，并于三十日内在报纸上公告。公司分立前的债务由分立后的公司承担连带责任，但是，公司在分立前与债权人就债务清偿达成的书面协议另有约定的除外。

（3）法人分立的一般程序

以公司法人的分立为例，法人分立的程序一般包括以下几个方面。

第一，由股东会作出分立的决议。

第二，对债权人的通知或者公告（《公司法》第185条）。

第三，主管机关批准（如果需要的话）。

第四，注册登记（包括设立登记与注销登记）。

2. 法人的合并

（1）法人合并的概念与形式

法人的合并是指两个或者两个以上的法人归为一个法人主体的行为。法人的合并分为吸收式合并与新设合并两种，我国《公司法》第172条就规定了这两种合并：公司合并可以采取吸收合并或者新设合并。一个公司吸收其他公司为吸收合并，被吸收的公司解散。两个以上公司合并设立一个新的公司为新设合并，合并各方解散。

① 吸收式合并。数个法人合并，其中一个法人存续而其他法人终止的，谓之吸收式合并。[1]通俗地讲，吸收合并就是数个（包括一个的情形）法人被一个法人所吞并，该吞并法人力量得到了壮大而继续存在，而其他法人消灭的情形。用图式来表示就是：

A+B+C+D=A

② 新设合并。新设合并是指参加合并的各方均在合并中消灭，而一个新的法人实体从而产生的行为。[2]如中南政法学院与中南财经大学合并后，称为中南财经政法大学，而原来的中南政法学院与中南财经大学都不存在了。

（2）法人合并后债权债务关系的处理

法人合并后债权债务如何处理？对此，我国《民法典》与《公司法》的规定有较大的不同。根据《民法典》第67条的规定，法人合并后，它的权利和义务由变更后的法人享有和承担。而《公司法》第173条规定："公司合并，应当由合并各方签订合并协议，并编制资产负债表及财产清单。公司应当自作出合并决议之日起十日内通知债权人，并于三十日内在报纸上公告。债权人自接到通知书之日起三十日内，未接到通知书的自公告之日起四十五日内，可以要求公司清偿债务或者提供相应的担保。"这两种规定显然有较大的区别，试看一例，便能得出结论：A公司是一个经营状况良好、银行信誉度很高的企业，由于其资产状况良好、经营与信誉都好，故许多债权人甚至不需要担保也愿意与其交易。B企业是一个负债累累（达8000万元）的濒临破产的企业。当地政府为了避免B企业破产职工下岗，强迫A企业与B企业合并。结果合并后，A企业的债权人的债权根本无法获得完全清偿，而B企业的债权人能够得到比合并前更好的清偿。由此可见，《公司法》的规定比《民法典》的规定更加具体。

十、法人的解散、终止

（一）解散的原因

按照我国《民法典》第69条的规定，法人的解散大致有以下几种原因：（1）法人章程规定的存续期间届满或者法人章程规定的其他解散事由出现；（2）法人的权力机构决议解散；（3）因法人合并或者分立需要解散；（4）法

[1] 江平主编：《新编公司法教程》，法律出版社1994年版，第84页。
[2] 江平主编：《新编公司法教程》，法律出版社1994年版，第84页。

人依法被吊销营业执照、登记证书，被责令关闭或者被撤销；（5）法律规定的其他情形。一般来说，（1）与（2）所列原因称为法人“意定解散”的原因，（3）与（5）所列原因称为“法定解散”的原因，最后一种（4）称为“命令解散”的原因。

（二）解散与权利能力的关系

德国学者区分法人的解散与法人权利能力的丧失，如德国学者拉伦茨指出：法人因下列原因而解散：（1）全体社员不存在了；（2）法人章程规定的消灭期间届至或者解散社团的条件已经具备；（3）社员大会作出决议解散法人；（4）依照主管机关的命令而解散。法人因下列原因而丧失权利能力：（1）法人开始破产程序；（2）主管的国家机关因法定理由剥夺法人的权利能力。[1]这种区分在德国学理上仍然存在争议，有的学者就主张，丧失权利能力就是被解散。[2]

但在我国，按照《民法典》（第72—73条）及《公司法》（第188条）之规定，法人解散并不意味着法人消灭，只有经过清算并注销登记后，法人资格才丧失，权力能力才消灭。

（三）解散与终止的关系

从我国《民法典》第68—70条的规定可显然看出，解散与终止是不同的：解散仅仅是终止的一个原因而已。该法第68条规定：法人由于下列原因之一终止：（1）解散；（2）被宣告破产；（3）法律规定的其他原因。由此可见，解散仅仅是终止的原因之一。我国《民法典》沿用了原《民法通则》第45条的规定。但有的学者提出这是一种错误，其理由有二：第一，法人出现上述原因后法人人格“终止”，但原《民法通则》第40条同时又规定：“法人终止，应当依法进行清算，停止清算范围外的活动。”这两条规定之间显然存在矛盾：法人既已终止，又何来清算？既然清算又何以终止得了？因此，这里所谓的“终止”实为“解散”的误写。第二，我国《公司法》、《合伙企业法》和《个人独资企业法》已经不用“终止”而用“解散”了。[3]

学者的这种分析区分在我国法上确实具有实证依据，特别是在法人破产

---

〔1〕［德］卡尔·拉伦茨：《德国民法通论》（上册），王晓晔等译，法律出版社2013年版，第233页。

〔2〕［德］卡尔·拉伦茨：《德国民法通论》（上册），王晓晔等译，法律出版社2013年版，第233页。

〔3〕张俊浩主编：《民法学原理》（修订第三版），中国政法大学出版社2000年版，第212页。

时，因我国《企业破产法》没有使用“破产财团”的概念而是使用了“破产财产”的概念，就使得法人的人格在破产清算时继续存在，因此，可以说破产清算时被清算的法人的人格并没有终止，而是在破产清算的限度内视为存续。但应当注意的是，《公司法》虽然使用了“解散”而没有使用“终止”，但其仍然没有将破产列为解散的原因，而是仅仅在第180条作了规定。公司有下列情形之一的，可以解散：（1）公司章程规定的营业期限届满或者公司章程规定的其他解散事由出现；（2）股东会或者股东大会决议解散；（3）因公司合并或者分立需要解散；（4）依法被吊销营业执照、责令关闭或者被撤销；（5）人民法院依本法第182条的规定予以解散。而《公司法》于第187条第1款规定：“清算组在清理公司财产、编制资产负债表和财产清单后，发现公司财产不足清偿债务的，应当依法向人民法院申请宣告破产。”由此可见，破产宣告不是公司解散的原因，更不是一般民法典或者公司法上法人清算的原因，而是特别法上的特别清算制度。故第二个理由是不充分的。

特别需要说明的是：从境外学者的论述看，很多人将破产程序的开始作为法人解散的原因〔1〕。笔者认为，这种观点并不十分准确，因为在许多国家的破产法上，破产宣告与法人的终止没有必然的联系，甚至破产宣告后，债权人可以与债务人达成和解协议，或者申请重整，从而结束破产程序，法人继续存在，并不因此消灭或者终止，在德国支付不能法及我国台湾地区“破产法”都如此规定。在我国，因为破产法不允许在破产宣告后进行和解或者重整（我国《企业破产法》第95、70条），因此，可以说破产宣告会引起法人的终止。

十一、法人的清算

（一）清算概述

我国《民法典》第70—73条规定了法人终止后的清算。清算是指对一个即将终止主体资格的法人之债权、债务及财产所作的综合清理行为，其主旨在于一次概括性地结束其在存续期间的财产关系，以保护债权人及股东利益。

清算分为非破产清算与破产清算。非破产清算与破产清算的本质区别在于：破产清算是在法人的现有财产不足以清偿其全部债务或者因其他原因不能

---

〔1〕［德］卡尔·拉伦茨：《德国民法通论》（上册），王晓晔等译，法律出版社2013年版，第233页；［日］近江幸治：《民法讲义Ⅰ民法总则》（第6版补订），渠涛等译，北京大学出版社2015年版，第120页；陈聪富：《民法总则》，中国台湾地区元照出版有限公司2016年版，第124页。

清偿的情况下，为公平地概括性地清偿所有债权人的债权所设的一种特别清算程序。而非破产清算程序则是在法人解散或者因其他原因而消灭的时候，对所有的债权债务关系进行清理以便结束所有的财产关系，并最终将法人的剩余财产分配给出资人或者作出其他处理的程序。

我国《民法典》在这里所说的当然是非破产清算。但是，大多数国家的公司法或者合伙法规定，当在非破产清算中发现法人的财产不能清偿所有债务的，应当从非破产清算转化为破产清算。我国《公司法》第187条也作了大致相同的规定。

（二）清算（非破产清算）的意义

1. 保护债权人利益

任何法人在其存在的过程中，可能已经缔结了许多财产性契约关系，也可能因侵权行为负担债务，也可能因其他原因负财产性义务，如果该法人没有清理这些义务而悄然消失，将会给这些债权人造成巨大的损害，对交易安全构成威胁。所以，包括我国法律在内的许多国家的法律都规定，法人的消灭以清算为必要程序。

2. 确定出资人最后分配的财产从而保护出资人利益

无论是公司的股东，还是合伙企业的合伙人，都是企业的最初出资人，也是最终所有人——当法人消灭时的剩余财产的所有者。只有经过清算才能确定最终分配给出资人的财产。如果法人的财产不足以清偿其所有债务的，出资人如果是公司的股东，不再在出资以外承担责任，即有限责任。

（三）清算义务人及其职责

按照我国《民法典》第70条的规定，除法律或者法人的章程另有规定或者权力机构另有决议外，法人的董事、理事等执行机构的成员为清算义务人。

清算义务人在法人解散时，应当及时组成清算组对法人进行清算。如果其未履行该义务时，主管机关或者利害关系人可以申请人民法院指定有关人员组成清算组进行清算（《民法典》第70条）。清算期间，法人虽然具有主体资格，但不得从事与清算无关的活动（《民法典》第72条）。至于清算组的职权和清算程序，法律有规定的依其规定，没有规定的参照适用公司法律的有关规定（《民法典》第71条）。这主要是因为，不同性质的法人，其清算程序有所不同。例如，社团法人与财团法人就有所不同。在我国，商事主体与非商事主体的清算也有不同。

在我国司法实践中，有一个非常普遍的而且争议很大的问题——如果清算义务人没有履行清算义务的后果是什么？清算义务人应当对因此给他人造成的损失承担责任（《民法典》第70条第3款）。那么，这个“损失”如何计算？笔者认为，应该是因为迟延清算导致的直接财产损失，一般不应该包括受害人的间接损失。

十二、未经清算即注销法人的后果

法人的消灭以注销法人登记为标志，但注销的前提是清算。如果未经清算即注销法人登记，会产生什么样的法律后果呢？可以参照《最高人民法院关于适用〈中华人民共和国公司法〉若干问题的规定（二）》[1]（以下简称《公司法解释（二）》）的规定，确定法人清算义务人的责任。根据该规定第19条及第20条的规定：（1）有限责任公司的股东、股份有限公司的董事和控股股东，以及公司的实际控制人在公司解散后，恶意处置公司财产给债权人造成损失，或者未经依法清算，以虚假的清算报告骗取公司登记机关办理法人注销登记，债权人可以向其主张对公司债务承担清偿责任；（2）公司未经清算即办理注销登记，导致公司无法进行清算，债权人有权主张有限责任公司的股东、股份有限公司的董事和控股股东，以及公司的实际控制人对公司债务承担清偿责任；（3）公司未经依法清算即办理注销登记，股东或者第三人在公司登记机关办理注销登记时承诺对公司债务承担责任，债权人可以向其主张对公司债务承担相应民事责任。

在这里的一个重大问题，也是司法实践中讨论最多的一个问题：如果公司未经清算即办理注销登记，导致公司无法进行清算，那么债权人对有限责任公司的股东、股份有限公司的董事能够提出什么样的债务清偿责任？特别是有些小股东、非控股股东、董事根本没有能力组织法人清算，并且有些股东在公司中占有的股份很少（有的甚至只占到1%），是否就让这种股东承担全部债权的损失？对此，最高人民法院于2019年11月发布的《全国法院民商事审判工作会议纪要》（法〔2019〕254号，以下简称《九民会议纪要》）中，在“关于有限责任公司清算义务人的责任”部分指出：关于有限责任公司股东清算责任的认定，一些案件的处理结果不适当地扩大了股东的清算责任。特别是实践中出现了一些职业债权人，从其他债权人处大批量超低价收购僵尸企业的“陈年

---

〔1〕《最高人民法院关于适用〈中华人民共和国公司法〉若干问题的规定（二）》（法释〔2020〕18号，2008年5月5日由最高人民法院审判委员会第1447次会议通过，2020年12月23日第二次修正）。

旧账”后，对批量僵尸企业提起强制清算之诉，在获得人民法院对公司主要财产、账册、重要文件等灭失的认定后，根据《公司法解释（二）》第18条第2款的规定，请求有限责任公司的股东对公司债务承担连带清偿责任。有的人民法院没有准确把握上述规定的适用条件，判决没有“怠于履行义务”的小股东，或者虽“怠于履行义务”但与公司主要财产等灭失没有因果关系的小股东对公司债务承担远远超过其出资数额的责任，导致出现利益明显失衡的现象。需要明确的是，上述司法解释关于有限责任公司股东清算责任的规定，其性质是因股东怠于履行清算义务致使公司无法清算所应当承担的侵权责任。在认定有限责任公司股东是否应当对债权人承担侵权赔偿责任时，应当注意以下问题：（1）严格“怠于履行清算义务的认定”。《公司法解释（二）》第18条第2款规定的“怠于履行义务”，是指有限责任公司的股东在法定清算事由出现后，在能够履行清算义务的情况下，故意拖延、拒绝履行清算义务，或者因过失导致无法进行清算的消极行为。股东举证证明其已经为履行清算义务采取了积极措施，或者小股东举证证明其既不是公司董事会或者监事会成员，也没有选派人员担任该机关成员，且从未参与公司经营管理，以不构成“怠于履行义务”为由，主张其不应当对公司债务承担连带清偿责任的，人民法院依法予以支持。（2）因果关系抗辩的支持。有限责任公司的股东举证证明其“怠于履行义务”的消极不作为与“公司主要财产、账册、重要文件等灭失，无法进行清算”的结果之间没有因果关系，主张其不应对公司债务承担连带清偿责任的，人民法院依法予以支持。（3）诉讼时效期间的抗辩。公司债权人请求股东对公司债务承担连带清偿责任，股东以公司债权人对公司的债权已经超过诉讼时效期间为由抗辩，经查证属实的，人民法院依法予以支持。公司债权人以《公司法解释（二）》第18条第2款为依据，请求有限责任公司的股东对公司债务承担连带清偿责任的，诉讼时效期间自公司债权人知道或者应当知道公司无法进行清算之日起计算。

最高人民法院上述的司法观点是值得肯定的。

第二节 营利法人

一、营利法人概述

我国《民法典》以法人的目的来规范法人为营利法人还是非营利法人，那么，现实生活中，哪些法人属于营利法人呢？由于《民法典》以“目的”来划分法人类型，那么，除了公司之外，是否还有其他类型的营利性法人呢？

我国《民办教育促进法》第10条第3款规定：“民办学校应当具备法人条件。”2017年教育部等三部委为贯彻落实《国务院关于鼓励社会力量兴办教育促进民办教育健康发展的若干意见》，规范营利性民办学校办学行为，促进民办教育健康发展，根据《中华人民共和国教育法》《中华人民共和国民办教育促进法》和2016年11月7日通过《全国人民代表大会常务委员会关于修改〈中华人民共和国民办教育促进法〉的决定》等法律法规，制定了《营利性民办学校监督管理实施细则》。该实施细则第3条第2款规定：“营利性民办学校应当坚持教育的公益性，始终把培养高素质人才、服务经济社会发展放在首位，实现社会效益与经济效益相统一。”第16条第1款规定：“营利性民办学校应当建立董事会、监事（会）、行政机构，同时建立党组织、教职工（代表）大会和工会。”说明这种法人与一般的公司型营利性法人除了“营利”这一点相同之外，其他毫无相同之处。因此，《民法典》关于“营利法人”的部分难以成为所有营利法人的共同规则。

另外，从《民法典》关于“营利法人”的具体规定内容看，主要是：营利法人成立日期的特别规定、营利法人的组织机构、法人人格否认、法人组织机构之决议等违反法律、法规和章程规定的救济方式、法人的社会责任等。前面已经提到，这些内容完全是从公司法中抽出来的，以特别法规定又有什么不妥？为什么一定要规定在民法典中？

二、营利法人的组织机构

按照我国《民法典》第78—80条的规定，营利法人的组织机构主要包括：权力机关、执行机关、代表机关、监督机关（不是必设机关）。

（一）权力机关

1. 权力机关的构成与职权

法人的权力机关又称意思机关，是法人的“中枢机关”，法人的“意思”就形成于这一机关。因此，法人必须有此机关。因此，《民法典》第80条第1款规定：“营利法人应当设权力机构。”这一机关通常可以称为“社员大会”或者“成员大会”。从主体的理论看，是否存在这一机关，是判断其是否属于民事主体的重要标志。

因为社团是一个由不断变动的多个成员为了统一行动而组成的团体，原则上所有成员都参与对社团事务的决定。为此目的，他们就必须按照一定规则召开大会。社员大会以与会的多数作出决议。[1]

社员大会的主要任务是决定社团的内部事务，社团内部的重大事项需要社员大会作出决定，如公司重大经营政策的变化、章程的修改、分立或者合并等。但社员大会一般不直接支配法人的财产，也不直接与第三人发生关系，也就是说，社员大会不能对外代表法人。

按照《民法典》第80条第2款规定，权力机构的主要职权是：修改法人章程、选举或者更换执行机构、监督机构成员并行使章程规定的其他职权。具体到作为典型的营利法人的公司，按照我国《公司法》的规定，有限责任公司法人的决策机关是股东会（第36条），其职权是：（1）决定公司的经营方针和投资计划；（2）选举和更换非由职工代表担任的董事、监事，决定有关董事、监事的报酬事项；（3）审议批准董事会的报告；（4）审议批准监事会或者监事的报告；（5）审议批准公司的年度财务预算方案、决算方案；（6）审议批准公司的利润分配方案和弥补亏损方案；（7）对公司增加或者减少注册资本作出决议；（8）对发行公司债券作出决议；（9）对公司合并、分立、解散、清算或者变更公司形式作出决议；（10）修改公司章程；（11）公司章程规定的其他职权（第37条第1款）。按照《公司法》第99条规定，上述关于有限责任公司股东会职权的规定适用于股份有限公司的股东大会。

应当特别指出的是：意思机关是社团法人特有的机关，财团法人及公法人均无这一机关。

2. 成员资格的取得与丧失

（1）社团法人成员资格的取得

〔1〕［德］卡尔·拉伦茨：《德国民法通论》（上册），王晓晔等译，法律出版社2013年版，第209页。

社团法人的成员资格可因下列途径而取得。

① 因设立行为而取得

一般来说，社团法人的设立人在法人有效成立后，便成为该法人的社员，无论是有限责任公司，还是股份有限公司以及其他的社团法人均是如此。

② 因加入而取得

法人设立后，其他人（自然人或者法人）可因加入而取得成员资格。当然，任何人加入社团必须经过章程规定或者法律规定的程序。

③ 因接受股权转让而取得

无论是在股份有限公司还是有限责任公司，股东均可以将自己的股份或者出资额，按照法定程序或者章程规定的程序转让给第三人，接受转让的第三人便成为新的股东。

④ 股东资格因继承而取得

我国《公司法》第75条明确规定了股东资格可以继承，但公司章程有限制性规定的除外。但对此问题，德国学理认为，应当区分经济性社团与非经济性社团而区别对待：对于非经济性社团，社员资格不能转让、不能抵押，也不能继承，理由是：社员对于社团的隶属关系建立在人法的关系上，在这种关系中人与人之间的信任起很大的作用，因此，社员资格和由此产生的权利就既不能转让，也不能抵押，更不能继承。但对于经济性社团，社员资格可以继承与转让。因为公司特别是股份公司，成员资格表现为股票。当然，这些内容取决于公司章程的规定，章程可以规定成员资格的转让、继承。[1]

（2）社员资格的终结

① 法人成员的资格因成员死亡或者法人解散而终结。

② 公司法人之社员资格可因其股份转让而终结。

③ 因退出而终结。这种情形主要适用于非公司型法人，因为公司型法人可以通过股权转让的方式退出社团而终止社员资格。

④ 因开除而终结。法人的成员可以因被开除而终结，这也主要适用于非经济性法人。因为，从我国的《公司法》及《民法典》上看，一个营利性法人（如公司）的权力机构能否通过决议开除股东，是一个值得研究的问题。《最

---

〔1〕［德］迪特尔·梅迪库斯：《德国民法总论》，邵建东译，法律出版社2000年版，第836页；［德］卡尔·拉伦茨：《德国民法通论》（上册），王晓晔等译，法律出版社2013年版，第224页。

高人民法院关于适用〈中华人民共和国公司法〉若干问题的规定（三）》第17条仅仅规定了公司股东不缴纳出资且经催告后仍然不缴纳的，公司可以以股东会决议方式解除该股东的股东资格。[1]但除这一种情形外，其他是否可以？从法律上看，没有禁止的情形。如果公司章程上有明确的规定，公司可以通过决议的方式开除一个股东，是否属于禁止或者无效条款呢？笔者认为，很难认为无效或者被禁止，应尊重股东自治。但是，如果成员大会的关于开除的决议违反法律程序或者《民法典》第85条规定的情形的，可以请求法院救济。

但必须看到，在我国有一个很现实的问题：如果一个公司盈利能力很强，有很好的收益，不排除大股东通过这种方式排斥或者损害小股东的情形。因此，如果承认这种开除的情形，必须强调对开除决议的救济，并就理由进行实质审查。

关于此问题，从比较法上看，我国台湾地区"民法"第50条规定，社团最高权力机关可以开除社员，但必须有正当理由，且经由社团权力机关按照法律规定作出决议。学者一般都认为，除社团法人之最高权力机关外，任何机构作出决议或者代行开除职权，都违反法律规定。[2]

（二）执行机关

执行机关是执行决策机关的决策或者执行法人章程规定事项的机关。任何法人都必须有执行机关，因此，我国《民法典》第81条第1款明确规定："营利法人应当设执行机构。" 根据《民法典》第81条之规定，执行机关的职权一般是：（1）召集权力机构会议；（2）决定法人的经营计划和投资方案；（3）决定法人内部管理机构的设置；（4）法人章程规定的其他职权。

按照《民法典》第81条第3款的规定，如果设立了董事会或者执行董事的，董事长或者执行董事就是执行机构；如果未设董事会或者执行董事的，法人章程规定的主要负责人为其执行机构。

以我国《公司法》为例，有限责任公司与股份有限公司的执行机关为董事

---

〔1〕 该条规定："有限责任公司的股东未履行出资义务或者抽逃全部出资，经公司催告缴纳或者返还，其在合理期间内仍未缴纳或者返还出资，公司以股东会决议解除该股东的股东资格，该股东请求确认该解除行为无效的，人民法院不予支持。……"——《最高人民法院关于适用〈中华人民共和国公司法〉若干问题的规定（三）》（法释〔2020〕18号，2010年12月6日由最高人民法院审判委员会第1504次会议通过，2020年12月23日第二次修正）。

〔2〕 陈聪富：《民法总则》，中国台湾地区元照出版有限公司2016年版，第115页；王泽鉴：《民法总则》（增订版），中国政法大学出版社2001年版，第192页。

会，董事会由公司权力机关选举产生。根据我国《公司法》第46条的规定，有限责任公司的董事会对股东大会负责，行使下列职权：（1）负责召集股东大会，并向股东大会报告工作；（2）执行股东大会的决议；（3）决定公司的经营计划和投资方案；（4）制订公司的年度财务预算方案、决算方案；（5）制订公司的利润分配方案和弥补亏损方案；（6）制订公司增加或者减少注册资本的方案以及发行公司债券的方案；（7）拟订公司合并、分立、解散或者变更公司形式的方案；（8）制定公司内部管理机构的设置；（9）决定聘任或者解聘公司经理及其报酬事项，并根据经理的提名决定聘任或者解聘公司副经理、财务负责人及其报酬事项；（10）制定公司的基本管理制度；（11）公司章程规定的其他职权。

（三）代表机关

所谓法人的代表机关是指法人的意思表示机关，即代表法人对外进行民事活动的机关[1]。在法人的代表机关问题上，学理上主要有以下几个问题需要研究：（1）代表说与代理说之争及实质；（2）关于代表机关的立法例；（3）代表权限的限制及其效力；（4）如何区分法定代表人的个人行为与代表行为。

1. 代表说与代理说之争及实质

基于对法人性质的不同认识，在关于对外表示法人的机关的性质上形成了“代表说”与“代理说”。基于法人为拟制说的立场，代理说认为：法人并非与自然人一样的主体，而是拟制的法律上的存在，因此，法人不存在行为能力，如同无行为能力人，只能由代理人代理。代理人有不同于法人人格的独立人格，其行为之所以归于法人，是基于代理的关系。

“代表说”则基于法人为实在说的立场，认为：代表人与法人属于同一人格，代表机关是法人的有机组成部分，因此，代表机关的行为就是法人本身的行为，行为的后果自然归于法人。

代表说与代理说的区别主要是：（1）基础不同：代理说的基础是法人拟制说，而代表说的基础是法人实在说；（2）机关与法人的关系不同（如上所说）；（3）法人有无侵权能力及责任的基础不同：代表说认为法人是一个实际的存在，而法人的代表机关是法人的有机组成部分，代表机关的行为本身就是法人自身的行为，因此，法人具有侵权能力，对于不法侵害他人的行为承担侵权责任是顺理成章的。而代理说在对这一问题上的说明，则不免颇费口舌：

---

〔1〕 张俊浩主编：《民法学原理》（修订第三版），中国政法大学出版社2000年版，第198页。

由于民法上的代理仅仅能够代理合法行为，而对于非法行为，如侵权等不能归于被代理人，因此，虽然在事务上也承认法人应对其代理人的不法行为承担责任，但这种责任的基础却是将责任转移承担。

关于这一点，我们在前面已经作了专门讨论。在此，笔者不得不再一次重复前面论述过的观点：代表说与代理说之争实与拟制说与实在说之争一样，在实务上没有任何差异，仅仅在理论说明上不同而已，尤其是在我国，立法从来没有考虑过法人拟制说或者实在说，仅仅用“法定代表人”就明确了是代表而非代理。

2. 关于代表机关的立法例

在关于如何代表（或者代理）法人的问题上，存在不同的立法例：大致有共同代表制、单独代表制与单一代表制。

（1）共同代表制

德国民法是这一方面的范例，按照《德国民法典》第26条的规定，董事会对外代表社团，具有法定代表人的地位。但是，当董事会作为法人的代表机关出现时，必须由董事会按照法律规定或者章程规定作出决议。但是，章程也可以规定，各个董事具有单独代表权，在这种情况下，董事的单独代表权就不取决于董事会的决议。决议是作为对外统一行动的集体的董事会所形成的意思[1]。

（2）单独代表制

在单独代表制下，法人的每个董事或者理事都可以对外代表法人。例如，我国台湾地区“民法”第27条规定：法人应设董事，执行法人事务。董事就法人的一切事务，对外代表法人。法人董事有数人者，除法律和章程另有规定外，各董事均得代表法人。当然有时法律有另外的规定，如我国台湾地区“公司法”第208条第3款规定，就股份公司对外关系而言，应由董事对外代表公司。常务理事或者理事，在一定条件下，始得代表公司（副董事长只有在董事长请假或者因故不能行使职权时，方可代表公司；没有副董事长或者虽有副董事长但因其请假或者因故不能履行职务时，由董事长指定常务理事一人代表公司；未设常务理事者，指定理事一人代行）。

（3）单一代表制

我国是单一代表制的典型：《民法典》第61条第1款规定：“依照法律或者

---

〔1〕［德］卡尔·拉伦茨：《德国民法通论》（上册），王晓晔等译，法律出版社2013年版，第214页。

法人章程的规定，代表法人从事民事活动的负责人，为法人的法定代表人。”按照《民法典》第81条第3款的规定，如果法人设立董事会或者执行董事为执行机构的，董事长、执行董事或者经理按照法人章程的规定担任法定代表人；未设董事会或者执行董事的，法人章程规定的主要负责人为其执行机构和法定代表人。

按照我国《公司法》第13条的规定，董事长、执行董事或者经理都可以担任法定代表人，对外代表公司，具体由公司章程来规定，并依法登记方具有对抗第三人效力。对比“单独代表制”，单一代表制仅仅有一个人能够代表公司，而不是所有董事都能够对外代表公司。这体现了我国本土化特点，避免了实践中出现的矛盾和问题。

3. 代表权限的限制及其效力

按照我国《民法典》第61条第3款的规定，公司章程对法定代表人代表权范围的限制，不得对抗善意第三人。但是，在内部效力上，若法定代表人超出章程授权，即使在外部对第三人有效，也可能受到法人的内部责任追究。

从比较法上看，按照《德国民法典》的规定，章程中有关限制董事会代表权的规定需要在社团登记簿上进行登记，仅当章程的规定进行过登记或者与之进行法律行为的第三人知道这种规定时，这种限制才能对抗第三人。〔1〕日本的民法规定，大致与德国相同。〔2〕我国台湾地区“民法”也规定，有关董事代表权的限制，不得对抗善意第三人。〔3〕

4. 法定代表人个人行为与代表行为的区分

如何区分法定代表人的个人行为与代表行为在我国施行单一代表制，而法定代表人在实际的担当者上具有双重角色：一是其是一个自然人，具有自己独立的人格，可以从事由自己负责任的行为；二是其是法人的代表机关，其行为由法人承担责任。这样就必然带来一个问题：其行为在什么时候被认定为个人行为而由个人承担责任，在什么情况下被认定为法人的行为而由法人承担责任？例如，在其侵犯他人合法权益（侵权）时，应当由法人承担赔偿责任还是个人承担赔偿责任？在取得一项权利时，该权利属于个人还是法人？应当指出的是，公司的法定代表人的人格具有双重性：他一方面是法人的代表人，另一方面又是一般民法意义上的自然人。法律必须解决这样的问题：什么时候个人将被认为作为法人的机

〔1〕［德］卡尔·拉伦茨：《德国民法通论》（上册），王晓晔等译，法律出版社2013年版，第214页。

〔2〕［日］山本敬三：《民法讲义Ⅰ总则》，解亘译，北京大学出版社2004年版，第319页。

〔3〕邱聪智：《民法总论》（上），中国台湾地区三民书局2005年版，第306页。

关来行为。凯尔森教授认为，如果个人的行为在一定方式下符合构成社团的特殊秩序，他就作为社团的机关而行为〔1〕。这个所谓“特殊秩序”是什么呢？那就是法人自己的法律——章程。正是法人的这个特殊秩序使法人机关的行为区别于其个人的行为，以此使得法人对其代表人的行为负责任的范围清晰化。但是，在实际生活中，可能会发生法人代表人的行为之属性究竟是代表法人抑或其个人的情形。应当说，如果法人的代表人是以法人的名义为法律行为，或者，一个合理的第三人处在相对人的地位会毫不犹豫地信赖法人的代表人是代表法人行为时，该行为即应被认为是法人的行为。

（四）监督机关

从我国《民法典》关于法人的规定看，除了捐助法人之外，监督机关不是其他类型法人的必设机关，在一般情况下，是由法人权力机构决定是否设立，《民法典》第82条也规定了这一思想。但是，作为特别法的《公司法》，却有不同规定，对于公司法人来说，无论是有限责任公司，还是股份有限公司，监事会都是必设机关。〔2〕

监督机构的职责应该是什么呢？如果从私法的视角看，应该是维护全体股东（投资者）利益、代表全体投资人（出资人）利益而对执行机关和代表机关执行职务进行日常监督。从《民法典》第82条的规定看，主要职责是：检查法人财务，对执行机构成员及高级管理人员执行法人职务的行为进行监督，并行使法人章程规定的其他职权。以公司法人为例，公司的监事会是代表全体股东的利益，对于公司的董事会、法定代表人、公司高管等执行职务进行日常监督

---

〔1〕［奥］凯尔森：《法与国家的一般理论》，沈宗灵译，中国大百科全书出版社1996年版，第111页。

〔2〕我国《公司法》第51条规定：“有限责任公司设监事会，其成员不得少于三人。股东人数较少或者规模较小的有限责任公司，可以设一至二名监事，不设监事会。监事会应当包括股东代表和适当比例的公司职工代表，其中职工代表的比例不得低于三分之一，具体比例由公司章程规定。监事会中的职工代表由公司职工通过职工代表大会、职工大会或者其他形式民主选举产生。监事会设主席一人，由全体监事过半数选举产生。监事会主席召集和主持监事会会议；监事会主席不能履行职务或者不履行职务的，由半数以上监事共同推举一名监事召集和主持监事会会议。董事、高级管理人员不得兼任监事。”第117条规定：“股份有限公司设监事会，其成员不得少于三人。监事会应当包括股东代表和适当比例的公司职工代表，其中职工代表的比例不得低于三分之一，具体比例由公司章程规定。监事会中的职工代表由公司职工通过职工代表大会、职工大会或者其他形式民主选举产生。监事会设主席一人，可以设副主席。监事会主席和副主席由全体监事过半数选举产生。监事会主席召集和主持监事会会议；监事会主席不能履行职务或者不履行职务的，由监事会副主席召集和主持监事会会议；监事会副主席不能履行职务或者不履行职务的，由半数以上监事共同推举一名监事召集和主持监事会会议。……”

的机关。从其职责看，主要是：（1）检查公司财务；（2）对董事、高级管理人员执行公司职务的行为进行监督，对违反法律、行政法规、公司章程或者股东会决议的董事、高级管理人员提出罢免的建议；（3）当董事、高级管理人员的行为损害公司的利益时，要求董事、高级管理人员予以纠正；（4）提议召开临时股东会会议，在董事会不履行本法规定的召集和主持股东会会议职责时召集和主持股东会会议；（5）向股东会会议提出提案；（6）依照本法第151条的规定，对董事、高级管理人员提起诉讼；（7）公司章程规定的其他职权（《公司法》第53条）。

顺便说一句，从《公司法》第53条的规定看，公司监事会的职权与公司职工的利益没有直接关系，是专为投资者利益维护设置的机构，但《公司法》第51条却规定监事会中必须有一定比例的职工代表，意义究竟是什么？这似乎与私法无关，实值思考。

三、法人组织机构之决议违法或者违反章程的后果

根据《民法典》第85条规定，营利法人的权力机构、执行机构作出决议的会议召集程序、表决方式违反法律、行政法规、法人章程，或者决议内容违反法人章程的，营利法人的出资人可以请求人民法院予以撤销，但营利法人依据该决议与善意相对人形成的民事法律关系不受影响。从该条规定看，有两层主要意思：（1）程序违法或者违反章程的撤销权。当营利法人的权力机构、执行机构的会议召集程序、表决方式违反法律、行政法规、法人章程，或者决议内容违反法人章程的，营利法人的出资人可以请求人民法院予以撤销。这种情况在我国私法实践中是一种常见的诉讼。（2）对善意第三人的保护。虽然决议的程序存在瑕疵，但在该决议的基础上与善意第三人形成的正常民事法律关系不受影响。这里所谓的"善意第三人"（相对人）就是指任何不知道决议有瑕疵的第三人。

但是，如果决议的内容违反法律应如何处理？那应当属于决议无效的范畴，就不是撤销问题了。实践中最需要研究的问题恰恰是：权力机构、执行机构的会议召集程序、表决方式没有违反法律、行政法规、法人章程，决议内容也没有违反法人章程，但决议实实在在地损害了个别股东的利益，特别是大股东利用这种合法形式损害小股东利益时，如何救济？

对此问题，从《民法典》中，只有第83条规定了相关的救济规范，即营利法人的出资人不得滥用出资人权利损害法人或者其他出资人的利益；法人

的出资人滥用出资人权利给法人或者其他出资人造成损失的，应当依法承担民事责任。但这里的“依法承担民事责任”，显然是指损害赔偿责任，但具体的决议效力如何，却没有具体规定。依据《民法典》第154条规定的“恶意串通，损害他人合法权益的”法律行为无效之规范，受到损害的人可以请求该决议无效。

四、营利法人的出资人滥用权利的内部效力

由于这种损害仅仅涉及公司内部（公司本身及其他出资人利益），可以称为“内部损害”。根据《民法典》第83条第1款的规定，营利法人的出资人不得滥用出资人权利损害法人或者其他出资人的利益。法人的出资人滥用出资人权利给法人或者其他出资人造成损失的，应当依法承担民事责任。这其实借鉴了《公司法》第20条第1、2款的规定。[1]这仅仅是规定了在营利法人的出资人滥用出资人地位损害法人本身或者其他出资人利益时，受到损害的法人或者其他出资人可以请求其承担民事责任。但这里的“民事责任”究竟应该如何理解呢？能否理解为包括损害行为的无效或者可撤销？还是仅仅指赔偿责任？依据前后文的逻辑，这里仅仅能够理解为赔偿责任。因此，这种损害行为本身的效力就成为问题。

例如，控股股东利用自己的地位和权利损害公司利益，公司请求其赔偿这一问题在上述规定中得到了解决，但“损害行为”本身效力如何？因为绝大部分“损害行为”从外表上看都是“合法”的；再如，大股东利用自己的优势地位通过的决议损害了其他小股东利益，但这些决议无论是从形式上还是程序上都没有违反法律的强行性规定，其本身效力如何？这其实也是司法实践中难以举证的，因此，也是难以处理的问题。笔者认为，在损害他人的利益问题上，最好的方式还是用“可撤销”为宜。因为，是否要让损害行为归于无效，应该由受害人来决定，并且，有的时候情况在不断地发生变化，之前是损害行为，随着时间的推移，也有可能会变成无害甚至是有利的行为。因此，用“无效”来处理，不如用“可撤销”更合适。

---

〔1〕《公司法》第20条第1、2款规定：“公司股东应当遵守法律、行政法规和公司章程，依法行使股东权利，不得滥用股东权利损害公司或者其他股东的利益；不得滥用公司法人独立地位和股东有限责任损害公司债权人的利益。公司股东滥用股东权利给公司或者其他股东造成损失的，应当依法承担赔偿责任。”

五、公司出资人滥用权利的外部效力——法人人格否认

根据我国《民法典》第83条第2款规定，营利法人的出资人不得滥用法人独立地位和出资人有限责任损害法人债权人的利益；法人的出资人滥用法人独立地位和出资人有限责任，逃避债务，严重损害法人债权人的利益的，应当对法人债务承担连带责任。这实际上是从《公司法》第20条第3款借鉴过来的，可以看成法人的出资人对第三人——债权人的损害，而这一条规定可以被看成法人人格否认的规范基础。

（一）法人人格否认的概念及制度价值

按照法人的一般理论，法人（尤其是有限责任公司）与其成员的人格彼此独立，法人不为其成员的债务承担责任，其成员也不为法人的债务承担责任。但是，当法人在运行中出现了有悖法人责任独立的前提时，可不可以在个案中突破这种独立责任而将法人的责任直接归属于其成员，即将法人成员的有限责任变为无限责任呢？许多国家的法理与实践对此作出了有条件的肯定性回答，这就是通常所说的“法人人格否认”或者“揭开公司面纱”。具体来说，所谓法人人格否认是指：法人虽为独立的主体，承担独立于其成员的责任，但当出现有悖法人存在目的及独立责任的情形时，若再坚持形式上的独立人格与独立责任，将有悖公平时，在具体个案中视法人的独立人格于不顾，直接将法人的责任归结为法人成员的责任。美国一个司法判例的经典表述为：作为一般规则，在没有相反的充分理由出现时，公司将被视为一个法律实体。但是，当法律实体的概念被用于损害公共便利、正当化违法行为、保护欺诈，或者替犯罪辩护时，法律将视公司为多数人的联合。这里揭示的是：（1）公司人格的利用应当符合一定的法律政策前提，即法律实体的概念只有当其被援引和使用于正当合法的目的时才能被确认，如果滥用这一概念于不适当的用途和不诚实的目标，则是不允许的。（2）一旦出现此种违反法律和公共政策目标而滥用实体概念的情形，法院将考虑无视公司人格的单一实体性而直接追及面纱掩蔽下的股东个人责任，以防止欺诈并实现衡平。[1]

我国《民法典》（第83条第2款）对此的表述是：“营利法人的出资人不得滥用法人独立地位和出资人有限责任损害法人债权人的利益；滥用法人独立地位和出资人有限责任，逃避债务，严重损害法人债权人的利益的，应当对法人

---

〔1〕 陈现杰：《公司人格否认法理述评》，载《环球法律评论》1996年第3期。

债务承担连带责任。”

法人人格否认理论的价值在于：（1）平衡了股东的有限责任与债权人利益损失之间的矛盾。法人的独立人格与股东的有限责任作为近代经济生活中最伟大的发明，效力于世界经济的发展，尽管有人提出了诸多意见，但仍然是经济活动主体中的中流砥柱。但是，处在两极的股东与债权人之间的利益却具有内在的必然联系，有限责任的最初功能是避免投资风险，但其能动性使其很快成为形成资本联合的有效法律机制，并进而分化出集资功能，固化公司财产内涵的功能，促使资本所有与经营相分离实现管理现代化的功能等。确认股东有限责任的结果是，股东对公司债权人不负任何责任，因此，只能用公司的财产来偿还公司债务。由此及彼引出了大陆法系国家传统的资本三原则以及与此相联系的最低资本额原则，以确保公司财务结构的健全和资本的稳定性，从而保护公司债权人的利益。公司法上的利益均衡原理由此获得证实。而在采取授权资本制的美国法中，利益均衡理念的实现却选择了另一条道路，即通过“揭开公司面纱”而获得衡平救济的道路。尽管这一做法已经被大陆法系所借鉴，但它仍然是美国法上具有价值选择意义的重要特征。[1]（2）为防止股东控制权的滥用提供了规范性保障。由于法人本身的特性，其本来就是由其机关操控的工具，如果这种操控被控制在法律规则之内并用于正当目的，便是法人的正常运行。但如果法人的机关被股东所操控并用来作为获得利益而损害债权人的工具时，就构成了控制权的滥用。法人人格否认的理论与实践正是对这种权利滥用的规制。

（二）法人人格否认适用的范围

在此讨论的问题主要有两个：一是法人人格否认的法律关系主要包括哪些？二是什么类型的公司常被判例揭开其独立责任的面纱？

1. 法人人格否认所适用的法律关系

（1）美国的司法判例规则

在美国，法人人格否认制度在契约、侵权、破产及税收等领域有着广泛的适用。实践中，公司人格否认在反避税立法领域获得了广泛的发展。避税是指纳税人利用私法中的漏洞和不明之处以及各国税赋的差异，减少或者不承担纳税义务的行为。通常纳税人利用避税港避税都是通过在避税港设立公司这种形式进行的，主要的方式有：在避税港设立转销售公司，将所得利润转移到低税

---

〔1〕 陈现杰：《公司人格否认法理述评》，载《外国法译评》1996 年第 3 期。

国而不在高税国纳税；在避税港设立股份公司，集中利润在避税港，免交或者迟交母公司所在国的税收；在避税港设立信托公司，将有关财产的经营所得挂在信托公司的名下，逃避经营财产所在国的税收等。通过这种行为，不仅会造成国家税收的大量流失，严重损害国家的财政利益，而且还将引起国际资本的不正常流动，导致国际资本流通秩序的混乱，妨碍国家之间的正常经济交往。因此，许多国家将纳税人为逃避税收而在避税港设立的公司的人格予以否认，重新核定纳税人应当承担的合理税赋。

在契约与侵权案件中，法院更倾向于在侵权的情形中否认法人人格。因为契约债权人通常在事前已经获得对事后增加的不履行风险的补偿，与此相反，侵权债权人则未被补偿。

在破产法领域，法院在对待破产公司的控制或者支配的股东时具有相当大的灵活性：法院可以否认公司实体而让股东个人对公司债务负责，或者否定公司股东对公司的债权或者使其债权劣后于其他债权人的债权。

（2）大陆法系的日本与德国

在大陆法系，由于法官更多地受到法律的具体拘束，因此，在法人人格否认适用的范围上表现出更加谨慎的态度。多数学者主张，如果能够由契约条款或者既存的法规作出合理解释而对当前案件作出妥当的解决，就不应适用法人人格否认理论。[1]而且更倾向于尽量缩小适用范围，基本上适用于契约与侵权案件。[2]

（3）我国《民法典》第83条的适用范围

如果严格地从解释我国《民法典》第83条规定的构成要件来看，可以理解为：法人人格否认能够适用于契约和侵权案件、不当得利案件。因为利用法人人格和出资人有限责任逃避债务，似乎只能因为契约行为或者侵权行为、不当得利行为才能发生。例如，以法人的名义签订契约，由法人承担债务，但利益却由出资人获得，当债权人请求法人承担债务时，法人无任何财产清偿。或者说，出资人以法人的名义侵犯他人权益，自己控制法人并获得利益，让法人承担赔偿义务，而法人可能根本没有任何财产。在不当得利行为中亦同。

在税收方面也可能发生这种问题，但从《民法典》第83条的规范来看，不

---

〔1〕陈现杰：《公司人格否认法理述评》，载《外国法译评》1996年第3期。

〔2〕［德］托马斯·莱赛尔、［德］吕迪格·法伊尔：《德国资合公司法》（第3版），高旭军等译，法律出版社2005年版，第485—491页；陈现杰：《公司人格否认法理述评》，载《外国法译评》1996年第3期。

应包括在其中。尽管如果出现了法人人格否认的具体条件，在税收问题上也应该考虑刺破法人面纱的问题，但这应该属于公法问题。

2. 法人人格否认所适用的法人类型

（1）法人人格否认所适用的法人类型一般是出资人承担有限责任法人

对此，德国学者梅迪库斯指出：法人人格否认对于社团（非经济性社团）和财团来说几乎没有什么意义，它的意义主要在有限责任公司领域。[1]从法律制度的设置来看，这种公司最有必要适用这一法理。因为这类公司是从事交易行为的社团，而且其股东以出资为限对法人经营承担风险，而法人独立对第三人承担责任，因此，公司的股东有足够的动机控制公司而将利益归于自己、将风险转移给第三人。

从我国《民法典》的规定看，将这一制度规定在“营利法人”中，显然也是主要针对交易性法人的。但是，在我国的司法实践中，是否绝对不存在非经营性法人的出资人滥用法人人格和出资人的有限责任损害债权人利益的情况？有些非营利性的法人，其出资人也可以滥用法人的人格和出资人的有限责任，从而损害债权人利益。因此，笔者认为，《民法典》第83条的规定应准用于非营利性法人。

另外，从我国营利性法人的类型看，其出资人一般都承担有限责任。

（2）出资人为一人的营利性法人

所谓出资人为一人的法人是指由一人出资设立的法人，这类法人的典型就是一人公司。虽然说法人的实质是财产独立、意思独立、人格独立，而从理论上说，这些完全可以在一人公司中做到。但不可否认的是，一人公司与股东为二人以上的公司比较，股东更容易控制与支配公司、公司的财产更容易与股东财产混淆。因此，从许多国家的司法实践上看，为了防止股东损害债权人利益，许多法人人格否认的案例是针对一人公司的。

我国《公司法》已经明确承认了一人公司，从我国的实践中看，一人公司中的控制、资产混淆等情况十分普遍，因此，更应该适用法人人格否认。

（3）母公司与子公司

〔1〕［德］迪特尔·梅迪库斯：《德国民法总论》，邵建东译，法律出版社 2000 年版，第 824 页。但这种说法可能过于绝对，即使在德国也有非经济性社团被适用法人人格否认的案例——德国联邦最高法院第八民庭就判决了一个协会的所有成员对协会的债务承担责任——参见［德］托马斯·莱赛尔、［德］吕迪格·法伊尔：《德国资合公司法》（第 3 版），高旭军等译，法律出版社 2005 年版，第 487 页。

所谓母公司是指拥有另一公司一定比例的股份，能够从法律上控制该公司的公司；被控制的公司叫作子公司。日本学者非常明确地定义到：持有其他股份公司已经发行股份过半数的股份，或者其他有限公司的资本之过半数出资的公司叫作母公司。[1]在母子公司的关系上，子公司之所以经常在个案中被否认法人人格，是因为从法律上说，母子公司各为独立的法人，各自拥有自己的财产、组织机构、独立承担责任，但是，在事实上母公司又能够控制子公司，因此，有时母公司在实际上将子公司作为分公司对待，即在意志上、财产上、利益上并不彼此独立。所以，与其他形式的企业法人比较，法院更愿意在母子公司关系上适用法人人格否认。

美国法官道格拉斯在总结了大量案例后指出，母公司必须遵守以下四个条件，子公司的人格才不至于被否认：第一，子公司作为一个独立的财政单位的地位必须得到维持；第二，母子公司的日常营业应保持独立；第三，应维持两个公司管理机构的一般界限，以保证两个公司的业务不至于陷入有害的混同；第四，两个公司不表现为一个整体，那些对外缔约的人应充分表明他们的独立身份。[2]

有的美国学者从经济分析的角度，分析了法院为什么更愿意在母子公司关系中适用法人人格否认的原因：其一，追及母公司资产并不会给任何个人带来无限责任，从而不会影响资本市场的多元性、流通性及其监督机制等利益；其二，在母子公司的情形中，由于子公司缺少投保动机因而具有较大的道德风险因素，尤其是在母公司管理人员同时兼为子公司管理人员的情形下，以及母公司以最低限度的资本投入建立子公司从事风险事业的情形，母公司以有限责任获得子公司经营利益但却不承担相应的成本。[3]

在我国的司法实践中，母公司完全控制子公司、通过关联交易损害债权人利益的情况时有发生，因此，从客观上看，应有更多适用法人人格否认的情形。

（三）法人人格否认的适用条件

1. 我国立法及司法规则

从我国《民法典》第83条的规定看，法人人格否认的具体条件是：（1）

---

〔1〕［日］末永敏和：《现代日本公司法》，金洪玉译，人民法院出版社2000年版，第21页。

〔2〕蔡立东：《公司人格否认论》，载梁慧星主编：《民商法论丛》（第2卷），法律出版社1994年版，第357页。

〔3〕陈现杰：《公司人格否认法理述评》，载《外国法译评》1996年第3期。

法人的出资人滥用法人独立地位和出资人有限责任。前面已经说过，法人的独立责任与出资人的有限责任都是有条件的，具体是：法人的财产独立、意思独立。只有满足了前两项条件，法人的人格独立和责任独立、出资人的有限责任才具有合理性和合法性。如果法人的出资人置前两项条件于不顾，否定法人的独立意思而代之以“自己控制”、随意支配法人的财产，甚至把法人作为取得利益和权利的手段，抽空法人资产，让法人仅仅成为对外抵挡债务的工具，那么，再保持法人的独立责任与股东的有限责任将违背法律之宗旨，违背公平之原则，就必须考虑穿透这种责任的法律壁垒。（2）逃避债务从而严重损害债权人利益。这里所谓的“逃避债务”，不是指法人逃避债务，而是指出资人滥用法人独立地位和出资人有限责任，透过法人取得利益或者财产，从而逃避了出资人本应该承担的债务。实际上是让法人的债务无法清偿，从而损害了债权人利益。当然，我国《民法典》使用了“严重损害债权人利益”，如何解释，实成问题。对此，最高人民法院的《九民会议纪要》结合我国的司法实践，作出了更为细致的解读。

该纪要在第二个大问题“关于公司纠纷案件的审理”之（四）“关于公司人格否认”的开始就指出：公司人格独立和股东有限责任是公司法的基本原则。否认公司独立人格，由滥用公司法人独立地位和股东有限责任的股东对公司债务承担连带责任，是股东有限责任的例外情形，旨在矫正有限责任制度在特定法律事实发生时对债权人保护的失衡现象。在审判实践中，要准确把握《公司法》第20条第3款规定的精神。一是只有在股东实施了滥用公司法人独立地位及股东有限责任的行为，且该行为严重损害了公司债权人利益的情况下，才能适用。损害债权人利益，主要是指股东滥用权利使公司财产不足以清偿公司债权人的债权。二是只有实施了滥用法人独立地位和股东有限责任行为的股东才对公司债务承担连带清偿责任，而其他股东不应承担此责任。除此之外，《九民会议纪要》总结我国的司法实践，指出了滥用的三种常见情形：“人格混同”“过度支配与控制”“资本显著不足”。

（1）人格混同（《九民会议纪要》第10条）

认定公司人格与股东人格是否存在混同，最根本的判断标准是公司是否具有独立意思和独立财产，最主要的表现是公司的财产与股东的财产是否混同且无法区分。在认定是否构成人格混同时，应当综合考虑以下因素：第一，股东无偿使用公司资金或者财产，不作财务记载的；第二，股东用公司的资金偿还股东的债务，或者将公司的资金供关联公司无偿使用，不作财务记载的；第三，公司账簿与股东账簿不分，致使公司财产与股东财产无法区分的；第四，股东自身收益与公司盈利不加区分，致使双方利益不清的；第五，公司的财产记载于股东名下，由股东占有、使用的；第六，人格混同的其他情形。

在出现人格混同的情况下，往往同时出现以下混同：公司业务和股东业务混同；公司员工与股东员工混同，特别是财务人员混同；公司住所与股东住所混同。人民法院在审理案件时，关键要审查是否构成人格混同，而不要求同时具备其他方面的混同，其他方面的混同往往只是人格混同的补强。

（2）过度支配与控制（《九民会议纪要》第11条）

公司控制股东对公司过度支配与控制，操纵公司的决策过程，使公司完全丧失独立性，沦为控制股东的工具或躯壳，严重损害公司债权人利益，应当否认公司人格，由滥用控制权的股东对公司债务承担连带责任。实践中常见的情形包括：第一，母子公司之间或者子公司之间进行利益输送的；第二，母子公司或者子公司之间进行交易，收益归一方，损失却由另一方承担的；第三，先从原公司抽走资金，然后再成立经营目的相同或者类似的公司，逃避原公司债务的；第四，先解散公司，再以原公司场所、设备、人员及相同或者相似的经营目的另设公司，逃避原公司债务的；第五，过度支配与控制的其他情形。

控制股东或实际控制人控制多个子公司或者关联公司，滥用控制权使多个子公司或者关联公司财产边界不清、财务混同，利益相互输送，丧失人格独立性，沦为控制股东逃避债务、非法经营，甚至违法犯罪工具的，可以综合案件事实，否认子公司或者关联公司法人人格，判令承担连带责任。

（3）资本显著不足（《九民会议纪要》第12条）

资本显著不足指的是，公司设立后在经营过程中，股东实际投入公司的资本数额与公司经营所隐含的风险相比明显不匹配。股东利用较少资本从事力所不及的经营，表明其没有从事公司经营的诚意，实质是恶意利用公司独立人格和股东有限责任把投资风险转嫁给债权人。由于资本显著不足的判断标准有很大的模糊性，特别是要与公司采取“以小博大”的正常经营方式相区分，因此在适用时要十分谨慎，应当与其他因素结合起来综合判断。

《九民会议纪要》（第13条）在指出我国实践中存在的三种需要进行法人人格否认的情形外，对于此类案件的诉讼当事人的地位也进行了具体规定，具有重要的实践意义和价值。具体而言，人民法院在审理公司人格否认纠纷案件时，应当根据不同情形确定当事人的诉讼地位：第一，债权人对债务人公司享有的债权已经由生效裁判确认，其另行提起公司人格否认诉讼，请求股东对公司债务承担连带责任的，列股东为被告，公司为第三人；第二，债权人对债务人公司享有的债权提起诉讼的同时，一并提起公司人格否认诉讼，请求股东对公司债务承担连带责任的，列公司和股东为共同被告；第三，债权人对债务人公司享有的债权尚未经生效裁判确认，直接提起公司人格否认诉讼，请求公司股东对公司债务承担连带责任的，人民法院应当向债权人释明，告知其追加公司为共同被告。债权人拒绝追加的，人民法院应当裁定驳回起诉。

2. 比较法上的理论与实践

从比较法上看，美国法院在考虑适用公司法人人格否认时，往往坚持三个基本原则，即“真实原则”（资本充实并不作关于公司资本或者净值的虚假陈述）、“首要原则”（债务人应当把满足法律义务放在捐赠、个人事务和道德义务的前面）及“公平原则”。[1]法院在个案中决定是否对公司人格进行否认时，要通过两种测试：（1）股东的行为表明他们在进行活动时从未对公司实体的“独立性”加以考虑；（2）如果法院不否认公司人格将导致不公平。前者称为“独立性测试”，后者叫作“不公平测试”，也叫“资本不足”测试。就独立性测试而言，假如法院发现公司被其股东仅仅当作一种可以不断改变的“自我”而无视其独立性，则公司实体将会被否认。就“不公平”测试而言，假如债权人能够证实公司是在没有充足的股份资本以应付经营上可能遭受的风险的情况下设立的，法院就能据以“刺破公司面纱”。大多数法院正是依靠显示公司资本不充足的事实来证明公司设立的不公平性。法院在判断公司法人人格是否应当被否定时，独立性测试与不公平测试都必须使用，但由于各个法律领域的法律政策不同，对两种测试的具体要求也不同。[2]法院在法人人格否认中的政策考量，在母子公司或者关联公司的情形中体现得最为明显，故我们仅以此作为说明的典型。

在对母子公司或者关联公司考量是否适用法人人格否认时，就这一法理的具体适用要件法院发展了三个变体学说，即“工具说”、“另一自我说”及

〔1〕［美］罗伯特·C. 克拉克：《公司法则》，胡平等译，工商出版社 1999 年版，第 55 页。
〔2〕 陈现杰：《公司人格否认法理述评》，载《外国法译评》1996 年第 3 期。

"同一体说"。[1]

德国判例及学理对于公司法人人格的否认，主要有四种考察标准，但有时也有交叉：(1)资产混淆。如果公司的资产与其股东个人的财产没有或者没有足够认真地进行分离，那么，股东就必须以其个人财产来承担责任。由于簿记不清，已经根本无法清楚地判定公司财产和个人财产之间的界限，因此不可能再审查公司是否遵守了资本维持的原则。这一思想论证了穿透责任的合法性：谁想享有法人的有限责任，就必须遵守财产分离原则。这是享有有限责任特权的前提条件。(2)资本过低。资本过低是指与企业的营业规模比较，股本太少。然而，在德国，又区

---

〔1〕（1）工具说

"工具说"由三个要素组成，即"过度控制""违法或者不公平行为""与原告损失的因果关系"，其具体含义如下：

"过度控制"是指不仅多数或者全部股份的控制，而且是完全的支配，即不仅在财务方面，而且在受到非难的交易的方针和经营活动方面的全面支配，以至于公司实体在此同时没有任何独立的思想、意志和自身利益的存在。

"违法或者不公平行为"是指上述控制已经被用于欺诈或者违法行为，永恒化对制定法或者其他法律义务的违反，或者用于一个与原告法律权利相抵触的不诚实或者不正当的行为。

"与原告损失的因果关系"是指上述控制和对义务的违反必须是被控伤害或者损失的直接原因。

"三要素说"在各州法院获得了广泛的应用。

（2）"另一自我说"

"另一自我说"是指两个公司之间的关系存在着所有和利益的如此一致，以至于已经停止其相互独立的存在，而子公司被降至作为母公司的"另一自我"的地位。并且，如果承认其各自为独立的实体将鼓励欺诈或者导致不公平结果。这时，法院就应当揭开公司面纱。

（3）"同一体说"

"同一体说"是指两个公司之间所有利益如此一致，以至于其各自的独立性事实上已经停止或者从未开始，附加一虚构的独立是为了使企业整体逃避产生于为了整体的利益从事经营的某一公司的债务从而危害公平与正义。在符合这种条件时，法院即可无视各公司在法律地位上的独立性而着眼于其经济上的结合，将其作为一个经济上的统一体，一个单一企业，从而追及企业整体的责任——参见陈现杰：《公司人格否认法理述评》，载《外国法译评》1996年第3期。

在比斯凯勒房地产公司诉奥斯藤房地产公司一案中，法院用"另一自我说"否定了被告公司的法人人格。在该案中，布希与其妻为经营不动产设立了奥斯藤房地产公司，并拥有该公司的全部股份。该公司实际上并无任何财产，也未经营不动产业务，只是股东用来买卖不动产的工具。二股东通常以公司的名义购买不动产，除付清订金外，其余价款则以公司的名义签发支票给付，出卖人将不动产转移于公司后，二股东随即将不动产转移于自己名下，使公司名下无不动产。其后，因以公司名义签发的支票无法兑现，被诉至法院。法院认为：在此情形，公司仅为股东的"另一自我"，股东以公司作为逃避债务的手段，实际上买卖业务为股东自身利益经营，并进而指出，假如公司的股东为图个人私利进行交易，利用公司名义仅为交易上的便利，公司在交易上没有任何利益，徒使债权人产生误信，进而导致欺诈，应无视以其名义从事交易的法律主体，当事人应当自负责任。法院支持了原告的请求。本案虽然不是母子公司之间的关系，但颇有相似的说明意义——案例来源于蔡立东：《公司人格否认论》，载梁慧星主编：《民商法论丛》（第2卷），法律出版社1994年版，第357页。

分名义资本过低和实质资本过低。名义资本过低是指虽然资本金不能满足企业对资金的需要,但是缺少的资本额可以由股东提供贷款解决。对此,1980年的《有限责任公司法》(第32A、B条)修正案已经作出了规定,即应当像对待责任股本金一样来对待具有代替资本性质的股东贷款。这样一来,股东实际上以其他方式给企业提供了其所必要的资本,法律也就成功地对最常见的和最明显的资本过低情况进行了规范。实质资本过低是指公司除了基本资本,股东根本没有根据企业经营原则投入与其经营规模相适应的、必要的资金。资本过低实际上就是指实质资本过低。(3)康采恩关系。如果谁借助于其支配地位利用公司为自己谋取利益,并使公司宣布破产从而对债权人造成了损失,那么他就要赔偿这一损失。在存在康采恩关系的情况下,居支配地位的股东必须直接对其公司的债权人承担清偿责任。(4)毁灭生存。人们试图借助资产混合标准、资本过低标准和康采恩关系标准严格具体地作出界定,但是结果并不令人满意。此后,学术界与司法判例又提出"毁灭性生存"理论,并试图以此来解释责任穿透问题。这一理论的核心内容是:股东不得挪用公司资产使公司陷入破产,并使债权人的债权没有或者没有全部得到清偿,则公司股东应承担责任。这一理论的基本思想是:法律仅仅保护与基本资本数额相当的公司资产,但公司行为对股东意愿有着很强的依附关系。这就使得有限责任公司不仅是一种最容易破产的企业形式,而且股东可以很容易地"侵吞"公司用于清偿债权人的资产。这就是为什么世界各地的法院都愿意在某些情况下,突破法律规定的有限责任原则而作出有利于债权人的判决。股东的有限责任实际上是为了让公司享有更多的经济自由权,也是为了鼓励公司进行风险投资,从而给股东的一种特权。但是,法律授予这种特权是有条件的,即股东不得以此损害公司债权人的利益。根据规范适用理论,股东应当将这种特权用于法律规定的目的而不得滥用这一特权。德国联邦最高法院在"不来梅佛尔康"一案的判决中适用了这一理论,该案的案情大致是:母公司设立了一个全资子公司,由于母公司对子公司的现金收入和财务账目实行全面管理,该子公司全面破产。法院判决母公司对债权人承担赔偿责任。

"毁灭性生存"的具体适用条件是:(1)公司不能清偿债权人的债权,即公司已经支付不能;(2)公司的支付不能是由其中一个或者几个股东侵吞公司财产引起的,其间他们忽略了公司的清偿能力;(3)债权人不能借助于公司法的规定提起补充请求,也不能根据有关保护资本的法律规定弥补债权人的损失。[1]

（四）法人人格否认的具体效果

一般法人人格否认，不是一般地消灭或者否定法人的存在，而是在个案中，视公司的独立人格及股东的有限责任于不顾，将分割法人与其股东责任的法律面纱揭开，将法人的责任直接归于股东，是对股东有限责任的绝对贯彻所带来的不公平的矫正，就如有学者形象地比喻的一样：公司人格被否认，意味着在某种情形下由公司形式所竖起来的有限责任之墙上被钻了一个孔，但对于被钻孔以外的所有其他目的而言，这堵墙依然矗立着。[2]即使某一法人的人格独立在此一案件中被否认，但其效力也仅仅及于此一案件，而对以往案件无任何溯及力，对以后的案件也无约束力，故法人人格的否认与法人人格的消灭迥然不同。我国《民法典》的规定更为直截了当：法人的出资人应当对法人的债务承担连带责任。《九民会议纪要》在“法人人格否认”部分表达更为清晰：公司人格否认不是全面、彻底、永久地否定公司的法人资格，而只是在具体案件中依据特定的法律事实、法律关系，突破股东对公司债务不承担责任的一般规则，例外地判令其承担连带责任。人民法院在个案中否认公司人格的判决的既判力仅仅约束该诉讼的各方当事人，不当然适用于涉及该公司的其他诉讼，不影响公司独立法人资格的存续。如果其他债权人提起公司人格否认诉讼，已生效判决认定的事实可以作为证据使用。

六、营利法人的社会责任

我国《民法典》第86条将法人的“社会责任”定入法典：“营利法人从事经营活动，应当遵守商业道德，维护交易安全，接受政府和社会的监督，承担社会责任。”对此，我们来讨论一下“什么是法人的社会责任”。

尽管中外许多学者都在讲“法人（公司）社会责任”，但究竟什么是法人的社会责任，其内容是什么，却没有统一的认识。美国学者Williams 和 Siegel 认为，公司社会责任是指公司的一些改进社会福利的行为，这是超乎企业利益之外的，由政府所要求的行为。[3]而对公司社会责任最为广泛引用的是世界可持

---

〔1〕［德］托马斯·莱塞尔、［德］吕迪格·法伊尔：《德国资合公司法》（第3版），高旭军等译，法律出版社2005年版，第486—491页。

〔2〕陈现杰：《公司人格否认法理述评》，载《外国法译评》1996年第3期。

〔3〕史际春、肖竹、冯辉：《论公司社会责任：法律义务、道德责任及其他》，载《首都师范大学学报（社会科学版）》2008年第2期，第43页。

续发展工商理事会（World Business Council for Sustainable Development）的定义：公司社会责任是指企业作出的一种持续承诺。按照道德规范经营，在为经济发展作贡献的同时，既改善员工及其家人的生活质量，又帮助实现所处社区甚至社会的整体生活质量的改善。[1]

我国学者对此认识也不相同，主要有下列观点：（1）公司社会责任（确称“公司的社会义务”），指公司在增进股东利益的同时，还应尽量关怀和增进股东之外的利益相关者的利益及社会公共利益。其中，利益相关者（stakeholders）泛指消费者、职工、债权人、中小竞争者、当地社区和社会弱势群体等与公司生存发展具有利害关系的社会主体，既包括既存的利益相关者，也包括未来或潜在的利益相关者。利益相关者的利益既表现为自然人的权益（尤其是根本人权与自由），也表现为法人和其他组织的权益。公司社会责任的核心要义是，在承认公司营利性的基础上，重视公司的社会性。公司的营利性与生俱来，但其社会性却需要后天培育。股东利益与其他利益相关者的利益既相互对立，又辩证统一，共同组成了公司利益。公司社会责任的核心价值观是以人为本、以义为本，而非以钱为本、以利为本。[2]（2）对公司社会责任的讨论纠葛于法律责任、道德责任、经济责任抑或环境责任等，可能会使我们陷入泥潭，因为它们是不同维度上的问题，法律责任、道德责任讨论的是公司社会责任的形式，而经济责任、环境责任、劳工责任等讨论的是公司社会责任的内容。就形式维度而言，法律和道德均是促进公司社会责任担当的工具、方法和手段，法律规范、道德准则乃至于软法规则均是公司社会责任的载体，公司社会责任既非单纯的道德责任，亦非仅指法律责任，但它既可以表现为法律责任，也可以表现为道德责任，公司社会责任在法律和道德之间的游移具有充分的正当性。从内容维度来讲，如果我们认可并采纳利益相关者理论，并且认为公司利益相关者中除员工、社区、消费者等外，还包括股东，那么，也就意味着公司社会责任除了公司环境责任、劳工责任等之外，公司经济责任也是公司社会责任的应有之义。公司社会责任中的“责任”指角色义务，即公司这一角色对社会公众应负担的义务。在形式维度上，公司社会责任既可以表现为法律责任，也可以表现为道德责

---

〔1〕史际春、肖竹、冯辉：《论公司社会责任：法律义务、道德责任及其他》，载《首都师范大学学报（社会科学版）》2008年第2期，第43页。

〔2〕刘俊海：《论全球金融危机背景下的公司社会责任的正当性与可操作性》，载《社会科学》2010年第2期，第70页。

任；在内容维度上，公司社会责任除公司环境责任、劳工责任等外，也包含公司的经济责任。[1]（3）事实上公司社会责任有伦理意义上的社会责任和法律意义上的社会责任之别。笔者认为，应把关涉个人利益和公共利益的公司社会责任概念称为道德化社会责任；把只关涉公共利益的公司社会责任概念称为狭义的公司社会责任。前者主要关涉与公司相关的个人利益，主要包括公司与债权人、雇员、供应商、用户、消费者的关系，又可称为广义的社会责任；后者则主要涉及社会公共利益层面，主要包括公司和当地住民的利益以及政府代表的税收利益、环保利益等之间的关系， 又可称为狭义的社会责任。对于狭义的社会责任，其概念可以界定为公司在从事营利性的经营活动中负有的维护社会利益的法律义务，以及侵害社会利益应承担的法律责任。如果采用道德化社会责任概念，把个人利益相关者和公司的关系纳入公司社会责任，一方面不仅和公司法的伦理基础相抵牾，而且会降低公司经营的效率；另一方面此种关系完全可以用公司法固有的诚实信用原则来调整，且更能实现博弈双方的利益平衡。社会利益既包括社会中的个人利益，也包括社会中的公共利益，而社会中个人利益和公共利益相比较而言并不具有当然的优越性，所以在公司社会责任的概念中，我们把社会利益限定为社会公共利益。我们应采法律化社会责任概念把公司社会责任的范围限定在公司经营中关涉社会公共利益的层面。据此对于公司社会责任我们可得出如下定义:公司社会责任是公司在从事营利性的经营活动中负有的维护社会公共利益的义务，以及侵害社会公共利益应承担的法律责任。[2]（4）一般认为，广义的公司社会责任包括企业的经济责任、法律责任、道德责任和慈善责任；狭义的公司社会责任仅指道德责任和慈善责任。我们认为，慈善责任属于道德责任的范畴，而经济责任涵盖在法律责任和道德责任中，从逻辑上讲不能与法律责任和道德责任并列。法律、道德和社会中的个体行为构成一个社会最基本的制度环境体系，所以公司社会责任应当是守法责任、做好自己的责任和对社会的其他道德承担这三者的统一体。[3]

---

〔1〕刘萍：《公司社会责任的重新界定》，载《法学》2011 年第 7 期，第 146—147 页。

〔2〕赵万一、朱明月：《伦理责任抑或法律责任——对公司社会责任制度的重新审视》，载《河南省政法管理干部学院学报》2009 年第 2 期，第 114—120 页。

〔3〕史际春、肖竹、冯辉：《论公司社会责任：法律义务、道德责任及其他》，载《首都师范大学学报（社会科学版）》2008 年第 2 期，第 44 页。

第三节 非营利法人

一、非营利法人概述

《民法典》第87条规定了非营利法人的基本概念："为公益目的或者其他非营利目的成立，不向出资人、设立人或者会员分配所取得利润的法人，为非营利法人。非营利法人包括事业单位、社会团体、基金会、社会服务机构等。"从这一规定来看：（1）非营利法人实际上包括了传统民法认为的公益法人与中间法人（既非公益也非营利），如有的社会团体和社会服务机构。（2）《民法典》将非营利法人概括为事业单位、社会团体、基金会、社会服务机构等，是否能够涵盖所有实际存在的各种形式的非营利法人？例如，A、B、C三人各出资1亿元，设立了一个公司，该公司章程明确规定：（1）该公司的宗旨是专门资助贫困中小学生完成义务教育。（2）该公司股东不分配利润，所有盈利全部用于资助教育事业等。（3）其他的事项与一般公司相同。那么，这一公司是否属于非营利法人？

《民法典》以营利和非营利为标准区分法人，实际上还是以"目的"为标准分类，与1986年《民法通则》上的机关法人、事业单位法人、企业法人等分类比较，没有太大的区别。从《民法典》第89—94条规定的公益法人、事业单位法人、社会团体法人、捐助法人的具体规定看，几乎是一种法人类型。

二、公益性事业单位

事业单位是指由政府利用国有资产设立的从事教育、科技、文化、卫生等活动的社会服务组织，如政府的学校、医院、科研机构等。事业单位一般是国家设置的带有一定公益性质的机构，但不属于行使公权力的机构，不同于机关法人。根据国家事业单位分类改革精神，事业单位不再分为全额拨款事业单位、差额拨款事业单位，而分为公益一类事业单位、公益二类事业单位。[1]

我国《民法典》主要规定了公益性事业单位的设立和组织机构。（1）具备

---

〔1〕 黄薇主编：《中华人民共和国民法典总则编释义》，法律出版社2020年版，第220页。实际上，在我国历史上长期存在行政性事业单位、经营性事业单位和公益性事业单位。改革的方向肯定是保留一类事业单位和二类事业单位。

法人条件，为实现公益目的设立的事业单位，经依法登记成立，取得事业单位法人资格；依法不需要办理法人登记的，从成立之日起，具有事业单位法人资格（第88条）。（2）事业单位法人设理事会的，除法律另有规定外，理事会为其决策机构。事业单位法人的法定代表人依照法律、行政法规或者法人章程的规定产生（第89条）。

实际上，像事业单位法人、机关法人这种法人类型，根本就不是私法上典型的法人，其设立、运行和消灭等都应该由特别法律或者法规来处理，仅仅在某些方面准用民法法人的规定即可。

三、非营利的社会团体法人

在我国《民法典》中，社会团体法人有两种类型：一种是为公共利益设立的社会团体法人，另一种是为会员共同利益而设立的社会团体法人，如同乡会、同学会等（但这类团体仅仅在理论上符合《民法典》第91条的规定——为社员共同利益，但在我国实际生活中能否给予登记，则是一个问题。但是，从理论上来说，是可以成立法人的）。

按照我国《民法典》第90—91条的规定：（1）设立社会团体法人应当依法制定章程。（2）社会团体法人应当设立权力机构、执行机构和代表机构。会员大会或者会员代表大会等为社团法人的权力机构；理事会等为执行机构；理事长或者会长等负责人依照法人章程的规定担任法定代表人。（3）社会团体，经依法登记成立，取得社会团体法人资格；依法不需要办理法人登记的，从成立之日起，具有社会团体法人资格。

（一）社会团体法人概述

所谓社会团体，是指由中国公民为实现共同意愿而依法自愿设立的、从事非经营活动的社会组织。包括行业协会以及从事科技、艺术、文化和慈善事业等活动的社会团体。2016年《社会团体登记管理条例》第2条规定：“本条例所称社会团体，是指中国公民自愿组成，为实现会员共同意愿，按照其章程开展活动的非营利性社会组织。国家机关以外的组织可以作为单位会员加入社会团体。”《民法典》第90条规定：“具备法人条件，基于会员共同意愿，为公益目的或者会员共同利益等非营利目的设立的社会团体，经依法登记成立，取得社会团体法人资格；依法不需要办理法人登记的，从成立之日起，具有社会团体法人资格。”对比二者我们会发现，《民法典》第90条明确规定两个目的：一是公益目的，二是会员共同利益。但是，上述条例好像只有一种。笔者认为，应该包括两种目的。

社会团体法人包括哪些呢？1989年的《社会团体登记管理条例》（现已失效）第2条曾规定："在中华人民共和国境内组织的协会、学会、联合会、研究会、基金会、联谊会、促进会、商会等社会团体，均应依照本条例的规定申请登记。……"现在的社会团体法人大概也就是这些。不过，基金会除外——属于捐助法人（传统民法上的财团法人）。2016年《社会团体登记管理条例》第3条第3款规定："下列团体不属于本条例规定登记的范围：（一）参加中国人民政治协商会议的人民团体；（二）由国务院机构编制管理机关核定，并经国务院批准免于登记的团体；（三）机关、团体、企业事业单位内部经本单位批准成立、在本单位内部活动的团体。"

（二）组织机构

《民法典》第91条规定："设立社会团体法人应当依法制定法人章程。社会团体法人应当设会员大会或者会员代表大会等权力机构。社会团体法人应当设理事会等执行机构。理事长或者会长等负责人按照法人章程的规定担任法定代表人。"

（三）成立需要的条件

根据2016年《社会团体登记管理条例》第10条及第11条规定，成立社会团体，应当具备下列条件：

（1）有50个以上的个人会员或者30个以上的单位会员；个人会员、单位会员混合组成的，会员总数不得少于50个；（2）有规范的名称和相应的组织机构；（3）有固定的住所；（4）有与其业务活动相适应的专职工作人员；（5）有合法的资产和经费来源，全国性的社会团体有10万元以上活动资金，地方性的社会团体和跨行政区域的社会团体有 3 万元以上活动资金；（6）有独立承担民事责任的能力；（7）要有章程。

该条例第14条规定："社会团体的章程应当包括下列事项：（一）名称、住所；（二）宗旨、业务范围和活动地域；（三）会员资格及其权利、义务；（四）民主的组织管理制度，执行机构的产生程序；（五）负责人的条件和产生、罢免的程序；（六）资产管理和使用的原则；（七）章程的修改程序；（八）终止程序和终止后资产的处理；（九）应当由章程规定的其他事项。"

四、捐助法人

（一）捐助法人的概念

我国《民法典》第92—94条规定了“捐助法人”。其中，根据第92条规定，具备法人条件，为实现公益目的以捐助财产设立的基金会、社会服务机构等，经依法登记成立，取得捐助法人资格。依法设立的宗教活动场所，具备法人条件的，可以申请法人登记，取得捐助法人资格。这一概念基本上等同于传统民法中的“财团法人”。

财团法人就是为实现一定的目的，利用为此提供的一定财产而设立的永久性的组织体。[1]这里所谓的“此提供的一定财产”，其实就是指捐助财产。

自然人为了更好地经营或者其他目的而以人的集合为基础成立一个法人，已经为法律所允许并已成为经济生活中常见的事情，那么，如果有人欲建立一个无成员而仅以其提供的一定财产为基础，并以特定目的存在的法人，是否也为法律所允许？法律所允许的这种法人实际上就是西方传统民法中常说的财团法人，也就是我国《民法典》上的捐助法人。

作为私法中常见的一种法人形式，（捐助法人）财团法人具有与社团法人非常不同的特征，这些特征我们已经在前面法人的分类中作了介绍，在此特别强调以下几点内容。

1. 社团法人与财团法人的存在都有自己特定的目的，但社团法人的目的无论是营利性的，还是非营利性的，其目的均是可变的，即可以随着需要而由成员大会决定变更；而财团法人的目的是比较具体的、非营利性的，而且这种目的常常是不能变更的，这恰恰也是设立人愿意设立这种法人的动机之一。

2. 正是基于以上的差别，导致了传统民法立法模式的巨大差异：营利性法人一般规定在商法典中，而财团法人一般规定在民法典中。因此，《德国民法典》中所讲的法人实际上是商法典中规定的营利法人之外的法人形式。因此，也就出现了《德国民法典》中的法人采取许可主义原则。

3. 财团法人与社团法人设立的程序存在巨大差别，由于财团法人的非营利性，往往享有许多优惠政策，故为了防止有人以设立财团为外壳规避法律（如避税），往往对财团法人的成立采取非常严格的审查与管理制度。财团法人的成立往往采取“许可制”。

---

〔1〕［德］卡尔·拉伦茨：《德国民法通论》（上册），王晓晔等译，法律出版社2013年版，第248页。

4. 社团法人是“自律法人”，而财团法人是“他律法人”。社团法人因有自己的决策机关，可以改变法人的章程。而财团法人无自己的决策机关，必须完全按照章程或者捐助人的遗嘱执行。一般说来，即使章程中规定或者遗嘱中写明理事会或者董事会可以修改章程，这种规定条款也是无效的。这完全体现了他律法人的特征。[1]

5. 法人解散及解散后的财产归属不同。由于财团法人没有成员，故不存在因成员大会的决议而解散的情形。一般来说，财团法人的解散都是因为财团的目的事业不能达到或者不能维持，导致财团财产不足以支持目的事业。

法人解散后，财产归属完全不同于社团法人。由于社团法人有自己的成员，故社团法人解散并清算后，有剩余财产的，应分配给成员。但财团法人无成员，如解散后有剩余财产的，应根据章程的规定处理；若章程没有规定，各国法律规定并不相同。我国《民法典》第95条规定，其剩余财产应当按照章程的规定或者权力机构的决议用于公益目的；不能按照法人章程规定或者权力机构的决议处理的，由主管机关主持转给宗旨相同或者相近的法人，并向社会公告。

（二）财团法人的制度价值

任何一种制度的设置均有其价值，财团法人制度也不例外。简单而言，财团法人制度的设置价值有二：（1）设立人想把自己的意志永远地贯彻下去；（2）设立人想把用于这一目的的财产同自己的其他财产独立开来，而让这种“独立财产”承担责任。下面我们就在与其他存在形式的比较中，阐述其制度价值。

如果仅仅是为了公益或者其他非营利性目的时，难以构成设立一个财团法人的充分理由，它完全可以设立社团法人而用于公益事业或者其他非营利性目的，现实生活中也确实存在为了公益事业的社团法人。目的虽然可以达到，但其他方面却有不同：因社团法人有成员，成员可以通过成员大会的决议来改变设立人的意志。正因如此，德国学者梅迪库斯指出：财团提供了使一个人的意思（同时还有捐助者的姓名）永垂不朽的可能性。在财团中，确定捐助行为的宗旨可不受时间方面的限制。[2] 例如，世界上最负盛誉的诺贝尔基金会因设立人诺贝尔在设立基金会时，明确禁止数学家获此殊荣，至今仍然没有改变，数

---

〔1〕我国《民法典》第93条还规定了捐助法人的“决策机构”，值得思考。

〔2〕［德］迪特尔·梅迪库斯：《德国民法总论》，邵建东译，法律出版社2000年版，第865页。

学家至今仍无缘问鼎这一奖项。假如诺贝尔地下有知，也可以高枕无忧地长眠。因此，一个人若想把自己的财产用于特定目的使该目的永远不被改变，最好的方式就是设立财团法人。

另外，如果有人仅仅想从事公益事业，也不必设立一个法人。在现有的法律框架下就可以通过其他法律制度实现这一目的，如信托制度就是一种可以利用的制度。信托制度源于英国，我国也于2001年颁布了《信托法》。信托是指委托人基于对受托人的信任，将其财产委托给受托人，由受托人按照委托人的意愿以自己的名义，为受益人的利益或者特定目的，进行管理或者处分的行为。也就是说，委托人可以拿出一定的财产交给受托人管理，并指定受益人。这种方式也完全可以用于公益事业。现实生活中这种以信托的形式表现出来的为特定目的的财产是普遍存在的，如自然人或者法人接受一定财产，且这些财产是作为与接受人的其他财产在经济上相分离的特别财产而被管理，且为一定的目的而使用。例如，大学经常以法人的名义接受捐款，规定从资金的受益中为一定的研究课题或者为某些科研机构提供资助，或者安排奖学金，或者类似的其他目的。这样，这些被捐助的财产就成为管理这些财产且按照既定目的使用其权益的受托人的财产。如果捐助人不想把资金捐助于现有的自然人或者法人，因为担心他们不能按照其意愿使用资金，或者认为现有的组织不适宜承担他的任务，那么，他就需要建立新的组织。这个组织只为他所规定的目的服务，其本身作为“法人”是财产的所有权人。他可以通过设立一个财团做到这一点。[1]因此，财团法人的制度价值是不能仅仅用“公益”来涵盖的，公益之外的其他目的是促使设立人设立财团法人而非其他方式的主要原因。有的学者更直接地指出：一个人情愿为无家可归的人提供居所，于是花钱买了一栋房屋，购置了必要的家具、电器，让无家可归者免费居住。这些公益活动需要设立一个法人吗？[2]但是，如果不设立财团法人，则用于公益目的的财产就无法与自己的其他财产相分离，责任也就无法分离。

我国有一个著名的案例就清楚地说明了这一点：1995年7月，广西壮族自治区某地税局职工余某，被广西医学院附属医院诊断为慢性白血病。医生告诉他：最理想的治疗方法是进行骨髓移植，费用为25万—30万元。高额的医疗费

---

〔1〕［德］卡尔·拉伦茨：《德国民法通论》（上册），王晓晔等译，法律出版社2013年版，第249页。

〔2〕葛云松：《中国的财团法人制度展望》，载《北大法律评论》2002年第1期。

使余某一家陷入一筹莫展的困境中。此时，地税局和余某的母校广西经济管理干部学院同时发起了募捐活动，共计捐款1万多元，相比骨髓移植需要的费用杯水车薪。于是，号召全国地税系统捐款，并设立了专门的账户。截至1996年6月5日，共收到来自四川、贵州、海南等全国各地的捐款193笔，共计22万余元。但是，爱心并没有挽回余某的生命，1998年11月2日，余某去世。处理完后事后，还剩余14万多元，地税局以工会的名义存入银行。死者的父亲找到税务局领导，要求继承这一笔遗产。一审法院判决驳回余某父亲的诉讼请求，余某父亲不服，上诉到中级人民法院，二审支持了其诉讼请求。此案在全国引起了极大的反响。该案结束后，地税局的领导意识到：如果当时设立一个财团法人，让全国地税系统给这个财团法人捐款，再由财团法人给予余某救济，就不会发生这种情况了。〔1〕

（三）财团法人设立的条件

按照德国学者拉伦茨的观点，设立一个财团法人的基本实质要件是：财团目的、财团法人的组织与必要的资金。〔2〕笔者认为，除了上述条件之外，还应有一个主要的要件，即财团章程，下面分别述之。

1. 财团目的

设立财团必须有明确的目的，即财团设立人为财团规定的永久性任务，财团因此而存在。财团的目的可以是慈善方面的、学术方面的、宗教方面的或者社会方面的或者其他广泛意义上的有益于公众的，只要目的不违反法律的禁止性规定或者善良风俗即可。该目的必须明确地记载于章程中。

2. 必须有章程或者遗嘱

由于财团法人没有意思机关而仅有执行机关，而执行机关的行为依靠章程，故无章程的财团法人就难以存在。我国《民法典》第93条第1款要求设立捐助法人应当依法制定章程。章程中应当记载：（1）财团的目的；（2）财团的组织形式和组成方式；（3）捐助的财产；（4）财团的管理方式。〔3〕

在法人没有章程而有遗嘱时，也可以成立。遗嘱中应当有财团的目的及主

〔1〕 案情摘自《京华时报》，2002年11月3日，第7版。
〔2〕［德］卡尔·拉伦茨：《德国民法通论》（上册），王晓晔等译，法律出版社2013年版，第248页。
〔3〕［德］卡尔·拉伦茨：《德国民法通论》（上册），王晓晔等译，法律出版社2013年版，第249页；邱聪智：《民法总论》（上），中国台湾地区三民书局2005年版，第381页。

要管理方式。[1]

当章程或者遗嘱没有规定或者规定不明确但为财团法人的设立或者存在必须者，由法院补正，如法人执行机关的组成方式等。

3. 必须有组织

这种组织通常是执行机关，此机关一般是财团法人的主要甚至是唯一的常设机构，为完成财团的永久性任务而存在。当然，还可以设监督机构和代表机关。按照我国《民法典》第93条的规定，捐助法人应当设理事会、民主管理组织等决策机构，并设执行机构。理事长等负责人依照法人章程的规定担任法定代表人，捐助法人应当设监事会等监督机构。

4. 必须有捐助的财产

由于财团法人存在的基础是财产，故必须有财团法人所需要的财产。许多国家的法律根据财团法人的不同目的而要求有不同的财产。例如，在日本，就要求财团法人获得足够的、设立之初的捐赠财产和持久的赞助收入等。[2]我国《民法典》既然规定为“捐助财产”，那么，就必然要求有足以支撑捐助法人完成目的事业的财产。

（四）财团法人设立的一般程序

1. 捐助行为

财团法人的捐助人必须捐助财产，制定财团的根本规则，并将其用书面形式记载，这些行为统称为“捐助行为”。[3]捐助行为可以是生前行为，也可以是死因处分行为。

生前的捐助行为是一项不需要受领的意思表示的单方法律行为，财团的设立一经获得许可，捐助人就有义务提供允诺的财产。死因处分的捐助行为，根据德国法的规定，就捐助人的捐助行为而言，财团视为在捐助人死亡之前已经设立，因而它有继承能力。[4]

2. 须经过官方许可

在大陆法系的许多国家，对于财团法人采取严格的审查制度，因此，财团法人的设立适用许可制度，如《德国民法典》第80条规定：“设立有权利能力

---

〔1〕邱聪智：《民法总论》（上），中国台湾地区三民书局2005年版，第381页。

〔2〕［日］山本敬三：《民法讲义Ⅰ总则》，解亘译，北京大学出版社2004年版，第302页。

〔3〕［日］山本敬三：《民法讲义Ⅰ总则》，解亘译，北京大学出版社2004年版，第302页。

〔4〕［德］迪特尔·梅迪库斯：《德国民法总论》，邵建东译，法律出版社2000年版，第866—867页。

的基金会，除捐赠行为外，需要得到基金会住所所在地的邦的许可。”我国实践中，财团法人的设立也必须得到有关行政管理机关的许可。

3. 登记

同社团法人一样，财团法人也必须进行登记。从我国《民法典》本身（第92条）的规定以及之前中国的实践看，捐助法人必须经过有关机关批准并登记，方可取得法人资格。但是，在比较法上，就登记的效力而言，却因不同的国家的法律规定不同而不同，如在德国，登记是财团取得权利能力的必经程序；而在日本，则采取登记对抗主义，即使不登记也可以取得权利能力，但不得对抗第三人。[1]

（五）财团法人的监督

财团法人由何人监督？我国《民法典》第93条专门规定了捐助法人应当设立监督机构，由其对捐助法人的执行机构及法定代表人等的行为进行监督。但是，除此之外，其他人是否可以进行监督呢？按照我国《民法典》，“利害关系人”可以通过多种方式进行监督。这里所谓的“利害关系人”，是指捐助人等。捐助人有权向捐助法人查询捐助财产的使用、管理情况，并提出意见和建议，捐助法人应当及时、如实答复。捐助法人的决策机构、执行机构或者其法定代表人作出的决定违反捐助法人章程的，捐助人等利害关系人或者主管机关可以请求人民法院予以撤销（第94条）。

在这里需要指出的是，“捐助人”不应该是捐助法人的“利害关系人”，任何人一旦捐出财产，就与捐助法人没有任何利害关系，以防止其控制捐助法人。我国对于捐助法人的整体规定，几乎是不符合捐助法人（财团法人）之基本宗旨的。

（六）章程的修改与目的变更

从传统民法上看，由于财团法人无成员，故财团法人的章程不可能按照社团法人的规定而由社员大会决议修改。恰恰相反，财团法人的主要目的之一就是防止他人改变设立人的意志。因此，法人章程规定的目的只有在特殊情况下才可以被修改或者撤销。对此，《德国民法典》第87条规定：“（1）基金会的目的不能完成或者其完成会危及公共利益时，主管行政机关可以为基金会另定目的或者将其基金会撤销。（2）在变更基金会目的时，应尽可能地考虑捐赠人的本意，尤其应考虑的是，基金会财产的收益应尽可能按照捐赠人的意思，继

〔1〕［日］山本敬三：《民法讲义I总则》，解亘译，北京大学出版社2004年版，第302—303页。

续由其预期的人享受。如果基金会的目的需要变更，主管行政机关可以变更基金会章程。（3）在变更目的和章程之前，应听取董事会意见。”

关于目的修改，如以防治天花为目的的财团，因医学发展导致天花在我国已经灭绝，主管机关可以衡量客观情况，并斟酌捐助人的意思，变更目的为SARS防治，其结果仍然是财团法人。[1]

但是，从我国的《民法典》看，由于捐助法人有自己的决策机关，还把捐助人作为利害关系人对待。这是否代表决策机关可以随时改变章程之规定的目的？从决策机构的职能看，应该作出这样的解释。甚至作为“利害关系人”的捐助人也可以请求决策机构作出变更；而当决策机构不作出这种变更的决议时，捐助人还可以请求法院撤销。但是，这种做法是违反捐助法人的一般原则的。

（七）财团的受益人

财团的受益人由章程规定，章程既可以规定特定人为受益人，也可以不规定特定受益人，仅仅规定财团目的。如果仅仅规定特定目的，则在该目的范围内的人都可以成为受益人。

（八）财团法人的破产问题

由于财团法人与社团法人的区别并不在于是否经营，而在于经营所得的去向。在实践中，许多财团法人为了扩大目的事业，也进行经营活动。既然有经营就肯定存在风险，就有可能出现财产不足以支付债务的情形，就存在破产分配的可能性和现实性。

五、社会服务机构

（一）社会服务机构的概念

应该说，“社会服务机构”这一概念在《民法典》之前的所有民事立法中，从来没有出现过。但在我国社会生活中一直存在。按照立法机关的解释，社会服务机构也称为民办非企业单位，是指自然人、法人或者其他组织为了提供社会服务，利用非国有资产设立的非营利性法人，如民办非营利学校、民办非营利医院等。《民办教育促进法》规定，民办学校的举办者可以自主选择设立非营利性或者营利性民办学校，非营利性民办学校的举办者不得办学收益，学校的办学结余全部用于办学，非营利性民办学校即为非营利法人。成立社会

〔1〕 邱聪智：《民法总论》（上），中国台湾地区三民书局2005年版，第386页。

服务机构，应当经其业务主管单位同意，并依法进行登记。社会服务机构不得从事营利性经营活动。“社会服务机构”这一概念来自《慈善法》。《慈善法》规定，慈善组织是指依法成立、符合本法规定，以面向社会开展慈善活动为宗旨的非营利性组织。慈善组织可以采取基金会、社会团体、社会服务机构等组织形式。与之相衔接，《民法典》也沿用了“社会服务机构”这一概念，作为与事业单位、社会团体、基金会并列的一种非营利法人。[1]

（二）社会服务机构的特点

1. 其设立人及资金特殊

如果我们将社会服务机构与事业单位比较，就会发现它们非常相似：使命和任务几乎都是一样的。仅仅是出资人及设立人不同：社会服务机构是自然人、法人或者其他组织为了提供社会服务，利用非国有资产设立的；而事业单位则是由政府利用国有资产设立的从事教育、科技、文化、卫生等活动的社会服务组织，如政府的学校、医院、科研机构等。

2. 一般是从事非营利性活动

大概正是因为其一般从事非营利活动，因此，有人称其为“民办非企业单位”。但是，是否一律不能从事营利活动呢？好像也不是如此。根据《民办非企业单位登记管理暂行条例》第2条的规定：“本条例所称民办非企业单位，是指企业事业单位、社会团体和其他社会力量以及公民个人利用非国有资产举办的，从事非营利性社会服务活动的社会组织。”2016年《国务院关于鼓励社会力量兴办教育促进民办教育健康发展的若干意见》指出，对于民办学校实行非营利性和营利性分类管理，实施差别化扶持政策，积极引导社会力量举办非营利性民办学校。坚持教育的公益属性，无论是非营利性民办学校还是营利性民办学校都要始终把社会效益放在首位。

由此可见，社会服务机构似乎也不是完全非营利，尽管其属于“民办非企业单位”。

（三）分类

1. 社团法人型与捐助法人型社会服务机构

从我国《民法典》的规定来看，我国《民法典》上的社会服务机构，有可能是捐助法人（第92条），也可能是社团法人。如果以捐助财产为基础设立的法人，当然属于捐助法人；如果由出资人设立的，则属于社团法人。

---

[1] 黄薇主编：《中华人民共和国民法典总则编释义》，法律出版社2020年版，第220页。

2. 营利型与非营利型社会服务机构

如果社会服务机构的目的在于非营利，则属于非营利型。反之，则属于营利型。我国最初的民办非企业单位都是非营利的，但自2016年《国务院关于鼓励社会力量兴办教育促进民办教育健康发展的若干意见》出台后，出现了营利型社会服务机构。

六、公益目的法人终止时的财产分配

我国《民法典》第95条规定："为公益目的成立的非营利法人终止时，不得向出资人、设立人或者会员分配剩余财产。剩余财产应当按照法人章程的规定或者权力机构的决议用于公益目的；无法按照法人章程的规定或者权力机构的决议处理的，由主管机关主持转给宗旨相同或者相近的法人，并向社会公告。"这是对一般公益法人的要求，但是，如果按照《公司法》设立的、专门从事公益事业的公司又该如何呢？其章程规定只能从事公益，股东不能分配利润。例如，上述公司股东A、B、C各自出资1亿元，共3亿元，公司存续为期10年。10年间其公司共赢利5亿元，全部用于资助中小学生。10年期满，现在按照章程解散公司，公司清算后还剩余3亿元资产。那么，这些资产也不能分配给这些最初出资的股东吗？这一个公司应该算是公益法人，当然算不上是捐助法人。显然，《民法典》的这一规定不能从法人的基本构成上来构建法人制度，尚须今后不断完善。

第四节　特别法人

一、"特别法人"概述

"特别法人"这一提法应该说是我国《民法典》的创举，它反映了我国社会生活中，像"居民委员会""村民委员会"等基层组织，是否能够作为法人对待，争议很大。此次《民法典》针对我国的现实情况，作出了明确的规定。

按照我国《民法典》第96条的规定，所谓特别法人，包括机关法人、农村集体经济组织法人、城镇农村的合作经济组织法人、基层群众性自治组织法

人。[1]实际上，在这些所谓的特别法人中，最有实际意义的，就是“农村集体经济组织法人”“居民委员会”“村民委员会”等基层组织法人资格的确认，在我国具有重要的现实意义。因为其是否具有法人资格，即使在理论上也存在争议。而机关法人在实践中一般都作为法人来对待；农村合作经济组织不仅有具体的法律法规或者部门规章，在实践中也一般不会发生主体资格问题。

二、机关法人

（一）概述

机关法人，在理论上一般都会将其作为“公法人”对待，如各级政府、国务院各个部委等。因此，我国无论从理论，还是实践上，都对机关法人之主体资格没有争议。

笔者个人认为，机关法人等这类公法人，确实属于“特别法人”，其特别之处就在于：其成立目的、成立程序和运行程序、消灭程序等，与民商法毫无关系，因此，它们根本就不是民商法上的法人。但是，其存续过程中，会偶尔介入或者说涉及民商法，尤其是民法，因此，民法上将其作为有民事主体资格的法人对待。《德国民法典》第89条仅仅用一个条文规定了公法人的准用。我国将公法人放在“特别法人”中规定，也是妥当的。

我国《民法典》第97条之规定，与1986年《民法通则》第50条相比，更加完善合理。该条规定：“有独立经费的机关和承担行政职能的法定机构从成立之日起，具有机关法人资格，可以从事为履行职能所需要的民事活动。”这里强调，法律虽然赋予其民事主体资格——法人地位，但其只能在“履行职能所需要”的范围内从事民事活动。

（二）机关法人终止后权利义务的承担

机关法人因被撤销而终止的，其民事权利和义务由继续履行其职能的机关法人享有和承担；没有继续履行其职能的机关法人的，由撤销该机关法人的机关法人享有和承担（《民法典》第98条）。

[1]《民法典》第96条规定：“本节规定的机关法人、农村集体经济组织法人、城镇农村的合作经济组织法人、基层群众性自治组织法人，为特别法人。”

三、农村集体经济组织法人和村民委员会法人

（一）概述

尽管我国关于“集体经济组织”的立法颇多，且此次《民法典》还特意区分了城镇集体经济组织和农村集体经济组织，农村集体经济组织和村委会作为不同的“特别法人”，但对于大多数人来说，即使是教授民法的人来说，“究竟什么是集体经济组织”以及它是如何在中国诞生和发展的，特别是对于“乡镇政府与乡镇集体经济组织”是什么关系、“农村集体经济组织和村民委员会及村民小组”是什么关系、乡镇集体经济组织和农村集体经济组织现存的状况和表现形式等问题，是一些既熟悉又模糊的概念。况且，我国的许多民事立法，例如《土地管理法》、原《物权法》以及一些法规和规章中，对于这一概念的适用很不规范，特别是原《物权法》第59条对于农村土地所有权的主体界定更容易将人引向歧义。尽管可以说，《民法典》将集体经济组织和乡镇政府、村民委员会（下称“村委会”）区分而作为特别法人来规定，在中国具有里程碑式的意义，但如果不了解这种法人的历史变迁和法律结构，就难以真正从法律上保护其合法权益。因此，本部分的目的就在于说清楚下列问题：（1）什么是集体经济组织？它是如何形成的？中国为什么会出现乡镇集体经济组织和农村集体经济组织？它在农村实际存在的形态是什么？有多少种类？（2）在一个具体的行政村里面，村委会和集体经济组织是什么关系？二者是分离的还是合一的？〔1〕（3）《民法典》中所说的“农村集体经济组织”与依据《农民专业合作社法》以及其他法律法规成立的合作经济组织有何区别？

可以概括地说，农村集体经济组织和城镇集体经济组织都是我国历史上“人民公社”制度解体后、政社合一被政社分离取代后的遗留物。由于历史原因，各地的集体经济组织的情况并不相同。

如果从历史上看，中华人民共和国自成立以后，经历了从土地私有，并以此为基础的农民自愿互助，再到国家推动的初级社、高级社，人民公社。到了人民公社阶段，才彻底消灭了土地和生产资料私有，变为了集体所有。人民公社运动和人民公社的成立将中国的农民集体经济组织推向了高潮，并最终替代原有的绝大部分乡镇政府组织〔2〕，不仅成为土地和生产资料的所有者，也成

---

〔1〕有观点认为，集体经济组织就是村委会，村委会就是负责管理农村集体经济组织的机构。这种认识其实是非常不准确的。

〔2〕即使是在人民公社制度时期，我国也存在“镇”：1965 年全国共有 2000 多个镇；到了 1978 年，有 2173 个镇。

为基层政权组织形式——形成了“政社合一”的中国模式。人民公社的“三级所有、队为基础”的确立，为各种集体经济所有奠定了基础。总体上说，如果从“所有权”的视角看，在人民公社农地产权制度的变迁史上，制度的微调、调整乃至重大变革时断时续，从未间断，如果以人民公社农地所有制的变迁作为公社分期的主要依据，大体上有三个阶段：一是农村人民公社所有制；二是人民公社、生产大队、生产队三级所有，以生产大队所有为基础；三是人民公社、生产大队、生产队三级所有，以生产队所有为基础。其实，人民公社这种特殊“政社合一”结构形式和历史产物（三级所有，队为基础），使得中国的集体经济组织形式复杂。当日后政治职能与经济职能分开后，必然出现这种局面：乡镇政府与乡镇集体经济组织、村一级“政权组织”和村集体经济、村内各种集体经济组织（生产小队的变种）之间的关系难以厘清。

其实，这场“自上而下”的人民公社运动，并不适合中国社会的生产和生活，更不适合中国广大乡村的实际需求。人民公社解体并成立乡镇以后，仅仅是将原来人民公社的行政职能分离出来给了乡镇政府，但其作为集体经济组织的载体不能再转给乡镇政府，否则又是新的“政社合一”。因此，乡镇集体经济组织实际上就是原来以人民公社为载体的那一部分集体经济组织；村集体经济组织包括两个部分：一是生产大队（一般是一个自然村为一个生产大队）分割为行政职能与经济职能后，出现了村委会和村集体经济组织；二是生产小队为载体的集体经济组织。因此，“三级所有，队为基础”其实造就了中国集体经济组织的基本形式，尽管这种形式在我国现在的存在形式在不同地方有所不同。

（二）《民法典》将集体经济组织赋予法人资格具有重大意义

既然历史上就存在三种所有形式，我们必须尊重历史事实。因此，我国各种民事立法（如上所述）的做法是正确的。由于这些经济组织实际上不仅具有土地和其他生产资料，也有可能与他人发生经济来往从而发生债权债务关系，因此，应该让其具有权利义务归属能力——权利能力，并且具有独立于其成员的法人资格，在中国具有十分重要的现实意义。因为在《民法典》之前，我国民事立法一般都是将“集体经济组织”作为“非法人组织”来对待的。例如，1986年《民法通则》第74条及第80条，1999年《合同法》第2条，2007年《物权法》第4、58—63、124、152条等，虽然都规定了“集体经济组织”为所有权主体或者债权主体，其权利受法律保护，但都将其作为“非法人组织”对待。特别是在具体的诉讼主体方面表现得更为突出：《民事诉讼法》第51条第1款规定：“公民、法人和其他组织可以作为民事诉讼的当事人。”在司法实践中，法院也确实将集体经济组织作为“诉讼当事人”对待，如《最高人民法院关于适用〈中华人民共和国民事诉讼法〉的解释》（以下简称《民事诉讼法解释》）第68条规定：居民委员会、村民委员会或者村民小组与他人发生民事纠纷的，居民委员会、村民委员会或者有独立财产的村民小组为当事人。《陕西省高级人民法院关于审理农村集体经济组织收益分配纠纷案件讨论会纪要》第2条规定：“本意见所指的诉讼当事人是乡镇集体经济组织、村集体经济组织（村民委员会）或村民小组与该集体经济组织成员。当事人发生变更的以其权利义务的承受者为诉讼当事人。”但它们以什么“身份”作为当事人却没有明确。并且，上述司法解释第52条在解释什么是《民事诉讼法》第51条规定的“其他组织”时，恰恰没有明确集体经济组织属于“其他组织”，仅仅在该条的最后一项规定的“其他符合本条规定条件的组织”中，解释出包括“集体经济组织”。[1]正是因为以上原因，此次《民法典》将集体经济组织规定为具有独立地位的法人，具有重大意义，具体如下：（1）明确了集体经济组织财产的归属。由于《民法典》之前的集体经济组织法律地位不甚明确，学理和实践中存在许多争议：究竟集体经济组织财产归属于集体所有还是成员共有？明确了集体经济组织为法人后，这一问题实际上就已经明确了。（2）明确了集体经济组织与其成员之间的责任关系：集体经济组织既然是法人，那么，它与集体经济组织成员之间就必然是财产相互独立、责任相互独立、意思相互独立，集体经济组织法人的意思必须按照法律规定的程序形成。（3）更加明确地与行政组织脱离——乡镇集体经济组织与乡镇政府脱离、村集体经济组织与村委会脱离，防止政府利用行政手段支配集体财产。（4）许多民事立法应该从此走向“正规”，如《农村土地承包法》第13条规定：“农民集体所有的土地依法属于村农民集体所有的，由村集体经济组织或者村民委员会发包；已经分别属于村内两个以上农村集体经济组织的农民集体所有的，由村内各该农村集体经济组织或者村民小组发包。……”原《物权法》第59—60条也有类似含

〔1〕《最高人民法院关于适用〈中华人民共和国民事诉讼法〉的解释》（2014年12月18日由最高人民法院审判委员会第1636次会议通过，法释〔2020〕20号）第52条规定：“民事诉讼法第四十八条规定的其他组织是指合法成立、有一定的组织机构和财产，但又不具备法人资格的组织，包括：（一）依法登记领取营业执照的个人独资企业；（二）依法登记领取营业执照的合伙企业；（三）依法登记领取我国营业执照的中外合作经营企业、外资企业；（四）依法成立的社会团体的分支机构、代表机构；（五）依法设立并领取营业执照的法人的分支机构；（六）依法设立并领取营业执照的商业银行、政策性银行和非银行金融机构的分支机构；（七）经依法登记领取营业执照的乡镇企业、街道企业；（八）其他符合本条规定条件的组织。”

混的规定。《最高人民法院关于村民小组诉讼权利如何行使的复函》中答复："遵化市小厂乡头道城村第三村民小组（以下简称第三村民小组）可以作为民事诉讼当事人。以第三村民小组为当事人的诉讼应以小组长作为主要负责人提起。……"这些民事立法和司法解释都是在"集体经济组织"没有规定为法人时，村委会、村民小组与村集体经济组织、村内各个集体经济组织不区分的"政社不分"的表现：最基层的"政权组织"与集体经济组织形式混同。《民法典》将集体经济组织规定为法人后，村委会与村集体经济组织、村民小组与村内各个集体经济组织必须清楚地加以区分。

当然，这里所谓的集体经济组织，是指历史上以"三级所有"为基础而形成的集体经济组织，而不是指改革开放以后依据《公司法》或者《农民专业合作社法》等成立的法人。这些法人也可能是集体经济组织出资设立的，但它们本身依据成立基础就具有法人资格。

但在这里需要强调的是：（1）在一个村内无论有多少因历史及现状存在的集体经济组织，都适用《民法典》第99条规定，取得法人资格。（2）村民委员会与集体经济组织不是同一概念，村委会仅仅是一个"行政性"的机构，它依据《民法典》第99条规定取得法人资格，依据《村民委员会组织法》运营。（3）农民或者集体经济组织根据我国《农民专业合作社法》《公司法》《合伙企业法》等成立的法人或者非法人组织，依法取得相应主体资格，不是《民法典》在这里所说的"农村集体经济组织法人"。因此，《民法典》第100条第2款规定："法律、行政法规对城镇农村的合作经济组织有规定的，依照其规定。"

（三）村集体经济组织、村内集体经济组织与村民委员会、村民小组的关系

在原来"三级所有，队为基础"的经济生产模式下，一个村的最典型和最基本的结构是：一个村里面有一个生产大队，生产大队下面有许多生产小队。大队有大队的生产资料，小队有小队的生产资料。农村组织生产基本上都是以生产小队为基本单位，而且每个生产小队的土地划分都是明确的。大队管理全村的事务，如有的地方，全村宅基地的划拨是由大队以自己所有的土地分配的。当时的机构设置并没有"村委会"或者"村民小组"的概念，大队设"大队支书"和"大队长"，一个是"党的干部"，另一个是"行政干部"。小队设"小队长"，管理生产小队的全部事务。大队有自己的会计，小队也有自己的会计，各自独立核算。

"村委会""村民小组"和今天所谓的"集体经济组织"是改革开放后，

农村改革后出现的农村“政权性”组织形式和经济结构形式。“村委会”实际上属于村民自治的组织形式，是一种“行政组织形式”。我国《村民委员会组织法》第2条规定：“村民委员会是村民自我管理、自我教育、自我服务的基层群众性自治组织，实行民主选举、民主决策、民主管理、民主监督。村民委员会办理本村的公共事务和公益事业，调解民间纠纷，协助维护社会治安，向人民政府反映村民的意见、要求和提出建议。村民委员会向村民会议、村民代表会议负责并报告工作。”村委会是一个常设机构，村的最高权力机构是“村民会议或者村民代表会议”。村委会设村主任（村长），为行政“长官”，党的机构为村支部，其首脑为“村支部书记”。村集体经济组织是村民土地所有权及其他财产所有权的组织形式，因为按照我国的法律法规，集体经济组织的土地归集体经济组织的成员集体所有（原《物权法》第59条）。因此，必须将村集体的经济组织形式和行政性组织形式（村民自治组织）相区别。

但是，由于我国农村情况千差万别，各地情况不同。有些地区的农村没有设村集体经济组织，村集体经济组织的职能如何实现？《民法典》第101条第2款专门规定：“未设立村集体经济组织的，村民委员会可以依法代行村集体经济组织的职能。”《农业部办公厅关于布置2016年农村经营管理情况统计年报工作的通知》（农办经〔2016〕15号）附件2中的第1条之4 也有这样的阐述：“……没有明确设立村集体经济组织，由村民委员会代行管理、协调行政村范围内的农村集体土地资源和其他集体资产的开发、经营以及为农户家庭经营提供服务等集体经济组织有关职能的村数。”

正是因为有这样的情形，让许多人难以区分村委会和村集体经济组织之间的区别。村内的各个集体经济组织实际上就是源于原来“三级所有”中的最基础的“生产小队”，其名称在全国各地不同。从组织形式上看，这些集体经济组织的机构设置与“村民小组”的关系，就如村集体经济组织与村委会的关系一样，村民小组是作为与“村委会”对应的“行政组织形式”，从理论上说，村内各个集体经济组织与其村民小组的职能是分离的。但是，我国的情况千差万别，有些集体经济组织根本就没有“形式上的组织”，因此，许多法律和行政法规都规定，如果集体经济组织没有设置自己的机构的，由“村民小组”代行。例如，我国《民法典》第262条规定：“对于集体所有的土地和森林、山岭、草原、荒地、滩涂等，依照下列规定行使所有权：（一）属于村农民集体所有的，由村集体经济组织或者村民委员会依法代表集体行使所有权；（二）分别属于村内两个以上农民集体所有的，由村内各该集体经济组织或者村民小组依法代表集体行使所有权；（三）属于乡镇农民集体所有的，由乡镇集体经济组织代表集体行使所有权。”就是针对这种情况作出的灵活性规定。

也就是说，在我国从总体上或者典型意义上的集体经济组织结构形式上看，村委会、村民小组和集体经济组织是可以区分的，而且也必须分开。就如有学者指出的，随着家庭承包经营的深入发展，乡村集体经济组织的职能和体制也在发生变化。按照当时政社分开的改革方案，农村集体经济组织要从以前依附政权组织的境况中分离出来，使其成为自我组织、自我发展、自主经营的组织实体——其职能主要是：（1）搞好管理。农村集体拥有耕地、林地、草地、荒山、荒滩以及水面等自然资源，还有乡村集体企业。管理并保护这些财产资源是乡村集体组织的重要职能。（2）提供服务。实行家庭联产承包责任制以后，对于一家一户办不了或办不好的事情，自然要由集体组织承担起来。比如，良种供应、机械服务、植保服务、化肥农药供应、科技推广、农产品储运销售和公共设施的维护等，都需要集体组织来完成，对集体财产资源行使管理职能。〔1〕我国的许多关于农村土地的所有或者承包的法律都认可这些区分，特别是一个村内可能存在两个以上集体经济组织。例如，除了上述《民法典》之物权编和部委规章外，我国《农村土地承包法》第13条规定：“农民集体所有的土地依法属于村农民集体所有的，由村集体经济组织或者村民委员会发包；已经分别属于村内两个以上农村集体经济组织的农民集体所有的，由村内各该农村集体经济组织或者村民小组发包。村集体经济组织或者村民委员会发包的，不得改变村内各集体经济组织农民集体所有的土地的所有权。国家所有依法由农民集体使用的农村土地，由使用该土地的农村集体经济组织、村民委员会或者村民小组发包。”这一规定实际上明确区分了村集体经济组织、村委会、村内各个集体经济组织和村民小组的不同职能，当然，也可以看出有“重合”的情况，为什么呢？

《农村土地承包法》和《民法典》、《土地管理法》以及各个部委的规章，实际上反映了中国集体经济组织存在的现实情况。上面的分析是以典型的村集体经济组织形式和村内各个集体经济组织为模型的。但实际上，在我国，集体经济组织在各地有很大的相同。就如有学者指出的，在实际运行中，由于农村社会经济条件的复杂性，往往是许多村民委员会（又称村民自治组织）与

---

〔1〕马晓河：《中国农村50年：农业集体化道路与制度变迁》，载《当代中国史研究》1999年第5—6期，第83页。

社区集体经济组织，相互交叉相互依赖，形成“两块牌子，一套班子”的组织结构。[1]上述《农业部办公厅关于布置2016年农村经营管理情况统计年报工作的通知》（农办经〔2016〕15号）附件2中的第1条之3和6有这样的描述：依据相关法律和有关政策精神，行政村范围内应当设立相应的集体经济组织，有些地方设立了村集体经济组织，还有些地方尚没有设立，由村民委员会代行村集体经济组织职能。村集体经济组织有的地方称为经济联合社，有的经过改制成立股份经济联合社，也有的改制成立了名称不一的“公司”；有的地方村集体经济组织的负责人与村党支部、村民委员会成员交叉任职；有的地方，在一个村内，存在多个原来“三级所有”模式下的生产大队；村内的部分村民小组联合成立集体经济组织；极少数地方存在村民小组与原生产小队不一致的情况等。有学者对湖北农村实地考察后，指出：从调查结果来看，只有8.60%的受访农户反映本村具有独立的农村集体经济组织，而91.40%的受访农户反映村委会取代了本村的农村集体经济组织。在访谈中，村委会与农村集体经济组织的功能合为一体基本为受访者所认可，但是受访者普遍主张，无论是否在村委会之外另行设立独立的农村集体经济组织，都必须将农村社区的经济职能和社会职能予以区分，如果不设立独立的农村集体经济组织，那么就应当在现行村委会体制下安排专人负责农村社区经济发展事务。[2]另外，目前中国的集体经济形式也发生了一些载体上的变化，例如《农业部、监察部关于印发〈农村集体经济组织财务公开规定〉的通知》（农经发〔2011〕13号）第2条就指出：“本规定适用于按村或村民小组设置的集体经济组织（以下称村集体经济组织）。代行村集体经济组织职能的村民委员会（村民小组）、撤村后代行原村集体经济组织职能的农村社区（居委会）、村集体经济组织产权制度改革后成立的股份合作经济组织，适用本规定。”这一通知反映出我国农村集体经济组织在当下的实际存在形式的变化。但如前所述，《民法典》将集体经济组织规定为法人后，这种局面将得到彻底的改变。

（四）农村集体经济组织与乡镇集体经济组织的关系

由于原来的人民公社实行“政社合一”的模式，将行政职能与组织生产和所有制合二为一，因此，将政社分开后，乡镇政府成为政权组织形式，另一种

---

〔1〕 马晓河：《中国农村50年：农业集体化道路与制度变迁》，载《当代中国史研究》1999年第5—6期，第83页。

〔2〕 高飞：《农村集体经济有效实现的法律制度运行研究——以湖北省田野调查为基础》，载《农村经济》2012年第1期，第13页。

财产所有者意义上的载体自然也就成为乡镇集体经济组织。但是，这种组织形式在我国各地并不相同。

有学者指出，所谓乡（镇）集体经济组织，应当是从事生产经营活动，其产权和收益归属全乡（镇）农民，并且全体集体成员能够通过一定民主管理程序行使社员权的组织。[1]对于土地，按照原来的“三级所有”模式，属于原人民公社所有的，应该确定为属于现在由原人民公社改制而来的乡镇集体经济组织所有。对此，我国《土地管理法》第10条已经进行了明确的确认。至于其他的财产，各地的做法则差别更大。

无论从历史上还是从理论上说，乡镇政权组织与乡镇集体经济组织都是分离的。因为首先，在人民公社历史发展过程中，在高级社阶段，人民已经把土地和其他生产资料的所有权转移给了高级社，在那时的乡镇政权组织是存在的。也就是说，这种经济所有的形式与政权组织是分离的。只是到了人民公社阶段，才把政权组织与经济组织功能合一。其次，在撤掉人民公社恢复乡镇建制中，实行了“政社分离”，政权组织和经济职能相互分离，但在实际操作过程中，这种分离却始终难以进行。很多地方都是相互交叉，“两块牌子，一套机构”。在我国实际生活中，乡镇集体经济的实际存在形式是什么呢？根据实际情况，具体管理、执行机构往往是政府的内设机构或者事业单位。比如在《农业部办公厅关于布置2012年农村经营管理情况统计年报工作的通知》（农办经〔2012〕26号）附件2中出现的农经机构，这些政府的内设机构或者事业单位是由地方政府在乡镇一级设立专门承担农村经营管理职能的。比如行政性的处、办、科、股和常见的事业性的农经站、土地流转服务中心、农业综合服务站（中心）等，诸如此类都是承担乡镇集体经济组织职能的具体执行主体。因此在乡镇一级的集体经济组织更多体现的是借助行政职能来完成的组织形式。[2]在20世纪90年代后期的乡镇机构改革中，不少地方更是直接由政府发布文件撤销乡镇集体经济组织，由乡镇政府来直接管理全乡农民集体所有的资产和事务，乡镇集体经济组织缺位的情况进一步恶化。[3]少数地方实际建立了集体经济组织并使其存续至今，但具体做法各地并不一致，有的是建立乡镇农工商联合总公司、村农工商联合公司、组农工商联合社。如北京丰台区原黄土岗

---

〔1〕 杨青贵：《集体土地所有权实现法律机制研究》，西南政法大学 2014 年博士学位论文。

〔2〕 详见《农业部办公厅关于布置 2012 年农村经营管理情况统计年报工作的通知》（农办经〔2012〕26 号）附件 2。

〔3〕 高达：《农村集体经济组织成员权研究》，西南政法大学 2014 年博士学位论文。

人民公社在改制后就将原来的人民公社拆分为乡政府、乡党委和乡农工商联合总公司，其中乡农工商联合总公司就是立法上所指的乡镇农村集体经济组织，下辖的村和村民小组亦成立了相应的农工商联合公司、农工商联合社等不同级别农村集体经济组织，并由其实际行使农村集体所有权的经营管理职能。而其他地方尤其是沿海发达地区如广东则将原来的人民公社改组为（股份）经济合作总社，将原来的生产大队改组为（股份）经济合作社，将原来的生产队改组为（股份）经济联合社。[1]

（五）小结

《民法典》将集体经济组织规定成为“特殊法人”，对于保护其权益，具有现实意义。但是，在中国的实践和理论上，对于历史上形成的集体经济组织的所有权归属问题始终存在很大的争议，有各种各样的观点。只有从历史演进和变迁的视角，才能说清楚集体经济组织法人的财产归属——是属于集体经济组织所有还是属于集体成员所有。我们从互助组—初级社—高级社—人民公社—乡镇恢复的历史，清楚地分析了集体经济组织土地所有权的来源，从而坚定地认为，集体经济组织是集体土地及其他财产所有权的主体。但是，从中国集体经济组织与其成员的关系上看，实际上我国集体经济组织与成员的关系很类似于“总有”。因此，称之以“特殊法人”最为准确。

立法机关在总结这种特殊性的时候指出，集体经济组织具有自身的独特性：一是属于经济组织，具有营利性。二是具有集体利益保障性。作为农村集体组织成员的村民以承包地等资产加入农村集体经济组织，通过该组织的经营取得分红等收入，所以该组织具有保障成员利益的功能和责任。三是组织成员具有相对封闭性。农村集体经济组织的成员是该组织所覆盖的社区的村民，这些村民以承包地等资产加入村集体经济组织，成为组织成员，所以集体经济组织的成员始终与村民作为土地承包经营权人的身份密不可分，[2]具有相对封闭性。所在社区以外的人员一般不能成为农村集体经济组织的成

〔1〕黄中廷：《新型农村集体经济组织设立与经营管理》，中国发展出版社 2012 年版，第 19 页。

〔2〕这种说法恐怕与中国农村集体组织成员的身份产生的历史背景不符合：《民法典》所说的农村集体经济组织成员大多都不是因为以承包地等资产加入而获得成员身份。如果用承包地等资产加入集体经济组织而形成的身份，属于现在企业（如农村专业合作社等），这些企业中的责权利非常清楚，恰恰不需要过多分析。在我国，农村集体经济组织及其成员身份之所以复杂，恰恰不是因为投资产生的身份。例如，一个人出生在某个村内，自然就是村集体经济组织成员的身份，他对村集体所有的包括土地在内的财产具有权利——承包权等，恰恰是令人疑惑的：农村集体组织的财产（包括土地所有权）究竟属于谁？

员。正是由于农村集体经济组织的上述特点，使其既不同于企业法人，又不同于农民专业合作组织，也不同于社会团体。例如，集体土地的所有权虽然可以被纳入农村集体经济组织的财产中，但却不能够以其承担民事责任。如果将集体土地的所有权用于清偿债务，该集体经济组织成员将会失去其赖以生存的根基，难以维持其基本生计，也与我国的土地制度不符。解决农村集体经济组织的对外经营问题，只能依据《农村土地承包法》和本法物权编关于农村承包地“三权分置”的原则，通过土地经营权的依法流转来实现。又如，农村集体经济组织一般也不能破产，一旦破产，该组织即不再存在，这与设立农村集体经济组织的初衷相违 背。因此，农村集体经济组织虽然已经在法律上具备了市场经济主体地位，但其只能属于特殊的法人类型，需要专门的立法加以规定。[1]

四、居民委员会法人

（一）我国居民委员会的概念

居民委员会简称“居委会”“社区居委会”，是中国大陆地区城市街道、行政建制镇的分区即“社区”的一个主要社会组织机构。按照我国《城市居民委员会组织法》第2条第1款的规定，居民委员会的性质是，“居民自我管理、自我教育、自我服务的基层群众性自治组织”。居民委员会属于城镇居民的自治组织，地位相当于农村的村民委员会，管辖对象以城市、镇非农业居民为主。其与村委会一样，具有“行政性”（虽然不是公权力机关）。

通常情况下，居委会的直接上级是不设区的市、市辖区的人民政府或者它的派出机关——街道办事处。按照我国《城市居民委员会组织法》第2条第2款的规定，不设区的市、市辖区的人民政府或者它的派出机关对居民委员会的工作给予指导、支持和帮助。居民委员会协助不设区的市、市辖区的人民政府或者它的派出机关开展工作。而街道办事处，习惯上简称为街道办，是我国市辖区和不设区的市政府的派出机关，“街道办事处”管辖区域称为“街道”，街道一般与乡和镇处同一行政区划层次，但本身不构成一级政权。城市街道办事处全称为“北京市海淀区人民政府××街道办事处”，同级党的机构为“中国共产党北京市海淀区委员会××街道工作委员会”，同时设有“北京市公安局海淀区分局××街道派出所”。其具体职责为：指导、帮助社区居委会开展组

---

〔1〕 黄薇主编：《中华人民共和国民法典总则编释义》，法律出版社2020年版，第255页。

织建设、制度建设和其他工作；负责辖区社区建设、管理和服务工作；做好社会救助和其他社会保障工作；执行辖区内经济和社会发展计划、财政预算，管理辖区内的社会事务管理、劳动和社会保障、计划生育、环境保护、文化、卫生、安全生产等行政工作。

居民委员会的设立、撤销、规模调整，由不设区的市、市辖区的人民政府决定。居民委员会根据居民居住状况，按照便于居民自治的原则，一般在100户至700户的范围内设立。（《城市居民委员会组织法》第6条）。其职责是：（1）宣传宪法、法律、法规和国家的政策，维护居民的合法权益，教育居民履行依法应尽的义务，爱护公共财产，开展多种形式的社会主义精神文明建设活动；（2）办理本居住地区居民的公共事务和公益事业；（3）调解民间纠纷；（4）协助维护社会治安；（5）协助人民政府或者它的派出机关做好与居民利益有关的公共卫生、计划生育、优抚救济、青少年教育等项工作；（6）向人民政府或者它的派出机关反映居民的意见、要求和提出建议（《城市居民委员会组织法》第3条）。

居民委员会是常设机构，其基础或者“权力机构”是居民会议。居民会议由18周岁以上的居民组成。居民委员会向居民会议负责并报告工作。

居民委员会的工作经费和来源，居民委员会成员的生活补贴费的范围、标准和来源，由不设区的市、市辖区的人民政府或者上级人民政府规定并拨付；经居民会议同意，可以从居民委员会的经济收入中给予适当补助。居民委员会的办公用房，由当地人民政府统筹解决（《城市居民委员会组织法》第17条）。由此可见，其具有一定的“行政性”。

居民委员会办理本居住地区公益事业所需的费用，经居民会议讨论决定，可以根据自愿原则向居民筹集，也可以向本居住地区的受益单位筹集，但是必须经受益单位同意；收支账目应当及时公布，接受居民监督（《城市居民委员会组织法》第16条）。

（二）居民委员会具有法人资格的意义

我国《民法典》第101条赋予居民委员会以法人资格十分符合我国实际需要，因为居民委员会可以开展便民利民的社区服务活动，可以兴办有关的服务事业，具有自己的财产（《城市居民委员会组织法》第4条），因此，就应当具有主体资格。而赋予法人资格比非法人组织更能够使其财产、责任明晰。

法律适用

1. 我国《民法典》规定及司法实践中公司法人人格否认的要件是什么?

按照法人的一般理论，法人（尤其是有限责任公司）与其成员的人格彼此独立，法人不为其成员的债务承担责任，其成员也不为法人的债务承担责任。但是，当法人在运行中出现了有悖法人责任独立的前提时，可不可以在个案中突破这种独立责任而将法人的责任直接归属于其成员，即将法人成员的有限责任变为无限责任呢？许多国家的法理与实践对此作出了有条件的肯定性回答，这就是通常所说的“法人人格否认”或者“揭开公司面纱”。具体来说，所谓法人人格否认是指法人虽为独立的主体，承担独立于其成员的责任，但当出现有悖法人存在目的及独立责任的情形时，若再坚持形式上的独立人格与独立责任，将有悖公平时，在具体个案中视法人的独立人格于不顾，直接将法人的责任归结为法人成员的责任。我国《民法典》（第83条第2款）对此的表述是：“营利法人的出资人不得滥用法人独立地位和出资人有限责任损害法人债权人的利益；滥用法人独立地位和出资人有限责任，逃避债务，严重损害法人债权人的利益的，应当对法人债务承担连带责任。”

2. “事业单位法人”在我国的历史、现状与未来的改革方向是什么?

在我国历史上，为了管理的方便和需要，对于不同行业和性质的“组织”，根据其隶属的行业和主管部门，分为企业单位、事业单位和机关单位。在改革开放之前，中国并没有任何关于“法人”的概念，这些组织都是以“单位”的名义和方式存在并归属不同管理部门管理。直到1986年《民法通则》才根据上述不同行业，确立了企业法人、机关法人、事业单位法人和社会团体法人的概念。因此，事业单位法人这一概念是由于事业单位被赋予了法人资格才产生的，之前并不存在事业单位法人的概念，只存在“事业单位”的概念。在我国，所谓“单位”一般是：（1）单位是各级政府创设的公立机构；（2）每个单位都有一个与之对应的主管部门；（3）在单位任职的管理者和专业人员都纳入“干部编制”；（4）单位自身又是公共资源分配和再分配的一个枢纽。可以称得上“单位”的组织都是政府参与设立，单位的运作受到政府严格的控制，事业单位就是这样背景下的产物。事业单位作为单位的一种，不同时期对事业单位的界定不尽相同。尽管如此，事业单位的格局与政府机构的分布却有较大联系。例如，“在中央层面有国务院直属和各部直属的事业单位；在地方层面，有省、市、县属的事业单位；每个事业单位必定以一个行政机关作为主管部门，如学校必定隶属于某一级政府的教育主管部门，医院必定隶属于某一级政府的卫生主管部门”。事业单位和行政机关一同纳入“机构编制管理”，而“编制管理”就决定了事业单位只能是一个国立或公立机构，事业单位的管理者与行政官员没有实质差别。随着事业单位改革的进行，到1998年《事业单位登记管理暂行条例》出台，事业单位仅限于特定主体（一般是国家）利用国有资产举办。对于一般主体利用民间资本的举办的从事上述活动的社会服务组织，国家同样赋予其合法的地位，这类组织被称为“民办非企业单位”。在2018年，中国有126万个“事业单位”，在编和非在编员工4000多万人。[1] 2011年《中共中央 国务院关于分类推进事业单位改革的指导意见》指出：“事业单位是经济社会发展中提供公益服务的主要载体，是我国社会主义现代化建设的重要力量。”“按照政事分开、事企分开和管办分离的要求，以促进公益事业发展为目的，以科学分类为基础，以深化体制机制改革为核心，总体设计、分类指导、因地制宜、先行试点、稳步推进，进一步增强事业单位活力，不断满足人民群众和经济社会发展对公益服务的需求。”“划分现有事业单位类别。在清理规范基础上，按照社会功能将现有事业单位划分为承担行政职能、从事生产经营活动和从事公益服务三个类别。对承担行政职能的，逐步将其行政职能划归行政机构或转为行政机构；对从事生产经营活动的，逐步将其转为企业；对从事公益服务的，继续将其保留在事业单位序列、强化其公益属性。今后，不再批准设立承担行政职能的事业单位和从事生产经营活动的事业单位。”“细分从事公益服务的事业单位。根据职责任务、服务对象和资源配置方式等情况，将从事公益服务的事业单位细分为两类：承担义务教育、基础性科研、公共文化、公共卫生及基层的基本医疗服务等基本公益服务，不能或不宜由市场配置资源的，划入公益一类；承担高等教育、非营利医疗等公益服务，可部分由市场配置资源的，划入公益二类。具体由各地结合实际研究确定。”在立法过程中，有的意见提出，不同类别的事业单位在组织结构、运行机制等方面差异较大，在当前事业单位改革的背景下，再以事业单位法人的概念对这些组织进行归类已不合时宜。建议《民法典》不再规定事业单位法人。有意见认为，立法应当反映现实，可以将承担行政职能的事业单位放在机关法人部分规定，将从事生产经营活动的事业单位放在营利性法人部分规定，将从

[1] 方流芳：《“法人”进入当代中国法律，意义何在？》，载《中国法律评论》2019年第6期，第154—159页。

事公益服务的事业单位放在非营利性法人部分规定。经研究认为，目前，我国的事业单位数量庞大，且现阶段发挥着不同的社会功能，既有从事公益服务的事业单位，又有承担一定行政职能的事业单位，还有从事相关生产经营活动的事业单位。根据中央关于分类推进事业单位改革的指导意见，对承担行政职能的，逐步将其行政职能划归行政机构或转为行政机构；对从事生产经营活动的，逐步将其转为企业；对从事公益服务的，继续将其保留在事业单位序列、强化其公益属性。今后不再批准设立承担行政职能的事业单位和从事生产经营活动的事业单位。我国事业单位改革的目标，是将承担行政职能和从事生产经营活动的事业单位从事业单位法人中剥离出去，但从事公益服务的事业单位仍将在事业单位序列中长期存在。基于此，《民法典》仍应规定事业单位法人，考虑到事业单位分类改革正在进行中，而《民法典》的规定应具有稳定性和长期性，《民法典》规定的事业单位法人应仅指从事公益服务的事业单位，不再包括承担行政职能和从事生产经营活动的事业单位。这样处理符合中央关于事业单位分类改革的方向，也有利于促进事业单位法人的长远健康发展。[1]

实际上，我国现实生活中存在三种事业单位：一是公益类事业单位，如国家图书馆等；二是行政类事业单位，如中国证监会等；三是经营类事业单位，如一些出版社、设计院等。我国目前事业单位的改革方向是仅仅保留公益类事业单位。对于这三类事业单位的概念及未来改革方向说明如下。

（1）行政类事业单位。指依法经批准设立，行使行政管理职能的事业单位。我国事业单位改革的方向是：承担行政决策、行政执行、行政监督职能的事业单位因为工作性质和公务员有很多相同的地方，所以将会被取消事业编制，直接按照公务员法进行管理，这部分事业单位划入行政类。

（2）公益类事业单位。具体划分为三个类别：其一，公益一类事业单位。公益一类是指承担义务教育、基础性科研、公共文化、公共卫生及基层的基本医疗服务等基本公益服务。这一类事业单位涉及国家安全、公共安全、公共卫生、公共文化和基础教育、经济社会秩序和公民基本权利，政府必须予以保障，不能或不宜由市场配置资源的事业单位。这类单位的宗旨和业务范围由政府确定并严格监管，不得从事经营活动。需要国家出钱补贴，因此它们被归为公益类事业单位。其二，公益二类事业单位。公益二类是指承担高校教育和非营利医疗的公益服务。近年来，高校和医院编制的改革备受关注，一个重要的

〔1〕 张荣顺主编：《中华人民共和国民法总则解读》，中国法制出版社 2017 年版，第 280—281 页。

原因就是因为事业单位改革后，高校和医院将被归类到公益二类事业单位。该类事业单位涉及满足人民群众日益提高的教育和医疗需求，政府予以支持，可部分实现由市场配置资源的事业单位。这类单位按照国家确定的公益目标和相关标准开展活动，在确保实现公益目标的前提下，可依法开展相关的经营活动，依法取得的经营性收入主要用于公益事业发展。其三，公益三类事业单位。公益三类是指从事生产经营服务活动，已经实现或经过调整后可以实现由市场配置资源的事业单位。今后不再批准设立从事生产经营活动的事业单位。这类单位自主开展公益服务和相关经营活动，受政府委托承担有关公益任务的，政府采取购买服务的方式予以相应支持。因为从事生产经营活动的事业单位收入来源完全靠自己，与现在的企业没多大差别，所以，将来它们会被归入企业进行管理，同时也将失去事业单位编制。其改革方向是转为企业。

由此可见，我国未来事业单位的改革方向是仅仅保留一类事业单位和二类事业单位。

3. 现实生活中的宗教场所是什么性质?

现实生活中，存在大量的宗教场所，那么，它们究竟属于法人还是非法人组织？如果属于法人，应该属于哪一类法人？我国《民法典》第92条第2款规定："依法设立的宗教活动场所，具备法人条件的，可以申请法人登记，取得捐助法人资格。法律、行政法规对宗教活动场所有规定的，依照其规定。"那也就是说，只有宗教场所符合法人成立条件的，才可以成立捐助法人。

我国立法机关在立法调研中，查清了我国宗教场所及其分布的主要情况。我国主要有佛教、道教、伊斯兰教、天主教、基督教五大宗教。截至2013年12月31日，全国共有宗教活动场所132083个。其中，佛教34336个，道教8694个，伊斯兰教39177个，天主5212个，基督教44664个。宗教活动场所分寺院、宫观、清真寺、教堂（简称寺观教堂）以及其他固定宗教活动场所两类。筹备设立宗教活动场所，由宗教团体向拟设立的宗教活动场所所在地的县级人民政府宗教事务部门提出申请。其中设立寺观教堂须逐级报省级政府宗教事务部门审批；设立其他固定宗教活动场所，由设区的市级政府宗教事务部门审批。经批准后，方可开展筹备工作。筹备完成后，由宗教活动场所管理组织向县级政府宗教事务部门申请登记，符合条件的，发给宗教活动场所登记证。信教公民的集体宗教活动，一般应当在经登记的宗教活动场所内举行，由宗教活动场所或者宗教团体组织的宗教教职人员或者符合本宗教规定的其他人员主持，按照教义教规进行。凡不作为宗教活动场所而只作为参观游览场所的寺观，不得开展宗教活动，不得设置“功德箱”接受宗教性的捐献。1994年国务院颁布了《宗教活动场所管理条例》，同年国家宗教事务局根据此条例，制定了《宗教活动场所登记办法》。根据该办法规定，依法登记的宗教活动场所，根据《民法通则》的规定，具备法人条件的，根据同时办理法人登记，并发给法人登记证书。宗教活动场所法人依法独立享有民事权利和承担民事责任。该办法确定了对宗教活动场所实行法人登记的制度，随后全国曾有2万多处宗教活动场所办理了法人登记。2005年实施的《宗教事务条例》没有重申宗教活动场所法人资格问题，该条例第48条规定：“本条例自2005年3月1日起施行。1994年1月31日国务院发布的《宗教活动场所管理条例》同时废止。”随着《宗教活动场所管理条例》被废止，不再明确宗教活动场所的法人资格。由于《宗教事务条例》没有明确宗教活动场所可以获得法人资格，截至2017年，宗教活动场所均未能进行法人登记。

立法调研过程中，有关部门和大多数宗教界人士表示，法人地位的缺失，给宗教活动场所参与社会活动带来了很多问题：一是参与民事活动受限。一些地方、部门在处理涉及宗教活动场所的事务时，往往因为理解不同、宗教问题比较敏感或陌生等原因，以种种借口回避或拒绝宗教活动场所的民事主体地位，从而使宗教活动场所开展民事活动、维护自身合法权益困难重重。尤其在门票收入分配、拆迁补偿、订立合同、开设银行账户、房地产登记、机动车登记、诉讼维权、设立公益慈善组织等方面面临不少困难。例如，在宗教活动场所建设过程中，与建筑公司签订合同较为困难，而且一旦发生纠纷，无法作为起诉和应诉主体通过司法途径维护自己的合法权益，往往只能靠政府部门或者宗教团体出面协调解决，场所利益难以得到全面保护。二是宗教活动场所主体地位不明，容易出现宗教财产被侵占、被处分的情形，从而导致宗教财产流失。而且因为没有法人地位，宗教活动场所难以办理房产证、土地证。三是宗教界发挥积极作用受束缚。目前无法独立开展医院、扶贫、养老院等慈善性的事业，必须由宗教团体出面。四是宗教活动场所自我管理能力水平较低。目前，宗教活动场所由于缺乏法人资格，不能按照法人的规范来运作和进行监管，自我管理水平较低。随着经济社会的发展，财务管理不规范等宗教活动场所内部问题不断暴露，政府监管不到位和社会监督缺位也逐步显现，传统的场所管理模式受到了新的挑战。要想解决宗教组织法人资格问题，从法律上首先要解决的是宗教活动场所属于哪类法人。我国原《民法通则》只规定了企业、机关、事业单位、社会团体四类法人类型，没有涵盖我国所有社会组织形态，尤其对宗教活动场所未明确属于以上哪一类型。在一些国家，宗教活动场所属财团法人，但是我国《民法通则》没有此法人类型。因此，各方面建议之后的《民法总则》对宗教活动场所的法人地位问题予以考虑。经研究认为，根据现行法律、行政法规，宗教活动场所（包括寺院、宫观、清真寺、教堂以及其他固定宗教活动处所）尚无法取得法人地位。从现实情况看，赋予宗教活动场所法人地位具有必要性和可行性。根据这一精神，经与中央、国务院有关部门共同研究，在《民法总则》“非营利法人”一节中规定，依法设立的宗教活动场所，具备法人条件的，可以申请法人登记，取得捐助法人资格。法律、行政法规对宗教活动场所有规定的，依照其规定。〔1〕

根据立法机关的解释，本法赋予宗教活动场所以法人资格，有利于其对外从事民事活动，更好地维护其合法权益，也有利于加强其内部治理，保护正常的宗教活动。这里需要指出三点：（1）宗教活动场所的法人登记以具备法人条件为前提。考虑到不同宗教的做法不同，依法设立的宗教活动场所是否登记为法人，由其自行申请。（2）法律、行政法规对宗教活动场所有规定的，依照其规定。本条的规定不影响国家依法对宗教活动场所进行规范和管理。宗教活动场所从事各类活动必须符合《宗教事务条例》等法规的规定，接受宗教事务部门依法对其进行的监督检查。（3）赋予宗教活动场所法人资格不影响其与宗教团体的关系。根据《宗教事务条例》的规定，宗教团体具有协助人民政府贯彻落实法律、法规、规章和政策，维护信教公民的合法权益，指导宗教教务，制定规章制度并督促落实，从事宗教文化研究，阐释宗教教义教规，开展宗教思想建设，开展宗教教育培训，培养宗教教职人员，认定、管理宗教教职人员，以及法律、法规、规章和宗教团体章程规定的其他职能。宗教团体具备法人条件的，可以依法登记为社会团体法人。赋予宗教活动场所法人资格不影响其与宗教团体的关系。〔2〕

---

〔1〕 张荣顺主编:《中华人民共和国民法总则解读》，中国法制出版社 2017 年版，第 298—301 页。

〔2〕 黄薇主编 :《中华人民共和国民法典总则编释义》，法律出版社 2000 年版，第 292—293 页。

第五章 非法人组织

提要

非法人团体是法人之外的其他团体，我国实证法上与其相关的概念是“其他组织”“非法人组织”。《民法典》第102条列举的非法人组织，包括个人独资企业、合伙企业、不具有法人资格的专业服务机构等。个人独资企业并无独立于其投资人的主体资格，其所有人是投资人，债务由投资人承担。合伙可能仅以契约联结，也可能形成人合团体，最常见者为合伙企业。根据合伙企业的责任承担方式，可将其分为一般普通合伙、特殊普通合伙与有限合伙。不具有法人资格的专业服务机构，主要指律师事务所、会计师事务所等。[1]此外，无权利能力团体亦属于契约与法人之间的非法人团体，包括无权利社团与无权利能力财团。非法人团体不具有法人资格，介于契约与主体之间，且因团体性的强弱而有不同形态，其应适用的规范，应就团体的实质分别考察，不能一概而论。

重点问题

1. 非法人组织的法律特征。
2. 独资企业的法律地位。
3. 合伙的法律地位。
4. 无权利能力团体的法律地位。

第一节 概述

团体依成立基础可作资合团体与人合团体之划分。非法人团体是指法人之外的其他团体，主要体现为人合团体。

---

〔1〕 黄薇主编：《中华人民共和国民法典总则编释义》，法律出版社 2020 年版，第 267 页。

一、“其他组织”与“非法人组织”

我国实证法上与非法人团体相关的术语是“其他组织”与“非法人组织”。

“其他组织”是原《合同法》、原《担保法》与《民事诉讼法》所采纳的用语。原《合同法》第2条第1款将自然人、法人与其他组织，并称为平等主体。原《担保法》第7条则承认具有代为清偿债务能力的其他组织，可以作保证人。按照《民事诉讼法解释》第52条之规定，“其他组织”是指合法成立、有一定的组织机构和财产，但又不具备法人资格的组织，包括：（1）依法登记领取营业执照的个人独资企业；（2）依法登记领取营业执照的合伙企业；（3）依法登记领取我国营业执照的中外合作经营企业、外资企业；（4）依法成立的社会团体的分支机构、代表机构；（5）依法设立并领取营业执照的法人的分支机构；（6）依法设立并领取营业执照的商业银行、政策性银行和非银行金融机构的分支机构；（7）经依法登记领取营业执照的乡镇企业、街道企业；（8）其他符合本条规定条件的组织。“其他组织”具有当事人能力（《民事诉讼法》第51条第1款）。

“非法人组织”则是从原《民法总则》沿用至《民法典》的用语，《民法典》专设“非法人组织”一章，规定非法人组织是不具有法人资格，但是能够依法以自己的名义从事民事活动的组织，包括个人独资企业、合伙企业、不具有法人资格的专业服务机构等（第102条）。其中，不具有法人资格的专业服务机构，以合伙制律师事务所与合伙制会计师事务所为典型，多属于《合伙企业法》所规定的一般普通合伙企业或者特殊的普通合伙企业，[1]本书将其置于合伙企业部分一并探讨。

对照“其他组织”与“非法人组织”，个人独资企业、合伙企业既是“其他组织”，也是“非法人组织”。符合《民事诉讼法解释》“其他组织”要求的中外合作经营企业、外资企业、乡镇企业、街道企业，也可纳入《民法典》第102条第2款规定的“等”非法人组织。问题在于，作为“其他组织”之分支机构的法律地位，对此，《民法典》第74条第2款规定：“分支机构以自己的名义从

---

〔1〕也有观点认为，不具有法人资格的专业服务机构，即《合伙企业法》所规定的特殊的普通合伙企业。请参见杨立新：《〈民法总则〉规定的非法人组织的主体地位与规则》，载《求是学刊》2017年第3期。

事民事活动，产生的民事责任由法人承担；也可以先以该分支机构管理的财产承担，不足以承担的，由法人承担。”就此而言，法人分支机构同样与“非法人组织”的地位类似，可以自己的名义进行法律交往。因而，“其他组织”与“非法人组织”不必强作区分。

二、“非法人组织”的法律特征

《民法典》第103—108条对非法人组织的设立、代表人、责任承担、终止与法律适用等均设置了统一规则。

1. 设立：非法人组织的设立应当依照法律规定登记；法律、行政法规规定须经有关机关批准的，依照其规定。

2. 代表人：非法人组织可以确定一人或数人代表该组织进行法律交往。

3. 责任承担：非法人组织的财产不足以清偿债务的，其出资人或者设立人承担无限责任。法律另有规定的，依照其规定。

4. 终止：非法人组织因解散而终止，但终止以清算为前提。非法人组织的解散事由包括：（1）章程规定的存续期间届满或者章程规定的其他解散事由出现；（2）出资人或者设立人决定解散；（3）法律规定的其他情形。其中，前两种情形属于自行解散事由，第三种情形多涉及强制解散事由。

5. 法律适用：（1）关于各类非法人组织有特别法的，适用特别法；（2）既无特别规定，《民法典》总则编第四章非法人组织也未规定的，参照适用《民法典》总则编第三章法人第一节的一般规定。

三、非法人团体的法律地位

本章所涉之非法人团体，包括但不限于上文所述的“其他组织”“非法人组织”。非法人团体是否具有主体地位的争论，以合伙为典型讨论对象。关于合伙的属性，大致有四种观点，或认为应当否认合伙的主体资格，或认为应当承认合伙为法人，或认为合伙为自然人与法人之外的“第三主体”，或认为合伙具有部分权利能力。

部分权利能力说主要见于德国当代学说，德国联邦最高法院的判例认为，合伙如果在法律交往中作为公同共有共同体出现（即外部合伙），则原则上可以以此身份取得任何法律地位，倘若没有特殊理由对此加以反对，并且在此限度之内享有权利能力而又“不成其为法人”。这一判例得到了绝大多数，但并不是完全一致的赞同。[1]依据《德国民法典》第718条的规定，民法上的合伙是合伙财产的权利载体，并在此意义上具有权利能力，属于《德国民法典》第14条第2款所谓“有权利能力的人合团体”，但并不是法人。德国公司法学界的新学说亦认为，有的合伙具有相当于无限公司和两合公司的部分权利能力，[2]可以其商号取得权利和承担义务，取得土地所有权和其他物权，并可以起诉和应诉（《德国商法典》第124条和第161条第2款），只不过此类合伙须为外部合伙。[3]

合伙的形式既可以是契约，也可以是团体，在此意义上，不应笼统地讨论合伙的主体资格问题，但若将问题限于“具团体性的合伙是否具有主体性”，则其实质是讨论具有团体性的合伙应当适用何种规则，是否可类推适用有关法人的规范。对此，须借助团体的类型序列予以考量。

在类型序列中，借着若干要素的全然消退、新的要素的加入或居于重要地位，一种类型可以交错地过渡到另一种类型，而类型间的过渡又是“流动的”。[4]自然人团体的类型序列，若以团体性由弱至强排序，最弱的是所有事务须全体一致同意的合伙；紧接着是以成员多数决议为已足的合伙；而在普通合伙企业与有限合伙企业，团体要素在团体与第三人的关系上进一步强化；继而是无权利能力社团，长期存续、成员变更对之不发生影响，但是不具有法律主体资格；在此序列的另一端是社团法人，其法律人格与成员的法律人格完全分离。[5]类型序列的价值首先在于，使过渡及混合类型的掌握成为可能。[6]具体到自然人团体，在合伙与社团法人之间，存有无数中间形态。就其法律适用

---

〔1〕［德］迪特尔·施瓦布：《民法导论》，郑冲译，法律出版社2006年版，第107页：“对外不以合伙名义出现并不形成公同共有财产的合伙（所谓的内部合伙）绝对不具有权利能力。”

〔2〕［德］迪特尔·梅迪库斯：《德国债法分论》，杜景林、卢谌译，法律出版社2007年版，第389页。但梅迪库斯认为，是否确实存在承认部分权利能力的实际需求，值得怀疑（第390页）。

〔3〕 Rüthers/Stadler, Allgemeiner Teil des BGB, 16.Aufl., München 2009, S.117.

〔4〕［德］卡尔·拉伦茨：《法学方法论》，陈爱娥译，商务印书馆2003年版，第345页。

〔5〕 此类型序列参考了［德］卡尔·拉伦茨：《法学方法论》，陈爱娥译，商务印书馆2003年版，第345—346页，但有改动；关于自然人团体的类型序列，还可参见［德］卡尔·拉伦茨：《德国民法通论》（上册），王晓晔等译，法律出版社2013年版，第185页以下；梅迪库斯则根据团体性的由强至弱、人合性的由弱至强，归纳团体的类型序列如下：股份公司、有限责任公司、民法上的社团法人、无权利能力社团、两合公司、无限公司与民法上的合伙，参见［德］迪特尔·梅迪库斯：《德国民法总论》（第二版），邵建东译，法律出版社2001年版，第818—819页。

〔6〕［德］卡尔·拉伦茨：《法学方法论》，陈爱娥译，商务印书馆2003年版，第346页。

而言，不应拘泥于形式上的称谓，无法仅以有无团体的独立性这一含混不清的基准，将自然人团体一分为二，再机械地适用社团法人或合伙契约的规范。对于既具有团体性，又具有人合性的团体，应就团体的实质内容来考察，分别就每一个问题适用适合其特征的规范。[1]

团体的权利能力仅仅是一种技术上的归责工具而已，由人们根据不同目的在不同程度上使用。即使社团法人也不是在任何关系中都具有权利能力，它的权利能力一开始就是“相对的”，因为它不能享有自然人意义上的人格权。既然自然人团体的权利能力始终只是“相对的”，认可团体的权利能力，就不意味着该组织具有与自然人同等意义上的权利能力，团体的权利能力不必“全有或者全无”，而是可以具有不同的等级；如果缺少构成法人的某些要素，则一个组织仍然可能具有部分权利能力。[2]

四、《民法典》非法人组织规则的质疑

关于《民法典》第102—107条所涉的非法人组织规范，有学者认为至少有以下可质疑之处：第一，规范重点错置，非法人组织的本质特征是其“社团性”与“团体性”，而非“不具有法人资格，但是能够以自己的名义从事民事活动”“其出资人或者设立人承担无限责任”。第二，未区分经营性非法人组织与非经营性非法人组织，后者的成员不应就非法人组织的债务承担无限连带责任。第三，将合伙企业纳入非法人组织，无法将非法人组织与我国法上的“两户”相区分。第四，业主大会与业主委员会的关系及主体性也应在非法人组织的框架内解决。[3]

五、非法人组织的法律适用

根据李永军教授的总结，非法人组织的本质特征是社团性或称组织性。以此为依据，非法人组织的法律适用应注意以下问题：其一，非法人组织更接近社团法人，与以契约联结的合伙有本质区别。其二，应区分经营性非法人组织

---

〔1〕相同观点可参见刘得宽：《民法诸问题与新展望》，中国政法大学出版社2002年版，第513页；[日]山本敬三：《民法讲义I总则》（第3版），解亘译，北京大学出版社2012年版，第413—414页。

〔2〕相同观点可参见[德]迪特尔·施瓦布：《民法导论》，郑冲译，法律出版社2006年版，第108—113页；朱庆育：《民法总论》（第二版），北京大学出版社2016年版，第482—483页。

〔3〕李永军：《对我国民法上非法人组织概念的质疑》，载《比较法研究》2021年第2期。

与非经营性非法人组织，后者成员责任应予目的论限缩，非经营性非法人组织的成员不宜就非法人组织的债务承担无限连带责任。其三，应将业主大会作为非法人组织对待，业主委员会则是业主大会的机构，并非独立的民事主体，不属于非法人组织。[1]

第二节 独资企业

独资企业按照投资主体和所有制可以分为国有独资企业、个人独资企业与外商独资企业。其中，国有独资企业多为国有独资公司，适用《公司法》；外商独资企业可能具有法人资格，为一人公司，也可能不具有法人资格（《外资企业法》第8条），从而属于非法人组织。这里主要介绍个人独资企业。

个人独资企业，是指依照《个人独资企业法》在中国境内设立，由一个自然人投资，财产为投资人个人所有，投资人以其个人财产对企业债务承担无限责任的经营实体（《个人独资企业法》第2条）。

一、个人独资企业的设立

对于个人独资企业的设立，我国目前采许可制，个人独资企业经登记机关依法核准登记，领取营业执照后，方可从事经营活动（《个人独资企业登记管理办法》第3条第1款）。个人独资企业的成立，须具备企业名称、企业住所、投资人的出资、必要的从业人员等。

二、个人独资企业的法律地位与债务承担

个人独资企业为商企业，《民法典》第102条第2款以个人独资企业为非法人组织，可以自己的名义对外活动，明确承认了其实体法上的主体资格。但个人独资企业终归不同于法人，在个人独资企业财产不足以清偿债务时，投资人仍应以其个人的其他财产予以清偿。若在申请企业设立登记时，明确以家庭共有财产作为出资的，应当以家庭共有财产对企业债务承担无限责任。

---

〔1〕 李永军：《对我国民法上非法人组织概念的质疑》，载《比较法研究》2021年第2期。

三、个人独资企业与个体工商户

《个体工商户条例》通过之前，我国学者一般认为，个体工商户与个人独资企业的区别在于，个体工商户须个人亲自经营，可以请帮手、带徒弟，但不得雇工，个人独资企业则可以雇工，因而，前者是商个人，后者是商企业。[1]以是否允许雇工作为区分二者的标准，随着《个体工商户条例》第21条允许个体工商户根据经营需要招用从业人员而丧失意义。

依我国目前的实证法规则，个体工商户与个人独资企业的设立准则不同，前者采准则制，后者采许可制。《民法典》的规定则凸显了二者的形式差别：个体工商户被置于总则编第二章自然人之下，个人独资企业则被明确列举为非法人组织。作为非法人组织的法定类型，个人独资企业取得了实体法律关系上的主体资格，参照适用法人规则，独立性明显加强。但个人独资企业与个体工商户是否具有实质差异，仍值得商酌。[2]

四、个人独资企业与一人公司

一人公司，即一人有限责任公司，是指只有一个自然人股东或者一个法人股东的有限责任公司。虽然个人独资企业与一人公司的出资人均为单个私法主体，表面上似乎可类比，但二者并不相同，根本区别在于，个人独资企业是非法人组织，而一人公司具有法人资格。具体而言区别如下。

1.出资人不同

个人独资企业的投资人是一个自然人；一人公司的出资人是一个自然人或一个法人。

2.资本要求不同

个人独资企业只需要有必要的财产；一人公司则可能有注册资本要求。2005年《公司法》第59条第1款曾要求一人有限责任公司的注册资本最低限额为10万元人民币，虽然该要求已被2013年《公司法》所废止，但若法律、行政法规以及国务院决定对有限责任公司注册资本实缴、注册资本最低限额另有规定的，从其规定（《公司法》第26条第2款）。

---

〔1〕张俊浩主编:《民法学原理》(修订第三版)，中国政法大学出版社 2000 年版，第 132—133 页。所谓企业，指经营性、营利性和连续性组织（第 207 页）。

〔2〕朱庆育:《民法总论》(第二版)，北京大学出版社 2016 年版，第 485 页。

3.出资人地位不同

个人独资企业的投资人为企业的所有人；一人公司的出资人是公司的股东。

4.组织程度不同

个人独资企业只需具有从业人员；一人公司则需有章程，并设立执行机关与监督机关。

5.法律地位不同

个人独资企业虽然可以自己的名义对外进行法律交往，但不具有法人资格，属于非法人组织；一人公司是社团法人。

6.债务承担方式不同

个人独资企业的债务由投资人承担，除非在申请企业设立登记时明确以家庭共有财产作为出资，才应以家庭共有财产对企业债务承担无限责任。

一人有限责任公司的债务由公司财产承担，但若一人有限责任公司的股东不能证明公司财产独立于股东自己的财产的，即股东人格与公司人格混同，适用公司法人人格否认，应当由股东对公司债务承担连带责任。

第三节　合伙

自然人团体的非法人构造中，最重要者为合伙。合伙，即两个或两个以上的私法主体以合伙契约为联结，暂时或持久性地共同从事具财产法效果的行为。

一、合伙的法律特征

（一）合伙成员

合伙的成员须为复数，合伙人既可以是自然人，也可以是法人。不过，法人成为合伙人在我国受到极大限制，法人几乎没有可能作为为合伙债务承担无限连带责任的普通合伙人（《公司法》第15条、《合伙企业法》第3条）。

（二）合伙的成立基础

合伙须基于合伙契约（合伙协议）成立。合伙契约是合伙组织的基础，合伙组织是合伙契约的产物。合伙人基于合伙契约而负担义务，以一定方式促成共同目的之实现。合伙契约并非无偿契约，也不是典型意义上的双务契约，因为各合伙人均对合伙负担义务，义务之间不存在牵连关系。[1]

（三）合伙事业

合伙人之间形成合作关系，可以营利或非营利事业为其共同目的。任何不违法、不违背善良风俗的目的，都可以是合伙的共同目的，[2]即便是共同乘车关系、共同居住关系也可成立合伙。[3]对于合伙而言，是否形成合伙财产并不是必要条件，虽然大多数情况下存在这种合伙财产。[4]另外，合伙人的共同事业限于财产法领域，婚姻、共同监护人等并不构成合伙。

二、合伙的学理分类

（一）契约型合伙与组织型合伙

契约型合伙，只是一种合同关系，不具有组织性与独立性，不能以自己的名义对外活动，仅得以合伙人名义取得权利、负担义务。组织型合伙则具有团体性，多属于非法人组织，可以自己的名义对外进行法律交往。

（二）民事合伙与商事合伙

将合伙区分为民事合伙与商事合伙，常以民商分立为前提。一般认为，民法上的合伙从事非营业活动，一般无商号，不需要登记。我国台湾地区“民法”第667条第1款即规定：“称合伙者，谓二人以上互约出资以经营共同事业之契约。”《德国民法典》亦将合伙作为一种有名契约规定于债法分则（第705条以下），其特点在于，合伙人之间未结成持续稳定的团体性组织，其存在亦受制于合伙成员的去留（原则上，只要有其中一位合伙成员退出，合伙即宣告解散），合伙本身更无独立的财产权利。商事合伙则从事经营活动，必须有商号、商业簿记且须登记。此外，商事合伙的成员须为职业商人。[5]

唯应注意，虽然民事合伙以契约型合伙为典型，商事合伙以组织型合伙为

---

〔1〕［德］迪特尔·梅迪库斯：《德国债法分论》，杜景林、卢谌译，法律出版社 2007 年版，第 386—387 页。

〔2〕［德］迪特尔·梅迪库斯：《德国债法分论》，杜景林、卢谌译，法律出版社 2007 年版，第 386 页。

〔3〕［德］迪特尔·梅迪库斯：《德国债法分论》，杜景林、卢谌译，法律出版社 2007 年版，第 385 页。

〔4〕［德］迪特尔·梅迪库斯：《德国债法分论》，杜景林、卢谌译，法律出版社 2007 年版，第 388 页。

〔5〕方流芳：《关于制定合伙法的几点意见——兼论民商分立与民商合一》，载《中国工商管理研究》1995 年第 6 期。

典型，但并不意味着民事合伙不能采取组织形态，或者商事合伙不能采取纯粹契约形式。

（三）显名合伙与隐名合伙

显名合伙，所有合伙人均公开姓名，共同出资、经营、参与分配，并对合伙债务承担无限连带责任，又称外部合伙。隐名合伙，系当事人约定，一方对于他方所经营之事业出资，不公开姓名，不参与经营，而分受营业所生之利益，且仅以在合伙中的财产份额为限分担所生损失的契约，为内部合伙[1]之一种。[2]

隐名合伙与有限合伙的区别在于：其一，隐名合伙无须登记，仅以契约即可成立，而有限合伙必须登记；其二，有限合伙的外在形式是合伙（企业），而隐名合伙的外在形式则可能是一人独资商号。

我国《合伙企业法》未承认隐名合伙制度，原《民通意见》则有疑似规定。原《民通意见》第46条规定："公民按照协议提供资金或者实物，并约定参与合伙盈余分配，但不参与合伙经营、劳动的，或者提供技术性劳务而不提供资金、实物，但约定参与盈余分配的，视为合伙人。"据此，隐名合伙人被当作一般合伙人对待。但在司法实务中，有将隐名合伙作为借贷关系处理的判决。

（四）临时合伙与持续合伙

临时合伙与持续合伙，以共同经营事业的持续性或暂时性为区分标准。临时合伙，系为达成一时的目的为出资之契约，[3]依合伙人之一致意思，目的达成，合伙即结束。持续合伙，则为持续经营共同事业而成立。

三、《民法通则》时代的合伙规则

我国原《民法通则》并未区分民事合伙与商事合伙，而是将合伙分为个人合伙与合伙型联营企业。但是对于个人与团体之间成立的合伙则未设置相应的规范。[4]我国原《民法总则》取消了关于合伙的规则，《民法典》则将合伙合同单独作为一类有名合同，为其设置相应规范。

---

〔1〕不对外的、仅限于内部关系的合伙。参见［德］迪特尔·梅迪库斯：《德国债法分论》，杜景林、卢谌译，法律出版社2007年版，第391页。

〔2〕关于隐名合伙的性质，史尚宽认为其为纯内部之契约关系，毫无团体性，故不应认为合伙之一种，参见史尚宽：《债法各论》，中国政法大学出版社2000年版，第751页。

〔3〕史尚宽：《债法各论》，中国政法大学出版社2000年版，第752页。

〔4〕方流芳：《关于联营的几个法律问题》，载《法学家》1987年第5期。

（一）个人合伙

个人合伙是指两个以上公民（自然人）按照协议（合伙契约），各自提供资金、实物、技术等，合伙经营、共同劳动，合伙人对合伙的债务承担连带责任（原《民法通则》第30条、第35条第2款）。以是否“起字号”为标准，原《民法通则》第二章第五节的“个人合伙”被区分为两种：纯然以契约连接的合伙与“起字号”的合伙，后者需要“经核准登记”（原《民法通则》第33条）。起字号的合伙未必是合伙企业。

未起字号的个人合伙，合伙人在民事诉讼中为共同诉讼人（原《民通意见》第45条第2款）。但对于起字号的合伙之当事人资格，原《民通意见》与《民事诉讼法解释》的规定不同。

原《民通意见》第45条第1款规定：“起字号的个人合伙，在民事诉讼中，应当以依法核准登记的字号为诉讼当事人，并由合伙负责人为诉讼代表人。合伙负责人的诉讼行为，对全体合伙人发生法律效力。”据此，起字号的合伙应当具有诉讼当事人能力。

《民事诉讼法解释》第60条规定：“在诉讼中，未依法登记领取营业执照的个人合伙的全体合伙人为共同诉讼人。个人合伙有依法核准登记的字号的，应在法律文书中注明登记的字号。全体合伙人可以推选代表人；被推选的代表人，应由全体合伙人出具推选书。”由此观之，有诉讼当事人能力的是全体合伙人，而非起字号的合伙。

《民事诉讼法解释》第52条规定：“……其他组织……包括……依法登记领取营业执照的合伙企业……”而“其他组织”具有当事人能力。

《民法典》第102条则明确规定包括合伙企业在内的非法人组织为独立的民事主体，承认其诉讼当事人能力顺理成章。

结合上述规范，根据“上位法优于下位法”“特别法优于普通法”“新法优于旧法”的规则，合伙企业具有诉讼当事人能力当无疑问。剔除合伙企业之后，《民事诉讼法解释》第60条的适用对象，即仅限于有字号但非属合伙企业的合伙。原《民通意见》第45条第1款相对于《民事诉讼法解释》第60条为旧法，应予排除。归纳而言，起字号的个人合伙，属于合伙企业的，具有诉讼当事人能力，非属合伙企业的，则以全体合伙人为诉讼当事人。

虽然原《民法通则》之后的合伙立法一直沿着是否“起字号”这一思路展开，即使在《合同法》中，以契约形式存在的合伙亦未得到规定。但这种立法状况随《民法典》的制定而得到改观，《民法典》将合伙区分为契约型合伙与组织型合伙，前者为一类有名合同，后者则主要诉诸《合伙企业法》。

（二）合伙型联营

除了个人合伙，原《民法通则》第52条还规定了“合伙型联营”：“企业之间或者企业、事业单位之间联营，共同经营、不具备法人条件的，由联营各方按照出资比例或者协议的约定，以各自所有的或者经营管理的财产承担民事责任。依照法律的规定或者协议的约定负连带责任的，承担连带责任。”该规定似乎是将合伙型联营当作“团体”来对待，因为“契约型联营”被规定在第53条：“企业之间或者企业、事业单位之间联营，按照合同的约定各自独立经营的，它的权利和义务由合同约定，各自承担民事责任。”

不过，合伙型联营仅是特定时期的产物，《公司法》第15条与《合伙企业法》第3条大幅限缩了其适用范围，原《民法总则》与《民法典》则完全取消了原《民法通则》第51—53条的“联营”规范。

四、《合伙企业法》的合伙规则

企业所从事者为商事营业，因而《合伙企业法》对合伙的类型细化，实质是对商合伙的再分类。根据是否存在仅承担有限责任的合伙人，《合伙企业法》将合伙企业分为普通合伙企业与有限合伙企业，前者又被进一步区分为一般普通合伙企业与特殊普通合伙企业。一般普通合伙企业相当于德国法上的无限公司，有限合伙则相当于它的两合公司。合伙企业的成立原则上采准则制，以登记为成立标志。合伙企业具有破产能力，因解散而终止，终止前须经清算，注销登记仅生宣示效力。

（一）一般普通合伙企业

一般普通合伙企业由普通合伙人根据合伙契约组成，合伙人在同一个商号下从事经营，并对合伙企业债务承担无限连带责任（《合伙企业法》第2条第2款）。

合伙财产包括合伙人的出资、以合伙企业名义取得的收益和依法取得的其他财产，如合伙因被侵害而接受的损害赔偿。合伙企业并非法人，合伙财产为各合伙人共有，只不过合伙财产具有相对的独立性，属于特别财产，区别于各合伙人的一般个人财产。合伙人在合伙企业清算前，不得请求分割合伙企业的财产。合伙企业对其债务，应先以其全部财产进行清偿，合伙企业到期不能清偿债务的，合伙人承担无限连带责任，此种责任具有补充性，偿还合伙债务超过自己应当承担数额的合伙人，有权向其他合伙人追偿。

合伙人与合伙企业无关的个人债务，应先以其自有财产清偿，不足以清偿的，可以以其在合伙企业中的财产份额用于清偿。合伙人与合伙企业无关的个人债务人之债权人，不得以其债权抵销其对合伙企业的债务，也不得代位行使合伙人在合伙企业中的权利（《合伙企业法》第20—21、38—42条）。

合伙事务既可以由合伙人共同执行，也可按照合伙协议的约定或者经全体合伙人决定，委托一个或者数个合伙人对外代表合伙企业，执行合伙事务。在后者，执行事务合伙人与全体合伙人间成立委任关系，[1]不执行合伙事务的合伙人有权监督执行事务合伙人执行合伙事务的情况；有权查阅合伙企业会计账簿等财务资料；执行事务合伙人应当定期向其他合伙人报告事务执行情况以及合伙企业的经营和财务状况，交付执行合伙事务所产生的收益（《合伙企业法》第26—28条）。合伙企业对合伙人执行合伙事务以及对外代表合伙企业权利的限制，不得对抗善意第三人（《合伙企业法》第37条）。无权的事务执行，得构成无因管理或不当得利。[2]

若无例外规定，特殊普通合伙企业与有限合伙企业均适用一般普通合伙企业的规则。

（二）特殊普通合伙企业

以专业知识和专门技能为客户提供有偿服务的专业服务机构，可以设立为特殊的普通合伙企业，其特殊性在于：若一个合伙人或者数个合伙人在执业活动中因故意或者重大过失造成合伙企业债务的，应当承担无限责任或者无限连带责任，其他合伙人以其在合伙企业中的财产份额为限承担责任，实质是以合伙企业财产和责任合伙人之个人财产承担债务。而若合伙人在执业活动中非因故意或者重大过失造成的合伙企业债务以及合伙企业的其他债务，由全体合伙人承担无限连带责任。特殊的普通合伙企业名称中应当标明“特殊普通合伙”字样。（《合伙企业法》第55—57条）

（三）有限合伙企业

有限合伙企业名称中应当标明“有限合伙”字样。有限合伙的一般定义是，在某一个商号下，由普通合伙人和有限合伙人根据合伙契约组成，普通合伙人对合伙企业债务承担无限连带责任，有限合伙人不从事合伙经营，但参与

---

〔1〕［德］迪特尔·梅迪库斯：《德国债法分论》，杜景林、卢谌译，法律出版社2007年版，第392页；黄立主编：《民法债编各论》（下），中国政法大学出版社2003年版，第739页。

〔2〕史尚宽：《债法各论》，中国政法大学出版社2000年版，第711页。

分配，并以其认缴的出资额为限对合伙企业债务承担责任的合伙企业（《合伙企业法》第61、62条）。

《合伙企业法》第2条第3款规定："……有限合伙人以其认缴的出资额为限对合伙企业债务承担责任。"但根据该法第74条之规定，有限合伙人可以参与合伙企业的收益分配。根据第81条规定，有限合伙人退伙后，对基于其退伙前的原因发生的有限合伙企业债务，以其退伙时从有限合伙企业中取回的财产承担责任，其中"从有限合伙企业中取回的财产"除出资额外还包括其应当分取的收益。据此，有限合伙人应以其在合伙企业中的财产份额承担责任，而非仅以出资额为限承担责任。

虽然有限合伙人与有限责任股东均须履行出资义务，并参与企业的收益分配，但二者有本质区别，有限合伙人与普通合伙人"共有"合伙财产，而有限责任股东则是公司的"股东"，公司财产的所有人是公司本身。此外，有限合伙人不参与企业经营，而有限责任股东则有经营参与权。

有限合伙人的有限责任以不执行合伙事务，不对外代表合伙企业为前提，若第三人有理由相信有限合伙人为普通合伙人并与其进行交易的，该有限合伙人对该笔交易承担与普通合伙人同样的责任，谓之"表见普通合伙人"（《合伙企业法》第67、68、76条）。

五、合伙企业与非法人组织

虽然《民法典》第102条第2款明确将合伙企业纳入非法人组织的范畴，但也有观点认为，合伙企业与非法人组织有本质区别，合伙企业不应属于非法人组织。主要理由在于：其一，非法人组织具有稳定的团体结构，更接近社团法人，而合伙企业则是以"契约"而非"章程"为纽带连接在一起。其二，非法人组织具有如同法人的组织机构，合伙企业则没有这种"组织"的基本特征，有代理而无代表机构。[1]

---

〔1〕李永军：《对我国民法上非法人组织概念的质疑》，载《比较法研究》2021年第2期；李永军：《民事合伙的组织性质疑——兼评〈民法总则〉及〈民法典各分编（草案）〉相关规定》，载《法商研究》2019年第2期。

第四节 无权利能力团体

无权利能力团体处于契约与法人之间，与单纯的契约合作相比（如合伙契约），它具有团体性，但它的团体性还未强到足以成为法人的地步，以无权利能力社团为典型。此外，具有部分权利能力的自然人团体，如《民法典》第102条规定的非法人组织，因取得私法主体资格，而不再属于无权利能力团体。

一、无权利能力社团

为了鼓励社团尤其是政党、工会等团体通过登记取得权利能力，《德国民法典》第54条规定无权利能力社团适用合伙的规范。但当今德国学说判例呈现出将无权利能力社团向有权利能力社团靠拢的趋势。[1]中国立法以企业与社会团体、事业单位等划分自然人团体，加之企业形态法定化，几乎所有团体均必须登记或取得许可，立法上并未专就“无权利能力社团”设置规范。我国虽未就无权利能力社团专作规定，但因现行法一方面承认公民的结社自由，另一方面取得法人、非法人组织的主体资格又须具备特定的条件与程序，无权利能力社团的存在不可避免，[2]如各种学生社团、学会、同乡会等。

对于无权利能力社团，最重要的问题是：居于合伙与法人之间的无权利能力社团，应当适用合伙的规范，还是类推适用社团法人的规范。

（一）无权利能力社团与合伙

德国法上，设立无权利能力社团只需要设立行为和由设立人制定的章程，无须登记，比照合伙进行法律适用（《德国民法典》第54条）。但较之民法合伙，无权利能力社团的整体结构，毋庸置疑更接近有权利能力社团，尤其是其内部组织机构以及相应的外部活动。无权利能力社团有自己的名称与财产，通过章程得以组织，有社员大会和董事会作为机关，具有类似于社团法人的组织机构，存续原则上不受成员变动的影响。而典型的民法合伙是特定合伙人松散

〔1〕［德］卡尔·拉伦茨：《德国民法通论》（上册），王晓晔等译，法律出版社2013年版，第236页；［德］迪特尔·梅迪库斯：《德国民法总论》（第二版），邵建东译，法律出版社2001年版，第853—854、860页。

〔2〕刘得宽：《民法诸问题与新展望》，中国政法大学出版社2002年版，第510页，基于相同的理由论证我国台湾地区无权利能力社团的存在不可避免。

或者紧密的联合，各合伙人的人格对联合体意义重大，任何合伙成员的死亡或退伙，若无其他规定，原则上均会导致合伙解散。[1]正因如此，《德国民法典》将无权利能力社团规定于总则，而将合伙作为有名契约之一种规定于债编分则之中。

（二）无权利能力社团的法律地位

若比照合伙，无权利能力社团不能成为权利义务载体，财产为共有，任何成员的变更皆可能导致土地登记簿的错误，成员须以个人财产承担责任。但基于无权利能力社团与社团法人的相近结构，德国司法实践与学界越来越倾向于认为，无权利能力社团应当类推适用社团法人规范，而非合伙规范：无权利能力社团对外以自己的名称出现，有名称权，标志着社团的个体化；[2]可作为财产归属载体，应当承认无权利能力社团的不动产登记能力；在债务承担方面，至少非经济社团的债务应由社团财产承担责任，[3]即使是与无权利能力社团从事法律行为的相对方也并不抱有期待，由社团成员对社团的债务承担个人责任。

德国有学者主张，应将此类团体称为“未登记社团”，因为该称谓比“无权利能力社团”更符合此类社团的本质，除了未经登记，无权利能力社团与社团法人几乎没有差别。[4]我国台湾学者王泽鉴亦认为，我国台湾地区“民法”未采纳《德国民法典》第54条关于无权利能力社团适用合伙之规范，实属明智之举，无权利能力社团，应当类推适用社团法人的规定。[5]本书认为，就团体的类型序列而言，无权利能力社团居于合伙与法人之间，而在团体性极强与极弱之间存有多种样态，不能一概而论，应就团体的实质内容来考察其当适用之规范。[6]

至于无权利能力社团的诉讼当事人资格，《德国民事诉讼法》2009年修订

---

〔1〕［德］迪特尔·施瓦布：《民法导论》，郑冲译，法律出版社 2006 年版，第 109 页。

〔2〕［德］卡尔·拉伦茨：《德国民法通论》（上册），王晓晔等译，法律出版社 2013 年版，第 237 页。

〔3〕［德］卡尔·拉伦茨：《德国民法通论》（上册），王晓晔等译，法律出版社 2013 年版，第 187、242 页；［德］迪特尔·梅迪库斯：《德国民法总论》（第二版），邵建东译，法律出版社 2001 年版，第 859 页。

〔4〕［德］汉斯·布洛克斯、［德］沃尔夫·迪特里希·瓦尔克：《德国民法总论》（第 33 版），张艳译，中国人民大学出版社 2014 年版，第 333—334 页。

〔5〕王泽鉴：《民法总则》，北京大学出版社 2009 年版，第 189 页。

〔6〕相同观点可参见刘得宽：《民法诸问题与新展望》，中国政法大学出版社 2002 年版，第 513 页以下；［日］山本敬三：《民法讲义 I 总则》（第 3 版），解亘译，北京大学出版社 2012 年版，第 413—414 页。

之前，第50条第2款仅承认无权利能力社团的消极当事人能力（被诉能力）；修订之后，则同时承认了其积极当事人能力，并明确规定，在诉讼争议中，无权利能力社团具有相当于有权利能力社团的法律地位。

二、无权利能力财团

无权利能力财团，系以供一定目的使用之财产为中心而营运之组织，虽因法律技术要件之欠缺，不具有法人资格，但有某种程度的独立性。成立于此类特定独立财产上的债务仅以此财产为限承担责任。此类独立财产多为实现特定目的而设立，可能是为了满足某个或某组债权人的债权，如破产财团；也可能是为了满足对此独立财产的特别利用，如为特定学术研究捐助资金及设备之集团、无人承认继承之遗产、限定承认之遗产等。[1] 有观点认为，无权利能力财团之管理人的法律地位相当于信托法上的受托人，主要应适用信托法之规定。[2]

课后复习

1. 非法人组织的类型。
2. 个人独资企业与一人公司、个体工商户的区别。
3. 合伙企业与非法人组织的关系。
4. 无权利能力团体与非法人组织的关系。

〔1〕 史尚宽：《民法总论》，中国政法大学出版社 2000 年版，第 150 页。
〔2〕 刘得宽：《民法诸问题与新展望》，中国政法大学出版社 2002 年版，第 522 页。

民事权利

第六章 民事权利概述

提 要

民事权利是民事法律关系的核心内容，也是民法所要保护的对象。民事权利是主体在平等主体法律关系中私人自由的体现，其是由强制力保证实现的。民事权利的种类和内容非常丰富，在《民法典》的语境下，民事权利依据其不同的权利客体，可以大致分为人格权、身份权和财产权，每种权利又根据具体客体的再细分，体现出不同的法律特征。根据这些不同的权利特征，《民法典》被分为不同的篇章，各自建构不同的权利行使规则。在学理层面，又根据民事权利的不同功能，分为绝对权与相对权、支配权、请求权、抗辩权和形成权等权利，各自体现出不同的效用。

民事权利虽然为当事人的自由之体现，但其行使也需要符合一定的规则。除了尊重意思自治，满足由法律明确规定的构成要件外，符合诚实信用、禁止权利滥用也是行使民事权利必须要遵守的重要原则。当然，民事权利既然是一项由强制力保证的自由，从无救济就无权利的角度而言，必然有其救济手段。一般来说，与民事权利相对的是民事义务，虽然义务是对权利相对人在伦理和法律上的拘束，但义务并不直接具有强制拘束力。义务人不履行义务则会产生责任，这时候才会引入国家强制力，通过强制承担责任的方式，对权利实施救济，这便是公力救济。与之相对的则是私力救济，包括正当防卫和紧急避险，它们只是例外地在公力救济无法及时发挥作用时，才能实施。

重点问题

1. 《民法典》中的权利体系。
2. 绝对权和相对权的区别。
3. 民法中的请求权体系。
4. 民事权利、民事义务和民事责任之间的关系。

第一节 民事权利的概念和特征

问题示例

甲从乙处购买一本书；丙在人行横道上正常行走时，被丁驾驶的摩托车撞伤；戊的轿车被己偷走。在这几个例子中，甲为何可以要求乙交付书籍，丙为何可以要求丁赔偿治疗和休养费用，戊为何可以要求己交还轿车？

一、民事权利的概念

民事法律关系是贯穿整个民法典的线索，而民事权利和民事义务作为民事法律关系的内容，也就成为民法的中心问题。而相比民事义务，民事权利，作为私法的核心理念，同时也是法律对生活多样性的最高抽象，构成了民法的核心内容。[1]正如《民法典》第1条开宗明义所表明的，民法是一项保护权利的法律。

现代汉语中的“权利”一词并非汉语的原生词，而是清末民初时期从日语中引入的。日语中的“权利”一词，则是日本法学家参考了1864年美国传教士丁韪良在翻译美国法学家亨利·惠顿的《万国公法》时，对“right”一词的译法。[2]所以“权利”一词对应在英语中是“right”，在德语中是“Recht”，相比抽象的“权利”，无论是right还是Recht都蕴含了正当、合理的含义，这表明权利在伦理上天然具有正当性。而德语中的“Recht”一词还拥有“法”的含义，这也反映出权利与法之间的密切联系和核心地位，所以在德文语境下，权利也被视为“主观化的法”（subjektives Recht），而法也被视为“客观化的权利”（objektives Rechtg）。[3]然而仅仅从词语上还不足以理解“权利”的内涵。对权利的本质认知，法律上一直存在争议，主要有如下几种观点。[4]

第一是意志说。这种观点认为权利是当事人意志自由的体现，其效力来

〔1〕［德］迪特尔·梅迪库斯：《德国民法总论》，邵建东译，法律出版社2000年版，第62页。
〔2〕李贵连：《话说“权利”》，载《北大法律评论》1998年第1期，第115—129页。
〔3〕王泽鉴：《民法总则》，北京大学出版社2009年版，第95页。
〔4〕Vgl. Helmut Coing, Zur Geschichte des Privatrechtsystems, Aufl.1962, S. 29 ff.

源于主体的意志力（Willensmacht），是权利主体对某种利益的意志支配力（Willensherrschaft）。意志说在最根本的层面揭示了权利的正当性，即个人自由意志在法律上的体现，只要私法仍然是以主体的自由意志为依据，以尊重和保护自由意志为目的，权利的正当性就毋庸置疑。但意志说也有其不足，一方面其不能解释一些由法律直接规定的民事权利的正当性，另一方面其以完全的自由意志为前提，那么在逻辑上如果意思能力存在障碍，就不能享有权利，显然与事实不符。

第二是利益说。这种观点认为权利是法律所保护的利益。这里所谓的利益应当从广义上理解，包括所有法律上可以归属个人的利益。利益说非常准确地概括了权利的本质，民事主体对权利的主张都是为了获得某种个人或者社会的利益，在这种意义上，权利就是利益的保护伞，在权利范围内的利益，都是正当的，且可以受到法律所保护的。当然，利益说也有不足之处，一方面利益说只是明确了权利的目的，但对于权利的取得、实现方式以及保护手段并没有涉及；另一方面权利并非法律对利益保护的唯一方式，除了权利之外，法律还会单纯地保护利益，称为“法益”，抑或通过“反射效力”，即通过对权利的保护来保护另一种利益。因此，法律上的利益和权利并非完全对应。

第三是法力说。即认为权利的本质应当是由特定利益和法律之力（power/Macht）所共同构成的，特定利益为权利的内容，而法律之力为权利的外观。根据法力说，权利是法律的创设，是法律为了维护主体的特定利益而赋予其法律上的力，从而让主体得以享有，并且在被侵害时给予保护。法力说在某种意义上是对利益说的发展，其明确了权利的内容和实施手段，呈现了形而上和形而下的连接，并解释了权利最终如何行使、如何保护的问题。但对于法力说也并非没有批评，有观点认为将权利完全归于法律上的力，会引申到将权利视为公权力和法律的施舍，忽视了权利应当以个人为本的基本理念，让权利失去了其伦理上的正当性，也会有公权力任意介入私人生活的隐忧，也失之偏颇。[1]

本书认为，权利应当是个人意志、特定利益以及法律之力的结合。个人的自由意志乃是权利的根本，是民事权利存在正当性的基础，权利是个人自由意志的外在体现，民事主体的自由意志，就是通过对民事权利行使而展现出来，

〔1〕朱庆育：《权利的非伦理化：客观权利理论及其在中国的命运》，载《比较法研究》2001 年第 3 期，第 10—29 页。

并且纳入法律的视野之中。[1]特定利益是权利的本质，通过权利的行使，民事主体可以享有各种特定利益，以实现自身人格发展的目的。在这种意义上，实现利益也是权利享有的目的。最后，法律上的力是权利的保障，区别于法力说中认为权利是法律赋予的观点。本书认为法律之力只是权利行使的保障。权利由自由意志而生，在自由意志受到侵害时，民事主体就可以通过法律手段获得救济，以保障自身自由意志的实现。当然这里的法律救济并非无条件的，因为法律需要维持市民社会的基本秩序，因此需要在民事主体之间划定相应的利益边界，以明确民事主体自由意志的范围。超出范围的自由意志无法获得法律的保护，也就无法体现为主观化的法——权利。

认可了法律之力的保障功能，我们自然就能得出：民法作为私法，其规范平等主体之间权利义务关系的目的乃是保障权利，即保护民事主体个人自由意志的充分实现，以满足主体利益最大化的需求。这也是为什么《民法典》在第1条开宗明义地指出了，立法的首要目的乃是保护民事主体的合法权益，并且在第3条明确规定了民事主体的各项合法权益受法律保护，他人不得侵犯。这也是立法者对历史经验反思与总结得出的价值选择和政策结论，既有历史意义也有现实意义，既有政治宣示作用也有法治引领作用。[2]

进一步说，民事权利不仅仅受到民法的保护，只要涉及保护个人自由意志的和利益的法律都会保护其相关的权利。《宪法》第13条就规定了公民合法的私有财产不受侵犯，《刑法》中也就侵犯公民人身权利、财产权利等规定了相应的刑罚，其本质上就是对民事权利的刑法保护。

二、民事权利的特征

依据民事权利的概念，可以总结出民事权利的如下基本特征。

1. 权利是主体自由的体现。权利的核心是自由意志，权利的表现是自由的行为，因此毫无疑问，权利体现着主体的自由。在私法领域，民事权利就体现着主体的私法自由和意思自治。权利的这种自由包括：第一，权利人是否行使权利的自由；第二，权利人处分权利的自由；第三，权利人选择行使方式的自由；第四，权利人选择救济与否和救济方式的自由。当然，这种自由是有一定范围的，在这个范围中，主体可以保有自己获得的正当利益。正如上文所述，

〔1〕 李永军：《民法总论》（第四版），中国政法大学出版社 2018 年版，第 497 页。
〔2〕 陈甦主编：《民法总则评注》（上册），法律出版社 2017 年版，第 21 页。

自由意志给予了权利伦理上的正当性，因此其他主体在伦理上也有尊重权利的义务。

2. 权利是有界限的。任何自由都不是没有限制的，在私法自治的语境下也不例外。没有界限的自由会变成对他人自由的侵害，因此对于权利来说，其界限是必须的，而这个界限是由法律所规范的。在这个界限之内，主体可以充分地享有自己的自由，他人必须尊重，即他人必须承担相应的义务。但是在这个界限之外，主体就必须尊重他人的自由，即主体自身就必须承担义务。在这种意义上，法律规范就是权利和义务的分野，法律既是权利的终结也是义务的起始。而这种界分的明确，则是法律在充分全面地考虑主体自身、主体之间以及主体和社会相互关系，利益冲突与协调之后方能够确定下来。

3. 权利是由法律保证实施的。法律既然规定了权利的界限，那么就赋予在界限范围之内主体的意思和行为自由，相对也就要求其他主体在这个范围内承担相应的行为义务，即主体在这个范围内有权要求其他主体为或者不为特定的行为，并且当其他主体拒绝履行义务并导致主体损害时，可以请求国家强制力予以保护，对于不履行义务一方以制裁。同时也因这种制裁，在实际上产生限制他人侵害的效果，从而保证权利的实现，即所谓无救济就无权利。

4. 权利的本质是某种利益，以享有利益为行使权利的目的。主体对权利的享有、行使和支配都是为了满足其对某种特定利益的需要，只不过这种利益的范围十分宽泛，可以是财产利益也可以是人身利益。具体来说，首先，民事权利的设定往往体现一定的利益目的；其次，民事权利的内容体现了主体对利益的享有和保护，即人身利益和财产利益；最后，民事权利的客体，即财产或人的行为，往往也对主体意味着一定的利益。当然，主体在通过权利的行使，追求个人利益的过程中，也必须要协调个人利益与社会利益的关系。而这种协调也是通过法律的调整来实现的。需要特别说明的是，并非所有的利益都能够通过权利来体现，民事权利只涵盖了平等主体之间的部分利益，并且已经是通过法律类型化的利益，这些利益有较为明确的边界和构成，并且对这些利益的侵害也有较为明确的责任。而这些类型化利益之外的其他利益，则并不当然地成为法律的保护对象，往往还需要满足其他的条件。例如在德国法中，只有在“违反保护他人的法律”或者“故意以违背善良风俗的方式”侵害利益时，法律才会提供保护。

三、民事义务

所谓义务，是指对主体的一种拘束，要求主体为或者不为某些特定的行为。在社会层面，导致义务的产生有很多原因，可以是道德上的，即由于纯粹道德上的原因产生的对主体的拘束，即道德义务，如子女要孝顺父母，这种拘束的强制性来源是社会舆论，相对来说拘束性较低。同时也可以是源自某种社会团体，即社会义务，如学校的校规要求学生在学校必须穿校服，这种拘束的强制性来源是团体的内部规范，其强制力较社会舆论要强。当然拘束性最强的义务是法律义务，即法律所规定的义务人应当按照权利人的要求从事一定行为或不行为以满足权利人的利益的拘束，[1]法律义务的强制性来源是国家暴力，因此如果不履行法律义务则会承受国家强制力的惩罚。民事义务则是法律义务的一种，特指在民事法律关系中主体应当受到的法律拘束。

如前文所述，义务是和权利相对的，有权利就有义务。因为权利和自由都有自己的界限，在界限范围内，主体可以任意地享有自己的权利和自由，其他主体都必须尊重，因此其他主体的行为都受到了限制和拘束，即其他主体都负担相应的义务。相对的，在界限范围之外，就是其他主体的权利和自由，这时就需要主体尊重这些权利和自由，意味着主体自身的行为受到限制，承担相应的义务。在一个基于私法自治建构的市民社会，以及一个基于个人自由而建构的市场经济体制中，尊重民事主体个人基于自由意志而行使自己的权利，乃是民法的核心价值。但市民社会中人人均有权利，要维持社会的秩序和持续性，就必须平衡主体之间的权利关系，要求民事主体互相尊重对方的权利和自由。所以民事主体的民事权利也是受到限制的，这种限制就构成了民事义务。[2]而划分主体间自由的范围，明确各自权利和义务就是民法的最重要任务。因此，从民法的层面而言，民事义务主要有如下特点。

第一，民事义务的来源具有多样性。法律当然可以规定民事义务，即便是强调私法自治的民法中也存在很多强制性规范，民事主体必须遵守不得以自己的意思排除，而这些强制性规范中的相当部分就是规定了主体的义务。例如《民法典》第8条规定的公序良俗原则，以及第132条规定的禁止权利滥用的规定，都是直接向权利主体赋予义务，对其行为自由加以限制。民事义务还可以来源于当事人的合意，所谓合同就是当事人之间的法律。民法既然将私法自治

〔1〕 孙国华：《法理学教程》，中国人民大学出版社 1994 年版，第 481 页。
〔2〕 李永军：《民法总则》，中国法制出版社 2018 年版，第 498 页。

视为最重要的法律原则之一，那么就必然会尊重当事人通过自由意志对自己权利的处分。在合同中，双方当事人可以互相设定各自的民事权利，由此追求双方利益的最大化，而和这些权利相对应的，自然就是对方应当尽到的民事义务。此外，基于诚实信用原则也能够产生相应的民事义务，如债法的附随义务，其并非来源于法律的直接规定，也并非来源于合同的直接约定，而是为了更好地履行合同，保护各方的利益实现，双方当事人都应当承担的民事义务。民事义务来源的多样性，是民事义务区别于其他法律义务的重要特征。

第二，民事义务的内容具体体现为一种对义务人作为或者不作为的拘束。义务是义务人为了保证权利人利益的实现所必须负担的拘束，这种拘束可以是积极的作为，也可以是消极的不作为，具体要看义务所保障的权利的具体性质和内容。但无论是作为还是不作为，都是对义务人意思和行为自由的限制，是对义务人的一种不利益，以便让权利人享有利益。

第三，民事义务的效力具有法律强制性。因为义务是一种不利益，所以绝大多数民事主体都不会心甘情愿地承担民事义务，即便他们明知承担义务是享受权利的前提，也不能忽视人类趋利避害的本能。所以为了让义务人履行相应的义务，让权利人能够充分实现自身的权利，法律赋予了义务以强制性，即义务人必须履行义务，不得拒绝履行、瑕疵履行或抛弃。否则就要承担相应的来自国家强制力的惩罚，即责任。这种法律强制性也是法律义务区别于道德义务、社会义务、宗教义务等的根本区别。

四、民事权利的取得和消灭

所谓权利的取得，是指权利归属于某项特定主体的情形，权利取得的方式在学理上主要有以下几种。

第一，原始取得和继受取得。

所谓权利的原始取得（ursprünglicher Erwerb），是指权利的取得并非来自他人的继受。[1] 典型的原始取得包括对无主物的先占而取得所有权，依据所有权而取得原物孳息，通过建造取得房屋所有权，等等。所谓继受取得（derivativer Erwerb）或称传来取得（abgeleiteter Erwerb）是指权利自前手而取得。[2] 典型的继受取得就是通过法律行为实现的权利取得，即通过他人让与而

〔1〕 Vgl. Hans Brox/Wolf-Dietrich Walker.Allgeminer Teil des BGB AT, Aufl. 2020,Rn. 634.

〔2〕 Vgl. Hans Brox/Wolf-Dietrich Walker.Allgeminer Teil des BGB AT, Aufl. 2020,Rn. 635.

获得的权利。当然在法律行为之外，还有其他权利继受取得的方式，如继承就是因为法律事实而产生。就继受取得而言，进一步可以划分为移转型和创设型，前者指权利本身的移转，如通过买卖移转所有权，后者则指通过他人的权利创设型的权利，如用所有权人创设益物权或者担保物权。但无论怎样，其中的核心问题仍然是权利的取得，是否依赖他人的权利，即权利的前手。〔1〕

第二，个别继受和概括继受。

这种区分是对继受取得类型的进一步划分。个别继受（Einzelnachfolge）或称特别继受，是指每次继受只取得一项权利，如简单的所有权移转。而概括继受（Gesamtnachfolge）又称整体继受，则是对前手完整法律地位的继受，如法人的合并、继承等。相比后者，前者毫无疑问更有利于分析和厘清法律关系，明确各自的权利和义务，并且以法律行为方式的义务履行也必须以单独的移转为必要。〔2〕

第三，自权利人处取得和自非权利人处取得。

自权利人处取得乃是权利取得的常态，是指从权利享有者处因为让与而取得。需要注意的是，这种取得方式，因为其取得权利的前提是前手的权利，因此所取得权利的效力不可能超出前手。后者则是权利取得的例外，因为“没有人能够让与超出自身的权利”，权利人只能转让既有的权利，如果其转让权利的内容超过其所拥有的范围，只会构成通常意义上的无权处分。唯有在信赖保护原则之下，如果相对方有合理的理由相信，非权利人为权利人，即非权利人有权利人的外观，在符合特定权利取得要件之后，法律会基于交易安全的考虑，认可权利人有权取得相关权利，善意取得即为其典型。需要特别说明的是，这种自非权利人处取得权利的方式，并不以前手拥有权利为前提，因此其并非继受取得，而是权利原始取得的一种。

既然权利的取得是主体获得权利，那么权利的消灭就是指权利与某特定主体相分离的情况。在学理上通常认为其包含以下两种形态。

第一，权利的绝对消灭。

所谓权利的绝对消灭，是指当特定事由发生之后，此权利不仅仅在特定主体处不复存在，在其他主体处也不复存在，完全从社会中消失的情况。权利的绝对消灭往往意味着权利所指向的客体本身不复存在。如当标的物毁损灭失

---

〔1〕 Vgl. Karl Larenz, Allgemeiner Teil des Deutschen Bürgerlichen Rechts, Aufl.1989, S. 237.

〔2〕 Vgl. Hans Brox/Wolf-Dietrich Walker. BGB AT, Aufl. 2020,Rn.636.

时，所有权绝对消灭；当债务人履行义务时，债权因清偿而绝对消灭；当超过一定期限之后，形成权因为除斥期间的经过而绝对消灭，等等。

第二，权利的相对消灭。

相对消灭的“相对”二字，是相对“绝对消灭”而言的。当权利本身并没有消灭，而只是在不同主体之间发生了移转时，就是权利的相对消灭。此时权利只是与特定主体分离，而与其他主体相结合而已，后者则通常构成权利的继受取得。如在发生所有权移转的情况，对于原所有权人而言，所有权就相对消灭了，而对现所有权人来说，其就获得了所有权。

第二节 民事权利的法典化体系和分类

问题示例

甲于1月1日将自己的轿车出卖给乙，双方约定1月5日交付，但在1月3日晚，轿车被丙所盗走，乙于1月30日在丙所经营的二手车行里发现这辆车。试问甲、乙、丙之间法律关系为何？

一、民法典中的民事权利体系

我国民事权利体系的实证法表达，以1986年通过的《民法通则》为开端，当时我国并没有成文的民法典，只能通过《民法通则》和之后通过实施的一系列单行法和司法解释来建构。

和法典化国家的民法典“总则编”不同，原《民法通则》第五章专门规定了“民事权利”，并以此建构了我国相应的权利立法框架。其中规定了四种主要权利类型，分别是“财产所有权与财产所有权有关的财产权”、“债权”、“知识产权”和“人身权”。这四种类型分别对应传统民法体系中的物权、债权、人格权以及知识产权。[1] 我国原《民法通则》所建构的这一框架，在之后的立法过程中，逐渐为各单行民事法律和司法解释所不断充实，逐步形成了包括物权、继承权、债权、知识产权、亲属权、社员权这六项基本权利的权利体系。[2] 并且这一权利体系架构也为我国现行《民法典》所继承。

---

〔1〕 详细论述请参见谢怀栻：《论民事权利体系》，载《法学研究》1996年第2期，第67—76页。

〔2〕 朱庆育：《民法总论》（第二版），北京大学出版社2016年版，第507页以下。

《民法典》总则编延续原《民法通则》的传统，在第五章也专门规定了“民事权利”的相关内容。与原《民法通则》相比，总则编的“民事权利”一章更加精练，对权利的划分和表述也更加符合传统民法理论的要求。自第五章第109条至第132条基本分为：人格权、身份权、财产权以及权利行使的基本规则四大部分。

（一）人格权、身份权和财产权的区分

理论上对民事权利进行正确的分类，可以明确不同民事权利之间的联系和区别，并且为之后解释和适用相关的民事权利建构基础。在这种意义上讲，民事权利的基本分类，不仅是构造民事权利体系的基础，也是解释和使用民事法律规范的前提。[1]

人格权、身份权和财产权就是民事权利体系中的固有分类模式，其以权利的内容为标准，凡指向人格利益的即为人格权，指向身份利益的为身份权，指向财产利益的为财产权。为了便于表达，通常又将人格权和身份权统称为非财产权，作为和财产权的对应。相比其他的权利分类方式，这种以内容为依据的分类标准最为重要，也最为便利，即便出现了新的权利，也能纳入这个体系之中。[2]

（二）人格权

所谓人格权，是指自然人之所以为人，对于可归属于人本质属性的，内在于人自己的事务所享有的权利。人格权包括人的尊严、生命、自由、身体、健康、姓名、肖像、名誉、隐私，以及后来产生的个人信息等民事权益，具有抽象性、固有性、专属性等特点。

应当承认，人格权的内涵和外延究竟为何，严格来说仍然没有定论，但此项权利已经被世人所广泛接受是不争的事实。自从德国联邦最高法院认可人格权这一概念之后，无论是在理论还是司法实践中，人格权的实证体系都在不断扩张之中。但在成文法中，其具体内容却始终难以确定。在很多司法实践中，人格权的作用往往类似一个框架性的权利，将所有和人格利益有关的权益统统纳入其中，以至于不仅承认了自然人享有人格权益，甚至法人的人格权也逐渐被理论和实践所接受。

在我国《民法典》中，无论是总则编还是人格权编都没有尝试对人格权的

---

〔1〕 邹海林：《民法总则》，法律出版社2018年版，第217页。

〔2〕 谢怀栻：《论民事权利体系》，载《法学研究》1996年第2期，第67—76页。

内涵和外延作出明确的规定，仅仅强调了其与人格尊严和自由之间的紧密联系关系，并以列举的方式明确了若干典型的人格权益，这种立法模式有其合理性所在。自“二战”以来，因为“二战”中发生的大量惨绝人寰的人类悲剧，国际社会普遍认识到了尊重和保护人格尊严和自由的重要意义，并且进一步随着民权运动与解放运动的发展，这种观点进一步得到彻底普及，各国社会都产生了保护人格权益的极大现实需求。因此，无论是理论界还是实务界，一方面，开始对既有法律制度中有关人格权益保护的相关规范进行归纳和总结，逐步充实和完善现行法下的人格权益保护规范，但这些来源不同的种种人格权益之间缺乏如物权、债权那样严格的同一性和体系性，甚至会出现相互矛盾之处；另一方面，为了应对当代社会的飞速发展，以及由此产生的各种新兴人格利益的保护需要，又在既有法律制度下，不断通过法律解释、司法判决，以及特别立法等方式，扩张相应的人格权益保护体系，不断将新型人格利益纳入法律的保护范围之中。这一过程直到今天仍然在持续进行中。采用这样的立法模式，既有利于减少现有人格权体系的内部冲突，也有利于保证人格权利体系适当的开放性，为新型人格权益纳入法律的保护，留下足够的解释空间。

（三）身份权

所谓身份权，是指基于民事主体的特定身份而产生的权利。需要注意的是，这里的身份，仅仅指因为婚姻和家庭关系产生的亲属身份，不包括社会身份，因此也有观点认为应当称为“亲属权”更为恰当。[1]对此项权利的侵害，多由特定义务人违反义务所知，有时也会来源于第三人。详细来说，身份权主要包括如下几项权利。[2]

1.配偶权

所谓配偶权，是指夫妻双方对对方享有的权利。通常认为，夫妻一方违反忠实义务，如与第三人婚外生育子女，属于侵害配偶权的行为。但需要强调的是，配偶权的相对义务，属于行为义务，因此不能够强制履行，此时受害人只有权请求精神损害赔偿、为养育他人子女所支出费用、返还不当得利等。夫妻双方以外的第三人，如果其行为侵害夫妻一方身体健康，导致其不能履行夫妻义务，则同样会构成对配偶权的侵害。

---

〔1〕 谢怀栻：《论民事权利体系》，载《法学研究》1996年第2期，第67—76页。

〔2〕 李宇：《民法总则要义：规范释论与判解集注》，法律出版社2017年版，第354页以下。

2.亲权

所谓亲权，是父母对未成年子女的姓名决定、居所决定、照顾、财产管理等一系列权利的总和。现代民法上的亲权，已大大减轻近代民法中身份支配关系的支配色彩。我国《民法典》并没有明确规定亲权概念，在体系中监护权在很大程度上起到了亲权的功能，但两者并不能混为一谈，亲权的范围还是较监护权更广。

（四）财产权

财产权，是指以有形财产或者无形财产为标的的民事权利。在民法语境下，财产权的范围十分宽泛，凡是有财产价值的利益，都能够纳入财产权的范畴。由于民法又是基于商品交换和市场经济的法律，财产权自然能够涵盖民法体系中的绝大部分权利形态。《民法典》第113条特别规定了财产权的平等保护，这一规范来源于原《物权法》第4条，但有所不同。

原《物权法》第4条规定了对国家、集体和私人物权的平等保护，而《民法典》第113条抛弃了以所有制为基础的财产权利划分体系，明确了平等保护各类民事主体财产权的立法意旨。这体现了自《物权法》立法以来，随着我国经济社会的发展，相关的法律理念也在不断进步，权利平等的原则也越来越深入人心，并逐渐成为社会的基本共识。在内容上，这里的平等保护一方面是指各类民事主体对相同或类似的财产权具有同等的权利，适用相同或类似的交易规则，承担相应的义务和责任；另一方面是指各类民事主体的财产权受到侵害时，侵权人应当承担同等的民事责任，法律对被侵权人应当提供平等的救济途径。[1]在我国当下的社会经济条件下，强调私人财产与国家、集体财产具有平等的地位有特别重要的意义，既不能侵害国有和集体财产，也不能任意侵犯私人的财产。

在《民法典》语境下，财产权主要包括如下内容。

1.物权

“物权”这一概念，来源于德国法，称为“Sachenrecht”即物的权利。严格来说，在英美法中并没有能够和一般物权直接对应的概念，仅有在功能上与具体物权相类似的权利，如土地所有权、抵押权等。

《民法典》第114条第2款前半句直接规定了物权的概念。所谓物权就是“权利人依法对特定的物享有直接支配和排他的权利”。这一概念明确了物权

〔1〕 陈甦主编：《民法总则评注》（上册），法律出版社2017年版，第803—804页。

的两个基本特征：支配性和排他性。所谓支配性，是指权利人得以无须借助他人的意思，仅凭自己的意思就能完全享有特定物的利益，实现其目的和物的价值。支配性是物权的核心属性，反映了主体对正当财产的需求和对财富的控制；通过支配性，也让主体对物的权利具有最大的确定性。所谓排他性，是指权利人排除他人对物的非法妨害与干涉，以保护物权安全的权利。排他性是支配性的保障，是支配性的外在体现。其表明，物权虽然强调主体对物的支配，其实质还是在处理人和人之间的关系。

本条后半句规定了物权的基本类型，即所有权、用益物权和担保物权。所有权是最为基础也是最为完全的物权，其表明权利人能够取得物的全部价值，对物进行最为完全的支配，包括占有、使用、收益、处分四项权能。在所有权的基础上，用益物权和担保物权才能存在。用益物权是权利人对他人之物进行占有、使用和收益的物权，其关注物的使用价值。而担保物权则关注物的交换价值，当债务人不能履行到期债务时，作为债权人的担保物权人有权依法对担保物进行变价，并以其价款优先清偿其债权。根据《民法典》物权编的相关内容，用益物权包括土地承包经营权、建设用地使用权、宅基地使用权、地役权、海域使用权、居住权等；而担保物权则包括抵押权、质权和留置权。需要注意的是，本条在归纳物权基本类型时，并没有使用“等”这个词，这就意味着本条采用了封闭列举，除了所有权、用益物权和担保物权以外，并没有将其他的物权形态纳入其中，并且也并没有预留扩展空间。这一点在未来物权体系的发展上，需要特别注意。

2.债权

与物权一样，债权的概念也是民法学理论高度抽象和概括的结果。《民法典》第118条明确规定了债权的含义，其是指权利人请求特定义务人为或者不为一定行为的权利。从概念出发可以发现债权有如下特征：其一，债权发生在特定的当事人之间，只能约束特定的债务人，而通常并不涉及债权关系之外的第三人，具有相对性；其二，债权是债权人对债务人的一种请求，债权的实现需要借助债务人的协助，这与支配权有着根本性的不同；其三，债权的客体是给付行为，即债务人的特定行为，这里的给付行为既包括积极的作为也包括消极的不作为，这种给付行为可以涉及具体的动产或者不动产等标的物，也可以是单纯的劳务，但无论怎样，其都具有一定的财产价值。最后，在产生方式上，债权可以依据法律规定产生，也能够依据当事人的意愿而产生，并且以后者为主要方式，以体现债的关系中私法自治的重要地位。

需要特别强调的是，本条第2款除了规定债权的定义之外，还列举了债的发生原因，即合同、侵权行为、无因管理、不当得利等，在整个民法典体系中，这一规定具有特殊的体系意义。一方面，其起到了重新矫正债法体系的作用。我国原《民法通则》在“民事权利”专章“债法”一节中仅列举了合同、不当得利、无因管理这三种债发生的原因，导致产生了“侵权责任不是债”的观点，导致对债和责任两个概念的刻意区分，忽视了债和责任本质上的同一性，影响了债权体系的完整性和内在体系性，本条规范使得侵权责任重新回到债法体系之中，具有正本清源的重要意义。另一方面，本条还起到了统辖实质债法总则的作用。[1]我国《民法典》只有合同编通则而没有“债法总则”，但通过本条的规定，就可以将侵权和无因管理、不当得利两种所谓“准合同”，纳入债的体系之下，这样就可以直接适用合同编通则中直接使用“债”一词的相关规范，如第514条以下有关各种债的效力规定，第535条以下有关债的保全规定，第545条以下有关债权让与和债务承担的规定等。

3.知识产权

知识产权是指以对人的智力成果和工商业标志的独占、排他利用为内容的权利，其兼具人身性质和财产性质的私权，在一定时间期限和地域范围内具有绝对性和对世性，具有专有性、支配性和排他性的特征。知识产权并非一项权利，而是一类权利的集合，或者是一组“权利束”。在学理上其大致包括三种类型：第一，著作权及其相关权利、外观设计专利权等，这类权利主要保护文艺创作；第二，发明专利权、使用新型专利权、集成电路布图设计权、植物新品种权等，这类权利主要保护科技创新；第三，商标权、地理标志权、商业秘密权等，这类权利主要维护市场竞争秩序。知识产权和物权类似，都是对世权和支配权，都适用权利法定的原则，但区别在于物权以有体物为客体，知识产权则是以智力成果（无体财产）为客体。《民法典》第123条规定了知识产权的概念和类型，但本条只具有宣示作用，不能够直接适用。对各种知识产权的确认和保护，还需要适用各个知识产权特别法的相关内容。

4.继承权

继承权是继承人依法律规定或者依照遗嘱取得被继承人遗产的权利。虽然从体系上继承权规定在亲属继承编中，但其所涉及的仍然是财产的移转，所以

[1] 于飞：《我国民法典实质债法总则的确立与解释论展开》，载《法学》2020年第9期，第37—53页。

仍然属于财产权。民法保护主体的私有财产，这种保护不仅仅存在于主体在世期间，也应当延续到其过世之后。通过对财产继承规则合理建构，保证私有财产在主体过世之后能够得到有序、合理的继承，明确私有财产在代际传承过程中的分配和归属规则。这一方面能够避免因遗产分配不明而引发的法律纠纷，另一方面也能通过合理的遗产分配，落实得到社会普遍认可的伦理规范和家庭观念，维护社会的组织结构和整体稳定。

（五）股权等复合性权利

股权在本质上是一种以资本为基础的复合性的利益，因此在很长一段时间，我国法律都未涉及有关股权的问题，直到《民法总则》立法时才对此加以规定，《民法典》延续了这一立法例。所谓股权是指股东基于其股东资格所享有的复合性权利，股权虽然具有财产权的性质，但其不是一种物权，其原因在于：〔1〕第一，社会关系不同，物权体现的是一种个人之间的法律关系，即个人对财产的排他性支配，而股权体现的是一种团体法关系，即法人和其成员之间的关系；第二，权利的实现方式不同，物权是一种支配权，权利人凭借自己的意思就能完全行使，无须他人协助，股权虽然也是一项支配权，但其往往需要公司的协助才能实现；第三，义务主体不同，物权作为对世权，其义务主体是权利人以外不特定的第三人，股权的部分权能，其义务主体是特定的公司以及其他股东；第四，内容不同，物权仅具有财产价值，是一种财产权，而股权兼具财产利益和人身利益，是一种复合性的权利；第五，效力不同，物权具有优先性，优于普通债权，但股东的股权分配请求权和剩余财产分配请求权，其效力位阶甚至在普通债权之后；第六，效用不同，物权主要作用在于保护财富，预防可能的侵害，并在侵害实际发生时提供救济，而股权主要在于增加和创造财富，获得资本性的收益。在这种意义上，一般都认为股权应当属于一种特殊的社员权，因为其是主体基于其社员资格而享有的权利，包括财产性的一系列的权利，以及对公司事务的若干管理权。〔2〕具体而言，股权的内容通常包括：股权分配请求权、公司剩余财产分配请求权、优先购买权和新股认购权、出席股东会的权利和表决权、选举权和被选举权、知情权、质询权和建议权、与股东会程序和议事规则有关的权利、股东诉权，等等。

所谓社员权，是指社员基于其成员地位与社团发生特殊的法律关系，在这

---

〔1〕陈甦主编：《民法总则评注》（上册），法律出版社 2017 年版，第 871—872 页。

〔2〕谢怀栻：《论民事权利体系》，载《法学研究》1996 年第 2 期，第 67—76 页。

种关系中，社员对社团所享有的各项权利的总和。其特征包括：其一，社员权基于社员资格产生，并与这种资格相始终；其二，社团与社员并非完全平等，社员受到社团意思的拘束；其三，社员权是一种复合性的权利，既包括经济性权利也包括非经济性权利；其四，社员权具有一定的专属性，以社员资格为前提。[1]除了股权以外，社员权还包括合伙企业、独资企业中投资者的权利等。

（六）投资性权利

“投资性权利”是一个非常广泛的概念，具有开放性和扩张性的特点。广义上的投资性权利包括股权等社员权，狭义上的投资性权利，主要是指新型投资，如基于隐含高利贷、基金、信托产品等产生的权利。当然具体权利的内容以及相关保护措施，通常是在特别法中加以规定。

二、民事权利的分类

除了在《民法典》中明确规定的各项民事权利之外，为了贯彻民事主体的意思自治，相关民事权利依据其在具体社会生活中的具体功能，也可以分成各种不同类型，以满足民事主体在不同法律关系中，保护自身合法权益的目的。

（一）绝对权与相对权

此种分类以权利的效力范围为区分标准。

1.绝对权

所谓绝对权，是指效力及于社会上一切人（不特定第三人）的权利。其义务人为社会上不特定之人，因此世上所有人都为其义务人，因此又称对世权。作为绝对权的义务人，其通常负担不侵害绝对权的不作为义务。一般来说，典型的绝对权包括我国《民法典》中规定的人格权、身份权（亲属权）、物权、知识产权、股权等人身权和财产权。就目的来说，绝对权让权利人可以向整个社会宣示其权利，以便社会上不特定人都能对权利的存在有所预期，因此在绝对权受到侵害时，就有足够的正当性为权利人提供以侵权法为基础的救济措施。

2.相对权

所谓相对权，是指效力仅及于特定人的权利，这里的特定人为相对权的义务人，因此又称为相对人，其根据相对权的内容承担为或者不为特定行为的义务。相对权具有相对性，即权利人仅有权要求相对人为或者不为特定行为，不

---

〔1〕朱庆育：《民法总论》（第二版），北京大学出版社 2016 年版，第 510 页。

得要求相对人之外的其他人承担相应的义务，因此又被称为对人权。[1]债权以及由此产生的请求权、形成权、抗辩权等为典型的相对权。需要注意的是，虽然请求权是典型的相对权，但这两者并不能完全等同。请求权的实现需要相对人的协助，形成权的实现并不需要相对人的协助，只需要权利人自身的意思就能实现，而抗辩权的效力恰恰是在于阻止相对人的请求行为。综合这几种请求权的内容，不难发现，相对权的认定关键在于权利的效力只能及于特定人。[2]在此意义上，相对权并不具有绝对权的宣示性特征，因此除了相对权人以外的人并不能对相对权的存在有所预期，在相对权受到侵害时原则上也无法受到侵权法的保护，并且如果第三人对相对权实施侵害的，原则上也不受法律保护。[3]但这一理解也不能绝对化，在学理上，如果采用违背善良风俗的方式，故意侵害他人债权的，受害人也可以请求侵权救济，《民法典》第1164条规定侵权责任的适用依据是侵害民事“权益”而非限制在侵害绝对权上，就是为这种例外的适用提供依据。

3.区分实义

绝对权和相对权区分具有悠久的历史，早在罗马法中就有明确，其目的在于明确不同权利类型的不同保护方法，这一点在《德国民法典》中贯彻得尤为明显。在德国法中，绝对权可以适用第985条返还请求权、第1004条妨害除去请求权与妨害防止请求权，如果加害人有过错的，还能适用第823条的损害赔偿请求权；而如果是相对权，因为其效力仅仅及于相对人，通常不存在被第三人侵害的情况，对绝对权的保护方式通常无法适用。[4]更重要的是，区分绝对权和相对权对《德国民法典》的体例建构产生至关重要的影响。绝对权和相对权明确了不同的权利效力和保护方法，对应着物法和债法两者的不同，也构成了《德国民法典》债编和物编的分立基础。

无疑《德国民法典》的编纂体例深切地影响了我国《民法典》的编纂，与其相类似的，《民法典》中也区分了物权编和合同编，在一定程度上贯彻了物债二分。但需要注意的是，在总则编第八章民事责任部分第179条总括地规定了所有承担民事责任的方式，并没有对绝对权和相对权有所区分，需要在解释和适用时加以明确区分。

---

〔1〕 Vgl. Hans Brox/Wolf-Dietrich Walker.Allgeminer Teil des BGB AT, Aufl. 2020,Rn. 632.

〔2〕 朱庆育 :《民法总论》(第二版)，北京大学出版社 2016 年版，第 512 页。

〔3〕 李永军 :《民法总则》，中国法制出版社 2018 年版，第 499 页。

〔4〕 Vlg. Hans Brox/Wolf-Dietrich Walker.Allgeminer Teil des BGB AT, Aufl. 2020,Rn. 631 f.

（二）支配权、请求权、抗辩权和形成权

以权利的权能为区分标准，民事权利还可以分为支配权、请求权、抗辩权和形成权。

1. 支配权

所谓支配权，是指民事主体对权利客体直接支配、控制并享受其利益的权利，大多数绝对权如物权、知识产权等都为支配权。一般来说，支配权都是绝对权，但绝对权并不一定都是支配权。不同的支配权体现着主体对不同客体的支配权能，如物权支配的是有体物，知识产权支配的是人类的智慧成果。占有也是一种对物的支配，但占有并非一项权利，因为占有的基础乃是客观事实，其可能合法，成立有权占有，也可能非法，成立无权占有，不具有正当性。

通常认为，支配权具有如下特征：其一，支配性，即权利人可依据自己的意志直接支配权利客体，无须他人的协助就能实现其权利。其二，排他性，即同一权利客体上不可能同时存在两个以上内容和性质相同的支配权，一物一权原则就是此特征的体现。其三，优先性，即在同一权利客体上并存支配权和其他民事权利的，支配权内部有先后次序，并且优先于相对权，如物权优于债权，限制物权优先于所有权，担保物权优先于其他物权等。其四，对应义务的消极性，即支配权人行使自己的权利无须他人协助，义务人只须消极地容忍、尊重、不干涉支配权的行使即可，义务人违反消极义务即构成对支配权的侵害，权利人得以排除妨碍并寻求救济。

2. 请求权

所谓请求权，是指权利人请求他人为或者不为特定行为的权利。在效力上，请求权与支配权相对，请求权的实现必须依靠义务人的协助。债权是一种典型的请求权，请求权的基本框架体系就以债权为模型建立，关于债权的规则可以准用在其他请求权的场合。但请求权能只是债权的主要权能，债权内还包含保有、处分等其他权能，所以只能在非严格意义上将请求权和债权相等。在整个民事权利体系中，请求权居于中枢地位，无论是绝对权还是相对权，在权利的实现，尤其是在权利受到侵害需要救济时，都需要借助请求权的效力。因此，在权利体系中除债权请求权外，还有物权请求权、人格权请求权、知识产权请求权、损害赔偿请求权等多种请求权。在这种意义上，请求权还可以分为原权请求权和作为救济的次生请求权，前者是指权利本身包含的请求权能，而后者则指在原权利受到侵害时发生的权利救济请求权。在请求权的法律适用

中，行使请求权是以特定的请求权基础为前提，即足以支持某种请求权存在的法律规范，其通常规定了请求权成立的要件。在这个意义上，有请求权必有请求权基础。通过请求权基础的实践，可以让权利人通过诉讼的方式，要求义务人为或者不为一定的行为，并且通过司法程序得到国家强制力的保障。[1]

一般认为，在民法体系内请求权类型主要包括以下几种：其一，合同请求权；其二，返还请求权；其三，损害赔偿请求权；其四，补偿及求偿请求权；其五，支出费用偿还请求权；其六，不作为请求权。[2]不同的请求权有不同的规范基础和适用条件。为了在具体的案件中准确地认定合适的请求权基础，法官常常对请求权的性质有预先的判断，然后在具体适用中以某种合目的性的考量为标准，按照一定的顺序检视请求权基础的适用可能。虽然各个学者的观点之间有稍许不同，[3]但总的来说，请求权基础的检视的排序规则大致遵循如下特点。[4]

第一，基于合同的请求权位于首位。合同请求权先于无因管理，原因在于在考虑适用后者时，必须首先确定是否存在具体的委托合同关系；先于物权请求权，原因在于合同能够提供占有本权，让占有成为有权占有以对抗物权人，排除返还请求权；先于侵权请求权，原因在于如果对权益的侵害有合同作为基础，那么就属于当事人同意，对权利人的损害反而就有正当性，不存在“侵权”的问题。

第二，基于准合同关系的请求权紧随其后。准合同请求权包括履行请求权、损害赔偿请求权、费用偿还请求权等，多发生在无因管理、缔约过失等情形中，将它们放在这个位置，是因为准合同和合同请求权关系极为紧密，大多数都产生于在合同生效之前的缔约过程中。有观点认为，应当将缔约过失放置于无因管理之前，因为前者和合同的关系更为紧密。

第三，物权请求权应当在侵权请求权和不当得利返还请求权之前。原因在于，前者直接和物权变动相关，只有在物权不存在时，才会考虑损害赔偿和利益返还的问题，而侵权请求权往往以过错为前提，物权请求权无此要求，应当首先被考虑。

---

〔1〕 Vgl. Karl Larenz/Manfred Wolf, Allgemeiner Teil des Bürgerlichen Rechts, Aufl.1997, S. 303.

〔2〕 王泽鉴：《民法思维》，北京大学出版社 2009 年版，第 51 页。

〔3〕 Brox/Walker. BGB AT, Aufl. 2020, Rn. 839 ff.；Medicus/Peterson, Bürgerliches Rechts, Aufl. 2009, Rn. 8 ff.；王泽鉴：《民法思维》，北京大学出版社 2009 年版，第 58 页；等等。

〔4〕 朱庆育：《民法总论》（第二版），北京大学出版社 2016 年版，第 565 页。

第四，不当得利返还请求权的排序各有不同。有观点认为其应当在最后，因为其根本就没有法律上的原因，那只有在所有法律原因都排除之后才能适用；也有观点认为，侵权请求权和不当得利请求权二者互不影响，无须进一步区分；还有观点认为，不当得利请求权仍然涉及物权变动，应当紧随物权请求权得到检视，而侵权请求权则与其他所有的请求权都无直接关联，并且可以和合同、物权以及不当得利请求权竞合并存。[1]

请求权基础如此多样化，其相互之间的关系也并非完全互斥。换言之，在具体事项下，会存在同时多个有效请求权基础的情况，对此需要根据各个请求权基础之间的关系分别判断。具体来说大致包括规范竞合、择一竞合、请求权聚合和请求权竞合四种类型。[2]

所谓规范竞合，是指满足的数项请求权的规范相互排斥，且其中一项请求权基础规范可以排除其他规范的适用。规范竞合往往适用在相关规范之间有效力位阶的情况，如特别法优于一般法，此时规范于特别法中的请求权就能排斥规范于一般法中请求权的适用。

所谓择一竞合，是指当事人享有数项请求权，或者同时享有请求权和形成权时，可以选择其中一项权利，并且在选择一项之后再无权选择其余权利。如在合同违约的情况下，适用违约金或者定金请求权，抑或在受诈欺时可以选择行使撤销权或者要求对方当事人继续履行。

所谓请求权聚合，是指基于同一法律事实产生若干相互不冲突的请求权，并且可以为权利人同时实现。此时权利人可以自由选择单独起诉或者合并共同起诉，如《民法典》第996条规定的违约请求权和精神损害赔偿请求权即可以共存。

所谓请求权竞合，是指基于同一法律事实产生的若干请求权，其虽然基于不同的请求权基础，但其内容和保护目标相同，因此相互排斥，仅能选择其一而行使。如《民法典》第186条规定的违约请求权和侵权请求权，虽然产生基础不同，但内容都是损害赔偿，目的都是填补权利人的损害，因此只能择一行使。请求权竞合还能够分为规范竞合和纯正请求权竞合，前者是指只存在一项请求权，只不过同时为数项规范所支持，违约和侵权请求权竞合就

〔1〕 当然最后一种观点显然以物权行为无因性理论为前提，在我国《民法典》语境下仅具有参考价值。

〔2〕 Vgl. Larenz/Wolf, Allgemeiner Teil des Bürgerlichen Rechts,Aufl.1997, S. 352 ff.

是此类；而后者则包括数项不同的实体请求权，如在租赁合同的场合，租赁关系到期之后，出借人可以通过基于所有权的原物返还请求权，也可以通过基于《民法典》第733条租赁物的返还请求权，要求承租人返还租赁物。与择一竞合相比较，后者多个请求权之间内容并不相同，甚至不一定都是请求权，并且各自的目的也不能共存。

通常认为，请求权包含如下特征：其一，请求性，请求权的效力表现为对特定相对人的请求，而非支配，即请求相对人为或者不为特定行为，需要相对人的协助，否则就无法实现权利。其二，非排他性，请求权所针对的客体是义务的履行，即给付行为，这种给付行为并不当然具有唯一性，因此在同一标的物上可以成立数项内容相同的请求权，不具有排他性。其三，平等性，既然请求权不具有排他性，那么在同一标的物上共存的数项给付便不具有对立性，而是处于相互平等的关系；任何一项请求权都不享有对其他请求权的优先效力，一般来说对于到期的债权，数位债务人处于平等受偿的地位。

3. 抗辩权

所谓抗辩权，是指对抗请求权人行使请求权的权利。因为请求权的行使需要相对人的配合，而相对人无论在法律还是道义上都有协助请求权人的义务，无权拒绝。但如果请求权人的权利有瑕疵，则相对人的拒绝就有正当性，而这种拒绝的法律基础就是抗辩权。在法律效力上，抗辩权能够阻止请求权的效力，是对立于请求权的权利，所以又称为请求权的反对权（Gegenrecht），没有请求权就没有抗辩权。[1]

在法律的语境下，我们常常在两种情况下使用"抗辩"一词：一是在对抗请求权的语境下，即这里所谓抗辩权；二是在诉讼中对抗对方的诉讼请求，也称为抗辩。在诉讼过程中，对相对方的诉讼请求，可以从两个方面进行对抗：一是可以否认对方作为诉讼基础的事实，二是可以否认对方诉讼请求的正当性。前者将会使相对方承担对事实的举证责任，被称为诉的否定，而后者则是己方要负担举证责任，即诉讼抗辩，两者都是在诉讼过程中的对抗手段。而抗辩权则是民法明文规定的，对抗请求权的实体性权利，以此区别于诉讼中的抗辩，以及民事权利产生、存续和消灭的抗辩。因为抗辩权只能由法律明确规定，所以其种类也是有限的，包括先诉抗辩（《民法典》第392、687条）、同时履行抗辩（《民法典》第525条）、顺序履行抗辩（《民法典》第526条）、

〔1〕 Vgl. Hans Brox/Wolf-Dietrich Walker.Allgeminer Teil des BGB AT, Aufl. 2020,Rn. 660.

不安抗辩（《民法典》第527、528条）、拒绝给付抗辩（《保险法》第16条）以及时效抗辩（《民法典》第188条）等。

抗辩权的行使以权利人行使自己的请求权为先决条件，在作用上抗辩权仅仅能够阻止请求权效力，而不能消灭请求权，因此其仅仅是一项防御性的权利，并且权利人也可以自由选择不行使。抗辩权还可以区分为一时的抗辩和永久的抗辩。前者是指因为具体的事项可以暂时性地阻止请求权效力的实现，当阻碍事项消除之后，抗辩权也归于无效，请求权仍然能够发挥效力，如先诉抗辩、同时履行抗辩、顺序履行抗辩、不安抗辩等。后者则能够彻底地阻止请求权效力的实现，一经行使则请求权人便永远无法实现其目的，如时效完成抗辩、拒绝给付抗辩等。

4. 形成权

所谓形成权，是指权利人可以凭借自己单方的意思表示，而使得法律关系发生变动的权利。形成权理论的提出显著地拓展了权利的范围，被称为法学上的重要发现。[1]在效力上，形成权具有私法中的权力属性，可以单凭权利人自己的意志加以实现，这一点和支配权类似。但不同之处在于，其又不支配具体的权利客体，而仅仅是改变某种既有的法律关系，产生权利和义务关系的变动。所以形成权构成了不同于支配权、请求权和抗辩权的权利体系。

从私法自治的角度来说，法律关系的变动应当以当事人自己的意思为依据，然而形成权能让单方的意思表示产生法律关系变更的效果，因此为了协调这两者的关系，形成权需要具备特别的正当性。为此，形成权只能通过两种方式成立：其一，当事人的约定，如约定解除权，当事人通过自己的意思表示，事先约定在一定条件下，当事人一方享有某项形成权，此时形成权本身就是当事人意思自治的产物，自然符合私法自治的要求；其二，法律的特别规定，如法律中明确规定的一系列形成权。不同的法定形成权，各自拥有不同的正当性理由。但总的来说，都是立法者为保护具有优先法益的民事利益所作出的价值判断，通常都具有社会公共伦理或者社会观念的正当性。

在具体类型上，根据形成权所生效力不同，可以将其分为生效形成权、变更形成权和消灭形成权，分别对应使法律关系发生、内容变更以及消灭的不同效果。生效形成权如同意权、追认权，变更形成权如选择权、变更权，消灭形成权如抵销权、解除权、撤销权、终止权等。根据形成权的行使方式不同，还

---

〔1〕 王泽鉴：《民法学说与判例研究》（第四册），北京大学出版社 2009 年版，第 8 页。

可以分为单纯的形成权和形成诉权，前者是指仅凭借一方当事人的意思就能行使的形成权，而后者则是指必须通过诉讼来行使，以尽可能地限制形成权行使中的任意性和不确定性。一般认为，我国实证法中的撤销权都是形成诉权。

在具体行使上，形成权因为其特殊的法律效力，会让相对人一直处于一个悬而未决的法律状态，时刻担心权利人行使形成权，而单方面导致自己的法律关系发生变化。因此为了保护相对人，并且维护法律关系的明确和稳定，形成权的行使需要受到一定的限制：其一，形成权往往有一个存续期间，称为除斥期间，这一期间经过而未行使形成权，则产生形成权消灭的法律效果；其二，形成权的行使原则上不得附条件或期限，但如果条件的成就是依据相对人的意思或者期限明确的除外；其三，形成权的意思表示一旦作出原则上就不得撤回，因为形成权的意思表示到达相对人处即产生法律效果，但撤回的意思表示先于形成权的意思表示到达相对人的除外。[1]

（三）主权利和从权利

以权利之间的相互关系为依据，可以分成主权利和从权利。前者是不依赖其他权利可以独自存在的权利，而后者则是指必须依附于其他权利而存在，并且对其他权利的效力实现起到辅助作用的权利。主权利和从权利只在讨论权利相互关系时有意义，单独存在的一项权利自然没有区分主从的必要。典型的主从权利如债权与担保物权，前者是主权利，而后者则是从权利。

第三节　民事权利的行使、保护与救济

问题示例

甲谎称自己母亲病重，急需治疗，友人乙出于同情借给甲一大笔钱，让甲安心帮母亲治病，约定5年内还清。但甲获得这笔钱后，用于个人奢侈消费，2年后乙得知真相后大怒，要求甲立刻还钱。甲因为早把这笔钱花光，找各种借口拖延，最后甚至与乙断绝联系。一日，乙在路上碰巧遇到甲，甲欲逃跑时，乙便与同行的友人一起将甲控制住，并报了警，在控制过程中发生肢体冲突导致甲身上多处青紫。试问，甲与乙之间的法律关系如何？

---

〔1〕 王泽鉴：《民法总则》，北京大学出版社2009年版，第107页。

一、民事权利的行使

所谓民事权利的行使，是指民事主体实现其民事权利内容的行为。民事主体行使民事权利，可以通过法律行为，也可以通过事实行为，无论通过哪种方式，行使民事权利都会造成民事法律关系变动的后果。在这种意义上，民事权利的行使，可以视为民事权利和民事法律关系变动的法律事实。[1]但是民事权利的行使，并不一定会产生私法上的效果，因为行使权利的意思表示或行为能否真正产生法律效果，受到法律的保护，还要经过法律本身的价值衡量。只有符合法律规定、符合法律价值预期的行使行为，其效果才能受到法律的保护，而这被称为民事权利的实现。在这种意义上，民事权利的行使是实现的前提和基础，但仅仅是必要条件。而这些作为法律价值衡量标准的基本原则，则构成了权利主体行使民事权利所必须遵守的基本规范框架。

（一）民事权利的行使和意思自治

意思自治乃是民事主体实施法律行为，享有权利并承担义务的基本原则。《民法典》第5条规定的“自愿原则”就是意思自治在法典中的直接体现。一般认为，权利行使自愿原则，应当是意思自治的下位概念。[2]民事主体行使自己的权利，必须以当事人的自愿为前提，只有这样才能充分彰显意思自治的主旨，也才能真正实现在法律规范内，民事主体充分的自由。也就是说，民事主体有权按照自己的意愿行使或者不行使自己的权利，自由选择行使权利的方式，自由选择行使民事权利的全部或者部分内容，其他任何主体都不能随意干涉。[3]这也是《民法典》第130条规范的核心内容。

一般来说，意思自治或者私法自治，作为民法的基本原则，主要体现在法律行为或者意思表示制度中，以凸显对当事人自由意志的尊重。民事主体对权利的行使，也应当体现其自由意志，乃是意思自治原则的自然延伸，无须特别明文加以规定。但我国在继受了意思自治、私法自治等基本原则之后，不仅将其视为法律行为制度中的基本原则，而且将其扩展为整个民法的基本原则，明确其适用应当延伸到民法的所有制度层面。民事权利的行使应当符合意思自治，一方面是因为《民法典》总则编是以民事权利而非法律行为概念为核心建构，让民事权利的行使成为法律行为的前提；另一方面是因

〔1〕 邹海林：《民法总则》，法律出版社 2018 年版，第 226 页。

〔2〕 李宇：《民法总则要义：规范释论与判解集注》，法律出版社 2017 年版，第 415 页。

〔3〕 参见陈甦主编：《民法总则评注》（上册），法律出版社 2017 年版，第 906 页。

为在我国历史上曾经有一段时间存在普遍不尊重私权的现象，在此加以强调以示不忘记历史上的惨痛教训。当然，即便是民事主体按照自己的意思自由行使权利，也并非没有限制，除了法律的明确规定之外，还有诚实信用、禁止权利滥用等原则。

（二）民事权利的行使和诚实信用原则

所谓诚实信用原则又称诚信原则。关于诚实信用原则的内涵，学说见解众说纷纭，有学说认为当事人之间行使权利及履行义务应诚实不欺；有学说要求权利人应当顾及他人利益，以正直的方式行使权利；有学说要求保持当事人之间以及当事人和社会公共利益之间的平衡；还有学说认为其包括爱人如爱己的社会最高理想、交易上公认的道德准则、罗马法中的恶意抗辩、为双方当事人利益的公平衡量，等等。但无论见解如何，普遍都给予其极高地位，认为其是“现代民法的最高指导原则”或是“帝王条款”。〔1〕我国《民法典》第7条规定了诚实信用为从事民事活动的基本原则，要求权利主体要秉持诚信，恪守承诺。

如果权利的行使违背了诚实信用原则，那么其在法理上会构成权利的滥用，从而无法受到法律的保护。例如最高人民法院认为，当事人双方应当以善意的方式履行义务，不得滥用权利及规避法律或合同中的合法义务，因此如果出卖人在建筑物所有权已经移转的情况下，拒绝履行约定义务，为买受人办理土地过户，反而试图通过诉讼的方式，收回建筑物所有权的行为，违反诚实信用原则，不应受到法律保护。〔2〕

（三）民事权利的行使与禁止权利滥用

所谓禁止权利滥用，是指民事权利的行使，不能超过法律、诚实信用、公序良俗以及权利自身的目的限制以至于损害他人的合法权益。权利行使必然有其界限，超过正当界限而行使权利，就可能构成权利的滥用。虽然从纯粹的个人自由主义视角出发，只要是个人的权利，当然可以由权利人的意志自由行使，没有法律上的原因不能侵夺。只要在权利范围之内权利人就享有绝对自由，而在权利范围之外便是无权利，因此根本无所谓权利滥用的存在。然而，随着民法由个人本位逐渐转向社会，权利的行使也必须兼顾社会公益和他人的

---

〔1〕张俊浩主编：《民法学原理》（修订第三版），中国政法大学出版社2000年版，第36页。

〔2〕参见北京瑞德康住房开发股份有限公司与内蒙古普利房地产开发有限责任公司其他买卖合同纠纷审判监督案民事判决书，最高人民法院（2014）民抗字第41号民事判决书。

合法权益，从1900年的《德国民法典》开始，各国逐渐开始认可禁止权利滥用这一原则。然而在《民法总则》通过之前，我国法律上却一直没有在一般性的民事法律规范层面对此加以明文规定。有观点认为《宪法》第51条的规定实质上包含了禁止权利滥用的内容，[1]但考虑到宪法规范不可诉的现实，这一规定对于在司法实践中贯彻禁止权利滥用这一规范，并没有太大意义。《民法典》第132条延续了原《民法总则》的内容，明文规定了禁止权利滥用原则，为其规制民事权利的行使提供了明确的法律基础。

从整个的民事权利体系来看，禁止权利滥用与其说是一项基本原则，不如说是一项例外规定。因为权利的行使应当以权利人自由为原则，仅在构成权利滥用时，不受法律保护。换言之，禁止权利滥用，实乃权利行使自由原则的例外，即《民法典》第130条的例外。[2]在这种意义上，禁止权利滥用其效力位阶不可能高于权利行使自由原则，因此其只能被视为一项民事权利行使的基本原则，而非民法的基本原则。这也是立法者将其规定在总则编民事权利一章而非基本规定一章的原因之一。

一般认为，要构成权利滥用，必须满足如下的条件。

第一，必须存在正当的权利或者与权利行使有关的内容，否则根本就没有权利滥用的可能性。第二，权利人行使权利的行为损害了他人和社会的利益，需要注意的是，权利人行使自己的权利本身就意味着对他人自由的限制，只是正当的权利行使，相对人就有容忍的义务，而权利滥用的后果显然应当超过社会一般容忍义务的范围。第三，行为人在行使权利时主观上有损害他人或者社会利益的故意。禁止权利滥用是法律施加给权利人自由的额外限制，因此这种禁止就需要有足够的正当性，相对的权利人的行为也应当有足够的可谴责性。权利人主观上的故意或者恶意，就是这种可谴责性最为直接的体现。虽然也有观点认为，构成权利滥用无须主观要件，但从最高人民法院的相关判决来看，其还是坚持了对行为人主观上的要求，认为“任何违背立法目的和法律精神，以损害他人正当权益为目的，恶意取得并行使权利、扰乱市场正当竞争秩序的行为均属于权利滥用，其相关权利主张不应得到法律的保护和支持”。[3]

---

〔1〕 梁慧星：《民法总论》（第五版），法律出版社2017年版，第280页；魏振瀛：《民法》（第五版），北京大学出版社2013年版，第25页。

〔2〕 李宇：《民法总则要义：规范释论与判解集注》，法律出版社2017年版，第417页。

〔3〕 参见钜强（广州）机械有限公司与林东梁侵害注册商标专用权纠纷再审案，最高人民法院（2015）民提字第49号民事判决书。

明确禁止权利滥用的内涵和适用规则，首先，要将其与侵权行为相区分。一般认为，（1）权利滥用以正当的权利存在为前提，而侵权行为则是违反义务的行为，并不存在权利的正当性。（2）禁止权利滥用的目的在于限制对民事权利的行使行为，以保护社会公益或他人利益，而侵权行为制度的目的在于填补损害和制裁不法行为。（3）权利滥用通常以权利人的主观故意为要件，过失往往不足以成为限制权利人自由的充分理由，而无论是故意还是过失都能够构成侵权行为。

其次，明确禁止权利滥用的内涵和适用规则，需要明确其与诚实信用原则的关系。关于两者关系，传统上存在两种观点：其一，认为禁止权利滥用是诚实信用原则的反面，即两者是同义反复的关系。诚实信用为指导权利人行使权利的原则，要求行为人不得侵害社会公益和他人权益，而权利滥用则为权利人违反诚实信用原则的法律后果，权利人的行使行为一旦侵害社会公益和他人权益就有可能构成权利滥用。其二，认为禁止权利滥用原则和诚实信用原则乃是两项相互独立、并行不悖的法律原则，两者各自拥有其不同的适用范围。[1]如上文所言，《民法典》将禁止权利滥用规定于第132条，显然立法者并非将其视为与诚实信用原则等同的基本民法原则，并非诚实信用原则的反面，而仅仅是民事权利行使的基本原则，在这种意义上可以将其视为诚实信用原则在民事权利行使这一领域中的具体化，以尽量减少对私人权利的限制，充分保护权利行使的自由空间。[2]

《民法典》第132条虽然规定了禁止权力滥用，但并未明确权利滥用的后果。有观点认为对此应以承认权利存在，而否认权利行使为原则，以权利丧失为例外，即如果权利的行使为法律行为，则法律行为无效；如果权利行使为事实行为，则成立损害赔偿；如果权利滥用状态仍然存在，则受害人得请求停止侵害。[3]但这样易使权利滥用的后果与侵权责任相混淆。例如在解除权不行使的场合，权利人不行使权利，造成相对人对其不行使权利的信赖，是该理论最重要的构成要件。此时，权利人如果违背这种信赖行使解除权，就构成权利的滥用。但法院要判断这种信赖是否存在，势必要涉及对当事人动机的审查，究竟是权利人信任义务人会履行义务而不行使权利，还是义务人相信权利人不会

---

〔1〕杨与龄：《民法概要：债编及亲属编再修正》，中国政法大学出版社2002年版，第84页；王泽鉴：《民法总则》，北京大学出版社2009年版，第522页。

〔2〕朱庆育：《民法总论》（第二版），北京大学出版社2016年版，第531页。

〔3〕梁慧星：《民法总论》（第五版），法律出版社2017年版，第282页。

行使权利而产生信赖，法院往往难以确定，更会影响法律适用的稳定性和可预期性。

对于这种法律后果上的不清晰，有观点认为，其原因在于禁止权利滥用本身存在内在的体系悖论。就外部体系而言，学理上所概括的大多数权利滥用行为，或者属于侵权行为，或者根本是无权行为，既享有权利，又不构成侵权行为，在实践中本身就难以界定；而在内部体系而言，“行使权利非属不法”本身就是权利的自在逻辑，无论采用意思说还是利益说，权利都是权利人自主支配的范围，不受法律干预，但受到法律的保护。私法上这种基于利益衡量或者社会经济目的而对权利人的自由加以干预，已经远远超过了私法的范围，成为一种超脱私法和公法双重控制的公权力干预，有悖私法自治原则。[1]

二、民事权利的保护与救济

（一）公力救济和私力救济

法谚有云：“无救济则无权利。”虽然权利的行使有着诸多的限制，但这些限制都只不过是私权自由的补充，民事权利制度的核心仍然是权利人的自由，以及法律对权利的保护。在这种意义上，当民事权利受到侵害时，出于民法权利保护的制度目的，以及矫正秩序的需要，民法必须要对此加以回应。通过赋予权利主体以请求权基础的方式，让其可以引入国家强制力，强制加害方承担民事责任，以填补其损害，这便是民法上的公力救济。在例外的情况下，当公力救济来不及实现时，也允许权利主体以自身的行为保护权利不受侵害，以彰显意思自治的制度价值，这便是民法上的私力救济。就这两者之间的关系而言，虽然在历史上，私力救济是先于公力救济出现的权利保护方法，但是随着国家的观念和组织不断发展，公力救济逐步代替了私力救济，现在已经是以公力救济为主，私力救济为辅。主体虽然享有权利，但并不意味着其可以亲自去实现权利的内容，而是要通过国家公权力的协助，只有这样才能平衡不同强弱主体之间的地位，避免私人之间的武力冲突。[2]在古代由于国家统治能力的客观限制，公权力往往会允许社会基层分担其社会管理职能，如中国古代基层的士绅阶层，或者欧洲中世纪的封建领主，他们或多或少地都享有在皇帝或者国王以外，执行强制力的权力。然而，随着国家制度的完善和社会管理职能的

---

〔1〕李宇：《民法总则要义：规范释论与判解集注》，法律出版社2017年版，第418页。

〔2〕［德］迪特尔·梅迪库斯：《德国民法总论》，邵建东译，法律出版社2000年版，第121页。

发达，国家越来越排斥私人暴力的存在，现代国家已经尽可能地垄断社会中的合法暴力，只有在不得已的情况下才会暂时性地让渡这种垄断地位。

（二）公力救济和民事责任

所谓公力救济，是指民事权利受到侵害时，民事主体请求国家公权力机关排除侵害以保护民事权利的救济措施，其本质上就是通过国家强制力强迫当事人承担一定的民事责任。而这里的民事责任，是指民事主体不履行或者不完全履行民事义务的法律后果。在民法理论中，民事责任和民事权利、民事义务一起，共同构成了完整的民事法律关系体系。权利、义务是民事法律关系的内容，而责任是权利和义务实现的法律保障。民事主体的权利对应着其他民事主体的义务，而民事主体不履行自己的义务则要承担相应的责任。在这种意义上，绝不能将民事义务和民事责任相混同。民事义务是民事权利的对立面，其在道德上是中性的，义务主体承担着履行义务的道德和法律拘束；而民事责任则是义务人不履行义务的法律后果，其在道德上具有可谴责性。

在法律效果上，民事责任使得民事权利能够真正得到法律上之力的保障。如上文所述，权利的本质乃一种法律上的力，当权利受到侵害时，能够通过这种法律上的力获得救济。这种法律上的力，并非物理学意义上的力，而是一种法律所赋予的国家强制力，由整个国家公权力提供保障和支持。民事权利能够获得这种法律之力的保障，必须通过民事责任制度，因为无论权利还是义务，都仍然处在私法自治的语境之下，都在描述私主体人之间的关系，只有民事责任才会和国家强制力发生关系。义务人如果可以完整履行其义务，实现权利的内容，根本无须考虑民事责任，也无须国家公权力的介入，法律上的力也不必发动。只有义务人不履行义务导致权利得不到实现时，才会产生民事责任，从而导致国家强制力的介入，通过法律上的力来对权利人实施救济。

在这种意义上，有观点将民事责任视为连接民事权利和国家公权力的中介。只有通过民事责任制度，国家公权力才能适当地介入私人生活之中，并且通过公力救济措施的设置和民事责任制度的建构，引导和规范民事权利和义务内容。在尊重私法自治和意思自由的基础上，协调私人权利和社会公共利益的关系，实现两者的和谐发展。具体而言，国家司法机关是保障民事权利的最后屏障，私人向司法机关请求保护的权利，被称为诉权。诉权虽然是一种程序法上的权利，但其也要以一定的法律要件为前提，这些要件在民事实体法上被称为请求权基础，而这些请求权基础也同样是民事责任的构成要件。立法者通过实体法规定请求权基础，以明确民事权利受保护的类型和范围；司法者通过请求权基础的适用，在具体案例中判断是否存在违反义务的情况，并通过强制承担民事责任的公力救济方式，保护受损害的权利。

《民法典》总则编第179条延续了原《民法通则》的立法惯例，统一规定了承担民事责任的方式，主要包括以下几个方面。[1]

第一，停止侵害，指权利人请求侵害人停止正在实施的侵害行为的民事责任。这种民事责任的救济对象主要是绝对权人，如物权、人格权、身份权、知识产权等的权利人。

第二，排除妨碍，指当民事权利的享有或实现受到现实的干扰或妨碍时，权利人可以请求妨碍人承担消除其妨碍事项的民事责任。排除妨碍是预防民事权利发生损害或者防止损害扩大的民事责任方式，排除妨碍的相关费用由责任人承担。

第三，消除危险，指民事权利面临相当程度损害的风险时，权利人可以请求造成风险的人承担消除风险状况的民事责任。与排除妨碍一样，消除危险也是一种预防民事权利发生损害，或者防止损害进一步扩大的民事责任方式。消除危险的相关费用也由责任人承担。

第四，返还财产，指将没有法律上的依据而变动的财产关系恢复到变动前状态的一种民事责任。原则上返还财产应当返还原物，原物返还不能的应当返还价值相当的种类物或者替代物。

第五，恢复原状，指将受到损坏的财产恢复到受损前状态的一种民事责任。广义上的恢复原状是承担民事责任的一般形式，凡民事权利受损，都应恢复原状，无法恢复原状的，才会采用其他责任形式。在实务中，恢复原状通常指将受损的财产物理上恢复原状。

第六，修理、重做、更换，修理是一种消除标的物质量瑕疵的责任方式；重做通常指在承揽合同中交付的标的物不符合约定，应当重新给付符合约定的标的物；更换指在移转占有或所有的法律关系中，当事人交付的标的物不符合要求的，应当另行提供符合要求的代替标的物的责任形式。

第七，继续履行，指一方当事人不履行或者不完全履行合同义务的，另一方当事人可以要求其继续履行剩余义务的责任承担方式，又称强制实际履行。此为承担违约责任的主要责任方式。

第八，赔偿损失，指以金钱给付填补民事权益受损害的民事责任形式。赔

---

〔1〕 邹海林 :《民法总则》，法律出版社 2018 年版，第 428 页以下。

偿损失以受损害为限，在性质上属于补偿性赔偿。例外情况下，可以适用惩罚性赔偿的加重责任。

第九，支付违约金，指当事人一方违反合同约定的义务，应向对方支付合同约定金额的一种责任形式。违约金在性质上与损害赔偿并不完全一致，不严格以实际的损害为依据，并且支付违约金也不能免除如继续履行等其他责任。

第十，消除影响、恢复名誉，指权利人请求侵权人在一定范围内采取适当措施消除对权利人名誉的不利影响，以使得其名誉恢复原状的责任方式。此种责任方式主要适用在侵害人格权，尤其是侵害名誉权的场合。

第十一，赔礼道歉，指权利人请求侵权人以口头、书面、行为等方式承认其行为错误，表达歉意，并寻求谅解的一种责任形式。这种责任形式主要使用在侵害人格权，尤其是造成精神损害的场合。

需要特别注意的是，《民法典》第179条规定的这些责任承担方式，各自有不同的构成要件和适用前提，本条在此仅仅统一规定而未加以性质区分。因此，在理解上需要特别注意各自不同的适用条件和法律效果。

（三）私力救济

私力救济，又称自力救济，是指民法所承认的民事主体以自己的行为保护民事权利免受侵害的救济方式。如前文所述，随着社会的发展，在绝大多数情况下，公力救济已经取代私力救济，为了尽量避免基于一己私利的报复性暴力事件，私力救济的范围已经被严格限制，仅仅在公力救济无法及时发生作用的情况下，有条件地被允许。在学理上，私力救济包括自助行为和自卫行为。《民法典》中对后者有直接的规定，但对于前者保持谨慎。

1. 自助行为

自助行为是指为保护自己的合法权益，在情况紧迫的情况下，对他人的自由或财产施以拘束或毁损的行为。《民法典》侵权责任编第1177条对此作出了明确的规定。自助行为的目的虽然是保护自己的合法权益，但因为其会对相对人的人身自由和财产造成极大限制，因此自助行为有着严格的构成要件。[1]

第一，自己的合法请求权受到现实的威胁。支配权的行使无须他人协助，自然没有适用自助行为的必要，只有请求权的实现因为其需要义务人的协助，

---

〔1〕 梁慧星：《民法总论》（第五版），法律出版社2017年版，第283页；朱庆育：《民法总论》（第二版），北京大学出版社2016年版，第573页；邹海林：《民法总则》，法律出版社2018年版，第233页。

因此在必要时需要自助行为以督促义务人履行义务。行使自助行为的主体应当是权利人，并且基于合法的请求权，只有这样自助行为的行使才具有正当性，保护他人权利属于自卫行为的范畴。请求权必须面临现实的损害，而不是想象的损害，这样才有保护请求权的客观必要性。

第二，须时机紧迫来不及请求公力救济。来不及请求公力救济，这是行使自助行为的必要前提。所谓时机紧迫是指如果不于此时行使，过后将会失去保护自己权利的机会。例如债权人欲逃往国外，或者侵权人欲逃离现场，若一味等待公权力介入，则义务人早已逃之夭夭，权利救济也就无从谈起。

第三，须不超过必要限度。自助行为是对相对人人身自由和财产利益的极大限制，因此必须不能超过必要限度，以得以保障请求权的实现为限。一般认为如果通过限制财产利益就能实现的，就不能限制人身自由，并且无论怎样都不能损害人身自由以外的身体、健康、名誉等人格利益。如果超过必要限度，会构成侵权行为。

第四，要及时请求国家强制力的介入。权利人行使自助行为的目的，乃是在紧急情况下，暂时性地限制义务人的人身和财产，为国家强制力的介入创造条件。因此在采取自助行为之后，权利人应当及时请求国家强制力的介入。自助行为只是一种公力救济暂时无法实现下的应急手段，其并不能够直接解决争议，也不能代替公力救济本身。如果行使自助行为后不及时请求国家机关予以适当处置，则会构成侵权行为。这里的适当处置，是指将扣押的财务或拘束的义务人送交法院或有关机关，对财务进行诉前保全，或对义务人进行人身保全扣押。

在法律效果上，虽然其涉及对人身自由和财产利益的限制，但因为满足以上诸项条件，自助行为就有了阻却违法性，行为人无须承担损害赔偿责任。

2. 自卫行为

自卫行为是民事主体为避免自己、他人的民事权利或者公共利益免受不法侵害或紧急危险时，而自行采取的防卫行为。我国《民法典》中的自卫行为包括正当防卫和紧急避险。从法理逻辑上讲，自卫行为属于民事权利的保护方法，应当规定在民事权利部分。但在我国法语境下，从《民法通则》开始，正当防卫和紧急避险就被规定在民事责任章节，作为主体不承担民事责任的抗辩事由，《民法总则》和之后的《民法典》总则编也延续了这种规范体例，这也导致了正当防卫和紧急避险与不可抗力，以及自愿的救助行为等责任免除事由放在一起，在对规范的解释和适用中必须明确这些制度各自不同的法律性质。

为什么自卫行为能够成为免除责任的正当事由，理论界有数种不同观点：[1]“意思说”认为，当不法侵害和紧急危险发生时，当事人根本没有思考的余地，在很多时候只是凭借本能进行自卫，因此其行为并非在自由意志指导下进行，不应当承担责任。“权利行为说”认为，自卫行为属于行为人为保护自己的权利而为的行为，应被视为权利行使行为的延续，而权利行使不应当承担责任。“非常行为说”认为，不法侵害和紧急危险都发生在非常之际，不可能有公力救济的可能，只有通过当事人的自卫行为才能实现对权利的保护，因此法律应当赋予其正当性。第一种学说与责任日益客观化、社会化的趋势不相符合，第二种学说易于陷入权力滥用的风险，只有第三种学说，考虑了自卫行为适用的特定条件，即在紧急情况下不得已而为之。此时由于无法即时获得公力救济，如果不允许私力救济的存在，则会招致重大损害。所以要在一定限度范围内，从利益平衡的角度出发，给予自卫行为以合法性和正当性。

（1）正当防卫

所谓正当防卫，是指当出现现时的不法侵害时，为了防止自己、他人权益，或者公共利益受到侵害，对加害方实施的防御性反击行为。在正当防卫的情况下，即便行为造成加害人损害的，行为人也无须承担责任。根据民法理论，要构成正当防卫需要满足如下要件。[2]

第一，须为不法侵害。构成正当防卫的首要条件，必须是有现实存在的不法行为，并且该行为也不具备违法阻却事由。如果行为虽然对自己或他人造成损害，但是确实是行使正当权利的结果，则不能对其进行防卫。此外，这种不法侵害和行为人一方的主观状态无关，故意或是过失在所不问。

第二，不法侵害具有现时性。所谓现时性是指侵害已经发生并且正在持续。私力救济的目的在于填补公力救济的不足，因此当损害尚未发生或者损害已经结束的，都不能进行正当防卫。因为此时已经失去了采用私力救济的紧迫性，故而应当寻求公力救济。

第三，防卫自己、他人的合法权益或者公共利益。正当防卫所防卫的利益必须有其正当性，不法的利益无法进行防卫。而只要是正当的利益，无论是自己、他人还是社会利益，都可以防卫。

第四，防卫不能超越必要限度。正当防卫的目的乃是排除正在发生的权益

---

〔1〕 梁慧星：《民法总论》（第五版），法律出版社 2017 年版，第 285 页以下。

〔2〕 Vgl. Karl Larenz/Manfred Wolf, Allgemeiner Teil des Bürgerlichen Rechts, Aufl.1997, S. 372 ff.

侵害，因此正当防卫有其界限，以实现其目的为限度。超过必要限度的防卫行为，被称为防卫过当，行为人需要承担适当的责任。这里的适当主要是指超过必要部分的损害，而非受害人的全部损害。至于判断必要限度，一般以客观标准为依据：一方面，防卫措施以客观上能够制止侵害行为为限，符合必要原则；另一方面，防卫措施要与侵害行为相当，符合比例原则。原则上不能为了保护较小的法益而损害较大的法益。此外，在具体实施上也要符合权利不能滥用的原则。

在法律效果上，一旦成立正当防卫，作为权利行使的延伸，其虽然会损害他人权益，但却是违法阻却事由，不会构成侵权行为。但防卫行为超过必要限度的，属于防卫过当，应当承担适当的责任。此种责任的成立，仅以防卫行为超过必要限度为要件，而不考虑行为人的主观状态，属于严格责任。而在假象防卫的场合，即明明没有现实的不法损害，但行为人却误信存在不法损害而实施防卫行为的，其在本质上属于一种侵权行为，适用侵权责任的一般规定。

（2）紧急避险

所谓紧急避险，是指为了自己或者他人的人身、财产利益及社会公共利益免受正在发生的急迫危险，不得已采取的损害他人人身、财产利益的避险行为。这里的“避险行为”，不同于正当防卫的“反击行为”，前者是一种为了躲避危险而损害他人利益的行为，而后者是直接阻止侵权行为的对抗行为。这里的他人，既可以是危险物的所有人、管理人，也可以是与危险完全无关的第三人。此时，作为损害赔偿救济的法定障碍，避险行为人无须为受害人的损失承担损害赔偿责任。与正当防卫一样，作为自助行为的紧急避险也有着严格的构成要件。

第一，危险的现实性，即危险必须是客观现实存在的，而不能是避险人自己的想象。这里的危险广义上指代一切的危害，可以是自然原因导致的，也可以是人为原因所致。需要特别强调的是，紧急避险情况下，危险所危害的对象，仅限于生命、身体、自由、财产这四种利益，[1]相比而言正当防卫就没有这种限制，只要权利受到不法侵害都能实施防卫。

第二，危险的急迫性，即危险是现在正在发生的，包括已经发生的危险将要造成损害，或者已经造成损害并且损害还在继续扩大等情形。这种急迫性使得避险人无从以其他方式躲避危险，在情急之下不得已只能采取损害他人利益

〔1〕 王泽鉴：《民法总则》，北京大学出版社 2009 年版，第 540 页。

的方式。

第三，避险目的的正当性。紧急避险行为是为了保护自己或他人的合法人身财产利益及社会公共利益而实施的。对这些正当权益的保护，使得紧急避险行为具有了相应的正当性。行为人必须在主观上有保护合法权益的认识，否则会造成紧急避险制度的滥用。

第四，避险行为的适当性。法律设置紧急避险的制度目的，在于允许当事人在面临现实急迫的危险时，能够以较小的代价来避免承受较大的损害，自然就会对避险行为有所限制，要求其不能超过必要限度。这里的“必要限度”必须从“必要性”和“法益衡量”两个方面考虑：一方面，避险行为仅能够以避免危险发生为限制，满足必要性要求；另一方面，即便实在避险行为有其必要性的情况下，避险人对他人造成的损害，也不能超过其避免的危险所能造成的损害程度，即需要衡量受保护的法益和受损害的法益，如果两者失衡，则会构成避险失当，避险人也需要承担责任。

在责任分担上，以传统民法理论为依据，结合《民法典》第182条规定，主要需要区分以下数种情况。

第一，通常情况下，避险人对他人所受的损害不承担赔偿责任。其理由在于[1]：其一，紧急避险是以牺牲一个较小利益来保护较大利益的行为，符合一般市民社会的观念；其二，紧急避险造成的损害通常都是在迫不得已情况下造成的，没有其他选择的余地，避险人没有主观过错；其三，正在发生的危险并非由避险人所引起，真正的责任可以由引起危险的一方承担。

第二，如果危险是人为造成的，通常应当由引起危险发生的人承担损害赔偿责任。这种损害可以是避险人在避险过程中对自己造成的，也可以是避险人对他人造成的，甚至损害可能是对引起危险的人造成的，此时会发生权利义务的混同。如果避险人同时是引起危险发生的人，那么也应当由避险人承担责任，自不必多言。

第三，如果危险是自然原因造成的，避险人不承担责任，但由受益的一方给予适当的补偿。此时危险的发生乃是意外事件，任何人都不应对此承担责任，但损害是客观发生的，此时就涉及风险的分担问题。依照一般观点，既然受益人从避险行为中获益，而避险行为造成了他人的损害，那么法律就应当平衡这两者之间的利益与损失，要求受益一方给予适当的补偿也是矫正正义的当

---

〔1〕 邹海林：《民法总则》，法律出版社 2018 年版，第 470 页。

然之意。这里的适当补偿，并不意味着受益人的补偿要填补受害人的全部损失，具体的比例分配，裁判者需要在个案中衡量利益得失，在受益人和受害人之间公平分担。

第四，如果紧急避险采取的措施不当超过了必要限度，即属于避险过当，此时应当由避险人对所造成的不应有损害承担适当的民事责任。与防卫过当一样，此种责任的承担也无须考虑避险人的主观状态，只要超过必要限度即可，属于严格责任。这里的适当主要是指超过必要部分的损害，而非受害人的全部损害。

法律适用

1. 禁止权力滥用规则的适用

所谓禁止权利滥用，是指民事权利的行使，不能超过法律、诚实信用、公序良俗以及权利自身的目的限制以至于损害他人的合法权益。《民法典》第132条明确规定了禁止权力滥用的规则。

一般认为，要构成权利滥用，必须满足如下的条件。

第一，必须存在正当的权利或者与权利行使有关的内容，否则根本就没有权利滥用的可能性。第二，权利人行使权利的行为损害了他人和社会的利益。需要注意的是，权利人行使自己的权利本身就意味着对他人自由的限制，只是正当的权利行使，相对人就有容忍的义务，而权利滥用的后果显然应当超过社会一般容忍义务的范围。第三，行为人在行使权利时主观上有损害他人或者社会利益的故意。

在法律效果上应当以承认权利存在，而否认权利行使为原则，以权利丧失为例外，即如果权利的行使为法律行为，则法律行为无效；如果权利行使为事实行为，则成立损害赔偿；如果权利滥用状态仍然存在，则受害人得请求停止侵害。

2. 紧急避险时责任的分担

所谓紧急避险，是指为了自己或者他人的人身、财产利益及社会公共利益免受正在发生的急迫危险，不得已采取的损害他人人身、财产利益的避险行为。《民法典》第182条明确规定了紧急避险情况下责任的分担规则，具体包括如下几个方面。

第一，通常情况下，避险人对他人所受的损害不承担赔偿责任。第二，如果危险是人为造成的，通常应当由引起危险发生的人承担损害赔偿责任。第三，如果危险是自然原因造成的，避险人不承担民事责任，但由受益的一方给予适当的补偿。第四，如果紧急避险采取的措施不当超过了必要限度，即属于避险过当，此时应当由避险人对所造成的不应有损害承担适当的民事责任。

课后复习

1. 民事权利的特征。
2. 形成权的类型和适用。
3. 支配权和请求权的异同。
4. 正当防卫和紧急避险的异同。

第七章 人格权

提 要

人格权是最为基础的民事权利，其与人格尊严密切相关，是民事主体享有主体资格和其他民事权利的基础。在法学领域，对人格权的认知是一个不断发展的过程，因为其与传统的民事权利，尤其是财产权的物权和债权有很大的不同。人格权具有固有性、专属性和开放性的特点，这一方面让人格权体系能够不断发展和壮大，另一方面也带来了人格权的内容模糊不清的缺陷。在内容上，人格权是人身自由和人格尊严在法律上的具体体现，是民事主体对人格利益的支配和利用。在法律效力上，人格权作为一种绝对权其主要具有对外防御的功能，对抗他人对权利主体人格利益的侵害。在具体类型上，人格权包括一般人格权和具体人格权，前者是一个以人格自由和人格尊严为基础的框架性权利，也是人格权体系得以不断发展的基础；而后者包括了法律所明确规定的，以特定的人格利益为内容的一系列人格权利。因为人格权自身的特点，尤其是其开放性和模糊性的权利框架，在《民法典》制定过程中，关于人格权是否应当独立成编产生了巨大的争议。最终立法者选择了独立成编的方式，便构成了现在的《民法典》人格权编。

就我国《民法典》人格权编的具体内容来看，其一方面包括了人格权的一般规定，另一方面包括了具体人格权的规定，为在司法实践中人格权益的保护提供了法律依据。

重点问题

1. 人格权的概念和特征。
2. 一般人格权和具体人格权的区别。
3. 名誉权和姓名权的区别。
4. 隐私和个人信息的区别。

第一节 人格权概述

问题示例

甲为一名骑手，一日他走在路上突然发现，某制药厂乙未经许可将甲骑马的英姿，作为其新药广告的主体人物，立于城市的标志性建筑附近。甲大惊，因无法忍受周围人群异样的目光而自闭在家，在接受一定的精神治疗后有所好转。甲能否维护自己的权利？

一、人格权的概念

对于人格权的概念，法学界有多种观点，有观点认为人格权是主体对于构成主体所必需，内在于自己的事务所享有的权利。也有观点认为，所谓人格权是以主体所固有的人格利益为客体的，以维护和实现主体不可或缺的人格尊严、人身自由为目标的权利。[1]这里的人格利益，实际上就是指那些对主体必不可少的、内在于主体自身的事务的利益。当然，有观点对此提出批评，认为用人格利益对人格权进行定义是同义反复，并且一般意义上的人格权概念本身就有缺陷。因为很多相关的人格利益，如生命、身体、健康等，依据人的主体地位自然会得到法律的保护，是基于主体资格“受法律保护”的对象，而非独立的“权利客体”，无须特别创设一般的人格权概念，只需要通过特别法律创设的具体人格权，如姓名权、肖像权等对个别具体的人格利益进行保护即可。换句话说，现实中只存在具体人格权而不存在一般意义上的人格权。[2]

一般认为，包括人格权在内，所有的主观权利在性质上均是一种人与人之间的关系，其中的某些人享有主观权利并因此成为权利主体，而另外一些人则对权利主体承担义务并因此成为义务主体，权利主体与义务主体之间因此形成了一种法律关系。当人格利益作为法律关系内容时，这种法律关系就成为人格权法律关系。

根据《民法典》第989条的规定，人格权法律关系可以根据以下两种情况而

〔1〕王利明：《人格权法研究》(第三版)，中国人民大学出版社 2018 年版，第 12 页；梁慧星：《民法总论》(第五版)，法律出版社 2017 年版，第 90 页。

〔2〕李永军：《民法总则》，中国法制出版社 2018 年版，第 212 页。

产生。[1]

其一，因为“人格权的享有”而产生的民事关系。所谓因“人格权的享有”而产生的民事关系，是指一旦权利主体享有某种人格权，他们即凭借自己所享有的此种人格权，与世界上除了自己之外的所有其他人即世界上的任何第三人之间建立了法律关系，其中的权利主体享有要求义务主体尊重其人格权、不侵犯其人格权的权利。而义务主体即世人、不特定第三人则对权利主体承担尊重、不侵犯其人格权的义务，这一点就体现了人格权的绝对性。然而，强调因为人格的享有视为人格权法律关系的渊源，实际上就是将原本可以作为独立的主观权利的人格权，降格为侵权性的债权。

其二，因为“人格权的保护”而产生的民事关系。所谓因“人格权的保护”而产生的民事关系，是指一旦他人享有某种人格权，则他人享有的该种人格权就会受到法律保护，在行为人侵犯他人享有的人格权时，或者在行为人违反对他人承担的合同义务时，他人就有权向法院起诉，要求法官责令行为人对其承担侵权责任或者违约责任。此时，他人与行为人之间即因“人格权的保护”而产生了民事关系，该种民事关系实际上就是一种侵权责任关系或者违约责任关系。然而，将人格保护视为人格权法律关系的渊源，混淆了人格权本身与人格权所遭受侵犯时而产生的侵权责任。

《民法典》第990条第1款，采用列举的方式对人格权进行界定，即人格权是民事主体享有的生命权、身体权、健康权、姓名权、名称权、肖像权、名誉权、荣誉权、隐私权等权利。然而，本条仅仅是列举了有关的具体人格权的类型，并没有涉及对人格权本质的讨论，与通常对法律概念的定义方式并不相同。在学理上不同学者之间对人格权的定义也存在较大的差异，《民法典》的这种定义方式也是为了避免过多争议。

人格权的主体原则上为自然人，在主体参与社会活动过程中所发生的各种法律和社会关系中，不可避免地会涉及有关主体固有的人格利益，如尊严、自由、地位、身份等。这些重要的人格利益与主体在社会生活中的存在与发展密切联系，如果被侵害或者剥夺则会发生严重不利于主体的后果，因此需要由法律对其进行保护，将其类型化为人格权。为了凸显对人格权的保护，在民法中，人格权被视为一种基本的私权。

在世界范围内，虽然无论是理论还是实践中都逐渐认可了人格权的价值，

[1] 陈甦、谢鸿飞主编：《民法典评注·人格权编》，中国法制出版社2020年版，第4—5页。

存在关于人格权益保护的立法，但其具体在法典中的形态却大相径庭。虽然1804年的《法国民法典》用了2281个法律条款对民法的内容作出规定，但是，其中没有任何一个法律条款是关于人格权的规定的，甚至连“人格权”一词都没有使用过。其原因在于《法国民法典》立法时，法国社会根本无从认知到人格利益的价值。与之相类似的，1896年的《德国民法典》几乎完全忽视人格权的存在，除了在第12条对自然人享有的姓名权作出了规定之外，它没有对权利主体享有的任何其他人格权作出规定，即便德国著名民法学者基尔克对此进行强烈的批评也是无济于事。1896年的《德国民法典》之所以完全忽视人格权的存在，一方面是因为社会一般认知的局限，另一方面立法者个人也起到重要作用，仅仅因为萨维尼的强烈反对。作为《德国民法典》起草委员会灵魂人物的伯恩哈德·温德沙伊德和受该灵魂人物精神支配的立法者，就将人格权从他们起草的《德国民法典》当中完全排除掉了。[1]

但是到了20世纪50年代，随着社会发展，尤其是两次世界大战给人类社会造成的痛苦回忆，人格权的地位在整个民事权利体系中不断上升，成为最重要的主观权利之一。首先，为了克服《德国民法典》在人格权保护方面所存在的致命漏洞，德国法官和民法学者通力合作，借助于德国1949年《基本法》的规定，通过对《德国民法典》第823条第1款作出解释的方式，德国民法最终确立了为我国民法学者所熟知并且被我国《民法典》第990条所继受的具体人格权和一般人格权的区分理论。[2]这之后对人格权的理论研究和司法实践逐渐丰富起来，但在德国法中人格权的渊源仅为民法学说和司法判例，不存在形式渊源即制定法渊源。而在法国法中，虽然《法国民法典》增补了一些有关人格权的规定，但也没有将人格权独立一编加以规定。即便是在一些新生代的民法典，如《埃塞俄比亚民法典》、《越南民法典》以及《俄罗斯民法典》中，对于人格权的规定也是零散的。有观点认为，因为人格权本身的模糊性和抽象性，让其在高度抽象且结构严谨的民法典中难以有所表达。[3]

在我国，1986年的《民法通则》对自然人人格利益的保护具有划时代的意义，其将人身权利纳入保护范围，并视其为一种非常重要的民事权利，为人格

---

〔1〕 张民安：《法国人格权法》(上)，清华大学出版社2016年版，第245—255页；张民安、林泰松：《人格权在民法典当中的独立地位——人格权为何应当在我国民法典当中独立设编》，中山大学出版社2019年版，第532—536页。

〔2〕 张民安：《法国人格权法》(上)，清华大学出版社2016年版，第227—244页。

〔3〕 邹海林：《再论人格权的民法表达》，载《比较法研究》2016年第4期。

权在我国的发展创造了条件。自然人的人格利益，如果想要受到民法的保护，都应当经过民法的表达，将其法定化，并纳入受民法保护的利益之中。在这个意义上，人格权仅仅是民法表达下受保护的人格利益。在民法之外，也有其他法律，如宪法、刑法等保护人格利益。不同法律语境中保护的人格利益不能混同，因为其有不同的保护目的、保护手段和法律效果。即便是在宪法中保护的人格利益，其要获得民法保护，也必须经过民法的表达，或者是在民法中直接规定，或者是通过一般条款借由宪法的间接第三人效力，在民法中得到实现。因此，即便人格权的概念有模糊性和不确定性，但因为人格利益本身的重要性，民法也应当在尊严、自由、生命、身体、健康、名誉、隐私等应当受保护的具体人格利益方面有所表达，并构成相应的人格权体系。

传统上认为，人格权的主体只能是自然人，法人并不享有人格权。因为只有自然人才能享有所谓人身自由、人格尊严等人格利益，法人作为法律的构造体，并没有自由或者尊严等伦理性因素。〔1〕并且大多数具体人格权，如生命权、身体权、健康权等，无疑是以自然人为模板所建立的。但是我国《民法典》第990条对人格权进行定义时，仅规定了“民事主体”并没有指明“自然人”，而且参照具体人格权的规定。在第1013条规定了法人的名称权，在第1024条和第1031条规定名誉权和荣誉权时，也使用了“民事主体”作为主语，对比其他具体人格权直接使用“自然人”做主语，显然是贯彻了《民法典》第110条的规定，认为自然人之外法人、非法人组织也可以享有部分人格权。这当然是立法技术的安排，也有其合理性：其一，法人作为一个独立的主体，应当也享有独立的人格，法人的名称虽然有财产价值，但其最根本的作用还是能让法人或者非法人组织能够将自己和其他主体相区分，体现自己的独立人格，不能说没有人格利益。其二，法人和其他组织虽然具有相对的独立人格，但是他们仍然是由自然人所组成，其股东、董事经营者和执行者都是自然人，对法人和其他组织的社会评价也不可避免地会涉及组织内部的自然人，当然具有人格利益。其三，仅仅通过财产权的方式，不能全面保护法人和其他组织的利益。一方面，从民事权利的救济途径来看，人格权的救济途径较为丰富，而财产权较为有限，将法人名称权、名誉权、荣誉权纳入人格权体系后，除了财产法中的损害赔偿救济途径之外，还可以请求停止侵害、排除妨碍、消除影响、

---

〔1〕尹田：《论法人人格权》，载《法学研究》2004年第4期；李永军：《民法总则》，中国法制出版社2018年版，第228页。

恢复名誉、赔礼道歉等多种责任承担方式。另一方面，对于很多非营利法人和组织来说，其名称、名誉或荣誉常常不具有财产价值，不将它们归入人格权体系中，根本就无法救济。因此，现在一般认为，法人和非法人组织能够成为和其性质相符的人格权的主体，在我国《民法典》语境下，就特指能够成为名称权、名誉权和荣誉权的主体。

二、人格权的特征

人格权作为一项重要的民事权利，为了对其有准确的认识，必须明确人格权的如下重要特征。[1]

（一）固有性

所谓固有性，是指人格权是民事主体所固有的人格利益。这种固有的人格利益是民事主体天然所具有的内生性伦理价值形成的。在这里要区分人格权和人格利益，因为人格权是固有的人格利益，因此其不能处分，更不能进行商业利用。但是有些人格利益，因为并不具有固有性，因此就有了处分和商业利用的可能。具体而言，这种固有性表现为：其一，自动产生，即这些固有利益是随着主体成为主体而为主体所享有，无须任何前提和条件，不需要主体的具体行为，也无须他人的协助；其二，永远与主体相伴，固有利益一旦产生，那么在主体的存续期间就一直存在，伴随主体左右，不可移转和放弃，法律也无从对此进行期限的限制；其三，不可剥夺性，固有人格利益一旦产生就不能与主体相分离，否则主体的资格就可能受到影响；其四，不可克减性，有些固有人格利益甚至都不能受到限制，如生命、身体、健康等，否则会造成主体的严重损害，甚至主体资格的失去。

（二）专属性

所谓专属性，是指人格权的这些固有人格利益，只能为特定人所享有，与权利主体不可分割，也不可能脱离主体而独立存在。人格权的专属性是人格权与财产权的重要区别，具体表现如下。其一，人格权通常与特定主体相伴。人格权随着主体的产生而产生，随着主体的消灭而消灭。其二，人格权具有不可转让性。与财产权不同，人格权与主体不能分离，只有本人才能够享有，除非

---

〔1〕王利明：《人格权法研究》（第三版），中国人民大学出版社 2018 年版，第 26 页以下；梁慧星：《民法总论》（第五版），法律出版社 2017 年版，第 91 页以下；邹海林：《民法总则》，法律出版社 2018 年版，第 236 页以下。

法律有明确规定，否则也不能转让，如法人的名称权。其三，人格权不得抛弃。人格权是专属于主体体现主体人格的权利，很多国家明文规定禁止对生命、自由等人格利益的放弃，我国《民法典》第992条也明文规定，人格权不得放弃、转让或者继承。这实际上就是对私权限制，其原因在于，对于有些人格利益，如果允许放弃，会导致主体资格贬损甚至失去，严重违反公序良俗原则。其四，人格权不得继承。因为人格权会随着主体的消灭而消灭，所以无法继承也是当然之意。其五，主体对人格权享有专属的利用权，其他人原则上不能使用。有些人格权因其性质使然，主体可以许可他人使用，但即便在许可使用时，也不影响主体本身对人格权的享有。

（三）对世性

所谓对世性，是基于人格权是绝对权的角度来说的，指除了权利人之外的其他人都负有不得侵害权利人人格权的义务。权利人所享有的人格权也可以依法向任何人主张，禁止他人实施侵害主体人格权的行为。这一点与物权、知识产权等其他绝对权是一致的。

（四）非财产性

人格权体现的是主体的人格利益，其原则上并不具有财产价值，因此不属于财产权，既然不属于财产权，那么按照财产权和非财产权二分法，人格权就属于非财产权。需要注意的是，这里所谓人格权不具有财产价值并非绝对，有些人格利益同样具有财产价值，在实践中可以许可他人使用，以获得经济利益。在人格权遭受侵害时，也可以判决金钱损害赔偿。但这都不影响人格权整体上的非财产性特征，可以视为例外地存在财产价值。

（五）支配性

所谓支配性，是指人格权的权利人可以直接支配其人格利益，也可以依法保有或行使其权利，无须他人的协助，仅凭借自己的意志就可以实现。权利分为支配权和请求权，人格权的行使既然无须他人协助，仅凭自己意志即可，自然是一种支配权，具有支配性。有观点认为人格权不是支配权，因为人格权的内容并不是积极的支配，客体是人格尊严之类固有利益，因此其在实际上是不能够任意支配和处分的，不符合公序良俗。这种观点有其合理性，但也不能据此完全否定支配性的存在。毫无疑问，一方面，人格权的享有是无须他人协助的，而且在很多情况下，仍然存在明显的处分色彩，如对自己姓名的更改，对自己隐私的公开，都是支配权能的体现，只不过在如生命利益、自由利益、人格尊严利益等情况下支配性受到了严格的限制，与传统的物权和债权并不完全一样。另一方面，即便是生命、人身自由和人格尊严等相关利益，也强调权利人可以排除任何对于相关人格权的妨害，这自然也是支配权能的体现。

（六）开放性

所谓开放性是指整个的人格权体系具有不断发展、不断扩张的特性。[1]正如前文所述，人格权的概念和界限具有模糊性的特点，这虽然导致了法学界对人格权的内涵外延各有不同认知的局面，但塞翁失马焉知非福，概念的模糊让人格权体系具有了其他民事权利体系所没有的开放性和发展性。随着世界的发展，社会对人格利益的认知也不断丰富，越来越多的人格权益被公众所认可，越来越多的人格价值被民众和市场所认可。借助开放性，可以毫不费力地将这些新的权利和利益不断地纳入人格权体系之中，一方面不断扩张人格权的保护范围，另一方面不断创造新的人格利益利用方式，让主体在人格利益受到保护的同时，也能充分利用，从而实现利益的最大化。毫无疑问，人格权是自第二次世界大战以后，在整个现代民法体系中发展最活跃的制度之一。

三、人格权的类型

基于人格权的上述基本特征，尤其是开放性的特点，让人格权拥有了不同于传统民事权利体系的表达方式。在学理上，大致将人格权分为一般人格权和具体人格权，这一观点也为我国《民法典》所接受。

（一）一般人格权

1. 一般人格权的概念

一般认为《民法典》第990条第2款实际上就是对一般人格权的界定，即自然人基于人身自由和人格尊严所产生的其他应当受法律保护的人格权益，就是一般人格权。相对于具体人格权来说，一般人格权具有高度的概括性和一般性，这就让一般人格权在整个人格权体系中发挥着不同一般的作用。

通常认为，一般人格权来自德国民法的理论和实践。早在19世纪末《德国民法典》立法期间就有学者强调人格利益保护的重要性，但直到第二次世界大战以后，德国总结战争教训，其法律体系才开始强化对人格利益的保护。从宪法层面开始，联邦德国《基本法》明确规定了对人格尊严和人格发展自由的不容侵犯性，而联邦德国最高法院在1954年的一项民事判决中，以基本法对人格尊严和发展自由的保护规范为基础，认为人格尊严和发展自由乃是《德国民法

〔1〕 李永军：《从权利属性看人格权的法律保护》，载《法商研究》2012年第1期。

典》第823条所规定的和生命、身体、健康、自由、财产权利相应的“其他权利”（sonstiges Recht）的重要内容，因此人格尊严和人格发展自由也同样是民法所保护的，而保护此项人格利益的权利在判决中被称为“一般人格权”（allgemeines Persönlichkeitsrecht）。[1]在本案之后，一般人格权就普遍为德国司法判决所认可，并通过理论界的进一步完善，形成了庞大而复杂的一般人格权保护体系。

2. 一般人格权的内容

一般认为，《民法典》第109条和第990条确立了我国一般人格权的规范基础，我国的一般人格权基于以下两项基本价值而产生。

其一，基于“人身自由”而产生。人身自由有广义和狭义两种理解，狭义的人身自由是指行为自由和活动自由，即个人在物理层面上决定自己行为的自由。而广义上的人身自由，除行为自由外，还包括精神自由和发展自由。这里的精神和人格发展自由是一种非常抽象的表达，其主要就是指个人的精神世界不被他人所强迫，以及个人有权自主选择自己的人生发展道路。应当说，相比行为自由来说，精神和人格发展的自由非常难以界定。一方面，这一概念本身内容太过于抽象；另一方面，这种精神和发展自由在一些情况下，也会和一些既有的法律制度相冲突。例如，法律行为中的诈欺、胁迫制度，格式合同中的提示义务，医疗活动中的告知义务以及自主决定权等都是保护精神和发展自由的具体体现。而且对这些自由的保护制度也会和公法上的相应制度相互重叠。但这并不是说，一般人格权中不能包括这些内容。首先，一般人格权的保护内容可以和其他具体权利相互重合，这里不过是一个哪项权利可以优先适用的问题；其次，一般人格权既然是以一般的、最基本的人格利益为内容，就应当将精神和发展自由包含在内，否则何以体现其一般性；最后，在整个人格权体系中，一般人格权起到查漏补缺的作用，如果一项人格利益确实应当得到保护，一般人格权就应当将其纳入其中，为未来有可能的法律保护需求提供依据。而精神和人格发展的自由，无疑具有保护的价值，并且已经在具体人格权部分中有所体现。

其二，基于“人格尊严”而产生。对人格尊严的保护是人格权体系，包括

---

〔1〕 Vgl. BGHZ 13, 334（337）——Leserbrief. 即著名的读者来信案，在本案中被告将原告的律师函作为读者来信而刊登，导致将原告置于一种错误的事实状态中，让读者误以为其同情纳粹，侵害了原告的人格权。

一般人格权最核心的目的。所谓人格尊严是指主体作为“人”所应当具有的最基本的社会地位，并且应当受到他人以及整个社会最基本的尊重。民事主体尤其是自然人在满足了最基本的生存需求之后，必然会对人格尊严有所需要。更何况，在现代社会中，对人格尊严的保护更加突出。有观点认为，第一，对主体性的承认和保护，即人是主体不是客体，人是目的而非手段；第二，对人格尊严的平等保护，主体应当被平等对待，不能有所差异；第三，完整性保护，即只要有关人格尊严的重要利益，法律都要保护。[1]必须承认，与精神和发展自由一样，人格尊严这样的表述同样也充满了不确定性。虽然无论从人格保护的基本价值层面还是实践层面来说，人格尊严无疑应当受到保护，但是人格尊严的保护内容的边界究竟在何处，迄今仍然在讨论之中，因为几乎所有的人格利益都能或多或少地和人格尊严产生某种关联。那么法律究竟在什么情况下予以保护、什么情况下不予以保护，就变成了一个价值判断的问题，需要在具体的司法裁量中进行个案的判断。

3. 一般人格权的功能

一般人格权以基本的人格尊严和人身自由为内容，并且具有相对的模糊性，其在具体的司法适用中能够起到不同于具体人格权的特殊功能。

第一，权利创设和兜底保护功能。在具体的司法适用和法律解释中，一般人格权制度可以为法律没有明确规定的、类型化的人格利益提供保护依据，在时机成熟之后再通过立法将其上升为具体人格权。如前文所述，在现代社会中，人格权体系一直处在一种开放的、不断发展的过程中。社会的进步不断有新型的人格利益为社会公众所认识，并产生保护的需要。因此需要在法律规范中存在一个相应的具有开放性的一般条款，以适时满足社会的需要。一般人格权的产生，就是使那些需要得到保护而在实体法律中未有具体规定的人格利益，以及伴随着社会发展而出现的新型人格利益给予保护变成可能。[2]通过一般人格权的设立，可以补充具体人格权适用中的漏洞，让那些应该得到保护，但没有具体人格权支持的人格利益也拥有保护基础，并且在新的立法时拥有变为具体人格权的可能。在我国法中，信用权就是典型。在《民法典》通过之

---

〔1〕 王利明：《人格权法研究》（第三版），中国人民大学出版社 2018 年版，第 150 页。

〔2〕 梁慧星主编：《为权利而斗争——梁慧星先生主编之现代世界法学名著集》，中国法制出版社 2000 年版，第 359 页。

前，对于民事主体因为信用记录错误而受到的损害，司法实践中普遍是以一般人格权作为保护的基础，[1]而现在《民法典》第1029条直接规定了信用权，将其上升为一项具体人格权。也因为一般人格权的这种开放性特征，其又被称为一种“框架性”权利和人格权的一般条款，成为人格权体系不断发展的源泉。

第二，价值指引和实施宪法功能。《民法典》中直接规定保护人格尊严和人身自由，无疑具有相当程度的宣示作用，表明民法对私人权利进行保护的最高目的。民法保护民事主体的各种权利，其在很大程度上终究都是为了保护人格尊严和人格发展的权利。无论是财产权还是非财产权，都是让民事主体能够在社会生活中立足，参与社会生活，并在社会生活中实现自身的发展，而发展的最终目的还是实现自身的人格。因此，《民法典》明确规定对人身自由和人格尊严的保护，在某种意义上也是为在具体的司法实践中，理解和适用其他人格权，甚至为其他民事权利提供价值引导。对人格尊严和人身自由的保护，毫无疑问是具有宪法价值的。我国《宪法》明确规定保护公民人身自由、人格尊严、住宅、通信自由和通信秘密等人格利益，这些规范精神无疑对我国法律的适用具有最高指导作用。根据基本权的间接第三人效力，宪法规范虽然不能直接适用在部门法中，但是其规范精神，可以利用部门法中的一般条款和框架性概念，通过解释的方式，得到部门法的适用。一般人格权的规定，无论是其明确规定，还是其一般条款、框架性权利的性质，都是与宪法规范和精神的衔接，将宪法规范和精神引入民法适用，让宪法规范真正得以发挥裁判依据的作用。

4. 一般人格权的适用

一般人格权作为一项具有特殊内容和特殊功能的权利，其适用也必须遵守一些特别的规则。因为一般人格权的高度概括性和包容性，给予法官极大的自由裁量权，如果不在适用上给予特殊的限制，很容易造成法律适用的不确定性，并严重侵蚀其他具体人格权的适用。

第一，一般人格权的适用要后于具体人格权，只有在具体人格权不足以保护主体人格利益时，才能适用。一般人格权作为一项框架性权利和一般条款，其和具体人格权的关系是一般和特殊、抽象和具体、本源和派生、补充和既定

---

〔1〕参见姚向锋、洛阳市市区农村信用合作联社工农信用社与洛阳市市区农村信用合作联社一般人格权纠纷上诉案，洛阳市中级人民法院（2010）洛民终字第2331号判决书；石某某诉上海银行股份有限公司一般人格权纠纷一案，上海市第一中级人民法院（2009）沪一中民一（民）终字第716号判决书等。

的关系。那么根据特殊优于一般的规则，具体人格权当然应当优于一般人格权而得到适用，只有在穷尽具体条款，仍然无法实现保护人格利益的制度目的时，才能适用一般人格权，以补充具体人格权的内容。

第二，需要保护的人格利益受到社会的普遍认可，并且当其受到侵害时，其结果严重违反公序良俗。作为一般人格权内容的人身自由和人格尊严乃是非常重要的人格利益，因此当一种新的人格利益出现，需要通过一般人格权加以保护时，其相应的人格利益也应当体现出恰当的重要性。一方面，法官需要判断是否存在人格利益受损害的情况；另一方面，法官需要根据其社会经验、生活伦理以及风俗习惯，判断受损害的人格利益是否应该得到一般人格权的保护。这里以“祭奠权”为例，即便在现行《民法典》中，祭奠权也没有为法律所明确规定，但在司法实践中却被普遍认可，并通过一般人格权加以保护。在相关的案件中，法院普遍认为，对死者的祭奠和出殡等行为是我国传统文化的重要部分，是普遍存在的“民俗习惯”，并且对这些行为普遍给予尊重，是公序良俗的重要组成，而扰乱、阻止祭奠和出殡的行为，“严重违背了公序良俗”，因此可以认定为对人格尊严造成了损害，侵害了一般人格权。〔1〕即如果一项人格利益的享有已经构成了属于“民俗习惯”或“公序良俗”，那么就可以受到一般人格权的保护。

（二）具体人格权

所谓具体人格权是指法律所明确规定的，以特定的人格利益为内容的人格权利。根据《民法典》第1002条以下的规定，我国法律所认可的具体人格权包括生命权、健康权、身体权、姓名权、名称权、肖像权、名誉权、荣誉权、隐私权和个人信息保护。自《民法通则》施行以来，我国普遍有明确集中列举具体人格权加以保护的立法惯例，这一点和传统的《法国民法典》以及《德国民法典》有着显著的区别，〔2〕而在《民法典》人格权编中立法者详细列举了以上十种受保护的具体人格权，在数量上远超之前的立法经验，可以视为人格权体系的重大发展。其具体内容将在后文详述。

〔1〕参见史甲与严某某、史丙、史丁一般人格权纠纷案，上海市第二中级人民法院（2010）沪二中民一（民）终字第971号；王甲与葛甲一般人格权纠纷上诉案，上海市第二中级人民法院（2011）沪二中民一（民）终字第1778号等。

〔2〕如前文所述，《德国民法典》并没有详细规定具体人格权，而是通过司法判决，从第823条一般条款加以扩展的方式发展出一般人格权；而《法国民法典》虽然在修订后加入了对自然人具体人格权的表达，但主要集中在自然人的身体受到尊重、免受不法侵害方面，内容也并不丰富。

四、人格权的立法和保护

在《民法典》的立法过程中，人格权是否应当独立成编的问题一直误受关注，引起广泛争议。而这些争议也大多和人格权的救济和保护有着密切联系。

（一）人格权的立法表达

由于人格权不同于传统民事权利的如固有性、专属性、开放性等特征，如何在《民法典》中规定人格权利体系，是否应当将人格权独立成编，早在《民法典》的立法过程开始之前，就已成为争论的焦点。

赞同人格权独立成编的观点，其主要是从人格权独立成编有利于完善人格权法的体系，强化对人格权的保护，体现新时代的特征，以及有利于完善《民法典》自身的固有体系的角度来论证。详细来说，赞同观点如下。

第一，人格权独立成编体现了时代的需要。这种观点认为，当今的时代已经是互联网和大数据的时代，高科技和信息技术已经成为社会的旗帜。然而，各种科技的发展在给广大社会带来方便的同时，也给人格利益的保护带来种种前所未有的挑战。互联网和信息技术威胁着隐私和个人信息的安全，扩大了人格权损害的范围；生物识别技术、监控技术让人格利益更加细化，也让对人格利益的侵害变得更加容易；生化和医学技术的发展更是对人格尊严以及人的主体地位本身提出了一个又一个新挑战。在这种时代背景下，通过独立成编明确人格权的权利体系，对在新时代下保护民事主体的人格利益具有特别重要的意义。

第二，人格权独立成编是维护人格尊严、全面保护人格权的需要。这种观点认为，进入新时代之后，保护人格尊严已经成为现代法律制度的重要目标，无论是面向过去回顾历史，还是面向未来展望将来，对人格尊严的保护都必不可少。人格权独立成编有利于宣示保护人格尊严的理念和价值。在法律层面上，人格尊严是人格权保护的核心要素，具有不可克减性；在司法实践中，对人格权益的损害多少都损害了人格尊严。另外，由于人格权的保护需求如此之高，实践状况如此复杂，并且随着市场经济下新型商业模式的发展，越来越多的人格利益具有了商业价值，即便是普通民事主体也能够通过对自己人格利益的利用获得收益，因此人格权也开始拥有除了防御侵害之外的利用权能。因此就需要建构一套复杂而全面的人格权体系，既包括对权利本身的正面表达，也包括对义务的明确规定，还包括对应人格权体系不断发展的开放性规范。因此，为了凸显人格权在当代民法中的重要地位，为了保证人格尊严的超然地位，也为了提供全面的人格权保护规范，人格权有独立成编的必要。

第三，人格权独立成编是完善《民法典》体系，回应审判实践的需要。这种观点认为：首先，人格权的独立成编是符合《民法典》体系结构的内在逻辑的。《民法典》的编制体系是以民事权利为核心的，而如果不将人格权独立成编，那么《民法典》各编均为财产法，无疑会造成“重物轻人”的体系缺陷；其次，人格权独立成编也符合《民法总则》所确立的权利客体体系，《民法总则》第2条就规定了民法调整人身和财产关系，将人身权规定在财产权之前，体现法律对人身权的重视；再次，侵权法不足以解决人格权保护问题，因为侵权法只包括救济内容，而人格权法应当是权利法，包括大量确权的内容，侵权法不能涵盖；最后，大量的人格权司法实践也证明，分散且零散的司法解释难以满足法律实践的需要，只有明确且体系化的人格权法律规范才能为法院的裁判提供明确的依据。

相应地，反对人格权独立成编的观点也从人格权本身的性质、《民法典》内部的制度逻辑、立法技术上的可行性等方面来论证已方观点的合理性。

第一，就人格权的自身性质来说，不能支持独立成编。首先，人格权缺少积极的权能，物权、知识产权除有受侵权救济的保护需求外，还有非常丰富的交易规则；交易规则体现了权利的积极权能方面，这是无法被侵权法吸收的，人格权主要需求是被侵害时受到法律保护，因此被称为防御性权利，与普通民事权利不同。其次，人格权商品化有限，虽然自然人的一些人格利益可以成为经济利用的对象，从而衍生一些交易规则，但它们并非人格权的主流，不能动摇人格权防御权的性质。最后，存在理念冲突，人格权独立成编是以人格尊严的至高无上为其根本出发点的。但是，人格尊严及相关人格利益再至高无上，在民法中的主要需求也是受侵权法保护，要想让人格权脱离侵权法，根本出路是证明人格权的积极权能，尤其是交易规则，而商品化又和人格尊严的至高无上性相互冲突。

第二，从民法典的内部体系构造上，不能支持独立成编。一方面，人格权规范的体系位置并不决定其重要程度，《民法典》各编体例位置的编排，并不导致重要性上的先后或优劣之分。大陆法系，尤其是德国五编制的民法体例，本质上是逻辑的产物与立法技术处理的结果，并非对各编重要性的排序。另一方面，人格权规范的重要性并不取决于独立成编与否。在体系设置上，《德国民法典》对人格利益的保护主要是通过侵权法实现，并且在法律用语上，立法者对生命、身体、健康与自由的描述并非“权利”（Recht）而是使用“法益”（Rechtsgüter）一词，以区别于所有权等主观权利。其特点在于，没有积极地界定人格利益的内容，而是消极地规定侵害人格利益的法律后果。这恰恰是因为立法者看到人格法益的极端重要性——甚至连行为人自身都不得任意处置——才有意避免对其加以正面、积极的规定，而是从消极的角度规定人格法益的不可侵害。从实际效果上看，《德国民法典》既没有因人格权规范的阙如而存在体系上的缺陷，也没有因此而造成司法实践中人格利益保护的不足。

第三，人格权独立成编在法律技术上不可行。一方面，人格权内容本身无法被确认。人格权无法像物权那样确认权利内容。人格权与物权的相似性，仅仅在于对侵害的排斥与救济，而非权利的内容及其法律属性。换言之，二者在绝对性的法律属性上具有相似性，但在支配这一属性上，存在根本性的区分。因此，以人格权和物权在某些层面上的相似性为由，佐证对人格权内容进行确认的合理性，并没有完全揭示出人格权的属性。从本质上看，人格权是“关于个性的权利”，对人格权的保护实质上是对“个人自主、自决自由”权利的保护。这种基于个性的自主权利，无论是权利的类型还是具体权利的内容，都可能因主体的不同而产生差异，事实上不存在确认的可能性。况且，对人格内容的讨论，深刻地涉及社会的伦理道德，已经超脱了法律的界限和职能。另一方面，人格权内容不应当在法律中进行确认。当前变化迅速的信息社会中，人格权侵犯的途径多种多样，但这恰恰是人格权内容不应当被确认的原因。一旦将人格权的内容确定在法典之中，极有可能很快就面临过时的危险。对人格权内容的具体确认，事实上会产生人格权内容固化的效果；纵然存在起兜底作用的概括条款，法官在适用时突破具体权利内容的动力与可能性，仍然令人怀疑。不如放弃尽量事先确定权利具体内容的想法，而直接采取概括条款的立法方式。将人格权内容确认在法典之中，将损害人格权保护所需要的弹性，最终成为人格权保护的障碍。

（二）人格权的保护

无论是赞同人格权独立成编还是反对独立成编的观点，都有其各自的合理性，但在我国《民法典》已经将人格权独立成编的现实下，这种争论仍然具有民法学理论以及法制史方面的意义。但无论是赞同的观点还是反对的观点都认为，对人格权的保护规范，乃是人格权利体系中至关重要的一环。因为在某种意义上，人格权的发展乃是对侵害人格权的不法行为在法律上不断回应的过程。[1]《民法典》第994条以下为人格权保护的一般规定。

1. 人格权保护请求权的主体

根据人格权的专属性特征，人格权乃是由主体专享的权利，并且通常随着主体的产生而产生，随着主体的消灭而消灭。因此，人格权保护请求权也应当由民事主体自身享有，自然无疑问。但《民法典》第994条所规定的死者人格利益保护，其请求权并非由权利主体享有，而是由死者的近亲属享有。但这并非人格权专属性的例外，理由如下：其一，从权利的主体资格来说，死者已经去世，根据《民法典》第13条的规定，其已经失去权利能力，并非权利主体，因此不享有任何权利，也不会承担任何义务，死者的人格权也不例外，法律不会保护任何的所谓死者人格权，因为其已经失去了权利的主体。其二，死者虽然已经去世，但是死者在世的近亲属的人格利益仍然会得到法律的保护，由于死者和近亲属之间紧密的血缘和社会联系，死者的姓名、肖像、名誉、隐私等当然会对在世的近亲属有所影响，尤其是影响在世近亲属的人格利益，对死者人格的损害同样会造成在世近亲属精神上的痛苦。在这种意义上，法律实际上保护的是在世近亲属的人格利益。在个别情况下，尤其是在死者没有近亲属的情况下，与死者社会关系非常接近的其他自然人，如死者的养子女、密友、徒弟等，也可以提出保护死者人格权的主张。[2]当然，此时原告必须证明其与被告的社会关系足够密切，让法院足够相信其自身的人格权益受到损害。

2. 除去侵害请求权

根据《民法典》第179条和第995条的规定，当人格权受到侵害时，权利人可以请求侵权人承担多种请求权，包括除去侵害请求权和损害赔偿请求权。

《民法典》第995条所规定的除去侵害请求权，是人格权作为一项绝对权，其所享有的民法保护的基本方法，包括停止侵害、排除妨碍、消除危险、消除影响、恢复名誉、赔礼道歉等。在理论上，请求权的适用，应当以各自不同的请求权基础为前提，尤其是需要区分侵害除去和侵害防止不同责任构造。但鉴于我国的立法传统，第995条延续第179条的规定，并没有明确区分，而是总和规定，因此在解释上可以用除去请求权包括第995条所规定的所有责任承担方式，但在具体适用上需要注意各自的责任承担要件。

需要特别说明的是，对于停止侵害、排除妨碍、消除危险、消除影响、恢

〔1〕邹海林：《再论人格权的民法表达》，载《比较法研究》2016年第4期。

〔2〕最高人民法院（90）民他字第30号复函。

复名誉、赔礼道歉这些人格权请求权，《民法典》第995条明确规定没有时效的限制。其原因在于：停止侵害、排除妨碍、消除危险、消除影响、恢复名誉等请求权行使的前提，是特定的权利侵害、妨害、危险以及损害的结果仍然存在。只要这些情况客观存在，权利人就有权行使这些请求权以排除权利侵害的状况，以维护权利的完满性，因此不存在时效的问题。而赔礼道歉请求权，因为其不涉及任何财产给付的内容，仅是义务人单纯的歉意表示，因此并不存在适用时效制度的前提，即民事法律关系长期处于不确定状况，义务人时刻准备向权利人准备给付的状态等，不利于义务人的情况，可以不适用时效制度。

3. 损害赔偿请求权

所谓损害赔偿请求权，是指人格权受到侵害而造成权利人损害的，权利人有请求不法行为人赔偿损失的权利。根据民法的损害填补原则，损害赔偿的数额原则上应当以权利人所受到的损失为限。

在人格权受到侵害的情况下，损害赔偿大多是精神损害赔偿，因为人格权是一项非财产权，绝大多数情况下都体现着非财产利益，对其损害也自然是精神上的损害。但在很多情况下，精神损害由于其非物质性，其具体数额难以计算，此时除了根据《民法典》第998条以行为人、受害人的职业、影响范围、过错程度，以及行为的目的、方式、后果等抽象因素进行衡量之外，还可以采用“拟制许可费用”和“所得利益”的精神损害计算方法。

所谓“拟制许可费用”是指当权利人的“商业性”人格利益，特别是姓名权、肖像权等受到侵害时，其精神损害额度，可以以市场上同类型下，正常商业许可使用姓名、肖像等人格标识，所应当支付的合理许可费用为计算标准。而“所得利益”是指当权利人的人格利益受到损害时，可以以侵权人通过此种损害行为所获得的所有收益作为计算标准。采用这两种计算方法，其目的在于不要让侵权人因为侵权行为获得利益，因此当可以同时采用这两者时，应当以数额较大的为依据。

根据《民法典》第996条的规定，侵害人格权所造成的精神损害和财产损害并不冲突，可以共同存在，尤其是在因为违约行为既由于没有履行合同义务造成违约的财产损害赔偿责任，又由于损害人格利益造成精神损害赔偿的，两者并不发生请求权竞合，而是产生请求权聚合的效果，权利人可以同时请求。这一点和《民法典》第186条的规定并不一致，可以视为第186条在因为侵权导致精神损害赔偿的例外。

4. 人格权禁令

《民法典》第997条规定了人格权禁令，即如果行为人正在实施侵犯他人人格权的某种行为，或者行为人即将实施侵犯他人人格权的某种行为。在行为人实施的这些行为构成违法行为的情况下，他人有权向法院提出申请，要求法官及时采取措施，或者责令行为人停止其正在实施的侵犯行为，或者责令行为人放弃其即将实施的侵犯行为，如果行为人实施的这些行为将会让他人遭受难以弥补的损害的话。

人格权禁令的规定是《民法典》对人格权保护制度的大发展，因为其超越了传统的“事后救济”的保护方式，将对人格权的保护提前到可能的损害发生之前，即采用了“事前禁止”方式。其原因是对人格权的损害不同于财产权，其后果往往难以弥补，甚至无法挽回，即便是采取了第995条规定的责任方式，也难以完全消除，甚至根本无法消除侵害人格权对权利人所带来的负面影响。

当然对人格权禁令的适用也需要满足一定的条件。虽然第997条规定了一些实质性的条件，但对于“即将”“难以弥补”等概念的内涵仍然并不确定，以及在行为人真正实施之前对“构成违法行为”如何判断，仍然需要交给司法机关在利益衡量的基础上进行个案判断。而且本条也未规定相关的程序要件，需要另行以特别法明确。

5. 法定救助义务

《民法典》第1005条规定了针对物质性人格权，即生命权、身体权和健康权受到侵害或危险时，相关组织和个人的法定救助义务。这是《民法典》的新增规定。

与自愿实施的救助行为不同，法定救助义务源于法律规定，具有强制性，义务人不得拒绝，否则就要承担责任。如果说见义勇为是一种道德要求，那么法定救助义务就是法律的强制。这里的“法定”应包含法律明确规定以及法律明确规定的体系解释（当然解释）。

（1）法定救助义务的类型

既然是法定救助义务，那此项义务存在的前提就是有法律的规定。这种法律的规定在特别法中非常多见，一般认为包括如下几种类型。

第一，医疗机构及其工作人员。《医疗机构管理条例》第31条、《执业医师法》第24条、《道路交通安全法》第75条第1句等都对医疗机构的救助义务作了明确规定，要求医院不得因未及时支付费用而拖延救治。

第二，警察、武装警察、军人和消防员。《人民警察法》第21条、《人民武装警察法》第28条、《国防法》第58条、《消防法》第44条第4款等都规定了这些有特殊职业的人员，不能因为危险或者其他理由，在公民的人身财产利益受到损害时，视而不见。

第三，海事主管机关和船长。《海商法》第174条和《海商法》第192条都规定了，船长和相关海事主管机关，在遇到海难的情况下，应当尽量救助受难人员。

除了这些特别法中明确规定的救助义务之外，在《民法典》中虽然从未明确特定主体负有“救助义务”，但依据举重以明轻的当然（体系）解释原则，仍可从具体条文的体系解释中得出相关主体负有救助义务的结论，即所谓的“具体化的隐形规定”。[1]详细来说，《民法典》中的救助义务主要包括以下六个方面。[2]

第一，父母对子女的救助义务。《民法典》第1068条规定：“父母有教育、保护未成年子女的权利和义务。未成年子女造成他人损害的，父母应当依法承担民事责任。”该条虽未明确规定“救助义务”，但从其规定的“保护”义务上看，包括了阻止正在进行的侵权行为。

第二，夫妻之间的救助义务。《民法典》第1059条第1款规定：“夫妻有相互扶养的义务。”有观点认为，这种相互的扶养义务包括相互之间在经济状态下的救助和扶助内容。

第三，用人单位对其工作人员的救助义务。《民法典》第1191条规定了用人单位的替代责任以及劳务派遣单位的过错责任，即当工作人员在执行职务过程中对他人造成了损害，首先用人单位应当承担责任。而《工伤保险条例》第2条规定了用人单位应为其工作人员缴纳工伤保险费的义务。在逻辑上，如果工作人员在执行职务过程中对自己造成了损害，用人单位同样需要承担救助的责任。

第四，安全保障义务人的救助义务。《民法典》第1198条分两种情形规定了经营场所经营者、公共场所管理者以及群众性活动组织者违反安全保障义务的侵权责任。安全保障义务可以分为物的安全保障义务和人的安全保障义务。由于人的安全保障义务本身就包含对正在遭受的侵权行为的阻止义务，从中自然能解释安全保障义务人的救助义务。

---

〔1〕张玉东：《论我国侵权法中作为义务的认定机制》，载《法学论坛》2018年第4期。

〔2〕陈甦、谢鸿飞主编：《民法典评注·人格权编》，中国法制出版社2020年版，第113页以下。

第五，教育机构的救助义务。《民法典》第1199—1201条规定了教育机构的侵权责任。从本质上说，教育机构的责任也是违反安全保障义务的侵权责任。因此，与经营场所经营者、公共场所管理者和群众性活动组织者相似，教育机构对其无民事行为能力人、限制民事行为能力人也负有救助义务。

第六，一般危险救助义务。在司法实践中，处于保护受害人的理念，法院认为，如果危险是由行为人所导致的，或者和行为人密切相关，那么行为人就负担救助义务。最为典型的就是共同饮酒导致的民事责任，通常，只要共同饮酒过程中受害人处于某种危险状态，法院即认为共同饮酒人存在救助义务。[1]

（2）法定救助义务成立的条件

在具体适用层面，凡法定救助义务需要特别注意如下几点。

第一，须受害人的物质性人格权处于危难情形。法定救助义务只针对生命权、身体权、健康权这三项物质性人格权处于危难时的情况，但凡其他精神性人格权，如名誉权、隐私权，抑或财产权处于危险中，都不会引起法定救助义务的产生。因为物质性人格权乃是自然人主体资格的基础，是享有其他权利的前提，是最重要的权利，因此法律才规定了法定救助义务。

第二，须基于法定职责或身份进行救助。既然是法定救助义务，自然以法律的明确规定和当然解释为前提。没有法律基础也就不会产生法定救助义务，并且法定救助义务也不会超过法律规定的特定专业范围。比如医护人员并不对公民的一般人身财产利益承担救助义务，而警察、军人也不会负担医疗救治的义务。

第三，救助人必须有救助的能力。虽然法定救助义务为法律所明确规定，但这并不是意味着救助义务人要无限制地将自己陷入危险之中，救助义务的实施，应当以救助能力为前提，否则徒增牺牲。比如，夫妻中一人陷于火灾之中，此时法律并不会强制要求另一人负有进火场救人的义务，因为普通人并没有在火场中救人的能力。又如，警察遇到数名匪徒自觉寡不敌众，此时法律也不强求其独自以身涉险，而应与匪徒周旋，并及时呼叫支援，也可认为其尽到了救助义务。

就实施法定救助义务的法律后果而言，除了国家公职人员，一般都认为享有报酬的请求权。例如，海难救助时，可以请求财产救助的报酬请求权；医疗

〔1〕参见李文禧、李海光生命权、健康权、身体权纠纷案，佛山市中级人民法院（2018）粤06民终7454号民事判决书。

机构可以请求支付医疗费用。如果救助义务人实施救助行为付出了必要的成本，除了国家公职人员以外，通常也可要求返还。同理，如果救助行为造成了义务人本人的损害，除了国家公职人员以外，也可要求损害的补偿。

6. 性骚扰

（1）性骚扰的概念

《民法典》第1010条规定了性骚扰的民事责任和单位的预防义务。本条是《民法典》的新规则，是针对侵害性自主权的民法应对。

所谓性骚扰，是指在工作场所和与工作有关的其他场所，采取语言、文字、图像、肢体行为等方式对他人实施的有辱他人尊严的，与性别相关的行为。[1]有观点特别把性骚扰的法律规制概括为“职场主义”和“权利主义”：前者以职场劳动者的保护为中心，保护的是劳动者的权利，其责任以雇主承担为主；后者以人的私权利的保护为中心，保护的是人格权。[2]但随着时代发展，职场主义国家对性骚扰的规制范围也由工作场所逐渐发展到非工作场所，二者的区别已经不甚明显。

（2）性骚扰的构成要件

根据《民法典》1010条第1款的规定，可以认定性骚扰的构成要件包括以下几个方面。

第一，实施了性骚扰行为。性骚扰行为不仅包括男性对女性，也包括女性对男性，不仅包括异性之间也包括同性之间，因此本款使用了“他人”一词，而不具体指明性别。性骚扰行为是指向当事人性别特征的，以性为导向的行为。性骚扰的具体形式可以是多种多样的，语言、文字、图像、肢体行为等方式都可以实施性骚扰，但无论哪种形式其都是一种以性别特征为指向的、有辱他人尊严的行为。需要注意的是，性骚扰不是性犯罪和性攻击，其还达不到犯罪的地步，但也是对他人人格尊严和性自主权的侵犯。

第二，行为人须有主观故意。在过错方面，就行为人而言，只有故意才构成“骚扰”，性骚扰行为应以故意为要件。[3]因为构成性骚扰要求行为人具有性意图，以获取性方面的生理或心理满足为目的，并且以明知其行为或言辞违

---

〔1〕王利明：《人格权法研究》（第三版），中国人民大学出版社2018年版，第314页。

〔2〕杨立新、张国宏：《论构建以私权利保护为中心的性骚扰法律规制体系》，载《福建师范大学学报（哲学社会科学版）》2005年第1期。

〔3〕张新宝、高燕竹：《性骚扰法律规制的主要问题》，载《法学家》2006年第4期。

背对方意愿为前提，自然过失难以构成。[1]

第三，侵害了他人的性自主权。就结果来看，性骚扰会让当事人产生性方向上的不愉快甚至是厌恶、恐惧，这些都是侵害当事人性自主权的体现。需要特别强调的是，性自主权以当事人的性观念为前提，不同的性观念可能会导致人们对性自主权有着截然不同的认知，对于部分人可能属于侵害性自主权的行为，对于另一部分人可能毫不在意。这两者的平衡应当是社会一般观点以及当事人自己特定的表示。如果在社会一般观点来看不属于对性自主权的侵害，但是当事人却特别表示了对该行为的强烈反感，此时行为人如果仍然从事该行为，则可以被认定为侵害性自主权。反之，如果按照社会一般观点属于他人的正当行为，如果限制反而会严重损害他人自由的，即便当事人因为自身特殊原因表示反感，也不应当被认为是对性自主权的侵害。

（3）单位的安保义务

《民法典》第1010条第2款特别规定了在工作场景下，单位对性骚扰行为的安全保障义务。在具体构成上，这种安全保障义务所针对的，当然不限于利用职权、从属关系实施的性骚扰，即便是同级之间甚至下级对上级的性骚扰也属于责任范围之内。要求单位承担这种安全保障义务的原因，乃是单位因为其组织，形成了一个特殊的稳定阶层管理结构，并且以这个结构来完成单位的职能，并让单位从中得益。而这个组织结构为实施性骚扰创造了便利，且不说上级通过阶层结构压迫下级对其进行骚扰，就算同级之间因为单位的存在，长期在相对封闭空间内共事，也为相互之间的接触创造了有利条件。因此，单位既然从这种稳定层级结构中得利，也自然应当承担这种稳定层级结构所带来的风险和责任。为员工排除性骚扰的侵害，即这种责任之一。

在具体的责任承担上，司法实践中认可单位有权也有义务开除实施性骚扰行为的职工。[2]并且如果单位违反上述安全保障义务，员工以人身安全受到威胁为由不予上班，不构成旷工，单位如解除合同，应给予经济补偿。[3]在学理讨论中，有观点认为应类推《民法典》关于安全保障义务的规定，要求单位承

---

〔1〕石佳友：《人格权立法的进步与局限——评〈民法典人格权编草案（三审稿）〉》，载《社会科学文摘》2020年第2期。

〔2〕参见林顺沅与广东邦达实业有限公司劳动和社会保障行政管理再审复查与审判监督案，广东省高级人民法院（2015）粤高法民申字第2839号民事裁定书。

〔3〕参见赵红霞与北京首实新业劳务服务有限责任公司劳动争议案，北京市第二中级人民法院（2016）京02民终7778号民事判决书。

担补充责任。并且在举证责任上，鉴于当事人自身能力的局限性，应当由人民法院根据公平原则和诚实信用原则，综合当事人举证能力等因素确定举证责任的承担。[1]

7. 人格权行使的特别方式

虽然人格权具有专属性、非财产性、固有性等特征，但是随着时代的发展，有很多人格利益也或多或少地展现出一些财产价值，因此具有了可使用性。民事主体为了实现自身利益的最大化，自然应当可以使用这些人格利益，同时这些人格利益也能够为他人使用。在人格利益为他人使用的情况下，可以是通过权利人的许可，也可以是为了实现公共利益未经他人许可，前者称为人格利益的许可使用，后者称为人格利益的合理使用。

《民法典》第993条规定了许可使用的规则。所谓许可使用，是指除非制定法明确限制，或者除非权利主体的人格构成要素的性质不允许权利主体授权别人使用其人格构成要素，否则，权利主体有权许可别人使用自己的任何人格构成要素，诸如许可别人使用自己的姓名、名称、肖像、声音等。这种许可使用在英美法系中被称为“公开权”（right of publicity），我国学者普遍将其视为人格权的商品化，以有偿为常态。需要注意的是，在许可使用时，需要特别注意所使用的人格权的性质和内容，除了不违反法律的规定之外，还要特别注意不能违反公序良俗，不能贬损权利主体的人格尊严和主体资格。因此，通常只有权利人的身体、姓名、名称、肖像、名誉、隐私、个人信息等，具有许可他人使用的可能。

《民法典》第999条规定了合理使用的规则。所谓合理使用，这里特指如果新闻媒体为了新闻报道或者舆论监督的正当目的而使用他人的姓名、名称、肖像、个人信息等人格特征，即便它们的使用没有获得他人的同意，也无须就自己的使用行为所引起的损害对他人承担侵权责任。这是一项新闻媒体所享有的在新闻报道、舆论监督等情况下的相对免责特权。在合理使用时，最为关键的是在未经权利人许可的情况下对“合理性”的判断，第999条规定合理使用的目的仅限于新闻报道和舆论监督，以及合理使用的内容限于人格特征。除此之外，通常还要考虑人格特征和新闻报道之间的关联性、必要性，以及可能造成的影响等因素。

---

〔1〕 陈甦、谢鸿飞主编：《民法典评注·人格权编》，中国法制出版社 2020 年版，第 173 页以下。

第二节 生命权、身体权和健康权

问题示例

甲、乙约定比武，生死对决。二人武艺高超，电光石火之间便分出胜负。如果甲被乙打死或致残，或者是被打出严重内伤，那么乙是否侵害了甲的权利？如果侵害，分别侵害何种权利，承担何种责任？

生命权、身体权和健康权统称为物质性人格权，是自然人作为主体最为重要的人格利益，也是自然人成为民事主体、享受权利、承担义务的前提。因此《民法典》人格权编将其放在第二章中统一规定。

一、生命权

（一）生命权的概念和特征

所谓生命权是指以自然人的生命安全利益为内容的权利。生命权是自然人所享有的最基本权利，是自然人享有主体资格的基础，也是自然人享有权利承担义务、参与法律关系的基础。

一般认为生命权有如下几项基本特征。

第一，生命权具有固有性、专属性和绝对性。即生命权和主体不可分割，只为主体所享有，其他任何社会主体都负有不侵犯和妨碍生命权的义务。

第二，生命权具有不可克减性，不能受到任何的非法限制或剥夺。对于自然人来说，生命权只有“有”和“无”两种状态，任何对生命权的限制和剥夺都会造成主体死亡的结果，不存在对于生命权的部分限制或者剥夺。

第三，生命权具有平等性。任何主体都享有平等的生命权，并且受到法律的平等保护。这种平等性还和民事主体资格的平等性相互联系。

第四，生命权具有特殊的救济方式。对生命权的侵害会造成主体死亡的结果，此时对生命权本身已经没有救济的可能。在民法层面只能对因侵害生命权的间接受害人，即死者的近亲属承担损害赔偿责任，即以死亡赔偿金的形式，实现对近亲属精神利益与财产利益的补偿。

（二）生命权的内容

关于生命权的内容传统民法形成了两种不同主张。第一种意见从传统的权利理论出发，认为生命权支配（利用）自己生命的权利；[1]第二种意见从生命安全的人格利益角度加以定义。[2]而这里的生命安全，主要是指对生命的维持利益以及对生命利益的有限支配性。[3]但无论哪种观点，都认为生命是自然人最重要的法益，在法律上绝对不可以放弃，即便是有限支配也有违其伦理属性，且未必有立法实益，更可能产生负面效果。[4]

一般认为，生命权的内容包括生命安全和生命尊严。

所谓生命安全是指自然人享有自己的生命利益，并排除对其生命利益一切侵害的权利内容。如前文所述，生命权是最为基础的人格权，其是民事主体享有主体资格的前提，也是民事主体享有一切民事权利和承担民事义务的基础。自然人只有享有生命权才能参与社会生活和法律关系，才能追求自己的人格价值，自不必多言。生命安全最主要的体现是对侵害的防御权，包括消极的维护和积极的防卫。[5]前者是指生命的基本生活利益和安全自由应当受到社会的充分保障，而后者则是指当自然人的生命利益受到侵害时，自然人有权使用一切手段，无论是公力救济还是私力救济来保护自己的生命。无论是公力救济和私力救济都给予了生命权最高程度的保护，尤其是私力救济层面，当发生有侵害生命权可能的情况时，受侵害人就拥有无限的自卫权。

所谓生命尊严，主要是从主体对生命利益的有限支配角度来说的。虽然法律倾向于否认自然人对自己生命具有支配权能，否认自然人有自杀的权利，但是也认可当个人认识到个人的生命利益与社会公共利益相比，后者具有更高的价值的时候，权利主体若自愿放弃自己的生命利益，乃是对于自己生命利益的处分。[6]即当法律认可为了社会公益或者他人的生命利益，自然人可以放弃自己的生命，那么自然人能否为了自己的利益放弃自己的生命？当自然人意识到自己已经无法再继续有尊严地活着时，是否有权放弃生命？这就涉及安乐死的问题。虽然我国法律目前还没有认可安乐死的合法性，但是有越来越多的观点

---

〔1〕李锡鹤：《民法原理论稿》（第二版），法律出版社2012年版，第508—509页。

〔2〕张俊浩主编：《民法学原理》（修订第三版），中国政法大学出版社2000年版，第143页。

〔3〕王利明：《人格权法研究》（第三版），中国人民大学出版社2018年版，第267—270页。

〔4〕温世扬：《民法典人格权编草案评议》，载《政治与法律》2019年第3期。

〔5〕王利明：《人格权法研究》（第三版），中国人民大学出版社2018年版，第268页。

〔6〕姚辉：《人格权法论》，中国人民大学出版社2011年版，第152页。

认为，生命不仅有生物（自然）生命，还包含精神（伦理）生命，后者是前者的质变和升华，如果精神生命难以为继，生物生命的存在意义也将受到挑战。[1]在本质意义上，安乐死是主体对自己生命尊严和生命安全之间的价值衡量，当其认识到自己的生命尊严难以维系时，在生命质量非常低下时，按照自己的意愿有尊严地离开的行为。[2]在本质上乃是对人格尊严的最高保护。

当生命权受到侵害时，会发生主体失去生命的法律后果，即主体死亡。如前文所述，当权利主体死亡后，虽然其失去了主体资格，无法主张权利救济，但是这并不意味着侵权人可以不用承担侵害生命权的民事责任。此时死者的近亲属可以向侵权人主张损害赔偿请求权。

这种请求权的主体是死者的近亲属。同《民法典》第994条规定的精神类似，其保护的也并非死者的权利，而是用来填补因为权利人死亡，给其近亲属带来的精神痛苦和财产上的损失。因此，在本质上说，这种损害赔偿请求权乃是侵权人对死者近亲属自己的利益造成的损害所产生的，是死者近亲属自己的救济性权利。

正如侵权人侵害生命权的行为会为死者近亲属带来精神和财产的损害，其损害赔偿自然也包括财产损害赔偿和精神损害赔偿。财产损害赔偿包括：（1）医疗费和丧葬费；（2）死亡赔偿金；（3）被扶养人的生活费。这里需要强调的是，死亡赔偿金仅是一种财产损害赔偿，赔偿因为死者的去世，而给死者的生活共同体中的其他成员所造成经济上的损失，即因婚姻或扶养关系能够合法取得受害人正常生存情况下个人消费部分以外的全部收入。[3]因此，死亡赔偿金的计算方法，以当地居民人均可支配收入为依据，并且也要协调其与被扶养人生活费之间的关系，避免重复赔偿。

二、身体权

（一）身体权的概念和特征

所谓身体权，是指自然人维护其身体组织器官的完整性，并支配其肢体、

---

〔1〕易军：《生命权：藉论证而型塑》，载《华东政法大学学报》2012年第1期；任丑：《生命与伦理如何生成为伦理生命》，载《吉林大学社会科学学报》2016年第1期。

〔2〕马俊驹：《人格和人格权理论讲稿》，法律出版社2009年版，第251页。

〔3〕张新宝：《侵权死亡赔偿研究》，载《法学研究》2008年第4期。

器官和其他组织的权利。包括保持身体完整[1]和支配肢体、器官[2]的两层含义。与生命权类似，身体权也具有伦理属性。维护身体完整，既是生命的必要组成，也是健康的基础，构成人格的生物依托。而在人体组织、人体器官的捐献等情形下，则因行为的道德性、精神性、社会性而认为其为维持身体完整的人格自由，无须借道于支配权来进行说明。也就是说，身体权也存在身体的尊严要素。[3]因此，有观点认为，身体权在本质上是一种以人格发展为目的对于身体排他的自我决定权。[4]

与生命权类似，身体权也是一种固有性、专属性和绝对性的人格权，并且其也具有有限的支配性，即对身体权客体——身体的有限支配。这种支配因其伦理性，当然受到公序良俗的限制，自然人不得随意处分自己的身体，也不得随意抛弃自己的身体部分。以超出公序良俗的方式处分自己身体的，虽然不会直接造成他人的损害，但可以根据具体情况，认定处分行为无效，抑或因为损害公共利益，承担公法上的责任。

（二）身体权的客体和内容

身体权的客体包括两个方面：其一是身体及其组成部分，其二是身体的完整利益。

所谓身体及其组成部分，自然包括自然人的全部肉体，即物质意义上自然人的身体。身体因其伦理性和主体资格的密切联系，并不是一种物，而是一种特殊的具有高度伦理和人格意义的人格载体，因此并不能简单地适用物权的规范。需要注意的是，自然人的身体乃是一个有机组织体，在社会生活中，组织体内容有可能增加也有可能减少，但无论增加或减少，只要自然人仍然存活，这一组织体都是身体，其性质并不会发生变化。

所谓身体的完整利益，是指身体的各个组成部分有机地组合在一起，构成完整的自然人身体，以便使自然人能够生存，并参与相应的社会生活。自然人拥有完整的身体，是自然人身体能够完全履行机能的前提，也是自然人能够以

---

〔1〕史尚宽：《债法总论》，中国政法大学出版社 2000 年版，第 148 页；郑玉波：《民法债编总论》（修订二版），中国政法大学出版社 2004 年版，第 128 页；孙森焱：《民法债编总论》（上册），法律出版社 2006 年版，第 187 页。

〔2〕张俊浩主编：《民法学原理》（修订第三版），中国政法大学出版社 2000 年版，第 143 页；王利明：《人格权法研究》（第三版），中国人民大学出版社 2018 年版，第 289 页。

〔3〕陈甦、谢鸿飞主编：《民法典评注·人格权编》，中国法制出版社 2020 年版，第 99 页。

〔4〕刘召成：《身体权的现代变革及其法典化设计》，载《当代法学》2020 年第 2 期。

完全的状态参与社会生活的基础。如果身体的完整性遭到损害，不仅会导致身体的机能受损，影响自然人参与生活，而且身体作为自然人人格的载体，严重的身体损害，也会对自然人的人格尊严和精神造成严重伤害。

但是有关身体权的客体，还需要讨论几种特殊情况。

第一，发须指甲等再生性人体组织。一般认为，身体组织的破坏，不以被害人感觉肉体的痛苦为必要。因此，切去他人发须指甲，割取他人赘肉，均构成身体权侵权。[1]但发须指甲虽然属于身体的组成部分，其性质却与其他身体组成部分大为不同。因发须指甲具有可再生性，分离时不会产生疼痛，且权利人自己也会定期修剪，故对发须指甲等身体组织侵害，除非是以违背善良风俗的方式，或者造成身体其他组织的损害，否则会因为其损害轻微，而不被认为构成对身体权的侵害。

第二，与身体分离的组织。如前文所述，人体的任何组织和器官都是身体的组成部分，只要没有脱离身体，那就属于身体权的客体。但是如果人体的组织或器官已经和人体相分离，其性质应当如何认定？显然此时应当分情况加以讨论，在判断人体组成部分的性质时，应当以当事人自由意志为准，只要权利人没有作出明确的捐献、抛弃的意思表示，亦应肯认其为人格的固有利益。[2]具体来说，自然人之断指、断肢，如没有再植入的可能，则非身体之一部分；如可再植，属准人身；再植成活后，为身体之一部分。捐献之器官、组织，与供体分离后，只要存在移植的可能，则属准人身，非供体之一部分；移植后，为受体之一部分。[3]而那些人造的器官或者组织，在植入人体之前，显然属于物，但移入人体，且和其他器官结合在一起正常发挥作用的，则当然成为人体的一部分，此时它们就不再是物，而是身体权的客体。需要强调的是，作为自然人对自己身体支配权能的有限体现之一，自然人可以捐献自己的细胞、组织，甚至器官，当然也可以在去世后捐献自己的遗体。从维护公序良俗，避免道德风险的角度考虑，《民法典》第1006条明确规定，这种捐献必须由完全民事行为能力人自主作出，他人不得以任何方式加以干涉，并且这种捐献必须是无偿的，以尽可能地避免器官买卖的可能。当然，出于人道主义考量，也为了鼓励捐献，应当给予捐献人一定的补助，除精神上的褒奖外，还包括物质上的

---

〔1〕史尚宽：《债法总论》，中国政法大学出版社2000年版，第148页。

〔2〕房绍坤、曹相见：《〈民法典人格权编（草案）〉的贡献与使命》，载《山东大学学报（哲学社会科学版）》2019年第6期。

〔3〕李锡鹤：《民法原理论稿》（第二版），法律出版社2012年版，第515页。

奖励。这种奖励在活体捐献时归属捐献人，在遗体捐献中归属近亲属共有。

第三，遗体。遗体是自然人死后的遗骸，既然自然人已经去世，失去了主体资格，遗体也不具有生命特征，不具有身体利益，自然不会是身体权的客体。但遗体也非简单的物，其上寄托了死者近亲属对死者的怀念、尊严等情感，是具有明显人格利益的特殊的物。从我国的传统文化上，对死者遗体的尊重，乃是重要的公序良俗，因此对死者遗体的保护，既体现了对死者近亲属人格利益的保护，也体现了对社会利益和公序良俗的维护。因此，虽然遗体是物，虽然死者近亲属对遗体拥有支配和管理的权能，但这种支配和管理的内容受到严格的限制。首先，如果死者生前对遗体的处置有所安排，只要这种安排不违反公序良俗，近亲属应当尊重这种安排，典型的如《民法典》第1006条规定的，死者生前对于捐献遗体，或者遗体的一部分的组织或器官有所安排的，近亲属有义务尊重。其次，根据《民法典》第1006条的规定，在死者生前未拒绝捐献的情况下，死者近亲属，包括配偶、成年子女、父母可以采用共同同意的方式，决定捐献遗体。需要特别强调的是，《民法典》第1006条中的“共同决定”是指近亲属的共同意志，在没有反对意见的情况下，可以捐献死者遗体。最后，在不捐献遗体的情况下，近亲属也负有火化、埋葬等依照社会公序良俗的方式处分遗体的义务。任何人都不得对遗体进行故意毁损，不得未经全体近亲属同意摘取器官，抑或随意抛弃遗体等。

对身体权的侵害，主要体现为对身体完整性和安全性的损害，包括身体外部的完整性和内部的完整性，并且这种完整性侵害并不以影响身体的正常机能为必要。换言之，比如在把他人脸划伤的情况下，虽然并不会直接影响他人的身体机能，但因为侵害了身体的完整性，构成对身体权的侵害。此外，对他人的身体施加暴力，即便没有造成肉体完整性的损害，也有可能构成侵害身体权，如将他人殴打得鼻青脸肿等。[1]还有观点认为，对于侵害性自主权的行为，也应当视为对身体权的损害，因为身体乃是人格尊严的载体，而性自主权又是人格尊严的重要组成，并且通过对身体的自主决定表现出来。现在《民法典》第1010条在物质性人格权项下规定了性骚扰的责任和防止义务，在某种意义上也认可了这一观点。

---

〔1〕 史尚宽：《债法总论》，中国政法大学出版社 2000 年版，第 148 页。

三、健康权

所谓健康权，是指自然人以其器官乃至整体的功能利益为内容的人格权，或者说是以保持身体内部机能之完全性为内容的权利。[1]关于健康权的客体，其健康意涵究竟为何，除了生理健康之外，是否包含心理健康，理论界有不同的意见。

否定说认为，健康权的客体仅限于生理健康，是指生理机能的完善性，而精神健康则不是健康权的保护内容，应当通过精神损害赔偿的方式保护。[2]肯定说认为，健康权的健康不限于器质健康，而且包括功能健康；不限于生理健康，亦包括心理健康。在当代，心理健康的价值日益受到广泛的肯定与认可，不独肉体上健康之侵害，精神上健康之侵害，即引起精神系统之病的状态，亦为健康权之侵害。[3]

依照《民法典》第1004条的规定，这里健康指的是“身心健康”，显然包括了生理健康和心理健康。因为精神损害赔偿只是一种责任承担方式，要让相对人承担责任，首先得存在承担责任的基础，即相对人确实侵害了法益，如果不将心理健康作为健康权的内容，精神损害赔偿也就没有适用的前提。

所谓生理健康是指身体正常机能的完整性，即自然人在生理上无恙，身体各部分的机能都能正常发挥。所谓心理健康，主要是指精神健康，即精神上没有疾病，没有影响人体机能的发挥。[4]换言之，无论是生理健康还是心理健康，都是相对于罹患疾病而言，导致人体机能不能完全发挥而言的，如果只是暂时性的，因为小毛病而影响身体机能，或是因为心情不好而痛苦、焦虑、抑郁，并不构成对生理健康或者心理健康的损害。

在性质和特征上，健康权和生命权、身体权一样，都具有固有性、专属性和绝对性，也同样具有有限的支配性，即权利人可以在公序良俗的范围内，支配自己的健康。当然这种支配是一种抽象的支配，是对应于绝对权的支配性。例如，自然人从事对自己健康有巨大风险的工作，或者自然人自愿参加对健康有风险的药物实验等，在某种意义上都可以视为对自己健康利益支配的体现。当然，这种支配有其必要的限制。[5]

---

〔1〕张俊浩主编：《民法学原理》(修订第三版)，中国政法大学出版社 2000 年版，第 144 页。
〔2〕李锡鹤：《民法原理论稿》(第二版)，法律出版社 2012 年版，第 514 页。
〔3〕史尚宽：《债法总论》，中国政法大学出版社 2000 年版，第 148 页。
〔4〕温世扬：《民法典人格权编草案评议》，载《政治与法律》2019 年第 3 期。
〔5〕王利明：《人格权法研究》(第三版)，中国人民大学出版社 2018 年版，第 326 页。

第一，健康权人原则上不得处分自己的健康权，如订立免除侵害健康权责任的合同，应当被认为无效，因其违反了法律强制性规定，且违背公序良俗。[1]

第二，权利人不得以商业目的而积极利用健康利益。健康利益只能从消极方面予以保护，因为其伦理性而不能够成为商业化利用的对象。《民法典》第1008条规定的临床试验等，都以无偿为要求。

第三，健康权因为其固有性和专属性，不能够转让给其他人。

对健康权的侵害，在生理健康方面要求侵权人的行为影响了权利人身体机能的正常发挥。比如，因为被施加暴力，或者在各种事故中造成四肢的损伤，不能发挥作用。比造，成内脏的损伤，影响内脏功能发挥，抑或在长期的危险工作中罹患严重职业病，如尘肺等对健康造成严重损害的形态。而在心理健康方面，则要求因为侵权人的行为导致了可以被医学证明的心理疾病，严重影响正常生活。

相应而言，在损害赔偿方面包括财产损害赔偿和精神损害赔偿。前者主要包括：治疗费用、误工损失、被抚养人的生活费、残疾生活辅助具费和残疾赔偿金。

第三节　姓名权和名称权

问题示例

社会无业人员甲，自称是中央国家机关工作人员乙，招摇撞骗，乙得知后异常愤怒，欲起诉甲，请问甲侵害了乙的什么权利，为什么？如果甲自称是乙的秘书，同样招摇撞骗，乙能否仍然起诉甲，为什么？

姓名和名称都属于民事主体在社会生活中彰显自身个性，并且让自己同其他主体相互区分的标识。而姓名权和名称权就是来保护这种标识的独特性，不与其他主体相互混淆的权利，即所谓的标表型人格权。

〔1〕尹田：《自然人具体人格权的法律探讨》，载《河南省政法管理干部学院学报》2004年第3期。

一、姓名权

（一）姓名权的概念和特征

姓名是一个自然人用以标识自己的符号，通过姓名，自然人将自己与他人区分开来。姓名主体将对自我的认同寄放于姓名之中，他人将对姓名主体的认知统摄于其姓名之下。[1]姓名分为广义姓名与狭义姓名。广义的姓名既包括本名即户籍登记和公民身份证件上显示的正式姓名，还包括公民的别名如字、号、笔名、艺名等，而狭义的姓名仅指本名和曾用名。所谓姓名权是指自然人决定其姓名、使用其姓名、变更其姓名，并要求他人尊重自己姓名的一种权利。

在法律特征上，第一，姓名权的主体必定是自然人，这是法律明确规定的，法人和其他组织享有的对应权利称为名称权。当自然人死亡之后，其自己就不再享有姓名权，但是其姓名对在世近亲属而言仍然具有人格利益。对于一些名人而言，甚至有大量的财产利益，因此死者的姓名利益仍然有保护的必要，以保护在世近亲属的人身和财产利益。

第二，姓名权的内容是对姓名的决定、变更、使用、许可等。姓名是权利人表彰自己独立于他人，承载自身人格利益的符号，因此，自然人当然有权自主决定自己的姓名，以及对自己姓名的使用，拒绝他人随意使用。

第三，姓名权属于一种标表型人格权，即指权利人基于其“标表符号”（姓名和肖像）所享有的人格权。一般认为这种标表型人格权，除了体现出主体的个性以外，还能够体现出明显的支配性和“商品化”特征。[2]所以权利人可以自己使用，也可以许可他人使用。最后，既然姓名权是一种“标表型人格权”，那么其当然包括精神利益和财产利益。但需要强调的是，虽然标表型人格权具有商品化的性质，但是其仍然以人格利益，尤其是“受尊重的权利”为其核心内容。

（二）姓名权的内容

根据《民法典》第1012条的规定，姓名权保护两种类型的人格利益。其一是自然人决定其姓名符号的自由，即姓名决定权、姓名变更权。其二是自然人保持姓名与其本人稳定联系的利益，确保将本人的生活事实归于其姓名之下，将非本人生活事实排除在姓名之外，即身份同一性利益。因此，姓名权包括如

---

〔1〕刘文杰：《民法上的姓名权》，载《法学研究》2010年第6期。

〔2〕李永军：《论姓名权的性质与法律保护》，载《比较法研究》2012年第1期；温世扬：《论“标表型人格权”》，载《政治与法律》2014年第4期。

下的内容。[1]

第一，姓名决定权，是指自然人对其姓氏和名的决定权。具体包括：其一，未成年人的姓名决定权。其二，姓氏决定权，根据《民法典》第1015条的规定，自然人可以随父或者母姓，也可以选取其他直系长辈血亲的姓氏，扶养人的姓氏，以及其他不违背善良风俗的姓氏。其三，姓名符号的选取，应当使用规范汉字，不能使用字母或者符号，少数民族用汉字登记姓名时，汉字姓名应当是其少数民族姓名文字的译写。其四，姓名的内容应当遵守公序良俗。其五，姓名的长度也应当符合公序良俗或者民族习惯。

第二，姓名变更权，是指变更自己姓名的权利，是姓名决定权的组成部分和自然延伸。具体包括：其一，因收养关系引起的姓名变更。其二，因父母离婚引起的未成年子女姓名变更。其三，因与外国人通婚而引起的姓氏变更。其四，成年人的姓名变更，虽然实践中户籍单位有限制姓名变更的倾向，但如果生活中姓名确实给本人交往造成不便，仍然可以办理变更登记。这里需要特别说明一下是否允许变更为名人同名的问题。在学理上，禁止重名不是姓名权保护的利益。姓名权不是独占特定姓名符号，不得排除在后自然人以相同符号作为自己姓名的权利，因此普通人可以改与名人同名，法律禁止的只不过是利用同名同姓故意制造混淆的行为。

第三，姓名使用权，是指自然人使用自己姓名以表明身份，以及要求或者许可他人正确使用自己姓名的权利。自然人使用自己的姓名，是为了凸显自己与其他主体的不同。如果自然人使用姓名意欲使他人产生混淆，将自然人视为他人，则并非正常的姓名使用，而是侵害姓名权的行为。

第四，姓名许可权，其实质上是姓名使用权的一项内容，即许可他人使用自己姓名于特定场合的权利。姓名的许可主要发生在商业场合，以有偿为原则。姓名所具有的财产价值，实际上是姓名主体的声誉具有财产价值，姓名作为这一声誉的载体可以帮助被许可人获得市场竞争优势。

二、名称权

（一）名称权的概念

所谓名称，是法人、非法人组织用以标识自身，区别于他人的符号。法人、非法人组织通过拥有和使用名称，以表彰的法人、非法人组织的社会身

---

〔1〕 陈甦、谢鸿飞主编：《民法典评注·人格权编》，中国法制出版社2020年版，第187页以下。

份，从而参与社会交往、交易。《民法典》将法人的名称权纳入人格权之下，是一次大胆的尝试，其大大扩充了人格权范围，突破了传统理论中对人格权主体的限制。

名称权是法人、非法人组织依法支配其名称，防止他人干涉、盗用、假冒的权利，一般被划入标表型人格权范畴。对于名称权的性质，学理上有财产权和无体财产权的争议。[1]但在《民法典》已经颁布的今天，从权利体系的角度，只能认为其是一项人格权，并且是一项具有明显财产性质的人格权。具体来说，由名称服务于表明法人、非法人组织身份之功能视之，名称权属于人格权。但就权利内容而言，对于非营利组织，其名称的财产属性不明显，名称的功能主要体现在标识主体身份上；而就企业而言，企业本身可以作为财产概括转让，名称可以随之一并移转，此时名称具有鲜明的财产属性。

名称权具有如下特征：[2]第一，名称权主体具有广泛性，包括法人和非法人组织，即任何组织都可以有自己的名称。第二，名称权具有标表性，如前文所述，名称是一个组织区别于其他组织的外在标志，并因为名称所代表组织的声誉，具有相应的财产价值。第三，名称权具有专属性，其为组织所专有，非经合法转让，其他组织不得使用，此与自然人不同，法律不允许组织名称的重复，以免在社会活动中出现主体的混淆。第四，名称权的取得要经过合法的程序。第五，名称既具有人格属性，也具有相当的财产属性。第六，名称权可以转让，这是人格权固有性和专属性的例外。

（二）名称权的内容

根据《民法典》第1013条的规定，名称权包括如下的内容。

第一，名称使用权，即法人、非法人组织使用其名称参与社会交往、交易的权利。

第二，名称变更权，即法人、非法人组织决定变更其名称的权利，为名称决定权的延伸。根据法律的规定，不同类型的组织，其名称的变更有不同的程序，以维护交易安全和市场秩序。需要说明的是，名称决定权并非组织的权利，而是创设人的权利，因为此时组织尚未成立。

第三，名称转让权，即法人、非法人组织转让自身名称给他人的权利。这

---

〔1〕 盛杰民：《对企业名称权的法律思考》，载《法商研究》1997年第6期；王占明：《企业名称权的法律再定位——兼论企业名称权与商标权的冲突解决》，载《法学》2003年第2期。

〔2〕 王利明：《人格权法研究》（第三版），中国人民大学出版社2018年版，第392页以下。

里的转让通常在企业之间发生，对于非营利法人来说，因为其具有一定的公益性，其名称的转让往往受到较大的限制。

第四，名称许可权，即法人、非法人组织许可他人使用自己名称的权利。许可不同于转让，在许可的情况下原主体仍然能够继续使用名称，典型的许可是商业特许经营，又称“加盟”。许可通常有一定期限和范围的限制，需要明确的是，其常常与商标、专利、经营方法、商业秘密等许可使用相结合。

三、对姓名权、名称权的保护

（一）侵害姓名权、名称权的行为

《民法典》第1014条明确规定了三种侵害姓名、名称权的行为，分别是干涉、盗用和假冒。

所谓干涉，在姓名权层面是指妨碍自然人决定、变更或使用其姓名，造成其难以实现这些姓名权利的后果。具体体现包括：其一，特定场合要求使用非本人姓名。其二，违背本人意愿，要求其更改正式姓名，或要求其使用其不欲使用的艺名、笔名、网名等，或要求其更改艺名、笔名、网名等。其三，违背本人意愿，要求本人许可他人使用其姓名。这些行为的共同之处在于否认自然人姓名和被侵权人本人之间的当然联系，或者想在被侵权人和其他姓名之间违背本人意愿，凭空创造联系。〔1〕

在名称权层面，则是指其名称使用、变更、转让或许可的妨碍，与干涉姓名权类似。

所谓盗用，在姓名权层面是指未经本人同意而擅自使用其姓名，制造混淆的行为。自然人会出于很多目的允许他人使用自己的姓名，这种使用当然需要以权利人自己的许可为前提。但是，如果行为人有意制造混淆，让他人误以为行为人对姓名的使用系出自本人的授权、指令、同意等，就构成了对姓名的盗用，侵害姓名权。如未经许可使用明星名义宣传产品，未经许可自称为某领导亲戚、秘书等。

在名称权层面是指未经法人、非法人组织许可而擅自使用其名称，以制造混淆、误认的行为。盗用的特征在于，盗用者并未制造自己就是名称权人的印象，而是制造自己获得名称权人许可或与名称权人存在某种联系的印象，从中渔利。即盗用乃是拿来他人的姓名、名称为己所用，但并没有表达自己就是本

〔1〕 李永军：《论姓名权的性质与法律保护》，载《比较法研究》2012 年第 1 期。

人的意思。

所谓假冒，在姓名权层面是指通过使用他人姓名来冒充他人的行为，即行为人以使用他人姓名的方式，以自己代替他人。在这种意义上，盗用和冒用的共同之处在于，两者都是未经许可使用他人的姓名；而不同之处在于盗用并没有称自己为本人，只是假称自己和本人有某种关系，而在冒用的场合，则是行为人称自己就是本人。在假冒名称权层面和假冒姓名权相同，都是通过使用他人名称的方式，假称自己为被冒用的法人或组织。

对于通过干涉、盗用、冒用侵害姓名权、名称权的行为，根据《民法典》第995条的规定，如果侵害仍然在继续的，可以请求停止侵害；如果侵害造成了对权利人的不利影响，可以请求消除影响、恢复名誉以及赔礼道歉。

（二）侵害姓名权、名称权的责任

侵害姓名权如果造成精神损害的，还应当承担精神损害赔偿责任，造成财产损害的，承担财产损害赔偿责任。特别是当姓名权具有商业利益时，财产损害的计算又要特别按照姓名本身的商业价值加以判断。

侵害名称权通常不会造成精神损害，只会造成财产损害。由于法人、非法人组织的名称往往具有商业价值，在具体计算时需要充分考虑，如果侵权人因此获利，根据具体情况，可以根据获利计算损害赔偿额度。需要特别说明的是，侵害企业名称权，特别是冒用企业名称的，有可能还会负行政责任，甚至刑事责任。

第四节　肖像权

问题示例

甲有一天在看新闻时，发现在自己没有意识到的情况下，被新闻镜头所捕捉，成为一则新闻中的背景人物。当晚甲越想越不舒服，于是第二天打电话给电视台，要求电视台赔礼道歉，并赔偿精神损失。请问甲的要求是否合理，为什么？如果甲因酒驾被交警拦下，此时恰好被新闻记者拍下，作为新闻播出，甲能否要求电视台赔礼道歉，并赔偿精神损失，为什么？

一、肖像权的概念和特征

根据《民法典》第1018条第2款的规定，所谓肖像是指通过影像、雕塑、绘画等方式在一定载体上所反映的特定自然人可以被识别的外部形象。对于肖像概念的理解，需要注意如下几点。

第一，肖像是一种主体的外部形象。法律意义的肖像不是外化在物质载体上的映象，更不是肖像作品。人的肖像作为人的外部形象，在没有被人体以外的物质载体固定以前它就自始存在，是人格不可或缺的要素。〔1〕自然人只有对自己的形象拥有权利，才能够对形象的再现拥有权利。因此，在肖像权意义上的肖像，既指人本身的形象，同时也指形象的再现载体所体现的形象。〔2〕换言之，肖像本身是指一种抽象的存在，肖像在具体载体上的体现，只是肖像的某种具体表现形式。

第二，肖像不限于脸部形象。虽然在传统上，肖像以人的面部特征为主要内容，但随着时代的发展，只要能够呈现自然人个体特征的外部形象，具有可识别性，都应当认为是自然人的肖像。〔3〕典型的如自然人具有显著个人特征的身体一部分、动作等。〔4〕

第三，肖像是自然人个人的外部形象。由于法人和其他组织是法律的构造体，其自然没有肖像，因此肖像只能由自然人享有。肖像是单个人的外部形象，是个人特定化的外部标志，具有专属性。虽然在具体情况下可能会出现多个自然人的肖像组合在一起，形成集体肖像，但这只是肖像的具体表现方式问题，从抽象的外部形象来说，其只能和某一个自然人相联系。

而肖像权则是自然人有关再现和使用自己外部形象的专有性民事权利。从肖像的概念出发，一般认为，肖像权有如下特征。

第一，肖像权是专属于自然人的权利。既然只有自然人才能有肖像，那当然也只有自然人能够成为肖像权的主体。肖像权具有专属性，这也是由肖像的专属性所决定的。作为一种标识性的权利，只能专属特定自然人享有，不能被抛弃，也不能转让，更无法继承。

第二，肖像权是标表型的精神人格权。与姓名权一样，肖像权也是一种标

〔1〕隋彭生：《论肖像权的客体》，载《中国法学》2005年第1期。

〔2〕王成：《侵犯肖像权之加害行为的认定及肖像权的保护原则》，载《清华法学》2008年第2期。

〔3〕王泽鉴：《人格权法：法释义学、比较法、案例研究》，北京大学出版社2013年版，第141页。

〔4〕参见北京市第一中级人民法院（2014）一中民终字第096253号判决书。

表型人格权，其是主体的外在标识，是通过主体的某种可识别外部形象，让特定主体区别于其他主体。同时肖像权也是一种精神性人格权，其体现自然人的人格尊严和精神利益。肖像权是有关自然人肖像再现和使用的权利，而对自然人肖像的再现和使用实际上就是对自然人可识别外部形象的再现和使用，当然直指自然人的人格本身，自然人对其自然有精神利益。

第三，肖像权是具有商业利用的价值的排他性权利。作为标表性人格权，肖像权同样含有一定的财产价值，可以成为商业化用的对象。肖像权人可以通过许可他人使用自己肖像的方式，获得一定的经济利益。这种许可使用并非转让，并不影响肖像权的专属性，在许可他人使用的同时，肖像权人可以自己使用，也可以再许可给其他人使用。

第四，救济方式特殊。由于肖像权具有一定的财产价值，对肖像权的侵害，既可能导致精神损害，也可能导致财产损害。因此在承担侵害肖像权责任时，需要特别考虑肖像权商业化利用的情况。此外，肖像既然是自然人外部形象的再现，如果权利人对外部形象存在隐私期待时，他人对肖像的再现就有可能构成对隐私权的侵害。

根据《民法典》第1018条的规定，肖像权的内容包括制作、使用、公开以及许可他人使用。从文义上看，本条的“使用”是指权利人的非商业利用，“公开”则是指权利人自己进行的商业利用，而“许可他人使用”则是权利人允许他人进行商业利用。因此，无论使用、公开和许可使用，都是权利人对肖像的具体使用方法。因此肖像权的内容大体可以分为以下两种。

第一，肖像制作权，权利人对自然人肖像进行再现的权利，即将自然人的外部形象和某个具体载体相固定的权利。肖像的制作是肖像传播的前提，只有通过制作，让肖像在某种载体上再现出来，才能够对肖像进行使用和利用。当然这种制作的权利也是自然人享有的一种专有权，未经自然人许可，他人原则上不能随意制作自然人的肖像。

第二，肖像使用权。肖像一旦制作完成，就具有了使用的可能，并且权利人可以通过对肖像的使用获得相应的利益。这种使用可以是自己使用，也可以是让他人使用，可以是有偿的，也可以是无偿的。只不过作为一项专有权，对肖像的任何使用，原则上仍然要以权利的许可为前提。另外，由于肖像具有人格属性，对肖像的使用，即便是获得了权利人的同意，也要符合法律的规定和公序良俗原则。

二、对肖像权的保护

既然肖像权的内容包括制作和使用，那么对肖像权的侵害，也主要围绕对肖像的制作和使用展开。《民法典》第1019条规定了几种典型的对肖像权的侵害方式，以下分别论述之。

第一，以丑化、污损方式侵害他人肖像权。这种行为主要是对他人已经制作完成的肖像进行丑化、污损，从而达到贬损他人人格的目的。肖像作为标表型人格权的权利对象，核心在于肖像与权利人之间的稳定联系，即肖像的同一性是肖像利益的基础。[1]在广义上，对肖像的丑化和污损，构成了对肖像内容的扭曲，在某种程度上破坏了这种同一性联系，构成对肖像权的侵害。此外，如果是采用丑化的方式对肖像进行使用，有可能违背权利人之前的许可，抑或公序良俗的原则，构成对肖像使用专有权的侵害。最后，如果对肖像的丑化、污损导致权利人本人社会评价降低的客观结果，还可能构成以侮辱方式侵害自然人名誉权。

第二，以信息技术手段伪造侵害肖像权。其是指利用图像PS技术、视频换脸技术等破坏肖像与自然人之间稳定联系的侵权行为。这种行为通常没有获得权利人的许可，在广义上既包括未经许可制作他人肖像的行为，如利用权利人现有的肖像，通过换脸、PS等技术，制作新的肖像；也包括未经许可使用他人肖像的行为，显然既是对肖像制作权的侵害，也是对肖像使用权的侵害。与上一种情况类似，这种以信息技术手段伪造他人肖像的行为，也可能构成对名誉权的侵害。

第三，擅自制作、使用、公开他人肖像的行为。如前文所述，肖像权包括制作权和使用权，这两种权利都是权利人所享有的排他的权利。如果他人未经权利人许可，擅自制作、使用、公开他人的肖像，显然就直接侵害了肖像权人的权利。需要特别说明的是，在侵害肖像权人商业利用权时，既不因受害人为行为人的工作人员而阻却违法，也不需要有营利的事实，只要有营利的主观意图即构成侵权。

第四，肖像作品权利人对肖像权的侵害。所谓肖像作品权利人，在广义上属于肖像制作人，其并非肖像权人，乃是经过肖像权人许可，有权制作肖像的主体。当肖像作品完成之后，肖像制作人就获得了著作权人的身份。从法益位

---

〔1〕 陈甦、谢鸿飞主编：《民法典评注·人格权编》，中国法制出版社2020年版，第233页以下。

阶和法的价值位阶上看，肖像权作为民法保护的人格权应当优先。[1]著作权人只能够在不损害肖像权人利益的情况下，使用自己的著作权，换言之，原则上只能在肖像权人事先许可的范围内行使权利。因此，当著作权超出肖像权人许可范围，特别是在以营利为目的使用肖像作品时，自然会构成对肖像权的侵害。例如影视剧的制作者对影视剧的剧照拥有著作权，但这个著作权并不能否认影视剧的表演者对自己在剧照中的形象具有肖像权，即在剧照这种肖像作品上，著作权和肖像权是并存的。虽然从交易习惯上表演者应当允许制作者在合理的范围内，如在影视剧的宣传和播放中，使用自己的肖像，但这种使用不是没有限制的。如果制作者超出合理范围使用剧照，则会构成对表演者肖像权的侵害。[2]

第五，根据《民法典》第1023条的规定，对自然人声音的保护可以参照适用肖像权的保护规则。可见《民法典》认为自然人的声音并不属于肖像，是一种不同的法益，但在法律适用上可以类推适用肖像权的保护规则。需要注意的是，这里的声音仅指本人的声音，被他人模仿的声音，并不会构成对本人权益的侵害，否则将过分限制一般人的行为自由。但需要特别指出的是，这种对他人声音的模仿必须明确说明，否则就是对他人声音同一性的混淆，构成侵权。

如前文所述，肖像权作为标表权，其既具有财产价值也具有精神价值。因此，侵害肖像权既要承担财产损害赔偿，也要承担精神损害赔偿。对于财产损害赔偿来说，除了考虑权利人所实际受到的财产损失之外，也需要考虑肖像权商业化利用的情况。在此，拟制的许可费用以及获利返还都可以作为计算财产损害额度的方法。精神损害也是如此，尤其是在肖像权人明显不愿将肖像用于商业化的情况，此时就不便采用财产损害赔偿，而应当采用精神损害赔偿。只不过精神损害赔偿额度的计算方法，也可以采用拟制许可费用以及获利额度为依据。当然，如果侵害肖像权的状况仍然在持续中，权利人当然可以请求停止侵害、恢复原状，以及赔礼道歉等责任方式。

三、肖像的合理使用

所谓合理使用，是指为了公共利益，或者保护他人权益，在未经权利人许可的情况下，可以直接使用相应人格利益的情况。合理使用构成了侵害肖像权

---

〔1〕张红：《民法典之肖像权立法论》，载《学术研究》2019年第9期。

〔2〕北京市东城区人民法院（2002）东民初字第6226号判决书。

的抗辩事由，即在侵害肖像权的情况下，如果侵权人可以证明其对肖像的制作和使用属于“合理使用”，那么其就可以免除或者减轻责任。合理使用规则，主要是为了平衡肖像权人与他人、国家之间的利益关系。通常来说，合理使用都是为了社会公共利益，或者保护他人合法权益所必需的情况，因此原则上不包括商业利用的情形。

《民法典》第1020条规定了肖像权的合理使用规则，其主要包括如下几种情况。

第一，为个人学习、艺术欣赏、课堂教学或者科学研究，在必要范围内使用肖像权人已经公开的肖像。这一点为许多国家的法律所认可，原则上来说，本项的规定是为了让公益事业能够顺利进行，并且尽量降低公益事业的成本，而对肖像权进行的限制。

第二，为实施新闻报道，不可避免地制作、使用、公开肖像权人的肖像。新闻报道因为其具有公益属性，并且出于报道新闻的需要，不可能回避对他人肖像的使用，只要当事人具有新闻价值就可适当使用其肖像。

第三，为依法履行职责，国家机关在必要范围内制作、使用、公开肖像权人的肖像。这种情况属于国家机关为了履行职务所必需，自然属于公共利益无疑。国家机关为了履行自己的职责，有时不可避免地会使用公民肖像，如制作通缉令、制作相关身份文书等。如果禁止，则会导致国家机关不能履行自己的职务，反而会导致对公共利益的损害。

第四，为展示特定公共环境，不可避免地制作、使用、公开肖像权人的肖像。如果某人出现在公共场所，参加集会、庆典等公共活动，他人在拍摄公共活动场景时，不可避免地将肖像记录下来。只要该肖像在场景中不突出，不属于场景的主要内容，那么也构成合理使用。〔1〕

第五，为维护公共利益或者肖像权人合法权益，制作、使用、公开肖像权人的肖像的其他行为。本条属于兜底性条款，凡是和公共利益有关，或者为维护当事人合法权益所必须制作和使用肖像的，都可以认定为合理使用。例如，为了描述历史事件而不可避免地涉及某历史人物的肖像，抑或当事人利益相关人为了制作寻人启事而使用肖像等。

---

〔1〕 王利明：《人格权法研究》（第三版），中国人民大学出版社2018年版，第455页以下。

第五节 名誉权

问题示例

甲因为好吃懒做而身体异常肥胖，一日他听到乙称他为胖子，内心感到受到极大侮辱，此时甲能否以侵害名誉权起诉乙？如果乙称他为“肥猪”，那么他是否可以侵害名誉权起诉乙？

一、名誉和名誉权

（一）名誉的概念和特征

所谓名誉是一种社会评价，并且通常被认为是一种良好的社会评价，其是指社会上人们对公民或者法人的品德、情操、才干、声望、信誉和形象等各方面的综合评价。[1]《民法典》第1024条第2款就是对这种观点的认可。

一般认为，这种社会评价有如下特点：

第一，这种社会评价是客观、公开且普遍的评价。所谓客观的评价，是指评价来自民事主体以外的其他主体，而非民事主体本人，如果是主体本人的评价则不是名誉而是名誉感。所谓公开是指这种评价是存在于公共场合，为大众所广泛知悉，而非私下的、秘密的、不为他人所知的评价。所谓普遍是指来自社会上不特定大众的评价，而非来自某个具体个人的评价，如果只是个别人的评价，则不是社会评价，也不能视为民事主体的名誉。

第二，其是从积极方面对社会评价进行的描述。在中文语境下，名誉通常是指一种好的名声，但有时也仅仅是一种中性的描述。[2]从日常使用的“名誉贬损”或者“名誉损害”这种表述来看，名誉所描述的多数还是当事人社会评价中的积极一面，否则就会产生对负面名誉的损害而造成社会评价实质提升的逻辑悖论。

第三，享有名誉的是包括自然人、法人和非法人组织的民事主体。从《民

---

〔1〕唐德华：《谈谈审理损害名誉权案件中的几个问题》，载《人民司法》1989年第2期。

〔2〕旧《辞海》对名誉的解释为：名为令名，誉为美誉，有令名始获美誉，因谓令名曰名誉。但新版《辞海》就将其简单解释为名声，《现代汉语词典》也采同样的解释。参见杨立新：《人格权法》，法律出版社2011年版，第501页。英文的reputation一词既包括正面评价，也包括负面评价，See Webster's Pocket Dictionary, Trident Press International 1998, p. 448。

法典》第1024条第2款的定义来看，名誉并非自然人所专享，法人也可以有自己的名誉，即对法人和非法人组织的社会评价。当然法人和非法人组织所享有的名誉和自然人有所不同，其更多体现对组织运营能力的评价，并且较多和财产价值相联系，较少影响人格尊严和自由。

第四，名誉的评价对象具有一般性和广泛性。作为一种社会评价的名誉，其评价对象十分广泛，对民事主体任何特质的评价，都会构成民事主体名誉的一部分。《民法典》第1024条第2款特别将“信用”评价纳入名誉的范畴，让名誉权得以涵盖学理上的信用权的部分保护内容。

（二）名誉权的概念和特征

所谓名誉权，是指民事主体对其名誉所享有的保有、利用以及维护的权利。[1] 名誉权包括如下特征：

第一，名誉权的客体是民事主体的名誉利益。所谓名誉利益是民事主体的名誉所能带给其各项利益的总和，这种利益可以是人格利益，如通过名誉获得的个人满足感，可以是社会利益，如通过名誉获得的社会认同，也可以是经济利益，如通过名誉获得交易的便利。需要注意的是，名誉不同于名誉感，后者是主体对自身价值的自我评价，不具有社会性，也很难存在社会利益和经济利益，法律并不予以保护。

第二，名誉权的主体可以是自然人、法人和非法人组织。与名誉一样，名誉权的主体同样具有广泛性。当然，自然人的名誉权体现强烈的人格性，而法人和非法人组织的名誉权其财产性色彩更为突出。

第三，名誉权的损害主要表现为社会评价的降低。一方面，这里的社会评价降低是客观上的降低，即社会公认的评价降低，与权利人主观上的感受无关。主观上感觉降低，客观上没降低，仅仅是名誉感受损，不在名誉权的保护范围之内；主观上感觉没有降低，但客观上降低，同样在客观上是对名誉权的损害。另一方面，只有社会评价降低，才会导致名誉权受损，即名誉权损害的判断以结果为准，即便存在客观上对名誉的损毁行为，如果在结果上没造成社会评价的降低，也不会构成名誉权损害。而在社会评价提升的情况，即便是虚假的提升，也不会构成对名誉权的损害。

---

〔1〕 王利明：《人格权法》（第二版），中国人民大学出版社2016年版，第464页以下；杨立新：《人格权法》，法律出版社2011年版，第507页；张俊浩主编：《民法学原理》（修订第三版），中国政法大学出版社2000年版，第153页。

二、名誉权的保护

（一）侵害名誉权的行为

《民法典》第1024条第1款第2句明确规定了侵害名誉权的典型行为，即侮辱和诽谤。

所谓侮辱，是指行为人以语言、暴力或者其他方式，故意毁损他人人格的行为。[1]同时，有观点认为侮辱通常体现为纯粹的谩骂或者对人身缺陷的公然指摘。[2]究其本质，侮辱侵权保护的是当事人的主观名誉感情及尊严免受他人的肆意践踏。换句话说，相对于强调虚假陈述的诽谤而言，侮辱所强调的是，行为人所实施的是一种十分激烈的贬损权利人名誉的行为，其往往伴随着行为、言语和文字的暴力，远远超过了一般的名誉贬损。所谓行为上的暴力，是指行为人以暴力作用于权利人的人身，强迫权利人为一定行为，或者强迫施加一定的行为于权利人，如强迫搜身、限制人身自由、公开示众等严重贬损人格尊严的行为。所谓言语上的暴力，主要是指行为人对权利人进行辱骂或者嘲笑。区别于行为暴力，言语暴力并不直接以强制力作用于权利人的人身而是用一定话语对他人的人格进行贬损，这里使用的话语，必须远远超出正常范围。所谓文字上的暴力，是指通过书写文字、图案等方式，对他人的人格进行贬损。同样的，这些文字、图案也远远超过正常的限度，是社会的一般理性人所无法忍受的。

所谓诽谤是以语言、文字、图画等方式散布针对民事主体的虚假陈述，并致使对方社会评价降低的行为。[3]有观点认为，诽谤的认定主要有如下四个关键：（1）诽谤是关于他人错误的和中伤的表述；（2）未经许可对第三方公布；（3）公布者有过错或至少有过失；（4）陈述本身具有可诉性而无特别损害或者存在由于公开造成的特别损害。[4]诽谤的核心特征是虚假的表述，这就意味着当相对人社会评价的损害是由正确的表述所导致的时候，并不能够要求

---

〔1〕王利明：《人格权法》（第二版），中国人民大学出版社2016年版，第490页。

〔2〕杨立新：《人格权法》（第二版），法律出版社2011年版，第522页。

〔3〕王利明：《人格权法》（第二版），中国人民大学出版社2016年版，第492页以下；杨立新：《人格权法》，法律出版社2011年版，第520页以下。

〔4〕See Restatement of the Law, Second, Torts, § 558. 所谓中伤的（defamatory），是指通过降低其社会评价或者阻拦第三人和其联系或来往等方式，损害他人的名誉。中伤的表述必须同时也是"错误的"（false）。See Restatement of the Law, Second, Torts, § 559。

行为人承担诽谤的责任，而从过错责任的归责原则出发，如果行为人不知或者不应当知道表述是虚假的，即没有过错，那么即便散布了这些言论，也不会构成诽谤。

在侮辱和诽谤之外，也会有其他行为导致对名誉权的侵害。

（二）侵害名誉权的责任

无论是侮辱、诽谤或者其他方式，若构成对名誉权的侵害，必然需要发生权利人社会评价降低的客观事实。名誉作为一种社会评价，其降低与否，不应当以当事人个人的观感为依据，而是应当以普通公众的一般观念为标准。当事人的个人感受又被称为名誉感，其并不受名誉权保护。

根据过错责任原则，当行为人实施了侵害名誉权的行为，造成了损害结果，主观上有过错，且又无正当的免责事由时，就需要承担侵害名誉权的责任。根据《民法典》第995条的规定，侵害名誉权主要承担责任的形式包括：停止侵害、消除影响、恢复名誉，如果侵害名誉权的行为还造成了权利人精神上和财产上的损害，还需要承担相应的损害赔偿责任。

三、新闻侵权的免责

所谓新闻（媒体）侵权是指报纸、杂志等媒体故意或者过失地登载诽谤他人的新闻，或者以其他方法实施侵权行为，造成受害人名誉权的人格权损害的侵权行为。[1]《民法典》第1025条确立了新闻侵权免责的一般规定和例外，目的是实现新闻监督和名誉权保护之间的平衡，在充分保护新闻报道和舆论监督社会功能的前提下，也可以在必要的范围内保护自然人、法人和非法人组织的名誉权。其内容主要包括以下两个方面。

（一）新闻报道的免责

《民法典》第1025条第1句确立了新闻报道侵权免责的一般规定，立法者确立这一基本原则有其法学和社会学的依据。首先，新闻报道的自由和权利是一项基本的权利，很多国家的宪法中都有规定。在我国，新闻自由是新闻业为实现其社会服务的目的，依法进行采访、写作、发表、出版新闻作品，不受非法控制、约束的权利。[2]在内涵上一方面是指新闻作者采访、写作、发表新闻

〔1〕杨立新：《人格权法》，法律出版社2011年版，第206页。
〔2〕杨立新：《人格权法》，法律出版社2011年版，第207页。

作品不受非法控制、约束；另一方面是指新闻单位组织新闻、出版新闻不受非法控制约束。其次，新闻报道的自由和权利对实现舆论监督具有非常重要的意义，是实现舆论监督的重要保障措施之一。最后，新闻报道的权利和人格权保护并不冲突。一方面，新闻报道的舆论监督作用，是社会“免疫系统”不可或缺的一部分；另一方面，任何自由都有其限制，明确新闻报道自由的范围，也同样有利于对个人人格尊严的保护。在理解新闻报道免责方面，需要特别注意两点：第一，这里所涉及的新闻报道、舆论监督必须是为了公共利益而实施，与公共利益无涉的报道无法免责；第二，这里所涉及的新闻报道、舆论监督，只能是影响他人名誉，而和其他人格利益无关。

（二）免责的例外

根据《民法典》第1025条但书，新闻媒体只在以下三种特定情况下承担侵害名誉权的责任。

第一，捏造、歪曲事实。所谓新闻报道的内容是捏造、歪曲事实即所谓的诽谤。与侮辱不同，诽谤的判断关键在于是否存在虚假陈述。而所谓捏造，就是无中生有，将没有发生的事当作事实加以报道；而所谓歪曲，就是颠倒黑白，将已经发生的事实加以修改或者加工，改变其重要内容，再予以报道。捏造和扭曲都是制造虚假报道的具体方式，都是新闻诽谤的具体表现。在比较法上，对于判断新闻是否虚假，还需要考虑新闻媒体是否具有“真实恶意”（Actual Malice），即主观上的恶意，明知虚假新闻而仍然报道。

第二，对他人提供的严重失实内容未尽到合理核实义务。这里指新闻作者对于引用其他来源内容以及新闻发布者对于发布的内容未尽到自己合理的注意义务。包括新闻作者未尽到合理的核实义务导致引用或者转载了严重失实内容，并导致自己制作的新闻内容其真实性和合法性出现瑕疵；新闻发布者未尽到核实义务，导致其所发布的新闻报道不符合真实、合法的标准。这里是否尽到核实义务，根据《民法典》第1026条所规定的内容，需要结合如内容来源的可信度、对明显可能引发争议的内容是否进行了必要的调查、内容的时限性、内容与公序良俗的关联性、受害人名誉受贬损的可能性，以及核实能力和核实成本等多种因素，具体问题具体分析。

第三，使用侮辱性言辞等贬损他人名誉。本项针对的是新闻报道中关于新闻评论的内容。新闻评论是新闻报道的重要组成部分，展现了新闻报道者和新闻发布者对新闻事件和人物的具体态度，新闻评论，特别是批评性的评论，尤其容易引发名誉权纠纷，但考虑到新闻监督的重要社会作用，当批评性新闻报道与被批评者的名誉权发生冲突时，应当向维护批评性新闻报道的方向倾斜。但如果采用了侮辱性的言辞，故意对他人名誉进行贬损，显然就超过了批评性评论的范围，具有主观恶意，属于对名誉权的损害。

四、作品侵害名誉权的认定及例外

所谓作品，是指文学和艺术领域内具有独创性并能以某种有形形式复制的智力成果，主要体现为以文章、戏剧、影视作品为主的文艺创作作品。文艺作品是人类在文学艺术领域独创性成果的体现，是人类文明的瑰宝，也是人类精神文明发展的重要标准。作家在现实的基础上通过想象和虚构所创造出的文艺作品，是文学艺术创作的合理表达方式，也是艺术表现自由的体现。[1]而艺术表现自由，是公民表达自由的重要组成部分，是公民的基本权利之一，理应得到法律的保护。但文艺作品这种依托于现实，又脱离于现实的特点，很容易成为侵害他人名誉权的主要风险，每年都有大量涉及作品侵害名誉权的案例诉诸法院，成为名誉权侵权的重要类型之一。[2]为了处理好保护艺术表现自由，和维护民事主体名誉权之间的关系，法律就作品侵害名誉权作出了特别规定，以确定名誉权在文艺作品侵权下的保护界限。

根据《民法典》第1027条的规定，判断作品侵害名誉权，首先需要判断作品是否“以真人真事或者特定人为描述对象”。

所谓“以真人真事或者特定人为描述对象”的文艺作品主要包括两类。其一，所谓以“真人真事”作为描述对象的，主要是指纪实文学，就是指借助个人体验方式（亲历、采访等）或使用历史文献（日记、书信、档案、新闻报道等），以非虚构方式反映现实生活或历史中的真实人物与真实事件的文学作品，其中包括报告文学、历史纪实、回忆录、传记等多种文体。纪实文学虽然可以进行一定程度的虚构，但是必须在有限和合理的范围之内，应当尽量贴合真实发生的事件或者人物，不能进行明显的变更。其二，所谓以“特定人”作为描述对象，则是指在纪实文学以外的文艺作品中，如一般的小说、戏剧中，社会一般公众可以将作品中的角色和现实中的特定对象相联系，让公众产生角色就是特定对象的印象。这里的特定对象可以是自然人，也可以是法人或社会

〔1〕张红：《文学作品中的名誉权侵权责任》，载《中南民族大学学报（人文社会科学版）》2012年第6期。
〔2〕张红：《民法典之名誉权立法论》，载《东方法学》2020年第1期。

组织。

在明确文艺作品是描述真人真事或者指向特定人之后，法院就需要判断，在作品中针对特定人的描述，是否具有“侮辱、诽谤内容”。与新闻侵权一样，作品侵害名誉权只能通过文字或者表演的方式，并不涉及直接的行为暴力侮辱。需要特别指出的是，在文艺作品侵害名誉权中也要区分“侮辱”和对角色的正常评价。与新闻类似，文艺作品中也包括事实描述和评价意见，在评价意见的部分，作者难免会对作品中的角色发表自己的看法，由于文艺作品涉及表达自由，因此对评价意见的部分也不应太过限制。与新闻侵权类似，在评价意见的部分，只要不涉及使用“侮辱性的言辞”来贬损特定人的名誉，即便存在负面性评价或者一定程度的情绪表达，通常都不应当视为违法行为。

《民法典》第1027条第2款规定了作品侵害名誉权的免责事由，其核心判断依据是作品内容不以特定人为描述对象，即普通的读者或者观众，并不能将作品中的角色和特定人相互联系。具体来说，作品中的角色，既没有和特定人有相同或类似的姓名，也没有体现特定人独特的身份和特征，更没有和特定人有类似的特殊经历，那么就不应当认为作品以特定人为描述对象。

五、信用评价

所谓的信用评价是从经济活动的角度对民事主体的偿债能力、履约态度、诚实守信等方面作出的客观评价，不涉及民事主体道德、伦理、品行等方面的主观判断。[1] 根据《民法典》第1024条第2款的规定，信用是民事主体名誉的重要组成部分，因此对个人信用评价的维护，也自然成为名誉权保护的内容之一。在这种意义上，学理上所谓的信用权，即民事主体享受并支配其信用及其利益的权利，至少在部分上成为名誉权的权能。

理论上一般认为，所谓信用权在内容上包括：[2]（1）信用保有权，即民事主体有权享有并维持其对其信用完整、客观、全面进行评价的权利。（2）信用维护权，即民事主体维护自身信用评价客观、完整、真实的权利，包括消极的防御和积极的主动维护。（3）信用利益的支配权，即民事主体对自身信用利益的利用和支配权利，这种利用和支配，不仅是指自身利用，还可以在法律

〔1〕王利明：《人格权法研究》（第三版），中国人民大学出版社2018年版，第524页。

〔2〕杨立新：《人格权法》，法律出版社2011年版，第540页；王利明：《人格权法研究》（第三版），中国人民大学出版社2018年版，第528页以下。

允许的范围内，许可他人利用。仔细比较信用权的内容和名誉权的内容，不难发现，两者确实有所区别，信用权不仅仅具有人格属性，还具有一定的财产属性，因此也有观点认为信用权和名誉权并不相同。然而在之前的《民法总则》中，并没有规定独立的信用权，按照立法者的解释，其是将信用保护纳入了名誉权保护之中。在具体的司法实践中，对信用权的保护也有不同的做法，虽然大部分判决是通过名誉权加以保护，但也有通过“一般人格权”解释独立的信用权加以保护的判例。

既然《民法典》第1024条明确将信用纳入名誉的范围，则对民事主体信用利益的保护，也应当通过名誉权的路径。就信用权的内容来说，信用保有权和信用维护权，可以纳入名誉权的保护范围自然没有疑问，但就信用利益支配权来说，因为其明显的财产属性，尤其是对信用利益的支配和利用，甚至许可他人利用的内容，很难被纳入传统名誉权的保护范围之中。在此存在两种解决方法：其一，是通过解释扩大名誉权的保护范围，将对个人名誉的支配和利用扩大解释，以涵盖对信用利益的支配权能；其二，是将对信用利益的支配权能纳入《民法典》第1034条以下的个人信息保护制度中。显然后一种方法对现有人格权利体系的影响较小，名誉权人格属性较强，财产属性较弱，而个人信息的财产属性更为显著。将信用支配权能纳入个人信息保护制度中，既不会破坏传统名誉权的权利构造，也符合个人信息保护制度的规范目的。《民法典》第1030条有关民事主体与信用评价人之间的关系，适用本编有关个人信息保护的准用性规定，也从一个侧面体现了立法者的这种意思。

第六节　荣誉权

问题示例

某甲因在工作中表现突出获得了“×市劳模”的荣誉称号，某乙因为嫉妒某甲，发文批评某甲，并贬损“×市劳模”的称号。此时，在什么情况下会构成对名誉权的损害？在什么情况下会构成对荣誉权的损害？

一、荣誉的概念和特征

一般认为，荣誉是一种由于民事主体在社会生产活动中的突出贡献，由一定的机关、组织所给予的正面的、积极的、正式的社会评价，以及获得的奖励或者光荣称号。荣誉这一法律概念区别于一般的名誉，主要表现如下几方面特征：

第一，荣誉通常是由一定的社会组织给予民事主体的社会评价，而非一般的社会评价。不同于名誉来源于一般公众的社会评价，荣誉这种社会评价是由特定组织因某种特殊的理由，给予特定的民事主体。

第二，荣誉是社会组织给予的一种积极评价。毋庸置疑，荣誉通常是一种积极评价，但这种积极评价主要是针对相关组织和其所代表的部分人群来说的，并不一定代表社会所有成员。

第三，荣誉是社会组织所给予的正式评价，有严格的颁发、撤销和剥夺的程序。

第四，荣誉通常有具体的形式外观。与抽象的名誉不同，荣誉既然形式上表现为一种称号，其通常都有具体的外在表现，如勋章、证书、奖状、奖杯等，并且也会在相关的组织中留下记载，并非无迹可寻。

二、荣誉权的概念和内容

虽然世界各国都有“荣誉”概念，但“荣誉权”这一法律概念，却几乎为我国所独有。在我国的语境下，荣誉权就是指民事主体对其所获得的荣誉（包括抽象的社会评价和具体的荣誉称号）及其相关的利益享有的保有、支配以及排除他人侵害的权利。具体来说，荣誉权包括以下几个方面的内容。

第一，荣誉的保有权。这是指民事主体有权保持其所获得的荣誉归自己享有，他人不得侵害的权利。荣誉一旦被授予，除非经过法定的程序，即便是授予单位也不能随便剥夺。

第二，荣誉的维护权。《民法典》第1031条特别规定任何组织或者个人不得诋毁、贬损他人的荣誉，就是主体对荣誉的维护权能。需要强调的是，虽然对荣誉的诋毁、贬损通常会涉及对当事人名誉的损害，但这里必须要区分对荣誉的损害和对名誉的损害。后者需要满足社会评价客观降低的要件，而前者只要存在对荣誉的诋毁、贬损的事实即可。

第三，荣誉的相关利益享有和支配的权利。一般来说，随荣誉而来的，除了民事主体精神上的利益之外，往往还有物质利益，包括相关的荣誉证明，如证书、奖状、奖杯、勋章，以及相关的物质奖励，如奖品、奖金等。荣誉和荣誉证明是颁发给特定主体的，具有一定的人身依附性，因此民事主体对荣誉和荣誉证明的支配也受到一定的限制。对于荣誉来说，因为其是荣誉授予组织授予的，荣誉权人只能享有利用这种荣誉，而不能转让；对于荣誉证明来说，荣誉权人虽然可以出卖、转移其占有或所有权，但是出卖转让的相对人，并不能够成为新的荣誉权人，只能成为荣誉证明的所有人或占有人。

需要特别提到的是，有观点认为荣誉权并不属于人格权，因为荣誉仅仅是某个组织给予的评价，其并不直接和主体的人格利益相关，而是通过社会客观评价，即名誉的中介，对主体具有人格利益，所以有观点认为所谓荣誉权所体现的人格利益实际上是名誉权所保护的人格利益。这种观点有一定合理性，但考虑到我国法律传统上一直认可荣誉权，这种讨论也只具有学理意义。

第七节　隐私权和个人信息保护

问题示例

甲的同事乙，在单位公开宣扬甲的个人秘密，影响了甲个人的正常生活，此时甲能否请求乙承担责任？如果乙宣扬的事情，为当地报社记者所获知，刊登在报纸上，甲能否请求当地报社承担责任？

一、隐私和隐私权

（一）隐私的概念和特征

现代意义上的隐私概念最早由Samuel Warren 和Louis Brandeis在他们著名的文章《论隐私权》[1]中提出，强调要保护人们“独处的权利”（right to be let alone）。[2]何为“独处权”，Brandeis大法官在Olmstead v. United States案[3]中认为，独处权是一种“最为全面的权利也是文明人所最为重视的权利”。而Fortas法官在Time，Inc. v. Hill案[4]中指出，“隐私就是独处权，即个人有权选

〔1〕 Samuel Warren and Louis Brandeis, The Right to Privacy, 4 Harvard L.R. 193（1890）.

〔2〕 Thomas Cooley, A Treatise on the Law of Torts, 2nd ed., Callaghan, 1888, p.29.

〔3〕 Olmstead v. United States, 277 U.S. 438（1928）.

〔4〕 Time, Inc. v. Hill, 385 U.S. 374（1967）.

择自己的生活方式，而不受外界的干扰、侵扰或侵害，除非存在明确的社会需要与合法依据”。[1]

从这个角度理解，隐私似乎并不是什么具体的事物，而是一种抽象的存在，其目的在于保护当事人独处的生活状态，为这种生活状态划出界限。是否构成对隐私的侵犯，只能够通过具体行为结果来判断，只要侵害了当事人独处的，便是对隐私的侵犯。同时，这种对独处的侵犯也必须要达到一定的程度，才能构成侵害隐私，这种程度用第二次侵权法重述的表达来说就是“对于理性人来说是高度的冒犯”（highly offensive to a reasonable person）[2]。这表明对于他人对个人独处的介入，个人确实也有一定的容忍义务，并非任何对个人隐居独处、生活安宁的介入，都可以认为是对隐私的侵害。

《民法典》第1032条第2款明确定义了隐私，本条隐私是指：“自然人的私人生活安宁和不愿为他人知晓的私密空间、私密活动、私密信息”，明显体现了隐私的这种抽象状态的特征。详细来说：

第一，隐私的主体是自然人。本条明确将享有隐私的主体限定为自然人，不包括法人或者其他社会组织。其原因也非常简单，因为隐私指的是自然人独处和私人生活安宁的一种抽象状态，其体现于排除他人的不当干预，独立于普通社会生活之外。而法人或者其他社会组织就是自然人为了参与社会生活所创设的工具，不存在“独处”的客观需求。

第二，隐私的内容包括私人生活安宁。所谓私人生活安宁是指自然人可以排除他人对自己生活安定和宁静的不当打扰和妨碍的状态，包括了日常生活安宁、住宅安宁、通信安宁等。这一表述的关键在于“安宁”，其是对私人生活不受他人干扰状态的一种描述。通过私人生活安宁对隐私进行定义，很明显受到了美国法的影响，体现出隐私明显的抽象状态特征。

第三，隐私的内容还包括不愿为他人知晓的私密空间、私密活动和私密信息。所谓“不愿为他人知晓的”是对自然人的主观上不愿意内容为他人知悉意愿的描述，而“私密”则是指私人隐秘，是对内容在客观上属于私人，且处于隐秘状态，不为他人知晓的描述。需要说明的是，这里的隐秘不一定指除了自然人本人所有其他人都不知道，也可以指有限范围内的人知道。所谓的“不愿为他人知晓的私密空间、私密活动、私密信息”就是指在客观上处于隐秘状

〔1〕孔令杰：《个人资料隐私的法律保护》，武汉大学出版社2009年版，第64页。

〔2〕Restatement of the Law, Second, Torts, § 652B, § 652D, § 652E.

态，不为他人知晓，且在主观上也不愿意为他人知晓的私人空间、私人活动和私人信息。不难发现，这一段表述对隐私的定义是在强调隐私的两个主要特征：其一，空间、活动和信息所处的一种隐秘状态；其二，这种隐秘状态是自然人所希望的。

（二）隐私权的概念和特征

所谓隐私权，既包括排除他人对私人生活秘密、安宁的不法干涉，也包括对自己私人领域内事务的支配，侧重于主体对隐私信息的占有、使用、处分和限制他人的非法获悉和披露。现在主流学者大多认为隐私权的内容应当包括隐私享有（隐瞒）权、隐私利用权、隐私公开权和隐私维护权。[1]隐私享有（隐瞒）权要求防止个人信息轻易为他人获知，保护隐私不受他人的非法披露和公开；隐私利用权和公开权则强调个人有权自己使用，许可他人使用，以及在特定范围内公开自己的隐私信息；而隐私维护权确认公民有权针对侵犯隐私权的行为实施自力或者公力救济。根据隐私的概念，隐私权主要有如下几方面特征。

第一，主体的特定性。既然隐私只能由自然人来享有，那么隐私权也当然只能由自然人作为主体。

第二，内容的广泛性。前文所述，隐私包括私人生活安宁和不愿为他人知晓的私密空间、私密活动、私密信息，其内容相当的抽象和广泛。一般来说，只要是和公共利益无关的私人事项，且不被他人所知悉，都可能被纳入隐私之中，成为隐私权的内容。

第三，人格属性和财产属性。隐私属于自然人的核心人格利益之一，隐私权自然也是一项重要的人格权。但是隐私也具有一定的商业上的可利用性，因此隐私权也就有了财产属性。

第四，专属性。隐私权具有对世性和支配性。隐私权是专属于主体的权利，其不可以转让、继承。隐私权和其他精神性人格权一样，也是一种对世权和支配权，自然不必多言。

第五，可克减性。即可出于维护公共利益等需要而对隐私权进行一定的限制。隐私的判断是相对于公共利益而言的，只有与公共利益无关的事项才会被视为隐私，所以处于维护公共利益的要求，自然可以对隐私进行限制。

---

〔1〕马俊驹：《人格和人格权理论讲稿》，法律出版社 2009 年版，第 260 页；杨立新：《人格权法》，法律出版社 2011 年版，第 603 页；王利明：《人格权法研究》（第三版），中国人民大学出版社 2018 年版，第 586 页以下。

二、隐私权的保护

《民法典》第1032条第1款明确规定了典型的侵害隐私权的行为，即以刺探、侵扰、泄露、公开等方式侵害他人隐私权的行为。这里刺探、侵扰、泄露、公开的对象是自然人的隐私。如前文所述，本条第2款规定了隐私的内容包括自然人的生活安宁，以及相关私密空间、生活和信息处于隐秘不被他人侵扰的状态。而判断私人空间、生活和信息是否隐私的判断标准有二：自然人主观上不愿公开，以及客观上处于隐秘状态。因此这里的刺探、侵扰、泄露和公开就是和这种生活安宁，以及隐秘状态所对应的不同行为。详细来说：

刺探，主要是指在未经隐私权人同意的情况下，采取各种手段，获悉自然人不愿公开，处于隐秘状态下的私人生活、私人信息等相关内容的行为。刺探的手段多种多样，拍摄、窃听、监视、问询、骇入、侵入（trespass）等都可以成为刺探的具体表现。只要相关的行为能够获悉自然人和公共利益以及他人权益无关的、不愿公开并处于隐秘状态下的私人内容，都是侵害隐私权的违法行为。这里需要强调的是，这里的刺探只是行为，无关结果，就算刺探行为没有实际获得想要的结果，也构成对隐私权的侵害。

侵扰，主要是指在未经隐私权人同意的情况下，采取各种手段，干扰权利人正常的生活安宁。侵扰未必需要行为人知晓某些不为人知的秘密，也不需要行为人将这些秘密公开，只需要行为人的行为影响到自然人的正常生活即可。如近距离的监视、打骚扰电话、大量发送垃圾短信等。

泄露，是指行为人将其所掌握的隐私内容，无论其是合法掌握还是非法掌握，未经权利人许可，让特定人知悉的行为。首先，泄露的内容是隐私，即权利人不愿让他人知悉，并处于隐秘状态的内容。其次，这里的行为人可以是合法知晓权利人个人隐私的具有紧密社会关系的主体，也可以是通过刺探等手段非法获得相关个人隐私的主体。再次，行为人泄露让特定人知悉，是违背权利人明确或者可以推知的意愿的。最后，行为人的泄露行为可以是过失，也可以是故意。

公开，是指行为人将其所掌握的隐私内容，未经权利人许可，让不特定的社会公众所知悉的行为。公开和泄露的区别，一是对象不同，泄露的对象特定，只是某个或者某几个非常特定的主体，公开的对象则是不特定的社会公众；二是行为人的主观过错不同，泄露可能是故意也可能是过失，而公开通常主观上是故意。公开还涉及公开范围的问题，对已经公开的内容进行更加广泛的传播，通常并不认为构成对隐私的侵犯。

《民法典》第1032条，作为对侵害隐私权行为的解释和细化，列举了更多有关侵害隐私权的行为，但基本也都没有跳出本条所列举的刺探和侵扰范围之外。本条所列举的刺探、侵扰、泄露、公开四项之间是并列关系，即只要行为人的行为满足其中的一项，就构成侵害隐私权的违法行为，即只要存在刺探行为，无论事后是否泄露或公开刺探获得隐私，其都构成对隐私权的侵害。需要强调的是，隐私权虽然保护自然人的生活安宁以及独处的权利，但自然人并不能完全跳脱社会关系和社会交往而存在，对于在社会日常交往范围之内的行为，除非权利人明确表示反对，否则不应认为属于侵害隐私权。而对于涉及公共安全或者他人合法权益行为，即便是权利人明确反对，也不应认为属于侵害隐私权。因此对相关侵害隐私权的行为，从行为的性质上，要超过正常社会交往的程度，达到高度冒犯（highly offensive）的标准。这在美国法上就表现为针对私密信息（information of confidential nature）采取不合理的侵扰（unreasonably intrusive）手段，而在《民法典》第1032条的语境下，就体现为对于客观上处于隐秘状态的内容，采取严重违背行为人意愿的手段，两者在这里趋向一致。

根据《民法典》第179条的规定，侵害隐私权主要的责任承担方式包括：停止侵害、消除影响、恢复名誉、赔礼道歉、损害赔偿等。其中损害赔偿包括物质损害赔偿和精神损害赔偿，在侵害隐私权时，主要是精神损害赔偿。对于损害赔偿的额度，要考虑实际造成的损害以及行为的主观过错程度，如果造成的实际损害较小，并且主观过错程度较低的，可以少赔或者不赔。

三、个人信息及其保护

（一）个人信息的概念

现在意义上使用的“信息”概念，是来自英语的“information”一词，从本质上说，信息是反映现实世界的运动、发展和变化状态及规律的信号与消息。有观点将信息这一概念总结为三项基本元素。[1]第一，信息是可分的。信息并非一个单独的个体，而是由很多更小的部分，即所谓的细节所组成。第二，信息必须存在其内容。无意义的信号也就只是信号而不能成为信息。至于这些内容应当如何理解，取决于信息接收者。第三，信息应当被认为是一个过程（Vorgang）。包括信息从发出者到接受者的传递过程，也包括信息到达接受者

〔1〕 Vgl. Druey, Information als Gegenstand des Rechts,S.10 ff.

之后，对信息进行处理的过程，

《民法典》第1034条将个人信息定义为以电子或者其他方式记录的能够单独或者与其他信息结合识别特定自然人的各种信息，包括自然人的姓名、出生日期、身份证件号码、生物识别信息、住址、电话号码、电子邮箱、健康信息、行踪信息等。对这一概念的理解有如下要点：

首先，“各种信息”可以并不对信息的类型进行界分，包括所有种类的信息；其次，可识别性，指可以借助此信息将某个具体自然人和其他自然人区分开来并加以确定，识别包括直接识别和间接识别，前者指不借助其他信息就能识别具体自然人，而后者则指还要借助其他信息才能识别；最后，主体必须是自然人。这个定义还将各种信息的表现形式进行界定，认为这些信息应当是“以电子或者其他方式记录”下的，突出了信息的电子表现形式，体现了互联网时代的突出特点。不难发现本条所谓“个人信息”的外延非常广泛，远远超过了传统的个人隐私以及个人秘密这样的概念，任何和某个具体个人相关的信息都可以被认为是“个人信息”。

法律上规定保护个人信息的目的在于，自然人参与社会生活的实质就是通过对个人信息的使用和公开，形成自己的社会形象（Soziale Profile），并以此为基础参与社会交往。同时在社会交往中通过对他人个人信息的收集，不断加深对社会环境的理解，不断完善自己的社会形象，并最终实现自然人人格发展的目的。在这个意义上，任何个人信息的不实、错误或者对内容的扭曲都会或多或少影响自然人社会形象的塑造，让自然人在社会中的发展偏离自己的预期。

这里需要特别提到一般个人信息和敏感个人信息的分类。《民法典》并没有采纳这种分类，一般认为后者是指一旦泄露、非法提供或滥用可能危害人身和财产安全，极易导致个人名誉、身心健康受到损害或歧视性待遇等的个人信息。法律上区分一般个人信息和敏感个人信息的意义在于，因为敏感个人信息直接和人格尊严相联系，对敏感个人信息的处理对自然人来说风险更大，一旦相关信息出现泄露会严重影响和损害个人社会形象，严重影响个人的人格发展，甚至损害自然人的基本权利和自由。[1]因此《一般数据保护条例》第9条规定了更为严格的处理条件，如需要自然人的明确同意，以便给予敏感个人信息更加全面的保护。

---

〔1〕 Vgl. Schulz, in: Gola DSGVO, § 9, Rn. 1. 相关敏感个人信息在西方历史上往往涉及系统的社会歧视，对这些敏感信息类型的选择，是有欧洲社会深刻的社会和历史原因的。

（二）个人信息与隐私

《民法典》第1034条第3款试图通过私密信息的概念界定隐私与个人信息。这一问题在《民法典》第1032条有关隐私概念的讨论中就有初步的涉及，根据第1032条第2款有关隐私的定义，可以总结出隐私的两项基本特征，即权利人不愿公开，且处于隐秘状态的与公共利益和他人合法权益无关的私人空间、私人生活和私人信息。正如在讨论隐私时反复强调的，隐私是一种状态，是一种不愿为他人知悉的私人信息处于隐秘之下，不为他人知悉的状态。而隐私权的目的就是保护这种状态不被破坏。一旦这种隐秘状态被破坏，或者权利人不再要求这些信息不为他人知悉，那么相关的私人信息也就不再是隐私。

而个人信息则没有这么多的限制，考察一项信息是否是个人信息，只需要考虑该信息是否可以和某个自然人相联系，是一个简单的事实判断。至于这项信息是否和公共利益或者他人的合法权益有关，是否处于隐秘状态，自然人是否不愿让他人知悉这项个人信息，都不是这里需要考虑的。因此，从这个意义上可以说，私密信息是一种特殊的个人信息，“私”强调的是这项个人信息和公共利益、他人利益无关，“秘”强调的是该项个人信息处于隐秘不为他人知悉的状态。如果自然人还不愿意让这项私密信息为他人所知悉，那么就成为隐私，受隐私权的保护。

简单来说，自然人不愿公开的，和公共利益、他人利益无关，处于隐秘状态不为他人知悉的个人信息就是隐私。只要自然人不愿公开，并且一直处于隐秘状态，那么此种隐秘状态就一直受到隐私权的保护。如果自然人愿意公开，或者隐秘状态被破坏，那么之后的有关此私人信息如何保护问题，就要适用个人信息保护制度的规定了。

（三）个人信息的处理规则

所谓对个人信息的处理“包括个人信息的收集、存储、使用、加工、传输、提供、公开等”所有的行为。换言之，处理一词涵盖个人信息流转的所有活动，从信息收集开始，直到信息被删除为止。[1]具体来说处理的过程包括：收集，即指信息处理者从自然人处获得信息的过程；存储，即为了之后对信息的处理，以电子数据的方式对个人信息进行的保存；使用，指所有的具有目的指向性的对于数据的利用或者内部运用，是一个兜底性要件；加工，指个人信息进行调整和修改；传输，指个人信息在不同处理者之间进行的移动和流转；

---

〔1〕 Vgl. Gola in ders., DSGVO, § 4 Rn. 29.

提供，指将个人信息交付给特定主体的行为；公开，指通过传输、扩散或者其他提供方式，让个人信息为不特定的多数人所知悉的行为。

《民法典》第1035条第1款规定了个人信息处理活动的基本原则，主要包括以下三个方面。

第一，合法性原则，是指对信息的处理活动必须要符合法律的规定，其主要有以下两个方面要求：其一，收集、处理个人信息的主体必须合法，要么有法律的授权，要么有自然人的同意。其二，处理个人信息的方式必须合法，即个人信息的具体处理方式必须遵循合法、自愿和诚实信用原则。

第二，正当性原则，是指个人信息处理的目的和手段必须正当，包括目的的正当性和方法的正当性。所谓目的正当性，是指相关主体不能超越法律规定或当事人约定的目的收集个人信息，并且相关的目的也不能违反法律的强制性规定，以及社会公序良俗的要求；所谓方法的正当性，是指信息处理者具体处理个人信息的方式方法，不能超出法定或者约定范围，也不能采取和信息处理的目的不相符合的方法。

第三，必要性原则，又称最小化原则，是指在从事个人信息处理活动时，应当以可以实现处理目的所需个人信息的最低限度，作为收集个人信息和采取处理活动的标准，即要求数据控制者收集和处理的个人信息应当是满足其使用目的的最小范围内的信息。

除了基本原则之外，第1035条第1款还规定了合法处理个人信息的前提条件，主要包括以下三个方面。

第一，自然人或者其监护人同意。

本项条件就是个人信息的自我决定，或称"信息自决"，其是《民法典》个人信息保护制度中的最核心的内容，将当事人的同意视为处理个人信息活动合法性的唯一来源。所谓信息自决是来源于德国司法裁判中的一个概念，即任何人都有权自我决定，以何种方法以及在何种范围内使用、公开自己个人信息。信息自决要求：一方面，在个人信息公开之前，当事人有权自我决定个人信息的公开内容、方式、程度、范围、环境等；另一方面，在个人信息公开之后，当事人有权自我决定对个人信息的进一步的处理方式、方法，以保证已经公开的信息不被扭曲。简言之，要求信息主体有权在任何时间，对任何关于自身信息的处理行为，无论其处理主体是谁，无论处理的内容、方式、方法，都可以介入，决定信息处理行为合理与否，其实质上就是要保证信息主体对个人信息完全的控制权。[1]

本款第2、3、4项都是保证有效当事人同意的透明性条件，以保证当事人的知情权，可以视为对第1项的补充说明。除此之外，要保证当事人同意的有效性，还需要保证当事人同意的意思表示是自由的，并没有任何形式的压力、胁迫、诈欺等可能导致意思表示效力瑕疵的因素存在，以保证其在社会中的自然人形象大体上符合本人的预期。只有如此，他才能正确地规划和改善自己的社会形象，最大限度地实现人格发展。

除了自然人本人同意之外，本项还特别强调了监护人的同意。所谓监护人的同意，是针对自然人行为能力有瑕疵的情况，这其中包括无民事行为能力人和限制民事行为能力人，除因为精神上的障碍导致行为能力瑕疵的成年人外，监护人制度设置的目的主要就是保护未成年人。

第二，公开处理信息的规则和明示处理信息的目的、方式和范围。

这两项都是个人信息处理透明原则的基本要求，也是保证有效当事人同意的前提条件。信息自决和当事人同意以私法自治为理论基础，而理性人假设又以信息充分为前提。因此透明原则要求信息的处理者以清晰、明确且易懂的方式，告知自然人有关个人信息处理的相关事项，尤其是有关个人信息的处理目的、范围、方法、时限等重要内容。

所谓公开处理信息的规则，主要是指要将信息处理的一般性规则，如隐私政策等，以自然人能够容易获得的方式公之于众。明示处理信息的目的、方式和范围，就是在具体的信息处理活动中，尤其是信息收集活动中，明确向当事人说明信息处理的目的、方式和范围等，有关具体信息处理活动和该具体自然人信息主体密切相关的内容。与一般性的“公开”“明示”所要求的不同，不仅仅是自然人有渠道可以获得相关的信息，而是要求信息处理者主动地将相关信息告知自然人，并且鉴于信息处理活动高度的技术性和专业性，信息处理者还有义务以自然人可以理解的方式，清晰地告知相关内容。如果自然人还有疑问，必须给予合理的解答。如果“公开”只是强调一个公开行为，是否尽到“明示”的义务则需要以结果来判断。只有自然人明确理解了处理信息的目的、方式和范围等重要内容，才能认为信息的处理者尽到了相应的义务。

第三，不违反法律、行政法规的规定和双方的约定。

本项是合法性原则的体现，在此不再赘述。需要说明的是，这里的“双方

〔1〕 高富平：《个人信息保护：从个人控制到社会控制》，载《法学研究》2018 年第 3 期。

的约定”就是自然人同意的内容。根据民法的基本原则，当事人双方的协议，如果不违反强制性法律规定，且不违背公序良俗的，对当事人双方均具有法律效力。

（四）侵害个人信息权益的责任

《民法典》第111条列举了数种侵害个人信息权益的具体行为，即非法收集、使用、加工、传输他人个人信息，非法买卖、提供或者公开他人个人信息。这些具体的侵害行为在学理上大致可以分为两类：即“不法”（unzulässig）和“不当”（unrichtig）。前者是指违反了法律中有关个人信息保护规定的行为，既包括违反了法律强制性规定，也包括没有获得自然人的同意；[1]后者则既包括处理了错误的个人信息，也包括采取了不当的信息处理行为。[2]

首先，就行使不法和不当个人信息处理行为的主体上，根据《民法典》第1035条及以下的内容，应当是信息处理者，即实际上实施信息处理行为的主体。而信息处理行为的相对人，学理上有称为“当事人”（betroffener）或者个人信息主体（personal data subject），但根据《民法典》第1034条及以下的内容，称为“自然人”。

其次，在归责原则和证明责任上，根据《民法典》第1165条第1款的规定，违反个人信息保护制度处于一般侵权，适用过错责任。有观点认为《网络安全法》第74条第1款规定了无过错责任，[3]但这只是一种过度解读。《网络安全法》第74条第1款只是一个惯例性的宣示性表达，所谓“违反本法规定，给他人造成损害的，依法承担民事责任”这样的表述，既不可能是独立的请求权基础，也不可能表明无过错责任的归责原则。就算从侵权责任构成要件的角度宽泛解释，本条也只涉及违法行为、损害结果和因果关系；而违法行为基于过错判断标准的客观化理论，也可以表明行为人在主观上具有过错，因此还是体现了过错责任原则。

然而在比较法上，对于不法和不当处理个人信息的行为，往往采取过错推定责任或者无过错责任。《一般数据保护条例》第82条第2款就规定：参与处理的任何控制者应当为违反本条例的数据处理所导致的损害负责。任何处理者，

---

〔1〕 Vgl. Wolff/Brink, BDSG § 7 Rn. 46; Gola/Schomerus, BDSG § 7 Rn. 3, 5; Taeger/Gabel, BDSG § 7 Rn. 7.

〔2〕 Vgl. Gola/Schomerus, BDSG § 7 Rn. 4; Wolff/Brink, BDSG § 7 Rn. 51; Schaffland/Wiltfang, BDSG § 7 Rn. 1a.

〔3〕 叶名怡：《个人信息的侵权法保护》，载《法学研究》2018 年第 4 期。

仅在其未遵守本条例对于处理者义务的特别规定或采取超出控制者的合法指令或者与控制者的指令相反的处理行为时，应为数据处理导致的损害负责。结合《一般数据保护条例》第82条第2款的规定，任何因违反本条例而遭受物质和非物质损害的当事人，有权为所受损失从数据控制者或处理者处获得赔偿。对当事人来说，只要其能够证明存在现实的物质和非物质损害，以及不法行为，即存在“违反本条例”的行为，那么就发生举证责任的移转，由信息的控制者和处理者来证明，其行为确实是符合条例要求，不存在第2款所提到的违法行为。[1]

最后，在责任承担上。实施不法个人信息处理行为的责任人，不仅需要承担通常侵害人格权所产生的精神损害，而且还要承担相应的财产损害责任。[2]由于个人信息权利保护的范围十分宽泛，侵害个人对信息的控制这种情形可能包括严重的财产损失、精神损害，也可能仅仅引起受害人心理上单纯的不快，而没有造成实质性的损失，因此在责任承担的方式上来看包括的类型也会十分广泛，从财产损害赔偿、精神损害赔偿，到停止侵害、赔礼道歉等，都可以单独或者同时适用。

对于损害赔偿额度的计算，如果出现了现实的财产损害，自然应当以实际的损害为依据，如果只存在精神损害，或者实际的财产损害难以计算的情况下，可以借鉴德国经验以侵权人的实际财产收益或者虚拟的许可费用作为损害赔偿计算的依据。[3]

需要注意的是，《民法典》第1036条也规定了处理个人信息的免责事由，这也是对人格利益合理使用的体现。实践中，如果对所有的个人信息进行处理，都需要法律的许可或者自然人本人的同意，那么个人信息处理活动的成本将会太过高昂，信息产业的发展也就无以为继，为了平衡个人信息保护和信息流转自由，法律规定即便没有法律明确规定或者当事人同意，也能够处理个人信息的情况。这也是对“信息自决”的限制规范。其包括：

---

〔1〕 Vgl. Gola/Piltz, in: Gola, DSGVO, § 82, Rn. 11 ff.

〔2〕 刘德良：《个人信息的财产权保护》，载《法学研究》2007年第3期；王利明：《隐私权概念的再界定》，载《法学家》2012年第1期。郭明龙：《论个人信息之商品化》，载《法学论坛》2012年第6期。

〔3〕 Vgl. BGHZ 128, 1（15 f.）; 143, 214（228 ff.）. Auch ähnlich vgl. Martin Schwab, in: Münchemer Kommentar BGB Aufl. § 818, Rn. 94 ff.;Stephan Lorenz, in: Staudinger, Koommentar BGB Aufl. § 818, Rn. 24; Ullmann GRUR 1978, 615（619）; Köhler/Bornkamm, UWG, § 9, Rn. 1.42.

第一，自然人或者其监护人的同意。本项在内容上与《民法典》第1035条第1款第1项具有同一性，如果行为人的信息处理行为本身获得了自然人或监护人的同意，那么其处理行为依据第1035条第1款本身就是合法的，无须再考虑免责的问题。

第二，已公开的信息。所谓已公开的个人信息是指权利人自行在网络上公开的信息或者其他已合法公开的个人信息。已公开的信息已经进入社会公共领域，在某种意义上已经具有公有物的性质。[1]对已公开的个人信息只要行为人使用方式合法正当并且在合理的范围内，则不应当认定为侵害了他人的个人信息权。但是，自然人明确拒绝或者会侵害重大利益的除外。

第三，为维护公共利益的需要合理实施。为了维护公共利益，有关机构和个人也可以在合理的范围内处理他人的个人信息。[2]未经自然人同意的个人信息处理行为，因为有公共利益上的需要，所以也被赋予了正当性。

第四，为维护自然人的合法权益合理实施。为了维护自然人的合法权益，在具体的情况下，也可以不经该自然人的同意，而进行个人信息的处理活动。但其要求，首先，从目的上说，相关的处理行为是为了维护自然人的合法权益，并且从利益平衡的角度，相关的利益至少应当不小于因为对个人信息的处理而给自然人带来的损害。其次，合理实施是指处理的内容、范围和方式合理，即为了维护自然人合法权益所必须处理的信息内容，以满足符合比例原则的要求。[3]

（五）维护个人信息权益的保障性权利

《民法典》个人信息保护制度是以“信息自决”这一概念为核心来构建的，但是真正的自我决定是以信息处理者充分履行告知义务，保证自然人的知情权为前提的。这种充分的告知义务不仅仅存在于信息被收集公开之前，在信息被收集公开之后，自然人也同样需要了解信息处理活动的各项内容。然而自然人和信息处理者之间的不平等地位让这种充分知情权很难实现，因为自然人根本无从得知信息持有者是否充分履行了告知义务，特别是在信息被收集之后，个人信息的具体状况就完全脱离了自然人的实际掌握。信息处理者基于自己所拥有的信息和技术优势，可以让信息处理活动完全成为一个黑箱，将自

〔1〕赵宏：《从信息公开到信息保护：公法上信息权保护研究的风向流转与核心问题》，载《比较法研究》2017年第2期。

〔2〕Vgl. BVerfG NJW 1984, 419.

〔3〕Vgl. BVerfGE 80, 367 = NJW 1990, 563（563）.

然人完全隔离于信息处理活动之外。这种让自然人完全无法知晓信息处理的情况，就让信息自决成了一句空谈。

为了尽量避免这种事情发生，法律规定了一系列保障信息自决实现的权利，以抹平自然人和信息处理者之间的鸿沟。这些权利以查阅权为核心，并辅助以更正权和删除权等其他权利。

1.查阅和复制权

所谓查阅权，简单来说就是自然人有权从数据的控制者处，在合理的时间内，不受限制地了解其个人信息受处理的相关内容，处理者有义务配合自然人实现其权利，但是可以收取合适的费用。所谓控制性权利的实质就是要求处理人对自然人个人信息的处理在通常情况下要符合自然人的个人意愿，而判断是否符合本人的意愿，首先就要求本人能够实时了解信息处理的具体情况，查阅权便是这种要求的具体化，是行使其他保障性权利的前提。所谓复制权，是指自然人有权通过技术设备留存信息处理者所提供的个人信息。

2.更正权

所谓更正权，是指信息处理者所存储和记载的个人信息和自然人的真实情况不一致的，自然人请求信息处理者更正该有误内容的权利。从本身的内容来看，这里的更正不仅仅指对错误的信息改正，还包括对缺失的信息补全。个人信息的完整和正确是实现个人信息本身价值，尤其是使用价值的重要前提条件，而更正权就是这种完整性和正确性的保证。

3.删除权

所谓删除权，是指对个人信息的处理已经违反法律规定，超过了当事人实现约定的范围，或者权利人认为继续进行信息处理行为会有损本人的利益时，要求信息处理者及时停止对个人信息的处理并删除相关个人信息的权利。[1] 在具体情况下，删除权能否真正实现，还要看删除行为是否在客观上具有可行性。如果删除所造成的损害暂时过高，那么也应当允许信息处理者采取屏蔽等方式，暂时将个人信息从信息处理活动中隔离开来，等障碍消除后再行删除。

在欧洲司法实践中有所谓“被遗忘权”[2]，其实质上就是删除权的一种体现，通过删除具体自然人姓名在搜索引擎中的结果，让其曾经的不光彩历史被社会公众所“遗忘”。需要注意的是，“被遗忘权”只涉及删除和屏蔽搜索引

〔1〕 Vgl. Nolte/Werkmeister, in: Gola, DSGVO, § 17 Rn. 8.
〔2〕 Vgl. EuGH NJW, 2014, 2257.

擎的结果，而并不直接删除记载其不光彩历史的网络内容。出于公共知情权的考虑，“被遗忘”的只能是那些发生在很久之前，且和公共利益已经无涉的事项。[1]

法律适用

1.一般人格权和具体人格权的区别

所谓一般人格权是指自然人基于人身自由和人格尊严所产生的其他应当受法律保护的人格利益，而具体人格权是指法律所明确规定的，以特定的人格利益为内容的人格权利。两者的区别主要在于以下四个方面。

第一，具体人格权在性质上属于复数人格权，而一般人格权在性质上则属于单一人格权，因为具体人格权类型多种多样，而一般人格权不存在多种多样的类型。

第二，具体人格权往往由立法者在他们制定的法律尤其是《民法典》当中作出明确规定，因此，具体人格权有哪些往往取决于制定法的规定。而至于一般人格权所包含的内容有哪些，立法者不会作出规定，由法官根据社会发展变化的状况在自己的司法判例当中予以确定。

第三，具体人格权的客体单一具体，而一般人格权的客体多样抽象。在民法领域，每一种具体人格权的客体均是单一的、独立的，建立在单一、独立权利客体基础上的每一种具体人格权均是一种独立的主观权利。而一般人格权的客体则是多样的、抽象和概括的。因此，相较具体人格权，一般人格权的客体边界较为模糊，从而有了不断发展的可能。

第四，具体人格权优先适用，一般人格权兜底适用。一般人格权作为一项框架性权利和一般条款，其和具体人格权的关系是一般和特殊、抽象和具体、本源和派生、补充和既定的关系。那么根据特殊优于一般的规则，具体人格权当然应当优于一般人格权而得到适用，只有在穷尽具体条款，仍然无法实现保护人格利益的制度目的时，才能适用一般人格权，以补充具体人格权的内容。

2.姓名权与名誉权的区分

所谓姓名权是指自然人决定其姓名、使用其姓名、变更其姓名，并要求他人尊重自己姓名的一种权利。而名誉权是指民事主体对其名誉所享有的保有、

〔1〕 Vgl. EuGH NJW, 2014, 2257（2264）; Boehme-Neßler, NVwZ 2014, 825（827）; Rando Casermeiro/Hoeren, GRUR-Prax 2014, 537（538）.

利用以及维护的权利。这两者的不同之处主要表现在以下四个方面。

第一，保护对象不同。姓名权的保护对象是民事主体对其自身姓名的控制，包括对姓名的使用、变更等。荣誉权的保护对象是自然人客观的社会评价。

第二，权利目的不同。姓名权保护的是民事主体相对于其他主体的独立性，姓名标识和自己相互对应的关系，以及他人对自己姓名的尊重。名誉权的目的是维持民事主体的社会客观评价不被任意降低。

第三，权利内容不同。自然人的姓名权是标表型权利，自然人的姓名有些拥有财产价值，具有进行商业使用的价值。而自然人的名誉权和自然人的人格尊严紧密联系，只有人格价值，没有财产价值。

第四，损害责任不同。侵害姓名权，有可能产生财产损害，也有可能产生精神损害。而侵害名誉权只可能产生精神损害。

课后复习

1. 一般人格权的内容和特征。
2. 侵害肖像权的行为及免责事由。
3. 侵害名誉权的行为及免责事由。
4. 个人信息处理的规则和免责。

民事法律行为

提 要

民事法律行为是民事主体通过意思表示设立、变更、终止民事法律关系的行为。民事法律行为是实践私法自治的主要工具。民事法律行为一般规则具有统领性作用。民事法律行为不同于准民事法律行为，不同于情谊行为。

民事法律行为的成立不同于生效。民事法律行为本身是一个需要类型化的概念。民事法律行为可以基于双方或者多方的意思表示一致成立，也可以基于单方的意思表示成立。决议行为是多个民事主体在表达其意思表示的基础上，根据法律或者章程等规定的议事方式和表决程序为形成团体意思而作出的民事法律行为。

意思表示是民事法律行为的核心要素，是指行为人将其期望发生某种私法上效果的内心意思，以一定方式表现于外部的行为。意思表示的构成要素包括行为意思、受法律约束意思、具体效果意思、表示行为。

根据民事法律行为效力欠缺程度的不同，可以将其进一步区分为尚未完全生效的民事法律行为、可撤销的民事法律行为、效力待定的民事法律行为和无效的民事法律行为。无效民事法律行为只是不产生当事人意思表示所预期的法律效果，而非不产生任何法律效果。

重点问题

1. 民事法律行为和意思表示的关系。
2. 民事法律行为的类型区分。
3. 民事法律行为的成立与效力。
4. 民事法律行为的效力瑕疵类型与具体事由。

问题例示

汪大妈的女儿患有精神疾病，2021年3月13日下午，女儿独自在家，通过手机外卖平台点了40份外卖，花费4万余元，先后收到近2000件各种美食，堆满了屋子。为了避免浪费，汪大妈把这些美食一一送给保安、环卫工人、亲戚朋友。汪大妈说，一个家庭住户如此集中大量下单，显然无法吃完，外卖平台照常派单，这合理吗？汪大妈表示，她的目的不是索赔，也不指望能够挽回多少损失。“这样的事情，估计全国都很罕见。”汪大妈说。她想通过这个极端事例，给外卖平台和商家提个醒，如果收到不合常理的订单，应该打电话询问，确认是不是真实需求，也希望外卖平台软件增加识别异常订单的功能，发出预警提示，避免造成浪费。请结合民事法律行为制度，解答汪大妈的困惑。

第八章 民事法律行为概述

第一节 民事法律行为的定义和法律功能

一、民事法律行为的定义与法律特征

在引起民事法律关系变动的民事法律事实中，民事法律行为是最重要的一种。民事法律行为是指民事主体以意思表示为核心要素，旨在引起一定私法上效果的行为。《民法典》第133条规定："民事法律行为是民事主体通过意思表示设立、变更、终止民事法律关系的行为。"

"法律行为理论是由德国法律科学中发展出来的，19世纪德国法律科学的首要主题就是法律行为，法律行为理论也为19世纪的德国法律科学赢得了世界性的声誉。"〔1〕"民事行为"之概念是我国原《民法通则》第四章第一节的创造，此概念相当于大陆法系传统民法和民法学上的"法律行为"。原《民法通则》中民事行为具体包括民事法律行为、无效的民事行为、可撤销的民事行为等。立法者采用民事行为的概念是为了避免传统民法理论将法律行为归为合法行为，而又有无效法律行为概念的逻辑矛盾。在新的概念体系之下，无效或者可撤销的民事行为则属于效力存在欠缺的民事行为。原《民法通则》第54条规定："民事法律行为是公民或者法人设立、变更、终止民事权利和民事义务的合法行为。"民事法律行为是民事主体设立、变更、终止民事权利和民事义务的合法行为。立法者采用民事法律行为概念的目的是将其区别于其他法律部门中的法律行为概念。不过，我国民法学界通说对"民事行为"和"民事法律行为"等概念创新多持反对意见，认为其混淆了行为的效力标准和行为的概念标准，主张恢复"法律行为"这一传统民法的特有概念。〔2〕我国《民法典》中究竟采用"民事行为"、"民事法律行为"还是"法律行为"的表达，这属于民法问题中的解释选择问题，没有真假、对错之分，哪一概念更符合大多数人

---

〔1〕 Werner Flume, Allgemeiner Teil des Bürgerlichen Rechts. Band 2, 4.Aufl.1992, S.30.

〔2〕 参见梁慧星：《民法总论》（第四版），法律出版社 2011 年版，第 161 页；王利明：《民法总则研究》，中国人民大学出版社 2003 年版，第 507—514 页；马俊驹、余延满：《民法原论》（第四版），法律出版社 2010 年版，第 180 页。

的前见，哪一概念就更为可取。[1]原《民法总则》和《民法典》不再使用“民事行为”的概念，而是转采“民事法律行为”概念，取消了对民事法律行为合法性的要求，增加了意思表示这一核心构成要素。原《民法总则》和《民法典》中“民事法律行为”的内涵和外延不同于原《民法通则》中的“民事法律行为”。

民事法律行为的法律特征主要有：

首先，民事法律行为是最重要的民事法律事实，能够引发民事法律关系的变动。民事法律行为的目的是引发民事法律关系的变动。民事法律行为的当事人通过意思表示设立、变更、终止民事法律关系。

其次，民事法律行为以意思表示为核心构成要素的表示行为，这也是其与非表示行为（事实行为）的根本区别。事实行为不以意思表示为构成要素。虽然意思表示并不等同于民事法律行为，但无意思表示则注定无民事法律行为。

最后，民事法律行为以引发当事人预期的民事法律后果为目的，不同于其他法律部门中的法律行为之概念。为将民法和其他法律部门中的法律行为区分开来，立法者特对民法上的法律行为加了“民事”这个限定词。民事法律行为能够引发当事人预期的民事法律后果，但效力存在瑕疵的民事法律行为引发的则主要是法律强行规定的后果。

民事法律行为是引起民事法律关系变动的主要民事法律事实，也是民事主体取得民事权利的主要方式。《民法典》第129条规定：“民事权利可以依据民事法律行为、事实行为、法律规定的事件或者法律规定的其他方式取得。”该条所谓“法律规定的其他方式”当可包括准民事法律行为。有学者认为，原《民法总则》第133条定义不精准，没有办法区分出准民事法律行为，因为准民事法律行为也是通过意思表示设立、变更、终止民事权利义务关系的。民事法律行为应当是通过意思表示会发生所期待法律效果的行为。[2]民事法律行为这一章缺少对准民事法律行为的规定。在我国民法体系中，准民事法律行为停留为纯粹民法学理论上的概念，“准民事法律行为，是指行为人实施的有助于确定民事法律关系相关事实因素的意愿表达或事实通知行为”。[3]对准民事法律行为的法律适用，据学界通说观点，当可类推适用民事法律行为的有关规定。

---

〔1〕 王轶：《民法总则法律行为效力制度立法建议》，载《比较法研究》2016年第2期。

〔2〕 李永军：《从〈民法总则〉第143条评我国法律行为规范体系的缺失》，载《比较法研究》2019年第1期。

〔3〕 王利明主编：《民法》（第八版）（上册），中国人民大学出版社2020年版，第58页。

民事法律行为不同于纯粹的情谊行为，后者不具有受法律约束的意思，二者的对比分析有助于帮助我们加深对民事行为的理解。情谊行为是指行为人以建立、维持或者增进与他人的相互关切、爱护的感情为目的，不具有受法律约束意思的，后果直接无偿利他的行为。[1]

二、民事法律行为的法律功能

民事法律行为彰显民法的私法品格，民事法律行为的法律功能主要有：

第一，民事法律行为是实践私法自治的主要工具。诚如有学者所言："个人之法律关系，自民法立场言之，自以由当事人自身规划为最相适宜；此为法律行为之一大原则。"[2]"法律行为的本质为私法自治。"[3]民法本着个人自主选择和自我负责的原则，对民事法律行为的相关问题设置法律规则，以实现民事主体法律上的决定自由和事实上的决定自由。对民事法律行为中所体现出民事主体自主选择、自主意思的尊重，也是私法人文主义的应有之义。[4]现代民法以人为中心，以促进人的自由全面发展为宗旨，以充分保障人的自由与尊严和对社会弱势群体给予特殊关爱为核心内容，以对人的关怀为最高价值，并以人文关怀的理念构建民法体系。当私法自治和人格尊严产生冲突时，基于人文关怀理念，应该优先维护人格尊严，人格尊严优于意思自治。[5]

第二，民事法律行为是对无限丰富的社会生活事实的高度抽象和概括，其整合统领了民法的体系，构建了完整的民法典总分结合体系结构。民事法律行为沟通了民法的内部价值体系和外部规则体系。民事法律行为一般性规则具有统领性作用，作为"提取公因式"立法技术的重要成果被规定在我国《民法典》总则编。德国学者弗卢梅曾经说过："潘德克顿体系的主要特征是总则的前置，而潘德克顿体系总则的核心则是法律行为理论。"[6]"法律行为制度促进了民法的体系化。……法律行为制度最典型地体现了提取公因式方式的立法模式的优点。"[7]"作为民法总则的一般规定，它（法律行为制度）统辖着合

〔1〕 王雷：《民法学视野中的情谊行为》，北京大学出版社 2014 年版，第 12 页。
〔2〕 芮沐：《民法法律行为理论之全部（民总债合编）》，中国政法大学出版社 2003 年版，第 71 页。
〔3〕 江平主编：《民法学》（第四版），中国政法大学出版社 2019 年版，第 147 页。
〔4〕 李永军：《私法中的人文主义及其衰落》，载《中国法学》2002 年第 4 期。
〔5〕 王利明：《民法的人文关怀》，载《中国社会科学》2011 年第 4 期。
〔6〕 Werner Flume, Allgemeiner Teil des Bürgerlichen Rechts. Zweiter Band, Das Rechtsgeschäft, 4.Aufl.1992, S.28.
〔7〕 王利明：《民法总则研究》（第三版），中国人民大学出版社 2018 年版，第 491—492 页。

同法、遗嘱法和婚姻法等具体的设权行为规则。”[1]

第三，民事法律行为对应着以民法意定主义为主的调整方法，体现了民法调整方法的独特性，决定了民法在规范配置上以任意性规范为主导。“法律行为制度具有法定主义方式所不可取代的法律调整功能；它不仅在法定主义方式因技术障碍不能实现调整作用的范围内有存在的必然性，而且在法定主义方式不能充分实现其调整价值的范围内也具有存在之必要性。”[2]

第四，民事法律行为制度也能够成为实现特定公共政策的中介，借助民事法律行为效力制度，将私法自治和国家管制有机结合起来，[3]避免民事主体通过民事法律行为的方式来损害国家利益或者社会公共利益。

综上，民事法律行为制度的相关理论在民法学理论体系中居于极其重要的地位，法律行为也已经成为大陆法系民法的标志性概念。

第二节 民事法律行为的分类

根据不同的标准，可以将民事法律行为区分为不同的类型，不同类型的区分对民法规则的设计和适用会产生不同影响。同一民事法律行为根据不同的分类标准，可以被归入不同的具体类型，如遗嘱属于单方法律行为、身份法律行为、要式行为、死因行为、单方无相对人的行为等。

一、单方民事法律行为和多方民事法律行为

以成立民事法律行为所需要意思表示的数量为标准，可以将其区分为单方民事法律行为和多方民事法律行为，多方民事法律行为又包括双方民事法律行为、共同行为和决议行为。

单方民事法律行为是指根据一项意思表示就可以成立的民事法律行为，具体包括有特定相对人的单方民事法律行为和无特定相对人的单方民事法律行为，前者如效力待定民事法律行为中当事人行使追认权的行为、代理权授予行

---

〔1〕 董安生：《民事法律行为》，中国人民大学出版社 2002 年版，前言。

〔2〕 董安生：《民事法律行为》，中国人民大学出版社 2002 年版，第 42 页。

〔3〕 参见巴菲特投资有限公司诉上海自来水投资建设有限公司股权转让纠纷案，《中华人民共和国最高人民法院公报》2010 年第 4 期。

为、解除权行使、撤销权行使、抵销权行使等，后者如抛弃动产所有权的行为、遗嘱等。单方民事法律行为可以同时作为辅助行为。原《最高人民法院关于适用〈中华人民共和国合同法〉若干问题的解释（二）》第3条将悬赏广告定义为合同行为，民法学理论上对悬赏广告法律性质曾存在单方法律行为说与合同说的争议，此种争议属于纯粹民法学问题中的解释选择问题。《民法典》第499条继续将悬赏广告作为合同订立的特殊方式，展现大合同观。

双方民事法律行为是指需要两项内容互异，但相互对应的意思表示一致方能成立的民事法律行为。比如合同行为、离婚协议、收养协议、委托监护协议、遗赠扶养协议等，其中合同行为是最典型、最重要的双方民事法律行为。

共同行为是指两个以上当事人并行的意思表示达成一致方能成立的民事法律行为，如合伙协议等。《民法典》总则编未规定个人合伙，但《民法典》合同编规定了合伙合同，将原本作为共同行为的合伙合同吸纳归属于合同行为之中。

决议行为，是多个民事主体在表达其意思表示的基础上根据法律或者章程等规定的议事方式和表决程序，为形成团体意思而作出的民事法律行为。[1]常见的决议行为如农民集体决议、业主大会或业主委员会决议、按份共有人之间的决议、合伙企业决议、农民专业合作社决议、公司决议、企业破产法上的债权人会议决议等。《民法典》第134条第2款规定："法人、非法人组织依照法律或者章程规定的议事方式和表决程序作出决议的，该决议行为成立。"原《民法总则》和《民法典》将决议行为增加为民事法律行为的新类型，认可了决议行为的民事法律行为属性，这是重要的立法创举，在民事法律行为制度中贡献了"中国元素"。有学者认为："决议是否属于法律行为有时是值得探讨的。"[2]

决议行为，是指多个民事主体在表达其意思表示的基础上，根据法律规定或者章程规定的表决规则作出决定的民事法律行为，如公司股东会的决议等，决议行为通常发生在社团成员用投票的方式表明集体的愿望，[3]据此通过的决议，即使是那些没有参加投票的成员或者持反对意见的成员，也要予以遵

〔1〕王雷：《论民法中的决议行为——从农民集体决议、业主管理规约到公司决议》，载《中外法学》2015年第1期。

〔2〕李永军：《民法总则》，中国法制出版社2018年版，第577页。

〔3〕［英］约翰·奥斯丁：《法理学的范围》，刘星译，中国法制出版社2002年版，第162页。

守。[1]对决议行为的法律效力需要考察决议主体、决议事项和表决程序与规则的合法性。决议行为给予每个行为人自由表达自己的意志，并努力将之转化为群体意志的可能。决议行为是“民主”这一社会主义核心价值观在民法商法领域的具体体现。决议行为借鉴并实践了政治哲学上民主的多数决机制和正当程序规则这两大核心要义。决议行为的民法哲学基础在于程序正义，合同行为的民法哲学基础则是交换正义，这也是决议行为与合同行为在成立要件上体现出的根本差别。与合同行为类似，决议行为也存在不成立、未生效、可撤销与无效问题。合同行为突出合同当事人的合意性特点，决议行为具有团体性、程序性和内外部法律关系区分性特点。对决议行为不能当然适用合同行为效力瑕疵制度，表决权人表决行为瑕疵不当然影响决议行为的法律效力，除非其导致法律或者章程等规定的召集程序或者表决方式不能实现。团体内部决议行为不当然影响外部合同行为的效力。[2]有学者认为，决议行为不属于民事法律行为，法律行为效力规则不适合于团体决议，仅仅是决议行为成立问题上准用民事法律行为成立时点的规则。[3]

二、主民事法律行为和从民事法律行为

根据民事法律行为相互之间的主从依附关系，可以将其区分为主民事法律行为和从民事法律行为。主民事法律行为是指不需要有其他行为的存在就可以独立成立的民事法律行为。从民事法律行为是指从属于其他民事法律行为，并以其所从属的民事法律行为的存在为前提的民事法律行为。保证合同相对于主债务合同来说就是从民事法律行为。从民事法律行为的法律效力原则上从属于主民事法律行为的法律效力。

---

〔1〕《最高人民法院关于审理物业服务纠纷案件具体应用法律若干问题的解释》（法释〔2009〕8号）第1条规定：“建设单位依法与物业服务企业签订的前期物业服务合同，以及业主委员会与业主大会依法选聘的物业服务企业签订的物业服务合同，对业主具有约束力。业主以其并非合同当事人为由提出抗辩的，人民法院不予支持。”《民法典》第939条规定：“建设单位依法与物业服务人订立的前期物业服务合同，以及业主委员会与业主大会依法选聘的物业服务人订立的物业服务合同，对业主具有法律约束力。”

〔2〕王雷：《论我国民法典中决议行为与合同行为的区分》，载《法商研究》2018年第5期。

〔3〕李永军：《从〈民法总则〉第143条评我国法律行为规范体系的缺失》，载《比较法研究》2019年第1期。

三、独立的民事法律行为和辅助的民事法律行为

依据民事法律行为是否具有独立的实质内容，可以将其区分为独立的民事法律行为和辅助的民事法律行为。独立的民事法律行为是指借助行为人自己的意思表示就可以发生效力的民事法律行为。辅助的民事法律行为是指辅助他人的民事法律行为使之确定发生效力的民事法律行为，如法定代理人对限制民事行为能力人依法不能独立实施的民事法律行为效力的追认，而此时被追认的民事法律行为属于基本的民事法律行为。辅助的民事法律行为依被辅助的基本民事法律行为的成立为前提，不能脱离基本的民事法律行为而成立或生效。

四、生前民事法律行为和死因民事法律行为

依据民事法律行为的生效是在行为人生前还是死后，可以将其区分为生前民事法律行为和死因民事法律行为。民事法律行为以属于生前民事法律行为为原则。死因民事法律行为是指行为人生前实施，但以其死亡为生效条件的民事法律行为，如遗嘱。

五、财产行为和身份行为

根据民事法律行为所涉及具体内容的不同，可以将其区分为财产行为和身份行为。前者以发生财产上的法律效果为目的，后者则以发生身份上的法律效果为目的。我国原《合同法》第2条实际上区分了财产合同和身份关系协议，平等主体之间的财产合同纠纷归原《合同法》调整，婚姻、收养、监护等有关身份关系的协议则优先适用其他法律的规定，不能当然地将财产法律规范适用于身份法律关系之中。《民法典》第464条规定："合同是民事主体之间设立、变更、终止民事法律关系的协议。婚姻、收养、监护等有关身份关系的协议，适用有关该身份关系的法律规定；没有规定的，可以根据其性质参照适用本编规定。"身份关系协议存在参照适用《民法典》合同编的空间，身份关系协议的性质是身份法律行为及相应身份权利义务关系所展现出的身份共同体特点，这也是参照适用时对被引用法条限制或者修正变通的判断标准和解释依归。[1]

六、要式行为和不要式行为

根据民事法律行为成立或者生效是否必须采用法定或者当事人约定的特定

---

〔1〕 王雷：《论身份关系协议对民法典合同编的参照适用》，载《法学家》2020年第1期。

形式为标准，可以将民事法律行为区分为要式行为和不要式行为。要式行为是指法律、行政法规规定或者当事人约定成立或生效必须采取特定形式的民事法律行为。不要式行为是指不需要采取特定形式的民事法律行为，法律、行政法规或者当事人对其形式无特别要求。《民法典》第135条规定："民事法律行为可以采用书面形式、口头形式或者其他形式；法律、行政法规规定或者当事人约定采用特定形式的，应当采用特定形式。"

七、负担行为和处分行为

德国传统民法理论上，根据法律行为特别是财产法律行为所产生具体效果的不同，可以将其区分为负担行为和处分行为。负担行为（Verpflichtungsgeschäft）是使当事人承担给付义务的民事法律行为，如债权行为。负担行为成立后，债务人就负有相对于债权人为一定行为或者不为一定行为的给付义务。处分行为（Verfügungsgeschäft）是指引起现存民事权利的直接变动的民事法律行为，包括物权行为和准物权行为，前者会直接引起物权的变动，后者会引起债权或者其他无体财产权的变动。准物权行为不以物权为处分客体，而以债权等其他财产权利为处分客体，如债务免除、债权让与等。负担行为的法律效果具有相对性，债的相对性原理为其典型；处分行为一旦发生，其效力通常具有绝对性。负担行为不以行为人享有处分权为效力发生的条件；处分行为效力的发生则要求行为人享有处分权。负担行为的行为人可以实施多个内容相同的负担行为，对多个债权人负担内容相同的债务；处分行为的行为人对同一内容只能实施一次处分行为。负担行为一般不要求对外公示，处分行为中的物权行为须依法公示。〔1〕

八、有因行为和无因行为

根据财产给付行为中给付行为和给付原因的关系，可以将民事法律行为区分为有因行为和无因行为，且其以有因为原则，无因为例外。"在德国以及我国台湾地区等一些国家和地区的民法上，就向当事人一方给予财产的法律行为，不但存在负担行为和处分行为的区分，还以法律行为与进行财产给予的原

〔1〕有关负担行为和处分行为的更多评论，参见崔建远：《处分行为理论真的那么美妙吗？——〈民法总则〉（草案）不宜采取负担行为与处分行为相区分的设计》，载《中国政法大学学报》2016年第5期。

因的关系为标准，存在有因行为与无因行为的区分。通常负担行为属于有因行为，处分行为属于无因行为。”[1]所谓无因行为是指民事法律行为中的财产给付行为与财产给付的原因可以分离，原因的瑕疵不影响财产给付行为的效力。票据行为具有无因性，属于民法学理论上的无因行为。《最高人民法院关于审理票据纠纷案件若干问题的规定》（法释〔2020〕18号）第13条规定：“票据债务人以票据法第十条、第二十一条的规定为由，对业经背书转让票据的持票人进行抗辩的，人民法院不予支持。”

〔1〕王利明主编：《民法》（第八版）（上册），中国人民大学出版社2020年版，第127页。

第九章 意思表示

第一节 意思表示与民事法律行为

意思表示是民事法律行为的核心要素，是指行为人将其期望发生某种私法上效果的内心意思以一定方式表现于外部的行为。“意思表示是民事主体希望产生法律效果的内心意愿的外在表达，是构成民事法律行为的基础。”[1]

大陆法系理论上认为意思表示是民事法律行为的核心构成要素，德国立法例甚至对其未做根本的区分，《德国民法典》对意思表示和法律行为两个概念往往跳跃式地混用，“说明法律行为和意思表示这两个概念之间的区别微乎其微”。[2]《德国民法典》的立法理由书也写道：“草案所称法律行为是一种旨在因其某种法律后果的私人意思表示，该法律后果因其为表意人之意愿而依照法律秩序发生。……一般来说，意思表示和法律行为是相同意义的表达方式。使用前者是特别表达意思表示的过程本身，或者乃由于某意思表示仅仅是某法律行为事实构成之组成部分而已。”[3]我国民事立法中虽然没有像《德国民法典》那样不对意思表示和民事法律行为有意识地做区分，但是理论上对二者的实质等同也是予以肯定的。有学者明确主张意思表示的构成要素与法律行为的成立要件有相同的意义，乃至“仅以意思表示为法律行为的一般成立要件”。[4]

我国原《民法通则》没有将意思表示这一核心要素规定到民事法律行为的定义中，《民法典》第133条明确了意思表示在民事法律行为中的核心要素地位，是一个很大的进步，可以将民事法律行为与无因管理等制度区分开来。[5]

意思表示理论中最重要的是对意思表示构成要件的探讨，这有助于我们据

---

〔1〕 李建国：《关于〈中华人民共和国民法总则（草案）〉的说明》，2017年3月8日在第十二届全国人民代表大会第五次会议上。

〔2〕 Dieter Medicus, Allgemeiner Teil des BGB, 9. neu bearbeitete Aufl.2006, S.100.

〔3〕 B. Mugdan, Die gesammten Materialien zum Bürgerlichen Gesetzbuch für das Deutsche Reich, Bd.1,Berlin: R.v.Decker’s Verlag, 1899, S.421.

〔4〕 董安生：《民事法律行为》，中国人民大学出版社2002年版，第162、137—140页。

〔5〕 李永军：《民法总则》，中国法制出版社2018年版，第559—560页。

此判断相应民事法律行为成立与否。从字面解释可以看出，意思表示包括内在意思和外在表示两个构成部分，前者是意思表示的主观构成要素，即指表意人期望发生某种法律后果的内心意思；后者是意思表示的客观构成要素，即指将前述内心意思以一定的方式表现于外部的行为。民事法律行为是实现私法自治的工具，其主要通过意思表示的主观构成要素来实现，研究意思表示的主观构成要素就成为关键。意思表示的构成要素包括行为意思、表示意思、效果意思和表示行为。

第二节　意思表示的构成要素

一、行为意思

意思表示存在的必要前提是表示行为这一客观要件的实现是在行为人主观意思控制之下的，这就是行为意思要素的要求，行为意思并不考虑意思的具体内容，而只强调自主意思控制之下行为的作出。有两类事例比较常见：第一，在催眠状态、条件反射动作、睡梦中的行为等无意识行为中，行为意思并不存在。第二，在直接的身体强制中，比如说被别人抓住手在合同上签字等身体受到威胁的状态下，或者在身体受到威胁时、精神受到欺骗时，也无行为意思的存在。理论上对第一类行为中行为人并无行为意思，由此并无意思表示的结论并无差别。尚有差别对待的是第二类事例，笔者认为，行为人对自己客观表示的实现是有意识的，只是处于被强迫或者被误导状态之中丧失自由而已，行为人对此表示行为可以撤销。我国《民法典》第148—150条也将以欺诈或者胁迫手段实施的民事法律行为认定为可撤销，而非不成立。

二、表示意思

表示意思（意识）是行为人意识到其表示是法律意义上的表示，而不仅仅产生法律之外的一般的社会意义，或者说行为人具有使其行为受到法律约束的意思。与行为意思一样，表示意思（意识）也不需要具有指向民事法律行为具体内容的意思。比如，误将买卖合同当成雇佣合同而发出，行为人具有自主控制自己行为的意思，也具有使其行为发生某种法律意义的表示意思；但若将买卖合同误作生日宴会邀请而发出，则行为人缺乏表示意思，因为邀请参加生日宴会并不能产生法律上的拘束，而仅仅是没有法律意义的纯粹的情谊行为。又如，参加一个好友的生日祝寿会，误以为门口摆放的订书单为祝寿签名而签下自己的名字，行为人具有向寿星祝寿的情谊行为的意思，但没有订书的表示意思。[1]若能断定行为人不存在表示意思（意识），则法律意义上的意思表示便不存在，对其法律拘束的效果也完全不必考虑。与前述祝寿签名类似，情谊行为中的施惠者点头答应受惠者搭乘请求的行为，也并不具有产生法律后果的表示意思，不能认定为法律意义上的意思表示。

而有疑问的恰恰是表示意思是否欠缺之判断。在表示意思是否存在这个问题上有一个很经典的教科书案例，即特里尔葡萄酒拍卖会案。[2]在该案中不熟知当地情况的甲参加一个葡萄酒拍卖会，当他发现自己的一个朋友时，他便举手向该朋友打招呼，拍卖商因此拍定甲取得当前的货物。该案衍生出一个有关表示，意思的最具争议的理论问题：在缺少表示意思时，是否仍能存在一个有效的意思表示；或者说表示意思是否为意思表示的必要构成要件。持传统的意思表示，主观主义理论者主张此时完全取决于表示人的意愿，因此并无意思表示存在。日益成为通说的客观主义理论者认为此时要侧重交易安全的保护，根据外部行为来判断是否构成意思表示，而不考虑表示人的主观意愿。德国联邦高等法院确定的一个判例中将客观主义学说的判断标准具体化为："表意人如尽了交易中必要的注意，本来可以认识到，受领人依据诚实信用原则以及交易惯例有理由将表意人的表示或者行为理解成意思表示，并且表意人本来可以避免使此种情况发生，而且受领人也是在事实上将表意人所表达的内容理解成意思表示的，则虽然表意人不具备表示意识，亦存在一项意思表示。"[3]这就是可归责性判断标准，是对保护相对人信赖利益和交易安全与尊重表意人自主决定之间进行利益衡量得出的结论。可归责于表意人的某种外观若能够并已经使得相对人产生信赖，则应该认定意思表示或者表示意思是存在的。笔者认为，此种情况下是认定不存在表示意思但仍存在意思表示，还是认定表示意思与意思表示须共存，这是一个纯粹民法学问题中的解释选择问题，采取后种观点则能够维护传统心理学认识水平下对意思表示三要素的完整性判断标准；若采前

〔1〕王泽鉴：《民法总则》，北京大学出版社 2009 年版，第 265—266 页。

〔2〕Hermann Isay, Die Willenserklärung im Tatbestande des Rechtsgeschäfts, Aufl. 1899, S.25.

〔3〕BGHZ 91, 324 ff. Erfordernis des Erklärungsbewußtseins. 这就是 1983 年 1 月 20 日判决的"保证人拒绝承担保证义务"的判例，对该案的中文翻译介绍，参见邵建东编著：《德国民法总则编典型判例 17 则评析》，南京大学出版社 2005 年版，第 256—272 页。

种观点，则可以看出意思表示的三要素在判断意思表示是否存在问题上构成一个动态的体系，三要素全具备时，意思表示可能完美地构成；而表示意思的欠缺可由表意人的可归责性等来弥补。但是两种观点在体系效应上会有差别，承认有表示意思并有意思表示的观点无力解释表意人撤销权及信赖利益赔偿问题；承认无表示意思但有意思表示的观点对此解释就颇为顺畅，表意人可以基于表示意思欠缺而行使撤销权并承担信赖利益损害之赔偿。就特里尔葡萄酒拍卖会案而言，甲理应查明并认识到拍卖会场合下自己的举手可能被认定为出价表示，甲具有可归责性，拍卖商的信赖利益值得保护，当然甲可以基于《德国民法典》第119条主张意思表示错误而行使撤销权，但须据第122条赔偿拍卖商的信赖利益损失。[1]如果本案中当地拍卖会的报价规则是摸摸耳朵，[2]甲对此超乎寻常的交易惯例并不明知，则其摸耳朵的行为就不能被认定为意思表示。可见表意人是否具有可归责性，以及由此相对人是否具有值得保护的信赖利益，这是一个会导致对交易风险不同安排的价值判断问题，其价值判断的结论，可以通过认定无表示意思但有意思表示，或者既有表示意思也有意思表示这两种不同的解释选择技术手段来落实。

三、效果意思

表意人具体地指明意欲发生特定法律效果的意思属于效果意思，也被称为法律效果意思。比如，乘客向承运人表明若对方能将自己送回家，自己愿意支付10元车费，这种支付10元车费的具体内容表示就是效果意思。若乘客误将10元车费表示为100元，则效果意思并不存在。

与表示意思仅概括地指向“某种”法律后果不同，效果意思指向特定具体的法律后果，其内容指向往往通过民事法律行为（如合同）的主要条款来具体体现。效果意思不是指向抽象的法律效果，而是指向特定具体的法律效果，因此可被称为具体效果意思。通说认为效果意思实非意思表示的必备要素，如误将买卖合同当成雇佣合同发出，效果意思存在错误，可以适用对内容错误的规定而撤销，并可要求行为人承担对相对人信赖利益的损害赔偿责任。笔者认为在意思表示的构成要素上此确属适论，但若涉及民事法律行为的构成，则不尽

---

〔1〕 Bydlinski, Erklärungsbewußtsein und Rechtsgeschäft, Juristenzeitung 1975, S.1ff. 实际上该观点即将表示意思的欠缺作为表示错误的一种类型来类推适用法律对内容错误的规定。

〔2〕 Bernd Rüthers/ Astrid Stadler, Allgemeiner Teil des BGB, 14 Aulf.2006, S.133.

然，如对合同主要条款（要素）未作表示，则合同根本没有成立，单纯地对缔约意图的表达并无实质的意义。

四、表示行为及意思表示的形式

意思表示的形式即作为意思表示客观要素的表示行为所采取的方式，通常也是民事法律行为的形式。意思表示可以采取作为方式，也可以采取不作为方式；可以采取明示方式，也可以采取默示方式；意思表示还可以分为有相对人的意思表示和无相对人的意思表示，有相对人的意思表示又可以分为对话意思表示和非对话意思表示。不同类型的意思表示采取的具体方式及其生效时间会有所不同。《民法典》第137条规定："以对话方式作出的意思表示，相对人知道其内容时生效。以非对话方式作出的意思表示，到达相对人时生效。以非对话方式作出的采用数据电文形式的意思表示，相对人指定特定系统接收数据电文的，该数据电文进入该特定系统时生效；未指定特定系统的，相对人知道或者应当知道该数据电文进入其系统时生效。当事人对采用数据电文形式的意思表示的生效时间另有约定的，按照其约定。"第138条规定："无相对人的意思表示，表示完成时生效。法律另有规定的，依照其规定。"第139条规定："以公告方式作出的意思表示，公告发布时生效。"综合来看，意思表示的具体方式包括口头方式、书面方式、默示推定方式和沉默方式。

意思表示的默示推定方式，如原《最高人民法院关于审理买卖合同纠纷案件适用法律问题的解释》第41条规定买受人以其行为默示购买的情形："试用买卖的买受人在试用期内已经支付一部分价款的，人民法院应当认定买受人同意购买，但合同另有约定的除外。在试用期内，买受人对标的物实施了出卖、出租、设定担保物权等非试用行为的，人民法院应当认定买受人同意购买。"《民法典》第638条第2款规定："试用买卖的买受人在试用期内已经支付部分价款或者对标的物实施出卖、出租、设立担保物权等行为的，视为同意购买。"行为人默示作出意思表示，本身就为《民法典》第141条第1款所涵括，不必通过"视为"的拟制规范将其"视为"意思表示。

以沉默方式作出意思表示，如《民法典》第145条第2款规定的"法定代理人未作表示的，视为拒绝追认"。第171条第2款规定的"被代理人未作表示的，视为拒绝追认"。第638条第1款规定："试用买卖的买受人在试用期内可以购买标的物，也可以拒绝购买。试用期限届满，买受人对是否购买标的物未作表示的，视为购买。"第734条第1款规定的租赁期满后的续期："租赁期限届满，承租人继续使用租赁物，出租人没有提出异议的，原租赁合同继续有效，但是租赁期限为不定期。”《民法典》第1124条规定：“继承开始后，继承人放弃继承的，应当在遗产处理前，以书面形式作出放弃继承的表示；没有表示的，视为接受继承。受遗赠人应当在知道受遗赠后六十日内，作出接受或者放弃受遗赠的表示；到期没有表示的，视为放弃受遗赠。”这些条文中“未作表示”“没有提出异议”“没有表示”都属于沉默（不作为的默示），法律特别规定将这些沉默“视为意思表示”。

意思表示的形式实际上就对应民事法律行为的形式。民事法律行为可以采取书面形式、口头形式或者其他形式。法律、行政法规规定用特定形式的，应当依照法律规定。一方当事人向对方当事人作出意思表示，对方未用语言或者文字明确表示意见，但其行为表明已接受的，可以认定为默示。不作为的默示只有在法律有规定或者当事人双方有约定的情况下，才可以视为意思表示。《民法典》第140条规定：“行为人可以明示或者默示作出意思表示。沉默只有在有法律规定、当事人约定或者符合当事人之间的交易习惯时，才可以视为意思表示。”意思表示的明示包括语言或者文字形式、口头或者书面形式。默示是以举动表达意思表示。默示不同于沉默。

五、意思表示构成要素评述

继受德国民法及其理论的其他大陆法系国家或地区，在意思表示的构成要素问题上并无根本不同于德国民法理论之处，其大多是介绍接受德国民法理论上的观点。我国大陆民法学界对动机除在附条件法律行为等少数场合外，不能算作意思表示的观点并无争议，而对意思表示的构成要素在学说上争论颇多，主要可以分为以下几类：第一，二要素说，主张意思表示包括效果意思和表示行为；[1]第二，三要素说，包括效果意思、表示意思、表示行为的三要素说，[2]行为意思、效果意思、表示行为的三要素说，[3]目的意思、效果意思、表示行为的三要素说；[4]第三，五要素说，主张意思表示包括目的意思、效果

---

〔1〕佟柔主编：《中国民法学·民法总则》，中国人民公安大学出版社1990年版，第219页。

〔2〕梁慧星：《民法总论》（第三版），法律出版社2007年版，第170—171页；李永军：《民法总则》，中国法制出版社2018年版，第608—610页。

〔3〕苏号朋：《民法总论》，法律出版社2006年版，第263—264页。

〔4〕董安生：《民事法律行为》，中国人民大学出版社2002年版，第165—171页。另参见王利明主编：《民法》（第五版），中国人民大学出版社2010年版，第149—150页。

意思、表示意思、行为意思、表示行为。[1]董安生教授所持的目的意思、效果意思、表示行为的三要素说为当前学界有力说。

意思表示的构成要素是一个纯粹民法学上的问题，其与生活事实意义上的意思表示既相关联，又有区别。关联之处在于，它是一项将生活事实表述为民法概念，从而使其上升抽象为民事法律事实进入民法调整世界的法律技术，是一个对民法概念的解释选择问题。从这一角度看，概念的简洁适用和约定俗成是重要的考量因素，五要素说失之烦琐。区别之处在于，意思表示的构成要素又非对生活事实的简单抽象转化，它实际上是对生活事实中法律评价上重要之点的撷取，经其抽象概括者就会进入法律的调整范围，被其舍弃者就被遗留在了纯粹生活事实领域。从这个角度看，其又是一个价值判断问题，是对生活事实进行的一场“圈地运动”。比如从纯粹生活事实意义上看，“自表意人为意思表示之过程言之，必先有一定动机，次有目的意思，次有法效意思，次有表示行为”。[2]而民法学对这种生活事实进行抽象时则舍掉了动机这个环节，除非其已经通过附条件等表示出来。二要素说则舍弃过多，失之过简，反倒不便于理解。

德国民法学对意思表示构成要素的通说见解采行为意思、表示意思（意识）、效果意思、表示行为的四要素说。我国学者三要素有力说观点中的“目的意思”相当于德国学说中的“效果意思”，均指向特定表示行为的具体内容；其所谓的“效果意思”相当于德国学说中的“表示意思”，其均指向引起抽象的法律上意思的意图；其“表示行为”则是德国学说中的“行为意思”与“表示行为”结合的产物。笔者认为，研究意思表示的构成要素须广泛借鉴、准确介绍、正本清源、便于交流，更须以我国《民法典》的相关规定为基础进行分析构建。笔者采纳对行为意思、受法律约束意思、具体效果意思、表示行为四要素的概念选择。至于能否用表示行为吸收行为意思，笔者认为行为意思不仅有理论上存在的必要，而且有实定法上的存在表现，在无意识、受欺诈、被胁迫、精神错乱、无民事行为的未成年人行为等场合，行为意思仍为不可替代的有解释力的学说，凭此也有助于指导相应法律规则的清晰配置，理应保留。

---

〔1〕 张俊浩主编：《民法学原理》（修订第三版），中国政法大学出版社 2000 年版，第 228—233 页；徐国建：《德国民法总论》，经济科学出版社 1993 年版，第 90 页。

〔2〕 曾荣振：《民法总整理》，中国台湾地区三民书局 1981 年版，第 73 页。

另外，表示意思是意思表示的构成要素，与表示意思相近似或者说同义的概念是受法律约束的意思。鉴于受法律约束意思与表示意思是同一含义，受法律约束意思更符合我国《民法典》中相关条文的表述习惯，笔者主张用受法律约束意思来代替表示意思的概念。即笔者主张意思表示的构成要素最终包括：行为意思、受法律约束意思、具体效果意思、表示行为。原因如下：第一，表示意思是表意人有意抽象地使其表示产生某种法律上的意义，[1]而这指的就是表意人有受法律约束的意思。直接采取受法律约束的意思之表述更直接，相较表示意识也更易理解，而且其与具体效果意思的对比也更明显。第二，受法律约束意思的概念也容易与我国实定法的用语相衔接，方便理解。例如，我国《民法典》第465条第2款规定“依法成立的合同，仅对当事人具有法律约束力，但是法律另有规定的除外”；第472条第2项规定要约的意思表示应该“表明经受要约人承诺，要约人即受该意思表示约束”。显而易见，这些表述就是对受法律约束意思的规定。第三，受法律约束的意思，也适合用来解释我国实定法上没有明文而比较法上明确规定的戏谑行为等非真意表示，以此作为理论基础来解释构建这些制度。

总之，行为意思、受法律约束意思、具体效果意思是意思表示的主观三要素，表示行为是意思表示的客观要素，这些构成要素在我国《民法典》中均有对应的法律规定。对比来看，我国《民法典》第472条第1项对要约“内容具体确定”的要求，则是对具体效果意思的规定。我国《民法典》第20、21条关于无民事行为能力人行为的规定、原《民通意见》第67条对无意思神志不清行为的规定、《民法典》第148—150条对以欺诈或者胁迫方式实施民法法律行为的规定，均属于对行为意思的立法表述。《民法典》第480条对承诺方式的规定则属于对意思表示中表示行为的规定。立法者对表示行为和行为意思的规定作了区分，前者并未吸收后者。

---

〔1〕 Hans Brox/Wolf-Dietrich Walker, Allgemeiner Teil des BGB, 32 Aufl.2008,S.42.

第三节 意思表示的解释

一、意思表示的解释方法

（一）意思表示的一般解释方法

意思表示的解释目的有意思主义（自我决定）、表示主义（信赖保护）和折中主义之争。《民法典》第142条采取折中主义，区分意思表示的类型分别确定解释的目的，该条规定："有相对人的意思表示的解释，应当按照所使用的词句，结合相关条款、行为的性质和目的、习惯以及诚信原则，确定意思表示的含义。无相对人的意思表示的解释，不能完全拘泥于所使用的词句，而应当结合相关条款、行为的性质和目的、习惯以及诚信原则，确定行为人的真实意思。"意思表示解释与民事法律行为解释一般是同义的，与法律解释也共享了很多解释方法。"尽管合同解释方法和法律解释方法的起点自始就不同，以及由此产生的主观解释和客观解释视角有不同权重，但不可否认两者从根本上具有相似性。"〔1〕

意思表示解释和合同解释都具有鲜明的方法论品格。〔2〕原《合同法》第125条规定："当事人对合同条款的理解有争议的，应当按照合同所使用的词句、合同的有关条款、合同的目的、交易习惯以及诚实信用原则，确定该条款的真实意思。合同文本采用两种以上文字订立并约定具有同等效力的，对各文本使用的词句推定具有相同含义。各文本使用的词句不一致的，应当根据合同的目的予以解释。"本着鼓励交易宗旨和诚信原则，应该尽可能把合同解释得合法有效。没有对象就没有方法，不同类型合同的解释方法会有差别。合同解释方法和决议行为解释方法有所不同，合同解释方法关注合同各方当事人个体意思表示是否存在瑕疵。

与原《合同法》第125条第1款不同，《民法典》第142条第1款对有相对人的意思表示的解释规则增加"行为的性质"、将"交易习惯"要素扩张为"习惯"，也不再强调"确定该条款的真实意思"，而是"确定意思表示的含义"，以兼顾对意思表示相对人合理信赖的保护。《民法典》第142条第2款对

〔1〕［奥］恩斯特·A. 克莱默：《法律方法论》，周万里译，法律出版社2019年版，第116页。

〔2〕王雷：《形塑合同解释的方法论品格》，载《检察日报》2020年6月2日，第3版。

无相对人的意思表示解释规则则强调"不能完全拘泥于所使用的词句"，并以"确定行为人的真实意思"为解释目标。但《民法典》第142条第1款没有规定"相对人的合理信赖"这一解释要素，理由在于，意思表示的解释并非按照任一方当事人的理解和信赖，而应当按照理性人处于同等情形应有的理解和信赖以确定其意义。而且，相对人的合理信赖也须结合该款规定的其他解释要素来综合判断，不存在独立的相对人合理信赖标准。[1]对相应民事法律关系定性，经常是意思表示解释的第一步，也是实质解释观的体现。

1.文义解释是意思表示解释的起点，是指结合社会一般观念、按照所使用词句的通常含义去进行理解。

2.体系解释把意思表示看作一个整体，使得部分和整体互相解明，不孤立地看待某个条款，要结合相关条款阐明有争议意思表示的含义。体系解释方法可以避免各个部分的意思表示产生矛盾冲突。

3.目的解释根据行为的性质和目的确定意思表示的含义，行为的性质和目的之间又具有相互解明关系。目的解释方法是各类合同解释方法中最重要、最根本的，运用目的解释方法可以确定文义解释、体系解释、习惯解释的结果是否正确，并可解决复数解释结论之间的争议。例如，合同定性不能拘泥于合同名称，合同内容决定合同性质。识别合同性质的根本方法是主给付义务的内容，不同的主给付义务对应不同的合同目的。

4.习惯解释结合交易习惯、生活习惯确定意思表示的含义，在对意思表示进行解释时，如遇词句含义不清，应当根据交易习惯、生活习惯进行解释。运用习惯解释方法时，习惯须客观存在、合法、不违背公序良俗、且未被当事人明确排斥。交易习惯可以是行业交易习惯，也可以是当事人之间的特别交易习惯。

5.诚信解释要求遵循诚信原则解释意思表示，诚信解释更多发挥验证功能，而不是兜底功能。意思表示的解释结论不得违反诚信原则。

意思表示解释过程中应该注意细分不同解释方法进行充分说理论证，应该注意多种解释方法的协同，应该注意法、理、情的有机结合。文义解释方法中的通常文义、目的解释方法中的一般理性人交易目的（理性人标准）等，都是按照一般社会生活常识和普遍认知对意思表示相关内容作出解释，都是常理、

---

〔1〕 梁慧星：《〈中华人民共和国民法总则（草案）〉：解读、评论和修改建议》，载《华东政法大学学报》2016年第5期。

常情在意思表示解释领域的反映。

（二）意思表示的特别解释方法

意思表示解释方法存在一般与特别的结合，法律对某些意思表示有可能设置特殊、具体的解释方法。

例如，《民法典》第466条规定："当事人对合同条款的理解有争议的，应当依据本法第一百四十二条第一款的规定，确定争议条款的含义。合同文本采用两种以上文字订立并约定具有同等效力的，对各文本使用的词句推定具有相同含义。各文本使用的词句不一致的，应当根据合同的相关条款、性质、目的以及诚信原则等予以解释。"

又如，对格式条款先作通常理解，仍有复数解释结论时，应当作不利于提供格式条款一方的解释。《民法典》第498条规定："对格式条款的理解发生争议的，应当按照通常理解予以解释。对格式条款有两种以上解释的，应当作出不利于提供格式条款一方的解释。格式条款和非格式条款不一致的，应当采用非格式条款。"

再如，《民法典》第1021条规定肖像许可使用合同中有利于肖像权人的解释规则，以充分体现对肖像权人人身自由和人格尊严的维护，该条规定："当事人对肖像许可使用合同中关于肖像使用条款的理解有争议的，应当作出有利于肖像权人的解释。"

二、意思表示解释方法的发展：合同实质解释观

"民法学的教学必须高度重视实践，重视司法解释，重视司法案例、司法实践经验。我们要高度重视从本土中挖掘研究的资料，注重以案说法、以案释法。"[1]民商事司法实践中注重对真实意思表示判断和法律关系性质界定，发展出实质解释观，值得关注。

对买卖式担保的定性是实质解释观的突出例证。在某房屋买卖合同案中，开发商的子公司与买房人签订《商品房买卖合同》，开发商向买房人按月利率3.5%给付利息，对应本金即为开发商所开具的购房款收据上的数额。此事实与预付购房款不承担利息的交易习惯不符，而与民间借贷中按期结付利息的交易习惯相符。购房款收据并非缴纳购房款的意思表示，而是作为借款的借据。购房合同应认定系为借款提供担保的意思表示。而且案涉房屋，仅约市场价格

---

〔1〕 王利明：《构建中国特色的民法学理论体系》，载《中国大学教学》2021年第3期。

的一半，不符合商品房买卖交易中开发商通常能够让利的幅度，而与民间借贷时用于担保，房屋作价通常低于实际市场价的特点相吻合。签订购房合同、出具购房款收据的行为，实为借款提供担保的意思表示。名为买卖，实为借贷关系。[1]《最高人民法院关于审理民间借贷案件适用法律若干问题的规定》（法释〔2020〕17号）第23条第1款规定：“当事人以订立买卖合同作为民间借贷合同的担保，借款到期后借款人不能还款，出借人请求履行买卖合同的，人民法院应当按照民间借贷法律关系审理。当事人根据法庭审理情况变更诉讼请求的，人民法院应当准许。”

在合作开发房地产合同中，也应依照双方的真实意思表示来确定合同性质和双方的权利义务关系。《最高人民法院关于审理涉及国有土地使用权合同纠纷案件适用法律问题的解释》（法释〔2020〕17号）第21条规定：“合作开发房地产合同约定提供土地使用权的当事人不承担经营风险，只收取固定利益的，应当认定为土地使用权转让合同。”第22条规定：“合作开发房地产合同约定提供资金的当事人不承担经营风险，只分配固定数量房屋的，应当认定为房屋买卖合同。”第23条规定：“合作开发房地产合同约定提供资金的当事人不承担经营风险，只收取固定数额货币的，应当认定为借款合同。”第24条规定：“合作开发房地产合同约定提供资金的当事人不承担经营风险，只以租赁或者其他形式使用房屋的，应当认定为房屋租赁合同。”

合同定性的根本方法是通过合同的主给付义务，探讨合同的目的，从当事人的交易中把握矛盾的主要方面，透过现象看本质。合同定性本质上不是一个事实判断问题，而属于价值判断问题。合同主给付义务、合同的性质和目的互有关联、高度互动，存在一个相互解明的过程。根据合同性质进行合同解释，属于重要的合同解释方法，但合同性质本身也可能需要解释。合同定性时不能过分拘泥于合同标题（名称），是合同内容决定合同性质。目的是一切法律的创造者，交易目的也是合同的创造者。“目的是全部法律的创造者。每条法律规则的产生都源于一种目的，即一种实际的动机。”合同目的是合同解释的“准星”。“规则或原则的意义通常都是从其目的中发现出来的。”[2]历史解释方法是运动发展这一辩证唯物主义思想方法在合同解释中的运用。目的解释

---

〔1〕吴红与江苏大朝置业有限公司、富建集团有限公司房屋买卖合同纠纷案，江苏省阜宁县人民法院（2018）苏0923民初4930号民事裁定书。

〔2〕［美］理查德·波斯纳：《各行其是：法学与司法》，苏力、邱遥堃译，中国政法大学出版社2017年版，第66页。

方法实际上是现象本质观这一辩证唯物主义思想方法在合同解释中的运用。

合同解释过程中应该注意法、理、情的有机结合。合同的解释是手段，对合同当事人利益的平衡是目的。文义解释是合同解释的起点，但不是合同解释的归宿。对合同文义的解释，需要注意法、理、情的有机结合，结合社会一般生活观念、日常经验法则、交易习惯识别词句的含义。合同词句的真实文义还经常需要结合体系解释等方法澄清。文义解释方法中的通常文义、目的解释方法中的一般理性人交易目的等，都是要求按照一般社会生活常识和普遍认知对合同相关内容作出解释，都是常理、常情在合同解释领域的反映。习惯解释方法中的习惯可能是商业交易习惯，也可能是民间交易习惯，还可能是生活习惯，以使得对合同条款的理解符合常理、常情。不宜僵化不同合同解释方法的边界和顺序，要注意正确理解不同解释方法的功能价值，注意各种解释方法之间的综合协同，形成强弱不同的论证理由，使得合同解释合法、合理与合情。

第十章　民事法律行为的成立与生效

第一节　民事法律行为的成立

一、民事法律行为成立与生效的关系

民事法律行为的成立是指构成民事法律行为所必不可少的事实要素。在民法学理论上需要区分民事法律行为的成立、民事法律行为的生效、民事法律行为的效力、民事法律行为的有效等概念。

民事法律行为的生效，关注已经成立的民事法律行为能否被评价为合法性的民事法律行为而取得法律认可的效力。“在相当一段时期内，我国民法理论和实践曾对法律行为的成立要件与法律行为的生效要件不加区分。”〔1〕当前，我国民法学界通说认为，民事法律行为的成立和生效之间的关系如下：第一，逻辑前提和目的归宿关系不同。民事法律行为的成立是民事法律行为生效的逻辑前提，民事法律行为成立方有其客观存在，然后才可进一步判断其能否产生法律认可的效力。民事法律行为的生效也是民事法律行为成立的最终目的，已经成立的民事法律行为如果不能得到法律对其效力的肯定评价，则也就不能相应地产生当事人所预期的私法上的效果。第二，发生时间上的异同。通常来看，民事法律行为的成立和生效在时间上是一致的。民事法律行为从成立时起具有法律约束力。依法成立的合同，自成立时生效。但并非所有的民事法律行为一旦成立就必然会生效，法律效力有欠缺的民事法律行为或者生效要件有待进一步完备的民事法律行为则不会当然生效，原《合同法》第44条第2款就规定：“法律、行政法规规定应当办理批准、登记等手续生效的，依照其规定。”《民法典》第136条第1款规定：“民事法律行为自成立时生效，但是法律另有规定或者当事人另有约定的除外。”第三，问题性质不同。民事法律行为的成立与否要对满足其成立要件的事实构成齐备性进行判断，是对民事法律行为客观存在的事实认定，属于民法事实判断问题。民事法律行为的效力则是国家法律对当事人已经成立的民事法律行为作出的肯定性或者否定性的价值评

---

〔1〕董安生：《民事法律行为》，中国人民大学出版社2002年版，第133页。

价，属于民法价值判断问题。第四，构成要件或者判断标准不同。民事法律行为的成立需要根据其一般成立要件和特别成立要件加以判断，其核心是当事人意思表示的齐备性。民事法律行为的生效则要根据相应的生效要件加以判断，其核心是当事人意思表示的品质（效力）要求。民事法律行为成立要件的欠缺无法弥补，民事法律行为生效要件的缺陷则可以根据当事人事后的意思加以弥补。第五，法律后果不同。民事法律行为成立并生效的，当事人就受到该民事法律行为中意思表示内容的拘束。行为人非依法律规定或者取得对方同意，不得擅自变更或者解除已经成立的民事法律行为。依法成立的合同，对当事人具有法律约束力。《民法典》第136条第2款规定："行为人非依法律规定或者未经对方同意，不得擅自变更或者解除民事法律行为。"而对欠缺生效要件的民事行为，法律则对其进行法定主义的调整，如《民法典》第157条规定："民事法律行为无效、被撤销或者确定不发生效力后，行为人因该行为取得的财产，应当予以返还；不能返还或者没有必要返还的，应当折价补偿。有过错的一方应当赔偿对方由此所受到的损失；各方都有过错的，应当各自承担相应的责任。法律另有规定的，依照其规定。"原《民法通则》第61条就规定了无效或者可撤销民事法律行为中的返还财产、赔偿损失等民事责任方式，原《合同法》第58条也作了类似的规定。

根据《民法典》规定，民事法律行为的效力是一个上位概念，其可以涵括民事法律行为的生效、未生效、效力待定、被撤销、确定不发生效力、无效等具体的效力形态。至于民事法律行为的有效和生效之间的关系，则是一个纯粹民法学理论上对概念术语的解释选择问题，有学者主张民事行为的有效是生效的前提条件，有效的民事法律行为不一定生效，如附生效条件的民事法律行为；[1]有学者认为民事法律行为的生效可以包括一般生效条件和特别生效条件，后者可以涵括包含法律规定或者当事人约定特别生效条件的民事法律行为。[2]基于概念术语简洁明晰程度的考虑，笔者不区分民事法律行为的生效和有效。

二、民事法律行为的成立要件

民事法律行为的成立包括一般成立要件和特别成立要件。关于一般成立要

---

〔1〕马俊驹、余延满：《民法原论》（第四版），法律出版社2010年版，第187页。

〔2〕王利明主编：《民法》（第五版），中国人民大学出版社2010年版，第111—116页。

件，民法学理论上存在三要件说、二要件说和一要件说的争论：三要件说主张以当事人、标的和意思表示作为民事法律行为的一般成立要件；二要件说主张以当事人和意思表示作为民事法律行为的一般成立要件；一要件说则主张以意思表示为民事行为的一般成立要件。持一要件说的学者还认为，“各种法律行为仅以意思表示为其‘必备要素’；明确了意思表示要素，行为人自己确定，将行为人另纳入法律行为成立要件并无实际意义。……法律行为成立要件中应含有行为内容，这是不错的；但这一内容已经包含在意思表示要素中”。[1]不同学说之间的争议，属于纯粹民法学理论上对某一概念内涵和外延的解释选择问题，在法律规则的设置和适用上并无实质区别。《民法典》第134条规定：“民事法律行为可以基于双方或者多方的意思表示一致成立，也可以基于单方的意思表示成立。法人、非法人组织依照法律或者章程规定的议事方式和表决程序作出决议的，该决议行为成立。”

民事法律行为的特别成立要件包括如下几种：一是根据法律或者行政法规的规定，某些民事法律行为的构成本身要求在意思表示之外还须具备其他的特殊事实要素，如要物行为（实践行为）就以当事人践行特定事实行为为必要，如我国《民法典》第814条规定的客运合同、第890条规定的保管合同等。二是根据法律或者行政法规的规定，要式法律行为本身要求当事人的意思表示必须采取特定的形式方可成立，如结婚行为的登记要求、票据行为的要式性要求等。遗嘱属于要式行为和死因行为，结合《民法典》第1143条对遗嘱无效事由的规定，遗嘱未采取法定形式的，应解释为不成立。三是当事人也可以通过约定将非要式行为改为要式行为，此时也以当事人约定的该形式的完备为其成立要件。

登记是婚姻和收养的成立要件，二者属于要式行为。公证是公证遗嘱的成立要件，公证遗嘱的生效要件同样是立遗嘱之人的死亡，因为公证遗嘱也属于死因行为。《民法典》第502条第2款和第3款属于合同的特别生效要件，是基于法律、行政法规的特别规定，这不是我们通常所说的要式行为。

需要进一步指出的是，虽然我国学界通说认为，民事法律行为的成立从问题属性上看属于民法问题中的事实判断问题，但是，某一行为是否成立民事法律行为，也常常会涉及对情谊行为和民事法律行为的定性区分，这就不单纯属于“是不是”的事实判断问题，而涉及“应不应该是”的价值判断问题。明确

[1] 董安生：《民事法律行为》，中国人民大学出版社2002年版，第133页。

民事法律行为法律规则的适用范围，要以确定民事法律行为的成立为前提，区分情谊行为和民事法律行为，则是民事法律行为成立要件判断中会涉及的重要价值判断问题，可见有些民法价值判断问题的论证是以另一价值判断问题的结论为前提的。明确情谊行为和民事法律行为的区分有助于进一步把握民事法律行为制度的适用边界，〔1〕正如佟柔教授早已指出的那样："民法学必须从理论上对法律行为适用范围的问题作出回答，这是对法律行为制度研究的起点。"〔2〕

第二节 民事法律行为的生效要件

一、民事法律行为的一般生效要件

已经成立的民事法律行为，再具备生效要件，就会成为生效的民事法律行为。根据原《民法通则》第55条的规定，民事法律行为的一般生效要件包括：第一，行为人具有相应的民事行为能力；第二，意思表示真实；第三，不违反法律或者社会公共利益。在我国民事立法对法律行为效力瑕疵规定不完善和存在一些体系违反的背景下，原《民法通则》第55条在司法实践中，也曾一定程度上代行法律行为效力瑕疵制度漏洞填补的功能。如有法院就根据《民法通则》第55条第2项，以当事人之间意思表示不真实为由，判定当事人之间基于虚假意思表示实施的法律行为无效。〔3〕

从立法技术上看，《民法典》只需要规定民事法律行为效力存在瑕疵的情形即可，不必正面重复规定民事法律行为的生效要件。〔4〕《民法典》第143条规定："具备下列条件的民事法律行为有效：（一）行为人具有相应的民事行为能力；（二）意思表示真实；（三）不违反法律、行政法规的强制性规定，不违背公序良俗。"笔者认为，本着最大善意来理解实定法条文，《民法典》第143条应该主要发挥行为规范功能，而非裁判规范功能，不能对本条作反面解

〔1〕 王雷：《民法学视野中的情谊行为》，北京大学出版社2014年版，第6页。

〔2〕 董安生：《民事法律行为》，中国人民大学出版社2002年版，前言。

〔3〕 睢晓鹏：《通谋虚伪意思表示的司法规制》，载《人民司法》2014年第10期。

〔4〕 更详细的论证，参见李永军：《从〈民法总则〉第143条评我国法律行为规范体系的缺失》，载《比较法研究》2019年第1期；王轶：《民法总则法律行为效力制度立法建议》，载《比较法研究》2016年第2期；易军：《法律行为生效要件体系的重构》，载《中国法学》2012年第3期。

释。只有针对我国现行民事立法对民事法律行为效力瑕疵规定不完善之处或者存在体系违反之处，方有必要援引《民法典》第143条作为裁判规范在一定程度上发挥民事法律行为效力瑕疵制度漏洞填补功能。如《民法典》第146条仅规定基于通谋虚假意思表示实施的民事法律行为效力规则，未规范单方虚假意思表示实施民事法律行为的效力，此时可根据《民法典》第143条第2项，以当事人意思表示不真实为由，判定当事人基于单方虚假意思表示实施的民事法律行为无效。如果不妥当定位《民法典》第143条的规范性质，就会出现在案件事实认定过程中动辄援引该规定认定民事法律行为有效的判文。[1]

二、民事法律行为的特别生效要件

民事法律行为的特别生效要件一般包括两类：第一，法律、行政法规规定，民事法律行为应当办理批准等手续才能生效的，从其规定；第二，当事人约定民事法律行为特别生效要件的，如附生效条件或者附始期的民事法律行为，也从其约定而生效。

民事法律行为的生效要件能够使得已经成立的民事法律行为发生完全的法律效力，民事法律行为的生效要件不解决民事法律行为是否成立的问题，而着重解决作为民事法律行为核心构成要素的意思表示之有效性品质问题。民事法律行为欠缺生效要件就会成为效力存在欠缺的民事法律行为。根据民事法律行为效力欠缺程度的不同，可以将其进一步主要区分为尚未完全生效的民事法律行为、可撤销的民事法律行为、效力待定的民事行为和无效的民事行为等。

第三节　附条件和附期限的民事法律行为

附条件和附期限的民事法律行为是民事法律行为分类中的特殊类型，我国原《民法通则》第62条，《合同法》第45、46条，《民法总则》第158—160条，《民法典》第158—160条对此均作出了规定。“任何人为法律行为时，多基于对现状的认识及对其将来发展的预期。……惟事物发展常出乎意料之外……为顺应当事人需要，法律乃本乎私法自治原则，创设两种制度，俾供利

---

〔1〕王雷：《〈民法总则〉中证据规范的解释与适用》，载《法学家》2018年第6期。

用，一为条件，一为期限。条件及期限除分配交易上危险外，亦具有引导相对人为特定行为的功能。”[1]当事人通过在民事法律行为中附条件还可以将自己的动机法律化，使其具有法律意义。

一、附条件的民事法律行为

附条件的民事法律行为是指民事法律行为效力的开始和终止取决于将来不确定事实的发生与否的民事法律行为。附条件的民事法律行为根据所附条件是限制民事法律行为效力的发生还是丧失之不同，可以进一步将其区分为附生效条件（延缓条件/停止条件）的民事法律行为和附解除条件的民事法律行为。当事人通过附条件限制民事法律行为的效力，以满足自己的各种需要。《民法典》第158条规定：“民事法律行为可以附条件，但是根据其性质不得附条件的除外。附生效条件的民事法律行为，自条件成就时生效。附解除条件的民事法律行为，自条件成就时失效。”除现行法明确规定的生效条件和解除条件外，民法学理论上对民事法律行为所附条件根据不同标准又可以分为不同的类型，即积极条件和消极条件，随意条件、偶成条件和混合条件等。

民事法律行为所附条件应当满足下列要求：第一，条件必须是将来的事实，已经发生的事实不能作为附条件民事行为所附条件。第二，条件的成就与否具有不确定性，确定发生或者确定不会发生的事实均不能作为条件。附条件民事法律行为，如果所附解除条件是不可能发生的，应当认定该民事法律行为未附条件；如果所附生效条件是不可能发生的，应当认定当事人不具有受法律约束的意思，根本不希望实施该民事法律行为。条件成就与否的不确定性也是其与期限的主要区别。第三，条件必须合法，附条件民事法律行为，如果所附条件违背法律规定，应当认定该民事法律行为无效。如果单独确认该条件无效，而民事法律行为不具有违法性，该民事法律行为仍属有效。第四，条件为当事人约定，不能是法律规定的民事法律行为效力有关的条件，如《民法典》第502条规定的批准等手续。

并非所有的民事法律行为皆可以附条件，婚姻、收养、监护等身份法律行为不得附条件，形成权的行使通常也不得附条件，除非相对人同意或者条件之成就与否纯粹取决于相对人。引发纯粹身份关系变动的身份法律事实如结婚、

---

〔1〕 王泽鉴：《民法总则》，北京大学出版社2009年版，第331页。

离婚等不得附条件，以保持身份关系的安定性。但并非所有身份法律事实均不得附条件。例如，婚内离婚协议是附生效条件的民事法律行为。婚内离婚协议是指男女双方在婚姻关系存续期间，以解除婚姻关系为基本目的，并就财产分割及子女抚养问题达成的协议。夫妻财产约定也可以附条件，夫妻对婚姻关系存续期间所得的财产以及婚前财产的约定，可以附条件，附生效条件的财产约定在所附条件成就时生效。如夫妻之间约定一方出轨、实施家庭暴力等即产生婚姻关系存续期间所得的某些财产（该方应然份额）以及婚前某些个人财产转移归对方所有，可将此类忠诚协议认定为附生效条件的夫妻财产约定。[1]

附条件的民事法律行为，在条件成就与否之前，当事人取得某种权利的先行地位/先行效力，学理上主张将其权利化，称为期待权。当事人为自己的利益不正当地阻止条件成就的，视为条件已成就；不正当地促成条件成就的，视为条件不成就。《民法典》第159条规定："附条件的民事法律行为，当事人为自己的利益不正当地阻止条件成就的，视为条件已经成就；不正当地促成条件成就的，视为条件不成就。"

二、附期限的民事法律行为

附期限的民事法律行为是指以一定期限的到来作为效力发生或者终止原因的民事法律行为。《民法典》第160条规定："民事法律行为可以附期限，但是根据其性质不得附期限的除外。附生效期限的民事法律行为，自期限届至时生效。附终止期限的民事法律行为，自期限届满时失效。"并非所有民事法律行为都可以附期限，如结婚行为、收养行为根据其性质不得附期限，否则有悖公序良俗。法律明确规定不得附期限的民事法律行为，也不得附期限，如《民法典》第568条第2款第3句规定："抵销不得附条件或者附期限。"

附期限的民事法律行为中的期限和附条件的民事法律行为中的条件，都是对民事法律行为效力的限制因素。但期限和条件不同，期限是确定要到来的，条件的成就与否则具有不确定性。期限可以分为生效期限（始期/延缓期限）和终止期限（终期/解除期限）、确定期限和不确定期限。确定期限和不确定期限中的期限均确定要到来，只是何时到来具有差异，不确定期限的到来时间不完全确定。附生效期限的民事法律行为，自期限届至时生效。附终止期限的民事

[1] 王雷：《论身份关系协议对民法典合同编的参照适用》，载《法学家》2020年第1期。

法律行为，自期限届满时失效。

附生效期限的民事法律行为不同于履行期限尚未届至的民事法律行为。履行期限到来前，民事法律行为已经成立并生效，当事人的权利义务已经产生，但义务人享有期限利益，不需要履行义务。履行期限到来前，如果义务人自愿履行义务，则不得请求返还。履行期限影响履行义务，不影响民事法律行为效力。而附生效期限的民事法律行为，在期限到来前，该民事法律行为尚未生效，当事人的权利义务并没有产生。

第十一章 效力存在欠缺的民事法律行为

第一节 效力存在欠缺的民事法律行为的具体类型

效力存在瑕疵的民事法律行为针对不同的瑕疵事由分别作不同的法律评价。“法律行为效力瑕疵事由虽然纷繁复杂，但概括而言，不外乎三类：或者来自表意人自身，或者来自表意人之外的具体他人，或者来自抽象的他人即公共秩序。”〔1〕“‘民法’所采的原则为：其欠缺的要件，如属有关公益，则使之无效。如仅有关私益，则使之得撤销。如仅属于程序（如未得他人同意）的欠缺，则使之效力未定，俾资补正。”〔2〕

对效力存在欠缺的民事法律行为的类型化构建，应该以《民法典》总则编第六章第三节为基础。“在民法典颁布后，应以民法典的体系结构来构建民法学的教材内容和体系。也就是说要以民法典为准绳、以民法典构建的体系为依据开展民法的教学活动。”〔3〕还应该本着总分结合的方法分析效力存在欠缺的民事法律行为。不能把效力存在欠缺的民事法律行为局限于《民法典》总则编第六章第三节的规定。《民法典》对民事法律行为效力所采取的总分结合立法技术也对应相应的法律适用方法。例如，《民法典》合同编对合同效力有特别规定的，应当本着“先分则后总则”的方法，适用合同编的规定。合同编对合同效力没有规定的，则补充适用《民法典》总则编的规定。《民法典》总则编民事法律行为的效力制度在《民法典》中起统领性作用，具有普遍适用性和引领性，可以避免合同编重复规定，实现立法简约。《民法典》第508条规定：“本编对合同的效力没有规定的，适用本法第一编第六章的有关规定。”

〔1〕朱庆育：《民法总论》，北京大学出版社2013年版，第231—232页。
〔2〕王泽鉴：《民法总则》，北京大学出版社2009年版，第377页。
〔3〕王利明：《构建中国特色的民法学理论体系》，载《中国大学教学》2021年第3期。

一、尚未完全生效的民事法律行为

（一）尚未完全生效的民事法律行为概述

民事法律行为存在特别生效要件时，在该特别生效要件成就之前，虽然民事法律行为可能已经成立，但是该成立的民事法律行为在效力状态上属于未生效，被称为尚未完全生效的民事法律行为。

《民法典》第136条第1款规定："民事法律行为自成立时生效，但是法律另有规定或者当事人另有约定的除外。"尚未完全生效的民事法律行为包括尚未满足法定生效要件的民事法律行为和尚未满足约定生效要件的民事法律行为。不能混淆尚未完全生效的民事法律行为与无效民事法律行为，尚未完全生效的民事法律行为只是其特别生效要件尚未齐备，其具备转化为效力齐备的生效民事法律行为的可能。最典型的尚未完全生效的民事法律行为是未生效合同。

（二）未生效合同

未生效合同是指合同的部分条款已经生效，部分条款还没有生效，未生效合同处于一部分生效，另一部分还未生效的状态，已经生效的部分常常是为了推动整个合同以后完全生效而出现的。[1]未生效合同可以分为法定未生效合同和约定未生效合同。法定未生效合同与约定未生效合同的根本区别在于，法定条件更多体现了国家管制的需要，约定条件则更多体现当事人的私法自治。《民法典》第502条规定："依法成立的合同，自成立时生效，但是法律另有规定或者当事人另有约定的除外。依照法律、行政法规的规定，合同应当办理批准等手续的，依照其规定。未办理批准等手续影响合同生效的，不影响合同中履行报批等义务条款以及相关条款的效力。应当办理申请批准等手续的当事人未履行义务的，对方可以请求其承担违反该义务的责任。依照法律、行政法规的规定，合同的变更、转让、解除等情形应当办理批准等手续的，适用前款规定。"法律、行政法规规定合同应当办理批准等手续生效的，未办理批准等手续前，该合同属于尚未完全生效的民事法律行为。当事人约定合同的特别生效要件，在生效要件成就前，该合同也属于尚未完全生效的民事法律行为。

《民法典》第502条第2款和第3款属于引致规范，其构成要件上并不具体明确，在法律适用过程中，需要到"法律、行政法规"中具体寻找完全法

---

〔1〕 王雷：《批准、登记手续与法定未生效合同——合同法第 44 条第 2 款评注》，载《判解研究》（2015 年第 2 辑）（总第 72 辑），人民法院出版社 2016 年版。

条，以发现法定未生效合同的具体案件类型并明确相应的构成要件。在类型化的过程中需要做到两个区分：一是区分对交易行为本身的批准和对市场准入资格的审批，对交易行为本身的批准需市场主体每从事一次交易行为都去办理一次审批手续，对应强行性规范中的强制性规范；对市场准入资格的审批，市场主体取得该资格后，每次交易行为便不用再审批，其对应管理性、禁止性规范。只有对交易行为本身的批准才可能涉及《民法典》第502条所规定的法定未生效合同。二是区分对引起物权变动的债权合同的批准与对不动产物权变动本身的登记，后者不影响合同本身的效力。[1]《民法典》第215条规定："当事人之间订立有关设立、变更、转让和消灭不动产物权的合同，除法律另有规定或者当事人另有约定外，自合同成立时生效；未办理物权登记的，不影响合同效力。"

当事人在外商投资企业设立、变更等过程中订立的合同，依法律、行政法规的规定应当经外商投资企业审批机关批准后才生效的，经批准前，该合同未生效。《最高人民法院关于审理外商投资企业纠纷案件若干问题的规定（一）》（法释〔2020〕18号）第1条规定："当事人在外商投资企业设立、变更等过程中订立的合同，依法律、行政法规的规定应当经外商投资企业审批机关批准后才生效的，自批准之日起生效；未经批准的，人民法院应当认定该合同未生效。当事人请求确认该合同无效的，人民法院不予支持。前款所述合同因未经批准而被认定未生效的，不影响合同中当事人履行报批义务条款及因该报批义务而设定的相关条款的效力。"法定报批义务人履行报批义务既是合同法律约束力的体现，也是合同诚信原则的要求。"即使转让合同未经批准，仍应认定'报批'义务在合同成立时即已产生，否则当事人可通过肆意不办理或不协助办理'报批'手续而恶意阻止合同生效，有悖于诚实信用原则。"[2]

不能把法定未生效合同认定为无效合同，或者按无效合同处理。《九民会议纪要》第37条指出："……依据《合同法》第44条第2款的规定，批准是合同的法定生效条件，未经批准的合同因欠缺法律规定的特别生效条件而未生效。实践中的一个突出问题是，把未生效合同认定为无效合同，或者虽认定为未生效，却按无效合同处理……未生效合同已具备合同的有效要件，对双方具有一

〔1〕王轶：《合同效力认定的若干问题》，载《国家检察官学院学报》2010年第5期。

〔2〕参见广州市仙源房地产股份有限公司与广东中大中鑫投资策划有限公司、广州远兴房产有限公司、中国投资集团国际理财有限公司股权转让纠纷案，《中华人民共和国最高人民法院公报》2010年第8期。

定的拘束力……在该生效条件成就前，不能产生请求对方履行合同主要权利义务的法律效力。”与生效或者无效合同不同，未生效合同并不是一种终局的合同效力状态，而仅是中间的、过渡的合同效力状态，在效力状态的暂时性上，未生效合同与效力待定合同具有类似性。与生效合同不同，未生效合同处于一部分生效，另一部分还未生效的状态。

二、可撤销的民事法律行为

（一）可撤销的民事法律行为概述

民事法律行为效力制度还能够保证当事人事实上的决定自由，这主要表现在对意思表示不自由或者意思与表示不真实（不一致）的民事法律行为效力的规定，民事法律行为中的意思表示具备不自由或者不真实之品质时，该民事法律行为的效力可撤销。

《民法典》第147条至第152条对可撤销的民事法律行为进行制度调整，删除“可变更”。这种做法是否妥当，有待进一步讨论。[1]

民事法律行为被撤销是可撤销民事法律行为的终局阶段，可撤销民事法律行为的法律效果具有二阶段性，“撤销之前的有效阶段与撤销之后的无效阶段”[2]。可撤销民事法律行为不同于效力待定的民事法律行为，可撤销民事法律行为二阶段中的法律效果均确定，并不存在效力待定民事法律行为悬而未决的阶段。经由撤销权人撤销权的行使，可撤销民事法律行为由之前的有效转归确定的无效。

（二）可撤销的民事法律行为的具体类型

意思与表示不一致的民事法律行为主要包括存在重大误解的民事法律行为、真意保留、戏谑表示、通谋虚伪表示等，其中存在重大误解的民事法律行为属于可撤销民事法律行为。意思表示不自由的民事法律行为主要包括以欺诈或者胁迫等手段使对方违背真实意思情况下所为的民事法律行为，成立时显失公平的民事法律行为等。具体如下。

第一，我国现行民事立法中规定的重大误解，相当于传统民法中的错误，《民法典》第147条规定：“基于重大误解实施的民事法律行为，行为人有权请求人民法院或者仲裁机构予以撤销。”重大误解包括内容错误、表示错误、

---

〔1〕王利明主编：《民法》（第八版）（上册），中国人民大学出版社2020年版，第145页。

〔2〕朱庆育：《民法总论》，北京大学出版社2013年版，第309页。

传达错误、受领人错误等情形。重大误解一般是可归责于误解人的，相对人对此一般无责任。“既然如此，对误解人的保护应是有限度的，不能不问误解的程度一律允许误解人撤销合同。正因如此，法律只承认重大误解为可撤销的原因。……在一般情况下，误解人的动机如何，在它未作为合同条件提出时，外人难以了解，法律也无法作出评价。……因此，动机的误解原则上不视为内容的误解。但是，如果动机作为合同条件提出来的话，则应把它的误解作为内容的误解，给误解人造成较大损失时，构成重大误解。”〔1〕原《民通意见》第71条规定：“行为人因对行为的性质、对方当事人、标的物的品种、质量、规格和数量等的错误认识，使行为的后果与自己的意思相悖，并造成较大损失的，可以认定为重大误解。”

《全国法院贯彻实施民法典工作会议纪要》第2条指出：“行为人因对行为的性质、对方当事人、标的物的品种、质量、规格和数量等的错误认识，使行为的后果与自己的意思相悖，并造成较大损失的，人民法院可以认定为民法典第一百四十七条、第一百五十二条规定的重大误解。”

第二，欺诈是指故意告知对方虚假情况或者故意隐瞒真实情况，诱使对方当事人基于错误判断作出意思表示。西塞罗曾经说：“有两种不公正的方式，一是使用暴力，二是进行欺骗，欺骗像是小狐狸的伎俩，暴力则有如狮子的行为：这两种方式对于人最为不合适，欺骗更应该受憎恶。”〔2〕针对欺骗，西塞罗还进一步指出：“对一件事情沉默诚然并非掩盖，但是当你为了自己的利益不让知道情况会有益处的人知道你所知道的情况，那就是掩盖。……应该从整个生活中排除伪装和隐瞒。……由于自然是法的源泉，因此下述一点是符合自然要求的：任何人都不应该利用他人不明情况而获利。”〔3〕在行为人对相应的事实承担告知义务的情况下，若其故意隐瞒真实情况就构成欺诈，常见的如合同缔结过程中对相关事项的选择性表述等。《民法典》第148条规定：“一方以欺诈手段，使对方在违背真实意思的情况下实施的民事法律行为，受欺诈方有权请求人民法院或者仲裁机构予以撤销。”第149条规定：“第三人实施欺诈行为，使一方在违背真实意思的情况下实施的民事法律行为，对方知道或者应

〔1〕崔建远：《合同法》，北京大学出版社2012年版，第94页。

〔2〕[古罗马]西塞罗：《论义务》，载西塞罗：《西塞罗文集》（政治学卷），王焕生译，中央编译出版社2010年版，第342页。

〔3〕[古罗马]西塞罗：《论义务》，载西塞罗：《西塞罗文集》（政治学卷），王焕生译，中央编译出版社2010年版，第450、452、456页。

当知道该欺诈行为的，受欺诈方有权请求人民法院或者仲裁机构予以撤销。”原《民通意见》第68条规定：“一方当事人故意告知对方虚假情况，或者故意隐瞒真实情况，诱使对方当事人作出错误意思表示的，可以认定为欺诈行为。”[1]《全国法院贯彻实施民法典工作会议纪要》第3条指出：“故意告知虚假情况，或者故意隐瞒真实情况，诱使当事人作出错误意思表示的，人民法院可以认定为民法典第一百四十八条、第一百四十九条规定的欺诈。”以欺诈手段，使对方在违背真实意思的情况下实施的民事法律行为，受欺诈方有权请求人民法院或者仲裁机构予以撤销。受欺诈方在行使撤销权时须举证证明欺诈行为的存在。若当事人故意隐瞒真实情况，不履行真实信息的告知义务，则其须承担民事法律行为被撤销的不利后果，除非其能够举证证明已经尽到合理提示及说明义务。

《民法典》第1053条增加规定隐瞒患有重大疾病而缔结婚姻可撤销：“一方患有重大疾病的，应当在结婚登记前如实告知另一方；不如实告知的，另一方可以向人民法院请求撤销婚姻。请求撤销婚姻的，应当自知道或者应当知道撤销事由之日起一年内提出。”《民法典》从禁止结婚的条件中删除了“患有医学上认为不应当结婚的疾病”的情形，而从更好地尊重和保护当事人的婚姻自主权及知情同意权角度，将决定权交给婚姻关系的当事人。

《消费者权益保护法》第55条还规定经营者有欺诈行为时的惩罚性赔偿责任：“经营者提供商品或者服务有欺诈行为的，应当按照消费者的要求增加赔偿其受到的损失，增加赔偿的金额为消费者购买商品的价款或者接受服务的费用的三倍；增加赔偿的金额不足五百元的，为五百元。法律另有规定的，依照其规定。经营者明知商品或者服务存在缺陷，仍然向消费者提供，造成消费者或者其他受害人死亡或者健康严重损害的，受害人有权要求经营者依照本法第四十九条、第五十一条等法律规定赔偿损失，并有权要求所受损失二倍以下的惩罚性赔偿。”

第三，胁迫是指以给自然人及其亲友的生命、身体、健康、名誉、荣誉、财产等造成损害，或者以给法人、非法人组织的名誉、荣誉、财产等造成损害为要挟，迫使对方作出违背真意的意思表示。《民法典》第150条规定：“一

---

〔1〕《最高人民法院关于审理食品药品纠纷案件适用法律若干问题的规定》第3条规定：“因食品、药品质量问题发生纠纷，购买者向生产者、销售者主张权利，生产者、销售者以购买者明知食品、药品存在质量问题而仍然购买为由进行抗辩的，人民法院不予支持。”

方或者第三人以胁迫手段，使对方在违背真实意思的情况下实施的民事法律行为，受胁迫方有权请求人民法院或者仲裁机构予以撤销。”该条相对比于第149条，对受害人的保护程度更高，因为胁迫的危害性要更严重。“胁迫行为得由相对人为之，亦得由第三人为之。胁迫系由第三人所为者，相对人虽属善意，表意人仍得撤销之。盖胁迫行为对表意人意思自由影响甚大，应优先予以保护也。”[1]不管是一方还是当事人之外的第三人以胁迫手段，使对方在违背真实意思的情况下实施的民事法律行为，主张被胁迫而违背真实意思的情况下，实施民事法律行为的受胁迫方均须就此项构成要件事实负担举证责任。原《民通意见》第69条规定：“以给公民及其亲友的生命健康、荣誉、名誉、财产等造成损害，或者以给法人的荣誉、名誉、财产等造成损害为要挟，迫使对方作出违背真实的意思表示的，可以认定为胁迫行为。”最高人民法院发布的《全国法院贯彻实施民法典工作会议纪要》第4条指出：“以给自然人及其亲友的生命、身体、健康、名誉、荣誉、隐私、财产等造成损害或者以给法人、非法人组织的名誉、荣誉、财产等造成损害为要挟，迫使其作出不真实的意思表示的，人民法院可以认定为民法典第一百五十条规定的胁迫。”

《民法典》第1052条第1款和第2款分别规定：“因胁迫结婚的，受胁迫的一方可以向人民法院请求撤销婚姻。”“请求撤销婚姻的，应当自胁迫行为终止之日起一年内提出。”《最高人民法院关于适用〈中华人民共和国民法典〉婚姻家庭编的解释（一）》第18条规定：“行为人以给另一方当事人或者其近亲属的生命、身体、健康、名誉、财产等方面造成损害为要挟，迫使另一方当事人违背真实意愿结婚的，可以认定为民法典第一千零五十二条所称的‘胁迫’。因受胁迫而请求撤销婚姻的，只能是受胁迫一方的婚姻关系当事人本人。”因胁迫结婚的，受胁迫的一方可以向人民法院请求撤销该婚姻，婚姻登记机关不再负有撤销此类婚姻的法定职责。

第四，民事法律行为成立时显失公平是指出于非自愿的原因，民事法律行为的结果对一方当事人过分有利，对他方当事人过分不利。《民法典》第151条将乘人之危和显失公平制度合并规定为：“一方利用对方处于危困状态、缺乏判断能力等情形，致使民事法律行为成立时显失公平的，受损害方有权请求人民法院或者仲裁机构予以撤销。”显失公平规则适用于财产法律行为，不适用于身份法律行为，一般也不适用于对赌协议。

---

〔1〕 王泽鉴：《民法总则》，北京大学出版社2009年版，第314页。

原《民通意见》第72条规定：“一方当事人利用优势或者利用对方没有经验，致使双方的权利与义务明显违反公平、等价有偿原则的，可以认定为显失公平。”

（三）可撤销的民事法律行为中撤销权的行使

基于欺诈或者胁迫手段所实施的民事法律行为不要求受害人遭受较大损失，而显失公平和重大误解的民事法律行为均要求客观损失的要件。一方以欺诈或者胁迫手段使对方违背真实意思情况下所为的民事法律行为，成立时显失公平的民事法律行为，存在重大误解的民事法律行为等，属于可撤销的民事法律行为。

可撤销的民事法律行为的撤销权在性质上属于形成权。此种撤销权须通过人民法院诉讼或者仲裁机构仲裁的方式行使，撤销权人向相对人为单纯的意思通知并不能构成撤销权的行使。撤销权人须对引发民事法律行为撤销的相应构成要件事实承担举证责任。针对可撤销合同中撤销权的行使，《九民会议纪要》第42条指出：“撤销权应当由当事人行使。当事人未请求撤销的，人民法院不应当依职权撤销合同。一方请求另一方履行合同，另一方以合同具有可撤销事由提出抗辩的，人民法院应当在审查合同是否具有可撤销事由以及是否超过法定期间等事实的基础上，对合同是否可撤销作出判断，不能仅以当事人未提起诉讼或者反诉为由不予审查或者不予支持。一方主张合同无效，依据的却是可撤销事由，此时人民法院应当全面审查合同是否具有无效事由以及当事人主张的可撤销事由。当事人关于合同无效的事由成立的，人民法院应当认定合同无效。当事人主张合同无效的理由不成立，而可撤销的事由成立的，因合同无效和可撤销的后果相同，人民法院也可以结合当事人的诉讼请求，直接判决撤销合同。”

撤销权作为形成权，也受到除斥期间的限制。《民法典》第152条规定：“有下列情形之一的，撤销权消灭：（一）当事人自知道或者应当知道撤销事由之日起一年内、重大误解的当事人自知道或者应当知道撤销事由之日起九十日内没有行使撤销权；（二）当事人受胁迫，自胁迫行为终止之日起一年内没有行使撤销权；（三）当事人知道撤销事由后明确表示或者以自己的行为表明放弃撤销权。当事人自民事法律行为发生之日起五年内没有行使撤销权的，撤销权消灭。”本条第一款规定撤销权的除斥期间，因个案起算点不确定，可能使得法律关系长期处于可撤销状态，为此，第2款设置最长的除斥期间规定，以兼顾秩序价值和自由价值。根据《民法典》第152条第1款第2项的规定，当事人受胁迫，自胁迫行为终止之日起开始起算一年的除斥期间。

被撤销的民事法律行为自始没有法律约束力。根据《民法典》第157条的规定，民事法律行为被撤销后，“行为人因该行为取得的财产，应当予以返还；不能返还或者没有必要返还的，应当折价补偿。有过错的一方应当赔偿对方由此所受到的损失；各方都有过错的，应当各自承担相应的责任。法律另有规定的，依照其规定”。此处所指的“有过错的一方”，通常是指重大误解情形下撤销合同的表意人、欺诈情形下的欺诈一方当事人、第三人实施欺诈情形下的第三人、胁迫情形下的胁迫一方当事人、第三人实施胁迫情形下的第三人、显失公平情形下的受损害方等。“有过错的一方”之表述也表明民事法律行为被撤销后的民事责任适用过失责任归责原则。

三、效力待定的民事法律行为

（一）效力待定的民事法律行为概述

效力待定的民事法律行为主要包括《民法典》第145条限制民事行为能力人依法不能独立实施的民事法律行为、第171条无权代理人实施的代理行为等。《民法典》之前的民事单行法时代，效力待定的民事法律行为主要表现在《合同法》第47条所规定的限制民事行为能力人依法不能独立实施的民事法律行为、第48条规定的无权代理行为、第51条规定的无权处分行为等。《民法典》不再将无权处分界定为效力待定的民事法律行为，《民法典》第597条第1款规定：“因出卖人未取得处分权致使标的物所有权不能转移的，买受人可以解除合同并请求出卖人承担违约责任。”

效力待定的民事法律行为已经成立，但因为欠缺代理权、代表权或者相应的行为能力等要件，而使得此类民事法律行为的效力存在一定的瑕疵，处于悬而未决的状态。效力待定的民事法律行为处于一种有效抑或无效不确定的状态。

效力待定的民事法律行为不同于可撤销的民事法律行为，前者效力处于未确定状态，事后得因一定事实的发生（如外部有决定权人的追认等）而发生法律效力。效力待定的民事法律行为效力确定过程中，往往存在一方的追认权和相对人的催告权、善意相对人的撤销权等。可撤销的民事法律行为属于一种“未决的生效”之状态。效力待定的民事法律行为则属于“未决的不生效”。[1]效力待定民事法律行为的效力终局状态，取决于当事人或者真正权利人的追认权、拒绝追认权、撤销权等权利的行使。无效民事法律行为是终局的自始的不生效，而效力待定民事法律行为所欠缺之生效要件尚可被补正。

（二）效力待定的民事法律行为的具体类型

第一，限制民事行为能力人依法不能独立实施的民事法律行为，应当由其法定代理人代为实施，或者在征得其法定代理人同意后实施，或者取得其法定代理人的事后追认。限制民事行为能力人依法不能独立实施的民事法律行为效力待定。

《民法典》第145条第1款规定：“限制民事行为能力人实施的纯获利益的民事法律行为或者与其年龄、智力、精神健康状况相适应的民事法律行为有效；实施的其他民事法律行为经法定代理人同意或者追认后有效。”限制民事行为能力人并非不能依法独立实施任何民事法律行为。限制民事行为能力人实施的纯获利益的民事法律行为，或者与其年龄、智力、精神健康状况相适应的民事法律行为有效。就限制民事行为能力人“实施的纯获利益的民事法律行为，或者与其年龄、智力、精神健康状况相适应的民事法律行为”，并非纯粹的事实认定问题，而是关涉保护限制民事行为能力人的价值评价，应该于不违反限制行为能力人制度目的范围内，从宽解释，使得限制民事行为能力人扩大其合理的自由生活范围，以谋求个性的自由发展。[2]如何认定“纯获利益的民事法律行为”，存在实质和形式的不同判断标准，多数立法例采形式判断标准，即“不就具体案件，依经济观点，审究是否有利于未成年人，而是纯从法律上效果判断之”。[3]

《民法典》第145条第2款规定：“相对人可以催告法定代理人自收到通知之日起三十日内予以追认。法定代理人未作表示的，视为拒绝追认。民事法律行为被追认前，善意相对人有撤销的权利。撤销应当以通知的方式作出。”该条所规定相对人的催告属于准民事法律行为中的意思通知。该条所规定的法定代理人的追认权、拒绝追认权和善意相对人的撤销权等形成权的行使，使得限制民事行为能力人实施的效力待定的民事法律行为走向效力确定的状态，以有

〔1〕 Vgl.Karl Larenz Manfred Wolf, Allgemeiner Teil des Bürgerlichen Rechts, Aufl.2004, S.807-809.

〔2〕 王泽鉴：《纯获法律上之利益》，载王泽鉴：《民法学说与判例研究》（第四册），北京大学出版社 2009 年版，第 27—28 页。

〔3〕 王泽鉴：《纯获法律上之利益》，载王泽鉴：《民法学说与判例研究》（第四册），北京大学出版社 2009 年版，第 29 页。

助于交易安定性的实现。从立法目的上看，“无行为能力人及限制行为能力人的保护优先于交易安全”“对行为能力的信赖，既不使法律行为因此成为有效，亦不使无行为能力人（限制行为能力人）负信赖利益的赔偿责任”。[1] 正如洪堡所说：“为了促进未成年人的安全和防止人们利用他们缺乏经验、涉世未深和缺乏深思熟虑造成对他们的不利，国家必须把他们自己采取的行为中的那些后果可能对他们有害的行为宣布为无效，并且必须惩罚那些采用这种方式利用他们来谋取私利的人。”[2] 在保护限制民事行为能力人之外，交易安全也须被适当兼顾，《民法典》第145条第2款本着利益平衡的考虑，也赋予相对人催告权，并赋予善意相对人撤销权。何为“善意相对人”，解释论上认为“相对人明知缔约人为限制行为能力人或明知其法定代理人不同意时”，[3] 即非善意相对人。“此处所谓的善意，是指相对人在订立合同时不知道或不应该知道对方为限制行为能力人。”[4]

第二，无权代理人实施的代理行为效力待定。《民法典》第171条规定：“行为人没有代理权、超越代理权或者代理权终止后，仍然实施代理行为，未经被代理人追认的，对被代理人不发生效力。相对人可以催告被代理人自收到通知之日起三十日内予以追认。被代理人未作表示的，视为拒绝追认。行为人实施的行为被追认前，善意相对人有撤销的权利。撤销应当以通知的方式作出。行为人实施的行为未被追认的，善意相对人有权请求行为人履行债务或者就其受到的损害请求行为人赔偿。但是，赔偿的范围不得超过被代理人追认时相对人所能获得的利益。相对人知道或者应当知道行为人无权代理的，相对人和行为人按照各自的过错承担责任。”广义的无权代理包括狭义无权代理与表见代理。无权代理人以被代理人名义实施的代理行为效力待定，不过《民法典》第172条所规定的表见代理属例外。被代理人的拒绝追认和善意相对人的撤销，都会使得狭义无权代理对被代理人不发生效力。当然，被代理人行使追认权的行为既可以明示方式作出，也可以默示方式作出。《民法典》第503条规定：“无权代理人以被代理人的名义订立合同，被代理人已经开始履行合同义务或者接受相对人履行的，视为对合同的追认。”

---

〔1〕王泽鉴：《民法总则》，北京大学出版社 2009 年版，第 250、252 页。

〔2〕［德］威廉·冯·洪堡：《论国家的作用》，林荣远、冯兴元译，中国社会科学出版社 1998 年版，第 165 页。

〔3〕崔建远：《合同法》，北京大学出版社 2012 年版，第 98 页。

〔4〕王利明：《合同法研究》（第一卷）（修订版），中国人民大学出版社 2011 年版，第 581 页。

《民法典》第504条规定："法人的法定代表人或者非法人组织的负责人超越权限订立的合同，除相对人知道或者应当知道其超越权限外，该代表行为有效，订立的合同对法人或者非法人组织发生效力。"第61条第3款规定："法人章程或者法人权力机构对法定代表人代表权的限制，不得对抗善意相对人。"越权代表合同，相对人知道或者应当知道法人的法定代表人或者非法人组织的负责人超越权限时，该合同对法人或者非法人组织不发生效力。越权代表合同，相对人善意（不知道且不应当知道法人的法定代表人或者非法人组织的负责人超越权限）时，该代表行为有效，订立的合同对法人或者非法人组织发生效力。可见，越权代表合同不属于效力待定的合同。基于相对人对法人的法定代表人或者非法人组织的负责人的"职务信赖"，表见代表中相对人举证责任较轻，其证明实际以法人或者非法人组织名义从事民事活动的，为该法人或者非法人组织的法定代表人或者负责人，即可推定相对人善意相信对方有代表权限，法人或者非法人组织对相对人非善意承担举证责任。表见代表制度与表见代理制度的最大不同体现在举证责任配置上。前者对应"除相对人知道或者应当知道其超越权限外，该代表行为有效"。后者则规定"相对人有理由相信行为人有代理权的，代理行为有效"。在表见代理中，相对人须证明有权利外观存在的事实，被代理人则须证明相对人并非善意的事实。在表见代表中，相对人须证明实际缔结合同的对方为"法人的法定代表人或者非法人组织的负责人"，凭此就可以推定相对人相信对方有代表权限；而该法人或者非法人组织则须证明相对人"知道或者应当知道其（法定代表人、负责人）超越权限"。[1]

四、无效的民事法律行为

无效的民事法律行为是指已经成立的但严重欠缺民事法律行为的生效条件，因而自始、绝对、确定、当然、永久不按照当事人的意思表示发生法律效力的民事法律行为。

（一）无效民事法律行为的一般情形

根据原《民法通则》第58条、原《合同法》第52条的规定，绝对无效的民事行为主要包括无民事行为能力人依法不能独立实施的民事行为，限制民事行为能力人依法不能独立实施的单方民事行为，以欺诈、胁迫手段损害国家利益的民事行为，恶意串通损害国家利益或者社会公共利益的民事行为，违反法

---

〔1〕王雷：《论合同法中证据规范的配置》，载《法学家》2016年第3期。

律、行政法规的效力性强制性规定的行为，其他损害国家利益或者社会公共利益的行为等。

《民法典》第153条规定："违反法律、行政法规的强制性规定的民事法律行为无效。但是，该强制性规定不导致该民事法律行为无效的除外。违背公序良俗的民事法律行为无效。"该条第1款前段所谓"强制性规定"为效力性强制性规定，属于转介条款，其提供了公法价值进入私法领域的"管道"，有助于调和国家管制与私法自治；〔1〕第1款后段所谓"强制性规定"为大多数管理性强制性规定。《最高人民法院关于当前形势下审理民商事合同纠纷案件若干问题的指导意见》（法发〔2009〕40号）第15条指出："正确理解、识别和适用合同法第五十二条第（五）项中的'违反法律、行政法规的强制性规定'，关系到民商事合同的效力维护以及市场交易的安全和稳定。人民法院应当注意根据〈合同法解释（二）〉第十四条之规定，注意区分效力性强制规定和管理性强制规定。违反效力性强制规定的，人民法院应当认定合同无效；违反管理性强制规定的，人民法院应当根据具体情形认定其效力。"第16条综合法益衡量说与规范目的的操作方法指出："人民法院应当综合法律法规的意旨，权衡相互冲突的权益，诸如权益的种类、交易安全以及其所规制的对象等，综合认定强制性规定的类型。如果强制性规范规制的是合同行为本身即只要该合同行为发生即绝对地损害国家利益或者社会公共利益的，人民法院应当认定合同无效。如果强制性规定规制的是当事人的'市场准入'资格而非某种类型的合同行为，或者规制的是某种合同的履行行为而非某类合同行为，人民法院对于此类合同效力的认定，应当慎重把握，必要时应当征求相关立法部门的意见或者请示上级人民法院。"

《民法典》第153条第1款第二句的"但书"中所谓的"不导致该民事法律行为无效的"强制性规定主要包括两种：一是要求当事人必须采用特定行为模式的强制性规定，如《民法典》第502条第2款的第一句，违反第502条第2款第一句规定的民事法律行为并非绝对无效，合同中履行报批等义务条款及相关条款仍然有效。二是禁止当事人为某种特定行为模式的管理性强制性规定。〔2〕《民法典》第153条第1款第1句和第2句间不构成原则和例外的关系，而是对效

---

〔1〕苏永钦：《以公法规范控制私法契约——两岸转介条款的比较与操作建议》，载《人大法律评论》编辑委员会编：《人大法律评论》（2010年卷）（总第八辑），法律出版社2010年版。

〔2〕王轶：《〈民法典〉合同编理解与适用的重点问题》，载《法律适用》2020年第19期；王轶：《行政许可的民法意义》，载《中国社会科学》2020年第5期。

力性强制性规定的另一种表达方式。不能根据该款规定将违反法律、行政法规的强制性规定的民事法律行为解释为“一般无效、例外有效”。针对民事法律行为效力，并非所有使用“不得”“必须”“应当”“禁止”的规范均属于效力性强制性规定。

在判断法律、行政法规规定中不同类型的行政许可属于何种类型的强制性规定时，存在以下三种情形：一是如果行政许可要求当事人必须采用特定行为模式，该行政许可一定是《民法典》502条第2款所规定的办理批准等手续才生效的情形。二是如果行政许可是许可当事人实施某类合同行为，该类规定大多是关于市场准入资格，换言之，属于特定人不能从事某类交易的管理性强制性规定。如《城市房地产管理法》第45条第1款第4项规定。三是如果行政许可是许可当事人实施事实行为，该行政许可一定是前述的简单规范，不会成为民事法律行为，尤其是合同行为违反的对象，因此不会影响合同的效力。[1]

《民法典》第154条规定：“行为人与相对人恶意串通，损害他人合法权益的民事法律行为无效。”行为人与相对人恶意串通，损害他人合法权益的民事法律行为本质上属于第153条第2款所说的违背公序良俗原则的民事法律行为。例如，债务人将主要财产以明显不合理低价转让给其关联公司，关联公司在明知债务人欠债的情况下，未实际支付对价的，可以认定债务人与其关联公司恶意串通、损害债权人利益，与此相关的财产转让合同应当认定为无效。[2]又如，拍卖行与买受人有关联关系，拍卖行为存在以下情形，损害与标的物相关权利人合法权益的，人民法院可以视为拍卖行与买受人恶意串通，依法裁定该拍卖无效：拍卖过程中没有其他无关联关系的竞买人参与竞买，或者虽有其他竞买人参与竞买，但未进行充分竞价的；拍卖标的物的评估价明显低于实际价格，仍以该评估价成交的。[3]“相对特定第三人无效的合同行为的典型体现是《民法典》总则编第154条有关恶意串通的民事法律行为效力的规定。”[4]

本质上，绝对无效的民事法律行为通常都损害了国家利益或者社会公共利益，此时基于公共政策的考虑需要对无效民事法律行为进行国家管制。还需要

---

〔1〕王轶：《〈民法典〉合同编理解与适用的重点问题》，载《法律适用》2020年第19期。

〔2〕瑞士嘉吉国际公司诉福建金石制油有限公司等确认合同无效纠纷案，最高人民法院（2012）民终字第1号民事判决书。

〔3〕参见广东龙正投资发展有限公司与广东景茂拍卖行有限公司委托拍卖执行复议案，最高人民法院（2012）执复字第6号民事裁定书。

〔4〕王轶：《〈民法典〉合同编理解与适用的重点问题》，载《法律适用》2020年第19期。

区分绝对无效的民事法律行为与相对特定第三人无效的民事法律行为、[1]全部无效的民事法律行为与部分无效的民事法律行为等。可撤销的民事法律行为一旦被撤销、效力待定的民事法律行为一旦确定不发生效力，也都转化为无效的民事法律行为。

相对特定第三人无效的民事法律行为仅相对于特定第三人不得主张其效力，在民事法律行为当事人之间仍属于有效，仍然具有法律约束力。相对特定第三人无效的民事法律行为仅损害了特定第三人的利益，为贯彻意思自治原则，仅通过授权第三人规范授予特定第三人请求确认民事法律行为相对其无效的权利。例如，根据《民法典》第221条的规定，预告登记后，未经预告登记的权利人同意，就出卖人或者转让人与其他民事主体所实施的处分不动产的民事法律行为，预告登记的权利人有权主张该民事法律行为相对自己无效。[2]

（二）无效民事法律行为的特别情形

《民法典》第146条规定虚假的民事法律行为的法律效力："行为人与相对人以虚假的意思表示实施的民事法律行为无效。以虚假的意思表示隐藏的民事法律行为的效力，依照有关法律规定处理。"当事人之间通谋以虚假意思表示实施的民事法律行为属于无效民事法律行为。结婚、离婚均属于要式行为，对假结婚和假离婚，不能简单适用虚假民事法律行为无效规则。《民法典》第146条只规定了通谋虚伪表示实施的民事法律行为，没有规定戏谑行为。

《民法典》第154条规定恶意串通损害他人合法权益的民事法律行为无效，虚假的民事法律行为与恶意串通损害他人的民事法律行为均属于表意人的"心照不宣"，均可被包含在"违背公序良俗"范畴之中。"使'违背公序良俗'成为认定虚假意思表示和恶意串通损害他人利益之'一般条款'。"[3]虚假的民事法律行为与恶意串通损害他人的民事法律行为也存在区别：第一，行为方式、表现形式不同。虚假的民事法律行为存在虚假法律行为和隐藏法律行为两个行为，恶意串通损害他人的民事法律行为只存在一个民事法律行为。第二，行为目的／侵害客体不同。虚假的民事法律行为以损害国家利益、社会公共利益为目的，恶意串通损害他人的民事法律行为以损害第三人合法权益为目的。第三，是否存在意思表示瑕疵不同。虚假的民事法律行为意思表示不一致、不

〔1〕关淑芳、王轶：《论授权第三人规范——兼论违反〈物权法〉第74条第1款的法律效果》，载《法律适用》2009年第8期。

〔2〕王利明主编：《民法》（第八版）（上册），中国人民大学出版社2020年版，第148—150页。

〔3〕李永军：《法律行为无效原因之规范适用》，载《华东政法大学学报》2017年第6期，第72页。

真实，存在意思表示瑕疵；恶意串通损害他人的民事法律行为中当事人意思表示真实。双方虚假的意思表示并不意味着双方当事人恶意串通。双方恶意串通的特点是实心实意地作出恶意串通的意思表示，目的是损害他人应受法律保护的合法权益。这与双方虚假意思表示是完全不同的。[1]第四，虚假的民事法律行为与恶意串通损害他人的民事法律行为还会存在交叉关系，如商品房买卖合同当事人签订阴阳合同，以虚假行为掩盖逃税的真实目的，既构成虚假的民事法律行为，也符合恶意串通损害他人的民事法律行为的特点。

《民法典》第144条规定："无民事行为能力人实施的民事法律行为无效。"该条文的设计至今仍存在争议，最大的争议集中在如果无民事行为能力人所实施的合同行为是其纯获利益的，为什么不能认可合同行为的效力。[2]

《民法典》总则编主要以双方民事法律行为特别是合同行为为典型提炼一般规定，主要以财产法律行为为典型提炼一般规定，这就导致《民法典》总则编对合同行为之外的其他民事法律行为、对身份法律行为的法律适用存在一定的"非总则性"特点。在没有特别规定时，对合同行为之外的其他民事法律行为、对身份法律行为适用《民法典》总则编时，要充分注意这些民事法律行为性质的特殊性，不要受合同中心主义或者财产法中心主义的遮蔽。民事法律行为一般性规则在决议行为、身份法律行为领域具有变通调适的必要，优先适用分则、补充适用总则的法律适用方法存在须完善拓展之处，参照适用可以济补充适用之穷。[3]一方面，有关民事法律行为效力瑕疵的相关规定不当然适用于决议行为，如参与决议行为的表决权人意思表示存在瑕疵，不当然适用民事法律行为可撤销等相关制度，这是基于团体法思维对个体意思的必要限制，不能当然将双方法律行为的调整思维径行适用于决议行为之上。[4]有关区分表决权人意思表示瑕疵与决议行为效力瑕疵的条文表述，可以借鉴《中华人民共和国民法典·民法总则专家建议稿》第146条："表决权人意思表示的瑕疵不影响决议行为的效力，除非其导致法律或者章程规定的召集程序或者表决方式无法实现。"《公司法》第22条第1款规定："公司股东会或者股东大会、董事会的决议内容违反法律、行政法规的无效。"民事法律行为无效制度在适用于公司决议无效纠纷时，应该充分顾及决议行为的团体性、程序性和内外部法律关系

---

[1] 王轶：《〈民法典〉合同编理解与适用的重点问题》，载《法律适用》2020年第19期。

[2] 王轶：《〈民法典〉合同编理解与适用的重点问题》，载《法律适用》2020年第19期。

[3] 王雷：《民法典适用衔接问题研究——动态法源观的提出》，载《中外法学》2021年第1期。

[4] 王雷：《〈民法总则〉中决议行为法律制度的力量与弱点》，载《当代法学》2018年第5期。

区分性等特点，避免用合同无效思维框定公司决议无效事由。另一方面，对结婚、离婚、遗嘱这种要式身份法律行为，也不能一概简单适用意思表示瑕疵制度的一般规定。《民法典》第1051条规定："有下列情形之一的，婚姻无效：（一）重婚；（二）有禁止结婚的亲属关系；（三）未到法定婚龄。"[1]第1143条规定："无民事行为能力人或者限制民事行为能力人所立的遗嘱无效。遗嘱必须表示遗嘱人的真实意思，受欺诈、胁迫所立的遗嘱无效。伪造的遗嘱无效。遗嘱被篡改的，篡改的内容无效。"

民事法律行为无效、被撤销或者确定不发生效力后，会产生返还财产、赔偿损失等民事责任，还可能产生公法责任。《民法典》第155条规定："无效的或者被撤销的民事法律行为自始没有法律约束力。"可见，无效民事法律行为只是不产生当事人意思表示所预期的法律效果，而非不产生任何法律效果。

第二节　无效民事法律行为对应的效力性强制性规定

《民法典》第153条规定："违反法律、行政法规的强制性规定的民事法律行为无效。但是，该强制性规定不导致该民事法律行为无效的除外。违背公序良俗的民事法律行为无效。"以合同无效为例，要区分导致合同无效的效力性强制性规定与其他强制性规定。

第一，应该区分效力性强制性规定与要求当事人采取特定行为模式的强制性规定，合同行为违反后者不当然导致合同本身无效。《民法典》第502条第2款规定："依照法律、行政法规的规定，合同应当办理批准等手续的，依照其规定。未办理批准等手续影响合同生效的，不影响合同中履行报批等义务条款以及相关条款的效力。应当办理申请批准等手续的当事人未履行义务的，对方可以请求其承担违反该义务的责任。"该条属于基于公共利益的考虑，要求当事人采取特定行为模式的强制性规定，当事人合同行为违反该条规定只会导致合同未生效。基于公共利益的国家管制手段轻重和缓有所不同，不宜一概认定

[1]《最高人民法院关于适用〈中华人民共和国民法典〉婚姻家庭编的解释（一）》第17条规定："当事人以民法典第一千零五十一条规定的三种无效婚姻以外的情形请求确认婚姻无效的，人民法院应当判决驳回当事人的诉讼请求。当事人以结婚登记程序存在瑕疵为由提起民事诉讼，主张撤销结婚登记的，告知其可以依法申请行政复议或者提起行政诉讼。"婚姻是否有可能因为违反公序良俗原则而无效？值得思考。

相应合同行为均属无效。《民法典》第209条规定不动产物权变动登记公示规则，不动产物权移转合同不受出卖人是否移转不动产所有权给买受人的影响，《民法典》第209条规范的仅仅是不动产移转登记这一履行行为，而非针对合同行为本身。当然，若当事人约定排除《民法典》第209条的适用，该约定无效，因为《民法典》第209条属于强制性规定，其背后对应一个效力性禁止性规定。[1]

第二，应该根据民法价值判断问题的讨论方法识别区分效力性强制性规定和管理性强制性规定。《九民会议纪要》第30条针对强制性规定的识别指出："合同法施行后，针对一些人民法院动辄以违反法律、行政法规的强制性规定为由认定合同无效，不当扩大无效合同范围的情形，合同法司法解释（二）第14条将《合同法》第52条第5项规定的'强制性规定'明确限于'效力性强制性规定'。此后，《最高人民法院关于当前形势下审理民商事合同纠纷案件若干问题的指导意见》进一步提出了'管理性强制性规定'的概念，指出违反管理性强制性规定的，人民法院应当根据具体情形认定合同效力。随着这一概念的提出，审判实践中又出现了另一种倾向，有的人民法院认为凡是行政管理性质的强制性规定都属于'管理性强制性规定'，不影响合同效力。这种望文生义的认定方法，应予纠正。人民法院在审理合同纠纷案件时，要依据《民法总则》第153条第1款和合同法司法解释（二）第14条的规定慎重判断'强制性规定'的性质，特别是要在考量强制性规定所保护的法益类型、违法行为的法律后果以及交易安全保护等因素的基础上认定其性质，并在裁判文书中充分说明理由。下列强制性规定，应当认定为'效力性强制性规定'：强制性规定涉及金融安全、市场秩序、国家宏观政策等公序良俗的；交易标的禁止买卖的，如禁止人体器官、毒品、枪支等买卖；违反特许经营规定的，如场外配资合同；交易方式严重违法的，如违反招投标等竞争性缔约方式订立的合同；交易场所违法的，如在批准的交易场所之外进行期货交易。关于经营范围、交易时间、交易数量等行政管理性质的强制性规定，一般应当认定为'管理性强制性规定'。"可见，一方面，规范目的和规范对象决定规范性质，而非相反。另一方面，效力性强制性规定和管理性强制性规定的区分是针对合同行为而言的，而非针对履行合同义务的行为或者当事人行使依据合同取得权利的行为。无效

〔1〕王轶：《合同效力认定的若干问题》，载《国家检察官学院学报》2010年第5期。

合同认定的关键是效力性强制性规定的识别，比较法上通行做法是通过授权法官依照规范目的和个案的具体情形进行利益衡量的方法来最终认定。[1]《最高人民法院关于当前形势下审理民商事合同纠纷案件若干问题的指导意见》（法发〔2009〕40号）第16条、《九民会议纪要》第30条中有关效力性强制性规定的认定，采取的也是综合法益衡量说与规范目的的操作方法。可见，在效力性强制性规定识别问题上，比较法上法理相通。

在具体识别效力性强制性规定和管理性强制性规定，并基于合同行为违反效力性强制性规定而认定其无效时，要注意作如下类型化区分：[2]首先，要区分合同行为违反效力性强制性规定与当事人行使依据合同取得的权利的行为违反强制性规定，后者不涉及合同效力的判断。其次，要把合同行为本身违反效力性强制性规定与履行合同义务的行为违反效力性强制性规定区分开来，后者也不涉及合同效力的判断。最后，只有当合同行为违反强制性规定时，才需要识别其所违反的是效力性强制性规定还是管理性强制性规定。管理性强制性规定并不禁止合同交易行为本身，而是禁止特定主体、特定时间、特定地点或者以特定方式从事特定行为，管理性强制性规定以维护管理秩序为目的。效力性强制性规定则直接维护公共利益。“建立无效合同制度的根本目的是保护国家和社会公共利益。”[3]从此种历史解释上看，某一民法规范是否属于效力性强制性规定的根本判断标准，就是其是否直接涉及对国家和社会公共利益的保护。社会公共利益包括不特定第三人利益，与基本法律价值密切联系的生命利益、健康利益、人格自由、人格尊严等，消费者、劳动者、未成年人、妇女等社会弱势群体的利益，用违背最低限度道德要求的方式损害他人的私人利益也构成对社会公共利益的损害。[4]

第三，应该区分调整团体内部决议行为的规范性质和调整团体外部合同行为的规范性质，效力性强制性规定仅涉及后者。《公司法》第16条规定：“公司向其他企业投资或者为他人提供担保，依照公司章程的规定，由董事会或者股东会、股东大会决议；公司章程对投资或者担保的总额及单项投资或者担保

---

〔1〕 See Christian von Bar & Eric Clive, Principles, definitions and Model Rules of European Private Law–Draft Common Frame of Reference（DCFR）. 2009 by Sellier. european law publishers GmbH,Munich. pp.538–539.

〔2〕 王轶：《合同效力认定的若干问题》，载《国家检察官学院学报》2010 年第 5 期。

〔3〕 孙礼海主编：《〈中华人民共和国合同法〉立法资料选》，法律出版社 1999 年版，第 48 页。

〔4〕 王轶：《合同效力认定的若干问题》，载《国家检察官学院学报》2010 年第 5 期。

的数额有限额规定的，不得超过规定的限额。公司为公司股东或者实际控制人提供担保的，必须经股东会或者股东大会决议。前款规定的股东或者受前款规定的实际控制人支配的股东，不得参加前款规定事项的表决。该项表决由出席会议的其他股东所持表决权的过半数通过。”公司对外提供担保的，必须经董事会、股东会或者股东大会决议。《公司法》第16条是关于公司担保决议的内部管理控制规定，不应以此作为评价公司担保合同效力的依据。公司对外担保合同的法律效力，应根据《民法典》第61、504条和《最高人民法院关于适用〈中华人民共和国民法典〉有关担保制度的解释》第7—11条判断。例如，担保人抗辩认为其法定代表人订立抵押合同的行为超越代表权，债权人以其对相关股东会决议履行了形式审查义务，主张担保人的法定代表人构成表见代表的，人民法院应予支持。《公司法》第16条为“授权第三人规定”，即授权给董事会、股东会或者股东大会，由董事会、股东会或者股东大会决定该对外提供担保的合同的效力。〔1〕

第三节 民事法律行为无效、被撤销或者确定不发生效力的法律效果

一、民事法律行为终局无效的法律后果

不能只重视民事法律行为的效力瑕疵制度，而忽略民事法律行为无效、被撤销或者确定不发生效力后的法律效果，对后者，《民法典》第157条规定：“民事法律行为无效、被撤销或者确定不发生效力后，行为人因该行为取得的财产，应当予以返还；不能返还或者没有必要返还的，应当折价补偿。有过错的一方应当赔偿对方由此所受到的损失；各方都有过错的，应当各自承担相应的责任。法律另有规定的，依照其规定。”有学者指出：“我国民事司法实践认可，在当事人双方恶意串通，实施民事行为损害国家、集体、第三人利益时，追缴双方所取得的财产，收归国家、集体所有或返还给第三人。”〔2〕《民法典》第157条就民事法律行为无效、被撤销或者确定不发生效力时的返还财产、折价补偿和损害赔偿作了规定，没有规定民事法律行为不成立的法律后

〔1〕 王轶：《〈民法典〉合同编理解与适用的重点问题》，载《法律适用》2020年第19期。
〔2〕 王利明主编：《民法》（第八版）（上册），中国人民大学出版社2020年版，第153页。

果。考虑到民事法律行为不成立时也可能发生财产返还、折价补偿和损害赔偿责任问题，所以可类推适用该条的规定。[1]

以合同为例，合同被确认无效或者被撤销后的损失赔偿，在法律性质上属于缔约过失损害赔偿责任。[2]针对此种缔约过失损害赔偿责任，《九民会议纪要》第35条指出："合同不成立、无效或者被撤销时，仅返还财产或者折价补偿不足以弥补损失，一方还可以向有过错的另一方请求损害赔偿。在确定损害赔偿范围时，既要根据当事人的过错程度合理确定责任，又要考虑在确定财产返还范围时已经考虑过的财产增值或者贬值因素，避免双重获利或者双重受损的现象发生。"有学者对合同无效后的相互返还和损害赔偿制度进行分析，认为合同无效后的违法返还问题主要应适用不法得利制度，不法得利不得请求返还制度可适用于所有物返还请求权之上，我国合同违法无效后，返还财产的法律后果配置不符合"不法原因而为的给付原则上不得请求返还"的比较法共识。应该设置规制背信行为的相应制度措施，防止一方当事人因合同无效而获得额外利益，应该考虑结合管制的目的（如无效劳动合同情形下对劳动者的保护）、比例原则、合同违法的严重程度、当事人的主观状态、是否会产生鼓励背信的后果等，综合判断违法合同无效之后返还财产法律责任的配置问题。在合同违法无效情形下，不能一刀切地采取完全相互返还或者禁止相互返还的做法。[3]

《民法典》第157条在民事法律行为无效之后以返还财产为原则，以"不能返还或者没有必要返还"乃至不应当返还为例外，这与该条所调整的属于宽泛的民事法律行为终局无效、而不仅限于狭义的民事法律行为无效有关。一方面，在民事法律行为被撤销或者效力待定未被追认而终局无效等情形下，仅关涉民事主体之间的私人利益冲突，以允许返还财产为宜。有学者总结，关于违法无效合同的不当得利返还问题，我国已形成了"全有全无"一般规则与"比例分担"特殊规则的二元模式。违法无效股权代持场景中存在代持人的经营行为时，可以适用"比例分担"特殊规则。[4]《九民会议纪要》第33条前段指

---

〔1〕《全国法院民商事审判工作会议纪要》第32条第1款。

〔2〕王利明：《合同法研究》（第一卷）（修订版），中国人民大学出版社2011年版，第726—728页。

〔3〕许德风：《论合同违法无效后的获益返还——兼议背信行为的法律规制》，载《清华法学》2016年第2期。

〔4〕吴至诚：《违法无效合同不当得利返还的比例分担——以股权代持为中心》，载《中外法学》2021年第3期。

出："合同不成立、无效或者被撤销后，在确定财产返还时，要充分考虑财产增值或者贬值的因素。双务合同不成立、无效或者被撤销后，双方因该合同取得财产的，应当相互返还。应予返还的股权、房屋等财产相对于合同约定价款出现增值或者贬值的，人民法院要综合考虑市场因素、受让人的经营或者添附等行为与财产增值或者贬值之间的关联性，在当事人之间合理分配或者分担，避免一方因合同不成立、无效或者被撤销而获益。……"[1]另一方面，在民事法律行为因损害国家利益或者社会公共利益而无效的情形下，须对公共利益的类型再作区分，分别讨论对应的法律效果。在民事法律行为因损害国家利益而无效时，当事人须依法承担相关财产被收归国家所有等法律后果。在民事法律行为因损害社会公共利益而无效时，鉴于社会公共利益的可还原性，此时应以允许将相关财产返还受害当事人为原则，并可综合规范目的、民事法律行为违法的严重程度、当事人的主观状态、比例原则等，运用利益动态衡量方法判断是否属于"不能返还或者没有必要返还"的情形。

《九民会议纪要》第32条第2款指出："在确定合同不成立、无效或者被撤销后财产返还或者折价补偿范围时，要根据诚实信用原则的要求，在当事人之间合理分配，不能使不诚信的当事人因合同不成立、无效或者被撤销而获益。合同不成立、无效或者被撤销情况下，当事人所承担的缔约过失责任不应超过合同履行利益。比如，依据《最高人民法院关于审理建设工程施工合同纠纷案件适用法律问题的解释》第2条规定，建设工程施工合同无效，在建设工程经竣工验收合格情况下，可以参照合同约定支付工程款，但除非增加了合同约定之外新的工程项目，一般不应超出合同约定支付工程款。"

此外，《民法典》第156条还规定了部分无效制度："民事法律行为部分无效，不影响其他部分效力的，其他部分仍然有效。"例如，合同行为无效，但合同中的纠纷解决条款的效力不受影响。《民法典》第507条规定："合同不生效、无效、被撤销或者终止的，不影响合同中有关解决争议方法的条款的效力。"又如，《民法典》第705条规定："租赁期限不得超过二十年。超过二十年的，超过部分无效。租赁期限届满，当事人可以续订租赁合同；但是，约定的租赁期限自续订之日起不得超过二十年。"

《民法典》第1054条规定无效或者被撤销婚姻的法律后果："无效的或者

---

〔1〕参见华懋金融服务有限公司与中国中小企业投资有限公司股权纠纷案，最高人民法院（2002）民四终字第30号民事判决书。

被撤销的婚姻自始没有法律约束力，当事人不具有夫妻的权利和义务。同居期间所得的财产，由当事人协议处理；协议不成的，由人民法院根据照顾无过错方的原则判决。对重婚导致的无效婚姻的财产处理，不得侵害合法婚姻当事人的财产权益。当事人所生的子女，适用本法关于父母子女的规定。婚姻无效或者被撤销的，无过错方有权请求损害赔偿。”无效婚姻或者可撤销婚姻在依法被确认无效或者被撤销时，才确定该婚姻自始不受法律保护。被确认无效或者被撤销的婚姻，当事人同居期间所得的财产，除了有证据证明为当事人一方所有的以外，按共同共有处理。

根据《民法典》第1154条的规定，无效遗嘱所涉及的遗产按照法定继承办理。相应地，因无效遗嘱取得的财产，应当返还给法定继承人；不能返还或者没有必要返还的，应当折价补偿。

二、无效民事法律行为的转换

《九民会议纪要》第54条在独立担保制度中提出“无效法律行为的转换”原理，官方文件中第一次将其作为一个完整的概念：“从属性是担保的基本属性，但由银行或者非银行金融机构开立的独立保函除外。独立保函纠纷案件依据《最高人民法院关于审理独立保函纠纷案件若干问题的规定》处理。需要进一步明确的是：凡是由银行或者非银行金融机构开立的符合该司法解释第1条、第3条规定情形的保函，无论是用于国际商事交易还是用于国内商事交易，均不影响保函的效力。银行或者非银行金融机构之外的当事人开立的独立保函，以及当事人有关排除担保从属性的约定，应当认定无效。但是，根据‘无效法律行为的转换’原理，在否定其独立担保效力的同时，应当将其认定为从属性担保。此时，如果主合同有效，则担保合同有效，担保人与主债务人承担连带保证责任。主合同无效，则该所谓的独立担保也随之无效，担保人无过错的，不承担责任；担保人有过错的，其承担民事责任的部分，不应超过债务人不能清偿部分的三分之一。”

无效民事法律行为的转换并不是说无效民事法律行为可以发生效力，而是在民事法律行为无效但具备其他民事法律行为要件的情形下，依其他民事法律行为发生表意人想要达成的法律效果。无效民事法律行为的转换不同于民事法律行为的解释。无效民事法律行为转换制度体现了私法自治的精神，其目的在于保护当事人经推测的意愿。无效法律行为转换通常是指，若某一无效法律行为符合另一替代行为的要件，而且当事人在知晓其所缔结的法律行为无效时也愿意缔结该替代行为，则该替代行为有效，无效行为由此被“转换”为有效行为。[1]

法律适用

民事法律行为自成立时推定为有效并生效，有效的例外是效力瑕疵，生效的例外是法律另有规定或者当事人另有约定特别生效要件。主张例外情形存在之人应该承担举证责任。

民事法律行为制度适用过程中，要注意作如下区分：区分身份法律行为与财产法律行为的效力瑕疵。区分团体内部决议行为与团体外部合同行为的效力瑕疵。区分要求当事人采取特定行为模式的强制性规定和禁止当事人采取特定行为模式的强制性规定。区分效力性强制性规定和管理性强制性规定。

〔1〕 殷秋实：《无效行为转换与法律行为解释——兼论转换制度的必要性与正当性》，载《法学》2018年第2期。

法律行为的代理

第十二章 代理与代理权

提 要

代理制度是法律行为制度的重要组成部分。法律行为既可以由民事主体亲自实施，也可以通过代理人予以实施。对于完全行为能力人而言，其可以借助代理人扩张自己意思自治的范围，并可以借助代理人的知识、技能以及经验以充分实现自己的利益；对于无行为能力人与限制行为能力人则透过法定代理人补足其行为能力的不足，以法定的他治代替自治从而实现其权利能力以参与民事交往；代理制度更是使法人制度得以确立的重要基础，盖法人必须借助自然人（代表与代理）以实施法律行为。代理人实施代理行为必须要具备代理权，代理人在代理权限范围内实施的法律行为，其效果直接归属于被代理人。

重点问题

1. 什么是代理？代理有哪些基本特征？
2. 什么是代理权？代理权如何取得与终止？
3. 代理权的行使受到哪些限制？

第一节 代理概述

一、定义

《民法典》第162条规定了代理制度，该条规定："代理人在代理权限内，以被代理人名义实施的民事法律行为，对被代理人发生效力。" 根据该条规定可以对代理进行如下定义：所谓代理是指行为人在法律规定或者授权的权限范围内，以他人的名义向第三人为意思表示或者自该第三人受领意思表示，而该意思表示所产生的法律后果直接归属于该他人的行为。其中以他人名义实施意思表示或者受领意思表示的人被称为代理人，而该他人被称为被代理人或者本人。据此定义，可以将代理分析如下。

1.代理行为中涉及三方当事人，分别是本人（被代理人）、代理人、第三人（相对人）。例如甲已经定居国外，想要把自己在北京市的一套住房出卖，于是委托他的好朋友丙为其寻找合适的买受人。丙经过多方联系，找到了出价合适的乙，从而以甲的名义与乙签订房屋买卖合同。此时甲是本人（被代理人），乙是合同的相对人，而丙则是甲的代理人。由于代理有三方当事人，所以就存在甲（本人）和乙（相对人）之间的法律关系；甲（本人）和丙（代理人）之间的法律关系；乙（相对人）和丙（代理人）之间的法律关系。

2.代理的客体是法律行为。由于法律行为的核心要素是意思表示，故此代理人须以被代理人的名义向相对人发出意思表示或者自相对人处受领意思表示。事实行为非属于代理的客体，是不能代理的。

3.代理人以被代理人的名义与相对人实施民事法律行为。在代理行为中，虽然意思表示是由代理人作出的，或者自相对人受领的，但是代理人却不是以自己的名义实施意思表示，而是以被代理人的名义实施意思表示。也正是因为代理人是以被代理人的名义实施的法律行为，因而其法律效果才能归属于被代理人而不是归属于实施法律行为的代理人自身，这构成了代理制度上的显名主义。《民法典》总则编所规定的代理，即为显名代理，其规范不适用于隐名代理。

4.代理人在代理权限范围内独立进行代理行为。代理人以被代理人的名义实施法律行为的前提条件是代理人有代理权，代理人没有代理权而以被代理人的名义实施法律行为属于无权代理，其效果亦不能当然归于被代理人。代理人实施代理行为不但要有代理权，而且必须在代理权的范围内实施法律行为，否则也会构成无权代理行为。

5.代理人进行的民事法律行为的法律后果直接归属于被代理人。代理人在代理权限的范围内以被代理人的名义实施法律行为，则该法律行为的后果直接归于被代理人。所谓直接归于被代理人是指不需要经过代理人转手，而是相当于被代理人自己实施的法律行为那样直接对被代理人发生法律效力。

二、代理的类型

（一）法定代理、意定代理与职务代理

根据代理人之代理权取得的依据可以将代理区分为法定代理、意定代理与职务代理三种。

1.法定代理

所谓法定代理是指依据法律规定直接取得代理权而进行的代理。法定代理

是为了保护未成年人和精神病人的利益而设定的代理制度。无行为能力人或者限制行为能力人的监护人就是其法定代理人，关于无行为能力人和限制行为能力人之监护人的确定可参照本书相关部分。法定代理的权限非常广泛，凡是为保护被监护人的人身、财产及其他合法权益有必要的民事法律行为，都可以进行代理，并且也可以为被监护人之利益而再授权他人作为被监护人的委托代理人而实施代理行为，即法定代理人当然有复任权。

2.意定代理

意定代理也称委托代理。委托代理是指代理人基于被代理人的授权行为而取得代理权所进行的代理行为。委托代理权的发生根据是被代理人授予代理权的行为。这种授权行为是一种单方法律行为。只有具备相应的民事行为能力的人才能够进行授权行为。没有相应民事行为能力的人，可以由其法定代理人代理其进行授权行为。授权行为可以用书面形式、口头形式或任何其他形式。与法定代理所不同的是，意定代理人之代理权限的范围是由被代理人的授权行为所决定，因而意定代理存在代理人之代理权的范围确定等法定代理所不存在的问题。关于法定代理的问题主要是监护制度的问题，因此我们本章所阐述的代理主要是针对委托代理而展开的。

3.职务代理

所谓职务代理是法人或者非法人组织的工作人员在其固有的工作职责的范围内，以法人或者非法人组织的名义与相对人所实施的法律行为而其效果直接归属于法人或者非法人组织。法人与非法人组织的法定代表人可以直接代表法人或者非法人组织从事相应的行为，该行为被认为是法人自身的行为，因此不是代理。但是法人的法定代表人不可能事必躬亲，而是需要透过大量的具体工作人员从事各种各样的活动，自然也包括缔结合同等法律行为在内。例如，商场必须通过销售人员与广大的顾客缔结并履行买卖合同，而必须通过采购部的工作人员与批发商等缔结并履行相应的采购合同（买卖）等，而此时这些工作人员因非属于法人或者非法人组织的机关，故不是代表，而是代理行为。职务代理行为，在本质上仍然是委托代理，其代理权来源于法人的授权。不过职务代理与一般委托代理所不同的是，其不是一次一次的单独授权，而是通过将其聘任为特定工作岗位的方式概括性授权。当然法人或者非法人组织亦可以限制、甚至取消特定岗位工作人员的代理权，由于此种岗位具有特定的代理权为常态，故其限制或者取消特定人员的代理权需要保护善意第三人。对此，《民法典》第170条规定：“执行法人或者非法人组织工作任务的人员，就其职权范围内的事项，以法人或者非法人组织的名义实施的民事法律行为，对法人或者非法人组织发生效力。法人或者非法人组织对执行其工作任务的人员职权范围的限制，不得对抗善意相对人。”

（二）显名代理与隐名代理

根据代理人实施代理行为时是否以本人名义为标准将代理划分为显名代理和隐名代理。

1.显名代理

显名代理是指代理人在实施代理行为时表明是被代理人的名义，因此其效果直接归属于被代理人，故此也可以被称为直接代理。传统大陆法系原则上只承认显名代理，而不承认隐名代理，这被称为代理上的显名主义。也就是说，只有代理人在实施代理行为时表明自己是作为被代理人之代理人的地位时，该行为的效果才直接归属于被代理人，若代理人没有表明代理人地位，则其实施的行为只能由其自己先承受，然后再根据其与被代理人之间的关系将该法律后果转归被代理人，此种情形被称为间接代理。

2.隐名代理

隐名代理也被称为间接代理，是指受托人以自己的名义为被代理的利益与第三人实施法律行为，其效果间接或直接归属于委托人的代理。隐名代理原本是英美法系上的法律制度，我国1999年制定的《合同法》受英美法的影响颇大，于委托合同一章中引进了隐名代理制度，而《民法典》第925条与第926条则继续沿袭了原《合同法》的做法。由此可见，隐名代理在我国已经落地生根。唯有《民法典》总则编中关于代理的规范仍然是针对显名代理而设，关于隐名代理则须适用《民法典》合同编委托合同一章的规定。因此，关于隐名代理的具体问题，我们将留待合同编的相关部分加以详细阐释，于此不再赘述。因此，如果某人想借助利用他人为自己从事相应的交易活动，有两种途径可以选择，即直接代理和间接代理。如果交易人不愿意让相对人知道交易人是谁的时候，即可选择间接代理。但是间接代理对于被代理人来说也有一种潜在的不利，对此德国法学家拉伦茨通过一个具体的例子而指出“它（即间接代理）所产生的特殊的问题在于，实际上的利益布局与法律所作的安排是不一致的。例如在乙为甲购买货物的例子中，在乙获得货物所有权但尚未转移给甲之时，乙的债权人占有了该物，那么甲的利益因此遭受到侵害而无法实现。因此，学术界人们反复地尝试以使为他人进行间接代理人

的法律效果接近于直接代理的法律后果。”〔1〕

（三）本代理与复代理

根据选任代理人的不同，将代理划分为本代理和复代理。

1.本代理

本代理是指由被代理人亲自授权的代理人或法律直接规定的代理人实施的代理行为。

2.复代理

复代理也叫再代理，是指代理人为处理代理事务，为被代理人选任其他人进行的代理。再代理人仍然是以被代理人的名义实施法律行为，而不是以选任其进行再代理的代理人的名义进行的，因此再代理仍然是被代理人的代理人，只不过其是由代理人给被代理人所选任的代理人。对于委托代理，由于代理权限系来源于被代理人的授权，代理权的授予是建立在人身信赖的基础上的，因此代理人原则上必须亲自实施代理行为，不得再行为代理人选任他人进行代理，故本代理是委托代理中的常态。唯在符合一定的条件下，代理人亦得为被代理人选任再代理人。依据《民法典》第169条的规定，代理人于如下两种情形得以选任再代理人：首先，基于意思自治原则，在征得被代理人同意的情形得以选任再代理人。当然事先没有取得被代理人同意的，应在事后及时告知被代理人，若被代理人追认的亦与事先同意产生相同的后果。其次，在紧急情况下，为了保护被代理人的利益而转托他人代理的，可以不经被代理人事先同意。在前述两种情形执行转托有效，被代理人对于再代理人的代理行为承担法律后果。代理人仅就对再代理人的选任及指示承担责任，也即若选任和指示再代理人有过错，从而导致被代理人受有损失的，则代理人应当承担损害赔偿的责任，否则代理人不承担任何责任。除此之外，再代理人所实施的代理行为对于被代理人而言，系无权代理其法律后果由代理人承担。

（四）单独代理与共同代理

依据代理事项是由一人还是数人完成，代理可以区分为单独代理和共同代理。

1.单独代理

单独代理是代理权属于一人的代理。单独代理的特征是代理权属于一人，但被代理人是一人还是数人，在所不同。

---

〔1〕［德］卡尔·拉伦茨:《德国民法通论》（下册），王晓晔等译，法律出版社2013年版，第821页。

2.共同代理

所谓共同代理是指就同一事项由两个以上的人共同实施代理行为的代理。共同代理形成共同关系的，除另有约定外，各代理人对于被代理人承担连带责任。若未形成共同关系的，则各自承担责任。原《民通意见》第79条规定："数个委托代理人共同行使代理权的，如果其中一人或者数人未与其他委托代理人协商，所实施的行为侵害被代理人权益的，由实施行为的委托代理人承担民事责任。被代理人为数人时，其中一人或者数人未经其他被代理人同意而提出解除代理关系，因此造成损害的，由提出解除代理关系的被代理人承担。"

三、代理与相关制度的区别

（一）代理与代表

英美法系基于实用主义的立场，并不严格区别代理与代表，即公司的董事等也是公司的代理人，因而完全适用有关代理的法律规则体系。大陆法系则基于逻辑的要求，明确区分代理和代表两种制度，尽管两种法律制度在若干重要方面是相同的，在理论上仍然须作出如下之区别。

1. 两者的客体不同。代理的对象仅限于实施意思表示或者受领意思表示，从而和相对人实施一定之法律行为；代表的对象既可以实施法律行为也可以实施事实行为，还可以为侵权行为等不法行为。

2. 代理人与代表人在实施代理行为，以及代表行为中是否具有独立人格有所不同。代理行为中代理人仍然具有独立的法律人格，只不过由于其表明自己的实施行为的效果须归于被代理人，因此该行为之效果对被代理人有效。在代表行为中，代表人不再具有独立之法律人格，代表人系作为被代表之法人或者其他组织的组织机构，其实施的行为即为被代表之法人或其他组织的行为。

3. 代表权与代理权所产生的基础也有所不同。代表权所产生的基础系基于委任和法律规定，尽管代表人需要由被代表的法人或者其他组织予以委托，但是其权限还有赖于法律的规定，因此其权限范围是由法律规定的；相反代理人的权限完全是由被代理人基于授权行为所赋予的（当然法定代理除外）。

（二）代理与传达

尽管我国《民法典》没有明确规定传达，但是对于须受领的意思表示，表意人借助他人将自己所形成之意思表示传达于受领人，或者借助他人为自己接受须受领的意思表示，均所在多有，法律自无不许之道理。传达人也被称为使者，包括表示使者和受领使者。代理与传达非常相似，二者都是当事人借助他人以为意思表示或者受领意思表示的方法，但是二者之间仍然存在着本质性的区别。首先，仅仅是将表意人已经形成的完整的意思表示转送给意思表示的受领人，传达人本人并不参与意思表示的形成过程。而代理人则在代理权限的范围内自己形成意思并将该形成的意思予以表达，换言之，在代理中意思表示是代理人独自完成的，而非由被代理人所形成，只不过基于代理人有代理权其效果直接发生于被代理人而已。由于传达人并不形成意思表示，从而传达人并不需要具有行为能力，只要能够进行事实上的传达即可；而代理人则至少要是限制行为能力人，无行为能力人则不能实施有效的代理行为。[1]其次，代理的范围与传达的范围也不一致。代理无论是有相对人的意思表示还是无相对人的意思表示均可以代理，然而传达仅仅是有相对人的须受领的意思表示才有传达的问题，否则无须传达。代理仅能针对非需要行为人亲自实施的意思表示，必须由行为人亲自实施的意思表示则不得代理，然而传达由于并非传达人自己形成的意思，故原则上一切须受领的意思表示均得传达，当然必须由本人亲自在场进行的表示亦不得传达。最后，在代理中由于是代理人自己实施的意思表示，因此原则上意思表示存在瑕疵或者就法律行为中的知与不知的判断，均系针对代理人而言；而对于传达则一切判断均系针对表意人本人而言，只是传达错误可以构成错误，本人享有撤销该意思表示的权利。[2]

（三）代理与履行辅助人

我国《民法典》亦未就履行辅助人（Erfüllungsgehilfe）设有专门之规定，在实务上履行辅助人往往被作为代理人予以对待，然而代理人与履行辅助人还是不完全相同的。这主要是因为代理行为所代理的是法律行为，或者说是代理被代理人实施意思表示或者接受意思表示，然而在债务的履行过程中，虽然也会涉及意思表示的问题，如需通过实施物权行为从而移转所有权等，但是更多的情形则涉及的是事实行为（如提供劳务等）。事实行为是不能代理的，故债务人若借助他人履行债务则只能通过履行辅助人进行。与代理人相同，履行辅助人履行债务时亦须表明系为债务人履行债务，而非自己履行，否则构成了第三人代为履行而不是债务人自己履行。履行辅助人的履行行为被视为债务人自己的行为，因此履行辅助人的过错亦归责于债务人自身，而由债务人承担相应的法律后果。对此《德国民法典》第278条规定：“债务人对其法定代理人及为履

---

〔1〕 Schramm,Münchener Kommentar. zum BGB 6.Aufl.2012, § § 164-166, Rn.46.

〔2〕 参见《德国民法典》第120条，我国台湾地区“民法”第89条。

行辅助人之故意或者过失，如同自己之故意或者过失负责。”由于我国法律上没有专门规定履行辅助人，因此关于履行辅助人之行为须准用代理之效果，而不是直接适用《民法典》第162条以下关于代理的规定。

（四）代理与占有辅助人

占有人亦可以借助他人为其占有特定的物，此时既可能是通过占有媒介关系而形成间接占有关系（mittelbar Besitzer），也可能通过占有辅助人予以实现。所谓占有辅助人（Besitzdiener）是指基于某种法律关系处于从属性地位的人，基于其从属性而为所需服从指示的人持有标的物，从而被认为系该他人为占有人的情形。[1]因为占有亦属于事实行为而非属于法律行为，故服从他人之指示并为他人占有标的物之人只能被作为占有辅助人而不是代理人。占有辅助人亦无须具备行为能力，只要具有能够认知系对标的物进行事实上控制的自然意思能力即可。作为占有辅助人，其本人并非占有人，因此关于占有的法律规定原则上并不适用于占有辅助人，占有辅助人唯一能够行使的基于占有的权利为自力救济。占有辅助人亦不能以占有人的名义实施法律行为，否则即构成代理，必须要有代理权。在交付财产时，占有辅助人的交付行为即被认为是占有人自己的交付。在占有辅助人的情形下，法律规定关于占有人之知与不知等判断上须就本人之情事，而非占有人之情事而言，如是善意占有还是恶意占有应当就占有人而非占有辅助人来加以判断。这与代理中须就代理人本人之主观状态以为判断不同。同样，我国法律没有规定占有辅助人制度，因此存在法律漏洞，可以准用代理的相关规定，唯就上述不同的地方则不能直接适用代理的规定。

（五）代理与行纪、居间

行纪是指行纪人以自己的名义为他人从事贸易活动，而委托人则须向行纪人支付报酬合同。行纪人须以自己名义与相对人实施法律行为，该法律行为的效果直接归属于行纪人而不是委托人。行纪人必须通过进一步的法律行为将因行纪行为所取得的权利、利益转移给委托人。因此，行纪被作为典型的间接代理，而不是真正的代理行为。因此行纪人所实施的法律行为的法律效果由行纪人承受，直接约束行纪人。同样，法律行为若具有撤销的事由，则撤销权归属于行纪人，若对方违约则须由行纪人行使解除权等合同权利，委托人对相对人不享有这些权利。行纪人进行法律行为所取得权利直接归属于行纪人，故作为

---

〔1〕 席志国：《中国物权法论》，中国政法大学出版社 2016 年版，第 461 页。

行纪人的责任财产，在行纪人将该财产权转移给委托人之前，行纪人的债权人得以申请对该财产进行查封、扣押，行纪人破产时则该财产作为破产财产的范畴，委托人不享有取回权。

居间是指居间人接受委托人的委托为委托人提供缔约的机会或者促成委托人与他人缔约，而委托人应当按照约定支付报酬的合同。我国《民法典》将“居间合同”修改为“中介合同”，因此居间人也被称为中介人。在居间的情形，居间人或者仅向委托人报告订立合同的机会或者促成其与相对人订立合同，居间人自己不为意思表示，从而意思表示是委托人自己完成的，其效果自然直接归属于委托人，当然其效力瑕疵等也直接由委托人判断。

（六）代理与信托

与代理相近的尚有信托（Treuhand，trust）。信托是指信托人（Treugeber，trustor）将自己的财产移转于受托人（Treuhänder，trustee）由受托人经营管理该财产，受托人须将经营管理信托财产所获取的收益返还给信托人本人或者信托人所指定的其他受益人（Nutznießer，beneficiary）。在英美法系由于承认双重所有权，故信托制度中被认为信托人和受托人均为信托财产的所有权人。大陆法系坚持一物一权原则，故其法律上的构造是信托人已经将信托财产的所有权（其他财产权）转移给受托人，从而受托人成为信托财产的名义所有人，故其对于信托财产的处分是以自己的名义进行的，而法律行为亦直接对受托人自己发生效力，而并非约束信托人或者受益人。至于信托人负有以特定的方式管理和处分信托财产，以及须将所获得收益返还给信托人自己或者其他受益人则属于信托人与受托人之间的内部关系，原则上并不影响受托人与相对人之间的权利义务关系。

四、代理的价值及其本质

（一）代理的价值

就代理的价值而言，学说上一致认为不同的代理所追求与实现的价值亦不尽相同，具体而言：意定代理“扩张了完全行为能力人的行为空间而使人有了分身术”。[1] 也就是说“被代理人让代理人为自己活动使他扩大了在法律交往中实现自己利益的范围。代理人可以在诸如被代理人在时间上不可能或者在另

---

〔1〕 李永军：《民法总则》，中国法制出版社2018年版，第781页。

一地方而无法自己活动的情况下代替自己进行法律行为”。[1]除此之外，被代理人还可以利用代理人在特定交易领域中的知识、技能以及经验，从而实施比自己能够实施的更为有利的交易活动。就意思自治原则而言，意定代理不仅仅没有限制被代理人的自治空间，反而扩张了被代理人的自治空间，完全合于意思自治原则。法定代理的制度价值则在于“弥补了无行为能力人和限制行为能力人的行为能力，使权利能力的平等成为可能”。[2]所有的自然人均有权利能力，且权利能力人人平等，但是无行为能力人和限制行为能力人却不能通过自己的行为为自己创设权利义务关系，因而法律必须将另一个人的意志拟制为无行为能力人与限制行为能力人的意志，从而为其实施法律行为，创设权利义务关系。因此“在法定代理的情形，并非本人决定以谁作为代理人以及赋予其什么样的权限。其实在此情形，倒是他律性的决定的一面更加突出”。[3]而就职务代理而言，其制度价值显然是使得法人制度得以成立。无论理论上就法人的本质采取的是拟制说还是实在说，法人在事实上都无法自己实施法律行为，而必须把特定的自然人的行为归结于法人，从而使其得以践行其设立的目的事业。在不区分代理与代表的情形下，法人只能借助代理（代表）完成行为。而在承认代表与代理制度的情形下，仅仅代表也难以使法人制度的功能得以充分实现，尚须借助机关之外的大量其他人员完成相应的行为。

（二）代理的本质

就法律科学而言，仅仅有社会需求尚不能证成一种法律制度的正当性，相反其成立还必须要有理论基础。对此，弗卢梅教授批评科英（Coing）的观点时指出：“诚然，该法律原则属于一种价值判断。但是，如果人们希望理解、评论或者进一步发展那些适用于代理这一法律制度的法律原则，则人们必须明确认识该法律制度的本质以及它在法律秩序中较为一般的框架下性定位。”[4]因此，学说上必须解决的问题是在意思自治原则下，为什么代理人所实施的意思表示会对被代理人发生效力。对此，学说上主要有如下四种观点。[5]

---

〔1〕［德］卡尔·拉伦茨：《德国民法通论》（下册），王晓晔等译，法律出版社 2013 年版，第 814—815 页。

〔2〕李永军：《民法总则》，中国法制出版社 2018 年版，第 782 页。

〔3〕［日］山本敬三：《民法讲义 I 总则》，解亘译，北京大学出版社 2004 年版，第 228 页。

〔4〕［德］维尔纳·弗卢梅：《法律行为论》，迟颖译，法律出版社 2013 年版，第 899 页。

〔5〕［德］维尔纳·弗卢梅：《法律行为论》，迟颖译，法律出版社 2013 年版，第 898—899 页；李永军：《民法总则》，中国法制出版社 2018 年版，第 782 页；朱庆育：《民法总论》（第二版），北京大学出版社 2016 年版，第 331—333 页。

1.本人行为说（Geschäftsherrntheorie）。该种学说的倡导者是萨维尼，其认为在代理的活动中，只有本人实施了意思表示，代理人并未实施意思表示，其仅系被代理人的意思的载体而已，因此本人才是代理行为中的表意人。

2.代表说（Repräsentationstheorie）。该种学说是当今德国的通说，《德国民法典》关于代理制度的规范体系被认为系以此种学说为基础的。〔1〕依据该种学说代理人扮演被代理人，代表被代理人。尽管代理人是实施法律行为之人，但是法律效力却归属于被代理人。为了使这一结论与意思说相协调，通常将代理人的意思表示拟制为被代理人的意思表示。

3.统一要件构成说（Gesamttatbestandstheorie）。在代表说中，被代理人的授权行为与代理人基于授权而作出的代理行为是相互分离的两个行为。与此相反，统一要件说则认为代理行为是一个整体，即被代理人授予代理人代理权的意思表示与代理人为代理行为的意思表示共同构成了代理行为。〔2〕

4.规则行为说。弗卢梅则认为，对于代理本质的理解需要将法律行为之行为与作为该行为结果的规则予以区别：一般而言，个体依据私法自治的原则与他人一起，即通过合同以意思自治的方式制定规则，法律关系基于该规则而形成。既然代理得到法律秩序的普遍承认，也就意味着个体可以通过意思自治的方式授权他人为自己制定规则，并以此来规范哪些内容应当产生法律效力。〔3〕

笔者认为，本人行为说和代表说实际上都存在拟制的问题，本人行为说不承认代理人独立的意思表示行为从而与事实不符，代表说亦直接将代理人认为被代理人扮演的角色亦属于一种法律上拟制，故都与事实不符。统一要件构成说认识到了代理行为之所以其效果归属于被代理人，是由被代理人与代理人共同完成的，但是其并不区分授权行为与代理行为本身，因此也与事实不符合，唯弗卢梅的规则行为说具有相当的说服力，值得赞同。

---

〔1〕 Schramm,Münchener Kommentar.zum BGB 6.Aufl.2012, § § 164–166, Rn.67.

〔2〕 Schramm, Müller Freienfels,Die Vertretung beim Rechtsgeschäft, 1955, S. 202 f;Schramm, Münchener Kommentar. Zum BGB 6. Aufl.2012, § § 164–166, Rn.68.

〔3〕［德］维尔纳·弗卢梅：《法律行为论》，迟颖译，法律出版社 2013 年版，第 900 页。

第二节 代理权

一、代理权的定义和性质

代理权（Vertretungsmacht）是指代理人能够以被代理人的名义实施法律行为，从而使其效果归属于被代理人的权限。代理人之所以可以以被代理人的名义实施法律行为并由被代理人承受该行为的后果，是因为代理人拥有了代理权，否则即成为我们后文将要讲述的无权代理。

代理权虽然被称为权利，但是在性质上属于“权限”，而不属于“权利”的范畴。权利是受法律保护的利益，而代理权本身对代理人而言并无利益可言，代理人实施代理行为后的法律后果，无论是利益还是不利益，均归于被代理人而与代理人无关。至于代理人之所以被授予代理权，并且代理人愿意为被代理人实施法律行为而可能从被代理人处所获得的利益，则属于代理人与被代理人之间的基础关系所产生的利益，系基于另一个法律关系而产生，非属于代理权本身所带来的利益。代理权的意义和价值，仅仅在于将代理人以被代理人的名义所实施的法律行为的效果归属于被代理人而已。

二、代理权的取得

（一）法定代理权的取得

法定代理权因具备法律规定的法律事实而取得。无行为能力人或限制行为能力人的监护人为其法定代理人，因此法定代理权的取得的唯一条件是取得监护人的资格。换言之，凡是属于无行为能力人或者限制行为能力人的监护人则自然享有法定代理权，而监护资格的取得已在前文民事主体自然人部分详细阐述，于此不再详论。

（二）委托代理权的取得

委托代理权的取得根据是被代理人的授权行为（Bevollmachtigung），授权行为系意思表示行为，是法律行为。具体阐释如下。

1. 授权行为系有相对人的单方行为

授予代理权的行为是属于民事法律行为，应当没有任何争议。唯其究竟系属于单方法律行为抑或属于双方法律行为，学理上存在争议，而比较法上亦存在不同的做法。日本通说认为代理权的授予行为是被代理人与代理人之间的一种无名契约。[1]而德国通说则认为代理权之授予乃系被代理人的单方意思表示，无须与代理人形成合意，且该授权行为既可以向代理人实施亦得以向交易的相对方发出。当然基于意思自治原则这并不妨碍被代理人与代理人以契约的形式以授予代理权。[2]我国《民法典》第165条规定，委托代理授权采取书面形式的，只需被代理人一人签名或者盖章即可，并不要求代理人签名或者盖章，这显然与第490条关于书面合同需双方当事人签名、盖章或按指印的要求有所不同，可见其所采取的是单方行为说。授予代理权的行为是有相对人的单方行为，被代理人既可以向代理人表示授予代理权，也可以向合同相对人表示授予代理权。

2. 授权行为系不要式行为

授予代理权的法律行为是不要式行为，因此可以用书面形式，也可以用口头形式。以书面形式授予代理权的，授权委托书应当载明代理人的姓名或者名称、代理事项、权限和期限，并由委托人签名或者盖章。因为授权行为是单方行为，故无须代理人签名或盖章。

对于授权行为采取书面形式的，若授权不明的，原《民法通则》第65条规定，被代理人应当向第三人承担民事责任，代理人负连带责任。该规定对当事人双方的利益衡量有失公允。因为在授权不明的情况下，只需要规定授权人负授权不明的责任，即足以保障交易相对人之利益，完全没有必要规定让代理人对此承担连带责任。也就是说，在授权范围不明时，法律需要保护交易相对人的信赖利益，此时，相对人若善意地认为代理人有代理权，即便代理人确实未被授予相应之代理权，则让授权人负授权人责任，法律行为之效果即为已足，此时与后文将要讲述的表见代理应作相同之评价。该条规定不但让被代理人负授权人责任而且让代理人承担连带责任，违反了“相同情形相同对待，不同情形不同对待”的平等原则。[3]正是由于上述原因，《民法典》将该规定予以删除，我们认为这一做法是正确的。

3. 授权行为系无因行为

关于授予代理权行为之无因性理论系德国法学家拉班德（Laband）的伟大

---

〔1〕［日］山本敬三：《民法讲义Ⅰ总则》，解亘译，北京大学出版社2004年版，第233页。

〔2〕 Eberhand Schilken.Staudinger Kommentar.zum BGB.Aufl.2009, § 167, Rn.10.

〔3〕 席志国：《中国民法总论》，中国政法大学出版社2013年版，第343页。

发现。在此之前的德国普通法“于19世纪之后，代理制度虽然已为习惯法所承认，惟当时学说认为代理系其基础法律关系的外部层面，应受规律此一基础关系规定的支配。依此见解，代理权授予及内部执行职务权限乃同其范围，同其期间。意定代理通常亦被认为是委任关系的外部行为。亦因此，依昔日的学说，代理、代理权授予及委任契约殆属同一意义，认为代理权的授予恒以委任契约为基础，与之同时成立或消灭，普鲁士邦法、奥地利民法及法国民法都采此传统的见解”。[1]然而，在《德国商法典》（Allgemeines Handelsgesetzbuch）制定之后，德国学者才开始认识到，代理权的授予，就其发生、范围及存续期间而言，实在可以从构成其基础之事务执行关系中脱离出来，因此也感到传统见解未尽妥适，必须放弃将代理权与基础关系视为一体的理论。拉班德则是当时倡导此项新学说的发言人。[2]而此后，此种新认识影响深远，遍及全球。瑞士民法及德国民法固不必论，日本、瑞典、丹麦、挪威、芬兰、波兰、意大利、希腊、捷克的民法和我国台湾地区现行“民法”亦均采取新的理论。大陆法系国家和地区，如法国及奥地利，在立法上虽受传统“一体说”的影响，但判例和学说均致力于扬弃传统见解，在法典实施采取了新创设的在法律上并无拘束力的理论。[3]

我国法律虽然没有明确规定，但我们认为解释论述应当采取上述之态度。如前所述，所谓代理权授予行为的无因性是由两个方面的内容所构成：首先，是将代理权授予行为与其基础关系相分离。所谓授权行为的基础关系乃是被代理人之所以授予代理人以代理权的法律关系，该种法律关系可以是雇佣合同、委托合同等。大家要注意的是，代理权是对外的问题，而雇佣合同、委托合同等属于被代理人和代理人的内部关系，因此代理权的授予和雇佣合同、委托合同不是一回事。代理人和被代理人之间可以没有雇佣合同、委托合同而直接由被代理人授予代理人以代理权；也可能当事人之间只存在雇佣合同、委托合同而并没有授予代理权。当然授予代理权往往是因为当事人之间有雇佣合同或者委托合同，此时当事人之间有两项法律行为：一项是雇佣合同或委托合同，另一项则是授予代理权的行为；这两个行为既可以在同一个合同中实施也可以分别实施，但是即使同时实施，当事人之间仍然存在两个法律关系。其次，代理

〔1〕王泽鉴：《民法学说与判例研究》(4)，中国政法大学出版社1998年版，第5页。
〔2〕王泽鉴：《民法学说与判例研究》(4)，中国政法大学出版社1998年版，第6页。
〔3〕王泽鉴：《民法学说与判例研究》(4)，中国政法大学出版社1998年版，第7—8页。

权之授予行为的效力不受基础关系效力的影响。也就是说，若授权行为是基于一定的基础关系而为之，但若该基础关系无效或被撤销不影响该授权行为本身的效力，授权行为本身的效力仅基于其自身的原因而无效或者撤销。这正与物权行为的无因性相同。

代理权授予行为之无因性理论不仅具有理论上的认识价值，还具有很强的现实意义，主要目的在于交易安全之保护。因为基础关系之有无及产生基础关系之委托合同等是否有效，交易相对人往往无从得知，若基础关系无效或者被撤销，代理权即因之而消灭的（被视为自始不存在），则代理行为成为无权代理而效力亦将受影响，则交易安全势必受到影响。例如，甲和乙签订委托合同，约定乙将甲的一套房屋卖掉而甲向乙支付5%的报酬，并同时授予乙代理权。此时该委托合同同时也授予了乙代理权，委托合同是授予代理权的基础和原因，正因为甲和乙之间有委托合同，甲才授予乙代理权。但是，若甲和乙之间的委托合同因为某些原因而无效，那么甲授予乙代理权的行为不受影响，乙仍然有代理权。

4.授予代理权之范围

如前所述，在意定代理权的情形下，代理人之代理权的范围取决于授权人的意思表示，授权人是基于自己授权之目的而确定授权之范围的。

授权范围通常以如下之情形而出现：（1）授权范围仅及于特定法律行为的，属于特别代理，代理人只能就该特别事项为代理。（2）授权范围及于某类事项，属于类别代理，代理人可就授权的这一类事务行使代理权。（3）代理人在授权范围内，有代理一切法律行为的，属于概括代理，也称全权代理。（4）若代理人有数人的，各代理人之代理事项不交叉的，除有特别约定外，各代理人为独立代理；事项有交叉的，为共同代理，除有特别约定外，各代理人仅就自己的代理行为负责，不负连带责任。

三、代理权行使的限制

（一）自己代理与双方代理之禁止

自己代理是指代理人以被代理人的名义与自己实施民事法律行为。双方代理是指代理人以被代理人的名义与自己同时代理的其他被代理人实施民事行为。这里的法律行为既可以是双方法律行为，也可以是须受领的单方法律行为。《民法典》第168条规定：“代理人不得以被代理人的名义与自己实施民事法律行为，但是被代理人同意或者追认的除外。代理人不得以被代理人的名义与自己同时代理的其他人实施民事法律行为，但是被代理的双方同意或者追认的除外。”法律禁止自己代理和双方代理形式上的理由在于，双方法律行为或者须受领的单方法律行为需要双方的意思表示共同为之，而无论是自己代理抑或双方代理只有一个意思表示而缺乏另一个意思表示，故为法律所不许。[1] 然而其实质理由是为了防止利益冲突，也即代理人一方面代理被代理人与自己实施法律行为，难免会有作出有利于自己而有损于被代理人之利益的意思表示；在双方代理中，则其也很难做到兼顾双方当事人的利益。[2] 因此，法律原则上禁止自己代理和双方代理行为。依据我国《民法典》第168条但书之规定，若代理人征得被代理人之同意的，则得以实施自己代理和双方代理，此乃意思自治的必然要求，盖被代理人自己认为代理人不会实施违背自己利益的行为，那么法律自然没有必要越俎代庖为当事人担心。若当事人在实施自己代理或者双方代理行为时没有事先征得被代理人同意的，则其实施的代理行为对于被代理人而言属于效力未定，被代理人得予以事后追认，经过追认的该代理行为对被代理人有效，否则溯及自始无效。由于，我国《民法典》第164条系规定在“委托代理”一节之中，从体系上来讲，所禁止的自己代理与双方代理仅仅适用于意定代理，而对法定代理不适用。

《德国民法典》第181条还规定，若实施的自己代理或者双方代理行为系债务清偿行为亦有效。我国台湾地区“民法”第106条也有同样的规定。因为在此种情形下并不涉及双方当事人的利益冲突的问题。此外，学说尚认为此种限制过于严格，应当对其适用范围进行相应的目的性限缩，特别是对自己代理的情形，如果仅仅是使被代理人纯获法律上利益的法律行为，如代理人自己赠与被代理人财产且其代理被代理人予以接受的情形，则法律并无限制的必要性。[3] 笔者认为，我国法律上亦应当作相同的解释，特别是对法定代理的情形，若法定代理人想赠与被代理人财产，若法律一味禁止自己代理则该种赠与行为将无法实施，显然于作为无行为能力人的被代理人不利，从而违背了法律的宗旨。

（二）代理权滥用

如同其他权利一样，代理人亦不得滥用其代理权从而损害被代理人的利益。但是对于什么是代理权滥用、其构成要件如何在学说上则存在较大的争

---

〔1〕 Eberhand Schilken.Staudinger Kommentar.zum BGB,Aufl.2009, § 181,Rn.2.

〔2〕 Eberhand Schilken.Staudinger Kommentar.zum BGB,Aufl.2009, § 181,Rn.4.

〔3〕 Eberhand Schilken.Staudinger Kommentar.zum BGB,Aufl.2009, § 181,Rn.6.

议。我国学说上关于滥用代理权的观点可以归纳为两种学说：统一说与非统一说。统一说的观点是应当统一把握代理权滥用，从而须给予统一的定义与要件，持此观点的有梁慧星教授、王利明教授、马俊驹教授、杨立新教授等。[1]非统一说的典型代表是李永军教授，李永军教授则从各种代理权滥用的情形出发分别确立其要件与法律效果。[2]而统一说内部关于代理权利滥用的定义也各不相同，所强调的侧重点自然也不相同，其主要分殊在于是否承认代理权授予的无因性。在德国通说则认为代理权滥用之禁止的目的，在于矫正代理权授予之无因性所带来的问题，从而保障被代理人之利益。也即“被代理人与代理人之间的内部基础关系与外部授权关系相分离，此为二者相错制造机会。若代理人对外行使代理权时突破内部关系之制约，即构成代理权的滥用”。[3]

由于理论上将基础关系与代理权行使相互分离并相互独立之后，对于代理权之行使本身而言并不能考虑基础关系之有无，以及基础关系为何的问题，此时对被代理人均仍然有效，被代理人必须要承受因此可能招致的损失，这也是被代理人对外所必然要承担的风险。代理人行使代理权往往是基于一定的基础法律关系，从而系履行基础法律关系中的义务，在法定代理中代理人是履行其作为监护人的义务从而实施代理行为；在意定代理中代理人往往是履行委托合同等所产生的义务而实施代理行为，在职务代理中则系履行与法人或者非法人组织的劳动合同、雇佣合同等所产生的义务。基于相应的基础关系，代理人从事代理行为必须符合法律规定或者当事人的约定，否则即构成其义务之违反进而须承担相应的法律责任。此种情形固然也构成了代理人滥用代理权，但是却无须再用独立的代理人滥用代理权理论加以解决，盖在各基础关系中已经得以恰当地解决。也正是在这一意义上，笔者认为，我国《民法典》第164条第1款之规定实属多余，其所规定的应当是代理的基础关系所产生的代理人的责任。[4]

在笔者看来，代理权滥用作为一项独立的法律制度，恰恰是要解决在基础

---

〔1〕迟颖：《德国法上的禁止代理权滥用理论及其对我国代理法的启示——兼评〈民法典〉第164条》，载《河北法学》2020年第11期。

〔2〕李永军：《民法总则》，中国法制出版社2018年版，第808页。

〔3〕Reinhard Bork, Allgemeiner Teil des Bürgerlichen Gesetzbuchs, 3. Aufl.2011,Rn.1573. 转引自朱庆育：《民法总论》(第二版)，北京大学出版社2016年版，第351页。

〔4〕迟颖：《德国法上的禁止代理权滥用理论及其对我国代理法的启示——兼评〈民法典〉第164条》，载《河北法学》2020年第11期。

关系所不能解决的问题，从而为被代理人提供相应的救济制度，因而代理权之滥用本质上与基础关系没有关系，否则即无须在这里予以考虑而是在各基础关系中予以讨论，或者说其属于基础关系之效果。代理权之滥用的问题是在不考虑基础关系时亦得以构成的，换言之，即便当事人之间不存在任何基础关系，被授予代理权的代理人仍然会发生代理权滥用的问题。代理人基于其为他人处理事务之本性，对于被代理人而言，基于诚实信用原则负有忠实义务与勤勉义务。忠实义务要求代理人在实施代理行为时，必须本着为了被代理人利益最大化的原则而行为，不得利用代理人的地位为自己谋取利益而损害被代理人的利益。忠实义务实际上是所有为他人从事活动的人的共同义务，其既属于道德义务又属于法律义务，正所谓："吾日三省吾身：为人谋而不忠乎？与朋友交而不信乎？传不习乎？"公司法上董事等高级管理人对于公司所负担的忠实义务与勤勉义务，实际上与此属于同一法律基础与法律思想。

所谓代理权滥用，是指代理人违背代理权的设定宗旨和代理行为的基本准则，损害被代理人利益的行使代理权行为。构成代理权滥用需要具备下列要件：（1）须代理人有代理权。若代理人没有代理权，其实施的行为属于无权代理，不构成代理权滥用。而且代理权滥用行为，仍然是在代理权的范围内实施的，否则超越代理权的范围则构成了权限逾越型的无权代理，不属于这里的代理权滥用行为。（2）须代理人实施了代理行为。（3）代理人的行为违背代理权的设定宗旨和基本准则，从而损害了被代理人的利益。（4）代理人须有滥用代理权的主观故意。滥用代理权实属权利滥用之一种，其本身并不是普通的侵权行为或者债务不履行行为，仅需行为人具有可归责性，而是以行为人的主观故意为其要件。（5）相对人具有可归责性。对于构成代理权之滥用是否须相对人方具有可归责性，学说与实务上有不同的观点。德国通说认为，代理权之滥用相对人应当具有可归责性。有的观点甚至主张相对人必须知情或者应当知情，也即具有恶意[1]。笔者认为李永军教授的非统一说颇值得肯定。[2]也即是否需要相对人的可归责性应当区分情形予以对待。这取决于对代理权滥用之法律后果的认定。如果仅仅是科以代理人损害赔偿责任，并不否认代理行为之效力的情形，则无须相对人的可归责性。而若要否认代理行为的效力，则至少要相对人知情或者应当知情；而若要相对人亦对被代理人负有损害赔偿责任的，

〔1〕 Eberhand Schilken.Staudinger Kommentar.zum BGB.Aufl.2009, § 167, Rn.97.
〔2〕 李永军：《民法总则》，中国法制出版社 2018 年版，第 808 页。

则须更进一步要求相对人与代理人进行串通，也即有共同故意。对此，我国《民法典》第164条第2款规定："代理人和相对人恶意串通，损害被代理人合法权益的，代理人和相对人应当承担连带责任。"

（三）违法代理

这里所指的违法代理，是代理人以被代理人的名义实施违法行为的情形。法律禁止所有的违法行为，无论是以本人的名义实施的还是以他人名义实施的违法行为都在法律禁止之列。代理所代理的客体是合法的法律行为，只有代理合法的法律行为其效果才归属于被代理人。违法行为自然不得予以代理，基于自己责任原则，以他人的名义实施的违法行为，行为人自己仍然应当承担相应的法律后果，而经他人授权实施违法行为，则该他人构成教唆亦应当承担相应的法律责任。从这一意义上来讲，法律本无须单独规定违法代理行为，唯我国《民法典》第167条仍然延续了原《民法通则》第67条之规定："代理人知道或者应当知道代理事项违法仍然实施代理行为，或者被代理人知道或者应当知道代理人的代理行为违法未作反对表示的，被代理人和代理人应当承担连带责任。"该条规定创设了一种特殊的连带责任，其成立要件如下：（1）所谓的代理人实施了违法行为，并且给他人造成损害从而应当承担赔偿责任。（2）代理人实施违法行为是以被代理人的名义所实施的，也即在表象上构成了代理的现象。（3）代理人实施的该项违法行为时明知该行为是违法的，仍然接受被代理人的委托而实施；或者被代理人明知代理人以其名义实施的行为违法而未作反对表示。符合该三个要件的，则应当由代理人与被代理人承担连带责任。如被代理人授权代理人以自己的名义实施合同诈骗，代理人明知道签订合同是实施诈骗行为，仍然以被代理人的名义与相对人签订相应的合同进行诈骗，后相对人因诈骗而受到损害的，则该代理人与被代理人应当承担连带损害赔偿责任。

四、代理权的终止

（一）委托代理权终止的特殊事由

1.代理期间届满或代理事务完成。被代理人授予代理人以代理权时有明确的代理期间的，则该期间届满的代理权自动终止；若授予代理权仅限于完成特定法律行为，如签订汽车买卖合同，则代理人完成该法律行为后代理权也予以终止。

2.被代理人取消委托和代理人辞去委托。在意定代理中被代理人可以随时撤销对于代理人的授权，代理人也可以随时辞去其代理权，从而代理权归于终止。被代理人撤销代理人之代理权的意思表示属于有相对人的单方法律行为，既可以向代理人为之也可以向第三人为之。代理人辞去代理权的意思表示亦属于有相对人的单方法律行为，须向被代理人为之。需要说明的是，由于代理权之授予的法律行为系无因行为，不受基础关系的影响，因而无论被代理人与代理人之间的基础关系是否继续存续、有效，均不影响被代理人撤销代理人的代理权和代理人辞去代理权的效力。同样，代理权的撤回或者辞去，也并不当然影响基础关系的效力。当事人之间的基础法律关系，须依据其各基础关系单独加以处理。

3.代理人死亡。代理人死亡的，自然无法再行使代理权，且由于代理行为系具有人身信赖关系的应当由代理人亲自实施的行为，故代理权不得继承，从而在代理人死亡时归于消灭。

4.代理人丧失民事行为能力。由于代理行为系法律行为，故代理人虽然不必是完全行为能力人，但不能是无行为能力人，因此代理人一旦丧失行为能力而成为无行为能力人，则代理权自动归于终止。

5.作为代理人的法人或者非法人组织终止。代理人亦可以是法人或者非法人组织，作为法人或者非法人组织的代理人终止的，则其与作为代理人的自然人死亡发生同样的法律效果，从而导致代理权的终止。

6.被代理人死亡。由于代理人与被代理人之间存在人身信赖关系，因此被代理人死亡的原则上也导致代理权的终止，但是依据《民法典》第174条，被代理人死亡的，委托代理人实施的下列代理行为仍然有效：（1）代理人不知道且不应当知道被代理人死亡的；（2）被代理人的继承人予以承认的；（3）代理人与代理人约定的代理事项完成时代理权终止的；（4）在被代理人死亡前已经实施，为了被代理人的继承人的利益继续完成的。

7.作为被代理人的法人或者非法人组织终止的。此种情形与作为被代理人的自然人死亡，在法律上具有相同的意义和效果。

（二）法定代理权终止的特殊事由

《民法典》第175条规定了法定代理权终止的四种情形：（1）被代理人取得或恢复完全民事行为能力。（2）被代理人或代理人死亡。（3）代理人丧失民事行为能力。（4）法律规定的其他情形。唯此处的规定与第39条所规定的监护关系终止的事由完全相同，这是因为法定代理权系监护权的组成部分，从而与监护人资格同时产生、同时终止，因而从立法的角度以观没有必要于此再单独予以规定。

第十三章　无权代理与表见代理

提 要

行为人没有代理权而以被代理人的名义实施法律行为构成无权代理，其是否能对被代理人发生法律效力则取决于被代理人是否予以追认。被代理人追认的发生有权代理的效果，否则对被代理人不发生效力，而是由无权代理人自己对相对人负责。在被代理人给相对人造成无权代理人有代理权的表象，从而导致相对人相信无权代理人系有权代理时，为了保障交易安全和相对人的信赖利益，法律让被代理人负授权人的责任（承受无权代理行为之效果），此即为表见代理制度。

重点问题

1.什么是无权代理？无权代理的法律效果如何？

2.什么是表见代理？表见代理的构成要件有哪些？

第一节　无权代理

一、无权代理的概念

所谓无权代理行为简称无权代理，是指没有代理权、超越代理权或者代理权终止后以他人（被代理人）的名义所实施的，意欲由该被代理人承担法律效果的法律行为。与代理相同，无权代理人仍然涉及三方当事人：无权代理人，即没有代理权而以他人的名义实施法律行为的人；被无权代理之人，即没有授予他人以代理权却被他人以其名义实施法律行为的人，为了称呼上的方便，我们仍然将其称为被代理人；交易相对人，即无权代理人以被代理人之名义与之实施法律行为的人。

如前所述，代理人实施代理行为，其法律后果之所以直接归属于被代理人，乃是因为代理人拥有法律所规定的或者被代理人所授予的代理权。若行为人没有上述法定代理权或意定代理权，即以他人名义实施法律行为，其法律效果当然不能自动归所谓的被代理人承受，否则将明显有悖于私法自治原则并将害及被代理人。另外，法律尚须顾及无权代理人实施法律行为之相对人的利益，因而也不能简单地将无权代理行为认定为不生效力的行为，法律规定无权代理制度的价值，就在于在被代理人、无权代理人和行为之相对人（往往是交易相对人）之间寻求利益的平衡点。

二、无权代理的构成要件

1. 无权代理须行为人没有代理权。所谓没有代理权是指针对无权代理人实施的法律行为，该无权代理人没有相应的代理权。具体又包括下述三种请求：

（1）未曾被授予过代理权的情形。指既没有经委托授权，又没有法律上的根据，也没有人民法院或者主管机关的指定，而以他人名义实施的代理行为。

（2）超越代理权的情形。指虽然有代理权但是却超越代理权限范围而进行代理行为。因为代理权的授予是有范围的，被代理人授予某个代理以对甲事项的代理权而没有授予其对乙事项的代理权，那么代理人就乙事项为代理行为即属于无权代理。

（3）代理权已经归于消灭的。即代理人针对所代理之事项原有代理权，但是因代理期限届满或者约定的代理事务完成、被代理人撤回代理权等原因而消灭后，仍以被代理人的名义进行代理行为，当然也属于无权代理的范畴。

2. 无权代理人须以被代理人的名义实施法律行为。无权代理人在实施某项法律行为时必须明示为被代理人的利益而实施，否则不属于无权代理而属于由代理人自己所实施的行为。此点也是无权代理和无权处分的区别之所在。例如，甲某拥有价值不菲的A古董一件，将其交给乙某保管，乙某若将此古董以甲某的名义出售给丙某和丙某签订合同并实施让与行为，则属于无权代理行为；相反，若乙某未对丙某表明系以甲某的名义出售A古董，而仅仅表明出售A古董于丙某，与丙某签订买卖合同并为让与行为，则该让与行为系属无权处分而非无权代理。

3. 无权代理人实施的行为须属法律行为。与代理行为相同，无权代理行为本身必须是法律行为。如代理人以被代理人的名义实施的是法律行为之外的行为，如侵权行为等不法行为则不构成无权代理。此时，一方面，行为人自己实施了不法行为，应当被追究相应的法律责任，而不能将该责任归结于被使用了姓名的本人；另一方面，因为该实施违法行为之人擅自使用了他人的姓名已然构成了侵害他人之姓名权的行为，从而应当承担相应的侵权责任。

4. 无权代理人实施行为的目的是要将行为的后果归属于被代理人。这一要件在司法实务中经常被忽视。此要件是将诈骗之违法行为和无权代理行为区别开来的关键，无权代理必须是代理人将实施的行为的法律后果全部归属于被代理人，即因该法律行为产生的权利和义务均归属于被代理人。如果某人以他人的名义实施某项行为，自己将行为所产生之利益，如获得某项财产归属于自己而将义务归属于所谓的被代理人的，则非属于无权代理，其本质上是诈骗。例如，甲某以A公司的名义和B公司签订由B公司授予信用的买卖合同，B公司将标的物交付给甲某后，甲某携带该货物逃跑不知去向，甲某所实施的行为并非无权代理而属于诈骗行为。

三、无权代理的法律后果

（一）被代理人和相对人之间的关系

1.该法律行为在被代理人和相对人之间属于效力待定的行为

既然无权代理行为与合法的代理行为之间的差别仅仅是代理人在实施法律行为时没有经被代理人授权，为了充分尊重被代理人的意思，法律允许被代理人在知道该无权代理之后，基于自己之利益的考虑作出事后的追认或者拒绝。即如果被代理人认为该代理行为对其有利，那么他可以追认该行为而使该法律行为（主要是合同）对其发生效力，从而如同事先授予代理权一样；若该法律行为对其不利，那么被代理人可以予以拒绝从而对其不发生任何效力。

2.被代理人有追认权

如前所述，被代理人被赋予了是否作为授权人，从而使该无权代理之行为对其是否发生效力的选择权，该选择权即为追认权。该追认权可以积极地行使即予以追认，也可以消极地行使即明确地拒绝追认或者通过特定沉默而被法律推定拒绝。被代理人追认的，则该法律行为溯及自始对于被代理人有效，则该法律行为对于被代理人和相对人均具有拘束力。若被代理人拒绝追认的，那么该法律行为自始对于被代理人不发生效力，相对人不能请求被代理人承担法律责任。

追认权属于形成权，无论是积极地追认抑或予以拒绝均须依意思表示的方式实施。追认行为是有相对人的单方法律行为，只能对无权代理行为之相对人实施，对其他人实施追认行为或者拒绝行为均不能产生相应的法律后果。追认或者拒绝的意思表示在到达相对人时发生效力。

3.相对人有催告权和撤销权

为了防止该法律行为之效力因被代理人长时间未进行任何之表示而处于悬

而未决的状态，因而使相对人的利益处于不确定状态，这显然对该相对人不利，为了保护相对人之利益，法律赋予了相对人催告被代理人予以追认的权利。依据《民法典》第171条的规定，相对人可以催告被代理人为追认或者拒绝之意思表示，若被代理人在接到催告之通知之日起30日内未追认的视为拒绝追认，从而法律行为确定地对于被代理人不发生效力。被代理人若要追认该行为，必须在接到催告通知之日起30日内以明确的意思表示为之，否则该行为即由法律推定为其拒绝而溯及自始归于无效，不得再行追认。

对于善意的相对人，即在与无权代理人实施法律行为时，不知道也不应当知道无权代理人没有相应的代理权，在被代理人追认之前可以撤销其意思表示。若相对人在被代理人追认之前，撤销其意思表示的，则该法律行为确定地不发生法律效力，既不对被代理人发生效力也不再对无权代理人发生法律效力。若相对人已经撤销了其意思表示，则被代理人不得再行追认该无权代理行为并使其发生效力。相应地，一旦被代理人进行了追认，法律行为就确定无疑地发生法律效力，因而相对人不得予以撤销。如果相对人在与无权代理人实施法律行为时即知晓其为无权代理的事实的，则其不享有撤销权，因为此时他必须要承受该法律行为被追认或者被拒绝的风险，而不允许其享有选择的权利，只能将法律行为的效力交由被代理人所决定。依据《民法典》第171条第2款的规定，善意相对人撤销其意思表示须以通知的方式为之。

（二）无权代理人和相对人之间的关系

1.被代理人追认该法律行为的，无权代理人与相对人之间不产生任何法律关系。被代理人追认的，即与有权代理完全相同，该法律行为（合同）直接约束被代理人与相对人，其所产生的一切权利义务均由被代理人直接承受。

2.被代理人拒绝追认的，无权代理人应当对相对人承担法律责任。之所以让无权代理人对相对人承担责任，是基于这样的考虑："如果被代理人不追认无委托代理权的代理人以他的名义所缔结的合同，那么该合同对他无效。交易对方当事人以为他在与被授权进行代理活动的代理人打交道，因而相信他与被代理人缔结了合同，那么他的这种信赖便遭到了欺骗。因而便产生了这样的问题，即能否不去追究被代理人，而去追究以代理人身份出现，并由此使人产生他享有代理权的印象的人的责任。"[1]

我国原《民法通则》第66条与原《合同法》第48条、《民法典》第171条均

〔1〕［德］卡尔·拉伦茨：《德国民法通论》（下册），王晓晔等译，法律出版社2013年版，第876页。

规定：未经被代理人追认的，对被代理人不发生效力，由行为人承担责任。但是行为人究竟承担何种法律责任则未加以明确。自理论而言有两种责任：一种是履行责任，即在被代理人拒绝追认时，法律行为仅仅是对于被代理人不发生法律效力，该法律行为直接约束无权代理人和相对人，此时无权代理人必须履行法律行为所产生的义务。另一种是赔偿信赖利益，即无权代理人不需要履行该法律行为产生的义务，而仅需要赔偿相对人因信赖该法律行为有效而支出的必要费用及所受的相关损失。那么在司法实务中，究竟应当采取何种解释呢？笔者认为不能一概而论，而是应当考虑双方当事人（无权代理人与交易相对人）在此交易过程中的主观过错分情形加以确定。

（1）如果交易相对人不知道无权代理人系无权代理，从而信赖该交易是有效的，而无权代理人自己知道其属于无权代理，此时应当充分保护交易相对人的利益，即应当使交易相对人处于与交易已顺利完成的状态，此时无权代理人应当承担的是履行合同的责任。对此，德国法学家拉伦茨也指出："如果代理人在缔结合同时知道自己没有代理权，如果对方当事人既不知悉，也不应该知悉代理权限的瑕疵，而且被代理人拒绝追认这种合同，代理人就应根据对方当事人的选择，或者履行合同或者赔偿合同不履行所产生的损害。在这种情况下，由于代理人有意识地欺骗了对方当事人，所以他不仅应该赔偿该人的信赖损害，而且尚应赔偿他所产生的合同履行利益的损害。"[1] 即在此种情形下，合同相对人可以选择让代理人作为合同对方当事人予以履行合同，若无权代理人不履行该合同的，则应当承担违约责任，赔偿交易相对人之因合同履行而所获得的利益。当然，若相对人选择了要求无权代理人履行合同，那么该无权代理人也就取得了因该合同而产生的请求权，可以要求交易相对人因该合同有效而产生的全部义务，因为在该种情形下该无权代理人取得了合同相对人的地位。

（2）如果交易相对人不知道无权代理人系没有代理权，而无权代理人也不知道其行为属于无代理权的事实，此时若令该无权代理人承担履行责任则对其过于苛刻，因而由其赔偿交易相对人之信赖利益，即赔偿相对人为签订合同所支出的费用，但是不得超过因合同有效而所可获得的利益。

（3）若交易相对人明知道无权代理人系无权代理而仍然实施该交易行为

---

〔1〕［德］卡尔·拉伦茨：《德国民法通论》（下册），王晓晔等译，法律出版社 2013 年版，第 878 页。

的，为主观上有恶性，视为其承担被代理人不予追认该行为的风险，因而不得请求无权代理人予以赔偿。

（三）被代理人和无权代理人之间的关系

1.被代理人拒绝该代理行为的，无权代理人和被代理人之间不存在法律关系。因为此时被代理人不会受到任何损失。

2.若被代理人追认该代理行为的，那么无权代理人和被代理人之间的法律关系原则上等同于合法的有权代理时的法律关系。不过在合法的有权代理的情形，如果无权代理人在实施无权代理行为时是为“本人之利益计算”，且符合无因管理法律要件时，在本人与行为人之间可构成无因管理之债，此时无权代理人所支出的必要费用应当由被代理人支付。反之，如造成本人损害的，在本人与行为人之间发生损害赔偿之债。

第二节　表见代理

一、表现代理的概念和意义

表见代理，指无权代理人的代理行为客观上存在使相对人相信其有代理权的情况，且相对人主观上为善意且无过失，因而可以向被代理人主张代理的效力。《民法典》第172条即系关于表见代理的规定，该条规定:“行为人没有代理权、超越代理权或者代理权终止后，仍然实施代理行为，相对人有理由相信行为人有代理权的，代理行为有效。”表见代理仍然是无权代理，只不过为了保护善意相对人，法律例外地规定被代理人须对相对人负授权人的责任。为了与表见代理相区别，我们前文所阐述的无权代理在学理上被称为狭义的无权代理。

二、信赖保护与权利外观理论

关于表见代理制度的理论依据，有两种不同的观点或者说是学说：交易安全保护原则与权利外观理论。这两种理论不仅是表见代理制度的依据，而且是物权法中善意取得制度、票据法中善意取得制度等法律制度的依据。

信赖保护已然成为现代法律的重要原则。除了前述在法律行为理论中所阐述的信赖保护以外，“法律还保护另一种信赖，即对于那种正常情况下由法律行为而发生的有效的拘束或者授权（如意定代理）的发生或存续的信赖，这种信赖的根据并不是或不仅仅是某项可归责的意思表示，其所根据的只是由其他方式产生的、存在的某种相应的权利状态的表象。在这种情况下，那个必须承认这个既存的权利状态的表象之存在（并对之负责）的人，通常是以可归责于他的方式引发了这一权利表象的人，或者是具有消除之一表象的能力而未去消除这一表象的人。而在受益人（应予保护的人）这方面，他必须是信赖了这一表象的人，而且在通常情况下，他还是尽到了交易上应有的注意之后仍然信赖这一表象的人。结果就是，对于这个应予保护的人，有关的法律后果视为已经发生或者继续存续，因而他就处于与他所认为的情况相符的地位”。[1]

三、表见代理的构成要件

1.须已经构成无权代理。表见代理属于无权代理之一种，因而其首先要符合无权代理的全部构成要件，从而已然成为无权代理，此时始得考虑是否有表见代理之法律规范的适用。若符合了表见代理的下述要件，则其不再适用前文所讲述的无权代理的法律规范。

2.相对人须为善意且无过失。表见代理制度之目的在于保护善意的相信无权代理人有代理权的外观而与之进行交易的相对人。因此交易相对人必须诚实地相信无权代理人有代理权，即要求该相对人不但不知道无权代理人没有代理权的事实，而且应当是在其尽了必要的注意义务之后仍然相信该行为人有代理权。如甲某对乙某声称其为丙某的代理人，代理丙某与乙某签订某设备购买合同，乙某信以为真就与其签订了合同。乙某在与甲某签订合同前既没有要求甲某出示授权委托书，也没有通过打电话等方式向丙某进行确认，此时乙某虽然系善意但是其没有尽到必要的注意义务，因而不值得予以保护，该代理并不能构成表见代理。

3.客观上须有使相对人相信无权代理人具有代理权的情形。如前所述，信赖保护原则之所以保护信赖某种权利外观之存在的人，不仅仅是因为该人信赖了该权利外观，更为重要的是该种权利外观的产生是可归责于应当承担不利法律后果的人。因此在表见代理中，之所以交易相对人信赖代理人有代理权，正是由于被代理人的行为造成了该代理人有代理权的外观。也就是说，交易相对人之所以信赖无权代理人有代理权，乃是因为被代理人的行为给人造成了该无权

---

〔1〕［德］卡尔·拉伦茨：《德国民法通论》（下册），王晓晔等译，法律出版社2013年版，第886页。

代理人具有代理权的表象，因而被代理人具有可归责性。对该要件，我国《民法典》第172条未有明确规定，但是基于正义之思考，没有过错的被代理人自然不应当承担无权代理人以其名义实施之法律行为的后果。因而司法实务上应当对该法律规定作目的性限缩，即将被代理人没有过错的情形排除出表见代理的范围之外，而将其仅作普通之无权代理予以处理。

4.无权代理人与相对人之间的民事行为，须具备成立与有效的全部条件。也就是说，无权代理人所实施的法律行为（主要为合同）若不是无权代理就是一个有效的法律行为。

四、表见代理的主要类型

（一）授权表示型表见代理

所谓授权表示型表见代理就是被代理人的行为具有授予无权代理人以代理权的外观，从而被交易相对人信赖该无权代理人具有代理权，但被代理人事实上并未授予代理人以代理权的情形。具体而言，又有如下之情形。

1.被代理人以公告或者特定通知的方式表示欲授予无权代理人以代理权，但是事实上其并没有授予该人以代理权，则该无权代理人实际上以被代理人之名义和相信其已经被授权的相对人实施交易的构成表见代理。

2.被代理人将空白的授权委托书、盖章的合同书、合同专用章、介绍信等交给无权代理人予以保管，而该无权代理人利用该等可以表明其具有代理权的文书资料等和相对人进行交易，而相对人相信其属于代理人而进行交易的构成此种类型的表见代理。

3.企业法人等允许其他人利用其名称进行交易，交易相对人认为其交易的对象乃是该等被利用名义之企业的也构成表见代理。我国目前企业界存在的所谓挂靠即属于此种情形。

4.商场等企业雇用特定工作人员并任命其担任特定通常代理该等企业实施交易行为的岗位，但是却禁止其进行相应的交易或者限制其只能进行特定的交易，而相对人信赖其岗位而与之进行交易。如甲公司聘任乙某担任采购部经理，但是鉴于其经验不足暂时禁止其代理公司进行交易，而乙某以公司采购部经理的名义代理甲公司和丙公司签订采购合同，则可以构成该种表见代理。

（二）权限逾越型表见代理

所谓权限逾越型表见代理是指代理人超越了委托授权的范围而实施代理行为，但是相对人有正当理由相信代理人对该事项具有代理权，而相对人之所以信赖代理人没有超越代理权，是基于可归责于被代理人的事由所导致。

（三）代理权延续型表见代理

所谓代理权延续型表见代理是指代理人就该行为本来有代理权，但是代理权因为期限届满、委托事项完成、被代理人撤回授权等事由终止，基于可归责于被代理人的事由而导致相对人信赖该代理人仍然享有代理权的情形。

五、表见代理的效果

（一）被代理人须负授权人责任

《民法典》第172条规定："行为人没有代理权、超越代理权或者代理权终止后，仍然实施代理行为，相对人有理由相信行为人有代理权的，代理行为有效。" 据此规定，被代理人须负授权人的责任，即该表见代理行为与有权代理行为的法律后果相同，合同直接约束被代理人和相对人。具体而言，当事人之间的关系如下。

1. 在被代理人和相对人之间的效果

与前述狭义的无权代理有所不同，表见代理行为属于有效行为，直接约束被代理人和交易相对人。但需要特别注意的是，表见代理在本质上仍然是无权代理，而仅在于其法律效果如同有权代理一样，而这并不是说表见代理就属于有权代理。

2. 在被代理人和无权代理人之间的效果

无权代理人和被代理人之间的法律关系，依该行为给被代理人带来的是损失还是利益而有所不同。如果无权代理人在实施无权代理行为时是为"本人之利益计算"，且其代理行为在结果上有利于被代理人本人，则代理人的行为满足无因管理之法律要件，在本人与行为人之间可构成无因管理之债，此时无权代理人所支出的必要费用应当由被代理人支付。反之，如其行为给本人造成损害的，在本人与行为人之间发生损害赔偿之债，此时无权代理人的无权代理行为属于侵权行为。当然若无权代理人不知道自己没有代理权而且对此并无过失时，则无权代理人无须承担损害赔偿责任，盖不符合侵权行为之构成要件，不具有可归责性。

3. 在无权代理人和相对人之间的效果

由于表见代理中由被代理人直接对相对人承担责任，因此无权代理人对于相对人不承担任何法律责任。

（二）表见代理与狭义之无权代理

这里需要进一步思考的问题是，在表见代理的情形下，当事人是否可以不适用表见代理的法律规范而选择适用狭义的无权代理的法律规范。因为构成表见代理的情形一定能够符合狭义的无权代理的构成要件。如果允许当事人选择无权代理的法律规范，那么就会产生这样的结果，即交易相对人在知悉“代理人”没有代理权之后，可以选择撤销其意思表示，此时该法律行为（合同）即溯及自始地不发生效力，而本人则无须履行该法律行为所产生的义务；同样，被代理人在知悉该代理行为之后也可以予以追认，若其追认的，则相对人即不得再行撤销，若其追认了该表见代理行为，则产生与有权代理完全相同的效果。

对于这个问题由于各国法律对此均无明确之规定，而学说上对于这个问题有两种不同的观点。第一种观点认为构成表见代理就不得再适用无权代理的规范，认为表见代理的法律规范属于无权代理的特别规定，按照特别规范优先于一般规范的原则，表见代理排除了一般规范的适用，此其一也。其二是从实质利益上来加以考虑，认为“在成立表见代理的情形下，发生与有权代理相同的效果。既然与有权代理相同，那么相对人就只能对本人主张本来由代理产生的效果”。〔1〕就相对人而言，“相对人本来设想的也是与本人交易，所以与有权代理同样对待应该不会有问题”。〔2〕第二种观点则承认当事人可以自由选择适用无权代理或者表见代理之规范。其主要理由是：“表见代理也是无权代理，由于这一点是不变的，所以在成立表见代理的情形下，当事人也可以主张无权代理的效果。”〔3〕就相对人而言，“因为表见代理是用以保护相对人的制度，所以放弃保护选择无权代理的效果，是相对人的自由”。〔4〕笔者基于目的论解释赞同第二种观点，即认为在构成表见代理之情形赋予相对人之选择权，应当更加符合法律保护善意相对人之目的，故主张在我国司法实践中应当允许相对人选择适用规范。

法律适用

1. 代理权授予与基础关系之间的关系

代理权授予与基础关系之间的关系是代理制度中最为重要也是最为复杂的

〔1〕［日］山本敬三：《民法讲义Ⅰ总则》，解亘译，北京大学出版社2004年版，第293页。
〔2〕［日］山本敬三：《民法讲义Ⅰ总则》，解亘译，北京大学出版社2004年版，第293页。
〔3〕［日］山本敬三：《民法讲义Ⅰ总则》，解亘译，北京大学出版社2004年版，第293页。
〔4〕［日］山本敬三：《民法讲义Ⅰ总则》，解亘译，北京大学出版社2004年版，第293页。

问题，这不仅是一个重要的法学理论问题，而且具有重要的司法实践意义。如果认为基础关系与代理权授予行为相分离，且代理权授予行为具有无因性，那么基础关系不存在或者无效的，不影响代理权授予行为的效力，那么在此种情形下代理人的代理行为仍然是有权代理，从而被代理人必须承受代理人所实施之代理行为的法律后果，其不能以基础关系不存在或者无效而拒绝对相对人承担责任；相反，若不承认代理权授予的无因性，那么被代理人即可以以基础关系无效为由，主张授权行为无效从而主张代理人的代理系无权代理。这对交易安全的保护至关重要。不承认授权行为的无因性的情形下，则相对人必须审查被代理人与代理人之间的基础关系，这对交易相对人而言显然属于不能承受之重，其交易成本将大幅提升，从而会导致交易相对人拒绝与代理人从事交易的后果，而与代理制度之设置的制度价值相左，从而多数立法例都承认代理权授予行为的无因性。我们认为，我国实务中亦应对此作相同的解释，最高人民法院已有判决持此观点，颇值肯定。（参见中华人民共和国最高人民法院民事判决书（2012）民抗字第24号）。

2. 表见代理与狭义无权代理的区别

表见代理是广义上无权代理的一种，其与狭义上的无权代理效果完全不同，狭义上的无权代理未经被代理人追认的对于被代理人不发生法律效力，相对人只能要求无权代理人承担法律责任；而若构成了表见代理，则被代理人须对相对人负授权人责任，故此应当承担履行合同的义务。这在无权代理人没有履行能力时对于相对人的利益而言非常重要，故此其区别成为各方当事人在诉讼中的争议焦点，也是法院裁判案件时的难点。对于表见代理的构成要求，相对人善意也即相对人不知道也不应当知道无权代理人没有代理权这一要件学说与实务上均无争议。但是，是否进一步要求，相对人相信无权代理人有代理权是由被代理人的行为所造成的，或者说可归责于被代理人，即学说上与实务上均存争议，导致了同案不同判的现象。这一争议来源于如何理解《民法典》第172条所规定“相对人有理由相信行为人有代理权的”这一表述中的“有理由”。我们认为，相对人有理由相信无权代理人有代理权不能是基于自己方面的理由，也不能是基于无权代理人方面的理由，而必须是基于存在于被代理人方面的理由，否则就没有理由将损害的后果及风险转嫁于毫无过错的所谓的“被代理人”的身上。因此，在司法实践中，基于“谁主张，谁举证”的原则，必须要由主张被代理人承担责任的相对人，证明其相信代理人有代理权是由被代理人的行为所引起的，从而被代理人是具有可归责性的。

民法上的时间及确定规则

第十四章　诉讼时效与除斥期间

｜提　要｜

时效因目的及适用对象不同，分为取得时效与诉讼时效。取得时效是针对物权而规定的，是指占有他人之物（或者物权）的事实状态持续地经过法定期间即取得该物（或者物权）。而诉讼时效一般是指请求权（这里的“请求权”不一定等于债权请求权）的不行使状态持续地经过法定期间的，即发生权利行使障碍（对方抗辩）。除斥期间是法律规定或者当事人约定的形成权存续的有效期间。该期间届满，形成权即告消灭。除斥期间是学理称谓，一般未见诸立法，但各国法律上都有这种期间。

｜重点问题｜

1. 诉讼时效中断的概念及其理由是什么？
2. 诉讼时效适用的对象是什么？
3. 诉讼时效中止的理由及其法律效果是什么？
4. 诉讼时效届满后的法律效果是什么？
5. 除斥期间的概念及适用对象是什么？

第一节　时效制度概述

一、时效制度的概念及其存在的理由

（一）时效制度的概念

时效是指一定的事实状态持续地经过一定期间即在法律上产生一定后果的事实。一般来说，时效虽与时间相关，但不仅仅是时间问题，必须有两个基本的要素：（1）一定事实状态的持续存在，如请求权“不行使”的状态的持续存在；（2）法定期间的届满。

时效又因目的及适用对象不同，分为取得时效与诉讼时效。取得时效是针对物权而规定的，是指占有他人之物（或者物权）的事实状态持续地经过法定

期间即取得该物（或者物权）。而诉讼时效一般是指请求权（这里的“请求权”不一定等同于债权请求权）的不行使状态持续地经过法定期间的，即发生权利行使障碍（对方抗辩）。

（二）时效制度存在的正当化理由

如果承认时效制度，则意味着：只要符合法定条件，他人之物便会成为自己的物；而诉讼时效经过，债务人本应履行的义务就可以拒绝履行。这是否与道德规范或者诚信原则相违背？是否会动摇财产权的宪法基础？对这一问题的讨论，实际上就是在讨论时效制度存在的正当性。

1.传统民法的观点

传统民法对时效制度的正当化说明，主要集中在以下几个方面。

（1）谋求社会法律关系的稳定

一定的事实状态长期存在后，社会生活在此基础上展开。为了谋求这种构建起来的社会法律关系的稳定，就需要时效制度。一方面，一定的事实状态长期存在后，当事人的生活也建立在这一基础之上，为了原封不动地保持这种已经形成的新生活，需要时效制度。另一方面，对于第三人来说已经信赖这种状态，保护这种存在，避免信赖这种状态的第三人蒙受意想不到的不利益，所以也需要时效制度。

（2）惩罚躺在权利上睡觉的人

既然权利人可以随时行使权利，却长期怠于行使，那么丧失权利也是不得已的。[1]即对于躺在权利上睡觉之人不予救济也符合情理。

（3）方便审理案件

如果案件时间久远，则会使当事人举证困难不便于法官查清事实。《德国民法典》之立法理由书对此指出：请求权消灭时效的原因与宗旨，乃使人勿去纠缠陈年旧账之请求权。有些事实可能已经年代久远，一方已长期缄口不提。而今一方却以此类事实为依据向对方主张权利，这是民事交往难以容忍的。因为时间已使此类事实黯然失色，对方欲举出有利于自己的免责事由并获得成功，纵然并非全然不能，亦属难矣。就常规而言，此类要求或者自身并不成立，或者已具结完案。消灭时效的要旨并非在于侵夺权利人的权利，而是在于给予义务人一种保护手段，使其不需要详查事物即得对抗不成立的请求权。消灭时效乃达到目的的手段，而非目的本身。于具体情形，若消灭时效于实体公

---

〔1〕［日］山本敬三：《民法讲义 I 总则》，解亘译，北京大学出版社 2004 年版，第 346 页。

正有损，也属关系人必须向公共利益付出的代价。即若权利人不对权利行使置若罔闻，消灭时效本无发生的理由。故权利人于请求权内容的利益，实属微不足道，其因此付出的代价也难谓严酷。[1]

从学者的论述看，前两个理由主要侧重于取得时效，而后一个理由主要针对诉讼时效。

2.对传统民法的批判观点

（1）我国学者的批判观点

不论是取得时效，还是诉讼时效，其存在的理由都是出于维护社会秩序的需要，方便法院审理案件不足以构成时效制度存在的理由。因为所谓案件因年代久远而证据灭失导致查证困难只是一种理论假设。它可能符合某些案件的实际情况，但并非所有的案件都因年代久远而证据灭失，即使证据灭失，也并非都无法查明事实。在诸多适用消灭时效尤其是短期消灭时效的案件中，年代并非久远，也并非事实不清、法律关系不能确定。事实上，无论是取得时效还是诉讼时效，都存在两种对立的秩序，而两种对立秩序的背后却隐藏着两种相互冲突的利益。就取得时效而言，这两种秩序分别是：基于所有人对物的所有权而已经存在的旧的秩序，基于占有人基于对物的长期占有的事实而形成的新的秩序。就消灭时效而言，这两种秩序分别是：基于请求权人对义务人的权利义务关系而形成的旧秩序，权利人因长时间怠于行使权利而形成的权利处于休眠状态的新秩序。时效制度就其本质而言，不过是在这两种对立的秩序和冲突的利益中作出适当的选择。时效制度之所以偏好新的社会秩序，其原因在于保护新的社会秩序符合社会发展的要求。在长期占有他人财物构成一种秩序时，使占有人依时效取得该物的所有权，符合物尽其用的社会发展要求。在债权人长时间不行使权利的场合，使得债务人得以时效为由拒绝履行义务，可以起到敦促权利人行使权利、加快民事流转、促进交易发展的作用。[2]

（2）日本学者的批判观点

将谋求社会法律关系的稳定作为理由并不充分，因为，其一，时效制度中并不要求有以该事实为基础的新的生活关系的建立，即新的生活关系是否建立并不是时效的构成要件；其二，在时效制度下，第三人的信赖也不是构成要件，即使没有第三人，时效也被认可。[3]

---

〔1〕［德］迪特尔·梅迪库斯：《德国民法总论》，邵建东译，法律出版社2000年版，第91—92页。

〔2〕柳经纬：《关于时效制度的若干理论问题》，载《比较法研究》2004年第5期。

〔3〕［日］山本敬三：《民法讲义Ⅰ总则》，解亘译，北京大学出版社2004年版，第347页。

3.本书的观点

（1）时效制度的主要目的在于财富利用的合理化，因为社会财富是有限的，而人们的需求却是巨大的。一个人拥有财产或者权利长期不利用或者不行使，则该财产或者权利在实际掌握的人手中可能更能发挥作用。因此，定有一定期间，以等待权利人对权利或者财产的需求。“物尽其用”必定是社会财富欠缺的另一种表达。正是因为这种社会作用，法律才不允许当事人事先排除时效的适用。

（2）至于“举证困难，有利于法院审理案件或者有利于稳定社会法律关系”等理由，本书同意上述学者的批判性观点。因为那仅仅是一个举证问题，若不能举证，则适用权利推定的原则，自不成问题。

（3）促使权利人及时行使权利，促进财富的快速流转，以利于物的使用效率。这对于整个社会来说是有利的。

二、时效的本质

（一）时效为实体法还是程序法上的制度

取得时效因直接取得权利，因此，其为实体法上的制度并无太大的争议。唯有日本有学者提出：时效是以真实的权利状态的存在为前提，作为证明该事实的手段发挥技能。在这个意义上将其定位为证明问题，即诉讼法上的题。[1]

但在诉讼时效的问题上却有较大的争议。有学者考察了比较法上的时效制度后指出：从比较法上看，消灭时效的法律性质在各国民事立法中分别体现为程序法或者实体法性质。罗马法上，诉讼时效体现为典型的程序法性质；《法国民法典》与《日本民法典》则体现为二重模糊性规定；在《德国民法典》中，由于温德沙伊德创造性地从罗马法中提取出了请求权，所以在消灭时效与请求权之间形成了内在的紧密联系，请求权构成了消灭时效的适用对象，从而德国法凭借请求权的实体性概念，摆脱了消灭时效的程序性。[2]

我们认为，时效制度应是实体法上的制度，但其行使与程序有关。在民法上有许多制度都规定于民法实体法，而行使却体现在程序法上，如解除权、代位权等。

---

〔1〕［日］山本敬三：《民法讲义 I 总则》，解亘译，北京大学出版社 2004 年版，第 348 页。

〔2〕朱岩：《消灭时效制度中的基本问题—比较法上的分析—兼评我国时效立法》，载《中外法学》2005 年第 2 期。

（二）时效是否能够事先约定而排除适用

因时效制度并非基于当事人的约定而是基于社会利益的考量，因此，时效制度为法律的强行性规定，不允许当事人事先免除其适用。如《法国民法典》第2220条规定："时效不得预先放弃。"《日本民法典》第146条规定："时效利益不得预先放弃。"我国台湾地区"民法"第147条也有类似的规定。按照现行《德国民法典》第202条的规定，消灭时效可以法律行为抛弃或加重之，但是，因故意而引起的责任不得预先以法律行为减轻。

我国1986年《民法通则》颁布之后，在很长时间内中国立法对此并不明确，直到2008年原《最高人民法院关于审理民事案件适用诉讼时效制度若干问题的规定》（法释〔2008〕11号）才有了明确的答案和裁判依据。该规定第2条已经明确规定:"当事人违反法律规定，约定延长或者缩短诉讼时效期间、预先放弃诉讼时效利益的，人民法院不予认可。"2020年颁布的《民法典》第197条对此进行了明确规定："诉讼时效的期间、计算方法以及中止、中断的事由由法律规定，当事人约定无效。当事人对诉讼时效利益的预先放弃无效。"

三、取得时效与诉讼时效的内在关系

在我国《民法典》的编纂过程中，有一种观点是将诉讼时效与取得时效连接，即返还请求权因诉讼时效届满而被拒绝时，可适用取得时效解决之。[1]学者对此提出批评并指出：这种见解是存在问题的。首先，关于消灭时效适用的范围、对象和效力，不论采取哪种立法例，消灭时效完成都不会导致所有权的消灭。即使返还原物的请求权适用消灭时效的场合，消灭时效期间届满，物的归属仍然是确定的，无须适用取得时效解决之。其次，消灭时效的适用条件比较单一，只要权利人能够行使请求权而不行使，时效即可进行。但取得时效的适用条件就复杂得多。最后，即使在某些场合，出现所有人请求返还原物的请求权因消灭时效期间届满而遭到占有人拒绝，并且占有人同时可依取得时效届满而取得占有物的所有权，那么，所有权的取得也是因适用独立的取得时效制度的结果，而不是建立在所有人的请求权因消灭时效届满而消灭的基础上。[2]

学者的上述见解颇值得赞同，但物上返还请求权是否适用诉讼时效的问题，学者之间观点不同，容后述之。但是，取得时效与诉讼时效之间存在的主要

---

〔1〕 参见全国人大法律工作委员会2002年《民法典（草案）》第105、106条。

〔2〕 柳经纬：《关于时效制度的若干理论问题》，载《比较法研究》2004年第5期。

区别应着重指出：（1）构成要件不同，诉讼时效要求两个要素即可，即权利不行使的状态及经过法定期间；而取得时效则要求物的和平、持续、公开的（有的国家还要求善意）占有并经过法定期间。（2）两种时效的期间长短不同，一般地说，取得时效期间要长于诉讼时效的期间（但也有例外的立法例）。（3）适用对象不同，尽管学者对于两种时效的适用对象有不同见解，但从总的方面看，诉讼时效适用于债权，而取得时效适用于物权。至于物上请求权是否适用则存在争议。我国《民法典》第196条明确规定了某些动产物权的返还请求权可以适用诉讼时效。（4）结果不同。诉讼时效届满后与取得时效届满后的法律效果不同，而这种不同程度因各国立法不同而不同。

四、取得时效与诉讼时效的立法模式

（一）立法例

在具有代表性的立法例上，主要有两种立法模式，即“分别制”与“统一制”。

“分别制”以《德国民法典》为代表，将诉讼时效规定于“总则编”，而将取得时效规定于“物权编”。这样做的目的是因为德国人创造性地发明了“请求权”这一概念，而请求权既可能涉及债权性请求权，也可能涉及物权性请求权。因而请求权是属于共同的东西——“公因式”，因而被规定于“总则编”。而取得时效仅仅涉及物权取得问题，主要是动产物权及未登记的不动产及不动产物权的取得问题，故规定于“物权编”。属于这一立法模式的还有《意大利民法典》、《荷兰民法典》和《俄罗斯民法典》等。

“统一制”以《法国民法典》为代表，该法典第2219条规定：“时效，为在法律规定的条件下，经过一定的时间，取得财产所有权或者免除义务的方法。”

有学者经考察指出：《法国民法典》出于此种本质上的错误，当代法国民法学者已经不再支持《法国民法典》中统一规定消灭时效和取得时效的做法。他们通常在所有权取得的内容中探讨取得时效，而就债权消灭原因探讨消灭时效。实际上，当代法国学者也是将时效制度作为民法典的一个问题加以处理，其采取了德国法的模式。[1]但是，只要仔细地阅读《法国民法典》，就会

〔1〕 Freid/Sonnenberger，转引自朱岩：《消灭时效制度中的基本问题—比较法上的分析—兼评我国时效立法》，载《中外法学》2005年第2期。

发现，其“统一制”仅仅是形式的，而实质上还是分别规定的，正如学者所指出的，《法国民法典》第2219条关于时效的定义，指明了时效完成的两种不同效果：取得财产所有权或者免除义务，产生前一种效果的是取得时效，而产生后一种效果的是消灭时效；另外，关于时效期间的规定，《法国民法典》非常明确地区分消灭时效期间和取得时效期间，法典第2262、2270、2271、2272、2273、2276、2277条规定的是消灭时效的期间，而关于取得时效的期间则规定在第2265条。[1]

我们认为，这主要是因为《法国民法典》“三编制”的立法模式造成的，在其法典中，无总则、无债权与物权的明确区分。《日本民法典》通常被认为也是采取“统一制”的立法例。但是，《日本民法典》已经将两种时效分别予以规定，即在第一编第六章“时效”中，第一节规定两种时效制度的“通则”，第二节规定为“取得时效”，第三节为“消灭时效”。《日本民法典》也是形式上的统一制，而实质上的分别制。

（二）我国《民法典》关于时效制度的立法例

我国《民法典》实际上缺乏取得时效而仅有诉讼时效制度，但不能就此认为，我国《民法典》是实行时效制度的“统一制”。取得时效与消灭时效的制度价值不同，功能不同，因而缺一不可。尽管因取得时效而取得财产所有权的条件是十分严格的，而且，在动产善意取得与不动产登记制度完善后，其适用范围也十分有限；但《民法典》应规定取得时效与消灭时效制度，且应采取“分别制”的立法模式。

第二节　诉讼时效

一、诉讼时效的适用对象

（一）关于诉讼时效适用对象的立法例

1.《德国民法典》及其学理

《德国民法典》第194条第1款规定：“要求他人作为或者不作为的权利（请求权），因时效而消灭。”德国学者一般认为：诉讼时效适用于请求权，

---

〔1〕柳经纬：《关于时效制度的若干理论问题》，载《比较法研究》2004年第5期。

而这种请求权不仅包括债权性请求权，也包括基于物权而产生的请求权。但是，有些权利则例外地不适用：（1）基于亲属关系而发生的请求权；（2）解除共有关系的请求权；（3）要求土地进行登记的请求权及更正登记请求权；（4）相邻关系请求权；（5）继承人要求分割遗产的请求权；（6）人格权、支配权、管理权和形成权不适用诉讼时效，但为恢复与这些权利相关的状态而服务的独立的返还、排除侵害的请求权，适用诉讼时效。〔1〕

2.《日本民法典》及其学理

《日本民法典》第167条规定："债权因10年不行使而消灭。债权或者所有权以外的请求权，因20年间不行使而消灭。"日本学者的一般解释是：除所有权、担保物权及相邻权以外的物权请求权也适用诉讼时效。〔2〕

3.我国台湾地区"民法"及其学理

我国台湾地区"民法"从德国立法例，于第125条规定："请求权因15年期间不行使而消灭。"然而，关于消灭时效应具体适用于什么样的请求权却颇有争议，主要集中在：诉讼时效是否适用于物上请求权。容后述之。

4.小结

大陆法系的民法典在诉讼时效适用于债权性请求权方面均无异议，对于适用于物上请求权的问题，一般持肯定意见，但也有反对意见。但排除某些权利适用时效制度，则是通例。

（二）我国立法及学理上的意见

1.学理

我国学者在诉讼时效适用于债权性请求权方面均无异议，但对于是否适用于物上请求权以及适用于什么样的物上请求权问题上，争议颇大。容后述之。

2.立法

首先，从我国原《民法通则》到《民法典》，我国的民事立法关于诉讼时效的概念都认为，诉讼时效是请求人民法院保护民事权利制度。而且，从《民法典》第196条、原《民法通则》第139条来看，都适用了"请求权"一词。由

〔1〕［德］迪特尔·梅迪库斯：《德国民法总论》，邵建东译，法律出版社2000年版，第90—91页；［德］卡尔·拉伦茨：《德国民法通论》（上册），王晓晔等译，法律出版社2013年版，第333—334页。

〔2〕［日］山本敬三：《民法讲义Ⅰ总则》，解亘译，北京大学出版社2004年版，第392页；［日］富井政章：《民法原论》（第一卷），陈海瀛等译，中国政法大学出版社2003年版，第399—400页。

此可见，都是以“请求权”为基础来设计诉讼时效制度的。

其次，从《民法典》第196条的规定看，似乎可以得出诉讼时效既适用于债权请求权，也适用于物权请求权。该条规定：“下列请求权不适用诉讼时效的规定：（一）请求停止侵害、排除妨碍、消除危险；（二）不动产物权和登记的动产物权的权利人请求返还财产；（三）请求支付抚养费、赡养费或者扶养费；（四）依法不适用诉讼时效的其他请求权。”也就是说，在物权请求权方面，除了“请求停止侵害、排除妨碍、消除危险”与“不动产物权和登记的动产物权的权利人请求返还财产”以外，其他的物权请求权均可以适用诉讼时效。

二、诉讼时效的期间

一般来说，大陆法系国家及受其影响的国家的民法典，对诉讼时效期间都有明确的规定。

诉讼时效期间分为普通期间与特殊期间，如2001年修改后的《德国民法典》，将普通诉讼时效期间规定为3年（第195条），而特殊的期间有的为30年（第197条）、有的为10年（第196条）。

我国《民法典》第188条已经把一般诉讼时效的期间从原来《民法通则》的2年变为3年。[1]但是，从比较法的视角看，这种规定过于单一。因为在实际生活中，各种不同权利相差很大，通过一刀切的方式是否合适值得研究。例如，《德国民法典》在一般诉讼时效之外，规定有很多例外。

三、诉讼时效期间的开始

由于诉讼时效是对债权人权利行使的限制，故开始计算的起点就具有重要意义。因此，简单地规定一个期间而不规定计算的起点，就很难判断其真正的长短。例如，10年的期间乍看起来很长，但其是从权利发生开始计算；1年的诉讼时效期间看起来可能很短，但它是从权利人知道权利被侵害并知道被告人起

---

〔1〕我国原《民法通则》将诉讼时效分为普通诉讼时效期间与特殊诉讼时效期间。根据原《民法通则》第135条的规定，普通诉讼时效期间为2年；而根据第136条的规定：“下列的诉讼时效期间为一年：（一）身体受到伤害要求赔偿的；（二）出售质量不合格的商品未声明的；（三）延付或者拒付租金的；（四）寄存财物被丢失或者损毁的。”另外，特别法上还有更长或者更短的诉讼时效期间。但《民法总则》却没有规定特殊诉讼时效期间，仅仅于第188条规定了一般诉讼时效期间，大概是将这些特殊诉讼时效期间留给特别法规定。

计算，从对债权人保护方面看，1年的可能更长。因此，必须研究时效期间的计算起点。

（一）比较法上的参考

1.日本学理与立法

日本学者指出：消灭时效应自权利人得以行使权利时开始计算。[1]《日本民法典》第166条也体现了这种思想："消灭时效自权利得以行使时起进行。"但是，关于如何解释"得以行使权利"，却有以下两种不同的观点。

一是债权人得以行使权利是指法律上的可能性，就是指行使权利的法律障碍消灭时。此说称为"法律上的可能性说"，为日本通说。

二是所谓"得以行使权利"，是指能够现实期待权利行使的时刻。法律上的权利是否发生，在多数情况下只有在法院才能弄清，因此，让权利承担这种判断的风险不妥。此说被称为"现实可能性说"。

下面的例子可以清楚地说明哪种观点更加合理：K无权代理A从S银行借款3000万元，以在A的土地上设抵押权。其后，K又进一步无权代理A把A的土地卖给了G。至于价款的支付，约定由G替代A向S银行清偿3000万元债务。于是，G向S银行支付了3000万元，办理了土地过户登记。经过了10年后，才发现K实施的是无权代理。由于K所为的是无权代理，实际上G向S银行清偿了本来就不存在的3000万债务。问题是：G请求S银行返还的消灭时效期间，从什么时候开始计算？

按照"法律上的可能性说"，如果G没有觉察到无权代理，G就不能行使权利，这属于事实上的障碍。但在法律上，自没有债务而向银行支付时起随时可以行使返还请求权，时效自那时就开始计算，10年没有行使则消灭。而按照"现实可能性说"，自G知道或者应当知道开始计算时效期间。[2]

我们可以这样理解："法律上的可能性说"是以客观标准为基础的，即只要法律上能够行使，则就应开始计算时效期间。至于债权人主观上如何，不影响时效期间的开始。而"现实可能性说"，不仅要求客观上能够行使，即具有法律上的可能性，而且考虑到权利人是否具有行使的现实可能性（主观标准）。

同时，《日本民法典》还规定了一些特殊的请求权及时效开始的特例，主要

---

〔1〕［日］山本敬三：《民法讲义Ⅰ总则》，解亘译，北京大学出版社2004年版，第361页。
〔2〕［日］山本敬三：《民法讲义Ⅰ总则》，解亘译，北京大学出版社2004年版，第361—362页。

体现在该法典的第168、170、171、724、884条。

2.德国学理与立法

德国学者拉伦茨指出：时效的开始不仅要考虑请求权的发生，也要考虑请求权的到期。因此，原则上时效期间的开始时间和请求权发生的时间是一致的，如果是不作为的请求权，则从违反行为发生时开始。但是，拉伦茨同时也认识到：如果法律规定的债权发生所要求的事实实现，债权也就发生，但是债权这时还不能请求给付。而在债权人能够向债务人请求给付之前，就规定时效期开始，就与法律规定时效的目的不合。因此，这时是指请求权发生而又到期的债权。[1]但是，拉伦茨的论述似有不周到之处，特别是在侵权行为之债，如果仅仅是请求权发生或者到期，但受害人（债权人）不知道加害人（债务人）是何人时，就开始计算诉讼时效期间，如何公允？因此，梅迪库斯指出：有时消灭时效的目的条件并不存在，因为债权人发现瑕疵或者至少能够发现瑕疵之前，因瑕疵所生的请求权可能已经届满，例如，购买灭火器的人只有在火灾发生时，才可能发现灭火器是空的。不过，这时可能已经超过时效期。因此，从法律政策上看，最佳的方案或许是规定一项短期的消灭时效期间，但起算应该是在债权人事实上能够利用该期间时开始计算。[2]

2002年修改后的《德国民法典》基本上采用了梅迪库斯的观点，具体体现在该法典的第199条。该条规定："（1）普通消灭时效期间自有下列情形之年的年末起算：（A）请求权是在该年内产生的，并且（B）债权人在该年内知道或者应当知道在无重大过失的情况下应当知道使请求权成立的情况和债务人的。（2）以侵害生命、身体、健康或者自由为依据的损害赔偿请求权，不论它们是在何时产生和债权人是否知道或者因重大过失而不知道，自实施行为时、违反义务时或者引起损害的其他事件发生时起，经过30年而完成消灭时效。（3）其他损害赔偿请求权：（A）不论是否知道或者因重大过失而不知道，自它们产生时起经过10年而完成消灭时效，并且（B）不论它们是在何时产生和债权人是否知道或者因重大过失而不知道，自实施行为时起、违反义务时或者引起损害的其他事件发生时起，经过30年而完成消灭时效。最早终了的时间是决定性的。（4）损害赔偿请求权以外的请求权，不论债权人是否知道或者因重大过失而不知道，自它们产生时起经

---

〔1〕［德］卡尔·拉伦茨：《德国民法通论》（上册），王晓晔等译，法律出版社2013年版，第338—341页。

〔2〕［德］迪特尔·梅迪库斯：《德国民法总论》，邵建东译，法律出版社2000年版，第92、95页。

过 10 年而完成消灭时效。(5)请求权的标的是不作为的，以违反行为代替请求权的发生。"《德国民法典》的这一条规定有两点颇值得关注：一是诉讼时效期间的起算既考虑到了客观因素——请求权的产生，又考虑到了债权人的主观态度——知或者应知的因素；二是规定了最长期间，该期间无论是 30 年，还是 10 年，都以请求权发生之日开始计算，即最长时效期间仅仅考虑客观因素。这种计算方式颇似我国民法立法的规定模式。

另外，《德国民法典》第200、201条及第479条还规定了一些特殊请求权的起算时点。

3.我国台湾地区学理及立法

（1）以“作为”为目的的请求权

以“作为”为目的的请求权，请求权自可以行使时起算。所谓请求权可以行使，是指权利人于法律上并无障碍，而得行使请求权的状态而言。至于义务人实际上能否给付、请求权人主观上何时知悉其可行使，则非所问。具体来说：

（A）附停止条件或者期限的权利，自其条件成就或者期限届至时起计算。

（B）请求权定有清偿期者，自期限届满时即可行使，其消灭时效应自期限届满时起算。

（C）债权未定有清偿期者，债权人得随时请求清偿。此项请求权自债权成立时起即可行使，应自债权成立时起计算；诉讼上的和解，应自和解成立时计算。

（D）基于法律规定而成立的债权，如不当得利请求权、对于无权代理人的损害赔偿请求权等，于成立时即可行使，于成立时计算时效。

（E）出租人对于承租人返还原物的请求权，其消灭时效应自租赁关系消灭时起算。

（F）因债务不履行而产生的损害赔偿请求权，乃原来债的变形与原来的债具有同一性，其消灭时效期间应以原来的债定之，并自原来的债得请求时开始起算。

（2）以“不作为”为目的的请求权

以“不作为”为目的的请求权，自义务人有违反行为时起算。[1]

4.我国学理及立法

---

〔1〕 王泽鉴：《民法总则》(增订版)，中国政法大学出版社 2001 年版，第 530—532 页。

在《民法典》之前，由于我国1986年《民法通则》（第137条）规定了诉讼时效期间自债权人知道或者应当知道权利被侵害之日起计算，为我国学理的通说。但有学者对此提出了批评，认为：《民法通则》仅仅规定当事人的主观状态为时效期间起算点，而未规定客观标准有悖于计算时效期间的一般顺序。[1]

我们认为，诉讼时效的目的之一就是惩罚那些躺在权利上睡觉的人，因此，诉讼时效期间的起算应与此目的相适应，故诉讼时效期间的起算点之一般原则应是：从能够行使权利而不行使时开始计算。正如学者所指出的：只有存在权利人享有请求权而怠于行使的事实，方可适用消灭时效，也只有在具备这种事实状态时，时效期间才开始计算。[2]以上观点恰恰就是兼顾客观与主观要素的结果。

另外，我们十分赞同在规定时效期间的计算起点时，应注意违约责任的请求权与侵权责任的请求权的区别。[3]我国原《民法通则》正是因为没有顾及这一区别，才规定了“从权利人知道或者应当知道权利被侵害之日起计算”的标准，而这种规则对于违约责任并无问题，但对于侵权责任则可能存在极大的问题。例如，被侵害人虽然知道自己的权利被侵害，但却不知道加害人（被告或者责任人），这时就开始计算诉讼时效期间，而等到被侵害人知道了加害人时，可能已经超过了诉讼时效期间。因此，这种计算方式对于债权人殊欠公允。

我国《民法典》第188条将“自权利人知道或者应当知道权利受到损害以及义务人之日”开始计算普通诉讼时效的期间作为一般原则，兼顾到了合同责任、侵权责任及其他责任的性质，是一种比较合理与可行的方法。该表述包括两个方面的含义：一是在客观上（法律上）请求权已经发生；二是请求权人知道自己的权利发生而且知道相对人。

但是，这种计算方法与最长期间可能会存在矛盾，因为时效期间从知道或者应当知道权利被侵害之日起开始计算，如果权利人在权利成立之后的19年才知道权利被侵害的，如果适用2年时效期间，则会超过20年的最长期间。如果适用20年期间，则会少于2年或者1年的期间。这个矛盾如何解决？原《民通意

---

〔1〕朱岩：《消灭时效制度中的基本问题—比较法上的分析—兼评我国时效立法》，载《中外法学》2005年第2期。

〔2〕柳经纬：《关于时效制度的若干理论问题》，载《比较法研究》2004年第5期。

〔3〕朱岩：《消灭时效制度中的基本问题—比较法上的分析—兼评我国时效立法》，载《中外法学》2005年第2期。

见》第167条规定："民法通则实施后，属于民法通则第一百三十五条规定的二年诉讼时效期间，权利人自权利被侵害时起的第十八年后至第二十年期间才知道自己的权利被侵害的，或者属于民法通则第一百三十六条规定的一年诉讼时效期间，权利人自权利被侵害时起的第十九年后至第二十年期间才知道自己的权利被侵害的，提起诉讼请求的权利，应当在权利被侵害之日起的二十年内行使；超过二十年的，不予保护。"即发生矛盾时，适用最长期间。

（二）几种特殊请求权的时效期间的起算问题

根据《民法典》第189—191条及我国《最高人民法院关于审理民事案件适用诉讼时效制度若干问题的规定》（法释〔2020〕17号），对于实践中经常发生的几种特殊请求权起算作了规定，主要包括如下。

1.当事人约定同一债务分期履行的，诉讼时效期间自最后一期履行期限届满之日起计算。这显然是将分期履行的债务当成一个整体对待的，不仅有利于保护债权人利益，也符合公平原则。

2.无民事行为能力人或者限制民事行为能力人对其法定代理人的请求权的诉讼时效期间，自该法定代理终止之日起计算。这主要是考虑到被代理人的实际行使请求权的情况规定的，无论是因为被代理人取得完全行为能力，还是因为代理人自身的原因终止法定代理而由新的法定代理人替代后，才能对代理人行使请求权。

3.未成年人遭受性侵害的损害赔偿请求权的诉讼时效期间，自受害人年满十八周岁之日起计算。这也是考虑到受害人行使请求权的可能性，以更好地保护受害人。

在现实生活中，不仅应对这种情况作出特殊规定，还有很多涉及未成年人的情况都应该加以特殊规定，如处在同一基于亲权而产生的监护人之下的兄弟姐妹之间的伤害赔偿请求权，也应该从受害人独立生活后开始计算。否则，就会加重监护人的负担。

4.关于不当得利返还请求权的诉讼时效期间的起算。返还不当得利请求权的诉讼时效期间，从当事人一方知道或者应当知道不当得利事实及对方当事人之日起计算（《最高人民法院关于审理民事案件适用诉讼时效制度若干问题的规定》（法释〔2020〕17号）第6条）。

5.因无因管理而发生的债权请求权的诉讼时效期间的起算。管理人因无因管理行为产生的给付必要管理费用、赔偿损失请求权的诉讼时效期间，从无因管理行为结束并且管理人知道或者应当知道本人之日起计算。本人因不当无因管理行为产生的赔偿损失请求权的诉讼时效期间，从其知道或者应当知道管理人及损害事实之日起计算（《最高人民法院关于审理民事案件适用诉讼时效制度若干问题的规定》（法释〔2020〕17号）第7条）。

6.未定履行期的债权的时效期间的起算。关于未定履行期的债权的时效期间的起算问题，学者间颇有争议。有学者主张：应从债权成立时计算；也有学者主张：应从权利主张而遭受债务人拒绝时开始起算；还有的学者主张：应从予以债务人宽限期届满后的第二日开始计算。崔建远教授非常仔细地研究了这一问题，并区分不同情况进行了分析。他认为：（1）债权人催告当时债务人就同意履行，实际上却未履行的，诉讼时效期间自该催告的次日开始起算；（2）债务人主动提出履行，且双方约定有固定期间，该期间届满而债务人未履行的，诉讼时效期间自该期间届满的次日开始起算；（3）债权人向债务人主张一次，债务人当即明确表示拒绝，而且含有将来也不履行的意思的，诉讼时效期间应从该拒绝之日的次日开始计算，而不论债权人是否规定有宽限期以及该期限是否届满；（4）债权人向债务人主张履行债务，而债务人未明确表示拒绝，双方约定有债务履行的宽限期，在该期限届满而债务人客观上未履行债务，诉讼时效期间自该宽限期届满的次日开始计算；（5）债权人向债务人主张一次，债务人因行使抗辩权而拒绝。那么债务人的行为不构成违约，诉讼时效期间不起算。[1]

我国《最高人民法院关于审理民事案件适用诉讼时效制度若干问题的规定》（法释〔2020〕17号）第4条规定："未约定履行期限的合同，依照民法典第五百一十条、第五百一十一条的规定，可以确定履行期限的，诉讼时效期间从履行期限届满之日起计算；不能确定履行期限的，诉讼时效期间从债权人要求债务人履行义务的宽限期届满之日起计算，但债务人在债权人第一次向其主张权利之时明确表示不履行义务的，诉讼时效期间从债务人明确表示不履行义务之日起计算。"

我们认为，从时效期间的意义上看，应认为"从债权成立之时"起算较符合目的及逻辑。因为未定履行期的债权实际上因法律的补充性规定而使得履行期仍然是明确的，即债权人可以随时请求债务人履行，即债权自成立时就已经让"债权人能够行使请求权"了，因此，应从债权成立时开始起算。就如日本学者所言：在债权没有规定期限的情形下，债权人可以随时请求履行。因此，

〔1〕 崔建远：《无履行期限的债务与诉讼时效》，载《人民法院报》2003年5月30日。

时效期间应自债权发生之时起进行。[1]至于宽限期，应是债务履行的实际期限，而非债权人得请求的期限。正确的理解应当是：债权自成立开始计算，而债权人请求则中断时效期间。宽限期是实际履行的期限，即使在定有期限的债权中，双方也可能定一个延展期，而这时诉讼时效期间也不从延展期开始计算。

至于“债务人在债权人第一次向其主张权利之时明确表示不履行义务”，则应当是诉讼时效期间的中断问题，即重新计算的问题。

7.合同被撤销后的返还财产和损害赔偿请求权的诉讼时效期间计算。我国《最高人民法院关于审理民事案件适用诉讼时效制度若干问题的规定》（法释〔2020〕17号）第5条第2款规定：“合同被撤销，返还财产、赔偿损失请求权的诉讼时效期间从合同被撤销之日起计算。”

该条规定的合同被撤销后的赔偿损失的诉讼时效期间没有问题，但是，合同被撤销后的返还财产问题是否适用诉讼时效适用的对象，则存在重大理论争议。主要与我国法是否适用物权行为的独立性与无因性有关：如果承认物权行为的独立性与无因性，出卖人返还财产的请求权基础就是债权请求权，即不当得利请求权，当然适用诉讼时效。如果不承认物权行为独立性和无因性，则是物上返还请求权。那么，即使按照《民法典》第196条的规定，除不动产物权和登记的动产物权不适用诉讼时效外，其他物上返还请求权适用诉讼时效。

但物权行为独立性和无因性这一问题在我国立法和司法解释上很是含糊，而且左右摇摆：《民法典》第215条及第311条显然是承认物权行为独立性与无因性的，但学理上并没有形成共识。最高人民法院关于动产买卖的司法解释第3条至少是承认独立性的，无因性并不清楚。但从《最高人民法院关于审理民事案件适用诉讼时效制度若干问题的规定》（法释〔2020〕17号）第5条第2款的规定来看，显然属于不当得利请求权，因此也是承认无因性的。

8. 附停止条件与始期的请求权的诉讼时效期间，应从条件成就或者期限到来时开始计算。

9. 不作为请求权的时效期间的起算点。不作为在什么情况下构成义务的标的，是一个十分值得研究的问题。请求权，特别是债权的标的一般是作为，不作为不能一般地作为请求权的标的，只有在当事人特别约定或者法律有特别规定时，才能成为请求权的标的。如对人身权、物权等绝对权的不侵犯义务，不能作

〔1〕［日］山本敬三：《民法讲义Ⅰ总则》，解亘译，北京大学出版社2004年版，第362页。

为请求权的标的，假如有人侵犯，则属于法律对权利的保护而作为侵权行为论。因此，仅仅在当事人约定与法律规定时，不作为才能成为请求权的标的。

在当事人约定时，不作为成为义务，若义务人违反即属于违约。此时，违约责任的诉讼时效期间的起算，无论是按照“权利人能够行使权利”，还是按照“请求权成立之时”即不作为义务人违反义务而作为起算，结果是一样的。在第二种情况下，虽然是法律的规定，但也多发生在契约领域，因法律顾及公平与诚信而规定之。如 A 将自己经营川菜的饭馆租赁给B收取租金。尔后不久，A又在附近重新开了一家饭馆经营川菜。A依据诚实信用原则应负有在相当范围（即对B的客源有影响的范围）内不竞争的义务。此时，也是合同相对人之间的问题。在这种情况下，以“不作为义务人违反义务而作为”时开始计算诉讼时效更加合理。

综上所述，我们认为，诉讼时效的起算只要规定“从权利人能够行使权利开始计算”，就可以解决不同情形的请求权的时效期间的起算问题。具体的情形，应当解释什么是“权利人能够行使权利”。至于说我国《民法典》第188条第2款规定的“诉讼时效期间自权利人知道或者应当知道权利受到损害以及义务人之日起计算”，与“从权利人能够行使权利开始计算”相比，虽然更加具体，容易理解，但后者更加合理。

四、影响诉讼时效期间进行的因素

诉讼时效期间及开始计算的方法，必然会使债权人产生这样的疑问：只要债务人拖延给付时间，时效期间就必然完成，进而影响自己权利的实现。在诉讼时效期间较短的情况下，更为突出。因此，为保护债权人利益，法律必须赋予债权人对时效期间的进程施加影响的可能性〔1〕。一般国家的民法典规定了三种影响因素，即时效期间的中断、中止及不完成。我国《民法典》对于这种影响诉讼时效期间进行的因素规定了诉讼时效期间的中止、中断和延长。〔2〕

（一）诉讼时效期间的中断

1.诉讼时效期间中断的概念

诉讼时效的目的在于惩罚那些躺在权利上面睡觉的人，即对权利不行使的制裁。如果存在与当事人不行使权利相反的事由，则不应当实施这种惩罚。所

〔1〕［德］迪特尔·梅迪库斯：《德国民法总论》，邵建东译，法律出版社 2000 年版，第 99 页。
〔2〕 我国《民法总则》第 194 条是否可以解释为“时效的不完成”，需要认真考虑。

以，中断就是这种解除惩罚的方法。所谓诉讼时效的中断，是指在诉讼时效期间进行的过程中，出现了与权利人不行使权利相反的法定事由，使得已经经过的时效期间归于消灭，而重新计算期间的制度。

2.诉讼时效期间中断的事由

各国民法对于诉讼时效期间中断的事由都有专门的规定，而这些规定事由可能不尽相同，但大致可以分为以下几类：一是请求（起诉或者相当于起诉的行为）；二是债务人承认；三是其他行为。我国《民法典》第195条也规定了大致相同的事由，但学理及司法实践在解释各种事由时，却与国外民法及判例存在较大的不同。下面具体分析之。

（1）向义务人请求履行义务

虽然“请求履行义务”是中断时效期间的法定事由，但关于何为“请求”却存在较大的差异。

日本学者指出：“这里所说的请求，不仅需要要求债务人的履行，而且还需要在有法院参与的正式程序中请求。”具体是指：裁判上的请求、支付督促、为和解而传唤任意出庭、破产程序的参加。〔1〕

德国学者指出：“在非法学专业人士中，有一种流行很广的看法，认为用挂号信向债务人发出履行催告（请求）即可中断消灭时效。实际上，这种方式是不起任何作用的。”〔2〕因此，德国学理及立法不将这种行为称为“请求”，而是直接用“起诉或者相当于起诉的行为”。〔3〕2002年修改后的《德国民法典》第204条规定了消灭时效因下述权利追及行为而中断：（A）提起给付之诉或者请求权确认之诉，或者诉请发给执行条款或者发布执行判决；（B）在关于未成年人抚养的简易程序中送达申请；（C）在督促程序中送达支付令；（D）向法定调解机构提出的和解申请被通告；（E）在诉讼中主张请求权的抵销；（F）送达诉讼告示；（G）送达进行独立的证明程序的申请；（H）开始约定鉴定程序或者委托鉴定人；（I）送达要求发布假扣押、假处分或者假命令的申请；（J）在破产程序或者在航运分配程序中申报债权；（K）开始仲裁程序；（L）如果是否准予诉讼取决于特定机关的预先裁定时，向该特定机关递交申请；（M）将申请递交给有管辖权的上级法院，并且在申请被处理后

〔1〕［日］山本敬三：《民法讲义 I 总则》，解亘译，北京大学出版社 2004 年版，第 370 页。

〔2〕［德］迪特尔·梅迪库斯：《德国民法总论》，邵建东译，法律出版社 2000 年版，第 100 页。

〔3〕［德］卡尔·拉伦茨：《德国民法通论》（上册），王晓晔等译，法律出版社 2013 年版，第 344 页。

3个月内提起诉讼或者提出须为之而确定裁判籍的申请；（N）使要求给予诉讼费援助的最初的申请被通告，在递交申请后随即被通告的，在递交时即发生消灭时效的中断。

也就是说，在大陆法系许多国家，所谓中断时效期间的“请求”，必须有法院参与其中。当事人相互之间的直接请求不发生中断时效的效果。自我国《民法通则》开始，无论是学理，还是司法实践对于“请求”都不作这样的“限缩性解释”，一旦通过口头形式（只要能够证明）、书面形式向对方主张权利，即可发生中断时效期间的效果。像梅迪库斯所说的非法学专业人的流行看法，即认为用挂号信向债务人发出履行催告（请求）即可中断消灭时效，在我国的确能够起到中断时效期间的作用。《民法典》第195条规定的“权利人向义务人提出履行请求”可以中断时效期间，恰恰就是这种表达。

这种差别实际上造成了许多制度性差别，如因《德国民法典》与《日本民法典》不认为一般的请求能够引起诉讼时效中断的效果。因此，在债权转让中，虽然有债权人通知债务人转移债权的事实，但却不中断时效期间，则属于当然的事。在我国因一般的书面或者口头请求就可以中断诉讼时效期间，在债权转让时，债权人通知债务人向新的债权人履行义务，就含有主张债权的意思，因此，应当引起诉讼时效期间的中断。但有些学者也在这里使用德国与日本的观点，就与我国立法矛盾。因此，我国《最高人民法院关于审理民事案件适用诉讼时效制度若干问题的规定》（法释〔2020〕17号）第17条之规定，正是对于之前我国学理的一次很好的纠正，也是符合我国民事立法和学理的做法。

应该如何理解《民法典》第195条“权利人向义务人提出履行请求”呢？在这里，最高人民法院关于诉讼时效司法解释可以参照《最高人民法院关于审理民事案件适用诉讼时效制度若干问题的规定》（法释〔2020〕17号）第8条的规定：“具有下列情形之一的，应当认定为民法典第一百九十五条规定的‘权利人向义务人提出履行请求’，产生诉讼时效中断的效力：（一）当事人一方直接向对方当事人送交主张权利文书，对方当事人在文书上签名、盖章、按指印或者虽未签名、盖章、按指印但能够以其他方式证明该文书到达对方当事人的；（二）当事人一方以发送信件或者数据电文方式主张权利，信件或者数据电文到达或者应当到达对方当事人的；（三）当事人一方为金融机构，依照法律规定或者当事人约定从对方当事人账户中扣收欠款本息的；（四）当事人一方下落不明，对方当事人在国家级或者下落不明的当事人一方住所地的省级有影响的媒体上刊登具有主张权利内容的公告的，但法律和司法解释另有特别规定的，适用其规定。前款第（一）项情形中，对方当事人为法人或者其他组织的，签收人可以是其法定代表人、主要负责人、负责收发信件的部门或者被授权主体；对方当事人为自然人的，签收人可以是自然人本人、同住的具有完全行为能力的亲属或者被授权主体。”

（2）义务人同意履行义务

如果义务人同意履行义务，在我国法上当然应该发生时效中断的效力。在这里，如果义务人仅仅向权利人表示承认债务的存在，但并未表示同意履行的，是否也发生中断的效力？尽管我国自1986《民法通则》开始，在立法上表述的就是“当事人一方同意履行义务”（原《民法通则》第140条）。但司法实践中，凡是债务人承认债务的，均视为同意履行债务而中断时效期间。

《最高人民法院关于审理民事案件适用诉讼时效制度若干问题的规定》（法释〔2020〕17号）第14条规定：“义务人作出分期履行、部分履行、提供担保、请求延期履行、制定清偿债务计划等承诺或者行为的，应当认定为民法典第一百九十五条规定的‘义务人同意履行义务’。”

（3）提起诉讼或者仲裁或者有其他相当于提起诉讼的行为

《民法典》第195条对于“权利人提起诉讼或者申请仲裁”以及“与提起诉讼或者申请仲裁具有同等效力的其他情形”作为中断诉讼时效期间的事由，作出了明确的规定。但是，如何解释呢?

根据《最高人民法院关于审理民事案件适用诉讼时效制度若干问题的规定》（法释〔2020〕17号）第11、12条及第13条规定的精神，下列行为也被认定与提起诉讼或者仲裁具有同等效力的情形：（A）申请支付令；（B）申请破产；（C）申报破产债权；（D）为主张权利而申请宣告义务人失踪或死亡；（E）申请诉前财产保全、诉前临时禁令等诉前措施；（F）申请强制执行；（G）申请追加当事人或者被通知参加诉讼；（H）在诉讼中主张抵销；（I）其他与提起诉讼具有同等诉讼时效中断效力的事项；（J）权利人向人民调解委员会以及其他依法有权解决相关民事纠纷的国家机关、事业单位、社会团体等社会组织提出保护相应民事权利的请求，诉讼时效从提出请求之日起中断；（K）权利人向公安机关、人民检察院、人民法院报案或者控告，请求保护其民事权利的，诉讼时效从其报案或者控告之日起中断。上述机关决定不立案、撤销案件、不起诉的，诉讼时效期间从权利人知道或者应当知道不立案、撤销案件或者不起诉之日起重新计算；刑事案件进入审理阶段，诉讼时效期间从刑事裁判文书生效之日起重新计算。

由于我国对于时效中断采取比较宽恕的解释态度，因此，以上事由作为我国民法上时效中断的事由当无问题。但需要说明的是：当诉讼或者申请仲裁后又撤回的，不发生时效中断的效力。因为起诉或者申请仲裁后又撤回的，视为没有起诉或者申请仲裁。在其他相当于权利行使的情形中，若在行使意思表示后又撤回的，也不发生中断时效的效果。

另外，需要说明的问题是：如果权利人仅就一部分权利具有行使的行为，则中断就全部权利发生，还是仅就该部分权利发生？对此，有两种不同的主张：部分中断说与全部中断说。部分中断说认为：如果权利人仅就一部分权利具有行使的行为，则时效仅仅在行使的范围内中断，而其余部分并不中断。这是因为，权利只在被行使的部分的范围内得到确认。〔1〕德国学者也持此主张。〔2〕全部中断说认为：在此情形下，时效就全部债权中断。这是因为，既然没有明示是部分债权，就可以认为是以此金额作为全部债权而提起诉讼的。〔3〕

《最高人民法院关于审理民事案件适用诉讼时效制度若干问题的规定》（法释〔2020〕17号）采用了“全部中断说”，该司法解释第9条规定：“权利人对同一债权中的部分债权主张权利，诉讼时效中断的效力及于剩余债权，但权利人明确表示放弃剩余债权的情形除外。”

3.时效中断的法律后果

无论是国外的民法学理及立法，还是我国的学理与立法均规定诉讼时效中断的，时效期间重新起算。（《民法典》第195条）。

4.几种特殊情形下的时效中断的效力

（1）对于连带债权或者债务的效力

A. 对于连带债权人中的一人发生诉讼时效中断效力的事由，应当认定对其他连带债权人也发生诉讼时效中断的效力［《最高人民法院关于审理民事案件适用诉讼时效制度若干问题的规定》（法释〔2020〕17号第15条第1款规定）］。

B. 对于连带债务人中的一人发生诉讼时效中断效力的事由，应当认定对其他连带债务人也发生诉讼时效中断的效力［《最高人民法院关于审理民事

〔1〕［日］山本敬三：《民法讲义I总则》，解亘译，北京大学出版社2004年版，第372页。
〔2〕［德］迪特尔·梅迪库斯：《德国民法总论》，邵建东译，法律出版社2000年版，第100页。
〔3〕［日］山本敬三：《民法讲义I总则》，解亘译，北京大学出版社2004年版，第371页。

案件适用诉讼时效制度若干问题的规定》（法释〔2020〕17号）第15条第2款规定］。

（2）代位权诉讼对于时效中断的影响

债权人提起代位权诉讼的，应当认定对债权人的债权和债务人的债权均发生诉讼时效中断的效力［《最高人民法院关于审理民事案件适用诉讼时效制度若干问题的规定》（法释〔2020〕17号）第16条规定］。

（3）债权转让或者债务承担对于时效的影响

A. 债权转让的，应当认定诉讼时效从债权转让通知到达债务人之日起中断。

B. 债务承担情形下，构成原债务人对债务承认的，应当认定诉讼时效从债务承担意思表示到达债权人之日起中断［《最高人民法院关于审理民事案件适用诉讼时效制度若干问题的规定》（法释〔2020〕17号）第17条第2款规定］。

5.诉讼时效与判决执行期间的关系

法院判决以后，胜诉的一方当事人请求执行判决的期间与诉讼时效期间是否是一回事？对此有不同观点，有学者认为，诉讼时效因权利人起诉而中断后，在诉讼程序终结前，因权利人持续处于行使权利的状态，故不应开始算诉讼时效期间。诉讼程序终结后，如果权利人获得胜诉判决或者法院出具调解书结案，则无论请求权的诉讼时效期间长短如何，均应统一适用《民事诉讼法》第246条规定的2年申请执行时效及其起算规则，不必也不能从诉讼程序终结时起重新计算原有的诉讼时效期间。即便将该条解释为关于债权请求权的诉讼时效的规定，也应统一适用其所规定的2年时效期间及起算规则。诉讼程序终结后，权利人败诉的，因其请求权未获承认，自无法重新计算诉讼时效期间。权利人申请再审的，应当适用《民事诉讼法》第233条规定的6个月申请再审期限，也不能重新计算诉讼时效期间。〔1〕这种观点有道理，但下列问题需要认真考虑：（1）执行期间是否与诉讼时效期间的立法宗旨相同？执行期间属于程序法上的问题，但诉讼时效属于实体法上的问题。尤其是在《民法典》之后，已经把诉讼时效期间规定为3年，而执行期间仍然没有变化。这两者的区别是否就已经很明确了？（2）请求权是否得到法院确认与诉讼时效之关系如何？诉讼时

〔1〕 戴孟勇：《论因起诉及与起诉类似的事项导致诉讼时效中断的效力》，载《交大法学》2016年第4期，第58—59页；乔宇：《论申请执行时效的适用程序——兼谈权力分工语境下的审执分立》，载《法律适用》2013年第4期，第67页；刘学在：《论执行时效制度之理解误区及其矫正》，载《北方法学》2014年第4期，第87页。

效属于请求权的行使问题，一个真实存在的请求权不一定得到法院判决承认，很多错案恰恰就是这样。如果一审、二审、再审都否定了当事人的请求权，是否只能说诉讼时效的计算已经对于当事人没有意义了？如果有一天错案被纠正，那么，请求权的时效是否还有意义呢？尤其是我国现在正在进行的对于公检法教育整顿的过程中，许多旧案正在被纠正。如果诉讼时效不能计算诉讼时效期间，则对于当事人是否公平？

（二）诉讼时效的中止

1.中止的概念

（1）定义

在诉讼时效进行中，出现了请求权行使的障碍，诉讼时效期间停止计算，等到障碍事由消失后，期间继续计算的制度。

（2）中止的制度价值

中止的制度价值在于保护权利人的利益，起到真正惩罚有权利不行使的人的作用。因为在有些情况下，并不是权利人不想行使权利，而是不能行使权利。在此情况下，若继续计算诉讼时效期间，就会与时效制度的价值相背离。因此，必须中止计算，等到阻碍行使权利的事由消失后，再继续计算。

（3）中止与中断的主要区别

A.事由不同——中断的事由是主观的原因，即权利行使的行为；而中止的事由一般都是客观的，即因权利人之外的原因导致权利不能行使。

B.法律效果不同——中断的法律效果是诉讼时效中断前已经经过的期间归于消灭，而重新计算时效期间；而中止则不导致已经经过的时效期间归于消灭，而是暂时停止，等到阻碍事由消灭后，再继续计算。

C.发生的期间不同——中断在任何时候都可以发生，而中止必须发生在诉讼时效进行中的最后6个月内。

（4）时效的中止与不完成

《德国民法典》区分时效的中止与时效的不完成。时效的中止是指由于特定原因，时效期间暂时停止进行，停止进行的时间不计入时效期间。[1]按照现行《德国民法典》第205—208条的规定，时效期间可因下列原因而停止计算：（A）债务人有权拒绝给付的。（B）债权人在时效期间进行中的最后6个月内，

〔1〕［德］卡尔·拉伦茨：《德国民法通论》（上册），王晓晔等译，法律出版社2013年版，第340—341页。

因不可抗力而不能追及权利的。（C）婚姻关系存续期间，配偶之间的请求权；在同性生活伴侣关系存续期间其相互请求权；父母子女之间的请求权在未成年人成年前；监护关系存续期间，监护人与被监护人之间的请求权；照管关系存续期间，照管人与被照管人之间的请求权；保佐关系存续期间，保佐人与被保佐人之间的请求权。（D）到债权人满21岁止，因侵害性的自我决定而产生的请求权。

时效的不完成与停止有别：在时效的不完成情形下，虽然时效本身可以继续进行，但它不在某个特定的时间之前届满，即时效期间必须延长至该期间到来之时。[1]例如，根据《德国民法典》（2002年前的民法典第206条、2002年之后的民法典第210条）的规定，在非完全行为能力人无法定代理人的情况下，时效期间在其取得行为能力后6个月内不完成。

我国台湾地区"民法"也仿照《德国民法典》之体例，也规定了时效的不完成。其事由为：（A）不可抗力；（B）继承财产的权利或者对于继承财产的权利，自继承人确定或者管理人选定，或者破产宣告时起6个月内，时效不完成；（C）对于无行为能力人或者限制行为能力人，在其成为完全行为能力人或者自确定法定代理人时起6个月内不完成；（D）无行为能力人或者限制行为能力人对于其法定代理人的权利，于代理关系消灭后的一年内不完成；（E）夫妻相互之间的请求权在婚姻关系消灭后的一年内不完成。[2]

如果同《德国民法典》及我国台湾地区"民法"比较，我国《民法典》规定的许多所谓"中止"的事由，可以归于时效的"不完成"，如《民法典》第194条第2款规定："自中止时效的原因消除之日起满六个月，诉讼时效期间届满。"

2. 中止的事由

《民法典》第194条第1款规定："在诉讼时效期间的最后六个月内，因下列障碍，不能行使请求权的，诉讼时效中止：（一）不可抗力；（二）无民事行为能力人或者限制民事行为能力人没有法定代理人，或者法定代理人死亡、丧失民事行为能力、丧失代理权；（三）继承开始后未确定继承人或者遗产管理人；（四）权利人被义务人或者其他人控制；（五）其他导致权利人不能行使请求权的障碍。"

---

〔1〕［德］迪特尔·梅迪库斯：《德国民法总论》，邵建东译，法律出版社2000年版，第101页。
〔2〕见我国台湾地区"民法"第139—143条。

但这些事由仍然过窄，不能周延地保护权利人利益，故应扩充之。具体来说，中止还应包括下列事由：（1）磋商。当事人就债权债务关系及有关事宜进行磋商的，时效停止进行。自一方当事人拒绝磋商时起，时效继续计算。（2）特殊关系。特殊关系包括两种：一种是无民事行为能力人或者限制民事行为能力人与法定代理人之间的请求权，在法定代理关系存续期间，诉讼时效期间停止进行。自代理关系终止后时起，时效期间继续计算（这一点，在第190条已经规定）。另一种是夫妻之间的请求权或者家庭成员之间的请求权因夫妻关系或者家庭关系的存在而停止进行。

当然，我国《民法典》对于有些特殊情况，用推迟“起算点”的方式解决，如第190条及第191条关于民事行为能力欠缺及未成年人遭受性侵的请求权。

3.中止的法律后果

时效期间中止并不导致已经经过的时效期间失去效力，仅仅是停止计算，待中止事由消灭后，继续计算，为了更好地保护债权人，并规定在中止事由消灭后的一定期间内时效不完成。我国《民法典》第194条第2款规定：“自中止时效的原因消除之日起满六个月，诉讼时效期间届满。”

五、诉讼时效的延长

诉讼时效的延长是指因特殊情况，经权利人申请，法院对于已经完成的时效期间给予延长的情形。

在具体到能够延长的期间是指什么期间时，《民法典》之前学者在之间就存在争议。有学者主张：适用所有的期间，而有的学者主张仅仅适用于20年期间，其他的适用中断与中止。但从原《民通意见》第175条的规定看，适用于所有期间。但从《民法典》第188条第2款的规定行文解释，仅仅适用于最长时效期间。

至于诉讼时效的延长的条件是：（1）有特殊情况。按照原《民通意见》第169条的规定看，所谓特殊情况是指权利人由于客观的障碍在法定诉讼时效期间不能行使请求权。（2）权利人申请。（3）决定权在法院。

六、诉讼时效的援用

（一）援用的一般原则

法院能否主动适用诉讼时效而审判？从罗马法以来，时效制度一直有一条重要的原则：即时效只能由当事人主张，而法官不能主动引用。例如，《法国民法典》第2223条规定："法官不得援用时效的方法。"《日本民法典》第145条规定："除非当事人援用时效制度，法院不得援用时效制度进行审判。"我国《民法典》第193条对此进行了明确的规定："人民法院不得主动适用诉讼时效的规定。"

（二）法院不能援用的说明理由

虽然大陆法系国家的民法典都规定，时效仅能为当事人援用而法官不得主动适用，但在说明理由上却有不同。大致可分为以下两种观点。

1. 效果确定与辩论主义说

该说的主要观点是：时效的援用，是以时效的完成为基础要求裁判的行为。在要求裁判前因时效的完成所发生的权利消灭或者取得这种效果虽然已经确定，但如果当事人不援用，则法院不得依时效进行裁判。要求这种援用，是民事诉讼法上的辩论主义——"构成裁判基础的事实的提出属于当事人的责任"——的体现。〔1〕

2. 不确定效果及良心说

该说认为：权利的取得或者消灭这种效果使时效完成也不发生，如果被援用，才自始发生。根据这种见解，援用被理解为效果发生的停止条件。而只能由当事人援用的理由是：因时效而取得权利或者免除义务，是违反道德的。所以，把是否享有这种时效利益交由当事人的良心决定。〔2〕

虽然说许多国家对时效完成后的效果规定不尽相同，有的采用抗辩主义，有的采取实体权利消灭主义，但在说明理由方面却可以共通。日本采取的是权利消灭主义，但在说明理由方面完全可以适用于采用"抗辩权发生主义"的国家。笔者赞成"不确定效果及良心说"。因为抗辩分为需要主张的抗辩与不需要主张的抗辩，而时效在采取抗辩权发生主义的国家中，恰恰属于需要主张的抗辩。之所以如此，是因为对于义务人来说，他必须就两个问题进行权衡后决定：一是道德良心，二是抗辩的风险，因为如果抗辩不当，往往会承担迟延履行等债务不履行的责任。即如德国学者梅迪库斯所言：就某些辩护手段而言，应当由被告来决定其是否提出主张，是容易理解的。消灭时效的例子能够特别清楚地说明这一点。仅仅因为过了一定的时间，就想逃避承担一种确定无疑存

---

〔1〕［日］山本敬三：《民法讲义 I 总则》，解亘译，北京大学出版社 2004 年版，第 380 页。
〔2〕［日］山本敬三：《民法讲义 I 总则》，解亘译，北京大学出版社 2004 年版，第 381 页。

在的义务，这种行为至少在以前的某些交易圈子内被视为不名誉的事情。因此，债务人在这里有可能不提出消灭时效的抗辩。另外，还要就费用等方面的风险进行衡量。[1]

（三）时效抗辩援用的时间

当事人在什么时候才能援用时效抗辩？具体来说，当事人在法院一审时没有提出，在二审时能否提出？对此，学理上，特别在诉讼法学界存在争论。《最高人民法院关于审理民事案件适用诉讼时效制度若干问题的规定》（法释〔2020〕17号）第3条明确规定："当事人在一审期间未提出诉讼时效抗辩，在二审期间提出的，人民法院不予支持，但其基于新的证据能够证明对方当事人的请求权已过诉讼时效期间的情形除外。当事人未按照前款规定提出诉讼时效抗辩，以诉讼时效期间届满为由申请再审或者提出再审抗辩的，人民法院不予支持。"笔者支持最高人民法院的上述观点。

（四）时效利益的放弃与禁止

一般地说，因时效利益的放弃涉及受益人的利益，故受益人的放弃应当允许。但是，考虑到对弱者的保护及对第三人利益的照顾，下列两种情况下应予以限制。

1.事先放弃时效利益的约定无效

由于债务人通常在债成立时处于弱者的地位，所以，如果允许放弃时效利益的约定，就可能迫使债务人放弃时效利益。因此，这种放弃是无效的。[2]如《日本民法典》第146条规定："时效利益不得事前放弃。"《德国民法典》第225条、我国台湾地区"民法"第147条也作了相同的规定。

我国《民法典》第197条第2款明确规定："当事人对诉讼时效利益的预先放弃无效。"

2.事后的放弃不得对抗第三人的利益

债务人虽然可以在事后放弃时效利益，但是，如果这种放弃损害第三人利益的，这种放弃对第三人无效。如根据我国《民法典》第701条规定，债务人放弃时效抗辩的，对保证人不发生效力。

（五）诉讼时效与诚实信用

教皇格雷戈里九世在谴责罗马法中关于恶意占有人可因时效而取得所有权

---

〔1〕［德］迪特尔·梅迪库斯：《德国民法总论》，邵建东译，法律出版社2000年版，第85—86页。

〔2〕［日］山本敬三：《民法讲义Ⅰ总则》，解亘译，北京大学出版社2004年版，第388页。

时指出：凡事只要不是出于忠诚就是罪恶……在教会法和罗马法中，时效在并非出于诚实信用的情况下毫无价值。[1]因此，若诉讼时效期间的经过违反诚实信用原则的，特别是债务人利用非诚信手段导致债权人不主张权利而导致时效期间经过的，债务人不得主张时效利益。欧洲许多国家的学者及判例持这种观点。[2]我国《民法典》既然将诚信原则作为民法的基本原则，应该认为，债务人违反诚信不得主张时效利益。

七、诉讼时效完成后的效力

诉讼时效届满后，其法律后果如何，各国立法及学理不一。大致可以分为以下几种。

1.请求权实体权利消灭主义

《日本民法典》采取这种体例，该法典第167条规定："债权，因10年不行使而消灭。"

2.诉权消灭主义

《法国民法典》第2262条规定："诉权，无论对人的或者对物的，均以30年为消灭时效完成的时间。"

3.抗辩权发生模式——时效完成后，债权人的债权实体权利并不消灭，仅仅使债务人发生

对于拒绝履行的抗辩权，《德国民法典》第222条规定：消灭时效完成后，债务人得拒绝履行。德国学者拉伦茨指出：时效并不是请求权消灭的原因，而只是给义务人提供了"抗辩权"。时效抗辩权是永久性的。[3]

4.胜诉权消灭主义

"胜诉权消灭主义"为我国学理的通说，已经影响了无数学者。这一观点来源于对我国原《民法通则》第135条的理解，该条规定："向人民法院请求保护民事权利的诉讼时效期间为二年，法律另有规定的除外。"许多学者在解

---

〔1〕［德］莱因哈德·齐默曼、［英］西蒙·惠特克主编：《欧洲合同法中的诚信原则》，丁广宇等译，法律出版社2005年版，第76页。

〔2〕［德］迪特尔·梅迪库斯：《德国民法总论》，邵建东译，法律出版社2000年版，第104—106页；［德］卡尔·拉伦茨：《德国民法通论》（上册），王晓晔等译，法律出版社2013年版，第347页；［德］莱因哈德·齐默曼、［英］西蒙·惠特克主编：《欧洲合同法中的诚信原则》，丁广宇等译，法律出版社2005年版，第345—354页。

〔3〕［德］卡尔·拉伦茨：《德国民法通论》（上册），王晓晔等译，法律出版社2013年版，第345页。

释该条规定的含义时，就解释为“胜诉权消灭主义”。但是，如果仔细对照一下司法实践，就会发现这种解释的错误所在：在实践中，经过诉讼时效期间的债权仍然可以起诉，法院也受理并且收取诉讼费用，但债权人却不能胜诉，那么，债权人为什么明知不能胜诉还要起诉呢？实际上，我国法院的司法实践采取的是德国式的“抗辩权发生主义”，即债权人可以起诉，也可能胜诉，条件是债务人不知诉讼时效已经经过或者虽然知道但出于良心而不主张时效抗辩。

我国《民法典》第188条虽然沿用了原《民法通则》第135条适用的词语：“向人民法院请求保护民事权利的诉讼时效期间为三年。”但与之不同的是，《民法典》在第192条第1款明确规定：“诉讼时效期间届满的，义务人可以提出不履行义务的抗辩。”这显然是采取“抗辩权发生主义”而不是“胜诉权消灭主义”。

第三节　除斥期间

一、除斥期间的概念

除斥期间是法律规定或者当事人约定的形成权存续的有效期间。该期间届满，形成权即告消灭。除斥期间是学理称谓，一般未见诸立法，但各国法律上都有这种期间。非常有趣的是，我国编纂《民法典》时，对究竟如何规定除斥期间存在争议，最后通过的《民法典》是将其规定在“诉讼时效”这一节中的第199条：“法律规定或者当事人约定的撤销权、解除权等权利的存续期间，除法律另有规定外，自权利人知道或者应当知道权利产生之日起计算，不适用有关诉讼时效中止、中断和延长的规定。存续期间届满，撤销权、解除权等权利消灭。”

其实，在我国许多法律中对于除斥期间都有规定，例如，我国《民法典》第152条规定：“有下列情形之一的，撤销权消灭：（一）当事人自知道或者应当知道撤销事由之日起一年内、重大误解的当事人自知道或者应当知道撤销事由之日起九十日内没有行使撤销权；（二）当事人受胁迫，自胁迫行为终止之日起一年内没有行使撤销权；（三）当事人知道撤销事由后明确表示或者以自己的行为表明放弃撤销权。当事人自民事法律行为发生之日起五年内没有行使撤销权的，撤销权消灭。”该法第564条规定：“法律规定或者当事人约定解除权行使期限，期限届满当事人不行使的，该权利消灭。法律没有规定或者当事人没有约定解除权行使期限，自解除权人知道或者应当知道解除事由之日起一年内不行使，或者经对方催告后在合理期限内不行使的，该权利消灭。”这就是当事人约定的形成权存在的除斥期间。

二、除斥期间适用的对象及作用

除斥期间适用于各种形成权，如撤销权、追认权、同意权、决定权、异议权等。其作用是使某种不确定的状态确定化。因此，形成权的行使不得再附条件，以免使不确定的状态不能确定化。

三、除斥期间的性质及届满后的法律后果

1.除斥期间的性质

除斥期间为不变期间，不会因任何事由而中断、中止或者延长（《民法典》第199条）。

2.除斥期间届满后的法律后果

除斥期间届满后，形成权当然地、确定地消灭。

3.除斥期间的起算

对于除斥期间的具体起算时点及方式，根据我国《民法典》第199条规定，自权利人知道或者应当知道权利产生之日起计算。另外，凡是适用除斥期间的地方，法律一般都有明确规定，如上述我国《民法典》第152条，就是从具有撤销权的当事人知道或者应当知道撤销事由之日起计算。当事人约定的，也有明确的起算时点。

四、诉讼时效与除斥期间的区别

1.构成要件不同——诉讼时效的构成要件有两个：一是期间经过，二是权利不行使。而除斥期间只有一个要件，即期间经过。

2.适用对象不同——诉讼时效对象是请求权，除斥期间的对象是形成权。

3.法律效力不同——诉讼时效期间经过不消灭实体权利，而除斥期间经过则消灭实体权利。

4.期间的弹性不同——诉讼时效期间为可变期间，而除斥期间为不变期间。

5.计算的开始不同——诉讼时效从权利人知道或者应当知道权利被侵害及义务人之日起计算，而除斥期间从权利成立起计算。

法律适用

1.诉讼时效与自然债务的关系

如何来给自然之债下定义呢？日本学者我妻荣认为：债务人非自愿给付，债权人不得请求给付的债务称为自然债务。[1]我国也有学者认为：依现代民法学者的定义，自然债务指债权人不得对债务人提出诉讼、请求强制执行，但如果债务人愿意履行给付，即不得援用不当得利之规定，请求返还的一种不完全债务。[2]这一观点有一点是值得思考的：自然债务的债权人是可以对债务人提起诉讼的，也能够获得判决，但仅仅是享有不可强制执行的债权而已[3]。台湾地区学理之主流观点认为：自然债务即为不完整请求权，债权人得拒绝履行，但如果债务人已为给付，债权人得基于权利而受领，非为不当得利，债务人不得请求返还。[4]以上这些定义无疑都是正确的，但没有全面反映自然之债的质的规定性，甚至有的可能是值得商榷的。例如，台湾地区的主流观点中所谓的"自然债务即为不完整请求权，债权人得拒绝履行"，这一说法的正确性就值得怀疑：自然债务从本质上说，是否是债务人仅仅享有抗辩权的问题？即使是超过诉讼时效期间的债务，债权人提出履行被债务人第一次抗辩后即成为自然债务，以后的抗辩内容与第一次是一样的吗？另外，这些概念大多都是从"不能返还"这样的后果来描述自然债务，这仅仅是自然债务的一个最明显的质的规定性，甚至可以说是自然债务的一个表里如一的特征，是迎合德国法为代表的以"不完全债权"来涵盖自然债务的做法的一种表述方法。说到底，自然债务根本就不是民法上的债务，因为自然债务的根本问题是"债因"，即其权利义务的来源与一般民法上的债（罗马法上的市民法上的债）是不同的，其权利义务根本不是民法要保护的权利义务关系，不能上升到民事法律关系的重要性，属于民法的"法外空间"。但是，由于这些权利义务只有具备特殊情况时才具有民法上的意义，即自愿履行后就不能视为不当得利。

因此，我们认为：自然之债是指缺乏法定之债的债因，不产生法定义

〔1〕［日］我妻荣：《我妻荣民法讲义Ⅳ：新订债法总论》，王燚译，中国法制出版社2008年版，第60页。

〔2〕王卫国主编：《民法》，中国政法大学出版社2007年版，第321页。

〔3〕［日］我妻荣：《我妻荣民法讲义Ⅳ：新订债法总论》，王燚译，中国法制出版社2008年版，第60页。

〔4〕王泽鉴：《民法学说与判例研究》（2），中国政法大学出版社1998年版，第125页。

务，故不能经由诉讼获得满足，但债务人自愿履行的，不得请求不当得利返还的债。也就是说，自然之债的债权人可以起诉债务人，但法院是不可能判决对债务人进行强制执行的。债务人自愿履行或者承诺履行的，债权人即可保有给付或者因债务人的承诺获得强制执行力而不视为不当得利。同时，我赞成使用“自然之债”的概念，比较使用“不完全债务”来说，更加贴切和更具涵摄性，使其与非债、赠与、不当得利和无因管理区别开来，使得民法体系更加清晰。

经过诉讼时效期间的债根本不是自然之债，它是正常的债。只有经过债务人抗辩以后，才能变为自然之债。

2.诉讼时效适用于物权请求权后是否会发生权利悬空状态?

按照我国《民法典》的规定，物权请求权除了个别的不适用之外，一般地适用诉讼时效。但是，由于我国《民法典》没有规定取得时效。因此，有可能发生这样的状况：一方产生抗辩权却没有取得，而另一方有物权却不能请求返还的状态。

课后复习

1.诉讼时效的性质是什么？

2.诉讼时效的中断与中止有何区别？

第十五章　关于期日与期间的实体法解释规则

提要

时间在民法上具有重要意义，其能够直接导致权利的发生或者消灭，如出生或者死亡的时间计算就与继承有着重大关系。在实践中出现的时间问题，不仅有当事人以法律行为的约定，也有法律的规定，而且法院的裁判也涉及时间问题。在民法上，时间主要由期日与期间构成。各国法律一般都有关于期日与期间的规定（《法国民法典》除外），其目的在于对时间的解释提供统一的实体法规则。

重点问题

1. 我国民法典上期日的确定规则是什么？
2. 期间的概念与标示方法是什么？

第一节　期日与期间的意义及规范目的

时间在民法上具有重要意义，其能够直接导致权利的发生或者消灭，如出生或者死亡的时间计算就与继承有着重大关系。在实践中出现的时间问题，不仅有当事人以法律行为的约定，也有法律的规定，而且法院的裁判也涉及时间问题。人们由于语言习惯的不同，加之时间的循环流动性，往往会导致人们的分歧。例如，双方约定方应在2005年12月22日履行义务，那么，在22日的什么时间履行为正当履行？该日的什么时间点是计算义务人迟延的起点？因此，需要对之作出统一的解释规则，以避免出现计算中的分歧。

在民法上，时间主要由期日与期间构成。各国法律一般都有关于期日与期间的规定（《法国民法典》除外），其目的在于对时间的解释提供统一的实体法规则，就如拉伦茨所指出的：法律除规定了一些指示法官如何去解释意思表示的解释原则外，还规定了一些在依据一般原则不能得出准确结论的情况下，依表示的某一特定意义为准的实体解释规则。《德国民法典》第186条以下规定了对期间和期日的确定的解释这种实体解释规则，它们不仅适用于解释法律行为中所包含的期间和期日的确定，也适用于法律规定和法院判决与裁定中包含的确定期间和期日的解释。就它们对法律规定中的期间和期日的确定进行解释而言，它们具有说明性法律规则的功能。[1]我国《民法典》第200—203条规定了这种解释规则。[2]

第二节 期日及确定规则

一、期日的概念

期日是指不可分或者视为不可分的一定时间，乃时之静态，可喻为时之点。[3]

期日可以分为独立的期日与为计算期间的方便而作为期间的起点与终点的期日，在实践中，这两种期日都大量存在。如2005年5月1日为独立期日；而“自合同签定时起1个月内履行”，便有作为“1个月”之期间的起点与终点的期日存在。我国《民法典》第201条及第202条仅仅规定了期间及作为期间计算起点与终点的期日。

在本题目下，我们仅仅讨论独立期日。

二、期日的决定规则

1.期日的终结点

有学者指出：以某日为给付或者意思表示期日的，则该日全日皆视为不可分的期日，但原则上应于通常营业或者作息时间内为给付或者意思表示，于凌

〔1〕［德］卡尔·拉伦茨：《德国民法通论》（下册），王晓晔等译，法律出版社2013年版，第911页。

〔2〕《民法通则》第154条规定：“民法所称的期间按照公历年、月、日、小时计算。规定按照小时计算期间的，从规定时开始计算。规定按照日、月、年计算期间的，开始的当天不算入，从下一天开始计算。期间的最后一天是星期日或者其他法定休假日的，以休假日的次日为期间的最后一天。期间的最后一天的截止时间为二十四点。有业务时间的，到停止业务活动的时间截止。” 第155条规定：“民法所称的‘以上’、‘以下’、‘以内’、‘届满’，包括本数；所称的‘不满’、‘以外’，不包括本数。”

〔3〕王泽鉴：《民法总则》（增订版），中国政法大学出版社2001年版，第509页。

晨或者深夜为之者，依其情形，得构成对诚实信用原则的违反。[1]

该计算方式作为原则可资赞同，我国《民法典》第203条第2款在规定作为期间终点的期日之终结点时，也作了相同的规定，即“期间的最后一日的截止时间为二十四时；有业务时间的，停止业务活动的时间为截止时间。”但也必须承认某些例外，如保险合同通常以最后一日的24点作为合同的终结点。

2.期日的顺延

在一定期日应为意思表示或者给付者，如果遇到该日为星期日或者其他法定假日的，以休假日之次日为期日（《民法典》第203条）。但是，如果当事人有特别约定的，依其约定。

3.不确定期日的确定规则

假如以“月初”、“月中”或者“月终”为期日的，分别应确定为该月的“第1日”、“第15日”及“该月的最后一日”。《德国民法典》第192条作了如此规定，我国《民法典》虽然没有明确规定，但笔者认为也应作相同的解释。

第三节　期间及确定规则

一、期间的概念与标示方法

期间，是指期日与期日之间的时间长度，如某年某月某日至某年某月某日。

期间的标示方法有两种：一为历法计算法，二为自然计算法。历法计算法是指依历法（非依农历）而为计算的方法。所称一日，是指午前0时到午后12时；所称一月，是指1月1日到末日；所称一年，是指1月1日至12月末日。月有大小，年有平润，均依历法规定。而所谓自然计算法是指按实际时间精确计算的方法。所称一日是指24小时；所称一月是指30天；所称一年是指365日。月不分大小，年不分平润，均依此标准计算。历法计算方法较为简便，但不甚精确；自然计算方法虽然精确，却不甚简便。[2]

对此问题，许多国家与地区的民法典采取的方法为：若是连续计算的年月，则依历法计算；若依非连续而是累加计算的，则适用自然计算法。如我国

〔1〕王泽鉴：《民法总则》（增订版），中国政法大学出版社2001年版，第509页。
〔2〕王泽鉴：《民法总则》（增订版），中国政法大学出版社2001年版，第510页。

台湾地区“民法”第123条规定：“称月或者年者，依历计算。月或年，非连续计算者，每月为30天，每年为365天。”《德国民法典》第191条规定：“某一时期以该时期无须连续经过的方式，按月或者年确定的，每月按30日计算；每年按365天计算。”

我国司法判例采取德国式的规定，原《民通意见》第198条第1款规定：“当事人约定的期间不是以月、年第一天起算的，一个月为三十日，一年为三百六十五日。”这种立法例表明：若是连续计算的，例如，“自1997年1月1日起2年内”，属于连续计算，则以历法标示计算；若非连续计算的，如“累计旷课2个月”，或者说“自合同签订之日起2个月内”，则属于非连续计算。

二、期间的确定规则

（一）期间的开始

1. 按小时计算期间的，从法律规定或者当事人约定的时间开始计算（《民法典》第201条第2款），如上午9点交付照片洗印，约定2小时后取，则应在11点期间届满。

2. 规定按日、月、年计算期间的，开始的当日不计算在内，从次日开始（《民法典》第201条第1款）。我国台湾地区“民法”第120条也有相似的规定，其立法理由称：“一日未满之时间为一日，实为不当也。”[1]例如，2005年3月10日订立合同，约定20日后交付货款，则3月10日当天不计算在内，应从3月11日起计算，至3月30日期间届满。

同时，如果期间开始于某一事实的发生，那么在计算期间时该事实发生的当天不计算在内。[2]

（二）期间的终结

1. 以日、星期、月或者年定期间者，以期间最后一日过去之日为期间的终止（《德国民法典》第188条、我国台湾地区“民法”第121条）。所谓“最后一日过去之日”，即该期间最后一日的午夜12时。

我国《民法典》对此问题没有明文规定，但根据第201条的精神，应作相同的解释。

---

〔1〕王泽鉴：《民法总则》（增订版），中国政法大学出版社2001年版，第510页。
〔2〕［德］卡尔·拉伦茨：《德国民法通论》（下册），王晓晔等译，法律出版社2013年版，第912页。

2. 以星期、月、季度、年确定的期间，则在最后星期、月、季度、年与起算日相当日的前一日终止时，为期间的末日。但在最后一日无相当者，以其月末最后一日终止时为期间末日（《德国民法典》第188条、我国台湾地区“民法”第122条）。例如，A、B约定A于10月23日起2个月内交货，则交货期间的届满应是12月22日午夜12点。若A、B约定自12月31日起2个月内交货，因2月无31日，则2月的最后一天终了时，期间届满。

我国《民法典》第202条规定：“按照年、月计算期间的，到期月的对应日为期间的最后一日；没有对应日的，月末日为期间的最后一日。”

（三）期间的延长

所谓时间的延长是指如果期间的最后一日恰逢法定节假日的，该期间的届满以法定节假日结束后的次日终了时届满（《德国民法典》第193条、我国《民法典》第203条）。拉伦茨指出：法律的这种规定是考虑到依据商业习惯，在星期天和假日，现在也包括星期六，作出意思表示或者接受履行大多是不可能或者不合理的，因为这些天中并不营业〔1〕。

（四）年龄的计算规则

在年龄的计算方法上，与上述规则略有不同。出生之日是计算在内的，即使出生的时间是一天的最后几分钟。因此，于10月1日出生的小孩至翌年9月30日结束为一周岁，不管他在生日当天的什么时间段出生。因此，所谓的生日并不是一周岁的结束，而是又一周岁的开始。〔2〕法律这样规定的目的在于保护出生之人，使其一出生便成为具有权利能力的人。我国台湾地区“民法”第124条还特别规定有推定：出生之月日，无从确定时，推定为7月1日出生。知其出生之月，而不知其出生之日者，推定其为该月15日出生。这种推定为取其中也。

（五）期间的逆算

所谓期间的逆算，是指期间于自一定起算日溯及往前所为的计算，其期间的计算准用期间的顺算。例如，我国台湾地区“公司法”第172条规定股东大会的召开应于20日前通知各股东，以逆算法，开会日为始日，不计算在内。假如股东大会开会日期为3月27日上午9点，则应以其前一日（3月26日）为起算日，逆算至20天期间的末日（3月7日）午前0时为期间的终止，则开会通知书最迟需

〔1〕［德］卡尔·拉伦茨：《德国民法通论》（下册），王晓晔等译，法律出版社2013年版，第914页。

〔2〕［德］卡尔·拉伦茨：《德国民法通论》（下册），王晓晔等译，法律出版社2013年版，第912—913页。

要在3月6日寄送，始符合“应于20 日前通知”的意旨。[1]

法律适用

如果两地存在时差，应按以下方法计算。

A公司为B公司从美国旧金山港运送货物到中国上海港，约定在2020年12月23日到达。结果A公司在上海时间（北京时间）24日5点到达。按照美国时间，A公司没有迟延，但按照上海当地时间A公司已经迟延。那么，究竟如何确定期日？如果没有明确约定，应当按照当时时间，即上海时间确定。

〔1〕 王泽鉴：《民法总则》（增订版），中国政法大学出版社 2001 年版，第 512 页。

第二卷　物权

新时代法学精品教程

中国民法学

Excellent Textbooks of Law in the New Era

Chinese Civil Law

李永军　主编

尹志强　于飞　刘家安　副主编

刘家安　席志国　本卷执行主编

中国民主法制出版社

全国百佳图书出版单位

本卷编委会

主　　编

李永军

副 主 编

尹志强　于　飞　刘家安

执行主编

刘家安　席志国

撰 稿 人（以撰写章节先后为序）

刘家安：第一至四章

靳文静：第五至九章

王　雷：第十、十一章

席志国：第十二至十六章

吴香香：第十七章

作者简介

（以撰写章节先后为序）

刘家安 法学博士，中国政法大学民商经济法学院教授，兼任中国法学会民法学研究会常务理事兼副秘书长等。代表性著作有《物权法论》等；代表性论文有《论通过返还请求权让与方式实现动产所有权移转》等。

靳文静 法学博士，中国政法大学民商经济法学院副教授，兼任北京市法学会民商法学研究会理事等。代表性著作有《交通事故损害赔偿》等；代表性论文有《性骚扰法律概念的比较探析》等。

王　雷 法学博士，中国政法大学民商经济法学院副教授、博士生导师，兼任中国法学会民法学研究会理事兼副秘书长等。代表性著作有《民法学视野中的情谊行为》等；代表性论文有《农民集体成员权、农民集体决议与乡村治理体系的健全》等。

席志国 法学博士，中国政法大学民商经济法学院教授，兼任中国法学会民法学研究会理事等。代表性著作有《中国物权法论》等；代表性论文有《论德国民法上的所有人占有人关系——兼评我国〈民法典〉第459—461条之规定》等。

吴香香 法学博士，中国政法大学民商经济法学院教授，兼任北京市物权法学研究会理事。代表性著作有《请求权基础——方法、体系与实例》等；代表性论文有《〈民法典〉第598条（出卖人主给付义务）评注》等。

目录

Contents

物权总论

所有权

用益物权

担保物权

占有

物权总论

第一章 导论

提 要

本章主要阐明物权法的意义、功能与性质，从整体上概述物权法的体系及其法律渊源，并介绍中国物权法的发展。

物权，指的是人在物上的权利，即将特定之物归属于某特定主体，由其直接支配，并享受利益。物权法可区分为狭义物权法和广义物权法，前者指《民法典》物权编，后者则包括一切以物权为对象的规范总和。《民法典》物权编系在2007年《物权法》的基础上编纂而成。

物权法的性质属于财产法，以意思自治等民法的基本理念为其基本价值，不过，由于物权的对世属性，物权法有比较显著的强行性特点。我国物权法上确立了物权客体特定、物权法定及公示公信等基本原则。

重点问题

1. 与债法相比，物权法有哪些显著特征？
2. 我国物权立法的进程。
3. 我国物权法的法律渊源。
4. 物权法的基本原则。

第一节 物权法的意义与性质

一、物权法的意义、功能

作为民法的物权法[1]，其基本功能在于调整平等主体之间的财产性法律关系。但是，物权制度在相当大的程度上取决于一国宪法所确立的经济制度，并将其予以具体化。就此而言，《民法典》第1条所称“……根据宪法，制定本

〔1〕《中华人民共和国民法典》于2021年1月1日生效后，《中华人民共和国物权法》失去效力。本教材将以不带书名号的“物权法”指称包括实质意义上的物权法法源，而使用带书名号的“《物权法》”指称“《中华人民共和国物权法》”。

法”，此言非虚。我国《宪法》第6条规定，“中华人民共和国的社会主义经济制度的基础是生产资料的社会主义公有制，即全民所有制和劳动群众集体所有制……”。我国《宪法》确立了绝对的土地公有制，土地只能归属于国家或集体所有。在传统上，物权法以不动产物权为规范的重点，而不动产又以土地为主要表现。除苏联法制外，自罗马法以降，对于我国民法产生直接或间接影响的法律体系莫不以土地私有制为前提。在土地私有制之下，土地所有权人为普通私主体，归入“物权”的所谓用益物权也是对归属于另一个私主体的土地享有以使用、收益为内容的私权。我国《宪法》规定土地公有制，而物权法仍在形式上继受实行土地私有制的大陆法系国家民法的基本范畴，而且也以不动产物权为规范的重点，这就使得我国的物权法制注定是具有“中国特色”的物权制度的。

然而，这并不意味着公有制条件下物权法的意义会受到削弱。一方面，公有之物总是有私用的需要，而物权法上的用益物权恰恰可以为稳定此种利用关系作出重要的贡献。在保持土地公有制不变的情况下，利用在“他人”之物上构建归属于一般民事主体的财产权，这一点既有助于增进民众的福祉和经济运行的效率，也关乎公有制的实现方式问题。另一方面，我国《宪法》也明确了保护私有财产的立场[1]，因此，物权法同样须承担起明确各种类型可归属于私主体的物权类型，从而既划定公权力的界限，又在私人之间起到定分止争的基本功能。

所谓物权，顾名思义，指的是人在物上的权利，即将特定之物归属于某特定主体，由其直接支配并享受利益。从表面上看，物权界定的是作为法律主体的人与特定的物之间的关系，但是，作为权利客体的物缺乏意志和人格，实际上并不存在“人—物关系”这样的法律范畴。与其他法律关系一样，物权法律关系规范的仍然是人与人之间的关系，即通过确定特定主体对物的支配而确定其对物的自由意志，从而也确立了他人不侵入其权利空间的义务。不过，将物权直接理解为特定主体在特定物上的权利，这样也能凸显物权的对世权、绝对权的性质，从而有助于构建物权的法律思维，并使物权法律地位与债权法律地位的区分变得一目了然。

所谓物权法，是指以物权关系为规范对象的法律。物权法，有形式意义上的物权法与实质意义上的物权法之分。前者是指以“物权法”命名的立法，或

〔1〕《宪法》第13条第1款、第2款规定：“公民的合法的私有财产不受侵犯。国家依照法律规定保护公民的私有财产权和继承权”。

者指《民法典》中以“物权”或者类似名称为编名的部分；后者还包括其他以物权关系为规范对象的法律。在我国，形式意义上的物权法，原指于2007年10月施行的《物权法》，随着《民法典》的出台，形式意义上的物权法指《民法典》中的“物权”编。实质意义上的物权法，除民法典物权编外，还包括以物权关系为规范对象的其他法律渊源，如《土地管理法》《城市房地产管理法》《农村土地承包法》《海域使用管理法》等。

二、物权法的性质

（一）物权法是私法

物权法属于民法的重要组成部分，故其性质应与民法的一般属性相同，也就是说，在区分公法与私法的情况下，物权法应属于私法。物权法规范的是民事主体在特定财产之上的权利，所有权、用益物权、担保物权等具体的物权类型均属于私权。享有物权即意味着权利主体在其权利范围内有根据其自由意志自由行动的权利，这种意志的自由不仅体现在静态地对物进行的支配上，而且及于物权的设立、转移、变更和消灭的动态过程。总之，作为私法规范，物权法总体上仍体现了意思自治的精神。物权人在其权利范围内可以根据其自由意志行使对物的支配权，他人包括公权力都不得进行不当干预。

尽管如此，与民法的其他部分尤其是债权规范相比，物权法规范的确具有较多的强行性规范的色彩，物权法亦有甚多公法的规定[1]。究其原因，主要有以下几个方面：

（1）这是由本教材后文将具体阐明的物权自身的法律效力所决定的：物权具有对世的效力，物权的得丧变更不仅与权利人及受让人等直接参与物权关系的当事人相关，而且潜在地影响着其他每一个人的法律境况，因此下文所阐明的物权法定主义、物权公示的必要性等都具有强行性规范的性质，不能为当事人间的特别约定所排除。

（2）包括所有权在内的各种物权虽然具有私权的性质，但特定权利人的利益会与公共福祉发生冲突，法秩序在承认和尊重私权的前提下，可以且有必要基于公共福祉的考量对属于私人的物权加以必要的限制，因此，归属于特定私主体的物权在一定程度上也承载着社会义务。例如，即便在实行土地私有制的国家，基于城市规划、环境保护等各方面的原因，土地的用途可能会被法律所

〔1〕 王泽鉴：《民法物权》，北京大学出版社2009年版，第2页。

明确限定，权利人不能突破此法律限定而对其加以利用，如不能将住宅用地随意改变为工业用地。

（3）我国实行土地公有制，土地所有权只能属于国家和集体，因此，与土地私有制之下的物权体系相比，我国的物权制度必然需要更多地体现社会利益和公共政策，而且也会在一定程度上存在民法与行政法等公法的交织作用关系。例如，在城市土地归国家所有的情况下，其使用权可以通过出让手续归属于具体的自然人或者法人，但是代表国家行使土地所有权的是土地行政管理机关。因此，与在土地私有制下地上权等用益物权通过私人间达成的合意而自由设立不同，我国的民事主体取得建设用地使用权的过程须依赖于特定的行政程序，其具有强烈的公法色彩也就不足为奇了。

正是由于上述原因，我国物权法中确实存在许多强行性规范，有学者主张我国物权法在总体上宜归入强行法的范畴[1]。我们认为，物权的私权属性和物权法的私法属性并未受到强行性规范存在的影响，物权法的基本功能仍在于尊重私主体意思自治的前提下确认和保护私权。

（二）物权法是财产法

在人身权与财产权的分类体系之下，物权具有明显的财产权的属性，其权利内容表现为对物的支配，而以各种形式对物支配都具有一定的经济价值。物权法规范所有权、用益物权、担保物权等各种物权关系，其性质显然为财产法。

物权法的基本功能在于定分止争，其首要的使命在于明确物在法律上的归属以及不同物权人各自在物上所享有的权利，因此，与作为调整动态财产流转关系的债权法不同，物权法主要调整的是静态的财产关系。当然，欲界定某一权利主体对其物所享有的权利为何，首先需要明确其何以及自何时起开始享有此权利，因此物权法也需要对物权的得丧变更作出基本的界定。

---

〔1〕 崔建远：《物权：规范与学说——以中国物权法的解释论为中心》（上册），清华大学出版社2011年版，第2页。

第二节 物权法的体系及其法律渊源

一、物权法的制定及其体系

随着《民法典》的实施，《物权法》失去效力。不过，回溯我国物权法的立法历程，最关键的仍是2007年《物权法》的制定颁行。《物权法》在《民法通则》《土地管理法》等基础上，完成了我国物权规范的定型。《民法典》物权编的立法准备，完全以《物权法》为基础，可以理解为系对后者的一次系统修正。

（一）物权法的制定

2007年3月，第十届全国人民代表大会第五次会议通过了《物权法》，该法于同年10月1日起施行。

在《物权法》制定之前，我国没有形式意义上的物权法，实质意义上的物权法规范散见于《民法通则》《担保法》《土地管理法》等法律和行政法规之中。这些零散的规定缺乏系统性，一些重要的物权制度未被纳入规范体系，物权法规范体系存在着明显的缺陷。

作为构建《民法典》的一个重要步骤，我国的立法部门自20世纪90年代就开始筹划《物权法》的立法。物权法律制度不仅反映我国的基本经济制度及其变革需求，而且与每一个普通人的生活休戚相关。同时，物权法的基本原理和具体规则又非常具有专业性、技术性，因此，在立法过程中产生了许多争议（包括意识形态方面的争议），立法遭遇了相当大的困难。《物权法》草案在经过多次修改并经全国人大及其常委会多达7次的正式审议之后，最终才得以通过。

2014年启动《民法典》编纂之后，法律界对在《民法典》中设独立的“物权编”这一点存在高度的共识。从立法过程和结果来看，《民法典》物权编无疑是以2007年《物权法》为基础编纂而成，其基本结构和立法风格都延续了《物权法》的传统。

（二）物权法的立法特点

如前所述，《民法典》物权编总体上继受了《物权法》的立法风格、框架结构和具体制度。在立法技术上，我国的物权立法具有如下特点。

1.在结构上，采取由抽象到具体、由一般到特殊的立法技术。《物权法》设

“总则”编（第一编），对物权法的基本原则、物权变动的一般规则、物权的保护等有关所有物权类型的一般问题作出规范，然后在相当于“分则”的部分（第二编之后）分别对所有权、用益物权、担保物权和占有作出了具体规定。这一立法技术遵循民法体系化的立法要求，以“提取公因式”的方法抽象出物权法的总则，然后在分则部分针对具体的物权类型分别加以规定。《民法典》物权编沿用了《物权法》的这一体例，在该编中先设“通则”的分编，然后依次就所有权、用益物权、担保物权和占有作出规定。可以说明的一点是，在由物权法定原则所决定的具有封闭性的物权体系内，“通则”的必要性实际不大，而其规定也明显有过度抽象的嫌疑。

2.在规范内容上，以对先前规范的重新整合和明晰化为主，并适当地引入新规定。《物权法》虽然是一部新的法律，但是其具体规定在很大程度上是对立法之前既存规范的整理和系统化。例如，无论是总则部分关于物权的得丧变更的一般规定（如将交付作为动产物权变动的要件，将登记作为不动产物权变动的要件等），还是有关土地所有权的归属、宅基地使用权、土地承包经营权、担保物权等具体类型物权的规定，主要都是承继了《宪法》《民法通则》《土地管理法》《城市房地产管理法》《农村土地承包法》《担保法》等法律的规定，其所作出的实质性的修正并不多。当然，由于原有物权法律体系存在一些空白，《物权法》也引入了一些新的规定，如有关物权保护、建筑物区分所有权、地役权、占有等内容的规定。这一立法思想再次体现在《民法典》物权编的立法思想之中，后者基本继承了《物权法》的现行规范，对一些具体规范作出了调整、修改，并增设了居住权这一新的用益物权类型。

3. 在规范的表述上，力图寻求专业化与通俗化之间的平衡。一方面，物权法具有相当高的技术性，其规范不可避免地须使用一些专业术语和专业的表述方式，如“地役权”“不得对抗善意第三人”等，这些专业化的表述很难在不失精确性的情况下被通俗的语言所替代。另一方面，《物权法》的立法者也在寻求使规范的表述尽量通俗易懂的途径，如尽管很难回避“建筑物区分所有权”这一法律术语，但《物权法》最终还是采用了“业主的建筑物区分所有权”这一表述，从而通过“业主的”这一日常语词的描绘使普通人能够大致领会这一术语所指为何。不过，立法者在专业化与通俗化之间的纠结也造成了一定的问题，突出表现在相关规范既不通俗又欠专业（如《物权法》第 27 条关于“占有改定”的规范方式），这也凸显了学理解释的重要性。

受多重因素的影响，我国的物权立法并不完美，对一些应予规定的问题采取了回避的态度，其所确立的一些规则也显得比较粗糙。但毫无疑问，这部法律填补了许多领域的立法空白，确认了改革开放以来我国政府及公众所认可的一些重要的价值观念（如对私有财产的保护等），在完善我国民事立法的道路上迈出了重要的一步，也为《民法典》物权编奠定了坚实的基础。

2020年出台的《民法典》，于第二编设有物权编。无论是在整体结构上，还是在立法指导思想以及规范表述的具体方式等各方面，物权编均承继了《物权法》，不少章节未作任何实质性改动。

（三）物权法的体系

《民法典》物权编设有5个分编，共20章258条。总体上，物权编采用了大陆法系民事立法惯行的“总—分结构”。

1.第一分编为“通则”，除对物权法的基本原则作出规定（第一章）外，还包括有关物权的设立、变更、转让和消灭的一般规则（第二章）以及有关物权保护的规则（第三章）。

2.后四分编内容构成“分则”，分别就所有权、用益物权、担保物权、占有等问题进行了规定。所有权一编包括：第四章“一般规定”；第五章“国家所有权和集体所有权、私人所有权”；第六章“业主的建筑物区分所有权”；第七章“相邻关系”；第八章“共有”；第九章“所有权取得的特别规定”。用益物权一编包括：第十章“一般规定”；第十一章“土地承包经营权”；第十二章“建设用地使用权”；第十三章“宅基地使用权”；第十四章“居住权”；第十五章“地役权”。担保物权一编包括：第十六章“一般规定”；第十七章“抵押权”；第十八章“质权”；第十九章“留置权”。占有一编规定在第二十章。

这一体系设计与大陆法系民法的物权体系基本吻合，同时又体现了中国法的特色，尤其是在土地公有制条件下物权的内在要求。另外，物权编未对物权的客体“物”及其分类作出具体规定，对“占有”这一物权法上的重要制度也规定得过于简单。

二、物权法的法律渊源

物权法的法律渊源，是指物权法规范的表现形式。关于对物权法的法律渊源的表述，当然应遵循民法法律渊源的一般表述方法。据此，似应对“法律”和“习惯”和司法解释乃至学理的渊源地位分别加以阐明。不过，正是因为作为民法重要组成部分的物权法当然遵循民法的一般规则，故本教材不全面概述这些法律渊源，而是择其要者加以具体阐明。

毫无疑问，2007年全国人大通过的《物权法》构成了最为重要的物权法的法律渊源（随着《民法典》的出台，《物权法》的地位被《民法典》物权编所取代）。此外，宪法、其他法律、行政法规以及部门规章和最高人民法院的司法解释事实上都构成了我国物权法的法律渊源，其中较为重要的包括以下内容。

1.《宪法》。我国宪法对我国的基本经济制度及财产权制度作出了重要规定，而正是这些规定奠定了我国物权法的基础。例如，根据《宪法》第10条的规定，城市土地归国家所有，而农村和城市郊区的土地除法律规定属国家所有外均归集体所有。由此可知，我国实行绝对的土地公有制，自然人或法人不可能成为土地的所有权人。这一宪法原则对我国的不动产物权制度产生了绝对性的影响。此外，《宪法》在规定社会主义的公共财产神圣不可侵犯（第12条）的同时，也明确承认"公民的合法的私有财产不受侵犯"（第13条），从而为物权法上的权利保护制度提供了宪法的基础。当然，《宪法》对于物权法的作用还是体现在上述奠基性功能，它直接决定了《物权法》和相关民事立法的权利结构，由于《物权法》等相关民事立法和其他法律渊源已完全吸收了《宪法》的相关规定，再加上宪法的特殊属性，其对于物权法而言通常仅构成间接的法律渊源，原则上法院不能仅以宪法规范作为物权纠纷裁判的依据。

2.《土地管理法》。作为《宪法》所确立的基本土地制度的具体表现，《土地管理法》进一步明确了土地的国有和集体所有的界限，确立了保护耕地和土地用途管制的制度，并对集体所有权的具体归属、土地承包经营权、宅基地使用权、土地征收等问题作出了规定。这些规定奠定了我国土地制度的基础，也成了《物权法》和《民法典》物权编不动产物权制度的基本前提。而且，对于某些不动产物权类型而言，《物权法》和《民法典》物权编甚至放弃提供具体的规范，而转引了《土地管理法》等法律、法规的规定。[1]与《民法典》的编纂同步，立法机关也对《土地管理法》进行了修订，使其继续充当物权法重要的法律渊源。

3.《农村土地承包法》。该法对农村土地承包经营权的取得、内容、保护、流转等问题作出了全面的规定，《物权法》上有关"土地承包经营权"的规定基本上是重申了该法的基本内容。2018年12月，立法机关对《农村土地承

[1] 例如，《民法典》第363条规定："宅基地使用权的取得、行使和转让，适用土地管理的法律和国家有关规定。"

包法》作出了重要的修正，尤其是落实了农地“三权分置”改革的思想，在农村集体土地使用权和农户的承包权的基础上，规定了可流转、可抵押的“经营权”。该法的修正也成了《民法典》物权编的重要基础。

4.《海域使用管理法》。《民法典》第328条规定，“依法取得的海域使用权受法律保护”，而该条所依据的法律即为2001年10月通过的《海域使用管理法》。尽管《物权法》未专章加以规定，但海域使用权实际上成了独立的用益物权类型，《不动产登记暂行条例》第5条明确了海域使用权在不动产登记簿上的登记能力。

5.有关不动产登记方面的法律规范。登记对于不动产物权至关重要，而根据《物权法》第10条的规定，不动产“统一登记的范围、登记机构和登记办法，由法律、行政法规规定”。换言之，《物权法》授权全国人大或国务院通过制定专门的《不动产登记法》或《不动产登记暂行条例》之类的法律或者行政法规来全面规范不动产的登记。在此专门立法完成之前，由于不动产登记采取依行政管理职能多部门登记的体制，故有关不动产登记的规范主要见于一些部门规章，如2008年2月15日住房和城乡建设部发布的《房屋登记办法》，该办法于2008年7月1日起施行，该办法对涉及房屋的登记进行了调整。2014年11月，国务院发布了由国土资源部负责起草的《不动产登记暂行条例》（2015年3月1日起施行），初步确立了不动产统一登记的制度框架。2016年1月1日，国土资源部发布了《不动产登记暂行条例实施细则》，该实施细则于2016年1月1日起施行。

6.物权法相关司法解释。《物权法》生效后，最高人民法院针对该法的解释适用，出台了数项司法解释，其中最为重要的是：2009年10月施行的《最高人民法院关于审理建筑物区分所有权纠纷案件具体应用法律若干问题的解释》（以下简称《建筑物区分所有权解释》）；2016年3月1日施行的《最高人民法院关于适用〈中华人民共和国物权法〉若干问题的解释（一）》（以下简称《物权法解释（一）》）。2020年12月，为配合《民法典》的施行，最高人民法院出台了《最高人民法院关于适用〈中华人民共和国民法典〉有关担保制度的解释》（以下简称《担保制度解释》），并将前述《物权法解释（一）》修正为《最高人民法院关于适用〈中华人民共和国民法典〉物权编的解释（一）》（以下简称《物权编解释（一）》）。

第三节 物权法的基本原则

一、基本原则概说

所谓物权法基本原则，是指贯穿于物权法中并决定物权规范总体面貌的系统性原则或指导思想。物权是权利人在特定物上享有的法律地位，具有对世性。物权的对世性固然能够对物权人提供周全的保护，但如果不能确立重要的立法原则，则不特定第三人乃至交易安全将受到威胁。物权法基本原则应围绕物权的特性和效力加以确立。

《民法典》物权编规范并未单设“基本原则”的章节以明确何为物权法的基本原则。在各种物权法著作中，通常都设有物权法基本原则的内容，阐明作者对物权法基本原则的理解。由于对“基本原则”意义认识的差异，学者间对于物权法基本原则的界定存在很大的差异。有的著作主要是在物权法所追求的理念的意义上界定基本原则，确立了意思自治、社会政治原则、结构原则、效率原则、和谐原则等基本原则〔1〕。有的著作主要站在物权的特性及其对物权立法技术的要求视角上，确立了物权法定原则、物权绝对原则、区分原则、物权公示原则、物权特定原则等〔2〕。亦有的著作将物权法的理念与技术性原则相结合，确立了平等保护、物权法定、公示公信几项原则〔3〕。

本书区分物权法理念与基本原则，主要将物权法基本原则界定为物权立法的技术性原则，确立了物权客体特定、物权法定与公示公信三项原则。

二、物权客体特定原则

物权的客体原则上为“物”，而且须为特定之物，也就是说，物权的客体须为特定的一物，学理上将此称为“物权客体特定原则”，并将其作为物权法的一项基本原则。〔4〕物权客体特定属于典型的技术性要求，并不涉及价值判断

---

〔1〕 崔建远：《物权法》（第四版），中国人民大学出版社 2017 年版。

〔2〕 孙宪忠：《中国物权法总论》，法律出版社 2003 年版。

〔3〕 王利明：《物权法》，中国人民大学出版社 2015 年版。

〔4〕 “物权客体特定原则”，学理上有以“物权客体特定性”、“物权客体独立性”及“一物一权主义”指称者，参见谢在全：《民法物权论》（修订五版）（上册），中国政法大学出版社 2011 年版，第 11—13 页。我们认为，在“一个物权以一个特定之物为客体”的意义上使用“物权客体特定”的表述，即可清晰表达该原则，“一物一权”之类的表述徒增理解上的歧义，应予舍弃。

问题。

物权既为直接支配标的物的权利，则标的物须具有确定性，如果物权客体的边界不明，则其定分止争的基本功能就不能发挥。例如，在物权法的视角下，“我对仓库中的10吨大米拥有所有权”或“我对羊群中的10只羊拥有所有权”这样的判断是不能成立的，必须明确对具体的哪10吨大米或哪10只羊拥有所有权，否则对物的支配就无从谈起。相反，在债之关系的视角下，“将仓库中的10吨大米给付给我”或“向我交付该羊群中的10只羊”当然能够成立。尽管一群羊均归属于同一人所有，但仍有必要以每一只羊作为一个所有权的客体，从而不存在“对一群羊的所有权”这样的概念，否则无从解释羊群中一只羊的死亡或一只小羊羔诞生带来的所有权得丧问题。

物权客体特定在每一个单独的物上，这不仅是静态地确定支配对象的需要，也是为了满足交易确定性的需要。如前所述，“向我交付该羊群中的10只羊”的债务可因买卖合同等债权行为而发生，但涉及移转所有权的处分行为则必须以每一只确定的羊为对象，也就是说，当事人的合意和交付行为均须指向每一只羊。在此意义上，有多少个需要被移转所有权之物，就需要有多少个移转所有权的处分行为。

物权客体特定，需要建立在对“特定的一物”的清晰界定基础之上。何为“一物”，须结合法律的规定与交易观念加以确定。物权客体特定，通常意味着：①物权须以经济上和功能上完整的一物为客体，通常不能也无须在物的构成部分上成立独立的物权。例如，一辆机动车构成功能上的“一物”，物权应存在于整个机动车上，而不单独存在于发动机、车身、轮胎等构成成分之上。因此，当我们说“我拥有一辆车的所有权”时，我拥有的就是一个所有权，而非在车辆零部件上的诸多个所有权。当然，如果物的非重要成分归属于他人，则有必要继续维持此成分的独立性，从而继续维持该他人的所有权，此点将在后文述明。②物权以独立的一物为客体，原则上有多少个独立之物，就有多少个物权，不能在多个物上成立一个物权。例如，某人拥有一整套（12张）生肖邮票，则该人就享有12个所有权，亦即在每一张邮票上都存在一个所有权。如此，所有权人方可自由支配每一个物，并可自由地对每一个独立的权利客体作出处置。

我国物权法虽未明确规定物权客体特定原则，但《民法典》第114条第2款在对物权的立法定义中对物权的客体即采取了“特定的物”的表述，[1]而且该原则实际上也为我国民法理论普遍所认可，《民法典》物权编的具体规范基本上也是遵循物权客体特定这一原则的。

三、物权法定原则

（一）意义与内容

《民法典》第116条规定：“物权的种类和内容，由法律规定。”该条在我国法上确立了物权法定原则。所谓物权法定，是指物权的类型应以法律规定为限，不允许当事人任意创设。

罗马法上缺乏抽象的“物权”概念，得到承认的仅是具体的物权类型，而且罗马法上的实体权利均须得到特定诉权的保障，而诉权的类型是有限的，在此意义上，罗马法实行的是典型的物权法定主义（numerus clausus）。随着抽象“物权”概念的出现，在逻辑上，物权可能不再是几种具体的对物支配之权利的简单集合，而成了可以根据抽象的性质及构成要件加以识别的开放式概念。正是由于学理上“物权”概念所具有的抽象性、一般性和类型的开放性，才凸显出了立法上物权法定主义的特殊性及其重要性。

自19世纪欧陆国家法典化运动以来，物权法定主义为大陆法系各国民法典所普遍采纳。日本、韩国和我国台湾地区皆在法典中明确规定物权法定，反映出法律继受的一个现象。德国、瑞士等欧陆国家在法典中虽无明文，但因循罗马法的传统，普遍认可物权法定原则。即使是在法律技术迥异的普通法系国家，亦有认为其法律秩序上实际遵循物权法定主义者。[2]《物权法》第5条将物权法定规定为该法的基本原则，《民法典》第116条承继了《物权法》第5条的规定。

《民法典》第116条中所称“法律”，应指狭义上的法律，即仅指由全国人大及其常委会通过的规范性法律文件。具体而言，规定物权类型的法律，不仅指《民法典》物权编，也包括其他单行法。例如，《海域使用管理法》规定了海域使用权，这一权利的用益物权属性也得到了《民法典》第328条的承认。又如，《海商法》在规定可以纳入《民法典》物权编的船舶抵押权和留置权的同

---

〔1〕《民法典》第 114 条第 2 款规定：“物权是权利人依法对特定的物享有直接支配和排他的权利，包括所有权、用益物权和担保物权。”

〔2〕 谢在全：《民法物权论》（修订五版）（上册），中国政法大学出版社 2011年版，第 32 页。

时，还规定了具有物权效力的船舶优先权。

《民法典》第116条将物权法定表述为“种类和内容”的法定，分述如下。

1.物权类型（种类）法定。奉行物权类型法定主义，这就意味着，在该国法域内，凡称为物权的，必须由法律预先将此种权利承认为一种具有物权效力的权利类型；对于法律未规定的物权类型，当事人不得自由创设。例如，我国法律仅承认抵押权、动产质权、权利质权、留置权等几种担保物权，如果当事人自行创设所谓不动产质权（约定以不动产的交付作为担保物权的设立方式），则该创设行为无效，在不动产上不产生质权。由此可见，所谓类型法定，更准确的表达或许是“类型强制”。

2.物权内容法定。法律对各种物权类型作出规定时，会明确各种物权类型的基本要素，这些基本要素具有强制性，当事人不得创设与法定的物权内容相异的物权。物权内容法定实际上是类型法定所要求的，因为如果当事人可以在某个法定的物权类型下任意变更其内容，那么法定的物权类型可能会变得面目全非、名不副实，类型法定主义也就名存实亡了。由此可见，内容法定也可表述为“类型固定”。

准确理解物权法定主义，需要避免以下两种错误认识：

第一，“物权法定”意味着物权的得丧变更效果是由法律直接规定的，与当事人的意志无关。其实，物权法定指的并非物权发生效果的法定。实际上，从物权发生的角度看，绝大多数物权都是所谓意定物权，是由当事人通过法律行为创设的。只有在少数情形下（如留置权）才由法律直接规定物权的发生条件，即在符合某种物权所有的构成要件的情形下，直接导致该种物权发生的效果。物权法定，恰恰是作用于当事人变动物权的法律行为之上的，如将其理解为法律直接规定的效果则会沦为无意义的表达。

第二，既然内容法定，当事人的意思自治在物权创设方面就仅表现为创设与否的自由，对于物权内容则无意定的可能性。实际上，物权内容法定仅意味着决定物权类型的关键要素的法定，它并非指物权内容的各方面均由法律规定。例如，就所谓有期限物权而言，除可能对期限的最长限度作出规定外，法律通常并不直接规定该期限的具体长度，而由当事人自行来决定。又如，就地役权而言，法律只是规定了需役地权利人对供役地的利用，至于这种利用方式具体表现为何，则完全取决于当事人的自由设定。

（二）理由

私法的灵魂在于私人自治。如前所述，法律关于物权的规范属于私法的重要组成部分，因此自治原则也应该贯穿于物权法之中。尽管物权法上也随处可见体现私法自治的规范，但是，与债权合同意义上的契约自由理念相反，作为物权法基本原则的物权法定主义的基本功能恰恰在于限制私主体创设物权的自由。以私法自治这一信念为出发点，强行法对这种自治所作出的任何限制，均应有充分的理由。归纳而言，物权法定主义的立法理由包括以下几个方面。

1.物权法定主义是由物权的绝对性所决定的。相对性的权利，如债权，仅在特定当事人间具有效力，而对第三人及交易秩序几乎不产生任何影响。相反，物权被预设了对世效力，权利人可以其权利对抗任何人。因此，如果允许当事人以合同或其他方式任意创设具有对抗性的物权类型，而第三人甚至根本无从知晓该“物权”的存在与其基本内容，那么势必会导致交易秩序的紊乱。因此，如果物权可以任意创设，那么法律固然保障了交易当事人之间的“自治”，但显然会陷未直接参与交易的第三人于“他治”。

2.物权法定主义便于物权的公示，从而有助于确保交易的安全与迅捷。物权所具有的对抗不特定第三人的绝对性，是以物权的公示为其前提的，也就是说，只有在第三人能够方便地得知物权的存在与其具体内容之时，其受制于该种物权才具有合理的基础。因此，物权的公示始终是物权法需要考虑的一个重要因素。物权公示的目标在于使人人都有机会了解物权的存在、归属与具体内容。由于公示的手段有限，再加上有效的公示手段需要满足低成本的要求，因此，这一目标的达成并不容易。物权类型与内容的法定，大大降低了物权公示的难度，对于那些无法进行有效公示的权利类型，可以从物权类型中剔除。有效的物权公示制度的建立，一方面，使得不特定第三人在交易中能够了解相关物上的物权归属状况，从而使其不因物权的对抗性而受到损害，交易安全因此得以维护；另一方面，也使得交易当事人对于交易的对象无须做进一步的调查，即可借助公示手段了解物上的权利状况，这大大节省了交易的成本，促进了交易的高效、安全。据此，由物权绝对效力预设带来的公示要求，乃是物权法最基本的逻辑，物权法定仅是在为便利公示效用发挥的意义上才被法秩序所规定。这或许也意味着，随着信息技术的发展，如果物权公示能够通过更有效率的方法达成，则物权法定的约束即可缓和乃至于消解。

3.物权法定主义有助于构建合理的物权体系，从而提高物的利用效率。物权与社会经济具有密切关系，不合理的物权可能会影响物的经济效能的发挥，从而降低经济运行的效率。在他人之物上设立定限物权，如果设计合理，可以提高物的利用效率；但如果设计不合理，则可能会降低物的利用效率或者影响物的流通性。例如，对于他人不动产短暂的利用，通常并不期待其需要产生对抗第三人的效果，如果将该利用权设计为一项物权且提出必须登记等要求，则徒增成本获取冗余的权利实属不智。贯彻“三权分置”思想，《民法典》增设了“土地经营权”，并规定流转期限五年以上的土地经营权可以纳入登记，这一立法体现了建构合理物权体系的思想。

4.在特定历史和社会经济制度背景之下，物权法定主义也有维护特定意识形态及社会经济制度的功能。近代以来，欧陆各国民法的法典化运动正值封建体系被彻底摧毁之时。封建制的土地物权体系严重影响物之流通，甚至影响人之自由，因此，物权法定主义的一项重要功能即在于将旧的封建制物权排除出去，避免其死灰复燃。如前所述，我国当前的物权制度也先决于我国实行的社会主义公有制。在此意义上，物权法定也为维护我国宪法所确立的基本经济制度所要求。

（三）违反物权法定的效果

《民法典》第116条明确承认了物权法定主义，但未对违反物权法定主义的法律效果作出规定[1]。如果当事人通过法律行为创设未为法律承认的物权类型，或者虽旨在创设某种法律认可的物权类型，但却在该种权利的内容设置上违反了法定的标准，那么当事人之间此种创设行为的效力将有可能呈现以下几种状态。

1.对于当事人违反物权法定主义的创设物权行为，法律设有特别的效果规定时，从其规定。当事人的物权设定行为部分违反内容强制的规定，但如果除去该部分，其他部分仍可成立的，则仅违反禁止规定的部分无效，法律行为仍发生物权设定的效果[2]。例如，《民法典》第410条对抵押权的实现方式作出了规定，可以认为，抵押权人的变价权也属于抵押权的法定内容。如果抵押权人在债务履行期限届满前，与抵押人约定债务人不履行到期债务时抵押财产归债权人所有的，根据《民法典》第401条的规定，只能依法就抵押财产优先受偿，这也就意味着，当事人之间关于“流押”的约定因违反物权法定而不生效

---

〔1〕尽管公认《民法典》第116条确立了物权法定原则，但该条规定本身存在意义不清晰的问题，未揭示物权法定限制私主体意思的关键信息。如果立法上需要对物权法定作意义明确的规定，则以下立法例可资参考：《日本民法典》第175条规定，“物权，除本法及其他法律所定者外，不得创设”；我国台湾地区“民法”第757条规定，“物权除依法律或习惯外，不得创设”。

〔2〕《民法典》第156条规定：“民事法律行为部分无效，不影响其他部分效力的，其他部分仍然有效。”

力，但抵押权仍在其标准形态上得以设立。

2.对于违反物权法的物权设定行为，法律无特别规定时，则此法律行为因违反法律强制性规定而无效，不能发生预期的物权设定效果。例如，我国现行法未承认不动产质权，如若当事人约定通过移转不动产的占有而由债权人在物上取得以优先受偿为内容的物权，则该约定因违反物权法定而无效。又如，在《民法典》引入居住权之前，如果当事人通过合同意在设立居住权，则该法律行为无效，不发生居住权的法律效果。在房屋上设立物权性的居住权，仅在《民法典》对该用益物权类型作出规定后才具有可能性。设定物权的行为因违反物权法定主义而无效的，其无效并非由于“不法”（伦理上的不妥当），而是出于法律技术上的考量，其理由类似于当事人之间有关诉讼时效的约定因时效规定的强行性而无效〔1〕。

3.物权设定行为虽因违反物权法定主义而无效，但如果当事人的行为具备其他法律行为的要件，则该行为仍可发生该其他法律行为的效力。例如，传统民法上的永佃权具有永久性，依其性质，当事人在创设永佃权时，不得为其设置期限。如果当事人设置期限，则永佃权设定行为不发生效力。但是，如当事人在设置该“永佃权”时，除约定权利存续期限外，也对土地使用的方式、使用对价等作出了约定，则租赁合同的各个要件均已具备，因此，永佃权设定行为固然无效，但债权性的租赁合同却可因当事人的行为而发生效力。违反物权法定主义之行为的这一层法律效果不应被忽视，因为承认相关行为在当事人间仍可发生债权的效力，这就保障了私法自治的基本需要。尽管由于物权效力不发生而不设定对抗第三人的物权，但当事人之间的债权契约往往已经能够满足他们的基本交易需求。

（四）物权法定主义的缓和及未来展望

首先，需要指出的是，物权法定主义并不意味着物权类型是一个固定的、封闭的体系。实际上，一国可以根据自己的历史传统与经济结构设计自己的物权体系，同时也可以根据社会经济的发展和实践的需要，在立法上不断承认新的物权类型。

尽管如此，必须承认，采物权法定主义有其固有的缺陷。人类智慧有其限度，在进行物权立法时，不可能预见未来社会的一切需要。即便一国拥有良好

〔1〕《民法典》第197条第1款规定：“诉讼时效的期间、计算方法以及中止、中断的事由由法律规定，当事人约定无效。”

的立法机制，立法者能够迅速地根据实践需求通过立法程序确立新的物权类型，这种立法也必然滞后于实践需求。物权法毕竟是私法，私法给当事人留下的广大的意思自治空间本来应该能够解决这一问题，而物权法定主义恰恰严重制约了当事人的自治。由此可见，严格的物权法定主义确实有需要检讨的地方，物权法定主义须得到缓和。[1]

在坚持物权法定的基本框架下，为避免物权法定过于僵化而限制社会的发展，学者们提出了各种对其加以修正的学说，主要包括以下几种：①物权法定无视说。此学说主张应无视物权法定主义之规定，从根本上否认该原则存在的必要性。②习惯法包含说。此说主张，习惯法也是民法的渊源，所以物权法定主义中的“法”应不以成文法为限，物权之创设只要符合习惯法，就不构成对该原则的违反。[2]③习惯法物权有限承认说。该学说认为，尽管物权法定主义所指之法律不包括习惯法在内，但是，如果依社会习惯所发生的物权，与物权体系之建立无碍，而且又无碍于公示时，那么物权法定主义就失去了其适用的基础，该种根据习惯法所成立的物权就应该予以承认。④物权法定缓和说。该种学说认为，应对物权法定主义从宽解释，新生的物权，只要不违反物权法定主义的立法宗旨，而且又有恰当的公示手段，并足以维护交易的安全，那么就应该予以承认。

以上各学说中，物权法定无视说根本否认该原则，未免过于绝对。习惯法包含说与物权法定的立法宗旨相悖，这是因为，某些习惯法物权，如封建制物权，恰恰是物权法体系所要排除的。当然，如果时代发展已经彻底抹去这些不良物权类型的习惯痕迹，而自发形成的新习惯恰恰符合社会经济发展的需要，则采用习惯法包含说亦可很好地缓和物权法定主义的僵化。习惯法物权有限承认说与物权法定缓和说的理由相类似，只不过后者不要求新的物权类型必须有习惯法的基础。物权法定缓和说从立法理由出发对物权法定主义进行扩大解

〔1〕对物权法定主义提出系统反思的代表性学者是我国台湾地区学者苏永钦。参见苏永钦：《物权法定主义松动下的民事财产权体系再探大陆民法典的可能性》，载《厦门大学法律评论》2005年第1期。

〔2〕我国台湾地区“民法”的一项修订充分体现了这一点。物权法定原则规定于该法的第757条。修订前，该条的表述是，“物权，除本法或其他法律有规定外，不得创设”。2009年，该条经修订后表述为“物权除依法律或习惯外，不得创设”。

释，符合法律解释的方法，值得赞同。[1] 不过，“缓和”当然是以原则上承认物权法定主义为前提的，而且在解释及适用上，对“缓和”的标准及限度也应从严掌握，否则就有可能动摇物权法定主义本身。

四、公示、公信原则

物权是对标的物为直接支配的权利，具有对世性和排他效力。物权的变动，尤其是由法律行为引起的物权变动，体现了当事人的意思自治。但是，正因为物权具有对世性权利，其变动效果不仅直接关乎交易当事人之利益，而且潜在地对所有民事主体产生影响，因此，法律必须将一定的公示方法规定为物权变动效果发生的要件，从而使第三人能够从外部认识到物权变动的法律现象，并以此外在的法律现象为基础，安排其法律生活。基于物权的绝对性，近现代民法为维护交易的安全，将“公示原则”与“公信原则”确立为物权变动的两项基本原则。

公示与公信原则系物权变动的基本原则，其内涵相当丰富。本书将其明确为物权立法的基本原则，至于其具体的内涵等在物权变动部分再详加阐明。

法律适用

［物权法与物权登记相关规则］

广义的物权法，应包括不动产登记及动产与权利担保登记等规则在内。不动产登记法，实属不动产物权之程序法。实体之不动产物权法与程序之不动产登记法相互补充、交织，健全完善不动产登记，可完整并正确呈现不动产上存在之真实法律关系[2]。就动产而言，不仅船舶、航空器与机动车等所谓“特殊动产”存在登记制度，而且在其他动产上也构建起了担保登记公示系统。

《民法典》第210条规定：“不动产登记，由不动产所在地的登记机构办理。国家对不动产实行统一登记制度。统一登记的范围、登记机构和登记办

---

〔1〕《物权法》的立法进程也反映了人们在缓和物权法定主义严格效力方面的思考。在提交给全国人大常委会审议的第五和第六审议稿中，《物权法（草案）》将物权法定主义的条文表述如下：“物权的种类和内容，由法律规定；法律未作规定的，符合物权性质的权利，视为物权。”当然，由于这种缓和物权法定主义的规定过于宽泛和笼统，进而威胁到了物权法定主义本身，因此，最终通过的《物权法》未采纳此缓和方案。

〔2〕谢在全：《民法物权论》（上册），中国政法大学出版社1999年版，第2页、第3页。

法，由法律、行政法规规定。”《不动产登记暂行条例》即满足民法典该条规定要求出台的行政法规。不动产登记的健全，对于不动产物权制度具有至关重要的作用。

2021年1月1日，《国务院关于实施动产和权利担保统一登记的决定》实施，不仅动产抵押在该规定确定的中国人民银行征信中心动产融资统一登记公示系统办理登记，而且应收账款质押、所有权保留买卖、融资租赁、保理等动产与权利担保均在该系统办理登记。仅在登记公示制度配套实施时，物权法所确立的物权变动的公示原则才可真正落实。

第二章 物

提 要

物权的客体原则上是物。探讨物权，首先须了解作为物权客体的物。本章讨论“物”的概念、特征、物的构成和分类等问题，其涉及的物权客体特定等知识在物权法上具有极其重要的意义。

物，指能够为人力所支配的有体物。物权法奉行物权客体特定原则，一项物权以一个特定的物为其权利客体。物的成分可区分为重要成分和非重要成分，前者系指不经毁损即不可分离的物的成分，该概念对于理解所有权的添附等制度具有至关重要的意义。从物与孳息皆属于物的范畴中的重要概念，须准确加以界定，并理解其法律意义。物的分类中，特别重要的是不动产与动产的分类。

重点问题

1. 什么是民法学上的“物”？其具有哪些法律特征？
2. 为什么要识别和区分物的重要成分与非重要成分？
3. 识别两物之间主从关系的法律意义是什么？
4. 什么是天然孳息？如何确定其归属？
5. 区分不动产与动产的法律意义是什么？
6. 什么是集合物？其法律意义何在？

第一节 物的概念与法律特征

一、物权的客体原则上为物

“物权”，顾名思义，为物上的权利，从而物权系以“物”为其客体，体现权利人对特定物的控制与支配关系。如下文所述，民法学上的“物”仅指有体物。物权，原则上须以有体的不动产或动产为其权利客体。就居于物权体系核心的“所有权”而言，这一原则不存在例外，所有权总是以有体之物为其权利客体。

须注意的是，一些类型的物权也可以权利为客体。例如，就作为担保物权的质权而言，《民法典》物权编既规定了以动产为客体的动产质权，也规定了权利质权。在后者，债权、知识产权、股权等都可成为其客体。又如，在《民法典》第395条所列举的抵押权客体中就包含了建设用地使用权、海域使用权等权利。物权以物之外的权利为客体的，须有相应的法律规定。[1]

二、物的概念

物权原则上以物为客体。而关于何者为物，《民法典》第115条只是简单地规定，“物包括不动产和动产”。这一规定实际上并未明确界定什么是物，而仅是对其基本类型作出了规定。

物在民法上的概念与哲学及自然科学意义上的“物质”并不完全相同，究其原因，民法上的“物”乃是作为权利的客体而存在。这就意味着，物与物权之间存在着相互说明的关系——物权以物为客体，同时，仅有具备成为物权客体的东西才是民法上的物。因此，仅有能够为人力所支配从而可能成为人们争夺对象的东西才能成为民法上的物。日月星辰当然是物理学意义上的物，但由于它们在现行法律秩序下不可能成为权利的客体，因此不被作为民法上的物对待。

关于民法上的“物”，通说认为，系指除人的身体外，能够为人力所支配且具有独立性，并能满足人类社会生活需要的有体物和自然力[2]。

三、物的法律特征

上述定义揭示了“物”的如下法律特征。

（一）有体性

将“物”分为“有体物”和“无体物”，这是古代罗马法的传统。在罗马法上，“有体物”是指那些可以被触摸到的物品，而“无体物”则是指那些触摸不到的东西，即各种权利，如用益权、继承权、债权等。[3]基于具有财产价值这一共同属性而将作为权利客体的物与权利本身混为一谈，在许多法律体系

---

〔1〕《民法典》第115条后段规定：“法律规定权利作为物权客体的，依照其规定。”

〔2〕王泽鉴：《民法物权》，北京大学出版社2009年版，第40页。

〔3〕[古罗马]盖尤斯：《盖尤斯法学阶梯》，黄风译，中国政法大学出版社2008年版，第58页。

上都可以观察到这一现象。实际上，古代罗马法上“物”的概念类似今天我们通常所说的“财产”——后者既指动产、不动产等实物，也包含具有财产价值的权利在内。

随着“物权”概念的提出，有必要在逻辑层面上清晰地区分作为物权客体的物与其他“无体物”（权利）。举例来说，如果作为“无体物”的债权通常都能成为物权的客体，那么就会产生“对一项债权拥有所有权”这样的权利结构，从而使得物权和债权等权利无法区分。于是，在将物权与债权作出区分的法典上，“物”通常都被界定为“有体物”。[1]

物权法上的物必须是有体物，还有一个重要的理由。物权体系的核心是所有权，而占有是所有权的基础和起源。我们有理由相信，人类社会的所有权观念产生自占有。如果说观念性的权利有更多的客体可能，作为管领事实的占有则只能在有体物上发生。所有权一旦因占有的原因发生在有体物之上，围绕所有权构建的其他物权自然也主要以有体物为其客体。

所谓“有体物”，是指占据一定空间而有形存在的物质实体。有体物可以表现为固态，也可以是液态或气态。不过，液态或气态之物要成为权利人支配的对象，通常须以一定容器装盛或至少须禁锢在一定空间内方可成为物权的客体。例如，自然喷涌之泉不是物，但一旦将其装瓶，则瓶装水当然可以成为民法上的物。

光能、热能、电能等自然力虽不符合上述有体物的定义，但在技术上它们却可为人力所支配，且具有经济价值。因此在民法上，此类自然力也可被视为“物”，并类推适用有关动产的规则。

（二）可支配性

物，为物权之客体；物权，系对特定物加以支配控制的权利。因此，法律上的物必须能够为人力所支配。凡人力所不能支配者，尽管在现实世界中有其客观的存在，可终究不能成为物权的客体。人类很早就认识到宇宙的物质属性，但并未因此产生界定其所有权的冲动，其主要原因恐怕还是人们只能在仰望星空时欣赏其美丽或发哲人之沉思。由于没有支配的可能，因此就没有定分止争的需要。

随着科技的进步，人类对于客观世界的支配能力不断增强。这或许意味

---

〔1〕《德国民法典》第 90 条规定 :“本法所称的物为有体物。”《日本民法典》第 85 条规定 :“本法所称的物，为有体物。”

着，作为物权客体的物的范围也会呈现出不断扩展的趋势。不过，也恰恰是在这些领域，各国法律乃至国际法往往会禁止或限制将这些人力所及之物视为民法上的物而成为权利的对象。例如，有关外层空间方面的国际条约不承认各国对外太空的主权，[1]其衍生的意义是，各国的民事主体不得对这些领域主张享有物权。

正是由于具有可支配性，前文所述的电力、热力等自然力也可被视为民法上的物。

（三）可利用性

物的可利用性，是指能够满足主体之物质利益或精神利益的特性，即通常所说的“有价值”。物之所以具有经济价值，其原因在于其所具有的稀缺性；因为稀缺，所以会在社会成员之间引起冲突，定分止争的必要性由此而生，而物权法的基本功能恰恰在于定分止争。在此意义上，尽管对人类甚至是不可或缺但不具有稀缺性的东西，通常并不能成为物权的客体，如空气。

当然，某件东西是否具有利用价值，并不能总是以其客观属性及对大众的意义来加以判断。某些物品或许不具有一般的经济价值，但对特定的人仍可能具有重要意义，如一张具有特定纪念意义的老照片。只要有人在主观上认为其有价值，其即可作为民法上的物而在其上成立物权。[2]

四、物的界定中的伦理考量

法学的使命，不在于以“科学”的方法去探究事物的本质，而在于规范人类个体及群体的行为。就此而言，人类社会长期发展的伦理道德观念对法律的影响可以说是无处不在。这一点同样适用于关于物的法律界定。

人的身体是否构成民法上的物？在伦理学上，具有理性的人依其本质只能为目的，而不能仅仅将人作为手段来使用，因此人是主体，而外在的世界为客体。首先，生存之人的身体，虽然也具有物质性，但身体乃是法律主体（自然人）的构成要素，而非权利的客体，故不属于物的范畴。其次，随着自然人的死亡，其权利能力终止，遂产生了人类遗体是否属于民法上之物的法律问题。

---

〔1〕《外层空间条约》第2条规定：“各国不得通过主权要求，使用或占领等方法，以及其他任何措施，把外层空间（包括月球和其他天体）据为己有”。我国是该条约的缔约国。

〔2〕在我国实证法上，不仅承认在此类物上存在物权，还给予权利人特殊的保护。《民法典》第1183条第2款规定：“因故意或者重大过失侵害自然人具有人身意义的特定物造成严重精神损害的，被侵权人有权请求精神损害赔偿。”

几乎在所有类型的社会中，都可以看到对人类遗体表示尊重的宗教与文化现象，因此，基于伦理方面的考虑，遗体并不能被视为一般的物，不能作为遗产加以继承，而是应根据法律和习俗给予体面的安葬等处理。最后，用于输血的血液、用于移植的器官可以暂时地与人体相分离，在现代社会中，只要具备拯救自己或他人生命的医学目的，这一分离本身并不违反法律，而且也逐渐为人们的伦理观念所认同。但即便如此，血液、人类器官等的买卖及其他形式的交易仍为许多国家的法律及道德规范所排斥。因此，暂时分离出来的器官等也只是在非常有限的意义上被作为物看待。基于生殖辅助技术而产生的人类冷冻胚胎，尽管也是生物学意义上的客观存在，但由于其具有孕育人类生命的可能，也不能作为民法上一般的物加以对待。《民法典》在人格权编“生命权、身体权和健康权”一章，对人体细胞、人体组织、人体器官、遗体的捐献作出规定，并明令禁止其买卖，显然也未将它们作为物加以对待。

动物是否为物？物的伦理性也体现在法律对动物属性的界定上。同为有生命的物种，人类时常对动物表现出特殊的情感，以至于我们的法律和伦理规范常常会将动物与无生命的物区分开来。晚近以来，动物保护运动甚至成了一种国际性的运动，此种思想意识引导人们郑重其事地提出了所谓“动物的权利”，如1978年10月15日由联合国教科文组织宣布的《动物权利共同宣言》。而这进一步促成了“动物非物”的法律观念。通过立法修订，《德国民法典》明确规定了“动物非物”。[1]当然，那种认为动物应如人类那样成为法律主体的观点未免有矫枉过正的嫌疑，“动物非物”之规定的立法目的并非要将动物人格化，而是为了限制动物所有人的权利，使其不能对归其所有的动物为所欲为。

近年来，随着人工智能（AI）的兴起，法学界也开始讨论人工智能的法律地位问题。有观点认为应打破传统法学的主客观二元论，赋予人工智能主体资格。我们认为，无须说作为人类的技术创造物，即便是人工智能具有了一定自我演化的能力，人类的法律也不应将其作为自然人意义上的主体加以看待。在主客观的二元世界中，人工智能只能属于“物”的范畴（当然它可以视情形获得“特殊之物”的待遇）。在涉及人工智能的责任问题时，或许未来的法律可依据情形将人工智能塑造成一个自我负责的独立财产，在此意义上，它具有类似法人的性质。

---

〔1〕《德国民法典》第 90a 条规定：“动物不是物。它们由特别法加以保护。除另有其他规定外，对动物准用有关物的规定。”

第二节　物的构成及分类

一、物的成分

根据物权客体特定原则，一项物权成立于一物之上。某些类型的物（如一匹马、一个玻璃花瓶），质地单纯，浑然一体，对物权的客体加以界定时，无须引入“成分”的概念。反之，另外一些物（如一辆机动车）由原先独立的数物相互结合而成，而且结合后仍可清晰地识别出物的构成部分，针对这些物界定其上物权时，“物的成分”就成了一个重要的法律范畴。

物的成分，是指物的构成部分。根据物与其构成成分之间的关系，可将物的成分区分为重要成分与非重要成分。

关于物之重要成分的识别标准，并不在于其在物中所发挥的功用，如发动机之于汽车，而在于其不能从物中分离出来的特性。物理上或经济上是否重要，对于权利界定并无意义，相反，成分能否分离对于物权客体的识别及物上权利的界定却具有法律上的重要性。

将不可分离性作为物之重要成分的认定标准，其原因在于：凡不可从物中分离而独立存在的部分，必不能独立成为物权的客体。质言之，这些成分即便先前是独立物，即便在合成到他物时还能被识别出来（如牢固地附着于墙上的一块瓷砖），它们也已经丧失了先前独立物的属性，不可能再独立承载一个所有权；相反，那些具有可分离性的部分，即便在整体中发挥着至关重要的作用，由于可以自合成物中重新分离且不影响其自身的价值，因此有可能不因合成到他物中而丧失其独立性，可以继续独立地作为一项物权的客体。

（一）重要成分

物的重要成分，是指非经毁损不能分离，或分离将耗费过高成本之物的构成成分。“重要成分”当然也属于物的成分，其特殊性在于与物的不可分离性。[1]

物的重要成分不得单独作为物权的客体，确立这一规则是为了维护物的经济价值，避免因强行对物加以分割而带来的损害。举例来说，对于一栋房屋而

---

〔1〕我国民法未对物的成分作出界定。根据《德国民法典》第 93 条之规定，物的成分中，非经毁损物的一部或变更其本质，而不能分离的，为重要成分；物的重要成分不得为特定权利的标的。

言，其墙体、支柱、栋梁等当然属于不可分割的重要成分，因此，即便在建房时取用了属于他人的木材，一旦该木材与房屋结为一体（如用作栋梁、支柱等），则立刻成为房屋之不可分离的重要部分，此时，即应认定发生了动产对不动产的附合，从而必须否定木材之原所有权人的所有权，否则，如允许后者继续以所有权人身份要求返还，则势必会导致房屋受损甚至完全坍塌。从经济上衡量，一根木料的价值无法与整栋房屋的价值相比，因此法律不应支持以牺牲整栋房屋来维护对一根木料的所有权的观点。当然，对因自己之物成为他人之物的重要成分而无法要求返还的当事人而言，他可以根据具体情形主张不当得利、侵权等方面的请求权来维护自己的利益。

从前例可知，是否构成物的重要成分，是识别所有权因附合而取得之问题的基础：只有在分属于不同人的两个以上的物相互结合而不能再分离时，才需要将合成物识别为一个新物，并由法律规定这个新物的所有权归属。

重要成分的概念对于界定“不动产”的概念也具有重要的价值。固定地附着于土地之上的建筑物、定着物与土地不可分离，故应成为土地的重要成分。[1]然而，在土地及其上定着物的关系问题上，亦有立法例明确将地上附着物与土地作法律上的区分，使得“不动产”主要表现为“土地”与“建筑物”两种形态，从而使得所有权等物权可以在建筑物上独立发生。[2]

（二）非重要成分

物的非重要成分，是指可由物中分离出来而独立存在的部分。物的构成成分中，凡不属于重要成分者，即为非重要成分。与重要成分一样，非重要成分也是物的构成部分，物权以整个物作为其客体，而非以其成分为客体。例如，一辆汽车虽由众多零部件组装而成，但通常所有权乃设立在整辆汽车之上，而非分别以发动机、机身、轮胎等为客体。

但是，与重要成分不同的是，物的非重要成分可以单独地成为物权的客体。例如，汽车所有人使用其新购的一个轮胎替换旧轮胎，则在其将新轮胎安装在汽车上时，此轮胎即失去了独立性而成为汽车的非重要成分；但是，若汽车所有人窃取他人之轮胎并安装于自己之车上，则此轮胎与汽车并不发生动产之间的附合。这是因为，与前述木料与房屋的结合不同，此种结合并非不可分

---

〔1〕《德国民法典》第94条规定：“土地之定着物，特别是建筑物及土地之出产物，尚未分离者，属于土地之重要成分。种子于播种时，植物于栽植时，为土地之重要成分。”

〔2〕日本、我国台湾地区均采此种立法例。我国大陆实行土地公有制，同时承认地上建筑物的私人所有，因此当然也采此种地上定着物不属于土地重要成分的立法例。

离的结合，而是很容易发生分离。因此，即便该轮胎已安装在他人的车上，对其所有人而言，该轮胎仍是独立的一物，其所有权并不因与汽车的结合而丧失，轮胎所有人仍可直接要求汽车所有人予以返还。同理，如果轮胎的出卖人在交付给买受人的轮胎上保留了所有权，则后者将轮胎安装到车辆上使用的事实，并不会改变保留所有权的效果。

二、主物与从物

（一）从物的识别

无论是物的重要成分，还是非重要成分，都是构成一个整体的物的部分。物与其成分之间的关系，是整体与部分的关系。主物与从物的关系则有所不同，它们是两个独立的物，只不过相互之间具有一定的依存关系，从而可能在法律上共命运。

在主物与从物的关系中，主物指的是起主导地位并可独立发挥功能的物；从物则指不构成主物的成分，但经常性地辅助主物发挥效用的物。我国现行法虽有“主物转让的，从物随主物转让”（《民法典》第320条）的规定，但并未界定何为“从物”。

说某物是另一物的“从物”，则该从物应具备以下特征：

其一，从物不属于主物的成分，而是独立的一物。作为独立的一物，从物上有独立的所有权。即便处在辅助主物的状态下，从物所有权人也可单独对从物实施处分行为。至于何为物的成分，何为经常性辅助物之效能的从物，并非不辩自明，须考虑物的利用状态和一般交易观念加以具体确定。例如，锁与开锁的钥匙，尽管物理形态上有独立性，但必须结合方可使用，权利人也几乎没有独立处分的可能，故应视为一物。相反，尽管备用轮胎通常都安装在机动车上，但由于汽车没有备用轮胎也并不影响使用，而且备用轮胎显然可随时被单独处置，故备用轮胎构成汽车的从物。一幅画作，即便没有镶嵌在画框之中，也不失其完整性，因此，画框并非画作的成分；但镶嵌在画框中的画作便于保存、展览，因此，画框通常可构成画作的从物。

其二，从物经常性地对主物起着服务、辅助的功效，从而使得主物的效用更为显著，利用更为便利。从物对主物的这种服务关系应具有经常性、稳定性。一物若只是临时辅助他物之功效，则不存在稳定的利用结合关系，也就不能将此物认作彼物的从物。只有存在稳定的、经常性的联系，方可在必要时将两物视为具有共同效用的一个交易对象，并通过构建法律上的主从关系，将类似“主物之处分，及于从物”的规则予以运用。

其三，从物与主物之间须具有一定的空间关系。欲在两个独立物之间建立主物与从物的关系，虽不必要求二者之间必须具有“我中有你”的位置关系或必须紧密相连（例如，总是将划船之桨从停泊在湖边的帆船上拿走存放在湖畔小屋中，并不会改变船桨和帆船之间的主从关系[1]），但至少从物要在空间上比较接近主物，如此方可识别出前述的经常性辅助关系。很难想象，总是位于北京的A物与总是位于上海的B物之间具有主从关系。

尽管有前述标准，但主物与从物关系的识别，并非基于纯粹的逻辑判断。实际上，确立此种关系乃是基于交易的立场，并以更好地发挥物的效用为其目的。因此，真正决定两物之间是否存在主物与从物关系的是人们的交易观念。质言之，并非两物之间“天生”具有主从关系才引起一并移转的逻辑后果，毋宁说，是人们在交易上首先断定移转A物时应一并移转B物，才在法律论证中将B物指称为A物的从物，并援引《民法典》第320条这样的规范“得出”结论。

（二）主物、从物关系的法律意义

如果不是为了适用类似“主物转让的，从物随主物转让”这样的规则，法律完全没有必要将自身具有独立性的某物界定为“从物”。法律上确定一物为另一物的从物，其目的并非描述两物静态的、经济上的关联，而是为了使前者追随后者而动，在交易中确定合同的标的与相关物权变动的效果。

在我国法上，调整主物、从物关系法律效果的基本规范是《民法典》第320条。该条规定：“主物转让的，从物随主物转让，但是当事人另有约定的除外。”关于该条的理解，可作以下两点解读：

1.由该条但书（“但是当事人另有约定的除外”）可知，该条属于任意性规范，即当事人可以通过明确约定主物转让的效力不及于从物，从而排除主物转让时从物随之转让规则的适用。由于从物是主物之外一个独立的物，此种在转让时将主物与从物脱钩的约定应属常见。例如，尽管二手车的转让通常要及于作为从物的备胎，但当事人当然可约定备胎不包含在买卖车辆的交易中。

2.在当事人没有相反约定的情况下，主物转让的效力及于从物。这一效力不仅体现在所有权上，也体现在他物权之上，具体可表现在：①就主物设立用益

---

〔1〕就本例而言，须依具体情形分析船与船桨之间的关系。如小船仅能靠船桨划动方能在水面行进，则船桨似应视为船的成分为妥。其道理正如，电动车车主基于充电和防盗的考虑，经常将电瓶卸下带回家中，这一点并不改变电瓶为电动车之成分的性质。

物权的，用益物权的效力也及于从物。例如，在《民法典》创设居住权后，房屋所有权人为他人设立居住权的，房屋内为居住所需的必要设施、家具等可视情形作为房屋的从物，居住权设立的效力也可及于这些从物，从而居住权人有权使用。②主物抵押时，抵押权的效力及于从物。③动产质权的效力及于质物的从物。

三、孳息

《民法典》第321条分两款规定了天然孳息与法定孳息的取得规则，但并未对孳息以及天然孳息、法定孳息的概念作出界定。孳息，是指由物所产生的收益，可分为天然孳息与法定孳息。

（一）天然孳息

1.天然孳息的界定

天然孳息，是指依物的自然属性或通常的使用方法而产生的收获物、出产物。例如，耕作土地所收获的粮食、果树所产生的果实、动物所生幼崽、母鸡下的蛋、奶牛产出的牛奶、从绵羊身上剪下的羊毛等。产生天然孳息的物，称为“原物”。

产自原物的天然孳息，必须从原物中分离出来后，才能成为物权的客体。在与原物分离之前，天然孳息仅为原物的成分，并不存在独立的归属问题。孳息自原物分离后，成为独立的新物，需要在法律上界定其归属。

2.天然孳息的归属

天然孳息，主要涉及的是收取和所有权归属的问题，除《民法典》第321条第1款一般性地规定天然孳息的取得规则外（“天然孳息，由所有权人取得；既有所有权人又有用益物权人的，由用益物权人取得。当事人另有约定的，按照其约定”），该法典第412条、第430条、第452条、第460条、第573条、第630条、第900条尚有数处关于孳息收取、归属或返还的规定，另有一些规范涉及包含孳息在内的“收益”的归属，现简要分述如下。

（1）天然孳息原则上属于原物所有权人。天然孳息是从原物产生的，原物所有权人依据所有权的“收益”权能，通常都能取得天然孳息的所有权。因此，母鸡即便将其蛋产在了野外，鸡的所有权人也当然地拥有这只蛋的所有权。

（2）如果原物上为他人设立了用益物权，则原物所产生的孳息由用益物权人收取，并取得其所有权。由于我国法上的用益物权仅在不动产上发生，而且仅有农业用途的土地能够产生天然孳息，故这里的用益物权主要指土地承包经营权。我国实行土地公有制，在家庭联产承包早已全面推行的背景下，承包经营权人取代农地的所有权人（农村集体经济组织）成了土地上出产物的收取权人。在“三权分置”改革背景下，如果承包人再为他人设立“土地经营权”，则将由后者获得土地上天然孳息的所有权。

（3）抵押权人在抵押财产被法院扣押后可以收取抵押财产的天然孳息与法定孳息（《民法典》第412条），质权人有权收取质物的孳息（《民法典》第430条），留置权人有权收取留置物的孳息（《民法典》第452条）。担保物权人原则上并不具有就担保物取得收益的权能，何以前述法条均规定担保物权人有权收取孳息？实际上，在前述法条中，担保物权人在收取孳息后均须适用充抵的规则，即首先须以收取的孳息充抵收取的费用，其次充抵债权之利息，最后充抵原债权。[1]被担保之债多为金钱之债，同样多表现为金钱的法定孳息容易适用充抵规则，故由担保物权人取得法定孳息所有权后再行充抵并非难事。而就此处讨论的天然孳息而言，担保物权人可能收取的粮食、果实、动物幼崽等天然孳息无法直接实行充抵，与其规定将此类物变价后充抵[2]，不如将此类担保物权人收取天然孳息的规范解释为：天然孳息产生后，仍适用归属于原物所有权人的一般规则，由抵押物、质物、留置物的所有权人取得所有权，但担保物权人有权收取并占有，并将孳息加入担保财产中一并供担保之用。

（4）租赁期间，租赁物产生天然孳息的，须依租赁合同的类型或当事人之间的约定确定孳息的归属，在有疑义时，应以承租人取得孳息的解释为宜。我国《民法典》虽未如有些立法例般明确区分“使用租赁”与“用益租赁”（在后者，当然系由承租人收取孳息），但其第720条规定：“在租赁期限内因占有、使用租赁物获得的收益，归承租人所有，但是当事人另有约定的除外。”此处的“收益”，当包括获得天然孳息在内。

（5）《民法典》第630条中规定，“标的物在交付之前产生的孳息，归出卖人所有；交付之后产生的孳息，归买受人所有”。在动产买卖的一般情形下，这一规则与原物所有权人收取孳息的规则相吻合。该规则也应适用于不动产买卖标的物已交付但尚未办理所有权转移登记的情形，以及动产所有权保留

---

〔1〕令人不解的是，前引三条抵押权人、质权人、留置权人收取孳息的规范均仅规定“应当先充抵收取孳息的费用”，缺失了充抵被担保之债权的利息和原债权的规定。

〔2〕参见我国台湾地区“民法”第890条第3款（“孳息如须变价始得抵充者，其变价方法准用实行质权之规定”）。

买卖的情形，在此两种情况下，尽管买受人还不是所有权人，但也已经有权取代出卖人收取孳息。

（6）比较法上，常见承认善意占有人孳息收取权的立法例，即善意占有人在占有期间所收取的孳息不负向物之所有权人返还之责，但是，我国《民法典》第460条在字面上未对善意占有人设此优待，而是规定无权占有人均须向所有权人返还孳息。善意占有人能否保有其收取之孳息的问题，尚须仔细斟酌。

（二）法定孳息

法定孳息，是指原物依一定的法律关系而产生的收益。例如，出租房屋而收取租金的，租金即为房屋所产生的法定孳息。土地承包人将农地出租给他人或为他人设立"经营权"的，后者取得土地的天然孳息，而承包人以租金的方式获得法定孳息。

关于法定孳息的归属，《民法典》第321条第2款规定："法定孳息，当事人有约定的，按照约定取得；没有约定或者约定不明确的，按照交易习惯取得。"所谓按约定取得，即按法律关系的内容取得，如依租赁关系的内容，由出租人获得租金。如果当事人间的法律关系并未明定法定孳息的收取权，则须按照交易习惯来确定法定孳息的归属。

四、单一物、合成物与集合物

（一）单一物

单一物，是指形态上自成一体且其构成部分已失去其个性的物，如一匹马、一只电灯泡、一个水杯等。单一物是浑然一体之物，一般不再需要识别其成分，而且原则上也不存在部分因与整体分离而成为独立之物的情形。

（二）合成物

合成物，是指由数个单一物结合成一体的物。例如，由发动机、轮胎、轴承等组合而成的汽车即为典型的合成物：汽车的各部件原各为独立的物，但一经组合成为一个功能体，这些零部件均成为后者的组成成分，不过，其个性并不因此完全丧失，在这些零部件从汽车上拆卸下来后仍可成为独立的物。在交易观念上，合成物为一物，民法也因此将其作为一个所有权的客体。

（三）集合物

集合物，也称聚合物，是指多个单一物或合成物为共同的目的集合在一起而形成的聚合体。集合物可进一步分为事实上的集合物和法律上的集合物。

事实上的集合物，是指由同质的多数动产构成的集合物，如一个畜群、一个收藏某类图书的图书馆等。以畜群为例，它虽然由作为个体的动物构成，但其在经济上和功能上被视为一个整体（如一个畜群中的动物有合理的雌雄、兽龄搭配，从而有较强的自然繁育能力），并因此经常成为一个交易的对象。

法律上的集合物，是指由不同性质的财产为共同目的而集合在一起的聚合体，如企业、遗产等。以企业为例，企业固然也可能因具备法人资格（企业法人）而成为法律主体，但有时它也可以成为权利的客体，如所谓的企业转让、企业兼并等；作为集合物，企业由动产、不动产等有体物构成，此外它还包括债权、知识产权等“无体物”，甚至消极财产如债务也是构成该集合物的财产。遗产也属于此种情形，它也由动产、不动产、债权、债务等构成。

单一物和合成物都是“一物”，无论是一个水杯，还是一辆汽车，都是一个所有权的客体。相反，集合物并非一个特定物，而是若干物为特定目的而集合在一起。集合物固然可以成为一个交易关系的对象（如以10万元买下整个羊群或以100万元购买一家企业），即将集合物作为一宗买卖的标的物，但就物权关系而言，并不存在集合物之上的所有权。事实上，所有权仍然存在于构成集合物的每一个物之上，如对于羊群而言，所有权仍存在于每一只羊身上。尽管法学上创造出的“集合物”这一概念并非完全不具有物权法上的意义，〔1〕但是，从物权客体特定这一物权法的基本原理出发，集合物实际上并不属于物权法意义上的“物”。

五、不动产与动产

以物是否能够移动并且是否因移动而损害其价值为标准，可以将物分为不动产和动产。

（一）不动产

在性质上不能移动或者移动通常会严重损害其价值的物，为不动产。

《民法典》第115条确认了不动产与动产的分类，但未对它们作出界定。《民法典》颁布之前，《最高人民法院关于贯彻执行〈中华人民共和国民法通则〉若干问题的意见（试行）》第186条中规定，“土地、附着于土地的建筑物及其他定着物、建筑物的固定附属设备为不动产”；《担保法》第92条对不动产所作定义为：“本法所称不动产是指土地以及房屋、林木等地上定着物。”尽管这些司法解释和法律已失效，但仍有助于我们理解我国法上的“不动产”

〔1〕罗马法学家探讨了集合物的时效取得，以及所有物返还之诉能否针对羊群行使这样的问题。

概念。另外，2014年11月发布的《不动产登记暂行条例》第2条第2款规定："本条例所称不动产，是指土地、海域以及房屋、林木等定着物。"

（二）动产

不动产以外的有体物均为动产，它们在性质上具有可移动性，其价值不会因为物理上的位移而受损害。动产类型众多，无法穷尽，民法通过界定不动产，而将其他有体物均归入动产的范围。

关于动产的特殊类型，可做以下四点说明：（1）作为交通运输工具，机动车、船舶、航空器显然属于动产，但是，由于该类特殊动产具备登记公示的可能性，故学理上将其称为"准不动产"。（2）热力、电能等因可支配、可利用而可视为物的自然力，应适用动产的相关规则。（3）某些特殊的物，其性质介于不动产与动产之间，如活动板房、轻型可拆卸轨道，只要它们并非为长期稳定附着于土地而存在，且未纳入不动产登记，应以认定为动产为宜。（4）在我国，因登记制度本身不健全，一些不动产无法获得登记。此类未纳入登记的不动产，在涉及所有权转移等物权变动需要时，应适用动产物权变动的规则。

（三）区分的重要意义

不动产与动产的区分，是民法上对物所作的最为重要的分类。此种分类的意义表现在以下三个方面。

1.不动产与动产的区分构成了物权法立法体系的基础。《民法典》物权编第二章"物权的设立、变更、转让和消灭"直接以不动产与动产的区分作为构建我国物权变动规则的基础。另外，就物权编所规范的具体物权类型而言，也可清晰地观察到这种分类的重要性：土地承包经营权、宅基地使用权、建设用地使用权、居住权和地役权等用益物权全部以不动产为其客体；相反，担保物权中的质权和留置权均不得以不动产为其客体。

2.不动产物权与动产物权的公示方法不同。不动产具有特定性和不可移动性，在技术上可以建立起一套行之有效的登记及查询制度，准确地反映不动产物权的归属及变动情况，因此不动产物权以登记为其公示的方法。动产总体上不适合被纳入特定的登记体系，故动产原则上以占有为其权利的外观，动产物权的变动以占有的转移（"交付"）为其公示方法。如前文所述，机动车、船舶、航空器等交通运载工具尽管属于动产，但是，针对这些交通工具，却存在一套成熟的登记制度，因此，登记对于此类特殊的动产具有一定的意义。

3.不动产与动产的物权变动要件不同。不动产不仅以登记作为其物权归属的公示手段，而且基于法律行为的不动产物权变动（设立物权、转移物权等）原则上也须以登记为其生效要件。[1]相反，动产物权的变动通常无须登记，而仅须交付即可。[2]即便对于汽车、船舶、航空器等特殊动产而言，登记也仅是其对抗要件，而非物权变动的生效要件。[3]

当然，不动产与动产作为有体物，作为物权这一抽象权利的客体，二者也具有很多的共性。例如，在物权法上讨论作为法律事实的“占有”时，其指称的是对物——无论其是不动产还是动产——的事实支配、控制，切不可因占有兼有作为动产所有权推定的效力而将不动产排除出占有的对象。

六、作为物的金钱

金钱对人的重要性不言而喻。但是，对于金钱的客体属性及金钱之上的权利属性，却存在显著的分歧。一方面，在普通人的认知中，银行存款当然是自己的“钱”，与手中的纸币没有分别；另一方面，在某些法律适用的场合，金钱却明显地被排除出“物”的范畴[4]。

从自物的视角看待金钱及其上的权利，需要把握前述“有体性”与“物权客体特定”两项要求。首先，尽管具有被法律赋值的一般等价物的特性，以纸币或硬币形式存在的金钱仍符合有体物的要求，至少就物权法的视角看，可以被实际占有的有形的货币当然是物权的客体。其次，根据物权客体特定的要求，金钱所有权的客体同样须确定。这就意味着，一方面，金钱所有人在每一张纸币、每一枚硬币上都享有一个所有权；另一方面，现金一旦被存入银行，存款者将丧失对现金的所有权，类似“银行账户内的钱是我的”或者“这家银行的万亿资产中有10万元是我的”这种说法是不成立的。

---

〔1〕《民法典》第 209 条第 1 款规定：“不动产物权的设立、变更、转让和消灭，经依法登记，发生效力；未经登记，不发生效力，但是法律另有规定的除外。”

〔2〕《民法典》第 224 条规定：“动产物权的设立和转让，自交付时发生效力，但是法律另有规定的除外。”

〔3〕《民法典》第 225 条规定：“船舶、航空器和机动车等的物权的设立、变更、转让和消灭，未经登记，不得对抗善意第三人。”

〔4〕就买卖合同而言，出卖人负有交付“物”的义务，而买受人负有支付价款的义务，在此情形，价款显然不被视为物。否则，所有的买卖都会变成互易。

| 法律适用 |

[针对金钱的返还请求权]

银行活期存款即便流动性、安全性极高，且被视为与现金一样的支付工具，但所谓“账户内的钱”其实仅是一个记账符号，其表现的是开户人对银行享有的还本付息的债权。银行存款当然是储户的资产，但此项资产的法律属性是债权。存款人在银行柜台或自助存款设备“存入”现金时，伴随着作为有体物的现金占有的移转，银行即取得这些现金的所有权。相反，如果现金的持有人在银行提供的加密保险箱内存放现金，则作为寄存物之现金的所有权当然不会因保管而发生转移。[1]

关于金钱及其上权利的特殊性，还广泛流行下述的说法：金钱的占有即所有。根据这种观点，占有金钱者即成为金钱的所有权人。我们认为，这一说法固然可能对诸如银行取得储户存入金钱的所有权等现象提供一定的解释，但其自身缺乏法理的支撑，也相当不准确。在许多情形下，金钱的占有人并不取得金钱的所有权。设甲将10万元现金装入一只密码箱，则无论这只密码箱是被交给乙保管，还是遗失后由丙拾得，占有人都不取得这笔金钱的所有权。所谓“占有即所有”，可能仅仅表达的是以下这种观念：一旦甲取得乙之金钱的占有，即使双方缺乏转让现金所有权的合意，但只要甲将该笔金钱混入自己的现金资产，就会导致难以辨识哪些金钱是乙之金钱，所有权客体特定的要求不能继续被满足，这样就需要在法律上重新确定所有权归属。前述情形，实际上已经构成添附中的混合，而考虑此种混合的特点，宜认定由甲取得全部金钱的所有权，同时甲也须对丧失特定金钱所有权的乙负返还同等数额金钱之债务。在本例中，导致甲取得所有权的原因，并非甲占有乙之金钱的事实，而是金钱混合导致的所有权与其权利客体的重配需要。

由以上分析可知，金钱所有权的得丧，仍遵循所有权变动的一般规则：或

---

〔1〕与本书作者的前述认识不同，我国现行法的一些规定显然将存款视为物，并承认储户对存款的所有权。《储蓄管理条例》第5条第1款规定，“国家保护个人合法储蓄存款的所有权及其他合法权益，鼓励个人参加储蓄。”司法实践中，法院也经常在裁判文书中认定账户存款属于存款人所有。在最高人民法院发布的第54号指导案例［(2013)皖民二终字第00261号］二审判决书中，安徽省高级人民法院认为，担保人系其在贷款银行开立的保证金账户内资金的所有权人，在满足了金钱特定化与移交债权人占有的两项要件后，债权人可以在保证金账户内的资金上成立动产质权。

者依当事人的意思发生继受取得，或者依添附规则等发生原始取得。所谓“占有即所有”的命题是不成立的。

随着新技术的发展，电子货币、数字货币等无纸化的新型货币开始出现。尽管不具备一般意义上的有体性，但区块链技术、电子加密技术的运用，依托算法和电子设备，这些无纸化货币仍能满足占有控制与特定化的要求，与银行存款等形式存在明显的差异，可以被视为有体物。

第三章 物权通论

提 要

本章具有“物权总论”的意义，即以“提取公因式”的方法，从所有权、用益物权、担保物权等具体物权类型中抽象出各种物权的共性以及涉及的共同问题。在本章所设的各节中，将分别讨论物权的概念与特性、物权的类型、物权的效力等问题。

物权是直接支配特定物，而享受其利益的权利。理解物权这一概念，须将其置于物权法定的原则之下。物权是一个封闭的体系，有着固定的类型。当事人通过合意欲在特定物上创设不为法律认可的物权的，不发生物权创设的效力。

物权具有排他性，一物之上不能有两个所有权，也不能容纳内容相互排斥的两个定限物权。两个以上的物权在不违反排他性而并存于一物上时，原则上依“时间在先，效力优先”的规则确定效力上的优先性。物权是权利人在特定物上的权利，具有对世性，定限物权不因物之所有权的变动而受到影响。物权的保护，可借助物权请求权，包括占有回复请求权、排除妨害请求权及消除危险请求权等。

重点问题

1. 什么是物权？物权具有哪些法律特征？
2. 如何认识物权的排他效力？
3. 如何认识物权的优先效力？
4. 如何认识物权的对世效力？
5. 如何保护物权？物权请求权有哪些类型？

第一节 物权的概念与特性

一、物权的概念

“物权”是大陆法系民法中一个相当抽象的概念，具有鲜明的大陆法系特征，在英美法中不存在相对应的概念。

“物权”的概念乃至物权与债权的区分，其起源可追溯到古代罗马法。不过，罗马法虽然承认所有权、地上权、役权、永佃权等具体的物权类型，也从诉权的角度区分了“对物之诉”与“对人之诉”，却未在实体权利方面抽象出“物权”的概念（相反，古代罗马法很早就抽象出“债”的概念，可以说，罗马法已有比较完善的债法体系）。在对罗马法进行注释、评论的过程中，中世纪的法学家提出了“对物的权利”（ius ad rem）这一法律术语，从而为“物权”这个概念的使用奠定了基础。到了近代民族国家的民法典编纂时代，作为与债权相对应的概念，“物权”这一术语才被明确地加以使用，这一点尤其体现在1896年制定的《德国民法典》中。[1] 19世纪末以及20世纪许多国家的民法典都明确地使用了“物权”这一概念。

不过，即便是在大陆法系各国，也几乎看不到在民法典中直接对物权作出立法定义的情形。对于在民法典中使用“物权”这一概念的国家而言，与民法典中其他一些基本范畴（如“权利”“法律行为”等）一样，“物权”概念的运用，更多地依赖于学理上的普遍共识。

尽管对物权的定义，存在着许多学说或者不同的表述方式，[2] 且大致可区分为“对物支配”与“对抗一般人”这两种看似差异甚大的定义方法，但是表述的差异往往只是一种表象，它们大多数只是从不同的侧面对“物权”这一概念加以描述。实际上，学理上对物权的概念并不存在根本的分歧。综合各家学说，可以将物权定义为：物权是直接支配特定物，而享受其利益的权利。

我国原《物权法》第2条第3款采用概括加类型列举的方式对物权作出了一

---

〔1〕关于“物权”概念在各国法典中首次使用的问题，国内学者存在一定争议。我们认为，许多此类争议实际上涉及的是法律术语翻译的问题。由于物权与债权的二元区分是《德国民法典》的鲜明特点，而且“物权”也在该法典中独立成编，因此说“物权”概念在《德国民法典》上真正趋于成熟，这一判断应该是正确的。

〔2〕列举几位学者对“物权”的定义如下：①物权者，直接支配特定物，而享受其利益之权利（谢在全：《民法物权论》（修订五版）（上册），中国政法大学出版社 2011年版，第 9 页）；②物权者，直接支配一定之物，而享受利益之排他权利（史尚宽：《物权法论》，中国政法大学出版社 2000年版，第 7 页）；③物权者，支配物之权利（梅仲协：《民法要义》，中国政法大学出版社 1998年版，第 369 页）；④物权是权利人在法律规定的范围内按照自己的意志支配自有物或者依照授权支配他人的物，直接享受物的效益的排他性财产权（张俊浩主编：《民法学原理》（修订第三版），中国政法大学出版社 2000年版，第 383 页）；⑤主观意义上的物权，即特定的人在特定的物上所享有的法律地位（[德] 鲍尔、[德] 施蒂尔纳：《德国物权法》（上册），张双根译，法律出版社 2004年版，第 12 页）。

个立法定义："本法所称物权，是指权利人依法对特定的物享有直接支配和排他的权利，包括所有权、用益物权和担保物权。"由于《民法典》总则编设有"民事权利"一章，概要性地规定各种民事权利，因此，在《民法典》上，物权的立法定义未出现在物权编，而是出现在了总则编部分的第114条第2款，其表述与前述《物权法》第2条第3款完全一致。

对上述有关物权的学理和立法定义，可作简要分析如下。

1.物权是一种财产权。物权的享有可满足一定的经济目的。无论是所有权，还是用益物权或担保物权，均具有财产的价值，可以给予经济评价，或服务于特定经济目的（如为同样具有财产权属性的一项债权提供实现上的保障）。作为最为重要的财产权，物权通常具有可自由让渡的属性，而物权人也可利用此种可自由让渡性来获取物的交换价值，或以其物作为担保品以获取融资。

2.物权为直接支配物的权利。所谓"直接支配"，指的是物权人对于标的物的支配和控制，无须他人意思或行为介入即可自主地实现。例如，物的所有人可以完全自由地使用其标的物；土地承包经营权人等用益物权人在其权利范围内亦可直接对标的物进行利用；抵押权人尽管不因抵押权的设立而占有标的物，但在其债权已届清偿期而未受清偿时，也无须依赖抵押人的协助，即可根据《民事诉讼法》规定的有关实现担保物权的特别程序申请法院拍卖抵押物，并以卖得的价金优先受偿。当权利人对物的支配受到妨害时，物权人可请求法律救济，从而回复对物的直接控制和支配。物权，若非表现为对物的直接控制支配，至少也会表现为对物的法律上之力，即观念上的支配。法律上支配的观念，还尤其表现在物权的对世性上。

3.物权是对特定的物的直接支配。原则上，物权的客体必须是特定的有体物，此乃物权客体特定原则的要求。物权是直接支配权利客体的权利，如果客体不确定，该种权利也就无从行使。在例外情形下，物权也可以权利为其客体，如权利质权。物权关系的法律纽带是特定之物，而非特定的义务人，正是在此意义上，人们时常将物权关系界定为"对物的权利"。当然，通过界定物权人对物的权利，实际上也同时构建了物权人以外之人的不作为义务（尊重物权的义务）。

4.权利人对物权的享有，其目的在于享受物的利益。物的利益，体现在物所具有的使用价值和交换价值。所有权人全面地享受物的利益，用益物权人在一定限度内享受他人之物的使用价值，担保物权则是对物之交换价值的利用从而使权利人自已享有的债权获得实现上的特别保障。当然，权利的本质乃权利人的自由，故原则上不存在由法律迫使物权人实现其物权利益的问题，如所有权人实际上并不负有充分发挥物之价值的义务，所有权人也当然可以通过抛弃所有权而放弃其在特定物上的利益。

二、物权的特性

与其他权利，特别是与同属于财产权的债权相比较，物权具有以下两个方面的特性。

（一）支配性

物权是支配权。物权的支配性表现在：物权人可以自主地对物加以支配，无须向他人作出请求或事先征得他人同意，物权人即可以实现其对物之利益。民法上属于支配权的权利，除物权外，还包括人格权、知识产权等，不过这些权利均不是对有体物的支配权。

物权有完全物权与定限物权之分。完全物权即所有权，它是对物进行全面支配的权利；而定限物权是在他人之物上的权利。通常情形下，定限物权是权利人经由与物的所有权人实施法律行为而取得的，但是该定限物权一经取得，就超出了特定当事人之间法律关系的范畴，表现为权利人对物的某种程度的支配。定限物权人取得对物的此种支配权后，其权利内容的实现，即无须物权设定人的介入，而且，该限定物权不因物权设定人即所有权人的变更而受影响。质言之，定限物权人对于他人所有之物也享有支配性利益。

物权的支配权属性与债权的请求权属性形成鲜明的对比。债权尽管也可能涉及特定的有体物（如买受人对于特定物的出卖人享有要求交付的权利），但债权人对该物并不享有任何支配权，债权的实现只能通过向债务人提出清偿请求，并借助后者的清偿行为，才可能得以实现。原则上，债权人不得向第三人提出任何主张。

（二）绝对性

在物债二分的体系中，物权被预设了对世的效力，即物权被视为权利人在物上的权利。物权首先表现为人对物的关系，而非物权人与某特定义务人之间的关系。受将一切实体权利均纳入“法律关系”传统思维的影响，民法学说往往将物权等绝对权描述为权利人针对一切人的权利，权利人以外之人均为义务人，负有不损害绝对权的不作为义务。我们认为，此种将物权纳入人与人之间法律关系范畴的说法，并无实际意义。物权，无论是自物权，还是他物权，均系权利人在特定物上的法律地位。即使是在他人所有之物上享有的用益物权或担保物权，也非他物权人对所有人的权利，质言之，他物权并不界定他物权人与所有权人之间的法律关系。只有在涉及物权保护之时，方须引入法律关系的思维，透过“物权请求权”或“债权请求权”，界定物权人与被请求人之间的关系。

物权是权利人在特定物上的法律地位，具有绝对权属性。对于物权的这一特性的界定，至少在以下三个方面对我们的认知具有意义。

其一，尽管物权的取得多须依赖特定人之间的法律行为，如买受人通过与出卖人订立买卖合同从后者处取得标的物之所有权，或者居住权人与房屋所有权人通过订立居住权合同取得居住权，但是，一旦依法律规定得出物权变动效果发生的结论，则在观念的世界中，物权取得人已突破先前与前手或设立人之间的法律关系，开始向第三人主张自己在物上的权利。正是基于这一点，我们才能理解何以物权法如此重视对“物权变动”规则的塑造。

其二，物权的绝对性，在逻辑上支持了其具有的追及或对抗效力，这尤其体现在他物权之上。他物权既然是物上的权利，那么物之所有权的转移，对他物权人不产生影响。

其三，任何人对物权行使的不当妨碍，都将构成对物权的侵害，物权人可以对其主张物上请求权或其他请求权。具体而言，如果物应该由物权人占有，则对于任何无权占有人，物权人均可向其主张占有回复请求权；物权人在物上的权利受到任何人的妨害，物权人均可向其主张排除妨害请求权；如物权有被任何人妨害之虞，则物权人均可向其主张妨害预防请求权；物受到任何人的毁损，物权人均可依侵权行为之规定向其主张损害赔偿请求权。在涉及物权的保护时，相关请求权当然需要指向具体的义务人，但该义务人的确定本身亦体现物权的对世性。例如，乙拾得甲遗失之物后据为己有，在甲向乙提出返还要求后，乙将该物赠与并交付于丙，此时，甲的请求权当然可针对无权占有人丙发生。

与物权的绝对性不同，债权仅具有相对性。债权仅在特定当事人之间具有法律意义，原则上债权人不得向特定的债务人以外的任何人主张其权利〔1〕。特定物的买受人，基于买卖合同仅产生请求出卖人交付物并转移其所有权的权

〔1〕 债的相对性，虽为学理普遍认可，但各国鲜有在立法中加以规定者。我国《民法典》针对合同之债这种典型的债之关系，明文规定了其效力的相对性。《民法典》第465条第2款规定：“依法成立的合同，仅对当事人具有法律约束力，但是法律另有规定的除外。”

利，即使买卖标的物因第三人原因毁损灭失而导致买受人的交易目的落空，原则上也不存在买受人基于其债权地位而向第三人主张损害赔偿的问题。基于借用合同，尽管借用人可以占有、使用他人之物，但借用合同仅具有债权合同的意义，借用人的权利仅被视为相对特定出借人的权利，而非在借用物上的权利。

第二节　物权的类型

在物权法定主义之下，一国法律上的物权类型可以通过列举的方法加以穷尽。根据不同的标准，可以将这些物权划分为不同的类型。

一、所有权与定限物权

根据物权支配力范围的不同，可以将其区分为所有权与定限物权。

所有权，也称完全物权，它是对物的使用价值与交换价值为全面支配的物权。定限物权是指在特定范围内对标的物加以支配的物权。依逻辑，所有权以外的物权均为定限物权。定限物权成立于他人所有之物上，所以也被称作“他物权”，即对他人之物的物权。[1]

所有权与定限物权的区分是物权法上对物权所作的一个基本区分。从多数国家法典编纂的情况来看，它构成了物权法体系的基础。我国《民法典》物权编也不例外：在第一分编“通则”之后，物权编分别在第二、第三、第四分编规定了“所有权”、“用益物权”和“担保物权”。

定限物权依其物权的内容与经济功能的不同，可进一步区分为用益物权与担保物权。用益物权，是以对特定物的使用为内容的物权，着眼于物的使用价值。我国《民法典》上规定的用益物权皆以不动产为客体，包括土地承包经营权、建设用地使用权、宅基地使用权、居住权和地役权五种用益物权。担保物权以对特定物的变价及优先受偿为其内容，着眼于物的交换价值。我国《民法典》规定了抵押权、质权、留置权三种担保物权的具体形态。

由于对物支配方式的不同，用益物权与担保物权的法律效力也有所不同。

---

〔1〕定限物权是否必然是“他物权”？这涉及是否允许所有权人在自己之物上为自己创设定限物权的问题。在法理上和比较法上，定限物权完全有可能存在于自己之物上，因此，一律以“他物权”指称定限物权并不准确。本教材后文一般均以“定限物权”指称所有权以外的物权类型。

用益物权以物的使用为直接目的，因此，一物之上如果已经有一个用益物权存在，通常就不能再设定性质相同的用益物权，否则将发生利用上的冲突。担保物权系就标的物的交换价值为支配，仅就卖得价金优先受偿，因此，一物之上可以设定多个担保物权，而以成立之先后定其优先效力。当然，由于用益物权和担保物权具有不同的支配方式，因此，一物之上可以同时并存用益物权与担保物权。

二、不动产物权、动产物权与权利物权

依标的物种类的不同，可以将物权区分为不动产物权、动产物权与权利物权。

以不动产为标的物的物权为不动产物权，如不动产所有权、建设用地使用权、居住权、地役权、不动产抵押权等。以动产为标的物的物权为动产物权，如动产所有权、动产质权、动产抵押权、留置权等。

不动产物权与动产物权的区分具有重要意义。不动产物权与动产物权在公示方法和物权变动要件方面存在根本性差异。不动产以登记为公示方法，不动产所有权的移转与不动产上用益物权与担保物权的设定，原则上遵循登记生效的规则。动产物权通常以占有为其权利外观，动产物权以交付为其变动要件。

不动产物权与动产物权的区分与前述用益物权与担保物权的区分之间有着一定的对应关系：用益物权基本上均为不动产物权；而在担保物权中，不移转标的物占有的抵押权在传统上多以不动产为标的物，而移转占有的质权则以动产为标的物。

物权原则上以有体物为其标的物，但物权法也承认某些权利可以成为一项物权的客体，以权利为标的物的物权即为权利物权，如权利质权与权利抵押权。权利物权多为担保物权，盖因后者为价值权，其权利内容不表现于物之实体利用，而是着眼于以变价金额优先受偿，而具有交换价值可变价者显然不限于有体物，故债权、知识产权、股权等皆可成为担保物权的客体。

三、意定物权与法定物权

依据物权发生原因的不同，可以将物权区分为意定物权与法定物权。

物权法定主义意义上的“法定”，指的是物权的种类与内容应符合法律的规定，而从物权的发生来看，存在当事人设定和法律直接规定两种情形。

意定物权，是指基于当事人的意思而发生的物权，凡由当事人依法律行为

而设定的物权都属于意定物权。例如，根据《民法典》的规定，居住权可基于居住权合同创设，亦可通过遗嘱创设，无论何种情形，均系基于法律行为的意定物权。

法定物权，是指不问当事人之意思，直接由法律规定其发生的物权。在比较法上，存在法定地上权、法定地役权、法定抵押权、法定质权等多种法定物权形态，而我国《民法典》物权编仅规定了留置权这一种法定担保物权。

进行这种区分的法律意义在于：二者的成立要件和所适用的法律不同。就意定物权而言，物权是否发生关键取决于当事人所实施之法律行为的效力，另须考虑将登记或交付作为特别生效要件。就法定物权而言，物权是否发生不涉及法律行为的效力判断，而是取决于法律规定的各项构成要件是否被完全充分。

四、独立物权与非独立物权

以物权是否具有独立性为标准，可以将物权区分为独立物权与非独立物权。

可以独立存在，而无须从属于其他权利者，为独立物权，如所有权、土地承包经营权、建设用地使用权、居住权等。居住权等权利在设立上虽须依赖所有权人的意志，但一经被创设，即可独立享有，其为独立物权，而非从属于所有权的物权。

不具有独立性，而须从属于其他权利而存在者，为非独立物权。在我国法上，非独立物权包括地役权（从属于需役地的所有权等权利）与几种担保物权（从属于其所担保的债权）。非独立物权，相对于其所依附的权利，也称为从权利，而被非独立物权所依附的权利则称为主权利。[1]

区分二者的法律意义主要在于认识非独立物权的特殊性。非独立物权具有从属性，其得丧变更均追随其所依附的主权利，主要表现为：第一，发生上的从属性。例如，被担保之债权因合同无效等原因而不发生，则担保物权也不发

---

〔1〕 学说上常将此分类直接确定为“主物权与从物权”。实际上，只有从非独立物权出发，方可将其依附的物权称为主物权。主权利与从权利是一组相对应的概念，将一项没有其他权利依附的权利称为主权利，存在逻辑问题。

生。[1]第二，移转上的从属性，即主权利转让的，从权利随着转让。[2]第三，消灭上的从属性，即主权利消灭的，从权利也消灭。[3]

五、登记物权与非登记物权

以物权之变动是否可纳入登记并通过登记公示影响变动之效力为标准，可以将物权区分为登记物权与非登记物权。

物权变动可纳入登记的，为登记物权；反之，则为非登记物权。

不动产物权为典型的登记物权。不动产登记，采物的编成主义，且遵循物权客体特定原则。根据我国法律规定，不动产物权之变动，非经登记者，或者不发生物权变动的效力（登记生效主义），或者不能对抗第三人（登记对抗主义）。

动产物权，原则上为非登记物权。动产物权变动，原则上以物之交付作为生效要件，但也有例外，如机动车、航空器和船舶虽为动产，却也有其独立的登记体系，其上的物权也属于登记物权。近年来，随着动产担保制度的发展，动产上设立的抵押权及所有权保留与融资租赁等非典型担保权，均有通过一定登记体系加以公示的需求，《民法典》针对这些动产担保，也都明文规定了“未经登记，不得对抗善意第三人”。我国正在酝酿以人的编成为主的统一动产登记公示系统，因此，动产抵押权等也可归入登记物权的范畴。

权利物权，主要表现为权利质权与以可抵押的用益物权为客体的抵押权，根据《民法典》的规定，这些权利之上的担保物权均以登记作为其设立的要件，故也属于登记物权的范畴。

六、有期限物权与无期限物权

以物权之存续有无期间限制为标准，可以将物权区分为有期限物权与无期

〔1〕《民法典》第388条第1款规定：“设立担保物权，应当依照本法和其他法律的规定订立担保合同。担保合同包括抵押合同、质押合同和其他具有担保功能的合同。担保合同是主债权债务合同的从合同。主债权债务合同无效的，担保合同无效，但是法律另有规定的除外。”

〔2〕《民法典》第547条特别强调了担保物权等从权利对主权利在移转时的依附性：“债权人转让债权的，受让人取得与债权有关的从权利，但是该从权利专属于债权人自身的除外。受让人取得从权利不因该从权利未办理转移登记手续或者未转移占有而受到影响。”对于地役权，《民法典》也在第380条设有关于其移转上从属性的规定：“地役权不得单独转让。土地承包经营权、建设用地使用权等转让的，地役权一并转让，但是合同另有约定的除外。”

〔3〕《民法典》第393条规定：“有下列情形之一的，担保物权消灭：（一）主债权消灭……”

限物权。

有期限物权，顾名思义，是指有存续期间限制的物权，如居住权、抵押权、质权等。有期限物权不能永续存在。居住权为人役权，不得继承，最长不能超过居住权人终生。担保物权虽然自身不设期限，但却受到其所担保之债权的存续及诉讼时效期间的影响，原则上应作为有期限物权加以对待。

无期限物权，是指存续期间无限制，故能永久存续的物权。所有权是最典型的无期限物权，我国法律史上的永佃权也属于无期限物权。有些物权类型，如地役权，当事人通常会设定存续期限，但法律并无最长存续期方面的限制，当事人可将其设置为无期限的物权。

这种区分的法律意义主要在于：一方面，物权法定，也包括对一些物权类型期限的强制，对于有法定期限限制的物权，当事人将其设置为无期限物权或者约定超过法定最长存续期的，关于期限的约定不生效力，应通过对于当事人意思的解释及登记情形等，做不设立物权或设立法定最长期限物权的判定；另一方面，对于无期限物权，当事人也不得附加期限，如不得约定转让三年的所有权或设置二十年的永佃权。

七、民法上的物权与特别法上的物权

物权法定，意味着具体的物权类型须由法律加以规定，而法律显然并不限于《民法典》这样的民事法律规范。根据物权是否由《民法典》规定，可将其区分为民法上的物权与特别法上的物权。

民法上的物权，指由《民法典》所确立的物权类型。《民法典》物权编规定的物权类型包括所有权、土地承包经营权、建设用地使用权、宅基地使用权、居住权、地役权、抵押权、质权、留置权。同时，《民法典》合同编所规定的所有权保留买卖合同中出卖人对标的物的权利、融资租赁中出租人对租赁物的权利以及保理合同中保理人对于受让之应收账款的权利，也都具有类似担保物权的性质，可以归入广义的民法上物权的范畴。

特别法上的物权，指《民法典》以外的法律所确立的物权类型。在用益物权方面，《民法典》第328条提及的海域使用权，具体由《海域使用管理法》加以规定。《民法典》第329条提及的探矿权、采矿权由《矿产资源法》及其实施细则具体规定。在担保物权方面，《海商法》上设有船舶抵押权、优先权；《民用航空法》也规定了航空器抵押权与优先权。

区分二者的意义在于：一方面，该区分强调了《民法典》外尚有物权类型存在的事实；另一方面，如《民法典》关于某种物权的一般规定与特别法上的规定不同，则原则上应优先适用特别法的规定。

八、本权与占有

物权法体系不仅由各种具体物权类型构成，而且关于占有的规范也是其不可或缺的内容。我国《民法典》物权编主要规定各种物权（第二、第三、第四分编），并在各种物权之上设通则（第一分编），同时它也独立设有针对占有的规范（第五分编）。仅从此规范编排体例即可知，占有虽为物权法上的重要制度，但其本身并不是物权。

在物权体系之外对占有单独加以规定，其目的在于赋予对标的物管领的法律事实一定法律上的后果，尤其是赋予占有人（无论其是否为有权占有人）维护占有的救济手段。占有若依托一定的权利而为有权占有，则此权利即构成占有的本权。占有的本权可以是一项物权，如所有权、居住权、质权等，也可以是一项债权。

区分占有和本权，其意义在于识别占有是否有本权之存在，而确定保护方法：欠缺本权的占有人，虽也可主张《民法典》第462条的占有保护手段，但不能依权利的逻辑寻求保护，且不得对抗物权人的占有回复请求权；占有人享有本权的，则既可依占有寻求保护，也可主张权利之保护。

第三节　物权的效力

物权因其种类的不同，而有各自的效力。但是，作为对物的直接支配权，所有的物权类型都具有一些共同的效力。可以说，民法之所以需要“物权”这一抽象的概念，恰恰是因为各种具体的物权均具有一些共同效力，这些共同的效力构成了物权体系化的基础，它们对法典的编纂和法律思维均具有重要意义。

学理上对物权具有的效力有不同的表述。本教材拟从排他效力、优先效力、对抗效力三个方面对物权的效力加以描述。

一、排他效力

物权的排他效力，是指在同一标的物上不能同时成立两个或两个以上内容互不相容的物权。物权的排他效力是由物权所具有的对物的直接支配性所决定的，因为对物的直接支配本来就有在支配范围内排除其他一切人干预的效果：如果两个以上的人对同一标的物拥有内容相同的支配权，那么至少在这些权利人之间即会发生不可调和的权利冲突。如果物上的多个支配性权利相互之间不冲突，或者其潜在的冲突可通过优先效力加以解决，则此多个物权可同时并存于一物之上。

具体而言，物权的排他效力表现在以下两个方面。

1.在同一标的物上，不能同时成立两个以上的所有权，即只能是所谓的“一物一权”〔1〕。所有权是对物为全面支配的权利，因此它具有极强的排他性，同一标的物上不容许有多个所有权的存在。共有作为所有权的一个特殊形态，只是一个所有权在量上的分割，并非存在多个所有权。在特定物上取得具有特定利用内容的物权，并非分解他人的所有权或新创一个所有权，而仅是对他人所有之物取得一项定限物权。

2.定限物权是在特定范围内对他人之物进行支配的物权，由于不同的权利类型有不同的支配范围，因此，只要物权内容并非不相容，一物之上可以存在数个不同的定限物权。而且，某些类型的物权本身不具有相斥性，因此一物之上甚至可以存在数个相同的定限物权。所以，定限物权的排他性仅表现在一物之上不能同时并存两个内容互不相容的定限物权。例如，由于权利内容不相容，一物之上不能同时存在两个土地承包经营权、建设用地使用权、宅基地使用权或居住权。如果甲已经为乙在A房屋上创设了一个居住权，则其为丙在同一房屋上再创设居住权的处分行为不能发生效力。

物权的排他效力，当然并不意味着一物之上不能同时存在两个以上的物权。事实上，以下情形都不违反物权的排他效力。

（1）所有权与任何定限物权并存。定限物权系在他人之物上成立的物权，构成了对他人所有权的限制。所有权具有弹力性，物上一旦发生定限物权，所有权即自动受到限制，因此二者不会发生冲突。

---

〔1〕实际上，学者们往往在以下两个意义上使用“一物一权”这一表述：①强调一物之上只能有一个所有权，这是在物权排他性的意义上使用这一表述；②强调一个物权必须以一个特定的物为客体，既不能在物的成分上成立物权，也不能在多个物上成立一个物权，这是在物权客体特定的意义上使用这一表述。

（2）用益物权与担保物权并存，二者分别指向物的使用价值和交换价值，因此可以并存。举例来说，同一块土地上，在设定地役权等用益物权后，仍可继续设定抵押权；抵押权的设定及为债权人享有，不以移转物之占有为必要，故在权利存续期间二者不发生冲突；如因债务人清偿债务等原因使得抵押权无须实现，则最终二者也不冲突；如涉及抵押权的实现，则依优先效力规则解决权利间的冲突。

（3）数个用益物权内容不同或者即使内容相同但互不排斥，可以并存于一物之上。例如，数个具有不同内容的地役权（通行地役权、排水地役权等）并存，或者数个以不作为为内容的消极地役权的并存。

（4）数个担保物权存在于一物之上。担保物权指向物的交换价值，而非以对物的现实占有、支配为权利内容。一个物上设定数个担保物权，只需要建立起效力的优先规则（如设立在先，效力优先），即可解决担保物价值不足以清偿所有被担保之债权所产生的问题。例如，一个物上能够设立多个抵押权，一个动产上能够并存抵押权与质权，在需要实现这些担保物权时，仅须依《民法典》第414条或第415条确定优先顺位即可化解权利冲突。

与物权的排他效力不同，债权不具有排他性。债权的客体是给付，指向债务人的行为。即使给付的内容是交付某特定之物，在债之关系发生时，其也仅仅创设了债权人对债务人的一项请求权，或者说，债务人仅仅是负担了一项交付物的义务。针对同一标的物，可以成立两个以上内容完全相同的债权，如同一房屋可以先后出卖于两个买受人，而由该二人分别取得对出卖人要求交付标的物并移转标的物所有权的债权。债权的非排他性是由其请求权的性质所决定的。

二、优先效力

当一物之上存在两个以上的物权，或者同一物既是某物权的客体，同时又是债权给付的标的物，并且在权利行使方面，可能发生数个权利的冲突之时，需要有相应的规则来界定并存权利的效力等级。在物权法原理上，通常认为，物权的优先效力包括两个层面的规则：一为物权相互之间的优先效力规则，二

为物权对于债权的优先效力规则。〔1〕

（一）物权相互之间的优先效力

根据物权的排他效力，内容互不相容的物权不能并存于同一标的物之上，当事人如果在同一标的物上设定两个内容互不相容的物权，则第二个物权设定行为无效。例如，如果某集体经济组织就某块耕地为甲农户设立了土地承包经营权后，又在同一地块上为乙农户设立土地承包经营权，则第二个设权行为无效，乙根本无从取得土地承包经营权。此种情形不发生优先性的问题，只须依物权的排他效力即可解决问题。另外，如果两个物权虽并存于同一物之上，但各有其支配范围，在任何情况下都不发生权利的冲突，那么也不发生权利的优先性问题（例如，甲在丙所有的土地上设定以通行为内容的地役权后，乙也在丙的土地上设置了以取水为内容的地役权）。因此，所谓物权相互之间的优先效力，所要解决的是并存于一物之上且潜在地发生权利冲突的若干个物权之间的优先性问题。

总体而言，物权相互间的优先效力遵循“时间在先，效力优先”的规则。在先的物权之所以具有优先性，主要是由于物权公示的功效：根据物权公示原则，就意定物权而言，一项物权的发生，除要求当事人就权利变动达成一致外，尚须具备一表现在外从而可为不特定第三人观察到的要件，即不动产的登记或动产的交付；正是由于预设在先发生的物权已可为在后的物权取得人所知晓，法律方可确定在先物权的优先性。

具体而言，物权相互之间的优先效力表现在以下三个方面。

1.在所有权与定限物权之间，定限物权在其权利范围内优先于所有权。定限物权是在特定范围内对他人之物加以支配的权利，构成对所有权的限制和负担。当物上不存在他人的定限物权时，所有权表现为占有、使用、收益、处分等圆满的权利状态，但一旦他人之物权存在于物上，则所有权人相应的对物支配需要让位于该他人的权利；只有在该定限物权消灭后，所有权才回复到先前的圆满状态。因此，在存续期间，定限物权在其权利范围内当然优先于所有

---

〔1〕 有些著作仅在“物权优先于债权”的意义上表述物权的优先效力。与此相反，另有部分学者主张，所谓物权的优先效力，仅指物权相互之间的效力，而不包括物权相对于债权的效力，原因在于：债权并非存在于物上的权利，而是针对特定人要求给付的权利，因此物权和债权不可能发生权利冲突，从而也就无须优先效力的协调。我们认为，后一种观点不无道理，不过，“物权优先于债权”的说法对于理解特定情形下的物债关系亦有一定的功效，故本教材仍按通说之观点，在两个层面表述物权的优先效力，但会重点讨论物权相互间的优先效力问题。

权。例如，居住权人可以优先于房屋所有人使用房屋；在动产质权存续期间，动产为质权人直接占有，其所有人不得要求回复占有，且在质权条件成就时，质权人还可行使变价和优先受偿的权利。

2.数个担保物权并存于同一标的物之上时，原则上，成立在先的担保物权顺位在先，其权利人可以优先于后成立的担保物权的权利人而受偿。但是，由于我国《民法典》在动产抵押权的设立上采“登记对抗主义”，该原则出现若干例外。或者说，“设立在先，效力优先”的规则可修正为“公示在先，效力优先”，即当同一担保财产上存在数个同一类型或不同类型的担保物权时，经由登记或占有等公示手段展示在外的担保物权具有优先的效力。[1]

3.用益物权与担保物权并存时，成立在先者，也具有优先效力。兹以一房产之上先后设立居住权与抵押权为例，分述如下：①不动产所有人在其不动产上设定抵押权后，可以再为他人在同一不动产上设立居住权。抵押权人无须占有标的物，故抵押权人和居住权人的权利尽管指向同一客体，但二者并不存在直接的冲突。先设立居住权后设立抵押权的亦同。②如果因债务人到期履行债务等原因导致抵押权消灭，或者在抵押权实现前，由于居住权到期或居住权人死亡等原因，导致居住权消灭的，二者最终也无冲突需要化解。③如果在先设立的抵押权需要实现，而抵押物上尚存在后设立的居住权，则根据优先性规则，抵押物变价时可无视其后设定的居住权的存在，抵押物的受让人将会取得无居住权负担的抵押财产的所有权。在此种情形下，居住权将消灭。如此，抵押物的担保价值不会受到在后设立的居住权的影响，从而抵押权人也无须干涉居住权的设立[2]。这一结果不存在对居住权人不公平的问题，因不动产抵押权和居住权均依登记而设立，而在登记时，居住权人应知晓该房产之上已存在可能需要实现的抵押权。④如果居住权设立在先，而在居住权存续情况下，在后设立的抵押权具备了行使条件，则抵押权人仍可就抵押物变价并对变价款优先受

〔1〕“公示在先，效力优先”的顺位规则不仅体现在《民法典》第414条（抵押权之间的优先顺位）、第415条（抵押权与质权之间的优先顺位）和第768条（就同一应收账款订立多个保理合同），而且体现在《担保制度解释》第57条、第59条和第66条等处。

〔2〕关于抵押权设立后抵押人是否还能为他人设立居住权之问题，我国法律并无明文规定。《民法典》施行前，类推原《物权法》第191条的逻辑（抵押期间抵押人转让抵押财产，须经抵押权人同意），或许可得出未经抵押权人同意抵押人不得再为他人设立居住权的结论。《民法典》第406条改采抵押物自由转让的立场，允许抵押人转让抵押财产，同时规定抵押权不受影响。举重以明轻，抵押人当可自由为他人设立居住权，不过，在先设立的抵押权不受居住权设立的影响。

偿。不过，由于设立在先的居住权效力优先，此时，抵押权的实现不影响居住权的存续。这就意味着，抵押物的受让人需要承受居住权，如此，在抵押权实现时，可能发生无人愿意受让抵押物，或受让人仅愿在远低于抵押物原有价值的价位上出价。此种情形对抵押权人当然不利，但同样不存在对其不公平之问题，因抵押权设立时，抵押权人应知晓抵押财产上已存在他人居住权（正常情况下，债权人应拒绝接受此财产作为抵押财产）。

物权相互之间的优先效力与债权的平等性形成鲜明的对比。债权不具有排他性，而具有平等性。当数个债权均以某特定物为其给付对象时，无论其发生原因为何，发生时间先后顺序如何，原则上各债权均处在平等的地位，将有负担给付义务的债务人决定向何人履行债务。例如，甲将某动产出售给乙，在向乙交付前，又将该物出售给丙，也尚未交付；此时，作为买受人，乙、丙都取得了对甲要求交付标的物并转移所有权的债权，而且，这两项债权完全平等，第一买受人乙并不处于优先地位；如果甲最终选择与丙履行买卖合同，则后买受人丙可获得标的物所有权，乙不得以其债权发生在先向丙提出主张，而仅能向出卖人甲主张违约责任。

（二）物权对于债权的优先效力

债权的客体是给付，指向债务人之行为；而物权的客体是物，权利人的权利直接作用于物上。在此意义上，物权和债权不会发生冲突，也就无所谓优先问题。不过，一方面，从债权视角看，诸如承租人基于租赁合同所取得的法律地位，固然可描述为承租人对出租人的对人的请求权，但确也存在承租人基于对租赁物之占有而产生的“物上”地位（毕竟“占有”本身在物权法上即具有重要意义）；另一方面，从物权视角看，当物权人对物的支配状态出现问题时，亦须通过物权请求权回复正常状态，此时的物权请求权就有可能与债权请求权产生冲突，从而需要适用优先性规则加以解决。

当物权和债权可能发生权利冲突时，无论成立之先后顺序如何，物权原则上具有优先于债权的效力。物权对债权的优先效力，可分为以下两种情形进行描述。

1.如果债权以某特定物为给付之标的物，而该物上又有他人物权之存在，则无论该物权取得是否先于债权的发生，该物权均具有优先于该债权的效力。具体而言，表现在以下几个方面：①所有权的优先性。在“一物二卖”的场合，所有权的优先性表现得十分突出。例如，甲将某动产先出卖给乙，尚未交付，后又出卖给丙，并立即交付了该标的物，丙通过受领交付成为标的物的所有权人。依物权的优先性规则，乙不得以其债权发生在前为理由，而主张优先获得标的物，乙不得依其债权向丙提出任何权利主张，而只能向甲主张违约责任的承担。当然，此例结果亦可仅通过物权变动规则与债权相对性原理得出。另举一例，甲之物遗失，被乙拾得，乙遗失物据为己有并出售于丙，未及交付，甲发现遗失之物在乙处；甲要求乙返还其物，丙也要求乙履行交付买卖标的物之义务。由于甲系所有权人，其返还请求权具有物权请求权之性质，而丙仅系依买卖合同而对乙享有债权请求权，根据物权优先于债权的规则，应优先支持甲的请求权。②用益物权的优先性。例如，甲将一幢房屋出卖给乙，在办理所有权移转登记之前，甲又在该房屋上为丙设立了居住权或地役权，并办理了登记，则丙的居住权或地役权具有优先于乙的债权的效力，也就是说，丙可以确保其对房屋享有居住权或地役权，而乙作为债权人只能向出卖人甲主张违约责任（权利瑕疵担保责任）。③担保物权的优先性。担保物权人在债权期限届满而未受清偿时，对其标的物有变价的权利，如果该担保物权的客体同时也构成了一项债权给付的标的物（如因抵押人出租抵押物而需要向承租人交付），那么担保物权具有优先的效力，其行使可以不必考虑对该项债权的影响。另外，如甲对乙之某物享有抵押权，则尽管乙的其他债权人也可申请法院对该物进行强制执行，但甲仍可对执行程序中拍卖、变卖之价款主张优先受偿，申请执行人仅能就超出抵押权所担保债权金额的部分要求受偿。

2.物权优先于一般债权。物权对一般债权的优先性，在债务人破产的情形下表现得尤为明显。债务人被宣告破产后，其所有财产都应纳入破产财产，作为按比例清偿债务的责任财产。但例外的情形有：①如果破产人占有属于他人所有之物（如破产人因租赁关系而占有属于他人所有的租赁物），那么该物的所有人可以要求取回该物，而无须参加破产还债程序，此为破产法上的取回权。[1]②如果破产人所有的某物已经为某债权人设定了抵押权，则该抵押权人在抵押人破产的情况下仍可以行使抵押权（破产法上的别除权），就该抵押物变价优先于一般债权人受偿。[2]

物权优先于债权的效力也有个别例外。出于某种立法政策上的考虑，法律可能例外地赋予某些债权以特殊的效力，使其在某些方面优先于在后发生的物

---

〔1〕《企业破产法》第38条规定："人民法院受理破产申请后，债务人占有的不属于债务人的财产，该财产的权利人可以通过管理人取回。但是，本法另有规定的除外。"

〔2〕《企业破产法》第109条规定："对破产人的特定财产享有担保权的权利人，对该特定财产享有优先受偿的权利。"

权。这方面典型的例子就是“让与不破租赁”规则。我国《民法典》第725条规定：“租赁物在承租人按照租赁合同占有期限内发生所有权变动的，不影响租赁合同的效力。”这就意味着，租赁物的买受人即使成了标的物的所有权人，仍然不得以其所有权对抗作为债权人的承租人，在此效力范围内，债权取得了优先于物权的特殊效力。另外，《民法典》第221条所确立的预告登记制度也表现了经特别登记之债权的优先性。

三、对抗效力

物权的对抗效力，也称追及效力，是指物权一经在特定物上发生，则无论标的物辗转于何人之手，物权人均可以其物权对抗他人。

物权依其定义，乃权利人在物上的法律地位，描述人对物的支配关系，故对抗效力乃由物权的绝对权属性所决定。一般而言，仅须将一切物权均视为特定权利人在其权利客体（特定物）上的权利，所谓对抗或追及效力乃不言而喻的逻辑结果，或者说，在法秩序将一种法律地位称为物权时，即已赋予了其对抗一切人的效果。在此意义上，一个不具有充分对世性的权利，恐怕还不能算是一个完整意义上的物权。

对抗效力是物权的一项一般效力，不仅所有权具有该效力，而且它也是定限物权——尽管它往往产生于某特定交易关系中——所具有的效力。所谓物权的对抗效力，一般指“对抗第三人”的效力。如物处在其所有人的正常支配状态之下，则所有人尚无须对任何特定之人主张权利，更谈不上什么对抗第三人的需要。相反，如权利人享有的是某种用益物权或担保物权，则该“他物权”在发生之时即以预设了权利人与所有权人的关系，在此种情境之下（先有了物之所有人这个“相对人”或“第二人”），他物权人突破其与所有权人之间的法律关系，径直以其物权对第三人主张权利或要求尊重，这才是“对抗性”真正要表达的意义。因此，对物权的对抗效力、追及效力的考察恰恰在用益物权与担保物权上才具有真正重要的意义。

（一）所有权的对抗效力

所有权是对物直接支配的权利，其对世性特征最为显著。如前所述，所有权本身不预设特定义务人，因此，欲谈所有权的对抗效力，须先设置出所有人面对特定人的情境，然后再讨论涉及第三人的问题。

如果所有权人对标的物的占有为某人不法侵夺，则所有人可以要求该侵占人回复占有，当无疑问。如该不法侵占人将该物的占有移转于第三人，而该第三人与物的所有人之间并不存在其他直接的法律关联，原则上，所有权人也同样可以追及物的所在[1]，向该第三人要求物的返还，后者不得以无过错等理由对抗所有权人的返还请求权。只要不发生第三人因时效取得等原因取得所有权或因其他原因成为有权占有人的事实，无论物辗转几手，所有权人始终能够向物的现实占有人要求回复占有。

（二）用益物权的对抗效力

用益物权是以对他人之物加以用益为内容的物权。对他人之物的利用需要，除在物上设定用益物权外，还可通过取得债权性的使用权利来实现。例如，通过订立租赁合同，取得对他人土地的利用权，以满足建造房屋的需要，此与建设用地使用权的设定具有类似的功能。但是，基于债权的相对性，债权性的利用权不足以对抗不特定的第三人，原则上权利人仅能对债务人主张其债权。相反，用益物权则具有对抗效力，其效力不仅作用于物的所有人（许可用益物权人在限定范围内利用其物），而且及于不特定之人。因此，在设定用益物权后，即使所有人出让所有权于第三人，该用益物权仍不受影响，用益物权人仍可依其权利内容继续对物加以利用，新所有人不得以未经其同意为由拒绝用益物权人对其物的用益。例如，甲在自己的房屋上为乙设置了终身性的居住权，乙据此居住于该房屋。其后，无论是在因甲死亡房屋由丙继承的情形，还是在甲将房屋所有权让与丁的情形，居住权均继续存在于该房屋之上，乙仍可向新屋主丙或者丁主张继续居住。

（三）担保物权的对抗效力

担保物权以变价权和优先受偿权为其内容，该种类型的物权一经设定，即成为担保物权人对特定担保物的支配权，而不是仅仅针对抵押人、出质人等的相对性权利。如债权届期未受清偿，则担保物权人可以就担保物实现担保物权。担保物权具有的这种对抗性意味着，担保物权存续期间，无论是因担保人死亡而发生法定继承，还是因担保人通过法律行为处分担保物而使他人取得担保物的所有权，均不影响担保物权人就已归属于他人所有之物实现担保物权。

根据我国原《物权法》第191条之规定，抵押物的转让需要抵押权人的同意，未经抵押权人同意抵押人不得转让抵押财产。这一规则预设，抵押人转让

---

[1] “追及物之所在”这样的表达，主要系针对动产所作的形象生动的描述。对不动产而言，物之所在并不会改变，改变的是第三人取代先前占有人的事实等。因此，“对抗效力”的表达总体上比“追及效力”更准确。

抵押财产后，抵押权将在抵押物上消灭，受让人将取得没有抵押物负担的抵押权。该条规定无视担保物权的对世效力，不必要地限制抵押物的自由流通，因此受到广泛的批评。《民法典》第406条改变了原《物权法》第191条的立场，承认了抵押权的对世效力，明确规定抵押人可自由转让抵押物，而抵押权人的权利不受影响〔1〕。

第四节 物权请求权

一、物权请求权的概念

有权利，即应有其救济。对物权的保护，包括公法上的保护与私法上的保护。公法上的保护主要体现在宪法、刑法和行政法对于私有财产的维护，如对国家征收、征用的限制和补偿，以及通过确定侵犯财产类罪行的刑罚来保护财产等。私法上的保护既包括债法上的保护手段（侵权行为损害赔偿请求权、不当得利请求权等），也包括物权法自身所提供的保护手段，即物权请求权。物权请求权是保护物权的手段〔2〕，同时，物权请求权也以物权为基础，不能与物权相分离而为处分，因此，亦可将物权请求权视为物权所产生的效力。

物权请求权〔3〕，是指物权人于其物权被侵害或有被侵害之危险时，可以请求回复物权圆满状态或防止侵害的权利。

物权请求权是各种物权所具有的共同效力，也就是说，凡为物权，都能产生物权请求权的效力，以作为该物权最直接的保护手段。物权的此项效力来自其绝对权的法律属性，因为物权既然是可以对抗不特定当事人的权利，那么它就应该具备排除来自任何人之干涉或侵害的效力。他人的行为只要对物权构成了妨碍，无论该行为人主观上是否有过失，均不得对抗物权人要求其排除妨害

〔1〕《民法典》第406条第1款规定："抵押期间，抵押人可以转让抵押财产。当事人另有约定的，按照其约定。抵押财产转让的，抵押权不受影响。"

〔2〕《民法典》物权编设有"物权的保护"一章（第三章），该章将物权在私法上的保护手段均加以罗列，需要从中识别出"物权请求权"。

〔3〕关于该请求权的名称，有学者认为，"物权请求权"等同于所谓的"物上请求权"；而另有学者认为，"物上请求权"除包括物权请求权（基于物权本权的请求权）外，还包括占有人的物上请求权。本教材原则上视"物权请求权"与"物上请求权"为相同的概念，主要指基于一项物权所产生的请求权效力。涉及以占有为基础的请求权，由于占有并非权利，则使用"物上请求权"这一表达。

的请求。在《物权法》出台以前，我国法律并未明确规定物上请求权，我国原《民法通则》从责任的角度仅对违约责任和侵权责任作出了规定，从而在请求权基础上容易使人产生如下推断：在物权受到妨害或侵害时，只能根据侵权责任的有关规定，对遭受损失的物权人提供保护。然而，侵权责任的构成，要求行为人须具有主观上的过错，其行为须具有违法性等。如果物权人在其物权遭受侵害或妨害时仅能主张侵权请求权，则在许多情况下，由于侵权责任并不成立会使得物权人无法得到救济。由此可见，承认物权拥有自身的救济手段，即由物权直接产生的请求权，是很有必要的。

2007年通过的《物权法》，在第34条、第35条确立了返还原物及排除妨害、消除危险的请求权，其性质属于物权请求权，对于此点学理上应无疑问。但是，根据2009年通过的《侵权责任法》第15条的规定，承担“侵权责任”的方式包括停止侵害、排除妨碍、消除危险、返还财产等。那么，当物权人请求他人排除物上的妨害、消除危险或返还物的占有时，其请求权基础究竟是“侵权”，还是物权？抑或普遍性地构成请求权基础的竞合？请求权基础的思维方式系民法学的基本方法，前述《物权法》与《侵权责任法》的规范如何协调殊有疑问。《民法典》侵权责任编尽管仍保留了主要发挥绝对权请求权功能的第1167条[1]，但总体上已使侵权责任回归损害赔偿之债的范畴，从而也使得物权请求权与侵权损害赔偿请求权在民法请求权体系上各司其职。

此外，支持物权请求权为物权的一般效力的另一个强有力的理由是：既然法律普遍承认占有的法律事实都具有物上请求权的效力（如我国《民法典》第462条），那么，各种类型的物权，至少就那些物权人有权占有标的物的物权类型而言，当然也应该具有物上请求权的效力。

关于物权请求权，存在两种不同的规范模式。

第一种模式可称为“所有权请求权类推适用模式”。在罗马法的发展过程中，虽然也发育出了“对物之诉”这样相对抽象的概念，但是诉权都是具体的，尤其是基于所有权的“所有物返还之诉”（rei vindicatio）最为重要。继受罗马法的欧陆诸国，尽管学理和判例大多承认物权请求权系物权的一般效力，但民法典很少以明文直接规定物权的请求权效力。实际上，由于所有权在物权体系中的重要性，民法典通常都详尽地规定基于所有权的各种物权请求权，对

〔1〕《民法典》第1167条规定：“侵权行为危及他人人身、财产安全的，被侵权人有权请求侵权人承担停止侵害、排除妨碍、消除危险等侵权责任。”

于各种定限物权的物权请求权效力，则视情形类推适用法律关于所有权的物上请求权规定。

第二种模式则系在立法上直接采用学理上的“物权请求权”概念，可称为“抽象的物权请求权模式”。我国《民法典》物权编第一分编“通则”中的第三章“物权的保护”部分，针对各种物权类型统一地规定了各种保护方法，包括返还原物、排除妨碍和消除危险几项请求权。我国《物权法》所采取的抽象模式符合民法体系化的要求，它表明各种物权类型均具有物上请求权的效力。

上述两种模式其实各有利弊。类推适用模式需要在个别判断的基础上考虑何时应将所有权请求权类推适用于具体的用益物权、担保物权类型之上，从而使法律适用变得相当复杂。而我国《民法典》采用的抽象规范模式貌似逻辑更加严密，但在相关规范的解释使用上可能面临更多的问题：显然并非所有的物权类型均具有《民法典》第235条、第236条规定的各项物上请求权的效力。举例而言，对于包含占有权能的物权类型（如居住权、动产质权）而言，物权人固然可以主张《民法典》第235条所规定的返还原物请求权，但是，对于权利人并不取得物之占有的抵押权来说，第235条规定的返还请求权当然就不包含在抵押权的效力范围以内。由此例可知，在《民法典》物权编的“通则”统一地规定了物权请求权的情况下，法律适用者需要对哪些情况下应排除某种物上请求权适用的问题作出个别判断，而此问题的复杂程度一点不亚于前一模式下的类推适用。另外，由于采用了欲涵盖一切物权类型的抽象表达，《民法典》有关物权请求权的规范（如第235条）不仅在自身解释上存在模糊性（第235条的“权利人”何指），而且也存在与其他规范之间的衔接问题。例如，《民法典》第235条所规定的原物返还请求权并不限于所有权人对无权占有人的占有回复请求权，这就增加了其与规定“所有人—占有人关系”的规范群（《民法典》第459条至第461条）之间的衔接难度；或者说，在将“所有人—占有人关系”依附到一项物权请求权关系上时，必须将第235条视为一条仅针对所有人的占有回复请求权的规范。

二、物权请求权的性质与法律适用

“物权请求权”这一概念的使用，其实已经表明，该请求权系民法请求权体系中的一个独立类型。[1]物权请求权系产生自物权的独立的请求权，尽管其对物权有依附作用，但仍与物权本身有显著区别。物权界定和描述权利人在物上的权利，常态下的物权体现为支配的自在状态，而物权请求权系物权的支配状态受到他人干扰而产生出的防御效力，以使物权回复先前的正常状态。就此点而言，物权是原权利，物权请求权是救济权，具有工具性。

物权是绝对权，而请求权皆针对具体的义务人，因此物权请求权也具有相对权的属性。不过，物权的对世性决定了物权请求权与债权请求权有着相当不同的构造。债权本身是相对权，无论是基于合同等意定的原因，还是侵权行为、不当得利等法定原因，债之关系自产生之日即针对特定义务人，债权人的请求权仅得向该特定义务人主张。相反，物权请求权由本身具有绝对权属性的物权源源不断地输送请求权的效力，且其目的也仅在于回复物权遭遇侵害或妨害之前的状态，因此，物权请求权也表现出动态性。举例来说，甲之A物被乙无权占有的，甲对乙享有请求权，有权要求乙回复甲对物的占有，此时二人之间的关系类似债之关系中债权人与债务人的特定关系，所请求的内容也可类似“给付”。但是，仅须考虑乙再将占有物移转于丙的情形，物权请求权与债权请求权的差异即会清晰呈现：此时，甲的物权请求权也会自动转向丙，而已经不再占有物的乙也不再是物权请求权所针对的义务人（如甲乙之间存在的法律事实能够满足不当得利等债权发生要件，则甲可对乙主张相应的债权请求权）。物权请求权的这种特性恰恰体现了物权绝对权的性质，也是前文所述的物权对抗效力的逻辑结果。

物权请求权虽是独立类型的权利，但该请求权始终附属于权利人享有的物权，质言之，物权请求权总是由物权人享有，物权请求权不能与物权相分离而被单独让与（尽管物权人可以授权他人代为行使物权请求权），而仅能与产生该请求权效力的物权一并让与。例如，甲所有之物为乙无权占有，甲可将所有权以及对乙的返还原物请求权一并让与丙，后者在取得所有权的同时也取得了对乙的物权请求权；甲不能在保留所有权的情况下单独将对乙的物权请求权让

〔1〕如仅从物权保护的视角出发，或许会否认物权请求权之存在或至少认为其非为独立的权利，而将相关效力仅视为物权的作用。谢在全：《民法物权论》（修订五版）（上册），中国政法大学出版社 2011年版，第 29 页，注 9。

与丙[1]。另外，物权请求权对物权的依附性也意味着物权人物权的丧失，也当然意味着其对他人享有的物权请求权的消灭。例如，所有人甲对无权占有人乙享有占有回复请求权，甲未及主张返还，标的物即在乙的手中毁损灭失，则甲对乙的物权请求权消灭；至于甲能否对乙要求损害赔偿之问题，须依乙是否善意等事实而定；即便甲能对乙主张赔偿，该请求权也不再是物权请求权。

三、物权请求权的样态

《民法典》第235条和第236条规定了“返还原物”、“排除妨害”和“消除危险”三种请求权，此三种请求权性质上皆为物权请求权，当无疑义。对于使物权回复圆满状态的目的而言，以上三种请求权已满足了所有救济需要，应认为除这几种请求权外，别无其他类型的物权请求权。

四、占有回复请求权

（一）占有回复请求权的概念

占有回复请求权，是指所有权人以及有权占有标的物的定限物权人对于无权占有人，请求回复物之占有的权利。关于占有回复请求权，我国《民法典》第235条设有如下规定：“无权占有不动产或者动产的，权利人可以请求返还原物。”

（二）占有回复请求权的构成要件

占有回复请求权须具备以下要件。

1.请求权之主体为动产或不动产的所有权人、其他拥有占有权能的用益物权人或担保物权人

作为物权请求权，《民法典》第235条规定的“权利人”显然仅限于物权人，不享有物权者（如基于债权合同占有他人之物者或者单纯的占有人），即便非基于自己意思丧失了占有，也不得主张此项请求权。对于物权请求权，《民法典》采概括、抽象的方式加以规定，故该项请求权的客体也包括所有权

[1] 其实，请求权不得单独让与的原理并不仅限于物权请求权。由债权所产生的请求权，也存在不得单独让与的问题。债权归属于某人而债权请求权归属于另一人，这在逻辑上同样是不能成立的。因此，民法上称“债权让与”，而不称“债权请求权让与”。请求权只有代为行使的问题，能够被让渡的是归属性的财产权。

人之外的他物权人。[1]

关于占有回复请求权的主体，具体可分述如下：①不动产或动产的所有权人对其物享有占有权能，其物被他人无权占有时，势必会影响所有权的圆满性，所有权人可借助该请求权回复物之占有。②在他人之物上享有的用益物权，通常均以占有为前提（如居住权、承包经营权、建设用地使用权等），因此，物被他人无权占有时，用益物权人一般均可作为权利主体享有该请求权。但是，地役权尤其是所谓消极地役权，不以占有为前提，权利人对供役地并不拥有占有的权能，因此也不能享有占有回复请求权（可依据《民法典》第236条主张排除妨害请求权）。③在担保物权中，抵押权的设立不以转移占有为必要，正常状态下抵押权人并不占有抵押物，故在他人无权占有时，仍由作为所有权人的抵押人行使占有回复请求权，抵押权人不享有该请求权（但可依据《民法典》第408条主张抵押权的保全）。质权存续期间，质权人有权占有质物，故在质物为他人无权占有时，质权人亦可主张占有回复。留置权人也有权占有留置物，也应如质权人一般享有占有回复请求权。

2.相对人为物之现在占有人

物权人向占有人主张占有回复，意味着以下两点：①请求权人已经丧失对物的占有。如物权人尚保持着对物的占有，而仅是其占有受到侵扰，则物权人应主张的是排除妨害请求权，而非占有回复请求权。如果所有权人因物之出借、寄存或出租等原因而要求物之返还，则因所有权人仍系物之间接占有人，且合同关系构成一种特别关系，故该请求权应属于基于合同关系的债权请求权。学理上有认为此时构成基于合同的债权请求权与占有回复请求权的竞合，但我们认为，此时应排除物权请求权的适用。②请求权所针对的相对人系物的现实占有人。该请求权旨在回复请求权人先前丧失的占有，故仅能向物之现在占有人主张，若某人曾经是物的无权占有人，但后来又丧失了占有，则该请求权不得向其主张。

举例来说，甲遗失其物，乙拾得并据为已有；甲欲向乙主张遗失物返还之际，乙将该物赠与并交付于丙；此时，甲之回复占有请求权应向丙而非乙提

---

〔1〕抽象的物权请求权立法模式，将所有权保护与其他物权保护归于一个规范之下，给相关问题的讨论带来了很大难度。应对之道，或者将问题分解，将物权保护问题分解到每一种物权之下，或者舍弃其他物权，径直以基于所有权的请求权作为讨论对象。本教材不采用分解的讨论方法，但为方便讨论，相关事例等皆以所有权为例进行。

出，因此时丙为物之占有人，而乙已非占有人[1]（虽不能向乙提出占有回复请求，但在乙的行为满足侵权行为构成要件时，甲可向其主张侵权损害赔偿）。

3.相对人为无权占有人

《民法典》第235条明确规定了占有回复请求权的相对人是无权占有不动产或动产之人。占有人对物的占有有正当权源的，为有权占有，反之，为无权占有。占有回复请求权仅能向无权占有人主张，而不得向有权占有人主张，因为有权占有人得依其占有权源继续占有物。

占有人之占有构成有权占有从而使回复占有请求权不成立的情形有：（1）占有人对物享有居住权、质权、留置权等物权，此种情形下因占有的本权本身是一项物上具有对抗性的权利，故占有人不仅得依其占有对抗其权利取得时之所有权人，而且得对抗所有权的继受者。例如，甲在其房屋上为乙设立居住权，乙因此占有该房屋，后甲将该房屋出让给丙并作了所有权转移登记，乙仍可以其居住权对抗丙，丙不得向乙主张房屋占有的回复。（2）占有人因与所有权人之间的债权合同关系（如买卖、租赁等）而占有物的，占有人基于债权的占有也可以构成有权占有，并导致占有回复请求权的不成立。例如，出租人不得要求承租人回复占有；房屋出卖人即使因尚未通过登记将房屋所有权转让于买受人，也不得向已经占有房屋的买受人要求回复占有。（3）如果有权占有人有为他人创设直接占有的权限，则该直接占有人相对于所有权人也构成有权占有，从而也导致所有权人对直接占有人的占有回复请求权不成立。例如，如果依居住权合同的约定，居住权人可以将房屋出借于他人，则所有权人对于房屋借用人不得要求返还；如果出租人甲事先同意承租人乙可以转租，则甲不得向次承租人丙要求返还租赁物。又如，在经出租人甲同意后，承租人乙将租赁物转租给第三人丙，此时，丙相对于甲也构成有权占有，甲在租期届满前不得要求丙返还租赁物。

（三）占有回复请求权的内容

该请求权的行使，旨在使请求权人回复对物的占有。对不动产而言，无权占有人须撤出不动产，使其处于随时可被请求权人占有的状态。对动产而言，

---

〔1〕对此问题，涉及民事程序法的衔接问题。所有权人提起回复占有之诉时，应以起诉时物之占有人为被告。法院受理案件后，在诉讼期间内，如被告无权占有人放弃占有而由他人继受取得占有，则《民事诉讼法》应有对应的措施。诉讼系属后，如原告的诉讼成立，则仍应判决被告负回复占有之责，而该判决的既判力应及于讼争物的占有继受人。我国《民事诉讼法》似尚未有类似之规定，可考虑在有关追加被执行人的规范中增设此规定。

无权占有人须交出动产，使其处于请求权人随时可受领的状态。如果请求权的相对人是间接占有人，则仅能要求间接占有地位的让与。

（四）占有回复请求权的诉讼时效

在《民法典》立法之前，关于占有回复请求权是否适用诉讼时效期间的问题，学理上有很大争议。一种典型观点认为，与排除妨碍、消除危险一样，作为物权请求权的“返还原物”请求权也不应适用诉讼时效期间。但是，根据《民法典》第196条之规定，仅不动产物权人和登记的动产物权人请求“返还财产”不适用诉讼时效的规定，这就意味着，一般动产物权人依据《民法典》第235条要求返还原物，应适用《民法典》第188条规定的三年普通诉讼时效期间。

五、排除妨害请求权

（一）排除妨害请求权的概念

所谓妨害，指的是以侵夺占有以外的方法不法地妨害或侵害物权人对物的支配。排除妨害请求，即指物权人请求妨害人除去此种物上妨害的请求。《民法典》第236条规定：“妨害物权或者可能妨害物权的，权利人可以请求排除妨害或者消除危险。”排除妨害请求权与妨害防止请求权（“消除危险请求权”）合称为“保全请求权”，旨在排除已存在的妨害并防止未来妨害的发生。

“妨害”意义宽泛，几乎可以囊括占有之外所有形态的对物权的侵扰，因此，排除妨害请求权对于物权之维护具有重要的意义。对动产而言，他人之侵扰一般都表现为对占有的剥夺，相应的物权救济手段为占有回复请求权。相对而言，动产上的妨害较为少见。例如，设置于户外的自用垃圾桶总是被邻居填满，或者街头排放的共享单车被他人随意粘贴广告。妨害多见于不动产，妨害既可能由妨害人的行为直接引起，如停车于他人车位，在他人建筑外墙设置广告牌，在他人土地上倾倒建筑垃圾等；也可能是由自然力引发的某种事实状态，如树木因狂风倒伏于他人土地，或高地之土因暴雨以泥水形态倾注于低地等。

须注意区分“妨害”与“损害”。因邻居树木倾倒而影响院落使用的，权利人可要求排除妨害，使邻居负责清理倒伏的树木。如因树木倒伏砸坏了围墙，则修复围墙的请求不属于“排除妨害”，而应属于损害赔偿的范畴，从而须适用侵权法的相关规则。

（二）排除妨害请求权的构成要件

物权人主张排除妨害须具备以下要件。

1.请求权人为对标的物享有所有权或其他定限物权之人

只要构成对物权的妨害，即使不占有标的物的抵押权人等也可行使此项请求权。

2.物权受到妨害且妨害状态继续存在

如物权的妨害状态已经消失（如倒伏于他人草地上的树木未被清理，数年后完全腐烂化为泥肥），则排除妨害请求权当然也不复存在。

3.妨害须由相对人的行为引起或者妨害之状态可归因于相对人

在妨害因人的行为引发时，引发对他人物权妨害之人就有义务排除此妨害。对于自然力引起的妨害，如果某人对于避免妨害之发生具有法律上或交易惯例上的职责，则其也应负排除妨害之责。例如，一栋百年木屋的主人在继承后，任其闲置，该木屋遭蚁害倒塌后对邻居造成妨害，由于屋主对木屋负有维护之职责，故邻居可要求其排除妨害。

4.妨害须具有客观上的不法性

排除妨害请求权的成立，无须妨害人主观上具有过错，但妨害仍须具有不法性。对他人物权造成妨害，由于不具有不法性从而无须负排除妨害之责的情形，主要是指物权人依法有容忍义务的情形。对于公法施加于物权之上的义务，物权人不得要求“排除妨害”。在私法上，物权人的容忍义务主要产生于不动产相邻关系。例如，相邻土地权利人依《民法典》第291条利用某人土地通行时，该人不得要求排除妨害，而仅能要求对方弥补因通行造成的损失。同理，如相邻不动产上排放的气体、声响等显著轻微且符合法律规定，则不得要求停止排放。

依《民法典》第196条之规定，排除妨害请求权，无论针对不动产还是动产上的妨害，均不适用诉讼时效期间的规定。

六、消除危险请求权

《民法典》第236条除规定排除妨害请求权外，还规定了“消除危险”请求权。依文义，消除危险请求权是指物权人在其物权面临被妨害或侵害之现实危险时，得请求危险状态之消除。例如，甲所有的祖传老宅年久失修，随时有坍塌的危险，而一旦坍塌，其邻居乙的住宅必将受损，在此情况下，乙可以请求甲加固或拆除房屋，以消除存在的危险，从而保全自己的住宅。

消除危险请求权的构成，需要满足以下要件：请求权人为物权人；须有使物权受到妨害或损害的现实危险；相对人是对可能发生的妨害或损害具有管控力之人；危险状态可能引发的损害或妨害具有不法性。

消除危险请求权既可以表现为要求相对人为一定积极行为，如积极地清除危险源从而消除危险状态，也可以表现为要求相对人未来不得实施将给请求权人带来妨害或损害的行为。例如，对于他人在自己土地上倾倒垃圾的行为，权利人可以要求清理（排除妨害），而在有迹象表明该他人未来仍将不断倾倒垃圾时，权利人可以请求法院作出禁止被告倾倒垃圾的判决。

依《民法典》第196条之规定，消除危险请求权不适用诉讼时效期间的规定。

法律适用

[回复占有请求权的适用问题]

根据《民法典》第235条的规定可知，回复占有请求权仅得对无权占有人主张。相对人的占有为有权抑或无权，此点究竟应为占有回复请求权的构成要件，还是应设计为被请求者的抗辩（有权占有者可拒绝回复占有的请求），值得探讨。

在立法例上，《德国民法典》第985条、第986条采用了抗辩的设计[1]，但学理上多有将无权占有作为所有物占有回复请求权构成要件者。实际上，将占有人有无占有权源作为请求权构成要件或者被请求人的抗辩，其实质差异主要在于法院应主动审查作为被告的占有人是否有占有的本权，抑或将此问题交由被告做有权占有的抗辩，并在后者不为此抗辩时判决原告的返还请求权成立。相对而言，将无权占有作为占有回复请求权的构成要件，这样的请求权构造更为合理，故《民法典》第235条在此点上的处理值得赞同。

---

〔1〕《德国民法典》第 985 条规定："所有人得请求占有人返还其所有物。"第 986 条规定："占有人对于所有人有占有权利者，得拒绝返还其所有物……"

第四章 物权变动

提要

本章讨论物权变动，将阐明物权变动的公示原则与公信原则，探讨物权变动的模式，并区分不动产物权变动与动产物权变动讨论登记与交付的意义。本章也将对颇具争议的物权行为理论作出介绍与评论。

物权的变动，究其原因，应区分为依法律行为发生变动与非依法律行为发生变动两种情形。所谓公示原则，系就依法律行为发生物权变动而言。物权变动主要存在意思主义、物权形式主义和债权形式主义几种立法模式。我国民法上的物权变动，须践行不动产的登记或动产的交付，属于形式主义的立法例。多数观点认为，我国物权变动不采无因性，属于债权形式主义的立法例。

不动产物权变动，原则上须登记，非经登记，不产生物权变动的效力。《民法典》物权编还对更正登记、异议登记及预告登记作出了规定。动产物权变动，自交付时发生效力。交付的要求也可以交易交付、返还请求权让与或占有改定所替代。

重点问题

1. 如何理解“物权变动”？如何将此抽象表达具体化？
2. 为什么物权变动要实行公示原则？
3. 物权变动的立法模式及我国法上物权变动模式的解释。
4. 非依法律行为发生物权变动的情形及变动规则。
5. 债权合同的效力与物权变动效力的区分。
6. 不动产登记簿记载的法律意义。
7. 不动产更正登记与异议登记。
8. 不动产预告登记具有什么法律意义？
9. 交付之于动产物权变动的意义是什么？
10. 交付替代方式有哪些？

第一节 物权变动概述

一、物权变动的意义

物权的变动，是指物权的发生、内容变更与消灭[1]。就权利人而言，物权变动意味着物权的取得、内容变更与丧失。我国《民法典》物权编未使用“物权变动”这一较抽象的术语，而是采用了“物权的设立、变更、转让和消灭”（物权编第二章章名）这样具体的表述。

（一）物权的发生

物权的发生，是指物权与特定主体的结合。所谓“物权的设立”，通常指的是在他人之物上设立定限物权，因此这一表达指的是定限物权的发生。物权的发生，自特定的物权人方面观察，为物权的取得。物权的取得，可分为原始取得与继受取得。

1.物权的原始取得

原始取得，又称固有取得，是指非依据他人既存的权利而取得物权。具体而言，原始取得大致又包括两种情形：

（1）物上先前不存在任何物权，因此物权的取得当然不受制于任何既存的权利。无主物，无论其自始即为不属于任何人所有之物，还是被他人抛弃而成为无主物，均依法律规定的先占方式而归属于先占人所有。天然孳息，系由原物产生的新物，也存在定分止争的需要。原物所有人依法取得孳息所有权，也属于原始取得的方式。

（2）物上本存在他人的物权，正常情况下，物权取得人取得物权须以原权利为基础并由原权利人的意志决定，但是在特殊情况下，为追求交易安全或维持交易秩序等目标，法律也直接规定某些法定的物权取得方式，从而使物权的取得不受既存物权的影响。例如，依法律关于取得时效、添附及善意取得的规定而取得所有权，均不以原所有人的同意为必要，这些所有权取得的方式均应归入原始取得的范畴。

---

〔1〕王泽鉴：《民法物权》，北京大学出版社2009年版，第53页。

2.物权的继受取得

继受取得，又称传来取得，是指基于他人既存的权利而取得物权。继受取得，又可分为移转型继受取得和创设型继受取得。狭义的继受取得，通常指移转型继受取得，是指就他人的物权依其原状而取得。例如，基于买卖、赠与等原因而受让他人的所有权，或者支付一定代价，从建设用地使用权人手中受让该建设用地使用权等。广义的继受取得，尚包括所谓创设型继受取得，特指以法律行为在他人之物上设定用益物权或者担保物权等定限物权。定限物权的设定，一方面，须以所有权为基础，其本身就构成所有权人对其所有权的处分，故属于继受取得；另一方面，所有权人并不因定限物权的设定而丧失其所有权，实际上，所有权人只是将所有权的部分权能暂时地让渡给了定限物权人。

区分物权的原始取得与继受取得，其法律意义在于：

（1）从取得原因上看，物权原始取得多基于法律的直接规定，也就是说，法律直接规定物权取得的各项构成要件和权利取得的效果。从权利取得人的角度观察，其对物权的取得，多基于一定的事实行为（法律直接赋予该事实行为以物权取得的法律效果），如对无主物先行占有的事实。而物权的继受取得，除少数情形外（如基于法定继承原因而概括地取得物权），大多基于法律行为。因此，在通常情况下，判断物权是否发生，在原始取得与继受取得之间有很大的不同：在前者，应考虑法律直接规定的各项取得要件是否充分；在后者，则首先应就法律行为的有效性（行为人是否具有相应行为能力、是否存在意思表示的瑕疵、是否违反强制性规范或违背公序良俗等）作出判断。

（2）既然原始取得并非基于他人既存权利而取得物权，则物权取得人也无须承受先前权利上存在的负担，这些负担因物权的原始取得而消灭[1]。例如，甲因向乙借款而将其玉石质押给乙，乙将玉石寄存在丙处，丙以市价将玉石出卖并交付于不知情的丁；此时，丁可依据《民法典》关于善意取得的规定取得玉石的所有权，甲因此将丧失玉石的所有权；因为善意取得属于原始取得方式，故该玉石先前存在之乙的质权也消灭，也就是说，丁取得的是一个完整的、没有他人权利负担的所有权（可参考《民法典》第313条）。相反，在继受取得，物权系继受而来，而原权利人当然不能将大于其所有之权利让与他人，因此，在标的物上的一切负担，均继续存在于物上，取得人须承受这些负担。例如，如果甲的房屋上存在乙的抵押权，而甲将房屋出卖给丙，并与丙共同办

〔1〕 谢在全：《民法物权论》（修订五版）（上册），中国政法大学出版社 2011年版，第 44 页。

理了所有权转移登记，则受让人丙能够取得房屋所有权；但由于乙的抵押权具有对抗性，房屋所有权变动的事实并不影响抵押权，故丙所取得的房屋所有权上仍存在乙的抵押权（可参考《民法典》第406条）。

（二）物权的变更

物权的变更，有广义和狭义之分。广义而言，物权的变更是指物权诸要素的变更，包括主体变更、客体变更和内容变更。其中，主体的变更，实际表现为物权的取得和丧失，因此，一般所谓物权变更系指狭义上的物权变更，即物权的客体变更和内容变更。

物权的客体变更，是指物权标的物在量上发生的增减。例如，当动产（如瓷砖）附合于房屋时，房屋所有权的标的物因添附而有所增加，但是，在法律上和观念上，这一事实并未导致房屋之上原所有权的消灭与新所有权的发生，也就是说，在客体变更的情况下，所有权仍保持了其同一性。当然，对因附合而成为房屋构成成分的动产而言，其因丧失了独立性而发生了所有权的消灭。

物权的内容变更，是指在不改变物权性质和标的物的情况下，其内容有所改变。例如，当事人在设立地役权的合同中，约定地役权存续期间为10年，后又通过合意将其变更为20年。又如，不动产抵押权设立后，抵押人和抵押权人可以约定变更抵押权的顺位与被担保债权的数额（《民法典》第409条）。

（三）物权的消灭

物权的消灭，是指物权与主体的分离，就物权人方面而言，为物权的丧失。物权的丧失可分为绝对丧失与相对丧失。物权的绝对丧失，是指物权本身终局地归于消灭，例如，物权标的物发生灭失，致使权利客观地发生消灭，或者，因所担保之债权得到清偿，抵押权发生消灭。物权的相对丧失，仅指对特定的主体发生权利的丧失，也就是说，物权仅与原权利主体分离，但其权利本身并未发生消灭，而是归属于其他的权利主体。可见，物权的相对丧失，对于原权利人而言，固然属于权利的消灭，而对于新权利人而言，则属于权利的继受取得；对于物权本身而言，则属于权利的主体变更。通常所说的具有独立意义的物权丧失，仅指物权的绝对丧失。

物权的消灭是物权变动的样态之一，不同的物权有各自的消灭原因，如担保物权因其所担保的债权得到清偿而消灭、居住权因居住权人死亡而消灭等。除其他原因外，导致物权消灭的一般原因包括混同和抛弃。

1.混同

民法上所谓混同，指两种无并存必要的法律地位因一定法律事实而归于同一人。混同在债法上与物权法上皆具有意义。就债之关系而言，如债权债务归于一人，则原则上债权发生消灭[1]。就物权而言，混同主要是指所有权与物上的定限物权同归于一人的事实。如果甲对乙所有之物享有一项他物权（居住权、抵押权等），而其后甲——或者基于法定继承等非基于法律行为的原因，或者基于法律行为——取得了该物的所有权，或者乙取得了该物上的定限物权，则会发生所有权与定限物权同归于一人的事实。一般认为，既然所有权与定限物权同归于一人，定限物权会被所有权所吸收，故有混同系物权消灭原因之说。

我国大陆现行法未规定混同对物权的影响。我国台湾地区“民法”第762条的规定可资参考：“同一物之所有权及其他物权，归属于一人者，其他物权因混同而消灭。但其他物权之存续，于所有人或第三人有法律上之利益者，不在此限。”根据该条规定，原则上定限物权会因为混同而消灭，但其存续对所有人或第三人有法律上利益的，为保持此种利益的存续，定限物权不发生消灭。我们认为，我国大陆民法也应采此种规则[2]。法律之所以需要对混同设有不消灭定限物权的例外规定，主要是为了顾及权利人在物上的优先顺位利益。兹举两例说明。例1：甲出借100万元于乙，丙以A房产提供抵押担保（甲因此在A房产上享有抵押权）；随后丙又因向丁借款80万元而以该房产为丁设立抵押权；其后，甲取得了A房产的所有权。两笔债务到期后，债务人乙和丙均未偿还债务，而房产A仅能卖得120万元。此种情形，如果认为甲在取得A房产所有权时其抵押权就发生消灭，则由于我国法实行抵押权顺位升进主义，丁即能从A房产的变价款中得到全部债权清偿。如果使甲的抵押权继续存续于已归其所有之A房产上，则甲可以享有第一顺位的抵押权，并从变价款中优先受偿。例2：甲在B房产上为其子乙设立居住权，其后，甲又将该房产抵押给丙，担保其朋友丁对

---

〔1〕《民法典》第576条规定：“债权和债务同归于一人的，债权债务终止，但是损害第三人利益的除外。”

〔2〕《最高人民法院关于适用〈中华人民共和国担保法〉若干问题的解释》于2021年1月1日被废止，取而代之的《担保制度解释》未涉及混同对物权效力的影响。而在《最高人民法院关于适用〈中华人民共和国担保法〉若干问题的解释》第77条则设有一条物权混同的规则：“同一财产向两个以上债权人抵押的，顺序在先的抵押权与该财产的所有权归属一人时，该财产的所有权人可以以其抵押权对抗顺序在后的抵押权。”该条规则与我国台湾地区“民法”第762条的规则相吻合。

丙的借款（因房产上已设立居住权，该抵押财产价值严重不足）；后甲死亡，其子乙取得了B房产的所有权；丁未清偿到期债务，丙主张实现抵押权。在此情形，如认为乙在B房产上的居住权于其因继承取得该房产的所有权时即告消灭，则丙在实现抵押权时即可将B房产以正常市价出卖，可能并因此全部实现其债权。为乙的利益计，其在B房产上的居住权不应因混同而消灭。

2.抛弃

物权的抛弃，是指物权人依单方的意思表示而使物权归于消灭。物权为财产权，原则上应允许权利人自由抛弃。不过，如果物权之存续关乎他人利益，则未经该他人同意，物权人所作的抛弃意思，应不产生物权抛弃的效力。

抛弃系单方法律行为，须以意思表示为之，要求行为人必须具有行为能力。另外，抛弃物权实际上也属于以法律行为变动物权的一种情形，故也应满足物权变动的公示要求。就动产而言，如抛弃的是所有权，则除须为抛弃的意思表示（无相对人的意思表示）外，还须放弃对该动产的占有；如抛弃的是他物权，则抛弃为有相对人的意思表示，须向因抛弃而直接受益者（如出质人、留置物的所有人等）作出意思表示，并将动产返还于后者。就不动产而言，如抛弃所有权，除须作出意思表示外，还须向不动产登记机关申请所有权涂销登记；如抛弃他物权，须向因抛弃而直接受有利益者作出意思表示，并向不动产登记机关作涂销登记，才能发生物权消灭的效力。

二、引起物权变动的法律事实

在民法上，导致法律关系发生、变更或消灭的因素被称为法律事实。物权的变动也系由一定的法律事实引起，其中包括法律行为与法律行为以外的事实。

（一）因法律行为发生物权变动

法律行为是指行为人欲发生一定私法上的法律效果，而将其意思表示于外部的行为。在因法律行为而发生的物权变动中，当事人有意识地追求特定物权发生、变更或消灭的法律效果，并将此效果意思表示出来。如该法律行为不存在效力瑕疵，则法秩序即承认依当事人所追求的效果意思发生物权变动。例如，当事人通过合意移转标的物的所有权，或者通过抛弃所有权的意思而使所有权归于消灭，又或者是通过订立抵押合同旨在特定物上设定抵押权等。

在所有权人抛弃所有权的事例，导致所有权消灭的具体法律行为清晰可见，即当事人抛弃所有权的意思表示。然而，在因买卖、赠与等原因转移标的物所有权的情形下，识别究竟是何法律行为引起了物权变动的法律效果却并不容易。本教材将在本章第三节“物权变动的立法模式与物权行为”中讨论这一问题。

由法律行为引起的物权变动是最为常见、也是最为重要的原因。实际上，所谓物权变动的模式、物权变动的无因性、物权变动的公示要求等，仅针对因法律行为而引起的物权变动，而不适用于非因法律行为而引起的物权变动。

（二）法律行为以外的事实引起物权变动

所谓法律行为以外的事实，既包括人的行为中的事实行为，也包括行为以外的法律事实，如事件和状态。此处的事实行为，是指行为人无须作出某种意思表示，而仅须有符合法律规定的一定行为，即可直接发生一定物权变动效果的情形，如因对无主物的先占而依法取得其所有权、因建造的房屋完工而取得其所有权等。没有人的意志参与的客观现象，如标的物的自然灭失，或天然孳息的产生与分离，也可能引起物权的变动。事实行为和人之行为以外的事实所引起的物权变动，均系直接基于法律的规定而发生。

我国《民法典》物权编实际上遵循了以上区分。该编第二章“物权的设立、变更、转让和消灭”系关于物权变动的基本规范，而该章第一节“不动产登记”与第二节“动产交付”实际上规范的是因法律行为而发生的物权变动，第三节“其他规定”则主要是对几种因法律行为以外的原因（裁判、继承、事实行为）而发生的物权变动进行规范。正是因为登记或交付系对旨在引起物权变动效果的法律行为所要求的特别生效要件，在第三节所规定的几种情形，物权变动结果的出现无须以登记或交付为必要。

第二节 物权变动的公示与公信的原则

一、物权变动的公示原则

（一）公示原则的必要性

公示原则，是指在物权变动之时，必须以一定的公示方法表现权利的变动，才能发生物权设立、移转等法律效果的原则[1]。

物权的绝对效力，要求其具有外在的可识别性，因此物权的变动必须具有

---

〔1〕 崔建远：《物权：规范与学说——以中国物权法的解释论为中心》（上册），清华大学出版社2011年版，第172页。

恰当的公示方法。如果变动物权的相关行为欠缺一定的公示方法，那么第三人根本无从知晓物权变动的事实。此时，如果仍然赋予相关行为以物权变动的完整法律效果，则依物权的对抗效力，物权取得人就可以其物权对抗完全不知情的第三人，交易的安全就无法得到维护。举例而言，甲和乙约定，在甲所有的房屋A上为乙设定居住权或抵押权，但除此约定外，双方并未将居住权或抵押权设定的事实以任何方式予以公示；其后，甲又以市场价格将该房屋的所有权转让给丙；如果法律允许甲与乙之间关于设定居住权或抵押权的约定本身就可以产生物权设定的法律效果，那么根据物权的对抗效力，乙就可以向房屋受让人丙主张居住权或抵押权；这一结果将导致对丙的极度不公平，因为他已经按房屋的市场价格支付了买价，而在进行交易时，他根本无从知晓甲、乙之间秘而不宣的居住权或抵押权安排。在此情形下，法律固然可以规定由上当受骗的丙（因为甲隐瞒了房屋设定居住权或抵押权的事实）向甲主张权利，如允许买受人丙解除买卖合同，要求返还价金并要求损害赔偿等，但此类请求权的性质系债权性的请求权，只有在甲尚具有清偿能力的情况下，该债权请求权才有可能实现（试想，如果甲在出售房屋后就携款消失得无影无踪，那么丙要求返还价款并赔偿损失的请求权又如何能够实现）。如果法律允许前手的交易当事人任意创设无须公示且在对抗性上不打折扣的定限物权，则对该物的后手交易当事人而言（以该物的买受人为例），其势必需要展开调查，努力搞清楚该物在之前的交易环节中，当事人是否通过合约在物上设定了相关限制。可以想象，当事人将会为此信息搜寻付出很高的交易成本。在很多情形，即便付出极高的交易成本，也无从查清前手交易的具体交易条件。相反，如果法律以不允许当事人以特约改变的强制性的规范要求物权的变动必须具有法定的公示方法，如规定居住权或抵押权的设定须经登记方可发生物权效力，则在该法定公示方法欠缺的情况下，物上即不存在居住权或抵押权，从而，在丙通过购买行为而受让房屋时，就可以取得无负担的所有权，乙不得对丙提出任何权利主张，交易安全就可以得到维护。

由上述分析可知，物权的绝对性使得法律必须特别注意对交易安全的维护，这正是物权变动须实行公示原则的根本原因。相对于之前我国法律在这方面较为零散的规定，《民法典》对物权公示制度作出了更为完整的规定。我国《民法典》特别强调物权变动的公示原则，不仅在物权编第一章“一般规定”

之下设有体现公示原则的第208条[1]，而且该法典还分别于第209条与第224条重申了不动产登记及动产交付对于物权变动的重要意义。另外，在物权编之外，为了消灭动产上的隐蔽担保，配合统一的动产与权利担保登记平台的构建，《民法典》合同编还针对所有权保留交易中的出卖人地位及融资租赁交易中出租人地位设有登记对抗的规定。

需要指出的是，物权变动需要践行相应公示手段，仅限于当事人依法律行为而追求物权变动结果发生的情形，也就是说，公示要求是附着在法律行为上的特别生效要件。对于非因法律行为而导致物权变动的情形，法律无须将公示作为物权变动效果发生的条件。《民法典》第229条、第230条和第231条分别针对司法裁判与政府征收、继承以及合法建造、拆除等情形，作出了物权直接发生变动而无须公示的规定。不过，即便在这些情形下，公示也并非完全没有意义。根据《民法典》第232条的规定，如果在前述情形权利取得人取得的是需要登记的不动产，那么，为能够对其已取得的这些权利进行处分，权利人应完成不动产的宣示登记，否则就无法顺利实施后续的处分行为。

（二）公示方法的确定

公示的方法由公示的目的决定，而公示的目的在于使不特定之人能够方便地知晓物权享有和变动的事实。因此，恰当的公示方法须满足以下几个方面的要求：（1）须针对一切不特定人，因为任何人都是潜在的交易当事人，都是物权人可以对抗之人；（2）须简便易行、低成本，否则将会给交易制造障碍；（3）无论采取何种公示方法，均须遵循物权客体特定原则，相应的公示手段须能有助于了解物权存在于哪个具体之物上；（4）尽管公示出来的权利外观与实际的权利状态有可能会发生不一致的情形，但恰当的公示方法应该尽量使二者相吻合。

具体而言，因动产与不动产的物理属性上的差异，可以分别针对二者采取不同的公示方法，即不动产以登记为其物权变动的公示方法，而动产原则上以交付为其物权变动的公示方法。

（三）物权公示的效力

如前所述，物权的变动须有外在的公示手段，即不动产的登记与动产的交付。就公示与物权变动的法律效果之间的关系而言，存在两种不同的立法例：

---

〔1〕 该条规定："不动产物权的设立、变更、转让和消灭，应当依照法律规定登记。动产物权的设立和转让，应当依照法律规定交付。"

一是公示生效主义。依此种立法模式，当事人之间以物权变动为目的的法律行为，如果欠缺相应的公示，即动产未经交付或不动产未经登记，则法律行为根本不发生任何物权变动的效果，也就是说，该法律行为即使在当事人之间也不发生物权变动的效果。对抗第三人的效力自然就更谈不上了。二是公示对抗主义。在此立法例下，当事人之间以物权变动为目的之法律行为，虽未经登记或交付，但在当事人之间仍可发生物权变动的效力，只不过此物权变动的效果不得对抗不特定的第三人，只有进行了交付或登记，物权变动才发生完整的效力，产生对抗所有不特定第三人的效果。

对上述两种立法例，可以作以下几点观察和评价：（1）公示生效主义更符合罗马法以来欧陆法律的传统。无论是古老的罗马法和日耳曼法，还是欧洲中世纪的共同法，在缺乏不动产登记制度的情况下，都坚持将交付作为所有权变动的界限。公示对抗主义与后文所谓物权变动模式中的意思主义相配套，为1804年《法国民法典》所采，具有明显的张扬个人意志、反对封建传统的时代印迹，但其不得对抗第三人的效力安排与物权的绝对性之间不能很好地协调，从而在法律适用时增加了解释上的困难。（2）表面上看，公示生效主义与公示对抗主义存在极其显著的对立，但二者的实际差异并没有初看起来那样明显，因为取得不具有对抗性的物权对当事人的意义有限。（3）在对物权和债权进行严格区分的情况下，公示生效主义似乎更加符合逻辑的要求，因为公示对抗主义势必会造成普遍存在不具有对抗性的物权的情形，从而与物权的对世性产生矛盾。

自1986年《民法通则》起，我国民法即在原则上采取了公示生效主义〔1〕。《民法典》沿用《物权法》的立法规定，明确了登记或交付对于物权变动的要件主义，这一点清晰地体现在《民法典》第209条和第224条中。但是，《民法典》本身也例外地规定了公示对抗主义的公示效力，包括：（1）船舶、航空器和机动车可适用登记，但该登记仅具有对抗效力（第225条）。（2）土地承包经营权自土地承包经营权合同生效时设立（第333条）。土地承包经营权互换、转让的，当事人可以向登记机构申请登记；未经登记，不得对抗善意第三人（第335条）。（3）地役权自地役权合同生效时设立。当事人要求登记的，可以向登记机构申请地役权登记；未经登记，不得对抗善意第三人（第374条）。（4）以动产抵押的，抵押权自抵押合同生效时设立；未经登记，不得

〔1〕我国原《民法通则》第72条第2款规定："按照合同或者其他合法方式取得财产的，财产所有权从财产交付时起转移，法律另有规定或者当事人另有约定的除外。"

对抗善意第三人（第403条）。

二、物权变动的公信原则

（一）公信原则的意义

以占有或登记等公示方法所表现的物权，即使不存在或者与真实的权利状态有所差异，但为信赖此项公示方法所表现的物权并以此为基础进行交易之人的利益计，法律仍承认其具有与真实物权存在相同的法律效果，此原则即为物权变动的公信原则。[1]

举例来说，假定甲是某房屋的所有权人，但由于某种原因（如登记机关工作人员的失误），该房屋被登记在乙的名下。乙知晓这一登记错误后，恶意地出售该房屋。丙行事谨慎，在与乙订立房屋买卖合同前，到不动产登记部门查阅了该房屋的登记资料，得知乙确实是不动产登记簿上的所有权人，遂放心缔约、付款，并与乙办理了所有权移转手续。由于乙自始未取得该房屋所有权，故其对房屋实施的处分行为应为无权处分，如果法律不承认不动产登记的公信力，则除非甲予以追认或者乙事后取得所有权，否则处分行为不能发生效力，受让人丙也就不能取得所有权。在此例中，丙显然具有应受法律保护的利益，其基于对国家机构所设置的不动产登记簿的信赖而进行的交易应获得法律保护。根据公信原则，乙虽在法律上欠缺处分权，但基于不动产登记的公信力，丙仍可依善意取得确定地取得该不动产的所有权。

（二）实行公信原则的理由

物权对于公示的要求，其目的在于使他人能够从外部观察到物权的表象，并以此作为其行动的基础。问题是，事物的表征与其内在实际情况并不总是相吻合：一方面，动产由非物权人占有乃常有之事；另一方面，由于各方面原因，不动产登记簿记载的权利人并不总是与真实权利人相一致。在权利的表征与其实际情形存在差异的情况下，不能苛求第三人必须掌握权利的真实状态。物权的公示，可以被理解为一套节约交易成本、保障交易安全的制度安排。如果某人信赖他人物权的公示外观，而其交易仍会受到该人不可能获知的与公示状态不相吻合的权利归属的影响，则此种法律规则势必会严重影响人们的交易意愿；在必须实施相关交易时，人们为规避相关交易风险，不得不额外付出交易成本去调查是否存在实际的物权归属与公示状况不相一致的特别风险，如

〔1〕 王泽鉴：《民法物权》，北京大学出版社 2009年版，第69页。

此，法律建构不动产登记簿等物权公示制度的意义也将荡然无存。公信原则的确立，赋予了公示的物权表征以公信力，重新分配了交易风险，使当事人可以放心地利用简便易得的公示信息，并确保以此为基础的交易得到预期的法律效果。显然，公信原则对于维护交易安全具有重要的意义。

早在罗马法上就有“任何人不得以大于自己所有之权利让与他人”的法律谚语，同样，根据现代民法，处分行为须以处分人具有处分权为必要。从法律效果上来看，公信原则构成了前述规则的例外。将处分权之享有作为处分行为有效的要件，其目的在于保护真实权利人的利益，保护静态的财产安全。而公信原则在现代民法上的确立，则表明立法者在静态财产安全之维护与动态交易安全之维护的价值衡量中，选择了优先保护后者。

（三）公信原则的体现及效力范围

依据民法学上的一般认知，公信原则在不动产和动产的物权变动规则中都有所体现。一方面，动产善意取得为各国民法所承认，如果某人善意信赖动产的占有人为所有权人，并据此进行交易，那么，即便该占有人实际上并无处分权，受让人亦可因此而取得标的物的所有权，原所有人则因此丧失所有权。另一方面，相对于占有而言，登记本身更能准确地反映物权之归属，而且不动产登记往往在国家行政机构或司法机构进行，具有更强的公信力，因此，善意信赖登记簿之记载而进行交易者，更应受不动产登记之公信力的保护，依登记之公信力而取得不动产的所有权也是许多国家民法承认的一种重要的所有权取得方式。

我国《民法典》针对动产与不动产设置了统一的善意取得制度。应该说，善意取得制度背后的立法理由主要就是承认公示方法所具有的公信力。关于此善意取得制度，我们将在第二分编“所有权”中予以讨论。

公信原则的适用，可能对享有处分权的原物权人造成不利的后果，此乃立法者有意识的价值选择的结果。当然，原物权人的利益保护也应在法律考量的范围之内。为避免真实权利人的权利受到过度的剥夺，可以采取一些预防性或补救性的措施。例如，可以完善不动产登记制度，对不动产登记申请实行更严格的实质审查，尽量避免登记与实际情形不符的情况发生；可以确立异议登记制度，在当事人对登记内容有异议又不能及时更正时，可进行异议登记，以排除不动产登记的公信力；建立、健全国家赔偿制度，对于真实权利人因登记机关的错误而遭到的损害给予国家赔偿等。另外，民法体系本身的规则也会给原权利人以相应的救济。在前例中，乙的处分行为使善意的第三人丙取得了原属于甲之物，甲固然不能否认善意受让人丙取得所有权的效果，但显然可根据侵权行为、不当得利等规定向乙主张所有权丧失的损害赔偿或不当得利的返还等。

须强调的是，公信原则的基础是由动产占有或不动产登记的物权公示状态对不特定第三人所形成的物权表征，援用公信原理的总是信赖公示外观的第三人。在实际物权归属与公示外观不一致的情形下，占有人或名义登记人当然不能援引公信原则来与真实权利人争权夺利。无论是占有还是登记，都只是物权的公示手段，是物权的外观，而不是物权本身，它们虽具有权利推定的效力，但物权之享有与否须依法律自身的逻辑加以判断，公示手段的推定效力当然能够为反证所推翻。只有在涉及第三人的交易安全利益维护之时，占有和登记所制造的权利表征才被法律拟制为真实的权利，公信原则才有适用的余地。

第三节 物权变动的立法模式与物权行为

一、三种立法模式

法律为物权所赋予的对世效力使得对物权归属及变动问题的判断显得尤为重要。在引起物权变动的法律事实中，最重要的是法律行为。此类法律行为中包含了当事人变动物权的效果意思，但是，一方面，效果意思往往并不清晰（如在当事人的意思中往往难以区分发生债权的意思和直接变动物权的意思），需要在逻辑层面上进行客观解释；另一方面，物权变动的效果具有涉他性，当事人的意思自治应受到若干限制。物权如何因法律行为而发生变动，乃立法政策上的一个重大问题。

就各国立法例加以分析，物权变动的立法模式主要有意思主义、物权形式主义与债券形式主义三种。

（一）意思主义

所谓意思主义，是指仅需当事人的意思表示，即足以产生物权变动的法律效力，而无须以登记或交付为其成立要件或生效要件的立法主义。此种物权变动的立法例为《法国民法典》所采，日本、意大利等国从之[1]。

---

〔1〕 谢在全：《民法物权论》（修订五版）（上册），中国政法大学出版社 2011年版，第51页。

意思主义的立法例，有以下几个方面的特点：

第一，不区分债权发生的意思表示和物权变动的意思表示。例如，作为债权发生原因的买卖合同，不仅在合同当事人之间产生债的法律关系（出卖人有权要求买受人支付价金；买受人有权要求出卖人交付标的物等），也直接产生标的物所有权移转的物权变动效果。

第二，使物权发生变动的法律行为，如买卖合同，仅需当事人的合意即可产生物权变动的效果，公示原则所要求的交付或者登记只是物权变动的对抗要件，而非成立或者生效要件。因此，买卖合同一经成立，即使动产尚未交付，不动产尚未登记，在当事人之间也立刻产生所有权移转的法律效果。

第三，既然不存在独立的、旨在变动物权的法律行为，而买卖、赠与等法律行为构成了物权变动在法律上的直接原因，因此不存在所谓无因性的问题，物权变动的效果当然受其原因关系即债权行为的影响。也就是说，如果买卖、赠与等合同无效，则物权变动的法律效果当然不发生。

第四，意思主义强调当事人意志的作用力，但它并非完全置交易安全于不顾，而是使欠缺公示的物权变动丧失对抗第三人的效力，将物权变动的效力相对化，即仅在法律行为的直接当事人之间发生效力。

（二）物权形式主义

所谓物权形式主义，是指物权因法律行为而变动时，除债权合同外，须另有物权变动的合意，并以不动产登记或者动产交付为其法定形式（生效要件）的立法主义。物权形式主义以《德国民法典》为典范，依通说，我国台湾地区“民法”也采形式主义的立法例。

物权形式主义的立法例，有以下几个特点：

第一，区分债权行为与物权行为。债权合同（如买卖合同）仅在特定当事人之间发生以请求一定给付（如交付标的物并移转标的物所有权）为内容的债权关系；为发生物权变动的效果，需要在当事人之间另行达成一个旨在直接变动物权的合意，即物权合意。在解释上，物权合意并不包含在债权合意之中，而是独立存在的法律行为。

第二，物权合意虽直接指向物权的变动，但其本身仍不足以产生物权变动的法律效果，还需要履行登记或者交付之法定形式。也就是说，在物权形式主义立法例下，公示原则所要求的物权公示方法是物权变动的生效要件（动产非经交付，不动产非经登记，不发生物权变动的效力），而不是意思主义之下的对抗要件。

第三，在债权行为与物权行为并存的情况下，尽管债权行为是物权行为的原因（如为履行买卖合同而进行标的物所有权移转的合意），但形式主义立法例坚持物权行为的无因性，即物权行为独立地发生物权变动的效果，债权行为有效与否不影响物权行为的效力。

依物权形式主义立法例，要想使买卖合同标的物的所有权发生移转，在买卖合同这一债权行为之外，还需要当事人作成一个独立的移转标的物所有权的物权合意，并须由出卖人将动产交付于买受人，或者办理不动产所有权移转的登记。在法律逻辑上，所有权移转的法律效果是物权行为独立产生的，因此，即使买卖合同不存在、无效或被撤销，物权行为所产生的所有权移转的效果仍不受影响，出卖人不得以所有权未发生移转为由主张具有物权请求权性质的占有回复请求权，而只能依不当得利之规定，主张债法上的请求权，请求利益之返还。

物权形式主义的核心问题是物权行为理论。鉴于该问题的重要性，本教材将在后文专门予以讨论。

（三）债权形式主义

债权形式主义，也称“折中主义”。意思主义与物权形式主义之间存在显著差异，而所谓债权形式主义则介乎二者之间：一方面，意思主义强调单纯意志的作用力，物权变动不以交付或者登记为生效要件，而债权形式主义则和物权形式主义一样，将登记或者交付设置为物权变动的生效要件；另一方面，物权形式主义强调物权行为对于债权行为的独立性和无因性，而债权形式主义或者不承认有独立的物权行为之存在，从而规定由债权行为与登记或者交付相结合共同产生物权变动的效果，或者至少不承认物权行为的无因性，而将债权行为的有效作为物权行为发生效力的要件。《奥地利民法典》采债权形式主义，《瑞士民法典》的规定虽不清晰，但在解释上，通说认为其实行的也是债权形式主义。

由此可见，债权形式主义的立法例有以下两个方面的特点：

第一，实行公示生效主义，以不动产登记或者动产交付作为物权变动的生效要件。

第二，实行物权变动的要因主义。作为物权变动原因的债权行为必须有效，才能引起物权变动的效力。

就买卖合同与标的物所有权移转的法律效果之间的逻辑关系而言，在意思主义之下，前者是后者的充分必要条件：只要存在有效的买卖合同，就能发生所有权转移的物权变动效果；同时，如果买卖合同无效，所有权转移的效果当然不能发生。在物权形式主义之下，前者不是后者的充分条件，甚至也不是后者的必要条件：仅有买卖合同而无转移所有权的物权合意，不能发生所有权转移的效果；同时，即便买卖合同无效，只要存在有效的物权合意，仍可发生所有权转移的效果。在债权形式主义之下，前者是后者的必要条件，但不是充分条件：所有权转移的效果，不仅要求存在有效的买卖合同，而且要求有动产的交付或者不动产的登记；如果买卖合同被撤销，则即便进行了交付或者登记，物权变动的效果也溯及既往地不发生，出卖人可以向买受人或者第三人主张物上返还请求权，除非第三人已依善意取得之规定取得了物之所有权。

（四）我国的物权变动立法模式

尽管我国已经颁布了《民法典》，但法典的规范本身并未直接回答我国法上的物权变动模式究竟属于何种立法模式，需要学理上加以解释与澄清。

可以明确的一点是，我国法所确立的物权变动基本立法模式并非意思主义的模式。《民法典》第208条、第209条、第224条，都明确要求物权变动须完成法定的公示形式，即不动产的登记或动产的交付。〔1〕不过，基于一些特殊的考量，《民法典》在若干情形下不再将公示作为物权设立的要件（如关于土地承包经营权的设立、地役权的设立），故也有观点认为我国民法在采形式主义立场的同时，也体现了意思主义的立法思想。我们认为，物权变动的立法模式选择问题旨在描述一国立法者对物权变动作出的基本安排，并揭示其背后的基本逻辑和价值判断，故不应将基于土地公有制等特殊考量所作的例外规定也界定为一种并行的立法模式。

但是，对于我国法律所确立的物权变动模式究竟属于前述物权形式主义立法模式还是债权形式主义立法模式的问题，我们却无法从法律条文本身得出解答。《民法典》在规定物权变动须加以公示时，使用的是“不动产物权的设立、变更、转让和消灭”（第209条）、“动产物权的设立和转让”（第224

---

〔1〕在我国民事立法进程中，关于交付或者登记的必要性，实际上是不断被强化。无论是我国原《民法通则》第72条，还是原《合同法》第133条，均在规定交付作为所有权转移之必要条件的同时，承认了“当事人另有约定的除外”，从而将交付的必要性规则设置为了任意性规范。相反，我国原《物权法》第6条、第9条及第23条均未加入“当事人另有约定的除外”这一表述，而是仅承认了“法律另有规定的除外”这种例外情形。《民法典》完全沿用了原《物权法》的规定。据此，我们可以得出如下结论：关于登记对于不动产物权变动的必要性，交付对于动产物权变动的必要性，相关规范的性质属于强行性规范，不允许当事人以特别约定排除其适用。

条）这样的措辞，而这样的表达究竟指的是直接导致动产或者不动产物权变动的物权行为，还是仅仅指向债权行为，存在解释上的问题。

关于我国民法上物权变动模式的立法选择和解释的问题，我们有以下几点见解：（1）各国物权变动的立法模式虽有为法律明确规定者，但也有许多物权变动的基本规范是经过长期学术争论和司法活动才得到较为确定的解释。例如，瑞士民法中的物权变动立法模式属于所谓的债权形式主义，这一点就是学说和判例经由法律解释的方法逐渐确立的。从《民法通则》到《物权法》，再到《民法典》，有关物权变动的相关规定本身都存在较大的解释空间，需要依赖学理和判例从体系出发对其不断作出澄清，最终得出一个被广为接受的“通说”。（2）如后文关于物权行为的讨论所指出的那样，物权形式主义立法例尽管更为抽象，但它对于若干具体规则具有更强的解释力。至少在逻辑和说理的层面上，物权形式主义立法例似乎是更为优越的立法模式。（3）债权形式主义具有结构简单、清晰易懂的特点，尽管不排除物权形式主义在未来逐渐被确定为我国民法上物权变动基本模式的可能性，但就我国目前司法实践和学理解释的一般情形而言，多数认为我国民法上物权变动模式属于债权形式主义。

自20世纪90年代初以来，由德国民法学说创造且为我国台湾地区“民法”继受的物权行为理论在大陆逐渐受到重视。围绕分离原则与抽象原则，物权行为理论发展出了一套相当精致的规则，可以说是民法学高度发展的一个标志，故本教材拟对该理论体系作出专门的讨论。

二、物权行为理论[1]

（一）物权行为的意义

对于物权行为的概念，学说上有两种基本的定义方法：第一种方法从物权行为的内容或者目的上对其进行定义，称物权行为是以物权的得丧变更为直接内容的法律行为；第二种方法从物权行为的构成或者方式上对其加以定义，称物权行为是由物权的意思表示与外部的变动特征（交付或者登记）相互结合而成的法律行为。

由物权行为的概念可知：

1.物权行为属法律行为之一种，以意思表示为其构成要素，体现行为人的意

---

〔1〕 有关物权行为理论的系统研究，可参见田士永：《物权行为理论研究》，中国政法大学出版社2002年版。

思自治。因此，《民法典》总则编有关法律行为的规定，如行为能力、意思表示、附条件或附期限、代理等，原则上对物权行为均有适用的余地。

2.物权行为属于处分行为。处分行为是指直接使某种权利发生、变更或者消灭的法律行为，它与负担行为相对，包括物权行为和所谓准物权行为。物权行为不为当事人设置任何负担，而是直接引起物权的发生、变更或者消灭；准物权行为则是指以债权或者无体财产权作为标的的处分行为，如债权让与、债务免除等。物权行为属处分行为，因此行为人须具有处分权，物权行为才能发生效力。

（二）物权行为的类型

1.单方物权行为与双方物权行为

物权行为，依其是否由行为人一方的意思表示构成，可以划分为单方物权行为和双方物权行为。

单方物权行为，是指由行为人一方的意思表示构成的物权行为，其最典型者为物权的抛弃。单方物权行为中，有意义的一个法律问题是，意思表示是否为需要受领的意思表示。原则上抛弃所有权的意思表示无须受领，而抛弃他物权的意思表示须向因抛弃而直接受益的当事人作出。如下文所述，是否存在独立的物权合意（双方物权行为）可能存在争议，但抛弃所有权等单方物权行为的存在是不容置疑的。不过，下文重点探讨的物权行为独立性与无因性问题并不适用于单方物权行为，所以，通过单方物权行为的存在来支持物权行为理论是行不通的。

双方物权行为，又称物权合同，是指通过双方意思表示一致而成立的物权行为。当事人之间转让物权、设定他物权等行为原则上均须通过物权合同进行。物权合同属于合同的一个类型，在其成立等方面，可以适用《民法典》合同编关于合同的一般规定。我国现行立法上并未使用“物权合同”这一术语，但是，《民法典》物权编中明确规定了抵押合同、质押合同、地役权合同、居住权合同、土地承包经营权合同等旨在设定他物权的合同。另外，《民法典》合同编尽管以规范债权合同为其主要任务，但该法典第464条并未将“合同”仅定义为产生“债权债务关系”的合同，而是主体间设立、变更、终止“民事法律关系”的协议，这就为物权合同适用合同编相关规则提供了可能性，如有关要约、承诺的合同订立规则对于抵押合同等也有适用的余地。

2.不动产物权行为与动产物权行为

依物权行为所指向的标的物为动产或者不动产，可以将物权行为区分为不动产物权行为与动产物权行为。

不动产物权行为，是指以变动不动产物权为目的的法律行为。变动不动产物权的意思表示欲发生预期的法律效力，除须满足法律行为的一般生效要件，并以处分人具有处分权为必要外，尚须完成相应的登记。因此，不动产物权行为系以物权变动的意思表示与登记相结合的法律行为。作为物权行为生效要件的不动产登记，指的是将不动产物权变动的事项，依有关法律或者登记规则，完成登记程序。不动产物权变动登记虽由实施物权行为的当事人提出登记申请，但物权变动事项之记入登记簿，系主管不动产登记之公共机构的职责，因此登记行为本身并非私法上的行为，而是公法上的行为。不动产物权行为还具有要式性的特点，考虑到不动产物权变动的重要性，法律往往要求当事人的变动物权的意思表示须采取书面、公证等特定形式。

动产物权行为，是指以变动动产物权为目的的法律行为。作为处分行为，动产物权行为同样要求处分人具有处分权，而且还须以标的物的交付作为特别生效要件。所谓交付，系指让与人促成受让人取得占有而言。为顾及交易之便利，法律同时规定可以占有改定等无须现实移转占有的方式（所谓“观念交付”）替代交付。动产物权行为通常是不要式法律行为，法律对意思表示的形式并无特别的要求。

（三）物权行为的独立性与无因性理论

物权行为的真正问题，在于物权行为的“独立性”与“无因性”问题。实际上，如果不是为了说明物权行为的这两种特性，民法理论完全没有必要在与债权行为相区分的意义上提出“物权行为”这一抽象概念。

1.理论渊源

物权行为的理论是19世纪德国法学的重要贡献。1896年的《德国民法典》明确接受了这一理论，该理论也借助该法典的影响力，对包括我国在内的许多国家的立法与民法学说产生了深远的影响。

《德国民法典》制定以前，尤其是在德国统一之前，在德意志各邦所实行的所谓“共同法”以罗马法为其基本要素，这是早些世纪在德国发生的罗马法继受运动的结果。19世纪的德国法学正是在对罗马法进行系统、精细分析的基础上，逐渐提出并完善了所谓物权行为的理论。

导出近代物权行为理论的古老的罗马法规则主要包括以下两个方面：

（1）在罗马法上，物权的变动以交付为必要，买卖契约仅在当事人之间发生债的效力，并不能直接引起物权的变动，这就引起了学者们对交付的法律性质的讨论。物权行为理论的奠基者萨维尼在其1840年出版的《当代罗马法体系》中写道："私法上的契约，以各种不同制度或者形态出现，甚为繁杂。首先是基于债权关系而成立的债权契约，其次是物权契约，并有广泛的适用。交付具有一切契约的特征，是一个真正的契约，一方面包括占有的现实交付，另一方面包括移转所有权的意思表示。此项物权契约常被忽视，例如在买卖契约中，一般人只想到债权契约，但却忘记了交付之中也包含一项与买卖契约完全分离，而以转移所有权为目的的物权契约 。"在此，萨维尼已经明确提出了一个与债权契约相分离的物权契约的概念。

（2）罗马法上的不当得利制度也是物权行为理论的重要基础。在罗马法上，不当得利诉权（condictio）是典型的对人诉权，它与所有物返还之诉（rei vindicatio）的对物之诉的性质显著不同。从现代民法的请求权类型来看，不当得利诉权系债权的请求权，而所有物返还之诉则属于物上请求权。根据罗马法的法源，在非债清偿的情形（如甲误认为对乙负债而向后者给付金钱或其他物）下，清偿人在实际不负债的情况下作出清偿行为后，不得提起对物性的所有物返还之诉，而只能提起对人性的不当得利之诉。从实体权利的角度来观察，这似乎意味着，尽管并不存在有效的移转所有权的原因，但清偿（体现为标的物的交付）本身已经导致了所有权的移转。物权行为的无因性理论由此而生。

尽管许多学者都从物权行为的功能角度来解释《德国民法典》采纳物权行为理论的理由并进而对其合理性予以评价〔1〕，但我们认为，德国法对于物权行为理论的接受，主要是基于逻辑而非功能方面的考量。

2.物权行为的独立性

物权行为的独立性，也称分离原则，是指物权的变动须有一个独立于买卖、赠与等债权行为以外，而以物权变动为内容的法律行为，从而在体系上，物权行为独立于债权行为而存在。

根据该理论，举例来说，在通过买卖所实现的标的物与金钱的交换关系中，共包含三个法律行为：（1）在特定当事人之间发生特定给付义务的债权合同（买卖合同）；（2）移转标的物所有权的物权合同；（3）移转价金所有

---

〔1〕典型的观点是，物权行为是为保护交易安全之目的而创设的。从而，支持者的论证进路为：交易安全应获得保护，故有利于维护交易安全的制度应获得支持。相反，反对者的论证逻辑是：即便法律应维护交易安全，此项功能也可由善意取得等制度完成，故没有必要叠床架屋地另行承认什么物权行为理论。对后者的详细论述，可参见崔建远：《物权：规范与学说——以中国物权法的解释论为中心》（上册），清华大学出版社 2011年版，第169—172页。

权的物权合同。作为债权合同，买卖合同并不产生所有权变动的法律效果，而是仅在买卖当事人之间成立以请求对方当事人为特定行为为内容的债权债务关系，即出卖人有权要求买受人支付价金，而买受人有权请求出卖人交付标的物并移转标的物的所有权。所有权移转的法律效果被认为由专门以物权变动为内容的物权合同所产生。物权合同与债权合同相互独立，并不存在一个既产生债权效果又产生物权变动效果的统一的法律行为。

应该说，物权行为的独立性理论与普通人的认知往往并不相符，这尤其体现在“一手交钱一手交货”的即时清结交易之中。就此，德国学者鲍尔和施蒂尔纳曾举例加以说明：“顾客在书店买一本书，通常是当场付款并当场取走书。此时若一法律人告诉他，他的行为在法律上涉及一项买卖契约与两项（金钱与书）所有权让与行为，他肯定认为，这纯属脱离生活之谈。”〔1〕实际上，关于物权行为理论脱离生活和难以为普通人所理解的批评一直以来都是该理论所承受的最主要的批评之一。

然而，这种从经验出发看似合理的批评实际上是相当肤浅的。首先，在非即时清结的买卖关系中，即便是法律的外行人也能感觉到负有交付的义务（债之效果的发生）与最终通过履行行为所实现的所有权让与（物权变动的效果）之间的差异。其次，也是更为重要的一点，“脱离生活”之类的批评似乎将有关物权行为独立性方面的规范视为了行为人必须遵行的行为规范，该批评的逻辑似乎是这样的：行为人只有充分地理解了法律规范，并了解其行为的法律意义，才能有意识地通过实施法律行为创造出某种特定的法律效果。而实际的情形是，民法规范更多地——即便不是全部地——表现为裁判规范，是指引法官将特定案件事实赋予某种特定的法律效果，从而“客观地”对个案作出公正判决的法律工具。因此，一方面，从规范层面讲，行为人完全不需要具备任何专门的法律知识，也能通过实施在司法者眼中具有法律意义的行为而使某种特定的法律效果发生；另一方面，从事实层面看，在许多情形下，行为人意思表示中的效果意思绝非清晰的。行为人往往是根据自己了解的一般社会经验而非根据具有技术性的法律规范行事。如果我们说，某人实施了一项法律行为，这并不意味着该行为人知道自己作出了一个“意思表示”，而他对自己意思表示中的“效果意思”则可能就更加茫然不知。就在书店买书的例子而言，如反对物

〔1〕［德］鲍尔、［德］施蒂尔纳：《德国物权法》（上册），张双根译，法律出版社2004年版，第91页。

权行为理论的批评者所指出的那样，普通人的确难以理解在该交易中有独立的物权行为的存在，然而，问题是，当事人是否能够意识到债权行为（或者债权效果与物权效果一体发生的法律行为）的存在？事实上，考虑到法律概念的技术性，大多数人甚至并不知道这是在“订立一个合同”，但这当然不影响交易的完成以及相应法律效果的发生。显然，在这样一个交易中，所有权因何及在何时移转这样的问题并不会困扰买卖关系中的当事人。

在一个非即时清结的交易中，区分产生债务负担的意思与发生物权变动的意思不仅可能，甚至在解释上还是必要的。设甲收藏有某知名画家多幅画作，其与乙达成了如下交易：甲出售任一画作于乙，乙支付价款10万元。此买卖合同自成立时发生效力，但其引起的是种类之债的效果，给付标的尚待特定化，故买卖合同不可能包括物权变动的合意。其后，甲从其收藏之画作中挑出一幅并交付于乙，而后者接受，双方此时在此幅画作的物权变动上存在合意。房屋买卖情形下两种行为的分离，则更加显著。房屋买卖合同于成立时生效，其效力仍然是债的效力；欲发生房屋所有权移转的效果，尚须完成登记。《不动产登记暂行条例》第14条第1款规定，“因买卖、设定抵押权等申请不动产登记的，应当由当事人双方共同申请。”在此共同申请中，明显可解释当事人双方移转房屋所有权的合意。正是该移转房屋所有权的合意，在获得登记后，发生了物权变动的效力。

与不区分债权行为与物权行为的“一体原则”相比，分离原则的逻辑建构更加严密、精确，它不仅与财产权利体系中的债权与物权的区分相吻合，而且对于许多具体的法律规则也有着更好的阐明价值。例如，在买卖关系中，如果出卖人希望在交付标的物于买受人后继续保留标的物所有权直至其价金债权受到清偿，那么他可以和买受人达成一个保留所有权的特别约定，将价金的清偿作为所有权移转的条件，从而在买受人不按约定履行价金支付义务时仍可以根据所有权人的身份主张物的返还。此时，如果不区分债权行为与物权行为，就会给法律推理造成一定困难：如果价金的清偿被作为一个延缓条件附加在买卖这样一个完整的法律行为之上，那么在该条件成就前，买卖这个法律行为的效力——无论是其债权效力还是物权效力——就应处在停止的状态；结果是，出卖人反而无权向买受人请求价金的支付。相反，在分离原则之下，这一问题可以轻易解决：延缓条件乃附加在所有权让与的物权合同之上，而非附加在产生债权效果的买卖合同之上。因此，出卖人当然享有在清偿期届至后向买受人请求支付价金的债权，所有权保留的条件附加仅影响物权合同，而不影响债权合同。

我国《民法典》虽未明确承认物权行为的独立性，但该法第215条的规定却对在学理上作出分离主义的解释提供了空间："当事人之间订立有关设立、变更、转让和消灭不动产物权的合同，除法律另有规定或者当事人另有约定外，自合同成立时生效；未办理物权登记的，不影响合同效力。"以房屋的买卖为例，根据该条的规定，当事人之间的房屋买卖合同自合同成立时立刻发生效力，而该效力当然只能是债的效力，因为所有权移转的效果须自完成过户登记时始能发生。由于《民法典》本身并未将物权变动的基础归之于一个物权行为——它只是规定了登记和交付的必要性，而未回答在当事人之间是否存在一个物权合意（合同）的问题——因此，还不能直接从上述条文中得出存在独立的物权行为的结论。但该条文至少澄清了这样一条规则：买卖等债权行为仅发生债的效力，债的发生的效力可以与物权变动的效力区分开来。如此，若仍拒绝承认存在一个独立于买卖合同的物权合同，而继续坚持债权发生的意思与物权变动的意思均体现于一个浑然一体的买卖合同中的观点，则反而会引发这样的疑问：既然买卖合同于成立时已经发生效力，且效力仅限于在当事人之间发生债权债务关系，那么，物权变动的效力又是如何发生的？如果当事人在仅存的一项法律行为中既有发生债之关系的意思表示，同时又包含了物权变动的意思，则何以前者立刻生效，而后者却因等待其他条件（如登记或交付）的完备而引而不发？显然，一旦承认在债权合同之外尚存在一个旨在直接引起物权变动的物权合同，则前述问题即可迎刃而解。

《民法典》第597条第1款规定："因出卖人未取得处分权致使标的物所有权不能转移的，买受人可以解除合同并请求出卖人承担违约责任。"该条规定基本承继了2012年《最高人民法院关于审理买卖合同纠纷案件适用法律问题的解释》（以下简称《买卖合同司法解释》）第3条之规定[1]，在我国实证法上确立了"负担行为的有效不以处分权为必要"的规则。依该条文规定，出卖他人之物的合同为确定有效的合同。该条进一步确认了买卖合同作为负担行为的属性，并进而承认了负担行为的效力不建立在处分权基础之上。处分权是物权

---

〔1〕该条规定："当事人一方以出卖人在缔约时对标的物没有所有权或者处分权为由主张合同无效的，人民法院不予支持。出卖人因未取得所有权或者处分权致使标的物所有权不能转移，买受人要求出卖人承担违约责任或者要求解除合同并主张损害赔偿的，人民法院应予支持。"由于《民法典》第597条已将该规则纳入，2020年底最高人民法院在修订《买卖合同司法解释》时，删去了该条规定。

行为的特别生效要件，而非债权行为的生效要件。如果拒绝承认债权合同之外尚有独立的物权合同，而坚持认为仅有一个集债之发生与物权变动为一身的法律行为（如买卖合同），则如何安放处分权将会是一个难题：如果坚持处分权是物权变动的要件（显应如此），则这个浑然一体的法律行为势必须以处分权为其生效要件，如此，出卖他人之物的合同将以出卖人处分权的缺失而不能发生效力，这就与《民法典》第597条的规定相背离[1]。相反，如采负担行为与处分行为相分离的物权行为理论，则这一问题又将迎刃而解：买卖合同的有效仅产生债的效力；物权变动须另有物权合同，且处分人必须有处分权，并经交付或登记。

3.物权行为的无因性

物权行为的独立性旨在说明，在债权行为之外，尚有独立的物权行为存在。关于二者在法律效力方面是否具有牵连关系的问题，则涉及物权行为的有因性或者无因性的问题。

所谓物权行为的无因性，是指物权行为的效力不受其原因行为（债权行为）的影响，债权行为即使不成立、被撤销或者无效，物权行为也并不因此而受影响，仍能独立地发生物权变动的法律效果。“无因”系约定俗成的惯常表达，实际上，“不要因”更为准确。

根据物权行为的无因性理论，物权行为不仅作为意思表示存在形态上独立于原因行为，而且在效力上也具有独立性。判断物权行为是否有效，根本无须考虑其原因行为的法律效力，而仅须对物权行为本身作判断。举例来说，甲基于错误的意思表示与乙缔结了一项买卖合同，随后二者就标的物所有权的移转达成合意，并完成了交付。事后甲发现了该错误，并依《民法典》第147条撤销了买卖合同；此时，在法律上产生了这样的问题，即撤销权行使的效力是否也同时及于移转标的物所有权的物权合同？在承认物权行为无因性的立法例下，该问题的答案是否定的。也就是说，买卖合同虽因错误而被撤销，当事人之间关于移转标的物所有权的意思表示却不存在错误，物权合同因满足其自身的成

[1] 《民法典》第597条第1款常被指称为“无权处分合同”或“无权处分行为”，如在黄薇主编的《中华人民共和国民法典合同编解读》（上册）一书中，第597条的条文主旨被确定为“出卖人无权处分行为的法律后果”。参见黄薇主编：《中华人民共和国民法典合同编解读》（上册），中国法制出版社2020年版，第536页。实际上，从买卖合同的负担行为属性出发，以“无权处分”指称出卖人对标的物不享有处分权的买卖合同并不妥当。如果“无权处分合同”指向的是物权合同，则认为《民法典》第597条将无权处分合同确定为有效合同的观点当然是错误的。

立和生效要件仍能够发生效力，标的物所有权移转的法律效果不因买卖合同的被撤销而受影响。

当然，物权行为的无因性并不表明当事人必须忍受无原因的物权变动而得不到任何救济。实际上，在原因关系不存在、被撤销或者无效的情况下，受让人尽管已经因物权行为的独立效力而得到了物权，但是，其无法律上原因而获得利益并造成处分人损失，这一事实已经充分了不当得利之债的构成要件，因此，处分人仍可以向受让人主张返还不当得利的债权。

无因性规则与有因性规则的实际差异主要体现在：在有因性规则下，债权合同的无效或者被撤销同时导致物权变动效果的不发生，处分人仍享有物权，如果受让人因无效债权合同的履行已取得占有，则处分人可以向受让人或者其他占有人主张物权请求权性质的占有回复请求权；而在无因性规则下，如前所述，由于已经丧失了物权，处分人仅能向受让人主张债权性的不当得利返还请求权。仍以通过买卖实现所有权让渡为例，如果买卖合同无效或者被撤销，在无因性规则下，出卖人仅能依不当得利之规定向买受人主张标的物（如果该标的物还在买受人的手中）或者替代利益（如买受人因向第三人出让标的物而获得的价金）的返还；而在有因性规则下，原则上，由于买卖合同被确认无效或者被撤销具有溯及既往的效力，出卖人被视为从未丧失所有权，故仍保有所有权人的身份，并可向买受人或者标的物的其他占有人主张物权请求权性质的返还请求权。

将此两种法律机制相比较，显然，无因主义立法例对出卖人的保护较为不利（因为债权请求权的效力弱于物上请求权），这一点也是物权行为无因性理论反对者对该理论的一项主要批评。然而，如果考虑到在买卖合同无效或者被撤销后，买受人要求返还价金的请求权的性质，我们或许可以说，无因性理论的这一效力结果恰恰能更好地平衡双方当事人的利益——毕竟，买受人对于价金的返还，只能主张债权性的返还请求权，而不能主张物上请求权。更何况，类似“将物上请求权人为地降格为债权请求权”的批评实际上也犯了先入为主的错误——有什么理由认为，此种情形下的请求权“原本”就应该是物上请求权呢?

物权行为无因性规则对于维护交易的安全具有重要的意义。只要物权行为自身不存在导致效力瑕疵的情形，债权行为的效力缺陷并不影响物权变动的效果，据此，在出让人行使不当得利返还请求权之前，受让人作为物权的取得人可以有效地将标的物转让给第三人，其针对第三人实施的处分行为为有权处分，不会受到前一个交易环节债权行为被认定为无效或被撤销的影响。这样，由某一项债权行为的缺陷所产生的实际法律效果就被局限在该行为的当事人之间，后续交易的法律效力不受前手交易的效力瑕疵的影响，于是，交易的安全得到了切实的维护。善意取得制度也具有类似的维护交易安全的功能，但是，在采要因主义的立法时，仍会将前一手交易出现的问题带入下一个交易环节，然后才试图用善意取得制度截断前一手交易瑕疵对后续交易的冲击。在适用善意取得规范时，“善意”与否的判断并非总是容易的，我国实证法上的善意取得还要求以合理的价格转让等其他要件。而且，在民法体系上，善意取得始终是作为一种例外情形（“无权处分行为效力待定”这一规则的例外）而存在的，如果因善意取得制度的存在而主张排斥在功能上具有相似性的物权行为无因性理论，则无异于将普遍存在的对交易安全维护的需要以一种只有在例外情形下才能发生作用的制度来加以实现，这种选择或许并不明智。

我国民法已进入民法典时代，但迄今为止，与前文所述物权行为的独立性（分离原则）的情形不同，物权行为无因性理论在我国实证法上不易找到直接的规范支撑。在学理层面，虽有一些学者主张我国法应确立物权行为无因性规则，且认为现行法规范可容纳物权行为无因性的解释，但是，占优势的观点认为我国法上的物权变动模式乃债权形式主义，不承认物权行为的无因性。在司法实践的层面，法院一般均采债权合同无效影响物权变动的观点，难以见到真正体现物权行为无因性的裁判。

综上所述，关于物权变动的模式与物权行为理论，我们的观点可总结如下：（1）关于物权变动，存在多种立法模式，只要能够在体系上相互协调，任何一种立法模式都具有可行性，因此这是一个立法选择的问题，不存在必须采取哪一种模式的问题；（2）物权行为独立性与无因性理论结构复杂、不易掌握，但恰恰是它所具有的精致、严谨的特性使得该理论具有极强的逻辑性与说明价值，如果我们追求一种精致的法学与法律适用，采用物权行为理论应该是我国民法一个很好的选择；（3）从我国现行立法上并不能清晰地识别出物权变动的立法模式，但现行的相关规则在解释上能够对物权行为的独立性提供很好的支持，而无因性规则的确立尚未获得立法、学理与司法实践的支持。

第四节　不动产物权变动与不动产登记

一、不动产物权变动的要件

（一）非依法律行为发生不动产物权变动

不动产物权变动，可能因法律行为以外的原因而发生。此种情形，与依法律行为而发生物权变动者存在显著区别。既然法律效果并非当事人透过意思表示所追求的，在非依法律行为变动不动产物权的各种情形，即便涉及民事主体的行为，也不要求行为人具备相应行为能力。更为重要的是，非依法律行为发生物权变动，其变动物权效果的发生并不以登记为必要。

我国《民法典》在物权编第二章第三节“其他规定”中，对非依法律行为发生物权变动的几种情形作出了规定，以下分述之。

1.裁判、征收

《民法典》第229条规定：“因人民法院、仲裁机构的法律文书或者人民政府的征收决定等，导致物权设立、变更、转让或者消灭的，自法律文书或者征收决定等生效时发生效力。”

《民法典》第229条之规定，可进一步区分为以下三种情形：

（1）依法院的判决或仲裁机构的裁决发生物权变动。法院判决，可分为给付判决、形成判决与确认判决等几个类型。给付判决，如判决房屋出卖人须向买受人交付房屋并协助办理移转登记的，系根据当事人间变动不动产物权的合意作出，当然应自依判决文书办理相关不动产登记时才能发生物权变动的效果。确认判决，如法院确认某不动产归某人所有的判决，有观点认为属于第229条所称“法律文书”，但既然是确认判决，其仅具有确认先前不动产归属的意义，此类判决并未引起物权变动，故不应属于第229条规定的裁判类型。形成判决，如分割共有不动产的判决（如在离婚判决书中直接将共有的不动产判归一方所有），直接产生了改变不动产物权归属的效力，属于第229条所称法律文书的范畴。

（2）依强制执行发生物权变动。在强制执行程序中，对被执行人的不动产进行拍卖、变卖成交的，法院将制作拍卖、变卖裁定书，此裁定书具有直接改变拍卖、变卖之不动产的物权归属的效力。另外，根据司法解释的规定，执行程序中当事人达成执行和解，作出以物抵债安排，且经执行法院制发以物抵债裁定的，该裁定书亦属于第229条直接引起物权变动的法律文书。[1]

（3）征收决定。征收民事主体所享有的不动产，须为公共利益的需要，且依法定的权限和程序作出征收决定。征收决定生效的，被征收的不动产即归国家所有，被征收人对不动产的权利消灭。

2.继承

《民法典》第230条规定："因继承取得物权的，自继承开始时发生效力。"严格来讲，因继承取得物权并不都属于非依法律行为发生物权变动的情形。在我国民法上，因继承取得遗产的方式既包括无遗嘱的法定继承，也包括依遗嘱的效力取得遗产，以下分述之。

（1）因法定继承而取得遗产，属于非依法律行为发生物权变动，于继承开始即被继承人死亡之时，继承人取得遗产的所有权。对于遗产中的不动产，依法定继承方式取得遗产时，继承人取得的效力并不以登记为前提。

（2）依遗嘱的效力取得遗产。在我国法上，依遗嘱的效力取得遗产既包括遗嘱继承，也包括遗赠。遗嘱虽系法律行为，但却属于死因行为，由其引起的物权变动应适用特别规则。在我国法上，无论是作为遗嘱继承人还是作为受遗赠人，在被继承人死亡时，均直接取得相应遗产，而无须先完成不动产登记或动产交付。

3.事实行为

事实行为也可导致物权变动结果的发生。事实行为，系与法律行为相对的概念，依事实行为发生物权变动，其规则当然与依法律行为发生物权变动的规则不同。

《民法典》第231条规定："因合法建造、拆除房屋等事实行为设立或者消灭物权的，自事实行为成就时发生效力。"建造房屋，系在土地之上利用建筑材料构筑一个新的不动产。无论是自行建造，还是由他人承揽建造，权利人在建造完成时取得房屋的所有权均系基于合法建造事实本身，这也是法律需要明确新物归属的必然要求。房屋建成后，依建筑行政管理相关规范，须办理验收及不动产初始登记，但此登记并不具有创造房屋所有权的效果。第231条特别强

---

〔1〕《物权编解释（一）》第7条规定："人民法院、仲裁机构在分割共有不动产或者动产等案件中作出并依法生效的改变原有物权关系的判决书、裁决书、调解书，以及人民法院在执行程序中作出的拍卖成交裁定书、变卖成交裁定书、以物抵债裁定书，应当认定为民法典第二百二十九条所称导致物权设立、变更、转让或者消灭的人民法院、仲裁机构的法律文书。"

调“合法建造”，大致体现了我国法对违法建筑的基本立场：对建造完成但违反土地利用、建筑规划等法律的违法建筑，尽管学理上有主张仍可取得所有权或类似所有权之权利者，但实证法倾向于拒绝承认此类违法建筑上存在受法律保护的民事权利。我们认为，尽管违法建筑的保有人不得对抗依法拆除等行政或司法措施，但仍有必要承认建造人对违法建筑享有一定的民事权利，以使房屋保有人能够以其权利对抗其他民事主体。房屋被拆除的，由于物权的客体不复存在，即便不动产权利的注销登记尚未完成，但物权显然已经消灭。

在前述几种非依法律行为变动物权的情形下，权利人取得不动产物权无须完成登记。但是，如权利人之权利不载入不动产登记簿，则无法通过法律行为处分其取得的物权。[1]此种情形下的不动产登记不是设权登记，而仅具有宣示登记的意义。

（二）依法律行为发生不动产物权变动

前文对物权变动模式、物权行为等的讨论，已经涉及依法律行为发生不动产物权变动的问题。下文将在前文基础上，简要讨论不动产物权变动的要件。

《民法典》第209条第1款规定：“不动产物权的设立、变更、转让和消灭，经依法登记，发生效力；未经登记，不发生效力，但是法律另有规定的除外。”以该条款作为主要的规范依据，可对变动不动产物权的法律行为的要件作如下分析。

1.行为人对不动产须享有处分权

不动产所有权的移转或定限物权的设立，其性质属于处分行为，处分人对标的物不享有处分权的，处分行为不产生效力。无权处分行为的效力待定，在征得处分权人同意或处分人事后取得处分权后，可发生效力；如果得不到效力补正，不动产处分行为不能引起物权变动的结果。

不动产所有权人原则上享有处分权，即便所有权人已在物上为他人设定了定限物权，其处分权不受影响，仍可将其所有权让渡给他人或为他人设定其他定限物权。但是，不动产因诉讼保全等原因被查封的，其所有权人的处分权即应受到限制。根据《民法典》第221条之规定，所有权人为不动产的买受人等办理预告登记的，其处分权即受到限制，未征得预告登记权利人同意，所有权人实施的处分行为不发生物权效力。

---

〔1〕《民法典》第232条规定：“处分依照本节规定享有的不动产物权，依照法律规定需要办理登记的，未经登记，不发生物权效力。”

2.须有变动不动产物权的意思表示

依法律行为发生不动产物权变动，当然需要行为人作出变动物权的意思表示。在通过双方法律行为移转不动产所有权或创设不动产定限物权的情形下，在前述不同物权变动模式之下，对意思表示有不同的解释：物权形式主义承认独立的物权意思表示，引起物权变动的意思表示并不包含在订立买卖合同等债权合同的表示之中；而在债权形式主义模式之下，一般认为，变动不动产物权的意思包含在不动产买卖等合同之中。如前所述，我们认为，将物权行为与债权行为相区分，从而将物权变动的基础建立在独立的物权表示之上，这种解释更具合理性。

3.变动不动产物权，原则上须经登记

旨在引起物权变动的法律行为即便发生在特定当事人间，但其引起的所有权移转或定限物权设立的效果却具有对世的效力，因此必须通过登记的公示手段表现出来。根据《民法典》第209条的规定，不动产物权的设立、变更、转让与消灭，经依法登记发生效力；未经登记，不发生物权变动的效力。不过，该条同时也设有"但是法律另有规定的除外"的例外规定。例外之存在，主要是由我国土地公有制下若干用益物权的权利构造所决定的。

不动产登记是不动产物权制度的重要组成部分，下文将对不动产登记相关问题作较为全面的讨论。

二、不动产登记

（一）登记规范及登记机构

《物权法》出台前，我国在不动产登记方面，基本上按照行政管理职能划分，实行依不动产的类型而分别确定不同登记部门的做法。这种做法时常会导致重复登记甚至权属冲突、登记资料分散、查询困难、增加当事人负担等问题。在《物权法》的立法过程中，立法机关经过研究，认为应该通过统一登记制度，解决上述分散登记的弊端。于是，该法第10条规定："不动产登记，由不动产所在地的登记机构办理。国家对不动产实行统一登记制度。统一登记的范围、登记机构和登记办法，由法律、行政法规规定。"《民法典》第210条沿用了该规定。

根据《物权法》第10条授权，《不动产登记暂行条例》于2014年11月由国务院发布，并于2015年3月1日施行。该条例落实了《物权法》提出的不动产统一登记要求，规定由国务院国土资源主管部门负责指导、监督全国不动产登记工作，县级以上人民政府确定一个部门作为本行政区域的不动产登记机构。

（二）不动产登记簿

根据《不动产登记暂行条例》第8条的规定，不动产登记簿记载以下事项：（1）不动产的坐落、界址、空间界限、面积、用途等自然状况；（2）不动产权利的主体、类型、内容、来源、期限、权利变化等权属状况；（3）涉及不动产权利限制、提示的事项；（4）其他相关事项。

1.不动产登记单元

不动产以不动产单元为基本单位进行登记。所谓不动产单元，是指权属界线封闭且具有独立使用价值的空间。不动产登记簿以宗地或者宗海为单位编成，一宗地或者一宗海范围内的全部不动产单元编入一个不动产登记簿。此种登记簿的编制技术被称为“物的编成主义”，它能够满足物权客体特定原则的要求，且便于查询任一不动产之上的权利记载，能够切实满足物权公示的要求。

2.能够登记的不动产物权类型

现行《不动产登记暂行条例》第5条规定：“下列不动产权利，依照本条例的规定办理登记：（一）集体土地所有权；（二）房屋等建筑物、构筑物所有权；（三）森林、树木所有权；（四）耕地、林地、草地等土地承包经营权；（五）建设用地使用权；（六）宅基地使用权；（七）海域使用权；（八）地役权；（九）抵押权；（十）法律规定需要登记的其他不动产权利。”

所谓登记能力，是指一项权利可纳入不动产登记簿记载的可能性。如前文所述，在物权法定原则之下，一种不动产上的权利安排是否构成物权取决于法律是否将其规定为物权，同时，凡属不动产物权，原则上均能够且应当纳入登记簿。《民法典》增设了居住权这种不动产用益物权，并在土地承包经营权中析分出土地经营权，这两种不动产物权当然也应具有登记能力。

3.不动产权属证书

除在不动产登记机构管理的登记簿上作出登记公示外，我国在不动产登记管理的实践中，还普遍存在向权利人发放权属证书的做法。在交易中，人们往往通过查看权属证书来了解不动产的归属及其内容。应该说，用权属证书来标明权利人及权利的内容，这是一种简便易行且符合我国传统习惯（如“地契”）的做法。但是，与不动产登记簿的记载相比，权属证书具有以下两个方面的缺陷：其一，权属证书尽管也是由不动产登记机构制作发放，但是它为权利人所持有，而并非可公开查阅的资料，因而不宜作为公示的手段；其二，权属证书由私人所持有，其真实性可能会存在问题（有伪造、变造的可能），相反，为不动产登记机构直接管理的不动产登记簿通常不会存在此类问题，更值得信赖。

鉴于此，《民法典》第217条规定："不动产权属证书是权利人享有该不动产物权的证明。不动产权属证书记载的事项，应当与不动产登记簿一致；记载不一致的，除有证据证明不动产登记簿确有错误外，以不动产登记簿为准。"这就意味着，在法律上真正可以信赖的是不动产登记簿的记载，而非当事人所持有的权属证书。例如，要主张依《民法典》第311条的规定善意取得不动产的所有权，仅信赖对方当事人持有的权属证书的不实记载是不足以成立善意的，而信赖不动产登记簿的（错误）记载可以成立善意。

4.登记簿的查询

不动产登记是不动产物权的公示手段。将不动产物权记载于登记簿上，并不会自动产生公示效果。只有使与权利公示相关的信息处于可供查询的状态之下，且相关民事主体无查询的障碍，登记方才可发生公示的效力。

《民法典》第218条规定："权利人、利害关系人可以申请查询、复制不动产登记资料，登记机构应当提供。"该条一方面规定登记资料可供查询、复制，从而肯定了登记的公示功能；另一方面却将可以申请查询、复制的主体限定为"权利人"和"利害关系人"，似有限制查询之意。支持对查询主体作出限定者，多以登记信息涉及隐私等作为理由。但实际上，登记信息中关于不动产的权利归属、权利内容、不动产本身的描述等不应该构成隐私的内容。在查询操作中，仅须限制查询方式（如仅允许从特定不动产出发查询其上权利状况，而不允许从特定人出发查询其是否拥有不动产及具体的坐落等信息）及将可查询事项限于交易上必要者，则开放不动产登记查询基本不会产生隐私泄露等问题。不动产的权利人本身了解不动产的状况，因此通常不需要查询登记信息；而从不动产交易的角度观察，规定"利害关系人"才能够查询则可能会导致如下悖论：如果某人对某不动产有购买的愿望，在决定进行购买之前，基于交易上的谨慎，他希望通过查询登记簿来了解该不动产的状况，然而，此时，由于尚未与出卖人订立不动产买卖合同，故难以证明自己是"利害关系人"；如果只有在订立买卖合同并因此成为"利害关系人"之后才能查询，则此时的查询已失去交易保障的意义。我们认为，法律可以规定查询不动产登记簿须说明查询目的，只要表明的目的合理，即应提供查询。在《民法典》第218条及相关查询规范的解释上，应放宽"利害关系人"的认定标准，如查询申请人仅须表明有交易的意愿即可认定为利害关系人。

（三）不动产登记的功能

在我国，统一的不动产登记制度的建立与不动产法律制度本身的变革相伴随，不动产登记具有多重的功能与使命，也因此具有多层次的效力。

1.权利确认功能

改革开放以来，我国城乡的不动产制度经历了重大变革。在农村集体土地之上，通过分产到户，农户取得了农业用途土地的承包经营权以及用于建筑住宅的宅基地使用权；在城市国有土地之上，通过划拨和出让的方式，民事主体取得了建设用地使用权。存量住宅等房屋的产权改革也基本完成，先前国家所有的房屋开始归属于私主体。

在此背景下，我国的不动产登记制度具有了一项特别的功能，即先确定每一个不动产登记单元，从无到有地创建不动产登记簿，首先确认先前通过行政程序、集体协商分配等方式在特定不动产之上确立的集体土地所有权、土地承包经营权、宅基地使用权等物权，并完成这些既有权利的首次登记。此种登记具有行政程序的属性[1]，它对于构建完整的不动产登记体系具有极其重要的意义。

2.权利创设功能

根据《民法典》第209条之规定，变动不动产物权的，自登记时发生效力，此即为不动产登记的设权效力。在法律规定登记具有设权效力的情形下，当事人未依法登记的，不发生物权变动的效力。依《民法典》及相关法律规定，以下情形的物权变动登记均具有设权效力：房屋所有权移转；建设用地使用权设立或移转；海域使用权设立或移转；居住权设立；不动产抵押权设立。

3.权利宣示功能

在不动产物权变动效果不依赖登记而发生的情形下，不动产登记虽不具有设权功能，但却具有权利宣示的功能，并借助此宣示登记产生后续处分效力或对抗效力。在因形成判决、继承、合法建造等情形中，物权变动的结果因判决书的生效、继承的开始或事实行为的完成而发生，但仅在将此非依法律行为发生变动的物权纳入登记，权利取得人才能在后续处分中为后手作设权登记。在

---

〔1〕《不动产登记暂行条例实施细则》第25条体现了此种行政确权登记。该条规定："市、县人民政府可以根据情况对本行政区域内未登记的不动产，组织开展集体土地所有权、宅基地使用权、集体建设用地使用权、土地承包经营权的首次登记。依照前款规定办理首次登记所需的权属来源、调查等登记材料，由人民政府有关部门组织获取。"

我国法上，地役权设立的效力自地役权合同生效时即发生，但仅在将此地役权纳入供役地的不动产登记簿时，该地役权才具备完整的对抗效力。

4.权利推定功能

记载于不动产登记簿上的物权，法律推定权利人享有该物权，此即为不动产登记的权利推定效力。《民法典》第216条第1款规定："不动产登记簿是物权归属和内容的根据。"由此可见，我国法律强调依不动产登记簿确定物权归属，登记簿记载具有很强的权利推定效力。另外，不动产登记簿的记载有公信力，对于善意第三人而言，其可以对不动产登记簿的信赖及其权利已载入登记簿为由，主张不动产权利的善意取得。

（四）不动产登记的类型〔1〕

1.首次登记（初始登记）

不动产首次登记，指不动产权利的第一次登记。在我国法上，以下两种情形下的首次登记尤其重要：其一，在针对农村土地构建不动产登记簿之前，集体土地所有权、土地承包经营权、宅基地使用权、集体建设用地使用权及集体土地之上建筑物的所有权等权利已经依法得到分配与确认。在构建农村集体土地的不动产登记簿时，需要用首次登记的方法将上述既存权利纳入登记。其二，依法建造建筑物，系从无到有地创造一个新的不动产，须通过首次登记确认其所有权。

未办理不动产首次登记的，不得办理其他不动产登记。

2.设立登记

在不动产上创设定限物权的，由当事人共同申请，在不动产登记簿上做设立登记，包括：建设用地使用权设立登记；土地承包经营权设立登记；海域使用权设立登记、地役权设立登记、居住权设立登记、抵押权设立登记。

3.转移登记

并非所有的不动产物权均可转让，如《民法典》第369条明文规定居住权不得转让。对于可转移的不动产权利而言，无论是依法律行为而移转，还是非依法律行为而移转，不动产权利移转登记皆有其法律意义。不动产转移登记的类型主要有：集体土地所有权因互换等特殊情形而转移；建设用地使用权转移登

〔1〕《不动产登记暂行条例》第3条规定："不动产首次登记、变更登记、转移登记、注销登记、更正登记、异议登记、预告登记、查封登记等，适用本条例。"该条例未专门针对抵押权、居住权、地役权等定限物权的设立确立"设立登记"的登记类型，而是将它们均归入"首次登记"之中。将设立定限物权登记归入首次登记，其实并不妥当，故本教材另设"设立登记"的登记类型。

记；因继承、分家析产等引起的宅基地使用权转移登记；房屋等地上建筑物所有权转移登记；因互换、转让等引起的土地承包经营权的转移登记；海域使用权转移登记；因需役地转让引起的地役权转移登记；因被担保债权转让引起的抵押权转移登记等。

4.变更登记

变更登记，指首次登记、设立登记、移转登记、注销登记以外针对不动产登记事项变动的登记，主要包括：权利人姓名、名称变更；不动产界址、用途等状况变更；不动产权利期限变更；同一权利人分割或合并不动产；抵押权和最高额抵押权所担保债权的范围、金额及顺位变更等；地役权利用目的、方法等的变更；居住权期限的变更等。

5.注销登记

注销登记，指因不动产灭失、权利人放弃权利或其他原因导致不动产权利绝对消灭时而在不动产登记簿上所作的记载。

6.查封登记

查封登记，指应人民法院的执行保全要求而在登记簿上所做的限制权利人处分不动产权利的登记。查封登记存续期间，不动产权利人不得处分不动产。

7.更正登记

《民法典》第220条第1款规定："权利人、利害关系人认为不动产登记簿记载的事项错误的，可以申请更正登记。不动产登记簿记载的权利人书面同意更正或者有证据证明登记确有错误的，登记机构应当予以更正。"

根据该条规定，并结合目前有关不动产登记的规范，可知：（1）权利人发现登记簿记载错误，并在申请更正登记时提供证据加以证实的，不动产登记机构应予以更正；（2）如系登记簿记载的权利人以外的利害关系人（例如，主张自己是不动产真正所有权人之人）提出更正登记，则只有在不动产登记簿记载的权利人书面同意之时，登记机构才能予以更正。法律之所以作出如此规定，其理由在于：如果登记簿记载的权利人不同意更正，则说明在当事人之间存在有关不动产权利归属的争议，而此争议属于司法管辖的范围；登记机构并非司法机关，不宜直接对争议作出裁决从而自行决定是否进行更正。

8.异议登记

《民法典》第220条第2款规定："不动产登记簿记载的权利人不同意更正的，利害关系人可以申请异议登记。登记机构予以异议登记，申请人自异议登记之日起十五日内不提起诉讼的，异议登记失效。异议登记不当，造成权利人损害的，权利人可以向申请人请求损害赔偿。”依该条规定，异议登记发生于利害关系人要求对登记簿进行更正登记而登记簿上记载的权利人不予同意的情形。

所谓异议登记，是指登记机构将利害关系人对不动产登记簿登记事项的异议记载在登记簿上的行为。异议记载于登记簿上，并不意味着登记簿的记载一定有问题，它仅仅表明，有人认为登记簿的记载存在错误，从而通过此种登记公示提醒他人注意可能存在的法律风险。

《民法典》第220条并未明确规定异议登记的效力。依法理，异议登记将使记载于登记簿上的物权失去公信力，从而使第三人无从主张根据登记的公信力善意取得不动产物权。例如，甲生前留有遗嘱，表明要将其所有的房屋A留给自己的幼子乙；甲死亡，其长子丙伪造遗嘱，并骗取了不动产登记，成了房屋登记簿上记载的权利人；乙知道情况后提出更正登记，遭到丙的拒绝；于是，乙提出异议登记申请，登记机关将此项异议载入登记簿；其后，在乙、丙进行诉讼期间，丙将房屋出售于丁；丁在查阅不动产登记簿时未留意乙的异议登记；后乙在诉讼中胜诉，法院判决争讼房屋根据甲的有效遗嘱应归乙所有；于是，登记簿上记载的名义权利人丙实际上对房屋并无处分权，其与第三人丁之间处分房屋的行为构成无权处分行为；而对于丁而言，在此情形下，并不能主张根据《民法典》第311条关于善意取得的规定取得房屋的所有权，因为异议登记的存在使其难以主张善意的存在。根据《物权编解释（一）》第15条的规定，不动产登记簿上存在异议登记的，应认定受让人知道转让人无处分权。

关于不动产异议登记是否影响登记簿记载的权利人处分不动产的问题，我国有关不动产登记的规定曾采异议登记期间暂停办理不动产登记的规则。[1] 异议登记因异议人单方面申请即可载入登记簿，不应赋予异议登记限制处分的效力。尽管登记簿上存在异议登记，但如果名义权利人与受让人仍提出转移登记或设立登记，登记机构也应为当事人办理登记，只不过，在事后证明出让人无处分权时，受让人不得因此主张善意取得，之前所做不动产登记应作涂销处理。[2]

---

〔1〕2008年7月1日施行的《房屋登记办法》（已废止）第78条规定：“异议登记期间，房屋登记簿记载的权利人处分房屋申请登记的，房屋登记机构应当暂缓办理。权利人处分房屋申请登记，房屋登记机构受理登记申请但尚未将申请登记事项记载于房屋登记簿之前，第三人申请异议登记的，房屋登记机构应当中止办理原登记申请，并书面通知申请人。”

〔2〕《不动产登记暂行条例实施细则》第84条规定：“异议登记期间，不动产登记簿上记载的权利人以及第三人因处分权利申请登记的，不动产登记机构应当书面告知申请人该权利已经存在异议登记的有关事项。申请人申请继续办理的，应当予以办理，但申请人应当提供知悉异议登记存在并自担风险的书面承诺。”

异议登记是一种临时性保护措施。登记机构在进行异议登记之后，申请人应在异议登记之日起15日内向人民法院提起诉讼，要求确认自己在不动产上的物权。逾期不起诉的，异议登记失去效力。如异议登记申请人在此期间内提起了诉讼，则异议登记继续保持其效力，直至法院作出生效的判决：如果异议申请人败诉，则申请人或登记簿记载的权利人可申请注销异议登记，权利人因此遭受损失的（如因异议登记丧失了交易机会），可以向异议申请人要求损害赔偿；如果异议申请人胜诉，即法院判决申请人是真正的不动产权利人，则登记机构可根据生效的司法文书或协助执行通知书等进行更正登记，异议登记同样失去效力。

9.预告登记

《民法典》第221条规定："当事人签订买卖房屋的协议或者签订其他不动产物权的协议，为保障将来实现物权，按照约定可以向登记机构申请预告登记。预告登记后，未经预告登记的权利人同意，处分该不动产的，不发生物权效力。预告登记后，债权消灭或者自能够进行不动产登记之日起九十日内未申请登记的，预告登记失效。"

严格来讲，预告登记不属于不动产登记的类型。预告登记的对象不是不动产物权，该登记既不创设任何物权，也不宣示一项物权的存在。在我国，因预购商品房而寻求预告登记是该种登记最典型的运用场景。由于买卖标的物尚未竣工，未进行首次登记，买受人无从要求出卖人立刻为其办理所有权转移登记。预告登记的功能在于：通过不动产登记簿上的预告登记，使一项旨在引起不动产物权变动的债权请求权获得某些物权的效力（所谓"债权物权化"），权利人能够以经过预告登记的债权对抗不特定第三人，从而保障债权的实现。

预告登记的必要性产生于债权的非排他性与平等性。如甲将自己的房屋出售于乙，则买受人乙有权请求出卖人甲交付房屋并通过转移登记移转该房屋所有权；根据不动产物权变动的规则，在办理转移登记之前，甲仍然保有房屋的所有权；此时，甲若将该房屋再次出卖于丙，并为丙办理了登记，则房屋所有权为丙所获取；乙的购买行为尽管发生在先，但其债权并不足以对抗丙，而仅能向出卖人甲要求承担违约责任。为保障获得所购买房屋的所有权，乙可在买卖合同中与甲约定就其购置的房屋办理所有权预告登记。进行预告登记后，根据《民法典》第221条的规定，若不经乙的同意，所有权人甲另行处分该房屋的行为将不能发生物权变动的效力，乙因订立买卖合同而产生的债权因此得到了保全。

根据《民法典》第221条第2款的规定，预告登记因两个方面原因而失效：（1）债权本身消灭，如出卖人因房屋买受人未依合同约定及时付款而行使了合同解除权；（2）自能够进行不动产登记之日起90日内未申请登记，如因预售的商品房竣工能够进行首次登记而未及时申请不动产所有权转移登记，此种情形，买受人向出卖人请求转移不动产所有权的债权不受影响，但是由于保全此请求权的预告登记失去效力，如果出卖人将标的物处分给他人，则该处分行为有效，买受人仅能向债务人要求损害赔偿。由此项预告登记失效的规定亦可看出，我国的预告登记制度基本针对商品房预售设计。

第五节　动产物权变动与交付

一、动产物权变动的意义与要件

（一）动产物权变动的意义

在我国民法上，基于物权法定主义，所谓动产物权系指动产所有权以及动产抵押权、质权与留置权而言。动产物权变动，指特定动产上这些物权的设立、变更、转移和消灭。其中，“设立”主要指动产抵押权或动产质权的设立，留置权为法定担保物权，不存在设立之问题。变更，指动产物权内容的变更，如动产质权所担保之债权金额的增减等。转移，主要指动产所有权转移，广义上亦包括动产担保物权随其所担保之债权一并转移。消灭，指动产所有权因客体灭失或权利人抛弃等原因而消灭，以及动产担保物权因债权被清偿等原因而消灭。

与不动产物权变动一样，动产物权变动的原因也可归于法律行为和法律行为以外的原因。动产因法律行为以外的原因发生物权变动的，各依其情形，在满足法律规定的要件时产生物权变动的结果，如对无主动产因先行据为已有而取得所有权，依添附规则取得附合物、混合物或加工物的所有权，因天然孳息的收取而取得其所有权。非依法律行为取得动产物权，未必需要以取得动产占有为要件。例如，因继承而取得作为遗产的动产所有权，自被继承人死亡时即发生，即便继承人尚未取得该动产的占有甚至尚不知晓有该动产的存在，也不影响此权利取得的效果。

（二）依法律行为发生动产物权变动的要件

如前文所述，我国《民法典》物权编以抽象的方式规范物权变动的要件。《民法典》第224条规定：“动产物权的设立和转让，自交付时发生效力，但是法律另有规定的除外。”该条所称“动产物权的设立和转让”，应仅指以法律行为发生物权变动而言，具体来说，主要指动产质权的设立与动产所有权的转让。

依法律行为发生动产物权变动，须满足以下几个方面的要件。

1.行为人对动产须享有处分权

物权的设立、转让、抛弃，均属所谓“处分行为”。行为人通过实施法律行为追求直接引起动产物权变动效果的，必须对该动产享有处分权。以他人之动产作为买卖标的物，作为负担行为的买卖固然有效，但出让人显然无从转让自己所不享有的权利。在不享有处分权的动产上为他人设立抵押权或质权，也不能产生担保物权设立的效果。抛弃他人之物，显然不能使权利人的物权发生消灭。

行为人无处分权而实施处分行为的，属效力待定行为，如处分权人追认或处分人事后取得处分权，则处分行为可发生效力。如果满足《民法典》第311条规定的善意取得的要件，则受让人仍可取得所有权，不过该取得的效果并非由法律行为本身引起。

2.须有变动动产物权的意思表示

依法律行为旨在引起物权变动的，当然需要有相应的意思表示。抛弃与遗失之所以产生完全不同的法律后果，乃是因为前者有放弃所有权的意思，而后者无此意思。在通过买卖、赠与等转移动产所有权的情形下，双方当事人须有物权变动的合意。如前所述，如在物权变动模式问题上采物权形式主义，则引起动产物权变动的不是买卖、赠与等债权合同，而是出让人与受让人之间独立存在的物权合意；如采债权形式主义，则将买卖、赠与等合同直接作为引起物权变动的法律行为。

3.须有动产的交付或满足交付替代要求

除法律另有规定外，动产物权的变动须有动产的交付始生效力。依法律行为转移动产所有权的，自交付时发生所有权转移的效果。动产质权的设立，除出质人与债权人订立合同外，尚需质物的交付，质权于交付时设立。一般认为，交付是动产物权变动的公示手段，动产物权变动需要完成交付乃是物权变动公示原则所要求。

依传统学说，交付可区分为现实交付与观念交付，后者包括简易交付、返还请求权让与和占有改定三种情形。民法传统上之所以会将“观念交付”作为交付的特殊形态对待，其原因在于自罗马法以来的私法长期将交付（traditio，也译作“让渡”）本身作为市民法上变动物权的基本方式，而为了将实际无须交付的几种特殊情形包含在内，故创造了“短手交付”（traditio brevi manu）、“长手交付”（traditio longa manu）等概念。现代民法重构了物权变动的法律框架，以变动物权的法律行为为核心，将交付和占有改定等作为动产物权法律行为的特别生效要件，故此，没必要再将所谓观念交付的几种情形视为交付，并被迫使用“现实交付”概念表达一般意义上的交付。所谓观念交付不是交付的亚类型，而是交付的替代手段。也就是说，动产物权变动的效力或者因交付而发生，或者因存在占有改定等替代交付的情形而发生。据此，下文分别阐明“交付”与“交付替代”，而不采用多数教科书采用的“现实交付”和“观念交付”的二分法。

二、交付的界定

“交付”并非一个容易界定的法律概念。欲说明何为交付，应从“占有”这一概念谈起。民法学上对交付所作的最简明的定义为“交付，即移转占有”[1]。占有是对物管领的法律事实，而“移转”通常指通过法律行为让渡权利。通说认为，交付不属于法律行为，交付本身不是意思表示。据此，宜将交付界定为：物之前占有人（让与人）放弃对物的占有，并依其意愿使他人（受让人）取得占有的事实。

依上述定义，可将引起动产物权变动的交付的构成要件作如下分析。

（1）让与人依其意志放弃物的占有。交付须以让与人丧失对物的占有为前提，而且其占有的丧失系让与人自主决定的结果。如果让与人并无放弃占有的主观意思，而系意外丧失占有，则即便受让人随后取得该物的占有，亦不构成交付。

（2）受让人取得占有。交付的完成，往往以受让人取得对物的占有为标志。受让人取得占有，通常指将标的物纳入自己的直接管领控制，但也可以是其他占有取得形式。例如，出卖人将其出卖的车辆交给买受人的司机，因后者是买受人的占有辅助人，故应认定买受人取得了该车辆的占有；又如，出质人

〔1〕 崔建远：《物权：规范与学说——以中国物权法的解释论为中心》（上册），清华大学出版社2011年版，第225页。

将质物交给债权人委托的仓储人，或者在出质人以仓储中的货物出质的情形，债权人直接委托仓储人为其占有质物的，应认定质权人已经通过直接占有人取得了对质物的间接占有〔1〕。

（3）受让人取得占有系由让与人的意愿促成。同时具备让与人放弃占有和受让人取得占有两项要素的事实未必能构成交付。例如，在所有权人抛弃其动产后，他人以据为己有的意思先行取得占有的，该他人虽能因先占取得该物的所有权，但此非交付所促成。实际上，前手的放弃占有与后手的取得占有必须体现双方的共同意愿，或者说让与人放弃占有的目的就是使受让人取得对物的占有。

满足前述要件的，构成“交付”。该交付事实与行为人变动动产物权的意思以及处分权相结合，可以产生动产所有权移转、动产质权设立等物权变动的效果。

三、交付替代

根据《民法典》物权编的规定，动产物权变动除依交付发生效力外（第224条），尚可依简易交付、返还请求权让与和占有改定几种替代交付的情形发生效力。

（一）简易交付

所谓简易交付，指的是在当事人作出物权变动合意前，受让人已经占有动产的，物权变动自当事人达成物权合意时发生效力。在当事人达成所有权转移或质权设立等物权变动合意时，由于受让人已经占有动产，故不再需要着眼于受让人取得占有的交付的发生。由此可见，“简易交付”实际上表达的是一种无须进行交付的情形。

简易交付的规范见于《民法典》第226条的规定：“动产物权设立和转让前，权利人已经占有该动产的，物权自民事法律行为生效时发生效力。”《民法典》第226条承继原《物权法》第25条之规定，但将后者关于“权利人已经依法占有该动产的”中“依法”的要求删去，此一立法修正是正确的。受让人对动产的占有，可以是以下任一情形：（1）受让人为直接占有人，而出让人为间接占有人。例如，甲将图书《物权法论》出借于乙，借用期间，乙向甲提出愿以10元价格买下，甲表示同意。（2）受让人为间接占有人亦可。例如，甲将挖

〔1〕 可参考《担保制度解释》第 55 条关于债权人通过监管人取得质物占有的规定。

掘机一台出租于乙，经甲同意，乙将该挖掘机转租于丙；后甲、乙之间达成以10万元买卖该挖掘机的合同，此时，乙因间接占有标的物，可依《民法典》第226条只规定取得所有权。（3）受让人为无权占有人，而让与人先前已丧失占有。例如，甲拾得乙的画作，甚是喜欢，遂据为己有；乙找上门来索要，甲表达了对乙画作的欣赏，乙将甲视为知己，当场决定以该画相赠。

（二）返还请求权让与

所谓返还请求权让与，指让与动产物权，而该动产由第三人占有的，当事人可以通过达成返还请求权让与合意，以替代交付的情形。例如，甲将一辆运动自行车出借于乙使用；借用期间，丙向甲提出以500元价格购买该自行车，甲表示同意；甲进而表示，由于自行车在乙手中，为避免麻烦，由丙直接向乙要求返还自行车；丙若不愿意与乙打交道，可以拒绝甲的此项提议；但如果丙表示同意接受，则因双方实际达成了返还请求权让与的合意，乙手中自行车的所有权因此移转于丙。

《民法典》第227条规定："动产物权设立和转让前，第三人占有该动产的，负有交付义务的人可以通过转让请求第三人返还原物的权利代替交付。"该条即为我国法上通过返还请求权让与方式变动动产物权的规定。

以返还请求权让与方式移转动产所有权的，仍须满足让与人有处分权及双方有移转所有权的合意的要件。《民法典》第227条"负有交付义务的人可以……"的表述可作如下理解：动产出卖人可以单方面决定通过此方式移转标的物所有权于买受人〔1〕。"转让请求返还原物的权利"本身应该是一个双方法律行为，要由让与人与受让人达成合意。此返还请求权让与合意背后，有双方即时移转动产所有权的意思，正是此移转动产所有权的合意，再加上替代交付的返还请求权让与，才引起了动产所有权移转的效果。

（三）占有改定

所谓占有改定，指让与动产所有权，而由出让人与受让人约定占有媒介关系，从而使受让人取得间接占有，以替代交付的情形。例如，甲将其拖拉机出售于乙，乙支付价款并请求交付，甲因还需要使用该拖拉机耕地，遂向乙提出，愿以每日50元价格承租该拖拉机10日，乙表示同意。此时，因甲乙之间租

〔1〕我国民法著作多以"指示交付"指称以返还请求权让与方式移转动产所有权的情形。"指示交付"之谓，极具误导性。实际上，无论是从出卖人所负给付义务之履行的债的视角看，还是从动产所有权移转的机制看，都不存在出卖人（让与人）单方面指示的问题。因此，本教材不采"指示交付"的用法。

赁合同的缔结，甲虽继续占有拖拉机，但乙也通过占有媒介关系取得了对该拖拉机的间接占有，从而通过占有改定的方式取得了拖拉机的所有权。

《民法典》第228条规定："动产物权转让时，当事人又约定由出让人继续占有该动产的，物权自该约定生效时发生效力。"尽管表述并不算严谨，但该条确系我国法上有关占有改定的立法规范。值得注意的是，《民法典》第226条和第227条关于简易交付和返还请求权让与的规定，均同时针对"动产物权设立与转让"，而第228条仅针对"动产物权转让"，这实际上意味着，不能通过占有改定的方式设立动产质权。以占有改定方式移转动产所有权的，除须由受让人通过占有媒介关系取得间接占有外[1]，还须满足让与当事人间存在移转动产所有权的合意及让与人对动产享有处分权的要件。

四、特殊动产的物权变动

《民法典》第225条规定："船舶、航空器和机动车等的物权的设立、变更、转让和消灭，未经登记，不得对抗善意第三人。"该条规定所涉及的船舶、航空器和机动车虽属于动产，但此类动产具有一个特殊性，即在此类物上可构建类似不动产的登记制度。因为具备可登记的特性，机动车等也被称为"特殊动产"。

《民法典》第225条仍以抽象的方式对机动车等的物权变动作出规定，欲理解其真实内涵，须加以具体化。

1.特殊动产所有权的转移

特殊动产的所有人依法律行为移转所有权，这正是《民法典》第225条真正重要的适用情形。该条虽未明确交付的意义，但考虑到特殊动产的动产属性，仍应先有第224条的适用，即在依法律行为变动物权的情形下，机动车等特殊动产的所有权自交付时发生移转。因交付（或交付替代手段），特殊动产的受让人即可取得所有权，不过，如未做所有权移转登记，受让人不得向善意第三人主张因受领交付已取得所有权。例如，甲将二手机动车出售并交付于乙，乙支付了价款，但双方未办理机动车所有权移转登记；因机动车存在质量问题，乙将车交还甲修理；甲将该车再次出售给丙，交付车辆并为丙办理了所有权移转登记。此例中的丙为典型的善意第三人，所谓"不得对抗善意第三人"，可解释为，对于善意第三人丙而言，乙因交易及受领交付而取得所有权的事实视为

---

〔1〕 有关间接占有和占有媒介关系，请参看本教材占有部分的讨论。

未发生。

须特别注意的是，特殊动产因交付而转移所有权，这仍是此类动产物权变动的基本方式。特殊动产因交付而转移所有权的，虽未登记，但移转所有权的效果通常不会受到影响。在解释《民法典》第225条时，应严格限定“善意第三人”的范围。如前例所示，此处的善意第三人，应仅指信赖特殊动产的占有及登记的交易中的第三人，而不应包含让与人的一般债权人等。关于此点，《物权编解释（一）》第6条的规定值得赞同：“转让人转让船舶、航空器和机动车等所有权，受让人已经支付合理价款并取得占有，虽未经登记，但转让人的债权人主张其为民法典第二百二十五条所称的‘善意第三人’的，不予支持，法律另有规定的除外。”

2.特殊动产物权变动的其他情形

除移转所有权外，动产物权变动的其他形态还包括动产质权设立与动产抵押权设立两种情形。《民法典》第225条对此二种情形实际上无适用余地：（1）以机动车等特殊动产设立质权的，质权至交付时设立，不存在动产质押登记的需要，也不存在质权人不得以其质权对抗“善意第三人”的情形；（2）以机动车等特殊动产设立抵押权的，由于抵押权属于不移转占有的担保物权，抵押权自抵押合同生效时设立；由于《民法典》第403条专门设有有关动产抵押权设立的特别规范，故此种情形也不适用第225条。

法律适用

［预告登记效力的展开］

《民法典》第221条规定，预告登记后，未经预告登记的权利人同意，处分该不动产的，不发生物权效力。此处所称“处分”，系指以发生物权变动为目的的处分行为，根据《物权编解释（一）》第4条的界定，具体包括转让不动产所有权以及设立建设用地使用权、居住权、地役权、抵押权等定限物权的法律行为。根据《民法典》第215条和第597条的立法精神，预告登记虽影响债务人对其不动产的处分，但其与第三人缔结的买卖合同等债权合同的效力不受影响。

对预告登记的效力，《民法典》第221条采完全限制处分的立场。依有关不动产登记规则，不动产登记簿上存在预告登记的，发生“登记冻结”效力，即对于后续因处分而产生的登记申请，登记机关将拒绝办理登记。[1] 我国的预告登记制度尽管也是在对域外法继受过程中确立的，但也因我国不动产实践的一些需求而有其自身的特点。在比较法上，预告登记通常不会产生“冻结登记簿”的效力。例如，根据《德国民法典》的规定，不动产权利人仍可以与其他受让人完成不动产物权变动登记，只不过，该后续处分对预告登记权利人不产生效力（对其他所有人皆可发生效力）[2]。在我国，预告登记制度以商品房预售交易形式中的所有权取得预告登记为原型构建。为保护购房者的利益，买受人的债权获得预告登记后，开发商在建成房屋并进行首次登记后，不能再为他人办理所有权移转登记或抵押权登记。

但是，预告登记其实并不限于适用于此种情形下的所有权取得，一般情形下的不动产转让、不动产的抵押权设立、以预购的房屋设立抵押权等均可进行预告登记。如果当事人进行的预告登记是抵押权预告登记，则其目的主要是保存抵押权的顺位，在此种情形下，规定所有权人（抵押人）不得再处分其不动产是完全没有道理的，因为即便不动产上已经有了抵押权登记，抵押人仍可转让抵押财产或再为第三人设立抵押权或居住权等用益物权。在抵押预告登记的情形下，法律仅须明确，在抵押权预告登记转化为抵押权本登记后，该抵押权按照抵押权预告登记的时间确定抵押权的顺位即可。《担保制度解释》第52条对抵押预告登记作出了规定，并明确了抵押权自预告登记之日起设立的规则。[3]

---

〔1〕《不动产登记暂行条例实施细则》第 85 条第 2 款规定：“预告登记生效期间，未经预告登记的权利人书面同意，处分该不动产权利申请登记的，不动产登记机构应当不予办理。”

〔2〕参见《德国民法典》第 863 条第 2 款。

〔3〕《担保制度解释》第 52 条第 1 款规定：“当事人办理抵押预告登记后，预告登记权利人请求就抵押财产优先受偿，经审查存在尚未办理建筑物所有权首次登记、预告登记的财产与办理建筑物所有权首次登记时的财产不一致、抵押预告登记已经失效等情形，导致不具备办理抵押登记条件的，人民法院不予支持；经审查已经办理建筑物所有权首次登记，且不存在预告登记失效等情形的，人民法院应予支持，并应当认定抵押权自预告登记之日起设立。”

所有权

第五章　所有权概论

提　要

本章主要阐明所有权的意义、特征、权能和类型，从整体上概述所有权的一般原理，重点介绍中国所有权制度的基本内容和类型特征。

所有权是权利人在法律限制范围内，对特定物享有的永久全面与整体支配的权利。相对于他物权而言，所有权具有全面支配性、整体性、弹性、永久性等法律特征。权利人对所有物具有占有、使用、收益、处分的积极权能以及排除妨害的消极权能。所有权的类型不同，其得丧变更的法律规则也不相同。所有权人在行使权利时，必须遵守法律规定，不得损害公共利益和第三人利益，因此所有权的行使需要受到限制。

《民法典》将所有权划分为国家所有权、集体所有权和私人所有权三种类型，此种分类体现了中国国情和中国经济制度的特征，具有一定的意义，但仍有一些问题需要进一步探讨。

重点问题

1.所有权的特征主要表现在哪些方面?

2.所有权的权能有哪些?

3.所有权行使的限制主要有哪些路径?

4.动产所有权和不动产所有权区别的法律意义是什么?

5.《民法典》对所有权类型的划分有哪些问题需要思考?

第一节　概述

一、所有权的概念和特征

（一）所有权的概念和起源

所有权制度对人类的共同社会生活具有十分重要的意义。有学者指出：“没有任何东西像财产所有权那样如此普遍地呼唤起人类的想象力，并煽动起人类的激情；或者说，财产所有权是一个人能够在完全排斥任何他人权利的情况下，对世间的外部事物所主张并行使的那种专有的和独断的支配权。"[1]在法学领域，不仅私法研究所有权问题，公法也研究所有权问题。然而，不同学科和不同领域对所有权问题研究的主要区别在于研究问题的视角不同，其结果就导致不可能存在一个统一的、适用于所有学科的所有权概念。"民法学所关注的，是所有权所蕴含的私法上的利用可能性，以及在私人空间如何对所有权实施保护。"[2]所有权的概念界定和性质认定实际上是在此条件下进行的，大陆法系各国民法典和民法学者在界定所有权定义时，也基本上遵循了这一理念。《德国民法典》在第903条中确定了所有权的概念："在不违反法律和第三人利益的范围内，物的所有权人可以随意处分其物，并排除他人的任何干涉。"[3]

人类从产生时起，便有了人与物的关系。这种关系首先表现为一群人对物的共同占有。人类初始的占有，仅仅是一种事实而无权利的意味。当生产力的发展使私人占有成为可能，便产生了用法律手段对这种事实状态予以肯认和保护的需要，法律的产生使占有这种事实具有了法律意义，占有人也因此获得了法律上的所有权。随着社会经济生活在内容和形式上的丰富与发展，特别是交换的逐步发达，以调整人对物的直接支配关系为内容的物权制度得以建立并不断发展，而所有权正是物权制度的核心和基石。所以有学者指出："价值观念的变化是所有权产生的认识前提，交易是所有权产生的经济前提，国家的出现是所有权产生的政治前提。"[4]

古罗马法中的所有权最早是"dominium"，指的是所有人对物的"统治""管辖""控制"，同时还被指称"家父"的"一般权力"及任何主体对权利的拥有。罗马法把所有权定义为"对物最一般的实际主宰或潜在（in potenza）主

---

〔1〕［德］罗伯特·霍恩、［德］海因·科茨、［德］汉斯·G. 莱塞：《德国民商法导论》，楚建译，中国大百科全书出版社 1996年版，第 189 页。

〔2〕［德］鲍尔、［德］施蒂尔纳：《德国物权法》（上册），张双根译，法律出版社 2004年版，第 513—514 页。

〔3〕基于该条规定，德国学者马丁·沃尔夫将所有权概括为：人对物所能享有的最全面的支配权，其效力及于整个私法。［德］鲍尔、［德］施蒂尔纳：《德国物权法》（上册），张双根译，法律出版社 2004年版，第 31 页。

〔4〕［德］鲍尔、［德］施蒂尔纳：《德国物权法》（上册），张双根译，法律出版社 2004年版，第 31 页。

宰”。[1]这里的主宰，是对物的完全支配权。罗马人认为，所有人的权利是不可以用列举的方式确定的。换言之，人们不可能在定义中列举所有人有权做什么。当主体对物具有实际主宰权时，说明所有人可对物行使一切可能行使的权利。而且物的潜在用途是不确定的，只要是物的所有者，就意味着他对物将来的用途也具有主宰性。这种主宰的特性，决定了在法律允许的范围内，所有权所包含的权利（权能）的总量是无限的。当所有人行使所有权时，与所有人分离的所有权权能是有限的，不管所有人最终剩余多少权能，甚至在特殊情况下成为内容“空虚”的所有权，所有权的本质不会因此而改变。[2]罗马帝国后期，所有权被改称为“proprietas”。在公元前2世纪，罗马法所有权概念被正式确立下来。[3]按照罗马法，所有权是所有人在事实与法律可能的范围内，可以对所有物行使的最完全、最绝对的权利。积极方面，所有人在所有物上有为各种行为的权利，以及不为各种行为的权利（如任意抛荒土地等）。消极方面，可以禁止他人对所有物为任何行为的权利。[4]13世纪时，所有权定义的这种方法被意大利注释法学派大师巴托鲁施所继受并发扬光大。他提出所有权的概念：“所有权，除法律禁止外，（权利人）可以对有体物享有不受限制的处分的权利。”[5]罗马法采取抽象和概括的技术对所有权进行界定，这种方法被民法史学者称为“抽象概括主义”。[6]

近代以来各国民法典和法学理论对于所有权的概念表述各不相同，主要有以下两种方式。

1.概括式。即采用概括技术说明所有权的内涵和外延。抽象概括主义认为，所有权绝对不是占有、使用、收益和处分诸权能的简单相加，而是一种一般的支配权。这种支配权是法律为保护所有人对特定财产的利益而赋予所有人特定的法律之力。所有人依此法律上的力，不仅有直接支配标的物的排他性的权利，而且也可享受所有物的特定利益 。[7]德国、瑞士等民法即采用此种模式。如《德国民法典》第903条规定：“在不违反法律和第三人利益的范围内，物的

---

〔1〕［意］彼德罗·彭梵得：《罗马法教科书》，黄风译，中国政法大学出版社 1992年版，第 194 页。
〔2〕王卫国主编 :《民法》，中国政法大学出版社 2007年版，第 237 页。
〔3〕王泽鉴 :《民法物权（第 1 册　通则 · 所有权）》，中国政法大学出版社 2001年版，第 150 页。
〔4〕梁慧星、陈华彬 :《物权法》(第二版)，法律出版社 2003年版，第 95 页。
〔5〕王泽鉴 :《民法物权（第 1 册　通则 · 所有权）》，中国政法大学出版社 2001年版，第 150 页。
〔6〕梁慧星、陈华彬 :《物权法》(第二版)，法律出版社 2003年版，第 96 页。
〔7〕郑玉波 :《民法总则》，中国政法大学出版社 2003 年版,第44页。

所有权人可以随意处分其物，并排除他人的任何干涉。”〔1〕

2.列举式。即采用具体列举所有权权能的方式说明所有权的内容。以法国为首的法国法系国家，以及日本、俄罗斯等国均采此种方式。如《法国民法典》第544条规定：“所有权是对于物有绝对无限制地使用、收益及处分的权利，但法令所禁止的使用不在此限。”〔2〕法国的这一立法方式在很长一段时期内影响了大陆民法的理论，并为日本、我国台湾地区等一些大陆法系国家和地区的民法典所继受。

我国《民法典》在所有权概念上借鉴列举式的立法模式，在其第240条规定，所有权是“所有权人对自己的不动产或者动产，依法享有占有、使用、收益和处分的权利”。

由于列举式的所有权概念从根本上混淆了所有权的含义与所有权的作用，将所有权本身等同于所有权的权能，没有揭示出所有权的支配性这一本质属性，因此，我国民法学界大多数学者主张采用抽象概括式来界定所有权的概念，在体现所有权相对性和所有权社会化的基础上，从所有权社会化和支配性方面对其进行概念界定，强调所有权是在法律的限制范围内，权利人对所有物为全面支配的物权。〔3〕

（二）所有权的特征

1. 全面支配权性

相对于他物权人权利的有限性，所有权人对于所有物，享有全面的占有、使用、收益和处分的权利，故学理上称之为全面支配权，其他物权称之为一面的支配权，并将所有权对标的物全面支配不可分割之特性，称为“完全性”或“完整性”。〔4〕所有权为一般的支配权，为他物权之泉源。所有权赋予权利人全面支配物的一切可能性，除法律和公序良俗外，不受任何限制。占有、使用、收益和处分，旨在尽其所能地描述所有权的全面性和充分性。《民法典》

---

〔1〕《德国民法典》（修订版），郑冲、贾红梅译，法律出版社 2001年版，第222页。

〔2〕《法国民法典》，李浩培、吴传颐、孙鸣岗译，商务印书馆 1979年版，第 72 页。

〔3〕 学者的观点主要有：所有权者，指于法令限制之范围内，对物为全面支配的权利。参见王泽鉴：《民法物权（第 1 册　通则·所有权）》，中国政法大学出版社 2001年版，第 149 页；所有权者，乃于法令限制范围内，对于所有物永久全面与整体支配之物权。谢在全：《民法物权论》（上册），中国政法大学出版社 1999年版，第 119 页；所有权，指在法律的限制范围内，权利人对于所有物为全面的支配的物权。参见梁慧星、陈华彬：《物权法》（第二版），法律出版社 2003年版，第97页。

〔4〕 谢在全：《民法物权论》（上册），中国政法大学出版社 1999年版，第 120 页。

第240条也表达出此意。所有权人在不违反法律以及不损害第三人利益的范围内，有权对物进行使用、收益和处分。学者也因此将所有权概括为对物所享有的全面的支配权。此处的“全面支配权”，并非指所有权不受任何之限制，而是指所有权与物上所成立的其他权利相比较而言，所有权人所享有的地位。与这些权利相比，所有权为最全面的权利。〔1〕即与其他的限制物权人不同，所有权人得以任何方式使用其物，尤其是可对物进行处分。反之，在限制物权中，用益物权人仅享有使用权，而无变价权；担保物权人只能行使变价权，而无使用权。

2.整体性

所有权虽然具有占有、使用、收益、处分等权能，但是所有权本身并非上述几种权能的简单相加或者集合，而是浑然整体的权利，学者称之为所有权的整体性（单一性、浑一性）。〔2〕“近代所有权的全面支配权，并不是各种机能的综合，它的内容是混而为一的东西。”〔3〕

基于所有权权能分离而产生的他物权，是指将所有权单一权能之一部分，予以具体化并让与他物权人享有。当所有权和其他物权归属于一人时，其他物权因混同而发生消灭。所以说，在他物权发生时，并不产生两个以上不完整的所有权。

3.恒久性

任何他物权在设立之始原则上都是有期限的，期限届满则权利消灭。相对于他物权的有期限性而言，所有权在权利设定之时不得预设其权利存续的期间，除因标的物灭失、取得时效、所有人抛弃及其他事由而消灭外，所有权以永久存续为本质。此种情形，学者称之为所有权的恒久性或者永续性。〔4〕所有权的恒久性并不意味着所有权永不消灭，只是表明其与用益物权、担保物权等定限物权的期限性不同。除了被征收、征用、抛弃、没收等特殊情形之外，所有权具有永续存在的特点，这一点既不同于债权，也不同于他物权。即使所有权的移转可以附解除条件或终期并在条件成就或者期限届满时发生权利主体变

---

〔1〕［德］鲍尔、［德］施蒂尔纳：《德国物权法》（上册），张双根译，法律出版社2004年版，第515—516页。

〔2〕谢在全：《民法物权论》（上册），中国政法大学出版社1999年版，第120页。

〔3〕［日］田山辉明：《物权法》（增订本），陆庆胜译，法律出版社2001年版，第155页。

〔4〕梁慧星、陈华彬：《物权法》（第六版），法律出版社2016年版，第106页。

更，但对所有权本身并无影响。[1]

二、所有权的权能

权能意味着行使权利的各种可能性。所有权作为完全性支配权，支配方式构成了所有权的内容，所有权的权能就是通过这些内容体现出来。所有权的权能有时被概括地描述为“随意处分”，有时又明确地划分为占有、使用、收益和处分四个方面。对所有人来说，当财产完全处于自己的实际控制之下时，所有权权能的明确划分是没有多少实际意义的。正是由于权能与所有权的分离，才使得权能的划分以及各项具体权能的界定成为必要。

所有权的权能可分为积极权能和消极权能。积极权能是保证所有权人对其财产行使所有支配行为的权能；消极权能则是所有权人禁止他人对该财产为一定积极行为的权能，如排除非法妨害的权能。我国《民法典》第240条规定：“所有权人对自己的不动产或者动产，依法享有占有、使用、收益和处分的权利。”该规定只是表明了所有权的积极权能。由于所有权具有全面支配性，这一特征决定了所有权本身应具有排除他人非法干涉的功能，此为所有权的消极权能，这一功能在大陆法系的多数国家民法典中作了规定。[2]我国《民法典》将这一权能规定在物权编的第三章（物权的保护）中。

（一）积极权能

所有权的积极权能主要指所有权人依据法律规定对其标的物享有占有、使用、收益和处分的权能。

1.占有权能

占有是指民事主体对物的实际控制的状态。 占有是所有权最基本的一项权能，它总是表现为一种持续的状态，而这种持续的状态通常被认为是拥有所有权最明显的证据。所有权人在行使任何一项权能时，均无法脱离占有，对于所有人来说，占有本身并不是最终目的，它是权利人行使对财产其他权能的前提。没有占有，一些权能便无法实现，因此，占有对于所有权其他权能的实现

---

〔1〕王泽鉴：《民法物权（第1册 通则·所有权）》，中国政法大学出版社2001年版，第150页。

〔2〕我国台湾地区“民法”第765条规定：“所有人，于法令限制之范围内，得自由使用、收益和处分其所有物并排除他人之干涉。”《德国民法典》第903条规定：“所有权为‘在不违反法律和第三人利益的范围内’‘随意处分其物，并排除他人的任何干涉’的权利。”《法国民法典》第544条规定：“所有权是对于物有绝对无限制地使用、收益及处分的权利，但法令所禁止的使用不在此限。”

具有重要的意义，所有权在法律上本身就包含了以实际控制或者管理为特征的占有权能。

占有可分为所有人的占有和非所有人的占有两种方式。所有人的占有是指所有人在事实上控制属于自己所有的物，这是所有权人直接行使占有权的表现，该种占有依法律规定或者第三人的权利受到限制。此种占有权受到侵害时适用所有权保护的法律规定。非所有人的占有是指非所有人占有他人所有之物。这种占有除真正所有人或者权利人可以依法排除外，占有本身不管是否合法，作为一种事实状态仍受到法律的保护。随着所有权的观念化，此项权能的地位也在发生变化，所有人基于对物的管领的占有逐渐减少。尽管如此，占有权能作为所有权的基本权能的存在价值仍然无法彻底否认。当占有与所有权人发生分离时，占有本身作为一种事实状态仍会受到法律的保护。〔1〕

2.使用权能

使用是指依据物的属性，在不毁损物的实体和变更物的性质的前提下对物进行事实上的利用以满足使用者的特定需要。如将房屋用作居住、对土地进行耕作、对车辆进行驾驶等。使用权能的发挥使得物的使用价值得到了实现。所有权的使用权能不仅赋予了权利人使用行为的合法性，而且赋予其排除他人不法干涉的效力。使用权能作为所有权的一项权能，在一定的条件下，可以与所有权发生分离，从而产生非所有权人的使用，这种使用包括合法使用和非法使用，当他人合法使用时，不仅第三人不得妨害权利人的权利行使，而且所有权人也不得非法干涉；而当发生非法使用时，使用人除应当返还其因使用而获得的不当利益，还应当承担相应的民事责任。

在近代社会中，所有权的核心体现就是使用权能的发挥。所有权人行使权利的目的主要是有效使用标的物以满足自身需要，使用权能的发挥主要是体现在所有权人对标的物的直接使用；在现代社会中，所有权的重心逐渐从直接使用转向价值利用，价值利用成为使用权发挥的另一种方式。

3.收益权能

收益是指基于物的使用或者自然规律而产出的经济上的新增利益。这种新增利益主要包括天然孳息和法定孳息。收益权能则是指收取所有物新增利益的权能，包括收取所有物的天然孳息和法定孳息的权能，前者主要基于自然规则取得，如种树收果、养牛取乳等；后者往往是基于所有权中部分权能的转让而

〔1〕详见《民法典》物权编第五分编“占有”的相关规定。

获得，如出租房屋收取租金等。

在自然经济条件下所有权的中心是使用，在市场经济、尤其是货币经济和信用经济条件下，所有权的中心正在由使用转向收益，现代社会中所有权的本质主要表现为收益权，这一发展走向被学者称之为“从管领到用益”。

4.处分权能

处分是指对物的命运加以处置。处分权能是指依法对物进行处置，从而决定物的命运的权能，包括事实上的处分权能和法律上的处分权能。前者是指将物的本体进行变更或者毁损，如将原材料加工成产品、拆毁建筑物等；后者是指通过法律行为将物进行处置，从而使所有权发生法律上的变动，如将物出卖或者赠与他人、在物上设定他物权等。

处分权能是所有权最具代表性的一项权能，是权利人享有所有权的根本性标志。与占有、使用和收益权能不同的是，上述三项权能可以与所有权人发生暂时分离而不改变所有权的属性，但是处分权能的行使将导致所有权与主体的分离。处分权能是商品生产者和经营者处分原材料、进行商品流通和实现商品交换的前提条件，充分体现了所有权人对物拥有的自由意志，无此权能，商品无法流通，交易亦无法进行。处分权直接体现了所有人对物的现实支配，是所有权中最为关键的权能，它的行使可能会直接导致所有权的变更或者消灭，与其他权能相比对于所有权人影响更为直接和重大。

上述四种积极权能在所有权的行使中起着不同的作用，每一项权能都从一个侧面表现了所有权的本质属性，即所有人对于自己所有财产的支配。但是，所有权并不是这四种权能的简单相加，而是四种权能的有机结合所构成的一个完整的权利，它们之间也常会发生吸收或竞合，当其中一种权能分离出去时，就对所有权产生一定的限制，但是这种分离并不改变所有权，反而是所有权人追求的目的。如果全部权能发生分离，所有权就会消灭。

所有权权能分离的原因主要有两种：一是依据所有人的意思发生的分离，如买卖、租赁等；二是依法律的特别规定或特殊原因发生的分离，如直接依据法律规定（如国有土地所有权与建设用地使用权的分离、集体土地所有权和承包经营权的分离）、根据司法机关的强制措施（如强制执行等）发生的分离，以及由于特殊的原因（如丢失、被盗等）发生的分离。

（二）消极权能——排除他人非法干涉

排除他人非法干涉权能是所有权的消极权能，是所有权人在行使所有权积极权能受到妨害时延伸出来的权能。此种权能在所有权正常行使时一般不会产生，只有在所有权行使遭到妨害或有妨害之虞时方能体现出来，故被称之为所有权的“消极权能”。该消极权能有两种表现方式，一是自力救济。权利人在合理限度内直接排除他人的侵权行为，如所有权人对抢夺自己物品之人实施正当防卫和就地追踪取回等行为。二是行使物上请求权。对侵害所有权行为人行使“返还原物请求权”“排除妨害请求权”“消除危险请求权”等物上请求权。由于此种权能只在所有权受到他人的不法干涉时才能显现，否则将隐而不彰，所以被称之为所有权的消极权能。我国《民法典》第233条至第237条规定，对于他人不当干涉，所有人有权主张排除妨害、返还原物、停止侵害等物上请求权，体现了所有权排除非法妨害的权能。[1]

三、所有权的限制

所有权的限制是指依据法律规定，或者按照公共利益原则，所有权人在行使所有权时所应受到的限制。法律之所以要对所有权进行限制，其理由主要有两个方面：一是保护个人权利的最大化。人类在共同生活中，各自决定自己的事务和分别行使自己的权利客观上存在权利冲突的可能性，为了避免彼此之间权利的冲撞，需要制定一系列的规则对个人权利进行合理的限制，尽可能保护所有个人利益的最大化；二是保护社会整体利益最大化。由于个人所有权的行使将造成分散决定，分散决定缺乏对整个社会总体经济目标的考虑以及法律价值的总体考虑。

任何权利只能存在于合法限制的范围之内。所有权虽然为一项全面的权利，但是绝非不存在任何限制。20世纪以来，人们意识到之前以个人主义为基础的所有权不受限制的规则存在的问题，开始寻求从社会利益最大化的角度对私人所有权进行限制，此种现象被称之为“所有权的社会化”。对所有权进行限制，以调整个体之间、个体利益与整体利益之间的平衡，仅仅依靠权利个体本身或者市场本身是不够的，必须依靠法令来完成。大多数国家解决这一问题的主要方式就是通过法令对所有权进行限制。“所谓法令，是指法律和行政机关所颁布的命令，无法律上根据的命令，不得对所有权进行限制。同时，法令对所有权的限制不得违反宪法保障财产权的意旨。”[2]所有权人应负何种义务，由法令内容确定。现代各国对所有权的限制业已形成公法上的限制和私法

---

〔1〕《民法典》物权编第三章“物权的保护”相关内容对此作出了规定。

〔2〕王泽鉴:《民法物权（第1册 通则·所有权）》，中国政法大学出版社2001年版，第156页。

上的限制并重的双轨制限制体系，其中公法上的限制较多。

（一）私法上的限制

多数国家在其《民法典》中明确规定：所有权人的权限只能存在于不违反法律或者不损害第三人权利的范围之内。[1] 上述规定体现了私法对所有权限制的基本原则。

所有权在私法上的限制主要体现在民法基本原则的适用以及有关规定对所有权行使的限制。如民法的禁止权利滥用原则、自力救济制度、他物权和合同债权的约束等构成了所有权限制的主要法律依据。

1.禁止权利滥用原则

禁止权利滥用是指权利主体在行使权利时，不得违反公共利益或者以损害他人为主要目的。依现代民法理念，一切私权皆有社会性，其行使须依诚实和信用的方法为之，否则将构成权利滥用。所有权作为现代社会最重要的一种私权，对其滥用行为进行禁止，实属天经地义。[2]是否以损害他人为主要目的，应就权利人因权利行使所能取得之利益与他人及社会因该权利行使所受之损失比较衡量。若权利之行使导致自己所得利益极少而他人及社会所受损失甚大，即为以损害他人为目的的权利行使。[3] 19世纪随着法国科玛尔法院“嫉妒建筑”案件的判决，许多国家在自己的民法典中设立了相关权利滥用禁止性的规定。[4]作为一个抽象的法律概念，权利滥用的认定标准在各国并不一致，学者将其概括为恶意损害他人的滥用行为、违背权利目的的滥用行为、与己无益的滥用行为、损害大于所受利益的行为、与所引起信用相违背的滥用行为和损害超过忍受限度的滥用行为六种情形。[5]这种类型化认定对于禁止权利滥用原则在司法实践中的运用具有重要的参考价值。

---

〔1〕 例如：《法国民法典》第544条规定：“所有权是对于物有绝对无限制地使用、收益及处分的权利，但法令所禁止的使用不在此限。”《德国民法典》第903条规定：“在不违反法律和第三人利益的范围内，物的所有权人可以随意处分其物，并排除他人的任何干涉。”《瑞士民法典》第641条规定：“于法规之范围内得自由处分其物。”《日本民法典》第207条规定：“于法令之限制内。”我国台湾地区“民法”第765条规定：“于法令限制之范围。”转引自史尚宽：《物权法论》，中国政法大学出版社2000年版，第67页。

〔2〕 梁慧星、陈华彬：《物权法》（第六版），法律出版社2016年版，第120—121页。

〔3〕 王泽鉴：《民法物权（第1册 通则·所有权）》，中国政法大学出版社2001年版，第157页。

〔4〕《德国民法典》第226条、《瑞士民法典》第2条第2项、《日本民法典》第1条第3项等均为权利滥用禁止的明文规定。

〔5〕 汪渊智：《论禁止权利滥用原则》，载《法学研究》1995年第5期。

2.自力救济制度

自力救济在民法上包括正当防卫、紧急避险和自助行为。法律关于上述制度的规定对所有权的行使构成了限制。如为保证自己的财产免受正在进行的不法侵害行为损害，对侵权人财物进行扣押或者损坏等不承担民事责任。该制度自罗马法以来就在各国私法上得到了确认。

3.他物权和合同债权的约束

他物权制度对所有权的约束主要体现在当所有人在自己物上为第三人设立用益物权或者担保物权时，自己对该物的使用或者处分权能即由此而受到一定的限制，如所有人在自己物上为他人设定质权后，其对该物的占有、使用和收益权能受到相应的限制。合同债权的约束是指所有权人就所有物设定债权契约时，其对该物的使用、收益或者处分权即受到债法上的限制，如所有人将自己之物通过借用合同借于他人时，其占有、使用权能受到限制。合同债权的限制与他物权的限制主要区别在于：债权对所有权处分的限制不能对抗第三人，而他物权对所有权的限制可以对抗第三人。

4.其他相关制度对所有权的限制

除上述有关情形外，相邻关系、建筑物区分所有权等有关私法规范都构成对所有权的限制。

（二）公法上的限制

公法为了保护社会公共利益而对所有权进行限制，此类规范多属行政法规，如《环境保护法》《土地管理法》《文物保护法》等。就受限制的标的物而言，既有不动产，也有动产；就限制的范围而言，既有所有权的取得和行使，又有所有权的转移和处分；就所有人的限制方式而言，既有作为的义务，也有不作为的义务和忍受的义务；就违反义务的法律后果而言，既有法律行为的无效和撤销导致的损害赔偿等民事责任的承担，也有行政责任和刑事责任的处罚。呈现出种类多、范围广并且日益增多的趋势。

公法对所有权的限制中，有一种特殊的情形，即“公用地役关系”，如某条实际上供公众通行数十年的道路使用，应当认为已有公用地役关系存在，土地所有人即不得违反供公众通行之目的而为自由使用收益。[1]当然，因公益而牺牲他人财产上的利益时，政府应当依照有关法律规定办理征收，并予以补偿。

---

〔1〕 王泽鉴：《民法物权（第1册 通则·所有权）》，中国政法大学出版社2001年版，第161页。

（三）征收和征用

从个人的自由出发，以平等保护原则作为基础，对所有权进行限制。它不是无限制地以社会约束来限制所有权，而是使这种限制在合理性原则下进行。对所有权的限制越强烈，这种干涉合法化的利益就必须越重要。如我国《宪法》和《民法典》规定的征收和征用。

1.征收

征收是指国家基于公共利益的需要，通过行政手段将他人的不动产征为国有。通过取消原权利人的所有权，使得该所有权强制性地转移给公法权利主体，所有权为新的权利人继续拥有。《民法典》第243条第1款规定："为了公共利益的需要，依照法律规定的权限和程序可以征收集体所有的土地和组织、个人的房屋以及其他不动产。"从上述规定分析，征收必须符合下列条件：（1）为了公共利益；（2）根据法律规定的权限和程序进行；（3）明确赔偿的种类和范围。《民法典》在此基础上对征收集体所有的土地和征收组织、个人的房屋以及其他不动产的补偿问题作了明确规定。[1]

征收是以公权力为基础的公法行为，是对所有权人意思的直接强制，导致被征收者丧失其不动产的所有权。为了保护私有财产，限制公权力对私有财产的过度限制和剥夺，我国《宪法》明确规定了国家只有在为了公共利益需要的情况下，才可以依照法律法规对公民的私有财产实行征收或者征用，并且必须给予补偿。[2]因此，征收问题不仅是民法上的所有权限制问题，更是一个界定公共权力与私人权利之间界限的宪法问题。[3]为了更好地保护被征收人的利益，国务院颁布了《国有土地上房屋征收与补偿条例》，不仅明确了征收的具

---

〔1〕《民法典》第 243 条第 1 款、第 2 款、第 3 款规定："为了公共利益的需要，依照法律规定的权限和程序可以征收集体所有的土地和组织、个人的房屋以及其他不动产。征收集体所有的土地，应当依法及时足额支付土地补偿费、安置补助费以及农村村民住宅、其他地上附着物和青苗等的补偿费用，并安排被征地农民的社会保障费用，保障被征地农民的生活，维护被征地农民的合法权益。征收组织、个人的房屋以及其他不动产，应当依法给予征收补偿，维护被征收人的合法权益；征收个人住宅的，还应当保障被征收人的居住条件。"

〔2〕《宪法》第 13 条规定："公民的合法的私有财产不受侵犯。国家依照法律规定保护公民的私有财产权和继承权。国家为了公共利益的需要，可以依照法律规定对公民的私有财产实行征收或者征用并给予补偿。"

〔3〕刘家安：《物权法论》（第二版），中国政法大学出版社 2015 年版，第 92 页。

体情形[1]，还规定了征收补偿的具体规则[2]。加之《民法典》第243条的规定，共同构成了征收补偿的主要法律依据，对于保护被征收人的利益提供了重要的保护。

2.征用

征用主要是基于特殊性的需要而强制性地使用私人之物，使用完毕后即可将物返还的行为。《民法典》第245条规定："因抢险救灾、疫情防控等紧急需要，依照法律规定的权限和程序可以征用组织、个人的不动产或者动产。被征用的不动产或者动产使用后，应当返还被征用人。组织、个人的不动产或者动产被征用或者征用后毁损、灭失的，应当给予补偿。"由于征用仅仅是对私人之物的使用，因此在使用完毕后，使用人应当将征用之物返还给所有权人，所有权人有权获得补偿。如果征用之物被毁损或者灭失，所有权人有权获得赔偿。

第二节　所有权的类型

按照不同的标准可以将所有权划分为不同的类型。依所有权的主体人数可将所有权分为单一所有权和多数人所有权；根据多数人之间对同一物享有权利义务的不同可将多数人所有权分为按份共有和共同共有；依所有权的客体可将所有权分为动产所有权和不动产所有权；我国现行民事法律根据不同主体对不同权利客体享有的所有权，将所有权分为国家所有权、集体所有权和私人

---

〔1〕 参见《国有土地上房屋征收与补偿条例》第 8 条："为了保障国家安全、促进国民经济和社会发展等公共利益的需要，有下列情形之一，确需要征收房屋的，由市、县级人民政府作出房屋征收决定：

（一）国防和外交的需要；

（二）由政府组织实施的能源、交通、水利等基础设施建设的需要；

（三）由政府组织实施的科技、教育、文化、卫生、体育、环境和资源保护、防灾减灾、文物保护、社会福利、市政公用等公共事业的需要；

（四）由政府组织实施的保障性安居工程建设的需要；

（五）由政府依照城乡规划法有关规定组织实施的对危房集中、基础设施落后等地段进行旧城区改建的需要；

（六）法律、行政法规规定的其他公共利益的需要。"

〔2〕 参见《国有土地上房屋征收与补偿条例》第 17—29 条的规定。

所有权。[1]

一、国家所有权、集体所有权和私人所有权

《民法典》根据生产资料所有制的不同形式，将所有权划分为国家所有权、集体所有权和私人所有权。此种分类的主要依据是我国宪法所确立的公有制为主体的经济制度，根据《宪法》第6条规定，“中华人民共和国的社会主义经济制度的基础是生产资料的社会主义公有制，即全民所有制和劳动群众集体所有制”。公有制的法律形态就是国家所有权和集体所有权。《民法典》为了体现与宪法保持一致的立法精神，在第五章中确立了国家所有权、集体所有权和私人所有权的分类。但是此种分类导致《民法典》在体系上出现了问题：物权编中的“国家、集体、私人”如何与总则编中的“自然人、法人和非法人组织”制度对接？集体所有权的主体的类型与法人制度如何协调？集体所有权的性质在权利体系中如何定位等，这些问题都需要进一步研究和讨论。[2]

（一）国家所有权

国家所有权即全民所有权，是指国家以民事主体身份对依法归其所有的财产所享有的所有权。它是国家依照相关法律规定，对矿藏、水流、海域、无居民海岛等国有财产所享有的所有权，是我国社会主义全民所有制在法律上的体现。相对于集体所有权和私人所有权，国家所有权具有下列主要特征。

1.主体的特殊性

国家代表全民对国有财产行使所有权，除法律另有规定外，国有财产由国务院代表国家行使所有权。根据《民法典》的相关规定，国家所有权的主体表现为三种类型：一是机关法人。国家机关作为机关法人，属于特别法人，依照《民法典》特别法人的相关规定对国家机关的财产行使所有权。在发生撤销、终止等情形时也适用民法典有关特别法人的规定。二是事业单位法人。国家设立的教育机构、医疗机构、研究机构等，均属于事业单位法人，依照《民法典》第89条和第256条关于事业法人的相关规定独立行使事业单位法人所有权。事业单位法人属于非营利法人，适用《民法典》关于非营利法人的相关规定。三是营利法人。国家出资的企业，由国务院、地方人民政府依照法律、行政法

---

〔1〕在民事法律中，原《民法通则》对所有权的分类采取了此种分类方式，后来的《物权法》和《民法典》继续沿袭了此种分类方式。《民法典》物权编第五章规定了“国家所有权和集体所有权、私人所有权”，对每一种所有权的内容进行了详尽的规定。

〔2〕江平、木拉提：《中国民法典集体所有权的理解和适用》，载《政法论坛》2021年第2期。

规规定分别代表国家履行出资人职责，享有出资人权益，适用《民法典》有关营利法人的规定。[1]

2.客体的特定性和专属性

国家所有权的客体是法律明确规定的特定财产。根据《民法典》的相关规定，国家所有权的客体主要包括矿藏、水流、无居民海岛、国防资产等特定的财产。这些财产具有国家专属性，对于专属于国家的财产，如城市土地、矿藏、水流、国防设施等，原则上禁止流通，任何单位和个人不得取得所有权。

3.取得方式的多样性

相对于其他民事主体取得所有权的方式，国家所有权取得的方式更具有多样性，可以是依法直接取得（如《宪法》和《民法典》的相关规定），也可以通过征收、税收、没收等方式取得。因此，国家所有权取得在公法领域和私法领域都有相关的规定。[2]

4.权利行使方式的多样性

对国有财产所有权的行使方式，《民法典》规定，既有国务院代表国家行使所有权，也有地方政府代表国家行使所有权，还有国有企业、国家机关、事业单位等以法人的方式行使所有权。

5.法律保护的优越性

为了保护国有财产所有权，防止国有财产的流失，《民法典》明确规定，由专门的机构和人员对国有资产进行管理和监督，对违反有关规定导致国有财产损失的要追究其法律责任。

（二）集体所有权

集体所有权是指集体经济组织对法律所规定的集体财产依法享有的所有权。

集体所有也称集体成员集体所有。依据《民法典》的相关规定，集体所有分为村集体成员集体所有、乡镇农民集体所有和城镇集体所有三种类型。

集体所有权是我国公有制的另一种法律形态，关于集体土地所有权问题，《民法典》中被表述为“集体成员集体所有”，并由村集体经济组织、村民委员会或者村内各该集体经济组织或者村民小组依法代表集体行使所有权。有学者提出，中国的集体所有应当分为两种类型进行分析：一是集体企业，二是集体土地。前者是法人所有，应当属于民事主体制度的内容；后者是所有权的形

---

〔1〕《民法典》第257条、第76—86条规定。

〔2〕 梁慧星、陈华彬：《物权法》（第六版），法律出版社2016年版，第115页。

态，属于物权制度的内容。对集体所有权可以有两种选择：一是把它视为类似“总有”的一种所有权的特殊形态；二是把它视为法人所有的一种特殊形态。[1]集体所有权作为一种具有鲜明的中国特色的法律制度，不仅涉及许多法律法规，而且涉及大量的地方性法规和规章。[2]依据上述法律法规的规定，集体所有权具有下列法律特征。

1.主体的特殊性

“集体”是一个很难从民法上加以定义的概念。根据《民法典》的有关规定，“集体”主要是指“农村集体经济组织”和“村民委员会”，他们都具有法人资格。但是从《民法典》的法人制度分析，上述主体是否符合法人的条件是需要进一步研究的问题。[3]除此之外，《民法典》规定的集体所有权主体还有村民小组。该代表组织是否具备主体资格？他们与村集体经济组织和村民委员会的关系是什么？主体资格和法律后果有何不同？这些问题都需要进一步澄清。

2.客体的法定性

依据《民法典》的有关规定，集体所有的财产主要包括属于集体所有的土地、森林建筑物、生产设施等不动产和动产。除此之外，学者认为乡镇企业也属于集体所有权的客体。[4]

3.权利行使的多样性

集体所有权按照财产的性质分别由集体成员、农村集体经济组织、村民委员会或者村民小组、乡镇集体经济组织行使。其中，由集体成员行使权利的主要有：

（1）土地承包方案以及将土地发包给本集体以外的组织或者个人承包；

（2）个别土地承包经营权人之间承包地的调整；

（3）土地补偿费等费用的使用、分配办法；

（4）集体出资的企业的所有权变动等事项；

---

〔1〕江平、木拉提：《中国民法典集体所有权的理解和适用》，载《政法论坛》2021年第2期。

〔2〕涉及集体所有权的法律法规主要有：宪法、民法典、土地管理法、森林法、草原法、农业法、农村土地承包法、村民委员会组织法、乡镇企业法，以及乡村集体所有制企业条例、城镇及其所有制企业条例等。此外，北京、河北、山西、湖南等三十多个省、自治区和直辖市还有地方性法规和规章都对集体所有权问题作了规定。

〔3〕刘家安：《物权法论》（第二版），中国政法大学出版社2015年版，第87页。

〔4〕江平、木拉提：《中国民法典集体所有权的理解和适用》，载《政法论坛》2021年第2期。

（5）法律规定的其他事项。

由村集体经济组织、村民委员会、村民小组、乡镇集体经济组织等行使集体所有权的，主要对于集体所有的土地和森林、山岭、草原、荒地、滩涂等行使所有权，上述主体依照下列规定行使集体财产的所有权：

（1）属于村农民集体所有的，由村集体经济组织或者村民委员会依法代表集体行使所有权；

（2）分别属于村内两个以上农民集体所有的，由村内各该集体经济组织或者村民小组依法代表集体行使所有权；

（3）属于乡镇农民集体所有的，由乡镇集体经济组织代表集体行使所有权。

上述规定存在的问题是：依据《民法典》第262条规定，属于村农民集体所有的土地，由村集体经济组织或者村民委员会依法代表集体行使所有权。在征收集体所有的土地时，集体经济组织或者村民委员会是否有权代表被征地村民签订征地合同和代表村民接受土地补偿款。

4.成员利益的保障性

为了保护集体成员的利益，《民法典》规定，禁止任何单位和个人侵占、哄抢、私分、破坏集体财产；农村集体经济组织或者村民委员会、村民小组应当依照法律、行政法规以及章程、村规民约向本集体成员公布集体财产的状况。集体成员有权查阅、复制相关资料。如果农村集体经济组织、村民委员会或者其负责人作出的决定侵害集体成员合法权益的，受侵害的集体成员可以请求人民法院予以撤销。

我国现行法律体系中，集体所有权主要分为农民集体所有、乡镇企业所有和城镇集体所有三大类型：农民集体所有主要规定在《民法典》的相关规定中，有集体经济组织、村民委员会等代表行使相关的权利；乡镇企业所有权则主要规定在《乡镇企业法》中，依据该法规定，乡镇企业财产权属于设立该企业的全体农民集体所有；农村集体经济组织与其他企业、组织或者个人共同投资设立的乡镇企业，企业财产权按照出资份额属于投资者所有。具有法人资格的乡镇企业，依法享有法人财产权。城镇集体所有的财产大多涉及城镇集体企业问题，经过几十年的改革开放，大多数企业已经转化为股份有限公司、有限责任公司和合伙企业等不同类型的民事主体，这些企业的所有权问题相应转化为营利法人和非法人组织等相关类型，适用相关的法律规则。

此外，“农民集体所有”是属于共同共有，还是属于按份共有等问题也需要进一步探讨。

(三)私人所有权

相对于国家所有权和集体所有权，私人所有权应当是指国家和集体之外的私主体对自己的动产和不动产享有的所有权。

但是，《民法典》中“私人所有权”的“私人”到底是仅指自然人还是包括除国家、集体之外的所有民事主体（自然人、法人和非法人组织）？从《民法典》第五章的逻辑来看，应当是指国家、集体之外的其他私主体，即自然人、法人和非法人组织；但是，从第266条和第267条规定的内容分析，此处的“私人”显然仅指自然人，并不包括法人和非法人组织。〔1〕《民法典》的私人所有权范围在将来的法律适用中如何解释，仍然需要进一步研究。

《民法典》在明确国家、集体和私人所有权基础上，为了规范上述三类主体通过出资设立各类法人的问题，特别规定了上述主体通过投资而设立的营利法人、非营利法人和其他法人的主体资格、权利性质和权利保护问题。

二、动产所有权和不动产所有权

以“能否移动和移动后是否变更其性质，损害其价值”为标准，将物划分为动产和不动产。该划分标准始于罗马法，后被大多数欧陆国家继受，动产与不动产也成为大陆法系民法对于财产的最主要分类。“整个经济、社会制度都以它为基点，由于其特有的经济功能，它不是单一地设计这个或那个法律关系，而是关系到整个法律机制。”〔2〕动产所有权与不动产所有权也就成为所有权的一种重要的分类。

《民法典》物权编对于动产物权和不动产物权的得丧变更确定了不同的法律规则，这一规则适用于动产所有权和不动产所有权的得丧变更。

（一）动产所有权

动产所有权是指权利主体对动产享有的所有权。按照《民法典》的有关规定，动产所有权的主体具有广泛性，既可以是国家、集体，也可以是自然人、

---

〔1〕《民法典》第266条规定：“私人对其合法的收入、房屋、生活用品、生产工具、原材料等不动产和动产享有所有权。”第267条规定：“私人的合法财产受法律保护，禁止任何组织或者个人侵占、哄抢、破坏。”上述规定中涉及“生活用品”等规定以及将“私人”区别于“组织”，显然是将“私人”仅限于自然人。

〔2〕[意]彼德罗·彭梵得：《罗马法教科书》，黄风译，中国政法大学出版社1992年版，第190—191页。

法人等民事主体；动产所有权的客体具有多样性，除法律有特殊规定外，一般动产皆可以作为动产所有权的客体；动产所有权变动的公示方式原则上是交付，交付一般情况下是现实交付，但是在当事人不违反法律规定的情况下也可以采取简易交付、指示交付和占有改定的方式；在动产所有权取得中，主要有先占、拾得遗失物、发现埋藏物或者隐藏物、善意取得方式。

（二）不动产所有权

不动产所有权是权利主体对不动产享有的所有权。相对动产，我国法律中规定，不动产的主体大多数是国家和集体；不动产的客体主要有土地、河流、桥梁、道路、房屋等；不动产的所有权除房屋外，大多由法律明确规定了所有权的主体；不动产所有权变动公示方式除法律有特殊规定外为登记。对于法律规定专属于国家或者集体所有的不动产，私人是不能取得所有权的。

不动产所有权主要有土地所有权、自然资源所有权和建筑物所有权三种类型。其中土地所有权和自然资源所有权依照有关法律规定归国家和集体所有，其他主体不能主张所有权；建筑物（包括房屋）原则上属于流通物，其所有权可以由任何民事主体取得。

三、单一所有权和多数人所有权

以所有权的主体人数为标准可将其划分为单一所有权和多数人所有权。

（一）单一所有权

单一所有权是指所有权的主体为单一的民事主体，该主体对一物单独享有的所有权。此种类型的所有权是所有权的普通状态。

（二）多数人所有权

多数人所有权指同一所有权由两个或两个以上的人共同享有。多数人所有权是指同一所有权由两个或两个以上的主体共同享有。多数人所有权又可分为共有和建筑物区分所有等类型。其中，共有是指两个以上的主体对同一所有权的享有，有按份共有和共同共有两种类型；建筑物区分所有权是指单独权利主体（也称业主）对建筑物中专有部分的单独所有权、全体权利主体对建筑物及建筑区划内的共有部分的共有权两个部分。此种权利也称“公寓权”、“区分共有权”或者“建筑物共有权”，我国《民法典》物权编称之为“业主的建筑物区分所有权”。

法律适用

[所有权限制的法律适用]

所有权的限制是指依据法律规定的条件和程序，对所有权人的不动产或者动产在特定情况下进行征收或者征用的法律手段。其中，征收是在符合法律规定的条件和程序下永久性地剥夺所有权人对物的所有权；而征用则是对所有权人的使用权进行暂时性的剥夺。

任何权利都必须受到应有的约束，这是法律的基本精神，所有权虽然是一项全面的权利，但也绝非不受限制。《民法典》对所有权限制的规定分为两种方式：征收和征用。

1.征收

《民法典》第243条规定了征收的原因和条件："为了公共利益的需要，依照法律规定的权限和程序可以征收集体所有的土地和组织、个人的房屋以及其他不动产。征收集体所有的土地，应当依法及时足额支付土地补偿费、安置补助费以及农村村民住宅、其他地上附着物和青苗等的补偿费用，并安排被征地农民的社会保障费用，保障被征地农民的生活，维护被征地农民的合法权益。征收组织、个人的房屋以及其他不动产，应当依法给予征收补偿，维护被征收人的合法权益；征收个人住宅的，还应当保障被征收人的居住条件。任何组织或者个人不得贪污、挪用、私分、截留、拖欠征收补偿费等费用。"

《民法典》第244条规定了耕地征收的限制："国家对耕地实行特殊保护，严格限制农用地转为建设用地，控制建设用地总量。不得违反法律规定的权限和程序征收集体所有的土地。"

2.征用

《民法典》第245条规定了征用的条件和法律后果："因抢险救灾、疫情防控等紧急需要，依照法律规定的权限和程序可以征用组织、个人的不动产或者动产。被征用的不动产或者动产使用后，应当返还被征用人。组织、个人的不动产或者动产被征用或者征用后毁损、灭失的，应当给予补偿。"

征收和征用均是通过公法的手段对所有权进行的限制手段。除此之外，在民法上，禁止权利滥用原则、自力救济权的行使（如自助行为中扣押所有人财产的行为）、他物权（如居住权、地役权）等制度均可构成对所有权的限制。

第六章 建筑物区分所有权

提 要

建筑物区分所有权是指多数人共同拥有同一建筑物时，各区分所有人对建筑物内有独立用途部分享有的所有权、对共有部分享有的共同所有权，以及行使区分所有权过程中对共有部分进行的管理。区分所有权制度是在第二次世界大战后，随着大都市中心高层建筑的大量出现，为了解决高层建筑中各所有权人之间的权利和义务关系而构建的一种特殊所有权制度。

建筑物区分所有权包括区分所有权人的专有权、共有权和所有权行使三个方面的内容。其中专有权是指区分所有权人（业主）对其建筑物专有部分享有占有、使用、收益和处分的权利，该所有权与一般所有权的内容相同；共有权是指所有权人（业主）对于其专有以外的共用部分所享有的占有、使用和收益并随专有部分的处分一并处分的权利。此外，区分所有权的行使是区分所有权人通过法律或者公约和章程规定的方式对建筑物的共用部分及其附属设施等进行管理、保护等，实现全体建筑物区分所有权人的个人权利和共同利益最大化。三个方面有机结合，构成了我国建筑物区分所有权制度的内容。

重点问题

1. 建筑物区分所有权的内容包含哪些？
2. 业主的专有权包括哪些内容？
3. 业主大会和业主委员会的法律性质。
4. 业主大会对于重大事务的表决规则。
5. 业主共有权的行使方式。
6. 业主对于业主大会和业主委员会的决定侵害自己权利的救济方式。
7. 业主管理自己小区的方式。

第一节 概述

一、建筑物区分所有权的概念和制度缘起

建筑物是指人工建造的，固定在土地上，其空间用于居住、生产或者存放物品的设施，如住宅、写字楼、车间、仓库等。“建筑物区分所有权”是日本民法和我国台湾地区“民法”所使用的概念。[1]建筑物区分所有权在各国民法中的称谓各不相同：如法国称其为“住宅分层所有权”；德国称其为“住宅所有权”；瑞士称其为“分层建筑所有权”；意大利、英国、美国等国家称其为“公寓所有权”。[2]《民法典》借鉴了日本和我国台湾地区的“建筑物区分所有权”的称谓，称之为“业主的建筑物区分所有权”，简称“建筑物区分所有权”。《民法典》第271条规定：“业主对建筑物内的住宅、经营性用房等专有部分享有所有权，对专有部分以外的共有部分享有共有和共同管理的权利。”《民法典》和相关法律法规中的“业主”即为建筑物区分所有权人。

第二次世界大战后，随着大多数国家的经济复苏和快速发展，开始出现人口向都市集中的现象并由此带来了都市地价的急剧上涨，这一现象导致大都市中心的高层建筑大量出现，高层建筑中区分所有权的问题随之被提出。一栋建筑物在结构上可以被划分为若干相对独立的部分，可供不同的人分别使用，各个独立的部分作为专有部分成为区分所有的对象，专有部分之外的部分作为建筑物的公用部分供全体所有人使用，将一栋独立的建筑物划分归不同的人所有，是大多数国家民法确认的制度。有学者认为，数人区分一建筑物的方式，有横的区分，系将一栋楼房分层横切者，如四层楼房建筑分为一层至四层而各有一层之所有权；有纵的区分，系将一栋平排之建筑物纵切为数户者，如一排房屋分为四户，而各有一户之所有权；亦有纵横区分者，如一栋房屋横切后，于各层再纵分为数间或套，俗称套房。无论其区分方法如何，均属于建筑物之区分所有。[3]此种区分方法是否科学，值得商榷。

---

〔1〕 日本以土地为中心的“平面相邻关系”规定在《日本民法典》中，而“立体相邻关系即区分所有建筑物相邻关系”则规定在《日本建筑物区分所有权法》中。

〔2〕 陈华彬：《建筑物区分所有权》，中国法制出版社 2011年版，第 404 页。

〔3〕 谢在全：《民法物权论》（上册），中国政法大学出版社 1999年版，第 204 页。

二、建筑物区分所有权的特征

（一）主体的建筑物的区分所有权人

建筑物区分所有权的主体是区分所有权人，即对建筑物的专有部分取得所有权，同时也对共有部分享有共有权等相关权利的人。就专有部分而言，区分所有权人是专有所有权人，即按照《民法典》的有关规定完成了不动产所有权登记的权利人。除此之外，某些人基于与建设单位之间的商品房买卖合同，已经合法占有建筑物专有部分，在法律上也被认定为区分所有权人，并享有相关的权利。[1] 就共同部分而言，区分所有权人是共有人，就共同部分进行管理，通过一定的管理方式实现自己的共有权。

依据《民法典》和相关司法解释，我国法律上的建筑物区分所有权人也称为“业主”。根据《建筑物区分所有权解释》的规定，具备下列条件之一的，认定为业主：一是依法登记取得或者依据《民法典》第229条至231条规定取得建筑物专有部分所有权的人，应当认定为《民法典》第二编第六章所称的业主；二是基于与建设单位之间的商品房买卖民事法律行为，已经合法占有建筑物专有部分，但尚未依法办理所有权登记的人，可以认定为《民法典》第二编第六章所称的业主。[2] 在上述两种情况下，建筑物区分所有权人与“业主”的含义相同。

但是上述规定存在一定的不足：一是关于“与建设单位之间的商品房买卖民事法律行为”的规定，实际上是对一手商品房买卖，忽略了对二手商品房买卖的民事法律行为的规定，范围过窄。因此学者提出，对二手商品房买卖，不能适用上述规则，在没有办理过户登记前，仍应认定原房屋所有权人为业主；[3] 二是未对物业管理实践中一些常见的有争议的业主主体进行必要的列举，如夫妻、父母子女等家庭成员共同出资、共同使用，但是登记在某一人名下时，依《民法典》婚姻家庭编中对夫妻共同财产的有关规定，除有特殊情形外，该房屋归夫妻共有，夫妻作为财产所有权人均属于业主，不能限制任何没有登记的一方参与物业管理的权利；对于父母子女和兄弟姐们共有一处物业的情形，如果合法有效的法律文件或法律行为能够证明其对物业享有共有的权

---

〔1〕《建筑物区分所有权解释》第1条第2款规定：“基于与建设单位之间的商品房买卖民事法律行为，已经合法占有建筑物专有部分，但尚未依法办理所有权登记的人，可以认定为民法典第二编第六章所称的业主。”

〔2〕《建筑物区分所有权解释》第1条。

〔3〕刘家安：《物权法论》（第二版），中国政法大学出版社2015年版，第149页。

利，均可认定为业主身份，反之则不应认定为业主。[1]因此在司法实践中，涉及业主表决权行使时，一些业主大会的筹备机构要求产权证上的本人才能登记为业主，违背《民法典》关于夫妻共有财产权行使的有关规定。

此外，依据《最高人民法院关于审理物业服务纠纷案件适用法律若干问题的解释》（以下简称《审理物业服务纠纷案件的解释》）第4条的规定，我国关于业主的规定，不仅适用于建筑物的所有权人，也适用于建筑物的承租人、借用人或者其他物业使用人。这些人在使用建筑物时，与物业服务企业之间发生纠纷，参照关于业主的规定处理。该条规定建筑物的承租人、借用人或者其他物业使用人在使用建筑物时，适用业主的有关规定，存在的问题是：建筑物使用人与区分所有权人之间一般是租赁、借用等合同关系，他们之间的权利义务适用合同法的有关规定。建筑物使用人与物业之间并不存在法律上的权利义务关系。因此，如果建筑物的使用人依据借用合同、租赁合同等对建筑物专有部分使用过程中发生拖欠物业费用等行为，由于该使用人与物业服务企业并没有物业服务合同关系，因此物业服务企业向其主张违约责任缺乏请求权基础。按照请求权基础理论，物业服务企业应当向建筑物区分所有权人追究违约责任，后者依据物业服务合同承担责任后向建筑物使用人进行追偿。

（二）客体是既含有独立用途部分又含有必要共同设施的建筑物

建筑物区分所有权的客体是建筑物。该建筑物须为有必要共同设施的建筑物并以公用物的用益物权为前提，如公共道路、电梯、楼梯、用水等共同设施。与此同时，区分所有权的建筑物还须含有独立用途部分的建筑物。如果建筑物只有作为一个完整的整体才有独立的使用价值，就无从成立区分所有。如只有一间房屋的建筑物。因此区分所有权的客体必须是同时具有共同建筑部分和独立部分两个方面，两个部分密切结合，不可分割。

（三）权利内容具有复合性和一体性

区分所有权的建筑物的各个独立部分必须可以成立单独所有权，同时还需要存在区分所有人之间的共有权和成员权，三者结合在一起才能被称为“建筑物的区分所有权”。建筑物区分所有权作为一种民事权利，同时具备三个方面的管理内容，相对于一般所有权内容的单一性而言，建筑物区分所有权的权利内容具有明显的复合性。同时建筑物区分所有权是三位一体性民事权利，专有

---

〔1〕陈枫：《在现实与文本之间的谨慎选择——从实务角度看建筑物区分所有权司法解释》，载《法律适用》2009年第7期。

所有权、共同所有权和管理权（也称成员权）三种权利有机结合在一起，构成了一个完整的权利，彼此不可分离。《民法典》第273条第2款规定，建筑物区分所有权的专有权、共有权与管理权在转让时只能一并转让，不可分割，此为区分所有权的不可分割性。主要体现在以下几个方面：

第一，区分所有人（业主）死亡时，继承人或受遗赠人在取得遗产的专有权时，对共有部分的权利和义务以及作为业主的相关权利和义务也同时归属于继承人或受遗赠人。

第二，区分所有权人将房屋设定抵押权时，应视为其他共有部分连同房屋所有权以及相应的土地使用权份额一并抵押。

第三，由于共有部分与专有部分所有权是一体的，不可分割，因此，区分所有权人在出售房屋时，不存在其他区分所有权人的优先购买权问题。

（四）权利设立的法定性

建筑物区分所有权的内容，不管是专有部分的内容，还是共有部分的内容，以及区分所有权的行使方式和程序都由法律直接规定。因此，建筑物区分所有权既不同于一般房屋所有权，也不同于一般共有。

建筑物区分所有权虽然有其自身特点，但并未完全脱离物权法中“一物一权”和所有权的范围，其实质上仍是一种所有权，与传统的单独所有权并没有根本的区别。建筑物区分所有权只是法律对现代社会城镇生活的发展而出现的人们新的居住生活方式的一种诠释，其仍是根据传统单独所有权的模式、理论及相应观念对之加以调整的。因为单就一栋楼宇建筑物而言，如果其所有权属于同一个人或数人（指数人共有整个楼宇建筑物），该建筑物仍是一个传统单独所有权的标的物。正是由于现代社会个人往往只拥有楼宇建筑物的一个部分独立空间（房屋），而其在法律上又可以进行独立处理（可以单独登记、转让等），因而将该独立空间作为一个独立法律主体予以认定。区分所有权并不违反“一物一权”原则，“一物一权”也是为了区分不同“物”，使其法律关系趋于明晰化，更便利于人们的生活，而由此派生出的共有权及成员权等同样只是为了便利各专有权人的生活而在法律上的构造而已。

三、建筑物区分所有权的内容

各国关于建筑物区分所有权的内容有“一元说”、“二元说”和“三元说”三种不同的观点。

（一）一元说

该说又分为“专有权说”和“共有权说”两种。“专有权说”认为，建筑物区分所有权是指区分所有人对建筑物的专有部分享有的所有权，即专有所有权，建筑物区分所有权实质上是若干个单独的个人所有权的集合。此说为学者对1804年《法国民法典》第664条的解释：“建筑物的各楼层属于不同的所有权人”，虽然该条规定后来被废止，但是此学说却被日本立法继受。[1]

“共有权说”将区分所有建筑物整体视为由全体区分所有权人共同所有。该说是由法国学者普鲁东和拉贝在解释《法国民法典》原第664条时，针对法国学者的专有权说而提出的另一种观点。该学说在法国没有得到广泛的承认，但在日本得到了发展并成为日本1983年修改其建筑物区分所有权法的动力和指导思想，日本修改后的建筑物区分所有权法实质上改采了共有权说的观点。瑞士1963年修订民法典时追加了建筑物区分所有权并承认“分层建筑物所有权”。[2]

（二）二元说

建筑物区分所有权是指根据使用功能，将一栋建筑物在结构上区分为由各个所有人独自使用的专有权和由多个所有人共同使用的共有部分时，每一个所有人所享有的对其专用部分的专有权与对共有部分的共有权的结合。该学说是法国学者针对一元说提出的反对观点，后为法国1965年的住宅分层所有权法和我国台湾地区“民法”所采用。[3]

（三）三元说

区分所有权应由专有部分所有权、共有部分持份权以及因共同关系所产生的成员权构成。又称“最广义的区分所有权说”，该学说由德国学者贝尔曼所

---

〔1〕《日本建筑物区分所有权法》第 2 条规定 ：“本法所称的区分所有权，指以建筑物的专有部分为标的而设立的所有权。”

〔2〕 梁慧星、陈华彬 ：《物权法》（第六版），法律出版社 2016 年版，第 147 页。

〔3〕 我国台湾地区“民法”第 799 条规定 ：“数人区分一建筑物，而各有其一部分者，该建筑物及其附属之共同部分，推定为各所有人之共有，其修缮费及其他负担，由各所有人，按其所有部分之价值分担之。”

倡导，为德国现行的住宅所有权法所采用。[1]根据该法规定，建筑物区分所有权由三部分构成：供居住或者其他用途（如办公、营业等）的建筑物空间上设立的专有所有权，即专有权；在共用部分上成立的共有所有权，即共有权；基于专有部分与共用部分不可分离形成的共同关系所产生的成员权。此三位一体性的权利是一种特别权利，必须同时取得或者转让，不可分割行使。学者认为，三元说的核心是承认区分所有权人作为管理团体的成员权，加强区分所有权人的集会功能，并借管理团体的力量妥订管理规约，以维护区分所有权人的共同利益。将成员权作为建筑物区分所有权的一项构成要素，对于协调区分所有权的个人利益与全体利益具有很大的裨益。[2]只有将建筑物区分所有权的意义界定为专有所有权、共有所有权与成员权，方能有效处理区分所有权人之间的复杂关系。[3]　上述三种学说虽然从不同角度解释了区分所有权的内容，但是这三种学说自身皆有不当之处，不仅未对罗马法以来的代表性国家或者地区的建筑物区分所有权的立法背景及法律制度进行细致的考察，而且对于物权法定原则的理解也失之偏颇，并导致区分所有权内容在理解上出现了更多的困惑。区分所有权作为一种特殊的物权类型，其具体内容必须从法律规定的具体规则中进行解释。

我国学说通说认为建筑物区分所有权由三个部分构成：房屋专有部分所有权、共用部分共有权和对共有部分的管理权，该管理权被学者称之为成员权。

---

〔1〕按照《德国住宅所有权法》的规定，区分所有权由三项要素构成：专有所有权、共用部分持分权和成员权。由该三要素构成的区分所有权是一种特别的权利，而且它可以作为处分或者继承的标的，不过应将三者视为一体为之。区分所有人不得保留专有部分所有权而抵押其共有部分，也不得保留成员权而转让专有部分所有权和共用部分持分权。与此相应，受让区分所有权时，受让人也同时取得专有所有权、共用部分持分权和成员权三项权利。参见陈华彬：《现代建筑物区分所有权制度研究》，法律出版社1995年版，第66—76页。

〔2〕梁慧星、陈华彬：《物权法》（第六版），法律出版社2016年版，第148页。

〔3〕戴东雄：《论建筑物区分所有权制理论基础》（I），载中国台湾地区《法学丛刊》第29卷第2期。

第二节　专有权

一、专有权的概念和特征

专有权也称“专有部分所有权”，是指以建筑物的专有部分为标的而设立的所有权。《民法典》第272条规定：“业主对其建筑物专有部分享有占有、使用、收益和处分的权利。业主行使权利不得危及建筑物的安全，不得损害其他业主的合法权益。”学者称此权利为“在供居住或其他用途（尤其供营业或办公用途）的建筑物空间上成立的空间所有权”。[1]

专有权包括以下几个方面的特征。

（一）主体是建筑物区分所有权人

如前所述，专有权的主体是建筑物的区分所有权人，在我国相关法律中称之为“业主”，是对建筑物独立部分具有独立所有权、对共同部分享有共有权的建筑物所有权人。

（二）客体具有独立性

根据《建筑物区分所有权解释》第2条的规定，建筑物专有部分应当具备下列条件：

1.构造上的独立性，能够明确区分。为了使结构上的独立性得到法律上的认可，必须有同其他部分隔离开来的设施。为了使使用上的独立性得到认可，必须使这一部分作为独立的经济性交易单位得到认可，而且必须能从其他的专有部分中独立出来使用。[2]

2.利用上的独立性，可以排他使用。区分所有的建筑物专有部分与一般单独所有权的建筑物相同，具有相对独立的使用功能，能够独立使用满足权利人的一般需要。该专有部分具有独立的出入门户或者该专有部分的利用与单独房屋所有权的利用具有同等的效用，一般表现为楼宇中的独立住宅或经营性用房。

3. 能够独立登记为特定业主所有权的客体。专有部分的独立性还表现在它能够成为独立的登记对象。区分所有权人对专有部分的所有权必须满足物权法

〔1〕［德］贝耳曼:《德国住宅所有权法》，戴东雄译，载中国台湾地区《法学论丛》第13卷第1期。
〔2〕［日］田山辉明 :《物权法》（增订本），陆庆生译，法律出版社2001年版，第192页。

上一般的公示要求，而只有在具备结构上和利用上的独立性后才能成为独立的登记对象。[1]只有成为登记对象后才能成为专有权的客体。

我国的建筑物专有权主要是在房屋买卖合同中所注明的房内空间面积。但是，规划上专属于特定房屋，且建设单位销售时已经根据规划列入该特定房屋买卖合同中的露台等，也应当认定为前款所称的专有部分的组成部分。实践中，专有部分面积可以按照不动产登记簿记载的面积计算；尚未进行物权登记的，暂按测绘机构的实测面积计算；尚未进行实测的，暂按房屋买卖合同记载的面积计算[2]。

（三）共同墙壁的双重性

原则上，专有权范围仅为区分所有人所取得的空间，最多也不过及于用以间隔专有部分之墙壁表面而已。但是这与法律中所确认的数人区分一建筑物而各有其一部分的观念相矛盾。因此在解释上学者主张区分所有权间的共同墙壁具有双重或两面性质，即在相邻区分所有人间，基于维持和管理的关系，应当认定共同墙壁或者楼板为区分所有人所共有。在对第三人的其他关系上，认定属于区分所有人独有，这样才能与区分所有权的意义相符合。[3]

（四）权利行使的制约性

由于共有一建筑物，各专有部分在物理上相互连接，使得区分所有人之间具有共同的利益，在使用上也相互制约。因此即使区分所有权人基于专有权得对专有部分行使占有、使用、收益和处分等权能，而为全面的支配。但是，由于专有部分是从一个建筑物整体中区隔出来的，对每一专有部分的使用和支配都可能影响到建筑物的其他部分，因此法律规定各所有人就自己专有部分行使所有权时，不得危及建筑物的安全，不得损害其他共有人的权利。

二、专有权的范围

学理上对专有权所涉范围，有“中心说（也称壁心说）”“最后粉刷表层说”和“壁心和最后粉刷表层说（也称空间说）”三种观点。

“中心说”认为，专有所有权的范围包含壁、柱、地板及天花板等境界部分厚度的中心[4]。“中心说”观点虽然有利于各区分所有权人充分行使其分割

---

〔1〕刘家安：《物权法论》（第二版），中国政法大学出版社2015年版，第129页。
〔2〕参见《建筑物区分所有权解释》第8条规定。
〔3〕谢在全：《民法物权论》（上册），中国政法大学出版社1999年版，第208页。
〔4〕［日］右近健男：《区分所有与管理》，载中国台湾地区《法律时报》第43卷第10号。

境界的权利，但是由于建筑物本身的复杂性和安全性，这种做法对建筑物整体的维持和管理明显不利；“最后粉刷表层说”认为，在区分所有人之间，尤其是有关建筑物的维持和管理等关系上，专有部分仅限于壁、柱、地板和天花板等境界部分表层所粉刷的部分。即境界壁与其他境界的本体属于共用部分，但境界壁上最后粉刷的表层部分则属于专有部分。空间说综合了“中心说”和“最后粉刷表层说”，一方面赋予各业主自由使用分界部分表面的权利，另一方面又因顾及了整体建筑物的维持，并且符合空间权理论的最新动向，因而成为晚近的通说，但是无论采何种学说，专有权人实际利用专有部分的范围并不会受到影响。区分所有人在行使其专有权时不得损害其他区分所有人的利益，这一点在各国的民法典上均进行了规定。

我国现行民法中的专有权范围包括以下两个方面：

1.对专有部分的占有、使用、收益和处分的权利。《民法典》第272条规定：“业主对其建筑物专有部分享有占有、使用、收益和处分的权利。业主行使权利不得危及建筑物的安全，不得损害其他业主的合法权益。”

2.合理、无偿利用屋顶以及其专有部分相对应的外墙等共有部分。《建筑物区分所有权解释》第4条规定：“业主基于对住宅、经营性用房等专有部分特定使用功能的合理需要，无偿利用屋顶以及与其专有部分相对应的外墙面等共有部分的，不应认定为侵权。但违反法律、法规、管理规约，损害他人合法权益的除外。”

三、专有权的内容

（一）专有权人的权利

专有权主要是业主对其建筑物专有部分享有的所有权，即对建筑物享有占有、使用、收益和处分的权利。对于该专有部分，所有权人依所有权的权能进行全面的支配，与其他不动产所有权的权能相同。但是，由于建筑物区分所有权中的专有权与建筑物整体存在特殊的不可分割性和关联性，因此在行使专有权时需要受到一定的限制。该限制体现在专有权人的义务中。

除了所有权外，根据《民法典》《物业管理条例》的有关规定，专有权人为了行使专有权的需要，在特定情况下对其他业主的专有部分或者共有部分享有使用的权利。为了修缮房顶漏水问题需要对楼上对应的地板进行维修等，当然，此种使用仅限于“必要的范围”，并且使用人使用时尽量减少对他人或者共有部分造成的损害，如有损害发生，则需承担赔偿责任。

（二）专有权人的义务

1.不得危害建筑物的安全。业主如果实施不当行为（如对自己房屋的不当装修及对专有部分的拆除、改造等），导致建筑物整体的安全性受损，或者在专有部分房屋内堆放危险品等行为，均属危害建筑物安全的行为，构成专有权人的义务违反，由此导致的损害后果应当由专有权人承担，对产生危险的行为，业主大会、业主委员会或者其他业主均有权请求消除危险。

2.不得损害其他共有人的权利和全体业主的共同利益。业主不当使用或者违反法律规定使用专有部分，如违反法律规定将住宅用房改为商业性用房、在房屋内放置恶臭物品、违章搭建、侵占通道、制造噪声等行为，均属违反专有权人义务的行为。

依据相关规定，业主将住宅改变为经营性用房，应当经有利害关系的业主一致同意。其中，“有利害关系的业主”是指本栋建筑物内的其他业主。如果建筑区划内本栋建筑物之外的其他业主，主张自己为“有利害关系的业主的”，应证明其房屋价值、生活质量受到或者可能受到不利影响。如果未经有利害关系的业主一致同意擅自改变住宅为经营性住房，应当承担排除妨害、消除危险、恢复原状或者赔偿损失等民事责任。将住宅改变为经营性用房的业主不得以多数有利害关系的业主同意其行为进行抗辩。[1]

对业主如果实施了其他违反法律规定和业主公约的行为，经业主大会或者其他业主主张，行为人应当承担停止侵害、排除妨害、消除危险、恢复原状和赔偿损失等民事责任。业主大会、业主委员会和其他业主还可以向有关行政主管部门进行报告或者投诉。

第三节　共有权

区分所有权中的共有权也称“共有所有权”，是指建筑物区分所有人对于其建筑物以外的共用部分所享有的占有、使用和收益，并随专有部分的处分一并处分的权利。建筑物区分所有权中的共有权不同于一般共有，既不同于按份共有，也不同于共同共有。依物权法定原则，该共有权的具体内容是由法律规

---

〔1〕《建筑物区分所有权解释》第 10 条和第 11 条的规定。

定来确定的，《民法典》关于区分所有权中的共有权的内容主要包括共有部分的界定、共有权人的权利与义务两个方面。

一、共有部分的界定

根据《民法典》和《建筑物区分所有权解释》的相关规定，共有权客体主要包括三种：

1.建筑物的基本构造部分，如支柱、楼顶、外墙、承重墙、基础工作间等；

2.建筑物共用部分和附属物，如楼梯间、走廊、电梯、消防设备、水塔、水管、燃气管道等；

3.建筑区划内的道路、绿地等公共场所，以及占用共有的道路或其他场所停放汽车的车位等，除法律另有规定外，均属于区分共有人共有。[1]上述部分，或因建筑物之特性而当然存在，如楼梯、公寓之大门，或因建筑物区分所有权人之共同约定而使其成为共有部分，如将一专有部分共同约定作为大厦管理人员之管理室或传达室等。此二者原则上为全体区分所有权人所共有，但亦有一部分仅为部分区分所有权人所共有。例如，各层楼间之楼板，仅属于相邻部分区分所有权人所共有。[2]

4.其他不属于业主专有部分，亦不属于市政公用部分或者其他权利人所有的场所及设施。如建筑区划内的土地，依法由业主共同享有建设用地使用权，但属于业主专有的整栋建筑物的规划占地或者城镇公共道路、绿地占地除外。

除此之外，对于车位车库、会所等特殊财产，到底是属于共有还是归业主专有，依照《民法典》的有关规定，由开发商与业主在协议中进行约定。如果没有相反约定，原则上认定为开发商所有。

二、共有权人的权利与义务

（一）共有权人的权利

1.共有部分的使用和收益权。区分所有权人应当按照适用对象的性质和相关的管理规约共同使用或者轮流使用共有物；共有人可以通过约定将其共有部分予以经营或以其他方式获取利益，各共有人可以按约定或所占份额比例获取收益。建设单位、物业服务企业或者其他管理人等利用业主的共有部分产生的收

---

〔1〕《建筑物区分所有权解释》第 3 条；《民法典》第 274 条、第 275 条第 2 款。

〔2〕 谢在全：《民法物权论》（上册），中国政法大学出版社 1999年版，第 209 页。

入，在扣除合理成本之后，属于业主共有。

需要注意的是，由于我国土地所有权的公有制国策，使得区分所有权人对建筑物所占用的土地不能主张建设用地所有权的共有权，只能主张建设用地使用权的共有权，该共有性质上是准共有。

2.共有部分的事务表决权和处分权。经过共有人会议决议同意，共有人可以对建筑物或其附属设施进行改建、重建等，也可以基于专有部分的处分而使共有部分权利随之发生变动，如区分所有人转让其专有部分，则共有部分同时转让。

3.共有部分的修缮权。共有部分属于全部或部分区分所有权人共同所有，在符合业主规约的前提下，并且不影响其他区分所有人的利益时，共有人可以对共有部分进行一定范围内的修缮。具体计算方法依照《建筑物区分所有权解释》规定进行。

4.对相关事务的知情权。根据《建筑物区分所有权解释》第13条的规定，业主有权请求物业服务者或者业主委员会公布、查阅下列应当向业主公开的情况和资料：（1）建筑物及其附属设施的维修资金的筹集、使用情况；（2）管理规约、业主大会议事规则，以及业主大会或者业主委员会的决定及会议记录；（3）物业服务合同、共有部分的使用和收益情况；（4）建筑区划内规划用于停放汽车的车位、车库的处分情况；（5）其他应当向业主公开的情况和资料。

5.排除对建筑物安全造成妨害的权利，即物权请求权。依所有权的排除妨害性质，作为区分所有权人对由于建设单位或者其他行为人的行为造成建筑物安全的妨害或者危险等行为，有权通过请求排除妨害、恢复原状等手段行使其权利。[1]

（二）共有权人的义务

1.分担相关的费用。《民法典》第283条规定："建筑物及其附属设施的费用分摊、收益分配等事项，有约定的，按照约定；没有约定或者约定不明确的，按照业主专有部分面积所占比例确定。"

2.合理使用共有部分的义务。区分所有权人在使用共有部分时，应按照其固有用途和合理方式进行使用，其使用不得违反相关法律法规，如不得在消防通道堆放杂物等，不得损害共有物品、不得损害公共利益和相邻他方的利益。

《民法典》对建筑物区分所有人的共有权的规定存在的不足之处在于：《民法典》对共有部分的权利仅规定了全体共有人共有这一形态，没有对共有

---

〔1〕《建筑物区分所有权解释》第14条、第15条。

权的具体情形作出进一步的区分。但是，建筑物区分所有的共有部分除全体共有部分外，应该还存在特定部分的共有（俗称“小公”）。例如，某栋楼的业主对该栋楼的电梯等享有的共有、业主对某楼层的走廊等享有的权利。这与一般的全体共有（如全体业主对大门、道路等共有，俗称“大公”）显然不同。这种区分的实际意义在于可以合理地确定修缮费用的负担、建筑物相关受益的归属等。在实践中，对共有的情形进行区分是十分必要的：在一个小区内，对某一特定的建筑物的修缮费用或者取得的收益，只能由该栋建筑物的业主承担或者享有，同一小区的其他建筑物的业主对此不享有相关权利，也不承担相关义务。

3.共有权部分的义务不得放弃。建筑物区分所有权人对建筑物专有部分以外的共有部分享有共有权的同时必须承担相应的义务，不得以放弃权利为由拒绝履行义务。[1]

如果共有人在行使权利时违反了相关义务，对其他业主或者公共利益造成损害，依据《民法典》和《建筑物区分所有权解释》的有关规定，行为人应当承担停止侵害、排除妨害、赔偿损失等民事责任。

第四节　区分所有权的行使

区分所有权的行使是指区分所有权人按照法律规定或者章程的规定，对建筑物的公用部分及其附属设施等进行管理的行为。建筑物区分所有权属于私权，因此与其有关的管理体制应采用区分所有人自治的原则，以期能够保障各个当事人的权益并保障团体的利益。[2]

一、区分所有权行使的主体

《民法典》确立了建筑物区分所有权的管理组织是业主大会和业主委员会，并且规定了业主大会和业主委员会的职责和行使权利的程序规则。其中，业主大会由全体业主组成，业主委员会由业主大会选举产生，是业主大会的常

---

〔1〕《民法典》第273条第1款规定：“业主对建筑物专有部分以外的共有部分，享有权利，承担义务；不得以放弃权利为由不履行义务。”

〔2〕刘家安：《物权法论》（第二版），中国政法大学出版社2015年版，第131页。

设机构，除法律规定必须由业主大会表决事项外，业主委员会可以代表业主大会履行业主大会的有关职责。

业主大会和业主委员会是区分所有权人对共有部分行使共有权的组织。

业主大会和业主委员会作为民事主体，有些国家将管理机构规定为法人，但由于该组织体通常没有独立财产，为了保障交易安全，这些国家的法律又规定由各区分所有权人按其专有部分的居住面积的比例分担责任。

《民法典》中虽然没有明确的规定，但是，从《民法典》关于非法人组织的规定来看，业主大会和业主委员会的主体地位属于非法人组织：一方面，业主大会或者业主委员会，具有独立的法律地位，代替全体业主（即区分所有权人，下同）行使相关的权利。业主大会或者业主委员会依法作出的决定，对业主具有法律约束力。业主大会或者业主委员会作出的决定侵害业主合法权益的，受侵害的业主可以请求人民法院予以撤销；另一方面，当其代替全体业主聘请物业服务企业，或者代表业主同第三人进行交易时，该法律效果归全体业主，原则上由业主按照其专有部分的居住面积的比例来分担。

二、区分所有权行使的范围

（一）业主大会行使权利的范围

根据《民法典》第278条规定，业主大会由全体业主构成，有权就下列事项作出决定：（1）制定和修改业主大会议事规则；（2）制定和修改管理规约；（3）选举业主委员会或者更换业主委员会成员；（4）选聘和解聘物业服务企业或者其他管理人；（5）使用建筑物及其附属设施的维修资金；（6）筹集建筑物及其附属设施的维修资金；（7）改建、重建建筑物及其附属设施；（8）改变共有部分的用途或者利用共有部分从事经营活动；（9）有关共有和共同管理权利的其他重大事项。

业主共同决定事项，应当由专有部分面积占比三分之二以上的业主且人数占比三分之二以上的业主参与表决。决定前款第6项至第8项规定的事项，应当经参与表决专有部分面积四分之三以上的业主且参与表决人数四分之三以上的业主同意。决定前款其他事项，应当经参与表决专有部分面积过半数的业主且参与表决人数过半数的业主同意。上述业主人数按照专有部分的数量计算，一个专有部分按一人计算。但建设单位尚未出售和虽已出售但尚未交付的部分，以及同一买受人拥有一个以上专有部分的，按一人计算。

（二）业主委员会行使权利的范围

业主委员会是经业主选举其成员，经过一定的法律程序而成立的管理社区公共事务的自治机构，是业主大会的常设执行机构。业主大会、业主委员会成立的具体条件和程序，依照法律、法规的规定。地方人民政府有关部门、居民委员会应当对设立业主大会和选举业主委员会给予指导和协助。

《民法典》第286条第2款规定：“业主大会或者业主委员会，对任意弃置垃圾、排放污染物或者噪声、违反规定饲养动物、违章搭建、侵占通道、拒付物业费等损害他人合法权益的行为，有权依照法律、法规以及管理规约，请求行为人停止侵害、排除妨碍、消除危险、恢复原状、赔偿损失。”当其代替全体业主聘请物业服务企业，或者代表业主同第三人进行交易时，该法律效果归全体业主，原则上由业主按照其专有部分的居住面积的比例来分担。

三、区分所有权人对建筑物的管理

根据《民法典》的规定，业主对建筑物及其附属设施可以通过两种方式进行管理：一是自行管理；二是委托物业服务企业或者其他管理人管理。

（一）自行管理

经全体业主按照业主管理规约或者业主公约的规定进行表决，由业主委员会直接代行物业管理的事务，或者由业主委员会组织业主对建筑物和附属设施进行管理。

对区分所有建筑物的管理主要通过业主之间订立《业主公约》或者《业主管理规约》来进行。《业主公约》或者《业主管理规约》是指建筑物各区分所有权人为了保护共同利益，经业主大会决议而成立的由业主共同遵守的约定。业主的管理规约属于共同行为，根据私法自治原则，规约内容在不得违反法律强制性规定和违背社会公共秩序、善良风俗的条件下由全体区分所有权人自由决定，对所有业主具有约束力。[1]

实践中，由业主委员会代表全体业主在业主内招聘相关人员负责相关维护事务，对维护人员可以支付必要报酬。对业主无法完成的某项特定设施的维护业务（如车辆管理、管道维修等），可以 通过向社会招聘特定的人员实施。相关费用按照法律规定和业主公约的约定从维修基金中进行支付，并且定期向业主公示。

---

〔1〕 王泽鉴：《民法物权（第1册 通则·所有权）》，中国政法大学出版社2001年版，第263页。

在物业管理过程中，管理人根据业主委员会的授权，对不遵守法律法规或者业主管理规约的人按照管理规约采取一定的处罚措施。如对任意弃置垃圾、排放污染物或者噪声、违反规定饲养动物、违章搭建、侵占通道、拒付物业费等损害他人合法权益的行为，要求行为人停止侵害、消除危险、排除妨害；对造成他人或者小区内设施损坏或者其他财产损失的，管理人有权请求行为人赔偿损失，赔偿金用来修复损坏的设施。需要注意的是，对于高楼抛物等严重不遵守有关法律和管理规约规定，导致难以维持区分所有权人的共同生活时，业主大会或者业主委员会是否有权按照管理规约的规定，提起禁止该行为人使用其专有部分或者要求将该行为人的区分所有权拍卖的诉讼，《民法典》中没有规定，对此情形可以参照其他国家的相关规定进行补充和完善。

（二）委托物业服务企业或者其他管理人管理

由于业主与物业服务或者其他管理人之间是物业服务合同关系，因此双方的权利和义务通过物业服务合同进行约定。合同内容主要包括下列方面。

1.物业服务公司的义务

第一，依据物业服务合同约定履行管理义务，接受业主监督。

依据《民法典》第284条、第285条的规定，物业服务企业或者其他管理人根据业主的委托，依照该法第三编有关物业服务合同的规定管理建筑区划内的建筑物及其附属设施。在管理期间内接受业主的监督，并及时答复业主对物业服务情况提出的询问。对建设单位聘请的物业服务企业或者其他管理人，业主有权依法更换。

建设单位按照配置比例将车位、车库，以出售、附赠或者出租等方式处分的，首先要满足业主的需要。

第二，执行政府的应急管理措施，配合政府相关工作。

《民法典》第285条规定，物业服务企业或者其他管理人应当执行政府依法实施的应急处置措施和其他管理措施，积极配合开展相关工作。

第三，不得擅自扩大收费范围或者提高收费标准。

物业服务企业必须依据双方在物业服务合同中约定的内容收取相关的费用，不得违反物业服务合同约定或者法律、法规、部门规章规定，擅自扩大收费范围、提高收费标准或者重复收费，否则业主有权以违规收费为由拒绝缴纳，已经缴纳的业主有权请求物业服务人退还其已经收取的违规费用。

第四，合同终止时退还预收费用。

物业服务合同的权利义务终止后，业主有权请求物业服务人退还已经预收，但尚未提供物业服务期间的物业费。

2.物业服务人的权利

物业服务人的权利主要是依法收取物业管理的相关费用和对违反物业管理的行为行使排除妨害权两个方面。

第一，依法收取物业管理的相关费用。区分所有建筑物的管理费用原则上由所有业主共同承担，业主承担的比例可以在管理规约中约定；没有约定的，按每一业主专有部分在建筑物中的面积比例予以分摊。物业服务人有权按照物业服务合同的约定，没有合同或者合同没有明确约定的，按照相关的法律法规规定请求业主支付上述有关费用。

第二，对违反物业管理的行为行使排除妨害权。物业服务人对业主违反物业服务合同或者法律、法规、管理规约，实施妨碍物业服务与管理的行为，有权请求其承担停止侵害、排除妨碍、恢复原状等相应的民事责任。

四、区分所有权人的权利救济

由于区分所有建筑物的特殊性，个体业主的利益除了可能受到建设单位、物业服务企业和其他管理人的侵害，也可能因业主大会或者业主委员会的某项决定受到侵害，还可能受到其他业主的侵害。因此，各国法律中均规定了对个体业主的权利救济制度，我国在相关的法律法规中规定了下面几种救济手段。

（一）对业主大会和业主委员会所作的侵害业主权益决定的撤销权

业主大会或者业主委员会作出的决定如果侵害了业主的合法权益或者违反了法律规定的程序，业主有权依据《民法典》第280条第2款的规定请求人民法院撤销该决定。该撤销权应当在知道或者应当知道业主大会或者业主委员会作出决定之日起一年内行使。

（二）对建设单位和物业管理人侵害业主共有权的行为请求其承担民事责任

根据《建筑物区分所有权解释》第14条规定，建设单位、物业服务企业或者其他管理人等擅自占用、处分业主共有部分、改变其使用功能或者进行经营性活动，权利人有权请求排除妨害、恢复原状、确认处分行为无效或者赔偿损失。对擅自进行经营性活动的情形，业主有权请求建设单位、物业服务企业或者其他管理人等将扣除合理成本之后的收益用于补充专项维修资金或者业主共同决定的其他用途。

涉及成本的支出及其合理性的举证责任，由实施经营性活动的行为人承担。

（三）对其他业主损害共有权益的行为有权向主管部门投诉

业主或者其他行为人违反法律、法规、国家相关强制性标准、管理规约，或者违反业主大会、业主委员会依法作出的决定，实施下列行为的，除业主大会或者业主委员会有权依照法律、法规以及管理规约，请求行为人停止侵害、排除妨碍、消除危险、恢复原状、赔偿损失外，对行为人拒不履行相关义务的，业主个人也有权向有关行政主管部门报告或者投诉。

1.任意弃置垃圾、排放污染物或者噪声、违反规定饲养动物、违章搭建、侵占通道、拒付物业费等损害他人合法权益的行为；

2.损害房屋承重结构，损害或者违章使用电力、燃气、消防设施，在建筑物内放置危险、放射性物品等危及建筑物安全或者妨碍建筑物正常使用；

3.违反规定破坏、改变建筑物外墙面的形状、颜色等损害建筑物外观；

4.违反规定进行房屋装饰装修；

5.违章加建、改建，侵占、挖掘公共通道、道路、场地或者其他共有部分。

| 法律适用 |

［共有部分收入的分配问题］

在建筑物区分所有权制度中，涉及共有部分的收入归属问题在司法实践中的纠纷越来越多，值得关注。此类纠纷主要涉及两个方面的问题，一是如何认定哪些部分或者场所属于业主的共有部分；二是共有部分获得的收入应当归谁所有。

其一，共有部分的确定。

业主的区分所有权制度中，涉及共有部分收入的分配问题，首先需要确定哪些属于共有部分。根据《民法典》第274条、第275条第2款等规定，业主建筑物区分所有中的共有部分主要包括以下几个方面：

1. 建筑区划内的道路，属于业主共有，但是属于城镇公共道路的除外。

2.建筑区划内的绿地，属于业主共有，但是属于城镇公共绿地或者明示属于个人的除外。

3.建筑区划内的其他公共场所、公用设施和物业服务用房，属于业主共有。

4.占用业主共有的道路或者其他场地用于停放汽车的车位，属于业主共有。

其二，在确定共有部分之后，再确定共有部分收入的归属。

《民法典》第282条规定："建设单位、物业服务企业或者其他管理人等利用业主的共有部分产生的收入，在扣除合理成本之后，属于业主共有。”根据上述规定，涉及公共道路设置的停车位、小区公共场所设置的广告等获得的收入，应该在扣除合理成本之后都属于业主共有。

其三，需要思考的问题

1.法律规定的“属于业主共有”，这种共有是按份共有还是共同共有？如果业主大会同意将该收入分配给业主该如何分配？

2.如果是小区的公共道路或者所有业主的公共空间，如小区广告栏、外墙、出入大门处等，上述空间内的收入归全体共有没有问题。但是如果是利用一部分业主或者个别特定业主的共用空间所获得的收入，如利用某一栋建筑物的某一个单元内某一部电梯内设置广告所获得的收入，是否应该归该单元内的业主共有？还是直接归入小区的公共维修基金中？

3.法律规定的“扣除合理成本后属于业主共有”的规定是否合理？如果物业服务合同中没有对小区内设置广告问题进行约定，而物业服务公司经过洽谈和管理，在小区内设置广告牌并获得了收入，此时对扣除合理费用后的收入如何分配？我国近年来的司法实践中出现了同案不同判的现象。对此需要进行思考：在收入中给物业服务公司一定比例作为其的报酬，从而在物业服务公司和业主之间实现“合作共赢、利益共享”的效果到底如何？

第七章 相邻关系

提 要

相邻关系是法律为调和相邻不动产的利用，而就不动产的所有人或使用人间所确定的权利义务关系。相邻关系制度是随着土地所有权的产生而产生的，后来扩展到建筑物上，相邻关系的性质是所有权内容的限制或扩张，实为所有权社会化的具体体现，其基本理论在于利用利益衡量之原理，使相邻主体在权利行使之间相互调和。相邻关系的立法目的就是对不动产所有权行使的约束和限制，尽可能地确保相邻人之间的和睦关系。近代以来的欧陆国家的民法典，通过在役权、地役权、建筑物区分所有权等制度中规定了相邻关系的内容。

相邻关系的种类复杂，我国《民法典》规定的相邻关系类型主要有邻地的利用（包括邻地通行和邻地管线铺设）、用水及排水、建筑物的通风和采光、固体污染物和不可量物侵害、安全防险五种，但是依然无法涵盖相邻关系的所有情形。

重点问题

1.相邻关系的法律特征有哪些？

2.相邻关系的制度价值表现在哪些方面？

3.相邻关系和地役权的区别。

4.《民法典》规定的相邻关系的主要类型有哪些？存在什么问题？

5.相邻关系中因利用他人的不动产所产生的损失如何处理？

第一节 概述

一、相邻关系的概念和特征

（一）概念和制度渊源

相邻关系是法律为调和相邻不动产的利用，而就其所有人或使用人间所确定的权利义务关系。两个以上的相邻不动产的所有人或使用人（占有人），基于彼此不动产位置上的相邻，一方在对自己的不动产进行利用时，可能会与相邻他方的权利发生冲突，为协调冲突、谋求各方共同利益，由法律直接赋予各方权利和义务。一方面使某些权利人的权利得到必要的扩张，以实现其权利内容；另一方面则限制某些权利人依法本可享有的权利，以避免对邻人的权利造成严重损害。[1]学理上有以“相邻权”指称相关当事人因不动产相邻而对邻人拥有的权利。但是，与其他的物权相比，相邻权不是一种独立的权利，而是法律为了谋求人们共同生活的和谐对于双方所有权的权能加以限制，通过禁止一方在不动产上为一定行为或者要求邻人容忍他方为一定行为来平衡各方的利益，因此学者认为相邻权的性质为所有权在法律上的限制。[2]《民法典》沿袭了之前民事法律中的相邻关系的概念，强调运用法律手段来调整不动产权利人相互间的关系，保障相邻不动产所有人或使用人正确行使不动产的所有权或使用权，并防止受到相邻他方的侵害，同时，在行使自己的所有权或使用权时，也不得损害相邻他方的权利。[3]虽然说相邻权是所有权的限制或者扩大，然而此种限制并非强行规定，相邻人之间如果订立与此相异的债权契约，自然受此契约拘束。[4]

相邻关系制度是随着土地所有权的产生而产生的，但是并不以土地为限，建筑物也可发生。古代罗马法中关于相邻关系的规定最早见于《十二铜表法》，其第七表对相邻地界、通行权、树枝越界、果实拾取、水流等均予以规定；《法学阶梯》中有调整地权、私人建筑物与所有权的法定限制等，其中土地通行权又涉及在他人土地上拾取果实及其他物；奥古斯都时期就产生了对房屋最高的限制，以防其倒塌对邻居造成损害或影响邻居的阳光。近代以来的欧陆国家的立法在役权、地役权、建筑物区分所有权等制度中规定了相邻关系的内容。例如，《法国民法典》中关于相邻关系的内容安排在第二卷第四篇“役权或地役权”制度中；《德国民法典》第906—924条分别规定了相邻权中的不可量物侵害制度、危险工作物设置与保持的禁止、危险预防、越界建筑等有关制度；《瑞士民法典》第684—701条分别规定了不可量物侵害、水流、管道的安设、邻地的通行、危险损害之防免、越界树木根枝及果实等有关相邻关系

〔1〕刘家安：《物权法论》（第二版），中国政法大学出版社 2015年版，第 113 页。

〔2〕史尚宽：《物权法论》，中国政法大学出版社 2000年版，第 87—88 页。

〔3〕《民法典》第 288 条规定：“不动产的相邻权利人应当按照有利生产、方便生活、团结互助、公平合理的原则，正确处理相邻关系。”

〔4〕史尚宽：《物权法论》，中国政法大学出版社 2000年版，第 87 页。

的制度；《日本民法典》在其所有权一章中不仅规定了上述有关内容，还在其《日本建筑物区分所有权法》中规定了“立体相邻关系”即“区分所有建筑物相邻关系”，并通过判例与学说在20世纪六七十年代形成了“日照妨害”制度及“忍受限度论”理论。[1]

（二）特征

1.相邻关系的主体是两个以上不动产的所有人或使用人。由于我国实行土地公有制，相邻关系除建筑物的相邻关系之外，涉及土地上的相邻关系主要表现为建设用地使用权人、承包经营权人、地役权人、宅基地使用权人等具体土地使用人之间的关系，因此《民法典》在相邻关系的主体上采用了“不动产权利人”这一概念表达。

2.相邻关系存在的前提是不动产相毗邻的事实。不动产的位置相邻，可以相连接，也可以位置相邻近，或者因不动产的位置相邻产生利益关系。

3.相邻关系的内容因其种类而不同。一般包括两个方面：一是相邻一方有权要求他方提供必要的便利，他方应当提供。所谓必要的便利，是指非从相邻方得到便利，不能正常行使其所有权或使用权；二是相邻各方行使权利，不得损害他方的合法权利。

4.相邻关系具有法定性。法律对于相邻不动产的所有人与使用人之间权利义务关系的直接规定，无须当事人约定。如果相邻关系人对其相邻关系中特定权利义务予以约定，根据私法自治，该约定自然有效。因为相邻关系的规定是为了调节相邻关系人行使权利的纠纷，如果当事人对其相互权利义务予以约定，法律自无禁止之必要。

5.相邻关系具有附随性。就相邻关系而言，不动产所有人或使用人有权请求邻人提供便利，而这种权利，学者称之为相邻权。相邻权虽然是物权性质的请求权，但不是独立的物权类型，而是不动产所有权和其他占有权的延伸和扩张，具有附随性。相邻关系的权利义务是基于所有权而生，与所有权同时存在，不能独立转让或消灭，当不动产所有权人或其他使用权人变更时，相邻关系随之变更。此外，相邻关系依附于相邻之不动产，自身无须登记，当不动产的所有人、使用人对不动产的权利变动进行登记后，相邻权即依附于该本权。但当事人之间违反相邻关系义务侵害合法权益时，受害人可以侵害相邻权为由

〔1〕梅夏英：《物权法·所有权》，中国法制出版社2005年版，第348—353页。

主张权利的保护。

关于相邻关系的客体有三种学说：一是不动产；二是行使不动产权利所体现出来的利益；三是相邻各方在行使权利时发生的权利义务关系[1]。我们认为，由于相邻关系的种类十分复杂，大多数相邻关系的客体是行使不动产的所有权或使用权所体现的财产利益和其他利益。相邻各方在行使权利时，既要实现自己的利益，又要为邻人提供方便，并尊重他人的利益。所以，相邻关系的客体主要是行使不动产物权所体现出的利益，至于相邻各方的行为，应视为相邻关系的内容而非客体。

二、相邻关系的性质

相邻关系的性质是所有权内容的限制或扩张。相邻关系具有法定性，其内容都是由法律明确规定的，这是相邻关系与地役权等制度区别的重要特征。相邻关系实为所有权社会化的具体体现，其基本理论在于利益衡量之原理，使主体之间的权利行使相互调和。调和的方法有二：一是所有权内容的扩张或限制；二是权利人相互间的补偿请求权。[2]

有关相邻关系之法律规范究竟是强制性规范还是任意性规范？通说采强制规范说。因为不动产相邻关系的规范目的，不仅在于对相邻不动产权利人之间的利害关系进行平衡，而且反映了促进物尽其用的社会整体利益。法律通过对相邻不动产权利的行使加以一定程度的介入和干预，以适当调整相邻不动产权利人的利益状况，形成对全体社会有益的法律秩序。有学者对此提出了不同的观点，认为在相邻关系的规范中，私主体的意思自治在此领域内应获得承认，理由是：尽管相邻关系具有促进物尽其用的立法目的，但其实际调整的不动产利用关系原则上仍局限于特定的私人之间，因此，私主体之间如果在利用中达成一致的意思表示，法律自无干预之必要。除非是某种相邻关系同时构成了公法关系调整的对象（如污染环境等），则依后者属性，它会表现出强制性，不得以特定当事人之间的约定排除此类公法的适用。[3] 由于此问题涉及相邻关系与役权、债权和使用权等之间的关系，还须进一步探讨。

《民法典》第 289 条规定："法律、法规对处理相邻关系有规定的，依照其规定；

---

〔1〕 最高人民法院民法典贯彻实施工作领导小组主编：《中华人民共和国民法典物权编理解与适用》（上），人民法院出版社 2020年版，第 434 页。

〔2〕 谢在全：《民法物权论》（上册），中国政法大学出版社 1999年版，第 172 页。

〔3〕 刘家安：《物权法论》（第二版），中国政法大学出版社 2015年版，第 114 页。

法律、法规没有规定的，可以按照当地习惯。”说明《民法典》对相邻关系的立法规则系采强制规范说，没有在相邻关系中给私主体保留意思自治的空间。

三、相邻关系的制度价值

设立相邻关系的目的是为相邻关系的双方提供一个理智界限，该理智的界限就是相邻人之间相互享有的权利和承担的义务，使得享有权利的人能够正当地行使权利，并在行使权利的同时不妨碍他人享有和行使权利；对于义务人而言则在法定范围内负有“容忍的义务”。因此，相邻关系从权利人角度而言，享有的是相邻权，该权利是对不动产所有权或使用权内容的扩张与利益；对于义务人而言，承担的是相邻义务，该义务是对其不动产所有权或使用权的限制与约束，相邻关系的立法目的就是对不动产所有权行使的约束和限制，尽可能地确保相邻人之间的和睦关系。基于这一立法目的，《民法典》第288条规定：“不动产的相邻权利人应当按照有利生产、方便生活、团结互助、公平合理的原则，正确处理相邻关系。”

四、处理相邻关系的原则

《民法典》第288条规定：“不动产的相邻权利人应当按照有利生产、方便生活、团结互助、公平合理的原则，正确处理相邻关系。”

（一）有利生产原则

生产是创造社会财富的重要方式，对生产者和国家都具有重要的意义，但是生产过程中可能会发生损害相邻他方权益的问题，对此，法律上需要平衡有利生产与相邻他方的权利保护之间的关系。具体而言需要注意以下几点：一是顾全大局，尽量保证生产建设；二是既要定分止争又要尽量把对生产的影响降到最低；三是注重环境保护，尽量减少生产对相邻人造成的妨碍和损害，并对遭受损害的相邻人及时给予赔偿。[1]

（二）方便生活原则

相邻关系的最大特点就是与人们的生活密切相关，处理好相邻关系关系到人们的生活质量，因此在处理相邻关系时必须坚持方便人民生活的基本原则。具体而言需要注意三个方面的问题：一是坚持以人为本，充分考虑相邻人的生

---

〔1〕 最高人民法院民法典贯彻实施工作领导小组主编：《中华人民共和国民法典物权编理解与适用》（上），人民法院出版社2020年版，第434页。

活方便；二是对相邻他方的权利限制必须是必要的；三是限制的措施必须是合理的。比如，在通行、通风、采光、排水等相邻关系中，当事人在行使自己权利时尽量避免给邻人带来不便和干扰，或者危害邻人的正当性权利。将权利的限制限定在合理限度内，尽量减少给相邻他方的生活带来不便。[1]如建筑物的建造不仅不得违反国家工程建设的标准规定，而且不得妨碍相邻建筑物正常的通风、采光和日照等，不得破坏相邻建筑物权利人的居住条件。

（三）团结互助原则

团结互助是我国社会道德的重要内容，也是社会主义核心价值观的重要内容。团结互助原则主要是道德层面的要求，基于邻里关系之间发生的相邻关系更多地是需要彼此体谅和合作，而非法律的强制性干预。因此，团结互助作为倡导性的规范在处理相邻关系中具有重大意义。

在相邻关系中贯彻团结互助原则，需要把握以下几点：一是坚持与邻为善，互利共赢；二是提倡换位思考，相互体谅；三是保持克制忍让；四是加强沟通和友好协商。[2]在司法实践中，涉及相邻关系的纠纷也更多是运用民事调解手段来化解矛盾，解决纠纷。

（四）公平合理原则

公平合理既是民法追求的价值目标之一，也是处理相邻关系的原则。相邻关系的纠纷通常发生在不动产一方在行使权利时给他方带来不利后果的情形，相邻关系的处理就是在一方不动产权利的保护与他方权利的限制方面寻求平衡，以实现总体效益最大化的目的。贯彻公平合理原则需要注意以下几个问题：一是坚持权利义务平等原则；二是行使权利应当保持合理限度；三是尊重历史形成的客观现状；四是尽量减少和避免对他方造成的损害，对造成损害的应当予以合理赔偿。[3]

---

〔1〕最高人民法院民法典贯彻实施工作领导小组主编：《中华人民共和国民法典物权编理解与适用》（上），人民法院出版社 2020年版，第 436 页。

〔2〕最高人民法院民法典贯彻实施工作领导小组主编：《中华人民共和国民法典物权编理解与适用》（上），人民法院出版社 2020 年版，第 436—437 页。

〔3〕最高人民法院民法典贯彻实施工作领导小组主编：《中华人民共和国民法典物权编理解与适用》（上），人民法院出版社 2020 年版，第 437 页。

五、相邻关系的法律适用

《民法典》规定了相邻关系基本原则的同时，也规定处理相邻关系纠纷的具体法律规则。《民法典》第289条规定：法律、法规对处理相邻关系有规定的，依照其规定；法律、法规没有规定的，可以按照当地习惯。依此规定，相邻关系的纠纷处理的主要依据是法律、法规和当地习惯。

（一）法律、法规

上述规定中的法律是指全国人大及其常委会颁布的法律。不仅包括《民法典》关于相邻关系的九个法律条文、物权编的其他条款和侵权责任编的相关条款，还包括一些特别法，如《水污染防治法》《城乡规划法》《土地管理法》《建筑法》等法律中的有关规定。

上述规定中的法规包括行政法规和地方性法规。前者是由国家行政部门颁布的，后者是由地方性人大及其常委会颁布的相关规定。我国司法实践中除上述规定外，有的法院还承认规章、尤其是地方性规章在处理相邻关系中的适用。但是，《民法典》并没有承认规章作为相邻关系的依据。

（二）习惯

作为相邻关系裁判依据的“习惯”，应当是当地多年实施且为当地多数人认可并遵从的习惯。《民法典》强调“当地习惯”，实质上尊重了我国的地区差异，具有相当的合理性和科学性。当然，这种习惯以不违反社会公共利益和善良风俗为前提，具有“习惯法”的作用，在当地民众中具有一定的约束力。例如，通行的边界、房屋的滴水、越界树木的处理等产生的相邻关系纠纷，需要法官根据当地的历史风俗习惯，在个案中对是否适用习惯，以及适用何种习惯作为审判案件的依据等问题作出解释并进行裁量。将地域性作为习惯的考量因素，突出当地习惯的法律解释功能，更有利于相邻关系的解决。

六、《民法典》关于相邻关系的规范存在的问题

尽管《民法典》对相邻关系的法律适用作了原则性的规定，但是现有规定还存在下列几个需要进一步思考的问题。

（一）损害补偿问题

相邻关系制度是在不动产权利人和相邻权利人之间寻求利益平衡。但是，《民法典》的相关规定主要是强调了不动产相邻权人一方享有的各项权利并要求对方予以容忍和协助的义务，对于权利人行使权利时给相邻他方造成的损害如何补偿的问题却欠缺相应规定。比如，邻地利用权人因通行等给相邻他方造

成的损害如何补偿？能否适用侵权责任编的有关规定处理相邻关系中的损失赔偿问题？如果行使相邻权的一方拒绝给付补偿金，对方能否阻止其继续行使权利？我们认为，此处的赔偿或者补偿并非侵权损害中的赔偿，而是平衡相邻土地权利人利益的补偿，因此称为“补偿”更为妥当。例如，基于通行等产生的补偿金自通行权确定时即为通行权人的法定负担，应以通行时所造成的损失为标准。同时，由于该补偿金只是通行权人对于因通行而对相邻土地权利人所造成损害的补偿，并不具有通行土地对价的性质，因此即使权利人拒不履行该义务，邻地权利人也不得以通行权人未支付补偿金而阻碍其通行，但其可以债务不履行为由请求通行权人支付。另外，该法定补偿金不具有独立性，它是随土地通行负担的变更而发生变更，并随土地通行负担的消灭而消灭。

（二）相邻关系的类型不足

《民法典》中虽然规定了若干相邻关系类型，但是缺乏对相邻关系的滴水、越界建筑、越界树木根枝和越界果实等一些相邻关系的类型，导致实践中处理上述类型纠纷时法律规则的缺失。例如，对越界树木的果实，是由树木的所有权人取得还是由邻人取得？对越界根枝，邻人有无权利自行刈除？上述情形可以通过借鉴其他国家的相关规定，增加法律规则的供给来解决问题。

（三）缺少一般性条款

如上所述，《民法典》存在缺乏相邻权行使带来的损害赔偿的规定和对相邻关系类型规定的不足等问题，如果《民法典》中增加一个一般性条款，在该条款中确定相邻关系中损害补偿原则、补偿金的支付、法律没有规定的其他类型相邻关系纠纷的法律适用规则，以及《民法典》关于相邻关系的规定与《环境保护法》等法律规定之间的关系等，会使得相邻关系的处理更具有确定性。

第二节　相邻关系的主要类型

不动产相邻关系的种类复杂。《民法典》规定了几种主要的相邻关系类型，但是无法涵盖司法实践中存在相邻关系的所有情形。

《民法典》中主要规定了以下几种相邻关系的类型。

一、邻地的利用

邻地利用是指不动产权利人因通行、建造、修缮建筑物以及铺设电线等必须利用相邻土地、建筑物时，对于该土地、建筑物的权利人有请求其容忍使用其土地或者建筑物的情形。权利人使用他人不动产的方式不同，邻地利用权类型也不相同，其共同特点是：确有必要使用邻人土地；选择损害最小的方式使用；给予邻人一定补偿；邻人接受限制（应当允许使用）。邻地利用对于地价高昂的现代都市的发展具有十分重要的意义，如果不设邻地使用权，任何人不能利用邻人土地，势必导致邻人间自疆界线附近应预留相当空间以便各自的使用权行使，极不利于发挥土地的使用效率。各国民法在衡量利弊的基础上，规定当具备一定条件时，邻地权利人有容忍他人使用其土地的义务，从而赋予了土地使用人在特定条件下的邻地利用权。

邻地利用关系在古罗马的《十二铜表法》第七表中明确规定了相邻地界、通行权等有关内容，《法学阶梯》中进一步规定了土地通行权等内容。该种使用权在大陆法系大多数国家的法律或者判例中得到确认。《意大利民法典》第592条、《日本民法典》第209条、我国台湾地区“民法”第792条均对此作了明确规定；《德国民法典》虽然没有明确规定，但是学说和判例均予承认。[1]

邻地利用主要表现为邻地通行、邻地建造、修缮建筑物和邻地管线铺设几种类型。

（一）邻地通行

《民法典》第291条规定：“不动产权利人对相邻权利人因通行等必须利用其土地的，应当提供必要的便利。”此处的“因通行等必须利用其土地”，应当解释为“正常通行所必要”，即由于土地坐落存在特殊情况导致土地权利人无法正常行使自己的土地使用权，如某地的四周没有道路可供通行（民法理论上称其为“袋地”），或者虽有公共道路可供通行，但是极为不便或者通行成本极大（民法理论上称其为“准袋地”），此时相邻他方应当不得以排除妨害为由禁止通行。

“正常通行所必要”，是基于土地的位置、地势、面积或其用途而考量的。如有日常道路可以通行，则认为土地已可供通常使用，至于道路是否够宽阔，此系市政问题，不得因此主张通行权。[2]如果土地与公共道路原来有联络，后因土地所有人或利用人的任意行为导致该联络中断，则该土地所有人或利用人不得主张必要通行权。

---

〔1〕史尚宽：《物权法论》，中国政法大学出版社2000年版，第107页。

〔2〕谢在全：《民法物权论》（上册），中国政法大学出版社1999年版，第187页。

此种通行权的行使必须遵循两个原则：一是应以对邻地造成最小损害的方式通行；二是对因通行造成的损害，应向林地权利人支付补偿金。[1]

（二）邻地建造、修缮建筑物和邻地管线铺设

《民法典》第292条规定：“不动产权利人因建造、修缮建筑物以及铺设电线、电缆、水管、暖气和燃气管线等必须利用相邻土地、建筑物的，该土地、建筑物的权利人应当提供必要的便利。”该条确定了邻地建造、修缮建筑物和邻地管线铺设相邻关系的内容。该条文中的“必须”应解释为：如不通过邻地进行，将导致建造、修缮建筑物无法进行或者成本巨大难以完成，或无法铺设管线或者导致铺设成本巨大而难以完成。此时，不动产权利人可主张邻地建造、修缮建筑物的相邻关系或者邻地管线铺设的相邻关系，从而完成建筑物或者管线铺设事宜。不动产权利人如有其他选择，或者费用不属于过于巨大，一般不得主张相邻关系，可以由双方通过设定地役权关系来确定是否设定相关的权利义务关系。

权利人在行使邻地建造、修缮建筑物或者邻地管线铺设等权利时所导致的损害，由使用权人对邻地权利人进行补偿。

二、用水和排水

《民法典》第290条规定：“不动产权利人应当为相邻权利人用水、排水提供必要的便利。对自然流水的利用，应当在不动产的相邻权利人之间合理分配。对自然流水的排放，应当尊重自然流向。”该条规定了不动产权利人在用水和排水方面的内容。

水为人类生活不可缺少之物，涉及水流的相邻关系主要体现为水的利用和排放两个方面。水流相邻权在大陆法系各国的民法典中均有详细的规定。从罗马《法学阶梯》中所规定的雨水及排放雨水之诉，到《法国民法典》的“流水地役权”，从《日本民法典》中的“流水相邻关系”，到《瑞士民法典》的“水的相邻关系”，均规定了有关水流相邻权的制度。从各国规定来看，水流相邻权的内容主要表现为以下两个方面。

（一）水流利用

水流分为地上水和地下水。

---

〔1〕 刘家安：《物权法论》（第二版），中国政法大学出版社2015年版，第113页。

对于地上水，相邻各方共用同一自然水流时，应当尊重自然形成的流向，按照由近而远、由高至低的原则依次使用。任何一方不得为自身利益擅自改变水流流向或堵截水源影响他方正常的生产和生活。

地下水一般认为是构成土地的部分，为土地所有权支配的标的。对于地下水，相邻各方共用一水源时，水流使用人虽可自由使用水源，但不能因此影响相邻他方的用水，如不得滥钻井眼挖掘地下水造成邻人的井泉干枯。

需要注意的是余水使用权。所谓余水使用权，是指土地所有人因其家庭用水或利用土地所必要，非以过大费用及劳力不能取水时，以支付一定的补偿金为条件对邻地所有人请求给予有余之水。土地所有人享有余水使用权须具备以下要件：（1）土地所有人因其家用或利用土地的必要。（2）非以过大费用或者付出巨大劳力而无法得水。（3）邻地所有人有余水。若邻地所有人亦无水或虽然有水但仅能满足自身需求，则没有能力提供余水。（4）须支付补偿金。此项补偿金应为使用余水之对价补偿，并非损害赔偿之性质。由于此项余水使用权的行使条件十分严格，因而又称为紧急用水请求权。〔1〕

（二）水流排放

水流排放分为自然流水和人工排水两个方面。

对于自然流水的排放，应当尊重自然流向，遵从由高至低原则进行排放。水有就下之性，高地自然流至之水，低地所有人有容忍的义务，低地所有人不得妨碍自然流至之水。

《民法典》第290条第1款规定：“不动产权利人应当为相邻权利人用水、排水提供必要的便利。”这一规定过于模糊，在司法实践中难以适用。学理上认为，人工排水原则上无使用邻地的权利，土地所有人不得设置屋檐或其他工作物（如沟渠等），使雨水等直注于相邻之不动产。如果因蓄水、排水等可能对相邻他方土地造成损害时，所有人应当采取修缮、疏通或者预防等措施并且承担此项费用，另有习惯者，从其习惯；高地所有人需要排水时，应当选择对低地权利人损害最少之处并采取必要的措施保护低地权利人的安全，并就因排水对低地权利人造成的损害予以赔偿。〔2〕

---

〔1〕谢在全：《民法物权论》（上册），中国政法大学出版社1999年版，第178页。
〔2〕史尚宽：《物权法论》，中国政法大学出版社2000年版，第96页。

三、建筑物的通风和采光

《民法典》第293条规定："建造建筑物，不得违反国家有关工程建设标准，不得妨碍相邻建筑物的通风、采光和日照。"该条规定了建筑物的通风、采光和日照的相邻关系。

建筑物的通风、采光关系也称为建筑相邻关系，是指相邻土地建造建筑物时，不得妨碍其他相邻建筑物的通风、采光等日常生活所必需的自然资源的获取。通风、采光权是现代城市规模加大、人口过密的结果，以至于法律必须为保障人们生活和身体健康所必需的获取自然资源的权利。在现代城市土地资源日益稀缺、高层建筑日益增多，建筑物之间的距离较以往不断缩小的情况下，确保建筑物所有人获得适当的通风、采光和日照，具有十分重要的意义。[1]

关于通风、采光权，其他立法例也大都作了明确规定，英美将其作为侵权行为之一种纳入侵权行为法予以保护，德国、瑞士、我国台湾地区等均将其作为不可量物侵害之一种。总之，当相邻土地建造建筑物妨碍了其他建筑物基本的通风、采光的，受害人有权进行制止，要求其停止侵害，如有损害并承担相应损害赔偿责任。如果相邻建筑属于违法建筑，受害人有权主张停止侵害、恢复原状，对造成损失的还可以主张赔偿损失。但是，如果是合法建筑，并且建筑已经完成的，受害人不得主张恢复原状（如拆除建筑物等），只能主张赔偿损失。例如，在一栋三层小楼前面建造一摩天大楼将该小楼的通风和日照完全遮挡，此时在该建筑物未开始建造时有受侵害之虞的，居民即可以要求其停止建造。如果该摩天大楼已经建造完工，此时基于经济利益的衡量，受害人可以要求侵害人予以经济上的赔偿，但原则上不得要求其拆除该大楼。

四、固体污染物和不可量物侵害

《民法典》第294条规定："不动产权利人不得违反国家规定弃置固体废物，排放大气污染物、水污染物、土壤污染物、噪声、光辐射、电磁辐射等有害物质。"该条规定了不动产污染防治的相邻关系。

《德国民法典》和《瑞士民法典》规定了"不可量物侵害"制度。所谓不可量物侵害，是指煤气、蒸气、臭气、烟气、煤烟、热气、噪声、振动及其他来自邻人的土地的类似物质的侵入。[2] 上述不可量物侵入邻地而造成的干扰性

---

〔1〕 梁慧星、陈华彬：《物权法》（第六版），法律出版社 2016年版，第 187 页。

〔2〕 梅夏英：《物权法·所有权》，中国法制出版社 2005年版，第 351 页。

妨害或损害即可构成相邻关系纠纷。

《民法典》上述规定系法律禁止性规定，因而当不动产权利人违反此规定而弃置固体废物，排放大气污染物、水污染物、噪声、光、电磁波辐射等有害物质时，受害人有权要求停止侵害、恢复原状、赔偿损失。除此之外，有关部门还可以依据其他特别法的规定追究行为人的其他法律责任。

五、安全防险

《民法典》第295条规定："不动产权利人挖掘土地、建造建筑物、铺设管线以及安装设备等，不得危及相邻不动产的安全。"

土地所有人或者使用权人在开掘土地或者进行建筑施工、铺设管道等有关不动产施工时，不得使相邻他方的地基发生动摇等危险或者使邻地工作物受到损害。相邻一方在其土地上挖掘沟池、营造建筑物危及对方土地或者建筑物的正常使用时，对方有权请求排除险情、恢复原状以及赔偿损失；如果所有人的建筑物或者堆放的物品存在倾倒危险，使邻地有受损害之虞，邻地所有人或者使用人有权请求必要的预防。《德国民法典》第908条、《瑞士债务法》第59条、我国台湾地区"民法"第795条均规定了这一点。[1]

六、学理上关于相邻关系的其他类型

相对于欧陆各国民法典规定的相邻关系类型，我国《民法典》对相邻关系的类型规定较少。学理上关于相邻关系的类型，除了《民法典》规定的类型之外，还有一些其他类型需要完善，如越界相邻关系就是其中较为典型的一种。

所谓越界相邻关系，主要是指相邻土地因建造建筑物或其他树木根枝、果实等超越自己土地疆界而侵入邻人土地的权利义务关系。其主要有越界建筑、越界树木根枝和越界果实等几种相邻关系的类型。

（一）越界建筑的相邻关系

相邻土地所有人在建造建筑物时，建筑物应当与双方界线保持一定间隔，不得越界侵占对方的土地。越界建筑关系的特点是：（1）越界建筑的前提是土地所有人或利用人在自己的土地上建造建筑物，否则不可能构成越界建筑。（2）越界的应为建筑物的一部分，即该建筑物应同时占用了自己土地和他人土地，如建筑物全部建造在他人土地上，属于侵权而非越界建筑。（3）越界的

---

〔1〕 史尚宽：《物权法论》，中国政法大学出版社2000年版，第91页。

建筑应为固定性房屋。越界建筑为暂时性建筑或可以移动建筑物不属于此处的越界建筑，如为建筑大楼施工需要而临时建造的活动房屋设施等。越界建筑规定中邻地所有人所容忍的是土地所有人或利用人所建造的房屋整体，如将越界部分拆除将会危及整栋房屋的安全或经济价值，因而法律才规定邻人的容忍义务。否则邻地所有人自然可以行使其所有权，要求排除妨害或者恢复原状。应注意的是，德国民法在此要求土地所有人须无故意或重大过失，否则邻人仍无容忍义务。（4）邻地所有人得知越界事由而未立即提出异议。邻地所有人如果已得知建筑房屋的图纸有越界部分，或者房屋根基的铺设明显有越界时，即可提出异议，要求对方所有人或利用人停止越界；或者在发现建筑物越界后应立即提出异议。如果邻地所有人明知对方建筑越界而未提出异议的，一般认为其自愿容忍该侵害行为的发生，因而不得要求对方拆除已建造好的房屋。

越界建筑完成后，为了平衡相邻土地双方的利益，法律一般限制越界建筑的受害方行使所有权妨害排除请求权，而要求其负担相应的容忍义务。因而，邻地所有人不得以所有权受损害为由要求对方拆除或变更其建筑物。此容忍义务系依附于越界建筑而存续，当邻地所有权或建筑物所有权发生变更，该负担随之移转。当建筑物灭失后，该容忍义务也随之消灭。

邻地所有人虽然负担有容忍义务，但因其所有权的确受到侵害，因而享有相应请求权予以平衡自身利益。如果越界建筑对邻地所有人造成其他损害，邻地所有人自然可以根据侵权行为请求损害赔偿责任。

（二）越界树木根枝的相邻关系

树木生长过程中，当其根枝蔓延到邻地并对邻地造成妨害时，邻地所有人有权请求土地所有人或者使用人在一定期限内予以刈除。如果土地所有人或者使用人不予刈除的，邻地所有人或者使用人有权刈除越界根枝。对此欧陆国家和我国台湾地区的“民法”均有规定。[1] 由此可知，对于刈除越界树木根枝

---

〔1〕 如《法国民法典》第 672 条规定：“邻人对于种植于较短距离内的树木及篱，得要求拔除之。邻人的树枝越界伸至本人不动产上时，得强制邻人刈除其树枝。如邻人的树根，越界展延至本人的地下时，本人有权自行刈除之。”《德国民法典》第 910 条规定：“（1）土地的所有人可以剪除和留下从邻地侵入的树木或灌木的根。对于越界的树枝，所有人已向邻地的占有人指定适当期间除去，并且除去不在此期间进行的，适用相同规定。（2）枝或根不侵害土地使用的，所有人不享有此项权利。”我国台湾地区“民法”第 797 条规定：“土地所有人，遇邻地竹木之枝根，有逾越疆界者，得向竹木所有人，请求于相当期间内，刈除之。竹木所有人，不于前项期间内刈除者，土地所有人，得刈除越界之枝根。越界竹木之枝根，如于土地之利用无妨害者，不适用前二项之规定。”

有两种方式：一是越界根枝未妨害到邻地正常利用的，邻地所有人不得随意刈除；二是越界根枝妨害到邻地正常利用的，邻地所有人可以要求树木所有人在一定期间内予以刈除，树木所有人未刈除的，邻地所有人可以自行刈除。

（三）越界果实的相邻关系

在罗马《十二铜表法》中，果实落于邻地者，3日以内所有人得自由拾取，3日之后即属于坠落地所有人。该规则后被欧陆国家的民法典继受。《德国民法典》第911条规定："从树木或灌木自落于邻地的果实，视为此土地的果实。邻地用于公共使用的，不适用此种规定。"《瑞士民法典》第687条第2项规定："土地所有人平常有容忍邻人树枝侵害的情形的，对于自落的果实享有取得权。"我国台湾地区"民法"第798条规定："果实自落于邻地者，视为属于邻地。但邻地为公用地者，不在此限。"由此可知，现代立法一般认为自落于邻地的果实属于邻地所有，但邻地是公共使用的除外。[1]需要注意的是，此时的果实自落，属于因自然原因坠落，其系基于自然成熟或风吹雨打皆无影响，但果实基于人力坠落的不适用该规定。

法律适用

［邻地利用关系的处理规则］

邻地利用是指不动产权利人因通行等原因必须利用相邻土地时，对于该土地权利人（我国主要是土地的使用权人）有请求容忍使用其土地的权利而在当事人之间产生的权利义务关系。邻地利用关系是相邻关系中最具代表性的一种类型，在各国民法中都有较为具体而详细的规定。法律确立邻地利用关系的目的是更好地发挥土地的使用效率，但是，由于邻地使用权的行使会对相邻他方造成一定的不利或者损失，因此各国民法在衡量利弊的基础上，规定邻地使用权的行使必须具备一定的条件——有使用之必要。法律为了保障权利人的权利实现，规定了邻地他方的容忍义务，《民法典》第291条规定："不动产权利人对相邻权利人因通行等必须利用其土地的，应当提供必要的便利。"

权利人使用相邻方土地的情形主要有通行、建造或者修建建筑物、铺设管线等情形。权利人在行使权利时应尽量减少对相邻他方造成的不便和损失。对于由于邻地通行等发生的纠纷，首先适用《民法典》第289条的规定："法律、

---

〔1〕 王泽鉴：《民法物权（第1册 通则·所有权）》，中国政法大学出版社2001年版，第236页。

法规对处理相邻关系有规定的，依照其规定；法律、法规没有规定的，可以按照当地习惯。”如果找不到相关当地习惯的，应当适用《民法典》第288条的规定：“不动产的相邻权利人应当按照有利生产、方便生活、团结互助、公平合理的原则，正确处理相邻关系。”

权利人因行使相邻权而给相邻他方造成的损害应如何处理？《民法典》对此没有规定。各国民法典都明确规定不动产权利人因通行等对相邻他方造成损害应当给予补偿的法律规则。我国《民法典》对此规则的缺失导致在司法实践中此类案件只能由法官在个案中进行自由裁量，《民法典》在相邻关系制度上的这一缺失需要将来进行完善。

第八章 共有

提 要

共有是指两个以上的权利主体共享一物所有权的情形。根据共有人之间的内部关系，共有分为按份共有和共同共有两种类型。按份共有和共同共有的共有人在共有关系内部的权利义务关系存在质的区别：按份共有人对共有物按照特定的份额享有权利承担义务；每一共有人对自己的份额有独立处分权，共有人在出让自己共有份额时，其他共有人享有优先购买权。共同共有人之间由于存在共同关系，在共有关系存续期间，各共有人原则上不得主张分割共有物，只有在共有关系结束时才能分割共有物。除此以外，《民法典》还规定了数人对一物共同享有所有权以外财产权的情形，学理上称为“准共有”。对于准共有，原则上准用《民法典》关于共有的相关规定。

重点问题

1.共有的特征有哪些？

2.按份共有人能否以自己的应有份额设定抵押权或者质权？

3.按份共有人出让自己的份额时，其他共有人如何主张优先购买权？

4.按份共有的共有人违反约定将自己的份额擅自转让给了第三人，法律效力如何？

5.共同共有人在共有关系存续期间是否可以出让共有物的一半？为什么？

6.共同共有人在处分共有财产时是否存在优先购买权？

7.准共有的主要类型有哪些？

8.按份共有和共同共有的区别有哪些？

第一节 概述

一、共有的概念和特征

（一）共有的概念

一般所有（也称单独所有）是社会生活的常态。但是，由于社会生活的特殊需要，两人以上同时共同享有一物所有权的状态也会存在，此所谓共有。共有是指两个以上的民事主体就同一项财产共同享有所有权的法律形态，即一个所有权由两人以上共同享有。[1]其中，该民事主体称为共有人，该财产称为共有财产，共有人在共有财产上形成的权利义务关系称为共有关系。

（二）共有的法律特征

1.共有的主体是两个以上的人。共有关系可以发生在任何民事主体之间，但主体人数至少为两个以上，具体人数法律上没有限制。按照《民法典》第297条的规定，共有人可以是个人，也可以是组织（法人和非法人组织）。

2.共有关系的客体是同一项财产。共有的客体可以是不动产，也可以是动产。共有物既可以是单一的物，也可以是集合物。

3.共有关系的内容是共有人按照法律规定或者共有人之间的约定享有权利和承担义务。当事人可以通过约定确定按份共有，或者按照法律规定确定共同共有。

二、共有关系的形成原因

共有关系成立的原因主要有两个方面：（1）当事人的合意。例如，合伙人基于合伙协议形成的对合伙财产的共有。（2）法律的规定。例如，基于婚姻关系的存续而形成夫妻财产的共有；因共同劳动形成的家庭成员的共有；因共同接受赠与或遗赠而形成对赠与物或者遗赠物的共有等。

三、共有的类型

关于共有的类型，各国民法规定并不一致，如《德国民法典》和《日本民法典》规定的共有仅指按份共有，《瑞士民法典》规定的共有分为共有与共同共有两种类型。我国《民法典》第297条规定的共有包括按份共有和共同共有两种，此外还规定了准共有，但是没有规定总有、合有等共有的类型。

（一）按份共有

按份共有也称分别共有，是指共有人对其共有的不动产或者动产按照其份额享有所有权。《民法典》第298条规定："按份共有人对共有的不动产或者动产按照其份额享有所有权。"

（二）共同共有

共同共有也称"公同共有"或者"合有"。是指共有人对共有的不动产或

---

〔1〕 谢在全：《民法物权论》（上册），中国政法大学出版社1999年版，第274页。

者动产共同享有所有权，是基于共同关系所生的一种共有形态。《民法典》第299条规定："共同共有人对共有的不动产或者动产共同享有所有权。"

除此之外，两个以上共有人对于所有权之外的其他财产权的共有，适用按份共有和共同共有的相关规定，此种共有被学者称之为"准共有"。

（三）共同共有和按份共有的区别

1.成立原因不同。共同共有的成立须以共同关系存在为前提；按份共有则无此限制。共同共有是以共有人的结合关系而存在，而按份共有则无此关系。

2.权利的享有和行使方式不同。共同共有人的权利及于共有物的全部，所以共有人对共有物进行使用收益原则上须全体共有人同意；按份共有人按照份额享有所有权，即按照份额对于共有物行使使用收益权。

3.处分应有部分不同。按份共有人在共有关系存续期间，对共有财产处分时，应当协商取得一致意见后处理，意见不一致的，应当经占份额2/3以上的共有人同意；共同共有在共有关系终止前，共有人处分共有物，除共有人另有约定外，必须经过全体共有人的一致同意。

4.分割共有物的限制不同。如果共有人就共有物的分割问题没有约定或者约定不明确时，按份共有人可以随时请求分割；共同共有人在共有关系存续期间，除当事人另有约定外，原则上不得请求分割共有物，只有在共有的基础丧失或者有重大理由需要分割时除外。

5.优先购买权适用条件不同。按份共有人可以随时出让自己的份额，其他共有人在同等条件下有优先购买权。共同共有关系存续期间，各共有人不能分出自己的份额，当然也不能出售自己的份额，更不存在优先购买权。但是，共同共有财产分割之后，原共有人出卖自己分得的财产，如果出卖的财产与其他共有人分得的财产属于一个整体或者配套使用的，其他原共有人可以主张优先购买权。

6.标的物不同。按份共有的标的物通常为单一物或少数物；共同共有的标的物通常为多数物，除了物以外，还有以权利为标的物的情形。

7.存续期间不同。按份共有本质上为暂时性关系，其存续期间一般较短；共同共有通常有共同目的，故通常情况下其存续期间较长。

四、准共有

（一）准共有的概念和特征

一般共有是数人共享一物的所有权，除所有权外，数人共享一物的用益物权、担保物权的也大量存在，如建设用地使用权、土地承包经营权、地役权、抵押权等权利由两个以上的人共同享有。对此情形，大多数国家的法律规定准用共有的相关规定。[1]学者将此种数人对一物共同享有所有权以外财产权的情形称为“准共有”。

相对于一般意义上的共有，准共有具有下列特征：

1.准共有的标的物，为所有权之外的财产权。我国《民法典》明确规定准共有的标的物为用益物权和担保物权。因此，人格权、身份权不得适用准共有；占有也不得适用准共有（占有为一种事实而非权利）；对于著作权、专利权等无体财产权和债权能否适用准共有，我国法律上没有规定，学者认为此类权利更有准用之必要。[2]

2.除了标的物之外，准共有的其他特征与一般共有相同。

3.准共有原则上适用共有的法律规定。

（二）准共有的类型

准共有主要有地上权的准共有、抵押权的准共有、著作权的准共有、债权的准共有和租赁权的准共有等。[3]

（三）准共有的法律适用规则

我国《民法典》第310条规定：“两个以上组织、个人共同享有用益物权、担保物权的，参照适用本章的有关规定。”

准共有在法律适用上准用共有的法律规定。具体适用按份共有还是共同共有，需要视准共有的具体情况而定。一般而言，准共有人之间共有财产权是基于共同关系形成的，准用共同共有的规定，如夫妻、继承等共同财产中涉及的用益物权和担保物权的共有；除此之外，适用按份共有的情形。

如果法律有特别规定的，适用特别规定。

---

〔1〕《德国民法典》第741条、《日本民法典》第264条、我国台湾地区“民法”第831条均规定了这一点。参见史尚宽：《物权法论》，中国政法大学出版社2000年版，第185页。

〔2〕史尚宽：《物权法论》，中国政法大学出版社2000年版，第185页。

〔3〕王泽鉴：《民法物权（第1册 通则·所有权）》，中国政法大学出版社2001年版，第390—394页。

第二节　按份共有

一、按份共有的概念和特征

按份共有，也称分别共有或者通常共有，是指数人按照确定的份额对于同一项财产享有所有权的法律形态。例如，甲、乙、丙三人每人出资10万元共30万元购买了一辆卡车从事运输经营活动。三人对卡车按照每人1/3比例共同享有所有权。按份共有的特征主要包括：

1.按份共有的人数在两人以上，该共有人称为按份共有人。如前例中的甲乙丙三人。

2.按份共有是所有权在量上抽象的份额划分，而非对标的物的实际比例划分，按份共有的所有权是一个而不是数个。前例中甲乙丙三人对卡车各自享有的所有权按照1/3的比例确定，就卡车本身的所有权来说，只有一个而非三个所有权。

3.各共有人按照确定的份额享有权利、承担义务。前例中甲乙丙三人对卡车各自享有的权利和承担的义务为1/3的份额。

二、按份共有的性质

按份共有是一种抽象的所有权在量上的分割。共有人对各自应有份额的权利及于共有物的全部而非特定的部分。虽然份额有限，但是其内容、性质及效力与所有权无异。仅在其行使所有权时受到其应有份额的限制。

三、应有份额的确定

按份共有人应有份额的多少通常按照共有发生的原因来确定：

1.基于当事人合意发生的共有，共有人的份额按照当事人的约定确定。如前例中三人约定各自的应有份额为1/3。

2.当事人之间没有约定具体份额或者约定不明确时，依据《民法典》第309条的规定，按照出资额确定；不能确定出资额的，视为等额享有。

共有物若是动产，共有人各自的份额应当在协议中注明；共有物若是不动产，在办理所有权登记时应当在相关的证明文件中（产权证书等）记载各共有人的应有部分比例，共有人的份额原则上以登记的证明文件为准。

四、按份共有的法律效力

所有权的实质内容主要包括标的物的管理和用益两种权能。前者是指保存、改良以及处分标的物的权能；后者是指对标的物进行使用或者收取利益的权能。在单独所有的情况下，两种权能同归一人，没有区分必要；但是共有情况下，由于所有权人为数人，所有权上述两种权能十分明显地被区分出来，各所有权人如何行使权利？需要对共有的法律效力进行区分，将其分为共有人之间的内部效力和共有人与第三人之间的外部效力两个方面。

（一）按份共有的内部效力

1.管理、改良和处分方面。按份共有人应当按照约定管理共有物，没有约定或者约定不明时，各共有人都有管理的权利。

处分共有物或者对共有物进行改良（在不改变共有物性质的前提下，对共有物进行加工或修理，以增加共有物的效用和价值）等行为时，除当事人之间另有约定外，应当经占份额2/3以上的按份共有人同意，假如一个共有人的份额超过三分之二，就意味着该共有人一人就可以单独行使上述权利。此时如果其他共有人不同意，共有人之间又无法达成协议，此时不同意的按份共有人可以采取两种方式解决问题：一是主张分割共有物——如果共有人之间没有特殊约定，按份共有人可以随时请求分割共有物（共有协议禁止分割的除外）。分割方式由当事人协商，协商不成，如果是可分物，可以实物分割；反之则采变价分割或者折价补偿。二是按照《民法典》第305条转让自己的份额，其他按份共有人享有优先购买权。[1]

对共有物的管理费用以及其他负担，有约定的按照约定；没有约定或者约定不明确的，按份共有人按照其份额负担。

2.自由处分自己的份额。按份共有人有权自由处分其享有的共有物的份额。处分人行使处分权时，其他共有人在同等条件下享有优先购买权。

按份共有人之所以有权自由处分其应有份额，一则因为共有人的应有份额乃是各共有人对于共有物所有权之比例，既然法律允许所有权人在法律规定的范围内有权自由处分其所有权，按份共有人对于其应有部分自然可以自由处分；二则因为共有人处分自己的份额并不影响其他共有人的权利，其他共有人

---

〔1〕 戴孟勇：《论按份共有人优先购买权的行使规则》，载《法学杂志》2020年第9期。

的份额仍然存在，所以法律也无理由禁止共有人自由处分其份额。这也正是按份共有的本质。

如果共有人之间对处分应有份额有相反约定，共有人违反该约定处分了自己的份额时，其他共有人能否依此约定对抗第三人而主张处分行为无效？我国《民法典》对此没有规定，学者认为在此情形下，如果不动产经过登记，动产经过交付，则该约定对受让应有份额的第三人不能生效，不得对抗善意第三人。[1]

共有人在不损害社会利益和他人利益的条件下，可以抛弃其应有份额。这是共有人行使处分权的表现。共有人抛弃其应有份额后，这些份额能否由其他共有人取得？对此各国规定不同，学者观点也不相同。

第一种观点：否定说。该说认为，所有权的弹性是指所有权上有他物权的负担，在他物权消灭时，所有权回复其原来圆满状态而言。而按份共有人的应有份额是对共有物所有权的比例而言，既不是他物权对所有权的限制，也不是应有份额相互间的限制，共有人抛弃其份额，其应有份额不能当然由其他共有人享有。学者认为，对于抛弃应有份额，就动产而言，除法律另有规定外，其他按份共有人可因先占而取得；对于不动产，除法律另有规定外，应属于公有。[2]

第二种观点：肯定说。该说认为，所有权具有弹性，其应有份额也应具有弹性，一部分应有份额的消灭，其他的应有份额应随之扩张，因而共有人之一抛弃其应有份额后，被抛弃的份额应归属于其他共有人。如《日本民法典》第255条规定："共有人之一人抛弃其应有部分或无继承人而死亡时，其应有部分归属于其他共有人。"[3]

我国《民法典》没有对此问题进行规定。从共有人抛弃后的份额来看，应属无主财产，由于其他共有人的权利基于共有物的全部，是依先占原理，被抛弃的份额可否由其他共有人取得？还是依据无主物的规定，归为国家所有？前者似乎较为合理。同理，按份共有人的份额在共有人死亡时，应当作为遗产由其继承人继承。如果无人继承，可以考虑适用先占原则由其他共有人共有。[4]

---

〔1〕史尚宽：《物权法论》，中国政法大学出版社2000年版，第162页。

〔2〕谢在全：《民法物权论》（上册），中国政法大学出版社1999年版，第284页。

〔3〕谢在全：《民法物权论》（上册），中国政法大学出版社1999年版，第284页。

〔4〕我国规定无人继承的财产属于国家所有，但在共有关系中适用这一规则，显然不尽合理，并且难以操作。

对于国家机关、国有企业和事业单位等作为按份共有人时，原则上不得抛弃其在共有关系中的份额，否则构成滥用职权；如果对国有财产造成损失的，需要承担法律责任。

3.使用和收益方面。共有人按照自己应有份额对于共有物全部行使使用和收益的权利。按份共有人在对共有物行使用益权能时，并非按照比例对共有物的一部分行使权利，而是对共有物的全部进行使用和收益。在行使该权利时，各共有人除依照共有物的性质，在不妨碍其他共有人的权利限度内，按照应有份额行使用益权。至于具体的行使方法，则须按照共有人之间的协议进行。共有人之间如果因使用权问题发生争议或者其权利遭到其他共有人的侵害，可以依据共有协议提起诉讼。

4.分割和处分共有物的限制。按份共有人约定不得分割共有的不动产或者动产以维持共有关系的，应当按照约定；但共有人有重大理由需要分割的，可以请求分割；没有约定或者约定不明确的，按份共有人可以随时请求分割，因分割对其他共有人造成损害的，应当给予赔偿。对于处分该共有物，《民法典》没有明确规定，在一般情形下应当按照约定处理，没有约定或者约定不明确的，任何共有人单方处分共有物均构成无权处分，属于效力未定行为，其行为的法律效力应当由其他共有人决定。但是第三人取得如果符合善意取得的条件，则可适用善意取得之规定取得该共有物的所有权，擅自处分共有物的共有人对其他共有人造成损害的应当赔偿。

（二）按份共有的外部效力

共有的外部效力是指各共有人就共有物所产生的对第三人的权利义务关系。

共有人之间因共有物产生的债权债务，在对外关系上，共有人享有连带债权，承担连带债务，但法律另有规定或者第三人知道共有人不具有连带债权债务关系的除外。在共有人内部关系上，除共有人另有约定外，按份共有人按照份额享有债权，承担债务；偿还债务超过自己应当承担份额的按份共有人，有权向其他共有人追偿。

1.共有人对第三人的权利。按份共有人的份额虽然是及于所有权的量的部分，但其应有部分是及于共有物的全部而非部分。因此，各共有人对于第三人的债权，可以为共有人全体的利益独立行使债权请求权。在涉及对第三人的物权请求权时，各按份共有人均可就共有物全部，单独行使本所有权的请求权，包括所有物返还请求权、妨害请求权和预防妨害请求权。但是，如果法律另有规定或者第三人知道共有人不具有连带债权债务关系时，则不适用上述规则，而由各共有人按照各自的份额向第三人行使权利。

2.共有人对第三人的义务。按份共有人与第三人发生民事法律关系时，各共有人对第三人承担的义务为连带债务。每个共有人均有义务向第三人偿还所有的债务，偿还债务超过自己应当承担份额的按份共有人，有权向其他共有人追偿。但是，如果法律另有规定或者第三人知道共有人不具有连带债权债务关系的则不适用该规则，由各共有人分别按照自己的份额向第三人承担义务。

五、按份共有人的优先购买权

按份共有人的优先购买权是指按份共有中，共有人之一向共有人之外的人转让自己的份额，其他按份共有人享有的请求按照同等条件优先购买该共有份额的权利。此处所称的“同等条件”，应当综合共有份额的转让价格、价款履行方式及期限等因素确定。

（一）优先购买权的行使条件

由于按份共有人优先购买权是基于按份共有关系的成立而当然发生，并随着按份共有关系的终止而消灭，故《民法典》第 305 条第 2 句规定的实际上不是优先购买权的成立条件，而是其行使条件。根据该条第 2 句并结合第 1 句可知，优先购买权的行使须具备以下三个条件。

一是按份共有人向其他共有人转让其共有份额。按份共有人优先购买权制度仅适用于按份共有人向非共有人出卖其共有份额的情形。如果是按份共有人向其他共有人出卖其共有份额，因能够减少共有人的人数，简化共有物的使用关系，并且不影响其他共有人的权益，故无必要赋予其他共有人以优先购买权。〔1〕

二是以同等条件行使优先购买权。按份共有人优先购买权制度是为了简化共有关系而设的，体现了对权利人的特殊保护和对义务人的合同自由的限制，对交易安全影响很大，因此对共有人之间转让份额时排除优先购买权的适用是妥当的。〔2〕

三是优先购买权应当在规定的期间内行使。关于共有人行使优先购买权的期间，按份共有人之间有约定的，按照约定处理；没有约定或者约定不明的，

---

〔1〕 戴孟勇：《按份共有人优先购买权若干争议问题探析》，载《烟台大学学报（哲学社会科学版）》2011 年第 4 期。

〔2〕 戴孟勇：《论按份共有人优先购买权的行使规则》，载《法学杂志》2020 年第 9 期。

按照下列情形确定：

1.转让人向其他按份共有人发出的包含同等条件内容的通知中载明行使期间的，以该期间为准；

2.通知中未载明行使期间，或者载明的期间短于通知送达之日起15日的，为15日；

3.转让人未通知的，为其他按份共有人知道或者应当知道最终确定的同等条件之日起15日；

4.转让人未通知，且无法确定其他按份共有人知道或者应当知道最终确定的同等条件的，为共有份额权属转移之日起6个月。

（二）优先购买权的行使程序

《民法典》第306条第1款规定："按份共有人转让其享有的共有的不动产或者动产份额的，应当将转让条件及时通知其他共有人。其他共有人应当在合理期限内行使优先购买权。"依此规定，优先购买权的行使应当按照下列程序进行。

1.转让方先将转让条件通知其他共有人。转让人在与第三人订立转让合同后，有义务及时通知其他共有人。[1]如上所述，转让人要在合理期限内通知其他共有人。如果转让人没有履行通知义务，可能发生的后果有两种：一是其他共有人知道或者应当知道转让事实，在此情况下应在知道之日起15日内，可以直接行使优先购买权；二是其他共有人不知道，在此情况下应当从共有份额权属转让时起6个月内行使优先购买权。比如，某共有人将自己份额转让给第三人并且办理了登记，一年后其他共有人要求行使优先购买权，由于已经超过6个月，此时优先购买权消灭，转让人与第三人之间的转让行为有效。

2.其他共有人接到通知或者知道转让份额的事实后，欲行使优先购买权，需要通知转让人。行使优先购买权的共有人需要将自己的欲行使优先购买权的意思通知给转让人，该通知自到达转让人时有效，双方之间构成以同等条件达成买卖合同。

3.行使优先购买权的当事人有权直接请求对方履行（转让相关份额）。司法实践中此类案件的判决就是给付判决，主要是确定履行顺序的问题。[2]权利人超过法律规定的优先购买权行使的期间的，优先购买权消灭。

---

〔1〕 戴孟勇：《论按份共有人优先购买权的行使规则》，载《法学杂志》2020年第9期。

〔2〕 戴孟勇：《论按份共有人优先购买权的行使规则》，载《法学杂志》2020年第9期。

4.两个以上共有人主张行使优先购买权的，按照当事人的协商结果或者各自的共有份额行使优先购买权。《民法典》第306条第2款规定："两个以上其他共有人主张行使优先购买权的，协商确定各自的购买比例；协商不成的，按照转让时各自的共有份额比例行使优先购买权。"这一规定符合按份共有优先购买权的本质。优先受偿权的标的是份额，属于可分割之债，按照按份之债的规定，当事人之间按照各自份额和比例享有权利不存在障碍。实践中，主张优先购买权的共有人通常可以先协商各自的比例，然后通知出让人，也可以各自通知出让人直接受让自己的份额。

（三）优先购买权的限制

依据《物权编解释（一）》的相关规定，下列情形下，转让人之外的按份共有人不得主张优先购买权：

1.按份共有人之间转让共有份额的。依据《物权编解释（一）》第13条的规定："按份共有人之间转让共有份额，其他按份共有人主张依据民法典第三百零五条规定优先购买的，不予支持，但按份共有人之间另有约定的除外。"

2.共有人事先对份额转让有特殊约定的。如果按份共有人在共有关系成立时对共有份额转让事宜有特殊约定，该约定排除共有人的优先购买权，应依共有人之间的特殊约定处理。

3.因继承、遗赠等原因导致共有份额发生主体变更。其他按份共有人不得对转让份额主张优先购买权，但按份共有人之间另有约定的除外。

4.其他不符合优先购买权行使条件的情形。其他按份共有人以减少转让价款、增加转让人负担等实质性变更要求为条件、未在规定的期间内主张优先购买，或者仅请求撤销共有份额转让合同或者认定该合同无效，拒绝购买受让份额等情形均不适用按份共有人优先购买权的有关规定。

需要注意的是，当出让份额的共有人与共有人之外的受让人签订转让共有份额的协议并完成登记后，其他共有人主张购买权时能否对抗作为受让人的第三人？《民法典》对此问题没有规定。通说认为，按份共有人优先购买权属于形成权，具有对抗第三人的法律效力。

在按份共有人优先购买权制度中，按份共有人向第三人出卖的乃是其共有份额，而非共有物本身。因此，在第三人与出卖人订立买卖合同之时，无论该共有关系以及被出卖的共有份额是否通过登记的方式予以公示，由于第三人所购买的乃是共有份额而非共有物，故其理应知晓其他共有人对该份额享有法定优先购买权。于此情形，按份共有人优先购买权显然应具有对抗第三人的效力，否则就无法阻止恶意的第三人加入共有关系，难以实现该制度的立法目的。[1]

六、共有物的分割

共有财产基于共有关系的存在而存在，共有作为所有权的一种方式，具有所有权的处分权能，因此，在共有关系存续期间，各共有人有权随时请求分割共有物，以终止共有关系。对于按份共有来说，各共有人有权随时自由处分其应有份额，以脱离按份共有关系；对于共同共有来说，各共有人在不违反法律规定或者约定的情况下也有权请求分割共有物，以消灭共同共有关系。但是对于建筑物区分所有人来说，则不适用。

（一）分割请求权的性质

共有人在共有关系存续期间，各共有人有权随时请求分割共有物，此种权利即分割请求权。共有人的分割请求权是各共有人随时以一方的意思表示请求其他共有人终止共有关系的权利。此项权利，名为请求权，但实质上是形成权。[2]因为此请求并非请求其他共有人同意分割行为的权利，而是使得其他共有人负有与之协议分割方法之义务，如果其他共有人反对，权利人可通过诉讼请求分割，即共有人一方的意思表示，足以使共有人之间发生依一定方法分割共有物的法律关系，所以该权利为形成权。此项权利与共有关系相依存，在共有关系存续中随时存在。[3]

（二）共有物分割的限制

虽然共有人可以通过行使分割请求权将共有物进行分割，但是，一般认为，在下列情况下，共有人不得请求分割共有物。

1.共有人之间在协议中约定不可分割的。共有人之间可以通过协议约定禁止对共有物进行分割的内容，此禁止分割之协议，约定的共有人必须遵守，非经全体共有人的同意不得提前进行分割，但是，如果共有人有重大理由需要分割的，则可允许请求变更协议，进行分割。《民法典》物权编对于约定中不得分割的期限没有限制，可能导致无期限地禁止分割共有物的情形发生，这对发挥物的效益来说是不利的，所以一些国家和地区对不可分割的期限进行了限制，

---

〔1〕 郑永宽：《论按份共有人优先购买权的法律属性》，载《法律科学：西北政法大学学报》2008年第2期，第130页。

〔2〕 史尚宽：《物权法论》，中国政法大学出版社2000年版，第162页。

〔3〕 谢在全：《民法物权论》（上册），中国政法大学出版社1999年版，第305页。

不许共有人约定永久不为分割，限定最长期间为5年。[1]

2.因物的性质或者特定的使用目的不能分割，或者分割后影响物的效用的。共有物继续供他物使用并且为他物不可缺，或者为某一权利之行使不可缺，如界墙、区分所有建筑物的共有基地、共有的道路、围墙、共同买卖的契约文书等，一经分割，共有物便失去了效用而无法达到使用目的或者事实上分割有困难。[2]在分割中，主张分割的共有人由于分割行为对其他共有人造成损害的，应当承担赔偿责任。

（三）共有物分割的方式

根据共有物的属性是否为可分物确定其分割的方式：

1.原物分割（也称实物分割），主要适用于共有物可以分割并且不会因分割减损价值的情形。

2.价金分割，也称变价分割。即因变卖共有物而分割其价金，于出卖同时以各共有人分割价金债权而取得为原则。例如，将共有物拍卖或者变卖后共有人分割价金。

3.以价格补偿分割，也称折价补偿。即共有人中的一人或数人取得共有物，其他共有人取得价格债权而实行的应有部分买卖。[3]

价金分割和以价格补偿分割的分割方式主要适用于共有物难以分割或者因分割会减损价值的情形。

第三节　共同共有

一、共同共有的概念和特征

（一）共同共有的概念

共同共有也称公同共有，是指数人之间由于一定原因成立共同关系，基于共同关系而共享一物所有权，即共有人对共有物共同享有的所有权。其中，享有权利的数人为共同共有人，如夫妻关系中的夫妻等。

---

〔1〕《日本民法典》第251条、《法国民法典》第815条、我国台湾地区“民法”第823条。

〔2〕史尚宽：《物权法论》，中国政法大学出版社2000年版，第166页。

〔3〕史尚宽：《物权法论》，中国政法大学出版社2000年版，第168页。

（二）共同共有的特征

1.共同共有是以共有人的共同关系为前提。所谓共同关系，是指两人以上因共同目的而结合所成立的、足以成为共同共有基础的法律关系。共同关系的存在应当具备两个要素：一为共同关系的成立具有一定的共同目的，如夫妻共同财产是为处理夫妻关系中产生的财产关系、合伙共同财产是为经营一定的合伙事业等。二为共同共有是在共同关系上成立，各共同共有人间有人的结合关系存在，在共有关系终止前，各共有人不得处分其应有部分，也不得请求分割共有物。〔1〕

2.共同共有的共有人，对共有财产的全部享有平等的权利、承担平等的义务，没有份额之分。

3.共有人没有约定或者约定不明确时，只有在共有关系终止、共有基础丧失或者有重大理由需要分割时，共同共有人才能主张分割共有物。

二、共同共有成立的原因

共同共有是以共同关系存在为前提的，共同关系的产生原因主要有两种：

1.根据法律规定而产生。例如，对于夫妻财产，如果当事人没有特殊约定，按照法律规定属于共同共有的财产；继承关系中，如果被继承人没有遗嘱，在继承人实际取得遗产之前，各继承人对遗产也属共同共有。

2.依当事人的约定。例如，依据合伙协议而产生的合伙人对合伙财产的共同共有。除此之外，有学者认为，对于一些特殊财产，如祭田、祭产、祀田、神明会、同乡会馆等财产也属于共同共有的财产。此观点存在可商榷之处：在上述共有关系中，任何共有人在退出共同关系或者在共同关系结束时，并不能主张分割共有财产，就此分析，上述财产并不能完全适用共同共有的法律规则。因此将祭产等作为共同共有的客体并不妥当，用日耳曼法的总有制度解释则较为合理。

三、共同共有的法律效力

共同共有效力分为对内效力和对外效力两个方面。

（一）对内效力

对内效力主要表现在以下三个方面：

---

〔1〕 谢在全：《民法物权论》（上册），中国政法大学出版社 1999 年版，第 324 页。

1.各共有人的权利均及于共有物的全部。除当事人另有约定外，共有人应当按照约定行使权利，没有约定或者约定不明时，各共有人对共有物都有管理的权利和义务，共有人在处分共有物或者对共有物进行重大修缮时，应征得全体共有人的同意。

（1）共同共有人不得主张对共有物的特定部分行使单独的所有权，不得单独处分共有物的特定部分，否则对其他共有人不产生法律效力。

（2）除共有人另有约定外，任何共同共有人处分共有物或者对共有物进行重大修缮时，应当征得全体共有人的一致同意。其他共有人的同意无论是明示还是默示，无论是事前同意还是事后追认，均无不可。

2.共有人对共有物的管理费用以及其他负担，有约定的，按照约定；没有约定或者约定不明确的，共同共有人共同负担。

（1）共同共有人之间的负担和义务，应当首先依照共有人之间的约定确定。例如，夫妻共同财产的共有依照夫妻之间的约定。如果共有关系是由遗嘱或者习惯引起的，则按照遗嘱或者习惯确定。如继承人的财产共有，依照被继承人的遗嘱指定；祭祀公业的财产共有，依照习惯确定。

（2）如果没有上述约定或者习惯时，原则上由共有人共同负担。

3.在共有关系存续中，共有人约定不得分割共有的不动产或者动产，以维持共有关系的，应当按照约定，但共有人有重大理由需要分割的，可以请求分割；没有约定或者约定不明确的，共同共有人在共有的基础丧失或者有重大理由需要分割时可以请求分割。因分割对其他共有人造成损害的，应当给予赔偿。

（二）对外效力

共有人之间因共有物产生的对第三人的债权债务时，除法律另有规定或者第三人知道共有人不具有连带债权债务关系外，共有人享有连带债权，承担连带债务。因此，共同共有人因经营共有财产对外发生的财产义务或者造成第三人损害，全体共有人均应对此承担连带责任。

四、共同共有关系的消灭和共有物的分割

共同共有消灭的原因除其基于一般物权消灭的原因外，主要基于下列两个方面的原因。

（一）共同关系的终止

共同共有基于共同关系的成立和存续而存在，共同关系一旦终止，共同共

有自然消灭。如合伙解散导致合伙财产的共有关系消灭，夫妻一方死亡、离婚等导致夫妻共同财产消灭。

共同关系终止后，共同共有关系归于消灭，共有人可对共有物进行分割，此时，共同共有将因此成为按份共有，这种转化属于物权内容的变更。[1]按照按份共有物分割方法对共有物进行分割。

虽然共同关系的终止是共同共有终止的原因，但是并非该原因一经发生即刻发生共同共有关系终止的法律效力，共同共有关系实际上并不因共同关系消灭的事实发生而即刻消灭 。[2]通常情况下，共同共有关系的消灭还需要经过清算程序，清算程序完结，共有物分割完毕，共同共有关系始能消灭。例如，合伙解散时，须经财产清算程序，非经清算，合伙关系不能谓之消灭，合伙人之间的共同共有关系自当存在。

（二）共同共有物的让与或者分割

共同共有物被让与第三人后，共有人丧失了对该标的物的所有权，共同共有关系自然消灭。该让与行为若是有偿行为，如买卖、互易等，共同共有将继续存在于该物让与后的对价上 ；[3]若是无偿行为，如赠与等，共同共有当然消灭。

共同共有人对共有物的分割的具体方式与按份共有相同，参照按份共有的共有物分割有关规则进行分割。

| 法律适用 |

[按份共有人优先购买权的行使规则]

按份共有人的优先购买权是指在按份共有中，共有人之一将自己的份额转让给共有人之外的第三人，其他按份共有人享有的请求按照同等条件优先购买该共有份额的权利。

其一，按份共有人优先购买权的行使条件。

《民法典》第305条规定了按份共有人优先购买权的行使条件。该条规定：

〔1〕 谢在全 :《民法物权论》(上册)，中国政法大学出版社 1999 年版，第 339 页。
〔2〕 史尚宽 :《物权法论》，中国政法大学出版社 2000 年版，第 167 页。
〔3〕 谢在全 :《民法物权论》(上册)，中国政法大学出版社 1999 年版，第 340 页。

“按份共有人可以转让其享有的共有的不动产或者动产份额。其他共有人在同等条件下享有优先购买的权利。”依据该条规定，按份共有人优先购买权的行使应当符合三个条件：一是共有人之一出让自己的共有份额并通知其他共有人；二是其他按份共有人作出了欲行使优先购买权的意思表示并通知转让人；三是主张优先购买权的人是与按份共有人之外的第三人在同等条件下方可主张优先购买权。此处所称的“同等条件”，应当综合共有份额的转让价格、价款履行方式及期限等因素确定。

其二，优先购买权行使的限制。

优先购买权的行使必须依法行使，《民法典》和相关司法解释对优先购买权行使进行了限制。

1.按份共有人之间转让共有份额的。依据《物权编解释（一）》第13条的规定：“按份共有人之间转让共有份额，其他按份共有人主张依据民法典第三百零五条规定优先购买的，不予支持，但按份共有人之间另有约定的除外。”

2.共有人事先对份额转让有特殊约定的。如果按份共有人在共有关系成立时对共有份额转让事宜有特殊约定，该约定排除共有人的优先购买权，应依共有人之间的特殊约定处理。

3.因继承、遗赠等原因导致共有份额发生主体变更。其他按份共有人不得对转让份额主张优先购买权。但按份共有人之间另有约定的除外。

4.其他不符合优先购买权行使条件的情形。例如，超过法定期限主张优先购买权的，根据《民法典》第306条第1款规定：按份共有人转让其享有的共有的不动产或者动产份额的，应当将转让条件及时通知其他共有人。其他共有人应当在合理期限内行使优先购买权。该“合理期限”在《物权编解释（一）》第11条作了明确规定：“优先购买权的行使期间，按份共有人之间有约定的，按照约定处理；没有约定或者约定不明的，按照下列情形确定：（一）转让人向其他按份共有人发出的包含同等条件内容的通知中载明行使期间的，以该期间为准；（二）通知中未载明行使期间，或者载明的期间短于通知送达之日起十五日的，为十五日；（三）转让人未通知的，为其他按份共有人知道或者应当知道最终确定的同等条件之日起十五日；（四）转让人未通知，且无法确定其他按份共有人知道或者应当知道最终确定的同等条件的，为共有份额权属转移之日起六个月。”根据该规定，优先购买权行使必须是在法定的合理期限内，超过期限权利消灭。

此外，其他按份共有人以减少转让价款、增加转让人负担等实质性变更要求为条件，或者仅请求撤销共有份额转让合同或者认定该合同无效，拒绝购买受让份额等情形均不适用按份共有人优先购买权的有关规定。

第九章　所有权的取得

所有权取得是指民事主体基于一定法律事实而取得所有权的情形。所有权取得是民事主体享有所有权的前提，也是所有权行使和救济的前提条件，在所有权制度中具有重要的法律意义。本章重点内容是结合《民法典》有关所有权取得的相关规定，介绍所有权原始取得的几种方式：善意取得、遗失物、埋藏物、添附等相关制度。先占虽然在所有权取得中没有规定，但是我国民法中承认先占是动产所有权取得的一种类型，因此在此一并介绍。取得时效在学理上和其他国家的立法中是所有权取得的一种方式，但是我国《民法典》和司法实践中对此均不承认，因此不能作为我国民法上所有权取得的一种方式。

所有权取得制度中，《民法典》的相关规定在学理上依然存在一些需要进一步探讨的问题，如《民法典》将善意取得的标的物扩及不动产上，使得善意取得的适用范围得到扩张，而对于错误登记发生的不动产所有权变动能否适用善意取得，或者适用物权公信力规则，学理上存在不同的观点需要进一步探讨；对于遗失物和埋藏物的所有权取得中无人认领的遗失物和埋藏物能否由拾得人或者发现人取得，以及拾得人和发现人能否主张报酬请求权等问题需要探讨；添附制度中，加工产生的所有权取得是采加工主义还是采原材料主义，附合产生的所有权是否适用主从物的规则等，也都是将来法律适用中需要进一步完善的问题。

重点问题

1.善意取得的构成要件和法律后果是什么？

2.所有人不明的埋藏物应当归谁所有？能否由发现人取得所有权？

3.无人认领的遗失物是否能由拾得人取得所有权？

4.添附物归属的法律规则及其适用。

5.在我国，取得时效能否作为所有权取得的方式？为什么？

第一节 概述

一、所有权取得的概念

所有权取得是指民事主体基于一定法律事实取得所有权的情形。

民事主体只有取得所有权，才能主张所有权、行使所有权，并在所有权受到侵害时主张所有权的救济，因此所有权取得是所有权人行使所有权相关权利的前提。由于所有权是最典型的物权，因此，探究所有权的取得必须从物权变动的角度进行分析。

以权利取得是否以前手权利人的所有权为前提作为标准，所有权取得分为原始取得和继受取得。其中继受取得主要是依法律行为的取得，此种取得方式是双方当事人通过法律行为发生的所有权变动，作为物权变动的一种方式，相关内容在本书第四章“物权变动”中进行了详细介绍；继承、征收等所有权取得涉及特殊法律规定，援用继承编和征收条例的相关规定。

二、所有权取得分类

（一）不动产所有权取得与动产所有权取得

根据所有权取得的客体，可以分为不动产所有权取得与动产所有权取得。前者是权利人依法取得不动产的所有权；后者是权利人依法取得动产的所有权。

二者的区别主要包括以下三个方面：

1.客体不同。不动产所有权取得的客体是不动产所有权，动产所有权取得的客体是动产所有权。

2.取得性质不同。不动产所有权取得主要是基于继受取得；而动产所有权取得除继受取得外，也可基于原始取得。

3.生效要件不同。除法律另有规定或者当事人另有约定外，不动产所有权取得以登记为生效要件；而动产所有权取得是以交付为生效要件。

（二）原始取得与继受取得

根据所有权取得前的状态，可以将所有权取得分为原始取得和继受取得。前者是指权利人取得的所有权原来不存在或与原权利人没有继受法律关系的所有权取得方式，主要包括先占、生产、建造、拾得遗失物、发现埋藏物、添附、善意取得、征收等取得所有权的方式；后者是指权利人基于一定法律关系或事实从其他主体手中取得所有权的方式，对于新的权利人来说就是继受了原权利人的所有权，所以称之为继受取得。此种取得所有权的方式主要包括买卖、赠与、互易、继承等几种类型。

（三）基于法律行为的取得与基于法律行为之外的法律事实的取得

根据取得的依据可以分为基于法律行为取得、基于事实行为而取得以及基于其他法定原因的取得三种类型。

基于法律行为取得是指当事人通过法律行为取得所有权的方式。如当事人之间通过买卖合同、赠与合同等转移所有权，使得标的物所有权通过登记或者交付由出卖人移转于买受人，买受人由此取得了该物的所有权。该种取得方式主要是继受取得。基于事实行为取得是指当事人通过事实行为取得所有权的情形，如生产、建造、拾得遗失物、添附等几种类型。基于其他法定原因取得主要是基于判决、征收、没收等方式的取得方式。

在上述几种分类中，最具有法律意义的分类是第三种分类。

三、所有权的取得方式

（一）《民法典》关于所有权取得方式的规定

《民法典》在物权编第九章“所有权取得的特别规定”中规定了善意取得、拾得遗失物和漂流物、发现埋藏物和隐藏物、从物、孳息，以及添附六种所有权取得方式。

上述取得方式中，从物和孳息的取得在本书的第四章“物权变动”相关内容中有详细介绍，此外，基于买卖、赠与、继承等继受取得内容也存在相同的体例安排，亦不赘述。本章关于所有权取得内容主要介绍善意取得、拾得遗失物和漂流物、发现埋藏物和隐藏物，以及添附四种方式。对于先占，虽然《民法典》没有将其置于所有权取得制度中，但学理上和我国司法实践中均认可先占是动产所有权取得的方式之一，因此本章将先占作为所有权取得方式之一进行介绍。

（二）学理上所有权取得方式

学理上关于所有权取得方式，除上述几种方式外，取得时效也是一种所有权取得方式。但我国在立法时不承认取得时效作为所有权的取得手段，因此在《民法典》中没有规定，我国司法实践中也不承认取得时效。但是由于取得时效不仅在学理上，而且在欧陆许多国家的《民法典》中都有明确规定，因此有必要了解取得时效制度的基本内容。

（三）取得时效

1.取得时效的概念

取得时效是指非所有权人依所有权的意思公开、和平、持续、善意占有他人之物达到法律规定的期间，从而取得该物所有权的制度。所有权之外的其他财产权，准用所有权取得时效的规定。《民法典》虽然没有规定取得时效，但是，学界对取得时效制度存废的讨论却一直没有停止过。由于取得时效既涉及动产所有权也涉及不动产所有权，在物权法的体系中一般被置于所有权取得方式中。[1]在取得时效中，对他人的财产或财产权利的占有或准占有，与法定期间的经过结合起来，是一种法律事实，财产所有权或其他财产权的取得，就是由这种法律事实引起的法律后果。

取得时效之所以被法律确认，主要原因是基于社会秩序维持的需要而不是真实的所有权保护。当占有人是以所有的意思公然、善意、和平地占有他人的财产，这种长期占有的事实足以造成第三人相信其有所有权，即相信其占有与其真正的权利相符，并且会基于这种信任与占有人建立各种法律关系。倘若将这些已经建立起来的法律关系推翻，势必造成社会经济与法律秩序的混乱，违背法律维持人类共同生活的和平秩序的目的。[2]此外，取得时效使得长期继续占有他人之物的占有人能取得占有物的所有权，对于物本身来说，这种制度客观上具有促进物尽其用的社会功能。[3]相对于消灭时效较重于证据代替的作用，取得时效比较重于谋求社会之安定。[4]

2.取得时效的类型

取得时效包括动产所有权的取得时效、不动产所有权的取得时效和其他财产权的取得时效三种类型。

动产所有权的取得时效，主要是指占有取得，即动产的占有人自主、和平、公开、持续、善意占有动产达一定期间，便取得该动产所有权。

不动产的取得时效，可分为“登记取得时效”和“占有取得时效”。前者

〔1〕史尚宽：《物权法论》，中国政法大学出版社 2000 年版，第 69 页；谢在全：《民法物权论》（上册），中国政法大学出版社 1999 年版，第 146 页；王泽鉴：《民法物权（第 1 册　通则·所有权）》，中国政法大学出版社 2001 年版，第 185 页。

〔2〕郑玉波：《民法物权》，中国台湾地区三民书局 1995 年版，第 65—66 页。

〔3〕王泽鉴：《民法物权（第 1 册　通则·所有权）》，中国政法大学出版社 2001年版，第 155 页。

〔4〕谢在全：《民法物权论》（上册），中国政法大学出版社 1999年版，第 147 页。

指登记为不动产的权利人，在未取得不动产的实际占有时，经过一定期间可以主张取得标的物实际占有的时效取得；后者指非登记的实际占有不动产人，经过一定期间可以主张涂销登记权利而将自己作为所有权人纳入登记的时效取得。[1]

其他财产权的取得时效，是指所有权以外的财产权准用所有权取得时效的规定而取得相关财产权的时效制度。

3.取得时效的要件

取得时效的要件主要包括：取得时效的客体是他人之动产、不动产或者其他财产权，占有人的占有须是以所有的意思，和平、公然地占有，即自主占有、和平占有和善意占有，以及占有须经过一定期间三个条件。

4.取得时效的法律效果

取得时效发生后，在所有人和占有人之间发生下列法律后果：

一是动产占有人取得了动产的所有权。对于动产占有人而言，在取得时效届满后，直接发生物权变动的法律后果。非所有人的占有人直接取得了该动产的所有权。

二是对于不动产占有人，一般认为，不动产占有人有权请求有关机关进行登记，将自己登记为所有人。但是，不动产占有人不能当然取得不动产所有权，只有登记完毕才能取得所有权。如果在占有人登记之前，原所有权人进行了登记，由于取得时效是以未经登记的不动产为要件，占有人就不能请求登记，也就无从取得不动产的所有权。

三是对于原所有权人，一旦占有人按照取得时效取得了物的所有权，原所有权人的所有权自然消灭，即取得时效发生物权变动的法律效果。依据现代各国的立法，该取得性质为原始取得，原来存在于该财产上的一切负担消灭。因此，原所有人无权要求占有人返还所有物或者占有物，也不能以不当得利为由请求利益返还。

---

〔1〕 孙宪忠：《中国物权法总论》，法律出版社2003年版，第203页。

第二节 先占

一、先占的概念

先占，也称无主物的先占，是指占有人依所有的意思对无主动产进行事实上的管领支配，从而取得该动产所有权的方式。通过对动产的占有而取得所有权是原始社会所有权取得的唯一方法。但在现代社会，由于绝大多数财产的所有权已有归属，所以先占作为所有权取得的情形十分有限，但是，先占作为所有权取得方式依然得到各国民法典的肯认。

我国《民法典》虽然没有将先占规定为所有权取得的一种类型，但是绝大多数学者依然主张我国民事立法中应当承认先占制度。我国法律规定不动产变动以登记为要件，所以对于不动产原则上无适用先占的可能；对于动产，理论上和实务中仍然认可对于法律有特别规定之外的无主动产可以适用先占取得所有权，如对于他人抛弃之动产所有权的取得等。

二、先占的性质

关于先占的法律性质，理论上有不同认识，归纳起来，主要有以下三种观点。

1.法律行为说。认为民法既然规定占有必须以所有的意思为要件，而该意思即为取得所有权之效果意思，因而应认为先占为法律行为。

2.准法律行为说。认为先占乃以意思为要素之准法律行为中之非表现行为，因先占非达成私法自治目的之制度，乃法律对于一定之意思行为，承认其具有取得所有权效果之制度。

3.事实行为说。认为先占为法律基于占有之事实行为而赋予先占人取得所有权之效果，因而属于事实行为。

现在大陆法系的多数学者采第三种观点，主张先占系基于事实行为的取得方式。认为先占是以意思表示为要素的准法律行为中的非表现行为。是法律对于一定的意思行为，承认其有权取得所有权效果的制度。[1]

三、先占的构成要件

依多数国家的法律规定和通说，先占一般应当符合下列条件。

1.先占的客体必须是无主物。无主物是现在不属于任何人所有之物。至于该物以前是否曾经归属他人所有，以及因何原因形成无主之状态则非所问。

无主物以非属国家特殊保护的动植物较为常见。如山中的野花、野草、非属国家保护的野生动物等均属于无主物。在法律许可的范围内，先行采摘者或者捕获者基于先占取得花草或者猎物的所有权，如果该猎物经捕获占有后又逃走或者走失，该猎物作为先占者的所有物，对后来取得者或者捕获者适用遗失物的规定处理。另外，经所有人抛弃之物等也属无主物，均可适用先占取得。

但是，对于所发现的埋藏物和隐藏物，即使属于无主之物，由于我国法律有特别规定，所以不得适用先占取得；对于遗失物，由于该物非为无主物，所以也不得适用先占取得。[2]

2.此无主物必须是法律允许先占之动产。对于不动产的取得，我国法律有明确规定，不能适用先占取得。对于动产作为先占取得的客体时，则必须要符合法律的有关规定。一般认为，下列几种情况不得适用先占：

（1）法律禁止流通的物不得作为先占的客体，如枪支、毒品等。

（2）尸体。只有在符合善良风俗情况下，由亲属保存和处理，不得作为先占的客体。

（3）国家保护的文物和野生动植物。根据我国《文物保护法》和《野生动物保护法》等有关法律的规定，国家保护的文物和野生动植物不得作为先占之客体。

（4）土地所有权、水流、矿藏等专属于国家所有的财产。根据我国《矿产资源法》等相关法律的规定，土地、水流、矿藏等属于国家所有，不得作为先占之客体。

---

〔1〕谢在全：《民法物权论》（上册），中国政法大学出版社 1999 年版，第 233 页；史尚宽：《物权法论》，中国政法大学出版社 2000年版，第 124 页；王泽鉴：《民法物权（第 1 册　通则·所有权）》，中国政法大学出版社 2001年版，第 278 页。

〔2〕《民法典》第 314 条规定："拾得遗失物，应当返还权利人。拾得人应当及时通知权利人领取，或者送交公安等有关部门。"第 319 条规定："拾得漂流物、发现埋藏物或者隐藏物的，参照适用拾得遗失物的有关规定。法律另有规定的，依照其规定。"

（5）其他不得作为先占客体的情形。

3.占有人的占有必须以所有意思而占有。这里的“以所有意思”，是有将占有的动产归于自己管领支配的意思而言，即事实上欲与所有人立于同一支配地位的意思而言。由于先占在性质上属于事实行为，所以先占只须有占有事实和支配物的能力足已，占有人无须具有行为能力。由于先占在性质上属于事实行为，而事实行为不以意思表示为要素，因而无须行为人具有行为能力。[1]

4.占有人无须具有行为能力。由于先占在性质上属于事实行为，而事实行为不以意思表示为要素，因而无须行为人具有行为能力。[2]

四、先占的法律后果

先占人具备上述条件后，即可取得该动产的所有权。先占的取得，与善意取得相同，均非基于他人既存权利为前提，所以均属原始取得。先占人取得该动产的所有权后，该动产上原有的负担均归于消灭。无主物先占多发生于他人抛弃动产所有权的情形。如果该动产上存在第三人的其他物权（如动产质权），该动产所有权人非经该第三人的同意，不得抛弃动产所有权。

第三节　善意取得

一、善意取得的概念和制度渊源

善意取得，又称“即时取得”。是指出让人与受让人间，以转移标的物所有权为目的而为不动产的转移登记或者动产的交付，即使出让人无转移所有权的权利，在受让人为善意时仍可取得标的物所有权的法律制度。例如，甲将自己的手表出借给乙并完成交付，乙占有该手表后将其出售给不知情的丙并转移给丙占有，丙亦向乙支付了价款。甲得知后要求丙返还手表，而丙有权基于善意取得的法律规则拒绝甲的返还请求权并保有该手表的所有权。此时甲仅能向乙主张不当得利等债权请求权。《民法典》第311条第1款规定：“无处分权人将不动产或者动产转让给受让人的，所有权人有权追回；除法律另有规定外，

---

〔1〕谢在全：《民法物权论》（上册），中国政法大学出版社1999年版，第234页；王泽鉴：《民法物权（第1册　通则·所有权）》，中国政法大学出版社2001年版，第279页。

〔2〕张俊浩主编：《民法学原理》（修订第三版），中国政法大学出版社2000年版，第223页。

符合下列情形的，受让人取得该不动产或者动产的所有权：（一）受让人受让该不动产或者动产时是善意；（二）以合理的价格转让；（三）转让的不动产或者动产依照法律规定应当登记的已经登记，不需要登记的已经交付给受让人。”

善意取得的前提是出让人的无权处分行为。对于无权处分，罗马法有“无论何人，不得以大于其所有之权利给与他人”及“发现我物之处，我取回之”的原则。根据以上原则，非所有人转让他人财产是非法的，受让人是从占有人处取得非法转让的动产时，由于所有权的追及力，受让人不得取得物权。为了对受让人的权利进行救济，罗马法规定，非所有人转让后，受让人可通过占有时效而取得所有权（1年），即只要所有权人没有在1年内追及，受让人基于占有时效即可取得该物的所有权。〔1〕随着商品交易日渐频繁，罗马法的所有权无限制追及力原则妨碍交易安全的缺陷日渐明显，亟须改进。与此同时，日耳曼法对追及权效力限制的原则受到推崇。一方面纳入罗马法时效取得制度中作为善意的要件而使第三人取得所有权，另一方面重视占有的公信力在交易安全中所具有的保护作用，使第三人因信赖占有而从事交易行为者，即能取得其权利，近代善意取得制度因此诞生，其后为各国民法所采用。〔2〕欧陆多数国家民法典中的善意取得制度限制在动产上（由于不动产登记的强大公信力，因此不管登记是否存在错误，均不影响基于登记发生的所有权变动，无须设定不动产的善意取得），因此称之为“动产的善意取得”。我国《民法典》中的善意取得制度将标的物扩大到不动产，扩大了善意取得的客体范围。

许多学者认为近现代各国民法中的善意取得制度是以日耳曼法的“以手护手”为其发端。有人对此提出质疑并指出，虽然善意取得制度与日耳曼法确有其渊源，但在法律结构与意义上却大异其趣。日耳曼法对于无权处分的原则是：权利人任意将自己的动产交付给他人时，只能向其相对人即占有人请求损害赔偿或其他权利，不得向第三人请求返还，此所谓“权利效力减弱理论”，该理论的基础是日耳曼法上的占有与权利合一的观念——占有其物者即有权利（占有为权利的外衣），而有权利者也须占有其物。固受让占有者可能取得其权利，而有权利者（原所有权人）未占有其物时，其权利的效力也就因之减弱。动产所有人既是依据自己的意思将动产托付于他人而丧失对其物的占有，权利

〔1〕 参见［日］川岛武宜编集：《注释民法》（7），有斐阁1968年版，第82页。
〔2〕 谢在全：《民法物权论》（上册），中国政法大学出版社1999年版，第219页。

效力减弱，则于该他人将物让与第三人时无从对该第三人请求返还。因此说，日耳曼法中的“以手护手”原则的基础在于所有权的效力减弱理论，而非善意第三人或交易安全的保护。日耳曼法“以手护手”原则采取限制所有权追及力的结构，即限制原所有权人的回复请求权，使其因丧失占有而导致所有权效力减弱，而第三人之所以取得所有权，一则因为原所有人对第三人不得请求返还的反射效果，受让人取得所有权并非该原则存在的根本旨趣；二则因为“以手护手”的作用，占有即为权利外衣，故占有人虽未必有真实权利，但并非完全无权利，自占有人取得此种占有，只须移转行为有效，即非无权利，故受让人可谓从弱的权力转化为强的（完全的）权利。善意取得制度则采取的是使新所有人（受让人或第三人）取得所有权的结构，其根本旨趣在于积极地使受让人取得所有权，而非仅仅消极地限制原所有人的回复请求权。受让人取得权利乃是基于占有的公信力，受让人因让与人占有标的物而善意信赖其有权利，故与之进行交易行为，此时即使让与人实际上无权利，受让人仍取得权利。从此项法律结构与存在的根本旨趣，亦可窥知善意取得制度的现代意义[1]。法国和日本民法受上述日耳曼法的“以手护手”原则的影响，亦认为“对动产无追及权”，因此在其民法典中并没有将善意取得作为所有权的取得方式，而是规定在与占有相关的制度中。[2] 而德国等国家的民法典继受罗马法的保护交易安全的理念，将善意取得规定在动产所有权取得制度中。[3]

二、善意取得的制度价值

依所有权保护的一般规则，任何人不得处分他人所有之物，否则构成无权处分。依无权处分行为的法律效力，除非经所有权人事后追认或者处分人事后取得处分权，否则处分行为不生效力，受让人不能取得该物之所有权。即使该物转于受让人占有，依所有权追及效力，所有权人亦可追及受让人请求其返还。

然而在特殊情况下，无权处分行为不仅涉及所有权人的利益，可能还会涉及善意受让人的利益——善意受让人基于对物权公示原则的信赖，从无处分权人手中通过正常的交易行为取得不动产或者动产，此种行为的结果和利益取得

〔1〕 谢在全：《民法物权论》（上册），中国政法大学出版社1999年版，第219—220页。

〔2〕《法国民法典》第二十编“时效与占有”第五章“时效期间”第四节“若干特别时效”中，规定了善意取得制度；《日本民法典》将善意取得规定在“占有权”一章中。

〔3〕《德国民法典》第三编“物权法”第三章“所有权”第三节“动产所有权的取得和丧失”中，规定了善意取得制度。

也应得到法律的认真对待，否则交易安全势必受到严重威胁。于是，在同一个无权处分行为中出现了两项价值的明显冲突——对所有权的保护与对交易安全的保护的矛盾：如果强调受让人和交易安全的保护，必然损害所有权保护的制度价值；反之，如果强调所有权的保护，则交易安全无法得到保障，人们将不敢放手进行交易，或者为权属正确性调查等付出巨大的交易成本。此时民法需要在两项彼此冲突的价值中寻求一种平衡方法，使二者能够完全合理地兼顾，善意取得制度正是为此目的而创设的。[1]它一方面通过肯定善意受让人取得标的物的所有权而保护社会交易的安全和稳定，避免人们为正常交易付出巨大的交易成本；另一方面严格限制善意取得的适用条件，尽量避免无权处分行为给原所有权人带来的损害，并且规定原所有权人因善意取得而丧失所有权后有权向无权处分人请求赔偿或者返还不当得利，将原所有权人的损害降到最低限度。

善意取得制度虽然限制了所有权的追及力，从一定程度上牺牲了所有人的利益，但是它在促进交易的安全和稳定方面发挥了重要的作用。正是基于该制度的巨大功用，在近现代民法上，这一制度得到了各个国家和地区在立法上的普遍确认。

三、善意取得的构成要件

我国《民法典》将善意取得规定为不动产善意取得和动产善意取得两种类型，并将二者一并规定在同一个条文中，但是二者之间的具体构成要件以及在法律适用上仍然存在显著差异，因此，《物权编解释（一）》对二者的构成条件进行了分别规定。为便于理解，在此将动产和不动产的善意取得构成要件分别阐述。

（一）动产善意取得的构成要件

1.标的物须为动产

传统民法上，善意取得的标的物一般是动产。由于动产物权是以占有为公示方法，这种公示方法极易导致占有人被误信为所有权人的情形发生。为了保证交易安全，法律规定了善意受让人在符合一定条件时取得该动产的所有权。一般情形下，该动产为无处分权人合法占有的委托物，如基于租赁、保管等合同原因占有他人的动产。如果该动产属于下列情形之一的，则不得作为善意取得的标的物。

---

〔1〕 刘家安：《物权法论》（第二版），中国政法大学出版社2015年版，第103页。

第一，脱离物。即非基于权利人的意思而丧失占有之物，如遗失物、漂流物、隐藏物等。民法理论认为，如果所有权人非自愿丧失对物的占有，他的所有权丧失就没有合理性。出于这种原因，许多国家在民法典中明确排除对被盗、遗失和因其他原因丢失之物的善意取得。

依《民法典》第312条和第319条之规定，脱离物原则上不适用善意取得，仅在原所有权人自知道或应当知道受让人有偿受让该物时逾两年未请求返还的，受让人有权拒绝返还，此时应认为发生了善意取得的效果。[1]如果受让人通过拍卖或者是向有经营资格的经营者购得遗失物、漂流物、隐藏物，此种情形的受让人应当获得相当程度的保护。如果一味维护所有权人的利益而允许其无条件地向受让人要求返还其物，将导致人们在公开市场上进行的交易也可能遭受严重损失。[2]为解决上述问题，《民法典》第312条特别规定，原所有权人在向受让人主张返还原物请求权时应当支付其在受让标的物时所支付的费用，从而实现双方当事人的利益平衡。但是该规定对于完善物的归属关系和保护交易安全并无实质意义。有学者指出，一些国家的法律规定值得借鉴，如对于个别物品，由于他们顺畅的流通能力对经济活动具有特别重要的意义，依法律规定尽管丢失也可以善意取得，如硬币和纸币、无记名证券、无记名股票、投资股份以及无记名支票等。此外，公开拍卖受到法律的特别保护，在那里拍卖的物品尽管属于他人丢失之物，也能被善意取得。[3]

第二，盗赃物。依据《刑法》《刑事诉讼法》的相关规定，由公安机关追缴盗赃物并返还给受害人，对盗赃物原则上不适用善意取得。但是，《最高人民法院、最高人民检察院关于办理诈骗刑事案件具体应用法律若干问题的解释》第10条规定："行为人已将诈骗财物用于清偿债务或者转让给他人，具有下列情形之一的，应当依法追缴：……（四）对方取得诈骗财物系源于非法债务或者违法犯罪活动的。他人善意取得诈骗财物的，不予追缴。"该解释肯定了诈骗财物可以适用善意取得。诈骗财物与盗窃物在法律性质上相同，对上述特殊的物在追赃过程中如何保护善意受让人的权益，维护交易安全和社会秩序，需要通过完善有关法律规定解决。首先，在《民法典》立法过程中，部分学者曾主张对盗窃物有条件适用善意取得，其理由是，否定盗赃物的善意取

---

〔1〕 崔建远：《物权法》（第四版），中国人民大学出版社 2017年版，第 99 页。

〔2〕 刘家安：《物权法论》（第二版），中国政法大学出版社 2015年版，第 104 页。

〔3〕［德］曼弗雷德·沃尔夫：《物权法》（2002 年第 18 版），吴越、李大雪译，法律出版社 2002年版，第 292—293 页。

得，其法理在于对犯罪行为的非难，但第三人如果是善意且支付了合理价款，则其并不处于一个可非难的地位，法律将对犯罪人的非难转嫁到对善意第三人的非难，并无道理。其次，对被害人利益的保护进行追赃适用“一追到底”确有必要，但未必以全盘否定赃物的善意取得为必要。最后，《刑法》《刑事诉讼法》等法律的规定是从公法规制视角出发，本身并没有考量民法视角下的交易秩序等问题，其规则也缺乏民法法理的支持。[1]民法学者认为，如果盗赃物在流转过程中发生了受让人基于善意受让的情形，此时将其排除在善意取得制度之外也未尽合理。应当参照域外各国的规定和遗失物的有关规定处理：盗赃物若系通过公开市场购买，或通过严格的拍卖程序获得，受让人支付了合理的对价，且已经实际占有，则应当善意取得该赃物的所有权；[2]对盗赃物适用遗失物的善意取得规则亦可得出相同结论。

第三，债权。债权不属于动产，因此不得作为善意取得的标的物；法律禁止流通的动产（如枪支、毒品等），由于其不具备可让与性，因此不得作为善意取得的标的物。

第四，法律规定其他不得作为善意取得的标的物的情形。

2.让与人须为标的物的占有人和无处分权人

正是基于让与人对动产的占有构成让与人可资信赖的特征，才发生受让人善意取得的法律后果，因此，让与人的占有是受让人善意取得的前提条件。无权处分人是指既非所有人也非法律上的处分权人。如果让与人为所有人或者虽非所有权人，但是有处分权的人（如所有人的经纪人、代理人或者失踪人的财产代管人、遗产的执行人等），该处分行为直接发生所有权转移的法律效力，构成动产所有权的继受取得，无须适用善意取得。正是由于善意取得的让与人虽无处分权但因其占有财产，才会使得受让人产生误信从而发生善意取得。

3.双方通过法律行为并以合理的价格转让

善意取得须基于出让方和受让方之间的法律行为方可发生。因双方之间存在交易行为，如买卖、代物清偿等发生标的物转移，法律为保护交易安全之必要而限制原所有权人的追及权。

善意取得是以处分行为为前提，此处分行为是双方法律行为，即当事人之

---

〔1〕 最高人民法院民法典贯彻实施工作领导小组主编：《中华人民共和国民法典物权编理解与适用》（上），人民法院出版社 2020年版，第 544 页。

〔2〕 王利明、尹飞、程啸：《中国物权法教程》，人民法院出版社 2007年版，第 144—145页。

间存在移转物之所有权的合意，否则就无善意取得之适用。善意取得实质上就是无权处分行为效力待定这一原则的例外规定，即属于无权处分行为并同时符合善意取得其他条件的，受让人取得所有权；反之，仅属无权处分但不符合善意取得其他条件的，仍属效力待定行为，受让人是否取得所有权取决于所有权人是否追认或者处分人事后是否取得处分权。善意取得所弥补的并非无权处分合同的效力缺陷（因为作为负担行为，该合同本身就是有效的，无须弥补），而是弥补无权处分行为作为处分行为的效力缺陷，即在当事人之间转移标的物所有权的物权行为的效力。正是由于善意取得弥补了处分权的缺陷，才使原本应属效力待定的无权处分行为发生了所有权转移的法律后果。上述内容是以处分行为与负担行为的区分为前提，将善意取得作为“处分行为”意义上的对无权处分的效力弥补制度，能够更好地体现民法的精神，而且其法律技术也明显更优。[1]因此，《民法典》第311条中的“转让”应当界定为物权合同，而非产生债之效果的买卖合同。

但是，在下列两种情况下，受让人不得主张善意取得标的物的所有权：其一，转让合同被认定无效；其二，转让合同被撤销。此外，受让人通过非法律行为如继承、拾得遗失物等受让标的物，也不适用善意取得。

如前所述，善意取得制度是在原权利人与受让人之间的利益进行平衡，基于公平原则的考虑，善意取得的适用应当以有偿取得为前提。如果受让人是无偿接受，受让人占有财产没有成本却获得了一定的利益，返还财产并不会使其蒙受多少损失，相比之下，如果不予返还，就会使原权利人遭受所有损失。衡平之下，将无偿取得排除在善意取得之外具有合理性。但是在有偿取得基础上是否要求必须价格合理，则存异议。传统民法上，动产的善意取得并不要求“合理价格”，只要受让人善意，即使价格偏低也应当不影响其善意取得的效果。但是我国《民法典》不采此种观点，而是明确规定，受让人只有在支付“合理价格”条件下方可主张善意取得。对此有人认为，应当对动产和不动产进行区分对待：对于动产应当将合理价格作为善意取得的条件，对于不动产而言，要求交易有偿是必要的，但不一定要求价格是合理的。这是因为动产的外在公示手段是占有，但占有的公示方法非常薄弱。发生占有的基础很多，在交易中，如果出让人以很低的市场价格转让动产，通常将使一个正常的交易人就其是否享有处分权产生怀疑，价格的不合理通常也是认定受让人非善意的一个

---

〔1〕 刘家安：《物权法论》（第二版），中国政法大学出版社 2015年版，第 104—105 页。

重要判断标准。[1]因此，有必要要求动产以合理的价格转让。

至于“合理的价格”的认定标准，依据《物权编解释（一）》第18条的规定，《民法典》第311条第1款第2项所称“合理的价格”，应当根据转让标的物的性质、数量及付款方式等具体情况，参考转让时交易地市场价格及交易习惯等因素综合认定。据此规定，通过赠与等无偿行为，以及“价格过低”的交易行为等取得标的物均不发生善意取得。价格的不合理通常也是认定受让人非善意的一个重要判断标准。

4.受让人已经取得占有

《民法典》将动产善意取得条件之一规定为“转让的动产依照法律规定不需要登记的已经交付给受让人”。对该条中的“交付”，应当解释为“转移占有”，即受让人取得占有或者说发生动产的移转，亦即转让人向受让人实际交付了财产，受让人实际占有了该财产。[2]因为善意取得是与出让人的占有相联系的。出让人可以处分和移转占有的情形是相信出让人就是所有人的法律依据，因此，出让人必须实施了造成这种信任的事实行为，并且将占有移转给受让人。出让人必须完全放弃占有（占有丧失），受让人也必须是从出让人手中取得了占有，只有这种占有转移才能给受让人造成出让人可以和所有权人一样事实上支配物的外部表象。动产善意取得中的交付行为是出让人向受让人的直接转移占有。占有辅助人或者占有媒介人参与交付的情形，或者第三人根据出让人的命令将占有转移给受让人的情形，也是从出让人手中取得占有。[3]依该规则，现实交付、简易交付和指示交付均符合上述之要求。

根据《物权编解释（一）》第17条的规定，《民法典》第311条第1款第1项所称的“受让人受让该不动产或者动产时”，对受让的动产是指依法完成动产交付之时。当事人以《民法典》第226条规定的方式交付动产的，转让动产民事法律行为生效时为动产交付之时；当事人以《民法典》第227条规定的方式交付动产的，转让人与受让人之间有关转让返还原物请求权的协议生效时为动产交付之时。法律另有规定的，应当按照法律规定的时间认定权利人是否为善意。依据上述规定，动产受让人受让动产的方式包括实际交付、简易交付和指示交付三种。对于占有改定能否作为动产的善意取得的交付方式，该解释中没有规

〔1〕梁慧星、陈华彬：《物权法》（第六版），法律出版社2016年版，第195页。

〔2〕王利明：《物权法研究》（修订版）（上卷），中国人民大学出版社2007年版，第445页。

〔3〕［德］曼弗雷德·沃尔夫：《物权法》（2002年第18版），吴越、李大雪译，法律出版社2002年版，第285—286页。

定，学者之间存在争议。德国学者沃尔夫认为，对于占有改定，只要出让人还拥有部分占有，受让人就不可能善意取得，只有出让人将他的占有转移给受让人或者受让人指定的人时，善意取得才能完成。[1] 由于在占有改定情况下，标的物处于出让人手中而非受让人手中，因此依转移占有规则，受让人不能善意取得该动产的所有权。如果此后出让人将他的占有转移给受让人或者其他指定人时，此时出让人与受让人之间已非占有改定，而是实际交付。因此，从占有改定和善意取得的构成要件分析，占有改定因受让人没有取得动产的实际占有，不符合动产善意取得的"转移占有"的条件，因此不能作为动产善意取得的方式。[2] 我国《物权编解释（一）》的相关规定实质上是通过反向解释的方式排除了占有改定在动产善意取得中的适用。

对于船舶、航空器和机动车的善意取得问题，《物权编解释（一）》第19条规定："转让人将民法典第二百二十五条规定的船舶、航空器和机动车等交付给受让人的，应当认定符合民法典第三百一十一条第一款第三项规定的善意取得的条件。"据此规定，我国对以船舶为代表的特殊动产为标的物的善意取得，实质上援用一般动产的法律规则，以交付作为受让人善意取得的成立要件。上述规定存在一个问题：《民法典》第225条规定，船舶、航空器和机动车等的物权的设立、变更、转让和消灭，未经登记，不得对抗善意第三人。依该规则，上述特殊动产在发生物权变动时，是以登记作为对抗善意第三人的条件，换言之，登记才是上述特殊动产物权变动的公信条件，而非交付。《物权编解释（一）》第19条的规定与《民法典》第225条所确立的特殊动产物权变动的规则，以及物权公示公信原则之间在规则解释和适用上存在矛盾，上述问题需要在将来进行完善。

无权处分行为中，如果受让人没有取得动产的占有，即使受让人属于善意而且支付了价金，也不能主张取得该动产的所有权，原所有权人有权依所有权的追及力向受让人要求返还标的物。此时受让人不得以善意取得进行抗辩，只能向出让人主张违约赔偿。

---

〔1〕［德］曼弗雷德·沃尔夫：《物权法》（2002年第18版），吴越、李大雪译，法律出版社2002年版，第286—287页。

〔2〕靳文静：《我国〈民法典·物权编〉制定中如何对占有改定制度进行完善——从大陆法系立法例进行分析》，载《暨南学报（哲学社会科学版）》2018年第7期。

5.受让人取得标的物时必须是善意的

转移占有使受让人可以相信出让人是真正所有权人的法律表象，这种信任只有当受让人具有善意时才是合理的。“所谓善意，是指不知让与人无处分权而言，此项要件乃就受让人论之，故与让与人是否善意无关，且在受让时为善意即已足，若其后知其为无权处分之物，仍适用善意取得之规定。至其不知无权处分，是否出于过失故非所问，然依其客观情势，在交易经验上，一般人皆可认定让与人无让与之权利者，即应认系恶意。”〔1〕

根据《物权编解释（一）》第14条第1款的规定，受让人受让不动产或者动产时，不知道转让人无处分权，且无重大过失的，应当认定受让人为善意。如果受让人受让动产时，交易的对象、场所或者时机等不符合交易习惯，应当认定受让人具有重大过失（第16条）。学者认为，此善意并非单纯受让人认识与否之主观事实，而涉及其价值判断。〔2〕是否因重大过失而不知，除了上述因素外，还应斟酌标的物的价值及推销方式加以判断。

对于善意的证明责任，各国民法典均适用善意推定，即主张善意取得的受让人无须证明自己的善意，相反，抗辩善意取得之人必须从自己的方面证明，受让人不是善意的。例如，由于买受人没有要求出示机动车证书而不知道出卖人没有所有权，在旧车买卖中通常可以假定存在重大疏忽。从经销商处购买新车时则不能这样假定。反之，如果受让人要求出让人出示了机动车证书，受让人从登记的持有人手中购买了汽车，没有特殊的原因则可以认定为善意取得。〔3〕《物权编解释（一）》第14条第2款规定：“真实权利人主张受让人不构成善意的，应当承担举证证明责任。”受让人不承担善意的举证责任。

善意的期限问题，《物权编解释（一）》第 17 条规定 :“民法典第三百一十一条第一款第一项所称的‘受让人受让该不动产或者动产时’，是指依法完成不动产物权转移登记或者动产交付之时。当事人以民法典第二百二十六条规定的方式交付动产的，转让动产民事法律行为生效时为动产交付之时；当事人以民法典第二百二十七条规定的方式交付动产的，转让人与受让人之间有关转让返还原物请求权的协议生效时为动产交付之时。法律对不动产、动产物权的设立另有规定的，应当按照法律规定的时间认定权利人是否为善意。”问题是，如果受

〔1〕 谢在全 :《民法物权论》（上册），中国政法大学出版社 1999年版，第 229 页。

〔2〕 苏永钦 :《民法物权争议问题研究》，清华大学出版社 2004 年版，第 256 页。

〔3〕［德］曼弗雷德·沃尔夫 :《物权法》（2002 年第 18 版），吴越、李大雪译，法律出版社 2002 年版，第 289 页。

让人在签订合同、支付价款等过程中都存在恶意，仅在取得标的物占有时出于善意，是否能够善意取得该动产的所有权呢？对此，德国在善意取得制度上明确规定，善意原则上必须持续存在，直到所有的取得条件具备。除物权合意外，在善意存在期间出让人必须丧失占有以及受让人必须从出让人手中或者第三人手中取得占有。[1] 上述规定值得借鉴。此外，由于善意取得制度旨在弥补让与人的处分权的欠缺，其保护范围仅限于对处分权的信赖，对于民事行为能力或代理权的信赖不能适用或类推适用善意取得。因此，对误信出让人的行为能力或者代理权而与之交易的行为，受让人不得主张善意取得。

（二）不动产善意取得的构成要件

根据《民法典》第311条第1款和《物权编解释（一）》的规定，不动产善意取得的构成要件主要包括以下五个方面。

1.客体是不动产

多数国家民法典中的善意取得制度是动产的善意取得制度，将善意取得的客体限定在动产。不动产一般不作为善意取得的客体，其理由是：相对于动产的占有而言，不动产的登记由于有国家机关的参与和审查，具有很强的公信力，其公信力的强度远远强于动产的占有，因此许多国家在立法上对于从瑕疵登记的权利人处取得不动产权利的问题通过不动产登记的公信力制度进行规范，即通过不动产登记效力的推定规则解决因信赖登记而取得不动产所有权或者其他权利的受让人的利益保护。例如《瑞士民法典》第973条规定，出于善意而信赖不动产登记簿的登记，因而取得所有权或者其他权利的人，均受保护。我国台湾地区“民法”在2009年修订时新增了第759条之一关于“登记效力之推定及善意第三人之保护”的规定，该条明确：“（1）不动产物权经登记者，登记权利人适法有此权利。（2）因信赖不动产登记之善意第三人，已依法律行为为物权变动之登记者，其变动之效力，不因原登记物权之不实而受影响。”我国《民法典》不动产登记制度中仅仅规定“不动产权属证书是权利人享有该不动产物权的证明”。[2] 涉及登记的效力推定以及善意第三人利益保护问题则缺乏具体详细的规则，导致不动产登记下的善意第三人保护问题在我国不动产登

---

〔1〕［德］曼弗雷德·沃尔夫：《物权法》（2002年第18版），吴越、李大雪译，法律出版社2002年版，第291页。

〔2〕《民法典》第217条规定：“不动产权属证书是权利人享有该不动产物权的证明。不动产权属证书记载的事项，应当与不动产登记簿一致；记载不一致的，除有证据证明不动产登记簿确有错误外，以不动产登记簿为准。”

记制度中难以找到直接援用的法律规则。在此前提下，《民法典》将善意取得客体扩大到不动产上，不失为一种法律体系上的漏洞补救。从法理上讲，动产的善意取得与不动产的善意取得，分别是基于动产占有的公信力和不动产登记的公信力，易言之，都是基于公示的公信力，其制度基础与内在逻辑关系是相同的。〔1〕由于二者的制度设计都是基于物权公示的公信力，制度构成上都要求有无权处分行为、第三人须为善意，且一般也都要求须基于有偿的交易行为而取得，故我国在《物权法》中就已经将其一并规定于善意取得制度中，亦不失为立法上的一种可行选择，且并无明显不妥〔2〕。《民法典》第311条除了在少数字词上作了修改，沿袭了《物权法》第106条对善意取得制度的基本规范，该条规定将不动产作为善意取得的客体，应是我国物权法律制度的一大特色。〔3〕

2.受让人是基于法律行为取得

如前所述，善意取得制度的价值在于保护交易安全，因此受让人必须是通过交易行为方可主张善意取得，并以之作为对抗所有权人的返还原物请求权的法定理由。受让人若通过征收、继承等非法律行为取得，则不得适用善意取得。

3.受让人受让不动产时须为善意

不动产物权转让中的“善意” 在理论上与动产物权转让中的善意相同，均指受让人受让不动产时无重大过失地不知道转让人无处分权。但是，与动产善意认定不同的是，由于不动产物权变动的公示方式是登记，不动产善意的认定必然与不动产的登记相关。据此，《物权编解释（一）》第15条第1款规定：“具有下列情形之一的，应当认定不动产受让人知道转让人无处分权：（一）登记簿上存在有效的异议登记；（二）预告登记有效期内，未经预告登记的权利人同意；（三）登记簿上已经记载司法机关或者行政机关依法裁定、决定查封或者以其他形式限制不动产权利的有关事项；（四）受让人知道登记簿上记载的权利主体错误；（五）受让人知道他人已经依法享有不动产物权。”

---

〔1〕最高人民法院民法典贯彻实施工作领导小组主编：《中华人民共和国民法典物权编理解与适用》（上），人民法院出版社 2020年版，第 527—528 页。

〔2〕刘保玉：《物权法学》，中国法制出版社 2007年版，第 220 页。

〔3〕在第 1 款第 1 项最后删除了“的”字；将第 2 款最后的“赔偿损失”修改为“损害赔偿”；将第 3 款“参照前两款规定”修改为“参照适用前两款规定”。参见最高人民法院民法典贯彻实施工作领导小组主编：《中华人民共和国民法典物权编理解与适用》（上），人民法院出版社 2020年版，第 528 页。

4.受让人支付了合理价格

不动产所有权善意取得的价格要件与前述动产善意取得的内容基本相同。但是，建设用地使用权、不动产抵押权等他物权的善意取得，是否也须具备“合理价格”之条件？从《民法典》第311条第3款的规定分析，当事人善意取得其他物权的，参照适用前两款规定。若无特殊事由，他物权人主张善意取得时，原则上亦应支付合理价格。对这一点，有学者提出了不同观点，认为不宜机械地要求这些权利发生善意取得时也须支付合理的价格。[1]

5.法律规定必须登记的不动产物权已经登记在受让人名下

《民法典》第311条第1款第3项规定：“转让的不动产或者动产依照法律规定应当登记的已经登记，不需要登记的已经交付给受让人。”《物权编解释（一）》第17条第1款规定：“民法典第三百一十一条第一款第一项所称的‘受让人受让该不动产或者动产时’，是指依法完成不动产物权转移登记或者动产交付之时。”依此规定，不动产受让人主张善意取得时原则上必须完成不动产物权转移登记。

四、善意取得的法律后果

善意取得制度能够保护善意第三人和交易安全、阻却原所有权人的原物返还请求权的行使，其法律后果涉及原所有权人、出让人和受让人的三方利益安排。根据《民法典》第311条第2款的规定，善意取得发生下列法律后果。

（一）受让人与原权利人之间

1.受让人取得标的物的所有权和他物权。受让人的行为符合善意取得条件的，依《民法典》第311条第2款规定取得受让物的所有权和他物权。由于受让人取得是依据法律的特别规定，此种取得对原所有人而言系有法律上的原因，即使受让人因此获利，原所有人也不得依不当得利的规定请求受让人返还所获利益。

2.动产善意取得的受让人取得动产后，该动产上的原有权利消灭。对于动产善意取得，由于受让人是基于对占有的信赖进行的交易，交易时也无法知晓该动产上是否存在负担，因此各国法律中均认可受让人善意取得动产所有权时，同时涤除该动产上的负担。但是，如果受让人在受让时知道或者应当知道该负担的，该负担不当然消灭。《民法典》第313条规定：“善意受让人取得动产

---

〔1〕 崔建远：《物权法》（第四版），中国人民大学出版社2017年版，第82页。

后，该动产上的原有权利消灭。但是，善意受让人在受让时知道或者应当知道该权利的除外。”根据《民法典》的有关规定，动产之上的权利负担主要包括动产抵押权、动产质权和留置权等，这些权利都是以优先支配标的物的交换价值为目的的权利，可直接将标的物的交换价值变换为价金或者其他足以使得债权获得满足的某种价值。因此受让人取得该动产时，该负担消灭，除非受让人知道该负担存在，该负担不当然消灭。

对于不动产善意取得中原权利的负担是否消灭，《民法典》未作规定。如果类推适用《民法典》第313条的规定，应作同样解释：受让人在取得不动产物权后，该不动产上的原有权利消灭。善意受让人在受让时知道或者应当知道该权利的除外。上述类推存在问题：由于我国民法上对不动产权利实施了登记制度，导致受让人在受让时就已经知道该不动产上存在负担，如受让人在办理不动产转移登记时，登记簿上已经载明抵押权、居住权等负担的，应当认定为受让人知道或者应当知道负担存在，此时该权利负担不应被认定消灭。

需要注意的是，如果是遗失物通过转让被受让人占有的，根据《民法典》第312条的规定，受让人主张善意取得存在法定期间的限制。即遗失物被转让给受让人时，原权利人可以自知道或者应当知道受让人之日起2年内向受让人请求返还原物，超过期间该返还请求权消灭，受让人取得标的物的所有权和他物权。如果受让人是通过拍卖或者向具有经营资格的经营者购得该遗失物的，权利人请求返还原物时应当支付受让人所付的费用。权利人向受让人支付所付费用后，有权向无处分权人追偿。法律之所以作出上述规定，究其原因：一方面，遗失物作为占有脱离物，失主丧失了占有公示外观并非出于自愿，故应得到较之于自愿放弃占有公示外观的所有权人更多的保护，这是法律规定失主有权请求受让人返还遗失物的原因；另一方面，由于受让人已经符合善意取得的一般要件，法律对其加以保护的必要性与其他的善意第三人并无不同，这是规定失主的返还请求权应当受到2年限制的原因。[1]

（二）原权利人与让与人之间

丧失了所有权和他物权的原权利人，虽然由于受让人的善意取得丧失了所有权或者他物权，但是他们却享有债法上的赔偿请求权作为补偿。不管出让人是否存在过错，都必须返还让与所得。具体而言，原所有人可以选择行使下列

---

〔1〕 张翔：《论遗失物返还请求权的诉讼时效——对〈民法总则〉第196条与〈物权法〉第107条关系的解释》，载《西北大学学报（哲学社会科学版）》2017年第4期。

权利。

1.原权利人与让与人之间原来存在债权关系的，如租赁、借贷、保管合同的，由于受让人取得所有权导致出让人无法向原权利人返还原物，构成对原权利人的债务不能履行，此时认定出让人存在过错，原权利人有权向其主张因违反合同义务产生的损害赔偿请求权。

2.双方之间没有合同关系的，出让人无权处分行为构成对原权利人的权利侵害，原权利人可依侵权行为之债向让与人请求损害赔偿。

让与人所获得的利益为原所有权人丧失所有权的代价，原则上应当归为原所有权人，原所有权人有权请求返还。假如让与的价格超过了标的物本身的价格，超过部分的价值应归谁所有？如果归为原所有权人，其获得的利益有构成不当得利之嫌；如果归于让与人，其获得利益也没有法律依据，因此有学者主张依据无因管理归为原所有权人取得。[1]

需要注意的是，善意取得发生后，让与人嗣后又取回该标的物，不论该取得原因是偶然还是让与人恶意为之，抑或让与人善意购回，该标的物所有权均自动恢复为原所有权人所有，让与人不得取得相关权利，此种情形被称为原权利人的权利复活。之所以如此，是因为善意取得制度在于保护交易安全和受让人，让与人作为无权处分人不属于善意取得保护的对象，更不能因为对让与人的保护而使原权利人的权利受损。

（三）让与人与受让人之间

让与人与受让人之间的关系适用债法的有关规定。受让人在依法取得标的物所有权和他物权的同时，应当依据受让时的条件承担相应的义务，不得以善意取得为由拒绝负担义务。如果该债权行为无效或者被撤销，原所有人或者让与人有权要求受让人返还所取得的标的物。

第四节 拾得遗失物

一、拾得遗失物的概念和性质

拾得遗失物，是发现他人的遗失物并予以占有的事实行为。

---

〔1〕 梁慧星、陈华彬：《物权法》（第六版），法律出版社 2016 年版，第 197 页。

拾得遗失物能否成为取得所有权的原因，取决于一个国家的立法政策。现今大多数国家都采所有权取得主义，德、法、日、瑞等国民法和我国台湾地区“民法”都规定，拾得遗失物后，拾得人有通知遗失人或所有人的义务或者报告主管政府，并有保管和返还遗失物的义务，同时拾得人享有保管费用偿还请求权和报酬请求权。如果失主在招领期内没有认领，拾得人即可取得遗失物的所有权。我国《民法典》没有采这一立法政策，而是规定拾得遗失物应交还失主，在法定期间内无人认领的遗失物，归国家所有。

拾得遗失物在法律性质上为事实行为而非法律行为，因此对其主体的行为能力没有要求，限制民事行为人和无民事行为能力人只要有拾得遗失物的行为且对遗失物有占有意思即可产生拾得遗失物的法律后果。

通常情况下，拾得人拾得遗失物的行为属于无因管理行为。诚实拾得人以为他人管理的意思而为者，构成无因管理；不诚实的拾得人以为自己的意思而为管理者，构成准无因管理，民法就拾得人的权利义务并没有使用无因管理的规定，而是另设特别规定。但是，关于无因管理的规定仍可补充适用。[1]

二、拾得遗失物的构成要件

（一）客体须为遗失物

遗失物是指非基于占有人的意思而丧失占有，现又无人占有且非为无主之动产。遗失物必须包括以下几个方面的条件。

1.原权利人丧失占有

遗失物是所有人遗忘于某处或者不慎丢失从而在客观上丧失占有的物。是否丧失占有，应当按照一般社会观念和客观情况进行认定。如占有之物品或者动物偶至他人之地界或者住所，一般不认为属遗失物，权利人有权取回。

2.遗失物为无人占有的动产且非为无主物

不动产性质上不存在遗失的问题，作为遗失物，在各国法律上均限定于动产。而且遗失物不是无主物，系有人所有而无人占有，而非不属于任何人所有的无主物 。对于无主物适用先占，对于遗失物，则不得适用先占取得所有权。[2]

遗失物处于无人占有的状态。只有原来的占有人丧失了占有，而又没有新

---

〔1〕 史尚宽：《物权法论》，中国政法大学出版社 2000年版，第 130 页。
〔2〕 谢在全：《民法物权论》（上册），中国政法大学出版社 1999年版，第 239 页。

的占有人的物方可认定为遗失物。如果存在新的占有人，则不得认定为遗失物。所以对于盗赃物（因犯罪行为产生占有）、误占物（因错误而占有他人之物，如公共场所错取他人之物，后发觉却无法找到所有人情形）、遗忘物（所有人或占有人遗忘于他人之处的物，如被主人遗忘于饭店的行李等）一般不认定为遗失物。

3.占有人丧失占有非基于占有人本意

占有人作为所有人，如果丧失占有出于占有人本意时，如抛弃物等，该物则构成了无主物，而非遗失物。如果占有人为无权占有，该占有人抛弃之物，对所有人而言不构成遗失物。

（二）须有拾得行为

拾得行为是指发现他人遗失物而为占有的事实行为。该行为应当具备以下两个要素。

一是发现遗失物。发现是指认识遗失物的所在。

二是占有遗失物。占有是指对遗失物在事实上进行了支配管领。

发现和占有共同构成了拾得行为。其中占有是拾得行为的主要因素，如果仅发现而没有占有不能构成拾得行为。

（三）拾得人不受行为能力的限制

拾得行为与先占相同，属于事实行为而非法律行为，行为人的行为能力不受限制。因此拾得人只需具备上述两个要件即可构成拾得遗失物的行为。

三、拾得遗失物的法律后果

拾得遗失物后，拾得人必须履行一定的行为，才能享有法律规定的相应的权利。依据《民法典》的规定，拾得遗失物发生后，在拾得人和失主之间发生下列的法律后果。

（一）拾得人的义务

拾得人在拾得遗失物之后，负有下列义务：

1.返还和通知义务。拾得遗失物之人，应当将所拾得的遗失物返还给所有权人或者其他有受领权的权利人，或者通知其领取遗失物。

2.保管义务。在遗失物被权利人领取或者送交有关部门之前，拾得人居于无因管理地位，应负有妥善保管遗失物的义务，拾得人因故意或者重大过失致使遗失物被毁损、灭失时，应当承担民事责任。

3.报告和上缴义务。拾得人不知所有人或者所有人所在地不明而无法返还或者通知时，可以发出招领公告或者将遗失物送交给公安等有关部门。

（二）拾得人的权利

1.必要费用的偿还请求权。权利人领取遗失物时，应当向拾得人或者有关部门支付保管遗失物等支出的必要费用。这些费用包括保管费、公告费、动物饲养费等。这些费用得到偿还后，拾得人应将遗失物返还。

2.报酬请求权。域外法大多明确规定了拾得人的报酬请求权，在民法典中规定按照拾得物的价值比例或者公平原则确定拾得人可以获得的报酬。我国《民法典》仅规定了拾得人必要费用返还请求权，并没有规定拾得人的报酬请求权，因此在我国民法上，拾得人原则上不得主张报酬请求权。虽然《民法典》规定失主悬赏寻找遗失物的，领取遗失物时应当按照承诺向拾得人支付报酬，但是，此种报酬给付请求权并非拾得遗失物所产生的效力，而是悬赏广告所产生的债的效力，它不因拾得人将遗失物送交有关部门而受影响。[1]

拾得人侵占遗失物的，无权请求保管遗失物等支出的费用，也无权请求权利人按照承诺履行义务。[2]

（三）有关部门的义务和权利

《民法典》第315条规定："有关部门收到遗失物，知道权利人的，应当及时通知其领取；不知道的，应当及时发布招领公告。"在遗失物被失主认领前，有关部门有妥善管理遗失物的义务。失主在认领遗失物时，应当向保管遗失物的部门支付必要的保管费用。

四、法定期间内无人认领的遗失物处理

欧陆国家和地区在法律中规定，超过法定期间所有人未认领时，拾得人有权取得遗失物的所有权。我国对此采取了不同的规则，《民法典》第318条规定："遗失物自发布招领公告之日起一年内无人认领的，归国家所有。"

---

〔1〕梁慧星、陈华彬：《物权法》（第六版），法律出版社2016年版，第200页。

〔2〕《民法典》第317条第2款规定："权利人悬赏寻找遗失物的，领取遗失物时应当按照承诺履行义务。"第3款规定："拾得人侵占遗失物的，无权请求保管遗失物等支出的费用，也无权请求权利人按照承诺履行义务。"

第五节　发现埋藏物

一、发现埋藏物的概念和构成要件

（一）埋藏物

通说认为，埋藏物是指埋藏和隐藏于他物之中，其所有权归属不明的动产。我国法律将上述埋藏物分为狭义埋藏物和隐藏物。前者是指埋藏之物，后者是指隐藏之物。此种分类不影响具体行为的认定和法律后果，所以在此一并称之为埋藏物（下同）。

埋藏物的构成要件包括以下三个方面。

1.须为埋藏之物。埋藏是指被包藏于他物之中，不宜由外部目睹之状态。埋藏物的状态是处于被隐藏或者埋没于他物之中，一般不易被人从外部发觉。例如，因火山喷发而被埋没的珠宝、墙壁或者屋顶中的隐藏之物等均属埋藏物，至于被埋藏的原因和埋藏人的目的，在所不问。

2.埋藏物须为动产。埋藏物在各国的法律上一般规定为动产，如金银珠宝、陶器玉石等，对于因意外事件（如火山、地震等）造成的房屋、城堡等被埋于地下的，该类不动产不作为埋藏物。

3.埋藏物的所有人不明。埋藏物不是无主物，只是由于各种原因，难以确定或者不知属于何人所有。如果确认了所有人，发现人应将财产返还给所有人（或其继承人）。如果属于无主物，如化石等，则适用先占原则或者依法律特殊规定处理。埋藏物也不是遗失物，而是埋藏和隐藏于他物之中，不是显而易见的。如果埋藏物和隐藏物暴露在外，被他人拾得，则为遗失物。

（二）发现埋藏物的概念与构成要件

发现埋藏物是指认识埋藏物之存在。埋藏物的发现除具备该“发现”要素外，是否还应包括发现者对埋藏物的占有的要件？此点在各国的法律规定中并不相同。德国民法中规定，发现埋藏物不仅包括发现行为，而且必须依其发现结果而发生物被占有的事实。而法国、瑞士、日本等国家则规定仅以发现埋藏物为要件，不以占有的取得为必要。[1]因此，发现埋藏物的构成要件主要包括

---

〔1〕 史尚宽 :《物权法论》，中国政法大学出版社 2000年版，第 139 页。

以下四个方面。

1.发现人发现之物必须为埋藏物或者隐藏物。如为显性之物，如遗失物等的发现则不适用该项规定。

2.发现人有发现埋藏物的行为。如没有发现人的发现行为，埋藏物将一直处于隐蔽状态，其所有权的问题客观上无法受到关注。

3.该埋藏物非属发现人所有之物。虽然客观上无法确定具体的所有人，但是可以确定的是，埋藏物属于发现人之外的第三人所有，如发现人自埋之物遗忘后又被自己发现，则不适用埋藏物之规定。

4.发现人实际占有了埋藏物。我国《民法典》对发现埋藏物和隐藏物的权利归属的规定是参照拾得遗失物的规定处理，而遗失物的拾得是以占有为条件，由此可知，我国对发现埋藏物的构成要件中，除上述要件外，还应包括对埋藏物的占有。

二、发现埋藏物的性质

发现埋藏物与拾得遗失物相同，均构成所有权的原始取得，在性质上属于事实行为而非法律行为。因此，发现埋藏物行为对行为主体（发现人）的行为能力没有限制，也不适用代理。

三、发现埋藏物的法律后果

各国对发现埋藏物的所有权归属有以下三种立法例。

1.发现人所有权主义。此种立法例规定，埋藏物被土地所有人发现时全部归其所有，若由他人发现，则半数属于发现人，半数属于土地所有人或者隐藏物的所有人。采此种立法例的主要有法国、德国、日本等国家。[1]

2.公有主义。对于供学术、艺术或者考古用资料的埋藏物，一些国家和地区在法律上规定属于国库。例如，《瑞士民法典》第724条、我国台湾地区“民法”第809条都作如此规定。

3.报酬主义。埋藏物归属于被发现之土地或动产所有权人所有，发现人并不取得埋藏物的所有权，仅在不超过埋藏物价格半数的范围内，对被发现之土地

---

〔1〕《法国民法典》第716条、《德国民法典》第984条、《日本民法典》第241条、我国台湾地区“民法”第808条均规定了这一点。史尚宽：《物权法论》，中国政法大学出版社2000年版，第137页。

或动产所有权人享有报酬请求权。如《瑞士民法典》第723条的规定。

我国《民法典》第319条规定："拾得漂流物、发现埋藏物或者隐藏物的，参照适用拾得遗失物的有关规定。法律另有规定的，依照其规定。"因此，发现人不能取得埋藏物的所有权，也不能取得报酬请求权，仅有必要费用的请求权。在发现埋藏物时，所有人明确的，返还给所有人或者有领取权的人（如所有人的继承人等），所有人不明时，上缴国家。

第六节 添附

一、添附的概念和特征

（一）添附的概念

添附是附合、混合及加工在学理上的总称。主要指不同的动产或不动产之间通过某种方式结合而形成不可分割的混合物或新的性质的物，从而导致原物灭失或难以区分而形成所有权的得丧变更情形。其中，加工为劳动与他人之物的结合，附合与混合为不同主体的物与物的结合。因添附形成的物，无法适用民法之一般救济方法（如恢复原状），或事所不能或对社会经济不利，故现代各国物权法通常规定由其中一人取得添附物的所有权，或者当事人共同享有添附物的所有权。[1]

民法规定的添附制度，具有利用物权之归属规定实现公共政策的目的（鼓励创造或者回复经济价值），再用债权之补偿方法以实现当事人之间对等正义之功能，是物权法与债权法的绝妙配合。[2]

（二）添附的特征

作为附合、混合和加工的添附方式具有下列共同特征。

1.所有权的单一性。在添附制度中，产生了不同的所有人所有之物发生了结合。这种结合之物在法律性质上只能作为一物而不能作为数物，因此法律上只能表现为单一的所有权，此为法律的强制性规定，当事人之间不得请求恢复原状或者请求分离从而变更此种性质。

2.添附物所有权的归属性。 添附物所有权虽然单一化，但是这一所有权是

〔1〕 梁慧星、陈华彬：《物权法》（第六版），法律出版社2016年版，第203页。
〔2〕 谢在全：《民法物权论》（上册），中国政法大学出版社1999年版，第239页。

由一人享有还是由所有的关系人共同享有？此问题涉及各国的立法政策。在各国法律规定和学理上，一般认为如果不动产与动产附合，则新物归不动产所有人所有；其他可分为主物或从物的，新物所有权归主物人所有，否则以价值为标准，价值相当的归原所有人共有。

3.关系人利益的协调性。添附物归于一人取得是出于立法技术的考虑，而非肯定取得人独占添附物所有权的所有利益，按照公平对等原则，因添附而丧失了所有权或者利益之人，法律上可依不当得利的规定通过请求给付赔偿金等方式行使债权请求权。

二、添附的主要类型

（一）加工

加工是指一个人的劳力与另一人的物的结合形成一种新的物。如甲的价值500元衣料被乙盗走，由丙加工成西服，价值达2000元。大多数国家的法律规定加工的标的物一般仅限于动产。

加工行为属于事实行为，是工作与动产的结合，通常出于人的行为，这与附合和混合有时出于自然事件发生的情况存在区别。如果加工后没有形成新物，所有权则不会发生变动。

（二）附合

附合是指两个以上的有形物相互结合形成一种新的物或者一物附着于他物并构成其重要成分，非毁损不能分离或者分离费用过巨，法律上认为其附合物失去了交易上的独立性的情形。附合在理论上可以分为动产与动产的附合、动产与不动产的附合以及不动产与不动产的附合三种类型。后者一般在不动产所有权中进行探讨。这里主要涉及前两种类型的附合及法律后果。

1.动产与不动产附合是指动产附合于不动产上成为不动产的组成部分。该动产在发生附合后丧失了独立性，成为不动产的一部分，原来两个所有权变为一个不动产所有权。如在他人土地上施肥、在他人建筑物上粉刷涂料等均可构成此项附合。

2.动产与动产附合是指所有权各异的两个动产相互结合非经毁损不能分离，或者分离费用过大而发生所有权变动的情形，附合之后形成之物被称为合成物。

（三）混合

混合是指所有人各异的动产混合后不能识别或者识别费用过大而发生所有权变动的情形。例如，甲的大米与乙的大米被混合在一起无法区别；甲的糖块被误放进乙的咖啡中溶化等。因混合而形成的物被称为混合物。

三、添附的法律后果

（一）《民法典》的规定

《民法典》第322条规定："因加工、附合、混合而产生的物的归属，有约定的，按照约定；没有约定或者约定不明确的，依照法律规定；法律没有规定的，按照充分发挥物的效用以及保护无过错当事人的原则确定。因一方当事人的过错或者确定物的归属造成另一方当事人损害的，应当给予赔偿或者补偿。"

上述规定在适用时将可能面临下列问题。

1.将加工、附合、混合一体性规定违反基本逻辑难以准确适用

加工是原特定物是否存在的问题，附合、混合则是原特定物"如何"继续存在的问题。加工属于事实行为，而附合和混合既可能基于事实行为，也可能基于事件等原因发生。将不同性质的法律事实适用同样的法律规则来确定所有权的归属，本身就存在问题。

2."充分发挥物的效用"和"保护无过错当事人"两种规则同时适用可能导致法律适用上相互冲突

《民法典》第322条确定的添附物归属的依据有"充分发挥物的效用"和"保护无过错当事人"两项原则。这两项原则在同一案件中适用时可能会发生冲突。例如，甲擅自将乙的一根木料用在了自己的房屋上。此时依据"充分发挥物的效用"的原则，该木料应当归属于甲；但是，若依"保护无过错当事人"的原则，该木料应当归还给乙，甲须拆除房屋返还木料于乙。拆除这一"恢复原状"的行为，显然破坏了物的效用，导致社会资源的浪费。

3.损害赔偿规定在物权编不符合《民法典》的物债二分立法体系

《民法典》第322条最后一句"因一方当事人的过错或者确定物的归属造成另一方当事人损害的，应当给予赔偿或者补偿"，该规定为因添附而受损害之人提供的债法救济。按照《民法典》物债二分的立法体例，该规定应当属于债编范畴而非物权编范畴。《民法典》添附规定存在上述问题的原因之一是我国在此之前的相关法律中有关添附的规定。如原《最高人民法院关于贯彻执行〈中华人民共和国民法通则〉若干问题的意见（试行）》第86条规定："非产权人在使用他人的财产上增添附属物，财产所有人同意增添，并就财产返还时附属物如何处理有约定的，按约定办理；没有约定又协商不成，能够拆除的，可以责令拆除，不能拆除的，也可以折价归财产所有人；造成财产所有人损失

的，应当负赔偿责任。”我国原《合同法》第223条规定：“承租人经出租人同意，可以对租赁物进行改善或者增设他物。承租人未经出租人同意，对租赁物进行改善或者增设他物的，出租人可以要求承租人恢复原状或者赔偿损失。”受上述规范的影响，《民法典》在第322条将物权归属和损害赔偿作了一体化规定。

（二）相关规则的完善

将“充分发挥物的效用”的原则作为添附物归属的主要原则，在明确物的归属之后，才能更加清晰地适用物权请求权与不当得利请求权。[1]同时应当在特定条件下排除以恶意的添附行为取得添附物。由于发生加工、附合、混合的原因不同，需要对其法律归属进行分别规定。

1.加工物的归属

关于加工物的归属问题，早在罗马法时期就有加工物应归加工人所有的加工主义和加工物应归原材料所有人所有的原材料主义两种主张。至查士丁尼时期采行了折中主义，区分完全加工与不完全加工两种情形而分别实行加工主义或原材料主义。近代以来各国对于加工物的所有权归属均采折中主义的做法，或以材料所有人主义为原则，以加工人所有主义为例外，如法国、意大利、日本等；或以加工人所有主义为原则，材料所有人主义为例外，如德国等。但是此种区别仅为立法体例的差异，两种立法例均认为加工物因加工行为大幅增值超过原材料价值时加工人能够取得加工物的所有权。可见，现代各国在立法上均以鼓励经济价值的创造为其立法宗旨。[2]所谓材料主义，是指法律规定加工物所有权属于原材料所有人；所谓加工主义，是指法律规定加工物由从事加工之人所有。但是两者都存在例外情形，其例外关键在于加工物价值的增值程度：如加工物价值明显小于材料价值，在加工主义上，物仍然归属材料所有人；在材料主义的立场上也存在加工物显著增值而由加工人取得的事由。因而从整体上看，只要存在“显著增值”的例外限制，二者在法律效果上的差异似乎并不巨大。例如，《德国民法典》上规定加工人取得所有权的前提为加工或改造的价值不显著少于材料价值。根据德国联邦最高院规定的标准，材料与劳动的价值比达到100：60为明显较低。欧陆国家对于加工人取得的限制条件主要

〔1〕 王利明：《试论添附与侵权责任制度的相互关系——兼论〈物权法〉中添附制度的确立》，载《法学杂志》2005年第3期。

〔2〕 加工行为其他方面参照附合的相关规则。参见谢在全：《民法物权论》（上册），中国政法大学出版社1999年版，第269页。

是“新物”“显著增值”“善意”等有关因素。

对我国《民法典》中的加工规则，学者认为应当采材料主义，即加工所增价值未超过原材料价值的，加工物归原材料所有权人所有；唯加工人为善意且加工价值显然大于原物价值的，新物才可以归加工人所有。加工人主观上如为恶意，无论增值部分价值大小，均不能取得所有权。[1]这种规则的好处是可以有效克服加工主义诱发的侵权行为。法律不鼓励擅自对他人之物的利用，若加工人故意使用他人材料进行加工，就不能由其取得加工物所有权。法律应避免假装认错他人材料进行加工，而将加工物归属于自己情形的出现。[2]《民法典》规定的“保护无过错的当事人”相对于“排除恶意加工人”而言，范围过大（“无过错”要求行为人既无故意也无过失，而恶意一般仅限于故意，二者的范围并不一致）。就加工制度价值而言，排除恶意加工就已足够，无须扩大到加工人的过失。因此，就加工物归属的规则应当是：加工他人之物，原则上归原物所有人所有；如果加工后的增值明显高于原物价值，由加工人取得。加工人若为恶意，不能取得加工物所有权。

2.附合物的归属

附合分为动产与不动产的附合、动产之间的附合两种类型，按照不同的类型确定不同的归属规则。

动产与不动产的附合。由于动产在发生附合后丧失了独立性，成为不动产的一部分，原来两个所有权变为一个不动产所有权。依民法原理和各国民法之规定，此种附合发生后，不动产所有人取得附合物的所有权，动产所有人丧失原动产的所有权。此种取得方式是依法律的直接规定，并不适用善意取得的规则，即无须以不动产权利人的善意为要件。丧失动产所有权而利益受到损害的原动产所有权人，有权依不当得利规定请求取得附合物的权利人予以补偿。《民法典》第322条规定的“按照充分发挥物的效用以及保护无过错当事人的原则确定”的规则，在动产与不动产符合的情形下，有必要考虑不动产利用的效益、不动产的价值等，结合相关法理，确定动产附合于不动产的法律效果：第一，除当事人另有约定外，不动产所有人取得动产所有权。其取得所有权来源于法律规定，并不适用善意取得的规则，即无须以该不动产权利人的善意为要

〔1〕刘保玉：《物权法学》，中国法制出版社2007年版，第214页。

〔2〕单平基：《添附入典的立法表达——〈民法典物权编（草案）〉第117条检讨》，载《现代法学》2019年第6期。

件；第二，动产的所有权因附合而消灭；第三，原动产所有人不能请求恢复原状，这属于客观不能，但可依本条规定适用不当得利的规则和侵权责任的规则来进行救济。当事人的恶意与否，在适用不当得利返还的规定时，有关返还的利益范围是有所不同的。[1]

动产与动产发生附合之后所形成之物称为合成物。对于合成物的所有权归属，一般按照各动产所有权人附合时的价值共有，各共有人的份额按照附合时各自动产的价值比例确定。如果附合后存在主物的，如油漆被附合于椅子上，一般将椅子作为主物看待，油漆则为从物。附合物的所有权归于主物所有权人所有，从物所有权人丧失所有权，由取得权利人给予适当补偿。如果一方的动产价值明显高于对方，则由价值明显高的一方取得附合物所有权，并由其对丧失所有权的一方进行适当补偿。但恶意为动产附合行为者，应当遵循保护无过错当事人的原则，确定动产恶意附合者原则上不得取得附合物的所有权，并且由于恶意添附构成侵权，应对其侵权行为给他人造成的损害承担侵权责任。如果是善意添附，善意添附人未获得添附物所有权的，可依不当得利之规定予以救济。但是无论是善意添附还是恶意添附，在添附制度的适用条件上是一致的，即一旦符合法定的添附要件，就应适用添附制度的规定，而不得以恶意添附为理由请求恢复原状。[2]

3.混合物的归属

学理上认为，动产混合后所发生的法律效果，准用动产与动产附合的处理原则。依据《民法典》第322条的规定，当事人有约定的按照约定；没有约定或者约定不明的，依照法律规定；相关法律没有具体规定的按照充分发挥物的效用以及保护无过错当事人的原则确定。需要注意的是，对“充分发挥物的效用原则”的理解，要考虑混合事实发生后，各动产所有人按其动产混合时的价值共有混合物，如果混合后存在主物的，由主物所有人取得所有权。同时，基于恶意不予保护的理念，对于恶意混合者，不能取得该物的所有权。[3] 由于混合导致一方当事人利益受到损害需要赔偿的，参照添附的有关规则。

---

〔1〕 最高人民法院民法典贯彻实施工作领导小组主编：《中华人民共和国民法典物权编理解与适用》（上），人民法院出版社 2020年版，第 587 页。

〔2〕 陈本寒：《构建我国添附制度的立法思考》，载《法商研究》2018年第 4 期。

〔3〕 最高人民法院民法典贯彻实施工作领导小组主编：《中华人民共和国民法典物权编理解与适用》（上），人民法院出版社 2020年版，第 589 页。

4.取消当事人关于添附物归属约定的内容

添附是一种原始取得的方式，不依赖于当事人的意志。这意味着，当事人之间通过合同安排寻求物与物之间结合或者物与劳动结合的，不适用有关添附的规则。[1]添附通常也不存在当事人事先约定添附物所有权的归属问题，在这一视角下进行考虑，《民法典》的规范似乎混淆了添附与加工承揽合同的情形。“在真正的加工承揽合同中，通常也不存在约定加工物为谁所有的合同条款。无须约定标的物权属的原因在于，合同的性质和目的决定了物之归属。”[2]当然，如果当事人在发生添附之后达成物的归属协议，则属于当事人意思自治之范畴，法律自当尊重。

法律适用

[善意取得法律规则的适用]

依据《民法典》的规定，善意取得是指无处分权人作为出让人，以转移不动产或者动产的所有权或者他物权为目的，通过合理价格将动产或者不动产转移给善意受让人，并且完成了不动产的登记和动产的交付，受让人取得该不动产或者动产的所有权或其他物权的法律制度。善意取得法律规则的适用主要是其构成要件和法律后果两个方面。

其一，善意取得的构成要件。

《民法典》第311条第1款规定了善意取得的构成要件：“无处分权人将不动产或者动产转让给受让人的，所有权人有权追回；除法律另有规定外，符合下列情形的，受让人取得该不动产或者动产的所有权：（一）受让人受让该不动产或者动产时是善意；（二）以合理的价格转让；（三）转让的不动产或者动产依照法律规定应当登记的已经登记，不需要登记的已经交付给受让人。”

依上述规定，善意取得应当分为两种类型：动产的善意取得和不动产的善意取得。二者的相同点在于均要求处分人是无权处分、处分合理价格、受让人受让时属于善意。但是，二者在下列两个方面存在区别。

一是受让人取得物权的方式不同。不动产的受让方式是：需要登记的完成

---

〔1〕 刘家安：《物权法论》（第二版），中国政法大学出版社2015年版，第99页。

〔2〕 单平基：《添附入典的立法表达——〈民法典物权编（草案）〉第117条检讨》，载《现代法学》2019年第6期。

登记，不需要登记的完成交付；而动产是完成交付。《民法典》第311条第1款第1项规定受让人受让该动产时，原则上是指依法完成动产交付之时。根据《物权编解释（一）》第17条的规定，当事人以《民法典》第226条规定的方式交付动产的，转让动产民事法律行为生效时为动产交付之时；当事人以《民法典》第227条规定的方式交付动产的，转让人与受让人之间有关转让返还原物请求权的协议生效时为动产交付之时。法律另有规定的，应当按照法律规定的时间认定权利人是否为善意。依此规定，动产善意取得的受让人完成的动产交付方式只能是实际交付、简易交付、指示交付几种方式，对于占有改定能否作为动产交付方式，该解释没有规定，依反向解释，推定排除占有改定作为动产善意取得的交付方式。

对于船舶、航空器和机动车的善意取得问题，《物权编解释（一）》第19条规定："转让人将民法典第二百二十五条规定的船舶、航空器和机动车等交付给受让人的，应当认定符合民法典第三百一十一条第一款第三项规定的善意取得的条件。"

二是认定善意的标准不同。依据《物权编解释（一）》第14条的规定：受让人受让不动产或者动产时，不知道转让人无处分权，且无重大过失的，应当认定受让人为善意。

如果受让人受让的是不动产，根据《物权编解释（一）》第15条的规定，"具有下列情形之一的，应当认定不动产受让人知道转让人无处分权：（一）登记簿上存在有效的异议登记；（二）预告登记有效期内，未经预告登记的权利人同意；（三）登记簿上已经记载司法机关或者行政机关依法裁定、决定查封或者以其他形式限制不动产权利的有关事项；（四）受让人知道登记簿上记载的权利主体错误；（五）受让人知道他人已经依法享有不动产物权。真实权利人有证据证明不动产受让人应当知道转让人无处分权的，应当认定受让人具有重大过失。" 如果受让人受让的是动产，根据该解释第16条的规定，交易的对象、场所或者时机等不符合交易习惯的，应当认定受让人具有重大过失。

其二，善意取得的法律后果。

根据《民法典》第311条第2款的规定，受让人取得不动产或者动产的所有权的，原所有权人有权向无处分权人请求损害赔偿。《民法典》第313条规定："善意受让人取得动产后，该动产上的原有权利消灭。但是，善意受让人在受让时知道或者应当知道该权利的除外。"根据上述规定，善意取得的法律后果如下：

1.善意受让人取得物的所有权和他物权，原所有人丧失物的所有权。

2.原所有权人有权向无处分权人请求损害赔偿。

3.动产受让人取得所有权和他物权时，该动产上的原有负担消灭。受让人对该动产上原来存在的负担不承担任何责任。

其三，《民法典》的善意取得制度需要思考的问题。

1.盗窃物和遗失物的善意取得。《民法典》第312条规定原权利人在两年之内有权追回遗失物，超过两年没有追回的，受让人符合善意取得其他条件的，可以取得该遗失物的所有权。但是，对流入公开交易场所的遗失物和盗窃物，如受让人在拍卖场所、经营场所取得的遗失物和盗窃物，赋予原权利人追回权是否妥当？法理基础是什么？与《拍卖法》和国际拍卖规则之间是否存在冲突？在将来的司法实践中如何适用？

2.《物权编解释（一）》第19条规定："转让人将民法典第二百二十五条规定的船舶、航空器和机动车等交付给受让人的，应当认定符合民法典第三百一十一条第一款第三项规定的善意取得的条件。"据此规定，我国对以船舶为代表的特殊动产为标的物的善意取得，实质上援用一般动产的法律规则，以交付作为受让人善意取得的成立要件，受让人可以据此对抗原权利人的所有权。此规定与《民法典》第225条规定的"船舶、航空器和机动车等的物权的设立、变更、转让和消灭，未经登记，不得对抗善意第三人"在适用上是否存在矛盾？

3.由于不动产登记的强有力公信力，不动产善意取得中是否必须将"价格合理"作为其中的条件？

用益物权

第十章　用益物权概述

提 要

用益物权是指权利人对他人所有的不动产或者动产，依法享有占有、使用和收益的定限物权。

土地承包经营权是指权利人以从事种植业、林业、畜牧业等农业生产为目的，依法对其承包经营的农民集体所有或者国家所有由农民集体使用的耕地、林地、草地等享有占有、使用和收益的权利。

建设用地使用权是指权利人以建造建筑物、构筑物及其附属设施为目的，依法在国家所有或者集体所有的土地上享有占有、使用和收益的权利。

宅基地使用权是指权利人依法占有、使用集体所有的土地，并有权利用该土地建造住宅及其附属设施的用益物权。

居住权是指按照合同约定或者遗嘱设定，经登记占有、使用他人的住宅，以满足自己稳定的生活居住需要的用益物权。

地役权是指权利人按照合同约定，利用他人的不动产，以提高自己不动产效益的用益物权。

重点问题

1.用益物权的类型体系。

2.住宅建设用地使用权续期制度。

3.地役权和相邻关系的区别。

4.居住权与有权居住的关系。

第一节　用益物权的定义与法律功能

一、用益物权的定义和法律特征

“用益物权”本为大陆法系民法学上的概念，我国《民法典》物权编将之在立法上明文规定，并采取权能列举的定义方式对之作概念界定。用益物权不同于用益权的概念，用益权制度源于罗马法，“从罗马古时起，用益权就是人役权中最重要的一种，它被家长用作处分其遗产的一种手段。因为罗马人经常以遗嘱将某项遗产的使用收益权遗赠给他需要照顾的人，使其生活获得保障，而保留虚有权给其继承人。在受照顾的人死亡后，继承人再恢复其完全的所有权”。[1]用益权制度为《法国民法典》和《德国民法典》所继受，并成为用益物权的一种。

根据《民法典》第323条规定，用益物权是指权利人对他人所有的不动产或者动产，依法享有占有、使用和收益的定限物权。

用益物权的法律特征主要包括以下四个方面。

第一，用益物权是一种他物权，是在他人所有的不动产或者动产上成立的物权。

仅有所有权不能满足人们日益复杂的社会需要，人们除对自己的物享有权利外，往往还需要利用他人之物，在他人的所有权上设定一定的用益物权以满足自己的需要是必要和可能的。用益物权和担保物权同属于他物权，“用益物权的出现是所有权权能分离的结果，换言之，所有权人将所有权权能中的部分予以分离，授予他人享有，在此基础上形成了在他人之物上的物权，这就是他物权”。[2]有学者认为，用益物权的客体不仅限于他人所有之物，还包括他人享有使用权的不动产，如建设用地使用权人、土地承包经营权人可以在自己享有使用权的土地上为他人设定地役权。[3]

对他人之物有债权式利用和物权式利用，“承租权实际上仍然属于租赁合同这一债权合同所产生的效力，承租权只是出现了一些‘物权化’的趋势，而尚未成为一项用益物权”。[4]“租赁权自始都是一种债权，虽然现代法中有‘买卖不破租赁’原则，但这并不能改变租赁权的债权属性。”[5]用益物权是物权式利用，有利于稳定利用关系和预期。用益物权人可以依法对用益物权本身进行处分，但不能对用益物权的客体进行处分。

第二，用益物权是以占有、使用、收益为权利内容的定限物权。

所有权具有完整性、弹力性等特点，用益物权派生于所有权。“标的物所

---

〔1〕 周枏：《罗马法原论》（上册），商务印书馆1994年版，第399页。

〔2〕 王利明：《物权法研究》（第四版）（下卷），中国人民大学出版社2018年版，第6页。

〔3〕 房绍坤：《民法典物权编用益物权的立法建议》，载《清华法学》2018年第2期，第62页。

〔4〕 刘家安：《物权法论》，中国政法大学出版社2015年版，第134页。

〔5〕 房绍坤、丁海湖、张洪伟：《用益物权三论》，载《中国法学》1996年第2期，第96页。

有权为用益物权产生的‘母权’，用益物权为‘子权’。没有标的物的所有权，就不会有用益物权。”[1]用益物权人对其客体的权能受限制，用益物权人的支配范围为其权利客体的使用价值，用益物权人对其权利客体仅享有占有、使用和收益的权能，而不享有事实上或者法律上的处分权能。不过，用益物权人对用益物权本身大多可以依法为转让等处分。如土地承包经营权人为他人设定土地经营权，这也是对自己用益物权的处分。

定限物权依其所支配内容的不同，可以进一步区分为用益物权和担保物权。用益物权以支配物的使用价值为内容，担保物权以支配物的交换价值为内容。用益物权以对物的使用为直接目的，一物之上通常不能设立性质相同的用益物权，否则会发生权利冲突。担保物权支配担保财产的交换价值，同一担保财产上可以设立多个担保物权，多个担保物权的清偿顺序根据《民法典》第414条确定。用益物权和担保物权支配的内容不同，因此，一物之上可以同时并存用益物权和担保物权。[2]

第三，用益物权所支配的客体主要为不动产。

用益物权主要属于不动产物权，严格来讲，动产之上也没有必要设定用益物权，大陆法系传统民法也均对用益物权的客体作此限制，主要原因有二：一方面，动产以占有为公示方法，难以表现内容较为复杂多样的用益物权，以动产设定用益物权在公示技术上有困难；另一方面，动产种类繁多，价值多低于不动产，取得容易，如有用益的需要，可以通过买卖、租赁、借用等债权方式进行即可，不必依赖用益物权的设定。[3]

我国《民法典》第323条将用益物权的客体扩及动产，但具体类型的用益物权如土地承包经营权、建设用地使用权、宅基地使用权的客体均限于不动产，甚至主要限制在国家或者集体所有的土地之上。居住权的权利客体为他人的住宅。地役权的权利客体则为他人的不动产或者不动产权利。我国现行法上尚无以动产为客体的用益物权类型。

第四，用益物权一般为独立物权。

用益物权以当事人设立用益物权的债权合同为根据存在，其虽由所有权派生，但一经设立，用益物权便独立于所有权而存在，所有权人对权利客体的支

---

〔1〕 崔建远：《物权法》（第五版），中国人民大学出版社 2021 年版，第 271 页。
〔2〕 刘家安：《物权法论》，中国政法大学出版社 2015 年版，第 34—35 页。
〔3〕 王泽鉴：《民法物权》，北京大学出版社 2009年版，第 271 页。谢在全：《民法物权论》（修订五版）（中册），中国政法大学出版社 2011年版，第 425 页。

配力反倒受到该权利客体上创设的用益物权的限制。用益物权的客体被征收、征用的场合，所有权人和用益物权人都有获得相应补偿的权利。《民法典》第327条规定：“因不动产或者动产被征收、征用致使用益物权消灭或者影响用益物权行使的，用益物权人有权依据本法第二百四十三条、第二百四十五条的规定获得相应补偿。”

在例外情况下，用益物权也可能属于从权利、从属物权，而非主权利、独立物权，如地役权。地役权具有从属性，其不得独立于权利人对需役地的权利而存在。与用益物权一般具有的独立性相对比，担保物权除留置权外也均须经由创设担保物权的债权合同而创设，但担保物权还特别从属于其所担保的债权，以其所担保的债权的存在为前提和目的。

二、用益物权和所有权的区别

用益物权在所有权基础上产生，派生于所有权，既是所有权行使的一种方式，又对所有权构成限制。[1]《民法典》第326条后段规定：“所有权人不得干涉用益物权人行使权利。”

用益物权和所有权的区别如下：

第一，用益物权属于他物权，所有权属于自物权。

用益物权是在他人所有的不动产或者动产上成立的物权。所有权是权利人对自己的不动产或者动产依法享有的物权。

第二，用益物权属于定限物权，所有权属于完全物权。

用益物权人依法享有占有、使用和收益的权利，用益物权人对用益物权的客体不能处分。所有权人依法享有占有、使用、收益和处分的权利。

第三，用益物权大多属于有期限物权，所有权属于无期限物权。

用益物权大多受存续期间的限制，土地承包经营权、建设用地使用权、居住权、地役权受法定或者约定的期限限制，宅基地使用权没有期限限制。所有权与所有物共始终，所有权具有永久性或称无期限性，所有权以永久存续为本质，不得对所有权设置存续期间，只要所有权不被征收、没收、抛弃或者所有物消灭，所有权即一直存续。所有权的“永久性”并非指所有权永不消灭，而是指所有权不得像有期限物权那样预定一定存续期限。

第四，用益物权大多属于不动产物权，所有权既可以是动产所有权，也可

---

〔1〕 房绍坤：《用益物权与所有权关系辨析》，载《法学论坛》2003年第4期，第23—28页。

以是不动产所有权。

用益物权的客体主要是不动产，也可以是动产或者权利。根据客体的不同，所有权可以区分为动产所有权和不动产所有权。

第五，用益物权人可以为他人设定次级用益物权，以形成多层级用益物权体系，来实现对物的多元、多层次、多时段分割利用。[1]所有权人可以通过行使权利的方式为他人设定用益物权或者担保物权，所有权之上无法再设定所有权，否则有违一物一权原则。

三、用益物权和担保物权的区别

用益物权和担保物权既属于他物权，又属于定限物权。根据《民法典》第386条规定，担保物权是指权利人在债务人不履行到期债务或者发生当事人约定的实现担保物权的情形时，依法享有的就担保财产优先受偿的权利。

用益物权和担保物权在权利类型、权利内容、权利目的、权利实现时间、权利客体、是否需要占有标的物等方面区别如下。

第一，用益物权包括典型用益物权和准物权。担保物权包括典型担保物权和非典型担保物权。

典型用益物权具体包括土地承包经营权、建设用地使用权、宅基地使用权、居住权和地役权。典型担保物权具体包括抵押权、质权和留置权。

第二，用益物权以支配物的使用价值为内容，担保物权以支配物的交换价值为内容。

用益物权人对他人所有的物依法享有占有、使用和收益的权利。担保物权人原则上不得使用担保财产，仅就担保财产优先受偿。担保物权支配担保财产的交换价值，因此又被称为价值权或者变价权。

第三，用益物权一般为独立物权。担保物权属于从属物权。

用益物权以对他人之物进行占有、使用和收益为目的。担保物权以保障债权实现为目的，具有从属性，从属于它所担保的债权。《民法典》第387条第1款规定："债权人在借贷、买卖等民事活动中，为保障实现其债权，需要担保的，可以依照本法和其他法律的规定设立担保物权。"

第四，用益物权的取得和权利实现同时发生。担保物权的取得和实现存在时间间隔。

---

〔1〕蔡立东:《从"权能分离"到"权利行使"》，载《中国社会科学》2021年第4期，第102—103页。

用益物权人一旦取得用益物权，即可对他人之物依法占有、使用和收益。担保物权人只有当债务人不履行到期债务或者发生当事人约定的实现担保物权的情形时，方可依法行使优先受偿权。

第五，用益物权的客体主要是不动产。担保物权的客体包括动产、不动产以及法律规定的权利。

用益物权客体形态变化会直接影响用益物权人使用、收益权能的实现。担保物权具有物上代位性，担保财产价值形态的变化，不影响担保物权的存在。[1]

第六，用益物权的行使以占有标的物为前提。非移转占有型担保物权的设立和行使都不以担保物权人占有担保财产为要件。

“用益物权人如不占有标的物即无法对标的物加以使用、收益。而担保物权的行使，除留置权、质权依其性质必须占有标的物外，其他担保物权（如抵押权）则不以直接占有标的物为前提，担保物权人可直接占有标的物，也可不直接占有标的物。”[2]

四、用益物权的法律功能

用益物权体现了物权法从所有到利用的发展趋势。设立用益物权的目的为获取他人权利客体的使用价值，但是对他人不动产使用价值的获取方式不以设立用益物权为限，此外还可发生以租赁权为代表的债权性利用，具有支配权性质的用益物权和请求权性质的租赁权并不相同，“如果需要所有人的积极行为才能实现对他人之物享有利益，而不是本人直接支配其物，则属于债权而不是物权”[3]。当事人在不动产利用的二元体系中究竟作何选择，取决于其主观需要。“用益物权制度在物权法中的地位和重要性日益凸显，是物权法发展的重要趋势。……传统的以物的‘所有’为中心的物权观念，已经被以物的‘利用’为中心的现代物权观念所取代。用益物权是这种以‘利用’为中心的物权的主要表现。”[4]

用益物权与一个国家的基本经济制度密切关联。我国用益物权法律制度坚持和完善公有制为主体、多种所有制经济共同发展，将公有制和社会主义市场

〔1〕王利明：《物权法研究》（第四版）（下卷），中国人民大学出版社2018年版，第327页。
〔2〕梁慧星、陈华彬：《物权法》（第七版），法律出版社2020年版，第273页。
〔3〕周枏：《罗马法原论》（上册），商务印书馆1994年版，第389页。
〔4〕王利明：《物权法研究》（第四版）（下卷），中国人民大学出版社2018年版，第12页。

经济体制有效结合。“如何实现公有制与市场经济的有效结合，是人类历史从未有过的伟大实践。而用益物权制度就是实现这种结合的途径之一。”〔1〕我国土地所有权不能进入市场流通。在不改变所有权归属的前提下，通过用益物权制度可以实现资源的流转顺畅和效用发挥。《民法典》第324条规定：“国家所有或者国家所有由集体使用以及法律规定属于集体所有的自然资源，组织、个人依法可以占有、使用和收益。”

用益物权有利于实现物尽其用，充分发挥物的效用。用益物权还能够使对物的利用关系物权化，巩固利用人的法律地位。《民法典》物权编用益物权法律制度立法完善的目的是明确物的归属、发挥物的效用和保护权利人物权。如住宅建设用地使用权期限届满之后自动续期制度的完善，有利于明确物的归属。禁止建设用地使用权人闲置建设用地，禁止土地承包经营权人抛荒耕地，都体现了发挥物的效用的立法目的。禁止发包人在承包期内调整或者收回承包地，体现了保护权利人物权的立法目的。

第二节　我国用益物权的类型

一、我国用益物权的具体类型概述

（一）具有鲜明中国特色的用益物权类型体系

构建我国的用益物权体系不仅要借鉴国外立法经验，更要注重从中国实际情况出发，使得体系的构建符合我国社会主义基本经济制度、人民群众生活习惯和历史文化传统。正如有学者所言，“由于物资的使用关系多取决于其社会结构和习惯，因此，在承认与之相适应的各种不同种类的物权时，各国呈现出种种差异。与此相反，由于物资的交换价值完全建立于共同基础之上，并不因地方不同而有所差异，因此，以物资作为交换价值的附随物而构成物权，具有世界通用性趋势。”〔2〕“因为我国的土地等自然资源实行公有制，私人无法取得这些自然资源的所有权。其想利用自然资源，势必要通过用益物权制度。也正是由于土地公有制，我国法上的用益物权与那些实行土地私有制的国家有很

---

〔1〕王利明：《物权法研究》（第四版）（下卷），中国人民大学出版社2018年版，第10页。

〔2〕[日]我妻荣：《我妻荣民法讲义Ⅱ：新订物权法》，有泉亨补订，罗丽译，中国法制出版社2008年版，第2页。

大的差别。”[1]用益物权的类型体系更加具有本土化的色彩。

我国《民法典》物权编第三分编“用益物权”第十一章规定了土地承包经营权、第十二章规定了建设用地使用权、第十三章规定了宅基地使用权、第十四章规定了居住权、第十五章规定了地役权，对应五种主要的用益物权。“建设用地使用权与宅基地使用权对应的是传统民法上的地上权，解决的是他人土地上建造房屋的需求，土地承包经营权对应传统民法上的永佃权，解决的是他人土地上耕作的需求。”[2]另外《民法典》物权编第三分编“用益物权”第十章“一般规定”部分，在第328条还规定了海域使用权，第329条规定了探矿权、采矿权、取水权、养殖权、捕捞权等准物权（也有学者在理论上将之概括为准用益物权或者特许物权等），[3]这就构成了《民法典》中具有鲜明中国特色的用益物权类型体系。

《民法典》中规定的五种主要用益物权如下：

第一，土地承包经营权是指权利人以从事种植业、林业、畜牧业等农业生产为目的，依法对其承包经营的农民集体所有或者国家所有由农民集体使用的耕地、林地、草地等享有占有、使用和收益的权利。

第二，建设用地使用权是指权利人以建造建筑物、构筑物及其附属设施为目的，依法在国家所有或者集体所有的土地上享有占有、使用和收益的权利。

第三，宅基地使用权是指权利人依法占有、使用集体所有的土地，并有权利用该土地建造住宅及其附属设施的用益物权。

第四，居住权是指按照合同约定或者遗嘱设定，经登记占有、使用他人的住宅，以满足自己稳定的生活居住需要的用益物权。

第五，地役权是指权利人按照合同约定，利用他人的不动产，以提高自己不动产效益的用益物权。

（二）用益物权类型划分的根本标准是土地用途管制原则

不同用益物权的设立目的不同，民法对各类用益物权实行用途管制。我国国土空间开发保护以空间规划为基础、以用途管制为主要手段。我国土地所有权不能交易，在人多地少的国情和节约用地的国策下，我国实行土地用途管制法律制度。《土地管理法》第4条第1款、第2款规定：“国家实行土地用途管制

---

〔1〕王利明、杨立新、王轶、程啸：《民法学》（第六版）（上），法律出版社2020版，第424页。

〔2〕汪洋：《从用益权到居住权：罗马法人役权的流变史》，载《学术月刊》2019年第7期，第111页。

〔3〕崔建远：《准物权的理论问题》，载《中国法学》2003年第3期。

制度。国家编制土地利用总体规划，规定土地用途，将土地分为农用地、建设用地和未利用地。严格限制农用地转为建设用地，控制建设用地总量，对耕地实行特殊保护。前款所称农用地是指直接用于农业生产的土地，包括耕地、林地、草地、农田水利用地、养殖水面等；建设用地是指建造建筑物、构筑物的土地，包括城乡住宅和公共设施用地、工矿用地、交通水利设施用地、旅游用地、军事设施用地等；未利用地是指农用地和建设用地以外的土地。使用土地的单位和个人必须严格按照土地利用总体规划确定的用途使用土地。”土地用途管制制度很大程度上有利于实现地尽其利、农地农用，实现《土地管理法》第3条前段所规定的“十分珍惜、合理利用土地和切实保护耕地”的基本国策。《民法典》对用益物权类型划分的根本标准也是用途管制原则。

对于上述用益物权类型，在《物权法》立法过程中学者曾对不同类型用益物权名称的解释选择产生过争议，有学者曾主张使用基地使用权、农地使用权和邻地使用权的概念，[1]还有学者主张相应地使用土地使用权、农村土地承包经营权和地役权的概念。[2]《物权法》最终没有采纳基地使用权、土地使用权、国有土地使用权或者传统民法上的地上权等概念，而是采用建设用地使用权的概念，此概念相对基地使用权或者地上权等概念更加符合已有法律的用语习惯，相对于土地使用权其指向更加具体，[3]相对于国有土地使用权，其类型涵盖更加广泛（包括国有土地上的建设用地使用权和集体土地上的建设用地使用权）。《物权法》没有采纳农地使用权、农村土地承包经营权或者传统民法上的永佃权等概念，而是采用土地承包经营权这一约定俗成的概念。《物权法》也没有采纳邻地使用权的概念，而是坚持传统民法上更加精确的地役权的概念。《物权法》的这些做法为《民法典》用益物权制度所延续。

（三）用益物权类型的扩展与物权法定原则之缓和

“我国《物权法》允许在动产上设定用益物权，从而为未来的动产之上的用益物权的设定预留了空间。”[4]我国《民法典》第323条延续了《物权法》的做法，仍然允许在动产上设定用益物权，在动产上设定用益物权符合物权法定

---

〔1〕梁慧星主编：《中国民法典草案建议稿》，法律出版社2003年版，第十一章至第十三章。

〔2〕王利明主编：《中国民法典草案建议稿及说明》，中国法制出版社2004年版，第五编第三章。

〔3〕“物权法有关用益物权的规定，是根据土地的不同用途产生的不同法律关系分别规定为土地承包经营权、建设用地使用权和宅基地使用权，没有综合规定为土地使用权。”参见胡康生主编：《中华人民共和国物权法释义》，法律出版社2007年版，第273页。

〔4〕王利明：《物权法研究》（第二版）（下卷），中国人民大学出版社2007年版，第8页。

原则。“我国用益物权的客体范围是十分广泛的，实际上实现了‘物权法定主义缓和’。”〔1〕

“在动产公示技术没有障碍、动产价值日渐增加的情况下，以动产设定用益物权必将为实践所需，如融资租赁交易中，承租人对租赁物所享有的权利若构建为动产用益物权，将对各方当事人均有利。有鉴于此，《民法典》明定动产可以设定用益物权。此规定亦为以后的制度发展留下空间。”〔2〕

地役权也缓和了物权法定原则，法律未限定地役权的用途，允许当事人在地役权合同中自由约定“利用目的和方法”。“地役权属于框架性权利，法律缓和了物权法定原则在地役权上的适用。……物权制度的未来创新将以框架性权利为载体，以次级用益物权不断获得承认、进入用益物权种类行列为基本样态。”〔3〕地役权有助于克服物权类型法定化的不足，协调了意思自治和物权法定，有利于克服物权法定的僵化。〔4〕

二、准物权的具体类型

（一）自然资源国家所有权与自然资源用益物权

《民法典》第246条第2款规定：“国有财产由国务院代表国家行使所有权。法律另有规定的，依照其规定。”明晰自然资源的物权归属有助于避免自然资源“公共资产的悲剧”，健全自然资源资产所有权和自然资源用益物权等自然资源资产产权制度是建立生态文明体制的必要环节。自然资源用益物权是指权利人对特定空间内的自然资源依法享有的进行开发和利用的定限物权。

随着社会主义市场经济体制的实行和对自然资源可持续发展的代际正义要求，自然资源国家所有权制度也不应该仅限于满足“明确物的归属”，更须要通过市场手段充分“发挥物的效用”，这也提示我们应加强对自然资源的“资源性产品”定位。《民法典》第325条规定：“国家实行自然资源有偿使用制度，但是法律另有规定的除外。”具体途径有二：将自然资源的市场价值产品化，“使市场在资源配置中起决定性作用”，通过市场机制优化资源配置；或者更重要的是将自然资源国家所有权的部分权能用益物权化（如准物权制度等）以进入生产和分配领域。作为全民共享的要求，对自然资源国家所有权市

---

〔1〕李永军：《论我国民法典上用益物权的内涵与外延》，载《清华法学》2020年第3期，第78页。

〔2〕王利明主编：《民法》（第八版）（上册），中国人民大学出版社2020年版，第370页。

〔3〕蔡立东：《从“权能分离”到“权利行使”》，载《中国社会科学》2021年第4期，第104页。

〔4〕王利明：《物权法研究》（第四版）（下卷），中国人民大学出版社2018年版，第228—229页。

场化收益应该建立合理的利益共享机制，并通过生态环境补偿机制来落实自然资源的区域平等和代际正义。这些也都属于自然资源宪法所有权在市场经济条件下的民法表达。[1]

传统物权法将用益物权的客体主要限于土地等不动产或不动产权利，我国《民法典》则将用益物权的客体还特别扩及特定海域、水域之上。《民法典》物权编第三分编“一般规定”部分，在第328条规定了海域使用权，第329条规定了探矿权、采矿权、取水权、养殖权、捕捞权等准物权。《民法典》第247条规定：“矿藏、水流、海域属于国家所有。”基于权能分离理论，《民法典》第328条和第329条所规定的准物权属于自然资源国家所有权权能派生的产物，其以自然资源国家所有权为“母权”。没有自然资源国家所有权，准物权就会成为“无源之水、无本之木”。准物权有利于在自然资源全民所有的前提下，贯彻落实自然资源可持续发展理念，充分发挥自然资源的效用，以实现对自然资源环境开发、利用、防治和保护的有机统一。《民法典》第324条规定：“国家所有或者国家所有由集体使用以及法律规定属于集体所有的自然资源，组织、个人依法可以占有、使用和收益。”第325条规定：“国家实行自然资源有偿使用制度，但是法律另有规定的除外。”第326条规定：“用益物权人行使权利，应当遵守法律有关保护和合理开发利用资源、保护生态环境的规定。所有权人不得干涉用益物权人行使权利。”

（二）海域使用权属于用益物权，不属于准物权

《民法典》第328条规定：“依法取得的海域使用权受法律保护。”《海域使用管理法》对海域使用权的申请审批、海域使用权的内容及有偿使用等问题作了具体规定，《民法典》在用益物权的“一般规定”中将海域使用权的法律性质确认为用益物权。结合《海域使用管理法》第23条、第25条等规定，海域使用权是指权利人依法占有特定的海域并利用该海域从事养殖、拆船、旅游娱乐、盐业、矿业、修建港口，或者修建船厂等建设工程并获取收益的权利。

海域使用权以特定的海域为客体，属于典型用益物权，而非准物权。海域使用权符合典型用益物权的特征。[2]探矿权、采矿权、取水权、养殖权、捕捞权等准物权和海域使用权，均为土地之外的其他自然资源所有权派生出的用益物权。有学者进一步指出，海域使用权、探矿权、采矿权、取水权、养殖权、

---

〔1〕王旭：《论自然资源国家所有权的宪法规制功能》，载《中国法学》2013年第6期。

〔2〕崔建远：《物权法》（第五版），中国人民大学出版社2021年版，第351页。

捕捞权，除其他法律另有规定外，准用《民法典》用益物权制度。[1]

（三）探矿权、采矿权、取水权、养殖权、捕捞权属于准物权

《民法典》第329条规定了探矿权、采矿权、取水权、养殖权、捕捞权等准物权（准用益物权），这些准物权的特殊之处是权利人所支配的客体并非特定的物，而只是取得从事特定行为（如对自然资源的勘探、开采）的法律许可，而权利人从事这些经许可的特定行为后可能获得对特定物（如自然资源产品）的所有权。“此等权利（矿业权、渔业权等准物权）非以现在特定之物为标的，其标的为无形之利益，不过将来权利人依特定之行为，得使发生、确定、存续、变更或消灭特定之法律关系而已。德国学者谓之能权。亦有称为得有权者。盖依自己一方之行为，得享有法律上效果之权利也。”[2]

海域使用权和准物权在均须经特许取得之共性外还存在一些交叉，[3]如养殖权人利用特定海域从事养殖行为时，就属于对特定海域的海域使用权这种用益物权。不过，在特定海域内从事捕捞权则仍属于准物权，因为其支配的客体仍非特定物。

三、准物权的特殊性

社会生活决定法律概念，而不是法律概念决定生活。作为自然资源使用权的准物权制度与传统用益物权制度存在体系上的突破之处，需要本着社会生活决定法律概念的法律思维来解释。准物权的特殊性主要包括如下。

第一，传统用益物权的“权利标的为不动产、动产或不动产权利，其中以不动产为常态，在法律上被视为不可消耗物”。[4]而有些准物权如采矿权的客体为可消耗物，这也就超出了用益物权“使用”权能的内容。

第二，传统用益物权客体主要是不动产，而有些准物权如养殖权、捕捞权的客体就难以归于不动产。

第三，准物权须经行政特许取得，公法上的强制性体现更多；而传统用益

〔1〕李永军、刘家安、翟远见、田士永、刘智慧、席志国、于飞、戴孟勇、尹志强、陈汉、朱庆育、迟颖、易军：《中华人民共和国民法物权编（专家建议稿）》，载《比较法研究》2017年第4期，第187页。

〔2〕史尚宽：《民法总论》，中国政法大学出版社2000年版，第12页。

〔3〕王利明：《试论〈物权法〉中海域使用权的性质和特点》，载《社会科学研究》2008年第4期。崔建远：《海域使用权制度及其反思》，载《政法论坛》2004年第6期。

〔4〕王利明主编：《民法》（第八版）（上册），中国人民大学出版社2020年版，第375页。

物权属于私权，其取得和行使都主要取决于当事人的意思自治。

第四，准物权中的取水权也不完全符合传统用益物权的排他性特点。[1]

探矿权、采矿权的客体是特定矿区，而非该矿区的矿产资源，后者属于矿藏所有权的客体。养殖权、捕捞权的客体是特定水域。取水权的客体仍然具有特定性，取水权人有权在取水期限内、在特定取水地点提取特定水量，取水权的客体就是特定取水地点，不能认为取水权的客体是“水资源”。不能混淆自然资源所有权的客体和自然资源用益物权的客体，不能混淆自然资源用益物权和资源性产品所有权的客体。采矿权、取水权、养殖权、捕捞权行使后，权利人会对应取得相应资源性产品所有权，从这个意义上看，这些用益物权具有物权取得权的特点。

不同于不动产相邻关系人的用水权，取水权是指权利人利用取水工程或者设施直接从江河、湖泊或者地下取用水资源的民事权利。取水权的母权利有可能对应地下水所有权，地下水所有权归国家所有，地下水属于《民法典》第250条规定的“等自然资源”。取水权对应的母权利也有可能是地表流水所有权，水流属于《民法典》第247条国家所有权的客体。取水权人须向水行政主管部门申请取得取水许可证，并缴纳水资源费。

准物权有利于推动自然资源有偿使用。探矿权、采矿权、取水权、养殖权、捕捞权均为土地之外的其他自然资源所有权派生出的用益物权。《民法典》第324条规定：“国家所有或者国家所有由集体使用以及法律规定属于集体所有的自然资源，组织、个人依法可以占有、使用和收益。”这些特殊类型的用益物权大多为自然资源法的各个部门法规定，还须通过行政许可的方式取得，因此也被称为特许物权。普通用益物权体现的国家管制程度相对较低，准物权体现的国家管制程度更高。

---

〔1〕金海统：《自然资源使用权：一个反思性的检讨》，载《法律科学：西北政法大学学报》2009年第2期。

第十一章 我国用益物权的具体类型

第一节 土地承包经营权

农民集体所有权和农民集体成员权是理解农民用益物权等财产权制度的前提，[1]土地承包经营权等农民用益物权是行使农民集体成员权的产物，农民集体成员权就是农民对集体所享有的社员权，农民集体成员权的主要行使方式就是决议行为。农民集体所有的不动产和动产并非由独立于集体成员的具有抽象人格的法人组织所有，而是“属于本集体成员集体所有”。农村集体经济组织、村民委员会、村内各该集体经济组织、村民小组、乡镇集体经济组织是对集体所有权的代表行使主体。[2]

集体所有权的目的是实现集体成员的利益，农民集体成员依法取得土地承包经营权、宅基地使用权、集体土地补偿费的分配、对农民集体所提供的公共物品的受益、集体收益分配权等都是农民对集体所有权的受益权能之体现。“集体土地所有权糅合了公法层面的治理功能、生存保障功能以及私法层面的市场化私权功能，是具备三重功能属性的集合体。”[3]集体成员对集体所有权的受益权属于资格性权利，以具有作为集体的成员身份为前提，集体成员资格的确定又成为保障集体成员受益权能的前提。“保障农民集体经济组织成员权利”还要赋予农民对集体经济组织决议行为直接侵害成员合法权益时的救济措施。

---

〔1〕王雷：《农民集体成员权、农民集体决议与乡村治理体系的健全》，载《中国法学》2019年第2期。

〔2〕有学者则认为：“作为特别法人的新型农村集体经济组织本身是农民集体法人化改造的结果，其一旦设立，便直接依法对集体土地享有法人所有权。”参见宋志红：《论农民集体与农村集体经济组织的关系》，载《中国法学》2021年第3期，第164页。

〔3〕汪洋：《集体土地所有权的三重功能属性——基于罗马氏族与我国农村集体土地的比较分析》，载《比较法研究》2014年第2期，第24页。

一、土地承包经营权的概念与法律特征

根据《民法典》第330条的规定，我国农村集体经济组织实行家庭承包经营为基础、统分结合的双层经营体制。农民集体所有和国家所有由农民集体使用的耕地、林地、草地以及其他用于农业的土地，依法实行土地承包经营制度。解决中国农村问题的根本是农村土地问题，而解决农村土地问题的根本是充分尊重农民的自主权。农村家庭承包经营是在我国农村经济体制改革的大背景下由农民自发创生的，家庭承包经营的主要形式是取得并行使土地承包经营权，这是为我国农村改革实践所证明的能够调动农民生产积极性、解放和发展生产力、实现农业发展和农村繁荣的制度，从物权法的角度看，以家庭为单位的土地承包经营权制度有利于承包地的物尽其用。

根据《民法典》第330条第2款和第331条的规定，土地承包经营权是指权利人以从事种植业、林业、畜牧业等农业生产为目的，依法对其承包经营的农民集体所有或者国家所有由农民集体使用的耕地、林地、草地等，享有占有、使用和收益的权利。

土地承包经营权的法律特征主要包括以下五个方面。

第一，土地承包经营权的主体为土地承包经营权人，根据《农村土地承包法》第16条规定，家庭承包的承包方是本集体经济组织的农户，具有一定的成员身份性。根据《民法典》第55条和第56条第2款规定，农村集体经济组织的成员，依法取得农村土地承包经营权，从事家庭承包经营的，为农村承包经营户。农村承包经营户的债务，以从事农村土地承包经营的农户财产承担；事实上由农户部分成员经营的，以该部分成员的财产承担。

农村土地家庭承包的，承包方是本集体经济组织的农户，其本质特征是以本集体经济组织内部的农户家庭为单位实行农村土地承包经营。家庭承包方式的农村土地承包经营权属于农户家庭，而不属于某一位家庭成员。除林地外的家庭承包，当承包农地的农户家庭中的一人或几人死亡时，承包经营仍然是以户为单位，承包地仍由该农户的其他家庭成员继续承包经营；当承包经营农户家庭的成员全部死亡时，由于承包经营权的取得是以集体成员权为基础，故该土地承包经营权归于消灭，不能由该农户家庭成员的继承人继续承包经营，更不能作为该农户家庭成员的遗产处理。[1]

根据《民法典》第342条和《农村土地承包法》第三章的规定，荒山、荒

---

〔1〕参见《李维祥诉李格梅继承权纠纷案》，载《最高人民法院公报》2009年第12期。

沟、荒丘、荒滩等农村土地，通过招标、拍卖、公开协商等方式承包，可以由本集体经济组织成员承包，也可以由本集体经济组织以外的单位或个人承包，不过承包人取得的不是土地承包经营权，而是“三权分置”下的土地经营权。

第二，土地承包经营权的客体是《民法典》第330条第2款所规定的农民集体所有或者国家所有由农民集体使用的耕地、林地、草地，以及其他用于农业的土地，并由后者所派生。《民法典》第330条第2款中所谓“其他用于农业的土地”，实际上是指《农村土地承包法》第三章规定的农村土地中的“四荒”土地。不过这些“四荒”土地不是土地承包经营权的客体，而是土地经营权的客体。

第三，土地承包经营权的设立目的是从事《民法典》第331条规定的种植业、林业、畜牧业等农业生产。遵循土地用途管制原则，土地承包经营权人并得依照《农村土地承包法》第18条的规定，维持土地的农业用途，未经依法批准不得用于非农建设。不过，我国现行法并未就土地承包经营权人对不同农业用途的承包地的互相转变作出详细的禁止性规定，如将林地改为耕地或草地等，《土地管理法》第30条第1款仅规定：“国家保护耕地，严格控制耕地转为非耕地。”该法第37条第3款规定：“禁止占用永久基本农田发展林果业和挖塘养鱼。”根据《民法典》第332条的规定，不同农业用途的承包地存在承包期的不同。

第四，土地承包经营权自土地承包经营合同生效时设立，不以采取公示方法为必要。即使发包人未将承包地实际交付承包人也不影响土地承包经营权的设立。《民法典》第333条第1款对土地承包经营权的设立采取了债权意思主义的物权变动模式：“土地承包经营权自土地承包经营权合同生效时设立。”《民法典》第335条规定：“土地承包经营权互换、转让的，当事人可以向登记机构申请登记；未经登记，不得对抗善意第三人。”

《民法典》第333条第2款规定：“登记机构应当向土地承包经营权人发放土地承包经营权证、林权证等证书，并登记造册，确认土地承包经营权。”该款规定的登记并非取得土地承包经营权的必要条件，土地承包经营权证书也只是证明土地承包经营权的书证。

第五，土地承包经营权具有期限性。《民法典》第332条规定：“耕地的承包期为三十年。草地的承包期为三十年至五十年。林地的承包期为三十年至七十年。前款规定的承包期限届满，由土地承包经营权人依照农村土地承包的法律规定继续承包。”《农村土地承包法》第21条规定：“耕地的承包期为三十年。草地的承包期为三十年至五十年。林地的承包期为三十年至七十年。前款规定的耕地承包期届满后再延长三十年，草地、林地承包期届满后依照前款规定相应延长。”从土地承包经营权的现实运行情况上看，法律关于土地承包经营权承包期限的规定体现了“增人不增地，减人不减地”的政策精神，将稳定承包关系法定化，通过稳定承包关系，充分发挥承包地的效用。

二、土地承包经营权的法律性质

《物权法》施行之前，在解释论和立法论上有关土地承包经营权的一个重要争论点是该权利的法律性质，我国《物权法》第一次明确将土地承包经营权规定为物权，并作为用益物权的一种具体类型。对土地承包经营权进行物权化改造主要体现在强化土地承包经营权的支配权性质。土地承包经营权的物权化措施能够稳定承包关系、赋予土地承包经营权物权的保护方法、推动土地承包经营权流转、优化土地资源配置、促进物尽其用。

《民法典》中的土地承包经营权既具有物权性，还具有一定的身份性、福利性和社会保障性，因此土地承包经营权的流转受到一定的限制。“土地承包经营权除了其作为私法权利的物权性之外，还有一条主线需要把握，那就是其社会保障性。”〔1〕

三、土地承包经营权的效力

根据《民法典》和《农村土地承包法》等法律，土地承包经营权的效力主要表现为土地承包经营权人的权利和义务。《农村土地承包法》第17条规定：“承包方享有下列权利：（一）依法享有承包地使用、收益的权利，有权自主组织生产经营和处置产品；（二）依法互换、转让土地承包经营权；（三）依法流转土地经营权；（四）承包地被依法征收、征用、占用的，有权依法获得相应的补偿；（五）法律、行政法规规定的其他权利。”第18条规定：“承包方承担下列义务：（一）维持土地的农业用途，未经依法批准不得用于非农建设；（二）依法保护和合理利用土地，不得给土地造成永久性损害；（三）法律、行政法规规定的其他义务。”当然，土地承包经营权人的权利义务也离不开发包人的配合。

〔1〕 席志国：《中国物权法论》，中国政法大学出版社 2016年版，第 266—267 页。

（一）土地承包经营权人的权利

第一，对承包地的占有、使用和收益权，这是土地承包经营权人的最主要权利。土地承包经营权人依法对其承包经营的耕地、林地、草地等享有占有、使用和收益的权利，有权从事种植业、林业、畜牧业等农业生产。

第二，自主开展农业生产经营的权利。土地经营权人有权在合同约定的期限内占有农村土地，自主开展农业生产经营并取得收益，自主处置产品，不受他人干涉。发包人不得干涉承包方依法享有的生产经营自主权。

第三，有权依法流转土地承包经营权和土地经营权。土地承包经营权人无权处分承包地，但可以依法流转土地承包经营权和土地经营权。

一方面，土地承包经营权人依照法律规定，有权将土地承包经营权互换、转让。根据《农村土地承包法》第33条规定，承包方之间为方便耕种或者各自需要，可以对属于同一集体经济组织的土地的土地承包经营权进行互换，并向发包方备案。根据《农村土地承包法》第34条规定，经发包方同意，承包方可以将全部或者部分的土地承包经营权转让给本集体经济组织的其他农户，由该农户同发包方确立新的承包关系，原承包方与发包方在该土地上的承包关系即行终止。

另一方面，土地承包经营权人可以自主决定依法采取出租、入股或者其他方式向他人流转土地经营权。根据《农村土地承包法》第36条规定，承包方可以自主决定依法采取出租（转包）、入股或者其他方式向他人流转土地经营权，并向发包方备案。

第四，依法获得投资补偿的权利，承包地被征收、征用、占用时依法获得补偿的权利。

一方面，根据《农村土地承包法》第27条第4款规定，承包期内，承包方交回承包地或者发包方依法收回承包地时，承包方对其在承包地上投入而提高土地生产能力的，有权获得相应的补偿。根据《农村土地承包法》第43条规定，经承包方同意，受让方可以依法投资改良土壤，建设农业生产附属、配套设施，并按照合同约定对其投资部分获得合理补偿。

另一方面，承包地可能被征收、征用或者占用。承包地被征收的，土地承包经营权人有权依据《民法典》第243条的规定获得相应补偿。因承包地被征用影响土地承包经营权行使的，土地承包经营权人有权依据《民法典》第245条的规定获得相应补偿。承包地被依法占用的，土地承包经营权人也有权依法获得相应的补偿。

第五，在承包期限内连续承包的权利，承包期限届满依照法律规定继续承包的权利。

一方面，承包期内发包人不得调整承包地。因自然灾害严重毁损承包地等特殊情形，需要适当调整承包的耕地和草地的，应当依照《农村土地承包法》第28条等规定办理。除法律另有规定外，承包期内发包人不得收回承包地。《农村土地承包法》第30条还规定："承包期内，承包方可以自愿将承包地交回发包方。承包方自愿交回承包地的，可以获得合理补偿，但是应当提前半年以书面形式通知发包方。承包方在承包期内交回承包地的，在承包期内不得再要求承包土地。"

另一方面，土地承包经营权的承包期限届满，由土地承包经营权人依照农村土地承包的法律规定继续承包。

（二）土地承包经营权人的义务

第一，维持土地的农业用途，未经依法批准不得用于非农建设，这是土地用途管制原则的具体化。

土地承包经营权人应当依照法律规定和土地承包经营权合同约定利用土地。土地承包经营权人或者土地经营权人不得改变土地所有权的性质和土地的农业用途，不得弃耕抛荒，不得破坏农业综合生产能力和农业生态环境。禁止闲置、荒芜耕地。

国家保护耕地，严格控制耕地转为非耕地。禁止占用耕地建窑、建坟或者擅自在耕地上建房、挖砂、采石、采矿、取土等。禁止占用永久基本农田发展林果业和挖塘养鱼。

根据《国务院关于深化改革严格土地管理的决定》的要求，严格保护基本农田。基本农田是确保国家粮食安全的基础。土地利用总体规划修编，必须保证现有基本农田总量不减少，质量不降低。基本农田要落实到地块和农户，并在土地所有权证书和农村土地承包经营权证书中注明。基本农田一经划定，任何单位和个人不得擅自占用，或者擅自改变用途，这是不可逾越的"红线"。符合法定条件，确须改变和占用基本农田的，必须报国务院批准；经批准占用基本农田的，征地补偿按法定最高标准执行，对以缴纳耕地开垦费方式补充耕地的，缴纳标准按当地最高标准执行。禁止占用基本农田挖鱼塘、种树和其他破坏耕作层的活动，禁止以建设"现代农业园区"或者"设施农业"等任何名义，占用基本农田变相从事房地产开发。

第二，依法保护、管理和合理利用土地，不得给土地造成永久性损害。

土地承包经营权人给承包地造成永久性损害的，发包人有权制止，并有权要求赔偿由此造成的损失。

第三，法律、行政法规规定的其他义务。

《民法典》第326条前段规定："用益物权人行使权利，应当遵守法律有关保护和合理开发利用资源、保护生态环境的规定。"具体而言，农村土地承包经营应当遵守法律、法规，保护土地资源的合理开发和可持续利用。土地承包经营权人或者土地经营权人还应当依法缴纳承包费。

第四，土地承包经营权期限届满且没有继续承包或者因为其他原因导致土地承包经营权消灭时，土地承包经营权人负有返还承包地并恢复承包地原状的义务。

土地承包经营权的终止原因包括承包期限届满且没有继续承包、发包人依法提前收回承包地、土地承包经营权人依法自愿提前交回承包地、承包地被征收、因自然灾害等原因导致承包地灭失等。承包地依法调整的，也会导致原土地承包经营权消灭。

四、土地承包经营权流转

（一）土地承包经营权的流转方式

土地承包经营权是农村土地最基础的制度安排。新中国成立以来，我国农业经营体制经历了几次变迁，对农村土地和农业经营体制问题的解释有必要运用大历史观、从历史分析的角度去展开。中国共产党在农村土地制度改革的过程中发挥了重要的领导、支持和引导作用。要善于使党对农村土地改革的主张通过法定程序成为国家意志、形成法律，确保"重大改革于法有据"。2014年1月19日，中共中央、国务院印发了2014年"中央一号文件"——《关于全面深化农村改革加快推进农业现代化的若干意见》，该意见第17条指出，"在落实农村土地集体所有权的基础上，稳定农户承包权、放活土地经营权，允许承包土地的经营权向金融机构抵押融资"。这就结合农村经济社会发展，提出了农村土地所有权、承包权与经营权"三权分置"的政策思路。2014年11月20日，中共中央办公厅、国务院办公厅印发了《关于引导农村土地经营权有序流转发展农业适度规模经营的意见》，该意见进一步将"三权分置"作为土地承包经营权的改革方向予以确定："……发展适度规模经营已成为必然趋势。实践证明，土地流转和适度规模经营是发展现代农业的必由之路……坚持农村土地集体所有，实现所有权、承包权、经营权三权分置，引导土地经营权有序流转，坚持家庭经营的基础性地位，积极培育新型经营主体，发展多种形式的适度规模经营，巩固和完善农村基本经营制度。……坚持农村土地集体所有权，稳定农户承包权，放活土地经营权，以家庭承包经营为基础，推进家庭经营、集体经营、合作经营、企业经营等多种经营方式共同发展。……鼓励创新土地流转形式。鼓励承包农户依法采取转包、出租、互换、转让及入股等方式流转承包地……”中国共产党十九大报告进一步提出“深化农村土地制度改革，完善承包地‘三权’分置制度”。农地“三权分置”改革有利于促进农村土地经营权有序流转，发展农业适度规模经营。

土地承包经营权的流转方式包括互换、转让。承包方之间为方便耕种或者各自需要，可以对属于同一集体经济组织的土地的土地承包经营权进行互换，并向发包方备案。经发包方同意，承包方可以将全部或者部分的土地承包经营权转让给本集体经济组织的其他农户，由该农户同发包方确立新的承包关系，原承包方与发包方在该土地上的承包关系即行终止。[1]土地承包经营权互换、转让的，当事人可以向登记机构申请登记；未经登记，不得对抗善意第三人。

土地承包经营权人还可以自主决定依法采取出租（转包）、入股或者其他方式向他人流转土地经营权，并向发包方备案。

（二）承包地“三权分置”改革与土地经营权

“三权分置”是继家庭联产承包责任制后农村改革又一重大制度创新。集体土地所有权是土地承包经营权的“母权利”，集体土地所有权与土地承包经营权是承包地处于未流转状态的一组权利，是“两权分离”。“土地资源的稀缺性客观上造成了土地所有权和利用权‘两权分离’的可能。新中国成立以来最重大的土地制度改革就是在这一‘两权分离’的基础上展开的。”[2]集体土地所有权与土地承包经营权、土地经营权是承包地处于流转状态的一组权利，是“三权分置”。土地承包经营权是土地经营权的“母权利”。通过土地流转，赋予第三方经营主体土地经营权，是完善农村基本经营制度的一个重要内容。2020年8月24日，习近平总书记在经济社会领域专家座谈会上的讲话指出，关于农民承包的土地具有所有权、承包权、经营权属性的理论，不仅有力指导了我国经济发展实践，而且开拓了马克思主义政治经济学新境界。

---

〔1〕 朱虎：《土地承包经营权流转中的发包方同意——一种治理的视角》，载《中国法学》2010年第2期，第70—80页。

〔2〕 高圣平：《新型农业经营体系下农地产权结构的法律逻辑》，载《法学研究》2014年第4期。

（三）土地经营权的生成机制

土地经营权的生成机制有以下两种。

第一，从土地承包经营权中可以流转产生土地经营权，以发展适度规模化经营。立法保留了土地承包经营权概念。“即使流转了土地经营权，承包农户享有的还是土地承包经营权，只是其行使土地承包经营权受到了土地经营权的限制。……并不存在一个流转了土地经营权之后的‘土地承包权’。”〔1〕《民法典》第339条规定：“土地承包经营权人可以自主决定依法采取出租、入股或者其他方式向他人流转土地经营权。”土地承包经营权人向他人流转土地经营权，须向发包方备案。《农村土地承包法》第38条规定：“土地经营权流转应当遵循以下原则：（一）依法、自愿、有偿，任何组织和个人不得强迫或者阻碍土地经营权流转；（二）不得改变土地所有权的性质和土地的农业用途，不得破坏农业综合生产能力和农业生态环境；（三）流转期限不得超过承包期的剩余期限；（四）受让方须有农业经营能力或者资质；（五）在同等条件下，本集体经济组织成员享有优先权。”第45条第1款规定：“县级以上地方人民政府应当建立工商企业等社会资本通过流转取得土地经营权的资格审查、项目审核和风险防范制度。”〔2〕第46条规定：“经承包方书面同意，并向本集体经济组织备案，受让方可以再流转土地经营权。”

第二，土地经营权也可以直接从四荒地集体土地所有权中流转产生，而非从土地承包经营权中产生。通过招标、拍卖、公开协商等方式承包农村土地，应当签订承包合同，承包方取得土地经营权。《民法典》第342条规定：“通过招标、拍卖、公开协商等方式承包农村土地，经依法登记取得权属证书的，可以依法采取出租、入股、抵押或者其他方式流转土地经营权。”该土地经营权可以再流转。

承包方可以用承包地的土地经营权向金融机构融资担保，并向发包方备案。通过以上两种方式产生的土地经营权均可作为融资担保的财产，以促进农地金融的发展：一方面，受让方通过流转取得的土地经营权，经承包方书面同意并向发包方备案，可以向金融机构融资担保；另一方面，通过招标、拍卖、公开协商等方式承包农村土地，经依法登记取得权属证书的，可以依法采取抵

〔1〕 王利明主编：《民法》（第八版）（上册），中国人民大学出版社2020年版，第385页。

〔2〕 有学者认为，《农村土地承包法》第45条第1款规定了土地经营权流转的行政许可制度。参见王利明主编：《民法》（第八版）（上册），中国人民大学出版社2020年版，第405页。

押等方式流转土地经营权。[1]

（四）土地经营权的法律性质

土地经营权人有权在合同约定的期限内占有农村土地，自主开展农业生产经营并取得收益。土地经营权的法律性质涉及政策判断和解释选择。应该结合流转期限和流转方式，类型化分析土地经营权的法律性质。

《民法典》第341条规定："流转期限为五年以上的土地经营权，自流转合同生效时设立。当事人可以向登记机构申请土地经营权登记；未经登记，不得对抗善意第三人。"《农村土地承包法》第41条规定："土地经营权流转期限为五年以上的，当事人可以向登记机构申请土地经营权登记。未经登记，不得对抗善意第三人。"流转期限为5年以上的土地经营权具有登记能力，经登记取得物权效力。

《民法典》第341条的"可以"针对的是流转期限为5年以上的土地经营权，无法涵盖流转期限不满5年的土地经营权。此外，以出租方式流转的土地经营权则属于债权，即便登记也只是起到债权物权化的效果。

（五）土地承包经营权与土地经营权的区别

土地承包经营权和土地经营权都是以承包地为客体，是承包地"三权分置"中的其中两项权利。

土地承包经营权与土地经营权的不同之处主要表现在以下五个方面。

第一，权利来源不同。

承包地所有权是土地承包经营权的母权利。土地经营权的母权利既可以是土地承包经营权，也可以是承包地所有权。

不宜采取家庭承包方式的荒山、荒沟、荒丘、荒滩等农村土地，通过招标、拍卖、公开协商等方式承包的，承包方取得的土地经营权，其母权利就是承包地所有权。

第二，权利主体不同。

土地承包经营权的主体是本集体经济组织的农户，具有身份属性。土地经营权的主体是有农业经营能力或者资质的工商企业等社会资本，不限于承包地所在的集体经济组织之成员，没有身份属性。

第三，承包方式不同。

---

〔1〕土地承包经营权和土地经营权融资担保的具体法律构造，参见王雷：《房地产法学》，中国人民大学出版社 2021年版，第 233—234 页。

土地承包经营权以家庭方式承包。土地经营权可以通过家庭承包方式承包，也可以通过招标、拍卖、公开协商等方式承包。

第四，权利设立依据不同。

土地承包经营权产生于《民法典》第333条规定的土地承包经营权合同，《农村土地承包法》第22条将其称作承包合同。

派生于土地承包经营权的土地经营权，其设立依据为《农村土地承包法》第40条规定的土地经营权流转合同；派生于承包地所有权的土地经营权，其设立依据为《农村土地承包法》第49条规定的承包合同。

第五，缔约方式和程序不同。

取得土地承包经营权，须民主协商、公平合理、程序合法，须按照选举产生承包工作小组、拟订并公布承包方案、讨论通过承包方案、公开组织实施承包方案、签订承包合同的程序进行。

取得土地经营权，可以依法采取出租（转包）、入股或者其他方式，法律对缔约方式无特别要求；但不宜采取家庭承包方式的荒山、荒沟、荒丘、荒滩等农村土地，可以直接通过招标、拍卖、公开协商等方式承包，签订承包合同，承包方取得土地经营权。

第二节　建设用地使用权

一、建设用地使用权的概念与法律特征

根据《民法典》第344条和第361条的规定，建设用地使用权是指权利人以建造建筑物、构筑物及其附属设施为目的，依法在国家所有或者集体所有的土地上享有占有、使用和收益的权利。我国《物权法》首次使用“建设用地使用权”的概念，而没有采纳国有土地使用权、土地使用权、基地使用权或者地上权等概念。

建设用地使用权的法律特征包括以下三个方面：

第一，建设用地使用权的客体是国家所有或者集体所有的土地。《土地管理法》第4条第3款中规定：“……建设用地是指建造建筑物、构筑物的土地，包括城乡住宅和公共设施用地、工矿用地、交通水利设施用地、旅游用地、军事设施用地等……”根据《民法典》第344条和第345条的规定，建设用地使用

权可以在国家所有土地的地表、地上或者地下分别设立，由此，建设用地使用权人所支配的客体范围可以包括地上或者地下空间。地上或者地下空间所形成的空间权还可以与建设用地使用权相分离。[1]集体建设用地的地表可以依照土地管理的法律规定设立建设用地使用权，但集体建设用地的地下或者地上空间不能设立建设用地使用权。[2]《城乡规划法》第33条规定："城市地下空间的开发和利用，应当与经济和技术发展水平相适应，遵循统筹安排、综合开发、合理利用的原则，充分考虑防灾减灾、人民防空和通信等需要，并符合城市规划，履行规划审批手续。"

第二，建设用地使用权的设立目的是建造建筑物、构筑物及其附属设施并保有其所有权。根据《民法典》第352条的规定，建设用地使用权人建造的建筑物、构筑物及其附属设施的所有权属于建设用地使用权人，但有相反证据证明的除外。这就与土地承包经营权人在承包地上从事种植业、林业、畜牧业等农业生产目的并保有其收益不同。

第三，建设用地使用权是有期限的物权。《城市房地产管理法》第3条、第14条规定了土地使用权的有偿和有期限使用制度，第22条则规定了以出让方式取得的土地使用权的续期制度："土地使用权出让合同约定的使用年限届满，土地使用者需要继续使用土地的，应当至迟于届满前一年申请续期，除根据社会公共利益需要收回该幅土地的，应当予以批准。经批准准予续期的，应当重新签订土地使用权出让合同，依照规定支付土地使用权出让金。土地使用权出让合同约定的使用年限届满，土地使用者未申请续期或者虽申请续期但依照前款规定未获批准的，土地使用权由国家无偿收回。"《城镇国有土地使用权出让和转让暂行条例》第12条则对不同用途的土地使用权最高年限分别作了规定。

二、建设用地使用权的效力

（一）建设用地使用权人的权利

建设用地使用权人的主要权利包括：

第一，对建设用地享有占有、使用和收益的权利。建设用地使用权人依法

---

〔1〕王利明：《空间权：一种新型的财产权利》，载《法律科学：西北政法大学学报》2007年第2期。

〔2〕汪洋：《地下空间物权类型的再体系化——"卡－梅框架"视野下的建设用地使用权、地役权与相邻关系》，载《中外法学》2020年第5期，第1383页。

对国家所有或者集体所有的建设用地享有占有、使用和收益的权利，有权利用该土地建造建筑物、构筑物及其附属设施。

第二，利用建设用地建造建筑物、构筑物及其附属设施并保有所建造的建筑物、构筑物及其附属设施的所有权。《民法典》第352条规定："建设用地使用权人建造的建筑物、构筑物及其附属设施的所有权属于建设用地使用权人，但是有相反证据证明的除外。"

根据国土资源部1999年7月27日实施的《规范国有土地租赁若干意见》的规定，国有土地使用权也可通过租赁方式取得。国有土地租赁是国有土地有偿使用的一种形式，是出让方式的补充。国有土地租赁，承租人取得承租土地使用权，承租人在该国有土地上建造建筑物、构筑物及其附属设施并取得其所有权的，就不以作为用益物权的建设用地使用权为正当依据，而是以作为债权的承租土地使用权为正当依据。

第三，有权依法将建设用地使用权转让、互换、出资、赠与或者抵押。《民法典》第353条规定："建设用地使用权人有权将建设用地使用权转让、互换、出资、赠与或者抵押，但是法律另有规定的除外。"

建设用地使用权转让、互换、出资、赠与或者抵押的，当事人应当采用书面形式订立相应的合同。使用期限由当事人约定，但是不得超过建设用地使用权的剩余期限。

建设用地使用权转让、互换、出资或者赠与的，应当向登记机构申请转移登记。[1]以建设用地使用权抵押的，应当向登记机构申请抵押登记，该土地上的建筑物、构筑物及其附属设施一并抵押。

第四，建设用地使用权被提前收回时获得补偿等权利。《民法典》第358条规定："建设用地使用权期限届满前，因公共利益需要提前收回该土地的，应当依据本法第二百四十三条的规定对该土地上的房屋以及其他不动产给予补偿，并退还相应的出让金。"《城市房地产管理法》第20条规定："国家对土地使用者依法取得的土地使用权，在出让合同约定的使用年限届满前不收回；在特殊情况下，根据社会公共利益的需要，可以依照法律程序提前收回，并根据土地使用者使用土地的实际年限和开发土地的实际情况给予相应的补偿。"

---

〔1〕《民法典》第355条存在对转移登记和变更登记的混淆，转移登记对应的是物权变动，变更登记针对权利人姓名变化、名称变化或者不动产自然状况发生变化等不涉及不动产权利转移的变更情形。参见王雷：《对〈中华人民共和国民法典（草案）〉的完善建议》，载《中国政法大学学报》2020年第2期，第78页。

（二）建设用地使用权人的义务

建设用地使用权人的主要义务包括：

第一，支付建设用地使用权出让金的义务。《民法典》第351条规定："建设用地使用权人应当依照法律规定以及合同约定支付出让金等费用。"《城市房地产管理法》第16条规定："土地使用者必须按照出让合同约定，支付土地使用权出让金；未按照出让合同约定支付土地使用权出让金的，土地管理部门有权解除合同，并可以请求违约赔偿。"相应地，土地使用者按照出让合同约定支付土地使用权出让金的，市、县人民政府土地管理部门必须按照出让合同约定，提供出让的土地。

第二，合理利用建设用地，不得改变土地利用总体规划确定的建设用地用途。《民法典》第350条规定："建设用地使用权人应当合理利用土地，不得改变土地用途；需要改变土地用途的，应当依法经有关行政主管部门批准。"《土地管理法》第10条规定："国有土地和农民集体所有的土地，可以依法确定给单位或者个人使用。使用土地的单位和个人，有保护、管理和合理利用土地的义务。"

第三，严格执行土地规划条件的义务。《城市房地产管理法》第25条规定："房地产开发必须严格执行城市规划，按照经济效益、社会效益、环境效益相统一的原则，实行全面规划、合理布局、综合开发、配套建设。"我们要建立以空间规划为基础、以用途管制为主要手段的国土空间开发保护制度。

第四，交回建设用地，并恢复建设用地原状的义务。《民法典》第360条规定："建设用地使用权消灭的，出让人应当及时办理注销登记。登记机构应当收回权属证书。"《城市房地产管理法》第22条第2款规定："土地使用权出让合同约定的使用年限届满，土地使用者未申请续期或者虽申请续期但依照前款规定未获批准的，土地使用权由国家无偿收回。"

三、住宅建设用地使用权自动续期制度

根据《物权法》第149条的规定，住宅建设用地使用权期间届满的，自动续期。非住宅建设用地使用权期间届满后的续期，依照法律规定办理。该土地上的房屋及其他不动产的归属，有约定的，按照约定；没有约定或者约定不明确的，依照法律、行政法规的规定办理。

建设用地使用权期间届满后续期要不要收费、怎么收费问题争议较大，我国原《物权法》回避了这些问题。应该本着"国不与民争利"的原则，妥善协

调“房”“地”关系，避免房屋成为“空中楼阁”，让房屋尽可能与土地“同寿”。[1]

完善住宅建设用地等土地使用权到期后续期的法律安排，有利于推动形成全社会对公民财产长久受保护的良好和稳定预期。住宅建设用地使用权自动续期涉及是否需要办理续期申请、续期期限、续期收费等问题。住宅建设用地使用权自动续期并不等同于永久续期。以免永久使用权导致国家所有权的虚化。自动续期不等同于无偿续期。有偿续期也不宜采纳土地出让金标准，即使是续期收费，续期缴纳的费用也不应该等同于建设用地使用权出让金，前者应该远低于后者。续期收费标准应当考虑最低居住面积。[2]《民法典》第359条规定：“住宅建设用地使用权期限届满的，自动续期。续期费用的缴纳或者减免，依照法律、行政法规的规定办理。非住宅建设用地使用权期限届满后的续期，依照法律规定办理。该土地上的房屋以及其他不动产的归属，有约定的，按照约定；没有约定或者约定不明确的，依照法律、行政法规的规定办理。”

四、建设用地使用权的变动

在建设用地使用权的取得和流转等方面，法律也设置了相应的规则。

第一，建设用地使用权的设立规则。设立建设用地使用权可以采取有偿出让或者无偿划拨等方式，而以出让方式取得建设用地使用权的，应当由当事人订立建设用地使用权出让合同。建设用地使用权自登记时设立，《民法典》第349条对建设用地使用权的取得采取债权形式主义的调整模式。《民法典》第349条规定：“设立建设用地使用权的，应当向登记机构申请建设用地使用权登记。建设用地使用权自登记时设立。登记机构应当向建设用地使用权人发放权属证书。”

第二，建设用地使用权的流转规则。建设用地使用权的流转相对自由，权利人可以依法采取转让、互换、出资、赠与或者抵押等方式流转，通过这些方式流转建设用地使用权的也采取债权形式主义调整模式，当事人须申请相应的变更登记。

第三，建设用地使用权对应的房地一体规则。《民法典》第356条和第357条还分别规定了“房随地走”和“地随房走”的房地一体规则，要求房地流转

---

〔1〕王轶：《让房屋尽可能与土地“同寿”》，载《法制日报》2006年9月17日。

〔2〕王利明：《住宅建设用地使用权自动续期规则》，载《民主与法制》2017年第19期，第73—82页。

中建筑物等的所有权和该建筑物等占用范围内的建设用地使用权的一并处分，这有利于保存不动产的价值、保持房地权利最终归属上的统一，避免出现不动产法律关系的复杂化。建设用地使用权转让、互换、出资或者赠与的，附着于该土地上的建筑物、构筑物及其附属设施一并处分。建筑物、构筑物及其附属设施转让、互换、出资或者赠与的，该建筑物、构筑物及其附属设施占用范围内的建设用地使用权一并处分。《民法典》第397条将前述房地一体的规则扩及房地产抵押权设定之时。

第四，建设用地使用权提前收回规则。《民法典》第358条规定："建设用地使用权期限届满前，因公共利益需要提前收回该土地的，应当依据本法第二百四十三条的规定对该土地上的房屋以及其他不动产给予补偿，并退还相应的出让金。"不同于因建设用地使用权人闲置建设用地而收回，该条对应情形下，建设用地使用权人没有任何可归责性，此时，基于公共利益而提前收回建设用地导致建设用地使用权消灭的，应该遵循《民法典》第243条规定的征收程序，不能仅准用第243条的征收补偿规则。

第五，建设用地使用权的消灭规则。建设用地使用权消灭的事由主要有：建设用地使用权期限届满（《民法典》第359条），因公共利益需要提前收回建设用地（《民法典》第358条），建设用地灭失（《城市房地产管理法》第21条），建设用地使用权被依法提前无偿收回。

不同于《民法典》第358条，建设用地使用权被依法提前无偿收回，主要是指根据《城市房地产管理法》第26条的规定，以出让方式取得土地使用权进行房地产开发，满二年未动工开发的，可以无偿收回土地使用权。

五、以出让方式设立建设用地使用权

取得建设用地使用权的方式通常有国家出让、国家划拨或建设用地使用权人转让等。建设用地使用权出让，是指国家将建设用地使用权在一定年限内出让给土地使用者，由土地使用者向国家支付建设用地使用权出让金的行为。建设用地使用权划拨，是指县级以上人民政府依法批准，在土地使用者缴纳补偿、安置等费用后将该土地交付其使用，或者将建设用地使用权无偿交付给土地使用者使用的行为。在建设用地使用权的取得方式中，以出让方式设立建设用地使用权最为常见，其主要涉及如下法律问题。

第一，建设用地使用权出让合同的法律性质。

《城市房地产管理法》第15条第2款规定："土地使用权出让合同由市、县人民政府土地管理部门与土地使用者签订。”《最高人民法院关于审理涉及国有土地使用权合同纠纷案件适用法律问题的解释》第1条规定:“本解释所称的土地使用权出让合同，是指市、县人民政府自然资源主管部门作为出让方将国有土地使用权在一定年限内让与受让方，受让方支付土地使用权出让金的合同。”关于建设用地使用权出让合同的法律性质在理论上存在行政合同说和民商事合同说的争论。对建设用地使用权出让合同法律性质的判断涉及相关纠纷的法律适用，是一个民法价值判断问题。合同性质的根本判断标准是主给付义务，而非简单根据公、私法区分的主体说或者特别法规说等。出让方将建设用地使用权让与受让方和受让方支付建设用地使用权出让金，属于建设用地使用权出让合同的主给付义务，而此主给付义务的性质是平等民事主体之间的财产关系，故建设用地使用权出让合同属于民商事合同的范畴。因公共利益需要提前收回建设用地、建设用地使用权被依法提前无偿收回等，这在建设用地使用权出让合同的法定和约定内容中，属于次要方面，并非主要内容。“国有建设用地使用权出让合同在基本属性上应归民事合同……招拍挂程序之前阶段的法律关系为行政法律关系，国有建设用地使用权出让合同基本上属于民事合同关系。”[1]司法实践中对建设用地使用权出让合同纠纷也按照民事纠纷来解决，《民事案件案由规定》就将“建设用地使用权合同纠纷”作为合同纠纷的案由之一，并将之细化为“建设用地使用权出让合同纠纷”和“建设用地使用权转让合同纠纷”两种。在此背景下，对建设用地使用权出让合同法律性质的判断在很大程度上就属于纯粹法学问题中的解释选择问题，不同的结论并不影响当事人之间的实质权利义务关系、不影响司法裁判中的法律适用。

《民法典》第348条规定：“通过招标、拍卖、协议等出让方式设立建设用地使用权的，当事人应当采用书面形式订立建设用地使用权出让合同。建设用地使用权出让合同一般包括下列条款：（一）当事人的名称和住所；（二）土地界址、面积等；（三）建筑物、构筑物及其附属设施占用的空间；（四）土地用途、规划条件；（五）建设用地使用权期限；（六）出让金等费用及其支付方式；（七）解决争议的方法。”建设用地使用权出让合同属于《民法典》物权编明文规定的典型合同。

---

〔1〕 崔建远：《合同解释论：规范、学说与案例的交互思考》，中国人民大学出版社2020年版，第373页。

第二，提前无偿收回建设用地使用权制度。

生活事实的各个面向往往牵连交织在一起，与之相对应的民事法律关系也常常具有多层次性和复合性。同一生活事实中甚至会出现民事法律关系和行政法律关系乃至刑事法律关系的交织并存。基于土地资源的稀缺性、促进节约集约用地的必要性和充分发挥土地效用的考虑，法律会特别规定出让方针对受让方在建设用地使用权出让合同履行过程中的违约行为，享有无偿收回建设用地使用权，乃至行使行政处罚的权力。如《城市房地产管理法》第26条规定："以出让方式取得土地使用权进行房地产开发的，必须按照土地使用权出让合同约定的土地用途、动工开发期限开发土地。超过出让合同约定的动工开发日期满一年未动工开发的，可以征收相当于土地使用权出让金百分之二十以下的土地闲置费；满二年未动工开发的，可以无偿收回土地使用权；但是，因不可抗力或者政府、政府有关部门的行为或者动工开发必需的前期工作造成动工开发迟延的除外。"《土地管理法》第38条、第58条、第66条等也有类似规定。《闲置土地处置办法》第2条对闲置土地作了更严格、更具体的规定："本办法所称闲置土地，是指国有建设用地使用权人超过国有建设用地使用权有偿使用合同或者划拨决定书约定、规定的动工开发日期满一年未动工开发的国有建设用地。已动工开发但开发建设用地面积占应动工开发建设用地总面积不足三分之一或者已投资额占总投资额不足百分之二十五，中止开发建设满一年的国有建设用地，也可以认定为闲置土地。"对建设用地使用权出让合同履行过程中可能产生的行政优益权，其权力来源、权力行使程序、权力行使主体，都要遵循职权法定、程序法定和主体法定，行政法定原则是行政法的首要基本原则。行政优益权是否存在、由谁来行使、依据何种程序行使，这都属于具体行政行为，应当由行政主体来承担合法性的论证负担。不能因为建设用地使用权出让合同履行中可能产生的行政优益权而反过来将该出让合同定性为行政协议，建设用地使用权出让合同的法律性质由该合同中的主给付义务决定。行政优益权的行使会导致民事合同对应的权利义务关系随之变动或消灭，但这并不影响我们分别判断其各自的法律适用。当行政和民事有连接时，一体看待；当没有连接时，则应分别判断。

第三，建设用地使用权出让合同无效的特别原因。

建设用地使用权出让合同无效的一般原因适用《民法典》第153条等的规定，而我国现行法律和司法解释对建设用地使用权出让合同无效的特别原因也有规定。如《最高人民法院关于审理涉及国有土地使用权合同纠纷案件适用法律问题的解释》第2条规定:“开发区管理委员会作为出让方与受让方订立的土地使用权出让合同，应当认定无效。本解释实施前，开发区管理委员会作为出让方与受让方订立的土地使用权出让合同，起诉前经市、县人民政府自然资源主管部门追认的，可以认定合同有效。”第3条第1款规定:“经市、县人民政府批准同意以协议方式出让的土地使用权，土地使用权出让金低于订立合同时当地政府按照国家规定确定的最低价的，应当认定土地使用权出让合同约定的价格条款无效。”《城乡规划法》第39条规定:“规划条件未纳入国有土地使用权出让合同的，该国有土地使用权出让合同无效；对未取得建设用地规划许可证的建设单位批准用地的，由县级以上人民政府撤销有关批准文件；占用土地的，应当及时退回；给当事人造成损失的，应当依法给予赔偿。”

第四，建设用地使用权出让合同的具体缔约方式。

《城市房地产管理法》第13条规定:“土地使用权出让，可以采取拍卖、招标或者双方协议的方式。商业、旅游、娱乐和豪华住宅用地，有条件的，必须采取拍卖、招标方式；没有条件，不能采取拍卖、招标方式的，可以采取双方协议的方式。采取双方协议方式出让土地使用权的出让金不得低于按国家规定所确定的最低价。”该条第3款就建设用地使用权出让金配置的是混合性规范，即低于国家规定所确定的最低价之出让金约款无效，高于国家规定所确定的最低价之出让金约款有效。《民法典》第347条进一步规定:“设立建设用地使用权，可以采取出让或者划拨等方式。工业、商业、旅游、娱乐和商品住宅等经营性用地以及同一土地有两个以上意向用地者的，应当采取招标、拍卖等公开竞价的方式出让。严格限制以划拨方式设立建设用地使用权。”

第三节 宅基地使用权

一、集体建设用地使用权概述

《土地管理法》第59条规定："乡镇企业、乡（镇）村公共设施、公益事业、农村村民住宅等乡（镇）村建设，应当按照村庄和集镇规划，合理布局，综合开发，配套建设；建设用地，应当符合乡（镇）土地利用总体规划和土地利用年度计划，并依照本法第四十四条、第六十条、第六十一条、第六十二条的规定办理审批手续。"第64条规定："集体建设用地的使用者应当严格按照土地利用总体规划、城乡规划确定的用途使用土地。"据此，集体建设用地是指符合土地利用总体规划、城乡规划的乡镇企业、乡（镇）村公共设施、公益事业、农村村民住宅等乡（镇）村建设用地。集体建设用地包括集体经营性建设用地和集体非经营性建设用地。集体建设用地上可以产生集体建设用地使用权、集体经营性建设用地使用权和宅基地使用权等用益物权。[1]

2013年11月12日中国共产党第十八届中央委员会第三次全体会议通过的《中共中央关于全面深化改革若干重大问题的决定》指出:"建立城乡统一的建设用地市场。在符合规划和用途管制前提下，允许农村集体经营性建设用地出让、租赁、入股，实行与国有土地同等入市、同权同价。"2020年10月29日中国共产党第十九届中央委员会第五次全体会议通过的《中共中央关于制定国民经济和社会发展第十四个五年规划和二〇三五年远景目标的建议》要求"健全城乡统一的建设用地市场，积极探索实施农村集体经营性建设用地入市制度"。

根据《土地管理法》的规定，土地利用总体规划、城乡规划确定为工业、商业等经营性用途，并经依法登记的集体经营性建设用地，经本集体经济组织成员的村民会议三分之二以上成员或者三分之二以上村民代表的同意，土地所有权人可以通过出让、出租等方式将这些农村集体经营性建设用地入市。通过出让等方式取得的集体经营性建设用地使用权，原则上又可以转让、互换、出资、赠与或者抵押。

---

〔1〕 王雷：《房地产法学》，中国人民大学出版社2021年版，第236页。

二、宅基地使用权的概念与法律特征

《中央农村工作领导小组办公室、农业农村部关于进一步加强农村宅基地管理的通知》（中农发〔2019〕11号）指出："宅基地是农村村民用于建造住宅及其附属设施的集体建设用地，包括住房、附属用房和庭院等用地。"根据《民法典》第362条的规定，宅基地使用权是指权利人依法占有、使用集体所有的土地，并有权利用该土地建造住宅及其附属设施的用益物权。宅基地是农民集体非经营性建设用地的重要表现形式。

宅基地使用权的法律特征主要包括以下五个方面。

第一，权利主体身份的特殊性，宅基地使用权人是农村集体的农户，宅基地使用权与特定的身份关系相联系。宅基地归集体所有，由村民按户申请使用。农民集体成员权是农民申请取得宅基地使用权的前提。宅基地使用权具有集体福利和社会保障的功能，以集体成员权为取得基础。

根据《土地管理法》第62条的规定，农村村民以户为单位申请宅基地，并且一户只能申请一处宅基地。农村村民一户只能拥有一处宅基地，其宅基地的面积不得超过省、自治区、直辖市规定的标准。人均土地少、不能保障一户拥有一处宅基地的地区，县级人民政府在充分尊重农村村民意愿的基础上，可以采取措施，按照省、自治区、直辖市规定的标准保障农村村民实现户有所居。可见，宅基地使用权具有一定的团体性和社会福利性质。当然，此处所谓的"一户一宅"是指村民在出售自己宅基地上的房屋后无权再次申请宅基地使用权，并非村民不得买卖本集体经济组织成员的私有房屋。[1]

第二，权利客体的特殊性，宅基地使用权的客体为集体所有的土地，且不得为农村集体所有土地中的耕地、乡镇企业建设用地或者乡（镇）村公共设施及公益事业用地。宅基地使用权派生于集体土地所有权，以集体土地所有权为"母权利"。

第三，设立目的的特殊性，宅基地使用权的设立目的是限于供权利人在宅基地上建造住宅及其附属设施，并保有其所有权，这就与原《物权法》第135条、第137条关于建设用地使用权的设立目的多样性的规定不同。另外，《民法典》第362条也没有规定权利人对宅基地使用权的收益权能。《中央农村工作领导小组办公室、农业农村部关于进一步加强农村宅基地管理的通知》（中农发

〔1〕参见刘淑兰诉翟克常等农村房屋买卖案，北京市第一中级人民法院（2006）一中民终字第1329号民事判决书。

〔2019〕11号）指出："鼓励村集体和农民盘活利用闲置宅基地和闲置住宅，通过自主经营、合作经营、委托经营等方式，依法依规发展农家乐、民宿、乡村旅游等。城镇居民、工商资本等租赁农房居住或开展经营的，要严格遵守合同法的规定，租赁合同的期限不得超过二十年。合同到期后，双方可以另行约定。在尊重农民意愿并符合规划的前提下，鼓励村集体积极稳妥开展闲置宅基地整治，整治出的土地优先用于满足农民新增宅基地需求、村庄建设和乡村产业发展。闲置宅基地盘活利用产生的土地增值收益要全部用于农业农村。"

第四，取得和使用的无偿性，宅基地使用权是农村居民基于集体成员身份而无偿申请取得的，是对农村居民最基本的居住保障，保障集体成员户有所居。

第五，宅基地使用权没有期限限制，具有永久性。法律没有限定宅基地使用权的期限，宅基地使用权不存在因期限届满而消灭或者续期问题。法律对土地承包经营权、建设用地使用权则有期限限制。

三、宅基地使用权的效力

（一）宅基地使用权人的权利

宅基地使用权人的主要权利包括以下三个方面。

第一，依法占有、使用集体所有的宅基地，并有权利用该宅基地建造住宅及其附属设施，以满足生活居住需要或者改善自己的居住环境和条件，这是宅基地使用权设立的主要目的。

第二，取得在宅基地上所建造住宅及其附属设施的所有权。《民法典》第231条规定："因合法建造、拆除房屋等事实行为设立或者消灭物权的，自事实行为成就时发生效力。"

第三，对宅基地使用权的有限处分，具体有如下表现：

一方面，宅基地使用权人有权依法自愿退出宅基地，鼓励农村集体经济组织及其成员盘活利用闲置宅基地和闲置住宅。宅基地使用权本身不可以转让。农户有权向本集体其他农户出卖、出租、赠与住宅，本着房地一体规则，住宅对应的宅基地使用权也就被一体处分。未来将进一步探索宅基地自愿有偿退出机制，允许进城落户农民在本集体经济组织内部自愿有偿退出或转让宅基地。

另一方面，住宅可以被继承，住宅对应的宅基地使用权能否被一体继承，存在疑问。基于财产权属性，宅基地使用权能够被继承；基于身份福利属性，继承人继承宅基地使用权后只能将之流转给本集体的其他农户。当然，宅基地使用权属于村民户内家庭成员共同共有，户内某个家庭成员死亡，并不必然导致户的消灭，宅基地使用权仍然是家庭共有财产而非被继承人的个人财产。〔1〕未来将进一步探索宅基地有偿使用机制。对因历史原因形成超标准占用宅基地和一户多宅的，以及非本集体经济组织成员通过继承房屋等占有的宅基地，由农村集体经济组织主导，探索有偿使用。

（二）宅基地使用权人的义务

宅基地使用权人的主要义务包括以下三个方面。

第一，基于土地用途管制原则，宅基地使用权人必须严格按照土地利用总体规划和村庄规划确定的用途使用宅基地。宅基地使用权人对宅基地有占有、使用的权利，没有收益、处分的权利，宅基地使用权人须按照宅基地的用途使用。“考虑到我国农村的实际情况，农村村民如果只是利用自家住房附带地从事小规模、家庭式的生产经营活动，则不属于改变宅基地的用途。”〔2〕

第二，本着物尽其用的考虑，宅基地不宜被长期闲置，否则农民集体有权将宅基地收回。参照1995年5月1日起实施的《确定土地所有权和使用权的若干规定》第52条的规定，空闲或房屋坍塌、拆除两年以上未恢复使用的宅基地，由集体依法收回。

第三，根据《民法典》第399条第2项的规定，宅基地、自留地、自留山等集体所有土地的使用权不得抵押，但是法律规定可以抵押的除外。

四、宅基地使用权的取得和消灭

（一）宅基地使用权的取得

宅基地使用权派生于农民集体土地所有权。根据《民法典》第261条和《村民委员会组织法》第24条的规定，宅基地的使用方案属于涉及村民利益的事项，经村民会议讨论决定方可办理，村民会议可以授权村民代表会议讨论决定该事项。

农村村民在村庄、集镇规划区内建住宅的，应当先向村集体经济组织或者村民委员会提出建房申请，由村民会议讨论通过。农村村民建住宅，应当符合乡（镇）土地利用总体规划、村庄规划，不得占用永久基本农田，并尽量使用原有的宅基地和村内空闲地。编制乡（镇）土地利用总体规划、村庄规划应当统筹并合理安排宅基地用地，改善农村村民居住环境和条件。

---

〔1〕王海燕：《农村宅基地上建设的房屋能否继承》，载《人民法院报》2015年3月26日，第7版。
〔2〕王利明主编：《民法》（第八版）（上册），中国人民大学出版社2020年版，第433页。

农村村民住宅用地，由乡（镇）人民政府审核批准；其中，涉及占用农用地的，依照《土地管理法》第44条的规定办理审批手续。农村村民出卖、出租、赠与住宅后，再申请宅基地的，不予批准。类似地，农村居民将自己的住宅为他人设立居住权后，再申请宅基地的，也不予批准。

宅基地使用权的取得不以登记为生效要件或者对抗要件。自合法建造行为成就时，宅基地使用权人即可取得在宅基地上所建造住宅及其附属设施的所有权，也不以登记为必要。根据《不动产登记暂行条例实施细则》的规定，依法取得宅基地使用权，可以单独申请宅基地使用权登记。依法利用宅基地建造住房及其附属设施的，可以申请宅基地使用权及房屋所有权登记。根据《民法典》第365条的规定，已经登记的宅基地使用权转让的，应当及时办理变更登记。[1]

（二）宅基地使用权的消灭

根据《民法典》第364条的规定，宅基地因自然灾害等原因灭失的，宅基地使用权消灭。对失去宅基地的村民，应当依法重新分配宅基地。

因宅基地被征收，也会导致宅基地使用权消灭，宅基地使用权人有权依法获得相应补偿。宅基地上的住宅及其附属设施一并被征收的，应当依法及时足额支付住宅及其附属设施的补偿费用。征收农民住宅的，还应当保障被征收人的居住条件。

宅基地使用权人依法自愿退出宅基地的，相应宅基地使用权消灭。宅基地因为长期闲置，而被农民集体依法收回的，相应宅基地使用权消灭。

根据《民法典》第365条的规定，已经登记的宅基地使用权消灭的，应当及时办理注销登记。

五、宅基地使用权的流转

（一）宅基地使用权的转让限制

《民法典》第363条对宅基地使用权的流转采取保守的态度。《民法典》第363条规定："宅基地使用权的取得、行使和转让，适用土地管理的法律和国家有关规定。"《中央农村工作领导小组办公室、农业农村部关于进一步加强农村宅基地管理的通知》（中农发〔2019〕11号）指出："在征得宅基地所有权

---

〔1〕有学者认为，已经登记的宅基地使用权转让采取登记对抗主义。参见王利明：《物权法研究》（第四版）（下卷），中国人民大学出版社2018年版，第198页。

人同意的前提下，鼓励农村村民在本集体经济组织内部向符合宅基地申请条件的农户转让宅基地。各地可探索通过制定宅基地转让示范合同等方式，引导规范转让行为。转让合同生效后，应及时办理宅基地使用权变更手续。”农村宅基地使用权不得向非本集体经济组织成员转让或出售，城镇居民及其他农村集体经济组织成员也不得向非本人所在集体经济组织或个人购买农村宅基地上的房屋。目前，在宅基地使用权流转问题上，国家有关规定主要是指《国务院办公厅关于加强土地转让管理严禁炒卖土地的通知》（国办发〔1999〕39号）第2条，据此，农民的住宅不得向城市居民出售，也不得批准城市居民占用农民集体土地建住宅。《国务院关于深化改革严格土地管理的决定》（国发〔2004〕28号）要求：“改革和完善宅基地审批制度，加强农村宅基地管理，禁止城镇居民在农村购置宅基地。”另有《国务院办公厅关于严格执行有关农村集体建设用地法律和政策的通知》（国办发〔2007〕71 号），该通知禁止城镇居民在农村购置宅基地、农民住宅。《中央农村工作领导小组办公室、农业农村部关于进一步加强农村宅基地管理的通知》（中农发〔2019〕11号）指出：“宅基地是农村村民的基本居住保障，严禁城镇居民到农村购买宅基地，严禁下乡利用农村宅基地建设别墅大院和私人会馆。严禁借流转之名违法违规圈占、买卖宅基地。”宅基地使用权人对宅基地使用权的处分权能受限制，城镇居民购买农村集体所有的土地上开发的“小产权房”的买卖合同也就属于非法。当前，法院对小产权房买卖合同的法律效力以认定无效为原则、有效为例外。[1]法院在判决小产权房买卖合同无效之外会存在对买受人信赖利益的保护问题。[2]

当前社会实践中，土地承包经营权、建设用地使用权和宅基地使用权诸领域的改革探索活跃，其中一个很重要的政策背景就是现行《土地管理法》第30条所规定的耕地补偿制度，即“国家保护耕地，严格控制耕地转为非耕地。国家实行占用耕地补偿制度。非农业建设经批准占用耕地的，按照‘占多少，垦多少’的原则，由占用耕地的单位负责开垦与所占用耕地的数量和质量相当的耕地……”与此相应，城乡建设用地增减挂钩、合村并居、地票交易、农村土地复垦等土地领域的实践探索增多，值得关注。

---

〔1〕参见《北京市高级人民法院关于印发农村私有房屋买卖纠纷合同效力认定及处理原则研讨会会议纪要的通知》（京高法发〔2004〕391 号）。

〔2〕参见李玉兰与马海涛买卖合同纠纷案，北京市第二中级人民法院（2007）二中民终字第 13692 号民事判决书，北京市通州区人民法院（2008）通民初字第 02041 号民事判决书。

（二）宅基地“三权分置”改革

中共中央、国务院2018年1月2日发布的《关于实施乡村振兴战略的意见》指出：“完善农民闲置宅基地和闲置农房政策，探索宅基地所有权、资格权、使用权‘三权分置’，落实宅基地集体所有权，保障宅基地农户资格权和农民房屋财产权，适度放活宅基地和农民房屋使用权，不得违规违法买卖宅基地，严格实行土地用途管制，严格禁止下乡利用农村宅基地建设别墅大院和私人会馆。”中共中央、国务院2020年5月11日发布的《关于新时代加快完善社会主义市场经济体制的意见》要求：“探索农村宅基地所有权、资格权、使用权‘三权分置’，深化农村宅基地改革试点。”2020年10月29日中国共产党第十九届中央委员会第五次全体会议通过的《中共中央关于制定国民经济和社会发展第十四个五年规划和二〇三五年远景目标的建议》要求：“探索宅基地所有权、资格权、使用权分置实现形式。”承包地和宅基地“三权分置”改革均须保证农民不失地、不失房、不失去生活保障，[1]这就需要以稳定土地承包经营权和宅基地使用权的身份性质为前提。承包地“三权分置”中放活派生出不具有身份性质的土地经营权解决承包地市场化问题。可借鉴承包地“三权分置”改革的法律思路，在宅基地“三权分置”中放活派生出并不具有身份性质的宅基地经营权，该宅基地经营权根据流转期限和流转方式的不同，具备债权或者物权的两种可能属性。通过放活宅基地经营权，可以有效利用闲置宅基地和闲置农房。

有学者结合我国财产法物债二分的基本逻辑，建议将宅基地“三权分置”下的“第三权”，构建为“以租赁方式设定的宅基地租赁权”和“以分置方式设定的宅基地经营权”两种类型的权利。[2]

第四节　居住权

一、居住权的定义和法律特征

居住权是指按照合同约定或者遗嘱，经登记占有、使用他人的住宅，以满足自己稳定的生活居住需要的用益物权。《民法典》第366条规定：“居住权人有权按照合同约定，对他人的住宅享有占有、使用的用益物权，以满足生活居

〔1〕王利明主编：《民法》（第八版）（上册），中国人民大学出版社2020年版，第431页。
〔2〕宋志红：《乡村振兴背景下的宅基地权利制度重构》，载《法学研究》2019年第3期。

住的需要。”

居住权的法律特征包括以下四个方面。

第一，住权的权利主体是自然人，为他人设立居住权的住宅所有权人可以是自然人，也可以是自然人之外的民事主体。自然人才存在满足生活居住的需要。设立居住权的住宅可以为自然人、法人、非法人组织等民事主体所有。“法人、非法人组织不能成为居住权的权利主体，但并不否定其可以作为居住权的设立主体。”[1]有学者则认为：“法人与非法人组织亦可成为居住权合同中的所有权人或居住权人。”[2]居住权人的家庭成员作为实际居住人，有权与居住权人一样享有居住利益。

第二，居住权的客体是他人的住宅，解释论上宜将居住权的客体扩大到住宅及其附属设施，只要该附属设施是行使居住权所必需的。土地承包经营权、土地经营权、建设用地使用权、宅基地使用权均以土地为客体，体现土地用途管制原则。居住权则以他人的住宅为客体，不限于城镇住宅。本着物尽其用的考虑，居住权既可以在他人的整套住宅上设立，也可以在他人住宅的一个房间上设立。居住权派生于他人的住宅所有权。

第三，居住权的设立目的是满足特定权利人生活居住的需要。居住权不是解决人民群众住者有其屋的需求，而是满足人民群众住有所居的需求。“居住权入法体现了《民法典》的时代作为和保障人民居住需求的人文关怀。”[3]

第四，居住权的设立方式多样化，可以根据合同、遗嘱或者人民法院的生效裁判文书等而设立。

二、居住权的法律性质

居住权属于用益物权，不是宪法上的权利。居住权满足特定自然人生活居住需要，属于人役权。居住权可以适用返还原物请求权，居住权可以适用占有保护请求权。居住权是有权居住的法律形态之一。居住权不简单等同于有权居住，不同于基于家庭关系等产生的居住他人住宅的权利。居住权属于他物权，不同于基于共有的有权居住。

居住权还不同于基于租赁权的有权居住。房屋租赁权和居住权的区别如下：

---

〔1〕 房绍坤：《论民法典中的居住权》，载《现代法学》2020 年第 4 期，第 86 页。

〔2〕 汪洋：《民法典意定居住权与居住权合同解释论》，载《比较法研究》2020年第 6 期，第 109 页。

〔3〕 陈小君：《〈民法典〉物权编用益物权制度立法得失之我见》，载《当代法学》2021 年第 2 期，第 3 页。

第一，权利性质不同。房屋租赁权属于债权，居住权属于物权，具有更强的对抗效力。

第二，权利主体不同。房屋租赁权的主体不限于自然人，居住权的主体为自然人。

第三，权利目的不同。房屋租赁权以满足生活居住或者生产经营需要为目的，居住权限于满足生活居住需要。

第四，权利内容不同。房屋租赁权不具有专属性，承租人经出租人同意，可以将租赁物转租给第三人。居住权具有专属性，居住权不得转让、继承，居住权人死亡的，居住权消灭。

第五，是否有偿不同。房屋租赁权为有偿设立，居住权原则上为无偿设立。

第六，设立方式不同。房屋租赁权基于租赁合同产生，不以登记为必要。居住权通过居住权合同或者遗嘱设立，居住权自登记时设立。

第七，权利期限不同。房屋租赁权租赁期限不得超过20年，超过20年的，超过部分无效。租赁期限届满，当事人可以续订租赁合同；但是，约定的租赁期限自续订之日起不得超过20年。居住权不以20年为限，可以是不确定的期限或者更长的期限。

从解释论上看，居住权人对他人住宅不享有收益权能。《民法典》第323条规定："用益物权人对他人所有的不动产或者动产，依法享有占有、使用和收益的权利。"但《民法典》第366条将居住权的功能限于"满足生活居住的需要"，对居住权的权能也仅列举占有和使用两项权能，对应社会性或者说生活性居住权。结合《民法典》第368条和第369条中的但书条款，有学者认为："《民法典》默许当事人通过约定设立投资性居住权。"〔1〕

三、居住权的法律功能

居住权的法律功能向我们展现法律与政治的互动，居住权关乎国计和攸系民生。居住权不仅具有解决类似于保姆、离婚一方等终生住有所居需求的功能，还密切关乎"建立多主体供给、多渠道保障"的住房制度，无论是市场供给还是政府保障，都是如此。居住权还可丰富"租购并举"的住房制度，提供更多样化的住有所居、居有所安法律制度方案。

加快建立多主体供给、多渠道保障、租购并举的住房制度，让全体人民住

---

〔1〕 崔建远：《物权法》（第五版），中国人民大学出版社 2021年版，第 341 页。

有所居。《民法典》物权编新增居住权制度，回应了由“居者有其屋”到“住有所居”的时代需求。居住权认可和保护民事主体对住房市场供应体系和住房政府保障的灵活安排，满足特定人群的居住需求。房屋所有权人可以通过设定保留居住权的房屋买卖，以实现“以房养老”、物尽其用。[1]老年人在家庭财富传承过程中，可以给自己保留居住权，以老有所居。被继承人生前可以在自己的房屋上设定居住权，以保障生存配偶的居住利益。离婚时弱势一方可以通过离婚帮助制度获取居住权，保障住有所居。

居住权还有助于保护弱势群体居住利益。居住权可以完善住房保障体系。在公房租赁领域，居住权有适用空间。房屋所有权和房屋租赁权的二元化房屋利用模式难以满足当事人多样化的需求。居住权制度有利于实现从“居者有其屋”到“住有所居”的转变。居住权也可以在共有产权住房之外进一步完善住房保障体系，这都有利于避免被保障对象的投机牟利行为，与廉租房、公租房等债权性保障住房相比，居住权制度具有更强的稳定性，以更好地解决弱势群体的住房问题。[2]

总体上，居住权推进构建多层次住房供应体系和多渠道保障体系，居住权具有如下实践功能：以房养老、物尽其用；财富传承、老有所居；离婚帮助、住有所居；住房保障、房住不炒；合作建房、两相其利；[3]投资置业、分时度假；等等。《民法典》中居住权的客体为他人的住宅，限于满足生活居住需要，以无偿设立为原则，性质偏重人役权，总体上没有顾及投资性居住权。

四、居住权的效力

（一）居住权人的主要权利

居住权人的主要权利包括以下四个方面。

第一，依法占有、使用他人住宅的权利。居住权人直接占有他人住宅并使用，以满足自己生活居住需要。

第二，居住权人有权向侵权人主张物权保护请求权。《民法典》第236条规定：“妨害物权或者可能妨害物权的，权利人可以请求排除妨害或者消除危险。”

---

〔1〕王雷：《房地产法学》，中国人民大学出版社2021年版，第267—268页。

〔2〕申卫星：《从“居住有其屋”到“住有所居”——我国民法典分则创设居住权制度的立法构想》，载《现代法学》2018年第2期，第105—118页。

〔3〕席志国：《居住权的法教义学分析》，载《南京社会科学》2020年第9期，第96页。

第三，居住权人可以向无权占有人行使占有物返还请求权。《民法典》第235条规定："无权占有不动产或者动产的，权利人可以请求返还原物。"该条中的"权利人"应包括居住权人。

第四，居住权人对所居住之他人住宅享有同等条件下优先购买的权利。《民法典》第726条第1款规定："出租人出卖租赁房屋的，应当在出卖之前的合理期限内通知承租人，承租人享有以同等条件优先购买的权利；但是，房屋按份共有人行使优先购买权或者出租人将房屋出卖给近亲属的除外。"无论是根据举轻以明重的方法，还是类推适用承租人优先购买权规则，住宅所有权人出卖住宅时，居住权人均应当享有以同等条件优先购买的权利。[1]

（二）居住权人的主要义务

居住权人的主要义务包括以下四个方面。

第一，不得将他人的住宅用于满足生活居住之外的其他需要，否则居住权人就构成根本违约。居住权人构成根本违约时，住宅所有权人可以行使法定解除权，解除居住权合同，终止该居住权。

第二，按照居住权合同约定的居住条件和要求妥善使用和维护住宅及其附属设施。

第三，居住权不得转让、继承。设立居住权的住宅不得出租，但是当事人另有约定的除外。

第四，按照居住权合同约定支付对价（居住权的使用费）。居住权无偿设立，但是当事人另有约定的除外。如果当事人在居住权合同中约定了居住权的对价，则居住权人应当支付相应价款。

五、居住权的物权变动

《民法典》第367条规定："设立居住权，当事人应当采用书面形式订立居住权合同。居住权合同一般包括下列条款：（一）当事人的姓名或者名称和住所；（二）住宅的位置；（三）居住的条件和要求；（四）居住权期限；（五）解决争议的方法。"该条从行为规范角度指引我们如何去起草一份居住权合同，该条两款均属于倡导性规范。居住权合同是《民法典》物权编中的典

〔1〕有学者认为："居住权的效力虽然可以类推适用租赁合同的规定，但因优先购买权是一种法定权利，在无法律明确规定的情况下，居住权人不能享有优先购买权。"参见房绍坤：《论民法典中的居住权》，载《现代法学》2020年第4期，第93页。

型合同。当事人可以订立一份独立的居住权合同，也可以在其他合同中约定相关居住权条款。《民法典》第371条规定："以遗嘱方式设立居住权的，参照适用本章的有关规定。"遗嘱属于单方民事法律行为，遗嘱的形式和效力要适用《民法典》继承编的相关规则。身份关系协议属于与合同并列的双方民事法律行为，居住权一章主要基于合同行为引发居住权的变动，基于离婚财产分割协议、遗赠扶养协议等身份关系协议引发居住权变动也可类推适用《民法典》居住权一章的有关规定。[1]

居住权的主要设立方式是居住权合同或者遗嘱。居住权的客体是他人的住宅。居住权以无偿设立为原则，但是当事人另有约定的除外。居住权采取登记生效主义的物权变动模式，设立居住权的，应当向登记机构申请居住权登记，居住权自登记时设立。但以遗嘱方式设立居住权的，其物权变动适用《民法典》第230条的规定，自继承开始时发生效力，不以登记为必要。

居住权不得转让、继承，居住权人也无权将该他人住宅进行出租。设立居住权的住宅不得出租，但是当事人另有约定的除外。

根据《民法典》第370条的规定，居住权期限届满或者居住权人死亡的，居住权消灭。居住权消灭的，应当及时办理注销登记并返还住宅。居住权自居住权人死亡时消灭，这体现出居住权的人役权特点。如果居住权合同中对居住权期限没有约定或约定不明确的，则居住权人死亡时，居住权消灭。居住权合同约定有居住权期限的，若在该期限内居住权人死亡的，即使居住权期限尚未届满，居住权也消灭，但有偿设立的投资性居住权应另当别论。此外，对无偿设立的居住权而言，一旦相应住宅灭失或者被征收，则该居住权也消灭。

第五节　地役权

一、地役权的定义和法律特征

根据《民法典》第372条的规定，地役权是指权利人按照合同约定，利用他人的不动产，以提高自己不动产效益的用益物权。

地役权是为了增加自己不动产的使用价值而利用他人不动产的权利，地役

---

〔1〕王雷：《对〈中华人民共和国民法典（草案）〉的完善建议》，载《中国政法大学学报》2020年第2期，第79页。

权法律关系中，该他人的不动产为供役地，自己的不动产为需役地。“在传统民法上，地役权典型地存在于不同土地（所谓‘供役地’与‘需役地’）所有权人之间，而在我国则典型地存在于土地承包经营权人或者建设用地使用权人等之间。”[1]地役权是为特定不动产的效益而利用他人不动产的权利，居住权是为特定人的生活居住利益而使用他人住宅的权利。

地役权的法律特征如下：

第一，地役权存在于他人的不动产之上。《民法典》第372条作为地役权客体的“他人的不动产”不限于土地，也可以包括房屋等其他不动产，以及不动产权利；不限于他人拥有所有权的不动产，也可以是他人享有他物权的不动产。从这个意义上，有学者建议将地役权改称为“不动产役权”。[2]《民法典》第378条规定：“土地所有权人享有地役权或者负担地役权的，设立土地承包经营权、宅基地使用权等用益物权时，该用益物权人继续享有或者负担已经设立的地役权。”第379条规定：“土地上已经设立土地承包经营权、建设用地使用权、宅基地使用权等用益物权的，未经用益物权人同意，土地所有权人不得设立地役权。”

第二，地役权是利用他人的不动产，以提高自己不动产效益的用益物权。《民法典》第372条所规定的“自己的不动产的效益”不限于经济上的效益，也可以是精神上或者感情上的利益，如通行地役权、眺望地役权等。

第三，地役权具有从属性。而其他用益物权一经设立，便具有独立性。地役权从属于需役地，为提高需役地的效益而存在，地役权的从属性是由地役权的设立目的所决定的。《民法典》第377条规定地役权设立上的从属性：“地役权期限由当事人约定；但是，不得超过土地承包经营权、建设用地使用权等用益物权的剩余期限。”《民法典》第380条规定地役权转让上的从属性：“地役权不得单独转让。土地承包经营权、建设用地使用权等转让的，地役权一并转让，但是合同另有约定的除外。”《民法典》第381条规定抵押权实现时地役权转让的从属性：“地役权不得单独抵押。土地经营权、建设用地使用权等抵押的，在实现抵押权时，地役权一并转让。”在具体行使过程中存在地役权的从属性和不可分性的行使规则。

第四，地役权的不可分性。地役权存在于供役地和需役地的全部，不能被

[1] 刘家安：《物权法论》，中国政法大学出版社2015年版，第138页。
[2] 常鹏翱：《回归传统：我国地役权规范的完善之道》，载《清华法学》2018年第5期，第126页。

分割为各个部分或者仅以一部分单独存在。《民法典》第382条规定需役地部分转让时地役权的不可分性："需役地以及需役地上的土地承包经营权、建设用地使用权等部分转让时，转让部分涉及地役权的，受让人同时享有地役权。"《民法典》第383条规定供役地部分转让时地役权的不可分性："供役地以及供役地上的土地承包经营权、建设用地使用权等部分转让时，转让部分涉及地役权的，地役权对受让人具有法律约束力。"

二、地役权与相邻关系的区别

地役权和相邻关系都是存在于不动产上的权利，都是利用他人的不动产发挥自己不动产的效益。地役权和相邻关系的主要区别如下。

第一，从权利的性质上看，地役权一般属于约定权利，由当事人合意创设，在民法用益物权中，地役权的当事人享有最大程度的私法自治的空间[1]；相邻关系中的相邻权属于法定权利，因法律的直接规定而产生。

第二，从权利目的上看，地役权的制度目的不是使权利人获得必要的便利，而是提高需役地效益，使权利人获得价值增值的效益，属于独立的用益物权；相邻关系的目的是对相邻不动产权利做必要的最低限度的限制或者扩张，并不构成独立的物权。这是二者最本质的区别，有学者从此角度形象地将相邻权和地役权的关系比作"吃得饱和吃得好"，[2]可见，地役权之创设具有弥补相邻关系之不足的作用，理论上还有学者承认营业竞争限制功能的地役权[3]。

第三，从权利客体上看，地役权不要求供役地和需役地的相邻，相邻关系的发生则以不动产相邻为必要。当然，地役权本身与供役地和需役地不可分离。

第四，从权利的有偿性角度看，地役权大多基于有偿取得，也可以是无偿的，需役地的权利人是否需向供役地的权利人支付一定的费用，取决于当事人在地役权合同中的约定；而相邻关系中权利义务的发生均属无偿。

第五，从权利的公示角度看，根据《民法典》第374条的规定，地役权自地役权合同生效时设立，但是未经登记，不得对抗善意第三人；相邻关系的行使不以登记为必要。

---

〔1〕 王泽鉴：《民法物权》，北京大学出版社 2009年版，第 318 页。

〔2〕 申卫星：《地役权制度的立法价值与模式选择》，载《现代法学》2004年第 5 期。

〔3〕 王泽鉴：《民法物权》，北京大学出版社 2009年版，第 317—318 页。

第六，从物权法定角度看，地役权和相邻关系均须遵循物权法定原则，相邻关系的种类和范围都须由法律明文规定，但地役权的内容（利用目的和方法）则允许当事人通过地役权合同自主约定，地役权制度体现了当事人更高程度的意思自治。地役权的意思自治空间，在一定程度上可以弥补物权法定原则的不足。“应当允许当事人通过约定排除相邻权的相关法律规则。……除了基本的生存权益外，如必要的通风、采光等，其他的应当可以通过地役权合同来变更或排除。但当事人不能够在合同中排斥保护基本生存权益的规则。”〔1〕

第七，从存续期限角度看，相邻关系作为所有权内容的法定扩张或者限制，相邻关系同享所有权的无期限性特点。地役权期限则取决于当事人在地役权合同中的约定，《民法典》第377条规定：“地役权期限由当事人约定；但是，不得超过土地承包经营权、建设用地使用权等用益物权的剩余期限。”

三、地役权的效力

（一）地役权人的主要权利

地役权人的主要权利包括以下两个方面。

第一，地役权人有权按照合同约定利用他人的不动产，以提高自己的不动产的效益。相应地，供役地权利人对需役地权利人（地役权人）的利用行为有容忍义务。〔2〕《民法典》第375条规定：“供役地权利人应当按照合同约定，允许地役权人利用其不动产，不得妨害地役权人行使权利。”

第二，地役权人有权在行使地役权的必要限度内从事设置附属设施等附属行为。

（二）地役权人的主要义务

地役权人的主要义务包括以下四个方面。

第一，合理使用供役地的义务。地役权人应当按照合同约定的利用目的和方法利用供役地人的不动产。《民法典》第376条规定：“地役权人应当按照合同约定的利用目的和方法利用供役地，尽量减少对供役地权利人物权的限制。”

---

〔1〕 王利明：《物权法研究》（第四版）（下卷），中国人民大学出版社2018年版，第235页。

〔2〕 王雷：《论容忍义务在我国民法典中的体系位置》，载《河南财经政法大学学报》2017年第1期，第108—115页。

第二，地役权人应当按照合同约定的地役权期限行使地役权。

第三，支付地役权使用费的义务。地役权人应当按照合同约定的费用及其支付方式支付对价。

第四，地役权消灭后，需役地权利人应当返还供役地，取回供役地上的工作物并恢复供役地原状。

四、地役权的物权变动

根据《民法典》第374条的规定，地役权自地役权合同生效时设立。当事人要求登记的，可以向登记机构申请地役权登记；未经登记，不得对抗善意第三人。已经登记的地役权变更、转让或者消灭的，应当及时办理变更登记或者注销登记。《民法典》第373条规定："设立地役权，当事人应当采用书面形式订立地役权合同。地役权合同一般包括下列条款：（一）当事人的姓名或者名称和住所；（二）供役地和需役地的位置；（三）利用目的和方法；（四）地役权期限；（五）费用及其支付方式；（六）解决争议的方法。"

地役权的消灭事由主要包括：供役地或者需役地灭失、供役地人行使法定解除权、地役权期限届满、地役权的设立目的已经无法实现等。

《民法典》第384条规定："地役权人有下列情形之一的，供役地权利人有权解除地役权合同，地役权消灭：（一）违反法律规定或者合同约定，滥用地役权；（二）有偿利用供役地，约定的付款期限届满后在合理期限内经两次催告未支付费用。"该条规定了供役地权利人的法定解除权，属于《民法典》第563条的特别规定。《民法典》第563条第1款规定："有下列情形之一的，当事人可以解除合同：（一）因不可抗力致使不能实现合同目的；（二）在履行期限届满前，当事人一方明确表示或者以自己的行为表明不履行主要债务；（三）当事人一方迟延履行主要债务，经催告后在合理期限内仍未履行；（四）当事人一方迟延履行债务或者有其他违约行为致使不能实现合同目的；（五）法律规定的其他情形。"相对比于《民法典》第563条第1款的例示规定，《民法典》第384条的列举规定涵盖情形太少，本条未规定的，可以补充适用《民法典》第563条的规定。另外，《民法典》第384条第1项对供役地权利人的法定解除权构成要件规定过宽，应该目的性限缩解释为"违反法律规定或者合同约定，滥用地役权致使不能实现地役权合同目的"。《民法典》第384条第2项对供役地权利人的法定解除权构成要件规定过严，应该与《民法典》第563条第1款第3项作同等解释、保持一致为宜。

五、地役权的具体类型和法律功能

（一）地役权的具体类型

根据地役权内容的不同，可以将其区分为积极地役权和消极地役权，前者也称为作为地役权，后者也称为不作为地役权。积极地役权得以供役地供自己使用、收益，如通行、引水、铺设管线等，供役地权利人有容忍义务。消极地役权人有权禁止供役地为某种利用，供役地权利人负担不作为义务，如不得建设高层建筑，以维护地役权人的“眺望地役权”。

根据地役权行使方式的不同，可以将其区分为继续地役权和非继续地役权。继续地役权是指地役权的行使无须每次都有地役权人的行为，如眺望地役权、筑有道路的通行地役权等。非继续地役权是指地役权的行使须每次有地役权人的行为，如无取水设施的取水地役权。

根据地役权的存在是否表现于外部的不同，可以将其区分为表见地役权和非表见地役权。表见地役权的存在和行使有外部可认知的表现形式，如通行地役权、地表排水地役权等。非表见地役权的存在和行使无外部可认知的表现形式，如铺设地下管线地役权、眺望地役权等。

（二）地役权的法律功能

南水北调、西电东送、西气东输等工程项目建设中可以利用地役权的模式来解决架设管线而需要长期利用他人土地的问题，而不必采取建设用地使用权的模式，[1]这类地役权往往也不存在需役地。

“社会变迁使私人地役权日趋式微，而私人地役权的自我结构性调整作用有限。由私人地役权转向公共地役权，并将地役权适用于土地管理和环境保护，不仅能淡化不动产尤其是土地协调利用中的行政色彩，维系不动产协调利用时各利害相关方的利益平衡，而且也是地役权突破目前困境、完成其现代化转型必由之路。”限制营业竞争的商业地役权、限制甚至排除相邻关系适用的地役权、公共地役权等均是地役权现代化的有力表现形态。[2]

---

〔1〕崔建远：《物权：规范与学说——以中国物权法的解释论为中心》（下册），清华大学出版社2011年版，第626—627页。汪洋：《公共役权在我国土地空间开发中的运用：理论与实践》，载《江汉论坛》2019年第2期，第123—129页。

〔2〕孙鹏、徐银波：《社会变迁与地役权的现代化》，载《现代法学》2013年第3期。

法律适用

[住宅建设用地及宅基地的相关规则]

住宅建设用地使用权期限届满的，自动续期。续期费用的缴纳或者减免，依照法律、行政法规的规定办理。非住宅建设用地使用权期限届满后的续期，依照法律规定办理。该土地上的房屋及其他不动产的归属，有约定的，按照约定；没有约定或者约定不明确的，依照法律、行政法规的规定办理。

《民法典》第363条对宅基地使用权的流转采取保守的态度："宅基地使用权的取得、行使和转让，适用土地管理的法律和国家有关规定。"目前，在宅基地使用权流转问题上，国家有关规定主要是指《国务院办公厅关于加强土地转让管理严禁炒卖土地的通知》（国办发〔1999〕39号）第2条，据此，农民的住宅不得向城市居民出售，也不得批准城市居民占用农民集体土地建住宅。《国务院关于深化改革严格土地管理的决定》（国发〔2004〕28号）要求："改革和完善宅基地审批制度，加强农村宅基地管理，禁止城镇居民在农村购置宅基地。"另外，根据《国务院办公厅关于严格执行有关农村集体建设用地法律和政策的通知》（国办发〔2007〕71号）规定，农村住宅用地只能分配给本村村民，城镇居民不得到农村购买宅基地，农民住宅或"小产权房"。

担保物权

第十二章　担保物权概论

提要

担保物权是债务人或者债务人之外的第三人以特定的物为债权人之债权提供担保，在债务人不清偿债务或者不能清偿债务时，债权人得以将该担保物予以变价处分并就其价金优先于其他债权人受偿的定限物权。担保物权的共同特性在于权利人的变价处分权和优先受偿权，也即在债务到期债务人不履行或者不能履行债务时债权人得以请求人民法院或者自行将标的物予以拍卖、变卖，另外，债权人就该标的物所卖得之价金优先受偿。担保物权作为物权的一种，具有绝对性，也即可以排除一切第三人的干涉，由此可以推导出担保物权具有追及效力，也即担保物权设立后标的物被处分的不影响担保物权的效力；担保物权具有顺序性，也即在先设立的担保物权优先于后设立的担保物权以及用益物权等其他物权。当然，由于我国承认动产抵押，而动产抵押权的设定采取了登记对抗的立法主义，从而存在不登记不得对抗第三人（也即绝对性受到极大限制）的情形，从而存在着大量的例外情形。担保物权的功能在于担保债权的实现，因此决定了其具有从属性，从属于所担保的债权，故债权不发生则担保物权不发生，被担保的债权转移的担保物权亦自动转移，被担保的债权消灭的担保物权亦当然归于消灭。除此之外，担保物权尚具有物上代位性和不可分性。

重点问题

1.什么是担保物权？担保物权有哪些共同性特征？

2.我国法律上有哪些类型的担保物权，其主要区别何在？

3.当一个债权有两个以上的担保人提供担保时（含以担保物权进行担保的），债权人如何行使其担保权？各担保人之间的相互关系如何？

4.担保物权的共同消灭事由有哪些？

第一节 担保物权概述

一、担保物权的概念

《民法典》第386条规定："担保物权人在债务人不履行到期债务或者发生当事人约定的实现担保物权的情形，依法享有就担保财产优先受偿的权利，但是法律另有规定的除外。"据此规定我们可以对担保物权定义为：权利人直接支配债务人自己或者第三人提供的用作担保的标的物或者可转让的财产权的交换价值用以担保其债权的实现，在债务人不履行或者不能履行到期债务时得处分该标的物，并就其价金优先受偿的他物权。在民法理论中担保物权又被称之为"价值权"。针对担保物权这一概念，我们说明如下。

1.担保物权的功能在于担保债权的实现。与物权作为支配权不同，债权是请求权，债权不具有排他效力和优先效力，相反债权之间具有平等性，即不论债权成立的时间在先还是在后均平等地就债务人的责任财产进行受偿，而若债务人的责任财产低于其所负的债务总和，债权就无法充分地得以实现。而若债权无法得到确保，那么市场主体就无法进行融资，所以法律必须要为债权的实现提供相应的制度来供债权人选择。现代法律所提供的最为重要的债权保障制度之一便是担保物权。担保物权是通过在具有平等性的债权之外，再行附加一个具有优先效力和排他效力的"物权"，这样虽然债权人的债权具有平等性，但是由于其物权具有优先效力，该债权人便可借助其物权而优先受偿。这是由担保物权的这一保障债权之实现的功能所决定的，担保物权具有从属性，从属于其所担保的债权。

2.担保物权用以实现债权的手段和方式，是赋予担保物权人处分担保财产的权利和就处分所得之价金的优先受偿权。债权人的债权不能获得清偿或者发生约定的事由时，可以实现其担保物权，也即将作为担保物权的标的物进行处分，然后就所获得的价金优先受偿。也就是说，相比其他没有就该标的物享有担保物权的人，以及虽然享有担保物权但是设定在后的债权人，担保物权人就标的物所获得的价金优先受偿。需要特别说明的是，担保物权也仅仅限于这两项权利以及为保障其担保物权不受侵害的保全其担保物权的权利。担保物权人处分标的物的权利附有停止条件（以债权到期未实现或者当事人约定的其他条件为停止条件），只有当债权未获实现这一条件或者约定的条件成就时，担保物权人才始得行使其处分权。优先受偿的权利在破产法上的体现即为别除权，即担保物权人无须通过破产程序而就用作担保的标的物优先受偿的权利。担保物权人对于用作担保的标的物或者其他财产权不享有使用和收益的权利，对于不移转占有的抵押权固不待言，即便是对于移转占有的质权和留置权担保物权人亦不得使用标的物，更不得将标的物交给他人使用。可见担保物权人的权利仅针对标的物的交换价值，因此学说上又将担保物权称之为“价值权”。

3.担保物权是他物权或者说是定限物权的一种。首先，担保物权是物权的一种，因此具有物权的共同特性和效力：担保物权是绝对权、支配权、对世权、具有排他效力、追及效力和优先效力等。其次，担保物权是限制物权的一种，因此权利人并非像所有人那样可以对标的物随意处分，而是仅在其担保债权的范围内且在一定期限内对于标的物享有排他性权利。

4.担保物权的标的物可以由债务人自己提供，也可以由债务人以外的第三人提供。担保物权的标的物大多数情形都是由债务人自己提供的，但是也有不少情形是由第三人提供。若担保标的物是由第三人提供的，该第三人被称之为物上保证人，其地位相当于保证合同中的保证人。在《民法典》物权编中关于物上保证人没有规定的，可以准用合同编中保证合同的有关规定。

二、担保物权的分类

（一）典型担保物权与非典型担保物权

依据是否为《民法典》所明确规定为标准，可以将担保物权划分为典型担保物权和非典型担保物权。凡是由《民法典》加以规定的担保物权为典型担保物权，凡是《民法典》没有加以规定而是由其他特别法或者习惯法加以认可的担保物权为非典型担保物权。我国《民法典》明确规定了三种典型担保物权，即抵押权、质权和留置权。除了该三种《民法典》物权编所明确规定的典型担保物权之外，我国《民法典》合同编还将所有权保留买卖中出卖人所保留的所有权、融资租赁合同中出租人所保留的所有权、保理合同中保理人的权利均作为实质担保物权予以对待。此外，最高人民法院于2019年11月8日所发布的《全国法院民商事审判工作会议纪要》（即《九民纪要》）（法〔2019〕254号）第71条正式承认了让与担保制度，而《担保制度解释》（法释〔2020〕28号）第68条再次明确了让与担保制度。

（二）意定担保物权与法定担保物权

依据担保物权发生的原因，可以将担保物权分为意定担保物权和法定担保物权。意定担保物权是指基于法律行为，即担保合同而产生的担保物权，物权法上的抵押权和质权属于意定担保物权。法定担保物权则是根据法律的规定直接发生的担保物权，《民法典》物权编规定的留置权属于法定担保物权。此外，《海商法》上规定的船舶优先权、《民法典》合同编中建设工程合同中承包人对于其完成的建设工程享有价款优先权，在性质上也属于法定抵押权。区别意定担保物权与法定担保物权的主要意义有二：

1.在担保物权的成立上不同。意定担保物权的设定必须签订合法有效的担保合同，也就是说，意定担保物权不但要有合法有效的债权存在，而且要有债权人和担保人签订合法有效的担保合同，若主债权不存在担保物权自然不会发生，但是尽管主债权合法有效而若担保合同由于欠缺必要的生效要件担保物权也无从发生。而法定担保物权因为只需要符合法律规定的条件即能发生，因此无须当事人签订任何合同。法院在审理法定担保物权时，只需要认定是否存在该项法定担保物权成立的法定条件即可。

2.担保物权的优先顺位不同。同一标的物上既有法定担保物权又有意定担保物权，那么法定担保物权恒优先于意定担保物权，而不论两者何者成立在先。这一点突破了“先成立的物权优先于后成立的物权”的优先效力原则。对此《民法典》第456条规定，同一动产上已经设立抵押权或者质权，该动产又被留置的，留置权人优先受偿。同样依据《最高人民法院关于审理建设工程施工合同纠纷案件适用法律问题的解释（一）》（法释〔2020〕25号）第36条的规定，承包人根据《民法典》第807条规定享有的建设工程价款优先受偿权优于抵押权，即便该抵押权成立在先亦同。

（三）动产担保物权、不动产担保物权、权利担保物权与特定集合财产担保物权

依据标的物的性质，可以将担保物权划分为动产担保物权、不动产担保物权、权利担保物权与特定集合财产担保物权。凡是以动产为标的物设定的担保物权即为动产担保物权，在我国动产既可以设立抵押权，也可以设立质权，还

可以成立留置权。[1]凡是以不动产作为标的物所设定的担保物权均为不动产担保物权，我国《民法典》关于不动产担保物权仅规定了抵押权一种，依据物权法法定原则在我国不动产之上只能设立抵押权一种担保物权。权利担保物权是以可转让的民事权利作为标的物的担保物权，我国《民法典》规定的权利质权就是权利担保物权。除了上述三种担保物权之外，现代民法又承认了一种新的担保物权，即以特定财产组合作为一个财产而设定一个担保物权，此即为“特定集合财产担保物权”。本来在“一物一权”原则下，一个标的物上只能成立一个物权，既不能在一个物上成立多个物权，也不能在多个物上成立一个物权，更不能在物的组成部分上成立一个物权。但是现代物权法为了进一步扩大融资渠道，逐渐承认了企业等将其全部财产或者特定组合财产，作为一个整体“拟制成一个物”而在其上设立一个担保物权。我国自《物权法》制定时即自英美法系引入了“浮动抵押制度”，允许企业将现有的及将来取得的动产作为一个整体进行抵押。

（四）占有型担保物权与非占有型担保物权

依据其成立是否以交付或者占有标的物为标准，担保物权可以划分为占有型担保物权和非占有型担保物权。凡是其成立以标的物的交付或者权利人占有标的物为要件的均为占有型担保物权，而无须交付标的物的担保物权为非占有型担保物权。我国《民法典》上所规定的质权和留置权是占有型担保物权，而抵押权则为非占有型担保物权。与占有型担保物权相比较，非占有型担保物权一方面可以确保债权人的债权得以实现，另一方面又能使担保提供人占有标的物从而对标的物进行用益，同时还无须债权人占有与保管标的物，因此为债权人和债务人所乐于使用，在经济生活中扮演着重要的角色。但是非占有型担保物权原则上只能针对不动产而成立，因为对于动产而言，非占有型担保物权存在着公示不足的问题。

（五）定限型担保物权与权利移转型担保物权

依据担保物权的构造方式不同可以将其划分为定限型担保物权与权利移转型担保物权，前者是指担保提供人不丧失标的物的所有权，只给债权人设定以

[1] 在大陆法系的大多数国家动产之上是不能设立抵押权的，或者虽然允许动产抵押但只允许特殊的动产抵押。我国将抵押权无条件地扩张到所有动产之上虽然可以为市场主体扩大融资的渠道，但必然会引起公示不足、制度成本过高等一系列的问题。参见席志国：《动产抵押制度之重构——以传统物权法体系为视角》，载江平、杨振山主编：《民商法律评论》（第一卷），中国方正出版社2004年版。

债务人不履行债务为停止条件的处分标的物，并就标的物的价金优先受偿的定限物权；后者是指为了担保债权人的债权，将标的物的所有权或者将作为担保的债权等其他财产权转让给债权人，在债务人履行了其债务后该移转的权利再行回归于担保提供人的担保物权。

（六）原担保与反担保

反担保是针对原担保而言的，所谓反担保，是由债务人或者债务人之外的第三人对于担保人在代替债务人清偿债务或者承担担保责任后，对于债务人的求偿权所提供的担保。反担保存在于由第三人为债务的债务提供担保的情形，若担保物权是由债务人自己提供的则不发生反担保的问题。例如，甲对乙负有20万元的债务，由第三人丙提供住房一栋为债权人乙设定抵押权来担保该项债权，此时丙要求甲为其求偿权提供担保，此时甲将自己所有的轿车抵押给丙，丙对于甲的轿车的担保物权即属于反担保。我国《民法典》第387条第2款即规定了反担保，该款规定："第三人为债务人向债权人提供担保的，可以要求债务人提供反担保。反担保适用本法和其他法律的规定。"可见担保物权既可能是作为原担保而存在的，也可能是作为反担保而存在的。

三、担保物权的特征

尽管抵押权、质权、留置权等各种担保物权均各具其特色，但是它们作为担保物权则具有一系列共同特征，这也是我们将其纳入一个体系项下加以规定和研究的原因所在。

（一）从属性〔1〕

由于担保物权均是以确保债务的履行为其目的，所以所有的担保物权均从属于其所担保的债权。也就是说，担保物权所担保的债权为主权利，因此通常称之为主债权；而担保物权则作为其从权利。从属性，不仅仅是担保物权的特性，而且还是所有担保权的共同属性，除了担保物权之外，担保法上所规定的保证债权，以及特别法上规定的优先权等都具有从属性，均适用相同的规则。担保物权的从属性具体体现为发生上的从属性、转移上的从属性和消灭上的从属性三个方面。

---

〔1〕《德国民法典》所规定的土地债务虽然作为担保物权之一种但是却根本不具有从属性。对此德国学者指出，土地债务也是一种债权的担保方式，但是按照法定的规则，债权的存在对于土地债务在"概念"上与"生活"中都不是必须的；也就是说，土地债务不具有附随性（[德]鲍尔、[德]施蒂尔纳：《德国物权法》（下册），申卫星等译，法律出版社 2006年版，第 28 页）。

1.发生上的从属性

担保物权的发生以其所担保的主债权的存在为前提，担保物权不能独立发生。也就是说担保物权成立之前，必须要有一个被担保的主债权已经存在，否则该担保物权即不能成立。担保物权所担保的主债权主要是合同之债，特别是因借款合同所产生的债权。但需要特别说明的是，合同之债绝不是担保物权所担保的唯一债权，被担保的债权可以是任何种类的债权，只要是有效的债权均可。包括但不限于合同之债（包括违约之后所产生的损害赔偿之债在内）、由侵权行为产生的损害赔偿之债、因无因管理所产生的债权、因不当得利所产生的债权、因缔约过失所产生的损害赔偿之债，以及其他原因产生的债权。

《民法典》第388条第1款规定："设立担保物权，应当依照本法和其他法律的规定订立担保合同。担保合同包括抵押合同、质押合同和其他具有担保功能的合同。担保合同是主债权债务合同的从合同。主债权债务合同无效的，担保合同无效，但是法律另有规定的除外。"这条规定来源于我国原《物权法》和《担保法》，《担保法》第5条第1款规定："担保合同是主合同的从合同，主合同无效，担保合同无效。担保合同另有约定的，按照约定。"《物权法》第172条第1款则规定："设立担保物权，应当依照本法和其他法律的规定订立担保合同。担保合同是主债权债务合同的从合同。主债权债务合同无效，担保合同无效，但法律另有规定的除外。"《民法典》和《物权法》的规定与《担保法》有一个重大区别：《担保法》上的该条规定系任意性规定，当事人可以通过约定予以排除，而《民法典》则采纳了《物权法》的做法将其作为强制性规范，当事人不得通过约定予以排除了。

该条规定的规范意旨在于确定担保物权之发生上的从属性，其意在明确规定担保物权及其他担保权的发生须有主债权作为其前提。但是这两条规定实际上存在很多的问题，需要进一步予以完善。在法律修改之前，笔者建议最高人民法院应该通过司法解释的规定限制其适用，从而防止不合理的情形予以发生。该条规定，首先将担保物权限制在担保合同之债，如果仅仅进行文义解释，我们可以得出如果没有主合同就不能订立担保物权合同，而若不能订立担保物权合同，则作为意定担保物权的抵押权、质权等均无法发生，从而侵权之债、无因管理之债、不当得利之债等其他债权均丧失了担保的可能性，这无论如何是不合理的，违反债法和担保法之基本原理，也违反了私法自治的基本原则。其次就合同之债的担保而言，该法律规定最大的问题在于合同无效后的法律后果。依据《民法典》第388条第1款的规定，若被担保的合同无效，担保合同即归于无效，因此担保物权也将随之无效。[1]该种规定，对被担保的一方非常不利。因为合同虽然无效，但是被担保人可能会对合同对方当事人拥有损害赔偿的债权（基于缔约过失等原因），或者拥有请求合同对方当事人返还财产等债权需要由该担保物权予以担保，否则将对被担保的一方当事人非常不利。这里试举一例加以说明：若甲某和乙某签订借款合同，约定甲某出借给乙某50万元，甲某要求乙某提供担保。于是甲某和乙某又签订了抵押合同，用乙某自有的住房一套进行担保，双方并办理了抵押登记。后由于某种原因，甲某和乙某所签订的借款合同被认定为无效。则依据现有《民法典》的规定，其抵押合同也随之无效，因而抵押权也属于无效。但是借款合同无效后，依据《民法典》第157条的规定，甲某仍然有权请求乙某返还其出借给乙某的50万元，但是此时仅仅由于合同无效，其同样请求返还50万元的债权，即从有担保的债权转化成无担保的债权显然是不公平的。因此，笔者认为，在主债权合同无效之后，担保物权应当担保基于主合同所产生的返还请求权与损害赔偿请求权，这既符合公平原则，也符合当事人的真实意思。当然在现有法律的前提下，当事人最好在担保合同中另行约定，若主合同无效，担保物权或者其他担保合同仍然担保因该合同所产生的损害赔偿请求权及财产返还请求权。自这一意义以言，《担保法》第5条的规定反倒较《物权法》及继受《物权法》之规定的《民法典》更加合理，盖其允许当事人通过约定改变上述担保合同无效的法律规定。

在我国《民法典》上，担保物权在发生上的从属性有一项例外，即最高额抵押权。在最高额抵押的情形下，抵押权设定时，其所担保的主债权尚未发生，法律允许该抵押合同有效，同时也允许该抵押权之成立，具体详见抵押权部分。

2.转移上的从属性

所谓担保物权移转上的从属性是指担保物权不能被单独转让，也不能被单独作为其他债权的担保，而被担保的债权转移的则担保物权随之自动转移。对此，我国《民法典》未在担保物权一般规定一章中加以规定，仅于抵押权一章中就抵押权之移转上的从属性作了明确规定。《民法典》第407条规定："抵押权不得与债权分离而单独转让或者作为其他债权的担保。债权转让的，担保该

---

〔1〕当然，若在承认物权行为之独立性和无因性的立法例下，合同无效并不必然导致基于此而设定的担保物权等物权的无效，但是在我国目前司法实践尚未承认物权行为之独立性与无因性的前提下，该种解释即成为必然的解释。

债权的抵押权一并转让，但是法律另有规定或者当事人另有约定的除外。”[1]就债权转移担保物权随之转移这一点，《民法典》于合同编关于债权让与之效果已有明确之规定，但是就担保物权从属性的其他方面质权和留置权是否也具备呢？对此笔者赞同我国台湾地区民法学家谢在全教授的观点，“质权既为担保物权之一种，则担保物权所具有之通性，即从属性，不可分性与物上代位性（代物担保性），在质权自亦具有之，应不待明定。就质权而言，质权之从属性系指从属主债权而存在，随债权之成立而成立，随债权之移转而移转，随债权之消灭而消灭”。[2]留置权“因系担保物权、自具有从属性、不可分性与代位性，民法上虽仅就不可分性设有明文，但其余担保物权之通性，应为理论上所当然，尤其是留置权自始即系为担保特定债权而存在，因之其从属性特强，倘无现实之债权存在，即无使留置权单独存在之必要，此与一般担保物权于发生时可无债权存在，仅须实行时须有担保债权存在即为已足者，完全异趣。”[3]也就是说，质权和留置权既然作为担保物权，应当具备担保物权所具备的共同特性而非仅抵押权具备流转上的从属性而已。因此，笔者认为在司法实践中，针对质权和留置权则应当准用《民法典》第407条的规定。

依据《民法典》第407条之规定，担保物权在移转上的从属性包括下述四个方面的含义：首先，债权人不得将担保物权单独转让给第三人而自己保留主债权，否则该转移行为无效。其次，债权人也不得将主债权单独转让给第三人而自己保留担保物权，当然，债权人若将主债权单独转让给第三人而同时免除债务人或者第三人的担保责任的是法律所允许的。再次，债权人也不得单独将其债权为其自己对第三人的债务作为质权，或者仅将其担保物权作为其对第三人债务的担保。最后，担保物权所担保的主债权发生转移的，担保物权也随之发生转移，除非当事人在转让债权时或者在担保合同中约定主债权转移而担保物权不随之转移，此点也是最重要的一点。就此点而言，抵押权自得直接适用《民法典》第407条之规定，其他担保物权则须适用《民法典》第547条的规定。《民法典》第547条规定：“债权人转让债权的，受让人取得与债权有关的从权利，但是该从权利专属于债权人自身的除外。受让人取得从权利不因该从权利未办理转移登记手续或者未移转占有而受到影响。”基于担保物权作为债

〔1〕我国原《担保法》第22条规定：“保证期间，债权人依法将主债权转让给第三人的，保证人在原保证担保的范围内继续承担保证责任。保证合同另有约定的，按照约定。”
〔2〕谢在全：《民法物权论》（下册），中国政法大学出版社1999年版，第757页。
〔3〕谢在全：《民法物权论》（下册），中国政法大学出版社1999年版，第851页。

权的从权利，该条规定自得直接予以适用。

3.消灭上的从属性

担保物权所担保的主债权消灭的，担保物权也相应消灭。引起债权消灭的原因有多种，其中最主要的有五种：清偿、抵销、提存、混同和免除。无论担保物权所担保的主债权基于什么原因消灭，担保物权都随之而消灭。但是正如发生上的从属性有其例外一样，担保物权消灭上的从属性也具有下列例外情形。

首先，担保物权所担保的主债权若因债务人不履行而消灭后，产生了损害赔偿的责任则担保物权不消灭，担保物权仍然作为该项损害赔偿债权的担保。

其次，担保物权所担保的主债权是合同之债的，因债务人违约债权人解除合同的，担保物权不消灭，其作为债务人损害赔偿之债的担保。《民法典》第566条第3款规定："主合同解除后，担保人对债务人应当承担的民事责任仍应当承担担保责任，但是担保合同另有约定的除外。"主合同债务人在合同解除后对债权人所承担的责任，既包括返还财产的责任也包括因违约等所产生的损害赔偿责任在内，担保人对此均须承担责任。

再次，原《最高人民法院关于适用〈中华人民共和国担保法〉若干问题的解释》（以下简称《担保法解释》）第77条规定："同一财产向两个以上债权人抵押的，顺序在先的抵押权与该财产的所有权归属一人时，该财产的所有权人可以以其抵押权对抗顺序在后的抵押权。"依据该规定，若同一个标的物向两个以上的债权人抵押，顺序在先的抵押权人的抵押权转归抵押人所有时，该债权债务因为混同而归于消灭，但是抵押权却不消灭，抵押人对自己的标的物享有抵押权。虽然这一司法解释随着《民法典》的生效以及《担保制度解释》的出台已经失去效力，但是笔者认为在解释论上该做法仍然值得肯定。

最后，需要指出的是，在比较法上出现了担保物权从属性的松动，而且也存在不具备从属性的担保物权。例如《德国民法典》所规定的土地债务虽然作为担保物权之一种但是根本不具有从属性。对此德国学者指出，土地债务也是一种债权的担保方式，但是按照法定的规则，债权的存在对于土地债务在"概念"上与"生活"中都不是必需的；也就是说，土地债务不具有附随性。[1]此外，在德国法上承认所有人抵押权制度，故在被担保的主债务消灭之后，抵押

〔1〕［德］鲍尔、［德］施蒂尔纳：《德国物权法》（下册），申卫星等译，法律出版社2006年版，第28页。

权并不随之自动消灭，而是由所有人取得该抵押权成为所有人抵押权，其目的主要在于维持抵押权的次序固定，从而后顺序的抵押权并不因此当然晋升其顺序。

（二）物上代位性

所谓担保物权的物上代位性是指担保物权的标的物毁损灭失的，有其他替代物的担保物权并不消灭而是及于该替代物之上，债权人仍然可以就该替代物进行优先受偿。

担保物权的物上代位性是由担保物权的价值权性所决定的。担保物权支配的是标的物的价值而非标的物的实体，因此标的物的实体本身的灭失并不能影响担保物权的存在。只要标的物的价值没有灭失，担保物权就应当继续存在，而标的物实体灭失后所有人因此获得的损害赔偿金、保险金等正是该标的物价值的体现，因此担保物权的效力直接及于该标的物之上。这一点与用益物权完全不同，由于用益物权支配的是标的物的使用价值，需要借助标的物的实体才能存续，因此用益物权皆因标的物的灭失而归于消灭。

对于担保物权之物上代位性，我国《民法典》第390条规定："担保期间，担保财产毁损、灭失或者被征收等，担保物权人可以就获得的保险金、赔偿金或者补偿金等优先受偿。被担保债权的履行期限未届满的，也可以提存该保险金、赔偿金或者补偿金等。"该条规定继受了原《物权法》第173条的规定。与原《担保法》仅将物上代位性规定在抵押权部分相比，《民法典》及其所承受的《物权法》将物上代位性的规范移到担保物权通论部分，作为一切担保物权的共同特性，无疑是立法上的进步和明智的选择。该种立法选择即便在比较法上也是比较先进的，如我国台湾地区"民法"即仍然将物上代位性规定在抵押权一节中，而没有将其规定在担保物权的通则中。学说上和司法实践上不得不将该规定进行目的性扩张而适用到动产质权和留置权之上。与比较法上关于物上代位性的规定相比，我国《民法典》的规定相对而言还是不够详细和具体，特别是关于债权人如何来对代位物行使权利欠缺必要的规定。这就需要法院在适用的过程中以司法解释的方式来加以完善。笔者认为，若发生了债权人可以代位的情形，若该债权已经到期，债权人可以直接以该代位金清偿其债权。若标的物上有两个以上担保物权的则各担保物权人仍然按照既定的顺序优先受偿。对此《担保制度解释》第42条第1款规定："抵押权依法设立后，抵押财产毁损、灭失或者被征收等，抵押权人请求按照原抵押权的顺位就保险金、赔偿金或者补偿金等优先受偿的，人民法院应予支持。"若债权尚未到期，则债权人可以要求担保人将该代位金予以提存，或者和债务人协议以该代位金提前清偿其债权，当然应当扣除相应的期限利益。担保物权人可以直接请求应当支付保险金、赔偿金或者补偿金的义务人向其履行义务。依据《担保制度解释》第42条第2款之规定，给付义务人已经向抵押人给付了保险金、赔偿金或者补偿金，抵押权人请求给付义务人向其给付保险金、赔偿金或者补偿金的，人民法院不予支持，但是给付义务人接到抵押权人要求向其给付的通知后仍然向抵押人给付的除外。若担保人放弃其请求权的，则债权人可以依据《民法典》第538条以下的规定提起撤销之诉，撤销该放弃行为以恢复其请求权。

担保物权之物上代位性适用的情形主要有如下三种情形：

（1）标的物因第三人的原因而毁损或者灭失的，标的物之所有人对于第三人可以请求损害赔偿，此时债权人可以就此损害赔偿金优先受偿。

例如，甲某向乙银行贷款200万元，将其拥有的A住房抵押给银行用以担保该项债权。A房屋因火灾而灭失。后经调查，该房屋失火系因邻居丙某举行婚礼燃放烟花而没有采取措施所致。甲某诉请丙某损害赔偿，法院判决丙某应当赔偿甲某230万元的损失。那么乙银行即可就该230万元损害赔偿金优先受偿。

（2）若标的物非由于第三人的原因而毁损灭失，或者虽然由于第三人的原因毁损灭失，但是第三人免除赔偿责任时，标的物的所有人就标的物投有保险时所有人获得保险赔偿金的，债权人就该保险赔偿金可以优先受偿。

在上例中，若经查A房屋烧毁系因雷击引起，而甲某对该房屋投了意外险，该意外险包含了各种火灾所引起的损害在内。后保险公司按照保险合同向甲某支付了180万元的保险赔偿金。那么乙银行则可以就该项保险赔偿金优先受偿。

（3）国家基于公共利益可以对抵押物进行征收，征收时国家必须对于所有人提供合理的补偿，此时债权人可以就此项征收补偿金优先受偿。我国目前实践中的房屋拆迁也系征收的一种，不过征收未必会将房屋拆除，但是拆迁则一定会将该房屋拆除并予以重建，因此标的物也归于灭失，依据相关法律规定，标的物所有人所可获得的补偿金债权人均可就此优先受偿。

在上述例子中，若当地政府将A房屋所在的区域规划为城市公园，需要将该区域内的所有房屋进行征收，经过法定的征收程序，政府对甲某补偿了260万元。则乙银行亦可以就该260万元的征收补偿款优先受偿。

（三）不可分性

所谓担保物权的不可分性是指担保物权的标的物分割、部分转让、部分消灭不影响担保物权的存续及整体性；反之，担保物权所担保的债权进行分割、部分转让或者消灭的也不影响担保物权的存续及其整体性。《民法典》与原《物权法》和《担保法》一样，没有关于担保物权之不可分性的明确规定。《担保制度解释》则承袭了原《担保法解释》的做法，对此作出了明确的规定，唯将原《担保法解释》第71条与第72条所规定的适用范围扩张到所有的担保物权之上。[1]《担保制度解释》第38条第2款规定："担保财产被分割或者部分转让，担保物权人主张就分割或者转让后的担保财产行使担保物权的，人民法院应予支持，但是法律或者司法解释另有规定的除外。"第39条第1款规定："主债权被分割或者部分转让，各债权人主张就其享有的债权份额行使担保物权的，人民法院应予支持，但是法律另有规定或者当事人另有约定的除外。"担保物权的不可分性仅仅针对标的物与所担保的债权的分割和部分转让，对于债务的分割和部分转让的则不适用。对此《担保制度解释》第39条第2款规定："主债务被分割或者部分转移，债务人自己提供物的担保，债权人请求以该担保财产担保全部债务履行的，人民法院应予支持；第三人提供物的担保，主张对未经其书面同意转移的债务不再承担担保责任的，人民法院应予支持。"

由于不可分性较为抽象，为了便于理解特举二例说明如下：

例1：甲有一套住房共四间用以担保其对债权人乙的40万元债权，为乙设定了抵押权。若后来甲将该套住房区分为两套独立的住房，每套两间，将其中的一套出卖给了第三人丙，那么乙的抵押权不受任何影响，仍然对原有的这四间住房享有抵押权，盖担保物权作为物权是直接支配标的物的权利与其分割转让等没有任何关系。

例2：甲有一套住房共四间用以担保其对债权人乙的40万元债权，为乙设定了抵押权。若乙将自己债权中的20万元转让给第三人丙，那么担保物权不受任何影响，即甲的这套住房仍然担保乙和丙的40万元债权整体。若后来甲不能清偿该债务，则将该房屋拍卖后，债权人乙与丙按照自己的债权比例就价金优先受偿。

---

〔1〕原《担保法解释》第71条规定："主债权未受全部清偿的，抵押权人可以就抵押物的全部行使其抵押权。抵押物被分割或者部分转让的，抵押权人可以就分割或者转让后的抵押物行使抵押权。"第72条规定："主债权被分割或者部分转让的，各债权人可以就其享有的债权份额行使抵押权。主债务被分割或者部分转让的，抵押人仍以其抵押物担保数个债务人履行债务。但是，第三人提供抵押的，债权人许可债务人转让债务未经抵押人书面同意的，抵押人对未经其同意转让的债务，不再承担担保责任。"

第二节 担保物权的消灭

一、担保物权消灭的原因

（一）主债权消灭

基于担保物权的从属性，所担保的主债权消灭的，所有的担保物权均归于消灭。主债权的消灭可以是基于任何事由，既可以是基于债务人的清偿，也可以是基于抵销、免除、混同等其他原因。当然债权消灭的最主要的原因是基于债务人的清偿，债务人的清偿债务导致主债权消灭从而引起担保物权消灭，是所有担保物权消灭的最正常的原因，也是最主要的原因。在正常的经济环境下，绝大多数的债务人均能够而且也愿意清偿其债务，特别是在有担保物权进行担保的情形下更是如此。这也是债权人最为期待的情形，债权人之所以给予债务人信用，就是期待债务人能够按期清偿债务从而使其债权得以顺利实现，这是市场得以正常运作的基本前提。

主债权消灭导致担保物权消灭必须是主债权彻底消灭，包括主债权、利息、违约金等由担保物权所担保的一切债权在内。如果仅是主债权部分消灭的，则基于担保物权的不可分性，担保物权并不归于消灭。如果主债权消灭，是由于主债权转化为其他债权的，则担保物权也不归于消灭，该担保物权仍然担保由原债权转换而来的债权。《民法典》第566条第3款规定："主合同解除后，担保人对债务人应当承担的民事责任仍应当承担担保责任，但是担保合同另有约定的除外。"因此当事人在担保合同中有明确约定的，那么被担保的主合同债权因合同解除而转化为返还财产、损害赔偿等债权，则担保物权并不因此而归于消灭，而是仍然作为该等债权的担保，盖该债权与原合同债权具有同一性。

（二）担保物权的实现

在债务人到期不能清偿债务或者基于担保合同所约定的担保物权实现的条件成就时，担保物权人可以实现其担保物权，担保物权实现后即归于消灭。对于担保物权之实现条件与实现方式在各具体担保物权部分有详细之论述，于此不再赘述。

（三）担保物权人放弃担保物权

所有财产权的核心均是权利人处分该财产权，担保物权作为财产权的一种，权利人当然可以以抛弃的方式消灭之。放弃担保物权属于有相对人的单方法律行为，需要担保物权人以意思表示的方式进行。当然《民法典》总则编中所有关于法律行为和意思表示的规定均对此有适用的余地。如意思表示的瑕疵、意思表示的撤回等问题。对于以登记为公示方式的抵押权，权利人抛弃权利的需要办理注销登记，抵押权从注销登记之日起消灭；对于以占有为公示方式的动产质权、留置权则需要权利人将标的物返还给所有人，始发生消灭的效果。

担保物权人放弃其担保物权的，不得对第三人造成不利之影响。这主要涉及如下两种人：其一是抵押权人的债权人。如果抵押权人放弃了其抵押权从而导致其债权不能实现，进而导致其不能履行对于其债权人的债务。此时，抵押权人的债权人可以依照《民法典》第538条以下之规定行使撤销权以为救济。其二是同一债权的共同担保人。在同一债权存在两个以上担保物权时，债权人放弃一个担保物权的不得增加其他担保物权人的负担，具体情形我们在抵押权的部分加以讨论。

（四）主债务进行承担

与债权让与有所不同，基于担保物权的从属性，在债权让与时，除了当事人另有约定外，担保物权自动转移予受让人，因而担保人的责任不受影响，即担保人仍然须对该移转了的债权承担担保责任，对此前已述及。

依据《民法典》第391条的规定，第三人提供担保，未经其书面同意，债权人允许债务人转移全部或者部分债务的，担保人不再承担相应的担保责任。依据该规定，若债务人和债务人之外的第三人签订承担协议，经债权人同意，但是未取得担保人同意的，则该担保物权归于消灭。但是对该条进行反面解释，若担保物系由主债务人自己提供的，则主债务进行承担时，不影响担保权的存续。

之所以法律规定债务承担没有取得担保人的同意，担保物权归于消灭主要是基于如下两个方面的考虑：首先，债务承担有可能会加重担保人的责任。不同的债务人的信用程度不同，若承担人的信用程度低于原债务人的，则担保人的责任会因此而加重。也就是说，若原债务人有能力清偿债务的，则担保人根本无须承担任何责任，即便承担了责任也能够通过行使代位求偿权而得到救济。而若承担人没有足够的偿债能力，那么担保人就需要承担担保责任而且无法通过追偿而得到救济。基于意思自治原则，任何加重他人责任的担保都需要该他人同意。其次，担保人之所以为原债务人的债务提供担保，是基于担保人与原债务人的特殊关系，往往可能是亲属关系、朋友关系或至少是生意伙伴，换言之是基于担保人与原债务人之间的人身信赖关系。若发生债务承担的，那么承担人与担保人可能没有任何信赖关系，担保人是不会愿意为该债务人承担担保责任的。总之，债务承担没有取得担保人的书面同意的，担保人不再就该承担后的债务承担担保责任是私法自治的基本要求。

（五）标的物灭失没有代位物

标的物灭失是所有物权消灭的共同原因，但是基于担保物权的物上代位性，若标的物灭失而产生了相应的代位物的，担保物权不归于消灭，担保物权的效力仍然及于该代位物之上。而若标的物灭失，又没有任何代位物的，则该担保物权归于消灭。例如，甲某用其自有住房一套抵押给债权人乙某用以担保对债权人乙某负有的200万元债务，双方办理了抵押登记。后由于地震该套住房归于灭失，而且该住房所占之土地亦变成了裂谷而不具有任何利用价值。该房屋没有投地震险，甲某没有就此获得任何补偿。此时甲某之所有权归于消灭，而乙某之抵押权也随之归于消灭。因此，尽管债务人提供了抵押财产，债权人的债权也不是百分之百安全，仍然有可能不能得到实现，这也就是为什么有时候债权人会要求债务人就同一债务提供两个以上的担保的原因所在。

二、担保物权消灭的法律后果

（一）注销登记

对于不移转占有的担保物权而言，在我国主要是抵押权，因为原则上需要登记进行公示，那么已经登记的抵押权需要注销抵押登记。除权利人放弃抵押权外，对于基于其他原因导致担保物权消灭的，无论是否注销登记，都不会影响到抵押权的消灭，因为非属于法律行为所引起的物权变动无效。但是不进行注销登记仍然会有一系列的不利后果，如抵押人要处分抵押物，就会因为仍然有抵押登记而受到限制。国务院制定的《不动产登记暂行条例实施细则》第70条规定："有下列情形之一的，当事人可以持不动产登记证明、抵押权消灭的材料等必要材料，申请抵押权注销登记：（一）主债权消灭；（二）抵押权已经实现；（三）抵押权人放弃抵押权；（四）法律、行政法规规定抵押权消灭的其他情形。"这里的当事人究竟系指何人并不明确，究竟系指抵押权人一方、抵押人一方，抑或抵押权人与抵押人共同则存在争议。笔者认为，抵押权消灭时，抵押权人负有注销登记的义务，同时因为抵押权之注销事关抵押权人的利益至巨，因此解释上亦将抵押权人作为登记申请人。当然由于抵押权已经消灭，抵押权人若不申请注销登记的，则此时登记簿为不正确，抵押人得以申请更正登记，并得诉请抵押权人同意其注销登记。

（二）返还标的物

对于质权和留置权等以占有为要件的担保物权而言，担保物权消灭后担保物权人对标的物就不具有占有的正当权源了，因此应当将标的物返还给所有人。若担保物权人不返还标的物的，则构成无权占有，且系恶意占有，应当承担恶意无权占有的相应法律责任。

法律适用

同一债权有两个以上担保人提供担保，在债务人不能履行到期债务时债权人如何实现其担保权利，各个担保人相互之间是否可以互相追偿向来是担保制度中的难题。有鉴于此，最高人民法院通过《担保制度解释》加以解决。依据《担保制度解释》第13条的规定，同一债务有两个以上第三人提供担保的，如果各担保人没有与债权人约定担保债权的比例的，那么债权人得以任意选择担保人实现其债权；其中一个担保人承担担保责任之后，原则上不得向其他担保人进行追偿，除非符合下述三种情形：各担保人相互之间约定可以互相追偿；担保人相互之间约定相互之间为连带共同担保；各担保人系通过在同一份合同书上签字、盖章或者按指印的方式为债权人设定担保。此外依据《担保制度解释》第14条之规定，担保人代替债务人清偿债务或者受让债权人之债权的，不得依据《民法典》第519条、第524条、第700条的规定行使代位权，从而间接取得向其他担保人进行追偿的权利。

此外，《民法典》尚规定了具有担保功能的所有权保留、融资租赁、保理等非典型担保，在没有明确规定时得以参照适用《民法典》有关担保物权的规定，这一规定亦成为司法适用中的难题。即《民法典》关于担保物权的规定中究竟哪些可以适用于上述非典型担保，而哪些规定因其性质上的差异从而依据“不同问题应当为不同之处理”的平等原则而不能予以参照适用尚须详细地研究，不能笼而统之地予以适用。

第十三章 抵押权

提 要

抵押权是最为重要的担保物权，享有“担保之王”的美誉。与质权、留置权等其他担保物权相比较，抵押权的特别之处在于其不以移转抵押物的占有为成立要件，因此一方面抵押人以抵押财产设定担保获得融资的同时仍然不丧失对抵押财产使用的功能，故其为抵押人最愿意采纳的担保方式；另一方面自债权人的方面而言，债权人无须占有标的物从而亦不负有对标的物进行保管的义务，因此亦为债权人所最愿意接受的担保方式。由于抵押权是不移转占有的担保物权，故其设立的公示方只能是登记。也正因如此，在传统大陆法系中，抵押权的客体仅限于以登记为公示方式的不动产及不动产用益物权，动产之上则不能设定抵押权。然而我国《民法典》却自英美法系引入了动产抵押制度，因此我国《民法典》中抵押权的设立就分不动产抵押及动产抵押而异其要件，前者登记为其生效要件而后者则仅为其对抗要件。也正因如此，我国《民法典》中抵押权制度形成了一系列特殊的制度，包括：动产之上担保物权优先顺序规则、出卖人的超级优先权制度、正常生产经营人规则等，这也使得我国抵押权制度变得异常复杂。由于抵押权人不占有抵押物，从而产生了预防抵押人实施毁损抵押物、降低抵押物价值之行为的保全抵押权的制度，也决定了抵押权之实现须借助人民法院的执行程序的必要性。

重点问题

1.什么是抵押权？与其他担保物权相比抵押权有哪些特征？

2.抵押权如何设立？抵押权何时成立？

3.抵押权的具体效力如何？

4.同一个标的物（特别是同一动产）之上设定两个以上抵押权，甚至还设定了质权之后，各担保物权之间的优先效力规则如何？

5.什么是浮动抵押？浮动抵押与普通抵押有哪些区别？

6.什么是最高额抵押？最高额抵押与普通抵押有哪些区别？

第一节 抵押权概述

一、抵押权的概念

依据《民法典》第394条的规定，抵押权是指债权人对于债务人或债务人之外的第三人不转移占有而用以担保的不动产或其他财产，在债权到期未受清偿或者约定之条件发生时得处分该财产并就其价金优先受偿的权利。其中债权人也就是抵押权人，其同时享有两项权利，一项是对债务人的债权，通常被称之为主债权；另一项则是对用作抵押的财产享有的抵押权。其中提供财产进行用作担保的人叫作抵押人，抵押人可以是债务人本人（也叫作主债务人），也可以是债务人之外的第三人。

例1：甲某向乙银行贷款90万元，约定1年内归还，年利息10万元。银行要求甲某提供担保，甲某即将其自有房屋A用于担保与乙银行签订了抵押合同为银行设定抵押权，并办理了抵押登记。此时乙银行系债权人，甲某系债务人，乙银行同时还是抵押权人，而甲某同时也是抵押人。

此后，若甲某不能清偿其对银行的本金和利息，则银行可以与甲某协议或者申请法院将该房屋拍卖，并就卖得的价金优先于其他债权人受偿。也就是说，若甲某在和乙银行贷款之前，就欠了丁某200万元的债务，假设除该房屋之外甲某再无其他财产，该房屋拍卖了150万元，则银行首先从中受偿100万元（90万元本金、10万元利息），而丁某只能就剩余的50万元受偿。如果甲某没有为乙银行设定抵押权，那么拍卖该房屋所得的价金150万元即应当在乙银行和丁某之间按照其债权比例分配，即乙银行分配50万元，丁某分配100万元。可见是否设定抵押权等担保物权则利益攸关。

例2：在上例的前提下，若甲某没有值钱的财产可以担保，他可以找到他的好朋友丙某为其提供担保，若丙某用其住房B为甲某的债务提供担保，则需要由丙某和乙银行签订抵押合同并办理抵押登记。此时甲某为债务人，乙银行为债权人、抵押权人，丙某则为抵押人。若甲某不能清偿乙银行的借款，乙银行则可以与抵押人丙某协议或者诉请法院拍卖B房屋就其价金优先受偿，这里的优先受偿则是相对于丙某的债权人。换言之，若丙某自己对丁某负有200万元的债务，不能清偿，则房屋拍卖后只能先清偿乙银行的借款本息，有余额的才能清偿丙某的债权。

二、抵押权的特征

（一）抵押权是不移转标的物之占有的担保形式

标的物仍然由抵押人占有、使用、收益。因此抵押权最能实现抵押人用以融资的目的，也即一方面自己占有、使用、收益；另一方面又用作担保进行融资，真正做到了物尽其用，所以被作为担保之王。基于物权法定原则，当事人不能创设移转占有的抵押权。

（二）抵押权的标的物主要是债务人或第三人提供担保的不动产

如上所述，抵押权是不移转标的物之占有的担保物权，而作为绝对权的物权必须要予以公示，因而抵押权只能通过登记进行公示。以登记作为公示方式的原则上仅限于不动产物权，动产物权变动原则上只能通过交付标的物来进行。故此，大陆法系各个国家原则上仅允许在不动产上设立抵押权而不允许在动产上设定抵押权。如《德国民法典》第1113条规定："称抵押者，谓就土地设定负担，使因该负担而受利益之人，为其债权之受清偿，得就土地取得一定之金额。抵押权亦得为将来之质权或附条件之债权而设定。"《日本民法典》第369条规定："抵押权人，对于债务人或第三人不转移占有而供债务担保的不动产，享有优先于其他债权人受领对自己债权的清偿的权利。 地上权及永佃权可以作为抵押权的标的。在此情形，准用本章的规定。"我国台湾地区修订后的"民法"第860条仍然规定："称普通抵押权者，谓债权人对于债务人或第三人不移转占有而供其债权担保之不动产，得就其卖得价金受清偿之权。"

我国《民法典》继受了原《物权法》及原《担保法》的立法模式，为了应对市场融资的需要将抵押权的标的物扩张到动产之上，这一做法无疑扩大了市场主体融资的渠道。但是其必然会产生公示不足的问题，从而一方面对于动产抵押权的债权人无法做到充分的保护，另一方面也无法公平地保护交易第三人的交易安全。[1]

（三）抵押权原则上是意定担保物权

如前所述，担保物权依据其发生的根据可以划分为意定担保物权和法定担保物权，意定担保物权需要由担保提供人和债权人订立担保合同达成合意并经过相应的公示才能成立。《民法典》中规定的抵押权是意定担保物权，均须当事人订立抵押合同而设定。但是并非所有的抵押权都是基于当事人的抵押合同

---

〔1〕 席志国：《动产抵押制度之重构——以传统物权法体系为视角》，载江平、杨振山主编：《民商法律评论》（第一卷），中国方正出版社 2004年版。

而成立的，也存在法定抵押权。实际上《民法典》合同编中所规定的建设工程承包合同承包人就其工程款对于其完成的工程所享有的优先受偿权正是法定抵押权；《海商法》上的船舶优先权也可以看作法定抵押权。这些法定优先权，可以准用《民法典》关于抵押权的规定。

三、抵押权的类型

（一）不动产抵押权、动产抵押权与权利抵押权

依据其客体可以将抵押权划分为不动产抵押权、动产抵押权和权利抵押权。我国《民法典》沿袭了原《担保法》与原《物权法》的做法，将传统大陆法系上的抵押权的范围予以扩张，不但允许不动产作为抵押权的标的物，而且还允许动产和权利作为抵押权的标的物。对于不动产抵押，由于我国法律不允许将土地进行抵押，因此仅有房屋抵押一项。就权利抵押权而言，我国法律允许不动产用益物权得作为抵押权之客体，包括建设用地使用权、土地承包经营权两种权利在内。由于建设用地使用权和土地承包经营权本身是建立在土地之上的权利属于不动产物权，因而对于以建设用地使用权和土地承包经营权进行抵押的法律规则完全与房屋抵押权这种不动产抵押权相同，如以登记作为抵押权设立的生效要件等，因而在司法实务上经常将权利抵押权作为不动产抵押权予以对待。就动产抵押权而言，其与不动产抵押权和权利抵押权最大的区别就在于其成立要件上，动产抵押权不以登记为生效要件，抵押合同生效时动产抵押权即成立，未办理抵押登记的只是不得对抗善意第三人。

（二）意定抵押权与法定抵押权

依据抵押权的成立依据不同，可以将抵押权划分为意定抵押权和法定抵押权，依据当事人的法律行为（即抵押合同）而成立的抵押权为意定抵押权，而依据法律的直接规定而发生的抵押权为法定抵押权。法定抵押权必须有法律的特别规定，否则不得成立。我国目前有两个法定抵押权：一个是《民法典》合同编规定的建设工程承包合同中承包人的工程款优先权，其本质上系抵押权；另一个则是《海商法》中所规定的船舶优先权，其本质也系法定抵押权。

（三）一般抵押权与特殊抵押权

所谓一般抵押权是相对于特殊抵押权而言，即法律没有对其作出特殊规定的抵押权均属于一般抵押权；相反若法律对其作出不同于一般规定的抵押权则为特殊抵押权。我国《民法典》规定了两种特殊抵押权，即最高额抵押权与浮动抵押权。

四、抵押权的制度价值

现在制约我国经济发展的最大瓶颈莫过于资金不足，如何扩大融资渠道获得足够的资金，无论是在宏观上还是在微观上都成了发展我国经济的首要任务。融资的前提是要有良好的信用基础，而我国现在的信用基础却十分薄弱，难以使物资资本与人力资本(企业家才能)相结合，使得有多余资金的人不敢将其资金借贷给企业家进行保值、增值，有经营才能的企业家又由于缺乏必要的启动资金无法发挥才能为社会创造财富。担保物权正是解决信用危机、拓展融资渠道的强有力的法律制度。在担保物权中，最能满足当事人融资需求的则是抵押权，享有担保之王的美誉。

首先，抵押权不以移转标的物的占有为要件。也就是说，抵押人在设定抵押权后仍然占有抵押物，仍然能够使用、出租、转让该抵押物，而且还可以就该抵押物再次设定抵押权从而获得多次融资的机会。这样，作为债务人的抵押人就可以克服要实现一个商品的使用价值就必须放弃其交换价值，或者要实现该商品的交换价值就必须让渡该商品的使用价值的矛盾，从而同时实现物的使用价值及交换价值；或者可以使物的价值(交换价值)呈几何级数增长，即一方面将标的物抵押融得相当于其价值的资金(第一次价值的实现)，另一方面将标的物转让获得价金(第二次价值的实现)，甚至还可以在转让前再次抵押(第三次价值的实现)。

其次，债权人的债权在土地的抵押权的担保下能够获得切实的保障。一方面作为物权的抵押权具有追及效力，不论抵押人是否处分了抵押物，也不论周转到何人之手，抵押权人均可实现抵押权而优先受偿，因此有多余资金的人可以放心地将资金借贷给能够提供抵押财产的企业家。另一方面，以土地作为抵押物，由于土地的不可移动性，抵押人无法隐匿抵押物而损害债权人的利益。

最后，由于抵押权无须移转标的物的占有，债权人无须占有标的物也就无须保管该标的物，同时也就不用承担标的物毁损、灭失的风险。结合前述几点，债权人的风险(包括债权到期不能实现的风险及因标的物的灭失而产生的各种风险)几乎为零，因此债权人非常愿意接受土地抵押权作为担保。

第二节 抵押权的客体

与传统大陆法系国家的民法典相比较，我国《民法典》在抵押权之客体方面较为宽松，不但允许不动产和不动产权利可以用作抵押，而且所有的动产几乎都可以作为抵押财产。《民法典》第395条与第399条从正反两个方面规定了可以抵押的财产和不可以抵押的财产。

一、作为抵押权客体的要件

自抵押权的法律构造而言，作为抵押权之客体的财产一般而言应符合下列三个方面的条件。

首先，作为抵押权之客体的财产应当是可以流通的财产。因为抵押权作为担保物权之一种乃是价值权，即在特定情形下将用作抵押的财产进行变现，若一项财产是不能流通的也就无法变现，当然也就不能用作担保物权的标的。若一项财产是限制流通的，即在符合法定条件的情形下才可以转让，那么也应当允许其进行抵押，不过其在抵押权设定时或者至少在抵押权实现时应当符合法律规定的流转的条件。

其次，抵押财产应当是抵押人有处分权的财产。抵押人在标的物上设定抵押权是对标的物进行法律上的处分行为之一种，因此抵押人应当对标的物享有处分的权能，若抵押人对于标的物没有处分权能而将标的物进行抵押的行为属于无权处分行为，除抵押权人构成善意取得外，其行为应当属于效力待定。

最后，作为抵押权客体的财产应当适合于用登记的方式加以公示。抵押权作为物权之一种其成立必须要进行公示，由于抵押权是不移转占有的担保物权，因此其公示只能留诸登记一条途径，盖到目前为止，物权的公示方式只有登记和交付两个途径。那么是否适合用登记的方式加以公示也是该标的物是否可以抵押的条件之一。由于不动产的公示方式正好是登记，因此传统大陆法系均将抵押权的客体限定于不动产之上。然而，我国《民法典》仍然沿袭了原《物权法》与原《担保法》的立法模式允许将标的物扩张到动产之上，这必然会对整个民法的适用产生相当的冲击和挑战，在理论和实务上引起广泛的争议。因此，动产抵押制度是否能够在我国真正扎根还需要进一步观察。

二、不得抵押的财产

依照《民法典》第399条的规定，下列财产由于不符合上述关于抵押财产的条件，因此不可以抵押。如果以这些财产进行抵押，由于违反了法律的强行性规范，从而导致设定抵押权的行为无效，而抵押权自然也不能成立。

1.土地所有权。在我国土地所有权系专属权，只能属于国家所有或者农村集体组织所有，而且土地所有权不能进行转让，故此土地所有权一律不得用作抵押。这就使得我国可抵押的财产范围大大减少，盖在比较法上，抵押财产主要系土地所有权。

2.宅基地、自留地、自留山等集体所有土地的使用权，但是法律规定可以抵押的除外。由于土地所有权不能由私人所有，也不得进行交易，从而在我国发展出了土地使用权制度（用益物权），允许土地使用权进行流通和交易。但是对于集体土地使用权，包括宅基地使用权和土地承包经营权，是否可以转让流通一直较为谨慎和纠结，已如前述。但是不可否认的事实是，随着经济体制和政治体制的改革集体土地使用权的转让也势在必行，否则即剥夺了集体土地进入市场的机会，从而难以发挥其应有的价值，难以实现物尽其用，从而限制乡村经济的发展与振兴。在《民法典》编纂过程中，党和国家开始探索集体土地市场化的实现路径。《农村土地承包法》和《民法典》给出的答案是“三权分置”，也即仍然不允许作为集体土地使用权的“土地承包经营权”和“宅基地使用权”直接进入市场进行流转，但是自“土地承包经营权”分离出来的“土地经营权”则可以进入市场进行流转。因此，对于不能自由转让的宅基地、自留地、自留山的使用权亦不允许作为抵押权的客体。但是依据《农村土地承包法》第47条的规定，土地承包经营权人可以用“土地经营权”进行融资担保，而土地经营权人在取得原承包人同意的情形下亦可用“土地经营权”进行融资担保。至于宅基地使用权，虽然党中央提出了“三权分置”改革的目标与方向，但是到目前为止尚未通过立法加以确立，从而宅基地仍然不能流转亦不能用作抵押。

3.学校、幼儿园、医疗机构、养老机构等以公益为目的成立的非营利法人的教育设施、医疗卫生设施和其他公益设施。对这一规定，理解时要注意如下两个方面：首先，我国的学校、幼儿园、医疗机构、养老机构等在性质上有两种，一种是由国家出资设立的，纯粹以公益事业为其目的，不具有任何营利性；另一类则是由民间投资设立的，虽然因其从事的事业具有一定的公益性，但是其仍然是以营利为目的的，其本质和其他企业没有什么差别。对于后一种学校、幼儿园、医疗机构、养老机构其无论用什么财产、为谁担保都属于意思自治的范围，法律没有必要也不能予以限制。对此，《担保制度解释》第6条第2款规定：“登记为营利法人的学校、幼儿园、医疗机构、养老机构等提供担保，当事人以其不具有担保资格为由主张担保合同无效的，人民法院不予支持。”因此，《民法典》第399条第3项之规定的适用范围仅限于国家投资设立的公益性事业单位。其次，作为非营利法人的学校、幼儿园、医院等仅不得用其教育、医疗卫生等公益设施设定担保，其余财产不在禁止之列。《担保制度解释》第6条第1款规定：“以公益为目的的非营利性学校、幼儿园、医疗机构、养老机构等提供担保的，人民法院应当认定担保合同无效，但是有下列情形之一的除外：（一）在购入或者以融资租赁方式承租教育设施、医疗卫生设施、养老服务设施和其他公益设施时，出卖人、出租人为担保价款或者租金实现而在该公益设施上保留所有权；（二）以教育设施、医疗卫生设施、养老服务设施和其他公益设施以外的不动产、动产或者财产权利设立担保物权。”

4.所有权、使用权不明或者有争议的财产。抵押人为债权人设定抵押权系行使其财产权的处分权，因此必须是对自己享有财产权的标的物进行抵押，而若当事人就其是否对特定之标的物享有财产权则当然不能用该财产设定相应之抵押权。于此情形，抵押人可以通过提起确认相应物权的诉讼，使自己的物权通过法院的判决得以确定，然后再用该项财产进行抵押。不过，若抵押人用权属不明的财产进行抵押的，事后被证明其并非真正的财产权人因而不享有处分权的，则其抵押权的设定行为构成无权处分，其效力待定。而若抵押权人系善意的符合善意取得的构成要件，则其得以善意取得抵押权自不待论。

5.依法被查封、扣押、监管的财产。财产被人民法院查封、扣押或者依照约定被特定机构监管之后即不得处分该项财产，设定抵押权的行为系处分行为，故亦构成无权处分。不过由于财产被查封、扣押、监管的并不一定最终被执行，其间被解压、解封的情形亦所在多有。此外，即便是被强制执行的财产除将其所有权或者用益物权直接转移给执行申请人外，若仅仅是将抵押财产予以拍卖从而清偿债务的，则其拍卖的价金很可能会超过申请执行人的债权，因而对于被查封、扣押、监管的财产被作为抵押财产设定抵押权的亦不得直接认定为无效。对此《担保制度解释》第37条第2款和第3款规定：“当事人以依法被查封或者扣押的财产抵押，抵押权人请求行使抵押权，经审查查封或者扣押措施已经解除的，人民法院应予支持。抵押人以抵押权设立时财产被查封或者扣押为由主张抵押合同无效的，人民法院不予支持。以依法被监管的财产抵押的，适用前款规定。”据此规定，对于已经查封、扣押或者被监管的财产予以抵押的，抵押权有效，唯其效力不得对抗查封、扣押、监管措施所欲保护的权利人。而若查封、扣押、监管措施被解除后，则抵押权人自得行使其抵押权，而若强制拍卖抵押物用以清偿债务的，仍然有余额的抵押权人对此余额应当享有优先受偿的权利。

6.违法的建筑物。《担保制度解释》第49条规定：“以违法的建筑物抵押的，抵押合同无效，但是一审法庭辩论终结前已经办理合法手续的除外。抵押合同无效的法律后果，依照本解释第十七条的有关规定处理。当事人以建设用地使用权依法设立抵押，抵押人以土地上存在违法的建筑物为由主张抵押合同无效的，人民法院不予支持。”

三、可抵押财产的主要财产类型

为了能够更加清晰地适用法律，我们依据《民法典》第395—399条的规定，将可抵押的财产或财产权总结如下。

1.建筑物和其他土地附着物。在我国土地与其上的建筑物、附着物是相互独立的物，而非如同德国那样将建筑物与附着物作为土地的组成部分从而与土地所有权同其命运。由于建筑物和附着物在我国是流通物，而且是作为独立的不动产以登记作为其法定公示方式，因此是可以作为抵押权的标的。但是依据我国《民法典》第397条的规定以建筑物抵押的，该建筑物占用范围内的建设用地使用权一并抵押，从而就抵押而言其在效果上与采纳房地合一原则的德国立法没有什么不同。

2.建设用地使用权。这里的建设用地使用权首先是指国有建设用地使用权，既包括以出让方式取得的建设用地使用权也包括以划拨方式取得的建设用地使用权。自2007年通过并生效的《物权法》就取消了《担保法》对于划拨土地使用权进行抵押的限制，这是由《物权法》在建设用地使用权部分相应地取消了以划拨方式取得的建设用地使用权在处分上的限制所决定的，《民法典》沿袭了原《物权法》的做法没有禁止以划拨方式取得的土地使用权的抵押。针对以划拨方式取得的国有建设用地使用权的抵押，《担保制度解释》第50条规定：“抵押人以划拨建设用地上的建筑物抵押，当事人以该建设用地使用权不能抵押或者未办理批准手续为由主张抵押合同无效或者不生效的，人民法院不予支持。抵押权依法实现时，拍卖、变卖建筑物所得的价款，应当优先用于补缴建设用地使用权出让金。当事人以划拨方式取得的建设用地使用权抵押，抵押人以未办理批准手续为由主张抵押合同无效或者不生效的，人民法院不予支持。已经依法办理抵押登记，抵押权人主张行使抵押权的，人民法院应予支持。抵押权依法实现时所得的价款，参照前款有关规定处理。”此外，依据2019年修正的《土地管理法》第63条的规定，集体建设用地使用权亦得以予以出让、转让、抵押。因此以出让方式取得的集体建设用地使用权也可以像国有建设用地使用权一样作为抵押财产。

3.海域使用权。原《物权法》并没有明确列举海域使用权可以作为抵押财产，《民法典》则明确将其作为一种可以抵押的财产。海域使用权在当前民事权利体系中系准物权的一种，是可以转让的权利，可以准用关于建设用地使用权的相关规定，以其设定抵押权亦可以准用建设用地使用权的抵押相关规定。

4.交通运输工具。这里的交通运输工具应当是指机动车辆、船舶以及各种航空器，不包括用畜力和人力牵引的车辆等。交通运输工具虽然是动产，但是在现代社会中对于交通运输已经建立起了完善的登记制度，完全可以通过登记的方式予以公示，同时这些交通运输工具又是典型的流通物，因此是可以作为抵押之标的物的。

5.建造中的建筑物、船舶、飞行器。依据传统物权法之“一物一权”原则（也称为标的物特定原则），作为物权的标的物必须是一个独立的物，非独立之物之上不能成立物权，两个标的物之上也不能成立一个物权。建造中的建筑物、船舶、飞行器等还不是一个独立的物，因此原则上是不能成为物权的。但是由于建造中的建筑物、船舶、飞行器等正常情形下都会成为独立的标的物，从而也就具有了相应的经济价值，而建造建筑物、船舶、飞行器等又耗资巨大，投资人往往在建造的过程中需要融资，我国法律为了扩大融资的渠道允许将建造中的建筑物、船舶、飞行器进行抵押来进行融资。但是，以建造中的建筑物、船舶、飞行器进行抵押必然会产生如下两个方面的问题：其一是如何进行公示，由于标的物还没有建成、还没有进行初始登记，抵押登记如何进行？其二是若标的物最终由于资金等方面的原因未能建成，如何保护抵押权人的权利？若建成后，抵押权的效力范围如何？是及于建成后的标的物之上还是仅仅及于在建工程和在建船舶、航空器当时的价值之上？对于第一方面的问题，国务院制定的《不动产登记暂行条例实施细则》第65条第1款第5项规定，对在建建筑物进行抵押的可以申请办理不动产抵押登记。唯在理论上而言，没有完成所有权登记，其他登记都缺乏相应之基础，盖他物权是建立在所有权的基础之上的。至于在建船舶、航空器的抵押登记，我国公安部公布的《中华人民共和国机动车登记办法》以及国务院制定的《中华人民共和国民用航空器权利登记条例》均未有规定，因此实践中亦很少发生以在建船舶和在建航空器进行抵押的案例。对于第二方面的问题，依据《担保制度解释》之规定，在建工程抵押权的权利范围仅及于抵押权设定时已经建成的部分，超出的部分不属于抵押权的范围，抵押权人不得就该部分进行优先受偿。对此，该解释第51条第2款规定："当事人以正在建造的建筑物抵押，抵押权的效力范围限于已办理抵押登记的部分。当事人按照担保合同的约定，主张抵押权的效力及于续建部分、新增建筑物以及规划中尚未建造的建筑物的，人民法院不予支持。"同样对于以建设用地使用权进行抵押的，对于抵押权设定后，再增加的建筑物部分，抵押权人亦不享有优先受偿的权利，对此该解释第51条第1款规定："当事人仅以建设用地使用权抵押，债权人主张抵押权的效力及于土地上已有的建筑物以及正在建造的建筑物已完成部分的，人民法院应予支持。债权人主张抵押权的效力及于正在建造的建筑物的续建部分以及新增建筑物的，人民法院不予支持。"

6.关于普通动产。《民法典》第395条第1款第4项明确规定"生产设备、原材料、半成品、产品"可以作为抵押财产，这些显然属于动产之行列，但是《民法典》却没有明确采取抽象概括式的手段规定其他动产亦可以抵押。因此在解释论上就产生了是否所有的动产均可以用作抵押的问题。对此，结合《民法典》的其他相关规定我们完全可以得出肯定的解释。首先，依据《民法典》第395条第1款第7项的规定只要法律、行政法规没有禁止抵押的财产均可以作为抵押权之客体；其次，《民法典》第403条、第404条的规定均适用于以"动产抵押"的情形，而不仅仅限制于生产设备、原材料、半成品、产品；最后，基于相同事情相同处理的原则，就连原材料、半成品都可以抵押，那么其他动产没有任何不许抵押的理由。可见我国《民法典》与其他国家的将抵押权的标的物限制在不动产之上有所不同，无论是不动产还是动产只要法律没有明确禁止抵押的均可作为抵押权的客体。动产抵押的标的物可以区分为两种，一种是特殊的动产，包括机动车辆、船舶和航空器等在内。对于这种特殊动产，在实践中已经发展出了完善的登记制度，其物权变动完全可以通过登记的方式予以实施，因而在世界各国在法律上几乎均将这些动产当作不动产予以对待，允许其进行抵押。另一种是普通的动产，即没有办法通过登记来进行公示的，其物权的变动只能通过移转占有的外部行为进行公示。因此大陆法系国家之民法典多数不允许将此类普通动产作为抵押权的标的物。然而我国自原《担保法》以降，基于鼓励社会各界进行融资扩大融资的渠道，所以参照英美法系的做法允许所有的动产都可以充任抵押财产。当然这些普通动产作为抵押财产，必然会引起公示不足、妨碍交易安全等一系列问题，需要学理和司法实践不断予以探索并加以解决。

7.关于集合财产抵押。一个物权只能以一个物为客体，在两个以上的物之上不能成立一个物权。因此若抵押人将其自己的多项财产为债权人设定抵押进行担保必须针对每一个标的物设立一个抵押权，进行一次登记。依照传统物权法的规定，不但设立抵押权的手续非常繁杂，而且设定了抵押权之后抵押人（通常为债务人）基本上不能处分标的物，从而也就无法进行正常的生产和流通，也就无法获得相应的投资回报以偿还债权人的债权，这样不但对债务人非常不利而且对债权人也是不利的。因此我国在某种程度上引进了英美法系上的浮动担保制度（floating charge），允许将一系列财产作为一个整体进行抵押，而且允许抵押人为了生产而进行转让标的物。

8.其他法律、行政法规不禁止抵押的财产。就抵押权而言，我国法律采纳的是法不禁止即自由的原则，除前述明确规定可以抵押的财产外只要没有被法律和行政法规所明确禁止抵押的财产，均可设定抵押权。

四、对我国《民法典》关于抵押财产范围的反思

我国原《担保法》第34条与第37条从正反两个方面规定了抵押权的客体，第34条规定哪些财产可以抵押，第37条规定哪些财产不得抵押。原《物权法》基本上照搬了这一规定，其相应的具体条文为第180条和第184条，而《民法典》第395条与第399条则又沿袭了原《物权法》的做法。这样的规定乍看起来非常明确，便于法院的适用。但是其所带来的问题是：当一个财产既没有被规定在可抵押的行列中也没有被规定在不可以抵押的行列中，法院及相应的确权机关将如何处理？当事人是否可以以此为标的物设定抵押权？换言之，当事人以此设定的抵押权是否有效？事实上，再详尽的列举也难以避免挂一漏万，出现两方面都没有规定的情形，而且这些情形随着社会的发展及科学的进步将会变得越来越严重。就不动产抵押权而言，我国的不动产权利体系正在走向完善化，将会有越来越多的新型不动产权利出现，这些新出现的不动产权利是否可以用作抵押，当事人以此设定抵押权是否有效可行，就成了一个现行法无法解决但却必须加以解决的问题。因此自立法技术的角度而言，在笔者看来我国《民法典》应当仅规定哪些财产不能进行抵押即为已足，因为除了这些不得抵押的财产以外，其他财产均是可以抵押的财产。

第三节 抵押权的设定

抵押权属于意定担保物权，其设定需要通过当事人的法律行为，因其涉及抵押人与抵押权人双方的利益，故须以合同的方式予以设定。此外由于抵押权之设定系物权变动，故有物权变动公示原则的适用，在不动产抵押权之设定该公示方式为登记自不待言。不过我国《民法典》除了不动产抵押之外还承认动产抵押，本来动产物权变动的公示方式系交付标的物，但是抵押权恰恰是不移转占有的担保物权，因此无法以交付标的物予以公示，故亦采取了“登记”的公示方式，这无异于打开了潘多拉的盒子，登记制度一时间可谓泛滥成灾，无论是否具有登记能力都要进行登记，而登记后的法律效力究竟如何却又相当混乱。下面我们从抵押合同与抵押登记两个环节具体展开论述。

一、抵押合同

抵押权作为意定担保物权，需要由抵押人和抵押权人通过合同的形式予以设定，设定抵押权的合同被称之为抵押合同。抵押合同的双方当事人是抵押人和抵押权人（债权人），若提供抵押担保的是债务人之外的第三人而非债务人本人的，则债务人本人不是抵押合同的当事人。若抵押合同系由抵押人和债务人签订的，则抵押权不能设立。在我国抵押合同属于《民法典》合同编所规定的合同，因此关于其订立方式、成立和生效等均适用《民法典》合同编及总则编的规定。凡是《民法典》总则编规定之导致法律行为（合同）无效、可撤销、效力未定之事由对于抵押合同均有适用之余地。下文仅就抵押合同之法律性质、抵押合同之条款或者说是内容、抵押合同之效果等《民法典》总则编与合同编未有规定的内容做一探讨与研究。

（一）抵押合同的性质

关于设定抵押权的合同的法律性质取决于不同的立法体例。关于变动物权之法律行为的性质到底为何，世界各国有不同的立法例。归纳起来，共计有四种立法例，分别为：债权意思主义、物权意思主义、债权形式主义（也称之为折中主义）和物权形式主义。[1]

（二）抵押合同的形式

依据《民法典》第400条的规定抵押合同是书面要式合同，当事人设定抵押权必须订立书面合同。这里需要说明的是，除抵押合同外，包括质押合同（第427条）和保证合同（第685条）在内的所有担保其他担保合同也都是书面要式合同。我国《民法典》之所以将担保合同作为法定书面要式合同，主要是考虑到担保人经常是合同当事人之外的第三人，此时担保人承担担保责任并不能获得相应的对价对其非常不利，从而需要其予以慎重考虑。

（三）抵押合同的条款

1.抵押合同的必要条款

我国《民法典》第400条第2款规定了组成抵押合同的一般条款。与《民法典》所规定的所有合同条款一样，该款所规定的并非均属于抵押合同的必要条款，而是包含了必要条款和通常条款。抵押合同的必要条款有如下三项。

（1）抵押合同的当事人，即抵押权人和抵押人。与其他合同一样，对抵押权人和抵押人的信息应当尽量详细，但至少应当通过其描述可以确定具体的当事人。

（2）被担保债权的种类和数额。由担保物权的从属性所决定，担保合同中必须明确被担保的债权的种类和数额等使被担保债权具体确定，否则没有具体明确的且合法有效的债权担保合同即归于无效，包括抵押权在内的担保物权自始不能发生。对于被担保之债权的描述必须达到清晰和明确的要求，即通过约定该条款即可以确定该抵押权所担保的具体债权为哪一个。尽管《民法典》第 400 条第 2 款第 1 项仅仅列举了债权的种类和数额，实际上仅此两项是无法使债权得以确定的，除此之外还必须要表明所担保的当事人（特别是债务人，盖债务人与抵押人可能不是一个人）、债权的发生原因等，若所担保的债权系合同之债，最好要写明合同签订的日期、合同的编号（如果有编号）、合同的类型、合同的具体标的物额等使合同得以确定的内容。

（3）抵押财产。对抵押财产的描述也应当达到特定化的程度，即当事人不会就抵押财产究竟是哪一个发生争议的程度。抵押财产的描述主要包括抵押财产的名称、数量、质量、状况、所在地、所有权归属或者使用权归属等。例如在房屋抵押合同中，对抵押房屋和土地的描述一般应当包括如下方面：房地产坐落、地

〔1〕 谢在全：《民法物权论》（上册），中国政法大学出版社 1999 年版，第 62—65 页。

号、土地面积、土地使用年限 、土地来源、土地出让（转让、划拨）合同号、房屋建筑面积、共有权份额、房屋所有权证号、房屋预售或买卖合同号等内容。

2.抵押合同的通常条款

（1）担保的债权的范围。包括抵押合同在内的一切担保合同最好要将担保的债权的具体范围予以约定，这样可以保证抵押人承担的责任限度。当然没有约定抵押担保的范围当事人事后又无法达成协议的，则可适用《民法典》第389条的规定确定抵押权所担保的范围。此时抵押权所担保的范围则要包括主债权及其利息、违约金、损害赔偿金、保管担保财产和实现抵押权的费用。

（2）债务人履行债务的期限。一般来说，当事人在主合同中均会有主债务的履行期限，若当事人没有在主合同中约定债务的履行期限或者所担保的债权不是合同之债而是其他债权，则当事人可以于抵押合同中约定主债务的履行期限。债务的履行期限不但对债务的履行和违约责任的确定具有重要的意义，而且还对诉讼时效的起算具有决定性作用。若当事人没有对债务的履行期限作出约定，则对可以适用《民法典》第510条和第511条的规定予以确定。

（3）实现抵押权的条件。双方当事人可以在抵押合同中约定实现抵押权的事由，这样使债权的保障更强，更有利于债权人的利益。如果没有这些约定，那么抵押权只能在债务到期后债务人不履行或者不能履行其债务时才可以实现。

（4）抵押登记时间。无论是针对登记生效的财产还是针对登记对抗的抵押财产，抵押登记对于抵押权人而言都至关重要，因此合同签订后何时进行抵押登记对于抵押权人来说利益攸关，所以抵押权人和抵押人在抵押合同中通常会约定抵押登记的时间或者说是期限。

（5）违约责任。抵押合同既然是合同的一种，就有可能出现违约的情形，所以当事人也可以在抵押合同中约定相应的违约责任。抵押合同违约的主要情形为：抵押合同签订后，抵押人不协助抵押权人办理相应的登记手续，此时虽然抵押合同有效但是抵押权没有成立，债权人对标的物则不具有优先受偿权；在不以登记为生效要件的动产抵押则抵押权虽然成立但是却不得对抗善意第三人。

3.关于流押条款

所谓流押条款系指担保人（在抵押担保中为抵押人）和债权人在担保合同中约定债务人到期不能清偿债务的，则担保物的所有权自动转归债权人所有权（当然若用所有权之外的其他权利如建设用地使用权担保的，则该项用于担保的其他权利），从而抵销债权人之债权。流押条款被多数国家的法律在一定程度上所禁止。《德国民法典》第1149条规定：“在债权到期之前，所有人不得给予债权人为了清偿债务而请求所有人让与土地所有权的权利，也不得给予债权人其他以强制执行之外的方法实现土地所有权转让的权利。”《日本民法典》第349条规定：“出质人，不得以设定行为或者债务清偿前的契约，使质权人取得作为清偿质物的所有权，或者使质权人以其他不依法律规定的方法处分质物。”《法国民法典》第2348条虽然规定，在担保权设定时（la gage）或者设定后，当事人均可以约定在债务到期未受清偿时标的物所有权归债权人所有。但是却进一步规定，标的物之价值只能于所有权转移之日经双方协议指定的或者法院指定的专业鉴定人加以鉴定，超过债权数额的应当返还给担保人，而不足的部分则债务人须继续清偿。我国台湾地区新修订的“民法”第873条之1基本上采纳了法国法的模式，规定：“约定于债权已届清偿期而未为清偿时，抵押物之所有权移属于抵押权人者，非经登记，不得对抗第三人。抵押权人请求抵押人为抵押物所有权之移转时，抵押物价值超过担保债权部分，应返还抵押人；不足清偿担保债权者，仍得请求债务人清偿。抵押人在抵押物所有权移转于抵押权人前，得清偿抵押权担保之债权，以消灭该抵押权。”

法律之所以禁止流押条款，主要是基于对债务人利益的保护，防止债权人过度压迫债务人一方以致失去公平性。其主要是基于以下两点考虑：（1）当事人订立担保合同时，债务人由于情势所迫基于获得相应之融资，债权人提出什么样的要求基本上都会答应，因此债权人往往会要求债务人用一个价值大于债权额的财产提供担保，并且提出上述流押条款。（2）债务人明明知道其抵押财产的价值大于所负担的债务仍然会予以同意，一方面是情势所迫，另一方面则可能是认为自己到期能够清偿债务，从而流质条款也不会真正发生其效力，因此也会较为轻率地同意该条款。基于对弱势群体的保护和充分尊重当事人的自由意思两项原则，法律否认流押条款的效力。

原《物权法》第186条规定：“抵押权人在债务履行期届满前，不得与抵押人约定债务人不履行到期债务时抵押财产归债权人所有。”依据该规定，抵押权人和抵押人既不能在抵押合同中订有流质条款，也不能在抵押合同订立后债权到期前这段时间内以“补充协议”等方式约定流质条款。如果当事人订有流质条款的则该条款无效，但是不影响抵押合同的其他内容的效力。在《民法典》编纂的过程中，关于该条款有不同的观点：一种观点仍然主张维持原来《物权法》的规定，不作任何修改；另一种观点则主张流押、流质条款根本就没有必要再保持，应当予以废止。最后，《民法典》一方面为了防止原《物权法》该条规定成为让与担保的障碍，另一方面仍然要防止债权人在订立担保合同时压迫债务人一方，故进行了相应的完善。《民法典》第401条规定：“抵押权人在债务履行期限届满前，与抵押人约定债务人不履行到期债务时抵押财产归债权人所有的，只能依法就抵押财产优先受偿。”依据该条规定，抵押权人与抵押人在抵押合同中或者于抵押合同外，另行约定债务人不履行到期债务抵押财产归债权人的，则该约定并不发生效力，债权人并不能据此取得抵押财产的所有权，而是仍然只能按照抵押权实现的程序行使抵押权，于此情形该规定与原《物权法》的规定没有什么根本性的变化。该条之所以不再采用原《物权法》的措辞“不得约定”，目的在于防止解释上认为该规定属于效力性强制性规定，从而若当事人有此约定则会被认为让与担保的约定违背了该规定是无效的，事实上在《九民纪要》颁布之前，司法实践中多基于让与担保违反了原《物权法》第186条的规定而无效，不承认让与担保的效力，《民法典》的这一修订目的在于为此清除不必要的障碍。

（四）抵押合同的生效与效力

抵押合同与买卖合同等其他以变动物权为目的的合同一样，根据《民法典》第215条以及第502条的规定从成立时生效，不登记的不影响其效力。抵押合同作为书面要式合同在双方当事人于书面合同上签字、盖章或者按指印后即成立，因而也同时生效。

那么抵押合同生效后，究竟发生什么样的效力呢？在采纳物权变动形式主义和折中主义之立法例下，抵押合同均作为债权行为，只能在当事人之间引起债权和债务关系的发生，而不能引起抵押权等物权的设定，在债权意思主义的立法例上抵押合同则直接产生抵押权设定的法律效果，没有进行公示的则仅仅是不得对抗第三人。就抵押权的设定而言，我国《民法典》就不动产抵押采取了折中主义，而就动产抵押则采纳了债权意思主义。故抵押合同生效后所产生的法律效果因标的物不同而有所不同。

1.不动产抵押合同。立法于原则上采纳了折中主义的立法例，因此抵押合同原则上仅在抵押人和抵押权人之间产生了债权债务关系。这项债权债务的内容是，抵押权人得以请求抵押人为其办理抵押登记等时抵押权得以成立的行为。若抵押合同签订后，抵押人不按照抵押合同的约定配合抵押权人完成抵押登记等抵押权设立的相关行为，则构成违约行为。抵押权人自然得依据《民法典》第577条与第580条之规定请求抵押人实际履行或者说继续履行，也即请求协助办理抵押登记手续，如果抵押人经请求仍然拒绝，抵押权人可以向法院起诉，通过取得法院之确定判决而代替其登记同意，从而到登记机关办理抵押登记。

此外，因抵押人不履行抵押登记等义务给债权人（抵押权人）造成损失的，则应当承担损害赔偿的义务。对此《担保制度解释》第46条规定：“不动产抵押合同生效后未办理抵押登记手续，债权人请求抵押人办理抵押登记手续的，人民法院应予支持。抵押财产因不可归责于抵押人自身的原因灭失或者被征收等导致不能办理抵押登记，债权人请求抵押人在约定的担保范围内承担责任的，人民法院不予支持；但是抵押人已经获得保险金、赔偿金或者补偿金等，债权人请求抵押人在其所获金额范围内承担赔偿责任的，人民法院依法予以支持。因抵押人转让抵押财产或者其他可归责于抵押人自身的原因导致不能办理抵押登记，债权人请求抵押人在约定的担保范围内承担责任的，人民法院依法予以支持，但是不得超过抵押权能够设立时抵押人应当承担的责任范围。”可见，最高人民法院针对抵押合同的违约责任上采取了过错责任原则，抵押人没有履行登记义务不可归责于抵押人的则抵押人不承担赔偿责任。

2.动产抵押合同。就动产抵押合同而言，抵押合同生效时抵押权即设定，不经登记只是该抵押权不得对抗善意第三人。若双方当事人在抵押合同中约定办理抵押登记的，那么抵押人依据抵押合同的约定仍然负有抵押登记的义务。因此在笔者看来，前述关于不动产抵押合同的司法解释对于动产抵押合同约定了抵押登记的情形亦得适用。债权人仍然得请求其履行登记的义务；因抵押人没有履行登记义务，导致抵押权人受有损失的依然得以请求抵押人承担损害赔偿责任。

二、抵押登记

（一）不动产抵押权的抵押登记

依据《民法典》第402条的规定，凡是以不动产或者不动产物权作为标的物的抵押权，登记系该项抵押权的生效要件。也就是说，当事人仅仅签订了抵押合同而没有进行抵押登记的，抵押权人只是取得了请求抵押人为其办理抵押登记从而设定抵押权的请求权（债权），但尚未对抵押物取得抵押权这一物权。如果此时债务人陷入破产不能清偿其对债权人的债务，则债权人不具有优先受偿的权利。

依据《民法典》第395条和第402条的规定，在目前我国可以抵押并且以登记为其生效要件的不动产与不动产权利包括如下四种：（1）建筑物和其他土地附着物；（2）建设用地使用权；（3）海域使用权；（4）在建工程。与原《物权法》相比较，《民法典》第395条将原《物权法》第180条第1款第3项所规定的“以招标、拍卖、公开协商等方式取得的荒地等土地承包经营权”予以删除，而《农村土地承包法》第47条规定，土地承包经营权人可以用其土地经营权、土地经营权人经土地承包经营权人同意亦可以用土地经营权进行融资担保设定抵押权，而同条第2款将登记作为抵押权的对抗要件而非如原《物权法》那样作为生效要件予以对待。这一修改是与土地经营权之转让保持一致，既然土地经营权之转让登记只是作为其对抗要件，那么举重以明轻，抵押权之设定绝无必要再将登记作为其生效要件。

（二）动产抵押登记

《民法典》第403条规定：“以动产抵押的，抵押权自抵押合同生效时设立；未经登记，不得对抗善意第三人。”依据该条规定，凡是以动产进行抵押的，无论是以机动车、船舶、航空器等特殊动产进行抵押还是以普通动产进行抵押，无论是以动产设定普通抵押权还是以动产进行浮动抵押或最高额抵押等特殊抵押，登记均系其对抗要件，而非生效要件。也就是说，就动产抵押权而言，抵押合同生效后抵押权即成立，未登记时只是不能对抗善意第三人。

所谓不能对抗善意第三人，应当系指该抵押权人对于善意的第三人不能主张其抵押权。就善意的理解与其他善意理解相同，本书在其他部分已有详细之论述在此不再赘述。有问题的仍然是第三人的范围究竟何在？对此学说上存在广泛的争议，迄今尚未形成有力之通说。有鉴于此，《担保制度解释》第54条专门进行了较为详细的规定：“……（一）抵押人转让抵押财产，受让人占有抵押财产后，抵押权人向受让人请求行使抵押权的，人民法院不予支持，但是抵押权人能够举证证明受让人知道或者应当知道已经订立抵押合同的除外；（二）抵押人将抵押财产出租给他人并移转占有，抵押权人行使抵押权的，租赁关系不受影响，但是抵押权人能够举证证明承租人知道或者应当知道已经订立抵押合同的除外；（三）抵押人的其他债权人向人民法院申请保全或者执行抵押财产，人民法院已经作出财产保全裁定或者采取执行措施，抵押权人主张对抵押财产优先受偿的，人民法院不予支持；（四）抵押人破产，抵押权人主张对抵押财产优先受偿的，人民法院不予支持。”由此可见，最高人民法院的态度是，未经登记之动产抵押权连普通债权都不能对抗，盖前述第三、四两种情形实则系针对普通债权而言，而且在这两种情形下，并没有规定“抵押权人能够证明债权人恶意”而赋予抵押权以对抗的效力。此种解释倒也与《民法典》第414条、第415条所规定的担保物权优先顺序，以及第406条所规定的正常经营人规则所体现的精神相符合。唯其与第403条的文义本身相违背，从而该解释是否与整个法典的精神相符合还是值得进一步思考的。[1]

（三）抵押登记的绝对效力

《民法典》第216条第1款规定："不动产登记簿是物权归属和内容的根据。"依据该条规定，就不动产抵押权而言，抵押登记不但是抵押权设定的生效要件，而且具有绝对效力。所谓抵押登记具有绝对效力应当包含两个方面的含义：首先，就抵押合同没有约定的内容，若抵押登记登记了此内容则该登记之内容当然作为抵押权的内容，当事人不得再以合同没有约定而引用法律的任意性规范。其次，若抵押登记的内容与抵押合同约定的内容不一致的则亦应当以登记部记载的事项为准，这一条规定不但对于一般第三人有效，而且对于抵押合同的双方当事人也是适用的。例如，抵押合同约定的担保范围包括主债权、利息、违约金，但是抵押登记记载的担保范围仅为主债权，那么抵押权人在实现抵押权时只能就其主债权主张优先受偿，而不能就利息和违约金进行优先受偿。对此《担保制度解释》第47条规定："不动产登记簿就抵押财产、被担保的债权范围等所作的记载与抵押合同约定不一致的，人民法院应当根据登记簿的记载确定抵押财产、被担保的债权范围等事项。"

（四）抵押权预告登记

对于不动产抵押权而言，当事人签了抵押合同之后可能基于某些原因不能办理抵押登记，也可能基于某种考虑暂时不愿意办理抵押登记，此时为了防止抵押人处分抵押物而保障其抵押权，债权人可以与抵押人达成协议，依据《民法典》第221条的规定办理抵押权的预告登记。在我国当下司法实践中，抵押权办理预告登记的情形主要集中在商品房预售时买受人用购买的期房来抵押向银行贷款的情形。由于所购买的是期房，房屋尚未建成买受人尚未取得所有权，故不能办理正式抵押登记，银行为了担保其债权的需要，往往要求买受人与其就所购买的期房签订抵押合同并办理预告登记，待房屋建成并验收合格后，开发商自己办理完首次所有权登记后为买受人办理过户登记手续后，买受人再为银行办理正式的抵押登记。依据《民法典》第221条的规定，在抵押人与债权人办理了预告登记之后，抵押人即不得再处分抵押物，否则不发生物权效力。

---

〔1〕 详细论述参见席志国：《民法典编纂视野下的动产担保物权效力优先体系再构建——兼评〈民法典分编（草案）二审稿〉第205—207条》，载《东方法学》2019年第5期。

但是预告登记并不等于正式登记，从而本身尚未产生物权变动的效力，债权人并不能取得就标的物优先受偿的权利。不过，我国最高人民法院在其司法解释中，强化了预告登记的效力，在特定情形下承认完成了预告登记的债权人具有抵押权的效力，可以优先受偿。《担保制度解释》第52条第1款规定："当事人办理抵押预告登记后，预告登记权利人请求就抵押财产优先受偿，经审查存在尚未办理建筑物所有权首次登记、预告登记的财产与办理建筑物所有权首次登记时的财产不一致、抵押预告登记已经失效等情形，导致不具备办理抵押登记条件的，人民法院不予支持；经审查已经办理建筑物所有权首次登记，且不存在预告登记失效等情形的，人民法院应予支持，并应当认定抵押权自预告登记之日起设立。"依据该规定，只要办理了预告登记，且开发商完成了首次登记的，预告登记就自动转化为正式登记，债权人自动取得了抵押权从而得以优先受偿。在笔者看来最高人民法院该解释实际上超越了《民法典》第221条赋予预告登记的效力，其解释是否恰当颇具疑问。《担保制度解释》第52条第2款规定了抵押人破产时预告登记的权利完善效力，该款规定："当事人办理了抵押预告登记，抵押人破产，经审查抵押财产属于破产财产，预告登记权利人主张就抵押财产优先受偿的，人民法院应当在受理破产申请时抵押财产的价值范围内予以支持，但是在人民法院受理破产申请前一年内，债务人对没有财产担保的债务设立抵押预告登记的除外。"

第四节 抵押权的效力

一、抵押权对标的物的效力

所谓抵押权对标的物的效力，就是指抵押权究竟对哪些财产具有约束力。换言之，在债务人不能履行到期债务时，抵押权人可以处分哪些财产从而就其价金优先于没有担保的债权人受偿。

（一）对从物的效力

《民法典》对于"抵押权对从物的法律效力"这一问题并无规定，仅于第320条规定主物所有权转让的从物所有权亦随同转让，自解释论而言，该规定当可类推适用于其他处分行为。《担保制度解释》正是基于这一方法论的立场，于第40条第1款规定："从物产生于抵押权依法设立前，抵押权人主张抵押权的效力及于从物的，人民法院应予支持，但是当事人另有约定的除外。”但是若从物是主物抵押之后才成为主物之从物的，那么该从物不属于抵押财产债权人不能优先受偿。对此《担保制度解释》第40条第2款则规定：“从物产生于抵押权依法设立后，抵押权人主张抵押权的效力及于从物的，人民法院不予支持，但是在抵押权实现时可以一并处分。”于此情形下一并处分之从物所获得之价款抵押权人不具有优先受偿的权利。

（二）对孳息的效力

关于抵押权对于孳息的法律效力，《民法典》第412条规定：“债务人不履行到期债务或者发生当事人约定的实现抵押权的情形，致使抵押财产被人民法院依法扣押的，自扣押之日起，抵押权人有权收取该抵押财产的天然孳息或者法定孳息，但是抵押权人未通知应当清偿法定孳息义务人的除外。前款规定的孳息应当先充抵收取孳息的费用。”

由于抵押人在设立抵押权之后对于标的物仍然有占有、使用、收益的权利，因此原则上抵押人有权收取标的物的孳息，而抵押权人却没有权利收取抵押物的孳息，无论是天然孳息还是法定孳息均不例外。但是若债务到期以后债务人没有履行债务，此时债权人可以就标的物进行变价而优先受偿，此时所抵押物所产生的孳息应当属于债权人优先受偿的范围之列。因此，依据我国《民法典》第412条规定如下。

1.在人民法院依照债权人的申请扣押抵押物之前，抵押人有权收取孳息且债权人对此孳息不具有优先受偿的权利。之所以如此规定是由于抵押权人作为价值权人，仅支配标的物的交换价值，自己对于标的物没有用益的权利，收取孳息属于用益的范畴，该权利在正常的情形下仍然应当属于抵押人享有。这也是抵押权的优势之所在，即抵押人在将标的物用作担保后仍然保有对标的物进行使用和收益的权利。

2.在人民法院根据抵押权的申请而对抵押物依法扣押之后，无论是法定孳息还是天然孳息都由抵押权人收取。唯抵押权人收取孳息并非直接取得孳息的所有权，而是将该收取的孳息抵充其债权，具体抵充的顺序为：收取孳息的费用、利息、主债权。若收取孳息超过了债权人的债权的则应当返还给抵押人。对于法定孳息，从抵押权人或者人民法院通知法定孳息清偿义务人之后，该清偿义务人即应向抵押权人履行清偿义务，若清偿义务人向抵押人履行清偿义务的不发生清偿的法律效果，从而必须再次向抵押权人进行清偿。抵押权人没有通知清偿义务人的，若清偿义务人向抵押人进行了清偿则发生清偿的效果，抵押权人不得再向清偿义务人请求清偿。

例1：甲某对乙某负有100万元的债务，清偿期限为2020年1月31日之前。甲某用其自有住房A为乙某提供了抵押担保，双方办理了抵押登记。后甲某将A房屋出租给丙某使用，丙某每月须支付3000元的租金。那么丙某应当向谁支付租金呢？租金作为A房屋的法定孳息，在正常的情形下，甲某有权收取租金，债权人乙某没有权利收取租金。

例2：在上述案例的情形下，2020年1月31日后甲某没有向乙某履行债务，经过乙某催告甲某仍然没有履行。乙某于2020年2月25日向法院提起诉讼，要求法院拍卖A房屋，并就其价金优先受偿，现人民法院已经受理并将A房屋予以司法扣押。乙某即可通知丙某按月向其交付租金。若丙某没有向乙某支付租金而仍然向甲某支付，则乙某可以诉请丙某再次向乙某支付从通知到达丙某之后所产生的全部租金。

（三）对于添附的法律效力

抵押物在抵押后与其他物发生附合、混合或者被人加工而成为一个新的物时，抵押权的效力如何？这是一个物权法律制度所必须解决的问题。但是原《物权法》并没有针对添附作一般性规定，此次《民法典》编纂则添补了这一漏洞，于第322条明确规定了添附制度，但该条规定过于原则，因此必须通过法律解释的方法以进一步予以具体化。就抵押物发生添附之后，抵押权的效力而言，《担保制度解释》第41条延续了原《担保法解释》第62条的规定，在笔者看来该解释不但符合《民法典》第322条规定的精神而且也完全符合法理，非但对于解决标的物发生添附后抵押权的效力问题可以适用，而且还应当进行扩大该解释用以解决包括所有权在内的所有添附的问题。因为只有将添附法律制度整体嵌入《民法典》中用以确定标的物发生添附后所有权的归属，抵押权制度中添附物的处理机制才具有法律基础。

添附的情形共有三种，分别为附合、混合与加工。这三种情形发生以后，其所有权归属共分为两种情形：第一种是标的物之所有权归价值大的一方，该当事人对于失去所有权的另一方当事人予以补偿；第二种是双方当事人共有标的物从而形成按份共有，双方的共有份额均为二分之一。依据《担保制度解释》第41条规定，抵押物发生添附之后，应当作如下处理。

1.一方当事人取得标的物之所有权的情形

（1）抵押物所有权人取得附合物、混合物或者加工物的所有权的，则该项抵押权的效力自动扩及于附合物、混合物或者加工物，但是抵押权人对于该抵押物因添附而增加的价值部分不具有优先受偿的权利。而抵押人对丧失所有权的附合物、混合物的所有人或者加工人所负有的补偿义务（其本质为不当得利）作为一般债权债务。

（2）因附合、混合或者加工使抵押物的所有权被抵押人之外的第三人所取得的，依据抵押权的物上代位性，则该抵押权的效力及于补偿金。

2.双方当事人共有标的物的情形

第三人与抵押物所有人为附合物、混合物或者加工物的共有人的，抵押权的效力及于抵押人对共有物享有的份额。

例1：甲与乙银行签订借款合同，甲向乙银行借款100万元并且将其新购买的一套未装修的住房A抵押给了乙银行并办理了抵押登记。后丙某聘请丁装修公司装修其在同一个小区购买的住房B，结果丁装修公司将甲的A住房误以为是丙某的B住房予以装修。此种情形下甲当然取得装修后的房屋A的所有权，那么抵押权人乙银行也就直接取得对装修后的房屋的抵押权，到期甲不能清偿借款，则可以申请人民法院将该经过装修后的房屋予以拍卖。但是若其拍卖该房屋的价金总额为95万元，其中若因装修而增加了5万元，换言之，若该房屋未被装修时只能拍卖90万元，那么乙银行只对拍卖房屋所得的价金中的90万元享有优先受偿的权利，另外5万元乙银行并不享有优先受偿的权利，而仅能作为甲一般债权的责任财产。

例2：甲某与乙某签订借款合同，向乙某借款5万元并将其所有的一块价值5万元左右的奇石抵押给乙某。后甲某将奇石租给艺术家丙某供其举办个人展览会。艺术家丙某将该奇石进行了艺术加工处理，使该奇石的价值大增，现市价约为50万元。此种情形下，丙某取得了该加工后的奇石的所有权但是应当补偿甲某5万元，而乙某则就该5万元的补偿金具有优先受偿权。

笔者认为，《担保制度解释》第41条关于抵押权对于添附物的规定，应当准用于质权和留置权之标的物发生了附合、混合以及加工等添附的情形，盖这样的处理方式是添附制度在整个担保物权领域的逻辑结果，实在找不出抵押权、质权和留置权在这一领域中应当予以区别对待的任何理由。

（四）土地使用权和建筑物抵押的相互作用

1.单独抵押土地使用权或者建筑物的情形

尽管我国法律没有像德国法那样规定地上建筑物及其他附着物属于土地的组成部分，因而与土地的权利不可分割，但是我国法律在交易上不允许将建设用地使用权和房屋等建筑物所有权再分开进行交易，换言之，建设用地使用权和其地上建筑物所有权必须同时交易。抵押权的设定作为交易的一种，也须遵循该规则。《民法典》第397条规定：“以建筑物抵押的，该建筑物占用范围内的建设用地使用权一并抵押。以建设用地使用权抵押的，该土地上的建筑物一并抵押。抵押人未依据前款规定一并抵押的，未抵押的财产视为一并抵押。”基于该规定，抵押登记时，登记机关即应当将建筑物和其所占用的土地之建设用地使用权一并登记为抵押权的客体。即便登记机关仅将建设用地使用权或者仅将地上建筑物登记为抵押物，抵押权的效力仍然基于地上建筑物及相应之建设用地使用权。于债务人不能清偿其到期债务时，抵押权人得将建设用地使用权和建筑物一并拍卖并就其价金一并优先受偿。

例1：甲房地产开发公司取得了A建设用地使用权，在该土地上开发了一栋大厦B用作自己公司的办公楼。甲房地产开发公司由于开发其他项目的需要向乙银行贷款5000万元，年利息500万元，为了担保该项债权，甲乙双方签订了抵押合同，约定用A土地之建设用地使用权进行抵押，没有约定用B建筑物进行抵押，双方办理了抵押登记，登记簿上记载的抵押财产只有A建设用地使用权。后甲房地产开发公司不能如期归还贷款，乙银行申请人民法院拍卖抵押物。则法院可以将A土地之建设用地使用权与大厦B一并拍卖，拍卖的价金共6000万元（其中土地使用权作价4000万元，大厦作价2000万元）。则乙银行可以就全部拍卖价金优先受偿，而不仅仅是就土地使用权拍卖之价金部分受偿。

例2：甲房地产开发公司取得了A建设用地使用权，在该土地上开发了一栋大厦B用作自己公司的办公楼。甲房地产开发公司由于开发其他项目的需要向乙银行贷款5000万元，年利息500万元，为了担保该项债权，甲乙双方签订了抵押合同，约定用A土地之建设用地使用权进行抵押，没有约定用B建筑物进行抵押，双方办理了抵押登记，登记簿上记载的抵押财产只有A建设用地使用权。后来甲房地产开发公司又向丙银行贷款5000万元，约定用其办公大厦B进行抵押，双方签订了抵押合同并且办理了抵押登记，登记簿记载的抵押财产只有B大厦而未涉及A土地之建设用地使用权。现在，甲房地产开发公司不能清偿所有的到期债务，乙银行和丙银行诉请法院拍卖抵押财产并就价金优先受偿。法院将A土地之建设用地使用权与大厦B一并拍卖，拍卖的价金共6000万元（其中土地使用权作价4000万元，大厦作价2000万元）。此时乙银行与丙银行就如何受偿发生争议。此种情形，就拍卖A建设用地使用权和B大厦的总价金6000万元由乙银行先受偿5500万元（本金和利息），丙银行只能就剩余的500万元优先于其他无担保之债权人受偿。

2.抵押权设定后新增地上建筑物的情形

上述第一种情形所处理的问题是抵押权设定时，抵押之土地上已经有了建筑物。若抵押建筑用地使用权时，该土地上尚未有建筑物建成，则其规定又有所不同。《民法典》第417条规定："建设用地使用权抵押后，该土地上新增的建筑物不属于抵押财产。该建设用地使用权实现抵押权时，应当将该土地上新增的建筑物与建设用地使用权一并处分。但是，新增建筑物所得的价款，抵押权人无权优先受偿。"该条规定将建设用地使用权抵押后在该土地上新增的建筑物排除出抵押权的效力范围。但是由于我国《民法典》在土地流转上采取了房地合一原则，因此在抵押权实现时应当将该新增的建筑物一并拍卖，但是该建筑物拍卖所得的价金不属于抵押权人优先受偿的范围，而是属于债务人的责任财产由其他债权人按比例受偿，当然此时抵押权人的债权若没有全部由该建设土地使用权转让，所得价金受偿的余额就该建筑物的价金部分可以与其他无担保债权人按比例受偿。

在采房地一体转让原则的我国，《民法典》该条规定属于最佳选择。但是本条规定有一项法律漏洞，即只规定了建设用地使用权在拍卖时可以将建筑物一并拍卖，那么若不是采取拍卖的方式而是采取变卖的方式出售该建设土地使用权的应当如何处理呢？依笔者之见应当将该条作扩张解释，使其将变卖折价等其他方式均包括在内。

二、抵押人的权利

（一）占有、使用抵押物的权利

由于抵押权是不移转标的物之占有的担保物权，所以抵押人在将标的物抵押后仍然占有标的物从而依然对标的物享有占有的权利。抵押权之所以不移转标的物的占有，目的在于使抵押人在抵押期间能够对标的物进行用益的同时能够获得融资从而物尽其用。因此，抵押人对于标的物仍然有使用的权利。对此虽然《民法典》没有规定，但是依据物权法的基本原理完全可以从我国《民法典》的相关规定中自然而然地推断出来。

（二）对抵押财产进行收益的权利

在抵押期间抵押人不但可以占有标的物、使用标的物，而且可以对其进行收益。所谓收益就是收取标的物之孳息，包括收取其天然孳息和法定孳息，对此前文已经有详细之论述。

（三）抵押人处分抵押物的权利

1.抵押人转让抵押物的权利

抵押人在抵押期间作为标的物的所有人可以自由转让抵押物，这是物权法的基本原理所决定的，盖此种情形下基于抵押权作为物权的绝对性、排他性所产生的追及效力，抵押物的转让并不影响抵押权。但是我国学理和立法上长期以来担心抵押人转让抵押财产会损害抵押权人的利益，故原则上禁止抵押人转让抵押财产。我国原《担保法》第49条规定："抵押期间，抵押人转让已办理登记的抵押物的，应当通知抵押权人并告知受让人转让物已经抵押的情况；抵押人未通知抵押权人或者未告知受让人的，转让行为无效。转让抵押物的价款明显低于其价值的，抵押权人可以要求抵押人提供相应的担保；抵押人不提供的，不得转让抵押物。抵押人转让抵押物所得的价款，应当向抵押权人提前清偿所担保的债权或者向与抵押权人约定的第三人提存。超过债权数额的部分，归抵押人所有，不足部分由债务人清偿。"我国原《担保法》该条规定看似允许抵押人转让抵押财产，但是由于其要求将转让的价款用来提前清偿债务或者提存，那么抵押人转让抵押财产就没有了意义和价值，从而在事实层面阻碍了抵押人转让抵押财产，盖抵押人之所以转让抵押财产的目的往往在于获得对价来解决自己当前资金短缺等问题，而若其转让的价金被用来提前清偿担保的尚未到期的债权则其反而不如不转让该财产。笔者早在《物权法》制定的过程中，就建议《物权法》应当"允许抵押人于抵押权设定后，自由转让抵押物而不再规定现有《担保法》第49条的限制，并且明确规定抵押权的追及效力从而有力地保证抵押权人的利益。当然对于动产抵押的标的物的转让另当别论"。[1]遗憾的是《物权法》并未采纳这一观点，相反对于抵押人转让抵押财产的限制更加严格了，我国原《物权法》第191条规定："抵押期间，抵押人经抵押权人同意转让抵押财产的，应当将转让所得的价款向抵押权人提前清偿债务或者提存。转让的价款超过债权数额的部分归抵押人所有，不足部分由债务人清偿。抵押期间，抵押人未经抵押权人同意，不得转让抵押财产，但受让人代为清偿债务消灭抵押权的除外。"对此规定，笔者在《物权法》公布后即撰文加以评论，指出其非妥当性，认为："抵押权属于物权，具有追及力，不论抵押物流转于何人之手抵押权人均可追及至标的物之所在而行使抵押权，因此

〔1〕 席志国：《这份土地抵押合同有效吗？——兼谈完善土地抵押权的法律制度》，载《中国土地》2004年第5期。

买受人不得以自己系抵押物的所有人而对抗抵押权人。这样不论抵押人是否告知抵押权人、是否获得足额价金以及是否用所获得价金提前清偿债权都不会影响抵押权人的权利；另一方面，该种限制实际上等于禁止抵押人转让抵押物，众所周知，抵押人之所以出卖抵押物往往是想获得相当于其价格的现金加以利用以满足资金的需求，但若依《担保法》和《物权法》的规定，卖的价金应当提前清偿所担保的债权或者提存，抵押人实际上是无法获得此资金的，这样抵押人就不会出卖抵押物了。由此可见，无论是抵押权人还是第三买受人均不会因抵押人处分抵押物而受有任何之损害，因此我国现行法律对于抵押人处分权的限制就失去了存在的合理性，只是不必要地限制了权利人的权利而有害于意思自治，故世界各国之民法典均无类似我国《物权法》这样的限制。至于抵押财产转让给受让人之后，抵押权人若行使了抵押权，则受让人是否受损失的问题，则也无须担心。因为既然抵押权已经通过登记等方式予以公示了，受让人在签订买卖合同之前可以通过查询登记等获知财产的抵押状况，若受让人在充分了解相关权利状况后仍然作出选择购买该项财产，那么其一定会在价金等方面作出有利于自己的规定，从而已经将风险予以分配了。”[1]

《民法典》编纂的过程中在学者和实践的推动下，正式承认了抵押权的追及效力和抵押人转让抵押财产的权利。《民法典》第406条规定：“抵押期间，抵押人可以转让抵押财产。当事人另有约定的，按照其约定。抵押财产转让的，抵押权不受影响。抵押人转让抵押财产的，应当及时通知抵押权人。抵押权人能够证明抵押财产转让可能损害抵押权的，可以请求抵押人将转让所得的价款向抵押权人提前清偿债务或者提存。转让的价款超过债权数额的部分归抵押人所有，不足部分由债务人清偿。”依据《民法典》该规定，以及抵押权与物权法的基本原理，我们可以得出如下几点结论。

（1）抵押人有权转让抵押财产，抵押人转让抵押财产的行为有效从而受让人得以取得抵押财产的合法权利。受让人究竟取得的系何种权利，则取决于抵押人所转让的抵押财产系何种财产权。如抵押的是房屋，那么抵押人转让抵押房屋的，则受让人即为买受人，其取得房屋之所有权；若抵押的客体是建设用地使用权，则抵押人转让建设用地使用权的，受让人取得的自然是建设用地使用权；若抵押的系海域使用权，那么抵押人转让海域使用权的，受让人取得的即为海域使用权等。

〔1〕 席志国：《〈物权法〉上担保物权制度评析》，载《国家检察官学院学报》2007年第3期。

（2）抵押权人的抵押权不受影响。作为物权的抵押权具有追及效力，因此抵押财产的转让不影响抵押权的存续。也即在债务人到期不能履行债务时或者发生了抵押合同约定的实现抵押权的条件成就时，抵押权人仍然得以就该转让了的抵押财产实现其抵押权，新的受让人不得以其取得抵押财产的所有权而对抗抵押权人。

（3）特殊情形下抵押权人得请求抵押人以转让抵押财产所获得的价款提前清偿债务或者予以提存。与原《物权法》和《担保法》的规定有所不同，《民法典》第406条仅在债权人证明抵押人转让抵押财产可能损害抵押权的情形下，才能够请求抵押人将转让抵押财产的价款提前清偿其债务或者予以提存，此时若转让的价款超过债权数额的部分归抵押人所有，不足部分则仍然由债务人清偿。具体是用该价金提前清偿抵押权所担保的债权还是提存取决于抵押人和抵押权人的约定，若抵押人和抵押权人约定用该转让的价金提前清偿应当就期限利益的扣除作出约定。不过此种情形下仍然有以下问题需要予以澄清：首先，若抵押人和债务人系同一人，则用转让的价金或者提前清偿债务或者提存固然没有什么大的问题，但是若抵押人和债务人非属于同一个人，该作如何处理？是否也应当将转让的价金提前清偿债务或者提存呢？笔者认为，此时只能是将该价金用于提存，而不能提前清偿债务，因为抵押人毕竟不是主债务人，抵押权实现的前提条件是主债务人不能清偿到期债务，在主债务没有到期之前，抵押人没有代替清偿的义务。然而，基于意思自治原则，若抵押人愿意为主债务人清偿债务自然应当允许。其次，若抵押人转让抵押物没有通知抵押权人，受让人已经支付了全部价金，但是抵押人既没有用该价金提前清偿其到期债务也没有提存，抵押权人可以寻求何种救济呢？于此情形下，抵押权人诉请债务人一方提前清偿其债务应该没有问题，其请求权基础就是《民法典》第406条第2款之规定。但是若债务人一方已经陷入履行不能，没有可供执行的财产，抵押权人是否仍然可以就已转让之抵押财产进行处分并就价金优先受偿呢？笔者认为，这是不可以的，盖转让抵押物的价金本身并非担保物权的标的物，且不属于标的物的代位物，因此债权人对其没有优先受偿的权利。当然抵押权人对于已经转让的抵押物仍然得以行使其抵押权，盖抵押权只要债务人没有履行债务就一直予以存续。该规定是我国《民法典》的特殊规定，其主要适用场景应当是在动产抵押的情形下，盖若作为抵押物的动产被转让后，抵押权人甚至很难找到抵押财产，因此虽然抵押权在理论上不受影响仍然存续在该转让的动产之上，但是实践中抵押权人很难再行使其抵押权。

（4）抵押人通知抵押权人的义务。《民法典》赋予了抵押人转让抵押财产时通知抵押权人的义务，主要是基于抵押财产的转让可能会损害抵押权人的权利，特别是在动产抵押的情形已如前述时，故赋予抵押人以通知的义务。抵押人若未履行该通知义务其法律效果如何？则尚待解释上进一步的厘清。

（5）《民法典》该规定属于任意性规定，当事人可以通过约定排除抵押财产的转让。对于当事人约定的效力，《担保制度解释》第43条规定："当事人约定禁止或者限制转让抵押财产但是未将约定登记，抵押人违反约定转让抵押财产，抵押权人请求确认转让合同无效的，人民法院不予支持；抵押财产已经交付或者登记，抵押权人请求确认转让不发生物权效力的，人民法院不予支持，但是抵押权人有证据证明受让人知道的除外；抵押权人请求抵押人承担违约责任的，人民法院依法予以支持。当事人约定禁止或者限制转让抵押财产且已经将约定登记，抵押人违反约定转让抵押财产，抵押权人请求确认转让合同无效的，人民法院不予支持；抵押财产已经交付或者登记，抵押权人主张转让不发生物权效力的，人民法院应予支持，但是因受让人代替债务人清偿债务导致抵押权消灭的除外。"

（6）需要进一步说明的是《民法典》第406条的适用范围，这里所谓的转让抵押财产，并非仅仅针对有偿的转让，也包括无偿的赠与以及继承等基于法律规定所产生的转让。但是该规定不能适用于抵押财产被人民政府征收的情形，因为人民政府征收取得抵押财产属于原始取得其上的所有负担都归于消灭，此时抵押权人得就征收补偿款优先受偿（物上代位性）。此外，依据《民法典》第313条的规定，若受让人是基于善意而取得作为抵押财产的动产的，那么该动产上的抵押权亦归于消灭，除非受让人知道该动产上存在抵押权。

2.抵押人在抵押物上再次设定抵押权等担保物权的权利

抵押人在标的物上设定了抵押权之后，还可再次设定后顺序的抵押权，在动产上除了可以再次设定抵押权之外还可以将标的物进行质押；同样若一个动产已经设定了质权并且交付给了质权人还可以再次设定抵押权。同一个标的物上设定两个以上担保物权不违反物权法的一物一权原则，因为担保物权系价值权，权利人不需要支配标的物之实体，而仅系于债务人不履行债务时处分标的物并就其价金优先受偿，而价金可以在不同人之间进行分配。关于抵押人可以多次设立抵押权的权利，我国原《担保法》有明确规定，该法第35条第2款规定："财产抵押后，该财产的价值大于所担保债权的余额部分，可以再次抵押，但不得超出其余额部分。"对此原《物权法》没有像《担保法》那样明确规定，《民法典》则采取了原《物权法》的做法，但是依据《民法典》第414条之规定，完全可以推导出抵押人在标的物设定抵押之后还可以再次设定抵押权等其他担保物权。

对此《民法典》和原《物权法》之所以没有明确规定，在笔者看来实际上是否认原《担保法》将再次抵押限制在标的物的剩余价值范围内的做法。原《担保法》第35条的规定是非常之不合理而不应予以采纳的。我国原《担保法》之所以这样立法据说是为了保护顺序在后的抵押权人，以防超额抵押的抵押权人不能实现其抵押权，进而害及其债权，因为一旦前顺位的抵押权人实现了其抵押权并就抵押物的全部优先受偿时，后顺位的抵押权人便无法受偿。事实上，我国现行法的相关规定就不动产抵押权而言会面临如下问题。（1）在设定抵押权时，作为抵押物的不动产权利的价值究竟是多少？换言之，已设定抵押权的标的物的余额如何确定？谁能确定？（2）当然，专业评估机构可以就不动产权利的价值进行评估，但是评估机构的评估真的准确吗？（3）纵使评估机构的评估是准确的，那也只能是该标的物的现价（设定抵押权时的价格），在抵押权实现时该标的物的价格还会如当初吗？不动产权利的价格从来都是随着经济形式的好坏、交通条件的变化、相邻区域的建设及开发而有大幅度的飙升或跌落的。（4）即使不考虑上述因素，评估机构的评估是免费的吗？评估的成本谁来负担？评估机构的费用是相当可观的，绝对不是可以忽略不计的。（5）难道前顺序抵押权人放弃抵押权不可以吗？如果可以，超额抵押真的没有意义吗？（6）难道前顺序的抵押权人的抵押权不会因为债务清偿等原因而消灭吗？如果可能的话，后顺位的超额抵押权设定不是有意义了吗？也就是说，在超额抵押的情形下，如果前顺位的抵押权因为抵押权人放弃抵押权或者因债权的消灭而消灭时，后顺位的抵押权将变得有意义。（7）如果不考虑前述原因，债权人仍然要设定抵押权，与不设定抵押权相比债权人又会有什么多余的损害呢？当债权人的债权没有其他担保时，即使设定一个超额抵押权通常没有什么意义，但也不会因此而给债权人造成多余的损失。（8）是当事人自己对自己的利益更了解呢，还是立法者更了解当事人的利益呢？换言之，是由当事人自己进行风险判断呢，还是由立法者为其进行判断呢？这一点实际上已经成为我国民商事立法过程中最大的误区。[1]《民法典》对于重复抵押没有明确的规定，只是在第414条规定了重复抵押的效力，因此可以看作间接承认了超额的重复抵押。

3.抵押权人可以在标的物上设定用益物权

由于抵押权人只支配标的物的交换价值而不支配标的物的使用价值，所以抵押人在设定抵押权之后还可以给他人设立用益物权。尽管我国《民法典》没有明文之规定，但在解释上亦应作与比较法上相同之理解。我国原《物权法》上的用益物权共有四种：土地承包经营权、建设用地使用权、宅基地使用权和地役权。这四种用益物权均是建立在土地之上的，但是土地承包经营权、建设用地使用权、宅基地使用权三种是建立在土地所有权之上，而土地所有权是不能抵押的。因此只有一种情形，即建设用地使用权和农地承包经营权设定抵押权之后，权利人为他人设立地役权。《民法典》增加了居住权这一用益物权，因此在司法实践上会大量存在房屋被抵押之后再为他人设定居住权的情形，也正如设定了居住权的房屋再进行抵押一样。当然，需要注意的是，既然抵押权设定在先，依据物权的优先性原理，即同一个标的物上有两个以上物权的，则先成立的物权优先于后成立的物权，那么设定在后的用益物权不得对在先的抵押权造成不利的影响。因此，在抵押权人拍卖标的物时因后设定之地役权等担保物权的存在影响抵押物拍卖价值的，则抵押权人可以除去该用益物权。

4.抵押人出租标的物的权利

如前所述，抵押人在抵押期间有权利收取抵押物的孳息，包括法定孳息和天然孳息。出租是抵押人获取法定孳息的最主要方法，所以抵押人在抵押期间可以出租抵押物获取租金，而无须取得抵押权人的同意。根据原《物权法》第190条第2句规定，抵押权设立后抵押财产出租的，已登记的抵押权不受该租赁关系的影响。《民法典》第405条将《物权法》该句规定予以删除，在笔者看来删除是自然而然的，不需要再予以特别规定。也就是说，标的物已经设定抵押权的，抵押人仍然可以将标的物予以出租。若租赁期限短于债务人履行债务的期限，那么租赁是完全不会影响抵押权的；若租赁期限比债务履行期限长而

---

[1] 没有人是全知全能的，立法者也不例外，人的知识是分立的，每个人都有一些他人无法确知的知识，这些知识是每一个人在应对不特定的环境时因循传统而获得的，同时也是每一个人用以应对未来不确定的状况的基本手段。作为立法者应当更多地将应对未来不确定事件的决策权交由每一个人自己去行使，这样才能使得自生自发的扩展秩序得以建立。参见［英］弗里德利希·冯·哈耶克：《自由秩序原理》（上册），邓正来译，生活·读书·新知三联书店1997年版。

债务人又不清偿债务的，那么抵押权人就要实现抵押权，但是若处分标的物时该租赁合同的存在不影响买受人购买标的物的，那么不会发生冲突，但是若买受人不愿意购买带有租赁合同的标的物，此时抵押权人自然可以除去该租赁合同，从而出卖一个没有任何限制的标的物。

《民法典》第405条规定，抵押权设立前，抵押财产已经出租并转移占有的，原租赁关系不受该抵押权的影响。该规定来源于原《物权法》第190条第1句，但是增加了“并移转占有”的要件。也就是说，仅仅是签订了租赁合同，在移转占有之前出租人将标的物为他人设定抵押权的，则不适用该条规定，而是应当适用前述先抵押再出租的规则。订立抵押合同前抵押财产已出租的，原租赁关系不受该抵押权的影响。据此规定，若抵押人将已经出租的标的物进行抵押的，在抵押权实现之前并不影响承租人的权利。但是若租期尚未届满抵押权人要实现抵押权时，将标的物变价的，不得影响承租人的利益，即此时承租人按照原来的租赁合同继续承租该项标的物。

（四）抵押人的涤除权

抵押人的涤除权是发生在抵押人与主债务人非系同一人的情形所产生出来的一项权利，是抵押人可以代替债务人清偿债务以使主债权归于消灭从而消灭其抵押权的权利。该项权利存在的目的在于给予抵押人一项选择的权利，即其可以通过代替债务人清偿债务从而防止自己所提供之抵押财产被强制拍卖。而对于债权人而言，抵押人代替债务人清偿债务，则免去了其通过诉讼程序等实现自己债权的成本。《民法典》第524条第1款规定：“债务人不履行债务，第三人对履行该债务具有合法利益的，第三人有权向债权人代为履行；但是，根据债务性质、按照当事人约定或者依照法律规定只能由债务人履行的除外。”抵押人自然属于该条规定中的对履行债务具有合法利益的第三人，故有权利代替债务人履行债务。

（五）抵押人的代位求偿权

与抵押人的涤除权一样，抵押人的代位求偿权也是发生在抵押人和主债务人非为同一人的情形的一项权利。该项权利是指抵押人在代替债务人清偿债务之后或者标的物被抵押权人执行之后，债权人的债权就自动转移给抵押人，即抵押人取得了债权人的地位。这里要特别说明的是，在抵押人替代债务人清偿债务或者抵押物被拍卖后，抵押人取得的不仅是向主债务人求偿的权利，而且取得了原债权人的债权，此种情形构成了债权的法定转移，从而不仅仅是债权人的主权利转移给了抵押人，而且该债权的所有从权利也都自动转移给了该抵押人。对此，《民法典》第524条第2款明确规定："债权人接受第三人履行后，其对债务人的债权转让给第三人，但是债务人和第三人另有约定的除外。"《民法典》第547条则规定："债权人转让债权的，受让人取得与债权有关的从权利，但是该从权利专属于债权人自身的除外。受让人取得从权利不因该从权利未办理转移登记手续或者未转移占有而受到影响。"依据该两条规定，抵押人代替债务人清偿债务后取得了债权人的债权，而同时也取得了该债权的所有从权利，包括担保物权和保证债权在内。

三、抵押权人的权利

（一）抵押权人保全抵押权的权利

抵押权作为一项绝对权，必须受到绝对性的保障，除了具备防止一般第三人的侵害的权利，也应当具备防止所有人的行为损害抵押权。与质权、留置权等移转占有的担保物权有所不同，抵押权不移转标的物的占有，抵押人仍然占有标的物，从而抵押人实施损害抵押物、降低其价值的可能性非常大，故此法律必须特别赋予抵押权人一项权利，以防止抵押人实施毁损、破坏抵押物等损害抵押权人之抵押权的行为发生。这项权利就是抵押权人"保全抵押权的权利"。《民法典》第408条规定："抵押人的行为足以使抵押财产价值减少的，抵押权人有权请求抵押人停止其行为；抵押财产价值减少的，抵押权人有权请求恢复抵押财产的价值，或者提供与减少的价值相应的担保。抵押人不恢复抵押财产的价值，也不提供担保的，抵押权人有权请求债务人提前清偿债务。"依据该规定，抵押权人可以采取的保全措施有如下三种。

1.停止侵害请求权。即抵押人的行为可能使抵押财产毁损或价值减少的，抵押权人有权要求其停止该行为。若抵押人不停止该侵害行为，那么抵押权人可以诉请人民法院颁发禁令，禁止抵押人该行为。

2.恢复原状或者提供替代担保的请求权。抵押人的行为已经使抵押财产毁损或者价值减少，抵押权人享有选择权，即要么要求抵押人恢复抵押财产的价值；要么要求抵押人另行提供与毁损、减少的价值相当的担保。

3.提前实现抵押权或债权的权利。若抵押物已经被毁损或者价值减少的，且抵押权人要求抵押人恢复抵押物的价值或者提供新的担保，而抵押人既不恢复标的物的价值也不提供新的担保的，抵押权人有权要求债务人提前清偿债务，即债务人的债务虽然尚未到期，但是抵押权人（债权人）也有权要求其清偿。有疑问的是，此时债务人对于债权人的期限利益是否需要扣除呢？对此我国原

《物权法》没有明文规定，笔者认为基于公平原则，债权被提前实现的仍然应当扣除相应的期限利益。

《民法典》第408条之规定，系针对抵押人自己的行为，如果系抵押人之外的第三人实施上述行为，抵押权人是否可以行使上述权利呢？笔者认为，基于抵押权的物权性特征，在抵押物受到第三人的侵害后，抵押权人之权益有受损害之虞，则可以行使物上请求权以请求该第三人承担侵权责任；若抵押人已经本于侵权行为请求第三人承担了损坏赔偿金，则抵押权人可以基于担保物权之物上代位性就该损害赔偿金优先受偿。若抵押人不对侵害标的物之第三人行使损害赔偿请求权的，则抵押权人可以依据《民法典》第535条之规定提起代位诉讼；若抵押人放弃了损害赔偿请求权的，则抵押权人还可以依照《民法典》第538条之规定提起撤销之诉，撤销该放弃行为。

（二）抵押权人处分抵押权的权利

一切财产权的核心均是权利可自由处分该项财产权，抵押权亦不例外，当然基于抵押权的目的性和从属性等特征，抵押权人处分其抵押权的权利自有其独特之处，具体详述如下。

1.转让抵押权的权利

由于抵押权具有从属性，所以抵押权人不可以单独将抵押权予以转让，当然更不能将抵押权单独作为其他债权的担保。但是也正是因为抵押权具有从属性，所以没有当事人的特别约定，债权人的债权移转给他人的，那么其用作担保的抵押权也一并转让给债权的受让人。《民法典》第407条规定，抵押权不得与债权分离而单独转让或者作为其他债权的担保。债权转让的，担保该债权的抵押权一并转让，但法律另有规定或者当事人另有约定的除外。不过笔者认为该规定仅仅限于债权让与的情形过于狭窄，应当扩展到任何债权移转的情形，包括债权人通过法律行为将其债权让与的情形，也包括依据法律规定而债权直接发生转移的情形。不过需要注意的是，抵押权的变动需要进行公示，所以经过登记的抵押权在随着债权发生转移之后也应当进行变更登记。

2.抵押权人放弃抵押权的权利

抵押权作为民事财产权的一种，权利人当然可以抛弃该项权利，抛弃抵押权的行为属于有相对人的单方民事法律行为，无须与抵押人达成合意，但是却必须向抵押人表示，同时若抵押权已经登记的，则必须与抵押人共同办理抵押权注销登记，没有办理注销登记的则抵押权并不消灭。这正如仅仅签订了抵押合同但是没有办理抵押登记的则抵押权不成立是一个道理，即登记是不动产抵押权变动的生效要件。对于以动产为抵押财产且抵押权没有进行登记的，则抵押权人放弃抵押权的通知到达抵押人处时该抵押权即归于消灭。而若动产抵押权已经登记的，则放弃抵押权的通知到达抵押人处虽然亦使抵押权归于消灭，但是没有注销登记的，则同样不得对抗善意第三人。

若债权人之债权仅有一项抵押权担保而没有其他担保的，则抵押权人放弃该项抵押权不会影响任何人的利益，而若被担保之债权尚有其他担保的，抵押权人放弃其抵押权担保则可能会影响到其他担保人的利益，但是基于意思自治原则，没有经他人同意的事项不得对他人产生不利之效果。《民法典》第409条第2款规定，债务人以自己的财产设定抵押，抵押权人放弃该抵押权、抵押权顺位或者变更抵押权的，其他担保人在抵押权人丧失优先受偿权益的范围内免除担保责任，但其他担保人承诺仍然提供担保的除外。依据该条规定，若抵押权人放弃的是债务人自己提供的抵押担保，那么该抵押财产的价值为多少，其他担保人就免除多少的担保责任。之所以如此规定，是因为在没有特别约定的情形下，债务人自己提供财产担保的同时又由债务人之外的第三人提供担保的，第三人担保人承担的担保责任系补充性责任，即只有债务人自己提供的担保财产被执行后尚有不足时才由其他担保人承担担保责任。因此，若债权人放弃了债务人自己提供的担保后，不得加重其他担保人的责任，即其他担保人仍然只就债务人提供的抵押财产不能涵盖的部分承担责任。

我国《民法典》没有规定两个担保人都是债务人之外的第三人，而债权人仅放弃了其中一个抵押权时，另一个抵押人的责任问题。笔者认为，债权人放弃其中一个抵押权的，同样不得加重其他担保人的责任，即其他担保人的责任负担应当维持在与债权人没有放弃任何其他担保权相同的利益状态。于此情形下，若各担保人和债权人约定有担保责任的份额的，则债权人放弃其中一个抵押权其他担保人的担保责任不受任何影响，此时其他担保人仍然按照其担保合同的约定承担起自己应当承担的责任份额。若各担保人和债权人没有约定担保份额的，此时各担保人应当承担连带担保责任，也就是说，债权人于债务人不能清偿到期债务时债权人得任意选择其中之一担保人而行使其权利，但是各担保人在承担完担保责任后仍然得向主债务人追偿，而追偿未果时则可以向其他共同抵押人进行追偿，此时各担保人内部的责任份额，则按照一般连带之债予以处理，即在没有特别约定的情形下各担保人平均分担该项担保责任。因此，债权人若放弃了其中一个抵押权，其他担保人则按照该抵押人内部份额免除其责任。

例1：甲某向乙银行贷款200万元，乙银行要求甲某提供足够的担保，甲某用自己的一套住房A提供抵押，并为银行办理了登记；乙银行觉得抵押还不够，又要求甲某追加担保财产，甲某的好朋友丙某也用自己的一套住房B为甲某的债务提供抵押担保，与乙银行签订了抵押合同并办理了抵押登记。后乙银行放弃了A房屋的抵押权，甲某的债务到期后不能清偿，乙银行欲行使对B房屋的抵押权，丙某则认为乙银行放弃了甲某提供的A房屋的抵押权，则自己也无须承担抵押责任，双方发生争议，诉至法院。法院应当做如下处理：首先对A房屋进行评估，假设A房屋评估的价值为150万元，那么就拍卖B房屋的价款乙银行只能受偿50万元。假设A房屋被评估的价值为200万元，那么乙银行则不能就B房屋再行行使抵押权。

例2：在例1的情形下，如A房屋系甲某的另一好友丁某所有。乙银行放弃了A房屋的抵押权，该案又如何处理？由两个以上的担保人就一个债务共同进行担保的，则各担保人可以与债权人约定各自担保的份额，假设丁某约定承担其中五分之四的责任，而丙某约定承担剩余的五分之一责任，那么乙银行是否放弃对A房屋的抵押权都不影响其对B房屋的抵押权，在债务人甲某不能清偿债务时，乙银行仍然可以对B房屋行使抵押权，但是仅能就其债权的五分之一优先受偿，即只能在拍卖B房屋后就40万元优先受偿。假设丁某和丙某都没有和债权人乙银行约定担保的份额，则乙银行放弃对A房屋的抵押权之后，其对B房屋的抵押权仅限于债务人甲某不能清偿部分的二分之一。

3.抵押权人放弃和变更抵押顺序的权利

既然同一个标的物上可以设立数个抵押权，那么基于物权的优先效力的要求，就必然会有一个优先顺序，一般而言就是先登记的抵押权优先于后登记的抵押权，已经登记的优先于未登记的抵押权（只是针对动产抵押）。抵押权人处分其抵押权的权利不仅仅体现在可以放弃抵押权上，还表现在放弃其抵押权的顺位。也就是说，先顺位的抵押权人可以放弃其抵押顺位从而成为后顺位的抵押权人，我国的这种立法被称之为秩序升进主义。

既然抵押权人可以放弃其抵押顺位，那么其和顺位在后的抵押权人通过协议进行交换抵押顺位也就没有什么不可以的。其实若仅有两个抵押权人，先顺位的抵押权人放弃其抵押顺位，在我国目前采纳抵押顺位自动升进主义的立法模式下，就等于其与后顺位的抵押权人交换了抵押顺位。当同一个标的物上有两个以上抵押权人的，若全体抵押人通过约定交换其抵押顺位的固然没有问题，但是若仅其中部分抵押权人交换抵押顺位的，不得对其他抵押权人造成不利影响，即不得影响其他抵押权人的优先受偿权（《民法典》第409条第2款之规定）。所谓不得对其他抵押权人造成不利影响，就是指在抵押顺序交换后，升进为前顺序抵押权的后顺序抵押权人，只能就原来先顺序抵押权人所担保之债权人的范围内优先于其他抵押权人受偿。

关于抵押权之顺位在比较法上还有一种立法例，即秩序固定主义。在秩序固定主义的立法例下，先顺序的抵押权因清偿或者抵押权人放弃等原因消灭的，后顺序的抵押权并不能自动升进，依然维持其原来的抵押权顺位。也就是说，在此情形下在实现抵押权时，该后顺序的抵押权仍然须就标的物之价金扣除了前顺序抵押权后的余额进行受偿，而不能就整个标的物的价金优先受偿。例如，甲某有一套住房，其将该住房先抵押给了乙某担保对乙某所负的200万元债务，后又将该住房抵押给丙某担保对丙某的200万元债务。后来乙某放弃了其抵押权，甲某不能清偿到期债务。甲某的该套住房拍卖了300万元，若在秩序升进主义的立法例下，则丙某可就该300万元价金优先受偿，包括利息等在内。但是在秩序固定主义的立法例下，丙某只能就100万元的余额优先受偿。

“笔者认为在这两种立法体例中，秩序固定主义更具合理性：一方面，秩序固定主义比秩序升进主义更公正，更符合当事人的利益状态。在重复抵押时，特别是超额重复抵押时，后顺位抵押权人因债权及抵押权不能实现的风险较高，一般都会作为高风险的回报要求有较高的利息率。此时若前顺位的抵押权消灭后，后顺位的抵押权自然升进为前顺序的话，其风险必然随之降低，但是其债权的利率却并未相应地降低，这样该后顺位抵押权人就受有不当之利益，而债务人则受有较高利息之损失。即便后顺序的债权人没有因此而相应地提高利率，他也会通过附加其他条件而抵销其承担的相应的风险。另一方面，秩序固定主义比秩序升进主义更有利于抵押人融资。在秩序固定主义下抵押人将一标的物为二人以上设定抵押权后，如果前顺序的抵押权消灭后，后顺序的抵押权不升进的，那么抵押人就可以为他人再次设定前顺位的抵押权，从而获得相应的融资。相反在秩序升进主义下，不论前顺序的抵押权基于什么原因而消灭，后顺序抵押权自然升进为前顺序的抵押权，这样抵押人再次进行融资时只能为他人设定顺序在后的抵押权，而顺序在后的抵押权对于新的债权人来说则是不具有吸引力的。”[1]

（三）抵押权人处分抵押物并就抵押物优先受偿的权利

这项权利是抵押人的最为重要的权利，也是一切担保物权的共同权利，即

〔1〕席志国：《物权法上担保物权制度评析》，载《国家检察官学院学报》2007年第3期。

在债务人不能清偿到期债务或者发生了抵押合同约定的事由时，抵押人可以申请法院拍卖抵押物并且就拍卖的价金优先于没有担保的债权人受偿。这项权利是一项附条件的权利，只有抵押合同约定的条件成就或者债权到期债务人未清偿债务时，债权人才能行使该项权利。

第五节　抵押权的实现

所谓抵押权的实现就是抵押权人在债务到期后不履行债务或者不能履行债务的，或者抵押合同约定的其他实现抵押权的条件成就时将抵押物予以变价处分并就其价款优先受偿的程序。抵押权实现的过程需要平衡三个方面的利益，即抵押权人的利益、抵押人与债务人的利益，以及抵押人之其他债权人的利益。对于抵押权人应当尽量使其程序简化，从而能够迅速实现其债权利益；对于抵押人和债务人而言则尽量做到公平防止其利益受损，而对于其他债权人更是如此，要防止债务人和债权人通过担保物权损害到其他债权人之利益。

一、抵押权实现的要件

（一）须抵押权有效存在

有效的抵押权是抵押权实现的前提，若抵押权人向法院诉请实现抵押权的，则须提交其享有抵押权的有效证据，包括抵押合同和抵押登记。由于抵押权系从权利，所以抵押权人尚须证明有有效之被担保的债权，如提交借款合同等被担保之债权的证据。就抵押人的抗辩而言，抵押人则可以通过否认抵押权人一方享有有效之抵押权，可以提出的理由包括：不存在被担保的主债权、设定抵押权的法律行为无效、抵押权已经消灭等。当然抵押权人若已经举证证明其有抵押权的，那么作为被告人的抵押人则须举出反证推翻前述抵押权人的证据。

（二）须债务已届清偿期或者抵押合同约定的事由成就

抵押权人实现其抵押权必须是在主债权清偿期限届满之后，因为在清偿期限届满之前债权人尚不能行使其主债权，因此也不能实现其抵押权。如果债权人和债务人在合同中没有约定主债权的清偿日期的，则适用《民法典》第510条与第511条的规定，即债权人得随时请求债务人履行债务但是须给债务人必要的准备时间，据此债权人可以定一合理的期间通知债务人履行债务，超过该催告期限仍然没有履行的，债权人即得行使其抵押权。抵押合同与其他合同一样可以附条件，若抵押合同中约定有抵押权实现的条件的，则在该条件成就时抵押权人即可实现其抵押权，无论主债务是否到了清偿期。例如，抵押权人可以与抵押人约定，若主债务人出现对其他债务违约的情形无论抵押权所担保之债权是否届清偿期抵押权人均可实现其抵押权，那么若该主债务人发生了对其他到期债务违约的事实，那么抵押权人即可以按照该约定实现其抵押权。另外，若主债务人被宣告破产的，那么无论被担保之债权是否到期，依照《企业破产法》第46条的规定视为已经到期，也可以行使其抵押权，抵押权在破产程序中被称之为别除权，债权人无须通过破产程序而对抵押物优先受偿。

（三）须债务人未清偿债务

符合前两项条件的前提下，债务人无论是无力清偿债务抑或不愿意清偿债务，债权人均可实现其抵押权。若债务人已经清偿了债务，那么债权人的债权归于消灭，基于担保物权的从属性抵押权亦自动归于消灭，则债权人不得再行使其抵押权。若债务人仅仅清偿了一部分债务而不是全部清偿了债务，则抵押权人的抵押权并不消灭，抵押权人仍然可行使其抵押权就未受偿部分的债权优先受偿。

二、抵押权实现的方法与程序

（一）协议方式

抵押权人实现抵押权的首要选择则是通过与抵押人达成协议的方式来实现其抵押权，这是最为快捷、成本最小的抵押权实现方式。在抵押权实现的条件成就时，抵押权人和抵押人以达成协议的方式实现抵押权可以有如下两种处理方法。

1.将抵押财产折价给债权人从而抵销被担保的债权

如果抵押权人需要抵押财产的，则可以通过双方协议将抵押财产作价给抵押权人从而抵销其债权，这是最为简便的协议方式，但其前提是抵押权人需要抵押财产。以这种方式来实现抵押权，实质上是由两项相互关联的法律行为所组成的。第一项是买卖合同，即由抵押人作为出卖人、抵押权人作为买受人签订一项买卖合同。第二项则为抵销行为，即用抵押权人（买受人）应当向抵押人（出卖人）支付的价金的债务与抵押权人对债务人享有的债权进行抵销。抵押财产折价可能等于其所担保的债权，那么此时债务人的债务全部消灭，债务人无须履行债务，抵押权人也无须再向抵押人支付任何价金；抵押财产折价可能大于所担保的债权，此时抵押权人应当向抵押人支付超过所担保部分债权的价金；抵押财产的折价也可能小于被担保的债权，那么债务人对于未能抵销部分的债务依然负有清偿之义务。除了签订协议之外，抵押人尚须为抵押权人办理财产权之转移手续，若抵押财产系动产，则需要交付该动产；若抵押财产系不动产，则抵押人应当和抵押权人办理相应的产权转移登记手续。若签订完折价协议后，抵押人没有为抵押权人办理相应的财产权转移手续的，则抵押人构成了违约行为，抵押权人可以诉请其承担相应之违约责任。

2.将抵押财产出卖给第三人并以价金受偿

若抵押权人不需要抵押财产的，则抵押权人和抵押人可以达成协议将标的物出卖给第三人从而用出卖的价金进行受偿。此时双方既可以约定通过拍卖的方式予以处分抵押财产，也可以约定通过协议的方式将标的物予以出卖（此种方式被称之为变卖）。通过拍卖的方式出卖标的物的优点是能够通过竞争的方式真正实现标的物的价格最大化，其缺点也非常明显，就是需要支付拍卖的相关费用。无论以何种方式处分标的物，买受人都应当将价金支付给抵押权人而不是抵押人，抵押权人用该价金受偿，多出的部分退还给抵押人，若价金不够清偿到期债务的，则债务人仍然就不足的部分负清偿责任。

除了在抵押权实现条件成就时当事人可以通过协议的方式实现抵押权之外，抵押权人与抵押人也可以在抵押合同中约定或者另行通过补充协议约定，在抵押权实现条件成就时由抵押权人直接通过拍卖、变卖等方式以实现其抵押权。但是基于流押禁止的规定，当事人不能约定由债权人直接取得抵押财产所有权的方式实现其抵押权。对此《担保制度解释》第45条第1款规定："当事人约定当债务人不履行到期债务或者发生当事人约定的实现担保物权的情形，担保物权人有权将担保财产自行拍卖、变卖并就所得的价款优先受偿的，该约定有效。因担保人的原因导致担保物权人无法自行对担保财产进行拍卖、变卖，担保物权人请求担保人承担因此增加的费用的，人民法院应予支持。"

（二）诉讼方式

若抵押权人与抵押人无法达成实现抵押权的协议或者抵押权人不愿意通过协议的方式实现其抵押权的，则可以通过诉讼的方式由人民法院通过执行程序实现抵押权。依照《民事诉讼法》第196条的规定，抵押权申请实现担保物权人应当向担保财产所在地或者担保物权登记地基层人民法院提出。债权人以诉讼方式行使担保物权的，应当以债务人和担保人作为共同被告。依照《民事诉讼法》第197条的规定，人民法院受理申请后，经审查，符合法律规定的，裁定拍卖、变卖担保财产，当事人依据该裁定可以向人民法院申请执行。依据《担保制度解释》第45条第2款的规定，债权人依照《民事诉讼法》有关“实现担保物权案件”的规定，申请拍卖、变卖担保财产，被申请人以担保合同约定仲裁条款为由主张驳回申请的，人民法院经审查后，则应当按照以下情形分别处理：（1）当事人对担保物权无实质性争议且实现担保物权条件已经成就的，应当裁定准许拍卖、变卖担保财产；（2）当事人对实现担保物权有部分实质性争议的，可以就无争议的部分裁定准许拍卖、变卖担保财产，并告知可以就有争议的部分申请仲裁；（3）当事人对实现担保物权有实质性争议的，裁定驳回申请，并告知可以向仲裁机构申请仲裁。

三、抵押权实现的顺位

在抵押权实现的过程中，若一个标的物上有两个以上的抵押权的，则抵押权应当按照顺序进行受偿。所谓按照抵押顺序进行受偿，就是处分标的物的价金先支付顺序在先的抵押权所担保的债权，只有先顺序之抵押权所担保的债权充分受偿，尚有余额的后顺序的抵押权所担保之债权才能够受偿。在我国抵押权之顺序的确定较为复杂，主要是因为我国《物权法》既承认不动产抵押权又承认动产和权利抵押权，在物权变动上则部分采纳登记要件主义、部分采纳登记对抗主义的混合模式。笔者依据《民法典》第414条之规定，将其整理如下。

（一）以不动产及不动产权利作为标的物的抵押权顺位

由于不动产抵押权在我国采取登记要件主义，即抵押权自完成抵押登记之时起生效，抵押合同签订后登记前抵押权不成立，故抵押顺序完全依据登记的先后，先登记的抵押权顺序在先，后登记的抵押权顺序在后。换言之，先登记的抵押权恒优先于后登记之抵押权受偿。

（二）以动产作为标的物的抵押权顺位

我国原《物权法》在动产抵押的公示方式上采取了登记对抗主义，即未经登记的动产抵押权不得对抗善意第三人，与不动产抵押未经登记根本就不成立有所不同。那么动产抵押就存在登记的和未登记的、先设定先登记的、先设定后登记的、后设定后登记的、后设定但先登记的、均未登记的等若干种情形。其先后顺序依据下述规则予以处理。

1.已经登记的动产抵押权优先于未登记的动产抵押权受偿

依照《民法典》第414条第1款第2项的规定，已经登记的抵押权优先于未登记的抵押权受偿。这意味着，若某动产抵押权虽然成立在先，即先签订了抵押合同，但是没有进行抵押登记的，则其他成立在后的抵押权经过登记的优先于该项未登记的抵押权受偿。此时无论该成立在后的抵押权人是否善意在所不问。这其实与《民法典》第403条的规定不完全相符，无论是在内在价值体系还是外在的逻辑体系方面，第414条之规定均与第403条的规定存在矛盾之处。[1]根据《民法典》第403条规定，未经登记的动产抵押权不得对抗善意第三人，依据其逻辑则只有后设立的已经登记的抵押权人系善意的，其抵押权才能够优先于先设立的未登记的抵押权。这样规定，简化了法律适用，有利于防止纠纷的发生，同时也鼓励了抵押权人进行抵押登记，因此在笔者看来倒也不失为一种好的选择。

2.先登记的动产抵押权优先于后登记的动产抵押权受偿

此种情形与不动产抵押权相同，若两个动产抵押权都进行了抵押登记，那么依照登记的先后顺序确定抵押权受偿的先后顺序。也就是说，不考虑动产抵押权的成立先后（因为动产抵押权在抵押权合同生效时即成立），只考虑抵押登记的先后顺序。同样，该规定也不完全与《民法典》第403条之规定相吻合。

如果严格依据《物权法》第403条规定，没有登记的动产抵押权只是不能对抗善意第三人，那么先成立的抵押权虽然没有登记但是可以对抗后成立且已经登记的恶意第三人。换言之，只要后一个抵押权人在设定抵押权时明知前面已经有抵押权，那么该先成立的抵押权即可对抗该项后成立的抵押权，即便该先成立的抵押权一直没有登记也是如此，更不用说该先成立的抵押权事后也登记了，只不过比后成立的抵押权登记在后而已。可见，我国立法上并没有完全采纳法国、日本等国家法律上的“登记对抗主义”。

3.两个都没有登记的动产抵押权顺序相同

依照《民法典》第414条第1款第3项的规定，两个动产抵押权均未登记的，为同一顺序，相互都不得优先于对方受偿，此时两个抵押权所担保的债权是平等的，应当按照债权的比例受偿。“按照债权比例清偿”这一规定虽然有利于鼓励抵押权人进行抵押登记，但是其规定在逻辑上是说不通的。依据《民法典》第403条的规定，对于以动产进行抵押的未登记“不得对抗善意第三人”。据此，若第三人并非善意第三人，那么此项未登记的抵押权是可以对抗他的，而所谓善意第三人，乃是指不知道该项抵押权已经存在，也没有理由知道其存

〔1〕对该问题的深度讨论可参见席志国：《民法典编纂视野下的动产担保物权效力优先体系再构建——兼评〈民法典分编（草案）二审稿〉第205—207条》，载《东方法学》2019年第5期。

在而与抵押人进行交易的第三人。因此，若一项以动产为标的物的抵押权已经生效只是没有进行登记，若后一个债权人再与抵押人签订抵押合同，而且在签订抵押合同时明知前面已经有一个抵押权存在，那么该生效在前之抵押权人是可以对抗该成立在后的抵押权人的，既然其可以对抗该成立在后的抵押权人，就应该优先于此成立在后的抵押权而受偿。相反，若成立在后的抵押权人在设定抵押权时不知道也没有理由知道标的物上已经有一个没有登记的抵押权，那么该项在先的未登记的抵押权不得对抗此成立在后的抵押权，此时成立在后的抵押权应当优先于成立在先的未登记的抵押权。[1]

（三）出卖人的超级优先权

我国《民法典》对于同一标的物上存在若干个抵押权时的优先顺序除第 414 条规定的一般原则外，还于第 416 条规定了一项“出卖人的超级优先权”，该条规定：“动产抵押担保的主债权是抵押物的价款，标的物交付后十日内办理抵押登记的，该抵押权人优先于抵押物买受人的其他担保物权人受偿，但是留置权人除外。”该超级优先权原来是英美法系针对浮动抵押制度而设的，我国《民法典》将其引入适用于所有的动产抵押，其妥当性还是颇有疑问的。毫无疑问，该规定对于保护出卖人的价款请求权而言非常有利，但是却不利于交易安全之保障。在该规定的情形之下，任何动产抵押权设定时抵押权人必须要调查抵押人取得该动产所有权的时间为何？是否支付了全部价款？如果没有支付全部价款的则标的物交付是否超过十日？否则随时都有可能出现登记在后的担保价款债权的抵押权优先于设定在先的抵押权或者质权。

就出卖人超级优先权的具体适用情形，《担保制度解释》第57条进行了较为详细的规定。据此规定，出卖人的超级优先权的效力可以分为如下三种情形。

1.浮动抵押的情形。担保人在设立动产浮动抵押并办理抵押登记后又购入或者以融资租赁方式承租新的动产，下列权利人为担保价款债权或者租金的实现而订立担保合同，并在该动产交付后10日内办理登记，主张其权利优先于在先设立的浮动抵押权的，人民法院应予支持：（1）在该动产上设立抵押权或者保留所有权的出卖人；（2）为价款支付提供融资而在该动产上设立抵押权的债权人；（3）以融资租赁方式出租该动产的出租人。

2.普通动产抵押的情形。买受人取得动产但未付清价款或者承租人以融资租赁方式占有租赁物但是未付清全部租金，又以标的物为他人设立担保物权，上

〔1〕 席志国：《物权法上担保物权制度评析》，载《国家检察官学院学报》2007年第 3 期。

述权利人为担保价款债权或者租金的实现而订立担保合同，并在该动产交付后10日内办理登记，主张其权利优先于买受人为他人设立的担保物权的，人民法院应予支持。

3.多个价款优先权之间的优先顺序。同一动产上存在多个价款优先权的，人民法院应当按照登记的时间先后确定清偿顺序。

四、抵押权的实现与诉讼时效

《民法典》第419条规定，抵押权人应当在主债权诉讼时效期间行使抵押权；未行使的，人民法院不予保护。也就是说，抵押权人若以诉讼的方式实现其抵押权，必须在其主债权的诉讼时效完成之前。关于担保物权与主债权之诉讼时效的关系，《担保制度解释》第44条第1款规定："主债权诉讼时效期间届满后，抵押权人主张行使抵押权的，人民法院不予支持；抵押人以主债权诉讼时效期间届满为由，主张不承担担保责任的，人民法院应予支持。主债权诉讼时效期间届满前，债权人仅对债务人提起诉讼，经人民法院判决或者调解后未在民事诉讼法规定的申请执行时效期间内对债务人申请强制执行，其向抵押人主张行使抵押权的，人民法院不予支持。"该解释忠实于《民法典》第419条之文义，但是在笔者看来，该文义解释自体系而言与《民法典》总则编关于诉讼时效的性质与效力的基本规定存在矛盾。依据《民法典》第192条、第193条的规定，若抵押人在诉讼中未提出诉讼时效的抗辩的，则人民法院不得主动适用诉讼时效从而应当裁定对标的物进行拍卖，抵押权人可以申请强制执行。另外，诉讼时效的规定仅仅适用于依照诉讼的方式实现抵押权，若抵押权人和抵押人通过协议的方式来实现抵押权，则不受诉讼时效的限制。这里还有一个问题我国《民法典》没有予以明确规定，那就是若主债权已经过了诉讼时效，抵押权人向法院申请实现抵押权，而抵押人没有提出诉讼时效抗辩的，那么人民法院裁定拍卖标的物清偿了债权人之债权后，抵押人是否仍然得向主债务人进行追偿？笔者认为抵押人没有向主债务人行使的抗辩权的，则其对主债务人仍然具有追偿权，但是主债务人仍然得以主债权已过诉讼时效进行相应之抗辩。其理由是抵押人代替债务人承担责任后，债权人的债权自动转移给了抵押人，其属于债是法定转移，依据《民法典》第548条的规定，债务人得以对抗原债权人的一切抗辩权依然得以对抗新的债权人。

因为《民法典》尚没有明确规定，最高人民法院司法解释对于主债权过了诉讼时效对于质权和留置权的效力作出规定故颇值肯定。《担保制度解释》第

44条第2款规定："主债权诉讼时效期间届满后，财产被留置的债务人或者对留置财产享有所有权的第三人请求债权人返还留置财产的，人民法院不予支持；债务人或者第三人请求拍卖、变卖留置财产并以所得价款清偿债务的，人民法院应予支持。" 在关于《担保制度解释》征求意见稿中，另一种思路是"财产被留置的债务人或者对留置财产享有所有权的第三人请求债权人返还留置财产的，人民法院应予支持"，经过研究讨论采取了现有做法，这也是笔者在征求意见过程中坚决予以赞成的观点。《担保制度解释》第44条第3款针对权利质权与主债权诉讼时效作出了相应的规定，依据该款规定主债权诉讼时效期间届满的法律后果，以登记作为公示方式的权利质权，参照适用抵押权的规定；而以交付权利凭证作为公示方式的权利质权，则参照适用质权与留置权的规定。

五、其他债权人的撤销权

若抵押权人实现抵押权是以抵押权人和抵押人协议的方式进行的，那么就有可能损害到其他担保物权人乃至于抵押人的一般债权人。这主要是通过抵押权人和抵押人对标的物协议折价低于标的物的市场价格，或者以低于市场价的价格出卖给第三人，那么其他担保物权人或者一般无担保的债权人即可能受到损害。为了防止此种情形的出现，我国原《物权法》第195条第1款之后段规定："协议损害其他债权人利益的，其他债权人可以在知道或者应当知道撤销事由之日起一年内请求人民法院撤销该协议。"《民法典》第410条则删除了"在知道或者应当知道撤销事由之日起一年内"的时间限制，而是仅规定"协议损害其他债权人利益的，其他债权人可以请求人民法院撤销该协议"。那么是否意味着，其他债权人行使撤销权就没有了时间限制呢？笔者认为，不能作这样的解释，在没有明确规定的时候应当对其进行体系性解释。无论是自内在的价值体系而言还是自外在的概念体系而言，该条规定实际上都是《民法典》第539条所规定的债权人撤销权的一种，自然应当与第539条作相同的解释，均适用第541条所规定的除斥期间，也即"撤销权自债权人知道或者应当知道撤销事由之日起一年内行使。自债务人的行为发生之日起五年内没有行使撤销权的，该撤销权消灭。"

六、两个以上抵押权不同时到期时抵押权的实现

对于此种情形，《民法典》没有明确规定，《担保制度解释》亦未规定。原《担保法解释》对于同一个标的物上有两个以上抵押权的，仅对其中一个到

期需要予以实现的情形作出了规定。该解释第78条规定，同一财产向两个以上债权人抵押的，顺序在后的抵押权所担保的债权先到期的，抵押权人只能就抵押物价值超出顺序在先的抵押担保债权的部分受偿。顺序在先的抵押权所担保的债权先到期的，抵押权实现后的剩余价款应予提存，留待清偿顺序在后的抵押担保债权。不过笔者认为基于意思自治，在不损害其他人的前提下，后到期之抵押权人也可以与抵押人和债务人通过协议的方式，提前以该拍卖之价金受偿，而不必再行将相应之部分的价金提存，从而避免不必要的成本和资金闲置。当然当事人通过协议的方式可以就提前清偿债务之期限利益作出相应的安排，即扣除债权人的期限利益。

第六节　最高额抵押权

一、概述

所谓最高额抵押是指抵押人与抵押权人协议以标的物在最高债权额限度内，对一定时期内连续发生的债权进行担保的一种抵押制度。基于最高额抵押债权人所享有的抵押权即为最高额抵押权。最高额抵押权作为抵押权的一种，在各个主要方面都与普通抵押权相同，都适用普通抵押权的规范，唯在如下几个方面有其特殊性，从而法律须对其进行如下几个方面的特殊规范。

1.最高额抵押权所担保的债权系将来发生的债权。普通抵押权所担保的债权系已经发生的债权，而最高额抵押权所担保的债权在设立该抵押权时尚未实际发生，仅系将来有可能发生的债权，换言之，将来是否实际发生被担保之债权尚不确定，至于发生多少数额的债权更加不能确定。从这一点来看，最高额抵押权突破了普通抵押权在发生上的从属性，即对于尚未发生的将来的债权亦可以予以提前设定担保。当然，学者认为对于抵押权发生上的从属性不应当自抵押权设定时进行观察，而应当自抵押权实现时予以认定。若果真采纳这一观点，那么最高额抵押权就与普通抵押权一样，仍然具有发生上的从属性。不过在笔者看来，这一纯理论上的争议并没有什么实际意义，关键在于最高额抵押权在成立的时候确实与普通抵押权有所不同，即在设定时被担保的债权确实尚未发生。

2.最高额抵押担保的是一定期限内连续发生的债权。最高额抵押所担保的将来债权不是将来某一时刻一次性发生的债权，相反，最高额抵押权所用以担保的债权系将来一段时间内基于某种连续性交易而持续发生的债权。对于将来一次性发生的债权不能设定最高额抵押也没有必要设定最高额抵押权，因为对于一次性发生的债权而言，只需要在债权发生时再行设定抵押权即为已足，相反设定最高额抵押会徒增麻烦。

3.被担保债权的数额在最高额抵押权设定时是不特定的。由于最高额抵押权所担保的债权是将来的债权，且为担保人与被担保人之间进行连续性交易而发生的债权，故将来所发生的债权的具体数额在抵押权设定时是无法予以事先确定的。

4.最高额抵押权所担保的债权须设有最高限额。最高额抵押权所担保的债权具体数额在最高额抵押权设定时不能确定，为了防止抵押人的责任漫无边际，故应当为被担保的债权设定一个最高限额，抵押人以其所有的抵押物所承担的担保责任就在该最高限额之内。若将来担保期限内所产生的债权小于或等于最高额抵押合同中所约定的最高限额的，那么抵押人最高额抵押系最高额担保之一种，我国立法除了承认最高额抵押之外，还规定了最高额质押（《民法典》第439条）和最高额保证（《民法典》第690条）。依据《民法典》第439与第690条之规定，最高额质押和最高额保证除了适用有关质权与保证的规定之外，均得适用《民法典》关于最高额抵押的规定。

二、最高额抵押权的制度价值

关于最高额抵押制度的制度价值，我国学者房绍坤教授作了较好的总结："在现代市场经济条件下，商品生产经营者所需要的资金大都是通过银行借贷而取得的，利用自己的财产去获取银行的信用，融通资金， 已成为经济发展的必然要求。如果对于长期贷款合同、 银行透支合同及批发商与零售商之间的继续性交易合同等， 每次交易都需要分别设定一个普通抵押权， 不仅程序烦琐，给双方当事人带来诸多不便， 而且交易额或信用额不易确定。 因此 ， 普通抵押权难以达到融资的目的。 既然当事人为达到同一目的，反复实施同一性质的交易行为，并且在一定时期内维持这种交易行为， 则不必每次交易行为都分别设定抵押权，而仅需当事人设定抵押权的最高额 ， 即最高额抵押权。这不仅简化了手续， 方便了当事人，而且有利于资金融通，同时也满足了继续性交易的特殊需要。"〔1〕

---

〔1〕 房绍坤、吴兆祥、郝倩：《论最高额抵押权》，载《法学》1998年第2期。

三、最高额抵押权的设立

（一）签订书面最高额抵押合同

与普通抵押权的设立一样，设立最高额抵押权也需要首先签订最高额抵押合同，最高额抵押合同作为抵押合同也属于书面要式合同，需要以书面形式予以缔结。最高额抵押合同的必要条款，包括如下几个方面：（1）双方当事人，即抵押人与抵押权人；（2）抵押物，与普通抵押权相同，须对抵押物进行具体之描述；（3）抵押所担保的债权，需要具体描述被担保的债权，该种债权属于连续交易债权；（4）所担保债权的最高限额。

最高额抵押合同的通常条款有如下两个方面：（1）所担保的债权的期限。一般而言，最高额抵押合同应约定最高额抵押权所担保的债权的期限，但是没有约定最高额抵押担保的期限，并不影响抵押合同的效力。依据《民法典》第423条的规定，若抵押合同中没有约定所担保的债权期限的，抵押权人和抵押人自抵押权设立之日起两年内均可请求确定所担保的债权，换言之，最高额抵押权最少要担保两年内连续发生的债权，两年后任何一方均可以通过请求对方确定抵押担保的债权从而终止对此后所产生的新债权的担保。（2）其他通常条款则与普通抵押权相同。

（二）进行抵押登记

与普通抵押权的设立相同，于此不再赘述。

四、最高额抵押权的特别效力

（一）最高额抵押所担保的主债权转让的效力

《民法典》第421条规定：“最高额抵押担保的债权确定前，部分债权转让的，最高额抵押权不得转让，但是当事人另有约定的除外。”据此可得出如下三点结论：（1）在最高额抵押权的债权确定之前，若债权人将已经发生的债权部分转让给第三人的，该部分被转让出去的债权不再属于被担保的债权。这与普通抵押权的情形有所不同，普通抵押权中基于转让上的从属性和不可分性，若部分债权被转让的，被转让出去的部分债权和未被转让出去的债权均仍然属于担保的范围。（2）若最高额抵押权所担保的债权被确定后，最高额抵押权即转变为普通抵押权，此时债权人再部分转让其债权的，被转让出去的债权仍然属于担保的范围。（3）《民法典》第421条的规定属于任意性规范，因此若抵押合同特别约定，在最高额抵押权所担保的债权确定前所担保的债权被部分转让的，该部分债权仍然属于抵押权担保的范围的，该约定有效。

（二）最高额抵押权变更的效力

最高额抵押担保的债权确定前，抵押权人与抵押人可以通过协议变更债权确定的期间、债权范围以及最高债权额，但变更的内容不得对其他抵押权人产生不利影响。这里所谓的其他抵押权人，是指在最高额抵押权设定之后在同一标的物上再行设定在后的抵押权而言，既可以是普通抵押权，也可以是最高额抵押权。

（三）最高额抵押担保的债权数额

抵押权人实现最高额抵押权时，如果实际发生的债权余额高于最高限额的，以最高限额为限，超过部分不具有优先受偿的效力；如果实际发生的债权余额低于最高限额的，以实际发生的债权余额为限对抵押物优先受偿。

五、最高额抵押权的实现

由于最高额抵押权所担保的债权是不确定的，若要实现抵押权须先行使其所担保的债权予以确定。如前所述，最高额抵押权所担保的债权确定后，该抵押权就转变为普通抵押权，而与普通抵押权适用完全相同的法律规范。在最高额抵押权所担保的债权确定之后，再发生的新的债权即不再属于担保的范围，债权人只能就确定时所发生的债权对抵押标的物优先受偿。依据《民法典》第423条的规定，最高额抵押权所担保的债权在发生下列情形之一时得以确定：

1.约定的债权确定期间届满。

2.没有约定债权确定期间或者约定不明确，抵押权人或者抵押人自最高额抵押权设立之日起满二年后请求确定债权。

3.新的债权不可能发生。

4.抵押权人知道或者应当知道抵押财产被查封、扣押。

5.债务人、抵押人被宣告破产或者解散。

6.法律规定债权确定的其他情形。

第七节 浮动抵押

一、概述

我国现行法律上的浮动抵押（floating charge），是指作为债务人的企业等商事主体为了担保其债权将现有的以及将来所取得的机器、设备、产品、半成品、原材料等作为一个整体进行抵押，抵押企业为了正常经营仍然可以处分该财产的一种抵押制度。

浮动抵押制度起源于英国的衡平法，大陆法系因采一物一权主义并严格要求物权的特定性，并没有浮动抵押制度。单就集合财产抵押而论，德国法上的财团抵押与浮动抵押有相似之处，但财产抵押仍属固定抵押。〔1〕1870 年，英国上诉法院在Panama New Zealand and Australian Royal Mila C o . 一案的判决中，认为公司可以为了发行债券将公司所有的不动产、权利、所有权及利益，包括发行债券之日现有的及日后可能取得的财产，作为本金和利息的担保，同时公司享有继续在抵押财产上经营的权利。自此，浮动抵押制度在英国正式确立并在原英联邦的大多数国家得到承认。由于浮动抵押在融资方面的优势，这一制度在世界各国和地区渐续采用，如《美国统一商法典》第9—204 条对“嗣后获得财产”作了规定，加拿大、日本将浮动抵押制度规定于企业担保法中，我国香港特区公司条例和澳门特区商法典中也都有关于浮动抵押的规定。〔2〕

浮动抵押权作为抵押权的一种当然也具有普通抵押权所有的特征，但是与普通抵押权相比较，我国法律上的浮动抵押权尚具有如下三个方面的特殊性。

1.抵押主体的特殊性。浮动抵押权是商事抵押权的一种，因此与普通抵押不同，浮动抵押的抵押人一方只能是商事主体。依据我国《民法典》第396条的规定，抵押人只能是企业、个体工商户、农业生产经营者，除此之外的其他债务人不能设定浮动抵押。不具有商事主体资格的自然人不能设定浮动抵押权，同样不具备商事资格的法人包括国家机关、公益事业单位法人、财团法人等均不得设定浮动抵押权。

2.抵押财产的集合性。在普通抵押的情形下，由于一物一权的原则，一个抵

〔1〕关涛：《浮动抵押刍议》，载《法学论坛》2007年第 3 期。
〔2〕董学立：《浮动抵押的财产变动与效力限制》，载《法学研究》2010年第 1 期。

押权的标的是一个独立的物；若要以若干个物进行抵押，则必须设立若干个独立的抵押权。但是在浮动抵押中是将若干动产作为一个整体设立一个抵押权，因为在浮动抵押的情况下突破了传统物权法的“一物一权”原则。我国原《物权法》第181条规定：“经当事人书面协议，企业、个体工商户、农业生产经营者可以将现有的以及将有的生产设备、原材料、半成品、产品抵押，债务人不履行到期债务或者发生当事人约定的实现抵押权的情形，债权人有权就实现抵押权时的动产优先受偿。”依据该条规定，我国法律上的浮动抵押的标的物包括抵押人所有的“生产设备、原材料、半成品、产品”，即既包括设定抵押权时已经拥有的也包括抵押权设定后再取得的这些标的物在内。这一规定使我国浮动抵押的财产范围大大受到限制，因此其发挥作用的空间也相对有限。在比较法上浮动抵押的抵押财产可以是企业的全部财产，包括动产、不动产、知识产权、股权等其他财产权在内，当然抵押人也可以仅选取其中一类财产作为浮动抵押的抵押财产。

3.抵押财产的非特定化。在浮动抵押情形下，抵押人仍然可以自由转让抵押财产，若抵押人将一个抵押财产转让，则债权人不得就该财产进行优先受偿。相反，抵押权设定后债务人取得的新财产仍然作为抵押权的客体，债权人可以就其优先受偿。也正是因为这一原因，该种抵押制度才被称之为浮动抵押。

二、浮动抵押的制度价值

所有的特殊抵押制度产生的原因都是用以克服一般抵押制度本身所存在的局限性而在交易的过程中逐渐演化出来，后来被法律所正式认可的。浮动抵押制度“就是要达到在不损害债权人担保利益的情况下，又能让债务人自由地开展正常营业的这种效果。对债权人而言，浮动抵押可以以抵押人的每一宗财产作为债权实现的担保，增大了债权保障。对于债务人而言，尽管其所有财产被设定抵押，但他们在经营过程中仍然可以自由利用、处分抵押物，而无须征得抵押权人的同意，因而在不影响正常经营的情况下，却可以利用浮动抵押获得最大限度的融资利益。正是由于浮动抵押的上述特点，继英国之后，浮动抵押制度开始为其他国家的立法所效仿。英国浮动抵押制度在原英属殖民地的大多数国家得到承认，如印度、巴基斯坦、澳大利亚、新西兰、马来西亚、新加坡等。一些大陆法系国家借鉴英国浮动抵押制度，对传统的商法、公司法、民法进行修改，增补了浮动抵押制度，如芬兰、挪威、瑞典和日本”。[1]除此之外，浮动抵押的制度优势还在于其能够大量节约交易成本。债权人和债务人之间仅须签订一项浮动抵押合同并进行一次抵押登记，即可对为数众多的价值大小各异的财产设定抵押权，而不需要对每一项抵押财产都进行一次抵押权的设定行为，这样无异大大降低了当事人之间的交易成本。

三、浮动抵押的设立

（一）签订书面合同

与普通抵押权的设定相同，浮动抵押权的设定须签订书面抵押合同。在浮动抵押合同中除须具备普通抵押合同所具备的必要条款和通常条款外，有如下两个方面的特殊性须予以注意：首先是关于标的物的条款中，必须要明确列举出包括抵押人现有的财产和将来所取得的财产两种。其次是在浮动抵押合同中，抵押财产得以特定化的情形作为一个通常条款，当事人往往会加以规定。

（二）抵押登记

由于我国《民法典》上的浮动抵押标的物仅限于企业的动产而不包括不动产等其他财产在内，因此也按照普通动产抵押予以处理，登记仅为对抗要件。也即均适用《民法典》第403条的关于动产抵押权的相关规定。

四、浮动抵押的特殊效力

（一）对标的物的效力

1.对将来取得之财产的效力

浮动抵押权与普通抵押权之效力的主要不同点就在于对标的物的效力上。普通抵押权仅对抵押权设定时的特定标的物有效，当然在一定的条件下也会对标的物之从物、添附物、孳息等关联物发生效力。在浮动抵押中，除了设定抵押权时即已经存在的标的物之外，尚对抵押权设定后抵押财产特定化之前，抵押人所取得的一切与抵押财产属于同种类的财产发生效力。即在抵押权设定后企业再取得的“生产设备、原材料、半成品、产品”等动产亦属于抵押财产的范围。对将来取得之财产具有约束力的要件有二：其一是该将来财产必须与抵押财产属于同类财产，若非属于同类财产则抵押权对其不具有约束力。其二是

---

〔1〕周泽新：《浮动抵押的历史渊源与制度构造——兼评我国物权法上的浮动抵押制度》，载《河北法学》2010年第11期。

将来取得之财产必须是在抵押财产予以特定化之前所取得的财产。在抵押财产特定化之后再行取得的财产，即便是与抵押财产属于同一种类的财产也不再作为抵押财产。

2.正常生产经营规则

依据原《物权法》第189条第2款的规定，浮动抵押权不得对抗正常经营活动中已支付合理价款并取得抵押财产的买受人。《民法典》将该规定扩张到了所有的动产抵押的情形，于第404条规定："以动产抵押的，不得对抗正常经营活动中已经支付合理价款并取得抵押财产的买受人。"该规定在学理上被称之为正常生产经营规则，根据该条规定，浮动抵押期间抵押人有权利处分抵押财产，而抵押财产被处分后，抵押权对此不再发生效力。正常生产经营规则是《民法典》第406条所规定的抵押权的追及效力的例外性规定，在符合第404条所规定的情形下，不再适用406条的规定。正常生产经营规则是由浮动抵押的本质特征所决定的，也正是因为有了该规则，浮动抵押才称之为浮动抵押，也才能发挥其效力。如没有该规则，那么企业将其全部动产抵押之后，即无法进行正常的生产经营活动。

该规则适用的具体要件有如下三个方面：（1）须抵押人处分抵押财产系发生在抵押财产特定化之前。抵押财产特定化之后，抵押人即不得再行处分抵押财产，此时浮动抵押权完全适用一般抵押权的规则，抵押人若要处分抵押财产必须取得抵押权人的同意，并用转让抵押财产的价款清偿所担保的债权或者提存。（2）抵押人处分抵押财产必须是基于正常经营活动。就正常经营活动的具体含义而言，根据《担保制度解释》第56条第2款规定，出卖人正常经营活动，是指出卖人的经营活动属于其营业执照明确记载的经营范围，且出卖人持续销售同类商品。而该条规定第1款则明确规定下列情形不属于这里的正常生产经营活动的情形：①购买商品的数量明显超过一般买受人。②购买出卖人的生产设备。例如，甲公司将其所有的机器设备、原材料、半成品、库存产品等一并为乙银行设定浮动抵押权担保对银行的2000万元的债务，双方办理了抵押登记。后若抵押人将自己生产用的机器设备予以出卖，该行为即不属于正常的经营活动范围。③订立买卖合同的目的在于担保出卖人或者第三人履行债务。④买受人与出卖人存在直接或者间接的控制关系。⑤买受人应当查询抵押登记而未查询的其他情形。笔者认为，最高人民法院所规定的上述五种除外情形中的第三种与第五种颇值商榷。针对第三种情形，笔者将在下文予以讨论。针对第五种情形，笔者认为，最高人民法院对正常生产经营规则的立法目的有所误解。正常生产经营规则的立法目的并非在于对于善意交易相对人的保护，而是赋予了抵押人为了正常生产经营而无负担地处分抵押财产的权利，故无论第三人是否知晓标的物上存在抵押权均不影响该规定的适用，因此亦不应苛责当事人交易相对人再去查询抵押登记。因此，无论买受人是否存在所谓的应当查询登记的义务，都不能因未查询而影响该规则的适用。（3）须抵押财产之受让人支付合理对价。对价是否合理须依据交易当时的综合交易环境予以判断，而不能拘泥于一个固定的具体数额。

（二）与其他权利的冲突

1.对于在浮动抵押权设定之前发生的权利

由于浮动抵押权的标的物系抵押人的“机器设备、原材料、库存产品、半成品”等集合财产，因而难免有些财产之上已经设定了抵押权、质权等其他物权，那么这些已经成立在先的担保物权等自然应当优先于设立在后的浮动抵押权。当然若成立在先之物权系以登记为对抗要件，那么该成立在先之权利若未经登记的自然也就不能对抗成立在后且经过登记的浮动抵押权。

2.对于浮动抵押权设定之后发生的权利

鉴于物权的优先效力，就一般抵押权而言，若在抵押权设定后再于同一标的物上设定其他权利的，那么成立在先的抵押权自然优先于成立在后的权利。然而对浮动抵押权而言则不能做同样的推论。因为浮动抵押中，抵押人得为了正常的生产经营以合理的价格处分抵押财产，其处分自然也包括为了正常的生产经营而将标的物为其他债权人设定相应的担保物权在内，若该后设定的担保物权属于抵押人正常的生产经营活动，且其担保系为了获得合理的融资，那么该发生在后的担保物权（包括抵押权、质权、留置权）则应当优先于浮动抵押权。我国学者在研究域外法制的浮动抵押权的效力时指出：“在其全部财产上设定浮动抵押的公司仍然可以在其所有的财产上设定固定抵押。这些无论是普通法上的还是衡平法上的固定抵押都优先于浮动抵押在其设定的财产上受清偿。但是浮动抵押固定化以后， 就不能再设立固定抵押， 因为浮动抵押已转化为固定抵押。公司也不能在全体财产上设定一个优先于前一浮动抵押的浮动抵押， 除非前一抵押的债权明确允许。然而， 在全体财产上设定的浮动抵押不能阻止公司在部分财产(比如账面款项) 上设立比其优先的浮动抵押。但是， 如果部分财产的范围没有限制， 那么就被认为实际上是全部财产， 此时前一抵押仍然优先。”[1]然而《担保制度解释》第56条第1款第3项规定的情形，恰恰否定了设定在后的普通担保物权优先于浮动抵押权。笔者认为这一解释颇值商榷，此解释与浮动抵押的内在制度价值相冲突，也与正常生产经营规则存在评价上的不一致。实际上，若浮动抵押的抵押人为了正常生产经营的需要再负担债务并用其特定动产予以担保，设定抵押权或者质权，其本质上与因正常生产经营转让该财产无异，其对浮动抵押之抵押权人造成损害的可能性比转让该动产只低不高，因而既然允许其转让打破抵押的追及效力，也就应该允许普通担保物权优先于浮动抵押权。

五、浮动抵押权的实现

浮动抵押权的实现与普通抵押权的实现大体上相同，唯在如下两个方面有其特殊性。

（一）须抵押财产予以特定化

由于浮动抵押权的抵押财产处于持续的变动之中，实现抵押权须先使抵押财产得以特定化。因此抵押财产特定化即属于抵押权实现的前提条件，抵押财产特定化（crystalization）之后，债务人再取得的新财产不再属于抵押财产，债务人也不得再将抵押财产予以处分。依据《民法典》第411条的规定，抵押财产自下列情形之一发生时确定：（1）债务履行期届满，债权未实现。（2）抵押人被宣告破产或者解散。（3）当事人约定的实现抵押权的情形。（4）严重影响债权实现的其他情形。

（二）须指定财产接管人

与普通抵押有所不同，浮动抵押财产系集合财产而非单一财产，故浮动抵押权的实现实际上属于一种“清算活动”，并非仅如普通抵押权那样简单地以强制执行的方法或者以协议的方式处分抵押财产即可。

法律适用

就抵押权而言，在司法实务中最重要的争议就是在同一抵押物上设立若干个抵押权乃至于其他担保物权时的优先顺位问题。就不动产抵押而言，这个问题应当不成问题，因为不动产抵押权的设定均以登记为其生效要件，故没有登

[1] 关涛：《浮动抵押刍议》，载《法学论坛》2007年第3期。

记的抵押权根本就不成立，从而不能取得任何优先效力；而登记的则按照登记的先后顺序确定其优先顺位，此为物权之一般的顺序原则，该设定在后的抵押权人自然可以通过查阅不动产登记簿而获知标的物之上已然存在抵押，从而决定是否接受该抵押并对此作出相应的安排，其接受顺序在后的抵押权是其自由选择的结果，自然对其并构成非正义。然而，有问题的是动产抵押权，因为其设立仅需要抵押合同生效即可，不登记只是不得对抗善意第三人。因此学说上及实务上围绕何为善意、第三人的范围如何、不得对抗的含义又如何等问题存在广泛而持久的争议。为此，《民法典》则专门设有第414条与第415条两个条文解决多个担保物权之间的优先顺位问题，这看起来似乎简单了很多，但是该条文由于与第403条不登记不得对抗善意第三人的规定存在内在的冲突，故构成碰撞式法律漏洞使得原本就复杂的问题更加复杂。非但如此，我国《民法典》还引入了出卖人的超级优先制度，并且将所有权保留、融资租赁均作为担保方式予以对待，从而使这一问题愈加扑朔迷离。对此，我们认为在立法论上固然第414条与第415条之规定因与第403条存在冲突，从而非属恰当。然而在解释论上为了统一裁判尺度，宜认为第414条、第415条系第403条的特别规定，从而在担保物权优先顺位上排除第403条之适用；而第416条则又构成了第414条的特别规定，从而优先于第414条予以适用。

第十四章 质权

提 要

质权有动产质权与权利质权之分。质权与抵押权的主要区别在于出质人须将出质动产交付给质权人占有，对于权利质权而言，则质权人通过占有权利证明文书的方式从而形成对于权利的准占有。由于质权人占有质押财产，故质权除了具有优先受偿的功能之外，尚有通过留置担保财产从而督促债务人积极履行债务，从而取回出质财产的功能，这在债务人本人即为出质人且质押财产使用价值较大的情形中尤为明显。由于质权人须占有质物，因此产生了质权人保管标的物的义务、质权消灭后质权人返还标的物的义务，以及质权人任意返还质物时质权归于消灭、出质人须负担保管标的物之费用的义务等不同于抵押权的特殊规则。同样，由于质权人已经占有质物，故在实现质权条件成就时，质权人得以自行处分质押财产以优先受偿而不是必须借助法院的强制执行程序，盖此时并不侵害出质人的自由。对于权利质权而言，则因不同的权利而异其要件及效力，总体而言，对于有权利证书的权利以交付权利证书为权利质权的成立要件，对于没有权利证书的权利质权则以登记作为其成立要件。

重点问题

1. 什么是动产质权？动产质权的特征有哪些？
2. 动产质权如何设立？
3. 动产质权的具体效力如何？
4. 动产质权如何实现？
5. 可以设定权利质权的权利范围如何？
6. 各种权利质权如何设定？

第一节 质权概述

一、质权的概念

质权是指债权人为了担保债权的实现，于债务人不履行债务时就债务人或第三人移交占有的动产或可以转让的财产权所享有的优先受偿的权利。可见质权的标的物有两大类，一种是可以转让的动产，另一种是可以转让的财产权。以前者为标的物而成立的质权为动产质权；以后者为标的物而成立的质权为权利质权。在比较法上尚有不动产质权，但我国立法上不承认不动产质权。

二、质权的特征

质权具有一切担保物权具有的共同特性，包括从属性、不可分性和物上代位性等，除此之外质权尚具备以下三个方面的特征。

1.质权的标的是动产和物权之外其他可转让的财产权。质权因此分为动产质权和权利质权。金钱经特定化后也可以出质，也即债务人或者第三人将其金钱以特户、封金、保证金等形式特定化后，移交债权人占有作为债权的担保，债务人不履行债务时，债权人可以以该金钱优先受偿。在我国，法律不承认不动产质权，因此若当事人以不动产设定质押并将其交付给债权人占有的，便会违反“物权法定”原则。

2.质权是移转占有的担保物权。质权的标的物是由动产和被作为动产对待的可转让权利所决定的，质权以交付标的物为其生效要件，因为动产物权的法定公示方式乃是“交付占有”。也正因为动产质权以交付标的物的占有为其要件，动产质权在功能上除了具有担保债权实现之外，还具有留置标的物从而促使债务人履行其债务的功能。就权利质权而言，虽然权利本身系无体的，不能移转占有，但是很多权利是通过其权利凭证而予以证明的，行使权利需要持有和出示权利证书，没有权利证书不能行使权利，故移转权利证书的占有在功能上与交付物之占有具有一定的相似性，基于此，我国法律把此等权利用作担保的方式也作为质权来对待。我国《民法典》将用益物权之外的所有可转让的财产权均作为质权的客体，从而在某种意义上已经偏离了传统质权的范畴。实际上对于不以持有其凭证为行使条件的权利而言，如商标专用权等知识产权等，以其设定担保时是以登记作为生效要件，并非以交付权利凭证为生效要件，担保权人对该权利也不具备留置的功能，从而此种担保权利从本质上更接近于抵押而非质押。

3.质权系意定担保物权。我国《民法典》和其他法律均不承认法定质权，因此在我国质权只有一种即意定质权，因此质权的成立需要出质人和质权人签订质押合同。作为意定担保物权，质权的效力要比作为法定担保物权的留置权弱，在同一个标的物上若既有质权又有留置权，无论成立时间先后留置权都比质权受偿在先。

三、质权的种类

（一）动产质权

所谓动产质权是指为担保债务的履行，债务人或者第三人将其动产交给债权人占有，在债务人不履行到期债务时，债权人可以将该动产进行处分并就处分所得价金优先受偿的权利。其中提供财产给债权人占有的人称为出质人，债权人即为质权人。出质人可以是债务人本人也可以是债务人之外的第三人，若出质人为债务人之外的第三人的，此出质人又可以被称之为物上保证人，物上保证人有权代替债务人履行债务，在物上保证人代替债务人履行完债务以后对债务人享有代位求偿权。

（二）权利质权

所谓权利质权是指债务人或者第三人将物权以外的其他可转让的财产权用来担保债务的履行，在债务人不履行或者不能履行债务时债权人可以行使该项财产权，或者将该财产权予以转让而就所获之金钱优先受偿的权利。不但物和物权可以用作担保，一切可以转让或者能够转化为金钱的财产权均可以用来担保债务，这是现代金融市场的基本要求，也是现代民法的共同做法。然而以物或者物权以外的财产权进行担保的，究竟被称为抵押权还是质权则各国法律有所不同，之所以如此是由于财产权本身是无体的，因此不存在转移占有的问题，故很难被作为严格意义上的质权的客体，从这个意义上来看将权利作为抵押权的客体更加合理；然而很多被用作担保的财产权是以权利凭证来予以表彰的，故虽然没有办法将财产权本身交付给债权人占有，但是却可以将财产凭证交付给债权人占有，这对于必须依据权利凭证才可以行使的权利（如汇票、本票等票据）而言，与动产质权之交付标的物已经相差无几了，故作为质权亦无不当。正是基于这样的考虑，我国自《担保法》以来即均将权利担保作为质权对待。

（三）营业质权

营业质权又被叫作当铺质权，是指当铺经营人占有出当人所交付的动产并向出当人提供相应的金钱贷款，在出当人到期不能清偿其贷款本息时得将该动产予以变价处分以优先受偿，或者以取得该动产之所有权以抵偿其贷款本息的权利。

典当业在我国历史上一直是一种重要的金融业务，新中国成立后将其予以废止，其主要原因是当铺对于出当人所收的利息过高，一直被认为是一种严重的剥削性制度，与社会主义制度相违背。“20世纪80年代以来，典当业凭借其小额、短期、便捷和安全的特点，逐渐成为我国社会主义市场经济中一种特殊的融资方式，满足了老百姓和中小企业的资金的不同的需求，成为银行融资渠道的必要而有益的补充，在促进我国社会主义市场经济发展壮大的过程中发挥了积极作用。”〔1〕商务部与公安部于2005年联合制定了《典当管理办法》，正式承认了典当行业的合法性，从而也为营业质权提供了一定的法律依据。然而，该管理办法仅仅属于部门规章，其性质属于行政管理法律规范，其目的仅仅在于对典当行业的管理而非在于规范由典当而形成的法律关系和解决因此而产生的法律纠纷，故关于营业质权在我国目前法律体系中尚属法律漏洞。目前，由于无直接可以适用的法律，关于营业质权所产生的法律纠纷可以准用《民法典》关于动产质权的相关规定，唯与营业质权之性质不相容者除外，例如流质禁止条款即不得再行适用。

与普通质权相比较，营业质权具有如下之特征：（1）营业质权主体的特殊性。营业质权的出质人即出当人可以是任何民事主体，可以是自然人、法人或者其他组织。但质权人只能是当铺经营人，其他人不得从事典当营业活动，因此亦不得设立营业质权。依据《典当管理办法》的相关规定，当铺经营人必须是依法设立的公司，并且须获得《典当经营许可证》和《特种行业经营许可证》。（2）营业质权系基于商事交易而产生的质权。典当行为是一种典型的商行为，当铺经营人系以盈利为目的而从事典当行为的，故营业质权所担保的债权必然是有利息的债权。（3）营业质权在效力上有其一定的特殊性。首先，流质禁止条款本身不得适用。在营业质权的情形中，出当人到期无力支付借款本

〔1〕杨柱平、杨静：《我国营业质权立法探讨》，载《长春理工大学学报（社会科学版）》2013年第7期。

息而赎回其标的物的，那么当铺营业人既可以选择自行取得标的物之所有权而抵偿债权债务而无须再进行清算，即便标的物之价值大于出当人所应当支付的本金和利息总和，当铺营业人亦无须返还剩余价值，当然也可以选择将标的物予以处分而以其价款清偿其债务。其次，在营业质押中质权人不得将标的物予以转质，这与普通质权也是不同的。

（四）比较法上的用益质权

大陆法系之罗马法系上尚有另外一种质权，即用益质权。所谓用益质权是指债务人或者债务人之外的第三人为了担保债务人对于债权人的债务而将标的物交付给债权人占有，债权人于其占有标的物期间得对标的物进行使用和收益，于债务到期时债务人不能清偿债务的债权人得处分标的物并就其价金优先受偿或者用标的物抵偿其债务的权利。用益质权实际上是质权与用益物权相互结合的产物，自理论上而言既可以建立在不动产之上也可以建立在动产之上，然而比较法上往往以不动产用益质权为主。“不动产质不仅是单纯的占有转移的担保形式，应该注意的是，还有把‘使用受益’给予债权人作为其本身的担保的性质。‘受益质’是债务人以借金的形式，在一定期间内把土地出质给取得人，使物质的取得人在一定期间内耕作其土地，并取得收益，这是受益质的本质。从这种本质中导出质权人不能请求利息、管理费用的负担等。”〔1〕

四、质权的制度价值

与抵押权人不占有标的物有所不同，质权人占有着标的物，因此质权除了具有价值权的功能之外，还具有留置标的物的功能，即剥夺了出质人对标的物本身的占有，从而给出质人造成巨大的心理压力并促使债务人清偿债务。就具有留置功能而言，在担保债权之实现方面质权要比抵押权更具优势。但是质权的优势也正是其缺陷所在，由于债权人要占有质押财产，从而使得一方面出质人无法对用以出质之标的物加以利用，另一方面债权人也承担着保管质押财产的重要责任，稍有不慎就有可能使标的物毁损灭失从而要承担损害赔偿之责任，所以双方当事人都不愿意接受质权作为担保的方式，特别是对于大型企业双方更是不愿意用质权来担保其债权债务。正是基于此，日本法学教授我妻荣得出了质权在当代发展的两大趋势的结论：第一，以生活用品出质为主要内容

〔1〕［日］近江幸治：《担保物权法》，祝娅等译，法律出版社2000年版，第81—82页。

的平民百姓的金融，第二，以商品或有价证券出质为主要内容的商人的金融。显然，两者共同承担着抵押权无法发挥的作用。[1]

第二节 动产质权

一、动产质权的客体

关于可以用于出质的动产范围，我国《民法典》仅有第426条一项禁止性规定，即法律、行政法规禁止转让的动产不得出质。依此规定及相关原理，用于出质的动产应当具备如下三个方面的条件。

（1）作为质权标的物之动产必须是流通物。物依据是否可以进行转让可以划分为流通物、禁止流通物和限制流通物。流通物是可以自由转让的物；禁止流通物是不得进行转让的物；而限制流通物则是在一定范围内符合法定条件的情形下可以转让的物。由于质权作为担保物权意味着在债务人不清偿到期债务时债权人将质物予以处分，因此标的物绝对不能是禁止流通物。若标的物是限制流通物的可以进行质押，但质权人在处分标的物时必须符合该标的物进行转让的条件。

（2）作为质权标的物之动产应当是适易于保管的动产。因为质权是移转标的物占有的担保物权，所以质权人在债权受清偿之前应当对质物进行保管，但是不得使用质物，所以若一项动产是无法进行保管的或者虽然能够保管但是保管费用过高的动产是不能够作为出质财产的，虽然《民法典》对此没有规定，但这一点是不言而喻的。

（3）出质人必须对于质押财产具有处分权。质押作为设定担保物权的行为是对标的物仅次于转让的一种处分，因此出质人需要对标的物具有相应之处分权。若出质人对于出质之动产不具有处分权，则质押行为构成无权处分，未经处分权人追认的不发生质押的效力。当然，质权也可以通过善意取得，因此若质权人符合善意取得的要件，尽管出质人没有处分权该质权人依然能够取得相应的质权。

---

〔1〕［日］我妻荣：《新订担保物权法》，申政武等译，中国法制出版社2008年版，第105页。

二、动产质权的设立

（一）订立质押合同

1.质押合同系书面要式合同

作为意定担保物权，动产质权的发生需要出质人与质权人订立质权合同。依据《民法典》第427条的规定，质押合同是书面要式合同，因此应当以书面形式订立，否则该质押合同不成立。这里比较有疑问的是《民法典》第490条第2款是否有适用的余地，即“法律、行政法规规定或者当事人约定合同应当采用书面形式订立，当事人未采用书面形式但是一方已经履行主要义务，对方接受时，该合同成立。”也就是说，抵押人和抵押权人仅以口头约定将标的物予以质押，但是已经将标的物交付给了债权人占有，质押合同是否成立，质权是否成立呢？笔者认为该规定也应当予以适用，如果已经交付了标的物的，则也应当认定为质押合同成立，同时质权也成立。在物权变动采纳区分原则的立法例下，质权的成立应当是当事人变动物权的合意再加上交付行为共同构成的物权行为的效果，其是否成立不受债权行为（在质押中即质押合同）之效力的影响，因此出质人交付了质押财产的物权行为生效，从而质押得以成立。

2.质押合同的内容

（1）必要条款

①当事人。作为质押合同的当事人是出质人和债权人，若债务人不是出质人的，质押合同中还应当写明担保的债务人的姓名或名称等。

②所担保的主债权。由于担保物权是主债权的从权利，所以质押合同必须明确规定被担保的主债权的情况，包括主债权的种类以及数额。在最高额质押时无须写明主债权的数额，但是必须写明所担保之主债权的种类。

③标的物。质权是担保物权，物权要求标的物特定，因此质押合同中必须明确规定质权的标的物，使该标的物达到特定的程度。《民法典》第427条第3项要求写明质押财产的名称、数量两项内容。实际上并非这四项都要明确规定在合同中，若标的物是特定物的只需要标明标的物的名称即可，因为该标的物的名称即可使标的物特定化，但是若标的物是种类物的必须写明标的物的名称、数量、质量和状况，因为只有同时标明这些内容标的物才能予以特定。

（2）通常条款

①债务人履行债务的期限。该条款一般要在质押合同中约定，但是没有约定的不影响质押合同的效力。没有约定债务人履行债务的期限，当事人可以事后达成补充协议，若达不成补充协议，则债务人有权随时履行债务，债权人有

权随时请求债务人履行债务，但是都应当给对方必要的准备时间。

②担保的范围。当事人通常也会对质权所担保的范围进行约定，而且作此约定对于双方当事人权利义务清晰界定是有好处的。若当事人没有约定质权所担保的债权范围的，则适用《民法典》第389条的规定，即“担保物权的担保范围包括主债权及其利息、违约金、损害赔偿金、保管担保财产和实现担保物权的费用”。

③关于质押财产的交付时间。由于质权从质押财产交付时生效，因此何时交付质押财产对于质权人来说利益至巨，因此合同中一般应当约定质押财产交付的时间和交付的方式。但是质押合同若没有约定质押财产的交付时间的不影响质押合同的成立和生效，此时应当适用《民法典》第510条和第511条的规定，即：当事人可以通过达成补充协议以确定交付质押财产的时间；若无法达成协议，债权人有权随时要求出资人交付质押财产，而出质人也有权随时交付质押财产，但是都应当给对方必要的准备时间。

（3）禁止“流质”条款

依据《民法典》第428条的规定，质押合同与抵押合同相同也存在流质禁止的规定。在债权履行期限届满前双方当事人约定，在债务人未履行债务时质押财产的所有权直接转归债权人。如有该约定的，那么该项约定也不发生法律效力，也即在债务到期后即便债务人不能清偿债务的，标的物之所有权也不能直接转归债权人，相反债权人必须通过质权实现的方式来实现其债权。

（二）交付标的物

与抵押合同相同，质押合同生效本身并不产生质权设定的法律后果，质押合同生效后的法律效力是出质人负有交付质押财产的义务。另外，质押合同的生效亦与是否交付标的物从而质权是否成立无关，其生效应当适用有关合同生效的一般规则。

动产质权的设立与动产所有权的变动一样，都是从交付标的物之时发生法律效力。这里的交付包括三种交付，即现实交付、简易交付和指示交付，但不包括《民法典》第228条所规定的占有改定。对此原《担保法解释》第87条规定：“出质人代质权人占有质物的，质押合同不生效；质权人将质物返还于出质人后，以其质权对抗第三人的，人民法院不予支持……”《担保制度解释》并未保留该条规定，但这并不意味着民法典转变了态度，相反在功能上以及体系解释上，仍然能够得出与原《担保法解释》相同的解释。首先，就功能而言，乃在于维持质权人对于标的物的留置功能，因为动产质权不但具有担保功能还具有留置功能，从而促使债务人及时清偿其债务，当然还有确保质权之公示功能的目的。谢在全教授指出："此项占有之移转不以现实交付为限，简易交付及指示交付亦无不可（946），然为确保质权之留置作用，质权人不得使出质人代自己占有质物（885Ⅱ），因而以占有改定，移转动产占有之方式，于动产质权之设定无适用之余地，否则，不生质权设定之效力。排除以占有改定方式移转质物占有之理由，原系认为在贯彻物权变动之公示原则，以保护交易之安全，然动产所有权之变动更强于质权之设定，却仍得以占有改定方式为之，自无于质权之设定单独将之排除之理，可见上述理由难使人信服。近代以来，通说遂认为上述规定乃在确保质权之留置作用，务必剥夺出质人之占有，使其不能用益，以实现迫使债务人从速清偿之功能。"[1] 其次，自外在的逻辑体系以言，《民法典》第224条、第226条、第227条关于现实交付、简易交付、指示交付中都使用了"动产物权设立和转让"，而唯独第228条关于占有改定中仅使用"动产物权转让"，从而可以看出其仅仅适用于所有权转让而不适用于他物权的设定，当然主要是不适用于动产质权的设定。

在指示交付的情况下，质权的生效时间应当是出质人通知到达质物占有人的时间。在简易交付的情形下，质权应当是在质押合同成立的时候发生法律效力。质押合同生效后，出质人没有按照质押合同的约定交付标的物的，出质人构成违约，债权人首先可以诉请人民法院判决出质人实际履行，在获得胜诉判决之后债权人可以基于该判决申请人民法院予以强制执行，从而使质权得以成立和生效。债权人因此而受有损失的，有权要求出质人承担相应的损害赔偿责任。

在实务中还存在另一种质物交付的方式，即委托第三方为质权人进行监管质押财产，这对于作为债权人的银行而言是非常有价值的，盖如果一律要求银行自身对于质物进行占有和保管显然负担过重，因而会实际上阻碍银行接受动产质押的担保方式。以此种方式设定质权的除了出质人与债权人须签订书面的质押合同之外，还需要债权人（委托人）与第三方（受托人）签订合同，由债权人委托第三方为其占有和保管标的物，并指示出质人将标的物交付给该第三方进行占有，自出质人将标的物交付给受托人之时起质权成立。该种情形下，质权人是标的物的间接占有人，而受托人则是标的物的直接占有人，其与质权人之间形成了占有媒介关系。而如果作为监管方的直接占有人并不是为质权人

---

〔1〕 谢在全：《民法物权论》（下册），中国政法大学出版社 1999年版，第 765 页。

占有标的物，而是为出质人占有标的物，接受出质人指示的，那么此时并未形成交付，故质权不能成立。对此《担保制度解释》第55条规定：“债权人、出质人与监管人订立三方协议，出质人以通过一定数量、品种等概括描述能够确定范围的货物为债务的履行提供担保，当事人有证据证明监管人系受债权人的委托监管并实际控制该货物的，人民法院应当认定质权于监管人实际控制货物之日起设立。监管人违反约定向出质人或者其他人放货、因保管不善导致货物毁损灭失，债权人请求监管人承担违约责任的，人民法院依法予以支持。在前款规定情形下，当事人有证据证明监管人系受出质人委托监管该货物，或者虽然受债权人委托但是未实际履行监管职责，导致货物仍由出质人实际控制的，人民法院应当认定质权未设立。债权人可以基于质押合同的约定请求出质人承担违约责任，但是不得超过质权有效设立时出质人应当承担的责任范围。监管人未履行监管职责，债权人请求监管人承担责任的，人民法院依法予以支持。”

（三）质权的善意取得

如前所述，与动产所有权相同，动产质权也可以善意取得。动产质权善意取得需要具备如下要件：

1.出质人占有他人的动产，而且该占有是基于所有人的意思而发生的。与动产所有权的善意取得一样，也应当排除遗失物和盗赃物之质权的善意取得，这两种物不但不能基于善意取得而取得其所有权，也不能基于善意取得而取得质权。

2.须质权人善意，即质权人不知道出质人没有所有权，而且对于不知道出质人没有所有权没有过失。尽管质权人没有义务去调查出质人是否是标的物的所有人，因为这与善意取得制度保护交易安全、降低交易成本的制度价值相一致，但是若对出质人对标的物的所有权有合理怀疑的则必须要进行调查，否则质权人即存在过失。

3.出质人已经将质物交付给债权人，此交付与动产所有权善意取得相同。

三、动产质权的效力

（一）质权对于标的物的效力

质权对于标的物的效力所涉及的问题与抵押权对于标的物的效力问题基本相同，即对于出质财产的孳息、从物、添附物是否有效的问题。

1.质权对于孳息的法律效力

与抵押权有所不同，依据《民法典》第430条规定，质权人在整个质押期间均有权收取质押财产所产生的孳息。不过需要注意的是标的物出质以后，所产生的孳息（包括法定孳息和天然孳息）的所有权仍然归出质人所有，而非直接归质权人所有。质权人在收取该孳息并在扣除收取该孳息所支出的必要费用之后，用该孳息抵充其债权。质权人收取孳息后抵充债权的顺序是：收取孳息的费用、主债权的利息、主债权。动产质权对于标的物孳息的效力与抵押权有所不同，在抵押权只有标的物被人民法院扣押之后抵押权人才能够收取标的物的孳息。法律之所以规定质权人可以收取孳息，是因为质权人占有标的物，对于收取孳息最为方便，成本最小，而且最有利于对孳息的保存。笔者认为《民法典》第430条的规定可以准用于留置权。

2.质权对于标的物之从物的效力

与原《物权法》相同，《民法典》对于质押财产的从物的法律效力未设任何之规定。《担保法解释》第91条则规定："动产质权的效力及于质物的从物。但是，从物未随同质物移交质权人占有的，质权的效力不及于从物。"笔者认为虽然最高人民法院《担保制度解释》并没有吸收该解释，但是该解释对于《民法典》也应当有适用之余地，因为该解释完全符合《民法典》关于主物与从物之间的关系的原则，以及质权成立须交付标的物的公示原则。

3.质权对于与质物发生添附后所产生之物的法律效力

关于质权对于质物之添附物的效力如何，《民法典》未著明文，《担保制度解释》对此亦未作规定。我们认为，由于质权与抵押权在这一问题上不存在实质性的区别，故《担保制度解释》第41条关于添附对于抵押权之法律效果的规定对于质权亦有适用的余地。也即：（1）质物因附合、混合或者加工使抵押物的所有权为第三人所有的，质权的效力及于补偿金；（2）质物所有人为附合物、混合物或者加工物的所有人的，质权的效力及于附合物、混合物或者加工物，但是债权人对于因添附而增加的价值部分不具有优先受偿的权利；（3）第三人与质物所有人为附合物、混合物或者加工物的共有人的，质权的效力及于出质人对共有物享有的份额。 我们认为这一规定不但应当适用于质权，而且还应当适用于留置权。

（二）质权人的权利

1.占有与留置标的物的权利

质权人在其债权被清偿之前可以留置标的物不予返还，这种权利被称之为质权人的留置权。关于质权人的留置权《民法典》虽然没有明文规定，但是依据质权人有权利占有质物的立法构造完全可以推论出这一点。

2.处分其质权的权利

出质人处分其质权的权利首先表现为质权人可以抛弃其质权。质权人对于质权的抛弃可以以明示的意思表示对于出质人为之；也可以通过默示的方式为之，若质权人将质物返还给出质人而自己不再对质物进行占有的质权归于消灭。若同一个债权有两个以上担保的，质权人放弃其质权的，不应当加重其他担保提供人的责任。《民法典》第435条规定："质权人可以放弃质权。债务人以自己的财产出质，质权人放弃该质权的，其他担保人在质权人丧失优先受偿权益的范围内免除担保责任，但是其他担保人承诺仍然提供担保的除外。"该规定仅适用于出质人与债务人同为一人的情形，而没有包含出质人系债务人之外的第三人的情形。笔者认为，该规定在适用上应当作目的性扩张，债务人之外的第三人作为出质人的情形亦应予以适用。这是意思自治原则的必然要求，权利人放弃自己的权利显然是自己的自由，但是未经其他人同意，不得影响其他人的利益。当一个债权有两个以上担保时，债权人放弃其中一个担保可能会影响到其他担保人的利益，也可能不影响其他担保人的利益，在不影响其他担保人的利益时（各担保人之间不存在连带责任而系按份责任的情形）其放弃一个担保固然没有问题，而若影响到其他担保人利益时，则其放弃一个担保固然也是有效的，但是其他担保人并不能因此而增加任何负担，其他担保人的担保责任现在仍然在原有的范围内。该法思想亦系《民法典》第520条第2款的主导思想，于此亦应做相同的评价。

出质人处分其质权的权利还表现在其可以将其质权进行转让和用来为其债权人提供新的担保。不过由于质权具有从属性，所以其不能被单独转让和单独用来担保其他债权人的债权，而是将其债权转让时一并转让，在将其债权为其债权设定权利质权时该质权一并成为质权的标的。

3.将标的物予以转质的权利

所谓转质是指质权人将质物作为标的物，为了担保其自己或者他人的债务质押给债权人的行为。转质分为责任转质和承诺转质两种。所谓责任转质是指质权人不经出质人同意而以自己的责任将标的物予以转质的情形；而所谓承诺转质是指质权人在取得出质人同意的前提下将质物予以转质的情形。

我国《民法典》明确规定质权人在取得出质人的同意时是可以将质物予以转质的，也就是说对于承诺转质法律并无限制。比较有疑问的是关于责任转质的问题，对此《民法典》第434条规定："质权人在质权存续期间，未经出质人同意转质，造成质押财产毁损、灭失的，应当承担赔偿责任。"该条规定只是规定了质权人未经出质人同意而转质时的损害赔偿责任，但是并没有涉及责任转质的法律效力。换言之，未经出质人同意质权人将质物予以转质是否有效《民法典》没有明确规定。但是我们认为该条规定应当解释为质权人的转质是有效的，一方面是由于在比较法上大多数国家均规定质权人的责任转质是有效的；另一方面则是依据法律没有禁止的就应当是允许的解释原则所应当得出的结论。此外，允许质权人将标的物予以转质，可以使标的物物尽其用发挥其最大的效用。最后，既然法律已经规定质权人未经同意给出质人造成损害的应当承担损害赔偿责任，已经对出质人提供了足够的法律保护从而也就没有必要对其转质予以限制了。

关于转质所转质押的客体究竟是什么学说上有不同的观点，笔者比较赞成日本学者我妻荣的观点。我妻荣先生认为："真正的转质押，是指当事人可将质权所体现的担保价值与被担保的债权分离，单独出质，这种理论可能更符合实际。既然我们主张它属于担保价值单独出质，那么，被担保债权的数额、清偿期等就成了决定担保价值的数量、实现的时间等的要件。因此，我们不能否认原质权的被担保债权会对转质押的要件和效果产生影响。可是，尽管如此，由于原质权的被担保债权本身不是转质押的标的，因此转质权人不得回收该债权。换句话说，不得基于该债权向原质权被担保债权的债务人提出执行其一般财产的请求。"〔1〕

在责任转质的情形下，依据《民法典》第434条的规定，质权人对出质人负无过错责任。也就是说，若未经出质人同意，质权人将标的物擅自转质，若标的物毁损灭失的，无论原质权人是否有过错，也无论转质权人是否有过错。换言之，质权人将标的物转质的，即便是基于不可抗力的原因，标的物在转质权人处毁损灭失的，原质权人仍然须对出质人负损害赔偿责任。此时，质权人承担完损害赔偿责任也不能向转质权人进行追偿，盖在转质关系中，只有基于转质权人的过错标的物毁损灭失的转质权人始负损害赔偿责任。在转质的过程中，就质物之保管及因此而产生的责任而言，出质人、原质权人、转质权人之间的法律关系与保管合同中，寄存人、保管人、再保管人（保管人将标的物交给其进行再保管）之间的法律关系相同，应作相同的法律评价。

在承诺转质的情形下，标的物若毁损灭失的，原质权人是否承担责任《民

---

〔1〕［日］我妻荣：《新订担保物权法》，申政武、封涛、郑芙蓉译，中国法制出版社 2008 年版，第 138 页。

法典》没有明确规定。不过对《民法典》第434条进行反面解释可以得出原质权人无须承担赔偿责任的结论。若标的物毁损灭失，转质权人没有过错的，标的物毁损灭失的风险只能由出质人自行承担；若由于转质权人的过错，标的物毁损灭失的，则出质人可以请求转质权人予以赔偿，但是不能请求原质权人予以赔偿。

4.保全质权的权利

质权设立的目的在于以标的物的价值担保债权人债权的实现，因此若标的物的价值减少债权人的债权就会受有损害。若标的物的价值是因质权人保管不善所造成的，那么因为其损害了出质人的权利因而质权人应当对出质人承担损害赔偿之责任已如前述，但是若标的物之价值的减损并非由于质权人的原因而发生，导致质权人的债权难以充分受偿的，我国《民法典》第433条规定了在此情形下质权人可以请求出质人另行提供相应的担保。不过其前提条件必须是标的物毁损或者价值明显减少，从而损害到债权人的利益，也就是说标的物的价值减少导致剩余价值低于债权人的债权数额时，才可以要求另行提供担保。若标的物的价值虽然减少了，但是其剩余价值仍然高于债权数额的，则债权人无须也不能要求出质人另行提供担保。所谓要求出质人提供相应的担保是指标的物价值减少后的余额与债权额的差距，而不应当是标的物实际减少的价值。若质权人要求出质人另行提供相应的担保，出质人拒绝提供的，质权人有权要求提前实现其质权，将实现后的价值予以提存或者是用来提前清偿债权。唯其提前实现其债权期间的期限利益是否需要扣除，《民法典》第433条并未明文规定，依笔者的见解，若债权人提前实现质权并用所获得的价金提前清偿其债权的，应当扣除期限利益，否则债权人将构成不当得利。

5.费用支付请求权

质权人在占有质物期间负有妥善保管标的物的义务，但是享有请求出质人支付保管标的物之费用的权利。如当事人无特别约定，该费用所产生的请求权仍然属于质权所担保的范围，质权人有权就处分质物所得之价款优先受偿。

（三）质权人的义务

1.妥善保管质物的义务

由于质权人占有质物，因此也就最有条件对质物进行保管，其保管标的物的成本也是最低的，因此法律将保管质物的义务赋予了质权人。质权人若违反了对质物的保管义务，导致质物毁损、灭失的就应当对于出质人承担损害赔偿的责任。唯《民法典》第432条规定的“质权人负有妥善保管质押财产的义务”

的注意程度为何，非如比较法上有明确之规定。[1]民法上的注意义务有三种，由轻到重分别为：一般第三人的注意义务、如同对待自己事务一样的注意义务和善良管理人的注意义务。违反了一般第三人的注意义务的过失为重大过失，违反了对待自己事务一样的注意义务为具体轻过失，而违反了善良管理人的注意义务为抽象轻过失。依笔者的见解，我国《民法典》上所规定的出质人保管标的物的义务应当解释为“如同对待自己的事务般的义务”，因为债权人本来就不愿意接受质押财产来担保其债权，若再将其对保管标的物的义务定为“善良管理人的注意义务”，债权人就更不愿意接受质权了。这样的注意义务表面上是保护出质人的利益，但实际上对于出质人来说是不利的，因为若债权人不愿意接受质权担保，那么出质人就无法用其来融资。而若将质权人保管质物的义务解释为“一般第三人”的注意义务，则该义务失之过轻会有损于出质人的义务。如果质权人没有妥善保管标的物，即由于质权人的过错导致标的物毁损灭失的，那么质权人须对出质人负损害赔偿的责任。此外，依据《民法典》第432条第2款之规定，若标的物尚未毁损灭失，但是质权人的行为可能会使质押财产毁损、灭失的，出质人可以要求质权人将质押财产提存，或者要求提前清偿债务并返还质押财产。若出质人选择提前清偿债务的，则应当扣除相应的期限利益，即提前清偿这段时间的应付利息。

2.不得处分与使用质物的义务

由于质权是价值权的一种，权利人只能支配标的物的交换价值而不能支配标的物的使用价值，因此质权人虽然占有标的物但是不能对标的物进行使用和收益，这一点正是担保物权和用益物权的区别所在。因此，若质权人未经出质人同意而擅自使用质物，或者将质物予以出租获取收益均属于侵害出质人权利的行为，均应当承担侵权行为的责任。当然，也属于违反质押合同的行为，构成违约行为，应当承担违约责任，此时两种责任发生竞合，出质人可以任意选择一种而行使。

质权作为价值权有权对于质物进行处分，但是其处分的前提条件是债务人没有履行到期债务，质权人实现其质权时才可以对质物进行变价。在条件成就之前，质权人若擅自处分质物的行为属于无权处分，未经出质人追认的不发生法律效力。而质权人的行为也构成违约行为和侵权行为的竞合，因而应当承担损害赔偿之责任。

---

〔1〕如我国台湾地区“民法”第888条规定：“质权人应以善良管理人之注意，保管质物。”

当然在比较法上的“用益质权”与此不同，用益质权人不仅仅是留置标的物，而且还有权利对标的物进行使用和收益，从而以其收益用益清偿债权。另外，在营业质权或者说是当铺质中，质权人也是可以使用标的物的。如前所述，我国法律不承认用益质权，但是已经承认了营业质权。

3.及时行使质权的义务

依据《民法典》第437条的规定，在债务到期后债务人没有履行债务的，质权人有权行使其质权将质物予以变价并就其价金优先受偿。同时，在债务到期后债务人没有履行债务的，出质人也有权请求质权人及时行使其质权，就质物的价金优先受偿，此时赋予质权人及时行使质权的义务。若质权人没有及时行使其质权的，一方面出质人可以诉请人民法院，由人民法院拍卖、变卖标的物，并以其拍得的价金清偿债务。另一方面若债权人没有及时行使职权，因此给出质人造成损害的，质权人应当承担损害赔偿的责任。因质权人怠于行使质权而给出质人造成损害的情形主要有如下几种：（1）标的物本身在此期间毁损灭失的；（2）质物有保质期的，保质期经过从而使出质人受有损害；（3）标的物本身没有任何毁损或灭失，但是标的物的价值急剧下降，从而导致出质人受有损失的。我国《民法典》之所以赋予质权人因出质人的请求及时行使质权，即在于防止因质权人怠于行使质权而给出质人造成损失。

4.返还质物的义务

在质权因所担保的债权消灭、质权人抛弃质权等原因而归于消灭的，债权人（原质权人）丧失了对于标的物占有的权利，因此应当将质物返还给出质人，若其继续占有便构成无权占有，并且是恶意的无权占有。

四、动产质权的实现

（一）质权实现的条件

所谓质权的实现是指质权人将质物予以变价，并将所获得的价金优先用来清偿其债权的行为。质权的实现实际上是将标的物予以变价和就变价所得的财产优先受偿两种权利的行使。除了《民法典》第436条规定的质权提前予以实现之外，质权的实现需要具备如下条件。

1.质权人与债务人之间有有效的债权债务关系。质权作为从权利，不但在设立的时候需要有担保的债权，而且在质权实现的时候仍然以被担保的主债权人存在为前提。该项被担保的债权必须是该质权所担保的债权，该被担保债权所衍生出来的二次权利，如原债权所产生出来的迟延利息等，除了当事人在质押合同中约定不予担保的也作为被担保的主债权。

2.质权人的质权本身须合法有效。我国《民法典》在质权实现上没有硬性规定当事人无法达成协议的必须通过诉讼的方式予以实现，但是若当事人对质权本身是否有效成立存在有争议的，可以诉至法院，由法院来予以确认。

3.债务人对于质权人的债务已经到期，并且债务人没有履行或者没有完全履行该项债务。当然若质押合同约定有实现质权的其他条件的，所附条件成就时即便所担保之债权没有到期质权人仍然得以实现其质权。

（二）质权实现的途径

在符合质权实现的条件时，质权人与出质人可以通过达成协议以确定对标的物进行变价的方式。对于标的物进行变价的方式主要包括三种：其一是通过协议将标的物予以作价，然后将标的物之所有权移转给债权人以抵偿债务人对于债权人的债权。若债权高于所折合之价格的则债务人继续履行，而若该标的物折合之价格高于债权额的，那么债权人应当将余额返还给出质人。其二是将标的物予以拍卖。拍卖是通过竞争方式将标的物予以出卖的一种缔约方式，其最大的优点是能够将标的物出卖给出价最高的人，从而对于出质人和质权人来说都是比较公平的。当然拍卖本身也是有成本的，若标的物的价值不是很大，拍卖成本反而会大于收益，所以拍卖并非最佳选择。其三是将标的物予以变卖，所谓变卖，即不通过竞争的方式而是通过一般缔约方式将标的物予以出卖。

若当事人就质权的实现无法达成协议的，《民法典》第436条并未像第410条那样规定抵押权人应当通过起诉法院的方式来实现抵押权，笔者认为质权与抵押权不同，抵押权人不占有标的物，从而无法自行处分标的物，只能诉请法院予以处分标的物，质权人自己占有着标的物，因而可以自行处分标的物，并就其价金优先受偿，这也是质权的优势所在。当然，如果出质人认为质权人处分标的物的行为对其造成损害，如价金明显低于市场价的，那么可以诉请法院以执行程序处分标的物。关于质权之实现的途径应当适用于与其有相同之法律构造的留置权。

（三）出质人的求偿权与代位权

若出质人不是债务人本人的，在债权人就质押财产实现了质权之后，出质人取得对主债务的追偿权。由于出质人对于债务之清偿具有法律上的利益，因此有权利代替债务人履行债务，出质人代替债务人履行了债务之后，依据《民法典》第524条的规定即取得了债权人的债权，从而亦取得相应的从权利。但是，依据《担保制度解释》第14条的规定，其所受让债权的行为系实现担保物权的，从而不得对其他担保人行使追偿的权利，除非符合该解释第13条规定得以追偿的情形。

五、动产质权的消灭

在担保物权总论中所阐述之担保物权消灭的共同原因均可导致质权消灭，这些原因包括债权消灭、权利人放弃权利、主债务承担未经担保人同意的、标的物灭失且无代位物的等。此处，我们只讲述质权消灭的特有原因。

（一）质权人任意返还标的物于出质人

比较法上均规定，质权人将标的物返还于出质人的，则质权归于消灭。其原因是质权人必须占有标的物，而质权人将标的物返还于出质人的，那么质权成立之要件不复存在，因此质权须归于消灭。我国《民法典》对此没有明确规定，但是在解释上应当承认任意返还质物属于质权消灭的事由。如果解释上不将“该要件先具备而事后丧失”解释为质权消灭，势必产生当事人通过迂回手段规避法律的该项规定，因而司法实践中也应作相同的解释。故根据原《担保法解释》第87条规定，质权人将质物返还于出质人后，以其质权对抗第三人的，人民法院不予支持。尽管依该解释之字面含义，质权并不因质权人返还标的物而归于消灭。但是，由于该解释并没有限定，不得对抗之“第三人”的范围，而若将一般债权人也作为不得对抗之第三人，那么此时其法律效果与消灭无异。

（二）质权人丧失标的物之占有而无法恢复

质权人若丧失了对质物的占有，那么质权人可以基于“占有保护”而恢复其占有，即可以请求剥夺其占有之人返还标的物，若质权人的占有得以恢复的，那么质权人的质权仍然存续，但是若无法通过占有保护得以恢复的，那么质权人之质权即归于消灭。

六、最高额质押

依据《民法典》第439条的规定，出质人与质权人可以以协议的方式设立最高额质权。所谓最高额质权，是指出质人与质权人约定以担保债务人对于质权人将来一定期间内连续进行交易而产生的债权为目的并设定一个最高限额，将来实际发生的债权高于该最高限额的以该最高限额为准，而若实际发生的债权低于该最高限额的则以实际发生的债权为准的质权。最高额质权的设立与普通质权没有任何区别，需要签订书面合同并交付标的物，最高额质权从标的物交付时起成立。当然最高额质押合同与最高额抵押合同一样，需要约定质权担保的债权的最高数额以及担保的债权的期限。关于最高额质权的具体效力，应当适用普通质权和最高额抵押权的相关规定，对此本书不再重复。

第三节 权利质权

一、概述

关于权利质权的性质，学说上有两种不同的观点：其一是权利让与说。此说以原来质权之标的，限于有体物，所谓质权系指物上质而言，权利之上不得更生质权，从而权利质权实系以担保之目的，而让与债权或其他权利，尤其在质权人有直接收取质权标的债权质权能，则非以债权之设质为债权之让与，不足以说明之。又指名债权之设质，应依其让与之规定为之，亦可为其主张之佐证。其二是权利标的说。亦权利质权系于权利设定之质权，入质之权利仍属于出质人，而质权人取得与入质权利相宜之权利，即质权，以此说为当。其有让与性且有交换价值之权利，与有让与性且有交换价值之物，应依同一之理由，得为交易上之标的。物上质为于动产上成立之质权，同样权利质权可解为于债权或其他权利上成立质权。[1]

关于权利质权的性质之所以有不同的学说和观点，主要是因为权利质权本身不完全具备质权所具有的功能——留置功能。在一般质权中，质权人占有标的物从而剥夺了出质人占有标的物和使用标的物的可能性，从而对其造成心理上的压力，以督促债务人迅速履行其债务。然而在权利质权中，由于权利本身的无体性，从而不能进行占有，权利质权设定后质权人也仅仅是取得对该权利的权利凭证的占有，甚至对于没有权利凭证的权利连权利凭证的占有也不存在。由此可见，权利质权的主要效力表现在权利人行使相应的权利并以此来清偿其债务，此外比较法上关于权利质权往往还规定质权人在整个质押期间行使权利的各项权能，如股权质押的行使股权的红利分配请求权等权利以清偿到期债务。但是就我国《民法典》而言，权利质权的构造是无法用权利让与说来解释的，因为权利质权人在权利质押期间不得行使该项权利本身，因此理解为权

---

〔1〕 史尚宽：《物权法论》，中国政法大学出版社2000年版，第388页。

利标的说更为妥当。

二、权利质权的客体

究竟什么样的财产权可以用来出质呢？换言之，用来出质的财产权需要具备哪些条件呢？依据权利质权的功能，参照比较法上的相关做法，笔者认为作为权利质权的标的需要具备如下要件：（1）须为财产权。在我国质权作为财产权，其标的应当属于财产权当无疑问。（2）该财产权须为可转让的财产权。我国法律上的质权不仅仅具有留置功能，而且还具有价值权的属性，也即权利人得将该权利予以变价处分并就价款优先受偿，而若该财产权不具有可转让性，那么自不符合质权的权利构造。（3）须非属于所有权以及用益物权。在担保物权方面，就所有权本身而言其与所有权的标的物所混同，所有权已然被分解为用益物权和担保物权而不得再行进行分解，不得再行设立所有权质权。就用益物权而言，我国的用益物权均以不动产为标的物，而不动产用益物权在担保物权之设定方面亦被视为不动产本身对待，其上只能设立抵押权而不得再设立质权。

基于上述之要件，我国《民法典》第440条则通过列举的方式具体规定了可以用于出质的各种权利。该条规定在具体列举了各种可质押的权利之后，又用一个开放性的条款规定“法律、行政法规规定可以出质的其他财产权利”。据此，在我国下列权利均可以作为权利质权的标的。

（一）债权

与所有权等物权处于平行地位的财产权非债权莫属，由于担保物权本身即所有权这一完全物权分离出来的权利，所以物权本身不能再作为权利质权的标的物，那么能够作为权利质权的最重要的权利就是债权。

1.票据债权。我国《民法典》第440第1项规定汇票、本票、支票可以予以质押，实际上质押的不是票据本身，而是票据权利。票据权利是金钱债权，是所有债权中安全性最大、流通性最强的权利，也最适宜于用作担保权的标的。

2.公司债等证券化的债权。除了票据权利之外，第二种特殊的具有很强流通性和安全性的权利则是已经被证券化了的债权。我国目前证券化的债权主要有公司债、金融债和国债三种。公司债、金融债和国债的主要区别就在于其发行主体不同，因此其安全性也有所不同。国债是由国家发行的，用国家的信用担保予以还本付息的债券，其安全性最强；金融债权是由银行等金融机构发行的，承诺到期还本付息的债券，其安全性仅次于国债；公司债是普通股份公司和有限责任公司所发行的，承诺到期还本付息的债券，是三种债券中安全性最低的一种。这三种债券在本质上都是金钱债权，即到期后请求发行人还本付息的权利。《民法典》第440条第2项所规定的债券即针对这三种债权而言。

3.在银行的存款债权。存单是银行对储户签发的证明储户在银行有存款的证明文书。储户将钱存在银行之后即与银行产生了债权债务关系，其中储户为债权人，签发存单的银行即为债务人。依据《民法典》第440条第2项之规定，存款单可以予以质押，该种情形所质押的实际上即为在银行的存款债权。

4.应收账款债权。我国《民法典》第440条第6项规定应收账款可以作为权利质权之标的，那么什么是应收账款呢？应收账款（receivables）是会计学上的一个术语，是指企业因销售商品、提供劳务等经营活动，应向购货单位或接受劳务单位收取的款项，主要包括企业销售商品或提供劳务等应向有关债务人收取的价款，以及代购货单位垫付的包装费、运杂费等。从法律的角度而言，应收账款实际上是债权的一种，而且是普通债权与应借款等原因形成的债权，在法律视角而言没有任何区别。 特别需要说明的是，《民法典》在原《物权法》的基础上不但规定现有的应收账款可以用以质押，将来的应收账款也可以用来质押。但是基于标的物特定的物权法原则，将来应收账款必须是在质权设定时能够予以确定的应收账款，而若该应收账款是否发生以及数额等均无法予以确定的则不能设立权利质权。

5.普通债权。我国《民法典》并没有像比较法上那样，明确规定债权可以作为权利质权之标的，仅仅通过列举的方式规定了上述四种特殊的债权。因此就留下了疑问，除上述四种特殊债权外其他债权是否可以用作权利质权之标的呢？笔者认为，自理论而言普通债权与上述所列的应收账款没有什么本质上的区别，甚至对于有担保的普通债权而言其实现性比其还强，完全符合权利质权之标的要件，应当没有予以禁止的理由。笔者认为，在司法实务上可以将普通债权作为“法律、行政法规规定可以出质的其他财产权利”加以对待，从而作为权利质权之标的。

（二）知识产权

知识产权是债权之外的又一项无体财产权，尽管其产生的历史很短，但是其重要性却日益增加。作为如此重要的财产权，当然也不能将其排除在融资的大门之外。知识产权的主体部分是财产权，但是知识产权尚包含一定的精神性权利，在我国这些知识产权的精神性权利被作为知识产权的人身权，人身权具有不可转让性，因此将知识产权予以质押的，质押的也只能是该种知识产权中的财产权而非知识产权本身。《民法典》第440条第5项规定，可以转让的注册商标专用权、专利权、著作权等知识产权中的财产权可以质押。

（三）股权与可以转让的基金份额

关于股权的性质，理论上有种不同的观点，可以归纳为五种学说，分别为所有权说、债权说、社员权说、综合权利说、独立权利说。然而，无论其性质究竟为何，在实证法上股权属于一种可以转让的财产权为不争之事实，我国《公司法》第71条与第137条明确规定了股权（或股份）的可转让性，具有很高的经济价值，因此符合权利质权之全部要件，自然可以作为权利质权之标的。与股权相类似的一种权利是基金份额，基金份额是由股权所衍生出来的一种证券化的财产权，是一种投资性的金融衍生产品，具有很强的可转让性，其转让所遵循的规则与上市公司的股份（股权的表现形式）相同，因此也可以用作权利质权之标的。

（四）仓单、提单

我国《民法典》第440条第3项规定，仓单、提单可以作为权利质权之标的。那么什么是仓单和提单呢？仓单和提单的法律性质为何？仓单、提单所代表的权利究竟是什么？我国《民法典》第910条规定："仓单是提取仓储物的凭证。存货人或者仓单持有人在仓单上背书并经保管人签名或者盖章的，可以转让提取仓储物的权利。"我国《海商法》第71条规定："提单，是指用以证明海上货物运输合同和货物已经由承运人接收或者装船，以及承运人保证据以交付货物的单证。提单中载明的向记名人交付货物，或者按照指示人的指示交付货物，或者向提单持有人交付货物的条款，构成承运人据以交付货物的保证。"关于仓单和提单的法律性质，学说上有两种观点：债权说和物权说。相应的仓单和提单质押的法律性质也有两种：权利质押说与动产质押说。如果认为仓单和提单所代表的权利系物权，准确地说是动产所有权，那么将仓单与提单进行质押实质上质押的就是该仓单与提单所代表的动产，仓单与提单的质押也就是动产质押而非权利质押。如果认为仓单与提单所代表的权利是债权，那么将仓单与提单进行质押就如同将汇票、本票、支票等进行质押一样，其所质押的权利实质上是债权，因此该种质押即为权利质权之一种。我国《民法典》明确将仓单与提单之质押规定在权利质权之项下，显然系采纳了权利质权之学说，这也间接说明了我国法律上将提单、仓单作为债权证券予以对待。

（五）法律、行政法规规定可以出质的其他财产权利

该项规定，是为了避免列举式规定遗漏了重要可质押之财产权而妨碍融资渠道所设，基于该项规定除《民法典》已有的明确规定可以质押的权利外，其他法律和法规也可以实时将符合权利质权之要件的其他财产权纳入权利质权的范围之内。

三、权利质权的设立

（一）订立质押合同

与其他意定担保物权一样，权利质权的设立也需要订立担保合同。《民法典》取消了原《物权法》第225—229条关于权利质权合同的书面要式要求，故权利质权设定的合同不以书面为其要件。与其他物权的设立一样，权利质权本身并不因质押合同而发生效力，该质押合同仅产生债权人请求出质人履行交付权利凭证，或者进行登记等使质权得以成立的行为的权利（该行为在分离原则立法主义下即为物权行为）。设定权利质权的合同具体内容与设定动产质权的合同无异，于此不再赘述。

（二）交付权利凭证或者进行登记

如前所述，权利质权的构造是有权利凭证的须交付凭证，没有凭证的则须进行登记。依照《民法典》的规定，所质押的权利与权利凭证紧密结合的则权利质权自权利凭证交付质权人时发生效力；没有权利凭证的或者权利凭证与权利并非紧密结合的，那么该质权在办理出质登记时发生效力。同样，如将我国物权变动解释为形式主义，那么无论是权利凭证的交付亦还是进行登记都应当是物权行为的组成部分，即同时应当伴有出质人与质权人设立权利质权的物权合意。而若将我国物权变动解释为折中主义，那么交付权利凭证或者进行登记就仅仅是为了公示的事实行为而已。

1.须交付权利凭证的权利质权

依据《民法典》第441条之规定，下列四类权利进行质押的，以交付相应权利凭证作为公示方法，质权从交付权利凭证时起发生效力。（1）票据权利；（2）债券；（3）存单；（4）仓单、提单。对于票据权利，我国《票据法》规定，其转让和质押都需要进行背书，那么在将其质押时，不应当仅仅是交付相应的票据而且还应当进行相应的背书行为，即在票据背面记载质押字样，并将其交付给质权人。《民法典》对于票据权利质押只要求交付票据，而没有要求必须背书，因此如何协调《民法典》与票据法的规定便成为一个司法实务中必须处理的问题。《担保制度解释》第58条则采纳了票据法的做法，规定：“以汇票出质，当事人以背书记载‘质押’字样并在汇票上签章，汇票已经交付质权人的，人民法院应当认定质权自汇票交付质权人时设立。”该规定对支票、本票也应当有所适用。

关于仓单质押，《担保制度解释》第59条规定：“存货人或者仓单持有人在仓单上以背书记载‘质押’字样，并经保管人签章，仓单已经交付质权人的，人民法院应当认定质权自仓单交付质权人时设立。没有权利凭证的仓单，依法可以办理出质登记的，仓单质权自办理出质登记时设立。出质人既以仓单出质，又以仓储物设立担保，按照公示的先后确定清偿顺序；难以确定先后的，按照债权比例清偿。保管人为同一货物签发多份仓单，出质人在多份仓单上设立多个质权，按照公示的先后确定清偿顺序；难以确定先后的，按照债权比例受偿。存在第二款、第三款规定的情形，债权人举证证明其损失系由出质人与保管人的共同行为所致，请求出质人与保管人承担连带赔偿责任的，人民法院应予支持。”

2.须登记的权利质权

（1）股权与基金份额。依据《民法典》第443条规定，“以基金份额、股权出质的，质权自办理出质登记时设立”。关于具体登记机构，《民法典》取消了原《物权法》规定的具体规定，而是交由特别法予以规定。接下来我国拟制定统一的动产以及权利担保登记的相关法律。在此之前，以基金份额和上市公司的股权质押的，在证券登记计算机构予以登记。以其他股权出质的，则在工商行政管理部门办理出质登记时发生效力。对于非上市公司股权质押登记程序适用2008年国家工商总局制定的《工商行政管理机关股权出质登记办法》，对于上市公司股权质押的登记程序则适用深圳证券交易所和上海证券交易所所制定的相关规定。

（2）知识产权。依据《民法典》第444条规定：以知识产权质押的，质权自办理出质登记时设立。同样，在统一的登记法律之前，其登记仍然应当适用原有的规范。依据国家知识产权局2010年制定的《专利权质押登记办法》的规定，专利权质押登记机关为国家知识产权局，登记程序则依据该办法进行。根据国家工商总局商标局2009年制定的《注册商标专用权质权登记程序规定》的规定，国家工商行政管理总局商标局负责办理注册商标专用权质权登记，登记程序则依据该规定进行。依据1996年国家版权局制定的《著作权质押合同登记办法》的规定，国家版权局是著作权质押合同登记的管理机关。国家版权局指定专门机构进行著作权质押合同登记。

（3）应收账款。依据《民法典》第445条的规定，“以应收账款出质的，质权自办理出质登记时设立”。

《担保制度解释》第61条规定：“以现有的应收账款出质，应收账款债务人向质权人确认应收账款的真实性后，又以应收账款不存在或者已经消灭为由主张不承担责任的，人民法院不予支持。以现有的应收账款出质，应收账款债务人未确认应收账款的真实性，质权人以应收账款债务人为被告，请求就应收账款优先受偿，能够举证证明办理出质登记时应收账款真实存在的，人民法院应予支持；质权人不能举证证明办理出质登记时应收账款真实存在，仅以已经办理出质登记为由，请求就应收账款优先受偿的，人民法院不予支持。以现有的应收账款出质，应收账款债务人已经向应收账款债权人履行了债务，质权人请求应收账款债务人履行债务的，人民法院不予支持，但是应收账款债务人接到质权人要求向其履行的通知后，仍然向应收账款债权人履行的除外。以基础设施和公用事业项目收益权、提供服务或者劳务产生的债权以及其他将有的应收账款出质，当事人为应收账款设立特定账户，发生法定或者约定的质权实现事由时，质权人请求就该特定账户内的款项优先受偿的，人民法院应予支持；特定账户内的款项不足以清偿债务或者未设立特定账户，质权人请求折价或者拍卖、变卖项目收益权等将有的应收账款，并以所得的价款优先受偿的，人民法院依法予以支持。”

四、权利质权的效力

《民法典》第446条规定：“权利质权除适用本节规定外，适用本章第一节的有关规定。”因此关于权利质权的效力，除了下文所讲述的几点之外，均与动产质权之效力相同。

（一）质权人占有权利凭证的权利

法律之所以将以“权利”用作担保之标的的担保权作为质权而非作为抵押权，主要是基于权利质权人得占有权利凭证，剥夺了出质人对权利凭证的占有，也使出质人无法行使与处分所出质之权利，并进而督促债务人及时履行其债务。因此在权利质权的存续期间，质权人有权占有出质之权利的权利凭证而不予返还，无论该质权的成立是否以交付权利凭证为其要件均在所不问。当然对于没有权利凭证的权利，质权人是无法占有其权利凭证的。

（二）质权人收取孳息的权利

与动产质权相同，权利质权之质权人在质权期间有权收取孳息，并用所收取之孳息清偿其债权，清偿的顺序仍然是收取的费用、利息、主债权。与动产质权有所不同，由于权利质权之标的系权利而非物，因此其所产生之孳息均为法定孳息而非天然孳息，作为法定孳息均为一定之金钱，从而用其清偿债权人之债权非常方便。这些法定孳息，在债权中主要为该项债权所产生的利息，在股权中则主要为该股权所产生的红利（无论是有限责任公司还是股份有限公司，每年有盈利的则应当为股东分配相应的红利），在知识产权中则为该知识产权主要为许可使用后所产生的许可费等。

（三）出质人不得转让所质押之权利

依据我国《民法典》之规定，所有之权利质押之后出质人即不得再转让该项权利，当然以权利凭证之转让作为转让前提的“汇票、本票、支票、债券、仓单、提单”等权利，出质人也无法转让该已经质押之权利，因为权利凭证是由质权人占有的。若出质人确须转让该项被质押之权利的，则需要取得质权人的同意，此时出质人须将转让所得的对价与质权人通过协议的方式予以提前清偿债务或者提存。若双方约定提前清偿债务的，那么双方当事人尚须对债权未到期的期限利益之是否扣除以及扣除多少达成协议。

五、权利质权的实现

与其他担保物权一样，在所担保的债权到期后债务人没有履行债务的，权利质权人即可以实现其质权。但是与动产质权有所不同的是权利质权的实现方式因所质押的权利不同而呈现出不同的方法。

（一）行使质押之权利

若用作质押之权利系债权，那么质权人在实现质权时即可以行使该项债权，即请求出质之债权的债务人履行债务，并用所获得之履行利益来优先清偿所担保之债权。这一点无论是对已经证券化了的债权——如汇票、本票、支票等票据权利和公司债、金融债、国债等债权，还是尚未证券化的普通债权都是一样的。若所质押的债权系金钱债权，则债权人直接用债务人所支付之金钱清偿其债权即可；而若质押的债权系非金钱债权，如仓单、提单等，那么债权人在行使仓单、提单权利提取相应之货物后，尚须处分该批货物以受偿。此种情形下，债权人可以与出质人通过协议，用该批货物抵债；也可以将该批货物拍卖变卖用其价金优先受偿。

若债权人具备了行使其质权的要件，即债权到期债务人没有清偿债务的，但是用作质押的债权等权利本身没有到期的，仍然不能行使该用作质押的权利，债权人只能等到该权利到期后才能行使该项质押之权利以清偿其债务。

依据《民法典》第442条的规定，汇票、支票、本票、债券、存款单、仓单、提单的兑现日期或者提货日期先于主债权到期的，质权人可以兑现或者提货，并与出质人协议将兑现的价款或者提取的货物提前清偿债权或者提存。当然，若当事人约定以提前兑现之价款或者提取之货物提前清偿债务的，尚须对相应之期限利益之扣除作出约定。

（二）转让质押之权利

若所出质之权利非为债权，而是股权、知识产权中的财产权等其他权利，那么债权人实现其质权的方法应当与动产质权的方法相同，即通过转让相应之质押权利并以其价金优先受偿。当然，质权人也可以和出质人约定以质押的权利予以作价抵债。此时，转让相应财产权须依照相关法律关于此种权利转让之规则予以转让。换言之，若质押之权利系股权，那么则须依据《公司法》关于股权转让之特殊规定予以转让；若质押之权利系专利权、商标权、著作权等知识产权，那么须依据《专利法》《商标法》《著作权法》等相关规定予以处分。具体之处分规则，请参阅相关法律的相关部分，本书不再赘述。

法律适用

就动产质权而言，司法实践中争议比较大的问题主要是质权是否成立。依据《民法典》的规定，动产质权的设立以交付标的物作为其生效要件，然而正如动产所有权之转移中的交付一样，既有现实交付（直接占有的移转）也有交付的替代方式，包括指示交付与占有改定在内。现实交付与简易交付固然能够发生质权设定的效果，但是在指示交付与占有改定的情形中，质权是否成立则颇存疑问。基于质权的留置功能，质权人须在事实上控制质物，故占有改定不发生质权设定的效果。对于占有改定，《民法典》第228条规定："动产物权转让时，当事人又约定由出让人继续占有该动产的，物权自该约定生效时发生效力。"而第226条、第227条关于简易交付和指示交付之规定中均使用了"动产物权设立和转让前"的字样，由此可见，《民法典》将占有改定限定于所有权转让之上，而不包括他物权的设立在内。再结合质权人将标的物返还出质人，则质权归于消灭的规范，可见占有改定并不能够发生质权之设定。对于质权之设定的交付，在司法实践中尚存在一种由出质人与质权人之外的第三人对质物进行保管的情形，此时是否成立质权也存在争议。此时质权是否成立，应当取决于第三人对标的物的占有系为出质人还是为质权人而进行的，若第三人系质权人的保管人，其受质权人的指示对质物进行保管，则质权人为间接占有，第三人为直接占有，已然满足质权人占有质物的要件，因此质权成立；反之第三人系接受出质人的指示对质物进行保管，质权则不能成立。对此，《担保制度解释》第55条明确作出了规定。该条规定甚至将第三人虽然接受债权人委托为债权人占有质物，但是却将“未实际履行监管职责，导致货物仍由出质人实际控制的”情形认定为质物尚未交付，从而质权不成立。

第十五章 留置权

提要

留置权与动产质权一样，其标的都是动产且都由债权人占有担保财产，因此留置权与动产质权在效力上基本相同，动产质权的相关规定均适用于留置权。留置权与动产质权的区别在于留置权系法定担保物权，其成立并非基于当事人的法律行为而是在符合法律所规定的构成要件时依法自动成立。我国《民法典》上的留置权可以区分为民事留置权与商事留置权，一般民事留置权的成立要求所担保的债权与债权人占有标的物系同一法律关系所产生；而对于商事留置权（也即双方都是企业的），我国《民法典》则不要求留置的动产与所担保的债权系基于同一法律关系这一要件，只要债权人合法占有债务的动产且其对债务人的债权已经到期即可留置财产。留置权在功能上与抗辩权、自助行为等比较相近，制度构造上亦比较接近，因此须注意期间的界限与区别。

重点问题

1. 什么是留置权？留置权有哪些特征？
2. 留置权的成立要件有哪些？
3. 留置权的消灭事由有哪些？

第一节 留置权概述

一、留置权的概念

留置权是指债权人合法占有债务人的动产，在债务人不履行基于该动产而发生的债务时，可以扣留该动产并就该动产之价金优先受偿的权利。其中债权人同时也是留置权人，在这一方面留置权与抵押权、质权等其他担保物权没有区别。在留置权中，原则上债务人本人即物上保证人，这一点则与抵押权和质权等其他担保物权有所不同，因为在抵押权和质权中，担保物既可以是由债务人本人提供的也可以是由债务人之外的第三人提供的，而且由债务人之外的第三人提供担保物的情形在实践中非常普遍。留置权人原则上只能留置债务人本人的财产，是否可以留置债务人所占有的他人的财产我国法律未置可否，而比较法上则做法不一，然而即便是允许留置债务人占有之他人财产也多设有严格之条件。也正因为在留置权中，债务人本人即物上保证人，因而留置权的法律关系就较为简单，并不涉及物上保证人与主债务人之间的诸多法律关系。

留置权来源于罗马法上的恶意抗辩制度。在罗马法中，债权人对债务人承担债务，自己不履行却要求债务人履行的行为是违反诚实信用原则的。对此法律允许债务人行使抗辩权，拒绝履行其义务。[1] 在债务人之债务为交付或者返还其所占有债权人的标的物时，以拒绝返还标的物作为抗辩即近代法上的留置权。近代以来多数国家都继受了罗马法上的该种恶意抗辩制度，而发展出了合同法上的合同抗辩权与物权法上的留置权制度。尽管如此，欧洲大陆各国关于留置权的立法模式也不尽相同：以法国为代表的部分大陆法系国家，不对留置权设统一之规定，而是在各具体的法律关系中，赋予债权人在债务人不履行其债务时拒绝返还其所占有债务人之财产的权利。法国学说上仍然倾向于从各规定中抽出基本原理，将留置权（droit de d é tention）视为一项独立的权利。法国学说上关于留置权的性质为何尚不能取得一致意见，即留置权是否是具有对抗第三人效力的物权尚有疑义，考虑到法国法本来也没用明确采纳物权的概念，对于留置权之性质存有疑义也就不足为怪了。德国民法在总则中规定了留置权（Zur ü ckbehaltungsrecht），作为广义上的抗辩权之一种。同时在各种具体债务关系中又规定了债权人可以扣留债务人的财产不予返还，从而担保其与该种债权具有一定关系的债权实现，此种权利是抗辩权的一种而非一种独立的担保物权。瑞士民法则统一规定了留置权，不过瑞士把留置权作为质权的一种即法定质权予以处理。日本民法则将留置权作为一种独立的担保物权规定在物权法中。

二、留置权的特征

（一）留置权系法定担保物权

作为担保物权，留置权和抵押权、质权等具有很多共同之处，对此下文将详细阐释。留置权与抵押权、质权等其他担保物权最大的不同，就在于留置权属于法定担保物权，而抵押权和质权等则属于意定担保物权。作为法定担保物权主要体现在两个方面：其一是在成立上，留置权是基于法律规定而发生的，

[1] [日]我妻荣：《新订担保物权法》，申政武、封涛、郑芙蓉译，中国法制出版社2008年版，第20页。

即只需要充分了解法律规定之要件，债权人即可享有留置权从而使其债权获得相应之保障。在抵押权和质权的成立上都需要当事人签订相应之合同并且实施登记或标的物交付之公示行为。其二是作为法定担保物权，留置权的内容都是由法律规定而非由当事人自由约定；相反，在抵押权和质权方面很多内容当事人是可以进行约定的，如关于担保之范围。当然，由于我国《民法典》仍然恪守着物权法定原则，物权之内容基本上还是由法律预先设定，当事人不得任意修改，因此在这方面留置权和抵押权、质权的区别并没有想象的那么大。

（二）留置权是动产担保物权，以债权人占有动产为要件

与抵押权和质权这两种担保物权的标的物有所不同，留置的对象或者说客体只能是动产。而抵押权的客体可以是不动产、动产以及不动产用益物权三种；而质权的客体可以是动产也可以是物权之外的其他可以转让的财产权。由于留置权的客体系动产，因此与动产质权相同都需要权利人占有该动产，也因此一旦权利人将标的物返还给所有人，或者因其他原因丧失了占有而不能恢复的则留置权归于消灭。也因为留置权和动产质权均系以占有为内容的担保物权，因此这两种物权在效力上基本相同，因而若留置权部分没有规定的均可以适用有关质权的规定。比较法上也有允许不动产作为留置权之标的物的，日本民法即采取此种立法模式。

（三）留置权是发生二次效力的担保物权

与其他担保物权不同的是留置权的功能，留置权的功能除债权人得以就留置的标的物的价金优先受偿外，尚有留置的功能，即扣留标的物不予返还从而督促债务人清偿债务，在某种意义上留置的功能比优先受偿的功能更加重要。由于留置权的主要功能在于留置标的物督促债务人清偿债务，因此留置权人留置标的物后不得直接处分标的物，必须先定期催告债务人履行债务，只有债务人经过催告期以后仍不履行债务时才得以处分标的物而优先受偿。

（四）留置权具有担保物权的共同属性

作为担保物权之一，留置权具有一切担保物权的共同属性，这些属性包括：（1）担保物权的价值权性。因此留置权人的权利仅限于留置标的物，并且在债务人不履行债务时处分标的物并就其价款优先受偿的权利，留置权人在留置标的物期间尽管占有标的物但是不得使用标的物。（2）从属性。作为担保物权，留置权的从属性也体现在发生上的从属性，转移上的从属性和消灭上的从属性自不待言。作为占有型担保物权，留置权在移转上的从属性与动产质权相同，即债权人将其债权让与给第三人的，需要将其所留置的标的物交付给受让人，否则受让人不能取得留置权。（3）物上代位性与不可分性，已如前述在此不再赘述。

三、留置权的类型

（一）民事留置权与商事留置权

我国立法采取的是民商合一的立法模式，从而多数法律规则既适用于普通民事法律关系又适用于商人之间的商事法律关系。然而就留置权而言，我国《民法典》第448条区分了民事留置权与商事留置权，并因不同留置权而异其成立要件，不过也仅此而已，权利成立后的法律效力则完全相同。依照《民法典》第448条的规定，区分商事留置权与民事留置权的标准为权利义务的主体，若双方当事人均为企业所产生的留置权就是商事留置权；而只要一方不是企业的，其间所产生的留置权即为民事留置权。

（二）普通留置权与特别留置权

依据留置权产生的法律依据，可以将其区分为普通留置权与特别留置权。所谓普通留置权是指依照《民法典》物权编留置权一章的规定所成立的留置权，而所谓特别留置权则是指依据《民法典》物权编之外的其他法律所成立的留置权。特别留置权有可能在成立要件上与普通留置权不同，也可能在法律效力上有所不同，还可能在成立要件与法律效力上均与普通留置权有所不同。因此，对于特别留置权应当优先适用该种特别留置权之特别法的规定，在该特别法对此没有规定的部分则当然适用《民法典》物权编的相应规定。

第二节　留置权的成立与消灭

一、留置权的成立

（一）民事留置权的成立

1.债权人合法占有债务人的动产 。首先，留置权作为占有型担保物权，债权人占有留置的标的物是留置权成立的基本前提条件，否则即无从成立留置权。这里的占有可以是直接占有也可以是间接占有，可以是占有人自己占有，也可以是占有人借助占有辅助人进行的占有。其次，债权人所占有之标的物须属于动产，我国《民法典》不承认不动产留置权，故不能是不动产也不能是无体财产等。

2.债权人对债务人的债务已经到期。作为担保物权之一，留置权的成立需要债权人对债务人有合法有效的债权，这一点毋庸置疑。与抵押权、质权等意定担保物权不同的是，留置权的成立须以债权人对于债务人的债权已经到了清偿期且未受清偿为必要。若债权人对债务人之债权没有到清偿期，而债务人已经得请求债权人返还标的物的，那么债权人必须要返还该标的物，而不得基于其未到期的债权留置该标的物。

3.被担保之债权须与该被留置的标的物具有牵连关系。依照我国《民法典》第448条规定，债权人所占有的债务人的动产和债务人对债权人所负担之债务应当系基于同一个法律关系所产生。这里的同一个法律关系，主要是同一个合同关系。例如，在承揽合同中，承揽人基于该合同关系占有定作人的所提供的动产，而定作人对承揽人则基于同一个承揽合同负有的支付报酬的债务即属于同一法律关系。又如，在货物运输合同中，托运人将货物交付给承运人占有，而托运人对承运人因此所应当支付的运输费用也属于同一个法律关系。再如，在保管合同中，寄存人将标的物交付给保管人予以保管从而保管人占有了该标的物，而寄存人因此对保管人负有的支付保管费用及报酬的义务等即亦属于同一法律关系。当然，同一个法律关系也不限于合同关系，也可以是无因管理等其他合法关系。例如，乙某为甲某无因管理一头走失的牛而占有该牛，以及甲某应当向乙某支付的保管该牛所支出的必要费用即属于同一法律关系，因此在甲某拒绝支付该笔费用时乙某可以留置该牛。若债权人占有之动产与债务人对债权人所负之债务非基于同一个法律关系，那么债权人原则上不得留置该标的物。例如，乙某向甲某借款5000元到期未还，后乙某则将其所有的一头耕牛交给甲某进行保管，现在乙某请求甲某返还耕牛，甲某则不得以乙某未归还其到期借款为由而留置该耕牛。

4.须留置标的物不违反法律规定和善良风俗，也不得违反当事人之间的约定。若法律明确规定不得留置的标的物当然不得留置，即便法律没有明确规定但是若留置标的物违反了善良风俗也不得留置。据此，对于债务人的身份证明文件、学历学位证书、结婚证书等这些证明文件不能留置；债务人的生活必需品也不能留置，这属于自由财产而非责任财产，连法院都不能对此进行强制执行，债权人当然也不能予以留置。基于私法自治原则若双方当事人之间有关于排除债权人留置标的物的特别约定的，该约定可以排除留置权的适用。

5.留置的标的物须以担保债权实现为其必要。留置权系法定担保物权，其目的在于担保债权人之债权的实现，因此在足以保障债权人之债权的前提下对债务人造成的限制应当最小化。因而，若债权人占有债务人的标的物有两个以上，仅留置一个标的物即足以担保债权之实现的即不得留置全部标的物；若留置的标的物系可分物的，那么仅留置部分标的物即足以担保债权实现的则不得全部留置标的物。当然若债权人留置的标的物仅为一个标的物且为不可分物，即便该标的物之价值远远超过了所担保的债权，债权人亦得留置该标的物自不待言。但是此时，债务人可另行提出担保而消灭债权人之留置权，从而取回该价值较大之标的物。

（二）商事留置权的成立

依据《物权法》第448条后半句的规定，若债权人和债务人双方均为企业的，则留置的标的物和债务人对于债权人所负有的债务即无须基于同一个法律关系。必须注意的是双方当事人均属于企业，只要有一方当事人非属于企业（为自然人个人、事业单位法人、机关法人、社会团体法人、财团法人等）则必须具备该要件。这里的企业当然可以是企业法人，也可以是合伙企业、个人独资企业等非法人组织。双方当事人都是企业的留置权属于商事留置权，其成立要件较普通的民事留置权宽松，不过我国民法上的商事留置权仅在这一点上与民事留置权有所不同，其余的完全与民事留置权相同，故此也没有必要特别强调其商事留置权的品性。这也是我国采纳民商合一之立法体例的原因之一。在采纳民商分离的国家中，商事留置权除了被规定在商法典之外，其无论是在成立要件还是在法律效力方面都有其不同于民事留置权的独特之处。《担保制度解释》对于该商事留置权的成立进行了限缩性解释，第62条第2款与第3款规定："企业之间留置的动产与债权并非同一法律关系，债务人以该债权不属于企业持续经营中发生的债权为由请求债权人返还留置财产的，人民法院应予支持。企业之间留置的动产与债权并非同一法律关系，债权人留置第三人的财产，第三人请求债权人返还留置财产的，人民法院应予支持。"

二、留置权的消灭

除了导致担保物权消灭之共同原因之外，尚有下述两个方面的事由可以导致留置权的消灭。

（一）留置权人丧失标的物的占有

这一点与动产质权相同，留置权以权利人占有标的物为其前提，若丧失了占有而无法恢复的，其留置权即归于消灭，这也包括留置权人将标的物任意返还给所有人的情形在内。

（二）债务人另行提供担保的

在债权人留置标的物之后，若债务人因一时经济上的困难不能清偿债务，而债权人所留置之标的物系债务人急需之财产，且该标的物之价值远远超过了债务人对债权人所付之债务，此时对债务人而言是非常不公平的，债务人可以依据《民法典》第457条规定另行提供相应的担保，债权人接受的留置权即归于消灭。债务人另行提供之担保可以是抵押、质押等担保物权，也可以是保证。债务人提供之担保若为债权人接受的，那么担保标的物之价值为何在所不问。若债务人新提供的担保不使债权人的利益受有减损的，那么债权人即不得予以拒绝标的物，而债务人另行提供担保不足以担保债权人之债权的，债权人可以拒绝接受，那么留置权就不会终止。

第三节　留置权的效力

如前所述，留置权仅在成立上与质权不同，其成立后之效力与动产质权完全相同，这也是瑞士等国家将其作为法定质权的主要原因，这也是我国《民法典》留置权一章规定较为简单的主要原因，即凡是在留置权一章中没有规定的效力均可适用质权一章的相应规定。故此，本书对此也不再重复论述，仅仅指出留置权本身所特有的下述诸方面效力。

一、留置权人的权利

（一）留置标的物的权利

在债务人不履行债务时，债权人享有留置标的物而不予返还的权利，此时债权人对标的物的占有为有权占有而非无权占有。本来债权人对债务人负有返还标的物的义务，但是若符合了留置权的要件，则其可以拒绝返还给标的物，其拒绝返还标的物既不构成违约也不构成侵权。这一点与《德国民法典》将留置权构建为抗辩权的一种有所不同，在德国民法上留置权人虽然可以留置标的物，但是其本身对于标的物的占有并不属于《德国民法典》第986条第1款所称的有权占有。

（二）处分留置物并就其价金优先受偿的权利

处分标的物并就价金优先于没有担保的人受偿是所有担保物权的核心权利，但是留置权与其他担保物权所不同的是，留置权的首要功能在于留置标的物从而督促债务人及时履行债务，因此只有债务人确实不履行或不能履行债务时，债权人始得处分标的物并就其价款优先受偿。依据我国《民法典》第453条的规定，债权人在留置标的物之后应当催告债务人履行债务并给予其必要的清偿宽限期，只有经过该宽限期仍然不为清偿的，始得处分标的物。留置权人给予债务人的宽限期应当按照如下方法确定。

1.如果当事人之间有关于留置标的物之后的宽限期间的约定的，应当依照该约定确定宽限期。

2.在没有约定或者约定不明的情形下，留置权人给予债务人的宽限期不得低于60日。

3.若标的物系鲜活物品、易腐烂物品以及其他不宜保管的物品，则无须给予宽限期，留置权人留置标的物后可以直接将标的物予以拍卖并就价款优先受偿。

若留置权人没有依据约定或者法律的规定催告债务人履行债务，并给予适当之宽限期予以处分标的物的，应当赔偿因此而给债务人造成的损失。

二、留置权人的义务

留置权人与质权人一样应当妥善保管标的物、不得使用标的物、不得将标的物交付给他人使用等。除此之外，依据诚实信用原则留置权人也与质权人一样负有及时行使其留置权的义务，债务人可以请求留置权人在债务履行期届满后处分标的物并就价金予以优先受偿。因债务人之请求，留置权人不处分标的物的，债务人可以请求人民法院拍卖、变卖留置财产。

法律适用

在司法实务中，比较有争议的是留置权是否可以适用《民法典》第311条之善意取得规定，从而通过善意取得之方式取得对第三人之财产的留置权。对此，学说上和立法例上均有不同做法。我们认为，留置权与质权除了在成立上一个系意定，另一个系法定之外，其他各方面均无本质上的区别，甚至就权利保护的程度而言，留置权的保障要更甚于质权的保障，盖留置权人往往系对留置财产价值之保存或者增益有所贡献之人，故此在善意取得这一方面也没有任何特别理由作出与质权不同之法律评价，既然善意取得可以适用于质权留置权，则亦应作相同之解释。例如，甲某将一辆自行车借给乙某使用，乙某使用期间该自行车坏了需要修理，乙某将该自行车交给丙某（丙某不知该自行车系甲某所有）修理，修理完以后乙某拒绝支付修理费，丙某即可基于善意取得制度而留置该自行车。最后也是最重要的一点，债权人占有标的物必须是合法占有。合法占有往往是基于债务人的意思而进行的，即由债务人交付给债权人进行占有，如甲某将自己的古董交给乙某进行保管，乙某占有该古董当然是合法占有。但是合法占有也可以是基于无因管理等其他原因而取得标的物之占有，如甲某的一头牛走失，乙某将其牵回家悉心照料并积极寻找失主准备予以返还，乙某对该牛的占有亦属于合法占有，而在甲某不支付必要之管理费用时乙某得留置该牛。而《担保制度解释》不但承认了留置权的善意取得，甚至其对债权人须符合善意的要件都没有规定。该解释第62条第1款规定："债务人不履行到期债务，债权人因同一法律关系留置合法占有的第三人的动产，并主张就该留置财产优先受偿的，人民法院应予支持。第三人以该留置财产并非债务人的财产为由请求返还的，人民法院不予支持。"不过，毕竟《民法典》第311条所规定的善意取得的要件在留置权之取得并不完全具备，故此只能是类推适用而非直接适用。

第十六章 共同担保

一、概述

所谓共同担保，是指同一个债权由两个或者两个以上的担保人提供两个以上的担保物权，或者以其他担保方式予以担保的情形。通常情形下，一个债权仅由一个抵押权或者一个质权或者一个保证债权予以担保，然而，由于债权人担心一个担保尚不足以保障其债权的安全，要求债务人提供两个以上担保的也所在多有。共同担保必然会产生如下两个方面的问题需要法律予以解决：首先是各担保人与债权人之间的对外关系。也即在债务人不履行或者不能履行债务时，债权人如何行使其担保权利？其次是各担保人之间的内部关系。即若部分担保人代替债务人清偿了债务或者承担了担保责任之后，是否可以向其他担保人追偿？如果能够追偿，那么向哪一个担保人追偿？追偿比例如何？是否以先向主债务人追偿等问题。

共同担保首先可以依据担保方式是否同一而划分为单一类型的共同担保和混合共同担保两种：（1）单一类型的共同担保。即同一个债权有两个以上担保的，而这两个以上的担保的担保方式相同，即两个担保均系抵押权或者均系质权或者均系保证债权。（2）混合共同担保。混合担保有广义和狭义之分。广义上的混合担保系指两种以上担保的担保方式不相同，其中一个是抵押权而另一个是保证债权，也可以一个是质权而另一个是保证债权，还可以一个是质权另一个是抵押权。狭义的混合担保仅指一个以上的担保物权和一个以上的保证债权进行的共同担保。因为抵押权、质权、留置权等均系担保物权，因此完全适用相同的规则，故该种混合共同担保与前述单一类型的共同担保相同，本书所论述的混合共同担保系指狭义上的混合共同担保。共同担保还可以依据债务人是否以自己的财产提供担保，划分为由债务人提供担保的共同担保和均由第三人提供担保的共同担保两种类型。不同类型的共同担保有不同的规范模式，下文将分别对这两种共同担保进行阐述。

二、单一共同担保

单一共同担保既包括两个都是担保物权的共同担保，也包括两个都是保证的共同担保。两个担保都是保证担保的被称为共同保证，关于共同保证的规则不属于本书的论述范围，以下则仅论述两个担保物权的共同担保。对于同一个债权由两个或者两个以上的担保物权（两个抵押权、两个质权）所担保的，债权人应当按照如下规则行使其担保物权。

就单一共同担保，我国原《担保法》和《物权法》均未作出明文之规定，原《担保法解释》则作了规定，其第75条规定："同一债权有两个以上抵押人的，债权人放弃债务人提供的抵押担保的，其他抵押人可以请求人民法院减轻或者免除其应当承担的担保责任。同一债权有两个以上抵押人的，当事人对其提供的抵押财产所担保的债权份额或者顺序没有约定或者约定不明的，抵押权人可以就其中任一或者各个财产行使抵押权。抵押人承担担保责任后，可以向债务人追偿，也可以要求其他抵押人清偿其应当承担的份额。"由此可见，原《担保法解释》对待共同抵押权等单一共同担保的态度与对待混合共同担保一样，即各担保人之间绝对平等。因而上文关于混合共同担保的讨论均适用于单一共同担保，在此不再详细论述。

三、混合共同担保

关于混合共同担保中保证人的保证责任和物上保证人之担保责任何者优先，其中一个人承担了担保责任之后能否再向其他担保人进行追偿，如果能够追偿如何追偿，是简单的追偿抑或取得代位求偿权的地位？比较法上有三种不同的做法。

其一，物的担保责任绝对优先说。此说认为，债权人应先向物上保证人主张权利，在其不受清偿的范围内，再向保证人主张权利，保证人仅对物的担保以外的债权额承担保证责任。其理由是：物的担保相对于保证而言，具有物权的追及效力、物权行使的不可分性、物上代位性以及优先受偿性等功能。基于物的担保，债权人可以直接支配担保人供作担保的特定财产，债务人不履行债务时，债权人可以变价担保财产以优先于其他债权人受偿。物的担保不仅增强了债权实现的程度，还弥补了债权对债务人的财产没有追及力的缺陷，使得债权物权化。物的担保以其特有的物权优先品质确保债权受偿，成为优于保证担保的债权担保方式。[1]

其二，物的担保责任相对优先说。此说认为，债权人可以选择行使担保权

〔1〕高圣平：《混合共同担保之研究——以我国〈物权法〉第176条为分析对象》，载《法律科学：西北政法大学学报》2008年第2期。

利，但保证人在承担保证责任之后可向债务人求偿，并代位行使债权人享有的担保物权，债权人致使保证人可代位行使的担保物权消灭的，保证责任相应消灭。在立法例上，《德国民法典》《法国民法典》以及修正前的我国台湾地区“民法”采此说。其理由是: 物上保证人仅以特定物的价值为限承担有限的责任，而保证人以其全部财产负无限责任。人的担保责任对保证人形成的压力更大，人的担保责任的追究对保证人生存产生影响的可能性更大，赋予保证人优越地位，并无不当。在立法技术上，让保证人与物上保证人共同分担责任，会使法律规则过于繁杂。诸如分担比例标准如何确定、是否考虑担保设定时间之先后、是否应考虑担保数额约定之有无、是否应考虑责任顺序约定之有无、是否应考虑是一般保证还是连带责任保证、到底应为当事人的意思自由留下多大的空间等问题，无法合理地解决并最终融入规则之中。〔1〕

其三，物的担保责任与人的担保责任平等说。此说认为，债权人可以选择行使担保权利，已承担担保责任的担保人可向其他担保人追偿其应承担的份额。《日本民法典》和修正后的我国台湾地区“民法”采此说，其理由是: 保证对于主债务具有补充性，但对担保物权并不具有补充性，因此，保证人对物上保证人无法主张先诉抗辩权。此外，基于公平理念，债权人究竟先就担保物实行其担保物权或向保证人请求清偿，有其选择的自由，物上保证人与保证人的地位并无差别。〔2〕

我国法律对于混合共同担保中担保权实现问题的规定经历了一个逐步完善的演变过程，即首先是《担保法》确立的“物的担保强制优先实现” (也称“保证人绝对优待主义”)，其次是《担保法解释》规定的“债务人的物的担保强制优先实现 + 物上保证人与保证人平等主义”，最后是《物权法》确立了“意思自治优先”与“债务人的物的担保强制优先实现 + 物上保证人与保证人平等主义”并存的模式。〔3〕依据我国现行《担保制度解释》的规定，在混合担保的情形下应区别如下情形处理。

（一）担保合同有约定的

若债权人和各担保人之间有关于担保权的实现在担保合同中有明确约定

〔1〕高圣平:《混合共同担保之研究——以我国〈物权法〉第 176 条为分析对象》，载《法律科学: 西北政法大学学报》2008年第 2 期。

〔2〕高圣平:《混合共同担保之研究——以我国〈物权法〉第 176 条为分析对象》，载《法律科学: 西北政法大学学报》2008年第 2 期。

〔3〕程啸:《混合共同担保中担保人的追偿权与代位权——对〈物权法〉第 176 条的理解》，载《政治与法律》2014年第 6 期。

的，那么依据意思自治原则按照担保合同的约定以实现担保物权。这里需要特别说明的是，我国原《物权法》第176条规定的债权人应当按照约定实现债权中的“约定”，既不是债权人与债务人之间的约定也不是各担保人之间的约定，而是指债权人与担保人之间的约定。之所以是债权人与担保人的约定，是因为担保权系发生在债权人与担保人之间的法律关系，而非债务人与债权人之间的关系，更不是担保人相互之间的关系。

担保合同关于担保责任承担的约定，既可以是约定各担保人之间仅就债务的一定比例承担担保责任，也可以是约定各担保人就整个债务承担连带担保责任。若各担保人均和债权人约定仅就债务一定比例承担担保责任的，则债权人在债务人不履行主债务时只能按照担保合同约定的比例对各担保人主张权利，若其中一个担保是物的担保的，那么债权人将该标的物拍卖以后，其价金大于该担保所应当承担的担保责任的，则应当将多余部分的价金返还给物上保证人。各担保人在承担完担保责任后，只能向主债务人追偿而不能向其他担保人进行追偿。在此种情形下，债权人放弃其中一个担保对于其他担保人没有任何影响，其他担保人仍然按照其与债权人约定的责任比例承担其担保责任。

若各担保人和债权人约定各担保人之间承担连带责任的，在债务人不能清偿到期债务时，债权人得自由选择其中一个担保以实现其债权，若该项担保仍然不能满足其债权的，债权人仍然可以行使其他担保直到其债权得到完全满足为止。若各担保人和债权人约定承担连带责任的，则各担保人之间还可以进一步约定，其承担完连带责任之后无法向债务人进行追偿时相互之间的损失分担比例。若各担保人之间有损失分担比例之约定的，其中一个担保人代替债务人清偿了债务或者承担了担保责任之后超过担保人之间内部约定的损失分担份额的，则可以按照约定的比例向其他担保人进行追偿。在这种情形下，若债权人放弃其中一个担保而各担保人只是与债权人约定承担连带担保责任的，相互之间没有约定损失分担比例的，则与下述担保合同没有作出约定相同。

（二）担保合同没有约定的

1.债务人自己提供物的担保

在共同担保中，若有一个是债务人自己提供的物的担保的，无论是抵押还是质押的，债权人均只能先行使债务人自己所提供的担保。只有债务人自己所提供的物的担保不足以清偿全部债务的，债权人始得行使其他担保人所提供的担保。此时若债权人放弃债务人自己所提供的担保的，那么其他担保人在债务人自己所提供的担保的价值范围内免责。同样，依据《担保法解释》第38条第3款的规定，债权人在主合同履行期届满后怠于行使担保物权，致使担保物的价值减少或者毁损、灭失的，视为债权人放弃部分或者全部物的担保。保证人在债权人放弃权利的范围内减轻或者免除保证责任。

2.均为债务人之外的第三人提供的担保

若两个以上的担保均是由债务人之外的第三人提供，其中一个提供物的担保，另一个提供保证的，那么依据我国原《物权法》第176条的规定，债权人既可以选择行使担保物权，也可以选择保证债权。也就是说我国原《物权法》采纳了负有担保人相互之间承担连带责任的义务，无论两个担保人均是物上担保人还是均是保证人，抑或一个是物上保证人另一个是保证人概莫能外。笔者认为这样的做法是正确的，因为这样的立法模式最符合意思自治原则。基于意思自治原则，若当事人对此已经作出明确的安排，那么自然应当按照当事人的安排而确定其权利义务，若当事人没有作出明确的安排，立法者在制定补充性规则时应当尽量推测当事人双方的真实意思以定之。在共同担保的情形下，债权人之所以要求债务人提供两个以上的担保的，就是担心一个担保不足以满足其全部债权，唯有让全体担保人承担连带责任，才符合债权人要求设立多个担保的真实意思。就担保人方面而言，各担保人在与债权人订立担保合同时可能根本就不知道还有其他担保。在这样的前提下，其仍然愿意承担担保责任并且没有对担保的债权额度等作出相应的限制，那么其显然是愿意为全部债权提供担保的，所以让担保人相互之间承担连带担保责任，无非就是强调各担保人都有义务就债权人之全部债券承担担保责任，可见这样的做法并不违背担保人的意思。

对此，比较有争议的是其中一个担保人承担完担保责任后应当如何追偿？是仅可以向主债务人追偿呢还是可以向其他担保人追偿呢？若能够向其他担保人追偿是仅限于单纯的追偿权还是能够行使代位求偿权呢？向其他担保人求偿是否以向主债务人求偿未果为要件呢？这主要涉及如何理解我国原《物权法》第176条的规定，该条最后一句话针对混合共同担保规定“提供担保的第三人承担担保责任后，有权向债务人追偿”。由于该条没有规定担保人承担担保责任后可向其他共同担保人进行追偿，故学说上对此条规定的解释上产生了争议。有的学者主张解释上应当认为《物权法》否定了担保人之间的追偿权，并且《物权法》的该种做法是科学、合理的。[1]有的学者虽然认为《物权法》

〔1〕 江海、石冠彬：《论共同担保人内部追偿规则的构建——兼评〈物权法〉第176条》，载《法学评论》2013年第6期。

否定了担保人之间的追偿权，但是认为该种做法是不合理的，应当按照《担保法解释》的规定承认担保人相互之间的追偿权，且仅限于追偿权而不包括代位权。〔1〕有的学者则认为《物权法》对此采取了回避的态度没有明确规定，则《担保法解释》的规定当然适用，但是该种做法尚不够合理，未来不但应当承认共同担保人之间的追偿权，而且还应当如《德国民法典》《法国民法典》那样承认保证人的代位权。〔2〕

笔者则认为，不能仅仅由于我国原《物权法》没有规定担保人相互之间可以追偿就直接认为《物权法》否认了担保人相互之间的追偿权。既然《物权法》没有沿袭《担保法》的规定，而是采纳了《担保法解释》的规定，即将物上保证人与保证人平等对待的立法原则，那么在各担保人相互之间追偿的问题上亦应当适用《担保法解释》第38条第1款的规定，当事人对保证担保的范围或者物的担保的范围没有约定或者约定不明的，承担了担保责任的担保人，可以向债务人追偿，也可以要求其他担保人清偿其应当分担的份额。由于我国原《担保法》、《担保法解释》以及《物权法》等相关法律从来没有采纳过《德国民法典》《法国民法典》等所规定物的担保责任相对优先原则，故有学者主张应当承认保证人承担完保证责任后应当取得代位求偿权的做法，也是与现行法律体系所不符合的，因而不宜采纳。

既然各担保人应当分担损失，那么分担的份额应当如何确定就是另一个问题了。我国现有法律对于各担保人之间所分担的份额计算没有规定，比较法上则有三种不同的计算方法：第一种系各担保人之间按照担保人数平均分担；第二种做法是原则上按照担保人数平均分担，但是若其中有两个物上保证人的，除保证人应当按人数承担的份额外，剩下的则由担保的标的物的价值比例加以确定各物上保证人的责任；第三种做法则是债务人如有保证人时，保证人应分担之部分，依保证人应负之履行责任与抵押物之价值或限定之金额比例定之。抵押物之担保债权额少于抵押物价值者，则应以该债权额为准。〔3〕笔者认为应当采纳第一种做法，即各担保人按照担保人数平均负担，原因有二：首先是第

〔1〕高圣平：《混合共同担保之研究——以我国〈物权法〉第176条为分析对象》，载《法律科学：西北政法大学学报》2008年第2期。

〔2〕程啸：《混合共同担保中担保人的追偿权与代位权——对〈物权法〉第176条的理解》，载《政治与法律》2014年第6期。

〔3〕程啸：《混合共同担保中担保人的追偿权与代位权——对〈物权法〉第176条的理解》，载《政治与法律》2014年第6期。

一种做法比较简单，容易为各界所理解特别是为交易各方当事人所理解，从而容易判断自己的交易风险。其次是后两种做法在我国法律上没有任何规范支持，而第一种做法则为我国原《民法通则》所规定的连带责任人内部没有约定份额比例的，则按照人数分担责任的规定所支持。

占有

第十七章 占有

提 要

占有的含义有主观说、客观说及纯客观说之争。占有的本质则有事实说、权利说与法律关系说之争。占有分为有权占有与无权占有、善意占有与恶意占有、自主占有与他主占有、直接占有与间接占有、瑕疵占有与非瑕疵占有等类别。《民法典》物权编占有章的内容涉及占有回复关系与占有保护两类规则，前者实质是法定之债在占有返还关系中的特殊规则，后者是占有制度的核心。

重点问题

1. 直接占有与间接占有的区分。
2. 有权占有与无权占有的区分。
3. 善意占有与恶意占有的区分。
4. 占有保护制度的具体内容。

第一节 概述

在我国《物权法》出台以前，“占有”只是作为所有权的权能之一，被规定于《民法通则》第71条，学说理论亦多局限于此。直到《物权法》颁布，占有才被作为一项独立的法律制度得到实证法的肯认，但也仅只有五个条文位于末章，且其中前四条相当于德国法上被称为“所有人与占有人关系”的规则（Eigent ü mer—Besitzer—Verhältnis），真正属于占有本身的规定唯第245条而已。该规范确立了占有被侵夺时的占有返还请求权、占有被妨害或有被妨害之虞时的排除妨害与消除危险（妨害防止）请求权，以及侵害占有的损害赔偿请求权。《民法典》物权编占有章的内容与《物权法》没有实质差异，进步之处是在第462条第1款第3分句侵害占有之请求损害赔偿之前添加了“依法”二字，从而明确了该项规范的参引规范属性。

一、占有基本理论

（一）占有的含义

关于占有的含义有主观说、客观说及纯客观说之争。这三种主张均认为，占有之成立首先必须具备体素，即对物之事实支配，分歧则在于占有的主观方面，即占有的成立是否以具备心素为必要，以及应当具备何种程度的心素。

1.主观说

主观说认为占有之成立须体素与心素同时具备，如果一个人根本无法产生意志，他就不能取得占有。但对于须具备何种程度之心素，又有所有意思说（将物作为自己的物而加以支配）、支配意思说（于各方面支配物之意思）、为自己意思说（为自己支配物且排除他人干涉的意思）之分。

2.客观说

客观说认为，仅人与物之场所的关系为持有，而依人之意思生人与物之关系时，始成立法律关系之占有。此所谓意思，系持有意思。但就人与物的关系而言，体素为心素实现之形，无心素即无体素，无体素亦无心素。占有为常态，持有为例外。

3.纯客观说

纯客观说认为，占有为单纯的对物事实支配，不以任何意思为要件。在纯客观说之下，似乎没有必要区分持有与占有。

4.小结

当代法的语境下，区分直接占有与间接占有。未特别言明之处，占有常指向直接占有，须具备体素与心素，心素以支配意思为已足，由体素可推定心素的存在。

由此可知，占有辅助并非占有。占有辅助人系在他人的家事、营业或者类似关系中，为他人行使对物事实支配，并须服从他人有关物的指示者。

（二）占有的类别

1.有权占有与无权占有

以占有是否有本权为标准，可分为有权占有与无权占有。占有本权可能是物权，也可能是债权。有本权的占有人可对抗物权人，尤其是所有权人的物权返还请求权。

2.善意占有与恶意占有

善意占有与恶意占有是无权占有的再分类，以无权占有人对自己无占有本权是否知情或应知为区分标准。不知且不应知自己无占有本权者为善意占有人，反之为恶意占有人。

3.自主占有与他主占有

以占有人的心素是否体现为所有的意思为标准，可区分自主占有与他主占有，构成自主占有，占有人具有所有的意思即为已足，而无论其是否具作为本权的所有权。

4.直接占有与间接占有

在用益物权、质权、租赁、保管或者其他类似占有媒介关系中，用益物权人、质权人、承租人、保管人等直接对物实施事实管领者为直接占有人，所有权人、出质人、出质人、寄存人等则为间接占有人。间接占有可以有不同的层级。

5.瑕疵占有与非瑕疵占有

以法律禁止的私力取得的占有为瑕疵占有。后手占有人取得占有人明知其前手为瑕疵占有人者，其取得者亦为瑕疵占有。继承不改变占有瑕疵。其余情形的占有则为非瑕疵占有。瑕疵占有人是占有返还请求权的相对人。

二、占有本质之争

关于占有的本质，有事实说与权利说之争。但本书认为，由于占有本身的特殊性，无论将其归列为事实还是权利都难以一以贯之。例如，事实说无法解释，既然占有即对物事实管领，为何并非所有对物事实管领都可成为占有，如占有辅助；而在有些不存在事实管领的情形下却仍可成立占有，如无论继承人是否取得事实管领，占有都移转于继承人。权利说则无法解释，如果占有是权利，那么按照权利的逻辑，侵夺占有物应当无法导致占有的丧失，正如侵夺所有物并不会导致所有权的丧失，[1]但实际规则却是，占有侵夺会导致占有的丧失。此外，已经丧失的权利不能成为返还的请求权基础，如所有权丧失便失去基于所有权的返还请求权，而只能主张不当得利返还或损害赔偿，但丧失占有却仍享有占有返还请求权。由此产生的悖论是：行使占有返还请求权时，如果请求权人仍是占有人，权利既然未曾丧失，又何须返还；如果已经丧失占有，已经丧失的权利又如何请求返还？可见，若以占有为权利，则将因其过于特殊而不得不在一般规则之外设置大量例外；而若认为占有是事实，又因其亦可产生法律效果，而必须考虑在多大程度上可以类推适用权利规范。两种方式只在

〔1〕 Konrad B ü chel, Üben die Natur des Besitzes, Marburg und Leipzig 1868, S. 9.

规范方式上有所不同，于占有的保护效果上却无实质差异，这意味着，占有本质并不会影响规范设置与法律适用，起决定作用的毋宁是规范目的。[1]

三、占有回复关系[2]

无权占有之下区分善意占有与恶意占有的意义之一，即体现为占有回复关系中对善意占有人的特殊优待。依据我国《民法典》第459—461条之规定，善意占有人负担占有物与孳息的返还义务，若占有人因占有物之毁损、灭失而取得保险金、赔偿金或补偿金等替代物，也须返还，其相对于恶意占有人的有利地位体现为不必就物之损害负担赔偿责任，并享有被明定的必要费用偿还请求权。

但上述实证法的立场却值得怀疑。罗马法上的善意占有依字面含义乃指诚信占有（bonae fidei possessio），德国法上善意占有的另一称谓也是诚信占有（redlicher Besitz）。德国法对善意占有人的保护，体现于“所有人与占有人关系”的相关规范之中（《德国民法典》第985条以下）。上述规范以占有物返还为主要内容，并涉及无权占有人所收取的物之出产物及孳息能否保留，所支付的费用能否请求偿还，以及占有物毁损、灭失时应否承担责任等问题。其中，对善意占有人的特别保护大致可归纳如下。

其一，不负担物之损害赔偿。善意占有人对于物之毁损、灭失，不必向所有人负担损害赔偿责任，即使善意占有人对于物之毁损、灭失具有过失。而恶意占有人则须就因其过失而导致的物之毁损、灭失，以及因其过失造成的物之返还不能而产生的损害，向所有权人承担赔偿责任。

其二，物之收益权。除按照通常的经营规则不能被看作物之孳息的收益，即过度孳息外，善意占有人有权保留在其占有期间所收取的孳息。而恶意占有人则必须向所有人返还其恶意占有期间所收取的用益。并且，若恶意占有人因过失而不收取其按照通常的经营规则本可收取的用益，还负有向所有人赔偿的义务。

其三，费用偿还请求权。费用可区分为必要费用和有益费用。必要费用，

---

〔1〕王洪亮等主编：《中德私法研究》（2015年·第11卷），北京大学出版社（2015年版·第3—43页。

〔2〕关于占有回复关系的探讨，可参见席志国：《论德国民法上的所有人占有人关系——兼评我国〈民法典〉第459—461条之规定》，载《比较法研究》2020年第3期，第35—50页；吴香香：《论侵害占有的损害赔偿》，载《中外法学》2013年第3期，第609—611页。

指为了维护物之管领而必须支出的费用。对于必要费用，善意占有人与恶意占有人均可请求所有权人予以补偿。但因善意占有人无须返还用益，所以在用益归于善意占有人期间的通常保持费用，所有人无须偿还。而有益费用（如在土地上加盖房屋、种植树木），指占有人所支出的除必要费用外的，使物的价值在所有人重新获得物时有所增加的费用。仅善意占有人可以向所有权人主张有益费用的补偿，恶意占有人则无此权利。

在“所有权人与无权占有人关系”中，区分善意占有人与恶意占有人的权利与责任，旨在保护善意信赖（自己之）权利外观者。善意占有人无重大过失地信赖自己为有权占有人，而对物为使用收益，若仍须负担因过失致占有物毁损或灭失之损害赔偿责任，或负担返还孳息之不当得利危险，实有违善意信赖保护原则。由此亦可见，善意占有保护与善意取得等其他善意人特别保护制度的契合之处。既然我国大陆实证民法承认了善意取得、表见代理等类似制度，就应该一以贯之地对善意占有人对自己之有权占有的善意信赖提供保护，质言之，承认占有人其在善意占有期间的收益权限。

四、占有的意义

虽然所有权、用益物权、质权都有占有权能，但占有与作为物权权能的占有相较，仍是一项独立的制度，有其独立的意义。作为物权权能的占有为有权占有，以物权为其本权，对此类占有的保护既可以诉诸物权保护制度，也可以诉诸占有保护。但独立的占有保护，并不以占有本权为前提，或者更明确地说，无权占有也是占有保护规则的适用对象。占有保护的独立价值即在于其不问本权。

第二节　占有保护

一、制度概览

不同情形之下，占有人需要不同的救济手段。占有侵害可分为占有侵夺与占有妨害：占有侵夺，对应占有返还请求权。占有妨害，则对应妨害排除请求权。有受妨害之虞的，应以妨害防止（消除危险）请求权予以救济。妨害排除、妨害防止（消除危险）请求权并称占有妨害请求权。占有返还请求权与占有妨害请求权则统称占有保护请求权，属于物上请求权。

根据占有侵害正在进行抑或已经完成，又可分为已经结束的占有侵害与正在进行的占有侵害：对于前者，上述两种占有保护请求权即为已足；而针对正在进行的现时占有侵害，除占有保护请求权外，也应允许占有人以自力防御权（Gewaltrecht）进行自力救济。

另外，占有保护未必以占有受到侵害为前提。例如，占有物失落于他人领域且尚未被他人占有，此时，并不存在占有侵害。如果占有人享有追寻（通行）权（Verfolgungsrecht des Besitzers），令相对人负有许可并容忍占有人寻回其物之义务，可有效保护占有人并阻止占有侵害行为之发生。

自《民法典》第462条之文义观察，占有人对占有侵害行为可以主张占有返还、妨害排除与妨害防止（消除危险），并可就因此所生之损害主张赔偿。其中，占有保护请求权作为物上请求权，以占有返还请求权与占有妨害请求权为其题中之义，而损害赔偿请求权是否属于占有保护的固有效力则有待进一步厘清。至于该项规范未予体现的占有自力防御权与占有追寻（通行）权，则须诉诸其他规范的扩张解释或类推适用。本书的介绍仅限于《民法典》第462条已经规定的占有保护请求权与损害赔偿请求权。[1]

二、占有返还请求权

（一）适用前提

占有返还请求权是针对占有侵夺而设定的占有保护请求权，以回复占有为其内容。至于被侵害的占有是动产占有抑或不动产占有，则在所不问。但“物”之外的客体，并非占有保护的对象，如银行存款实为存款人对银行的债权，存款之上不存在受保护的占有。就物之占有而言，一方面，占有保护不问本权，无论是否享有本权的占有人均享有占有保护；另一方面，享有本权而从未进行占有者，只能诉诸权利保护而不能主张占有保护，这也是权利保护与占有保护的不同之处。

占有侵夺是以法律禁止的私力（verbotene Eigenmacht）排除占有人对物的事实管领，具体而言，即非经法律许可且非基于占有人意思的占有剥夺。此外，已经取得之占有的持续，不构成占有侵夺，因此，即使租赁或借用期间届满，

---

〔1〕 关于占有自力防御权与占有追寻权的探讨，可参见吴香香：《〈物权法〉第 245 条评注》，载《法学家》2016年第 4 期，第 156—174 页。

承租人或借用人不返还标的物，也不构成占有侵夺，构成无权占有者，本权人可根据契约或侵权等请求权要求返还。

还应注意，占有侵夺以法律禁止的私力为前提，但此私力不必构成侵权行为，因占有返还请求权属物上请求权，不以侵夺人具有责任能力与过失为必要。此外，占有返还请求权的成立以物尚未灭失为前提，否则即产生侵权损害赔偿问题而非占有返还问题。

（二）请求内容

占有返还请求权的内容，为请求回复物之占有，应在侵夺地点履行。占有返还仅指向物之回复，并非恢复物在占有侵夺之前的状态，因此占有返还不同于恢复原状。若存在物的其他损害，则应诉诸以过失为要件的侵权赔偿。同理，占有返还请求权也不及于孳息与替代物，后者也是损害赔偿问题，已超出物上请求权的效力范围。

占有返还请求权可转让或继承，也可能与其他请求权发生竞合。但占有返还义务的履行障碍不适用债务不履行的一般规则。更明确地说，占有返还义务不单纯因不履行而转变为损害赔偿之债，因为单纯占有本身只具有排他效力而不具有财产归属内容，损害赔偿则以归属利益的丧失为前提，[1]且以责任能力与过失为要件。

（三）权利主体

1.直接占有人

直接占有人享有占有返还请求权当无疑义。部分占有人也有此权利，如各合租人对自己所承租独立房间的占有。但各直接占有人共同占有时，针对第三人仅得请求回复共同占有，各共同占有人之间就占有物的使用范围，则不得互相请求占有保护，而应诉诸内部关系，如合租人对共用厨房的占有。至于间接占有人与占有辅助人得否行使占有返还请求权，则仍须探讨，因为《民法典》中没有直接采纳“间接占有”和“占有辅助”这两个概念，但也未明确予以否定。因而，问题的关键即在于，是否有必要保护间接占有人与占有辅助人？

2.间接占有人

首先应指出，占有保护制度并不以占有的公示功能为前提，否则即无从解释，占有并非不动产权利的公示方式，但不动产占有人仍受此保护。因此，即使否定间接占有的公示功能，也不意味着间接占有人不应享有占有保护。

〔1〕 Fabian Klinck, in: Staudinger/Eckpfeiler(2011), V. Rn.59.

支持者认为，间接占有人应予保护，尤其是间接占有人并非均享有本权，还存在无权间接占有人，赋予间接占有人基于占有的保护性权利，恰恰可体现占有保护不问占有本权的制度精髓。[1]反对者则认为，我国并未承认间接占有概念，间接占有并非对物的事实支配，而是一种虚设的占有。[2]间接占有人为所有权人的，可以通过所有权保护途径寻求救济，即使直接占有人不行使占有保护请求权，所有权人也可以对第三人行使物权请求权。[3]就占有保护而言，该概念的反对者似乎并不反对间接占有应受法律保护，而只是认为可以通过其他途径解决。[4]

本书认为，虽然《民法典》中并未出现“间接占有”术语，却并不能因此简单地推断，《民法典》对间接占有制度持否定态度。实际上，在全国人大常委会法制工作委员会对《民法典》第228条的立法理由中即多次使用间接占有概念解释占有改定制度。[5]《担保法解释》第88条也已经使用了“间接占有”术语。此外，间接占有概念来自德国法，《德国民法典》之所以在第868条专门对“间接占有”作了定义，是因为它在第854条第1款规定直接占有“因取得对物的事实管领而取得”，所以如果要承认不同于直接占有的间接占有，必须对此予以明确。与德国法不同，我国《民法典》中并没有明确界定占有为“对物的事实管领”，那么也就不需要特别对“间接占有”予以界定。

具体到占有保护问题，并非如反对者所言，可以通过其他途径达到保护间接占有目的。占有保护不同于权利保护，即使在间接占有人同时是所有权人的情形下，所有权保护也不能取代间接占有保护。因为主张基于所有权的物上请求权，必须首先证明所有权的存在，而证明所有权比证明间接占有更为困难，

---

〔1〕张双根：《占有的基本问题——评〈物权法草案〉第二十章》，载《中外法学》2006年第1期，第114—125页；张双根：《间接占有的制度功能》，载《华东政法大学学报》2006年第2期，第44—50页；申卫星：《物权法原理》，中国人民大学出版社2008年版，第194—197页。

〔2〕石佳友：《〈物权法〉占有制度的理解与适用》，载《政治与法律》2008年第10期，第29—35页；薛启明：《〈物权法〉占有制度三题》，载《研究生法学》2007年第3期，第119—131；李锡鹤：《物的概念和占有的概念》，载《华东政法大学学报》2008年第4期，第23—29页。

〔3〕王利明：《民商法研究》（第四辑），法律出版社1999年版，第424—462页。但在后续的作品中，王利明教授的观点似乎有所松动，虽然仍认为“《物权法》不规定间接占有概念，具有一定的合理性”，但也指出：“尽管《物权法》中没有规定间接占有的概念，但区分直接占有和间接占有，对于全面理解占有的概念，强化对占有的保护，仍然具有一定的意义。”

〔4〕对此问题的探讨还可参见刘家安：《含混不清的“占有”〈物权法〉草案“占有”概念之分析》，载《中外法学》2006年第2期，第240—248页。

〔5〕黄薇主编：《中华人民共和国民法典物权编释义》，法律出版社2020年版，第40—41页。

如此反而加重了间接占有人寻求救济的成本。在间接占有人享有其他本权的情形下亦然，权利保护方式并不能取代占有保护。更重要的是，间接占有人不都是有权占有人，即使是无权间接占有人，同样应予保护。

既然间接占有应予保护，并且，间接占有保护制度不能被其他制度所取代，占有返还请求权的权利人即应包括间接占有人。只不过，对占有侵夺的救济目的在于恢复被侵夺之前的占有状态，而在占有被侵夺之前，间接占有人通过直接占有人行使物之管领，因而对间接占有的救济，也只能是使其恢复到通过直接占有人进行对物管领的状态，而不是使其成为直接占有人。换言之，间接占有人之占有保护请求权的内容，也只能是要求恢复之前的占有状态，即要求回复自己的间接占有，所以在占有侵夺情形下，间接占有人只能请求将物返还于直接占有人，除非直接占有人不能或不愿收回占有。在直接占有人不愿或不能收回占有的场合，间接占有人主张物之返还，类似于债权人对次债务人的“代位权”。若为多级间接占有，还须所有下级占有人均不能或不愿收回占有。

同理，由间接占有本身的性质决定，间接占有是否被侵夺应以直接占有为断。在直接占有人与间接占有人的相互关系中，若间接占有人非经法律许可且非基于直接占有人的意思侵夺直接占有，则直接占有人可对间接占有人主张占有返还，但间接占有人并不享有针对直接占有人的占有返还请求权。以租赁关系为例，即使租赁期满，承租人（直接占有人）拒绝返还，也不构成对出租人（间接占有人）的占有侵夺，承租人仍是直接占有人，出租人可诉诸债务不履行、所有权保护或不当得利制度，但不得以间接占有人的身份针对直接占有人行使占有返还请求权。

3.占有辅助人

与间接占有的处境类似，我国《民法典》既未明确采用占有辅助概念，也未明确予以否定。但中国人民大学《民法典》建议稿物权编第1130条有此建议条文：“（第1款）辅助占有是基于特定的从属关系，受他人的指示，而对物进行事实上的管领。（第2款）辅助占有的情形下，发出指示的人为占有人。”其理由是：“社会生活中有些人虽然在事实上确实对物进行管领或控制，但是此种管领完全是为了他人的利益并且遵照他人的指示而进行，从常识的角度看，任何人都不会认为这样的一种占有是具有法律意义的占有，其与法律上的占有具有较大的差别。”[1]中国社会科学院《民法典》建议稿物权编第647条同样规定了占有辅助制度：“基于雇佣或者其他类似关系，受他人指示而对物实行控制与支配的，仅该他人为占有人。”[2]

在占有辅助人与占有主人的关系中，占有的体素与心素出现了分化，占有主人具有心素，而体素则在占有辅助人处，对物之管领，占有辅助人必须服从占有主人的指示，占有辅助人对占有物并不享有自己的利益。因而，在占有侵夺情形下，占有返还请求权人应当是占有主人。不过，占有主人仍不妨授权占有辅助人代其行使返还请求权。占有辅助制度的意义即在于，明确了“占有”概念，回答了对物之管领受制于他人指示者，是否为占有人，是否应享有独立的占有保护这一问题。

（四）义务主体

以法律禁止的私力获得的占有为瑕疵占有。占有瑕疵具有相对性，甲侵夺乙之占有，甲相对于乙而言是瑕疵占有人，但第三人丙不得主张甲之占有为瑕疵占有。占有返还请求权的义务主体即瑕疵占有人，具体而言，该义务主体须满足两项要件：其一，权利人请求返还占有之时，义务主体为占有人。若侵夺人抛弃占有，则不再是占有返还请求权的相对人，但仍不妨根据侵权规则要求其承担损害赔偿责任。其二，相对于请求权人，义务主体的占有为瑕疵占有。

关于瑕疵占有的具体认定，需要注意：

首先，权利人请求返还占有之时，若侵夺人占有侵夺物，则该侵夺人为瑕疵占有人，有义务返还占有。即使侵夺人将占有物出租或借出，成为间接占有人，仍为占有返还请求权的相对人，应返还间接占有。侵夺人的占有是否具有瑕疵，仅以是否实施了法律禁止的私力侵害来判断，而与是否享有本权无关。一方面，即使是本权人，若通过占有侵害行为取得占有，也是瑕疵占有人。如租赁期满，承租人拒绝迁出，所有权人强行侵占房屋，即构成占有侵夺，由此取得的占有为瑕疵占有。另一方面，无权占有并不等于瑕疵占有。

其次，若侵夺人丧失占有，其占有继受人是否占有返还请求权的义务主体，需要区分情形：第一，侵夺人的概括继受人承继占有瑕疵，如继承人，无论其对前手的占有瑕疵是否知情。第二，占有的特定继受人，取得占有时知道

---

〔1〕王利明主编：《中国民法典学者建议稿及立法理由：物权编》，法律出版社2005年版，第569—570页。

〔2〕梁慧星：《中国民法典草案建议稿附理由：物权编》，法律出版社2013年版，第687页。

其前手之占有瑕疵者，也为瑕疵占有人。只是此之占有继受，仅考量时间上的继受，如甲盗窃乙占有之物，甲也是乙的占有后手，只要甲知道乙的占有系侵夺而得，即须承继乙的占有瑕疵。此外，占有辅助人明知瑕疵占有仍为占有主人取得占有者，占有主人也为瑕疵占有人。

有疑问的是，交互侵夺能否排除占有瑕疵。典型者如甲侵夺乙之占有，嗣后乙又夺回。甲侵夺乙之占有，甲相对于乙为瑕疵占有人，嗣后乙又夺回，乙相对于甲同样是瑕疵占有人。出于诉讼经济的考量，并结合占有保护请求权的除斥期间，我国台湾地区学者多认为，在乙之占有返还请求权的一年除斥期间内，甲作为相对于乙的瑕疵占有人，其占有返还请求权被排除。[1] 本书认为，单纯从诉讼经济的角度考量，恐怕尚不足以排除占有保护。而从法无禁止即自由的角度出发，既然《民法典》未排除此等情形下甲的占有返还请求权，则似乎很难拒绝为其提供占有保护。

（五）本权抗辩

《民法典》并未明确能否以本权对抗占有保护请求权。以占有本权对抗占有保护请求权有三种可能的途径：其一，以本权作为针对占有保护请求权的抗辩。其二，以本权作为具有既判力之判决的依据，对抗占有保护请求权。其三，以本权作为针对占有之诉的反诉依据。

1.以本权作为抗辩

我国学者大多主张，占有之诉中应禁止提起本权抗辩。[2] 占有之诉中禁止本权抗辩的理由，有不同的解释。黑克（Philipp Heck）认为，每个占有人对继续管领占有物都享有经济上的利益，占有状态的维续本身即构成一项独立的法益，此与占有是否存在本权无关。[3] 对本权抗辩的限制是对占有保护的强化，而此种强化只能向占有人之维续利益寻求解释。维续利益不仅要求对占有的保

---

〔1〕 史尚宽：《物权法论》，中国政法大学出版社 2000年版，第 592 页；王泽鉴：《民法物权》（第二版），北京大学出版社 2010年版，第 547 页；谢在全：《民法物权论》（修订五版）（下册），中国政法大学出版社 2011年版，第 1232 页。我国台湾地区学者的解释路径以《德国民法典》第 861 条第 2 款为蓝本。

〔2〕 史尚宽：《物权法论》，中国政法大学出版社 2000年版，第 597 页；王泽鉴：《民法物权》（第二版），北京大学出版社 2010年版，第 550—551 页；梁慧星：《中国民法典草案建议稿附理由：物权编》，法律出版社 2013年版，第 721 页；王洪亮：《论基于占有的物上请求权——实体与程序上的理论继受》，载《清华法学》2007年第 3 期，第 78—91 页；刘智慧：《占有制度原理》，中国人民大学出版社 2007 年版，第 351 页。

〔3〕 Philipp Heck, Grundriss des Sachenrechts, Tübingen 1930, S.13.

护，而且要求迅速及时地保护。恢复维续性是一项自然意义上的急迫事由。[1]因而本权抗辩的排除仅服务于占有之诉的急迫性。此项规范毋宁是一项程序上的优势，故而更适宜将其规定于《民事诉讼法》中，而非《民法典》中，它是“程序羊群中走失的羔羊”。[2]也有学者主张，占有之诉中禁止本权抗辩，是因为占有之诉的暂时性。因为占有之诉中所作的判决并不能决定终局的归属状态，应当尽量简化占有之诉，排除本权抗辩。[3]若以人格保护解释占有保护的正当性，在占有之诉中排除本权抗辩也是其必然要求，因为占有侵害行为是对占有人自由意志的侵犯，相应的救济即应是消除意志侵犯的影响，对占有享有权利并不能成为侵犯他人的理由。[4]

本书认为，占有侵害行为的法律后果，是应当恢复侵害之前的占有状态，消除占有侵害的影响。对占有享有权利本身并不能成为针对占有保护请求权的有效抗辩。仅在权利行使构成正当防卫或自助时，才可作为排除不法性的抗辩事由，[5]但因其可排除不法性，也就不构成占有侵夺行为，无从成立占有之诉。故此，在占有之诉中禁止本权抗辩是禁止占有侵害的必然推衍，[6]严格区分权利保护与占有之诉的意义在于，排除权利人为任何法律禁止的私力行为。[7]不过，本权抗辩禁止可以由当事人约定排除，因为此类约定于公共利益无害，[8]且与私法自治原则相契合。

2.以本权作为具既判力之判决的依据

在占有侵害行为实施后，侵害人的占有本权被具既判力的判决所确认的，占有保护请求权即消灭，以防止不必要的来回返还。我国《民法典》虽无此实证规范，但仍不妨为此解释。

---

〔1〕 Philipp Heck, Grundriss des Sachenrechts, Tübingen 1930, S.50f.

〔2〕 Philipp Heck, Grundriss des Sachenrechts, Tübingen 1930, S.52.

〔3〕 Westermann/Gursky, Sachenrecht, 7.Aufl., Heidelbelg 1998, S.142；Heinrich Lange, Sachenrecht des BGB, Tübingen 1967, S.65.

〔4〕 Hans Josef Wieling, Sachenrecht, Band I, 2.Aufl., Heidelberg 2006, S.207.

〔5〕 史尚宽：《物权法论》，中国政法大学出版社 2000 年版，第 597 页。

〔6〕 Motive zu dem Entwurfe eines Bürgerllichen Gesetzbuches für das deutsche Reich, Band III Sachenrecht, Berlin und Leipzig 1888, S.129.

〔7〕 Hanns Prütting, Sachenrecht, 33.Aufl., München 2008, S.44f.；Wolf/Wellenhofer, Sachenrecht, 24.Aufl., München 2008, S.64.

〔8〕 Philipp Heck, Grundriss des Sachenrechts, Tübingen 1930, S.53；Jan Wilhelm, Sachenrecht, 3. Aufl., Berlin 2007, S.225.

3.以本权作为反诉依据

虽然在占有之诉中不得提起本权抗辩，但可以占有本权为根据提起反诉，[1]相对方可以反诉的方式实现抗辩目的。但反对观点认为，即使以占有本权作为针对占有之诉的反诉依据亦有不妥。否则，占有本权人即可先以法律禁止的私力实现自己的权利，再以本权为依据提起反诉。借此，占有保护的目的即落空。[2]本书认为，仅在法院就反诉作出具有形式既判力且可强制执行的判决时，才能以此为依据驳回占有之诉。此外，如果占有之诉与反诉判决同时作出，则与上述以本权作为具既判力之判决的依据做相同处理，占有保护请求权视为消灭。

（六）除斥期间：《民法典》第462条第2款

《民法典》第462条第2款规定，占有返还请求权因一年期间的经过而消灭，该期间限制，条文明定自“侵占发生之日”起计算，本书认为，“侵占发生”亦解释为“侵夺行为结束”。至于占有人对侵夺行为是否知情或应知，则在所不问。

有争议的是，该期间的性质如何界定？既有视其为诉讼时效者[3]，也有视其为除斥期间者[4]。还有观点认为，该期间属于无中止、中断的诉讼时效[5]，或构成独立的期间类型[6]。该期间的性质界定取决于期间效力，而期间效力之设定又受制于规范目的。

第2款文义明确显示，此处所规定的期间，发生“请求权消灭”的效果。这属于除斥期间而非诉讼时效的效力特点。该请求权因时间经过而消灭的正当性则在于：占有状态并不属于终局的权利归属，因此，在特定期间经过后，丧失

---

〔1〕 史尚宽：《物权法论》，中国政法大学出版社 2000 年版，第 597 页；梁慧星主编：《中国民法典草案建议稿附理由：物权编》，法律出版社 2013年版，第 721 页。

〔2〕 王洪亮：《论基于占有的物上请求权——实体与程序上的理论继受》，载《清华法学》2007年第3期，第 78—91 页。

〔3〕 史尚宽：《物权法论》，中国政法大学出版社 2000年版，第 596 页；王泽鉴：《民法物权》（第二版），北京大学出版社 2010年版，第 550 页；谢在全：《民法物权论》（修订五版）（下册），中国政法大学出版社 2011年版，第 1230 页。

〔4〕 王利明主编：《中国民法典学者建议稿及立法理由：物权编》，法律出版社 2005年版，第 591 页；梁慧星：《中国民法典草案建议稿附理由：物权编》，法律出版社 2013年版，第 724 页；孙宪忠主编：《中国物权法：原理释义和立法解读》，经济管理出版社 2008年版，第 589 页；江平主编：《中国物权法教程》，知识产权出版社 2007年版，第 47 页。

〔5〕 朱岩、高圣平、陈鑫：《中国物权法评注》，北京大学出版社 2007年版，第 796—797 页。

〔6〕 刘智慧：《占有制度原理》，中国人民大学出版社 2007年版，第 345 页。

占有的前占有人即不值得享有独立于占有本权的保护。被侵害的暂时的占有状态，在一定时间经过后，保护必要性即让位于新的占有状态，新的占有状态因时间经过而得以稳定确立，应予保护。换言之，该期间限制的正当性在于占有保护的暂时性。

鉴于占有保护仅具有暂时性，本书认为，应将此时间限制视为除斥期间，否则将导致法律关系长期的不稳定。该除斥期间导致权利消灭，法院当主动审查，关于诉讼时效的规则原则上于此无法适用。不过，占有保护请求权罹于除斥期间，并不妨碍享有本权的占有人继续行使基于本权的请求权。

三、占有妨害请求权

（一）适用前提

占有妨害请求权包括占有妨害排除请求权与占有妨害防止（消除危险）请求权两类。其中，占有妨害排除请求权所救济者为仍在持续的占有妨害。仅有妨害危险者，则应诉诸占有妨害防止（消除危险）请求权。

1.占有妨害排除请求权的适用前提

占有妨害是以法律禁止的私力所为的占有侵夺之外的占有侵害。具体而言，即占有侵夺行为之外的，非经法律许可且非基于占有人意思的占有侵害，既包括在他人占有的土地上挖地槽、断水断电等干扰占有人正常使用的有形妨害，也包括噪声、烟雾等无形妨害，多发生于不动产之上。

根据妨害的不同形态，可区分行为妨害与状态妨害。直接实施占有侵害行为造成占有妨害者为行为妨害。虽未直接实施妨害行为，但因其意思容许妨害占有之状态存在者，则构成状态妨害。而若是纯粹由自然原因导致的妨害状态，尚不足以构成占有妨害，必须至少可追溯至妨害人的间接意思。更明确地说，即使是状态妨害，也以法律禁止的私力侵害为前提，只不过此处的私力体现为（有作为义务而）不作为。鉴于行为妨害与状态妨害的法律效果一致，均指向妨害排除，二者的区分意义有限，更有意义的毋宁是自然事件与可归因于人之意识的占有妨害的区分。

占有侵夺与占有妨害有界分模糊之时，如停车于他人车库入口处、更换他人房锁、在他人房屋中安装门窗等构成侵夺抑或妨害即有争议空间。本书认为，占有侵夺与占有妨害仅是侵害程度的差异而无本质不同，以占有剥夺为最严重，在有疑义时，宜解释为占有妨害。

在物被部分剥夺占有情形，就该物之部分而言，侵夺人成立部分占有，构成部分占有侵夺，而对物之整体而言，又同时构成占有妨害，如将车持续停放于他人土地之上，构成对停放处土地的部分侵夺，以及对整个地块的占有妨害。

2.占有妨害防止（消除危险）请求权的适用前提

与占有妨害排除请求权以仍在持续的占有妨害为适用条件不同，占有妨害防止（消除危险）请求权不是以现时的占有妨害，而是以存在妨害危险为前提。妨害危险也可分为行为妨害危险与状态妨害危险。是否存在妨害危险，不以曾经发生妨害为必要，已经发生过妨害，固然为妨害危险的重要推定因素，但第一次发生的妨害同样应予救济。此外，妨害危险的认定也不以占有人意思为断，而是取决于一般社会观念的客观评价。

（二）请求内容

针对仍在持续的占有妨害，占有人可主张妨害排除请求权，请求侵害人除去妨害，费用由侵害人承担。占有人以自己的费用除去妨害时，得依不当得利或无因管理的规定，请求侵害人返还所支出的费用。

妨害排除的目的仅在于除去妨害，而非恢复妨害发生之前的状态。因此，因排除妨害而支出的费用既不同于恢复原状的费用，也不同于因占有妨害而导致的其他损害，后二者均属于损害赔偿问题，如在他人占有的不动产之上倾倒垃圾，占有妨害排除的内容仅限于清理垃圾，垃圾清理后残留的土地污染，并非妨害排除问题，而是侵权损害赔偿问题。若混淆妨害请求权与损害赔偿的适用条件，就可能出现架空过失侵权原则的危险，以不问过失的防御请求权代替以过失为要件的损害赔偿请求权。〔1〕

占有有受妨害之虞的，占有人可主张以不作为为内容的妨害防止（消除危险）请求权，以避免将来发生占有妨害。占有妨害排除请求权与占有妨害防止（消除危险）请求权均不得单独让与，而是随占有移转而移转。与占有返还请求权相同，两类占有妨害请求权的履行障碍也不适用债务不履行的一般规则，因此而造成的损害应诉诸侵权等其他法律规则，因为占有保护仅保护对物事实管领，而不涉及收益归属问题。

（三）权利主体

两类占有妨害请求权的权利主体与占有返还请求权相同。直接占有人、间接占有人均可作为请求权人，而不问占有物是动产抑或不动产。无论以物权为本权、以债权为本权，或无权占有，均不影响占有妨害请求权的成立。在直接

---

〔1〕 王洪亮：《妨害排除与损害赔偿》，载《法学研究》2009年第2期，第57—70页。

占有人与间接占有人的相互关系中，仅直接占有人针对间接占有人享有占有保护请求权。占有辅助人则并非权利主体，但仍有可能因占有主人的授权而代其行使权利。

（四）义务主体

占有妨害排除请求权以占有妨害人为其义务主体。占有妨害人即其意志决定了妨害的产生及持续之人，包括行为妨害人与状态妨害人。行为妨害人是直接实施妨害行为者；状态妨害人则是以其意思导致妨害状态之持续者，是妨害源的支配者，占有妨害至少可间接追溯至其意思。妨害行为或状态结束，妨害请求权也就消灭，但不影响侵权请求权等其他法律关系。与占有妨害排除请求权相应，占有妨害防止（消除危险）请求权的义务主体，于行为妨害危险为行为人，于状态妨害危险为危险源的支配者。

（五）本权抗辩

基于与占有返还请求权相同的理由，占有本权也不足以抗辩占有妨害排除请求权与占有妨害防止（消除危险）请求权，但若基于本权的反诉可终局地予以强制执行，则可挫败占有妨害之诉。此外，占有妨害行为实施之后或占有妨害危险产生之后，法院作出的对占有本权的确认判决，也可以排除占有妨害排除请求权与占有妨害防止（消除危险）请求权，此前作出的判决则无排除占有保护的效力。

（六）除斥期间

根据《民法典》第462条第2款之规定，仅占有人“返还原物”的请求权因一年未行使而消灭。由此产生的问题是，两类占有妨害请求权是否也应适用该一年期间。占有妨害请求权不适用除斥期间的理由似乎在于，与占有返还请求权不同，只要占有妨害或妨害危险存在，占有人即应享有相应的救济权，没有必要为此权利设定时间限制。[1]反之，有学者认为，占有妨害请求权同样具有占有保护的暂时性特征。基于体系考量，没有理由于此区别对待占有返还请求权与占有妨害请求权。[2]

本书认为，只要占有妨害或妨害危险存在，占有人即应予以保护，循此逻辑，在占有侵夺情形下，只要占有尚未回复，占有侵害即存在，占有人同样应予以保护，那么占有返还请求权更不应该受到一年除斥期间的限制。占有侵夺

---

〔1〕 胡康生主编：《中华人民共和国物权法释义》，法律出版社 2007年版，第 522 页。
〔2〕 孙宪忠主编：《中国物权法：原理释义和立法解读》，经济管理出版社 2008年版，第 589 页。

是最严重的占有侵害形式，如果占有侵夺的救济权尚且受到一年除斥期间的限制，而针对侵害程度较轻之占有妨害的请求权反而不受此期间限制，无疑将导致法律评价矛盾。举重以明轻，应将一年除斥期间适用于占有妨害排除、妨害防止（消除危险）请求权。

占有妨害请求权之一年除斥期间的起算应区分以下情形：

占有妨害排除请求权的期间限制，自妨害发生时起计算，无论占有人是否知情。有争议的是，对于反复发生的占有妨害，期间如何起算。有观点认为，应以最后一次妨害为起算始点，[1]本书认为，反复发生的占有妨害是多次妨害，而非一次妨害，应分别成立占有妨害排除请求权，每次妨害都应独立起算。

占有有受妨害之虞的，占有妨害防止（消除危险）请求权的一年期间以客观危险产生的时点起算。[2]对于反复发生的占有妨害危险，针对每次危险均独立起算占有妨害防止（消除危险）请求权的除斥期间。与占有妨害相同，占有妨害危险的存在，也与占有人是否知情无关。

四、损害赔偿请求权

《民法典》出台后，第462条第1款第3分句增加了“依法”二字，从而明确了占有之损害赔偿请求权规则的参引规范属性，指示参照《民法典》第1165条第1款的过错侵权一般规则。由此产生的问题是：单纯占有、善意占有、有权占有是否均为侵权法保护的对象。侵权规则保护的法益中，与占有最相近者为所有权。所有权最本质的特征即绝对性与终局性，绝对性要求任何人均须尊重，且可针对任何人主张，终局性则要求该项权利具有终局性的归属内容。[3]据此，问题即在于，占有是否具有绝对性与终局性？

占有保护请求权可针对任何人主张，因而单纯占有有被视为绝对性法律地位的可能，但仍无法满足终局性要求，因为占有保护具有时限性，因一年除斥期

---

〔1〕梁慧星：《中国民法典草案建议稿附理由：物权编》，法律出版社2013年版，第723页；史尚宽：《物权法论》，中国政法大学出版社2000年版，第596页。

〔2〕史尚宽：《物权法论》，中国政法大学出版社2000年版，第596页；梁慧星：《中国民法典草案建议稿附理由：物权编》，法律出版社2013年版，第723页；王利明：《中国民法典学者建议稿及立法理由：物权编》，法律出版社2005年版，第591页。

〔3〕Larenz/Canaris, Lehrbuch des Schuldrechts, B.II, 2. Halbband, 13.Aufl., München 1994, S.392; Dieter Medicus, Besitzschutz durch Ansprüche auf Schadensersatz, AcP(1965), S.115ff.

间的经过而消灭。更重要的是，与所有权相比，单纯占有不具有任何财产归属内容，单纯占有人虽有事实上获益的可能，但法律上却无权对物进行收益，甚至有义务向权利人返还收益。鉴于占有在财产归属上的“中立”，损害赔偿的保护方式对其并不适宜。所有权保护之终局性与占有保护之暂时性的区别，使得无法将二者在侵权法上同等对待。

而且，占有物所遭受的损害，必然同时构成对权利人的侵害。如果认为单纯占有人得主张损害赔偿，那么，可能导致的后果有两种：其一，侵害人须就同一损害分别向单纯占有人与权利人进行两次赔偿；其二，侵害人向单纯占有人赔偿之后，由权利人向单纯占有人追偿，侵害人不必再进行给付。第一种路径明显有违公正，不足取。而第二种路径本身即表示，占有物所遭受之损害是对权利的侵害，而非对占有的侵害，否则单纯占有人就可以保留损害赔偿，而不必向权利人返还。而且，第二种路径适用的前提是，侵害人善意信赖单纯占有人即为权利人，于此保护的是侵害人的善意信赖，而非单纯占有。若侵害人明知单纯占有人并非权利人，则不能因向单纯占有人给付而免责。

至于善意占有与有权占有是否应享有侵权法上的保护，同样取决于是否具有与所有权相类似的绝对性与终局性。就善意占有人而言，《民法典》第459—461条并未确认其收益权，还使其负担孳息返还义务，也无任何归属内容，无法满足终局性要求，无从享有侵权法保护。而即使善意占有人享有用益收取权，从而具有归属内容，满足绝对性与终局性特征，受侵权法保护，受保护的也并非“占有”，而是“收益权”，占有只不过使其收益权具有了外观上的可识别性，但占有本身的法律效果中没有收益内容。有权占有与此类似，占有本权若具有收益权限，则满足绝对性与终局性特征，享有侵权法保护，只不过所保护者仍是本权，而非占有本身，占有于此的意义同样仅是使本权具有可识别性。

综上，对单纯占有的侵害无法构成侵权行为，因为单纯占有只具有排他效力，而不具有任何财产归属内容，不能以损害赔偿的方式予以保护。可以主张赔偿的“损害”，只能是对占有人之收益权限的损害，而有收益权限的占有人在我国法上仅限于有权占有人。对有权占有的侵权法保护，实质是对占有本权的保护，而非占有保护。因而，损害赔偿请求权并非占有保护的固有内容。此外，既然损害赔偿实质是本权保护，即不适用一年除斥期间，且应允许本权抗辩。

五、竞合问题

占有保护请求权与本权保护有可能发生竞合，前提是，占有人同时为本权人，占有侵害同时构成本权侵害。占有保护与本权保护同时成立时，当事人可择一行使，本权保护规范不受一年除斥期间与本权抗辩禁止的限制。但占有保护本身不问本权，有其独立价值。

课后复习

1. 占有回复关系中对善意占有人的优待。
2. 占有返还请求权的适用前提与法律后果。
3. 占有妨害排除、妨害防止请求权的适用前提与法律后果。
4. 占有保护与本权保护的关系。

第三卷　债权

新时代法学精品教程

中国民法学

Excellent Textbooks of Law in the New Era
Chinese Civil Law

李永军　主编

尹志强　于飞　刘家安　副主编
易军　戴孟勇　本卷执行主编

中国民主法制出版社
全国百佳图书出版单位

本卷编委会

主　　编

李永军

副 主 编

尹志强　于　飞　刘家安

执行主编

易　军　戴孟勇

撰 稿 人（以撰写章节先后为序）

于　飞：第一、二章

刘家安：第三章、第四章第一节、第五章

申海恩：第四章第二节、第六章、第十四至十七章

易　军：第七至十三章、第二十四章

谢远扬：第十八至二十一章

于程远：第二十二、二十三章

戴孟勇：第二十五至二十八章

李永军：第二十九、三十章

尹志强：第三十一至三十六章

缪　宇：第三十七至四十八章

作者简介

（以撰写章节先后为序）

于　飞　法学博士，中国政法大学民商经济法学院教授、博士生导师，兼任中国法学会理事等。代表性著作有《权利与利益区分保护的侵权法体系之研究》等；代表性论文有《公序良俗原则与诚实信用原则的区分》等。

刘家安　法学博士，中国政法大学民商经济法学院教授，兼任中国法学会民法学研究会常务理事兼副秘书长等。代表性著作有《物权法论》等；代表性论文有《论通过返还请求权让与方式实现动产所有权移转》等。

申海恩　法学博士，中国政法大学民商经济法学院副教授，兼任北京市债法研究会理事等。代表性著作有《私法中的权力：形成权理论之新开展》等；代表性论文有《抗辩权效力的体系构成》等。

易　军　法学博士，中国政法大学民商经济法学院教授、博士生导师，兼任中国法学会民法学研究会理事等。代表性著作有《民法基础理论新视域》等；代表性论文有《“法不禁止皆自由”的私法精义》等。

谢远扬　法学博士，中国政法大学民商经济法学院讲师。代表性著作有《个人信息的私法保护》等；代表性论文有《信息论视角下个人信息的价值——兼对隐私权保护模式的检讨》等。

于程远 法学博士，中国政法大学民商经济法学院副教授。代表性论文有《论法律行为定性中的“名”与“实”》《民法上目的性限缩的正当性基础与边界》等。

戴孟勇 法学博士，中国政法大学民商经济法学院教授、博士生导师，兼任中国法学会民法学研究会理事等。代表性著作有《民法原理与实例研究》等；代表性论文有《法律行为与公序良俗》等。

李永军 法学博士，中国政法大学民商经济法学院教授、博士生导师，二级教授，兼任中国法学会民法学研究会副会长等。代表性著作有《民法总论》等；代表性论文有《物权与债权的二元划分对民法内在与外在体系的影响》等。

尹志强 法学博士，中国政法大学民商经济法学院教授 、博士生导师，兼任中国法学会民法学研究会理事等。代表性著作有《人格权及其救济制度研究》等；代表性论文有《侵权法的地位及与民法典各编关系的协调》等。

缪　宇 法学博士，中国政法大学民商经济法学院副教授。代表性论文有《走出夫妻共同债务的误区——以〈婚姻法司法解释（二）〉第24条为分析对象》《论被救助者对见义勇为者所受损害的赔偿义务》等。

目录

Contents

债法总论

意定之债——合同

法定之债——侵权行为

债法总论

第一章 债法概述

提 要

“债”是抽象的法律概念。狭义的债，是指特定人之间得请求特定行为的法律关系；广义的债，是数个狭义的债组成的有机综合体。与物权法相对，债法主要调整动态财产关系。合同、侵权行为、无因管理、不当得利等债的发生原因差异很大，而其共性在于法律效果在形式上相同，即可以产生“给付”，债法体系由此逐步建立。债之义务群与债权共同构成了债之法律关系的内容。债之义务群，经历了由近及远的发展过程，形成了给付义务、附随义务、不真正义务、先合同义务、后合同义务等构成的体系。理解债权，须通过与物权进行比较，方能准确地把握其相对性、平等性等特征。

重点问题

1. 给付的形态与要件。
2. 债之关系上的义务群的定位与识别。
3. 债权的特征与本质。
4. 债法总则规范的必要性与识别。

第一节 债的概念与特征

问题示例

甲将房屋出卖给乙，乙支付定金5万元。丙得知后，以更高的报价与甲订约。甲又将房屋出卖给丙，甲、丙双方办理房屋过户登记手续，丙随后入住。

请问：

（1）乙可否向甲请求交付房屋？可否请求支付违约金？

（2）乙可否向丙请求交付房屋？可否请求损害赔偿？

一、债的概念

债，又称债之关系，可分为狭义债之关系及广义债之关系。狭义债之关系，是指特定当事人之间得请求一定给付的法律关系。自得请求给付的一方当事人而言，系为债权；自负有给付义务的一方当事人而言，则为债务。给付则为债之标的，包括作为、不作为。广义债之关系，系存在于当事人之间的有机综合体，是指由多个狭义债之关系组成的整体性的权利、义务关系。[1]

例如，在典型的物之买卖中，出卖人享有价款请求权，买受人负有支付价款的义务；买受人享有移转标的物所有权请求权，出卖人负有转移标的物所有权的义务；买受人还享有交付标的物请求权，出卖人负有交付标的物的义务。分别来看，具有三个狭义的债之关系，完成其一，则相应的狭义债之关系消灭。综合来看，这些狭义债之关系共同构成了出卖人和买受人之间的广义债之关系。

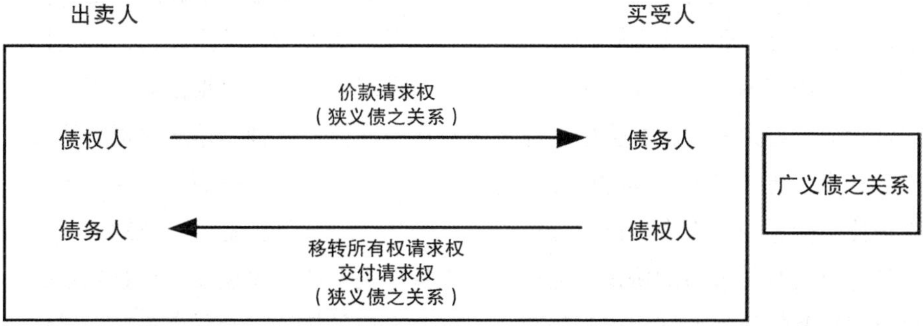

图1：广义债之关系

在本书中，狭义债之关系以具体的债权债务关系指称，如交付标的物之债权；广义债之关系以债、债之关系指称，如合同之债、侵权之债。

近现代民法上，债的概念源自罗马法。罗马法上的债，既指债权、债务，也指债权债务关系，有时并称为“法锁”。民法上债的概念不同于日常用语中所谓的债，也不同于中国传统上的债。日常用语所称之债，专指债务，且专指金钱债务，如借债、欠债、还债等。在我国固有法上，债的含义也很狭窄，指借贷等。自汉律以来，债的概念一直未见扩大，仍仅指欠人财物。至清末《大清民律草案》，西方民法中债的概念才首次被引入我国。在我国现行法上，债的概念不仅指债务，而且包括债权，表示的是以债权债务为内容的法律关系。

现行法对债的界定见于《民法典》第118条第2款：“债权是因合同、侵权行为、无因管理、不当得利以及法律的其他规定，权利人请求特定义务人为或

[1] 陈华彬：《债法通论》，中国政法大学出版社 2018 年版，第 1—3 页；王泽鉴：《债法原理》（第二版），北京大学出版社 2013 年版，第 55—56 页。

者不为一定行为的权利。”该条源于《民法通则》第84条第1款第1句："债是按照合同的约定或者依照法律的规定，在当事人之间产生的特定的权利和义务关系。”立法进步之处在于，由“权利和义务关系”之特定修改为“义务人”之特定，准确把握了债权与物权、人格权等权利的核心区别。

二、债的特征

债有财产性、相对性、平等性、发展性等特征。[1]以下详述之。

（一）债为财产性法律关系

民事法律关系可以分为人身法律关系和财产法律关系两大类，债之关系是财产法律关系下的子类型。在现代法中，债的主要构成部分是合同法和侵权法，除此之外，还有无因管理和不当得利；以上四种债的发生原因，都是以财产为主要内容的。债不仅可以通过法律关系设定，而且可以根据双方当事人的约定形成。特别是现代社会中，通过债权让与和债权质押，债的融资功能被进一步开发，更加彰显了其财产性的特征。应当注意的是，债的财产性并不意味着债法不能适用于人身协议。《民法典》第464条第2款规定："婚姻、收养、监护等有关身份关系的协议，适用有关该身份关系的法律规定；没有规定的，可以根据其性质参照适用本编规定。”因此，债虽然意味着财产关系，但债法可以有条件地适用于身份关系协议。

（二）债具有相对性

债的相对性包括主体相对性与客体相对性。所谓“主体相对性”，是指“只在特定人之间”有请求给付之权利，或有给付之义务，原则上债对第三人并无拘束力。要改变债之主体，必须经过债权移转、债务承担或债权债务之继受。[2]债具有客体相对性。所谓“客体相对性”，是指债的履行必然指向特定的对象。如果履行内容并非特定对象，则不符合债的内容，会发生履行障碍。即便是“种类物交易”，也必须经过“特定化”才能完成交付。因为债之关系为特定人间相互之关系，故债权为请求权之一种，而非支配权。[3]与此相对，物权的本质是支配权，其具有绝对性效力。物权的绝对性效力表现为对物的直接支配，如所有权人对物任意支配，无须考虑任何第三人；亦表现为排除他

---

〔1〕 黄茂荣：《债法通则之一：债之概念与债务契约》，厦门大学出版社2014年版，第2—11页；崔建远：《债法总论》，法律出版社2013年版，第3—6页。

〔2〕 黄茂荣：《债法通则之一：债之概念与债务契约》，厦门大学出版社2014年版，第2—3页。

〔3〕 史尚宽：《债法总论》，中国政法大学出版社2000年版，第1页。

人干涉，如所有权人得向侵占以及妨害所有物的人请求返还原物、排除妨碍等。[1]虽然物权为支配权，但是因物权遭受侵害而产生的损害赔偿请求权仍然是债权，具有相对性。[2]

（三）债具有平等性

债的平等性要求债权之间并无优劣高下，同一个标的上可以存在多个债权，并且各个债权的效力是平等的。因此，不同债权之间即便内容相同，也不会互相发生排斥。债务人将一物出卖于数个买受人，各个买卖合同均为有效，且各买受人皆得基于其债权请求债务人履行债务。债务人若履行其中一个买卖合同，其他债权人仅对债务人主张债务不履行的违约责任。除此之外，时间发生先后并不会影响债权的效力。债权人不得基于其债权发生在先，而对债务人的其他债权人主张优先受偿。因此，如果债务人因资不抵债陷入履行不能，那么不论债权发生先后，均应当依照一定比例参加分配。附有担保物权（如抵押权）的债权可以优先于一般无担保的普通债权而受清偿，这是由于抵押权的物权效力使然，[3]与债权平等性之间并不冲突。

兹举一例说明债的相对性。甲将房屋出卖给乙，乙支付定金5万元。次日，因丙报价更高，甲又将房屋出卖给丙，甲、丙双方办理房屋过户登记手续，丙随后入住。本例为典型的二重买卖。甲、乙之间的买卖合同、甲、丙之间的买卖合同均属有效。甲、乙之间的买卖合同仅在甲、乙之间产生拘束力，并不影响甲、丙之间后成立的买卖合同。因房屋已经办理变更登记，并由丙占有，乙对甲的移转所有权请求权、交付请求权无法实现。甲对乙陷入给付不能，乙可向甲主张合同违约责任。可以明确看到，合同的效力之及于其缔约的相对方，而不能约束第三人。这就是“相对性”。

（四）债具有发展性

随着社会物质生活的变化和发展，债的标的和类型不断丰富，债的内涵也在不断丰富和发展。尤其是随着市场交易的发展和社会需求的不断更新，债的类型不断进行扩充。例如，《民法典》合同编中新增了保理合同，这就是随着生产生活的发展而出现的新合同类型的典型。再如，《民法典》侵权责任编中新增了生态破坏责任，这也是一种以贯彻“绿色原则”为目的的崭新的债的类

---

〔1〕 王洪亮：《债法总论》，北京大学出版社 2016 年版，第 30 页。

〔2〕 史尚宽：《债法总论》，中国政法大学出版社 2000 年版，第 1 页。

〔3〕 陈华彬：《债法通论》，中国政法大学出版社 2018 年版，第 12—13 页。

型。《民法典》兼顾了21世纪的时代特性，加入了新类型的债，正是债的发展性的体现。

第二节　债的法律关系的构成

问题示例

例1：投资人甲与乙公司约定，由乙研发可回收火箭，乙屡次尝试而未能成功。甲能否以乙“给付不能”为由，请求返还投资？

例2：甲医院与乙公司约定，由乙制作60年院庆纪念杯3000只，并应于劳动节前交付。乙在同期还承揽了其他项目，高估了产能。故乙虽竭尽全力而未能向甲交付全部纪念杯。甲能否请求乙赔偿损失？

例3：甲向乙购买一批和田玉首饰，准备进行销售，价金1000万元。乙将玉饰交付于甲，但始终没有交付玉饰的品质鉴定书。

请问：

（1）甲是否可向乙请求交付玉饰的品质鉴定书？

（2）甲可否因乙未交付玉饰的品质鉴定书，而拒绝支付价金？

（3）甲可否因乙迟延交付玉饰的品质鉴定书，而解除合同？

例4：甲向乙购买一批海鲜，约定提前付款。到货后，甲认为海鲜品质不佳，要求退货。但要先扣留本批海鲜，待新品送到后再退还。乙送来新一批海鲜后，发现甲并未将先前的海鲜放置于保鲜箱保管，以致鱼虾奄奄一息。请问：甲应否对旧海鲜损失负责？有何依据？

通说认为，法律关系包括主体、客体、内容三要素。债的法律关系同样由主体、客体、内容三要素构成。

一、债的主体

债的主体，是指债之关系中的双方当事人，即债权人和债务人。债权人是指有权利请求对方当事人为一定给付的人；债务人是指有义务向对方当事人为一定给付的人。在债之关系中，主体须是特定人，即债具有主体相对性。依《民法典》对民事主体的分类，债的主体可以是自然人、法人、非法人组织。

债权人或债务人既可以是一人，也可以是多人。双方均为一人，系单一之债；一方为二人以上，则为多数人之债，包括多数人债权、多数人债务。与单一之债相比，多数人之债中多数人一方的法律地位较为复杂，既有全体与对方的外部关系，又有本方的内部关系。因此，多数人之债有其特殊规则（《民法典》第517—521条）。

二、债的客体

（一）给付概说

1. 给付的概念

债的客体，又称债的标的，是指债之关系上特定人之间得请求的特定行为。此即债法上的“给付”，指各种具体的债务人应为之特定行为，包括交付财物、支付金钱、移转权利、提供劳务等。给付可分为积极给付（作为）、消极给付（不作为）。[1]例如，在典型的竞业禁止协议中，用人公司对离职员工负积极给付义务，须按月支付补偿金；而员工对公司负消极给付义务，即在竞业禁止期内不在相关行业任职。

债的标的与债的标的物，在含义上有所区别。前者是给付本身，属于债之关系的构成要素；后者是给付的对象，指向的是债务人行为所及之物。只有在交付财物、支付金钱的债中，才有标的物的存在。而在提供劳务的债中，提供劳务本身即足以完成给付，而无给付标的物之给付。[2]

给付与履行的含义不同。给付是从静态的角度描述债之关系所赖以存在的基础；而履行则是从动态的角度描述债的效力以及债消灭的过程。给付更为抽象，履行更为具体。给付是债务人应为特定行为，与其行为的具体内容无涉；履行是债务人实行其应为的特定行为，其行为的具体内容依具体的债的要求而不同。判断债务人是否完全及适当履行，应以该具体的债的要求为标准。[3]在学理上，论及债之义务时多采用“给付”，以区分给付义务、附随义务等；论及债的消灭原因时则表述为“履行”，又称为清偿，与抵销、提存、免除等事由并列。[4]《民法典》并没有严格依照以上标准使用“履行”之概念，对“给付”与“履行”，有时并未严格加以区分。对我国民法上的“履行”，应结合

---

〔1〕 王泽鉴：《债法原理》（第二版），北京大学出版社2013年版，第79页；张广兴主编：《债法》，社会科学文献出版社2009年版，第20—21页。

〔2〕 张广兴主编：《债法》，社会科学文献出版社2009年版，第21页。

〔3〕 同上。

〔4〕 王洪亮：《债法总论》，北京大学出版社2016年版，第18页。

具体语境加以理解，从而准确把握“给付”与“履行”之内涵。

2. 给付的内涵

给付具有双重意义，有时指给付行为，有时则指给付效果。债务人负担的是给付行为还是给付结果，应结合各个债之关系所欲达成之目的来判断。在某些债之关系中，其给付仅指给付行为。即使未得出预期的给付结果，只要没有可归责于债务人的事由，就不构成债务不履行责任。典型者如技术、委托、行纪、中介合同等债（参阅本节例1）。

与此不同，某些债的关系不但关注给付行为，而且要求给付结果。如果无给付结果，一般要构成债务不履行责任。典型者如买卖、赠与、租赁、承揽合同等债（参阅本节例2）。

（二）给付的形态

给付的形态，是指在具体债之关系中给付行为的内容和表现方式。划分给付形态，不仅是理论上的体系化需要，更重要的是实践中的不同影响。不同的给付形态对债务履行有不同要求，对债务违反的构成要件及其责任承担上也有不同。例如，金钱之债不发生履行不能；实物之债、劳务之债等类型中，才发生瑕疵履行；劳务之债、不作为之债，对债务履行不要求履行效果等。[1]

依体系化之要求，给付的形态首先应区分作为与不作为，其次作为应再区分仅负担行为者（如雇佣）与亦负担特定给付效果者（如承揽）。[2]给付的具体形态主要有以下几种：交付财物、交付金钱、移转权利、提供劳务（服务）、提交成果、不作为。

（三）给付的要件

传统民法理论认为，给付应具备三个要件：合法、确定或可得确定、可能。但自德国债法现代化以来，关于给付要件的理论发生了重大变化，“可能”不再被规定为给付的要件。[3]因此，本书认为，给付须具备两个要件：合法、确定或可得确定。

1. 合法

给付须不违反法律禁令，且不违背公序良俗。以违法行为为给付者，因当事人之间不能发生债之关系，自不得成为债的标的。例如，交付毒品、交付假

〔1〕张广兴主编：《债法》，社会科学文献出版社 2009 年版，第 22—23 页。

〔2〕刘家安、周维德、郑佳宁：《债法：一般原理与合同》，高等教育出版社 2012 年版，第 51—52 页。

〔3〕柳经纬主编：《债法总论》（第二版），北京师范大学出版社 2017 年版，第 24—25 页。

币、实施绑架等。虽不违反法律禁令，但给付违反公序良俗的，亦为无效，故此种行为也不能成为债的标的。例如，借腹生子协议。

2. 确定或可得确定

给付的内容须于债权成立时确定，或者至少于债务履行时可得确定。若给付不能确定，也不能按照一定的规则予以确定，则债之关系不成立；债务人无从履行债务，不受法律约束。一般而言，给付的内容由当事人意思决定；法律上另有规定的，应依该规定而为确定，如种类之债、选择之债等。

给付的确定主要是合同之债面临的问题。首先，合同内容可以通过对合同的客观解释予以确定；其次，可以通过另一个债的义务确定债的内容；最后，在合同之债中，当事人不必自己确定给付义务，可以赋予当事人一方或者第三人事后确定合同内容的权利。如果通过上述规则仍不能确定的，则可通过任意性规范补充当事人意思之不足。[1]

传统债法理论认为，给付行为应当在客观上能够实现。以不能的给付作为债的标的时，依其不能之情形，决定债的效力。若属于客观上自始不能，则债之关系无效，不发生债务不履行，债权人仅能请求信赖利益的损害赔偿。相对而言，若属于客观上嗣后不能，则债之关系有效，而发生债务不履行，债权人可就履行利益请求赔偿。该理论已被许多学者批判，二者在法律效果上的巨大差异实属不当，于客观上自始不能之情形，债权人利益保护范围被不当缩小。[2]

新近通说认为，客观上自始给付不能并不导致债之关系当然无效，该种情形仍以债务不履行的规定处理。《德国民法典》经由2002年的债务法现代化，也已将自始不能归由债务不履行或错误规则处理。[3]

从民事立法经过来看，我国继受了“自始给付不能的债有效”的做法，不要求给付的可能性。

三、债的内容

（一）债之关系上的义务群

1. 概说

---

〔1〕 王洪亮：《债法总论》，北京大学出版社 2016 年版，第 28 页。

〔2〕 韩世远：《合同法总论》（第四版），法律出版社 2018 年版，第 524—527 页。该理论源自罗马法上的对于不可能的物不产生任何债（Impossibiliumnullaobligatioest）教条（Dogma），该教条为法国、德国、瑞士、奥地利等近代大陆法系国家所继承，成为问题并被讨论。

〔3〕 韩世远：《合同法总论》，法律出版社 2018 年版，第 527 页。

（1）债务与义务

债务，指特定人之间应为一定给付的义务。义务比债务的范围更大。债务人依债之关系，除负一定的给付义务外，还可能负附随义务，后者原则上不以债务称之。另外，与债务人相对，债权人有时亦负不真正义务，该义务在性质上也不属于债务。债之关系的核心在于给付。债之义务最原本的内涵即为给付义务，现代债法理论发展出附随义务、不真正义务等债法上的义务，使债之关系上的义务体系日臻完善。〔1〕

（2）债务与责任

责任，指强制实现此项义务的手段，亦即履行此项义务的担保。〔2〕通说认为，古代罗马法并无债务与责任区分的观念。区分债务与责任，主要是日耳曼法学的贡献。在现行法上，责任通常随债务而生，债务必须再加上责任，方始可称为一个完全债务。〔3〕债务与责任互相结合，原则上并属无限财产责任。负债务者，不仅在法律上负有当为义务，而且承担了其财产之一部分或全部将因强制执行而丧失的危险性。若非如此，则难以保障债权的实现。〔4〕尽管如此，二者并非同一观念，例外情况亦有之。有债务而无责任者，如不具有可诉性的自然债务。无债务而有责任者，如物上保证人之责任、担保财产第三人之责任等。

（3）义务群

在最初的标准模型中，债之关系基于事务之存在原理，在时间上始于债的发生、终于债的清偿，原则上既无溯及，也无后续。基于自己责任主义，在主体上限于导致其发生的法律事实所归属的债的当事人之间。然而，为了债之意旨的圆满达成，产生了例外规范需要，使得债之关系超出了标准模型的拘束力范围。〔5〕由此，现行法以主给付义务为规制对象，基于诚实信用原则，由近而远，逐渐发生从给付义务以及其他附随义务，以辅助实现给付利益，维护他方当事人的人身及财产上的利益，从而逐渐形成了债之义务体系。现代债法的发展，在某种意义上，可以说是债之关系上义务群的发展。〔6〕债的义务群包括给付义务、附随义务、不真正义务，以及先合同义务、后合同义务。

---

〔1〕 王洪亮：《债法总论》，北京大学出版社 2016 年版，第 21 页。

〔2〕 王泽鉴：《债法原理》（第二版），北京大学出版社 2013 年版，第 74 页。

〔3〕 黄茂荣：《债法通则之一：债之概念与债务契约》，厦门大学出版社 2014 年版，第 70 页。

〔4〕 王泽鉴：《债法原理》（第二版），北京大学出版社 2013 年版，第 74—75 页。

〔5〕 黄茂荣：《债法通则之一：债之概念与债务契约》，厦门大学出版社 2014 年版，第 60 页。

〔6〕 王泽鉴：《债法原理》（第二版），北京大学出版社 2013 年版，第 90 页。

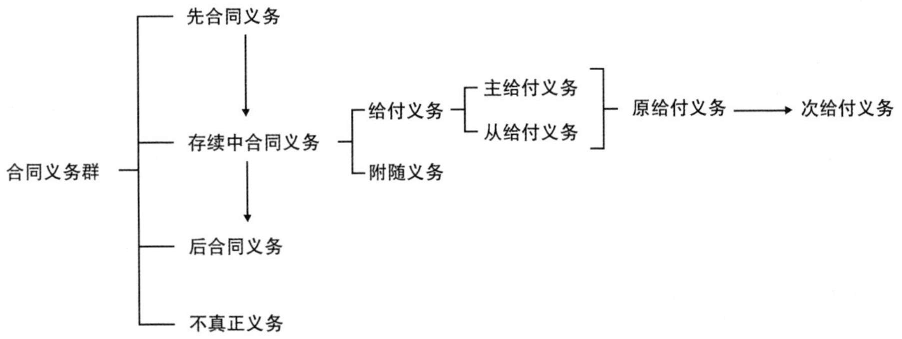

图2：合同义务群

2. 给付义务的构成

给付义务，是指债之关系上特定人之间得请求的特定行为的义务。给付义务包括主给付义务、从给付义务，在发生阶段上可分为原给付义务、次给付义务。

（1）主给付义务和从给付义务

主给付义务，简称主义务，是债之关系（尤其是合同）上固有、必备，并用以决定债之关系类型（合同类型）的基本义务。主给付义务是债之关系的核心，在典型合同中比较容易识别。例如，在买卖合同中，出卖人负交付其物并移转其所有权的义务，买受人负支付价金的义务。

从给付义务，简称从义务，是与债权人履行利益相关，但不具有独立意义，而仅具有辅助主给付义务功能的义务。从给付义务具有补助功能，其不能决定债之关系的类型，目的在于确保债权人的利益能够获得最大的满足。须注意的是，从给付义务亦得独立提起诉讼请求。[1] 例如，出卖人应当按照约定或者交易习惯，向买受人交付提取标的物单证以外的有关单证和资料。

（2）原给付义务和次给付义务

原给付义务，又称第一次义务，是指债之关系上原有的义务。就合同而言，如名马的出卖人所负交付其马，并移转其所有权之义务（主给付义务），以及交付该马血统证明书之义务（从给付义务）。

次给付义务，又称第二次义务，指在原给付义务于履行过程中，因特定事由演变而生的义务。次给付义务既有与原给付义务并存的情况，也有替代原给

〔1〕 王泽鉴：《债法原理》（第二版），北京大学出版社2013年版，第81页。

付义务而独立存在的情况。

3. 附随义务

附随义务，是指在债之关系发展过程中，基于诚信原则而生并具有辅助或保护功能之义务。例如，通知、说明、警告、保密、保护、协助等义务。

（1）附随义务与主给付义务的区别

第一，主给付义务自始确定，并决定债之关系的类型。反之，附随义务系随着债之关系的逐渐发展，不受特定债之关系类型的限制。

第二，主给付义务构成双务合同的对待给付。附随义务原则上非属对待给付，不发生同时履行抗辩。

第三，因给付义务的不履行，债权人得解除合同。反之，附随义务的不履行，债权人原则上不得解除合同，仅能请求损害赔偿。〔1〕

（2）附随义务与从给付义务的区别

第一，从给付义务（亦称为独立的附随义务）得独立诉请履行。附随义务（或称为不独立的附随义务），不得独立诉请履行。〔2〕

第二，从给付义务限于促使履行利益得到根本满足，实现债权利益的最大化。附随义务强调确保合同双方当事人的固有利益不受损害，更多的是一种保护义务。〔3〕

4. 先合同义务与后合同义务

先合同义务，是指当事人为缔结合同而接触、准备或磋商时，发生的各种说明、告知、保密、保护等义务。〔4〕违反者应承担缔约过失责任，或先合同责任，概念上两者并称或互用。〔5〕根据《民法典》第500条的规定，恶意磋商、欺诈缔约及其他违背诚实信用原则的场合，恶意行为人负赔偿责任。该规定就是对先合同义务及违反之后的责任的确认。

后合同义务，是指合同关系消灭后，当事人为维护给付效果或协助相对人处理合同善后事务时，发生的某种作为或不作为义务。后合同义务的典型情形，如劳动合同终止后雇主提供服务证明书的义务；离职的受雇人仍应保守雇主的营业秘密的义务；治疗完毕后医院提供病历的义务等。

---

〔1〕王泽鉴：《债法原理》（第二版），北京大学出版社 2013 年版，第 83 页。
〔2〕同上。
〔3〕王洪亮：《债法总论》，北京大学出版社 2016 年版，第 26 页；崔建远：《债法总论》，法律出版社 2013 年版，第 11 页。
〔4〕王泽鉴：《债法原理》（第二版），北京大学出版社 2013 年版，第 87 页。
〔5〕王泽鉴：《债法原理》（第二版），北京大学出版社 2013 年版，第 234 页。

5. 不真正义务

不真正义务，是指在债之关系中，为使己方权利或利益完全实现，而由债权人负担的义务或风险。不真正义务的主要特征在于义务人为债权人，权利人（即债务人）通常不得请求履行，违反它也不发生损害赔偿责任，仅使义务人（即债权人）遭受权利减损或丧失的不利益。〔1〕

（二）债权

1. 债权的概念

债权，指请求特定人为特定行为（作为或不作为）的权利。债权和债务，共同构成债之关系的内容。

债权与请求权应予区别，可以从两方面加以观察：第一，就请求权而言，除债权请求权外，尚有物上请求权等。就债权而言，除请求权能外，尚有解除、终止等权能。第二，债权请求权罹于消灭时效时，债权本身仍属存在。若债务人仍履行给付，则不得以不知时效为理由，请求返还。〔2〕

2. 债权的性质

债权的性质表现为以下特征：债权为请求权、相对权，具有相容性、平等性，存在具有期限性等。学习债权性质的最佳学习方法，是将债权与物权加以对照比较，从而把握其最重要的特征。概言之，债权具有相对性，而物权具有绝对性；债权具有平等性，而物权具有排他性。

（1）债权的相对性

债权（或债之关系）具有相对性，仅特定债权人得向特定债务人请求给付。相反，物权具有绝对性，物权人得对抗一般不特定人。〔3〕

反面言之，债权不属于支配权。债权所赋予的，并非直接支配之力：既不是对债务人人身的支配，也不是对债务人行为（给付行为）的支配，更不是对债务人应为给付之客体的支配。相反，物权的本质是支配权，其具有绝对性效力。该效力表现为对物的直接支配，如所有权人对物任意支配，无须考虑任何第三人；排除他人干涉，如所有权人得向侵占以及妨害所有物的人请求返还原物、排除妨碍等。〔4〕

债权属于对人请求权。债权系将债务人的给付归属于债权人，债权人因而

〔1〕 王泽鉴：《债法原理》（第二版），北京大学出版社 2013 年版，第 88 页。
〔2〕 王泽鉴：《债法原理》（第二版），北京大学出版社 2013 年版，第 59 页。
〔3〕 王泽鉴：《债法原理》（第二版），北京大学出版社 2013 年版，第 60 页。
〔4〕 王洪亮：《债法总论》，北京大学出版社 2016 年版，第 30 页。

得向债务人请求给付并受领债务人的给付。易言之，债权的本质内容是有效地受领债务人的给付，债权人得向债务人请求给付，此为债权的作用或权能。〔1〕

中国现行法在大多场合贯彻了债权相对性，有以下表现：第一，原则上债权人仅能向债务人请求给付，不能直接向第三人请求给付。反过来讲，基于债之义务仅由债务人承担，第三人通常不承担此义务。第二，在给付障碍的情况下，债权人亦只得向其债务人请求损害赔偿，而不得向第三人请求损害赔偿。第三，未经债务人同意，第三人代为清偿不具有给付效果。另外，第三人亦不承担对债权的一般注意义务，只有在故意悖俗或者不正当竞争的情况下，才可能构成侵害债权。之所以如此安排，其目的在于保障经济行为之自由。〔2〕

不过，债权相对性原则在现代民法上已被部分突破，《民法典》中亦不乏其例。如在由第三人履行的合同中，债权人有权请求第三人为给付（第523条）；租赁权已物权化，具有对抗效力（第725条）；期房债权因预告登记而有对抗第三人的效力（第221条）。〔3〕

（2）债权的平等性

债权具有平等性。数个债权，不论其发生先后均以同等地位并存。债权人不得基于其债权发生在先，而对债务人的其他债权人主张优先受偿。在债务人破产的情况下，不论债权发生先后，只能依照一定比例参加分配。同样，基于这种平等性，债务人将一物出卖于数个买受人，各个买卖合同均为有效，且各买受人皆得基于其债权请求债务人履行债务。债务人若履行其中一个买卖合同，其他债权人仅得对债务人主张债务不履行的违约责任。附有担保物权如抵押权的债权，可以优先于一般无担保的普通债权而受清偿。此系由于抵押权的物权性所使然，〔4〕与债权平等性并不冲突。

物权具有排他效力，同一物上不得成立两个所有权或两个内容相互矛盾的物权。另外，物权还具有优先效力。物权原则上优先于债权；物权之间也具有优先效力。原则上先成立的物权优先于后成立的物权，如先登记的不动产抵押权优先于后登记的不动产抵押权；例外情况如限制物权优先于所有权，费用性担保物权优先于融资性担保物权、具有特殊考量的后物权优先于先物权。〔5〕

---

〔1〕王泽鉴：《债法原理》（第二版），北京大学出版社2013年版，第58—59页。

〔2〕王洪亮：《债法总论》，北京大学出版社2016年版，第29—30页。

〔3〕崔建远：《债法总论》，法律出版社2013年版，第14页。

〔4〕陈华彬：《债法通论》，中国政法大学出版社2018年版，第12—13页。

〔5〕谢在全：《民法物权论》（上册）（修订五版），中国政法大学出版社2011年版，第24—28页。

3. 债权的实现[1]

债权通常兼具诉请履行力、强制执行力、私力实现力、处分权能及保持力。兼具上述五种效力而具有可实现性的债权为完全债权。

（1）诉请履行力（请求力）

诉请履行力，又称请求力，是指债权人得基于债之关系向债务人请求给付，若债务人未依债之本旨提出给付时，债权人得向法院诉请履行的效力。诉请履行力有两种形态：一是债权人直接向债务人请求之力，二是债权人向法院诉请履行之力。债之关系是以信赖为基础的法律上特别结合关系，债务人的诚信固然重要，但难以完全依赖，故须以诉请履行力作为保障。没有诉请履行力的债权，其效力将大大减弱。

（2）强制执行力（执行力）

强制执行力，又称执行力，是指债权人依给付之诉取得确定判决后，得请求法院依强制执行法对债务人为强制执行的效力。

（3）私力实现力

私力实现力，是指在债权受到侵害或妨碍时，因情事急迫而不能及时请求公力救济，债权人采取必要措施自力救助的效力。请求力或执行力均借助公权力，属于公力救济，旨在维护法律秩序及社会和平。但在例外情形下，法律也容许私力实现。《民法典》关于自助行为的规定，即属于此种情况（第1177条）。本质上，法定抵销也是债权私力实现力的体现（第568条）。

（4）处分权能

处分权能，是指以债权处分决定债权命运的效力。债权人可对债权自由处分，以此促进债权实现。具体方式如抵销、免除、债权让与、债权质权之设定等。

（5）保持力

保持力，是指在债务人自动或受法律强制而提出给付时，债权人得保有此项给付的效力。债权是成为保持此项给付的法律上的原因，故债权人虽然因此受益，且致他人利益减少，但并不成立不当得利。

4. 债权效力的排除

债权通常兼具上述五种效力，欠缺某种效力而不具有可实现性的债权，系

---

〔1〕 王泽鉴：《债法原理》（第二版），北京大学出版社 2013 年版，第 68—69 页；王洪亮：《债法总论》，北京大学出版社 2016 年版，第 31—32 页。

不完全债权；从债务角度而言，系不完全债务。[1]

（1）诉请履行力（请求力）的排除

有些债权不具有诉请履行力，债权人不得向法院诉请债务人履行债务。例如，债权超过诉讼时效后，债务人得提出不履行义务之抗辩，债权诉请履行力即被排除，无法依强制执行来实现。但此种债权仍得受清偿，债务人同意履行的，不得再以此为抗辩；已经自愿履行的，不得请求返还（《民法典》第192条）。须特别注意的是，虽然债权请求力受损，但不影响其处分权能，对该债权仍可让与、抵销、设立质权等。

（2）强制执行力（执行力）的排除

当欠缺诉请履行力时，该债权自然也无执行力。此处所说的是指债权有诉请履行力，但无执行力的情形。具体分为两种情形：一是根本就没有执行力，如夫妻同居义务判决的履行；二是不得就应履行的给付为强制执行，不可替代之劳务属于典型，如艺人演出、画家作画、名师讲课等。但该劳务给付可以转化为损害赔偿给付，从而对损害赔偿给付强制执行。

（3）处分权能的排除

例如，破产人宣告破产，则排除其对破产财产（包括债权）的处分权能（《企业破产法》第16条、第19条、第20条、第31条、第32条）。再如，当事人约定债权不得转让，则其处分权也受限制，但不得对抗善意第三人（《民法典》第545条第1款第2项）。另值得注意的是，美国法和某些国际通行法律文件，规定债权不得转让之约定不发生法律效力。[2]

四、债的关系的发生

债的关系的发生，就是债产生的法律原因。《民法典》第118条第2款规定：“债权是因合同、侵权行为、无因管理、不当得利以及法律的其他规定，权利人请求特定义务人为或者不为一定行为的权利。”该条由此确定了我国债

---

〔1〕 王泽鉴教授指出，自然债务之概念，存在用语分歧，殊失原义，实不宜再为使用。倘予使用，亦须明辨其究指何种情形而言，尤应避免由此而导出不合理的推论。此一概念，有时用于不能依诉请求的给付义务（如消灭时效的债务）；有时指基于道德上义务而生的“债务”；有时指因不法原因而生的“债务”；有时更不加区别，兼指诸此各种情形而言。王泽鉴：《债法原理》（第二版），北京大学出版社 2013 年版，第 69—72 页。

〔2〕 例如，《美国统一商法典》第 9—406（d）条；《联合国国际贸易应收款转让公约》第 9 条第 1 款、第 2 款；《国际保理公约》第 6 条；PECL 第 11：301 条第 1 款。崔建远：《债法总论》，法律出版社 2013 年版，第 22 页。

的发生体系。

（一）合同

合同，是当事人之间通过意思表示设立、变更、终止债之关系的双方法律行为。合同因当事人意思合致而成立，旨在实践私法自治，保护当事人之间的信赖和期待。合同之债是最常见、最重要的债的发生原因。

（二）侵权行为

侵权行为，是指根据法律的规定，因行为人不法侵害他人权益，从而在加害人与受害人之间产生债之关系的行为。侵权行为法旨在填补损害，平衡被害人保护与加害人行为自由。损害赔偿是加害人承担责任的主要方式，除此之外，还有停止侵害、排除妨碍、消除危险、返还财产、恢复原状等责任方式（《民法典》第179条第1款等）。

我国的立法体例比较特殊。德国、瑞士、日本等大陆法系国家民法典未如我国《民法典》那样单设侵权责任编。这些国家都是在民法典债编分则部分规定各类侵权行为的成立要件，至于侵权行为的法律效果即损害赔偿，则统一规定在债编总则的损害赔偿之债部分。这些国家的民法理论认为，侵权行为是债的发生原因之一，因侵权行为产生的债权债务关系，属于“法定之债”。[1]我国把合同与侵权行为各自单独成编，会造成合同与侵权行为分别形成两套损害赔偿规则，使得统一的损害赔偿制度被肢解。

（三）无因管理

无因管理，是指管理人没有法定的或约定的义务，为避免他人利益受损而管理他人事务的行为（《民法典》第979条）。管理人负有通知、适当管理、继续管理、报告及计算等义务，本人负有偿还必要费用、赔偿损失等义务，从而在当事人之间产生债之关系。无因管理制度旨在适当界限“禁止干预他人事务”和“鼓励互助行为”两项原则，使法律上无义务而为他人管理事务者在一定条件下获得补偿。

（四）不当得利

不当得利，是指得利人没有法律根据取得不当利益，导致他人受到损失的事实（《民法典》第985条）。不当得利人获利并无法律根据，因此应向受损人返还利益，从而产生债之关系。不当得利制度旨在使无法律上原因受有利益且致他人损害者，负返还其所受不当利益的义务，从而在当事人之间恢复利益平衡。

---

〔1〕 程啸：《侵权责任法教程》（第四版），中国人民大学出版社 2020 年版，第 3 页。

《民法典》将无因管理与不当得利同时规定于“准合同”。但客观地说，无因管理、不当得利与合同类似，以“准合同”称之可能并不准确。

无因管理、不当得利是事实行为，并非法律行为。以上行为中均不包含当事人的意思表示，法律效果也不是基于效果意思产生，而是基于法律的直接规定产生。之所以称无因管理、不当得利为准合同，有两个可能的原因：一是着眼于发生端，即其均基于当事人的自愿行为发生，故与合同类似；二是着眼于效果端，即其均发生与缔结合同类似的后果。但是从发生上说，合同的根本是双方意思表示合致，不具备这一点就会有根本上的差异，难言类似。而且在不当得利中的非基于给付的不当得利，尤其是权益侵害型不当得利中，债务人（侵权人）并非自愿承担债务，债权人也并非自愿受侵害而取得债权，这里无法用自愿行为加以解释。从效果上说，所谓发生与缔结合同类似的后果，其实就是给付关系，这就是债，不需要依附合同就能获得解释。〔1〕

在罗马法上，无因管理与非债清偿被归于准契约。法国民法沿袭罗马法。但《德国民法典》《瑞士民法典》《日本民法典》以及我国台湾地区“民法”均排斥准契约概念，将无因管理以及设置了一般规定的不当得利都作为债的独立发生原因。〔2〕因此，准合同毋宁被看作是债法得到妥善建构之前，用以对实质债之领域进行体系化的过渡手段。各国及地区一旦建立债法体系，就会排斥准契约概念，这并非偶然。〔3〕

（五）缔约过失

缔约过失，是指在缔约过程中具有过失，使他方当事人受有信赖利益损失的行为。具有缔约过失一方应向对方赔偿损失，由此形成债之关系。《民法典》第500条、第501条都属于缔约过失的规定。缔约过失制度旨在保护当事人之间的信赖和交易安全，当事人因信赖而受损害时能够得到补救。

（六）单方允诺

单方允诺，是指表意人单独为自己设定义务的行为。此处的“单方”，乃着眼于债务人。意定之债一般要求意思合致，但于例外情形，法律认可债务人单方行为之表意自由，为自己设定单方义务，从而形成债之关系。单方允诺制度旨在贯彻诚实信用原则，维护社会的道德观念和信用。

---

〔1〕 于飞:《我国民法典实质债法总则的确立与解释论展开》，载《法学》2020年第9期，第52页。

〔2〕 张广兴主编:《债法总论》，法律出版社2004年版，第64—65页、第86页。

〔3〕 正如王利明教授指出的，“在不设置债法总则的情形下，引入准合同只是一种次优的选择，最佳的模式选择还是设置债法总则编”“如果设置债法总则，就没有必要再引入准合同的概念”。王利明:《准合同与债法总则的设立》，载《法学家》2018年第1期，第126—127页。

第三节 债法及其体系构成

问题示例

甲在乙酒行购买名酒，支付定金后，约定半年后提取。数日后，乙酒行老板前往法国酒庄亲自订货。临近的丙商店素与乙酒行交好，平日经常从乙酒行订货。某日，酒行失火，丙商场积极协助灭火并报消防队。火灭后，丙暂将乙剩余红酒存于本店仓库。次日，丙商店店员误将仓库红酒认为系本店自有，于是卖给丁。丁买回后，将其中一瓶赠与朋友戊饮用，戊因该瓶红酒品质不达标以致住院医疗。请问：以上事实产生了哪些具体的债？各种不同的债之间的共性何在？请阅读本节后，体会债法体系如何构成。参阅《民法典》合同通则部分，对我国债法体系构成进行解释说明。

一、债法的概念

“债”（obligatio）一词源于“ligare”（原意为“捆绑”）。在债之关系中表现为一种约束，罗马人将其称为“法锁”。由于债的相对性和特定性，法律赋予债权的保护是“对人之诉”。[1]

“债”这一抽象概念源于人们在实践中对各种具体债的形式的经验总结。据罗马法学者考证，原始债的形式只表现为私犯之债，其后果为带有“同态复仇”特点的私刑，在功能上表现为惩罚性，而非财产性。氏族时期出现了以罚代刑的倾向，通过罚金达成和解逐渐成为人们处理侵害的方式。经过协商在加害人与被害人之间建立的罚金关系使被害人成为加害人的债权人，债务人的人身成为债的标的，支付一定数额的罚金则是债的履行方式，这就是最早的债——罚金之债。这一原始之债还具有调解功能，逐渐具备财产性，使得债成为人们进行交换的方式和建立财产关系的中介。在优士丁尼时期，私犯几乎完全被公犯所取代。在现代法中，私犯只在作为与契约并列的债的渊源时才被提及。[2]

契约之债也经历了一个发展过程。尽管在早期人类社会中就已经存在不同形式的以物易物和买卖，但是这些交换并不具有契约的形式。历史上第一个契

---

〔1〕 费安玲主编：《罗马私法学》（第二版），法律出版社 2020 年版，第 216 页。
〔2〕 费安玲主编：《罗马私法学》（第二版），法律出版社 2020 年版，第 214—215 页。

约之债是对金钱的消费借贷。这一契约之债的结构与私犯之债完全相同，即模仿损害赔偿的方式。在私犯之债中，和解协议的执行是以加害人的人身为担保；在金钱的消费借贷（契约之债）中，借款方的人身为契约履行提供担保。[1]

现代意义上的债法可分为形式上的债法和实质上的债法。形式上的债法仅指债法典或者民法典债编。前者如《瑞士债法典》，后者如《德国民法典》第二编“债务关系法”，《日本民法典》第三编“债权”，我国台湾地区“民法”第二编“债”。实质上的债法是指调整债之关系的法律规范的总称。实质上的债法，除形式上的债法以外，尚包括有关债之关系的单行法，其他法律和法规中有关债之关系的条款、立法与司法解释、有约束力的判例以及司法中适用的有关国际公约等中的一切债之规范。[2]

债法主要包括合同、无因管理、不当得利、侵权行为、缔约上过失、单方允诺等法律制度。我国仅有实质上债法，《民法典》有关债之关系的法律规范被分割为《民法典》的合同编和侵权责任编。

需特别指出的是，“债法”这一术语专属于大陆法系。无论在形式意义上还是在实质意义上，英美法系都无所谓“债法”。在英美法系国家，合同法与侵权法是两个完全不同的法域，并无“债法”统领二者。[3]

债法与物法相对，同属于财产法。民法可分为财产法与身份法两大范畴，财产法以私人间财产上的权利义务关系为规范对象；身份法中虽不乏财产性法律关系，但仍以身份关系为前提。财产法中，有以静态财产归属与财产内容为主要规范对象者，亦有以规范权利义务之动态变化为主要内容者。债法之规范在性质上主要属于后者，即债法系以规范私人间动态财产交易的法律。[4]

物权法旨在维护财产“静的安全”乃至一定程度的“动的安全”，其体现一个国家的所有制，系一个社会中的生产和生活的法律前提，因而不可或缺。债法旨在维护财产的“动的安全”，系规范、保护和促进财产流转的民法部门，其在近现代法中更显优越地位。[5]

---

〔1〕费安玲主编：《罗马私法学》（第二版），法律出版社 2020 年版，第 215 页。

〔2〕柳经纬主编：《债法总论》（第二版），北京师范大学出版社 2017 年版，第 1 页；崔建远：《债法总论》，法律出版社 2013 年版，第 39 页。

〔3〕刘家安、周维德、郑佳宁：《债法：一般原理与合同》，高等教育出版社 2012 年版，第 31 页。

〔4〕林诚二：《民法债编总论——体系化解说》，中国人民大学出版社 2003 年版，第 3 页。

〔5〕崔建远：《债法总论》，法律出版社 2013 年版，第 40 页。

承认了债权制度，可以使将来的给付预约，变为现在的给付对价价值。以此利用信用打破时间障碍，增加将来的财产，促进财产流转。[1]现代社会呈现出财产债权化倾向及财产流动资本化倾向，如债权财产化、不动产债权化、动产债权化以及债权财产的增加。[2]同时，总财产担保化，自然产生了企业组织本身的担保化要求，人们通过债权达到对经济组织的维持。[3]因此，债权不再仅仅是实现物权的手段，在很多场合，债权本身就是目的。[4]

二、债法的体系演变

（一）从古代债法到现代债法

债法的历史发展大致经历了三个阶段：债法的初创到基本成型阶段（古代债法）、债法的全面发展阶段（近代债法）、债法的现代化阶段（现代债法）。在近现代社会，债法逐渐占据优越地位，成为财产的流转、利用、保护的核心制度。近现代各国法治的进步，在债法制度的发展变化中体现得最为明显。另外，我国现行债法的形成有着特殊的历史原因，把握其背景，可以对债法体系中不同制度的功能有更准确的理解。

古代债法（自由资本主义以前），为债法的初创到基本成型阶段。在这一阶段，以罗马法学家为代表提出的债法理论中，有许多成为近代甚至现代债法制度的理论基础。

通过归纳实践经验，《盖尤斯法学阶梯》将债分为两类，即契约之债、私犯之债。在此基础上，后来盖尤斯又增加一类“法律规定的其他原因”。在借鉴这种三分法的基础上，优士丁尼在其《法学阶梯》中将债的发生原因归纳为四类：契约、准契约、私犯、准私犯。[5]

四分法为后世所继受。债的发生原因依次为合法行为、准合法行为、不法行为、准不法行为，因此分别产生了契约之债、准契约之债、私犯之债、准私犯之债。其中，准契约之债大致包括无因管理、不当得利、错债清偿、海损、

〔1〕［日］我妻荣：《债权在近代法中的优越地位》，王书江、张雷译，谢怀栻校，中国大百科全书出版社 1999 版，第 6—7 页。

〔2〕［日］我妻荣：《债权在近代法中的优越地位》，王书江、张雷译，谢怀栻校，中国大百科全书出版社 1999 版，第 20—153 页。

〔3〕［日］我妻荣：《债权在近代法中的优越地位》，王书江、张雷译，谢怀栻校，中国大百科全书出版社 1999 版，第 154 页。

〔4〕［德］拉德布鲁赫：《法学导论》，米健译，商务印书馆 2013 年版，第 95—97 页。

〔5〕费安玲主编：《罗马私法学》（第二版），法律出版社 2020 年版，第 217 页。

共有、监护、保佐等。准私犯之债包括有家子、奴隶、牲畜或物品等的加害行为产生的债务。[1]

罗马法不仅建立了债的概念、确定了债的分类，而且形成了各种债的基本规则，包括债的给付、债的效力、债的移转、债的消灭及多数人之债等。至13世纪，罗马法复兴运动在欧洲兴起，罗马法上完备的债法制度，尤其是债的体系，对大陆法系国家立法产生了重大影响。在中世纪，注释法学家和评注法学家在解释罗马债法的基础上，进一步完善和丰富了债法的理论。[2]

第二个阶段为债法的全面发展阶段。近代债法形成于17、18世纪，成熟于19世纪。近代法以私法自治为指导思想，确立了个人本位和权利本位。法学理论研究全面开展，法典编纂蔚然成风，大量司法判例也推动了债法的发展。近代债法深受罗马法的影响，以法国、德国为代表。

法国的近代债法深受罗马法的影响。在法国，经由17世纪著名学者多玛和18世纪的著名学者波蒂埃等人的研究和发展，罗马法深刻地影响了《法国民法典》的起草。1804年《法国民法典》有关债的基本范畴和概念基本上继受自罗马法。该法典完全采纳了罗马法的体系，没有设置独立的债编，而是将债置于“财产的取得方法”之中。但不限于此，《法国民法典》的许多内容也超越了罗马法，如构建了现代债法的基本体系和框架。《法国民法典》将合同称为“合意之债”，而将侵权行为和准侵权行为称为“非合意之债”；在合同和侵权之外，还规定了无因管理制度。虽然该法没有构建系统的不当得利制度，但已经规定了非债清偿。因此，一般认为《法国民法典》中债的基本形态规定已较为完备。[3]

德国债法也深受罗马法的影响。经潘德克顿学派对罗马法的深入研究和借鉴，罗马债法深深地影响了德国。在此基础上，《德国民法典》债法部分作出了许多影响后世的开创性贡献。第一，区分了物权和债权，并在物债二分的基础上构建了新的法典体例结构。第二，采取了提取公因式的方法，抽象出债的普遍规则形成了债法总则。第三，借鉴了优士丁尼所著的《法学阶梯》，将债的发生原因分为四类，即合同、侵权行为、不当得利与无因管理。第四，在总分结构的基础上进一步完善债法规则，如债的发生原因、债的内容、债权的转让、债务承担、债务关系的消灭等。[4]

---

〔1〕 费安玲主编：《罗马私法学》（第二版），法律出版社 2020 年版，第 217 页。
〔2〕 王利明：《债法总则》，中国人民大学出版社 2016 年版，第 33 页。
〔3〕 王利明：《债法总则》，中国人民大学出版社 2016 年版，第 33—34 页。
〔4〕 王利明：《债法总则》，中国人民大学出版社 2016 年版，第 34 页。

英美法系强调判例传统，并不重视债法的理论和体系构建。在英美法系中，不存在物债二分，也没有债法的概念，亦不存在债法体系。但是，在比较法上，英美法系中与大陆法系债法功能相似的规范是大量存在的，如合同法、侵权法、返还法等，只是没有采用债的概念使其系统化。[1]

第三个阶段为债法的现代化阶段。20世纪以来，新的社会情况对传统债法形成了冲击。首先，由于法人在法律上得到确认，交易空前复杂化。其次，出现了众多大型企业，使合同出现定型化趋势。再次，生产、交通、医疗事故以及公害频发，社会生活风险陡增。最后，资本主义国家改变了对私人事务的放任态度，转而积极干预经济生活。

与此相适应，各资本主义国家的债法发生了一些重大变化。主要表现在：第一，确立诚实信用的基本原则，以此作为判定行为效力、解释合同以及确定当事人义务的重要依据。第二，国家对契约自由加以限制，目的是保护经济关系中的弱者，比如对格式条款、旨在垄断的合同予以规制。第三，标准合同条款大量出现，并被作为法院处理合同纠纷的依据。第四，借助诚实信用原则、情势变更、合同落空规则等，法院取得了较大的干涉合同的权力，近乎可对合同进行变更或解除。第五，在侵权行为法上，各国通过各种方式创设了无过失责任。第六，债法出现国际化、统一化的趋势。[2]

债法理论也有了引人注目的发展。例如，缔约上过失、债权之不可侵性、积极侵害债权、契约对第三人的效力、租赁权物权化、情势变更等理论及其应用，这些发展弥补了法律规定的不足，适应了现代社会生活的需要。再如，英美法系上的默示条款、合同落空学说，为法院干预私权关系提供了理论依据，根深蒂固的约因学说日益失其重要性。[3]

自20世纪末、21世纪初开始，世界范围内开启了债法修订工程。从内容和理念变化来看，总体上体现着一种现代化要求或趋势，具体来说分为两个层面：其一，国际统一或区域统一的层面，在深度市场化和国际交易全球化的导向下，合同统一法运动有了蓬勃发展。例如，1980年CISG、1994年PICC、1999年PECL、2009年DCFR等现代模范法的制定均为典型。其二，内国债法改革层面，主要国家纷纷改革自己的债法，特别是在基础结构层面作出重要变化，

〔1〕 王利明：《债法总则》，中国人民大学出版社 2016 年版，第 35 页。
〔2〕 张广兴主编：《债法》，社会科学文献出版社 2009 年版，第 6 页。
〔3〕 张广兴主编：《债法》，社会科学文献出版社 2009 年版，第 6 页。

以契合现代交易复杂特点，回应效率化和社会化的需求。例如，2002年德国债法现代化改革、2006年《法国民法典》修订，以及我国1999年的《合同法》、2009年的《侵权责任法》等。

当代债法改革，因其内容和理念发展变化重大，已经不能仅视为技术意义上的法律调整，而应认识到私法随时代变迁而正在展开根本的转型。

（二）我国债法体系的历史演变

我国经历了几千年的农业社会。在自给自足的自然经济条件下，民法，尤其是债法，不具备发达的可能。清末以前，我国一直不存在形式意义上的债法。历代律例中虽有关于田债、钱债的零星规定，但其只是对民事违法行为的刑事处罚，性质上仍为刑法规范。古代有关财产关系的规范，更多地反映在我国特有的“礼制”以及民间习惯之中。因此可以认为，我国古代的债法乃是习惯法，其表现形式为礼制中的有关内容和民事习惯。〔1〕

自1911年《大清民律草案》到1929年《民国民法典》，此20年为我国民事立法的重要时期。这一时期完成了我国民事习惯法向成文法的过渡，同时完成了我国债法由习惯法向成文法的过渡。新中国成立后宣布废除国民党旧法统，1929年的民法典在大陆被废除，仅在我国台湾地区施行。〔2〕

因我国长期实行高度集中统一的计划经济，真正意义上的合同在社会经济生活中并不必要。1978年改革开放以后，为了发展社会主义商品经济，我国才开始进行合同立法工作。1981年、1985年和1987年，我国相继制定了《经济合同法》、《涉外经济合同法》和《技术合同法》。1986年，我国制定了《民法通则》，其中的民事法律行为、债权、民事责任等章节和前述三个合同法以及此后国务院制定的若干合同条例，构成了我国债法上合同法的基本内容。在侵权法领域，虽然较长时期中缺乏法律规定，但各级法院也一直依照民事政策进行审理。《民法通则》制定后，其中关于民事权利、民事责任的规定以及相关司法解释，即成为审理侵权案件的重要法律依据。此外，《民法通则》中还规定了无因管理和不当得利制度。〔3〕

1999年，我国制定了统一的《合同法》。这不仅结束了20世纪80年代三个合同法“三足鼎立”、各偏一隅的局面，统一了我国的合同法制，而且借鉴吸

〔1〕张广兴主编：《债法》，社会科学文献出版社2009年版，第6页。
〔2〕张广兴主编：《债法》，社会科学文献出版社2009年版，第7页。
〔3〕张广兴主编：《债法》，社会科学文献出版社2009年版，第7—8页。

收了其他国家、地区以及国际公约的先进制度和理论，成为现代化的合同法律制度。[1]2009年，我国制定了《侵权责任法》，成为调整民事权利被不法侵害时的债法基础规范。

2014年10月，党的十八届四中全会决定提出“编纂民法典”的立法任务。中国《民法典》编纂采取“两步走”的规划：第一步出台《民法总则》；第二步编纂《民法典》各分编，并将修改完善的各分编草案同《民法总则》合并为完整的《民法典（草案）》，由全国人大常委会提请全国人民代表大会审议。2017年3月15日，第十二届全国人大第五次会议通过《民法总则》。2020年5月28日，第十三届全国人大第三次会议通过《民法典》。此次编纂《民法典》，在体系构成上深受以往单行法的影响，如没有制定形式上的债法总则，侵权责任单独成编，无因管理、不当得利安置于合同编第三分编“准合同”。以上立法的积极意义在于，将各种债之关系统一于法典中，相当程度上消除了规范之间的矛盾，相当程度上满足了体系化适用的需求。关于我国债法体系的分析见本章第四节“债法的体系构成”。

《民法典》债法的体系是我国特有的民事立法发展的一个结果，是不同法系混合继受的产物，是问题导向和体系导向的调和。这就更需要进行通盘思考，不能孤立地看待各个具体规则，而应以体系化、科学化的思维来理解把握我国债法。

三、债法的体系构成

（一）债法体系概述

债法中的主要制度包括合同、侵权行为、无因管理、不当得利、缔约上过失和单方允诺等。这些制度在指导原则、社会功能以及构成要件上各有不同，不足以作为债之共同构成因素。构成债之内在统一性的，在于债的法律效果的形式相同性。易言之，它们在形式上均产生相同的法律效果：一方当事人得向他方当事人请求特定给付。[2]依据“给付”这一债法上特有的抽象概念，各项具体制度共生于债法之下。同时，围绕着给付，法律设计了一系列的规则，如债的履行、债的担保、债的保全、债变更和转让、债的消灭等，这些规则构成

〔1〕 张广兴主编：《债法》，社会科学文献出版社2009年版，第8页。

〔2〕 王泽鉴：《债法原理》（第二版），北京大学出版社2013年版，第55页。

了债法上的一般共同规则。[1]

概言之，依提取公因式的方法，债法的体系大体呈双层结构：以“债之关系的法律效果”为核心构成一般规则，称债法总则；“各种债之关系各自的构成要件”构成特别规则，称债法分则。其中，在债法分则中，合同之债可再次提取公因式，形成合同总则、合同分则。

债法总则的内容一般包括：（1）一般规定，如债的拘束力等。（2）债的种类，主要内容包括种类之债、金钱之债、选择之债和多数人之债（按份之债、连带之债、不可分之债等）。（3）债的履行，主要内容包括债的履行原则（诚信履行、全面履行、绿色履行）、履行的基本规范（如第三人履行、履行地、履行期限、履行方法、代物清偿等）。（4）债的保全，内容包括代位权和撤销权。（5）债的变更和转让，内容包括债的变更、债权转让、债务承担和债权债务概括转让。（6）债的消灭，包括履行、提存、抵销、免除、混同。（7）债务不履行，包括债务不履行的情形（不履行、不完全履行、迟延履行等）及其后果、免责事由。

债法分则的内容一般包括：合同（合同总则、各种合同）之债、无因管理之债、不当得利之债、侵权行为之债以及其他类型的债。[2]

（二）我国债法总则的内容

《民法典》未设债法总则。但是，债法总则确有其存在的必要性，并且制定法已经为实质债法总则的构建提供了可能性和规范基础。在此前提下，应把握立法意旨，以有利于实践问题妥当解决及债法发展为目的，对制定法规则进行解释和整理，建构《民法典》上实质债法总则的体系。

1. 设立债法总则的必要性

是否规定债法总则，不仅涉及编纂技术问题，还涉及法律适用问题。设立债法总则的好处一方面在于使《民法典》规定简约，避免许多不必要的重复规定；另一方面也是更主要的，是可以避免因为分散规定带来的内在体系中的价值冲突，以及不能同样情况同样处理、不同情况不同处理的问题。[3]

债的共同规则本应适用于合同之债、侵权之债、无因管理之债、不当得利之债等各种债之关系。若不设债法总则，立法者要达到既全面又不重复的目

---

〔1〕张广兴主编：《债法》，社会科学文献出版社2009年版，第3页。

〔2〕柳经纬主编：《债法总论》（第二版），北京师范大学出版社2017年版，第Ⅵ页。

〔3〕王洪亮：《债法总论》，北京大学出版社2016年版，第4页。

的，就不得不借助准用技术。[1]立法过程中曾经出现过仅制定合同编，非合同之债参照适用合同规则思路。“参照适用”的方法论性质是一种授权式类推适用。依此路径，法官对于任何一个非合同之债都要按照类推的思维过程，进行积极确定与消极确定两次判断。首先，在所有的重要评价点上，判断待判事实是否与法律已有规定者均相同。其次，判断两者之间的不同是否不足以排斥此等法律评价。这两次判断既会加重法官的论证负担，又可能导致法官在相似性判断上出现不一致。这种额外增加的判断环节将导致其法律适用面临不必要的不确定性。[2]

2.《民法典》实质债法总则规范

《民法典》第468条规定的是非合同之债“适用”合同编通则有关规定，而非“参照适用”。因此，法官将设置在合同编通则中的债法总则规范（即“有关规定”）适用于债之全体领域时，方法论上是直接“适用”，而不是“参照适用”。法官在此不必做积极确定、消极确定两次额外判断，也没有斟酌权衡的余地。由此可知，我国虽然没有形式上的债法总则，但确立了实质的债法总则及与之相匹配的适用方法。[3]

《民法典》第118条第2款规定：“债权是因合同、侵权行为、无因管理、不当得利以及法律的其他规定，权利人请求特定义务人为或者不为一定行为的权利。”该条为我国债法体系的建立奠定了基础。第468条是我国实质债法总则的构造枢纽，其中“适用”二字是题眼。

我国的债法分则主要由合同、侵权行为、无因管理、不当得利、缔约过失、单方允诺等各种债的发生规则构成。以上各种债发生之后，在法律效果上统一适用处于合同编通则中的实质债法总则。以上就是我国《民法典》上的债法体系。可以说，《民法典》合同编其实就是一个欠缺了侵权之债特殊规则的《民法典》债编。

《民法典》实质债法总则包含了哪些规则？这需要对《民法典》合同编通则规定逐一进行识别。识别债法总则规定的意义就在于明确合同编通则规定适

---

〔1〕崔建远：《债法总论》，法律出版社 2013 年版，第 41 页。

〔2〕于飞：《我国民法典实质债法总则的确立与解释论展开》，载《法学》2020 年第 9 期，第 38—39 页。

〔3〕“这主要是基于合同编通则的规定，除了……都可以直接适用于侵权之债、无因管理之债和不当得利之债等其他债权债务关系，而不是再由裁判者斟酌具体情况‘参照适用’。”黄薇主编：《中华人民共和国民法典合同编解读》（上册），中国法制出版社 2020 年版，第 30 页。

表1-1 债法总则规范

债法总则主要内容	债法总则具体制度	《民法典》相应条文
1. 一般规定	债的约束力	第 465 条
	非合同之债的法律适用	第 468 条
2. 债的种类	金钱之债	第 514 条
	选择之债	第 515 条、第 516 条
	多数人之债	第 517—521 条
3. 债的履行	债的履行原则	第 509 条
	向第三人履行	第 522 条
	由第三人履行	第 523 条
	第三人代为履行	第 524 条
	债权人原因导致债务履行困难	第 529 条
	部分履行	第 531 条
	当事人变化对债务履行的影响	第 532 条
4. 债的保全	债权人代位权	第 535—537 条
	债权人撤销权	第 538—542 条
5. 债的变更和转让	债的变更	第 543 条、第 544 条
	债权让与	第 545—550 条
	债务承担	第 551—554 条
6. 债的消灭	债的消灭的法定情形	第 557 条第 1 款
	债消灭后的当事人义务	第 558 条
	债消灭对从权利的影响	第 559 条
	债的清偿抵充	第 560 条、第 561 条
	债的抵销	第 568 条、第 569 条
	债的提存	第 570—574 条
	债的免除	第 575 条
	债的混同	第 576 条
7. 债务不履行	金钱债务的继续履行	第 579 条
	非金钱债务的继续履行及例外	第 580 条
	第三人替代履行	第 581 条
	债权人迟延受领	第 589 条

用非合同之债时，何时需要额外进行论证，何时不需要。需要注意的是，有的条文虽然采取了《合同法》的表述，但其实质是个债法总则规范。例如，第543条规定："当事人协商一致，可以变更合同。"显然，当事人协商一致能够变更的并不止是合同，而是全体债之关系；[1]故该条应为债的变更的一般规定。若仅将其理解为合同变更的规定，会导致非合同之债的变更丧失法律依据。因此，该条应目的性扩张为"当事人协商一致，可以变更债的内容"。此类情形还有不少。

表1-1是经整理的《民法典》中实质债法总则的规定，这些就是第468条所谓"本编通则的有关规定"，非合同之债可以直接适用。合同编通则的其他条文原则上只能适用于合同法领域，若要在非合同之债中适用时，须以"类推"的方式进行法律论证。

（三）我国债法分则的内容[2]

《民法典》第118条第2款列举了债的发生原因："债权是因合同、侵权行为、无因管理、不当得利以及法律的其他规定，权利人请求特定义务人为或者不为一定行为的权利。"债法分则由各种债的发生原因的特殊规则构成。其中，合同、侵权行为、无因管理、不当得利是债发生的主要原因。同时，《民法典》规定有缔约上过失、单方允诺（如悬赏广告、遗赠）等发生原因。在《民法典》之外，还存在大量非典型之债，它们也是债的发生原因。

在《民法典》中，合同之债的特殊规则规定于合同编第一分编与第二分编，侵权损害赔偿之债的特殊规则规定于侵权责任编，无因管理之债（第979—984条）、不当得利之债（第985—988条）的发生规则规定于合同编之准合同分编，缔约过失之债的发生规则规定于合同编通则（第500条、第501条），悬赏广告之债的发生规则规定于合同编通则（第499条）。

在上述债的发生原因中，合同、单方允诺等属于意定之债，侵权行为、无因管理、不当得利、缔约上过失等属于法定之债。合同上请求权是基于法律行为发生，无因管理是基于事实行为发生，侵权行为的损害赔偿请求权是基于违法行为发生，不当得利请求权是基于事件发生（即无法律上的原因而受利益，致他人受损害）。[3]

---

〔1〕张广兴：《债法总论》，法律出版社2004年版，第255页。

〔2〕本部分主要参考崔建远：《债法总论》，法律出版社2013年版，第24—25页。

〔3〕王泽鉴：《不当得利》，北京大学出版社2015年版，第4页。

法律适用

债的体系观念在处理两个法律适用问题上非常具有意义。一个是处理非典型合同之债与典型合同之债时；另一个是处理非合同之债与合同之债时。

处理非典型合同之债与典型合同之债时，《民法典》第467条第1款规定："本法或者其他法律没有明文规定的合同，适用本编通则的规定，并可以参照适用本编或者其他法律最相类似合同的规定。"这是关于非典型合同法律适用规则的规定。民法典只能将一些现实生活中普遍发生、规则较为成熟的合同类型在合同编中加以规定。大量合同类型既没有在合同编中予以规定，也没有在其他相关法律中明文规定。对于这些非典型合同须在必要时加以引导和约束。

首先须注意的是，非典型合同本身是一个宽泛概念，依特征差异，其内部又可区分不同类型；不同类型的非典型合同，适用法律的规则不同。[1]合同编任意性规范是解释非典型合同的补充手段。在此前提下，适用本条可从以下两点进行理解：第一，非典型合同应当适用合同编通则的规定。合同编通则的规定是针对所有合同的共性规定。例如，合同的订立、合同的效力、合同的履行、合同的保全、合同的变更和转让、合同的权利义务终止、违约责任等。第二，非典型合同也可以参照适用本编或者其他法律最相类似合同的规定。合同编第二分编规定的典型合同，虽然是对某类合同的专门性规定，但其他一些合同可能会与合同编规定的典型合同存在着共同之处或者相近之处。例如，买卖合同是典型的有偿合同，非典型合同中也有许多有偿合同，这些有偿合同可以参照适用买卖合同的有关规定。[2]

处理非合同之债与合同之债时，《民法典》第468条规定："非因合同产生的债权债务关系，适用有关该债权债务关系的法律规定；没有规定的，适用本编通则的有关规定，但是根据其性质不能适用的除外。"本条是关于非合同之债法律适用的规定，在性质上属于指引性规定。为了使合同编通则发挥债法总则作用，本条在全体非合同之债的法律效果领域建立了法律适用规则，是债法体系化的枢纽。在适用本条时，应注意以下三个层次，依次检视。[3]第一，非

〔1〕非典型合同可分为三个基本类型：纯粹非典型合同、合同联立、混合合同。在处理时应注意其间区别。参见韩世远：《合同法总论》(第四版)，法律出版社2018年版，第72—75页。

〔2〕黄薇主编：《中华人民共和国民法典合同编解读》(上册)，中国法制出版社2020年版，第25—26页。

〔3〕黄薇主编：《中华人民共和国民法典合同编解读》(上册)，中国法制出版社2020年版，第27—31页。

合同之债首先适用有关该债之关系的特殊规定。第二，原则上，非合同之债没有特殊规定的，直接适用合同编通则中属于“实质债法总则”的有关规定。应注意分辨，合同编通则中实质债法总则规定与合同之债的规定。第三，根据非合同之债的性质，不能适用债法总则相应规定的除外。在建构债法总则时，每条规则背后常有其基本假设模型，并非只有一种假设。例如，特定物之债不能适用以种类物（尤其是金钱）为假设的规则，如债务承担、第三人代为履行、由第三人履行、多数人债务及法定抵销等规则。再如，金钱之债不能适用以实物为假设的规则，如不可抗力规则。〔1〕

〔1〕于飞：《我国民法典实质债法总则的确立与解释论展开》，载《法学》2020年第9期，第49—51页。

第二章 债的类型

提要

债的类型，是依据各种标准对债进行分类后确定的不同的债的形态。学理中通常根据以下分类标准确定债的不同类型：第一，按照债的发生原因为标准，债可分为法定之债与意定之债。第二，按照债的标的差异为标准，债可分为金钱之债、实物之债、劳务之债、权利之债与不作为之债。第三，按照债的给付可否由当事人选择为标准，债可分为简单之债与选择之债。第四，按照债的主体是单个人抑或多数人为标准，债可分为单一之债与多数人之债。第五，按照债的给付可否分割为标准，多数人之债可分为可分之债与不可分之债。可分之债与不可分之债、按份之债与连带之债均是对多数人之债的再分类。

重点问题

1. 典型的债之类型及其分类标准。
2. 选择之债的特定方式。
3. 多数人之债的再分类及其相互关系。
4. 多数人之债的内外部效力。

第一节 法定之债与意定之债

问题示例

甲顾客在乙商店购买了一只名贵的牧羊犬，甲将牧羊犬反锁在庭院中，举家外出旅行。丙作为甲的邻居见到牧羊犬无人喂食，整日犬吠，便将两家院墙打通一个狗洞方便喂食，并悉心照料。丁在丙家中做客时，发现了正在进食的牧羊犬，心生喜爱，便偷偷抱走。后甲回到家中，看到牧羊犬走失，便发布悬赏广告，重金寻狗。后丁在遛狗时不慎将牧羊犬丢失，牧羊犬在流浪期间偷吃了戊家宠物狗的狗粮。后戊认出这是甲的牧羊犬，便将其送回，但是不曾知道甲曾发布悬赏广告一事。按照债的发生原因为分类标准，请问甲与乙、丙、丁、戊分别成立何种类型的债之关系？

按照债的发生原因为标准，债可分为法定之债与意定之债。债的发生原因，是法律规定的能够引发债的法律事实。其中包括法律行为和法律行为以外的法律事实，法律行为以外的法律事实以法律规定为依据。法定之债与意定之债是对债的最基本分类。

一、法定之债

（一）法定之债概述

法定之债，是指发生、内容的确定均来自法律规定的债。《民法典》第118条第2款中列举的侵权行为、无因管理、不当得利即为三种最为典型的法定之债的发生原因。

法定之债之“法定”，包含两个方面的含义：第一，债的发生直接由法律规定，不考虑当事人是否有产生债权债务关系的意思。即使当事人没有发生债之关系的意思或者事先约定不发生债之关系，在法定事由出现时，仍然会根据法律规定产生债之关系，如《民法典》第506条规定，合同中约定的造成对方人身损害的免责条款无效。当行为人侵害他人人身健康时，当事人的侵权行为直接产生法定的侵权之债。第二，债的内容直接由法律规定，如《民法典》第1169条第1款规定，教唆、帮助他人实施侵权行为的，应当与行为人承担连带责任。

（二）法定之债的典型类型

1. 侵权行为之债

侵权行为之债，是指根据法律规定，行为人不法侵害他人权益，从而在侵害人与受害人之间发生的债权债务关系，即损害赔偿关系。《民法典》单独制定侵权责任编并不意味着其与合同编中实质债法总则规范没有关联。由侵权行为产生的债之关系应首先适用《民法典》侵权责任编和相关侵权责任法律规范；如果没有相关规定，则可以根据第468条适用合同编第一分编“通则”的相关规定，如第517—521条的规定，除非根据其性质不能适用。[1]

2. 无因管理之债

无因管理之债，是指没有法定或约定的义务，为避免他人利益受到损失而为他人管理事务，在管理人和本人之间发生的债权债务关系。

《民法典》总则编第121条对无因管理进行了总括性的规定，合同编第28章

〔1〕 程啸：《侵权责任法》（第三版），法律出版社 2021 年版，第 23—24 页。

第979—984条规定了无因管理制度的基本规范，其中第979条规定了符合本人意思或维护公序良俗的正当无因管理，第980条规定了不当无因管理，总则编第182—184条规定了救助行为这一特殊的无因管理，[1]由此构建了我国无因管理制度的框架体系。

3. 不当得利之债

不当得利之债，是指得利人没有法律根据取得不当利益，受损失的人可以请求得利人返还取得的利益的债权债务关系。

《民法典》总则编第122条对不当得利进行了总括性的规定，合同编第29章第985—988条规定了不当得利制度的基本规范。第985条明确不当得利的构成要件、法律效果以及请求权排除的情形，第986条设置利益不存在规则，第987条明确不当得利与赔偿责任的聚合规则，第988条规定无偿受让不当得利之人的返还规则。[2]

4. 缔约过失之债

缔约过失之债，是指一方当事人在缔约过程中具有过失，使他方当事人受有信赖利益损失，从而产生的赔偿他方当事人损失的债权债务关系。

《民法典》第500条前两款列举了两种典型的缔约过失行为，并在第3款以诚实信用原则兜底，规范当事人的缔约磋商行为。第501条规定了泄露或不正当使用商业秘密的行为。在缔结合同过程中，违反上述规定，产生缔约过失之债。缔约过失之债的产生并非基于合同行为，是一种独立的法定之债。

二、意定之债

（一）意定之债概述

意定之债，是指发生、内容均由行为人的意思表示确定的债。法律承认意定之债是贯彻“私权自治”精神的结果。意定之债的特征包括：第一，债的发生由当事人的意思表示确定。第二，债的内容由当事人的意思表示确定，合同之债由双方当事人的意思表示共同确定，单方行为所生之债由一方当事人的意思表示确定。

（二）意定之债的类型

意定之债的种类包括合同之债与单方允诺之债。

---

〔1〕 汪洋:《民法典无因管理的内外体系与规范呈现》，载《学术月刊》2020年第11期，第109页。
〔2〕 崔建远:《不当得利规则的细化及其解释》，载《现代法学》2020年第3期，第180页。

1. 合同之债

合同之债是指由双方或者多方法律行为所发生的债，也叫契约之债、合意之债。合同是最典型的债之发生原因，合同之债是现代社会生活中最频繁发生、最重要的债之关系，最典型地体现了债的私法自治理念。《民法典》以合同编通则发挥实质债法总则的作用，进而体现法律价值和技术意义上的“合同中心主义”。[1]

2. 单方允诺之债

单方允诺，是指表意人单独为自己设定义务的行为。在单方允诺之中，最为重要的是悬赏广告。就悬赏广告的性质，学说中历来存在单方行为说与要约说的争议。《民法典》第499条规定：“悬赏人以公开方式声明对完成特定行为的人支付报酬的，完成该行为的人可以请求其支付。”实际上明确了悬赏广告的性质为单方行为。采纳单方行为说的优势在于：一方面，完成特定行为的人即使没有相应民事行为能力仍可请求支付报酬；另一方面，无论特定行为人是否知晓悬赏广告的存在，都可请求支付报酬。《德国民法典》第657条亦采单方行为说，即使并未订立合同，实施行为者并非出于悬赏广告的考虑，悬赏人也因其单方的、公开的表示负担义务。[2]我国台湾地区原亦采单独行为说，但“民法”修正后将其定位为契约行为说，将契约效果准用至“不知有广告而完成广告内容之人”。但是这种技术处理仍不足以保护无行为能力人。[3]《民法典》将悬赏广告之债作为单方行为所生之债放置在合同编第二章“合同的订立”中，对此应当理解为，由于我国存在实质意义上的债法总则，因此悬赏广告被规定在合同编通则部分（实质债法总则部分），仅意味着其为债之一种，并不意味着其一定为合同。这样解释更有利于规则的合理性和司法裁判的妥当性。

第二节　完全之债与不完全之债（自然之债）

按照是否可以诉请法院强制执行进行分类，可以将债权分为完全之债与不

〔1〕朱虎：《债法总则体系的基础反思与技术重整》，载《清华法学》2019年第3期，第139页。

〔2〕［德］迪特尔·梅迪库斯：《德国债法分论》，杜景林、卢谌译，法律出版社2007年版，第372页。

〔3〕王泽鉴：《债法原理》（第二版），北京大学出版社2013年版，第254—255页。王泽鉴先生评价其“究为进步，抑属倒退，仍有深思余地”。

完全之债。不完全之债就是自然之债，两者同义。

一、完全之债

完全之债即具备一般债权所有特征的债。通常对于一个可实行的债权，应当具有可诉请履行性、可执行性、可自力实现性、处分权能以及保有给付的法律原因。[1]

可诉请履行性是指债权人可以要求债务人履行债务。如果债务人不履行债务，债权人可以向人民法院提起诉讼，要求债务人履行债务。

可执行性是指债权人获得胜诉判决之后，可以向人民法院请求强制执行其债权，谋求其债权的强制实现。在罗马法中，如果债务人不能清偿债务，可以针对债务人的人身实行强制措施，甚至变卖债务人偿债。现代法出于人权保障，往往只针对债务人的财产实施强制措施。但例外情况下，也可以涉及某些债务人的人身利益。例如，按照《民事诉讼法》第248条规定，被执行人不履行法律文书确定的义务，并隐匿财产的，人民法院有权发出搜查令，对被执行人及其住所或者财产隐匿地进行搜查。采取前款措施，由院长签发搜查令。第255条规定，被执行人不履行法律文书确定的义务的，人民法院可以对其采取或者通知有关单位协助采取限制出境，在征信系统记录、通过媒体公布不履行义务信息以及法律规定的其他措施。这些都是出于债权履行的目的而对债务人人身利益的必要限制。

可自力实现性是指债权人可以通过自己的行为要获取其债务履行的标的。诉请人民法院强制执行虽然有国家强制力作为保障，但债权人不仅要承担诉讼成本，而且需要耗费大量的时间。因此，法律也允许债权人自行获得所需要的给付。但由于现代国家往往垄断了合法的暴力，债权人进行自力救济很有可能侵犯到债务人的人身利益，因此法律对此多有限制。《民法典》第1177条第1款规定，合法权益受到侵害，情况紧迫且不能及时获得国家机关保护，不立即采取措施将使其合法权益受到难以弥补的损害的，受害人可以在保护自己合法权益的必要范围内采取扣留侵权人的财物等合理措施；但是，应当立即请求有关国家机关处理。按照该条款，债权人进行自力救济不仅应当“情况紧急”，而且必须事后立即请求国家机关处理。特别是该条款规定于《民法典》“侵权责

---

〔1〕［德］迪特尔·梅迪库斯：《德国债法总论》，杜景林、卢谌译，法律出版社2004年版，第16—19页。

任编”，能否适用于侵权之债之外的债权债务，尚存在疑问。可以说，法律自助行为持非常谨慎的态度。不过，在现代法上，如果债权人和债务人之间存在长期交易关系，则债权人可以通过抵销实现自己的债权，也是一种自力实现的途径。[1]

处分权能是指债权人可以自由处置自己的债权。具体包括债务免除、让与、抵销、设质。

保有给付的法律原因是指如果债务人自愿履行或者经法院强制履行，使债权人获得给付时，债权人可以保有给付。此时债务人不得以不当得利要求返还。史尚宽先生谓“债之一般效力”。[2]

完全之债即完全具备以上五种权能的债权。

二、不完全之债（自然之债）

（一）自然之债的含义与来源

不具备上述五种权能的债，被称为“不完全之债”（Unvollkommene Verbindlichkeiten）或者“自然之债”（Naturalobligationen）。自然之债不能诉请法院强制履行，但如果债务人自愿履行，不得根据不当得利要求返还。我国大陆学者多采用“自然之债”的表述。对此，王泽鉴教授认为，自然之债有时候用于不能诉请履行的债务，有时指基于道德上义务而生的债务，有时指不法原因而生债务，有时兼具各种情形，存在用语分歧，不宜再使用。[3]但应当明确的是，自然之债本身代表了一种法律制度之间的“灰色地带”。债务给付如果并非出于法律义务，并不意味着其一概可以根据不当得利请求权要求返还。出于社会、道德义务而履行某一确定给付，虽然没有法律上债权的支持，但应当阻却其返还。因此，需要有一种理论，明确在不存在法律义务时，不当得利返还的界限。此时，统一以“自然之债”为其理论基础，存在正当性。[4]

自然之债来源于罗马法。在罗马法中有市民法与万民法的对立。市民法是针对罗马市民的法，而万民法是针对一切人的法，也就是自然法。因此，这一法律渊源的不同带来了市民法之债与自然法之债的划分。自然法之债是通过万

---

〔1〕王洪亮：《债法总论》，北京大学出版社 2016 年版，第 31 页。

〔2〕史尚宽：《债法总论》，中国政法大学出版社 2000 年版，第 329 页。

〔3〕王泽鉴：《债法原理》（第二版），北京大学出版社 2013 年版，第 69—72 页。

〔4〕李永军：《自然之债源流考评》，载《中国法学》2011 年第 6 期。

民法被确认的。因此，自然之债来源于万民法。[1]在实际功能上，自然之债在一定程度上缓解了罗马法上民事主体被过度限制带来的负面影响。由于只有家父才是真正的“民事主体”，可以缔结民事合同，如果家父之外的其他人发生债权债务关系，难免陷入合同不成立的尴尬中。如果已经履行完毕，还需要互相返还。不仅浪费了社会成本，而且难以被社会接受。以“自然之债”理论可以避免双方互相返还，满足现实中的交易需求。因此，在罗马法中，往往以“法定之债”和“自然之债”相对应。两者的区分以是否具有法定原因以及强制执行力为标准。[2]与存在明确法律依据，进而可以诉请履行的“法定之债”不同，“自然之债”意指即使法律并不承认此类债权，但履行之后亦不得请求返还。

现代社会虽然不存在民事主体的限制，所有人都具有民事权利能力，但仍然在一定程度上需要自然之债。主要是因为，一些出于社会、道德义务而产生的给付义务，虽然不能诉请履行，但如果履行完毕，不宜让债务人具有不当得利返还请求权。例如，在无因管理的场合，被管理人支付费用或者因此而负担的债或者自己因此造成的损失，而不得要求对价或者报酬。但是不能要求报酬不意味着受益人不能给付报酬。如果受益人给付了报酬并完成履行，是否之后还可以根据不当得利请求权要求返还呢？如果支持这种返还请求，恐怕难以被社会接受。此时，就可以援引“自然之债”理论，对这种返还请求权予以阻却。[3]在我国，自然之债主要包括经过诉讼时效的债务、民间借贷中的限制性利息、赌债、因限定继承而发生的债务、因婚姻家庭或同居而发生的债务以及判决或者裁决后确定的债权超过了申请执行期间。由于我国目前不承认个人破产制度，因此，无法根据破产程序免除个人的债务偿还义务。如果未来我国承认个人破产制度，则自然之债还包括破产程序终结后免责的债务。[4]

（二）自然之债的构成要件

1.没有法律上承认的“债因”

所谓债因，简单而言，就是法律关系，代表着双方当事人的契约关系是否

---

〔1〕李永军：《自然之债源流考评》，载《中国法学》2011年第6期。

〔2〕费安玲主编：《罗马私法学》（第二版），法律出版社2020年版，第271页。

〔3〕李永军：《论自然之债在我国未来民法典债法体系中的地位》，载《比较法研究》2017年第1期。

〔4〕李永军：《自然之债论纲——源流、规范体系与效力》，中国政法大学出版社2019年版，第246—263页。

能够得到法律的承认与保护。[1]如果没有“债因”，就不能产生法律所认可的债，不能请求法律强制力予以保护。例如，互易在罗马法上就没有债因，就得不到法律强制力的保护。

2. 给付由社会、道德义务产生

给付由社会、道德义务产生，意味着自然之债的产生并没有违反法律和善良风俗。人们有理由认为：非法性与自然债务是不相容的。[2]自然债务虽然不具有法律上承认的“债因”，但是其给付应当存在“正当原因”。如果行为不具备“适法性”，则自然不应当产生道德或者良心上的义务。[3]给付由社会、道德义务产生，即保证了自然之债的给付具有正当原因。

3. 自然之债履行后，债务人不得根据不当得利要求返还

自然之债是阻却债务人请求不当得利返还的法定理由，凡是自然之债的债权人接受债务人履行的，因为有保有给付的原因而排除不当得利。[4]不当得利的给付必须不是以一个既存的义务为前提，对该给付无“自愿”的因素。而“自然之债”的给付是以一个既有义务的存在为前提的，至少在道义上或者社会的普遍认同方面是存在的。因此，自然之债的给付存在“原因”，一旦履行，债务人不能根据不当得利要求返还。[5]

我国民法学者经常讨论的自然之债主要是“诉讼时效的债务”。经过诉讼时效的债务由于不能诉请债务人强制履行，但是否需要债务人主张，分为胜诉权消灭说与抗辩权生成说。如果采用胜诉权消灭说，则经过诉讼时效的债务直接不能强制履行，自然转化为自然之债；而如果采用抗辩权生成说，则需要债务人第一次主张诉讼时效抗辩之后，才能转化为自然之债。[6]

应当注意的是，履行自然之债不同于赠与，这仍是债务清偿。赠与不仅是合同、是双方的合意行为，而且可以诉请强制执行，在一些国家甚至要求

---

〔1〕李永军：《自然之债论纲——源流、规范体系与效力》，中国政法大学出版社2019年版，第46页。

〔2〕李永军：《自然之债论纲——源流、规范体系与效力》，中国政法大学出版社2019年版，第89页。

〔3〕李永军：《自然之债论纲——源流、规范体系与效力》，中国政法大学出版社2019年版，第89页。

〔4〕李永军：《自然之债论纲——源流、规范体系与效力》，中国政法大学出版社2019年版，第91页。

〔5〕李永军：《自然之债论纲——源流、规范体系与效力》，中国政法大学出版社2019年版，第92页。

〔6〕李永军：《自然之债源流考评》，载《中国法学》2011年第6期。

形式要件（公证）。而自然之债不具备这些特征。自然之债可以抵销，但不可作为主动债权来抵销。自然之债如果经过转让，第三人继受之后仍然为自然之债。[1]

第三节 金钱之债与非金钱之债

问题示例

甲演艺公司发现某吉他店老板乙的吉他弹奏水平极高，便与乙签订合同让其参加某营利性演出活动，并从其店内订购10把甲品牌电吉他，双方在合同中约定乙应对该演出活动的商业信息保密。甲公司希望能在演出活动中演唱丙歌手的一首歌曲，便与丙进行商谈，后歌手丙同意甲公司仅在本次活动中演唱该歌曲。不料，乙的吉他店被大火烧毁且乙亦被烧伤，既无法参加演出也无法交付10把甲品牌电吉他。故甲公司与乙商定以其他品牌的电吉他代替给付，并要求乙赔偿无法参加演出给甲公司带来的损失。按照债的标的差异为分类标准，请问甲公司与乙、丙之间成立何种类型的债之关系？

按照债的给付标的差异为标准，债可分为金钱之债与非金钱之债，后者主要包括实物之债、劳务之债及权利之债等。

一、金钱之债

（一）金钱之债概述

金钱之债，也称货币之债，指以一定数额的货币为给付标的的债。能够作为金钱之债标的的是法定流通货币。《民法典》第514条规定：“以支付金钱为内容的债，除法律另有规定或者当事人另有约定外，债权人可以请求债务人以实际履行地的法定货币履行。”本条在规定金钱之债的基础上，同时解决在金钱之债数额已经确定的条件下，以什么币种结算的问题。该条规定中的债权人、债务人指金钱支付关系中的债权人和债务人。

---

〔1〕［日］我妻荣：《我妻荣民法讲义Ⅳ：新订债权总论》，王燚译，中国法制出版社2008年版，第63页。

金钱之债具有以下特征：第一，金钱之债的发生原因具有开放性，其他类型的债之不履行，都可成为损害赔偿金钱之债的发生原因，从而由其他类型的债转化为金钱之债。第二，金钱之债原则上只发生迟延给付，不发生履行不能。《民法典》第579条规定："当事人一方未支付价款、报酬、租金、利息，或者不履行其他金钱债务的，对方可以请求其支付。"由此可知，对于金钱之债，债务人原则上不能以没有金钱为由主张给付不能，而是需要继续履行。[1]第三，金钱之债是金额之债而非价值之债。金钱之债成立时，作为标的的货币金额是债务的数量范围，无论货币升值或者贬值，在当事人无相反约定时，都不改变债务人应给付货币的金额。此即为产生于17世纪英国的"货币唯名主义原则"，因此货币贬值的风险和损失完全分配给债权人。我国现行法律无相关规定，有观点认为，我国适用"货币唯名主义原则"。到了20世纪，为公平分配风险，避免债权人因货币贬值而受损，债务人因货币贬值而实质获益，"保值条款"应运而生。双方当事人得于债之关系成立时，约定若货币币值出现变动，当事人应适当增加或者减少给付，以维持债的标的的价值。在例外情况下，即使当事人没有订立保值条款，也应当允许当事人请求增加或者减少给付。例如，在货币币值波动剧烈，按照原定给付履行债务显失公平时，当事人可以依据情势变更规则（《民法典》第533条）请求适当增加或减少原定给付的数额，从而补正货币唯名主义的缺陷。[2]

（二）本金之债与利息之债

金钱之债可分为本金之债与（狭义）利息之债。[3]本金之债，是指以给付本金为标的的债。利息之债，是指以给付利息为标的的债。依据利息之债产生原因的不同，可以将利息之债分为法定利息之债和约定利息之债。法定利息之债是指依据法律规定而当然产生的利息之债，如本金返还产生的利息之债、迟延支付的利息之债等。约定利息之债常见于民间借贷自然人的约定中。

利息之债具有从属性，利息之债的成立以本金之债为前提，本金之债被撤销或被宣告无效时，利息之债也应归于无效；本金之债的担保及于利息之债，即本金之债优先受偿时，利息之债原则上也应有优先受偿的效力。利息之债亦具有相对独立性，债权人可单独请求利息，亦可单独让与利息之债。此外在清

---

〔1〕汪洋：《〈民法典〉中给付障碍类型的创新与评释》，载《西北师大学报（社会科学版）》2020年第6期，第39页。

〔2〕王利明：《债法总则》，中国人民大学出版社2016年版，第53—54页。

〔3〕广义利息之债还包括金钱以外的物。

偿时，利息之债应优先受偿。

利息的计算依据一定的利率，利息的数额及利率一般受到法律的控制，目的在于维护正常的经济秩序，避免一方当事人滥用经济上的优势地位剥削另一方当事人。《民法典》第680条第1款规定："禁止高利放贷，借款的利率不得违反国家有关规定。"2021年1月1日起施行的《最高人民法院关于审理民间借贷案件适用法律若干问题的规定》（以下简称《民间借贷规定》）第25条规定："出借人请求借款人按照合同约定利率支付利息的，人民法院应予支持，但是双方约定的利率超过合同成立时一年期贷款市场报价利率四倍的除外。前款所称'一年期贷款市场报价利率'，是指中国人民银行授权全国银行间同业拆借中心自2019年8月20日起每月发布的一年期贷款市场报价利率。"

二、实物之债

实物之债，是指以实物为给付标的的债。实物是各种有交换价值的有体物。

按照标的物在债之关系成立时是否特定化，实物之债可进一步划分为种类物之债与特定物之债。特定物之债是指在债之关系成立时，给付的标的物为特定之物的债。种类物之债的给付标的物并非自始确定在某个特定物上，而是设立在种类之物上，债权人并不看中某一标的物的独特性。区分种类物之债与特定物之债的意义在于二者在所有权转移、风险负担及履行不能等方面的适用规则不同。

（一）特定物之债

特定物之债的标的物在债之关系成立时即已特定。债之关系成立时标的物尚未特定，在履行时标的物特定的，可转化为特定物之债。标的物特定意味着该标的物不可被其他替代物所代替履行，如当事人约定购买某小区某单元某户的房屋，即为特定物之债。

特定物之债的特征有：第一，标的物特定后，双方当事人原则上不得变更给付物。第二，在特定物之债场合，特定物毁损灭失即发生履行不能。

（二）种类物之债

种类物之债是指债之关系成立时，以未加特定的种类物为给付标的物的债。由于种类物可以相互替代，种类物之债通常不发生履行不能，除非该种类物全部灭失。种类物之债只有标的物特定之后才能履行，即作为履行标的的部分种类物必须从全部种类物中分离出来。种类物特定的时点对于种类物之债的风险负担具有重要意义，种类物之债成立后，给付风险由债务人承受；给付标的物发生特定化后，风险转移给债权人承担。

种类物之债的特定化方法，可以由双方当事人约定，或者由双方当事人合意由某一方指定，亦可以依债务人一方的行为而特定。有三种观点：第一为分离主义，包括一方分离主义与双方分离主义。前者是指债务人将应交付的物从种类物中分离时特定；后者是指债务人向债权人发出分离通知时，标的物才特定。第二为交割主义，即债务人的分离行为完结时，尚不能使标的物特定，只有当债权人受领时，标的物才特定。第三为交付主义，即应依债的履行地决定标的物的特定时点。其中，交付主义是比较法上的通说。[1]

根据履行地的不同，可将种类物之债特定化的方式分为三种：第一，在债权人住所地交付的，以债务人将种类物中的特定数量的物品送达债权人住所地并提出履行时，标的物即为特定。第二，在债务人住所地交付的，以债务人将特定数量的种类物分离出来并将准备履行的意思通知债权人时，标的物即为特定。第三，在债权人和债务人住所地以外的其他地方履行的，如果债务人承担将标的物送到第三地的义务，则在债务人将其标的物送交到第三地时其标的物即为特定。如果债务人本无义务但应债权人的请求在第三地履行的，在债务人将标的物交送运输人时，标的物即为特定。[2]

关于种类物的标准问题，《民法典》第511条第1项规定："质量要求不明确的，按照强制性国家标准履行；没有强制性国家标准的，按照推荐性国家标准履行；没有推荐性国家标准的，按照行业标准履行；没有国家标准、行业标准的，按照通常标准或者符合合同目的的特定标准履行。"关于"通常标准"，是指与合同标的物的种类相同的标的物在日常交易中通常所采用的标准。按照国际惯例，当事人履行债务时提供满足此类标的物的中等品质即可。[3]

在种类物特定化之后，债权人原则上要受此特定化效果的约束，除非该特定化给付不符合合同约定或者《民法典》第511条规定的质量标准。如果不符合质量要求，债权人既可以接受该特定物给付，进而主张违约责任；也可以不承认种类物之债完成了特定化，进而要求债务人另行提供合格的特定物。此外，债务人原则上不受特定化效果的约束，在非归因于债务人的事由发生给付不能或者由于债

[1] 《德国民法典》《日本民法典》均采交付主义。张广兴：《债法》，社会科学文献出版社2009年版，第29页、第30页。

[2] 张民安、铁木尔高力套:《债权法》(第五版)，中山大学出版社2017年版，第96页、第97页。

[3] 我国台湾地区"民法"第200条，《德国民法典》第243条亦有类似规定。

权人的原因无法履行债务，债务人可以对特定物进行变更或处置。[1]

三、劳务之债

劳务之债，是指以债务人的劳务为给付标的的债。典型的劳务之债如加工、保管、运输、演出、居间、行纪等合同。劳务给付可以有物化结果，如加工；也可以没有一定物化结果，如演出。

劳务之债的特征如下：第一，债务人的劳务作为给付标的具有人身性，故债务人须亲力亲为，未经债权人许可不得由第三人替代给付。例如，《民法典》第894条关于保管合同的规定中，除当事人另有约定外，保管人不得将保管物转交第三人保管。第二，在合同解除方面，除了适用合同解除的一般规定外，劳务之债通常设有随时解除的制度。例如，《民法典》第787条关于承揽合同的规定中，定作人在承揽人完成工作前可以随时解除合同。一般认为，劳务之债中合同的解除只能面向将来发生效力，因为已提供的劳务的返还或者复原非常困难或者根本不可能。[2]第三，从债务不履行的后果来讲，因劳务的人身性不能适用强制继续履行的方法，债权人仅得主张损害赔偿。按照《民法典》第580条的规定，劳务之债应属于“债务的标的不适于强制履行”的范围，需要通过损害赔偿来救济。

四、权利之债

权利之债，是指给付标的为某种特定权利的债，包括物权、债权等作为债之给付标的而产生的债之关系。现代社会以知识产权、股权等为代表的新兴权利亦可成为权利之债的给付标的，且可以创造巨大的经济和商业价值。《民法典》第123条规定了民事主体依法享有知识产权，这是民事主体对于创造性的智慧成果享有的专有权利。以智慧成果的专有权为给付标的的债，如著作权、专利权、商标权等转让合同属于典型的权利之债。智慧成果的创造和使用并非具有绝对的排他性，其拥有形式、法律属性、利用方法、保护方法等方面均与传统的有体财产不同。在给付标的方面，知识产权可以流转的只有财产权部分，其人身权部分不可流转。在侵害债权方面，仅表现为未经知识产权人许可，亦无法定事由的情形下，利用知识产权人排他范围内的知

---

〔1〕刘家安、周维德、郑佳宁：《债法：一般原理与合同》，高等教育出版社2012年版，第56页。

〔2〕柳经纬主编：《债法总论》（第二版），北京师范大学出版社2017年版，第38页。

识。在债权救济方面，除赔偿直接损失外，对债权人可得利益的计算和赔偿亦为一个重要的问题。

《民法典》第125条规定了民事主体依法享有股权和其他投资性权利。股权是指民事主体因投资行为成为公司股东而享有的权利。其他投资性权利是指民事主体通过购买证券、基金、保险等进行投资而享有的投资性权利。股权包括可以单独行使的自益权，自益权中包含股份转让权等；也包括基于全体股东或公司利益而享有的共益权。关于股权的法律性质，是一个争论已久的问题，主要有物权说、债权说、社员权说、独立民事权利说等。根据《民法典》第125条的规定，应认为将股权与物权、债权和知识产权并列为一种独立的民事权利，均可作为权利之债的标的。[1]

第四节 简单之债与选择之债

问题示例

甲为农场场主，长期向乙种子商购买种子，二者签订长期合同。合同约定：甲可在每年3月前决定购买何种类种子，如向日葵、玉米、水稻等；种子的交付地点可由乙根据河北、河南或辽宁等发货地决定；当种子不符合合同约定的质量标准时，双方可协商确定是否更换品种或者进行一定数额的违约金赔偿。后甲扩大农场养殖范围，与丙签订合同约定：每年5月1日向丙购买50只特定品种的幼兔，交付地点为甲的农场。按照给付可否由当事人选择为分类标准，甲与乙、丙之间分别成立何种类型的债之关系？

按照债的给付可否由当事人选择为标准，债可分为简单之债与选择之债。简单之债的给付是单一的，当事人不能选择，仅得就该给付进行履行。选择之债，是债之关系成立时即有两种以上的给付，当事人可以选择确定其中之一进行履行的债。

一、简单之债

简单之债因当事人不可选择、给付标的单一，仅得就该给付为履行，又可

〔1〕 钱玉林：《股权转让行为的属性及其规范》，载《中国法学》2021年第1期，第216页。

称为不可选择之债或单纯之债。债权人仅能请求债务人依确定的唯一给付履行债务，债务人也仅能就该标的履行债务，没有选择的余地。日常生活中发生的债，大多是简单之债。简单之债的标的一旦无法履行，即产生履行不能的法律后果。

二、选择之债

（一）选择之债概述

1. 选择之债的概念

选择之债，是债之关系成立时有两种以上的给付，当事人可以选择确定其中之一而履行的债。《民法典》第515条、第516条确定了选择之债的基本规范。选择之债可依当事人的合意发生，也可依法律的规定发生，如第588条第1款规定违约金和定金可以择一主张，即为依据法律规定产生的选择之债。

选择之债成立时，存在数宗给付，当事人可选择其中之一作为债的标的进行履行。多种给付的类型可以为：（1）给付标的的种类不同，如家用电器销售商对所售电器之质量瑕疵担保义务，有修理、更换、退货三种不同的给付，买受人可选择其一，由销售商履行。（2）给付的标的物不同，如水果批发商与水果零售商约定，交付1000千克红富士苹果，或1000千克黄元帅苹果。（3）给付的期限、地点、方式等不同，如价款或酬金的支付，可选择现金、票据或银行转账。

2. 选择之债给付特定的方式

选择之债，须经当事人从多种给付中选择一种，转化为简单之债，进而才成为可履行的债。选择之债的给付特定可依下列方式确定：（1）当事人行使选择权从数个给付中确定一种给付标的；（2）依合同而特定，即依双方当事人合意从多种给付中选定一种；[1]（3）因嗣后给付不能而特定，在可供选择的多种给付中，因部分给付不能而仅余一种给付时，即发生给付特定。如果某种给付标的自始给付不能，剩余的给付如仍有数个可供选择时，仍为选择之债。如果数个给付全部陷于不能，则适用给付不能的规定。

---

〔1〕 刘心稳：《债权法总论》（第二版），中国政法大学出版社2015年版，第94页；郑玉波：《民法债编总论》（修订二版），中国政法大学出版社2004年版，第213页。但是亦有学者对此提出质疑，此种选择之债的确定方法究竟为一种独立的选择之债的特定方法，或仅是选择权人行使选择权的表现，值得研究。崔建远：《债法总论》，法律出版社2013年版，第31页。本书认为，此应为债的当事人另外以合同的形式合意确定选择之债给付标的的方式，应为一种独立的给付确定方式，从而与选择权之形成权性质相区分。

3. 选择之债与相关概念

（1）选择之债与任意之债

任意之债是指当事人可以他种给付代替原定给付的债，决定代替给付的权利为代替权。任意之债与选择之债的区别在于：第一，债之关系成立时债的给付标的是否确定。任意之债成立时，其给付标的是确定的，而选择之债成立时，其给付标的尚未确定。第二，多种给付标的的关系不同。选择之债的各种给付在选定之前地位平等，而任意之债的原定给付与代用给付，在代用发生前是原本给付和代替给付的关系，有主次之分。第三，给付自始不能对债之成立的影响不同。选择之债的多种给付，有部分给付自始不能的，并不影响债的成立。任意之债的原定给付自始不能的，债不成立。第四，嗣后不能给付对债的效力影响不同。选择之债的多种给付，有不能履行的可以选择其他给付，但是任意之债的原定给付嗣后不能的，如不可归责于债务人，债务消灭，如果可归责于债务人，原定之债转化为损害赔偿之债，与代用给付并存。[1]

（2）选择之债与种类之债

根据《民法典》第515条第1款规定，标的有多项而债务人只需履行其中一项的，为选择之债。当选择之债可供选择的标的为不同种类物，则选择之债在当事人选择确定后即转化为种类之债。种类之债须经过上文提及的特定化方式特定之后方可履行。

选择之债与种类之债的区别在于：第一，种类之债需要在种类物中特定部分给付标的物，选择之债需要确定的可能是给付标的的种类，亦可能是给付的方式、履行期限等。第二，种类之债不注重给付的独特性，选择之债注重备选给付的独特性。[2]选择之债的选择是个重要的问题，需要有确定选择权归属的各项规则，由选择权人依其利益进行选择。而种类之债不涉及选择权问题，通常按照债务人的履行地确定特定化方式和时点。

（二）选择权的特征及行使

在上述三种选择之债的特定方式中，当事人依选择权从数个给付中确定一种给付最为常见，也最为复杂。当事人选择确定给付的权利，称为选择权，拥

---

〔1〕 刘心稳：《债权法总论》（第二版），中国政法大学出版社 2015 年版，第 96 页；陈华彬：《债法通论》，中国政法大学出版社 2018 年版，第 95 页。但是亦有学者认为任意之债的原定给付履行不能的，债之关系陷入履行不能的状态。崔建远：《债法总论》，法律出版社 2013 年版，第 32 页。

〔2〕 崔建远：《债法总论》，法律出版社 2013 年版，第 31—32 页。

有选择确定给付权利的当事人为选择权人。选择权的特征及行使方式如下：

1. 选择权是一种形成权

选择权人行使选择权，以一方的意思表示确定一种给付，使债成为简单之债。因一方当事人的意思直接发生法律关系的变动，因而选择权在性质上属于一种形成权。

2. 选择权原则上归债务人享有

《民法典》第515条第1款规定："标的有多项而债务人只需履行其中一项的，债务人享有选择权；但是，法律另有规定、当事人另有约定或者另有交易习惯的除外。"债务人享有选择权原则上可促进债务的顺利履行、平衡债务人的义务。当然，当事人亦可约定选择权归属于债权人或第三人享有。亦有法律规定债权人享有选择权的情形，如第588条第1款的规定。

3. 当选择权人未在合理期限内行使选择权，选择权归于对方

《民法典》第515条第2款规定："享有选择权的当事人在约定期限内或者履行期限届满未作选择，经催告后在合理期限内仍未选择的，选择权转移至对方。"因为选择权是权利而非义务，因此，选择权人不行使其权利时不得强制其选择，只能转移至对方当事人确保债权债务关系顺利实现。在第三人享有选择权的场合，第三人在合理期限内不行使选择权时，在比较法上，选择权应转移于债务人。[1]我国学者亦有相同观点。[2]当然，如果当事人根据第510条规定另外协商一致确定选择权人，则优先适用当事人的约定。

4. 选择权原则上不得与选择之债分离而独立让与第三人

选择权仅在选择之债发生继承、债权让与或债务承担时才随同转移给第三人。但在选择权归属于第三人后，第三人不得将该选择权让与他人，而应当由其作出选择。如果选择权人是第三人，则不宜由第三人的继承人继承。

5. 选择权的行使应以通知的方式（意思表示）作出，于通知到达时发生效力

《民法典》第516条第1款前半段规定："当事人行使选择权应当及时通知对方，通知到达对方后，标的确定。"选择权一旦行使，除非经双方当事人合意，原则上不得变更已选择的标的，此即为第516条第1款后半段规定。选择权

〔1〕陈华彬：《债法通论》，中国政法大学出版社2018年版，第53页。《日本民法典》第409条第2项规定，在第三人有选择权的场合，该第三人不能选择或没有进行选择的意思时，选择权转移于债务人。

〔2〕谢鸿飞、朱广新主编：《民法典评注：合同编 典型合同与准合同》，中国法制出版社2020年版，第386页。

的行使适用民法上关于意思表示的规定，选择权一旦行使，除非权利人系因受欺诈、胁迫等作出选择，原则上不得撤销。当第三人为选择权人时，选择权的行使应通过通知债的双方当事人的方式作出。[1]且一般认为通知不可附条件或期限，以免给债权人权利造成妨碍。

6. 选择权在效力上具有溯及性

一旦选择权人行使选择权，该选择权的效力及于选择之债成立时。在当事人选择某个特定物作为标的物后，如果该特定物发生了毁损灭失，或者因受到第三人的追夺而不能履行，债务人则构成履行不能。[2]

第五节 单一之债与多数人之债

问题示例

甲与乙签订房屋买卖合同购买乙的房屋，在甲与乙的合同尚未履行完成之前，丙与甲商议共同出资购买该房屋，后乙不幸遭遇车祸身亡，由其儿子丁和戊继承该房屋，在该遗产未分割前，甲、丙与丁、戊另外签订该房屋的买卖合同，并履行完毕。按照债的主体系单个人抑或多数人为分类标准，甲与乙的买卖合同、甲和丙与丁和戊的买卖合同分别成立何种类型的债之关系？

按照债的主体是单个人抑或多数人为标准，债可分为单一之债与多数人之债。

一、单一之债

在单一之债中，债权人一方当事人及债务人一方当事人均为一人，由此只涉及债权人与债务人之间的外部关系，不存在多数债权人或多数债务人之间的内部关系，故当事人之间的法律关系相对而言较为简单。

〔1〕 谢鸿飞、朱广新主编：《民法典评注：合同编 典型合同与准合同》，中国法制出版社 2020 年版，第 387 页。

〔2〕 郑玉波：《民法债编总论》（修订二版），中国政法大学出版社 2004 年版，第 220 页。

二、多数人之债

多数人之债，是指以同一给付为客体，主体有多数债权人或多数债务人的债。多数人之债中，除涉及债权人和债务人之间的外部关系外，还存在多数债权人或多数债务人的内部关系，故此债的关系变得复杂。

多数人之债的特征如下：第一，债权人或债务人一方或双方是多数人。第二，多数人之债的产生原因具有多样性。可能因法律规定而产生，如《民法典》第973条规定合伙人对合伙债务承担连带债务；也可以因当事人约定而产生，如在共同保证中，各个保证人可以约定承担连带债务。第三，债的给付具有同一性。在多数人之债中，虽然存在多个主体，但其仍然属于同一个债的关系，债的给付仍然是同一个特定的行为。第四，多数人之债中当事人的权利义务关系比较复杂，既有内部关系又有外部关系。多数当事人一方主体之间的权利义务关系，为内部关系；多数当事人一方与相对方的权利义务关系，为外部关系。

多数人之债的内部关系有两种：当多数当事人一方内部为按份关系，则多数人一方在其内部按照一定份额享有债权或承担债务；当多数当事人一方内部不分份额，如夫妻共有财产产生的债权债务关系，则各债权人或各债务人平等地共享债权或共担债务。内部关系原则上仅约束多数当事人一方内部的当事人，不能约束对方当事人。多数人之债的外部关系包括：第一，多数人一方作为整体同对方当事人之间的权利义务关系；第二，多数人一方的各当事人与对方当事人之间的权利义务关系；第三，多数人一方的各当事人同对方各当事人之间的权利义务关系。

（一）可分之债与不可分之债

可分之债与不可分之债是对多数人之债的一种分类方式。按照债的给付可否分割为标准，多数人之债可分为可分之债与不可分之债。《民法典》中并未将可分之债与不可分之债作为明确的债的类型单独规定，仅在第517条规定按份之债时，将可分之债作为按份之债的前提。由此，按份之债的相关规定可作为可分之债的规范依据。

1. 可分之债

（1）可分之债概述

可分之债是由同一原因发生的给付，其标的具有可分性，而得由数债权人分享或由数债务人分担的债。可分之债包括可分债权与可分债务。标的是否可分以当事人的意思或标的性质为标准。如果债的标的的给付在性质上是可分的，除非当事人有特别约定或者法律有特别规定，则原则上应当认为可分之债。[1]

（2）可分之债的效力

可分之债的效力包含外部关系与内部关系。外部关系是指多数债权人或多数债务人一方与对方当事人之间的权利义务关系。可分之债中各可分债权或可分债务是独立的，各债权人或债务人得单独行使自己的权利或负担自己的债务。故各个债权人或各个债务人与对方当事人所发生的个别事由，如给付迟延、给付不能、受领迟延、免除、混同、消灭时效等，原则上仅具有相对效力，对其他债权人与债务人不产生效力。在特定情形下，可分债权或可分债务与其他当事人有关联。第一，未定履行顺序的合同，可分债务人不履行，债权人得对其他可分债务人行使同时履行抗辩权，如甲、乙、丙将共有的房屋出卖给丁，价金债权原则上是分割债权。但若无特别约定，则甲、乙、丙全体或者丁得为同时履行的抗辩。故此，甲、乙、丙全体在不能履行房屋所有权转移登记时，即使甲的部分价金债权是分割债权，也不能单独行使。第二，解除合同须由一方当事人全体向对方全体为意思表示。第三，因可分债权或可分债务发生诉讼时，全体债权人或全体债务人为共同原告或共同被告。

可分之债的内部关系，除非另有约定或法律有规定外，各债权人平均地分享债权，各债务人平均地分担债务。在可分债权中，债权人受领超过其应受领的部分时，对其他债权人不产生清偿效力，且系无法律上原因而受利益，超额给付的债务人得依不当得利的规定，请求债权人返还超过部分的受领给付。在可分债务中，部分债务人为其他可分债务人替代清偿时，发生代位清偿效果。一方面，被代位债务人的可分债务消灭；另一方面，代位清偿人对被代位人可行使债权人的权利。若债务人并非出于替代清偿的目的而进行超过自担份额的给付，也可依无因管理的规定，请求偿还超过份额的给付。

我国对可分之债的分割比例没有专门规定。如果可分之债为连带之债，原则上需要有当事人的合意明示或法律明确规定。当可分之债为按份之债时，其比例分割可以适用《民法典》第517条的规定，即首先按照当事人的意思表示确定份额，无法确定时，则视为份额相同。此种比例分割符合比较法上的通行规则，[2]亦符合公平原则。在侵权之债中，《民法典》第1172条规定：“二人以

〔1〕 孙森焱：《民法债编总论》（下册），法律出版社2006年版，第712页。

〔2〕《日本民法典》第427条规定，有特别的意思表示时，依其意思表示，没有的则系为平等。《德国民法典》第420条亦同，“二人以上负担一项可分给付，或二人以上可请求一项可分给付的，有疑义时，每一个债务人仅就一个等份负有义务，每一个债权人仅就一个等份享有权利。”

上分别实施侵权行为造成同一损害，能够确定责任大小的，各自承担相应的责任；难以确定责任大小的，平均承担责任。”

可分之债与按份之债很相似，但二者的分类标准不同，可分之债强调债的标的的可分性，它是以债的标的性质为标准对多数人之债进行的分类，按份之债强调当事人享有权利或负担义务存在份额限制，它是以主体责任性质为标准对多数人之债进行的分类。[1]

2. 不可分之债

（1）不可分之债概述

不可分之债，是指多数债权人享有的同一债权或者多数债务人承担的同一债务，其给付标的为不可分的债。不可分之债包含不可分债权与不可分债务。不可分债权，是指二人以上的债权人享有的以同一不可分给付为内容的债权。不可分债务，是指二人以上的债务人承担的以同一的不可分给付为标的的债务。给付不可分包括依性质不可分和依当事人意思不可分。

（2）不可分之债的效力

不可分之债的效力包含对外效力和内部效力。不可分债权的对外效力包含以下内容：第一，全体债权人或各债权人仅得请求债务人向债权人全体为给付，债务人也仅得向债权人全体为给付，不得向部分债权人给付。第二，部分债权人为全体债权人利益发生的事项，对全体有效；为个别债权人利益发生的事项，对其他债权人无效，其他债权人仍得请求债务人向全体债权人清偿。为全体债权人利益发生的事项，包括为全体债务人利益而请求、中断诉讼时效、受领迟延等。不可分债权的内部效力，除法律另有规定或当事人另有约定外，原则上各债权人平等地享有债权。

不可分债务通常准用连带债务的规范。[2]不可分债务的对外效力包含以下内容：第一，各债务人应为全体债务人利益向债权人清偿，一人清偿债即消灭。第二，债权人可以向债务人的一人、数人或全体请求清偿。债务人中的一人实施了履行，该债务对全体债务人消灭。第三，个别债务人基于不可分债务，为全体债务人利益同债权人发生的事项对全体债务人有效，但是非基于不可分债务、非为全体债务人利益发生的事项对其他债务人无效。不可分债务的内部效力主要体现在债务人之间的内部求偿关系，当债务人承担了超过应承担

〔1〕 杨巍：《债法总论》，武汉大学出版社2017年版，第21页。

〔2〕 刘心稳：《债权法总论》（第二版），中国政法大学出版社2015年版，第105页。

部分的债务时有权向其他债务人追偿。

（二）按份之债与连带之债

多数人之债，可以按照债权、债务可否分为份额而由多数债权人分享或由多数债务人分担，将多数人之债分为连带之债和按份之债。《民法典》第517条、第518条规定了按份之债与连带之债。

1. 按份之债

按份之债是指债的多数当事人一方各自按照一定的份额分享债权或者分担债务的债。其中，数个债权人就自己的债权份额所享有的请求和接受清偿的权利为按份债权；数个债务人就自己负担的债务份额负清偿的义务为按份债务。《民法典》第517条第1款规定："债权人为二人以上，标的可分，按照份额各自享有债权的，为按份债权；债务人为二人以上，标的可分，按照份额各自负担债务的，为按份债务。"第1款前半段规定了按份债权，后半段规定了按份债务。第517条第2款为按份之债份额的确定进行了兜底性的规定，在没有法律规定及当事人合意的情况下，推定为相同份额。

按份之债作为多数人之债的一种类型，除具备多数人之债的基本特征外，还需要给付标的可分，即按份之债必然是可分之债。但是可分之债未必一定是按份之债，其有可能是连带之债。在按份债权中，各债权人按照各自的份额对债务人享有债权，如果债务人对某一债权人的履行超过该债权人的份额，那么债权人就超过部分对债务人负有不当得利返还义务。在按份债务中，各债务人仅就各自应承担的份额对债权人履行。同样，如果某个债务人的履行超过自己应承担的份额，债权人负不当得利返还义务。如果该债务人出于替其他债务人履行的目的进行超出份额的给付，那么产生该债务人与被替代履行债务人之间的追偿关系。就某一债权人或者债务人发生的履行迟延、受领迟延、履行不能、债务免除、抵销、提存等事项，对其他债权人或者债务人不产生影响。

2. 连带之债

（1）连带之债的概念

连带之债指各债权人均得请求债务人履行全部债务，各债务人均负有履行全部债务义务的债。《民法典》第518条第1款规定："债权人为二人以上，部分或者全部债权人均可以请求债务人履行债务的，为连带债权；债务人为二人以上，债权人可以请求部分或者全部债务人履行全部债务的，为连带债务。"该规定前半段规定了连带债权，连带债权的构成除具有多数人之债的基本特征外，应对"部分或者全部债权人均可以请求债务人履行债务"进行限缩解释。

根据按份债权的法律定义，按份债权的各债权人均可以按份向债务人主张债权，符合“部分或全部债权人均可以请求债务人履行债务”的文义范围。如果不对连带债权的规定进行限缩解释，按份债权便满足了连带债权的要件，如此会使按份债权和连带债权的界定出现混乱，所以应将连带债权的规定理解为部分或全部债权人均可以请求债务人履行全部债务。[1] 如此，也与该条款后半段的连带债务中“债权人可以请求部分或者全部债务人履行全部债务”相呼应。因为，连带债权中的各债权人不仅可以对债务人主张一定份额的给付，而且可以主张全部给付，此为连带债权与按份债权的根本区别。[2]

《民法典》第518条第2款规定：“连带债权或者连带债务，由法律规定或者当事人约定。”体现了连带之债约定或者规定的明确性特征。[3] 连带之债具有担保功能，实际上加重了多数当事人一方的风险和负担，尤其是在连带债务之中，故此连带之债的产生必须由法律规定或者当事人约定。但是《民法典》也对这一特征进行了一定的突破，第522条规定了第三人加入债务后，推定第三人与原债务人承担连带之债。

连带关系针对的是多数债权人或者多数债务人与相对人的外部关系。对于连带债务而言，每个债务人都有清偿全部债务的义务，而且债权可能因一个债务人的履行行为而消灭；对于连带债权而言，每个债权人都有权请求债务人履行全部债务，在债务人作出清偿后，连带债权因此消灭。多数债权人或多数债务人的内部关系依照《民法典》第519条第1款及521条第1款的规定确定，即在没有法律规定或内部约定的情况下，连带债务人或连带债权人的内部关系为份额相同的按份之债。

（2）连带之债的效力

连带之债的外部效力主要有以下几个方面：第一，在连带债权中，各债权人均有权请求债务人履行全部债务；在连带债务中，每一债务人均负有履行全部债务的义务。第二，根据《民法典》第520条第1款、第2款的规定，在连带债务中，部分连带债务人履行、抵销债务或者提存标的物的，其他债务人对债权人的债务在相应范围内消灭。部分连带债务人的债务被债权人免除的，在该连带债务人应当承担的份额范围内，其他债务人对债权人的债务消灭。第三，根

---

〔1〕谢鸿飞、朱广新主编：《民法典评注：合同编 典型合同与准合同》，中国法制出版社2020年版，第399页。

〔2〕史尚宽：《债法总论》，中国政法大学出版社2000年版，第676页。

〔3〕王利明：《债法总则研究》，中国人民大学出版社2015年版，第218—221页。

据《民法典》第520条第3款的规定，部分连带债务人的债务与债权人的债权同归于一人的，在扣除该债务人应当承担的份额后，债权人对其他债务人的债权继续存在。第四，根据《民法典》第520条第4款的规定，债权人对部分连带债务人的给付受领迟延的，对其他连带债务人发生效力。第五，债权人将自己对于一个债务人的债权让与他人，其他债务人的连带责任仍不消灭。债务人中的一人将自己的债务转移他人，对其他债务人的连带责任也不发生影响。[1]

连带之债的内部效力主要体现在连带债务人之间的求偿权，即根据《民法典》第519条第2款规定，实际承担债务超过自己份额的连带债务人，有权就超出部分向其他连带债务人未履行的份额范围内向其追偿。连带债务人在取得求偿权的同时享有代位权，即在可向其他债务人求偿的范围内代位享有或自动承受债权人的债权。[2]连带债权人的内部关系与连带债务人之间的内部关系相同，债权人受领超过自己份额的清偿时应交还其他债权人。

（3）连带之债与可分之债、不可分之债的联系

第一，连带之债与可分之债、不可分之债均为多数人之债的一种类型，故其均具有多数人之债的基本特征。

第二，客体有部分相同。可分之债的客体是可分给付，不可分之债的客体是不可分给付；而连带之债的客体，既可以是可分给付，也可以是不可分给付。

第三，权利、义务的配置状况有部分相同。在连带之债中，债权连带或者债务连带均可。在不可分之债，由于不可分债务准用连带之债的规范，存在以不可分给付为客体的连带债务，与连带之债发生联系。

（4）连带之债与可分之债、不可分之债的区别

第一，性质不同。连带之债是多数主体之间的债权、债务具有牵连性的债；可分之债、不可分之债，是债的给付可否分割而由多数人分别实施的债。

第二，成立条件不同。连带之债的成立，以多数人一方当事人之间的债权、债务的牵连性为条件，具备这个条件的，无论给付是否可分，都能够发生连带关系；而可分之债和不可分之债的发生，须以给付是否可分为条件。具体而言，可分之债以“同一可分给付”为客体，不可分之债的客体是“不可分给

〔1〕张广兴主编：《债法》，社会科学文献出版社2009年版，第39页、第40页。
〔2〕戴孟勇：《论连带债务人的求偿权及其制度设计》，载《四川大学学报（哲学社会科学版）》2019年第1期。

付”；而连带之债，有的以“同一可分给付”为客体，有的以“不可分给付”为客体。

第三，多数人一方当事人之间的债权、债务的配置不同。连带之债的多数人一方，在外部关系上，连带地享有债权、负担债务；在内部关系上，按照约定或者法律规定的份额享有权利、承担债务。在可分之债中，多数人一方的外部关系，是就“同一可分给付”所分割的部分，分享债权、分担债务；其内部关系，除法律另有规定或当事人另有约定外，当事人平均分享权利、分担义务。在不可分之债中，不可分债务准用连带之债的规范。不可分债权外部关系中债权人只能请求债务人为全部给付，不能请求债务人为部分给付；其内部关系，除法律另有规定或者债权人另有约定者外，一般是平等享有权利。[1]

3. 不真正连带债务

不真正连带债务是指数个债务人基于不同的发生原因而产生同一内容的给付，各个债务人分别对债权人负全部履行的义务，并因其中一个债务人的履行而使全体债务人的债务都归于消灭。

不真正连带债务与连带债务的区别如下：第一，数个债务人基于不同原因而承担债务。而连带债务的发生，有的系基于同一原因（如合伙人的连带债务），有的系基于不同的发生原因（如数个担保人分别与债权人签订连带保证合同）。第二，不真正连带债务人的各个债务具有客观的单一的目的，而连带债务的各个债务具有主观的共同的目的。第三，不真正连带债务的发生系因相关的法律关系偶然竞合所致，而连带债务的发生由债务人明示的意思表示或法律规定而产生。[2]

不真正连带债务属于广义请求权竞合的一种。狭义请求权竞合是指债权人对同一债务人就同一法律后果享有数个请求权，而不真正连带债务是债权人就同一给付对数个债务人分别单独地发生请求权，因同一请求权的满足而使其他请求权均归消灭。例如，甲委托乙保管房屋，在乙保管房屋期间因丙不慎引起失火，则甲既可根据委托合同请求乙承担赔偿责任，也可根据侵权行为请求丙负赔偿责任，乙、丙任一对甲承担赔偿责任后，甲房屋毁损的请求权就此消

---

〔1〕但是所列举侵权之债是否为不真正连带之债在学理中不无争议。章正璋：《我国〈侵权责任法〉中没有规定不真正连带责任——与杨立新等诸先生商榷》，载《学术界》2011年第4期；阳雪雅：《论不真正连带责任独立性的缺失——兼评新制定的〈侵权责任法〉相关规定》，载《学术论坛》2011年第5期。

〔2〕孙森焱：《民法债编总论》（下册），法律出版社2006年版，第742页。

灭。[1]即在不真正连带债务的各个债务之间客观目的同一时，才能发生请求权消灭的效果。[2]

不真正连带债务的效力亦可以分为对内效力和对外效力。在对外效力上，不真正连带债务人中应有终局负责的债务人。但不真正连带债务人在涉讼时能否作为共同被告就不无疑问。有观点认为，出于一次性解决纠纷、避免双重赔偿、正确适用法律的目的应将不真正连带债务人作为共同被告参加诉讼。[3]但是,即使将此种诉讼合并审理，也应当对不同的债务人分别作出判决。判决确定后，债务人之一履行判决而使债权得到实现时，其他判决也因目的达到而丧失执行根据,应终止执行。[4]在内部关系上，不真正连带债务有一债务人为最终责任承担人，故其他债务人履行债务后有权向终局责任人求偿。但是如何求偿，有让与请求权与赔偿代位两种学说，让与请求权是指履行了债务的债务人可以请求债权人让与其对于终局责任人的请求权；赔偿代位是指法律直接规定履行了债务的债务人当然地取得债权人对于终局责任人的请求权，不需经当事人的意思表示。应当认为我国目前采纳了赔偿代位的立法例，如《民法典》第1203条规定：“因产品存在缺陷造成他人损害的，被侵权人可以向产品的生产者请求赔偿，也可以向产品的销售者请求赔偿。产品缺陷由生产者造成的，销售者赔偿后，有权向生产者追偿。因销售者的过错使产品存在缺陷的，生产者赔偿后，有权向销售者追偿。”

不真正连带债务在《民法典》中没有概念性的规定，但按照通说观点，不真正连带债务在侵权责任编第1203条（产品责任）、第1223条（医疗产品责任）、第1233条（因第三人原因导致的环境污染责任）、第1250条（因第三人原因导致的动物致人损害责任）以及第1252~1254条（建筑物和物件损害责任）中有所规定。[5]

---

〔1〕孔祥俊：《论不真正连带债务》，载《中外法学》1994年第3期，第20页。

〔2〕崔建远：《债法总论》，法律出版社2013年版，第35页。

〔3〕姜强：《〈侵权责任法〉中的连带责任、不真正连带责任及其诉讼程序》，载《法律适用》2010年第7期，第20页。

〔4〕孔祥俊：《论不真正连带债务》，载《中外法学》1994年第3期，第22—23页。

〔5〕但是所列举侵权之债是否为不真正连带之债在学理中不无争议。章正璋：《我国〈侵权责任法〉中没有规定不真正连带责任——与杨立新等诸先生商榷》，载《学术界》2011年第4期；阳雪雅：《论不真正连带责任独立性的缺失——兼评新制定的〈侵权责任法〉相关规定》，载《学术论坛》2011年第5期。

| 法律适用 |

关于连带之债的法律适用，《民法典》第518条第1款规定：“债权人为二人以上，部分或者全部债权人均可以请求债务人履行债务的，为连带债权；……”，该款应理解为“部分或者全部债权人均可以请求债务人履行全部债务”。因为在按份债权中，各债权人也可以单独或共同向债务人请求履行，只是各债权人仅有权在各自份额范围内向债务人请求履行，而非在全部债务范围内请求债务人给付。此为连带之债与按份之债的根本区别。

不可分之债与连带之债关系密切，但二者仍是不同的法律概念。二者的区别在于：一方面，当事人是否存在连带关系不同，连带之债要求存在连带关系，不可分之债，如果不存在连带关系，并无连带债权或连带债务。[1]但是亦有学者认为给付不可分的多数人之债，因给付的不可分，容不得当事人在外部关系中分享债权、分担债务，依给付的性质，多数人只能以实现债权的共同目的，同享一个不可分割之债权，共担一个不可分割之债务，遂形成连带之债。[2]另一方面，债权人是否独立享有一项债权不同。在不可分债权中，债权人共同享有一项债权，但是并非每个债权人都享有一项债权，而在连带债权的情况下，每个债权人都独立享有一项债权。[3]即债权人受领清偿，须由全体共同为之，债务人不能选择债权人中一人履行给付，否则不能因清偿而免责。这与连带债权中部分或者全部债权人均可以请求债务人履行全部债务相区别。[4]《民法典》未对不可分之债进行规定，但是按照比较法的通行规则，不可分债务通常准用连带债务的规定。[5]

---

〔1〕 黄立：《民法债编总论》，中国政法大学出版社2002年版，第599页。

〔2〕 刘心稳：《债权法总论》(第二版)，中国政法大学出版社2015年版，第106页。

〔3〕 王利明：《债法总则研究》，中国人民大学出版社2015年版，第86页。

〔4〕 刘家安、周维德、郑佳宁：《债法：一般原理与合同》，高等教育出版社2012年版，第98页。

〔5〕 德国民法、瑞士债法、日本民法以及我国台湾地区等均设有类似“数人同负一债务，而其给付不可分者，准用关于连带债务之规定”。

第三章　债之关系的内容

提　要

债之关系，尤其是合同之债，有着复杂的架构。债务人不仅负担主给付义务，也负担从给付义务。另外，根据诚实信用原则，债之关系还要求当事人负担保护对方的附随义务。从债之关系的动态上看，给付义务还表现为原给付义务与次给付义务。就合同之债而言，贯彻合同始终的诚实信用原则还创造了前合同义务与后合同义务这样的法律范畴。债之关系，在具体的构成方面，还包括涉及部分履行、第三人履行的规则，以及履行地点、履行时间等细节。

重点问题

1. 如何理解债之关系的多层次性与动态性?
2. 主给付义务与从给付义务。
3. 附随义务与不真正义务。
4. 履行期限及其法律意义。
5. 部分履行、提前履行与第三人履行的规则。

第一节　债之关系上的义务群

一、概说

债权所具有的请求权性质，意味着只有经由给付，债权才能加以实现。债之关系的内容，包括债权与债务两个方面，可自两个视角作出观察。不过，仅有从债务的视角，方可揭示出广义债之关系的多层次性与动态性。尤其是附随义务等附着于债之关系的义务，根本无法由债权角度加以阐明。因此，关于债之关系，应自债务视角分析。

《民法典》第118条第2款将债权界定为“权利人请求特定义务人为或者不为一定行为的权利”。为或不为一定行为的义务，即为给付义务。债务关系，其核心在于给付。

然而，广义的债务关系并非一个单一的给付关系。诚如德国学者梅迪库斯所言："广义的债务关系是一个极其复杂的架构，而这一复杂的架构主要由众多的债权或者义务（狭义的债务关系）组成。这也正是人们将它称作'架构''有机组织'的原因。在这里，后两个称谓除表示复杂性外，还应当表示广义债务关系所具有的另一个特征，即它不是静态地僵固于一个一成不变的状态之中，而是随时间变化不断地以多种形态发生变动：它在'有机组合'这一形象化称谓中出生，并且可以成长、衰老，直至最后死亡。"[1]

债务关系既然有着如此复杂的架构，就有必要对给付义务及债务关系上的相关义务加以区分解析，从而确立一个多层、动态且具有发展性的"义务群"。[2]对这一义务群的解构，既是为了给某些规范提供理论上的基础（如以"先合同义务"奠定"缔约过失责任"的基础），更是出于精确解释和适用法律规范之目的。下文将分别从给付义务、附随义务、合同前义务与合同后义务、不真正义务等几个层次分析债务关系的义务群。

关于此债务关系的义务群，有以下两点需要说明：

其一，此部分虽属债法总则的内容，且其他债务关系的确也存在多层次义务的问题，如无因管理的管理人与被管理人间也有着多层次的给付义务，但作为所谓"有机组合"的义务群主要系针对合同之债而言，该问题对于侵权行为之债等债务关系而言并不重要。

其二，此义务群的诸多方面均以诚实信用原则为基础，认识到这一点相当重要。从给付义务、附随义务、前合同义务、后合同义务等，即便有法律直接加以规定，其具体识别也均须依诚实信用原则加以判断。就此点而言，《民法典》第509条第2款的以下规定具有特别重要的意义："当事人应当遵循诚信原则，根据合同的性质、目的和交易习惯履行通知、协助、保密等义务。"

二、给付义务

（一）给付行为与给付效果

给付，首先指向的是特定的作为或不作为，因此给付当然表现为特定的行为。不过，给付又以满足债权为宗旨，故给付的内容也必须与特定的债权目的相关联。

---

〔1〕［德］迪特尔·梅迪库斯：《德国债法总论》，杜景林、卢谌译，法律出版社2004年版，第9页。

〔2〕"义务群"这一术语借用了王泽鉴先生的表述，王泽鉴：《债法原理》（第二版），北京大学出版社2013年版，第25页。

在某些债务关系中，只要债务人以恰当的方式作出了给付行为，则无论债权人方面主观的目的是否得以实现，债务人都因清偿而消灭了债务。例如，律师接受当事人委托为其处理诉讼事务，虽已尽到了一名合格律师所能尽到的一切注意义务，但仍未能使其当事人胜诉，此时，委托人不得以律师未完成给付义务为由拒绝支付报酬。此类给付不要求相关行为达成特定的效果，债务人是否妥当地履行了债务，主要视其行为是否已尽到了法律要求的注意义务。这就意味着，过失之有无对于界定此类给付义务不履行的效果至关重要。在《民法典》中，尽管第577条规定的违约责任通常被理解为严格责任，但对于仅须有给付行为而不必要求特定给付效果的债务关系而言，其债务不履行的责任必然表现为过失责任。委托合同系典型的不要求特定给付效果的合同关系，因此，《民法典》第929条第1款的以下规定运用的是过错责任原则："有偿的委托合同，因受托人的过错造成委托人损失的，委托人可以请求赔偿损失。无偿的委托合同，因受托人的故意或者重大过失造成委托人损失的，委托人可以请求赔偿损失。"

在另一些债务关系中，不仅债务人需要作出特定的给付行为，而且该给付行为还必须实现特定的给付效果。如果给付行为未达到所要求的给付效果，则债务人之行为仍将构成债务不履行。例如，动产的出卖人虽以转移所有权的意思将标的物交付于买受人，但如其对于标的物欠缺处分权，而使买受人不能取得标的物所有权，则给付行为本身并不构成清偿。再如，承揽人不仅应完成特定的工作，而且必须确保其交付的工作成果能够有助于实现定作人缔约的基本目的。裁缝虽为他人量体裁衣但所制衣物竟然无法穿着，工匠为他人修配钥匙但所制钥匙竟然无法开锁，基于此类情形，承揽人当然不得以已尽力作出给付行为为由主张已清偿债务。除买卖、承揽外，赠与、互易、租赁等均属要求达致特定给付效果的债务关系。

就某一具体的债务关系而言，特定给付效果是否内含于给付义务之中，应首先依债务关系的类型与性质加以确定，这一点尤其适用于有名合同。对于无名合同，则应由当事人缔约所欲达成之目的角度寻求其意思解释，并可参酌交易习惯加以确定。

实际上，给付义务是否内含特定给付效果的问题并不仅出现在合同之债中。例如，因侵权行为而损坏他人财产的，依恢复原状的要求，在当事人间可发生要求物之修缮的给付关系，此时，债务人的给付就不仅要求有维修的行为，而且必须确保物品经维修后恢复先前的使用功能及价值。再如，在物权行为无因性之立法例下，如动产之买卖合同无效而处分行为有效，则买受人对出卖人负不当得利之返还义务，在此，买受人的给付义务不仅指动产的交付义务，而且该给付行为还应产生所有权转移的效果。

（二）主给付义务与从给付义务

如前所述，广义的债务关系包含多个具体的给付义务。《民法典》第509条第1款规定："当事人应当按照约定全面履行自己的义务。"因此，就债务履行本身的必要性而言，无论是主要的义务，还是对债权目的之达成仅起辅助功能的次要义务，均须由债务人一并履行。

然而，自法律适用方面而言，对某一债务关系中的给付义务进行分层并进而区分出主给付义务与从给付义务仍然是十分必要的。实际上，《民法典》的具体规范也涉及了这一区分。该法第563条系关于法定解除权发生原因的规定，其第2项、第3项均采用了"不履行主要债务""迟延履行主要债务"的表述。该条中的"主要债务"何指？违反次给付义务能否引起相对方的解除权？要回答这些问题，需要对给付义务区分出主给付义务与从给付义务的层次。

1. 主给付义务

所谓主给付义务，根据王泽鉴先生的界定，指债之关系（尤其是契约）上固有、必备，并用以决定债之关系（契约）类型的基本义务（债之关系的要素）。[1]实际上，《民法典》在对各种典型合同作出定义时，其所列示出的框架性的给付义务均为具有决定该合同性质的主要义务。例如，第595条规定："买卖合同是出卖人转移标的物的所有权于买受人，买受人支付价款的合同。"显然，在买卖合同中，出卖人的义务并不仅限于转移标的物的所有权，它还包括交付相关单证和资料（第599条）、权利瑕疵担保（第612条）等。但是，一方负转移标的物所有权的义务而他方负支付金钱的义务，这就是识别买卖的框架性主给付义务。再如，第703条规定："租赁合同是出租人将租赁物交付承租人使用、收益，承租人支付租金的合同。"显然，租赁合同当事人的给付义务并不仅限于该条所列示的义务，如出租人负有维修租赁物的义务（第712条），而承租人负有妥当使用租赁物的义务（第709条）。但是，一方将物交给他方使用而后者支付金钱对价的，即可识别为租赁合同关系。

可见，主给付义务在具体债务关系的法律适用方面具有重要意义：对于现实发生的一个合同关系，时常需要尝试将其归入一个有名合同的类型之中，以

---

〔1〕 王泽鉴：《债法原理》（第二版），北京大学出版社2013年版，第26页。

便将立法上对该有名合同的相关规范适用于此具体债务关系。在此被称为“涵摄”的法律推理过程中，当事人对于合同性质及类型的认知和称谓并非决定性的因素。例如，当事人间所谓“我将该车辆3年的所有权出卖给你，而你一次性向我支付价款3万元”的约定并不会使该合同被归入买卖合同的类型之中。相反，该合同的性质应被识别为租赁，从而应适用有关租赁合同相关规则。在该例中，由于所有权具有无期限性，故应将当事人的意思解释为一物之使用与一笔金钱的交换，从而使其与租赁合同的主给付义务框架相吻合。

2. 从给付义务

债务关系的给付义务中，除主给付义务之外的其他给付义务，即为从给付义务。自功能方面观察，从给付义务有辅助主给付义务的作用，从而确保债权人的利益得到更大的满足。例如，通常买受人受领出卖人交付的合格标的物即可实现其交易目的，但是，如果标的物在使用操控方面存在一定的技术难度，则出卖人应提供完整的产品说明书，必要时还应向买受人提供一定的技术支持。

从给付义务在使债权人得到更大满足的同时，当然也对债务人构成了财产性的负担，故从给付义务的发生亦应有正当的基础。从给付义务可以有三个方面的发生原因：（1）基于当事人间的合意。在主给付义务所确定的合同框架下，当事人可以通过合意设置其他辅助性的给付义务，只要这些附加给付义务不改变债务关系的基本性质，它们即可构成从给付义务。例如，雇主与雇员约定，为确保雇员的工作效率，雇员不得在业余时间兼职，雇主因此给雇员一定的薪金补偿。（2）基于法律的明文规定。对于有名合同，法律不仅就主给付义务作出规范，而且往往也为确保债权更大满足之目的而规定一些从给付义务，例如，在委托合同中，受托人的主给付义务是按照委托人的指示处理受托事务（《民法典》第922条），同时，法律又规定了受托人就事务处理的报告义务（《民法典》第924条），后者即为从给付义务，其目的在于使委托人随时了解事务的处理情况。（3）诚信原则。诚信原则的“造法”功能突出地体现在其作为从给付义务之基础这一点上，即某一行为义务即便未为当事人所具体约定，同时未为法律明确规定，只要诚信原则有此要求，即应认定为债务人所应负担的从给付义务。例如，买受人在就标的物的使用遭遇技术问题时，出卖人应给予必要的说明与指导。

从给付义务属于给付义务的一部分，在债务人不履行从给付义务之时，债权人可以诉请债务人履行。

3. 区分实益

无论是主给付义务还是从给付义务，在债务人不履行时，债权人皆可请求其履行。尽管如此，区分主给付义务和从给付义务，在法律适用方面仍具有以下重要的意义：

其一，在因债务不履行而产生合同解除权的情形，如未获履行的是主给付义务，则可导致合同解除权的产生；如未获履行的是从给付义务，则原则上不宜产生合同的解除权。例如，出卖人迟延交付标的物，并于买受人催告后的合理期限内仍不履行的，买受人可根据《民法典》第563条之规定解除合同；但如出卖人已交付了标的物，只是未依第599条的规定交付有关单证和资料，而该项给付义务的不履行对买受人交易目的的实现并无实质性影响，则买受人不宜享有合同解除权。对此，《最高人民法院关于审理买卖合同纠纷案件适用法律问题的解释》（以下简称《买卖合同解释》）第19条规定："出卖人没有履行或者不当履行从给付义务，致使买受人不能实现合同目的，买受人主张解除合同的，人民法院应当根据民法典第五百六十三条第一款第四项的规定，予以支持。"

其二，就《民法典》第525条、第527条所确立的双务合同的同时履行抗辩权与不安抗辩权而言，构成抗辩权行使基础的应为所谓"对待给付"，而主给付义务当然构成对待给付。例如，若买卖合同未确定先后履行顺序，则在出卖人交付标的物之前，买受人有权拒绝出卖人要求支付价金的请求。相反，如出卖人已主动交付了标的物，只是尚未交付对买受人的交易利益不甚重要的相关单证或资料，则买受人不得依第525条之规定主张同时履行抗辩权。双务合同中的一方当事人不履行从给付义务的，原则上对方当事人不得主张同时履行抗辩，但如果一项从给付义务的不履行将导致债权人不能实现合同目的的，债权人可主张同时履行抗辩。[1]

（三）原给付义务与次给付义务

债务关系是一个动态的财产关系。这不仅是指债的关系发生后可能因清偿等原因发生消灭，而且指债的关系在保持同一性的情况下其内容可发生变更。

所谓原给付义务，也称第一次义务，是指债的关系上原有的义务。例如，在买卖合同中，出卖人所负有的交付标的物并移转所有权的义务；在无因管理

---

〔1〕 崔建远：《债法总论》，法律出版社 2013 年版，第 9 页。

之债中，管理人负有将其管理所得利益（如为受益人收取的天然孳息）转交于受益人（《民法典》第983条）。

所谓次给付义务，也称第二次义务，是指原给付义务在履行过程中因发生特定事由演变而成的义务，主要包括：（1）因原给付义务的不履行而发生的损害赔偿义务。例如，保管人因过失导致保管物毁损，而对寄存人负金钱赔偿义务。（2）因当事人行使合同解除权所发生的恢复原状义务。次给付义务虽呈现出与原给付义务不同的内容，但其与原给付义务仍属于同一债的关系。

在我国，次给付义务往往被归入民事责任的范畴，在此，债务与责任的界限模糊不清。就合同债务的不履行而言，《民法典》将其法律效果均归入“违约责任”的范畴。而违约责任的方式又包括继续履行、采取补救措施或者赔偿损失。实际上，所谓继续履行责任，仅是原给付义务的强制实现而已，而替代履行的损害赔偿则属于次给付义务的范畴。

依请求权基础思维，债法应将责任思维转化为请求权思维，应使“责任”向“次给付义务”回归。“次给付义务”这一概念强调，这一内容更新了的给付义务仍然根基于原有的债务关系，从而使先前债务关系所产生的效力仍可以适用于次给付义务之上。例如，甲负有向乙交付某一特定物的债务，但乙的请求权已罹于时效，后因甲的过失导致该特定物灭失，乙请求金钱赔偿，此时甲可基于债之关系的同一性主张时效届满的抗辩。再如，甲负有向乙交付某一特定物的债务，丙为保证人，后因甲的过失而导致该特定物灭失，乙要求金钱赔偿，此时给付义务的内容虽然发生了变化，但丙仍须担保此金钱给付义务的履行。在因债务人违约而由债权人行使解除权的情形，《民法典》第566条规定债权人仍可主张违约损害赔偿，且担保人仍应对债务人所负的民事责任（次给付义务）承担担保责任。《民法典》如此界定合同解除的效力，显然系将解除所产生的返还、赔偿等后果视为了与合同原给付义务处于同一债之关系中的次给付义务。

三、附随义务

《民法典》第509条第2款规定：“当事人应当遵循诚信原则，根据合同的性质、目的和交易习惯履行通知、协助、保密等义务。”关于该款规定的通知、协助、保密等义务的性质，学理上通常将其界定为“附随义务”。[1]关于“附随义务”这一概念的具体意义，在学理上并非没有疑义。事实上，在产生这一法律范畴的德国，就存在着使用多个意义不尽相同的术语来指称这一义务的现象，如“保护义务”（Schutzpflicht）、“其他行为义务”（WeitereVerhaltenspflicht）等。[2]在我国台湾地区民法和大陆民法的学理和实践中，也都存在将从给付义务与附随义务混为一谈的现象，如将从给付义务界定为“独立的附随义务”。[3]

由债务关系上义务群的角度观察，附随义务是债务人于给付义务（包括主给付义务与从给付义务）之外所承受的行为义务，因此，一切不属于给付义务范畴的、由特定债务关系所产生的行为义务均可归入附随义务的范畴。就此而言，“其他行为义务”这个看似有些粗糙的术语实际上相当准确地表达了这一概念。

附随义务乃是根植于诚信原则的义务。根据诚实信用原则，债务关系应当具有使立法者（相对于法定之债而言）或当事人（相对于意定之债而言）的意图得以实现的内容。自积极面而言，债务关系通过给付义务的作用，旨在使债权人的给付利益得以实现。自消极面而言，法律当然也应确保债务关系之当事人的人身和固有的财产利益不受损害。有学者认为，附随义务主要有两类功能：使债权人的给付利益得到最大可能满足的辅助功能；维护他方当事人人身或财产上利益的保护功能。[4]但是，由所谓辅助功能所产生的义务实际上难以与前述同样可能基于诚信原则所产生的从给付义务区分开来，故在“保护义务”的意义上理解“附随义务”——甚至是以前者取代后者——应该能够有助于澄清“债务关系义务群”内部各义务之间的关系。

学理之所以需要创造出“附随义务”或类似的概念，其主要原因在于：债务关系是一种特别结合关系，这种特别结合关系可以而且应该在债务关系当事人之间确立起特别的注意义务，从而可借助债务不履行的法律效果来处理相关

---

〔1〕 黄薇主编：《中华人民共和国民法典合同编解读》（上册），中国法制出版社 2020 年版，第 161 页；朱广新、谢鸿飞主编：《民法典评注：合同编通则》（第 1 册），中国法制出版社 2020 年版，第 361 页。

〔2〕［德］迪特尔 · 梅迪库斯：《德国债法总论》，杜景林、卢谌译，法律出版社 2004 年版，第 6 页。

〔3〕 王泽鉴：《债法原理》（第二版），北京大学出版社 2013 年版，第 28 页。

〔4〕 王泽鉴：《债法原理》（第二版），北京大学出版社 2013 年版，第 84 页。

损害的赔偿问题。如果不将附随义务违反的情形纳入其所附属的债务关系考量，而仅以一般侵权法的规则处理相关损害，则很可能因欠缺一般义务的违反或由于相关损害会被归入“纯粹经济损失”的范畴而导致这些损害无法获得赔偿。例如，甲以很低的价格出售二手汽车给乙，甲明知车辆存在制动失灵问题而不告知乙，导致乙在使用中发生车祸遭受人身损害。依交易惯例，二手车辆的出卖人并不对其出卖的车辆负严格的瑕疵担保责任，但是，根据诚实信用原则，对于可能影响行车安全或买受人其他财产利益的事项，出卖人应有告知的义务，此一义务即为附随义务。在该例中，如不借助“附随义务”这一概念将该损害纳入债务不履行的损害赔偿（违约损害赔偿），则乙将难以向甲提出损害赔偿请求。

附随义务并非给付义务，故债权人往往无法要求债务人履行附随义务，更谈不上就附随义务独立诉请履行。如前所述，在将附随义务定位于保护义务的情况下，以是否能够独立诉请履行作为区分附随义务与从给付义务的界限是妥当的。

附随义务的违反，应可归入债务不履行的范畴，从而适用债务不履行的法律后果。《民法典》第509条第1款确立了全面履行的原则，第2款则明定了通知、协助、保密等附随义务。由此可见，对于附随义务的不履行应构成债务的不完全履行，可以适用违约责任的相关规定。又由于附随义务不能诉请实际履行，故债权人可就相关损失向债务人主张基于违约的损害赔偿。如果当事人违反附随义务造成相对人损害的情形满足侵权行为的构成要件，亦可产生侵权责任，二者形成竞合关系。〔1〕

四、先合同义务与后合同义务

合同在当事人间有效成立之后，在整个履行期间，合同当事人不仅承受给付义务，而且须根据诚实信用原则的要求，负有保护他方当事人人身与财产的附随义务，已如前述。然而，这一根据诚实信用原则所产生的保护义务并不局限于合同成立且待履行这一阶段——它可以存在于合同成立之前的缔约阶段，从而构成所谓的“先合同义务”；它也可以在合同关系消灭后存续，从而构成所谓的“后合同义务”。

（一）先合同义务

为缔结合同之目的，当事人可能发生接触、准备或进行具体磋商。在合同

〔1〕 王洪亮：《债法总论》，北京大学出版社2016年版，第25页。

成立之前，此类缔约接触并非不具有法律意义。相反，根据诚实信用原则，在缔约阶段上，当事人就应对缔约对方的人身及财产尽特别的注意，从而履行说明、告知、保密及保护等具体义务。先合同义务的确立，旨在确保进行缔约接触的当事人不遭受不公正的损失。对这一义务的违反，将导致一项法定的损害赔偿之债即缔约过失责任的发生。

《民法典》第500条、第501条对“当事人在订立合同过程中”的以下行为规定了损害赔偿的效果：假借订立合同，恶意进行磋商；故意隐瞒与订立合同有关的重要事实或者提供虚假情况；泄露或者不正当地使用所知悉的商业秘密；其他违背诚实信用原则的行为。

（二）后合同义务

合同之债，因清偿、抵销等原因而发生消灭，同时债权人的给付利益得到了实现。但是，给付的效果要得以维持，时常需要使当事人继续负有一定的作为及不作为义务。例如，合同关系终了后，对于在合同履行过程中所知晓的商业秘密，当事人仍负有保密的义务。后合同义务在我国现行法上主要体现在《民法典》第558条：“债权债务终止后，当事人应当遵循诚信等原则，根据交易习惯履行通知、协助、保密、旧物回收等义务。”

与前述附随义务与前合同义务一样，后合同义务主要系基于诚实信用原则发展出来的法定义务。同时，某些后合同义务也具有类似从给付义务的特征。对于此类后合同义务，债权人可以请求履行，如住院患者在治愈出院后可请求医院出具医疗证明。其他后合同义务的违反，应视同为对合同义务的不履行，从而应依违约责任的有关规定负损害赔偿责任。

五、不真正义务

债务关系中，除给付义务与附随义务外，还存在所谓不真正义务。对于不真正义务，相对人不能要求履行，而且该义务的违反不产生损害赔偿问题。与给付义务、附随义务当然系债务人之义务不同，负担不真正义务者恰恰是债之关系的权利人，即债权人。不真正义务的效力具体表现在：对该义务的违反，将导致负担该义务者的权利减损或丧失，即由其承担法律上的不利益。[1]

《民法典》第591条规定的减损义务属于典型的不真正义务。该条第1款规

〔1〕 王洪亮：《债法总论》，北京大学出版社2016年版，第27页。

定："当事人一方违约后，对方应当采取适当措施防止损失的扩大；没有采取适当措施致使损失扩大的，不得就扩大的损失请求赔偿。"债务人违约时，债权人"应当"采取措施防止损失的扩大，但是，如债权人未采取恰当措施，当然也不发生债务人要求其采取措施或者向债务人承担赔偿责任的效果，而仅是使债权人对扩大的损失不得要求赔偿。

在各种具体的债务关系中也存在一些不真正义务。例如，根据《民法典》第621条的规定，买受人应及时检验标的物并将数量或质量不符合约定的情形及时通知出卖人。此项检验及通知义务也是典型的不真正义务，因为并不存在出卖人请求买受人检验的请求权，买受人不及时检验和通知也不会产生出卖人方面的损害赔偿请求权，而只是发生"视为标的物的数量或者质量符合约定"的效果，从而使买受人丧失在标的物瑕疵担保方面的权利。

第二节 债务的履行

《民法典》第509条所确立的合同债务的履行原则（全面履行原则、诚信履行原则）可被视为各种类型之债的履行原则。债务履行的原则，尤其是诚信原则，对于确定具体债务关系中的履行细节具有重要意义。但是，基于对法之确定性的需要，民法规范也应直接对一些履行细节问题作出具体的规范。本节即探讨部分履行、第三人履行、履行时间与地点等履行的细节问题。

一、部分履行

在我国法上，有关部分履行的基本规范体现在《民法典》第531条。该条规定："债权人可以拒绝债务人部分履行债务，但是部分履行不损害债权人利益的除外。债务人部分履行债务给债权人增加的费用，由债务人负担。"

依该条规范，债权人原则上有权拒绝债务人的部分履行。支持此规则的理由至少包括两个方面：其一，某些给付为不可分给付，其本身不能发生部分履行的问题。其二，如果给付是可分的，则将给付分成各个部分并分别履行，这种做法本身并不会减损债权人的利益，但是，即使是在此可分之债的情形，由于多次给付可能会给债权人带来额外的困扰（如债权人可能需要多次受领债务人的给付），故债权人仍有权拒绝债务人方面的部分履行。

债权人有权拒绝债务人的部分履行，这会在两个主要方面产生法律效果：其一，债务人不能通过部分履行的方式实现债务的部分消灭，也就是说，原则上只有完整的履行才能达成清偿的效果。其二，就债权人方面而言，其不因拒绝部分履行而陷入债权人迟延。

债权人有权拒绝债务人的部分履行，此原则也存在一些例外。首先，根据《民法典》第531条的规定，在部分履行不损害债权人利益的情形下，债权人不应拒绝。如果部分履行对债权人的利益没有任何损害，甚至还有利于债权的实现（典型的情形是，金钱之债的债务人在清偿期前将部分款项汇付债权人的账户），则债权人之拒绝将构成对诚信原则的违反。其次，当事人之间关于部分履行的约定当然可排除此原则的适用，例如，分期付款买卖中的各期履行都构成该期日负担的全部履行。再次，部分履行的效果有时也是由法律直接规定的。例如，根据《民法典》第568条的规定，当事人互负到期债务，该债务的标的物种类、品质相同的，任何一方可以将自己的债务与对方的债务抵销。这一关于抵销的规定实际上就构成了对部分履行的允许（在两个给付金额或数量不对等的情况下，抵销一方面消灭了较小的那个债权，另一方面也导致较大债权的部分消灭）。最后，债权人不得拒绝债务人的部分履行有时也是诚信原则所要求的。例如，债务人负有交付100台电视机的义务，其花费了不少运输成本将标的物送至债权人住所地后，发现少装载了一台电视机，此时，债权人不应拒绝此99台电视机的交付，债务人仅需补送第100台即可。

根据《民法典》第531条第2款的规定，债务人部分履行债务给债权人增加的费用，由债务人负担。依逻辑，此条款的适用有两个前提：其一，该债务为可分债务，因为不可分债务根本不存在部分履行的可能。其二，债权人依法有权拒绝该部分履行，但却放弃此权利而接受了债务人的部分履行。债权人同意部分履行的，其债权因部分履行而发生部分消灭。同时，债权人接受部分履行，并不意味着其愿意承受部分履行对其产生的不利后果，相反，根据该款之规定，债务人应负担债权人方面增加的费用。

由前述分析可知，《民法典》第531条的立法宗旨在于，在禁止债务人部分履行的同时，对债权人的拒绝权进行合理限制，以追求二者利益的平衡。[1]

---

〔1〕朱广新、谢鸿飞主编：《民法典评注：合同编通则》（第1册），中国法制出版社2020年版，第519页。

二、第三人履行

债之关系为特定人之间的给付关系，故债务通常由特定之债务人向特定之债权人履行。但是，债法并未确立债务必须由债务人亲自履行的一般规则。对于债权人而言，债务之履行能够使其获得给付利益，至于这一给付究竟系由债务人本人所为，抑或是第三人实施，通常并不重要。实际上，只要不存在债权人特别着重债务人本人之给付的情形，原则上就应该允许来自第三人的给付。

（一）第三人履行的要件

依法理及《民法典》相关规定，通过第三人的履行以达到清偿之目的的，须满足以下几方面的条件：

1. 依债务关系的性质或依法律的规定，不存在不允许第三人履行的情形。基于债之关系的性质，有时法律会要求债务人亲自履行债务。例如，《民法典》第923条规定："受托人应当亲自处理委托事务。……"在此类情形下，第三人作出履行的，债权人有权拒绝，而要求债务人本人亲自履行。

2. 债权人与债务人之间无不得由第三人履行的特别约定。即使在一般意义上债的性质并非不允许第三人履行，当然也应允许当事人通过合意的方式将该债务设置为须由债务人亲自履行。此种情形下，对于第三人提出的履行，债权人可予以拒绝。

3. 作出履行的第三人必须有为债务人清偿的意思，即第三人明确知道，自己实施给付的目的就是为了清偿债务人的债务。如果第三人误以为自己负债并以清偿自己债务的意思进行履行，则此种情形并不构成第三人履行。一方面，债务并不消灭，债务人仍负有对债权人清偿的义务；另一方面，第三人可以不当得利为理由，要求债权人返还所受领的给付。例如，甲饲养之犬咬伤了乙，而丙误认为系自己之犬咬伤乙，遂主动赔偿。此种情形，自不得将丙之偿付解释为第三人清偿。正确的处理方法是：丙可向乙主张不当得利返还，而乙则继续向甲主张侵权损害赔偿。

关于第三人之给付是否需要债务人同意的问题，各国立法多持否定的立场。[1]不过，债务人的意志也并非完全不起作用：对于第三人之给付，如债务人明确反对，则债权人应予以拒绝。[2]质言之，在第三人履行的构成要件上还

---

〔1〕例如，《德国民法典》第267条第1款规定："债务人无须亲自给付的，第三人也可以履行给付。债务人的允许是不必要的。"我国台湾地区"民法"第311条第1项也持相同的立场。

〔2〕例如，《德国民法典》第267条第2款规定："债务人提出异议的，债权人可以拒绝接受该给付。"我国台湾地区"民法"第311条第2项规定："第三人之清偿，债务人有异议时，债权人得拒绝其清偿。但第三人就债之履行有利害关系者，债权人不得拒绝。"

应增加一个消极要件：债务人对于第三人之履行未在合理期间内表示异议。

如果第三人对于特定债务的履行具有合法利益，则该第三人享有代偿权，即使债务人提出异议，债权人仍不得拒绝。《民法典》第524条明确规定："债务人不履行债务，第三人对履行该债务具有合法利益的，第三人有权向债权人代为履行；但是，根据债务性质、按照当事人约定或者依照法律规定只能由债务人履行的除外。债权人接受第三人履行后，其对债务人的债权转让给第三人，但是债务人和第三人另有约定的除外。"

（二）第三人履行的法律效果

1. 当第三人提出符合债之宗旨的给付时，除非债务人明确反对，债权人不得拒绝受领，否则将使自己陷入债权人迟延之中。

2. 第三人之履行与债务人本人的履行发生相同的效力，即债务关系消灭，债务人得以免责。

3. 债务人因第三人之履行而获得免责的，除《民法典》第524条规定情形外，第三人并不当然地对债务人产生求偿权。是否存在求偿权或类似的权利，一方面需探究当事人的意思，另一方面也需考察法律是否存在相关规定。具体分析如下：（1）债务人与第三人间有约定的，依照其约定确定后者在代为清偿后对前者是否有追偿的权利。（2）如果第三人不仅有为债务人清偿的意思，而且有向债务人赠与的意思，则可将债务人的无异议解释为对此赠与意思的接受，从而使债务人无偿获得免责的利益，在此种情形下，第三人对债务人无求偿权。（3）如果第三人之给付构成适法的无因管理，即第三人系以为债务人管理事务的意思而对债权人给付，则第三人可基于无因管理的法律效果向债务人（被管理人）求偿。

三、履行地点

债务之履行，欲达清偿之效果者，除须由恰当之人就恰当之标的为履行外，尚须在时间与地点方面满足债之本旨的要求。

（一）履行地点的确定

就某一债务关系而言，其履行地点的确定，须区分债的类型。在意定之债，可由当事人约定履行地点。在当事人未就履行地点作出约定时，如存在相关交易惯例，则也可根据交易惯例确定履行地点。例如，消费者在商场购买大件家用电器，通常系由买受人在出卖人处付款，同时由出卖人负责将商品送至买受人居所。

在意定之债中，如果当事人未就履行地点作出约定，同时无法通过当事人的意思解释或交易惯例确定履行地点，则必须由法律规范对这一给付要素加以确定。另外，在因侵权行为、无因管理、不当得利等发生法定之债的情形，也需要由法律明确履行的地点。

根据《民法典》第511条的规定，合同履行地点约定不明且不能通过补充协议或交易惯例等加以确定的，依下列规则确定：（1）给付货币的，在接受货币一方所在地履行；（2）交付不动产的，在不动产所在地履行；（3）其他标的，在履行义务一方所在地履行。

由此可见，作为一项基本规则，债务应为前往受领之债，即债务人只需在其自己的住所地为给付即可。这一规则倾向于使债务人承担较轻的给付义务。

（二）确定履行地点的意义

债之履行地点的确定，具有重要的法律意义，主要体现在以下几个方面：

1. 履行地点是判断给付或给付的提出是否恰当的一个重要因素。债务人只有在履行地履行债务，才可能构成清偿。例如，对于赴偿债务而言，债务人仅仅在自己的住所地提出给付是不够的，债权人可拒绝受领。同样，对于债务人在履行地提出的恰当履行，如债权人未及时受领，则将构成债权人受领迟延。

2. 履行地点对于履行费用的分担具有重要意义。依《民法典》第511条第6项之规定，履行费用的负担不明确的，由履行义务一方负担。对该规则的解释，应与履行地点这个因素相结合：在赴偿之债，应由债务人负担前往债权人所在地履行的一切费用，包括交通、运输等费用；在往取之债，债务人仅须负担在其所在地提出履行的相关费用；在送付之债，发送至交付地点的费用亦应由债务人负担。

3. 履行地点对于给付风险的分配也具有重要意义。对于种类之债而言，如果债务人预定用于给付之特定物于其在履行地点履行之前发生灭失，则由于种类之债尚未特定化，债务人仍须为替代的给付。例如，在赴偿之债，尽管债务人已将货物发运，但仍须承担其在途中发生灭失的风险，从而仍须再行向债权人发送替代物。相反，如给付地在债务人所在地，则给付风险将随着债务人实施必要的给付行为（如根据“代办托运”之约定将货物送交承运人）而移转于债权人，这也就意味着，债权人不得要求债务人为后续的履行。

四、履行期限

（一）履行期限的意义

时间要素也是债之关系的重要内容之一。所谓履行期限，是指债务人应为履行而债权人应为受领的期限。

履行期限可以为期日，甚至可以精确到具体的时点，如演出公司与歌手约定后者在某个时间登台演出。履行期限也可表现为一段期间，如约定“借款期一年”或“合同订立后一个月内交付标的物”。在“借款期一年”的事例中，自合同成立后一年内履行期未届至，债权因尚未到期而不具备行使条件，债务人无须向债权人履行债务；同时，由于债务尚不具备可履行性，原则上债权人也可拒绝债务人的提前清偿。在“合同订立后一个月内交付标的物”的事例中，合同订立后债务即具有了可履行性，对于在此期间债务人的履行，债权人不得拒绝受领，不过，在一个月期间届满之前，债务人的不履行尚不构成履行迟延。因此，在履行期限方面，应区分“届至”与“届满”。

（二）履行期限的确定

关于履行期限，当事人往往会作出明确约定，如约定交付标的物的时间或支付价金的时间。在当事人对履行期限无约定时，可依相关交易惯例加以确定。例如，经销商向农户订购尚未收获之农产品的，农户履行交付货物的期限应为农产品的收获季节。另外，对于一些类型的合同，法律在履行期限方面设有专门的规定，如当事人无特别约定，当然可适用法律的规定。例如，《民法典》第721条针对租赁合同中租金支付的期限规定：“承租人应当按照约定的期限支付租金。对支付租金的期限没有约定或者约定不明确，依照本法第五百一十条的规定仍不能确定，租赁期限不满一年的，应当在租赁期限届满时支付；租赁期限一年以上的，应当在每届满一年时支付，剩余期限不满一年的，应当在租赁期限届满时支付。”

在无法依前述规则确定履行期限时，《民法典》第511条第4项规定：“履行期限不明确的，债务人可以随时履行，债权人也可以随时要求履行，但是应当给对方必要的准备时间。”这就意味着，在这种情形下，债权将立刻到期，债务也将立刻具有可履行性。

（三）期限利益问题

履行期限的设置，表面上看只是债务履行的一个时间因素，实际上其背后仍然是利益关系。所谓期限利益，是指债之关系的当事人因履行期限的存在而享受的利益。期限利益的归属及其效力情形如下：

1. 期限有时系专为债务人之利益而设。例如，无须负担利息的金钱支付义务（定期无息借款、价金延期支付等）。此种情形下，债权人不得在履行期届至之前要求债务人履行，但债务人却可抛弃期限利益而提前履行。

2. 期限有时系专为债权人利益而设，例如，保管人同意在不增加保管费的情况下延长保管时间。此种情形下，债务人不得在期前提前履行债务，但债权人可以抛弃期限利益，要求债务人于期前向其履行。

3. 期限有时系为双方的利益而设。例如，按借款时间长短计算利息的借款合同。此种情形下，债权人不得要求债务人在履行期届满前履行，同样，债务人原则上也不得要求债权人提前受领给付，当然，法律另有规定、当事人另有约定或另有交易惯例的除外。

（四）履行期限的效力

1. 债务有履行期限的，如在该期限届满时债务人未履行债务的，债务人立刻陷入履行迟延，须负迟延之责。相反，如债务无履行期限，则债务人不因一时未履行债务而负履行迟延之责。例如，侵权行为发生后的损害赔偿请求权，固于侵权行为发生时成立，但债权人是否行使其债权，非债务人所能预知，在债权人未请求损害赔偿之前，当无令债务人负迟延责任之理。[1]无履行期限的债权，只有经债权人催告，债务人在合理期间内未履行的，才构成履行迟延，债务人应自催告时起负迟延之责。

2. 债务有履行期限的，债权人可以拒绝债务人提前履行债务，但是提前履行不损害债权人利益的除外。债务人提前履行债务给债权人增加的费用，由债务人负担（《民法典》第530条）。

3. 债务有履行期限的，履行期限届至，债务人依债之本旨提出给付，而债权人拒绝受领，或不进行必要协助从而使债务未得到履行的，则自该时起债权人陷入受领迟延。

4. 债务有清偿期的，诉讼时效期间自履行期限届满之日起计算。

5. 债之抵销，行使抵销权之债权人的债权必须已届清偿期。如对方的债务尚未到期，则债权人不得主张抵销（《民法典》第568条）。

---

〔1〕 孙森焱：《民法债编总论》（下册），法律出版社2006年版，第447页。

第四章 债的保全与担保

提 要

债务人的责任财产，系债权人对其所享有之债权的一般担保。保全债务人的责任财产，对于债权人债权的实现具有重要意义。保全效力是债权的固有效力，系债权的对外效力。债的保全由债权人代位权与债权人撤销权两项制度构成。《民法典》于合同编第五章专章规定了合同的保全。本章第一节讨论债的保全，第二节讨论债的担保中的保证合同。第二节以规定在《民法典》合同编典型合同分编的“保证合同”作为主要的阐明对象，探讨了保证合同的订立、保证的类型、保证期间和保证的效力等问题。

重点问题

1. 债权人代位权的构成要件。
2. 债权人代位权的行使及效力。
3. 债权人撤销权的构成要件。
4. 债权人撤销权的行使及效力。
5. 保证的类型。
6. 保证期间。
7. 保证的效力。

第一节 债的保全

一、债务人的责任财产与债的保全

债之法律关系具有相对性，原则上其效力仅限于双方当事人之间。由此，此债不影响彼债，同一债务人的各债权人之间地位平等，各债权并不因时间成立的先后而有效力上的差别。这种平等性首先体现于债权实现机会上的均等，债务人之一般财产为债权人之一般担保，[1]债权人之间就此平等受偿。此种平

〔1〕 史尚宽：《债法总论》，中国政法大学出版社2000年版，第462页。

等性对于自由竞争有益，对于具体的债权人来说却并非好事。债务人无限订立合同而增加债务的可能性，使得债务人财产的担保力越来越弱，可能使其陷入不能清偿的境地。为债的实现提供一般担保者，为债务人的全部财产，也称作“责任财产”。

债的实现首先依赖于债务人的履行，在发生债务不履行的情形时，债权人可要求强制履行或主张损害赔偿。在没有特别担保的情形下，损害赔偿请求权能否实现，取决于债务人是否有充足的财产。债务人的责任财产越多，其担保债权实现的能力越强；反之，则越弱。因债务人无充足的责任财产从而使债权人的债权不能实现，这是债权人需要面对的固有风险，法律并不保障债权人债权的实现。作为一种向债务人请求特定给付的权利，债权人并不支配属于债务人的责任财产。即使债务人对他人负有债务，原则上，其仍对自己的责任财产享有处分的权利。

但是，如果债务人为逃避债务的履行和强制执行，恶意减少自己的责任财产，危及债权的实现机会，则法律应赋予债权人干预债务人责任财产的权利。此种债权人干预债务人责任财产的权利，即为债权效力中的保全效力。

债的保全，也称责任财产的保全，它是债权人为了确保债权获得清偿，而防止债务人责任财产减少的一种手段。在比较法上，《法国民法典》发展了罗马法上的“赊销之诉”，开始肯定债权人代位权和撤销权。《德国民法典》坚持债的相对性，并未规定债权人代位权，而是另辟蹊径，通过民事诉讼法的强制执行程序解决对债务人所享有的对第三人权利的实现问题。我国台湾地区“民法”明确规定了债权人的代位权与撤销权，同时“民事诉讼法”上也承认对债权等的强制执行制度。我国大陆在1999年《合同法》以及相关司法解释中，对债权人代位权和撤销权作出了具有中国法特色的规定。《民法典》在合同编通则部分设第五章“合同的保全”，在承继《合同法》规定基础上对债权人代位权与债权人撤销权作出了规定。尽管债权人代位权与撤销权规定在了合同编中，该章的章名也被确定为“合同的保全”，但该章并未仅针对合同之债确立保全效力，而是承认了一切债的关系均产生保全效力。故此，保全效力是债关系固有的效力。

二、债权人代位权

（一）债权人代位权的概念

债权人代位权，是指在债务人怠于行使其到期债权而对债权人造成损害时，债权人以自己的名义行使债务人对第三人权利的权利。

债权人代位权的核心规范见于《民法典》第535条：“因债务人怠于行使其债权或者与该债权有关的从权利，影响债权人的到期债权实现的，债权人可以向人民法院请求以自己的名义代位行使债务人对相对人的权利，但是该权利专属于债务人自身的除外。代位权的行使范围以债权人的到期债权为限。债权人行使代位权的必要费用，由债务人负担。相对人对债务人的抗辩，可以向债权人主张。”

一般认为，代位权起源于法国习惯法，《法国民法典》第1166条规定了债权人代位权，称为“间接诉权”或“代位诉权”。[1]在强制执行制度不完善的法国，这一制度具有特别注意的意义。[2]德、瑞两国民法均未规定债权人代位权，而是通过强制执行法实现代位权的功能。日本、我国台湾地区民事程序法上都有相应的对债权的执行规定，同时民法典中规定了代位权制度。

在1999年《合同法》中明确规定债权人代位权制度之前，在我国司法实践中一直是在程序法的层面上通过对债权执行的方式解决相关问题。[3]《合同法》第73条确立债权人代位权制度后，《民事诉讼法》上继续通过协助执行措施（《民事诉讼法》第242条）及转付命令（《最高人民法院关于适用〈中华人民共和国民事诉讼法〉的解释》，以下简称《民事诉讼法解释》，第501条）等制度规范对债务人的债权的执行。由此可知，与日本和我国台湾地区一样，我国大陆地区现行法也是兼由程序法和实体法两个层面对债权加以保全。不过，通过执行程序让第三人向申请执行人直接清偿，其前提是相关纠纷已经审判且已进入执行程序，而且必须是第三人在指定期间内无异议（一旦其提出执行异议，即无法实现对第三人的强制执行）。因此，从实体法的角度规定债权人的代位权仍有必要。

（二）债权人代位权的性质

1.代位权属于债权的对外效力

债权的相对性原理要求，债权人仅能向债务人请求债务的履行。债权人代位权使得债权人可以基于保全自己债权的需要，以自己的名义向债务人之外的

---

〔1〕 韩世远：《合同法总论》（第四版），法律出版社2018年版，第434页。

〔2〕［日］我妻荣：《我妻荣民法讲义Ⅳ：新订债权总论》，王燚译，中国法制出版社2008年版，第141页。

〔3〕 主要的规范是《最高人民法院关于适用〈中华人民共和国民事诉讼法〉若干问题的意见》第300条及《最高人民法院关于人民法院执行工作若干问题的规定（试行）》第61条、第63条。

第三人请求某种作为或不作为。债权效力“穿透”相对关系而及于第三人，属于债权的对外效力。

2. 代位权是债权人的固有权利

代位权并非属于债务人之权利向债权人的默示让与，而是债权人的固有权利。一方面，债权人行使此项权利无须与债务人形成合意；另一方面，债务人的权利也并未因债权人具备行使代位权的条件而丧失。

3. 代位权属于实体法上的权利

尽管《民法典》规定的债权人代位权须依诉讼行使，但该权利本身由债权的效力生成，属于实体法上的权利。

（三）债权人代位权的构成要件

根据《民法典》第535条之规定，债权人行使代位权，须具备下列要件：

1. 债权人对债务人享有债权

债权人代位权是法律为了维护债权之实现而将债权效力扩张于第三人的设计，其成立自然以债权人对债务人享有债权为前提。债权人对债务人享有的债权并不限于合同之债，由侵权行为、无因管理、不当得利等产生的法定之债也可产生代位权的效力。

从给付内容上看，债权人的债权可分为金钱债权与非金钱债权。从债权人代位权的原理出发，金钱债权与一切非金钱债权均应产生代位权的效力，无理由仅将能够主张代位的债权限定于金钱债权。但是，我国民法在代位权行使效果方面采取的直接清偿规则实际上限制了代位权的适用范围，通常仅有金钱之债才方便适用此种直接清偿后果。

2. 债务人怠于行使其债权与债权有关的从权利

所谓“怠于行使”是指能够行使而不行使。根据民法原理及相关司法解释，此处所称“怠于行使”，应指债务人对于陷入迟延的相对人不以诉讼或仲裁方式向其主张权利。债务人仅仅证明其已经以诉讼外请求方式向其相对人主张权利的，并不能成为有效的抗辩事由，因此，债权人曾经催告债务人行使权利与否，无关紧要。[1]

关于债权人行使代位权的客体，即债务人怠于行使哪些类型的权利可以引起债权人代位行使的问题，《民法典》将其界定为“债权或者与债权有关的从权利”。自比较法上观察，规定债权人代位权的立法例一般均广泛承认可代位

〔1〕史尚宽：《债法总论》，中国政法大学出版社2000年版，第465页。

行使的权利的范围，不仅包括债权请求权，而且包括物权请求权以及解除权、撤销权等形成权在内，我国学者亦多有主张扩大可代位行使权利之范围者。[1]不过，《合同法》第73条仅将可代位行使的权利限制在债务人对他人享有的债权，相关司法解释甚至进一步将其限定在对第三人享有的金钱债权之上。《民法典》编纂过程中，合同编草案一审稿和二审稿一度将可代位之权利表述为"债务人的权利"，后修改为"债权或者与债权有关的从权利"。所谓"与债权有关的从权利"，主要指附随于债权的担保权利，包括担保物权与保证。[2]据此，在我国法上，不仅物权请求权等不能成为代位权的客体，而且附属于债权的解除权、撤销权等也不能被代位行使。

3. 有保全债权的必要

债务人虽怠于行使其权利，但如果其所拥有的金钱、动产、不动产或其他可用于清偿债务的责任财产仍足以清偿债务的，则债权人可直接请求债务人履行债务，并在取得胜诉判决后直接申请强制执行，而不必突破债权的相对性代位行使债务人对第三人的权利。只有在债务人怠于行使权利的结果，有使债权人的债权发生不获清偿的可能时，债权人才有保全其债权的必要。《民法典》第535条将此要件表述为"影响债权人的到期债权实现的"。

4. 债权已届履行期，债务人已陷入给付迟延

债权人须在其债权已届履行期时，才能行使代位权。未届履行期的债权，债务人享有期限利益，债权本身尚不具备向债务人行使的条件，更谈不上对债务人的相对人主张代位权的行使。同时，债权人代位权要求具备债务人对其相对人怠于行使债权的事实，这当然就意味着债务人对其相对人的债权也已经到期。

债权人行使代位权须以其债权到期为限，已如前述，但债权人行使保存行为则无须以其债权到期为条件。设甲对乙的债权尚未到期，而乙对丙之债权已接近罹于时效，或者丙已被宣告破产，如乙不主张其权利或向破产管理人申报债权，则应允许甲采取相应保存措施，以免在其债权到期后，即便其行使代位权也将遭遇难以克服的障碍。《合同法》及相关司法解释对债权人的保存行为未作规范，《民法典》第536条填补了这一立法空白，规定："债权人的债权到期前，债务人的债权或者与该债权有关的从权利存在诉讼时效期间即将届满或者未及时申报破

〔1〕 韩世远：《合同法总论》（第四版），法律出版社2018年版，第443页。

〔2〕 黄薇主编：《中华人民共和国民法典合同编解读》（上册），中国法制出版社2020年版，第251页。

产债权等情形，影响债权人的债权实现的，债权人可以代位向债务人的相对人请求其向债务人履行、向破产管理人申报或者作出其他必要的行为。”

5. 被代位行使的权利不是专属于债务人自身的权利

专属于债务人自身的债权，不得代位行使。所谓专属于债务人自身的债权，是指基于扶养关系、抚养关系、赡养关系等产生的给付请求权及劳动报酬、退休金、养老金、抚恤金、安置费、人寿保险、人身伤害赔偿请求权等权利。

（四）债权人代位权的行使

1. 代位权行使方法

根据《民法典》的规定，债权人以自己的名义，并须以诉讼的方式行使代位权。这与大陆法系其他规定代位权制度之民法规定不同，后者并未强制要求代位权必须以诉讼方式行使，以诉讼外之方式亦得行使。《民法典》之所以将“代位权”规定为“代位之诉”，主要是因为它将代位权行使的结果确立为债务人的相对人直接对债权人清偿，如此，为增强清偿的确定性，须依赖司法程序的进行。如果将代位权行使的效果归于向债务人清偿（所谓“入库规则”），则完全没有必要将代位权行使的手段限定于诉讼方式。

根据相关司法解释，债权人提起代位之诉的，应以债务人的相对人为被告，法院可以将债务人追加为诉讼第三人参加诉讼。债权人代位权诉讼，由被告住所地法院管辖。根据《民法典》第535条第2款的规定，债权人行使代位权的必要费用，由债务人负担。

2. 权利行使的范围

债权人代位行使债务人权利的范围，以保全债权为限。代位权行使所获得的价值，应当与所需保全的债权的价值相当。《民法典》第535条第2款规定：“代位权的行使范围以债权人的到期债权为限。……”如此规定的原因主要还是在于，代位权行使的后果被定位于债务人对债权人的直接清偿，据此，债权人当然不应得到超过其对债务人享有之债权的金额。另外，如前所述，由于代位之诉针对的基本上都是金钱之债，其具有的可分性也能够支持这一规则。

3. 相对人的抗辩

债权人以自己的名义对债务人的相对人提起诉讼的，相对人当然可以其对债务人的抗辩事由对抗债权人。《民法典》第535条第3款规定：“相对人对债务人的抗辩，可以向债权人主张。”该款所称“抗辩”，并不限于同时履行抗辩、时效期间届满抗辩等抗辩权，而包括了相对人可以对抗债务人的一切事由，如因受欺诈而得主张撤销等。如果相对人对债务人的抗辩成立，则可以有效地阻却代位权的效力，法院应判决驳回原告债权人的诉讼请求。

（五）代位权行使的效果

规定代位权制度的大陆法系国家民法，一般将代位权的效力设置如下：（1）对债权人的效力。债权人有代位受领权，即债权人可以代债务人受领其义务人的给付，但是债权人并无保有权，须将所受领给付返还给债务人，然后与债务人的其他债权人，处于平等地位受偿。因行使代位权所支出的必要费用，可以请求债务人返还。（2）对债务人的效力。代位权行使的结果直接归于债务人，即将因行使代位权而取得的财产加入债务人的责任财产（“入库规则”）。（3）对第三人的效力。债权人行使代位权，与债务人行使权利有相同的地位，所以，第三人可以对抗债务人的一切抗辩权，皆得对债权人行使。

首次规定债权人代位权的《合同法》第73条并未对代位权行使的效力明确作出规定。最高人民法院在《合同法》的相关解释中确立了次债务人向债权人直接清偿的规则。对此，解释上一般认为，我国法采取了代位权效果直接归属于债权人的立场。[1]《民法典》编纂过程中，对代位权行使的效果采“入库规则”，还是采“直接受偿规则”，也产生了较大的争议。[2]最终，立法者采取了直接清偿规则。《民法典》第537条规定：“人民法院认定代位权成立的，由债务人的相对人向债权人履行义务，债权人接受履行后，债权人与债务人、债务人与相对人之间相应的权利义务终止。……”

将代位权行使的效果归于债务人，即采所谓“入库规则”，能够确保债权的平等性，故该种效果为多数国家立法所采。我国民法所采取的直接清偿规则，破坏了债权平等的原则，导致行使追偿权的债权人获得了优先受偿的结果，受到一些学者的批评。[3]赞成确立直接清偿规则的理由大致有三点：（1）债权平等仅系抽象意义上的原则，实际上并不排斥“先到先得”；（2）特定债权人提起代位之诉，须付出时间、精力等成本，如实行入库规则，容易导致“搭便车”现象；（3）如实行入库规则，债务人得到财产后可能继续不履行债务，此时债权人需要再以债务人为被告提起诉讼，徒增讼累。[4]本书认为，直接清

---

〔1〕 韩世远：《合同法总论》（第四版），法律出版社 2018 年版，第 449 页。

〔2〕 黄薇主编：《中华人民共和国民法典合同编解读》（上册），中国法制出版社 2020 年版，第 259 页。

〔3〕 朱广新：《合同法总则研究》（下册）（第一版），中国人民大学出版社 2018 年版，第 446 页。

〔4〕 黄薇主编：《中华人民共和国民法典合同编解读》（上册），中国法制出版社 2020 年版，第 260 页。

偿确有破坏债权平等性的嫌疑，其正当性存有疑义。不过，对该问题须有更宽广的观察视角，须由民事实体法、程序法及破产法等多种法律机制良性搭配，确立起一般意义上的债权平等机制。如果此种机制不能真正确立，则单纯地批评代位权的直接清偿效力配置并无多大意义。

三、债权人撤销权

（一）债权人撤销权概述

1. 债权人撤销权的概念

债权人撤销权，是指债权人对于债务人通过减少责任财产以损害债权的行为，有请求法院撤销的权利。

撤销权源自罗马法，它是由罗马裁判官保罗（Paulus）所创设的诉权，故也称“保罗诉权”。后世民法普遍继受了此项制度，称“废罢诉权”。不同于代位权，大陆法系各国民法一般都有关于撤销权的规定。[1]《合同法》第74条、第75条首次对债权人撤销权作出规定。《民法典》在《合同法》规定基础上，于“合同的保全”一章，对债权人撤销权作出了规定。

2. 债权人撤销权的性质

有关撤销权的性质，争议颇多，有形成权说、请求权说、折中说和责任说等。[2]撤销权性质直接决定着撤销之诉的性质（形成之诉或给付之诉）、诉讼的被告（债务人、受益人或者受让人）、诉讼的效力（绝对效力或者相对效力）等，因此，对撤销权性质的研究十分重要。以下简要介绍这些学说：

（1）形成权说

该说认为，债权人撤销权系依债务人单方面的意思表示直接使债务人实施的法律行为归于无效的形成权，因此，撤销之诉在形式上属于形成之诉。

（2）请求权说

该说认为，债权人撤销权系对因债务人之行为而受利益的第三人直接主张利益返还的请求权，因此，撤销之诉在性质上属于给付之诉。

（3）折中说

该说认为，债权人撤销权兼具形成权与请求权性质，它一方面使债务人实

---

〔1〕《法国民法典》第1167条；《日本民法典》第424条；我国台湾地区“民法”第244条。德国规定于特别法中，瑞士则规定在破产法中。

〔2〕史尚宽：《债法总论》，中国政法大学出版社2000年版，第476—479页。

施的法律行为归于无效，另一方面又能产生利益恢复原状的效力，因此，撤销之诉在性质上也兼具形成之诉与给付之诉的性质。

我国学者多支持形成权说或折中说。从《民法典》的规定看，债权人撤销权主要强调使债务人之行为归于无效的效果，在解释上似以采形成权说为宜。如将债权人撤销权的效力延伸到可请求受益人归还的效力，则折中说具有更强的解释力。

3. 债权人撤销权的对象

债权人撤销权，系针对债务人实施的损害债权的行为而设。在比较法上，一般而言，凡须保全之债权成立后，债务人实施的有害于债权的行为，皆可成为债权人撤销权的对象。财产行为，不问其为合同或单独行为，为处分行为或负担行为，为债权行为或物权行为抑或准物权行为，为给付行为或非给付行为，均可成为撤销的对象。[1]

《合同法》在确立债权人撤销权的行使对象时，未系统性地按照财产行为的类型加以规定，而是区分了无偿行为和以不合理低价转让财产两种情形。《民法典》承继了此种方法，区分无偿和有偿两种情形对债权人撤销权的构成作出了规定。

（二）债权人撤销权的构成要件

债权人撤销权具有很强的效力，它突破了合同相对性，不仅干预了债务人对其财产的处分自由，更涉及了第三人财产取得的效果。因此，只有在满足债权人撤销权各要件的情形下，才应赋予其撤销的效力。

1. 债权人方面的要件

债权人所享有的债权，无论其为金钱债权，还是以物之交付或劳务提供等为内容的非金钱债权，乃至以债务人不作为为内容的债，均受债务人一般责任财产的总担保。因此，原则上，所有的债权均可产生债权人撤销权的效力。

债权人享有的债权，欲产生撤销权的效力，不必以届清偿期为必要。其理由在于，撤销权仅具保全的意义，并非债权请求权本身的行使。尽管如此，在行使撤销权时，须确保需要保全的债权已确定地发生。如果债权人指称的债务人的诈害行为发生在债权发生之前，则难谓此在先的行为会损害在后发生的债权。

2. 债务人方面的要件

---

〔1〕 史尚宽：《债法总论》，中国政法大学出版社 2000 年版，第 489 页。

（1）债务人方面有减少责任财产的行为

债务人方面须实施了诈害债权的行为，即减少其财产或者增加其财产负担的行为。《民法典》将债务人减少责任财产的行为区分为无偿行为与有偿行为两种情形。

《民法典》第538条首先针对债务人“放弃其债权、放弃债权担保、无偿转让财产等方式无偿处分财产权益，或者恶意延长其到期债权的履行期限”的行为作出了规定。债务人放弃到期债权或无偿转让财产时，债务人责任财产的减少显而易见。债务人恶意延长其到期债权的履行期限的，虽不直接减少其责任财产，但也会影响第三人向其偿还债务，而且直接导致债权人无法行使债权人代位权，因此，《民法典》增设了这一债务人的诈害行为。

在债务人实施有偿处分财产的情形，如相关交易未体现对价性从而仍导致了债务人责任财产的减少，或者债务人为他人提供担保从而在其责任财产上施加了新的负担，则此类行为也可构成债权人撤销权的对象。不过，在此类情形下，第三人也可能有需要保护的利益，因此需要通过主观要件控制撤销权之有无，以实现利益平衡。《民法典》第539条将此类可能影响债权实现的债务人行为描述为“债务人以明显不合理的低价转让财产、以明显不合理的高价受让他人财产或者为他人的债务提供担保”。

如果债务人对自身财产的处置并不会减少责任财产，或并不加重责任财产上的负担，则不应成立债权人撤销权。例如，债务人以市场价格转让财产，即使出现债务人不积极主张价金债权等情形而使债权难以受偿，也不应赋予债权人以撤销权，在此种情形下，如符合债权人代位权的条件，债权人可对第三人提起代位之诉。

（2）债务人的诈害行为影响了债权的实现

债务人的诈害行为必须危及债权的实现，才有保全责任财产的必要。如果债务人的行为虽然减少了其财产，但是并未危及债权的实现，就不存在对债权的损害。这就意味着，在撤销权诉讼中，债务人或第三人可以提出以下抗辩：债务人虽然实施了减少责任财产的行为，但其剩余财产仍足以清偿债权，故债权未受损害，债权人的撤销权不成立。

一个值得讨论的问题是，如果债务人的行为危及了特定债权原定给付利益的实现，债权人能否以“影响债权人的到期债权实现”为由予以撤销？例如，甲将某特定物出售于乙，在向乙交付前甲又将该物赠与丙，并为交付，乙能否以其无法实现债权为由主张撤销甲无偿转让行为的效力？债权人撤销权制度的设计，须平衡债权人实现债权的诉求与债务人自由处置其财产的利益，以免造成对债务人决定自由的过度干预。在前举事例中，甲将特定物赠与丙的确导致乙无法获得标的物所有权，但是，乙仍可向甲主张损害赔偿。只要甲对丙的这项赠与并未导致其责任财产不足以承担损害赔偿责任，则不应赋予乙以债权人撤销权。

（3）主观要件

总体上，《民法典》第538条、第539条未对债务人实施减少责任财产时的主观方面作出要求。第538条针对债务人延长其到期债权履行期限的行为，要求债务人须有"恶意"，即须有以此行为损害债权的意识。债权人撤销权，其主要意旨并非系对债务人的制裁（从而须将恶意作为制裁的前提），而是通过保全其责任财产以维护债权人的利益。故此，在解释上，除前述恶意延长到期债权的履行期情形外，债权人撤销权的构成无须考虑债务人的主观认识，仅需其实施的行为客观上减少了责任财产即为已足。

3. 债务人相对人方面的要件

债务人实施的减少财产的行为，若为抛弃动产等单方行为，则无相对人之说。不过，此种行为必然表现为无偿行为，不论因此行为而受有利益者（如先占人）主观上是否知情，根据《民法典》第538条的规定，债权人均可行使撤销权。在其他无偿双方法律行为及债务人恶意延长其到期债权履行期限的情形，相对人的主观方面同样在所不问。

在《民法典》第539条规定的情形，即以不合理的低价转让、以不合理的高价受让以及为他人提供担保的情形，债权人撤销权的成立须以相对人知道或者应当知道债务人的行为有损债权为要件。

（三）债权人撤销权的行使

1. 行使方式

债权人撤销权，仅在以诉的方式行使时，始能发生撤销的法律效果。债权人须以自己的名义，向法院提起撤销之诉，请求撤销债务人诈害债权的行为。债权人撤销权之所以须以诉讼形式行使，是因为其涉及债务人及其相对人之间行为的效力，系对他人之间法律关系的强制干预，其撤销权是否成立须经由司法审查方可发生效力。

2. 行使对象

行使对象，即撤销之诉的被告。依法理，当债务人的行为是单方行为时（如抛弃所有权），应以债务人本人为被告，当无疑问。而在撤销权针对双方法律行为时，如何安排债务人的相对人的诉讼地位，颇有争议。该问题实际上与债权人撤销权的性质界定及行使后果设置密切相关：如撤销权行使的效果仅在使被撤销的行为在法律上自始不产生效力，而不及于向相对人请求返还，则可不将相对人列为共同被告，而仅以债务人为被告；如将撤销权行使的后果及于向相对人要求返还财产，则应将债务人与第三人作为共同被告。

3. 行使期间

依据《民法典》第541条的规定，债权人须自知道或应当知道撤销事由1年内行使撤销权，逾期不行使的，撤销权消灭。自债务人行为发生起5年内不行使的即便债权人对债务人的诈害行为并不知晓，为稳定交易秩序，债权人的撤销权也消灭。

（四）债权人撤销权行使的效果

《民法典》第542条规定："债务人影响债权人的债权实现的行为被撤销的，自始没有法律约束力。"据此，债权人撤销之诉有形成之诉的性质，无论债务人实施的是单方行为还是双方行为，一经法院判决撤销，该行为自始没有效力。

因作为财产取得依据的法律行为被撤销，债务人的相对人或任何其他因债务人的行为所取得的财产即丧失权利取得的原因，应返还于债务人。问题是，在债权人撤销之诉中，债权人可否在要求法院撤销债务人之诈害行为的同时，要求法院判决相对人向债务人返还其所取得的财产？本书认为，如撤销债务人的诈害行为会引起相对人向债务人返还财产的后果，则应由撤销之诉一并解决，法院应一并判决相对人向债务人返还财产。

债务人之行为被撤销后，如果债务人不行使向其相对人要求返还的权利，则债权人可如何维护自己的利益？对此，《民法典》并未作出回答。为解决该问题，有学者认为，法院判决撤销债务人的行为后，为限制债务人不予受领或再施处分，宜认为可由行使撤销权的债权人代为受领。[1]不过，现行规范很难得出上述解释。在《民法典》编纂过程中，合同编草案一审稿和二审稿曾经规定，债权人提起撤销之诉时可一并主张代位行使法律行为被撤销后债务人对相对人享有的权利，但最终该方案未被采用。在解释上，如撤销后债务人怠于行使其对相对人的返还请求权等权利的，债权人仍可主张代位权。在条件具备时，债权人也可一并提出撤销与代位主张。[2]

---

〔1〕韩世远：《合同法总论》（第四版），法律出版社2018年版，第472页。
〔2〕黄薇主编：《中华人民共和国民法典合同编解读》（上册），中国法制出版社2020年版，第276页。

第二节 债的担保

问题示例

甲公司向乙公司赊购钢材一批，价款125万元，3个月后一次性付清，由丙公司作为保证人在甲公司不能按期支付价款时代为支付。5个月后，甲公司第二次向乙公司赊购钢材，由丁公司提供担保，丁公司一并表示愿意对此前的欠款125万元承担保证责任，乙公司未置可否。1年后，甲公司经营不善，无法支付货款，乙公司起诉丙公司和丁公司，要求其承担保证责任，丙公司为避免商誉受损，独自清偿了125万元及相应利息。该案后续应如何处理？

一、债的担保概述

债之目的在于对债权的满足，尤其在意定之债中，债权人取得债权的目的即在于通过债务人对债务的履行，在债之消灭的过程中实现交易的目的。因此，债权人在与债务人进入债之特别结合关系时，从交易目的出发，自然对债务人能否按期清偿债务最为关切。债之实现，首先仰赖于债务人的任意清偿。当债务人不愿清偿债务时，现代法治体系下仅允许通过对债务人所有财产，即责任财产进行强制执行，以满足债权人交易目的的实现。从确保债权实现的角度来讲，所有债权人债权的实现，都通过现代强制执行这一管道，以债务人责任财产作为其一般担保。债务人责任财产越多，债之实现的担保越强，反之则弱。正是因为如此，债法上赋予债权人各种途径，以维持债务人责任财产，促进债之目的的实现，如前节所论之债的保全即为如此。

但基于私法自治、合同自由原则，债务人可以无限举债。基于债之平等原则，各债权人均以债务人同一责任财产作为其债权实现的一般担保，随着债务人举债范围的扩大，各债权人之一般担保越发稀薄。因此，在债权人对债务人责任财产有所顾虑时，债务人的交易目的即较难实现。为促进交易展开，债务人则有额外增加债权担保的必要，债权人在获得充分担保时，债权债务关系的运转才可能得到顺利进行。于债务人责任财产之外增加的额外债权担保，即为债的特别担保。此类特别担保，或者是来自特定的财产的担保，或者来自第三人的一般责任财产。基于特定财产而设定的债的担保，使得特定债权人可以就该项特定财产优先于其他债权人受偿，典型者为抵押权、质权、留置权等。此类特定物的特别担保，属于担保物权。本节主要介绍以第三人一般责任财产为债权人提供担保的方式，即保证合同。

二、保证与保证合同

（一）保证合同概述

保证，是保证人向债权人承诺，当债务人不履行债务时，由其代负履行责任或承担连带责任的担保方式。保证担保，通常是采取保证合同的方式设定。

保证合同是为保障债权的实现，保证人和债权人约定，当债务人不履行到期债务或者发生约定的情形时，保证人履行债务或者承担责任的合同（《民法典》第681条）。

保证合同的概念，需要从以下几个方面来理解：

1. 保证合同的目的是担保债权的实现

保证合同存在的目的就在于，保障债权人对债务人的债权实现，是一种担保方式，且是以保证人一般财产作为主债务的担保，与担保物权以特定财产价值为担保有所不同，故一般与担保物权的物之担保相对，称作人的担保。保证合同所担保的债务人对债权人所负债务为主债务，保证人基于保证合同对债权人所承担的债务为从债务，称作保证债务或保证责任。保证债务以保障债权实现为目的，是《民法典》典型合同定义中极罕见地将合同目的置于定义中的情形，在保证合同的规范设计和合同解释上，这一目的都具有重要意义。

2. 保证合同是债权人和保证人之间的合同

一方面，保证合同是以债权的存在为前提的，没有债权即无债权人，即不存在保证人和“债权人”约定的保证合同。另一方面，保证合同的主体仅有债权人和保证人，与保证合同紧密关联的债务人并不是保证合同的主体。保证人与债务人之间的关系，另行依委托合同或无因管理等确定。

3. 保证合同以保证人替代履行债务为内容

保证合同以保证人替代履行债务为内容，因此债权人和保证人之间并无交易上的其他联系，不涉及基于交易关系而发生的各种合同抗辩权。但是，由于保证人替代主债务人履行债务，因此会发生保证责任范围问题、保证人对主债务人追偿问题等与主债权债务关系关联的问题。

4. 保证债务的发生具有或然性

保证合同中约定的保证人债务或责任的承担，并非必然发生，而是以债务人不履行到期债务或者发生保证人与债权人约定的情形时，保证债务或责任才确定发生，因此保证债务的发生附有条件。但需要注意的是，不能因此认为保证合同是附条件的合同，条件是就保证合同自身的生效与否所作的控制，保证合同原则上在双方当事人达成合意时即成立、生效（除非特约附加条件）。

（二）保证合同的特征

1. 保证合同是诺成、单务、无偿、要式合同

保证合同因保证人和债权人协商一致而成立不须另交标的物，故保证合同为诺成合同；在保证合同中只有保证人承担债务，债权人不负对待给付义务，故保证合同为单务合同；保证人对债权人承担保证债务，而债权人对此不提供相应代价，所以保证合同为无偿合同；保证合同可以是单独订立的书面合同，也可以是主债权债务合同中的保证条款（《民法典》第685条第1款），因此保证合同为要式合同。

2. 保证合同是从合同

保证合同的目的在于保障主债权的实现，是主债权债务合同的从合同（《民法典》第682条第1款第1句）。虽然保证合同是债权人和保证人之间订立的独立合同，但是基于其从属性，主债权债务合同如果无效的话，保证合同无效，法律另有规定的除外（《民法典》第682条第1款）。应予说明的是，保证合同所保障实现的债权，通常是合同债权，尤其以借款合同为典型，因此学理上多将其称为从合同，以彰显其与被担保债权合同在成立生效和范围、消灭方面共其命运的特点。但绝不能因此而认为，保证合同仅从属于合同而存在。[1]

（三）保证的种类

1. 一般保证和连带责任保证

以保证人所承担保证责任的性质之不同为标准，保证包括一般保证和连带责任保证。根据《民法典》的规定，一般保证是指当事人在保证合同中约定，债务人不能履行债务时，由保证人承担保证责任的保证（第687条第1款）。连带责任保证是当事人在保证合同中约定债务人不履行债务时，保证人和债务人对债务承担连带责任的保证（第688条第1款）。连带责任保证的债务人不履行到期债务或者发生当事人约定的情形时，债权人可以请求债务人履行债务，也可以请求保证人在其保证范围内承担保证责任（第688条第2款）。

这两种保证之间最大的区别在于保证人是否享有先诉抗辩权。需要注意的

---

〔1〕邱聪智:《新订债法各论》(上)，姚志明校订，中国人民大学出版社2006年版，第350页。

是，民法典在一般保证和连带责任保证何者为原则的立场上，与《担保法》相比发生了重大的转变。当事人在保证合同中对保证方式没有约定或者约定不明确的，按照《担保法》第19条的规定，推定为连带责任保证，但按照《民法典》第686条第2款的规定，此时保证人按照一般保证承担保证责任。

2. 单独保证与共同保证

以保证人的人数为标准，可将保证划分为单独保证与共同保证。单独保证，又称一人保证，是指由一个保证人对某债务的履行所提供的保证。共同保证，又称数人保证，是指数人对同一债务的履行所提供的保证，共同保证人为两人或两人以上，且各共同保证人所担保的债务为同一个债务。在共同保证中，保证人应当按照保证合同约定的保证份额，承担保证责任；没有约定保证份额的，债权人可以请求任何一个保证人在其保证范围内承担保证责任（《民法典》第699条）。

3. 既存债务的保证与将来债务的保证

以保证设立时所保证的债务是否存在为标准，可将保证划分为既存债务的保证与将来债务的保证。既存债务的保证，是指为已经存在的债务所设立的保证，这是保证的常见形态。将来债务的保证，是指为将来可能发生的债务设立的保证，典型为最高额保证。在最高额保证合同中，当事人可以约定在最高债权额限度内就一定期间连续发生的债权提供保证。（《民法典》第690条第1款）

三、保证合同的订立

（一）保证合同的主体

保证合同是在债权人和保证人之间签订的，债权人和保证人为保证合同的双方当事人。

1. 债权人

不仅因合同关系发生的债权可以作为保证的标的，基于无因管理、不当得利、侵权行为或其他法律规定而发生的债权，均得作为保证的对象[1]，因此就债权人来讲，保证合同的债权人既可以是主债权债务合同中的债权人，也可以是其他债的发生原因关系中的债权人。法律上不仅对于债权人无主体方面的特殊要求，而且鉴于保证合同中债权人是纯受利益而无法律上负担，所以债权人

〔1〕 邱聪智：《新订债法各论》（下），姚志明校订，中国人民大学出版社2006年版，第346页。

甚至无须为完全民事行为能力人[1]。

2. 保证人

保证人是保证合同中的债务人。自然人作为保证人的应当具有相应的民事行为能力，否则所订立的保证合同效力存在瑕疵。《民法典》不再要求保证人具有代为清偿债务的能力，这是对代偿能力并不影响保证合同效力的正确判断。被担保债权的主债务人不得同时为保证人，此为保证合同增强债权实现之目的决定的[2]。法人或非法人组织作为保证人的，原则上应当肯定。但有些法人、非法人组织依其设立目的，不能作为保证人。

《民法典》第683条规定："机关法人不得为保证人，但是经国务院批准为使用外国政府或者国际经济组织贷款进行转贷的除外。以公益为目的的非营利法人、非法人组织不得为保证人。"居民委员会、村民委员会是特别法人，但因其设立目的原则上不得提供担保，人民法院应当认定其签订的担保合同无效。但是依法代行村集体经济组织职能的村民委员会，依照村民委员会组织法规定的讨论决定程序对外提供担保的除外（《最高人民法院关于适用〈中华人民共和国民法典〉有关担保制度的解释》，以下简称《民法典担保制度司法解释》，第5条第2款）。

以公益为目的的非营利性学校、幼儿园、医疗机构、养老机构等提供担保的，人民法院应当认定担保合同无效，但是有下列情形之一的除外：（1）在购入或者以融资租赁方式承租教育设施、医疗卫生设施、养老服务设施和其他公益设施时，出卖人、出租人为担保价款或者租金实现而在该公益设施上保留所有权；（2）以教育设施、医疗卫生设施、养老服务设施和其他公益设施以外的不动产、动产或者财产权利设立担保物权。登记为营利法人的学校、幼儿园、医疗机构、养老机构等提供担保，当事人以其不具有担保资格为由主张担保合同无效的，人民法院不予支持（《民法典担保制度司法解释》第6条）。

（二）保证合同的内容和形式

保证合同的内容一般包括被保证的主债权的种类、数额，债务人履行债务的期限，保证的方式、范围和期间等条款（《民法典》第684条）。

按照《民法典》的精神，我国立法依然坚持保证合同的要式性。[3]保证合同可以是单独订立的书面合同，也可以是主债权债务合同中的保证条款（《民

---

〔1〕郭明瑞、房绍坤主编：《合同法学》（第三版），复旦大学出版社2016年版，第106页。
〔2〕崔建远：《合同法》（第三版），北京大学出版社2016年版，第201页。
〔3〕黄薇主编：《中华人民共和国民法典合同编解读》（上册），中国法制出版社2020年版，第749页。

法典》第685条第1款）。如当事人未采取书面形式订立保证合同的，可根据第490条之规定解决。但在未采取书面形式订立保证合同且保证人未履行保证债务的情况下，保证人以未以书面形式订立保证合同为由拒绝承担保证责任的，在保证合同为要式合同的立场下，应当予以支持。

（三）保证合同订立的方式

保证合同的订立，通常采取债权人、保证人协商订立的方式。由于保证人往往是出于为主债务人提供担保的意图而订立保证合同，故在实践中也经常表现为债权人、主债务人和保证人签订三方协议的形式。至于保证人与主债务人订立合同，承诺对主债务人的债务提供保证，依合同的相对性原则仅在主债务人和保证人之间具有约束力，债权人不得主张保证人承担保证责任。但是，如果第三人单方以书面形式向债权人作出保证，债权人接收且未提出异议的，保证合同成立（《民法典》第685条第2款）。

在民间借贷场合，经常发生第三人在借据、收据、欠条等债权凭证或者借款合同上签名或者盖章，但是未表明其保证人身份或者承担保证责任，或者通过其他事实不能推定其为保证人的情况，这种情况下，出借人请求其承担保证责任的，人民法院不予支持（《民间借贷规定》第20条）。

司法实践中，也有第三人向债权人提供差额补足、流动性支持等类似承诺文件作为增信措施，具有提供担保的意思表示，债权人请求第三人承担保证责任的情况，此种情形中，人民法院应当依照保证的有关规定处理（《民法典担保制度司法解释》第36条第1款）。

（四）保证合同的效力瑕疵

保证合同订立过程中因意思表示的瑕疵，可能会发生保证合同撤销、无效等效力瑕疵，原则上应根据《民法典》第146条以下之规定处理。

除以上共通的效力瑕疵规则外，因保证合同是主债权债务合同的从合同，当主债权债务合同无效时，除法律另有规定外，保证合同也随之无效。保证合同被确认无效后，债务人、保证人、债权人有过错的，应当根据其过错各自承担相应的民事责任（《民法典》第682条）。此外，基于主体的特殊目的性，机关法人、居民委员会、村民委员会、以公益为目的的非营利性学校、幼儿园、医疗机构、养老机构等提供担保的，除有特别情形外，均属无效。

当主合同有效而保证合同无效时，应当区分不同情形确定保证人的赔偿责任：（1）债权人与保证人均有过错的，保证人承担的赔偿责任不应超过债务人不能清偿部分的二分之一；（2）保证人有过错而债权人无过错的，保证人对债务人不能清偿的部分承担赔偿责任；（3）债权人有过错而保证人无过错的，保证人不承担赔偿责任。在因主合同无效导致保证合同无效时，保证人无过错的，不承担赔偿责任；保证人有过错的，其承担的赔偿责任不应超过债务人不能清偿部分的三分之一（《民法典担保制度司法解释》第17条）。

四、保证的效力

（一）保证债务

1. 保证债务的特性

（1）从属性

保证债务旨在担保债务的履行，因此保证债务具有从属性。保证债务的从属性意味着，保证债务与所担保的主债务原则上同其命运和效力，主要包括发生上的从属性、消灭上的从属性和移转上的从属性。就发生上的从属性而言，除最高额保证外，保证债务以主债务的发生为前提，必须先有主债务的发生，而后才有保证债务的成立。消灭上的从属性是指保证债务所担保的主债务消灭的，保证债务随之消灭。根据《民法典》第559条规定，债权债务终止时，债权的从权利同时消灭。因此，当主债务因清偿、提存、抵销、免除等原因消灭时，保证债务作为保障其实现的“债权的从权利”也应随同消灭。移转上的从属性是指债权人转移将保证债务所担保的债权移转于他人时，保证合同上的保证债权随同发生移转。不过，如该移转为基于法律行为的债权让与，则须通知保证人才对其发生效力（《民法典》第696条第1款）。

保证债务的从属性为其基本属性，除特殊保证法律另有规定外，当事人不得约定排除保证的从属性（《民法典担保制度司法解释》第2条第1款）。[1]但对于保证债务的从属性，在以下几个方面存在例外：①约定保证债务为主债务的部分，保证债务从属于主债务，不得约定加重，但可约定减轻；②最高额保证以未来一定时间内发生的主债务为担保对象，属于产生上的从属性之例外；③金融机构所开立的独立保函，开立人的付款义务独立于基础交易关系及保函申请法律关系，其仅承担相符交单的付款责任，与票据保证等较为接近，而不具有从属性。

（2）补充性

保证合同中，保证债务是在主债务人不履行债务时，代负履行债务之责。

〔1〕 黄立主编：《民法债编各论》（下），中国政法大学出版社2003年版，第861页。

因此，较之于主债务人的债务，保证债务处于补充地位，此即为保证债务的补充性。从债权人债权实现的角度来看，该补充性也表现在其以债权人无法从主债务人处获得债权的实现为前提。保证合同补充性的表现在保证人的先诉抗辩权等。

2. 保证债务的范围

保证债务的范围，包括主债权及其利息、违约金、损害赔偿金和实现债权的费用。当事人另有约定的，按照其约定（《民法典》第691条）。如债权人与保证人可以约定减轻保证债务的范围，如约定仅保证原本而不保证利息、仅保证债务之一部而不保证其全部、仅保证债务不履行的损害赔偿而不保证主债务本身，此类约定均属有效，保证人仅在约定范围内承担保证责任。[1]

根据保证债务为一般保证还是连带责任保证，保证债务的范围也有所不同。在一般保证中，保证人仅就主债务人不能履行债务的部分承担保证责任。因此，一般保证的保证人在主合同纠纷未经审判或者仲裁，并就债务人财产依法强制执行仍不能履行债务前，有权拒绝向债权人承担保证责任，但是有下列情形之一的除外：（1）债务人下落不明，且无财产可供执行；（2）人民法院已经受理债务人破产案件；（3）债权人有证据证明债务人的财产不足以履行全部债务或者丧失履行债务能力；（4）保证人书面表示放弃本款规定的权利（《民法典》第687条第2款）。而在连带责任保证中，主债务人不履行到期债务或者发生当事人约定的情形时，债权人就可以请求保证人在其保证范围内承担保证责任（《民法典》第688条第2款）。

3. 主债权债务关系对保证债务的影响

（1）债权债务变动的影响

任何人不得为他人设定义务是民法的基本原则，且保证债务的产生系于保证人的自己决定，因此债权人和债务人未经保证人书面同意，协商变更主债权债务合同内容加重债务的，保证人对加重的部分不承担保证责任；但如果是减轻债务的，保证人仍对变更后的债务承担保证责任（《民法典》第695条第1款）。同样基于保证人法律地位维持的原则，债权人和债务人变更主债权债务合同的履行期限，未经保证人书面同意的，保证期间不受影响。（《民法典》第695条第2款）

（2）主债权债务主体变动的影响

---

〔1〕 邱聪智：《新订债法各论》（下），姚志明校订，中国人民大学出版社 2006 年版，第 363 页。

主债权债务的主体变化，通常会涉及债权人的债权让与、债务承担和债务加入等情形。

在债权让与的情况下，根据《民法典》第547条第1款的规定，债权人转让债权的，受让人取得与债权有关的从权利，保证债权属于主债权的从权利，应该随同主债权移转。但应当注意的是，由于保证人无从知悉主债权移转的情况，所以债权人转让全部或者部分债权，未通知保证人的，该转让对保证人不发生效力（《民法典》第696条第1款）。

根据《民法典》第696条第2款的规定，如果保证人与债权人约定禁止债权转让，债权人未经保证人书面同意转让债权的，保证人对受让人不再承担保证责任。需要注意的是，这一规则是关于债权转让禁止约定在保证合同场合的特殊规则，优先于《民法典》第545条第2款关于债权让与禁止特约对抗效力规则适用。换言之，债权人未经保证人书面同意转让债权的，无论主债权是否金钱债权，无论受让人是否善意，保证人对受让人均不再承担保证责任。

由于债务人的清偿意愿和清偿能力对保证债务有重大的影响，所以保证人对债务人主体同一性的维持具有重大利益。进而，在债务承担的情况下，债权人未经保证人书面同意，允许债务人转移全部或者部分债务，保证人对未经其同意转移的债务不再承担保证责任，但是债权人和保证人另有约定的除外（《民法典》第697条第1款）。

在债务加入的情形下，加入的第三人与主债务人对债权人承担清偿责任，因此第三人加入债务的，保证人的利益不会受到不利影响，保证人的保证债务也不发生任何法律上的变动（《民法典》第697条第2款）。

（二）保证期间

1. 保证期间的概念和性质

保证期间是保证人承担保证责任的期间。保证人单方面承担保证债务，但保证人毕竟不是主债务人，其所承担的保证债务具有补充性。为此，将保证人的保证责任限定在一定期间内，避免保证人无止境地处于承担债务的不利状态和责任不确定状态，具有相当的合理性。[1]

在比较法上，保证期间的立法大致有法定主义和意思主义两种模式。[2]法定主义模式以意大利和我国为典型，在此模式下所有保证债务均有保证期间限

〔1〕 高圣平：《担保法论》，法律出版社2009年版，第108页。
〔2〕 高圣平：《担保法论》，法律出版社2009年版，第111页。

制，保证期间为保证债务的固有属性，保证期间由当事人约定，如未约定则适用法定保证期间。意思主义模式以法国、日本、德国、我国台湾地区等为典型，保证期间并非保证债务的固有属性，当事人可以自由约定保证期间，没有约定的则或者为无期限保证责任，或者为不定期间保证责任。

我国法上的保证期间是保证债务的固有属性，是法定期间、不变期间。根据《民法典》第692条第2款的规定，债权人与保证人没有约定保证期间或者约定不明确的，保证期间为主债务履行期限届满之日起6个月。这一规定即确立了我国保证期间法定主义的立法政策，我国保证期间法定主义立场具有较强的强制性，如债权人与保证人约定的保证期间早于主债务履行期限或者与主债务履行期限同时届满的，视为没有约定，适用主债务履行期限届满之日起6个月的法保证期间，此外保证期间被法律明确规定为不变期间，不发生中止、中断和延长（《民法典》第692条第1款）。保证期间的法定主义立场，在一定程度上与保证合同当事人意思自治的基本原则相违背，导致在理论和实践中问题频发，聚讼纷纭。

2. 保证期间的确定

我国民法采取保证期间法定主义立场，但债权人与保证人可以约定保证期间，只不过法律对保证期间的约定有强制要求。即约定的保证期间早于主债务履行期限或者与主债务履行期限同时届满的，视为没有约定。保证期间没有约定或者约定不明确的，保证期间为主债务履行期限届满之日起6个月（《民法典》第692条第2款）。如债权人与主债务人对主债务履行期限没有约定或者约定不明确的，保证期间自债权人请求债务人履行债务的宽限期届满之日起计算（《民法典》第692条第3款）。

3. 保证期间的效力

一般保证的债权人未在保证期间对债务人提起诉讼或者申请仲裁的，保证人不再承担保证责任。连带责任保证的债权人未在保证期间请求保证人承担保证责任的，保证人不再承担保证责任（《民法典》第693条）。

在共同保证中，保证期间对所有保证人单独适用，债权人不得以其已经在保证期间内依法向部分保证人行使权利为由，主张其行使权利对其他保证人发生同样的效力。保证人之间相互有追偿权的共同保证中，由于债权人未在保证期间内依法向部分保证人行使权利，导致其他保证人在承担保证责任后丧失追偿权，其他保证人可以主张在其不能追偿的范围内免除保证责任（《民法典担保制度司法解释》第29条）。

在最高额保证中，当事人对保证期间的计算方式、起算时间等没有约定或者约定不明，被担保债权的履行期限均已届满的，保证期间自债权确定之日起开始计算；被担保债权的履行期限尚未届满的，保证期间自最后到期债权的履行期限届满之日起开始计算（《民法典担保制度司法解释》第30条）。

4. 保证期间与诉讼时效

在保证期间之外，作为请求权，保证债权同样受诉讼时效期间的限制，因此即涉及保证期间与诉讼时效制度相互衔接的问题。

一般保证中，债权人在保证期间届满前对债务人提起诉讼或者申请仲裁的，从保证人拒绝承担保证责任的权利消灭之日起，开始计算保证债务的诉讼时效（《民法典》第694条第1款）。债权人依据生效法律文书对债务人的财产依法申请强制执行，保证债务诉讼时效的起算时间按照下列规则确定：（1）人民法院作出终结本次执行程序裁定，或者依照《民事诉讼法》第257条第3项、第5项的规定作出终结执行裁定的，自裁定送达债权人之日起开始计算；（2）人民法院自收到申请执行书之日起1年内未作出前项裁定的，自人民法院收到申请执行书满1年之日起开始计算，但是保证人有证据证明债务人仍有财产可供执行的除外。一般保证的债权人在保证期间届满前对债务人提起诉讼或者申请仲裁，债权人举证证明存在《民法典》第687条第2款但书规定的排除先诉抗辩权情形的，保证债务的诉讼时效自债权人知道或者应当知道该情形之日起开始计算（《民法典担保制度司法解释》第28条）。

连带责任保证的债权人在保证期间届满前请求保证人承担保证责任的，从债权人请求保证人承担保证责任之日起，开始计算保证债务的诉讼时效（《民法典》第694条第2款）。

保证人知道或者应当知道主债权诉讼时效期间届满仍然提供保证或者承担保证责任，不得又以诉讼时效期间届满为由拒绝承担保证责任或者请求返还财产；保证人承担保证责任后向债务人追偿的，债务人可以主张诉讼时效抗辩。

（三）保证人的抗辩权

基于保证债务的从属性和补充性，保证人享有若干可兹对抗债权人的权利，主要表现为保证人所享有的各种抗辩权。

1. 债务人的抗辩

由于保证债务旨在使保证人代负主债务人的债务履行责任，因此，如债务人对债权人享有任何可以对抗债权人的抗辩权，保证人均可援引作为保证债务的抗辩，以确保保证人不会承担较之于主债务人更重的法律责任。因此，《民法典》第701条明确规定，保证人可以主张债务人对债权人的抗辩。债务人放弃抗辩的，保证人仍有权向债权人主张抗辩。

2. 基于可抵销性和可撤销性的抗辩权

主债务人对于产生其债务的法律行为有撤销权时，主债务即有可能因撤销权的行使而消灭，在主债务人是否行使其撤销权尚未确定之前，应当允许保证人暂时不履行保证债务，以免保证人因此承担更重的法律责任。在主债务人对债权人享有抵销权的情况下，也应作相同的处理。基于这一理由，《民法典》第702条规定，债务人对债权人享有抵销权或者撤销权的，保证人可以在相应范围内拒绝承担保证责任。

3. 先诉抗辩权

先诉抗辩权，又称检索抗辩权，是一般保证的保证人在主合同纠纷未经审判或者仲裁，并就债务人财产依法强制执行仍不能履行债务前，拒绝向债权人承担保证责任的抗辩权。先诉抗辩权是保证债务补充性的具体表现，因此在有下列情形之一的，保证债务的补充性被打破，保证人不再享有先诉抗辩权：（1）债务人下落不明，且无财产可供执行；（2）人民法院已经受理债务人破产案件；（3）债权人有证据证明债务人的财产不足以履行全部债务或者丧失履行债务能力；（4）保证人书面表示放弃先诉抗辩权（《民法典》第687条第2款）。

另外，同样基于保证债务的补充性，债权人在能够从债务人处获得债权满足时，即不能向保证人主张保证债务的履行，以加重保证人的负担。为此，《民法典》第698条在总结司法实务经验的基础上规定，一般保证的保证人在主债务履行期限届满后，向债权人提供债务人可供执行财产的真实情况，债权人放弃或者怠于行使权利致使该财产不能被执行的情况下，保证人在其提供可供执行财产的价值范围内不再承担保证责任。在此情况下，保证人仅具延期履行效力的先诉抗辩权，演变成了一种新的永久性抗辩事由。

（四）保证人的追偿权

1. 对主债务人的追偿权

保证人的保证债务是代负主债务人的债务履行责任，因此在保证人承担保证责任后，除当事人另有约定外，保证人有权在其承担保证责任的范围内向债务人追偿，享有债权人对债务人的权利（《民法典》第700条）。基于这一规定，保证人对主债务人的追偿权，根源于因清偿他人（主债务人）的债务而基于法定的债权转让，保证人承受债权人的地位，包括享有担保该债权的其他担保权。

如保证人仅对部分债权承担保证责任，或者保证人仅部分履行保证债务，在其承担了保证责任后，依法仍可向主债务人追偿。此际，保证人的求偿权和债权人的剩余债权并存，两者均属债权，依债权平等原则，就主债务人的责任财产平等受偿。但是，保证人的求偿权的行使不得损害债权人的利益。如二者均享有担保权利的话，保证人的担保权应劣后于债权人的担保权实现。

实际上，保证人之所以代主债务人履行债务，必有其相应的基础关系，或基于委托合同、赠与合同关系或基于无因管理等，即使法律对其追偿权不作明文规定，保证人也可以基于其与主债务人之间的基础关系寻求救济。《民法典》对保证人追偿权的规定，仅具有提供直接法源的意义，但同时可能会产生追偿权与基础关系之间冲突的问题。

2. 保证人对其他担保人的追偿权

共同保证中，保证人应当按照保证合同约定的保证份额，承担保证责任；没有约定保证份额的，债权人可以请求任何一个保证人在其保证范围内承担保证责任（《民法典》第699条）。至于部分共同保证人向债权人承担了保证责任后，能否向其他保证人追偿，《民法典》未作明确规定。我国司法实务的立场是，必须存在各保证人之间分担份额约定，或至少各保证人之间知道彼此的存在，有与他人共担担保风险的意思联络。

据此，根据《民法典担保制度司法解释》第13条规定，同一债务有两个以上第三人提供担保，担保人之间约定相互追偿及分担份额，承担了担保责任的担保人可以请求其他担保人按照约定分担份额；担保人之间约定承担连带共同担保，或者约定相互追偿但是未约定分担份额的，各担保人按照比例分担向债务人不能追偿的部分。如果担保人之间未对相互追偿作出约定且未约定承担连带共同担保，但是各担保人在同一份合同书上签字、盖章或者捺指印，承担了担保责任的担保人可以请求其他担保人按照比例分担向债务人不能追偿部分。除此之外，承担了担保责任的担保人不能请求其他担保人分担向债务人不能追偿部分。

第五章 债的移转

提 要

现代债法中，债的移转具有重要的意义。在不改变债之关系同一性的前提下，债之关系主体的变动，包括债权人的变动和债务人的变动，即为债的移转。债权人转让债权，受让人取得债权，但债权转让未经通知债务人的，对债务人不产生效力。债权转让的，从权利随之转让。债务承担可分为免责的债务承担与并存的债务承担。因免责的债务承担，原债务人债务消灭，此种债务承担须征得债权人的同意。并存债务承担也称“债务加入”，第三人加入债务后，原债务人不退出，加入人与原债务人对债权人负连带清偿之责。债权债务一并发生转移的，为概括转移，可分别适用债权让与和债务承担的规则。

重点问题

1. 债权转让的限制及约定限制的意义。
2. 债权转让的效力。
3. 免责债务承担的效力。
4. 并存债务承担的效力。
5. 债权债务的概括转移。

第一节 债的移转概述

一、债的移转的意义

债的移转，是指债的关系在保持同一性的情况下，而发生主体的变更。[1]债之关系，属于特定人之间的权利义务关系，但此乃在某一静止的时点所作的观察。债的相对性并非要排斥债之关系在不同当事人之间移转的可能。关于债之移转的概念，可作分析如下：

---

〔1〕 史尚宽：《债法总论》，中国政法大学出版社2000年版，第703页。

1. 债的移转属于广义的债的变更的范畴

所谓债的变更，是指债的关系同一性保持不变而其部分要素发生的变化。债的变更包括主体和客体的变更。债的变更不同于债的消灭，它并非消灭既存之债而成立新债，在此过程中，债的同一性保持不变。

2. 债的移转属于债之主体的变更

债的移转实际上就是债的主体的变更，即新债权人代替旧债权人，或者新债务人代替旧债务人。债权人发生变更的，为债权移转，通常亦称债权让与；债务人发生变更的，为债务移转，通常亦称债务承担。

二、债的移转的原因与方式

（一）债的移转的原因

1. 基于法律行为的移转。又可分为因合同而移转和因单方法律行为移转，前者如债权让与、债务承担，后者如债权遗赠、债权捐助等。

2. 基于法律之规定的移转。因法律规定而发生的债的移转，如债权或债务因法定继承而由被继承人移转于继承人。再如，因所谓“买卖不破租赁”规则（《民法典》第725条）的确立，承租人可向租赁物的受让人主张继续租赁关系，这就意味着租赁合同关系发生了法定移转，出租人由出让人法定变更为受让人。

3. 裁判上的移转。根据《民事诉讼法解释》第501条的规定，人民法院执行被执行人对他人的到期债权，可以作出冻结债权的裁定，并通知该他人向申请执行人履行。这一规定在学理上被称为“转付命令”，可视为基于法院裁判命令而发生债权移转的一种情形。

（二）移转方式

1. 概括承受，指债权和债务作为财产的整体而移转，如因继承或法人合并而发生的债权债务关系的移转。

2. 特定承受， 指特定债权或债务的单独移转，如后文所讨论的债权让与和债务承担。

三、债的移转的立法例

在古代罗马法上，债的关系乃是一种“法锁”，为特定人之间的人身联系，故禁止债的移转。罗马法后期，出现债的移转禁止的松动，如利用债的更改等措施实现债的移转，但原则上仍不承认债的移转。

到了近代，商品交易日渐发达，债之关系的人身色彩不断消退，而逐渐变为纯粹的财产关系，债的移转制度由此逐渐得到承认。《法国民法典》将债权让与规定于买卖一章中，并沿袭罗马法的传统，设有债的更改制度。不过，该法典未对债务承担作出规定。《德国民法典》设两章（第二编第五、第六两章）专门规定债权的转让与债务承担。《瑞士债法典》不仅规定了债权让与和债务承担，还设有更改的规定。

我国《民法典》承继了《合同法》的做法，在合同编通则第六章“合同的变更与转让”中详细地规范了债的移转。

第二节 债权让与

一、债权让与的概念与意义

债权让与，是指不改变债的内容，而原债权人以合同方式将债权移转于新债权人。在债权让与中，原债权人称“让与人”，新债权人为“受让人”。所谓债权让与，通常指的就是让与人与受让人之间达成的债权让与合同。

债权让与导致债之关系债权人的变更。如前所述，此种债权移转的结果，也可能因为法律的规定和裁判的效果而发生。不过，由债权让与人通过债权转让合同将债权让与受让人，此被称为“债权让与”的情形还是构成了现代债法上最重要的债权移转的原因。

债权不仅是一个等待债务人清偿以实现其经济目的的法律地位，而且它是权利人享有的一种财产权，这就意味着，债权人可以对债权加以利用或对其自由处置。近代法中不仅确认了债权让与的法律可能性，更进一步扩大了债权让与的自由，进而努力提高其安全性。[1]改革开放以来，伴随着我国商业和金融、资本体系的发展，利用债权转让作为支付手段，将债权本身作为交易对象，将债权作为资产证券化的对象，乃至将债权作为融资担保的对象或者未实现债权的催收（二者即可通过所谓“保理”实现，而保理即通过转让应收账款债权的方式进行），债权在经济社会中发挥着越来越重要的作用。为促成债权这种财产权的利用，《民法典》第545条限制了当事人约定债

---

〔1〕［日］我妻荣：《我妻荣民法讲义Ⅳ：新订债权总论》，王燚译，中国法制出版社2008年版，第452页。

权不得让与的效力。

二、债权让与的性质与特征

债权让与，系通过让与人与受让人间订立债权让与合同以实现债权的移转。债权让与合同具有如下性质与特征：

（一）债权让与为不要式合同

债权让与一经当事人之间达成合意，即告成立，法律对于债权让与合同并无特定形式之要求，故为不要式合同。

（二）债权让与为处分行为

债权让与系对债权的处置，债权让与合同当事人的意思表示直接指向债权移转的效果，因此，债权让与在性质上属于处分行为，而非负担行为。债权让与为处分行为，这就意味着，让与人须享有处分权，也就是说，让与人必须是其所让与之债权的权利人。具体而言，债权让与属于处分行为中的准物权行为。与物权行为直接发生物权变动的效果一样，债权让与也直接发生债权移转的效果。但是，债权让与变动的毕竟是一项债权，故称“准物权契约”。[1]物权行为的生效，不动产须经登记，动产须经交付，而债权行为仅须当事人的合意即可发生效力。

债权让与为处分行为，这就意味着，让与人必须确实享有其转让的债权，[2]而且对该债权无处分限制（如该债权不得为已被法院采取冻结等执行或保全措施的债权）。债权人不享有处分权的，其转让债权的行为不生效力。而且，即便受让人善意不知转让人无处分权，也不得类推适用物权善意取得的规定。[3]

（三）债权让与为不要因行为

我国民法理论虽承认要因行为与不要因行为的区分，但学界对于物权行为是否应采无因性争论不休，其中否定说占据优势地位。而对于债权让与的不因性，学界则有相对更多的支持声音。当然，考虑到无因财产变动理论在我国民

---

〔1〕史尚宽：《债法总论》，中国政法大学出版社2000年版，第704页。在日本法上，债权让与也被称为“准物权契约”，[日]我妻荣：《我妻荣民法讲义Ⅳ：新订债权总论》，王燚译，中国法制出版社2008年版，第460页。

〔2〕黄薇主编：《中华人民共和国民法典合同编解读》（上册），中国法制出版社2020年版，第284页。

〔3〕史尚宽：《债法总论》，中国政法大学出版社2000年版，第705页。

法上总体上不获承认的情况，仍有许多学者主张债权转让采有因说。[1]

本书认为，应承认债权让与的无因性，理由至少有二点：第一，任何债权人愿意转让其债权于他人，必有其原因，此原因或为买卖，或为赠与，或为代物清偿，不一而足。但是，《民法典》在规定债权让与之时，仅在抽象的意义上规定了债权让与，似有刻意忽略原因关系对债权让与效力影响之意。第二，债权让与不仅直接在让与人与受让人之间发生债权转让的效力，更与债务人的利益相关。如果让与人与受让人之间的基础关系不存在或相关法律行为无效，但受让人仍在得到债权转让的通知后受让与人作出了清偿。此时，为保护债务人之利益，法律尤其需要增强债权让与法律效果的确定性，切断让与人与受让人之间原因关系的瑕疵对债权转让效果的影响，以使其对受让人的清偿确定地产生消灭债务的效力。如转让当事人之间基础关系不存在，则转让人可依不当得利之规定向受让人返还其所获得的给付利益。

三、债权的可让与性

（一）债权让与自由原则

原则上，债权可自由让与。对于债权人而言，债权是其所享有的一项财产。对该财产，债权人应可像对物权等其他财产那样自由处分。债权人固然可以通过请求债务人给付而直接实现债权，其作为享有处分权的权利人，当然也可以将这一财产性权利转让给他人。至于其为何转让债权的问题，如系基于买卖、赠与、担保或其他目的而转让，则属于其意思自治的范畴，无须在法律上加以探究。自债务人方面观察，其所负担的给付义务究竟向何人作出，通常并不影响其利益，因此，在债的关系成立后，债务人应可预期，有朝一日或许必须面对一位新的债权人。须注意的是，尽管《民法典》合同编第六章形式上规范的是合同的转让，但实际上规范的是所有类型之债的转让问题。就债权的可让与性而言，侵权行为之债等法定之债与合同之债并无分别，均以可自由让与为原则。

但是，债权让与的自由也有其界限。债权让与是将债权予以处分，此时债权必须具有流通商品的特性。特定于双方当事人之间的信赖关系或附加人身因素的债权，往往不能成为债权让与的对象。在这些场合，债权让与必须受到限

〔1〕 韩世远：《合同法总论》（第四版），法律出版社 2018 年版，第 600 页；朱广新：《合同法总则研究》（下册），中国人民大学出版社 2018 年版，第 483 页。

制。《民法典》第545条在明确规定“债权人可以将债权的全部或者部分转让给第三人”的同时，也列举了不得转让债权的情形。

（二）债权让与的限制

根据《民法典》第545条的规定，债权让与的限制包括以下几点：

1. 依债权性质或法律规定而不得让与

某些债权，依其性质，具有专属性，故不存在让与的可能。某些债权虽非性质上具有专属性，但基于特定政策上的考虑，法律也可能限制其让与性。此类对债权让与的限制包括但不限于：（1）债权人变更会导致给付的内容发生变更的，如60岁的甲享有的请求债务人乙照顾其生活起居的债权，若甲将此债权“转让”给90岁的丙，显然债务人乙的给付内容会发生实质性变化，此类债权自不得转让。另外，以不作为为标的的债权基本上也属于这个类型，因为不作为债权原则上应向特定关系人为给付。（2）基于特殊信任关系产生的债权，如雇主或委托人所享有的债权。（3）为保障债权人生活而享有的债权，如退休金债权，虽可由他人代为行使，却不能让与。（4）因身体、健康、名誉、隐私等受侵害而产生的精神损害赔偿请求权。此类请求权原则上既不得继承，也不得让与。

2. 依当事人的约定不得让与

债权人和债务人约定不得让与某项债权的，基于意思自治的原则，债权人应对债务人负有不得让与的义务。问题在于，债权人与债务人间关于债权不得让与的约定并不具备妥当的公示手段。若债权人违反与债务人的约定向第三人转让债权，后者可能完全不知晓此不得转让的特约，因此，须仔细斟酌债权人与债务人之间关于不得转让之约定对受让人的效力。

《民法典》第545条第2款针对第1款中当事人之间有关债权不得转让的约定，设有以下规范：“当事人约定非金钱债权不得转让的，不得对抗善意第三人。当事人约定金钱债权不得转让的，不得对抗第三人。”该条区分金钱之债与非金钱之债，确立了不同的规则：（1）对于金钱之债而言，一方面，与向原债务人偿付金钱相比，债务人向新债权人偿付几乎不会给其带来任何困扰，也就是说，金钱债权不得让与的约定其实对债务人不具有显著的法律利益；另一方面，在现代金融和担保体系中，金钱债权常用于质押担保或成为保理的对象，如约定禁止让与能产生对抗第三人的效力，则会影响到此类经济活动的顺利开展。若仅是简单地规定禁止转让金钱债权的约定不得对抗善意第三人，固然能在一定程度上保障交易安全，但仍会导致受让人支出交易成本去审查债权人与债务人之间是否存在不得转让的特约，可谓得不偿失。故此，《民法典》规定金钱之债不得转让的约定不得对抗任何第三人，这就意味着，受让人完全不受其受让债权之当事人间特约的影响，可无障碍地取得受让的债权。在此情形下，如债务人能够证明其因此受到损害，可向违反禁止转让约定的债权人主张违约损害赔偿。[1]（2）对于非金钱债权，相对而言，债务人对于不得转让的约定享有更多的法律利益，而维持非金钱债权的绝对可让渡性的必要性也显著低于基于保理等需要的金钱债权，因此，《民法典》规定，非金钱债权不得转让的约定，不得对抗善意第三人。非金钱债权当事人间约定债权不得转让，而债权人违反约定对外转让的，如受让人为善意，则其仍可取得债权，在其向债务人主张债权时，债务人不得以债权不得转让为由进行抗辩。如受让人为恶意，则受让人能否取得债权？关于此问题，有两种观点：一种观点认为，恶意受让人不得取得债权。[2]另一种观点认为，受让人仍可取得债权，但债务人有权向受让人主张债权禁止转让的抗辩。[3]债之关系当事人约定债权不得转让，并不导致债权人处分权能的消灭，应以在债权人与受让人间仍可发生债权让与效果的解释为妥，故本书赞同后一种观点。

四、债权让与的效力

（一）对内效力

债权让与的效力，发生在让与人与受让人之间的，为债权让与的对内效力。具有可让与性的债权，原则上在成立债权让与合同之时，债权即由让与人移转于受让人。但法律、行政法规规定转让权利或转移义务应当办理批准、登记等手续的除外。具体而言，债权让与的对内效力包括：

1. 债权由让与人移转于受让人

债权让与因当事人达成合意，即可发生效力。让与合同一旦成立，债权随即移转。出让人脱离债权人地位，受让人成为新债权人，债权不失其同一性。

就物权的移转而言，我国民法坚持物权变动的公示原则，物权行为的生效

---

〔1〕黄薇主编：《中华人民共和国民法典合同编解读》（上册），中国法制出版社2020年版，第288页。

〔2〕朱广新、谢鸿飞主编：《民法典评注：合同编通则》（第2册），中国法制出版社2020年版，第91页。

〔3〕黄薇主编：《中华人民共和国民法典合同编解读》（上册），中国法制出版社2020年版，第288页。

一般需要符合登记或交付的公示要求。如前所述，债权让与为准物权行为，但是债权让与不涉及公示问题，仅以当事人之间移转债权的合意即可发生变动的效力。对债务人的通知，仅系债权让与的外部效力问题，未经通知，不影响让与人与受让人之间的效力。

2. 债权的从权利随同移转

《民法典》第547条规定："债权人转让权利的，受让人取得与债权有关的从权利，但是该从权利专属于债权人自身的除外。受让人取得从权利不因该从权利未办理转移登记手续或者未转移占有而受到影响。"

从权利附随于主权利，并随后者的移转而移转。债权让与时，只要当事人未专门约定排除，则从属于受让债权的权利也随同移转于受让人。债权的从权利，主要包括担保（人的担保、物的担保）以及其他从权利（利息债权、违约金请求权）等。在从权利为不动产抵押权或其他须登记方可设立的担保物权时，尽管该种担保物权的设立须以登记为必要，但其随债权而移转时，无须经移转登记，而是在受让人取得债权时直接取得该担保物权。例如，债权受动产质权的担保，则即使质物尚为债权人（让与人）占有，因债权转让的发生，质权也在受让人取得债权时归属于受让人。法律如此规定的理由在于：一方面，从权利随主权利转让，这是基于从权利不能独立存在的法理而由法律直接赋予的取得效果，并非基于法律行为的物权变动，故无公示原则的适用余地；另一方面，对于第三人而言，担保物权登记于让与人名下或为让与人占有的事实，已经起到了充分公示的效果。就以登记为公示手段的抵押权等权利而言，规定受让人自动取得转让人享有的权利，还有一个重要的意义：如标的物上有数个担保物权，而让与人所享有的担保物权顺位在先，则受让人可享有此优先受偿顺位。[1]

3. 证明文件的交付和必要情形的告知

让与人应当将证明债权的文件交付给受让人，并应当告知有关行使债权的必要情形。所谓证明文件，包括债务人出具的一切借据、票据、合同书等。所谓主张债权的必要情形，如履行期、履行地、履行方式、债务人的住所、债务人可能主张的抗辩权等。

4. 让与人对让与债权的瑕疵担保义务

---

〔1〕黄薇主编：《中华人民共和国民法典合同编解读》（上册），中国法制出版社2020年版，第295页。

让与人须确保其所让与的债权确实存在，这一点也是由债权让与属于处分行为的性质所决定的（让与人须具有债权的处分权）。但是，即便在有偿转让的场合，原则上，让与人的担保义务也仅限于被让与债权的真实性，而不包括确保受让人的债权能够实现。质言之，除非让与合同另有约定，否则让与人对于债务人的支付能力不负有担保义务，债权不能实现的风险由受让人承担。

（二）对外效力

债权让与的对外效力，主要指对债务人的效力，这是由债之关系的相对性决定的。

1. 对债务人生效的要件：让与通知

债权让与合同因让与人与受让人之间的合意而发生债权移转的效果，无须征得债务人的同意。但是，对此让与事实，债务人未必知晓。为了避免债务人错误清偿，法律设有保护债务人之规定。关于保护债务人的方法，立法例主要有两点：第一，依《德国民法典》第407条第1款之规定，债权让与之效力不得对抗善意的债务人。第二，依《法国民法典》第1690条、《日本民法典》第467条第1款、我国台湾地区“民法”第297条等规定，债权让与非经通知债务人，对债务人不生效力。[1]

《民法典》第546条第1款规定：“债权人转让债利，未经通知债务人的，该转让对债务人不发生效力。”本条规定删去了《合同法》第80条“应当通知债务人”的表述，避免了将对债务人的通知解释为在让与人与受让人之间发生移转效力，值得赞同。但是，对于“未经通知债务人的，该转让对债务人不发生效力”究竟何指，存在不同的理解。一种观点认为，债权转让未通知债务人，该转让对债务人不发生效力，即使受让人取得了债权，债务人也有权拒绝受让人的履行请求。[2]甚至在债务人明知已经发生债权让与时，对于受让人也可以拒绝清偿。[3]本书认为，此种观点不足采。即使债权转让后，转让人或受让人并未及时将让与事实通知债务人，既然已涉及受让人向债务人主张债权，则此时若债务人已确切知晓债权已让与受让人（如受让人向其提示经公证的债权转让文书），应向受让人清偿；若此时债务人不能肯定受让人的权利主张是否以其与债权人之间有效的债权让与为依据，则可暂时不履行债务，要求受

〔1〕 孙森焱：《民法债编总论》（下册），法律出版社2006年版，第788页、第789页。

〔2〕 黄薇主编：《中华人民共和国民法典合同编解读》（上册），中国法制出版社2020年版，第291页。

〔3〕 郑玉波：《民法债编总论》，中国台湾地区三民书局1996年版，第473页。

让人证明自己已取得债权（必要时要求获得原债权人的确认）。依诚实信用原则，债务人不得以未获通知为由，在受让人已向其主张债权时，仍执意向原债权人履行。

“未经通知债务人的，该转让对债务人不发生效力”的实际意义在于：如果债权让与的效果仅因债权让与人与受让人之间的合意即可对债务人发生效力，那么，在债务人因对债权让与不知情而仍向原债权人为给付之时，其给付行为并非对清偿受领人作出，故不能产生消灭债务的效果，其对真实债权人（受让人）仍负有给付义务。规定债权让与自通知债务人时才对债务人发生效力，这就意味着，债务人在接获通知前向原债权人所作的给付，同样能发生清偿的效果。在接到通知前，债务人进行提存或与让与人间发生其他导致债务消灭的事实，债务人均可因此而免责。

关于债权让与的通知，其性质为观念通知，准用民法关于意思表示的规定，自到达债务人时发生效力。关于通知的方法，《民法典》并未予以规定，故为不要式的行为。

关于债权让与通知应由何人为之的问题，存在不同看法。由于《合同法》第80条设有“债权人转让权利的，应当通知债务人”之规定，故解释上一般认为，仅得由让与人为通知的解释比较符合立法本意。其实，完全没有必要规定仅能由让与人为通知。《民法典》第546条删去了“应当通知债务人”的表述，为解释上将受让人也作为通知主体提供了空间。一般认为，受让人通知的，为增强债务人对于债权让与的确信，受让人须提出债权让与的证据。[1]

2. 对债务人效力的内容

《民法典》将通知债务人作为债权让与对债务人生效的要件，在当事人就债权让与向债务人作出通知后，债权让与对债务人发生以下效力：

（1）债务人一经获得通知，债权让与即对其生效

自此以后，债务人应当向新债权人履行方可发生债务履行的效果。如债务人仍执意向原债权人给付，不能发生债务清偿的效果，仍须对受让人履行义务。

（2）抗辩的援用

债务人接到通知时一切得对抗原债权人的抗辩事由，均可对抗新债权人。债权让与是债权主体的变更，并不影响债权的同一性，所以，原有的抗辩仍然存在，债务人仍可对新债权人主张。对此，《民法典》第548条设有明确的规

〔1〕 崔建远主编：《合同法》（第四版），法律出版社2007年版，第216页。

定："债务人接到债权转让通知后，债务人对让与人的抗辩，可以向受让人主张。"该条所称"抗辩"，并不限于民法上的抗辩权，而包括了债权不发生、债权已消灭等一切可以对抗原债权人的抗辩事由。法律设此规定的理由在于，债权转让既然无须获得债务人的同意，则债权转让的结果不应陷债务人于不利之地位。

（3）债务人可向受让人主张抵销

债权让与无须征得债务人的同意，这就意味着，债务人只能被动地面对债权人变更的局面，而这一点反而要求法律强化对债务人利益的保护，以确保其债务不被加重，其地位不被削弱。为此，《民法典》不仅规定了债务人对受让人的抗辩权（第548条），而且规定了债务人对于受让人的抵销权（第549条）。债务人向受让人主张抵销，将导致其在抵销所消灭的债务范围内不必再向受让人清偿，故此抵销权利实际上也属于抗辩的范畴，可称为"抵销抗辩"。[1]

《民法典》第549条规定："有下列情形之一的，债务人可以向受让人主张抵销：（一）债务人接到债权转让通知时，债务人对让与人享有债权，且债务人的债权先于转让的债权到期或者同时到期；（二）债务人的债权与转让的债权是基于同一合同产生。"《民法典》关于抵销的一般规定见于该法第568条，根据该条规定，抵销权须以双方当事人互负债务为前提。而第549条的特点恰恰在于，债务人可以对自己对让与人的债权与受让人的债权抵销。如此规定的理由在于，债务人原本与让与人间具备互负债务且可抵销的状态。

《民法典》第549条第1项规定的抵销须具备以下条件：第一，债务人对债权人享有债权，且种类、品质相同。第二，债务人对债权人享有的债权在其接到债权让与通知时即已存在，如系在接到债权转让通知后对让与人新生的债权，则除本条第2项规定情形外，不能依本条主张抵销。第三，即使两项债权均未到期，只要债务人享有的债权先于转让的债权到期的，债务人即可在收到债权转让通知后向受让人主张抵销。须注意的是，第549条第1项关于主动债权须先到期的规定仅适用于前述情形，如果在债务人接到债权转让通知时两项债权均已到期从而符合了抵销的要求，则并不要求债务人的债权先于转让的债权到期。[2]

---

〔1〕韩世远：《合同法总论》（第四版），法律出版社2018年版，第618页。

〔2〕黄薇主编：《中华人民共和国民法典合同编解读》（上册），中国法制出版社2020年版，第300页。

《民法典》第549条第2项系新增的规定。如前所述，如果债务人对债权人的债权是其接到债权转让通知后才取得的，则通常不得向受让人主张抵销。但是，如果债务人对债权人享有的债权与转让的债权基于同一合同关系产生，则债务人仍可主张抵销。例如，甲与乙订立货物买卖合同，并将价款债权转让给丙，对乙作了通知；后甲向乙交货，由于货物存在缺陷，致乙受到损害，乙因此可向甲要求赔偿。此时，尽管此项损害赔偿债权发生在债权转让通知之后，但由于其系与转让的价款债权在同一买卖合同关系中产生，故债务人仍可向受让人主张抵销。

（4）所增履行费用的转嫁

因债权转让而增加履行费用的，债务人可要求由转让人负担（《民法典》第550条）。

（5）因向受让人的清偿而消灭债务

债务人对受让人履行债务后，确定地发生清偿的效果，其债务归于消灭。债权让与合同具有无因性，即便其原因关系不存在或有瑕疵，仍不影响债权让与的效果。债权的让与人不得以原因关系上的瑕疵主张债权让与无效，并进而向债务人继续提出给付请求。

第三节 债务承担

一、债务承担的意义

（一）债务承担的概念

债务承担，是指不改变债务的同一性，由第三人承受该债务或者加入债之关系而为债务人。[1]

债务承担可分为免责的债务承担和并存的债务承担。在前者，债务人因债务承担而免去债务，仅承担人作为债务人。在后者，债务人与承担人一起承担债务，对债权人负连带清偿义务。通常所说的债务承担，多指狭义的债务承担，即免责的债务承担。

〔1〕 孙森焱：《民法债编总论》（下册），法律出版社2006年版，第800页。

（二）债务承担与履行承担

所谓履行承担，又称为“对内的债务承担”，是第三人与债务人之间的合同。依据该合同，承担人对债务人负有履行其债务的义务。履行承担并不影响债务人与债权人之间的关系，债务人仍然对债权人负履行义务，债权人也并未取得对承担人的请求权。只不过，债务人可以依据履行承担合同，要求承担人向债务人的债权人履行。对于债权人来说，承担人的履行只不过是一种第三人清偿。

二、免责的债务承担

（一）债务的可移转性

债务承担作为债务移转的一种，同样需要可移转的债务为客体。原则上债务皆可移转，但存在以下例外情形：

1. 依债务的性质不得移转。劳务债务，比如著名歌星的出场表演债务，不得转让给第三人，因不同之人的劳务给付不具有相互替代性。当然，因债务承担本身即需要债权人同意，如果债权人同意了债务人的更替，自然能够引起原债务人免责而新债务人承受债务的法律效果。只不过，此种情形其实已经不属于真正意义上的债务承担了。

2. 依当事人的意思不得移转。当事人可以依照意思自治原则，作出禁止承担的约定，从而将原本可移转的债务（如金钱债务等）排除出可移转的范围。不过，与约定债权不得转让不同，此种关于债务不得承担的约定基本没有法律意义，因为，无论是否有此限制约定，免责债务承担原本即需要征得债权人的同意。

3. 依法律规定不得移转。如果法律就某种债务作出禁止移转规定的，该债务不得承担。

（二）债务承担合同

债务承担可由债权人、债务人和承担人三方达成合意，也可通过以下方式缔结债务承担合同。

1. 债权人与第三人订立债务承担合同

《民法典》并未明确规定该种承担合同的订立方式。此类合同虽然没有债务人的参与，但其效果却可免除债务人的债务，是使其纯粹获得利益的合同。因此，通过此种方式移转债务的，无须获得债务人明示的同意。如果债务人不愿享受此利益，并在合理期间内表示反对的，则不发生债务承担的效力。

2. 债务人与第三人订立债务承担合同

债务承担系由新债务人代替旧债务人，新债务人的责任财产和信用等因素会影响到债权人债权的实现。债务承担关系债权甚切，债务人与第三人之间订立债务承担合同，实际上是对债权的无权处分，〔1〕故必须经债权人的同意方能发生效力。《民法典》第551条规定："债务人将债务的全部或者部分转移给第三人的，应当经债权人同意。债务人或者第三人可以催告债权人在合理期限内予以同意，债权人未作表示的，视为不同意。"未经债权人同意，债务人与第三人之间订立的债务承担合同尚不能发生效力，可将其视为效力待定合同的一个类型。

一经债权人同意，债务人与第三人间所订立的债务承担合同便溯及自债务承担合同成立之时发生效力。债权人的同意权，性质上属于形成权。同意的意思表示可以向债务人或承担人作出。关于该意思表示的具体形式，《民法典》并未规定，故属于不要式的法律行为。

（三）免责的债务承担的法律效果

1. 对债务本体以及从权利、从义务的效力

债务承担，不改变债务的同一性，债务由债务人移转至承担人。由于债务的移转并未改变其同一性，因此，从债务原则上也随同移转。《民法典》第554条规定，债务人转移债务的，新债务人应当承担与主债务有关的从债务，但是该从债务专属于原债务人自身的除外。比如利息债务或违约金债务，通常要一并移转。不过，已经独立发生的利息债务，因已具有独立性，故非属从债务范畴。〔2〕

根据债的同一性原理，原债务的担保原则上也随同移转。承担人或原债务人自己设定的担保物权，应当继续存在。法定担保物权，不问当事人意思如何，以法律规定为债权的特别效力，当然发生，债务不失其同一性，因承担而移转于承担人，继续有效。但是，对于保证债务和承担合同当事人以外的第三人提供的担保物权，并不当然随同移转。因为，在发生债务承担时，信用关系会发生变化，除非征得其书面同意，否则保证人和提供担保物权的第三人不应对新债务人的信用承担担保责任。

---

〔1〕朱广新、谢鸿飞主编：《民法典评注：合同编通则》（第2册），中国法制出版社2020年版，第108页。

〔2〕朱广新、谢鸿飞主编：《民法典评注：合同编通则》（第2册），中国法制出版社2020年版，第118页。

2. 对债权人的效力

发生债务承担的，债务的同一性并未改变，故附着于原债务的抗辩均移转于新债务人。《民法典》第553条就规定，债务人移转债务的，新债务人可以主张原债务人对债权人的抗辩。所以，新债务人可以以原债务人的抗辩（如债务未成立、被撤销、一部清偿等）对抗债权人。

与债权让与一样，债务承担合同也具有无因性，因此，承担人不得以其与原债务人之间的关系来对抗债权人。例如，承担人误以为对债务人负债而以抵偿的目的承担了其债务，在获得债权人同意后，承担人不得以自己与债务人间并不具有债之关系为由来对抗债权人。

3. 对原债务人的关系

发生债务承担的，原债务人即从债之关系中摆脱出来，不再承担任何债务。承担人承担原债务人的债务后，实施了清偿行为或提存、抵销等替代清偿的行为，可否对原债务人进行求偿？这一问题并不能在抽象的债务承担合同层面上作出回答，而应依债务人和承担人之间的内部关系决定。例如，如果承担人是为了赠与的目的而主动承担债务人之债务的，自然就无求偿权。相反，如系主动为他人管理事务，则可依有关无因管理的规定向债务人求偿。

三、并存的债务承担

并存的债务承担，也称债务加入。《民法典》第552条规定了并存的债务承担："第三人与债务人约定加入债务并通知债权人，或者第三人向债权人表示愿意加入债务，债权人未在合理期限内明确拒绝的，债权人可以请求第三人在其愿意承担的债务范围内和债务人承担连带债务。"

（一）债务的可移转性

在并存的债务承担中，虽然原债务人并未免除债务，但由于第三人加入进来，债务仍以第三人可以履行为必要。所以，并存的债务承担仍然要求债务具有可移转性。

（二）债务承担合同

与免责的债务承担相同，并存的债务承担合同也可以由债权人、债务人以及承担人三方订立，在此场合，合同直接发生效力。除此以外，并存的债务承担合同还可以其他方式订立。

1. 债权人与承担人订立债务承担合同

在此场合，债务人虽然并未参与，但是第三人的加入通常有利于债务人，故只要债务人在合理期间内未明确表示反对，即可发生并存债务承担的效果。

2. 债务人与承担人订立债务承担合同

债务人与承担人订立并存的债务承担合同，使承担人加入既有的债之关系中来，与债务人共同对债权人承担连带责任。因此，此种场合的债务承担合同实际上使得债权人对承担人取得债权，具有利益第三人合同的性质。所以，即使没有债权人的参与，债务承担合同仍然有效。根据《民法典》第552条之规定，只要债权人在合理期间内未表示拒绝的，即发生并存债务承担的效力。

（三）并存的债务承担的法律效果

1. 对债务本体以及从属权利、义务的效力

并存的债务承担，承担人加入债务关系中来，与债务人对债权人承担连带责任，原债务人并不因此免负债务。

债务承担不改变债务的同一性，承担人就从债务也要承担责任。债权的从权利（如债务的担保）不发生移转或消灭的问题，因为原债务人并不免除债务。

2. 对债权人的效力

并存的债务承担，债务人可就债权人主张的一切抗辩事由，承担人皆得对债权人主张。因为债务承担并不改变债务的同一性，承担人承担的债务与债务人的债务具有同一内容。

3. 对债务人的效力

承担人与债务人共负连带债务的，承担人与债务人都负有清偿全部债务的义务。至于承担人与债务人之间的关系，如一方在作出清偿后是否对他方享有追偿权等问题，应依当事人之间的内部关系而定。

第四节　债权债务的概括移转

一、概述

债权债务的概括移转，是指债之关系的一方当事人，将其权利义务一并移转给第三人，而由该第三人承担其地位。

债权债务的概括移转，可以是基于法律行为而产生，也可以是基于法律规定而发生。基于法律行为而发生的称为意定概括移转，意定概括移转可以是基

于单方行为，如遗嘱，更多的则是基于双方行为（合同），如合同的承受。基于法律规定而发生的称之为法定概括移转，典型的如法定继承、法人合并情形的概括移转。

债权债务的概括移转不同于单个的债权、债务的移转，后者移转的仅仅是单个的债权或债务，附着于债之关系内容的形成权，如撤销权、解除权等并不随同移转，根本上仍属于原债权人或债务人。概括移转则是法律地位的完全移转，一旦发生，原债之关系当事人完全退出，新的承受人完全取得债之关系当事人地位。

二、合同承受

（一）构成要件

1. 合同地位的可让与性

近代以来，交易关系日益客观化，人们对于债权人、债务人特质的注重逐渐变弱。由此，只要不给对方造成不当的损害，原则上合同地位就可以转让，从而使得当事人能自由进入和退出债之关系，谋求更好发展。《民法典》第555条规定："当事人一方经对方同意，可以将自己在合同中的权利和义务一并转让给第三人。"这一规定体现了合同地位的自由转让原则。

合同地位自由转让原则并非意味着毫无限制。若干场合，或者由于合同关系的性质，或者是由于当事人的约定或法律的规定，合同地位并不能转让。

2. 让与合同

与债权让与、债务承担相同，合同地位的概括承受可以由原合同双方当事人以及作为受让人的第三方达成三方协议，在此场合，让与合同直接发生效力。同样，让与合同也可以仅由让与人和受让人双方达成，此时则需要合同相对方的同意。因为，合同地位不仅包括债权，也包括债务，债权让与虽不需要相对方的同意，债务承担却必须有相对方意志的参与。《民法典》第555条即明确了合同一方当事人让渡合同项下的法律地位时须征得对方当事人同意的规则。

（二）合同承受的法律效果

合同承受，是指一方当事人在合同中的债权债务全部移转给承受方。根据《民法典》第556条的规定，合同的权利和义务一并转让的，适用债权转让、债务转移的有关规定。这实际意味着，涉及合同权利转让的部分，适用有关债权让与的规定，涉及合同义务转移的，则适用债务承担的有关规定。所以，有关债权让与和债务承担之法律效果的规定，如从属权利和从属义务的随同移转等，也适用于合同承受。

如前所述，发生合同承受的，一方当事人完全退出合同关系，承受方成为合同关系的当事人。由此，附着于债之关系的形成权，如解除权、撤销权等，也移转于承受人。

三、法定的概括移转

（一）法人的合并和分立

1. 意义

导致债权债务关系概括移转的法人合并（主要是企业法人的合并），是指既存的两个以上的法人合并为一个法人，包括吸收合并和新设合并。吸收合并，是指合并之后一个法人吸收其他法人，其他法人解散的合并。新设合并则是指既存法人全部解散，设立一个新法人的合并形式。

法人分立，是指一个法人分立为两个以上的法人。法人分立时，需要对分立之前的债权债务关系在分立的多个法人之间进行分配，所以它也涉及概括移转的问题。

2. 债权债务的概括移转

当事人订立合同后合并的，由合并后的法人或者其他组织行使合同权利，履行合同义务。当事人订立合同后分立的，除债权人和债务人另有约定的以外，由分立后的法人或其他组织对合同的权利义务享有连带债权，承担连带债务。《民法典》将此规范纳入了总则编“法人”一章中。第67条规定：“法人合并的，其权利和义务由合并后的法人享有和承担。法人分立的，其权利和义务由分立后的法人享有连带债权，承担连带债务，但是债权人和债务人另有约定的除外。”

法人合并或分立的，原法人的债权、债务发生移转，该移转属于法定移转，无须对方的同意，但须符合《公司法》等法律关于企业合并或分立时保护债权人的法律。

（二）其他的法定概括移转

法定概括移转，除发生在法人合并或分立之情形外，还典型地由法定继承引起。债之关系一方当事人死亡的，其在该债之关系中所享有的债权及所承担的义务一并移转于其法定继承人。不过，《民法典》继承编确立了限定继承的规则，继承人对于超出遗产实际价值的债务不负清偿之责。

除此之外，《民法典》第725条规定的所谓“买卖不破租赁”规则，实际上也属于法定的合同概括承受。据此，租赁物的受让人在取得标的物所有权后，须承受让与人与承租人之间的租赁合同关系，质言之，受让人取得租赁合同上出租人的法律地位。

第六章 债的消灭

提 要

债权系法律世界中的动态因素,含有死亡的基因,目的已达,即归消灭。债的消灭既包括因为债之目的实现而消灭,也包括债权并未获得满足,而是基于特殊原因消灭的情形。《民法典》规定了清偿、抵销、提存、免除和混同等几种常见的债的消灭原因。

重点问题

1. 清偿的法律性质。
2. 法定抵销的构成要件。
3. 提存债务人的取回权。
4. 免除的法律性质。

第一节 债的消灭概述

一、债的消灭的概念

债的消灭,是债权债务关系因某种原因而客观地不复存在。

债的消灭与债权效力受阻不同,债权效力可能基于诉讼时效等原因而永久遭遇抗辩,但债权并不消灭,债权人尚有受领给付的地位,可能作为自然之债继续存在。但债的消灭,是债权不复存在,债权人不再有任何债之效力,债消灭后原债权人完全丧失基于该债权的请求力、受领力和保持力等可能。

债的消灭为其本身客观消灭,与债的主观丧失不同。债的主观丧失,本质上为债之主体的变更。债之主体变更,就前一主体而言即为债之丧失,故称之为主观丧失,就后一主体而言,依然存在。[1]但债的消灭是债对任何主体而言

---

〔1〕郑玉波:《民法债编总论》(修订二版),陈荣隆修订,中国政法大学出版社2004年版,第461页。

的消灭，为客观消灭。

德国法学家拉德布鲁赫曾言，“债权系法律世界中的动态因素,含有死亡的基因,目的已达,即归消灭”。[1]或者可以说，债之关系存在的目的即在于其消灭，因而债的消灭在债法体系中具有终极意义。

债之消灭的原因众多，《民法典》第557—576条就其中最为重要的原因进行了规定，涉及清偿、抵销、提存、免除、混同和解除。前三种情形下因为债之目的实现而消灭，后三种情形下债权并未获得满足，而是基于特殊原因消灭。除此之外，如在合同之债因意思表示瑕疵而撤销、解除条件成立、合同解除、给付不能等也会使债之关系归于消灭，但各项制度所处之体系地位、适用范围、服务的目的各异，本章不作处理。尤其是，合同解除虽与其他债之消灭原因一并规定于《民法典》第557条，但其仅适用于合同之债，立法者将其与本章所论的债之消灭原因分列二款，尤其显现出其法律地位上的不同。

二、债的消灭的共通效力

（一）债权消灭

依《民法典》第557条规定履行（清偿）、抵销、提存、免除、混同和解除的，债权债务“终止”，即债之关系消灭。本条虽处于合同编通则之下，且该章章名为“合同的权利义务终止”，但其适用范围不限于合同，而应从合同编通则发挥债法总则的体系立场出发，认为所消灭的债权债务不限于合同、不限于意定之债，也包括无因管理、不当得利和侵权行为在内的法定之债。

根据《民法典》第558条、第559条的规定,发生债之消灭的原因，从权利、附随义务等其他债之关系的组成部分，并不当然消灭。故此，基于第577条第1款规定的履行（清偿）、抵销、提存、免除、混同所消灭的原则上为狭义的债之关系，即债权及与之相应的债务，而并非广义的债之关系。

应予说明的是，《民法典》第557条规定清偿、抵销、提存、免除、混同和解除时，债权债务“终止”，而非“消灭”。《民法典》倾向于在法律关系消灭时采用“终止”，如民事法律关系（第5条、第133条）、监护关系（第39条）、委托代理（第173条）、债权债务（第557条）、委托合同（第934条）；而在特定权利、义务消灭时采用“消灭”，如物权（第214条、第231条、第313条等）、宅基地使用权（第365条）、居住权（第370条）、地役权（第384

---

〔1〕 王泽鉴:《债法原理》(第二版)，北京大学出版社 2013 年版，第 92 页。

条）、担保物权（第393条）、撤销权（第152条）、解除权（第564条）、连带债务（第520条）等。但立法者对此未明确说明，二者尚不能严格区分，如第393条亦有“主债权消灭”、第171条尚有“代理权终止”、第1052条“胁迫行为终止”、第1069条“赡养义务终止”之规定。鉴于《民法典》未严格区分消灭、终止等用语，理论上还应当根据具体情境对“终止”相应作符合规范目的的解释。本书以下遵照惯例，继续采取“债的消灭”的表述方式。

（二）从权利消灭

债消灭后,债权的担保及其他从属的权利义务也一并归于消灭，如担保物权、保证债权、违约金债权、利息债权等和主债权一样也归于消灭（《民法典》第559条）。但法律另有规定或者当事人另有约定的除外。依法不消灭的包括连带债务人中的一人（《民法典》第519条第2款）、利害关系第三人（《民法典》第524条第2款）、保证人（《民法典》第700条）或抵押人因清偿而使债务人免责，债务并不因此而消灭，依法由其承受债权人的债权，并因此可主张该债权的从权利。此外，最高额抵押、最高额保证所担保的债权因清偿而消灭，最高额抵押和保证并不因此而消灭，依然担保原债权应确定期限届满之前产生的其他债权。

债之消灭并非广义债之关系消灭，而仅为狭义债之关系的债权消灭，故与广义债之关系关联的其他权利，并不必然消灭。典型者为基于诚信原则、交易习惯应当履行的通知、协助、保密、旧物回收等义务（《民法典》第558条）。而基于原债权已经产生的（支分权的）利息债权、违约金债权等具有独立性，债权人仍然可以主张，不因主债权消灭而随之消灭。此外，当事人也可特别约定从权利不消灭，如债权人仅免除主债务而不免除利息之债。

（三）债权凭证返还

债权凭证,也称债务证书、负债字据等，是债权债务关系存在的证明。债权凭证通常由债务人所立，并交债权人持有，如借据、收据、欠条等，以作为证明债权的凭证。债权消灭后，债务人有权请求债权人返还债权凭证或涂销债权证书，否则债务人应对债之消灭承担举证责任（《民间借贷规定》第15条第1款）。如有不能返还或不能涂销的，债务人可要求交付债务消灭的证明文件。债的关系部分消灭或者债权证书上记载有债权人的他项权利时，债务人得请求将消灭事由记入债权证书中。

第二节 清偿

一、清偿概述

（一）清偿的概念

清偿，是依照债之本旨实现债的内容，使债权债务消灭的行为。

债权是以消灭为目的的财产权，目的实现是债权本体消灭的原因。因此，依债之本旨实现债的内容的清偿，是债最典型、最重要的消灭原因。但值得注意的是，债之清偿也可以由第三人（《民法典》第524条）向有受领权的第三人（《民法典》第522条）为之，并不限于债务人清偿，也不限于债权人受领。故不宜在清偿的概念中，将清偿的相关主体限定为债务人与债权人。

《民法典》并未严格在债之基本消灭原因的意义上使用“清偿”概念,而是采用了“履行”这一表述，二者在此作相同的解释。“只不过履行是从合同的效力、合同的动态方面观察的，而清偿则是从合同的权利义务终止、债权的消灭的角度着眼的。”[1]《民法典》在使用“清偿”一词时，亦有多处表达有消灭债务的意思，如第438条、第455条和第561条等。因此，清偿既有消灭债务的意思，也有履行行为之意。

至于给付，因给付有给付行为与给付结果的区分。在债务人仅负为一定行为的债务时，仅有给付（履行）行为，并不一定产生清偿即债务消灭的后果，虽已经为给付行为，但如将纱布遗留于患者腹内，则债务并不消灭，依然构成债务不履行。在债务人负一定给付结果义务时，仅为一定给付行为，也不一定发生清偿即债务消灭的后果，如无权处分的出卖人，为交付动产标的物的行为，并不当然构成债之清偿。

清偿，必须依债之本旨进行，方可发生债权债务消灭的法律效果。所谓依债之本旨，是指清偿人、清偿受领人、清偿地、清偿期及清偿方法、内容等均符合债之约定或债之内容的要求。换言之，清偿须正确的人，在正确的时间、正确的地点以正确的方法向正确的人，提供正确的给付，方能发生债权债务消灭的法律效果。

---

〔1〕 崔建远 :《合同法》（第三版），北京大学出版社 2016 年版，第 309 页。

（二）清偿的性质

清偿作为使债之关系归于消灭的行为，其法律性质究竟为法律行为、准法律行为抑或事实行为，理论上颇有争议。应予以明确的是，清偿性质之争的核心有二：其一，清偿与因清偿所为的行为是否应予区分；其二，清偿人的清偿意思与受领人的受领意思，是否为清偿的要件。

就清偿与因清偿所为行为是否应予区分，通说采取肯定见解，即清偿与因清偿所为的行为不同，后者固然有事实行为、准法律行为与法律行为之分，不存在争议。[1]但其仅为清偿的手段，并非清偿的本体，不论其性质如何，对清偿本身并无影响。[2]

就清偿的主观要素问题，即清偿是否需要当事人以所提出的给付清偿特定债务存在明确的合意或单方意思，理论上有合同说、目的给付效果说和事实效果说。

合同说认为，除提出给付外，清偿尚需债务人与债权人之间就“以提出的给付作为清偿”形成合意，且为不同于让与合意之外的合意。该说叠床架屋，也严重脱离交易实践。

目的给付效果说认为，为明确给付所欲履行的债务，需要债务人明确其给付目的的清偿指定意思。清偿目的确定并非意思表示，类似于准法律行为。但基于《民法典》第560条的规定可以看出，清偿指定的意思并非清偿的必备要件。

事实给付效果说认为，清偿就是事实给付的效果，除履行行为之外并不需要当事人之间的合意或给付目的确定意思，清偿与特定债务之间的客观关联就足以构成清偿。事实给付效果说，为德国法上的通说，我国似可作相同解释。在限制行为能力人受领清偿时，因清偿会导致债权的消灭，对于限制行为能力人构成不利益，因此需要对其受领权限准用法律行为规则，须经法定代理人同意才发生清偿效力。[3]

---

〔1〕 邱聪智：《新订民法债编通则》（下），中国人民大学出版社2004年版，第444页。
〔2〕 郑玉波：《民法债编总论》，中国政法大学出版社2004年版，第468页。
〔3〕 王洪亮：《债法总论》，北京大学出版社2016年版，第165页。

二、清偿的主体

（一）清偿人

清偿人是实施给付行为，并由此发生债消灭后果的人。清偿人通常是债务人,但不以债务人为限。清偿人主要包括债务人、履行辅助人、第三人。但如另有约定或者依债之本旨只能由债务人亲自清偿的，不能由履行辅助人或者第三人作为清偿人。

1. 债务人及其辅助人

债务人负有给付义务，是当然的清偿人。除因债务的性质不允许外，债务人可以通过其代理人或其他使用人进行清偿，此为履行辅助人（如《旅游法》第111条第6项）。履行辅助人并非债务人，故债务人应就履行辅助人的履行债务的故意或过失承担责任。另外，履行辅助人与第三人清偿也有不同，履行辅助人是以债务人的名义履行，不具有独立对债权人给付的意义；第三人清偿则系第三人以自己的名义清偿债务人的债务，债务人无须为第三人清偿中的故意过失负责。

2. 第三人

（1）一般第三人

债务人以外的第三人自愿向债权人清偿债务人的债务，可以发生与债务人自己清偿相同的法律后果，一般第三人清偿又称作代为清偿。但按照法律规定、当事人约定或债之性质，不得由第三人清偿的除外。鉴于一般第三人清偿同样可以满足债权人债权，也不损害债务人利益，故无须征得债务人同意，债权人仅在债务人有异议时，方可（并非必须）拒绝一般第三人清偿。虽然我国法上并未明确规定一般第三人清偿，但理论上普遍予以承认。

（2）有利害关系的第三人

《民法典》第524条第1款规定，债务人不履行债务，第三人对履行该债务具有合法利益的，第三人有权向债权人代为履行；但是，根据债务性质、按照当事人约定或者依照法律规定只能由债务人履行的除外。理论上称之为利害第三人清偿，利害第三人有清偿权，债权人不得拒绝。利害第三人清偿后发生法定的债权让与，债权由该第三人取得，因而需要特别注意的是，此种清偿并不发生债的绝对消灭。

（二）清偿受领人

清偿受领人是指有受领权而受领清偿利益的人。债务的清偿应由清偿人向有受领权的人为之，经受领后方发生清偿的后果。可为受领行为的清偿受领人主要有以下几种:

1. 债权人

债权人是债权的主体，当然享有受领权，因而清偿受领人通常是债权人。但是在某些情况下，债权人会丧失受领权限。根据法律规定，在下列情形下，债权人不得受领：第一，债权已被出质。债权已作为质权的标的出质于他人时，债权人非经质权人同意不得受领。第二，债权人已被宣告破产。债权人被宣告破产，其债权作为破产财产，应由破产管理人管理，债权人不得受领债务人的清偿。第三，无民事行为能力和限制民事行为能力的债权人无受领权限，但经其法定代理人追认后，即可发生清偿之效力。第四，债权已被采取强制执行措施。根据《民事诉讼法》第243条的规定，债权人的债权被法院冻结时，银行、信用合作社或其他有储蓄业务的单位不得向债权人清偿债务。

2. 其他受领权人

向债权人以外的第三人清偿，必须该第三人享有受领权，方可发生清偿的效力。第三人取得受领权既可通过债权人的授权取得，如债权人事前授权第三人受领清偿；也可以基于法律规定取得，如汇票、本票、支票、债券、存款单、仓单、提单的兑现日期或者提货日期先于主债权到期的，质权人可以兑现或者提货（《民法典》第442条）。再如，在企业破产时，债务人只能向破产管理人清偿债务。

至于持有受领证书的第三人，则需要区分情况对待。受领证书，又称为收据,是指由债权人签名的证明持有人享有受领权的书面文件。受领证书或者收据的持有人,视为有受领权人，通常称为表见受领人。债务人向受领证书持有人为清偿行为,即发生清偿的后果。但是，受领证书持有人未必一定享有受领权，如果受领证书为盗窃或遗失者，债务人对持有人为给付，发生清偿的效力。但是，倘若受领证书上的债权人签名系伪造，或者债务人或给付行为人明知或因过失而不知第三人无受领权的，其给付行为并不发生清偿效力。对此，我国法上未见明文规定，但基于善意债务人的信赖保护，及其与债权人之间的利益平衡。《德国民法典》第370条、《日本民法典》第480条及我国台湾地区“民法”第309条均有相似规则，我国法理应作相同解释。

三、清偿期、清偿地与清偿费用

（一）清偿期

清偿期为债务人应为清偿的时期。清偿的期限，当事人有约定的，依当事人的约定，法律有特别规定的，依其规定；法律无规定的、当事人无特别约定的，债务人可随时清偿，债权人也可随时主张清偿，但应当给对方当事人必要的准备时间。

（二）清偿地

清偿地是清偿人清偿债务的场所，又称债务履行地。债务人必须在合同约定的清偿地履行债务。债务人于清偿地清偿的，债权人不得拒绝做并且发生清偿的后果。债务人于清偿地以外的地点清偿的，债权人可以接受也可以拒绝；拒绝清偿的不发生清偿的后果。清偿地在当事人有特别约定或法律有特别规定时依据当事人的约定或法律的特别规定确定，否则可以依据债的性质或交易习惯确定。依上述方法仍不能确定的，按照《民法典》第511条第3项的规定，履行地点不明确给付货币的，在接受货币一方所在地履行；交付不动产的，在不动产所在地履行；其他标的，在履行义务一方所在地履行。

（三）清偿费用

因清偿债务而支出的必要费用，为清偿费用。通常情况下，清偿费用有运送费、包装费、汇费、登记费、通知费等。取得执行名义、执行费用也属于清偿费用，由于我国民事诉讼法不采取律师诉讼主义，所以律师费用不属于清偿费用。

清偿费用的负担，除法律另有规定或当事人另有约定外，由债务人负担。所以，清偿费用的决定，具有任意法的性质，债务人负担主义为补充原则，但因债权人原因增加的履行费用，由债权人负担（《民法典》第511条第6项）。《民法典》规定清偿费用负担的，如债权人行使代位权、撤销权的必要费用，由债务人负担（第535条第2款、第540条）；增加的费用，如因债权转让增加的履行费用，由让与人负担（第550条）；提存费用由债权人负担（第573条）。

四、替代清偿方式

（一）代物清偿

1. 概念

代物清偿，是指债权人受领他种给付，以代替原定给付，以使债之关系消灭。例如，以衣物代偿工资、以出产物代偿租金等。

2. 代物清偿的性质

关于代物清偿的性质，围绕着代物清偿是否出现新的合同、债务人是否对新提出标的物承担瑕疵担保责任以及从权利和担保权利是否依然存在等问题展开，理论上有不同的的学说主张。

（1）清偿合同说

该学说认为，代物清偿需要一个特别合同，合同的内容是约定提出并受领该给付以替代清偿，债权人放弃旧有的债权。依该说，代物清偿要求双方当事人均具有相应行为能力，如无特别约定，从权利随旧债权消灭。

（2）合同变更说

合同变更说认为，应将代物清偿解释为，双方当事人就给付标的变更所达成的债的关系内容变更合同。合同变更说的核心在于，原给付标的的变更与被变更债务的清偿是同时进行的，并且变更与债的实现结合在一起，债权未实现，变更不发生效力；债权人放弃原债权，与获得代替给付为对待给付关系。

（3）有偿合同说

有偿合同说认为，他种给付仍然是与原来所负担不同的给付，但该给付对于债的消灭而言与原来所负担的给付具有同等效力。债务人应在清偿情况下，在其原应负担的物之瑕疵范围内对该提出的物承担瑕疵担保责任。

3. 代物清偿的成立

代物清偿的成立，应当具备以下要件：

首先，需要双方有以他种给付替代原定给付的代物清偿合意。该合意原则上发生在债务人和债权人之间，但也不排除第三人与债权人达成代物清偿合意。

其次，须债务人现实提出他种给付。因此，理论上一般认为代物清偿为要物合同。也有反对观点认为，要物合同中交付为合同成立要件，目的在于使当事人交付物之前审慎评估利害关系，代物清偿的目的并不在于债权发生，而在于消灭原定债务，套用要物合同概念，与代物清偿目的不符[1]。也有学者指出，所协议的他种给付不限于有体物，债权等无体物也可以作为他种给付[2]，相应地界定为要物合同也不妥当。

最后，须债权人受领他种给付。债务人提供的给付并非依债之本旨所负担的给付，如债权人拒绝受领，并不构成受领迟延。唯有债权人将该他种给付作为原定给付的替代清偿接受，债务关系才消灭。

4. 代物清偿的效力

代物清偿，使债之目的实现，与清偿具有相同的法律地位，原债权因而消灭。代物清偿的本质属性在于替代原定给付，债务人债务以及作为债务变形的责任，均以原定债之关系为基础。因此，债务人提供的代物清偿标的物有瑕疵

---

〔1〕 陈自强：《民法讲义Ⅱ：契约之内容与消灭》，法律出版社 2004 年版，第 333 页。

〔2〕 王洪亮：《债法总论》，北京大学出版社 2016 年版，第 169 页。

的，应在原债之关系框架内对债权人承担瑕疵担保责任。

（二）新债清偿

新债清偿，是指为了满足债权人，债务人承担一个新的债务，旧债务不当然消灭，债务人履行新债务时，旧债务才随之消灭。例如，因清偿租金、借款或价款而交付票据。

相较于代物清偿而言，新债清偿有以下特点：首先，双方有新债清偿合意即可，无须债务人现实提出给付。其次，旧债务不因新债清偿合意而消灭，新旧债务同时并存，如此增加了债权的受偿机会，对于债权人较为有利。再次，虽然新旧债务同时并存，但旧债暂时停止作用，如旧债的诉讼时效期间暂时停止计算。最后，新债履行时旧债消灭，新债不履行旧债恢复。

（三）债务更新

债务更新，又称更改，是指当事人成立新的债务关系，同时消灭原债务关系。典型的债务更新，如支票债务到期，以新票换取旧票。

债务更新，必须有债的要素的变更，如果仅变更履行期限、给付场所、数量、免除或附加担保、变更附款等，因与债的要素无关，并不构成债务更新。债务更新不以债权人受领他种给付为要件，与代物清偿不同。债务更新成立即使旧债务消灭，与新债清偿中新旧债务并存也不相同。债务更新使原债权消灭，含有处分债权的元素，因此必须有更改的意思，否则即为新债清偿。

实践中，借款合同双方当事人经协商一致，终止借款合同关系，建立商品房买卖合同关系，并将借款本金及利息转化为已付购房款并经对账清算的，即构成债务更新，该商品房买卖合同具有法律效力，如债务人嗣后不履行，应按照商品房买卖合同承担债务不履行的责任。[1]

五、清偿抵充

（一）清偿抵充的概念

如果债务人对债权人基于多个债之关系而负有多个同种类的给付，而给付又不足以清偿所有的债权，则具体清偿了哪个债权，原则上取决于给付人所表示的意思，此即清偿的确定，又被称为清偿的抵充或履行的抵充。给付的债务人可以通过清偿抵充排除对目的确定的模糊或者排除对特定债权的清偿效力，在债务人不确定清偿哪个债权时，则需要依法确定，因此清偿抵充包括了意定

〔1〕 参见最高人民法院（2015）民一终字第180号判决书。

抵充和法定抵充。

（二）意定抵充

意定抵充，包括约定抵充和指定抵充。约定抵充，是指清偿人与债权人以约定的方式确定清偿的顺序。指定抵充，是清偿人通过单方须受领的意思表示确定清偿之顺序。清偿之确定在性质上属于意思表示，适用法律行为的所有规定，无行为能力人所作的清偿决定无效；基于意思表示瑕疵，清偿人可以撤销清偿确定。通常意定抵充，须在给付前即予以确定，但事后通过约定确定清偿，亦无不可。

（三）法定抵充

在当事人未作明示或默示的清偿确定的情况下，法律根据当事人的利益状况以及可推知的意思确定清偿顺序，此为法定抵充。

债务人一般会优先清偿到期之债权，故在债务人未做指定时，应当优先清偿已经到期的债务。如果数项债务均已经到期，从债权人利益角度来看，应首先清偿最不安全之债权，其中最重要的考量因素即为担保，在清偿顺序的确定上，应当优先清偿对债权人缺乏担保或者担保最少的债务。实际上，债权的安全程度根据经济标准确定，还应考虑时效期间、第三人共同责任等因素，但《民法典》第560条未将此类因素纳入考虑。在安全的标准不起作用时，则须自债务人角度考虑其负担的轻重确定清偿顺序，优先清偿债务人负担较重的债务。此处的负担，主要包括利息高低、违约金数额以及债权诉讼系属等因素。负担相同的情况下，按照债务到期的先后顺序清偿；到期时间相同的，按照债务比例履行。

如果在主债权之外还同时存在利息与费用时，需要确定清偿顺序的，推定优先清偿实现债权的有关费用，再清偿利息，最后清偿主债务（《民法典》第561条）。

六、清偿的效力

清偿作为债之消灭原因，其最基本的效力就在于使债权消灭。债权作为主权利消灭之后，附随于债权之上的从权利也归于消灭。

随着清偿，债务人的给付义务即行消灭，但是作为整体的广义的债之关系，如合同关系并不随之消灭。给付义务消灭后，从给付义务以及附随义务仍可能长期存在，只有基于债之关系的所有义务都消灭的情况下，广义的债之关系才消灭。

第三节 抵销

一、抵销概述

抵销，是指债务人有权以自己的债权，针对其债权人所享有的债权进行抵销，其正当性的基础在于，主张应当向债务人给付的债权者，显然构成恶意。

抵销具有双重功能：其一为清偿功能，即抵销具有替代债务人应当提供的给付，清偿其债务的功能。其二为执行功能、实现债权的功能，即抵销人通过抵销自主实现自己债权，无须借助其债务人的作为或不作为，也无须借助司法程序实现自己债权的功能。[1]此外，因为抵销人能够自主实现其债权，衍生出抵销具有确保债权的效力，使其具有一定的担保功能；由于双方当事人无须实际相互提供给付，可以节省交易成本[2]，也使抵销兼具简化法律关系的功能。[3]

抵销制度存在的意义，本条规范的目的就在于，为民事主体提供法律上可实现上述功能与目的的制度框架。抵销适状创设了一个双方均无须向对方实际提供给付的一种未决的状态。抵销权是形成权，抵销行为是形成行为，包含了对主动债权的处分和对被动债权的清偿效果。抵销的效果是债务消灭，具有替代履行的法律地位。

二、法定抵销

（一）法定抵销的概念

法定抵销，是指当事人双方互负债务、互享债权，具备法律规定的要件时，依一方当事人单方的意思表示而进行的抵销。有权作出抵销表示的抵销权人所享有的债权，称作主动债权，抵销相对人所享有的债权为被动债权。

（二）构成要件

抵销权人主张抵销的前提是具备法定抵销的构成要件，即符合法律规定的

---

〔1〕［德］迪尔克·罗歇尔德斯：《德国债法总论》（第七版），沈小军、张金海译，中国人民大学出版社 2014 年版，第 146 页。

〔2〕崔建远：《合同法》（第三版），北京大学出版社 2016 年版，第 315 页。

〔3〕王利明：《合同法研究》（第二卷）（第三版），中国人民大学出版社 2015 年版，第 271 页。

要件而可以进行抵销的状态，理论上又称作抵销适状。[1]抵销适状主要是对于拟抵销之主动债权、被动债权之要求，包括以下内容：

1. 对立性

“当事人互负债务”，相应地即存在两个相互对立的债权，两个债权具有相互对立性，无论在法定抵销还是约定抵销，二债权的对立性都是抵销成立的前提条件。从抵销的角度来看，提出抵销一方需要对抵销相对方享有债权（主动债权），抵销相对方也需要对提出抵销一方享有债权（被动债权）。由于抵销首先是在诉讼中以被告（抵销人）抗辩的形式出现的历史原因，因此在文献中也将被动债权称作主债权，主动债权称作反对债权。

2. 同类性

除对立性要求外，就发生抵销的二债权关联性方面，法律还要求“该债务的标的物种类、品质相同”，理论上称之为同类性。作为被动债权债务人的抵销人，原则上则并无权限决定给付内容，如给付不符合债之本旨的，被动债权人享有拒绝受领的权利。若允许被动债权的债务人以不符合债之本旨的给付抵销，无异于强迫被动债权人接受本可拒绝接受的给付，显然与抵销实现债权的宗旨不合。为此，通过对债务的标的物种类和品质的同类性作出明确要求，实际上通过要求被动债权具有可替代性、抵销可能性的同时，要求主动债权具有能够替代被动债权抵销能力，将可进行抵销的债权（债务）限定在极小的范围内。

理论上认为种类之债通常具有可替代性，为抵销的典型客体。[2]最常发生、最具实践意义的抵销主要表现为金钱之债的抵销，通常金钱之债都符合同类性的要求，可以进行抵销。但某些金钱之债仅具金钱之债的外形，其本质仍为特定之债或种类之债，需要按照相应的规则确定被动债权的抵销可能性。理论上一般认为，金钱作为债之标的是相同种类的，无论其表现为特定的货币面额（金钱额度之债）而有确定数额，还是仅通过其他财产的金钱价值（金钱价值之债）而未以特定数额存在，金钱价值之债与金钱额度之债可以相互抵销。

3. 主动债权的可实现性

抵销人主张抵销，功能上相当于实现主动债权，为此主动债权必须具有可

---

〔1〕 申海恩：《论抵销适状》，载《东南大学学报（哲学社会科学版）》2020 年第 4 期。

〔2〕 朱广新：《合同法总则研究》（下册），中国人民大学出版社 2018 年版，第 534 页；Brox/WalkerSchuldrechtAT,43. Aufl. 2019, § 16Rn. 5.

实现性。主动债权的可实现性，首先意味着主动债权有效且已经到期，否则如允许以未届清偿期的债权作为主动债权，即有强迫债务人履行未到期债务、剥夺抵销相对人期限利益的弊端[1]。至于主动债权未定履行期的抵销，有观点认为，债权人应根据《民法典》第511条第4项的规定，给对方必要的准备时间后，方可抵销。[2]实际上，“必要的准备时间”制度目的在于，防止突袭、使债务人无端陷于履行迟延，而抵销并不涉及实际履行，不会产生上述不良后果。为此，抵销表示应当解释包括了“请求履行”的意思在内，到达相对人后立即发生抵销效力，而无须经过“必要的准备时间”。

对于存在其他实现障碍的债权，基于不得剥夺抵销相对人利益的原则，也应该排除其作为主动债权进行抵销的资格。其情形主要包括请求力或强制执行力被排除的不完全债权、负有抗辩权的债权等。

被动债权为抵销相对人的债权，即抵销人所负债务，抵销人债务是否到期，并不具有决定性意义，因为原则上债务人可以放弃其期限利益。因此，《民法典》568条仅对主动债权（对方的债务）作到期要求。

（三）抵销表示及其异议

1. 抵销表示

符合抵销的前提条件时，即为抵销适状，但并不因此自动导致相应的债权消灭，而需要抵销人作出抵销表示，通知到达相对人时发生法律效力。该通知为单方法律行为，需受领的意思表示，通知自到达对方时生效，并适用《民法典》第137条以下的规定。抵销表示是形成行为，即因单方意思表示即可发生、变更、消灭法律关系的行为，不得附条件或者附期限（《民法典》第568条第2款），以免威胁法的安定性，或长期使他方当事人处于悬而未决的状态，无所适从。

2. 抵销异议

抵销权为形成权，抵销权人通过单方需受领的抵销表示即可发生抵销的效力，无须抵销相对人的配合。一方面，如抵销适状未成就，即不具备抵销的前提条件的，主动债权人所作出的意图抵销的意思表示，因不具备抵销原因当然不发生使相应债权消灭的法律效力，对该债权适用普通诉讼时效期间。[3]另一

---

〔1〕王利明：《合同法研究》（第二卷）（第三版），中国人民大学出版社2015年版，第279页；崔建远：《合同法》（第三版），北京大学出版社2016年版，第315页；韩世远：《合同法总论》（第四版），法律出版社2018年版，第704页。

〔2〕韩世远：《合同法总论》（第四版），法律出版社2018年版，第704页。

〔3〕王洪亮：《债法总论》，北京大学出版社2016年版，第182页。

方面，如果抵销适状成就，主动债权人所作出的抵销意思表示到达相对人时，即发生法律效力，抵销相对人对此并无值得保护的利益，没有异议的空间。在当事人就是否抵销适状发生争议时，完全可在主动债权或被动债权的诉讼请求过程中对其予以查明，无须另行赋予抵销相对人以异议权。《最高人民法院关于适用〈中华人民共和国合同法〉若干问题的解释（二）》（以下简称《合同法解释（二）》）第24条规定的抵销相对人异议权及相应的异议期间，一方面使抵销权生效以相对人无异议为前提，无视抵销权作为形成权的基本属性，使抵销权人的法律地位弱化为请求权人；另一方面在抵销适状不成就而抵销相对人未提出异议时，剥夺了抵销相对人的债权人地位，人为地在被动债权诉讼时效和所谓异议期间制造了不必要的矛盾。

（四）抵销的效力

1. 相应债权消灭

抵销表示到达抵销相对人时发生效力，主动债权与被动债权在重合范围内消灭。二债权额相同时，同归于消灭；二债权额不同时，剩余债权额仍应依法履行。抵销表示同时内含着主动债权人对其债权的主张，因而具有中断诉讼时效的效力；但抵销表示并不等同于对被动债权的承认，因此对于被动债权而言并不发生承认的效力。例如，抵销人误以为抵销适状成就而发出抵销表示，并不等于对已罹于时效之被动债权的承认。同样，对被动债权中超出主动债权额的部分，也不发生承认的效力。

2. 多数债权时的抵充

如抵销双方有多个债权均可成就抵销适状时，抵销人应具体指明用以抵销和被抵销的债权。例如，抵销人未指明时，应类推适用《民法典》第560条第2款的规定。就主动债权而言，优先以缺乏担保或担保最少的债权抵销，担保数额相同的以优先以负担较重债权抵销，负担相同的按照债权到期顺序从早到晚确定抵销主动债权；如果抵销适状的各债权到期时间相同的，依各债权比例抵销。就被动债权的确定而言，也应做相同处理。但是，如果被动债权中有罹于时效债权的，除非抵销人有明确表示，应予以排除。

3. 抵销的溯及效力

抵销的意思表示，自抵销通知到达对方时生效。虽然本条第2款规定，当事人主张抵销的,应当通知对方，但并不排除抵销人以对话方式或采用数据电文形式作出抵销表示。对此，应按照《民法典》第137条关于意思表示生效的规则予以确定。

抵销意思表示生效，相应债权在重叠范围内消灭的时间点也是从抵销表示生效之后，还是溯及至可得抵销（抵销适状）时，本条未作明确规定。我国通说主张抵销具有溯及至抵销适状时消灭债权的效力，[1]进而自抵销适状时起，排除债务人迟延责任、不再继续计算利息，且抵销适状后罹于时效的债权亦可作为主动债权主张抵销。

（五）抵销权的排除

1. 债务性质的排除

因债务的性质排除抵销的，主要是指如允许抵销，将违反该债务成立所追求的目的。在意定之债中，如债务成立追求给付行为的实施，而因抵销意味着无须实际为给付行为，将导致此类给付行为之债的目的根本落空。因此，原则上给付行为之债因债务的性质要求给付行为的实际实施而排除抵销。但是追求给付行为实施的债务通常都注重债务人的人身属性，在同种类性上通常即排除了抵销适状成就的可能性。只有在极端的情况下，如双方各应为对方提供相同内容（且不注重品质的劳务）时符合同类性要求，需要援引债务的性质排除抵销可能性。

抵销主要适用的情形为金钱之债的抵销，依债务性质排除金钱之债的抵销可能性，主要服务于该金钱之债所承载的公共价值目标。包括的情形主要有：（1）故意侵害他人权利产生的损害赔偿之债不得被抵销，以免引发道德危机；（2）退休金、养老金、赡养费、扶养费、抚恤金、安置费等债权不得被抵销，以实现各该种债权相应的公共政策目的。

2. 约定的排除

基于意思自治原则，在债权人与债务人明示约定债权不得用于抵销或不得被抵销时，应当尊重当事人的约定，任何一方不得违反该约定而抵销。是否存在默示的抵销禁止约定，则需要根据合同解释的规则确定。对于当事人约定必须于特定时间特定地点提出给付的绝对定期行为而言，应该解释为双方存在默示的抵销排除约定。关于禁止抵销格式合同条款的效力，鉴于抵销权并非格式条款相对方的"主要权利"，因而排除抵销格式条款有效[2]。但应当注意的

---

〔1〕王利明：《合同法研究》（第二卷），中国人民大学出版社2015年版，第288页；崔建远：《合同法》（第三版），北京大学出版社2016年版，第317页；韩世远：《合同法总论》（第四版），法律出版社2018年版，第710页；王洪亮：《债法总论》，北京大学出版社2016年版，第180页。

〔2〕韩世远：《合同法总论》（第四版），法律出版社2018年版，第707页。

是，如果所排除抵销的是没有争议或已经生效法律文书确认的债权，则对该债权人构成不平衡，应当认定为无效。

当事人以约定禁止用于抵销的债权作为主动债权进行抵销时，抵销相对人可以提出权利不存在的抗辩；约定不得被抵销的债权被作为被动债权抵销的，抵销相对人可以提出债权继续存在、继续履行等请求权。

3. 法定的排除

基于法律的明确规定，有些债权不得被用于抵销。主要的规范目的在于避免各不同债权主体之间的债务混同，保护特定主体的合法债权。例如，信托受托人管理运用、处分信托财产所产生的债权，不得与其固有财产产生的债务相抵销；受托人管理运用、处分不同委托人的信托财产所产生的债权债务，不得相互抵销（《信托法》第18条）。同样的规则也适用于证券投资基金（《证券投资基金法》第6条）。合伙人债权人的债权也应与合伙企业的债权相互分离，因而该债权人不得以与合伙企业无关的债权抵销其对合伙企业的债务（《合伙企业法》第41条）。另外，在破产情形下，为了避免破产企业的债务人、债权人通过获取债权、负担债务的方式规避破产程序，侵害破产企业或其他债权人的利益，对破产企业的债务人、债权人知道破产事由或者在破产申请后对破产企业取得债权或负担债务情形，禁止进行抵销，但因法律规定或者有破产申请一年前所发生的原因而取得债权、负担债务的除外（《企业破产法》第40条）。

三、合意抵销

（一）合意抵销的概念

与《民法典》第568条依单方意思表示抵销不同，协议抵销以存在抵销协议为前提。抵销协议为合同、法律行为，因此当然适用《民法典》关于合同及法律行为成立、效力的相关规范。[1]但应当注意的是，抵销协议在法律性质上亦属于对抵销债权的处分行为，且其合同目的的实现无须债务人实际履行，抵销协议发生效力即可发生被抵销债权消灭、债务清偿的法律效力。因此，抵销协议并不适用关于合同履行、保全、担保乃至违约责任的一般规定。

抵销协议可以通过明示的意思表示订立，也可以依默示行为成立。[2]

交互计算协议是一种典型的抵销协议。我国法并未将交互计算规定为典型

〔1〕 王利明：《合同法研究》（第二卷），中国人民大学出版社 2015 年版，第 285 页。

〔2〕 杨芳贤：《民法债编总论》（下），中国台湾地区三民书局股份有限公司 2017 年版，第 463 页。

合同，但在实践中，尤其是在银行业务、建设工程、融资租赁等商事交易场合时有发生。[1]所谓交互计算协议，是当事人约定相互间交易所产生的债权债务定期进行结算，互相抵销，仅支付差额的协议。交互计算协议的最基本功能在于，通过定期计算和互相抵销简化交易关系，签订交互计算协议后，经过定期计算，在金额相当的范围内自动发生互相抵销的债务清偿效力，无须当事人另行就抵销达成合意或作出抵销表示。[2]

（二）约定抵销的条件

抵销协议依当事人协商一致而成立，但根据本条规定，还须具备“当事人互负债务”这一基本前提。当事人之间无债权债务关系，则抵销协议无处分标的，抵销协议自然无法成立。但是，当事人互负债务并不要求债权债务关系是已经确实发生，如当事人预先约定以将来发生的债权进行抵销，自然应当允许。当事人无其他约定时，以将来债权为标的的抵销协议应解释为以拟抵销的将来债权发生为生效条件的法律行为。约定的将来债权确定发生的，抵销协议生效，依当事人抵销协议约定的时间、条件进行抵销；任一约定的将来债权确定不发生的，抵销协议不产生效力，如一方将来债权发生的，按照产生该债权的基础关系处理。

当事人互负债务不限于双方互负债务的情形，也可以是三方或多方当事人就相互之间的债权债务进行抵销清算。在实践中，尤其在融资租赁、建设工程等多方交易关系当中较为常见。在企业集团当中，可以约定以其成员对他方的债权与他方债权人的债权互为抵销，从而排除所谓双方互付债务这样的要件，可以第三人的债权对他方债权抵销。

法定抵销的其他要件，如同种类性、主动债权可实现性、被动债权得加以清偿等，均可因约定而放弃。如抵销协议中对抵销额度约定不明时，可依相应债权的基础关系折算债权金钱价值确定债权抵销额度。抵销协议当事人之间有多项可抵销债权且对拟抵销债权约定不明时，应首先按照合同解释规则确定拟抵销债权，仍然不能确定时，可类推适用《民法典》第560条第2款的规定确定抵充。

（三）抵销的效力与抵销禁止

抵销协议生效后，当事人约定抵销的债权自抵销协议生效时消灭。除当事

---

〔1〕 参见陕西省西安市中级人民法院(2018)陕01民终7438号民事判决书；天津市第二中级人民法院(2015)二中民二终字第577号民事判决书；上海市第一中级人民法院（2012）沪一中民二（民）终字第1299号民事判决书。

〔2〕 黄立主编：《民法债编各论》(上)，中国政法大学出版社2003年版，第162页。

人另有约定外，抵销不具有溯及既往的效力。

《民法典》第568条规定的抵销禁止规则，尤其是依债之性质、法律规定而禁止抵销的，仍应继续适用。依债之性质禁止抵销的，如当事人追求特定给付行为的债务，可依当事人意欲达到的法律效果，认定为债务免除。在附有特定法政策目的的债务约定抵销时，如对于未来侵害人格权损害赔偿之债的约定抵销，应类推适用《民法典》第506条之规定，认定该抵销协议无效。对已经产生的基于人身伤害、离婚损害赔偿之债，虽不得通过法定抵销消灭，但应允许当事人通过协议予以抵销。当事人以协议抵销债权，损害第三人利益的，亦应根据法律规定或者依债之性质认定抵销协议的效力，依法不得禁止的，该抵销协议无效。当事人之间此前存在的抵销禁止特约，则可因抵销协议的签订而变更或废除。

第四节　提存

一、提存概述

提存，是指清偿人以消灭债务为目的，将其给付物为债权人寄托于提存所之行为。为提存的清偿人，称之为提存人。

债务人对通过清偿而消灭债务具有合法利益。债务人可以履行但非因债务人方面原因而致债务人不能履行时，法律应当为债务人提供替代途径。提存制度，即旨在为债务人提供替代清偿途径，使债务人通过提存而消灭其债务，避免陷于债务不履行的被动境地。

二、提存的前提

（一）提存原因

1. 债权人拒绝受领

债权人拒绝受领以债务履行须债权人受领为前提，无须受领即可履行者，自然不能以债权人拒绝受领作为提存原因。提存仅以债务人清偿为目的，纵使债权人无受领义务，也应允许债务人通过提存替代清偿，进而免除自己债务。

债权人拒绝受领，原则上以债务人提出给付为前提。从提存制度设置的初衷以及债权人与债务人之间的利益衡平出发，债权人仅须无正当理由拒绝受领即可，不必以可归责于债权人为要件。[1]

2. 债权人方面的不确定性

债务人依债之本旨提供给付以向给付受领人明确为当然前提，如债务人拟提供的给付无受领人或无法确定受领人或履行地时，债务人无从提供给付，构成主要的提存原因。此种债权人方面的原因主要包括以下几点：

（1）债权人下落不明

债权人下落不明时，通常构成提存原因。但债权人虽然下落不明，但受领权人明确，债务人可以向受领权人提供给付，不存在难以履行的情况，不构成提存事由。如债权人下落不明是因债务人方面的原因所致，如债务人犯罪或侵权行为致债权人下落不明，债务人应知债权人下落的，不得通过提存免责。

（2）债权人死亡未确定继承人、遗产管理人

债权人死亡的，其债权属于遗产，应依法由遗产管理人管理、继承人继承。根据《民法典》第1147条第4项的规定，遗产管理人享有处理被继承人债权的权利，为法定的债之受领人。因此，债权人死亡后，债务人应向遗产管理人履行债务，继承人未确定并不影响债务人履行债务。进而，债务人不能仅以未确定继承人为由主张存在提存原因，仅当继承人未确定导致遗产管理人未能确定时，才可以通过提存清偿其债务。

（3）债权人丧失民事行为能力未确定监护人

当债权人丧失民事行为能力而无受领权时，债务人应向有受领权的法定代理人提供给付，或者征得法定代理人的同意或追认而向债权人履行，以清偿其债务。在法定代理人（或监护人）不确定的情况下，债务人有权通过提存消灭自己的债务。

3. 其他可提存的情形

从提存制度的目的来看，只要是因债权人方面的原因，导致债务人难以有效履行其债务的，均应给予有意且能履行的债务人以替代路径。为此，比较法上多允许债务人非因过失不能或不能有把握地履行其债务时，享有提存以清偿其债务的权利。[2] 如债权让与受让人通知或多次让与、债权人委托第三人受领债权、保证人或连带债务人清偿债务等情形导致的债务人不能确定

---

〔1〕 崔建远：《我国提存制度的完善》，载《政治与法律》2019年第8期，第109页。

〔2〕 比较法上的考察，崔建远：《我国提存制度的完善》，载《政治与法律》2019年第8期，第110—112页。

债权人等情形。

（二）履行困难

存在债权人方面的原因，须导致债务人“难以履行债务”时，方成立提存原因，债务人因此享有提存消灭债务的权利。如债权人下落不明的，已经宣告失踪并有明确的财产代管人时，债务人并不存在履行困难，则不得仅以债权人下落不明为由提存其给付。

因为提存制度的宗旨仅在于为债务人提供清偿替代方案，与责任承担无关，因此并不要求债权人对此提存原因的发生存在归责事由。

（三）提存能力与自助出卖

1. 提存能力

提存能力，是指标的物适于提存，即标的物符合提存的要求和目的。标的物适于提存，一方面是指提存标的物在自然或物理属性上，适合于由提存部门保管；另一方面是指标的物在经济上适于提存，即标的物提存符合债之履行的经济目标。提存费用过高的，不符合债之履行的经济目标，标的物即不具有提存能力。

通常具有提存能力的标的物包括货币、有价证券、票据、提单、权利证书、贵重物品等。不具有提存能力的标的物主要包括：在自然或物理属性上不适合提存保管的，如季节性商品、鲜活、易腐烂变质以及其他不宜长期保存的物品（《民事诉讼法解释》第153条），易腐易烂易燃易爆等物品（《提存公证规则》第14条第5款）。不动产在我国具有提存能力，可通过现场实地验收、采取委托代管等保管措施予以提存。

2. 自助出卖

具备提存原因但标的物无提存能力时，债务人的提存利益并不消灭，有必要提供变通途径，实现与提存标的物相当的法律效果。对此，各国立法普遍允许债务人依法拍卖或者变卖标的物，即自助出卖并提存所得的价款。

自助出卖债务人的法律地位，是《民法典》第979条意义上的无因管理人，应依《民法典》第981条之规定，采取有利于债权人的方法出卖标的物，因此支出的必要费用可依《民法典》第979条请求债权人偿还，亦可依有关规定从所得价款中予以抵销或扣除。

三、提存的成立

（一）提存的主体

1. 提存人

清偿提存申请的主体是债务人（《提存公证规则》第5条），且提存人提请提存时须提交据以履行义务的依据（《提存公证规则》第9条第2项）。但是，既然第三人清偿债务并不为法律所严格禁止，作为清偿替代方法的提存，也应为留有相应的余地，至少与债务清偿有利害关系而有代偿权的第三人，应允许其作为提存人。[1]

2. 提存部门

在我国，提存为公证业务，由公证处主管（《公证法》第12条），债务履行地的公证处管辖（《提存公证规则》第4条第1款）。在债务履行地申办提存公证有困难的，可由债务人住所地的公证处管辖（《提存公证规则》第4条第2款）。

3. 债权人

债权人并非提存人，也非提存行为相对人的提存部门，因此并非提存行为的主体。当然，从提存效力涉及债权人、债权人为提存受领人的角度来讲，债权人因提存行为而享有权利、承担义务，债权人是提存关系的主体是应当赞同的[2]。

（二）交付

提存人应向提存部门交付提存标的物，以实现替代向债之受领人交付的目的。以移转直接占有的现实交付、简易交付履行提存交付自无疑问，但提存人能否通过占有改定、返还请求权的让与交付提存，尚有疑问。从理论上来讲，原债之关系允许通过占有改定、返还请求权的让与履行的，提存自然也可以通过这两种方式完成。

提存以交付为成立要件，提存成立使对提存部门的交付发生了债务人（提存人）向债权人（受领权人）交付的效果，即将对提存部门的交付拟制为对债权人的交付。

---

〔1〕王利明：《合同法研究》（第二卷）（第三版），中国人民大学出版社 2015 年版，第 296 页；张谷：《论提存》，载许章润主编：《清华法学》（第二辑），清华大学出版社 2003 年版，第 196—197 页。

〔2〕邱聪智：《新订民法债编通则》（下），中国人民大学出版社 2003 年版，第 464 页；张谷：《论提存》，载许章润主编：《清华法学》（第二辑），清华大学出版社 2003 年版，第 195 页。

四、提存的效力

关于提存（成立）的效力，理论上通常谓提存具有消灭债务的效力。[1]但是，提存并不当然具有消灭债务的效力。首先，提存是否符合债之本旨，提存部门对此并无终局认定的权力，提存要么在理论上符合债之本旨（发生争议时得到法院判决确认），要么即使不符合债之本旨而得到债权人认可，方才发生债务消灭的法律效力。其次，提存部门在明确认定标的物与债之标的物不符，或在提存时难以判明两者是否相符时，也可接受提存。在此种情形下成立的提存，当然不能发生消灭债务的效力。最后，提存本身并无绝对要求提存人所提存的标的物与债之本旨终局相符的必要，提存仅为提存人清偿债务提供替代方案，避免提存人因债权人方面的原因陷入不利境地，对其不公。至于提存标的物与债之本旨不符，自然应由提存人对此承担债务不履行的责任。

（一）通知义务

提存后，债务人负有及时通知的义务。但值得注意的是，根据《提存公证规则》第18条第2款的规定，以清偿为目的的提存，公证处应自提存之日起7日内，以书面形式通知提存受领人。

当提存成立后，债务人方面的工作已经完成，有必要促使债权人方面尽快领取标的物，以实现债权之满足。提存通知的目的即在于，使债权人（受领人）及时了解提存事实，尽早领取提存的标的物[2]。

提存通知的法律性质应认定为事实通知，实际上有提存事实时方才发生效力。[3]在提存人作出提存通知时，提存通知应当类推适用意思表示到达的法律规定。

（二）风险负担

在提存场合，提存视为交付（《民法典》第571条第2款），此后之风险即超出债务人控制及应负责的范围，理应由债权人承担。当然，必要的前提是，债务人提存之标的物应合乎债之本旨，或至少债权人未因其不合债之本旨而表

---

〔1〕韩世远：《合同法总论》（第四版），法律出版社 2018 年版，第 722 页。
〔2〕王利明：《债法总则研究》，中国人民大学出版社 2015 年版，第 719 页。
〔3〕史尚宽：《债法总论》，中国政法大学出版社 2000 年版，第 840 页；张谷：《论提存》，载许章润主编：《清华法学》（第二辑），清华大学出版社 2003 年版，第 219 页。

示异议。[1]

在无对待给付时，由债权人承担该给付风险，而债务人无须另行给付；另一方面，在存在对待给付义务场合，解释为由债权人承担给付风险，也同样可以得出债务人无须另行给付，且债权人不免除对待给付义务的结论。显然，将其解释为给付风险负担更符合立法者的意图，在理论上也较为融贯。

（三）孳息归属

孳息的归属，原则上与所有权同一命运。[2]但是，在债权债务关系中，孳息的归属并不能一概而论，需要结合债之关系的本旨确定，尤其在意定之债时，尚须特别结合当事人意思表示的解释确定。

一概规定标的物的孳息归债权人，与提存本身仅系移转占有而不涉及物权变动这一本质属性相悖，有必要予以目的性限缩解释，仅在移转所有权、使用权之债务提存场合，使债权人取得天然孳息，而在其余场合均依给付之目的及债之关系本旨具体确定孳息的归属。此外，如提存人取回提存物的，孳息则应归提存人所有（《提存公证规则》第22条第1款）。

关于孳息的收取人，法律并未明文规定。但标的物经提存后，即由提存部门予以保管，保管人应依保管合同之规定履行保管义务，其中即应包含收取孳息的义务（《民法典》第900条）。

（四）提存费用

根据《民法典》第511条第6项的规定，履行费用的负担不明确的，由履行义务一方负担；因债权人原因增加的履行费用；由债权人负担。债之标的物的提存，系因债权人方面的原因所致，基于费用承担的一般规则，应由债权人承担方为允当。提存费用主要包括：提存公证费、公告费、邮电费、保管费、评估鉴定费、代管费、拍卖变卖费、保险费，以及为保管、处理、运输提存标的物所支出的其他费用（《提存公证规则》第25条第2款）。

（五）提存保管关系

提存行为由债务人的申请与提存部门的受理组成，提存行为的完成以具备法定条件、程序的完成为判断标准，不以债务人与提存部门之间的协议为决定性因素。因此提存行为并非私法上依当事人意思自治实行的法律行为，而是公

---

〔1〕张谷：《论提存》，载许章润主编：《清华法学》（第二辑），清华大学出版社2003年版，第218页。

〔2〕江平主编：《民法学》（第四版），中国政法大学出版社2019年版，第240页；崔建远：《物权法》，中国人民大学出版社2017年版，第33页。

法上须共同参与的行政行为，因此所生的关系，即提存关系，亦属于一种公法上（有利于债权人）的保管关系。[1]

虽然提存关系为公法上的保管关系，但并不影响基于提存关系赋予当事人私法上的权利义务。基于该提存关系，提存人（债务人）、提存机构和提存受领人（债权人或其他受领权人）分别享有不同的权利和义务。这些权利义务既有私法上的权利义务，如提存人的取回权、提存机构的提存费用请求权、留置抗辩权、保管义务，以及提存受领人的领取权、提存费用支付义务等；也有公法上的权利义务，如提存人申请复议的权利等。

1. 随时领取权

就债权人与债务人之间的债务清偿而言，在提存成立后，提存人即完成债务人方面的提供给付义务；但就债权人债权之实现而言，尚需债权人或提存受领权人领取标的物，债权始告消灭，提存所发挥的清偿替代功能才真正实现。

在适当的提存成立后，提存范围内债务人交付其标的物，相应债务消灭，债权人的原给付请求权即转变为对提存部门的提存物领取权。在不适当的提存中，无论是自始公开的不适当提存还是嗣后发现的隐藏的不适当提存，提存自始不发生标的物交付、消灭债务的效力，债权人的原给付请求权依然存在，提存标的的领取权并不当然发生。

虽然债权人（或领取权人）可随时领取，但不是无限期地、无条件地随时领取。提存之日起5年内不领取，则丧失领取权。

2. 提存部门的拒绝领取权

债权人对债务人负有到期债务时，债权人未履行债务或者提供担保的，提存部门应债务人要求行使拒绝领取权。如债权人对债务人所负到期债务为同一双务合同中的对待给付义务，或其他能够产生同时履行、先履行抗辩权以及留置抗辩权之债务的，提存部门基于债务人之要求而拒绝领取，自无疑问。[2] 如果债权人所负到期债务与提存债务并无任何牵连关系，债务人原则上也可以要求提存部门拒绝债权人领取权的行使。

---

〔1〕 Brox/WalkerSchuldrechtAT,43. Aufl. 2019, § 15Rn. 4;Medicus/Lorenz,SchuldrechtAT,21. Aufl. 2015 § 23,Rn. 282a;Larenz,LehrbuchdesSchuldrechts,AllgemeinerTeil,14. Aufl. 1987,S. 252; 张谷：《论提存》，载许章润主编：《清华法学》（第二辑），清华大学出版社 2003 年版，第 186 页。

〔2〕［德］迪特尔·梅迪库斯：《德国债法总论》，杜景林、卢谌译，法律出版社 2004 年版，第 203 页；张谷：《论提存》，载许章润主编：《清华法学》（第二辑），清华大学出版社 2003 年版，第 202 页。

提存部门拒绝领取权是针对提存领取人而言，以之对抗提存领取权，性质上为一时的抗辩权，如债权人履行债务或提供担保而消灭该抗辩原因的，提存部门的拒绝领取权随之消灭。

3. 提存物领取期限

债权人虽然可以随时领取提存物，但如果债权人长期不领取，对于承担社会公共服务职能的提存部门来说负担过重，且标的物长期保管，也不利于其价值的发挥。[1]为此，根据《民法典》第574条第2款规定，债权人领取提存物的权利，自提存之日起5年内不行使而消灭，此期间为除斥期间。[2]因此，该5年期间不发生中止、中断、延长也属理所当然。

提存物领取期间经过后的另一法律效果是，提存物扣除提存费用后归国家所有（《民法典》第574条第2款）。曾有学者建议删除该规定，[3]但可惜此建议终究未获采纳。

4. 债务人的取回权

提存以债务人负有债务应当履行为前提，债务人提存标的物以替代履行，使其所负债务获得清偿，原则上并无取回标的物的权利。债务人取回权的产生原因有二：其一为债权人未履行对债务人的到期债务；其二为债权人向提存部门书面放弃领取提存物权利。

债务人行使取回权取回提存物，必须支付提存费用，自债务人与提存部门之间的提存关系而言，自无疑问。但该费用的最终承担者并不当然是债务人，需要区分情形分别处理。在债权人未清偿对债务人到期债务而取回的场合，提存费用虽然依《民法典》第574条第2款之规定由债务人负担，但该费用应从提存标的物价值中扣除。

---

〔1〕张谷：《论提存》，载许章润主编：《清华法学》（第二辑），清华大学出版社2003年版，第208页。

〔2〕对如不在诉讼时效与除斥期间之间抉择，虽无不妥，但必须对其效力作出明确规定或说明。现行法既然欠缺对该期间效力未作明文规定，则借助该期间性质之界定，指引相关期间规则的适用，似有其必要性。

〔3〕张谷：《论提存》，载许章润主编：《清华法学》（第二辑），清华大学出版社2003年版，第202页。

第五节　免除

一、免除概述

免除是债权人以消灭债权为目的而抛弃债权的单方法律行为。

对于我国法上债务免除究竟采单方行为还是以合同为必要，主流观点和司法实务总体持单方行为说。[1]也有观点认为，我国法关于债务免除之规定语焉不详，并未明文规定为单方行为，从尊重债务人人格自主的角度出发，宜将免除解释为合同行为；[2]通过缔约程序使免除受到相应的限制，保障免除结果最低限度的形式公正。[3]《民法典》第575条之规定，显然考虑到合同说的合理面，增设债务人的拒绝权，以关照特殊情形下债务人维持债之关系、继续履行债务之合理诉求。但由于本条前半句仍然未对债务免除行为性质作出明确界定，因此债务免除究竟是合同行为抑或附解除条件的单方法律行为，理论上仍有争议的余地。本书认为，德国法虽总体采取合同说，但对作为终意处分的免除表示则例外承认其法律效力，[4]采取单方行为说则可以避免合意，终意处分的免除表示例外则为单方法律行为的解释困难之处。更为重要的是，从立法史的角度考察，将债务免除行为界定为附解除条件的单方法律行为较符合立法者本意，[5]增设债务人拒绝权也意在借此克服单方行为说的弊端。

二、债务免除行为

债权人免除债务，典型地通过单方需受领的意思表示为之，至于为明示之通知抑或默示行为亦可，法律无明文规定，自当依意思表示解释规则判断是否为债务免除的意思表示。如债权人自愿将借据、欠条交还债务人，应认定为债

---

〔1〕王利明：《合同法研究》（第二卷），中国人民大学出版社2015年版，第307页；马俊驹、余延满：《民法原论》，法律出版社2010年版，第613—614页；崔建远：《合同法》（第三版），北京大学出版社2016年版，第321页；韩世远：《合同法总论》（第四版），法律出版社2018年版，第730—731页；王洪亮：《债法总论》，北京大学出版社2016年版，第190页。

〔2〕朱广新：《合同法总则研究》（下），中国人民大学出版社2018年版，第549—550页。

〔3〕张谷：《论债务免除的性质》，载《法律科学》2003年第3期，第84页。

〔4〕MüKoBGB/Schlüter,8. Aufl. 2019,BGB § 397Rn. 1

〔5〕全国人大常委会法制工作委员会：《中华人民共和国合同法释义》（第三版），法律出版社2013年版，第196页。

务免除。

债务免除效果的发生，不限于债务免除行为，因债权人放弃担保物权也可发生担保债务免除的效果，此效果的发生不以意思表示为必要，属于法定的债务免除。放弃担保权的行为，抵押权和质权放弃，无须通过向担保人作出表示的债务免除，也发生债务免除的效力（《民法典》第409条第2款、第435条）

三、债务免除的效力

债权人免除债务人部分或者全部债务，债权债务部分或者全部终止，在债权人而言即构成债权之消灭，不得再向债务人主张债权；在债务人而言即消灭其债务，对债权人可主张权利消灭的抗辩。

债务免除行为为处分行为、无因行为，[1]债务免除的原因行为出现效力瑕疵，不影响债务免除行为的效力。但如债务免除的原因行为出现效力瑕疵，如自始无效或被撤销，则债权人可以根据《民法典》第985条的规定主张基于不当得利请求返还，返还的内容为重新确立已经消灭的债权。[2]如债权人根据《民法典》第658条第1款的规定行使任意撤销权而撤销作为原因行为的赠与合同，债权人亦同样可主张不当得利返还请求权，而使已经免除的债务重新发生。

就免除的对象而言，所免除之债务不限于已经届期乃至已经成就的债权，尚未发生的将来债权的免除亦属可能。对于将来债务的免除，通说认为由于将来债权尚未发生，仅当将来的债务实际发生时，免除才发生效力，故属于附停止条件的债务免除。[3]值得注意的是，从个人人格发展、社会保障等法律政策出发，对将来抚养请求权、劳动关系所生的报酬请求权以及其他不得扣押的债权等不能事先放弃，因而所做的将来债务之免除亦应无效。[4]此外，合同中对造成人身损害、因故意或者重大过失造成财产损失责任的预先免除无效（《民法典》第658条）。出于对格式条款的控制，提供格式条款一方不合理地免除其

---

〔1〕 崔建远：《合同法》（第三版），北京大学出版社2016年版，第322页；王利明：《债法总则》，中国人民大学出版社2016年版，第460—461页；朱广新：《合同法总则研究》（下册），中国人民大学出版社2018年版，第550页。

〔2〕 王洪亮：《债法总论》，北京大学出版社2016年版，第191页；Medicus/Lorenz,SchuldrechtAT,21. Aufl. 2015 § 25,Rn. 312。

〔3〕 王利明：《合同法研究》（第二卷）（第三版），中国人民大学出版社2015年版，第313页；崔建远：《合同法》（第三版），北京大学出版社2016年版，第322页。

〔4〕 崔建远：《合同法》（第三版），北京大学出版社2016年，第322页；王洪亮：《债法总论》，北京大学出版社2016年版，第190页；

责任的，即使该合同成立，也不免除其责任（《民法典》第497条第2项）。

通说认为，债务免除也不得损害第三人利益，至于其效力，大多语焉不详。[1]有观点认为，免除损害第三人利益的，免除并非无效仅不得以免除对抗第三人。[2]这一观点在我国缺乏实定法规范支持。本书认为，此种情形下债务免除行为的效力，须根据第三人所处地位分别判断。如第三人为债权人之债权人时，则可能依《民法典》第538条之规定撤销债务免除行为，使之归于无效。如第三人为债权人之权利质权人，因债权人的免除行为只是质押标的危害权利质权的存在，则第三人可能基于《民法典》第236条之规定，主张质权人权利保全权。[3]第三人与债权人并无特别结合关系，因免除行为遭受损害的情形较少，如有保护需求，则可依《民法典》第153条第2款、第154条等规定主张该免除行为无效。

在双务合同中，债权人免除债务人之债务，仅使该债权消灭，并不影响对待给付义务的存在。债权人不得主张债务人债务已经免除，对待给付的请求不符合等价有偿的原则；也不得在承担违约损害赔偿责任中主张损益相抵。否则，将会使债务免除为债权人从双务合同逃离大开方便之门，其效力犹如赋予所有当事人任意解除权，合同应当严守的基本原则将荡然无存。

在连带债权中，因债权人之一不得处分其他债权人的债权，因此部分连带债权人的债务免除，仅发生该连带债权人应享份额的消灭，不影响其他连带债权人债权的存在[4]（《民法典》第521条第3款）。在连带债务中，部分连带债务人的债务被债权人免除的，在该连带债务人应当承担的份额范围内，其他债务人对债权人的债务消灭（《民法典》第520条第2款）。

在连带债务中，债权人免除债务人之一债务的，是否对其他债务人发生效力，取决于当事人的意思是旨在终止全部债务关系还是仅免除该特定债务人的债务，对此须通过意思表示的解释来确定。如债权人旨在终结整个债务关系，则该免除具有绝对效力，在该连带债务人应当承担的份额范围内,债权人对所有债务人的请求权均归于消灭（《民法典》第520条第2款）；否则，该免除仅具

---

〔1〕王利明：《合同法研究》（第二卷），中国人民大学出版社2015年版，第312页；崔建远：《合同法》（第三版），北京大学出版社2016年版，第322页；韩世远：《合同法总论》（第四版），法律出版社2018年版，第698页；王洪亮：《债法总论》，北京大学出版社2016年版，第192页。

〔2〕韩世远：《合同法总论》（第四版），法律出版社2018年版，第733页。

〔3〕申卫星：《物权法原理》，中国人民大学出版社2016年版，第355页；谢在全：《民法物权论》（下），中国政法大学出版社2011年版，第997页。

〔4〕孙森焱：《民法债编总论》（下册），法律出版社2006年版，第753页。

有针对该特定债务人的相对效力，债权人仍然可以对其他债务人在全部债权范围上行使权利，其他债务人则可以对受益债务人主张补偿请求权。[1]

值得注意的是，债权人不免除债务本身而仅免除债务人之间互负的连带责任时，并不发生债务消灭的效力，而仅使连带债务转变为可分之债，此谓“连带之免除”。如连带之免除意思指向全体连带债务人，则全体债务人仅就各自应承担部分负责，不再互负连带责任；如连带之免除的意思仅指向债务人中一人的连带责任时，该债务人仅就其应承担部分负责，对其他债务人应分担部分不负连带责任。[2]连带之免除并不发生债务消灭的效力，因此并不适用免除的规范。

四、债务人的拒绝

（一）债务人拒绝的性质

债权人作为债权财产之拥有者放弃其财产的权利当然不能否定，但债务人作为债务之承担者履行其债务以维持其非财产上利益之法律地位也不能罔顾，否则将使债之法律关系全然受控于经济利益，不利于私法社会中非经济价值之弘扬。《民法典》承认债务人拒绝债务免除之权利，深值赞同。

债务人对债务免除的拒绝，在法律性质上为意思通知，准用《民法典》关于意思表示的相关规定。债务人拒绝债务免除的，应在合理期限内向债权人作出表示。无论债务免除采取合同说还是采取单方法律行为说，债务免除之意思表示均应适用《民法典》关于意思表示生效的规则，债务人拒绝之合理期限自债务免除意思表示到达债务人时起算。债务人合理期限内的拒绝不以语言、文字通知为限，亦可以行为作出，如债务人虽未明确向债权人表示拒绝债务免除，但在合理期限内向债权人提出债务之履行，即应解释为以行为表示对债务免除之拒绝。

（二）债务人拒绝的效力

债务人拒绝免除的意思到达债权人时，债务免除自始不生效力，但债务人拒绝如何阻止债务免除发生效力，则因对债务免除性质不同主张有所不同。

如将债务免除作为单方意思表示，其效力应自到达时发生，所附解除条件（债务人在合理期限内拒绝）成就时，债务免除的单方意思表示即自始不生效力。未在合理期限内拒绝，则解除条件确定不成就，债务免除的单方意思表示

---

〔1〕［德］迪尔克·罗歇尔德斯：《德国债法总论》，沈小军、张金海译，中国人民大学出版社 2014 年版，第 421 页。

〔2〕孙森焱：《民法债编总论》（下册），法律出版社 2006 年版，第 727 页。

确定发生效力。至于债务人在合理期限内未拒绝的原因、不作为在构成上的瑕疵，原则上对债务免除不产生效力这一后果不构成任何影响。

但如将债务免除作为要约来看待，债务人未作出拒绝之表示时，以债务人不作为解释为默示承诺，债务免除因合意而订立；债务人在合理期限内为拒绝表示时，债务免除要约因拒绝而失效。债务人不作为解释为默示承诺，是拟制解释，除非无其他法律解释路径可循，否则不宜拟制意思，特别是以默示行为拟制为承诺，与沉默不构成承诺的原则相悖，解释逻辑极不圆通。此外，如债务人为限制行为能力人或无行为能力人时，对其不作为能否解释为默示承诺较有难度：一方面，作为意思表示之承诺，须以限制行为能力人有相应行为能力为前提，无行为能力人须其法定代理人代为作出。但由于对债务免除不要求积极承诺表示，不作为即视为承诺，但法定代理人之不作为究竟是怠于履行代理人职责之行为，抑或为履行其代理职责之不作为，难以作出适当判断。

因此，本书认为，放弃债务免除合同说，而将债务免除的性质认定为附法定解除条件的单方法律行为、债务人拒绝这一客观事实作为其法定解除条件，更符合《民法典》债务免除之法律条文表述方式和规范结构。

第六节　混同

一、混同概述

（一）混同的概念

混同，是指债权和债务同归于一人的，致债之关系原则上消灭的事实。

债权债务同归一人，债权债务关系原则上当然、绝对消灭。但因此损害第三人利益时，例外地不得消灭。由于债权债务因混同而理所当然地消灭，故法律规定混同的主要原因在于，明确混同例外不消灭债权债务关系的情形。[1]

（二）混同的性质

债权主要系通过所具有的请求力充当财产流通的媒介，但如债权与债务同归于一人时，因债权人向自己请求给付、债务人向自己履行债务，即不发生财

〔1〕 朱广新：《合同法总则研究》（下册），中国人民大学出版社2018年版，第551页。

产流通，债权的媒介功能丧失，债权债务关系自然无继续存在的必要。[1]应该注意的是，债之消灭并非混同的逻辑必然，而是因为在所涉案型中，没有法律上继续存在的必要性。[2]关于混同的法律性质，除将其直接作为债之消灭原因外，理论上尚有混同为履行不能、清偿或目的实现等不同学说。[3]这些主张试图通过债之其他消灭原因解释混同，而忽略了其他消灭原因均以债权人、债务人二主体之对立存在为前提，无法合乎逻辑地实现其解释目的。

混同作为债之消灭原因，其构成无须当事人的意思表示，只需债权与债务同归一人的客观事实发生即可成立，混同在法律性质上为事件，而非法律行为。[4]因此，混同所消灭之债权的债权人之行为能力、意思能力状况均不影响混同的成立、债之消灭结果的发生。

二、混同的原因

发生混同之债权债务，原本分属于不同主体的债权人与债务人享有或承受，因债权债务关系主体之变更，致使债权人同时为债务人、债务人同时为债权人，因此混同的根本原因为特殊的债之主体变更。债之主体变更，有因债权人主体人格所生变化之变动，如自然人债权人死亡、法人债权人合并而生的债权人包括债权在内的全部财产由债务人承受的情形，此谓概括承受；亦有因作为财产权的特定债权移转，最常见的为依法律行为之债权让与、依法律规定发生的（法定的）债权移转，以及债务承担等，此谓特定承受。[5]

三、混同的效力

混同的效力为债权债务终止，即自混同时起发生债权债务自始消灭的效力。债权债务关系消灭，意味着不仅债权、债务消灭，而且作为从权利的利息、违约金债权、其他附随的担保权也归于消灭。

混同而致债权债务绝对消灭，即任何人均得主张关于该债权债务消灭的事由。第三人为混同债权所提供的担保负担，因混同而消灭，担保人得对债权人主张权利消灭的抗辩。在债权债务关系中同时存在主债务、从债务时，导致债

---

〔1〕 孙森焱：《民法债编总论》（下册），法律出版社 2006 年版，第 931 页。

〔2〕 Larenz,LehrbuchdesSchuldrechts,AllgemeinerTeil,14. Aufl. 1987,S. 270.

〔3〕 史尚宽：《债法总论》，中国政法大学出版社 2000 年版，第 879 页。

〔4〕 韩世远：《合同法总论》（第四版），法律出版社 2018 年版，第 735 页；朱广新：《合同法总则研究》（下册），中国人民大学出版社 2018 年版，第 551 页。

〔5〕 史尚宽：《债法总论》，中国政法大学出版社 2000 年版，第 879 页。

权债务关系终止的混同，是指主债权和主债务之间的混同。当主债权与从债务发生混同时，则仅发生从债务消灭而不发生主债权消灭的法律效果。例如，主债权与该债权之保证债务发生混同，此时虽然保证债务归于消灭，主债权人针对保证人主张保证责任之权利消灭，但指向主债务人的主债权并不消灭。[1]

按份债权之一债权人与债务人发生混同时，因其他债权人在其债权份额内的债权利益不应受混同之影响，故该债权并不当然消灭，仅发生混同之债权份额发生消灭，其他按份债权人依然保有其原本享有之债权份额。在按份债务中，债权人与债务人之一发生混同的，原则上亦不因混同使整个按份债务消灭，而仅发生混同之债务份额发生消灭，其他按份债务人依然负有其原本负担之债务份额。

连带债权之一债权人与债务人发生混同时，其他连带债权人之权益原则上不受影响，因而其他连带债权人保有向混同后之主体请求所享有份额之债权，连带债权仅在发生混同之连带债权人享有份额范围内发生消灭的效力。连带债务中，一连带债务人与权利人发生混同，该债务人之债务自然归于消灭，但债权人对其他债务人之债权并不因混同而当然消灭，原则上仅在该连带债务人债务份额范围内的债权归于消灭。

四、混同的例外

因混同消灭债权债务关系导致损害第三人利益时，则虽有混同，债权债务并不归于消灭。债权作为财产权可为他人权利之标的，典型的如债权作为权利质权之标的，虽然发生混同，但如使该债权消灭则会导致质权因标的消灭而消灭，导致质权人损害，为此应例外允许该债权不消灭。但如果债务人接受债权人以对自己之债权设定质权时，不至于损害第三人利益，则不排除该债权因混同而消灭。债权虽非第三人权利的标的，但第三人对债权的存在有利益的，也可因此主张混同不生债权消灭的效力。[2]

为促进债权流通性的债权证券化，法律多设例外规定，债权债务关系不因混同而归于消灭。如票据转让过程中，票据再转让到票据债务人（发票人、承兑人）时并不导致票据债权的消灭，无记名债权、公司债权证券化后的流通，也不因混同而消灭。

---

〔1〕 李永军主编：《债权法》，北京大学出版社 2016 年版，第 89 页。

〔2〕 史尚宽：《债法总论》，中国政法大学出版社 2000 年版，第 881 页。

意定之债——合同

总 论

第七章 合同概述

提 要

合同是民事主体之间设立、变更、终止民事法律关系的协议。这里的“民事法律关系”包含债权法律关系、物权法律关系、人格权法律关系、亲属法律关系、知识产权法律关系、共同法律行为所生法律关系等。依《民法典》第464条第2款的规定，虽然有关身份关系的协议不是完全可以适用合同编的规定，仅为“参照适用”，但基本上可断言，在有关身份关系的协议的法律适用上，《民法典》其实逆转了《合同法》的立场。合同具有以下特征：合同是民事法律行为；合同主要是双方民事法律行为；合同以设立、变更、消灭民事权利义务关系为目的；合同的成立需要当事人达成合意。合同可区分为有名合同与无名合同、一方负担合同与双方负担合同、有偿合同与无偿合同、诺成合同与实践合同、要式合同与不要式合同、一时性合同与继续性合同、束己合同与涉他合同、主合同与从合同、本合同与预约合同等类型。

重点问题

1. 区分有偿合同与无偿合同的意义。
2. 区分单务合同与双务合同的意义。
3. 区分诺成合同与实践合同的意义。
4. 区分一时性合同与继续性合同的意义。
5. 违反预约合同的违约责任。

第一节 合同的概念和特征

问题示例

在一次纺织品展览会上，上海甲公司与深圳乙公司口头约定，由甲公司向乙公司订购10件机械零配件。后来货运送到上海后，甲公司拒绝付款。乙公司能否要求甲公司给付货款？

一、合同的概念

（一）域外法

在大陆法系，一般认为合同是一种合意或者协议。此说滥觞于罗马法，罗马法中即将合同界定为“法律承认的债的协议”。罗马法的这一概念为大陆法系的国家或者地区所继受。1804年《法国民法典》第1101条即规定：“契约，为一人或者数人对另一人或者数人承担给付某物，作为不作为某事义务的合意。”再如，《俄罗斯联邦民法典》第420条第1款规定：“合同是两人或者几人关于设立、变更或者终止民事权利或者民事义务的协议。”

在英美法系，一般认为合同是允诺。关于合同广为传播的一个定义是：契约为法律保障其执行的一个或者一系列允诺，违反该允诺将由法律给予救济，履行该允诺是法律确认的义务。不过，允诺说的观点已逐渐受到学者批评，英美法系的合同概念有向大陆法系靠拢的趋势。

（二）中国法

1. 合同的法定概念

《民法典》第464条第1款规定：“合同是民事主体之间设立、变更、终止民事法律关系的协议。”根据该款的规定，合同是民事主体之间设立、变更、终止民事法律关系的协议。这里的“民事法律关系”包含以下类型：[1]

第一，债权法律关系，典型者如买卖、赠与、租赁合同等法律关系。如《民

〔1〕 我国民法理论素来对合同有广义与狭义两种不同的观点：广义的合同是指以发生民法上效果为目的的一切合意，包括以发生物权变动为目的的物权合同（如设定抵押权的合同、移转所有权的合同）、以物权以外的权利的变动为目的的准物权合同（如债权让与）、以发生债权债务为目的的债权合同、以发生身份关系的变动为目的的身份合同等。狭义的合同仅指债权合同。参见韩世远：《合同法总论》（第四版），法律出版社 2018 年版，第 2 页。

法典》第595条规定："买卖合同是出卖人转移标的物的所有权于买受人，买受人支付价款的合同。"《政府采购法》第43条第1款："政府采购合同适用合同法。采购人和供应商之间的权利和义务，应当按照平等、自愿的原则以合同方式约定。"根据该条规定，政府采购合同法律关系也应理解为一种债权债务关系。

第二，物权法律关系，典型者如设定抵押权的合同、设定质权的合同、国有土地使用权出让的合同等。例如，《民法典》第333条第1款规定："土地承包经营权自土地承包经营权合同生效时设立。"第348条第1款规定："通过招标、拍卖、协议等出让方式设立建设用地使用权的，当事人应当采用书面形式订立建设用地使用权出让合同。"

第三，人格权法律关系，典型者如肖像许可使用合同、名称许可使用合同等。《民法典》第1021条规定："当事人对肖像许可使用合同中关于肖像使用条款的理解有争议的，应当作出有利于肖像权人的解释。"

第四，亲属法律关系，典型者如收养协议、分家析产协议、遗赠抚养协议、夫妻财产约定、离婚协议等。例如，《民法典》1065条规定："男女双方可以约定婚姻关系存续期间所得的财产以及婚前财产归各自所有、共同所有或者部分各自所有、部分共同所有。约定应当采用书面形式。……"

第五，知识产权法律关系，典型者如著作权许可使用合同、专利权许可使用合同、商标权许可使用合同等。例如，《著作权法》第26条第1款规定："使用他人作品应当同著作权人订立许可使用合同，本法规定可以不经许可的除外。"

第六，共同法律行为所生法律关系，典型者如合伙合同、联营合同等。例如，《民法典》第967条规定："合伙合同是两个以上合伙人为了共同的事业目的，订立的共享利益、共担风险的协议。"

2.有关身份关系的协议

《民法典》相较于《合同法》的重大变化体现在第464条第2款。《合同法》第2条第2款规定："婚姻、收养、监护等有关身份关系的协议，适用其他法律的规定。"《民法典》第464条第2款则规定："婚姻、收养、监护等有关身份关系的协议，适用有关该身份关系的法律规定；没有规定的，可以根据其性质参照适用本编规定。"据此可见，由于《合同法》第2条要求"有关身份关系的协议，适用其他法律的规定"，即排除了有关身份关系的协议适用《合同法》的可能性，这意味着立法者并不承认婚姻协议、收养协议、监护协议等有关身份关系的协议为"合同"。而根据《民法典》第464条第2款的规定，有关身份关系的协议在无规定时，"可以根据其性质参照适用本编规定"。这其实意味着《民法典》立法者承认婚姻协议、收养协议、监护协议等有关身份关系的协议为“合同”。因此，依《民法典》规定，虽然有关身份关系的协议不是完全可以适用合同编的规定，仅为“参照适用”，但基本上可断言，在有关身份关系的协议的法律适用上，《民法典》逆转了《合同法》的立场。

我国原《合同法》第2条第2款的规定有一定合理性。例如，婚姻关系是一种长期持久的社会关系，而作为合同法范式的社会关系是一种暂时的社会关系。一如拉德布鲁赫所言：“债权是法世界的动态因子，本身即含着转瞬即逝的因素，债权一产生，就以消灭它为目的。”这表明合同关系在常态上是暂时性的。再如，婚姻关系中奉行的原则是“爱”，不以经济人为预设的人性标准。“爱”是“能够在没有仔细权衡与比较他人和自己需要的情况下满足邻人的需要。”〔1〕而财产关系中奉行的原则是“利益”，以经济人为预设的人性标准。由于两者实行不同的原则，加以区分也难谓不妥。

不过，这一规定也具有局限性。首先，婚姻、收养、监护等有关身份关系的协议固然具有特殊性，但作为婚姻法或《民法典》婚姻家庭编主导原则的婚姻自由原则、作为继承法或《民法典》继承编主导原则的遗嘱自由，与作为合同法或《民法典》合同编主导原则的合同自由原则，其实都是私人自治这一民法基本原则或主导价值的具体化形式，它们在认许民事主体依其自主意思变动民事法律关系上并无二致。其次，《合同法》或《民法典》合同编就合同的成立、有效、履行、变更、解除、终止、违约责任等规定甚详，收养协议、委托监护协议、结婚或离婚协议、夫妻财产协议等同样也会面临成立、有效、变更、解除、违约责任等问题，它们在机理上与前者甚为相近乃至相同，若一概不允许它们适用《合同法》或《民法典》合同编，则亲属法、收养法等就要专门规定这些协议的成立、有效、变更、解除等制度，势必造成立法重复，不利于立法简洁与成本节约。有鉴于此，《民法典》改变立场。第464条第2款要求，婚姻、收养、监护等有关身份关系的协议，首先应适用有关该身份关系的法律规定，在没有法律规定时，则“可以根据其性质参照适用本编规定”。“参照适用”为“法定类推适用”，该款指示有关身份关系的协议类推适用《民法典》合同编规定。例如，夫妻双方自愿达成的婚姻关系存续期间的财产协议，或离婚时有关财产分割的离婚协议，对于协议的订立、协议的效力瑕疵及其判断、协议的履行及违反协议的法律后果等，可参照适用合同编的规定。

---

〔1〕［美］R.尼布尔:《道德的人与不道德的社会》，蒋庆等译，贵州人民出版社1998年版，第46页。

二、合同的特征

（一）合同是民事法律行为

民事法律行为是以意思表示为要素，旨在产生私法上法律效果的行为。民事法律行为又可称为表意行为，是与非表意行为相对而言的。非表意行为是不以意思表示为要素，主观上并无产生私法上效果的义务，但依据法律规定客观上能够引起某种法律效果发生的行为。非表意行为包括事实行为与非法行为。其也能发生一定的法律效果，但此种法律效果并非当事人预期的法律效果，而是依据法律的直接规定而产生。民事法律行为是最经常、普遍的引起民事法律关系变动的原因。合同为当事人旨在变动民事法律关系的行为，属于民事法律行为的范畴。

（二）合同主要是双方民事法律行为

民事法律行为根据其主体的多寡可分为单方、双方、多方民事法律行为。单方民事法律行为是依据一方当事人的意思即可成立的民事法律行为，如设立遗嘱、发布悬赏广告等。双方民事法律行为是双方当事人相对应的（或方向上相反的）意思表示达成一致才可成立的法律行为。合同常态下为双方当事人达成的协议，主要是双方民事法律行为。多方民事法律行为又称为共同行为，是三个以上当事人并行的（或方向上一致的）意思表示达成一致方可成立的民事法律行为。例如，多数人订立合伙合同、联营合同等。合同中有一小部分属于多方民事法律行为。除了合伙合同、联营合同等少数类型外，其他合同均属于双方民事法律行为。

（三）合同以设立、变更、消灭民事权利义务关系为目的

当事人订立合同总具有一定的意图，该意图即设立、变更或者消灭民事法律关系。合同是商品交换的法律形式，因此当事人订立合同，其目的总在于进行商品交换或其他财产流转。例如，两个交易主体订立一份货物买卖合同，则在双方当事人之间产生一种债权债务关系，出卖人取得请求买受人支付价款的权利，买受人取得请求出卖人交付货物的权利。再如，双方当事人之间原本就存在着一份货物买卖合同，在履行过程中，双方当事人经过协商达成新协议，出卖人允许买受人推迟一个月的期限付款，这实际上是以一个新的合同变更了原合同，变更了当事人之间原先存在的民事权利义务关系。

（四）合同的成立需要当事人达成合意

只有双方当事人就合同项下的事项达成共识，取得一致意见，合同才能成立。当事人意思表示一致即“合意”。在近代以降的合同法中，合意乃是合同最核心的要素。若无合意则无合同，当事人意思表示未达成一致就不能成立合同。

第二节　合同的类型

问题示例

1. 马某向收藏家李某表示，要将自己名下的一副古董花瓶交由李某来保管，并支付一笔可观的费用。半个月后李某见马某未将该古董花瓶送来，便打电话询问，得知马某决意反悔。请问二人间的保管合同效力如何?

2. 甲与乙签订相机买卖合同，但是甲未交付相机，乙亦未付款，此后甲又与丙签订相机买卖合同并交付了相机。请问甲、乙之间的相机买卖合同效力如何?

3. 甲、乙双方达成约定，甲将房子无偿提供给乙居住，乙则无偿辅导甲的女儿练习钢琴。请问如何看待甲、乙所订立的合同?

4. 大江公司和南北公司商谈项目合作事宜，签订了《木材销售意向书》，约定待大江公司取得木材销售许可证后，双方签订《木材销售合同》进一步约定数量和价格。后由于市场变化，南北公司取消订约。请问如何分析大江公司与南北公司的合同?

5. 商场搞促销，对于消费满3000元的顾客赠送某品牌的微波炉一台。李女士购买了3100元的冰箱后获赠微波炉一台，但是回家后发现并不是商场公告中所承诺的款式，便与商场进行交涉。商场则辩称微波炉为赠与，不同于买卖合同，所以商城不需承担质量保证义务。请问你怎么看?

合同是非常纷繁芜杂的，依据一定的标准对数量众多的合同进行分类，一方面，可以使符合一定标准的合同归类在一起从而构成一定的体系，形成一定的秩序；另一方面，归类在一起的合同必然具有独特于其他类型合同的特征，通过揭示这些特征既有助于加深对合同的认识，也有助于人们根据这些不同的合同类型建立起不同的规则。

一、有名合同与无名合同

（一）概念

根据合同的名称与内容是否为法律所规定的标准，可以将合同区分为有名合同与无名合同。

有名合同又称为典型合同，是指法律规定了其名称、内容的合同。有名合同是典型交易形态的法律反映。对那些在社会生活中运用得较为普遍、比较重要、具有确定性的交易形态，立法者往往将其名称、内容以法律的形式固定下来，遂产生了有名合同。《合同法》曾规定了16种有名合同（包括互易合同），《民法典》在此基础上，增加了保证合同、保理合同、物业服务合同、合伙合同4种有名合同。

有名合同的立法价值表现在：第一，减省交易成本。“典型合同中包含的任意性规范，在很大程度上，不过是诚实而理性的当事人可推测的意思在法律上的类型化而已。”[1]在有名合同存在的背景下，交易当事人在缔约时，只需以有名合同规定中“法定”权利义务分配为基础作适当加减即可，不必消耗成本在各种必要之点和非必要之点的约定上。对于大多数标的不大、时间不长的交易来说，交易者甚至只需确定交易的合同类型即可。第二，提高裁判的可预见性。在有名合同存在的背景下，对合同存续与履行过程可能出现的争议，交易当事人相对较易计算出违约和防止违约的成本，也较易预见诉诸法院会得到何种结果。第三，提供交易的选择。虽然原则上交易当事人通过自由协商过程即可作成互蒙其利的交易，但有名合同规定仍可发挥提示当事人交易中可能发生的典型风险，以及如何降低这些风险的作用。第四，民事立法者透过有名合同，对各种典型交易中双方权利义务与风险成本进行公平分配。“任意法也代表了对双方当事人利益大致公平的照顾。”[2]有名合同由此承载着一定“指导图像”（Leitbild）功能，[3]可以发挥制衡格式条款、提供法官公平裁判基准等作用。

无名合同又称为非典型合同，是指法律未规定其名称、内容的合同。“未为法律所明文当成一个规范模式加以规定的契约，纵使其在生活上已定型化的予以应用，也非学说上所称之有名合同。”[4]即此种合同仍属于无名

---

〔1〕［德］卡拉里斯：《债务合同法的变化即债务合同法的“具体化”趋势》，张双根译，载《中外法学》2001年第1期。

〔2〕黄立：《契约自由的限制》，载《月旦法学杂志》总第125期。

〔3〕苏永钦：《走入新世纪的私法自治》，中国政法大学出版社2002年版，第16—17页。

〔4〕黄茂荣：《买卖法》（增订版），中国政法大学出版社2002年版，第3页。

合同。在我国，此处所说的“法律”不仅包括《民法典》，而且还包括《保险法》《公司法》《知识产权法》等民事特别法。虽然无名合同游离于法律的规定之外，“然基于契约自由原则，当事人所自由创造之契约种类与内容，法律也不能拒绝保护。”[1]

无名合同的存在具有必然性。由于民法采私人自治原则，在该原则的支配之下，交易主体可依其意思自主决定交易的内容。而立法者无法预想一切可能的交易形态而一一作出规定，只能选择日常生活中较为频繁的若干交易形态而为规范。那些经由主体的意思而形成的但又游离于立法控制之外的交易类型即构成无名合同。因此，“非典型合同可谓是因民法一方面采合同自由原则，一方面又列举典型合同所生的产物”。[2]无名合同的存在是不可避免的。无名合同在社会中的数量也是极其多的。“无名契约层出不穷，凸显了私法自治的功能及复杂的社会经济生活。”[3]

值得注意的是，有名合同与无名合同的区分不是绝对的。无名合同产生以后，在社会生活中长期运用，其内容、特点逐步形成并固定化，如果立法者对之以法律形式加以确认，则可转化为有名合同。《合同法》的发展的一个重要趋势就是有名合同的数量日益增多。

（二）无名合同的类型

无名合同应如何分类，理论上尚无定论。本书认为，在理论上可将无名合同区分为纯无名合同、混合合同以及合同联立三种类型。

纯无名合同又称为狭义的无名合同，是指以法律全无规定的事项为内容，即其内容不具有任何有名合同成分的合同。对于此类合同，《民法典》及民事特别法根本未予明文规定。

混合合同是指由数个有名或无名合同的部分而构成的合同。在无名合同中，混合合同最为常见和重要。混合合同在性质上属于一个合同，从而与合同联立有异。一般而言，混合合同包括以下类型：第一，有名合同附其他种类的从给付。有名合同附其他种类的从给付，是指双方当事人提出的给付符合有名合同，但一方当事人附带的负有属于其他合同类型义务的从给付义务。换言

---

〔1〕 黄立：《民法债编总论》，中国政法大学出版社 2002 年版，第 32 页。

〔2〕 曾隆兴：《现代非典型契约论》（修订三版），中国台湾地区三民书局 1986 年版，第 1 页；王泽鉴：《债法原理》（第一册），中国政法大学出版社 2001 年版，第 110 页。

〔3〕 王泽鉴：《民法总则在实务上的最新发展（上）——台湾地区“最高法院”九〇及九一年度若干判决的评释》，载《河南财经政法大学学报》2014 年第 1 期。

之，是指当事人一方应为复数的给付，而此数给付中一给付具有附从的性质可视为从给付。在此种场合，当事人所负担的义务虽然具有附丛性，但毕竟属于其他有名合同的内容，仍可引起不同合同的混淆，从而可构成混合合同。第二，类型结合合同。类型结合合同是指当事人约定，一方应提出数个属于不同合同类型的给付且这些给付彼此间居于同值的地位，而他方仅应负单一的对待给付或不负任何对待给付。第三，类型融合合同。类型融合合同，又称为狭义的混合合同，是指当事人约定，将属于不同有名合同的给付义务与对待给付义务融合在一个合同中。例如，混合买卖即为类型融合合同。混合买卖，又称为混合赠与或赠与性质的半买半送合同，是指约定使受赠人为部分对待给付之赠与。[1]第四，混血儿合同。混血儿合同，又称为双种（二重）有名合同、复型的双务合同或混合双务合同，是指当事人约定，双方缔结属于法律所规定的某一有名合同，但一方当事人所应提出的对待给付却属于另一有名合同的给付义务。也就是说，双方当事人互负属于不同有名合同的主给付义务。此时，该合同不是其中任何一个给付所属的合同类型，也不是两个合同的结合，而是一有名合同的给付与另一有名合同的给付以对价关系而结合的单一合同。

合同联立是指合同有数个而各个合同之间具有相互结合的关系。结合的情形可分为以下几种类型：第一，单纯外观的结合。单纯外观的结合是指数个独立的合同仅因缔约行为而结合，相互间并不具有任何牵连或依存关系。单纯外观的结合对合同的法律适用并不产生任何影响，此时，各合同仍然适用相应的有名合同的法律规定。第二，具有一定依存关系的结合。具有一定依存关系的结合是指依当事人的意思，一个合同的效力依存于另一个合同的效力。这一类型的合同联立与单纯外观的结合的合同联立一样，都是数个独立合同的外部结合，但是，与后者不同的是，它所结合的各个合同之间有一定的依存或牵连关系从而同其命运。第三，择一的结合。择一的结合是指多数合同在因某条件的发生导致一合同无效而另一合同生效的情况下的结合。也就是说，同一事实为第一个合同的解除条件，同时为第二个合同的停止条件，数个合同在此同一条件下结合。

（三）无名合同的法律适用

无名合同的主要问题，“在于其契约内容不完备时，应如何适用法律，以

---

〔1〕 邱聪智：《新订债法各论》（上），姚志明校订，中国人民大学出版社 2006 年版，第 265 页。

资规范。”[1]《民法典》第467条第1款规定：“本法或者其他法律没有明文规定的合同，适用本编通则的规定，并可以参照适用本编或者其他法律最相类似合同的规定。”据此，无名合同适用《民法典》合同编通则的规定，以及参照适用合同编或其他法律最相类似合同的规定。此际，应遵循“从特别到一般”的原则。首先应依当事人约定来确定；若无约定，则参照适用《民法典》合同编“典型合同”分编或其他法律最相类似合同的规定；如无类似规定可供参照，则适用合同编通则规定。[2]

对于纯无名合同，其法律适用较为简单，依前款处理即可。对于其他类型的无名合同来说，其法律适用较为负责。详言之：第一，对于有名合同附其他种类的从给付，应采吸收说，即决定混合契约中之主要构成分子，适用关于其主要部分所属之有名契约之规定。[3]第二，对于类型结合合同，通说认为，一方当事人负有提出属于不同合同类型的给付的义务，就该数个不同的给付，应分别适用各该给付所属合同类型的法律规定加以判断。[4]当债务人提供的数个不同类型的给付中，有部分发生给付不能、迟延或不完全时，权利人仅得就该部分依债务不履行的规定主张权利，而合同本身原则上并不因此而受影响。惟数项给付构成经济上一体时，则应同其命运。第三，对于类型融合合同如何适用法律，应区别情形及相关法律规定而定。第四，对于混血儿合同，当事人双方互负属于不同合同类型的主给付义务。对此，应分别适用各该给付所属合同类型加以判断。唯如依当事人一方或双方的意思，一方的给付与他方的对待给付之间具有不可分离的关系的，一方义务的不履行，将影响他方义务的履行。

二、一方负担合同与双方负担合同

（一）概念

根据合同中是一方还是双方承担义务，可将合同区分为“一方负担合同”与“双方负担合同”。双方负担合同又可分为“双务合同”与“不完全双务合同”。

双务合同是指双方当事人相互承担对待给付义务的合同。双务合同建立在

---

〔1〕王泽鉴：《债法原理》，中国政法大学出版社 2001 年版，第 110 页。

〔2〕易军：《买卖合同之规定准用于其他有偿合同》，载《法学研究》2016 年第 1 期；朱广新、谢鸿飞主编：《民法典评注：合同编通则》（第 1 册），中国法制出版社 2020 年版，第 32 页。

〔3〕史尚宽：《债法总论》，中国政法大学出版社 2000 年版，第 11 页。

〔4〕詹森林：《非典型契约之基本问题》，载《月旦法学杂志》第 27 期；王泽鉴：《债法原理》（第一册），中国政法大学出版社 2001 年版，第 113 页。

“你与则我与”的规则之上，是财产交换关系在法律上的典型表现。社会生活中绝大多数合同都属于双务合同。对待给付是指双方当事人均须给付，且此二给付互为条件，具有牵连性。在双务合同中，一方的权利是另一方的义务，一方的义务则是另一方的权利，一方权利的实现有赖于另一方义务的履行，一方履行义务导致另一方权利的实现。

双务合同的特色表现为给付与对待给付之间的牵连关系或者说双务合同的牵连性。牵连关系分为发生上、功能上、恢复原状关系上的牵连关系。发生上的牵连性，如15岁的乙未经其法定代理人甲同意，将汽车出卖给丙，甲拒绝承认该买卖合同。乙在买卖合同中虽对丙表示愿意负担出卖人义务，但因甲不同意，乙并不因与丙意思表示一致而负担这一义务；丙虽对乙表示承担支付价金义务，但由于乙的义务不发生，处于牵连关系的丙的对待给付义务也不发生。功能上的牵连性可进一步区分为履行上的牵连性与存续上的牵连性。履行上的牵连性是指双务合同在请求权的行使方面，给付与对待给付也具有牵连关系。其典型表现为同时履行抗辩权，即一方在他方未为对待给付前，得拒绝自己的履行。存续上的牵连性典型表现为，因不可归责于债务人的事由导致给付不能，给付义务不再存续，但因给付与对待给付存续上的依存关系，对待给付也随同消灭。恢复原状关系上的牵连性，是指当事人基于其意思将双务合同关系恢复到合同生效的原点，这种牵连性也延续到恢复原状关系上。恢复原状关系的牵连性主要表现在合同解除的恢复原状关系、双务合同不当得利返还请求等。

不完全双务合同，是指双方当事人虽然各负有债务，但其债务并不具有给付与对待给付关系的合同。无偿委托合同即为适例。对于有偿委托合同而言，委托人支付报酬的义务与受托人处理事务的义务具有对价关系，为双务合同。但在无偿委托合同中，委托人虽可能负有预付必要费用的义务，但委托人该义务与受托人处理事务的义务并不具有给付与对待给付关系，因此无偿委托合同非属双务合同，而是属于不完全双务合同。

一方负担合同，又称为单务合同或片面义务契约，是指仅一方当事人负给付义务的合同。单务合同的典型形态为赠与合同、保证合同。赠与合同中，仅赠与人负有将标的物交付给受赠人的义务，受赠人不承担义务，为典型的单务合同。

（二）区分意义

区分单务合同、双务合同、不完全双务合同具有以下法律意义：

1. 是否适用同时履行抗辩权

在双务合同，出卖人不履行义务即要求买受人付款的，买受人可行使同时履行抗辩权予以拒绝。但在无偿委托合同这一不完全双务合同中，委托人要求受托人处理事务，受托人不得以委托人未预付必要费用为由而行使同时履行抗辩权拒绝处理事务。

2. 是否适用风险负担规则

风险负担制度系专为双务合同而设立，单务合同中不存在风险负担问题。在大陆法系国家或地区，在风险负担的一般规则上普遍采纳债务人主义。例如，《德国民法典》第323条、《奥地利民法典》第1064条、我国台湾地区“民法”第266条等均采债务人主义。双务合同的特质在于双方当事人相互承担给付义务，双方的义务相互牵连、互为因果，因此，当标的物毁损灭失使得一方免给付义务时，他方相应的应免对待给付义务，始符合公平观念。“债务人主义，较能说明双务契约本质上存续之牵连性，为交换的公平理念所要求。”[1]如在租赁合同订立后，出租人尚未交付租赁物，租赁物即毁损灭失的，此时出租人固然免负交付租赁物的义务，但承租人亦应不再承担支付租金的义务，即免对待给付义务，即由出租人承担租金的风险。即便租赁物已经交付，租期内租赁物发生毁损灭失的风险也应由出租人承担，因为出租人作为债务人再也不能履行其“保证承租人使用租赁物”的义务，从而承租人亦应免负支付租金的对待给付义务。

3. 债务不履行的后果不同

如在双务合同中，一方依约履行而另一方违约，则违约方的相对人（即守约方）可请求违约方退还标的物。如已经支付了货款的买受人在出卖人违约时有权要求出卖人退还货款。而在单务合同中，违约方的相对人不享有要求违约方退还标的物的权利。如赠与人违约时，受赠人无权要求赠与人退还标的物，因为受赠人根本就没有交付标的物的义务。

三、有偿合同与无偿合同

（一）概念

根据一方履行合同义务给对方某种利益，对方取得该利益是否需要支付相应代价的标准，可以将合同分为有偿合同与无偿合同。

---

〔1〕 苏俊雄：《契约原理及其适用》，中国台湾地区中华书局1978年版，第150页。

有偿合同是指一方履行合同义务给对方某种利益，对方取得该利益需要支付相应代价的合同。有偿合同是商品交换最典型的法律形式。在实践中，绝大多数合同都是有偿的，如买卖合同、租赁合同、仓储合同、运输合同、行纪合同等。

无偿合同是指一方履行合同义务给对方某种利益，对方取得该利益无须支付代价的合同。无偿合同不是商品交换的典型形式，不具有普遍性。不过，在无偿合同中，仅一方支付利益或者仅一方取得利益是双方当事人合意的结果，依然受法律的承认与保护。赠与是最典型的无偿合同，其在无偿合同中的地位与买卖合同在有偿合同中的地位相当。要注意的是，无偿合同中取得利益的一方当事人无须支付代价，这并不表明他不承担任何义务，只是此种义务并非他从利益给付方获得利益所支付的报酬，如借用人虽然无偿使用他人物品，但负有正当使用并按期返还的义务。

（二）区分意义

一般来说，区分有偿合同与无偿合同具有以下意义：

第一，在不同的合同中，利益的出让方承担的义务和责任不同。在有偿合同中，行为人承担着较重的义务与责任；而在无偿合同中，行为人承担较轻的义务和责任。传统民法将过错区分为故意、过失，过失可进一步区分为重大过失与轻过失，轻过失则可区分为具体轻过失与抽象轻过失。重大过失是指欠缺一般人或普通人的注意，具体轻过失是指欠缺与处理与自己事务一样的注意，抽象轻过失则是指欠缺善良管理人的注意。一般来说，在上述三种注意义务中，从注意义务的程度来看，普通人的注意义务最轻，而善良管理人的注意义务最重；从过失的程度来看，欠缺普通人的注意义务的重大过失是最重的，而欠缺善良管理人的注意义务的抽象轻过失乃是最轻的。在现代民法上，行为人以承担抽象轻过失为原则，以承担具体轻过失为例外。由于合同存在着有偿合同与无偿合同的区别，法律对有偿合同中的当事人施加的注意义务的程度较重，而对无偿合同中的当事人所施加的注意义务的程度较轻。一般来说，有偿合同的当事人应当承担抽象轻过失责任，而无偿合同的当事人则仅应承担具体轻过失责任。也就是说，有偿合同的当事人应对故意、重大过失、具体轻过失、抽象轻过失等一切过错负责；而无偿合同的当事人仅应对故意、重大过失、具体轻过失负责。不仅如此，在世界上一些国家或地区的民法中，由于考虑到无偿合同中债务人是不获对价而履行义务，还进一步降低债务人履行注意义务的程度，仅要求无偿合同的债务人对故意和重大过失负责。《民法典》第

929条第1款规定："有偿的委托合同，因受托人的过错造成委托人损失的，委托人可以请求赔偿损失。无偿的委托合同，因受托人的故意或者重大过失造成委托人损失的，委托人可以请求赔偿损失。"也就是说，在有偿委托合同中，受托人要对一切过错负责；而在无偿委托合同中，受托人仅对故意和重大过失负责，因此，有偿委托合同受托人所承担的注意义务要比无偿委托合同受托人所承担的注意义务要重。《民法典》第897条规定："保管期内，因保管人保管不善造成保管物毁损、灭失的，保管人应当承担赔偿责任。但是，无偿保管人证明自己没有故意或者重大过失的，不承担赔偿责任。"也就是说，在有偿保管中，保管人要对一切过错负责；而在无偿保管中，保管人仅对故意和重大过失负责。有偿保管合同的保管人所承担的注意义务也显然比无偿保管合同的保管人所承担的注意义务要重。

第二，法律对无偿合同受益人的保护程度较低。例如，在善意取得制度中，善意受让人取得标的物所有权的一项条件就是该标的物"以合理的价格转让"（《民法典》第311条），亦即受让人依有偿合同受让动产的占有。若该受让人系依无偿合同而受让动产的占有，则即使其为善意，亦不能依善意取得制度取得标的物所有权。这说明法律对无偿合同受益人的保护程度远较对有偿合同受益人的保护程度为低。

第三，在合同的解释上，若是无偿合同，应按对债务人义务较轻的含义解释；反之若是有偿合同，则应按对双方均较公平的含义解释。"无偿契约，债务人仅负给付义务，其债务之履行并无对价利益可为报偿，有关契约成立、效力等之衡量，如与有偿契约作同样之解释，对债务人难免过苛。""在契约解释上，……受领人所了解之效果意思，应无特别推崇之意义。换言之，亦即应以表意人所预期而表示之效果意思，作为解释之标准，亦无庸要求表意人非依规范信赖上之慎思熟虑人为意思表示不可。"[1]

四、诺成合同与实践合同

根据合同成立是否以交付标的物为标准，可以将合同区分为诺成合同与实践合同。

诺成合同是指双方当事人意思表示一致即可成立的合同。"诺成"之意就是"一经承诺即成立"。合同的订立一般要经过要约、承诺的过程，受要约人

---

〔1〕 邱聪智：《民法研究（一）》（增订版），中国人民大学出版社2002年版，第48页。

作出承诺，意味着双方当事人意思表示达成一致，从而导致合同成立。

诺成合同是合同最典型的形式，绝大多数合同都是诺成合同。实践合同，又称为要物合同，是指双方当事人意思表示一致以外，还需要交付标的物才能成立的合同。现代社会中，民事合同以诺成为原则，实践合同的数量屈指可数，仅保管、借用等少数合同是实践合同。

诺成合同与实践合同的区别不在于是否交付标的物，而在于是否将交付标的物作为合同的成立要件，也就是说，交付标的物究竟是属于合同的成立要件还是属于履行债务的行为。例如，买卖合同是诺成合同，在买卖合同中，出卖人也要交付标的物，不过，只要双方当事人意思表示一致，买卖合同就成立，出卖人交付标的物的行为发生在买卖合同依法成立之后，属于履行合同义务的行为。而对于保管合同而言，保管人与寄托人意思表示达成一致，保管合同仍不能成立，只有当寄托人将标的物交付给保管人后，保管合同才能成立。因此，对于买卖合同来说，在双方当事人依法达成合意以后，如果出卖人不交付标的物或者买受人拒绝受领，因合同已经成立，则一方可请求另一方承担违约责任。而对于保管合同，纵使双方当事人已经达成合意，但若寄托人不将保管物交付给保管人或保管人拒绝接受，则因合同尚未成立，一方当事人不得请求对方承担违约责任。

诺成合同的意义在于：使“合意”或者说“意志”的因素凸显出来。梅因指出，罗马法的诺成契约，“在契约的观点上，形式全部被消除了，外部行为只是看作内部意志行为的象征。”〔1〕我国学者指出，“严格意义上的契约观念或法律行为观念只有在有约束力的意思表示无须靠即时交易来保障，并且在时空上与后者分离时，才可能真正形成。脱离了‘法律上可期待的信用’这一命题，就不可能充分理解法律行为的本质。从这个意义上说，要物行为并不能反映法律行为的实质。只有诺成行为才反映这一实质。”〔2〕相较于此，实践合同则并无凸显，反倒是有掩盖“合意”因素重要性的特色。因为当双方当事人达成合意以后，合同还不能成立，尚须具备其他要件。有鉴于此，有学者主张，“财产性的契约应均予以‘诺成化’，保留要物契约此种法制史上的残留物，实无必要。”〔3〕不过，民法之所以规定实践合同，主要是考虑到保管、借用等属于

〔1〕［英］梅因：《古代法》，沈景一译，商务印书馆1959年版，第180页。
〔2〕董安生：《民事法律行为》，中国人民大学出版社1994年版，第5页。
〔3〕王泽鉴：《债法原理》（第一册），中国政法大学出版社2001年版，第126页。

无偿合同，在达成合意之外，另提出交付的要件，可以使双方当事人能在交付前有考虑斟酌的机会，具有警告功能，以达到保护无偿的利益出让方的目的。

根据《民法典》的规定，以下合同为实践合同：保管合同（第890条）、自然人之间的借款合同（第679条）、定金合同（第586条第1款）。这些合同均自交付标的物时成立。

五、要式合同与不要式合同

（一）概念

根据合同成立或生效是否需要履行一定手续、采用一定形式，可以将合同区分为要式合同与不要式合同。

要式合同是指法律规定或当事人约定必须履行一定手续、采用一定形式才能成立或生效的合同。“要式行为，乃须依一定方式始能成立之行为。”[1]只有履行了该手续、采用了该形式，合同才能成立或者生效；若不采用，则合同不成立或不能生效。依要式来源的不同，要式合同可分为法定要式合同与约定要式合同。前者的要式要求源于法律规定，后者的要式要求则源于当事人约定。

不要式合同是指法律不要求履行一定手续、采用一定形式，可由当事人自主决定采取某种形式的合同。“不要式行为，乃不需履行一定方式即可成立之行为。”[2]不要式合同的实质是立法者把决定合同形式的自由让给当事人自己，使当事人自己成为自己的立法者。

从古到今，合同形式经历了一个从要式到不要式的发展过程。古代社会，合同以要式为原则，不要式为例外。根据当时的法律，在合同订立时，当事人必须履行严格的程式、说出固定的套语乃至完成法定的动作，否则合同就不能成立。仪式甚至比合意更重要。形式是合同发生法律拘束力的根源。后来人们认识到合同发生拘束力的基础不是方式而是意思，法定方式遂成为意思以外的要件，方式逐渐丧失了在决定合同成立与生效上的重要性。总之，在现代社会，合同原则上为不要式，法定方式的规定成为例外，而须有特别理由。当然，近年来，随着消费者保护思想的发展，法定方式又有逐渐增多的趋势。导致合同形式由以要式为原则向以不要式为原则变化的缘由在于，古代社会商品交换不发达，其发生具有偶然性，范围狭小，使交易主体更注重交易安全而非

〔1〕杨与龄主编：《民法总则实例问题分析》，清华大学出版社2004年版，第27页。
〔2〕同上。

交易迅速和便捷。然而，现代社会中，商品交换具有普遍性，交易主体更加关注交易迅速和便捷，于是立法者便对合同形式持放任态度，将决定合同形式的权利交给当事人自己，由当事人自主选择是谋求交易安全还是交易便捷。

在合同形式上，我国民法亦以不要式为原则。《民法典》第469条规定："当事人订立合同，可以采用书面形式、口头形式或者其他形式。书面形式是合同书、信件、电报、电传、传真等可以有形地表现所载内容的形式。以电子数据交换、电子邮件等方式能够有形地表现所载内容，并可以随时调取查用的数据电文，视为书面形式。"即原则上由当事人自主决定合同形式，此为私人自治原则或合同自由原则的具体表现或要求。

（二）要式的功能

一般而言，要式具有以下功能：第一，证据功能。书面书、公证书等要式形式，记载了合同成立地点、时间、内容等诸事项，不仅能避免日久模糊、发生争执，而且在发生争议后可作为证据，便利诉讼时举证。第二，警告功能。法律要求某种合同采用法定形式，而非仅达成口头协议即可成立，可以起到郑重其事的作用，使当事人能意识到自己将要受合同的拘束，特别是对那些可能会对当事人利益产生重大影响的合同，可以发挥提醒当事人签名、公证等将会使其受法律上拘束的作用。第三，谈判磋商及缔结合同阶段的功能。为缔结合同，当事人往往要经过反复的磋商谈判，在此过程中，双方要经过多次口头或书面交流，但是，它们往往只是谈判过程中的资料，除当事人有特别约定外，不发生法律拘束力，直到双方在合同书上签名盖章，合同才宣告成立。此际，方式可发挥谈判磋商与合同缔结两个不同阶段的功能。第四，信息透明与公开功能。在现代社会中，为保护消费者，法律有时规定合同书须记载某些事项，这就具有信息透明化的作用，使消费者能知悉与其有重大利害关系的合同事项。第五，纷争处理目的。在合同形式中引入公证，可发挥公证制度预防诉讼的功能。第六，保护当事人功能。法律要求某种合同采用法定形式，延长了合同成立时间，使得当事人有更多时间去权衡思考斟酌利害关系，决定是否要订立合同，从而使当事人慎重，避免草率决定。

当然，要式亦有不利益之处。如相较于口头形式，合同书、公证书等要式形式会增加交易成本。此外，有法律知识和信息的人可能会用要式规定来操纵交易，使相对人遭受不利益。

（三）要式合同的类型

《民法典》中要式合同的类型颇多。仅就《民法典》合同编"典型合同"

分编而言，就存在为数不菲的要式合同规定，如借款合同（第668条第1款）、保证合同（第685条）、融资租赁合同（第736条第2款）、保理合同（第762条第2款）、建设工程合同（第789条）、技术开发合同（第851条第2款）、技术转让合同和技术许可合同（第863条第2款）、物业服务合同（第938条第3款）。

（四）合同形式缺陷的后果

1. 域外法

在大陆法系国家或地区，对违反要式要求的合同的效力，一般采取以下措施：第一，规定不采用法定形式要求的，除法律另有规定外，合同无效。〔1〕第二，设置治愈规定。例如，针对不动产买卖，虽然买卖合同未依规定采用法定形式，但若当事人已办理登记的，则不动产买卖合同也有效。第三，当事人虽未采用法定形式，但若一方主张合同无效违反诚实信用原则，则该合同仍有效。如法律规定某合同应采书面形式，缔约时甲欺诈乙该合同无须采用书面形式，嗣后因合同履行对甲不利，甲遂主张该合同未采用书面形式因而无效，则法院往往会依诚实信用原则而判决该合同有效，以免助长甲的不诚信行为。

2. 我国法

在我国，不符合法定形式要求的合同的效力，表现为以下几种形态：

第一，《民法典》第490条规定："当事人采用合同书形式订立合同的，自当事人均签名、盖章或者按指印时合同成立。在签名、盖章或者按指印之前，当事人一方已经履行主要义务，对方接受时，该合同成立。法律、行政法规规定或者当事人约定合同应当采用书面形式订立，当事人未采用书面形式但是一方已经履行主要义务，对方接受时，该合同成立。"〔2〕该条并未明定当事人未依规定或约定采用书面形式订立合同的法律效果，但对该条第1款、第2款进行反面解释可知，书面形式应是合同的成立要件，〔3〕亦即当事人采用合同书形式

---

〔1〕如《德国民法典》第125条、《瑞士债务法》第11条第2款、《荷兰民法典》第三编第39条、《希腊民法典》第159条第1款、《意大利民法典》第1325条第3项、《葡萄牙民法典》第220条、《波兰民法典》第73条第1款、《匈牙利民法典》第217条第1款，等等。

〔2〕该条源于《合同法》第36—37条。从立法技术上看，该条将《合同法》第36、37条合并为一条。在实质上并无变化。《合同法》第36条规定："法律、行政法规规定或者当事人约定采用书面形式订立合同，当事人未采用书面形式但一方已经履行主要义务，对方接受的，该合同成立。"第37条规定："采用合同书形式订立合同，在签字或者盖章之前，当事人一方已经履行主要义务，对方接受的，该合同成立。"

〔3〕对《合同法》第36条、第37条，我国学界多数见解认为书面形式为合同成立要件。参见胡康生主编：《中华人民共和国合同法释义》，法律出版社1999年版，第68页；江平主编：《中华人民共和国合同法精解》，中国政法大学出版社1999年版，第28页；韩世远：《合同法总论》（第四版），法律出版社2018年版，第85页。

订立合同的，若当事人尚未签名、盖章或者按指印，则合同不成立；法律、行政法规规定或者当事人约定合同应当采用书面形式订立，若当事人未采用书面形式，则合同不成立。值得注意的是，该条针对形式缺陷而设置治愈规定——“一方已经履行主要义务，对方接受时，该合同成立”，这一规定固然具有鼓励交易、尽量促成合同成立的作用，但过于宽泛，却也使得立法欲用形式来控制合同效力的初衷丧失，使得形式对合同效力的影响十分有限。[1]

第二，《民法典》第502条规定：“依法成立的合同，自成立时生效，但是法律另有规定或者当事人另有约定的除外。依照法律、行政法规的规定，合同应当办理批准等手续的，依照其规定。未办理批准等手续影响合同生效的，不影响合同中履行报批等义务条款以及相关条款的效力。应当办理申请批准等手续的当事人未履行义务的，对方可以请求其承担违反该义务的责任。依照法律、行政法规的规定，合同的变更、转让、解除等情形应当办理批准等手续的，适用前款规定。”据此，法律、行政法规规定合同应当办理批准手续的，合同自办完批准时生效，此际，批准为合同的生效要件。[2]

第三，《民法典》第707条规定：“租赁期限六个月以上的，应当采用书面形式。当事人未采用书面形式，无法确定租赁期限的，视为不定期租赁。”据此，对于租赁合同而言，书面形式既非合同的成立要件，亦非生效要件。

六、一时性合同与继续性合同

（一）概念

以时间因素是否对合同给付义务的内容及范围发生影响为标准，可以将合同分为一时性合同与继续性合同。

一时性合同，也称为一次给付合同，或单纯的合同，是指合同的内容，因一次给付或分期给付即可实现。一时性合同的给付形态，以一次给付较为常

---

〔1〕“过于宽泛的例外必使原则规范徒有虚名，此时即需矫正过于泛化的例外规范。《合同法》第32—33条系关于以合同书等形式所订立合同的成立要件的规定，而《合同法》第36—37条为其例外规定。大陆法系国家或地区之立法通例于‘法律行为欠缺法定形式无效’一般规则之外，仅在不动产买卖、赠与、保证、消费者借贷合同等特殊情形，始承认履行行为可补正法定形式欠缺。《合同法》第36—37条固然具有鼓励交易、尽量促成合同成立的作用，但过于宽泛，背离了其例外品性，使得立法欲用形式来控制合同效力的初衷丧失。”参见易军：《原则/例外关系的民法阐释》，载《中国社会科学》2019年第9期。

〔2〕值得注意的是，登记备案手续并非合同生效要件。例如，《民法典》第706条规定：“当事人未依照法律、行政法规规定办理租赁合同登记备案手续的，不影响合同的效力。”

见，但亦包括分期给付。如就买卖合同而言，分期给付既可是价金分期给付（分期付款买卖），也可是标的物分期给付，如甲向乙出卖一套图书八册，约定每月交付一册。因此一时性合同可分为一次给付合同与分期给付合同。分期给付合同特色有三：一是当事人所订立的，是单一的合同。二是该合同的总给付自始确定，采分期给付的履行方式，时间的因素对给付的内容及范围，并无影响。三是其与一次给付合同的主要区别，在于债务人有无为一部清偿的权利。在一次性给付合同中，债务人无为一部清偿的权利——债权人可以拒绝债务人部分履行债务（《民法典》第531条第1款）。

继续性合同是指债的内容，非一次给付可完结，而是继续地实现，其基本特色系时间因素在债的履行上居于重要的地位，总给付之内容系于应为给付时间的长度。[1]分期给付合同虽非一次给付而是分期给付，但由于自始有一个确定的总给付，因此非属继续性合同。继续性合同多表现为劳务性合同，如雇佣、保管、承揽、委托、运输、旅游合同等，但亦有财产性合同为继续性合同，如租赁合同。

继续性合同具有以下特点：第一，继续性合同自始欠缺确定的总给付内容，给付时间的长度对于合同总给付的确定具有决定意义。与此有异，一时性合同的给付内容自始即属确定，时间因素对一时性合同债务的履行无意义或不具重要性。例如，分期付款买卖中，虽然买受人分期支付价款，但其总给付自始确定，时间因素对给付内容和范围并无影响，分期给付的履行方式未改变这一性质。而对于定有明确期限的租赁或雇佣合同而言，虽然缔约时明确约定了存续期间，似乎总给付一开始就已确定，但由于这些合同原则上可由一方当事人提前解除，或者出租人未尽保持租赁物处于适于用益状态的义务，承租人得主张减少租金等，其总给付实质上并未自始确定，因此仍属于继续性合同的范畴。第二，继续性合同一般具有无限延续性和不可耗损性。无限延续性是指继续性合同的当事人在订立合同时若未定有期限或合同履行后未予以终止，则合同关系通常可无止境地延续而不消灭。无限延续性来自合同主给付本身具有持续性的特性。不可耗损性是指合同当事人一定时间所提交的给付并不能使合同内容发生减少或合同消灭，继续性合同也不因合同当事人的给付而发生任何变

〔1〕王泽鉴：《债法原理》（第一册），中国政法大学出版社 2001 年版，第 132 页。拉伦茨教授认为，继续性债之关系不是以继续性行为，就是以特定时期的反复个别的给付为内容，所以债的清算不是一时的给付即可完成，而是持续一段时间。因此，给付时间的长度决定总给付的范围才是继续性债之关系的本质。Vgl. Larenz，LehrbuchdesSchuldrechts，Bd. IAT13Aufl. 1982S. 29.

动和影响。由于继续性合同具有无时限性特征，合同当事人提出的给付并不构成合同“部分给付”或“一部清偿”，仅是无限合同内容中有限的部分，从而对合同整体并不产生任何影响。第三，继续性合同的当事人之间往往具有很强的信赖关系。“由于将一定期间状态的存续或维持作为继续性合同的目的，因而当事人之间的信赖关系便成为合同的实质性要素。”[1]基于此种信赖关系，各方当事人应持续尽力履行义务，不仅应承担给付义务，还应承担各种附随义务。一旦当事人之间的人格信任关系受到破坏，则持续尽力履行义务的基础也就不复存在，合同关系亦不再存在。

（二）区分意义

区分一时性合同与继续性合同的主要意义，体现在以下方面：

1. 对合同确定性的强弱要求不同

一时性合同的成立要求具有确定性，以便履行或强制履行；而继续性合同虽然也要求具有确定性，但司法上的趋势是，应当考虑实务中的可行性，适当放松对确定性的要求，以适应更加复杂、精密的交易。[2]

2. 合同不成立、无效或被撤销是否溯及既往不同

《民法典》第155条规定：“无效的或者被撤销的民事法律行为自始没有法律约束力。”无论是一时性合同，还是继续性合同，若当事人均未为给付，不生问题。但若当事人已为给付，则在一时性合同，依《民法典》第157条，行为人因法律行为取得的财产，应当予以返还；不能返还或者没有必要返还的，应当折价补偿。而在继续性合同，“应限制无效或可撤销的溯及效力，使自当事人主张不生效力无效或撤销之时起向将来发生效力，过去的法律关系不因此而受影响”。[3]

3. 可转让性的强弱不同

基于一时性合同产生的债权债务，其转让相对较为容易，而基于继续性合同产生的债权债务，其转让则较为严格。例如，《民法典》第716条第2款规定：“承租人未经出租人同意转租的，出租人可以解除合同。”第894条第1款规定：“保管人不得将保管物转交第三人保管，……”第923条规定：“受托人应当亲自处理委托事务。……”其原因在于，继续性合同重视信任关系，如移

---

〔1〕 韩世远：《合同法总论》（第四版），法律出版社2018年版，第89页。

〔2〕 崔建远：《合同法》（第三版），北京大学出版社2012年版，第29页。

〔3〕 王泽鉴：《债法原理》，北京大学出版社2009年版，第105页。

转其权利义务，将使信任关系受到破坏，因而未经同意的转让遂常会成为解除合同的理由。

4. 合同的履行不同

对于一时性合同而言，原则上债务一经履行，债权债务关系即归于消灭；对于继续性合同而言，在履行期内，履行呈持续状态，此即“继续的给付”或“状态给付”，合同债权债务关系持续存在。

5. 合同解除是否溯及既往不同

《民法典》第566条第1款规定：“合同解除后，尚未履行的，终止履行；已经履行的，根据履行情况和合同性质，当事人可以请求恢复原状或者采取其他补救措施，并有权请求赔偿损失。”对于一时性合同而言，合同解除具有溯及力，当事人负有相互返还所受领给付的义务；而对于继续性合同而言，合同效力自解除之时向后消灭，并无溯及效力，先前的合同关系不受影响。“契约终止既未溯及效力地使契约消灭，其在终止前所为的给付，具有法律上原因，不成立不当得利。”[1]

6. 解除权产生的原因不同

对于一时性合同而言，较严格贯彻“契约严守原则”，只有在符合法定或约定解除条件时才允许当事人解除合同，解除权产生原因相对较少。对于继续性合同而言，由于当事人的给付范围依时间而定，一个在时间上不可解消的继续性结合关系，将过分限制当事人的活动自由，自须在时间上有所限制，因此应承认当事人的解约自由。此外，继续性合同特别重视信赖基础，要求当事人各尽其力，实现债之目的，除给付义务外，尚发生各种附随义务，以维护当事人的利益，信赖基础一旦损失，或因其他特殊事由难以期望当事人继续维持此种结合关系时，法律自应允许一方当事人解除合同。对此，《民法典》第563条第2款规定：“以持续履行的债务为内容的不定期合同，当事人可以随时解除合同，但是应当在合理期限之前通知对方。”

七、束己合同与涉他合同

（一）概念

根据合同的效力仅及于合同当事人还是及于当事人以外的第三人的标准，可将合同区分为涉他合同与束己合同。这一区分标准与合同相对性原则具有密

---

〔1〕王泽鉴：《债法原理》，北京大学出版社2009年版，第106页。

切关联。

合同相对性，又称为合同之债的相对性，是指合同关系只发生在特定的主体之间，只对特定的主体发生约束力，只有合同当事人才能基于合同相互提出请求或提起诉讼，合同当事人不得依据合同对合同关系外的第三人提出请求或者提起诉讼，合同关系外的第三人不能依据合同向合同当事人提出请求或者提起诉讼。《民法典》第465条第2款规定："依法成立的合同，仅对当事人具有法律约束力，但是法律另有规定的除外。"明确规定了合同的相对性原则。

合同相对性原则在古罗马即已确立。在罗马法上，债被称为"法锁"，意指"当事人之间羁束的状态"，换言之，是指债能且只能对债权人和债务人产生约束力。从而，合同作为依当事人合意而建立起来的一种债，只能约束其当事人，其他人则既不享受合同上的权利也不承担合同上的义务。罗马法上的"任何人不得为他人订约"、"合同对第三人不及利害"以及"不得给予当事人之外的人以利益或不利益"等格言均体现了合同相对性的要求。合同相对性规则与私人自治原则具有密切的联系。私人自治原则固然是指在私法关系中，个人可不受干涉地自由地为意思表示不受他人干涉，但是个人因自己的意思表示而受拘束，而且此表意人只受自己意思表示而不受他人意思表示的拘束亦为其题中应有之义。因此，由于合同在本质上只不过是特定主体自由意思的合致，从而只有表示了此种合意的主体即当事人才受其约束，而合同当事人以外的第三人并非合同所涉意思表示的表意人，所以他并不受合同的拘束，从而不得主张合同上的权利、负担合同上的义务。由此看来，合同相对性只不过是私人自治原则的一个副产品，由私人自治原则必然会引申出合同相对性规则。

束己合同，或称为"为订约人自己订立的合同"，是效力仅约束合同当事人的合同。详言之，订约当事人订立合同是为自己设定权利和义务，使自己直接取得和享有某种利益、承受某种负担的合同。[1]束己合同严格遵循合同相对性原则。涉他合同则是指效力涉及合同关系外第三人的合同。一般认为，涉他合同属于对合同相对性原则的突破。[2]

从合同效力的角度看，合同效力可分为对内效力和对外效力，束己合同即体现了合同的对内效力，而涉他合同则体现了合同的对外效力。根据合同效力

〔1〕 韩世远：《合同法总论》（第四版），法律出版社2018年版，第97页。
〔2〕 当然，严格言之，第三人利益合同确实突破了合同相对性原则，而第三人负担合同其实仍遵循了合同相对性原则。

是使第三人获得利益还是使第三人承受不利，又可将涉他合同分为第三人利益合同与第三人负担合同两种类型。

（二）第三人利益合同

1. 第三人利益合同的概念

第三人利益合同，又称为第三人利益订立的合同、利他合同、第三人取得债权的合同或向第三人给付的合同，是指合同当事人约定由一方向合同关系外第三人为给付，该第三人即因之取得直接请求给付权利的合同。在第三人利益合同中，依约应向第三人为给付的一方，为债务人、诺约人或约束人；可请求债务人向第三人为给付的一方，为债权人、要约人或受约人；可请求债务人向自己为给付的主体，为第三人或受益人。鉴于各种具体的第三人利益合同在我国运输业、保险业等行业普遍存在的事实，而第三人利益合同确实具有缩短给付、节约交易成本、增加第三人债权受偿机会等各种重要功能，《民法典》第522条第2款确立了第三人利益合同制度。

第三人利益合同并非一种固有的合同类型，在买卖、赠与、租赁等各种普通合同中，当事人均可为第三人利益作出约定，即约使第三人直接取得请求给付之权，由此成立第三人利益合同。因此与普通合同相较，第三人利益合同的特质仅在于其内容的一部分，使合同关系外第三人取得债权。可以说，第三人利益合同在结构上实际上为一普通合同并附有一项第三人利益约款，并且正是此项第三人约款的存在改变了合同上给付义务的方向。就第三人利益合同的成立而言，当事人可于订立普通合同的同时即订立第三人利益约款，也可于普通合同订立以后再订立第三人利益约款。如甲应向乙购车，出卖人乙应向买受人甲给付，但在交付前甲、乙又约使丙可向乙请求给付，此时由于此第三人利益约款的存在，使出卖人乙变为应向丙给付。

2. 第三人利益合同的成立要件

第三人利益合同的成立除了债权人与债务人之间的基础合同有效成立外，还需要具备以下要件：

第一，法律规定或者债权人与债务人约定由债务人向第三人为给付。债务人向第三人所作给付并无限制，作为、不作为均无不可。例如，出租人为承租人利益与邻居约定半夜不奏乐，债务人承担的即为不作为义务。第三人既可为自然人，也可为法人，第三人也并不限于订约时既有之人，即使将来可产生之人如胎儿或设立中的法人亦无不可。并且也不必于订约时确定其人，仅约定可得确定之标准亦可。但第三人在行使权利时应有权利能力。

第二，第三人可以直接请求债务人履行债务。依大陆法系各国民法关于第三人利益合同的规定或理论上的通说，当事人除约定向第三人为给付外，还须有使第三人对债务人取得直接请求权的特约，才构成第三人利益合同。《民法典》第522条第2款规定："法律规定或者当事人约定第三人可以直接请求债务人向其履行债务，……"亦明确提出该要件。如果当事人仅约定向第三人给付，而不约定使第三人对债务人取得直接请求给付的权利，不构成第三人利益合同，仅构成不真正的或不纯正的第三人利益合同。

第三，债权人也享有请求债务人向第三人给付的权利。在大陆法系各国，虽有少数国家立法仅规定第三人享有请求给付的权利[1]，但大多数国家的民法规定债权人也享有请求债务人向第三人给付的权利[2]，实际上债权人是否享有此项权利正是第三人利益合同与并存的债务承担的区别之处，第三人利益合同须具备此项要件应属显然。我国法上也应作相同解释。

3. 第三人利益合同的效力

（1）对第三人的效力

第三人利益合同成立后对第三人发生的一个基本效力就是：该第三人对债务人取得直接请求给付的权利。

需要厘清的是，第三人权利的取得是否以该第三人作出受益的意思表示为要件？这在各国民法上存在差异，由此形成了两种不同的立法例。第一种立法例将受益的表示作为第三人取得权利的要件，即第三人未作出受益表示或作出不受益的表示的，第三人权利不发生。例如，《日本民法典》第537条第2款的规定。第二种立法例并不将受益表示作为第三人取得权利的要件，受益表示仅具有使已取得的权利予以确定的作用，即第三人利益合同成立之时即为第三人取得权利之时，唯在第三人作出受益表示前，其权利尚处于不确定的薄弱状态，当事人可予以变更或废弃。法国、瑞士及我国台湾地区"民法"皆采此立法例。与此相关，在这种立法例下，当事人不作出受益的表示反而作出不受益的表示时，第三人已取得的权利应视为自始未取得权利，即溯及既往地消灭。在这方面，《民法典》第522条中规定"第三人未在合理期限内明确拒绝"，与上述两种立法模式均不相同。首先，它不以第三人作出受益的意思表示为要件；其次，它也

---

〔1〕 如《法国民法典》第328条第1款、《日本民法典》第537条第1款。

〔2〕 如《德国民法典》第315条、《瑞士债务法》第112条第1款、我国台湾地区"民法"第269条。

不使第三人的受益表示发挥强化第三人权利效力的作用，而是规定，只要第三人未在合理期限内明确拒绝，该第三人即取得直接请求给付的权利。

（2）对债权人的效力

第三人利益合同对债权人发生的基本效力就是：债权人可以请求债务人向第三人为给付。由于债权人的债权与第三人的债权均依第三人利益约款而取得，故而有学者将两者均称为第三人约款债权，以别于债权人基于基本合同法律关系而得主张的原契约债权。债权人债权与第三人债权并不相同，第三人可请求债务人向自己为给付，而债权人不能请求债务人向自己而只能请求债务人向第三人为给付，从而这两种债权不是连带债权，但由于这两种债权均以对第三人一个给付为标的，故而类似连带债权从而被称为不真正的连带债权。与此相适应，当债务人不履行债务时，虽债权人与第三人均有损害赔偿权，但债权人与第三人的赔偿权在内容上亦存在差异。第三人可请求债务人赔偿未向自己为给付所生损害，债权人只能请求赔偿因债务人未向第三人为给付致其所生损害。

（3）对债务人的效力

如前所述，债权人与第三人均享有请求债务人给付的权利，从而债务人负有应第三人请求或债权人请求向第三人为给付的义务。当债权人不履行债务时，应向第三人承担违约责任。此外，如果由于债务人不向第三人为给付，致债权人受到损害时，亦应向债权人承担违约责任。例如，甲向乙订货，约定一个月交货，逾期一天支付1000元违约金，乙委托丙交至甲，由于可归责于丙之事由致货物损毁灭失，丙除了应赔偿甲的损失外，还应当赔偿乙向甲支付违约金而受的损失。

第三人虽取得独立的权利，但其权利是基于债权人与债务人之间的合同而产生的，从而债权人基于合同可对抗债权人的一切抗辩均可对抗第三人。《民法典》第522条亦明定："……债务人对债权人的抗辩，可以向第三人主张。"这一效力包含两个方面的要求：第一，债务人可援引债权人事由对抗第三人。如债权人未向债务人为补偿，债务人即可对第三人行使同时履行抗辩权而拒绝给付。第二，债务人所援引的债权人事由必须是由合同所发生，即如果债务人可对抗债权人的事由不是由合同所发生的，则债务人不得以之对抗第三人。如债务人主张与债权人所负债务抵销或对第三人主张债权人已免除其债务，则不得对抗第三人。但是，如果是债务人对第三人的抗辩，则无论其是否基于合同而发生，均可对抗第三人。如甲向乙出售某动产，并与乙约定，乙应将货款给付与丙，而丙曾向乙借款，乙可对丙主张抵销。

（三）第三人负担合同

第三人负担合同又称为由第三人给付的合同、担保第三人给付合同，是指合同当事人约定由第三人向债权人履行债务的合同。第三人负担合同是债权人与债务人之间的合同，其当事人是债权人与债务人，第三人非合同当事人，债权人与债务人之间的使第三人负担义务的约定为第三人负担约款，可以说，第三人负担合同实际上是附有第三人负担约款的债权人与债务人之间的合同。

第三人负担合同的成立要件较为简单，一般认为，第三人负担合同的成立需要具备以下两项要件：第一，债权人与债务人之间存在着合法有效的合同关系。第二，该合同附有第三人负担约款，即当事人在合同中为第三人设定义务。

对第三人负担合同的效力需注意以下几方面的问题：

第一，《民法典》合同编上存在着一条重要的原则，即无论何人未得他人承诺不得以合同使其蒙受不利。为了防止合同当事人通过订立合同损害第三人的利益，法律严禁合同当事人在未取得他人同意的情况下随意为他人设定义务，因此，第三人负担合同成立以后，第三人并非必然对债权人负担给付义务。第三人是否给付完全由其自主决定，该第三人既可以作出同意给付的意思表示，也可以作出不同意给付的意思表示。

第二，债务人负有使第三人为给付的义务，若第三人不为给付，债务人即未完成其义务，从而应向债权人承担债务不履行责任。对此，《民法典》第523条规定：“当事人约定由第三人向债权人履行债务，第三人不履行债务或者履行债务不符合约定的，债务人应当向债权人承担违约责任。”《合同法解释（二）》第16条曾规定：“人民法院根据具体案情可以将合同法第六十四条、第六十五条规定的第三人列为无独立请求权的第三人，但不得依职权将其列为该合同诉讼案件的被告或者有独立请求权的第三人。”这说明，第三人负担合同实际上并未违反合同相对性规则。当然，如果当事人约定债务人仅有义务促成第三人向债权人为给付的，如果债务人已尽合理努力，则其不承担违约责任。

第三，债务人的责任为损害赔偿责任，而非代为履行责任。无论债务人是否有清偿能力，债权人均不得请求其代为履行。但是，如果所约的第三人给付非属于专属性债务，债务人于第三人不为给付时代为履行以免除赔偿责任的，债权人不得拒绝受领。

八、主合同与从合同

根据两个合同相互之间的主从关系，可将合同分为主合同与从合同。

主合同是指无须其他合同的存在即可独立存在的合同。例如，保证合同所担保的设立主债务的买卖、租赁等合同为主合同。从合同是指以其他合同的存在为存在前提的合同。例如，保证合同相对于主债务合同即为从合同。从合同最典型的特点为从属性或附属性，即从合同不能独立存在，须以主合同的存在为前提。从合同的从属性具体表现在以下方面：第一，发生上的从属性。从合同是以主法律行为的存在为前提的，只有在主合同有效成立以后，才能成立从合同。例如，只有在主债务有效成立的前提下才可能存在担保之债。第二，效力上的从属性。从合同是以主合同的有效存在为前提的。主合同不能有效成立，从合同就不能有效成立；主合同被宣告无效或被撤销，从合同也将失去效力。第三，转让上的从属性。主合同转让，从合同也不能单独存在；主合同的权利转让，从合同的权利必须依附于主合同而转让。第四，消灭上的从属性。从合同一般是为了加强主合同的效力而存在的，所以主合同消灭，从合同也应随之消灭。

九、本约合同与预约合同

根据两个合同相互之间的手段与目的关系，可以将合同区分为主合同（本约）与预约合同（预约）。

（一）预约合同的概念、性质

预约合同，指约定将来订立一定合同的合同；基于预约合同而订立的合同为本约合同。《民法典》第495条第1款规定：“当事人约定在将来一定期限内订立合同的认购书、订购书、预订书等，构成预约合同。”该款明定预约的含义，既凸显预约的一般属性，也以例示的方式列举了实践中预约的典型形态。[1]预约是一种设定债权债务关系的合同，以订立本约为其债务的内容。双方当事人互负此项使本约成立的债务的，为“双务预约”或“双方预约”；仅当事人一方负担此项债务的，为“单务预约”或“一方预约”。

---

〔1〕2012年《买卖合同解释》第2条规定：“当事人签订认购书、订购书、预订书、意向书、备忘录等预约合同，……”据此：“认购书、订购书、预订书、意向书、备忘录”均为预约合同，而实际上意向书、备忘录等并不一定都属于预约合同。《民法典》第495条第1款将“意向书、备忘录”剔除在外，是妥当的。

预约的目的在于成立本约，当事人之所以不直接订立本约，原因多样。由于法律上的或事实上的事由，造成订立本约的时机尚不成熟，于是先订立预约，使相对人预先受到订立本约合同义务的拘束，以确保本约的订立。预约合同最为显著的目的即是锁定交易机会，使得双方在控制交易成本的同时增加交易成功的概率，对经济效率大有助益。〔1〕

在我国以往的司法实践中，对预约合同的性质存在一定争议。计有前契约说、从合同说、附停止条件本约说、独立契约说等不同观点。其中，主流意见采独立契约说。2012年《买卖合同解释》第2条采独立契约说，将预约规定为一种独立于本约合同的合同类型。“通过承认预约的独立合同效力，以固定双方交易机会，制裁恶意预约人，对司法实务有着积极的引导意义。”〔2〕《民法典》第495条亦同。在承认预约合同独立性的背景下，可认为：第一，预约合同是诺成合同，即预约合同因双方当事人就将来订立本约合同达成一致意见即可成立，无须践行其他要件。第二，预约合同是不要式合同。法律对预约合同的形式未作强制性的特别要求，故为不要式合同。当事人可以自主决定预约合同采取何种形式。即使法律对本约合同提出了形式要求，由于预约合同是独立于本约合同的，该要求也不能及于预约合同。第三，预约作为一项合同，并不以支付对价为必要。换言之，预约的要点在于当事人就将来成立合同（本约）达成合意，而为此是否一方向另一方支付对价，并不影响合意作为一份独立的合同。〔3〕

预约合同与本约合同是相互独立且相互关联的两个合同。〔4〕从理论上看，两者差异颇大：首先，两者订立时间有先后，预约合同订立在先，本约合同订立在后。其次，预约合同的标的为订立本约合同的行为，而本约合同的标的则为当事人的给付行为。从合同产生的请求权来看，预约合同仅产生缔约请求权，而本约合同则产生本约合同履行请求权。〔5〕不过，在实践中，当事人之间的协议究竟是预约还是本约往往不易判断。此际，可根据以下因素来加以判断：首先，根据合同的文本内容判断当事人订立合同是为了履行具体的权利义

〔1〕焦清扬：《预约合同的法律构造与效力认定》，载《社会科学》2016年第9期。

〔2〕最高人民法院研究室编著：《最高人民法院关于买卖合同司法解释理解与适用》，人民法院出版社2012年版，第15页。

〔3〕韩世远：《合同法总论》（第四版），法律出版社2018年版，第93页。

〔4〕宋晓明、张勇健、王闯：《〈关于审理买卖合同纠纷案件适用法律问题的解释〉的理解与适用》，载《人民司法》2012年第15期。

〔5〕刘俊臣：《合同成立基本问题研究》，中国工商出版社2003年版，第156页。

务、完成交易行为，还是单纯为了锁定交易机会，未来还需要签订其他合同以实现权利义务的履行。其次，要考察合同内容是否完备。预约合同在合同规范上的完备性要求显然要比本约合同低得多。除了订立本约合同之外，预约合同不能形成其他具体的债权债务关系。而本约合同的条款一般来说较为完善，当事人可以直接根据本约合同履行权利、承担义务。在实践中，当事人在合同中已明确约定了合同的价金等主要条款，但在名称上仍然使用预约，也应当根据合同的内容解释为本约。[1]此外，一如我国学者所述，“当事人的约定，究为预约抑系本约，在理论上固易区别，实际上则不易判断，应探究当事人的真意加以认定，订立预约在交易上系属例外，有疑义时，宜认为系属本约”[2]。

预约合同是一项独立的合同，故在该合同的成立与有效上应符合合同的基本要求。就预约合同的成立而言，较具特殊性的地方体现在：第一，合同中具有明确的订立本约的意思。预约合同区别于其他没有法律拘束力的框架性文件、意向声明等的关键是，具有明确的在将来一定期限内订立本约的意思表示。判断是否有这种一致的意思表示，要综合分析预约合同的文字、当事人在订立预约合同过程中的客观行为及交易习惯等加以判断。第二，合同中涉及本约内容的条款应基本上确定本约内容。若预约合同对本约条款的约定非常空泛或宽泛，则合同内容具有不确定性，难以执行。当然，理论上对本约内容应确定到何种程度、应包括哪些条款还存在分歧。理论上一般主张包括依据合同性质应当具备的条款（如本约的标的、数量等）、其他根据具体的合同类型应包括的条款、当事人约定的本约成立必须具备的条款等。

（二）预约合同的违约责任

《民法典》第495条第2款规定：“当事人一方不履行预约合同约定的订立合同义务的，对方可以请求其承担预约合同的违约责任。”此为违反预约合同的民事责任的规定。2012年《买卖合同解释》第2条规定：“当事人签订认购书、订购书、预订书、意向书、备忘录等预约合同，约定在将来一定期限内订立买卖合同，一方不履行订立买卖合同的义务，对方请求其承担预约合同违约责任或者要求解除预约合同并主张损害赔偿的，人民法院应予支持。”相较于该条，《民法典》第495条第2款删除了“或者要求解除预约合同并主张损害赔

---

〔1〕朱广新、谢鸿飞主编：《民法典评注：合同编通则》（第1册），中国法制出版社2020年版，第235—236页。

〔2〕王泽鉴：《债法原理》，北京大学出版社2009年版，第116页；韩世远：《合同法总论》（第四版），法律出版社2018年版，第92页。

偿”的表述。此一处理是妥当的。因为《民法典》第562—563条明定合同解除的一般条件。当事人可否解除预约合同，应依此种合同解除的一般条件规范加以判断。若在违反预约合同的法律效果上直接规定“一方违反预约合同，对方可要求解除预约合同并主张损害赔偿”，不仅存在着预约合同解除条件规定残缺不全——欠缺“致使合同目的不能实现”这一合同解除的核心要件——的弊端，而且不啻直接赋予非违约方单方法定解除权。

由于预约合同为一独立合同，因此预约合同也应适用《民法典》有关违约责任的一般规定。较具特殊性与争议性的问题主要体现在以下方面：

1. 可否请求继续履行

就预约合同的效力，存在以下几种不同的观点：第一，必须磋商说。该说认为，预约合同只能产生协商义务，若当事人已诚实、善良地就交易事项进行了协商，就实现了预约合同的目的。第二，应当缔约说。该说认为预约合同具有强制缔约的效力，当事人可以请求另一方当事人履行订立本约的义务。第三，内容决定说。该说认为应根据合同内容的确定性程度不同来决定合同是否具有继续磋商还是强制缔约的效力。若预约中已具备了本约的主要或必要条款，则产生应当缔约的效力；若预约的内容非常简略，本约的主要内容需留待日后磋商且当事人有进一步磋商的意思，则产生必须磋商的效力。[1]

相较于必须磋商说，应当缔约说似更为可采。依必须磋商说，当事人在订立预约合同之后只需要诚信地进行磋商，并非一定要订立本约合同，易使预约合同制度流于形式，不利于缔约过程中当事人的保护。强制缔约说则要求预约当事人必须订立本约合同，虽加重了当事人的缔约义务，但使当事人承担该义务具有合理性：第一，预约合同是当事人基于自由意思达成的合意，当事人一致同意在将来一定期限内订立本约合同，因此，订立本约完全符合当事人意思。“若一方违约就应当承担违约责任继续履行，这才是对意思自治的最大尊重。”[2]“预约一如其他合同，是在肯定当事人意思自由并保障自由意思成果前提下的产物，自己决定及自己负责，是执行预约的基本前提，诚实信用地兑现自己的承诺，本身是按自己的真实意思办事，谈不上违背自己的意愿；而恰恰是出尔反尔者，违背了自己当初的意愿。法律如果对此做法听之

---

〔1〕 韩强：《论预约的效力与形态》，载《华东政法大学学报》2003年第1期。

〔2〕 朱广新、谢鸿飞主编：《民法典评注：合同编通则》（第1册），中国法制出版社2020年版，第241页。

任之，便无异于助纣为虐。”[1]第二，强制当事人订立本约合同，可有效防止磋商流于形式，也可以强化预约合同相较于本约合同的独立性。第三，强制履行能启发后来者谨慎对待预约合同，在缔结预约合同时充分考虑其后果，而不是给订约双方一种仅是意向书表达的错觉。第四，该观点也得到我国司法实务较普遍的支持。例如，最高人民法院认为，预约订立后，预约双方须依诚信原则进行磋商，除不可归责于双方的事由以外，应当缔结本约，否则将承担违约责任。第五，实践中，多数预约合同都具备本约合同的主要条款。即使一些本约合同条款不齐备，往往也可依诚实信用原则以及合同解释、漏洞填补规则等加以确定。第六，在域外法上，一些国家或地区的立法、司法或理论也采纳应当缔约说的观点，预约合同甚至可以在不借助违反预约者配合的情况下继续履行。例如，我国台湾地区主流见解认为，预约债务人负有订立本约的义务，权利人可以诉请法院要求其履行，法院应当判决债务人为订立本约的意思表示。

当然，继续履行责任并不是绝对的。适用继续履行责任并不排除情势变更制度的适用。若具体个案符合《民法典》第580条规定的不适用继续履行的法定情形，则例外地免除当事人订立本约的义务。

2. 违反预约合同的损害赔偿

违反预约合同的损害赔偿的范围是什么？仅限于信赖利益损失，还是可包括履行利益损失？《民法典》第584条规定：“当事人一方不履行合同义务或者履行合同义务不符合约定，造成对方损失的，损失赔偿额应当相当于因违约所造成的损失，包括合同履行后可以获得的利益；……”该条明定违约损害赔偿的范围包括可得利益损失。预约合同作为一种独立合同类型，应否也适用该条包括可得利益损失？对此，理论上与实务上均存在着分歧。通说认为，鉴于双方仅处于预约阶段，预约合同的损害赔偿应以本约的信赖利益为限，在最高不超过本约信赖利益的范围内，由法官从利益平衡和诚信原则、公平原则出发，结合案件实际情况，综合考虑守约方的履约情况、违约方的过程程度、合理的成本支出等因素，酌情自由裁量。[2]

---

〔1〕 韩世远：《合同法总论》（第四版），法律出版社 2018 年版，第 94 页。

〔2〕 朱广新、谢鸿飞主编：《民法典评注：合同编通则》（第 1 册），中国法制出版社 2020 年版，第 242 页。

第八章 合同的订立

提 要

合同的成立是判断合同是否有效、发生履行效力、转移合同权利义务、科以当事人违约责任等的起点。一般而言，合同的成立是指当事人分别作出意思表示，并就合同的主要条款达成一致意见（合意）。在合意的判断上原则上采取客观标准——应根据表示行为的客观意义加以判断。通过要约、承诺的方式订立合同是以合意成立合同的典型方式，以合意成立合同的其他方式包括交叉要约和意思实现。合同一旦成立，即便尚未有效或生效，也会直接发生法律效果——该合同发生拘束力。与合同拘束力的概念，应严予区别的是合同效力的概念。合同的效力，是指合同在有效成立后发生的法律效力，即实现当事人预期的法律效果。缔约过失责任，是指在缔约过程中，有过错的一方当事人违反基于诚实信用原则产生的先契约义务，使对方当事人遭受损害时，依法所承担的损害赔偿责任。

重点问题

1. 要约与要约邀请的区别。
2. 要约的撤回与撤销的区别。
3. 承诺的构成要件。
4. 强制缔约制度。
5. 格式条款的内容控制。
6. 缔约过失责任的构成要件。

第一节 合同的订立概述

问题示例

某毛纺厂与制衣厂签订了购销60吨羊毛原材料的意向书。双方并约定由制衣厂去毛纺厂验货并带款提货，提货时有关价格问题面议。在意向书签订后，毛纺厂多次致电制衣厂要求其前来提货，但都被制衣厂以资金短缺为由拒绝。之后毛纺厂将60吨羊毛派车送往制衣厂，制衣厂提出双方所签订的只是意向书而拒绝收货。后来制衣厂同意将这批货暂时放在自己厂内仓库。10天后毛纺厂检查货物发现缺少10吨，制衣厂承认因原材料短缺而紧急使用，但坚持不接受剩余的50吨。双方因此发生纠纷。本案该如何处理？

合同的成立是判断合同是否有效、发生履行效力、转移合同权利义务、科以当事人违约责任等的起点。一般而言，合同的成立是指当事人分别作出意思表示，并就合同的主要条款达成一致意见（合意）。

合同是法律行为最主要的类型，因此，作为法律行为成立一般要件的当事人、标的（内容）与意思表示亦为合同成立所必备。除此之外，合同的成立还需要具备特定的条件。

一、合同的一般成立要件

合同的一般成立要件，就是双方当事人意思表示一致，或者说意思表示合致，亦即达成合意。“现代西方合同法的核心是承诺与合意。”[1]详言之，合同的一般成立要件包括以下两个条件：

第一，存在着两个或两个以上的缔约主体。合同是一种双方行为，必须由两个或者两个以上的主体参与缔结。当然，缔约主体略异于合同当事人，毕竟缔约主体既可能是其所缔结合同的当事人，也可能是合同当事人的代理人。

第二，当事人意思表示一致，即当事人达成合意。《民法典》第483条规

---

〔1〕［英］彼得·斯坦、约翰·香德：《西方社会的法律价值》，王献平译，中国法制出版社2004年版，第280页。

定："承诺生效时合同成立，……"第905条规定："仓储合同自保管人和存货人意思表示一致时成立。"均鲜明地体现了此点。合意当然是数个意思表示的一致，然而，如同意思表示的判断存在着主观标准与客观标准的差异，对合意的判断究竟是采取主观标准还是客观标准？换言之，此处"意"究竟是"内心的意思"，还是"意思表示的意义"？一般认为，在合意的判断上原则上采取客观标准——应根据表示行为的客观意义加以判断。因此，"合意"是指当事人表示内容一致，对合同条款在客观上意思表示一致，而非指内心意思的一致。[1]如甲内心意思在出租A地，在给乙的信中误写为B地，乙不知，复函表示愿意以市价承租B地，虽然甲的内心意思与外部表示不一致，但从乙的立场看，应以其所认知的作为准据，即甲在出租B地，双方当事人意思表示客观上趋于一致，合同成立。唯甲可以错误为由主张撤销其意思表示。

当事人达成合意，合同成立；若当事人不合意——构成合同的各个意思表示未趋于一致，则合同当然不能成立。不合意可分为公然不合意与隐藏不合意。公然不合意，又称为意识的不合意，即当事人明知意思表示不一致。例如，甲要10万元出卖，乙要8万元购买。此际，合同当然不能成立。隐藏不合意又称为无意识不一致，是指当事人不知意思表示不一致，换言之，当事人信其意思表示已趋于一致，而实际上并未趋于一致。隐藏不合意虽然与公然的不合意不同，但效果并无差异，均无合同不能成立。隐藏的不合意主要有两种情况：一是当事人长期谈判，以为合同成立，不知关于某项已经提出的问题实际上并未达成合意；二是当事人的意思表示客观上具有多义性，不能经由解释排除其歧义。

二、特别成立要件

以上所述只是合同的一般成立要件。因合同的性质不同，部分合同在具备一般成立要件之外，可能还需要具备特别成立要件才能成立。要式合同与要物合同即为如此，对于这两类合同而言，在当事人达成合意后，还要履行特定的形式或交付标的物，合同才能成立。例如，《民法典》第586条第1款关于定金合同成立的规定、第679条关于自然人之间借款合同成立的规定、第890条有关保管合同成立的规定等。

---

〔1〕 王泽鉴：《债法原理》（第一册），中国政法大学出版社2001年版，第189页。

第二节 要约

问题示例

被告某市食品厂，因建筑一幢楼房，急需水泥，于是向甲、乙、丙三家水泥厂发出函电，其电文为："我公司急需标号为150型的水泥100吨，若贵厂有货，速来函电，我公司愿意派人前往购买。"三家水泥厂收到函电后，都先后向被告复电，告知备有现货，且告知水泥的价格。原告甲在发出函电的同时，派车给被告送去50吨水泥。在该水泥送到前，被告得知乙生产的水泥质量较好且价格合理，因此向乙发出函电，函电称："我公司愿意购买贵厂100吨150型的水泥，盼速送货，运费由我公司承担。"在被告发出函电的次日上午，水泥厂发出函电告知被告准备发货。该日下午，原告将50吨水泥送到被告处。被告告知原告，其已经决定购买乙的水泥，因此不能接受贵厂送来的水泥。原告认为被告拒不收货，已经构成违约，遂向法院提起诉讼。本案应如何处理？

一、要约的概念

要约是指一方以缔约为目的，向对方所作的意思表示。发出要约的人称为要约人，接受要约的人称为受要约人、相对人或承诺人。

要约为构成合同的分子，其本身并不是独立的法律行为，不过，既然要约是意思表示，那么它当然可以适用意思表示的一般理论。意思表示的构成要素可分为主观要素与客观要素。表示意思、行为意思、效果意思等均属于主观要素的范畴。以下分别探讨意思表示诸主观要素缺乏时，行为人的表示是否还构成要约的问题。

1. 缺乏行为意思

如甲起草一份具有完备条款的合同，是为未来交易用的，乙强执其手签名寄给丙，甲的行为是否构成要约？由于缺乏行为意思，意思表示不成立，因此，要约不成立。

2. 缺乏表示意思

如甲本想寄一张贺卡给丙，结果寄出了一份完备的合同文本，此际，甲的行为是否构成要约？由于甲没有意识到或者无意参与法律交易，因此其表示缺乏表示意思。该表示是否构成意思表示进而成立要约，需要权衡表意人自主参与的保障与相对人合理信赖的保护问题。早期的理论一般主张不成立意思表示，现在的多数说则认为意思表示成立，但行为人可类推适用意思表示错误规定的规定予以撤销。

3. 缺乏效果意思

如甲误将寄给乙的合同文本中的价额10万元写成100万元，甲的行为是否构成要约？甲的表示具备行为意思与表示意思，但效果意思存在瑕疵，甲的表示可以成立要约，他同样可类推适用意思表示错误的规定予以撤销。

4. 非基于要约人的意思而发出要约

要约必须是要约人所发出的，但有时意思表示业已形成，但它脱离表意人的支配范围（发出）并非基于表意人的意思。例如，甲出版社为促销其杂志，寄创刊号于乙，乙填写订单后，放在桌上，其子丙以为乙欲订购，遂代为邮寄。甲收到订单后，就向乙发出缴款通知。乙获悉后表示不能接受。由于乙无订约的意思，因此其表示根本不构成要约。此外，乙根本未实施也无意实施订约行为，但有人替代其实施，类似于缺乏行为意思的情形。从保护甲意思自主的角度看，也应否认此种表示构成要约，甚至连意思表示也不构成。[1] 不过，现在的学说认为，也要兼顾他人的合理信赖以维护交易安全，因此，该订单的发出也构成要约。

二、要约的构成要件

《民法典》第472条规定："要约是希望与他人订立合同的意思表示，该意思表示应当符合下列条件：（一）内容具体确定；（二）表明经受要约人承诺，要约人即受该意思表示约束。"根据该规定以及结合理论的研究，要约的构成需要具备以下要件：

1. 必须是特定人所为的意思表示

要约必须是特定人所为的意思表示，只有要约人特定，相对人才能够承诺并与之成立合同。特定人是外界能客观确定的人，至于其是自然人还是法人、是本人还是代理人均在所不问。自动售货机也可视为特定人。

---

〔1〕王泽鉴教授曾认为，在该情形，"对甲而言，欠缺行为意思，无要约可言，乙不能对之为承诺而成立合同。于此情形，甲对其行为意思的欠缺，负举证责任"。王泽鉴：《债法原理》（第一册），中国政法大学出版社2001年版，第161页。

2. 具有缔约的意图并表明一经对方承诺即受约束的意旨

一般而言，通过对行为人所使用的语言、文字、词汇等进行判断，若能发现其已经决定订约，而非准备、打算订约或者正在考虑订约，即可表明他具有订约的意图。至于提供商业信息的行为，或者行为人在表示中指出“仅供参考，不构成要约”等字样，则表明其尚未决定订约，不构成要约。

3. 内容具体确定，包含合同成立的必备条款

要约的内容必须具体确定，包含合同成立的必备条款，质言之，必须具备合同成立的最低限度内容（minimum content）。必备条款是合同成立必须具备的条款，若缺少这些条款，则合同不能成立。必备条款应根据合同的性质决定，合同性质不同，必备条款也会存在差异。例如，对于买卖合同，至少需要具备货物名称与数量。对于雇佣合同而言，必须具备劳务、价款。对于无偿合同而言，价格则并非必要条款。我国以往的立法未区分合同的性质，泛泛规定合同的主要条款，实不足取。

4. 向要约人希望与之缔约的相对人发出

要约必须向相对人发出，否则，无人会作出承诺，合同无法成立。至于相对人，可以是特定人，也可以是不特定人。向特定人发出，表明要约人对谁有资格作出承诺作出了选择，向不特定人发出，是要约人广泛选择交易伙伴的需要。如商品标价陈列、自动贩卖机的设置都是向不特定人发出的典型要约。

具备以上条件后，要约即可有效成立。值得注意的是，《民法典》第486条规定：“受要约人超过承诺期限发出承诺，或者在承诺期限内发出承诺，按照通常情形不能及时到达要约人的，为新要约；但是，要约人及时通知受要约人该承诺有效的除外。”该条将受要约人逾期同意的意思表示规定为要约，若原要约人对此为承诺，则仍可成立合同。

三、要约与要约邀请的区别

（一）概念

要约邀请，是希望他人向自己发出要约的表示。对要约邀请的性质，在理论上存在着一定的争论，有主张为事实行为的，也有主张为意思通知的。不过，要约邀请并无法律意义，本身不能发生法律上的效果，其作用仅在引诱他人向自己发出要约，是订约的预备行为，表明当事人仍处于订立合同的准备阶段。而要约为意思表示，其作用在于唤起相对人为承诺从而成立合同，不仅具有法律意义，而且能够产生法律效果。当然，由于要约尚非法律行为，还不能

产生当事人预期的法律效果，不过，要约能够对要约人和受要约人发生一定的拘束力则是毋庸置疑的。

虽然要约邀请与要约在理论上的差异泾渭分明，不过，在实践中，一方当事人向另一方当事人发出某种函电或信函，此种函电或信函到底是要约还是要约邀请，则往往难以区分。而又必须区分出要约与要约邀请，因为当事人发出的函电或信函的性质不同，往往决定着合同能否成立，从而当事人应否承担违约责任。如甲向乙发出函电，乙答复。如果甲的函电为要约，则乙的答复可能构成承诺，合同可能因此成立，嗣后若甲不履行，可能构成违约；而如果甲的函电为要约邀请，则乙的答复不可能是承诺，合同无由成立，断无发生违约责任的可能性。

（二）区分标准

在实践生活中，可以根据以下标准来区分要约与要约邀请：

1. 根据是否具有订约的目的与意图区分

如果行为人的表示表明其具有订约的目的或意图，则为要约；反之，则为要约邀请。

2. 依据是否包含合同的必备条款区分

如果行为人的表示包含合同成立的必备条款，则为要约；反之，则为要约邀请。

3. 根据法律规定来区分

如果法律明确规定某种行为为要约或者要约邀请，则依据法律的规定。《民法典》第473条规定：“……拍卖公告、招标公告、招股说明书、债券募集办法、基金招募说明书、商业广告和宣传、寄送的价目表等为要约邀请。商业广告和宣传的内容符合要约条件的，构成要约。”不过，这一规定是任意性规定。因此，虽然商品标价陈列被规定为要约，但出卖人可在其橱窗内展示的衣服上标示“样品”的字样，从而排除其为要约。在超市或自助商店内，商品标价陈列，顾客的承诺应向商店主人或店员为之，此前，即使顾客业已将商品放入购物篮中仍可随时放回。

4. 依当事人的声明予以区分

例如，某人的表示中有“须以我方最后确认为准”“仅供参考”“本提议不构成要约”等字样，显然表明此种表示是要约邀请。再如，商店临街的橱窗内展示的衣服上标明“正在出售”的字样，并标有价格，则可构成要约；但如果标有“样品”的字样，即使上面附有价格，也只能是要约邀请。

5. 依交易习惯予以区分

例如，出租车司机将出租车停在路边招揽顾客，如果根据当地的习惯和规定，出租车可以拒载，则此种招揽是要约邀请；如果不能拒载，则认为是要约。再如，当事人之间因多次从事某种物品的买卖，始终没有改变其买卖货物的品种和价格，那么根据双方的交易习惯，一方仅向对方提出买卖的数量，也可以成为要约。

6. 其他因素

例如，要约是向一人还是多数人为之，是否注重相对人的身份、信用、资力、品行等情况，是否实际接触，一方发出的提议是否使他方产生要约的信赖等。总之，应综合各种因素考虑某项提议是要约还是要约邀请。例如，登广告出售房屋、登报征求家庭教师或保姆，即使包含了明确的订约目的和合同的主要条款，因向多数人为之，且注重当事人性质，需要与其实际接触和协商，应为要约邀请。

四、要约的效力

（一）开始生效时间

要约开始生效时间，因要约为“对话要约”抑或“非对话要约”而有异。我国原《合同法》第16条未作区分，笼统地规定要约生效时间，实系对非对话要约生效时间的规定。[1]《民法典》颁行后，由于其总则编对意思表示生效设一般规定，因此《民法典》第474条规定：“要约生效的时间适用本法第一百三十七条的规定。”第137条即区分“以对话方式作出的意思表示”与“以非对话方式作出的意思表示”分别设置规则。

1. 对话的要约

对话的要约，从相对人知道或了解之时，开始发生效力。所谓“知道”或“了解”，是指依通常情形，客观上可能知道或了解而言，因此，相对人故意掩耳不听或者不注意而不了解，表意人的意思表示仍生效，但相对人有客观不能了解的障碍的，则以实际了解为必要。

---

〔1〕《合同法》第16条规定：“要约到达受要约人时生效。采用数据电文形式订立合同，收件人指定特定系统接收数据电文的，该数据电文进入该特定系统的时间，视为到达时间；未指定特定系统的，该数据电文进入收件人的任何系统的首次时间，视为到达时间。”

2. 非对话的要约

一般而言，非对话的要约要经历表达、发信、到达、了解等过程，因此，要约的生效在理论上或立法例上存在着表示主义、了解主义、发信主义与到达主义等不同的做法。其中最重要的两种：一为发信主义，又称为投邮主义或者信筒规则，是指要约一经要约人发出，处于其控制范围之外即生效力；二为到达主义，又称为受信主义，是指要约到达受要约人时才发生法律效力。《民法典》第137条第2款规定："以非对话方式作出的意思表示，到达相对人时生效。以非对话方式作出的采用数据电文形式的意思表示，相对人指定特定系统接收数据电文的，该数据电文进入该特定系统时生效；未指定特定系统的，相对人知道或者应当知道该数据电文进入其系统时生效。当事人对采用数据电文形式的意思表示的生效时间另有约定的，按照其约定。"据此，非对话的要约的生效时点原则上采取到达主义。"到达，指意思表示进入相对人可能支配的范围，置于相对人随时可了解内容之客观状态而言。故相对人无正当理由而拒绝受领或者故不拆阅者，不影响到达的效力。"[1]因此，如秘书将信扣住不呈阅，或者子女将信点火焚毁，意思表示仍然生效。值得探讨的是，要约途中遗失，未到达，相对人由他人获知要约人要约的意思表示，可否作出承诺的意思表示？本书认为，由于要约未到达，故尚未生效，因此不能因受要约人的承诺而成立合同。

（二）要约效力的存续期间

要约效力的存续期间，又称为承诺期限，是要约人受要约约束的期间。该期间对官方要约人与受要约人均具有意义。只有在此期间内，要约人才受要约约束，期限届满，要约人不受约束；受要约人只有在此期间内为承诺，才能成立合同。承诺期间届满，受要约人不为承诺的，要约失去效力。承诺期限可分为约定承诺期限与法定承诺期限。

1. 约定承诺期限

要约人可以在要约中约定承诺期限。该约定承诺期间，可于要约后延长，但不得缩短。

（1）要约人仅表示届止期限时，如何计算？如"应于2020年6月1日前承诺"，6月1日前为承诺，是指承诺通知的发出，还是承诺通知的到达？应探求要

---

〔1〕黄立：《非对话意思表示的生效》，载杨与龄：《民法总则实例问题分析》，清华大学出版社2004年版，第224页。

约人的意思而定，有疑义时，应解为“承诺通知到达”，较符合要约人利益。

（2）要约人仅定一定承诺期间时，如何起算？如甲要求乙一周内答复，对此，在未规定起算期限的国家或地区存在争论，有认为从要约的通知发出时起算，还有认为从要约的通知到达时起算，因为要约的生效采取到达主义。《民法典》第482条规定：“要约以信件或者电报作出的，承诺期限自信件载明的日期或者电报交发之日开始计算。信件未载明日期的，自投寄该信件的邮戳日期开始计算。要约以电话、传真、电子邮件等快速通讯方式作出的，承诺期限自要约到达受要约人时开始计算。”该条明确采纳发信主义，较为合理。“因要约何时到达相对人，非要约人所能掌握。”[1]

2. 法定承诺期限

法定的承诺期限根据要约是以对话方式作出还是以非对话方式作出而呈现为两种形态。

（1）对话要约的，原则上受要约人应立即承诺。“立即”，是指尽其客观上可能的迅速而言，应依据交易观点加以认定。例如，甲电话要约，电话中断，乙不久即接通而承诺，仍属于立即承诺。甲邀请乙在餐厅商谈合同事宜，甲席间提出要约，乙在离席前承诺，仍属于立即承诺。当然，对于对话的要约，如果要约人约定受要约人可不必立即承诺的，则依其约定。

（2）非对话要约的，存续期间为合理期间，或者说“依通常情形可期待承诺达到之时期”。一般包括三段期间：一是要约到达相对人的期间；二是相对人考虑承诺的期间；三是承诺达到要约人的期间。其中第一、三项较易确定，而第二项较难确定，对此，应根据交易惯例，合同类型，相对人是个人、合伙还是公司的性质等因素加以认定。相对人的特殊情形，如生病、周末度假、丧事等为相对人所知者，也要加以斟酌。

（三）要约效力的内容

要约的效力，也称为要约的拘束力，可分为对要约人的效力与对相对人的效力，分别又称为形式拘束力与实质拘束力。形式拘束力与实质拘束力具有密切联系。要约生效后，要约人不得变更或撤销要约，其目的在于使要约人不能妨碍相对人依其承诺而使合同成立。

1. 实质拘束力

要约的实质拘束力，也称为要约的承诺能力或承诺适格，是指要约一经相对

---

〔1〕王泽鉴：《债法原理》（第一册），中国政法大学出版社2001年版，第172页。

人承诺，合同即为成立的效力。在要约生效后，相对人取得一种依其承诺成立合同的法律地位。对于此种对要约为承诺的地位，学说上有认为属于期待权的，德国通说则认为属于形成权。对于受要约人而言，承诺是权利而不是义务，即使要约人在要约中规定“不表态，就是承诺”，对受要约人也无拘束力，因为任何人都不能单方面为他人设定义务，这在现物要约中表现得十分明显。例如，甲出版社向乙寄来“大话西游DVD”，内附有邮局划拨单与说明书，记载“1周内，未退还者，视为承诺，请至邮寄办理划拨”。若乙1周内未退还，甲可否请求乙支付价金？由于乙享有承诺的权利，因此，其当然不必向甲支付价金。

2. 形式拘束力

要约的形式拘束力，是指要约生效后，在其存续期间，要约不得扩张、限制、变更或取消的效力，也称为要约的不可撤回性或撤销性。根据形式拘束力，要约人在要约效力存续期间，不得将要约扩张、限制、变更或取消。

其实，要约的形式拘束力并非要约本质上所必备。罗马法与德国普通法不承认要约的形式拘束力。德国民法制定之际，存在着争论，赞成说者认为，之所以采取拘束力原则，系为保护相对人信赖以及促进交易便捷。反对说者则认为，这会损害要约人利益，而受领人则可利用机会静观市场风色从事投机。最终德国民法采取有拘束力原则。《瑞士债务法》第3条和第5条、我国台湾地区“民法”第154条等亦采取有拘束力原则。英美法系则不承认拘束力原则，认为要约原则上不具有拘束力，于承诺前，要约人得随时取消要约。即使要约人有不取消的意思表示，要约人也可取消。因为要约人既未受对价，就不应单方面受要约拘束，相对人欲使要约具有拘束力，须向对方支付对价，取得选择权，使要约人在约定期限内不得取消要约。在要约的形式拘束力上，法国民法采取折中立场，认为要约是否具有拘束力，由要约人决定。要约人未表示要约具有拘束力时，在相对人承诺前，要约人可否取消或者变更要约，法国民法未设明文，但判例学说认为要约本身不拘束要约人，因此要约人可在承诺前取消，不过，要约人取消要约具有过失时则应承担侵权损害赔偿责任。

我国大陆理论通说承认要约具有形式拘束力，因此，要约生效后，如果要约人限制、扩张、变更或者取消要约的，均不发生效力，要约仍有效。不过，由于《民法典》承认要约的撤销制度，允许要约人在要约生效后取消要约，因此，要约的形式拘束力其实是受到一定限制的，或者说要约的形式拘束力在要约的撤销制度的范围内是被排除的。

五、要约的撤回与撤销

（一）要约的撤回

1. 要约撤回的概念

要约的撤回，是指要约人于要约发出后到达受要约人前即要约生效前，宣告取消要约的行为。

市场行情总是瞬息万变的，或者要约人基于某种考虑需要改变计划，因此允许要约人撤回要约，不仅能够使要约人适应市场行情的变化，而且也尊重了要约人的自由意思。不仅如此，由于要约尚未到达受要约人，允许要约人撤回要约，也不影响受要约人的利益，因此无论大陆法系还是英美法系均承认要约的撤回。

2. 要约撤回生效的条件

《民法典》第475条规定："要约可以撤回。要约的撤回适用本法第一百四十一条的规定。"第141条系有关意思表示撤回的一般规定。该条规定："行为人可以撤回意思表示。撤回意思表示的通知应当在意思表示到达相对人前或者与意思表示同时到达相对人。"据此，撤回的通知应同时或先于要约到达受要约人，才发生撤回的效力。到达是指使相对人居于可了解的地位，如到达相对人的居所或营业所，并不要求相对人取得占有，不要求交付给相对人本人或其代理人，也不要求相对人阅读。若已投入相对人信箱，但后来被别人取走，仍发生到达的效力。若撤回的通知用挂号信送达，相对人不在，未能受领，其到达时间如何决定？在理论上存在着三种见解：一是邮差送达时；二是领取通知书所载最早可能领取信件的时间；三是实际领取信件的时间。其中，第二种兼顾双方当事人的利益，合理分配危险，较为可采。[1]

3. 相对人对迟到的撤回通知有无通知义务

要约人发出撤回通知后，该通知在要约到达后才到达的，原则上不产生效力，亦即要约不被撤回，仍然有效，相对人可为承诺。不过，若撤回的通知按照通常的情形能够先于要约或者同时于要约到达而实际上迟到的，不少立法例科以相对人以通知义务，否则例外的承认撤回通知的效力，将迟到撤回的通知视作未迟到。例如，我国台湾地区"民法"第162条规定："撤回要约之通知，其到达在要约到达之后，而按其传达方法，通常在相当时期内应先时或同时到达，其情形为相对人可得而知者，相对人应向要约人即发迟到之通知。相对人

---

〔1〕 王泽鉴：《债法原理》（第一册）（第一版），中国政法大学出版社2001年版，第162页。

怠于为前项通知者，其要约撤回之通知，视为未迟到。”

（二）要约的撤销

1. 要约撤销的概念

要约的撤销，是指要约人在要约生效后并于受要约人发出承诺通知前，宣告取消要约的行为。

要约到达受要约人后，受要约人可能已经了解要约的内容了，甚至可能为订立或者履行合同做了一些前绪工作或准备工作，若允许要约人取消其要约，势必影响受要约人的利益，因此，并不是所有的国家皆允许要约人撤销要约。当然，即便受要约人已经了解要约的内容，但有时要约人有取消要约的必要性，而且一旦受要约人长期不作答复，要约人就一直受到要约的约束，这对要约人不公平，且使他在交易中处于不利地位，因此最好的方式是允许要约人取消要约，但同时对之作出一定限制，以兼顾受领人信赖的保护。

2. 要约撤销生效的条件

《民法典》第476条规定：“要约可以撤销，但是有下列情形之一的除外：（一）要约人以确定承诺期限或者其他形式明示要约不可撤销；（二）受要约人有理由认为要约是不可撤销的，并已经为履行合同做了合理准备工作。”第477条规定：“撤销要约的意思表示以对话方式作出的，该意思表示的内容应当在受要约人作出承诺之前为受要约人所知道；撤销要约的意思表示以非对话方式作出的，应当在受要约人作出承诺之前到达受要约人。”据此，并非所有的要约皆可撤销，而且即便要约人撤销要约，也受到一定限制：以对话方式撤销要约的，该意思表示的内容应当在受要约人作出承诺之前为受要约人所知道；以非对话方式撤销要约的，该意思表示应当在受要约人作出承诺之前到达受要约人。由于法律对撤销要约作出了一定限制，并不允许要约人随意撤销要约，这就在一定程度上维护了要约的形式拘束力。

六、要约的消灭

要约的消灭，是指要约失去拘束力。详言之，是指要约人不再受其实质的拘束，相对人无从对之为承诺而成立合同。[1]要约的消灭不同于要约的撤回，要约的消灭以要约曾经生效为前提，是使要约“失去拘束力”，而撤回则是在要约生效前取消要约，是使要约“不生效力”。

---

〔1〕王泽鉴：《债法原理》（第一册），中国政法大学出版社2001年版，第171页。

《民法典》第478条规定："有下列情形之一的，要约失效：（一）要约被拒绝；（二）要约被依法撤销；（三）承诺期限届满，受要约人未作出承诺；（四）受要约人对要约的内容作出实质性变更。"据此，要约消灭的事由主要包括：要约的拒绝、要约存续期间经过、要约人撤销要约、受要约人实质性变更要约等。

值得探讨的是，要约人与受要约人等当事人死亡或者丧失行为能力能否使要约消灭。对此，应根据具体情形分别判定：

1. 要约人死亡或者丧失行为能力。要约人发出要约后死亡，或者丧失行为能力，要约的效力不受影响，相对人仍可为承诺。不过，如果合同仅为要约人本身而订立时，如画像、看护、受任处理事务等，要约则因要约人死亡而消灭。[1]

2. 相对人死亡。在要约到达前，相对人死亡的，原则上认为要约不生效力，因为相对人死亡无法受领。如果要约人对相对人的继承人，也有要约的意思时，则对继承人发生效力。要约到达后，相对人死亡的，相对人的继承人原则上可为承诺使合同成立，但要约人有反对的意思或者合同注重相对人其人的性质时，要约失效。要约到达后，相对人发出承诺通知后死亡的，承诺不因之失去效力。

3. 相对人丧失行为能力。要约的效力原则上不因相对人丧失行为能力受影响。要约到达法定代理人时发生效力，可由法定代理人代为承诺。如果当事人之间的合同要求相对人具有行为能力时，则要约失效。如甲公司要约聘请乙为董事，乙丧失行为能力，则乙法定代理人不能为承诺。

第三节　承诺

问题示例

某学校向书店发出采购1000册书籍的要约，书店于9月1日寄出承诺信件并附带书单，9月5日信件至该学校，该校教材科负责人正好外出，9月6日负责人知悉了信件内容，并于9月7日电话告知书店已收到承诺。请问书店的承诺通知哪日到达并生效？

---

〔1〕王泽鉴：《债法原理》（第一册），中国政法大学出版社2001年版，第174页。

一、承诺的概念

承诺是指受要约人接受要约的全部条件以缔约的意思表示。承诺与要约同为合同成立的步骤与阶段，在一般情况下，这两个意思表示一个在先，一个在后，具有因果关系，构成类型的对极。“要约与承诺所构成之对极以该意思表示所含法效意思在缔约上之角色的先后加以区分。……要约与承诺之对极构造的异点在于谁先表示，谁后表示。”〔1〕

二、承诺的构成要件

根据《民法典》的规定，承诺的构成需要具备以下要件：

（一）必须由受要约人作出

承诺必须由受要约人作出，因为只有受要约人取得承诺的权利，其他人并不享有承诺的权利。受要约人为特定人的，由该特定人作出；受要约人为不特定人的，该不特定人中的任何人皆可作出。承诺可由受要约人本人作出，也可由其代理人作出。受要约人以外的第三人作出同意的意思表示，不能构成承诺，而视为发出要约。例如，甲向乙提出要约，乙不同意，乙的家属丙表示接受要约条件，则合同不成立，丙的行为非承诺。

（二）必须在要约的效力存续期间向要约人作出

承诺必须在要约效力存续期间作出，否则，要约就失去效力，受要约人所作出的同意的意思表示不构成承诺。对定有存续期间的要约，应在此期限内作出；对未定有存续期间的要约，如以对话方式作出的要约，原则上承诺人必须立即承诺；如以非对话方式作出的要约，受要约人应于合理的期间内作出承诺。

受要约人不论是在要约效力存续期间届满后才作出承诺，还是在要约效力存续期间作出承诺，但该承诺按照通常情形须要约效力存续期间届满后才到达相对人，总之承诺逾越要约效力存续期间到达要约人，此种现象就是逾期承诺，又称为承诺迟到。如承诺期间至6月30日止，受要约人于6月29日发出书面的承诺通知，而该通知7月1日才到达要约人。《民法典》第486条规定：“受要约人超过承诺期限发出承诺，或者在承诺期限内发出承诺，按照通常情形不能及时到达要约人的，为新要约；但是，要约人及时通知受要约人该承诺有效的除外。”据此，逾期承诺，原则上不发生承诺的效力，为新要约，原要约人欲与该逾期承诺人成立合同，则自己必须作出承诺。同时，《民法典》为了便利

〔1〕 黄茂荣：《法学方法与现代民法》，中国政法大学出版社2001年版，第477页。

当事人而作出了较有弹性的设计，即要约人也可以承认该承诺的效力，不过其应当及时通知受要约人。

受要约人在要约效力存续期间作出承诺，按照通常情形能够及时到达，但由于传达故障等原因而超过承诺期限到达的，根据《民法典》第487条的规定，该原则上承诺有效，除非要约人及时通知受要约人因承诺超过期限不接受该承诺。此条中要约人通知承诺迟到，是一种事实通知，属于准法律行为的范畴，“以要约人将迟到的事实通知承诺人即为已足，且此通知依发送而生效力，无待到达，其不到达的危险性，应由相对人承担”。[1]并且，要约人的通知义务，不是法律上的义务，而是一种不真正义务，违反该义务不发生损害赔偿责任。

承诺必须向要约人作出，受要约人向要约人以外的第三人作出同意的意思表示，不构成承诺，只能视为一项要约。当然，受要约人向要约人的代理人作出的，也视为向要约人作出。

（三）必须接受要约的全部实质性条件，即承诺的内容必须与要约的实质性内容保持一致

受要约人的表示必须与要约相符，其表示才能构成承诺。不过，各国或者各地区民法对要约与承诺相符性要求的程度并非不存在差异。传统理论认为，承诺必须是无条件的，不得对要约的内容进行任何变动，否则视为对要约的拒绝，构成反要约。英美合同法中更是存在着所谓的“镜像原则”（mirrorrule），要求承诺必须像要约在镜子中所成的像那样与要约完全相同，否则不构成承诺，合同不成立。其实，如果要求承诺的内容与要约的内容绝对一致、完全相同，非常不利于合同的成立。对合同的成立要求过严，不利于鼓励交易。因此，在承诺上的一个重要发展趋势就是——不要求承诺与要约绝对一致，只要求承诺与要约的实质性内容保持一致。例如，若双方当事人有意订立合同，则即使双方将合同某一条款留待日后商定或者由第三人决定，该合同亦成立。若此后双方就未定条款未能达成协议，或者第三人未作出决定，但存在其他在当时合理的方法来确定此条款，则合同仍成立。

《民法典》第488条规定：“承诺的内容应当与要约的内容一致。受要约人对要约的内容作出实质性变更的，为新要约。……”第489条规定：“承诺对要约的内容作出非实质性变更的，除要约人及时表示反对或者要约表明承诺

---

〔1〕 转引自王泽鉴：《债法原理》（第一册），中国政法大学出版社 2001 年版，第 177 页。

不得对要约的内容作出任何变更外，该承诺有效，合同的内容以承诺的内容为准。”因此，当受要约人同意要约的全部条件时，承诺固然有效；当受要约人对要约作出非实质性变更，而要约人未及时表示反对且要约未表明承诺不得对要约作出任何变更时，受要约人的承诺仍然有效，合同成立。总之，原则上，受要约人未对要约的内容作出实质性修改，受要约人的表示就构成有效的承诺，合同成立，而合同的内容则以承诺的内容为准。[1]

何谓承诺对要约的实质性变更？《民法典》第488条规定：“……有关合同标的、数量、质量、价款或者报酬、履行期限、履行地点和方式、违约责任和解决争议方法等的变更，是对要约内容的实质性变更。”该条固然较为明确，但它所列举的范围比较宽泛，这就使得立法所欲缓和合同成立严苛性的意旨难以实现。本书认为，下列情况可认定为对要约的非实质性变更：第一，对合同必备条款的轻微改变。第二，对合同非必备条款作出修改。如将履行期由3日改为4日，将履行地点由某市东站改为西站。第三，在承诺中添加了法定义务。如受要约人要求出售货物的要约人提供产品说明书。第四，若要约中包含的合同条款可分开，则对部分条款的同意也可构成承诺。当然，若要约不可分，则对部分条款的同意不能构成承诺。如甲对乙表示出售王泽鉴著全套《民法学说与判例研究》，乙表示只购买第四册，由于此际出售的是全套，要约不可分，乙的表示不构成承诺。

（四）承诺必须表明受要约人已经决定与要约人订立合同

承诺必须表明受要约人已经决定与要约人订立合同，换言之，受要约人要有订约的目的与意图，受要约人作出的表示足以表明他已经决定订约。若受要约人表示：“我方愿意考虑你所提出的条件”“原则上赞同你所提出的条件”“价格甚优，但目前还有大量现货尚待出售”等，都不能表明受要约人已经决定订约，从而这些答复不能构成承诺。

---

〔1〕我国有学者主张，在解释适用本条（是指《民法典》第488条——引者注）时，应采取宽松的立场。本条和第489条的规范显示我国并未采纳严格的“镜像原则”，而是原则上遵循了“镜像原则”，同时允许存在例外，即区分了承诺的实质性变更和非实质性变更。原则和例外的组合一定程度上缓和了“镜像原则”，尊重了缔约当事人的本意，有利于促进合同成立，鼓励市场交易。参见朱广新、谢鸿飞主编：《民法典评注：合同编通则》（第1册），中国法制出版社2020年版，第190页。

（五）承诺必须符合要约所要求的方式

要约人在要约中对承诺的方式提出要求的，原则上承诺必须按照要约人所要求的方式作出；若要约人在要约中并未明确排除其他方式的，则受要约人采用比要约人要求的方式更迅速的方式作出承诺，应为有效。要约人未对承诺的方式提出要求的，则受要约人原则上应采用与要约相同或比要约更快的方式作出承诺。

与其他的意思表示一样，承诺可以采取明示方式作出，也可采取默示方式作出。明示的承诺，包括口头形式与书面形式，表意人直接将效果意思表示于外，如受要约人甲向要约人乙电话表示愿以1万元购买某套家具。当受要约人以明示形式为承诺时，由于承诺与要约一样，均属于须受领的意思表示，因此，承诺需要通知要约人。《民法典》第480条前段规定“承诺应当以通知的方式作出”即在揭示斯旨。承诺通知在性质上为观念通知或意思通知，属于准法律行为的范畴。只要能将承诺的意思传达到要约人即可，无须由受要约人亲自作出，如以实际发货的方式表达承诺的意思，承运人将货物到达的信息通知要约人，只要该通知是在承诺期限内作出的，也可以发生承诺通知的效果；通知也无须专门向要约人发出，以广告的方式向不特定人发出，只要能预期要约人会看到该广告亦可。例如，甲自其同事处获悉乙有兴趣购入并转售甲的商品，便主动向乙发货（现物要约），乙以在甲阅读的商业报纸上刊出出售该商品的广告的方式承诺，甲在其阅读到此则广告时知悉对方的承诺。按照“到达主义”规则，报纸送到要约人甲处时合同成立。

默示的承诺，又称为“以可推断之行为发出的意思表示”，[1]包括推定形式与沉默形式。推定形式，也称为行为默示形式，是指受要约人虽未以口头、书面形式作出意思表示，但实施了某种有目的、有意义的积极行为，从而使要约人根据常识、交易习惯或与其的默契，推定其作出了承诺的意思表示。受要约人以行为作出承诺，是否与明示承诺一样，也要通知要约人？一般来说，以行为作出承诺可分为两种类型：一是根据交易习惯或者要约表明可以通过行为作出承诺；二是此外的由受要约人自主选择通过行为作出承诺。对前者，依《民法典》第480条的规定，构成所谓的意思实现，无须通知要约人。对后者，《民法典》未设明文，本书认为，由于《民法典》未将其列入例外的无须通知的范围，因此也要受“承诺须经通知”原则的拘束。

---

〔1〕［德］迪特尔·梅迪库斯：《德国民法总论》（第二版），邵建东译，法律出版社 2001 年版，第 209 页。

默示的承诺也需要通知要约人，受要约人应如何通知？大体而言，承诺的通知可区分为两种类型：一是承诺的行为直接向要约人作出，此时承诺的行为与承诺的通知集合为一体，如要约人甲发函表示愿以某价格购买受要约人乙的某产品，乙未作明示承诺直接送货上门。二是承诺的行为并非直接向要约人作出，则需要受要约人另作承诺通知，如要约人甲要求购买受要约人乙的某种产品，由受要约人送货给第三人丙，此时，仅有乙送货上门的行为，尚不能发生承诺的效力，只有在乙将关于送货上门的信息传达给要约人甲时，合同才能成立。当然，乙的通知既可以送货前作出，如乙表示“我将送货给丙”；也可以在送货后作出，如乙表示“我已将货物送给丙”。

沉默，也称为单纯的缄默，是指既无语言表示也无积极行为。一般而言，承诺不能采用沉默形式，沉默不能构成承诺。这不仅得到了各国学说的认同，而且被一些立法所明确规定，不过，在例外的情况下，沉默可以构成承诺。《民法典》第140条第2款规定：“沉默只有在有法律规定、当事人约定或者符合当事人之间的交易习惯时，才可以视为意思表示。”据此，在有法律规定、当事人约定或者符合当事人之间的交易习惯时，沉默可构成承诺。详言之：第一，依照法律特别规定。例如，根据《民法典》第638条第1款的规定，在试用买卖中，若试用期间届满，买受人对是否购买标的物未作表示的，其沉默视为购买。第二，受要约人先前向要约人发出要约邀请，在要约邀请中表示，在对方向自己发出要约后，自己不作出答复的，对方就可送货。第三，双方当事人达成初步协议后，一方更改初步协议中的某些条款，要求对方就这些条款修改尽快作出答复，并提出如不在规定的时间内答复，则视为接受。第四，依法律规定负有承诺义务者，若没有拒绝要约，其沉默视为承诺。第五，依据交易习惯，一方发出要约后另一方在规定时间内不作出意思表示或者实施积极行为，其沉默也可构成承诺。

三、承诺的生效

1. 生效开始的时间

在世界范围内，对承诺何时生效，主要存在着发信主义与到达主义两种不同的立法例。《民法典》第484条规定：“以通知方式作出的承诺，生效的时间适用本法第一百三十七条的规定。承诺不需要通知的，根据交易习惯或者要约的要求作出承诺的行为时生效。”该条对以通知方式作出的承诺的生效，一般采到达主义。

2. 生效的后果

《民法典》第483条规定："承诺生效时合同成立，但是法律另有规定或者当事人另有约定的除外。"承诺生效的基本后果是合同成立，即合同的产生或成形。相较于《合同法》第25条，该条增加了但书条款。其原因在于，承诺生效时合同成立仅是合同成立的一般原则。在例外的场合，承诺生效时合同仍未成立，仍有待于法律所规定的特殊条件或当事人所约定的特殊条件的成就。[1]

《民法典》第483条所称"法律另有规定"的情形，如第490条、第491条规定了特殊情形下合同成立的特殊规则，第586条第1款有关定金合同成立、第679条有关自然人之间借款合同成立、第814条有关客运合同成立、第890条有关保管合同成立的规定亦复如此。该条所定"当事人另有约定"的情形，[2]在《民法典》上亦有明确体现，如第814条规定："客运合同自承运人向旅客出具客票时成立，但是当事人另有约定或者另有交易习惯时除外。"第890条规定："保管合同自保管物交付时成立，但是当事人另有约定的除外。"这两条中均允许当事人"另有约定"。此外，当事人完全可以针对诺成合同特别约定该合同在完成特定给付行为时成立。

3. 承诺的撤回

承诺的撤回是指受要约人发出承诺后到达要约人之前，宣告取消承诺的行为。《民法典》第485条规定："承诺可以撤回。承诺的撤回适用本法第一百四十一条的规定。"据此，撤回承诺的通知应当在承诺通知到达要约人前或者与承诺通知同时到达要约人。此外，如果撤回承诺的通知，依照通常情形应先于或者同时与承诺达到要约人，但因传达故障而迟于承诺到达，则除要约人及时通知承诺撤回迟到因而不发生撤回承诺的效力外，承诺撤回的通知仍然有效。

---

〔1〕朱广新、谢鸿飞主编：《民法典评注：合同编通则》（第1册），中国法制出版社2020年版，第165页。

〔2〕《合同法》第25条未设但书条款，有观点认为，《合同法》应允许当事人控制合同的生效，但不应允许当事人自行规定合同的成立条件。

第四节 以合意成立合同的其他方式

问题示例

甲美术展览馆2021年5月1日发邮件告知素有来往的乙画家："以5万元出价求购日前所商定之A画，请即刻发往我馆。"如果5月2日乙已将该画发往甲美术馆，此时恰好有人出高价向乙求购该画，乙立即追回该画。甲得知此事后要求乙交付此画，请问是否有正当理由？

一、交叉要约与同时表示

交叉要约，又称为交错要约、要约交错或者要约的吻合，是指当事人偶然的互为同一内容的要约。例如，甲向乙为以10万元出售A房屋的要约，而乙也恰好向甲为愿意以10万元购买A房屋的要约。此际，虽然乙的表示与甲的表示完全吻合，但由于乙根本不知甲已向其为要约，因此，乙的意思表示不构成承诺。而在当事人藉要约承诺成立合同的情形下，受要约人不仅知悉要约，而且其发出的意思表示与要约具有因果关系。

交叉要约可否成立合同，在《德国民法典》制定之际，存在着较大争论，计有实质说与形式说两种不同的观点。实质说认为，既然两个意思表示的内容一致，自然可成立合同。形式说则认为，合同仅能依据要约与承诺的方式成立，在交叉要约的情形，须其中之一是对要约为承诺，合同才能成立。由于分歧较大，《德国民法典》对交叉要约未设明文。不过，在《德国民法典》制定之后，实质说占据优势地位。在我国台湾地区，其民法对交叉要约也未作出规定，不过，通说认为可以成立合同。本书认为，在交叉要约中，双方当事人的意思表示不仅在内容上一致，而且均有与相对人缔约的意思，完全符合合同的成立要件，因此可以成立合同。在合同的成立时间上，应认为较后的要约到达相对人时为合同成立之时。

交叉要约往往发生在非对话而为意思表示的情形。在对话的意思表示的场合，若双方当事人同时为同一内容的意思表示，如对他人草拟的合同文本，双方当事人同时同意，一般不称为交叉要约而称为"同时表示"。双方当事人为同时表示，合同亦可成立。

二、意思实现

意思实现（Willensbetatigung），是承诺意思依一定行为而实现的简称，是指根据交易习惯或者要约的声明，受要约人可以以行为作出承诺且不需要通知，则在受要约人作出该有可认为承诺意思的行为时承诺生效，合同成立。

对意思实现的本质，在理论上存在着一定的分歧。有认为它并非意思表示的，有认为它属于一种广义的意思表示的，还有认为它在本质上仍可作为一种意思表示的。本书认为，无论怎样看待意思实现与默示的承诺之间的关系，意思实现以有承诺意思为必要，在本质上仍属于意思表示的范畴。

《民法典》第480条规定："承诺应当以通知的方式作出；但是，根据交易习惯或者要约表明可以通过行为作出承诺的除外。"第484条第2款规定："承诺不需要通知的，根据交易习惯或者要约的要求作出承诺的行为时生效。"这两条规定包含了意思实现制度的内容。根据这两条规定，意思实现的构成，需要具备以下要件：

1. 承诺不需要通知。因意思实现而成立合同，不需要通知要约人，这对双方当事人利益的影响皆甚巨，故须限于特别情事，这主要包括两种情形：一是根据交易习惯，承诺不需要通知。例如，旅客用电报预订旅店房间，旅店老板将旅客的姓名登记入预订客房名单；再如，宾馆房间内冰箱中的饮料或食品，客人可自由取出消费，最后统一结算。二是根据要约的声明或者要求，承诺不需要通知。例如，甲向乙紧急购物，嘱咐乙即刻发货；再如，甲要求乙绘制风景油画五幅，表明将于某日上门取货。

2. 受要约人作出有可认为承诺意思的行为。该要件包含以下两个方面的要素：

（1）作出可认为承诺的行为。主要包括履行行为与受领行为。履行行为，即受要约人履行因合同成立所负担的债务，如寄送邮购的物品；为履行合同进行准备，如旅馆为旅客预留房间。受领行为，即受要约人行使因合同成立所取得的权利的行为，如拆阅现物要约寄来的杂志，再如宾馆客人消费冰箱中的饮料或食品。

（2）行为人具有承诺意思。在依意思实现方式缔约的场合，应否考虑作出可认为承诺行为的人的真实意思？如寄送试阅的杂志以后，继续寄送的杂志不再盖有试阅字样，收受人误认为试阅而开封阅读，合同能否成立？对此，在理论上存在不同观点。本书认为，默示的承诺与意思实现虽有差异，但在具备"承诺意思"上却并无不同。意思实现也应当作为意思表示来加以处理。对误拆现物寄来的杂志这一行为而言，传统观点认为，因无表示意思，该行为不成立意思表示，当然也不构成承诺，进而不能成立合同；现在的观点则认为，因表示意思并非意思表示的要素，该行为仍可构成承诺，唯受要约人可以错误为由主张撤销该合同。

三、竞争缔约

竞争缔约并非对以要约承诺方式缔约的背离。它只是在缔约过程中引入竞争机制，从而使合同订立更为公平与有效率而已。比较典型的竞争缔约包括拍卖与招标投标。

（一）拍卖程序

拍卖是指以公开竞价的方式，将特定物品或者财产权利转让给最高应价者的买卖。因此，拍卖非私卖，而是公卖，即非由当事人私下就交易条件进行协商，而是将买卖的物品、时间、地点以及相关的事项予以公告，其所面向的是不特定第三人。

作为一种特殊的买卖形式，拍卖合同的订立具有特殊性。在拍卖中，需要由竞买者竞价，由出价最高者购得拍卖物，进而成立合同。拍卖合同成立过程中有以下较为典型的行为：一是发布拍卖公告。《拍卖法》第45条规定："拍卖人应当于拍卖日七日前发布拍卖公告。"第46条规定："拍卖公告应当载明下列事项：（一）拍卖的时间、地点；（二）拍卖标的；（三）拍卖标的展示时间、地点；（四）参与竞买应当办理的手续；（五）需要公告的其他事项。"拍卖公告在性质上属于要约邀请（《民法典》第473条）。二是竞买人出价。该行为在性质上属于要约。为最大限度保障竞买人参与竞买的公平性，《拍卖法》第22条规定："拍卖人及其工作人员不得以竞买人的身份参与自己组织的拍卖活动，并不得委托他人代为竞买。"对于违反该条的法律后果，理论上存在着争议。一种观点认为合同效力待定说，认为拍卖人参与竞买的，该合同效力待定，只有经过委托人承认才生效。[1]另一种观点为合同无效说，认为由于主体不适格，合同无效。[2]三是拍定。拍定是拍卖人以拍板、击槌或其他惯用方式确定拍卖合同成立或宣告竞争终结的行为，在性质上为承诺。《拍卖法》第51条规定："竞买人的最高应价经拍卖师落槌或者以其他公开表示买

---

〔1〕 史尚宽：《债法各论》，中国政法大学出版社2000年版，第97页。

〔2〕 王利明：《合同法研究》（第三卷）（第二版），中国人民大学出版社2018年版，第177页。

定的方式确认后，拍卖成交。”拍卖成交后，买受人（竞买人）和拍卖人应当签署成交确认书。当然，拍卖合同的当事人为委托人（出卖人）与买受人，拍卖人并非拍卖合同的当事人。

（二）招标投标程序

招标是指提出招标项目、进行招标的法人或其他组织以招标公告或招标邀请的方式，向不特定人或向特定的多个当事人发出的、以吸引或邀请相对方发出要约为目的的意思表示。投标则是投标人（出标人）按照招标人提出的要求，在规定的期间内各自秘密地制作投标文件，向招标人发出的以订立合同为目的、包括合同全部条款的意思表示。

在《民法典》上，以下法条涉及招标的要求——第342条规定：“通过招标、拍卖、公开协商等方式承包农村土地，经依法登记取得权属证书的，可以依法采取出租、入股、抵押或者其他方式流转土地经营权。”第347条第2款规定：“工业、商业、旅游、娱乐和商品住宅等经营性用地以及同一土地有两个以上意向用地者的，应当采取招标、拍卖等公开竞价的方式出让。”第348条第1款规定：“通过招标、拍卖、协议等出让方式设立建设用地使用权的，当事人应当采用书面形式订立建设用地使用权出让合同。”第644条规定：“招标投标买卖的当事人的权利和义务以及招标投标程序等，依照有关法律、行政法规的规定。”第790条规定：“建设工程的招标投标活动，应当依照有关法律的规定公开、公平、公正进行。”而依据《招标投标法》第3条的规定，在我国境内进行下列工程建设项目，包括项目的勘察、设计、施工、监理以及与工程建设有关的重要设备、材料等的采购，必须进行招标：（1）大型基础设施、公用事业等关系社会公共利益、公众安全的项目；（2）全部或者部分使用国有资金投资或者国家融资的项目；（3）使用国际组织或者外国政府贷款、援助资金的项目。

招标投标买卖一般经过三个阶段，除了招标、投标之外，还包括中标。中标是指最终确定中标人。在投标人投标之后，应当进入评标程序。评标委员会应当按照招标文件确定的评标标准和方法，对投标文件进行评审和比较，设有标底的，应当参考标底。评标委员会完成评标后，应当向招标人提出书面评标报告，并推荐合格的中标候选人。从性质上看，招标公告为要约邀请（《民法典》第473条），因为招标人实施招标行为是订约前的预备行为，其目的在于引诱更多的相对人提出要约，从而使招标人能从更多的投标人中选择条件最佳者并与之订立合同。投标为要约。招标人向投标人发出中标通知书为承诺。相较于一般的买卖合同，招标投标买卖在订约程序上更为复杂。依《招标投标法》

第46条的规定，招标人与中标人应当自中标通知书发出之日起30日内，按照招标文件和中标人的投标文件订立书面合同。招标人和中标人不得再行订立背离合同实质性内容的其他协议。在合同订立以后，中标人应当按照合同约定履行义务，完成中标项目。中标人不得向他人转让中标项目，也不得将中标项目肢解后分别向他人转让。

第五节 非基于合意成立合同

问题示例

1. 甲负伤前往镇上唯一的医院求治，医师看到甲伤势严重，唯恐救治效果不佳反惹讼累，借故拒绝。请问医师可否拒绝救治？

2. 汽车司机甲将汽车停放在A停车场，该停车场标记有“须支付停车费及受保管”等字样，但是甲拒绝订立保管合同，因此发生争执。请问停放汽车行为是否意味着承担了没有合同的合同性给付义务？

当事人藉合意而成立合同，乃是合同成立的最基本形式，而其中，合同依要约与承诺而成立最为寻常。此外，交叉要约、同时表示、意思实现也属于藉合意成立合同的方式。不过，在合意的方式之外，合同亦可不基于合意而成立，最为典型的有强制缔约、事实上的契约关系与格式合同三种形式。当然，以强制缔约、格式合同等方式成立合同，其中是否全无意思的因素，甚至事实上的契约关系本身能否存在，都还存在着较大分歧。

一、强制缔约

（一）概念

强制缔约，又称为强制契约、契约强制、契约缔结之强制或强制性合同，一般有广义与狭义之分，广义的强制缔约不仅包括受要约人对要约人的要约有承诺的义务的情形，而且包括特定的主体有向他人发出要约的义务的情形。[1]狭义的强制缔约则仅指前者。《民法典》对这两种情形均作了规定。第494条第2款规定："依照法律、行政法规的规定负有发出要约义务的当事人，应当及时发出合理的要约。"此为强制要约，如法律规定机动车车主应当办理强制保险。第3款规定："依照法律、行政法规的规定负有作出承诺义务的当事人，不得拒绝对方合理的订立合同要求。"此为强制承诺，即个人或企业负有应相对人之请求，与其订立合同的义务，即对相对人之要约，非有正当理由不得拒绝承诺。[2]强制承诺相较于强制要约更为普遍，因此被称为狭义的强制缔约。

（二）类型

根据违反强制缔约义务的后果的不同，强制缔约可以被区分为直接的强制缔约与间接的强制缔约两个基本类型。

1. 直接的强制缔约

对于直接的强制缔约而言，当负有缔约义务的一方不接受他方的要约时，要约人得诉请公权利介入，强制受要约人为承诺的意思表示；而对于间接的强制缔约而言，受强制而有缔约义务的一方虽然对他方的要约有为承诺的义务，但是，如果缔约义务人拒绝承诺时，要约人只能依民法关于侵权行为的规定请求损害赔偿，因为滥用法律上或者事实上的独占地位，特别是居于这种优势地位的企业拒绝以一般所接受的且妥当的条件来缔约是违反善良风俗的行为。综观大陆法系国家或者地区民法的规定，直接的强制缔约一般包括越界建筑、法定地上权的成立、法定租赁权的成立、承揽人抵押权的成立、典权人的留买权、共有人以及承租人优先购买权、土地所有人对地上权人工作物的购买权等具体类型。

2. 间接的强制缔约

间接的强制缔约义务主要包括以下类型：

第一，公用事业的强制缔约义务。《民法典》第648条第2款规定："向社会公众供电的供电人，不得拒绝用电人合理的订立合同要求。"第810条规定："从事公共运输的承运人不得拒绝旅客、托运人通常、合理的运输要求。"《电力法》第26条第1款规定："供电营业区内的供电营业机构，对本营业区内

---

〔1〕 合同法中的缔约自由包括要约人享有的要约自由与受要约人享有的承诺自由两个方面，因此，强制缔约当然也包括体现了限制要约自由的要约人义务与体现了限制承诺自由的受要约人义务两种情形。

〔2〕 王泽鉴：《民法债编总论》（第一册），中国台湾地区三民书局1996年版，第73页。

的用户有按照国家规定供电的义务；不得违反国家规定对其营业区内申请用电的单位和个人拒绝供电。”立法规定公用事业的强制缔约义务的原因在于这些事业具有独占的性质，如果允许其享有缔约自由或者选择相对人的自由，必将危害一般公众的日常民生需要，因此，法律强使此类公用事业负有强制缔约的义务，非有正当理由，不得拒绝消费者的缔约请求。

第二，基于特定身份或职业而发生强制缔约义务。例如，我国台湾地区“医师法”第21条规定：“医师对于危急之病症不得无故不应招请或无故迟延。”再如，《日本医师法》第19条第1项规定：“从事诊疗之医师，在诊察治疗之请求存在的场合，若无正当事由，不得拒绝该请求。”由于医护人员承担着救死扶伤的社会职责，因此其所承担的强制缔约义务是医学伦理法律化的结果，或者说将伦理规范法律化以加强其强制性质。

（三）违反强制缔约义务的法律责任

个人或企业违反强制缔约义务以后，应当承担何种法律责任？因强制缔约的类型不同，个人或者企业违反强制缔约义务后所承担的法律责任也有所不同。

1. 直接的强制缔约

在直接的强制缔约中，如果受要约人违反强制缔约义务，则要约人可以向法院起诉强制受要约人为承诺的意思表示，从而使合同成立，即要约人可以诉请法院强制成立合同，如被出租人拒绝订立的土地租赁合同依法庭确定的租金标准被视为已经更新，越界建筑人与被越界建筑的邻地所有人之间成立土地买卖合同。在法国法上，对一方违反强制缔约义务的处理较为灵活，这表现为：在一般情况下，合同被视为成立，但在另一些情况下，强制性则是间接的，一方可以要求另一方订立合同，否则，有权要求追究其刑事责任或民事责任，如果另一方情愿承担法律责任，则仍然保留其不订立合同的自由。[1]

2. 间接的强制缔约

（1）公法的制裁与侵权行为责任。由于间接的强制缔约义务是公法上的义务，是基于公法而对缔约自由所作的限制，因此，如果当事人违反该项义务，应受公法上的制裁。[2]但是，违反间接的强制缔约义务是否会产生私法上的效果？在实践生活中，缔约义务人未有正当理由而拒绝订立合同，常常会使相对

〔1〕 尹田：《法国现代合同法》，法律出版社1995年版，第39页。
〔2〕 孙森焱：《民法债编总论》，中国台湾地区三民书局1986年版，第22页。

人因此受到损害，此时，相对人可否请求损害赔偿？对于医师的强制诊疗义务，在日本，以前的通说认为，在医师违反强制诊疗义务时，由于强制诊疗义务是公法上义务，患者没有向医师请求诊疗的私法上权利，也没有损害赔偿请求权。但是，最近的通说认为，《日本医师法》第19条第1项所规定的诊疗义务是公法上的义务，但是也是为保护患者的义务，在违反此义务时，只要大致推定医师有过失，而医师不能提出反证，就应当追究医师的损害赔偿责任。[1]在德国，其判例从《德国民法典》第826条中发展出了间接的强制缔约义务，当事人拒绝订约构成故意以悖于善良风俗之方法加损害于他人的侵权行为，这已成为德国学界的通说。在法国，对于违反法律规定而拒绝订立合同的人，法律依照一定条件对之进行制裁，制裁方法有时为单纯的损害赔偿，如果涉及保护消费者利益，则可能同时采用民事的和刑事的制裁方法。

（2）合同能否成立？当受要约人违反强制缔约义务而拒绝订立合同时，要约人是否可以诉请受要约人为承诺，强制合同成立？我国台湾地区学者认为，此时当事人之间不能成立合同，[2]要约人只能请求损害赔偿。在法国，应由高级法院首席法官或商事法院首席法官酌情予以决定。[3]

（3）缔约过失责任。由于在受要约人承担强制缔约义务之际，可能会发生缔约过失责任，从而法律关于强制缔约的规定扩张了缔约过失责任的适用范围。在缔约过程中，要约人承担要约过失责任的现象较为普遍，而受要约人承担缔约过失责任的现象则比较少见。其原因在于承诺原则上是受要约人享有的权利，受要约人可以承诺，也可以拒绝承诺，并且受要约人拒绝承诺的也不负有通知义务，从而受要约人不为拒绝承诺的通知承担责任，也不产生任何法律效果，相应地，也就难以发生要约人因信赖受要约人为承诺从而遭受信赖利益损失的现象，可以说，在此种情形并无使受要约人承担缔约过失责任的余地。但是当受要约人承担了强制缔约义务以后，情形即发生了很大变化。受要约人只有在具有正当理由时方可拒绝承诺，但是，其应将拒绝承诺的事由通知要约人，如果受要约人不为通知并由此导致要约人损害的，则应依缔约过失责任的

---

〔1〕龚赛红：《医疗损害赔偿立法研究》，法律出版社2001年版，第71页。

〔2〕孙森焱：《民法债编总论》，中国台湾地区三民书局1986年版，第22页；杨崇森：《私法自治制度之流弊及其修正》，载郑玉波主编：《民法总则论文选辑》，中国台湾地区五南图书出版公司1985年版，第138页；郑玉波：《民法债编总论》，中国台湾地区三民书局1985年版，第36页。

〔3〕尹田：《法国现代合同法》，法律出版社1995年版，第38—39页。

原理承担损害赔偿责任。例如，依据《德国民法典》第663条的规定，受公开指定处理一定事务或者公开自荐的人，在不接受委托时，负有立即将其拒绝通知委托人的义务，如未为拒绝之通知，不认为契约已经成立，唯应赔偿消极的契约利益（信赖利益）损失。[1]

二、事实上的契约关系

传统的合同法理论认为，合同仅能依双方当事人意思合致的缔约方式而成立，此外别无其他建立合同关系的途径。但是，德国学者豪普特（Haupt）于1941年1月29日就任莱比锡大学教授职务时发表了名为《论事实上的契约关系》的专题演讲，提出了所谓的事实契约关系理论，对依缔约方式成立合同的传统理论造成了剧烈的冲击。所谓事实上的契约关系，简言之，就是并非由合同的缔结而是因事实过程而成立契约关系。

在豪普特看来，由于强制缔约制度的存在，尤其是一般合同条款的普遍使用，使得在相当多的情形下，合同关系的创设不必采用缔约方式。例如，就搭乘电车或者利用天然气而言，历来的判例学说均以为合同关系必因要约与承诺而成立，然为达此目的，常须诉诸默示，甚至纯粹拟制的意思表示。固守这一古老观念，并不能解决问题，因此有必要承认一项新的理论，即在若干情形下，不论当事人的意思如何，即使不采取缔约的方式，合同关系也可因事实过程而成立。这种事实上的合同关系，并非类似合同的法律关系，毋宁根本就是合同关系，它仅在成立方式上与传统的合同观念不同，因此，完全可以适用合同法的规定。[2]

豪普特认为，这种事实上的合同关系，很难归摄在统一的法律要件下，仅能通过揭示其典型情况而加以认识。事实上的合同关系包括三种基本类型：一是基于社会接触而生的事实上合同关系；二是基于团体关系而生的事实上合同关系；三是基于社会给付义务而生的事实上合同关系。

豪普特的理论甫一提出，引起了激烈的争论，反对者与赞同者均属有之。如有学者认为，豪普特的理论是对根深蒂固的契约观念的攻击，其威力犹如一颗原子弹，足以摧毁忠实于法律的思维方式。而另有学者则认为，豪普特的理论能充分表现私法制度社会功能的演变，或者该理论能面对现实，将法律之解释适用从拟制中解放出来，对于妥适合理解决实际问题，助益甚巨。拉伦茨教

---

〔1〕史尚宽：《债法各论》，中国政法大学出版社2000年版，第384页。
〔2〕王泽鉴：《民法学说与判例研究》（第一册），中国政法大学出版社1998年版，第105页。

授则在豪普特理论的基础上提出了“社会典型行为理论”。他认为，现代大量交易产生了特殊现象，即在很多情形下，当事人无须为真正意思表示，依据交易观念因事实行为即可创设契约关系。其所涉及的客体，主要是生活上不可欠缺的照顾给付。对此给付，任何人均可支付一定费用而加以利用。此际，事实上的提供给付及事实上的利用行为，取代了意思表示。这两种事实行为并不是以发生特定法律效果为目的的意思表示，而是一种事实上合致的行为，依其社会典型意义，产生了与法律行为相同的法律效果。例如，使用人未买票，径直乘坐电车或公共汽车，此际，乘客的通常意思，是被运送到目的地，并未想到应先缔结运送合同，同时没有此表示。一般而言，乘车的人多欲承担其行为的后果，并愿意支付车费，然而，其是否具有此意思，他人是否认识，对于成立依据合同法原理加以处理的运送关系，不发生任何影响。拉伦茨还特别指出，因社会典型行为而成立合同，与依据《德国民法典》第151条规定意思实现而成立合同不同，因其不以法律效果意思为必要，从而也不发生意思表示错误撤销的问题。为保护思虑不周之人，《德国民法典》关于无行为能力人及限制行为能力人的规定仍有适用余地。

在司法实务中，德国联邦法院分别于1956年7月14日在停车费案件中和1957年在一宗被告未缔约，擅自装设导管，输配电力的案件中，运用豪普特与拉伦茨的理论，承认基于事实利用行为也可产生合同关系的可能性。

事实上合同关系理论的核心，是主张用一种“客观的事实过程”取代主观的“法律效果意思”，以期重构合同的概念，这对以合意为中心价值体系的传统民法无疑造成了颠覆性的冲击。如何妥当地评价事实上合同关系理论颇费周章。褒贬互现，有关其评论非只言片语所能济事。不过，本书认为，虽然其持论者标新立异的勇气确实令人感佩，但该理论的合理性还是大有可疑之处的。

首先，事实上合同关系的概念能否成立，值得怀疑。合同的基本精神在于自主决定，非有意思合致，不能成立合同，换言之，合同关系在本质上是一种基于意思合致而成立的法律关系，而事实行为中，当事人并无创设规律彼此之间权利义务规范的意思。因此，以该事实行为为基础而成立的法律关系绝无为合同关系的可能性，在此意义上，所谓事实上合同关系是一个自相矛盾的概念，毋宁称为“事实上的法定债之关系”。

其次，事实上合同关系理论存在着相当的危险性。事实行为固然是一个客观的范畴，但究竟哪些事实行为可以创设、规范当事人行为的合同法律关系，却是取决于立法者或者裁判者的意思。对于当事人而言，虽然并未“自主决定”，但却要“为之负责”，承受国家机关为其创设的权利义务。这一理论显然呈现出了强烈的整体主义的倾向。该理论被提出的年代正是纳粹思想甚嚣尘上的时期，在纳粹理论的左右下，“私人自治”理念受到强烈怀疑，“人们共同利益绝对优先于个人利益和个人意思”的观念占据了统治地位，事实上的合同关系理论倡导建立一种“超越个人，而由社会来决定的”法律关系，这无疑压缩了个体意思自决的空间，为僭越私人自治提供了方便之门。[1]此外，事实上合同关系所规制的三种典型情形仅在消极方面具有相同的特征，即并未建基在一个无瑕疵、完全有效的合同之上。此种概念的构成，无法明确区分各种类型的要件，有失笼统，损害法律适用的安定性。另外，认许事实行为创设合同关系的可能性，导致未成年人也要受自己意志未参与其间的合同关系的约束，必将使未成年人的利益无法得到妥善保护，而行为能力制度的功能也将随之丧失殆尽。

最后，对新兴的实践问题若能在传统的制度框架内解决，则不应动辄创设例外，否则，势必紊乱法律体系并影响法律适用的安定性。

总之，本书虽然对事实上合同关系理论秉持相当保留的态度，但绝对不否认，该理论确实揭示出了将合同等位于意思合致的传统观念在解决部分新兴的实践问题时即便不是捉襟见肘也是勉为其难的尴尬状态，可以促使民法的研究者更多的检讨与反思法律理论与社会实践之间的抵牾之处，最终促进民法的理论进步与制度创新。

三、格式合同

（一）格式条款、格式合同的概念与特征

格式条款，也称为一般交易条款（AllgemeineGeschäftsbedingungen）（《德国民法典》）、标准条款（standardterms）（PICC）等，是一种不同于传统“要约-承诺”合同订立模式（即个别商议合同）的新缔约方式。自产生以来，格式条款日益重要，普遍适用于银行、保险、运输、电信等行业，大大减少了缔约成本、降低了交易风险，促进了经济发展。不过，也由于其潜在的可能损害相对人合同自由、沦为不公平的“霸王条款”等弊端，现代各国民法无不将之作为最核心的问题领域加以规制。

---

〔1〕 易军：《个人主义方法论与私法》，载《法学研究》2006年第1期。

根据《民法典》第496条的规定，格式条款是当事人为了重复使用而预先拟定，并在订立合同时未与对方协商的条款。格式条款的概念与格式合同有一定差异，格式合同在其他国家或地区也称为标准合同（standardformcontract）、附合合同、附意合同、定型化合同等，指的是全部合同条款均由格式条款构成的合同。在实践中，一个合同的条款固然可能全由格式条款组成，但亦可能仅包含一条或数条格式条款，即格式条款仅是该合同的部分条款，除格式条款外，还具有非格式条款。我国原《合同法》使用格式条款的概念，使其调整范围更为广泛，具有合理性，其规定既可适用于格式合同，也可适用于具有格式条款的非格式合同。《民法典》亦沿袭了这一做法。

格式条款具有以下特征：

第一，条款由单方预先拟定。格式条款是由一方当事人在缔约前预先拟定，而不是在双方当事人反复协商的基础上制定出来的。该拟定方也称为条款使用方或提供方，往往为固定提供某种商品或服务的公用事业部门、企业和有关的社会团体。当然，有关政府部门有时也可能为企业制定格式条款，如电报稿上的发报须知、飞机票的说明等。一般来说，条款拟定方预先拟定格式条款是为了与不特定多数人重复缔约之用而非一次性使用（由此有助于降低交易成本、节省时间与费用，适应市场解决高度发展的要求）。不过，最好将“重复使用”理解为格式条款的经济功能，而不宜将之理解为格式条款的法律特征。拟定方预先拟定格式条款的目的确实可能是为了未来“重复使用”，但实践中有些格式条款仅使用一次，并没有重复使用，此时不应影响其为格式条款的属性。而且若要求格式条款必须重复使用，则相对人在确定某一条款是否为格式条款时应证明该条款已被重复使用，对其要求过苛。

第二，条款未与对方协商。由于格式条款是一方预先拟定的，因此格式条款也是在订立合同时不能协商的条款，具有不可协商性。[1]格式条款普遍适用于一切与拟定方订立合同的不特定相对人，这些条款构成一个整体，具有定型化特征。对之，相对人要么全部同意，要么全部不同意，即“接受或离开”（takeitorleaveit），而不能对条款的内容加以修改或变更。此外，在格式条款适用过程中，要约人与承诺人的地位是固定的，而不像一般合同在订立过程中，要约人与承诺人的地位可以随时改变。

第三，格式条款的细节性。条款拟定方提出的条款，往往对他们与相对人

〔1〕 李永军：《合同法》（第二版），法律出版社2005年版，第285页。

之间的权利义务作出详细安排。这种细节性为相对人只要作出同意的意思表示即可导致合同成立提供了可能性。

第四，格式条款适用于不特定相对人，且相对人处于附从地位。与格式条款提供方发生交易订立合同的人，往往是社会上分散的主体，尤其是广大消费者，这也使得格式条款是为不特定的人拟定，而不是为特定的相对人所拟定的。不仅如此，由于相对人不参与协商过程，只能对拟定方制定的格式条款概括地加以接受或不接受，不能与拟定方就合同条款讨价还价，因此相对人在合同关系中处于附从地位。这既使相对人的合同自由受到限制，也极易造成对相对人利益的损害。

世界各国或各地区立法一般是从三个层面（订入控制即成立、解释、内容控制即有效性）对格式条款加以规制，我国民法亦复如此。以下分别阐述。

（二）格式条款订入合同

《民法典》第496条第2款规定："采用格式条款订立合同的，提供格式条款的一方应当遵循公平原则确定当事人之间的权利和义务，并采取合理的方式提示对方注意免除或者减轻其责任等与对方有重大利害关系的条款，按照对方的要求，对该条款予以说明。提供格式条款的一方未履行提示或者说明义务，致使对方没有注意或者理解与其有重大利害关系的条款的，对方可以主张该条款不成为合同的内容。"该款明定条款拟定方的提示义务与说明义务，以在一定程度上矫正因格式条款并非是与相对人自由协商而成，从而损害相对人自由的现象，是在程序上保护相对人的利益。

1.提示、说明义务的范围

我国原《合同法》第39条规定："……提供格式条款的一方应当……采取合理的方式提请对方注意免除或者限制其责任的条款，按照对方的要求，对该条款予以说明。……"依此规定，条款拟定方提示、说明义务的范围仅限于"免除或者限制其责任的条款"，而《民法典》第496条的表述是"免除或者减轻其责任等与对方有重大利害关系的条款"，进一步扩大了条款拟定方提示、说明义务的范围。后者显然更为合理。据此：第一，条款拟定方应提请对方注意的是"与对方有重大利害关系的条款"。这是一高度概括的表述，显然有解释空间，且应根据个案予以具体化。但毫无疑问，它不以减轻或免除其责任的条款为限，其他较典型的情形还应包括限制或排除对方权利、加重对方责任的条款等。第二，该条采取了"列举加兜底"的立法技术，判断"有重大利害关系"的条款时，应将"免除或者减轻其责任"条款作为标准，即只有达到与

“免除或者减轻其责任”相同程度，才能认定为是“具有重大利害关系”的条款。第三，该条未要求条款拟定方提请对方注意所有格式条款，而是限于“与对方有重大利害关系的条款”，毕竟格式条款的内容宽泛，而且并非一律不公平，因此将提请注意的范围限制在“与对方有重大利害关系的条款”也有助于节约交易成本、鼓励交易。

2. 合理的方式

格式条款拟定方履行提示、说明义务应“采取合理的方式”。在判断该方履行义务是否“合理”时，可考虑以下因素：第一，记载条款的载体的外观。记载了格式条款的载体从外观上看能给人以一种它记载了足以影响当事人权利义务条款的印象，否则相对人可能会认为是随随便便的一张纸，根本不重视，不会去阅读。第二，提请注意的方法。原则上应个别，只有在个别提请注意在事实上存在困难时，才可以采用告示的方法。第三，条款清晰明白的程度。一般而言，个别提请注意的，条款使用的语言、文字应清晰明白；公开提请注意的，条款不仅应清晰明白，而且也要醒目，并悬挂在订约地点。《消费者权益保护法》第26条第1款规定：“经营者在经营活动中使用格式条款的，应当以显著方式提请消费者注意商品或服务的数量和质量、价款或者费用、履行期限和方式、安全注意事项和风险警示、售后服务、民事责任等与消费者有重大利害关系的内容，并按照消费者的要求予以说明。”这里“显著方式”，具体包括如使用特别标识、将字体突出标注、将条款放在显著区分的位置等。第四，提请注意的时间。必须在合同成立前提请注意，如果在合同订立后提请注意，则条款不能成为合同的内容。第五，提请注意的程度。提请注意应该达到引起一般相对人注意的程度。若一个正常人都难以注意到格式条款的存在，则难谓其尽到了以合理方式提请注意。格式条款拟定方是否已尽到合理的提请注意义务，应由其自己承担举证责任，而非由对方承担举证责任。

3. 未履行提示、说明义务的后果

根据《民法典》第496条第2款的规定，条款拟定方提示义务与说明义务的履行存在差异。对说明义务，以“对方的要求”为前提。如果对方未要求，则条款拟定方仅负有提示义务。若条款拟定方未以合理方式履行提示、说明义务，其法律效果如何？《合同法解释（二）》第9条规定：“提供格式条款的一方当事人违反合同法第三十九条第一款关于提示和说明义务的规定，导致对方没有注意免除或者限制其责任的条款，对方当事人申请撤销该格式条款的，人民法院应当支持。”该条将未履行提示、说明义务的后果规定为“可撤销”，并不妥当。因为若条款拟定方未履行该义务，则意味着双方当事人未就此达成合意，格式条款不能进入合同从而成为合同的内容的一部分，此际根本不存在撤销的空间。《民法典》第496条第2款规定："……提供格式条款的一方未履行提示或者说明义务，致使对方没有注意或者理解与其有重大利害关系的条款的，对方可以主张该条款不成为合同的内容。"这一规定更为合理。当格式条款不成为合同内容，则无须对没有订入合同的条款进行效力判断。[1]当然，即使条款拟定方未履行提示与说明义务，但若相对人仍接受格式条款的，该条款仍可成为合同的内容。"本条将格式条款提供方违背揭示、说明义务的格式条款是否订入合同的决定权交与接收方。"[2]

（三）格式条款的解释

格式条款订入合同，就成为合同的内容。在审查格式条款内容的有效性之前，应当先解释该条款的含义，此即"格式条款之解释优先于该条款之有效性之审查"。《民法典》第498条规定："对格式条款的理解发生争议的，应当按照通常理解予以解释。对格式条款有两种以上解释的，应当作出不利于提供格式条款一方的解释。格式条款和非格式条款不一致的，应当采用非格式条款。"据此，对格式条款的解释，应遵循以下规则。

1. 按照通常理解予以解释

由于格式条款不是为特定的个人制定的，而是为不特定的多数人制定的，因此，应当考虑多数人对该条款的理解。因此，对格式条款，应当以可能订约者平均、合理的理解对格式条款予以解释。具体而言，第一，格式条款的解释，应超脱于具体的订约环境与特别的意思表示，换言之，除了当事人有特别约定外，不应把各个具体的订约环境或特别的意思表示作为解释格式条款的考虑因素。第二，对某些特殊的术语，应作出通常的、日常的或通俗的解释。若条款涉及的知识或术语不能为某个可能订约者所理解，则应依据可能订约者的平均、合理的理解为基础进行解释。条款制定者不能主张该条款具有特殊含义。若可能订约者本身是具有专业知识的人，当然应就该条款所使用的特殊术语作成解释。第三，格式条款经过长期使用后，消费者对其中某些用语的理解与条款提供者的理解不同时，应以消费者的理解为标准进行解释。第四，应根

---

〔1〕贺栩栩：《〈合同法〉第40条后段（格式条款效力审查）评注》，载《法学家》2018年第6期。

〔2〕朱广新、谢鸿飞主编：《民法典评注：合同编通则》（第1册），中国法制出版社2020年版，第249页。

据不同地域、职业团体的可能订约者的一般理解来解释合同。第五，格式条款中使用外国术语时，应以相对人的一般认识或理解力为基础进行解释，条款提供者不能主张外国术语在外国的本意如何。例如，约款中有“theactofGod”一词，其本意是“不可抗力”，若相对人理解为“上帝的行为”，则提供者不能主张该词语是指“不可抗力”。

2. 对条款提供者作不利的解释

罗马法上即存在着“有疑义应为表意者不利益之解释”的法谚。《德国民法典》第305条之3第2款规定：“定型化契约之解释，有疑义时，提出者负担其不利益。”《奥地利民法典》第915条规定：“单务契约内容有疑义时，推定负有义务的一方就负较轻的义务，双务契约内容有疑义时，使用不明确语句的一方就承受不利益的效果。”之所以要对条款提供者作不利的解释，是因为条款是由提供者拟定的，提供者可能制定出对自己有利的条款，还可能故意使用意义不明确的文字损害相对人利益，甚至基于其优势地位将不合理的解释强加给相对人。因此，为了维护相对人利益，有必要作出对条款提供者不利的解释。例如，某保险公司的“老来福终身寿险条款”规定的免责事由包括“被保险人违反法律、法规或其他犯罪行为”，该条款既可理解为被保险人的违法行为与犯罪行为，也可理解为被保险人的犯罪行为。对此，解释为“被保险人的犯罪行为”较为妥适。

3. 格式条款与非格式条款不一致时，采用非格式条款

非格式条款是当事人个别磋商而约定的条款。当格式条款与非格式条款不一致时，应采用非格式条款，这既体现了当事人的意思，也有利于保护相对人的利益。例如，《德国民法典》第305条之2规定：“个别契约商议优先于定型化契约。”

（四）格式条款的有效性

世界各国或各地区有关格式条款有效的立法，采取了以下几种不同的方式：第一，具体列举式，即明确规定某些格式条款无效。例如，《德国民法典》第309条（无评价可能之被禁止条款）规定了13类条款绝对无效。第二，抽象概括式，即明确某一抽象原则作为判断各种格式条款是否有效的依据，违反该原则的格式条款无效。例如，《德国民法典》第307条（内容控制）规定：“一、定型化契约中之条款违反诚信原则，对相对人消费者显失公平者，无效。条款不明确或无法理解者，亦得被认为显失公平。二、有疑义时，条款应认为系显失公平：1. 背离法律规范之条款，与法律规范之基础理念相矛盾者。

2.契约之主要权利或义务，因受条款之限制，致契约之目的难以达成者。三、第一项及第二项以及第308条与第309条之规定，仅适用于定型化契约中之条款背离法律规范或其补充规定者。其他之条款可能依据第一项第二句及第一项第一句而无效。”第三，弹性规定式，即列举某些格式条款须经法院判断始能决定其有效性，这些格式条款是否有效，由法院确定。例如，《德国民法典》第308条（有评价可能之被禁止条款）规定了应受法院判断的8类条款。

《民法典》也采用了这3项立法技术。例如，《民法典》第497条第1、3项为具体列举式，第2项为弹性规定式。第496条中规定“提供格式条款的一方应当遵循公平原则确定当事人之间的权利和义务”则具有抽象概括式的色彩。

1.格式条款内容控制的概括规定

《民法典》第496条第2款规定：“采用格式条款订立合同的，提供格式条款的一方应当遵循公平原则确定当事人之间的权利和义务，……”该条将公平原则作为我国格式条款内容控制的概括规定。公平原则在格式条款内容控制中处于基础性地位。[1]

2.格式条款无效的具体情形

《民法典》第497条规定：“有下列情形之一的，该格式条款无效：（一）具有本法第一编第六章第三节和本法第五百零六条规定的无效情形；（二）提供格式条款一方不合理地免除或者减轻其责任、加重对方责任、限制对方主要权利；（三）提供格式条款一方排除对方主要权利。”该条规定了格式条款无效的数种具体情形。

（1）绝对无效情形

《民法典》第497条第1项引用了适用于所有民事法律行为的无效规范。其中，“本法第一编第六章第三节”是指《民法典》总则编“民事法律行为”章第三节“民事法律行为的效力”。这一部分无效的民事法律行为包括：无民事行为能力人所为的民事法律行为（第144条）；违反法律、行政法规的强制性规定的民事法律行为（第153条第1款）；违反公序良俗的民事法律行为（第153条第2款）；恶意串通的民事法律行为（第154条）。“本法第五百零六条”是有关免责条款无效的规定，即：“合同中的下列免责条款无效：（一）造成对方人身损害的；（二）因故意或者重大过失造成对方财产损失的。”

---

〔1〕朱广新、谢鸿飞主编：《民法典评注：合同编通则》（第1册），中国法制出版社2020年版，第261页。

（2）不合理的权利失衡条款

我国原《合同法》第40条规定："……提供格式条款一方免除其责任、加重对方责任、排除对方主要权利的，该条款无效。"《民法典》第497条则规定："有下列情形之一的，该格式条款无效：……（二）提供格式条款一方不合理地免除或者减轻其责任、加重对方责任、限制对方主要权利……"相较于前者，《民法典》增设了"减轻其责任""限制对方主要权利"的情形，使得列举更为周密完整，更重要的是，《民法典》还增加了"不合理地"的限定语，这一增加是合理的。依《合同法》第40条的文义，只要提供格式条款一方免除其责任、加重对方责任、排除对方主要权利，该条款就"一律"无效。此种规定固然有助于保护相对人的利益，但也欠妥当：第一，该规定过于绝对与刚性，有矫枉过正之弊。如果格式条款一概不能免除条款拟定方的责任、加重对方责任，则将在一定程度内压缩民事主体使用格式条款的空间。第二，导致《合同法》第39条第1款与第40条之间存在冲突。我国原《合同法》第39条第1款规定："……提供格式条款的一方应当……提请对方注意免除或者限制其责任的条款……"第40条规定："……提供格式条款一方免除其责任、加重对方责任、排除对方主要权利的，该条款无效。"前者允许使用该类条款，后者则规定此类条款无效，条款拟定方难以措其手足。

（3）排除对方主要权利条款

《民法典》第497条将"提供格式条款一方排除对方主要权利"单列为一项，并且没有"不合理地"的限定。"排除对方主要权利"这一表述本身即揭示该行为程度特别严重，其效力应当为无效。质言之，格式条款所影响的相对人权益的重大性与格式条款内容控制的严重性成正比。"排除对方主要权利"的格式条款使得合同成立之时便丧失了正当性的根基，其不合理性、不公平的程度较之其他情形更甚，很显然会导致相对人遭受不公平的对待，客观上已然具备不合理的特征，不必以"不合理"的定语加以限制。[1]

具有上述情形之一，格式条款即为无效，即使它业已成为当事人之间合同的一部分，但也不能发挥规范效力。《民法典》第156条规定："民事法律行为部分无效，不影响其他部分效力的，其他部分仍然有效。"因此，格式条款无效并不意味着含有格式条款的整个合同无效。若格式条款无效不影响其他合同

〔1〕朱广新、谢鸿飞主编：《民法典评注：合同编通则》（第1册），中国法制出版社2020年版，第259页。

条款效力的，则其他合同条款仍然有效。当然，若格式条款无效影响其他合同条款效力的，则合同全部无效。

第六节 合同成立的时间与地点

问题示例

京城某律师事务所与当事人某公司口头协商一致并订立备忘录，之后又订立了一份书面合同，律师事务所签字盖章后邮寄至该公司签字盖章，请问该合同何时成立？

一、合同成立的时间

（一）合同成立时间的一般规则

《民法典》第483条规定："承诺生效时合同成立，但是法律另有规定或者当事人另有约定的除外。"此为我国法律确定合同成立时间的一般原则，即承诺生效时，合同成立。因承诺可能需要通知亦可能不需要通知，故当承诺需要通知时，在承诺通知到达要约人时，合同成立；当承诺不需要通知，则根据交易习惯或者要约的要求，受要约人作出承诺的行为时，合同成立。

（二）合同成立时间的特别规则

1. 采用合同书形式订立的合同，自签字、盖章或者按指印时成立

《民法典》第490条规定："当事人采用合同书形式订立合同的，自当事人均签名、盖章或者按指印时合同成立。……"这是针对"合同自承诺时生效"原则的例外规定。合同书是指记载合同内容即当事人合意的文件或文字凭据。根据该规定，凡是依据法律、行政法规规定或者当事人约定必须采用合同书形式订约的，在经过了要约、承诺的缔约程序后，合同还不能成立，只有当事人双方均在合同书上签名、盖章或者按指印时，合同才能成立。签名、盖章或者按指印不在同一时间的，则在最后完成签名、盖章或者按指印时合同成立。

2. 采用确认书形式订立的合同，自签订确认书时成立

《民法典》第491条第1款规定："当事人采用信件、数据电文等形式订立合同要求签订确认书的，签订确认书时合同成立。"确认书是指订立合同的双方当事人为了确认在订立合同过程中所达成协议的具体内容而签订的合同条

款确认文书。当事人采用信件、数据电文等形式订约时，在磋商过程中，可能会发生多次的文件资料往来。这些文件的内容可能不尽相同，此际，当事人虽达成了协议，但可能在以何种文件作为确定合同内容的标准上仍存在分歧。为了避免此种情况的发生，双方当事人可能会通过签定确认书以明确一个双方都认可的标准合同文本。签订确认书就具有表征确认合同成立的作用。据此，当事人要求签订确认书的，签订确认书时合同成立。由此看来，确认书具有确认当事人已就相关事项达成合意从而合同成立的功能，以及确认合同内容的功能——合同内容以确认书之确认为准。该款中“等形式”，应当是除了合同书、信件、数据电文之外的其他书面形式或者兼具口头形式与书面形式的混合形式。因为本法已明确规定了合同书、信件、数据电文这三种书面形式，且“等形式”应当是与信件、数据电文之性质相同且适于远程交易磋商的形式，即其他书面形式或者混合形式，而不可能是口头形式和推定形式。[1]该款中“要求签订确认书的”措辞意味着，是否签订确认书不是强制性的，而是当事人的自由。如果采用信件、数据电文等形式订立合同的当事人没有要求签订确认书，则合同的成立时间不是依本条，而是依第483条、第490条等规定来确定。值得注意的是，确认书不仅可对既存协议作非实质性变更，而且可对之作实质性变更，此际确认书是双方当事人达成的新的合意。

3. 通过互联网订立的合同，自选择商品或者服务并提交订单成功时成立

《民法典》第491条第2款规定：“当事人一方通过互联网等信息网络发布的商品或者服务信息符合要约条件的，对方选择该商品或者服务并提交订单成功时合同成立，但是当事人另有约定的除外。”当事人一方通过互联网等信息网络发布商品或者服务信息，无论其行为为经营性活动，还是非经营性活动（如行为人利用互联网零星出售二手物品、闲置物品等），只要发布的信息符合要约条件，另一方当事人即可对之作出承诺从而成立合同，具体而言，另一方当事人选择商品或者服务并提交订单，则合同自订单提交成功时成立。当事人选择商品或者服务并提交订单的行为在性质上属于《民法典》第480条所规定的“通过行为作出承诺”，不需要通知发布信息的当事人。无论发布信息的当事人是否及何时收到承诺方提交订单成功的通知，均不影响合同的成立。该款中“当事人另有约定的除外”，意味着当事人可以基于自由意思就合同成立

---

〔1〕 朱广新、谢鸿飞主编：《民法典评注：合同编通则》（第1册），中国法制出版社2020年版，第211页。

时间作出与该款确立的标准不一致的约定，如当事人可约定买受人付款后合同成立。[1]

二、合同成立的地点

合同成立的地点与合同成立的时间具有密切联系，合同成立的时间是确定合同成立地点的重要因素。确定合同成立地点具有重要的法律意义。合同成立后，若嗣后因合同发生纠纷，合同成立的地点对于确定合同纠纷的诉讼管辖及确定解决纠纷的准据法，具有很大的影响。

（一）合同成立地点的一般规则

根据《民法典》第492条第1款的规定，承诺生效的地点为合同成立的地点。这是确定合同成立地点的一般规则。承诺需要通知时，无论是以对话方式为通知，还是以非对话方式为通知，承诺通知到达要约人时生效，此际，合同成立的地点就是要约人所在地；[2]承诺不需要通知时，因根据交易习惯或者要约的要求作出承诺的行为合同就成立，此际，合同成立的地点为承诺行为作出地。

（二）合同成立地点的特别规则

1. 采用数据电文形式订立的合同

《民法典》第492条第2款规定："采用数据电文形式订立合同的，收件人的主营业地为合同成立的地点；没有主营业地的，其住所地为合同成立的地点。当事人另有约定的，按照其约定。"该款中的"收件人"在文义上是指收据电文的收件人，但显然应作限缩解释，是包含着承诺内容的数据电文的收件人，即要约人。[3]数据电文形式不同于传统的口头或书面订约方式的一个重要特点在于：它建立在现代电子技术的基础上，突破了传统的地理概念，其收件装置的地址具有模拟性，如电子邮件的收件人无论身处何方，只要其电脑中装有电子邮件信箱，就可随时随地收到发件人发来的邮件。其实际地址的变化对邮件的接受不产生影响。此际，若仍以承诺生效的地点，即要约人电子信箱实

---

〔1〕在网络交易环境下，当事人难以查明对方是否具有民事行为能力，因此，无民事行为能力人或限制民事行为能力人在通过互联网等信息网络进行民事或商事活动时均视为有民事行为能力。崔建远：《合同法总论》（第二版）（上卷），中国人民大学出版社 2011 年版，第 297 页。

〔2〕以对话方式为通知时，就其典型形态——双方当事人现场面对面交谈缔约而言，亦适用（合同成立的地点就是要约人所在地）规则，只是此际要约人与承诺人位于同一地点而已。

〔3〕朱广新、谢鸿飞主编：《民法典评注：合同编通则》（第 1 册），中国法制出版社 2020 年版，第 219 页。

际所在的地点作为合同成立的地点，势必徒增困扰。有鉴于此，法律不以数据电文收件装置的实际地点，而直接以收件人的主营业地作为合同成立的地点；若当事人没有主营业地，则以其住所地作为合同成立的地点。该款中的“没有主营业地”包含两种情形：一是商事主体有多个营业地，但无法判断出哪一个是主营业地；二是根本就没有主营业地。此外，基于私法自治原则，若当事人对以数据电文形式订约的地点另有约定的，则以当事人约定的地点作为合同成立的地点。

2. 采用合同书形式订立的合同

《民法典》第493条规定：“当事人采用合同书形式订立合同的，最后签名、盖章或者按指印的地点为合同成立的地点，但是当事人另有约定的除外。”当事人采用合同书形式订立合同时，合同自当事人双方签字、盖章或者按指印时成立，因此当事人签字、盖章或者按指印的地点也就是合同成立的地点。签字、盖章或者按指印不在同一地点的，以最后签字、盖章或者按指印的地点为合同成立的地点。同样，基于私法自治原则，当事人可以对合同成立地点作出不同于法定标准的约定。《民法典》第493条在《合同法》第35条的基础上增加除外条款，旨在明揭斯旨。

3. 采用确认书形式订立的合同

《民法典》未明确规定采用确认书形式订立合同时的合同成立地点。本书认为，以确认书形式订立的合同的成立地点，应根据该确认书在合同成立中的地位加以确定：签订合同确认书为当事人事先约定的成立合同必须满足的特殊方式时，即签订确认书时合同成立，则应以当事人签订确认书的地点为合同成立地点；若确认书仅具有对已经达成的合同进行确认的功能，则应以先于合同确认书而存在的，表明合同已成立的初步协议或意向书的签订地点为合同的成立地点。

三、违反形式要求但法律例外地承认合同的成立时间与地点

为了尊重当事人的真实的意思并兼顾交易便利，《民法典》第490条例外地承认违反形式要求的合同可以成立。对这两种情形中的合同成立的时间和地点，可以根据具体的情形，以接受对方当事人履行主要义务的时间为合同的成立时间，以接受对方当事人履行主要义务的地点为合同的成立地点。

第七节 合同成立的效果

问题示例

甲得知乙下周一也要去北京开会，便告知乙可搭乘便车。试问乙对甲有没有搭乘便车的请求权？若下周一到来之时，甲未通知乙搭便车，致使乙自费交通费到北京，乙能否向甲请求损害赔偿？

一、合同成立的直接效果——合同拘束力

（一）合同拘束力

合同一旦成立，即便尚未有效或生效，也会直接发生法律效果——该合同发生拘束力。合同的拘束力，也称为合同的约束力，是指合同一旦成立，当事人皆要受其拘束，不得单方面变更、撤销、解除合同。“契约之拘束力，系指除当事人同意或有解除原因外，不容一造任意反悔请求解约，无故撤销。易言之，即当事人之一方不能片面废止契约。”〔1〕

对于要物合同与要式合同而言，法律可能规定或者当事人可能约定，合同藉合意成立后，还需要交付标的物、履行特定的手续，或者采取特定的形式才能有效，亦即将要物或者要式作为合同的有效要件，此际，虽然尚不具备有效要件，但该合同业已成立并发生拘束力。当然，该拘束力也仅限于“当事人应受其内容之拘束，各皆再不得以单方行为改变之”，〔2〕任何一方当事人均无义务促使该有效要件成就从而促成合同有效，不发生所谓的一般契约效力问题。“盖要非如是，该法定之要物要件立成具文。”〔3〕

（二）合同拘束力与合同效力

对于合同拘束力的概念，应严予区别的是合同效力的概念。合同的效力，是指合同在有效成立后发生的法律效力，即实现当事人预期的法律效果。换言之，“当事人约定的内容，具有与实定法相同的法律规范效力”。〔4〕合同效力典

---

〔1〕 王泽鉴：《债法原理》（第一册），中国政法大学出版社2001年版，第193页。
〔2〕 黄茂荣：《债法总论》（第一册），中国政法大学出版社2002年版，第109页。
〔3〕 黄茂荣：《债法总论》（第一册），中国政法大学出版社2002年版，第109页。
〔4〕 陈自强：《民法讲义Ⅱ：契约之内容与消灭》，法律出版社2004年版，第42页。

型地表现在：一方有义务根据合同的约定履行合同义务；当一方否认合同或不愿履行合同时，另一方当事人可以请求强制履行合同的内容，或请求债务不履行的损害赔偿。合同效力的体现主要在于：第一，对内效力（对合同当事人的效力）。对于债权人而言，享有请求债务人履行债务的权利；接受债务人履行并保持履行义务的权利；债务人不履行债务时，请求国家以强制力保障其权利等。对于债务人而言，负有履行法定义务、约定义务、依据诚信原则产生的附随义务的义务；不履行义务时承担违约责任；以全部财产作为合同履行的担保并负有保持责任财产不使其价值减少的义务等。第二，对外效力（对第三人的效力）。例如，任何第三人负有不得侵害债权、干涉债权的义务，若违反此义务则应承担侵害债权责任。因此，合同发生拘束力后，是否具有效力，端视是否符合合同的有效要件而定，只有符合法定的合同有效要件，合同才能有效，从而发生合同效力。为了严格区分合同可能产生的上述两种不同效果，还有学者分别将合同拘束力与合同效力称为“契约形式拘束力”与“契约实质拘束力”。[1]

在以下几种情形中，仅发生合同拘束力，而不能发生合同效力：

第一，对于将要物或者要式作为有效要件的要式合同或者要物合同而言，合意达成后发生合同拘束力，但不具有合同效力。

第二，当事人以自己的意思使合同的生效系于将来客观上不确定的事实或确定事实的发生。在它们成就前，合同只发生拘束力，不发生效力。例如，合同附停止条件或者附始期时，该合同因成立而具有拘束力，但直到条件成就或者期限届至时才发生效力。

第三，在无权代理或者与限制行为能力人订立的合同中，相对人明知对方无代理权或者为限制行为能力而未受允许仍订立合同，则不得行使撤销权撤销该合同，应受该合同拘束。

二、不具有拘束力的约定

在实践生活中，当事人经过协商形成了某种约定，该约定完全具有“合意”的外观，但它可能不是合同，从而不具有拘束力。这主要有以下几种情形：一是双方当事人明示排除拘束力，如君子协定（gentlemenagreement）、意向书（letterofintent）；二是配偶与亲属关系中的约定；三是好意施惠关系。[2]

---

〔1〕 陈自强：《民法讲义Ⅰ：契约之成立与生效》，法律出版社 2002 年版，第 102 页。
〔2〕 陈自强：《民法讲义Ⅰ：契约之成立与生效》，法律出版社 2002 年版，第 106 页。

以下重点阐述好意施惠关系。

（一）好意施惠关系的判断

甲知乙某日将赴郑州开会，向乙表示其亦有事到郑州，乙可搭便车。乙对甲有无搭便车请求权？如果甲于该日未通知乙搭便车，致使乙支出额外费用到郑州时，乙可否向甲请求损害赔偿？如果甲让乙搭便车，途中发生车祸使乙受伤，乙可否请求甲损害赔偿？除了这种搭便车到某地之外，类似的还有火车到站请叫醒（未叫醒）、代为投寄信件（未投寄）、邀请参加宴会或郊游或舞会（未赴宴或未前去）等，一方可否请求另一方履行？一方不履行时另一方可否请求损害赔偿？若这些行为是合同，从而具有法律约束力，那么一方当事人当然能提出请求，还可在当事人不履行时向法院起诉。但若不是合同，则当事人就无此类权利，此种情况属于法外空间，不具有法律意义。这就涉及合同与非法律的情意行为或好意施惠关系之间的界限的问题。

对于合同而言，当事人在订约时具有受法律拘束的意思，并且根据行为人的意思，该合同会依法产生法律上的权利、义务或责任。“好意施惠关系”（Gefalligkeitsverhaltnis），又称为“社会层面上的行为”或者“情谊行为”。对于情谊行为而言，行为人不具有受法律拘束的意思，从事这些行为也不会依法发生法律上的权利、义务与责任等后果。从理论上看，两者的区别相当明显，但在社会生活中，有些约定究竟是合同，还是情谊行为则很难判断。

对此，德国民法学说与判例认为，首先应看行为人在从事此项行为时是否具有受法律约束的意思，或者是否有希望其行为产生法律后果的意思。若行为人在从事行为时将该意思表达出来，或者可通过解释认为行为人具有该意思，而接受者也是在此意义上受领这种给付，那么，该行为就是合同，反之，则是情谊行为。例如，当事人明确表示他们的约定是君子约定，这就使当事人不受法律上拘束，排除了其受法律约束的可能，属于情谊行为而不是合同。再如，邀请赴宴是一种社交行为，旨在娱乐或增进彼此情感，一方请求法院强制如约举办宴席或者另一方请求法院强制对方赴约，均无意义，宜认定为情谊行为。反之，如果欲请托他方提供无偿服务的一方，在请托时清楚地告知对方，其请托的事务在答应后若落空，将会给其造成损害，甚至告知对方，若对方不信守承诺，自己将向其请求损害赔偿，而对方仍许诺无偿提供服务，则宜认定为合同。当然，在一般情况下，当事人在实施行为时一般是不会思考其行为是否要受法律拘束的，往往是在发生纠纷的情况下，才需要认定当事人实施行为时是否受法律约束的意思。如果当事人当时能想到要不要受法律拘束的问题，为了避免往后的麻烦和纠纷，大概就都不会实施情谊行为了，因此，常常是难以甚至是无法认定当事人是否具有受法律拘束的意思。为此，法院应采取某些客观的或者规范性的标准来认定当事人是否具有受法律拘束的意思，亦即应“考虑到双方当事人的利益状态，依据诚实信用原则，并顾及交易习惯”来认定当事人是否具有受法律约束的意思。详言之：

第一，行为是有偿还是无偿。如果是有偿的，则行为人与相对人往往就具有受法律约束的意思；如果是无偿的，则往往无受法律约束的意思。当然有偿与否只能作为重要标准而不非唯一标准。例如，支付一定报酬请邻居于其外出期间浇花、邻居数人约定轮流开车上班，可认定存在合同关系。而打便车到某地、火车到站请叫醒、代为投寄信件、邀请参加宴会等基本上均可认定为好意施惠关系。

第二，一方托付给另一方的法益是否具有重大价值或者是否可能产生重大风险。若相关法益具有重大价值，则可认定双方当事人都具有受法律约束的意思，反之则否。例如，一方委托邻居照看小孩，应认为该邻居有义务采取措施避免小孩遭受各种生命健康危险。[1]

第三，行为所涉事务在法律上和经济上的重要性。如果在法律上与经济上均很重要，则可认定具有受法律拘束的意思。

第四，在诸如宗教、伦理等涉及人的基本自由和权利的领域，法律制度重在保障行为人的决定自由，因此，禁止人们通过具有法律意义的约定来限制他人的基本自由。

第五，相对人是否明显信赖该行为产生的利益；发现是否为行为人所知；当事人的利益状态等。

（二）好意施惠关系的法律效果

好意施惠关系可能产生以下法律效果：

1.当事人无履行请求权

好意施惠关系不属于合同，无法律上的拘束力，自不发生给付请求权，如甲乙约定，于某如去外地时允许乙搭便车，乙不得向甲主张有搭便车的权利。但是，这种好意施惠关系仍可作为受有利益的法律上原因，甲让乙搭便车后不

---

〔1〕黄茂荣教授认为，“答应对他人提供帮助者，是否负有法律上义务之意思，待于参酌交易习惯，就个案具体情形认定之。答应者如果爽约，必然引起损害者，宜采肯定之见解，如答应代养动物，而未给予喂养；不必然，而又容易疏忽者，宜采否定之见解，如答应代为寄信。”黄茂荣：《债法各论》（第一册），中国政法大学出版社2004年版，第171页。

得主张乙受有利益，无法律上原因，属于不当得利。

2. 当事人无违约损害赔偿请求权

就搭便车而言，由于无契约关系，因此受害人无合同上请求权，就其因车祸所受损害，不得请求违约损害赔偿。

3. 可能发生侵权损害赔偿请求权

第一，请求权基础。例如，甲同意火车经过郑州时叫醒乙下车，甲故意或过失未叫醒，致乙到达武汉。由于甲侵害乙的，不是权利而是纯粹经济上的损失，在将侵权的范围限制在“权利”的法制下，如我国台湾地区，乙不能够基于侵害权利主张损害赔偿，只能以故意以悖于善良风俗的方法加损害于乙，请求损害赔偿。

第二，侵权责任的排除。在好意施惠关系，当事人可明示排除侵权责任，不过，故意或重大过失责任不得预先排除。至于默示排除责任，应从严认定，避免拟制当事人意思。

第三，侵权行为过失责任的缓和。有观点认为好意施惠关系为无偿，应使当事人就故意与重大过失负责；也有观点认为民法关于减轻债务人责任的优遇既应适用于侵权行为，则于相类似的好意施惠关系也应适用。王泽鉴先生认为，好意施惠人原则上仍应就其“过失”不法侵害他人权利负损害赔偿责任，唯过失应就个案合理认定。对他人生命身体健康的注意义务，不能因其为好意施惠关系而减轻，将其限于故意或重大过失。[1]

第四，被害人也有过失。被害人明知好意让其搭车之人，酒醉或无驾照而仍愿搭其便车，发生车祸，身体受伤，应认为其对损害的发生也有过失。

---

〔1〕 王泽鉴：《债法原理》（第一册），中国政法大学出版社2001年版，第201页。

第八节 缔约过失责任

问题示例

德凯公司拟为新三板上市造势，在无真实交易意图的情况下，短期内以业务合作为由邀请多家公司来其主要办公地点洽谈。其中，真诚公司安排授权代表往返十余次，每次都准备了详尽可操作的合作方案，德凯公司佯装感兴趣并屡次表达将签署合同的意愿，但均在最后一刻推脱拒签。期间，德凯公司还将知悉的真诚公司的部分商业秘密不当泄露。如何评价德凯公司的行为？

一、缔约过失责任的概念与性质

在缔约的过程中，由于一方当事人的过错，导致缔约未能成功，或者合同虽然成立，但相对人因该方当事人的疏忽或不注意而蒙受损失，相对人可否请求损害赔偿？若相对人能请求赔偿，则其请求权基础又何在？此种能够满足该相对人请求的依据就是缔约过失责任（culpaincontrahendo,faultinnegotiating）。缔约过失责任，也称为先契约责任，是指在缔约过程中，有过错的一方当事人违反基于诚实信用原则产生的先契约义务，使对方当事人遭受损害时，依法所承担的损害赔偿责任。

在建立或承认缔约过失责任制度的国家或地区，对缔约过失责任的性质，在理论上存在着争论，主要有侵权行为说、法律行为说、法律规定说、诚实信用说四种不同的观点。

侵权行为说认为，缔约过失行为是一种侵权行为，其违反的是不得侵害他人权益的法定一般义务，并完全符合侵权行为的一般要件。法律行为说有不同的观点，有认为缔约过失责任的基础在于其后所缔结的合同，还有认为当事人缔约之际即默示缔约责任合同，亦即所谓“预备性契约”或者“责任担保契约”。[1]法律规定说认为，《德国民法典》第122条、第179条、第307条、第523条、第527条、第600条、第694条等规定，含有一项基本原则，即因缔约上过失致使损害他人者，应负赔偿责任，而此项原则，于其他法律未规定的情

〔1〕 王泽鉴：《民法学说与判例研究》（第一册），中国政法大学出版社1998年版，第118页。

形，亦应适用。该观点的核心，乃是借助类推适用的方法，试图发现一项法律原则，以此作为缔约过失责任的法律基础。其不足之处在于，上述规定过于分散，能否作为类推适用的依据值得怀疑。并且，即使类推适用不存在着障碍，它也未能揭示出加害人承担缔约过失责任的核心根源。诚实信用说认为，缔约过失责任在实体法上的基础是民法典中规定的诚实信用原则。根据该原则，从事缔约磋商的人，应尽交易上必要的注意以维护相对人的利益，若有违反，应对相对人所受损失承担赔偿责任。

诚实信用说为当今建立了缔约过失责任制度的国家或地区理论上的通说，在立法上，多数国家或地区在规定缔约过失责任制度时，往往明揭斯旨。例如，1940年《希腊民法典》第197条、1942年《意大利民法典》第1337条、我国台湾地区“民法”第245条之1等均属如此。本书认为，该说揭示出了缔约过失责任赖以为基的根本原因，且能够凸显出其相异于侵权责任、违约责任的特色之处，值得采信。

二、缔约过失责任的构成要件

（一）当事人准备缔约或者已经开始缔约

该要件要求缔约过失责任必须发生在缔约的过程中。在缔约阶段之前，仅发生侵权行为；在合同有效成立后，若当事人实施了违反诚实信用原则的行为，则应适用违约责任的规定。准备缔约或者已经开始缔约，说明当事人具有订约的意图，因此，若当事人到商店闲逛或者进入新建住宅小区的样板间，虽有订约的可能性，但难以认为是为订约进行准备。

（二）当事人违反了基于诚实信用原则而发生的先契约义务

合同关系是一种基于信赖而发生的法律上特别结合关系。为了使债权能够圆满实现，或者为了保护债权人的其他法益，债权人除了应履行给付义务以外，还应履行基于诚实信用原则产生的附随义务。虽然在缔约的阶段，当事人之间尚未建立合同关系，自然无发生给付义务的可能性，但当事人毕竟从先前毫无关系的状态进入了特殊的联系阶段，甚至会建立起某种合理的信赖关系，虽非合同关系但类似于合同关系，因此，当事人也应遵守诚实信用原则。所谓遵守诚实信用原则，具体言之，就是遵守根据诚实信用原则产生的协力、通知、保护、照顾、忠实等附随义务。由于这些附随义务发生在缔约阶段，不同于合同关系存续中以及合同关系消灭后当事人依据诚实信用原则应承担的附随义务，因此称为先契约义务。先契约义务基于诚实信用原则而来，但并非自始确定，而是随着债的关系的进展，依据事态情况而发生，其性质与强度，超过一般侵权行为法上的注意义务。在缔约的过程中，当事人是否负有此等义务以及负有何种义务，应根据诚实信用原则，视具体缔约磋商接触情形而定，至于行为人是否违反，应视行为人是否已尽交易上必要的注意而定。此际，必须特别斟酌缔约当事人彼此之间的信赖关系以及各方当事人在交易上通常所应承担的危险。

（三）当事人在主观上具有过错

违反先合同义务，具有违法性，而主观上具有过错，则是具有可归责性。当然，在违法性之外，是否必须另有可归责事由，我国学界还存在着不同认识，如有学者主张，缔约过失中所说的过失实际上是一种客观的过失而不是主观的过失，就是违反了诚实信用原则。[1]《民法典》第500条、第501条并未一般性地要求加害人在主观上必须具有过错，仅在第500条第1款前两项对恶意磋商行为与不据实履行说明义务行为提出了“恶意”或者“故意”的要求，这是否意味着其他缔约过失行为不要求加害人在主观上存在过错，抑或其他缔约过失行为也应类推适用这两类行为上“恶意”或者“故意”的要求？根据世界各国和各地区通例，缔约过失责任的发生以加害人主观上具有过错为条件，因此，除这两类行为外，欲使其他缔约行为发生缔约过失责任，行为人必须在主观上具有过错，包括故意与过失两种情形。

（四）对方当事人受有损害

只有缔约当事人受到损害，其才可以行使基于缔约过失责任的请求权。这里的损害，主要是一种信赖利益损害。信赖利益又称为消极利益或者消极契约利益，而所谓信赖利益的损害，是指因信赖合同能有效成立而支付的代价或者费用因合同不成立、无效或者被撤销无法得到补偿而蒙受的损失，一般包括为订约支出的费用（如与对方联系的费用、赴实地考察的费用、检查标的物的费用、为谈判支付的劳务费用等）、为履行合同进行准备而支出的费用、丧失订约机会等。不过，缔约当事人所受损害以信赖利益为常见，但不以之为限，在加害人不履行保密义务、保护义务等先契约义务并未使合同不成立却肇致相对人损害的场合，则侵害了相对人的固有利益。固有利益也称为维持利益，是指相对人所享有的不受他人侵害的人身权益与财产权益。例如，消费者到商店购物，因踏上地面上的香蕉皮摔倒受伤而遭受损失。再如，出卖人在向买受人展

〔1〕 王利明：《合同法研究》（第一卷），中国人民大学出版社2002年版，第312页。

示商品时，该商品不慎掉落砸伤买受人。

（五）加害人有行为能力

根据德国、希腊以及我国台湾地区的通说，缔约过失责任的成立，加害人须具有行为能力。例如，17岁的甲未征得其法定代理人乙的同意，将电脑出卖给丙，甲对丙因此所受损失不承担损害赔偿责任。不仅如此，甲与乙在磋商缔约之际，即使不履行告知、保护等义务，或者无故中断缔约等，也不必承担缔约过失责任。为保护无行为能力人与限制行为能力人，我国大陆法上的缔约过失责任的成立亦应以加害人有行为能力为要件。当然，行为能力欠缺者实施缔约行为，造成相对人损失，无论是权利受侵害，还是遭受纯粹经济损失，若符合侵权行为的要件，则仍应依侵权法的规定承担侵权责任。

三、缔约过失责任的类型

根据《民法典》第500条与第501条的规定，缔约过失责任应包括以下类型。

1. 假借订立合同，恶意进行磋商。“假借订立合同，恶意进行磋商”，就是当事人根本就没有缔约的意图，仍进行缔约，以拖延时间或者使对方丧失商业机会。恶意是此种缔约过失行为最核心的要件，是指并无缔约意图，但为了给对方造成损失，仍然进行缔约的主观心理状态。它包含两个方面的内容：一是行为人并没有缔约的意图，二是行为人具有给他方造成损害的意图。

2. 故意隐瞒与订立合同有关的重要事实或者提供虚假情况。信息的提供是缔约过程中一个十分重要的问题。根据诚实信用原则的要求，在一定范围内，当事人应如实向相对人告知或者说明与订约有关的重要事项。对该要件，须注意以下问题：（1）隐瞒或者虚假陈述的，必须是与订立合同有关的重要情况，甚至即便某些信息属于与订立合同有关的重要情况，若关涉当事人隐私或者人格尊严的维护，该当事人也无如实提供信息的义务。例如，甲欲雇用乙女为秘书，询问其是否曾堕过胎或者有恋爱史，应认为这些信息不属于与合同有关的重要事实。（2）故意隐瞒与订立合同有关的重要事实或者提供虚假情况的行为，同时构成“故意以悖于善良风俗的方法加损害于他人”的侵权行为，因此，发生与侵权责任的竞合。此外，该行为也构成《民法典》第148条规定的欺诈行为，因此，发生与受欺诈合同的竞合，此际，受欺诈方既可依《民法典》第148条行使撤销权，使该合同溯及既往的归于无效；也可以依《民法典》第500条，在不否认合同有效的情况下，要求加害人承担缔约过失责任。在德国，其判例学说还主张，在一方当事人恶意隐匿或者为不实地说明而订立不利内容的合同时，被害人可以请求解除合同、请求返还不合理的超额对待给付或者请求提高报酬等。[1]

3. 泄露或者不正当地使用他人的商业秘密。不论他人是否要求保密或者不得使用其秘密，一方泄露或者不正当地使用他人的商业秘密，应当承担缔约过失责任。所谓不正当地使用，是指未经授权他人的商业秘密而使用或者将该商业秘密转让给第三人。不仅如此，此种行为也构成“故意以悖于善良风俗的方法加损害于他人”的侵权行为，受害人可在缔约过失责任请求权与侵权请求权之间择一行使。

除《民法典》明确规定的上述三种情形外，缔约过失责任还可适用于以下主要类型。

1. 合同不成立。因一方当事人的过失，致使双方当事人未能达成合意从而成立合同时，该有过失的当事人应赔偿对方当事人因信赖合同能成立所受的损失。

2. 合同被确认为无效或者被撤销。合同被确认为无效或者被撤销，有过失的当事人应赔偿对方当事人所受的信赖利益损失。至于合同被确认为无效或者被撤销的情形，则应根据《合同法》的规定加以确定。例如，合同因欺诈、胁迫、重大误解等被撤销，或者合同未履行法定方式被宣告为无效等。

3. 缔约之际未尽通知义务致使他方遭受财产上损失。例如，甲向乙发出出售房屋的提议，约定乙可前来察看，在乙到来前，甲将该房屋出卖给丙，但未通知丙，使得乙耗费钱财。此际，甲违反了通知义务，应承担损害赔偿责任。

4. 缔约之际未尽保护义务致使他方身体健康权或者财产权遭受损害。在缔约之际，一方当事人未尽保护、照顾等义务肇致他方当事人损害，加害人是应承担缔约过失责任还是侵权行为责任，在理论上颇有争议。本书认为，若侵权责任制度不足以保护受害人，则当然适用缔约过失责任；若侵权责任制度足以保护受害人，也不妨认为可构成侵权责任与缔约过失责任的竞合，让受害人选择损害赔偿请求权，以使其利益获得周全的保护。

5. 恶意中断缔约。《民法典》借鉴《国际商事合同通则》第2•15条规定了“假借订立合同，恶意进行磋商”这一类型，但未规定该条所包含的“恶意中断谈判”这一缔约过失行为。根据合同自由原则，在缔约过程中，当事人可随

---

〔1〕 转引自王泽鉴：《债法原理》（第一册），中国政法大学出版社 2001 年版，第 248 页。

时中断缔约，民法上也设置了要约的撤回与撤销、承诺的撤回等制度，以保障当事人的缔约自由，但在例外的情况下，若当事人恶意中断缔约，有违诚实信用原则，则该缔约方亦应承担缔约过失责任。

6. 承诺过失责任。本来，受要约人享有承诺自由，故其可自主地决定承诺或拒绝承诺，并且在其拒绝承诺时也不负有通知的义务。但是，随着现代社会各种专门技术之事务处理事业日益普遍与重要，对于公然表示承受委托处理一定事务的专门职业人士或公司行号，如律师、会计师、居间人、估价人、银行、经纪、医师对非危急病患、企管顾问公司、工程顾问公司等，由于其公然表示含有广为招徕、来者不拒的意思，因此，各国法律虽然保留其拒绝承诺的权利，但同时又可以积极地为其拒绝承诺通知的义务，以保护消费者的利益。

四、缔约过失责任的法律效果

（一）损害赔偿责任

一方当事人的缔约过失行为造成对方当事人损害，不论合同最终是否成立，受害人均可以请求加害人承担损害赔偿责任。通过让加害人承担缔约过失责任，可以使受害人的利益处于缔约阶段先契约义务未被违反时所应有的状态。不过，因加害人违反义务的样态不同，其所承担的损害赔偿责任的范围也不相同。当加害人违反保护义务，侵害受害人的身体健康或者所有权时，构成对受害人固有利益或者维持利益的损害，加害人应赔偿受害人因身体健康或者所有权受侵害所蒙受的一切损失。此际，受害人所受的损害可能远远超过其因履行合同所获得的利益，因此，固有利益的赔偿并不以履行利益为限。而当加害人违反信赖义务，造成受害人信赖利益损失时，受害人可请求赔偿信赖利益损失。对信赖利益损害赔偿的范围，《德国民法典》第122条、第179条、第307条均规定不得超过履行利益，我国《民法典》对此未设明文。本书认为，此际，加害人对信赖利益损害的赔偿，应以履行利益为限，即不得超过受害人因合同履行而可能获得的利益。

（二）诉讼时效

对于缔约过失行为所生请求权的诉讼时效，一些国家或地区专设短期时效期间。我国《民法典》未规定缔约过失行为所生请求权的诉讼时效，因此，应适用一般诉讼时效的规定。

（三）举证责任

当受害人请求加害人承担缔约过失责任时，应对以下事实承担举证责任：

准备或者商议订立合同；加害人实施了违反基于诚实信用原则所生的先契约义务的行为、受害人受有损失、加害行为与损害之间存在因果关系等。至于主观的归责事由，如加害人“恶意”进行磋商、加害人“故意”隐瞒事实等，应由哪一方当事人承担举证责任才堪称妥当？在侵权责任的情形，原则上由被害人就加害人的过错举证；而在违约责任的情形，传统民法理论皆认为由债务人举证证明自己无过错，虽然我国《合同法》上违约责任的一般归责原则为严格责任原则，但也是由债务人举证证明不存在法定与约定免责事由。本书认为，由于缔约之际发生的社会关系属于类似合同的债之关系，加害人所承担的注意义务的程度应较侵权法上的一般人之间的注意义务为重，因此，原则上应由加害人举证证明自己无过错。

第九章 合同的效力

提要

合同成立是合同生效的前提，但成立后的合同并不意味着必然产生当事人所追求的法律效果，只有符合法律规定的生效要件的合同才会产生法律拘束力。所以，在合同成立之后随之而来的就是合同生效与否的法律上的判断问题。合同的生效必须符合主体具有相应的缔约行为能力，意思表示真实无瑕疵，不违反法律的强制性规定等要件。成立后的合同不符合这些生效要件的，法律上分别评价为无效合同、可撤销合同和效力待定的合同，并产生相应的法律后果。

重点问题

1. 合同成立与合同有效的区别。
2. 无效合同的类型。
3. 可撤销合同的类型。
4. 效力未定合同的类型。
5. 合同被确认无效、被撤销的法律效果。

第一节 合同的有效概述

问题示例

乙公司以国产牛肉为样品，向甲公司伪称为进口优质牛肉，并与甲公司签订了买卖合同，之后甲公司得知了这一事实。此时恰逢某国流行疯牛病，该国牛肉滞销，国产牛肉价格上涨。请问如何认识双方签订合同的效力？

一、合同的成立与合同的有效的联系

《民法典》第三编“合同”第一分编“通则”第三章的标题为“合同的效力”。严格来说，该“合同的效力”应为“合同的有效”。在合同发生

“履行”的效力（合同编第一分编第四章）之前，要先解决合同是否“有效”的问题。

合同的成立是合同的成形与产生，其着眼点在于两个行为人达成的合意是否构成合同。在合同成立以后，还须进一步解决的问题是该合同是否有效。合同的有效是业已成立的合同符合法定有效要件从而具有法律效力，其着眼点在于行为人达成的合意是否符合法律的规定，因而能否取得法律所认许的效力。

合同的有效与合同的成立具有密切的联系。对于大多数合同而言，当事人皆依法成立合同，因此合同成立之时即为合同有效之时，合同成立即有效。“通常来说，法律行为在成立时生效。”〔1〕《民法典》第136条第1款规定：“民事法律行为自成立时生效，但是法律另有规定或者当事人另有约定的除外。”即在明揭斯旨。然而，合同成立与有效却是两项不同的制度，不可混淆。区分的实益至少有二：一是思维上的必要性。区分合同成立与有效是为了更清晰、有效率地解释合同现象、调整合同行为。合同成立与合同有效作为合同生命进程中的两个不同阶段，不妨设想它们在逻辑上存在“一秒钟”的时间间隔。二是事理上的必要性。在社会生活中，存在着一些合同虽已成立，但并非有效（如可撤销、效力未定），甚至无效的现象。例如，甲、乙虽就某项标的物的买卖达成合意，但该标的物为禁止流通物；甲、乙虽就某项达成合意，但该合同违反公序良俗；甲、乙虽就交易达成合意，但该合同附条件或附期限等。《民法典》区分合同的成立与有效，具有科学性。美中不足的是，一如上述，第三章名为“合同的效力”，而非“合同的有效”的概念。“合同的效力”的表述易与“合同的履行”的表述发生混淆，因为履行是合同效力的主要表现。

二、合同的成立与合同的有效的区别

（一）两者的内涵与要件不同

合同的成立是指合同的产生或成形，而合同的有效是指已成立的合同因符合有效要件从而具有法律效力。“合同成立制度的本质在于确定合同是否存在，而合同效力制度则决定着对合同的内容进行法律上的评价。”〔2〕从要件的

〔1〕［德］汉斯·布洛克斯、［德］沃尔夫·迪特里希·瓦尔克：《德国民法总论》（第33版），张艳译，杨大可校，中国人民大学出版社2012年版，第300页。

〔2〕朱广新、谢鸿飞主编：《民法典评注：合同编通则》（第1册），中国法制出版社2020年版，第317页。

角度来说，双方当事人之间达成合意，合同即为成立；而合同有效，则须双方当事人具有相应的民事行为能力、意思表示真实、不违反法律和行政法规的强制性规定、不违反公序良俗等。

（二）两者体现的过程不同

合同的成立是合同有效的前提。合同不成立，表明其不存在，确认其效力缺乏起码的基础；[1]然而，合同成立并非必然有效，它只解决了合同是否存在的问题，该业已成立的合同是否有效，取决于其是否符合法定有效要件，符合有效要件则有效，反之则否。

（三）两者实践的理念不同

合同的成立要件“是针对行为人所能控制的范畴，属于落实自治理念所设的强制规定，与公权力的政策或秩序管制完全无关”。[2]而合同的有效要件则旨在限制自治：“正义诸原则所界定乃是一些至关重要的限制性条件”。[3]

（四）可否通过履行加以弥补不同

合同不成立意谓当事人未达成合意，它常常并未违反强制性规定与公序良俗，因此，即使合同未成立，但当事人已作出履行的，也可认为当事人通过履行行为达成了合意。而对于无效合同来说，因其在内容上违反了法律、行政法规的强制性规定与公序良俗，因此合同具有不得履行性。质言之，对无效合同，当事人不得履行合同，也不承担不履行合同的违约责任，对方当事人亦不得请求其履行合同义务并承担违约责任。

（五）法院可否主动审查不同

即使合同不成立，但若当事人未就此提出疑义，而自愿受其拘束，法院或仲裁机构不能主动审查合同是否已经成立。而无效合同具有违法性，对之应实行国家干预原则，无论当事人是否主张无效，法院或仲裁机构均应主动审查合同的效力，若发现合同属于无效合同，应确认该合同无效。对此，我国澳门地区“民法”第279条规定：“无效得随时由任何利害关系人主张，亦得由法院依职权宣告。”

---

〔1〕合同成立是合同有效的基础和前提。不过，据此将合同的成立归结为事实判断，而将合同的有效归结为价值判断，也不妥当。对此的详细论述，参见易军：《对法律行为成立“事实判断说”的质疑》，载《法学》2004年第9期。

〔2〕苏永钦：《走入新世纪的私法自治》，中国政法大学出版社2002年版，第24页。

〔3〕[英]冯·哈耶克：《哈耶克论文集》，邓正来译，首都经济贸易大学出版社2001年版，第169页。

（六）法律后果不同

合同不成立和合同无效产生的法律后果不同。合同一旦被宣告不成立，则有过失的一方当事人应依缔约过失责任制度，赔偿另一方所遭受的损失；若当事人已作出履行，则应各自向对方返还已接受的履行。因合同成立主要涉及当事人意思，因此合同不成立只产生民事责任而不产生其他责任。但对于无效合同来说，因其在性质上具有不法性，所以无效合同不仅要产生缔约过失责任、返还不当得利等民事责任，而且可能产生行政责任甚至刑事责任。

第二节　合同的有效要件

问题示例

7岁的小明与大学生阿伟是好朋友，小明知道阿伟有集邮的爱好后便将爸爸珍藏已久的几枚邮票赠与了阿伟，小明爸爸知道后十分生气，便领着小明去找阿伟。请问小明爸爸能否要回自己的邮票？

合同的有效必须具备一定条件，此即合同的有效要件，它们是判断合同是否具有法律效力的标准。依合同有效要件适用的普遍性程度的不同，可将其分为一般有效要件与特别有效要件。一般有效要件是指一切合同有效都必须具备的要件；特别有效要件则是指除了一般有效要件外，部分合同有效还须具备的要件。

我国原《合同法》未明确规定合同的一般有效要件，目前《民法典》合同编“合同的效力”章亦未规定民事行为能力、意思表示瑕疵（欺诈、胁迫、重大误解等）等诸事项，不过，《民法典》第508条规定：“本编对合同的效力没有规定的，适用本法第一编第六章的有关规定。”因此，有关合同的有效要件可适用民法典总则编第六章的规定。“本条的目的就是通过法律援引技术，提示法官在判定合同的效力时仍然要考虑民事法律行为的一般生效要件。”〔1〕事实上，基于《民法典》的总分编立法技术，总则编为共通事项规定，除例外情形外，理所当然地可适用于分则编。因此，即使没有《民法典》第508条，亦应

〔1〕朱广新、谢鸿飞主编：《民法典评注：合同通则编》（第1册），中国法制出版社2020年版，第355页。

作如此解释不可。

一、合同的一般有效要件

《民法典》第143条规定：“具备下列条件的民事法律行为有效：（一）行为人具有相应的民事行为能力；（二）意思表示真实；（三）不违反法律、行政法规的强制性规定，不违背公序良俗。”民事法律行为以合同这一双方民事法律行为最为典型。据此，合同有效须具备以下一般有效要件。

（一）行为人具有相应的民事行为能力

民事行为能力是法律赋予民事主体独立为法律行为的资格。只有具有此资格，才能独立地为法律行为，行使民事权利、履行民事义务。当事人具有相应的民事行为能力，依民事主体的不同形态而有不同要求。

1. 自然人

为法的安定性计，我国民事立法与世界上多数国家或地区的民法一致，采类型化或阶段化的行为能力制度，即将自然人区分为无民事行为能力人、限制民事行为能力人与完全民事行为能力人。因所属类型不同，自然人的行为能力状况有异，能否独立订立合同亦有异。

首先，就完全民事行为能力人而言，《民法典》第18条规定：“成年人为完全民事行为能力人，可以独立实施民事法律行为。十六周岁以上的未成年人，以自己的劳动收入为主要生活来源的，视为完全民事行为能力人。”完全民事行为能力人具有完全民事行为能力，能自主决定并自我负责，发展其法律人格，因此，完全民事行为能力人能够独立地订立合同。

其次，就限制行为能力人而言，《民法典》第19条规定：“八周岁以上的未成年人为限制民事行为能力人，实施民事法律行为由其法定代理人代理或者经其法定代理人同意、追认；但是，可以独立实施纯获利益的民事法律行为或者与其年龄、智力相适应的民事法律行为。”第22条规定：“不能完全辨认自己行为的成年人为限制民事行为能力人，实施民事法律行为由其法定代理人代理或者经其法定代理人同意、追认；但是，可以独立实施纯获利益的民事法律行为或者与其智力、精神健康状况相适应的民事法律行为。”据此，限制民事行为能力人，可以独立订立纯获利益的合同，以及订立与其年龄、智力相适应的合同；在该范围内，限制行为能力人具有民事行为能力。

最后，就无行为能力人而言，《合同法》并未明确规定无行为能力人所订立的合同的效力。《民法典》第144条规定：“无民事行为能力人实施的民事法律行为无效。”由此可见，无民事行为能力人不能独立订立合同。值得思考的是，无民事行为能力人可否像限制行为能力人那样，独立订立纯获利益的合同，以及订立与其年龄、智力相适应的合同，对此，在理论上存在一定争议。对于无民事行为能力人，《最高人民法院关于贯彻执行〈中华人民共和国民法通则〉若干问题的意见（试行）》（以下简称《民法通则意见》）第6条规定：“无民事行为能力人、限制民事行为能力人接受奖励、赠与、报酬，他人不得以行为人无民事行为能力、限制民事行为能力为由，主张以上行为无效。”似乎承认了无民事行为能力人可独立订立接受奖励、赠与等纯获利益合同。无民事行为能力人可否独立订立纯获利益的合同，在理论上即存在着讨论空间。对于限制行为能力人，基于未成年人生活便利的考虑，有学者建议，对此类行为，应可类推适用关于限制行为能力人可独立实施的行为之规定，认定有效。[1]

2. 法人

《民法典》第57条规定：“法人是具有民事权利能力和民事行为能力，依法独立享有民事权利和承担民事义务的组织。”从常态来看，法人具有民事权利能力和民事行为能力，可独立订立合同。

在此方面，须注意的是法人的能力受目的事业限制的问题。“目的事业”在我国法上一般称为“经营范围”，即法人或非法人组织所欲从事的经营项目的基本范围。如我国原《民法通则》第42条规定：“企业法人应当在核准登记的经营范围内从事经营。”《公司法》第12条规定：“公司的经营范围由公司章程规定，并依法登记。公司可以修改公司章程，改变经营范围，但是应当办理变更登记。公司的经营范围中属于法律、行政法规规定须经批准的项目，应当依法经过批准。”这涉及法人超越目的事业限制所订立合同的效力问题。传统民法理论十分强调法人应在其章程所定目的事业范围内从事民事活动。不过，从两大法系立法和判例的发展趋势来看，各国或各地区立法在对法人的能力受目的事业限制上已呈现出不断放宽的趋势。我国的情况亦复如此。从改革开放迄今，随着市场经济观念的逐步深入、扩大企业营业自由的吁求逐渐强烈，我国理论与司法解释不断放松经营范围对法人行为的约束。迄今，主流见解认为，法人订立的合同原则上不因超越其经营范围而被认定为无效。1999年《最高人民法院关于适用〈中华人民共和国合同法〉若干问题的解释（一）》

---

〔1〕 李宇：《民法总则要义：规范释论与判解集注》，法律出版社2017年版，第523页。

（以下简称《合同法解释一》）第10条规定："当事人超越经营范围订立合同，人民法院不因此认定合同无效。但违反国家限制经营、特许经营以及法律、行政法规禁止经营规定的除外。"据此，法人超越经营范围订立合同的，该合同原则上有效，仅在违反国家限制经营、特许经营以及法律、行政法规禁止经营的规定时，才例外地将此类超越经营范围的合同认定为无效，以兼顾国家对经济的法律规制和社会公共秩序的维护。

在市场解决高度发达的今天，要求法人或非法人组织严格遵守经营范围，将法人超出目的事业范围的法律行为认定为无效，已经不合时宜。[1]有鉴于此，《民法典》第505条规定："当事人超越经营范围订立的合同的效力，应当依照本法第一编第六章第三节和本编的有关规定确定，不得仅以超越经营范围确认合同无效。"该条明定当事人超越经营范围订立合同，不得仅以超越经营范围为由确认合同无效，既没有将经营范围作为影响合同的效力的决定性因素，也没有完全否认经营范围对合同效力的影响。不过，较之我国既往的见解或做法，该条"旨在放松对市场主体交易的管制"的色彩较为明显。[2]对该条比较妥当的解释，仍可根据1999年12月29日起施行《合同法解释一》第10条的精神来把握，即法人超越经营范围订立合同，该合同原则上有效，但在违反国家限制经营、特许经营、禁止经营的规定时，应将此类超越经营范围的合同认定为无效。

与《民法典》第505条有一定类似性的是第504条。该条规定："法人的法定代表人或者非法人组织的负责人超越权限订立的合同，除相对人知道或者应当知道其超越权限外，该代表行为有效，订立的合同对法人或者非法人组织发生效力。"[3]这里"超越权限"应如何理解？我国学者有不同认识。一种观点认为，超越权限包括超越法人或者非法人组织的经营范围，[4]另一种观点则认为超越权限不包括超越法人或者非法人组织的经营范围。[5]本书认为，第504条

〔1〕朱广新、谢鸿飞主编：《民法典评注：合同编通则》（第1册），中国法制出版社2020年版，第340页。

〔2〕朱广新、谢鸿飞主编：《民法典评注：合同编通则》（第1册），中国法制出版社2020年版，第337页。

〔3〕《合同法》第50条规定："法人或者其他组织的法定代表人、负责人超越权限订立的合同，除相对人知道或者应当知道其超越权限的以外，该代表行为有效。"

〔4〕朱庆育：《民法总论》，北京大学出版社2013年版，第460页；李建华、许中缘：《表见代表及其适用——兼评〈合同法〉第50条》，载《法律科学》2000年第6期。

〔5〕朱广新：《法定代表人的代表越权行为》，载《中外法学》2012年第3期；朱广新、谢鸿飞主编：《民法典评注：合同编通则》（第1册），中国法制出版社2020年版，第331页。

规制的是法定代表人（负责人）的越权代表行为，即法定代表人（负责人）超越法人（非法人组织）对其代表权的限制为法律行为。该法律行为的效力依相对人善意恶意而异其处理。即相对人善意的，法定代表人（负责人）的代表行为有效，所订立的合同对法人或者非法人组织发生效力；相对人恶意的，法定代表人（负责人）的代表行为无效，所订立的合同对法人或者非法人组织不发生效力。这应属对第61条第3款的进一步具体化。[1]因此，仅就法人而言，这里的“权限”典型地表现为法人章程或者法人权力机构对法定代表人代表权所作的规定以及限制，不应包括第505条中的“经营范围”。

3. 非法人组织

非法人组织是原《民法总则》新确立的民事主体类型，亦为《民法典》沿袭。《民法典》第102条规定：“非法人组织是不具有法人资格，但是能够依法以自己的名义从事民事活动的组织。非法人组织包括个人独资企业、合伙企业、不具有法人资格的专业服务机构等。”从常态来看，非法人组织作为独立的民事主体类型之一，具有民事权利能力和民事行为能力，可独立订立合同。

（二）意思表示真实

意思表示真实，是指表意人的表示行为真实地反映其内心的效果意思，而效果意思又是基于自愿形成的。只有真实的意思表示才使其发生私法上的效力。在多数情况下，行为人表示于外部的意思同其内心真实意思是一致的，但有时行为人作出的意思表示与其真实意思不符，此即“意思表示不真实”。此时如何确定行为人所作出的不真实的意思表示的效力，各国立法和学说存在着意思主义、表示主义与折中主义的分歧。

意思表示不真实既可能是表意人自身的原因所致，也可能是表意人以外的其他人的行为所致。在前者，既可能是表意人故意为之，也可能是其无意造成的。理论上往往依其原因将意思表示不真实划分为“意思与表示不一致”和“意思表示不自由”两类。对“意思与表示不一致”，又依行为人的主观心理状态进一步细分为“故意的不一致”与“无意的不一致”两类。其中，意思与表示故意的不一致包括真意保留与通谋虚伪表示两种形态。《民法典》仅规定了通谋虚伪表示（第146条）。意思与表示无意的不一致主要是指重大误解（传统民法上使用“错误”的表述）。意思表示不自由包括欺诈、胁迫等形态。

---

〔1〕《民法典》第61条第3款规定：“法人章程或者法人权力机构对法定代表人代表权的限制，不得对抗善意相对人。”

（三）不违反法律、行政法规的强制性规定，不违背公序良俗

这一要件包括合同内容的适法性与合同内容的社会妥当性，均鲜明地体现了法律对合同自由的限制。只有不违法与不违背公序良俗的合同，法律才赋予其法律效力，而不合法或不合公序良俗的合同不仅不能受到法律保护，也不能产生当事人预期的法律效果。民法之所以要求合同不得违反强制性规定，是为了维护法律秩序的无矛盾性；民法之所以要求合同不得违反公序良俗，"是为了阻止法律行为为实施不道德行为提供服务"。[1]

二、合同的特别有效要件

在通常情况下，合同具备一般有效要件，即可产生法律效力。不过，在特殊情况下，合同除具备一般有效要件外，还需要具备特别有效要件，才能产生法律效力，发生当事人所预期的法律效果。此可能基于法律规定，亦可能基于当事人约定。比较典型的有以下情形。

1. 附生效条件或附生效期限（始期）的合同成立且具备一般有效要件后，并非立刻生效，只有在条件成就、期限届至后，才发生法律效力。"条件期限，系依当事人之意思以限制法律行为之效力，故非法律行为之成立要件。当事人如不附以条件或期限，其法律行为本来之效力应即发生，自此方面言之，亦非法律行为效力发生之一般效力要件，故在附条件或附期限之法律行为，为其行为效力之发生须有条件之成就或期限届至之特别生效要件。"[2]对此，《民法典》第158条规定："……附生效条件的民事法律行为，自条件成就时生效。……"第160条规定："……附生效期限的民事法律行为，自期限届至时生效。……"

2. 对要式合同，若将要践行一定形式或程序的要式要求理解为合同的有效要件而非成立要件，则该践行一定形式或程序为该合同的特别有效要件。如《民法典》第502条第2款规定："依照法律、行政法规的规定，合同应当办理批准等手续的，依照其规定。未办理批准等手续影响合同生效的，不影响合同中履行报批等义务条款以及相关条款的效力。应当办理申请批准等手续的当事人未履行义务的，对方可以请求其承担违反该义务的责任。"虽然该条款并未明确地将办理批准等手续规定为生效要件，但从"为办理批准等手续影响合同生效的"表述中，

〔1〕[德]迪特尔·梅迪库斯：《德国民法总论》，邵建东译，法律出版社2000年版，第511页。
〔2〕史尚宽：《民法总论》，中国政法大学出版社2000年版，第471—472页。

也可以推断出这里的批准等手续系指构成合同生效要件的手续。[1]

3. 对要物合同，若法律将交付标的物规定为合同的有效要件而非成立要件，则交付标的物为该合同的特别有效要件。我国原《合同法》第210条规定："自然人之间的借款合同，自贷款人提供借款时生效。"《担保法》第90条规定："……定金合同从实际交付定金之日起生效。"据此，贷款人提供借款、债务人交付定金即为合同的特别有效要件。不过，《民法典》对这两条作出了调整，第586条第1款规定："……定金合同自实际交付定金时成立。"第679条规定："自然人之间的借款合同，自贷款人提供借款时成立。"据此，债务人交付定金、贷款人提供借款已不再是合同的特别有效要件，而是特别成立要件。

第三节　欠缺生效要件的合同类型

问题示例

1. 教授甲举办学术讲座之时，在礼堂外的公告栏中张贴其一部新著的书名及价格，告知有意购买者在门口的签字簿册上签名。学生乙未留意该公告，以为签字簿是为了签到而设置，遂在上面签名。对于乙的行为应该如何认定?

2. 齐某扮成建筑工人模样，在工地旁摆放一尊廉价购得的旧蟾蜍石雕，冒充新挖出文物等待买主。甲曾以5000元从齐某处买过一尊同款石雕，发现被骗后正在和齐某交涉时，乙过来询问。甲有意让乙也上当，以便要回被骗款项，未等齐某开口便对乙说："我之前从他这买了一个貔貅，转手就赚了，这个你不要我就要了。"乙信以为真，以5000元买下石雕。后乙发现自己受骗，请问他可以向谁主张撤销合同?

传统民法理论根据合同所欠缺的有效要件的不同，将欠缺有效要件的合同分为三种类型：若所欠缺的要件关涉公共利益，则该合同为无效合同；若所欠缺的要件只关涉私人利益，则该合同为可撤销合同；若所欠缺的为程序性要

〔1〕 朱广新、谢鸿飞主编：《民法典评注：合同编通则》（第1册），中国法制出版社2020年版，第317页。

件，则该合同属于效力未定合同。

一、无效合同

（一）无效合同的概念和特征

无效合同，是指虽已成立，但因其在内容上违反了法律、行政法规的强制性规定和公序良俗而应被宣告无效的合同。该合同具有以下特征。

1. 无效合同具有违法性

违法性包括两个方面的内容：一是违反了法律和行政法规的强制性规定；二是违反了公序良俗。相较于可撤销合同、效力未定合同，无效合同的违法性最为严重，根本不符合法律与社会的价值判断，因此不能使此类合同发生效力。

2. 对无效合同实行国家干预

无效合同具有违法性，因此对其实行国家干预。“典型的无效事由涉及强制秩序与公共利益，效果为绝对无效，确认合同无效并无期限限制，并且不仅当事人和利害关系人可以主张，法院亦可依职权主动认定。”〔1〕详言之，司法机关不待当事人请求确认合同无效，便可依职权主动审查合同是否具有无效的因素，如发现合同属于无效合同，便应主动地确认合同无效。例如，在诉讼中，当事人一方要求对方当事人承担违约责任，或者要求解除合同，而法官经过审查，认为合同具有违法性应当被宣告无效，则法院可以不经当事人请求而主动宣告该合同无效，并要求相关当事人承担恢复原状、赔偿损失等责任，而不必要求当事人另行变更诉讼请求。

3. 无效合同具有不得履行性

当事人订立无效合同后，不得依该合同实际履行，也不承担不履行合同的违约责任。

4. 无效合同自始、当然、确定无效

自始无效，是指无效合同自成立伊始即为无效。由此所决定，合同一旦被确认无效，就产生溯及力，使合同自成立之时起就不具有法律效力。已履行的，应通过返还财产、赔偿损失等方式使当事人的财产恢复到合同成立之前的状态。当然无效，是指由于无效合同具有违法性，因此该合同的无效乃是理所当然。正基于此，不依赖于当事人主张，司法机关就可依职权直接宣布合同无效。确定无效，是指无效合同的无效是确定无疑的，根本不发生转换为有效合

〔1〕 周江洪等主编：《民法判例百选》，法律出版社 2020 年版，第 84 页。

同的可能性。

（二）无效合同的立法变化

根据我国原《民法通则》第58条的规定，以下行为均属于无效民事行为：（1）无民事行为能力人实施的；（2）限制民事行为能力人依法不能独立实施的；（3）一方有欺诈、胁迫、乘人之危，使对方在违背真实意思的情况下所为的；（4）恶意串通，损害国家、集体或第三人利益的；（5）违反法律或者社会公共利益的；（6）以合法形式掩盖非法目的。由此可见，原《民法通则》所规定的无效民事行为的范围是较为宽泛的，将多数传统民法中规定为可撤销法律行为、效力未定法律行为的类型均纳入无效民事行为的范围。此种泛化无效民事行为的立法具有明显的弊端。例如，造成财产不必要的损失和浪费。因为合同一旦被确认无效，就要按恢复原状原则在当事人之间产生相互返还已履行财产的责任或赔偿损失的责任，相互返还财产意味着当事人为履行已支出的费用不能得到补偿，且会增加不必要的返还费用，从而造成财产的损失和浪费。又如，不利于尊重当事人的意志、保护当事人的利益。在意思表示不真实的情况下，合同的效果并非必然对受欺诈、胁迫方不利，不排除对他们无害从而不愿使合同归于无效的可能性，若一味确认合同无效，可能与他们的意志相悖。不如赋予他们撤销权，由其自主决定合同的效力。再如，不利于鼓励交易。在市场经济条件下，《合同法》的目标在于尽可能促成交易，唯如此，社会财富才得以增进、经济才得以发展，过多地宣告合同无效，使一些本不应被消灭的交易被消灭，有悖于此目的。

有鉴于此，《合同法》修改了上述规定，在第52条规定："有下列情形之一的，合同无效：（一）一方以欺诈、胁迫的手段订立合同，损害国家利益；（二）恶意串通，损害国家、集体或者第三人利益；（三）以合法形式掩盖非法目的；（四）损害社会公共利益；（五）违反法律、行政法规的强制性规定。"这一规定与《民法通则》第58条相比，显然具有很大的进步性。当然，《合同法》的规定也存在可议之处，如将受欺诈、胁迫所订立的合同一分为二，使部分归属于无效合同之列，部分归属于可撤销合同之列，为不合理的差别待遇，值得商榷。

《民法典》在《合同法》的基础上又有所发展。主要表现为：一概将受欺诈、胁迫的法律行为纳入可撤销法律行为的范畴；将乘人之危与显失公平两项制度合二为一，构建统一的显失公平制度；增加规定了（通谋）虚伪表示；废除以合法形式掩盖非法目的的合同。

（三）无效合同的类型

根据《民法典》的规定，下列合同为无效合同。

1. 无行为能力人订立的合同

《民法典》第144条规定："无民事行为能力人实施的民事法律行为无效。"与限制行为能力人订立的合同可能为有效，也可能为效力未定不同，无行为能力人订立的合同无效。

2. 当事人通谋虚伪订立的合同

《民法典》第146条规定："行为人与相对人以虚假的意思表示实施的民事法律行为无效。以虚假的意思表示隐藏的民事法律行为的效力，依照有关法律规定处理。"当事人通谋虚伪订立的合同的效力表现为：第一，行为人与相对人之间的合同（表面行为）无效。第二，当事人通谋虚伪订立的合同可能隐藏着一真实的意思表示，该被隐藏的真实意思表示即为"隐藏行为"或"隐匿行为"。隐藏行为之效力不因其为通谋虚伪表示所掩盖而无效，而是应以其自身合法与否为准。

3. 违反强制性规定的合同与违反公序良俗的合同

《民法典》第153条规定："违反法律、行政法规的强制性规定的民事法律行为无效。但是，该强制性规定不导致该民事法律行为无效的除外。违背公序良俗的民事法律行为无效。"对于违反强制性规定的合同而言，《民法典》相较于《合同法》的最大变化是增加了但书，由此凸显了该条第1款的授权条款功能，即授权法官依强制性规定的规范意旨来判断合同是否构成对强制性规定的违反，以及若违反，应发生何种民法上的效力。

4. 恶意串通的合同

我国原《合同法》第52条规定："有下列情形之一的，合同无效：……（二）恶意串通，损害国家、集体或者第三人利益；……"相较于此，《民法典》第154条在措辞上有一些变化——"行为人与相对人恶意串通，损害他人合法权益的民事法律行为无效。"即明定恶意串通的主体为"行为人与相对人"，并将损害的对象由"国家、集体或者第三人利益"调整为"他人合法权益"。这里的"他人合法权益"应解释为私人利益，由此可避免与第153条第2款产生竞合。该条旨在保护受侵害的第三人，因此只能由第三人主张合同无效，当事人自己不得主张。[1]

---

〔1〕周江洪等主编：《民法判例百选》，法律出版社2020年版，第83页。

二、可撤销合同

（一）可撤销合同的概念与特征

可撤销合同是指已经成立，但是意思表示不真实，从而可因享有撤销权的当事人行使撤销权的行为使其效力归于消灭的合同。可撤销合同，属于效力不完全，不同于无效合同的绝对无效，其有效与否，取决于撤销权人的意志。可撤销合同制度，既体现了法律对公平交易的要求，又体现了私人自治原则的要求，是对这两项价值的调和。可撤销合同具有以下特征：第一，可撤销合同在被撤销以前，已发生了针对无撤销权的当事人的效力。在撤销权人行使撤销权以前，这一效力继续保持。第二，是否使可撤销合同的效力归于消灭，取决于撤销权人的意思，撤销权人以外的人不得主张撤销合同。撤销权人应是撤销制度所保护之人，具体又视撤销原因之不同而须作个别认定，如受欺诈方、受胁迫方、重大误解方、利益受不利影响方（显失公平合同）。第三，可撤销合同效力的消灭，必须有撤销行为。仅有可撤销事由而无撤销行为时，合同效力并不归于消灭。撤销权行使行为在性质上为需受领的单方法律行为。根据《民法典》的规定，撤销权须以诉讼或仲裁方式行使，仅向相对人作出撤销的意思表示并不发生撤销的效力。第四，撤销权一旦行使，原则上溯及成立之时，可撤销合同效力归于消灭。但对于继续性合同则存在例外，其效力仅及于将来，而不溯及既往。

（二）可撤销合同的类型

根据《民法典》的规定，可撤销合同包括以下几种类型。

1. 受欺诈的合同

受欺诈的合同是指一方当事人故意用捏造虚假情况，或歪曲、掩盖真实情况的欺诈手段，致使另一方当事人陷于错误认识而订立的合同。

受欺诈的合同的构成，必须具备以下要件：第一，欺诈方实施了欺诈行为。欺诈行为是欺诈方将其欺诈故意表示于外部的行为。在实践中，欺诈行为往往表现为故意陈述虚假事实或故意隐瞒真实情况。第二，欺诈方欺诈的故意。欺诈的故意是指欺诈方明知自己告知对方的情况虚假且会使对方陷入错误认识，而希望或放任这种结果的发生。欺诈方是否有使自己或第三人因欺诈行为获得财产上利益或使相对人遭受损失的意图，则在所不问。第三，受欺诈方因受欺诈而陷入错误认识。受欺诈方发生错误认识与欺诈方的欺诈行为须有因果关系。受欺诈方的错误认识不是由于其自己的过失造成的，而是因受欺诈的结果。若欺诈方实施欺诈行为后，受欺诈方并未陷入错误或所发生的错误不是欺诈造成的，则不构成受欺诈的合同。第四，受欺诈方基于错误认识而作出了意思表示。受欺诈方虽因欺诈行为陷入错误，但并未作出意思表示，则不能构成受欺诈的合同。

在实践中，交易一方常常会使用第三人对交易对方进行欺诈，且使用第三人为欺诈较之本人为欺诈更具有欺骗性，因此，各国或各地区民法一般也对第三人欺诈加以规定。《民法典》第149条规定："第三人实施欺诈行为，使一方在违背真实意思的情况下实施的民事法律行为，对方知道或者应当知道该欺诈行为的，受欺诈方有权请求人民法院或者仲裁机构予以撤销。"据此，第三人对合同一方当事人进行欺诈的，若相对人知道或者应当知道第三人欺诈，则视同相对人本人进行欺诈，也构成受欺诈的合同。借此，表意人的自由意思获得了更为全面的保护。

2. 受胁迫的合同

受胁迫的合同是指胁迫人以现实的危害行为相威胁，或以将要实施危害行为相要挟，造成受胁迫者陷于恐惧并订立的合同。

受胁迫的合同的构成须具备以下要件：第一，胁迫人实施了胁迫行为。胁迫行为包括以将要发生的损害相威胁或直接施加损害威胁他人。胁迫者既可以给自然人及其亲友造成损害相威胁，也可以给法人造成损害为要挟。第二，胁迫人具有胁迫的故意。胁迫的故意首先是指胁迫者意识到自己的行为将造成受胁迫者心理上的恐惧而继续进行胁迫；其次，胁迫者希望通过胁迫行为使受胁迫者作出某种意思表示。第三，表意人因胁迫而作出违背其真实意愿的意思表示。也就是说，由于一方实施胁迫行为使另一方在心理上产生了恐惧，并在此种心理状态的支配下被迫订立了合同。若胁迫方的胁迫行为并未使受胁迫人产生恐惧或虽然产生了恐惧，但没有作出意思表示，则不能认为胁迫行为与被胁迫人的意思表示之间存在因果关系。第四，胁迫行为是非法的。胁迫行为给对方施加了一种强制和威胁，此种威胁必须是非法、无法律根据的。若一方有合法的根据对另一方施加某种压力，则不构成胁迫。

一如欺诈可能由第三人实施，胁迫亦同。《民法典》第150条规定："一方或者第三人以胁迫手段，使对方在违背真实意思的情况下实施的民事法律行为，受胁迫方有权请求人民法院或者仲裁机构予以撤销。"据此，只要第三人实施胁迫，使表意人在违背真实意思的情况下订立合同，无论表意人是否知道或是否应当知道该情形，表意人均可以寻求救济。

3. 重大误解的合同

无论是我国原《合同法》还是《民法总则》，对重大误解的合同都规定得十分简单。《合同法》第54条规定："下列合同，当事人一方有权请求人民法院或者仲裁机构变更或者撤销：（一）因重大误解订立的；……"《民法典》第147条规定："基于重大误解实施的民事法律行为，行为人有权请求人民法院或者仲裁机构予以撤销。"

重大误解的合同是指一方因自己的过错而对合同的内容发生了错误认识并在此基础上订立的合同。一般来说，重大误解的合同的构成须具备以下要件：第一，表意人对合同内容发生了错误认识。根据《民法通则意见》第71条规定，行为人因对行为的性质、对方当事人、标的物的品种、质量、规格和数量等的错误认识，使行为的后果与自己的意思相悖，并造成较大损失的，可以认定为重大误解。第二，错误认识必须是重大的。并非表意人的任何错误认识都可导致合同被撤销，否则就会给非诚信的一方不履行合同提供口实。"重大"应符合两个条件：一是主观上的重要性，即从表意人的角度看，错误具有重要性。若从表意人角度来看错误并不重要，则不得主张撤销。二是客观上的重要性，即从客观上看，错误具有重要性。第三，错误认识是由误解方自己的过错造成的，但又非基于故意或重大过失所致。在此要件上，世界各国或各地区立法存在一定差异。我国现行立法未设置此一要件。要求表意人的错误认识须基于其过失所致，但又非基于故意或重大过失所致，较为合理，有助于兼顾交易安全之保护。第四，表意人基于错误认识作出了意思表示。这一要件说明，首先，表意人要将其意思表示表达出来，否则无从评价其是否存在着误解；其次，表意人作出的意思表示必须是因为误解而造成的，即表意人的意思表示与其错误认识之间具有因果关系。

4. 显失公平的合同

我国原《合同法》确立了危难被乘与显失公平两类可撤销合同。危难被乘的合同是指一方当事人利用对方当事人处于危难或者有急迫需要，而迫使其作出违背真意的意思表示。显失公平的合同则是一方当事人在订立合同时订立的明显对自己有重大不利的合同。事实上，在大陆法系国家或地区，并不存在着并立的危难被乘与显失公平制度，这些国家或地区一般是通过一项统一的制度——暴利行为或非常损失制度来处理这一问题的。这一制度在构成上需要具备主观要件与客观要件两个方面的条件：主观条件表现为一方利用他方急迫情况、无经验、缺乏判断能力或者显著意志薄弱；客观条件表现为一方的给付与另一方的对待给付明显不成比例，即显失公平。只有同时具备这两项条件，方才构成暴利行为。受害人才能寻求相应的救济。例如，《德国民法典》第138条第2款、我国台湾地区“民法”第74条等均为如此。我国原《合同法》延续了《民法通则》的做法，其实是将暴利行为制度的要件一分为二，而分别设立了危难被乘与显失公平两项制度。由此造成的弊端是，因危难被乘与显失公平两项制度的要件相较于暴利行为制度更为宽松，合同被判定为具有瑕疵的几率增大，从而当事人的私人自治更易受到破坏。

《民法典》第151条规定：“一方利用对方处于危困状态、缺乏判断能力等情形，致使民事法律行为成立时显失公平的，受损害方有权请求人民法院或者仲裁机构予以撤销。”据此，原本被拆分为二的两项制度合二为一，只有在同时具备“一方利用对方处于危困状态、缺乏判断能力等情形”，以及“民事法律行为成立时显失公平”两项要件，受损害方才能请求撤销合同，由此使得私人自治得到了更好的维护。

据此，显失公平制度的构成，需要同时具备以下条件：一是主观条件，即一方利用对方处于危困状态、缺乏判断能力等情形。危困状态乃危险、困难之意，应限于人身或财产权益处于受损害状态，或存在遭受损害之现实危险，且该损害应有相当的重要性。缺乏判断能力是指基于年老衰弱、不识字、患有尚未丧失辨认能力的精神疾病等原因，而对于一般生活上或交易上事务欠缺判断能力。[1]二是客观条件，即双方当事人之间利益严重失衡。严重失衡的判断时点为合同订立之时。若合同依法成立后发生双方当事人利益严重失衡的状态，则由情事变更制度加以调整。

三、效力未定的合同

（一）概念

效力未定的合同是指已成立但欠缺有效要件，其效力能否发生尚未确定，只有经过权利人追认才能有效的合同。若说无效合同是自始、确定、当然无效，可撤销合同自成立时起已发生针对无撤销权人的效力，从而为效力不完全而非效力不确定，则效力未定合同与它们全然不同，其效力是不确定的，既非有效，也非无效，而是处于一种悬而未决的不确定状态。对于效力未定合同而言，其效力存在着两种发展的可能性——或者自始无效，或者自始有效，它既

〔1〕李宇：《民法总则要义：规范释论与判解集注》，法律出版社2017年版，第620—622页。

可因形成权人的否认而确定地自始无效，也可因形成权人的追认而确定地自始有效。我国原《合同法》规定了三类典型的效力未定合同形态。

（二）类型

1. 限制民事行为能力人订立的其依法不能独立订立的合同

《民法典》第145条规定："限制民事行为能力人实施的纯获利益的民事法律行为或者与其年龄、智力、精神健康状况相适应的民事法律行为有效；实施的其他民事法律行为经法定代理人同意或者追认后有效。相对人可以催告法定代理人自收到通知之日起三十日内予以追认。法定代理人未作表示的，视为拒绝追认。民事法律行为被追认前，善意相对人有撤销的权利。撤销应当以通知的方式作出。"据此，除纯获利益的合同，以及与限制行为能力人的年龄、智力相适应的合同可由限制行为能力人独立订立以外，限制民事行为能力人与相对人订立合同应得法定代理人允许。限制行为能力人未得法定代理人允许而与相对人订立合同的，该合同为效力未定合同。该合同效力的确定包括以下几个方面的事由。

第一，限制民事行为能力人的法定代理人享有追认权或否认权。追认权与否认权均属于形成权，无须相对人同意，意思表示达到相对人即发生法律效力。追认与否认的意思表示可向限制行为能力人的相对人作出，也可向限制民事行为能力人作出。法定代理人追认的，限制行为能力人与相对人订立的合同自始有效，否则，该合同自始无效。此外，限制民事行为能力人取得完全民事行为能力后亦享有追认权或否认权。在比较法上，我国台湾地区"民法"第81条第1款规定："限制行为能力人于限制原因消灭后，承认其所订立之契约者，其承认与法定代理人之承认，有同一效力。"可供参考。

第二，限制民事行为能力人的相对人享有催告权和撤销权。限制行为能力人与他人订立合同后，该合同的效力皆操纵在法定代理人之手，若法定代理人不为追认或否认的意思表示，则必然使相对人处于不确定的状态，对其至为不利，因此，立法赋予相对人以催告权和撤销权，以期缩短合同悬而未决的状态，并求双方当事人利益之平衡。

催告权是指相对人得知与对方订立的合同有效力未定事由后，将效力未定的事由告知追认权人，督促其在一个月内作出是否追认的意思表示的权利。在相对人作出催告以后，法定代理人应在催告期内以明示的方式向相对人作出追认和否认的意思表示。相对人催告后，在催告期内，法定代理人追认的，限制行为能力人与相对人订立的合同自始有效；在催告期内，法定代理人否认的，限制行为能力人与相对人订立的合同自始无效；催告期满，法定代理人不作表示的，其沉默视为否认，限制行为能力人与相对人订立的合同自始无效。

撤销权是指相对人依法宣告取消其意思表示的权利。相对人行使撤销权必须具备以下条件：一是法定代理人尚未行使追认权或否认权。若法定代理人已追认或否认，由于限制行为能力人与相对人之间的合同的效力已然确定，相对人不得再行使撤销权。二是相对人为善意。也就是说，相对人不知对方为限制民事行为能力人，或虽然知道对方为限制民事行为能力人，但对方采取欺诈手段使其误信对方的行为已得法定代理人同意。若相对人为恶意，即明知对方为限制行为能力人且其行为未征得法定代理人同意，则该相对人不得行使撤销权。相对人撤销的意思表示既可向限制行为能力人作出，也可向其法定代理人作出。若相对人撤销其与限制行为能力人之间的合同，则该合同自始无效。

2. 无权代理人订立的合同

无权代理是指行为人无代理权而以他人名义与第三人订立合同。无权代理的发生原因包括：未经授权的无权代理、超越代理权限的无权代理、代理权消灭后的无权代理、授权行为无效或被撤销的无权代理等。根据无权代理人为代理行为时是否具有代理权的表象，或者是否存在着使相对人误信行为人有代理权的事由，可将无权代理区分为狭义的无权代理与表见代理。狭义无权代理为效力未定的合同，表见代理则发生有权代理的效果，不属于效力未定合同的范畴。

狭义的无权代理，又称为无代理权表象的无权代理，是指行为人无代理权而以他人名义与第三人订立合同，且不存在着使第三人相信行为人有代理权事由的代理。《民法典》第171条为有关狭义无权代理的规定。值得注意的是，在有权代理中，代理人以他人名义与自己订立合同，或者同时代理双方当事人订立同一合同，构成自己代理与双方代理。在《民法总则》颁行前，学理上有见解认为自己代理与双方代理为“代理权滥用”的情形，应属无效。此种观点并不妥当。因为各国民法虽然禁止自己代理与双方代理，但此类规定并非为保护公益所设，代理人自己代理或双方代理订立的合同，并非当然无效，而是属于狭义无权代理的范畴。原《民法总则》第168条规定：“代理人不得以被代理人的名义与自己实施民事法律行为，但是被代理人同意或者追认的除外。代理人不得以被代理人的名义与自己同时代理的其他人实施民事法律行为，但是被代理的双方同意或者追认的除外。”明确地赋予被代理人同意权或追认权，直观凸显了自己代理与双方代理的“效力未定”法律行为性质。该条为《民法典》

第168条所沿袭。

在狭义的无权代理的情形，无权代理人以被代理人名义与第三人订立的合同，其效力处于不确定的状态。该合同效力的确定包括以下几个方面的事由。

第一，被代理人享有追认权或否认权。《民法典》第171条第2款规定："相对人可以催告被代理人自收到通知之日起三十日内予以追认。被代理人未作表示的，视为拒绝追认。……"追认权与否认权属于形成权，被代理人可直接为追认或者否认的意思表示，无须相对人同意即可发生效力。追认或否认作为有相对人的单方法律行为，其意思表示，既可向代理人作出，也可向相对人作出；既可以明示的方式作出，也可以行为默示的方式作出。对行为默示方式，《合同法解释（二）》第12条规定："无权代理人以被代理人的名义订立合同，被代理人已经开始履行合同义务的，视为对合同的追认。"在此基础上，《民法典》第503条规定："无权代理人以被代理人的名义订立合同，被代理人已经开始履行合同义务或者接受相对人履行的，视为对合同的追认。"即增加规定"接受相对人履行"作为默示追认的情形。为了尽可能涵盖更多的默示追认情形，"接受相对人履行"应当解释为不仅包括受领对方给付而不提出异议，还包括对方尚未履行但从其行为可推知其将接受对方的履行，如催告对方履行，转让其在合同中的权利等。[1]

第二，相对人的形成权。为了防止因本人不行使形成权而使相对人陷于不确定状态，立法也赋予相对人得以终结此种不确定状态的形成权——催告权与撤销权。

催告权是指相对人确定相当期限催告本人确答是否追认的权利。在本人追认或否认前，不论相对人是否知悉代理人无代理权，均可行使催告权，催促本人作出追认或者否认的意思表示。催告只能向本人作出，而不能向无权代理人作出，相应地，本人的确答也只能向相对人作出，而不能向无权代理人作出。根据《民法典》第171条第2款的规定，催告期为一个月。催告期内，本人追认的，合同有效，并溯及于其成立之时发生效力；本人否认的，合同溯及的无效；催告期届满，本人不作出意思表示的，法律拟制为否认，合同无效，此后，即使本人再为追认，也不能使业已无效的合同重新生效。

撤销权是指相对人撤销无权代理行为，阻止其因本人的承认而发生效力的权利。《民法典》第171条第2款规定："……行为人实施的行为被追认前，善

---

〔1〕 周江洪等主编：《民法判例百选》，法律出版社2020年版，第30页。

意相对人有撤销的权利。撤销应当以通知的方式作出。”相对人为善意，亦即不知道代理人无代理权的，可在本人追认或否认前，撤销其意思表示，以阻止该无权代理行为生效。该撤销的意思表示应当以通知的方式作出，且不因相对人业已对本人为催告而受影响，亦即相对人为催告后，于本人追认前，仍可行使撤销权。若相对人知悉代理人无代理权，则即使本人尚未追认与否认，该相对人也不能行使撤销权，而应受自己意思表示的约束，承担本人否认的不确定风险。

3. 无权处分合同

我国原《合同法》第51条规定：“无处分权的人处分他人财产，经权利人追认或者无处分权的人订立合同后取得处分权的，该合同有效。”此即无权处分合同制度。我国理论界与实务界对该条的理解存在着极大争议，并存在着不同的观点。在《民法典》中，该条被删除，而《民法典》中与该条存在密切关系的是第597条第1款。该款规定：“因出卖人未取得处分权致使标的物所有权不能转移的，买受人可以解除合同并请求出卖人承担违约责任。”其规制的典型案型似如：乙未经甲同意，将甲之物出卖并交付给丙。由于出卖人乙未取得该物处分权，致该物所有权不能移转给丙，买受人丙可以解除乙丙之间的买卖合同并请求乙承担违反买卖合同的违约责任。如果采纳此种解释，则出卖他人之物的买卖合同为有效合同。无权处分合同是有效的，而非效力未定的。不过，这只是解释该条的一种途径。要较全面深刻地理解《民法典》第597条第1款（包括已被删除的《合同法》第51条），应将其放在负担行为与处分行为二分（或者物权变动模式）的背景下来理解。

（1）承认负担行为与处分行为二分

在德国民法以及深受德国民法影响的民法中，其法律行为理论以负担行为及处分行为之区别为其基本架构。[1]负担行为，又称义务行为、债权行为或债务行为，是指发生债权债务关系或给付义务之法律行为；而处分行为，则是指直接使权利发生得丧变更之法律行为，包括物权行为与准物权行为。依据这些国家或地区的立法（如《德国民法典》第185条、我国台湾地区“民法”第118条）或通说，欲藉法律行为实现物权变动，当事人除了应订立买卖、赠与、互易、消费借贷等合同外，还应达成移转标的物所有权的合意并践行交付或登记的公示方法。其中，买卖、赠与等属于负担行为，其仅使债务人承担给付义

〔1〕王泽鉴：《民法学说与判例研究》（第五册），中国政法大学出版社1998年版，第106页。

务，并不直接发生使权利移转于他方的效力；而移转标的物所有权的合意属于处分行为，其直接使权利发生变动，因此以行为人有处分权为有效要件。在出卖人出卖他人之物并依让与合意交付标的物于买受人的情形下，作为负担行为的出卖他人之物的买卖合同有效，而依让与合意交付标的物于买受人的处分行为因欠缺处分权，则为效力未定。

如果承认负担行为与处分行为二分，则可以认为，《民法典》第597条第1款系有关买卖合同这一负担行为效力的规定。由于负担行为的有效不以行为人有处分权为要件，因此当出卖人无处分权而订立买卖合同时，该买卖合同有效，但嗣后的处分行为因出卖人无处分权致使标的物所有权不能转移，此际，出卖人应向买受人承担违约责任。买受人可以寻求解除合同、赔偿损失等违约救济措施。而对出卖人所为的“处分行为”的效力，因原《合同法》第51条已被删除，《民法典》对此未设明文。依前述理论，该“处分行为”应属“效力未定”。

对该效力未定的“处分行为”，参照原《合同法》第51条，以及前述国家或地区的理论，其效力确定方式有两种：一是权利人追认或否认。权利人追认或否认可使效力未定的无权处分行为效力确定，发生效力。追认为单方意思表示，权利人为追认的意思表示时，应当遵循以下要件：第一，追认必须以明示方式作出；第二，追认既可以向无权处分人也可以向相对人作出，并且既可以在诉讼中作出，也可以在诉讼外作出；第三，追认必须在法定期限内作出。权利人的追认，并不发生债的主体变更的效果，并不使其成为无权处分人与相对人之间合同的当事人，权利人并不负有合同上的义务，无论处分人是否履行合同，相对人皆不得请求权利人履行合同。在权利人追认以前，相对人可以催告权利人作出是否追认的意思表示。二是处分人取得处分权。处分人取得处分权，使无权处分行为得以完补，从而发生效力。

（2）不承认负担行为与处分行为二分

在不承认负担行为与处分行为二分的法制下，无论一国的物权变动模式是采债权意思主义，还是采债权形式主义，无权处分都不是指处分行为，而是出卖他人之物的买卖合同、私卖共有物的买卖合同等买卖合同本身。立法上对出卖人应享有处分权的要求也只能针对买卖合同本身。

从世界范围来看，不同的国家或地区有不同的做法。（1）“无效”模式。例如，《法国民法典》第1599条。（2）“一般无效，例外有效”模式。例如，我国澳门地区“民法”第882条。（3）“效力未定”模式。例如，加拿大《魁北克民法典》第1713条。（4）“有效”模式。如PICC第3•3条第2款、PECL第4：102条均承认无权处分合同的效力。

如果不承认负担行为与处分行为二分，则《民法典》第597条第1款可以理解为：出卖人在订立买卖合同时无处分权的，不影响买卖合同的效力。在合同履行时，如果因出卖人未取得处分权致使标的物所有权不能转移的，则出卖人应承担违约责任。由此可见，这一理解与上述第四种立法模式较为接近。如果采纳这种解释模式，则我国无所谓无权处分合同效力未定问题：由于不存在与负担行为相区分的处分行为，因此无所谓处分行为效力未定；出卖他人之物的买卖合同（即无权处分合同）是有效的，而非效力未定。

相较于上一种解释模式，此种解释的优点是简单易懂，但也存在着一定问题。从法理念上看，“所有权保障一个人对某物享有一种排他地使用、改造和任意处理这个物的可能”，[1]这其中，处分权能尤其重要。对所有人而言，它可以自主地对所有物进行处置，决定物在事实上与法律上的命运。没有所有人意思的介入，他人对所有人、所有物的处分就是对所有人、所有权的干扰与侵犯。因此，不对行为人任意处分他人之物进行限制，所有权势必名存实亡，而人类社会秩序也会发生紊乱。由此看来，民法不能使无权处分行为在效力上畅行无阻。在不承认负担行为与处分行为二分（买卖合同本身而非嗣后的履行行为为所有权移转的直接原因），且将出卖人无处分权的买卖合同规定为有效的情况下，出卖人藉履行行为来实现所有权移转就不存在法律上的障碍，这难以为保护标的物真正所有权人的利益提供有效的法律技术手段。

〔1〕［德］莱因荷德·齐佩利乌斯：《法哲学》，金振豹译，北京大学出版社2013年版，第270页。

第四节 合同被确认无效、被撤销的法律后果

问题示例

1. 甲17岁，在一场拍卖会上以个人积蓄1000元拍得乙明星在其知名电影中所使用过的道具，市价约100元，事后甲觉得颇为不值，便想反悔。请问该道具买卖的效力如何？

2. 甲委托乙采购一批手机，乙受丙诱骗高价采购了一批劣质手机。丙一直以销售劣质手机为业，甲对此知情。请问甲的利益如何维护？

合同皆能引起一定的法律效果。有效的合同能引起行为人所意欲发生的法律效果；而被确认无效或被撤销的合同也能引起一定的法律效果，只是这种法律效果并不符合行为人的预期而已。《民法典》第157条规定："民事法律行为无效、被撤销或者确定不发生效力后，行为人因该行为取得的财产，应当予以返还；不能返还或者没有必要返还的，应当折价补偿。有过错的一方应当赔偿对方由此所受到的损失；各方都有过错的，应当各自承担相应的责任。法律另有规定的，依照其规定。"据此，被确认无效或被撤销的合同发生如下返还财产、赔偿损失的法律后果。此种法律后果的承担，意图在于使合同当事人的法律地位恢复到合同订立之前的状态。

一、返还财产

返还财产是合同被确认无效或被撤销后受领财产的当事人应向给付财产的当事人返还财产。返还财产以恢复原状为原则。恢复原状是使当事人的法律地位恢复到合同成立之前的状态。由于在合同自成立、生效至被确认无效或被撤销的期间，当事人可能已根据该合同取得对方的财产，在合同被确认无效或被撤销后，当事人取得财产的法律根据已丧失，给付财产的一方可请求受领财产的一方返还财产。若只有一方给付财产，则应作单方返还；若双方皆给付财产，则应作双方返还。"宣告合同无效后，任何一方当事人均可要求返还其根据已被宣告无效或部分被宣告无效的合同已提供的一切，但要以该方当事人同时返还其根据已被宣

告无效或部分被宣告无效的合同已得到的一切为条件。”[1]

《民法典》第157条规定“不能返还或者没有必要返还的，应当折价补偿”。不能返还是指返还原物存在着事实上或法律上的障碍。事实上的障碍，典型者如原物毁损灭失；法律上的障碍，例如，标的物为第三人善意取得。“折价补偿”的金额通常等于已收到履行之价值。如甲委托乙为其工厂刷漆。乙以欺诈方式引诱甲以远高于市场价格的价格订立合同。在发现被欺诈后，甲撤销该合同。甲可以向乙索回购买的价款，但甲同时有义务支付工厂已被刷漆部分的价值。没有必要返还，一般是指原物返还导致不合理的费用，或需付出不合理的努力。

须注意的是，在恢复原状的过程中，给付财产的一方在请求对方返还财产时，其请求权依据何在？对此在理论上存在着不同观点。第一，不当得利返还请求权说。该说认为，一方基于合同而向对方为给付，在合同被确认无效或被撤销时，合同失去约束力，一方所接受的履行缺乏合法依据而成为不当得利。第二，所有物返还请求权说。该说认为，一方依合同而向另一方所为给付在合同被确认无效或被撤销时，其交付给另一方的物的所有权并不发生移转，给付方未丧失所有权，受领方未取得所有权。因此，既然给付方享有所有权，那么他可以行使所有物的返还请求权。

如果采纳负担行为与处分行为的二分，则在合同被确认无效或被撤销后，给付方行使的返还请求权是所有物返还请求权。不过，此际，也不排斥不当得利返还请求权的存在。如一方向另一方提供劳务或者完成一定工作，如雇用、承揽、委托等，即标的为行为时，另一方接受对方劳务而受领的利益应折价返还；一方提供某物给对方使用，如借用、租赁，对方因使用物而享受的利益应折价返还。

二、赔偿损失

合同被确认无效或被撤销而给当事人造成损失的，有过错的一方应向无过错的一方赔偿因合同被确认无效或被撤销所造成的损失。在双方均有过错的情况下，双方当事人应各自承担相应的责任。此种赔偿责任在性质上为缔约过失责任，其主要目的在于弥补因信赖合同有效成立的当事人所受到的损害。对此，可参见上一章有关缔约过失责任的阐释。

---

[1] 张玉卿主编/审校：《国际统一私法协会国际商事合同通则2016》，中国商务出版社2019年版，第237页。

第十章　履行抗辩与违约责任

提 要

在双务合同履行过程中，当事人享有同时履行抗辩权、不安抗辩权与后履行抗辩权等数项重要的抗辩权。对此，《民法典》第525—528条作出了较详细规定。违约责任对促进合同目的的实现具有重要意义。《合同法》第七章曾在既存的违约责任制度的基础上作出了许多创新，如在违约责任的一般归责原则上实现了由过错责任向严格责任的转换；从英美法系引入预期违约制度，并使之与大陆法系传统的违约行为形态，即实际违约相得益彰，从而建立了更严谨的违约行为形态体系。此外，《合同法》还完善了违约金责任、实际履行责任、违约损害赔偿责任等制度，确立了责任竞合规则等。《民法典》在《合同法》的基础上，又作了进一步优化与完善，如建立了当事人申请司法终止合同、第三人替代履行费用请求权、债权人拒绝受领时债务人的费用赔偿请求权等规则，完善了定金规则等，这都使得《民法典》中违约责任制度更趋于科学化与合理化。

重点问题

1. 同时履行抗辩权、不安抗辩权与后履行抗辩权。
2. 《民法典》中违约责任的特点。
3. 《民法典》确立的违约行为形态及其异同。
4. 违约责任与侵权责任的竞合。
5. 违约金及其增减规则。
6. 违约损害赔偿的限制规则。
7. 合同解除的法律效果。

第一节 履行抗辩

问题示例

甲与画家乙订立合同，约定由乙为甲画像，甲于同年5月1日先支付报酬3000元，乙在收到报酬20日内为其画像。甲于5月1日支付报酬时发现乙身染重疾。此时甲是否还应支付报酬？

在双务合同履行过程中，当事人享有数项重要的抗辩权。抗辩权又称为异议权，是指对抗对方的请求权或者否认对方权利主张的权利。抗辩权可分为消灭的抗辩权与延缓的抗辩权。消灭的抗辩权又称为永久的抗辩权，是指使请求权归于消灭的抗辩权；延缓的抗辩权是指使请求权的效力延期或者使对方的请求权于一定的期限内不能行使的抗辩权。传统观念认为，同时履行抗辩权、不安抗辩权与后履行抗辩权均属于延缓的抗辩权。

一、同时履行抗辩权

（一）概念

同时履行抗辩权是指双务合同中，未规定谁先履行的，一方在他方未履行对待给付义务前，得拒绝自己履行的权利。《民法典》第525条规定："当事人互负债务，没有先后履行顺序的，应当同时履行。一方在对方履行之前有权拒绝其履行请求。一方在对方履行债务不符合约定时，有权拒绝其相应的履行请求。"同时履行抗辩权，建基于双务合同的牵连性，是对"一手交钱，一手交货"的古老规则的发展，建立在"你与则我与""你不与则我不与"的规则之上。

（二）构成要件

一般而言，同时履行抗辩权的行使，需要具备以下条件。

1. 由同一双务合同互负债务，且此两债务之间具有对待给付关系

（1）双方当事人根据同一双务合同相互承担了债务。例如，甲、乙订立买卖合同，根据这一买卖合同，他们相互之间承担了债务。这就说明，一方面，如果双方当事人的债务基于两个或者多个合同产生，即使双方在事实上具有密

切联系，也不产生同时履行抗辩权；另一方面，单务合同与不完全双务合同，不能发生同时履行抗辩权。

（2）双方的债务具有对待给付关系，是指一方的给付与他方的给付互为条件，具有牵连关系。也就是说，两个债务之间相互依存，互为因果。一般来说，主给付义务之间才具有对价关系，主给付义务与从给付义务、附随义务之间不具有对价关系，一方只能以对方主给付义务未履行为由行使同时履行抗辩权，而不能以对方给付义务、附随义务未履行为由行使同时履行抗辩权。当然，在一定情况下也允许存在例外，如附随义务、从给付义务的履行与合同目的的实现具有密切关系，[1]或者当事人具有特别约定时，也例外承认主给付义务与从给付义务或者附随义务之间具有对待给付关系。

2. 双方当事人的债务不存在着履行上的先后顺序

《民法典》第525条规定："……没有先后履行顺序的，……"从履行的时间来看，合同的履行可分为两种：一是同时履行；二是异时履行。同时履行就是双方当事人的债务不存在着履行上的先后顺序。例如，合同约定，"货到付款"，就属于同时履行。如果双方当事人的债务存在着履行上的先后顺序，则属于异时履行的情形。例如，合同约定，"买方应在货到后10天内付款"或者"卖方应在买方付款后10天内交货"，就属于异时履行。针对异时履行的情况，《合同法》规定了先履行抗辩权与后履行抗辩权两种抗辩权类型。一般来说，如果合同未规定异时履行的，应认为双方当事人负有同时履行的义务。

3. 双方当事人的债务均已届清偿期

若当事人的债务未届清偿期，对方请求的，一方可以拒绝，不过，这不属于同时履行抗辩权，而属于履行期未届满的抗辩权。

4. 对方未履行债务或者未适当履行债务

《民法典》第525条规定："……对方履行之前……对方履行债务不符合约定时"，一方有权拒绝其履行或者拒绝其相应的履行要求。如果对方已经履行而要求一方履行的，则被请求方不得拒绝。这里所说的"对方未履行的债务"，必须是与被请求方的债务具有牵连关系的债务，若无对价关系，则被请

〔1〕林诚二：《论附随义务之不履行与契约之解除》，载郑玉波主编：《民法债编论文选辑》（中），中国台湾地区五南图书出版公司1984年版，第866—867页；王泽鉴：《债法原理》（第一册），中国政法大学出版社2001年版，第37页。

求方不得行使同时履行抗辩权。

在对方未履行而要求一方履行时，不论该对方是拒绝履行、迟延履行，该方可以行使同时履行抗辩权。而在对方的履行不符合约定时，一方可否行使同时履行抗辩权，则需要判断。例如，就权利瑕疵而言，根据《民法典》第614条的规定，买受人在付清价款前，有确切证据证明第三人对标的物主张权利，可以中止支付相应的价款。例如，甲向乙购房，价金50万元，在首期支付20万元后，甲发现该房屋上设定有抵押权，乙未完成移转无负担所有权的义务，甲可行使同时履行抗辩权，中止支付余款。再如，就瑕疵履行而言，在买卖合同中，如果出卖人交付货物有瑕疵，买受人应有权拒绝受领，并要求出卖人修补、替换，出卖人不交付无瑕疵之物就要求买受人支付价款的，买受人可以拒绝履行义务。也就是说，在交付无瑕疵之物与价金的支付之间可成立同时履行抗辩权。如果仅为部分货物有瑕疵，买受人可以拒绝受领该部分履行，并拒付该部分的货款。当然，若部分货物具有瑕疵影响到合同目的实现的，买受人可以拒绝接受全部标的物，并拒付全部货款。总之，在各种违约行为场合，当事人都可能行使同时履行抗辩权。不过，这并不意味着只要一方违约，不论违约的性质与后果如何，另一方都可以行使同时履行抗辩权。大致来说，只有当一方的违约行为性质较为严重时，另一方才能行使同时履行抗辩权。如果一方的违约行为在性质与后果上是轻微的，则另一方行使同时履行抗辩权，拒绝受领并拒绝履行自己的义务，是违反诚信原则的。

5. 对方的履行是可能的

如果对方不可能履行，则被请求方可以拒绝，此时，他行使的是消灭的抗辩权，使对方的请求权消灭。

（三）效力

权利人可以拒绝履行自己的义务，非使对方的请求权消灭，只是使对方的请求权在一定时间内不能实现，也非使自己的义务消灭，只是暂时停止履行。一旦对方履行，则权利人必须履行。

二、不安抗辩权

（一）概念

根据《民法典》第527—528条的规定，不安抗辩权是指双务合同的先履行方有确切证据证明后履行方于合同成立后丧失或可能丧失履行能力时中止履行的权利，并在后履行方于合理期限内未能恢复履行能力或提供担保时解除合同并要求其承担违约责任的权利。

（二）适用要件

1. 因同一双务合同互负债务，且两债务之间具有对价关系

不安抗辩权与同时履行抗辩权一样，均只适用于双务合同，因此，单务合同及不完全双务合同均不能产生不安抗辩权。单务合同是一方负担给付义务，他方不负担对待给付义务或他方虽然负担义务但仅为次要义务的合同。例如，附义务赠与，虽然受赠人负有义务，但此义务与赠与人之义务不具有对价关系，赠与人不得以受赠人不履行负担为由行使不安抗辩权拒绝自己义务之履行。不完全双务合同又称为不平等双务合同，是一方必然负担债务，他方偶然负担债务的合同。例如，无偿委托合同，受托人有依指示亲自处理委托事务的义务，委托人有预付费用或偿还受托人垫付的必要费用的义务，但委托人此义务并非必然发生，因此不能适用不安抗辩权。

2. 该合同属于异时履行

在法律上，双务合同债务的履行有两种不同的立法例：一为同时履行主义；二为异时履行主义，又称为先付主义或后付主义，是指双方履行有时间上的顺序，即一方先履行，另一方后履行。对于债务的履行，《民法典》系以同时履行为原则，以异时履行为例外。《民法典》第628条规定，买受人应当按照约定时间支付价款。对支付时间没有约定或约定不明确，依照本法第510条的规定仍不能确定的，买受人应当在收到标的物或提取标的物的同时支付。因买卖合同是最典型的具体合同，处于具体合同“通则”的地位，能为其他有偿合同准用。因此，对其他合同而言，除法律有特别规定、当事人有特别约定外，显采同时履行主义。根据《民法典》的规定，对于下列合同，除当事人有特别规定外，应采异时履行主义。这些合同包括租赁（第721条）、承揽（第782条）、保管（第902条）、存储（准用保管之规定）、委托（第405条）、行纪（第928条）与中介（第963条）等。异时履行的情况在生活中较为普遍，有依约定异时履行的，有依习惯异时履行的（如先理发后付钱），还有依法律规定异时履行的（多见于劳务性合同，对劳务合同实行“报酬后付”原则）。只有在异时履行的情况下才产生不安抗辩权。

3. 先履行方债务已届清偿期

此一要件可能不言自明，因此在阐述不安抗辩权的适用要件时，少有人提及。本书认为此一要件虽然简单，但不可或缺，因为如果履行期尚未届至，先履行方完全可以拒绝履行，不必行使不安抗辩权，此时或许不是停止履行而只

是停止履行的准备的问题。

4. 先履行方有确切证据证明后履行方于合同成立后丧失或可能丧失履行能力

此一要件包含以下要素：

第一，后履行方丧失或可能丧失履行能力。根据《民法典》的规定，本书认为，导致后履行方丧失或可能丧失履行能力的原因至少可以概括为以下几种：①财产显形减少。这包括《民法典》第527条第1项规定的“经营状况严重恶化”和第2项规定的“转移财产、抽逃资金，以逃避债务”两种情形。②丧失商业信誉。③提供劳务或完成工作的合同中，债务人丧失劳动能力。④给付特定物的债务中，该特定物丧失。⑤其他情形。《民法典》规定的不安抗辩权的适用条件与大陆法系各国关于不安抗辩权适用条件的规定形成了鲜明的对比。大陆法系国家往往将先履行方行使不安抗辩权的条件规定为：“后履行方财产显形减少有难为对待给付之虞”，这显然比我国法律规定的条件要窄。《民法典》对不安抗辩权适用要件的规定是较为宽松的。

第二，后履行方丧失或可能丧失履行能力发生于合同成立之后。在大陆法系各国，后履行方财产显形减少应发生于何时，有两种不同的立法例，一为订约后财产显形减少，法国、德国、瑞士、意大利以及我国台湾地区的“民法”采纳此种立法例；二为订约时财产已减少，当事人非因过失而不知也可援引不安抗辩权。《奥地利民法》采此立法例。本书认为，第一种立法例较为妥当，因为若订约前或订约时后履行方财产已减少，如果先履行方已知或因过失而不知，主观上为恶意或者有过失，应当使其承受不利，没有必要加以保护；非因过失而不知的，可以重大误解或受欺诈为由主张救济。我国原《合同法》虽未规定后履行方丧失或可能丧失履行能力应发生于何时，在解释时采第一种立法例较为妥当。

第三，先履行方对上述事实附有举证责任。先履行方的举证责任至关重要，能否举证往往决定其是胜诉还是败诉，决定其于履行期届满时中止履行合同的行为是违约行为还是合法行为。《民法典》第527条第2款规定：“当事人没有确切证据中止履行的，应当承担违约责任。”使先履行方承担举证责任，有利于防止先履行方滥用不安抗辩权。

（三）效力

符合上述条件，先履行方即取得不安抗辩权。先履行方行使不安抗辩权将对对方产生何种影响，此即不安抗辩权的效力问题。在笔者看来，根据后履行方在合理期限内是否提供担保或者恢复履行能力，可将不安抗辩权的效力划分为两个层次。

1. 第一次效力

第一，先履行方可以中止履行合同，但应当通知对方并且给对方一个合理的期限，使其恢复履行能力或者提供适当的担保。对此要注意的是：其一，中止履行既然为行使权利的行为，为合法行为，则先履行方于履行期届满不履行债务或者迟延履行并不构成违约。其二，中止履行乃暂停履行或者延期履行，因此它不同于解除合同，其目的不在于使既存合同关系消灭，而是维持合同关系。如果先履行方解除合同，则其行为构成违约，后履行方可要求其承担债务不履行责任。先履行方中止履行，应当通知后履行方，通知方式可为口头形式，也可为书面形式。至于合理期限的确立，不能够一概而论，而应该斟酌个案具体情况予以确定。但有一点是可以肯定的，即应当兼顾双方当事人利益，不能太短使先履行方能轻易地解除合同，也不能太长使后履行方迟迟不提供担保。

第二，合理期限内，后履行方未提供担保且未恢复履行能力而要求对方履行的，先履行方可以拒绝。这一点充分体现了不安抗辩权的抗辩权性质。

第三，合理期限内，后履行方提供担保或者恢复履行，先履行方应当继续履行合同。后履行方提供担保或者恢复履行能力后，先履行方不获得对待履行的危险消失，因此，应当恢复履行合同。此时，充分体现了不安抗辩权的一时抗辩权的性质。

2. 第二次效力

如果合理期限届满，后履行方未提供适当担保且未恢复履行能力，则发生第二次效力。对此，我国原《合同法》第69条规定：“……中止履行后，对方在合理期限内未恢复履行能力并且未提供适当担保的，中止履行的一方可以解除合同。”而《民法典》第528条则在此基础上进一步完善——“视为以自己的行为表明不履行主要债务，中止履行的一方可以解除合同并可以请求对方承担违约责任。”

三、后履行抗辩权

（一）概念

后履行抗辩权是指在双务合同中，先履行方未履行债务或者未适当履行债务即要求后履行方履行的，后履行方可以拒绝自己履行的权利。

《民法典》第526条规定：“当事人互负债务，有先后履行顺序，应当先履行债务一方未履行的，后履行一方有权拒绝其履行请求。先履行一方履行债务不符合约定的，后履行一方有权拒绝其相应的履行请求。”该条确立的制度就是后履行抗辩权。我国有学者将该条确立的制度称为“先履行抗辩权”，而将

“不安抗辩权”称为“后履行抗辩权”。[1]本书倾向于将该制度称“后履行抗辩权”，意谓它是后履行方享有的抗辩权。

（二）要件

后履行抗辩权的构成需要具备以下要件：（1）由同一双务合同互负债务，且此两债务之间具有牵连关系。（2）该合同属于异时履行。（3）先履行方不履行或者不适当履行债务。

（三）效力

权利人可以拒绝履行自己的义务。当然，其拒绝履行并非使对方的请求权消灭，只是使对方的请求权在一定时间内不能实现，也非使自己的义务消灭，只是暂时停止履行。一旦先履行方履行，则权利人必须履行义务。

（四）后履行抗辩权与同时履行抗辩权、不安抗辩权

1. 后履行抗辩权与同时履行抗辩权

后履行抗辩权与同时履行抗辩权存在以下差异：

第一，适用条件不同。同时履行抗辩权适用于同时履行的情形；而后履行抗辩权则适用于异时履行的情形。

第二，权利人不同。同时履行抗辩权是为双方当事人提供的，即只要一方不履行债务或不适当履行债务，则另一方就有可能享有同时履行抗辩权；而后履行抗辩权是为后履行方设定的抗辩权，只有后履行方才享有后履行抗辩权。

2. 后履行抗辩权与不安抗辩权

后履行抗辩权是依合同约定或法律规定负有先履行义务的一方当事人，届期未履行义务或者履行义务严重不符合约定条件时，相对人为保护自己的期限利益或保证自己履行合同的条件而中止履行合同的权利。它与不安抗辩权的区别表现在以下方面：

第一，权利享有人不同。不安抗辩权是异时履行的双务合同先履行方享有的权利；后履行抗辩权为异时履行的双务合同后履行方享有的权利。

第二，适用的条件不同。在不安抗辩权中，权利人的相对人的债务尚未届履行期，只是存在不能对待给付的危险；在后履行抗辩权中，权利人的相对人的债务已届清偿期，但不为履行或虽为履行但不符合合同的约定。

第三，性质不同。后履行抗辩权在性质上与同时履行抗辩权相同，其行使的目的仍在于维持既存的合同关系，而不是消灭合同关系，否则，则应诉诸合

---

〔1〕 崔建远主编：《新合同法原理与案例评释》（上册），吉林大学出版社 1999 年版，第 32 页。

同解除制度；而不安抗辩权则兼有抗辩权与形成权性质。

第四，权利人是否负有通知义务不同。不安抗辩权中，权利人行使中止履行的权利负有通知义务；后履行抗辩权中，在先履行方不履行债务时，权利人行使抗辩权可不通知对方。“当负有先履行义务的一方当事人履行有重大瑕疵或只履行一部分时，另一方当事人行使抗辩权应通知对方；但因对方不履行合同义务而行使抗辩权时，则可不通知对方。”[1]

第二节 违约责任概述

问题示例

甲单独邀请朋友乙到家中吃饭，乙爽快答应并表示一定赴约。甲为此精心准备，还因炒菜被热油烫伤。但当日乙因其他应酬而未赴约，也未及时告知甲，致使甲准备的饭菜浪费。请问，乙是否构成违约?

一、违约责任的概念和特征

（一）概念

违约责任，又称为违反合同的民事责任，是指合同当事人不履行合同义务或者履行合同义务不符合约定时所承担的法律后果。英美法将违约责任称为违约的补救，大陆法系则将其包括在债务不履行的民事责任之中或将之视为债的效力的范畴。

违约责任在合同法中占有举足轻重的地位，仅从《民法典》合同编关于违约责任条文的数目就可见一斑。《民法典》合同编通则关于违约责任设有18个条文（第577—594条），再加上分则中的规定，这个数目相当庞大。不过，与分则关于违约责任的规定相比，《民法典》合同编通则的规定属于一般规定，意义重大。“债务不履行或保护义务的违反，在有名契约中虽偶有规定，但原则上仍以债务总额中关于债务不履行或积极侵害债权的规定为依据。”[2]

（二）特征

违约责任是民事责任的一种，因此当然具有民事责任的独立性、财产性、

---

〔1〕 隋彭生：《先履行抗辩权刍议》，载《政法论坛（中国政法大学学报）》1997年第3期。

〔2〕 黄茂荣：《买卖法》，中国政法大学出版社2002年版，第15页。

平等性等一般特征。[1] 此外，违约责任还具有以下几个方面的特征。

1. 违约责任是当事人不履行合同债务时所产生的民事责任

违约责任的产生以合同债权债务关系的存在为前提，一方不履行债务或者不适当履行债务均可引发违约责任。在这一点上，其与缔约过失责任、侵权责任具有明显的不同。缔约过失责任的发生以合同尚未有效成立为前提。而侵权责任的发生更不以加害人与受害人之间具有合同关系为前提。

2. 违约责任可以由当事人在合同中依法约定，具有相对的任意性

合同基于当事人的合意而产生，当事人可以在合同中约定包括违约责任在内的一切条款，违约责任的任意性最典型表现在当事人可以事先约定违约金或者约定损害赔偿数额或其计算办法。例如，《民法典》第585条第1款规定："当事人可以约定一方违约时应当根据违约情况向对方支付一定数额的违约金，也可以约定因违约产生的损失赔偿额的计算方法。"而侵权责任以及缔约过失责任均不具有约定性，属于纯粹的法定责任。

3. 违约责任具有相对性

违约责任的相对性是指违约责任只能在特定的当事人，即合同的债权人和债务人之间发生，只有在合同当事人之间才会发生违约责任问题，合同关系之外的第三人一般不负担违约责任，而合同当事人一般也不对第三人承担违约责任。就此，《民法典》第465条第2款规定："依法成立的合同，仅对当事人具有法律约束力，但是法律另有规定的除外。"第593条规定："当事人一方因第三人的原因造成违约的，应当依法向对方承担违约责任。当事人一方和第三人之间的纠纷，依照法律规定或者按照约定处理。"违约责任的相对性具体表现在以下两个方面。

第一，债务人为其履行辅助人的行为向债权人负责。债务人应为其履行辅助人辅助履行债务的行为负责。履行辅助人是根据债务人意思事实上辅助债务人履行债务的人，一般包括两类：债务人之代理人以及代理人以外辅助债务人履行债务的人，如履行承担中的第三人。履行辅助人具有以下特征：其一，根据债务人的意思履行债务。由于履行辅助人根据债务人的意思履行债务，则该第三人的过错即为债务人的过错。若第三人并非根据债务人的意思履行债务，也就是说，第三人未经债务人同意而介入债的履行，这种行为是干预他人事务的行为，第三人应对自己的过错独立地承担责任。其二，履行辅助人一般根据

〔1〕 佟柔主编：《中国民法》，法律出版社1990年版，第43—44页。

合同约定或法律规定而产生。大多数履行辅助人是根据债务人与其之间的委托合同而确立的，如委托他人代送信件、运送行李等。也有一些是根据雇佣合同产生的；此外还有一些履行辅助人直接依据法律的规定而产生，如法定代理人为维护被代理人利益而参与交易活动。其三，履行辅助人必须在事实上实施了辅助债务人履行债务的行为。即履行辅助人从事之行为，是帮助债务人履行债务，非为自己履行债务，或从事其他性质的行为。否则，债务人对其行为不必负责。

第二，债务人为第三人的行为向债权人负责。因第三人的行为造成债务人不能履行债务时，债务人仍然要向债权人承担违约责任，债务人承担违约责任后有权向第三人追偿。当然，如果第三人的行为已直接造成侵害债权，则构成第三人侵害债权，债权人得依侵权责任制度的规定请求该第三人承担责任。在实务中，债务人为第三人的行为向债权人负责的现象，在转包、转租以及连环买卖等合同中较为常见。

4. 违约责任主要是一种财产责任

财产责任是指具有经济内容的责任，或者说对其内容可以用货币来衡量计算的责任。违约责任是一种财产责任，其原因在于合同关系为财产关系，合同债务主要是金钱债务，几乎均能用货币来衡量计算，即使是行为债务也可以转化为金钱债务，而违约责任关系为合同关系的替代关系，违约责任为合同责任的转化形式，因此合同关系、债务的财产性决定了《合同法》中违约责任的财产性。在《民法典》合同编中，违约责任包括赔偿损失、支付违约金、强制履行以及解除合同等形式，这些责任形式均可用货币计算，因此，均属于财产责任范畴。

5. 违约责任具有补偿性、强制性

违约责任的补偿性是指违约责任旨在填补或弥补受害人因违约方的行为所受的损失。在一方违约从而使他方遭受损失的情况下，通过使违约方支付赔偿金、违约金或其他方式使受害人的损失得以赔偿。其中，损害赔偿是违约责任最主要的形式。违约责任的补偿性表现在一方赔偿应相当于对方所受的损失；在多种责任形式并存时，应与违约行为所致的后果大致相当。违约责任还具有强制性。法律责任的本质决定了法律责任具有强制性，违约责任作为法律责任也不例外，其强制性表现为违约时，法律强制使违约方支付违约金或承担其他责任形式如实际履行合同义务，不以违约方意志为转移。

二、违约责任的性质

我国理论界对违约责任性质的认定存在着不同的观点。概括起来有制裁说、补偿说、补偿兼具制裁说等观点。其中制裁说主张，违约责任是对违约行为的一种法律制裁，因为违约不仅侵害的是债权人的利益，同时侵害了整个社会经济秩序，此时，就需要完善的责任制度，通过对违约行为的制裁，使合同能够达到完全履行的状态。补偿说认为，从民法的平等原则和等价原则出发，违约责任应当具有补偿性，即违约责任在性质上旨在弥补或补偿因违约行为所造成的损害后果。还有观点认为，强调违约责任的补偿性，并不能否定违约责任的制裁性，补偿性和制裁性是违约责任应具有的双重属性。[1]

本书认为，我国立法主要体现了违约责任的补偿性，如《民法典》第584条、第585条均体现了违约责任的补偿性特征。不过，也有条款体现出了违约责任的制裁性或惩罚性特征，如第179条第2款规定："法律规定惩罚性赔偿的，依照其规定。"再如《消费者权益保护法》第55条规定："经营者提供商品或者服务有欺诈行为的，应当按照消费者的要求增加赔偿其受到的损失，增加赔偿的金额为消费者购买商品的价款或者接受服务的费用的三倍；增加赔偿的金额不足五百元的，为五百元。……"惩罚性损害赔偿是指由法院判令加害人支付给受害人的超过其财产损害范围的一种金钱赔偿。惩罚性赔偿主要适用于侵权行为纠纷，其目的在于惩罚不法行为人、制止不法行为的发生，慰藉受害人心理上的痛苦。我国原《合同法》的上述规定仅针对经营者销售中的欺诈行为，旨在保护消费者的权益。不过，需要注意的是，虽然惩罚性赔偿在侵权责任制度中有很大的适用空间，但在合同制度中却不宜过多地采用惩罚性损害赔偿，因为这一方式不但不符合等价交换的原则，而且这一方式的采纳将会给合同当事人带来极大的不确定的风险，不符合交易的要求。

三、《民法典》中违约责任制度的特点

在《民法典》中，违约责任制度的设计体现出了以下几个方面的特点：

第一，整个违约责任制度设计的基点是"义务违反"。《民法典》第577条规定："当事人一方不履行合同义务或者履行合同义务不符合约定的，应当承担继续履行、采取补救措施或者赔偿损失等违约责任。"这就明确指出，当事人承担违约责任的前提是合同义务的违反。"由于《民法典》主要采取了以救

---

〔1〕 王利明：《违约责任论》，中国政法大学出版社 1996 年版，第 20 页。

济（违约责任承担方式）为进路的违约救济规范模式，所以对违约行为只是作出了‘不履行合同义务或者履行合同义务不符合约定’的概括规定，没有像德国民法那样将不履行区分为不能履行、迟延履行、拒绝履行等。”[1]当然，由于《民法典》增加了合同当事人应承担的法定义务，特别是附随义务，促使合同义务来源的多样化，这就使得义务违反的形式也趋于多样化。

第二，从立法的技术上看，违约责任制度在《民法典》合同编中采取了总分则相结合的立法体例。总则（第一分编通则）规定了关于违约责任的基本制度，而分则（第二分编典型合同）中除了第二十六章“中介合同”没有涉及违约责任的条款以外，各个典型合同中都设立了特殊的违约责任条款。因此，在法律适用上，如果典型合同对违约责任有特殊规定的，则应先适用该特别规定。如对违约损害赔偿，《民法典》第584条确立了完全赔偿原则，但第833条规定：“……法律、行政法规对赔偿额的计算方法和赔偿限额另有规定的，依照其规定。”而根据《铁路法》第17条的规定，承运人的赔偿范围，原则上不超过保价额或赔偿限额；但损害系因承运人之故意或重大过失所致的，承运人始按实际损失赔偿。因此，《民法典》合同编分则（典型合同）或特别法关于承运人赔偿范围的规定已修正了合同编通则所确立的完全赔偿原则。唯此修正并未完全否认通则关于赔偿范围的一般规定，在铁路承运人故意或重大过失情形，其赔偿范围与总则规定一致，仍在适用完全赔偿原则。《民法典》合同编分则及特别法关于限额赔偿之规定仅部分修正了完全赔偿原则。

第三，从责任构成上看，不同的责任形式适用不同的归责原则或责任构成要件。例如，违约金责任的承担只须当事人有违约行为，无须守约方受有财产上的损失。损害赔偿责任的承担则以违约行为造成守约方财产损失为条件。“继续履行责任在构成要件上不存在从主观上追究债务人之责任正当性的归责性问题，合同的约定即是债务人责任的正当性依据。因此，继续履行则只需要满足存在违约行为这一个构成要件即可。”[2]一般法定解除权的发生，不以当事人的归责事由（过错）为要件。[3]

---

〔1〕朱广新、谢鸿飞主编：《民法典评注：合同编通则》（第2册），中国法制出版社2020年版，第336页。

〔2〕朱广新、谢鸿飞主编：《民法典评注：合同编通则》（第2册），中国法制出版社2020年版，第337页。

〔3〕韩世远：《合同法总论》（第四版），法律出版社2018年版，第658页。

第三节 违约责任的归责原则

问题示例

甲与乙教育培训机构就课外辅导达成协议，约定甲交费5万元，乙保证甲在接受乙的辅导后，高考分数能达到二本线。若未达到该目标，全额退费。结果甲高考成绩仅达去年二本线，与今年高考二本线尚差20分。请问，乙机构是否构成违约？

一、归责原则概述

违约责任的归责原则，是指基于一定的归责事由确定违约责任承担的法律原则。也就是说，基于一定的归责事由而确定行为人是否承担责任的法律原则。

归责原则在合同法中起着举足轻重的作用。不同的归责原则的确定，对违约责任制度的内容起着决定性的作用，这具体表现在以下几个方面：第一，归责原则直接决定着违约责任的构成要件。例如，在过错责任中，过错是违约责任的一般构成要件。而在严格责任中，过错虽然不是在归责中绝对不考虑的因素，但严格责任并不以过错为构成要件。第二，归责原则决定着举证责任的内容。在违约责任的承担上，为了保护非违约方的利益，减轻其对过错的举证负担，一般采取了过错推定的方式，即要求非违约方仅就违约的事实举证。至于违约方是否具有过错，则由违约方反证证明。所以，根据过错责任原则，违约方负有反证证明自己没有过错的责任。但在严格责任中，过错不是构成责任的必要条件，因此，违约方没有义务证明自己没有过错。

二、违约责任归责原则的立法模式

对《民法典》第577条所确立的违约责任的归责原则，在理论上存在着截然不同的主张。一种观点认为，第577条的规定明确采纳了严格责任或无过错责任，不以过错作为归责基础和主观要件。[1] 另一种观点则认为，该条采纳的是

---

〔1〕梁慧星：《从过错责任到严格责任》，载梁慧星主编：《民商法论丛》（第8卷），法律出版社1997年版，第1—7页。

过错责任，而不是严格责任。这是因为无论从立法解释、历史解释、体系解释上，还是根据原《民法通则》的相关规定来分析，我国原《合同法》都是采取了过错责任。[1]本书认为，《民法典》合同编通则第八章违约责任中明确规定了严格责任。《民法典》将严格责任确定为违约责任的一般归责原则，其主要原因如下。

第一，实行严格责任较实行过错责任为优越。在违约责任的归责原则实行过错责任原则时，违约责任的构成要件需要存在着违约行为、违约方主观上有过错等要件，守约方要证明违约方有违约行为，违约方要举证证明自己无过错才能免责。而在实行严格责任原则时，守约方只需证明违约方有违约行为，无须证明违约方有过错，而违约方无须证明自己无过错，仅需证明存在着免责事由即可免责。违约行为、免责事由属于客观事实，举证证明其是否存在相对容易，而过错属于主观心理状态，证明相对困难。

第二，违约责任与侵权责任虽然同属于民事责任，但两者具有本质的不同。侵权责任发生在预先不存在着联系的当事人之间，当事人之间预先并无意思联络。在社会生活中，各人都为追求自己的利益而活动，发生权利冲突在所难免。当一个人行使权利或者实施其他行为造成他人损害时，一般要求加害人有过错，如果无论什么情形只要有损害就要求加害人承担责任，难免会对人们行使权利或者进行其他追求自己利益的正当行为造成不当限制，不利于社会的发展。因此，一般侵权行为责任要求以加害人有过错为构成要件。也就是说，由于权利冲突是广泛存在的，损害的发生也是在所难免，法律要求侵权行为人承担责任就不仅以损害的发生为前提，在损害事实之外还应该另有其理由，这就是可归责性。由于具有了过错这一可归责性，使得追究一般侵权行为责任具有了合理性与说服力。但是，违约责任则与此不同。违约责任发生在预先具有密切联系的当事人之间，违约方和受害方预先通过自愿协商，建立了合法有效的合同关系，商定了相互之间的权利义务，此合同关系完全是由当事人自己商定的，当然完全符合当事人双方的意愿和利益。违约责任是由合同义务转化而来，本质上是出于当事人双方的约定，而不是由法律强加的，这与侵权责任显然不同。合同相当于当事人双方自己为自己制定的法律，法律确认合同具有约束力，在一方不履行合同义务时追究其违约责任，不过是执行当事人的意愿和约定而已。因此，违约责任和一般侵权责任相比，应该更为严格。违约责任出

---

〔1〕 崔建远：《合同法》（修订本），法律出版社2000年版，第251—252页。

于当事人自己的约定，这就使得违约责任具有了充分的合理性与说服力，此外无须再要求违约责任具有合理性和说服力的其他理由。[1]

不过，必须承认的是，严格责任的归责原则在合同编典型合同分编中并没有得到彻底贯彻，如《民法典》第662条第2款规定："赠与人故意不告知瑕疵或者保证无瑕疵，造成受赠人损失的，应当承担赔偿责任。"第714条规定："承租人应当妥善保管租赁物，因保管不善造成租赁物毁损、灭失的，应当承担赔偿责任。"第784条规定："承揽人应当妥善保管定作人提供的材料以及完成的工作成果，因保管不善造成毁损、灭失的，应当承担赔偿责任。"第841条规定："因托运人托运货物时的过错造成多式联运经营人损失的，即使托运人已经转让多式联运单据，托运人仍然应当承担赔偿责任。"第897条规定："保管期内，因保管人保管不善造成保管物毁损、灭失的，保管人应当承担赔偿责任。但是，无偿保管人证明自己没有故意或者重大过失的，不承担赔偿责任。"第929条第1款规定："有偿的委托合同，因受托人的过错造成委托人损失的，委托人可以请求赔偿损失。无偿的委托合同，因受托人的故意或者重大过失造成委托人损失的，委托人可以请求赔偿损失。"综上所述，本书认为，我国《民法典》关于违约责任的归责原则实际上采取了二元立法模式，即总则中的严格责任与分则中的过错责任相结合的立法模式。

三、严格责任原则与过错责任原则

严格责任原则是指一方当事人不履行或者不适当履行合同义务给另一方当事人造成损害，就应当承担违约责任。也就是说，违约方不履行合同义务，不论其主观上是否具有过错均应当承担违约责任。《民法典》第577条就是关于严格责任的明文规定。一般认为，将严格责任作为违约损害赔偿责任的归责原则，其宗旨在于合理补偿债权人的损失，从而能够根据公平观念分担损失。与过错责任原则和过错推定责任原则相比，严格责任具有以下特点：第一，严格责任并不以过错为要件，被告是否具有过错不作为衡量责任承担的依据。违约行为发生以后，违约方即应当承担违约责任，而不以违约方的主观过错作为其承担违约责任的依据，但这并非意味着违约方要承担绝对的责任，在严格责任中，仍然承认在某些情况下违约方对违约责任的承担

---

〔1〕 梁慧星：《从过错责任到严格责任》，载梁慧星主编：《民商法论丛》（第8卷），法律出版社1997年版，第1—7页。

可以提出抗辩。第二，严格责任的损失在于合理补偿债权人的损失，而不在于惩罚过错行为。在因不可归责于双方当事人的事由造成标的物毁损、灭失的情况下，发生风险的分担问题。

滥觞于罗马法的过错责任在大陆法系国家的民法体系中占据着相当重要的地位，《法国民法典》《德国民法典》等均明定过错责任原则为违约损害赔偿责任的归责原则。我国《民法典》合同编中有多处条文都使用了“故意”“重大过失”等概念，这就说明合同编典型合同分编中的部分典型合同仍然适用过错损害赔偿责任原则。本书认为，强调过错责任在民法典中的地位、在某些典型合同中将过错作为违约责任的构成要件仍具有重要的意义：第一，可以宣告当事人的违约行为具有可谴责性和应受非难性。第二，过错程度的划分对于违约责任的成立、责任范围大小的确定、混合过错的运用及免责条款效力的认定等都不无影响。例如，《民法典》第660条第2款规定：“依据前款规定应当交付的赠与财产因赠与人故意或者重大过失致使毁损、灭失的，赠与人应当承担赔偿责任。”由此可见，赠与人对其抽象轻过失和具体轻过失不承担责任。过错是合同当事人通过其违约行为所表现出来的在法律和道德上应受非难的故意和过失状态。由于对故意或过失的主观意图存在着举证上的困难，因此违约责任中的过错通常是通过推定的方法加以认定的，即只要确定当事人实施了违约行为，就推定其主观上存在过错，债权人就债务人的主观过错不承担举证责任。债务人只有证明其主观上没有过错，如存在不可抗力或者债权人有过错，才可以否定违约责任的承担。

四、免责条件

免责条件是指依据法律规定或当事人约定，当事人对其不履行合同的行为不承担违约责任的条件。《民法典》第577条虽然规定了严格责任原则，但这并非意味者违约方在任何情况下都要对其违约行为负责、承担违约责任。如果当事人之间存在着有效的免责约款时，则在该约款所约定的条件成就时，相应的当事人可以免于承担违约责任，自不待言。此外，在法定的免责事由发生时，当事人也可不承担违约责任。例如第832条规定：“承运人对运输过程中货物的毁损、灭失承担赔偿责任，但是，承运人证明货物的毁损、灭失是因不可抗力、货物本身的自然性质或者合理损耗以及托运人、收货人的过错造成的，不承担赔偿责任。”据此，不可抗力、货物本身的自然性质和货物的合理损耗、债权人的过错等都可构成债权人不承担违约责任的免责条件。此处详述不可抗力和债权人的过错。

（一）不可抗力

根据《民法典》第180条第2款的规定，所谓不可抗力，是指不能预见、不能避免且不能克服的客观情况。现代各国普遍将不可抗力作为违约责任的免责的事由。不可抗力是普遍适用的免责条件。不可抗力作为一个法律上的概念，起源于罗马法。罗马法中的不可抗力包括了意外事故在内，是指完全不可预见的或不可预防的事件，包括火灾、坍塌等。当不可抗力致使物品灭失或给付不能时，债务人可以被免责。乌尔比安指出，遵守契约本身就是遵守法律，但是，“根据善意诉讼原则，没有人对野兽的行为、对无过失发生的死亡、对通常不受监视的奴隶的逃亡、对掠夺、对叛乱、对火灾、对水灾、对强盗的袭击承担责任”。[1]对不可抗力的理解，现代民法理论上主要有三种观点：主观说、客观说、折中说。其中，主观说认为，不可抗力是指即使尽最大注意也不能防止其发生的事件，是不负责任的事由；客观说认为，不可抗力存在与否，应当与当事人有无过错问题完全分离，应当从纯粹的客观方面来认定，包括质的要素和量的要素两个要件：质的要素是指必须是不属于当事人的原因而发生的事故，量的要素是指在交易上通常不发生的事故。折中说则认为，主观说和客观说均有片面性，质的方面必须限定在当事人以外的原因发生的事故，而量的要件则要求在一定程度上考虑当事人是否具有过错。《民法典》第180条采折中说。

根据我国法律的规定，不可抗力具体包括以下情形：第一，自然灾害。自然灾害是否属于不可抗力的范畴，在各国民法中的规定并不相同，法国法中的不可抗力排除自然灾害，而英美法系则对其加以承认。我国法中，自然灾害属于典型的不可抗力。第二，政府行为。在当事人订立合同以后，因政府颁布新的政策、法律和行政法规导致合同不能履行的情形，其中也包括战争行为。第三，社会异常事件。主要是指一些偶发事件阻碍合同的履行，如罢工、骚乱等。这些行为既不是自然事件，也不是政府行为，而是社会中人为的行为，但对于合同当事人来说，在订约时是不可预见的，因此也可以成为不可抗力的事件。

（二）债权人的过错

因债权人的过错致使债务人不履行合同的，债务人不负违约责任。所谓债

[1] [意]彼德罗·彭梵得：《罗马法教科书》（2017年校订版），黄风译，中国政法大学出版社2018年版，第331页。

权人的过错，是指债务人不履行合同或不适当履行合同是由于债权人的原因造成的，换言之，债权人的过错与债务人不履行或不适当履行的行为之间具有因果关系。《民法典》合同编对此有明文规定，如第893条规定："寄存人交付的保管物有瑕疵或者根据保管物的性质需要采取特殊保管措施的，寄存人应当将有关情况告知保管人。寄存人未告知，致使保管物受损失的，保管人不承担赔偿责任；……"第591条及第592条也有相应的规定。

将债务人的过错作为违约方的免责事由的理论依据是履行障碍的风险由造成障碍者承担的思想。也就是说，债权人本身的过错即可视为制造了履行障碍，造成的违约后果应当由其自己承担。

需要指出的是，债权人的过错在一般情况下可以表明债权人本身已构成违约。例如，因发包人变更计划，提供的资料不准确，或者未按照期限提供必须的勘察、设计工作条件而造成勘察、设计的返工、停工或者修改计划，发包人本身已构成违约。此际，因债权人的过错导致债务人不能履行合同的，债务人不仅可以债权人的过错为由而要求免责，而且可以请求债权人承担违约责任。

第四节　违约行为的形态

问题示例

圣诞节来临前夕，甲水果店向乙批发商订购1000斤苹果，于12月10日前交货。之后乙批发商花费3000元向丙果农收购了1000斤苹果，并且为保管该批次苹果支付了仓储费1000元，人工费500元。12月5日甲电话告知乙，因为预计销路不畅，取消所订购的1000斤苹果。请问甲水果店属于何种形态的违约行为？如果乙批发商按时交付，但是苹果品质严重不符合约定要求，又该如何处理？

一、违约行为的概念和特征

违约行为是合同当事人不履行或者不适当履行合同义务的客观事实。违约行为的发生以合同关系存在为前提。违约行为是构成违约责任的首要条件，无违约行为即无违约责任。

违约行为是一种民事违法行为，与其他民事违法行为相比，它具有以下几个方面的特征：第一，违约行为的行为人是合同当事人，这是由合同相对性规则所决定的。第二，违约行为违反了合同义务。合同义务主要基于当事人的约定而产生，具有任意性，对该约定义务的违反构成违约行为。但是，对于合同没有明确约定，但对根据诚实信用原则所产生的附随义务的违反，也可能构成违约行为。第三，违约行为侵害的对象，只能是合同债权。与合同义务相对应的是合同债权，对合同义务的违反必然导致对合同债权的侵害。

二、违约行为的形态

违约行为形态，是根据违约行为违反合同义务的性质和特点，对违约行为所作的分类。违约责任的分类始于罗马法，在罗马法中，违约形态分为给付不能和迟延履行两种。给付不能又分为广义和狭义两种，其中狭义的给付不能是指没有实际履行的可能；广义的给付不能是指虽然给付是可能的，但给付的结果在当事人之间显失公平。迟延履行也分为两种，即债务人给付迟延和债权人受领迟延。罗马法对不同的违约形态还确定了不同的救济方式。法国民法受罗马法的影响，在其第1147条规定了不履行和迟延履行两种违约行为形态，即“凡债务人不能证明其不能履行债务系由于不应归其个人负责的外来原因时，即使在其个人方面并无恶意，债务人对于其不履行或者迟延履行债务，如有必要，应支付损害的赔偿”。德国民法也基本上继受了罗马法的规定，区分了履行不能和迟延履行，履行不能又分为原始不能和嗣后不能。迟延履行则区分为债权人受领迟延和债务人给付迟延。

依照《民法典》第577条、第578条、第582条、第589条等条文，结合理论上对违约行为的认识，本书认为，在我国，违约行为可以分为以下几种类型。

（一）预期违约

《民法典》第578条规定：“当事人一方明确表示或者以自己的行为表明不履行合同义务的，对方可以在履行期限届满前要求其承担违约责任。”该条明确地将预期违约规定为一种违约类型。

预期违约是英美法系从判例中发展而来的制度。它与大陆法系国家或地区所实行的实际违约的主要区别在于，两者违约的时间不同，预期违约是在履行期届满前的违约，而实际违约则是在履行期届满时或届满后的违约。预期违约可以分为明示预期违约与默示预期违约两种基本类型。

1.明示预期违约

明示预期违约，又称为明示毁约，是指在合同有效成立后至合同约定的履行期届满前，一方当事人肯定明确地向另一方当事人明示其将不按约定履行合同义务。明示预期违约的构成须具备以下要件：第一，必须发生在合同有效成立后至合同约定的履行期届满前这段时间内。第二，当事人明确、肯定地作出将不履行义务的意思表示，也就是说，当事人毁约的意图是十分明确的，不附有任何条件。第三，当事人表示的不履行必须是不履行合同主要义务；正是由于一方当事人表示其在履行期到来之后，将不履行合同的主要义务，从而会使另一方当事人订约的目的不能实现，或严重损害其期待利益，因此，明示毁约方应负违约责任。如果行为人只是表示其将不履行合同的次要义务，则不构成明示毁约。第四，须不履行无正当事由。只有当事人不履行合同义务无正当事由，才构成明示毁约。一般来说，下述事由可以成立正当理由：因债权人违约而使债务人享有解除合同的权利，因合同具有无效因素而被确认无效，合同根本未成立，债务人享有抗辩权以及因发生不可抗力而使合同不能履行等。此际，就不能构成明示毁约。在默示毁约的情况下，另一方既可以拒绝对方的明示毁约，也就是说，其可以根本不考虑一方所作出的毁约要求，而单方面坚持合同的效力，等到履行期到来后要求毁约方继续履行合同或承担违约责任；也可以根据《民法典》第578条的规定立即提出请求，要求对方在履行期到来前承担违约责任。

2. 默示预期违约

默示预期违约，又称为默示毁约，是指在履行期到来之前，一方当事人有足够的证据证明对方将不履行或不能履行合同义务，而对方当事人又不愿意提供必要的担保。例如，在履行期限届临前，负有交货义务的一方将作为合同标的的货物以高价转售给第三方，该自身行为就构成默示预期违约。

默示预期违约的构成，必须具备以下要件：第一，债权人有确切的证据证明债务人在履行期到来时将不履行或不能履行合同义务。虽然与明示毁约不同，债务人未明确表示在履行期届满时不履行合同义务，但根据债务人的行为和财产状况等客观情况来判断，在履行期到来时，该债务人将不履行或不能履行合同义务，这同样使债权人面临着一种因债权不获清偿而受损的危险，这实际上与明示毁约又无多少差异。第二，债务人被要求提供履行担保，而其在合理的期间内不能提供充分的担保。债权人虽然有证据证明债务人可能于清偿期届满时不履行义务，但这毕竟是一种猜测，猜测不能代替债务人自身的语言和行为表示，因此，只有在债权人要求债务人提供担保而债务人又拒绝提供或不能提供担保时，才能确信其行为构成违约。在默示毁约的情况下，非违约方既可以在履行期到来以后要求毁约方实际履行或承担违约责任，也可以不必等待履行期限的到来而直接要求毁约方实际履行或承担违约责任。

（二）履行不能

履行不能是指债务人由于某种原因不能履行其债务。例如，在以提供劳务为标的的合同中，债务人丧失劳动能力为履行不能；在以特定物为标的的合同中，特定物的毁损灭失导致合同履行不能；以种类物为标的物的合同中，种类物全部毁损灭失也为履行不能。一般认为，在认定何种情况为履行不能时，应当依照社会观念来判断，凡是社会观念认为债务事实上无法强制履行的即为履行不能。

依不同的标准，可将履行不能区分为以下不同的类型：第一，以是否可归责于债务人为标准，可以分为主观不能和客观不能。主观不能是指因为可归责于债务人的事由导致的履行不能，客观不能则是指因不可归责于债务人的事由导致的履行不能。第二，以履行不能发生的时间为标准，可将履行不能分为自始不能和嗣后不能。自始不能是指在债务成立时即不能履行，嗣后不能是指在债务成立之后方不能履行。第三，以不能是否持久为标准，可将履行不能分为永久不能和一时不能。前者是指履行期限届满时不能履行，后者是指履行期限届满时因暂时阻碍而不能履行。第四，以导致履行不能的事实的性质为标准，可将履行不能分为事实不能与法律不能。前者指债务在事实上不能履行，后者指债务因法律上的原因而不能履行。第五，以全部的范围为标准，可将履行不能分为全部不能和部分不能。前者指债务全部不能履行，后者指债务部分不能履行。

（三）拒绝履行

拒绝履行又称为毁约，是指债务人能够履行其债务而在履行期届满时对债权人表示不履行债务。拒绝履行的构成，必须包括以下要件：第一，必须存在有效债务。第二，债务可能履行。第三，债务人有拒绝履行的表示。债务人作出拒绝履行的表示可以为明示方式或默示方式。第四，债务人出于故意。即债务人明知有债务且未履行而拒绝履行。第五，债务人拒绝履行无正当理由。如果债务人行使同时履行抗辩权、不安抗辩权、先诉抗辩权以及时效完成、期限届满之抗辩权，则为正当权利之行使，不构成拒绝履行。

（四）履行迟延

履行迟延又称为逾期履行或债务人迟延，是指债务人能够履行，但在履行期届满时却没有履行债务的情形。迟延履行的构成，必须包括以下要件：第一，存在着有效的债务。第二，债务人能够履行。如债务已不可能履行，则属于履行不能而不构成迟延履行。第三，债务已届履行期。即债务履行期限已届满。债务的履行期限对于迟延履行的认定有重要意义。合同明确约定有履行期限的，债务人在履行期届满时未履行债务的，构成履行迟延；其中约定确定期限的，该日期为履行期届满时间，如甲乙约定乙必须在5月1日履行合同或必须在10月1日之前履行合同，则5月1日或10月1日为履行期届满时间；约定履行期间范围的，以最后期限为履行期届满时间，如甲乙约定乙必须在5月1日至6月1日这段时间履行合同，则6月1日为履行期届满时间。合同未明确约定履行期限的，则债权人应定一合理期限，催告债务人履行义务，此期限届满，债务人未履行债务的，构成迟延履行。第四，债务人未履行债务。债务人迟延履行，应当承担迟延履行的违约责任，同时根据《民法典》第590条第2款的规定，还要承担迟延期间因不可抗力造成标的物损害的赔偿责任。若债务人迟延后的履行，对债权人无利益的，债权人可以拒绝接受履行，并由债务人承担不履行的违约责任。第五，债务人须无正当理由。如债务人行使各种抗辩权或债权人未协助等均为不履行债务有正当理由，此时债务人的不履行不能构成迟延履行。

（五）受领迟延

受领迟延（Annahmeverzug）又称为债权人迟延（Gläubigerverzug），是指债权人对于已提供的给付，未为受领或未为其他给付完成所必要的协助的事实。[1]

债务的履行有时无须债权人协助配合，仅债务人单方即可完成，如债务人承担保密、竞业禁止等不作为债务即属此列。债务的履行有时必须债权人协助配合，否则债务人即不能完成债务履行，如出卖人交付标的物（或承揽人交付工作成果）须买受人（或定作人）受领；房屋装修期间债权人应容许债务人进入房间等。此际，虽然债务尚未得到履行，但显然不能使债务人承担履行迟延所生的负担或不利益，受领迟延制度即在通过对债务人提供合理的救济途径以妥善处理债务人与债权人之间的法律关系。

受领迟延的构成，必须包括以下要件。

第一，债务履行需债权人协助。若债务履行不需债权人协助，债务人即可自行完成债务之履行，不发生受领迟延的问题。债权人的协助，可以是发生在给付行为之初，如定作人（债权人）提供材料或发出指示，承揽人（债务人）才开始工作；可以是发生在给付中途，如须经债权人检查工程，债务人才能继

〔1〕韩世远：《合同法总论》（第四版），法律出版社2018年版，第567页。

续工作；可以是发生在给付行为终了时，如出卖人给付标的物，须由买受人检验该物是否有质量瑕疵。

第二，债务已届履行期。合同定有履行期的，在履行期届满之前，债务人原则上不得提前履行，如提前履行，债权人有权拒绝，而不导致受领迟延，但履行期届满债务人提出履行，债权人拒绝的，则为受领迟延；未定有履行期的，债务人提出履行应确定一个合理的期限，未提出合理期限而向债权人履行的，债权人可拒绝受领，不构成受领迟延；合理期限届满，债务人履行，债权人拒绝受领的，构成受领迟延。

第三，债务人已依债务本质提供履行。所谓依债务本质履行是指以适当方式、在适当时间、在适当场所提供履行。这也表明，受领迟延以债务人履行可能为根本前提，若债务人履行不能，则不发生债权人受领迟延问题。债务人提供履行原则上为现实提供，例外可为言语提供。现实提供是指实际开始履行行为。现实履行应根据债务种类加以判断。例如，在赴偿之债中，债务人须将标的物送至债权人。在送付之债，标的物已送达债权人；债务人仅发送标的物尚不构成现实提供，运送中的延误不引发受领迟延。这两种情况下，债务人的行为使债权人处于可受领状态。反之，若债务人未使标的物处于可受领状态，则债权人无受领的可能，从而不构成受领迟延。在往取之债，则无现实提供必要，仅语言提供即为已足，即债务人通知债权人前往领取标的物即可。语言提供是指债权人预示拒绝受领的意思或给付兼需债权人的行为时，债务人可以准备给付的事情通知债权人，而要求债权人的协助，以代替现实提供。换言之，仅以给付准备通知债权人，而催告其受领或协助。[1]在言语提供，若债务人准备给付的事情，与实际情形明显不符，则不能认为债权人受领迟延。言语提供在性质上为意思通知（准法律行为），可类推适用民法有关意思表示的规定。言语提供，既可采用书面形式，也可采用口头形式。能够作出言语提供的人通常只限于债务人，而其相对人则不以债权人为限，债务人向相对人的有受领权限的代理人为言语提供亦发生有效提供的效力。

第四，债权人不为受领或不能受领。债权人不为受领表现为拒绝受领或需债权人协助时未为协助。拒绝受领是债权人不为受领或协助的消极状态。对债务人已提供的给付，债权人拒绝受领的，则债权人自提供时起负受领迟延责任。债权人不能受领是指因债权人自己的原因在客观上无法受领，如债权人仓

---

〔1〕韩世远：《合同法总论》（第四版），法律出版社 2018 年版，第 574 页。

库倒塌、场地未准备就绪等，又如债权人下落不明、债权人死亡未确定继承人或者丧失民事行为能力未确定监护人等。

《民法典》规定了受领迟延的法律效果。根据第589条的规定："债务人按照约定履行债务，债权人无正当理由拒绝受领的，债务人可以请求债权人赔偿增加的费用。在债权人受领迟延期间，债务人无须支付利息。"据此可知：第一，增加费用的赔偿。债务人可以请求债权人赔偿因受领迟延增加的必要费用，如标的物的保管费用、提存费用、货物往返运送费用、债务履行所支出的路费或通知费、对不宜保存的标的物的处理费用等。第二，约定利息的停止。债权人受领迟延时，债务人的债务并不消灭，债务人仍应随时准备履行，已不能利用该笔金钱取得收益，因此自受领迟延发生时起，债权人即不得请求嗣后的利息。

（六）不完全履行

不完全履行又称为不完全给付或不适当履行，是指当事人虽以适当的履行的意思进行了履行，但履行的内容不符合法律的规定或者合同的约定，即不符合债务的本旨。

不完全履行可以分为以下几种类型。

第一，量的不完全履行。量的不完全履行是指标的物数量短缺或过多。

第二，瑕疵履行。瑕疵履行是指债务人交付的标的物不符合法定或约定的质量标准，从而造成债权人履行利益受损失。所谓履行利益，是指债务人依照债之本旨履行债务时，债权人可以获得的利益，也就是说，若债务人严格依照合同约定履行时，债权人从中可得到的利益为履行利益。如果债务人未依合同规定履行，债权人依合同本来可得到的利益未得到，会给债权人造成损失，此种损失就是履行利益受损失。例如，甲向乙交付有病的家畜，使家畜的价值减少；房屋修缮人偷工减料使房屋价值减少；出卖人误告机器装配方法，使买受人无法正常装配、操作，造成机器的使用效用减少等。

第三，加害给付。加害给付又称为积极侵害债权，是指债务人实施违反合同义务的行为，从而造成债权人履行利益以外的其他利益受损失，具体而言，也就是侵害了标的物以外的财产利益和人身利益。例如，甲向乙交付有病的家畜，使乙原有的其他家畜因传染而死亡；房屋修缮人偷工减料，使雨天房屋漏水造成债权人挂在墙上的名画受损；药品的出卖人未告知服用方法致病人服用过量病情加重等。履行利益以外的其他利益，又称为固有利益或维护利益，是指债权人享有的不受债务人和其他人侵害的现存财产利益和人身利益，或者称为履行标的物以外的财产利益和人身利益。

第四，履行方法的不完全履行。例如，本应一次履行却分次履行，本应选择最近运输路线却选择了较远路线履行等。

第五，违反附随义务的不完全履行。

根据《民法典》第582条的规定，履行不符合约定的，应当按照当事人的约定承担违约责任。对违约责任没有约定或者约定不明确，依据本法第510条的规定仍不能确定的，受损害方根据标的的性质以及损失的大小，可以合理选择请求对方承担修理、重作、更换、退货、减少价款或者报酬等违约责任。

第五节　违约责任和侵权责任的竞合

问题示例

赵某从商店购买了一台甲公司生产的家用洗衣机，洗涤衣物时，该洗衣机因技术缺陷发生爆裂，叶轮飞出造成赵某严重人身损害并毁坏衣物。赵某可以向甲公司主张何种诉求?

一、规范竞合、责任聚合与责任竞合的概念

规范竞合是指同一事实符合数个法律规范的要件导致这些规范都可以适用于该事实的现象，如某人在酒后驾车撞人致残，此违法行为既符合民法关于人格权之规范，又符合刑法关于交通肇事罪的规范，导致民、刑法规范皆可适用于此行为。规范竞合可能发生于不同的法律领域，也可能发生在同一法律领域，如甲向乙工厂出售锅炉，锅炉有缺陷爆炸并使工厂工人受到伤害。在民法领域，规范竞合表现为民事主体实施某一违法行为，符合多种民事责任的构成要件，导致多种民事责任方式皆可适用于此行为。其中多个民事责任形式可并存的，受害人均可提出请求，称为民事责任聚合。其中多种民事责任虽均可产生，但不可并存，受害人仅得选择其中之一而请求，为民事责任竞合。因此，所谓民事责任竞合，是指民事主体实施某一违法行为导致了多个民事责任方式发生，但受害人仅能实现一项请求权。因加害人承担责任与受害人行使请求权是不可分割的，因此，责任竞合从受害人角度而言，又称为请求权竞合。在民事责任竞合中，违约责任和侵权责任的竞合最为常见。

民事责任竞合具有以下特征：第一，存在某一个违反义务的行为。义务是

责任前提，责任是义务违反之后果，只有违反义务才能导致责任产生。第二，该违反义务的行为符合两个或两个以上责任的构成要件。例如，甲为乙保管彩电，因甲自己进行不当使用而使彩电损坏，则甲的行为构成违约行为，因甲违反保管合同；同时，甲的行为又构成侵权行为，因甲未经乙同意使用其彩电并致损坏。甲的行为既符合违约责任的构成要件又符合侵权责任的构成要件，因此发生责任竞合。若同一行为不符合两个或两个以上民事责任的构成要件，则不存在责任竞合的问题。例如，上例中甲为乙保管彩电，仅因疏于注意而导致彩电被摔坏，则仅构成违约责任而不构成侵权责任。第三，数个责任之间相互冲突。数个在内容上不同的责任，在责任后果上也不同，对于这些不同的责任，既不能相互吸收、包容，又不能同时并存。因为并存将导致受害人享有双重请求权，取得不当利益，加害人则要承担双重负担，违反公平原则。

一般而言，导致违约责任与侵权责任竞合的原因主要包括以下事项：第一，合同当事人的违约行为同时违反了法律规定的强行性义务，如保护、照顾、保密等附随义务以及其他的法定不作为义务。第二，在某些情况下，侵权行为直接构成违约的原因，或者违约行为造成侵权的后果，即发生侵权性违约行为或者违约性侵权行为。第三，不法行为人实施故意侵害他人权利并造成损害的侵权行为时，如果加害人与受害人之间事先存在着某种合同关系，那么加害人对受害人的损害行为，不仅可以作为侵权行为对待，也可以作为违约行为对待。第四，一种违法行为虽然只符合一种责任构成要件，但法律从保护受害人利益出发，要求合同当事人根据侵权行为制度提出请求和提起诉讼，或者将侵权行为责任纳入合同责任的范围内。

二、违约责任和侵权责任的区别

不法行为人实施一定的违法行为之后，该违法行为既具备侵权行为的特征，又具备违约行为的特征，则受害人可在侵权责任请求权和违约责任请求权之间择一行使。如果违约责任与侵权责任不具有任何差别，那么，无论受害人提起何种之诉都不会影响其利益，但事实上，违约责任与侵权责任之间却存在重大区别，受害人选择其中不同的请求权，将对其利益产生不同的影响。侵权责任与违约责任具有以下区别。

第一，归责原则不同。侵权责任制度采用多元归责原则体系，其中以过错责任原则为主，无过错责任为辅；而在合同制度中，我国现行法采纳了严格责任和过错责任相结合的立法体例。

第二，责任构成要件不同。在侵权责任制度中，损害事实是侵权损害赔偿责任成立的前提，无损害事实，侵权责任就无从产生。而在合同制度中，违约责任的承担不以损害的发生为条件，即使违约行为并未致相对人损害，违约方也可能要承担违约责任。

第三，举证责任不同。侵权责任制度中，受害人欲获得侵权损害赔偿须举证证明侵权人有过错，即举证责任由受害人承担；而在合同责任中，受害人仅就存在违约事实举证，违约方要免责，就必须举证证明自己无过错或者存在法定免责事由。

第四，免责条件不同。在侵权责任制度中，免责条件皆由法律规定，当事人不能事先约定免责条件，也不能对不可抗力的范围作出约定。在合同责任中，除法定免责事由如不可抗力外，当事人可以事先约定免责事由，如当事人可以事先约定不承担责任的情况，也可以约定不可抗力的范围。

第五，责任形式不同。侵权责任可分为财产责任和非财产责任，后者包括消除影响、赔礼道歉、恢复名誉等形式，违约责任主要是财产责任，包括强制实际履行、支付违约金、支付赔偿金等。因此，受害人如主张修理、替换、重作或继续履行，要求对方支付违约金、承担定金责任，则只能适用合同责任。

第六，损害赔偿的范围不同。传统观点认为，违约损害赔偿的范围，不包括对人身伤害、精神损害等的赔偿，并且要受合理预见规则即可预见性规则的限制；而侵权责任的损害赔偿范围则包括财产损失、人身伤害、精神损害赔偿等。此外，一项加害行为造成了第三人的损害（包括财产损失与人身损失），若适用合同责任，则由于对第三人的损害不可预见，并且加害人与第三人之间无合同关系，则受害人不能获得违约损害赔偿。因此，当一项违约行为侵害了第三人的利益或者造成受害人的精神损害或人身伤害时，只有依照侵权责任，受害人的损失才能得到补偿，若提起违约之诉则不能获得补偿。不过，目前世界各国或各地区为加强对债权人的保护，已逐渐允许通过违约责任赔偿精神损害。例如，《民法典》第996条规定："因当事人一方的违约行为，损害对方人格权并造成严重精神损害，受损害方选择请求其承担违约责任的，不影响受损害方请求精神损害赔偿。"据此，在一方当事人的违约行为损害对方当事人人格权并造成严重精神损害时，受损害方请求行为人承担违约责任时，可以请求违约方承担精神损害赔偿责任。还应注意的是，仅就赔偿财产损失而言，违约损害赔偿旨在赔偿受害人的期待利益损失，而侵权赔偿旨在赔偿受害人固有利益的损失，即履行利益以外的利益损失，也就是债权人所享有的任何人对其财产和人身不可侵犯的利益，不包括履行利益和可得利益损失，因此当固有利益损失大于履行利益损失时，侵权赔偿对受害人更有利，反之则违约赔偿更有利。

第七，诉讼时效不同。世界上绝大多数国家或地区的民法对合同之诉与侵权之诉规定了不同的时效期间。在我国，《产品质量法》第45条规定："因产品存在缺陷造成损害要求赔偿的诉讼时效期间为二年，自当事人知道或者应当知道其权益受到损害时起计算。因产品存在缺陷造成损害要求赔偿的请求权，在造成损害的缺陷产品交付最初消费者满十年丧失；但是，尚未超过明示的安全使用期的除外。"根据《民法典》第188条的规定，因违约行为产生的损害赔偿请求权，其诉讼时效一般为3年。不过，根据《民法典》第594条的规定，因国际货物买卖合同和技术进出口合同争议提起诉讼或者仲裁的时效期间为4年。

第八，法院管辖不同。根据《民事诉讼法》第34条的规定，因合同纠纷所生的诉讼由被告住所地、合同履行地法院管辖，合同当事人可在合同中协议选择被告住所地、合同履行地、合同签订地、原告住所地、标的物所在地人民法院管辖；而因侵权行为提起的诉讼，由侵权行为地或被告住所地法院管辖。

三、责任竞合的解决

如何解决责任竞合，这是一个民法上数百年来一直争论不休的问题，理论上的探讨可谓是见仁见智，各国立法上的处理也存在着相当大的差距。

（一）三种基本理论

侵权责任与违约责任竞合的现象性质如何，违法行为人应承担何种责任？理论上为解决这一问题先后提出了以下三种不同的观点。

1. 法条竞合说

法条竞合说最初是由大陆法系国家的刑法学者提出的，依据学者的理论，法条竞合是指一个行为表面上似乎符合几个构成要件，但如果适用其中一个构成要件，其余构成要件均被排斥，结果仅符合一个构成要件。在19世纪末叶及20世纪初期，这一理论被民法学者引入民法而创设了民法中的法条竞合理论。该理论认为，违约行为和侵权行为都是侵害他人权利的不法行为，两者在性质上是相同的。如果一种违法行为违反了侵权法的规定，则应当将债务不履行行为作为侵权行为的特别形态来对待。因为侵权行为是违反权利不可侵害这一一般义务，而债务不履行系违反基于合同而产生的特别义务。因此，同一行为具备侵权行为和债务不履行的要件时，依特别法优先于普通法的原则，只能适用债务不履行的规定，因而也只能发生合同上的请求权，无主张侵权行为请求权的余地。

2. 请求权竞合说

请求权竞合说认为，一个具体事实，如果同时具备侵权行为和债务不履行的要件，由此产生的两个请求权，即侵权行为请求权与违约行为请求权独立并存，权利人可以选择行使其中一项请求权，也可以同时行使两项请求权。请求权竞合说又可分为请求权自由竞合说和请求权相互影响说两种观点。

（1）请求权自由竞合说。此种学说认为，侵权行为和债务不履行可以产生两种独立的请求权，这两种请求权在成立要件、举证责任、赔偿范围、抵销、时效等方面各不相同，所以就这两种请求权而言，权利人可以择一行使。如果其中一个请求权因行使目的已达而消灭时，则另一个请求权也随之消灭；但若其中一个请求权因目的达到以外的原因而无法行使时，如罹于时效，则另一请求权将继续存在。此种学说承认请求权可以让与，认为既然两个请求权独立并存，则债权人可以将这两项请求权分别让与不同的人，或者自己保留一项请求权而将另一项请求权让与他人。

（2）请求权相互影响说。此说认为，基于一个具体事实而产生的侵权行为请求权与违约行为请求权两个请求权虽然可以独立并存，但它们又是相互影响和相互作用的。我国原《合同法》的规定可以适用于因侵权行为而产生的请求权。强调请求权的相互影响旨在克服两项独立的请求权所发生的不协调和矛盾现象。

3. 请求权规范竞合说

请求权规范竞合说为德国著名法学家拉伦茨所倡。该说强调一个具体的生活事实符合债务不履行和侵权行为两个要件时，并非产生两个独立的请求权，在本质上只产生一个请求权，但该请求权产生的法律基础则有两个，一为合同关系，二为侵权关系。拉伦茨认为，确立请求权的基础十分重要，由于请求权基础不同，举证责任也不同。假如某项请求权基于某项法律基础不成立，不能排除以其他的法律基础成立的可能性。

（二）三种立法模式

从世界各国和各地区的立法来看，在处理侵权责任与违约责任竞合的问题上，这些国家和地区并未完全采纳上述观点，而是提出了各具特色的处理办法。大致说来，主要存在着以下三种立法模式。

1. 禁止竞合模式

禁止竞合模式以法国法为代表。法国民法认为，合同当事人不得将对方的违约行为视为侵权行为，只有在没有合同关系存在时才产生侵权责任，在违约场合只能寻求合同补救方法。法国最高法院一再宣称，侵权行为法条款不适用于合同履行中的过错行为。如果允许合同当事人提起侵权之诉，则法律就没有必要区分为合同法与侵权法两部分，并且也违背了合同当事人的意思自治。

2. 允许竞合模式

允许竞合模式以德国法为典型代表。《德国民法典》允许违约责任和侵权责任的竞合。认为受害人基于某一双重违法行为而产生两个请求权，受害人可以提起合同之诉，也可以提起侵权之诉，如果一项请求权因时效届满而被驳回时，还可以行使另一项请求权。但是，受害人的双重请求权因其中一项请求权的实现而消灭，无论如何不能使两项请求权实现。

3. 有限制的选择诉讼模式

有限制的选择诉讼模式为英国法所采取。根据英国法，如果原告属于双重违法行为的受害人，那么他既可以获得侵权之诉的附属利益，也可以获得合同之诉的附属利益。但是，英国法和德国法不同，其解决责任竞合的制度只是某种诉讼制度，它主要涉及诉讼形式的选择权，而不涉及实体法上的请求权的竞合问题。而且，在英国法中，对这种选择之诉还存在着严格的限制条件。

（三）我国法的选择

我国法承认违约责任和侵权责任的竞合。《民法典》第186条规定：“因当事人一方的违约行为，损害对方人身权益、财产权益的，受损害方有权选择请求其承担违约责任或者侵权责任。”即当事人可以依其自由意思选择请求权的行使。不过，这并不意味着完全放任当事人的选择而不作任何限制。如果法律直接规定在特定情形中只能产生一种责任，排除责任竞合的发生，则应遵守这种规定。

第六节 违约责任的形式

问题示例

1. 甲将自己唯一一张年代久远的黑白父母合照相片交给乙来彩印制作，在制作过程中乙的店员丙因为自己抽烟时意外将该黑白照片彻底损毁，请问甲可以何种违约救济形式向乙主张？

2. 春节前，甲物流公司承运乙超市所订购的一批家禽，因为在发货日甲公司车辆调配不力，只得迟延至第二日再行发货。在运货途中，乙公司的车辆为了避开收费站而进入某村庄进行绕行，结果正值该村庄发生禽流感，乙公司的车辆被扣押，且所载家禽被全部扑杀。甲超市也因此供货不足而经济损失惨重。请问，乙公司是否须对甲公司承担违约责任？

违约责任的形式也就是违约方当事人承担违约责任的具体方式。根据《民法典》第577条的规定，在我国，违约责任主要包括以下几种形式。

一、支付违约金

（一）违约金的概念和特征

违约金是指合同当事人不履行合同债务时根据法律规定和合同的约定向对方当事人支付的一定数额的金钱。支付违约金，是合同债务人违反合同时应当向对方支付约定或法定的一定数额金钱的责任形式，此种责任形式只有在当事人有明确约定或法律有规定时才适用，否则就只能适用损害赔偿的民事责任形式。

违约金具有以下法律特征：

第一，违约金是由当事人协商确定的。当事人约定违约金的权利是合同自由原则的体现，当然，违约金的约定虽然属于当事人享有的合同自由的范围，但此种自由不是绝对的，而是应受限制的。根据《民法典》第585条的规定，约定的违约金低于造成的损失的，人民法院或者仲裁机构可以根据当事人的请求予以增加；约定的违约金过分高于造成的损失的，人民法院或者仲裁机构可以根据当事人的请求予以适当减少。

第二，违约金条款具有从合同的性质。从本质上看，违约金具有从合同的性质，它以主合同存在为必要条件，当主合同不成立、无效或被撤销时，约定的违约金条款也不能发生效力。主合同消灭，约定的违约金责任也消灭。不过，约定违约金也具有相对独立性，如因一方违约而发生合同的解除，非违约方仍可请求违约方支付约定的违约金。

第三，违约金的数额是预先确定的。违约金作为预先确定的赔偿数额，在违约后对损失予以补偿，免去举证责任，也避免计算损失的困难，相对简单明确。

第四，违约金是一种违约后生效的责任方式。违约金条款在合同订立时并不生效，只是在一方发生违约后才能产生法律效力。

第五，违约金可与强制实际履行、赔偿损失等违约责任形式并存，但不能与定金并存，当事人只能择一行使。《民法典》第588条第1款规定："当事人既约定违约金，又约定定金的，一方违约时，对方可以选择适用违约金或者定金条款。"

（二）违约金的效力

一般而言，违约金可分为惩罚性违约金和赔偿性违约金两种类型，而违约金的效力也因违约金种类的不同而有异同。所谓惩罚性违约金，是指合同约定或法律规定，由合同违约方支付一笔金钱，作为对违约行为的惩罚。赔偿性违约金则是指合同双方当事人预先估计的损失赔偿总额，在违约方承担违约金责任之后，就不再承担继续履行合同或赔偿损失的违约责任。

惩罚性违约金与赔偿性违约金之间存在着以下区别：第一，惩罚性违约金旨在对过错违约行为进行惩罚，因此受害人除了请求违约方支付违约金，还可以要求赔偿损失或者实际履行；而赔偿性违约金又称为损害赔偿之预定，受害人请求支付赔偿性违约金之后，不得请求债务人赔偿损失或实际履行。第二，惩罚性违约金不以实际损失的发生为要件，而赔偿性违约金则要求有实际损失。第三，从数额上看，惩罚性违约金数额高于赔偿性违约金。惩罚性违约金设定时不必考虑实际损失，其数额与实际损失不完全相符；赔偿性违约金在设定时则要考虑实际损失，如数额过高，法院应根据实际损失对预定数额作出相应的调整。

在补偿性违约金与惩罚性违约金的关系上，在大陆法系，以补偿性违约金为原则，以惩罚性违约金为例外。在我国，《民法典》第585条第1款规定违约方应当根据违约情况向对方支付一定数额的违约金；第2款规定违约金与实际损失差距悬殊时违约方可以请求人民法院或者仲裁机构予以增减，[1]这说明，我国《民法典》确立的违约金主要是补偿性违约金。然而，第585条第3款又规定："当事人就迟延履行约定违约金的，违约方支付违约金后，还应当履行债务。"该款规定的是惩罚性违约金，应认为属于违约金的赔偿性的一种例外。因此，《民法典》上的违约金以补偿性违约金为原则，以惩罚性违约金为例外。

（三）违约金的增减

当事人约定违约金是其享有的合同自由的体现。在法律由个人本位向社会本位发展的今天，法律已不可能对合同关系不加任何干预，在市场经济条件下，市场主体追求利益最大化的自利动机和目的必须受到社会利益的制约。这一原则在违约金制度上也有体现。《民法典》第585条第2款规定："约定的违约金低于造成的损失的，人民法院或者仲裁机构可以根据当事人的请求予以增加；约定的违约金过分高于造成的损失的，人民法院或者仲裁机构可以根据当事人的请求予以适当减少。"这一规定在一定程度上体现了公平原则。对该款的适用需要注意以下几点。

第一，《民法典》规定"约定的违约金低于造成的损失的"，当事人可请求予以增加，未于后段使用"过分"的字样。因此，原则上，只要违约金低于损失的，当事人即可请求人民法院或者仲裁机构予以增加。当事人作出请求后，最终是否增加，取决于人民法院或者仲裁机构的裁量。法院如何作出？我国法律未作出具体规定。从比较法来看，一些国家或者地区的立法要求"明显过低"，该明显过低不仅是可以看得出的，而且必须是达到相当程度的。

第二，《民法典》规定"约定的违约金过分高于造成的损失的"，当事人可请求予以"适当减少"。据此，只有违约金过分高于损失的，当事人才可请求法院或者仲裁机构减少。然而，何谓"过分高于"？《合同法解释（二）》第29条第2款曾规定："当事人约定的违约金超过造成损失的百分之三十的，一般可以认定为合同法第一百一十四条第二款规定的'过分高于造成的损失'。"法院或者仲裁机构"适当减少"违约金时，应当"以实际损失为基础，兼顾合同的履行情况、当事人的过错程度以及预期利益等综合因素，根据公平原则和诚实信用原则予以衡量，并作出裁决"。此外，法院还可考量"债

---

〔1〕《合同法解释（二）》第28条曾规定："当事人依照合同法第一百一十四条第二款的规定，请求人民法院增加违约金的，增加后的违约金数额以不超过实际损失额为限。增加违约金以后，当事人又请求对方赔偿损失的，人民法院不予支持。"

权人所受损失”，乃至“当事人的交涉能力是否平等”等因素。如双方交涉能力相当，则对违约金条款不宜过多干预；若是商人与消费者、劳动者等弱者缔结的违约金条款，则可以考虑变更。“违约金是否相当、符合比例原则，应就债务人若能如期履行债务，债权人所能享受的利益，及依一般客观事实、社会经济状况及当事人所受损害情形，以为衡量标准。”[1]

第三，增减违约金的方式。《德国民法典》规定，法院对违约金的增减，应依当事人的申请，故应以诉或者反诉或者抗辩为之。《瑞士债务法》未规定须依据当事人申请，解释上认为得由法院以职权为之。本书认为，不管司法机关是增加违约金还是减少违约金，都是以公权力变更当事人的意思，是对私法自治的干预，应当特别谨慎，法院与仲裁机构不宜依据职权主动干预。2020年修正的《最高人民法院关于审理买卖合同纠纷案件适用法律问题的解释》第21条规定：“买卖合同当事人一方以对方违约为由主张支付违约金，对方以合同不成立、合同未生效、合同无效或者不构成违约等为由进行免责抗辩而未主张调整过高的违约金的，人民法院应当就法院若不支持免责抗辩，当事人是否需要主张调整违约金进行释明。一审法院认为免责抗辩成立且未予释明，二审法院认为应当判决支付违约金的，可以直接释明并改判。”

二、赔偿损失

（一）赔偿损失的概念和特征

赔偿损失是指违约方不履行合同而给他方造成损失时，为了弥补受害人的损失而向受害人支付一定数额金钱的责任方式。损害赔偿具有补偿性，即填补、弥补对方当事人因此所受的损失。我国法上的赔偿损失制度与德国法上的赔偿损失制度有异，德国民法上的赔偿损失制度以实物赔偿为主，以金钱赔偿制度为例外，而我国法上的损害赔偿制度主要是金钱赔偿，实物赔偿主要限于合同标的物之外的物品。

一般而言，违约损害赔偿具有以下特征：第一，损害赔偿是因债务人不履行合同债务所产生的责任。第二，损害赔偿责任原则上仅具有补偿性而不具有惩罚性。损害赔偿的主要目的在于弥补或者填补债权人因违约行为所遭受的损失，因此具有补偿性。损害赔偿的这一特性是符合等价交换的交易原则的，因为任何民事主体一旦造成他人财产损害，都必须以等量的财产予以补偿，损害

〔1〕王泽鉴：《民法概要》，中国政法大学出版社2003年版，第273页。

与补偿之间具有等价性。当然，如前所述，《民法典》也是例外地承认损害赔偿的惩罚性的。第三，损害赔偿具有一定程度的任意性。当事人在订约时可以在合同中预先约定一方当事人在违约时应向对方当事人支付一定数额的金钱，也可以约定损害赔偿额的计算方法。同时，当事人还可以在法律规定的范围内事先约定免责条款，以限制或者免除未来可能要承担的包括损害赔偿责任在内的违约责任。这都使得损害赔偿责任具有一定程度的任意性。第四，损害赔偿以赔偿当事人实际遭受的全部损失为原则。损害赔偿责任的这一特征就是完全赔偿原则。第五，损害赔偿可与支付违约金、解除合同、强制实际履行、定金罚则等违约责任形式并存。例如，《民法典》第566条第1款规定："合同解除后，尚未履行的，终止履行；已经履行的，根据履行情况和合同性质，当事人可以请求恢复原状或者采取其他补救措施，并有权请求赔偿损失。"第588条第2款规定："定金不足以弥补一方违约造成的损失的，对方可以请求赔偿超过定金数额的损失。"

（二）赔偿损失的构成要件

损害赔偿责任的承担，必须具备以下要件：第一，须有违约行为。第二，须受害人受有损失。原则上，受害人受有损失为赔偿损失发生的必要条件。此处所讲的损失，通说认为是指财产损失。不过，也有学者认为是具有侵权行为性质的违约行为，如加害给付致人非财产上损害时即使提起合同之诉也应获得赔偿。财产损失可以分为积极损失和消极损失，前者是指现有或既存财产利益的减少，后者指本来可得利益之未取得，也称为可得利益的损失。第三，违约行为与损失之间有因果关系。

（三）完全赔偿原则

我国现行法在违约损害赔偿上采纳的一个基本原则就是完全赔偿原则。完全赔偿原则是指违约方应赔偿受害人因其违约行为所遭受的全部损失。前已有述，违约给当事人造成的损失包括积极损失和消极损失。积极损失就是既得利益之损失，消极损失则为可得利益之损失。由于一方当事人违反合同以后，另一方当事人不仅可能会遭受现有财产的损失，而且也可能会遭受可得利益损失，对于这些损失，违约方当事人都应当赔偿。只有赔偿了守约方的全部损失，才能使守约方的利益上处于犹如合同得到正常履行后的状况，由此才能有效地督促债务人履行合同债务。可以说，完全赔偿旨在对受害人的利益进行全面、充分的保护，既然一方给他方造成损害，就应当以自己的财产赔偿全部损害，这也是违约赔偿制度上的公平性的要求。

一般而言，可得利益具有以下特点：第一，未来性。即可得利益是一种未来利益而非现实利益，在违约行为发生时当事人并未实际享有，必须通过合同的履行才能实现。第二，期待性。即可得利益只是合同当事人所合理期待的利益。第三，可得性。可得利益并非当事人随意估计的，而是具有一定的现实性，并具备实现的条件。只要合同如期履行，即会为当事人获得。

既得利益损失（积极损失）与可得利益损失（消极损失）具有以下区别：第一，前者是现实的利益损失，包括现有财产的减损灭失、费用支出，如买方拒不付款使卖方蒙受货物损失，卖方不交付货物使卖方蒙受货物损失。后者是非现实利益损失，是未来期待利益的损失。第二，积极损失与可得利益损失相比较，更为确定。对积极利益的损失赔偿，法律一般无明确的限定，即对积极利益损失一般应予赔偿；对可得利益的损失，在一定程度上具有不确定性，对其赔偿立法上通常有一定的限制。第三，在赔偿范围上，积极损失之赔偿目的是使受害人的利益达到合同订立前的状态，违约使受害人所处的现有状态与订约前状态之间的差距即为违约方所应赔偿的积极损失的范围；而可得利益赔偿加上积极损失之赔偿是使受害人利益处于合同如期履行的状态，可以替代实际履行。

在违约损害赔偿的范围上，我国通说对积极损失持肯定观点，但对消极损失则存在一定的争议，有肯定说和否定说两种主张。《民法典》第584条规定："当事人一方不履行合同义务或者履行合同义务不符合约定，造成对方损失的，损失赔偿额应当相当于因违约所造成的损失，包括合同履行后可以获得的利益；……"该条实际上采纳了肯定说，确立了完全赔偿原则。据此，如果受害人能够举证证明其遭受的可得利益损失是违约方的违约行为直接造成的，而且这些损失是违约方在订约时应当预见的，则违约方应予赔偿。2020年《买卖合同解释》第22条规定："买卖合同当事人一方违约造成对方损失，对方主张赔偿可得利益损失的，人民法院在确定违约责任范围时，应当根据当事人的主张，依据民法典第五百八十四条、第五百九十一条、第五百九十二条、本解释第二十三条等规定进行认定。"例如，甲乙订立羊毛买卖合同后，买受人乙又与丙订立该批羊毛的转卖合同，如甲违约使乙丧失转卖的可得利润，则甲应当就此项损失予以赔偿。不过，在赔偿可得利益损失时，须注意以下几个方面的问题：第一，可得利益的额赔偿旨在弥补受害人遭受的全部实际损失，而并不赔偿受害人因从事一桩不成功的交易所蒙受的损失。第二，受害人有权就他依据合同本来应该获得的可得利益要求赔偿，但可得利益必须是纯利润，而不包括为取得这些利益所支出的费用。[1]

（四）赔偿损失的限制

综观世界各国或各地区的民法，对违约损害赔偿的限制一般包括可预见性规则、损益相抵规则与过失相抵规则。

1. 可预见性规则

可预见性规则是指违约方承担赔偿责任的范围不得超过其订立合同时应当预见的损失的规则。合理预见规则最早出现于法国民法，《法国民法典》第1149条规定："对债权人的损害赔偿，除下述例外和限制外，一般应包括债权人所受现实的损害和所失可获得的利益。"英美法系也通过1854年的哈德利诉巴克森德马案正式确立了此项原则。在我国，根据《民法典》第584条的规定，损害赔偿不得超过违反合同一方订立合同时预见或者应当预见到的因违反合同可能造成的损失。据此，只有当违约造成的损害是违约方在订约时可以预见的情况下，才能认为损害结果与违约行为之间具有因果关系，违约方才应当对这些损害负赔偿责任。如果损害不可预见，则违约方不应赔偿。采用可预见性规则的根本原因在于，只有在交易发生时，订约当事人对其未来的风险和责任可以预测，才能计算其费用和利润，并能够正常地从事交易活动。如果未来的风险过大，则当事人就难以从事交易活动。所以，可预见性规则将违约当事人的责任限制在可预见的范围之内，这对于促进交易活动的发展，保障交易活动的正常进行，具有重要意义。

2. 损益相抵规则

损益相抵规则是指受害人基于与受损害同一原因享有利益时，其所受的利益应在确定其赔偿数额时预先排除的规则。确立损益相抵规则的理由在于受害人不得获得双重利益，即受害人因他人违反义务的行为而受有利益时，不得就此部分再请求赔偿。如一方交付他方瑕疵之物，违约方赔偿对方履行利益的损失，该瑕疵之物应返还给违约方，若受害人保留该物，则应将物之残存价值从赔偿额中扣除。就此，2020年《买卖合同解释》第23条规定："买卖合同当事人一方因对方违约而获有利益，违约方主张从损失赔偿额中扣除该部分利益的，人民法院应予支持。"

3. 过失相抵规则

过失相抵规则是指受害人对损失的发生、扩大有过错的，可以减轻、免

[1] 王利明、崔建远主编：《合同法》（第二版），北京大学出版社2000年版，第221—222页。

除违约方赔偿责任的规则。就损失的发生而言，《民法典》第592条第2款规定："当事人一方违约造成对方损失，对方对损失的发生有过错的，可以减少相应的损失赔偿额。"就损失的扩大而言，第591条第1款规定："当事人一方违约后，对方应当采取适当措施防止损失的扩大；没有采取适当措施致使损失扩大的，不得就扩大的损失要求赔偿。"据此，在一方违约并造成损害后，另一方应及时采取合理的措施以防止损失的扩大，否则，其应对扩大部分的损害负责。

三、强制履行

（一）强制履行的概念与特征

强制履行又称为实际履行、特定履行、继续履行，是相对于"任意履行"的概念。任意履行是没有强制手段的履行，由债务人自由决定是否履行。而强制履行是指违约方不履行合同债务或履行合同债务不符合约定时，由法院通过法定强制手段强制违约方依照合同约定继续履行的责任形式。

强制履行与一般、正常的履行有相似之处，但两者之间存在着区别，主要表现在：第一，时间不同。当事人应依照合同履行债务，只是在其不履行合同债务时才发生强制履行的问题，即只有在不能正常履行的前提下才发生强制履行的问题。因此，强制履行的时间晚于履行原合同债务的时间。第二，性质不同。一般履行中，一方履行义务是对对方当事人的义务，不是对国家的义务，因此不具有强制性；而在强制履行的情况下，一方履行义务不仅是对对方当事人的义务，而且也是对国家的义务和责任，是在国家强制力之下实施的行为，体现了国家的强制性。"强制履行比正常的合同履行增加了一层国家强制，多了一层道德和法律对违约行为的否定性评价。"[1]

强制履行具有以下特征：第一，强制履行是一种补救方法。强制履行是非违约方在对方违约后寻求的法律上的救济方法的一种，与支付违约金、赔偿金等方法相比，它更强调违约方按合同约定标的物履行义务，而不仅仅强调弥补受害方的损失，从而更有利于实现非违约方的订约目的。第二，是否请求强制履行是当事人的权利。在一方违约后，非违约方既可以请求解除合同并要求赔偿损失，也可以要求债务人继续履行；若当事人未提出请求，则不得强制违约方继续履行，法院不得主动援引这一责任形式。第三，强制履行可以与支付违

〔1〕 韩世远：《合同法总论》（第四版），法律出版社2018年版，第761页。

约金、支付赔偿金、定金责任并存，但不得与解除合同并存。“强制履行是同解除合同完全对立的补救方法，主张强制履行就不能请求解除合同，主张解除合同就不能请求强制履行。”[1]

（二）适用要件

我国学界主流观点认为，强制履行责任的承担，必须具备以下要件：第一，存在违约行为。强制履行为合同义务不履行的后果，以存在不履行合同义务行为即违约行为为前提。若当事人已依约履行合同，则对方不得再请求强制履行。第二，违约方能够继续履行合同。强制履行的另一个前提是合同能够履行。若合同已不能履行，则无论是事实不能还是法律不能，都不能适用强制履行。第三，非违约方请求违约方继续履行。《民法典》从保护债权人的利益出发，将是否请求实际履行的选择权交给非违约方当事人，由非违约方当事人根据自身的利益来决定是否采取实际履行的方式。如果非违约方不提出此种请求，则不得适用实际履行的责任形式。[2]

不过，也有观点主张，“违约方能否继续履行属于权利的限制问题，不属于权利形成规范的构成要素。而守约方请求继续履行合同则属于权利行使问题，既然债务人应否承担继续履行责任取决于债权人在各种违约救济措施中选择行使继续履行请求权，那么，如果债权人选择解除合同并要求损失赔偿，或者直接向债务人要求替代履行的损失赔偿，债务人则不承担继续履行的违约责任。继续履行责任的构成仅仅涉及责任的成立条件问题，与责任的实际承担或权利的选择行使无关”。[3]

（三）强制履行的限制事由

《民法典》第580条第1款采取了“原则+例外”的复合语义结构。首先对非金钱债权的继续履行请求权作出了一般性或原则性规定，其次以但书规定的方式确立了非金钱债权债务继续履行请求权的适用范围。但书规定作为权利妨碍规定为债务人提供了对抗继续履行请求权的法定事由。[4]这些事由是立足于保

---

〔1〕 崔建远：《合同法》，北京大学出版社 2012 年版，第 333 页。

〔2〕 魏振瀛主编：《民法》（第七版），北京大学出版社、高等教育出版社 2017 年版，第 482 页；韩世远：《合同法总论》（第四版），法律出版社 2018 年版，第 761 页；崔建远：《合同法》，北京大学出版社 2012 年版，第 333 页。

〔3〕 朱广新、谢鸿飞主编：《民法典评注：合同编通则》（第 2 册），中国法制出版社 2020 年版，第 336—337 页。

〔4〕 朱广新、谢鸿飞主编：《民法典评注：合同编通则》（第 2 册），中国法制出版社 2020 年版，第 334 页。

护债务人的思想进行规定的，为强制履行请求权的限制事由，排除了强制履行这一违约责任形式的适用。

1. 法律上或事实上不能履行

若违约方不能履行合同，则不能强制履行。不能履行包括法律上不能履行与事实上不能履行。无论哪种不能形态，若要求债务人履行，实系强人所难。此际，债权人可以采取其他违约责任承担方式，而不能要求强制履行。法律上不能履行是指债务人根据法律规定不能履行债务。例如，债务的标的物遭查封、标的物具有权利瑕疵、标的物被新法禁止交易等。事实上不能履行是指债务人因债务标的自身的原因不能履行债务。例如，标的物毁损灭失、标的物因二重交易而为他人所有或占有等。

2. 债务的标的不适于强制履行或者履行费用过高

债务的标的不适于强制履行，是指债务的性质不宜直接强制履行。一般而言，基于人身信赖关系所产生的合同、提供个人服务的合同是不能强制履行的。例如，基于委托合同、技术开发合同、合伙合同、出版合同等发生的主给付义务常常具有人身专属性，此类债务的履行行为不具有可替代性，不能由第三人替代履行，在性质上不适于强制履行。若直接对这些合同债务人的人身施以强制，将使违约责任回归传统社会的人身责任的性质，这与现代社会尊重人的尊严、保护人身自由等基本价值背道而驰。此外，诸如专家提供咨询意见的行为、知名教授授课的行为等通常包含着债务人的特殊艺术、学术能力等个性化特质，不仅他人无法替代履行，而且即使强制债务人履行此类债务，也难以对债务人履行债务是否尽力加以监督。履行费用过高是指履行债务的代价或费用与债权人从履行获得的利益严重程度不成比例。例如，强制出卖人履行买卖合同，为此出卖人须专门进口一台设备，由此花费的代价将远远超出合同上的牟利。考虑到如此处理会使债务人为履行合同付出很大的代价，而直接要求出卖人支付违约金则不会花费太大代价，基于双方当事人利益平衡的考虑，不认许买受人请求强制履行。履行费用是否过高，应根据比例原则，衡量债务人继续履行债务所支付的费用与债权人由债之履行所获得的利益是否相称，如果二者明显不相称，则可认为履行费用过高。当然，此须结合具体案件进行利益衡量。一般来说，如果只是给付标的物的价格显著上涨，使得债务人的给付负担加重，则不构成“履行费用过高”。

3. 债权人在合理期限内未请求履行

债务人违约后，债权人固得依其意思自由选择采取何种救济手段以维护其利益，但由此也使债务人处于一种究竟应承担何种违约责任的不确定状态。从兼顾债务人利益的角度出发，法律要求债权人在合理期限内提出请求，即对债权人主张强制履行的权利作一适当限制，以尽早结束债务人责任承担方式的不确定状态。“该规则背后的法政策是要以此督促债权人及时主张权利，行使履行请求权。”[1]因此，“合理期限”的规定使强制履行请求权并非合同有效存在即当然存在的事物，而是仅在一定期限内存在的权利。“合理期限”，乃是一个不确定概念，既非诉讼时效，也非除斥期间，而属失权期间，不存在中止、中断的问题。究竟何谓“合理期限”，需要结合这一规则的规范目的，由法官在个案中具体判断，有的案件中可能短些，而在有的案件中则可能长些。换言之，“合理期限”作为不确定概念应由法官根据合同种类、性质、目的及交易习惯判断。[2]该条中“未请求履行”包括未采取一切主张履行请求权的方式，即债权人既未于诉讼主张，又未于诉讼外主张。此外，“未请求履行”既包括债权人未要求债务人履行，也包括债务人现实提交履行而债权人不配合的情形。

值得注意的是，针对“根据债务的性质”不得强制履行的情况，《民法典》第581条规定：“当事人一方不履行债务或者履行债务不符合约定，根据债务的性质不得强制履行的，对方可以请求其负担由第三人替代履行的费用。”该条的规范目的是，对于不能直接强制债务人履行但可由第三人替代履行的债务，当债务人不履行债务或者履行债务不符合约定时，赋予债权人作出替代交易并可请求债务人负担由替代交易所支付费用的权利，以解决合同能否经由第三人之行为而得到实际履行的问题。[3]在性质上，该条仍是债务的实际履行，只不过实际履行是借助第三人的行为得以完成而已。它构成第580条第1款的特别情形。该条中“费用”是指债权人与第三人达成替代交易的花费及履行替代交易而付出的对价，即购买第三人的替代给付的价格。

（四）当事人申请司法终止合同

《民法典》第580条第2款规定：“有前款规定的除外情形之一，致使不能实现合同目的的，人民法院或者仲裁机构可以根据当事人的请求终止合同权利

〔1〕 韩世远：《合同法总论》（第四版），法律出版社 2018 年版，第 771 页。
〔2〕 韩世远：《合同法总论》（第四版），法律出版社 2018 年版，第 771—772 页；梁慧星：《读条文学民法》，人民法院出版社 2014 年版，第 193 页。
〔3〕 朱广新、谢鸿飞主编：《民法典评注：合同编通则》（第 2 册），中国法制出版社 2020 年版，第 360 页。

义务关系，但是不影响违约责任的承担。”该条为《民法典》所新设。[1]通说认为，其立法目的在于实现公平价值目标下合同僵局的有效化解，一方面防止以遵循合同严守原则为由对商业理性重大破坏引发的利益严重失衡，另一方面避免因合同僵局导致的经济资源的巨大浪费。[2]

这一制度的适用要件是：第一，具有《民法典》第580条第1款规定的情形之一，即法律上或者事实上不能履行，债务的标的不适于强制履行或者履行费用过高，或者债权人在合理期限内未请求履行。第二，前述情形之一致使合同目的不能实现。第三，当事人向人民法院或者仲裁机构提出终止合同权利义务关系的请求。由于该款并未对“当事人”作出限制，因此，所谓当事人既包括守约方，也包括违约方。实际上，赋予“违约方”申请人民法院或者仲裁机构终止合同关系的权利正是该条的立法意旨之一。与第562—567条规定的解除制度不同之处在于，第580条第1款并未赋予违约方解除权这一形成权，而仅是赋予其“请求人民法院或者仲裁机构终止合同权利义务关系”的权利。合同究竟能否“终止”由人民法院或者仲裁机构确定。一般来说，人民法院或者仲裁机构在权衡是否裁决终止合同时，应当综合考虑债务人是否存在恶意违约、当事人（违约方）是否因合同不终止遭受重大损失、合同是否已经部分履行、守约方能否以较低成本获得替代履行、合同终止是否导致双方利益关系明显失衡等因素。

（五）法律效果

一般而言，强制履行具体表现为以下责任形式：第一，限期履行应履行的债务。在拒绝履行、迟延履行、不完全履行的情况下，非违约方可以提出一个履行期限，即宽限期和延展期，要求违约方在该期限内履行合同债务。第二，修理、改换、重作。修理，是指交付标的物不合格，有修理的可能并为债权人所需要时，债务人消除标的物的缺陷的补救措施。更换是指交付标的物不合理无修理可能或修理所需费用过高或修理所需时间过长，债务人交付同种类、质

〔1〕该条系吸纳《全国法院民商事审判工作会议纪要》的精神而创设。该《纪要》第48条规定：“违约方不享有单方解除合同的权利。但是，在一些长期性合同如房屋租赁合同履行过程中，双方形成合同僵局，一概不允许违约方通过起诉的方式解除合同，有时对双方都不利。在此前提下，符合下列条件，违约方起诉请求解除合同的，人民法院依法予以支持：（1）违约方不存在恶意违约的情形；（2）违约方继续履行合同，对其显失公平；（3）守约方拒绝解除合同，违反诚实信用原则。人民法院判决解除合同的，违约方本应当承担的违约责任不能因解除合同而减少或者免除。”

〔2〕石佳友、高郦梅：《违约方申请解除合同权：争议与回应》，载《比较法研究》2019年第6期。

量、数量的标的物的补救措施。重作是指加工承揽、建筑工程合同等合同中，债务人交付的工作成果不合格，不能修理或修理费用过高，由债务人重新制作工作成果的补救措施。

四、支付定金

（一）定金的概念与特征

定金是指合同当事人约定一方在合同订立时或合同履行前预付给对方一定数额的金钱，用于保证合同债权实现的一种担保方式。在《民法典》颁行前，定金规则是由《担保法》第89—91条规定的。民事立法者将定金规则纳入《民法典》合同编通则的“违约责任”章，作为与强制履行、损害赔偿、违约金等并列的违约责任形式。

定金具有以下特征：第一，象征性。《民法典》第586条第2款规定：“定金的数额由当事人约定；但是，不得超过主合同标的额的百分之二十，超过部分不产生定金的效力。……”由于定金不得超过主合同标的额的20%，因此，相较于质押、抵押等担保方式，定金的担保功能是象征性的，它并不能保证债权全部实现。第二，预付款性。定金一般是在合同订立时或合同履行前交付给另一方当事人的。根据第587条的规定，债务人履行债务后，定金应当抵作价款或者收回。这表明定金具有预付款的性质。第三，特别约定性。当事人约定并交付留置金、担保金、保证金、订约金、押金、订金等，但没有约定该金钱为定金的，不能认该金钱具有定金性质，当事人不能主张定金权利。

就定金合同而言，《民法典》第586条第1款规定：“……定金合同自实际交付定金时成立。”这说明定金合同为实践合同。当事人仅就一方应向另一方交付定金达成合意，并不能使定金合同成立。交付定金为定金合同的特别成立要件。因此，即使双方当事人已就定金达成合意，但若一方向另一方交付定金时，另一方提出异议并拒绝接受，则定金合同仍不成立。在实践中，当事人实际交付的定金可能与约定的定金数额有出入，就此，《民法典》第586第2款规定：“……实际交付的定金数额多于或者少于约定数额的，视为变更约定的定金数额。”即以实际交付的定金数额成立定金合同。此外，值得注意的是，我国原《担保法》第90条规定：“定金应当以书面形式约定。当事人在定金合同中应当约定交付定金的期限。……”即将定金合同规定为要式合同。但《民法典》未对定金合同作出类似要求，因此定金合同为不要式合同。

（二）定金的效力

定金种类不同，其功能即有不同，效力亦存在差异。

1. 订约定金

订约定金是指以交付定金作为订立合同的担保。就此，我国原《最高人民法院关于适用〈中华人民共和国担保法〉若干问题的解释》（以下简称《担保法司法解释》）第115条规定："当事人约定以交付定金作为订立主合同担保的，给付定金的一方拒绝订立主合同的，无权要求返还定金；收受定金的一方拒绝订立合同的，应当双倍返还定金。"

2. 成约定金

成约定金是指以交付定金作为主合同的成立或生效要件。就此，我国原《担保法司法解释》第116条规定："当事人约定以交付定金作为主合同成立或者生效要件的，给付定金的一方未支付定金，但主合同已经履行或者已经履行主要部分的，不影响主合同的成立或者生效。"

3. 解约定金

解约定金是指以交付定金作为解除合同的代价。就此，我国原《担保法司法解释》第117条规定："定金交付后，交付定金的一方可以按照合同的约定以丧失定金为代价而解除主合同，收受定金的一方可以双倍返还定金为代价而解除主合同。……"

4. 违约定金

违约定金是指以定金作为违约的赔偿金。《民法典》第587条规定："……给付定金的一方不履行债务或者履行债务不符合约定，致使不能实现合同目的的，无权请求返还定金；收取定金的一方不履行债务或者履行债务不符合约定，致使不能实现合同目的的，应当双倍返还定金。"此即"定金罚则"。值得注意的是，适用定金罚则的前提条件包括两个方面的要求：一是一方不履行债务或者履行债务不符合约定，二是前述违约行为致使不能实现合同目的，以及违约行为须达到根本违约的程度。当事人轻微违约不能适用定金罚则。

《民法典》第588条规定："当事人既约定违约金，又约定定金的，一方违约时，对方可以选择适用违约金或者定金条款。定金不足以弥补一方违约造成的损失的，对方可以请求赔偿超过定金数额的损失。"据此，在定金与赔偿金并存的情况下，定金与赔偿金的总额不能超过违约造成的损失。

五、解除合同

（一）合同解除的概念与特征

合同解除是指合同依法成立后，因双方当事人协议或一方当事人的意思表示使合同效力提前消灭的行为。该制度存在的原因在于，合同有效成立后，有时会因主观或客观情况的变化，而使合同履行成为不必要或不肯，使当事人一方甚或双方的合同目的无法实现，如仍固守合同拘束力，不但于一方甚或双方当事人没有好处，于社会整体利益也没有任何增益。因而，通过法理学手段让合同提前终了，并处理善后事宜，诚属必要。为此目的，法律上创设了合同解除制度。[1]

合同解除具有以下特征：

第一，以合同依法成立为前提。合同解除制度的目的在于，合同依法成立后，因主、客观情况的变化，使合同履行成为不可能或无必要，遂允许当事人提前消灭其效力，因此，合同解除必须以合同依法成立为前提。若合同不成立、无效或被撤销，因无合同关系存在，亦无解除合同的可能性。进而言之，依法成立的合同，若因清偿、混同等原因已归于消灭，同样无再行解除的余地。

第二，合同解除必须具备解除条件。"契约严守"为《合同法》的重要原则与价值。合同依法成立后即发生效力，当事人应严格履行合同义务，无正当理由不履行合同债务的行为构成违约。合同解除实质上是提前消灭合同效力，因此，一方当事人欲解除合同，提前消灭既存的合同权利义务关系，必须具备一定条件。只有当具备这些条件时才能解除合同，否则其行为构成违约。

第三，合同解除必须有解除行为。我国民法对合同的解除未采当然解除主义——即解除条件一具备，合同当然地、自动地发生解除的效力，因此，解除条件具备后，只有当事人实施解除行为，才发生解除的效果。解除行为包括双方协议的行为，以及一方当事人行使解除权的单方行为。合同解除须实施解除行为，也是合同解除区别于附解除条件的合同的重要标志。不过，适用情势变更制度时的解除，是由法院根据具体情况裁决的，不需要解除行为。

第四，合同解除的后果是使合同效力提前消灭。合同解除后，尚未履行的，终止履行；已经履行的，根据履行情况和合同性质，当事人可以请求恢复原状或者采取其他补救措施，并有权请求赔偿损失。

---

〔1〕 韩世远：《合同法总论》（第四版），法律出版社2018年版，第648页。

（二）合同解除的分类

1. 双方解除与单方解除

根据合同解除是否基于解除权而发生，可将合同解除区分为双方解除与单方解除。双方解除，又称为协议解除、合意解除，是指双方当事人协商一致解除合同。在很多国家或地区，双方解除被认为是合同自由原则的应有之义，因此这些国家或地区的民法未予明定。单方解除，又称为有解除权的解除，是指一方当事人行使解除权而解除合同。解除权为形成权，仅一方作出意思表示即能发生使法律关系变动的后果，其行使不必征得对方当事人同意，故有“单方”之谓。《民法典》第562条第1款规定：“当事人协商一致，可以解除合同。”此为关于双方解除的规定。该条第2款以及第563—564条等则为关于单方解除的规定。

2. 法定解除与约定解除

根据解除权发生原因的不同，可将单方解除进一步区分为约定解除与法定解除。约定解除是指当事人约定解除条件，当该条件具备，当事人一方或双方即取得解除权从而解除合同。《民法典》第562条第2款规定：“当事人可以约定一方解除合同的事由。解除合同的事由发生时，解除权人可以解除合同。”此为关于约定解除的规定。

法定解除是指法律直接规定解除条件，该条件具备，当事人即取得解除权从而解除合同。“法定解除制度是契约严守原则的例外，立法上承认法定解除权的目的是明确法定解除的事实构成，以限定其适用范围。”[1]法定解除又可进一步区分为一般法定解除与特别法定解除。一般法定解除是指法律规定的解除条件适用于所有合同的解除。例如，《民法典》第563条有关解除条件的规定。特别法定解除是指法律规定解除条件仅用于特定合同的解除。例如，《民法典》第716条第2款规定：“承租人未经出租人同意转租的，出租人可以解除合同。”第772条第2款规定：“承揽人将其承揽的主要工作交由第三人完成的，应当就该第三人完成的工作成果向定作人负责；未经定作人同意的，定作人也可以解除合同。”

约定解除与法定解除均为有解除权的解除，其区别在于解除权发生原因及其行使、效力、消灭等，前者基于约定，后者基于法定。对法定解除，法律规

---

〔1〕朱广新、谢鸿飞主编：《民法典评注：合同编通则》（第1册），中国法制出版社2020年版，第170页。

定解除条件，一旦该条件出现，当事人即取得解除权。此外，法律还规定解除权行使的方式、效力等。对约定解除，当事人约定解除条件，一旦该条件出现，当事人即取得解除权。当事人还可能约定解除权行使方式、效力等。若当事人仅约定解除权行使的条件，而未进一步约定解除权行使方式、效力等，则有关约定解除权的行使、效力等适用法定解除权的规定。

（三）合同解除的条件

合同解除的类型不同，合同解除的条件亦有异。对于双方解除而言，合同解除的条件是双方当事人协商一致，即达成一个以解除原合同为目的的新合同。对于约定解除而言，合同解除的条件由双方当事人进行约定。法定解除条件是立法规定重点。我国《民法典》对法定解除权的条件作了列举式规定。《民法典》第563条规定：“有下列情形之一的，当事人可以解除合同：（一）因不可抗力致使不能实现合同目的；（二）在履行期限届满前，当事人一方明确表示或者以自己的行为表明不履行主要债务；（三）当事人一方迟延履行主要债务，经催告后在合理期限内仍未履行；（四）当事人一方迟延履行债务或者有其他违约行为致使不能实现合同目的；（五）法律规定的其他情形。以持续履行的债务为内容的不定期合同，当事人可以随时解除合同，但是应当在合理期限之前通知对方。”此为我国《民法典》有关合同法定解除一般条件的规定。其中第2款针对不定期继续性合同，第1款则针对不定期继续性合同之外的其他合同类型——一时性合同、定期继续性合同，更具有普遍性。第563条第1款采用了“例示+概括”的立法技术，其列举的一般法定解除事由包括因客观原因履行不能与违约两类情形。以下详言之。

1. 合同一般解除条件

（1）因不可抗力致使不能实现合同目的

当事人订立合同，旨在通过合同的履行追求一定利益。若因不可抗力的发生，导致合同无法履行进而导致合同目的不能实现，继续维持合同关系已无意义。此际，法律赋予当事人解除权，提前消灭合同效力。在因不可抗力致使不能实现合同目的的情形，无论是债权人还是债务人均享有解除权。当然，不可抗力的发生对合同履行的影响程度不一，不能认为只要发生不可抗力即可一概导致合同解除。若不可抗力并未导致合同目的无法实现，则不产生解除权。如果不可抗力只是导致合同部分不能履行，可导致合同的变更，但部分履行已严重影响当事人所追求的合同目的的，应承认有解除权的发生。如果不可抗力只是暂时阻碍了合同的履行，债务人可以延期履行，但延期履行已严重影响了当事人所追求的合同目的的，应承认解除权的发生。

（2）预期违约

在预期违约的场合，违约方根本不愿受合同约束，非违约方的合同目的已不可能通过对方的履行获得实现。因此，赋予非违约方以解除权，使其在履行期限届满前即可主张救济，而不必非要等到履行期限届满才能寻求救济，有利于尽早保护该方当事人的合法权益。"在履行期限届满之前"意指在履行期到期之前，不仅可以包括履行期限为一期间的情形，也可以包括履行期限为一时点的情形。并且只要一方当事人明确表示或以自己行为表明不履行主要债务，相对人即可解除合同，而无须践行催告的程序。

（3）债务人迟延履行

《民法典》第563条第1款第3项、第4项区分了普通的履行迟延（非定期债务的履行迟延）与定期债务的履行迟延。两者解除权发生的要件不同。核心的差别在于是否要践行催告程序。定期债务是指依合同性质或当事人约定履行期限特别重要，债务人不在该期限内履行将使合同目的落空的债务。例如，中秋节月饼的订购合同、生日蛋糕的定作合同等。非定期债务则与之相反，即使债务人不在该期限内履行也不会使合同目的落空。

因普通的履行迟延而发生解除权，须满足以下要件：一是债务人迟延履行主要债务；二是债权人催告债务人在合理期间履行；三是债务人在合理期限内未履行债务。对此种债务的履行迟延而言，债权人不能立即解除合同，只有债权人向债务人催告且宽限期届满债务人仍不履行债务的，债权人才能解除合同。而对定期债务的履行迟延而言，只要债务人迟延履行债务，即可发生解除权，无须催告债务人。

（4）其他违约行为致使不能实现合同目的

其他违约行为致使不能实现合同目的主要是指违反的义务对合同目的的实现十分重要，若债务人不履行该义务，将剥夺债权人根据合同有权期待得到的利益。它一般包括以下类型：

第一，不能履行。除因不可抗力导致不能履行以外，由于其他原因导致不能履行的，债权人可以解除合同。此际，债务人是否具有过失在所不问。债权人解除合同无须催告。这里的不能履行是指确定的、继续的不能，一时不能构成履行迟延。履行不能既包括物理的不能（标的物物理的灭失），也包括经济上的、社会观念上的不能（如不动产二重买卖且向第三人为移转登记，如不能依买回等方法自第三人处恢复所有权并移转给买受人）。如为一部分不能，若剩余部分不能实现合同目的，则债权人可以解除整个合同。

第二，不完全履行。对于不完全履行而言，若嗣后完全履行尚属可能（如修补瑕疵），则可按非定期债务迟延履行规则处理，解除权的发生以催告为要件；若嗣后完全履行不可能，则债权人无须催告即可解除合同。

第三，违反附随义务。债务人违反附随义务，通常不导致债权人取得解除权，但如果附随义务成了合同的要素，其不履行导致合同目的无法实现，则可例外地产生解除权。

（5）法律规定的其他情形

除了上述情形外，《民法典》第563条第1款第5项设置了一个兜底条款。“法律规定的其他情形”，一是指《民法典》本身规定的上述4项以外的其他情形，如《民法典》第528条规定：“当事人依据前条规定中止履行的，应当及时通知对方。对方提供适当担保的，应当恢复履行。中止履行后，对方在合理期限内未恢复履行能力且未提供适当担保的，视为以自己的行为表明不履行主要债务，中止履行的一方可以解除合同并可以请求对方承担违约责任。”二是指《民法典》以外的其他法律所规定的情形。例如，《保险法》第16条第2款规定：“投保人故意或者因重大过失未履行前款规定的如实告知义务，足以影响保险人决定是否同意承保或者提高保险费率的，保险人有权解除合同。”

2. 不定期继续性合同的解除条件

《民法典》第563条第2款规定：“以持续履行的债务为内容的不定期合同，当事人可以随时解除合同，但是应当在合理期限之内通知对方。”该条确立了不定期继续性合同的随时解除规则。继续性合同是指合同非一次给付即可完结，而是须持续给付才实现的合同，租赁、保管、仓储、借用合同等。与之相对应的一时性合同是指一次给付便可使合同内容实现的合同，如买卖、赠与合同等。我国之前立法对于继续性合同没有明确规定，也没有在法律上对继续性合同与一时性合同刻意进行区分并进行相应的制度设计。只是在诸如《民法典》第566条“根据履行情况和合同性质”的用语中，以“合同性质”的模糊表述涵盖继续性合同的内涵，缺乏明确的规范指向和法律后果。因此，本款规定有填补法律漏洞之效果。[1]而且，在《民法典》颁行前，《合同法》上仅零星存在着一些具体的继续性合同的随时解除规则。例如，我国原《合同法》第

〔1〕朱广新、谢鸿飞主编：《民法典评注：合同编通则》（第1册），中国法制出版社2020年版，第177页。

232条规定："当事人对租赁期限没有约定或者约定不明确，依照本法第六十一条的规定仍不能确定的，视为不定期租赁。当事人可以随时解除合同，但出租人解除合同应当在合理期限之前通知承租人。"因此，《民法典》第563条第2款关于不定期合同的规定突破了《合同法》有名合同的限制，将不定期合同提升为了合同法的一般概念。[1]建立这一规则的原因在于：对一时性合同而言，较严格贯彻"契约严守原则"，只有在符合法定或约定解除条件时才允许当事人解除合同，解除权产生原因相对较少；对继续性合同而言，由于当事人的给付范围依时间而定，一个在时间上不可解消的继续性结合关系，将过分限制当事人的活动自由，自须在时间上有所限制，因此应承认当事人的解约自由。此外，继续性合同特别重视信赖基础，要求当事人各尽其力，实现债之目的，除给付义务外，尚发生各种附随义务，以维护当事人的利益，信赖基础一旦损失，或因其他特殊事由难以期望当事人继续维持此种结合关系时，法律自应允许一方当事人解除合同。[2]

当然，该款的建立也带来了立法技术上应予反思的问题，即由于已设立不定期继续性合同随时解除的一般规则，因此典型合同中有关随时解除合同的一些具体规定要删除，否则即存在立法重复的问题。"在立法技术上，分则规范简单演绎总则规范似乎并不必要，会造成法律规范的变相重复。"[3]《民法典》不但保留了《合同法》中的有关规则，如《民法典》第675条有关借款人随时返还（贷款人随时请求借款人返还）的规则、第730条有关当事人随时解除租赁合同的规则、第787条有关定作人随时解除合同的规则、第899条有关寄存人随时领取保管物（保管人随时请求寄存人领取保管物）规则、第914条有关存货人或仓单持有人随时提取仓储物（保管人随时请求存货人或仓单持有人提取仓储物）规则、第933条有关当事人随时解除委托合同的规则，而且还新设了一些具体的随时解除规则，如第948条第2款有关当事人随时解除不定期物业服务合同规则、第976条第3款有关合伙人随时解除不定期合伙合同规则、第1022条第2款有关肖像权人解除肖像许可使用合同的规则等。

---

〔1〕朱广新、谢鸿飞主编：《民法典评注：合同编通则》（第1册），中国法制出版社2020年版，第178页。

〔2〕吴奕锋：《论不定期继续性合同随时终止制度——兼评〈民法典合同编（二审稿）的规定〉》，载《中外法学》2019年第2期，第530页。

〔3〕谢鸿飞：《〈民法典〉法定解除权的配置机理与统一基础》，载《浙江工商大学学报》2020年第6期。

（四）合同解除权的行使期限

至少就违约解除而言，合同解除权是法律赋予非违约方维护自身利益的一种方式，非违约方固可基于自由意思决定是否行使解除权，但由此也使违约方陷于不确定状态，若放任此种不确定状态长期存在，对违约方亦有失公允。因此，须对法定解除权的行使期限作一定限制。解除权在性质上为形成权，有关解除权行使的时间限制在性质上为除斥期间。就此，《民法典》第199条规定："法律规定或者当事人约定的撤销权、解除权等权利的存续期间，除法律另有规定外，自权利人知道或者应当知道权利产生之日起计算，不适用有关诉讼时效中止、中断和延长的规定。存续期间届满，撤销权、解除权等权利消灭。"

1. 法律规定或当事人约定解除权行使期限

针对解除权的行使期限，《民法典》区分了两种不同情形加以规定。第564条第1款规定："法律规定或者当事人约定解除权行使期限，期限届满当事人不行使的，该权利消灭。"质言之，在法律规定或者当事人约定了解除权行使期限的情况下，当事人应在该期限内行使解除权。期限届满当事人不行使的，解除权即归于消灭。此际，非解除权人无须催告解除权人行使权利，而且只要该期限经过，解除权就绝对地消灭，合同继续有效存在。

2. 法律没有规定或当事人没有约定解除权行使期限

《民法典》第564条第2款规定："法律没有规定或者当事人没有约定解除权行使期限，自解除权人知道或者应当知道解除事由之日起一年内不行使，或者经对方催告后在合理期限内不行使的，该权利消灭。"相较于原《合同法》第95条，该条的重大变化是增加了"自解除权人知道或者应当知道解除事由之日起一年内不行使"的情形，这一增设是合理的。因为虽然原《合同法》第95条明定"经对方催告后在合理期限内不行使的，该权利消灭"，但若对方当事人不催告，则解除权人行使解除权的期限就一直无法确定，法律关系将长期处于不确定状态，为解除权设置一明确的时间限制，有助于促使当事人之间的法律关系尽快稳定下来。根据该款的规定，解除权的除斥期间为"一年"，自解除权人知道或者应当知道解除事由之日起算。这一规定也具有合理性。《民法典》第152条规定的撤销权的一般除斥期间亦为一年。统一规定为一年，符合相似事物相同处理的理念。

《民法典》第564条第2款中规定："……或者经对方催告后在合理期限内不行使的，该权利消灭。"催告是非解除权人催促对方当事人作出是否解除合同意思表示的行为，在性质上为意思通知，属于准法律行为的范畴。催告并非合同解除权消灭的必要条件，亦非合同解除的必经程序，但一旦非解除权人作出催告，则不仅可发挥督促对方行使解除权的作用，而且可以起到使对方解除权在合理宽限期届满后消灭的作用。在合理期限的认定上，应当考虑当事人订立合同的背景目的、交易性质、标的物种类价值、交易履行情况、交易习惯等因素，并将诚信原则贯彻其中进行衡量，从而形成合理的判断。[1]

（五）合同解除权的行使方式

1.解除权行使以通知为必要

解除权在性质上为形成权，权利人行使解除权无须征得对方当事人同意。《民法典》第565条规定："当事人一方依法主张解除合同的，应当通知对方。……"这既是肯定解除权的形成权性质，也是强调解除权生效以通知为必要，否认解除条件具备合同即当然自动解除的可能性。该条中的"依法"强调的是解除合同方必须享有解除权，即只有享有解除权的当事人才能解除合同。质言之，若为约定解除，则必须是依双方约定享有解除权的一方。若为法定解除，若属因不可抗力解除的情形，则为双方当事人之任意一方；若属违约解除的情形，则为非违约方。此际，违约方不享有解除权，不得解除合同。《合同法》第96条曾对"依法"作出明确规定："当事人一方依照本法第九十三条第二款、第九十四条的规定主张解除合同的，应当通知对方。……"这里"本法第九十三条第二款、第九十四条"即为《民法典》第562条第2款、第563条规定的情形。明晰此点的意义在于，只有享有约定或法定解除权的当事人才能以通知方式解除合同，不享有解除权的一方向另一方发出解除通知，另一方即便未在异议期限内提起诉讼，也不发生合同解除的效果。

"通知"是解除权人向对方告知解除合同权利义务关系的意思表示，属于须受领的单方意思表示的范畴。通知的方式，实行形式自由原则，包括口头形式、书面形式与其他形式（《民法典》第135条）。从理论上言，通知可采取"默示形式"，不过，解除权的行使本身就是为了结束合同不稳定状态，如果以难以确定的默示方式为解除方式，不仅可能造成合同相对方的权利损害，也有碍于解除制度本身目的之实现。因此，解除合同通知应以明示方式作出更为合理。[2]另外，提起解除合同并请求恢复原状或损害赔偿的诉讼，对对方的履

---

〔1〕 高丰美、丁广宇：《合同解除权行使"合理期限"之司法认定——基于36份裁判文书的分析》，载《法律适用》2019年第22期。

〔2〕 朱广新、谢鸿飞主编：《民法典评注：合同编通则》（第1册），中国法制出版社2020年版，第195页。

行请求之诉提出抗辩，也可以构成解除的意思表示。

解除通知的生效采到达主义，通知到达相对人时发生合同解除的效力。值得注意的是，《民法典》第565条规定："……通知载明债务人在一定期限内不履行债务则合同自动解除，债务人在该期限内未履行债务的，合同自通知载明的期限届满时解除。……"这属于"解除通知生效的附条件"。通常情况下解除通知"到达"相对人时发生解除的效力，但若解除权人在通知中载明"债务人在一定期限内不履行债务则合同自动解除"，自应承认该意思的法律效力。因为该意思固为解除权人单方面的意思表示，但它是"推迟"而非"提前"了合同解除生效的时间，实际上是给予了相对人宽限利益，不仅体现了解除权人为拯救合同所做的努力，而且对相对人更为有利。

2. 解除合同的异议

解除合同方通知相对人解除合同后，相对人可能提出异议，此种异议应予尊重。毕竟存在着解除合同方不享有解除权或者滥用解除权等情形。因此，《民法典》第565条第1款规定："……对方对解除合同有异议的，任何一方当事人均可以请求人民法院或者仲裁机构确认解除行为的效力。"这里的"异议"不限于相对人对解除合同提出了不同意见，有时甚至经常地表现为他请求解除权人继续履行合同义务，在解除权人主张解除合同所产生的恢复原状或其他补救措施时，提出因合同有效而无此类法律效果的抗辩等。

我国原《合同法》第96条第1款规定："……对方有异议的，可以请求人民法院或者仲裁机构确认解除合同的效力。"该条将请求司法机关确认解除合同效力的主体规定为"对方"。而《民法典》第565条第1款则将该主体规定"任何一方当事人"，即解除合同方与其对方均可以请求司法机关确认解除合同的效力。法院或者仲裁机构确认解除合同效力的依据，应当是《民法典》第562—565条所规定的解除权产生的条件、解除权行使的期限与方式等。若解除权条件具备且依法行使，则人民法院或者仲裁机构应确认合同已被解除。

对相对人异议期限以及当事人请求司法机关确认合同解除效力的期限的问题，《合同法》与《民法典》均未作出规定。若当事人在合同中约定了相对人异议期限或者司法机关确认合同解除效力的期限，则从其约定；若未约定，则可参考《合同法解释（二）》第24条之规定："……当事人没有约定异议期间，在解除合同或者债务抵销通知到达之日起三个月以后才向人民法院起诉的，人民法院不予支持。"

3. 以司法方式解除合同

享有解除权的合同当事人要解除合同时，一般会采用直接通知对方解除合同的方式，不过，该当事人亦可能不采用通知对方的方式而是以直接向司法机关起诉或申请仲裁的方式来解除合同。这两种方式——司法外方式与司法方式均为我国民法所许。《民法典》第565条第2款规定："当事人一方未通知对方，直接以提起诉讼或者申请仲裁的方式依法主张解除合同，人民法院或者仲裁机构确认该主张的，合同自起诉状副本或者仲裁申请书副本送达对方时解除。"从可能性来看，当事人以诉讼或者仲裁方式解除合同，而人民法院或者仲裁机构又确认合同解除意思表示的，该合同解除生效的时点可以是解除权人起诉之日、相对人应诉之日、法院判决或仲裁裁决生效之日等。由于起诉或申请仲裁实质上相当于解除权人为解除合同意思表示，而此际人民法院或者仲裁机构所作出的是确认判决或者裁决的确认之诉，而非形成判决或裁决的形成之诉，因此应以载有解除请求的起诉状副本或者仲裁申请书副本送达对方时作为合同解除效力发生的时点。

（六）合同解除的效力

1. 合同解除效力的理论学说

对于合同解除的效力，大陆法系国家和地区主要存在四种不同的学说，简要介绍如下：一是直接效果说。该说认为，合同因解除而溯及既往地消灭，尚未履行的债务免于履行，已经履行的债务发生返还请求权。二是间接效果说。该说认为，合同本身并不因解除而归于消灭，只不过是使合同的作用受到阻止，其结果是：尚未履行的债务发生拒绝履行的抗辩权，已履行的债务发生新的返还债务。三是债务关系转换说。该说认为，由于解除使原合同债权关系变形、转换为原状恢复债权关系，原合同上的未履行债务转化为原状恢复债权关系的既履行债务而归于消灭，而原合同上的既履行债务则转化为原状恢复债权关系的未履行债务，经过履行后才消灭。四是折中说。该说认为，尚未履行的债务自解除时归于消灭，已履行的债务并不消灭，而是发生新的返还债务。

以上诸说中，间接效果说、债务关系转换说缺陷较为明显。直接效果说源自20世纪初期的德国理论，长期以来得到我国学界的认可。[1]不过，该说的问题是，它一方面强调解除使合同溯及既往归于消灭，另一方面又认为违约方应

〔1〕谢怀栻等：《合同法原理》，法律出版社2000年版，第253页；陈小君主编：《合同法学》（第一版），高等教育出版社2003年版，第222页；李永军：《合同法原理》，中国人民公安大学出版社1999年版，第169页。

赔偿解除权人履行利益损失，这两个方面存在着逻辑上的矛盾。而且我国原《合同法》第98条规定：“合同的权利义务终止，不影响合同中结算和清理条款的效力。”这一现实也不完全符合“解除使合同溯及既往归于消灭”的状况。目前，折中说业已得到较普遍的赞同。[1]

2. 合同解除的效力

（1）未履行的债务终止履行

《民法典》第566条第1款规定：“合同解除后，尚未履行的，终止履行；……”解除是提前消灭合同关系的手段之一，因此，在解除时，无论是解除权人还是相对人，只要他们所负的债务还未履行，该债务即归于消灭。

（2）已履行的债务恢复原状或者采取其他补救措施

《民法典》第566条第1款规定：“……已经履行的，根据履行情况和合同性质，当事人可以请求恢复原状或者采取其他补救措施，……”恢复原状是指恢复事物本来状态，在合同解除场合就是恢复到合同履行之前的状态，它只发生在合同全部或部分履行的情况下。“恢复原状”本包括实物形态的恢复原状与价值形态的恢复原状，但由于第566条第1款采用了“恢复原状或者采取其他补救措施”的表述，因此，该款中“恢复原状”仅指实物形态的恢复原状，即恢复财产原来的物理状态。当给付物为动产时，表现为返还动产；当给付物为不动产且已办毕移转登记手续时，表现为注销受领人的登记，并将该不动产复原登记到原给付人名下。“其他补救措施”是指价值形态的恢复原状，即恢复财产原来的经济价值，适用于合同标的为提供劳务、受领的标的物为金钱、受领的标的物毁损灭失等情形。

《民法典》第566条第1款中“合同履行情况”是指合同债务是否得到履行以及履行的程度。合同未得到履行或者合同已得到履行，是全部履行还是部分履行等，都会对合同解除后的恢复原状或者采取其他补救措施产生不同影响。“合同性质”主要是指合同是一时性合同还是继续性合同，合同的标的是提供物还是完成行为、是移转标的物所有权还是移转标的物使用权等。就一时性合同的解除而言，具有恢复原状的可能性，可发生恢复原状义务；就继续性合同的解除而言，或无恢复原状的可能性或不宜恢复原状，通常不产生恢复原状义务。根据合同受领的标的（物）的不同，合同解除后恢复原状义务应按以下情

---

〔1〕 韩世远：《合同法总论》（第四版），法律出版社2018年版，第672页；朱广新、谢鸿飞主编：《民法典评注：合同编通则》（第1册），中国法制出版社2020年版，第206页。

况履行：一是若受领的标的物为有体物，则受领人应返还原物。二是若受领的标的物为金钱，则受领人须返还等额金钱并附加自受领时起计算的利息。三是若受领的是物的使用或劳务，则受领人应折价补偿。四是若受领物在受领期间产生孳息，则受领人应一并返还原物与孳息。五是若受领人为应返还的受领物支出了必要费用，则受领人有权要求对方在接受返还利益的限度内赔付其已支付的必要费用。[1]

（3）赔偿损失

根据《民法典》第566条第1款的规定，解除权人除可以请求恢复原状或者采取其他补救措施外，还有权请求赔偿损失。在双方解除的情况下，当事人可就损害赔偿及其范围作出约定。在约定解除的情况下，若当事人已就损害赔偿及其范围作出约定，则亦从其约定。在法定解除的情况下，若是因不可抗力解除合同，则双方均无须承担民事责任（第180条），当然此际当事人应及时通知对方当事人采取必要的补救措施，否则应就扩大的损失承担损害赔偿责任（第590条）。若是因违约解除，则违约方应赔偿解除权人的履行利益损失。

《民法典》第566条第2款规定："合同因违约解除的，解除权人可以请求违约方承担违约责任，但是当事人另有约定的除外。"该款为《民法典》所新加，进一步强化了违约解除情形下解除与违约责任的并行关系。这里的"违约责任"应当限缩解释为"违约损害赔偿责任"。同时"违约损害赔偿"不但指法定损害赔偿，也包括约定损害赔偿即存在违约金条款的情况，因为违约金只不过是当事人对违约损害赔偿数额的预定，在性质上仍属"违约损害赔偿"的范畴。当然，此际仍应适用可预见性规则（第584条）、减轻损害规则（第591条）、与有过失规则等违约损害赔偿的限制性规则。在当事人约定了违约金条款的情况下，仍应适用违约金司法调整规则（第585条第2款）。

（4）担保人的担保责任

《民法典》第566条第3款规定："主合同解除后，担保人对债务人应当承担的民事责任仍应当承担担保责任，但是担保合同另有约定的除外。"该款亦为《民法典》新设，来源于2020年《民法典担保制度司法解释》第10条。《民法典》第559条规定："债权债务终止时，债权的从权利同时消灭，……"本条款规定合同解除后担保责任继续存在，当属该条之例外。

[1] 朱广新、谢鸿飞主编：《民法典评注：合同编通则》（第1册），中国法制出版社2020年版，第210页。

典型合同

第十一章 买卖合同

提 要

买卖合同是财产所有权有偿转让的合同，即出卖人转移财产所有权于买受人，买受人支付价款的合同。出卖人主要负有以下义务：（1）交付标的物并转移标的物所有权；（2）瑕疵担保义务，即权利瑕疵担保义务与物的瑕疵担保义务。买受人主要负有以下义务：（1）支付价款；（2）受领标的物；（3）暂时保管与应急变卖拒绝受领的标的物等。风险负担是买卖合同中极为重要的制度。风险是指因不可归责于当事人的事由致使标的物毁损灭失的不利状态。风险负担是指风险发生后，此种不利状态或损失由谁承担。在世界范围内，关于风险负担的规则主要存在着三种立法例，即风险在合同订立时转移、风险在所有权转移时转移、风险在交付时转移。《民法典》对买卖合同的风险负担原则上采纳交付主义，在一些具体的买卖合同类型中又设定了特殊规则。

重点问题

1. 买卖合同的标的物。
2. 出卖人的物的瑕疵担保义务。
3. 出卖人的权利瑕疵担保义务。
4. 未违约时买卖合同风险负担的一般规则。
5. 保留所有权买卖。

第一节 买卖合同概述

问题示例

赵某因外出打工，将一祖传古董交由邻居钱某保管。钱某因结婚用钱，情急之下谎称该古董为自己所有，卖给了古董收藏商孙某，得款10000元。年末，赵某回村，因古董与钱某发生纠纷。钱某与孙某之间的买卖合同效力如何？孙某能否取得该古董的所有权？

一、买卖合同的概念

对如何界定买卖合同，立法和理论上存在着狭义与广义两种观点。狭义说认为，买卖合同是财产所有权有偿转让的合同，即出卖人转移财产所有权于买受人，买受人支付价款的合同。广义说认为，买卖合同是财产权有偿转让的合同，即出卖人转移财产所有权或其他财产权于买受人，买受人支付价款的合同。两种观点的区别在于买卖合同的标的物范围不同。狭义说认为买卖合同的标的物为财产所有权，广义说认为买卖合同的标的物包括财产所有权以及其他财产权。《民法典》第595条规定："买卖合同是出卖人转移标的物的所有权于买受人，买受人支付价款的合同"，采纳了狭义的买卖合同概念。据此，买卖合同的标的物限于有体物，包括动产与不动产，不包括债权、用益物权、知识产权以及其他财产利益。

二、买卖合同的特征

（一）买卖合同是转移标的物所有权的合同

主给付义务是每一合同类型所固有的、用以决定合同基本类型的义务，《民法典》第595条通过规定买卖合同中双方当事人的主给付义务的方式来界定买卖合同。在买卖合同中，出卖人负有交付并转移标的物所有权的义务，买受人负有支付价款的义务。出卖人的主给付义务为转移标的物所有权，这就使买卖合同与租赁、借用等单纯转移使用权的合同不同，凸显出买卖合同为典型的"转移财产所有权"类型的属性。

（二）买卖合同是双务合同

在买卖合同中，出卖人负有转移标的物所有权的义务，买受人负有支付价款的义务。这两项义务具有对价关系，构成对待给付，因此买卖合同是双务合同。

（三）买卖合同是有偿合同

在买卖合同中，出卖人向买受人转移标的物所有权，将会获得买受人支付的价款；买受人向出卖人支付价款，将会得到出卖人转移的标的物所有权。因此，买卖合同是有偿合同。

（四）买卖合同是诺成、不要式合同

《民法典》合同编“买卖合同”一章并未处理买卖合同的诺成性或要物性、要式性或不要式性的问题。只要双方当事人就买卖合同的标的物及数量达成一致，买卖合同即成立，无须当事人交付标的物，因此买卖合同是诺成合同。根据《民法典》第135条有关民事法律行为的形式、第469条关于合同形式的规定，民事合同以诺成、不要式为原则。在《民法典》对买卖合同形式无特别规定的情况下，对买卖合同应作出不要式性的解释。不过，根据《城市房地产管理法》第41条的规定，房屋买卖合同应当采用书面形式。

（五）买卖合同是有因合同

在买卖合同中，出卖人承担转移标的物所有权的义务，其目的在于获得买受人的价金；买受人承担支付价金的义务，其目的在于获得标的物所有权。任何一方当事人的给付，均为对方当事人给付的原因或者交易目的。因此，买卖合同是有因合同。

三、买卖合同的通常条款

《民法典》第596条规定：“买卖合同的内容一般包括标的物的名称、数量、质量、价款、履行期限、履行地点和方式、包装方式、检验标准和方法、结算方式、合同使用的文字及其效力等条款。”该条规定了买卖合同的通常条款。这一规定是引导性或提示性的，[1]而非强制性的，主要发挥引导当事人正确签订买卖合同的作用。

在买卖合同的通常条款中，应区分必备条款与非必备条款。必备条款应包括当事人的名称或者姓名、标的物的名称与数量。买卖合同未约定标的物质量时，可以适用《民法典》第510条和第511条第1项有关质量标准的规定予以填补，因此可不以“质量”条款为必备条款。此外，买卖为商品交换的典型形

〔1〕 王利明：《合同法研究》（第三卷）（第二版），中国人民大学出版社2018年版，第57页。

式，而“价款”是商品交换的要素，因此有学者主张价款也应是买卖合同的必备条款。[1] “价款”对买卖合同固然重要，但考虑到《民法典》第510条和第511条第2项对合同未约定价款或约定不明的情形已设明文，可借助这些规定予以填补，故可不将“价款”纳入买卖合同的必备条款。

总之，买卖合同的必备条款包括当事人名称或者姓名、标的物的名称与数量。欠缺这些必备条款将影响买卖合同的成立。至于标的物的质量、价款等其他条款，则属于买卖合同的非必备条款，欠缺这些条款不影响买卖合同的成立。

四、买卖合同的标的物

买卖合同的标的物一般是出卖人所有或者出卖人有权处分的、法律允许自由转让的标的物。此外还有一些特殊情况需要讨论。

（一）出卖人未取得处分权的标的物

《民法典》第597条第1款规定：“因出卖人未取得处分权致使标的物所有权不能转移的，买受人可以解除合同并请求出卖人承担违约责任。”如果不承认负担行为与处分行为二分，该款规定可以理解为：出卖人在订立买卖合同时无处分权的，不影响买卖合同的效力；出卖人在履行义务时，如因未取得处分权致使标的物所有权不能转移，应承担违约责任。如果承认负担行为与处分行为二分，则该款规定系有关买卖合同这一负担行为效力的规定。由于负担行为的有效不以行为人有处分权为要件，因此当出卖人无处分权而订立买卖合同时，该买卖合同有效。嗣后因出卖人无处分权致使处分行为不能生效、标的物所有权不能转移的，出卖人应向买受人承担违约责任，买受人可以寻求解除合同、赔偿损失等违约救济措施。

（二）法律、行政法规禁止或限制转让的标的物

《民法典》第597条第2款规定：“法律、行政法规禁止或者限制转让的标的物，依照其规定。”该款在性质上为参引性规范。在我国现行法体系中，一些法律、行政法规对某些标的物的转让加以禁止或者限制，买卖双方当事人应遵守这些规定。例如，《民法典》第242条规定：“法律规定专属于国家所有的不动产和动产，任何组织或者个人不能取得所有权。”《农村土地承包法》第4条第2句规定：“承包地不得买卖。”《土地管理法》第2条第3款第1句规定：“任何单位和个人不得侵占、买卖或者以其他形式非法

[1] 王利明：《合同法研究》（第三卷）（第二版），中国人民大学出版社2015年版，第56页。

转让土地。”在我国，土地属于国家所有或者集体所有，不能成为买卖的标的物。法律、行政法规禁止转让的标的物为禁止流通物，不得作为买卖标的物，如伪造的货币、毒品、淫秽物品等。法律、行政法规限制转让的标的物为限制流通物，只有在限定的领域内流通，如枪支、弹药等。国家对枪支的制造、配售实行特别许可制度。未经许可，任何单位或者个人不得制造、买卖枪支（《枪支管理法》第13条）。

（三）具有知识产权的标的物

《民法典》第600条规定：“出卖具有知识产权的标的物的，除法律另有规定或者当事人另有约定外，该标的物的知识产权不属于买受人。”此为有关具有知识产权的标的物买卖中知识产权归属的规定。

两个交易主体之间要有偿转让知识产权，须订立知识产权有偿转让合同。由于《民法典》第595条对买卖合同的标的物范围采取狭义的界定，因此虽然知识产权的有偿转让与有体物所有权的有偿转让均属于“财产有偿转让”，实质上均为“买卖”，但前者并不能被称为“买卖”，也不属于《民法典》合同编“买卖合同”一章的规范对象。有关知识产权的有偿转让合同由其他法律调整，如《专利法》第10条、《商标法》第42条、《著作权法》第27条等。在买卖合同中，有些标的物本身可能是一定知识产权的载体。例如，出卖人向买受人出售一件由其完成的国画，该国画上即承载着出卖人的著作权。在双方的买卖合同中，作为交易指向对象的标的物为国画，而非国画所承载的知识产权。《民法典》第600条规定的意旨在于说明，作为知识产权载体的买卖与知识产权的买卖不同。仅仅买卖知识产权载体的，只是该载体的所有权发生转移，不能认为知识产权本身也转移给买受人。当然，如果当事人明确约定，出卖人的标的物与其上所承载的知识产权一并转让给买受人，或者法律明确规定某种知识产权随同标的物的转移而转移，自应遵从该约定或依照该规定。

第二节 买卖合同的效力

问题示例

某日，甲在乙百货公司选购了一台洗碗机，价款为5000元。货款付清后，店员丙告知甲可代客送货，甲就在包装好的洗碗机箱上写明姓名、地址，请求乙代为送达。当天下午，丙将洗碗机交由与乙签订有送货特约的丁货运公司送货。运送途中，丁的司机戊因驾车不慎，与己驾驶的自用车相撞，戊、己均有过失，洗碗机因撞车而损坏。本案中，洗碗机的所有权归属于谁？甲可依何种法律关系向乙主张权利？甲可否向丁、己请求损害赔偿？乙可否向丁、己请求损害赔偿？

一、对出卖人的效力

（一）交付标的物并转移标的物所有权的义务

在买卖合同中，出卖人应当履行的最基本义务是，向买受人交付标的物或者交付提取标的物的单证，并转移标的物所有权（《民法典》第598条）。此为出卖人的主给付义务。

1. 交付标的物

交付是指占有的转移。交付可以是出卖人将标的物直接交给买受人，也可以是依约定交给买受人的代理人或买受人指定的第三人。

（1）交付的类型

交付可分为现实交付与拟制交付两种类型。现实交付是指出卖人将对标的物现实的直接支配力或管领力转移于买受人，使标的物由买受人直接占有并处于其控制之下。交付一般由出卖人亲自实施，不过法律也承认可以由第三人代出卖人交付。例如，出卖人与他人订立委托合同，使受托人向买受人交付。又如，出卖人的占有辅助人代为交付，或者第三人依出卖人的指令向买受人交付。拟制交付是指出卖人将对标的物的权利转移给买受人，以代替对实物的交付。拟制交付又分为简易交付、占有改定与指示交付三种类型。

第一，简易交付是指在买卖合同订立以前，买受人因其他原因已实际占有标的物的，则买卖合同生效之时即为交付之时，标的物所有权转移给买受人。对此，《民法典》第226条规定，动产物权设立和转让前，权利人已经占有该动产的，物权自民事法律行为生效时发生效力。该条所谓“民事法律行为生效”，在第598条的情形就是指买卖合同生效。民法之所以允许此种无形的交付，是出于交易便捷的考虑。在此种交付中，买受人占有动产的原因，究竟为租赁、保管、拾得遗失物、有权占有还是无权占有，均在所不问。

第二，占有改定是指当事人约定在转移标的物的所有权后，出卖人仍然继续占有标的物，使买受人取得标的物的间接占有，以代替标的物的交付。对此，《民法典》第228条规定，动产物权转让时，当事人又约定由出让人继续占有该动产的，物权自该约定生效时发生效力。民法承认占有改定，亦为出于简化动产物权转移的考虑。该条中的“约定”不限其种类，借用、租赁、保管等均无不可，但须限于出让人与受让人之间。受让人必须取得间接占有，出让人则可为直接占有人或间接占有人。

第三，指示交付是指标的物由第三人占有时，出卖人将对第三人享有的标的物返还请求权让与买受人，以替代标的物的实际交付。对此，《民法典》第227条规定，动产物权设立和转让前，第三人占有该动产的，负有交付义务的人可以通过转让请求第三人返还原物的权利代替交付。指示交付也称为返还请求权之让与，其立法目的也在于简化交易。

（2）交付的意义

第一，交付决定标的物所有权的转移。除法律另有规定以外，原则上交付是所有权转移的一般规则（《民法典》第224条）。以交付作为标的物所有权转移的标准，是交付的最重要的效果。现实生活中大量的日常买卖交易都是以交付为标志即时完成的。

第二，交付决定债务人合同债务的履行。交付所导致的标的物所有权转移的效力与合同债务履行的效力往往是同时发生的。但要注意到，交付在物权法与合同法中的意义不同：在物权法中，交付是动产物权变动的公示方法；在合同法中，交付则是合同的履行行为。公示的侧重点在于可识别的权利外观，履行行为关注的则是合同双方的内部关系。[1]

第三，交付决定标的物风险的转移。除法律另有规定或者当事人另有约定以外，我国民法以交付主义作为买卖合同风险负担的一般规则。也就是说，原则上交付的时点即为买卖合同标的物风险转移的时点（《民法典》第604条）。

第四，交付决定标的物孳息的归属。买卖合同订立后标的物发生的孳息的

〔1〕 吴香香：《〈合同法〉第142条（交付移转风险）评注》，载《法学家》2019年第3期。

归属，在学理上被称为利益承受。一般而言，利益承受与标的物风险的转移相关联，与之实行相同的分配原则。《民法典》第630条规定，标的物在交付之前产生的孳息，归出卖人所有；交付之后产生的孳息，归买受人所有。但是，当事人另有约定的除外。因此，交付也是决定标的物孳息归属的基本标准。

值得注意的是，在很多情况下，出卖人无须向买受人交付标的物，仅须交付提取标的物的单证即可。提取标的物的单证就是所有权凭证，典型者如仓单、提单等。单证的交付意味着标的物所有权的转移。此际，买受人虽然还没有实际占有标的物，但可以凭单证提取标的物。出卖人向买受人交付提取标的物的单证，亦为履行其所承担的主给付义务。

（3）交付标的物时的义务

在交付标的物时，出卖人负有以下义务：

①出卖人交付标的物时，如果所出卖的标的物有从物，应同时将从物交付给买受人（《民法典》第320条）。

②出卖人应按照约定的时间交付标的物。对此，应注意以下两种情形。

第一，当事人约定交付期限的，出卖人可以在该交付期限内的任何时间交付（《民法典》第601条第2句）。当事人可以在买卖合同中约定交付的具体时间点或者交付的期限。合同约定了交付时间点的，出卖人应严格按照约定的时间点交付标的物，买受人也应在约定的时间点受领给付。合同约定了交付期限的，出卖人可以在该期限内的任何时间履行交付义务，买受人不得拒绝受领。出卖人未在约定的期限内履行交付义务的，构成履行迟延，应当承担违约责任。

第二，当事人没有约定标的物的交付期限或者约定不明确的，适用《民法典》第510条、第511条第4项的规定（《民法典》第602条）。具体而言：其一，当事人可以就标的物的交付期限达成协议补充；如果不能达成补充协议，应当按照合同相关条款或者交易习惯确定交付期限。例如，标的物为农产品、水果等季节性产品的，最迟应在季节末交付。又如，月饼买卖合同中虽然未就交付时间作出约定，但根据交易习惯，出卖人应在中秋节之前交付月饼。其二，如果根据前述规则仍不能确定交付期限，则出卖人可以随时履行，买受人也可以随时请求履行，但是应当给对方必要的准备时间。

③出卖人应按照约定的地点交付标的物。根据《民法典》第603条第2款的规定，当事人没有约定交付地点或者约定不明确的，应依据第510条的规定确定交付地点。仍不能确定交付地点的，应当适用下列规则：第一，标的物需要

运输的，出卖人应当将标的物交付给第一承运人以运交给买受人（第1项）。此时出卖人将标的物交付给第一承运人的地点为交付地点。无论标的物的运输是采用铁路、公路、海上、航空运输还是多式运输，也不论运输经过几个承运人，只要出卖人将标的物交付给第一承运人，就已按合同的约定完成了交付。第二，标的物不需要运输，出卖人和买受人订立合同时知道标的物在某一地点的，出卖人应当在该地点交付标的物（第2项）。此时交付地点为双方知道的标的物所在地，如存放标的物的车间、仓库等。第三，标的物不需要运输，出卖人和买受人订立合同时不知道标的物在某一地点的，应当在出卖人订立合同时的营业地交付标的物（第2项）。此时交付地点为出卖人订立合同时的营业地。如果出卖人没有营业地，宜以出卖人的居住地作为交付地点。

④出卖人应当按照约定的包装方式交付标的物。当事人对包装方式没有约定或者约定不明确，依据《民法典》第510条的规定仍不能确定的，应当按照通用的方式包装；没有通用方式的，应当采取足以保护标的物且有利于节约资源、保护生态环境的包装方式（《民法典》第619条）。所谓“通用的方式”，是指在特定行业或特定地域，出卖人通常采取的包装方式。

2. 转移标的物所有权

转移标的物所有权是指出卖人使买受人取得标的物的所有权。转移标的物所有权不仅为买卖合同的典型特征，也是买受人的订约目的。一般而言，出卖人交付标的物即在同时履行转移标的物所有权的义务，但也存在着出卖人交付标的物与转移标的物所有权发生分离的情形。在此意义上，不妨认为交付是出卖人的主给付义务之一，独立于所有权让与的义务。[1]

交付标的物与转移标的物所有权发生分离，主要发生在以下三种情形：第一，就不动产买卖而言，由于不动产所有权的转移原则上须经登记才发生效力（《民法典》第209条第1款），故出卖人交付不动产并不导致不动产所有权的转移。第二，就船舶等特殊动产买卖而言，出卖人交付标的物后，所有权虽然转移给买受人，但出卖人仍负有为买受人办理转移登记的义务，否则买受人取得的所有权就不能对抗善意第三人（《民法典》第225条）。第三，就保留所有权买卖而言，出卖人虽已交付标的物，但根据当事人的约定，买受人须付清价款或者履行其他义务时标的物所有权才转移给买受人，付清价款前出卖人仍保留标的物所有权（《民法典》第641条）。

---

〔1〕 吴香香：《〈合同法〉第142条（交付移转风险）评注》，载《法学家》2019年第3期。

（二）交付提取标的物单证以外的有关单证和资料的义务

出卖人在向买受人交付标的物时，应当按照约定或者交易习惯，向买受人交付提取标的物单证以外的有关单证和资料（《民法典》第599条）。此所谓“交付”，不仅包括相关单证的移交，出卖人还可以通过电子手段或传真来发送它们。[1]此所谓“提取标的物单证以外的有关单证和资料”，主要应当包括保险单、保修单、普通发票、增值税专用发票、产品合格证、质量保证书、质量鉴定书、品质检验证书、产品进出口检疫书、原产地证明书、使用说明书、装箱单等（《买卖合同解释》第4条）。出卖人交付此类单证和资料，与买受人办理所有权登记、海关报关等手续，向承运人和保险公司索赔，以及确保标的物的质量、保修、检验、包装、正确使用等，直接影响到买受人缔约目的的实现，因此十分重要，在国际贸易中尤其如此。

出卖人交付提取标的物单证以外的有关单证和资料的义务不是主给付义务。出卖人违反该义务的，通常不构成根本违约，买受人也难以行使同时履行抗辩权。该义务究竟是从给付义务还是附随义务？宜定性为从给付义务，理由有两个：第一，附随义务系依诚实信用原则产生；交付其他单证和资料的义务则是依当事人之间的约定或者交易习惯产生的。第二，附随义务主要是为了保护合同当事人的固有利益不受损害；交付其他单证和资料的义务主要是为了实现债权人的履行利益，不应归入附随义务的范畴。[2]

（三）瑕疵担保义务

瑕疵担保义务，是指有偿合同中的债务人对其作出的给付应担保权利完整和标的物质量合格。债务人违反瑕疵担保义务，应承担瑕疵担保责任。买卖合同中的出卖人负有瑕疵担保义务，包括物的瑕疵担保义务与权利瑕疵担保义务。

1.物的瑕疵担保义务

（1）物的瑕疵担保义务的概念

物的瑕疵担保义务，是指出卖人负有担保其出卖的标的物在质量方面符合合同约定与法律规定的义务。如果标的物在质量方面不符合合同约定与法律规定，则为有“物的瑕疵”。债务人违反此种担保义务，应承担物的瑕疵担保责

---

〔1〕 欧洲民法典研究组、欧盟现行私法研究组编著，［德］克里斯蒂安·冯·巴夫、［德］埃里克·克莱夫主编：《欧洲私法的原则、定义与示范规则：欧洲示范民法典草案（全译本）》（第四卷：有名合同及其产生的权利义务），高圣平等译，法律出版社2014年版，第42页。

〔2〕 王利明：《合同法研究》（第三卷），中国人民大学出版社2018年版，第78页。

任。《民法典》第615条规定："出卖人应当按照约定的质量要求交付标的物。出卖人提供有关标的物质量说明的，交付的标的物应当符合该说明的质量要求。"该条一般性地确立了出卖人的物的瑕疵担保义务。

（2）物的瑕疵担保责任的性质

在不少大陆法系国家和地区的民法中，瑕疵担保责任与债务不履行责任之间具有较大差异。虽然对瑕疵担保责任的性质存在着"法定责任说"与"债务不履行说"的分歧，但前者是主流观点。在我国民法中，违约责任与物的瑕疵担保责任在若干方面已被修正，使得两者的差距不大。这表现在：第一，两者的归责原则一致，都实行无过错责任原则。第二，物的瑕疵担保责任适用不完全给付责任（《民法典》第617条），两者在法律效果上具有一致性。实际上，物的瑕疵担保责任与违约责任仅仅在构成要件上存在区别。在物的瑕疵担保责任中，买受人负有在质量异议期间内检验通知的义务，也即向出卖人主张标的物存在瑕疵。由于两者的差距不大，我国主流观点认为，物的瑕疵担保责任业已丧失了独立性，被纳入违约责任的范畴。当然，也有观点主张，瑕疵担保责任与违约责任存在竞合现象，出卖人究竟是承担瑕疵担保责任还是违约责任，由买受人自主选择。[1]

（3）物的瑕疵担保责任的构成要件

出卖人承担物的瑕疵担保责任，须具备以下条件。

①出卖人交付的标的物不符合质量要求

该质量要求可能是约定的质量要求，也可能是法定的质量要求，还可能是出卖人提供的有关标的物质量说明中的质量要求。详言之：在买卖合同中，当事人一般会对标的物的质量作出约定，此时出卖人应当按照约定的质量要求交付标的物。有时出卖人也可能提供有关标的物"质量说明"，该质量说明实质上是出卖人对质量标准作出明示的单方允诺。此际，出卖人交付的标的物在质量标准上必须符合该说明的标准，否则视为标的物在质量上存在瑕疵。如果法律对某类物品的质量规定了强制性标准，当事人约定的质量要求或者出卖人提供的质量说明不得低于该强制性标准。如果当事人对标的物的质量要求没有约定或者约定不明确，应当依据《民法典》第510条的规定确定；仍不能确定的，适用第511条第1项的规定（《民法典》第616条）。

---

〔1〕 崔建远：《合同法总论》（中卷），中国人民大学出版社2012年版，第412页。

②买受人及时检验标的物

出卖人交付的标的物不符合质量要求时，虽然买受人可以请求其承担违约责任，但买受人能否寻求此种救济，在程序上还须确认标的物是否符合质量要求。这就使及时检验标的物变得十分重要。《民法典》第620条规定，买受人收到标的物时应当在约定的检验期限内检验。没有约定检验期限的，应当及时检验。该条确立了两项规则：第一，买受人应当在约定的检验期限内检验。实践中可能发生当事人约定的检验期限过短的现象。对此，《民法典》第622条规定，当事人约定的检验期限过短，根据标的物的性质和交易习惯，买受人在检验期限内难以完成全面检验的，该期限仅视为买受人对标的物的外观瑕疵提出异议的期限；约定的检验期限或者质量保证期短于法律、行政法规规定的期限的，应当以法律、行政法规规定的期限为准。第二，没有约定检验期限时，买受人应当及时检验。“及时检验”是指买受人应在合理期限内进行检验。合理期限应根据标的物的质量、交付地点、买受人的检验能力等因素综合判断。

买受人的检验义务在性质上为不真正义务。买受人未履行检验义务，将导致“视为标的物质量合格”的效果；因物的瑕疵产生的损失由买受人承担，不发生买受人向出卖人承担违约责任的后果。

③买受人及时向出卖人通知标的物不符合约定的情况

要使出卖人对标的物瑕疵承担瑕疵担保责任，买受人须及时检验标的物，并将标的物数量或质量不符合约定的情况通知出卖人。为此，《民法典》第621条规定了买受人的通知义务。该义务性质上为不真正义务，因为买受人不予检验、不提出质量异议的法律效果是得不到本可获得的利益，并不就此承担支付违约金、赔偿损失的积极负担。该规定的核心意旨在于信赖保护与促进效率。[1]对该条可从如下几个方面分析。

第一，约定检验期限时买受人的通知义务。当事人约定检验期限的，买受人应当在检验期限内将标的物的数量或者质量不符合约定的情形通知出卖人；买受人怠于通知的，视为标的物的数量或者质量符合约定（《民法典》第621条第1款）。“怠于通知”包括通知不适格与期限经过两种情形。通知不适格是指买受人虽在通知期限内为通知，但通知本身达不到要求。通知是指买受人将标的物与合同不符之情事，以具体指明不符所在之方式，告知出卖人，并不要求买受人有行使违约救济权利的意思。通知在性质上为准法律行为，采形式自由

〔1〕 金晶：《〈合同法〉第158条评注（买受人的通知义务）》，载《法学家》2020年第1期。

原则，不以践行一定形式为必要。通知须具体指明瑕疵所在及情形，以保障能够充分识别瑕疵。买受人仅通知存在瑕疵或作宽泛描述，笼统称质量不合格、须返修、欠佳、不良、不满意、工艺粗制滥造等，皆为通知内容不适格。期限经过是指买受人未在约定的检验期限内通知。

第二，未约定检验期限时买受人的通知义务。当事人没有约定检验期限的，买受人应当在发现或者应当发现标的物的数量或者质量不符合约定的合理期限内通知出卖人。买受人在合理期限内未通知或者自收到标的物之日起二年内未通知出卖人的，视为标的物的数量或者质量符合约定；但是，对标的物有质量保证期的，适用质量保证期，不适用该二年的规定（《民法典》第621条第2款）。此所谓“合理期限”为不确定概念，应当综合当事人之间的交易性质、交易目的、交易方式、交易习惯、标的物的种类、数量、性质、安装和使用情况、瑕疵的性质、买受人应尽的合理注意义务、检验方法和难易程度、买受人或者检验人所处的具体环境、自身技能以及其他合理因素，依据诚实信用原则进行判断。此所谓“二年”是最长的合理期限；该期限为不变期间，不适用诉讼时效中止、中断或者延长的规定（《买卖合同解释》第12条）。

第三，出卖人知道或者应当知道提供的标的物不符合约定的，买受人不受《民法典》第621条第1款、第2款规定的通知时间的限制（《民法典》第621条第3款）。此所谓“知道”是指出卖人明知标的物不符合合同约定；“应当知道”是指根据一般人的判断能力，在通常情况下能发现标的物数量、质量不符合约定。出卖人知道或者应当知道的时点，应是出卖人交付标的物之时。

第四，对于《民法典》第621条规定的约定检验期限、合理期限、2年期限或者质量保证期的性质，理论与实务中存在着除斥期间说[1]、或有期间说[2]、诉讼时效期间说、质量异议期间说[3]、独立期间说[4]等不同观点。这些期间可以统称为质量异议期间，它与诉讼时效期间具有以下差异：其一，质量异议期间首先是约定期间，而诉讼时效期间为法定期间。其二，质量异议期间的适用对象包含请求权与形成权（如减价权），而诉讼时效期间的适用对象

〔1〕韩世远：《租赁标的瑕疵与合同救济》，载《中国法学》2011年第5期；耿林：《论民法总则的撤销期间》，载《华东政法大学学报》2018年第5期；耿林：《论除斥期间》，载《中外法学》2016年第3期；王洪亮：《债法总论》，北京大学出版社2016年版，第294页。

〔2〕王轶：《民法总则之期间立法研究》，载《法学家》2016年第5期。

〔3〕王利明：《合同法研究》（第三卷）（第二版），中国人民大学出版社2018年版，第84页。

〔4〕崔建远：《论检验期间》，载《现代法学》2018年第4期。

为请求权。其三，诉讼时效期间届满的效果是义务人取得拒绝履行的抗辩权，权利本身并不消灭，而质量异议期间届满的效果是买受人请求出卖人承担瑕疵担保责任的权利不产生。其四，在质量异议期间内，买受人向出卖人主张权利的，则买受人行使权利的期间转换为诉讼时效期间，而诉讼时效期间则不发生此种转换现象。其五，质量异议期间不发生中止、中断、延长的问题，诉讼时效期间则可发生中止、中断、延长的效果。其六，质量异议期间的起算点，在当事人约定检验期限的场合，自约定的第一天开始起算；在当事人未约定检验期限的场合，自能够检验标的物时起算或者自发现或应当发现标的物质量不符合约定时起算；标的物有质量保证期的，自规定的质量保证期的第一天起算。[1]诉讼时效期间原则上自权利人知道或者应当知道权利受到损害以及义务人之日起计算。

第五，买受人未在质量异议期间内履行通知义务的法律效果是“视为标的物的数量或者质量符合约定”（《民法典》第621条第1款、第2款）。“视为”在性质上不属于“法律上推定”，而属于“法律拟制”。法律上推定是指由于某一事实的存在或真实而推定出另一事实。但推定的事实未必就是客观事实，当事人可以相反的证据推翻。法律拟制是立法或司法将两种本不相同的事实等同，作相同的法律评价，使不同的事实产生相同的法律效果。一旦某种情势被法律所拟制，则当事人不能再予以推翻。就“视为标的物的数量或者质量符合约定”而言，无论标的物是否确实存在瑕疵，法律都拟制为无瑕疵；即使买受人能提出充分证据证明瑕疵存在，也不能翻转法律拟制为没有瑕疵的效果。为确认这一效果，《买卖合同解释》第14条规定，《民法典》第621条规定的检验期限、合理期限、二年期限经过后，买受人主张标的物的数量或者质量不符合约定的，法院不予支持。

④买受人订立合同时不知标的物不符合质量要求且无重大过失。《民法典》未设此一要件。不过，该要件为大陆法系民法的立法通例。[2]如果订立买卖合同时，买受人明知标的物存在瑕疵或者因重大过失而不知标的物存在瑕疵，可认为其自愿承受有瑕疵的标的物，法律不必对其提供保护。当然，如果出卖人因重大过失不知标的物上存在瑕疵，而出卖人故意不告知瑕疵或者保证无瑕疵的，则出卖人仍应承担瑕疵担保责任。

---

〔1〕崔建远：《物的瑕疵担保责任的定性与定位》，载《中国法学》2006年第6期。

〔2〕参见《德国民法典》第442条；我国台湾地区“民法”第355条。

⑤当事人未以特约免除出卖人的瑕疵担保责任。根据合同自由原则，买卖合同当事人可就违约责任的承担、责任范围等问题作出特别安排。因此，当事人约定减轻或者免除出卖人应承担的物的瑕疵担保责任的，该约定原则上有效；但是，因出卖人故意或者重大过失不告知买受人标的物瑕疵的，出卖人无权主张减轻或者免除责任（《民法典》第618条）。

（4）物的瑕疵担保责任的法律后果

《民法典》第617条规定，出卖人交付的标的物不符合质量要求的，买受人可以依据第582条至第584条的规定请求承担违约责任。该条中“违约责任”的措辞表明，出卖人违反物的瑕疵担保义务的法律后果为“违约责任”。这说明《民法典》未采纳瑕疵担保责任独立说的观点，而是将其纳入违约责任的范畴。该条为参引性规定，适用时须参引《民法典》第582条至第584条。据此，买受人可合理选择请求出卖人承担修理、重作、更换、退货、减少价款、赔偿损失等违约责任。对此可作如下说明。

第一，修理责任一般由出卖人承担。买受人在检验期限、质量保证期、合理期限内提出质量异议，出卖人未按要求予以修理或者因情况紧急，买受人自行或者通过第三人修理标的物后，可以请求出卖人负担因此发生的合理费用（《买卖合同解释》第16条）。

第二，退货一般意味着买受人解除合同，个别情况下可转化为代物清偿，即出卖人另以他物代替被退回的标的物。若买受人退货时并无解除合同的意思表示，则退货就不意味着解除合同，买受人仍承担支付价款的义务。

第三，减少价款，从填补买受人损失的角度来看，可视为损害赔偿。不过，减少价款是按照物有所值的规则进行，不受与有过失、损益同销等规则的限制；并且可以与违约金并罚，即便该违约金是赔偿性违约金。[1]减少价款从权利的角度来看就是减价权，减价权性质上属于形成权。买受人行使减价权时，可以主张以符合约定的标的物和实际交付的标的物按交付时的市场价值计算差价；如果价款已经支付给出卖人，买受人可以请求返还减价后多出部分价款（《买卖合同解释》第17条）。

2. 权利瑕疵担保义务

（1）权利瑕疵担保义务的概念

权利瑕疵担保义务，是指出卖人应担保买受人取得标的物所有权，保证任

---

〔1〕 崔建远：《物的瑕疵担保责任的定性与定位》，载《中国法学》2006年第6期。

何第三人不会就该标的物向买受人主张任何权利。出卖人违反权利瑕疵担保义务，应当承担权利瑕疵担保责任。在买卖合同中，出卖人不仅应向买受人交付符合质量要求的标的物，而且应使标的物所有权能全部转让给买受人，买受人取得的所有权不存在任何权利负担。

（2）权利瑕疵担保责任的构成要件

出卖人承担权利瑕疵担保责任，须具备以下条件。

①买卖标的物上存在权利瑕疵

买卖标的物上存在权利瑕疵，包括第三人享有所有权、他物权及其他可对抗买受人的权利，如准物权、租赁权、知识产权等。例如，出卖人将他人之物出卖给买受人、将仿造他人专利产品制造的产品出卖给买受人。就该要件，我国原《合同法》第150条表述为“出卖人就交付的标的物，负有保证第三人不得向买受人主张任何权利的义务”，《民法典》第612条则规定为“出卖人就交付的标的物，负有保证第三人对该标的物不享有任何权利的义务”。根据后者的规定可知，仅第三人就标的物向买受人主张权利，并不能使出卖人承担权利瑕疵担保责任；只有在第三人对标的物享有权利，也即给买受人造成实质妨害的情况下，出卖人才承担权利瑕疵担保责任。

对于权利瑕疵的存在时点，多数观点认为权利瑕疵必须在买卖合同成立时已经存在。[1]该观点应是受权利瑕疵担保责任为独立责任的立法模式的影响。采该模式的立法之所以强调权利瑕疵须于买卖合同成立时存在，是因为权利瑕疵在买卖合同成立后才产生的，属于债务不履行或危险负担的问题，不发生权利瑕疵担保责任，以此凸显权利瑕疵担保责任独立于债务不履行责任的实益。《瑞士债务法》第192条第1款就要求，权利瑕疵须在买卖合同订立时已经存在。但是，如果认为出卖人违反权利瑕疵担保义务的责任为违约责任，则权利瑕疵的存在时点亦可为买卖合同成立后、所有权转移之前。

②买受人在买卖合同成立时不知且不应知有权利瑕疵

根据《民法典》第613条的规定，买受人订立合同时知道或者应当知道第三人对买卖的标的物享有权利的，出卖人不承担第612条规定的权利瑕疵担保义务。该条为免除出卖人的权利瑕疵担保义务的规定，属于第612条但书所称“法

〔1〕最高人民法院经济审判庭著：《合同法解释与适用》（上册），新华出版社 1999 年版，第 700 页；魏振瀛主编：《民法》（第三版），北京大学出版社、高等教育出版社 2000 年版，第 445—446 页；李永军：《合同法》（第二版），法律出版社 2005 年版，第 829 页；崔建远：《合同法》，北京大学出版社 2012 年版，第 412 页。

律另有规定的除外”的情形。之所以如此规定，是因为买受人在订立合同时知道或者应当知道标的物上存在权利瑕疵，却仍然订立买卖合同的，说明买受人自愿承受第三人对标的物享有权利的风险，法律对其无特别保护的必要。[1]适用该条时需要注意以下问题：第一，所谓买受人“知道”，是指买受人明知第三人对标的物享有权利；所谓买受人“应当知道”，是指买受人若尽合理注意义务，就能知道标的物上存在第三人的权利，仅因买受人的过失而不知标的物存在权利瑕疵。第二，买受人知道或应当知道第三人对标的物享有权利的时间，限于买卖合同订立时。也就是说，在买卖合同订立之前或者订立之时，买受人就知道标的物存在权利瑕疵。若买受人在买卖合同订立后才知道权利瑕疵，出卖人应当承担权利瑕疵担保责任。

买受人订立合同时不知标的物上有权利瑕疵，受让标的物时亦不知该瑕疵，嗣后才知悉该瑕疵的，出卖人是否应承担权利瑕疵担保责任？之所以提出该问题，是因为当买受人与出卖人进行交易时，若买受人“受让该不动产或者动产时是善意”，并且符合善意取得制度的其他条件，买受人就可以善意取得标的物的所有权（《民法典》第311条）。在这种情况下，因买受人已经取得无权利瑕疵的所有权，其利益未受损害，故出卖人无须向买受人承担权利瑕疵担保责任。

③当事人未约定减轻或者免除出卖人的权利瑕疵担保责任

法律关于权利瑕疵担保义务的规定为任意性规定。当事人以特约限制或免除出卖人的权利瑕疵担保义务的，出卖人就不负有相应的权利瑕疵担保责任。在立法例上，《法国民法典》第1627条、《德国民法典》第476条、《瑞士债务法》第199条均如此规定。不过，在此情形，若出卖人故意不告知权利瑕疵或者保证无权利瑕疵，出卖人仍应承担违反权利瑕疵担保义务的责任。《民法典》第618条规定：“当事人约定减轻或者免除出卖人对标的物瑕疵承担的责任，因出卖人故意或者重大过失不告知买受人标的物瑕疵的，出卖人无权主张减轻或者免除责任。”权利瑕疵担保的情形可以类推适用该规定。

（3）权利瑕疵担保责任的法律效果

在德国和我国台湾地区“民法”中，权利瑕疵担保责任的法律效果与债务不履行责任相同。《民法典》未完整规定出卖人违反权利瑕疵担保义务的法律效果，仅在第614条规定，买受人有确切证据证明第三人对标的物享有权利的，

〔1〕 陈添辉：《买卖》，中国台湾地区三民书局股份有限公司2006年版，第79页。

可以中止支付相应的价款，但是出卖人提供适当担保的除外。其实，与违反物的瑕疵担保义务的后果一样，出卖人违反权利瑕疵担保义务的，应根据《民法典》合同编通则中违约责任的一般规定（尤其是第582—584条）承担违约责任。《民法典》第597条第1款规定，因出卖人未取得处分权致使标的物所有权不能转移的，买受人可以解除合同并请求出卖人承担违约责任。这也表明出卖人违反权利瑕疵担保义务的法律效果是承担违约责任。

（四）自行或者委托第三人回收标的物的义务

《民法典》第625条规定："依照法律、行政法规的规定或者按照当事人的约定，标的物在有效使用年限届满后应予回收的，出卖人负有自行或者委托第三人对标的物予以回收的义务。"该条规定的出卖人回收标的物的义务，是第9条规定的绿色原则的具体化。根据该条规定，出卖人回收义务的来源有二：一是法律、行政法规的规定。例如，《固体废物污染环境防治法》第18条第2款规定："生产、销售、进口依法被列入强制回收目录的产品和包装物的企业，必须按照国家有关规定对该产品和包装物进行回收。"二是当事人的约定。

二、对买受人的效力

（一）支付价款的义务

买卖合同是出卖人转移标的物所有权于买受人，买受人支付价款的合同。因此，支付价款的义务是买受人的主给付义务。

1. 价款数额与支付方式的确定

买卖合同一般会对价款的数额与支付方式作出约定，此时买受人应按照约定的数额和支付方式支付价款。就价款的数额而言，实践中当事人约定的价款未必是确定的数额，有时表现为约定确定价格的方式。例如，在价格不断变动的情况下，当事人约定按履行当日国内某批发市场的价格来履行。此即"活价条款"。就支付方式而言，较为常见的支付方式如一次缴清或分期付款，邮汇、电汇或者现金支付，买受人亲自支付或由他人代为支付等。当事人对价款的数额和支付方式没有约定或者约定不明确的，适用《民法典》第510条、第511条第2项和第5项的规定（《民法典》第626条）。

2. 支付价款的地点

买卖合同一般会对支付价款的地点作出约定，此时买受人应按照约定的地点支付价款。根据《民法典》第627条的规定，当事人对支付价款的地点没有约定或者约定不明确的，应当依据第510条的规定确定；仍不能确定的，买受人应当在出卖人的营业地支付价款，但是约定支付价款以交付标的物或者交付提取标的物单证为条件的，应当在交付标的物或者交付提取标的物单证的所在地支付。其中之所以规定“买受人应当在出卖人的营业地支付价款”，是因为在没有另外约定的情况下，出卖人的营业地是交易经常发生的地点，一般也是出卖人的主要办事机构所在地或者出卖人的住所。规定在出卖人的营业地支付价款，与第511条第3项关于“履行地点不明确，给付货币的，在接受货币一方所在地履行”的规定也是一致的，因为买卖合同中“接受货币一方所在地”一般就是出卖人的营业地。

3. 支付价款的时间

买卖合同一般会对价款支付时间作出约定，此时买受人应按照约定的时间支付价款。当事人对支付时间没有约定或者约定不明确，依据《民法典》第510条的规定仍不能确定的，买受人应当在收到标的物或者提取标的物单证的同时支付（《民法典》第628条）。这种“同时支付”的要求是公平原则的体现。

（二）受领标的物的义务

受领标的物是指取得标的物的占有。在买卖合同中，买受人有依合同或者交易习惯受领标的物的义务。受领标的物的义务是不是买受人的主给付义务？德国通说认为，买受人受领标的物的义务有别于财产权以及价金，性质上并非买卖合同的要素，也未决定合同的类型，更不是对待给付义务的一部分，故原则上并非主给付义务，仅属于从给付义务。买受人受领迟延时，出卖人仅可要求买受人承担迟延受领的赔偿责任，而不能解除买卖合同。不过，当出卖人对买受人受领标的物具有重大利益时，如出卖人必须出清仓库旧品，使新货得以进入仓库，出卖人即可依合同明示或默示约定，使买受人受领标的物的义务成为主给付义务。此际，出卖人于买受人受领迟延时，可以立即解除合同以另寻买主出清存货。[1]

买受人受领标的物之后，应当及时检验标的物，并在检验期限内将标的物的数量或者质量不符合约定的情形通知出卖人，否则视为标的物的数量或者质量符合约定（《民法典》第620—623条），买受人丧失请求出卖人承担物的瑕疵担保责任的权利。

（三）暂时保管与应急变卖拒绝受领的标的物的义务

当出卖人交付给买受人的标的物具有瑕疵时，买受人可以拒绝受领。不

[1] 黄立主编：《民法债编各论》（上），中国政法大学出版社2003年版，第96—97页。

过，在一定条件下，买受人负有暂时保管并应急变卖的附随义务。

1. 暂时保管义务

当买卖的标的物为异地交付，且出卖人在受领地无代理人时，依据诚实信用原则，买受人负有暂时保管的义务。买受人违反暂时保管义务的，不影响其因标的物存在瑕疵而享有的权利，但应对给出卖人肇致的损害依不完全给付的规定承担责任。买受人履行暂时保管义务所支出的必要费用，可以请求出卖人偿还。对因承运人应负责的事由所生的瑕疵，而出卖人在受领地无代理人的，买受人应当代出卖人实施确保其请求权的必要行为。此外，买受人暂时保管标的物时，应立即通知出卖人并催告其取回标的物。若催告期届满出卖人仍不取回或处理的，买受人应仅就故意或重大过失负责，并可以出卖人的费用运回标的物。

2. 应急变卖义务

当买卖的标的物为异地交付，且出卖人在受领地无代理人时，如果该标的物属于易败坏的物品，买受人有义务以市价变卖该标的物。买受人变卖的，应当通知出卖人，并将变卖所得扣除变卖费用后返还给出卖人。

第三节　买卖合同中的风险负担

问题示例

甲因1年后要出国，打算将其42英寸的液晶电视机卖掉。乙得知此事后找到甲，欲以优厚的价格买下电视机。甲同意将电视机以8000元的价格卖给乙，但要求卖掉后自己再租用1年，乙表示同意。2021年1月，双方按照上述内容签订了合同，并约定乙在3个月内付款。同年2月，因当地发生地震，甲的房屋倒塌，砸坏电视机。乙因此拒绝付款。本案应如何处理？

《民法典》第604—611条为买卖合同中风险负担的规定。这些条文中所称的“风险”有特定含义，是指因不可归责于当事人的事由致使标的物毁损灭失的不利状态。相应地，风险负担是指风险发生后，此种不利状态或损失由谁承担。在债法中，此种意义上的风险一般包含两种情形：一是给付风险，二是价金风险。给付风险又称履行风险，是指因不可归责于债务人的事由，致其基于合同所负的给付陷于不能的，债权人能否请求债务人重新另为给付。给付风险的法律意义为，负担给付风险的人有义务使约定的给付成为可能；当该给付变为不可能时，不管给付不能是否可归责于负担给付风险的当事人，该当事人皆应负债务不履行责任。价金风险又称对待给付风险，是指因不可归责于双方当事人的事由致标的物毁损灭失时，其价金之危险由谁负担。[1]

法律关于给付风险的规定，在于解决债务人就给付的标的物灭失，有无再为给付的义务；对待给付风险在于决定一方给付的标的物灭失时，如该方无再为给付义务，他方有无对待给付义务。《民法典》第604—611条中的“风险”，虽然文义上包括给付风险与对待给付风险，但根据规范体系来看，均应限缩解释为对待给付风险。

一、未违约时买卖合同风险负担的一般规则

（一）交付主义的一般规则

《民法典》第604条规定，标的物毁损、灭失的风险，在标的物交付之前由出卖人承担，交付之后由买受人承担，但是法律另有规定或者当事人另有约定的除外。该条确立了买卖合同中风险负担的一般规则，即以“交付”作为分配标的物毁损灭失的风险的一般规则，而未采纳合同订立、所有权转移等标准。这与当今世界上大多数国家和地区的立法一致。《德国民法典》第446条、《奥地利民法典》第1064条与第1051条、我国台湾地区“民法”第373条、《美国统一商法典》第2—509条、《联合国国际货物销售合同公约》第69条、《日本民法典》第567条等均采交付标准。

在双务合同中，债务人的给付与债权人的对待给付之间具有对价关系，债务人与债权人均可期待从对方获得与自己的给付具有主观等价关系的对待给付。若因不可归责于双方当事人的事由致使标的物毁损灭失，即发生“风险”的，依大陆法系民法的通例，一般实行“债务人主义”的风险负担规则。也就是说，标的物因风险而毁损灭失，致使债务人履行不能的，债务人免除给付义务。债权人因未从债务人处获得给付，基于交换正义的要求，债权人也应免除对待给付义务。若债权人已向债务人有所给付，债务人应当返还已受领的给付。[2]《奥地利普通民法典》第1064条、《德国民法典》第326条、《泰国民法典》第372条、我国台湾地区“民法”第266条均是如此规定的。买卖价金风

---

〔1〕 黄茂荣：《买卖法》（增订版），中国政法大学出版社2002年版，第438—439页。

〔2〕 易军：《民法公平原则新诠》，载《法学家》2012年第4期。

险突破了双务合同“无给付即无对待给付”的一般原则，系对待给付风险负担的例外。买卖价金风险因交付标的物而转移于买受人，此后标的物意外毁损灭失的，出卖人因给付风险已转移而不必再为给付，买受人的价金义务却并不消失，拒绝对待给付的抗辩被排除。此时给付风险与对待给付风险均由买受人承担。其实质在于，因标的物的交付，例外地转移了原则上应终局停留于债务人（出卖人）处的对待给付风险。[1]

（二）交付主义的优点

在买卖合同中以交付标的物作为价金风险转移的时点，主要具有以下几个方面的优点。

第一，保持风险的负担与利益享有之间的一致性。享受利益者应负担风险，此即“利益之所在，危险之所在”原则。买卖标的物必须先入于一个人的事实管领之下，他才有可能对之为使用收益，因此使对标的物具有事实上的管领力的当事人承担风险才堪称妥当。以占有的转移为特征的交付决定着买卖标的物事实管领力的归属，进而决定标的物利益的归属。因此，在买卖标的物风险的负担上采交付主义，有助于实践“利益之所在，危险之所在”的原则。“交付移转价金风险的正当性在于，交付后在买卖双方内部关系中，即以买受人为标的物经济利益之归属主体。”[2]

第二，形成控制风险的有效激励。只有当标的物已入于某人的事实管领下，他才有可能对在该物上发生的一切不测事件进行必要的防范，以免发生损害。也就是说，管领者更有利于防范风险。因此，以决定标的物管领力的变动的交付作为确定买卖标的物风险转移的时点，有助于风险的防范。

第三，使风险负担的确定清楚、明了，有助于减少纠纷或便利纠纷的解决。在标的物毁损灭失以后，如果确定风险负担的标准是清楚、明确的，那么当事人之间就很难发生纠纷；即便发生纠纷，解决争议也相当便捷与迅速。与所有人主义相比，交付主义具有简单明了的优点。在一般情况下，通过考察标的物占有的转移这一客观行为，即可获悉标的物风险负担的状况。

（三）交付与所有权转移

《民法典》第604条中的“交付”是否包括所有权的转移？交付应仅指转移

---

〔1〕 吴香香：《〈合同法〉第142条（交付移转风险）评注》，载《法学家》2019年第3期。
〔2〕 吴香香：《〈合同法〉第142条（交付移转风险）评注》，载《法学家》2019年第3期。

占有，而不管所有权是否也随之转移，[1]并不当然含有办理登记手续等因素。动产买卖和不动产买卖均适用交付转移风险的规则。在实践中，所有权转移登记与不动产的交付多非同时发生。在进行不动产买卖时，若出卖人先转移不动产的占有给买受人，后办理所有权转移登记手续，或者先办理登记后交付的，风险均自转移不动产的占有时起转移于买受人，而不是自办理完所有权转移登记时转移。

二、未违约时买卖合同风险负担的特殊规则

在一些具体的买卖合同类型中，其风险负担规则往往偏离了交付主义的一般规则。这主要有以下几种类型。

（一）路货买卖

路货买卖，又称在途货物的买卖或途中物的买卖，是指货物已在运输途中，出卖人寻找买受人，出卖在途货物的买卖。此种形式的买卖在海上运输贸易中较为普遍，常常是出卖人将合同标的物装上开往某一地点的轮船，然后再来寻找买主，签订买卖合同。

对于路货买卖而言，在合同订立时，由于货物已在船上或其他运输工具上，双方都难以知道货物是否已毁损灭失，也难以判断货物的毁损灭失发生在运输过程中的哪一个阶段，因此就难以确定到底是由出卖人还是由买受人来承担风险。鉴于此种买卖的特殊性，《联合国国际货物销售合同公约》第68条、我国澳门地区“民法”第932条原则上将合同成立之时作为风险转移的时间。

《民法典》第606条规定：“出卖人出卖交由承运人运输的在途标的物，除当事人另有约定外，毁损、灭失的风险自合同成立时起由买受人承担。”该条借鉴了《联合国国际货物销售合同公约》第68条的规定，将合同成立的时间作为风险从出卖人转移到买受人的时间。有学者认为，该条规定实际上是交付转移风险规则的具体化，因为在买卖在途货物的情形下，标的物已经交由承运人运输，出卖人已丧失了对标的物的控制，而买受人则可以在收到标的物后及时调查货物毁损、灭失的情况。[2]也有学者认为，路货买卖为代送买卖的特

---

〔1〕［德］罗伯特·霍恩、海因·科茨、汉斯·G.莱塞著：《德国民商法导论》，楚建译，中国大百科全书出版社1996年版，第132页。

〔2〕朱晓喆：《我国买卖合同风险负担规则的比较法困境——以〈买卖合同司法解释〉第11条、第14条为例》，载《苏州大学学报（哲学社会科学版）》2013年第4期。

例。[1]无论如何，该条应为第604条规定的交付原则的例外。由于该条规定风险“自合同成立时起”转移，并未作出其他限制，故即使出卖人未交付提取标的物的单证或者其他有关单证和资料，也不影响风险的转移。

（二）涉及标的物运输时的风险负担

《民法典》第607条第1款规定：“出卖人按照约定将标的物运送至买受人指定地点并交付给承运人后，标的物毁损、灭失的风险由买受人承担。”该规定为有关标的物运输时的风险负担规则。这里涉及两个不同的承运人：一是“将标的物运送至买受人指定地点”的承运人；二是在买受人指定地点受领货物的承运人。前一个承运人居于出卖人的履行辅助人的地位；出卖人向该承运人交付货物并不能转移风险。该款规定的承运人仅指后一个承运人。根据该款的规定可知，如果出卖人在错误地点将货物交付给承运人，则风险并不转移。例如，甲、乙在买卖合同中约定，甲必须将货物在某国际机场交付给承运人丙国际物流公司。由于错误，甲在一个国内机场将货物交给了承运人丙。此时风险并不转移，仍应由出卖人甲承担。[2]

（三）交付地点不明时的风险负担

《民法典》第604条以交付作为标的物毁损灭失的风险转移的一般规则。如果交付地点不明确，出卖人不知道应将标的物交到何处，就难以确定其应履行的义务，由此引发如何确定标的物风险负担的问题。根据《民法典》第607条第2款的规定，当事人没有约定交付地点或者约定不明确，依据第603条第2款第1项的规定标的物需要运输的，出卖人将标的物交付给第一承运人后，标的物毁损、灭失的风险由买受人承担。该款规定的是交付地点不明时的风险负担规则。适用该规定时须注意以下问题。

第一，该规定所称的“交付”是指占有的转移。一般情况下，当货物已被置于承运人的控制范围内时，就视为货物已经交付运输，风险在货物被交付给承运人时转移。法律之所以如此设计风险负担规则，主要是考虑到在标的物需要运输的情形，第一承运人实际上处于买受人的受领辅助人的地位，第一承运人接受标的物就等同于买受人接受标的物。因此，标的物交付给第一承运人后的风险应由买受人承担。

---

〔1〕 吴香香：《〈合同法〉第142条（交付移转风险）评注》，载《法学家》2019年第3期。

〔2〕 欧洲民法典研究组、欧盟现行私法研究组编著，［德］克里斯蒂安·冯·巴夫、［德］埃里克·克莱夫主编：《欧洲私法的原则、定义与示范规则：欧洲示范民法典草案》（第四卷：有名合同及其产生的权利义务），高圣平等译，法律出版社2014年版，第156页。

第二，该规定所称的“标的物需要运输的”，是指标的物由出卖人负责办理托运，承运人系独立于买卖合同当事人之外的运输业者的情形（《买卖合同解释》第8条）。若承运人并非独立于买卖合同当事人，则要么为出卖人的履行辅助人，要么为买受人的履行辅助人，就不能以交付承运人作为风险负担转移的时点。这有别于卖方送货上门的赴偿之债和买方自提的往取之债。

第三，该规定使用“第一承运人”的表述，意谓涉及多个承运人的情形。第一承运人是指在运输过程中从出卖人处取得标的物，第一个开始运输标的物的人。就标的物的运输，可能仅有一个承运人，也可能还有其他承运人。在涉及多个承运人的情况下，出卖人将标的物交付给第一承运人就已完成交付，标的物风险也自此时起转移给买受人。至于第一承运人是否将该标的物交付给第二承运人、交付给第二承运人时是否交付迟延等，均不影响风险的转移。

三、一方违约时买卖合同风险负担的规则

（一）因买受人原因致使标的物不能如期交付的风险负担

《民法典》第604条对买卖合同中的风险负担采用了交付主义的一般规则。当出卖人不交付标的物时，应由出卖人承担风险无疑。当出卖人迟延交付时，在迟延期间标的物毁损、灭失的，因标的物尚未交付，亦应由出卖人承担风险。但是，在标的物不能如期交付是由于买受人的原因造成的情况下，若仍坚持交付主义规则，使出卖人承担风险，则对出卖人殊为不公。因此，《民法典》第605条规定，因买受人的原因致使标的物未按照约定的期限交付的，买受人应当自违反约定时起承担标的物毁损、灭失的风险。此时虽然交付尚未完成，但风险已转移到买受人身上，因为出卖人已完成了所有需要他做的事情。[1]该条属于第604条规定的例外情形。

《民法典》第605条所言“因买受人的原因致使标的物未按照约定的期限交付”，强调的是标的物未按照约定的期限交付是由于买受人的原因导致的，其中因买受人的过错导致标的物交付迟延较为普遍。如果标的物未按照约定的期限交付是由于不可抗力所致，则不属于买受人的“原因”，不能发生风险转移给买受人的效果。“因买受人的原因致使标的物未按照约定的期限交付”，一般包括以下情形：第一，合同约定应由买受人自提标的物，买受人未在约定期

〔1〕［德］罗伯特·霍恩、海因·科茨、汉斯·G. 莱塞著：《德国民商法导论》，楚建译，中国大百科全书出版社1996年版，第132页。

限内提取标的物，致使出卖人不能及时交付。第二，合同约定由出卖人送货，出卖人通知买受人收货，因买受人未做好收货准备，致使标的物不能及时交付。第三，出卖人代办托运，承运人通知买受人收货，因买受人未做好收货准备，致使标的物不能及时交付。第四，买受人负有先给付价款的义务，但发生一时履行不能、拒绝履行、迟延履行、不完全履行等违约行为，致使出卖人未按约定期限交付标的物。第五，在交付期限届满前，买受人对标的物实施侵权行为致标的物毁损，使出卖人无法按约定期限交付标的物。此时买受人应承担自约定交付期限至实际交付期限这段时间内标的物毁损灭失的风险，出卖人还可以要求买受人承担侵权责任。

（二）买受人不履行收取标的物义务时的风险负担

在买卖合同中，出卖人负有交付标的物的义务，买受人负有及时受领标的物的义务。买受人违反受领义务，应承担受领迟延的责任。在受领迟延期间，标的物毁损灭失的，风险由谁承担？对此，《民法典》第608条规定，出卖人按照约定或者依据本法第603条第2款第2项的规定将标的物置于交付地点，买受人违反约定没有收取的，标的物毁损、灭失的风险自违反约定时起由买受人承担。该条规定的是买受人不履行收取标的物义务时的风险负担规则。该条在性质上为不完全法条，并且为引用性法条，其构成要件须适用《民法典》第603条第2款第2项的规定。理解该条时应注意两个问题：第一，该条所称的“按照约定”，不应仅解释为“出卖人按照约定的地点将标的物置于交付地点”，还应解释为“出卖人交付标的物的时间以及交付的标的物的数量、品种、规格等符合约定”。否则，买受人有权拒绝受领，自不应承担风险。第二，该条所称“买受人违反约定没有收取”，不以买受人有过错为限，只要买受人客观上应受领而未受领即可。当然，依照《民法典》第590条第1款的规定，因不可抗力导致买受人受领迟延的除外。

（三）出卖人不完全履行时的风险负担

《民法典》第610条规定：“因标的物不符合质量要求，致使不能实现合同目的的，买受人可以拒绝接受标的物或者解除合同。买受人拒绝接受标的物或者解除合同的，标的物毁损、灭失的风险由出卖人承担。”该条确立了以下两个完整的规范。

第一，根据第610条第1句的规定，在符合“因标的物不符合质量要求，致使不能实现合同目的”的条件时，发生“买受人可以拒绝接受标的物或者解除合同”的法律效果。该句规定的解除合同的事由，属于第563条第1款第4项规定的“有其他违约行为致使不能实现合同目的”的情形之一。买受人拒绝接受标的物与解除合同不同，前者并不消灭买卖合同关系。

第二，根据第610条第2句的规定，在符合“因标的物不符合质量要求，致使不能实现合同目的，买受人拒绝接受标的物或者解除合同”的条件时，发生“标的物毁损、灭失的风险由出卖人承担”的法律效果。该句规定的是出卖人不完全履行时的风险负担规则。对此，应注意以下问题：其一，当出卖人交货不符合质量要求，导致买受人拒收该标的物，或者买受人解除合同并已向出卖人返还该标的物后，该标的物毁损灭失的，无论是根据该款规定，还是根据第604条第1款交付主义的一般规则，其风险应由出卖人承担。其二，出卖人交付的标的物虽不符合质量要求，但并未使合同目的不能实现的，买受人无权拒绝接受标的物以及解除合同，此时在出卖人交付后，标的物的风险应由买受人承担。其三，出卖人交付的标的物不符合质量要求使合同目的不能实现，而买方未拒收或不解除合同的，宜认为，风险移转于买受人，即应由买受人承担风险。因为买受人在可拒收的情况下予以接受或在可解除合同的情况下选择不解除合同，视为买受人同意出卖人按标的物的现状作出履行，因此买受人应当承担风险，不过其可行使的减价请求权等救济权利不受影响。其四，出卖人交货不符合质量要求使合同目的不能实现，买受人接受标的物后行使解除权期间，标的物毁损灭失的，理论上对如何处理此种情形下的风险负担问题存在不同观点。较合理的解释是，应由出卖人承担风险。

（四）买受人承担风险不影响出卖人的违约责任

《民法典》第611条规定：“标的物毁损、灭失的风险由买受人承担的，不影响因出卖人履行义务不符合约定，买受人请求其承担违约责任的权利。”该条意在处理违约责任与风险负担之间的关系。其规范目的在于，确保买受人对出卖人的违约行为所享有的各种救济权利，不被风险转移的法律效果所减损。该规定表明：第一，出卖人履行债务不符合约定，并不意味着出卖人一概要承担标的物毁损灭失的风险。风险由出卖人还是由买受人承担，不以出卖人是否违约为断，而应依风险负担规则来确定。第二，即使依照风险负担规则，买受人承担了标的物毁损灭失的风险，但若出卖人履行债务不符合约定的，买受人仍可要求出卖人承担违约责任。第三，出卖人履行债务不符合约定，买受人仍受领标的物，并因此承担标的物毁损灭失的风险的，出卖人不能以买受人已接受标的物或风险已转移为由，主张不承担违约责任。

（五）出卖人按照约定未交付有关单证和资料不影响风险负担

《民法典》第609条规定："出卖人按照约定未交付有关标的物的单证和资料的，不影响标的物毁损、灭失风险的转移。"该条解决的是出卖人交付有关标的物的单证和资料的义务与标的物毁损灭失的风险负担之间的关系。该条所言"有关标的物的单证和资料"，是指第599条规定的"提取标的物单证以外的有关单证和资料"，不包括第598条规定的"提取标的物的单证"。[1]原因在于，仓单、提单等提取标的物的单证，是表明标的物所有权的凭证。此类单证的交付即视同交付标的物，不仅标的物所有权转移给买受人，标的物毁损灭失的风险亦应转移给买受人。

第四节　特种买卖合同

问题示例

甲商场与乙公司约定：由乙将2箱毛衫（其中高领衫和低领衫各一箱，每箱40件，共80件）送至甲处，由甲试销后订立合同。同时还商定，试用数量不超过每款两件。试用期间，丙在甲商场看到商店店员身上穿着乙的毛衫，得知是试穿，认为质量、款式都不错，要求购买高领衫20件。甲的店员说货物是乙存放的，若要购买需甲同乙商量。丙写下一张"今欠货款1400元"的字条留给甲，要求甲转交给乙，然后将20件高领衫提走。试用期满后，甲因毛衫起球等事由，不想购买这些货物，遂通知乙取回货物，并将丙的欠条转交给乙。当乙得知毛衫被卖出一部分时，认为货物已被甲处分，甲应支付全部货款而不能退货。在双方协商不成的情况下，丙到甲处要求退货，理由是提走的高领衫中有的花色与当时看到的不符。甲称自己不是卖方，要求丙找货主乙解决。乙认为货物由甲卖出，与自己无关。由于无法协商一致，乙遂向法院起诉，要求甲支付全部货款。本案应如何处理？

一、分期付款买卖合同

（一）分期付款买卖的概念

分期付款买卖是指当事人约定由买受人受领标的物，并以分期方式支付价款的全部或部分的买卖。《民法典》第634条规定："分期付款的买受人未支付

[1] 最高人民法院经济审判庭编著：《合同法解释与适用》（上册），新华出版社1999年版，第689页。

到期价款的数额达到全部价款的五分之一，经催告后在合理期限内仍未支付到期价款的，出卖人可以请求买受人支付全部价款或者解除合同。出卖人解除合同的，可以向买受人请求支付该标的物的使用费。”该条为有关分期付款买卖的规定。该条第1款规定的“分期付款”，系指买受人将应付的总价款在一定期限内至少分三次向出卖人支付（《买卖合同解释》第27条第1款）。“基于分期付款买卖的标的先行给付性和买受人的期限利益，标的给付后至少应当还剩两期价款没有支付。”[1]

（二）分期付款买卖制度的规范意旨

《民法典》第634条的规范意旨在于保护买受人。该条第1款在《合同法》第167条的基础上，对于出卖人请求买受人支付全部价款或者解除合同的权利，增加了“经催告后在合理期限内仍未支付到期价款的”限制，体现了更强的防止出卖人滥用解除权等权利的意图。

分期付款买卖是出卖人授予买受人信用的交易。与一般买卖不同的是，出卖人为确保其价款债权，普遍通过格式条款或者特别约定的方式作出有利于自己的规定。为防止此类约款过度有利于出卖人，损害买受人的利益，《买卖合同解释》对期限利益丧失约款与解约扣价约款进行了规制，规定：分期付款买卖合同的约定违反《民法典》第634条第1款的规定，损害买受人利益，买受人主张该约定无效的，法院应予支持（第27条第2款）；分期付款买卖合同约定出卖人在解除合同时可以扣留已受领价金，出卖人扣留的金额超过标的物使用费以及标的物受损赔偿额，买受人请求返还超过部分的，人民法院应予支持；当事人对标的物的使用费没有约定的，人民法院可以参照当地同类标的物的租金标准确定（第28条）。

（三）《民法典》第634条第1款的适用要件与法律效果

在分期付款买卖中，出卖人允许买受人分期付款，买受人据此享有一种期限利益。若买受人未按期支付价款，特别是未按期支付价款达到一定金额，势必会损害出卖人的利益。此时应允许出卖人采取要求支付全部价款、解除合同等措施予以救济。根据《民法典》第634条第1款的规定，出卖人要行使这些权利，必须具备下列条件。

第一，买受人未支付到期价款的数额达到全部价款的五分之一。“五分之一”的标准是法定最低限度。从性质上看，《民法典》第634条第1款为相

---

〔1〕 郝丽燕：《〈合同法〉第167条（分期付款买卖）评注》，载《法学家》2019年第5期。

对强制性规范。相对强制性规范“所规定者，乃对被保护人之最低限度的保障”，[1]此种规定可作有利于被保护人的变更。当事人约定了较五分之一标准更高的比例的，应以其约定为准。例如，当事人约定买受人未支付到期价款的数额达到全部价款的四分之一，出卖人才能解除合同的，应从其约定。若当事人约定了较五分之一标准为低的比例，则仍以法定的“五分之一”为准。买受人未支付的可以是某一期或几期到期价款的全部，也可以是某一期或几期到期价款的部分。

第二，经出卖人催告后，买受人在合理期限内仍未支付到期价款。催告的功能既是警告债务人，也是避免违约方遭受突然的合同解除。出卖人催告的内容是要求买受人支付未支付的到期价款；出卖人的要求必须明确且具有强调性。[2]

符合上述两个条件时，出卖人即可请求买受人支付全部价款或者解除合同。出卖人对这两种救济方法享有选择权。当出卖人请求买受人支付全部价款时，买受人即丧失可分期付款的期限利益。当出卖人解除合同时，分期付款买卖合同就归于消灭，出卖人可以向买受人请求支付该标的物的使用费。若标的物受到损害，出卖人还有权请求买受人承担赔偿责任。

二、样品买卖合同

（一）样品买卖的概念

《民法典》第635条规定：“凭样品买卖的当事人应当封存样品，并可以对样品质量予以说明。出卖人交付的标的物应当与样品及其说明的质量相同。”该条为有关样品买卖的规定。

样品买卖，也称货样买卖，是依样品表示并决定标的物的品质与属性而成立的买卖合同。样品的含义有广义与狭义之分。狭义的样品是指由当事人预先从现存货物中抽取，并将其提示给相对人的一个或数个现物样品。其中，由出卖人提出的样品为卖方样品；由买受人提出的样品为买方样品。如一方不满意他方提出的样品，而另提出相对的样品，为相对样品。广义的样品还包括当事人提出的模型、图样、式样书等，若它们能显示出标的物种类与品质，也可称为样品。样品买卖的标的物一般为具有种类物属性的动产，但也不排除不动

---

〔1〕 黄立：《民法总则》，中国政法大学出版社2002年版，第7页。
〔2〕 郝丽燕：《〈合同法〉第167条（分期付款买卖）评注》，载《法学家》2019年第5期。

产、特定物、权利等成为样品买卖标的物的可能性。如在房屋买卖时提示预售房屋的样品房，在矿业权让与时提示从矿区采取的矿物，在知识产权转让时提示图样等。样品买卖方式的优点在于，由于样品能彰显标的物的品质与属性，因此缔约双方不必再一一说明商品的内容，从而可简化缔约过程；买受人不必在缔约前检查全部商品的品质与属性，因此对买受人极为便利。

（二）当事人的样品的封存和说明义务

《民法典》第635条确立了“样品的封存和说明义务”。根据该条的规定，在样品买卖成立后，样品买卖的当事人有义务封存样品，以便将来处理纠纷时有据可循。此外，该条虽然规定“可以”对样品质量予以说明，但应当课以出卖人说明样品质量的义务。原因在于，在许多情况下，仅封存样品是不够的。由于货物的质量、现状、物理构成以及功能等较为复杂，双方对此可能难以知晓或者存在认识上的差异。此时出卖人不仅需要封存样品，还应当对样品进行详细说明。

在样品买卖中，出卖人交付的标的物应当与样品及其说明的质量相同。如果出卖人分批交付标的物，每一批标的物都应当与样品质量相同。如何判断标的物的质量是否与样品相同？一般而言，不是依买受人的主观决定，而是依合同的目的、标的物的性质及交易习惯进行判断。除非当事人表示须绝对符合或依交易习惯不允许些微的差异，否则在大多数情形，只要质量与样品大体符合，出卖人即无须负责。[1]出卖人交付的标的物质量与样品不一致的，出卖人即违反物的瑕疵担保义务，应依《民法典》第582条向买受人承担违约责任。

样品为出卖人所交付的标的物的质量、品质等提供了明确标准。当合同约定的样品质量与文字说明不一致，并且发生纠纷时当事人不能达成合意时，如何确定标的物的质量标准？《买卖合同解释》第29条确立了两个标准：第一，样品封存后外观和内在品质没有发生变化的，以样品为准。如在购买设备的样品买卖中，已交付的设备与合同约定的技术参数不一致，封存的设备的外观与品质均未发生变化，此时应以封存的设备的质量为准。第二，样品封存后外观和内在品质发生变化，或者当事人对是否发生变化有争议而又无法查明的，以文字说明为准。如封存的样品已被解封，外观已发生变化，无法查明解封原因，此时只能以合同约定的技术参数为准。

---

〔1〕 转引自黄立主编：《民法债编各论》（上），中国政法大学出版社 2003 年版，第 127 页。

（三）出卖人的隐蔽质量瑕疵担保义务

《民法典》第636条规定："凭样品买卖的买受人不知道样品有隐蔽瑕疵的，即使交付的标的物与样品相同，出卖人交付的标的物的质量仍然应当符合同种物的通常标准。"该条规定了样品买卖出卖人的隐蔽质量瑕疵担保义务。出卖人承担隐蔽质量瑕疵担保义务需要具备两个条件：第一，样品存在隐蔽瑕疵。隐蔽瑕疵是指样品不符合同类货物应具备的质量要求，但按照通常的检验方法难以发现。若能按照通常的方法检查出样品的瑕疵，则非隐蔽瑕疵，出卖人不承担责任。第二，买受人在订立合同时不知道样品有隐蔽瑕疵。具备上述两个条件的，出卖人即不能因交付的标的物与样品相同而免责，而应依同种物的通常标准来交付标的物。

三、试用买卖合同

（一）试用买卖的概念

试用买卖，也称试验买卖、检验买卖，是指以买受人同意购买标的物为生效条件而订立的买卖合同。《民法典》第637—640条为有关试用买卖的规定。

试用买卖合同因双方当事人意思表示一致而成立。买卖合同成立后，出卖人负有允许买受人试用标的物的义务，买受人享有请求出卖人交付标的物以供试用的权利。当出卖人不履行提供试用的义务时，若买受人仍愿意进行试用，可以诉请法院强制出卖人履行该义务；若买受人不愿意进行试用，则可以解除合同。在这两种情形中，买受人均可请求出卖人赔偿因未能及时试用或未能进行试用所遭受的损害。从买受人的角度来看，买受人当然享有试用的权利，但由于买受人可任意决定是否同意购买，因此买受人并无非试用不可的义务。即使买受人在受领标的物后未试用而径行拒绝，也仅使买卖合同不生效力而已。

（二）试用期限的确定

试用期限是买受人"试用"标的物，亦即对标的物享有"试用权"的期限。试用期限对确定买受人是否有同意购买的意思以及买卖合同是否生效至关重要（《民法典》第638条）。试用买卖的当事人可以约定标的物的试用期限；对试用期限没有约定或者约定不明确，依据《民法典》第510条的规定仍不能确定的，由出卖人确定（《民法典》第637条）。试用期限之所以最终由出卖人确定，原因在于：从买受人方面来看，"试用"是出卖人给予买受人利益。买卖合同是以买受人的承认为生效条件的，而买受人是否承认纯粹为其自由，无须说明任何理由。从出卖人方面看，出卖人为出卖标的物的主体，是由其提供标的物供买受人试用的。虽然买卖合同尚未生效，但出卖人仍受合同约束，在试用期内不能将标的物转让给其他人。因此，基于保护出卖人利益的考虑，应当由出卖人而非买受人享有最终确认权。当出卖人确定试用期限时，《民法典》未对试用期限的长短作出限制。该期限依通常情况应为合理期间，一般包括买受人试用时间、考虑是否同意所需时间以及买受人的同意到达出卖人所需时间。

（三）买受人是否同意购买标的物的确定

由于试用买卖合同是以买受人同意为生效要件的买卖合同，因此买受人是否同意以及如何判断同意，对确定买卖合同是否生效至关重要。《民法典》第638条规定了确定买受人是否同意购买标的物的意思的诸种形式。

1.根据买受人的明示或沉默确定其是否购买标的物

（1）买受人的明示

根据《民法典》第638条第1款第1句的规定，试用买卖的买受人在试用期内可以购买标的物，也可以拒绝购买。所谓“可以购买标的物，也可以拒绝购买”，是指以明示的方式作出同意购买或拒绝购买的意思表示。若买受人同意购买，则买卖合同生效，反之则买卖合同不生效。

试用买卖合同的生效以买受人同意为条件，买受人同意在性质上属于条件。就该条件的法律性质而言：首先，买受人同意为试用买卖合同的生效条件。其次，买受人同意为随意条件。试用买卖合同是否生效，并不取决于标的物在客观上是否符合买受人的目的，而是全然取决于买受人任意的意思决定。即使出卖人能证明标的物符合合同目的，只要买受人拒绝购买，买卖合同也不生效。因此，买受人同意属于“随意条件”，且属于“纯粹随意条件”。最后，由于试用买卖合同是否生效完全取决于买受人的同意或拒绝，不可能发生“为自己的利益不正当地阻止条件成就”的情形，故不可能适用《民法典》第159条有关条件成就拟制的规定。

就同意或拒绝购买自身的属性来看，有学者认为属于观念通知，但其效果为使买卖合同溯及于缔约时生效。[1]也有学者认为，买受人的承认不是单纯引

---

〔1〕邱聪智：《新订债法各论》（上），姚志明校订，中国人民大学出版社2006年版，第139页；郑玉波：《民法债编各论》（上册），中国台湾地区三民书局1970年版，第94页。

起条件成就的通知，而是意思表示。[1]同意或拒绝购买，除了包含对标的物表示满意或不满意的意思外，也包括对合同效力的意思决定，具有使权利发生变动的性质，非属于观念通知，而是形成权。表示购买，虽为停止条件，但因具有形成权性质，其行使发生使合同溯及于缔约时生效的效果。[2]本书认为，同意或拒绝购买为意思表示，且为形成权的行使，但其行使原则上不能使买卖合同溯及既往生效，而应自买受人同意时起生效。当然，买受人仅向出卖人告知试用标的物的客观情况，如盛赞标的物品质优越，并非同意购买标的物，并不能使买卖合同生效。

（2）买受人的沉默

在试用买卖中，可能发生试用期限届满，买受人对是否购买标的物不作表示的情形。不能使当事人之间的这种不确定状态长期存续，也不能使合同效力久悬不决。根据《民法典》第638条第1款第2句的规定，试用期限届满，买受人对是否购买标的物未作表示的，视为购买。这是《民法典》中沉默被拟制为“同意”的为数不多的规范之一。

2. *根据买受人积极行为确定同意购买标的物*

试用买卖期间，买受人可能会实施支付部分价款、出卖标的物等行为。此类行为虽非直接或明确表示同意购买标的物，但从中可以推知买受人有同意购买的意思，且往往会使出卖人形成买受人愿意购买标的物的合理信赖。因此，《民法典》第638条第2款规定：“试用买卖的买受人在试用期内已经支付部分价款或者对标的物实施出卖、出租、设立担保物权等行为的，视为同意购买。”详言之，如下所述。

第一，买受人在试用期内已经支付部分价款。买受人向出卖人支付部分价款，可认为其满意试用结果，且支付价款为履行债务的行为，以合同生效为前提，故可拟制买受人同意购买。需要注意的是：首先，虽然该条只规定了买受人已支付“部分”价款的情形，但根据举轻以明重的法理，若买受人已支付“全部”价款，当然可拟制买受人同意购买。其次，买受人须在试用期内支付价款，才能拟制为同意购买。若在试用期限开始前已支付部分或全部价款，不能发生视为同意购买的法律效果。最后，买受人支付的必须是标

---

〔1〕［德］迪特尔·梅迪库斯：《德国债法分论》，杜景林、卢谌译，法律出版社2007年版，第771页。

〔2〕黄立主编：《民法债编各论》（上），中国政法大学出版社2003年版，第120页。

的物的“价款”。如双方当事人约定买受人试用标的物应支付一定使用费，或者买受人应支付一部分款项作为试用的押金或定金，则不能视为买受人同意购买。

第二，买受人在试用期内对标的物实施出卖、出租、设立担保物权等试用以外的行为。试用的目的是为了检验、了解标的物的品质与效用，这决定了买受人实施试用行为的程度与范围。若买受人逾越试用的程度与范围而使用甚至处分标的物，应当拟制买受人同意购买。买受人实施的试用以外的行为以出卖、出租、设定担保物权为典型，但不以此为限。这些行为之外的其他超越试用所必要限度的行为，亦可发生拟制买受人同意的效果。如买受人将标的物出借给第三人使用，或者将试用的房屋格局进行改造等。另外，买受人对标的物实施出卖、出租、设定担保物权等行为，仅需买受人与他人订立买卖、租赁、抵押、质押等合同，就应认为已超出试用所需的界限,无须买受人已将标的物交付给他人或者办理抵押权登记。

（四）试用买卖标的物的使用费

在试用买卖中，尤其是因买受人拒绝购买而使买卖合同不能生效时，会发生买受人是否应支付标的物使用费的问题。《民法典》第639条规定：“试用买卖的当事人对标的物使用费没有约定或者约定不明确的，出卖人无权请求买受人支付。”这一做法较为合理，因为出卖人为商品的生产者或销售者，可以将标的物使用费纳入商品的生产或销售成本中。而且，不使买受人承担使用费，也能提供买受人积极试用商品尤其是新产品的诱因。

（五）试用买卖的风险负担

在试用买卖中，出卖人将标的物交付给买受人，是为了供买受人进行试用，并非基于买卖合同的履行债务行为。[1]因此，试用买卖不能直接适用《民法典》第604条规定的交付主义的风险负担规则。也就是说，不能因出卖人将标的物交付给买受人试用，就由买受人承担标的物毁损、灭失的风险。在常态情况下，标的物在试用期内毁损、灭失的风险由出卖人承担（《民法典》第640条）。

---

〔1〕 刘春堂:《民法债编各论》(上)，中国台湾地区三民书局有限公司 2014 年版，第 133—134 页。

四、保留所有权买卖

（一）保留所有权买卖概述

1. 保留所有权买卖的概念

保留所有权买卖，是“附有保留所有权条款的买卖合同”的简称，是指出卖人将标的物交付给买受人占有，但仍保留该标的物所有权，待买受人支付价款或完成特定条件时，标的物所有权才发生转移的买卖。保留所有权条款的适用不限于买卖合同，还可适用于互易、赠与等其他转移所有权的交易形态中，只是在买卖合同中较为常见而已。《民法典》第641条第1款规定：“当事人可以在买卖合同中约定买受人未履行支付价款或者其他义务的，标的物的所有权属于出卖人。”该条是有关保留所有权买卖的规定。

所有权保留作为一种债的担保方式，意义非凡。相较于一般买卖，它有助于确保出卖人对买受人享有的价款债权：当买受人不依约支付价款时，出卖人可解除合同，或本于其所保留的所有权取回标的物；当买受人的债权人对标的物为强制执行时，出卖人本于其所有权可提起执行异议之诉；当买受人破产时，出卖人本于其所有权可行使取回权取回标的物。由于债权能获得保障，出卖人的风险得以降低，客观上发挥了促进商品销售的作用。从买受人的角度而言，买受人不必支付全部价款即可占有、使用、收益标的物，可以大幅提高其购买力，从而发挥刺激消费的作用。

2. 保留所有权买卖的客体

哪些财产可以作为所有权保留的客体？不同的立法例有不同的规定。大体而言，各国或各地区立法均允许将动产作为所有权保留的客体，[1]一般不允许对不动产采用保留所有权买卖的方式。[2]《民法典》第641条对所有权保留的客体未作限制。《买卖合同解释》第25条规定：“买卖合同当事人主张民法典第六百四十一条关于标的物所有权保留的规定适用于不动产的，人民法院不予支持。”该规定明确将保留所有权买卖的客体限制在动产。主要理由在于，我国绝大多数所有权保留买卖都发生在动产交易中，不动产交易无采用所有权保留方式的必要或实益。

---

〔1〕 参见《德国民法典》第 455 条；《意大利民法典》第 1523 条；《瑞士民法典》第 715 条；我国台湾地区“动产担保交易法”第 4 条。

〔2〕 参见《德国民法典》第 925 条；《瑞士债务法》第 217 条第 2 款。

3.保留所有权买卖的公示

所有权保留是否需要登记，在世界范围内存在不同的立法模式：第一，意思主义。即买卖双方当事人达成合意，即发生保留所有权的效力，无须践行登记的方式。德国、日本民法采纳此种模式。第二，登记生效要件主义。即所有权保留以登记作为其生效要件。例如，《瑞士民法典》第715条第1款定："保留让与他人动产的所有权，须在受让人住所所在地的主管官员的登记簿上登记，始生效力。"第三，登记对抗要件主义。即买卖双方当事人达成合意，即可发生保留所有权的效力，唯不登记不能对抗第三人。意大利和我国台湾地区的民法采纳此种模式。

《民法典》第641条第2款规定："出卖人对标的物保留的所有权，未经登记，不得对抗善意第三人。"该规定采纳了登记对抗要件主义，即买卖合同的当事人达成保留标的物所有权的合意，即在当事人之间发生保留所有权的效力；若该约定办理了登记，就具有对抗第三人的效力，未办理登记则不能对抗善意第三人。该规定与《民法典》第403条有关动产抵押权的公示规定是一致的。

（二）出卖人的取回权

保留所有权买卖造成了标的物所有权人与标的物分离的现象，即买受人占有、使用标的物，而出卖人以保留所有权的方式担保其价款债权的实现。一旦买受人不支付价款或者对标的物进行处分，致使标的物价值降低或者状态改变，就会危害出卖人的利益。针对此种情况，《民法典》第642条赋予出卖人取回权以资救济。出卖人的取回权，是指在保留所有权买卖中，在标的物所有权转移前，当买受人有违约行为并造成出卖人损害时，出卖人依法享有的从买受人处取回标的物的权利。

1.取回权的行使条件

《民法典》第642条第1款规定了出卖人行使取回权的条件。在标的物所有权转移给买受人之前，买受人有下列情形之一，造成出卖人损害的，出卖人即可行使取回权。

第一，未按照约定支付价款，经催告后在合理期限内仍未支付。《民法典》第642条虽未明定买受人未支付价款的严重程度，但不宜认为买受人未支付极少数额的价款时，出卖人即可行使取回权。为限制出卖人行使取回权，不妨类推适用第634条有关"分期付款的买受人未支付到期价款的数额达到全部价款的五分之一"的规定，以便保护买受人。此外，《买卖合同解释》第26条第1款规定，买受人已经支付标的物总价款的75%以上，出卖人主张取回标的物的，人民法院不予支持。这也是对出卖人行使取回权的限制。

第二，未按照约定完成特定条件。在保留所有权买卖中，当事人可自主约定特定条件，并约定若买受人未完成该条件，出卖人可行使取回权。例如，双方当事人约定，当买受人没有妥善保管标的物致该标的物遭受损害时，出卖人可以行使取回权。如果买受人违反了该约定，出卖人可以行使取回权。

第三，将标的物出卖、出质或者作出其他不当处分。所谓“其他不当处分”，既包括法律上的不当处分，也包括事实上的不当处分，如毁损标的物。需要注意的是，当买受人将标的物出卖、出质或者作出其他法律上的处分时，第三人依据《民法典》第311条的规定已经善意取得标的物所有权或者其他物权的，出卖人无权主张取回标的物（《买卖合同解释》第26条第2款）。

2. 取回权的程序与责任

《民法典》第642条第2款规定，出卖人可以与买受人协商取回标的物；协商不成的，可以参照适用担保物权的实现程序。《民法典》第410条、第436条、第437条、第453条、第454条分别规定了抵押权、质权、留置权的实现程序。根据这些规定，担保物权人与相对人（抵押人、质押人、债务人）可以协议以担保物折价或者以拍卖、变卖该担保物所得的价款优先受偿。针对抵押权，《民法典》第410条第2款还规定，抵押权人与抵押人未就抵押权实现方式达成协议的，抵押权人可以请求人民法院拍卖、变卖抵押财产。该规定使抵押权人可以直接向法院请求实现抵押权，明确了抵押权人不必采取普通诉讼方式，而是向法院申请执行即可。这有利于减少诉讼环节，降低交易成本，提高效率。就出卖人行使取回权而言，如能通过协商使买受人向出卖人返还标的物，无疑最为理想；如果买受人不予配合甚至阻挠，则出卖人难以行使取回权。此际，可以参照《民法典》第410条第2款，由出卖人向法院申请执行。

（三）买受人的回赎权与出卖人的再出卖权

在保留所有权买卖中，出卖人为确保价金债权实现或标的物完整而行使取回权，使得买卖合同的履行发生障碍。为了调整行使取回权后出卖人与买受人之间的权利义务关系，《民法典》第643条规定了买受人的回赎权与出卖人的再出卖权。

1. 买受人的回赎权

买受人的回赎权，是指保留所有权买卖中出卖人对标的物行使取回权后，买受人在一定期限内履行支付价款义务或完成其他条件后重新占有标的物的权利。《民法典》第643条第1款规定，出卖人依据第642条第1款的规定取回标的物后，买受人在双方约定或者出卖人指定的合理回赎期限内，消除出卖人取回标的物的事由的，可以请求回赎标的物。回赎期限包括意定期限与法定期限。第643条第1款没有规定法定回赎期限，只规定了意定回赎期限，包括双方当事人约定的期限和出卖人指定的期限。双方约定的回赎期限，既可以是双方事先在买卖合同中约定期限，也可以是出卖人行使取回权后双方约定期限。出卖人指定的回赎期限应为合理期限。若出卖人指定的回赎期限过短，致使买受人难以回赎标的物，则其指定有违诚实信用原则，对买受人无约束力。

根据《民法典》第643条第1款的规定，买受人行使回赎权的条件为“消除出卖人取回标的物的事由”。这些事由就是第642条第1款规定的三类情形。买受人消除出卖人取回标的物的事由具体表现为：按照约定支付价款；按照约定完成特定条件；停止对标的物的不当处分行为，如买受人解除与他人订立的买卖合同、消灭他人取得的担保物权等。在消除出卖人取回标的物的事由后，买受人可以行使回赎权，要求出卖人交还标的物，从而重新获得对标的物的占有，恢复履行买卖合同。

除通过实施消除出卖人取回标的物的事由来行使回赎权外，买受人也可以在回赎期限内作出放弃回赎的意思表示。买受人请求出卖人将标的物再次出卖的，可解释为放弃回赎的意思表示。当然，买受人可以既不实施消除出卖人取回标的物事由的行为，也不为任何意思表示。买受人的沉默也能产生一定法律效果，即出卖人可以出卖标的物，进行变价清算（《民法典》第643条第2款）。

2. 出卖人的再出卖权

《民法典》第643条第2款规定，买受人在回赎期限内没有回赎标的物，出卖人可以以合理价格将标的物出卖给第三人，出卖所得价款扣除买受人未支付的价款以及必要费用后仍有剩余的，应当返还买受人；不足部分由买受人清偿。对此可分析如下：

第一，出卖人行使再出卖权的条件为“买受人在回赎期限内没有回赎标的物”。至于买受人没有回赎标的物的原因在所不问，或为未实施消除取回标的物事由的行为或者实施该行为不成功，或为作出放弃回赎的意思表示等。只要回赎期限届满，买受人没有回赎标的物，出卖人就可以行使再出卖权。

第二，出卖人行使再出卖权无须采取特定方式，但须以合理价格出卖标的物。拍卖固然有助于保障交易公平，防止出卖人故意低价出卖而损害买受人的利益，但拍卖会增加出卖人的负担，并且支出的拍卖费用还要从标的物的卖价中扣除，对买受人也不利。因此，《民法典》未要求出卖人采用拍卖形式行使再出卖权。不过，出卖人出卖标的物时，应以“合理价格”出卖。如果买受人有证据证明出卖人出卖的价格明显低于市场价格，可以寻求一定救济。例如，在出卖人向买受人返还扣除未支付的价款以及必要费用后的剩余价款时，买受人可以要求出卖人增加给付数额，或者在出卖人要求其清偿不足部分时拒绝清偿。

第三，出卖人出卖所得价款扣除买受人未支付的价款以及必要费用后仍有剩余的，应当返还买受人；不足部分由买受人清偿。这里的“价款”应包括价款本金及其利息，“必要费用”包括取回和保管费用、再交易费用等。由于出卖人出卖所得价款须向买受人返还（有剩余时）或者买受人还应向出卖人清偿（不足时），这表明《民法典》第643条第2款在出卖人取回权的法律性质上采纳了“就物求偿说”，即取回权为出卖人就标的物实现价款的特别程序，而没有采纳“解除权效力说”（取回权的行使产生合同解除的效力）或者“附法定期限解除合同说”（出卖人取回标的物实际上是作出了附法定解除条件的意思表示，该法定期限是“回赎期限”，即买受人在回赎期限内没有回赎标的物的，则合同解除）。[1]

---

〔1〕 有关这些学说的简要介绍，参见王泽鉴：《民法学说与判例研究》（第七册），北京大学出版社2009年版，第218—221页。

第十二章　供用电、水、气、热力合同

提要

供用电、水、气、热力合同属于转移财产所有权的合同，实质上是特种商品的买卖合同。此类合同在现代社会生活中发挥着举足轻重的作用。本章学习的重心是供用电合同的效力。

重点问题

1. 供电人的强制缔约义务。
2. 供用电合同的效力。

第一节　供用电、水、气、热力合同概述

问题示例

1. 甲作为某小区底商业主，不认可小区物业管理，因此向A供电公司申请单独供电。

2. 甲遭A供电公司拒绝后，又向B供电公司申请供电，B供电公司以甲不在其供电服务范围内为由拒绝供电。

3. 甲遭到B供电公司拒绝后，因与物业管理公司的纠纷扩大，物业管理公司中断向其供电。甲再向A供电公司申请单独供电，A供电公司要求甲就单独供电所需安装的电力设备支付30万元，甲认为价格过高。

4. 乙作为甲的邻居，因小区现有供电设施无法支持其经营所需大功率用电，也向A供电公司申请单独供电。

在上述四种情况下，如甲和乙诉至法院，请求供电公司履行强制缔约义务，能否得到支持？

一、供用电、水、气、热力合同的概念

供用电、水、气、热力合同，是指供应电、水、气、热力的人（简称供应

人）向使用电、水、气、热力的人（简称使用人）供应电、水、气、热力，使用人支付费用的合同。从性质上看，供用电、水、气、热力合同不仅属于转移财产所有权合同的类型，而且属于买卖合同的一种类型，因此依其性质可参照适用买卖合同的有关规定。

二、供用电、水、气、热力合同的特征

供用电、水、气、热力合同具有以下特征：

（一）公用性

公用性是指供应人提供的电、水、气、热力的使用对象不是社会中的某些特殊阶层，而是一般的社会公众。[1]因此，供应人负有强制缔约义务，不得拒绝使用人通常、合理的供应要求。对此，《民法典》第648条第2款规定："向社会公众供电的供电人，不得拒绝用电人合理的订立合同要求。"

（二）公益性

公益性是指供用电、水、气、热力合同的目的不只是使供应方盈利，更主要是为了满足人民生活的需要。公共供用企业并非纯粹以营利为目的的企业，而是以促进公共生活水平等公益事业为重要目标的企业。国家往往对这类供用合同的收费标准作出一定限制，供应人不得随意将收费标准提高。[2]

（三）继续性

继续性是指供用电、水、气、热力合同中，使用人合同目的的实现需要供应方持续不断地履行合同义务。因此，与经由义务人的一次履行行为即可完成合同履行的一时性合同不同，供用电、水、气、热力合同为继续性合同。例如，就供用电合同而言，供电人在发电、供电系统正常的情况下，应当连续向用电人供电，不得中断；用电人在合同约定的时间内，享有连续用电的权利。在供用电、水、气、热力合同因各种原因终止时，其效力仅向将来发生，不具有溯及既往的效力。[3]

---

〔1〕 崔建远主编：《合同法》（第五版），法律出版社 2010 年版，第 408 页。
〔2〕 同上。
〔3〕 崔建远主编：《合同法》（第五版），法律出版社 2010 年版，第 408—409 页。

第二节 供用电合同

问题示例

甲搬入新房，与供电公司签订了供用电合同，但合同未约定履行地点与履行方式。供电公司要求甲自行出资从供电公司架设电线。后因社区供电设备老旧，供电公司知晓后疏于维修，因电压不稳导致甲家中电视机被烧毁。经甲投诉，供电公司在事先未通知甲的情况下突然断电检修线路，导致甲家中的空调又被烧毁。甲因此拒绝缴纳电费，经供电公司催告后仍不缴纳。后供电公司未事先通知甲便中止供电，导致甲家中的冰箱又被烧毁。不日，当地突发小型地震，部分自来水管道断裂，甲经营的企业被迫停产。因自来水公司内部管理不善，多日无人修理管道，甲的企业多次要求维修，自来水公司均置若罔闻。甲、供电公司、自来水公司都有哪些违约行为？应当赔偿对方的哪些损失？

一、供用电合同概述

（一）供用电合同的特征

供用电合同是供电人向用电人供电，用电人支付电费的合同（《民法典》第648条第1款）。作为供用电合同标的物的电力为无体物。除了具备一般买卖合同的诺成、双务、有偿等特征，以及公用性、公益性、继续性等特征外，供用电合同还具有以下法律特征。

第一，作为合同主体一方的供电人有特别资格要求。供电人必须是依法取得供电营业资格的供电营业机构或者说供电企业，其他任何组织和个人都不能作为供电人。受供电企业委托供电的营业网点、营业所不具有民事权利能力，不能以自己的名义订立合同，因而不是供电人。用电人的范围极为广泛，自然人、法人、非法人组织都有资格成为用电人。

第二，供用电合同一般采用格式条款订立。供电企业为了与不特定的多数用电人订立合同而预先拟定了格式条款，双方当事人依格式条款订立供用电合同。因此，供用电合同可适用《民法典》第496—498条有关格式条款的规定。

第三，电力的价格实行统一定价原则。《电力法》第35条第2款规定："电价实行统一政策，统一定价原则，分级管理。"电价的确定一般是由电网经营企业提出方案，报国家有关物价行政主管部门核准。供电企业应当按照国家核准的电价和用电计量装置的记录，向用电人收取电费。供电企业不得擅自变更电价。

（二）供用电合同的内容

供用电合同的内容一般包括供电的方式、质量、时间，用电容量、地址、性质，计量方式，电价、电费的结算方式，供用电设施的维护责任等条款（《民法典》第649条）。其中，供电方式是指供电人以何种方式向用电人供电，包括主供电源、备用电源、保安电源的供电方式以及委托转供电等内容。供电质量是指供电频率、电压和供电可靠性三项指标。供电时间是指用电人有权使用电力的起止时间。用电容量是指供电人认定的用电人受电设备的总容量。用电地址是指用电人使用电力的地址。用电性质是指用电人的行业分类和用电分类。计量方式是指供电人如何计算用电人使用的电量。电价即电网销售价格，是指供电企业向用电人供应电力的价格。电费是电力资源实现商品交换的货币形式。电价、电费的结算方式可以由当事人在合同中协商确定。[1]

二、供用电合同的效力

（一）对供电人的效力

1. 及时、安全、合格供电的义务

用电人提出用电申请时，供电企业应尽速确定供电方案，并在一定期限内正式书面通知用电人。供电人应当按照国家规定的供电质量标准和约定安全供电。用户对供电质量有特殊要求的，供电企业应当根据其必要性和电网的可能，依约提供相应的电力。由于电力具有相当大的危险性，因此由供电人就多大范围承担安全保证义务，是供用电合同的关键问题。[2]供电人安全供电义务的具体内容为，供电人供应电力电压要稳定，频率要达到标准，输电线路要安全畅通等。供电人未按照国家规定的供电质量标准和约定安全供电，造成用电人损失的，应当承担赔偿责任（《民法典》第651条）。

供用电合同的履行地点，按照当事人约定；当事人没有约定或者约定不明确的，供电设施的产权分界处为履行地点（《民法典》第650条）。供电设施的产权分界处是划分供电设施所有权归属的分界点，分界点电源侧的供电

〔1〕 黄薇主编：《中华人民共和国民法典合同编释义》，法律出版社2020年版，第424—425页。
〔2〕 崔建远主编：《新合同法原理与案例评释》（下册），吉林大学出版社1999年版，第1003页。

设施归供电人所有，分界点负荷侧的供电设施归用电人所有。在用电人为法人、非法人组织时，供电设施的产权分界处通常为该组织变电设备的第一个磁瓶或开关；在用电人为散用户时，供电设施的产权分界处通常为进户墙的第一个接收点。[1]

2. 限电、检修等停电时的通知义务

供电人因供电设施计划检修、临时检修、依法限电或者用电人违法用电等原因，需要中断供电时，应当按照国家有关规定事先通知用电人（《民法典》第652条）。因供电设施计划检修需要停电时，供电企业应当提前7天通知用户或者进行公告；因供电设施临时检修需要停止供电时，供电企业应当提前24小时通知重要用户（《电力供应与使用条例》第28条）。供电人未事先通知用电人中断供电，造成用电人损失的，应当承担赔偿责任（《民法典》第652条）。

3. 事故断电时的抢修义务

事故断电是指因不可抗力或意外事故造成供电设施毁坏，导致电力无法继续正常供应。因自然灾害等原因断电，供电人应当按照国家有关规定及时抢修；未及时抢修，造成用电人损失的，应当承担赔偿责任（《民法典》第653条）。

供电人除负有前述义务外，还负有其他一些义务。例如，因限电或停电造成用电人用电未达标时，供电人负有补充供给一定量电力的义务；在用电人支付电费时，供电人负有向用电人开具用电数量详细情况凭证或记录的义务。

（二）对用电人的效力

1. 支付电费的义务

供用电合同是双务、有偿合同，用电人负有向供电人支付电费的义务。用电人应当按照国家有关规定和当事人的约定及时支付电费。用电人逾期不支付电费的，应当按照约定支付违约金。经催告用电人在合理期限内仍不支付电费和违约金的，供电人可以按照国家规定的程序中止供电。供电人依法中止供电的，应当事先通知用电人（《民法典》第654条）。在用电人补交电费及其迟延利息、支付违约金之后，供电人应恢复供电。

2. 安全、节约和计划用电的义务

用电人应当按照国家有关规定和当事人的约定安全、节约和计划用电。用电人未按照国家有关规定和当事人的约定用电，造成供电人损失的，应当承担

---

〔1〕 黄薇主编：《中华人民共和国民法典合同编释义》，法律出版社2020年版，第427页。

赔偿责任（《民法典》第655条）。

用电人的安全用电义务是指用电人按照国家有关规定和当事人的约定安全地使用电力。用电人的节约和计划用电义务是指用电人遵守国家有关限电、计划用电的政策规定，在用电过程中合理用电，避免浪费。用电人的节约和计划用电的义务是《民法典》第9条规定的绿色原则的具体化。

3. 对用电设施的安全保持义务

保持用电设施处于安全状态，是保证用电安全的前提条件。对于已经安全装设的用电线路和保险装置，用电人不得随意拆换。用电人也不应在已经检修合格的用电设施中再随意拉线，连接用电设施。用电设施出现故障需要修理的，用电人原则上也要请电工修理，不应自己随意接拉电线或修理。用电人违反对用电设施的安全保持义务，造成损失或发生危险的，供电人不承担责任。

4. 对供电人正当检修、限电、停电的容忍义务

供电属于高度危险作业，为防止危险发生，或因不可抗力、意外事故需要对用电设施进行检修，甚至因此而限电或停电，都是正常的现象。当供电人进行正常的检修、限电、停电时，用电人对此负有容忍义务。

三、供用水、气、热力合同的法律适用

供用水、气、热力合同与供用电合同具有相同或相似的类型化特征。《民法典》在较完备规制了供用电合同后，于第656条规定，供用水、供用气、供用热力合同，参照适用供用电合同的有关规定。据此，供用水、气、热力合同可根据其性质，类推适用供电合同的有关规定。具体而言，供用水、供用气及供用热力所涉的行业法律法规确定的规则与电力行业法律法规确定的规则可能存在不一致，前三类合同的规则的相关解释应分别结合与之相应的行业法律法规展开。[1]

---

〔1〕 谢鸿飞、朱广新主编：《民法典评注：合同编 典型合同与准合同》（第1册），中国法制出版社2020年版，第311页。

第十三章　赠与合同

提　要

赠与合同是指赠与人将自己的财产无偿给予受赠人，受赠人表示接受赠与的合同。赠与合同是单务、无偿、诺成合同。赠与合同中的任意撤销权，是指在赠与合同成立后、赠与财产的权利转移前，赠与人基于其意思而撤回赠与的权利。赠与合同中的法定撤销权，是指在具备法定事由时，由赠与人或者赠与人的继承人、法定代理人撤销赠与的权利。赠与人的穷困抗辩权，是指当赠与人陷于穷困时，可取得在一定条件下不履行赠与义务的权利。赠与人负有转移赠与的财产权利的义务，一般不承担赠与财产的瑕疵担保义务，但下列两种情形除外：第一，在附义务赠与中，赠与的财产有瑕疵的，赠与人在附义务的限度内承担与出卖人相同的责任。第二，赠与人故意不告知赠与财产的瑕疵或者保证赠与的财产无瑕疵，造成受赠人损失的，应当承担赔偿责任。

重点问题

1. 赠与合同是诺成合同还是要物合同？
2. 赠与人主要承担的义务。
3. 赠与人的任意撤销权。
4. 赠与人法定撤销权的行使要件。
5. 赠与人的穷困抗辩权。

第一节 赠与合同概述

问题示例

2021年2月，家境贫寒的高三学生甲接受了在网上结识的乙的资助。双方签订的“助学合同”约定：“受助人不得退学，不得谈恋爱，不得违反校规，不得有与学生身份不相称的行为；非经资助人同意不得工作（含兼职）；必须考上本科，并获得学士学位。受助人如果违约，将双倍返还受资助的款项。”同年5月，甲因成绩不好，决定放弃参加高考，外出打工。乙得知后，要求甲双倍返还资助金总共2.4万元。乙的请求应否得到支持？

一、赠与合同的概念

赠与合同是赠与人将自己的财产无偿给予受赠人，受赠人表示接受赠与的合同（《民法典》第657条）。赠与合同属于转移财产权的合同。转让财产的一方为赠与人，接受财产的一方为受赠人。赠与人可以是自然人、法人、非法人组织。国家在一定情形下也能够成为赠与人。自然人作为赠与人时，应当具有完全民事行为能力。无民事行为能力人和限制民事行为能力人一般不能成为赠与人。赠与合同的标的不限于有体物所有权，也包括土地使用权、股权、债权等可以转让的财产权以及将来物。

二、赠与合同的特征

（一）赠与合同为单务、无偿合同

在赠与合同中，仅赠与人一方负有将财产转移给受赠人的义务，受赠人不负有任何义务。这就是说，受赠人取得赠与财产不需要支付相应的对价。因此，赠与合同是单务、无偿合同。《民法典》第661条规定：“赠与可以附义务。赠与附义务的，受赠人应当按照约定履行义务。”该条确立的制度为附义务赠与。在附义务赠与中，虽然受赠人要履行一定的义务，从而与受赠人不负任何义务的一般赠与合同存在着一定差距，但是由于受赠人所负的义务与赠与人承担的义务不具有对价关系，因此附义务赠与仍然属于单务合同。

（二）赠与合同为诺成、不要式合同

《民法典》合同编“赠与合同”一章既未规定赠与合同的成立以交付标的物为要件，也不要求赠与合同须采用书面、公证等特定形式，故赠与合同原则上为诺成、不要式合同。不过，有些法律对特定类型财产的赠与合同有特殊形式要求的，自应遵从其规定。例如，根据《城市房地产管理法》第41条的规定，房屋赠与合同应当采用书面形式。

三、赠与合同的类型

（一）一般赠与和特种赠与

根据赠与有无特殊情形，可将赠与分为一般赠与和特种赠与。一般赠与，又称单纯赠与，是指不具有特殊形态的赠与。特种赠与，是指存在特殊形态的赠与，包括附义务赠与、混合赠与、捐赠、定期给付赠与以及死因赠与等类型。

附义务赠与，又称为附负担赠与，是指赠与人在赠与时使受赠人对于赠与人或者第三人负有一定义务的赠与。附义务赠与与一般赠与的不同之处在于：在一般赠与中，受赠人仅仅享有权利，而不负有任何约定的义务；在附义务赠与中，赠与人对其赠与附加一定的条件，使受赠人负有一定的义务。对于附义务赠与，应当注意两个问题：第一，在附义务赠与中，由于所附的义务不是赠与的对价，因此，当受赠人请求赠与人履行义务时，赠与人不能以受赠人未履行义务为由进行抗辩。第二，赠与人向受赠人给付赠与物以后，受赠人应当履行所附义务。如果受赠人不履行所附义务，赠与人有权请求其履行或者撤销赠与。

混合赠与是指含有有偿行为的赠与，即受赠人负有一定的对待给付义务的赠与。例如，一方以赠与的目的将标的物以低于市价的价格出售给对方，就属于混合赠与。捐赠又称为捐助，是指为了公益或者为了公共目的而无偿给予他人以财产的行为。大致说来，捐赠可分为不附任何条件的捐赠、附加特定条件的捐赠或对赠与物指定使用目的的捐赠以及募集捐赠。定期给付赠与是指赠与人应当每隔一段时间无偿地给予受赠人以财产的赠与。定期给付赠与可分为有期限的定期给付赠与和未定有期限的定期给付赠与两种形式。死因赠与是指因赠与人死亡而生效的赠与。死因赠与在性质上属于附停止条件的赠与合同，它不在赠与合同成立时生效，而在赠与人死亡时生效。死因赠与作为一种双方民事法律行为，既不同于属于单方民事法律行为的遗赠，也不同于属于双务、有

偿的双方民事法律行为的遗赠抚养协议。

区分一般赠与与特种赠与的主要法律意义在于：两者在法律适用的规则上有所不同。例如，一般赠与的赠与人在通常情形下无须承担瑕疵担保责任，但无论是附义务赠与还是混合赠与，赠与人都要在一定的程度内承担瑕疵担保责任。又如，一般赠与合同自依法成立时起发生效力，死因赠与合同的生效以赠与人死亡为前提条件。

（二）现实赠与和非现实赠与

根据赠与合同的成立和履行时间之间的关系不同，可以将赠与分为现实赠与和非现实赠与。现实赠与又称为“即时赠与”，是指赠与合同成立时赠与人即按照约定将标的物交付给受赠人的赠与。在现实赠与中，合同的成立和履行是同时进行的。非现实赠与是指在赠与合同成立后赠与人才按照约定将标的物交付给受赠人的赠与。在非现实赠与中，合同的成立与履行不是同时实现的。区分现实赠与与非现实赠与的法律意义在于：现实赠与在符合法律规定的条件下，可以弥补赠与合同形式上的欠缺。

（三）具有公益、道德义务性质的赠与和不具有公益、道德义务性质的赠与

根据赠与人赠与的目的是否为了公益和履行道德义务，可以将赠与区分为具有公益、道德义务性质的赠与和不具有公益、道德义务性质的赠与。具有公益性质的赠与，是指为了救灾、扶贫、助残、助学等目的或者为了资助公共设施建设、环境保护等公益事业所为的赠与。具有道德义务性质的赠与包括以下类型：养子女对于在法律上无抚养义务，但在道德上有扶助义务的生父母，在其生活较为困难时约定赠与一定的财物；近亲属以外的其他亲属之间虽无抚养义务，但一方对于其亲属以赠与合同的方式约定为抚养给付；对于重要而无偿的劳务或救护工作，以赠与合同的方式给予酬谢，等等。

区分具有公益、道德义务性质的赠与和不具有公益、道德义务性质的赠与的法律意义在于：前一种赠与中，在交付赠与财产之前，赠与人必须负有交付赠与财产的义务，不能任意撤销赠与合同；后一种赠与中，赠与人享有任意撤销权，即赠与人在交付赠与财产之前，可以任意撤销赠与合同（《民法典》第658条、第660条）。

（四）经过公证的赠与与未经过公证的赠与

根据赠与合同是否办理了公证手续，可以将赠与区分为经过公证的赠与与未经过公证的赠与。区分二者的意义在于：经过公证的赠与，在赠与合同成立后、赠与财产的权利转移之前，赠与人没有任意撤销权，不得随意撤销赠与合同；赠与人不交付赠与财产的，受赠人有权请求交付。未经过公证的赠与则不适用这一规则（《民法典》第658条、第660条）。

第二节 赠与合同的效力

问题示例

2021年6月1日，甲微波炉公司在乙商场搞促销活动。商场承诺，在6月份购买微波炉的前100名顾客将会得到商场赠送的价值200元的电饭煲一个。王某在购买微波炉时得到了一个电饭煲。乙商场在为王某开发票时，发票上只载明了微波炉的价格，并在发票的背面注明赠与一个电饭煲。王某买回微波炉和电饭煲以后，还没使用一个月，就发现电饭煲出了故障，遂要求商场进行修理。商场同意进行修理，但申明必须按价收费。王某不同意商场的意见，要求商场免费修理电饭煲或者更换新的电饭煲。本案该如何处理？假设乙商场保证电饭煲无质量问题，本案处理结果有无不同？

由于赠与合同为单务合同，因此所谓赠与合同的效力就是赠与人依据生效的赠与合同所承担的义务。在赠与合同中，赠与人主要应承担以下两项义务。

一、交付赠与财产、转移赠与财产的权利的义务

赠与合同以使赠与财产的权利移归受赠人为目的，赠与人的主要义务就是依照赠与合同约定的期限、地点、方式等交付赠与财产、转移赠与财产的权利给受赠人。当赠与人不依约履行义务时，就应当承担违约责任。不过，由于赠与合同属于单务、无偿合同，与具有对价关系的双务合同不同，因此赠与人的违约责任应有所减轻才算公平。《民法典》第660条第1款规定，对于经过公证的赠与合同或者依法不得撤销的赠与合同，“……赠与人不交付赠与财产的，受赠人可以请求交付。”该条仅规定在赠与人不履行义务时，受赠人享有请求交付赠与财产的权利，而未规定受赠人的其他权利。这表明《民法典》基于保护赠与人的意旨，减轻了赠与人的违约责任。出于相同的理由，第660条第2款还规定：“依照前款规定应当交付的赠与财产因赠与人故意或者重大过失致使毁损、灭失的，赠与人应当承担赔偿责任。”即赠与人仅在具有故意或者重大过失时才承担赔偿责任。

二、瑕疵担保义务

在赠与合同中，赠与人往往依据赠与物的性状为给付。即便赠与物具有瑕疵，因受赠人是无偿地从赠与人处得到赠与物，受赠人也不会有损害。因此，赠与人一般不承担瑕疵担保义务和责任。但是，根据《民法典》第662条的规定，在下列两种情况下，赠与人应当承担瑕疵担保义务。

第一，在附义务赠与中，赠与的财产有瑕疵的，赠与人在附义务的限度内承担与出卖人相同的责任。虽然附义务赠与在性质上仍属于单务合同的范畴，但与一般赠与不同的是，受赠人并非纯粹无偿地从赠与人处获得赠与物，而是以履行所附的义务为前提的。从赠与人的角度来看，赠与人对受赠人享有请求履行所附义务的权利。这就使得附义务赠与在一定程度上类似于有偿合同。为平衡赠与合同双方当事人的利益，应使赠与人在附义务的范围内承担瑕疵担保责任。

第二，赠与人故意不告知赠与财产的瑕疵或者保证赠与的财产无瑕疵，造成受赠人损失的，应当承担赔偿责任。故意不告知赠与财产的瑕疵，是指赠与人自合同订立时起到合同履行时止知悉赠与财产的瑕疵，但未告知不知情的受赠人。保证赠与的财产无瑕疵，是指保证赠与财产普通的无瑕疵状态，而非保证其具有某种品质。在这两种情况下，如果造成受赠人损失的，赠与人应当承担赔偿责任。

第三节　赠与合同的终止

问题示例

甲56岁时丧妻，独女丙已结婚。独居的甲通过网络聊天与34岁的乙女相识，不久两人闪婚。婚后乙即辞职，怀孕并生育一子丁。甲老年得子，欣喜若狂，遂将其与前妻的共同存款20万元存折交给乙，在乙的要求下还写一字条，表明愿将两处房产均赠送给乙和儿子。此后乙逐渐不问家事，也不照料丁，甲两次心脏病发作都未见其踪影。甲因听到流言蜚语，遂带儿子去医院做亲子鉴定，发现并非自己亲生。盛怒之下，甲提起离婚，并要求乙返还存折。但乙已经将全部存款取出，并拿出字条要求甲尽快办理房产过户登记。本案应如何处理？

赠与合同的终止是指赠与合同关系归于消灭，赠与人不再履行赠与义务。赠与合同属于民事合同的一种。在赠与合同性质许可的范围内，可以适用《民法典》合同编总则部分有关合同权利义务终止的规定。例如，清偿、混同等合同权利义务终止的一般事由，均可成为赠与合同终止的事由。本节仅论述赠与合同制度中特有的导致赠与合同终止的事由。

一、赠与人的任意撤销权

赠与人的任意撤销权，是指在赠与合同成立后，赠与人得基于自己的意思任意撤销赠与的权利。根据《民法典》第658条的规定，赠与人行使任意撤销权必须具备以下三个条件。

第一，赠与合同已依赠与人与受赠人之间的合意而成立。这说明任意撤销权须以赠与合同属于诺成合同为前提。

第二，赠与财产的权利尚未转移。也就是说，对动产而言，赠与人尚未交付该动产；对不动产而言，赠与人尚未办理物权变动登记。在不动产业已交付，但未办理物权转移登记或者设立登记的情形，由于赠与的物权尚未转移或者尚未设立，故赠与人可以撤销赠与。

第三，必须是非经公证的赠与以及非具有公益、道德义务性质的赠与。具有公益性质的赠与，是指赠与的目的是为了促进救灾、扶贫、助残等社会公共利益的发展。对于此类性质的赠与，若允许赠与人任意撤销，不利于倡导扶贫济困的社会道德风尚。具有道德义务性质的赠与，是指赠与的目的是为了履行道德上的义务。例如，对于无法定抚养义务的亲属，因抚养而为之赠与。限制任意撤销此种性质的赠与，目的亦在于维护道德观念。此外，经过公证的赠与不得撤销，主要原因在于赠与人对于赠与已作过深思熟虑，并非贸然应允，故应使其受自己的意思表示拘束。并且，公证是由公证机构实施的，具有权威性与较强的证明力，不应由当事人随意否认其效力。

需要注意的是，在附义务赠与中，由于所附的义务并非对价，附义务赠与仍属无偿、单务合同，仅其所附义务与对价有神似之处，故有时发生类如双务、有偿合同的效力。另外，由于附义务赠与仍为赠与，以赠与人履行赠与义务为制度的重心，故赠与人有先为给付的义务。在赠与人交付赠与财产之前，赠与人尚不得任意撤销赠与或请求受赠人履行所附的义务。

二、赠与人的法定撤销权

赠与人的法定撤销权，是指在具备法律规定的撤销事由时，无论赠与的财产权利是否转移给受赠人，赠与人都有权撤销合同。根据《民法典》第663条、第664条的规定，当发生下列事由时，赠与人或其继承人、法定代理人可以行使撤销权撤销赠与。

（一）受赠人严重侵害赠与人或者赠与人近亲属的合法权益

在大陆法系国家或地区的民法上，受赠人侵害赠与人或其近亲属的行为以及受赠人不履行对赠与人的扶养义务的行为，被称为受赠人的忘恩负义行为。这一要件要求：第一，受赠人实施了侵害行为。受赠人的侵害行为不以直接侵害赠与人或其近亲属的个人法益为限。受赠人有侵害国家利益或社会法益之罪，例如，妨碍选举、诬告、伪证、伪造文书等，因其间接或同时侵害个人法益，亦有适用。第二，侵害的对象是赠与人或者赠与人的近亲属。亲属包括配偶、血亲和姻亲；近亲属包括配偶、父母、子女、兄弟姐妹、祖父母、外祖父母、孙子女、外孙子女（《民法典》第1045条）。第三，侵害行为达到严重的程度。如果侵害行为在后果上尚未达到严重的程度，特别是其程度显著轻微，赠与人不得行使法定撤销权。不过，由于“严重”的概念过于抽象，有必要将其限制在一个明确的标准上。对于受赠人的侵害行为，可以考虑从主观上行为人具有故意与客观上行为已构成犯罪两个方面来加以限定，即只有当受赠人故意侵害赠与人或其近亲属并已构成犯罪时，赠与人才能撤销赠与。

（二）受赠人对赠与人有扶养义务而不履行

受赠人对赠与人的扶养义务，由于法律未作区分，依据“法律规定未设区别者，吾人也不加以区别”的法谚，[1]应当包括法定扶养义务与约定扶养义务两种形式。并且，此处所言扶养义务，包括扶养、抚养与赡养三种类型（《民法典》第1059条、第1067条、第1074条、第1075条）。受赠人不履行抚养义务，是指受赠人有履行抚养义务的资力而未进行抚养。受赠人因无资力而未履行抚养义务，不构成此处所言的“不履行”，赠与人不得行使撤销权。

（三）受赠人不履行赠与合同约定的义务

当赠与合同为受赠人设定义务时，该赠与合同属于附义务赠与；如果受赠人不履行所附的义务，赠与人得请求其履行（《民法典》第661条）。附义务赠

---

〔1〕 郑玉波：《民法债编各论》，中国台湾地区三民书局1970年版，第158页。

与与双务合同有几分神似。在双务合同中，当债务人有债务不履行的情事时，债权人得解除合同。在附义务赠与中，也不能没有类似的制度。因此，《民法典》赋予赠与人以撤销权，在受赠人不履行赠与合同约定的义务时，赠与人可以撤销赠与。不过，如果所附的义务因不可归责于受赠人的事由而未履行，则赠与人不得撤销赠与。[1]

（四）受赠人实施违法行为致使赠与人死亡或者丧失民事行为能力

《民法典》第664条对受赠人实施的违法行为未作限定。只要受赠人实施的违法行为致使赠与人死亡或者丧失民事行为能力，无论是出于故意还是过失，赠与人的继承人或法定代理人就可以行使撤销权。[2]赠与人的死亡或丧失民事行为能力必须与受赠人的违法行为之间具有因果关系。若赠与人的死亡或丧失民事行为能力并非受赠人违法行为的直接结果，则赠与人的继承人或法定代理人不得行使撤销权。例如，当受赠人对赠与人或其近亲属故意实施犯罪行为但未导致赠与人死亡时，或者当受赠人不法侵害赠与人或者赠与人的近亲属，赠与人因忧伤过度致死、因悲愤而自杀或因其他原因致死时，赠与人的继承人或法定代理人皆不得行使撤销权。

根据《民法典》第663条、第664条的规定，法定撤销权行使的主体包括赠与人、赠与人的继承人与法定代理人。撤销权原则上只能向受赠人行使。如果赠与人在受赠人生前没有行使撤销权，则撤销权随着受赠人的死亡而归于消灭，即赠与人原则上不得向受赠人的继承人行使撤销权。但是，如果赠与人在受赠人死亡前已对之提出撤销赠与的，则赠与人可以例外地向受赠人的继承人行使撤销权。

赠与人的法定撤销权因下列事由的发生而消灭：第一，撤销权的除斥期间届满。《民法典》第663条第2款规定：“赠与人的撤销权，自知道或者应当知道撤销事由之日起一年内行使。”第664条第2款规定：“赠与人的继承人或者法定代理人的撤销权，自知道或者应当知道撤销事由之日起六个月内行使。”这两条规定的1年或6个月期间是法定撤销权的除斥期间，该期间的性质属于不变期间，不可以延长、中止或中断。除斥期间届满，赠与人的撤销权即归于消灭。第二，赠与人的宽恕。宽恕是指原谅受赠人的行为而不予追究。如果赠与

〔1〕王洪亮：《合同法难点、热点、疑点理论研究》，中国人民公安大学出版社 1999 年版，第 354 页。

〔2〕龙著华：《论赠与人的撤销权》，载《河北法学》2000 年第 3 期。

人宽恕受赠人的忘恩负义行为，则撤销权归于消灭。第三，赠与人抛弃撤销权。虽然赠与人的撤销权不得预先抛弃，但赠与人并非不可于事后抛弃撤销权。抛弃是指赠与人明知有撤销权而表示不行使撤销权。抛弃与宽恕的区别在于，表示宽恕的赠与人不必知有撤销权存在，也不必有抛弃撤销权的意思。

三、赠与人的穷困抗辩权

当赠与人陷于穷困时，大陆法系国家或地区的民法大都赋予赠与人不履行赠与义务的权利。对于此种权利的性质，有抗辩权主义、撤销权主义与解除权主义三种不同立法例。《民法典》第666条规定："赠与人的经济状况显著恶化，严重影响其生产经营或者家庭生活的，可以不再履行赠与义务。"据此，赠与人取得了在一定条件下不履行赠与义务的权利。此种权利就是穷困抗辩权。[1]

（一）要件

《民法典》第666条规定的穷困抗辩权，应具备以下要件。

第一，必须是《民法典》第658条第2款规定的赠与人不得任意撤销的赠与合同。在赠与人可以任意撤销的赠与合同中，由于赠与人在赠与财产的权利转移以前享有任意撤销权，赠与人完全可以通过行使任意撤销权来拒绝履行赠与义务，故无适用第666条的实益。当然，赠与人不愿行使任意撤销权的，仍可援引该条不履行赠与义务，不过实益不大。只有在具有救灾、扶贫、助残等公益、道德义务性质的赠与合同或者经公证的赠与合同中，由于赠与人不得行使任意撤销权，才有通过第666条来维护赠与人利益的必要。

第二，必须是在赠与合同依法成立后、履行完毕前。在赠与合同订立前以及履行完毕后，赠与人均不负有为赠与的义务，故不存在不再履行赠与义务的问题。不少大陆法系国家或地区的民法要求赠与人的穷困抗辩权以赠与合同生效为要件，[2]我国也应作相同的解释。

第三，赠与人的经济状况显著恶化。首先，必须是经济状况的恶化，不仅指积极的财产的减少，如收入减少，也包括消极的支出的增加。若非经济状况的恶化，而是其他状况的不良变化，如住所的迁移、年龄的增加等，则不得行

---

〔1〕易军：《撤销权、抗辩权抑或解除权？——探析合同法第195条所定权利的性质》，载《华东政法学院学报》2003年第5期。

〔2〕史尚宽：《债法各论》，中国政法大学出版社2000年版，第135页。

使穷困抗辩权。其次，必须是经济状况的显著恶化。例如，赠与人的近亲属因车祸住院或者赠与人因病魔缠身，导致赠与人的医疗费用负担极重。若仅为经济状况的轻微不良变化，如遗失数百元，则不得行使穷困抗辩权。最后，经济状况的恶化必须发生在赠与合同订立以后。若赠与人的经济状况在赠与合同订立前即已恶化，由于赠与合同是在业已变更的赠与人的经济状况的基础上订立的，故赠与人不得拒绝履行赠与义务。

第四，赠与义务的履行将严重影响赠与人的生产经营或者家庭生活。严重影响赠与人的生产经营，是指使赠与人的生产经营难以为继。严重影响赠与人的家庭生活，是指使赠与人的衣、食、住、行、育、乐等生活不能圆满。是否严重影响赠与人的生产经营或家庭生活，应根据赠与人的资产状况、身份地位等予以决定。

（二）效力

根据《民法典》第666条的规定，当赠与人的经济状况显著恶化，严重影响其生产经营或者家庭生活时，赠与人可以“不再履行赠与义务”。这说明，当受赠人向赠与人提出履行请求时，赠与人可以拒绝受赠人的履行请求，使其请求权永久归于消灭。当然，赠与人并不能请求受赠人返还已经受领的赠与财产。

第十四章　借款合同

提要

借款合同是当事人约定借款人向贷款人借款，借款人到期返还借款、支付利息的合同。借款合同以金钱为标的。借款合同虽是转移金钱使用权的合同，但为实现合同目的，必然涉及金钱所有权的变动。借款合同通常是诺成、双务、有偿和继续性合同。《民法典》区分自然人之间的借款合同与非自然人之间的借款合同。司法实务中更多地区分金融机构借款合同与民间借款合同。借款合同以借款人的信用为基础。

重点问题

1. 借款合同和借贷合同的体系定位。
2. 自然人之间的借款合同与非自然人之间的借款合同的区别。
3. 关于民间借贷合同中利息的强制性规范。

第一节　借款合同概述

问题示例

甲与好朋友乙达成口头协议，约定甲借给乙10万元。甲嗣后反悔，不肯提供借款。乙认为甲应该依约提供借款，甲认为没有订立书面合同，借款合同不成立。二人争执不下，诉至法院。该案应如何处理？

一、借款合同的概念

借款合同是当事人约定借款人向贷款人借款，借款人到期返还借款、支付利息的合同。提供借款的一方为贷款人，获取借款的一方为借款人。关于借款合同的概念，有两个问题需要说明。

第一，借款合同以金钱为标的物。借款人获取金钱的目的在于按照金钱的属性使用金钱，这使借款合同与终局转移标的物所有权的买卖合同、赠与合同有所不同。由于金钱是消费物，按照金钱的属性使用金钱将导致金钱的所有权消灭，因而为实现借款合同的交易目的，就需要贷款人将金钱的所有权转移于借款人。可见，借款合同虽非以终局转移金钱所有权为目的，但却涉及金钱所有权的变动。

第二，借款合同不以有偿性为定义要件。《民法典》第667条规定，借款合同是借款人向贷款人借款，到期返还借款并支付利息的合同。就其字面表述而言，还款和支付利息为借款合同的定义要件，但事实却并非如此。根据《民法典》第680条的规定，借款合同对支付利息没有约定的，视为没有利息（第2款）；自然人之间的借款合同对支付利息约定不明确的，视为没有利息（第3款）。就此而言，借款合同有可能是无偿合同，更何况当事人可以明确订立无偿的借款合同。

二、借款合同的立法沿革

比较法上单独规定借款合同者极为罕见，仅有欧洲民法典草案规定了金钱借贷合同。大陆法系国家的民法典大多规定了借贷合同，再将借贷合同区分为使用借贷和消费借贷两种类型。借款合同虽然实践意义重大，但在体系地位上属于消费借贷合同中的金钱消费借贷合同。例如，法国、瑞士的民法将消费借贷与使用借贷共同规定于借贷之下。日本民法将使用借贷、消费借贷和租赁并列规定。德国民法原本也是将消费借贷和使用借贷并列规定，2002年债法改革后，将借款合同与使用借贷、物的消费借贷并列规定。

我国将借款合同而非消费借贷合同有名化的立法传统，始自1981年《经济合同法》。1999年《合同法》和2020年《民法典》予以承继。我国未采取消费借贷的立法模式，主要基于两点考虑：第一，借款合同在实际生活中最为重要，其他物品的消费借贷产生争议的情形较少。第二，货币以外的其他种类物的借贷，可以参照借款合同的规定适用。因此，即便我国立法没有明确规定消费借贷，也不影响实践中对相关纠纷的处理。[1]不过，鉴于金钱与其他种类物之间存在较大的不同，对其他种类物的消费借贷仍有予以规范的必要。

---

〔1〕梁慧星主编：《中国民法典草案建议稿附理由：合同编》（上册），法律出版社2013年版，第499页；王利明：《合同法研究》（第三卷）（第二版），中国人民大学出版社2015年版，第244页。

三、借款合同的特征

（一）借款合同原则上是诺成、要式合同

我国法上的合同以诺成合同、不要式合同为原则，以要物合同和要式合同为例外。《民法典》未一般性地规定借款合同的成立要件，故借款合同原则上为诺成合同。第679条规定，自然人之间的借款合同，自贷款人提供借款时成立。因此，自然人之间的借款合同是要物合同。第668条规定，借款合同应当采用书面形式，但是自然人之间借款另有约定的除外。可见，借款合同原则上又是要式合同。

（二）借款合同是双务合同

因借款合同原则上为诺成合同，合同有效成立后，贷款人负有依约向借款人提供借款的义务，借款人负有到期后返还借款及约定利息的义务，故借款合同为双务合同。不过，借款合同中处于对待给付关系的并非贷款人提供借款的义务和借款人返还借款的义务，而是贷款人提供借款的义务和借款人支付利息的义务，[1]故当借款人不负有支付利息的义务时，借款合同就是无偿合同。

由于自然人之间的借款合同为要物合同，贷款人提供借款之前并不负任何合同上的义务，提供借款并转移所有权给借款人后借款合同才成立（《民法典》第679条），之后贷款人亦不负任何合同上的给付义务，仅借款人负有返还借款以及支付可能的利息的义务，故自然人之间的借款合同为单务合同。

（三）借款合同是继续性合同

在借款合同约定的借款期限内，贷款人负有容忍借款人使用约定款项的义务。在有偿借款合同中，时间的延续对于债务人的支付利息义务具有重要的意义。随着借款时间的延续，债务人须支付的利息额随之增加。因此，借款合同属于继续性合同。需要注意的是，借款合同作为继续性合同，并不排除一时性给付的存在。例如，借款合同约定借款人在借款期满后一次性支付利息10万元，借款人的支付利息义务就属于一时性给付。借款合同作为继续性合同，通常以当事人之间的特别信赖为前提。《民法典》第563条第2款关于不定期继续性合同的任意解除规范，适用于不定期借款合同。

---

〔1〕［德］迪特尔·梅迪库斯：《德国债法分论》，杜景林、卢谌译，法律出版社2007年版，第229页。

四、借款合同的类型

出于不同的目的，根据不同的标准，可以对借款合同作不同的分类。例如，根据借款币种，可将借款合同分为人民币借款合同和外币借款合同；根据借款用途，可将借款合同分为固定资产借款合同和流动资金借款合同；按照借款决定权，可将借款合同分为自营贷款、委托贷款和特定贷款合同等。[1]鉴于《民法典》及《最高人民法院关于审理民间借贷案件适用法律若干问题的规定》（以下简称《民间借贷案件规定》）主要区分不同主体对借款合同设定不同的私法规范，故下文仅介绍根据主体的不同对借款合同所作的分类。

（一）自然人之间的借款合同与非自然人之间的借款合同

《民法典》对自然人之间的借款合同作了特殊的规定，因此有必要区分自然人之间的借款合同和非自然人之间的借款合同。二者区分的意义在于：第一，自然人之间的借款合同是要物合同（第679条），可以不采用书面形式（第668条第1款）；非自然人之间的借款合同是诺成合同，应当采用书面形式（第668条第1款）。第二，在借款合同对支付利息约定不明确时，自然人之间的借款合同视为没有利息；非自然人之间的借款合同应按照当地或者当事人的交易方式、交易习惯、市场利率等因素确定利息（第680条）。

（二）金融机构借款合同与民间借贷合同

《民间借贷案件规定》根据贷款人是否为金融机构，将借款合同分为金融机构借款合同与民间借贷合同。前者以金融机构为贷款人，后者是指金融机构以外的自然人、法人和非法人组织之间的借款合同（第1条）。金融机构除商业银行外，还包括由地方金融监管部门监管的小额贷款公司、融资担保公司、区域性股权市场、典当行、融资租赁公司、商业保理公司、地方资产管理公司七类地方金融组织。[2]以此类金融机构为贷款人的借款合同属于金融机构借款合同，不属于民间借贷合同。二者区分的意义在于，民间借贷合同适用《民法典》合同编“借款合同”一章和《民间借贷案件规定》的规定；金融机构借款合同除适用《民法典》合同编“借款合同”一章的规定外，还适用《商业银行法》《贷款通则》等银行业相关法律及规章的规定，但不适用《民间借贷案件规定》。

---

〔1〕 肖玉萍：《借款合同》，法律出版社1999年版，第6—8页。
〔2〕《最高人民法院关于新民间借贷司法解释适用范围问题的批复》（法释〔2020〕27号）。

五、借款合同的订立

（一）借款人的先合同义务

信用，即借款人的偿还能力，是借款合同的根本所在。在签订借款合同时,贷款人往往会评估借款人的信用状况，以此判断借款人的违约风险，决定是否与借款人签订借款合同。《民法典》第669条规定，订立借款合同，借款人应当按照贷款人的要求提供与借款有关的业务活动和财务状况的真实情况。借款人的此项义务是在订立借款合同期间的义务，属于先合同义务，其目的是为贷款人决定是否订立合同提供依据。借款人违反该义务，导致借款合同不成立或者被撤销，造成贷款人损失的，借款人应当承担缔约过失责任（《民法典》第500条）。

（二）借款合同的成立

非自然人之间的借款合同为诺成、要式合同，其成立适用合同成立的一般规则（《民法典》第483条、第490条）。自然人之间的借款合同，自贷款人提供借款时成立（《民法典》第679条）。根据《民间借贷案件规定》第9条的规定，自然人之间的借款合同具有下列情形之一的，可以视为合同成立：（1）以现金支付的，自借款人收到借款时；（2）以银行转账、网上电子汇款等形式支付的，自资金到达借款人账户时；（3）以票据交付的，自借款人依法取得票据权利时；（4）出借人将特定资金账户支配权授权给借款人的，自借款人取得对该账户实际支配权时；（5）出借人以与借款人约定的其他方式提供借款并实际履行完成时。

（三）借款合同的形式

借款合同应当采用书面形式，但是自然人之间借款另有约定的除外（《民法典》第668条）。在实践中，包括自然人之间的借款合同在内的民间借贷合同，经常会以借据、收据、欠条等形式呈现。根据《民间借贷案件规定》的规定，原告仅依据借据、收据、欠条等债权凭证提起民间借贷诉讼，被告抗辩已经偿还借款的，被告应当对其主张提供证据证明。被告提供相应证据证明其主张后，原告仍应就借贷关系的存续承担举证责任。被告抗辩借贷行为尚未实际发生并能作出合理说明的，人民法院应当结合借贷金额、款项交付、当事人的经济能力、当地或者当事人之间的交易方式、交易习惯、当事人财产变动情况以及证人证言等事实和因素，综合判断查证借贷事实是否发生（第15条）。原告仅依据金融机构的转账凭证提起民间借贷诉讼，被告抗辩转账系偿还双方之前借款或者其他债务的，被告应当对其主张提供证据证明。被告提供相应证据证明其主张后，原告仍应就借贷关系的成立承担举证责任（第16条）。

（四）民间借贷合同的特殊无效事由

借款合同的无效及可撤销事由，适用《民法典》总则编“民事法律行为”一章的相关规定。对于民间借贷合同的无效事由，《民间借贷案件规定》第13条规定了几种情形：（1）套取金融机构贷款转贷的；（2）以向其他营利法人借贷、向本单位职工集资，或者以向公众非法吸收存款等方式取得的资金转贷的；（3）未依法取得放贷资格的出借人，以营利为目的向社会不特定对象提供借款的；（4）出借人事先知道或者应当知道借款人借款用于违法犯罪活动仍然提供借款的；（5）违反法律、行政法规强制性规定的；（6）违背公序良俗的。

第二节　借款合同的效力

问题示例

甲加工厂与乙贸易公司达成协议，约定乙向甲拆借资金100万元，年利率25%，供甲采购新生产线。后甲将这笔资金中的85万元用于改造厂房，15万元用于技术革新。乙认为甲违反资金用途约定，主张解除合同，并要求甲按照约定利率支付利息、承担违约责任。甲认为可以按时归还资金，乙收回款项是单方违约，利息约定过高。该纠纷应该如何处理？

一、对贷款人的效力

（一）提供借款的义务

贷款人有义务按照约定的日期、数额提供借款，此为贷款人的主给付义务。但在自然人之间的借款合同中，贷款人提供借款为借款合同的成立要件，并非借款合同项下的主给付义务。如自然人之间业已达成借款合同预约，则借款人可基于预约合同请求贷款人提供借款，以订立借款合同。

贷款人可以通过不同方式履行提供借款的义务。当前银行转账和各种线上支付方式极为发达，提供借款的义务的履行方式也多体现为此类方式。以现金方式履行提供借款的义务，因大额借款交付不便、发生争议难以举证等缺陷，在借款合同的履行方式中逐渐减少。

《民法典》第671条第1款规定：“贷款人未按照约定的日期、数额提供借款，造成借款人损失的，应当赔偿损失。”这是针对非自然人之间的诺成性借款合同而言的。该赔偿责任属于违约损害赔偿责任。

（二）检查、监督权

贷款人对借款使用情况有知悉的利益，能够借此掌握借款人偿还能力的变动情况，判断借款能否按期收回。因此，为确保贷款人及时了解借款使用情况，贷款人按照约定可以检查、监督借款的使用情况；借款人应当按照约定向贷款人定期提供有关财务会计报表或者其他资料（《民法典》第672条）。贷款人的检查、监督权具有辅助其债权实现的作用，旨在使债权人利益得到最大限度的满足。从借款人方面而言，提供有关财务会计报表或者其他资料的义务为其从给付义务。

二、对借款人的效力

（一）按照约定用途使用借款的义务

在借款合同、租赁合同等使用他人之物的合同中，因使用的标的物均有其特定用途，故按照用途使用标的物为此类合同的一般要求。借款合同的目的在于使借款人在一定期间使用贷款人所提供的借款。鉴于金钱的用途极为广泛，借款人又须取得借款的所有权方能实现借款合同的目的，贷款人的交易风险极大，故为限制贷款人的风险范围，有必要在借款合同中对借款用途予以约定，法律也认可此种用途控制约定的效力。在这种情况下，借款人负有按照约定的借款用途使用借款的义务。借款人未按照约定的借款用途使用借款的，贷款人可以停止发放借款、提前收回借款或者解除合同（《民法典》第673条）。

（二）返还借款的义务

借款人负有返还借款的义务，此为借款人的主给付义务。借款人返还借款的义务与贷款人提供借款的义务并非对待给付义务，不适用同时履行抗辩权制度。借款人返还借款的义务，以贷款人履行提供借款的义务为前提。贷款人未依约提供借款的，借款人自然无须承担返还借款的义务。贷款人未按约定数额提供借款，包括提前扣除利息的，借款人仅须返还相应数额的借款。

借款人应当按照约定的期限返还借款。借款合同对借款期限没有约定或者约定不明确，依据《民法典》第510条的规定仍不能确定的，借款人可以随时返还；贷款人可以催告借款人在合理期限内返还（《民法典》第675条）。

（三）支付利息的义务

支付利息的义务是借款人的主给付义务。利息作为法定孳息，是借款合同中借款人使用贷款人的款项所支付的报酬。利息的支付与借款的提供居于双务合同的牵连关系中，互为给付和对待给付。按照借款的基本事理，贷款人应先提供借款，借款人嗣后还款付息。因此，即使借款合同未约定先后履行顺序，也应由贷款人先履行提供借款的义务，不享有对借款人的同时履行抗辩权。

1. 利息的有无

支付利息并非借款合同的必备条件。根据《民法典》第680条的规定，借款合同对支付利息没有约定的，视为没有利息（第2款）。借款合同对支付利息约定不明确时，如为自然人之间的借款合同，视为没有利息；如属非自然人之间的借款合同，当事人又不能达成补充协议的，按照当地或者当事人的交易方式、交易习惯、市场利率等因素确定利息（第3款）。

2. 利息的高低

现代合同法对合同对价通常采取主观等值原则，即合同对价的高低原则上由当事人自由约定，法律不作强制性要求。但是，对于借款合同中的利息，自罗马法以来，各国普遍对其予以限制，禁止高利放贷是借款合同中的基本规则。究其目的，一方面是对处于经济上弱势的借款人予以保护，另一方面是维持国家金融市场的稳定和良性发展。《民法典》第680条第1款明确规定，禁止高利放贷，借款的利率不得违反国家有关规定。

《商业银行法》及相关法律法规对金融机构借款合同的利息设有严格的规范。《民间借贷案件规定》第25条对民间借贷合同中的利息也作了限制，双方约定的利率不得超过合同成立时一年期贷款市场报价利率的四倍。所谓“一年期贷款市场报价利率”，是指中国人民银行授权全国银行间同业拆借中心自2019年8月20日起每月发布的一年期贷款市场报价利率。

3. 利息的支付

利息是借款人使用借款的对价。如果借款人未能获取借款并使用，即无须支付相应利息。为维持借款提供和利息支付之间的对价关系，《民法典》第670条规定，借款的利息不得预先在本金中扣除。利息预先在本金中扣除的，应当按照实际借款数额返还借款并计算利息。从贷款人的角度来说，贷款人预先从本金中扣除利息，属于未全面履行合同规定的提供借款的义务，自应按照实际履行的提供贷款义务计算其报酬。

关于利息的支付期限，借款人应当按照借款合同约定的期限支付利息。对支付利息的期限没有约定或者约定不明确，依据《民法典》第510条的规定仍不能确定，借款期间不满一年的，应当在返还借款时一并支付；借款期间一年以上的，应当在每届满一年时支付，剩余期间不满一年的，应当在返还借款时一并支付（《民法典》第674条）。借款人未按照约定的期限返还借款的，应当承担迟延履行的违约责任，即应当按照约定或者国家有关规定支付逾期利息（《民法典》第676条）。由于借款期限是为双方的利益而存在的，因此贷款人不得提前收回借款，借款人除愿支付全部利息外也不得提前返还借款。《民法典》为保护借款人还款的积极性，从公平角度出发，规定在借款人提前返还借款的情况下，除当事人另有约定外，应当按照实际借款的期间计算利息（第677条）。[1]应当注意的是，在借款人提前返还借款损害贷款人利益的情况下，贷款人可以依据第530条拒绝借款人提前还款。借款人提前还款造成贷款人损失的，应当予以赔偿，主要是赔偿贷款人的逾期利息收入损失。

---

〔1〕 黄薇主编：《中华人民共和国民法典合同编解读》（上册），中国法制出版社2020年版，第724页。

第十五章 租赁合同

提 要

租赁合同是出租人将租赁物交付承租人使用、收益，承租人支付租金的合同。租赁合同是诺成、有偿、双务、继续性合同。租赁合同的公平与租赁法制的完备，对于社会安定有重大影响。各国多以买卖不破租赁等强制性规定维护承租人生产生活的稳定性。在经出租人同意的合法转租的情形，承租人拖欠租金的，次承租人作为有利害关系的第三人，可以代承租人支付其欠付的租金和违约金。

重点问题

1. 租赁合同的特殊社会意义。
2. 出租人的瑕疵担保义务。
3. 转租的法律关系。
4. 租赁权的物权化。
5. 房屋承租人的优先购买权。

第一节 租赁合同概述

问题示例

甲与乙达成口头协议，约定甲将一台电脑以每月100元的使用费交付乙使用，使用期1年。在乙使用电脑3个月后，甲提出将于半个月后收回电脑。乙拒不同意，要求甲按照约定履行协议。本案应如何处理？

一、租赁合同的概念

租赁合同是出租人将租赁物交付承租人使用、收益，承租人支付租金的合同（《民法典》第703条）。

租赁合同的内容一般包括租赁物的名称、数量、用途、租赁期限、租金及其支付期限和方式、租赁物维修等条款（《民法典》第704条）。租赁合同是转移标的物使用收益权的合同，出租人将物出租给他方使用、收益而取得租金，承租人则支付租金而取得物的使用、收益。

租赁合同中的出租人不必然是租赁物的所有权人。所有权人以外的其他人，包括租赁物的承租人，均有可能成为出租人。租赁合同的标的物包括动产、不动产，至于其属性是主物、从物、消费物、不可消费物还是特定物或者种类物，并无限制。即便将来的物，也可用于租赁。约定一方使用他人无体财产权并支付租金的，理论上称作权利租赁、准租赁；[1]此类合同除法律另有规定外，可以准用租赁合同的规定。

租金通常表现为金钱。双方协商以其他形式支付报酬的，也构成租金。在租赁对价的名称上，当事人可能采取“使用费”“补贴”“报酬”等名称。因此，租金并不以金钱为限。

二、租赁合同的特征

（一）租赁合同是转移财产使用权的合同

要使用他人之物，最直接的方法是取得其所有权。在无法取得该物所有权的情况下，或者借助物权法上的用益物权，使用人获得绝对性的保护；或者借助债法上的使用收益他人之物的合同，使用人获得相对性的保护。租赁合同旨在满足此类使用他人之物的需求，为转移财产使用权的合同。

（二）租赁合同是诺成、有偿、双务合同

租赁合同自双方当事人意思表示一致时即成立，不以交付租赁物为成立要件。出租人有交付租赁物供承租人使用收益的义务，承租人使用租赁物以支付租金为代价。因此，租赁合同为诺成、双务、有偿合同。《民法典》关于双务合同的规则，原则上均适用于租赁合同。但应注意，作为继续性合同，租赁合同在同时履行抗辩权等规范适用上多有调整。

（三）租赁合同为继续性合同

租赁合同，不论是否为确定期限的租赁，通常必须经过一定期限才符合当事人的交易目的。时间因素是租赁概念和租赁合同必要的构成要素之一，[2]且租金给付的内容随时间的延续而变化，故租赁合同为继续性合同。基于继续性

---

〔1〕 邱聪智：《新订债法各论》（上），姚志明校订，中国人民大学出版社2006年版，第222页。
〔2〕 黄立主编：《民法债编各论》（上），中国政法大学出版社2003年版，第191页。

合同这一特征，租赁合同当事人之间的信赖关系为其重要基础，因此有观点认为租赁合同具有人格性。[1]时间要素对租赁合同的另一重要影响体现在法律对租赁合同最长期限的限制。根据《民法典》第705条的规定，租赁期限不得超过20年；超过20年的，超过部分无效。租赁期限届满，当事人可以续订租赁合同；但是，约定的租赁期限自续订之日起也不得超过20年。

（四）租赁合同为不要式合同

根据《民法典》第707条的规定，租赁期限6个月以上的租赁合同，应当采用书面形式；当事人未采用书面形式，无法确定租赁期限的，视为不定期租赁。该规定并不构成对租赁合同的书面形式要求，因为如果当事人未采取书面形式，并不影响租赁合同的成立，而仅仅是在无法确定租赁期限的情况下，视为不定期租赁而已。就此而言，虽然法律对6个月以上的租赁合同提出书面形式要求，但租赁合同仍为不要式合同。另外，即使有法律、行政法规要求对租赁合同办理登记备案手续，当事人未依照法律、行政法规规定办理租赁合同登记备案手续的，也不影响合同的效力（《民法典》第706条）。

三、租赁合同的特殊社会意义

租赁合同虽不涉及财产权的终局转移，但鉴于其在物之使用权益获取途径中的枢纽地位，无论对于个人还是社会，都具有重大意义。就个人而言，承租人之所以选择租赁方式取得物之使用权益，或因一时之需求而不必取得所有权，或因无足够资力取得所有权。尤其在生活必需的住房、经营必需的不动产或机器设备等价值不菲、购买不易的情况下，承租人势必采取租赁途径来解决生活、经营等需求。租赁合同作为承租人不得不作出的选择，对承租人的生活、营业等的影响程度，未必小于终局取得所有权的买卖合同等合同。就社会而言，租赁合同因多涉及土地、房屋、生产设备等生活、营业的基本要素，且所涉及者多为社会中经济上弱势的公众，所以租赁合同的公平与租赁法制的完备，对于社会安定有重大影响。正是基于租赁合同的特殊社会意义，较之于其他合同类型中贯彻的合同自由原则而言，各国立法在租赁合同规制方面会有更多的国家介入，以维护承租人的生存基础、租赁市场的公平和稳定。这些国家介入主要表现在租赁债权的物权化、租赁合同的自动展期等规则上。

---

[1] 邱聪智：《新订债法各论》（上），姚志明校订，中国人民大学出版社2006年版，第228页。

四、租赁合同的类型

（一）动产租赁和不动产租赁

根据租赁标的物的不同属性，可以将租赁合同分为动产租赁和不动产租赁。动产租赁以动产为租赁标的物，如自行车、动物、图书、汽车等动产的租赁；不动产租赁包括房屋租赁、土地租赁等不动产租赁。法律一般对不动产租赁有特殊的要求，如进行登记备案等；而动产租赁一般没有这些要求。租赁合同的标的多为有体物，但知识产权等无体财产也不妨作为用益租赁的标的，此即权利的用益租赁。[1]例如，技术许可合同（《民法典》第862条、《专利法》第12条）、著作权许可使用合同（《著作权法》第26条）的本质属性为著作权、专利权、技术秘密等权利使用收益权的一时性移转。在法律对这类合同无特殊规定时，在与其权利属性吻合的范围内，可以准用动产租赁合同的相关规范。例如，在经许可人允许第三人实施专利或使用技术秘密的情况下，被许可人未按期支付使用费的，第三人即可主张《民法典》第719条所赋予的清偿权。《民法典》新增的姓名、名称、肖像等人格要素的许可使用（第1022条、第1023条），在法律无明文规定的前提下，也可以准用租赁合同的相关规范。

（二）定期租赁和不定期租赁

根据租赁合同是否有固定期限，可以将租赁合同分为定期租赁和不定期租赁。定期租赁是指合同约定有明确租赁期限的租赁，不定期租赁既包括当事人明确约定的不定期租赁合同，也包括法律推定的不定期租赁合同。例如，应当采用书面形式而未采用书面形式，又无法确定租赁期限的，视为不定期租赁（《民法典》第707条）；当事人对租赁期限没有约定或者约定不明确，依法不能确定租赁期限的，视为不定期租赁（《民法典》第730条）。

（三）使用租赁和用益租赁

根据租赁合同转移权益的范围不同，可以将租赁合同分为使用租赁和用益租赁。使用租赁是指仅以转移租赁物的使用权为内容的租赁合同，而用益租赁则是在转移使用权之外，还包括依通常经济规则取得作为租赁物孳息的权能的租赁合同。实践中较为常见的果园、矿山承包合同，机器设备租赁合同以及所

---

〔1〕［德］迪特尔·梅迪库斯：《德国债法分论》，杜景林、卢谌译，法律出版社2007年版，第229页。

有的权利许可使用合同，均为用益租赁。这种区分的意义在于确定利用租赁物所获收益的归属。根据《民法典》第720条的规定，除当事人另有约定外，在租赁期限内因占有、使用租赁物获得的收益，归承租人所有。可以看出，我国采取了以用益租赁为原则，以使用租赁为例外的基本立场。此外，实践中对使用租赁和用益租赁进行区分，需要根据当事人的交易目的，按照意思表示解释的规则确定。

第二节 租赁合同的效力

问题示例

出租人甲将其房屋出租给承租人乙，约定租期3年，自2020年3月25日起算，租金每月5000元。双方对租金支付期限未作明确约定，乙支付租金的时间也不规律。甲催告乙支付欠付的2万元租金无果后，于2021年5月7日通知乙解除合同。乙欠付的租金应如何计算相应利息？乙主张应该扣除其代为维修房屋漏雨所支付的2000元维修费，能否得到支持？如乙将其中一间房屋转租给丙，丙可否清偿乙欠付的租金及利息，避免甲解除租赁合同？

一、对出租人的效力

（一）交付租赁物并容忍承租人占有使用的义务

自租赁合同之目的而言，承租人使用租赁物原则上须占有租赁物，出租人则负有依约定将租赁物的直接占有转移于承租人的义务。出租人交付租赁物的义务仅为承租人使用租赁物并收益的前提。出租人的主给付义务是容忍承租人对租赁物为使用收益，转移标的物之直接占有仅为履行该容忍义务的必要程序。

（二）保持租赁物适于使用、收益状态的义务

出租人除应当按照约定将租赁物交付承租人外，在租赁期限内还负有积极地保持租赁物符合约定用途的义务（《民法典》第708条）。唯其如此，才能使承租人使用他人之物的目的得以实现，出租人藉租赁合同收取物之法定孳息方具有正当性基础。

（三）租赁物的维修义务

租赁物的维修义务，是出租人保持租赁物符合约定用途的义务的自然延

伸。租赁物无法满足使用收益时，即有必要予以维修，以保障承租人使用收益债权的圆满实现。因此，除非当事人另有约定，出租人应当履行租赁物的维修义务（《民法典》第712条）。鉴于承租人实际占有、使用租赁物，租赁物是否需要维修，通常出租人并不知晓，故承租人在租赁物需要维修时可以请求出租人在合理期限内维修。出租人对租赁物进行维修时，承租人应予以配合,不得妨碍其维修。如出租人未履行维修义务，为了实现对租赁物的使用收益，承租人可以自行维修。这也是承租人减损义务的体现。当然，维修费用由出租人负担。因维修租赁物影响承租人使用的，应当相应减少租金或者延长租期（《民法典》第713条第1款），以维持使用收益租赁物和支付租金之间的平衡关系。因承租人的过错致使租赁物需要维修的，应由承租人按《民法典》第1165条以下之规定承担侵权责任，出租人基于租赁合同所负之维修义务原本不应予以免除，但为简化法律关系并督促承租人承担责任，《民法典》第713条第2款明文规定，此时出租人不承担租赁物的维修义务。

（四）瑕疵担保义务

出租人的瑕疵担保义务包括物的瑕疵担保义务和权利瑕疵担保义务。

1. 物的瑕疵担保义务

《民法典》并未明文规定出租人的物的瑕疵担保义务。理论上认为，租赁合同作为有偿合同，出租人的物的瑕疵担保义务可以准用买卖合同的规定，[1] 但二者尚有不同。买卖合同中，出卖人仅对交付前存在的物的瑕疵负责，交付后才发生的瑕疵，出卖人不负担保责任。与作为一时性合同的买卖合同不同，租赁合同为继续性合同，出租人不仅对交付前已经存在的物的瑕疵负责，而且对于交付承租人使用后产生的瑕疵，也要承担瑕疵担保责任，才符合租赁合同使承租人持续使用收益租赁物的交易目的。就此来讲，出租人的保持租赁物适于使用、收益状态的义务，与出租人的物的瑕疵担保义务为一体两面；前者在于肯定其用益状态的提供和维持，后者在于不符用益状态的矫正与追责。从物的瑕疵担保义务救济的角度出发，承租人的维修请求权实际上具有“瑕疵排除”请求权的属性。

买卖合同中当事人约定减轻或者免除出卖人对标的物瑕疵承担的责任的，除因出卖人故意或者重大过失不告知买受人标的物瑕疵的以外，买受人即丧失瑕疵担保的救济（《民法典》第618条）。与出卖人的物的瑕疵担保责任不同，

---

〔1〕 李永军、易军：《合同法》，中国法制出版社2009年版，第492页。

当租赁物危及承租人的安全或者健康时，即使承租人订立合同时明知该租赁物质量不合格，承租人仍然可以随时解除合同（《民法典》第731条）。

2. 权利瑕疵担保义务

出租人的权利瑕疵担保义务，是指出租人应担保不因第三人主张权利而使承租人无法对租赁物使用、收益。出租人的瑕疵担保义务之目的在于保障承租人对租赁物的使用、收益，故租赁物之权利瑕疵不影响使用收益者，即不属于出租人的权利瑕疵担保义务的范围。与出卖人的权利瑕疵担保义务应于买卖合同成立时存在不同，权利瑕疵只要发生于租赁物交付之前，出租人即应负权利瑕疵担保责任。租赁物交付后才发生权利瑕疵的，有观点认为，因根据买卖不破租赁的原则，承租人有可以对抗第三人的途径，故出租人无须承担权利瑕疵担保责任。[1]

《民法典》第723条第1款规定，因第三人主张权利，致使承租人不能对租赁物使用、收益的，承租人可以请求减少租金或者不支付租金。该条虽规定承租人可以“请求”减少租金，但通说认为此项权利为形成权。租赁物被司法机关或者行政机关依法查封、扣押，租赁物权属有争议，或者租赁物具有违反法律、行政法规关于使用条件的强制性规定情形的，也属于出租人的权利瑕疵担保义务的范围；因此致使租赁物无法使用的，承租人可以解除合同（《民法典》第724条）。如遇第三人就租赁物向承租人主张权利时，承租人应当及时通知出租人（《民法典》第723条第2款）。该通知义务为附随义务，承租人仅就怠于通知所生的损害负责，出租人不能主张损害赔偿或解除租赁合同。

二、对承租人的效力

（一）支付租金的义务

支付租金是承租人最重要、最基本的义务，也是其唯一的主给付义务。支付租金与出租人提供的租赁物的使用收益构成对待给付。如租金为分期支付，则每期租金与出租人在该期间所提供的租赁物的使用收益构成对待给付。

就租金支付的时间而言，承租人应当按照约定的期限支付租金。当事人如对支付租金的期限没有约定或者约定不明确，应当依《民法典》第510条予以确定；如仍不能确定时，则租赁期限不满1年的，应当在租赁期限届满时支付；租

---

〔1〕 刘春堂：《民法债编各论》（上），中国台湾地区三民书局2014年版，第249页。黄立主编：《民法债编各论》（上），中国政法大学出版社2003年版，第224页。

赁期限1年以上的，应当在每届满1年时支付，剩余期限不满1年的，应当在租赁期限届满时支付（《民法典》第721条）。虽然实践中当事人多作出租金先付的约定，交易习惯也通常支持租金先付原则，但《民法典》对租金支付采取了后付原则。其立法目的应当在于避免承租人承受较大负担，且在非因承租人原因而未能使用收益租赁物时，避免租金的清算和返还。承租人无正当理由未支付或者迟延支付租金的，出租人可以请求承租人在合理期限内支付；承租人逾期不支付的，出租人可以解除合同（《民法典》第722条）。

（二）依符合合同目的的方法使用收益租赁物的义务

承租人于租赁合同中的主要利益在于使用收益租赁物，这也是承租人支付租金的目的所在。但是，在出租人履行用益状态的提供和维持义务的同时，对租赁物依照符合合同目的的方法使用收益，也应属于承租人应当履行的义务，否则出租人从租赁物中获益而不损及其基础权利的交易目的可能受到威胁。因此，《民法典》规定，承租人应当按照约定的方法使用租赁物；对租赁物的使用方法没有约定或者约定不明确，依据第510条的规定仍不能确定的，应当根据租赁物的性质使用（第709条）。承租人按照约定的方法或者根据租赁物的性质使用租赁物，致使租赁物受到损耗的，属于出租人在缔结租赁合同时即可预见并自愿承担的风险，故承租人对此损失不承担赔偿责任（第710条）。承租人未按照约定的方法或者未根据租赁物的性质使用租赁物，致使租赁物受到损失的，出租人可以解除合同并请求赔偿损失（第711条）。此外，租赁合同双方当事人具有较强的人身信赖关系，因此承租人自行使用租赁物也属于此项义务的内涵之一。承租人未经出租人同意转租的，性质上即属于未依符合合同目的的方法使用收益租赁物，出租人可以解除合同（第716条第2款）。

（三）保管义务

出租人既然依租赁合同须将租赁物的直接占有转移于承租人，出租人通常就无法对租赁物予以保管和维护，租赁物的保管和维护即应由承租人负担，此即为承租人的保管义务。故此，《民法典》第714条规定：“承租人应当妥善保管租赁物，因保管不善造成租赁物毁损、灭失的，应当承担赔偿责任。”承租人的此项保管义务，不限于避免租赁物毁损、丢失意义上的保管，还可能包括租赁物的保护、照顾、管理、清洁的维持和必要的保养等。如果租赁物有生产力的，还应当保持其生产力。承租人履行保管义务，应尽到善良管理人的注意程度。

（四）容忍义务

与出租人的维修义务相对，在出租人实施保存租赁物所必要的行为时，承租人负有容忍义务，不得拒绝。除此之外，出租人为保持租赁物的用益状态而进行的维修工作、为确定租赁物是否符合用途而进行的必要检修、为后续出租而带潜在的承租人查看租赁物的行为等，承租人均负有容忍义务。当然，出租人实施的此类行为须属于必要的，承租人才负有容忍义务。如超过必要限度，对承租人造成过度干扰，承租人可以拒绝；因此导致租赁合同的目的不能实现的，承租人可以依法解除合同。需要注意的是，容忍义务为消极的不作为义务，并不当然包括积极的配合义务。如依诚信原则承租人有必要予以配合的，则属于配合义务的范畴。例如，租赁物有必要维修的，承租人须容忍维修人员的维修行为带来的不便，此为其消极的容忍义务；如需要搬动家具进行维修，承租人则应配合施工人员搬动家具，此为其积极的配合义务。

（五）返还租赁物的义务

因租期届满、合同解除等原因导致租赁关系消灭时，除租赁物已经全部灭失之外，承租人应当返还租赁物（《民法典》第733条）。作为承租人最重要的清算义务，租赁物的返还是一种独立的给付义务，与出租人的其他给付义务之间并无对待给付关系，承租人不得以出租人尚有其他义务未履行为由而拒绝返还租赁物。特别是，《德国民法典》第570条明确规定，承租人不享有对抗出租人归还请求权的留置权。《民法典》虽未明文规定，但应作相同解释。如出租人同时为租赁物的所有权人时，还可以基于所有物返还请求权请求承租人返还。此时所有物返还请求权与租赁合同上的租赁物返还请求权为请求权竞合关系，出租人有权择一行使。承租人返还的租赁物应当符合按照约定或者根据租赁物的性质使用后的状态（《民法典》第733条），在此应依诚信原则综合考量租赁物的折旧、自然损耗、承租人保管维护义务的程度以及交易习惯，具体判断返还的租赁物是否处于与租赁合同相吻合的返还状态。

三、转租的效力

租赁合同为出租人与承租人之特别结合关系，依债之相对性原则，租赁合同仅对出租人与承租人发生约束力。在实践中，承租人取得租赁物的使用收益权后，因各种原因可能再将租赁物的全部或部分使用收益权能赋予第三人（次承租人），第三人向其支付租金，而承租人并不脱离原租赁关系，此即为转租。转租实际上是存在于承租人与第三人（次承租人）之间的租赁合同。因转租以原租赁合同为前提，与原租赁合同共享同一标的物，因此原租赁合同与转租合同之间存在诸多关联，有必要予以阐明。

首先，就转租的许可性而言，鉴于租赁合同为继续性合同，当事人之间具有较强的信赖关系，因此原则上法律禁止承租人任意转租。为此，《民法典》明确规定，承租人经出租人同意，可以将租赁物转租给第三人（第716条第1款第1句）。即使出租人未明确表示同意，如出租人知道或者应当知道承租人转租，但是在6个月内未提出异议的，视为出租人同意转租（第718条）。

其次，承租人经出租人同意将租赁物转租给第三人，即所谓合法转租时，承租人与次承租人之间依其租赁合同确定权利义务关系。此时，承租人与出租人之间的租赁合同继续有效（《民法典》第716条第1款第2句），承租人应继续履行租赁合同中的义务。如因次承租人原因造成租赁物损失的，承租人对出租人即构成违反依约使用租赁物、保管租赁物等义务，应当承担赔偿责任（《民法典》第716条第1款）。

在合法转租的情形下，租赁合同与转租合同分别为独立的合同关系，出租人仅能对承租人基于租赁合同主张合同上的请求权，该请求权不得穿透合同关系而直接指向次承租人。次承租人也仅能基于转租合同对承租人主张其权利，而不得直接请求出租人履行维修租赁物等义务。但租赁合同与转租合同并非毫无关联。次承租人占有租赁物的权源来自承租人租赁权的延伸，如承租人租赁权消灭，则次承租人转为无权占有人，出租人作为租赁物的所有权人或合法占有人，可以请求次承租人返还租赁物。在合法转租中，如承租人拖欠租金，次承租人作为有利害关系的第三人，可以代承租人支付其欠付的租金和违约金，但是转租合同对出租人不具有法律约束力的除外。次承租人代为支付的租金和违约金，可以充抵次承租人应当向承租人支付的租金；超出其应付的租金数额的，可以向承租人追偿（《民法典》第719条）。

最后，承租人未经出租人同意而转租，即非法转租时，虽对出租人构成违约，但不因此导致承租人与次承租人之间的转租合同无效，承租人与次承租人的权利义务关系依其签订的租赁合同确定。一方面，承租人未经出租人同意而转租，乃是严重的违约行为，出租人可以解除合同（《民法典》第716条第2款）。另一方面，由于转租合同并不因未经出租人同意而无效，故在承租人与次承租人之间继续有合同拘束力。如因出租人解除合同或发生其他影响次承租人对租赁物使用收益的情况，承租人应当对次承租人承担权利瑕疵担保责任。承租人虽经出租人同意而将租赁物转租给第三人，但转租期限超过承租人剩余租赁期限的，超过部分的约定对出租人不具有法律约束力，除非出租人与承租人另有约定（《民法典》第717条）。

第三节 租赁合同的特别效力与风险负担

问题示例

房屋出租人甲将其房屋出售给其弟弟丙，并办理完房屋所有权转移登记手续。丙以所有权人身份起诉房屋承租人乙，请求乙腾退房屋。乙在答辩状中称，自己与甲签订的租赁合同未到期，丙无权要求自己腾房。乙同时提起反诉，主张甲、丙之间恶意串通签订的买卖合同侵害了自己的优先购买权，该买卖合同应属无效，并请求丙将该房屋所有权转移登记给自己。本案应该如何处理？

一、买卖不破租赁

（一）概述

租赁合同本质上为债权合同，基于债之关系的相对性，承租人所享有的占有、使用和收益租赁物的权利仅能向出租人主张，而不具有对抗第三人的效力。一旦出租人将租赁物的所有权转让给第三人时，承租人基于租赁合同所享有的债权，对第三人不得主张。相对于租赁物的新所有权人而言，承租人为无权占有人；而作为租赁物所有权人的第三人，则可以基于其所有权主张所有物返还请求权，进而剥夺承租人的占有和用益。此为贯彻债之关系相对性原则的必然结果。

自罗马法以降，直至《德国民法典》第一次草案，均贯彻买卖破除租赁的规则。《德国民法典》第二次草案改采“买卖不破租赁”的原则，其背后的社会政策考量在于保护经济上处于弱势的承租人，追求社会安定，赋予租赁权物权化的效力，以对抗第三人。理论上也将此现象作为“债权物权化”的典型。不过，各国对于租赁权物权化的程度各有不同，一方面多将租赁权物权化的范围限定于不动产租赁，另一方面多要求租赁合同应当具有相当程度的公示方法，以求对第三人利益予以平衡。

较之于各国的做法，《民法典》对买卖不破租赁规则的范围基本未作限制，不论动产还是不动产都可适用；对租赁合同的公示性要求也是最低限度的，即仅限于最低程度的承租人对租赁物的占有。《民法典》第725条规定，租赁物在承租人按照租赁合同占有期限内发生所有权变动的，不影响租赁合同的效力。该规定将租赁权物权化放大到最大范围，且对租赁合同公示程度几乎无要求，确实对承租人的保护程度极高，但对租赁物取得人的保护则有所亏欠，增加了租赁关系中的标的物在交易上的不确定性，对交易安全的影响巨大。

（二）构成要件

首先，买卖不破租赁规则以有效的租赁合同为适用前提。如租赁合同无效、撤销、终止，则承租人自始即未取得或嗣后已经丧失租赁合同中的权利义务，租赁关系已不存在，无法转移于受让人，因而不发生买卖不破租赁的问题。至于租赁合同有效的时间点，应当是在租赁物所有权发生变动之时有效存在即可。

其次，在租赁物所有权发生变动之前，承租人已基于租赁合同占有租赁物。这一要求的目的在于，让承租人的占有产生公示作用，以使第三人容易得知所受让的标的物上存在租赁关系。正是基于此，承租人对租赁物的占有必须是直接占有，而不得是观念上的间接占有。

最后，必须租赁物在占有期限内发生所有权变动。至于此项所有权变动的原因是基于法律行为的所有权变动，还是基于法律规定的其他原因导致的所有权变动，在所不问。域外法多将买卖不破租赁限于出租人依法律行为将租赁物所有权让与他人的情形。《民法典》第725条关于买卖不破租赁的规则，实际上是最大范围的“所有权变动不破租赁”，由此导致租赁权过于强大。

（三）法律效果

买卖不破租赁规则的构成要件具备以后，发生的法律效果是不影响租赁合同的效力。此时租赁合同并非继续存在于原出租人和承租人之间，而是发生法定的合同承受效果，即由租赁物所有权的受让人承受原租赁合同中出租人的法律地位，合同的内容原则上不受影响。但是，如果出租人并非租赁物所有权人，则未必发生此种法定的合同承受效果。例如，租赁物所有权人委托中介机构出租租赁物，中介机构为出租人。在租赁物所有权发生变动时，中介机构与承租人之间的租赁合同并无发生出租人更换的必要。

二、房屋承租人的优先购买权和优先承租权

就租赁物资源，特别是不动产租赁物的有效配置而言，最佳途径通常是以市场为其资源配置手段。在市场资源配置结果相同的情况下，当承租人已经对租赁物占有、使用收益时，从维护承租人生产和生活的稳定性这一角度出发，赋予承租人在同等条件下的优先购买权和优先承租权，具有相当的正当性。正

是基于这一考虑，《民法典》赋予房屋承租人以优先购买权和优先承租权。[1]

（一）优先购买权

房屋承租人的优先购买权，是指当出租人出卖租赁房屋时，承租人在同等条件下依法享有的优先于他人而购买房屋的权利（《民法典》第726条第1款）。在优先购买权的体系中，与政策型优先购买权和约定优先购买权不同，房屋承租人的优先购买权是法定优先购买权，[2]无须当事人在租赁合同中明确约定。有疑问的是，承租人可否事先放弃优先购买权？本书认为，房屋承租人优先购买权的配置，不仅在于维护个别承租人生产生活的稳定性，而且涉及租赁市场稳定、不动产权属与利用归于一处、简化法律关系等社会利益。允许承租人事先放弃优先购买权，将使这些社会政策考量落空。因此，承租人事先放弃优先购买权的行为，应属无效。[3]至于可得行使优先购买权而不行使，是权利人之自由，自无不妥。

就房屋承租人优先购买权的范围来说，《民法典》仅规定房屋承租人享有优先购买权，对其他不动产租赁未作明确规定。对于车库或者停车位租赁合同能不能类推适用第726条的规定，理论和实践中存在一定争议。不过，房屋按份共有人行使优先购买权或者出租人将房屋出卖给近亲属的，承租人不享有优先购买权（第726条第1款）。

因租赁房屋存在所有权与使用权的分离，出租人出卖租赁房屋的，承租人未必知晓，从而有使优先购买权落空的风险。为此，《民法典》规定，出租人出卖租赁房屋的，应当在出卖之前的合理期限内通知承租人（第726条第1款）。该通知义务为出租人的附随义务。[4]出租人履行通知义务后，承租人在15日内未明确表示购买的，视为承租人放弃优先购买权（第726条第2款）。出租人委托拍卖人拍卖租赁房屋的，应当在拍卖5日前通知承租人。承租人未参加拍卖的，视为放弃优先购买权（第727条）。出租人未通知承租人或者有其他妨害承租人行使优先购买权情形的，承租人可以请求出租人承担赔偿责任。但是，出租人与第三人订立的房屋买卖合同的效力不受影响（第728条）。

---

〔1〕 黄薇主编：《中华人民共和国民法典合同编解读》（中册），中国法制出版社2020年版，第838页。

〔2〕 戴孟勇：《民法典中优先购买权制度的体系设计》，载《华东政法大学学报》2017年第5期。

〔3〕 王泽鉴：《耕地承租人实现抛弃优先承受权的效力》，载王泽鉴：《民法学说与判例研究》（第一册），北京大学出版社2009年版，第302页。

〔4〕 戴孟勇：《论优先购买权中的通知义务》，载《云南社会科学》2019年第4期。

承租人的优先购买权为形成权。当承租人以同等条件购买租赁房屋的意思表示到达出租人时，即在承租人与出租人之间成立以同等条件为内容的房屋买卖合同。

（二）优先承租权

基于维持承租人生产和生活的稳定性的考虑，《民法典》第734条第2款赋予房屋承租人在租赁期限届满时，享有以同等条件优先承租的权利。

三、租赁合同的延展

租赁合同为继续性合同，出租人与承租人基于一定的人身信赖，形成较为稳定的交易关系。基于此，实践中经常出现租赁期限届满后承租人继续使用租赁物的情况。此时如果出租人没有提出异议，有必要认定双方之间形成原租赁合同继续维持的默示合意。因此，《民法典》第734条第1款规定："租赁期限届满，承租人继续使用租赁物，出租人没有提出异议的，原租赁合同继续有效，但是租赁期限为不定期。"

承租人在房屋租赁期限内死亡的，与承租人生前共同居住的人或在该房屋上有共同经营关系的人即面临着无法继续使用该房屋的风险。例如，承租人将租赁房屋用于与他人合伙经营特定事业，承租人在租赁期限内死亡的，如果不允许合伙经营者继续租赁房屋，将导致已经开启的经营事业被迫中断，引发不合理的经济损失。因此，承认此类主体在租赁期限内继续享有租赁房屋的权利，有助于保护他们的生活秩序或经营活动的稳定性。为此，有必要突破合同的相对性原则，赋予与承租人生前共同居住的人或者共同经营人按照原租赁合同租赁该房屋的权利（《民法典》第732条）。此为法定的合同承受，无须当事人另行订立租赁合同。

四、租赁合同的风险负担

租赁合同以租赁物的使用收益为合同目的，如租赁物毁损、灭失，一方面会损害承租人对租赁物的使用收益，另一方面也可能影响出租人获取租金或租赁物所有权人的所有权。为此，有必要明确租赁合同中的风险负担规则。与买卖合同不同，租赁合同中并不转移租赁物的所有权，因此按照所有权人原则上承担物之风险的规则，出租人或租赁物所有权人应当自行承担租赁物毁损、灭失的风险。除此之外，出租人还应当承担租金风险。基于此，《民法典》第729条规定，因不可归责于承租人的事由，致使租赁物部分或者全部毁损、灭失的，承租人可以请求减少租金或者不支付租金；因租赁物部分或者全部毁损、灭失，致使不能实现合同目的的，承租人可以解除合同。

第十六章 融资租赁合同

提 要

融资租赁合同是出租人根据承租人对出卖人、租赁物的选择，向出卖人购买租赁物，提供给承租人使用，承租人支付租金的合同。融资租赁合同以融物（租赁）的形式达到融资的目的，是类型融合合同，涉及出卖人、出租人（买受人）和承租人三方主体，是多方法律行为。出租人的主要合同目的在于提供资金并通过租金方式回收资金，故租赁物所有权对出租人主要发挥担保功能，出租人对租赁物所有权的实际取得并无特别的兴趣。这也决定了出租人的义务与一般租赁合同中的情况有所不同。承租人的主要合同目的在于通过出租人的资金对出卖人出卖的标的物进行占有、使用和收益，因此承租人对于出租人在租赁合同中的维修义务等亦无期待，租赁物的归属也向支付了一定比例对价的承租人倾斜。

重点问题

1.融资租赁合同的构成。

2.租赁物的瑕疵担保责任。

3.出租人对承租人直接索赔权的影响。

4.租赁物所有权的确定规则。

第一节 融资租赁合同概述

问题示例

甲企业因资金周转困难，与乙公司签订融资租赁合同，约定：甲将其厂房出售给乙，价款为2000万元；乙将该厂房租赁给甲，租期为10年，年租金为480万元。后双方发生争议，甲主张乙不具备金融租赁资质，融资租赁合同无效；双方之间成立的实为借款合同，租金构成高利借贷，应按1年期贷款市场报价利率的4倍计算利息。乙辩称双方签订的是融资租赁合同，不受民间借贷利率限制。甲、乙的主张有无法律依据？

一、融资租赁合同的概念和特征

（一）融资租赁合同的概念

融资租赁合同是出租人根据承租人对出卖人、租赁物的选择，向出卖人购买租赁物，提供给承租人使用，承租人支付租金的合同（《民法典》第735条）。

融资租赁合同以融物（租赁）的形式达到融资的目的，拓宽了融资的途径，同时也避免了银行信贷方面严格的金融监管，在企业财务会计上还具有节税和优化财务报表等优势，逐渐成为银行信贷之外重要的融资工具。我国在借鉴《国际融资租赁公约》和其他国家的融资租赁立法的基础上，结合我国融资租赁行业的现状，在《合同法》中将融资租赁合同作为典型合同予以规范，《民法典》进一步结合司法实践对相关制度进行了完善。

（二）融资租赁合同的特征

1. 融资租赁合同是诺成、有偿、要式合同

融资租赁合同的成立无须当事人交付标的物，只要当事人意思表示一致即可，故该合同为诺成合同。出租人和承租人均为获得的收益付出相应的给付，故融资租赁合同为有偿合同。融资租赁合同应当采用书面形式（《民法典》第736条第2款），故为要式合同。

2. 融资租赁合同是类型融合合同

融资租赁合同融合了两类典型的合同，即买受人（出租人）与出卖人之间的买卖合同以及出租人（买受人）与承租人之间的租赁合同，并通过买卖合同中出卖人向第三人（承租人）交付标的物（租赁物）的方式将两种合同类型融合在一起。因此，在融资租赁合同中，有两对互为对待给付的债务，但其并非双务合同，[1] 因为在出卖人和承租人之间并不存在给付和对待给付关系。融资租赁合同并非简单地将买卖合同和租赁合同相加，还具有诸如租赁物归属确定、买受人和标的物选择等专属于融资租赁合同的内容。正是基于此种类型融合的特性，融资租赁合同的内容既包括了作为买卖合同和租赁合同共同标的物之租赁物的名称、数量、规格、技术性能、检验方法等，也包括了租赁合同特有的租赁期限，租金构成及其支付期限和方式、币种等内容。除此之外，像租

---

〔1〕有学者认为，融资租赁合同仅存在于出租人与承租人之间，故为双务合同。韩世远：《合同法学》，高等教育出版社 2010 年版，第 468 页。

赁期限届满租赁物的归属等条款则是买卖合同和租赁合同都不会有的条款，属于融资租赁合同特有的合同内容（《民法典》第736条第1款）。

3. 融资租赁合同为多方法律行为

融资租赁交易通常会涉及出卖人、出租人（买受人）和承租人三方主体。融资租赁交易中典型的情形是，承租人选择出卖人和标的物，出租人向出卖人购买标的物并由出卖人直接提供给承租人使用，是典型的三方关系。至于三方主体是在融资租赁合同中一并约定所有的权利义务，还是由出卖人与出租人（买受人）订立买卖合同、出租人（买受人）与承租人订立租赁合同，并不影响该法律行为的多方法律行为属性。

实践中的融资租赁交易也可能仅有两方主体。承租人将自有物出卖给出租人，同时与出租人签订融资租赁合同，再将该物从出租人处租回的，此种关系被称作售后回租。售后回租中，承租人和出卖人为同一人，此种形式也被肯定为一种融资租赁方式（《金融租赁公司管理办法》第5条）。[1]在司法裁判上，根据《最高人民法院关于审理融资租赁合同纠纷案件适用法律问题的解释》（以下简称《融资租赁合同解释》）第2条，对于售后回租，法院不应仅以承租人和出卖人系同一人为由认定不构成融资租赁法律关系。

4. 融资租赁合同是特殊主体合同

融资租赁合同中的出租人应为从事融资租赁业务的租赁公司。考虑到融资租赁交易具有融资性，只有经有关部门批准许可经营的公司，才有从事融资租赁交易、订立融资租赁合同的资格，否则所签订的融资租赁合同应为无效。[2]

二、融资租赁合同的订立与效力

在融资租赁交易中，既可能由出租人、出卖人和承租人订立三方协议，也可能分别由出租人与承租人订立融资租赁合同、出租人与出卖人订立买卖合同。《民法典》关于融资租赁合同的规范中，在很多情形下将融资租赁合同与买卖合同分别处理，即是对这种客观现实的反映。

融资租赁合同是出租人和承租人之间订立的合同，因此作为租赁合同核心要素的租赁物必须存在，当事人以虚构租赁物方式订立的融资租赁合同无效（《民法典》第737条）。如果当事人之间通过虚构租赁物的方式订立合同，

〔1〕 李永军：《合同法》，中国人民大学出版社2020年版，第336页。

〔2〕 刘家安、周维德、郑佳宁：《债法：一般原理与合同》，高等教育出版社2012年版，第437页。

应该构成通谋的虚伪表示；如果虚构租赁物的融资租赁合同隐藏了其他交易关系，应当肯定隐藏行为的独立存在。因此，对名为融资租赁合同，但实际不构成融资租赁法律关系的，人民法院应按照其实际构成的法律关系处理（《融资租赁合同解释》第1条）。

融资租赁合同的主要目的是为承租人使用收益租赁物提供资金上的支持，对出租人方面的主体要求主要是从非银行金融业务的角度进行管制，以维护金融市场秩序。因出租人自身并不从事租赁物可能涉及的经营活动，因此依照法律、行政法规的规定，对于租赁物的经营使用应当取得行政许可的，出租人未取得行政许可不影响融资租赁合同的效力（《民法典》第738条）。

第二节 融资租赁合同的效力

问题示例

甲工厂选定乙销售公司承销的某生产线，与丙融资租赁公司签订融资租赁合同。该生产线的市场价格为200万元。甲与丙约定，由丙出资购买该生产线，直接交由甲使用，租期10年，每年租金23万元。丙向乙付款后，乙迟迟不能交货。半年后，丙要求甲全额支付租金，甲主张丙未提供生产线构成违约，要求解除融资租赁合同。本案应如何处理?

一、对出租人的效力

（一）用益提供义务

与租赁合同相同，融资租赁合同中出租人的首要义务在于向承租人交付租赁物，并使其获得使用、收益的权利。虽然与租赁合同存在较大的不同，但承租人在融资租赁合同中的目的依然在于取得租赁物的使用收益权，出租人相应地就负有用益提供的义务，进而从承租人支付的租金中获得收益。

在融资租赁合同中，出租人的用益提供义务的履行，主要是通过出租人与出卖人约定由出卖人向承租人交付标的物来实现的；如因出租人方面的原因，导致出卖人未向承租人提供租赁物的，应当由出租人对承租人承担相应的违约责任。《民法典》第748条明确规定了出租人应当保证承租人对租赁物的占有和使用的义务。

与租赁合同一样，融资租赁合同是继续性合同，出租人不仅负有提供租赁物给承租人的义务，还负有容忍承租人使用、收益租赁物的义务。如果出租人无正当理由收回租赁物或者无正当理由妨碍、干扰承租人对租赁物的占有和使用，承租人有权请求其赔偿损失（《民法典》第748条第2款）。

鉴于大多数融资租赁合同中，租赁物最终归属于承租人，因此承租人应当履行占有租赁物期间的维修义务（《民法典》第750条第2款）。

（二）瑕疵担保义务

出租人的瑕疵担保义务包括租赁物的权利瑕疵担保义务和一定情况下的物的瑕疵担保义务。与租赁合同中出租人对租赁物负有全面、无条件的瑕疵担保义务不同，在融资租赁合同中，因为出租人系基于承租人的要求从出卖人处购买租赁物供承租人使用，尚有租赁物的瑕疵的其他来源，故出租人仅在其应当负责的范围内承担瑕疵担保义务。

就权利瑕疵担保义务而言，须因出租人的原因致使第三人对租赁物主张权利，出租人才需要向承租人承担赔偿损失的责任（《民法典》第748条第2款第3项）。如果第三人对租赁物主张权利的原因是来源于出卖人，则应按照约定由承租人或出租人请求出卖人承担权利瑕疵担保责任。

在物的瑕疵担保义务方面，融资租赁合同中的租赁物通常由买受人自行选择确定，直接由出卖人交付承租人，出租人对租赁物的提供并无决定权。这与一般的租赁合同有明显不同。因此，租赁物不符合约定或者不符合使用目的时，原则上应由出卖人承担物之瑕疵担保责任，出租人不承担责任。不过，当承租人依赖出租人的技能确定租赁物或者出租人干预选择租赁物时，出租人与租赁物的确定、提供发生紧密的关联，则应由出租人承担物之瑕疵担保责任（《民法典》第747条），然后可由出租人向出卖人追偿。此外，如果出租人明知租赁物有质量瑕疵而不告知承租人，致使承租人对出卖人行使索赔权利失败的，承租人有权请求出租人承担相应的责任（《民法典》第743条第1款第1项）。

（三）协助义务

融资租赁合同是通过融物（租赁）来实现融资的融资工具。出租人购买租赁物的唯一目的在于从承租人处收取租金。除取得租赁物所有权以担保其租金回收利益外，出租人对于买卖合同并无其他利害关系。因此，在租赁物买卖合同的履行过程中，直接的权利义务关系均通过约定由承租人和出卖人承受。但是，由于出租人是买卖合同名义上的买受人，故其尚负有一定程度上的协助义务，以促进承租人相关权利的实现。此为出租人的协助义务的基本来源。

首先，在融资租赁合同中，出租人应根据承租人对出卖人、租赁物的选择订立买卖合同。为保证承租人未来对租赁物的使用收益合乎其目的，未经承租人同意，出租人不得变更与承租人有关的合同内容（《民法典》第744条）。此项不作为义务，是融资租赁合同的目的能否实现的基础。

其次，基于融资租赁的基本结构，出租人、出卖人、承租人可以约定，出卖人不履行或者履行买卖合同义务不符合约定或法律规定时，不经由出租人而直接由承租人行使索赔的权利。承租人行使索赔权利的，出租人应当协助（《民法典》第741条）。出租人未及时提供必要协助，致使承租人对出卖人行使索赔权利失败的，承租人有权请求出租人承担相应的责任（《民法典》第743条第1款第2项）。

最后，除当事人约定由承租人行使的权利外，尚有部分买卖合同上的索赔权利只能由出租人对出卖人行使。出租人如果怠于行使该索赔权利造成承租人损失，承租人有权请求出租人承担赔偿责任（《民法典》第743条第2款）。

（四）租赁物所有权

在融资租赁合同中，出租人根据承租人对出卖人、租赁物的选择，向出卖人购买租赁物，取得租赁物的所有权。出租人取得租赁物所有权的时间点，是出卖人依照合同约定向承租人交付租赁物之时。出卖人将对租赁物的直接占有转移于承租人，出租人因此取得对租赁物的间接占有和所有权。

由于出租人对租赁物仅为间接占有，其所有权未经占有这种最直接的公示方式公示，对围绕着租赁物的交易带来了潜在的交易风险。如果承租人未经出租人同意处分租赁物，第三人可能依善意取得规则取得租赁物上的权益，出租人享有的所有权即可能因此而丧失或增加抵押权等负担，其担保租金清偿的经济目的就会落空。因此，为了保护出租人的所有权人地位，确保租金的清偿，同时为了保护交易安全，使与承租人交易的第三人能够注意到出租人的所有权，《民法典》第745条规定，出租人对租赁物享有的所有权，未经登记，不得对抗善意第三人。

二、对承租人的效力

（一）与受领标的物有关的买受人的权利

在融资租赁合同中，承租人仅是在买卖合同上嫁接了租赁合同以实现融资的目的，其意图透过买卖合同取得标的物的使用收益权能的目标未发生改变。因此，《民法典》肯定了承租人享有类似于买受人的地位，在第739条规定，出租人根据承租人对出卖人、租赁物的选择订立的买卖合同，出卖人应当按照约定向承租人交付标的物，承租人享有与受领标的物有关的买受人的权利。相应地，出卖人违反向承租人交付标的物的义务的，如发生标的物存在严重的物之瑕疵、出卖人迟延履行等情形，可能导致交易目的落空或者给承租人造成损失的，承租人可以拒绝受领出卖人向其交付的标的物。在出卖人未按照约定向承租人交付标的物时，经承租人或者出租人催告后在合理期限内仍未交付的，承租人也可以拒绝受领（第740条第1款）。由于出租人是买卖合同的当事人，所以如果承租人拒绝受领标的物，应当及时通知出租人（第740条第2款），以便出租人知悉相关情况，作出应对。

（二）占有和使用租赁物的权利

融资租赁中承租人也是以取得租赁物的使用收益为交易目的的，因此与一般租赁合同相同，占有和使用租赁物的权利是承租人最基本的权利。为此，《民法典》第748条第1款规定，出租人应当保证承租人对租赁物的占有和使用。

（三）支付租金的义务

支付租金是融资租赁合同中承租人的基本义务。融资租赁合同的租金，除当事人另有约定外，应当根据购买租赁物的大部分或者全部成本以及出租人的合理利润确定（《民法典》第746条）。这与租赁合同中的租金构成是不同的。在租赁合同中，租金是出租人提供租赁物供承租人使用收益的报酬，二者构成对待给付关系。在融资租赁合同中，租金既然是与购买成本和合理利润相当，则其与借款合同中归还借款及利息更为接近。这是由融资租赁合同的特殊目的和交易结构决定的。

承租人应当按照约定支付租金。承租人经催告后在合理期限内仍不支付租金的，出租人可以请求支付全部租金；也可以解除合同，收回租赁物（《民法典》第752条）。

如果出租人、出卖人、承租人约定，出卖人不履行买卖合同义务的，由承租人行使索赔权利，则存在出卖人债务不履行是否影响承租人的支付租金义务的问题。对此需要区分对待：如果出租人根据承租人对出卖人、租赁物的选择订立的买卖合同，则承租人对出卖人行使索赔权利，不影响其履行支付租金的义务；如果承租人依赖出租人的技能确定租赁物或者出租人干预选择租赁物，承租人可以请求减免相应租金（《民法典》第742条）。

（四）保管义务

承租人应当妥善保管、使用租赁物（《民法典》第750条第1款）。这与一般租赁合同中承租人的义务相同。承租人保管和使用租赁物时，应当尽到善良管理人的注意义务。不同的是，在一般租赁合同中，承租人因保管不善造成租赁物毁损、灭失的，应当承担赔偿责任（《民法典》第714条）；在融资租赁合同中，法律并未明确规定承租人违反保管义务的法律后果。应当看到，在融资租赁合同中，承租人是租赁物的实质所有权人，出租人只是租赁物的名义所有权人。出租人的所有权主要发挥担保租金获得清偿的功能，其地位和作用相当于动产抵押权。如果融资租赁合同约定租期届满租赁物归承租人，且承租人已经支付大部分甚至全部租金，就没有足够的理由使其对出租人承担违反保管义务的赔偿责任。

（五）维修义务

在融资租赁合同中，承租人享有实质意义上的所有人权益。与此相适应，应当由承租人承担维修租赁物的义务。基于此，《民法典》第750条第2款明确规定，承租人应当履行占有租赁物期间的维修义务。在融资租赁交易中，出卖人承担物之瑕疵担保义务，在租赁物有瑕疵时可能也承担维修的义务。但出卖人的维修义务与承租人的维修义务不同：出卖人仅对交付之前的标的物瑕疵承担责任，也仅对交付之前的瑕疵负有维修义务；承租人则是对租赁物使用过程中发生的故障等承担维修义务。至于因交付前的瑕疵与使用中的故障等相结合造成的维修费用，应该由出卖人和承租人根据各自的原因、能力程度等分别承担。

第三节　融资租赁合同的其他特别规则

问题示例

甲运输公司与乙融资租赁公司签订融资租赁合同，约定：由乙向丙汽车生产商采购四辆某型号载重汽车，甲分10年支付租金给乙；租期届满后，甲以每辆车支付1000元的代价买下四辆载重汽车。在合同履行过程中，第一辆汽车因在运输过程中山洪暴发而灭失；第二辆汽车因质量问题被丙召回；第三辆汽车因司机丁发生交通事故而坠入山崖，车毁人亡；第四辆汽车一直使用至第九年时被强制报废。乙要求甲按约定支付租金，甲则主张乙强令其选择丙作为汽车供应商，相应损失应由乙承担，并要求乙退还部分租金。本案应如何处理？

一、融资租赁合同中的风险负担

在融资租赁合同中，出租人起到的作用是为承租人融资，而非简单地购买并提供租赁物。出卖人向承租人交付标的物之后，租赁物的占有、使用、收益功能均由承租人控制，出租人获得的所有权主要发挥担保租金受偿的功能。因此，在承租人占有租赁物期间，租赁物毁损、灭失的风险应当由承租人承担。《民法典》第751条规定："承租人占有租赁物期间，租赁物毁损、灭失的，出租人有权请求承租人继续支付租金，但是法律另有规定或者当事人另有约定的除外。"这就意味着，租赁物毁损、灭失的，一方面，出租人的给付义务消灭，无须再提供其他租赁物供承租人使用，故租赁物的风险由承租人负担；另一方面，承租人仍应继续支付租金，即承租人的对待给付义务不免除，故价金风险也由承租人承担。

二、融资租赁合同的特殊解除事由

融资租赁合同因其特殊的构造，在合同解除问题上除与租赁合同中的解除权、一般法定解除权类似的解除权配置外，还呈现出与一般合同解除的不同之处。

（一）因承租人违约而解除

在融资租赁合同中，承租人的支付租金义务属于主给付义务。违反该义务，构成对合同的根本性违反，出租人享有法定解除权。因此，根据《民法典》第752条的规定，承租人迟延支付租金，经催告后在合理期限内仍不支付租金的，出租人可以解除合同，收回租赁物。这是第563条第1款第3项规定在融资租合同中的具体应用。融资租赁合同对于欠付租金解除合同的情形没有明确约定，但承租人欠付租金达到两期以上，或者数额达到全部租金15%以上，经出租人催告后在合理期限内仍不支付的，出租人可以解除合同（《融资租赁合同解释》第5条第1款第2项）。此外，鉴于融资租赁合同的特殊性，对于承租人迟延支付租金的问题，《民法典》第752条第2句还规定了出租人的另外一项选择权，即可以请求支付全部租金。在此，请求支付全部租金与解除合同构成了法定的选择之债，由出租人享有选择权。

承租人未经出租人同意，将租赁物转让、抵押、质押、投资入股或者以其他方式处分的，本质上属于承租人违反保管义务。由于此类行为将危及出租人租金债权实现的安全性，故出租人可以解除融资租赁合同（《民法典》

第753条）。

（二）非因承租人原因的解除

承租人订立融资租赁合同的目的在于取得租赁物的使用收益权。当该合同目的因任何原因而无法实现时，融资租赁合同即应归于消灭。导致该合同目的无法实现的原因主要有三种：第一，出租人与出卖人订立的买卖合同解除、被确认无效或者被撤销，且未能重新订立买卖合同；第二，租赁物因不可归责于当事人的原因毁损、灭失，且不能修复或者确定替代物；第三，因出卖人的原因，如出卖人迟延交付租赁物或交付的租赁物不符合约定，致使融资租赁合同的目的不能实现。在上述三种情况下，出租人或者承租人均可解除融资租赁合同（《民法典》第754条）。

在因买卖合同解除、被确认无效或者被撤销而解除融资租赁合同的情况下，如因此造成出租人损失的，原则上应按照《民法典》第157条和第566条的规定，由出卖人承担相应的赔偿责任。如果出卖人没有过错或没有赔偿能力，应如何处理？通常情形下，出卖人无偿付能力的风险应由买受人自行承担，这是合同自由原则的题中之义。但是，在融资租赁合同中，出卖人、租赁物多由承租人选择，由出租人承担出卖人方面的风险，对出租人多有不公。为此，《民法典》第755条规定，融资租赁合同因买卖合同解除、被确认无效或者被撤销而解除，出卖人、租赁物系由承租人选择的，出租人有权请求承租人赔偿相应损失；但是，因出租人原因致使买卖合同解除、被确认无效或者被撤销的除外。出租人的损失已经在买卖合同解除、被确认无效或者被撤销时获得赔偿的，承租人不再承担相应的赔偿责任。

《民法典》第756条规定，融资租赁合同因租赁物交付承租人后意外毁损、灭失等不可归责于当事人的原因解除的，出租人可以请求承租人按照租赁物折旧情况给予补偿。这与第751条规定的租金支付请求权并不矛盾，因为后者适用于融资租赁合同未被解除的情况，实质上是承租人负担对待给付风险的结果。

非因承租人的原因而解除融资租赁合同的情形，还包括其他一般法定解除的情况。例如，因出租人的原因致使承租人无法占有、使用租赁物的，承租人也可以解除融资租赁合同（《融资租赁合同解释》第6条）。

三、租赁物的归属

在融资租赁合同中，租赁物的所有权对于出租人而言，主要是担保租金债权实现的手段，出租人作为金融机构通常并无动力实际取得租赁物的所有权。

因此，实践中出租人和承租人通常会约定租赁期限届满租赁物归承租人所有。《民法典》第758条规定，当事人约定租赁期限届满租赁物归承租人所有，承租人已经支付大部分租金，但是无力支付剩余租金，出租人因此解除合同收回租赁物，收回的租赁物的价值超过承租人欠付的租金以及其他费用的，承租人可以请求相应返还。当事人约定租赁期限届满租赁物归出租人所有，因租赁物毁损、灭失或者附合、混合于他物致使承租人不能返还的，出租人有权请求承租人给予合理补偿。

出租人和承租人对租赁期限届满租赁物的归属没有约定或者约定不明确的，首先应依据《民法典》第510条的规定协议补充；不能达成补充协议时，需要结合合同条款以及交易习惯确定租赁物的归属。例如，当事人约定租赁期限届满，承租人仅需向出租人支付象征性价款的，视为约定的租金义务履行完毕后租赁物的所有权归承租人（第759条）。如果根据合同条款和交易习惯仍不能确定租赁物的归属，则应维持出租人对租赁物的所有权（第757条）。

融资租赁合同无效时，当事人就合同无效情形下租赁物的归属有约定的，按照其约定；没有约定或者约定不明确的，租赁物所有权归出租人，承租人应当将租赁物返还出租人。但是，因承租人原因致使合同无效，出租人不请求返还或者返还后会显著降低租赁物效用的，租赁物的所有权归承租人，由承租人给予出租人合理补偿（《民法典》第760条）。

第十七章 保理合同

提要

保理合同是应收账款债权人将现有的或者将有的应收账款转让给保理人，保理人提供资金融通、应收账款管理或者催收、应收账款债务人付款担保等服务的合同。保理合同包括有追索权的保理合同和无追索权的保理合同。二者的主要区别在于，保理人是否可以向应收账款债权人主张返还保理融资款本息或者回购应收账款债权。在应收账款债权人就同一应收账款订立多个保理合同的情形下，根据保理合同是否登记、对债务人通知的时间先后顺序确定取得应收账款债权的保理人。除《民法典》合同编“保理合同”一章的规定外，保理合同纠纷主要适用债权让与的规则。

重点问题

1.保理合同与债权让与的关系。

2.保理关系与基础关系。

3.保理人的追索权。

第一节 保理合同概述

问题示例

甲公司以其对丙公司的债权，与乙银行签订保理合同。后丙因资不抵债，不能清偿债务，被法院宣告破产。乙向丙的破产管理人主张债权时，破产管理人以丙并不对甲负债为由抗辩。乙诉请甲与乙承担连带责任，甲抗辩称其对丙的清偿能力不负担保责任。本案应如何处理？

一、保理合同的概念和内容

保理合同是应收账款债权人将现有的或者将有的应收账款转让给保理人，保理人提供资金融通、应收账款管理或者催收、应收账款债务人付款担保等服务的合同（《民法典》第761条）。

保理合同的核心内容是应收账款转让。所谓应收账款，其法律属性应为金钱债权。除非法律有特殊规定或当事人另有约定，金钱债权的转让应当适用《民法典》第545条以下关于债权转让的规定。正因为如此，《民法典》第769条明确规定："本章没有规定的，适用本编第六章债权转让的有关规定。"

除应收账款转让之外，保理合同还涉及保理人提供相关金融服务的内容，主要包括资金融通、应收账款管理或者催收、应收账款债务人付款担保等服务。资金融通，是指保理人应债权人的申请，为债权人提供的资金融通，包括应收账款转让预付款和贷款，前者是应收账款转让合同的对价，后者则为借款合同。应收账款管理，是指保理人根据债权人的要求，定期或不定期向其提供关于应收账款的回收情况、逾期账款情况、对账单等财务和统计报表，协助其进行应收账款管理等，根据具体情形适用委托合同或承揽合同的规则。应收账款催收，是指保理人根据应收账款账期，主动或应债权人的要求，采取电话、函件、上门等方式，直至运用法律手段等催促债务人履行金钱债务，其法律属性多为委托合同。付款担保，是指保理人在与债权人签订保理合同后，为债务人核定信用额度，并在核准额度内，对债权人无商业纠纷的应收账款，提供约定的付款担保，应适用委托合同相关规则。所以，保理合同为多种合同类型的融合，除非保理合同规则有特别规定，均分别适用相应合同规范。

关于保理合同的构成，需要注意的是，仅有应收账款转让并不成立保理合同，必须在应收账款转让之外由保理人提供相关金融服务，才能组合成立保理合同。当然，保理人并非必须提供上述所有服务，但根据相关行政法规、部门规章的规定，保理人至少要提供一项相关金融服务。

二、保理关系与基础交易合同

保理关系通常涉及保理人与债权人、保理人与债务人、债权人和债务人之间的不同法律关系。债权人与债务人之间的基础交易合同是成立保理关系的前提，而债权人与保理人之间的应收账款债权转让则是保理关系的核心。债权人和债务人之间的基础交易合同所产生的应收账款债权，是保理合同的标的。如果基础交易合同出现瑕疵，对保理关系是否产生影响以及产生何种影响，是保理合同中非常重要的问题。

由于保理关系的核心是应收账款债权转让，保理人的合同目的的实现依赖于对应收账款债权的满足，因此原则上并无必要隔离基础交易合同对保理关系的影响。《民法典》第763条仅规定："应收账款债权人与债务人虚构应收账款作为转让标的，与保理人订立保理合同的，应收账款债务人不得以应收账款不存在为由对抗保理人，但是保理人明知虚构的除外。"如果产生应收账款债权的基础交易合同存在无效、可撤销或解除等情形，保理关系依然会受到相应影响。此时应依照保理合同的约定或者准用买卖合同中的瑕疵担保规则处理。

三、保理合同的特征

（一）保理合同是双务、有偿合同

在保理合同中，债权人转让应收账款，保理人提供融资和服务，债权人对相关服务支付报酬，所以保理合同为双务、有偿合同。这从保理合同的内容包括业务类型、服务范围、服务期限、基础交易合同情况、应收账款信息、保理融资款或者服务报酬及其支付方式等条款即可看出（《民法典》第762条第1款）。

（二）保理合同是诺成、要式合同

保理合同自双方当事人达成合意时起成立，不以应收账款转让为成立要件，故为诺成合同。保理合同应当采用书面形式（《民法典》第762条第2款），故为要式合同。实践中，因保理合同多发生在商事主体之间，通常也会以书面形式订立。

四、保理合同的类型

保理业务按照不同的标准可以被区分为不同的类型。例如，按照是否将应收账款转让的事实通知债务人，保理可分为公开型保理和隐蔽型保理。按照基础交易合同的性质和债权人、债务人所在地，保理可分为国际保理和国内保理。按照保理人的数量，保理可分为单保理、双保理、共同保理或者联合保理。在《民法典》中，最重要的保理合同类型是有追索权的保理和无追索权的保理。其区分标准是，在债务人破产、无理拖欠或无法偿付应收账款时，保理人是否可以向债权人反转让应收账款或者要求债权人回购应收账款、归还融资。

（一）有追索权的保理

有追索权的保理，又称为回购型保理。在有追索权的保理中，保理人可以向应收账款债权人主张返还保理融资款本息或者回购应收账款债权，也可以向应收账款债务人主张应收账款债权。保理人向应收账款债务人主张应收账款债权，在扣除保理融资款本息和相关费用后有剩余的，剩余部分应当返还给应收账款债权人（《民法典》第766条）。

（二）无追索权的保理

无追索权的保理，又称为买断型保理。在无追索权的保理中，保理人应当向应收账款债务人主张应收账款债权，保理人取得超过保理融资款本息和相关费用的部分，无须向应收账款债权人返还（《民法典》第767条）。

第二节 保理合同的效力

问题示例

甲路桥公司与乙银行签订保理合同，将其未来20年的收取过路费的债权转让给乙银行，乙银行并提供信贷等相关金融服务。乙银行在之后的金融服务过程中发现，甲路桥公司还将该收取过路费的债权转让给了丙银行和丁银行，以套取保理信贷。其中，丙银行的保理进行了相关登记，丁银行在乙银行之前就派员工在甲路桥公司收费处管理收费业务。哪个银行应当优先取得过路费收取债权？

一、对应收账款债权人的效力

（一）转移应收账款债权的义务

保理合同以应收账款转让为基础，因此债权人转移应收账款债权给保理人是其主给付义务。债权人转移应收账款债权，应向债务人发出应收账款债权转让通知，并向保理人移交债权凭证。对于将来的应收账款债权，通常通过转移应收账款收取系统等来履行转移应收账款债权的义务。

（二）瑕疵担保义务

债权人应当对所转让的应收账款债权承担瑕疵担保义务。此项瑕疵担保义务仅指债权人应确保应收账款债权的发生、存续无瑕疵，而与应收账款债务人的清偿能力无关。如果应收账款债权人与债务人虚构应收账款作为转让标的，除应收账款债务人不得以应收账款不存在为由对抗保理人外（《民法典》第763条），应收账款债权人也应当承担瑕疵担保责任。

（三）支付报酬的义务

在保理合同中，保理人依照约定提供资金融通、应收账款管理或者催收、应收账款债务人付款担保等服务，债权人应当按照约定就保理人提供的服务支付报酬。此为债权人的主给付义务。

（四）偿还融资款本息或回购应收账款债权的义务

在有追索权的保理中，保理人可以选择向应收账款债权人主张追索权，债权人相应地负有返还保理融资款本息或回购应收账款债权的义务。

二、对应收账款债务人的效力

应收账款债务人的义务主要为清偿义务。在无追索权的保理和保理人选择向债务人主张应收账款债权的有追索权的保理中，债务人的清偿义务是相同的。区别仅在于，在有追索权的保理中，如果保理人选择向债权人主张返还保理融资款本息或者回购应收账款债权，则应收账款债务人不再对保理人承担清偿应收账款债权的义务，而是应当向债权人清偿。

依据《民法典》第546条第1款，债权人转让债权，未通知债务人的，该转让对债务人不发生效力。因此，在保理合同中，应收账款债权转让未通知债务人的，该转让对债务人不发生效力。与一般的债权转让有所不同的是，在保理合同中，可以由保理人向应收账款债务人发出应收账款转让通知，但应当表明保理人身份并附有必要凭证（第764条）。

在债权人与债务人虚构应收账款与保理人订立保理合同的情况下，并不存在应收账款债权人与应收账款债务人。《民法典》第763条规定此时应收账款债务人不得以应收账款不存在为由对抗保理人，并非凭空创设自始不存在的应收账款债权，其实质是使虚构应收账款的“债权人和债务人”基于共同欺诈的法理对保理人承担连带责任。在保理人也明知虚构应收账款的情况下，既然不存在保理人受到欺诈的事实，自无必要对保理人提供特殊保护。

三、对保理人的效力

（一）提供资金融通的义务

保理合同以应收账款转让为核心。应收账款债权人转让应收账款的目的在于融资，保理人受让应收账款时应当为应收账款债权人提供资金融通。至于保理人以何种方式提供资金融通，则应根据当事人采取的保理方式的不同予以区分。例如，无追索权保理的实质为应收账款债权的买卖，保理人提供的资金融通本质上就是债权转让款；而在有追索权的保理中，更多地是通过借款合同提供融资。[1]具体情况如何，则应依当事人的约定。

（二）提供约定服务的义务

保理合同除含有应收账款转让的内容外，至少应附加一项以上金融服务，包括提供资金融通、应收账款管理或者催收、应收账款债务人付款担保等服务。至于提供何种服务，应当根据当事人的约定确定，且应收账款债权人应当支付相应的报酬。保理人提供约定的金融服务，应当尽到善良管理人的注意义务。保理人的相关责任，应依委托合同、承揽合同等合同规则确定。

（三）作为债权受让人的权利

保理人作为应收账款债权的受让人，因有效的受让取得债权人的法律地位，享有应收账款债权及相应的从权利。对此，应当依债权让与的规则确定，债务人可向保理人主张相应的抗辩权。

应收账款债权人就同一应收账款订立多个保理合同，致使多个保理人主张权利的，已经登记的先于未登记的取得应收账款；均已经登记的，按照登记时间的先后顺序取得应收账款；均未登记的，由最先到达应收账款债务人的转让通知中载明的保理人取得应收账款；既未登记也未通知的，按照保理融资款或者服务报酬的比例取得应收账款（《民法典》第768条）。

（四）有追索权的保理中的选择权、追索权

在有追索权的保理中，保理人享有在应收账款债权人和应收账款债务人之间主张权利的选择权。如果保理人选择向应收账款债权人主张权利，可以选择主张返还保理融资款本息，也可以选择主张回购应收账款债权，这是保理人的第二层选择权。如果保理人选择向应收账款债务人主张应收账款债权，则在扣除保理融资款本息和相关费用后有剩余的，应当将剩余部分返还给应收账款债权人（《民法典》第766条）。

---

〔1〕 黄茂荣：《论保理合同》，载《法治研究》2021年第3期。

第十八章 承揽合同

| 提 要 |

承揽合同是承揽人按照定作人的要求完成工作，并将工作成果交付给定作人，定作人按照约定向承揽人支付报酬的合同。相比建设工程合同、运输合同和部分类型的技术合同，承揽合同的规定具有一般性。对承揽合同的认识，以对其概念和特征的理解为核心，以区分承揽合同与其他类似的合同。

| 重点问题 |

1. 承揽合同的概念和特征。
2. 承揽合同与买卖合同的区别。
3. 承揽人的留置权。
4. 定作人的解除权。

第一节 承揽合同概述

问题示例

甲是国内著名玉石雕刻家，乙想预定冰种飘花玉石吊坠一枚作为其独生女的生日礼物，并请甲自行备料。甲、乙之间的法律关系和乙自行找玉石商直接购买玉石吊坠有何不同？

一、承揽合同的概念和特征

（一）承揽合同的概念

承揽合同是指承揽人按照定作人的要求完成工作，并将工作成果交付定作人，定作人按照约定向承揽人支付报酬的合同（《民法典》第770条）。

（二）承揽合同的特征

1. 承揽合同的主体是定作人和承揽人

承揽人是按照定作人要求完成承揽工作并向定作人交付工作成果的人。定作人是要求承揽人完成承揽工作并接受工作成果和支付报酬的人。承揽人一般被假定为专业人士，通常具有完成承揽工作的专业能力。

2. 承揽合同的标的是承揽工作的完成

承揽工作的完成，是指借由劳务使发生预期的结果。与劳动合同或雇佣合同相比，承揽合同的标的不是提供劳务，而是定作人指定的工作的完成。承揽人没有完成指定的工作，虽然付出了劳动，仍然不能取得报酬。

3. 承揽人须交付工作成果

承揽合同中的工作成果，又称工作，是承揽人完成工作的结果。承揽人工作成果的交付与定作人报酬的支付原则上应当同时履行（《民法典》第782条）。

4. 定作人须接受工作成果并支付报酬

报酬原则上应为金钱。双方也可以约定以其他形式支付报酬。

5. 承揽合同为双务、有偿、诺成、不要式合同

承揽人与定作人互相负担债务，承揽人的工作完成与定作人的报酬支付互为对价关系，[1]故承揽合同为双务合同。承揽合同不是无偿合同，若存在无偿的情形，则属于赠与合同或委托合同。承揽合同为诺成、不要式合同，当事人意思表示一致即可成立，不需要采用书面形式。

二、承揽的类型

《民法典》第770条第2款列举了承揽合同的基本类型，具体包括如下。

（一）加工

加工是指由定作人提供材料，承揽人按照定作人要求将材料加工为成品。加工在实践中大量存在，既有生产性的加工，如外贸中的来料加工；也有生活性和艺术性的加工，如服装店为顾客缝制衣服、画廊为他人装裱字画等。

（二）定作

定作是指由承揽人提供材料，并按照定作人的要求将材料加工为成品。定作在日常生活中也很常见，如服装厂为某工厂定作工作服，家具厂为顾客定作家具等。定作与加工的区别是，前者承揽人须自备材料，后者则由定作人提供材料。

（三）修理

修理是指承揽人为定作人修复损坏的物。修理的物既包括动产，如手表、

---

〔1〕［日］我妻荣：《我妻荣民法讲义 V3：债法各论》（中卷二），周江洪译，中国法制出版社2008年版，第112页。

自行车、汽车、电器、鞋等；也包括不动产，如房屋等。

（四）复制

复制是指承揽人按定作人的要求，将定作人提供的特定物品制作成复制品。复制既包括文字材料的复制，也包括其他物品的复制，如文物、艺术品的复制。

（五）测试和检验

测试和检验是指承揽人运用自己的技术、设备，对定作人提供的物品的数量、质量、性能等进行检验、测试。

实践中具体的承揽内容远不止以上几种类型。从广义上说，承揽不仅可以涉及一个物的制作或者变更，也可以涉及由工作或者劳务促进的结果。承揽合同是适用极为广泛的一类合同，是满足民商事主体生产、生活需要的一种法律手段。就我国现实经济生活而言，任何符合《民法典》第770条第1款所定义的工作，如建房、房屋修缮、洗染、印刷、翻译、打字、拍照、冲卷扩印、广告制作、测绘、鉴定等，都属于“承揽合同”一章所调整的承揽。当然，建设工程合同应优先适用“建设工程合同”一章的规定。

三、承揽合同的内容

承揽合同的内容一般包括承揽的标的、数量、质量、报酬，承揽方式，材料的提供，履行期限，验收标准和方法等条款（《民法典》第771条）。

所谓承揽标的，是指承揽合同权利义务所指向的对象，即承揽工作的完成。承揽标的是承揽合同的必要之点，未约定承揽标的的，承揽合同不成立。需要注意的是，承揽标的既不是工作成果，也不是工作成果的交付。工作成果是承揽工作完成的结果，而非承揽合同的标的。承揽工作通过承揽人提供劳务完成，但提供劳务并非承揽合同的标的。工作成果的交付是承揽人的义务之一，但承揽合同的重点是在于承揽工作的完成，而非工作成果的交付。

承揽标的的数量可以以个数、件数、重量、长度、体积、面积等表示。对于承揽合同中的加工合同和定作合同来说，数量是必要之点；没有约定数量的，承揽合同不成立。

承揽标的的质量，如标的的规格、型号、技术参数等需要明确。当事人就承揽标的的质量没有约定或者约定不明确的，应当根据《民法典》第510条、第511条第1项予以确定。

关于报酬，当事人可以直接约定报酬数额，也可以约定报酬的计算方法。

报酬为承揽合同的必要之点。当事人对报酬没有约定或者约定不明确的，应当根据《民法典》第510条、第511条第2项确定。

关于材料的提供，当事人应当约定材料由哪一方提供，以及提供材料的时间、地点、材料的数量和质量等。在当事人对此没有明确约定时，材料一般应由承揽人提供。之所以如此，是因为承揽人作为专业人士，理应避免无材料工作的情况。承揽人提供材料的，承揽人应当按照履行期限及时准备材料。定作人提供材料的，定作人应当按照履行期限及时提供。交付地点不明确的，一般在工作地点交付。关于材料的数量和质量不明确的，应当根据承揽工作的要求和性质合理提供或确定。

关于履行期限，既包括承揽人完成工作、交付工作成果的时间，也包括定作人支付报酬的时间。有些承揽工作因其性质无须为特别交付的工作成果，如房屋装修、壁画安置等，以完成工作的时间为交付时间。

关于验收标准和方法，是指检验材料、承揽工作质量的标准。验收标准和方法并非承揽合同的必备条款。当事人对此没有约定或者约定不明确的，应当根据《民法典》第510条确定。

四、承揽合同的界限

（一）承揽合同与买卖合同

承揽合同与买卖合同原本泾渭分明，但在加工、定作这两种承揽类型中，承揽合同却又与买卖合同十分类似，特别是加工合同更是如此。《民法典》中的加工合同，在我国台湾地区的学说中又称为承揽供给契约、买卖承揽契约、作成物供给契约或制作物供给契约，一般指专以或主要以使用自己的材料制作某物而为供给并获取报酬的合同，其内容实际上包括物之制作与所制作物之供给两项要素。就物之制作而言，类似于承揽；就所制作物之供给而言，则近于买卖。因此，比较法上往往设立特别规则，以区分承揽合同和买卖合同。相关立法例主要有如下类型：第一，以材料由谁提供为标准。承揽人提供材料的，为买卖合同，适用买卖法；定作人提供材料的，为承揽合同，适用承揽法。第二，以当事人的意思为标准。以完成工作为合同目的的为承揽；以标的物所有权转移为目的的为买卖。第三，以制作物为可替代物与否为标准。制作物为可替代物的，不分材料由谁提供，一律适用买卖法；若为不可替代物的，则分别适用买卖法与承揽法相关规定。

《民法典》对如何区分承揽合同和买卖合同未作规定。理论上认为，两者的主要区别在于：第一，合同标的不同。承揽合同的标的是工作的完成，买卖合同的标的是交付标的物并转移标的物的所有权。第二，当事人是否有监督权不同。承揽合同的定作人对承揽人的工作有监督、检查和指示的权利；买卖合同的买受人无权影响出卖人对标的物的制作。第三，是否涉及材料提供不同。承揽合同涉及工作原材料的提供问题，可以由定作人提供，也可以由承揽人提供；买卖合同不涉及标的物制作材料的提供问题。第四，当事人是否享有留置权不同。在承揽合同中，如果工作成果的所有权属于定作人，则承揽人依法享有留置权；买卖合同中不涉及当事人的留置权问题。

关于承揽合同与买卖合同的区分，司法实践中主要有两种做法：第一种做法认为，区分二者的根本标准是，合同标的是工作的完成还是意图转移标的物的所有权。如果是前者，即为承揽合同；如果是后者，则为买卖合同。〔1〕第二种做法认为，若依当事人的意思不能判定，应根据案涉合同的一些具体特征来判定是不是承揽合同。〔2〕如果定作人有权对工作进行监督检查，应当视为承揽合同；反之，如果定作人不具有实际控制和监督的权利，则应视为简单的买卖合同。当然，即便将合同性质认定为承揽合同，依照《民法典》第646条，仍然可以参照适用买卖合同的有关规定。

（二）承揽合同与雇佣合同

承揽合同与雇佣合同都与劳务有关，性质都属于不要式、双务、有偿合同。司法实践中区分承揽合同和雇佣合同，其目的主要是在侵权案件中，区分定作人和雇主所应当承担的不同责任。如果属于雇佣关系，雇主应当对受雇人对他人造成的损害承担赔偿责任；如果属于承揽关系，定作人仅对其定作、指示或者选任中的过失承担赔偿责任。

关于承揽合同与雇佣合同的区别，有学者认为，二者的核心区别并不在于是否需要交付工作成果，而在于提供劳动的自主性、专业性上。〔3〕二者的区别在于：〔4〕第一，承揽合同的标的为劳动成果，雇佣合同的标的为劳务。承揽合同关注工作的完成，而不在乎劳务的本体；工作的完成为合同的标的，提供劳

---

〔1〕参见最高人民法院（2013）民申字第2171号民事裁定书；最高人民法院（2018）民申字第4870号民事裁定书。

〔2〕参见最高人民法院（2016）民申字第2249号民事裁定书；最高人民法院（2019）民申字第4300号民事裁定书。

〔3〕宁红丽：《〈民法典草案〉“承揽合同”章评析与完善》，载《经贸法律评论》2020年第1期。

〔4〕谢鸿飞、朱广新主编：《民法典评注：合同编 典型合同与准合同》（第3册），中国法制出版社2020年版，第13页。

务仅为一种手段或过程。雇佣合同只关注提供劳务，提供劳务本身即为合同的标的。第二，承揽合同的承揽人通常须有工作成果才有权请求定作人支付报酬，仅有提供劳务的事实尚不得请求支付报酬；雇佣合同的受雇人只要依约提供了劳务即可请求支付报酬，劳务有无结果不影响报酬请求权。相对而言，承揽人负担的风险大于受雇人。第三，承揽合同的承揽人具有相对的独立性；雇佣合同的受雇人原则上要听从雇主的指挥。第四，承揽合同的承揽人一般拥有与具体承揽工作紧密联系的劳动工具及丰富的专业技术；雇佣合同的受雇人通常不需要拥有劳动工具，也未必都要具有专业技术。第五，承揽合同的承揽人原则上应亲自完成主要工作，但允许第三人代为完成辅助工作；受雇人的劳务则必须亲自实施，专属性很强。正因如此，承揽人从事承揽工作时侵害他人的权益，定作人原则上不负赔偿责任；而受雇人提供劳务时侵害他人的权益的，雇佣人原则上应负替代赔偿责任。[1]

第二节　承揽合同的效力

问题示例

甲有一块珍贵玉石，聘请著名玉石雕刻家乙将此玉石雕刻成一块玉牌。乙在雕刻过程中，不慎将玉石损坏，导致玉石料报废，无法雕刻出成品。乙应当承担何种责任？

一、对承揽人的效力

（一）完成工作的义务

在承揽合同中，承揽人的主要义务即是完成合同约定的工作，包括主要工作以及相应的辅助工作。一般认为，承揽合同具有人身信任的性质，合同建立在定作人对承揽人工作能力的信任基础上。[2]承揽合同的工作成果应当由承揽

〔1〕［德］迪特尔·梅迪库斯：《德国债法分论》，杜景林、卢谌译，法律出版社2007年版，第284页；邱聪智：《新订债法各论》（中），姚志明校订，中国人民大学出版社2006年版，第38页；林诚二：《民法债编各论》（中），中国人民大学出版社2007年版，第48页。

〔2〕江平主编：《中华人民共和国合同法精解》，中国政法大学出版社1999年版，第195页；张俊浩主编：《民法学原理》（下册）（修订第三版），中国政法大学出版社2000年版，第803页。

人通过自己与众不同的劳动技能完成。这也是定作人选择通过承揽合同而非买卖合同实现其目的的原因所在。承揽人应当以自己的设备、技术和劳力完成主要工作（《民法典》第772条第1款）。所谓的设备，是指承揽人进行工作所使用的工具。所谓的技术，是指承揽人进行工作所需的技能，包括专业知识、经验等。所谓的劳力，是指承揽人完成工作所付出的劳动力。需要注意的是，主要工作由承揽人亲自完成，是在合同没有约定时适用的规则。如果定作人同意，主要工作也可以交由第三人完成。如果当事人约定辅助工作也应由承揽人完成，承揽人也应亲自完成辅助工作。

所谓“主要工作”，一般认为，如果工作在性质上具有同一性，不能以轻重主次来划分，那么主要工作就是指工作的主要部分；如果工作在性质上是不同的，其中有的工作为核心工作，有的为辅助工作，则主要工作是指核心工作。换言之，“主要工作”是指对工作成果的质量起决定性作用的工作。所谓“辅助工作”，是指承揽工作中主要工作之外的部分。与“主要工作”相对的，属于主要工作之外的工作，就可以理解为辅助工作。

承揽人在经定作人同意的情况下，可以将其承揽的主要工作交由第三人完成，但是应当就该第三人完成的工作成果向定作人负责（《民法典》第772条第2款）。因为债务人不得基于社会分工而获益，即债务人不能因第三人承担履行而获益，履行承揽的风险仍然应由债务人承担。[1]在这种意义上，承揽人应当为第三人承担无过错责任。如果承揽人擅自将主要工作交由第三人完成，构成根本违约。此时定作人可以有两种选择：一是要求承揽人对第三人完成的工作成果负责；二是通知承揽人解除合同（《民法典》第772条第2款）。

与主要工作不同，除当事人另有约定外，承揽人将其承揽的辅助工作交由第三人完成的，不必经过定作人同意；承揽人应当就该第三人完成的工作成果向定作人负责（《民法典》第773条）。在承揽工作中，辅助工作通常对工作成果的整体质量影响不大，因此承揽人根据交易习惯，可以不经定作人同意而将辅助工作交由第三人完成。承揽人应当根据诚信原则，认真考察第三人的工作能力，合理地选择胜任工作的第三人。[2]

---

〔1〕 王洪亮：《债法总论》，北京大学出版社 2016 年版，第 236 页。

〔2〕 谢鸿飞、朱广新主编：《民法典评注：合同编 典型合同与准合同》（第 3 册），中国法制出版社 2020 年版，第 29 页。

（二）提供材料的义务

在承揽合同中，作为工作基础的相应材料，既可以由承揽人提供，也可以由定作人提供。如果由承揽人提供材料，承揽人应当按照约定选用材料，并接受定作人检验（《民法典》第774条）。具体而言，承揽人应当按照约定的时间、数量和质量选用材料。材料经定作人检验是承揽人自我保护、减轻甚至免除责任的手段。[1]定作人应当及时对承揽人提供的材料进行检验。在接到承揽人的检验通知后，定作人未在合理期限内检验的，视为承揽人提供的材料符合要求，定作人嗣后不得再对该材料提出质量异议。

如果材料是由定作人提供的，承揽人对定作人提供的材料应当及时检验；发现不符合约定时，应当及时通知定作人更换、补齐或者采取其他补救措施。此外，承揽人不得擅自更换定作人提供的材料，不得更换不需要修理的零部件（《民法典》第775条）。

（三）通知义务

在承揽关系中，定作人往往不如承揽人的知识、技能和经验丰富，因而其提供的图纸或技术要求可能会出现不是很合理的情况，导致承揽人难以制作符合当事人约定的工作成果。承揽人发现定作人提供的图纸或者技术要求不合理的，应当及时通知定作人；因定作人怠于答复等原因造成承揽人损失的，应当赔偿损失（《民法典》第776条）。承揽人未及时通知定作人的，定作人有权要求承揽人修理、重作、减少报酬或者解除合同。

（四）接受定作人监督检验的义务

承揽人在工作期间，应当接受定作人必要的监督检验。定作人不得因监督检验妨碍承揽人的正常工作（《民法典》第779条）。为避免妨碍承揽工作的正常进行，当事人双方最好在合同中约定监督检验的时间、次数、内容以及标准。未在合同中进行约定的，定作人检验前应当通知承揽人检验的时间和内容，以方便承揽人安排承揽工作。承揽人有权拒绝定作人不必要的监督检验，并有权对不必要的监督检验造成的损失要求赔偿。

（五）交付工作成果的义务

承揽人完成工作后，应当向定作人交付工作成果，并提交必要的技术资料和有关质量证明（《民法典》第780条）。承揽人只有将完成的工作成果交付给定作人，定作人才能享有工作成果，实现其订立承揽合同的目的。承揽人提交

---

〔1〕 江平主编：《中华人民共和国合同法精解》，中国政法大学出版社1999年版，第197页。

必要的技术资料和有关质量证明的义务为从给付义务，目的在于确保定作人的给付利益获得最大满足。承揽人交付的完成以定作人验收合格为准。

（六）担保成果质量符合要求的义务

承揽人的主要义务是按质按量完成工作并交付工作成果。如果交付的工作成果不符合质量要求，承揽人应当承担违约责任。该违约责任的构成要件包括：第一，承揽人交付的工作成果不符合质量要求。第二，不符合质量要求须在工作成果交付时已经存在。直到交付前，承揽人依然可以消除质量瑕疵，从而依约履行合同。如果质量不符合要求是在工作成果交付后产生的，承揽人不承担责任；除非当事人明确约定，在风险转移后一段时间内，债务人仍然负担物上不产生瑕疵的责任。[1]第三，定作人应在合理期限内提出质量异议。即便定作物的瑕疵产生于交付之前，定作人也未必能够完全发现。因此，应当参照买卖合同的规定，定作人可以在交付之后的合理期限内提出质量异议，超过合理期限则视为工作成果符合质量要求。

承揽人承担不完全给付的违约责任的方式，主要包括以下三种：第一，修理、重作。所谓修理，是指交付的工作成果的质量不符合要求，有修理可能并为定作人所需要时，承揽人消除工作成果瑕疵的补救措施。大陆法系的立法例多将其作为第一顺位的救济措施。[2]所谓重作，是修理的补充责任方式，是指在承揽人交付的工作成果质量不合格，不能修理或修理所需费用过高时，由承揽人重新制作工作成果的补救措施。[3]第二，减少报酬。第三，赔偿损失。

（七）承揽人的留置权和拒绝交付权

1. 承揽人的留置权

根据《民法典》第783条的规定，定作人未向承揽人支付报酬或者材料费等价款的，承揽人对完成的工作成果享有留置权，但是当事人另有约定的除外。承揽人的留置权应当具备以下条件：第一，定作人不履行支付报酬或者材料费等价款的义务。第二，承揽人合法占有其完成的工作成果，该工作成果须为动产且属于定作人所有。第三，承揽人留置的财产所处的法律关系与定作人所欠

---

〔1〕 王洪亮：《债法总论》，北京大学出版社2016年版，第291页。

〔2〕 韩世远：《减价责任的逻辑构成》，载《清华法学》2008年第1期；杜景林：《我国合同法上减价制度的不足与完善》，载《法学》2008年第4期；武腾：《减价实现方式的重思与重构》，载《北方法学》2014年第3期。

〔3〕 韩世远：《合同法总论》（第四版），法律出版社2011年版，第608页。

报酬等所处的法律关系属于同一法律关系。[1]该留置权的行使适用《民法典》物权编“留置权”一章的相关规定。

2. 承揽人的拒绝交付权

如果工作成果不归属于定作人，则承揽人不能行使留置权，但可以行使拒绝交付权。所谓拒绝交付权，是指定作人未向承揽人支付报酬或者材料费等价款时，承揽人可以对完成的工作成果享有拒绝交付的权利（《民法典》第783条）。

拒绝交付权的行使应当注意以下几点：一是定作人未向承揽人支付报酬或者材料费等价款，这是拒绝交付权行使的条件。二是拒绝交付权不能与留置权同时使用。当工作成果归属于定作人时，承揽人享有的应当是留置权而不是拒绝交付权。三是拒绝交付权与留置权的权利内容不同。留置权属于物权，具有担保债权优先受偿的权利；拒绝交付权实际上是一种履行抗辩权，在性质上属于《民法典》第525条规定的同时履行抗辩权。从《民法典》第783条关于“有权拒绝交付”之行文可以看出，拒绝交付权属于须主张的抗辩权；当事人若不为抗辩，则法官不得主动审查。

二、对定作人的效力

（一）按约定提供材料的义务

承揽合同可以约定由定作人提供材料。定作人应当按照约定的时间向承揽人提供符合约定数量和质量的材料，承揽人应当对定作人提供的材料及时检验（《民法典》第775条第1款）。

（二）中途变更承揽工作要求的赔偿义务

定作人订立承揽合同的目的往往是满足自己的特殊需要。如果这种特殊需要发生了变化,自然应当允许定作人在承揽工作结束之前变更承揽工作要求。定作人变更承揽工作要求时，可以直接向承揽人提出，不需要与承揽人协商一致。这显示了承揽合同与一般合同的不同之处。

当然，从保护承揽人利益的角度说，定作人中途变更承揽工作的要求，造成承揽人损失的，应当赔偿损失（《民法典》第777条）。具体地说，承揽人已经按照原要求完成部分工作的，定作人应当支付该部分工作的报酬；材料由

---

〔1〕谢鸿飞、朱广新主编：《民法典评注：合同编 典型合同与准合同》（第3册），中国法制出版社2020年版，第76页。

承揽人提供的，定作人应当支付完成该部分工作所耗费材料的价款。承揽人按照更改的要求增加的材料费用也应当由定作人负担。更改的要求导致承揽工作质量、难度提高的，定作人还应当增加相应报酬。中途变更合同导致工期顺延的，定作人还应当赔偿承揽人遭受的误工损失。如果承揽工作尚未开始，定作人变更工作要求一般不会造成承揽人损失，因而通常也不存在赔偿损失之说。工作虽未开始，但如果承揽人已经准备了相关材料，定作人变更工作要求造成承揽人损失的，定作人也应当承担赔偿责任。〔1〕承揽人对承揽工作要求的变更有过错的，也应承担相应的损失。〔2〕

（三）协助义务

《民法典》第778条第1句规定："承揽工作需要定作人协助的，定作人有协助的义务。"定作人承担协助义务的前提是协助义务的存在。协助义务存在与否，须依据承揽工作的性质、交易习惯或者诚信原则确定。协助义务的内容多种多样，一般包括及时提供图纸、技术要求材料，及时清理施工现场，及时答复承揽人的请求，及时验收承揽人提供的材料、图纸、技术资料等。协助义务是定作人的法定义务，即便双方未在合同中约定，定作人也应当承担。定作人的协助义务的履行要以实际效果为判断依据。如无实际效果，不能算履行了协助义务。〔3〕

定作人不履行协助义务致使承揽工作不能完成的，承揽人可以催告定作人在合理期限内履行义务，并可以顺延履行期限；定作人逾期不履行的，承揽人可以解除合同（《民法典》第778条第2句）。

（四）验收义务

与承揽人交付工作成果的义务相对应，定作人也有验收工作成果的义务（《民法典》第780条），检验工作成果的质量、数量是否符合合同约定或者定作人的要求。验收主要是查点工作成果的数量和查验工作成果的质量以及有关技术资料和质量证明。验收一般是双方当事人进行结算、定作人支付报酬等费用的前提条件。验收合格的，定作人应当接收工作成果并支付报酬。在无特别约定的情况下，验收视为认可工作成果符合合同约定。〔4〕验收时发现工作成果

---

〔1〕 谢鸿飞、朱广新主编：《民法典评注：合同编 典型合同与准合同》（第3册），中国法制出版社2020年版，第41页。

〔2〕 参见新疆维吾尔自治区高级人民法院生产建设兵团分院（2016）兵民再48号民事判决书。

〔3〕 参见最高人民法院（2017）最高法民申4464号民事裁定书。

〔4〕 参见四川省高级人民法院（2019）川民申594号民事裁定书。

有严重质量缺陷的，定作人可以拒收并通知承揽人。验收发现定作物的数量或者质量不符合要求的，应当在约定的期限内通知承揽人；没有约定期限的，应当在合理期限内通知承揽人。[1]定作人未及时验收或者在验收时发现问题后怠于通知的，应当视为工作成果的数量或者质量符合要求。

（五）支付报酬的义务

作为承揽人完成工作的义务的对价，定作人应当按照约定支付相应的报酬。一般认为，这种对待给付的义务，在承揽合同成立时就已经发生了。[2]为减少纠纷，承揽合同中应就报酬支付期限作出明确约定。当事人可以约定预先全额支付或者根据工作进度分期支付报酬。约定预先支付报酬的，承揽人可以在预先支付之前拒绝着手工作；约定分期支付报酬的，承揽人可以在前一期报酬支付之前拒绝履行后面部分的工作。当工作已不能完成时，由于承揽人是就完成的工作成果接受报酬，因此已经预先支付的报酬应当作为不当得利予以返还。但是，预先支付是为了购入作为定作人所有的材料，或者是为了使到此时已完成的工作归属于定作人所有的除外。[3]承揽合同对支付报酬的期限没有约定或者约定不明确的，依照《民法典》第510条的规定进行补充；仍不能确定报酬支付期限的，定作人应当在承揽人交付工作成果时支付；工作成果部分交付的，定作人应当相应支付（《民法典》第782条），即采取报酬后付主义。这里的“在承揽人交付工作成果时支付”，不能简单地理解为只要承揽人将工作成果交付给定作人，定作人就应当支付报酬，而应理解为报酬须在验收合格后才能支付。[4]

（六）定作人的任意解除权

《民法典》第787条规定了定作人的任意解除权，即定作人在承揽人完成工作前可以随时解除承揽合同。所谓任意解除权，是指解除权人可以没有任何理由地解除合同。承揽工作项目是为定作人的利益进行的，甚至于有些承揽工作项目仅仅对定作人有意义。如果由于情况变化等原因，使承揽工作变得对定作人已经没有意义，却不允许定作人解除合同，显然是不合理的。定作人的任意解除权是一种法定解除权，属于《民法典》第563条第1款第5项规定的“法律规

---

〔1〕参见福建省厦门市湖里区人民法院（2014）湖民初字第230号民事判决书。

〔2〕史尚宽：《债法各论》，中国政法大学出版社2000年版，第347页。

〔3〕［日］我妻荣：《我妻荣民法讲义：债权各论》（中卷二），周江洪译，中国法制出版社2008年版，第117页。

〔4〕参见江苏省高级人民法院（2018）苏民申573号民事裁定书。

定的其他情形”。

根据《民法典》第787条的规定，定作人行使任意解除权的，应当在承揽人完成工作前提出解除合同。如果承揽人已经完成承揽工作，定作人不得依据本条解除合同。另据本条的规定，因定作人解除合同造成承揽人损失的，应当向承揽人承担赔偿责任。需要注意的是，赔偿承揽人的损失不是定作人随时解除合同的条件。正确的顺序是先解除，后赔偿。损失赔偿的成立取决于承揽人是否有实际损失。承揽人无过错不是损失赔偿的成立要件。这里的实际损失，包括承揽人已经消耗的材料成本、已经投入的时间成本，以及在可预见范围内失去的机会成本。

第十九章 建设工程合同

提 要

建设工程合同是承包人进行工程建设，发包人支付价款的合同。建设工程合同以完成特定工程建设为标的，包括勘察、设计、施工等多种类型，每一种建设工程合同都有自己的不同内容。在成立方面，建设工程合同可以采用招标投标的方式，也可以采用发包的方式。在具体的合同效力方面，要明确发包人和承包人所享有的各项权利和义务。

重点问题

1. 建设工程合同的概念。
2. 建设工程的发包。
3. 发包人和承包人的解除权。
4. 建设工程价款优先受偿权。

第一节 建设工程合同概述

问题示例

甲公司将一工程发包给乙建筑公司。经甲同意，乙将部分非主体工程分包给丙建筑公司。丙又将其中一部分工程分包给丁建筑公司。甲与乙、乙与丙、丙与丁之间的各个合同的法律效力如何?

一、建设工程合同的概念

建设工程合同是承包人进行工程建设，发包人支付价款的合同，包括工程勘察、设计、施工合同（《民法典》第788条）。建设工程合同属于承揽合同的特殊类型。所谓建设工程，是指土木建筑工程和建筑业范围内的线路、管道、设备安装工程。

建设工程合同的主体是发包人和承包人。发包人一般为建设工程的建设单位，通常也称作“业主”。承包人即实施建设工程的勘察、设计、施工等业务的单位，包括对建设工程实行总承包的单位和承包分包工程的单位。承包人通常是具有从事勘察、设计、施工业务资质的法人。

二、建设工程合同的订立方式

建设工程合同应当采用书面形式（《民法典》第789条）。订立建设工程合同可以采取两种方式：一是招标投标方式；二是直接发包方式，即发包人经过批准或按照有关规定，直接与承包人协商订立合同。

（一）招标投标方式

建设工程的招标投标，是指作为招标方的发包人发布招标公告，邀请特定或者不特定的具备相应资质、有意承包工程项目的承包人作为投标方，向自己提出工程报价及其他工程条件，根据投标结果确定承包人的行为。通过招标投标方式订立建设工程合同，有助于降低工程造价，确保建设工程的质量。对于一些涉及公共投资的建设工程，为了保证其工程安全与透明度，法律或者有关规范性文件规定必须采用招标方式。[1]根据《最高人民法院关于审理建设工程施工合同纠纷案件适用法律问题的解释（一）》（以下简称《建设工程施工合同解释一》）第1条第3项，建设工程必须进行招标而未招标或者中标无效的，建设工程施工合同无效。

建设工程的招标投标活动，应当依照《招标投标法》等有关法律的规定，公开、公平、公正进行（《民法典》第790条）。所谓公开，是指进行招标投标活动的有关信息要公开，招标方应当通过在新闻媒体上刊发广告或者以其他适当形式发布建设工程招标信息,并在公开提供的招标文件中载明招标工程的主要技术要求以及投标人的资格要求等内容，使所有符合条件的承包人都能有机会参与投标竞争。同时，招标投标的程序要公开，包括领取招标文件的时间、地点，投标的截止日期，开标的时间、地点以及评标与定标的标准、方法等，都应当公开透明，以便各方面监督，不允许进行“暗箱操作”。所谓公平，是指招标方平等地对待每一份投标，投标方也要以正当手段进行竞争，不得有向招标方及其工作人员行贿、提供回扣等不正当竞争行为，以保证竞争的平等。所谓公正，是指招标

〔1〕 参见《政府采购法》《招标投标法》、国家发展和改革委员会发布的《必须招标的工程项目规定》以及《必须招标的基础设施和公用事业项目范围规定》等规范性文件。

方在招标过程中要严格按照公开的招标文件和程序办事，严格按照既定的评标标准评标和定标，公平地对待每一个投标者，不得厚此薄彼。[1]

（二）直接发包方式

《民法典》第791条第1款规定："发包人可以与总承包人订立建设工程合同，也可以分别与勘察人、设计人、施工人订立勘察、设计、施工承包合同。发包人不得将应当由一个承包人完成的建设工程支解成若干部分发包给数个承包人。"这类建设工程合同通常以招标投标方式订立，特殊情况下也可以采用直接发包方式订立。

《民法典》第791条第2款规定："总承包人或者勘察、设计、施工承包人经发包人同意，可以将自己承包的部分工作交由第三人完成。第三人就其完成的工作成果与总承包人或者勘察、设计、施工承包人向发包人承担连带责任。承包人不得将其承包的全部建设工程转包给第三人或者将其承包的全部建设工程支解以后以分包的名义分别转包给第三人。"第3款规定："禁止承包人将工程分包给不具备相应资质条件的单位。禁止分包单位将其承包的工程再分包。建设工程主体结构的施工必须由承包人自行完成。"所谓建设工程的分包，是指工程总承包人、勘察承包人、设计承包人、施工承包人承包建设工程后，经发包人同意，将其承包的某一部分工程或某几部分工程再发包给其他承包人，与其签订承包合同项下的分包合同。建设工程分包合同一般采取直接发包方式订立。建设工程分包的有效性，首先，必须以发包人的同意为前提。其次，获得分包的第三人也必须是具有相应资质的法人或者非法人组织。再次，建设工程主体结构的施工必须由承包人自行完成。最后，禁止分包单位将其承包的工程再分包。

所谓建设工程的转包，是指承包单位承包建设工程后，不履行合同约定的责任和义务，将其承包的全部建设工程转给他人，或者将其承包的全部建设工程支解以后以分包的名义分别转给其他单位承包的行为（《建设工程质量管理条例》第78条第4项）。

三、建设工程施工合同的无效

《建设工程施工合同解释一》规定了建设工程施工合同无效的几种常见类

[1] 谢鸿飞、朱广新主编：《民法典评注：合同编 典型合同与准合同》（第3册），中国法制出版社2020年版，第107页。

型。第一，建设工程施工合同具有下列情形之一的，应当依据《民法典》第153条第1款的规定，认定无效：（1）承包人未取得建筑业企业资质或者超越资质等级的；（2）没有资质的实际施工人借用有资质的建筑施工企业名义的；（3）建设工程必须进行招标而未招标或者中标无效的（第1条第1款）。第二，承包人因转包、违法分包建设工程与他人签订的建设工程施工合同，应当依据《民法典》第153条第1款及第791条第2款、第3款的规定，认定无效（第1条第2款）。第三，招标人和中标人在中标合同之外，就明显高于市场价格购买承建房产、无偿建设住房配套设施、让利、向建设单位捐赠财物等另行签订合同，变相降低工程价款，一方当事人以该合同背离中标合同实质性内容为由请求确认无效的，人民法院应予支持（第2条第2款）。第四，当事人以发包人未取得建设工程规划许可证等规划审批手续为由，请求确认建设工程施工合同无效的，人民法院应予支持，但发包人在起诉前取得建设工程规划许可证等规划审批手续的除外（第3条第1款）。

建设工程施工合同无效，但是建设工程经验收合格的，可以参照合同关于工程价款的约定折价补偿承包人。如果建设工程施工合同无效，且建设工程经验收不合格的，按照以下情形处理：（1）修复后的建设工程经验收合格的，发包人可以请求承包人承担修复费用；（2）修复后的建设工程经验收不合格的，承包人无权请求参照合同关于工程价款的约定折价补偿。发包人对因建设工程不合格造成的损失有过错的，应当承担相应的责任（《民法典》第793条）。

四、建设工程合同的内容

（一）建设工程勘察、设计合同的主要内容

建设工程勘察、设计合同，是指发包人与勘察人、设计人之间订立的由勘察人、设计人完成发包人委托的勘察、设计任务，发包人支付相应价款的合同。勘察，是指根据发包人的要求，对工程的地理状况进行调查，包括对工程进行测量、查明、分析，评价建设场地的地质地理环境特征和岩土工程条件，编制建设工程勘察文件等活动。勘察工作是一项专业性很强的工作，一般应当由专门的地质工程单位完成。设计合同包括两类：一是初步设计合同，即在建设工程立项阶段，承包人为项目决策提供可行性资料的设计而与发包人订立的合同；二是施工设计合同，是指承包人与发包人就具体施工设计订立的合同。虽然勘察、设计可以分别订立合同，但在实践中，勘察和设计又通常联系在一起。因而在法律上，勘察、设计合同通常被作为一种合同类型对待。

建设工程勘察、设计合同一般包括以下条款：第一，提交有关基础资料和概预算等文件的期限。有关的基础资料和文件，应包括经批准的项目可行性研究报告或项目建议书、城市规划许可文件、概预算、工程勘察资料等。在这些文件中，合同应确立有关工程的概预算内容，还应明确发包人应向设计人提交的有关资料和文件的名称、份数、提交的时间和有关事宜。第二，质量要求。它是指发包人对勘察、设计工作提出的标准，如建筑物的合理使用年限设计要求、设计深度要求、设计人配合施工工作的要求等。第三，勘察、设计费用。它是指在完成勘察、设计工作之后，发包人向勘察人、设计人所支付的报酬等价款。第四，其他协作条件。它是指发包人应对勘察人、设计人开展工作提供便利，协助其进行勘察、设计。例如，发包人应为勘察人、设计人提供现场工作条件。

（二）建设工程施工合同的主要内容

建设工程施工主要是指工程的建筑与安装。建筑是指对工程进行营造的行为；安装主要是指工程的线路、管道、设备等设施的装配。建设工程施工合同是指施工人完成工程的建筑安装工作，发包人验收后，接受该工程并支付价款的合同。此类合同是建设工程合同的主要类型和典型形式，也是工程建设质量控制、进度控制、投资控制的主要依据。

建设工程施工合同的内容包括施工的地点和范围、方法、期限、工程质量标准、工程造价等方面。具体而言：第一，工程范围，是指施工的界区，是施工人进行施工的工作范围，即施工人应当在何地进行施工。第二，建设工期，是指施工人完成建设工程的施工期限。建设工期是施工合同的必备条款，不仅关系到发包人何时可以接受工作成果，也关系到工程质量。对开工日期认定有争议的，应当按照具备开工条件的日期、实际进场施工日期等时间点加以确定。第三，工程质量，是指工程的等级要求，是施工合同的核心内容。工程质量往往通过设计图纸和施工说明书、施工技术标准加以确定。工程质量条款是明确施工要求，确定施工人责任的依据，是施工合同的必备条款。第四，工程造价，是指施工建设该工程所需的费用，包括材料费、施工成本等费用。当事人应根据工程质量要求、工程的概预算合理地确定工程造价。第五，技术资料交付时间。技术资料主要是指发包人提交给施工人的各种施工资料，如勘察、设计文件等。第六，材料和设备供应责任，是指应由哪一方来具体供应施工中所需要的材料和设备。通常施工中的有关材料和设备应由施工人自己提供，并最终计入工程造价之中。但当事人也可以对此作出特别约定。第七，拨款和结算。拨款是指工程款的拨付；结算是指工程交工后，计算工程的实际造价以及与已拨付工程款之间的差额。拨款和结算条款是施工人请求发包人支付工程款的依据。第八，竣工验收。竣工验收是工程交付使用前的必经程序，也是发包人支付价款的前提。竣工验收条款一般包括验收的范围和内容、验收的标准和依据、验收人员的组成、验收方式和日期等内容。第九，质量保修范围和质量保证期。建设工程的保修范围应当包括地基基础工程、主体结构工程、屋面防水工程和其他工程，以及电气管线、上下水管线的安装工程，供热、供冷工程等项目。质量保证期是指工程各部分正常使用的期限，在实践中也称质量保修期。第十，当事人的协作义务。发包人和承包人在施工、检查、监督及验收程序中应当履行相应的协作义务，应以保护对方当事人利益的方式行使己方权利。如提供施工场地，提供必要材料、设备工具、施工图纸，办理必需的许可、批准或备案等。

第二节 建设工程合同的效力

问题示例

甲大学与乙公司签订建设工程施工合同，约定由乙为甲承建新教学楼。经甲同意，乙将主体结构的施工分包给丙公司。后整个教学楼工程验收合格，甲向乙支付了部分工程款，乙未向丙支付工程款。甲、乙各自应当承担的合同义务有哪些?

一、对发包人的效力

（一）检查权

发包人的检查权，是指发包人在不妨碍承包人正常作业的情况下，可以随时对作业进度、质量进行检查的权利（《民法典》第797条）。

发包人对工程作业的检查一般通过两种方式：一是委派具体管理人员作为工地代表。发包人委派工地代表后，应当及时通知承包人。派驻的工地代表负责对工程进度、工程质量进行监督检查，办理中间交工工程验收手续以及其他应当由发包人解决的事宜。二是发包人委托监理人实施对工程建设过程中的检查。

工地代表和监理人在检查的过程中，如果发现工程设计不符合建设工程质量要求，应当报告发包人要求设计人改正；如果发现工程的施工不符合工程设计要求、施工技术标准和合同约定，有权要求承包人改正。承包人应当接受发包人的检查，为工地代表和监理人的工作提供方便和协助，并应发包人的要求，及时向发包人提供月份作业计划、月份施工统计报表、施工进度报告表、工程事故报告等文件。承包人的勘察、设计、施工等工作不符合工程质量要求，发包人或工地代表、监理人提出改正要求时，承包人应当立即改正，不得拒绝。

检查为发包人的权利而非义务，发包人不行使检查权，不影响承包人的合同责任。易言之，虽然发包人享有检查和监督的权利，承包人也负有相应的义务，但是，发包人未行使这些权利并不能成为承包人对工程质量不合格的有效抗辩。

（二）解除权

《民法典》第806条第1款规定，承包人将建设工程转包、违法分包的，发包人可以解除合同。建设工程合同作为一种特殊的承揽合同，也是基于一定的信赖关系成立的。承包人应当以自己的技术和劳动能力完成合同约定的工作。承包人的转包或者违法分包行为破坏了这种信赖，发包人可能不愿意继续将工程交由承包人完成，从而理应享有解除权。

建设工程合同的解除原则上没有溯及力。合同解除后，已经完成的建设工程质量合格的，发包人应当按照约定支付相应的工程价款。已经完成的建设工程质量不合格的，参照《民法典》第793条第2款关于建设工程施工合同无效，且建设工程经验收不合格的规定处理（第806条第3款）。因承包人违约导致合同解除的，承包人应当赔偿因此给发包人造成的损失。

（三）验收和接收义务

建设工程竣工后，发包人有义务根据施工图纸及说明书、国家颁发的施工验收规范和质量检验标准及时进行验收。验收合格的，发包人有义务按照约定支付价款，并接收该建设工程。建设工程竣工经验收合格后，方可交付使用；未经验收或者验收不合格的，不得交付使用（《民法典》第799条）。

发包人的验收和接收义务应当及时履行。如果因发包人的原因而迟延验收，就可能导致承包人不能够及时交付，无法及时获得价款，风险不能及时移转。因发包人的原因不能及时交付的，应当由发包人承担相应的后果。

发包人接到竣工验收报告后，应当根据施工图纸及说明书、国家颁发的施工验收规范和质量检验标准及时组织有关部门对工程进行验收。发包人竣工验收的主要内容包括：（1）建设工程是否符合规定的建设工程质量标准。

（2）承包人是否提供了完整的工程技术经济资料。（3）承包人是否有建设工程质量检验书。（4）工程是否具备国家规定的其他竣工条件。（5）发包人将竣工验收报告向有关主管部门备案。

（四）协助义务

在建设工程施工合同中，发包人对承包人的工作有相应的协助义务。发包人的协助义务取决于施工工程的内容，如补足施工所需的建筑材料、提供施工场所、办理施工所需的相关手续、提供施工图纸等。如果发包人不履行有关协助义务，导致承包人无法施工或者继续施工，则发包人构成违约。

发包人的协助义务属于不真正义务。发包人违反协助义务，会导致如下法律后果：第一，由于发包人不履行协助义务导致工期延长的，承包人可以请求顺延工程日期。第二，发包人不履行协助义务经催告后没有有效改正的，承包人有权解除合同。第三，发包人应当赔偿承包人的停工、窝工等损失。停工和窝工损失费包括现场施工机械在停窝工期间的停滞费，现场工人在停工和窝工期间的工资以及周转性材料的维护和摊销费等。

（五）支付工程价款的义务

工程竣工经验收合格后，发包人应当按照约定支付价款。在工程建设实践中，竣工报告被批准后，承包人应当按照国家有关规定或合同约定的时间、方式向发包人提出结算报告，办理竣工结算。

当事人对建设工程的计价标准或者计价方法有约定的，按照约定结算工程价款。因设计变更导致建设工程的工程量或者质量标准发生变化，当事人对该部分工程价款不能协商一致的，可以参照签订建设工程施工合同时当地建设行政主管部门发布的计价方法或者计价标准结算工程价款。当事人对工程量有争议的，按照施工过程中形成的签证等书面文件确认。承包人能够证明发包人同意其施工，但未能提供签证文件证明工程量发生的，可以按照当事人提供的其他证据确认实际发生的工程量。

二、对承包人的效力

（一）提供符合质量要求的建设工程的义务

在建设工程合同中，承包人最为重要的义务就是按照合同的约定提供符合质量要求的建设工程。无论是建设工程勘察、设计合同还是施工合同，都是如此。

在勘察、设计合同中，勘察、设计的质量不符合要求或者未按照期限提交勘察、设计文件拖延工期，造成发包人损失的，勘察人、设计人应当继续完善勘察、设计，减收或者免收勘察、设计费并赔偿损失（《民法典》第800条）。

在建设工程施工合同中，建设工程施工是施工人按照建筑设计标准和勘察、设计文件等建造工程的行为。建设工程施工既可以由承包人亲自完成，也可以由承包人委托的施工单位来完成。施工人与发包人之间有合同关系的，如果因施工人的原因造成建设工程质量不合格，发包人可以请求施工人承担违约责任。施工人与发包人之间没有合同关系的，施工人通常与承包人之间具有合同关系；施工人违反合同约定，承包人可以要求施工人承担违约责任，也可以将其对于施工人的合同权利让与发包人行使。在发包人与施工人之间没有合同关系的情形下，发包人不能直接对施工人行使合同权利。[1]

在建设工程施工合同中，因施工人的原因致使建设工程质量不符合约定的，发包人有权请求施工人在合理期限内无偿修理或者返工、改建。经过修理或者返工、改建后，造成逾期交付的，施工人应当承担违约责任（《民法典》第801条）。所谓“因施工人的原因”，是指施工人具有客观过错，即没有履行法定或约定的义务，从而造成建设工程质量不合格。施工人为保证工程的施工质量，必须严格按照工程设计图纸和施工技术标准施工，不得偷工减料。除此之外，还必须按照建设工程施工技术标准的要求进行施工。

（二）解除权

建设工程承包合同中约定由发包人提供主要建筑材料、建筑构配件和设备的，如果发包人提供的主要建筑材料、建筑构配件和设备不符合强制性标准或者不履行协助义务，致使承包人无法施工，经催告后在合理期限内仍未履行相应义务的，承包人可以解除合同（《民法典》第806条第2款）。

（三）工程价款的支付请求权和法定优先受偿权

发包人有支付工程价款的义务，承包人也就有要求发包人支付工程价款的请求权。为了保护承包人的利益，《民法典》第807条特别规定了承包人的建设工程价款优先受偿权。在建设工程承包合同中，发包人拖欠承包人工程款的现象十分严重。在实践中，许多承包人是带资建设的。在工程完工之后，发包人不及时支付工程款，使得承包人正常的经营受到极大影响，许多承包人资金周转严重困难，甚至被迫破产。发包人拖欠工程款，也使一些承包人的职工不能

---

〔1〕 谢鸿飞、朱广新主编：《民法典评注：合同编 典型合同与准合同》（第3册），中国法制出版社2020年版，第150页。

领到工资和报酬，由此影响社会稳定。为了强化对承包人的保护，维护社会的稳定，法律基于立法政策考量，赋予承包人的工程价款债权以法定优先地位，使工程价款请求权具有优先于一般债权而优先受偿的效力。[1]

建设工程价款优先受偿权具有如下特征：第一，该权利仅适用于建设工程施工合同，不适用于勘察合同和设计合同。第二，该权利的产生无须公示。该权利是直接依据法律规定产生的，不以占有或者登记为要件。第三，该权利的享有者是建设工程的承包人，包括装修工程的承包人（《建设工程施工合同解释一》第37条）。当事人就建设工程订立总承包合同后，再由总承包人订立分包合同的，在总承包合同、分包合同均有效的情形下，如果发包人拖欠工程款，只有总承包人可以主张优先受偿权，分包人对其承建的部分不享有优先受偿权。

建设工程价款优先受偿权的适用，需要满足如下条件：第一，发包人未支付工程价款。这里的工程价款包括承包人为建设工程应当支付的工作人员报酬、材料款等实际支出的费用，不包括承包人因发包人违约所造成的损失，也不包括逾期支付工程价款的利息、违约金、损害赔偿金等（《建设工程施工合同解释一》第40条）。第二，承包人催告后发包人仍未支付工程价款。在发包人与承包人未约定就承建工程进行分项或分栋验收并单独结算及单独支付工程款的情况下，承包人行使优先受偿权的期限应在发包人应当给付工程价款之日起算18个月内（《建设工程施工合同解释一》第41条）。第三，优先受偿权的标的为已经竣工并验收质量合格的建设工程本身，包括土木工程、建筑工程、线路管道和设备安装工程及装修工程。

结合《建设工程施工合同解释一》的规定可知，建设工程价款优先受偿权的法律效力主要包括如下内容：第一，该权利优先于抵押权和其他债权（第36条）。第二，建设工程质量合格或者未竣工的建设工程质量合格，承包人对承建工程的价款债权就整个建设工程或者其承建工程部分享有优先受偿权（第39条）。第三，发包人与承包人约定放弃或者限制建设工程价款优先受偿权，损害建筑工人利益，该约定无效（第42条）。

---

〔1〕 王利明：《合同法分则研究》（上卷），中国人民大学出版社2012年版，第436页。

第二十章 运输合同

提 要

运输合同是承运人将旅客或者货物从起运地点运输到约定地点，旅客、托运人或者收货人支付票款或者运输费用的合同。运输合同包括客运合同、货运合同以及多式联运合同等多种类型。每种运输合同基于其特殊的合同标的，表现出不同的权利义务构造。

重点问题

1. 运输合同的概念和特征。
2. 客运合同的概念和特征。
3. 货运合同的概念和特征。
4. 多式联运合同的概念和特征。

第一节 运输合同概述

一、运输合同的概念和特征

运输合同是承运人将旅客或者货物从起运地点运输到约定地点，旅客、托运人或者收货人支付票款或者运输费用的合同（《民法典》第809条）。这一概念明确了运输合同的主体、内容和类型。

运输合同涉及的主体主要包括旅客、托运人、收货人和承运人。旅客是接受承运人运输服务，乘坐运输工具的人；托运人是将行李物品或者货物交由承运人运输的人；收货人可能为托运人本人或者是托运人指定的收取货物的第三人；承运人是利用运输工具提供运输服务的人。[1]

承运人有广、狭两义。广义的承运人包括缔约承运人和实际承运人，狭义的承运人仅指缔约承运人。缔约承运人，是指与旅客或托运人订立合同，约定

〔1〕 隋彭生：《合同法要义》（第二版），中国政法大学出版社 2003 年版，第 554 页。

将旅客或者货物从起运地点运输到约定地点并收取运输费用的一方当事人。实际承运人为接受缔约承运人的委托从事旅客或者货物运输或部分运输之人。《民法典》规定的承运人应当包括缔约承运人和实际承运人。承运人可以是自然人、法人或者非法人组织，可以是一人或者数人。承运人通常为以运送旅客或者物品为营业而收取运送对价之人，但并不必要以运输为营业。运输者无论是否具备运营资质，均可作为承运人。网约车与乘车人订立的运输合同，不因网约车缺乏运营资质而无效。[1]

一般来说，运输合同是双务、有偿、诺成合同。运输合同以旅客、托运人或者收货人支付票款或者运输费用作为承运人运送行为的对价，因此具有对待给付，为双务合同。原则上旅客、托运人需要支付报酬，故运输合同为有偿合同。但是，运送救济物品和公共运输中运送符合免票乘坐标准的未成年人等运输合同，可以是无偿合同。所谓诺成合同，是指承运人与旅客或托运人意思表示一致，运输合同即成立。不过，客运合同原则上为要物合同。

在实践中，存在一些即便支付费用也不视为存在运输合同的情形，如支付汽油费。汽油费仅是运输成本，而非运输收益。因此，向承运人支付汽油费的，运输合同并不因此成为有偿合同。在另一些情况下，即便一方没有支付费用，也可以视为运输合同。例如，超市提供的免费班车，其运输行为属于商品销售行为的延伸，该运输合同并非严格意义上的无偿行为。因此，承运人的免费运输是否属于《民法典》所称之运输，承运人与搭乘人之间是否成立运输合同关系，关键不在于其“免费”之名，而在于其提供有偿服务之实，即运费是否已经摊入消费额或服务费中，更在于合同当事人之间是否具备订立运输合同的合意。[2]

二、运输合同的一般效力

（一）公共运输承运人的强制缔约义务

运输合同以私法自治为原则，其成立以当事人双方的自愿为前提。但是，如果承运人从事的是公共运输业务，依法就负有强制缔约义务，不得拒绝旅客、托运人通常、合理的运输要求（《民法典》第810条）。何为“通常、合

---

〔1〕 参见赣州市中级人民法院（2018）赣07民终553号民事判决书。

〔2〕 谢鸿飞、朱广新主编：《民法典评注：合同编 典型合同与准合同》（第3册），中国法制出版社2020年版，第193—194页。

理”的运输要求，应当依照社会一般观念、交易习惯和交易具体情形确定。

公共运输，是指承运人在固定航（路）线进行定期（时）或不定期（时）的、为社会公众服务并以营利为目的的旅客和货物运输。为社会公众提供运输服务的公共运输，兼具公益性和垄断性。但运输的公共性与商业性并不互相排斥。公共运输作为面向社会公众提供的公共产品，应当满足公共产品的非排他性和非对抗性的主要特征。因此，在具有垄断性的公共运输领域，有必要通过强制缔约和价格管制等方式保障运输服务的公共性，进而保护社会公众利益，实现承运人和合同相对人的利益平衡。司法实务中，法院主要从公益性和垄断性两方面判定经营者是否从事公共运输。

（二）普通承运人的运输义务

在一般运输合同中，普通承运人承担着按照约定期限或者合理期限、约定的或通常的运输路线，将旅客、货物安全运输到约定地点的义务（《民法典》第811条、第812条）。

运输期限包括约定期限和合理期限。当事人约定的运输期限主要有三种情形：一是仅约定运输开始时间；二是仅约定运输完成时间；三是约定运输开始时间和运输完成时间。若合同未约定运输期限，承运人应当在合理期限内将旅客、货物安全运输到约定地点。合理期限应该是合乎公序良俗原则和交易习惯的要求，符合相关部门、地区和行业的具体规定，体现诚信原则要求的合乎情理的期限。承运人违反按约定期限或合理期限运输的义务，就构成迟延履行。

运输路线包括约定的和通常的运输路线。合同中明确约定运输路线的，承运人应当按照约定路线运输。合同中未约定运输路线的，承运人应当按通常的运输路线进行运输。若存在多条通常的运输路线，承运人应当选择合理的运输路线。但是，运输工作具有专业性，自开始运输至完成运输期间可能发生复杂变化。为按时完成运输工作，承运人存在根据实际情况合理调整路线的可能性。因此，在具有合理性的情形下，承运人不按照合同约定的运输路线或者通常的运输路线运输的，无须承担违约责任。

承运人负有安全运输义务，在运输过程中应当保证旅客或者货物的安全。运输行为是一项带有危险性的活动，特别是航空运输更是高风险的行业，直接关系到人民的生命财产安全。因此，强调运输活动的安全性是运输行业的一项基本原则，也是运输合同立法的基本原则。无论是基于承运人自身原因还是第三人原因，致使承运人违反安全运输义务的，承运人都应承担违约责任。

（三）相对人支付费用的义务

与承运人的运输义务相对的，是旅客、托运人或者收货人应当支付票款或者运输费用的义务。这是旅客、托运人或者收货人的主给付义务，对应着承运人的主要权利。在客运合同中，支付票款或者运输费用的义务人为旅客。在货运合同中，支付运输费用的义务人为托运人或者收货人。如果货运合同约定由收货人支付运输费用，该合同为由第三人履行的合同；收货人拒绝支付运输费用的，承运人不得直接请求收货人承担违约责任，而应请求合同相对人即托运人承担违约责任。

运输合同中约定票款或者运输费用的具体数额的，旅客、托运人或者收货人应当按照合同约定的时间、地点和方式支付票款或者运输费用；未约定或者或约定不明确的，根据《民法典》第510条、第511条第2项确定。对于承运人在运输过程中支出的必要费用，如包装费、保险费、装卸费、处置费等的负担，运输合同没有约定或者约定不明确的，也应根据《民法典》第510条、第511条第2项确定。

收货人并非运输合同的当事人，而是运输合同的第三人。虽然运输合同可以约定由第三人（收货人）履行支付运输费用的义务，但是收货人的该项义务并非源自运输合同，而是基于其他合同或非合同债务。即使收货人不履行该义务，承运人也不得向收货人主张违约责任，仅得向作为合同相对人的托运人主张违约责任。

第二节　客运合同

一、客运合同的概念和特征

客运合同是承运人将旅客从起运地点运输到约定地点，旅客支付票款的合同。合同一方当事人为旅客，另一方当事人为承运人。旅客应当仅限于自然人，不包括法人和非法人组织。

客运合同的成立通常以当事人意思表示一致为基础。一般情形下，旅客发出乘运要约，承运人出具客票作出承诺，客运合同即时成立，客票的出具时间为客运合同的成立时间。旅客先乘车后补票的，合同自旅客乘车时成立。客票在旅客使用前为有价证券，记名客票通常不得转让，无记名客票往往可依交付而转让。使用后的客票可以成为证明承运人和旅客的客运合同关系的证据。除此之外，当事人也可依据意思自治原则自行约定合同成立时间。当事人未约定合同成立时间，但是另有交易习惯的，客运合同的成立时间依交易习惯确定。在电子合同中，客运合同的成立时间通常也并非承运人出具客票的时间。

客运合同具有如下法律特征：第一，客运合同的标的为运输旅客的行为。第二，客运合同原则上为要物合同。客运合同自承运人向旅客出具客票时成立，但是当事人另有约定或者另有交易习惯的除外（《民法典》第814条）。

二、客运合同对旅客的效力

（一）持有效客票乘运的义务

客票为表示承运人有运送其持有人义务的书面证明，也是承运人收到旅客票款的收据。客票虽非客运合同的书面形式，却是证明旅客运输合同的唯一凭证，也是旅客乘运的唯一凭证。因此，无论具体的运输形式，旅客都应当按照有效客票记载的时间、班次和座位号乘坐。乘客未履行该项义务，无票乘坐、超程乘坐、越级乘坐或者持不符合减价条件的优惠客票乘坐的，应当补交票款，承运人可以按照规定加收票款；旅客不支付票款的，承运人可以拒绝运输（《民法典》第815条第1款）。

（二）限量携带行李的义务

旅客运输中旅客应当遵守旅客运输规章关于随身携带行李数量、重量和品类的规定，按照约定的限量和品类要求携带行李；超过限量或者违反品类要求携带行李的，应当办理托运手续（《民法典》第817条）。旅客超过限量或者违反品类要求携带行李且未办理托运的，承运人可以要求旅客承担相应的法律后果，如增加运费、拒绝运输等。

（三）严禁携带违禁品和危险品的义务

旅客携带的行李物品可以分为允许随身携带或托运、限制随身携带或托运、禁止随身携带或托运三类。对于属于国家法律法规规定的危险品、违禁品和管制物品，通常禁止旅客随身携带或托运。禁止随身携带危险物品或者违禁物品的理由主要为保障运输安全和维护国家、社会公共利益。违反该义务的，承运人可以将危险物品或者违禁物品卸下、销毁或者送交有关部门；旅客坚持携带或者夹带危险物品或违禁物品的，承运人应当拒绝运输（《民法典》第818条）。

三、客运合同对承运人的效力

（一）及时告知义务

承运人的及时告知义务是指在运输过程中，承运人应当及时向旅客提供有关信息、说明有关情况。《民法典》第819条规定的承运人的及时告知义务，是指在一般情形下，承运人应当及时告知旅客安全运输应当注意的事项。具体安全事项的内容，由具体的运输方式决定。承运人未及时告知旅客安全运输应当注意的事项，造成旅客的人身损害或者财产损失的，承运人应当承担赔偿责任。如果承运人已经明确告知注意事项，但是旅客拒绝遵守乘坐规则，由此造成自身或他人人身或者财产损失的，旅客应当承担责任。与承运人告知义务相对应的，是旅客对承运人为安全运输所作的合理安排的积极协助和配合义务。

（二）正常运输的义务

所谓正常运输的义务，是指承运人应当按照有效客票记载的时间、班次和座位号全面、适当地履行运输旅客的义务。根据《民法典》第820条的规定，在迟延运输或者有其他不能正常运输的情形下，承运人的义务有二：一是告知和提醒旅客不能正常运输的特殊情形和重要事由，并采取必要的安置措施的义务；二是根据旅客的要求协助、安排旅客改乘其他班次或者退票的义务。如果承运人因为迟延运输或者有其他不能正常运输情形造成旅客损失的，承运人应当承担赔偿责任，但是不可归责于承运人的除外。

（三）不得擅自降低服务标准的义务

不得擅自降低服务标准，是承运人应全面履行合同约定义务的要求。在旅客运输中，承运人应当按照客运合同约定的运输工具和运输标准提供运输服务。客运合同本质上是承运人向旅客提供运输服务的合同，承运人负有按照合同的约定提供运送设备和相应服务的义务，应当保证车、船、飞机等运输工具达到合同约定相当的舒适程度，并依照合同约定标准提供服务。

承运人擅自降低服务标准的，应当根据旅客的请求退票或者减收票款；提高服务标准的，不得加收票款（《民法典》第821条）。旅客要求退票的，承运人应当退还旅客的全部票款；要求减收票款的，承运人应当根据实际情况确定减收票款的数额。退票意味着客运合同的解除，此时并不排斥承运人的违约责任。

（四）对旅客的救助义务

承运人在运输合同履行过程中负有尽力救助患有急病、分娩、遇险的旅客的义务（《民法典》第822条）。这是承运人所负有的从给付义务，也是以人为本和人文关怀的体现。当然，承运人的救助义务并不是无限制的。一方面，在救助对象上，承运人尽力救助的对象主要为在运输过程中发生紧急状况的旅客，即患有急病、分娩、遇险的旅客。另一方面，在救助程度上，由于承运人并非专业救助机构，其救助能力有限，故救助义务之履行应当仅限于其能力范围之内。

承运人的救助义务并非客运合同的主要义务，且承运人并非专业救治机构，故承运人在救助过程中的注意义务不应高于专业救治机构。承运人为履行救助义务而支出的合理费用，可以要求被救助的旅客承担；对于因承运人履行救助义务造成他人损害的情形，承运人应当承担赔偿责任。承运人履行救助义务时尽到相应的注意义务，仍造成被救助旅客损害的，承运人不应承担赔偿责任。

（五）对旅客人身和财产的保护义务

从安全运输义务出发，承运人对旅客的人身和财产安全负有相应的保护义务。如果在运输过程中造成了旅客的人身损害，承运人应当承担赔偿责任。仅于两种法定情形下，承运人的赔偿责任可以减免：一是旅客自身健康原因造成其人身伤亡；二是旅客故意、重大过失造成其人身伤亡（《民法典》第823条第1款）。可见，对于人身损害，承运人承担的是严格责任。对于旅客随身携带的物品的毁损、灭失，承运人只承担过错责任。旅客托运的行李毁损、灭失的，适用货物运输的有关规定（《民法典》第824条）。

第三节　货运合同

一、货运合同的概念和特征

所谓货运合同，即货物运输合同，是承运人将货物从起运地点运输到约定地点，托运人或者收货人支付运输费用的合同。

货运合同除具有运输合同的一般特征外，还具有如下重要特征。

（一）货运合同通常涉及第三人

货运合同由托运人与承运人订立，托运人与承运人为合同的当事人。托运人既可以为自己的利益托运货物，也可以为第三人的利益托运货物。托运人既可自己为收货人，也可以指定第三人为收货人。在第三人为收货人的情况下，收货人虽不是合同当事人，却是合同的利害关系人，此时的货运合同属于为第三人利益的合同。

（二）货运合同以承运人将货物交付收货人为履行完毕

货运合同与客运合同一样，均是以承运人的运输行为为标的。客运合同中承运人将旅客运输到目的地其义务即履行完毕。货运合同中，承运人将货物运输到目的地，其义务并不能完结；只有将货物交付收货人后，其义务才告履行完毕。

（三）货运合同为诺成合同

货运合同一般以托运人提出运输货物的请求为要约，承运人同意运输为承诺，承诺生效时合同即告成立。因此，货运合同为诺成合同。

二、货运合同对托运人的效力

（一）如实申报义务

托运人在将货物交付运输时，有对法律规定或当事人约定的事项进行如实申报的义务。因托运人申报不实或者遗漏重要情况，造成承运人损失的，托运人应当承担赔偿责任（《民法典》第825条）。

（二）提交审批、检验等文件的义务

在货物运输中，根据运输货物的种类、性质及国家的计划安排等，有的货物运输需要得到有关部门的批准，有的货物运输需要先经过有关机关的检验方可进行运输。对需要办理审批、检验等手续的货物运输，托运人应当将办理完有关手续的文件提交承运人（《民法典》第826条）。

（三）包装义务

货运合同中对包装方式有约定的，托运人有按照约定方式包装货物的义务。合同中对包装方式没有约定或者约定不明确，依据《民法典》第510条的规定仍不能确定的，应当按照通用的方式包装；没有通用方式的，应当采取足以保护标的物且有利于节约资源、保护生态环境的包装方式（第827条第1款、第619条）。所谓按照通用的方式包装，主要是指按照某种运输工具运输某种货物的惯常方式包装。所谓足以保护货物的包装方式，主要是指足以保证货物在运输过程中不致发生损坏、散失、渗漏等情形的包装方式。托运人违反约定的包装方式的，或者不按通用的包装方式或足以保护运输货物的包装方式而交付运输的，承运人有权拒绝运输（第827条第2款）。

（四）托运危险物品时的义务

托运人托运易燃、易爆、有毒、有腐蚀性、有放射性等危险物品的，应当按照国家有关危险物品运输的规定对危险物品妥善包装，作出危险物品标志和标签，并将有关危险物品的名称、性质和防范措施的书面材料提交承运人。托运人违反前述义务的，承运人可以拒绝运输，也可以采取相应措施以避免损失的发生，因此产生的费用由托运人承担（《民法典》第828条）。

（五）支付运费、保管费以及其他运输费用的义务

在承运人全部、正确履行运输义务的情况下，托运人或者收货人有按照规定支付运费、保管费以及其他运输费用的义务。这是托运人应负担的主给付义务。根据《民法典》的规定，托运人或者收货人不支付运费、保管费或者其他运输费用的，承运人对相应的运输货物享有留置权，但是当事人另有约定的除外（第836条）。货物在运输过程中因不可抗力灭失，未收取运费的，承运人不得要求支付运费；已经收取运费的，托运人可以请求返还。法律另有规定的，依照其规定（第835条）。

三、货运合同对承运人的效力

（一）安全运输义务

承运人应依照合同约定，将托运人交付的货物安全运输至约定地点。根据《民法典》的规定，承运人对运输过程中货物的毁损、灭失承担赔偿责任。但是，承运人证明货物的毁损、灭失是因不可抗力、货物本身的自然性质或者合理损耗以及托运人、收货人的过错造成的，不承担赔偿责任（第832条）。货物的毁损、灭失的赔偿额，当事人有约定的，按照约定；没有约定或者约定不明确，依据第510条的规定仍不能确定的，按照交付或者应当交付时货物到达地的市场价格计算。法律、行政法规对赔偿额的计算方法和赔偿限额另有规定的，依照其规定（第833条）。

（二）通知义务

货物运输到达后，承运人知道收货人的，应当及时通知收货人，收货人应当及时提货（《民法典》第830条）。如果因为托运人或收货人的原因，如托运人在运单上填写的收货人名称、地址不准确，或者收货人更换了填写地址或联系方式而未告知承运人的，承运人免除通知义务。

四、货运合同对收货人的效力

（一）及时提货的义务

收货人虽然没有直接参与货运合同的签订，但受承运人与托运人签订的货运合同约束，收货人应当及时提货。收货人逾期提货的，应当向承运人支付保管费等费用（《民法典》第830条）。收货人不及时提货的，承运人有提存货物的权利。

（二）支付托运人未付或者少付的运费以及其他费用的义务

一般情况下，运费由托运人在发站向承运人支付，但如果合同约定由收货人在到站支付或者托运人未支付的，收货人应当支付运费。在运输中发生的其他费用，应由收货人支付的，收货人也必须支付。

（三）在一定期限内检验货物的义务

货物运交收货人后，收货人负有对货物及时进行验收的义务。收货人提货时应当按照约定的期限检验货物。对检验货物的期限没有约定或者约定不明确，依据《民法典》第510条的规定仍不能确定的，应当在合理期限内检验货物。收货人在约定的期限或者合理期限内对货物的数量、毁损等未提出异议的，视为承运人已经按照运输单证的记载交付的初步证据（第831条）。

第四节　多式联运合同

一、多式联运合同的概念和特征

（一）多式联运合同的概念

多式联运合同是一种特殊的运输合同，是指多式联运经营人以两种以上的不同运输方式，负责将货物从接收地运至目的地交付收货人，并收取全程运费的合同。

多式联运经营人，是指本人或者委托他人以本人名义与托运人订立多式联运合同的人。多式联运经营人既不是托运人的代理人或者代表人，也不是参加多式联运的各承运人的代理人或者代表人，而是负责履行多式联运合同或组织运输之人。多式联运经营人对全程运输承担承运人的义务，在多式联运全过程中处于核心地位，其责任期间自接收货物时起至交付货物时止。

对于托运人而言，多式联运合同具有以下优点：第一，托运人只需要与多式联运经营人签订一份合同，而不需要与各区段承运人分别签订合同。第二，托运人只需要向多式联运经营人一次性支付全程运费，而不需要承担各运输区段衔接期间产生的仓储等费用。第三，多式联运过程中可能出现多份运输单证，但托运人有权要求多式联运经营人签发一份运输单证，更加符合信用证项下的单证要求。第四，由于确定损失发生的具体运输区段非常专业复杂，一旦出现货物灭失、损坏或迟延交付，托运人只须向多式联运经营人提出索赔，而不需要向区段承运人进行索赔。

（二）多式联运合同的特征

1. 承运人一方为两人以上

多式联运合同的承运人必须为两人以上，若仅为一人不构成联运。承运人虽为两人以上，但多式联运合同只是一个合同，而不是数个运输合同的组合。

2. 承运人一方以相互衔接的不同运输方式运输

多式联运合同的承运人一方须以不同的运输工具运输，例如铁路与公路联运、铁路与水路联运、公路与水路联运、铁路与航空联运，以及三种或三种以上运输方式的联运。如果拥有同一运输工具的数个承运人运输同一货物或旅客，则属于单式联运，不属于多式联运。

3. 一次交费并使用同一运输凭证

在多式联运合同中，货物由一承运人转交另一承运人运输或者旅客由一种运输工具换乘另一种运输工具时，无须另行交费和办理托运手续或购票。

二、多式联运合同中的责任分配

多式联运经营人为履行运输合同规定的义务，通常需要组织和安排全程运输，与承担各区段运输任务的承运人分别签订区段运输合同，约定相互之间的权利义务和责任。因此，多式联运这种运输模式衍生出多个相互独立的运输合同，主要包括多式联运合同和区段运输合同。在这种运输模式下，多式联运经营人与区段承运人的责任分配情况如下。

第一，多式联运经营人对全程运输享有承运人的权利、承担承运人的义务（《民法典》第838条）。多式联运经营人有时参加运输，有时仅为组织运输，但又对全程运输负责。所谓参加运输，是指多式联运经营人自己作为承运人，参与对货物的实际运输。所谓组织运输，是指多式联运经营人自己不参加货物的实际运输，而是组织安排其他承运人实际从事货物运输，完成货物的运输任务。多式联运经营人无论是否实际参加运输，都是多式联运合同的一方当事人，对合同的履行享有全部权利，承担全部义务。

第二，多式联运经营人有权向区段承运人追偿。多式联运经营人与区段承运人之间的区段运输合同虽然是其履行多式联运合同的组成部分，与多式联运合同有着密切关系，但两者在性质和合同主体上是不同的，相互独立。多式联运经营人与各区段承运人之间的合同，旨在调整多式联运经营人与各区段承运人之间的权利义务关系。由于多式联运经营人对全程运输负责，在向托运人或收货人承担赔偿责任之后，如果能够确定货物损失发生的运输区段时，多式联运经营人有权根据区段运输合同向区段承运人进行追偿。

三、多式联运单据

多式联运单据是证明多式联运合同和多式联运经营人接收货物，以及保证按照该合同条款交付货物的单据。该单据包括多式联运经营人与托运人确认的取代纸张单据的电子数据交换信息。

多式联运经营人收到托运人交付的货物时，应当签发多式联运单据（《民法典》第840条）。多式联运经营人知道或者有合理根据怀疑多式联运单据所列的货物品类、标志、包数或者数量、重量等没有准确地表明实际接管货物的状况，或者无适当方法进行核对的，应在多式联运单据上作出保留，注明不符合之处及怀疑根据或无适当核对方法。多式联运单据一经签发，如果多式联运经营人未对货物的表面状况加以批注，则如同清洁的海运提单一样，视为货物的表面状况良好。

多式联运单据包括可转让单据和不可转让单据。签发何种类型的多式联运单据，由托运人根据贸易合同的需要进行选择，多式联运经营人应当按照托运人的要求相应签发。多式联运单据的类型决定着单据转让及货物交付所适用的规则。因托运人托运货物时的过错造成多式联运经营人损失的，即使托运人已经转让多式联运单据，托运人仍然应当承担赔偿责任（《民法典》第841条）。

多式联运单据具有多种功能：首先，它是运输合同的证明。多式联运单据最基本的功能是反映运输合同，即作为确定当事人存在多式联运合同关系的证明。其次，它是货物收据。在托运人提交货物之后，多式联运经营人签发多式联运单据，可以证明其收到货物。再次，它是交付货物的依据。多式联运经营人需要根据多式联运单据的类型来确定货物的交付方式，以完成其在运输合同项下的最后义务。最后，它是否具有物权凭证的功能，理论与实务界存在争议。目前普遍认为海运单具有物权凭证的功能，持有海运单代表占有货物。赋予海运单这种功能，主要源于贸易实践的需求。

四、多式联运经营人的赔偿责任的法律适用

根据《民法典》的规定，多式联运经营人对全程运输承担承运人的义务（第838条）。多式联运经营人可以与参加多式联运的各区段承运人就多式联运合同的各区段运输约定相互之间的责任；但是，该约定不影响多式联运经营人对全程运输承担的义务（第839条）。因此，货物的毁损、灭失无论发生在哪一运输区段，多式联运经营人都要承担赔偿责任。第842条规定："货物的毁损、灭失发生于多式联运的某一运输区段的，多式联运经营人的赔偿责任和责任限额，适用调整该区段运输方式的有关法律规定；货物毁损、灭失发生的运输区段不能确定的，依照本章规定承担赔偿责任。"据此规定，多式联运经营人的赔偿责任和责任限额采用区段责任制，也称分段责任制或网状责任制。例如，货物毁损、灭失发生在铁路区段，则多式联运经营人依照《铁路法》的规定进行赔偿。《铁路法》第17条第1款第2项规定："未按保价运输承运的，按照实际损失赔偿，但最高不超过国务院铁路主管部门规定的赔偿限额；如果损失是由于铁路运输企业的故意或者重大过失造成的，不适用赔偿限额的规定，按照实际损失赔偿。"所谓"货物毁损、灭失发生的运输区段不能确定的，依照本章规定承担赔偿责任"，是指按照《民法典》第832条的规定承担赔偿责任。

第二十一章 技术合同

提 要

技术合同是当事人就技术开发、转让、许可、咨询或者服务订立的确立相互之间权利和义务的合同，包括技术开发合同、技术转让合同、技术许可合同、技术咨询合同和技术服务合同。技术合同以特定创新技术和秘密为客体，相比其他典型合同来说有自己显著的特征，在具体权利义务建构上特别注重对于创新的鼓励以及风险的分担。

重点问题

1. 技术合同的概念和特征。
2. 技术开发合同的概念和特征。
3. 技术转让合同和技术许可合同的区别。
4. 技术咨询合同和技术服务合同的区别。

第一节 技术合同概述

一、技术合同的概念和特征

（一）技术合同的概念

所谓技术合同，是指当事人就技术开发、转让、许可、咨询或者服务订立的确立相互之间权利和义务的合同（《民法典》第843条），包括技术开发合同、技术转让合同、技术许可合同、技术咨询合同和技术服务合同。这五种具体的技术合同都属于科学技术实践，共存于科学技术由知识转化为商品，由潜在生产能力形成现实生产力的创新发展链上，构成技术成果商品化的有机整体。但它们又分别存在于科学研究、技术开发和创新发展的不同阶段，是技术创新和成果转化的不同环节，既有共性，又有个性。在不同类型的技术合同中，科学技术知识和信息以不同内容和形式进入流通领域，因而产生了不同的权利义务关系，需要分别予以规范和调整。

（二）技术合同的特征

作为一个整体的技术合同，本质上属于民事合同，但又是区别于其他民事合同的一种特殊合同。技术合同的特殊性主要表现在以下三个方面。

1. 主体的特殊性

与一般合同主体不同，技术合同主体的一方必定是掌握一定的技术且能够为他人提供技术或者技术服务的自然人、法人或非法人组织。

2. 标的的特殊性

关于技术合同的标的争论颇多，主要有技术成果说、科学技术说、技术说、提供技术成果的行为说、知识形态的商品说等。虽然学说观点各有不同，但至少有一点是共同的，即都是围绕技术来界定技术合同的标的的。正是这种技术的特征决定了技术合同与其他一般合同的显著不同。

3. 合同履行的特殊性

除须按诚信原则全面履行外，技术合同还有自己的履行规则：（1）技术合同的履行往往涉及与技术有关的其他权利归属问题。（2）由于存在技术成果的不确定性和技术开发的风险性，在技术合同履行过程中不宜强调“实际履行”。（3）一些技术合同的订立是基于当事人相互间的信赖，因而具有一定的人身性，其履行很难由第三人替代。（4）对技术成果的价格计算没有统一、现成的标准。（5）一般合同履行中的通知、协助、保密等附随义务在技术合同中往往成为合同的主要义务。

二、技术合同的订立

《民法典》第844条规定：“订立技术合同，应当有利于知识产权的保护和科学技术的进步，促进科学技术成果的研发、转化、应用和推广。”这一原则是针对技术合同特点，为推动科技发展、保障技术合同当事人的合法权益而制定的，是当事人订立、履行技术合同应遵循的特殊原则。实行技术合同的根本目的是将技术成果推向市场，以市场为导向推进技术创新，促进科技成果从潜在生产力向现实生产力转化。同时，要使技术合同充分发挥作用，创造更大的经济效益和社会效益。因此，当事人在订立技术合同时，应当从推动科学技术进步、促进科技与经济发展、保护知识产权出发，合理确定各方的权利义务，努力研究开发新技术、新产品、新工艺、新材料及其系统，促进先进、适用的科技成果在生产实践中获得应用，使科学技术更好地为社会主义现代化建设服务。

三、技术合同的内容

技术合同的内容一般包括项目的名称，标的的内容、范围和要求，履行的计划、地点和方式，技术信息和资料的保密，技术成果的归属和收益的分配办法，验收标准和方法，名词和术语的解释等条款（《民法典》第845条第1款）。体现技术合同特殊性的条款主要有以下几类。

（一）保密条款

保守技术秘密是技术合同中的一个重要问题。在订立合同之前，当事人应当就保密问题达成订约前的保密协议。在合同的具体内容中更要对保密事项、保密范围、保密期限及保密责任等问题作出约定，防止因泄密而造成的侵犯技术权益与技术贬值的情况的发生。

（二）成果归属条款

所谓成果归属条款，是指合同履行过程中产生的发明、发现或其他技术成果，应定明归谁所有，如何使用和分享。当事人可以按照互利的原则，在技术转让合同和技术许可合同中约定实施专利、使用技术秘密后续改进的技术成果的分享办法；没有约定或者约定不明确，依据《民法典》第510条的规定仍不能确定的，一方后续改进的技术成果，其他各方无权分享（第875条）。

（三）特殊的价金或报酬支付方式条款

在技术合同中，如采取收入提成方式支付价金的，合同应对按产值还是利润为基数、提成的比例等作出约定。

（四）专门名词和术语的解释条款

由于技术合同专业性较强，当事人应对合同中出现的关键性名词，或双方当事人认为有必要明确其范围、意义的术语，以及因在合同文本中重复出现而被简化了的略语作出解释，避免事后纠纷。

四、技术成果的归属

技术成果，是指利用科学技术知识、信息和经验作出的涉及产品、工艺、材料及其改进等的技术方案，包括专利、专利申请、技术秘密、计算机软件、集成电路布图设计、植物新品种等（《最高人民法院关于审理技术合同纠纷案件适用法律若干问题的解释》，以下简称《技术合同解释》，第1条第1款）。依据技术成果完成人的研究开发活动与其岗位职责以及与其所在单位物质技术投入的关系，技术成果可分为职务技术成果和非职务技术成果，二者的权利归属有着显著不同。

所谓职务技术成果，是指执行法人或者非法人组织的工作任务，或者主要是利用法人或者非法人组织的物质技术条件所完成的技术成果（《民法典》第847条第2款）。识别职务技术成果时，要注意当事人之间须存在双重法律关系，即劳动法律关系和职务发明创造关系。劳动法律关系是职务发明创造法律关系的基础和前提，如果当事人之间不存在劳动法律关系，而属于委托开发等其他法律关系时，就不能认定为职务技术成果。所谓非职务技术成果，是指未执行法人或者非法人组织的工作任务，也未利用法人或者非法人组织的物质技术条件所完成的技术成果。

对职务技术成果与非职务技术成果的界定，首先要尊重当事人的约定。根据《技术合同解释》的相关规定，法人或者非法人组织与其职工就职工在职期间或者离职以后所完成的技术成果的权益有约定的，人民法院应当依约定确认（第2条第2款）。在当事人没有约定或者约定不明的情况下，确认职务技术成果的标准有以下两个，符合其中之一即可。一是职务标准，即是否执行法人或者非法人组织的工作任务。具体包括两种：其一，履行法人或者非法人组织的岗位职责或者承担其交付的其他技术开发任务；其二，离职后一段时间内，继续从事与其原所在法人或者非法人组织的岗位职责或者交付的任务有关的技术开发工作（第2条第1款）。二是资源标准，即是否主要是利用法人或者其他组织的物质技术条件。此处的“物质技术条件”，包括资金、设备、器材、原材料、未公开的技术信息和资料等（第3条）。“主要利用”主要指以下两种情形：其一，职工在发明创造的研究开发过程中，全部或者大部分利用了单位的资金、设备、器材或者原材料等物质条件，并且这些物质条件对形成该发明创造具有实质性的影响；其二，职工作出的发明创造的实质性内容是在单位尚未公开的技术成果、阶段性技术成果基础上完成的（第4条）。

虽然职务技术成果的财产权依法属于法人或者非法人组织，但职务技术成果凝聚了技术成果完成人的创造性劳动，应当在职务技术成果转让时考虑其合法权益；且完成人参与了技术成果产生的全过程，熟悉技术成果的后续开发利用，更有利于促进成果转化。所以，当法人或者非法人组织订立技术合同转让职务技术成果时，职务技术成果的完成人享有以同等条件优先受让的权利（《民法典》第847条第1款）。此项优先受让权属于形成权。

对于非职务技术成果，其经济性权属即其使用权、转让权属于完成技术成果的个人。完成技术成果的个人有权以该项成果为标的订立技术合同，从而获得相应的经济收益。法人或者非法人组织擅自以生产经营目的使用或者转让属于个人的非职务技术成果，是侵犯个人合法权益的行为。

无论是职务技术成果还是非职务技术成果，完成技术成果的个人都享有在有关技术成果文件上写明自己是技术成果完成者的权利和取得荣誉证书、奖励的权利（《民法典》第849条）。

五、技术合同无效的特别事由

非法垄断技术或者侵害他人技术成果的技术合同无效（《民法典》第850条）。下列情形属于“非法垄断技术”：（1）限制当事人一方在合同标的技术基础上进行新的研究开发或者限制其使用所改进的技术，或者双方交换改进技术的条件不对等，包括要求一方将其自行改进的技术无偿提供给对方、非互惠性转让给对方、无偿独占或者共享该改进技术的知识产权；（2）限制当事人一方从其他来源获得与技术提供方类似技术或者与其竞争的技术；（3）阻碍当事人一方根据市场需求，按照合理方式充分实施合同标的技术，包括明显不合理地限制技术接受方实施合同标的技术生产产品，或者提供服务的数量、品种、价格、销售渠道和出口市场；（4）要求技术接受方接受并非实施技术必不可少的附带条件，包括购买非必需的技术、原材料、产品、设备、服务以及接收非必需的人员等；（5）不合理地限制技术接受方购买原材料、零部件、产品或者设备等的渠道或者来源；（6）禁止技术接受方对合同标的技术知识产权的有效性提出异议或者对提出异议附加条件（《技术合同解释》第10条）。

第二节　技术开发合同

一、技术开发合同的概念和特征

（一）技术开发合同的概念

所谓技术开发合同，是指当事人之间就新技术、新产品、新工艺、新品种或者新材料及其系统的研究开发所订立的合同，包括委托开发合同和合作开发合同（《民法典》第851条第1款、第2款）。其客体是尚不存在的有待开发的技术成果，其风险由当事人共同承担。

根据2001年实施的《技术合同认定规则》的规定，技术开发合同的认定条件是：（1）有明确、具体的科学研究和技术开发目标；（2）合同标的为当事人在订立合同时尚未掌握的技术方案；（3）研究开发工作及其预期成果有相应的技术创新内容（第21条）。下列合同不属于技术开发合同：（1）合同标的为当事人已经掌握的技术方案，包括已完成产业化开发的产品、工艺、材料及其系统；（2）合同标的为通过简单改变尺寸、参数、排列，或者通过类似技术手段的变换实现的产品改型、工艺变更以及材料配方调整；（3）合同标的为一般检验、测试、鉴定、仿制和应用（第24条）。

（二）技术开发合同的特征

与其他技术合同相比，技术开发合同具有如下特征。

1. 技术开发合同的标的为研究开发具有创新性的技术成果

此种新技术成果是当事人在订立合同时尚未掌握的、不存在的，须经研究开发人的创造性活动方能取得。此为技术开发合同与其他技术合同的重要区别。

2. 技术开发合同为双务、有偿、诺成、要式合同

技术开发合同当事人双方均负有一定的义务，每一方从他方取得利益，均须支付相应对价，故为双务、有偿合同。技术开发合同自双方当事人意思表示一致时起即成立，故为诺成合同。技术开发合同应当采用书面形式（《民法典》第851条第3款），故为要式合同。

3. 技术开发合同存在风险

技术开发合同中的风险，是指在履行技术开发合同过程中，遇有目前尚无法克服的技术难关，致使开发工作全部或者部分失败。技术开发合同的标的为创新性技术成果，其取得过程为创造性科研行为，具有相当难度，蕴含失败的风险。

二、技术开发合同的效力

（一）委托开发合同的效力

1. 对委托人的效力

根据《民法典》第852条的规定，委托开发合同的委托人主要负有下列义务。

（1）提出研究开发要求

委托开发合同是由当事人一方提出研究开发课题，另一方接受委托，按照委托人的特定要求进行研究开发的合同。委托人必须清晰地提出对于研究开发的方向、研究方案的设计与执行、成果的完成与调试等开发工作有哪些方面的

具体要求。

（2）按照约定支付研究开发费用和报酬

研究开发经费是完成研究开发工作所必需的成本。除合同另有约定外，委托人应当提供全部研究开发工作所需要的经费，包括购买研究必需的设备仪器、研究资料、试验材料、能源、试制、安装以及情报资料等项费用。

（3）按照合同约定提供技术资料并完成协作事项

委托人应按照合同的约定，向研究开发人提供研究开发所需要的技术资料，并做好必要的协助工作。委托人为研究开发人提供有关资料，完成协作工作，只是为开发工作提供的辅助性劳动，不能因此认为委托人参加了开发研究，将委托开发合同变为合作开发合同。

（4）接受研究开发成果

委托开发合同履行完毕后，委托人享有接受该项研究开发成果的权利，这也是委托人的义务。委托人应当按期接受研究开发成果。由于委托人无故拒绝或迟延接受成果，造成该研究开发成果被合同外第三人以合法形式善意获取、丧失其应有的新颖性或者遭到意外毁损、灭失时，委托人应承担责任。

2. 对受托人的效力

根据《民法典》第853条的规定，委托开发合同的研究开发人（即受托人）主要负有下列义务。

（1）按照约定制定和实施研究开发计划

研究开发计划是指导研究开发人实现委托开发合同确定的预期目标的指导性文件，是完成研究开发任务的具体步骤和方法。计划的制定是研究开发工作的基础。研究开发人应在合同签订后及时制定研究开发计划，并按计划实施。

（2）合理使用研究开发经费

研究开发经费是专为研究开发工作使用的。研究开发人应当按照合同的约定，本着专款专用的原则，根据开发项目的实际需要，合理有效地使用委托人支付的研究开发经费，不得擅自挪作他用。

（3）按期完成研究开发工作，交付研究开发成果

研究开发人应当按照合同约定的条件按期完成研究开发工作，及时组织验收并将工作成果交付委托人。

（4）提供有关的技术资料和必要的技术指导，帮助委托人掌握研究开发成果

研究开发人按照合同约定，完成研究开发工作并交付工作成果时，还应当

向委托人提供有关的技术资料，并给予必要的技术指导，帮助委托人掌握该技术成果，使之尽快在生产实践中应用。

（二）合作开发合同的效力

根据《民法典》第855条的规定，合作开发合同中的各方当事人主要负有以下义务。

（1）按照合同约定进行投资

共同投资是合作开发的基本要求之一，合作开发合同的当事人可以采取不同方式对研究开发课题作出投资。投资通常是指为达到一定目的而投入资金。当事人进行投资，除了以资金投入外，还包括以设备、材料、场地、实验条件等物质条件投资，以及以发明创造专利、计算机软件版权、植物新品种权、非专利技术成果和技术情报资料等技术的方式对研究开发项目所作的投入。

（2）按照合同约定的分工参与研究开发工作

对合作开发合同而言，共同参与研究开发工作，是合作开发的当事人的基本义务，也是合作开发合同区别于委托开发合同的根本特征。参与研究开发工作是指按照约定的计划和分工进行，或者分别承担设计、工艺、试验、试制等研究开发工作。

（3）协作配合研究开发工作

协作义务通常属于合同附随义务，但考虑到合作开发合同本身就是技术协作的法律形式，合作开发是以双方的共同投资和共同劳动为基础的，各方在合作研究中的配合是取得研究开发成果的关键，因此《民法典》第855条将协作配合研究开发工作定位为合作开发合同的当事人的主要义务。

三、技术成果的归属

《民法典》第859—861条详细规定了技术开发合同中技术成果的归属。

第一，委托开发完成的发明创造，除法律另有规定或者当事人另有约定外，申请专利的权利属于研究开发人。研究开发人取得专利权的，委托人可以依法实施该专利。研究开发人转让专利申请权的，委托人享有以同等条件优先受让的权利（第859条）。

第二，合作开发完成的发明创造，申请专利的权利属于合作开发的当事人共有；当事人一方转让其共有的专利申请权的，其他各方享有以同等条件优先受让的权利。但是，当事人另有约定的除外。合作开发的当事人一方声明放弃其共有的专利申请权的，除当事人另有约定外，可以由另一方单独申请或者由其他各方共同申请。申请人取得专利权的，放弃专利申请权的一方可以免费实施该专利。合作开发的当事人一方不同意申请专利的，另一方或者其他各方不得申请专利（第860条）。

第三，委托开发或者合作开发完成的技术秘密成果的使用权、转让权以及收益的分配办法，由当事人约定；没有约定或者约定不明确，依据《民法典》第510条的规定仍不能确定的，在没有相同技术方案被授予专利权前，当事人均有使用和转让的权利。但是，委托开发的研究开发人不得在向委托人交付研究开发成果之前，将研究开发成果转让给第三人（第861条）。

第三节　技术转让合同和技术许可合同

一、技术转让合同和技术许可合同的概念和特征

（一）技术转让合同和技术许可合同的概念

技术转让合同是合法拥有技术的权利人，将现有特定的专利、专利申请、技术秘密的相关权利让与他人所订立的合同。技术许可合同是合法拥有技术的权利人，将现有特定的专利、技术秘密的相关权利许可他人实施、使用所订立的合同（《民法典》第862条）。

根据《技术合同认定规则》的规定，技术转让合同的认定条件是：（1）合同标的为当事人订立合同时已经掌握的技术成果，包括发明创造专利、技术秘密及其他知识产权成果；（2）合同标的具有完整性和实用性，相关技术内容应构成一项产品、工艺、材料、品种及其改进的技术方案；（3）当事人对合同标的有明确的知识产权权属约定（第26条）。技术合同的标的为技术秘密的，该项技术秘密应具备以下条件：（1）不为公众所知悉；（2）能为权利人带来经济效益；（3）具有实用性；（4）权利人采取了保密措施。技术秘密的全部或实质性部分已经公开，即可以直接从公共信息渠道中直接得到的，不应认定为技术转让合同（第30条）。

（二）技术转让合同和技术许可合同的特征

相比其他技术合同，技术转让合同和技术许可合同具有如下特征。

1.合同标的的特定性

根据《技术合同认定规则》第26条第1项的规定，技术转让合同的标的是当

事人订立合同时已经掌握的技术成果，包括发明创造专利、技术秘密及其知识产权成果。技术合同的标的是非常广泛的，但技术转让合同的标的必须是已经存在的技术成果，不包括尚待研究开发的技术成果。如果当事人以尚待研究开发的技术成果为标的，则应订立技术开发合同，而非技术转让合同。

2. 合同标的的完整性和实用性

根据《技术合同认定规则》第26条第2项的规定，技术转让合同的标的必须具有完整性和实用性，相关技术内容构成一项产品、工艺、材料、品种及其改进的技术方案。在技术咨询合同和技术服务合同中，一方当事人也会就咨询服务项目向另一方当事人提供技术信息和技术资料，但这与有着特定的完整技术内容的技术方案存在本质区别。

3. 合同标的的实质是权利

技术转让合同的履行在形式上虽表现为以图纸、资料、磁盘、磁带为物质载体的技术文件或技术方案在当事人之间转移，但本质上是专利权、专利申请权、技术秘密的权属本身或者专利和技术秘密的使用权在当事人之间转移，合同标的的实质是权利。

4. 转让、许可规则的法定性

由于技术转让合同和技术许可合同涉及专利、技术秘密等问题，所以除了适用《民法典》的规定外，还要受《专利法》等知识产权法律的制约。

二、技术转让合同和技术许可合同的效力

（一）专利权转让合同的效力

让与人的主要义务是：（1）按合同约定的时间将专利权移交给受让人。当然，专利权中的人身权并不因专利权的转让而转让。（2）保证自己是转让专利权的合法拥有者，并保证专利权的真实、有效。（3）按合同约定交付与转让的专利权有关的技术资料，并向受让人提供必要的技术指导。（4）保密义务。

受让人的主要义务是：（1）向让与人支付合同约定的价款。（2）按合同的约定承担保密义务。

（二）专利申请权转让合同的效力

让与人的主要义务是：（1）将合同约定的专利申请权移交受让人，并提供申请专利和实施发明创造所需要的技术情报和资料。（2）保证作为申请权标的的发明创造，使让与人自己或与他人合作并通过创造性劳动合法获得，或者通过委托开发合同获得，即保证自己是所提供的技术的合法拥有者。（3）按合同

的约定承担保密义务。

受让人的主要义务是：（1）向让与人支付合同约定的价款。（2）按合同约定承担保密义务。

（三）专利实施许可合同的效力

根据《民法典》的规定，专利实施许可合同中许可人的主要义务是：（1）保证自己是所提供的专利技术的合法拥有者，并保证所提供的技术完整、无误、有效，能够达到约定的目标（第870条）。专利实施许可合同仅在该专利权的存续期限内有效。专利权有效期限届满或者专利权被宣告无效的，专利权人不得就该专利与他人订立专利实施许可合同（第865条）。（2）按照约定许可被许可人实施专利。（3）交付与实施该专利有关的技术资料，并提供必要的技术指导（第866条）。

专利实施许可合同中被许可人的主要义务是：（1）在合同约定的范围内实施专利技术，不得许可合同约定以外的第三人实施该专利。（2）按照合同约定支付使用费（《民法典》第867条）。

（四）技术秘密转让合同和技术秘密使用许可合同的效力

技术秘密转让合同的让与人和技术秘密使用许可合同的许可人的主要义务是：（1）让与人应是技术秘密的合法拥有者，保证在订立合同时该技术秘密未被他人申请获得专利。（2）按约定提供技术资料、进行技术指导。（3）保证技术的实用性、可靠性。（4）承担保密义务（《民法典》第868条第1款）。

技术秘密转让合同的受让人和技术秘密使用许可合同的被许可人的主要义务是：（1）按照合同约定使用技术。（2）按照合同约定支付转让费、使用费。（3）承担保密义务（《民法典》第869条）。

第四节　技术咨询合同和技术服务合同

一、技术咨询合同

（一）技术咨询合同的概念

技术咨询合同是当事人一方以技术知识为对方就特定技术项目提供可行性论证、技术预测、专题技术调查、分析评价报告等所订立的合同（《民法典》第878条第1款）。

（二）技术咨询合同的特征

第一，技术咨询合同在技术领域内具有自己特定的调整对象，即合同当事人在完成一定的技术项目的可行性论证、技术预测、专题技术调查、分析评价报告等科学研究活动中产生的民事法律关系。

第二，履行技术咨询合同的目的在于，受托人为委托人进行科学研究、技术开发、成果推广、技术改造、工程建设、科技管理等项目提出建议、意见和方案，供委托人在决策时参考，从而使科学技术的决策和选择真正建立在科学化的基础之上。

第三，技术咨询合同具有特殊的风险责任承担规则，即委托人按照受托人符合约定要求的咨询报告和意见作出决策所造成的损失，由委托人承担，但是当事人另有约定的除外（《民法典》第881条第3款）。

（三）技术咨询合同的效力

1. 委托人的义务

根据《民法典》的规定，技术咨询合同的委托人的主要义务是：（1）按照约定阐明咨询的问题。（2）提供技术背景材料及有关技术资料。（3）接受受托人的工作成果。（4）支付报酬（第879条）。委托人未按照约定提供必要的资料，影响工作进度和质量，不接受或者逾期接受工作成果的，支付的报酬不得追回，未支付的报酬应当支付（第881条第1款）。

2. 受托人的义务

根据《民法典》的规定，技术咨询合同的受托人的主要义务是：（1）按照约定的期限完成咨询报告或者解答问题。（2）提出的咨询报告应当达到约定的要求（第880条）。受托人未按期提出咨询报告或者提出的咨询报告不符合约定的，应当承担减收或者免收报酬等违约责任（第881条第2款）。

二、技术服务合同

（一）技术服务合同的概念

技术服务合同是当事人一方以技术知识为对方解决特定技术问题所订立的合同，不包括承揽合同和建设工程合同（《民法典》第878条第2款）。一些国家的法律将技术服务合同视为独立的技术合同类型，另一些国家将其与技术咨询合同视为同类，还有些国家将其作为技术转让合同的一种。《民法典》第878条明确区分了技术咨询合同和技术服务合同，显然是将其作为一种独立的技术合同类型。

（二）技术服务合同的特征

相比其他技术合同，技术服务合同具有以下特征：（1）合同标的是解决特定技术问题的项目。（2）履行方式是完成约定的专业技术工作。（3）工作成果有具体的质量和数量指标。（4）有关专业技术知识的传递不涉及专利和技术秘密成果的权属问题。

（三）技术服务合同的效力

1. 委托人的义务

根据《民法典》的规定，技术服务合同的委托人的主要义务是：（1）按照约定提供工作条件。（2）完成配合事项。（3）接受工作成果。（4）支付报酬（第882条）。委托人不履行合同义务或者履行合同义务不符合约定，影响工作进度和质量，不接受或者逾期接受工作成果的，支付的报酬不得追回，未支付的报酬应当支付（第884条第1款）。

2. 受托人的义务

根据《民法典》的规定，技术服务合同的受托人的主要义务是：（1）按照约定完成服务项目，解决技术问题。（2）保证工作质量。（3）传授解决技术问题的知识（第883条）。受托人未按照约定完成服务工作的，应当承担免收报酬等违约责任（第884条第2款）。

三、技术咨询合同和技术服务合同履行过程中的成果归属和费用负担

（一）成果归属

技术咨询合同、技术服务合同履行过程中，受托人利用委托人提供的技术资料和工作条件完成的新的技术成果，属于受托人。委托人利用受托人的工作成果完成的新的技术成果，属于委托人。当事人另有约定的，按照其约定（《民法典》第885条）。

（二）费用负担

技术咨询合同和技术服务合同对受托人正常开展工作所需费用的负担没有约定或者约定不明确的，由受托人负担（《民法典》第886条）。

第二十二章 保管合同

提 要

保管合同是保管人保管寄存人交付的保管物，并返还该物的合同。保管合同为要物合同、不要式合同、继续性合同；以无偿为原则，以有偿为例外；以单务为原则，以双务为例外。保管物既可以是动产，也可以是不动产。保管人应当出具保管凭证，对保管物妥善保管、亲自保管，不得使用保管物或将保管物交予第三人使用。寄存人可以随时终止保管合同，领回保管物及其孳息。寄存人不按照约定支付保管费或其他费用的，原则上保管人对保管物享有留置权。保管人未履行妥善保管义务，造成保管物毁损、灭失的，应当承担赔偿责任；但在无偿保管的情形下，只要无偿保管人证明自己没有故意或者重大过失，则不承担赔偿责任。

重点问题

1. 保管合同的要物性。
2. 保管人的留置权。
3. 保管人的违约责任。

第一节 保管合同概述

问题示例

甲与乙订立保管合同，约定将自己的自行车交给乙保管一周。乙拿到车后见猎心喜，自己骑上该车外出踏青，不慎跌落山沟，自行车严重损毁。一周后，甲见到仍然卧床不起的乙和自行车的残骸，要求乙赔偿该自行车的损失。甲的请求能否得到支持？

一、保管合同的概念

保管合同又称寄存合同或寄托合同，是保管人保管寄存人交付的保管物，并返还该物的合同（《民法典》第888条第1款）。被寄存保管的物称为保管物或寄托物；将保管物交予他人保管的人称为寄存人或寄托人；为他人保管标的物的人称为保管人或受寄人。

《民法典》第888条第2款规定："寄存人到保管人处从事购物、就餐、住宿等活动，将物品存放在指定场所的，视为保管，但是当事人另有约定或者另有交易习惯的除外。"该款规定了在诸如超市、商场等购物场所、饭馆等餐饮场所以及酒店、旅馆等住宿场所的物品照管行为的性质，也即原则上认定为保管合同。该款规定虽使用了"视为"的表述方式，但却并非拟制而是推定，可以由当事人举证推翻。简而言之，在没有约定、约定不明或无法查明交易习惯时，方可推定当事人之间成立保管合同。然而，这并不意味着当事人不能通过明确的意思表示拒绝就该物品照管行为成立保管合同。实践中发生的典型纠纷是，顾客去超市购物，将贵重物品存放于超市提供的自动储物柜中。顾客购物完毕发现物品被盗，遂起诉超市要求赔偿因"保管不善"造成的损失。此时超市可能提出的抗辩是，自己是将储物柜无偿"借给"购物者临时使用，而非保管顾客寄存的物品，双方之间成立的是借用合同而非保管合同，故超市无须对顾客储存的物品负保管之责。在顾客将车辆停放于酒店、饭馆等开设的停车场中而遭到毁损、被盗的情况下，双方当事人也可能就成立的是"车辆保管合同"还是"停车位租赁合同"发生争议。第888条第2款的规定有助于平息此类争议。

二、保管合同的特征

（一）保管合同是要物合同

《民法典》第890条规定："保管合同自保管物交付时成立，但是当事人另有约定的除外。"将保管合同规定为要物合同的主要原因有两点：其一是基于道德的因素，将保管合同规定为要物合同符合一般的生活经验。[1]其二在于保管物的实际交付是保管人返还保管物的前提，人们无法返还尚未交付的物，这被视为"返还义务这一主义务的必要的反射效力"。[2]仓储合同是一种特殊的保管合同，因其"商业经营味更浓"[3]而被规定为诺成合同，以保护当事人在

〔1〕李永军：《民法总则》，中国法制出版社2018年版，第602页。
〔2〕张金海：《论要物合同的废止与改造》，载《中外法学》2014年第4期，第1014页。
〔3〕崔建远：《合同法》（第三版），北京大学出版社2016年版，第27页。

商业活动中的合理信赖。

（二）保管合同是不要式合同

保管合同是不要式合同，不要求当事人采取书面、公证等其他形式。当事人只需意思表示达成一致并交付保管物，保管合同即告成立。

（三）保管合同是继续性合同

保管合同中保管人的义务并非通过一次给付即可完成，而是需要保管人持续地履行保管义务，妥善保管标的物，故保管合同为继续性合同。

（四）保管合同以无偿为原则，以有偿为例外

比较法上多将保管合同理解为无偿合同，这是源自罗马法的传统。根据《民法典》第889条的规定，如果保管合同中约定了保管费，保管人可以按照约定向寄存人请求支付保管费；当事人对保管费没有约定或者约定不明确，依据《民法典》第510条的规定仍不能确定的，视为无偿保管。可见，在我国，保管合同以无偿为原则，以有偿为例外。

（五）保管合同以单务为原则，以双务为例外

因保管合同既可以是有偿合同，又可以是无偿合同，所以它既可以是双务合同，又可以是单务合同，即在有偿时为双务合同，在无偿时为单务合同。无偿合同中，保管人也可向寄存人请求支付因保管所支出的必要费用，但该费用与“保管费”不同，不构成保管人履行保管义务的对待给付，因此无偿保管合同属于单务合同。

（六）保管物既可以是动产，也可以是不动产

关于保管物是否须为动产，比较法上存在不同的立法例。德国、意大利等国民法将保管物的范围限制于动产；在日本与我国台湾地区，保管物既包括动产，也包括不动产。《民法典》第888条仅规定交付“保管物”，并未明确该保管物为动产或不动产。从文义解释来看，我国保管合同的标的物不限于动产，也包括房屋、果园、池塘等不动产在内。

三、保管合同的类型

保管合同的历史可以追溯至罗马法时期。罗马法上的寄托分为通常寄托与变例寄托，前者情形下，受寄人在保管关系终止后应当将保管物原物返还寄存人；后者情形下，受寄人在保管关系终止后可以不返还原物，而返还与保管物同种类、同品质、同数量的物。[1] 在变例寄托之外，罗马法上还存在必要寄托与诉讼寄托两种情形：必要寄托又称不幸寄托，是在火灾等急迫状态下进行的寄托；诉讼寄托是指将诉讼标的物保管至诉讼终了的寄托。[2]

《民法典》第888条虽未对通常寄托与变例寄托进行明确区分，但第901条对所谓的“消费保管合同”[3] 作出了规定：“保管人保管货币的，可以返还相同种类、数量的货币；保管其他可替代物的，可以按照约定返还相同种类、品质、数量的物品。”此类合同相当于罗马法上的变例寄托。

第二节　保管合同的效力

问题示例

甲前往乙酒店住宿，因过早到达而不能当即办理入住，遂将自己密封的黑色包裹寄存在酒店前台，工作人员收下了包裹并给甲出具了凭条。甲外出闲逛归来办理入住手续，提取包裹时发现包裹毁损，其中保存的名贵瓷器碎裂，该瓷器市场价值10万元。乙是否应当承担赔偿责任？

一、对保管人的效力

（一）出具保管凭证的义务

寄存人向保管人交付保管物的，保管人应当出具保管凭证，但是另有交易习惯的除外（《民法典》第891条）。保管凭证是寄存人已经交付保管物的证据，寄存人可以依据保管凭证主张保管物已经交付，保管合同从而成立（《民法典》第890条）。不过，保管凭证不同于保管合同本身，也不等于保管物的交付本身。即便保管人没有出具保管凭证，只要保管物已经交付，保管合同依旧成立。

（二）妥善保管义务

所谓妥善保管义务，是指保管人应当采取必要措施保持保管物完好状态的义务。根据《民法典》第892条的规定，保管人应当妥善保管保管物。当事人可

〔1〕 黄薇主编：《中华人民共和国民法典合同编释义》，法律出版社2020年版，第1587页。
〔2〕 陈小君主编：《合同法学》（第四版），中国政法大学出版社2014年版，第307页。
〔3〕 黄薇主编：《中华人民共和国民法典合同编释义》，法律出版社2020年版，第1609页。

以约定保管场所或者方法。除紧急情况或者为维护寄存人利益外，不得擅自改变保管场所或者方法。对此可以从以下几个方面理解。

第一，有约定的情况下，应当在约定的保管场所、按照约定的方法进行保管。当事人约定的保管方法既可以高于、又可以低于为妥善保管标的物而必需的要求。若当事人约定的保管措施客观上不足以妥善保管标的物，则需要结合诚实信用原则以及交易习惯，具体判断保管人的保管行为是否满足了妥善保管的要求。

第二，无约定的情况下，保管人应当根据保管物的性质，依据诚实信用原则与交易习惯，提供妥善保管标的物所必需的场所，采用必要的方法保管标的物。例如，保管生鲜食品可能需要冷藏等特殊的保管条件；保管不能直接强光照射的物品（如某些化学制剂）需要避光场所；保管特别贵重的物品可能需要保险箱之类特别的安全措施。

第三，针对客观情况的变化，保管人应当及时采取措施以对保管物进行妥善照管。例如，如果冷藏条件下制冷设备忽然失灵、存放保管物的地点忽然着火、露天堆放的物品忽逢大雨，保管人应当及时采取针对性的措施，以免保管物毁损、灭失。

第四，除紧急情况或者为维护寄存人利益外，保管人不得擅自改变保管场所或者方法。所谓紧急情况，是指来不及征求寄存人的意见，若不及时采取措施改变保管场所或者方法，保管物便会遭受损害的情况，例如遭遇火灾、地震，必须紧急转移物品的情况。

根据《民法典》第897条的规定，保管人违反妥善保管义务，造成保管物毁损、灭失的，原则上应当承担赔偿责任。但在无偿保管的情形下，只要无偿保管人证明自己没有故意或者重大过失，就不承担赔偿责任。也就是说，无偿保管人对其一般过失不承担责任。与我国的立法不同，根据《德国民法典》第690条的规定，无偿保管人仅需对如同其在处理自身事务中通常所尽注意负责。这意味着，无偿保管人虽然不必尽到善良管理人的注意，因而不必对抽象轻过失负责，但若没有尽到“处理自身事务中通常所尽注意”，也即有具体轻过失的，仍应承担赔偿责任。

根据《民法典》第898条的规定，寄存人寄存货币、有价证券或者其他贵重物品的，应当向保管人声明，由保管人验收或者封存；寄存人未声明的，该物品毁损、灭失后，保管人可以按照一般物品予以赔偿。

（三）亲自保管义务

除当事人另有约定外，保管人应当亲自保管，不得将保管物转交第三人保管。保管人擅自将保管物转交第三人保管，造成保管物损失的，应当承担赔偿责任（《民法典》第894条）。

（四）不得使用保管物的义务

保管人不得使用或者许可第三人使用保管物，但是当事人另有约定的除外（《民法典》第895条）。基于保管合同，保管人仅能对保管物进行照管，而不能使用、收益。保管物在保管期间产生的孳息，在保管合同终止后应当返还给寄存人（《民法典》第900条）。

（五）第三人主张权利时的通知义务

在保管合同关系中，第三人对保管物主张权利的，除依法对保管物采取保全或者执行措施外，保管人应当履行向寄存人返还保管物的义务。第三人对保管人提起诉讼或者对保管物申请扣押的，保管人应当及时通知寄存人（《民法典》第896条）。

（六）返还保管物及其孳息的义务

保管期限届满或者寄存人提前领取保管物的，保管人应当将原物及其孳息归还寄存人（《民法典》第900条）。保管合同是继续性合同，其终止遵循特别规范。从寄存人的角度观察，寄存人可以随时领取保管物，即终止合同。从保管人的角度观察，如果当事人对保管期限没有约定或者约定不明确，则保管人可以随时请求寄存人领取保管物；但若当事人已经约定了保管期限，则保管人无特别事由，不得请求寄存人提前领取保管物（《民法典》第899条）。

保管人原则上应当返还保管物的原物，但在消费保管的情况下，保管人可以不返还原物，而返还与保管物同种类、同品质的物（《民法典》第901条）。

（七）留置权

保管合同终止后，寄存人未按照约定支付保管费或者其他费用的，除非当事人另有约定，保管人对保管物享有留置权（《民法典》第903条）。

二、对寄存人的效力

（一）支付保管费的义务

在有偿保管的情况下，寄存人应当按照约定的期限向保管人支付保管费。当事人对支付保管费的期限没有约定或者约定不明确，依据《民法典》第510条的规定仍不能确定的，应当在领取保管物的同时支付保管费（第902条）。

（二）说明义务

寄存人对于保管物的特殊情况承担说明义务，即寄存人交付的保管物有瑕疵或者根据保管物的性质需要采取特殊保管措施的，寄存人应当将有关情况告知保管人。寄存人未告知，致使保管物受损失的，保管人不承担赔偿责任；保管人因此受损失的，除保管人知道或者应当知道且未采取补救措施外，寄存人应当承担赔偿责任（《民法典》第893条）。之所以令寄存人承担说明义务，是因为寄存人对于保管物的状态以及保管的特殊要求通常更为了解，也能够以更低的成本获取相关信息，令其承担说明义务而不是令保管人承担“调查义务”，更为符合公平以及效率的考量。

（三）任意解除权

无论保管合同是有偿还是无偿，以及当事人是否约定了保管期限，寄存人都可以随时领取保管物，终止保管合同（《民法典》第899条）。这是因为保管合同的目的在于为寄存人保管财物，如果寄存人认为已经无须保管，则合同就没有继续延续下去的必要。可能存在的争议是，在约定了保管期限的有偿保管中，如果寄存人提前领取保管物，是否仍应支付全额的保管费？主流意见认为，保管人支付的保管费应当以实际履行的期限为准；若寄存人提前领取保管物给保管人造成损失的，应当予以赔偿，但赔偿的额度不应高于全额的保管费。

第二十三章 仓储合同

| 提要 |

仓储合同是保管人储存存货人交付的仓储物，存货人支付仓储费的合同。仓储合同是诺成、双务、有偿、不要式合同。仓储合同的标的物仅包括动产，不动产不能成为仓储物。仓储合同中保管人必须是具有仓库营业资质的人。保管人负有妥善储存的义务、验收义务与瑕疵通知义务、给付仓单的义务、容忍义务、异状通知义务等义务。储存期限届满，存货人或者仓单持有人应当凭仓单、入库单等提取仓储物。法律对仓储合同没有规定的，适用保管合同的有关规定。

| 重点问题 |

1. 仓储合同与保管合同的异同。
2. 仓单的法律意义。

第一节 仓储合同概述

问题示例

甲是专业的仓储机构，运营着一个大型仓库。2021年4月30日，乙找到甲，与之订立仓储合同，约定在5月10日将100台电脑交由甲保管30天，并约定了仓储费用。甲为此准备好了相应的储存场所，以待货物到来。然而，5月9日乙联系甲说，这批电脑出了些问题，无法运至甲处。甲请求乙依照约定支付仓储费，乙则认为货物并未实际交付，仓储合同未成立，拒绝承担付款义务。仓储合同是否成立生效？

一、仓储合同的概念

仓储合同是保管人储存存货人交付的仓储物，存货人支付仓储费的合同（《民法典》第904条）。仓储合同关系中，被保管的货物称为仓储物；提供仓储服务的人称为保管人或者仓储保管人；将仓储物交予保管人进行储存的人称为存货人。

仓储合同本质上是一种保管合同，是保管人为存货人提供保管服务的合同。随着商品经济的发展，货物流动越发频繁，仓储业能够为大宗货物提供所需的储存服务，仓储合同遂逐渐从一般的保管合同中独立出来，形成一种独立的典型合同。《合同法》第381—395条对仓储合同作出了明确规定，《民法典》在延续其基本规定的基础上对相关规则进行了完善。

二、仓储合同的特征

在把握仓储合同的特征时，需要注意将其与保管合同进行区分。仓储合同脱胎于保管合同，但又具有不同于保管合同的特质。法律对仓储合同有特别规定的，适用该特别规定；法律对仓储合同没有规定的，适用保管合同的有关规定（《民法典》第918条）。

（一）仓储合同是诺成合同

《民法典》第905条规定："仓储合同自保管人和存货人意思表示一致时成立。"该规定意在明确仓储合同的诺成性质。相较于原《合同法》第382条关于"仓储合同自成立时生效"的规定，《民法典》第905条更能凸显仓储合同的诺成性质，对诺成合同与要物合同的区分标准也把握得更为准确。

（二）仓储合同是双务、有偿合同

由《民法典》第904条对仓储合同的定义可知，仓储合同中存在给付与对待给付，即一方储存仓储物，另一方支付仓储费用。因此，仓储合同属于双务、有偿合同。

（三）仓储合同是不要式合同

仓储合同可以以书面形式、口头形式等方式订立，属于不要式合同。尽管有些时候仓单会成为确定合同双方权利义务的依据，但仓单并非仓储合同成立的前提条件，仓储合同依旧是不要式合同。另外，实践中仓储合同多为格式合同。

（四）仓储合同的标的物仅包括动产

仓储合同的标的物仅包括动产，通常是大宗商品。不动产不能成为仓储合同的标的物。

（五）保管人必须是具有仓库营业资质的人〔1〕

仓储合同属于商事合同，保管人必须具有仓库营业人的资质，拥有从事仓储保管业务所需的仓储设施以及仓储设备。

第二节　仓储合同的效力

问题示例

2021年5月7日，甲公司与乙公司订立一个仓储合同，约定甲为乙储存一批冷冻海鲜，乙于5月10日提取货物。然而，乙直至5月18日才前来提取货物，在提取货物时发现海鲜变质。经查，甲的冷库冷藏设备出现故障，导致冷库内的温度无法达到妥善储藏海鲜所需的程度。乙是否需要支付5月11日至18日的仓储费？甲是否需要赔偿乙的损失？

一、对保管人的效力

（一）妥善保管义务

保管人应当依据仓储物的性质提供妥善的仓储条件。储存易燃、易爆、有毒、有腐蚀性、有放射性等危险物品的，保管人应当具备相应的保管条件（《民法典》第906条第3款）。储存期内，因保管不善造成仓储物毁损、灭失的，保管人应当承担赔偿责任。因仓储物本身的自然性质、包装不符合约定或者超过有效储存期造成仓储物变质、损坏的，保管人不承担赔偿责任（《民法典》第917条）。

（二）验收与通知义务

保管合同中的保管人无须对保管物进行检查、验收。在仓储合同中，保管人应当按照约定对入库仓储物进行验收，即承担验收义务，这也体现了仓储合同的商事合同特性。如果保管人在验收时发现入库仓储物与约定不符合，应当及时通知存货人。保管人验收后，发生仓储物的品种、数量、质量不符合约定的，保管人应当承担赔偿责任（《民法典》第907条）。

（三）给付仓单、入库单等凭证的义务

根据《民法典》的规定，存货人交付仓储物的，保管人应当出具仓单、入

〔1〕 黄薇主编：《中华人民共和国民法典合同编释义》，法律出版社2020年版，第2386页。

库单等凭证（第908条）。保管人应当在仓单上签名或者盖章。仓单包括下列事项：（1）存货人的姓名或者名称和住所；（2）仓储物的品种、数量、质量、包装及其件数和标记；（3）仓储物的损耗标准；（4）储存场所；（5）储存期限；（6）仓储费；（7）仓储物已经办理保险的，其保险金额、期间以及保险人的名称；（8）填发人、填发地和填发日期（第909条）。仓单是提取仓储物的凭证，是一种有价证券。存货人或者仓单持有人在仓单上背书并经保管人签名或者盖章的，可以转让提取仓储物的权利（第910条）。

（四）容忍义务

保管人根据存货人或者仓单持有人的要求，应当同意其检查仓储物或者提取样品（《民法典》第911条）。

（五）异状通知义务

保管人发现入库仓储物有变质或者其他损坏的，应当及时通知存货人或者仓单持有人（《民法典》第912条）。

（六）催告义务与紧急处置权

保管人发现入库仓储物有变质或者其他损坏，危及其他仓储物的安全和正常保管的，应当催告存货人或者仓单持有人作出必要的处置。因情况紧急，保管人可以作出必要的处置；但是，事后应当将该情况及时通知存货人或者仓单持有人（《民法典》第913条）。

（七）无储存期限时的任意解除权

当事人对储存期限没有约定或者约定不明确的，保管人可以随时请求存货人或者仓单持有人提取仓储物，但是应当给予必要的准备时间（《民法典》第914条）。

二、对存货人的效力

（一）说明义务

储存的仓储物属于易燃、易爆、有毒、有腐蚀性、有放射性等危险物品或者易变质物品的，存货人应当向保管人说明该物品的性质，并提供有关资料。若存货人怠于履行说明义务，保管人可以拒收仓储物，也可以采取相应措施以避免损失的发生，因此产生的费用由存货人承担（《民法典》第906条）。

（二）提取仓储物的义务

根据《民法典》的规定，当事人约定储存期限的，储存期限届满，存货人或者仓单持有人应当凭仓单、入库单等提取仓储物。存货人或者仓单持有人逾期提取的，应当加收仓储费；提前提取的，不减收仓储费（第915条）。储存期限届满，存货人或者仓单持有人不提取仓储物的，保管人可以催告其在合理期限内提取；逾期不提取的，保管人可以提存仓储物（第916条）。

当事人对储存期限没有约定或者约定不明确的，存货人或者仓单持有人可以随时提取仓储物，但是应当给予保管人必要的准备时间（《民法典》第914条）。

（三）检查仓储物与提取样品的权利

存货人或者仓单持有人有权检查仓储物或者提取样品，保管人有协助义务（《民法典》第911条）。

第二十四章 委托合同

提 要

委托合同，是指委托人和受托人约定，由受托人处理委托人事务的合同。委托合同是劳务给付合同，建立在委托人与受托人相互信赖的基础上。有偿的委托合同是双务合同，无偿的委托合同是不完全双务合同。委托人的义务包括偿还或预付必要费用的义务、支付报酬的义务、代受托人清偿债务的义务等。受托人的义务包括处理委托事务的义务、报告义务、财产转交义务等。《民法典》合同编“委托合同”一章确立了来源于英美法系的隐名代理与不公开本人身份的代理。隐名代理是指代理人虽未以本人名义为法律行为，而实际上有代理的意思，且为相对人明知或可得而知，也发生直接代理效果的代理。不公开本人身份的代理是指既不以本人名义，也不明示为本人利益，而以自己的名义为法律行为的代理。在委托合同中，委托人可在一定条件下行使介入权，第三人可在一定条件下行使选择权，从而在委托人与第三人之间发生债的关系。

重点问题

1. 委托与承揽、雇佣、代理的区别。
2. 委托合同对委托人和受托人的效力。
3. 转委托的法律后果。
4. 委托人行使介入权的要件。
5. 第三人行使选择权的要件。

第一节 委托合同概述

问题示例

甲将其所有的A房屋出卖给乙，委托代理人丙办理所有权转移登记手续。因丙的职员丁的过失，致将甲所有的B房屋连同A房屋的所有权转移给乙。乙发现登记错误，即将B房屋赠与戊，并办理了所有权转移登记。甲可对乙、丙、丁、戊各主张何种权利？

一、委托合同的概念

委托合同，是指委托人和受托人约定，由受托人处理委托人事务的合同（《民法典》第919条）。

二、委托合同的特征

（一）委托合同是劳务给付合同

受托人处理他人事务，必须以给付劳务为手段。因此，与承揽、运输、雇佣等合同一样，委托合同也属于劳务给付合同的范畴。

（二）委托合同建立在委托人与受托人相互信赖的基础上

委托合同具有高度属人性，系建立在强烈的个人信赖关系上。委托人将其事务交由受托人处理，乃是基于对受托人本身或其事务处理能力的信赖。《民法典》有关委托合同的制度设计鲜明地体现了此种价值判断。举其要者，一是原则上受托人应当亲自处理委托事务（第923条）；二是当事人可以随时解除委托合同（第933条）；三是委托合同的当事人一方或双方死亡、丧失民事行为能力或者终止，导致委托合同终止（第934条）。当然，在现代社会，随着委托处理事务日趋有偿化，委托合同越来越多地建立在对受托人的专业事务处理能力的信赖上，而非对受托人的个人信赖上，但委托合同的高度属人性并未完全消失。

（三）委托合同可以是有偿合同，也可以是无偿合同

罗马法上的委托，是受托人为不在场的残障朋友处理事务，属于善举义行，必然为无偿合同。律师、教师、医师等自由业者的业务，也依委托的规定处理；纵然因执行业务受有报酬，也仅为自愿性质。一直到3世纪，罗马法才承认报酬的约定具有诉求力。德国法沿袭了罗马法的传统，认为委托合同为无偿合同；有偿的事务处理，根据《德国民法典》第675条，委诸雇佣或者承揽合同。从《民法典》第928条、第929条的规定看，委托合同既可以是有偿合同，也可以是无偿合同。大致说来，若受托人是专门技术人员，特别是以为他人处理事务为业的企业，则委托合同以有偿为原则；若是亲友之间的委托合同，则以无偿为原则。

（四）委托合同是诺成、不要式合同

因双方当事人意思表示一致，委托合同即成立，既不必交付标的物，也不必履行一定方式，故委托合同为诺成、不要式合同。在实践中，委托人往往会向受托人交付委托书。这并不表明交付委托书为委托合同的成立要件，只是为

防止日后举证困难或便于受托人处理事务时证明资格之用。

（五）委托合同为双务合同或不完全双务合同

有偿委托合同中，委托人支付报酬的义务与受托人处理事务的义务具有对价关系，因此为双务合同。无偿委托合同中，委托人虽负有预付或偿还必要费用的义务，但该义务与受托人处理事务的义务并不具有给付与对待给付关系，因此为不完全双务合同。

三、委托合同的类型

（一）特别委托与概括委托

根据受托人的权限，或者说受托人处理事务义务的内容或者委托的范围，可将委托合同分为特别委托与概括委托。特别委托是指委托人特别委托受托人处理一项或者数项事务的委托。概括委托是指委托人委托受托人处理一切事务的委托。《民法典》第920条规定，委托人可以特别委托受托人处理一项或者数项事务，也可以概括委托受托人处理一切事务。该条确立了特别委托与概括委托的分类，可以作为判断第929条第2款规定的“受托人超越权限”的解释规则。

（二）单独委托与共同委托

根据受托人的人数，可将委托合同分为单独委托与共同委托。单独委托是指受托人为一人的委托。共同委托是指受托人为两人以上的委托。根据《民法典》第932条的规定，两个以上的受托人共同处理委托事务的，对委托人承担连带责任。

（三）直接委托与转委托

根据受托人产生原因的不同，可将委托合同分为直接委托与转委托。直接委托是指由委托人直接选任受托人的委托。转委托，也称复委托，是指受托人为委托人再选任受托人的委托。《民法典》第923条针对转委托作了相关规定。

第二节　委托合同的效力

问题示例

张某有一棵野人参，委托黄某按1万元的价格出售，约定给黄某500元报酬。黄某利用自己的经验，将人参卖了1.2万元，然后交给张某1万元。张某知道真相后，要求黄某再支付2000元。本案应如何处理？

一、对委托人的效力

1. 偿还或预付必要费用的义务

受托人处理委托事务，可能要支出一定费用，委托人有支付该一定费用的义务。例如，受托人受委托人的委托向委托人的债权人提供保证担保的，受托人向债权人承担保证责任后，有权请求委托人偿还该费用。委托人支付费用的方式包括预付费用与偿还费用。受托人为处理委托事务垫付的必要费用，委托人应当偿还该费用，并应支付自支出时起的利息（《民法典》第921条）。必要费用是受托人依据委托人的指示并尽相应的注意义务处理委托事务时所需的费用，注意义务应根据委托合同有偿与否来确定。

无论委托合同是有偿还是无偿，委托人均有支付必要费用的义务，而受托人并无垫付义务。委托人预付费用的义务为附随义务。因委托人不预付费用导致受托人无法处理委托事务的，受托人不得据此解除合同，但可不负给付迟延的责任。委托人支付费用的义务与受托人处理委托事务的义务之间不成立对价关系，受托人不能以委托人未偿还费用为由行使同时履行抗辩权，拒绝交付事务处理成果或者转移债务。

2. 支付报酬的义务

在有偿委托合同中，受托人完成委托事务的，委托人应当按照约定向受托人支付报酬（《民法典》第928条第1款）。支付报酬的义务为委托人的主给付义务，该义务与受托人的事务处理义务具有对价关系。在报酬支付的时期上，按照各国通例，应采取后付主义。受托人不能以委托人未支付报酬为由行使同时履行抗辩权，拒绝处理委托事务。

在有偿委托合同中，因不可归责于受托人的事由，致使委托合同解除或者委托事务不能完成的，委托人应当向受托人支付相应的报酬（《民法典》第928

条第2款）。对有偿委托合同而言，只要合同的消灭不可归责于受托人，不论已处理的事务对委托人是否有用，委托人均有支付报酬的义务，受托人就已处理的部分即可请求支付报酬。这显然与承揽合同不同。在承揽合同中，除了合同的消灭不可归责于承揽人外，已经完成的部分须对定作人有用，定作人才有受领及支付相当报酬的义务。当然，若委托人需要另觅他人继续完成剩余的事务，而完成该剩余事务所需的报酬额超过原约定的报酬额乘以未完成部分比例的数额的，超过的差额应从受托人已完成的事务所对应的报酬中扣除。

3. 代受托人清偿债务的义务

受托人处理委托事务，可能负担必要债务。例如，受托人受委托人的委托向第三人购买房屋，须向第三人支付价款。对此，我国台湾地区“民法”第546条第2款规定：“受任人因处理委任事务，负担必要债务者，得请求委任人代其清偿，未至清偿期者，得请求委任人提出相当担保。”《民法典》未规定委托人代受托人清偿债务的义务。本书认为，受托人可以请求委托人代其向第三人清偿。委托人也可以根据《民法典》第524条第1款的规定向第三人清偿。当然，若委托人一并授予受托人以代理权，则委托人直接负担受托人以委托人名义处理委托事务所生的债务，不存在代受托人清偿债务的问题。

4. 损害赔偿义务

《民法典》第930条规定，受托人处理委托事务时，因不可归责于自己的事由受到损失的，可以向委托人请求赔偿损失。该规定说明：第一，委托人对受托人承担损害赔偿义务，以受托人无过错为要件。第二，委托人的责任为无过错责任，不以委托人有过错为要件。若受托人受到的损失是第三人的加害行为所致，则委托人向受托人承担赔偿责任后，可向第三人追偿。

《民法典》第931条规定，委托人经受托人同意，可以在受托人之外委托第三人处理委托事务；因此给受托人造成损失的，受托人可以向委托人请求赔偿损失。

二、对受托人的效力

1. 处理委托事务的权利

处理权是指受托人为委托人处理事务的权限。根据私法自治原则，禁止干预他人事务，除符合无因管理的要件外，必须由他人授予处理权，才能处理他人事务。《民法典》第929条第2款规定：“受托人超越权限造成委托人损失的，应当赔偿损失。”该规定使用了“权限”的概念，承认处理事务对受托人具有权利性质的一面。当然，即使认为受托人享有处理权，受托人因委托合同所处的地位，与代理人因代理权授予所处的地位，确实也存在差异。首先，代理人因本人的授权行为而取得代理权，受托人则因委托合同而负有事务处理义务。其次，代理人超越授权范围而为法律行为，构成无权代理，属于效力未定法律行为；而受托人超越委托范围为事实行为或法律行为，应对委托人承担损害赔偿责任。最后，即使认为受托人享有的处理权是因委托人“授权”而来，该处理权也是基于委托合同产生，而非基于委托人的单方意思表示。受托人处理委托事务的权限取决于委托合同的约定，由此存在着特别委托与概括委托两种形态。若委托合同未约定该权限，则根据委托事务的性质来确定。

2. 处理委托事务的义务

处理委托事务，是受托人的主给付义务。受托人在处理委托事务时应遵循以下要求：

（1）依照委托人的指示处理委托事务的义务

因受托人处理的事务为委托人的事务，因此，当委托人有指示时，受托人应依委托人的指示处理委托事务（《民法典》第922条第1句）。如果委托人的指示不妥或者其指示因情况变化不符合现状，受托人认为需要变更委托人的指示，可否径直变更？根据《民法典》第922条第2句的规定，需要变更委托人指示的，除非“情况紧急，难以和委托人取得联系”，否则应当经委托人同意。不过，即便如此，由于受托人往往为专业人士，不应盲目遵从委托人的指示，而是应“有思虑的服从”，因此受托人应当向委托人作出充分的说明与警告，否则就违反了其应尽的注意义务。即使受托人因情况紧急，难以和委托人取得联系而变更指示的，事后也应当将该情况及时报告委托人。

（2）亲自处理委托事务的义务

①亲自处理义务与转委托

由于委托人与受托人之间往往存在着信赖关系，故原则上受托人应亲自处理委托事务，不得再委托第三人处理委托事务。若受托人委托第三人处理委托事务，则是转委托或复委托。其中，由受托人负责选定的第三人称为次受托人、替代人或代替人；受托人也称为转委托人或复委托人。由于转委托有悖于受托人亲自处理义务，因此法律往往对转委托予以限制甚至禁止，仅在例外情况下才允许转委托。

根据《民法典》第923条的规定，受托人可以转委托的事由包括：一是经委托人同意。法律不许受托人随意转委托，旨在保护委托人的利益。若委托人同意转委托，自无必要禁止。委托人同意的表示，可在委托合同成立之时或成立之后作出。二是出现紧急情况。“紧急情况”一般是指由于急病、通信联络中断等特殊原因，受托人自己不能办理委托事项，又不能与委托人及时取得联系，如不及时转托他人处理，会给委托人的利益造成损失或者扩大损失。上述两种情况下的转委托为适法转委托，反之则为不适法转委托。

②适法转委托在委托人与受托人之间的效力

首先，受托人与委托人之间仍保持委托关系，受托人不因转委托而退出委托合同，次受托人并不能取代受托人的合同地位。因此，转委托不同于合同承受。

其次，在次受托人处理委托事务的范围内，受托人不再负有处理委托事务的义务。受托人使次受托人处理委托事务，并非使用他人履行自己的债务，因此不必对次受托人处理事务承担责任。

最后，受托人虽不必对次受托人处理事务承担责任，但因次受托人是受托人选任来处理委托事务的，故受托人仍应就次受托人的选任及其对次受托人的指示承担责任（《民法典》第923条）。因受托人的选任或指示有过失，致使次受托人处理委托事务时造成委托人损害的，委托人可要求受托人承担违约责任，也可要求次受托人承担侵权责任，两者构成不真正连带责任。若受托人对次受托人的选任与指示并无过失，即使次受托人处理事务致使委托人遭受损害，也仅由次受托人承担责任，受托人不必负责。当然，受托人应对其选任与指示次受托人无过失承担举证责任。在适法转委托的情形下，次受托人并非履行辅助人，受托人对次受托人的行为承担的责任显然比受托人对履行辅助人承担的责任要轻。

③不适法转委托在委托人与受托人之间的效力

在不适法转委托的情况下，与适法转委托相同的是，受托人与委托人之间仍保持委托关系；不同的是，受托人仍负有处理委托事务的义务。因转委托未得到委托人同意，因此受托人应当对次受托人的行为承担责任（《民法典》第923条）。不过，次受托人并非受托人的履行辅助人。若因次受托人的过错造成委托人损害，受托人与次受托人之间成立不真正连带责任。当然，即使转委托不适法，若委托事务顺利完成或者受托人表示愿意填补因违反指示而对委托人造成的损害时，委托人不能以其不适法或者违反指示为由，拒绝承认转委托的效力，否则即违反诚实信用原则。

④转委托中委托人与次受托人之间的关系

在转委托之际，委托人与次受托人之间的关系如何？委托人可否向次受托人直接行使权利？一种立法例是，无论是适法转委托还是不适法转委托，委托人均对次受托人享有直接请求权。[1]这种规定使得转委托成为一种法定的第三人利益合同：委托人是转委托合同的受益人，可直接请求次受托人履行债务，然而并不对次受托人负担义务；次受托人如因该委托事务的处理而发生费用，只能请求受托人返还。由于委托人对次受托人享有直接请求权，因此可对次受托人行使财产交付与权利转移请求权，不必再迂回通过受托人行使该权利。由于委托人可向次受托人直接请求，受托人也可向次受托人直接请求，故委托人与受托人对于次受托人形成一种类似连带债权关系。[2]当然，由于委托人对次受托人享有直接请求权，次受托人对委托人负有直接履行的义务，因此在双方之间就有发生违约责任的可能性。

《民法典》第923条第3句规定："转委托经同意或者追认的，委托人可以就委托事务直接指示转委托的第三人，……"该条仅规定受托人可以"指示"次受托人，未明确规定委托人可否直接对次受托人行使权利。本书认为，既然委托人可以"直接指示"次受托人，这说明立法者试图在委托人与次受托人之间建立委托合同关系，因此宜认为委托人对次受托人享有直接请求权。当然，即使能够认定委托人享有直接请求权，也仅限于适法转委托。

3. 报告义务

由于受托人处理的是委托人的事务，因此受托人应当向委托人报告委托事务的处理经过与结果。报告义务亦为受托人的主给付义务。受托人可随时或定期履行报告义务。《民法典》第924条规定："受托人应当按照委托人的要求，报告委托事务的处理情况。委托合同终止时，受托人应当报告委托事务的结果。"该条将委托人的要求作为受托人履行报告义务的前提，似有不妥。受托人应主动履行报告义务。报告的时期应依诚实信用原则确定；若委托人向受托人提出请求，则受托人应立即报告。受托人怠于报告致使委托人受到损害的，应当承担损害赔偿责任。此外，受托人履行报告义务，应包括转移能让委托人明了事务处理情况所必要的文书、资料等。

4. 财产交付义务与权利转移义务

由于受托人是为委托人处理事务，因此该事务处理的成果应当归属于委托人。受托人处理事务的成果可表现为两种形态：一是非权利的标的物，如金

---

〔1〕 参见《瑞士债务法》第399条；中国台湾地区"民法"第539条。
〔2〕 林诚二：《民法债编各论》（中），中国人民大学出版社2007年版，第236页。

钱、物品等；二是权利，如合同上的交付请求权。对非权利的标的物，受托人应交付给委托人。对权利，应区别受托人是否同时被授予代理权，以决定是否应转移给委托人：第一，当委托人授予代理权时，受托人以委托人名义与第三人为法律行为，由作为被代理人的委托人直接取得权利，不需要另有权利转移行为。第二，当委托人未授予代理权时，受托人以自己名义为法律行为，由此取得的权利归自己享有。只有受托人将该权利转移给委托人后，委托人才能取得该权利，从而才可请求第三人履行。受托人向委托人转移权利的范围包括权利本身及基于该权利所生的损害赔偿请求权。第三人可以向委托人主张其对受托人的抗辩事由。例如，甲委托乙以乙的名义向丙购买古董，此际由乙对丙享有交付标的物并转移标的物所有权的请求权。若丙不向乙履行买卖合同，因甲与丙之间不存在合同关系，故甲对丙不享有合同上的权利。若使甲对丙有直接请求权，乙必须将其对丙享有的请求权转移给甲。此权利转移应依债权让与的方式为之。在权利转移前，甲对丙无直接履行请求权；权利转移后，甲可对丙行使履行请求权，同时丙可以向甲主张其对乙的抗辩事由。

5. 利息支付与损害赔偿义务

无论委托合同有偿与否，受托人均不能为自己利益使用委托人的财产。若受托人为自己利益使用应交付给委托人的金钱，如使用代委托人出卖物品所取得的价款，或者使用应为委托人利益而使用的金钱，如使用委托人预付的委托事务处理费用，则构成不当得利，受托人应自使用之日起支付利息。若受托人使用应交付给委托人的物品并造成委托人损害，则应承担损害赔偿责任。此赔偿责任为无过错责任，委托人仅须证明受托人有使用事实即可。

6. 受托人的违约责任

（1）违反注意义务的违约责任

受托人处理委托事务，应尽必要的注意，否则应向委托人承担违约责任。如因可归责于受托人的事由造成委托人损害，受托人应承担损害赔偿责任。大陆法系的立法例大都根据委托合同的有偿性与无偿性，分别确定受托人注意义务的程度。例如，我国台湾地区“民法”第535条规定：“受任人处理委任事务，应依委任人之指示，并与处理自己事务为同一之注意，其受有报酬者，应以善良管理人之注意为之。”据此，无偿委托合同的受托人应尽与处理自己事务同一的注意，而有偿委托合同的受托人则应尽善良管理人的注意。《民法典》第929条第1款规定：“有偿的委托合同，因受托人的过错造成委托人损失的，委托人可以请求赔偿损失。无偿的委托合同，因受托人的故意或者重大过失造成委托人损失的，委托人可以请求赔偿损失。”可见，就无偿委托合同而言，《民法典》中受托人的注意义务的程度显然比我国台湾地区“民法”中受托人的注意义务的程度要轻，受托人尽普通人的注意、承担重大过失责任即可。在有偿委托合同中，受托人虽应对其“过错”负责，但该条所言“过错”究竟是未尽与处理自己事务同一的注意，还是未尽善良管理人的注意，未臻明确。本书认为，有偿合同的债务人应承担抽象轻过失责任乃是一般原则，且现代社会中，受托人多由专门技术人员或以公司形态出现的企业经营者充任，因此，受托人应尽善良管理人的注意，并承担抽象轻过失责任。

（2）超越授权的违约责任

《民法典》第929条第2款规定：“受托人超越权限造成委托人损失的，应当赔偿损失。”该赔偿责任是过错责任还是无过错责任？本书认为，在受托人违反注意义务之际，《民法典》仅要求受托人承担过错责任。因此，受托人超越权限的责任也应理解为过错责任。受托人应负责的过错程度，应根据委托合同有偿与否来判断。

受托人超越“权限”处理事务，与代理人超越代理权为法律行为，其效果并不相同。前者的效果为受托人应向委托人承担损害赔偿责任；后者的效果则是无权代理人与第三人所为的法律行为效力未定，本人享有追认权（《民法典》第171条）。

三、隐名代理与不公开本人身份的代理

《民法典》借鉴了英美法系的代理制度，于第925条规定了隐名代理，第926条规定了不公开本人身份的代理。

（一）隐名代理

隐名代理是指代理人虽未以本人名义为法律行为，但实际上有代理的意思，且为相对人明知或可得而知，也发生直接代理效果的代理。

《民法典》第925条规定：“受托人以自己的名义，在委托人的授权范围内与第三人订立的合同，第三人在订立合同时知道受托人与委托人之间的代理关系的，该合同直接约束委托人和第三人；但是，有确切证据证明该合同只约束受托人和第三人的除外。”据此，隐名代理的构成，需要具备以下条件：第一，受托人以自己的名义与第三人订立合同。第二，第三人知道受托人与委托人之间的代理关系。第三，无证据证明该合同只约束受托人与第三人。隐名代理的效力表现为发生直接代理的效果，亦即受托人与第三人订立的合同直接约

束委托人与第三人。

（二）不公开本人身份的代理

不公开本人身份的代理，是指行为人既不以本人名义，也不明示为本人利益，而以自己的名义为法律行为的代理。当受托人以自己的名义与第三人订立合同时，第三人不知道受托人与委托人之间的代理关系的，构成不公开本人身份的代理。此际，受托人（代理人）应当对其与第三人订立的合同负责，因为受托人在同第三人订约时根本没有披露代理关系的存在，从而在实际上把自己置于合同当事人或本人的地位。不过，根据《民法典》第926条的规定，委托人与第三人在一定的条件下可分别行使介入权或者选择权，从而进入合同关系。

1. 委托人的介入权

委托人的介入权，是指在受托人因第三人的原因对委托人不履行合同义务时，委托人得以进入受托人与第三人之间的合同关系，直接向第三人主张合同权利。

根据《民法典》第926条第1款的规定，委托人行使介入权需要具备以下条件：第一，受托人以自己的名义与第三人订立合同时，第三人不知道受托人与委托人之间的代理关系。第二，因第三人的原因使受托人对委托人不履行义务。第三，受托人向委托人披露第三人。受托人的披露义务，是指在受托人以自己的名义与第三人订立合同时，如果第三人不知道委托人与受托人之间的代理关系，而因为第三人或委托人的原因造成受托人不履行义务，则受托人应当向委托人或第三人披露造成其违约的第三人或委托人。第926条第1款所说的披露，必须是受托人明确告知了具体的第三人以后，委托人才能行使介入权，向第三人提出请求。虽然向委托人披露第三人可能减轻受托人的责任，但基于商业秘密、受托人与委托人之间的合同约定以及其他商业上的需要，受托人完全可以不予披露。如果受托人不披露，委托人就不能行使介入权，仍应由受托人向委托人承担责任。第四，第三人与受托人订立合同时，不存在如果知道该委托人就不会订立合同的情形。例如，第三人对委托人十分反感，如果知道受托人是在代委托人行事，就绝对不会缔约，则委托人不能行使介入权。又如，第三人非常注重受托人的人身因素，如受托人的技能、支付能力等。此时受托人的人身因素是第三人与受托人缔约的唯一基础，第三人只想和受托人缔约，而不愿意和其他人缔约。因此，委托人也不能行使介入权。

符合上述条件，委托人即可行使介入权，可以直接向第三人主张权利。当然，当委托人行使受托人对第三人的权利时，第三人可以向委托人主张其对受托人的抗辩（《民法典》第926条第3款）。

2. 第三人的选择权

第三人的选择权，是指在受托人因委托人的原因对第三人不履行合同义务时，第三人得以选择向受托人或者委托人主张合同权利。

根据《民法典》第926条第2款的规定，第三人行使选择权必须具备以下条件：第一，受托人以自己的名义与第三人订立合同时，第三人不知道受托人与委托人之间的代理关系。第二，因委托人的原因使受托人对第三人不履行义务。第三，受托人向第三人披露委托人。此处所说的披露，必须是受托人明确告知了具体的委托人以后，第三人才能行使选择权，向委托人提出请求。虽然向第三人披露委托人可能减轻受托人的责任，但基于商业秘密、受托人与委托人之间的合同约定以及其他商业上的需要，受托人完全可以不予披露。如果受托人不披露，第三人就不能行使选择权，仍应由受托人向第三人承担责任。

符合上述条件，第三人即可行使选择权，即第三人可以选择受托人或者委托人作为相对人主张其权利。一旦第三人作出了选择，就不能变更已选定的相对人。当第三人选定委托人作为其相对人时，委托人可以向第三人主张其对受托人的抗辩以及受托人对第三人的抗辩（《民法典》第926条第3款）。

四、委托合同的终止

与其他的合同一样，委托合同可因履行不能、履行完毕、解除条件成就等原因而终止。根据《民法典》的规定，委托合同可因两类特别事由而终止：一是任意解除；二是当然法定终止。在前者，当事人一方或双方因一定事由而取得解除权，并实施行使解除权的行为，使委托合同终止。在后者，某些法定的终止事由发生，委托合同自动、当然终止。以下仅阐述委托合同的特别终止事由。

（一）任意解除

1. 任意解除权

《民法典》第933条第1句规定：“委托人或者受托人可以随时解除委托合同。”该条赋予委托合同当事人以任意解除权。无论委托人还是受托人，皆可不附任何理由地随时解除委托合同。这种解除权为形成权，其行使无须相对人同意，解除的意思表示到达相对人即可使委托合同消灭。由于委托合同为继续性合同，故其消灭的效力向将来发生。

委托合同具有任意解除性，这是自罗马法以来的惯习。之所以赋予当事人以任意解除权，主要是因为在人类社会早期，委托合同以无偿为原则，而无偿合同的效力较有偿合同薄弱，当事人可不附理由地摆脱合同的约束。并且，无偿委托建立在当事人高度信赖的基础上，一旦信赖关系不存在，应允许当事人提前消灭委托合同。然而，在现代社会，有偿委托司空见惯，甚至成为委托的主要形态。任意解除权的赋予必然使委托合同的效力变得薄弱，并不完全符合有偿合同的普遍特性。未来立法可将任意解除权限制在无偿委托的范围内。

2. 受托人的报酬请求权

根据《民法典》第928条第2款的规定，无论委托人还是受托人解除合同，只要不可归责于受托人，委托人都应当向受托人支付相应的报酬，亦即受托人可就已处理的部分事务享有报酬请求权。

3. 损害赔偿

《民法典》第933条第2句规定："因解除合同造成对方损失的，除不可归责于该当事人的事由外，无偿委托合同的解除方应当赔偿因解除时间不当造成的直接损失，有偿委托合同的解除方应当赔偿对方的直接损失和合同履行后可以获得的利益。"该条区分有偿委托合同与无偿委托合同，分别规定损害赔偿的范围。就无偿委托合同而言，解除方应当赔偿因解除时间不当造成的直接损失。"直接损失"是指现存利益的积极减少，其含义等同于所受损害。其中，委托人的直接损失，主要是指委托人因合理信赖委托合同得以持续履行而受到的信赖利益损失，包括缔约的费用、为准备履行而支出的费用以及准备受领而支出的费用等。受托人的直接损失主要表现为必要费用以外的前期投入的损失。就有偿委托合同而言，解除方应当赔偿对方的直接损失和合同履行后可以获得的利益。可得利益是指，若委托合同未被解除时，当事人基于合同的完全履行可以获得的利益。其中，委托人的直接损失是指委托人为履行合同而遭受的现存财产的损失，可得利益则是指在委托合同得到完全履行的情况下，委托人能够获得的利益。受托人的直接损失是指必要费用之外的前期投入损失，可得利益是指受托人在委托合同完全履行时可以获得的利益。[1]

（二）当然法定终止

1. 终止事由

《民法典》第934条规定："委托人死亡、终止或者受托人死亡、丧失民事行为能力、终止的，委托合同终止；但是，当事人另有约定或者根据委托事务

〔1〕谢鸿飞、朱广新主编：《民法典评注：合同编 典型合同与准合同》，中国法制出版社2020年版，第265—266页。

的性质不宜终止的除外。”

（1）委托人或受托人死亡

委托合同建基于当事人之间的信赖。在当事人为自然人时，无论一方死亡还是双方同时死亡，因此种信赖关系不复存在，委托合同皆随之消灭。此处的死亡包括自然死亡与宣告死亡。

（2）委托人或受托人终止

当委托合同的当事人为法人或者非法人组织时，若法人或者非法人组织终止，也会导致当事人之间的信赖关系不复存在，故委托合同应随之终止。

（3）受托人丧失民事行为能力

此处所言丧失民事行为能力，是指受托人完全丧失民事行为能力，不包括民事行为能力受限制的情形。若受托人的民事行为能力受限制，受托人仍可处理委托事务，特别是民事行为能力受限制不影响受托人从事事实行为。

发生上述事由之一，委托合同即归于消灭，不过存在着以下例外：一是当事人另有约定。当事人可在合同中约定，即使一方当事人死亡、丧失民事行为能力或者终止，委托合同也不终止。二是因委托事务的性质不宜终止。例如，委托合同约定受托人代收租金3年，以之充抵委托人以前欠受托人的债务。假设受托人仅收取租金2年，委托人即死亡，则该委托合同并不终止。

2. 终止的效力

只要《民法典》第934条规定的终止事由出现，即发生委托合同的效力向将来消灭的效果。不过，为了保护委托人的利益，《民法典》规定受托人或者受托人的继承人、遗产管理人、法定代理人或清算人仍负有一定义务，以防免委托人遭受损害。

（1）受托人的继续处理义务

《民法典》第935条规定：“因委托人死亡或者被宣告破产、解散，致使委托合同终止将损害委托人利益的，在委托人的继承人、遗产管理人或者清算人承受委托事务之前，受托人应当继续处理委托事务。”该条的适用应具备以下两个条件：第一，委托合同因委托人死亡或者被宣告破产、解散而终止。第二，委托合同终止有害于委托人的利益。在符合这两项条件的情况下，受托人应继续处理委托事务，直至委托人的继承人、遗产管理人或者清算人承受委托事务为止。

（2）受托人的继承人、遗产管理人、法定代理人或清算人的通知及采取必要措施的义务

《民法典》第936条规定："因受托人死亡、丧失民事行为能力或者被宣告破产、解散，致使委托合同终止的，受托人的继承人、遗产管理人、法定代理人或者清算人应当及时通知委托人。因委托合同终止将损害委托人利益的，在委托人作出善后处理之前，受托人的继承人、遗产管理人、法定代理人或者清算人应当采取必要措施。"该条的适用应具备以下两个条件：第一，委托合同因受托人死亡、丧失民事行为能力或者被宣告破产、解散而终止。第二，委托合同终止有害于委托人的利益。在符合这两项条件的情况下，受托人的继承人、遗产管理人、法定代理人或者清算人负有两项义务：一是通知委托人的义务；二是采取必要措施防免委托人损害的义务。该必要的措施，应依具体情况确定，包括继续处理委托事务。

第二十五章 物业服务合同

提 要

物业服务合同是物业服务人在物业服务区域内，为业主提供建筑物及其附属设施的维修养护、环境卫生和相关秩序的管理维护等物业服务，业主支付物业费的合同。物业服务合同是一种独立的典型合同，分为前期物业服务合同和普通物业服务合同。物业服务人的主要义务是妥善维修、养护、清洁、绿化和经营管理物业服务区域内的业主共有部分，维护物业服务区域内的基本秩序，采取合理措施保护业主的人身、财产安全。业主的主要义务是支付物业费。物业服务合同终止后，原物业服务人应当配合新物业服务人做好交接工作。

重点问题

1. 前期物业服务合同与普通物业服务合同的关系。
2. 物业服务合同与承揽合同、委托合同的关系。
3. 物业服务合同作为继续性合同的体现。

第一节 物业服务合同概述

问题示例

甲房地产开发公司建成某住宅小区后，在向业主办理交房手续之前，与其控股的乙物业管理公司签订了前期物业服务合同。合同中约定，业主应当按每平方米4.95元/月的标准缴纳物业费。部分业主与甲办理完交房手续后，以前期物业服务合同的签订未经其同意、合同约定的物业费高于同类住宅小区收费标准为由，拒绝向乙支付物业费。乙以部分业主拖欠物业费为由，拒绝配合业主办理房屋装修手续。双方的主张有无法律依据？

一、物业服务合同的概念

《民法典》中所称的物业，是指一定区域内的住宅、经营性用房等建筑物及其附属设施，包括建筑区划内的道路、绿地、其他公共场所、公用设施、车位和车库等（第271—275条）。

物业服务合同，是指由建设单位或者业主委员会与物业服务人订立的，约定物业服务人在物业服务区域内，为业主提供建筑物及其附属设施的维修养护、环境卫生和相关秩序的管理维护等物业服务，业主支付物业费的合同（《民法典》第937条第1款）。物业服务合同的一方当事人是建设单位或者业主，另一方当事人是物业服务人。物业服务人包括物业服务企业和其他管理人（《民法典》第937条第2款）。物业服务企业应当具有独立的法人资格（《物业管理条例》第32条第1款）。

《合同法》及其之前的立法没有规定过物业服务合同。2003年颁布并经多次修改的《物业管理条例》对物业服务合同作了较为详细的规定。2007年《物权法》第六章“业主的建筑物区分所有权”中，规定了物业服务企业或者其他管理人的选聘和解聘等与建筑物区分所有权相关的问题（第76条、第81条、第82条）。2009年颁布的《最高人民法院关于审理物业服务纠纷案件具体应用法律若干问题的解释》规定了物业服务合同纠纷案件的相关裁判规则。为了保护业主和物业服务人的合法权益，规范物业服务行业的健康发展，指导司法实践对物业服务纠纷的处理，《民法典》将物业服务合同规定为一种典型合同。[1]

二、物业服务合同的类型

《民法典》规定的物业服务合同，包括前期物业服务合同和普通物业服务合同（第939条、第940条）。

（一）前期物业服务合同

前期物业服务合同，是指在业主、业主大会选聘物业服务企业之前，由建设单位依法与其选聘的物业服务人订立的物业服务合同（《物业管理条例》第21条）。

根据《物业管理条例》的规定，住宅物业的建设单位，应当通过招投标的方式选聘物业服务企业；投标人少于3个或者住宅规模较小的，经物业所在地的区、县人民政府房地产行政主管部门批准，可以采用协议方式选聘物业服务企业（第24条第2款）。物业服务企业承接物业时，应当对物业共用部位、共用

〔1〕 黄薇主编：《中华人民共和国民法典合同编释义》，法律出版社2020年版，第897页。

设施设备进行查验（第28条）。在办理物业承接验收手续时，建设单位应当向物业服务企业移交下列资料：（1）竣工总平面图，单体建筑、结构、设备竣工图，配套设施、地下管网工程竣工图等竣工验收资料；（2）设施设备的安装、使用和维护保养等技术资料；（3）物业质量保修文件和物业使用说明文件；（4）物业管理所必需的其他资料（第29条第1款）。

根据《物业管理条例》第25条的规定，建设单位与物业买受人签订的房屋买卖合同应当包含前期物业服务合同约定的内容。一些地方性法规还规定，前期物业服务合同应当作为房屋买卖合同的附件。[1]这表明建设单位将其在前期物业服务合同中的权利或者权利和义务一并转让给业主了。正因如此，《民法典》第939条规定，建设单位依法与物业服务人订立的前期物业服务合同，对业主具有法律约束力。相应地，从前期物业服务合同生效之日至出售的房屋交付给业主之日发生的物业服务费用，由建设单位承担；从出售的房屋交付之日至前期物业服务合同终止之日发生的物业服务费用，由业主按照房屋买卖合同的约定承担，房屋买卖合同未约定的由建设单位承担。[2]

关于前期物业服务合同的期限，有些地方性法规规定最长不得超过2年或3年。[3]

（二）普通物业服务合同

普通物业服务合同是相对于前期物业服务合同而言的，是指在建设单位将出售的房屋交付给业主之后，由业主委员会或者业主与物业服务人订立的物业服务合同。根据《物业管理条例》第10条的规定，同一个物业管理区域内的业主，应当在物业所在地政府指导下成立业主大会，并选举产生业主委员会；只有一个业主的，或者业主人数较少且经全体业主一致同意，决定不成立业主大会的，由业主共同履行业主大会、业主委员会职责。因此，订立普通物业服务

---

〔1〕参见《北京市物业管理条例》（2020年通过）第19条第2款；《上海市住宅物业管理规定》（2018年修正）第40条第1款；《甘肃省物业管理办法》（2018年修正）第22条；《湖南省物业管理条例》（2018年通过）第32条第2款；《安徽省物业管理条例》（2021年修正）第46条第2款。

〔2〕参见《黑龙江省住宅物业管理条例》（2020年通过）第33条；《北京市物业管理条例》（2020年通过）第22条；《上海市住宅物业管理规定》（2020年第二次修正）第49条；《安徽省物业管理条例》（2021年修正）第46条第3款。

〔3〕例如，《北京市物业管理条例》（2020年通过）第19条第3款规定为2年；《黑龙江省住宅物业管理条例》（2020年通过）第32条第1款和《辽宁省物业管理条例》（2017年通过）第41条第2款规定为3年。

合同的一方当事人可以是业主委员会或者业主。作为另一方当事人的物业服务人，可以是新物业服务人，也可以是前期物业服务合同中的物业服务人。

《民法典》合同编“物业服务合同”一章的规定，既适用于普通物业服务合同，也适用于前期物业服务合同；在适用于前期物业服务合同时，该章所称的“业主”是指建设单位。

在业主直接与物业服务人订立物业服务合同的情况下，因业主本人就是合同的一方当事人，故物业服务合同对业主具有法律约束力。在业主委员会与业主大会依法选聘的物业服务人订立物业服务合同的情况下，虽然从形式上看业主委员会是当事人，但实质上业主委员会是在全体业主的授权范围内与业主大会选聘的物业服务人订立物业服务合同的，并且物业服务人在订立合同时知道业主委员会与全体业主之间的代理关系。因此，根据《民法典》第925条主文可知，该物业服务合同直接约束每个业主和物业服务人。第939条规定，“……业主委员会与业主大会依法选聘的物业服务人订立的物业服务合同，对业主具有法律约束力。”该规定背后的原理就是第925条规定的隐名代理或者说间接代理制度。

三、物业服务合同的内容

物业服务合同的内容一般包括服务事项、服务质量、服务费用的标准和收取办法、维修资金的使用、服务用房的管理和使用、服务期限、服务交接等条款（《民法典》第938条第1款）。

物业服务事项一般包括下列内容：物业共用部位的日常维护和管理；物业共用设施设备运行、保养和管理；环境卫生清洁、公共绿化养护管理服务；安全防范、车辆停放管理等公共秩序维护；房屋装饰装修管理服务；物业使用中对禁止性行为的管理措施；物业维修、更新、改造和养护费用的账务管理；物业档案资料的保管，等等。[1]

关于物业服务质量，中国物业管理协会2004年发布的《普通住宅小区物业管理服务等级标准（试行）》，将普通住宅小区物业服务等级分为一级、二级、三级，级别越高表示物业服务标准越高。各等级服务标准分别由基本要求、房屋管理、共用设施设备维修养护、协助维护公共秩序、保洁服务、绿化

---

〔1〕 参见《黑龙江省住宅物业管理条例》（2020年通过）第40条；《上海市住宅物业管理规定》（2020年第二次修正）第44条；《青海省物业管理条例》（2020年修正）第54条。

养护管理六个部分构成。当事人订立物业服务合同时，可以参考或选择不同等级的服务标准。

关于服务费用，根据《物业管理条例》的规定，物业服务收费应当遵循合理、公开以及费用与服务水平相适应的原则，区别不同物业的性质和特点，由业主和物业服务企业按照国务院价格主管部门会同国务院建设行政主管部门制定的物业服务收费办法，在物业服务合同中约定（第40条）。物业服务企业可以根据业主的委托提供物业服务合同约定以外的服务项目，服务报酬由双方约定（第43条）。物业管理区域内，供水、供电、供气、供热、通信、有线电视等单位应当向最终用户收取有关费用，物业服务人接受委托代收此类费用的，不得向业主收取手续费等额外费用（第44条）。

关于维修资金的使用、服务用房的管理和使用、服务交接等事项，根据《物业管理条例》的规定，专项维修资金属于业主所有，专项用于物业保修期满后物业共用部位、共用设施设备的维修和更新、改造，不得挪作他用（第53条第2款）。物业管理用房的所有权依法属于业主；未经业主大会同意，物业服务企业不得改变物业管理用房的用途（第37条）。物业服务企业承接物业时，应当与业主委员会办理物业验收手续，业主委员会应当向物业服务企业移交相关资料（第36条）。

《民法典》第938条第2款规定："物业服务人公开作出的有利于业主的服务承诺，为物业服务合同的组成部分。"这意味着物业服务人可以单方面对物业服务合同的内容作有利于业主的变更。

四、物业服务合同的性质

关于物业服务合同的性质，在《民法典》颁布前，学理上有委托合同说、服务合同说、雇佣合同说、承揽合同说、混合合同说、独立合同说等不同观点。[1] 2018年8月立法机关第一次审议的《民法典》各分编草案第734条曾规定，"本章没有规定的，参照适用委托合同的有关规定"，试图将物业服务合同定位为特殊的委托合同。正式出台的《民法典》未采用该规定。

从《民法典》的相关规定来看，虽然物业服务合同含有委托合同的部分内容，如物业服务人应当按照业主的要求提供物业服务（第937条第1款）、不得

[1] 黄薇主编：《中华人民共和国民法典合同编释义》，法律出版社2020年版，第900—902页。

将其应当提供的全部物业服务转委托给第三人（第941条）、应当定期向业主公开并向业主大会、业主委员会报告物业服务等事项（第943条）、业主可以单方解除物业服务合同（第946条）等，但也存在着诸多不同于委托合同之处。例如，《民法典》关于委托人承担处理委托事务的费用（第921条）、隐名代理（第925条）、委托人的介入权和第三人的选择权（第926条）、委托人对受托人的损失承担赔偿责任（第930条）、受托人的任意解除权（第933条）、委托人死亡导致委托合同终止（第934条）等方面的规定，就不能适用或者类推适用于物业服务合同。另外，物业服务合同中尽管也含有承揽合同的部分内容，如物业服务人原则上应以自己的设备、技术和劳力完成物业服务事项（第941条）、业主可以单方解除物业服务合同（第946条）等，但《民法典》关于定作人提供材料（第775条）、承揽人完成工作并向定作人交付工作成果即可消灭承揽人的主给付义务（第780条）、承揽人对完成的工作成果享有留置权（第783条）、共同承揽人对定作人承担连带责任（第786条）等方面的规定，并不能适用或者类推适用于物业服务合同。

应当看到，之所以研究物业服务合同的性质，目的是为了解决该合同的法律适用问题。既然《民法典》已将物业服务合同规定为一种典型合同，且在“物业服务合同”一章中未设类似于第808条、第960条、第966条等有关适用或参照适用承揽合同或委托合同的规定，故无必要再将物业服务合同解释为特殊的委托合同或承揽合同。另外，在《民法典》未规定服务合同和雇佣合同的情况下，将物业服务合同的性质解释为服务合同或雇佣合同，也无助于解决物业服务合同的法律适用问题。

总之，物业服务合同是一种独立于委托合同和承揽合同之外的典型合同，具有自身的独特规则。司法实践中处理物业服务合同纠纷时，如果《民法典》“物业服务合同”“业主的建筑物区分所有权”两章的规定不敷使用，可以分析待决问题与承揽合同或委托合同的相关规则有无实质上的类似性，进而决定能否类推适用承揽合同或委托合同的相关规则。

五、物业服务合同的特征

（一）物业服务合同是诺成、要式合同

物业服务合同自双方当事人意思表示一致时即可成立，不以一方当事人交付标的物为成立要件，故为诺成合同。物业服务合同应当采用书面形式（《民法典》第938条第1款），故为要式合同。

（二）物业服务合同是双务、有偿合同

物业服务合同中，物业服务人负有提供物业服务的义务，业主负有支付物业费的义务，双方互负的给付义务构成对待给付关系，任何一方享有合同规定的权益时均须向对方支付对价，故物业服务合同属于双务、有偿合同。

（三）物业服务合同是继续性合同

在物业服务合同约定的服务期限内，物业服务人须持续地、反复地履行提供物业服务的义务，业主也须持续地定期履行支付物业费的义务，时间因素对双方所负给付义务的内容和范围具有重要影响，故物业服务合同属于继续性合同。《民法典》第948条规定的物业服务合同的默示更新，以及当事人可以随时解除不定期物业服务合同的规则，就体现了物业服务合同的继续性合同特征。

第二节　物业服务合同的效力

问题示例

甲在其所有的住宅上为乙设立了20年的居住权，双方约定：在居住权期限内，由乙缴纳物业费、水电费、煤气费、供热费等费用；乙不得将房屋出租、出借给他人使用。乙拿到房屋钥匙后，并未在房屋内居住，而是将房屋出租给了丙。租赁合同中约定，租赁期间由丙负责缴纳物业费、水电费、煤气费、供热费等费用。后因无人缴纳该住宅的物业费，丁物业管理公司向法院起诉，请求甲、乙、丙连带支付拖欠的物业费及利息。丁的诉讼请求能否得到支持？

一、对物业服务人的效力

（一）提供物业服务的义务

根据《民法典》的规定，物业服务人的主给付义务是，在物业服务区域内为业主提供物业的维修养护、环境卫生和相关秩序的管理维护等物业服务（第937条）。具体来说，物业服务人应当按照物业服务合同的约定和物业的使用性质，妥善维修、养护、清洁、绿化和经营管理物业服务区域内的业主共有部分，维护物业服务区域内的基本秩序，采取合理措施保护业主的人身、财产安全（第942条）。物业服务人应当采取必要的安全保障措施，防止业主或者物业使用人从建筑物中抛掷物品或者从建筑物上坠落物品。由于物业服务人未采取必要的安全保障措施，致使业主或者物业使用人从建筑物中抛掷物品或者从建筑物上坠落物品造成他人损害，无法确定具体侵权人的，物业服务人应当承担未履行安全保障义务的侵权责任（第1198条、第1245条第2款）。

（二）制止违法行为的义务

对物业服务区域内违反有关治安、环保、消防等法律法规的行为，不论是业主还是业主以外的人实施的，物业服务人有义务及时采取合理措施制止、向有关行政主管部门报告并协助处理（《民法典》第942条）。这也是维护业主的人身和财产安全所要求的。

（三）信息公开和报告义务

物业服务人应当定期将服务的事项、负责人员、质量要求、收费项目、收费标准、履行情况，以及维修资金使用情况、业主共有部分的经营与收益情况等，以合理方式向业主公开并向业主大会、业主委员会报告（《民法典》第943条）。

（四）不得将全部物业服务转委托给第三人的不作为义务

物业服务合同一般是基于业主对物业服务人的能力、信誉等的信赖而订立的，如果允许物业服务人将全部物业服务一次性或者支解后转委托给第三人，一方面有违业主订立合同的意愿，另一方面也容易损害业主的利益。因此，《民法典》明确规定，物业服务人不得将其应当提供的全部物业服务转委托给第三人，或者将全部物业服务支解后分别转委托给第三人（第941条第2款）。不过，物业服务人将物业服务区域内的部分专项服务事项，如电梯养护、园林绿化、保安巡逻等事项，委托给专业性服务组织或者其他第三人的，因有利于提高物业服务人的物业服务质量和保护业主的人身、财产安全，自无禁止的必要。于此情形，物业服务人就该部分专项服务事项仍应向业主负责（第941条第1款），这是合同的相对性所要求的（第465条）。

二、对业主的效力

（一）支付物业费的义务

支付物业费是业主的主给付义务。业主应当按照约定向物业服务人支付物业费（《民法典》第944条第1款第1句），即按照物业服务合同约定的数额、时间和方式支付物业费。已竣工但尚未出售或者尚未交给物业买受人的物业，物业费由建设单位交纳（《物业管理条例》第41条第2款）；已经交付给买受人的物业，物业费由业主交纳，建设单位不再负有交纳义务。

物业服务人已经按照物业服务合同的约定和《物业管理条例》及地方性法规、规章有关物业管理方面的规定提供服务的，业主不得以未接受或者无须接受相关物业服务为由拒绝支付物业费（《民法典》第944条第1款第2句）。原因在于，物业服务人并非仅为某个业主提供服务，而是为物业管理区域内的全体业主提供服务；即便某个业主未实际使用房屋及停车位等附属设施，也会享受物业服务人为物业管理区域提供的维修养护、环境卫生和相关秩序的管理维护等物业服务。

《民法典》第944条第2款规定，业主违反约定逾期不支付物业费的，物业服务人可以催告其在合理期限内支付；合理期限届满仍不支付的，物业服务人可以提起诉讼或者申请仲裁。对此规定可从三个方面解读：第一，该款规定的物业服务人对业主提起诉讼或者申请仲裁的条件，虽然与第563条第1款第3项规定的内容相近，但却没有赋予物业服务人以法定解除权，解释上也不应认为物业服务人对该业主取得法定解除权。原因在于，物业服务合同不仅存在于迟延支付物业费的业主与物业服务人之间，也存在于其他业主与物业服务人之间。如果物业服务人以某个业主迟延支付物业费为由解除双方之间的物业服务合同，由于物业服务人仍须继续履行与其他业主之间的物业服务合同，导致该业主在合同解除后依然可以获得物业服务，物业服务人却无法依据物业服务合同请求其支付相应的物业费。虽然物业服务人可以根据无因管理或者不当得利的规则，请求该业主返还必要费用、适当补偿损失或者返还不当得利，但毕竟不利于保护物业服务人，也会导致法律关系变得复杂。第二，业主迟延履行支付物业费的义务后，物业服务人应当先催告业主在合理期限内支付，不得未经催告而直接对业主提起诉讼或者申请仲裁。第三，业主经催告后仍不在合理期限内支付物业费的，物业服务人对该业主提起诉讼或者申请仲裁时，只能请求业主继续履行支付物业费的义务（《民法典》第579条），而不能主张解除与该业主或者与全体业主之间的物业服务合同。当然，物业服务人也可以依据《民事诉讼法》第214条的规定，依法向法院申请支付令。

业主违反物业服务合同的约定，逾期不支付物业费或者经催告后仍不支付物业费的，物业服务人不得采取停止供电、供水、供热、供燃气等方式催交物业费（《民法典》第944条第3款）。这既是出于保护业主的正常生活或生产经营的需要，也是因为物业服务人并非供用电、水、气、热力等合同的当事人，无权通过中止履行供电等义务或者通过阻碍供应人的供电等行为实现其物业费请求权。

（二）装饰装修房屋时的告知义务和协助义务

业主装饰装修房屋的，应当事先告知物业服务人，遵守物业服务人提示的合理注意事项，并配合其进行必要的现场检查（《民法典》第945条第1款）。这也是物业服务人妥善履行物业服务义务所需要的。

（三）管理或处分物业专有部分或共有部分时的告知义务

业主转让、出租物业专有部分、设立居住权或者依法改变共有部分用途的，应当及时将相关情况告知物业服务人（《民法典》第945条第2款），以便物业服务人及时变更相应的物业服务内容。

在业主转让、出租物业专有部分或者设立居住权的情况下，如何处理相关的物业费，需要区分情况讨论。

第一，业主转让物业专有部分所有权的，无须经过物业服务人的同意，业主在物业服务合同中的权利义务即一并转让给受让人。转让之前已经产生且未被支付的物业费，基于物业服务合同的相对性，仍应由转让人向物业服务人支付；转让合同中约定由受让人支付该物业费的，适用向第三人履行的合同或者债务承担的相关规则（《民法典》第522条、第551—554条）。

第二，业主的继承人、受遗赠人通过继承、受遗赠取得物业专有部分所有权的，业主在物业服务合同中的权利义务也一并转移给继承人、受遗赠人，业主生前未支付的物业费应根据限定继承规则（《民法典》第1161—1163条）处理。

第三，业主出租专有部分或者以其住宅为他人设立居住权的，由于专有部分所有权并未转移，故物业服务合同依然在业主和物业服务人之间发生效力，承租人或者居住权人并不因此概括承受业主的合同权利义务。业主与承租人、居住权人约定由承租人、居住权人支付租赁期限、居住权期限内的物业费的，从民法原理来看，可以适用向第三人履行的合同或者债务承担的相关规则（《民法典》第522条、第551—554条）。不过，《物业管理条例》第41条第2句规定："业主与物业使用人约定由物业使用人交纳物业服务费用的，从其约定，业主负连带交纳责任。"

第三节　物业服务合同的终止

问题示例

2016年12月，甲物业公司与乙住宅小区业委会签订一份《物业服务委托合同》，约定由甲为乙小区提供物业服务，服务期限截至2018年12月31日。合同到期后，双方未再续约，但甲一直在乙小区内提供物业服务。2020年8月25日，乙小区召开业主大会，作出不同意续聘甲的决定，并在小区公示和向当地街道物管办备案。9月14日，乙小区业委会将业主大会决议的结果告知甲，通知其物业服务期限截至2020年12月31日。甲以双方已成立事实上的物业服务合同为由，拒绝撤出小区。业委会遂将甲诉至法院，请求甲撤出小区，并办理物业交接手续。本案应如何处理？

一、物业服务合同终止的事由

（一）前期物业服务合同的特殊终止事由

根据《民法典》第940条的规定，前期物业服务合同约定的服务期限届满前，业主委员会或者业主与新物业服务人订立的物业服务合同生效的，前期物业服务合同终止。由于业主委员会或者业主与新物业服务人订立物业服务合同且该合同生效是将来通常会发生的事实，故前期物业服务合同性质上属于附终止期限的合同，而非附解除条件的合同。另外，服务期限届满前，业主决定自行管理的，因其和业主委员会或者业主与新物业服务人订立的物业服务合同生效具有类似性质，故应类推适用第940条，认定前期物业服务合同终止。

（二）物业服务合同因期限届满而终止

物业服务合同约定了服务期限的，期限届满合同即告终止。不过，根据《民法典》第948条第1款的规定，物业服务期限届满后，业主没有依法作出续聘或者另聘物业服务人的决定，物业服务人继续提供物业服务的，原物业服务合同继续有效，但是服务期限为不定期。这是物业服务合同的默示更新制度，其本质与第734条第1款、第976条第2款的规定类似，都属于继续性合同的默示更新的范畴。

（三）定期物业服务合同因业主共同任意解除而终止

根据《民法典》第946条第1款的规定，业主依照法定程序共同决定解聘物业服务人的，可以解除物业服务合同；决定解聘的，应当提前60日书面通知物业服务人，但是合同对通知期限另有约定的除外。其所谓“法定程序”，是指《民法典》第278条第1款第4项和第2款规定的程序，即选聘和解聘物业服务企业或者其他管理人，应当由专有部分面积占比2/3以上的业主且人数占比2/3以上的业主参与表决，并应经参与表决专有部分面积过半数的业主且参与表决人数过半数的业主同意。

《民法典》第946条第1款规定的是业主对物业服务合同的任意解除权，它与第933条规定的委托人对委托合同的任意解除权十分相似，体现出物业服务合同具有一定程度的委托合同性质。根据该款的规定可知，单个业主并不享有任意解除权，必须由全体业主依照第278条规定的程序作出解聘物业服务人的决定，然后由业主委员会提前60日书面通知物业服务人解除合同；原则上自解除通知到达物业服务人60日后，才能发生解除物业服务合同的效果。

根据《民法典》第946条第2款的规定，业主依据该条第1款规定解除合同造成物业服务人损失的，除不可归责于业主的事由外，业主应当赔偿损失。鉴于该款规定的内容及其调整的当事人之间的利益状况，与第933条第2句规定的有偿委托合同中委托人行使任意解除权解除委托合同的情况十分类似，故对于业主的赔偿损失责任的范围，可以参照适用第933条第2句关于有偿委托合同中委托人的赔偿责任的规定，即业主应当赔偿物业服务人的“直接损失和合同履行后可以获得的利益”。另外，业主解除物业服务合同后，应当类推适用第591条的规定，即物业服务人应当采取适当措施防止损失的扩大，否则不得就扩大的损失请求业主赔偿；物业服务人因防止损失扩大而支出的合理费用，由业主负担。

（四）不定期物业服务合同因当事人行使任意解除权而终止

根据《民法典》第948条第2款的规定，当事人可以随时解除不定期物业服务合同，但是应当提前60日书面通知对方。该规定是第563条第2款规定的不定期继续性合同的任意解除规则在物业服务合同中的具体应用，实质上是赋予双方当事人对不定期物业服务合同的任意解除权。其所谓不定期物业服务合同包括两种情况：一是当事人对物业服务期限没有约定或者约定不明确；二是当事人约定的物业服务期限届满后，物业服务合同因发生默示更新而变为不定期（第948条第1款）。

根据《民法典》第948条第2款可知，一方向对方发出解除不定期物业服务合同的通知的，自通知到达对方之日起经过60日后，合同即告解除。于此情形，由于物业服务合同是因一方行使法定的任意解除权而被解除的，《民法典》也未像第787条、第933条那样规定解除方的赔偿责任，故解除物业服务合同的一方无须向对方承担赔偿责任。

二、物业服务合同终止的效果

物业服务合同终止后，原物业服务人占有物业管理区域内的物业及相关物业管理资料失去法律依据，自应返还给全体业主。具体来说，原物业服务人应当在约定期限或者合理期限内退出物业服务区域，将物业服务用房、相关设施、物业服务所必需的相关资料等交还给业主委员会、决定自行管理的业主或者其指定的人，配合新物业服务人做好交接工作，并如实告知物业的使用和管理状况；原物业服务人违反前述义务，造成业主损失的，不仅无权请求业主支付物业服务合同终止后的物业费，还应当赔偿业主的损失（《民法典》第949条）。

物业服务合同终止后，为维护物业管理区域内的正常秩序，在业主或者业主大会选聘的新物业服务人或者决定自行管理的业主接管之前，原物业服务人应当继续处理物业服务事项，并可以请求业主支付该期间的物业费（《民法典》第950条）。原物业服务人所负的继续处理物业服务事项的义务，是其在合同权利义务终止后根据诚实信用原则应当负担的后合同义务（《民法典》第558条）。

第二十六章 行纪合同

提 要

行纪合同是行纪人以自己的名义为委托人从事贸易活动，委托人支付报酬的合同。行纪人可以是一般的民事主体，也可以是期货公司、证券公司等商事主体。行纪合同不同于委托合同。行纪人处理委托事务时，应当服从委托人的指示，忠实于委托人的利益。行纪人享有报酬请求权、留置权、介入权等权利。委托人负有支付报酬的义务和及时受领或取回委托物的义务。

重点问题

1. 行纪合同与委托合同的区别。
2. 行纪人的介入权。
3. 行纪人的留置权。

第一节 行纪合同概述

问题示例

2021年3月1日，甲与乙汽车租赁公司签订一份协议书，约定：甲将自己的一辆红旗牌轿车交给乙对外出租；如果车辆租出去，甲分得85%的租赁费，乙提取15%的管理费；如果车辆没有租出去，乙无须支付任何费用。2021年4月2日，乙将该车出租给丙，约定租期7天，租金共1400元。租期届满后，丙未归还所租车辆，连人带车下落不明。甲请求乙归还车辆并赔偿损失。乙辩称双方为委托代理关系，自己替甲出租汽车时尽到了合理审查义务，故不应承担责任。本案应如何处理？

一、行纪合同的概念

行纪合同是委托人和行纪人约定，行纪人以自己的名义为委托人从事贸易活动，委托人支付报酬的合同（《民法典》第951条）。

行纪人可以是一般的民事主体，也可以是期货公司、证券公司等商事主体。例如，期货公司可以从事期货经纪业务，接受客户委托，以自己的名义为客户进行期货交易，交易结果由客户承担（《期货交易管理条例》第18条）。证券公司可以从事证券经纪业务和证券资产管理业务，接受客户的委托，以自己的名义为客户买卖证券或者使用客户资产进行投资，交易结果由客户承担（《证券公司监督管理条例》第37条、第45条）。在实践中，行纪人从事的贸易活动包括代购代销、期货交易、证券买卖和资产管理等，十分广泛。

在一般的代购代销类贸易活动中，委托人的资格通常没有限制。不过，在期货交易、证券买卖等金融产品交易中，委托人的资格可能会受到相应限制。例如，国家机关和事业单位，国务院期货监督管理机构、期货交易所、期货保证金安全存管监控机构和期货业协会的工作人员，以及证券、期货市场禁止进入者等，就不允许从事期货交易，期货公司不得接受其委托为其进行期货交易（《期货交易管理条例》第25条）。

二、行纪合同的特征

（一）行纪合同是行纪人为委托人从事贸易活动的合同

行纪合同与承揽合同、保管合同、委托合同和居间合同等虽然都属于提供劳务或服务的合同，但行纪人须以自己的名义为委托人从事货物买卖、期货交易、证券买卖等贸易活动，因而有别于其他几类合同。

（二）行纪合同是诺成、不要式合同

行纪合同自双方当事人意思表示一致时成立，不以一方当事人交付标的物或者采用书面形式为要件，故为诺成、不要式合同。不过，有些特殊的行纪合同，如期货公司接受客户委托为其进行期货交易的合同，依法需要采用书面形式（《期货交易管理条例》第24条第1款）。

（三）行纪合同是双务、有偿合同

行纪人负有以自己的名义为委托人从事贸易活动的义务，委托人负有支付报酬的义务，双方互负的给付义务构成对待给付关系，任何一方享有合同规定的权益时均须向对方支付对价，故行纪合同属于双务、有偿合同。

三、行纪合同的界限

行纪合同与委托合同都是一方接受对方的委托，为对方处理事务的合同，二者在内容上有较多类似之处。我国原《合同法》第423条曾规定：“本章没有规定的，适用委托合同的有关规定”，实际上是将行纪合同作为一种特殊的委托合

同对待。《民法典》第960条将该条修改为：“本章没有规定的，参照适用委托合同的有关规定。”这表明立法机关改变了之前的立场，承认行纪合同是独立于委托合同之外的一类合同，只是在相关问题上可以参照适用委托合同的有关规定。

行纪合同与委托合同存在以下区别：

第一，处理委托事务的行为性质不同。行纪人处理委托事务的行为仅限于为委托人从事贸易活动，也即实施法律行为。在委托合同中，受托人处理委托事务的行为既包括实施法律行为，例如与第三人订立买卖、租赁等合同，也包括为委托人实施有经济意义的行为或者单纯的事实行为。[1]

第二，处理委托事务时采用的名义不同。行纪人只能以自己的名义为委托人从事贸易活动。在委托合同中，受托人既可以自己的名义，也可以委托人的名义处理委托人事务。

第三，行纪人、受托人与第三人订立的合同能否约束委托人不同。根据《民法典》第958条的规定可知，行纪人以自己的名义与第三人订立合同的，行纪人对该合同直接享有权利、承担义务；因第三人不向行纪人履行义务，致使委托人的利益受到损害的，应由行纪人向委托人承担赔偿责任，除非行纪人与委托人另有约定。可见，第925条规定的隐名代理和第926条规定的委托人的介入权和第三人的选择权，不能参照适用于行纪人与第三人之间的合同。在委托合同中，由于委托人与受托人之间可能存在直接代理或隐名代理关系，或者适用委托人的介入权和第三人的选择权（《民法典》第162条、第925条、第928条），导致受托人与第三人订立的合同往往会对委托人发生效力。

第四，行纪人、受托人是否享有报酬请求权不同。行纪合同是典型的商事合同，也是有偿合同，行纪人享有报酬请求权。委托合同以无偿为原则，受托人只有在合同中明确约定报酬的情况下，才享有报酬请求权（《民法典》第928条）。

第五，处理委托事务的费用负担不同。行纪人应当负担处理委托事务的费用。委托合同中受托人处理委托事务的费用由委托人负担（《民法典》第921条）。

第六，处理委托事务时所受损失的分配不同。在委托合同中，受托人处理委托事务时，因不可归责于自己的事由受到损失的，可以请求委托人赔偿损失（《民法典》第930条）。行纪人处理委托事务时受到的损失，无论是否可归责于行纪人，都由行纪人自行承担，不能参照适用《民法典》第930条的规定。

---

〔1〕 李永军：《合同法》（第五版），中国人民大学出版社2020年版，第385页。

第二节 行纪合同的效力

问题示例

甲公司与乙超市签订一份协议书，约定乙代甲销售10000箱矿泉水，每箱统一销售价为20元，甲按销售价的15%向乙支付报酬，半年后未售出的矿泉水由甲取回。甲交货后不久，因某地发生水灾，乙决定将尚未售完的9000箱矿泉水捐赠给灾区。双方在结算货款时，甲认为乙仅卖出1000箱矿泉水，只同意支付3000元报酬。乙认为10000箱矿泉水都已卖完，甲应当支付30000元报酬。本案应如何处理？

一、对行纪人的效力

（一）行纪人的义务

1. 以自己的名义为委托人从事贸易活动的义务

行纪人应当以自己的名义为委托人从事贸易活动（《民法典》第951条），这是行纪人的主给付义务。该义务包括两个方面：其一，行纪人应当以自己的名义与第三人订立货物买卖等合同。其二，行纪人因履行货物买卖等合同从第三人处取得的财产，应当转交给委托人。《民法典》合同编“行纪合同”一章虽未像“委托合同”一章那样明文规定“受托人处理委托事务取得的财产，应当转交给委托人”（第927条），但是从对第951条的解释中，仍可得出行纪人有义务将取得的财产转交给委托人的结论，否则行纪人以其名义与第三人订立合同就失去了意义。

2. 服从委托人指示的义务

行纪人处理委托事务时，负有服从委托人指示的义务，应当按照委托人指示的价格、时间、地域范围等要求卖出或者买入委托物。行纪人违背委托人指示或指定的价格卖出或买入的，应当区分以下两种情况，分别确定其法律效果。

第一，委托人对卖出或买入的价格有特别指示的，如要求行纪人须以统一的价格卖出或者买入、不得降低卖出价或提高买入价，行纪人不得违背该指示卖出或者买入（《民法典》第955条第3款），否则该买卖对委托人不发生效力。

第二，委托人仅指定卖出或者买入的价格，此外对价格没有特别指示的，行纪人如果违背该指示卖出或者买入，应区分其结果对委托人是否有利，分别确定相应的法律效果：其一，行纪人以低于委托人指定的价格卖出或者高于委托人指定的价格买入的，应当经委托人同意；未经委托人同意，行纪人补偿其差额的，该买卖对委托人发生效力（《民法典》第955条第1款），行纪人有权请求委托人支付约定的报酬；既未经委托人同意，行纪人也拒绝补偿其差额的，该买卖对委托人不发生效力，行纪人无权请求委托人支付报酬。其二，行纪人以高于委托人指定的价格卖出或者低于委托人指定的价格买入的，因其结果对委托人有利，故无论是否经过委托人同意，该买卖都对委托人发生效力。于此情形，除当事人另有约定外，获得的额外利益属于委托人；除当事人约定增加报酬外，行纪人无权请求委托人增加报酬（《民法典》第955条第2款）。

3. 妥善保管委托物的义务

行纪人因处理委托事务而占有委托物的，负有妥善保管委托物的义务（《民法典》第953条）。所谓“妥善保管”，要求行纪人尽到善良管理人的注意。于此情形，除当事人另有约定外，行纪人不得使用或者许可第三人使用委托物；因行纪人保管不善造成委托物毁损、灭失的，行纪人应当承担赔偿责任（类推适用《民法典》第895条、第897条第1句）。这意味着，只要行纪人对于委托物的毁损、灭失具有抽象轻过失，就应承担赔偿责任。

4. 负担行纪费用的义务

在行纪合同中，除非当事人另有约定，行纪人处理委托事务支出的费用应当由行纪人负担（《民法典》第952条）。

（二）行纪人的权利

1. 报酬请求权

行纪合同是有偿合同，行纪人完成或者部分完成委托事务的，有权请求委托人支付相应的报酬（《民法典》第959条）。

2. 留置权

根据《民法典》第959条的规定，在行纪人因完成委托事务而取得报酬请求权的情况下，“委托人逾期不支付报酬的，行纪人对委托物享有留置权，但是当事人另有约定的除外”。由于留置权的客体一般是债务人所有的动产（《民法典》第447条），故行纪人对委托物享有留置权，应以委托物属于委托人所有为前提。这就涉及行纪合同中委托物所有权的归属问题。

在委托人委托行纪人出卖委托物的情况下，委托人将委托物交付给行纪人的，行纪人只是取得了委托物的处分权，委托物的所有权仍属于委托人。如果行纪人因卖出部分委托物而取得报酬请求权，由于剩余委托物的所有权属于委托人，行纪人自可对剩余委托物享有留置权。《民法典》第959条规定的行纪人的留置权就是指这种情况。

在委托人委托行纪人买入委托物的情况下，由于行纪人与第三人订立的买卖合同对委托人并无约束力，行纪人对该合同直接享有权利、承担义务（《民法典》第958条第1款），因履行该合同而取得的委托物所有权也属于行纪人，所以行纪人对该委托物无法享有留置权。鉴于委托人负有的支付报酬义务和行纪人负有的转交财产义务一般没有先后履行顺序，故行纪人可以通过行使同时履行抗辩权保护自己的利益。

3. 介入权

在委托代理中，由于代理人与被代理人存在利益冲突，故代理人原则上不得以被代理人的名义与自己实施民事法律行为（《民法典》第168条第1款）。与此不同，在行纪合同中，行纪人卖出或者买入具有市场定价的商品时，如有价证券等，除委托人有相反的意思表示外，行纪人自己可以作为买受人或者出卖人（《民法典》第956条第1款）。理论上称之为行纪人的介入权。介入权性质上属于形成权。自行纪人行使介入权的意思表示到达委托人之时起，就在委托人与行纪人之间成立相应的商品买卖合同，标的物的价款根据市场定价确定。行纪人依法行使介入权的，相当于完成了委托事务，故可请求委托人支付报酬（《民法典》第956条第2款）。行使介入权之后，行纪人为委托人取得的委托物，应当转交给委托人。

4. 合理处分委托物的权利

委托物交付给行纪人时有瑕疵或者容易腐烂、变质的，为保护委托人的利益，根据诚实信用原则，行纪人负有及时通知委托人的义务。通知委托人之后，经委托人同意，行纪人可以按照委托人的指示处分委托物。行纪人不能与委托人及时取得联系的，可以通过降价出卖等方式合理处分委托物（《民法典》第954条），但事后应当将该情况及时报告委托人（参照适用《民法典》第922条）。

二、对委托人的效力

（一）支付报酬的义务

行纪人完成或者部分完成委托事务的，委托人应当向其支付相应的报酬（《民法典》第959条）。这是委托人负有的主给付义务。所谓完成委托事务，是指行纪人以其名义与第三人订立了有效的买卖合同，并从第三人处取得委托物所有权，不要求行纪人将委托物所有权实际转移给委托人。如果行纪合同中对委托人的支付报酬义务和行纪人的转交财产义务未约定先后履行顺序，双方应当同时履行各自的义务，因而都享有同时履行抗辩权。

（二）及时受领或取回委托物的义务

委托人委托行纪人买入委托物，行纪人按照约定买入委托物之后，将委托物转交委托人的，委托人应当及时受领；经行纪人催告，委托人无正当理由拒绝受领的，行纪人依法可以提存委托物。委托人委托行纪人出卖委托物，委托物不能卖出或者委托人撤回出卖的，委托人有义务取回或处分委托物；经行纪人催告，委托人不取回或者不处分该物的，行纪人依法可以提存委托物（《民法典》第957条）。

第二十七章　中介合同

提要

中介合同也称居间合同，是中介人向委托人报告订立合同的机会或者提供订立合同的媒介服务，委托人支付报酬的合同。中介合同分为报告中介和媒介中介两种类型。中介合同与行纪合同、委托合同都存在不少区别。委托人“跳单”时，仍有义务向中介人支付报酬。

重点问题

1. 中介合同与行纪合同的区别。
2. 委托人“跳单”时的支付报酬义务。
3. 委托合同的哪些规定可以参照适用于中介合同？

第一节　中介合同概述

问题示例

2020年3月28日，甲公司与乙公司签订一份买卖合同，约定：甲向乙购买10台KN95半自动口罩机，乙在收到预付款后20个工作日完成出货。乙在2020年3月28日收到甲的预付款540万元后，在约定的交货期2020年4月27日前，仅向甲交付了5台口罩机。其间，丙曾于2020年3月30日通过微信向甲的法定代表人承诺：可帮忙让乙提前或准时交货，甲即于当日向丙转账支付了200万元中介费用。丙收取该费用后，虽然做了一些居间协调工作，但未能促成乙完全按买卖合同约定的期限或提前交付10台口罩机。甲请求丙退还200万元中介费及利息。本案应如何处理？

一、中介合同的概念

中介合同，我国原《合同法》称之为居间合同，是指委托人和中介人约定，中介人向委托人报告订立合同的机会或者提供订立合同的媒介服务，委托人支付报酬的合同（《民法典》第961条）。《民法典》没有限制中介人的主体资格。有些法律要求从事某些特定种类中介活动的中介人应当取得营业执照或者许可证等证照。[1]在实践中，中介服务涉及的事项包括房地产交易、保险合同、证券交易、技术转让、货物运输、演出合同、职业介绍等事项。由于婚姻关系属于身份关系，男女结婚并非订立合同，所以婚姻中介机构为委托人提供的婚介服务，不属于中介合同的范畴。[2]不过，从《民法典》第464条第2款、第467条第1款的规定来看，婚介服务可以参照适用关于中介合同的规定。

我国原《合同法》第二十三章规定了居间合同，用四个条文规范委托人和居间人的权利义务。由于现实中经常使用中介、中介组织、中介机构、中介市场、中介服务、中介活动等概念，为方便人民群众学法、知法、守法、用法，《民法典》将原《合同法》规定的居间合同、居间人分别改称为中介合同、中介人。不过，实践中中介人提供的中介服务比较广泛，不仅包括代理或者原《合同法》所称的居间在内，[3]还包括会计师事务所、资产评估机构等中介服务机构提供的审计、评估等技术性、专业性服务。[4]

二、中介合同的特征

（一）中介合同的标的是报告订立合同的机会或者提供订立合同的媒介服务

中介合同与承揽合同、保管合同、委托合同、行纪合同等虽然都属于一方向对方提供劳务或服务的合同，但中介人的主给付义务是向委托人报告订立合同的机会或者提供订立合同的媒介服务，以此促进委托人与第三人订立合同。这与承揽人、保管人、受托人和行纪人的主给付义务明显不同。

（二）中介合同是诺成、不要式合同

中介合同自双方当事人意思表示一致时成立，不以中介人交付标的物或者实际提供中介服务为成立要件，也不要求采用书面形式，故为诺成、不要式合同。

（三）中介合同是双务、有偿合同

〔1〕 参见《保险法》第119条；《促进科技成果转化法》第18条；《人力资源市场暂行条例》第18条第1款。

〔2〕 黄薇主编：《中华人民共和国民法典合同编释义》，法律出版社2020年版，第973页。

〔3〕 参见《保险法》第118条；《促进科技成果转化法》第18条、第27条第2款；《城市房地产开发经营管理条例》第28条。

〔4〕 参见《保险法》第88条；《优化营商环境条例》第43条、第71条；《期货交易管理条例》第61条、第76条；《全国法院民商事审判工作会议纪要》（法〔2019〕254号）第116条。

中介人负有向委托人报告订立合同的机会或者提供订立合同的媒介服务的义务，委托人负有在中介人促成合同成立时支付报酬的义务，双方互负的给付义务构成对待给付关系，任何一方享有合同规定的权益时均须向对方支付对价，故中介合同属于双务、有偿合同。

三、中介合同的类型

根据中介人负有的主给付义务的内容，可以将中介合同分为报告中介（报告居间）和媒介中介（媒介居间）两种类型。在报告中介中，中介人负有向委托人报告订立合同的机会的主给付义务，但不负有积极促成委托人与第三人订立合同的义务。在媒介中介中，中介人负有向委托人提供订立合同的媒介服务的主给付义务，其中当然包含向委托人报告订立合同的机会等方面的内容。无论是哪类中介合同，只有在委托人与第三人订立合同后，中介人才能取得报酬请求权（《民法典》第963条）。

四、中介合同的界限

（一）中介合同与行纪合同

中介合同与行纪合同具有较多的共性，如均属于为委托人处理事务的合同，都可以参照适用委托合同的有关规定（《民法典》第960条、第966条），中介人和行纪人都应负担处理委托事务的费用（《民法典》第952条、第963条第2款、第964条）。

中介合同与行纪合同存在以下区别：

第一，处理委托事务的内容不同。中介人处理的委托事务是向委托人报告订立合同的机会或者提供订立合同的媒介服务，该事务属于事实行为。行纪人处理的委托事务是为委托人从事贸易活动，该事务属于法律行为。

第二，处理委托事务的效果归属不同。中介人向委托人报告订立合同的机会或者提供订立合同的媒介服务，处理委托事务的效果直接归属于委托人。行纪人处理委托事务时，须先与第三人订立并履行合同，然后将获得的委托物转交给委托人。

第三，报酬请求权的产生条件不同。中介合同与行纪合同虽然都属于有偿合同，但中介人在促成委托人与第三人订立合同时才取得报酬请求权，行纪人的报酬请求权则产生于行纪人完成或者部分完成委托事务之时。

第四，合同的履行是否涉及财产的交付及转移不同。中介合同的履行过程仅涉及报告行为、媒介行为等事实行为，不涉及财产的交付及转移等问题。行纪合同的履行过程不仅涉及委托物的交付、保管、权属转移等问题，还可能产生留置权、提存委托物、委托物毁损、灭失的风险负担等问题。

（二）中介合同与委托合同

中介合同与委托合同都是一方接受对方的委托，为对方处理事务的合同。在法律适用上，《民法典》合同编“中介合同”一章没有规定的，可以参照适用委托合同的有关规定（第966条）。

中介合同与委托合同存在以下区别：

第一，处理委托事务的行为性质有所不同。中介人处理委托事务的行为属于事实行为。在委托合同中，受托人处理委托事务的行为可以是法律行为或者事实行为。

第二，处理委托事务时采用的名义有所不同。中介人只能以自己的名义处理委托事务。在委托合同中，受托人既可以自己的名义，也可以委托人的名义处理委托人事务。

第三，中介人、受托人是否享有报酬请求权不同。中介合同是有偿合同，中介人享有报酬请求权。委托合同以无偿为原则，受托人只有在明确约定报酬的情况下，才享有报酬请求权（《民法典》第928条）。

第四，处理委托事务的费用负担不同。中介人应当负担处理委托事务的费用（《民法典》第963条第2款、第964条）。在委托合同中，受托人处理委托事务的费用由委托人负担（《民法典》第921条）。

第五，处理委托事务时所受损失的分配不同。在委托合同中，受托人处理委托事务时，因不可归责于自己的事由受到损失的，可以请求委托人赔偿损失（《民法典》第930条）。中介人处理委托事务时受到的损失，无论是否可归责于中介人，都由中介人自行承担，不能参照适用《民法典》第930条的规定。

第二节 中介合同的效力

问题示例

2020年4月23日，甲与乙房屋中介公司签订一份《独家代理委托书》，约定：甲委托乙独家代理出售甲名下的一套房屋；房屋建筑面积120平方米，售价不低于310万元；委托期限从2020年4月23日至2020年7月23日；若房屋成功出售，甲愿意向乙支付买卖成交价的0.5%作为房地产咨询及代理费。2020年4月25日，甲（卖方）、乙（中介方）与丙（买方）签订《存量房买卖及中介服务合同》，约定："卖方拟转让房地产坐落于……建筑面积120平方米，转让总价款323万元……中介方提供如下服务：促成买卖双方进行交易，协助办理房地产交接事宜……本合同签订时，买卖双方须向中介方支付服务佣金，佣金收取标准以买卖双方分别与中介方签订的佣金确认书为准，未经约定的，买方以该房地产总价款2%为标准向中介方支付佣金，卖方以该房地产总价款1%为标准向中介方支付佣金。"之后，乙依约提供了相关中介服务，参与了支付定金、首付款、办理公积金贷款和交付房屋的全过程。当乙请求甲支付3.23万元佣金时，遭到甲的拒绝。本案应如何处理？

一、对中介人的效力

（一）向委托人报告订立合同的机会或者提供订立合同的媒介服务的义务

中介人的主给付义务是向委托人报告订立合同的机会或者提供订立合同的媒介服务（《民法典》第961条）。为履行该义务，中介人需要搜集、整理各种缔约信息，将订立合同的机会及时报告给委托人。在媒介中介中，中介人还需要积极斡旋、撮合，促成委托人与第三人订立合同。

中介人向委托人报告订立合同的机会时，应当就有关订立合同的事项向委托人如实报告，不得故意隐瞒与订立合同有关的重要事实或者提供虚假情况（《民法典》第962条）。与订立合同有关的事项，既包括与合同标的或者标的物有关的事项，如第三人对标的物有无所有权或处分权、标的物有无物的瑕疵或权利瑕疵、租赁或买卖的房屋是否属于"凶宅"、房屋的开发建设手续是否齐全等事项，也包括与第三人的资质、信用、财产状况、履行能力等有关的事项。

中介人故意隐瞒与订立合同有关的重要事实或者提供虚假情况，损害委托人利益的，即便委托人已经与第三人订立合同，中介人也不得请求委托人支付报酬，而且中介人还应向委托人承担赔偿责任（《民法典》第962条第2款）。该赔偿责任性质上属于违约责任。中介人故意隐瞒与订立合同有关的重要事实或者提供虚假情况，使委托人在违背真实意思的情况下与第三人订立合同，第三人知道或者应当知道该欺诈行为的，委托人依法有权请求法院或者仲裁机构撤销该合同（《民法典》第149条）。

（二）承担中介活动的费用

根据《民法典》的规定，一方面，中介人促成委托人与第三人订立合同的，中介人取得报酬请求权，同时也应承担中介活动的费用（第963条）。另一方面，中介人未促成合同成立的，不得请求支付报酬，但可以按照约定请求委托人支付从事中介活动支出的必要费用（第964条）。也就是说，中介人未促成合同成立的，原则上应当由中介人承担中介活动的费用，除非中介合同明确约定中介人有权请求委托人支付必要费用。这明显不同于《合同法》第427条，后者承认居间人未促成合同成立时，仍可要求委托人支付从事居间活动支出的必要费用。

二、对委托人的效力

（一）支付报酬的义务

委托人的主给付义务是向中介人支付报酬。支付报酬的义务在中介人促成合同成立时产生（《民法典》第963条第1款）。所谓“中介人促成合同成立”，不仅要求委托人与第三人订立的合同是委托人委托中介人所要促成的合同，也即二者之间具有同一性，还要求委托人与第三人订立的合同是依法成立的合同，包括附条件、附期限的合同和需办理批准等手续才能生效的合同。委托人与第三人订立的合同不成立、无效、被撤销或者确定不发生效力的，由于合同没有成立或者相当于没有成立，委托人支付报酬的义务自不能产生。

关于中介人的报酬数额，中介合同约定了具体数额或计算标准的，从其约定；中介合同没有约定或者约定不明确，依据《民法典》第510条的规定仍不能确定的，应当根据中介人提供的劳务合理确定其数额（第963条第1款）。

在报告中介中，委托人负有向中介人支付报酬的义务，第三人不负支付报酬的义务。在媒介中介中，根据《民法典》第963条第1款第3句的规定，因中介人提供订立合同的媒介服务而促成合同成立的，由该合同的当事人平均负担中介人的报酬。当然，中介合同约定委托人应当支付全部报酬、部分报酬或者不支付报酬的，应当按照约定处理。

（二）委托人“跳单”时支付报酬的义务

在房地产中介实务中，经常发生所谓的“跳单”或者说“跳中介”现象，即委托人通过中介人获得房源信息等媒介服务后，为逃避向中介人支付报酬的义务，故意绕开中介人，由委托人或者与其有关联关系的民事主体直接或者通过其他中介人的虚假中介服务与第三人订立合同。[1]由于从形式上看，委托人与第三人订立的合同不是中介人促成的，所以委托人往往拒绝向中介人支付报酬。这种现象严重损害中介人的利益，也扰乱了中介服务市场秩序。为保护中介人的合法权益，制裁委托人的背信行为，《民法典》第965条规定：“委托人在接受中介人的服务后，利用中介人提供的交易机会或者媒介服务，绕开中介人直接订立合同的，应当向中介人支付报酬。”该条吸收了最高人民法院发布的“指导案例1号”（上海中原物业顾问有限公司诉陶德华居间合同纠纷案）的裁判精神，[2]实质上是将委托人利用中介人的中介服务却绕开中介人直接与第三人订立合同的情况，视为是中介人促成合同成立的，故而委托人负有支付报酬的义务。

（三）依约支付中介活动费用的义务

在中介人未促成合同成立的情况下，如果中介合同约定委托人应支付中介人从事中介活动支出的必要费用，委托人应当依约向中介人支付该费用（《民法典》第964条）。中介合同中未约定该费用由委托人负担的，委托人不负有支付该费用的义务。

---

〔1〕 戴孟勇：《“跳单”行为的认定及处理——以“指导案例 1 号”为中心》，载戴孟勇：《民法原理与实例研究》（第二册），中国政法大学出版社 2017 年版，第 299 页。

〔2〕 该案的裁判要点是：房屋买卖居间合同中，关于禁止买方利用中介公司提供的房源信息却绕开该中介公司与卖方签订房屋买卖合同的约定合法有效。但是，当卖方将同一房屋通过多个中介公司挂牌出售时，买方通过其他公众可以获知的正当途径获得相同房源信息的，买方有权选择报价低、服务好的中介公司促成房屋买卖合同成立，其行为并没有利用先前与之签约中介公司的房源信息，故不构成违约。

第二十八章　合伙合同

提要

合伙合同是两个以上合伙人为了共同的事业目的，订立的共享利益、共担风险的协议。合伙合同是两人以上实施的共同行为，是一种继续性合同。《民法典》规定的合伙合同是一种合同型合伙，不具有民事主体资格。合伙财产归全体合伙人共有。合伙事务原则上应由全体合伙人共同执行；按照合伙合同的约定或者全体合伙人的决定，也可以委托一个或者数个合伙人执行合伙事务。合伙人对合伙债务承担连带责任。合伙人死亡、丧失民事行为能力或者终止的，原则上合伙合同终止。

重点问题

1. 合伙合同的法律特征。
2. 合伙合同与合伙企业的关联。
3. 合伙事务的执行规则。
4. 合伙合同的终止。

第一节　合伙合同概述

问题示例

2016年4月，甲、乙、丙签订一份协议，约定：三方共同投资购买并经营一艘挖沙船，投资比例分别为40%、30%、30%；协议有效期从2016年5月至2021年5月。2019年4月，丙与丁签订转让协议书，约定将其所有的挖沙船30%的份额，作价180万元转让给丁。甲、乙向法院起诉，请求法院确认丙、丁签订的协议无效。本案属于船舶共有纠纷还是合伙合同纠纷？应当如何处理？

一、合伙合同的概念

合伙合同，是指两个以上合伙人约定，合伙人为了共同的事业目的，共同出资，从事民事活动，共享利益、共担风险的协议（《民法典》第967条、第968条）。合伙人可以是自然人、法人或者非法人组织。合伙人是自然人的，应当具备完全民事行为能力。合伙人所追求的共同事业目的，可以是营利性目的，也可以是公益目的或者其他非营利目的。

我国原《民法通则》第二章“公民（自然人）”第五节规定了“个人合伙”，包括合伙合同（第30条）和企业型合伙（第33条），确立了合伙合同的基本规则；第三章“法人”第四节“联营”中还规定了法人之间的合伙型联营（第52条）。1997年施行、2006年修订的《合伙企业法》规定了合伙企业及作为合伙企业的设立和运营基础的合伙协议。1999年《合同法》未将合伙合同规定为典型合同，但第十八章“技术合同”中规定的合作技术开发合同实质上具有合伙合同的性质。《民法典》吸收原《民法通则》有关个人合伙的规定和《合伙企业法》有关合伙协议的规定，正式将合伙合同规定为一种典型合同。

二、合伙合同的特征

（一）合伙合同是二人以上实施的共同行为

在《民法典》合同编第二分编“典型合同”规定的19种典型合同中，买卖等其他典型合同的当事人仅有两方，只有合伙合同的当事人为二人以上。其他典型合同是基于双方当事人相互对立的意思表示一致而成立的，属于法律行为中的双方行为。合伙合同是基于二人以上并行的意思表示一致而成立的，属于法律行为中的共同行为。

（二）合伙合同是诺成、不要式合同

合伙合同自两个以上合伙人意思表示一致时成立，不以合伙人缴付出资为成立要件，也不要求采用书面形式，故为诺成、不要式合同。不过，合作技术开发合同、设立合伙企业所需的合伙协议等特定类型的合伙合同依法需要采用书面形式（《民法典》第851条、《合伙企业法》第4条）。

（三）合伙合同不是典型的双务、有偿合同

与买卖合同、租赁合同这类典型的双务、有偿合同不同，在合伙合同中，虽然全体合伙人都负有出资义务，但合伙人的出资义务并非向其他合伙人履行，各合伙人的出资义务之间不构成对待给付关系，所以合伙合同不是典型的双务、有偿合同。

由于合伙合同属于共同行为，各合伙人的出资义务不构成“互负债务”，故《民法典》第525—528条规定的合同履行抗辩权不能直接适用于合伙合同。不过，在合伙人只有二人的情况下，鉴于双方的利益状态与上述规定调整的当事人互负债务的情况类似，故可将上述规定类推适用于合伙合同。

（四）合伙合同是继续性合同

在合伙合同约定的合伙期限内，合伙人为了共同的事业目的，需要持续地、反复地开展合伙事务，时间因素对合伙人的权利义务的内容和范围具有重要影响，故合伙合同属于继续性合同。《民法典》第976条规定的合伙合同的默示更新及合伙人可以随时解除不定期合伙合同的规则，就体现了合伙合同的继续性合同特征。

（五）合伙合同具有较强的人合性

合伙合同是合伙人为了追求共同的事业目的订立的，以合伙人之间的人身信任关系为基础，具有较强的人合性。为了维护合伙合同的人合性，《民法典》作了相应规定。例如，有关合伙事务的决定，原则上应当经全体合伙人一致同意（第970条第1款）；合伙人向合伙人以外的人转让其财产份额的，原则上须经其他合伙人一致同意（第974条）；合伙人死亡、丧失民事行为能力或者终止的，原则上合伙合同也终止（第977条）。

三、合伙与合伙合同

在理论和实践中，根据不同的标准，可以将合伙区分为不同的类型。以是否存在稳定的营业为标准，合伙分为民事合伙和商事合伙；以是否频繁发生对外交往为标准，合伙分为内部合伙和外部合伙；以是否最终形成组织为标准，合伙分为未形成组织的合伙（合同型合伙）和形成组织的合伙（组织型合伙）；在形成组织的合伙中，以是否登记为标准，又可以分为登记的合伙和未登记的合伙。[1]

《民法典》规范的合伙合同属于合同型合伙，兼具民事合伙和商事合伙的性质，不具有民事主体资格。《合伙企业法》规范的合伙企业属于商事合伙、组织型合伙和登记的合伙，具有民事主体资格，是一种非法人组织（《民法典》第102条）。两者的主要关联是：第一，从规范来源和规范内容来看，《民法典》中的合伙合同规范大多取自《合伙企业法》中的合伙协议

〔1〕 朱虎：《〈民法典〉合伙合同规范的体系基点》，载《法学》2020年第8期，第20页。

规范，后者比前者更为具体、丰富。第二，从规范地位来看，前者属于合伙合同的一般法，后者属于合伙合同的特别法，后者应当优先于前者适用。例如，《合伙企业法》规定，合伙协议应当以书面形式订立（第4条），国有独资公司、国有企业、上市公司以及公益性的事业单位、社会团体不得成为普通合伙人（第3条）。《民法典》规范的合伙合同无须遵守《合伙企业法》的这些要求。

第二节 合伙合同的效力

问题示例

2019年12月2日，甲、乙、丙三人签订一份协议书，约定：三方共同投资经营油制品，合伙期限2年；投资占比分别为60%、20%、20%，经营利润按投资比例分配；由甲为经营运作总负责人；如一方执意退伙，退伙后以退伙时的财产状况进行结算，不论何种出资方式，均以现金结算，按照退伙人的投资份额100%退出。协议签订后，丙于12月3日转账给甲19万元，12月7日转账给乙2万元，合计21万元。12月10日，丙与甲微信聊天，甲认可丙投资21万元。2020年1月，丙执意退伙，并于1月24日、26日两次微信联系甲要求退投资款，甲对丙退伙未提出异议，同意乙的投资款到账就支付给丙。后丙因其投资款一直未退，起诉要求甲、乙退还投资款及利息。本案应如何处理？

一、合伙人的出资义务

出资义务是合伙人的主给付义务。合伙人应当按照合伙合同约定的出资方式、数额和缴付期限，履行出资义务（《民法典》第968条）。《民法典》未规定合伙人的出资方式及如何确定出资数额。参照《合伙企业法》的相关规定可知，关于出资方式，合伙人可以用货币、实物、知识产权、土地使用权或者其他财产权利出资，也可以用劳务出资（第16条第1款）。关于出资数额，合伙人以实物或者知识产权等财产权利出资的，可以由全体合伙人协商作价或者由其委托法定评估机构评估作价；合伙人以劳务出资的，可以由全体合伙人协商作价或者在合伙合同中约定评估办法（第16条第2款、第3款）。合伙人以非货币财产出资，依法需要办理财产权转移手续的，应当办理相应手续（第17条第2款）。

合伙人违反出资义务，导致合伙事务不能正常开展的，除了应继续履行出资义务外，还应当赔偿因此给已履行出资义务的其他合伙人造成的损失。

二、合伙财产的归属

合伙人的出资、因合伙事务依法取得的收益和其他财产，属于合伙财产（《民法典》第969条第1款）。由于合伙合同中的合伙不具有民事主体资格，所以合伙财产归全体合伙人共有，需要登记的合伙财产应当登记在全体合伙人名下。[1]不过，对于合伙财产究竟属于按份共有还是共同共有，理论上一直存在争议。[2]从《民法典》的规定来看，合伙人对合伙财产不仅享有一定的财产份额，而且合伙人在一定条件下可以向合伙人以外的人转让其财产份额（第974条）。这与按份共有人对共有物享有一定的份额（第298条）并且可以转让其共有份额（第305条）的情况十分相似。考虑到《民法典》物权编规定的按份共有的客体限于单个不动产或者动产，不包括集合财产在内，所以在合伙财产为单个的不动产或者动产时，可以将合伙财产认定为按份共有；在合伙财产是由不动产、动产以及债权、股权等财产权构成的集合财产时，可以将合伙财产认定为准按份共有。

关于合伙人在合伙财产中享有的财产份额，合伙合同有约定的，应依其约定处理。合伙合同对此没有约定或者约定不明确的，考虑到合伙人的财产份额与合伙的利润分配和亏损分担比例密切相关，故可类推适用《民法典》第972条规定的利润分配和亏损分担规则处理。也就是说，首先由合伙人协商决定各合伙人的财产份额；协商不成的，各合伙人按照实缴出资比例享有财产份额；无法确定出资比例的，由合伙人平均享有财产份额。

关于合伙财产的管理、处分、分割、分配等问题，应当优先适用《民法典》合同编“合伙合同”一章的规定。例如，合伙合同终止前，合伙人不得请求分割合伙财产（第969条第2款）。“合伙合同”一章对此类问题没有规定的，鉴于合伙财产属于按份共有或者准按份共有，故可适用或参照适用“共有”一章的相关规定。例如，因合伙财产产生的债权，原则上合伙人享有连带

---

〔1〕 黄薇主编：《中华人民共和国民法典合同编释义》，法律出版社2020年版，第1004页。

〔2〕 戴孟勇：《论共同共有的类型及其纯化》，载王洪亮等主编：《中德私法研究（14）：共同共有》，北京大学出版社2017年版。

债权（第307条）。

三、合伙人的财产份额的转让

合伙人对合伙财产享有的财产份额，因具有一定的经济价值，故可能由合伙人主动予以转让，或者被合伙人的债权人申请法院强制执行。《民法典》第974条规定，除合伙合同另有约定外，合伙人向合伙人以外的人转让其全部或者部分财产份额的，须经其他合伙人一致同意。如此规定一方面是为了维护合伙合同的人合性，因为这会导致第三人进入合伙关系或者说入伙；另一方面是因为，合伙人将其财产份额转让给第三人，实质上是将其在合伙合同中的权利义务概括地转让给第三人，故需要经过其他合伙人一致同意。

由于合伙财产属于按份共有或者准按份共有，故在合伙人依照合伙合同的约定或者经其他合伙人一致同意，向合伙人以外的人转让其财产份额时，应当适用或者参照适用《民法典》第305条、第306条，即其他合伙人有权以同等条件行使优先购买权。

合伙人之间转让在合伙财产中的财产份额的，除非合伙合同另有规定，无须经其他合伙人同意或一致同意，但应当通知其他合伙人（参照适用《合伙企业法》第22条第2款）。此时其他合伙人不享有优先购买权。

四、合伙事务的执行

合伙人在合伙合同中追求的共同事业目的，需要通过合伙人积极开展合伙事务才能达成。根据《民法典》的规定，有关合伙事务的决定，如从事何种投资或者生产经营活动，除合伙合同另有约定外，应当经全体合伙人一致同意（第970条第1款）。合伙人就合伙事务作出决定后，关于合伙事务的执行，应当遵守下述规则：首先，原则上应由全体合伙人共同执行合伙事务（第970条第2款第1句）。尤其是在对外关系上，每个合伙人不得单独执行合伙事务，全体合伙人应当作为一个整体与第三人订立合同、作出或者受领意思表示。其次，按照合伙合同的约定或者全体合伙人的决定，可以委托一个或者数个合伙人执行合伙事务。此时其他合伙人不再执行合伙事务，但是有权监督执行情况（第970条第2款第2句），包括查阅财务资料、要求执行事务合伙人报告事务执行情况等。执行事务合伙人在执行合伙事务时，如以全体合伙人的名义与第三人订立合同，应当适用《民法典》关于委托代理的规定；如以自己的名义与第三人订立合同，可以适用第925条、第926条关于委托合同的相关规定。最后，按照合伙合同的约定或者全体合伙人的决定，由数个或者全体合伙人分别执行合伙事务的，执行事务合伙人可以对其他合伙人执行的事务提出异议；提出异议后，其他合伙人应当暂停该项事务的执行（第970条第3款），等待全体合伙人作出决定。上述规则与合伙企业中的合伙事务执行规则（《合伙企业法》第26条、第27条、第29条）基本相同。

除合伙合同另有约定外，合伙人不得因执行合伙事务而请求支付报酬（《民法典》第971条）。

五、合伙的盈亏分配

合伙人追求的共同事业目的如果是营利性目的，如意图通过生产经营、投资理财、技术开发、咨询服务等民事活动获取经济利益，就会涉及利润分配和亏损分担问题。关于合伙的利润分配和亏损分担比例，按照合伙合同的约定办理；合伙合同没有约定或者约定不明确的，由合伙人协商决定；协商不成的，由合伙人按照实缴出资比例分配、分担；无法确定出资比例的，由合伙人平均分配、分担（《民法典》第972条）。但是，合伙合同不得约定将全部利润分配给部分合伙人或者由部分合伙人承担全部亏损（参照适用《合伙企业法》第33条第2款），否则就会违背合伙人共享利益、共担风险的原则。关于合伙的利润分配的时间和方式，按照合伙合同的约定或者全体合伙人的决定处理，执行事务合伙人无权自行决定。

合伙人基于法律规定和合伙合同享有的权利，主要包括对合伙财产享有的财产份额，对合伙事务的表决权、执行权和监督权，以及利益分配请求权等权利。其中，只有利益分配请求权属于债权，可以作为债权人代位权的客体。正因如此，《民法典》第975条规定，合伙人的债权人不得代位行使合伙人依照本章规定和合伙合同享有的权利，但是合伙人享有的利益分配请求权除外。

六、合伙债务的清偿

《民法典》第973条规定，合伙人对合伙债务承担连带责任；清偿合伙债务超过自己应当承担份额的合伙人，有权向其他合伙人追偿。合伙人的这种连带责任，本质上就是连带债务。因此，第519条、第520条关于连带债务的规定应予适用。《合伙企业法》第38条规定，合伙企业对其债务，应先以其全部财产进行清偿。《民法典》合同编“合伙合同”一章中并无类似规定。这意味着，债权人可以直接请求所有合伙人履行合伙债务，不要求先以合伙财产清偿合伙债务。[1]

七、合伙合同的终止

（一）合伙合同终止的事由

1. 定期合伙合同因期限届满、合伙人死亡等事实而终止

合伙合同是继续性合同，可以约定存续期限或者说合伙期限。约定的合伙期限届满，合伙合同随之终止。不过，根据《民法典》第976条第2款的规定，合伙期限届满，合伙人继续执行合伙事务，其他合伙人没有提出异议的，原合伙合同继续有效，但是合伙期限为不定期。这是合伙合同的默示更新制度，是继续性合同可以因当事人的实际履行行为而默示更新的体现。

《民法典》第977条规定，合伙人死亡、丧失民事行为能力或者终止的，合伙合同终止；但是，合伙合同另有约定或者根据合伙事务的性质不宜终止的除外。这是由合伙合同的人合性决定的。该规则不同于合伙企业中合伙人死亡、丧失民事行为能力或者终止时，会导致合伙人退伙或者合伙人的继承人成为新合伙人的情况（《合伙企业法》第48条、第50条）。当然，在合伙人死亡、丧失民事行为能力或者终止的情况下，如果合伙合同另有约定或者根据合伙事务的性质不宜终止合伙合同的，合伙合同可以在其余合伙人之间继续有效，合伙事务执行人应将该合伙人的财产份额退还给其继承人或者清算人。

2. 不定期合伙合同因合伙人行使任意解除权而终止

根据《民法典》第976条第3款的规定，合伙人可以随时解除不定期合伙合同，但是应当在合理期限之前通知其他合伙人。该规定是第563条第2款规定的不定期继续性合同的任意解除规则在合伙合同中的具体应用，实质上是赋予合伙人对不定期合伙合同的任意解除权。其所谓不定期合伙合同包括两种情况：一是合伙人对合伙期限没有约定或者约定不明确；二是合伙人约定的合伙期限届满后，合伙合同因发生默示更新而变为不定期（第976条第1款、第2款）。

根据《民法典》第976条第3款可知，合伙人行使任意解除权的，应当向其他合伙人发出解除合同的通知；自通知到达其他合伙人之日起经过合理期限后，合伙合同即告解除。其他合伙人有数人的，合理期限从通知最后到达合伙人之日起计算。于此情形，由于合伙合同是因为合伙人行使法定的任意解除权

---

〔1〕 黄薇主编：《中华人民共和国民法典合同编释义》，法律出版社2020年版，第1015页。

而被解除的，《民法典》也未像第787条、第933条那样规定解除方的赔偿责任，故解除合伙合同的合伙人无须向其他合伙人承担赔偿责任。

（二）合伙合同终止的效果

因合伙合同属于继续性合同，故合伙合同的终止不具有溯及力，仅自终止时起向将来发生效力，尚未履行的应终止履行。合伙合同终止后，合伙人应当对合伙财产进行清算。合伙财产在支付因终止而产生的费用以及清偿合伙债务后有剩余的，依据约定的或者法定的盈亏分配比例在合伙人之间进行分配（《民法典》第972条、第978条）。

准合同

第二十九章 无因管理

提 要

没有约定或者法定的义务而为他人利益管理他人事务的行为，构成无因管理，阻却违法。无因管理不以意思表示为要件，也不要求管理人以设立某种民事法律关系为目的而进行管理。但是，管理人必须有“替他人管理事务的意思”，即有意识地为他人管理事务。无因管理是一种事实行为，不要求管理人有民事行为能力，但管理人应具有认识能力。无因管理分为真正无因管理与不真正无因管理。凡是在客观上管理的是他人的事务，主观上有为他人管理事务的意图的，就是真正无因管理；反之，违反其中一个要件，或者客观上管理的不是他人的事务，或者虽然客观上是他人事务，但主观上没有为他人管理的意图的，为不真正无因管理。

重点问题

1. 适法的无因管理的构成要件。
2. 适法的无因管理的法律后果。
3. 无因管理与侵权行为的区别。

第一节 无因管理概述

问题示例

甲与乙虽然居住在同一个住宅小区，但相互之间并不认识。一日，甲家中无人的时候不知何故燃起了大火，浓烟滚滚。乙见状立即招呼在自己家装修的工人帮忙救火，并许诺每人500元的加薪。在救火过程中，乙认为甲家中无人，门应该是锁着的，于是派人撞开了门。但实际上，甲因上班急迫，忘记了锁门。另外，在救火的过程中，大水对楼下的邻居丙造成了损失。经过大家的努力，火被扑灭，为甲避免了重大损失。之后，乙就工人的加薪请求甲偿还；丙请求甲赔偿损失。甲认为，500元的加薪是乙擅自许诺的，并未与自己商量，拒绝补偿；丙的损失乃是乙及其工人所致，与自己无关；乙撞坏大门构成侵权行为，乙应当赔偿损失。本案应如何处理？

一、无因管理的概念和性质

（一）无因管理的概念

无因管理有不同种类，每一种的内容差别也很大。因此，只能用一个更抽象、但外延更宽的视角对其下定义：没有法定或者约定的义务，或者没有法定或者约定的权限，有意管理他人事务。不符合这一概念的，便不是无因管理。[1]事务被管理之人，称为本人或者被管理人，《民法典》称之为受益人。

《民法典》第979条规定的无因管理的概念，实际上是无因管理中最典型的一种，但不是全部无因管理。第980条规定的情形，在传统民法理论上，也属于无因管理的一种。

无因管理制度起源于罗马法。在罗马法中，无因管理被视为准契约。《法国民法典》沿袭罗马法的做法，仍将无因管理作为准契约加以规定（第1371—1372条）。《德国民法典》舍弃了罗马法的体系，将无因管理作为独立的制度加以规定；但在编排体例上，却将无因管理放在委任之后，视为未受委任而管

〔1〕 李永军：《论我国民法典中无因管理的规范空间》（第二版），载《中国法学》2020年第6期，第33页。

理事务（第二编第七章第十一节）。《日本民法典》将无因管理与契约、不当得利、侵权行为并列为债的发生原因（第三编第三章）。

《民法典》在总则编第118条将无因管理作为债的发生原因加以规定，在合同编中以“准合同”的称谓规定了无因管理和不当得利。

（二）无因管理的性质

关于无因管理的性质，通说认为，无因管理属于事实行为，而非法律行为。法律行为以意思表示为基本特征，行为人须以发生一定民事法律后果为目的。无因管理并不以意思表示为要件，也不要求管理人以设立某种民事法律关系为目的而进行管理。但是，管理人必须有“替他人管理事务的意思”。这里所说的“意思”，当然不是“意思表示”中的“意思”，而是指管理人有意识地为他人管理事务。

管理人为他人管理事务的意思无须表示出来。无论管理人有无发生民事法律后果的目的，只要有此类管理行为的事实，就可以产生无因管理之债的后果。

无因管理既然是一种事实行为，就不要求管理人须有民事行为能力。故民法关于民事行为能力的规定，不适用于无因管理。但是，因无因管理具有为避免他人利益受损失的特征，因此管理人应具有认识能力。也就是说，管理人至少是限制民事行为能力人，无民事行为能力人不得主张成立无因管理。如果发生了“管理的事实”，可以主张成立不当得利或者侵权行为。

二、无因管理的分类

（一）真正无因管理与不真正无因管理

这主要是以对事务的管理是否符合自罗马法以来的两个基本要件来区分的，即客观要件（是否为他人事务）+主观要件（是否有为他人事务管理的意思）。对此，意大利学者指出：在古典法中，直接诉讼与反诉讼均要求客观要件（管理他人事务）和主观要件（经管人的意图）。如果经管人不具备管理他人事务的意图，而是怀着为自己获益的意图实施活动，那么，由于他同无因管理没有关系或者由于他怀有不诚实的意图，因而不产生“无因管理之诉”。〔1〕

凡是符合上述两个要件的，即在客观上管理的是他人的事务，主观上有为

〔1〕［意］彼得罗·彭梵得：《罗马法教科书》（2017年校订版），黄风译，中国政法大学出版社2018年版，第325页。

他人管理事务的意图，就是真正无因管理；反之，违反其中一个要件，或者客观上管理的不是他人的事务，或者虽然在客观上是他人事务，但在主观上没有为他人管理的意图的，为不真正无因管理，日本和我国台湾地区称这种行为为“准无因管理”。[1]

《德国民法典》第687条规定了两种不真正无因管理类型：（1）误信管理，即管理人错误地把他人的事务当作自己的事务进行管理。这种管理因缺乏无因管理成立所需要的主观要件，因此不成立无因管理，可能成立不当得利或者侵权行为。（2）不法管理，即明知是他人的事务，却为了自己的利益而为自己进行管理。因缺乏主观要件，也不成立无因管理。但如何对待其后果，各国立法和理论有不同看法，稍后再议。除了这两种之外，学者还认为有第三种不真正无因管理——幻想管理，即误将自己的事务作为他人的事务进行管理。因缺乏客观要件，故也不成立无因管理。[2]

（二）适法（正当）无因管理与不适法（非正当）无因管理

这是对真正无因管理的再分类。这种分类主要是依据三个标准：（1）客观标准；（2）管理人的主观意思（主观标准）；（3）管理事务是否利于本人并符合本人（明示或者可推知）的意思，或者虽然违反本人的意思，但有法定事由（如公共利益等）。

为什么在适法（正当）无因管理中加入了“管理事务是否利于本人并符合本人（明示或者可推知）的意思”的要件？因为无因管理毕竟是管理人未受委托而“管闲事”，如果他人没有委托管理人，而管理人主动去为他人做事，正常情况下不仅后果有利于该他人，而且该他人也愿意别人替他这样做，才是正常的。例如，甲的房子准备拆掉，下雨时乙花钱为甲修缮。这不仅与甲的意思相反，而且对其不利。如果是这样的无因管理，实在不应该鼓励，更不是法律设计这种制度的原型。因此，加上这一要件就是正常的无因管理，其实也就是立法所设计的无因管理的原型。

《民法典》第979条第1款规定的就是这种适法（正当）无因管理：“管理人没有法定的或者约定的义务，为避免他人利益受损失而管理他人事务的，可以请求受益人偿还因管理事务而支出的必要费用；管理人因管理事务受到损失

---

〔1〕［日］我妻荣：《我妻荣民法讲义 V4：债法各论》（下卷一），冷罗生等译，中国法制出版社 2008 年版，第 35 页。

〔2〕林诚二：《民法债编总论》，中国人民大学出版社 2003 年版，第 121 页。

的，可以请求受益人给予适当补偿。”《德国民法典》第677条规定的也是这种类型的无因管理。

三、真正无因管理的特征

（一）无因管理是债发生的法定原因

无论根据我国学理还是《民法典》的规定，无因管理都是债发生的法定原因。只要具备无因管理的构成要件，就在管理人与本人之间产生债权债务关系。至于产生什么样的债权债务关系，会因为不同类型的无因管理而有不同。

（二）无因管理的成立要件必须严格而且法定

无因管理实际上应该属于“管闲事”的行为，管理人既没有法定或者约定的义务，也没有权限去管理他人事务。因此，无因管理的成立要件必须严格而且法定。

（三）无因管理是介于委托合同与侵权行为之间的一种独立的债的类型

罗马人早就发现，在合同与侵权之间有一个“中间地带”：一方面，双方之间不存在合同的约定，即管理人并没有接受委托，也没有被授权，因此不是合同，更不是代理。另一方面，因为管理人主观上不具备侵害他人的过错，因此也不构成侵权，而是一种独立的债的类型。我们今天对无因管理地位的认识也是如此。

四、真正无因管理的构成要件

德国学者指出，对于无因管理最主要的分类系将其区分为真正无因管理（《德国民法典》第677－686条）和不真正无因管理（《德国民法典》第687条）。两者的共同点在于：（1）管理人实施了管理事务的行为；（2）所管理的事务是他人的事务，也即本人的事务；（3）管理人既没有通过委托合同也没有通过其他方式被赋予管理事务的权利。[1]下文以此为基础来分析真正无因管理的构成要件。

（一）客观要件

1.必须管理的是他人的事务

这是成立无因管理的第一个本质性要件。如果管理的不是他人的事务，而是自己的事务，不成立无因管理。“幻想管理”之所以不是真正无因管理，原

---

〔1〕 ManfredWandt,GeseztlicheSchuldverhältnisse. 9. Auflage. VerlagFranzVahlen. M ü nchen,2019,S. 14.

因就在于此。

如何判定是他人事务还是自己的事务呢？德国学者分为“客观标准”与“主观标准”。[1]客观标准是指有些事务从本身就可以看出属于他人事务。例如，替他人修缮房屋、照看小孩、照顾老人等，从管理事务的对象就可以分辨出属于他人的事务。主观标准是指有些事务本身属于“中性事务”，事务从性质上不当然与特定人相联系，不能够直观地判断出事务究竟是属于他人（本人）还是属于管理人。该事务究竟属于管理人自身还是属于本人，须从管理人的各种行为或者可以识别的意思来判定。例如，购买无记名球赛门票，究竟为自己还是为他人，就不好马上判断出来。有学者正确地指出，中性事务在实务上是纯粹的举证问题，因为主观上存在为他人管理的意思，仍须以客观的方法证明。若能证明系他人事务，仍然成立无因管理。[2]如果管理人不能证明系他人事务，则不成立无因管理。

2. 必须有对事务的管理行为

（1）事务的概念

德国学者认为，无因管理中所谓的“管理事务”，应与“委任”中的管理事务一样，要予以宽泛的理解。管理事务包括每一种行为，无论是不是法律行为。即使是短暂的行为，如转动方向盘，也可以是管理事务。[3]

日本学者也指出，使无因管理得以成立的事务是指生活中所必需的一切工作，不管是法律行为还是事实行为、是连续性行为还是一时性行为、是精神性行为还是财产性行为、是高科技行为还是机械性行为、是保存行为还是处分行为。[4]例如，管理人为了修理邻居家漏水的房屋，如果与第三人签订承揽合同或者雇佣合同，就是法律行为、连续性行为；如果是自己直接动手修缮，就是事实行为。

有学者指出，下列行为不能包括在“事务”中：单纯的不作为；违法行为；违反公序良俗的行为。[5]此种观点值得赞同。

---

〔1〕［德］迪特尔·梅迪库斯：《德国债法分论》，杜景林、卢谌译，法律出版社 2007 年版，第 503 页。

〔2〕林诚二：《民法债编总论》，中国人民大学出版社 2003 年版，第 111 页。

〔3〕［德］迪特尔·梅迪库斯：《德国债法分论》，杜景林、卢谌译，法律出版社 2007 年版，第 503 页。

〔4〕［日］我妻荣：《我妻荣民法讲义 V4：债法各论》（下卷一），冷罗生等译，中国法制出版社 2008 年版，第 10 页。

〔5〕林诚二：《民法债编总论》，中国人民大学出版社 2003 年版，第 111 页。

（2）对本人的身份发生误解不影响无因管理的成立

按照《德国民法典》第686条的规定，对于本人的身份发生误解并不重要，真正的本人因事务的管理享有权利并承担义务，而不是被误解的人承担后果。例如，某人相信着火的房屋是其朋友的，并意欲为朋友救火，但其朋友已经把房屋出卖给他人。这不妨碍在其与现在的房屋所有权人之间成立无因管理。[1]日本学者也持有相同的观点。[2]本书同意这一观点：只要管理的是他人事务并为他人之利益而计算，该他人就与管理人成立无因管理。对本人身份的误解，仅仅是无因管理之债的债务人发生变化，不影响无因管理的成立。

（二）主观要件——管理人必须有为他人管理事务的意思

所谓管理人必须有为他人管理事务的意思，是指管理人知道是他人的事务，而且在主观上也当成他人的事务来管理。但要注意的是：

第一，所谓"为他人管理事务的意思"，不是指法律行为中的"效果意思"。因为无因管理并不是法律行为，该"意思"不能适用《民法典》总则编中"意思表示"的规则。例如，意思表示的生效、发出、到达、撤回、无效或者可撤销、行为能力等，都不能在无因管理中适用。

第二，管理的意思虽然不一定表达出来，但必须能够证明它的存在。否则，极有可能发生管理人把他人的事务误认为或者故意当成自己的事务而进行管理的情况。例如，看到他人的宠物"狸猫"，抱回家想据为己有而饲养。所以，即使管理的是他人之物，也不能当然地认为管理人就有为他人管理的意思。在"中性事务"中，就更需要证明管理人为他人管理的意思。

（三）没有法定或者约定的义务

按照《民法典》第979条的规定，管理人必须没有法定的或者约定的义务而管理他人事务，才能构成无因管理。

五、真正无因管理的社会价值

（一）真正无因管理的社会价值的体现

在市民社会中，个人的事务应由自己处理，他人不得干涉，这是法律的基本原则。违反此原则而任意干预他人的事务，通常构成侵权行为。但是，人类

---

〔1〕［德］迪特尔·梅迪库斯：《德国债法分论》，杜景林、卢谌译，法律出版社2007年版，第504页。

〔2〕［日］我妻荣：《我妻荣民法讲义V4：债法各论》（下卷一），冷罗生等译，中国法制出版社2008年版，第12页。

社会的共同生活要求人们危难相助、见义勇为，在他人利益或社会利益受到损害时应挺身而出。这种行为已被传统道德所赞许。所以，在某些情况下，有容许干预他人事务的必要。就如日本学者所言，就个人本位的立场来看，每个人的事务应该是每个人依据自己的兴趣、性格来独自处理，不应该受到他人的干涉。没有法定权限、也没有法定义务的人管理了他人事务，就应该成立侵权行为。但若从社会共同生活的理念来考察，生活在社会中的人也应当尊重和提倡相互提携、相互扶助的社会理念。因此，如果行为人实施为他人利益管理事务的行为，就没有必要视之为非法行为，应当给予鼓励。[1]民法上无因管理制度的基本任务，就在于衡平、规范上述两种相互冲突而又有存在合理性的利益。[2]换言之，即创设一定的限制条件，恰当规范当事人间的权利义务关系。这就是这一制度的价值所在。

为此，无因管理制度就必须规范下列问题：（1）具备什么要件才构成无因管理？（2）管理人应该在管理中尽到什么义务？如何管理？（3）本人对管理人应负担什么义务？支付报酬还是费用？（4）不构成无因管理的后果是什么？

（二）无因管理能否被其他制度所替代

1. 不当得利制度能否替代无因管理

无因管理制度并非放之四海而皆准的制度，英美法系国家就没有这一制度，因为它确实与侵权不好区分。在英美法系国家，只有不当得利制度，而没有无因管理制度。

不当得利制度能否替代无因管理？由于存在以下区别，两者应该不具有可替代性：（1）制度理念不同。无因管理是基于社会共同体相互帮助的思想，而不当得利就纯粹是基于“交易思想”，即一方从对方获得的利益，因为没有约定或者法定的依据，就应该返还给对方。（2）从制度后果来看，无因管理确实能够使本人得到“更多”实惠，因为本人不需要支付对价，只须支付管理人因此支出的实际费用，故而确实能够实现其制度目的。而不当得利就不能实现这种价值。

2. 能否通过规定强制性公法义务来替代无因管理

能否通过法律强制性规定“每个人见到他人有危难需要帮助的时候，就有

---

〔1〕［日］我妻荣：《我妻荣民法讲义 V4：债法各论》（下卷一），冷罗生等译，中国法制出版社 2008 年版，第 16 页。

〔2〕易军：《无因管理制度设计中的利益平衡与价值调和》，载《清华法学》2021 年第 1 期，第 142 页。

帮助的义务”，来替代无因管理？这种方式至少在私法上是不可取的，理由在于：（1）没有效率。因为这种法律上的义务往往不能起到鼓励人们行为的效果。无因管理制度既有鼓励帮助他人的措施，也有赋予行为人帮助与不帮助他人的自由选择，更能够鼓励人们进行这种行为。（2）如果强制规定帮助他人的义务，可能会使得效果适得其反。假如人们预测到某个地方经常发生危险，很可能干脆就不到这个地方去，反而导致陷于危难的人得不到救助。（3）无因管理涉及方方面面，如果都规定为强制性义务，就会极大地限制人们的自由。

六、适法无因管理的构成要件

如前所述，适法的真正无因管理必须具备四个要件，即主观要件、客观要件、没有法定或者约定的义务与权限、不违背本人的真实意思并利于本人。由于前三个要件已在前文进行了详细分析，下文重点说明第四个要件。

（一）第四个要件的例外

《德国民法典》第679条对于第四个要件有一个例外的规定——本人的某项义务的履行关乎公共利益的，如不管理事务就不能适时地履行该项义务或者本人的法定扶养义务，则不考虑本人的与事务管理相抵触的意思。《民法典》第979条第2款也承认“受益人的真实意思违反法律或者违背公序良俗的除外”。

救助自杀的人是否属于《民法典》第979条第2款规定的情形，从而成立无因管理？这一问题在德国争议很大。有学者认为，自杀违背社会的善良风俗，即使自杀的人可以辩知的意思是自杀，但因其违背社会的善良风俗而无效，故应认为救助自杀者符合其利益，适用无因管理的规定。也有人认为，自杀并不违法，也不违背善良风俗。[1]本书认为这种情况应构成无因管理，因为确实涉及“本人的真实意思违反善良风俗”。

（二）管理行为符合本人的真实意思，但却不利于本人，是否成立适法无因管理？

在管理事务的行为符合本人（无论是明示的还是可以推知的）的意思，管理事务的结果却对本人不利的情况下，虽然成立真正无因管理，但是否成立适法无因管理呢？也就是说，符合本人的意思占主导地位还是管理事务的结果有利于本人更重要？或者必须同时具备？对此问题有“单要素说”与“双要素

〔1〕［德］迪特尔·梅迪库斯：《德国债法分论》，杜景林、卢谌译，法律出版社2007年版，第508页。

说”之争。本书倾向于“双要素说”，即管理行为不仅须符合本人的真实意思，还要有利于本人，否则不符合无因管理制度的宗旨。

（三）管理事务不符合本人的真实意思，但结果对本人有利，是否成立适法无因管理?

如果管理人的管理违反本人的真实意思，不能成立适法无因管理，只能成立真正无因管理。此时的法律后果如何？按照《民法典》第980条的规定，管理人管理事务不属于第979条规定的情形，但是受益人享有管理利益的，受益人应当在其获得的利益范围内向管理人承担第979条第1款规定的义务。也就是说，尽管不成立适法无因管理，但本人实际上得到利益的，应该在受益的范围内向管理人承担偿还必要费用和给予适当补偿的义务。如果造成本人损失的，管理人还要承担侵权赔偿责任。

第二节　无因管理的法律后果

一、适法无因管理的法律后果

（一）阻却违法

适法无因管理可以阻却管理行为的违法性，即阻却这种管理行为构成侵权行为。日本学者指出，无因管理即使是给他人造成了损害，也被视为没有违法的行为。虽然民法对此没有明文规定，但是，从保护他人利益的目的和社会共同生活中相互扶助的理念来看，民法肯定无因管理，并赋予它作为债权发生的原因之一的法律地位。基于此，民法的立法意图非常明显，即排除无因管理的违法性。即使成立无因管理，由于管理方法不当给他人造成损失时，管理人也必须承担责任，这并非管理行为招致了违法行为，而是视为管理人不履行债务所致。[1]

上述观点值得赞同，主要是鼓励更多的人互帮互助。如果动辄得咎，就不会有人愿意冒着巨大风险去帮助他人。当然，阻却违法不仅是适法无因管理具备的效力，也是真正无因管理都应具有的效力。

（二）费用偿还请求权

---

〔1〕［日］我妻荣：《我妻荣民法讲义 V4：债法各论》（下卷一），冷罗生等译，中国法制出版社2008年版，第25页。

根据《民法典》第979条第1款的规定，在适法无因管理的情况下，管理人“可以请求受益人偿还因管理事务而支出的必要费用”。但是，管理人没有权利请求报酬，因为无因管理的利益关系与委任有所不同，未受委任的管理人并没有与本人订立支付报酬的合同。[1]日本学者也指出，民法不承认管理人的报酬请求权。不过，对于拾得遗失物并交还主人的人、打捞漂流物或者沉没物并交还主人的人、海难救助人等这一类特殊的无因管理人，特别法承认其拥有报酬请求权。如果对一般的无因管理人承认其报酬请求权，会带来不利的制度后果。[2]如果承认管理人的报酬请求权，确实与无因管理制度的宗旨相违背。

（三）损害赔偿请求权

根据《民法典》第979条第1款的规定，在适法无因管理的情况下，“管理人因管理事务受到损失的，可以请求受益人给予适当补偿”。这里的“适当补偿”如果是指“不多不少”的完全赔偿，就是正确的；如果是指“多少根据情况给一点补偿”，就不是一种法律专业术语，是应该放弃的。

（四）负担债务的清偿

根据我国台湾地区“民法”第176条第1款的规定，在适法无因管理的情况下，管理人因管理事务而负担债务的，有权请求本人清偿其所负担的债务。《民法典》并未明文规定本人有清偿该债务的义务，因此在我国法上，对于该债务只能按照关于债务承担的规则处理。

（五）本人追认的效果

根据《民法典》第984条的规定，管理人管理事务经受益人事后追认的，从管理事务开始时起，适用委托合同的有关规定，但是管理人另有意思表示的除外。无因管理本来就是未受委托的事务管理行为，如果本人追认，自然适用委托合同的规则来确定本人与管理人之间的关系，即双方的关系变成了委托人与受托人之间的合同权利义务关系。

二、不适法无因管理的法律后果

根据《民法典》第979条第2款的规定可知，不适法无因管理是指违反本人的明示或可推知的意思而又无客观适法事由的无因管理。它除了具备“阻却违

---

〔1〕［德］迪特尔·梅迪库斯：《德国债法分论》，杜景林、卢谌译，法律出版社2007年版，第511页。

〔2〕［日］我妻荣：《我妻荣民法讲义V4：债权各论》（下卷一），冷罗生等译，中国法制出版社2008年版，第4页。

法”之外，其他效力与适法无因管理也不相同。

（一）不当得利的返还

在不适法无因管理的情况下，本人必须依不当得利规则向管理人返还因管理事务所取得的利益。当然，如果本人没有因管理人管理事务的行为获得任何利益，也就没有返还义务。

（二）债务不履行的赔偿责任

如果管理人的管理行为给本人造成损失，管理人应该承担债务不履行的赔偿责任。由于不适法无因管理具有阻却违法的效力，故此时不成立侵权责任。

（三）由阻却违法向违法的转换

因不适法无因管理具有阻却违法的效力，故管理行为不构成侵权行为。在成立不适法无因管理后，如果管理人又具有了侵害他人的故意，则从该故意产生时起，管理行为就构成侵权行为。

（四）本人追认的后果

《民法典》第984条规定了本人对管理人管理事务的追认。本人追认适法无因管理与不适法无因管理的后果是否相同？由于适法无因管理仅仅是“差一个委托合同”，故本人的追认可以弥补这个委托合同，从而成立委托合同关系。与此不同，不适法无因管理欠缺两个要素，即“不违背本人的真实意思并利于本人”和“委托合同”。那么，本人对不适法管理行为的追认是弥补前一个要素还是这两个要素？本书认为，如果本人没有明确表示追认的是什么，应当解释为其追认的后果是弥补了这两个要素，因而也适用委托合同关系。但是，如果本人有明确的追认意思内容，例如，管理人管理事务的行为符合本人的意思，但却不利于本人，本人追认时明确表示认可这种不利，则只能解释为不适法无因管理因追认而转化为适法无因管理，但并未成立委托合同关系。

三、真正无因管理的法律效力

除了上述效力之外，真正无因管理还具备下列效力。

（一）以有利于本人的方法进行管理

管理人管理他人事务，应当采取有利于受益人的方法（《民法典》第981条）。这是管理人的主要义务。管理人应依本人明示或可推知的意思，以有利于本人的方法为事务的管理。

（二）通知义务

管理人开始管理事务时，在可能的情况下，应通知本人。如果本人已知管理开始的事实，则不必为通知。如果管理人不知本人是谁，或虽知道谁为本人但因其地址不明或下落不明而无法通知时，则免除通知义务。如果管理的事务不属于紧急情况，管理人在发出通知后应中止管理行为，等待本人的指示（《民法典》第982条）。但是，中断管理对受益人更为不利的，管理人无正当理由不得中断（《民法典》第981条）。管理人因过错而违反上述义务时，应承担相应的民事责任。

（三）计算义务

管理人的计算义务包括三项内容。首先，管理人应将管理事务进行的状况报告本人。其次，应按照最符合本人利益的方式为之。最后，应将因管理事务所得的利益交付本人（《民法典》第983条）。

（四）管理人的责任

管理人在管理事务过程中，应尽善良管理人的注意。管理人违反此注意而给本人造成损害的，具有过错，应负赔偿责任。《德国民法典》第680条规定："以免除本人的急迫危险为目的的而为事务的管理者，管理人仅在有故意或重大过失时，始负责任。"《法国民法典》第1374条及我国台湾地区"民法"第175条也有类似规定。这种制度较为合理。例如，为救落水之人而将其衣服损坏或擦伤其皮肤时，救治人不应负赔偿责任。原因在于，因情况紧急，难顾周全，对管理人的注意程度应予降低，否则不利于鼓励人们为无因管理行为。

（五）管理人的权利

在真正无因管理中，管理人享有必要费用偿还请求权、负债清偿请求权、损害赔偿请求权。前文讨论适法无因管理的法律后果时已经详细论述了，在此不再赘述。

四、不真正无因管理（准无因管理）

不真正无因管理，是指对他人的事务并非为他人的利益而为的管理，或者把自己的事务当成他人事务进行管理。本章第一节讨论无因管理的分类时，已经介绍过不真正无因管理的法律后果，在此不再赘述。

法律适用

适法的无因管理与不适法的无因管理的区别。

无因管理可以分为真正无因管理与不真正无因管理，真正无因管理又可以分为适法的无因管理与不适法的无因管理。真正无因管理具有三个要件即可以成立：（1）客观要件——他人的事务；（2）主观要件——有为他人利益管理他人事务的意思；（3）没有法定或者约定的义务。但适法的无因管理还须具备第四个要件：不违背被管理人的真实意思并利于被管理人。不具备这一要件的真正无因管理就是不适法的无因管理。

我国《民法典》第979条第1款规定的就是这种适法的真正无因管理："管理人没有法定的或者约定的义务，为避免他人利益受损失而管理他人事务的，可以请求受益人偿还因管理事务而支出的必要费用；管理人因管理事务受到损失的，可以请求受益人给予适当补偿。"

适法的无因管理，管理人可以按照无因管理的规定向被管理人以无因管理之债的规定主张权利；但不适法的无因管理只能以不当得利或者侵权行为与"被管理人"形成债的关系。

第三十章 不当得利

提 要

不当得利是指没有法律根据使他人受损而自己获益的事实。正是因为受益人的受益和他人的损失没有法律依据，故受益人的利益难以受到法律保护，应当返还给受损人；受损人对受益人有请求返还的权利。这种不当得利返还的权利义务关系，就是不当得利之债。其中，获得不当得利的人为受益人，也是不当得利之债的债务人；受损失的人称为受害人，是不当得利之债的债权人。

重点问题

1. 不当得利与侵权行为的区别。
2. 不当得利请求权的排除情形。
3. 善意与恶意不当得利人的区别。
4. 不当得利与无因管理的区别。

第一节 不当得利概述

问题示例

甲与乙签订了买卖摩托车的合同，但该型号的摩托车为禁止自由买卖的标的物，因此买卖合同无效。乙非常喜欢这种类型的摩托车，就故意拖延返还给甲。在这一过程中，由于遭遇龙卷风，摩托车损毁。乙就摩托车所有权而言构成不当得利吗？摩托车损毁的风险应该由何人承担？

一、不当得利的概念

根据《民法典》第985条的规定，不当得利是指没有法律根据使他人受损而自己获益的事实。正因受益人的获益和他人的损失没有法律依据，故受益人的利益难以受到法律保护，应当返还给受损人；受损人对其有请求返还的权利。这种不当得利返还的权利义务关系，就是不当得利之债。其中，获得不当得利的人为受益人，也称得利人，也是不当得利之债的债务人；受损失的人称为受损人或受害人，是不当得利之债的债权人。

《民法典》的这一规定与《德国民法典》（第812条）、《日本民法典》（第703条）、我国台湾地区“民法”（第179条）基本相似。例如，《德国民法典》第812条第1款规定：“无法律上的原因，因他人的给付或者以其他方式使他人蒙受损失而自己取得利益的人，有义务向他人返还取得的利益。即使法律上的原因后来消失，或依法律行为的内容而为的给付所欲达到的结果并未出现，该项义务也存在。”

二、不当得利的发展史及类型区分

不当得利制度起源于罗马法。在罗马法上，建立在不正当的原因或者不正当的法律关系上的财产的增加叫作不当得利。人们允许受害者为从另一方不当获得的财产增加部分的返还而提起诉讼。对不当得利提起的诉讼一般被称为“无债因请求返还之诉”。[1]罗马法中的不当得利是诉讼形式的名称，规定了各种引起诉讼的具体原因，例如，因非债清偿引起的不当得利诉讼、因标的物灭失引起的不当得利诉讼、因标的物未实现引起的不当得利诉讼、因不法原因引起的不当得利诉讼等，但没有形成关于不当得利的统一的基础理论。[2]这种状况对后世民法典和关于不当得利的理论发生了很大影响，可以说是“区分说”的源头。

将不当得利发展成为统一理论，是19世纪自然法学派的功劳。这个学派根据“损人利己违反了自然正义”这一理论，确立了不当得利的普遍基础，并将“任何人没有正当理由，不可损人而受益”这一法则确定为常规。[3]

及至1804年的《法国民法典》，关于不当得利的规定却没有继承自然法学派的统一理论，而是将不当得利分别规定（第1377—1381条）。

1900年的《德国民法典》在继受自然法学派的不当得利统一理论的基础上，又区分了两种不同的类型。这从该法第812条的规定就可以看出来。其所

〔1〕［意］彼德罗·彭梵得：《罗马法教科书》（2017年校订版），黄风译，中国政法大学出版社2018年版，第327页。

〔2〕［日］我妻荣：《我妻荣民法讲义V4：债法各论》（下卷一），冷罗生等译，中国法制出版社2008年版，第39页。

〔3〕［日］我妻荣：《我妻荣民法讲义V4：债法各论》（下卷一），冷罗生等译，中国法制出版社2008年版，第40页。

统一的关于不当得利的理论基础是“缺乏法律上的原因”。也就是说，一个社会中的财产利益归属状态发生变化，即特定的人的财产利益转移时必须有正当原因。如果缺乏这种正当原因，就可以说是不当得利。[1]但德国立法和学理中的争议在于：能否用统一的事实构成来涵盖所有类型的不当得利？就如德国学者所言，在过去几十年里，关于不当得利学说的争议远远超出了民法的其他部分。争议的主要焦点不在其结果（结果基本上意见一致），而在于产生结果的理由，即是否可以用统一的不当得利事实构成涵盖所有类型的案例，或者对其区别对待是必要的抑或是适当的。其实就是对《德国民法典》第812条第1款第1句的规定有不同理解，由此产生了所谓的“统一说”与“区分说”。在德国“区分说”是主流观点，因为不当得利涉及的不同的产生原因的事实构成具有完全不同的外在表现，而一个能够涵盖这一切的表述应当具有高度的抽象性（实际上就是难以适用）。因此，为避免发生这种情况，依通说，仅为此目的就应该对不同不当得利的类型进行分类。分类尤其有利于对“缺乏法律原因”的查证。[2]这两种类型就是：基于给付的原因产生的不当得利与非给付不当得利。

《日本民法典》对于不当得利尽管规定了“无法律上的原因”，但却没有指出给付不当得利与非给付不当得利这两种类型。不过，作为日本民法的解释，不管是普遍的学说还是判例，都承认这两种类型的区分。[3]

我国《民法典》中的不当得利制度与《日本民法典》中的不当得利制度十分相似。我国《民法典》虽然没有仿照《德国民法典》区分两种不当得利类型，但学者在论述不当得利时也是区分这两种类型的。

从不当得利的历史发展可以看出，自从自然法学派创建不当得利的一般基础理论后，其实各国的民事理论和立法是承认不当得利统一理论基础的——得利人与受损人的财产变化缺乏法律原因。但在不当得利的具体构成要件方面，建立统一的构成要件是十分困难的，因为各种原因相差太多。因此，在构成要件上区分两种类型的不当得利是必要的。

---

〔1〕[日]我妻荣：《我妻荣民法讲义V4：债法各论》（下卷一），冷罗生等译，中国法制出版社2008年版，第42页。

〔2〕[德]迪特尔·梅迪库斯：《德国债法分论》，杜景林、卢谌译，法律出版社2007年版，第521页。

〔3〕[日]我妻荣：《我妻荣民法讲义V4：债法各论》（下卷一），冷罗生等译，中国法制出版社2008年版，第50页。

三、不当得利的制度价值

（一）平衡非正常的利益得失

不当得利制度是从实质上而非形式上来平衡受益人与受损人之间的利益变化，即没有法律原因或者法律根据的利益变动必须回归。

（二）不当得利与其他请求权是不同的

不当得利与侵权赔偿请求权不同。当受益不再存在或者他人受损害而自己没有获益时，不成立不当得利。德国学者认为，这就是不当得利的原本特质。它构成了与合同解除后的责任的区别：如果不存在加重责任的理由，受益人返还或者补偿的利益一般仅为其财产中增加的部分。它也构成了与侵权赔偿请求权的差别：侵权赔偿请求权赔偿的是债权人丧失的利益，而不是债务人增加的利益。[1]

日本学者也指出，不当得利属于补充性制度。这是因为，在财产的价值转移方面，如果存在其他法律手段可以来调和普遍的、形式化的标准与相对性、实质性的矛盾，就可以启动该制度。当然，基于所有权的返还请求权与不当得利请求权是不可以同时存在的。[2]但是，侵权赔偿请求权与不当得利请求权是可以同时存在的。由于侵权赔偿请求权与不当得利请求权的目的和功能不同，如果二者发生竞合的话，当事人通常会选择侵权赔偿请求权，因为能够得到更多的赔偿，但有时也可以同时主张。

四、不当得利的法律性质

（一）不当得利属于非法律行为

不当得利注重的是“没有法律依据或者原因”而发生的财产或者利益变化，并不注重当事人的意思或者意志，与意思表示或者意思自治无关。

（二）不当得利能够产生债权债务关系

如果具备了不当得利的构成要件，就在受益人与受损人之间产生请求返还的债权债务关系。不当得利是债的一种发生原因。

（三）不当得利是广泛存在于《民法典》各编的债的发生原因

不当得利是一种应用非常广泛的制度，几乎涉及每一种财产关系，在合同

---

〔1〕［德］迪特尔·梅迪库斯：《德国债法分论》，杜景林、卢谌译，法律出版社2007年版，第553页。

〔2〕［日］我妻荣：《我妻荣民法讲义V4：债法各论》（下卷一），冷罗生等译，中国法制出版社2008年版，第51页。

编、物权编、继承编、侵权责任编等都有适用空间。具体来说，合同无效后的返还财产就可能涉及不当得利制度；物权编中的“添附”制度中，必须有不当得利（法定）的平衡；继承编中对于继承人代偿被继承人的债务或者不当多分得遗产的人都可以适用不当得利；侵权责任编中也有权益侵害型不当得利等问题。除此之外，还涉及第三人的不当得利问题。

五、不当得利的一般构成要件

（一）一方受到利益

一方受到利益是不当得利的关键要件。如果一方没有获得利益，就不存在不当得利的问题，因为连“利”都没有，哪来的“不当得利”？这既是不当得利制度的核心和关键，也是不当得利与侵权责任或者无因管理的区别。此所谓利益，包括积极利益和消极利益。积极利益是指现有财产的增加，而消极利益是指现有财产应该减少而未减少。

（二）他方受到损害

不当得利是债的一种发生原因，会产生债权请求权。如果他方没有受到损害，就不发生债的关系，也就没有不当得利之债的产生。

他方受到的所谓损害，分为积极损害与消极损害。积极损害是指现有财产的减少；消极损害是指应该增加的利益却没有增加。在计算“受到损害”时，有两种不同的理论，即“财产利益差额说”与“权益归属侵害说”。“财产利益差额说”认为，因一定事实的发生，致使他人的财产总额较未发生此事实之前有所减少，包括所受到的损害与所失去的利益。“权益归属侵害说”则认为，一定事实的发生致使他人权益归属受到侵害，就成立不当得利。[1]这两种学说的差别可举一例说明：甲有房屋，不准备出租，而是准备将来居住。乙擅自进入甲的房屋居住。居住期间乙对房屋保持得很好，没有造成任何损害。这时两种学说的差异就显现出来了：如果采用“财产利益差额说”，则甲并没有失去什么，因为甲不打算出租房屋赚取租金，也就不成立不当得利；如果依据“权益归属侵害说”，则无论甲是否打算出租，只要有任何利益可以归属于甲，甲就被视为受到损失，从而成立不当得利。因此，“权益归属侵害说”比较合理。

（三）一方的受益与他方的受损之间存在因果关系

在不当得利成立的因果关系理论中，有“直接因果关系说”和“牵连关系

---

〔1〕 林诚二：《民法债编总论——体系化解说》，中国人民大学出版社 2003 年版，第 125 页。

说”之分。“直接因果关系说”认为，受有利益与受到损害之间有无因果关系，应看受有利益的原因与受到损害的原因是否属于同一事实：如果并非同一事实，即使两者之间具有牵连关系，也无因果关系。[1]“牵连关系说”认为，受到利益和受到损害之间是否具有因果关系，应当依社会观念来判定：只要社会观念上认为受益与受损之间具有牵连关系且受益是受损的原因，就应该认定具有因果关系，不一定必须产生于同一事实。[2]本书认为“牵连关系说”更加合理，尤其是在认定因果关系方面，灵活的方式认定更加符合多变的社会。

（四）没有法律上的根据或者原因

这是不当得利之“不当”的来源，也是不当得利能够建成统一理论的根源所在。如果受益有法律上的根据或者原因，并且是正当的，就不会发生不当得利问题。什么是“没有法律上的原因”？应当采用区分说，要根据不同的发生原因来解释和说明不当得利，因为基于给付发生的不当得利与基于添附等给付以外的事实发生的不当得利在构成要件上差别实在太大。

第二节　不当得利的法律后果

一、给付不当得利请求权

（一）给付不当得利的概念

给付不当得利是因他人给付取得利益，但无法律上的依据。返还这种利益的不当得利请求权被称为给付不当得利请求权。这种请求权的反义词是“所有物的返还所有权”。[3]给付不当得利请求权是对一方因给付而丧失所有权后的救济，如果所有权还没有丧失，不适用这种救济制度，而适用所有物返还请求权。这一点恰恰就是德国法与日本法的区别，与是否承认物权行为的无因性有关。

（二）给付不当得利的构成要件

1. 不当得利的债务人必须取得利益

这里的“利益”必须作宽泛的理解，可以是金钱利益，也可以是非金钱利益，如提供劳务或者服务。

---

〔1〕林诚二：《民法债编总论——体系化解说》，中国人民大学出版社2003年版，第125页。

〔2〕［日］我妻荣：《我妻荣民法讲义V4：债法各论》（下卷一），冷罗生等译，中国法制出版社2008年版，第83页。

〔3〕［德］迪特尔·梅迪库斯：《德国债法分论》，杜景林、卢谌译，法律出版社2007年版，第522页。

2. 取得利益必须是因不当得利之债权人的给付[1]

这一要件其实属于因果关系的范畴，即债权人的给付是使得债务人受益的原因。给付不当得利请求权的核心是“给付”。该构成要件中的“给付”，一般情况下被理解为有意识、有目的地增加他人的财产。具体含义是：（1）增加他人财产不仅仅是一种有金钱利益的给予。此处的财产不能简单地理解为“以金钱衡量的物”，还包括非以金钱衡量的物，如情书，也可以是单纯的占有。（2）这种财产给予必须是有意识的。某人误信他物归自己所有而支出费用的，不适用给付不当得利请求权，而是非因给付发生的不当得利，因为给予人不是有意识地增加他人财产。（3）给付须具有一定的交易目的，但不是指“增加他人财产的目的”。例如，交付金钱的目的是为了取得房屋所有权或者租赁权。如果实现了该目的，就没有理由请求返还；反之，则构成给付不当得利。

3. 给付必须是没有法律原因或者丧失法律原因

在给付不当得利请求权中，欠缺给付目的可以有多种原因：（1）作为债的发生基础的合同无效、被撤销或者没有债的发生的其他基础，或者债权债务关系根本不存在于给付人与被给付人之间，或者债权的内容与给付的内容完全不符合等。（2）履行的债务原来存在给付目的，但后来丧失，如合同解除等。（3）给付目的不达。例如，甲对乙支付金钱的目的是为了获得标的物，但由于负担行为中乙交付标的物的义务因故消灭，使得甲的给付不能达到目的。

（三）给付不当得利请求权的排除

根据《民法典》第985条的规定，有三种可以排除给付不当得利请求权的情形：为履行道德义务进行的给付；债务到期之前的清偿；明知无给付义务而进行的债务清偿。根据比较法的规定及理论，还应当包括基于不法原因的给付、无预期效果的给付或者恶意阻止效果发生的给付。

1. 明知无债务而给付

以债务清偿为目的的给付，在给付时已知不存在债务的，不得请求返还不当得利（《民法典》第985条、《德国民法典》第814条、《日本民法典》第705条）。非债清偿，构成不当得利，本应返还。但是，债务人明知无债务而为清偿，视为赠与，债务人不得请求返还。

2. 期前清偿

---

〔1〕［德］迪特尔·梅迪库斯：《德国债法分论》，杜景林、卢谌译，法律出版社2007年版，第523页。

债务人在履行期限到来前给付的，不得请求返还，甚至是期限利益。但是，如果债务人是因错误而给付的，债权人应当返还取得的期限利益（《民法典》第985条、《德国民法典》第813条、《日本民法典》第706条）。

3. 给付系为履行道德上的义务

若当事人的给付系为履行道德上的义务时，不得以不当得利为由请求受益人返还。例如，对于无抚养义务的亲属为抚养（对姑姑的赡养），不得请求受抚养人返还。至于给付是否为履行道德上的义务，应以一般的社会观念加以判断。

4. 基于不法原因的给付

基于不法原因而为的给付，给付人不得以不当得利为由而请求返还，为各国民法之通例。例如，《日本民法典》第708条规定："因不法原因实行给付者，不得请求返还。但是，不法原因仅存在于受益人一方时，不在此限。"《德国民法典》第817条规定："给付目的是以受益人的受领违反法定禁止或者善良风俗的方式确定的，受益人即负返还义务。履行给付的人同样实施了这种违反法定禁止或者善良风俗的行为的，返还请求权即被排除。为履行此种债务而给付的一切，不得请求返还。"我国《民法典》第985条对此虽无规定，但解释上应当作同样的解释。需要指出的是，只有不法原因为给付人单独或与受领人共同具有时，才适用排除不当得利请求权的规则，例如对赌债的偿付。如果不法原因仅存在于受领人一方，给付人仍有权请求返还，例如回赎绑票、给付金钱以阻止犯罪等。

5. 无预期效果的给付或者恶意阻止效果发生的给付

《德国民法典》第815条规定："以产生结果为目的而为的给付，如果结果的产生自始为不能而给付人明知其不能者，或者给付人违反诚实信用原因而妨碍产生结果者，不得请求返还。"如赠送礼物时，就知道双方不可能结婚，或者送礼者恶意阻止结婚登记的，不得要求返还礼物。

（四）返还请求权的范围

给付不当得利请求权的返还范围，因受益人是善意还是恶意而有不同。

1. 善意受益人的返还范围

（1）确定善意受益人返还范围的原则

第一，以现存利益为限。我国《民法典》第986条规定："得利人不知道且不应当知道取得的利益没有法律根据，取得的利益已经不存在的，不承担返还该利益的义务。"《德国民法典》第818条、《日本民法典》第703条也有相同的规定。所谓取得的利益已经不存在，如取得的货物被盗窃、动物死亡、房屋因地震而倒塌又没有保险等。如何理解“现存利益”？例如，购买的食品已经被吃掉，是否属于“利益不存在”？如果将购买的食品吃掉，因节省了其他食品的消耗，节省了“财产”，此时财产属于消极增加，因此现存利益也被视为存在。

第二，受益大于损失的，以损失为限；损失大于受益的，以受益为限。

第三，受益人因受领利益所支出的各种必要费用，或者因所得利益的瑕疵给受益人造成的损害，可以从现存利益中扣除。

（2）善意受让人返还的具体范围

第一，受领的利益。不当得利之利益，是指原利益，包括物或者权利。不当得利返还请求权的本意就是首先要归还这种利益。不当得利制度的目的就是要借助于不当得利请求权，返还因没有法律上的原因而取得的利益。只有在不能返还原利益时，才利用其他方式。[1]

第二，收益，包括利息及其他孳息。但是，有学者认为，如果是所有权返还，当然应该包括孳息；如果是非所有权的返还，则不应如此，如善意占有人就不必返还孳息。[2]当然，如果没有孳息的，就不存在这种返还义务。

第三，不能返还时应赔偿价额——价值补偿。受益人在两种情况下必须补偿价值：一是因取得物的性质不可能返还的，如服务、使用等方式的给付；二是因其他原因不能返还的，如食品已经消费等。这时应该进行价值补偿。[3]该价值如何计算？在德国民法上有“客观说”与“主观说”两种不同理论。客观说认为，应该按照市场价值客观确定“所获得的利益的价值”；主观说则认为，应该按照对受益人本人是否有价值来确定。德国通说采客观说。[4]本书认为客观说更合理公平。计算价值的时间点，应以受益时为准。

2. 恶意受益人的返还范围

---

〔1〕［德］迪特尔·梅迪库斯：《德国债法分论》，杜景林、卢谌译，法律出版社 2007 年版，第 549 页；［日］我妻荣：《我妻荣民法讲义 V4：债法各论》（下卷一），冷罗生等译，中国法制出版社 2008 年版，第 174 页。

〔2〕［日］我妻荣：《我妻荣民法讲义 V4：债法各论》（下卷一），冷罗生等译，中国法制出版社 2008 年版，第 174 页。

〔3〕［德］迪特尔·梅迪库斯：《德国债法分论》，杜景林、卢谌译，法律出版社 2007 年版，第 551 页。

〔4〕［德］迪特尔·梅迪库斯：《德国债法分论》，杜景林、卢谌译，法律出版社 2007 年版，第 551 页。

《民法典》第987条规定："得利人知道或者应当知道取得的利益没有法律根据的，受损失的人可以请求得利人返还其取得的利益并依法赔偿损失。"据此规定可知：（1）恶意受益人的返还范围不以现存利益为限。受益已经不存在的，不可能返还原利益，只能进行价值补偿。即使是不可抗力导致受益不存在，得利人也不能免除责任，而要承担赔偿责任。（2）损失大于受益的，以损失为限。（3）得利人因受领利益所支出的必要费用应该允许从受益中扣除。

二、第三人的返还责任

法律应本着公平与保护第三人利益的原则，处理受损人与第三人的利益关系问题。根据《民法典》第988条及其他相关法条的规定，本书认为，受益人将其所得的利益让与第三人时，应按下列情况处理。

其一，当第三人为善意且支付了相当的代价时，受损人无权请求第三人返还受让的利益，只能请求相对人返还替代利益。例如，甲与乙签订买卖合同，合同履行后，购买人乙已经将标的物转让给善意的且支付了对价的丙时，丙构成善意取得。乙属于不能返还的情形，甲只能请求乙进行价值补偿。反之，若第三人为恶意时，无论其是否已支付对价，受损人均得请求第三人返还。

其二，若受让的第三人为无偿取得该利益时，无论善意恶意，都有义务返还。

三、非给付不当得利请求权

（一）非给付不当得利的产生原因

1. 因受益人的行为而产生的不当得利

这是指受益人基于自身的行为取得利益，使他人受损失。受益人的行为既可以是民事法律行为，也可以是事实行为，如将他人的饲料喂养自家的羊群。

2. 因受损人的行为而产生的不当得利

这主要是指基于受损人的行为使他人得利而自己受损。但这种情况只限于受损人本身并无使他人受益的意思，其行为是一种事实行为。例如，误将他人的牲畜认作自己的而喂养，误认他人的事务为自己的事务而为管理。

3. 基于第三人的行为而产生的不当得利

这是指受益人因第三人的行为而取得应归于他人的利益所成立的不当得利。例如，第三人以受损人的饲料喂养受益人的家禽，受损人得向受益人请求返还不当得利。

4. 基于法律规定而产生的不当得利

这是指法律为谋求一般社会利益或保存物的使用价值，在形式上使某项权利归于某人，但实质上并不使之最终属于该人的情形。例如，在添附的情况下，原物的所有人虽然取得新物的所有权，但这仅是形式上的，另一方的利益并不因此而丧失，仍可请求取得人返还不当得利。

5. 基于事件造成的不当得利

有时一些事件也能够造成不当得利的事实后果，受益人也有返还不当得利的义务。

（二）返还请求权的范围

与给付不当得利请求权一样，在非给付不当得利请求权中，也区分受让人的善意与恶意而确定返还的范围。

四、不当得利返还请求权与其他请求权的关系

（一）不当得利返还请求权与侵权行为请求权的关系

这两种请求权的成立要件及目的均不相同，前者以取消受益人的不当得利为目的，后者则以补偿受害人的损害为目的。如果二者的条件同时具备，则构成请求权竞合，可由受损人根据情况择其有利者行使。

（二）不当得利返还请求权与物上返还请求权的关系

尽管有学者主张不当得利返还请求权与物上返还请求权可以竞合，但实际上两者是相互排斥的，不太可能发生竞合。例如，甲饲养的鸡进入乙的鸡舍，甲既可能根据所有权请求乙返还，也可能根据不当得利请求乙返还，但两者不会发生竞合。原因在于，当鸡进入乙的鸡舍后，如果甲没有失去鸡的所有权，甲就享有物上返还请求权；如果甲失去了鸡的所有权，甲就享有不当得利返还请求权。因此，自罗马法以来，就有“所有权与不当得利请求权不能两立”的法谚。

（三）不当得利与占有的关系

在不当得利中，受益人如果同时是占有人的话，就有对占有物进行妥善保管的义务。如果违反了保管义务，就要承担赔偿责任。占有的保护及保管义务与不当得利同时并存。

法律适用

如何理解不法原因给付制度？

法律对因“不法原因的给付”排除返还请求权的规定，旨在避免使“不法”合法化。例如，对公务员的贿赂若不达目的，仍使行贿人保留贿赂物的返还请求权，岂不是承认法律保护行贿？但是，行贿的人无权请求返还贿赂物，则贿赂物应当归属于谁？若允许公务员享有，岂不又在客观上使“不法”合法化了？对此，大多数国家的民法没有规定救济措施。如果公法对此有规定者，当然应当适用公法的规定，如罚没等。

在民法上如何解决上述问题？例如，甲与乙订立了一个房屋买卖合同，已经登记在乙的名下。后来买卖合同因违法或者违反公序良俗而无效，后果如何？在德国这样的承认“物权行为无因性”的国家与日本不承认“物权行为无因性”的国家，理论上应该不同。在德国法上，在买卖合同因违法而无效的情况下，乙基于有效的物权行为，仍然能够取得所有权。甲本来可以对乙享有不当得利返还请求权，但由于买卖合同因为违法而无效，所以基于“不法原因给付”排除不当得利返还请求权的规则，甲、乙都被排除了不当得利返还请求权，各自只能保持自己所有权获得的状态（公法上罚没是另外的事情）。《日本民法典》虽然不承认物权行为的无因性，但在这种情况下，也是让得利者获得不动产所有权。日本的判例和理论都持有这样的观点：A（已婚）与B婚外同居，A为B购买了房屋。赠与因违反善良风俗无效，A请求返还被拒绝，B请求登记被法院支持。[1]这种观点，从私法的视角来看，值得赞同。当然，A与B协商返还的，当然有效。但必须指出的是，按照我国《民法典》第157条关于法律行为无效的规定，似乎违法的合同双方当事人都有返还义务。

〔1〕［日］我妻荣：《我妻荣民法讲义V4：债法各论》（下卷一），冷罗生等译，中国法制出版社2008年版，第262—263页。

法定之债——侵权行为

第三十一章　侵权责任法的一般原理

提　要

侵权责任法调整“因侵害民事权益产生的民事关系”。侵权责任法的保护范围，原则上限于物权、人身权、知识产权等绝对权利。在特定情况下，针对债权的侵权行为可以产生侵害债权的侵权责任。此外，通过侵权责任对权利之外的利益提供保护，需要特别说明理由。就侵权行为的调整模式而言，《民法典》采纳了侵权责任模式，没有效仿德国等大陆法系国家采纳侵权行为之债模式。《民法典》不仅没有设置债编或者债法总则，还单独设立了侵权责任编。在适用《民法典》侵权责任编的规定时，应当注意与侵权责任编以外其他规定的衔接，如人格权编、总则编“民事责任”章、各知识产权单行法的规定。侵权责任法的规范功能在于确定责任归属以及责任承担，侵权责任法的社会功能则以补偿为主，兼有惩罚功能，并基于补偿功能和惩罚功能而体现遏制、预防侵权的效果。

重点问题

1. 侵权责任法的适用范围。
2. 侵权行为与无因管理的区别。
3. 侵权行为与不当得利的区别。
4. 侵权行为与犯罪行为的区别。

第一节　侵权责任法概述

一、侵权责任法的概念

侵权责任法，是指调整因侵害民事权益产生的民事关系的法律规范的总称，也称“侵权行为法”或“侵权法”。在措辞上，我国民事立法一直使用的是侵权责任法，而非侵权行为法。《侵权责任法》和《民法典》“侵权责任编”均体现了这一立场。目前，我国理论界普遍接受了“侵权责任法”这一措辞，而不再使用“侵权行为法”。采“侵权责任法”这一措辞的主要理由包括：承担侵权责任的人不一定为行为人，如监护人责任、雇主责任等情形；侵权行为原本的含义为“不法行为”，而在现代侵权法中，存在着大量因合法行为致人损害而成立侵权责任的情形，如高度危险责任等；损害赔偿责任之外的侵权责任类型，如消除影响、恢复名誉、赔礼道歉等，传统的侵权行为之债无法包括；侵权法主要规范侵权责任的成立与承担，重在责任，而非行为。[1]因此，使用“侵权责任法”这一表述，更加名副其实。[2]《民法典》将侵权责任独立成编，在总则编中又专设“民事责任”章。同时，侵权责任编虽然专章规定了“损害赔偿”，但根据侵权责任编的规定，除损害赔偿外，侵权行为的后果还包括“消除影响”“恢复名誉”“赔礼道歉”等。停止侵害、排除妨碍、消除危险同样属于侵权责任承担方式。因此，使用“侵权责任法”这一措辞，更符合我国实际。

在域外，大陆法系国家的侵权责任被规定于债法中，属于法定之债中的侵权行为之债。因此，大陆法系国家不称“侵权责任法”，而是称为“侵权行为法”。英美法系中，侵权法是与合同法、财产法并列存在的私法部门，以判例为主要表现形式，在概念上也称“侵权行为法”。

侵权责任法本身有狭义和广义之分。狭义的侵权责任法，也指形式意义上的侵权责任法，仅指民法典中的侵权责任编或有关侵权责任基本规范的规定，或者单独以“侵权责任法”为名的单行法律。前者如《民法典》第七编的规范，后者如2009年《侵权责任法》。广义的侵权责任法，是指所有规范侵权责任的法律规范的总称，也称实质意义的侵权责任法。除《民法典》的侵权责任编外，还包括其他各编中涉及侵权责任的内容，如《民法典》总则编民事责任章以及人格权编中的相关条款等。当然，广义的侵权责任法也包括《民法典》之外的其他法律法规中的相关侵权责任规范，如《产品质量法》《道路交通安全法》《民用航空法》《环境保护法》《电力法》《执业医师法》《著作权法》《商标法》《专利法》等法律规范中涉及侵权责任构成、抗辩、损害赔偿

〔1〕从我国《民法典》侵权责任编的结构上看，除第一章“一般规定”和第二章“损害赔偿”外，其他各章都以“责任”为核心概念，即便是第一章“一般规定”没有使用“责任”一词，但该章内容也都是围绕“责任”展开的，所谓“责任归属”“责任构成”“责任抗辩”，因此，称“责任法”更合适。

〔2〕相关内容参见王利明：《侵权责任法研究》（第二版）（上卷），中国人民大学出版社2016年版，第76—78页。

标准等内容的规范。除此之外，最高人民法院、最高人民检察院根据全国人大的授权制定的相关司法解释，也属于广义上的侵权责任法，如《最高人民法院关于确定民事侵权精神损害赔偿责任若干问题的解释》（以下简称《精神损害赔偿解释》）《最高人民法院关于审理人身损害赔偿案件适用法律若干问题的解释》（以下简称《人身损害赔偿解释》）等。

二、侵权责任法的地位

侵权责任法的地位，应当从以下两个视角来理解，即侵权责任法在私法体系中的地位、侵权责任法与其他部门法之间的关系。

（一）侵权责任法在私法体系中的地位

在大陆法系，侵权行为与不当得利、无因管理、合同一并作为债的发生原因而被列为债的组成部分，其理由是此四者在形式上产生相同的法律效果，即一方当事人可以向另一方当事人请求为特定的行为。此种特定人之间可以请求特定行为的法律关系，就是债的关系。侵权行为的结果，就是所谓的“侵权行为之债”。

我国古代传统法典采纳诸法合一的模式，侵权法被规定于法典的各个部分。到了中华民国时期，民国民法承续《德国民法典》，将侵权法置于债法部分。新中国成立后，长期缺乏民事法律的基本规范，直到1986年《民法通则》颁布。富有中国特色的《民法通则》在民事权利章的“债权”一节中，基本没有涉及侵权法内容，除两个有关不当得利（第92条）和无因管理（第93条）的条文外，这一节都是有关合同的规范。第6章“民事责任”规定了违约责任和侵权的民事责任。从条文数来看，这一章涉及侵权责任的规定有近20条。这表明，《民法通则》的立法者极为重视侵权法，相对独立的侵权法立法模式也初现端倪。

在《民法典》制定过程中，学界对于侵权法的地位存在争议，主张侵权责任法独立成编的观点逐渐为多数人所接受。第四次《民法典》起草期间，在2002年12月第九届全国人大常委会审议的《中华人民共和国民法（草案）》中，侵权责任法即为独立一编。就侵权法的地位而言，2009年《侵权责任法》的出台、2020年《民法典》中侵权责任的独立成编，表明我国立法机关采纳了理论界多数人的意见，从而与传统大陆法国家不同。

（二）侵权责任法与其他部门法的关系

侵权责任法系权利保护法。除侵权责任法外，其他法律也从不同角度对民事权益提供保护。侵权责任法有自己特点，同时也需其他法律相互配合。

1. 侵权责任法与刑法

作为公法的重要组成部分，刑法是规定犯罪与刑罚的法律。就整个法律体系而言，刑法与侵权责任法是有联系和区别的。刑法与侵权责任法的关联体现在以下方面：（1）二者都是旨在保护合法权益，侵权行为与犯罪行为在违法性上具有一致性，在绝大多数情况下，侵权责任须符合违法性要件，而违法性是犯罪构成的必备要件。（2）二者有时是重合的，很多犯罪行为同时也是侵权行为，行为人除承担刑事责任外，还要承担侵权责任，如盗窃他人财物行为、侵害他人人身权益等。（3）有时二者之间也会互相影响，如在刑法中构成犯罪并成立刑事责任的，在侵权责任法的精神损害赔偿方面就应考虑适当减免；行为人积极履行民事赔偿义务，以及真心赔礼道歉等，法院在量刑时可以依法从轻或减轻处罚。

刑法与侵权责任法的区别体现在以下方面：（1）刑法以惩罚犯罪为目的，而侵权责任法中损害赔偿是以补偿为基本功能的，惩罚性赔偿属于其例外规则。（2）刑罚措施由审判机关决定，不允许被告方与控诉方协商，而侵权责任允许当事人之间协商解决，而且协商解决优先适用。（3）刑法中对罪犯责任的追究是司法机关的职责，而侵权责任则需被侵权人积极主张。（4）在责任构成上，犯罪行为以故意为原则，以过失为例外，而侵权责任的成立通常以行为人具有“过错”为前提，责任成立不因故意与过失而有所不同。

2. 侵权责任法与保险法

无论是商业保险还是工伤保险，还是“交强险”，都能在损害发生后根据保险合同救济受害人。与社会保障体系对侵权责任法的影响相似，“责任保险与侵权行为的发展，具有相互推展的作用”。[1] 保险法在现代侵权责任法中发挥着巨大作用，而责任保险一定程度上也造成了“侵权行为法的危机”。[2] 有些保险将损害分散给整个社会，从而直接免除了侵权人的责任，如工伤保险、损害赔偿数额不超过交强险限额范围的交通事故责任等。我们必须承认社会保障体系以及各种保险的客观存在，并与侵权责任法配合共同保障行为自由与受害人补偿利益的平衡。

---

〔1〕 王泽鉴：《侵权行为》（第三版），北京大学出版社 2016 年版，第 9 页。

〔2〕 侵权责任法制度在实践中的复杂性，与保险责任——尤其是类似 1972 年新西兰的《意外事故补偿法》制度——理赔迅速、举证简单等特征形成鲜明对照。人们更愿意选择保险赔偿而弃舍侵权责任诉讼。

侵权责任法与保险法的区别主要表现在：（1）在保险法中，保险赔偿以保险合同存在和保险事由发生为前提，而侵权责任法中，侵权责任的承担则不以当事人之间有民事关系为前提。（2）保险法中的保险责任仅以财产赔偿为内容，而侵权责任除损害赔偿外，还有非财产责任。二者的联系主要表现在：（1）在有些责任险中，保险责任的承担以构成侵权责任为前提；（2）在工伤保险与侵权责任并存时，侵权责任对工伤保险起补充作用。即如果工伤保险赔偿不足弥补损失，则由侵权责任人承担补充责任。

三、侵权责任法的客体范围

（一）侵权责任法的客体概述

侵权责任法的客体，是指何种权利或利益受到侵害后能适用侵权责任法救济。基于法律的分工以及法律救济本身的局限性，并非所有的民事权益受到侵害后都能由侵权责任法救济。也就是说，并非所有侵害行为皆可构成侵权行为，由当事人承担侵权责任。

我国原《侵权责任法》不仅在第2条第1款明确规定“侵害民事权益，应当依照本法承担侵权责任”，还于第2款采用外延未封闭的方式列举了“本法所称民事权益”，包括生命权、健康权、姓名权、名誉权、荣誉权、肖像权、隐私权、婚姻自主权、监护权、所有权、用益物权、担保物权、著作权、专利权、商标专用权、发现权、股权、继承权等人身、财产权益。立法者采取列举模式，是因为第1款太过笼统，不利于司法适用。然而，但具体权利类型的列举是不可能穷尽的，而且，第2条第2款的列举也存在严重问题。比如，第2条第2款没有列举“身体权”。这显然不是立法者的疏忽，而是因为立法者认为，通过“健康权”即足以解决身体权保护。不仅如此，第2条第2款列举的“婚姻自主权”和“监护权”是否为一项独立的民事权利，学界争议很大。

《民法典》对侵权责任范围的规定体现在两个方面，一是总则编第120条。该条规定：“民事权益受到侵害的，被侵权人有权请求侵权人承担侵权责任。”二是第1164条。这一条对侵权责任编的适用范围显然采取了不同于《侵权责任法》的做法，仅概括规定“本编调整因侵害民事权益产生的民事关系”。“民事权益”范围广泛，既包括权利，也包括利益。而仅就民事权利而言，类型多样，有自然权利和实证权利、绝对权和相对权、财产权和人身权等分类。根据学界形成的共识，并非所有的民事权利都由侵权责任法救济，民事权益也并非受到同等程度的救济。具体哪些权益应该由侵权责任法救济，救济的程度如何不同等问题必须明确。因此，讨论侵权责任法的客体范围非常必要。本书认为，从侵权行为的基本含义角度分析，侵权责任法的客体应包括以下几项。

（二）侵权责任法的客体范围

1. 绝对权利

从文义解释角度分析，侵权行为应指侵害权利的行为，所以，民事权利是侵权行为的当然客体，但是，这里的“权利”，并非所有类型的权利。侵权行为的后果是侵权责任，而承担责任的前提是义务的存在及义务的违反。根据效力范围不同，民事权利分为绝对权和相对权，绝对权指权利的效力范围及于权利人之外所有人的权利，也称对世权。任何人对绝对权都负有注意防止侵害的义务，违反该义务的即构成对权利的侵害。所以，物权、人身权、知识产权等都属于侵权行为的客体。而相对权的效力范围仅及于特定的人，其义务主体具有特定性。义务主体之外的人通常并不知悉权利的存在，自然也就不能要求其注意防止侵害。最典型的相对权是债权，其义务主体只能是债务人本人。该义务违反通常由违约责任规则调整，所以，债权通常不是侵权责任法的客体。《德国民法典》第823条第1款列举的权利皆为绝对权，第823条第1款规定的“其他权利”也限于绝对权。我国《侵权责任法》第2条列举的各种权利也都为绝对权。《民法典》虽未采取明确列举方式确定其客体范围，但在解释上，侵权责任法的客体为物权、人身权、知识产权等绝对权，也是学界共识。

2. 受法律保护的利益

权利类型化具有局限性，法律不可能将所有的利益以权利形式列举规定，但是，这并不意味着，只有权利才属于侵权责任法的客体。侵权法所要保护的利益，除了法律规定的绝对权利外，还包括没有上升为权利而应当受到法律保护的某种利益，即被我国学者将德文中的“Rechtsgut”翻译为“法益”的东西。根据德国法学家拉伦茨的总结，所谓“法益”，是指“权利之外的受法律保护的利益”，例如前述生命、身体、健康和自由。如此来看，“法益”是相对于权利而言的概念。生命、身体、健康和自由是权利之外应受德国侵权法保护的利益。《日本民法典》第710条在列举规定与主体人格有密切联系的利益时，也没有使用“身体权、自由权”这样的表达，而是规定：“无论侵害他人的身体、自由或者名誉的场合，还是侵害他人的财产权，依照前条负损害赔偿之责者，对于财产以外的损害也要予以赔偿。”第711条也只是规定侵害他人“生命”者要承担责任，而没有称之为“生命权”。其实，在《民法通则》第106条第2款的规定中，被侵害对象是“财产”“人身”，也没有规定为“财产权”“人身权”。生命与生命权以及人身与人身权显然不同，因为财产是财产权的标的而不是财产权本身，人身是人身权的标的而不是人身权本身。依拉伦茨的解释，这些与人格具有密切联系的利益即是权利之外受法律保护的利益。侵权行为不仅包括侵害“所有权或者其他权利”，也包括侵害受法律保护的利益。

当然，在现代社会，人格权概念逐渐盛行，很多国家将重要的人格利益上升为权利，如隐私权、名誉权等，德国还通过基本法的适用创设了一般人格权。这些变化在私法上反映了人们对人格权的重视。其实，《民法通则》中有关人格权的规定还是相对丰富的，因其将主要的人格利益都已规定为权利，所以，我国对人格利益的救济是直接的。但是，对于还没有权利化的利益，则需要根据现实人们的一般观念来决定是否属于侵权法所涵摄的范围，否则，就会使侵权行为法变成一个巨大无比的“箩筐”。

目前，我国立法上规定或司法上承认的受法律保护的利益主要有占有、个人信息、死者人格利益、商业秘密等。除此之外，在司法实践中，对受法律保护的利益，可以由法官根据案件具体情况，考虑利益的独立性、合法性、私益性和可救济性认定。[1]对所谓“纯经济利益损失”的保护，主要是因果关系判断问题。如果认定损失与行为人的行为之间具有因果关系，就应支持受害人的请求。比如，因律师的疏忽使代书遗嘱无效，导致遗嘱继承人无法依遗嘱获得遗产的，即应属于因过失致他人财产损害，而应承担损害赔偿责任。[2]此时，理论上不必再创设一个争议如此巨大的概念。

3. 特定情况下的债权

债权是否得为侵权责任法客体是一个有争论的问题。依据传统民法理论，债权为存在于特定当事人之间的权利，性质上属于相对权，在权利保护上也具有相对性。当事人以外的人不具有侵害债权的能力。侵权行为与违约行为的区分，使得侵权行为所涵摄的范围被限定在绝对权领域，而对于属于相对权的合同权利的侵害，则坚守债的相对性规则，债权人只能请求特定的债务人承担债务。也就是说，债权只对债务人有拘束力，排斥第三人对合同的责任。因此，各国在立法上并不将第三人侵害债权的行为视为侵权行为。但是，现代社会，

〔1〕 程啸:《侵权责任法》(第三版)，法律出版社2021年版，第149—150页。
〔2〕 参见《最高人民法院公报》2005年第10期。

基于任何权利都具有不可侵犯的特性，以及在哲学上从个人本位向社会本位的转变，在法律观念上，义务的负担不仅仅出于义务人意思，法律的任务也不仅在于保护个人权利。在具体法律制度上，债权的相对性只是表明债务人负有保证债权实现的积极义务，而并不能由此推导出其他人可以对债权实施侵害。就不可侵犯性而言，绝对权与相对权并无区别。这一理念反映在司法实践中，英美法系通过国家干预合同关系的确立，改变了债权不能成为侵权行为客体的观念。大陆法系国家则是通过对法律规定的扩张解释，在司法实践中确立了第三人侵害债权制度。

我国学界对债权的不可侵犯性研究并不深入，立法上也未在一般意义上承认债权可为侵权法客体。当事人一方面因第三人的原因造成违约的，应当向对方承担违约责任。但是，从另一方面看，我国立法上也并未限制债权作为侵权法客体，反而在《民法典》第186条规定了违约责任与侵权责任的竞合。除此之外，在司法实践中常有对债权侵害承担侵权责任的判例。[1]

第三人侵害债权，是指债的关系以外的人故意或与债务人恶意串通实施的，旨在侵害债权人债权并造成债权人损害的行为。在第三人明知他人债权存在的情况下，对其造成的债权人损害承担侵权责任的合理性，也在于注意义务的违反。如前所述，物权、人身权和知识产权都属于绝对权，是对世权，任何人都具有不得侵害的义务，而一旦未尽该义务，即构成侵权。债权作为相对权，通常只有与之有权利义务关系的人才知悉其存在，自然也只有这样的人负有义务。但是，此效力仅是对债的内部效力的表述，债权的存在并非必然排除第三人的知悉。理论上，知悉债权存在的人，都具有防止侵害的义务。债的关系之外的人为自己的目的，恶意阻止债权实现时当然也构成对他人利益的侵害，自然也属于义务违反，对债权人的损害也应有法律予以救济。囿于违约责任须有合同基础的限制，对第三人侵害债权的规制列入侵权行为范畴也就顺理成章了。

司法实践中，认定第三人侵害债权成立侵权责任，须具备下列条件：（1）被侵害的债权合法有效；（2）行为人明知该债权存在；（3）行为人实施了侵害债权的行为；（4）侵害行为造成了债权损害的后果。

当然，债权与物权或人格权在客观上的表现毕竟并不相同，法律在保护的规则上也有区别，所以，行为人仅在例外情况下须赔偿债权人所受损失。其理

---

〔1〕 参见《最高人民法院公报》2014年第10期。

由在于：债权不具有典型的社会公示性，行为人无从得知债权的存在，若动辄要求其承担债权人的损失，将使其责任范围漫无边际，不利于保护民众的行动自由。

四、侵权责任法的功能

（一）侵权责任法的功能概述

侵权责任法的功能是侵权责任法的社会目标。在不同时期，法律制度的功能并非一成不变。“侵权行为法的机能在其历史发展中迭经变迁，例如赎罪、惩罚、威吓、教育、填补损害及预防损害等，因时而异、因地区而不同，反映着当时社会经济状态和伦理道德观念。”〔1〕关于侵权责任法的功能，我国理论界有不同观点，有单一功能说、双重功能说及多重功能说。

单一功能说认为，我国侵权责任法的基本功能是“填补损害”，预防功能实质上是损害赔偿影响下的反射功能，为损害赔偿的“副产品”，而惩罚性不属于私法的功能，惩罚性赔偿是侵权责任法的例外规则。〔2〕双重功能说认为，侵权责任法的功能一般有两个方面：填补损害（补偿）和预防损害（遏制）。考虑到非财产损害的金钱赔偿，侵权责任法还有对被害人抚慰的功能。〔3〕多重功能说中有“三功能”和“四功能”观点。“三功能”说认为，侵权责任法的功能包括惩罚、遏制和预防、补偿；〔4〕“四功能”说则认为，侵权责任法的功能包括补偿被侵权人一方的损失、预防损害、教育与惩戒、分担损失与平衡社会利益。〔5〕

要正确认识侵权责任法的功能，必须明确以下几个方面的问题：一是法律规范与道德、宗教等其他社会规范的功能不同；二是刑法、行政法等公法的社会功能与作为私法的民法的社会功能不同；三是任何法律规范其功能不仅都有局限性，同时也都在变化之中。

基于《民法典》侵权责任编相关条文的规定，多数学者认为我国侵权责任法具有多重功能，包括补偿功能、预防功能和制裁功能。

---

〔1〕王泽鉴：《侵权行为》（第三版），北京大学出版社2016年版，第8页。

〔2〕尹志强：《侵权行为法的社会功能》，载《政法论坛（中国政法大学学报）》2007年第5期。

〔3〕王泽鉴：《侵权行为》（第三版），北京大学出版社2016年版，第7—10页；王卫国：《过错责任原则：第三次勃兴》，中国法制出版社2000年版，第233页。

〔4〕江平主编：《民法学》，中国政法大学出版社2000年版，第741页。

〔5〕张新宝：《侵权责任法》（第二版），中国人民大学出版社2010年版，第8—9页。

（二）补偿功能

补偿功能是指因侵权行为造成的损害，通过侵权责任人承担的损害赔偿责任来填补，使受害人恢复到权益被侵害前时的状态。损害赔偿遵循“损害多少赔偿多少”原则。补偿功能不仅适用于一般侵权行为产生的侵权责任，还体现于特殊侵权中。比如，在环境污染、生态破坏责任中，《民法典》还专门规定了“生态环境修复责任”。这一责任本质上也是补偿功能的体现。

补偿功能是侵权责任法的基本功能。因为，损害赔偿基本上不审酌加害人的动机、目的等。归责原则的直接目的在于确定责任人，一旦责任人确定，其赔偿数额原则上不因加害人的过错程度而有所不同。侵权责任法的基本目的并非惩罚加害人，而在于使被害人遭受的损害能获得实质、完整、迅速的填补，侵权救济也是以恢复被侵害的权利或利益到如同没有被侵害时的状态为目标的。现代侵权法上，过错责任的客观化、举证责任的倒置、无过失责任等制度的建立及损害赔偿数额的合理化，乃至责任保险和社会保障制度的扩张等，无一不是基于充分填补受害人损害而设立的规则。

（三）预防功能

预防功能是指通过侵权责任的规定，引导人们实施正确的行为，遏制各种侵权行为的发生，通过剥夺侵权行为人的非法利益，甚至对其施以惩罚性赔偿而实现有效阻吓侵权行为目标。法律规范具有行为模式的作用，教导人们依法律规范确定的方式进行活动，不得在规范外进行活动。在此意义上，任何法律规范都有预防功能。预防损害的发生当然是立法的最高境界，但有些社会危险则存在于社会维系和发展所必需的活动中。比如，在各类高度危险作业中，事故损害事实防不胜防。侵权责任法无法制定专门的预防规则实现其预防功能。在一般侵权行为中，侵权责任法预防功能是通过过错归责和损害赔偿制度来实现的。在特殊侵权行为领域，则是通过损害赔偿、提高保险费用等制度促使行为人主动做好预防损害发生措施，进而实现预防功能的。由于侵权责任法的基本目的是使当事人所受损害得到赔偿，通过使侵权人承担损害赔偿责任，甚至在特别的领域承担惩罚性赔偿责任的规定来遏制不法的或反社会的行为。这意味着，“遏制”（预防）是通过损害赔偿功能实现的。

《民法典》不仅规定了补偿性损害赔偿，还在知识产权侵权责任（第1185条）、产品责任（第1207条）、污染环境、破坏生态责任（第1232条）等领域规定了惩罚性赔偿。通过使侵权人承担赔偿责任，在一定程度上实现侵权责任法的预防功能。当然，《民法典》也规定了“停止侵害、排除妨碍、消除危险”等一般预防责任，也有如产品的召回责任等。以上均为预防功能的体现。

（四）惩罚功能

在民法中，惩罚功能主要体现在惩罚性赔偿的规定中，《民法典》除第179条第2款有指引性规定外，在第1185条、第1207条、第1232条对惩罚性赔偿有具体规定。在相关的单行法中，适用惩罚性赔偿的规范也很多，如在《消费者权益保护法》、《食品安全法》、《商标法》、《专利法》以及《著作权法》等法律中。但作为一项具体制度，在现代社会中，“惩罚”当事人，即便在公法中也仅是法律的低级目标，而不是其最终目的。在私法领域，从惩罚性赔偿制度产生的原因来看，这一机制本身其实是作为实现一项法律制度的某种特定社会效果的手段而存在的。

在损害赔偿法中，“惩罚”是指对超过实际损失部分进行的赔偿，是独立于补偿性赔偿而另外支付的赔偿金。它不以受害人所遭受的损失为限，甚至有时根本不考虑受害人所受损失的大小，只要加害人的行为达到法律上可指责的程度，就可以处以惩罚性赔偿。

我国很多学者认为，惩罚仍是现代侵权法的功能之一。但在对此功能进行论述时，基本都从古代或近代法中展开，对现代侵权法中是否还具有惩罚功能大多未从正面论述。从以“惩罚性赔偿”为名称出现的论文中看，作者对侵权法具有惩罚功能都持肯定观点。[1]近年来，已有学者对惩罚功能持否定意见。[2]

侵权法的惩罚功能，应该从两个角度来理解。一是从侵权法功能的演进历史来看，它经历了一个从人身责任到财产责任、从惩罚占主要地位到次要地位，并最终从侵权法中消失的过程。二是从现实角度，惩罚性赔偿与民法的平等原则冲突，赔偿权利人获得超出自己损失的赔偿的合理性并不充分。即便适用也不宜规定在民事普通法中，不妨以单行法方式对特定领域的侵权行为规定惩罚性赔偿，如《消费者权益保护法》和《产品质量法》等。对于私法领域规

---

〔1〕朱凯：《侵权行为法上的惩罚性赔偿》，载王利明：《民法典·侵权责任法研究》，人民法院出版社2003年；王立峰：《论惩罚性损害赔偿》，载于梁慧星主编：《民商法论丛》第15卷，法律出版社2000年。

〔2〕程啸：《侵权责任法》（第三版），法律出版社2021年版，第40页；周友军：《侵权法学》，中国人民大学出版社2011年版，第8—9页；尹志强：《我国民事法律中是否需要导入惩罚性赔偿制度》，载《法学杂志》2006年第3期。

定的惩罚性赔偿制度，不宜将其理解为惩罚功能的体现，而应理解为遏制侵权行为的一种手段。

第二节 侵权行为

一、侵权行为的语源

侵权行为是一个外来词，在语源上为拉丁文的delictum，被译作中文“侵权行为”一词的英语是tort，德文是unerlaubteHandlung，法语是d é lict。但其实这些词的直接含义并非为“侵害权利的行为”，而是包含有过错的“未被允许的行为”或“不法行为”。无论英美法系国家还是大陆法系国家，其侵权行为都与罗马法有密切的传承关系。基于公法和私法的划分，罗马法将对他人利益的不利行为区分为公犯和私犯。当“犯”针对的是国家利益时，就是公犯；针对的是个人利益时，就是私犯。公犯、私犯形成的过程，也是侵权行为法与刑法相分离的过程，其结果最终形成侵权行为和犯罪行为两种违法行为。当然，罗马法中的侵权行为除私犯外，还有“准私犯”，指没有列入私犯的违法行为。在盖尤斯和优帝一世的《法学纲要》中，记载了四种准私犯，包括：承审员的渎职行为、倒泼和投掷的责任、堆置或悬挂物体的责任、船东、旅馆业主和马厩商的责任。但后世罗马法的著作也有列入家属、奴隶或牲畜致他人的损害的。[1]由此可见，罗马法中的“准私犯”在现代无疑都被视为典型的侵权行为，但罗马人将他们与私犯区别，而与准契约对应。

在我国，“侵权行为”一词“最早于清末编定《大清民律》草案时才开始使用”。[2]民国民法规定了“侵权行为”，但因其文义未能全面涵盖所指称内容，该表达方式被学者或者进行扩张解释，或者进行重新解释。史尚宽先生就已经特别指出，这不过是用其中主要部分来概括全部而已。[3]梅仲协先生在谈到侵权行为的意义时认为：民国民法第184条至第189条各条文中，均明定“权利”二字，一若侵权行为之客体，必须为权利之受侵害，而权利受侵害时，不问财产权抑人格权，一体得为损害赔偿之请求权也者，衡诸法理，似属不当。

---

〔1〕 周枏：《罗马法原论》（下册），商务印书馆 1994 年版，第 803—810 页。
〔2〕 陈涛、高在敏：《中国古代侵权行为法例论要》，载《法学研究》1995 年第 2 期。
〔3〕 史尚宽：《债法总论》，中国政法大学出版社 2000 年版，第 105 页。

该条内“之权利”三字，应予删去，而第五章之标题“侵权行为”一语，亦宜改为“侵害行为”，这样才不违背立法之本旨。[1]王泽鉴先生认为：“民法”改称为侵权行为，着眼于权益的保护。[2]

《民法通则》使用“侵权的民事责任”一词，通常应解释为侵害权利的行为所导致的民事责任。2009年的《侵权责任法》延续《民法通则》的民事责任观念，因此，该法是以“责任”为核心概念编纂的。这种做法影响深远。在制定民法典的过程中，使用“侵权责任编”成为主要观点，并最终落实于立法中。当然，就法律适用的结果而言，“侵权行为”与“侵权责任”并无差别，但在逻辑上，如果不能放弃侵权行为是债的发生原因，使用侵权责任就欠妥当。

二、侵权行为与无因管理

无因管理是指没有法律上或约定的义务而为他人管理事务的行为。因无因管理所产生的债属于法定之债。由于在管理人与本人之间存在类似合同的关系，所以，无因管理也被称为准合同。这在《意大利民法典》和《法国民法典》中都有明确规定。大陆法系国家的这种做法与英国不同，依英国普通法观点，“并不存在正式的被称为‘无因管理’的法律机制”。因此，即便为他人利益而“提供了服务、劳务或金钱”，也不对“其所拯救的财产或受益的财产产生任何留置权，也不单独产生偿还所付费用的义务”。[3]

没有法定或约定的义务管理他人事物往往会与侵权行为相混淆。但是，作为不同的债的发生原因，法律对二者的要求毕竟不同，其区别主要包括以下几点。

第一，性质不同。侵权行为系非法侵害行为，是被法律所否定的行为；而适法无因管理则是为他人管理事物的行为，客观上要求为他人管理事务，属于做“好人好事”，该行为被社会和法律所鼓励。

第二，构成要件不同。侵权行为以行为人主观过错为一般构成要素，强调行为人为自己利益考虑实施侵害行为；而适法无因管理则要求客观上管理他人事务，主观上也须有为他人利益、按照他人意愿管理事务，即要有为他人谋利益的主观意图。

---

〔1〕 梅仲协：《民法要义》，中国政法大学出版社2004年，第185—186页。

〔2〕 王泽鉴：《侵权行为》（第三版），北京大学出版社2016年版，第60页。

〔3〕［德］克雷斯蒂安·冯·巴尔：《欧洲比较侵权行为法（上下）》，焦美华译，张新宝审校，法律出版社2004年版，第626页。

第三，法律后果不同。侵权行为的法律后果是使侵权人承担以损害赔偿为核心的民事责任；而适法无因管理的后果则主要是产生本人的必要费用偿还义务。

三、侵权行为与不当得利

不当得利是指没有合法根据使他人受损失而自己获得的利益。不当得利实际上是以义务人是否获得财产利益为判断标准的。所以，不当得利的形成原因是多样的。侵权行为是针对受害人的权益的侵害，行为人可能因此获得财产利益，也可能没有获得财产利益。在前一种情况下，自然也会产生不当得利，从而产生所谓侵权行为与不当得利之竞合。

侵权法中包含有不当得利因素，如所得利益赔偿，即以被告使用原告之财产所得到的收益（不当得利）对原告进行救济。通过这种损害赔偿计算方式，原告在没有实际财产损害时（如照相馆未经本人同意擅自使用他人肖像招揽顾客并获利的情况），仍可以侵权诉请赔偿。另外，不当得利法中也有侵权法因素。在很多国家，针对时效期间、是否存在实际损害以及行为人没有过错的情况下，对于权利受到侵害的当事人来说，将其请求权建立在不当得利基础上而不建立在侵权行为基础上通常更为有利。

不当得利与侵权行为毕竟是两种不同的制度，在实践和理论上应作适当的区分。二者的主要区别表现在：

第一，形成原因不同。侵权行为系基于非法侵害行为而成立的；而不当得利的形成原因复杂，因不当给付、法律规定、事件、侵权行为及无因管理等均可形成不当得利。

第二，构成要件不同。侵权行为以行为人过错、损害事实、行为违法和因果关系为要件，并不问行为人是否获得利益；而不当得利则不论行为人主观上是否有过错、行为是否违法等，强调行为人必须获得不当利益，否则不能构成不当得利。

第三，法律后果不同。侵权行为的法律后果是承担以损害赔偿为核心的各种民事法律责任，其中包括非财产责任如恢复名誉、赔礼道歉等，也包括精神损害赔偿；而不当得利的后果仅为不当得利的返还。

四、侵权行为与犯罪行为

犯罪行为是违反刑事法律的规定而应承担刑法处罚的行为。一般为严重危害社会公共秩序和公共安全的行为。侵权行为与犯罪行为在社会初期并未区别，如前所述，到罗马法时期，有了“公犯”和“私犯”的区别，犯罪行为与侵权行为才逐渐区分开来。二者的具体区别主要表现如下。

第一，违法基础不同。犯罪违反的是刑法，属于公法，犯罪行为由刑法调整；侵权违反的是民法，属于私法，侵权行为由民法调整。犯罪侵害的是社会公共利益，而侵权侵害的是私人利益，违反的是民法对民事权益的保护规范。

第二，责任构成不同。侵权责任要求有具体的损害事实发生，如物被损坏、人身受到伤害等；而犯罪行为产生的刑事责任则并不以具体的损害后果为前提，刑法中有所谓预备犯、未遂犯等，而且，对具体损害也须达到一定程度，如数额达到一定额度、伤害达到一定级别等。在主观要件上，犯罪行为以行为人具有故意为原则，以过失为例外；而侵权行为中的主观要件以过错为原则，一般并不区分故意和过失。

第三，行为的后果不同。侵权行为的后果以损害赔偿为中心，附带有赔礼道歉、恢复名誉等非财产责任；犯罪行为则为行为自由的拘束，偶有财产没收、罚金等财产刑。

第四，社会功能不同。侵权行为以补偿受害人的损失为基本功能；犯罪行为以惩罚和预防犯罪为基本功能。

由于刑法和民法的规范目的不同，所以，一个行为可能构成刑法上的犯罪，同时在民法上构成侵权，这就产生竞合问题。行为人既要承担刑事责任也要承担侵权责任。当然也应注意：一方面，有的行为在刑法上构成犯罪，但并不构成民事责任，如预备侵权或未遂的侵害行为；另一方面，有些行为构成侵权，并要承担侵权责任，但在刑法上并不构成犯罪，如轻微伤害、盗窃他人财务数额不大等情形。

值得注意的是，在刑事法律中，我国尚有“认罪认罚从宽制度”，侵害他人权益的犯罪嫌疑人如果认罪、认罚，在经济上给受害人更多的补偿，即可免除或适当减轻对其实施的刑罚。这说明民事责任与刑事责任之间存在相互影响。

法律适用

根据《工伤保险条例》第14条规定，“在工作时间和工作场所内，因履行工作职责受到暴力等意外伤害的”以及“在上下班途中，受到非本人主要责任的交通事故或者城市轨道交通、客运轮渡、火车事故伤害的”，属于工伤保险赔付范围。这就会产生工伤保险赔偿与侵权损害赔偿的竞合问题，在司法实践中，工伤保险与侵权责任之间的关系究竟应如何处理，《民法典》未规定，域外各国的做法不相同，大致有以下四种。

1. 选择模式。在同时符合侵权要件和工伤保险给付条件时，受害人只能选择其一，英国及其联邦国家早期采取此制度。因该制度存在实质上剥夺受害人损害赔偿请求权，实务中操作困难等问题，现已基本被废除。

2. 免除模式。以工伤保险赔偿完全替代普通侵权损害赔偿，意味着免除了侵权行为人（雇主）的民事赔偿责任，德国、法国、瑞士、挪威等国采取此模式。该模式的优点是当事人免于诉累，受害人可以及时得到给付；缺点是因工伤保险赔付数额的限制，受害人不能得到完全的赔偿。同时该模式对工伤事故的预防也有重大影响。

3. 兼得模式。在发生工伤事故时，允许受害雇员同时请求工伤保险给付和人身损害赔偿，采取该模式的主要是英国。兼得模式的原因是工伤保险费有近一半是由雇员自己负担的。即便如此，该模式也被批评违背了“受害人不应因遭受侵害获得意外收益”的准则。

4. 补充模式。受害雇员可以同时请求工伤保险给付和普通的人身损害赔偿，但其获得的赔偿总额不得超过实际遭受的损害。通常受害人先请求工伤保险给付，不足时再请求侵权损害赔偿。日本、北欧国家多采取该模式，我国多数学者也赞同该模式。

《人身损害赔偿解释》第3条第2款规定：“因用人单位以外的第三人侵权造成劳动者人身损害，赔偿权利人请求第三人承担民事赔偿责任的，人民法院应予支持。”除此之外，《最高人民法院关于审理工伤保险行政案件若干问题的规定》第8条规定：“职工因第三人的原因受到伤害，社会保险行政部门以职工或者其近亲属已经对第三人提起民事诉讼或者获得民事赔偿为由，作出不予受理工伤认定申请或者不予认定工伤决定的，人民法院不予支持。职工因第三人的原因受到伤害，社会保险行政部门已经作出工伤认定，职工或者其近亲属未对第三人提起民事诉讼或者尚未获得民事赔偿，起诉要求社会保险经办机构支付工伤保险待遇的，人民法院应予支持。职工因第三人的原因导致工伤，社会保险经办机构以职工或者其近亲属已经对第三人提起民事诉讼为由，拒绝支付工伤保险待遇的，人民法院不予支持，但第三人已经支付的医疗费用除外。”

根据上述规定，当工伤与第三人侵权竞合发生时，认定为工伤的劳动者有权分别依照不同的法律、司法解释获得救济支持。说明在司法上我国采取的是“兼得模式”，这种模式在非因第三人侵害情况下法律的态度更加明显，比如根据《职业病防治法》第58条规定：“职业病病人除依法享有工伤保险外，依照有关民事法律，尚有获得赔偿的权利的，有权向用人单位提出赔偿要求。”根据《安全生产法》第56条第2款规定：“因生产安全事故受到损害的从业人员，除依法享有工伤保险外，依照有关民事法律尚有获得赔偿的权利的，有权提出赔偿要求。”这种做法是否同样存在“受害人因遭受侵害而获得意外利益”，值得思考。实际生活中，工伤保险费用究竟是个人缴纳还是所在单位（雇主）缴纳并非统一。很多情况下，单位的缴纳本质上也是从职工的收入中扣除。考虑到工伤保险的作用在于弥补侵权损害赔偿的不足，二者在功能上具有一致性，本书倾向于在工伤保险费由单位（雇主）缴纳的情况下采用“补充模式”，在由受害人缴纳时采取“兼得模式”，当然，医疗费用不应获得重复赔偿。

第三十二章 侵权责任法归责原则

提 要

因民事权利或利益受到侵害而产生的损害应当由谁来承担，是侵权责任法必须要回答的问题。在侵权法上，确定侵权责任的有无或归属的准则或标准，理论上被称为归责原则。在我国，有关侵权责任法的归责原则问题，理论上存在很多争论。过错责任，在适用范围上具有广泛性，在内容上分积极和消极两个方面，积极方面为“有过错有责任”；消极方面为“无过错即无责任”。过错责任在最大限度上保护了行为人的行为自由。过错推定责任本质上属于过错责任，仅因将过错的举证责任转移给侵权人而与典型的过错责任不同。无过错责任，是指不论行为人有无过错，法律规定其承担责任时，即承担责任的责任类型。无过错责任是“不论”或“不问”过错，并非行为人没有过错。关于公平责任，不宜认为我国采取了公平责任原则，公平责任规则只是一种例外适用的规则。

重点问题

1. 过错责任的基本内容。
2. 过错推定责任的适用范围。
3. 无过错责任中过错的意义。
4. 如何认识公平责任？

第一节 归责原则概述

一、归责原则的概念

虽然侵权责任法系权利救济法，但对于民事主体受到侵害的权利予以救济的核心在于归责制度。事实上，并非“有损害就有救济”。自罗马法以来，对日常生活中发生的损害素有“所有权人自吞其果”（casussentitdominus）原则，其基本思想是反对由法律来阻碍偶然事件的发生，并反对由法律补偿由命运所造成的不平等。[1]让损失停留在原处，法益所有者的损害自负是原则。对此，霍尔姆斯（Holmes）就指出："良好的政策应该让损失停留于其所发生之处，除非有特别干预的理由。"[2]这里的"特别干预的理由"就是侵权法中的归责原则或归责标准。由他人担责是自负责任的例外。既然是例外，就需要特别的理由。对此，法律所需要回答的问题是：在何种条件下应当由他人承担责任，法律的解释需要说明将损失归责于他人的理由和标准是什么？这就是"归责"。当今，归责的标准在通常情况下是行为人的过错；在无过错责任中使行为人承担责任的特别理由则不再是过错，而是"获得利益者负担损失"。归责是侵权责任法的核心问题。

（一）归责的含义

归责是"将所遭受的损害转嫁给他人的法律理由的总称"。[3]我国台湾地区的学者邱聪智认为归责意义的核心是："在法律规范原理上，使遭受损害之权益，与促使损害发生之原因者结合，将损害因而转嫁由原因者承担之法律价值判断因素。"这说明，归责是行为人因其行为或其管理的物致他人损害的事实发生后，使其承担侵权责任的依据，也就是确定责任归属所依据的标准。归责是一个复杂的责任判断过程，其含义与责任不同。侵权责任是归责的结果。归责只是为侵权责任是否成立寻求依据，并不以责任的成立为最终目的。由于侵权责任涉及行为人的行为自由，其与受害人的权利或利益具有密切联系，所以，归责原则的确立对侵权法的社会功能影响巨大，立法对归责标准的选择是行为自由与受害人利益保护平衡的结果。

在理论上，有主观归责和客观归责区分。当行为与行为后果可归咎于行为人个人时，构成主观归责，表现为故意或可指责的过失时的情形，这对精神损害的可归责性有重大意义；当一个事件或后果与人的行为仅有一般性联系时，即是客观归责，表现为过失的客观化、危险责任（无过失责任）。不管主观归责还是客观归责，可归责性原则上是针对人的行为而言的，只有那些受人的意志支配的行为引发的损害，才能被移转至他人。

---

〔1〕［德］马克西米利安·福克斯：《侵权行为法》，齐晓琨译，法律出版社2006年版，第2页。

〔2〕 O. W. Holmes,Jr. ,LECTUREII. –THECRIMINALLAW,TheCommonLaw,Little,Brown,andCompany, 1948,p. 50.

〔3〕［德］埃尔温·多伊奇、［德］汉斯－于尔根·阿伦斯：《德国侵权法》，叶名怡、温大军译，刘志阳校，中国人民大学出版社2016年版，第3页。

（二）归责原则的概念

归责原则指归究侵权责任的根本标准。归责原则在损害赔偿理论上具有重要意义，“它所要解决的是侵权责任的伦理和正义性基础问题”。[1]归责原则与民法的基本原则不同。归责原则并非如同民法基本原则那样贯彻于整个侵权责任法，并对各个具体规范起着统帅作用的根本性规则。实际上，归责原则只是确定行为人的侵权责任的根据和标准，有时也被称为侵权责任类型，即所谓“过错责任”“无过错责任”，甚至还包括“公平责任”。当然，侵权法中的归责原则受民法基本原则的精神指导，二者是一般与特殊的关系。[2]

二、归责原则的演进

（一）近代及以前侵权法的归责原则[3]

在人类社会的早期，对侵权行为及其造成的损害没有专门的法律予以调整，对侵害行为采取的自力救济方式，即自由报复的方式。最早的自由报复方式是没有限制的，后来逐渐采用同类型主义，以“血族复仇”或“同态复仇”的形式为典型，所谓“以牙还牙，以眼还眼”。复仇具有一定的遏制侵害行为、维持整个社会稳定的作用。但由于没有特别的规则约束，复仇往往演变成一种野蛮的报复，也往往造成更大的损害。这种血亲复仇形式，很难用现代侵权法的归责原则来界定。

国家出现后，早期对侵害行为实行“有加害就有责任”的客观归责原则，即“结果责任”“原因主义”，其基本含义是只要行为人实施了加害行为，而且该行为构成造成损害的原因，“加害事实本身即足以构成使行为人承担责任的充分理由”，而不考虑行为人主观上是否有过错。由此，在原始复仇本能的支配下，必然是以损害结果的大小和形态来决定责任的大小和承担方式，区分加害人是否有过错以及过错程度如何等并无意义。从某种意义上看，当时的侵权法归责原则，也可以称为“无过失责任”。

在古代法中，罗马法却是一个例外，罗马法中已有私犯和公犯之分，私犯

---

〔1〕张新宝：《侵权责任法》（第四版），中国人民大学出版社2016年版，第13页。

〔2〕这里需要指出的是，在近代民法中过失责任是与所有权绝对、契约自由并列的三大基本理念（原则），现在也有学者认为过失责任属于民法的基本原则，参见李永军：《民法总论》（第二版），法律出版社2006年版，第45—102页。

〔3〕本部分内容，参见王卫国：《过错责任原则：第三次勃兴》，中国法制出版社2000年版，第27—74页。

主要指侵害人的人身和财产，其与近现代民法上的侵权行为虽然在范围上有所不同，但在性质上并无区别，所不同的是罗马法规定须有过错时才承担责任。《十二表法》第一次以成文法典的形式规定了过错责任，[1]公元前287年的《阿奎利亚法》进一步对侵权行为人的过错责任作了明确规定，使得过错责任成了在罗马社会普遍适用的唯一归责原则。

十二三世纪，资本主义经济在欧洲萌芽并获得了广泛发展，在法学领域开展一场罗马法的复兴运动。在侵权法领域，法学家们基于平等、自由的观念对严苛的结果责任制度进行了批判，力主确立罗马法的过错责任为侵权责任的归责原则。此法对法国产生了重大影响。

十八九世纪，随着资产阶级夺取政权，过错责任相继被法国、德国等国家民法典广泛采用，并以其强烈的时代精神被尊为资本主义私法三大理论基石之一，形成了具有普遍意义的抽象的过错责任归责原则。过错归责首先体现了一种个人责任（自己责任）；其次，过错责任是一种主观责任，它警示人们在进行某一行为时，必须考虑行为的危险性，通过提高注意程度来避免过错行为可能导致的责任，从而起到了减少损害发生的作用。最后，过错责任强调和尊重个人意志和行为自由。客观上保护了自由竞争，促进了经济的发展。

与大陆法的发展相一致，英美法系侵权行为法的归责原则的发展，也是一个渐次演变的过程。在英国中世纪早期，刑事犯罪与侵权行为混为一体，刑事责任与侵权责任也不加区分，都是以报复和威慑作为理论基础，遵循绝对责任原则（AbsoluteLiability），也就是所谓“结果责任原则”。从12世纪开始，犯罪与侵权行为逐渐区分开来。在刑法方面以行为人的主观犯意作为刑事责任的基础；在侵权行为法方面，通过王室的“令状”（writs）发展起来，但仍然遵循绝对责任原则。从15世纪开始，对旅店主、马车运输者、各种工匠以及医生等造成他人损害时，允许被告通过证明损害不是自己故意或过失造成的而免除赔偿责任。英国的过失责任形成于16世纪资本主义原始积累时期，盛行于19世纪的资本主义上升时期。当然，英美法学家对归责原则的类型本身的研究并不热衷。

（二）现代侵权法中归责原则的多元化

自过错责任原则在侵权行为法中确立后，即取得了在归责体系中独统天下的地位，但是，这种地位在19世纪后期发生了变化。工业革命的发展把人们带进了

---

〔1〕《十二表法》主要规定的是侵权行为法的内容，其中，在第 8 表的第 10 条和第 24 条两个地方出现了“过失”概念。

一个全新的时代，然而人们在享受工业发展成果的同时，却又不得不承受发展带来的负面效应，不得不面对频繁严重的事故及其导致的危险和灾难。现代社会事故灾害所具有的特征在于：一是造成事故的活动皆为合法而必要；二是事故发生频繁，连续不断；三是损害巨大，受害者众多；四是事故的发生多为高度工业技术缺陷之结果，难以防范。对这种损害，加害人即便尽了谨慎的注意也不能避免损害的发生，有时加害人自己都不知道自己是否有过错，更不要说要求被害人去举证加害人有过错。面对这些变化，仅以过错责任原则为唯一责任承担标准的侵权行为法陷入了困境，同时，对受害人的补偿也变得更加困难。

时代的发展使得侵权法所规范的对象呈现多层次性，这就要求侵权行为法归责原则必须作出相应调整。首先，过错归责理论的内容发生变异，客观过错理论逐渐取代了主观过错理论；其次，采取过错推定方式减轻受害人的举证责任，在损害发生以后，简便迅速地向受害人提供补救；最后，无过错责任（危险责任）登上了历史的舞台。无过错责任并非仅指侵权人真的没有过错的情况，其涵盖面更加广泛。在适用无过错责任的领域里，对侵权人主观状态的认定呈现出一定程度的模糊性，即法律在对特定领域内侵权行为责任的认定标准上采取了更加严格的态度，从立法的思维方式来看，无过错责任在这一点上与英美法中的严格责任，以及德国法等的危险责任是基本相同的。

总的来看，在现代侵权法中，世界各国已由单一归责原则向多元归责原则体系发展。世界各国都承认过错归责原则。不仅如此，绝大多数国家也都承认无过错责任，只不过在名称上有不同称谓，德国法称之为危险责任（Gefährdungshaftung），英美法则称之为严格责任（Strictliability）。除此之外，有些国家也承认公平责任或衡平责任。

三、我国侵权责任法的归责原则

在我国学界，有关侵权的归责原则主要有以下三种观点。

1. 一元制归责原则。该观点认为，侵权责任的归属应坚持以过错为标准，否认在过错责任之外还有其他归责原则存在，主张通过扩大过错责任的适用范围来适应侵权法领域出现的新问题。英国侵权法学家温菲尔德主张：违反合理人的注意义务并造成损害是确定各种责任包括严格责任的基础，从而塑造一元归责体系即过失责任体系。王卫国教授就主张，为发挥民事责任的教育和预防作用，将行为的道德评价与法律评价密切结合，应当以单一的过错归责原则构建我国侵权法归责原则体系。[1]

2. 二元制归责原则。该观点认为，侵权责任应以过错责任和无过错责任为原则，或者以过错责任和危险责任为原则，并认为对一般侵权行为应适用过错责任原则，在法律有规定时对特殊侵权行为适用无过错责任原则。张新宝、米健教授持此观点。[2]

3. 三元制归责原则。这一立场产生较晚，持这一立场的学者内部观点也不统一。比如，王泽鉴教授认为归责原则包括过失责任、危险责任（无过失责任）和衡平责任，孔祥俊教授等学者则主张过错责任原则、无过错责任原则和公平责任原则。[3]

除此之外，王利明教授认为归责原则应是多元的，由过错责任原则、过错推定原则、无过错责任和公平原则组成。过错责任原则适用于一般侵权行为，过错推定和无过错适用于特殊侵权行为，公平责任原则弥补过错责任原则的不足，而绝对无过错责任为例外适用。[4]

近年来，多数学者认为，我国侵权法的归责原则包括过错责任原则、无过错责任原则和公平责任原则。这与自1986年《民法通则》、2009年《侵权责任法》和2020年《民法典》中除对过错责任和无过错责任进行规定外，一直与独立的公平责任规定有关。[5]对于这一立场，有学者认为，就逻辑体系而言，以过错为标准将归责原则分为过错责任和无过错责任，此二元体制是完整的、周延的，在过错责任和无过错责任之外，不存在其他侵权责任类型。以“公平”这一任何法律规范应有之精神作为侵权责任的具体归责标准自然是牵强的，公平以民法基本原则方式发挥其作用，而不宜理解为责任归属的标准，并进行一般规定。

本章第4节将专门分析公平责任。这里要说明的是：（1）过错责任与无过错责任并非同一逻辑层面对归责原则的划分，过错责任的基本内容是有过错有责任，无过错即无责任，具有典型的主观归责性，责任归属具有伦理评价意

---

〔1〕 王卫国：《过错责任原则：第三次勃兴》，中国法制出版社2000年版，第196页。

〔2〕 米健：《再论现代侵权行为法的归责原则》，载《政法论坛（中国政法大学学报）》1991年第2期；张新宝：《侵权责任法》（第四版），中国人民大学出版社2016年版，第14页。

〔3〕 王泽鉴：《侵权行为》（第三版），北京大学出版社2016年版，第11—20页；孔祥俊：《论侵权行为的归责原则》，载《中国法学》1992年第5期。

〔4〕 王利明：《侵权行为法研究》（上卷），中国人民大学出版社2004年版，第208页。

〔5〕 参见《民法通则》第132条；《侵权责任法》第24条；《民法典》第1186条。

义，偏向于对行为自由的保护；而无过错责任采取的是不论（问）行为人过错标准，而是从危险控制理论和利益风险并行理论出发，在例外的情况下使行为人承担责任。行为人可能有过错，也可能没有过错，对行为未作伦理评价，无过错责任偏重对受害人利益的救济。因此，不能认为过错责任与无过错责任是归责原则的逻辑统一。（2）推定过错的本旨仍以行为人有过错为主要要素，推定只是认定过错的程序不同而已，并不能成为影响归责性质的因素，不能与过错责任“平起平坐”，其性质上仍属于过错责任。因此，过错推定责任并非独立的归责原则。（3）绝对无过错责任涉及的是侵害行为未造成实际损害，而仅为对权益行使的妨碍等情形，在传统债法体系下，“停止侵害、排除妨碍、消除危险”不属于债的类型，而是绝对权请求权的内容，其适用确实不需要举证行为人有过错，行为人也不能通过举证自己没有过错而免除责任。但此种情况下是否属于侵权法内容是有争议的，《民法典》虽然于第1167条对此有规定，但考虑到第236条有关物权的保护和第995条有关人格权的保护规定，第1167条有关所谓绝对无过错责任的规定是否适当是有疑问的。

就归责原则体系而言，过错责任的核心地位是无疑的，具有普遍适用性并规定于《民法典》中；而无过错责任则适用于特别领域，《民法典》中仅对典型的无过错责任予以规定，其他类型的无过错责任则在单行法中具体规定。这种做法一方面在于维系传统民法典的理念，另一方面也因为相关特别领域而涉及立法技术问题。至于公平责任，应该认为是在例外的情况下，从公平原则角度对个别案件进行的调整，属于损害赔偿制度，而非归责原则体系内容。《民法典》第1186条关于公平责任的规定属于在第二章“损害赔偿”中的内容，而规定过错责任和无过错责任的第1165条、第1166条位于第一章“一般规定”中。这体现了立法者的不同用意，即立法者没有将公平责任界定为归责原则。

第二节 过错责任原则

一、过错责任原则的概念

过错责任是指因故意或过失不法侵害他人权益时，应就所生损害负赔偿责任。[1] 也有人将过错责任称为“过失责任”，虽称“过失”其实包括“故意”

〔1〕 王泽鉴：《侵权行为》（第三版），北京大学出版社2016年版，第12页。

在内。过错责任原则属于主观归责原则，过错是不法行为人对其行为造成他人损害的一种心理状态，包括故意和过失。以行为人是否有过错作为是否承担民事责任依据的规则称为过错责任原则。过错责任是最重要的归责原则。自19世纪以来，行为人承担民事责任，仅以有过错者为限，此被认为是民法上的真理，“过错责任”是与所有权绝对、契约自由并列的近代民法的三大原则之一。世界各国无论是大陆法系国家还是英美法系国家，都将过错作为一般侵权行为的归责标准。《民法典》第1165条第1款规定：“行为人因过错侵害他人民事权益造成损害的，应当承担侵权责任。”这说明我国承认过错责任原则。在此原则模式下，行为人纵然侵害他人，如其并无过错，在法律上也不负赔偿责任。

过错责任是在法律没有特别规定时应当适用的一种归责标准，所以，对基于过错而侵害他人权益并承担责任的行为，有学者称一般侵权行为。对一般侵权行为，法律为什么要采取过失责任主义？从侵权法的发展历史上看，过失责任是在人类摒弃了“结果责任”的基础上形成的，是人类文明进步的标志，从具体方面说是意思自治原则贯彻的结果。王泽鉴教授认为：侵权行为法采过失责任主义的主要理由是：（1）道德观念。个人就自己过失行为所肇致的损害，应负赔偿责任，乃正义的要求；反之，若行为非出于过失，行为人已尽注意之能事时，在道德上无可非难，应不负侵权责任。（2）社会价值。任何法律必须调和“个人自由”与“社会安全”两个基本价值。过失责任被认为最能达成此项任务，因为个人若已尽其注意，即得免负侵权责任，则自由不受束缚，聪明才智可得发挥。人人尽其注意，一般损害亦可避免，社会安全亦足维护。（3）人的尊严。过失责任肯定人的自由，承认个人选择、区别是非的能力。个人基于其自由意思决定，从事某种行为，造成损害，因其具有过失，法律予以制裁，使负赔偿责任，最足表现对个人尊严的尊重。[1]

二、过错责任原则的内容

过错责任原则的基本含义，一方面是法律将不法行为造成的损害后果归咎于有过错的行为人，使其承担相应的赔偿责任，即“有过错，有责任”；另一方面则是如果对他人权益的损害没有过错，就不需要承担损害赔偿责任，即“无过错，即无责任”。

---

〔1〕 王泽鉴：《侵权行为》（第三版），北京大学出版社2016年版，第12—13页。

“过错”是民事主体在法律上应当被谴责的一种心理状态，因此，“有过错，有责任”具有很强的伦理价值，对有过错的行为人主观状态的否定；也是意思自治在侵权法中的反映，同时也是对民事主体个人的尊重，即所谓的“自己选择，自己责任”，如果自己“选择”错误，那就要遵守“有过错，有责任”规则。对“有过错，有责任”的准确理解，还应包括谁有过错，谁担责任，反对株连，所谓“自己责任”；有多大过错承担多大的责任，反对惩罚性赔偿，所谓“相应的责任”。〔1〕

过错归责原则的另外含义是，如果行为人对损害后果没有主观过错，则不能将损害的后果归咎于行为人，也就是“无过错即无责任”（noliabilitywithoutfault）。正如王卫国教授在分析过错责任的发展历史时所说：“资本主义商品生产的社会性，是通过竞争的压力，通过各种偏离的相互抵消来维系的，这就要求法律承认致人损害在一定范围内的合理性和可容性，因此，至少在资本主义发展时期，过错责任原则的精神不是‘有过错即有责任’，而是‘无过错即无责任’。”〔2〕现代侵权法理论认为，即便是在过失责任条件下，并非行为人在积极行为过程中所实施的一切不谨慎（有过失）行为都要承担责任。也就是说，即便是这种不谨慎的行为造成了受害人的损害，受害人也不一定获得救济。除非行为人在行为时对受害人承担某种法律上的注意义务，否则，行为人无须对受害人承担损害赔偿责任。例如，杨梅的所有人对因偷摘杨梅时树枝折断导致的损害就没有注意义务，对造成的损害没有过错，当然也无须承担赔偿责任。〔3〕

三、过错责任原则的功能

与其内容相联系，过错责任原则的规范功能也有积极和消极两个方面，其积极方面的作用在于：对于过错，也就是故意和过失，行为人始终要负责。其消极方面的意义在于：行为人仅需要对于过错、而非对已有的不利后果或违法性承担责任。〔4〕过错责任的社会功能则体现在以下几个方面。

---

〔1〕《民法典》第 1185 条、第 1207 条和第 1232 条规定有惩罚性赔偿，但应该认为其属于为特殊目的在民法中所作的例外规定，该惩罚性赔偿内容应该于相关的知识产权法、产品质量法和环境保护法中规定更合适。

〔2〕 王卫国：《过错责任原则：第三次勃兴》，中国法制出版社 2000 年版，第 225 页。

〔3〕 广东省广州市中级人民法院（2019）粤 01 民再 273 号民事判决书。

〔4〕［德］埃尔温·多伊奇、［德］汉斯－于尔根·阿伦斯：《德国侵权法》，叶名怡、温大军译，刘志阳校，中国人民大学出版社 2016 年版，第 4—5 页。

（一）确定侵权责任的承担者

过错归责原则首先摒弃了家族责任、株连等落后制度，表现为一种个人责任，即所谓自己责任，其基本功能在于将侵权责任归属于有过错的主体本人。在侵权行为造成损害结果时，谁有过错，谁就承担赔偿责任，对损害的发生没有过错的人就没有承担责任的义务。这也最符合民法的正义观念。

（二）确定人们的行为标准

作为一种主观责任，过错责任原则具有引导人们进行正常行为的作用。过错造成他人损害将承担相应的民事责任，使得该原则具有某种警示作用。人们在进行某一行为时，必须考虑行为的危险性，通过提高注意程度来避免过错行为可能导致的责任。

（三）鼓励创新，促进经济发展

过错责任强调和尊重个人意志和行为自由，只要在法律规定范围进行的活动，主观上没有过错，就不必为自己的行为后果承担责任。无过错无责任的观念在客观上保护了自由竞争，保护了人们的创造精神，客观上促进了经济的发展。

四、过错责任原则的适用

作为最基本的归责原则，过错责任原则适用于一般的侵权行为。《民法典》第1165条第1款规定："行为人因过错侵害他人民事权益造成损害的，应当承担侵权责任。"此与第2款的过错推定责任以及第1166条有关无过错责任的适用需要"依照法律规定"显然不同，对过错责任，法律没有作出特别规定的侵害行为应都适用。当然，对有些特殊情形，尽管适用过错责任，但立法上仍然给予具体规定，如第1194—1197条有关网络侵权责任、第1198条有关安全保障义务违反时的侵权责任，以及第1200条有关学校或其他教育机构承担的侵权责任等。

需要注意的是，根据《民法典》第1165条第1款的规定，过错责任的适用以"造成损害的"为限，后果是"损害赔偿"；未造成损害的侵权行为不适用过错责任，而可能适用第1167条规定的"停止侵害、排除妨碍、消除危险"等后果。

过错责任原则的适用，在程序上遵循谁主张谁举证的原则，即通常由受害人对行为人的过错举证证明，而行为人无须证明自己没有过错。

五、过错推定责任

（一）过错推定的含义

推定，是根据已知的事实，对未知的事实所进行的推断和确定。在侵权责任法中，过错推定，是指若受害人能证明其所受的损害是由行为人所致，而行为人不能证明自己没有过错，法律上就推定行为人有过错并应负赔偿责任。过错推定在程序上是通过举证责任倒置的方式实现的，这是过错推定责任的重要特征。

既然是“推定”，则此推定的事实应具有表见性、权宜性、假设性。表见性之事实，与真正之事实未必相符；权宜性之认定，与终局之认定未必相符；假设性之认定，假设倘如不实认定随之更改。准此，推定的事实可以通过反证推翻。通常情况下，根据《民事诉讼法》第64条的规定，适用谁主张谁举证规则。过错推定，系在法律有特别规定的情况下，推定加害人有过错，受害人只须证明损害事实与加害人行为之间有因果关系即被认为已尽举证义务，而无须对行为人的过错进行举证。加害人欲免除责任，则须对自己无过错举证的一种举证责任倒置制度。

过错推定理论和立法的出现，是为对因工业事故而遭受损害的受害人实施救济的一种制度，是为解决当事人在诉讼中公平地位而采取的举证责任分配制度，对处于相对弱势地位的受害人有减轻其举证责任之功能。在某种程度上，过错推定修正了过错责任，我国台湾地区在修订“民法”时，将其视为过错责任与无过错责任之间的“中间责任”。在欧洲侵权法中，“证明过错的责任可以在考虑到活动所呈现的危险的严重程度的情况下倒置”。

我国有学者认为过错推定系侵权责任法的归责原则之一；[1]也有人认为过错推定仅仅是一种证据规则，属于程序性规则。[2]其实，过错推定是过错责任原则的一种特殊适用形式，它仍然以行为人有过错为承担责任的基础，是在确认行为人对造成的损害有过错时才适用的一种归责方式，其与通常所言过错责任原则并无本质区别。因此，过错推定责任并不能成为与过错归责原则相并列的独立归责原则。过错推定责任的特殊性仅在于受害人不必举证证明加害人有过错，也不是如同无过错责任原则那样不考虑加害人是否有过错，而是在能够推定其有过错时使其承担责任。过错推定既是“推定过错”，一旦有证据证明

---

〔1〕 王利明：《侵权行为法归责原则研究》（修订二版），中国政法大学出版社2004年版，第66页。

〔2〕 张民安：《过错侵权责任制度研究》，中国政法大学出版社2002年版，第7页。

行为人没有过错，就不得使其承担责任，所以，过错推定制度允许行为人举证抗辩。由此可知，过错推定制度完全符合“有过错有责任，无过错即无责任”的过错责任原则基本要求。据学者考察，在法国过错推定也称“包含过错”，指当行为人的行为造成受害人损害时，法律即认为行为人的过错包含在所造成的损害中，行为人即应当在表面上对受害人的损失承担赔偿责任，行为人仅能靠证明自己没有过错而免除自己的赔偿责任。《民法典》第1165条第2款对过错推定进行了规定，过错推定作为过错责任原则的特殊类型。

过错推定也并非只是属于程序性规则，只是举证责任由加害人承担，从而免除受害人举证责任的一种方式。在私法上，举证责任倒置旨在给被告以强加的责任，通过限定被告举证证明其没有过错的抗辩事由，增加了被告免责的困难，实际上过错推定责任是实体法中的一种责任形式。

（二）过错推定责任的适用范围

过错推定规则是在法律有特别规定情况下适用的规则。《民法典》第1165条第2款规定：“依照法律规定推定行为人有过错，其不能证明自己没有过错的，应当承担侵权责任。”从我国法律的具体规定来看，以往过错推定的适用范围较窄。在《民法通则》中只有第126条有关建筑物或其他设施以及建筑物上的搁置物、悬挂物发生倒塌、脱落、坠落造成他人损害时才适用。《侵权责任法》扩大了过错推定的适用范围，其第38条、第58条、第81条、第85条、第88条、第90条、第91条均为适用过错推定的规定。而《民法典》基本继承了《侵权责任法》的做法，除第1199条、第1222条和第1248条外，对第十章“建筑物和物件损害责任”整章内容进一步明确规定适用过错推定责任。

第三节　无过错责任原则

一、无过错责任原则的概念

无过错责任原则，是指依照法律规定，不论（问）行为人有无过错，行为人都应对其行为造成的损害承担赔偿责任的归责原则。无过错责任，本质上是为减轻受害人在举证加害人过错的负担而在特定领域适用的归责制度。“无过错”并非指加害人真的没有过错，实际上其可能无过错，也可能有过错，但行为人的过错在归责问题上不重要，所以，无过错责任是不论过错责任。因此，无过错责任也称“不问过失责任”“客观责任”，也有人称之为“结果责任”，就其以企业风险为责任根据而言，又有人称之为“风险责任”，就以特定危险的实现为归责理由而言，德国人称之为“危险责任”。比较而言，称“危险责任”更能体现该归责原则的本质，即因从事危险活动，给周围人们带来巨大风险，所以，使其承担责任，而“无过错责任”的表达好像是因为“无过错”所以使其承担责任一样，未能反映该归责制度的本质。

无过错责任原则是随着社会化大生产的迅速发展，尤其是大型危险性工业活动的发展而产生的。在自由资本主义时期，工业企业大规模兴建，危险活动越来越多，造成的损害也越来越严重。另外，由于工业技术的不断发展，对于造成的损害，事故的制造者会以种种理由来拒绝承担责任，而受害人要证明生产者或经营者主观上有过错是极其困难的。面对大量的、无辜人的损害，传统侵权法中的过错责任原则无能为力。

无过错责任是为弥补过错责任的不足而设立的制度，其基本思想在于对不幸损害的合理分配。无过错责任不具有法律责任的本来含义（制裁和教育），而仅具有“恢复权利的性质”，其基本功能在于转移、分散危险造成的损失。现代社会中“分配正义”，不仅是指公平的利益分配制度，也包括公平的损失分配制度。另外，无过错责任原则也具有程序法上的意义：一是减轻受害人的负担，受害人无须对加害人的过错进行举证；二是简化了诉讼程序，法院不必对加害人的过错问题进行审理。

二、无过错责任的归责理由

无过错责任的基本思想不在于对反社会性行为进行制裁。考察适用无过错责任的领域就会发现，高速运输工具的使用、商品的产销、原子能设备的持有、高压电流的输出等都是现代社会必要的活动，均为法律允许的活动，并无非法可言。因此，无过错责任的基本思想在于“不幸损害”的合理分配，使无过错者承担赔偿责任的理由主要是：（1）他们是这些危险源的制造者，在某种程度上，也只有他们能够防止或控制这些危险；（2）获得利益并承担风险，此为公平正义的要求；（3）制造危险的人（企业）具有通过商品的定价机制及保险制度分散负担的能力。[1] 通常各国多对无过错责任有最高限额赔偿

---

〔1〕 王泽鉴：《侵权行为》（第三版），北京大学出版社 2016 年版，第 15 页。

规定。[1]

无过错责任并非仅适用于侵权人确实没有过错的情形。行为人并非“没有过错”而承担责任，而是责任成立不以行为人具有过错为要件。它最大限度地容纳了行为人有过错的情况，当然也包括了无过错的情况。它的本意绝非排除过错责任，而是包括了受害人难以证明的加害人的过错，以及加害人基于其生产的危险并受益的事实所应承担的责任。无过错责任非但不是对过错的放纵，反而是对过错最大限度的制裁。

三、无过错责任原则的适用范围

在无过错责任的适用上，《民法典》明确以“法律规定”为限。其理由是：此种责任与过错责任不同，通常情况下，“无过错，即无责任”，只有在例外的情况下，在有充分的理由的情况下，才可以不考虑行为人的过错，而在没有法律规定的情况下，使没有过错的人承担损害后果是不公平的。

在《民法典》中，除第1166条一般规定外，在第1188条、第1191条、第1192条，以及“侵权责任编”的第四章、第五章、第七章、第八章和第九章的规定，均为无过错责任的规定。在《民法典》之外，特别法或单行法也规定了无过错责任，如《道路交通安全法》《产品质量法》《环境保护法》等。

我国学者对无过错责任与过错责任的地位一直有不同意见。一种意见认为，应坚持以过错责任为主，无过错责任为补充的原则；另一种意见认为，两种归责原则都是侵权法的重要归责原则。还有人认为，从侵权法的发展趋势来看，无过错责任原则将取代过错责任原则的主导地位。本书认为，在现代社会，人类从事的危险活动已非特殊情况，无过错责任也绝非仅处补充地位；过错责任是侵权责任的基本形态，如果将来无过错责任占据主导地位，侵权法可能会被社会保障法代替。因此，在可以预见的未来，过错责任作为侵权责任的

---

〔1〕例如，根据《国务院关于核事故损害赔偿责任问题的批复》第7条第1款规定，核电站的营运者和乏燃料贮存、运输、后处理的营运者，对一次核事故所造成的核事故损害的最高赔偿额为3亿元人民币；其他营运者对一次性核事故所造成的核事故损害的最高赔偿额为1亿元人民币。核事故损害的应赔总额超过规定的最高赔偿额的，国家提供最高限额为8亿元人民币的财政补偿。根据《国内航空运输承运人赔偿责任限额规定》第2条、第3条的规定，在国内航空运输中造成损害的，承运人应当在下列规定的赔偿责任限额内按照实际损害承担赔偿责任，但是《民用航空法》另有规定的除外：（1）对每名旅客的赔偿责任限额为人民币40万元；（2）对每名旅客随身携带物品的赔偿责任限额为人民币3000元；（3）对旅客托运的行李和对运输的货物的赔偿责任限额，为每公斤人民币100元。

基本责任形态的地位不会改变，无过错责任原则的适用范围会逐渐扩大，但不会全面替代过错责任原则。

需要注意的是，《民法典》第1167条规定："侵权行为危及他人人身、财产安全的，被侵权人有权请求侵权人承担停止侵害、排除妨碍、消除危险等侵权行为。"本条来自原《侵权责任法》第21条，其适用显然也不要求侵权人有过错，但其与第1166条规定的无过错责任并不相同。第1167条的适用不需要"法律规定"限制，在构成上针对的是预防损害发生或防止损害扩大而采取措施，所以，不要求造成损害事实。有人认为本条是"绝对无过错责任"。这一认识并不妥当。首先，不存在绝对无过错概念，如果认可绝对无过错责任，就需要界定相对无过错责任，使得制度之间的关系更加混乱。其次，第1167条的存在是《民法典》"大侵权责任"概念的结果，在物权编和人格权编分别规定有物权的保护和人格权的保护的同时，本无须在侵权责任编中对损害赔偿之外的侵权行为进行规定，上述情形，直接依据《民法典》第235条、第236条以及第995条规定即可。第1167条规定的请求权，本属于基于权利自身的权能而产生的救济力量，无须于侵权责任法中寻求请求权基础。但一方面，除物权、人格权外尚有其他绝对权，典型者如知识产权，对其预防性保护需要规定；另一方面，在第179条规定的民事责任方式中除"停止侵害、排除妨碍、消除危险"外，还有其他非损害赔偿的责任类型，如"恢复名誉""赔礼道歉"等也须有适用基础。总之，第1167条的适用虽无须过错要件，但其不属于无过错责任类型。

第四节　公平责任原则

一、公平责任的概念

公平责任，是指在受害人和行为人对造成损害均无过错的情况下，由裁判机关根据公平观念，考虑当事人财产状况以及其他情况的基础上，使行为人对受害人的损失予以适当分担的责任。有人称之为衡平责任。公平责任原则是公平原则在侵权法上的具体体现。《民法典》第1186条对公平责任作了规定："受害人和行为人对损害的发生都没有过错的，依照法律的规定由双方分担损失。"

一般认为，在行为人造成他人损害后，因没有过错，所以不能适用过错责任归责，又因没有法律特别规定，所以也不能适用无过错责任归责，而损害后果由受害人独自承担是不公平时，由法官根据公平责任原则，运用自由裁量的权利予以救济。就此而言，公平责任并非可普遍适用的归责类型，而是一种例外规则。

二、公平责任的属性

公平责任是否为独立的归责原则，理论上有不同的观点。在《侵权责任法》出台后，主张公平责任为独立归责原则的代表是王利明教授[1]、徐爱国教授[2]，而否定公平责任为归责原则的学者人数较多，如张新宝教授、郭明瑞教授、程啸教授等[3]，梁慧星教授也认为其仅为“特殊救济措施”，并非归责原则。[4]对公平责任性质的不同理解并非仅为理论层面的争议，而是关乎公平责任在实务中适用范围的大小。主张公平责任为独立之归责原则，则根据“法律原则”的功能，公平责任效力可贯彻侵权法始终，即应具有普遍适用性；而如果否定公平责任为归责原则，认为其只是一种例外性规则，[5]或仅仅是一种“极为特殊的归责事由”[6]，公平责任自然就不具有普遍适用性。

就体系而言，我国对公平责任的规定，在《民法典》中体现为三层次规范：第一层级是“总则”中确立的公平原则，只是由于公平原则通常并不具备裁判规范的应有要素，在有的具体案件中，也因受到“不得向一般条款逃避”原则的约束，所以，通常不能被单独作为裁判依据；第二层级是在“侵权责任编”的一般规定中确立公平责任一般条款；第三层级是在“侵权责任编”的具体规范中分别规定各种公平责任类型。第二层级规定的公平责任在司法实践中虽不能单独适用，但可与其他条款结合适用，而第三层级的公平责任规范仅能在所限定的类型中适用。《民法典》第1186条属于第二层级的公平责任规范。

---

〔1〕王利明：《侵权责任法研究》（上卷），中国人民大学出版社2010年版，第274—278页。
〔2〕徐爱国：《重新解释侵权行为法的公平责任原则》，载《政治与法律》2003年第6期。
〔3〕张新宝：《侵权责任法》（第二版），中国人民大学出版社2010年版，第24页；郭明瑞：《关于公平责任的性质及适用》，载《甘肃社会科学》2012年第5期；程啸：《侵权责任法》（第三版），法律出版社2021年版，第152页。
〔4〕梁慧星：《中国侵权责任法解说》，载《北方法学》2011年第1期。
〔5〕郭明瑞：《关于公平责任的性质及适用》，载《甘肃社会科学》2012年第5期。
〔6〕程啸：《侵权责任法》（第三版），法律出版社2021年版，第152页。

三、公平责任原则的适用范围

《民法典》哪些条文属于《民法典》第1186条规定的“法律的规定”，理论界观点并不统一。在《侵权责任法》出台后，有学者认为《侵权责任法》第31条、第32条、第33条、第87条属于公平责任的规定（对应《民法典》的条文是第182条、第1188条、第1190条和第1254条），并指出体育比赛中的伤害如果不能认定组织者有过错时，应该认定当事人双方属于均无过错，适用公平责任而分担损失的情形。[1]也有学者认为公平责任包括《侵权责任法》的下列情形：（1）第23条（对应《民法典》第183条）见义勇为情形下的受益人对被侵权人的补偿；（2）第31条（对应《民法典》第182条）自然原因引起的紧急避险对受害人的补偿；（3）第33条（对应《民法典》第1190条）暂时丧失意识的人对他人的补偿；（4）第87条（对应《民法典》第1254条）高空抛物致人损害时的补偿。[2]除此之外，作为对原《民法通则》第132条的适用解释，为行为人利益或共同利益而进行活动时造成的损害（《民法通则意见》第157条）自然也被认为属于公平责任的规定。上述规定确实都采用了“适当补偿”的手段来分担受害人的损失，但是，所列条文中除第1190条规定的完全行为能力人非因自己过错导致暂时丧失意识时对造成的他人损害补偿外，其他情形并非公平责任。

1.《民法典》第182条第2款。紧急避险造成他人损害时，如果危险由自然原因引起，即便不属于避险人采取措施不当、超过必要限度造成不应有的损害时的情形，“适当补偿”也不属于公平责任。采纳这一立场的理由是，紧急避险人对造成的损害不承担或少承担责任的理由与过错无关，它本质上属于违法阻却问题，而不是过错问题。

2.《民法典》第183条。在“见义勇为”情形下，受益人的补偿，实际上属于无因管理的法律效果，对受害人的损失，应通过无因管理制度解决，不存在法律漏洞，也无须再借助公平责任救济。

3.《民法典》第1254条。值得讨论的是第1254条第1款第二句后半段：“经调查难以确定具体侵权人的，除能够证明自己不是侵权人的外，由可能加害的建筑物使用人给予补偿。”多数学者认为这一规定属于公平责任的具体适用，但这种理解并不妥当。本条规定的是由“可能加害的建筑物使用人给予补偿”，其中的“建筑物使用人”并非与第1186条中的“行为人”相对应，因为

---

〔1〕 郭明瑞：《关于公平责任的性质及适用》，载《甘肃社会科学》2012年第5期。

〔2〕 程啸：《侵权责任法》（第三版），法律出版社2021年版，第152页。

使承担补偿责任的人对于受害人并未实施侵害行为。如果说本条是推定建筑物使用人为行为人，那么，首先需要法律明确规定适用推定规则；其次，该建筑物的使用人自高层建筑物往下抛掷物品的行为无疑是有过错的，如此，并不符合第1186条公平责任的构成要件。因为依据该条规定，其适用的构成要件是受害人和行为人都没有过错。

4.《民法典》第1188条第1款第2句有关监护人尽到监护职责的，可以减轻其侵权责任的规定，属于无过错责任的适用领域，既如此，就排除了公平责任适用的余地。

5. 体育比赛中的伤害，通常可以适用《民法典》第1176条自甘冒险规则，行为人无须对受害人承担责任，行为人对受害人承担责任须“对损害的发生有故意或者重大过失”，显然与公平责任制度不符。更何况《民法典》实施后，根据第1186条的规定，公平责任的适用须“依照法律的规定”进行。因此，在现行法律规定情况下，即便是双方当事人均无过错时，体育比赛造成的损害也无公平责任适用余地。

当然，在这里必须说明的是：（1）因为“依照法律的规定”的限制，面对实际生活中出现的某些没有法律规定的特别案例，其实原本可以发挥《民法典》第6条公平原则的作用解决纠纷的，但因为“依照法律的规定”的限制，可能阻碍了基本原则的适用。如2007年5月9日郑州市中级人民法院官网发布的发生在河北省某县的因搭乘拉棺材的拖拉机引发的生命权侵权案件中，因驾驶员是做好事，不具有主观过错，钻进棺材的人无过错，而受害人也无过错，但却因意外造成受害人死亡的后果。[1] 该案即属于须通过公平原则协调当事人之间关系的特殊案件。（2）对“分担损失”的理解。就公平责任的法律效果而言，我国原《侵权责任法》第24条和《民法典》第1186条都表述为“分担损失”。“权威解释”认为，使用“分担损失”主要基于两个方面考虑：“从理论层面来看，无过错即无责任是承担侵权责任的基本原则，既然双方当事人对损害的发生都没有过错，那么行为人就不应承担责任，而只能是分担损失。从实践层面来看，让无过错的人承担责任，他们比较难于接受。”[2] 显然该解读无法让人信服，也“难于接受”。这种解释没有言明为什么要使无过错的行为人必须

---

〔1〕 参见郑州高新区法院：“棺材里避雨惹祸责任在谁？”载郑州市中级人民法院网2007年5月9日，http://zzfy.hncourt.gov.cn/public/detail.php?id=7696。

〔2〕 王胜明主编：《中华人民共和国侵权责任法解读》，中国法制出版社2010年版，第106页。

“分担损失”，也没有令人信服的证据表明采用“分担损失”行为人就“容易接受”。[1]“分担损失”作为公平责任的核心内容，对其性质的判断仍是侵权责任。“分担损失”既然是“分担”，就不是由行为人对受害人损失的全面赔偿，也不是不予赔偿；分担损失，不是在行为人和受害人之间平均分配损害后果，各打五十大板。具体数额根据“实际情况”而定，除行为的手段、损失大小、影响程度外，无论域外法还是国内法，双方当事人的经济状况是要考虑的最重要的“实际情况”。对受害人的损失合理分担，在有些案件中，行为人可能分担多些，有些案件可能分担少些，如果综合双方实际情况认为平均分担才公平合理，也无妨判决平均承担损失。

法律适用

在归责原则问题中，有两个方面应当引起重视，一是《民法典》第1222条对医疗机构过错的推定，二是《民法典》第1254条第1款有关建筑物使用人补偿责任的归责原则。对于前者，理论界有学者认为此种情况为不可反证的推定过错，有学者认为就是典型的推定过错，还有学者认为医疗行为的特殊性决定了对具体医疗行为只能推定过错，而不宜直接认定医疗行为有过错。医疗损害责任应适用过错责任，这是自《侵权责任法》出台以来的共识，而在第1222条规定情形中，尤其是第1项中所谓“违反法律、行政法规、规章以及其他有关诊疗规范的规定”，因为科学的进步，原法律、法规或诊疗规范不一定是最科学的，此时，如果仅因为违反原规定而直接认定有过错是不合理的；除此之外，在理论上，违法性与过错分属两个不同的构成要件，第1222条规定的情形，仅能说明其违法性，而不能直接认定其过错。而有关第1254条，虽然其所在“建筑物和物件损害责任”在一般意义上适用过错推定责任，但与本章其他条文规定不同的是，该第1254条没有如其他条款那样的“不能证明自己没有过错的，应当承担侵权责任”字样，而仅有“能够证明自己不是侵权人的除外”的规定，虽然在实践中“能证明自己不是侵权人”通常足以证明自己没有过错，但毕竟证明自己没有过错与证明自己不是侵权人是不同的，该条是否为推定过错责任仍须讨论。

---

〔1〕比如，据《成都商报》2014年5月13日报道，发生在2000年的“烟灰缸案”判决14年后，22名被告中仅3人赔偿，金额不到2万元。每一个被判决补偿受害人的被告都表示不接受该判决。

第三十三章　侵权责任的构成

提 要

侵权责任的构成要件是侵权责任构成的必要因素，因对违法性与过错关系认识的不同，在侵权责任的构成要件上学界有“三要件”和“四要件”的主张。损害是指受害人因他人的加害行为或物件的内在危险的实现而遭受的人身、精神或财产方面的不利后果，包括财产损害、人身损害和精神损害。违法性是指致人损害的行为为法律所不允许的情形；理论上存在“行为违法”和“结果违法”的争议。过错是指行为人主观上存在并表现于行为上的应当被责难的心理状态。包括故意和过失，过失可以分为“重大过失”和“一般过失”。重大过失，是指行为人对他人的权益未尽到最基本的注意义务的过失。一般过失，是指行为人未尽到以社会普通人对他人权益应尽的注意义务的过失；理论上还有“轻微过失”，是指行为人未尽到通常对自己事务上应尽的注意义务的过失。因果关系，是指损害结果与侵害行为之间存在的引起与被引起的关系。在理论上因果关系有多种观点，在一般情况下，多认可“相当因果关系”。

重点问题

1. 侵权责任各构成要件之间的关系。
2. 过错与违法性的联系与区别。
3. 如何理解“相当因果关系”？
4. 哪些侵权责任的构成不需要损害事实？

第一节　侵权责任构成概述

一、侵权责任构成要件的概念

侵权责任的构成要件，是指作为承担一般侵权责任的必要条件的各种因素。在债法体系下，侵权行为的构成要件是决定行为人是否承担责任的要素，某一行为只有具备了法律规定的要件时，才可能使行为人承担相应的侵权责任，缺少任何一个要件，将不被认为构成侵权行为并进而承担侵权责任。传统民法中称“侵权行为构成要件”，而《民法典》称侵权责任，所以本书采取“侵权责任构成要件”称谓。这仅为不同角度理解上的差异而已，在债法体系下，侵权行为系债的发生原因，所以称为侵权行为的构成要件；而在损害赔偿法中，主要从责任承担角度分析问题，自然使用侵权责任构成。

二、侵权责任构成要件的争议

对于过错责任而言，其构成要件在理论界有不同观点。英美法系国家关于一般侵权行为的构成要件包括：被告对原告负有注意义务；被告所为有悖于该义务；被告的所为因果性地影响了原告；作为以上三种情形的结果，使原告遭受了损害。在大陆法系国家，德国法因认为违法性为独立的构成要件，而与法国法以过错吸收违法而有所区别。在我国，有学者从主客观角度分析认为，侵权责任的构成要件包括主观要件和客观要件。主观要件包括“行为人须有行为能力”和“主观上有过错”；客观要件包括侵权损害事实、加害行为的违法性和行为与损害之间有因果关系。[1]

在我国，有关侵权责任构成问题的争论主要是所谓“三要件”和“四要件”之争。二者的区别在于行为的违法性之有无。从实践上看，两种制度的结果是非常相似的。

违法性要件并非伴随侵权法的产生而产生，在罗马法上，由于没有一般过错概念，也就不存在违法性与过错的区别问题。而到法国法制定时，经过中世纪基督教神学“罪过”观念和西方理性主义中意思自由理论的熏陶和洗礼，过错的理论已经相对成熟，虽然只是强调行为人主观上的可责难性，但在法律表现上则继承了罗马法“善良家父”的行为标准，使得法国侵权法的过错理论具有浓厚的客观归责倾向。这种客观化倾向阻碍了违法性要件这一客观标准从过错中分离成独立的要件的进程。从立法上看，《法国民法典》第1382条采取了概括性的一般条款方式，宣示了过错责任原则，而没有给违法性留下独立的地位。据此，过错被认为是法律对行为人行为的否定性评价，而人的行为是在主观意志的指导下进行的，过错无非是行为人主观意志支配下的行为过错。考察人的主观意志时，必须借助外部的参照才得实现；另外，仅有主观的过错想法，不通过外部行为表现出来，就不能产生损害后果，也就谈不上侵权法的过错问题。

---

〔1〕 彭万林主编：《民法学》（第二次修订本），中国政法大学出版社1999年版，第624页。

德国侵权法则将行为人主观上的故意和过失作为法律上可责难的态度，而对其行为从外部违反法律规范和无法定事由方面进行否定评价。违法性与过错的区分最早可以追溯到耶林的1867年的《罗马私法中的过错要素》，其中使用了“客观的违法性与主观的违法性”概念。主观不法与客观不法是两个不同的概念，在侵权责任构成要件上是两个不同的要件。主观过错说认为过错是一种心理状态，与行为无关。

三、我国侵权责任的构成要件

在我国，从立法上看，原《民法通则》及相关司法解释，以及原《侵权责任法》的规定说明我国接受了“四要件说”。原《侵权责任法》第6条第1款规定：“行为人因过错侵害他人民事权益，应当承担侵权责任。”其本身无法直接得出我国采“四要件说”，但是，结合不承担责任和减轻责任的规定，以及对于未成年人规定责任来看，违法性要件是责任构成的当然因素。比如“因正当防卫造成损害的，不承担责任”，其本质理由不是因为防卫人无过错，而是因为正当防卫阻却了行为的违法性。《民法典》第1165条第1款对原《侵权责任法》第6条的修改，主要是明确了损害要件，但并未明确改变“四要件说”的立场。

理论上对侵权责任构成要件之争，也基本上源自对法国法和德国法的不同理解，进而形成了“三要件”〔1〕和“四要件”〔2〕阵营。考虑到我国立法现实，以及理论上对德国法观念的接受，尤其在逻辑上，过错显然属于主观因素，而侵害行为固然是在过错心理驱使下所为行为，但毕竟人的心理内容与最终反映于外部表现行为是不同概念。认为过错吸收违法性的观点，系将主观心理状态与客观行为合并考察，但不能因为过错认定标准的客观化，而否认过错与行为之间的区别。如果承认过错属于心理因素，就应接受“四要件说”。当然，对侵权责任的构成要件不能机械理解为四个独立的要件，在一个具体侵权责任中，各构成要件彼此联系，互相影响，对责任构成发挥不同作用。比如，加害行为是故意而为之，通常对其中的违法性和因果关系的认定就不会太过严格，损害后果非常严重时，也会影响到对过错和违法性的判断。

---

〔1〕 王利明：《侵权行为法研究》(上卷)，中国人民大学出版社2004年版，第348页。程啸教授认为一般侵权行为的构成要件可以分为两类：其一，客观要件，即行为、因果关系；其二，主观要件，即行为人有过错。参见程啸：《侵权责任法》(第三版)，法律出版社2021年版，第215页。

〔2〕 张新宝：《侵权责任法》(第二版)，中国人民大学出版社（第三版）2010年版，第29页。

需要注意的是，上述有关侵权责任构成要件的讨论，系针对过错责任而展开的。在无过错责任领域，无过错责任的成立要件不要求行为人具有过错，而且，这类侵权责任的构成要件各不相同，如产品责任的成立要求产品缺陷，不能为一般规定。

第二节　损害

一、损害的概念

损害是指受害人因他人的加害行为或物件的内在危险的实现而遭受的人身、精神或财产方面的不利后果。[1]作为侵权责任的构成因素，损害包括财产损失，也包括人身损害和精神损害。如财产的减少、利益的丧失以及名誉的毁损、精神上的痛苦、生命的丧失、身体健康自由的损害等。传统侵权法理论认为侵权责任的成立须以损害事实的存在为必要，[2]“无损害即无责任”是自罗马法以来被人们普遍接受的格言。

二、损害的特征

（一）损害是指合法权益的不当减损

侵权法的规范目的是为了保护合法利益不受侵犯，所以，被侵害的权益应当具备合法性。当然，非法利益并非可以任意侵害。抢赌资、偷小偷的财产等也属于非法。在物权法中，对于占有的保护并未区分合法与非法（《民法典》第462条）。对于占有的保护主要是维护物的事实秩序，而不问占有背后是否有占有本权的存在，意在维护物上的社会和平秩序，而非维护物的法律秩序（权利秩序）。所谓“合法权益”指法律明确为权利的利益，也包括虽没有明确为权利，但应该给予保护的利益，即所谓“法益”；而对于日常生活中有些属于利益，但是并不是重要到要靠法律救济的利益，法律是不予救济的。“不当减损”是指若非侵权行为就不会减损之意。

---

〔1〕张新宝：《侵权责任法》（第二版），中国人民大学出版社2010年版，第30页。

〔2〕在英国法上，某些侵权行为的成立，不必证明具体损害，也得诉请赔偿。典型的是Trespass类型的侵权行为，如非法入侵他人土地（Trespasstoland）。于此种情况，法院会通过少量赔偿的判决，宣告原告的权利，并警告他人不得侵犯。在我国台湾地区，若无损害，某种行为虽不成立侵权行为，但不妨碍他人主张不作为的请求权。

（二）损害是可能和有必要救济的

如对财物的毁损，可以有价值尺度衡量，对人身损害可根据法定标准认定。损害须具有法律相关性，否则虽为利益，但法律上难于认定，如因侵权行为导致口部损伤，受害人可以主张身体权、健康权受到了损害，但如果主张“亲吻权”利益受到损害，要求救济的话就难以获得支持。

（三）损害须是客观和确定的

要求损害一定是已发生的，而非可能发生的，也非主观认为要发生的。对于有发生损害危险的行为，当事人当然有要求消除危险的权利，但不产生损害赔偿责任。另外，对损害的认定要客观地分析，对于某些利益而言，可以以社会一般观念认定损害是否存在，如对名誉权的损害程度的判断不能让受害人举证社会评价降低的程度。

（四）损害的确定具有法定性

损害的范围，以法律规定为准。法律规定之外的利益损失，通常不能纳入损害赔偿范围。《民法典》侵权责任编第二章对损害赔偿的范围、标准等都有明确规定。

三、损害的类型

我国立法上未对损害的含义予以规定。《民法典》侵权责任编第二章为“损害赔偿”，与原《侵权责任法》相比较，在损害类型上并没有改变，仅扩大了精神损害赔偿范围，明确了惩罚性赔偿制度。全国人大有关侵权责任法的说明认为：“行为人造成受害人不利后果的，都可以承担过错责任。此种不利后果既包括行为人实际给受害人造成的现实损害，也包括有可能给受害人造成损害的潜在危险，即未来可能发生的损害。”〔1〕

依据不同的划分标准，损害类型在理论上主要包括以下几种。

（一）财产损害和非财产损害

这是以侵害的客体不同对损害的分类，其中，非财产损害又分为人身损害和精神损害。这种分类在《民法典》中主要体现在：第1179—1182条有关人身损害、第1184—1185条包括知识产权受到侵害的财产损害和第1183条规定的精

〔1〕 全国人大常委会法制工作委员会民法室编：《〈中华人民共和国侵权责任法〉条文说明、立法理由及相关规定》，北京大学出版社2010年版，第22页。

神损害。

财产损害是指因侵权使受害人在经济上所产生的不利益，包括财产的不当减少和应增加而未增加。需要注意的是，人身权或人格权受到侵害时，也会造成受害人财产损害，如医疗费的支出、误工造成的收入减少等。

非财产损害是指因侵权而造成他人的人身损害和精神损害。人身损害是指侵权行为造成的人格利益和身份利益的损害，包括生命的丧失、身体的完整性损害以及身体各器官功能的丧失或降低等物质性人格利益的损害，以及社会评价的降低，隐私被披露，姓名、肖像被不当使用等精神性人格利益的损害，还包括亲权的丧失以及配偶权、亲属权被损害等身份权利的损害。

精神损害是指自然人生理或心理上所遭受的痛苦（painandsuffering，前者指肉体上的疼痛，后者指精神上的痛苦）。对于精神损害，各国称谓有所不同，如德国称“非财产上之损害”、瑞士民法称“抚慰金”、日本则以“财产以外的损害”表达等。精神损害是精神利益遭受侵害的后果，二者是密切联系的。法人的人格利益，如名誉、荣誉、名称等当然也受法律保护，只是不能采用精神损害赔偿形式。法人不会产生精神痛苦，也就不会有精神损害。法人不具有精神损害赔偿请求权的观点已被我国司法实践所接受。[1]《民法典》第1183条也仅规定了自然人的精神损害赔偿，没有涉及法人等组织体的精神损害赔偿问题。

从理论上讲，精神损害是独立于财产和人身之外的一种损害，精神损害是因侵权行为导致的损害，该损害或因人身损害而形成，或因财产损害而形成，甚至可能会因其他人的利益或公共利益受到损害而形成，所以，严格而言，精神损害与人身损害联系紧密，但并非同类，因财产损失也可带来精神损害。不过，为了避免侵害所有权引起的精神损害赔偿的泛滥，《民法典》第1183条第2款将其仅限于“具有人身意义的特定物”。

（二）直接损害和间接损害

这是以损害的发生是否有其他因素介入而对损害进行的分类。

因侵害行为的直接作用所造成的损害为直接损害，如财物的毁损、身体的伤害等，因身体伤害而导致的财产支出也属于直接损害。由于其他因素的介入而发生的损害为间接损害，如孳息的丧失、工资收入的丧失等。间接损害在受

[1] 参见《精神损害赔偿解释》第4条：“法人或者非法人组织以名誉权、荣誉权、名称权遭受侵害为由，向人民法院起诉请求精神损害赔偿的，人民法院不予支持。”

到侵害时尚不存在，但没有侵害，该权益必然能够获得的损害，属于可得利益损害。对直接损害自然为侵权责任构成要件，而对间接损害则应视具体情况而定，一般需要与因果关系要件结合判断。

有人认为直接损害和间接损害是对财产损害的分类，其实，直接与间接的划分并非以客体利益为标准，而是侵权行为与损害之间的距离标准，此在非财产领域同样存在。

直接损害和间接损害的分类价值更多体现于理论上，在实践中此种分类的意义是针对间接损害的，而间接损害是否得为赔偿与因果关系要素密切联系。

（三）直接受害人的损害和第三人的损害

以受害人为侵权行为的直接作用人还是第三人为标准划分。侵权行为对直接受害人之外的人所造成的损害为第三人的损害，也称“反射性损害”。对直接受害人的损害相对简单，而对于第三人的损害则需要斟酌，否则将加重行为人的责任。一般认为只有与直接受害人有“密切人身关系”的人才能作为受害人。在《民法典》通过后，2020年修改的《人身损害赔偿解释》第16条明确规定：“被扶养人生活费计入残疾赔偿金或者死亡赔偿金。”因此，造成他人死亡或者残疾的行为人，须就受害人的被扶养人生活费作出赔偿。最高审判机关的这种坚持说明，作为第三人的损害，是可以作为侵权责任法中的损害予以赔偿的。

（四）“纯粹经济损失”

“纯粹经济上的损失”，也称“纯粹经济损失”或“纯财产损失”，是指因侵权后果的发生，导致受害人人身或有形财产之外的经济利益上的损害。如因交通事故导致交通中断，使他人延误飞机、迟延交货等所造成的损害。该“损失”是否为侵权法上的损害，是否由加害人承担等被学者称为侵权法上最困难的课题。域外立法上，《瑞典侵权责任法》第1章第2条规定：“本法的纯粹经济损失应被理解为不与任何人身体伤害或者财产损害相联系而产生的经济损失。”

“纯粹经济损失”涉及三个方面问题：（1）在利益上该损失不能与人身利益或所有权等量对待；（2）损失范围不确定，与间接损害有交叉；（3）该损失与契约法上的关系如何处理。[1]目前，各国对“纯粹经济损失”能否赔偿立场不一，但有一点已经成为共识：如果行为人系故意侵害，则行为人造成的纯粹经济损失应确定为侵权法上的损害并予以赔偿，因为此时，行为人是明知而为，责任范围也易确定。而过失则比较复杂，应视具体案情予以确定。

---

〔1〕 王泽鉴：《侵权行为》（第三版），北京大学出版社2016年版，第116页。

第三节 加害行为的违法性

一、加害行为的违法性概述

加害行为的违法性是指民事主体非法侵害他人权益，依法应当承担民事责任的行为。在此意义上，违法包含形式上“非法”、实质上“侵害他人权利或利益”、结果上“应承担民事责任”三项要素。在没有特殊的违法阻却理由时，对权利或法益的侵害即应认定具有违法性。

对违法性的判断，理论上存在结果违法与行为违法之争。

结果违法说认为，凡致他人权利和利益损害的行为即为违法行为。依此观点，加害行为之所以受法律非难而具有违法性，是因为其“行为”招致了法律确认的权利或利益损害的“结果”发生。只在例外的情况下，因有违法阻却事由时其侵害行为始不具有违法性。

行为违法说则认为，应以社会一般注意义务违反作为确定违法性的标准。注意义务违反是违法性的特征，即如行为人已尽必要注意，纵其侵害了他人权益，也不具有违法性。也就是说，不能仅从行为招致的结果来判断是否违法，而应从行为本身来探讨行为有无违反社会一般注意义务。故意侵害他人权益自然构成违法；在过失情况下，则应以行为人未尽避免他人权益受损注意义务为必要，而不应只以结果作为判断标准。

违法性问题本质上应是指行为的违法，而非结果的违法，即违法针对的是行为。但是，在具体认定“违法性”时，日本的我妻荣教授的观点值得考虑，针对《日本民法典》第709条仅规定“权利侵害”而未规定“违法性”的解释，我妻荣教授认为必须从“权利侵害”这一固定观念，向“违法的行为”这样的流动性观念转变，对违法性的判断，一方面要避免概念僵化，另一方面要避免泛滥。其标准须自受害利益种类，以及侵害行为之样态二者的关系予以考察。若被侵害之利益系物权等支配性财产权，或人格权等人格利益，或债权等，纵使加害行为之违法性甚低，仍应认为加害行为具有违法性；反之，若其他类型利益受到侵害，若非违法性重大，则应认为不具有违法性。违法性是否重大，应综合侵害行为样态，从违法（刑法、禁止性规定、公序良俗或权利滥用等）

性方面具体判断。[1]

二、加害行为违法性的类型

基于不同标准对违法可以有不同的分类，如以加害人不同分为自己的加害行为与他人的加害行为，其意义在于责任类型上自己责任与对他人行为承担的责任；再如，积极加害行为与消极不作为的加害行为，其区分的意义在于违反义务性质不同。前者是违反不作为义务而承担的责任，后者是违反法律规定的作为义务导致的责任。但对违法性的讨论，最重要的是对侵权责任的甄别，因为，违法自然是指违反法律，但作为侵权责任构成要件，法律的范围有广义、狭义之分，在广义上，不同的违法性对责任构成的影响是有所不同的。在此基础上，违法包括下列类型。

（一）违反法定义务，即侵害他人绝对权的行为

因绝对权的公开性和绝对性，任何人均具有防止侵害的法定义务，对此义务违反即构成违法。

（二）违反以保护他人为目的的法律

法律直接规定对某种权利或利益的保护，违反此规定也具有违法性。如《消费者权益保护法》第18条规定：“经营者应当保证其提供的商品或者服务符合保障人身、财产安全的要求。……”由此，经营者对消费者的人身、财产有安全保障义务，如疏于保护即构成违法。

（三）故意以违背善良风俗方式致人损害

风俗习惯本不属于法律，因此，通常行为不合习惯不为违法，但是，基于法律本身的局限性以及法律与道德的关联性考虑，故意违反善良风俗方式侵害他人权益也是违反法律基本精神和原则的，具有违法性。比如，一般情况下某一行为影响到他人债权的实现，不构成违法性，对造成的损害也无须承担侵权责任，但是如果明知对方有债权，而故意、积极侵害他人债权，即应认定该行为具有违法性，对他人债权的损失承担侵权责任。

---

〔1〕 于敏：《日本侵权行为法》，法律出版社1998年版，第143—145页。

第四节　因果关系

一、因果关系概述

侵权法中的因果关系，是指行为人的行为与受害人的损害后果之间存在的引起与被引起的关系。作为侵权责任的构成要件，因果关系是侵权责任成立的基础，也是判断责任大小的重要标准。正确认定因果关系的重要性不言而喻。但是，基于事物之间的普遍联系性，因果关系无论在哲学上，还是在法学上都是非常复杂并一直困扰人们的问题。理论上关于侵权责任的构成要件虽有很多争论，但对因果关系系侵权责任的构成要件则是不争的。困扰人们的原因是因果关系本身是客观现象，但对其判断又是主观认识的一个过程，加上事物的普遍联系性因素，就会出现见仁见智的分歧，因果关系作为侵权行为的必要构成要件，理论和实践上存在争论就在所难免。

在法律上有意义的因果关系被限定在两个比较近的现象之间。在理论上包括加害行为与权益侵害之间的因果关系、权益侵害与损害之间的因果关系。即所谓“责任成立的因果关系”与“责任范围的因果关系”。后者当然以前者为基础，只是因为损害赔偿皆以有损害为前提，所以，在实务中，二者具有统一性。

法律上的因果关系实际上更重要的是一种政策考量，其宗旨是：任何人都不应当理所当然地对其行为所造成的所有后果承担责任（此与过错责任的宗旨相同），特别是对某些不可预见的情况下发生的损害。因果关系规则实质上是向有限责任发展的规则。在事实上符合了因果关系的条件，在法律上也不一定成立因果关系。

二、因果关系的理论学说

（一）条件说

条件说认为，凡是引起损害结果发生起重要作用的条件，都是该损害后果法律上的原因。[1] 所谓“没有前者，即没有后者”。条件说是大陆法系国家中

〔1〕 张新宝：《侵权责任法》（第二版），中国人民大学出版社2010年版，第33页。

最古老的因果关系学说。其规则简单，适用方便。但其缺陷也是明显的。该说扩大了原因范围，导致责任分担问题上的不公平。目前，多数国家不再采用条件说理论。

（二）原因说

原因说由德国学者宾丁等人所创，主张区别原因和条件，仅认为原因与结果之间有因果关系。原因是对结果发生有重要贡献的条件，其他条件只有背景作用，不具有使结果发生的原因力。该说是针对条件说而提出的，主张将行为与结果之间的因果关系定型化，以限定追究行为责任的范围。

（三）疫学因果关系说

针对公害引起的损害案件，日本学者提出了用医学上流行病学的原理来认定因果关系，也有人称之“盖然因果关系说”。依该学说，在判定公害案件中，某种因素与某种疾病的因果关系，须证明：在该因素导致该疾病发生与生物学上的说明不矛盾的情况下，该因素在发病前发生作用；该因素作用提高（数量增多、浓度加大等），患病者增多或病情加重，反之，则减少或减轻，则说明该因素为损害的原因。疫学因果关系说对处理公害案件有重要的意义，但其实，其并非典型的因果关系学说，而是因果关系的一种证明方式。[1]

（四）相当因果关系说

相当因果关系说始于1886年，创始人是德国弗莱堡大学的生理学家Von Kries教授，他在法律上应用数学上的可能性理论与社会学的统计分析方法，认为客观上事件发生的可能性，可作为说明因果关系的一项因素。“某项事件与损害之间具有相当因果关系，必须符合两项要件：（1）该事件为损害发生之不可欠缺的条件；（2）该事件实质上增加了损害发生的客观可能性。”“相当因果关系”理论最先是德国为限制刑法上加重结果犯罪的构成要件而创设的理论，后被民法所用，并被瑞士、荷兰、日本以及我国台湾地区所采用。

该说由“条件关系”和“相当性”两个要素构成。依王泽鉴教授所言，条件关系的认定采取“若无，则不”的方式，所谓“无此行为，必不生此种损害”，所以，它是一种反证规则，旨在认定“若A不存在，B仍会发生，则A非B的条件”。[2]认定条件后，并不能认定有因果关系，还须以“相当性”来合理限制侵权责任的范围。“相当性”是以通常足以产生此种损害为判断标准的，

---

〔1〕张新宝：《侵权责任法》（第二版），中国人民大学出版社 2010 年版，第 34 页。

〔2〕王泽鉴：《侵权行为》（第三版），北京大学出版社 2016 年版，第 237 页。

认定的公式为“无此行为，虽不必生此损害，有此行为，通常即足生此种损害者，是为有因果关系。无此行为，必不生此种损害，有此行为通常亦不生此种损害者，即无因果关系”。[1]

在具体案件的认定上，相当因果关系说注重行为人之不法行为介入社会之既存状态，并对现存之危险程度有所增加或改变。也就是说，如果行为人的行为使受害人的危险增加或使其处于另一种危险状态时，行为人的行为即构成损害结果发生之相当性原因。

相当因果关系理论，实际上具有很大的随意性。它以社会一般人的智识和经验作为判断标准，通常均有发生损害可能时，即认为有因果关系。在具体案件中，很可能存在判断结果与事实不符的问题。相当因果关系说以科学上的可能性观念为基础推论因果关系的有无，把法律问题看成科学上的概率问题，而概率的基数并不明确。相当因果关系说以超过通常概率的50%为认定因果关系的标准，在实践上极易造成绝对化。相当因果关系说的“全有或全无”原则也不合理。依据相当因果关系说，一旦认定有因果关系，行为人即承担全部责任，而一旦不能认定因果关系，则可不承担任何责任，而在遇到51%和49%两种可能性时，其不公平性就表露无遗。

三、因果关系类型中的多因一果

因果关系的类型以原因和结果的数量不同可以分成一因一果、一因多果、多因一果和多因多果等几种。前两种并不具有特殊性，依一般因果关系认定即可，在多因多果的情况下，问题的难题是判断哪种结果是由何种原因引起，而此时特殊的情况也在于多因一果的判断上。所以，在因果关系类型问题上，最重要的是多因一果。

一个损害结果是由多个原因造成的情形称为多因一果现象，包括以下具体情况。

（一）聚合因果关系

损害结果是由多个原因造成的，而且，每一单个原因都足以导致该损害结果发生的情形被称为聚合因果关系。如甲、乙分别对丙下毒，每个人所下分量都足以致丙死亡。此时，虽然每一单独条件均非结果发生不可缺少的条件，但若甲、乙均以此为因果关系抗辩，不符合公平正义，对丙的死亡，甲和乙的行

---

〔1〕 王泽鉴：《侵权行为》（第三版），北京大学出版社2016年版，第246页。

为都为原因，而不能适用“若无，则不”的判断标准。《民法典》第1171条规定，此种情况下各行为人承担连带责任。

（二）共同因果关系

造成损害发生的多个原因中，每一单个的原因都不足以造成损害发生，但多个原因的结合即足以导致损害发生的情形被称为共同因果关系。如甲、乙对丙下毒，每一个人所下的量都不足以致丙死亡，但其共同作用导致丙中毒死亡。此时，甲和乙的行为都为丙死亡的原因，否则，丙的死亡将无人承担责任，有违公平。此种情况将适用《民法典》第1172条规定的无意思联络的多数人侵权规则，由数个行为人承担按份责任。

（三）择一的因果关系

即共同危险行为中的因果关系。共同危险行为指二人或二人以上共同实施侵害他人民事权益的危险行为，对造成的损害后果不能确定谁是加害人的情况，也称“替代因果关系”。在共同危险行为中，虽只一人或部分人造成他人损害，但每一人的行为都可能造成损害，在无法确定究竟谁人致损时，视所有行为人的行为为损害的原因。即采用推定方式选择一种因果关系适用。择一的因果关系，当然也有减轻受害人举证责任的功效。

（四）假设的因果关系

假设的因果关系，是指加害人的行为导致了损害的发生，但事实上假设没有该加害行为，该损害也会发生的情形。如将喝了超量剧毒农药已经抽搐倒在马路上的人撞死；将他人的房屋捣毁，而随后当地发生强烈地震，所有房屋均倒塌等。此时，对地震与房屋倒塌或喝农药与当事人死亡之间被认为是假设因果关系，而对行为是否认为有因果关系，是否一概都由行为人承担责任是侵权法要解决的问题。

严格来说，假设因果关系并非因果关系问题，而系损害估算问题。在假设的因果关系中，损害赔偿的确定，不能以单一标准确定，而应具体问题考察。比如，甲将已患绝症、医生证明不久人世的乙撞死，有关丧葬费的请求可以得到支持，而有关近亲属精神损害以及依靠死者抚养的人的损失则不一定得到支持。这与捣毁他人房屋情形不同，毁损房屋的行为已经结束，侵权行为的构成以及侵权责任负担都不受其后地震的发生影响。

第五节 行为人主观过错

一、过错概述

过错是指行为人在实施侵权行为时的某种在法律上应受非难的心理状态。侵权行为是被法律否定的行为，否定的理由不仅因其造成他人权益损害，更因其主观心理状态的应受非难性。

过错在侵权责任法中的地位，透过德国法学家耶林的话可以体会："使人负损害赔偿的，不是因为有损害，而是因为有过失，其道理就如同化学上的原则，使蜡烛燃烧的，不是光，而是氧气一般的浅显明白。"作为侵权责任的构成要件，过错是侵权责任法的核心概念，但对其理解一直存有争议，甚至有人提出了"过错的死亡"的观点。[1]

争议的焦点是过错的认定标准，有两种基本观点：主观过错和客观过错。主观过错说以《德国民法典》为代表，认为过错是人的主观上的故意或过失的心理状态。认定过错的标准也应通过判断行为人主观状态确定。日本、苏联坚持此观点。客观过错说认为过错与不法是不可分离的，过错是客观的，它主要不是加害人的主观心理状态，而是加害人的行为的违法性质。因此，应将二者结合为一个责任要件。立法上以《法国民法典》为代表。客观过错说实际上是以行为人注意义务的违反为标准来确定是否有过错的，而注意义务的违反是以一个谨慎的人应有的注意程度为标准的。该说来源于罗马法上的"善良家父"之注意义务。社会一般人在遇到同样的情况时所应当具有的注意义务是判断当事人是否有过错的标准。客观过错标准是法律上的标准，而对具体当事人则并不考虑其差异。如对天生就爱动手动脚的人所造成的他人的损害，不能因其天性而否定其具有过错；对刚取得驾驶执照的人，也不能以其缺乏经验而减轻对他人造成损害的责任。英美法系国家则以"合理人"（Reasonableman）作为判断模式，也属于客观过错标准。

应当认为，主观标准和客观标准各有优点和不足，从逻辑角度分析，在理论研究中应采取主观过错说。因为，在本质上，过错为心理状态，这肯定为主观因

〔1〕胡雪梅：《"过错"的死亡——中英侵权法宏观比较研究及思考》，中国政法大学出版社 2004 年版。

素；采取客观过错在实践上极易造成认定标准的混乱，将千差万别的具体案件当事人的过错简单地归为几类的做法，是否科学是值得怀疑的。以客观行为来说明行为人的主观心理状态，无法判断故意和过失。难以反映行为人主观心态及行为的可责难性。尽管一般情况下区分故意和过失对责任承担影响不大，但毕竟在非财产责任方式中是有意义的，在精神损害责任的适用上也应有所区别。

二、过错的类型

过错，自罗马法以来就分为故意和过失两个基本类型。

故意是指明知自己的行为会造成他人权益损害的结果，并希望或放任该结果发生的心理状态。在刑法中，故意包括直接故意和间接故意。而在民法中并没有作类似的区分，但也认可对损害结果的放任态度属于故意。

过失是指行为人对自己的行为后果应当预见，因疏忽而未预见或虽已预见但轻信能够避免，从而使损害结果发生的心理状态。包括疏忽大意的过失和过于自信的过失。

侵权责任法的理论上对过失有“重大过失”“一般过失”“轻微过失”等分类。有人以注意程度的违反为标准，认为行为人没有尽到起码的注意义务，使损害发生的，即为有重大过失；一般过失指行为人未尽到一般人在通常情况下所应尽的注意义务；轻微过失指尽了善良管理人的注意义务，仍不能避免损害发生的情况。仔细分析可知，这种分类在实践中具有很大的随意性，一般情况下区别的意义并不明显。

在我国相关的法律规定中，除“故意”和“过失”以及“重大过失”概念外，还有“知道”、“应当知道”及“明知”等常见概念。比如《民法典》第1197条规定：“网络服务提供者知道或者应当知道网络用户利用其网络服务侵害他人民事权益，未采取必要措施的，与该网络用户承担连带责任。”再如第1207条对产品责任中适用惩罚性赔偿的要求是“明知”产品存在缺陷仍然生产、销售。在《电子商务法》第38条中也规定了“知道”“应当知道”概念。

一般来说，“明知”和“知道”被解释为行为人应当具有故意，而对于“应当知道”的含义理论上争议较大。有的观点认为，“应知”是“推定知道”，是对主观过错的法律推定；[1]有的学者认为，“应知”是认识到侵权行

〔1〕最高人民法院侵权责任法研究小组编著：《〈中华人民共和国侵权责任法〉条文理解与适用》，人民法院出版社2016年版，第265页。

为实际存在之后故意视而不见，鼓励或放任侵权损害后果的继续。[1]这两种认识并未将“应知”对应于过失。实际上，司法解释中的“应知”内涵丰富，既有依据特定事实推定之意（如服务的性质、作品的类型和知名度、侵权信息的明显程度等），又有对网络服务提供者履行相应注意义务的要求（如采取预防侵权的措施、对侵权通知作出合理反应等），其对是否构成“应知”的认定标准较为宽泛。[2]

本书认为，“应知”或“应当知道”对应于“明知”或“知道”概念，应解释为“应当知道”，但因疏忽过失而不知道之意，属于与“明知”（故意）对应的过失范畴。

法律适用

一般侵权责任的构成要件依德国主流观点为“损害事实”、“违法性”、“因果关系”和“过错”，而依法国观点，侵权责任的构成要件中不包括“违法性”。但实质上二者的差异并没有看起来这样明显。在实践中各要件并非是孤立的，而是彼此联系互相影响的。如果是故意侵权，则在违法性及因果关系的认定中就无须太过严格，对他人基本权利的侵害后果严重程度，对过错的认定也有很大影响，属于侵权责任构成要件的动态体系。

在适用“停止侵害、排除妨碍、消除危险”等侵权责任时，并不需要“四要件”同时具备。除损害事实外，有时过错要件甚至违法性要件也不重要，如在高度危险责任中，过错和违法性要件就不重要。

侵权责任构成中最复杂的是因果关系的认定，目前多数人接受“相当因果关系说”。但事实上在有些案例中，相当因果关系的适用是相当困难的，如在污染环境、破坏生态责任中，如存在多个侵权人的情况下，严格适用相当因果关系说，则可能导致无人对损害结果承担责任的情形。

---

〔1〕梅夏英、朱开鑫：《网络服务提供者“应知规则”的再厘定及适用探讨》，载《烟台大学学报（哲学社会科学版）》2019年第3期，第47页。

〔2〕在“苹果公司与李承鹏侵害作品信息网络传播权纠纷案”中，法院认为应当“根据侵权的具体事实是否明显，综合考虑网络服务提供者提供服务应当具备的管理信息的能力、网络服务提供者是否主动对作品进行了选择、编辑、推荐等各种因素，综合认定网络服务提供者是否构成应知”。参见最高人民法院（2015）民申字第1295号民事裁定书。

第三十四章 侵权责任的抗辩事由

提 要

侵权责任的抗辩事由，是对抗侵权责任成立以及责任范围的法律事实。在体系上，《民法典》将侵权责任的抗辩事由分别规定于总则编和侵权责任编。不可抗力，是指不能预见、不能避免且不能克服的客观情况；受害人故意，是指受害人明知行为会给自己造成损害而希望或放任该损害的发生的心理状态。因不可抗力和受害人故意造成的损害，行为人不承担责任。与有过失，是指被侵权人对同一损害的发生或扩大具有过错。与有过失是侵权人对损害承担全部责任的抗辩，其效果是“减轻责任”。正当防卫，是指对于现实的不法侵害加以反击，以保护自己或他人权益的行为。紧急避险，是指为了避免自己或他人的人身或财产上的急迫危险，不得已而实施的加害他人的行为。正当防卫与紧急避险是传统的违法阻却事由，其法律效果是对造成的损害不承担责任，超过必要限度的防卫或避险，造成不应有的损害的，须承担适当的责任。自助行为，是指在不能请求公力救济的情况下，为保护自己的权利，对他人的自由加以拘束，或对其财产施以扣押或毁损的行为。在法律限度内的自助行为，对造成的损害不承担责任，对因措施不当造成的损害则要承担侵权责任。自甘冒险，是指明知有危险存在，而甘愿冒险实施的行为，因自甘冒险造成的损害，由本人承受损害后果。受害人同意，是指受害人自愿承担某种对其权益损害后果的明确意思表示。对允诺范围内的损害，行为人不承担责任

重点问题

1. 正当防卫的适用条件。

2. 紧急避险的适用条件。

3. 自甘冒险与受害人同意的联系与区别。

4. 自助行为的适用限制。

5. 受害人特殊体质是否为责任抗辩事由。

第一节 抗辩事由概述

抗辩事由，是指行为人提出的对抗受害人使其承担侵权责任的事实。因其本质上是要免除或部分免除侵权责任而提出的抗辩，所以也称“免责事由”。[1]也有学者从违法性要件考虑，称之为“违法阻却事由”。[2]如前所述，民事责任由损害事实、行为违法、因果关系和主观过错四要件构成，任何一个要件的缺乏，都将导致责任的不成立，可以成为行为人承担民事责任的抗辩事由。违法阻却、过错的缺失、因果关系的否定、损害的不存在对侵权责任的抗辩都是有意义的。理论上抗辩事由可以分为正当理由和外来原因。正当理由，即因侵害行为本身具有合法性，而免除责任的理由，属于违法阻却。外来原因则是因为侵害行为与损害后果之间不具有因果关系而进行的抗辩。自愿紧急救助，是指没有法定或约定救助义务的人，对他人实施的救助行为，因此造成的损害，救助人不承担责任。

《民法典》对抗辩事由进行了分隔规定。在总则编规定了不可抗力（第180条）、正当防卫（第181条）、紧急避险（第182条）和紧急救助行为（第184条）。在侵权责任编“一般规定”中则规定了与有过失（第1173条）、受害人故意（第1174条）、第三人行为（第1175条）、自甘冒险行为（第1176条）和自助行为（第1177条）。针对某些侵权行为也规定了特别抗辩事由，如受害人同意（第1219条）。而在人格权编中，基于公共利益或当事人同意而形成的权利行使也属于责任抗辩的事由（第1025条、第1036条等）。“权利行使”在实际生活中还包括父母基于对未成年子女的教育权利（第1068条），在一定范围内的惩戒也无须承担侵权责任。

上述规定中，属于违法阻却的事由主要包括：依法行使权利、自力救济（正当防卫、紧急避险、自助行为）、紧急救助、自甘冒险、受害人同意。属

〔1〕本书认为“免责事由”概念，容易使人联系到刑事法律中的“免以刑事处罚”，并进而被理解为责任成立，因其他原因而免以使其承担侵权责任。实际上，有些抗辩事由是针对责任成立的抗辩，因而使用“抗辩事由”更适当。赫尔穆特·考茨欧（Helmut Koziol）教授领导的“欧洲侵权法小组”拟定的《欧洲侵权法原则》第四编即采用了“抗辩”的表述。参见欧洲侵权法小组：《欧洲侵权法原则：文本与评注》，于敏、谢鸿飞译，法律出版社2009年版，第172页。

〔2〕王泽鉴：《侵权行为》（第三版），北京大学出版社2016年版，第274页。

于因果关系抗辩的事由包括不可抗力、受害人过错、第三人过错三种。

第二节 因果关系抗辩事由

一、不可抗力

就文义解释而言，不可抗力应指人力所不能抗拒的力量。根据《民法典》第180条，不可抗力是不能预见、不能避免且不能克服的客观情况。

损害如系因不可抗力所致，就排除了行为人的主观过错，也阻断了行为人的行为与损害后果的因果联系，使其成为责任抗辩的事由之一。在法律中，不可抗力是减轻或免除责任的普遍理由，在合同法中是对违约责任的抗辩，在侵权法中是对侵权责任的抗辩。在《民法典》中，对不可抗力规定于总则编，即是对其适用的普遍性证明。

对不可抗力的理解需要注意的是："不能预见"是以社会一般人的预见能力为判断标准的，对具有特殊专业知识和职责的人，应适用更高的要求。同时，随着科技的不断进步，人们对自然灾害的预见能力已大大提高。但是"不能避免"和"不能克服"指损害发生的必然性，即便是行为人尽了最大努力，也不能免于损害。某些自然灾害虽然意想不到，但如果行为得当本可避免损害的，如果因行为不当导致损害发生，造成的损害不能认定为不可抗力。如按照要求建筑物应以抗八级地震标准设计建造，但设计者或施工人未按照标准设计施工，导致建筑物在七级地震中倒塌造成的损害，设计者、施工人不能以不可抗力抗辩责任承担。有些自然现象可能"预见"到了，但人们对其造成的损害无能为力，比如对地震引发的海啸等。也就是说，"预见"与"避免、克服"并非总是同步的。有鉴于此，在实际生活中认定某一现象是否为不可抗力，并非绝对要求"三不"同时具备，认定的重点应在于损害结果的不可避免、克服性上。

关于不可抗力的类型，法律没有统一规定，一般可以分为自然原因和社会原因两类。达到一定强度的自然现象如地震、台风、海啸等为不可抗力。社会原因的不可抗力范围包括战争、罢工等。

值得注意的是，虽然在一般意义上，不可抗力是侵权责任的抗辩事由，但在某些特殊领域，基于某种活动的高度危险性，《民法典》没有将所有的不可抗力都作为抗辩事由，如《民法典》第1237条对民用核设施发生核事故造成他人损害的，仅规定了“战争、武装冲突、暴乱”类型的不可抗力可以作为“不承担责任”的抗辩事由，没有规定“地震、海啸”等自然灾害类不可抗力。据此，如果核泄漏事故系因为地震造成的，则核设施的运营单位不能依此抗辩。

二、受害人过错

作为责任抗辩事由，受害人过错，是指损害全部或部分系因受害人的过错造成的情形，包括受害人故意和受害人与有过失两种情形。

（一）受害人故意

受害人故意，是指受害人明知行为会给自己造成损害而希望或放任该损害的发生的心理状态。因受害人自己的故意造成损害，不应由他人承担责任，而应由受害人“自作自受”。在受害人故意情形中，虽然存在行为人的行为，但该行为与损害后果之间因为“受害人的故意”介入，在法律上不认为有因果关系。“受害人故意”是行为人对因果关系的抗辩事由。《民法典》第1174条将受害人故意作为一般抗辩事由规定。而在具体侵权类型中，《民法典》也明确规定受害人故意作为抗辩事由而适用，如第1245条有关饲养动物致人损害责任、第1237条民用核设施事故责任，以及第1238条民用航空器损害责任等。

认定受害人故意，需要注意以下几点：第一，受害人具有判断和识别自己行为性质的能力。对于无民事行为能力人而言，通常不认为其有过错能力，不能适用受害人故意抗辩事由，对限制民事行为能力人是否具有过错能力，应个案认定。第二，要严格区分受害人故意与重大过失。受害人故意是受害人希望并追求损害后果，或者放任损害后果的发生。实际生活中最典型的是自杀、自残，以及其他致自己生命、身体于不顾的情形，前者如受害人欲通过“卧轨”方式自杀，后者如在道路交通事故中的“碰瓷”等。如果受害人对损害后果并无“追求”或“放任”的心理状态，就不能适用受害人故意抗辩，就此而言，受害人盗窃电力、盗窃、破坏电力设施或者因其他犯罪行为而引起的触电事故等，不能认为受害人追求生命丧失结果，也不能认定其对生命丧失后果持放任态度。其行为应该被认定为重大过失。第三，适用受害人故意免责时，损害须完全为受害人故意所致，如果行为人的行为也系损害的部分原因，就不能适用免责抗辩,如帮助他人自杀等。

（二）与有过失

1. 与有过失概述

与有过失，是指被侵权人对同一损害的发生或扩大具有过错。作为责任抗辩事由，与有过失是侵权人对损害承担全部责任的抗辩，其效果是“减轻责任”。与有过失，也称“比较过失”“共同过失”“混合过错”，在损害赔偿法中也称“过失相抵”。《民法典》将其置于侵权责任编的“一般规定”章，并与受害人故意等责任抗辩事由同位规定，而未将其置于第二章“损害赔偿”中，因此，以抗辩事由而非损害赔偿视角分析与有过失符合立法精神。

作为责任抗辩事由，与有过失不是侵权人对被侵权人过失的抗辩，而是对自己行为与损害之间不具有或不完全具有因果关系的抗辩。即正是被侵权人违反照顾自己利益的不真正义务的过失行为作为原因之一，促使损害的发生或者扩大从而使侵权人所为之行为与损害之间无因果关系或者仅有部分因果关系，从行为人角度讲是对其责任构成中因果关系的一种抗辩事由。德国学者将此称为“被害人共同参与损害的发生或扩大”〔1〕，也说明了其本质上属于因果关系抗辩的问题。欧洲侵权法学者在比较研究不同体系的侵权法规定和理论成果后得出如下结论：“因果关系是证立共同过失的条件之一，因而，为减轻侵权人的损害赔偿金额，必须证明原告的过失是促成损害发生的原因之一。”〔2〕日本的森岛昭夫也主张，对于因受害人过失而减免赔偿额的问题，应当在因果关系的角度进行理解：“即使在发生的损害可以看作与加害人的行为处于相当因果关系的范围内的场合，对于该结果的发生，受害人也给予了原因力时，在该程度上缩小加害人的行为应该负担的本来的责任范围，因此，赔偿额被缩减。”〔3〕

2. 与有过失的构成要件

（1）受害人存在过错

受害人过错，是指受害人对自己的民事权益未采取合理保护措施，以至于遭受损害或使损害结果扩大的一种心理状态。与侵权人的“固有意义上的过错”对应，被侵权人对自己的利益负有不真正义务，其与有过失被称为“非固有意义上的过错”或“对自己的过错”。违反对自己的不真正义务的后果是使自己权利损失，但不会产生法律上的赔偿义务。在范围上，与有过失自然包括

---

〔1〕［德］迪特尔·梅迪库斯：《德国债法总论》，法律出版社2004年版，第513页。

〔2〕［德］U. 马格努斯、［西］M. 马丁－卡萨尔斯主编：《侵权法的统一：共同过失》，叶名怡、陈鑫译，法律出版社2009年版，第371页。

〔3〕于敏：《日本侵权行为法》，法律出版社2006年版，第417—418页。

“过失”，而是否包括故意则有不同理解。体系解释上，因为《民法典》第1174条专门规定了“受害人故意”的情形，而且其法律效果是“行为人不承担责任”，故此，第1173条规定的被侵权人“有过错”应仅指与“故意对应的”狭义的“过失”。立法上使用“过错”可能是因为在例外的情况下，受害人故意并不适用第1174条的“不承担责任”，而是“减轻责任”，如第1246条对违反管理规定，饲养动物致人损害的情形，法律规定“损害因受害人故意造成的，可以减轻责任”。因此，在第1173条中使用“过错”比“过失”更灵活，当然，在一般情况下，应该将这里的过错解释为“过失”。

（2）受害人过错行为系损害的原因

受害人实施的过错行为与其所受到的损害存在部分因果关系。即损害的发生以及扩大部分均与受害人的过错有关。损害是侵权人与受害人共同作用的结果。

（3）受害人有损害

这里损害本身并无特别之处，但在与有过失适用范围，作为责任范围的抗辩，受害人之损害须系侵权行为人所致。如果损害纯粹系受害人自己导致，自不发生侵权法上的损害赔偿，也不会涉及他人的责任抗辩问题。

3. 与有过失的适用范围

对与有过失的适用范围，有两个方面问题：一是是否适用于侵权责任法之外的问题，二是在侵权责任法中是否适用于无过错责任领域。

基于意思自治原则，任何人对因自己的行为导致自己损害都无权要求他人承担责任。在与有过失情形下，无论是侵权责任法领域还是在契约法中，受害人对因自己的行为造成的损害或扩大的损害都只能自己承受。在德国，民法典规定与有过失的条文是第254条，属于债法总则内容。根据《尧尔尼希民法典评注》对该条的评注：“本条的适用范围极为广泛：适用于一切损害赔偿请求权，无论是民法典之内或民法典之外，既包括过错责任——侵权、契约与先契约请求权（如缔约过失责任），亦包括危险责任以及信赖责任。同时，该条还适用于需要衡量双方过错的其他情形，如契约解除、代理权滥用、物权请求权中的妨害除去请求权等。”[1]由此，受害人与有过失的范围具有广泛的适用性，不仅在侵权法中适用，也在因契约而发生的损害赔偿责任适用。《民法

---

〔1〕 Jauernig/Teichmann, C. H. Beck, 18. Aufl. 2021, BGB § 254 Rn. 2.（这部分所引内容系笔者委托朱庆育教授查询并翻译）。

典》第591条也规定当事人一方违约后，对方应当采取适当措施防止损失的扩大，“没有采取适当措施致使损失扩大的，不得就扩大的损失请求赔偿”。

与有过失也可以适用于无过错责任领域。根据《民法典》的规定，在高度危险责任以及饲养动物致人损害领域都有与有过失适用的明文规定。无过错责任是不考虑行为人有无过错，并不是行为人真的无过错，其可能有，也可能无。因此，仅从“被侵权人对损害的发生也有过错”的表述即认定其适用范围被限定在过错责任是不正确的。

总之，与有过失的适用范围是广泛的，在合同法中适用，在侵权责任法中的过错责任和无过错责任中均可适用。

三、第三人行为

在侵权责任法中，第三人行为，是指因加害人与受害人之外的人之行为造成的损害情形。根据法律规定，该损害责任应由该第三人承担。立法上是否需要专门规定“第三人侵权行为”，值得思考。因为如果在行为人之外存在一个“第三人行为”，而该第三人行为是损害的原因，那么该第三人其实就是“侵权行为人”，而不是所谓的“第三人”。《民法典》第1175条规定：“损害是因第三人造成的，第三人应当承担侵权责任。”实际上是要对某些因第三人行为的介入，导致直接致人损害的人的行为与损害之间因果关系链条中断情况。在此情况下，为被侵权人提供完善的救济途径，立法多采取不真正连带责任模式，使被侵权人可向行为人，也可以向第三人请求赔偿，行为人承担责任后可以向第三人追偿。因此，规定第三人行为制度是有一定价值的。第三人行为能否作为责任抗辩事由，还取决于特殊侵权责任的规定，如《民法典》第1204条对因运输者、仓储者过错责任的规定；第1233条专门规定了因第三人的过错污染环境、破坏生态的，第三人承担责任的情形；第1250条规定，因第三人的过错致使动物造成他人损害的，被侵权人可以向动物饲养人或者管理人请求赔偿，也可以向第三人请求赔偿，动物饲养人或者管理人赔偿后，有权向第三人追偿；第1253条中的“其他责任人”也属于“第三人”。

第三节 违法阻却

一、依法执行职务的行为

依法执行职务的行力指依照法律规定或授权，在履行法定职责的必要时损害他人人身或财产的行为。如公安人员击毙逃犯，为防止禽流感蔓延，卫生执法人员将一定范围内的鸡、鸭做掩埋处理等。因依法执行职务的行为具有维护公共利益的价值，在必要范围内造成民事主体的损害，因行为具有合法性而不承担责任。《民法典》第1020条在规定肖像权限制时强调，为依法履行职责，国家机关在必要范围内制作、使用、公开肖像权人的肖像行为，可以不经肖像权人同意。此时，如肖像权人主张侵权时，相关国家机关可以依法执行职务抗辩。

作为侵权责任的免除事由的执行职务行为须有合法授权，且须在法律规定或授权范围内实施行为。

二、正当行使私权

与执行职务行为相对应，私权行使，虽可能造成他人一定损害，但在法律允许范围内也可以成为责任抗辩事由。如亲权行使行为、地上权人使用他人土地的行为、所有权人毁损自己的财产等。典型者还包括对拥有某人肖像使用权的肖像的商业使用，肖像权本人主张侵权时，使用人可以权利行使而为抗辩。须注意的是，私权行使应具有正当性，除有法律依据、符合公序良俗外，私权行使不得超过必要的限制，否则，构成权利滥用而不得主张对他人损害的免责。如对犯错误子女惩罚致残等。

三、正当防卫

（一）正当防卫的概念

正当防卫，是指对于现实的不法侵害加以反击，以保护自己或他人权益的行为。正当防卫属于自力救济范畴，其适用须以不能或不便请求公力救济为前提。正当防卫作为侵权抗辩的正当理由，被各国所接受。我国自《民法通则》到《民法典》对正当防卫的规定基本保持一致。《民法典》第181条用两款分别规定了正当防卫不承担责任和超过必要限度，造成不应有的损害时的适当责任。所谓："因正当防卫造成损害的，不承担民事责任。""正当防卫超过必要的限度，造成不应有的损害的，正当防卫人应当承担适当的民事责任。"正当防卫是为保护合法利益而对非法行为人实施的"侵害"，其基本思想是"合法不让非法"，"正当"体现于"合法"之中，所以，正当防卫阻却了行为的违法性，是典型的责任抗辩事由。

正当防卫不仅是民法概念，在刑法中，正当防卫是典型的违法阻却事由。基于法律的统一性，刑法与民法中的正当防卫含义相同，只是《民法典》中对正当防卫概念并无规定，而《刑法》第20条第1款、第2款规定："为了使国家、公共利益、本人或者他人的人身、财产和其他权利免受正在进行的不法侵害，而采取的制止不法侵害的行为，对不法侵害人造成损害的，属于正当防卫，不负刑事责任。正当防卫明显超过必要限度造成重大损害的，应当负刑事责任，但是应当减轻或者免除处罚。"

（二）正当防卫的构成要件

正当防卫属于私力救济范畴，防卫行为毕竟会对他人造成损害，所以法律对其构成有必要限制，这些限制即正当防卫的构成要件，主要包括如下。

1. 对象条件

正当防卫须针对不法侵害行为，而且一般是针对不法侵害行为的实施者。所以，对合法行为不得实施所谓的防卫，实施防卫行为也必须针对侵权行为人本人，而不得对其他人（如其亲属）实施。对单纯的动物的侵害实施防卫行为属于防御型紧急避险，但对因他人的唆使的动物侵害实施的防卫究竟属于正当防卫还是紧急避险有不同观点，本书倾向于认定为正当防卫，因为此时的侵害并非动物致人损害，而属于他人的侵害，动物不过是他人侵害行为的工具而已。

2. 目的条件

正当防卫必须是为保护自己或他人的合法利益免遭非法侵害，否则就不具有正当性。如互殴行为、侵权引诱或以防卫为借口而实施的报复行为等，此时，行为人的目的为侵害他人，自然也无从体现其正当性。

3. 时间条件

防卫行为须针对正在进行的不法侵害行为。事先或事后"防卫"都不具有正当性。

4. 限度条件

防卫的方式与强度要适当，不得超过必要限制。如何认定超过必要限度，需综合具体案件的情况认定。防卫行为造成的损害结果当然属于重要方面，但不能仅以结果严重来认定防卫过当。《刑法》第20条第2款的规定可以借鉴，防卫行为只有明显超过必要限度造成重大损害的，才属于防卫过当。而且“对于正在进行的行凶、杀人、抢劫、强奸、绑架以及其他严重危害人身安全的暴力犯罪，采取的防卫行为，造成不法侵害人伤亡的，不属于防卫过当，不负刑事责任”。正当防卫的限度理论上以足以有效制止侵害行为为标准，但在实际生活中，防卫行为往往都是在危急情况下实施的，所以，并不要求防卫行为与侵权行为绝对相当，以一般人在当时情况下的该有的反应判断防卫适当即可。

因正当防卫造成侵权人损害的，防卫人不承担法律责任，而如果防卫过当造成不应有的损害的，本质上属于侵权行为，应当承担适当的民事责任。当然，在实务中，防卫人仍可以防卫行为抗辩从而减轻自己的责任。

四、紧急避险

（一）紧急避险的概念

紧急避险，是指为了避免自己或他人的人身或财产上的急迫危险，不得已而实施的加害他人的行为。紧急避险作为侵权责任的抗辩事由也被各国法律所确认，其法理基础，通说认为系行为的合法性质。但与正当防卫不同，紧急避险并非以“合法不让非法”为基础，而是“两害相权取其轻”思想的体现。紧急避险制度是利益平衡的结果，依该制度，为保护较大利益，得对较小的利益施加损害。但是，“较小的利益”也是他人的合法利益，本为受法律保护而不得侵害的。在一些特别的案例中，行为人以牺牲他人之同等价值的法益为代价，把自己或其亲友从某种生命危险、人身危险或失去人身自由的危险中拯救出来，此种行为应当是不被法律所允许的，更何况非财产利益尚无法判断利益大小。因此，在有些国家并非所有的紧急避险都为合法行为，而是视其为一种可以宽宥的“放任行为”。[1]

紧急避险可分为防御型避险和攻击型避险。防御型避险是指对直接产生危险的物或特定情况下的人所实施的防御行为；攻击型避险则是为消除某种危险，而侵害与此危险产生无关的利益。如为避免火灾蔓延而毁损与火灾邻近的

---

〔1〕 在涉及生命利益时，各国做法并不相同。如对被恐怖分子劫持的飞机，在美国是允许使用武器将其在空中摧毁的，但是在德国同样的行为将被认定违反联邦宪法。其理由是飞机上的乘客生命利益同样应当受到保护。

房屋的避险行为，这种侵害涉及的是与造成危险的物无关的财物。

（二）紧急避险的构成要件

1. 须有急迫危险

避险行为须针对于避险人或他人合法利益有紧急危险的情形，包括行为和事件。对合法利益侵害的急迫性是紧急避险正当性的基础。

2. 须是正在发生的危险

尚未发生的或已经消除的危险不得实施所谓的“避险”行为。

3. 须避险行为属于必要，即须是在不得已的情况下进行

“必要”说明避险是在无法选择其他救济手段时采取的措施。如本可以通过逃跑的方式避免损害发生的，使用侵害他人利益的“避险”手段就是不必要的，本可以通过公力救济的，使用“避险”方式就是不必要的；紧急避险也属于自力救济，现代社会中，在权益保护以公力救济为原则，以自力救济为例外，因此，只有在不能、不宜请求公力救济的情况下，才能采取紧急避险行为。

4. 避险行为不能超过必要的限度

限度的标准是避险行为所要造成的损害必须小于要保护的利益。从利益类型上看，生命利益最高，身体、自由次之，财产利益更次之，因此，不能为财产利益而损害他人生命或身体利益，任何人不能以牺牲其他人的生命为代价来保护另一部分人的生命财产或其他利益。

（三）对因紧急避险造成的损害赔偿

一般情况下，因紧急避险属于合法行为，所以，对造成的损害不应承担责任，但引起险情的原因具有复杂性，避险人并非绝对得为抗辩。《民法典》第182条分三款对不同情况下的避险后果作了规定：（1）因紧急避险造成损害的，由引起险情发生的人承担民事责任；（2）危险由自然原因引起的，紧急避险人不承担民事责任，可以给予适当补偿；（3）紧急避险采取措施不当或者超过必要的限度，造成不应有的损害的，紧急避险人应当承担适当的民事责任。从中可以看出，如果认定属于避险行为，对造成的损害，避险人不承担民事责任，即便是因自然原因引起的危险，避险人给予的适当补偿也不属于“民事责任”。而对于采取措施不当或超过必要限度，造成不应有的损害的，本质上为侵权行为，自应承担适当的责任。这也表明了以紧急避险作为承担民事责任抗辩事由的有限性。

（四）紧急避险与正当防卫的区别

紧急避险与正当防卫虽有目的、限度、正当性等相同之处，但其区别也是明显的。主要包括：

1. 正当防卫是针对非法侵害行为实施的行为，其所贯彻的思想是“合法不让非法”；而紧急避险则是对他人合法利益的侵害，其制度的本旨在于两害相权取其轻，是两个利益衡量的结果。

2. 正当防卫主要针对来自人的侵害行为，紧急避险还包括来自自然的原因引起的侵害。

3. 加害的对象不同，前者针对侵害人本身，后者则可以针对第三人实施加害，而且通常不得针对人身权益。

五、自助行为

（一）自助行为概述

自助行为，是指在不能请求公力救济的情况下，为保护自己的权利，对他人的自由加以拘束，或对其财产施以扣押或毁损的行为。自助行为也是法律所容许的权利保全措施，对此行为造成的损害无须承担民事责任。所以，自助行为是侵权责任的抗辩事由之一。在域外，《德国民法典》第229条、第230条规定了自助行为的适用条件和限制。《民法典》颁布之前，我国立法上对自助行为一直讳莫如深，导致在实际生活中人们对是否可以以及如何实施自助行为犹豫不定，司法实务中的不同观点更使得该问题成为众矢之的。[1]为此，《民法典》制定过程中，虽有不同观点，[2]但立法机关最终选择明确规定自助行为，于第1177条分两款对自助行为予以规定。

自助行为属于自力救济范畴，也是在不能或不宜请求公力救济时才可以采取的措施。其法律效果是适当的自助行为造成的损害，不承担侵权责任。另一角度视之，对自助行为导致的损害，自助行为人得为责任抗辩。

有必要说明的是，自助行为与正当防卫虽均为自力救济，但其构成要件、

---

〔1〕 如2020年7月7日“云南长安网”发布昆明市盘龙区人民检察院的通报，针对超市员工对在超市偷盗商品的人，超市员工有1小时的滞留和殴打行为，虽然超市员工与该“小偷”达成6.6万元赔偿协议，但仍被以非法拘禁罪刑事拘留。据调查，超市员工在扣留“小偷”后，要求其按照被偷物品价格转账700多元，没有选择报警，员工称系为给“小偷”留一条生路。

〔2〕 民法典立法过程中，有不同的学者建议稿。其中，梁慧星教授主持的社科院法学所的建议稿中，明确规定了自助行为，而王利明教授主持的中国人民大学建议稿中则没有规定。

适用范围等是不同的。在保护权益范围上，自助行为仅为保护自己的利益而实施，而正当防卫除为自己利益外，还包括他人，甚至国家利益、社会公共利益受到侵害时的防卫；法律对自助行为的要求要比正当防卫严格。

（二）自助行为的构成要件

1. 须有合法权益受到侵害

只有当合法权益受到侵害时，才有自助行为实施的可能。《民法典》第1177条开始就明确规定“合法权益受到侵害”，非法利益或者没有受到侵害的情况下，不具备自助行为适用空间。当然，并非所有权益均可适用自助行为。不宜强制执行的权益就不能适用自助行为。

2. 情况紧迫

自助的适用须为情况紧迫不能请求公力救济，或要通过公力救济，其救济会非常困难时，自助行为始为合法。比如“吃白食”的人或者超市盗窃财物被发现后企图逃跑等。在财物丢失寻找无果一段时间后，突然发现时，也允许权利人实施自力救济，扣留该财物。而有些权利基于其自身的特点，即便是损害正在发生或持续，也不得适用自助行为。如房屋租赁合同到期后，承租人拒不移交房屋情形下，出租人不得实施自助行为，因为情况没有达到“紧迫”程度，此时，出租人应选择公力救济。

“情况紧迫”的另一方面是如果不立即采取自助行为，受害人的合法权益会受到“难以弥补的损害”。

3. 不得超过必要的限度

自助行为以维护自己合法权益为根本，如果其自助措施足以保护自己合法权益，就不能过度实施。其判断标准是看自助行为人的措施是否适当。根据《民法典》第1177条第1款规定：“受害人可以在保护自己合法权益的必要范围内采取扣留侵权人的财物等合理措施；”这里的“必要范围”“合理措施”都是对自助行为程度的限制。超过必要限度，采取措施不当造成他人的损害，“应当承担侵权责任”。例如，通过扣留手表即足以抵充自己的财产损失时，就不能再扣留其汽车或其他财产，更不能拘束人身。

不得超过必要限度，还包括在采取适当措施后，“应当立即请求有关国家机关处理”。自力救济是在无法获得公力救济的前提下采取的救济措施，一旦“紧迫”情况消失，就应“立即”请求公力救济。

实施自助行为当然也会造成当事人权益损害，在一定条件下，就该损害提出的赔偿责任，自助人得以合法予以抗辩。

六、自甘冒险

（一）自甘冒险概述

自甘冒险，是指明知有危险存在，而甘愿冒险实施的行为。基于意思自治和诚实信用理念，在自甘冒险的情况下所为行为造成其损害，应由冒险人本人承担，因而，自甘冒险是其他人承担责任的抗辩事由。最典型者为参加体育活动时所受损害。

就立法而言，域外法中，明确在立法中规定自甘冒险的不多，《埃塞俄比亚民法典》第2068条规定："在进行体育活动的过程中，对参加同一活动的人或在场观众造成伤害的人，如果不存在任何欺骗行为或者对运动规则的重大违反，不承担任何责任。"这是在民法典中明确规定体育运动伤害免责事由的典范。实务中尤其针对体育比赛中的伤害多认可属于可抗辩责任的事由。在我国，在《民法典》编纂过程中，是否将自甘冒险规定为独立的免责事由以及如何对条文进行表述也有不同的意见。有学者赞同将自甘冒险规定为独立的免责事由，[1]也有学者不赞成，有的则建议将自甘冒险纳入比较过失制度。[2]《侵权责任编（草案）》二审稿首次将自甘冒险规定为法定的免责事由，并最终成为立法承认的独立的责任抗辩事由。

就内容而言，《民法典》第1176条一方面将自甘冒险限定于"文体活动"，另一方面分两款分别规定了其他参加者责任情形和活动组织者的责任。

自甘冒险能够成为责任抗辩事由的基础在于意思自治和诚实信用原则。体育活动，尤其是身体对抗性的运动项目，都具有危险性。每个参与者对危险都有充分的认识，是危险的制造者，也都应是危险的潜在承担者。正当危险的制造者，不应为此付出代价。

（二）自甘冒险的构成要件

根据《民法典》第1176条规定，构成责任抗辩事由的自甘冒险须具备下列条件。

1. 受害人自愿参加具有一定危险性的文体活动

---

〔1〕杨立新：《民法典侵权责任编草案二审稿的立法进展与完善》，载《上海政法学院学报》2019第2期，第72页。

〔2〕周友军：《我国民法典侵权责任编的编纂研究——我国〈侵权责任法〉修订入典的初步构想》，载《政治与法律》2018年第5期，第8页；李昊：《对民法典侵权责任编的审视与建言》，载《法治研究》2018年第5期，第69页。

首先，在适用范围方面，《民法典》限定于“文体活动”，即文化、娱乐以及体育活动。但实际生活中危险活动范围广泛，比如“驴友”活动，再如“大胃王”比赛活动、搭乘他人车辆行为等。是否将这些活动一并纳入自甘冒险制度在立法上是有争议的，在《民法典》制定过程中，曾于《侵权责任编（草案）》二审稿第954条之一规定：“自愿参加具有危险性的活动受到损害的，受害人不得请求他人承担侵权责任，但是他人对损害的发生有故意或者重大过失的除外。”但其后多数人认为该范围太广，三审稿后，即以“文体”活动限制。该过程说明法律在此的谨慎，实践中不能界定为“文体”活动的，就不能适用本条规定而为抗辩。当然，如果将自甘冒险的范围适当扩展至“文体”及“类似文体”活动就更合理了。

其次，文体活动须有一定的危险性，有些棋类体育活动，或歌唱比赛等名义通常意义上的危险性，即便在比赛中因为激动、紧张导致心脏病发作产生的损害，也不能依据自甘冒险划定责任。值得注意的是，观看比赛是否属于自愿参加具有一定危险性的问题活动？在通常情况下，观看比赛本身没有危险性，但这并非绝对，在场地边上观看篮球比赛被撞伤，观看棒球比赛被击向观众席的棒球砸伤，近距离观看越野车赛被撞伤等情形时有发生，本书认为，《民法典》第1176条中的“其他参加者”，应仅限于具体参与活动的人员，而不包括观众。

最后，须受害人自愿参加。受害人自愿参加是自甘冒险制度适用的前提。这里的自愿自然要求受害人为具有相应民事行为能力的人，对活动本身的危险性有充分的了解。实践中组织者或场地经营者有危险告知义务，而对于经常参加特定项目的人而言，其对活动的危险性是明知的，此时，其参加行为本身即可认定为自愿。所以，“自愿”可以明示，也可以默示。

2. 受害人所受损害与其他参加者行为有因果关系

这里的损害特指因参加有一定风险性的活动而被其他参加人在活动过程中造成的。如篮球比赛中因防守致对方摔伤，拳击比赛中因受到对手的重击而死亡等。如果还没有开始比赛，热身活动时自己不慎摔伤，或者在比赛过程中自己腿部拉伤或跟腱断裂等，此时的伤害与其他参加者无关，受伤者无从请求其他人承担侵权责任，自也无适用自甘冒险规则余地。也就是说，受害人受伤害的危险须来自其他参加者，如果是因为体育设施缺陷则应适用《民法典》第1198条规定，如果危险来自自然界，比如冲浪或帆船比赛中，非因他人碰撞导致意外，则只能适用受害人同意规则。

3. 其他参加者无故意或重大过失

根据《民法典》第1176条第1款，自甘冒险作为责任抗辩事由须以“其他参加者对损害的发生有故意或者重大过失的除外”。这就意味着，受害人的损害如果被认定为其他参加者的故意或重大过失造成的，不属于“自甘冒险”，对该损害其他参加者须承担侵权责任。

只是在很多体育活动中，伤害不仅是不可避免的，而且是“故意”造成的，如拳击、跆拳道等，近些年风靡全球被誉为搏击运动“十项全能”的综合格斗（MMA）更是以比赛惨烈、刺激著称。对此，如何认定“故意或重大过失”是一个复杂的问题。在一般情况下，抗辩事由的成立，以行为人遵守竞赛规则为前提，他人承受风险的范围也应限定在竞赛规则允许的范围内，超出该范围难以用违法阻却抗辩。但体育运动本身并没有这么简单，因为有些比赛如正式的篮球比赛中，运动员违反运动规则的情形十分常见，“违规”行为是运动项目本身可以容忍的，有的甚至是比赛的组成部分，所以，行为人违反活动规则的行为是否仍然属于文体活动的固有风险，是一个值得深入研究的问题。对于违规行为来说，邱聪智老师的观点殊值赞同，即除非违规情节重大，显然置他人人身安全于不顾，即行为人有故意或者重大过失时，才能要求行为人承担责任。

本书认为，《民法典》第1176条规定的“故意或者重大过失”属于法律意义上的过错，它自然与体育比赛中的犯规不冲突，但认定标准和后果是不同的。在体育比赛中的违规系根据项目本身的规则为判断标准的，其后果是对比赛胜负上的影响，比如篮球中对对方上篮的防守犯规，后果通常是被判罚对方罚篮，而不是让犯规者承担法律责任。当然超出正常比赛范围的犯规动作，属于运动本身不能容忍的犯规，如拳击比赛时用牙咬对手，足球比赛时在无球情况下用头顶撞对方等，就构成法律上的过错，当事人就不能以自甘冒险主张抗辩。是否为比赛本身可以容忍的犯规，必要时可以请专业裁判等来判断。

（三）法律效果

根据《民法典》第1176条规定，构成自甘冒险时，受害人不得请求其他参加者承担侵权责任。这里需要特别注意的是，一旦构成自甘冒险，其他参加者是不承担任何侵权责任，是完全免除责任的效果，不能理解为部分免除，即不能认为受害人可以请求其他参加者承担部分责任。除此之外，本条第2款，针对活动组织者的责任，通过引致技术规定适用《民法典》第1198条至第1201条的规定。实际上，组织者、场地的经营者、管理者承担的责任是安全保障义务违反责任。但于自甘冒险情形下，安全保障义务责任是否构成特别需要深入研究，单纯的场地有瑕疵、组织管理有漏洞自可以完全按照相关安全保障义务责任处理，但在组织者责任与受害人或其他参加者的责任交织在一起时，情况会更复杂，简单地引致到相关条款并非妥当。

七、自愿紧急救助行为

自愿紧急救助，是指没有法定或约定救助义务的人，对他人实施的救助行为。《民法典》第184条规定：“因自愿实施紧急救助行为造成受助人损害的，救助人不承担民事责任。”本条来自《民法总则》第184条，其立法目的在于树立助人为乐的良好社会风气。

自愿实施救助行为造成的损害不承担责任，首先是因为救助人并无法定或约定上的救助义务，其救助完全是基于“好人做好事”，此与对公民负有一般救助义务的警察等不同，也与医生对患者的救助不同。无救助义务的人可能因缺乏救助知识和能力，救助行为可能导致被救助者损害，此时免除救助者的侵权责任不仅是从鼓励主人为了良好风气的角度考虑，在责任构成上，其实也有较充分的理由，因为该救助行为是合法的，就责任抗辩而言属于违法阻却。如辽宁省康平县人民法院裁判药店老板紧急救助购药老人，被起诉要求赔偿救助时压断12根肋骨案，法院驳回被救助人诉讼请求，依据的即是本条。

当然，本条的适用并非无限制，“紧急救助”要求被救助者处于危急情形，不救助很可能会出现严重后果。如果情况并非危急，则不能适用本规则。

自愿实施救助行为的后果是对造成的损害，救助人不承担民事责任，从另一角度看，如果被救助者请求赔偿，救助者可以此抗辩，抗辩的本质是救助行为的合法性。

八、受害人同意

（一）受害人同意概述

受害人同意，是指受害人自愿承担某种对其权益损害后果的明确意思表示。也称受害人允诺，指对允诺范围内的损害，行为人不承担责任。将受害人允诺作为免责事由是对个人意志的尊重，每个人都有自由处分其身体或财产的权利，这种处分权利，包括自行处分，也包括同意或允诺他人处分。从另一角度看，受害人同意包含对造成的损害后果不予追究之意。所谓“同意不生违法”（volentinonfitinjuria），对经受害人同意造成的损害无须承担侵权责任的基础是缺乏违法性要件。

在域外，有些国家明确规定受害人同意制度，如《葡萄牙民法典》第340条、《匈牙利民法典》第342条等。也有将受害人同意与自甘冒险放在同条规定的做法，如《欧洲示范民法典草案》第6卷第5:101条规定："受害人对具有法律相关性的损害表示了有效同意并且认识到或者可以合理地被期待认识到该同意后果的，加害人得以之作为抗辩。"

对于受害人同意，《民法典》并未在一般意义上规定，其理由在于受害人同意而免以承担责任的情形复杂，不宜为一般性规范，比如，受害人同意，并非杀人者免责的事由，但患者同意对其实施的一个成功概率不高的手术失败，则可以成为医生或医院免除责任的正当理由。《民法典》相关条文中显然贯彻了受害人同意理念，并在法律后果的解释上作为责任抗辩事由。例如，第1219条规定的患者或者其近亲属对特定医疗行为的"知情同意"，除此之外，第1008条对新药、新设备、新方法做临床试验时，受试者或其监护人的同意，第1035条对个人信息处理时的当事人同意等。

（二）受害人同意的构成要件

1. 受害人须有明确的意思表示

受害人同意往往涉及对受害人基本权利的处分，因此，作为责任抗辩事由，受害人同意的前提是其有相应的意思能力，能够充分认识到行为的性质、可能的风险以及法律后果。涉及专业知识时，行为人负有充分告知、说明义务。《民法典》第1219条中规定的知情同意，即明确规定："医务人员应当及时向患者具体说明医疗风险、替代医疗方案等情况，并取得其明确同意；……"在"知情"的基础上，同意也必须是明确的、具体的。同意须针对行为人特定的行为。不符合"明确同意"的，就不符合抗辩责任的要件。

明确同意要件在特定场景也可以由监护人完成。尤其是在医疗活动中，患者如果是不完全民事行为能力人，或不能、不宜向患者说明时，自然也不能取得该患者的同意，受害人同意即应由其监护人作出。针对不能或者不宜向患者说明的情形，《民法典》规定由患者的"近亲属"作出明确的同意意思表示。

2. 受害人同意符合法律、不违背公序良俗

在法律看来，侵权法不仅是保护私权利的武器，同时具有维护公共秩序的作用，侵权行为的免责承诺如果违反法律，或违反善良风俗，则根据《民法典》第8条以及关于法律行为效力的相关规定，该意思表示无效。实践中，故意侵权免责的条款是典型的悖俗行为，是无效的，如以身体伤害为打赌标的等；

在双方地位相差悬殊，尤其涉及一方基本生存的行为中，受害人的同意涉嫌违反劳动法的强制性规定而无效，最典型的是在雇用合同中签订“工伤概不负责”类条款。所以，在以受害人允诺进行抗辩时，必须严格把握。

（三）受害人同意与自甘冒险

对受害人同意与自甘冒险域外法律态度并不统一。在德国司法实践中，联邦最高普通法院不赞同将体育活动中受到的伤害视为受害人同意的观点，而是将在遵守竞赛规则情况下造成伤害的免责问题交由诚实信用原则解决，禁止当事人作出相互矛盾的意思表示的行为。[1]而在美国侵权法重述中，受害人同意与自甘冒险分别置于第一编和第二编，分别隶属于故意侵权和过失侵权。在我国，即便是法律将自甘冒险限定于“文体活动”，也不能完全划清二者的界限。如对体育活动的伤害免责一般理由为受害人自甘风险，但有学者主张为“受害人同意”。

二者有某些相似之处，而且后果相同，但毕竟为两个制度，在下列方面仍有区别。

1. 在受害人同意中，受害人是明知他人对自己的行为将造成伤害的，在某种意义上是其“故意招致某种危险”，比如对癌症治疗中的放疗、化疗行为等；而自甘冒险行为中，虽然知道有风险，并表示自愿承受该风险带来的损害，但其并不是同意加害人对他的侵害。也就是说，甘冒风险中的损害仅为可能发生，而受害人允诺的情况都是对一定会造成的损害承诺。当然，采用“受害人同意”表述其实与法律规定的精神不相符合，因为没有人真正“同意”遭到侵害。

2. 在适用范围上，《民法典》将自甘冒险仅限定于“文体活动”，而受害人同意虽无一般性规定，但其范围并无限制。

3. 基于本身特点，受害人同意针对的是其他人的故意侵害，而自甘冒险中，不仅适用于行为人具有故意的情形，还适用于行为人具有过失的情形。

4. 法律效果上，受害人同意不违法，自不得认定行为人为侵权行为，因而得免除侵权责任；另外自甘冒险虽然在我国的立法中也是侵权责任的抗辩事由，效果是免除责任；在广泛意义上，如在明知他人醉驾，仍不顾危险乘坐时，本质上属于自甘冒险，但效果上可能适用过失相抵，而非完全免除责任。

---

〔1〕［德］马克西米利安·福克斯：《侵权行为法》，齐晓琨译，法律出版社2006年版，第86页。

第三十五章　多数人侵权

提 要

多数人侵权，是指二人以上实施侵权行为时，对造成的损害依法承担侵权责任的制度。我国多数人侵权的类型包括：共同侵权，教唆、帮助他人实施的侵权行为，共同危险行为，无意思联络的数人侵权。共同侵权，是指两个或两个以上的行为人基于共同过错造成他人损害，并在法律上应承担连带责任的多数人侵权类型。教唆、帮助侵权行为，是指教唆或帮助他人实施侵权行为的情形。被教唆、帮助情况下的侵权，被视为共同侵权行为。我国法律区分被教唆人为完全民事行为能力人和不完全民事行为能力人，而适用不同的规则，前者为共同侵权，后者不认为系共同侵权。共同危险行为，是指二人以上共同实施加害他人的行为，但对造成的损害不能确定具体加害人，而令该数人承担连带赔偿责任的情形。无意思联络的数人侵权，是指非基于共同过错的数人分别实施侵权行为，造成他人同一损害，而依法承担侵权责任的情形。

重点问题

1. 共同侵权的构成要件。
2. 教唆、帮助他人侵权的性质与责任归属。
3. 共同危险行为与共同侵权行为的区别。
4. 无意思联络的多数人侵权与共同侵权的区别。

多数人侵权责任，是指二人以上实施侵权行为时，对造成的损害依法承担侵权责任的制度。多数人侵权涉及损害与各侵权人行为之间的因果关系问题，并进而涉及各自承担责任多少问题。与单独侵权相比，多数人侵权无论在制度设计还是在司法实践中都更加复杂。从客观表现上看，多数人侵权不仅是多个人对他人的殴打，更为普遍的是在互联网侵权、医疗侵害、环境污染、生态破坏等情形下的侵权行为。

《民法典》对多数人侵权责任非常重视，用5个条文（第1168—1172条）对多数人侵权责任的类型、构成要件及法律效果进行了具体规定。在类型上，规定了狭义的共同侵权，教唆、帮助他人实施的侵权行为，共同危险行为，无意思联络的数人侵权。理论上将狭义的共同侵权行为与教唆、帮助他人实施的侵权行为合称“共同侵权行为”，共同危险行为也称“准共同侵权行为”；而无意思联络的数人侵权因法律后果不同而分别称“承担连带责任的无意思联络数人侵权”和“承担按份责任的无意思联络数人侵权”。在构成要件上，针对不同的类型分别规定了不同的要件；在法律效果上，根据不同情况分别规定了多数人侵权责任的连带责任和按份责任。

第一节　共同侵权

一、共同侵权的概念

共同侵权，是指两个或两个以上的行为人基于共同过错而造成他人损害，并在法律上应承担连带责任的多数人侵权。《民法典》第1168条规定：“二人以上共同实施侵权行为，造成他人损害的，应当承担连带责任。”但显然该规定并非是共同侵权行为的定义。

关于共同侵权中“共同实施”的理解，理论和实践中有不同观点。

第一，共同故意说。该说认为对共同侵权中的共同实施指“共谋”，即共同故意。[1]根据该观点，构成共同侵权要求各行为人之间需有意思联络，否则，背离“自己责任”，不适当扩大连带责任范围。

第二，共同过错说。该说认为共同实施，是指各行为人具有共同过错，[2]既包括共同故意，也包括共同过失。

第三，共同行为说。该说认为共同侵权中的共同实施，是指各行为人在客观上有共同侵权行为，即复数行为在客观上存在关联，从而构成损害的共同原因。[3]共同行为说是针对意思联络说无法包括共同过失的观点提出来的，主张共同侵权的构成不以意思联络为必备要件。

---

〔1〕程啸：《侵权责任法》(第三版)，法律出版社2021年版，第384页；周友军：《我国共同侵权制度的再探讨》，载《社会科学》2010年第1期。

〔2〕王利明：《侵权行为法归责原则研究》(修订二版)，中国政法大学出版社2004年版，第297页；张新宝：《中华人民共和国民法典侵权责任编理解与适用》，中国法制出版社2020年版，第27页。

〔3〕王泽鉴：《侵权行为》(第三版)，北京大学出版社2016年版，第427页。

第四，折中说。该说认为，在共同侵权的构成要件上既要考虑各行为人的主观方面，也要考虑其行为之间的客观联系。按照此说，共同侵权在主观方面各加害人均有过错，过错的内容应当相同或相似，但不要求共同故意或有意思联络。在客观方面，各加害行为应当具有关联性，构成一个统一的不可分割的整体，且都是损害发生的不可或缺的共同原因。〔1〕

从《民法典》规定来看，共同过错说更具有说服力。共同故意说将共同侵权限定在“同谋”即有共同意思联络范围内，过度限制了共同侵权规则的适用。比如几个拆迁工人因疏忽将一根房梁扔下街道造成他人伤亡事故的，共同侵权规则就无法适用。从《民法典》第1168条规定看，虽然其属于一般规定地位，但人们在讨论共同侵权构成时，基本都着眼于过错责任，而过错责任中的过错既包括故意，也包括过失。前面提到扔房梁案件是否可以依据《民法典》第1171条或第1172条解决呢？显然几个人共同往下扔房梁的行为不符合第1171条或第1172条所要求的“分别实施侵权行为”的要求。德国理论界在解释共同侵权时，认为《德国民法典》第830条有关共同侵权的规定“吸收了当时刑法的表述方式”，通说和审判实践也追随刑法理论，共同侵权仅在故意时才构成。〔2〕德国学者常引用刑法第25条第2款，以及第26条、第27条的意义来理解民法上教唆、帮助类共同侵权。而参照刑法中规定的情况，共同行为的必要条件，是存在对行为的共同作用的意识和愿望。〔3〕但不乏有认为共同过失也可以构成共同侵权者。〔4〕其实，基于刑法中对于故意和过失严格区分而民法上基本不区分故意和过失这一巨大差别，侵权责任法中是否需完全借鉴刑法有关共同犯罪的观点是有疑问的。

至于共同行为说或折中说，因为《民法典》对共同侵权的要求仅有“共同实施”，并无“造成他人同一损害”要求，这已放弃了2003年《人身损害赔偿解释》第3条第1款对共同侵权行为构成要件所规定的“虽无共同故意、共同过

---

〔1〕张新宝、李玲：《共同侵权的法理探讨》，载《人民法院报》2001年11月9日。

〔2〕［德］埃尔温·多伊奇、［德］汉斯－于尔根·阿伦斯：《德国侵权法——侵权行为、损害赔偿及痛苦抚慰金》（第五版），叶名怡、温大军译，刘志阳校，中国人民大学出版社2016年版，第73页。

〔3〕［德］马克西米利安·福克斯：《侵权行为法》（2004年第五版），齐晓琨译，法律出版社2006年版，第233页。

〔4〕［德］埃尔温·多伊奇、［德］汉斯－于尔根·阿伦斯：《德国侵权法——侵权行为、损害赔偿及痛苦抚慰金》（第五版），叶名怡、温大军译，刘志阳校，中国人民大学出版社2016年版，第73页。

失，但其侵害行为直接结合发生同一损害后果”条件。因此，虽然实践中共同侵权造成的损害都会被认定为需要赔偿的损害，但解释论上讲，无论是否造成“同一损害”，只要构成共同侵权，各侵权人都需承担连带责任。

二、共同侵权的特征

与单独侵权行为比较，共同侵权具有更复杂性，其特征主要包括如下。

1. 主体多人

主体多人是共同侵权最明显的特征之一，共同侵权属于多数人侵权的主要类型，如果是单个人的侵害行为，自不必适用共同侵权责任规范。需要注意的是，在法人或非法人组织工作人员因执行工作任务而致人损害的，不属于多数人侵权，更不是共同侵权。

2. 主观过错的共同性

共同侵权的行为人在主观上须均有致人损害的故意或过失。共同过失也可以成立共同侵权，进而数个行为人须承担连带责任，典型的如专家责任、缺陷建筑物中设计者与施工人的责任等。

3. 客观行为的共同性

在共同侵权下，数个行为相互联系构成一个统一的致人损害的原因，即相关行为对损害的发生都构成原因，与损害后果之间有因果关系。需要注意的是，在具体案件中，其中一个侵权行为人，不能因为自己在共同侵害行为中发挥作用小而对被侵权人的请求进行抗辩。一方面，共同侵权法律后果为连带责任，另一方面，共同侵权的数个行为人具有共同故意或共同过失，行为人共同参与行为的意图消除了他与其他参与者之间的差异。另外，数个关联行为通常是同时实施的，如果在时间上是分别实施的，即便是造成同一损害，也不是共同侵权，而是适用《民法典》第1171条的无意思联络的数人侵权。

4. 损害结果统一性

共同侵权行为针对的侵害对象是同一的，造成的后果皆与共同侵权行为有因果关系。

5. 法律责任的连带性

共同侵权的法律后果是各侵权人承担连带责任。这与《民法典》第1172条规定的无意思联络的数人侵权承担按份责任是不同的。受害人有权请求共同侵权的各侵权人承担全部的赔偿责任，以保证其受到侵害的权益能够足额获得赔偿。连带责任人内部是按照原因力分别承担责任，原因力不明时按照相同比例分担受害人损失，承担赔偿数额多于自己应承担份额部分，有权向其他连带责任人追偿。

三、教唆、帮助他人侵权行为

（一）教唆、帮助他人侵权行为概述

教唆、帮助侵权行为，是指教唆或帮助他人实施侵权行为。虽然直接实施侵权者为单个人，但被教唆、帮助情况下的侵权，被认为是多数人侵权，被视为共同侵权行为。域外法中，皆将教唆、帮助他人实施侵权行为的人“视为共同行为人”。《德国民法典》第830条第2款规定：“教唆人与帮助人视为共同加害人。”《日本民法典》第719条第2款也规定：“教唆或帮助侵权行为的人视为共同行为人，适用前项规定（共同侵权承担连带责任）。”我国台湾地区“民法”第185条第2款也有类似规定。《民法典》第1169条规定了教唆和帮助侵权行为。

教唆、帮助行为包括：以口头或书面形式或其他形式教导或策划他人实施侵权行为或为他人侵权行为创造条件，提供便利等。“教唆”是以积极主动的作为方式，使他人产生侵权决意的行为。无教唆，他人就无侵权意图。教唆的具体形式既包括语言教唆，也包括对侵权行为给予奖励等诱导和鼓励等行为。《最高人民法院关于审理侵害信息网络传播权民事纠纷案件适用法律若干问题的规定》第7条第2款规定：“网络服务提供者以言语、推介技术支持、奖励积分等方式诱导、鼓励网络用户实施侵害信息网络传播权行为的，人民法院应当认定其构成教唆侵权行为。”当然，行为人具体实施的行为与教唆的行为不同时，不构成教唆他人侵权。“帮助”是为行为人的侵权行为提供援助，为具体侵权行为的实施创造必要条件的行为。帮助行为可以在实施侵权行为之前，也可以在实施侵权过程中。值得思考的是，为行为人提供精神支持是否为教唆、帮助行为，是否承担共同侵权责任。比如，为围攻警察的人呐喊、叫好，使围攻者更加猖狂，或者为看热闹而在他人侵权时“起哄”等。考虑到“教唆人”应指犯意的决定者或侵权行为的唆使者；而“帮助人”指为侵权行为提供必要条件的人，在主观上应以“有意思联络”限制教唆、帮助他人侵权，因此，仅在侵权现场“叫好”“起哄”的，不宜被认定为教唆、帮助他人实施侵权行为。

（二）教唆、帮助侵权行为的类型

根据《民法典》第1169条的规定，以被教唆人的行为能力为标准，教唆、

帮助他人侵权包括以下两类。

1. 教唆、帮助完全民事行为能力人侵权

《民法典》第1169条第1款规定："教唆、帮助他人实施侵权行为的，应当与行为人承担连带责任。"考虑到第2款专门针对无民事行为能力人、限制民事行为能力人的规定，从体系解释角度分析，本规定的"他人"应是完全民事行为能力人。

被教唆人、被帮助人与教唆、帮助人是否构成共同侵权问题，《民法典》没有明确规定，仅规定双方承担连带责任。而《民法通则意见》第148条第1款规定："教唆、帮助他人实施侵权行为的人，为共同侵权人，应当承担连带民事责任。"如前所述，域外对教唆、帮助侵权均以"视为共同行为人"，而非直接认定为"共同侵权人"，虽然在法律效果上皆为连带责任，在性质上认定为"共同侵权人"还是"视为共同行为人"意义不大。然而，共同侵权不仅要求意思联络，通常也需具体实施侵权行为；在教唆、帮助侵权情形，教唆人、帮助人并不具体实施侵权行为，如果其也具体实施了侵权行为，则构成《民法典》第1168条规定的共同侵权。共同侵权与教唆、帮助在构成要件上有所不同，因此，教唆、帮助不是共同侵权，但其构成要件相似、立法目的相同，可以被看成是共同侵权，适用共同侵权的法律效果。因此，"视为共同行为人"比直接认定为"共同侵权人"更准确。

既然教唆、帮助完全民事行为能力人实施侵权行为被视为共同侵权，其法律效果自然为承担连带责任。

2. 教唆、帮助不完全民事行为能力人侵权

对教唆不完全民事行为能力人实施侵权行为的效果，《民法典》第1169条第2款规定了两种情况：一是教唆、帮助人承担侵权责任；二是如果监护人没有尽到监护职责，应当对该损害结果承担相应的责任。对此，可以从两个方面来理解：首先，教唆不完全民事行为能力人实施侵权行为者为侵权行为人，原则上侵权责任应单独归属于教唆、帮助人。一方面，这主要是因为不完全民事行为能力人在对侵害行为的识别、对自己行为的控制能力方面欠缺；另一方面，也可以认为此时的不完全民事行为能力人实质上不过是教唆人、帮助人实施侵权的工具而已，使教唆、帮助者承担侵权责任是合理的。其次，不完全民事行为能力人是被监护人，监护人对其有监护职责，如果被监护人实施侵权行为，与监护人未尽监护职责有关，或者说，如果监护人尽到监护职责，教唆、帮助侵权行为就不会发生，此时，使监护人承担相应的责任也是合理的。

值得注意的是，监护人需要承担责任的前提条件是“监护人未尽到监护责任”，也就是监护人存在主观过错，如果不满足该前提条件，即监护人已尽到监护责任,则不需要对损害结果承担责任。此时，监护人责任建立在其主观有过错的基础上，是一种过错责任。而这与《民法典》第1188条规定存在冲突。因为主流观点认为监护人责任系无过错责任。

就此而言，《民法典》第1169条和第1188条无疑是有冲突的。单纯从监护人责任视角来看，原则规定在于第1188条确立的无过错责任，即如果尽到监护职责，其效果仅为“可以减轻其侵权责任”。依该思路，对于监护人而言，最核心的考虑因素始终应当是其是否诚实地履行了监护职责，并不因为有教唆人或帮助人的存在，监护人所需要履行的监护责任就轻、只需要承担过错责任，反之，监护人的监护责任就更重、需要承担更严格的无过错责任。法律对监护人规定的监护职责没有改变，监护人需要承担的监护责任也应当始终如一。第1169条与第1188条对监护人所需承担责任进行区别对待的理由尚需解释。一个可以考虑的理由是，在一般情况下，监护人尽到监护职责，对造成的损害仍须承担减轻的责任，本身就是一个无奈的做法，是在无法让加害人承担责任，社会保障体系又欠完善的情况下，使受害人独自承受损害后果不公平的情况下采取的无奈之举。如果有其他责任人加入，尤其是该责任人系诱导行为人起犯意、助推其实施侵权行为的情形下，可以视教唆、帮助行为阻断了监护人承担无过错责任的原因，从而使教唆人、帮助人承担侵权责任，而监护人免除责任。如若不然，就只能在理论上将第1169条确立的过错责任规则，视为第1188条规则的例外。

当然，在满足前述监护人承担责任的前提条件的情况下，监护人所承担的也只是“相应的责任”，表明立法者并不希望使监护人承担过重的责任。立法机关认为，在存在教唆、帮助的情形下，使监护人承担连带责任过于严厉。因此，《民法典》第1169条第2款除了明确限制监护人承担责任的前提条件外，还对监护人承担责任的大小进行了限制，即监护人只承担与自己过错大小相应的责任。如果再联系第1188条第2款的规定，立法上对在教唆、帮助他人侵权责任中，对减轻监护人的责任的努力已经表明了态度。

第二节　共同危险行为

一、共同危险行为概述

共同危险行为，是指二人以上共同实施加害他人的行为、造成他人损害，但不能确定具体加害人，而令该数人承担连带赔偿责任的情形。在共同危险行为中，虽然每个人皆实施了侵害行为，且每个人的行为都可能足以导致相关损害后果，但损害并非全体行为所致，所以，不能认为该情形为共同侵权行为，也不能因具体加害人不明而不保护受害人。共同危险行为的法律效果适用共同侵权行为规则，所以其也被称为“准共同侵权行为”。

在比较法上，《法国民法典》中并未明确规定共同危险行为，《法国民法典》施行初期的学说对共同危险行为采取否定的态度，理由主要有两点：其一，认定被告承担民事责任必须以有直接因果关系作为必要条件，而应由原告负证明责任；其二，如果要让与损害之间并没有因果关系的人承担共同责任，则违反公平。[1]而晚期的学说一致采取肯定的见解，认为：共同危险行为是团体行为，行为人之行为表现出“结合不可分之行为”。共同危险行为最早在《德国民法典》中规定，其第830条第1款规定：“二人以上共同实施的侵权行为引起损害的，每一个人就损害负责任。不能查明两个以上参与人中孰以其行为引起损害的，亦同。”其中第2句被认为系共同危险行为的规定。《日本民法典》将共同危险行为与共同侵权行为规定在一个条文中，比较简洁，其第719条第1款规定：“数人因共同侵权给他人造成损害时，各自对损害的赔偿负连带责任。在不能知晓共同行为人中由何人加害时，亦同。”英美法系因采用广义的共同侵权理论，其将共同危险行为归入共同侵权中。通过个案依靠法官的自由裁量予以认定共同危险行为。在数人实施了共同危险行为但加害人不明的时候，认定存在一个所谓不确定的因果关系，又称“择一的因果关系”，即被告的损害是由两个或两个以上有过失的被告中某一位的行为而造成的，但是又无法查明究竟是哪一个被告的行为所造成的。正如苏格兰法官Lord Trayner所说：“我不知道你们中究竟是谁犯了我所抱怨的错误，但是我至少知道作出这个行

---

〔1〕 李木贵等:《共同危险行为之研究——以要件论为中心》,载《法学丛刊》第173期,第112页。

为的不是你就是他。”[1]

我国法律在较长一段时期只规定了共同侵权行为，而无共同危险行为的法律规范。《侵权责任法》第10条较完整地规定了共同危险行为，《民法典》第1170条继承了该规定。从法律效果的角度来看，显然立法者倾向于对“无辜的受害人”提供救济。共同危险行为在共同侵权行为制度中的地位，属于广义的共同侵权行为的一种，但又有其显著的不同于其他类型的特点。

二、共同危险行为的归责理由

在域外，德国、日本以及我国台湾地区，对共同危险行为都规定准用共同侵权行为规则而使各行为人承担连带赔偿责任，然而连带责任是一种加重责任，在共同危险行为中，实际致害人仅是其中一人或是其中的一部分人，其他危险行为人没有为实际致害却仍然要承担连带民事责任，其归责基础何在？理论上主要有以下几种学说。

1. 参与部分不明说。[2]该说认为共同危险行为事实上由全体共同行为人所实施，但不能确知各自所参与的部分的情形。

2. 共同过失说。此说认为，共同危险行为人负连带责任的根据在于他们具有主观上的共同过失，行为人所实施的行为具有共同的危险，而且这种危险的指向是相同的，如果没有危险的存在就不可能发生实际的损害。[3]所以，对于危险行为的存在来说，行为人都具有共同的过失。行为人之间的共同过失，使其各自的危险行为构成一个整体而应该对损害结果负责。

3. 利益取舍与行为关联说。[4]此说认为，共同危险行为的归责基础不仅在于危险行为的客观关联性，还在于法律对“无辜的受害人”与“无辜的被告人”利益之间的取舍，根据危险行为的客观关联性，法律更应该保护无辜的受

---

〔1〕 TonyWeir,InternationalEncyclopediaofComparativeLaw，Vol. 4，Torts，Chapter12，ComplexLiabilities，J. C. B. MOHR（PAULSIEBECK，TUEBINGEN），1975，p46. 转引自王利明、公丕祥主编：《人身损害赔偿司法解释若干问题释评》，人民法院出版社 2005 年版，第 137 页。

〔2〕 金勇军：《评马敏诉刘伟等共同参与行为损害赔偿纠纷案》，载梁慧星主编：《民商法论丛》（第 8 卷），法律出版社 1998 年版，第 466—467 页。该见解的来源是德国民法，具体可以参见上文中有关德国民法的论述。参见程啸：《共同危险行为论》，载《比较法研究》2005 年第 5 期，第 54 页。

〔3〕 王利明：《民法·侵权行为法》，中国人民大学出版社 1993 年版，第 362 页。

〔4〕 高留志：《共同危险行为若干问题之我见》，载《信阳师范学院学报（哲学社会科学版）》2000 年第 2 期，第 45 页。

害人，从而要求全体危险行为人承担赔偿责任。

4. 惹起人（即实际致害人）不明说。此说认为，实际致害由一人或部分人所为，因不知孰为实际致害人，而由法律推定全体危险行为人承担连带责任。[1]

上述各种观点都有其合理之处，也都存在着以下不足：

“参与部分不明说”实际上认为共同危险行为的具体加害人已经确定。因此，从构成要件的意义上说，也就混淆了共同危险行为与狭义共同侵权行为的界限。

“共同过失说”注意到了共同危险行为人实施危险行为时主观上存在着疏于注意义务的过失，但将共同危险行为人都具有的过失归于同一，同样会造成共同危险行为与狭义共同侵权行为的界限模糊。共同危险行为人承担连带责任的基础在于：法律对全体共同危险行为人都具有引起危险的过失的推定。此种过失是相对于损害结果而言，而“共同过失”则是相对于危险的形成而言，两者的性质是不同的。因此，在构成要件上有意义的应该只是实际致害人的过失，而不是此说所认为的全体危险行为人的“共同过失”。

“利益取舍与行为关联说”指出了共同危险行为的归责基础在于：法律对“无辜的受害人”与“无辜的被告人”之间的利益取舍，体现了法律的价值判断和衡平作用。但是该说以危险行为的关联性解释连带责任的基础，在现实生活中会缩小共同危险行为的范围，不利于对受害人的保护。

相较之下，“惹起人不明说”比较客观地反映了共同危险行为制度的本质。“惹起人不明说”是法律对这个问题的无奈推定，实际造成损害的人被称为“惹起人”。由于受时间、空间以及其他条件的限制，在司法实践中可能会出现不能确认谁是实际致害人的情形。为了保护受害人的合法权益，增加无辜受害人受偿的可能性，同时考虑到全体加害人的违反注意义务的过失，法律便将全部共同危险行为人的行为视为一个整体，不要求受害人证明谁是实际致害人，法院也不主动确认谁是实际致害人，而是判决所有共同危险行为人对损害后果承担连带责任。

但是，由于共同危险行为人中只有一人或部分人造成了损害后果，要求非实际致害人举证证明谁是真正致害人，对于他们来说，也会面临风险，这对于

---

〔1〕温汶科：《共同侵权行为之研讨》，载《民法债编论文选辑》（中册），中国台湾地区五南书业出版社 1984 年版，第 543 页、第 546—547 页。

非实际致害人来说也是不公平的。这样就产生了无辜的受害人和无辜的被告人之间的利益冲突，法律必须在二者之间进行价值判断，并作出取舍。在“及时填补受害人损失”这一功能的影响下，各国法律都选择了“保护受害人”的做法，以侧重保护无辜受害人的利益。

三、共同危险行为的构成要件

理论界对共同危险行为构成要件有不同的理解。从我国法律规定来看，共同危险行为作为“准共同侵权行为”，不同于一般的侵权行为，其构成要件有自己的特殊性。

（一）共同危险行为的主体要件——共同危险行为人

在一般侵权行为理论中，侵权主体并不独立构成一个要件，“二人以上”也不是共同危险行为独有的特征，然而，共同危险行为的特殊性在于，其主体的特点与共同危险行为的认定和责任的承担密切相关。

1. 共同危险行为人为二人以上且范围确定

共同危险行为属于多数人侵权行为，其主体必须为二人以上，而且，实施共同危险行为的行为人应当是确定的，否则便无法确定责任的最终承担者及其份额。但是，这不是说造成最终结果的行为人也是确定的，否则将会混淆共同危险行为与无意思联络数人侵权的区别。

2. 共同危险行为人的行为具有“共同性”

这是共同危险行为人与共同加害人之间的区别之一。[1]共同危险行为人作为一个整体，不可分割。而这种不可分割性则产生于共同危险行为人的共同过失，申言之，就是共同疏于对他人权利保护的注意义务。这种过失存在于每一个共同危险行为人，成为造成损害的主观因素。这种共同过失将整个共同危险行为人的行为连接成为一个不可分割的整体。这种整体性的另外一个表现为：一般情况而言，共同危险行为人之间一般具有身份或者其他某种程度上的关联，正是因为这种关联，才有其实施共同危险行为的可能。

（二）共同危险行为的主观方面

在共同危险行为中，行为人虽然都具有主观上的过失，有时甚至具有相同的过失，但因行为人主观上并无意思联络，他们之间的过失并未“联系”在一起，不能称之为“共同过失”，至多可以称之为“过失相同”。共同危

〔1〕 在共同加害行为中，行为之间可以有不同的分工，如实行人、教唆人、帮助人等。

险行为的“共同”，不是指行为人过失的共同，而应解释为行为人之间造成这种损害的可能性的共同，也就是危险的共同。“共同行为”应理解为：行为人实施了相同的危险行为，这些危险行为可以在某一场合或某一时间段内同时或先后实施。

（三）共同危险行为的客观方面要件

1. 行为在客观上具有危险性

共同危险行为人中每个人的危险行为都有可能造成损害结果。对于这种致害可能性的分析，可以从危险行为本身、客观环境以及行为人对致害可能性的控制条件上加以判断。例如，数人在道路上投球，其中一人投球伤到行人；或多人狩猎中，几个人几乎同时开枪，其中一枪射伤追逐野兽的人等。这里的投球和射击行为本身都具有危险性。与此相反，数人实施的行为没有致人损害的可能性的行为就不是危险行为。“二人同住一室，其中一人因为失火酿成火灾，虽不能证明其中谁是失火行为人，然而不能视同共同危险行为人，因为不能仅仅以同住一室，而认定该居住行为与危险行为相关。”

2. 具体致害人不明

共同危险行为只能证明每一个人都实施了侵权行为，但具体是谁的行为导致损害则无法判断。如果具体致害人确定，自无共同危险行为适用必要，直接由确定的致害人承担责任即可。

3. 共同危险行为具有相同性

共同危险行为人在相同的时间、空间实施了相同的危险行为，数人行为应具有一定的时间和空间上的关联性，以致这些行为被整体地加以看待。共同危险行为归责的理由只是数人的行为均有危险，都有造成损害的可能。当实际致害人不能确定时，此共同危险行为就成立，就可以推定为行为人均负有责任。由此可见，共同危险行为重在强调存在时间的共同性和致害概率的共同性。

（四）危险行为与损害后果之间具有因果关系

共同危险行为适用于不能确定具体侵权人的情形，于因果关系而言，自然是因果关系不明，但共同危险行为制度的目的在于对受害人尽救济之能事，其基本措施就是消除因果关系不明给受害人造成的证明责任上的困难。共同危险行为中的因果关系，与一般侵权行为中因果关系扮演的角色并无不同。只是因为其本身所特有的属性，在因果关系的认定和处理方式上具有特定性。共同危险行为适用择一因果关系，即“被起诉的参与人有可能造成损失，不是他，就是其他人，即因果关系的二者择一”。

在共同危险行为中，并非每个人的行为都与实际损害结果有因果关系，而只是实际致害人的行为与损害结果有因果关系，只不过不能判明而已。受害人无须举证证明谁是实际致害人，仅需要证明数人的行为都具有危险性即可。共同危险行为人对谁是实际加害人负担举证责任。如果其不能举证，法律就推定不能举证的危险行为人为“惹起人”而应承担连带责任。在此意义上，共同危险行为的因果关系是推定的因果关系。

四、共同危险行为的责任承担

根据《民法典》第1170条规定，在不能确定具体侵权人时，各行为人承担连带责任，此为共同危险行为责任的外部效力。在共同危险行为人之间则属于按份责任。对受害人为全部清偿的危险行为人，可以向其他危险行为人就多负担部分追偿。

关于共同危险行为致人损害责任的免责条件，理论上有两种观点。一种观点认为，某一共同危险行为人欲主张免除自己的责任，不仅要证明自己的行为与损害无因果关系，还须证明是哪个危险行为人的行为造成了损害，目的是为防止出现受害人无法救济的情况；另一种观点认为，某一行为人只要证明自己的行为与受害人的损害没有因果关系即可免责。《侵权责任法》第10条仅规定“能够确定具体侵权人的，由侵权人承担责任”“不能确定具体侵权人的，行为人承担连带责任”。从文义解释看，共同危险行为人只有在能确定具体侵权人时，才能免除自己的责任。《民法典》第1170条继承了《侵权责任法》的规定，即采纳了上述第一种观点。

第三节　无意思联络的数人侵权行为

一、无意思联络数人侵权的概念与特征

（一）无意思联络数人侵权的概念

无意思联络的数人侵权，是指非基于共同过错的数人分别实施侵权行为，造成他人同一损害，而依法承担侵权责任的情形。《民法典》继承了《侵权责任法》对无意思联络的数人侵权明文规定的做法，于第1171来和第1172条分别规定了承担连带责任和按份责任两种无意思联络的数人侵权行

为。考虑到无意思联络的数人侵权与共同侵权行为、共同危险行为不同，以及我国《民法典》侵权责任编的独立模式，为了便利司法实践，立法明确规定无意思联络的数人侵权行为是有益的。

（二）无意思联络数人侵权的特征

1. 数人之间无意思联络

之所以称无意思联络的数人侵权，是因为各侵权人之间无共同过错，他们的过错是各自的，而非共同的，此区别于共同侵权行为。

2. 造成同一损害

同一损害是无意思联络数人侵权之所以有联系的客观因素，如果各行为人分别实施侵害行为，造成了不同的损害，则无论责任构成还是责任承担都应分别判断。当然，这里的“同一损害”，不能仅理解为一个损害，也不能以损害是否可分来判断。对同一损害，应当从各个侵权人的行为与受害人权益被侵害之间的责任成立因果关系的角度出发加以理解。[1]

3. 行为的分别实施

无意思联络的数人侵权行为是由各侵权人分别实施的，如果是共同实施，可构成共同侵权行为，也可能构成共同危险行为。

4. 法律后果特别

根据《民法典》第1171条规定，如果每个人的行为都足以造成全部损害的各侵权人承担连带责任，而根据第1172条的规定，能够确定责任大小的，各侵权人承担按份责任。此与共同侵权行为、共同危险行为承担连带责任有所区别。

二、无意思联络的数人侵权类型

《民法典》承续《侵权责任法》的经验规定了两种无意思联络的数人侵权行为：承担连带责任的无意思联络的数人侵权和承担按份责任的无意思联络的数人侵权。

1. 承担连带责任的无意思联络的数人侵权

根据《民法典》第1171条的规定，二人以上分别实施侵权行为造成同一损害，每个人的侵权行为都足以造成全部损害的，行为人承担连带责任。承担连带责任的前提是“每个人的侵权行为都足以造成全部损害”，这里的“足以”

---

〔1〕 程啸：《侵权责任法》（第三版），法律出版社2021年版，第420页。

并非指每个侵权行为都实际造成了全部损害，而是指即便没有其他侵权行为的共同作用，独立的单个的侵权行为也可能造成全部的损害。[1]实践中，在机动车交通事故责任中，被害人前后被通过的几辆车碾压死亡的情形，即可以适用承担连带责任的无意思联络的数人侵权规则。当然，在各侵权人内部责任可以考虑适当减轻后车驾驶人责任。

2. 承担按份责任的无意思联络的数人侵权

根据《民法典》第1172条的规定，二人以上分别实施侵权行为造成同一损害，能够确定责任大小的，各自承担相应的责任，难以确定责任大小的，平均承担责任。这一规则适用于二人以上分别实施侵权行为造成同一损害，而且每个人的行为都不足以导致全部损害，而数人行为的结合造成了该损害的情形。这样的理解是基于与第1171条联系而得出的。本条规定情形，理论上也有称“非充分条件之数人分别侵权”，这是因为每个人的行为于损害后果而言都是不充分的，立法在此并非如一般侵权责任那样要求受害人举证损害与某一具体侵权行为之间的因果关系，而是将加害份额的证明责任附加到侵权人处，能确定自己责任大小的，承担自己应承担的部分，难以确定的法律推定各侵权人对损害的原因力相同，从而“平均承担”。

法律适用

在无意思联络的数人侵权的实践中，值得注意的是，《民法典》第1171条和第1172条之外，还有一种情形未规定，即在无意思联络的数人侵权中，如果部分人的行为足以造成全部的损害，而另一部分人的行为不足以造成全部的损害，其法律后果又是怎样的？此时，按照第1171条规定承担连带责任对其行为不足以造成全部损害的人是不公平的，而如果按照第1172条规定，一部分人须承担全部责任，而另一部分人无论承担按份责任还是无须承担责任都会造成不公平后果，前者可能使受害人获得超出损失的赔偿，后者则使得实施了侵权行为的人，无须承担侵权责任，这种效果也并非妥当。一个可以考虑的做法是：使足以造成全部损害的人在另一部分人应承担的责任范围内与其承担连带责任；超出部分则由足以造成全部损害的人承担，如果为二人以上的，承担连带责任。这种做法在2015年《最高人民法院关于审理环境侵权责任纠纷案件适用

[1] 黄薇主编：《中华人民共和国民法典侵权责任编解读》，中国法制出版社2020年版，第31页。

法律若干问题的解释》（以下简称《环境侵权责任解释》）第3条第3款有具体规定，即“两个以上污染者分别实施污染行为造成同一损害，部分污染者的污染行为足以造成全部损害，部分污染者的污染行为只造成部分损害，被侵权人根据侵权责任法第十一条规定请求足以造成全部损害的污染者与其他污染者就共同造成的损害部分承担连带责任，并对全部损害承担责任的，人民法院应予支持”。该规定在2021年施行的《环境侵权责任解释》中得到保留。虽然该解释仅针对环境侵权，但在其他领域同样存在类似情形，应该类推适用其后果。

第三十六章　侵权责任的方式

提 要

损害赔偿是主要的侵权责任承担方式，是对受害人救济的最后手段。《民法典》规定的侵权责任除损害赔偿外，尚有停止侵害、排除妨碍、消除危险，以及恢复名誉、赔礼道歉等。损害赔偿贯彻完全赔偿、损益相抵以及过失相抵等原则。人身损害赔偿是侵权责任法的重要任务，赔偿内容除医疗费用、误工费用等现实财产损害外，残疾赔偿金和死亡赔偿金是两项最重要的赔偿项目。我国司法实践中对“被扶养人生活费”的偏爱，使得其进入赔偿领域，只是以死亡赔偿金或残疾赔偿金名义显示而已。对精神损害范围《民法典》有重大突破，除“具有人身意义的特定物”受损害可主张精神损害赔偿外，在人格权编还规定了违约责任不影响精神损害赔偿的规则。

重点问题

1. 侵权损害赔偿的基本原则。
2. 如何看待残疾赔偿金和死亡赔偿金？
3. 精神损害赔偿的适用范围。

第一节　侵权责任方式概述

一、我国侵权责任的方式

侵权责任是民事主体侵害他人民事权益应当承担的法律后果。对于这一后果的具体表现方式，在德国法上，因为侵权行为是债的发生原因，其后果是在侵权人与被侵权人之间产生侵权行为之债，而该债的内容仅为“损害赔偿”。而在我国立法中，从《民法通则》第134条开始，到《侵权责任法》第15条规定的“侵权责任方式”，以及《民法典》第179条有关“民事责任”的方式看，侵害他人民事权益应当承担的法律后果，除“损害赔偿”外，至少还有停止侵害、排除妨碍、消除危险这类预防性民事责任，也包括返还财产、恢复原状、消除影响、恢复名誉、赔礼道歉这类恢复性民事责任。这说明我国的侵权责任是广义上的侵权责任，除造成财产损害须承担损害赔偿责任外，上述其他责任方式也属于侵权责任。

《民法典》侵权责任编不再规定侵权责任方式，并且在第二章专门规定“损害赔偿”后，理论界普遍认为，我国在侵权责任中，区分了“绝对权请求权”和“损害赔偿请求权”。这种解释意义不大，而且在逻辑上也并非顺畅。有学者主张回归传统，将侵权责任分为“恢复原状”和“金钱赔偿”，[1]这当然有道理，但考虑到我国立法上“恢复原状”系独立于其他各类侵权责任类型的一种方式，如果赋予其更多的含义，恐在逻辑上造成混乱。所以，还不如简单用“损害赔偿之外的侵权责任”更能说明问题，这同时能体现在侵权责任法中“损害赔偿”责任的重要地位。就此而言，我国侵权责任方式包括损害赔偿与损害赔偿之外的责任，根据《民法典》的相关规定，损害赔偿包括补偿性损害赔偿、惩罚性赔偿和精神损害赔偿。损害赔偿之外的侵权责任包括停止侵害、排除妨碍、消除危险、返还财产、恢复原状、赔礼道歉、消除影响、恢复名誉八种。

损害赔偿责任与其他责任的不同在于构成要件的差异，对此可以通过《民法典》第1165条、第1166条与第1167条规定的不同分析得知。其中最大的区别是损害赔偿要求要有损害后果，而其他责任则无此要求，此外，在具体责任中尚有过错要求、违法性要求的差异等。

二、损害赔偿责任

损害赔偿，是指侵权人以金钱赔偿的方式承担对被侵权人的损害予以救济的侵权责任，根据《民法典》第179条规定，损害赔偿也称“赔偿损失”。损害赔偿责任的前提是造成了被侵权人的损害，损害赔偿是最重要，也是适用最为广泛的侵权责任方式，在我国主要包括：（1）因财产利益受到侵害可以适用（第1184条）。（2）因人身权益遭受侵害也可以适用（第1179条）。（3）因精神性人格权益受到侵害时适用（第1182条）。（4）因为知识产权受到侵害同样可以适用（第1185条）。（5）精神损害也适用损害赔偿（第1183条）。（6）我国的损害赔偿责任还表现为惩罚性赔偿（第179条第2款等）。

因下文对生命权、身体权、健康权的损害赔偿有专节阐述，在此，对其他

---

〔1〕 周友军：《侵权法学》，中国人民大学出版社 2011 年版，第 51 页。

人格权益受到侵害的赔偿责任进行如下说明。

因侵权行为导致姓名权、肖像权、名誉权、隐私权等精神性人格权受到侵害的，其侵权责任的构成要件分别规定于人格权编相关条文和侵权责任编第1165条。侵权行为造成损害的，根据《民法典》第1182条规定：“侵害他人人身权益造成财产损失的，按照被侵权人因此受到的损失或者侵权人因此获得的利益赔偿；被侵权人因此受到的损失以及侵权人因此获得的利益难以确定，被侵权人和侵权人就赔偿数额协商不一致，向人民法院提起诉讼的，由人民法院根据实际情况确定赔偿数额。”从体系解释角度看，这里的“人身权益”应不包括生命权、身体权和健康权。被侵权人因此受到的损失，以及侵权人因此获得的利益，应由被侵权人举证。在有些案件中，被侵权人容易证明自己的所受损失和侵权人的所得利益。比如，在“冒名顶替上大学”的案例中，可以参考侵权人因为冒名顶替上学后，获得了比较好的工作岗位，可以以其工作所得，抛去必要生活费用作为其获得利益。但更多的时候，尤其是在名誉权等受侵害的情形，难以确定具体造成的损害数额。此时，按照法律规定，应该由双方协商，协商不成，则由法院根据双方的具体情况（经济状况、过错程度等）以及所在地实际生活水平，以公平为标准确定赔偿数额。

损害赔偿的目的是使被侵害的民事权益恢复到侵权行为发生之前的状态。所以，理论上，最广义的“恢复原状”包括损害赔偿。

三、非损害赔偿责任

对于尚未给受害人造成损害的侵权行为，也应赋予被侵权人制止将要发生的侵害行为或预防侵害行为的权利。而对应着的侵权人的责任则是停止侵害等侵权责任。

1. 停止侵害，是指应被侵权人请求而由侵权人承担的停止正在进行的侵害行为的民事责任。其适用不以造成实际损害后果为前提，几乎适用于所有权益被侵害的情形。在具体条文中，《民法典》第1028条规定的失实报道的更正、删除，第1037条有关个人信息错误的更正、删除等即是停止侵害之意。

2. 排除妨碍，是指侵权行为对被侵权人的权利行使造成障碍时，经被侵权人请求而承担的消除妨碍的责任方式。《民法典》将排除妨碍责任方式作为总则内容规定于第179条。在具体规范中，物权编中对物权的保护和对占有的保护中都有排除妨碍的规定，[1] 表现在第236条和第462条等。在人格权编中，第995条也有明确规定。

3. 消除危险，是指在侵权行为存在造成他人人身或财产损害的现实危险时，应该他人请求，侵权人承担的消除该危险的责任方式。《民法典》中多处规定了消除危险责任，如前文提到的第236条物权保护。第1167条将消除危险等内容置于“一般规定”，说明其适用范围的普遍性。

上述三种责任方式均属于预防性责任方式，其适用不需要有损害后果要件，甚至也不需要过错要件。

4. 返还财产，是指对无权占有他人财产的人，经权利人请求占有人承担的返还财产责任。“返还财产”属于“恢复原状”责任在物权领域的具体表现，其适用前提需标的物现实存在，如果标的物被毁损或灭失或被有效转移，则只能适用损害赔偿责任。

5. 恢复原状，是指对被侵权人受到的财产毁损损害，由侵权人承担的通过修理等手段使相关财产恢复至受毁损之前状态的侵权责任方式。恢复原状仅针对财产损害，在人格权受到侵害时，则适用“恢复名誉”或“赔礼道歉”等方式“恢复原状”。

恢复原状的适用以事实上有可能，价值上有必要为限制。事实上无法恢复的，只能用赔偿损失、更换等方式救济，如画作被烧毁等。如果财产被毁损后，在事实上虽可恢复原状，但成本非常高，就没有必要，如汽车被严重撞坏后，修理汽车的费用已明显超过一辆新车价格时，就没必要“恢复原状”。

6. 赔礼道歉、消除影响、恢复名誉，是三种主要于人格权受到侵害时适用的责任方式。赔礼道歉，是指通过口头或书面方式向被侵权人道歉，以取得其谅解的遗嘱责任方式。赔礼道歉可以面对面进行，也可以通过书信或媒体发表道歉信方式进行。因履行法院裁判而道歉的，以媒体渠道道歉的内容需经法院审核。

消除影响、恢复名誉，是指依被侵权人请求，法院责令侵权人在一定范围内采取适当方式消除对被侵权人名誉的不利影响，以使其名誉恢复至受侵害前状态的责任方式。该类责任适用时应注意与侵权行为的影响范围相一致。

---

〔1〕《民法典》第236条使用了“排除妨害”，从而与第179条规定的“排除妨碍”不同。这种做法应该是为了与原《物权法》第35条规定保持一致。从体系角度和实际内容角度分析，二者本质上是一致的，第236条应该使用“排除妨碍”。

第二节 损害赔偿的原则

一、完全赔偿原则

（一）完全赔偿的概念

完全赔偿，是指侵权人承担赔偿责任时，应当以受害人遭受的实际财产损失的大小为依据，对受害人予以全部的赔偿的原则。完全赔偿原则是在财产损失中适用的规则，只有采用完全赔偿原则，受害人的损失才能够得到充分的补偿，侵权法的填补功能也才能够得以实现。完全赔偿原则的另外一种理解是：不管侵权行为造成的是财产损害，还是人身损害或者是精神损害，行为人都须赔偿的原则。

（二）完全赔偿之限制

完全赔偿虽然以受害人的实际财产损失为依据，但是，实际损失的确定并非无任何限制。在完全赔偿原则下，赔偿的也只能够是合理的损失。不合理的损失，如受害人借故增加的开支或者超常规的支出就不在赔偿之列。如在丧葬中铺张举办葬礼、购买豪华骨灰盒等，又比如受伤住院期间本不需要特别陪护的强行雇护工等。另外，基于政策考虑，我国有些法律规定对特定的损害不适用完全赔偿原则，而采限额赔偿原则，如《民法典》第1244条规定：“承担高度危险责任，法律规定赔偿限额的，依照其规定，但是行为人有故意或者重大过失的除外。”在具体领域，法律、法规多有相应的规定，如《铁路交通事故应急救援和调查处理条例》第33条第1款规定：“事故造成铁路旅客人身伤亡和自带行李损失的，铁路运输企业对每名铁路旅客人身伤亡的赔偿责任限额为人民币15万元，对每名铁路旅客自带行李损失的赔偿责任限额为人民币2000元。”再如，民航总局发布的《国内航空运输承运人赔偿责任限额规定》第3条对死亡赔偿责任的限额为40万元人民币。

（三）实际损害的确定

当损害发生后，要实现全部赔偿，尚须对侵权行为所造成的实际损害加以确定，被认为属于合理损失的实际损害才能被纳入赔偿范围。

1. 以法律所要保护权益的意旨确定

侵权行为之所以受到法律的禁止，就是因为它侵犯了法律所保护的权利或者利益。对受害人的损害赔偿，应当根据法律的意旨确定其范围。超出法律所保护意旨的利益损害，当然不应予以赔偿。例如，因车祸而伤人者，驾驶人对于受害人受伤部分自应负责赔偿，因为法律旨在保护人身不受他人非法伤害；若受害人事后自杀，驾驶人对自杀的损害就不承担责任，因为法律对于自己的伤害并不通过他人责任形式救济。

2. 损害必须与侵权行为之间具有因果关系

与侵权行为没有相当因果关系的损害是不应予以赔偿的。例如，受害人在侵权行为受伤住院治疗后，因患败血症死亡的损害，应列入赔偿范围；因医院失火而被烧死的损害，就不应计入加害人的赔偿范围。在损害与侵权行为之间有其他原因介入时侵权行为人将被免除或者减轻责任。

3. 必要时应考虑行为人主观过错程度

原则上，实际损害的确定不能以加害人过错程度的轻重为依据，也不能以行为社会危害性的大小为依据。但在法律有规定的情况下，如在惩罚性赔偿适用时，一般都须考虑行为人的主观过错程度。在确定精神损害赔偿的实际损害时，更应考虑侵权人的主观过错。

二、损益相抵原则

（一）损益相抵的概念

所谓“损益相抵原则”，是指赔偿权利人基于发生损害的同一原因受有利益的，应从损害额内扣除利益，而由赔偿义务人就差额予以赔偿的确定损害赔偿范围的规则。简言之，受害人在受到损失的同时，也获得利益时，在确定赔偿范围时，应将该利益部分扣除，否则，受害人可能构成不当得利。如被告将原告的汽车撞毁后赔偿原告一辆同型号汽车，此时，受害人应将已毁损的汽车中尚有价值的部分，如轮胎、金属等交予被告，或者折价后给付价金。将受害人从加害行为中获得的利益予以扣除，在英美法系和大陆法系国家都是被认同的规则。我国台湾地区“民法”在1997年新增第216条之1规定：“基于同一原因事实受有损害并受有利益者，其请求之赔偿金额，应扣除所受之利益。”

损害赔偿的目的在于恢复原状，而非使受害人因此获得不当利益，因此，就损益相抵原则的宗旨而言，在诉讼中，即使当事人没有提出损益相抵的主张，法官也应依职权主动适用该原则。

从上述概念中分析，损益相抵具有如下特征：

1. 在适用的范围上，损益相抵原则是适用于一切损害赔偿场合的原则。在侵权导致的损害赔偿里可以适用损益相抵，在违约导致的损害赔偿之债里也可以适用。

2. 在功能上，损益相抵原则是确定侵权损害赔偿范围大小及如何承担的重要因素。损益相抵原则不是关于有无责任问题，而是损害赔偿责任已经确定由加害人承担时，赔偿多少的问题。

3. 在具体内容上，损益相抵原则所确定的赔偿标的是于损害额内扣除因同一原因而产生的利益额之差。

4. 在原则的适用程序上，损益相抵原则应当由法官依职权主动适用。

（二）损益相抵原则的构成要件

1. 须有侵权损害赔偿之债成立

损益相抵原则是在侵权损害赔偿之债中计算损害赔偿范围时适用的一个原则，若侵权赔偿之债不存在，则自无适用的余地。所以，损益相抵原则以侵权责任成立为前提。

2. 须受害人受有利益

这里所说的“利益”，是指在受害人获得全额赔偿的情况下，其所获得的利益。该利益既包括积极利益，也包括消极利益。积极利益为受害人现有财产的增加，消极利益则为受害人应当减少的利益没有减少。如受伤者在获得包括误工费在内的全部赔偿的情况下，雇主继续支付给该受伤者的工资。

3. 须损害事实与所得利益之间存在因果关系

通说认为，虽然损益相抵原则不以相当因果关系为绝对标准，但是受益和损害事实之间必须具有某种因果上的关联。但他人对受害人的以慰问为目的的赠与不属于因损害而受有的利益。

（三）损益相抵原则适用时应当予以扣除的利益及其限制

1. 应当予以扣除的利益

依据各国司法实践，应予扣除的利益一般包括：（1）财产被毁损后所遗留的利益。如建筑物毁损后所遗留的木板，汽车爆炸后所残存的可用零件，森林起火后所剩下的木炭等。（2）实物赔偿时新旧物相差的利益。若被损坏之物为旧物，赔偿之物为新物，则新旧物相差的利益应予扣除。（3）原应支出因损害事实的发生而免于支出的费用。如住院期间免于支付的伙食费等。意大利最高法院曾在具体案件中判决认为：儿童的死亡也使父母终止了法定抚养的义务，在确定侵权人的赔偿数额时，也须对此因素予以考虑。（4）原无法获得因损害事实的发生而获得的利益。德国法院曾经有个判例，一骑手在赛马时为求赢得奖金违反规则鞭马至死，马匹所有人因马死而受损害，但是也因此而获得原本无法获得的奖金，法院认为该奖金即应予以扣除。[1]（5）贴现利益。若将来的多次赔偿给付改为现实的一次性给付，则中间利息显然应该予以扣除。

2. 损益相抵的限制

损益相抵并非指任何利益的获得都可以在损害赔偿时予以扣除，一般认为，以下几种情况受害人所得的利益不得扣除：（1）基于造成利益者的意思不得扣除的。如第三人对受害人的赠与或者基于受害人的伤害为条件的法律行为生效而获得的利益等。（2）基于法律规定受有的利益，而依该法律规定的意旨不允许扣除的。如因伤残提前退休获得的退休金、抚恤金等不允许扣除。（3）基于一般的社会观念，不认为是利益的。如夫因加害人的侵权行为致死而使妻获得改嫁的权利，若这对夫妻感情不和，妻正在起诉离婚，夫的死亡的确能够给妻子带来一个有利的环境，但是这种改嫁的机会不能够被认为是一种利益，而要求从损害中予以扣除，否则将有悖于社会基本理念。

（四）损益相抵的计算方法

根据损害标的和所得利益性质的不同，损益相抵的计算方法可以分为以下几种情况：

1. 在损害与所得利益都是金钱时，用损害减去所得利益，直接赔偿差额。

2. 在损害可以通过恢复原状予以填补而所得利益为金钱时，将所得利益金额交出即可。

理论上有争议的是，当损害为恢复原状或者金钱赔偿，但所得利益为物或者权利时，该如何处理？如一辆奔驰车被撞坏后，加害人是赔偿与整辆车相当的价值并且获得残车的零部件所有权，还是仅赔偿该车的价值减去零部件的差额部分的价值而不取得零部件所有权呢？通说认为应该采纳前种方法，即先由加害人予以全额赔偿，再由受害人将残余物所有权转移给加害人。

三、过失相抵原则

（一）过失相抵原则概述

过失相抵原则，是指在确定损害赔偿数额时，将受害人过失所造成的损害从侵权人应承担的赔偿数额中予以扣除的原则。过失相抵在世界上是被普遍接受的原则，在称谓上有的称“与有过失”，也有的称“比较过失”，还有的称

---

〔1〕曾世雄：《损害赔偿法原理》，中国政法大学出版社2001年版，第254页。

之为“混合过错”。在大陆法系国家的民法典中都有相关规定，[1]《民法典》第1173条将其规定为：“被侵权人对同一损害的发生或者扩大有过错的，可以减轻侵权人的责任。”只是其位置并非在第二章的“损害赔偿”，而是在第一章“一般规定”中与责任抗辩事由同位。

在理解上，过失相抵实质上是责任在造成损害的原因力中的分配。在受害人有过错时，其本人的原因造成的损害不能由他人承担，在确定具体损害赔偿数额时，自然应当从损害的数额中扣除。虽称过失相抵，并不能理解为行为人与受害人的“过失”相抵消，如同侵权法中的违法不能抵消一样，过失也不能抵消。过失相抵“不过为形容之语”。所以，盗窃贼人所盗之物同样违法，而不能主张违法抵消或过失抵消。

适用过失相抵原则，可以减轻行为人的责任，在有些情况下可能会完全抵消行为人的责任。但是，在理解时仍然不能将过失相抵理解为归责原则。需要注意的是，过失相抵原则不仅适用于过错责任，也适用于无过错责任。

（二）过失相抵原则的适用

1. 过失相抵原则的要件

适用过失相抵必须具备一定的条件，否则不能适用。这些条件主要包括：（1）受害人须有过错。该原则之所以称“与有过失”“过失相抵”，其前提必须是受害人主观上有过错，否则，即便受害人行为是导致损害发生的共同原因，也不适用过失相抵原则。需要注意的是，这里的“过失”是与“故意”对应的狭义“过失”，理由在于，被侵权人的“故意”立法上有专条规定，而且其效果是“行为人不承担侵权责任”。（2）受害人的过错与损害的发生或者损害结果的扩大有因果关系。适用过失相抵原则是在侵权行为与受害人的过错共同导致“同一损害”。如果侵权行为导致一个损害，受害人自己的过错导致另一损害发生，则不能适用过失相抵。（3）须受害人行为不当。即在客观上，受害人的损害与其不当行为之间存在因果关系。该不当行为可以是积极的，也可以为消极的不作为。如被他人饲养的狗咬伤后，受害人拒打狂犬病疫苗，导致患狂犬病等。

---

〔1〕参见《德国民法典》第254条第1款：“损害的发生被害人与有过失者，损害赔偿的义务与赔偿范围，视当时的情况特别是损害的原因主要在何方而决定之。”《意大利民法典》第1227条第1款规定：“如果债权人的过失行为导致损害发生，将根据过失的程度及其引起后果的严重程度减少赔偿额。”《日本民法典》第722条第2款规定：“受害人有过失时，法院可以斟酌其情事，确定损害赔偿额。”

2. 过失相抵原则的效力

过失相抵原则经加害人证明受害人有过失而主张减免责任，法院在审查核实情况下应予以支持。法院在确定是否减免以及减免范围大小时，依据何种标准，在理论上有不同观点：一种观点认为，应根据受害人行为在造成损害中的原因力判断，主要是受害人行为造成的损害，则可大部分减免甚至免除加害人责任，反之，则应较少地减轻加害人责任；另一种观点认为，应根据双方过失轻重来确定责任抵消的范围，加害人如果是故意或者具有重大过失，则不减轻或只能较少减轻加害人的责任，如果受害人有重大过失或者故意，则应大部分减轻甚至免除加害人责任。《民法典》采取了后一种观点。

事实上，每一个具体的案例都有不同于其他案例的情况，人的主观心理状态并不易判断。加害人要证明受害人的过错，尤其是证明过错类型，最终肯定要落实到行为表现上。而适用过失相抵原则无非是在责任承担问题上做到公平，但公平本身是一个模糊概念，它要求法官在审理具体案件时，不能仅拘泥于“公式”，而应结合案件的具体情况作出相对合理的责任分配判决。

第三节　人身损害赔偿

一、人身损害赔偿的概念

人身损害赔偿制度，是指自然人的生命权、健康权和身体权受到不法侵害，从而造成伤残、死亡以及精神痛苦等后果，受害人或其近亲属有权要求侵权人以财产赔偿之方式赔偿其损害的一种法律救济制度。显然，这里的“人身损害赔偿”是狭义的人身损害赔偿，不包括身份权受到侵害时的赔偿，也不包括精神性人格利益，如肖像权、名誉权、隐私权受到侵害时的赔偿。采用“狭义人身损害赔偿”，将保护内容限定于生命权、身体权和健康权范围，是以2003年《人身损害赔偿解释》为根据的。所以，必须明确，人身损害赔偿中的“人身”与人身权中的人身范围不同，仅指生命、身体和健康内容。生命权、健康权和身体权属于人格权中的物质性人格权，是自然人最重要的基本权利，是其他人格权的基础。任何国家的法律规范都将这些权利作为最基本的内容加以保护。

人身损害赔偿是侵权责任法的一个重要的理论问题，也是最具实践价值的制度，是损害赔偿的三种损害赔偿类型[1]中适用最广泛、最复杂的一个问题。

二、人身损害赔偿的范围

（一）人身损害赔偿的主体范围

从法律关系角度出发，人身损害赔偿的主体包括赔偿权利主体和赔偿义务主体。

1. 赔偿权利主体，是指因侵权行为或者其他致害原因遭受人身损害而有权请求他人予以赔偿的受害人。《民法典》侵权责任编多用“被侵权人”表述。

根据我国法律的规定，赔偿权利主体有直接受害人与间接受害人两类，具体包括：（1）因侵权行为或其他致害原因直接遭受人身损害的受害人，这是人身损害的直接受害人。（2）依法由受害人承担扶养义务的被扶养人，这一权利主体限于与直接受害人有法定扶养关系的人，根据我国最高人民法院的司法解释，“被扶养人”以死者生前或者残者丧失劳动能力前依法应当承担扶养义务的人为限，包括未成年人或者丧失劳动能力又没有其他生活来源的成年近亲属，不包括有事实扶养关系的人。[2]但也有人认为已经形成事实抚养关系的人也应当包括在权利人范围之内。除胎儿外，仅有扶养期待权的人，不是实际扶养的人，因而不是人身损害赔偿的权利主体。（3）死亡受害人的近亲属。受害人已经死亡的，其人身损害赔偿请求权只能由其近亲属来主张。当然，在受害人因伤致死的情形，其因抢救治疗支出医药费或者因误工减少收入，受害人本人是赔偿权利人；受害人虽最终不治身死，其就抢救治疗所发生财产损失的损害赔偿请求权，可以为其继承人所继承。也就是说，死亡受害人作为赔偿权利人，并非是就生命权受侵害主张权利。

2. 赔偿义务主体，是指因自己或者他人的侵权行为以及其他致害原因依法应当承担民事责任的人。《民法典》侵权责任编中，多称“侵权人”。赔偿义务人可以是自然人，也可以是法人或其他组织。

赔偿义务主体具体包括：（1）因自己的侵权行为依法应当承担民事责任的人。此时，加害人与赔偿义务人是同一的，此为最基本的赔偿义务人，贯彻民法“自己责任”的基本原则。（2）因他人的侵权行为依法应当承担民事责任的人。一般指因特别人的侵权行为所导致的人身损害赔偿关系中的赔偿义务人，

---

〔1〕 理论上认为，损害赔偿包括财产损害赔偿、人身损害赔偿和精神损害赔偿。

〔2〕 这不同于《俄罗斯苏维埃联邦社会主义共和国民法典》，而与《德国民法典》规定相同。

这类侵权行为由法律直接规定，如无民事行为能力和限制民事行为能力人造成他人损害时由监护人承担责任，受雇人在从事雇用活动中致人损害时由雇主承担责任，法人工作人员执行职务致人损害时由法人承担责任等。这类为他人行为负责的在责任即替代责任。（3）因其他致害原因依法应当承担民事责任的人。这类主体具有法定性，范围广、类型多，多承担的是特殊侵权责任，如动物的饲养人、管理人、高度危险的作业人、产品的制造或销售人等。

（二）人身损害赔偿的客体范围及其赔偿标准

人身损害范围广泛，并非所有的损害都能给予赔偿。哪些损害属于赔偿范围，这是损害赔偿的客体范围问题。根据《民法典》第1179条的规定：

1. 侵权行为造成的人身伤害一般赔偿范围

（1）医疗费。如诊疗费、治疗费、化验费、药费、住院费等费用。医疗费的赔偿，应以治疗医院的诊断证明、住院费和医疗费的收据凭证等确定赔偿数额，期限为一审法院辩论终结前发生的实际费用。在程序上，后续治疗费或康复费等除医疗证明或鉴定结论确定必然要发生的费用外，应在具体发生后再提出主张。

（2）护理费。指在受害人需要专门人员的护理时，对护理人员应当给付的费用。护理费根据护理人员的收入状况和护理人数、护理期限确定。

（3）交通费。即受害人、护理人员就医、转院治疗所发生的交通费用。交通费根据受害人及其必要的陪护人员因就医或者转院治疗实际发生的费用计算，以正式票据为凭。

（4）必要的营养费。指为了受害人的康复有必要食用的营养品的费用。营养费根据受害人伤残情况参照医疗机构的意见确定。

（5）住院伙食补助费。指受害人及其陪护人员在住院期间所支出的伙食费用。住院伙食补助费可以参照当地国家机关一般工作人员的出差伙食补助标准予以确定。

（6）住宿费。受害人确有必要到外地治疗，因客观原因不能住院，受害人本人及其陪护人员实际发生的住宿费用，以及因参加事故处理等必须支出的住宿费，其合理部分应列入赔偿范围。

（7）误工费。指受害人因受到人身损害，不能参加工作所减少的收入。误工费根据受害人的误工时间和收入状况确定。误工时间从伤残之日起，计算到定残日前一天。受害人有固定收入的，误工费按照实际减少的收入计算；无固定收入的，按照其最近3年的平均收入计算；不能举证收入状况的，由法院参照受诉法院所在地相同或者相近行业上一年度职工的平均工资计算。

（8）因康复护理、继续治疗实际发生的必要的康复费、护理费、后续治疗费。器官功能恢复训练所必要的康复费、适当的整容费以及其他后续治疗费，赔偿权利人可以待实际发生后另行起诉。但根据医疗证明或者鉴定结论确定必然发生的费用，可以与已经发生的医疗费一并予以赔偿。

（9）残疾辅助器具费。在受害人因残疾需要配置残疾辅助器具时，该辅助器具的费用系赔偿客体范围，只是在市场上各器具规格、费用相差巨大，在确定赔偿标准时应按照普通适用器具的合理费用标准计算。伤情有特殊需要的，可以参照辅助器具配制机构的意见确定相应的合理费用标准。辅助器具的更换周期和赔偿期限参照配制机构的意见确定。

2. 致人伤残的赔偿范围

致人残疾的损失赔偿，是指因侵权行为致人残疾，造成劳动能力丧失或部分丧失所应赔偿的范围。在一般意义上，因侵权行为致人伤残的赔偿，当然也包括上述医疗费、残疾辅助器具费等，而这里要讨论的致人残疾的赔偿是在常规赔偿的基础上，对因伤害致残而丧失或部分劳动能力所应赔偿的特有项目，即残疾赔偿金。

理论上，这种损失赔偿范围确认的依据主要有如下三种观点。

第一种观点是收入丧失说，认为损害赔偿的目的在于填补受害人实际所生损害，所以，纵然受害人丧失或减少劳动能力，但如果未产生实际损害，伤害前后收入无差别，则不得请求赔偿；如果有差别，在计算时，应只赔偿差额部分。

第二种观点是劳动能力丧失说，认为受害人因身体或者健康受损，导致劳动能力丧失或减少本身即为损害，并不限于实际所得的损失，劳动能力丧失即应予以赔偿，而不是收入的差额。

第三种观点是生活来源丧失说，认为劳动能力的丧失或减少，必然导致其生活来源丧失，因而，应当赔偿受害人的生活补助费，使其生活来源能够恢复。赔偿所救济的，既不是劳动能力丧失本身，也不是受害人致残前后的收入差别，而是受害人致残前后生活来源的差额。

我国在原《民法通则》中采用的是生活来源丧失说，即所谓“残疾者生活补助费”。《民法通则意见》第146条规定：“侵害他人身体致使其丧失全部或者部分劳动能力的，赔偿生活补助费一般应补足到不低于当地居民基本生活费的标准。”该标准对受害人赔偿数额较低，对于有些受害人而言是不公平的。而“收入丧失说”也存在很大问题：对于未成年人或其他伤残前没有收入的人，适用所谓“收入丧失说”明显是不正确的。我国原《侵权责任法》和《民法典》也仅在赔偿范围上明确规定了“残疾赔偿金”，但对其属性未见明确规定。本书认为，《人身损害赔偿解释》在采用“劳动能力丧失说”的原则下，考虑受害人的收入丧失的合理性以确定残疾赔偿金标准。这一立场是比较合理的。

2019年4月15日，《中共中央、国务院关于建立健全城乡融合发展体制机制和政策体系的意见》要求：统筹城乡救助体系，改革人身损害赔偿制度，统一城乡居民赔偿标准。在最高人民法院通知的要求下，各地高级人民法院分别在所在地区对人身损害赔偿试行不区分城镇与乡村，而是统一适用受诉法院所在地城镇居民人均可支配收入标准，根据受害人丧失劳动能力程度或者伤残等级，自定残之日起按20年计算。但60周岁以上的，年龄每增加1岁减少1年；75周岁以上的，按5年计算。从该标准分析，此残疾赔偿金并非对精神损害的赔偿，而是对受害人应得而未得的收入的补偿。顺便要说明的是，在人身损害赔偿中不再区分城镇居民与农村村民的做法值得称赞，但各地之间的区域差异仍然存在。比如，在一起交通事故中，如果死伤者来自不同地区，最终获得的赔偿数额还是有差异的。

劳动能力是从事创造物质财富和精神财富活动的脑力和体力的总和，是具有交换价值的人力资本。劳动能力丧失是指因受害人身体或健康遭受侵害以致完全或部分丧失劳动能力的损害，并不限于现实收入的损失。对劳动能力价值的计算通过受害人的应得收入或将来应得之收入或将来预期的应得之收入来计算。我国原来以“城镇居民人均可支配收入”或“农村居民人均纯收入”来计算。这不仅造成因“身份”而有差别的不公平赔偿，而且也忽视了个体差异的存在，在造成同样伤害时，其损失的差别是必然的，但绝不能以是“城镇”居民还是“农村”村民而区别对待。同样，由受害人扶养的被扶养人的损失也是不相同的。我国的赔偿标准，模糊了受害人的这一差别。另外，城镇居民与农村居民关于残疾赔偿金标准被人为地、主观地差别化了。在赔偿期限上，20年的赔偿期限对于未成年的受害人显然是不公平的。

3. 致人死亡的赔偿范围

侵权行为致人死亡，主体资格消灭，此时死者已不属于赔偿的主体范围，但行为人仍应向其他赔偿权利人（死者的近亲属）承担赔偿义务。行为人对死者近亲属承担损害赔偿义务的理论基础有“扶养丧失说”和“继承丧失说”两种。前者认为，受害人死亡后，其生前以法定扶养义务提供给生活费的被扶养人因此失去了生活来源，对此，赔偿义务人应予赔偿。该赔偿只涉及被扶养人的生活费，而对于受害人死亡而导致的家庭整体收入的减少被认为是间接的和抽象的财产损失，不属于赔偿范围。《民法通则》即采此说。后者认为，应当以受害人死亡导致的家庭整体减少的收入作为计算的依据。因为，受害人的收入并非全部用于个人消费，家庭的共同消费及其财产的积累也会因受害人到死亡而丧失，此为家庭成员的消极损失，也是损害赔偿法中应予赔偿的范围。比较而言，“继承丧失说”无疑对于受害人的保护更加有利。与残疾赔偿金相同，我国原《侵权责任法》和《民法典》对死亡赔偿的性质也未明确。

根据《人身损害赔偿解释》中的规定，侵权行为致人死亡所应赔偿的范围及标准包括如下。

（1）常规赔偿的内容。应当根据抢救治疗情况与人身损害常规赔偿的内容相同。

（2）丧葬费。在埋葬（包括土葬、火葬及其他方式）死者遗体时所支出的费用。包括运尸、美容、火化、土地使用、骨灰盒及骨灰管理等，但在总体上，丧葬费按照受诉法院所在地上一年度职工月平均工资标准，以六个月总额计算。丧葬费的赔偿属于致人死亡的特有赔偿项目，只不过在该问题上，需要思考丧葬费用由侵权人承担的正当性。

（3）死亡赔偿金。死亡赔偿金是指因侵权致人死亡时，赔偿义务人对于死者财产性收入损失的赔偿金额。死亡赔偿金在我国的司法实践中，有两种性质不同的理解：一是财产损害，即属于生活费；二是精神损害，如根据2001年《精神损害赔偿解释》的规定，精神损害包括死亡赔偿金。从2003年《人身损害赔偿解释》第17条第3款的规定用语看，其使用的是“死亡补偿费”，联系该解释第18条规定的“受害人或者死者近亲属遭受精神损害，赔偿权利人向人民法院请求赔偿精神损害抚慰金的，适用《最高人民法院关于确定民事侵权精神损害赔偿责任若干问题的解释》予以确定”，这里的“死亡补偿费”应仅指财产损害。需要注意的是，在2020年修正的《人身损害赔偿解释》中，删除了上述司法解释中将死亡赔偿金视为精神损害赔偿的规定。

同样，根据前述中央和国务院的通知，对死亡赔偿金的计算标准也已不再区分城镇和乡村，而是统一按照受诉法院所在地上一年度城镇居民人均可支配收入标准，按20年计算。但60周岁以上的，年龄每增加1岁减少1年；75周岁以上的，按5年计算。

需要特别注意的是，在涉及刑事法律问题的案件中，对残疾赔偿金、死亡赔偿金以及精神损害赔偿等，最高人民法院的相关司法解释有与民事立法相冲突的规定。比如，2021年《最高人民法院关于适用〈中华人民共和国刑事诉讼法〉的解释》第192条第1款、第2款、第3款规定："对附带民事诉讼作出判决，应当根据犯罪行为造成的物质损失，结合案件具体情况，确定被告人应当赔偿的数额。犯罪行为造成被害人人身损害的，应当赔偿医疗费、护理费、交通费等为治疗和康复支付的合理费用，以及因误工减少的收入。造成被害人残疾的，还应当赔偿残疾生活辅助器具费等费用；造成被害人死亡的，还应当赔偿丧葬费等费用。驾驶机动车致人伤亡或者造成公私财产重大损失，构成犯罪的，依照《中华人民共和国道路交通安全法》第七十六条的规定确定赔偿责任。"第200条规定："被害人或者其法定代理人、近亲属在刑事诉讼过程中未提起附带民事诉讼，另行提起民事诉讼的，人民法院可以进行调解，或者根据本解释第一百九十二条第二款、第三款的规定作出判决。"也就是说，在刑事附带民事诉讼中，不支持对残疾赔偿和死亡赔偿的请求，即便是受害人另行提起民事诉讼也同样不支持。另外，该司法解释第175条第2款还规定："因受到犯罪侵犯，提起附带民事诉讼或者单独提起民事诉讼要求赔偿精神损失的，人民法院一般不予受理。"可以看出，最高人民法院的司法解释是违背法律规定的。

（4）被扶养人生活费。我国对被扶养人的生活费的认识目前并不统一。我国原《侵权责任法》和《民法典》并未将其列入赔偿范围，但最高人民法院一直以来就持被扶养人生活费应当单独赔偿的观点。2010年6月30日，在《侵权责任法》实施前一天，最高人民法院以"通知"的方式，要求各地法院在《侵权责任法》实施过程中，将被扶养人的生活费计入残疾赔偿金或死亡赔偿金中。在清理修改以往司法解释的过程中，2020年修改的《人身损害赔偿解释》专门于第16条规定："被扶养人生活费计入残疾赔偿金或者死亡赔偿金。"

立法上不承认被扶养人生活费作为赔偿范围是有根据的，在把死亡赔偿金和残疾赔偿金视为如果没有被侵权受害人可能获得的财产利益的情况下，被扶养人的生活费应来自死亡赔偿金或者残疾赔偿金。如果在此之外，单独再计算被扶养人生活费并要求侵权人赔偿，涉嫌使侵权人承担"双重赔偿"。

被扶养人，是指依照法律规定应当由受害人承担扶养义务的人，包括未成年或者成年但缺乏劳动能力又无生活来源的近亲属。被扶养人生活费根据扶养人丧失劳动能力程度，按照受诉法院所在地上一年度城镇居民人均消费性支出标准计算。被扶养人为未成年人的，计算至18周岁；被扶养人无劳动能力又无其他生活来源的，计算20年；但60周岁以上的，年龄每增加1岁减少1年；75周岁以上的，按5年计算。

第四节 精神损害赔偿

一、精神损害的概念

精神损害，是指受害人因侵权行为所产生的生理和心理痛苦。有人认为精神损害包括精神痛苦和精神利益的丧失、减损，并进而认为法人等组织体也可以有精神利益损失，也可以提出精神损害赔偿。然而，所谓精神利益表现为身心愉悦，而精神利益丧失、减损即为精神痛苦。法人作为非生物主体是不可能产生生理或心理痛苦的。

对于精神损害，《德国民法典》以“非财产上之损害”称之；我国台湾地区“民法”多以“非财产上之损害”表示，理论上常有“精神上之损害”称谓的。本书认为，在民法中损害包括财产损害和非财产损害，非财产损害又包括人身损害和精神损害。所以，精神损害是非财产损害的一种。2001年《精神损害赔偿解释》，对于精神损害的赔偿范围、标准等进行了较全面的规定。2009年通过的《侵权责任法》第22条专门规定了精神损害赔偿的适用范围和构成要件。《民法典》在上述立法和司法解释的基础上，于第1183条分两款规定了精神损害赔偿制度：“侵害自然人人身权益造成严重精神损害的，被侵权人有权请求精神损害赔偿。因故意或者重大过失侵害自然人具有人身意义的特定物造成严重精神损害的，被侵权人有权请求精神损害赔偿。”

精神损害赔偿是以财产赔偿的方式对受害人精神损害的救济。从侵权人角度看，精神损害赔偿是侵权责任的一种类型。我国理论界也有反对精神损害赔偿的观点，其主要理由为：人的精神利益，人格尊严是不能用金钱来衡量的，否则就会导致人格商品化；人的精神损害与财产损失不同、无法进行量化计算，也就无法进行侵权法上的赔偿。人的尊严、精神的确无法量化，也不能用金钱衡量。然而，对于他人精神利益的损害采用金钱“赔偿”，并不等于承认人格商品化，也不能因为精神损害的无法计算就不予救济。事实上，对于精神损害采用的金钱给付救济方式并非严格意义上的“赔偿”，而是为了通过金钱补偿的方式，对于受害人受到伤害的心灵进行抚慰，所以，有些国家称之为“精神抚慰金”。此外，也有观点认为，精神损害具有惩罚性功能。严格来说，对侵权人进行惩罚（包括刑事处罚、行政处罚）能在一定程度上起到抚慰被侵权人受到伤害的心灵，但使侵权人承担精神损害赔偿责任，并不具有惩罚侵权行为人的功能，毕竟被侵权人的精神损害是应该救济的。

二、精神损害赔偿的适用范围

如前所述，精神损害是指自然人因侵权而在生理或心理上所遭受的痛苦。一般而言，凡是导致受害人生理或心理痛苦的行为，都应适用精神损害赔偿，但是，精神损害赔偿毕竟不同于财产损害赔偿。在严格意义上，任何针对受害人的侵害行为都会使其产生精神上的损害，在该类损害无法准确计算的情况下，如果不加限制地适用损害赔偿规则，就会产生精神损害赔偿泛滥的问题。因此，各国普遍认为应对精神损害赔偿的适用范围进行限制。

对于精神损害赔偿的适用范围，最高人民法院的司法解释规定相对具体。精神损害赔偿适用于下列权益侵权行为：（1）侵害人格权的行为，包括对生命权、健康权、身体权、姓名权、肖像权、名誉权、荣誉权、人身自由权的侵害；（2）侵害他人隐私以及其他利益的行为；（3）侵害监护人或其他亲属关系的行为；（4）侵害死者的名誉、隐私、姓名、肖像、遗体、遗骨等的行为；（5）侵害他人具有人格象征意义的特定纪念物品，致其永久性灭失或毁损的行为。《民法典》第1183条仅概括为“人身权益”，第2款吸收了司法解释的合理内容，文字调整为“具有人身意义的特定物”。

从上述规定中分析，因财产权侵害产生的精神损害赔偿，仅限于“人身意义”且为“特定物”受到侵害的情形。但是，何为“人身意义”则未作解释，实践中由法官依据具体案情予以判断。一般来说，奖章、照片、录像等属于具有人身意义的特定物。实践中，“宠物”是否属于具有人身意义的特定物，需要解释，“工作犬”如“导盲犬”可能被解释为具有“人身意义”的物。

精神损害赔偿为侵权责任，但是，在特定情况下，违约行为也会导致受害人精神损害。如旅游合同中，旅游公司提供的瑕疵服务，即属于违约行为，该行为的后果直接导致的是旅客心理或精神上的痛苦。因旅游合同中的旅游服务是一种精神产品，对于旅客而言体现为精神享受。旅游公司的瑕疵服务不仅造成游客的财产损害，更直接造成其精神损害。基于旅游合同本身的性质，违约的旅游公司应当对游客的精神损害承担赔偿责任。在其他以非经济利益为目的的合同中，如果一方违约给对方造成的主要是精神损害时，依理也应使违约方承担赔偿责任，比如整形医疗合同、婚丧嫁娶服务合同等。《民法典》第996条对此有所突破，该条规定：“因当事人一方的违约行为，损害对方人格权并造成严重精神损害，受损害方选择请求其承担违约责任的，不影响受损害方请求精神损害赔偿。”该规定的意义在于打破了违约责任与精神损害赔偿的相互对立的传统，然而其仍存在不足，即该条将违约精神损害赔偿的范围限定于“人格权”受损的做法与第1183条中的“人身权益”范围上的不协调。当然，在具体适用时，涉及精神损害赔偿的，仍然需要根据第1183条规定，而不能仅依据第996条。事实上，国外精神损害赔偿的范围呈越来越广的发展趋势。[1] 总之，精神损害赔偿不应是侵权责任法的“专利”。

另外，在我国，刑事附带民事诉讼中的精神损害赔偿问题值得关注。最高人民法院在已失效的《关于人民法院是否受理刑事案件被害人提起精神损害赔偿民事诉讼问题的批复》规定，“……对于刑事案件被害人由于被告人的犯罪行为而遭受精神损失提起的附带民事诉讼，或者在该刑事案件审结以后，被害人另行提起精神损害赔偿民事诉讼的，人民法院不予受理。”这就剥夺了受害人对精神抚慰金的赔偿请求权，也造成司法实践中出现受害人与加害人“私

---

〔1〕 2002年8月1日，德国对《德国民法典》中的损害赔偿，特别是对侵权的损害赔偿进行了修改。其中，一个重要的变化就是取消了原法规定痛苦抚慰金的第847条，而是将其内容合并到了第253条。新法253条的主题词为“非物质损害”，原文如下：“（1）损害为非财产损害的，仅以法律上有规定为限，才能请求以金钱赔偿。（2）因侵害身体、健康、自由或者性的自我决定而须损害赔偿的，也可由于财产损害而请求合理的赔偿。”该条的第（1）款就是原法253条，而第（2）款实际上就是原法847条的主要内容。虽然没有内容上的实质性改变，但条文的位置却发生了重大变化，即由原来的侵权法提前到了债法总则。这样做的目的，是使非物质损害的金钱赔偿这一法律救济手段不但适用于侵权责任，而且适用于合同责任和危险责任当中。这一变化，明确了长期以来非物质损害的金钱赔偿的适用范围问题，但并未扩展该规定所列举的保护的客体。

这种修改的理由，据德国联邦司法部《关于修改损害赔偿法规定的第二法案草案》的说明：第一，为消除法律上的不一致状态。在修改前，《德国民法典》仅在合同之外的过错责任中规定了抚慰金请求权（即在侵权行为法中有明确规定）。而在不取决于过错的危险责任中除个别例外规定外，并无规定抚慰金请求权；在合同责任中也没有规定抚慰金请求权。由于在危险责任和合同责任中排除了非财产损害金钱赔偿请求权，那么，在这些领域因身体、健康和自由受到严重侵害而产生的非财产损害就不能得到赔偿，这种差异并无合理的解释，修订本身是为消除这种差异。……第二，修改是为与其他欧洲国家的法律相适应。法国、英国等并没有将抚慰金请求权限制在合同之外的明确规定。

了”的不正常现象。自然人在人身遭受不法侵害时，有权要求精神损害赔偿，而当这种不法侵害上升到犯罪程度时，被害人在刑事附带民事诉讼中的权利反而被限制在物质损失之内，此与法理不通，对当事人也不公平。刑事附带民事诉讼不适用精神损害赔偿会破坏法律之间的和谐统一。如果等刑事案件审结后再另行提起民事诉讼以求得到法律的全面保护，不仅增加了诉讼成本和当事人诉累，还会因刑事附带民事诉讼与民事诉讼结果的不同而影响国家司法的统一性和严肃性。从世界各国的立法来看，凡允许因犯罪行为而造成的损失在刑事诉讼中附带加以解决的国家，如法国、德国等，立法都已明确规定包括精神方面的损害赔偿。[1] 所以，无论从哪方面看，我国对于已经构成犯罪的侵权行为，只要有精神损害，都应予以赔偿救济。对于该问题，2021年3月1日起施行的《最高人民法院关于〈适用中华人民共和国刑事诉讼〉的解释》第175条第2款修改为“因受到犯罪侵犯，提起附带民事诉讼或者单独提起民事诉讼要求赔偿精神损失的，人民法院一般不予受理”。虽有松动，但本质上并未改变对精神损害赔偿的排斥。

三、精神损害赔偿的主体

精神损害赔偿的主体应指赔偿义务人和赔偿权利人。赔偿义务人通常应指侵权行为人，在适用替代责任时，侵权责任的承担人自然也属于赔偿义务人。但是，对于赔偿权利主体因涉及受害人本人及其以外的人，法律上应给予具体规范。

（一）直接受害人

因人格权、身份权或法律规定的特定物品被侵害的受害人，如果造成了严重的心理或生理上的痛苦即精神损害，其本人当然为赔偿的权利主体。除赔偿义务人已通过书面方式承诺予以金钱赔偿，或者赔偿权利人已经向法院提起诉讼者外，直接受害人请求精神损害赔偿的权利不能继承，更不能转让。

这里的问题是，无民事行为能力人，尤其是患有精神病的无民事行为能力人的人格权或者身份权被侵害，或者“具有人格象征意义的特定纪念物品”被毁损时，其客观上可能并未表现出痛苦，此时是否应当以他们没有精神损害而

---

〔1〕《法国刑事诉讼法典》第3条第2款规定：“一切就追诉对象的犯罪事实所造成的损失而提起的诉讼，包括物质的、身体的和精神的损害，均应受理。”而《德国刑事诉讼法典》同样也将“因侮辱和伤害身体”而遭受的损失纳入刑事附带民事诉讼的请求范畴中。

否认其精神损害赔偿请求权？无民事行为能力人属于法律需给予特别保护的群体，不能因为受到侵害后其客观表现得无所谓而否定其有精神损害。用正常人的思维去判断思维不正常的人的行为表现是不科学的。无民事行为能力人的精神损害赔偿权利，由其监护人代为行使。

（二）直接受害人的近亲属

精神损害包括心理痛苦，因与直接受害人具有一定的身份关系，当其受到侵害时，与其具有身份关系的人通常都会感到痛苦。我国法律将这部分人限制在"近亲属"范围内，而且前提条件是直接受害人死亡。其实，致受害人伤残时，其近亲属的精神损害是客观存在的，在特定情况下该损害是严重的。如因侵权使直接受害人的丈夫性功能丧失，作为近亲属的妻子的精神痛苦是显而易见的。

另应注意的是，受害人近亲属作为赔偿权利主体是因为其自己的权利受到的侵害，而非继承于死者。

四、精神损害赔偿数额确定的根据

由于精神损害本身无法以金钱计算，所以，精神损害赔偿数额也不可能如同财产损害那样精确计算。在世界范围内，即便在承认精神损害赔偿的国家，也没有一个确定的赔偿标准，但限制精神损害赔偿数额是通行的做法。[1]从法律规定来看，在精神损害赔偿问题上都赋予法官自由裁量权，同时，根据我国法律规定的精神，对于精神损害赔偿的适用以及赔偿数额都规定了一定的限制。因侵权致人精神损害，但未造成严重后果的精神损害赔偿请求不予支持；造成严重后果的，法院才能在受害人提出请求后判决"相应的精神损害抚慰金"。这种由法官根据案件具体情况自由裁量以及适当限制赔偿数额的做法无疑是正确的，但如果能够给出一些参考因素，其适用效果可能会更好。

值得注意的是，2021年4月1日实施的《最高人民法院关于审理国家赔偿案件确定精神损害赔偿责任适用法律若干问题的解释》对精神损害赔偿的具体赔偿标准作出了规定。比如，第10条规定："精神损害抚慰金的数额一般不少于一千元；数额在一千元以上的，以千为计数单位。……"第8条规定，对致人精神损害，造成严重后果的，精神损害抚慰金按照人身自由赔偿金、生命健康赔

〔1〕 相关信息参见［德］U. 马格努斯主编：《侵权法的统一损害与损害赔偿》，谢鸿飞译，法律出版社 2009 年版。

偿金总额的50%以下酌定；后果特别严重的，还可以在50%以上酌定。另外，第7条还对何为“造成严重后果”进行了列举规定；第9条对精神损害抚慰金的具体数额也明确列举了七种参考因素。这种做法值得民法学习。

2020年修改的《精神损害赔偿解释》）第5条规定：“精神损害的赔偿数额根据以下因素确定：（一）侵权人的过错程度，但是法律另有规定的除外；（二）侵权行为的目的、方式、场合等具体情节；（三）侵权行为所造成的后果；（四）侵权人的获利情况；（五）侵权人承担责任的经济能力；（六）受理诉讼法院所在地的平均生活水平。”这个标准的确定兼顾了侵权行为人和受害人的情况，同时考虑了当地的生活水平因素，虽然在个案上会有差异，但是在总体上是比较合理的。

关于“死亡赔偿金”和“残疾赔偿金”是否为精神损害赔偿金问题，因《民法典》之前的最高法院司法解释中的混乱而影响了人们的理解。[1]如前所述，人身损害与精神损害是不同种类的损害，死亡赔偿和残疾赔偿属于对人身损害的赔偿，将其与精神损害赔偿混淆，是对受害人精神损害赔偿请求权的剥夺。在立法上，《民法典》分别规定了二者，即于第1179条规定“死亡赔偿金”和“残疾赔偿金”，于第1183条规定精神损害赔偿。

法律适用

赔礼道歉，是侵权责任人提供口头或书面方式向被侵权人道歉，以取得其谅解、宽宥的民事责任方式。我国自《民法通则》时起即将“赔礼道歉”作为侵权责任的方式之一，在司法实践中也常用。但其与言论自由、表达自由原则冲突，而且有时也难以执行。当然，如果侵权责任人承认侵害行为事实、真诚悔过、请求原谅，保证以后不再作类似行为等，对被侵权人精神抚慰、对侵权责任人的道德恢复、对社会的示范等无疑是有作用的，其作用有时甚至超过金钱赔偿。就此而言在侵权责任方式中保留“赔礼道歉”更为合理。

对“被扶养人的生活费”是否应予赔偿，立法上应予以明确。理论上来看，被扶养人生活费损失属于“纯经济利益损失”，对此应通过因果关系理论

〔1〕根据2001年《精神损害赔偿解释》第9条规定，精神损害抚慰金包括以下方式：（1）致人残疾的，为残疾赔偿金；（2）致人死亡的，为死亡赔偿金；（3）其他损害情形的精神抚慰金。而根据2003年《人身损害赔偿解释》的规定，精神损害赔偿与死亡赔偿和残疾赔偿是分别独立的赔偿请求内容。

解决。在具体案件中，因为侵权行为导致受害人无法获得法定的扶养费用，直接影响其基本生活的，应该认为被扶养人的生活费属于应赔偿的损害范围。而对于约定的扶养义务，侵权人无法预见，也无防免义务，则不宜使其承担赔偿责任。至于在赔偿范围中，是否在死亡赔偿金或残疾赔偿金之外单独规定“被扶养人生活费”，本书认为不需要。目前司法实践中逐渐以“死亡赔偿”或“残疾赔偿”中单独列支“被扶养人的生活费”的做法基本可解决立法与司法的矛盾，在个案中通过因果关系规则也能解决侵权人“双重赔偿”的质疑。

精神损害赔偿问题，虽然根据《民法典》第996条解决了长期以来违约责任与精神损害赔偿之间的冲突问题，但刑事处罚与精神损害赔偿之间的关系，因最高人民法院仍然坚持其错误观点而未捋顺。在承认法律分工合理性的同时，各部门法之间确实也存在相互影响关系。在涉及精神损害赔偿问题上，对侵权人判处长期徒刑或死刑的，通常会在一定程度上慰藉受害人的精神创伤，但不能从根本上解决精神损害问题，此时，对受害人一定数额的精神损害赔偿请求的支持，不仅是立法规范要求，也是当事人的合法、合理诉求。“无法执行”不应成为判决不支持的理由。

第三十七章　监护人责任

提　要

本书第37—41章介绍了特殊主体侵权责任的一般原理。特殊主体的侵权责任，是《民法典》侵权责任编第三章规定的侵权责任。这一类侵权责任的特殊性在于，责任人通常不是直接实施侵权行为的主体。在归责原则上，特殊主体的侵权责任包括替代责任和过错责任两类。其中，监护人责任、用人者责任属于替代责任、无过错责任；网络用户利用网络服务实施侵权行为时的网络服务提供者侵权责任、违反安全保障义务的侵权责任、教育机构侵权责任属于过错责任，不作为侵权责任。

监护人责任，是监护人对被监护人造成的损害承担的侵权责任。监护人责任是无过错责任、替代责任，以被监护人违反了理性成年人应尽的注意义务为前提。被监护人的加害行为，对于理性成年人而言，应当足以成立侵权责任。监护人责任的承担取决于被监护人的财产状况。监护人虽然需要对被监护人造成的损害承担责任，但是，如果被监护人有财产的，应当从被监护人财产中支付赔偿费用。不足的部分，由监护人赔偿。

重点问题

1. 监护人责任的成立要件。
2. 监护人责任的责任承担。

第一节　监护人责任概述

一、监护人责任的概念和特征

《民法典》第1188条规定：“无民事行为能力人、限制民事行为能力人造成他人损害的，由监护人承担侵权责任。监护人尽到监护职责的，可以减轻其侵权责任。有财产的无民事行为能力人、限制民事行为能力人造成他人损害的，从本人财产中支付赔偿费用；不足部分，由监护人赔偿。”该条规定确立了我国监护人责任的一般规则。监护人责任，是指被监护人造成他人损害时，监护人对受害人承担的侵权责任。

监护人责任具有如下特征：

第一，监护人责任是替代责任，即对他人行为的责任。实施加害行为的是被监护人。监护人虽然承担监护人责任，但并未实施加害行为。因此，监护人是为他人的加害行为负责。在监护人责任中，责任人与行为人出现了分离。

第二，监护人责任的承担取决于被监护人的财产状况。依据《民法典》第1188条第2款，监护人虽然需要对被监护人造成的损害承担责任，但是，如果被监护人有财产的，应当从被监护人财产中支付赔偿费用。不足的部分，由监护人赔偿。因此，监护人是否应当以个人财产承担损害赔偿责任，还取决于被监护人的财产状况。

第三，监护人可因尽到监护职责减轻责任。监护人对被监护人造成的损害负责，即使监护人尽到监护职责，监护人责任也不能免除，而是由人民法院根据个案具体情况决定减轻监护人的责任。

二、监护人责任的归责原则

我国学界对监护人责任的归责原则存在不同认识。通说认为，《民法典》第1188条第1款的监护人责任是无过错责任，监护人责任的成立不要求监护人具有过错。[1]少数学者则认为，第1188条第1款的监护人责任是过错推定责任，监护人通过举证证明自己尽到监护职责即没有过错，从而不负担监护人责任，但仍须公平分担损失。[2]按照这一观点，以监护人尽到监护职责为由减轻监护人责任，是监护人公平分担损失的规定。

本书认为，《民法典》第1188条第1款的监护人责任是无过错责任或严格责任。[3]不采取过错推定责任说的理由在于，监护人即使证明自己尽到监护职责也不能免责，从而，监护人责任与一般的过错推定责任，如第1199条、第1248

〔1〕王利明：《侵权责任法研究》（第二版）（下卷），中国人民大学出版社2016年版，第41页；李永军：《论监护人对被监护人侵权行为的"替代责任"》，载《当代法学》2013年第3期；张新宝：《侵权责任法》（第五版），中国人民大学出版社2020年版，第131页；尹志强：《侵权行为法论》，中国政法大学出版社2008年版，第151页；程啸：《侵权责任法》（第三版），法律出版社2021年版，第432页。

〔2〕杨立新：《侵权责任法》（第四版），法律出版社2020年版，第170页。

〔3〕李永军：《论监护人对被监护人侵权行为的"替代责任"》，载《当代法学》2013年第3期。

条，存在较大差别。

就监护人的无过错责任，学界一直存在质疑，认为要求监护人承担无过错责任对监护人过于苛刻，应就监护人责任采取过错推定责任。[1]实际上，虽然监护人对被监护人造成的损害负无过错责任，但是，这一无过错责任与危险责任截然不同。因为被监护人与动物不同，不构成高度危险，履行监护职责也不属于危险活动，监护人也不能通过履行监护职责获得收益。此外，监护人责任的依据也并非监护人对被监护人的控制力。因为倘若采取这一立场，就读于寄宿制学校的被监护人造成他人损害的，对被监护人缺乏控制力的监护人不应负责。然而，司法实践认为，在上述情形，监护人仍然对被监护人造成的损害负责。[2]因此，在我国，要求监护人负无过错责任，更多地是出于法律政策的考量。

第二节　监护人责任的成立要件

监护人责任是典型的替代责任，监护人对被监护人造成的损害负责。因此，监护人责任的成立要件包括：（1）监护人（责任人）与被监护人（加害人）之间存在监护关系；（2）被监护人实施了加害行为；（3）受害人遭受了损害；（4）被监护人的加害行为与受害人的损害之间存在因果关系。

一、监护人与被监护人之间存在监护关系

根据《民法典》总则编的规定，被监护人是包括无民事行为能力人和限制民事行为能力人，即未成年人、不能辨认自己行为的成年人、不能完全辨认自己行为的成年人。其中，无民事行为能力人包括不满8周岁的未成年人、不能辨认自己行为的成年人；限制民事行为能力人包括已满8周岁不满18周岁的未成年人、不能完全辨认自己行为的成年人。

需要注意的是，依据《民法典》第18条第2款，16周岁以上的未成年人，以自己的劳动收入为主要生活来源的，视为完全民事行为能力人，从而监护关系依据《民法典》第39条终止。此时，未成年人不再是被监护人，应当对自己的

---

〔1〕 程啸：《侵权责任法》（第三版），法律出版社2021年版，第433页；周友军：《侵权法学》，中国人民大学出版社2011年版，第447页。

〔2〕《吴凯诉朱超、曙光学校人身损害赔偿纠纷案》，载《最高人民法院公报》2006年第12期。

加害行为独立承担责任，从而监护人责任不再适用。[1]

未成年人的监护人是父母。父母死亡或者没有监护能力的，由下列有监护能力的人按顺序担任监护人：祖父母、外祖父母；兄、姐；其他愿意担任监护人的个人或者组织。

无民事行为能力或者限制民事行为能力的成年人，由下列有监护能力的人按顺序担任监护人：配偶；父母、子女；其他近亲属，如兄弟姐妹、祖父母、外祖父母、孙子女、外孙子女；其他愿意担任监护人的个人或者组织。

二、被监护人实施了加害行为

被监护人必须实施了加害行为，监护人才应当承担监护人责任。被监护人实施的加害行为，应当从以下三个角度来理解。

第一，被监护人侵害了他人的民事权益。被监护人实施的加害行为，可能侵害了他人的绝对权。既可能侵害了他人的人格权，如生命权、身体权、健康权、姓名权、肖像权、名誉权、隐私权，也可能侵害了他人的财产权，如所有权。比如，被监护人殴打他人导致他人重伤、擅自公布他人隐私导致他人遭受精神痛苦、摔坏他人的手机。不仅如此，被监护人实施的行为虽然没有侵害他人绝对权，但可能造成纯粹经济损失。[2]比如，被监护人实施诈骗，导致他人遭受一般财产损害。[3]

第二，被监护人的加害行为既可能是作为，也可能是不作为。在通常情况下，被监护人实施加害行为的方式是作为，如殴伤他人、使用弓箭射中他人眼睛等。被监护人也可能以不作为的方式实施加害行为。由于不作为侵权以存在作为义务为前提，因此，被监护人以不作为方式实施加害行为的，应当违反了作为义务。考虑到被监护人不具有完全民事行为能力，法律可能不会要求被监护人承担作为义务。因此，在个案中，被监护人负担的作为义务，通常源于先行行为。

先行行为引起的作为义务，典型者为救助义务。在我国司法实践中，依据个案的具体情况，被监护人可能因先行行为负担救助义务，在他人遭受生命危险时应当采取与其年龄、心智、行为能力等相当的救助措施。比如，作为限制

---

〔1〕 戴孟勇：《劳动成年制的理论与实证分析》，载《中外法学》2012 年第 3 期。认为监护人责任仍然适用的观点，参见程啸：《侵权责任法》（第三版），法律出版社 2021 年版，第 435 页。

〔2〕 周友军：《侵权法学》，中国人民大学出版社 2011 年版，第 450 页。

〔3〕 参见广东省珠海市中级人民法院（2016）粤 04 民终 1729 号民事判决书。

民事行为能力人的被监护人与受害人相约去河边游泳，然而受害人溺水，而被监护人并未采取力所能及的救助措施，如及时呼救、求助、报警，导致最佳抢救时机错过、受害人身故。在这种情形下，根据个案的具体情况，被监护人就违反了作为义务，其监护人可能要承担监护人责任。[4]

第三，被监护人违反了理性成年人应尽的注意义务，[5]从而加害行为具有违法性。[6]监护人责任是替代责任，是监护人为被监护人实施加害行为造成的损害负责。然而，监护人并非为被监护人的所有加害行为负责。虽然被监护人实施了加害行为，但对于理性成年人而言，倘若这一行为都不足以让其独立承担侵权责任，那么，监护人也不应该对被监护人的加害行为负责。

这一立场的理由在于，侵权责任法旨在填补受害人遭受的损害，这并不会因为行为人是未成年人还是成年人而有所区别——受害人从责任人处获得的损害赔偿，不会因为加害人的个人身份而有所区别——故加害人是未成年人的，受害人应该获得的损害赔偿，与受害人在加害人是成年人时应获得的损害赔偿无异。因此，被监护人造成他人损害的，监护人承担的责任，应当相当于加害人是成年人时加害人承担的责任。监护人不应负担更多的责任，否则就会出现评价矛盾：受害人在遭受未成年人侵害时反而能获得优待。因此，监护人承担损害赔偿责任的前提在于，如果加害人是成年人，该成年人应当对损害负责的，那么，监护人就应当对被监护人实施的同一加害行为负责。

据此，如果被监护人没有尽到理性成年人的注意义务，该加害行为对于精神正常的成年人而言也足以成立侵权责任，那么，监护人就应当承担责任。反之，如果被监护人已经尽到了理性成年人的注意但损害仍然发生，即使实施加害行为的是理性成年人，加害人对于损害的发生都没有过错并无须负责，那么，监护人也不应负责。同样地，倘若被监护人虽然实施了加害行为，但是存在免责事由，监护人也无须承担监护人责任。

三、受害人遭受了损害

监护人责任的成立，以受害人遭受了损害为前提。

第一，受害人必须是监护人、被监护人之外的第三人，包括与被监护人处

---

〔4〕参见广东省惠州市中级人民法院（2020）粤13民终6449号民事判决书；江西省抚州市中级人民法院（2020）赣10民终877号民事判决书。

〔5〕张新宝：《侵权责任法》（第五版），中国人民大学出版社2020年版，第136页。

〔6〕周友军：《侵权法学》，中国人民大学出版社2011年版，第451页。

于同一监护关系之中的兄弟姐妹。也就是说，监护人造成被监护人损害的，被监护人造成监护人损害的，均不适用《民法典》第1188条的监护人责任。

第二，受害人遭受的损害，包括财产损害和非财产损害。前者如受害人的手机毁损，后者如受害人因身体权、健康权侵害遭受的严重精神损害。如前所述，监护人责任的保护范围不仅包括被害人绝对权益遭受侵害而蒙受的损害，还包括被害人遭受的纯粹经济损失。

四、被监护人的加害行为与受害人的损害之间存在因果关系

被监护人的加害行为，必须与受害人遭受的损害之间存在因果关系。因果关系依据条件理论、相当因果关系说、法规目的说判断。

通常情况下，受害人遭受的损害与被监护人的加害行为之间存在直接因果关系。根据个案的具体情况，受害人遭受的损害与被监护人的加害行为之间存在间接因果关系。[1]比如，被监护人将子弹等危险品带入校园并交给同学，被监护人的同学在摆弄危险品时因操作不慎引起爆炸，造成自己和他人遭受人身损害。[2]

第三节 监护人责任的承担

一、监护人责任的主体

一旦监护人责任成立，监护人就对被监护人造成的损害负责。不论是哪一类监护，监护人依据《民法典》第1188条第1款对被监护人造成的损害负无过错责任。存在多个监护人的，多个监护人对受害人承担连带责任。

（一）委托监护

《民法典》侵权责任编第1189条规定："无民事行为能力人、限制民事行为能力人造成他人损害，监护人将监护职责委托给他人的，监护人应当承担侵权责任；受托人有过错的，承担相应的责任。"根据该规定，监护人可以将监护职责通过合同委托给他人，从而成立委托监护。处于委托监护下的被监护人

---

〔1〕 周友军：《侵权法学》，中国人民大学出版社2011年版，第450页。

〔2〕 海南省海南中级人民法院（2006）海南民二终字第111号民事判决书；河南省安阳市中级人民法院（2011）安少民终字第12号民事判决书。

造成他人损害的，监护人不能以已将监护职责委托他人主张免责，而应承担无过错责任。委托监护人没有履行监护职责的，即具有过错，从而承担与过错、原因力等因素相应的责任。也就是说，委托监护人无须与监护人对受害人承担连带责任，而仅仅承担相应的责任。[1] 但是，监护人与委托监护人订立委托监护协议的，如果监护人与委托监护人内部有约定，承担责任的监护人得依约定向委托监护人追偿。

（二）父母离婚时的监护人责任

依据《民法典》第1084条第1款和第2款，在父母双方离婚后，子女仍为父母的子女，父母对子女仍然负有抚养、教育、保护的权利和义务。据此，父母与子女之间的监护关系不因父母离婚而终止。因此，子女造成他人损害的，已经离婚的父母仍然需要承担监护人责任。然而，就父母双方负责的责任形态而言，《民法典》并未规定。对此，我国原《民法通则意见》第158条规定："夫妻离婚后，未成年子女侵害他人权益的，同该子女共同生活的一方应当承担民事责任；如果独立承担民事责任确有困难的，可以责令未与该子女共同生活的一方共同承担民事责任。"

本书认为，在《民法典》实施后，上述规则不应再适用。监护人责任作为无过错责任，既不以监护人未尽到监护职责为成立要件，也不以监护人对被监护人的控制力为责任依据，因此，是否与子女共同生活，不影响监护人责任的成立。也就是说，父母离婚后，作为监护人应当对子女造成的损害负无过错责任、连带责任。[2]

二、监护人责任的减轻

《民法典》第1188条第1款第2句规定："监护人尽到监护职责的，可以减轻其侵权责任。"认定监护人是否尽到监护职责，需要结合被监护人的特点、损害发生的可能性等因素综合判断。[3] 就被监护人的特点而言，需要考虑被监护人的年龄、被监护人的性格、被监护人的精神状况，被监护人的一贯表现、被监护人的受教育状况等因素。被监护人年龄越小，越易暴躁，那么，监护人的监护职责就会越重。就损害发生的可能性而言，需要考虑被监护人手持物品

---

〔1〕 程啸：《侵权责任法》（第三版），法律出版社 2021 年版，第 439 页。
〔2〕 程啸：《侵权责任法》（第三版），法律出版社 2021 年版，第 439 页。
〔3〕 周友军：《侵权法学》，中国人民大学出版社 2011 年版，第 455 页。

的危险性、被监护人从事活动的危险性、被监护人所处场所的危险性等因素。危险性越高，监护人的监护职责就越重。

值得注意的是，是否尽到监护职责，需要考虑监护人对被监护人的教育目的，[1]即将被监护人培养成独立自主、自负责任的社会主体。因此，在被监护人成长的过程中，需要留给被监护人一定的试错空间，培养被监护人独立生活的能力。从而，认定监护人是否尽到监护职责，不要求监护人亦步亦趋地看护被监护人。[2]

监护人是否尽到监护职责的，不影响监护人责任的成立，仅仅影响监护人责任的范围：监护人尽到监护职责的，人民法院“可以”而非“应当”减轻监护人的责任。不过，他人教唆、帮助被监护人实施侵权行为的，依据《民法典》第1169条第2款，监护人仅在未尽到监护职责时承担相应的责任。这意味着，被监护人因他人教唆、帮助实施侵权行为致人损害的，监护人负过错责任，且不适用完全赔偿原则。

三、监护人责任的承担规则

根据《民法典》第1188条第2款，监护人责任的具体承担，取决于被监护人是否具有财产。

（一）被监护人具有责任财产时监护人责任的承担

被监护人具有责任财产，不是指被监护人有少量的零用钱或者价值不大的日常生活用品，而是指被监护人拥有价值较大的动产如存款、贵重物品和不动产如房产。从而，从被监护人财产中支付赔偿费用后，被监护人财产仍然可以保证被监护人的正常生活和接受教育。

按照学界主流观点，被监护人有责任财产的，被监护人作为责任人对受害人负责。[3]这意味着，被监护人有责任财产的，监护人仅负补充责任。对此，本书认为，倘若承认有财产的被监护人对受害人直接负责，无异于承认了被监护人的财产责任、无过错责任，从而责任之有无完全取决于行为人是否具有责任财产。这不仅违背了归责的基本原理，还将监护人责任转换为被监护人责任。同时，被监护人是否具有价值较高的责任财产，只是一项待证事实，受害

---

〔1〕 周友军：《侵权法学》，中国人民大学出版社 2011 年版，第 457 页。

〔2〕 MüKoBGB/Wagner,8. Aufl. 2020,BGB § 832Rn. 31.

〔3〕 王利明：《侵权责任法研究》（第二版）（下卷），中国人民大学出版社 2016 年版，第 51 页；张新宝：《侵权责任法》（第五版），中国人民大学出版社 2020 年版，第 138 页。

人在起诉时，可能并不了解被监护人的财产状况。因此，不宜将《民法典》第1188条第2款中的“从本人财产中支付赔偿费用”理解为被监护人应当对受害人独立承担责任。

本书认为，“从本人财产中支付赔偿费用”不影响监护人作为监护人责任的主体，仅涉及监护人责任的具体承担，[1]即损害赔偿的分担方式或者支付方式。[2]也就是说，如果监护人责任成立，根据个案的具体情况，人民法院查明被监护人具有相当数额的存款或者名下拥有不动产的，在不会严重影响被监护人今后的生活和学习的情况下，可以判令有财产的未成年人从其财产中支付赔偿费用，不足部分仍然由监护人作为责任人赔偿。据此，有责任财产的被监护人只是赔偿费用的支付者而非责任人，监护人仍然是监护人责任的责任人，承担的不是补充责任而是直接责任，只是在赔偿费用的支付上处于次位。

（二）被监护人没有责任财产时监护人责任的承担

被监护人没有责任财产时，监护人作为责任人对受害人直接负赔偿责任，从而须以自己的责任财产支付赔偿费用。

法律适用

监护人责任如何具体承担？

监护人责任是无过错责任，承担责任的主体是监护人。被监护人不直接对受害人承担损害赔偿责任。被监护人有财产的，从本人财产中支付赔偿费用；被监护人的财产不足以赔偿受害人全部损失的，监护人对不足部分承担监护人责任；被监护人没有财产的，监护人对受害人承担损害赔偿责任。

---

〔1〕类似观点，薛军：《走出监护人“补充责任”的误区——论〈侵权责任法〉第32条第2款的理解与适用》，载《华东政法大学学报》2010年第3期；薛军：《〈侵权责任法〉对监护人责任制度的发展》，载《苏州大学学报（哲学社会科学版）》2011年第6期。

〔2〕李永军：《论监护人对被监护人侵权行为的“替代责任”》，载《当代法学》2013年第3期。

第三十八章 用人者责任

提 要

用人者责任，包括用人单位责任、接受劳务一方。用人者责任是无过错责任、替代责任，以被使用人因执行工作任务或提供劳务而造成他人损害为前提。用人者承担侵权责任后，可以向有故意或者重大过失的被使用人追偿。劳务派遣期间，被派遣的工作人员因执行工作任务造成他人损害的，由接受劳务派遣的用工单位承担侵权责任；劳务派遣单位有过错的，承担相应的责任。

重点问题

1. 用人者责任的成立要件。

2. 劳务派遣中用人者责任的承担。

第一节 用人者责任概述

一、用人者责任的概念和特征

用人者责任，又称雇主责任、使用人责任，是指用人者对被使用人在从事职务活动的过程中造成的损害负担的侵权责任。用人者，是任用被使用人，通过指示对被使用人享有一定控制力的人。被使用人，是被他人任用，接受他人指示并提供劳动或劳务的人。

《民法典》第1191条、第1192条确立了我国用人者责任制度。其中，第1191条规定的是用人单位的责任，第1192条规定的是接受劳务一方的责任。因此，按照第1191条和第1192条的规定，我国用人者责任分为用人单位责任、劳务派遣工作人员侵权责任、提供劳务者致害责任、提供劳务者受害责任四种类型。

《民法典》确立的用人者责任具有如下特征：

第一，用人者责任是替代责任、无过错责任。用人者责任的特色在于，责任人和加害人出现了分离，作为责任人，用人者不论有无过错，均应对被使用人作为加害人造成的损害负责。也就是说，用人者不是为自己造成的损害负责，而是为他人造成的损害负责。

第二，用人者责任以加害人与责任人之间存在特定关系为前提。用人者和被使用人处于特定的关系，用人者可以选任、指示、监督、管理被使用人。[1]这种特殊关系既包括用人单位与工作人员的劳动关系，也包括用工单位与劳务派遣人员的用工关系，还包括个人之间提供劳务的关系。

第三，用人者责任是用人者对被使用人在执行职务过程中造成他人的损害负担的责任。用人者并非对被使用人造成的所有损害负责，而仅对被使用人执行工作任务或提供劳务时造成他人的损害负责。被使用人造成的损害，与执行工作任务或提供劳务无关的，用人者不负责任。

二、用人者责任的归责原则

《民法典》就用人者责任的归责原则采无过错责任。[2]这符合比较法上的通行做法。据此，被使用人在执行职务或者提供劳务的过程中造成他人损害的，受害人无须证明用人者存在过错即可请求用人者承担侵权损害赔偿责任。需要注意的是，用人者承担无过错责任，只是不问用人者是否具有过错，并非不考虑被使用人的过错。在用人者责任纠纷中，被使用人通常具有过错。

第二节　用人者责任的成立要件

用人者责任的成立要件包括：（1）加害人为被使用人；（2）被使用人实施了侵权行为；（3）被使用人因执行工作任务或提供劳务而造成他人损害。

一、加害人为被使用人

用人者责任的成立，要求加害人为被使用人，从而用人者对加害人造成的损害负责。被使用人，是被用人者任用，接受用人者指示并提供劳动或劳务的人。依据《民法典》第1191条和第1192条，被使用人包括用人单位的工作人

---

〔1〕张新宝：《侵权责任法》（第五版），中国人民大学出版社2020年版，第142页。

〔2〕学界对用人者无过错责任理论依据的分析，参见张新宝：《侵权责任法》（第五版），中国人民大学出版社2020年版，第143页；程啸：《侵权责任法》（第三版），法律出版社2021年版，第446页。

员、劳务派遣中被派遣到用工单位的工作人员、提供劳务一方。判断加害人是否为被使用人，应当以加害人是否服从于他人的指示、依附于他人为准。[1]也就是说，被使用人必须服从于使用人的管理、控制和指示，使用人对被使用人享有指示权，[2]使用人可以决定限制、剥夺被使用人的工作，或者决定被使用人工作的时间和范围。[3]

（一）用人单位的工作人员

被使用人首先包括用人单位的工作人员。用人单位，包括企业、事业单位、国家机关、社会团体等，也包括个体经济组织。[4]因此，用人单位包括除自然人之外的一切组织，有无法人资格、所有制如何不影响用人单位的认定。[5]

用人单位的工作人员，是受用人单位管理，被纳入用人单位组织，接受用人单位监督，服从用人单位关于工作时间、地点及方式等具体或者概括指示的人。[6]工作人员可以是用人单位的正式员工，也可以是用人单位的临时员工。加害人与用人单位是否存在劳动合同、劳动合同是否有效，不影响用人单位工作人员的认定。[7]

（二）被派遣至用工单位的工作人员

被使用人还包括劳务派遣中被派遣到用工单位的工作人员。所谓劳务派遣，是指由劳务派遣单位（用人单位）与被派遣劳动者（派遣员工）订立劳动合同，把劳动者派向接受以劳务派遣形式用工的单位（用工单位），再由其用工单位向劳务派遣单位支付一笔服务费用的一种用工形式。依据《劳动合同法》第58条、第59条，劳务派遣单位应当与被派遣劳动者订立两年以上的固定期限劳动合同，按月支付劳动报酬，同时，劳务派遣单位派遣劳动者与接受劳务派遣的单位订立劳务派遣协议。

也就是说，在劳务派遣关系中，劳务派遣单位是派遣员工的用人单位，劳动合同关系发生在劳务派遣单位和派遣员工之间；接受劳务派遣的单位与派遣

---

〔1〕 M ü KoBGB/Wagner,8. Aufl. 2020,BGB § 831Rn. 14.

〔2〕 周友军：《侵权法学》，中国人民大学出版社 2011 年版，第 432 页。

〔3〕 Wandt,GesetzlicheSchuldverha¨ltnisse,8. Aufl. 2017, § 18Rn. 5.

〔4〕 黄薇主编：《中华人民共和国民法典侵权责任编解读》，中国法制出版社 2020 年版，第 110 页。

〔5〕 程啸：《侵权责任法》（第三版），法律出版社 2021 年版，第 452 页。

〔6〕 邹海林、朱广新主编：《民法典评注：侵权责任编》（第 1 册），中国法制出版社 2020 年版，第 301 页。

〔7〕 王利明：《侵权责任法研究》（第二版）（下卷），中国人民大学出版社 2016 年版，第 84 页；尹志强：《侵权行为法论》，中国政法大学出版社 2008 年版，第 145 页。

员工之间是用工关系，接受劳务派遣的单位作为用工单位对派遣员工享有指示权，派遣员工接受用工单位的指挥、服从用工单位的管理。

因此，在劳务派遣期间，对派遣员工发出指示、对其进行管理和监督的是用工单位，而非作为用人单位的劳务派遣单位。[1]据此，派遣员工在执行用工单位的工作任务时造成的损害，应当由对其享有指示权的用工单位负用人者责任。

（三）提供劳务一方

被使用人还包括个人形成劳务关系中提供劳务一方。劳务关系，是指提供劳务一方为接受劳务一方提供劳务服务，由接受劳务一方按照约定支付报酬而建立的一种民事权利义务关系，[2]由《民法典》合同编调整。个人之间形成的劳务关系，是自然人与自然人之间形成的劳务关系，如不经中介直接雇用的保姆、家教、钟点工。合伙的工作人员，属于用人单位的工作人员，不属于个人之间形成劳务关系中的提供劳务的一方。[3]个人之间形成的劳务关系，通常是有偿的。一方无偿提供劳务的，属于《人身损害赔偿解释》第4条的“无偿提供劳务的帮工人”。根据该规定，无偿提供劳务的帮工人，在从事帮工活动中致人损害的，被帮工人应当承担赔偿责任。被帮工人明确拒绝帮工的，不承担赔偿责任。被帮工人承担赔偿责任后可以向有故意或者重大过失的帮工人追偿。

在个人形成的劳务关系中，提供劳务一方虽然与接受劳务一方没有上下级隶属关系，但是受接受劳务一方的支配。接受劳务一方可以决定提供劳务一方提供劳务的时间和范围。比如，客户可以决定钟点工上门提供服务的时间、地点、具体内容。

需要注意的是，劳务关系不同于承揽关系。[4]首先，两者所涉劳务内容不同。劳务关系的内容是提供劳务，劳务范围较广，通常具有继续性，提供劳务本身就是目的，报酬主要根据劳动力价值确定；承揽关系的内容是完成工作、交付工作成果，提供劳务只是手段，完成工作才是目的，报酬主要根据工作成

---

〔1〕邹海林、朱广新主编：《民法典评注：侵权责任编》（第1册），中国法制出版社2020年版，第305页。

〔2〕黄薇主编：《中华人民共和国民法典侵权责任编解读》，中国法制出版社2020年版，第113页。

〔3〕黄薇主编：《中华人民共和国民法典侵权责任编解读》，中国法制出版社2020年版，第114页。

〔4〕参见黑龙江省高级人民法院（2015）黑高民申二字第715号民事裁定书；重庆市高级人民法院（2015）渝高法民提字第00090号民事判决书；吉林省高级人民法院（2017）吉民申2061号民事裁定书。

果确定。其次，主体之间的关系和地位不同。在劳务关系中，提供劳务一方受接受劳务一方的支配和指示，接受劳务一方可以决定劳务提供的时间、地点；在承揽关系中，定作人与承揽人的地位平等，承揽人对于工作如何安排享有自主权，因此，完成工作的具体完成方式，包括具体的工序、工作时间由承揽人自行决定，定作人可以监督检查。

二、被使用人实施了侵权行为

用人者责任是替代责任，由用人者承担本应由被使用人承担的侵权责任。因此，用人者责任的成立，以被使用人的加害行为满足侵权责任的成立要件为前提。一般来说，被使用人实施的是一般侵权行为，因此，用人者责任的成立，须被使用人造成损害、被使用人的加害行为与损害具有因果关系、被使用人具有过错等一般过错责任成立要件。在这种情形中，不要求用人者具有过错，但被使用人应当具有过错。被使用人实施一般侵权行为的，侵害的对象通常是绝对权，也可能是受害人的一般财产，即受害人的纯粹经济损失也属于用人者责任的保护范围。[1]比如，不动产中介的职员在提供中介服务时骗取购房者定金。[2]

在特殊情况下，被使用人实施的是特殊侵权行为，从而，用人者责任的成立，须被使用人满足特殊侵权责任的成立要件。比如，学校以承担油费为条件，委派职工以私家车运送外籍教师，职工在运送外籍教师时发生车祸。[3]不过，如果被使用人从事的是属于用人者业务范围内的危险活动，比如排污行为，用人者作为污染源的控制者直接承担环境污染责任，[4]受害人无须援引用人者责任，从而无须举证证明具体的加害人是被使用人。

三、被使用人因执行工作任务或提供劳务而造成他人损害

被使用人必须因执行工作任务或者提供劳务而造成他人损害。被使用人通常在执行工作任务或提供劳务的过程中实施了侵权行为，从而引起了损害。如果被使用人造成的损害与执行工作任务或者提供劳务无关，如用人单位工作人员下班后与朋友聚会时与他人斗殴、保姆周末骑车郊游撞伤他人，损害就应当

---

〔1〕 周友军：《侵权法学》，中国人民大学出版社 2011 年版，第 436 页。
〔2〕 参见江苏省南京市中级人民法院（2014）宁民终字第 3662 号民事判决书。
〔3〕 参见江苏省常州市中级人民法院（2015）常民终字第 1415 号民事判决书。
〔4〕 周友军：《侵权法学》，中国人民大学出版社 2011 年版，第 45 页。

由被使用人自己负责。

如何判断被使用人的行为属于执行工作任务或者提供劳务，学说上存在雇主意思说、雇员意思说和客观说等不同观点。[1]按照雇主意思说，职务活动的范围应当依据雇主指示雇员所承担的事项为准，因此，雇员的行为如果超出了雇主指示的范围，就不再属于职务活动的范围。按照雇员意思说，职务活动的范围以雇员的主观意愿为准，尽管职务活动的范围原则上按照雇主指示雇员所承担的事项为准，但是，如果雇员为了雇主的利益而超出雇主指示的范围而行为，雇员的行为仍然属于职务活动的范围。客观说则认为，雇员的行为是否属于职务活动的范围，应当从行为的外观来判断，如果行为在客观上表现为按照雇主指示而活动，那么，该行为就属于职务活动。

2003年《人身损害赔偿解释》第9条第2款就执行工作任务的认定专门作了规定。根据该规定，“从事雇佣活动”，是指从事雇主授权或者指示范围内的生产经营活动或者其他劳务活动；雇员的行为超出授权范围，但其表现形式是履行职务或者与履行职务有内在联系的，应当认定为“从事雇佣活动”。因此，判断被使用人的行为是否属于执行工作任务或者提供劳务，首先观察该行为是否属于用人者授权或者指示范围内的生产经营活动或者其他劳务活动，即采雇主意思说。其次，即使被使用人的行为超出了用人者授权或者指示范围，如果被使用人的行为从客观上来看是履行职务，或者与履行职务有内在关系，那么，该行为仍然属于执行工作任务或者提供劳务。

即使被使用人的行为超出或者违背了用人者的指示，但是，结合个案中的具体情况，被使用人的行为可能仍属于执行工作任务。此时，应当兼顾用人者和受害人的利益，综合考虑以下因素：用人者对被使用人加害行为的可预见性、实施加害行为的名义、加害行为的利益归属、加害行为与职务的关联、加害行为是否符合惯例或者习惯、受害人的信赖可能性、加害行为发生的地点和时间。[2]因此，销售人员宴请与其无私交的客户工作人员，由于宴请行为会使公司受益，因此，宴请行为与履行职务有内在联系，属于履行职务的行为。同时，在宴请结束后，销售人员驾车送客的行为仍属宴请活动的延续，也属于履行职务的行为。[3]

---

〔1〕 张新宝：《侵权责任法》（第五版），中国人民大学出版社 2020 年版，第 149 页；周友军：《侵权法学》，中国人民大学出版社 2011 年版，第 434 页。

〔2〕 参见江苏省常州市中级人民法院（2015）常民终字第 1415 号民事判决书。

〔3〕 参见重庆市高级人民法院（2014）渝高法民提字第 00210 号民事判决书。

第三节 用人者责任的承担

一、用人者的责任及追偿

按照《民法典》第1191条第1款、第1192条第1款第1句和第2句的规定，被使用人因执行工作任务或者提供劳务造成他人损害的，由用人者，即用人单位、接受劳务的一方单独对受害人承担用人者责任。也就是说，被使用人不直接对受害人承担责任，被使用人和用人者不承担连带责任。[1]因此，我国的用人者责任与英美法上的替代责任存在明显区别，后者并不排斥被使用人的单独责任。

尽管用人者与被使用人不承担连带责任，但是，被使用人具有故意或者重大过失的，用人者可以向被使用人追偿。承认用人者的追偿权，旨在保护用人者的利益，一方面可以尽量避免用人者遭受损失，另一方面还可以促使被使用人谨慎认真地执行工作任务或提供劳务，避免自己被追偿。[2]

二、劳务派遣中用工单位和用人单位的责任

根据《民法典》第1191条第2款，在劳务派遣期间，用工单位作为用人者，基于对派遣员工的指示权，对派遣员工因执行工作任务造成的损害负责，从而对外承担用人者责任。

虽然劳务派遣单位在劳务派遣期间对派遣员工具体执行工作任务并无指示权，但是，对于派遣员工造成损害，劳务派遣单位可能也有过错，比如选任、派遣了不符合劳务派遣协议约定派遣岗位要求的员工。再如，劳务派遣单位派遣至用工单位的保安具有盗窃的陋习，或者派遣至用工单位的设备操作员不具备相应的技能和资质。如果被派遣的员工不符合派遣岗位要求并因此造成他人损害，劳务派遣单位对自身过错负责，从而对受害人承担相应的责任。[3]所谓相应的责任，主要是指与劳务派遣单位过错、原因力相应的责任。

---

〔1〕 程啸：《侵权责任法》（第三版），法律出版社 2021 年版，第 469 页；邹海林、朱广新主编：《民法典评注：侵权责任编》（第 1 册），中国法制出版社 2020 年版，第 304 页。

〔2〕 张新宝：《侵权责任法》（第五版），中国人民大学出版社 2020 年版，第 152 页。

〔3〕 这种相应的责任包括劳务派遣单位承担直接责任和承担补充责任两种情形。参见黄薇主编：《中华人民共和国民法典侵权责任编解读》，中国法制出版社 2020 年版，第 112 页。

三、提供劳务一方遭受损害时的责任

按照《民法典》第1192条第1款第3句的规定，提供劳务一方因劳务受到损害的，根据提供劳务一方和接受劳务一方各自的过错，确定各自应当承担的损害。具体来说，如果提供劳务一方对损害发生具有过错但接受劳务一方没有过错，如提供劳务一方疏忽大意甚至违反安全警示，接受劳务一方不承担责任，损害由提供劳务一方承担。如果提供劳务一方没有过错但接受劳务一方具有过错，如接受劳务一方提供了不安全的工具、设备、工作环境，由接受劳务一方依据《民法典》第1165条第1款对提供劳务一方负过错责任。如果提供劳务一方和接受劳务一方对损害的发生均有过错，接受劳务的一方对提供劳务一方负过错责任，但应当适用过失相抵。[1]

根据《民法典》第1192条第2款，提供劳务一方遭受第三人侵害的，既可以请求第三人承担侵权责任，也可以请求无过错的接受劳务一方给予补偿。接受劳务一方没有过错，承担的不是赔偿责任，而是补偿责任，从而与第三人不成立不真正连带责任。[2]这有利于提供劳务一方的保护。接受劳务一方给予提供劳务一方补偿后，可以向第三人追偿，因为第三人是终局责任人。

第四节　定作人责任

一、定作人责任概述

《民法典》第1193条规定："承揽人在完成工作过程中造成第三人损害或者自己损害的，定作人不承担侵权责任。但是，定作人对定作、指示或者选任有过错的，应当承担相应的责任。"这是关于定作人责任的规定。

承揽注重工作的完成，承揽人进行工作具有独立性，对于工作如何安排有完全的自主权，不受定作人的干预。因此，承揽人自行控制工作风险，从而对完成工作过程中造成第三人损害或者自己损害自行负责。[3]承揽人实施一般侵权行为造成第三人损害的，对第三人依据《民法典》第1165条第1款承担过错责

〔1〕邹海林、朱广新主编：《民法典评注：侵权责任编》（第1册），中国法制出版社2020年版，第314页。

〔2〕黄薇主编：《中华人民共和国民法典侵权责任编解读》，中国法制出版社2020年版，第117页。

〔3〕邹海林、朱广新主编：《民法典评注：侵权责任编》（第1册），中国法制出版社2020年版，第317页。

任；承揽人实施特殊侵权行为造成第三人损害的，依据《民法典》特殊侵权规则承担责任。对承揽人完成工作过程无控制力的定作人，对第三人的损害和承揽人自己遭受的损害无须负责。

二、定作人责任的成立要件

定作人原则上不对承揽人造成的损害负责，但是，依据《民法典》第1193条第2句，如果定作人在定作、指示或者选任上有过错的，应当承担过错责任。需要注意的是，《民法典》第1193条第2句主要适用于承揽人给第三人造成损害的情形。定作人给承揽人造成损害的，承揽人可以依据承揽合同请求定作人承担责任，也可以请求定作人承担侵权责任。

定作人责任的成立，首先，要求承揽人在完成工作过程中造成第三人损害。损害必须发生在完成工作过程中，而非完成工作、交付工作成功之后。如果承揽人已经完成工作、交付工作成果，该工作物归定作人所有，定作人就该工作物造成他人的损害负责。[1]其次，定作人在定作、指示或者选任上具有过错。定作过错，是指定作事项本身存在侵害他人权益的危险性；指示过错，是指定作人在完成承揽工作的方式方法上发出了错误的或者违法违规的指令；选任过错，是指定作人在选择承揽人上存在疏忽，如选择了明显不具备相应资质或技能的承揽人。[2]定作人责任的成立，还要求定作人的过错与损害的发生具有因果关系。如果定作人虽有指示过错，但承揽人并未遵循该指示而造成他人损害的，损害的发生即与定作人的过错缺乏因果关系，定作人责任不成立。

定作人具有过错但承揽人无过错的，定作人对第三人独立承担过错责任。定作人和承揽人均有过错的，定作人如何承担相应的责任，学界存在分歧。一种观点认为，定作人和承揽人对外承担连带责任，对内按照各自的过错和原因力确定各自承担的份额，[3]因此，定作人的相应责任只有内部效力。另一种观点认为，各自有过错的定作人、承揽人依据《民法典》第1172条对第三人承担

---

〔1〕 邹海林、朱广新主编：《民法典评注：侵权责任编》（第1册），中国法制出版社2020年版，第319页。

〔2〕 张新宝：《侵权责任法》（第五版），中国人民大学出版社2020年版，第154页；程啸：《侵权责任法》（第三版），法律出版社2021年版，第487页。

〔3〕 邹海林、朱广新主编：《民法典评注：侵权责任编》（第1册），中国法制出版社2020年版，第320页。

按份责任，定作人对第三人承担与过错程度、原因力大小相应的责任。[1]结合《民法典》多数人侵权规则来看，应以第二种观点为恰当。

法律适用

如何认定被使用人的行为是否属于执行工作任务？

判断被使用人的行为是否属于执行工作任务或者提供劳务，首先，观察该行为是否属于用人者授权或者指示范围内的生产经营活动或者其他劳务活动。其次，即使被使用人的行为超出了用人者授权或者指示范围，如果被使用人的行为从客观上来看是履行职务，或者与履行职务有内在关系，那么，该行为仍然属于执行工作任务或者提供劳务。具体来说，应当兼顾用人者和受害人的利益，综合考虑以下因素：用人者对被使用人加害行为的可预见性、实施加害行为的名义、加害行为的利益归属、加害行为与职务的关联、加害行为是否符合惯例或者习惯、受害人的信赖可能性、加害行为发生的地点和时间。

〔1〕张新宝：《侵权责任法》（第五版），中国人民大学出版社 2020 年版，第 155 页；程啸：《侵权责任法》（第三版），法律出版社 2021 年版，第 485 页。

第三十九章 网络侵权责任

| 提 要 |

网络侵权责任，是指因发生在网络上的侵权行为而产生的侵权责任。网络侵权责任的主体包括网络用户和网络服务提供者。网络用户、直接实施侵权行为的网络服务提供者承担的是一般侵权责任。根据通知—取下规则，网络用户利用其网络服务实施侵权行为的，网络服务提供者接到权利人的通知后如果未及时采取必要措施，对损害的扩大部分与该网络用户承担连带责任；根据知道规则，网络服务提供者知道或者应当知道网络用户利用其网络服务实施侵权行为，未采取必要措施的，与该网络用户承担连带责任。

| 重点问题 |

1. 网络服务提供者侵权责任的类型。

2. 通知—取下规则与反通知规则。

第一节 网络侵权责任概述

一、网络侵权责任的概念和特征

网络侵权责任，是指因发生在网络上的侵权行为而产生的侵权责任。《民法典》第1194—1197条是关于网络侵权责任的规定。

网络侵权责任的特征在于：

第一，网络侵权责任的侵权行为发生的地点具有特殊性，即发生于网络空间，而非物理空间。

第二，网络侵权责任的归责原则是过错责任。网络侵权责任只是发生的地点具有特殊性，其归责原则没有特殊性。虽然《民法典》第1194条没有规定过错要件，但这并不代表网络侵权责任就是无过错责任。不论是网络用户还是网络服务提供者，最终都是为自己的过错负责。

第三，网络侵权责任的主体包括网络用户和网络服务提供者。网络侵权责任的主体，不仅包括网络用户，还包括网络服务提供者。网络用户通常利用网络或者网络服务直接实施侵权行为。网络服务提供者既可能直接实施侵权行为而承担责任，也可能因未对网络用户的侵权行为采取必要措施而承担责任。

第四，网络侵权责任的成立，通常是因精神性人格权、知识产权遭受侵害，包括姓名权、名称权、名誉权、荣誉权、肖像权、隐私权、著作权等。此外，侵害财产权也可能成立网络侵权责任，比如，盗窃他人网络游戏装备和道具。

二、网络用户的侵权责任

依据《民法典》第1194条规定，网络用户利用网络侵害他人民事权益的，应当承担侵权责任。这是关于网络用户利用网络直接实施侵权行为承担侵权责任的规定。

网络用户，是指利用网络服务提供者提供的服务在网络活动的人。网络用户实施的侵权行为，其特殊性在于，侵权行为发生在网络空间。然而，侵权行为发生在网络空间，并不影响归责原则。《民法典》第1194条并非无过错责任的规定。网络用户实施侵权行为的侵权责任，在成立要件上并不具有特殊性。因此，网络用户实施侵权行为的侵权责任，仍然是过错责任，[1]成立要件按照《民法典》第1165条第1款确定。当然，网络用户实施一般侵权行为的，倘若网络用户本身是被监护人或者被使用人，侵权责任由监护人、用人者承担，成立监护人责任、用人者责任。

一般来说，网络用户实施的侵权行为，侵害的民事权益包括：（1）精神性人格权，如姓名权、肖像权、名誉权、隐私权、个人信息；（2）财产权，如窃取他人网络游戏中的虚拟财产、发送病毒导致他人电脑硬件毁坏；（3）知识产权，如以擅自传播他人作品侵害他人著作权。[2]

---

〔1〕 张新宝：《侵权责任法》（第五版），中国人民大学出版社 2020 年版，第 161 页；程啸：《侵权责任法》（第三版），法律出版社 2021 年版，第 491 页。

〔2〕 张新宝：《侵权责任法》（第五版），中国人民大学出版社 2020 年版，第 161 页；黄薇主编：《中华人民共和国民法典侵权责任编解读》，中国法制出版社 2020 年版，第 121 页。

第二节 网络服务提供者的侵权责任

一、网络服务提供者利用网络直接实施侵权行为的侵权责任

依据《民法典》第1194条规定，网络服务提供者利用网络侵害他人民事权益的，应当承担侵权责任。这是网络服务提供者直接实施侵权行为时承担侵权责任的规定。

与网络用户的侵权责任一样，网络服务提供者直接实施侵权行为的侵权责任，归责原则也是过错责任。[1]

网络服务提供者有广义和狭义之分。广义的网络服务提供者，包括技术服务提供者和内容服务提供者。技术服务提供者，是指为网络信息传播提供接入、搜索、存储等服务类型的网络服务提供者；内容服务提供者，是指主动在网上发布、传播信息，从而向网络用户提供内容的网络服务提供者。[2]不论是内容服务提供者，还是技术服务提供者，均可能直接实施侵权责任，从而成立过错责任。[3]比如，内容服务提供者可能发布了侵害著作权的影视作品、侵害他人名誉权的信息；技术服务提供者可能破坏他人技术保护措施、利用技术手段攻击网络、窃取他人个人信息。[4]

二、网络服务提供者对网络用户实施侵权行为的侵权责任

（一）通知—取下规则与反通知

《民法典》第1195条规定了“通知—取下”规则，第1196条规定了“反通知”制度，从而确立了网络服务提供者基于通知规则的侵权责任。

---

〔1〕 张新宝：《侵权责任法》（第五版），中国人民大学出版社 2020 年版，第 161 页；程啸：《侵权责任法》（第三版），法律出版社 2021 年版，第 491 页。

〔2〕 邹海林、朱广新主编：《民法典评注：侵权责任编》（第 1 册），中国法制出版社 2020 年版，第 323 页；黄薇主编：《中华人民共和国民法典侵权责任编解读》，中国法制出版社 2020 年版，第 121—122 页。

〔3〕 邹海林、朱广新主编：《民法典评注：侵权责任编》（第 1 册），中国法制出版社 2020 年版，第 324 页；黄薇主编：《中华人民共和国民法典侵权责任编解读》，中国法制出版社 2020 年版，第 122 页。

〔4〕 黄薇主编：《中华人民共和国民法典侵权责任编解读》，中国法制出版社 2020 年版，第 122 页；最高人民法院民法典贯彻实施工作领导小组：《中华人民共和国民法典侵权责任编理解与适用》，人民法院出版社 2020 年版，第 264 页。

网络服务提供者基于通知—取下规则的侵权责任，是指网络用户利用网络服务实施侵权行为，遭受侵害的权利人在知道侵权行为后，有权通知网络服务提供者采取删除、屏蔽、断开链接等必要措施，以避免损害进一步扩大，网络服务提供者在接到通知后未及时采取必要措施的，对损害扩大的部分与实施侵权行为的网络用户承担连带责任。

基于通知—取下规则的侵权责任，责任主体不可能是提供内容服务的网络内容服务提供者，只能是提供技术服务的网络技术服务提供者。其理由在于，网络内容服务提供者发布的内容侵害他人民事权益的，网络内容服务提供者直接对受害人承担侵权责任，受害人即使向网络内容服务提供者发出了通知，这一通知的性质实际上是停止侵害、排除妨害请求权的行使，不是《民法典》第1195条中的通知。也就是说，基于通知—取下规则的侵权责任，责任主体限于网络技术服务提供者，主要是为他人信息分享提供技术便利和平台支持的网络服务提供者。〔1〕

网络服务提供者基于通知—取下规则的侵权责任，是过错责任而非无过错责任，〔2〕其成立要件包括：（1）网络用户实施侵权行为造成权利人损害；（2）权利人的适格通知，通知的内容至少应当包括权利人的真实身份信息、侵权信息的网络地址、侵权的初步证据（要求采取删除、屏蔽、断开链接等必要措施的理由）；〔3〕（3）网络服务提供者未及时采取必要措施，具有违法性；（4）网络服务提供者未及时采取必要措施与权利人损害扩大的部分有因果关系；（5）网络服务提供者具有过错。

基于通知—取下规则的侵权责任，是典型的不作为侵权责任。网络服务提供者未及时采取必要措施，并具有过错。未及时采取必要措施，表明网络服务提供者构成不作为、具有违法性。如果理性的网络服务提供者会及时采取必要措施，网络服务提供者即具有过失。

所谓必要措施，是指防止侵权行为继续和损害扩大的措施，〔4〕旨在在技术

---

〔1〕邹海林、朱广新主编：《民法典评注：侵权责任编》（第1册），中国法制出版社2020年版，第331—332页。

〔2〕黄薇主编：《中华人民共和国民法典侵权责任编解读》，中国法制出版社2020年版，第127页。

〔3〕张新宝：《侵权责任法》（第五版），中国人民大学出版社2020年版，第163页；邹海林、朱广新主编：《民法典评注：侵权责任编》（第1册），中国法制出版社2020年版，第333页。

〔4〕张新宝：《侵权责任法》（第五版），中国人民大学出版社2020年版，第163页。

能够做到的范围内避免相关信息进一步传播，[1]从而达到其他网络用户无法访问该信息的效果，包括删除、屏蔽、断开链接等措施。哪些措施属于必要措施，取决于个案中的具体情况。一般来说，网络服务提供者在收到适格通知之后，需要进行初步审查以确定权利人的请求是否符合要求，进而确定哪些措施是必要的并将通知转送给加害人。

网络服务提供者应当及时采取必要措施。即使网络服务提供者采取了必要措施，但是必要措施不及时的，可能导致损害后果的扩大，从而网络服务提供者需要承担侵权责任。判断必要措施是否及时，应当根据网络服务的类型和性质、有效通知的形式和准确程度、网络信息侵害权益的类型和程度等因素综合判断。

网络服务提供者未及时采取必要措施的，与实施侵权行为的网络用户就损害扩大的部分承担连带责任。损害扩大的部分，是指网络服务提供者在接到通知后，未及时采取必要措施之后发生的损害，不包括收到通知之前、合理审查时间经过之前已经发生的损害。

基于权利人的通知，网络服务提供者可能会采取必要措施，但是，通知本身可能存在错误，因此，权利人因错误通知造成网络用户或者网络服务提供者损害的，应当承担侵权责任。

网络服务提供者在收到权利人的通知后，应当及时将通知转送给实施侵权行为的网络用户。网络用户接到转送通知后，可以向网络服务提供者提交不存在侵权行为的声明。声明内容应包括不存在侵权行为的初步证据及网络用户的真实身份信息。网络服务提供者接到声明后，应当将该声明转送发出通知的权利人，并告知其可以向有关部门投诉或者向人民法院提起诉讼。网络服务提供者在转送声明到达权利人后的合理期限内，未收到权利人已经投诉或者提起诉讼通知的，应当及时终止所采取的措施。

（二）知道规则

《民法典》第1197条规定：“网络服务提供者知道或者应当知道网络用户利用其网络服务侵害他人民事权益，未采取必要措施的，与该网络用户承担连带责任。”这是关于网络服务提供者基于知道规则的侵权责任的规定。

如果网络服务提供者知道或者应当知道网络用户利用网络服务实施侵权行为，那么，无须权利人的通知，网络服务提供者就应当主动采取必要措施，以

[1] 黄薇主编:《中华人民共和国民法典侵权责任编解读》，中国法制出版社 2020 年版，第 125 页。

制止侵权行为、避免损害的发生和扩大。也就是说，网络服务提供者在特殊情况下应主动承担网络信息的审核义务。当然，承担审核义务的网络服务提供者，仍然是网络技术服务提供者，即自身不制作、发送网络信息，而是为他人制作、发送网络信息提供技术支持与中介服务的网络服务提供者。[1]

“知道”即明知，“应当知道”即应知但因过失而不知、尽到注意即能知道。根据司法解释的规定，认定网络服务提供者是否“知道或者应当知道”，应当综合考虑下列因素：（1）网络服务提供者是否以人工或者自动方式对侵权网络信息以推荐、排名、选择、编辑、整理、修改等方式作出处理；（2）网络服务提供者应当具备的管理信息的能力，以及所提供服务的性质、方式及其引发侵权的可能性大小；（3）该网络信息侵害人身权益的类型及明显程度；（4）该网络信息的社会影响程度或者一定时间内的浏览量；（5）网络服务提供者采取预防侵权措施的技术可能性及其是否采取了相应的合理措施；（6）网络服务提供者是否针对同一网络用户的重复侵权行为或者同一侵权信息采取了相应的合理措施；（7）与本案相关的其他因素。

网络服务提供者明知网络用户利用其网络服务实施侵权行为，但没有采取必要措施的，可能构成帮助侵权；[2]网络服务提供者应当知道但不知网络用户利用其网络服务实施侵权行为，并没有采取必要措施的，一般具有过失，构成不作为侵权。总之，网络服务提供者知道或者应当知道网络用户利用其网络服务侵害他人民事权益，未采取必要措施的，应当承担过错责任。就责任形态而言，网络服务提供者自知道或应当知道时起，就此后受害人遭受的损害与实施侵权行为承担连带责任。

法律适用

网络服务提供者基于通知—取下规则的侵权责任主要如下。

网络服务提供者基于通知—取下规则的侵权责任，是指网络用户利用网络服务实施侵权行为，遭受侵害的权利人在知道侵权行为后，有权通知网络服务提供者采取删除、屏蔽、断开链接等必要措施，以避免损害进一步扩大。

---

〔1〕邹海林、朱广新主编：《民法典评注：侵权责任编》（第1册），中国法制出版社2020年版，第344页。

〔2〕邹海林、朱广新主编：《民法典评注：侵权责任编》（第1册），中国法制出版社2020年版，第344页；最高人民法院民法典贯彻实施工作领导小组：《中华人民共和国民法典侵权责任编理解与适用》，人民法院出版社2020年版，第264页。

必要措施，是指防止侵权行为继续和损害扩大的措施，从而达到其他网络用户无法访问该信息的效果，包括删除、屏蔽、断开链接等措施。哪些措施属于必要措施，取决于个案中的具体情况。判断必要措施是否及时，应当根据网络服务的类型和性质、有效通知的形式和准确程度、网络信息侵害权益的类型和程度等因素综合判断。

网络服务提供者在接到通知后未及时采取必要措施的，对损害扩大的部分与实施侵权行为的网络用户承担连带责任。

第四十章 违反安全保障义务的侵权责任

提 要

宾馆、商场、银行、车站、机场、体育场馆、娱乐场所等经营场所、公共场所的经营者、管理者或者群众性活动的组织者，对进入场所的人、群众性活动的参与者负有的保障其人身、财产安全的义务。经营场所、公共场所的经营者、管理者或者群众性活动的组织者作为安全保障义务人，在违反安全保障义务直接造成他人损害时对受害人承担过错责任，在第三人造成受害人损害时因未尽安全保障义务承担相应的补充责任，并对第三人享有追偿权。

重点问题

安全保障义务人的补充责任。

第一节 安全保障义务概述

一、安全保障义务的概念

依据《民法典》第1198条，安全保障义务，是指宾馆、商场、银行、车站、机场、体育场馆、娱乐场所等经营场所、公共场所的经营者、管理者或者群众性活动的组织者，对进入场所的人、群众性活动的参与者负有的保障其人身、财产安全的义务。经营场所、公共场所的经营者、管理者或者群众性活动的组织者，作为安全保障义务人，没有尽到安全保障义务导致他人遭受损害的，承担侵权责任。这就是违反安全保障义务的侵权责任。

二、安全保障义务的特征

《民法典》侵权责任编确立的安全保障义务具有如下特征：

第一，安全保障义务是作为义务。负有安全保障义务的主体，应当采取各种合理措施，防止损害的发生。违反安全保障义务造成他人损害的，构成不作为侵权。安全保障义务人的侵权责任是过错责任、自己责任。

第二，安全保障义务的主体具有特殊性。我国安全保障义务的主体限于《民法典》第1198条第1款列举的经营场所、公共场所的经营者、管理者或者群众性活动的组织者，从而，我国的安全保障义务与德国法上的交往安全义务不同。后者具有一般性，任何开启或者维持危险源的人，都必须采取必要的、可期待的措施，防止他人遭受损害。[1]

第三，违反安全保障义务的侵权责任包括直接责任和补充责任两种类型。依据《民法典》第1198条第1款，义务人自己违反安全保障义务造成他人损害的，义务人对受害人负过错责任；依据《民法典》第1198条第2款，义务人未能防止、阻止第三人实施侵权行为，导致他人遭受损害的，义务人承担相应的补充责任。

第二节 违反安全保障义务侵权责任的成立要件

违反安全保障义务的侵权责任，是不作为侵权引起的过错责任。因此，违反安全保障义务侵权责任的成立要件，按照过错侵权责任来确定。据此，违反安全保障义务的侵权责任，成立要件包括：（1）以不作为方式实施的加害行为，即安全保障义务人违反了安全保障义务，具有违法性；（2）受害人遭受了损害；（3）加害行为与损害之间存在因果关系；（4）安全保障义务人具有过失。

在第三人实施侵权行为造成损害的情况下，安全保障义务人的侵权责任是相应的补充责任。因此，受害人请求安全保障义务人承担责任的，还必须证明第三人实施了侵权行为，且受害人因第三人无法确定或没有赔偿能力而无法获得全部赔偿。[2]

一、违反安全保障义务

违反安全保障义务是以不作为方式实施的加害行为。同时，违反安全保障义务意味着加害行为具有违法性。

（一）安全保障义务人

根据《民法典》第1198条第1款，我国安全保障义务人包括以下两类。[3]

---

〔1〕 Wandt,GesetzlicheSchuldverha¨ltnisse,8. Aufl. 2017, § 16Rn. 111.

〔2〕 周友军：《侵权法学》，中国人民大学出版社 2011 年版，第 204 页。

〔3〕 黄薇主编：《中华人民共和国民法典侵权责任编解读》，中国法制出版社 2020 年版，第 138—139 页。

第一，宾馆、商场、银行、车站、机场、体育场馆、娱乐场所等经营场所、公共场所的经营者、管理者。公共场所包括以公众为对象进行商业性经营的场所，也包括对公众提供服务的场所，如码头、公园、餐厅、医院、广场。要求经营场所、公共场所的经营者、管理者承担安全保障义务，是因为经营场所、公共场所供不特定人出入进出活动，经营者、管理者对这些场所具有控制力和管理权。

第二，群众性活动的组织者。群众性活动，是指法人或者其他组织面向社会公众举办的参加人数较多的活动，如体育比赛活动，演唱会、音乐会等文艺演出活动，展览、展销等活动，游园、灯会、庙会、花会、焰火晚会等活动，人才招聘会、现场开奖的彩票销售等活动。因此，群众性活动是不特定人参加的活动，但不宜简单以人数多少为认定标准。[1]组织家庭成员的聚会，不属于群众性活动。[2]

（二）安全保障义务的内容

根据《民法典》第1198条的规定，安全保障义务可以分为三个方面。

首先，安全保障义务人应当确保场所、设施具有安全性。也就是说，安全保障义务人应当保障其场所内的设施安全运转且不存在潜在的安全隐患或瑕疵等，从而防止危险的发生。比如，经营者应当保证旋转门转速正常、地面没有湿滑、电梯安全运行、楼梯间照明设施正常、商品货架稳定牢固。[3]

其次，如果危险源确实存在，安全保障义务人应当确保进入场所的他人与危险源保持距离、免遭损害。[4]对于危险源，安全保障义务人应当设置警告，如保洁时设置“小心地滑”的警示牌，或者设置人员进行监控，便于在危险源转化为现实危险时及时采取措施，如酒店应当在游泳池设置救生观察台和救生员，或者采取封闭措施，如商场将正在施工的店面完全封闭避免顾客误入，或者提供指引，指导不得不接触危险源的潜在受害人正确操作，避免自身因误操作而遭受损害。

最后，安全保障义务人应当维持场所、活动的秩序，确立相应的安全经营

---

〔1〕程啸：《侵权责任法》（第三版），法律出版社2021年版，第531页。

〔2〕邹海林、朱广新主编：《民法典评注：侵权责任编》（第1册），中国法制出版社2020年版，第354页。

〔3〕邹海林、朱广新主编：《民法典评注：侵权责任编》（第1册），中国法制出版社2020年版，第355页。

〔4〕周友军：《侵权法学》，中国人民大学出版社2011年版，第205页。

制度，防止潜在受害人遭受第三人侵害。比如，超市促销活动的组织者应当预见到参与人员的特点，采取安全防范措施并配备人员进行引导、维持活动秩序、提示参与人员注意自身安全。[1]再如，酒店经营者应当建立火灾应急预案、维持安全通道指示光源的正常运转、在火灾发生时安排员工引导住客疏散。[2]又如，酒店经营者应当聘请相当数量的保安，建立保安巡查机制，避免住客遭受外来犯罪分子侵害。

（三）认定安全保障义务需要考虑的因素

安全保障义务的内容无法套用公式来加以总结，[3]而应当在个案中认定。[4]一般来说，判断安全保障义务的内容，应该综合考虑以下因素：[5]（1）损害的严重性；（2）损害发生的概率；（3）潜在受害人对损害发生可能的可预见性；（4）损害防免措施的可能性和期待可能性，尤其是预防和控制损害风险的成本；（5）安全保障义务人的收益。[6]安全保障义务人应当采取何种损害防免措施，以谨慎的理性人为标准，根据个案中的具体情形以具有期待可能性为限。[7]也就是说，安全保障义务人并不负有完全防止损害发生的义务，安全保障义务并不追求绝对的安全。[8]如果法律、行政法规、规章或者技术标准对安全措施有规定，安全保障义务人应当采取的损害防免措施，应当符合法律、行政法规、规章或者技术标准的要求。

二、受害人遭受了损害

违反安全保障义务侵权责任的成立，以受害人遭受损害为前提。受害人必须是安全保障义务人之外的其他人。比如，酒店住客、餐厅食客、进入商场购物的消费者。安全保障义务人的工作人员在执行工作任务时遭受损害的，不适用《民法典》第1198条。[9]

---

〔1〕参见江苏省徐州市中级人民法院（2015）徐民终字第 2303 号民事判决书，湖北省随州市中级人民法院（2017）鄂 13 民终 823 号民事判决书。

〔2〕参见上海市第二中级人民法院（2015）沪二中民一（民）终字第 1994 号民事判决书。

〔3〕Fuchs/Pauker/Baumga¨rtner,Delikts-undSchadensersatzrecht,9. Aufl. 2017,S. 107.

〔4〕周友军：《侵权法学》，中国人民大学出版社 2011 年版，第 205 页。

〔5〕Fuchs/Pauker/Baumga¨rtner,Delikts-undSchadensersatzrecht,9. Aufl. 2017,S. 107.

〔6〕程啸：《侵权责任法》（第三版），法律出版社 2021 年版，第 530—531 页；周友军：《侵权法学》，中国人民大学出版社 2011 年版，第 205 页。

〔7〕Wandt,GesetzlicheSchuldverha¨ltnisse,8. Aufl. 2017, § 16Rn. 114.

〔8〕Wagner,Deliktsrecht,14. Aufl. 2021, § 5Rn. 79f.

〔9〕程啸：《侵权责任法》（第三版），法律出版社 2021 年版，第 531 页。

违反安全保障义务的侵权责任，是过错责任、不作为侵权责任。因此，安全保障义务的保护范围限于绝对权。因违反安全保障义务导致绝对权遭受侵害进而引起的财产损害、非财产损害，均应赔偿。此外，违反安全保障义务的侵权责任，通常是过失侵权，即安全保障义务人有义务、有能力防止损害的发生但未能防止损害的发生。[1]因此，纯粹经济损失不属于安全保障义务人的赔偿范围，否则会变相降低纯粹经济损失的救济门槛。

三、安全保障义务违反与损害之间具有因果关系

违反安全保障义务，必须于受害人遭受的损害之间具有因果关系。违反安全保障义务的侵权责任是不作为侵权责任，因此，安全保障义务违反与损害之间的因果关系，应当按照不作为侵权的因果关系来判断，即观察安全保障义务人尽到了安全保障义务，损害是否仍然可能发生。

四、安全保障义务人具有过失

安全保障义务的违反，不等于安全保障义务人具有过失。[2]违反安全保障义务的主体是否具有过失，应当按照客观标准判断。也就是说，如果理性的经营场所、公共场所的经营者、管理者或者群众性活动的组织者在同样情况下能采取措施，预见、防止损害的发生，那么，没有阻止损害发生的安全保障义务人就具有过失。也就是说，判断安全保障义务人是否具有过失，应当分析其是否已经达到了诚信善良的同类管理者、组织者应当达到的通常注意程度。[3]

第三节 违反安全保障义务侵权责任的承担

一、安全保障义务人的直接责任

依据《民法典》第1198条第1款，在没有第三人介入的情况下，安全保障义务人没有尽到安全保障义务造成他人损害的，如商场地面湿滑导致顾客滑倒、商场自动门转速过快导致顾客被推倒，安全保障义务人直接对受害人承担

---

〔1〕 张新宝：《侵权责任法》（第五版），中国人民大学出版社 2020 年版，第 176 页。

〔2〕 Wandt,GesetzlicheSchuldverha¨ltnisse,8. Aufl. 2017, § 16Rn. 113.

〔3〕 张新宝：《侵权责任法》（第五版），中国人民大学出版社 2020 年版，第 176 页。

损害赔偿责任，适用完全赔偿原则。[1]不过，在实践中，受害人对损害的发生通常具有过错，因此，安全保障义务人可以主张过失相抵减轻自己的损害赔偿义务。

二、安全保障义务人的补充责任

依据《民法典》第1198条第2款，如果受害人遭受的损害是第三人的侵权行为直接造成，那么，第三人对受害人承担侵权责任，安全保障义务人在未能防止第三人侵权行为的范围内对受害人负相应的补充责任。所谓第三人，是指安全保障义务人、受害人之外的人，不包括安全保障义务人的工作人员。安全保障义务人的工作人员造成他人损害的，适用用人者责任。第三人实施的侵权行为，可以是一般侵权行为，[2]如第三人在餐厅殴打受害人，也可以是特殊侵权行为，如第三人饲养的动物咬伤受害人。[3]第三人与受害人可能均与安全保障义务人存在合同关系。[4]

安全保障义务人承担相应的补充责任，包括以下两层含义。

第一，安全保障义务人承担的是补充责任。也就是说，直接实施加害行为的第三人承担的是第一顺位的责任，安全保障义务人承担的是第二顺位的责任。受害人应当先请求第三人承担侵权损害赔偿责任，适用完全赔偿原则。如果第三人有能力承担赔偿责任，那么，安全保障义务人就无须承担责任。受害人只有在出现第三人无法确定或无力赔偿等情形而无法获得全部赔偿时，受害人才能请求安全保障义务人承担赔偿责任。安全保障义务人仅承担补充责任的理由在于，安全保障义务人未尽到安全保障义务，只是损害发生的间接原因，直接引起受害人损害的，是第三人的加害行为。

第二，安全保障义务人承担的是相应责任。也就是说，在第三人直接实施侵权行为造成损害时，安全保障义务人承担的是与过错程度、原因力相当的责任，从而，安全保障义务人的赔偿责任不适用完全赔偿原则。安全保障义务人

---

〔1〕张新宝：《侵权责任法》（第五版），中国人民大学出版社2020年版，第176页。

〔2〕有观点认为，只有在第三人故意实施侵权行为时，安全保障义务人才承担相应的补充责任。因此，第三人因过失造成损害的，第三人与安全保障义务人承担按份责任。孙维飞：《论安全保障义务人相应的补充责任》，载《东方法学》2014年第3期；邹海林、朱广新主编：《民法典评注：侵权责任编》（第1册），中国法制出版社2020年版，第357—358页。

〔3〕周友军：《侵权法学》，中国人民大学出版社2011年版，第207页。

〔4〕参见吉林省高级人民法院（2015）吉民提字第102号民事判决书。

的过错，是指安全保障义务人能够预见、防止或制止第三人实施侵权行为，但是没有预见、防止或制止第三人实施侵权行为。[5]当然，安全保障义务人的过错还可能表现在，在受害人遭受第三人侵害之后，安全保障义务人没有及时报警、采取救助措施，导致损害的扩大。[6]对于突发性犯罪行为、超出安全保障义务人防范能力的犯罪行为，安全保障义务人可能没有能力阻止损害发生，从而不具有过失。[7]

《民法典》第1198条第2款第2句规定了安全保障义务人的追偿权。安全保障义务人在承担相应的补充责任之后，可以向直接实施侵权行为的第三人追偿。对此，有观点认为，安全保障义务人与第三人实际上承担的是不真正连带责任，安全保障义务人可以向作为终局责任人的第三人追偿。[8]

法律适用

安全保障义务责任的主体与责任形态有哪些？

《民法典》第1198条规定的安全保障义务主体，限于宾馆、商场、银行、车站、机场、体育场馆、娱乐场所等经营场所、公共场所的经营者、管理者或者群众性活动的组织者。其他主体，如封闭性场所的管理人，没有尽到保护义务造成他人损害的，应当依据《民法典》第1165条第1款承担过错责任。

因第三人造成他人损害的，第三人对受害人直接承担侵权损害赔偿责任。只有在出现第三人无法确定或无力赔偿等情形而无法获得全部赔偿时，安全保障义务人才承担第二顺位的过错责任，安全保障义务人的赔偿范围与自己的过错程度相当。

---

〔5〕张新宝：《侵权责任法》（第五版），中国人民大学出版社2020年版，第178页。

〔6〕邹海林、朱广新主编：《民法典评注：侵权责任编》（第1册），中国法制出版社2020年版，第356页。

〔7〕参见浙江省高级人民法院（2016）浙民申258号民事裁定书；重庆市高级人民法院（2017）渝民再143号民事判决书。

〔8〕黄薇主编：《中华人民共和国民法典侵权责任编解读》，中国法制出版社2020年版，第534页；周友军：《侵权法学》，中国人民大学出版社2011年版，第207页。

第四十一章 教育机构侵权责任

提 要

无民事行为能力人在教育机构学习、生活期间受到人身损害的，教育机构承担过错推定责任，除非能够证明尽到教育、管理职责。限制民事行为能力人在教育机构学习、生活期间受到人身损害的，教育机构承担过错责任。无民事行为能力人在教育机构学习、生活期间因第三人侵害受到人身损害的，未尽到管理职责的教育机构承担相应的补充责任，并对第三人享有追偿权。

重点问题

教育机构侵权责任的类型及归责原则。

第一节 教育机构侵权责任概述

一、教育机构侵权责任的概念和特征

教育机构的侵权责任，是指教育机构未尽教育、管理职责，导致无民事行为能力人、限制民事行为能力受到人身伤害，教育机构应当承担的侵权责任。《民法典》第1199—1201条确立了我国教育机构侵权责任制度。

我国教育机构的侵权责任，具有以下特征。

第一，教育机构的侵权责任适用范围具有限定性。首先，教育机构的侵权责任旨在保护无民事行为能力或者限制民事行为能力的学生。因此，具有完全民事行为能力的学生在教育机构学习、生活期间遭受的损害，不适用《民法典》第1199—1201条，而应适用《民法典》侵权责任编的相关规定，如《民法典》第1165条第1款的过错责任、第1191条的用人者责任、第1202条的产品责任、第1245条的饲养动物损害责任。其次，教育机构的侵权责任保护范围限于受害人遭受的人身损害。受害人遭受的财产损害，依据《民法典》侵权责任编的其他规则处理。比如，受害人的手机、平板电脑被同学毁损的，由加害人的监护人承担损害赔偿责任。

第二，教育机构的侵权责任是不作为侵权责任、自己责任。根据《学生伤害事故处理办法》第7条第2款，教育机构对未成年学生不承担监护职责。结合《民法典》的规定来看，教育机构对学生负有教育、管理职责。也就是说，教育机构不是学生的监护人，不承担监护人责任。这有助于避免教育机构承担过高的责任风险。如果教育机构没有尽到教育、管理职责，导致不具有完全民事行为能力的学生遭受人身损害的，教育机构成立不作为侵权；如果教育机构没有尽到管理职责，导致不具有完全民事行为能力的学生因第三人侵害而遭受人身损害的，教育机构成立不作为侵权。教育机构对学生遭受的人身损害承担的是自己的责任，即为自己的不作为负责。

二、教育机构侵权责任的归责原则

（一）教育机构未尽到教育、管理职责时的侵权责任

根据《民法典》第1199—1200条的规定，教育机构未尽到教育、管理职责时，对无民事行为能力的学生遭受的人身损害负担的过错推定责任，对限制民事行为能力的学生遭受的人身损害负担的是一般过错责任。

在无民事行为能力的学生遭受人身损害时，要求教育机构承担过错推定责任，其理由在于：遭受损害的无民事行为能力人，囿于智力、精神发育水平，通常无法准确描述损害发生的经过，损害发生时监护人也不在教育机构内从而无法了解损害发生的经过，从而，监护人很难举证证明教育机构的过错，因此，应当由教育机构承担自己没有过错的举证责任。[1]采过错推定责任，能够督促教育机构对无民事行为能力的学生更好地尽到教育、管理职责，保护无民事行为能力的学生不受伤害。因此，一旦无民事行为能力的学生在教育机构学习、生活期间遭受人身损害，就推定教育机构未尽到教育、管理职责，具有过错。教育机构应当举证证明自己尽到教育、管理职责，来推翻过错推定，从而不负责任。

（二）第三人侵权时教育机构未尽到管理职责的侵权责任

根据《民法典》第1201条，教育机构未能尽到管理职责，导致不具有完全民事行为能力的学生因第三人侵害而遭受损害的，教育机构承担过错责任。这里的第三人，既不包括与受害人同在教育机构学习、生活的同学，也不包括

〔1〕 黄薇主编:《中华人民共和国民法典侵权责任编解读》，中国法制出版社2020年版，第146页。

教育机构的工作人员，而是教育机构的教师、学生和其他工作人员以外的人员。[1]因此，教育机构对第三人不可能负有教育职责，而仅负有管理职责，从而预防第三人实施侵权行为。[2]据此，教育机构的过错在于未尽到管理职责，未能防止第三人对在教育机构学习、生活的学生实施侵权行为。

第二节 教育机构侵权责任的成立要件

教育机构侵权责任，是不作为侵权引起的过错责任、过错推定责任。由于过错推定责任仅影响过错的举证责任分配，不影响过错作为成立要件，因此，教育机构侵权责任的成立要件，按照过错侵权责任来确定。据此，教育机构的侵权责任成立要件包括：（1）以不作为方式实施的加害行为，即教育机构未尽到教育、管理职责；（2）受害人是不完全民事行为能力人且在教育机构学习、生活期间遭受了人身损害；（3）教育机构未尽到教育、管理职责与损害之间存在因果关系；（4）教育机构存在过错。

在第三人实施侵权行为造成不具有完全民事行为能力的学生人身损害的情形，教育机构承担相应的补充责任。因此，受害人请求教育机构承担责任的，还必须举证证明第三人实施了侵权行为，而且，第三人无法确定或者没有赔偿能力。[3]

一、教育机构未尽到教育、管理职责

教育机构，包括幼儿园、学校或者其他教育机构。这里的学校，是指国家或者社会力量举办的全日制的中小学（含特殊教育学校）、各类中等职业学校、高等学校等。其他教育机构，是指少年宫以及电化教育机构等。[4]

教育机构侵权责任，是不作为侵权责任。因此，教育机构侵权责任的成立，以教育机构未尽到教育、管理职责为前提。需要注意的是，如果不具有完

〔1〕黄薇主编：《中华人民共和国民法典侵权责任编解读》，中国法制出版社2020年版，第151页。
〔2〕程啸：《侵权责任法》（第三版），法律出版社2021年版，第540页。
〔3〕周友军：《侵权法学》，中国人民大学出版社2011年版，第214页。
〔4〕黄薇主编：《中华人民共和国民法典侵权责任编解读》，中国法制出版社2020年版，第143页。

全民事行为能力的学生遭受的人身损害源于第三人的侵权行为，那么，教育机构的不作为不是未尽到教育、管理职责，而是未尽到管理职责。

教育机构的教育、管理职责，通常根据《教育法》《义务教育法》《民办教育促进法》《未成年人保护法》《学生伤害事故处理办法》等法律法规确定，[1]也可以根据个案的具体情况来确定，即对学生人身安全负有保护义务。[2]对此，《学生伤害事故处理办法》第5条明确规定："学校应当对在校学生进行必要的安全教育和自护自救教育；应当按照规定，建立健全安全制度，采取相应的管理措施，预防和消除教育教学环境中存在的安全隐患；当发生伤害事故时，应当及时采取措施救助受伤害学生。学校对学生进行安全教育、管理和保护，应当针对学生年龄、认知能力和法律行为能力的不同，采用相应的内容和预防措施。"

教育机构未尽到教育、管理职责，构成不作为的加害行为。这意味着教育机构的加害行为具有违法性。教育机构未尽到教育、管理职责的表现，可能包括：学校组织学生参加教育教学活动或者校外活动，未对学生进行相应的安全教育，并未在可预见的范围内采取必要的安全措施；学校的安全保卫、消防、设施设备管理等安全管理制度有明显疏漏，或者管理混乱，存在重大安全隐患，而未及时采取措施；学校教师或者其他工作人员在负有组织、管理未成年学生的职责期间，发现学生行为具有危险性，但未进行必要的管理、告诫或者制止；对未成年学生擅自离校等与学生人身安全直接相关的信息，学校发现或者知道，但未及时告知未成年学生的监护人，导致未成年学生因脱离监护人的保护而发生伤害。

二、受害人是不完全民事行为能力人且在教育机构学习、生活期间遭受了人身损害

（一）受害人不具有完全民事行为能力

教育机构的侵权责任，保护的是在教育机构学习、生活的无民事行为能力人、限制民事行为能力人。无民事行为能力人、限制民事行为能力人的范围，按照《民法典》总则编的相关规定确定。

（二）受害人在教育机构学习、生活期间遭受了人身损害

---

[1] 程啸：《侵权责任法》（第三版），法律出版社2021年版，第542—543页。

[2] 张新宝：《侵权责任法》（第五版），中国人民大学出版社2020年版，第183页、第186页。

教育机构的侵权责任，保护范围具有限定性。只有在受害人遭受人身损害的情形，教育机构才依据《民法典》第1199—1201条承担侵权责任。受害人遭受的财产损害，适用《民法典》侵权责任编的相关规定。所谓人身损害，是指受害人因人身权益遭受侵害而蒙受的损害。在实践中，受害人遭受的人身损害主要是因生命权、身体权、健康权遭受侵害而产生的损害。比如，受害人被同学绊倒、摔伤。受害人遭受肖像权、名誉权、隐私权侵害的，又如同学在洗手间安装摄像头偷拍受害人，也属于《民法典》第1199—1201条的适用范围。

受害人遭受的人身损害，必须发生在受害人在教育机构学习、生活期间。也就是说，人身损害发生在受害人在教育机构学习、生活期间以及在与教育、教学活动有关的其他活动时间内。〔1〕在空间上，人身损害多发生在教育机构的教育、教学活动中或者其负有管理责任的校舍、场地、其他教育教学设施、生活设施中，〔2〕也可能发生在教育机构外由教育机构组织的春游、秋游、远足、参观、游览、夏令营、实习、培训活动中。因此，即使人身损害发生在教育机构以外，但只要产生人身损害的活动处于教育机构的管理之中或由教育机构负管理职责，就属于教育机构学习、生活期间遭受的人身损害。〔3〕

三、教育机构未尽到教育、管理职责与损害之间存在因果关系

教育机构未尽到教育、管理职责与损害之间应当具有因果关系。这里的因果关系按照不作为侵权的因果关系来判断。当然，教育机构未尽到教育、管理职责，可能不是损害发生的唯一原因。〔4〕比如，学生在课间追逐打闹，受害人被同学绊倒而受伤。此时，绊倒受害人的同学也实施了加害行为，从而其监护人应当与教育机构共同对受害人承担责任。此外，人身损害的发生，可能与受害人的特殊体质有关。

四、教育机构具有过失

教育机构对受害人遭受到人身损害应当具有过失。无民事行为能力的学生在教育机构学习、生活期间遭受人身损害的，教育机构应当举证证明自己尽到

〔1〕张新宝：《侵权责任法》（第五版），中国人民大学出版社2020年版，第186页。

〔2〕黄薇主编：《中华人民共和国民法典侵权责任编解读》，中国法制出版社2020年版，第147页。

〔3〕周友军：《侵权法学》，中国人民大学出版社2011年版，第215页。

〔4〕周友军：《侵权法学》，中国人民大学出版社2011年版，第216页。

教育、管理职责，没有过失。

教育机构是否存在过失，应当根据个案情况、综合考虑各种因素，[1]按照善良管理人标准来确定，[2]即审慎的同类教育机构在相同情况下能否尽到教育、管理职责并防止人身损害的发生。因此，即使学生在教育机构学习、生活期间遭受了人身损害，教育机构囿于办学条件，对损害的发生可能不具有过失，从而不负侵权责任。[3]

第三节　教育机构侵权责任的承担

一、教育机构未尽到教育、管理职责时的侵权责任

根据《民法典》第1199—1200条的规定，教育机构未尽到教育、管理职责时，对无民事行为能力的学生遭受的人身损害负担过错推定责任，对限制民事行为能力的学生遭受的人身损害负担一般过错责任。但是，不论采取何种归责原则，教育机构未能尽到教育、管理职责，导致不具有完全民事行为能力的学生遭受人身损害的，教育机构对受害的学生直接承担侵权责任，适用完全赔偿原则。

在实践中，如果受害人遭受的人身损害是因同学的加害行为造成的，加害人的监护人通常与教育机构对受害人承担按份责任。同时，如果受害人对人身损害的发生具有原因力，比如受害人与加害人之间由口角导致加害人实施侵权行为，法院会适用过失相抵，从而要求受害人自行承担部分损失。[4]

二、第三人侵权时教育机构未尽到管理职责的侵权责任

根据《民法典》第1201条，教育机构未能尽到管理职责，导致不具有完全民事行为能力的学生因第三人侵害而遭受损害的，教育机构承担过错责任。

与《民法典》第1199—1200条的教育机构责任不同，教育机构对遭受人身损害的学生承担的是相应的补充责任，并且，教育机构在承担补充责任后，可

〔1〕程啸：《侵权责任法》（第三版），法律出版社2021年版，第543页。
〔2〕王利明：《侵权责任法研究》（第二版）（下卷），中国人民大学出版社2016年版，第197页。
〔3〕参见贵州省高级人民法院（2019）黔民申4029号民事裁定书。
〔4〕参见上海市第一中级人民法院（2017）沪01民终1054号；上海市第一中级人民法院（2017）沪01民终11649号民事判决书。

以向第三人追偿。这一立场的理由在于，教育机构未尽到管理职责，只是损害发生的间接原因，第三人的加害行为是受害人遭受人身损害的直接原因，因此，不宜使教育机构承担过重的责任。据此，在第三人实施侵权行为造成不具有完全民事行为能力的学生遭受人身损害时，第三人对受害人承担第一顺位的责任。第三人有赔偿能力的，教育机构无须负责；第三人无法查明或者没有赔偿能力，导致受害人无法获得完全赔偿的，教育机构承担第二顺位的责任，且仅仅承担与自身过错程度、原因力大小相当的责任。教育机构承担责任后，可以向第三人追偿。允许教育机构追偿，意味着教育机构与第三人对受害人承担的是不真正连带责任，第三人是终局责任人。[1]

法律适用

教育机构责任的适用范围有哪些？

教育机构责任只适用于无民事行为能力人或者限制民事行为能力人在教育机构学习、生活期间遭受的人身权益侵害。无民事行为能力人或者限制民事行为能力人遭受的财产权益侵害，按照《民法典》侵权责任编其他规定处理。

无民事行为能力人或者限制民事行为能力人在教育机构学习、生活期间遭受人身权益侵害的，也可能成立其他类型的侵权责任。比如，教育机构的教师以体罚的方式侵害学生人身权益的，教育机构作为用人单位依据《民法典》第1191条承担用人者责任。此外，教育机构的建筑物、构筑物或者其他设施及其搁置物、悬挂物发生脱落、坠落造成学生人身权益侵害的，不论受害人为无民事行为能力人还是限制民事行为能力人，教育机构应当依据《民法典》第1252条承担责任。

〔1〕 黄薇主编:《中华人民共和国民法典侵权责任编解读》，中国法制出版社 2020 年版，第 153 页。

第四十二章 产品责任

提 要

本书第42—48章介绍了特殊侵权责任。特殊侵权责任，是《民法典》侵权责任编第四章到第十章规定的特殊侵权责任。这些侵权责任或者是无过错责任，如产品责任、环境污染和生态破坏侵权责任、高度危险责任、饲养动物损害责任，或者是过错推定责任，如建筑物和物件损害责任。

产品责任，是指产品缺陷导致他人遭受损害，产品的生产者和销售者应当承担的侵权责任。不论是生产者还是销售者，都承担无过错的产品责任。产品责任的核心要件是产品缺陷，包括设计缺陷、制造缺陷和警示缺陷。产品缺陷的判断标准是不合理危险标准。产品责任的免责事由也存在特殊性，包括：（1）未将产品投入流通；（2）产品投入流通时，引起损害的缺陷尚不存在；（3）将产品投入流通时的科学技术水平尚不能发现缺陷的存在。

重点问题

1. 产品缺陷的具体类型。
2. 产品责任的免责事由。

第一节 产品责任概述

一、产品责任的概念和特征

（一）产品责任的概念

产品责任，是指产品缺陷导致他人遭受损害，产品的生产者和销售者应当承担的侵权责任。产品责任是工业化生产的产物。科技的进步带来了越来越多的不可控因素，导致产品缺陷不可避免。产品缺陷可能给消费者造成巨大的损害，消费者自身往往无力“消化”这种机器化大工业生产的副产品。保护消费者、确保消费者在因产品缺陷遭受损害时得到合理公平的补偿，成为产品责任立法的重要政策目标。《民法典》侵权责任编在第4章专门规定了产品责任制度。

（二）产品责任的特征

第一，产品责任是无过错责任、危险责任。为了保护消费者，避免消费者因无法证明生产者、销售者的过错而无法获得救济，我国顺应时代潮流，将产品责任规定为无过错责任。不仅生产者对受害人负无过错责任，销售者也对受害人负无过错责任。

第二，产品责任的核心要件是产品存在缺陷。产品责任的成立，以受害人因产品存在缺陷而遭受损害为前提。如果受害人不因产品缺陷蒙受损害，就不适用产品责任规则。比如，如果损害因产品瑕疵造成，即产品质量不符合约定，受害人应当通过违约责任请求赔偿。

第三，产品责任的免责事由具有特殊性。产品责任是以产品缺陷为基础的无过错责任，其免责事由不同于一般的无过错责任。依据《产品质量法》第41条第2款，产品责任的免责事由包括产品未投入流通、产品投入流通时缺陷尚不存在、将产品投入流通时的科学技术水平尚不能发现缺陷。

（三）产品责任与产品质量瑕疵违约责任

产品责任是侵权责任，不同于因产品质量瑕疵产生的违约责任。两者的区别表现在以下方面。[1]

第一，产品责任是侵权责任。不论受害人与生产者是否存在合同关系，因产品缺陷而遭受损害的受害人均可请求生产者承担产品责任。与此相对，产品质量瑕疵违约责任，必须以原告和被告之间存在合同关系为前提。

第二，产品缺陷不同于产品质量瑕疵。依据《产品质量法》第46条，产品缺陷是指产品存在危及人身、他人财产安全的不合理的危险。产品质量瑕疵则首先表现为产品质量不符合当事人约定。依据《民法典》第510—511条的规定，当事人就产品质量标准没有约定或者约定不明确的，可以协议补充；不能达成补充协议的，按照合同相关条款或者交易习惯确定。按照合同相关条款或者交易习惯仍不能确定产品质量标准的，按照强制性国家标准履行；没有强制性国家标准的，按照推荐性国家标准履行；没有推荐性国家标准的，按照行业标准履行；没有国家标准、行业标准的，按照通常标准或者符合合同目的的特定标准履行。

第三，产品责任和产品质量瑕疵责任的承担方式不同。产品责任的承担方式，不仅包括损害赔偿，还包括停止侵害、排除妨碍、消除危险。产品质量瑕疵责任的承担方式，除了损害赔偿，还包括修理、更换、重作等补救措施以及

---

〔1〕 程啸：《侵权责任法》（第三版），法律出版社2021年版，第547页。

减价、退货等。

二、产品责任的归责原则

（一）生产者的无过错责任

依据《民法典》第1202条、《产品质量法》第41条第1款，生产者对产品缺陷造成的损害负无过错责任。生产者承担无过错责任而非过错责任的理由包括：[1]第一，在生产过程中，缺陷产品无法完全避免，缺陷产品一旦投入流通，具有致人损害的高度可能性，从而缺陷产品具有高度危险性，因此，生产者作为致害风险的制造者，应当对由此产生的损害负责；第二，与消费者相比，产品生产者更有能力通过保险、产品定价机制分散损失；第三，要求生产者负无过错责任，生产者即使尽到了理性生产者的注意也不能免责，从而有助于激励生产者不断推进技术革新和升级、采取更充分的损害预防措施。

生产者不限于直接制造产品的生产者，还包括表见生产者。因此，任何将自己的姓名、名称、商标或可资识别的其他标识体现在产品上，表示其为产品制造者的企业或个人，虽然是表见生产者，但也属于《民法典》侵权责任编、《产品质量法》中的生产者。[2]不过，零部件的生产者，是否属于产品责任意义上的生产者，从而就最终产品的缺陷造成的损害负产品责任，学界存在争议。

（二）销售者的无过错责任

长期以来，围绕《侵权责任法》第42条、《产品质量法》第42条，学界和司法实践就销售者的产品责任存在分歧。虽然学界主流观点认为，《侵权责任法》第43条确立了销售者的无过错责任，[3]但是，仍有学者认为，《侵权责任法》第42条就销售者产品责任的归责原则采过错责任原则。[4]对此，《民法典》删除了《侵权责任法》第42条，销售者产品责任的归责原则依据《民法典》第1203条确

---

〔1〕 Goudkamp,WinfieldandJolowiczonTort,ThomsonReuters,2014,11-015.

〔2〕《最高人民法院关于产品侵权案件的受害人能否以产品的商标所有人为被告提起民事诉讼的批复》(法释〔2020〕20号)。

〔3〕 王利明：《侵权责任法研究》(第二版)(下卷)，中国人民大学出版社2016年版，第227页。

〔4〕 董春华：《再论产品责任的责任主体及归责原则——兼与高圣平教授商榷》，载《法学论坛》2011年第5期。

定。据此，《民法典》就销售者的产品责任采取了无过错责任原则。[1]

于是，无论是生产者还是销售者，其负担的产品责任是无过错责任。生产者、销售者承担的是不真正连带责任。因销售者的过错导致产品存在缺陷的，销售者的过错只是生产者在承担产品责任后向销售者追偿的依据。受害人无须举证证明产品缺陷因销售者的过错造成，即可请求销售者承担产品责任。

要求销售者对受害人承担无过错责任，对销售者并不苛刻。倘若产品缺陷因销售者造成，销售者对受害人承担无过错责任，并无不妥。倘若产品缺陷因生产者造成，销售者对受害人承担责任后，可以依据《民法典》第1203条第2款向生产者追偿。找不到生产者、生产者破产倒闭或者生产者无力赔偿的，销售者承担追偿不能的风险。也就是说，与销售者过错责任相比，销售者无过错责任给销售者带来的不利，只是由销售者承担了追偿不能的风险。与消费者相比，销售者与生产者的关系无疑更为密切、更有能力检查产品的安全性，因此，要求销售者承担无过错责任、承担追偿不能的风险，更为公平合理。

销售者是因经营活动将产品投入流通、获取对价的人，包括产品销售链条上的各个销售者，如批发商、零售商、以所有权保留或者融资租赁等方式销售产品者。[2]

第二节　产品责任的成立要件

生产者和销售者的产品责任都是无过错责任，因此，产品责任的成立要件包括：（1）产品存在缺陷；（2）受害人遭受损害；（3）产品缺陷与损害之间存在因果关系。

一、产品缺陷

（一）产品

〔1〕 最高人民法院民法典贯彻实施工作领导小组:《中华人民共和国民法典侵权责任编理解与适用》，人民法院出版社 2020 年版，第 322 页；邹海林、朱广新主编：《民法典评注：侵权责任编》（第 1 册），中国法制出版社 2020 年版，第 420 页；杨立新：《侵权责任法》（第四版），法律出版社 2020 年版，第 207 页；张新宝：《侵权责任法》（第五版），中国人民大学出版社 2020 年版，第 210 页；程啸：《侵权责任法》（第三版），法律出版社 2021 年版，第 551 页。

〔2〕 张新宝：《侵权责任法》（第五版），中国人民大学出版社 2020 年版，第 214 页。

根据《产品质量法》第2条和第3条的规定，产品是指经过加工、制作，用于销售、投入流通的动产。这一概念包括三层含义。第一，产品限于动产。不动产不属于产品，不动产质量缺陷造成损害的侵权责任，适用《民法典》第1252条处理。智力成果也不属于产品，故教材的内容错误，不适用产品责任，但计算机软件和智力成果的载体，属于产品，适用产品责任。〔1〕第二，产品必须是经过加工、制作的动产，因此，未加工的原材料、初级农产品不属于产品。也就是说，某些直接从自然界获得的物质，即使其外在形态经过人类的采集、分拣等活动而发生变化，只要其基本自然性状和化学性质并未改变，就不属于经过加工、制作的产品。〔2〕此外，食品、药品、农产品致害的侵权责任，适用《食品安全法》第148条、《药品管理法》第144条、《农产品质量安全法》第54条、《最高人民法院关于审理食品药品纠纷案件适用法律若干问题的规定》等规定。药品致害的侵权责任，还应适用《民法典》第1223条。第三，产品是被投入流通的动产，投入流通的方式不限于销售，〔3〕只要产品生产者自愿地、终局地将产品交给生产者之外的其他人即可，〔4〕因此，销售、赠与均属于投入流通的方式。〔5〕

（二）产品缺陷

1. 产品缺陷的判断标准

依据《产品质量法》第46条，产品缺陷，是指产品存在危及人身、他人财产安全的不合理的危险；产品有保障人体健康和人身、财产安全的国家标准、行业标准的，是指不符合该标准。因此，《产品质量法》就产品缺陷的认定，采用双重标准，即不合理危险标准和法定标准（国家标准、行业标准）。除此以外，在比较法上，产品缺陷的认定标准还有合理期待标准，即产品用户群体中的一般人，在考虑产品危险的可预见性和可避免性后对产品安全性的合理期待。〔6〕我国学界通常借助合理期待标准来解释不合理危险标准，从而，不属于使用者合理期待范围内的危险就是不合理危险。〔7〕

---

〔1〕周友军：《侵权法学》，中国人民大学出版社 2011 年版，第 321 页。

〔2〕程啸：《侵权责任法》（第三版），法律出版社 2021 年版，第 555 页。

〔3〕尹志强：《侵权行为法论》，中国政法大学出版社 2008 年版，第 175 页。

〔4〕M ü KoBGB/Wagner,8. Aufl. 2020,ProdHaftG § 1Rn. 24.

〔5〕程啸：《侵权责任法》（第三版），法律出版社 2021 年版，第 555 页。

〔6〕MüKoBGB/Wagner,8. Aufl. 2020,ProdHaftG § 3Rn. 6.

〔7〕张新宝：《侵权责任法》，中国人民大学出版社 2020 年版，第 207 页；尹志强：《侵权行为法论》，中国政法大学出版社 2008 年版，第 173 页；程啸：《侵权责任法》（第三版），法律出版社 2021 年版，第 564 页。

就不合理危险标准与法定标准的关系而言，学界和司法实践认为，[1]法定标准不具有决定意义，即使产品符合国家标准、行业标准，也可能因具有不合理危险而存在缺陷。[2]实际上，法定标准通常具有滞后性，可能并未覆盖产品的全部安全性能指标，因此，不宜作为决定性标准。[3]因此，满足法定标准，只是证明生产者没有过失、产品没有缺陷的证据之一，不能作为认定产品是否存在缺陷的决定性标准。进而，法定标准只是生产者必须达到的最低标准，[4]从而，符合国家标准、行业标准的产品，也可能存在不合理的危险。[5]当然，如果受害人能够证明产品不符合国家标准、行业标准，那么，可以推定产品存在缺陷，从而生产者应当举证证明产品没有缺陷或者缺陷与损害之间没有因果关系。于是，国家标准、行业标准就成了判断产品是否存在缺陷的出发点，这在一定程度上也减轻了受害人的证明责任。

2. 产品缺陷的分类

产品缺陷一般分为设计缺陷、制造缺陷和警示缺陷。

设计缺陷，是指生产者在产品的设计上存在欠缺，从而使产品存在不合理的危险，且这种危险可以通过切实可行的合理替代设计有效地消除或者降低。[6]比如中药配方将无毒的木通误载为有毒的关木通。对于设计缺陷的具体认定，比较法上的立场比较一致，即借助“风险—效用标准”分析是否存在能够避免产品致人损害的合理替代设计方案。[7]也就是说，在产品进入流通领域时，倘若存在一种替代设计，可以降低或者避免可能的损害风险，且经过“风险—效用标准”的检验，这种替代设计在避免损害、提升产品安全性方面的收益高于成本，从而替代设计具有合理性、可行性，那么，产品就存在设计缺陷。

制造缺陷，是指生产者生产的产品背离原先制定的设计方案或者技术指

---

〔1〕参见云南省高级人民法院（2008）云高民一终字第51号民事判决书；陕西省高级人民法院（2010）陕民二终字第34号民事判决书。

〔2〕王利明：《侵权责任法研究》（第二版）（下卷），中国人民大学出版社2016年版，第232—233页；张新宝：《侵权责任法》（第五版），中国人民大学出版社2020年，第207页；程啸：《侵权责任法》（第三版），法律出版社2021年版，第561页。

〔3〕黄薇主编:《中华人民共和国民法典侵权责任编解读》，中国法制出版社2020年版，第157页。

〔4〕M ü KoBGB/Wagner,8. Aufl. 2020,BGB § 823Rn. 958,ProdHaftG § 1Rn. 47.

〔5〕《马水法诉陕西重型汽车有限公司等健康权纠纷案》，江苏省南京市中级人民法院（2014）宁民终字第613号民事判决书，载《中华人民共和国最高人民法院公报》2015年第12期。

〔6〕冉克平：《产品责任理论与判例研究》，北京大学出版社2014年版，第86页。

〔7〕Owen,ProductLiabilityLaw,WestAcademicPublishing,2015,pp. 490-491;M ü KoBGB/Wagner,8. Aufl. 2020,ProdHaftG § 3Rn. 44.

标，从而使产品存在不合理的危险性。[1] 比如，农用运输车后轮螺栓紧固方式与图纸后桥总成装配图不符、螺栓孔孔径偏大不符合图纸要求。受害人通过比较事故产品与生产者的设计规范，来证明产品背离了设计规范，从而具有制造缺陷。

警示缺陷，是指生产者、销售者没有全面、适当地提供警示、说明，导致产品存在不合理的危险。警示是对产品潜在危险的警示；说明是指提供如何避免危险、如何安全使用产品的信息。警示缺陷的根源是生产者、销售者没有尽到警示义务。警示必须以显著方式充分、清晰、易懂地描述产品致害风险的性质和程度。警示义务的内容，取决于潜在损害的严重程度、损害发生的概率、使用者对产品的了解程度。因此，如果产品的用户包括普通大众等非专业人士，警示义务的内容就应当结合普通人的认识能力和使用情况而定；如果产品用户包括不同的群体，警示和说明的详尽程度应当取决于对产品信息了解最少的群体。[2] 此外，依据《产品质量法》第27条的规定，警示不仅包括产品正常使用时可能产生的致害风险，还包括使用不当时可能引起的致害风险。一般来说，警示缺陷主要包括两种情况，即针对特定危险完全没有警示说明、有警示但警示不充分或错误警示。有警示但警示不充分或错误警示的情形，需要结合个案中的具体情况来综合认定。

二、受害人遭受损害

产品责任的成立，以受害人遭受损害为前提。受害人是否与生产者、销售者存在合同关系，不影响产品责任的成立。

受害人遭受的损害，是受害人绝对权益遭受侵害而产生的损害，一般包括：（1）人身权益遭受侵害而产生的损害，遭受侵害的人身权益，主要是生命权、身体权、健康权，一般不包括姓名权、肖像权、隐私权等精神性人格权；（2）财产权益遭受侵害而产生的损害，主要是有体物损害。[3] 精神损害也属于产品责任的救济范围。

需要注意的是，与《产品质量法》第41条不同，《民法典》侵权责任编确立的产品责任，救济的损害范围包括产品自己的损害。《产品质量法》第41条

---

〔1〕 冉克平：《产品责任理论与判例研究》，北京大学出版社 2014 年版，第 80 页。

〔2〕 MüKoBGB/Wagner,8. Aufl. 2020,BGB § 823Rn. 984.

〔3〕 王利明：《侵权责任法研究》（第二版）（下卷），中国人民大学出版社 2016 年版，第 241 页。

明确将产品责任的适用范围限制在“缺陷造成人身、缺陷产品以外的其他财产损害”。这是因为，产品自身的损害源于合同义务的不完全履行，体现的是履行利益的损害而非固有利益损害，本应属于违约责任而非侵权责任的救济范围。[1]然而，为了及时、便捷地保护用户、消费者的合法权益，《民法典》第1202条没有区分损害是产品之外的损害还是产品自身的损害，而是将产品责任的救济范围扩大到所有类型的“损害”。也就是说，《民法典》第1202条意义上的损害，既包括缺陷产品以外的其他财产的损害，也包括缺陷产品本身的损害，从而，受害人无须就产品自身的损害另行起诉。[2]

三、产品缺陷与损害之间存在因果关系

受害人遭受的损害必须因产品缺陷造成，即产品缺陷高度致害的风险转化为现实，从而导致了损害的发生。由于产品责任是无过错责任、危险责任，就产品责任在责任成立方面的因果关系而言，原则上不适用相当因果关系理论，从而无须从理性人的角度根据现有经验考察产品缺陷是否适合引起权益侵害或者明显提高了权益侵害发生的可能性，而应适用条件说、法规目的说。[3]因果关系的证明责任，由受害人负担。

第三节　产品责任的承担

一、生产者与销售者的不真正连带责任

根据《民法典》第1203条规定，销售者与生产者对受害人承担的责任是不真正连带责任。造成产品缺陷的一方是终局责任人。

从外部关系来看，受害人既可以请求生产者赔偿全部损失，也可以请求销售者赔偿全部损失，还可以一并起诉生产者和销售者请求两者承担损害赔偿责任。

从内部关系来看，生产者承担赔偿责任后，如果证明产品缺陷因销售者的

---

〔1〕李永军：《“产品自损”的侵权法救济置疑》，载《中国政法大学学报》2015年第3期。

〔2〕黄薇主编：《中华人民共和国民法典侵权责任编解读》，中国法制出版社2020年版，第158页。

〔3〕MüKoBGB/Wagner,8. Aufl. 2020,ProdHaftG § 1Rn. 20f.

过错产生，可以向有过错的销售者追偿，从而销售者承担最终的赔偿责任。当然，如果有过错的销售者已经对受害人承担了损害赔偿责任，就不能再向生产者追偿。与此相对，如果产品缺陷由生产者造成或在销售者控制产品之前产品就已经存在缺陷，生产者承担终局的损害赔偿责任。在这种情况下，销售者先行向受害人承担赔偿责任的，可以向生产者追偿，但应证明产品投入流通前、脱离生产者控制范围时产品缺陷就已经存在。

需要注意的是，根据《民法典》第1204条规定，因运输者、仓储者等第三人的过错使产品存在缺陷导致他人遭受损害的，产品的生产者、销售者仍然应当对受害人承担产品责任，但是在承担产品责任后可以向有过错的第三人追偿。也就是说，生产者、销售者和有过错的第三人对受害人承担不真正连带责任，有过错的第三人是终局责任人。

二、产品责任的免责事由

《产品质量法》第41条第2款规定："生产者能够证明有下列情形之一的，不承担赔偿责任：（一）未将产品投入流通的；（二）产品投入流通时，引起损害的缺陷尚不存在的；（三）将产品投入流通时的科学技术水平尚不能发现缺陷的存在的。"据此，产品责任的免责事由包括三项，由生产者、销售者负举证责任。

（一）未将产品投入流通

将产品投入流通，是指生产者自愿、终局地将产品交付给生产者之外的其他人，从而其他人取得对产品的处分权限或者使用权限。所谓生产者之外的其他人，是指处于生产者组织体之外、不属于生产者工作人员的其他人。因此，小偷从工厂中盗走产品交给他人的，不构成生产者将产品投入流通的情形，生产者不对产品缺陷造成的损害负责。对于计算机软件而言，只要用户能够从云端访问计算机软件，产品就已经被投入流通。[1]

一旦生产者将产品投入流通，产品进入销售者控制领域，即使销售者非基于自愿放弃产品的占有，销售者仍然应当对产品缺陷遭受的损害承担产品责任。[2]也就是说，这一免责适用仅适用于生产者，不适用于销售者。

---

〔1〕 MüKoBGB/Wagner,8. Aufl. 2020,ProdHaftG § 1Rn. 24f.

〔2〕 周友军：《侵权法学》，中国人民大学出版社2011年版，第334页。

（二）产品投入流通时，引起损害的缺陷尚不存在

如果受害人已经证明所受损害因产品缺陷引起，那么，生产者可以举证证明，[1]产品投入流通时缺陷尚不存在，从而不负产品责任。不过，依据《民法典》第1204条，产品缺陷因运输者、仓储者等第三人过错而产生的，生产者不能免责。因此，作为产品责任的免责事由，产品投入流通时缺陷尚不存在，实际上是指产品缺陷因受害人造成，尤其是产品缺陷因受害人擅自改造或不当使用引起。

产品投入流通时缺陷尚不存在，这一免责事由主要适用于设计缺陷，不适用于制造缺陷。[2]其理由在于，制造缺陷意味着产品制造背离设计规范，因此，制造缺陷通常在投入流通时已经存在，不可能在投入流通后出现。

（三）将产品投入流通时的科学技术水平尚不能发现缺陷的存在

这一免责事由被称为发展风险抗辩，生产者、销售者均可援引。发展风险抗辩是产品责任独有的抗辩类型，体现了产品责任的重要目标：在保护消费者权益的同时，也要鼓励新的科学技术成果在生产领域的合理运用，从而促进科技、社会的发展以及民众生活水平的提高。

发展风险抗辩适用于产品投入流通时已经存在的缺陷，但是该缺陷按照产品投入流通时的科学技术水平却难以发现。发展风险抗辩主要适用于设计缺陷和警示缺陷，不适用于制造缺陷。[3]制造缺陷通常源于生产者背离了设计规范，与科技水平无关，从而不可能适用发展风险抗辩。[4]设计缺陷的认定，是借助“风险—效用标准”分析是否存在合理替代设计方案。因此，设计方案存在缺陷但按照现有科技水平来看难以发现的情况，实践中并不罕见。警示缺陷也是如此，在产品投入流通时产品确实存在致害可能，但是该缺陷囿于产品投入流通时的科学技术水平无法被认识到的，那么，虽然生产者本应通过警告避免用户遭受损害，但是基于发展风险抗辩，生产者无须对这一警示缺陷造成的损害负产品责任。

发展风险抗辩中的科学技术水平，必须是产品投入流通时的科学技术水

〔1〕 这一抗辩事由能否适用于销售者，学界存在肯定说和否定说两种观点。肯定说，参见周友军：《侵权法学》，中国人民大学出版社 2011 年版，第 334 页；否定说，参见邹海林、朱广新主编：《民法典评注：侵权责任编》（第 1 册），中国法制出版社 2020 年版，第 404 页。

〔2〕 Mü KoBGB/Wagner,8. Aufl. 2020,ProdHaftG § 1Rn. 35.

〔3〕 Mü KoBGB/Wagner,8. Aufl. 2020,ProdHaftG § 1Rn. 53.

〔4〕 周友军：《侵权法学》，中国人民大学出版社 2011 年版，第 335 页。

平，但这一科学技术水平是生产者实际掌握的科学技术，抑或是当时世界上最高科学技术水平，还是我国社会整体具有的科学技术水平，学界存在分歧。[1]为了避免发展风险抗辩被架空，科学技术水平的判断，应采一般科学技术水平标准而非最高科学技术水平标准。[2]

三、跟踪观察义务

在产品投入流通时，囿于产品投入流通时的科学技术水平，生产者可能无从得知风险或者缺陷。这并不意味着生产者可以高枕无忧。作为专业人员，生产者仍有义务在产品的使用期限内继续跟进与产品相关的科技发展最新趋势和成果，并且跟踪观察产品的使用状况。这就是产品跟踪观察义务。生产者如果在产品投入流通后发现了产品缺陷，或者掌握了新的安全技术措施，就有义务向产品用户发出警告，并在必要时召回缺陷产品，甚至为了提高产品的安全性而调整生产工艺。生产者未及时尽到警示和召回义务的，应对在这之后发生的损害承担责任。

《民法典》第1206条规定了产品跟踪观察义务。产品跟踪观察义务不适用于产品投入流通时生产者能够发现但未能发现产品缺陷的情形，只适用于产品投入流通时科学技术水平无法发现产品缺陷但事后能够发现产品缺陷的情形。[3]在前一种情形，生产者应当对产品缺陷承担产品责任。

生产者、销售者在发现产品缺陷后，应当采取停止销售、警示、召回等补救措施。警示义务的门槛低于召回义务。只要产品在投入流通后因科技进步被发现存在缺陷，或因用户不当使用导致产品致害而具有警示缺陷，生产者、销售者就负有警示义务。与此相对，生产者、销售者是否负有召回义务，取决于个案的具体情况，尤其是要考虑产品影响的法益、召回的成本等因素。召回旨在消除产品的不合理危险，因此，召回的后果包括修理、更换。

产品跟踪观察义务的违反，只是生产者、销售者本应发现但未能发现产品缺陷，因此，产品跟踪观察义务的违反不是与设计缺陷、制造缺陷、警示缺陷并列的产品缺陷类型。因产品跟踪观察义务违反而引起的损害赔偿，是不作

---

〔1〕 邹海林、朱广新主编：《民法典评注：侵权责任编》（第1册），中国法制出版社2020年版，第405—406页；程啸：《侵权责任法》（第三版），法律出版社2021年版，第584页。

〔2〕 MüKoBGB/Wagner,8. Aufl. 2020,ProdHaftG § 1Rn. 56.

〔3〕 程啸：《侵权责任法》（第三版），法律出版社2021年版，第570页。

为侵权责任，其归责原则为过错责任而非无过错责任。[1] 违反产品跟踪观察义务、没有及时采取补救措施的生产者、销售者，不仅对其他相关损害承担责任，还对受害人扩大的损害承担责任。[2]

四、惩罚性赔偿

依据《民法典》第1207条的规定，在下列两种情况下，受害人可以请求惩罚性赔偿：（1）明知产品存在缺陷仍然生产、销售，造成他人死亡或者健康严重损害；（2）产品投入流通后发现存在缺陷，但没有采取停止销售、警示、召回等有效补救措施，造成他人死亡或者健康严重损害。

法律适用

产品缺陷的判断标准主要如下。

产品缺陷，是指产品存在危及人身、他人财产安全的不合理的危险；产品有保障人体健康和人身、财产安全的国家标准、行业标准的，是指不符合该标准。因此，《产品质量法》就产品缺陷的认定，采用双重标准，即不合理危险标准和法定标准（国家标准、行业标准）。

就不合理危险标准与国家标准、行业标准的关系而言，国家标准、行业标准不具有决定意义，即使产品符合国家标准、行业标准，也可能因具有不合理危险而存在缺陷。国家标准、行业标准是产品应当符合的最低标准，符合国家标准、行业标准的产品，也存在具有不合理危险的可能性。

产品缺陷不同于产品瑕疵。产品缺陷是指产品存在危及人身、他人财产安全的不合理的危险。产品质量瑕疵则表现为产品质量不符合当事人约定。因产品缺陷而承担的产品责任，不同于产品销售者因产品质量瑕疵而承担的违约责任。产品责任和产品质量瑕疵责任的承担方式不同。产品责任的承担方式，不仅包括损害赔偿，还包括停止侵害、排除妨碍、消除危险。产品质量瑕疵责任的承担方式，除了损害赔偿，还包括修理、更换、重作等补救措施以及减价、退货等。

---

〔1〕 周友军：《侵权法学》，中国人民大学出版社 2011 年版，第 337 页。
〔2〕 张新宝：《侵权责任法》（第五版），中国人民大学出版社 2020 年版，第 216 页；程啸：《侵权责任法》（第三版），法律出版社 2021 年版，第 571 页。

第四十三章　机动车交通事故责任

提 要

机动车交通事故责任包括机动车之间发生交通事故时机动车一方的侵权责任、机动车与非机动车驾驶人或者行人之间发生交通事故时机动车一方侵权责任。前者是过错责任，后者是无过错责任。机动车交通事故责任的成立，以机动车处于运行中为前提。机动车交通事故责任的主体，根据运行支配和运行利益两项标准来判断。因此，机动车所有人可能不是机动车交通事故责任的主体。

重点问题

1. 机动车交通事故责任的成立要件。
2. 机动车一方的具体认定。

第一节　机动车交通事故责任概述

一、机动车交通事故责任的概念

机动车交通事故责任，是指因机动车运行发生交通事故导致他人遭受损害，机动车一方应当承担的侵权责任。《道路交通安全法》第76条规定确立了机动车交通事故责任的基本制度。该条规定："机动车发生交通事故造成人身伤亡、财产损失的，由保险公司在机动车第三者责任强制保险责任限额范围内予以赔偿；不足的部分，按照下列规定承担赔偿责任：（一）机动车之间发生交通事故的，由有过错的一方承担赔偿责任；双方都有过错的，按照各自过错的比例分担责任。（二）机动车与非机动车驾驶人、行人之间发生交通事故，非机动车驾驶人、行人没有过错的，由机动车一方承担赔偿责任；有证据证明非机动车驾驶人、行人有过错的，根据过错程度适当减轻机动车一方的赔偿责任；机动车一方没有过错的，承担不超过百分之十的赔偿责任。交通事故的损失是由非机动车驾驶人、行人故意碰撞机动车造成的，机动车一方不承担赔偿责任。"

根据《道路交通安全法》第119条，所谓交通事故，是指车辆（机动车和非机动车）在道路上因过错或者意外造成的人身伤亡或者财产损失的事件。所谓机动车，是指以动力装置驱动或者牵引，上道路行驶的供人员乘用或者用于运送物品以及进行工程专项作业的轮式车辆。所谓道路，是指公路、城市道路和虽在单位管辖范围但允许社会机动车通行的地方，包括广场、公共停车场等用于公众通行的场所。所谓非机动车，是指以人力或者畜力驱动，上道路行驶的交通工具，以及虽有动力装置驱动但设计最高时速、空车质量、外形尺寸符合有关国家标准的残疾人机动轮椅车、电动自行车等交通工具。此外，依据《电动自行车安全技术规范》，电动自行车最高车速不得超过25km/h，整车质量（含电池）不得超过55kg，因此，超过上述限制的电动车属于机动车。

《道路交通安全法》第76条规定的机动车交通事故责任，是机动车一方的侵权责任。其中，第76条第1款第1项规定的是机动车之间发生交通事故时机动车一方的侵权责任，是过错责任；第76条第1款第2项规定的是机动车与非机动车驾驶人、行人之间发生交通事故时机动车一方的侵权责任，是无过错责任。此外，非机动车驾驶人、行人之间发生交通事故的，适用《民法典》侵权责任编过错责任一般规定。

二、机动车交通事故责任的归责原则

（一）机动车之间发生交通事故时机动车一方的侵权责任

根据《道路交通安全法》第76条第1款第1项，机动车之间发生交通事故时，由保险公司在机动车第三者责任强制保险责任限额范围内予以赔偿，不足部分，由有过错的一方承担赔偿责任。据此，机动车之间发生交通事故时，机动车一方的侵权责任适用过错责任。采纳过错责任的理由在于，机动车之间发生碰撞的，机动车驾驶人双方都属于平等主体，没有强弱之分。[1]对此，学界有观点认为，在立法论上，不应根据当事人不同而设置不同的归责原则，即使是机动车之间的交通事故引起的损害，也属于机动车高度危险的实现，应当适用无过错责任原则。[2]

（二）机动车与非机动车驾驶人、行人之间发生交通事故时机动车一方的侵

〔1〕 黄薇主编：《中华人民共和国民法典侵权责任编解读》，中国法制出版社 2020 年版，第 172 页。

〔2〕 周友军：《侵权法学》，中国人民大学出版社 2011 年版，第 350 页。

权责任

机动车与非机动车驾驶人、行人之间发生交通事故时，就机动车一方侵权责任的归责原则，学界存在分歧。第一种观点认为，机动车一方的侵权责任是混合责任，以过错推定责任为主，以无过错责任为辅。[1]第二种观点认为，机动车一方的侵权责任是过错推定责任。[2]第三种观点认为，《道路交通安全法》第76条第1款第2项规定的机动车一方侵权责任，是无过错责任。[3]本书采无过错责任说。当然，由于我国交通事故处理需要交通警察认定事故责任、制作交通事故认定书，机动车一方应当承担侵权责任的，通常对事故的发生有过错。而且，依据《道路交通安全法》第76条第1款第2项，即使机动车一方没有过错，不论采无过错责任说还是过错推定责任说，机动车一方都应当承担一定的损害赔偿责任。因此，上述归责原则之争的实践意义极为有限。

第二节　机动车交通事故责任的成立要件

机动车交通事故责任的成立，以机动车在运行中致人损害为前提。因此，机动车交通事故责任的成立要件包括：（1）他人遭受损害；（2）机动车处于运行中；（3）机动车运行与损害之间具有因果关系。同时，机动车之间发生交通事故时机动车一方的侵权责任是过错责任，因此，这一责任的成立要件还应当包括机动车一方的肇事行为、过错。[4]

一、他人遭受损害

他人遭受损害，包括以下两层含义。

---

〔1〕 王利明：《侵权责任法研究》（第二版）（下卷），中国人民大学出版社 2016 年版，第 298 页；黄薇主编：《中华人民共和国民法典侵权责任编解读》，中国法制出版社 2020 年版，第 173 页。

〔2〕 杨立新：《侵权责任法》（第四版），法律出版社 2020 年版，第 220 页；邹海林、朱广新主编：《民法典评注：侵权责任编》（第 2 册），中国法制出版社 2020 年版，第 461 页。

〔3〕 最高人民法院民法典贯彻实施工作领导小组：《中华人民共和国民法典侵权责任编理解与适用》，人民法院出版社 2020 年版，第 361 页；张新宝：《侵权责任法》（第五版），中国人民大学出版社 2020 年版，第 221 页；程啸：《侵权责任法》（第三版），法律出版社 2021 年版，第 591 页；周友军：《侵权法学》，中国人民大学出版社 2011 年版，第 350 页。

〔4〕 张新宝：《侵权责任法》（第五版），中国人民大学出版社 2020 年版，第 225 页。

第一，遭受损害的是他人。所谓他人，至少包括非机动车驾驶人、行人、其他机动车上的人员。此外，学界多认为，他人也包括本机动车上人员。[1]但是，在实践中，机动车第三者责任强制保险责任的保护范围一般不包括本机动车上人员，即本车人员，从而，责任保险的保护范围限于本车人员、被保险人以外的人。比如，《机动车交通事故责任强制保险条例》第3条、第21条第1款对此即有明确规定。[2]将本车人员排除出责任保险的保护范围，旨在防止投保人与车上人员串通骗保。

第二，他人遭受的损害包括人身伤亡、财产损失。《道路交通安全法》第76条没有使用权益侵害或者损害这样的措辞，而是表述为人身伤亡、财产损失。

根据2021年1月1日起施行的《最高人民法院关于审理道路交通事故损害赔偿案件适用法律若干问题的解释》（以下简称《道路交通事故损害赔偿解释》）第11条，人身伤亡是指机动车发生交通事故侵害被侵权人的生命权、身体权、健康权等人身权益所造成的损害。因此，机动车交通事故责任保护的人身权益，主要是物质性人格权。具体来说，人身伤亡的损害赔偿范围包括医疗费、护理费、交通费、营养费、住院伙食补助费等为治疗和康复支出的合理费用，以及因误工减少的收入；受害人残疾、死亡的，损害赔偿范围还包括辅助器具费和残疾赔偿金、丧葬费和死亡赔偿金；受害人遭受严重精神损害的，损害赔偿范围还包括精神损害赔偿。不过，在实践中，根据保险合同规定，精神损害赔偿一般不属于机动车第三者责任保险、机动车车上人员责任保险的赔偿范围，因此，受害人只能请求机动车一方承担精神损害赔偿。[3]对此，《道路交通事故损害赔偿解释》第13条第2款持不同意见。该款规定：“被侵权人或者其近亲属请求承保交强险的保险公司优先赔偿精神损害的，人民法院应予支持。”

根据《道路交通事故损害赔偿解释》第11条、第12条，财产损失，是指因机动车发生交通事故侵害被侵权人的财产权益所造成的损失，一般包括：

---

〔1〕 邹海林、朱广新主编：《民法典评注：侵权责任编》(第2册)，中国法制出版社2020年版，第464页；程啸：《侵权责任法》(第三版)，法律出版社2021年版，第595页；周友军：《侵权法学》，中国人民大学出版社2011年版，第357页。

〔2〕《中国保险行业协会机动车商业保险示范条款(2020版)》第3条规定：“本保险合同中的第三者是指因被保险机动车发生意外事故遭受人身伤亡或者财产损失的人，但不包括被保险机动车本车车上人员、被保险人。”第4条规定：“本保险合同中的车上人员是指发生意外事故的瞬间，在被保险机动车车体内或车体上的人员，包括正在上下车的人员。”

〔3〕《中国保险行业协会机动车商业保险示范条款(2020版)》第24条、第35条。

（1）维修被损坏车辆所支出的费用、车辆所载物品的损失、车辆施救费用；（2）因车辆灭失或者无法修复，为购买交通事故发生时与被损坏车辆价值相当的车辆重置费用；（3）依法从事货物运输、旅客运输等经营性活动的车辆，因无法从事相应经营活动所产生的合理停运损失；（4）非经营性车辆因无法继续使用，所产生的通常替代性交通工具的合理费用。

二、机动车处于运行中

机动车交通事故责任，以机动车发生交通事故为要。尽管《道路交通安全法》第119条强调交通事故是车辆在道路上造成的事故，但是，我国学界多主张以“机动车处于运行中”代替“在道路上”。[1]这也符合无过错责任的基本原理，因为机动车的运行导致高度危险的产生，从而，机动车一方对机动车高度危险转化为现实而造成的损害负责。

处于运行中，是指机动车在驾驶过程中或者以影响交通的方式被使用，[2]也就是机动车作为交通工具而被使用的状态。[3]因此，即使机动车发动机并未运转，只要机动车作为交通工具处于交通中，机动车就处于运行中。比如，机动车发动机因故障熄火而停在道路中、机动车停车后因路面原因而滑行、驾驶员关闭发动机准备下车而打开车门，都属于机动车处于运行中。总之，只要损害的发生与机动车的运行过程、运行安排具有时间上或地点上的关联即可。[4]

机动车处于运行中，不要求受害人与机动车有物理上的接触。[5]比如，机动车急转弯或者急刹车导致路人因惊慌而跌倒的，也属于机动车运行中造成的损害。[6]

三、机动车运行与损害之间具有因果关系

机动车之间发生交通事故时机动车一方的侵权责任，因果关系按照过错责任因果关系理论来判断。

---

〔1〕邹海林、朱广新主编：《民法典评注：侵权责任编》（第2册），中国法制出版社2020年版，第463页；程啸：《侵权责任法》（第三版），法律出版社2021年版，第597页；周友军：《侵权法学》，中国人民大学出版社2011年版，第353页。

〔2〕Wandt,GesetzlicheSchuldverha¨ltnisse,8. Aufl. 2017, § 22Rn. 12.

〔3〕邹海林、朱广新主编：《民法典评注：侵权责任编》（第2册），中国法制出版社2020年版，第465页。

〔4〕Wagner,Deliktsrecht,14. Aufl. 2021, § 8Rn. 50.

〔5〕Burmann/Heß/Hühnermann/Jahnke/Burmann,26. Aufl. 2020,StVG § 7Rn. 7.

〔6〕参见广西壮族自治区来宾市中级人民法院（2016）桂13民终841号民事判决书。

机动车与非机动车驾驶人、行人之间发生交通事故时机动车一方的侵权责任，按照无过错责任的因果关系理论判断，尤其是要借助法规目的说来判断。因此，非因机动车自身高度危险引起的损害，如本车人员向外投掷物品引起路人的损害，不属于机动车交通事故责任所欲防止的致害方式，因此，不成立机动车交通事故责任。

第三节　机动车交通事故责任的承担

《民法典》第1213条规定："机动车发生交通事故造成损害，属于该机动车一方责任的，先由承保机动车强制保险的保险人在强制保险责任限额范围内予以赔偿；不足部分，由承保机动车商业保险的保险人按照保险合同的约定予以赔偿；仍然不足或者没有投保机动车商业保险的，由侵权人赔偿。"这是机动车交通事故致人损害时损害赔偿承担的一般规则。此外，依据第1216条，在驾驶人逃逸时，道路交通事故社会救助基金也是机动车交通事故造成损害的救济途径。

机动车交通事故责任的承担，还涉及责任主体的认定、责任主体认定的具体情形、减轻和免除责任的事由。

一、机动车交通事故责任主体的认定

机动车交通事故责任主体是机动车一方。一般来说，机动车一方是机动车的所有人、管理人或者使用人。通常情况下，机动车的所有人就是机动车的管理人、使用人。在机动车的所有人、管理人、使用人出现分离的情形，根据最高人民法院的立场，[1]应当采用运行支配和运行利益两项标准来确定责任主体，也就是机动车一方。[2]所谓运行支配，是指在事实上直接支配管理机动车的运行，体现的是危险责任理念，着眼于对危险源的控制；所谓运行利益，是指能够从机动车运行本身获得利益，体现的是报偿理念。[3]因此，机动车交通事故责任的主体，是对机动车享有运行支配和运行利益的机动车一方。

---

〔1〕《最高人民法院关于连环购车未办理过户手续，原车主是否对机动车发生交通事故致人损害承担责任的请示的批复》(〔2001〕民一他字第32号)。

〔2〕最高人民法院民法典贯彻实施工作领导小组:《中华人民共和国民法典侵权责任编理解与适用》，人民法院出版社2020年版，第365页。

〔3〕邹海林、朱广新主编:《民法典评注:侵权责任编》(第2册)，中国法制出版社2020年版，第471页。

二、机动车交通事故责任主体认定的具体情形

根据《民法典》侵权责任编相关规定，在机动车所有人、管理人或者使用人出现分离时，借助运行支配和运行利益标准，结合具体情形来认定机动车交通事故责任主体。

1. 使用他人机动车造成交通事故时的责任主体为使用人，但机动车所有人、管理人对损害的发生有过错的，承担相应的赔偿责任。使用他人机动车，包括有权使用和无权使用两种情形。机动车使用人直接支配机动车的运行，并且享有机动车运行的利益，因此，机动车使用人是机动车交通事故责任主体。具体来说，因租赁、借用等情形机动车所有人、管理人与使用人不是同一人时，发生交通事故造成损害，属于该机动车一方责任的，由机动车使用人承担赔偿责任；未经允许驾驶他人机动车，发生交通事故造成损害，属于该机动车一方责任的，由机动车使用人承担赔偿责任。机动车所有人、管理人对损害的发生有过错的情形，依据《道路交通事故损害赔偿解释》第1条认定。机动车所有人、管理人的过错一般包括以下情形：（1）知道或者应当知道机动车存在缺陷，且该缺陷是交通事故发生原因之一；（2）知道或者应当知道驾驶人无驾驶资格或者未取得相应驾驶资格的；（3）知道或者应当知道驾驶人因饮酒、服用国家管制的精神药品或者麻醉药品，或者患有妨碍安全驾驶机动车的疾病等依法不能驾驶机动车的。相应的责任，根据机动车所有人、管理人对损害发生的过程程度、原因力大小来确定。

2. 当事人之间已经以买卖或者其他方式转让并交付机动车但是未办理登记，发生交通事故造成损害，属于该机动车一方责任的，由受让人承担赔偿责任。被多次转让但是未办理登记的机动车发生交通事故造成损害，属于该机动车一方责任，由最后一次转让并交付的受让人承担赔偿责任。究其原因，受让人取得了机动车的占有，符合运行支配和运行利益两项标准，是危险源的控制主体，因此，受让人是机动车交通事故责任的主体。

3. 盗窃、抢劫或者抢夺的机动车发生交通事故造成损害的，由盗窃人、抢劫人或者抢夺人承担赔偿责任。盗窃人、抢劫人或者抢夺人与机动车使用人不是同一人，发生交通事故造成损害，属于该机动车一方责任的，由盗窃人、抢劫人或者抢夺人与机动车使用人承担连带责任。这一做法的理由在于，机动车被盗窃、抢劫或抢夺后，机动车所有人、管理人丧失了运行支配，盗窃人、抢劫人或者抢夺人自行使用机动车的，符合运行支配和运行利益两项标准，从而

是机动车交通事故责任的主体。基于法政策的考量，为了惩罚盗窃人、抢劫人或者抢夺人的违法行为，即使盗窃人、抢劫人或者抢夺人与机动车使用人不是同一人，丧失运行支配和运行利益的盗窃人、抢劫人或者抢夺人，仍然与机动车使用人承担连带责任。[1]

在以下两种情形，基于法政策的考量，不符合运行支配和运行利益两项标准的其他主体，应当与机动车一方对受害人承担连带责任。

1. 以挂靠形式从事道路运输经营活动的机动车，发生交通事故造成损害，属于该机动车一方责任的，由挂靠人和被挂靠人承担连带责任。尽管被挂靠人可以从挂靠获得一定的经济利益，但是，被挂靠人并不直接支配机动车的运行，运行利益不包括间接利益，因此，被挂靠人不属于机动车一方。也就是说，挂靠人作为机动车一方承担交通事故责任，[2]被挂靠人基于法政策原因与挂靠人对受害人承担连带责任，[3]从而有助于促使被挂靠人在接受挂靠时仔细核查以减轻风险、减少挂靠现象。[4]

2. 以买卖或者其他方式转让拼装或者已经达到报废标准的机动车，发生交通事故造成损害的，由转让人和受让人承担连带责任。在这种情形，拼装机动车和报废机动车的受让人已取得车辆实际占有的，符合运行支配和运行利益两项标准，[5]是承担机动车交通事故责任的主体。要求转让人承担连带责任，也是基于法政策原因，[6]即禁止拼装机动车和报废机动车上路、减少交通事故隐患。[7]

---

〔1〕黄薇主编：《中华人民共和国民法典侵权责任编解读》，中国法制出版社 2020 年版，第 191 页；最高人民法院民法典贯彻实施工作领导小组：《中华人民共和国民法典侵权责任编理解与适用》，人民法院出版社 2020 年版，第 396 页。

〔2〕周友军：《侵权法学》，中国人民大学出版社 2011 年版，第 363 页。

〔3〕邹海林、朱广新主编：《民法典评注：侵权责任编》（第 2 册），中国法制出版社 2020 年版，第 481 页。

〔4〕黄薇主编：《中华人民共和国民法典侵权责任编解读》，中国法制出版社 2020 年版，第 180 页；最高人民法院民法典贯彻实施工作领导小组：《中华人民共和国民法典侵权责任编理解与适用》，人民法院出版社 2020 年版，第 378 页。

〔5〕周友军：《侵权法学》，中国人民大学出版社 2011 年版，第 366 页。

〔6〕邹海林、朱广新主编：《民法典评注：侵权责任编》（第 2 册），中国法制出版社 2020 年版，第 493 页。

〔7〕黄薇主编：《中华人民共和国民法典侵权责任编解读》，中国法制出版社 2020 年版，第 188 页；最高人民法院民法典贯彻实施工作领导小组：《中华人民共和国民法典侵权责任编理解与适用》，人民法院出版社 2020 年版，第 391 页。

三、减轻和免除责任的事由

（一）减轻责任的事由

机动车交通事故责任的减轻事由包括《道路交通安全法》第76条第1款规定的受害人过错、《民法典》第1217条规定的好意同乘。

好意同乘规则是典型的情谊行为，在当事人之间不产生合同关系，从而不存在给付义务和报酬请求权。不过，好意同乘规则的适用，须满足以下条件：（1）搭乘工具为非营运机动车，即巡游出租车、网络预约出租车之外的机动车，但是，分摊油费等出行成本的“拼车”是否属于非营运机动车，尚无统一立场；[1]（2）搭乘须为无偿，即搭乘人无须为运输行为提供对价，[2]但不包括提供的免票运输服务；（3）无偿搭乘人因交通事故遭受损害；（4）交通事故属于机动车一方的责任。好意同乘规则适用的法律后果，是减轻但不能免除机动车一方的责任。不过，如果机动车使用人有故意或者重大过失，好意同乘规则即不能适用，机动车交通事故责任就不能减轻。

（二）免除责任的事由

根据《道路交通安全法》第76条第2款，就机动车与非机动车驾驶人、行人之间发生交通事故时机动车一方的侵权责任，受害人故意是法定免责事由。这里的受害人故意，主要是受害人自杀、自残、碰瓷等情形。[3]除此以外，不可抗力也属于免除责任的事由。

法律适用

本车人员如何认定？

无论是交强险还是商业性三者险，都将本车人员排除出保护范围。我国司法实践一般认为，在机动车交通事故发生时，乘客因机动车碰撞而被甩出车外或者为了自救而跳出、爬出车外的，不再属于本车人员。与此相对，因机动车交通事故而被甩出车外或者为了自救而跳出车外的驾驶员，是否属于本车人员，司法实践存在分歧。即使驾驶员在车外遭受人身损害，有些法院仍然认为，驾驶员对机动车危险具有控制力，因此，驾驶员仍然属于本车人员。

---

〔1〕邹海林、朱广新主编：《民法典评注：侵权责任编》（第2册），中国法制出版社2020年版，第502页。

〔2〕程啸：《侵权责任法》（第三版），法律出版社2021年版，第616页。

〔3〕张新宝：《侵权责任法》（第五版），中国人民大学出版社2020年版，第224页。

第四十四章 医疗损害责任

提 要

医疗损害责任，是患者因医疗机构或者其医务人员的过错在诊疗活动中受到损害，医疗机构应当承担的侵权责任。医疗机构对自己的过错承担过错责任，对医务人员的过错承担替代责任。因医务人员的过错成立的医疗损害责任，包括未尽诊疗义务的医疗损害责任、违反告知义务的医疗损害责任。前者的核心要件是医务人员未尽到与当时的医疗水平相应的诊疗义务，即诊疗过失；后者的核心要件是违反特别告知义务，即违反旨在取得患者同意的告知义务。医疗机构的过错，可以依据《民法典》第1222条推定。在紧急情况下，医务人员可以免除特别告知义务。

重点问题

1. 医疗损害责任的类型及成立要件。

2. 诊疗过错的推定规则。

第一节 医疗损害责任概述

一、医疗损害责任的概念和特征

医疗损害责任，是患者在诊疗活动中因医疗机构或者其医务人员的过错受到损害，医疗机构应当承担的侵权责任。《民法典》侵权责任编第5章详细规定了医疗损害责任。其中，第1218条是医疗损害责任的一般规定，第1219—1222条、第1224条是关于医疗损害责任的具体规定。此外，《民法典》侵权责任编第5章还在第1223条规定了医疗产品责任，在第1226条规定了医疗机构及其医务人员侵害患者隐私、个人信息的侵权责任。医疗产品责任是产品责任规则在医疗侵权领域的具体化，是无过错责任；医疗机构及其医务人员侵害隐私、个人信息的责任是一般侵权责任，适用过错责任一般规则，即受害人应当依据《民法典》第1165条第1款主张侵权责任。[1]

医疗损害责任具有以下特征：

第一，医疗损害责任是对诊疗活动中发生的损害承担的责任。根据《医疗机构管理条例实施细则》第88条，诊疗活动是指通过各种检查，使用药物、器械及手术等方法，对疾病作出判断和消除疾病、缓解病情、减轻痛苦、改善功能、延长生命、帮助患者恢复健康的活动。因此，非因诊疗活动引起的损害，如患者排队挂号时因地面湿滑而跌倒、因医院建筑物出现高空坠物而受伤、排队取药时遭遇医务人员盗窃、医疗机构停车场发生盗窃，就不成立医疗损害责任。

第二，医疗损害责任保护的是患者的生命权、身体权、健康权。医疗损害责任救济的是因诊疗活动遭受的损害，而诊疗活动旨在维护患者的生命健康，因此，医疗损害责任的法益保护范围原则上限于患者的生命权、身体权、健康权。[2]患者因生命权、身体权、健康权遭受侵害引起的财产损害、精神损害均属于医疗损害责任的救济范围。患者死亡的，其近亲属作为受害人请求医疗损害赔偿。

第三，医疗损害责任的主体是医疗机构。医疗机构，是依据《医疗机构管理条例》《医疗机构管理条例实施细则》，经登记领取“医疗机构执业许可证”的机构，包括从事疾病诊断、治疗活动的医院、卫生院、疗养院、门诊部、诊所、卫生所（室）以及急救站等。医疗损害责任是医疗机构对受害人承担的责任。在诊疗活动中具有过错的医务人员，不是医疗损害责任的主体。[3]但也有观点认为，个体医师在诊疗活动中因过失造成患者损害的，也是医疗损害责任的主体。[4]

---

〔1〕最高人民法院民法典贯彻实施工作领导小组：《中华人民共和国民法典侵权责任编理解与适用》，人民法院出版社2020年版，第492页。

〔2〕参见程啸：《侵权责任法》（第三版），法律出版社2021年版，第639页；周友军：《侵权法学》，中国人民大学出版社2011年版，第255页。

〔3〕最高人民法院民法典贯彻实施工作领导小组：《中华人民共和国民法典侵权责任编理解与适用》，人民法院出版社2020年版，第416—417页。

〔4〕邹海林、朱广新主编：《民法典评注：侵权责任编》（第2册），中国法制出版社2020年版，第515页。

二、医疗损害责任的归责原则

学界对医疗损害责任的归责原则一直存在争议。[1]这一争议的背景在于：一方面，《民法典》要求医疗损害责任的成立，须以医疗机构、医务人员在诊疗活动中具有过错为前提，没有过错就没有医疗损害责任；另一方面，在实践中，医务人员通常是医疗机构的工作人员，医务人员在诊疗活动中因过错致患者损害的，医疗机构为医务人员承担的医疗损害责任，实际上是替代责任、无过错责任。

本书认为，医疗损害责任的成立，必须以医疗机构或者医务人员具有过错为要，但是，医疗损害责任的归责原则，取决于具有过错的主体。

（一）医务人员具有过错

根据《民法典》第1219条、第1221条，医务人员具有过错的情形包括两种，即医务人员没有履行告知义务并取得患者同意，医务人员在诊疗活动中未尽到与当时的医疗水平相应的诊疗义务。这两种情形，虽然医务人员具有过错，但医务人员不是医疗损害赔偿责任的主体。由于医务人员是医疗机构的工作人员，因此，医疗机构对违反告知义务、违反诊疗义务的医务人员造成的损害承担用人者责任。这一责任是替代责任、[2]无过错责任，不要求医疗机构具有过错，但要求医务人员具有过错。

此外，依据《民法典》第1222条第1项，医务人员违反法律、行政法规、规章以及其他有关诊疗规范的规定，即推定医务人员违反诊疗义务，从而具有过错。

（二）医疗机构具有过错

根据《民法典》第1222条第2项和第3项，医疗机构具有过错的情形涉及病历的处置，包括：隐匿或者拒绝提供与纠纷有关的病历资料；遗失、伪造、篡改或者违法销毁病历资料。这里的病历资料包括医疗机构保管的门诊病历、住院志、体温单、医嘱单、检验报告、医学影像检查资料、特殊检查（治疗）同意书、手术同意书、手术及麻醉记录、病理资料、护理记录、出院记录，以及国务院卫生行政主管部门规定的其他病历资料。这两种情形，受害人无须举证

---

〔1〕 周友军：《侵权法学》，中国人民大学出版社2011年版，第245—246页；邹海林、朱广新主编：《民法典评注：侵权责任编》（第2册），中国法制出版社2020年版，第518页。

〔2〕 王利明：《侵权责任法研究》（第二版）（下卷），中国人民大学出版社2016年版，第359页；张新宝：《侵权责任法》（第五版），中国人民大学出版社2020年版，第195页；周友军：《侵权法学》，中国人民大学出版社2011年版，第251页。

证明隐匿、拒绝提供病历资料或者遗失、伪造、篡改或者违法销毁病历资料主体是医疗机构的具体工作人员，不必请求医疗机构承担替代责任。此时，根据《民法典》第1222条，推定医疗机构具有过错，因此，医疗机构实际上是对自己的过错承担责任。

此外，在实践中，医疗机构还可能存在其他管理上的过错，即医疗机构医疗系统设计和执行上存在疏漏，[1]导致患者遭受损害。比如，医院管理制度存在漏洞导致新生儿被抱错，[2]医院人员配备不足导致患者未能及时得到救治。[3]在这些情形，医疗机构存在过错，从而应当承担医疗损害责任。这类医疗损害责任也被称为医疗管理损害责任，[4]是医疗机构对自己的过错承担的过错责任。[5]

总之，医疗机构对自己的过错承担过错责任，对医务人员的过错承担替代责任。本书重点介绍医务人员在诊疗活动中因过错致人损害的医疗损害责任。

第二节　未尽诊疗义务的医疗损害责任

《民法典》第1221条规定了医务人员未尽诊疗义务的医疗损害责任。这一医疗损害责任的成立要件包括：（1）诊疗活动；（2）医务人员具有诊疗过错，即未尽诊疗义务；（3）患者遭受损害；（4）未尽诊疗义务与患者损害之间具有因果关系。

一、诊疗活动

根据《医疗机构管理条例实施细则》第88条，诊疗活动是指通过各种检查，使用药物、器械及手术等方法，对疾病作出判断和消除疾病、缓解病情、

---

〔1〕 邹海林、朱广新主编：《民法典评注：侵权责任编》（第2册），中国法制出版社2020年版，第520页。

〔2〕 参见浙江省温州市中级人民法院（2010）浙温民终字第1413号。

〔3〕 郑晓剑：《〈侵权责任法〉第54条解释论之基础》，载《现代法学》2014年第1期。

〔4〕 杨立新：《侵权责任法》（第四版），法律出版社2020年版，第254页。

〔5〕 有学者主张放弃替代责任思路，转而从组织过错的角度来认定医疗损害责任。参见郑晓剑：《〈侵权责任法〉第54条解释论之基础》，载《现代法学》2014年第1期；满洪杰：《风险社会视角下医疗损害责任立法之反思——兼评〈民法典侵权责任编（草案）〉的相关规定》，载《山东大学学报（哲学社会科学版）》2019年第4期。

减轻痛苦、改善功能、延长生命、帮助患者恢复健康的活动。

此外，根据2021年1月1日起施行的《最高人民法院关于审理医疗损害责任纠纷案件适用法律若干问题的解释》（以下简称《医疗损害责任解释》）第2条，医疗美容也属于诊疗活动。医疗美容，是指运用手术、药物、医疗器械以及其他具有创伤性或者侵入性的医学技术方法对人的容貌和人体各部位形态进行的修复与再塑。患者以在美容医疗机构或者开设医疗美容科室的医疗机构实施的医疗美容活动中受到人身或者财产损害的，也可能成立医疗损害责任。但需要注意的是，以恢复健康为目的的诊疗活动，属于手段之债，即医疗机构不确保诊疗活动必然治愈疾病；[1] 医疗美容服务，则通常为结果之债，需要达到患者与医疗机构约定的美容效果。[2]

未尽诊疗义务的医疗损害责任，仅救济在诊疗活动中遭受的损害。与诊疗活动无关的损害，不产生未尽诊疗义务的医疗损害责任。

二、医务人员具有诊疗过错

诊疗过错，是医务人员在诊疗活动中的过错。诊疗过错的表现形式通常是过失，表现为医务人员作为专业人员没有尽到与当时医疗水平相应的诊疗义务，即未能按照当时的医疗水平提供的医疗服务。《民法典》第1221条规定的实际上是诊疗过失的客观标准，医务人员未尽到客观标准的注意义务，即具有诊疗过失。此外，诊疗过错也可能表现为主观故意，[3] 比如护士故意将注射药品替换为致命毒剂、医生为了竞争而毒害其他医生负责的患者。

医务人员未尽到与当时的医疗水平相应的诊疗义务，应当从以下方面理解：第一，以诊疗活动时的医疗水平为准。也就是说，判断医务人员是否尽到诊疗义务的时点，是诊疗活动时，即实施诊疗行为时，而非医疗损害责任之诉提起时。因此，诊疗义务必须符合诊疗活动“当时”的医疗水平，而非事后更为发达的医疗水平。第二，以抽象的一般医务人员的平均专业水平为准。诊疗义务标准，与具体的医务人员无关。不论从事诊疗活动的医务人员是否为新手，都必须尽到普通专科医生或者全科医生的诊疗义务，达到同行一般医务人

[1] 张新宝：《侵权责任法》（第五版），中国人民大学出版社 2020 年版，第 198 页。
[2] 邹海林、朱广新主编：《民法典评注：侵权责任编》（第 2 册）中国法制出版社 2020 年版，第 541 页。
[3] 周友军：《侵权法学》，中国人民大学出版社 2011 年版，第 257 页。

员的平均专业水准。[1]如果医务人员没有尽到有经验的、谨慎的一般医务人员在同等情况下应尽的诊疗义务，医务人员就有过失。[2]

根据《医疗损害责任解释》第16条，认定医务人员应尽的诊疗义务，应当依据法律、行政法规、规章以及其他有关诊疗规范进行认定，可以综合考虑患者病情的紧急程度、患者个体差异、当地的医疗水平、医疗机构与医务人员资质等因素。

具体来说，首先，医务人员应当尽到的诊疗义务，应当符合法律、行政法规、规章以及其他有关诊疗规范的规定。违反这一标准，依据《民法典》1222条第1项，即可推定医务人员具有过错。但是，这一推定是可以推翻的。如果医疗机构举证证明，为了救治患者必须违反诊疗规范的规定，那么，医务人员就没有诊疗过失。[3]其次，依据《民法典》第1224条第1款第2项，在抢救生命垂危的患者等紧急情况下，诊疗义务标准应当适当降低，因为在紧急情况下时间紧迫，留给医务人员全面谨慎考虑的时间很少，需要医务人员就治疗方案迅速作出决断，故医务人员仅须尽到合理诊疗义务即可，无须达到正常水平。再次，医务人员应尽的诊疗义务，须考虑患者的个体差异，尤其是患者的体质、病情发展特征等因素。最后，医务人员应尽的诊疗义务，须考虑医疗水平的地域性、医疗机构的等级、医务人员的专业和资质。我国幅员辽阔，各地医疗水平存在差异且医疗资源分布不均衡，同样地，在三级十等医院分级制度下，不同医院承担的功能不一样、医疗水平也不一样。因此，医疗水平的地域性、医疗机构的等级是确定诊疗义务需要考虑的因素。[4]

如果医务人员尽到与当时的医疗水平相应的诊疗义务，医务人员就不具有诊疗过失，即使疾病限于当时的医疗水平难以诊疗，医疗机构也依据《民法典》第1224条第1款第3项不承担医疗损害责任。患者对医务人员具有诊疗过失负举证责任。患者无法证明的，可以通过医疗损害鉴定来证明医务人员具有诊疗过失。

---

〔1〕张新宝：《侵权责任法》（第五版），中国人民大学出版社 2020 年版，第 199 页；周友军：《侵权法学》，中国人民大学出版社 2011 年版，第 258 页。

〔2〕Deutsch/Spickhoff,Medizinrecht,7Aufl. 2014,Rn. 328f.

〔3〕邹海林、朱广新主编：《民法典评注：侵权责任编》（第 2 册），中国法制出版社 2020 年版，第 559 页。

〔4〕邹海林、朱广新主编：《民法典评注：侵权责任编》（第 2 册），中国法制出版社 2020 年版，第 543 页。

三、患者遭受损害

患者遭受损害，是指患者因生命权、身体权、健康权遭受侵害而蒙受的财产损害和精神损害。患者因医务人员未尽诊疗义务而多支出的费用，应当通过违约责任请求赔偿。

四、未尽诊疗义务与患者损害之间具有因果关系

医务人员未尽诊疗义务必须造成患者生命权、身体权、健康权遭受侵害，并产生财产损害和精神损害。医疗损害责任的因果关系判断比较复杂。一般来说，受害人都会通过医疗损害鉴定来证明未尽诊疗义务与患者损害之间的因果关系。根据《医疗损害责任解释》第12条，医疗损害鉴定意见可以按照导致患者损害的全部原因、主要原因、同等原因、次要原因、轻微原因或者与患者损害无因果关系，表述诊疗行为或者医疗产品等造成患者损害的原因力大小。也就是说，鉴定意见可能会将诊疗过失与患者遭受的损害分为六个等级，从而确定相应的责任程度参与度系数值。〔1〕基于这种特殊的因果关系认定，在医疗损害责任领域，司法实践发展出了比例责任、治愈机会丧失理论。〔2〕比例责任的意义在于，医疗机构对任何诊疗过失均应负责，但仅就诊疗过失造成的那一部分损害负责，损害部分必须契合医务人员尽到诊疗义务时患者本应恢复健康的概率。〔3〕

第三节　违反告知义务的医疗损害责任

《民法典》第1219条规定了违反告知义务的医疗损害责任。按照是否需要取得患者同意为目的，《民法典》第1219条第1款将告知义务分为两类。其中，第1句规定的是不以取得患者同意为目的的告知义务，第2句规定的是以取得患者同意为目的的告知义务。前者被称为一般告知义务，后者被称为特别告知义

〔1〕参见《北京司法鉴定业协会关于办理医疗过失司法鉴定案件的若干意见》。

〔2〕参见浙江省宁波市中级人民法院（2013）浙甬民一终字第186号民事判决书；广东省高级人民法院（2017）粤民再381号民事判决书；江苏省高级人民法院（2017）苏民申2663号民事裁定书。

〔3〕MüKoBGB/Wagner,8. Aufl. 2020,BGB § 630hRn. 129.

务，即知情同意规则。

一、一般告知义务

一般告知义务包括诊断结果告知义务和确保疗效的告知义务。

诊断结果告知义务，是指医务人员应当将患者病情的诊断结果全面、准确地告知患者。诊断结果告知义务的履行，是患者自主决定的前提。患者在了解病情后，经过理性权衡，自主决定是否接受手术、特殊检查、特殊治疗。不履行诊断结果告知义务，属于医疗服务合同义务的不履行，成立违约责任。错误告知诊断结果导致患者延误最佳治疗时机的，如果医务人员未尽到诊疗义务，医务人员构成诊疗过失，由医疗机构承担医疗损害责任。

确保疗效的告知义务，是指医务人员为了确保疗效而负担的告知义务。其目的在于促成患者的协助，确保治疗的疗效，避免患者因错误的行为方式遭受身体健康损害、引起治疗困难或二次治疗。比如，医务人员应当告知患者改变错误的生活方式、注意生活禁忌、为了准备手术而锻炼手术体位、药物的具体服用方法、饮食习惯的调整、术后复健注意事项等。确保疗效的告知义务不涉及患者的自主决定。患者可以不遵守医嘱，从而构成不配合医疗机构进行符合诊疗规范的诊疗，依据《民法典》第1224条第2款，如果医务人员没有构成诊疗过失，医疗机构就不承担医疗损害责任。不履行确保疗效的告知义务，可能成立诊疗过失，从而成立未尽诊疗义务的医疗损害责任。[1]

二、特别告知义务

（一）特别告知义务的内容

特别告知义务旨在取得患者的同意，内容涉及实施手术、特殊检查、特殊治疗的医疗风险、替代医疗方案等，旨在使患者在权衡利弊的基础上自主决定是否接受建议的手术、特殊检查、特殊治疗。

根据《医疗机构管理条例实施细则》第88条，特殊检查、特殊治疗包括：（1）有一定危险性，可能产生不良后果的检查和治疗；（2）由于患者体质特殊或者病情危笃，可能对患者产生不良后果和危险的检查和治疗；（3）临床试验性检查和治疗；（4）收费可能对患者造成较大经济负担的检查和治疗。严格来说，前三类特殊检查、特殊治疗可能会影响患者的生命权、身体权、健康

[1] 参见湖南省益阳市中级人民法院（2011）益法民一终字第451号民事判决书。

权，最后一类仅影响患者的一般财产利益。因此，医务人员就收费可能对患者造成较大经济负担的检查和治疗履行的告知义务，属于经济上的告知义务，系依据诚实信用原则照顾患者的经济利益，旨在避免未经患者同意直接使用超过患者负担能力的药品和治疗措施，如非医保用药、自费药品。〔1〕这一告知义务的不履行，侵害的是患者一般财产利益，导致患者多支出医疗费用。从立法论的角度来看，这一损害应成立违约责任而非侵权责任。在实践中，就特别告知义务违反引发的纠纷，主要涉及前三类特殊检查、特殊治疗。

根据《民法典》第1219条第1款第2句，特别告知义务的标准采具体患者说。也就是说，医务人员履行告知义务，应当以具体患者的理解能力为准进行“具体说明”。〔2〕

特别告知义务的内容涉及医疗措施的典型风险和替代医疗方案。哪些内容属于特别告知义务的范围，以该内容能否影响患者的自主决定为准。具体来说，就医疗风险的告知而言，医务人员仅须告知医疗措施的典型风险，如典型副作用、并发症、不良反应，任何手术均有的风险、广为人知的风险、医学界尚不了解的风险无须告知；就替代医疗方案的告知而言，医务人员应当告知有无替代医疗方案、替代医疗方案与建议的医疗措施的利弊对比等。从而，在存在风险效果并不相同的数种医疗方案时，患者综合权衡后自主选择。

（二）患者或其近亲属的同意

特殊告知义务的履行，旨在取得患者的同意。患者的同意，必须以患者具有同意能力为前提。同意能力的认定，以完全民事行为能力为标准。因此，患者不具有完全民事行为能力的，医务人员应当向其监护人告知并取得其同意。〔3〕患者的同意无须以书面形式作出，但必须是明确同意。在医疗措施实施前，患者可以随时撤回其同意。患者因欺诈或胁迫而作出同意的，同意无效。〔4〕

医务人员不能告知或不宜告知的，应当向患者的近亲属告知。所谓不能告知，是指患者已经无法理性表达意思或者丧失理性判断能力的情形，如丧失意识。所谓不宜告知，是指如果向患者履行告知义务，可能会造成患者悲观、恐

---

〔1〕参见吉林省长春市中级人民法院 2014 年长民二终字第 00108 号民事判决书。当然，更妥当的思路是，患者通过医疗服务合同责任请求医疗机构赔偿多支出的费用。参见湖北省武汉市硚口区人民法院（2017）鄂 0104 民初 251 号民事判决书。

〔2〕周友军：《侵权法学》，中国人民大学出版社 2011 年版，第 267 页。

〔3〕周友军：《侵权法学》，中国人民大学出版社 2011 年版，第 268 页。

〔4〕Deutsch/Spickhoff,Medizinrecht,7Aufl. 2014,Rn. 422.

惧、心理负担沉重，不利于治疗。[1]不宜告知的情形，也被称为医疗特权，但医务人员的告知义务并不会被免除，而是由医务人员向患者的近亲属告知。[2]

由于《民法典》人格权编没有承认一般意义上的自主决定权，因此，特别告知义务的保护对象是患者的身体权，即患者对身体权的自主决定。[3]进而，医务人员履行告知义务并取得患者同意的，排除医疗措施的违法性，从而医务人员实施医疗措施不构成侵权行为，医疗机构不承担替代责任。医务人员未尽到告知义务，如完全未履行告知义务、虽然履行告知义务但告知不充分或者不准确，造成患者损害的，医疗机构承担医疗损害责任。也就是说，即使患者作出了明确同意，只要患者的同意源于医务人员不完全或不准确的告知，那么，医务人员仍然构成告知义务的不履行。

未尽告知义务的医疗损害责任，成立要件包括：（1）医务人员实施了手术、特殊检查、特殊治疗等医疗措施；（2）患者遭受损害；（3）违反告知义务与患者损害之间具有因果关系；（4）医务人员违反告知义务；（5）医务人员具有过错。医务人员未尽到告知义务，意味着医务人员的医疗措施具有违法性。在此基础上，根据客观标准判断违反告知义务的医务人员是否具有过失。一般来说，医务人员未尽到告知义务，即表明其具有过失。[4]不过，根据《医疗损害责任解释》第17条，医务人员违反告知义务，但未造成患者人身损害，医疗机构不承担医疗损害责任。因此，未尽告知义务采取医疗措施，必须给患者造成实质损害，医疗损害责任才能成立。这意味着，虽然未同意但被治愈的患者无法获得赔偿。此外，医疗机构可以主张合法替代行为抗辩。[5]准此，医疗机构举证证明即使尽到告知义务，患者也会同意的，那么，患者对身体权的自主决定即没有受到侵害，医疗机构就无须承担责任。

医务人员尽到告知义务的证明责任，由医疗机构承担举证责任。

---

〔1〕 最高人民法院民法典贯彻实施工作领导小组：《中华人民共和国民法典侵权责任编理解与适用》，人民法院出版社 2020 年版，第 430 页。

〔2〕 邹海林、朱广新主编：《民法典评注：侵权责任编》（第 2 册），中国法制出版社 2020 年版，第 527 页。

〔3〕 缪宇：《类型化视野下的医疗机构告知义务》，载《北大法律评论》编辑委员会：《北大法律评论》（第 18 卷第 1 辑），北京大学出版社 2018 年版。

〔4〕 周友军：《侵权法学》，中国人民大学出版社 2011 年版，第 270 页；邹海林、朱广新主编：《民法典评注：侵权责任编》（第 2 册），中国法制出版社 2020 年版，第 532 页。

〔5〕 周友军：《侵权法学》，中国人民大学出版社 2011 年版，第 270 页。

（三）告知义务的免除

《民法典》第1220条规定了紧急情况下医务人员告知义务的免除。这一规定的适用前提包括以下两项要件。

第一，患者出现生命垂危等紧急情况。判断紧急情况，应当按照病情的严重性、高度危险性和医疗措施的紧迫性为准。也就是说，根据患者病情的严重程度，如果不立即采取医疗措施，患者的生命健康就会受到重大不利影响。

第二，不能取得患者或者其近亲属同意。医疗机构必须既不能取得患者同意，也不能取得其近亲属同意时。根据《医疗损害责任解释》第18条，不能取得近亲属同意，包括以下情形：（1）近亲属不明的；（2）不能及时联系到近亲属的；（3）近亲属拒绝发表意见的；（4）近亲属达不成一致意见的；（5）法律、法规规定的其他情形。

医务人员经医疗机构负责人或者授权的负责人批准立即实施相应医疗措施的，医疗机构不承担医疗损害责任，但医务人员未尽到合理诊疗义务的除外。[1]

除此以外，患者已经知晓医疗措施的相关风险信息、患者放弃了解的，医务人员也无须履行告知义务。

第四节　医疗产品责任

《民法典》第1223条规定了医疗产品责任。医疗产品责任是无过错责任，以药品、消毒产品、医疗器械存在缺陷或者血液不合格为成立要件。[2]医疗产品的缺陷，按照产品缺陷标准判断；血液的不合格，必须达到与产品缺陷相当的程度，即存在对患者人身安全具有不合理危险的血液。

药品上市许可持有人、药品生产者、血液提供机构作为产品的生产者，医疗机构作为销售者对受害人承担医疗产品责任。依据《医疗损害责任解释》第

〔1〕张新宝：《侵权责任法》（第五版），中国人民大学出版社2020年版，第197页。

〔2〕血液是不是产品，存在不同意见。肯定说，参见黄薇主编：《中华人民共和国民法典侵权责任编解读》，中国法制出版社2020年版，第217页；周友军：《侵权法学》，中国人民大学出版社2011年版，第341页。否定说，参见邹海林、朱广新主编：《民法典评注：侵权责任编》（第2册），中国法制出版社2020年版，第575页。《医疗损害责任解释》第25条采否定说。然而，即使采否定说，血液也应当类推适用产品责任规定。

21条，上述主体对受害人承担不真正连带责任，造成药品缺陷或者血液不合格的主体是终局责任人，其他主体承担责任后可以向终局责任人追偿。根据《药品管理法》第30条，药品上市许可持有人是指取得药品注册证书的企业或者药品研制机构等，对药品的非临床研究、临床试验、生产经营、上市后研究、不良反应监测及报告与处理等承担责任。此外，缺陷医疗产品或者不合格血液与医疗机构的过错诊疗行为共同造成患者同一损害的，受害人可以请求医疗机构与医疗产品的生产者、销售者、药品上市许可持有人或者血液提供机构承担连带责任。医疗产品的生产者、销售者、药品上市许可持有人对医疗产品负有跟踪观察义务。医疗产品的生产者、销售者、药品上市许可持有人明知医疗产品存在缺陷仍然生产、销售，造成患者死亡或者健康严重损害，受害人可以请求生产者、销售者、药品上市许可持有人赔偿损失及二倍以下惩罚性赔偿。

法律适用

违反特别告知义务的认定及其法律后果主要表现如下。

特别告知义务是以取得患者同意为目标的告知义务，内容涉及实施手术、特殊检查、特殊治疗的医疗风险、替代医疗方案等，旨在使患者在权衡利弊的基础上自主决定是否接受建议的手术、特殊检查、特殊治疗。

特别告知义务的标准采具体患者说，以具体患者的理解能力来确定特别告知义务的要求。医务人员不能告知或不宜告知的，应当向患者的近亲属告知。因抢救生命垂危的患者等紧急情况，不能取得患者或者其近亲属意见的，经医疗机构负责人或者授权的负责人批准，可以立即实施相应的医疗措施。

医疗机构应当就已经尽到特别告知义务并取得患者同意负举证责任。患者提供相反证据足以反驳的，人民法院仍应当认定医疗机构未尽到告知义务。

第四十五章 环境污染和生态破坏责任

提 要

环境污染和生态破坏责任，包括环境污染、生态破坏侵权责任和生态环境修复责任、生态环境损害赔偿责任两类。环境污染、生态破坏侵权责任针对的是民事权益遭受侵害引起的损害，即私益损害，是无过错责任，适用因果关系推定规则；生态环境修复责任、生态环境损害赔偿责任针对的是生态环境遭受的损害。

重点问题

1. 环境污染、生态破坏侵权责任的因果关系判断。
2. 多个行为人污染环境、破坏生态的侵权责任承担。

第一节 环境污染和生态破坏责任概述

环境污染和生态破坏责任，包括环境污染、生态破坏侵权责任和生态环境修复责任、生态环境损害赔偿责任两类。环境污染、生态破坏侵权责任针对的是民事权益遭受侵害引起的损害，即私益损害；生态环境修复责任、生态环境损害赔偿责任针对的是生态环境遭受的损害。

《民法典》侵权责任编第7章规定的环境污染和生态破坏责任，包括上述两类责任。其中，第1229—1233条规定的是环境污染、生态破坏侵权责任，第1234条和第1235条规定的是生态环境修复责任、生态环境损害赔偿责任。两种责任的成立，都不考虑加害人的过错，是典型的无过错责任。在侵权责任编引入生态环境修复责任、生态环境损害赔偿责任，是《民法典》贯彻绿色原则的一大创举。

第二节 环境污染、生态破坏侵权责任

环境污染、生态破坏侵权责任，是指引环境污染、生态破坏造成他人损害而承担的侵权责任。《民法典》第1229条是环境污染、生态破坏侵权责任的一般规定。

环境污染、生态破坏侵权责任是民事侵权责任，旨在对民事主体绝对权益因环境污染、生态破坏而受侵害并产生的损害予以救济，其归责原则适用无过错责任。因此，因污染环境、破坏生态造成他人损害，行为人无论有无过错，都应当承担侵权责任。

一、构成要件

环境污染、生态破坏侵权责任成立要件包括：（1）行为人实施了环境污染行为、生态破坏行为；（2）他人遭受损害；（3）环境污染行为、破坏生态行为与损害之间具有因果关系。

（一）环境污染行为、生态破坏行为

环境是指影响人类生存和发展的各种天然的和经过人工改造的自然因素的总体，包括大气、水、海洋、土地、矿藏、森林、草原、湿地、野生生物、自然遗迹、人文遗迹、自然保护区、风景名胜区、城市和乡村等。“环境污染”是指对生活环境的污染，其典型特征是直接或间接地向环境排放的物质或能量超出了环境的自净能力或生物的承受限度，破坏了原有的健康、安宁的状态；“破坏生态”是指对生态环境的破坏，特征是向环境过度索取物质和能量，不合理地使用自然环境，使环境要素的数量减少、质量降低，以致生态失衡、资源枯竭而危及人类和其他生物的生存与发展。[1]环境污染、生态破坏既包括对大气、水体、海洋、土地等生活环境的污染，也包括对生物多样性的破坏、水土流失等对生态环境的破坏；既包括水污染、大气污染、噪声污染等传统的污染，也包括光污染、辐射污染等新型污染。[2]

---

〔1〕邹海林、朱广新主编：《民法典评注：侵权责任编》（第2册），中国法制出版社2020年版，第600页。

〔2〕黄薇主编：《中华人民共和国民法典侵权责任编解读》，中国法制出版社2020年版，第242页。

环境污染、生态破坏侵权责任是无过错责任、危险责任，责任成立不要求环境污染行为、生态破坏行为具有违法性。此外，学界通说认为，环境污染行为、生态破坏行为是否违反行政法，不影响环境污染、生态破坏侵权责任的成立。也就是说，达标排污行为造成他人损害的，环境污染、生态破坏侵权责任仍然成立。这是因为，行政机关设置污染物排放标准的目的是环境管理，根据污染物排放标准，环保行政部门决定排污者是否需要缴纳排污费等行政责任，污染物排放标准并非确定排污者民事损害赔偿责任成立与否的依据。实际上，排污标准通常是环境保护、生态保护的最低标准，具有滞后性，排污者即使遵守了排污标准，仍然可能造成损害。[1]对此，《环境侵权责任解释》第1条第2款明确规定："侵权人以排污符合国家或者地方污染物排放标准为由主张不承担责任的，人民法院不予支持。"

（二）他人遭受损害

环境污染行为、生态破坏行为引起的绝对权益侵害，通常包括物质性人格权的侵害、物权的侵害。比如，受害人因环境污染行为而患病，从而成立健康权侵害；受害人养殖的鱼苗因环境污染行为而死亡，从而成立所有权侵害。这些绝对权益遭受侵害引起的财产损害和精神损害，均属于环境污染、生态破坏侵权责任的救济范围。财产损失包括所受损失和所失利益。此外，受害人为了清除污染而支出的费用也应予以赔偿。[2]因此，损害的范围包括因污染环境、破坏生态造成的财产损失、人身损害以及为防止损害发生和扩大、清除污染、修复生态环境而采取必要措施所支出的合理费用。

（三）环境污染行为、破坏生态行为与损害之间具有因果关系

环境污染、生态破坏侵权责任的成立，以污染环境行为、破坏生态行为与受害人遭受的损害之间具有因果关系为前提。然而，环境污染侵权的因果关系具有特殊性。首先，环境污染损害一般具有长期性、潜伏性、持续性、广泛性的特点，环境污染可能不会立刻造成损害，损害的出现需要一定的时间。其次，环境污染造成损害的过程具有复杂性，污染物并非直接作用于受害人的绝对权益，而是经过一系列中间环节的作用后再影响受害人的绝对权益。最后，

---

〔1〕王利明：《侵权责任法研究》（第二版）（下卷），中国人民大学出版社2016年版，第461页；杨立新：《侵权责任法》（第四版），法律出版社2020年版，第279页；程啸：《侵权责任法》（第三版），法律出版社2021年版，第657页；黄薇主编：《中华人民共和国民法典侵权责任编解读》，中国法制出版社2020年版，第243页。

〔2〕程啸：《侵权责任法》（第三版），法律出版社2021年版，第657页。

环境污染、生态破坏造成的损害，往往具有多因性。对于一项损害，可能会有数个污染源，数个污染源排放的污染物经过相互作用，最终导致损害的发生。基于上述特殊性，受害人因欠缺物理、化学、生物、医学等专业知识难以证明污染环境行为、破坏生态行为与损害之间具有因果关系。[1]

有鉴于此，《民法典》第1230条规定了因果关系推定规则，从而实现了因果关系的举证责任倒置。据此，因污染环境、破坏生态发生纠纷，行为人应当就其行为与损害之间不存在因果关系承担举证责任。受害人无须证明污染环境行为、破坏生态行为与损害之间具有因果关系。根据《环境侵权责任解释》第6条的规定，受害人应当对以下事实承担举证责任：（1）行为人排放了污染物或者破坏了生态；（2）受害人遭受的损害；（3）行为人排放的污染物或者其次生污染物、破坏生态行为与损害之间具有关联性。据此，受害人无须举证证明因果关系，仅须证明污染物或者其次生污染物、破坏生态行为与损害之间具有关联性。进而，受害人无须指明造成其损害的具体致害污染物，只需要证明行为人所排放的污染物中有可能导致其遭受损害的任一物质，或者污染环境行为、破坏生态行为有造成其损害的可能。[2]这种致害的可能，须有科学证据支撑，但仅须达到通过科学技术能够确定的最低限度的联系即可。[3]

在因果关系推定模式下，行为人应当就其污染环境行为、破坏生态行为与损害之间不存在因果关系负举证责任。根据《环境侵权责任解释》第7条的规定，行为人可以举证证明存在下列情形之一，以排除其污染环境、破坏生态行为与损害之间的因果关系：（1）排放污染物、破坏生态的行为没有造成该损害可能的；（2）排放的可造成该损害的污染物未到达该损害发生地的；（3）该损害于排放污染物、破坏生态行为实施之前已发生的；（4）其他可以认定污染环境、破坏生态行为与损害之间不存在因果关系的情形。

二、责任承担

承担环境污染、生态破坏侵权责任的主体，是实施环境污染行为、生态破

〔1〕周友军：《侵权法学》，中国人民大学出版社 2011 年版，第 389 页；黄薇主编：《中华人民共和国民法典侵权责任编解读》，中国法制出版社 2020 年版，第 246—247 页。

〔2〕邹海林、朱广新主编：《民法典评注：侵权责任编》（第 2 册），中国法制出版社 2020 年版，第 607 页。

〔3〕邹海林、朱广新主编：《民法典评注：侵权责任编》（第 2 册），中国法制出版社 2020 年版，第 607 页。

坏行为，造成他人损害的人，通常企业或单位。环境污染、生态破坏侵权责任是无过错责任、危险责任，责任主体的认定，需要考虑危险控制因素和收益归属因素。因此，责任人实际上是能够事实上控制环境污染活动、生态破坏活动，并从环境污染活动、生态破坏活动受益的主体。[1]

（一）多个行为人时的责任承担

在实践中，环境污染、生态破坏往往不是由某一个行为人排污造成的，而是多个行为人排放污染共同造成的。在这种情况下，认定多个行为人对受害人遭受损害的责任形态，应当按照《民法典》侵权责任编多数人侵权责任规则和《环境侵权责任解释》来判断。

具体来说，多个行为人的责任承担形态包括以下情形：[2]

第一，两个以上行为人共同实施污染环境、破坏生态行为造成损害的，根据《民法典》第1168条的共同侵权规则，所有行为人对受害人承担连带责任。

第二，两个以上行为人分别实施污染环境、破坏生态行为造成同一损害的，如果每个行为人的污染环境、破坏生态行为都足以造成全部损害，那么，依据《民法典》第1171条，所有行为人对受害人承担连带责任。

第三，两个以上行为人分别实施污染环境、破坏生态行为造成同一损害，每个行为人的污染环境、破坏生态行为都不足以造成全部损害，那么，依据《民法典》第1172条，行为人对受害人承担按份责任。

第四，两个以上行为人分别实施污染环境、破坏生态行为造成同一损害的，如果部分行为人的污染环境、破坏生态行为足以造成全部损害，部分行为人的污染环境、破坏生态行为只造成部分损害，那么，依据《民法典》第1171条，足以造成全部损害的行为人对全部损害承担责任，同时，足以造成全部损害的行为人与其他造成部分损害的行为人，就共同造成的损害部分承担连带责任。这一责任形态也被称为单向连带责任：造成部分损害的行为人对部分损害负责，足以造成全部损害的行为人承担连带责任。[3]

承担连带责任的各个行为人，其内部责任份额依据《民法典》第1231条确定；承担按份责任的各个行为人，其各自对外承担的责任份额也依据《民

---

〔1〕周友军：《侵权法学》，中国人民大学出版社 2011 年版，第 390 页。

〔2〕共同危险行为规则能否适用于环境污染、生态破坏侵权责任，有学者持肯定意见。参见周友军：《侵权法学》，中国人民大学出版社 2011 年版，第 396 页。

〔3〕张新宝：《侵权责任法》（第五版），中国人民大学出版社 2020 年版，第 244 页。

法典》第1231条确定。[1]具体来说，各个行为人的责任份额，根据污染物的种类、浓度、排放量，破坏生态的方式、范围、程度，以及行为对损害后果所起的作用等因素确定。此外，根据《环境侵权责任解释》第4条，确定各个行为人的责任份额，还需要考虑污染物的危害性、有无排污许可证、是否超过污染物排放标准、是否超过重点污染物排放总量控制指标等因素。

（二）惩罚性赔偿

《民法典》第1232条就环境污染、生态破坏侵权责任规定了惩罚性赔偿。根据这一规定，行为人违反法律规定故意污染环境、破坏生态造成严重后果的，受害人有权请求相应的惩罚性赔偿。因此，惩罚性赔偿的适用，须满足两个条件：（1）违反法律规定故意污染环境、破坏生态，即行为人蓄意违反了环境保护相关法律法规，尤其是法律法规中关于污染物排放标准的规定，[2]但这里的故意是违反法律法规的故意，不是对损害结果的故意；（2）造成严重后果，但严重后果是什么，《民法典》没有明确规定，学界一般认为受害人严重人身损害、数额巨大的财产损失属于严重后果，比如受害人严重伤残或者死亡，[3]甚至受害人较多，但严重生态环境损害不属于此处的严重后果，因为惩罚性赔偿是民事责任，保护的是私法上的民事权益。[4]

（三）减轻责任和免除责任的事由

作为无过错责任，环境污染、生态破坏侵权责任的减轻责任和免除责任的事由具有特殊性。

首先，第三人过错并非减轻责任和免除责任的事由。依据《民法典》第1233条，因第三人的过错污染环境、破坏生态的，受害人可以向污染环境、破坏生态的行为人请求赔偿，也可以向第三人请求赔偿。行为人赔偿后，有权向第三人追偿。也就是说，第三人与行为人成立不真正连带责任。[5]当然，第三

---

〔1〕黄薇主编：《中华人民共和国民法典侵权责任编解读》，中国法制出版社2020年版，第248页；最高人民法院民法典贯彻实施工作领导小组：《中华人民共和国民法典侵权责任编理解与适用》，人民法院出版社2020年版，第525页；邹海林、朱广新主编：《民法典评注：侵权责任编》（第2册），中国法制出版社2020年版，第614—615页。

〔2〕邹海林、朱广新主编：《民法典评注：侵权责任编》（第2册），中国法制出版社2020年版，第620页。

〔3〕张新宝：《侵权责任法》（第五版），中国人民大学出版社2020年版，第245页。

〔4〕邹海林、朱广新主编：《民法典评注：侵权责任编》（第2册），中国法制出版社2020年版，第622页。

〔5〕周友军：《侵权法学》，中国人民大学出版社2011年版，第394页。

人、行为人与受害人遭受的损害必须具有因果关系，也就是说，第三人没有造成行为人因果关系中断，否则第三人应当独立承担责任。[1]《海洋环境保护法》第89条第1款就体现了这一立场。[2]需要注意的是，第三人过错可能与全部损害具有因果关系，也可能仅与部分损害具有因果关系，[3]因此，第三人过错仅与部分损害具有因果关系的，受害人既可以请求第三人就其造成的部分损害负责，也可以请求行为人负责。第三人对部分损害的赔偿责任，按照其过错程度确定。

其次，根据《环境侵权责任解释》第1条第3款，行为人不承担责任或者减轻责任的情形，适用《海洋环境保护法》《水污染防治法》等环境保护单行法的规定。比如，《海洋环境保护法》第91条将战争、不可抗拒的自然灾害、负责灯塔或者其他助航设备的主管部门在执行职责时的疏忽或其他过失行为作为免责事由，《水污染防治法》第96条第2款和第3款将不可抗力、受害人故意作为免责事由，将受害人重大过失作为减轻责任的事由。相关环境保护单行法没有规定的，适用《民法典》的规定。根据《民法典》第1230条，行为人就法律规定的减轻责任或者免除责任的情形负举证责任。

第三节 生态环境修复责任、生态环境损害赔偿责任

在传统的民事侵权责任之外，《民法典》第1235条、第1236条确立了生态环境修复责任、生态损害赔偿责任。

---

〔1〕 程啸：《侵权责任法》（第三版），法律出版社 2021 年版，第 660 页；周友军：《侵权法学》，中国人民大学出版社 2011 年版，第 394 页；最高人民法院民法典贯彻实施工作领导小组：《中华人民共和国民法典侵权责任编理解与适用》，人民法院出版社 2020 年版，第 542 页。

〔2〕《海洋环境保护法》第 89 条第 1 款第 2 分句规定：“完全由于第三者的故意或者过失，造成海洋环境污染损害的，由第三者排除危害，并承担赔偿责任。”这一规则能否普遍适用，学界存在分歧。参见邹海林、朱广新主编：《民法典评注：侵权责任编》（第 2 册），中国法制出版社 2020 年版，第 627 页；最高人民法院民法典贯彻实施工作领导小组：《中华人民共和国民法典侵权责任编理解与适用》，人民法院出版社 2020 年版，第 543 页。

〔3〕 张新宝：《侵权责任法》（第五版），中国人民大学出版社 2020 年版，第 247 页；最高人民法院民法典贯彻实施工作领导小组：《中华人民共和国民法典侵权责任编理解与适用》，人民法院出版社 2020 年版，第 542 页。

根据《民法典》第1235条的规定，违反国家规定造成生态环境损害，生态环境能够修复的，国家规定的机关或者法律规定的组织有权请求行为人在合理期限内承担修复责任。行为人在期限内未修复的，国家规定的机关或者法律规定的组织可以自行或者委托他人进行修复，所需费用由行为人负担。

生态环境修复责任，以行为人违反国家规定为前提，从而与环境污染、生态破坏侵权责任存在区别。这里的国家规定，不限于法律规范意义上的规定，还包括政策性规定，范围较宽。〔1〕

生态环境修复责任，以存在生态环境损害为前提。生态环境损害，是指因污染环境、破坏生态造成大气、地表水、地下水、土壤、森林等环境要素和植物、动物、微生物等生物要素的不利改变，以及上述要素构成的生态系统功能退化和服务减少。也就是说，生态环境损害不涉及具体民事主体民事权益的侵害，而是生态环境整体遭受的损害。

请求修复生态环境的主体，是国家规定的机关或者法律规定的组织，主要是有权提起环境民事公益诉讼或生态环境损害赔偿诉讼的国家行政机关和检察机关、依据《环境保护法》第58条和2021年1月1日起施行的《最高人民法院关于审理环境民事公益诉讼案件适用法律若干问题的解释》专门从事环境保护公益活动的社会组织。〔2〕

承担修复生态环境责任的主体，是违反国家规定造成生态环境损害的行为人。行为人在期限内未修复的，国家规定的机关或者法律规定的组织可以自行或者委托他人进行修复，所需费用由侵权人负担。根据2021年1月1日起施行的《最高人民法院关于审理生态环境损害赔偿案件的若干规定（试行）》第12条、第13条的规定，受损生态环境能够修复的，人民法院应当依法判决造成生态环境损害的行为人承担修复责任，并同时确定行为人不履行修复义务时应承担的生态环境修复费用。生态环境修复费用包括制定、实施修复方案的费用，修复期间的监测、监管费用，以及修复完成后的验收费用、修复效果后评估费用等。此外，行为人还应赔偿生态环境受到损害至修复完成期间服务功能损失。受损生态环境无法修复或者无法完全修复，行为人应当赔偿生态环境功能永久性损害造成的损失。

---

〔1〕 张新宝：《侵权责任法》（第五版），中国人民大学出版社 2020 年版，第 245 页；邹海林、朱广新主编：《民法典评注：侵权责任编》（第 2 册），中国法制出版社 2020 年版，第 632 页。

〔2〕 张新宝：《侵权责任法》（第五版），中国人民大学出版社 2020 年版，第 249 页；邹海林、朱广新主编：《民法典评注：侵权责任编》（第 2 册），中国法制出版社 2020 年版，第 363—637 页。

《民法典》第1236条还规定了生态环境损害赔偿责任。根据该规定，行为人违反国家规定造成生态环境损害的，国家规定的机关或者法律规定的组织有权请求行为人赔偿下列损失和费用：（1）生态环境受到损害至修复完成期间服务功能丧失导致的损失；（2）生态环境功能永久性损害造成的损失；（3）生态环境损害调查、鉴定评估等费用；（4）清除污染、修复生态环境费用；（5）防止损害的发生和扩大所支出的合理费用。此外，行为人还须承担为生态环境损害赔偿磋商和诉讼支出的调查、检验、鉴定、评估等费用，合理的律师费以及其他为诉讼支出的合理费用。

法律适用

多数行为人环境污染、生态破坏侵权责任应该如何进行内部分担?

《环境侵权责任解释》第4条规定：“两个以上侵权人污染环境、破坏生态，对侵权人承担责任的大小，人民法院应当根据污染物的种类、浓度、排放量、危害性，有无排污许可证、是否超过污染物排放标准、是否超过重点污染物排放总量控制指标，破坏生态的方式、范围、程度，以及行为对损害后果所起的作用等因素确定。”

根据这一规定，数人污染环境、破坏生态承担侵权责任的，其责任份额根据数人污染环境、破坏生态行为对损害发生的原因力来确定。所谓污染物的种类，是指污染物的具体类型。污染物的具体类型是判断污染物致害可能性的重要因素。所谓污染物的浓度，是指行为人排放废水废气等包含污染物质的量。所谓排放量，是指污染物的排放总量乘以排放浓度。

除了考虑行为人排污对损害发生的原因力，确定数个行为人的责任份额，还应当考虑行为人违反注意义务等因素，如有无排污许可证、是否超过污染物排放标准、是否超过重点污染物排放总量控制指标等。也就是说，单个行为人排污造成损害时，有无排污许可证、是否超过污染物排放标准，不影响其承担侵权责任。但是，多个行为人排污造成损害时，有无排污许可证、是否超过污染物排放标准、是否超过重点污染物排放总量控制指标是确定多个行为人之间责任份额的依据之一。

第四十六章　高度危险责任

提　要

高度危险责任是典型的无过错责任、危险责任，包括民用核设施致害责任、民用航空器致害责任、高度危险物致害责任、高度危险活动致害责任等类型。这些高度危险责任可以分为两类，即从事高度危险活动所承担的责任、对高度危险物承担的责任。高度危险责任的免责事由受到严格限制，同时，特别法可能会对高度危险责任设置责任限额。

重点问题

1. 高度危险责任的特征。
2. 高度危险责任的免责事由。

第一节　高度危险责任概述

一、高度危险责任的概念和类型

高度危险责任，是因高度危险作业造成他人损害而承担的侵权责任。高度危险作业，既包括使用民用核设施、高速轨道运输工具和高压、高空、地下挖掘等高度危险活动，也包括占有、使用易燃、易爆、剧毒、高放射性、强腐蚀性、高致病性等高度危险物的行为。[1]因此，《民法典》侵权责任编第8章规定的高度危险责任，包括民用核设施致害责任、民用航空器致害责任、高度危险物致害责任、高度危险活动致害责任等类型。

二、高度危险责任的归责原则和特征

我国的高度危险责任都是具体化的无过错责任、危险责任。作为危险责

---

〔1〕 黄薇主编：《中华人民共和国民法典侵权责任编解读》，中国法制出版社2020年版，第267页。

任，它们也都具备危险责任的一般特征。

第一，高度危险责任以高度危险为前提。危险责任的理念在于，谁制造、维持、支配了高度危险，从高度危险中获益，就对高度危险实现造成的损害负责。[1]因此，高度危险责任以高度危险的存在为前提。高度危险，或者是损害发生的可能性特别大，或者损害一旦发生就会非常巨大，或者是潜在危险具有不可知性导致损害发生具有不确定性。[2]

第二，高度危险责任的成立，不考虑违法性和过错要件。危险责任通常与高度危险活动、高度危险物有关。实施这些高度危险活动、保有这些高度危险物与科技进步有关，[3]对于整个社会来说是有益的，从而是合法的，[4]因此，危险责任不是违法行为致人损害的后果，从而，高度危险责任的成立不要求行为违法性。危险责任是无过错责任，不考虑责任人是否尽到注意义务、是否具有过错。危险责任针对的损害，通常是责任人即使采取了最安全的预防措施、尽到相当注意义务也无法避免的损害，因此，危险责任的成立，不要求责任人具有过错。既然危险责任的成立不要求责任人对损害发生具有过失，那么，理性人能否预见到损害发生、损害发生的可能性，[5]对危险责任的成立并不重要。进而，危险责任的成立，不考虑相当因果关系。[6]

第三，高度危险责任通常具有一定限制。高度危险责任的限制通常表现在以下方面：[7]首先，危险责任救济的损害，限于高度危险实现引起的损害，即与危险源具有关联的损害，非因高度危险引起的损害，不成立危险责任。其次，危险责任通常伴随责任保险，[8]且责任人的赔偿责任具有最高赔偿额的限制，但责任人具有故意或重大过失的，最高赔偿额的限制即不再适用，受害

---

〔1〕 Looschelders,SchuldrechtBT,15. Aufl. 2020, § 73,Rn. 2.

〔2〕 程啸：《侵权责任法》（第三版），法律出版社 2021 年版，第 673 页；周友军：《侵权法学》，中国人民大学出版社 2011 年版，第 273 页。

〔3〕 Peifer,Schuldrecht,GesetzlicheSchuldverha¨ltnisse,6. Aufl. 2020, § 6,Rn. 2.

〔4〕 Looschelders,SchuldrechtBT,15. Aufl. 2020, § 73,Rn. 3.

〔5〕 有观点认为，由于相当因果关系着眼于侵害后果发生的可能性，与过失的可预见性功能重合，因此，在责任成立阶段，无须考虑相当因果关系。Wagner,Deliktsrecht,14. Aufl. 2021, § 5Rn. 89.

〔6〕［德］马克西米利安·福克斯：《侵权行为法》（2004 年第五版），齐晓琨译，法律出版社 2006 年版，第 258 页；［德］埃尔温·多伊奇、［德］汉斯－于尔根·阿伦斯：《德国侵权法——侵权行为、损害赔偿及痛苦抚慰金》（第五版），叶名怡、温大军译，刘志阳校，中国人民大学出版社 2016 年版，第 174 页。

〔7〕 Wandt,GesetzlicheSchuldverha¨ltnisse,8. Aufl. 2017, § 22Rn. 3.

〔8〕 Looschelders,SchuldrechtBT,15. Aufl. 2020, § 73,Rn. 3.

人可以请求全额赔偿。[1]这意味着，高度危险责任和过错责任可以发生竞合，受害人可以选择过错责任，从而规避最高赔偿额的限制。[2]此外，高度危险责任的法益保护范围，通常限于生命权、身体权、健康权等物质性人格权和所有权。[3]不过，哪些免除或减轻责任的事由能适用于高度危险责任，如不可抗力、受害人重大过失，取决于立法者的法政策考量。但是，受害人故意通常是高度危险责任的免责事由，受害人的轻过失通常不是高度危险责任的减轻责任的事由。[4]

《民法典》第1236条是我国高度危险作业责任的一般条款，但能否作为独立的请求权基础独立适用，学界存在肯定说、[5]否定说两个完全不同的立场。[6]

第二节　具体类型的高度危险责任

一、民用核设施致害责任

《民法典》第1237条规定了民用核设施致害责任。

（一）成立要件

民用核设施致害责任的成立要件包括：（1）核事故的发生；（2）他人遭受损害；（3）核事故的发生与他人遭受损害之间具有因果关系。

1. 核事故的发生

根据《核安全法》第93条，核事故，是指核设施内的核燃料、放射性产物、放射性废物或者运入运出核设施的核材料所发生的放射性、毒害性、爆炸性或者其他危害性事故，或者一系列事故。

《民法典》第1237条规定的民用核设施致害责任仅处理两种方式引起核事

---

〔1〕张新宝：《侵权责任法》（第五版），中国人民大学出版社2020年版，第258页。

〔2〕最高人民法院民法典贯彻实施工作领导小组：《中华人民共和国民法典侵权责任编理解与适用》，人民法院出版社2020年版，第637页。

〔3〕周友军：《侵权法学》，中国人民大学出版社2011年版，第274页。

〔4〕最高人民法院民法典贯彻实施工作领导小组：《中华人民共和国民法典侵权责任编理解与适用》，人民法院出版社2020年版，第586页。

〔5〕最高人民法院民法典贯彻实施工作领导小组：《中华人民共和国民法典侵权责任编理解与适用》，人民法院出版社2020年版，第588页；邹海林、朱广新主编：《民法典评注：侵权责任编》（第2册），中国法制出版社2020年版，第656页。

〔6〕程啸：《侵权责任法》（第三版），法律出版社2021年版，第674页。

故的危险责任，即营运民用核设施发生核事故、运入运出核设施的核材料发生核事故。其中，根据《核安全法》第2条，核设施包括：（1）核电厂、核热电厂、核供汽供热厂等核动力厂及装置；（2）核动力厂以外的研究堆、实验堆、临界装置等其他反应堆；（3）核燃料生产、加工、贮存和后处理设施等核燃料循环设施；（4）放射性废物的处理、贮存、处置设施。核材料包括：（1）铀-235材料及其制品；（2）铀-233材料及其制品；（3）钚-239材料及其制品；（4）法律、行政法规规定的其他需要管制的核材料。

2. 他人遭受损害

根据《核安全法》第90条、《国务院关于核事故损害赔偿责任问题的批复》第2条，核事故损害赔偿责任救济的损害限于核事故造成的他人人身伤亡、财产损失或者环境损害。由于核事故造成的环境损害适用环境污染和生态破坏责任，因此，民用核设施致害责任救济的损害是人身伤亡、财产损失，即生命权、身体权、健康权、所有权遭受侵害产生的财产损失，包括间接损失。[1]精神损害也属于赔偿范围。[2]但是，受害人必须是他人，即民用核设施营运者之外的第三人，不包括营运者的工作人员。

3. 因果关系

受害人遭受的损害必须是民用核设施高度危险实现引起的损害，即核事故引起的损害。[3]核事故的发生与受害人遭受的损害之间应当具有因果关系。

（二）责任承担

1. 责任主体

根据《核安全法》第90条、《国务院关于核事故损害赔偿责任问题的批复》第2条，核事故损害赔偿责任营运者或营运单位。核设施营运单位，是指在中华人民共和国境内，申请或者持有核设施安全许可证，可以经营和运行核设施的单位。

2. 免责事由

根据《民法典》第1237条、《核安全法》第90条的规定，民用核设施致害责任的免责事由仅包括：（1）战争、武装冲突、暴乱等情形；（2）受害人故

---

〔1〕 陆浩主编：《中华人民共和国核安全法解读》，中国法制出版社 2018 年版，第 323—324 页。
〔2〕 卢微微：《核损害赔偿国际立法对我国的启示》，载《海南大学学报（人文社会科学版）》2017 年第 3 期。
〔3〕 周友军：《侵权法学》，中国人民大学出版社 2011 年版，第 291 页。

意。因此，不可抗力不属于民用核设施致害责任的免责事由。[1]受害人具有轻过失或者重大过失的，也不能减轻民用核设施运营者的损害赔偿责任。

3. 赔偿限额

《国务院关于核事故损害赔偿责任问题的批复》第7条规定："核电站的营运者和乏燃料贮存、运输、后处理的营运者，对一次核事故所造成的核事故损害的最高赔偿额为3亿元人民币；其他营运者对一次核事故所造成的核事故损害的最高赔偿额为1亿元人民币。核事故损害的应赔总额超过规定的最高赔偿额的，国家提供最高限额为8亿元人民币的财政补偿。对非常核事故造成的核事故损害赔偿，需要国家增加财政补偿金额的由国务院评估后决定。"这是关于民用核设施致害责任最高赔偿额的规定。

二、民用航空器致害责任

《民法典》第1238条规定了民用航空器致害责任。

（一）成立要件

民用航空器致害责任的成立要件根据不同的损害类型确定。

航空器，是指能从空气的反作用而不是从空气对地（水）面的反作用在大气中获得支撑的任何机器。[2]根据《民用航空法》第5条的规定，民用航空器，是指除用于执行军事、海关、警察飞行任务外的航空器。[3]民用航空器致害责任救济的损害包括两类：（1）航空器上的人和物遭受的损害；（2）地面（水面）上的人和物遭受的损害。[4]具体来说，航空器上的人和物遭受的损害包括：（1）旅客人身伤亡；（2）旅客随身携带物品毁灭、遗失或者损坏；（3）旅客托运行李毁灭、遗失或者损坏；（4）货物毁灭、遗失或者损坏。

---

〔1〕黄薇主编：《中华人民共和国民法典侵权责任编解读》，中国法制出版社2020年版，第272页。

〔2〕最高人民法院民法典贯彻实施工作领导小组：《中华人民共和国民法典侵权责任编理解与适用》，人民法院出版社2020年版，第596页。

〔3〕是否应当以高速运输工具作为判断民用航空器的标准，学界存在分歧。肯定说，参见王利明：《侵权责任法研究》（第二版）（下卷），中国人民大学出版社2016年版，第546页；最高人民法院民法典贯彻实施工作领导小组：《中华人民共和国民法典侵权责任编理解与适用》，人民法院出版社2020年版，第597页。否定说，参见周友军：《侵权法学》，中国人民大学出版社2011年版，第298页。这一争议的实质在于，飞艇、热气球致人损害的，能否适用民用航空器致害责任。

〔4〕黄薇主编：《中华人民共和国民法典侵权责任编解读》，中国法制出版社2020年版，第275页。

依据《民用航空法》第124条、第125条、第157条的规定，针对不同的损害类型，民用航空器致害责任的成立要件不同：（1）民用航空器上或者在旅客上、下民用航空器过程中发生事件，造成旅客人身伤亡或者旅客随身携带物品毁灭、遗失或者损坏。（2）在航空运输期间发生事件，造成旅客的托运行李或者货物毁灭、遗失或者损坏的。所谓航空运输期间，是指在机场内、民用航空器上或者机场外降落的任何地点，托运行李、货物处于承运人掌管之下的全部期间。（3）飞行中的民用航空器或者从飞行中的民用航空器上落下的人或者物，造成地面（水面）上的人身伤亡或者财产损害。所谓飞行中，是指自民用航空器为实际起飞而使用动力时起至着陆冲程终了时止；就轻于空气的民用航空器而言，飞行中是指自其离开地面时起至其重新着地时止。因此，有观点认为，民用航空器致害责任的成立，以民用航空器运营致人损害或者在使用中致人损害为前提。[1]

因此，受害人既包括旅客，[2]也包括旅客之外的其他人，如地面上的第三人、托运货物的货主，不包括航空器承运人、经营人的工作人员。但是，受害人遭受的损害，限于生命权、身体权、健康权、所有权等绝对权益遭受侵害而发生的财产损害，精神损害也包括在内。[3]

（二）责任承担

1. 责任主体

民用航空器致害责任的责任人为民用航空器的经营人，包括从事运输旅客、货物运输的承运人和从事通用航空的民用航空器使用人。

对于旅客人身伤亡、旅客随身携带物品和托运物品遭受的损害、托运货物遭受的损害，承担责任的经营人就是民用航空器的承运人。在这些情形，与承运人有运输合同关系的受害人既可以主张违约责任，也可以主张侵权责任。需

〔1〕王利明：《侵权责任法研究》（第二版）（下卷），中国人民大学出版社2016年版，第551页；最高人民法院民法典贯彻实施工作领导小组：《中华人民共和国民法典侵权责任编理解与适用》，人民法院出版社2020年版，第598页。

〔2〕最高人民法院民法典贯彻实施工作领导小组：《中华人民共和国民法典侵权责任编理解与适用》，人民法院出版社2020年版，第601页。

〔3〕王利明：《侵权责任法研究》（第二版）（下卷），中国人民大学出版社2016年版，第551页；周友军：《侵权法学》，中国人民大学出版社2011年版，第298页。将精神损害赔偿纳入航空器侵权损害赔偿责任的范围，也是国际趋势。参见阙占文：《航空器侵权损害赔偿的新发展——以2009年〈非法干扰公约〉为中心》，载《学术论坛》2011年第4期。另参见北京市第三中级人民法院（2017）京03民终4319号民事判决书，福建省福州市中级人民法院（2020）闽01民终3348号民事判决书。

要注意的是，就旅客人身伤亡、旅客托运行李遭受的损害、托运货物遭受的损害而言，依据《民法典》第823条第1款、第824条第2款和第832条的规定，承运人承担的违约责任也是无过错责任，但免责事由与民用航空器致害责任不完全相同。与此相对。就旅客随身携带物品遭受的损害，依据《民法典》第824条第1款，承运人承担的违约责任是过错责任，从而与民用航空器致害责任不同。

对于地面（水面）上的人身伤亡或者财产损害，承担责任的经营人是民用航空器的使用人，即损害发生时使用民用航空器的人。民用航空器的使用权已经直接或者间接地授予他人，本人保留对该民用航空器的航行控制权的，本人仍被视为经营人。民用航空器登记的所有人应当被视为经营人，并承担经营人的责任。未经对民用航空器有航行控制权的人同意而使用民用航空器也是民用航空器使用人。

2. 减轻和免除责任的事由

根据《民法典》第1238条的规定，民用航空器致害责任的免责事由是受害人故意。[1]

依据《民法典》第823条第1款、《民用航空法》第124条的规定，旅客的人身伤亡完全是由于旅客本人的健康状况造成的，承运人不承担责任。

不可抗力不是民用航空器致害责任的免责事由。但是，依据《民用航空法》第125条、第160条的规定，托运货物的损害是因战争或者武装冲突造成的，地面第三人遭受的损害是武装冲突或者骚乱的直接后果的，民用航空器的经营人不承担责任。

三、高度危险物致害责任

高度危险物致害责任，是因易燃、易爆、剧毒、高放射性、强腐蚀性、高致病性等高度危险物造成他人损害而产生的侵权责任。《民法典》第1239条规定了高度危险物致害责任的一般规则，第1241条、第1242条则规定了特别情形下的高度危险物致害责任，即遗失、抛弃高度危险物致害责任和非法占有高度危险物致害责任。在这两种特别情形，高度危险物致害责任的责任主体具有特殊性。

---

〔1〕在《民法典》施行后，《民法典》的免责事由规定与《民用航空法》的免责事由规定在适用上存在何种关系，学界存在疑问。参见张新宝：《侵权责任法》（第五版），中国人民大学出版社2020年版，第264页；周友军：《侵权法学》，中国人民大学出版社2011年版，第300页。立法机关则认为，《民用航空法》的免责事由规定可以直接适用。参见黄薇主编：《中华人民共和国民法典侵权责任编解读》，中国法制出版社2020年版，第276页。

（一）成立要件

高度危险物致害责任的成立，以高度危险物的危险实现从而造成他人损害为前提。

高度危险物，是指易燃、易爆、剧毒、高放射性、强腐蚀性、高致病性等具有高度危险的物。高度危险物的具体范围，依据国家标准《危险货物分类和品名编号》《危险货物品名表》《化学品分类和危险性公示通则》确定。

他人必须遭受损害。他人是高度危险物致害责任的责任人之外的人，不包括责任人的工作人员。损害限于生命权、身体权、健康权、所有权等绝对权益遭受侵害而发生的财产损失，但也包括精神损害。[1]

他人遭受的损害必须是高度危险物内在危险实现而造成的。如果他人遭受的损害与高度危险物内含的高度致害风险无关，比如加害人将装有高度危险物的罐子推倒导致受害人被碾压，那么，高度危险物致害责任就不成立。

（二）责任承担

1.责任主体

高度危险物致害责任的主体，原则上是高度危险物的占有人或者使用人。这一立场的理由在于，占有人或者使用人是直接控制高度危险源的人，并且可能从高度危险物的占有和使用中获得利益，因此，应当承担高度危险物致害责任。[2]占有人、使用人包括生产、储存、运输高度危险品以及将高度危险品作为原料或者工具进行生产等行为。因此，高度危险物的占有人或者使用人必须采取可靠的安全措施，避免高度危险物造成他人损害。[3]但是，占有人或者使用人是否尽到相当的注意义务，不影响责任的成立，因为高度危险物致害责任是无过错责任。

《民法典》第1241条规定了遗失、抛弃高度危险物致害责任。遗失，是指非基于自愿而丧失占有；抛弃，是所有权人基于放弃所有权的意思而放弃占有，或者管理人基于自愿而放弃占有。基于高度危险物内在危险，高度危险物应当被妥善保管。倘若高度危险物被遗失或者抛弃，高度危险物可能因无人采取妥善保管措施而造成他人损害，尤其是拾得高度危险物的人可能因不了解高度危险物的内在危险而难以妥善控制危险，从而造成严重损害。因此，在遗

---

〔1〕周友军：《侵权法学》，中国人民大学出版社 2011 年版，第 303 页。参见江苏省南通市中级人民法院（2015）通中民终字第 02253 号民事判决书。

〔2〕程啸：《侵权责任法》（第三版），法律出版社 2021 年版，第 691 页；周友军：《侵权法学》，中国人民大学出版社 2011 年版，第 305 页。

〔3〕黄薇主编：《中华人民共和国民法典侵权责任编解读》，中国法制出版社 2020 年版，第 278 页。

失、抛弃高度危险物造成他人损害的情形，所有人自行管理高度危险物的，作为危险源的控制者，所有人承担高度危险物致害责任。

所有人将高度危险物交给他人管理的，如将高度危险物交给他人存储、保管、运输，管理人成为高度危险物的合法占有人，从而直接控制危险源。如果管理人将高度危险物遗失、抛弃，管理人承担高度危险物致害责任。此外，如果所有人有过错，如所有人选择的管理人不具备相应的资质，或者所有人没有如实说明高度危险物的相关情况，[1]或者所有人在和管理人交接高度危险物时没有采取相应的保管措施，[2]那么，所有人与遗失、抛弃高度危险物的管理人承担连带责任。这意味着，所有人承担的不是无过错责任，而是过错责任。

《民法典》第1242条规定了非法占有高度危险物致害责任。非法占有人使高度危险物脱离了所有人、管理人的占有，从而成为高度危险物的实际控制者，作为危险源的控制者，对高度危险物造成的损害承担高度危险物致害责任。所谓非法占有，是指通过非法手段取得高度危险物的占有，[3]通常是违背所有人、管理人的意志，以盗窃、抢劫、抢夺等方式取得高度危险物的占有。[4]非法占有人承担的是无过错责任，而非过错责任。非法占有人对取得占有存在过错，但对损害的发生是否具有过错，不影响责任的成立。

此外，如果所有人、管理人无法证明自己没有过错，即尽到防止非法占有的高度注意义务，就与非法占有人承担连带责任。这意味着，所有人、管理人承担的是过错推定责任。要求所有人、管理人承担责任的依据在于，高度危险物具有致害的高度风险，所有人、管理人应当妥善保管，防止高度危险物被盗或者非法流失，否则，一旦高度危险物被他人非法占有，可能造成巨大损害。[5]

2. 减轻和免除责任的事由

高度危险物致害责任的免责事由是受害人故意和不可抗力，减轻责任事由

---

〔1〕 黄薇主编:《中华人民共和国民法典侵权责任编解读》，中国法制出版社 2020 年版，第 287 页。

〔2〕 张新宝:《侵权责任法》(第五版)，中国人民大学出版社 2020 年版，第 270 页；程啸:《侵权责任法》(第三版)，法律出版社 2021 年版，第 692 页。

〔3〕 黄薇主编:《中华人民共和国民法典侵权责任编解读》，中国法制出版社 2020 年版，第 289 页。

〔4〕 程啸:《侵权责任法》(第三版)，法律出版社 2021 年版，第 693 页。

〔5〕 最高人民法院民法典贯彻实施工作领导小组:《中华人民共和国民法典侵权责任编理解与适用》，人民法院出版社 2020 年版，第 627 页。

是受害人重大过失。[1]受害人仅有轻过失的，不减轻高度危险物致害责任。但是，未经许可进入高度危险物存放区域受到损害，管理人能够证明已经采取足够安全措施并尽到充分警示义务的，可以减轻或者不承担责任。[2]

四、高度危险活动致害责任

《民法典》第1240条规定了高度危险活动致害责任。

（一）成立要件

高度危险活动致害责任的成立要件包括：（1）高度危险活动；（2）他人遭受损害；（3）高度危险活动与他人遭受损害之间具有因果关系。

高度危险活动，包括高空作业、高压作业、地下挖掘活动、使用高速轨道运输工具。

高空作业，是指在距离基准面（如地面）一定高度以上，有可能坠落的高度进行的作业，包括高层建筑施工、在建筑物顶部安装广告牌、对高层建筑物的表面进行清理工作。[3]然而，这一高度如何确定，学界存在不同意见。一般认为，高度应当按照《高处作业分级》确定，即两米。[4]也有人认为，《高处

---

〔1〕有观点认为，第三人原因原则上也不属于免责事由。参见最高人民法院民法典贯彻实施工作领导小组：《中华人民共和国民法典侵权责任编理解与适用》，人民法院出版社 2020 年版，第 609 页。

〔2〕《民法典》第 1243 条规定的是一类独立的高度危险责任，还是高度危险责任的减轻或者免除责任的事由，学界存在分歧。将这一规定界定为减轻或者免除责任的事由的观点，参见王利明：《侵权责任法研究》（第二版）（下卷），中国人民大学出版社 2016 年版，第 582 页；张新宝：《侵权责任法》（第五版），中国人民大学出版社 2020 年版，第 257 页；周友军：《侵权法学》，中国人民大学出版社 2011 年版，第 304 页、第 311 页；最高人民法院民法典贯彻实施工作领导小组：《中华人民共和国民法典侵权责任编理解与适用》，人民法院出版社 2020 年版，第 631 页。将这一规定理解为独立的高度危险责任的观点，参见杨立新：《侵权责任法》（第四版），法律出版社 2020 年版，第 300 页；程啸：《侵权责任法》（第三版），法律出版社 2021 年版，第 702 页。此外，还有区分说。参见曹险峰：《独立责任类型抑或减责事由——〈中华人民共和国侵权责任法〉第 76 条的定位》，载《法商研究》2018 年第 1 期。可以肯定的是，倘若高度危险活动区域的管理人与从事高度危险活动的经营者不是同一人，《民法典》第 1243 条就具有独立的意义，从而，在经营者之外，受害人可以请求管理人承担责任。参见邹海林、朱广新主编：《民法典评注：侵权责任编》（第 2 册），中国法制出版社 2020 年版，第 714 页。管理人承担的也是高度危险责任，即无过错责任。参见黄薇主编：《中华人民共和国民法典侵权责任编解读》，中国法制出版社 2020 年版，第 291 页。

〔3〕黄薇主编：《中华人民共和国民法典侵权责任编解读》，中国法制出版社 2020 年版，第 282 页。

〔4〕王利明：《侵权责任法研究》（第二版）（下卷），中国人民大学出版社 2016 年版，第 575 页；张新宝：《侵权责任法》（第五版），中国人民大学出版社 2020 年版，第 265 页；黄薇主编：《中华人民共和国民法典侵权责任编解读》，中国法制出版社 2020 年版，第 281 页。

作业分级》仅有参考意义，[1]认定高空作业的高度，应该按照对他人而非作业人引起的危险而定，比如30米及以上的作业构成高空作业。[2]

高压作业是指涉及工业上高压电、高压容器的作业。就高压电而言，虽然司法实践倾向于依据已被废止的2001年1月21日起施行《最高人民法院关于审理触电人身损害赔偿案件若干问题的解释》（以下简称《触电人身损害赔偿解释》）采纳1000伏及以上电压为标准，但认定高度危险活动致害责任时是否应当遵循这一标准，存在分歧。[3]

地下挖掘活动，是指在地表下一定深度进行挖掘的行为，如挖掘隧道、修建地铁。[4]需要注意的是，地下挖掘活动不同于《民法典》第1258条的“在公共场所或者道路上挖掘、修缮安装地下设施”。地下挖掘活动的深度更深、危险性较大、地点不限于公共场所或者道路。[5]

高速轨道运输工具就是沿着固定轨道行驶的车辆，通常包括铁路、地铁、轻轨、磁悬浮列车、有轨电车等，具有不可避让性。[6]高速轨道交通工具运行致人损害的责任，典型的是铁路运营致人损害责任。铁路运营致人损害责任的认定，还需要结合2021年1月1日起施行的《最高人民法院关于审理铁路运输损害赔偿案件若干问题的解释》，以及2022年1月1日起施行的《最高人民法院关于审理铁路运输人身损害赔偿纠纷案件适用法律若干问题的解释》的相关规定。

受害人必须是从事高度危险活动的经营者之外的人，不包括经营者的工作人员，[7]即直接参与高度危险活动的员工、直接作业者，[8]如采矿人员、火车

〔1〕杨立新：《侵权责任法》（第四版），法律出版社2020年版，第297页；邹海林、朱广新主编：《民法典评注：侵权责任编》（第2册），中国法制出版社2020年版，第693页。

〔2〕程啸：《侵权责任法》（第三版），法律出版社2021年版，第694页。

〔3〕肯定说，参见程啸：《侵权责任法》（第三版），法律出版社2021年版，第695页。反对说，参见王利明：《侵权责任法研究》（第二版）（下卷），中国人民大学出版社2016年版，第576页；周友军：《侵权法学》，中国人民大学出版社2011年版，第308页。最高人民法院认为，220伏和380伏电压虽然可以致人死亡，但触电者仍有自救可能，然而1000伏及以上的电压，触电者没有自救可能。因此，《触电人身损害赔偿解释》确定的1000伏标准仍有参考意义。参见最高人民法院民法典贯彻实施工作领导小组：《中华人民共和国民法典侵权责任编理解与适用》，人民法院出版社2020年版，第612页。

〔4〕黄薇主编：《中华人民共和国民法典侵权责任编解读》，中国法制出版社2020年版，第283页。

〔5〕王利明：《侵权责任法研究》（第二版）（下卷），中国人民大学出版社2016年版，第577页。

〔6〕黄薇主编：《中华人民共和国民法典侵权责任编解读》，中国法制出版社2020年版，第284页。

〔7〕王利明：《侵权责任法研究》（第二版）（下卷），中国人民大学出版社2016年版，第578页。

〔8〕最高人民法院民法典贯彻实施工作领导小组：《中华人民共和国民法典侵权责任编理解与适用》，人民法院出版社2020年版，第584页。

司机。受害人遭受的损害，限于生命权、身体权、健康权、所有权等绝对权益遭受侵害而发生的财产损失，[1]但也包括精神损害。[2]

（二）责任承担

1. 责任主体

高度危险活动致害责任的主体是从事高度危险活动的经营者，即对高度危险活动实际负责或管控的民事主体。[3]也就是说，事实上控制高度危险活动、从高度危险活动受益的人就是经营者。[4]

2. 减轻和免除责任的事由

高度危险活动致害责任的免责事由包括不可抗力、受害人故意，如受害人为自杀而卧轨。受害人的重大过失是减轻经营者责任的事由。未经许可进入高度危险活动区域受到损害，管理人能够证明已经采取足够安全措施并尽到充分警示义务的，可以减轻或者不承担责任。

法律适用

受害人过错规则在高度危险责任中的适用主要如下。

受害人故意是民用核设施致害责任、民用航空器致害责任、高度危险物致害责任、高度危险活动致害责任的免责事由。受害人重大过失则是高度危险物致害责任、高度危险活动致害责任的减轻责任事由。

〔1〕有观点认为，高压电致害责任的损害限于人身伤亡，即因触电而侵害生命权、身体权、健康权并造成的损害。参见程啸：《侵权责任法》（第三版），法律出版社 2021 年版，第 695 页。

〔2〕参见最高人民法院（2016）最高法民再 140 号民事判决书；江苏省高级人民法院（2016）苏民再 6 号民事判决书；山东省高级人民法院（2017）鲁民再 98 号民事判决书。

〔3〕张新宝：《侵权责任法》（第五版），中国人民大学出版社 2020 年版，第 265 页。

〔4〕周友军：《侵权法学》，中国人民大学出版社 2011 年版，第 310 页。

第四十七章　饲养动物损害责任

提　要

饲养动物损害责任是无过错责任，但动物园的动物致害责任是过错推定责任，尽到管理职责的动物园不承担责任。不同类型的饲养动物损害责任，受害人过错规则适用的范围不同。

重点问题

1. 饲养动物损害责任的类型及归责原则。

2. 第三人过错对饲养动物损害责任的影响。

第一节　饲养动物损害责任概述

一、饲养动物损害责任的概念

饲养动物损害责任，是指饲养的动物造成他人损害的，动物饲养人或者管理人应当承担的侵权责任。《民法典》侵权责任编第九章规定了饲养动物损害责任。其中，第1245条是饲养动物损害责任的一般规则，第1246—1249条是饲养动物损害责任的特别类型，包括：（1）违反管理规定，未对动物采取安全措施时的动物致害责任；（2）禁止饲养的动物致害责任；（3）动物园的动物致害责任；（4）遗弃、逃逸动物致害责任。第1250条规定了第三人过错时的责任。

二、饲养动物损害责任的特征

第一，饲养动物损害责任救济的是动物危险实现而引起的损害。[1]如果不是动物危险实现引起的损害，如动物只是行为人致人损害的一种工具，比如行为人将动物扔出致人损害，[2]就不成立饲养动物损害责任，而应成立过错责任。

---

〔1〕王利明：《侵权责任法研究》（第二版）（下卷），中国人民大学出版社2016年版，第596—597页。

〔2〕周友军：《侵权法学》，中国人民大学出版社2011年版，第397页。

第二，饲养动物损害责任以无过错责任为原则。《民法典》第1245条确立了饲养动物损害责任的一般规则，将饲养动物损害责任规定为无过错责任。除此以外，《民法典》第1246条规定的违反管理规定未对动物采取安全措施时的动物致害责任、第1247条规定的禁止饲养的动物致害责任均为无过错责任。因此，在上述情形，动物饲养人或者管理人是否具有过错，不影响饲养动物责任的成立。只有《民法典》第1248条规定的动物园的动物致害责任是过错推定责任。

第三，饲养动物损害责任的主体是动物饲养人或者管理人。动物饲养人一般就是动物的所有人，动物管理人一般就是基于动物所有人的委托管理动物的人。动物饲养人、管理人的本质特征在于，他们对动物具有控制力、因饲养动物而取得利益。[1]

依据《民法典》第1250条的规定，即使是因第三人的过错致使动物造成他人损害，如第三人挑逗、殴打动物导致动物失控致人损害，动物饲养人或者管理人不能因此免责。受害人可以选择动物饲养人或者管理人请求赔偿，也可以请求第三人赔偿。动物饲养人或者管理人承担饲养动物损害责任的，应当根据饲养动物的类型满足第1245—1248条的责任成立要件。[2] 动物饲养人或者管理人赔偿后，有权向第三人追偿。

然而，动物饲养人或者管理人与第三人是否承担不真正连带责任、第三人是否为终局责任人，学界存在分歧。主流观点持肯定说。[3] 也有观点认为，动物饲养人或者管理人对损害发生有过错的，动物饲养人或者管理人与第三人依据《民法典》第1172条承担按份责任；只有在动物饲养人或者管理人没有过错、损害完全由第三人过错造成时，第三人才是终局责任人，动物饲养人或者管理人才可以全额追偿。[4]

---

〔1〕邹海林、朱广新主编：《民法典评注：侵权责任编》（第2册），中国法制出版社2020年版，第736页。

〔2〕周友军：《侵权法学》，中国人民大学出版社2011年版，第418页。

〔3〕王利明：《侵权责任法研究》（第二版）（下卷），中国人民大学出版社2016年版，第636页；周友军：《侵权法学》，中国人民大学出版社2011年版，第419页；黄薇主编：《中华人民共和国民法典侵权责任编解读》，中国法制出版社2020年版，第316页。

〔4〕张新宝：《侵权责任法》（第五版），中国人民大学出版社2020年版，第285页；邹海林、朱广新主编：《民法典评注：侵权责任编》（第2册），中国法制出版社2020年版，第783页；程啸：《侵权责任法》（第三版），法律出版社2021年版，第717页。

第二节 饲养动物损害责任的一般规则

《民法典》第1245条是饲养动物损害责任的一般规则，其规范的饲养动物损害责任是无过错责任，以动物危险实现致人损害为前提。

一、成立要件

《民法典》第1245条饲养动物损害责任的成立要件包括：（1）饲养的动物；（2）动物危险的实现；（3）他人遭受损害；（4）饲养动物危险的实现与他人遭受损害之间具有因果关系。

（一）饲养的动物

饲养的动物，是指被人所实际占有或控制的动物，即被民事主体管理或者控制的动物。[1]饲养的实质，不在于食物的供给，而在于特定人对动物这一危险源的控制。[2]因此，饲养的动物区别于野生动物，尤其是区别于在自然保护区生活的野生动物。动物通常是家畜、家禽、宠物，也包括昆虫、害虫，但不包括从人体内部侵害自然人健康权的微生物，如细菌和病毒，因此患病的人将疾病传染给他人不承担无过错责任。[3]

（二）动物危险的实现

动物造成他人损害，必须是基于动物的特性或危险而引起的损害。[4]动物危险的实现，源于动物的举动。动物的举动不是“加害行为”，[5]因为动物只是物而非主体。动物危险的界定，存在多种观点。[6]德国通说采动物举动不可预测说，因此，动物的危险在于，基于动物的天性和本能，动物会独立实施不可预测的举动。[7]根据德国学者总结，动物危险的实现可能涉及如下情形：

---

〔1〕邹海林、朱广新主编：《民法典评注：侵权责任编》（第2册），中国法制出版社2020年版，第739页；程啸：《侵权责任法》（第三版），法律出版社2021年版，第710页。

〔2〕最高人民法院民法典贯彻实施工作领导小组：《中华人民共和国民法典侵权责任编理解与适用》，人民法院出版社2020年版，第640页。

〔3〕Mü KoBGB/Wagner,8. Aufl. 2020,BGB § 833Rn. 10.

〔4〕尹志强：《侵权行为法论》，中国政法大学出版社2008年版，第158页。

〔5〕杨立新：《侵权责任法》（第四版），法律出版社2020年版，第306页；黄薇主编：《中华人民共和国民法典侵权责任编解读》，中国法制出版社2020年版，第298页。

〔6〕周友军：《侵权法学》，中国人民大学出版社2011年版，第403—404页。

〔7〕Mü KoBGB/Wagner,8. Aufl. 2020,BGB § 833Rn. 15.

（1）动物为行为人驱使造成损害，如果行为人像无生命物一样利用动物，如将动物扔向他人造成损害，那么，损害的发生即不属于动物危险的实现；反之，如果行为人有意利用动物的内在危险，如指挥狗咬人，那么，损害的发生仍然属于动物危险的实现。[1]（2）动物受到生理强制时，如果动物致人损害源于行为人对动物身体或精神上不可抗拒的强制，比如屠夫因被捆绑的猪挣扎而受伤，那么，损害的发生并非源于动物危险的实现。[2]（3）动物停留在道路上引起交通事故的，虽然动物像无生命物一样停留在道路上，但是动物作为生命能够自行进入道路，就是动物危险的体现。[3]（4）动物基于本能和天性而发生的举动，一般属于动物危险的实现，比如，生病的动物将疾病传染给其他动物、小狗在地毯上小便导致地毯污损、狗群到处乱跑、动物的交配行为、动物面对挑衅为自我保护而攻击挑衅者。[4]

（三）他人遭受损害

他人是动物饲养人或者管理人之外的人，不包括饲养人或者管理人的工作人员。饲养动物损害责任保护的民事权益包括生命权、身体权、健康权、所有权。因此，因生命权、身体权、健康权受侵害而产生的财产损害、精神损害，有体物遭受侵害而引起的财产损害，如农田的庄稼被啃食、践踏，[5]均构成饲养动物损害责任中的损害。

（四）因果关系

受害人遭受的损害应当源于动物危险的实现，即动物固有危险或者内在危险以一定方式爆发出来，从而造成了损害。[6]因果关系可以是直接因果关系，也可以是间接因果关系。[7]饲养动物致人损害，无须动物与受害人之间有身体接触。受害人面对动物时因恐惧而跌倒，只要受害人的反应属于正常的反应，跌倒也属于动物危险实现引起的损害。[8]

---

〔1〕 MüKoBGB/Wagner,8. Aufl. 2020,BGB § 833Rn. 20.

〔2〕 MüKoBGB/Wagner,8. Aufl. 2020,BGB § 833Rn. 21.

〔3〕 MüKoBGB/Wagner,8. Aufl. 2020,BGB § 833Rn. 22.

〔4〕 MüKoBGB/Wagner,8. Aufl. 2020,BGB § 833Rn. 24.

〔5〕 张新宝：《侵权责任法》（第五版），中国人民大学出版社 2020 年版，第 276 页；程啸：《侵权责任法》（第三版），法律出版社 2021 年版，第 712 页。

〔6〕 张新宝：《侵权责任法》（第五版），中国人民大学出版社 2020 年版，第 276 页。

〔7〕 周友军：《侵权法学》，中国人民大学出版社 2011 年版，第 405 页。

〔8〕 程啸：《侵权责任法》（第三版），法律出版社 2021 年版，第 711 页；周友军：《侵权法学》，中国人民大学出版社 2011 年版，第 406 页。

二、责任承担

（一）责任主体

饲养动物致害责任的责任主体，是动物的饲养人或者管理人。立法机关认为，动物饲养人是动物的所有人，动物管理人是实际控制和管束动物的人。[1]实际上，饲养人或者管理人的本质特征在于，他们对动物这一危险源具有控制力、因饲养动物而取得利益。[2]因此，动物饲养人或者管理人的判断标准，与机动车一方的判断标准一致，从支配控制和受益归属两个角度来观察。[3]也就是说，谁对动物具有决定权，且基于自己的利益承担饲养动物的成本、承担动物灭失的经济风险，谁就是动物饲养人或者管理人。[4]

认定动物饲养人或者管理人，不应将动物的所有权归属作为决定性的因素。[5]动物的占有辅助人、根据用人者的指示管理动物的被使用人，[6]不属于饲养人或者管理人。受动物所有人委托照管动物的受托人，是否属于动物管理人，主流观点持肯定说。[7]然而，小偷盗走动物后，动物致人损害的，小偷作为动物饲养人、管理人依据《民法典》第1245条承担饲养动物致害责任，[8]抑或是作为《民法典》第1250条意义上的第三人承担责任，[9]学界存在不同认识。本书支持前一种观点，因为第三人过错是对动物致人损害的过错，而小偷对未经许可占有他人之物具有过错，而非对动物致害具有过错。此外，流浪动

---

〔1〕黄薇主编:《中华人民共和国民法典侵权责任编解读》，中国法制出版社 2020 年版，第 300 页。

〔2〕邹海林、朱广新主编：《民法典评注：侵权责任编》（第 2 册），中国法制出版社 2020 年版，第 736 页。

〔3〕程啸：《侵权责任法》（第三版），法律出版社 2021 年版，第 714 页。

〔4〕MüKoBGB/Wagner,8. Aufl. 2020,BGB § 833Rn. 32.

〔5〕程啸：《侵权责任法》（第三版），法律出版社 2021 年版，第 714 页。

〔6〕张新宝：《侵权责任法》（第五版），中国人民大学出版社 2020 年版，第 275 页；周友军：《侵权法学》，中国人民大学出版社 2011 年版，第 408 页。

〔7〕黄薇主编：《中华人民共和国民法典侵权责任编解读》，中国法制出版社 2020 年版，第 300 页；最高人民法院民法典贯彻实施工作领导小组：《中华人民共和国民法典侵权责任编理解与适用》，人民法院出版社 2020 年版，第 642 页；王利明：《侵权责任法研究》（第二版）（下卷），中国人民大学出版社 2016 年版，第 639 页；程啸：《侵权责任法》（第三版），法律出版社 2021 年版，第 714 页。

〔8〕邹海林、朱广新主编：《民法典评注：侵权责任编》（第 2 册），中国法制出版社 2020 年版，第 736 页；周友军：《侵权法学》，中国人民大学出版社 2011 年版，第 406 页。

〔9〕张新宝：《侵权责任法》（第五版），中国人民大学出版社 2020 年版，第 275 页。

物的投喂者不属于动物饲养人或者管理人，[1]因为投喂者对流浪动物的生存和活动范围并无控制力。[2]

（二）减轻和免除责任的事由

依据《民法典》第1245条的规定，受害人对损害的发生具有故意或者重大过失的，动物饲养人或者管理人可以减轻或者免除责任。受害人仅有轻过失的，不减轻或者免除动物饲养人的责任。受害人的重大过失，通常表现为挑逗、殴打动物以及主动进入危险动物饲养区域。[3]

第三节　饲养动物损害责任的特别类型

《民法典》第1246—1249条规定了几类特殊的饲养动物损害责任。这些责任的特殊性在于，它们的减轻和免除责任的事由比较特殊，或者归责原则比较特殊。不过，在责任成立方面，这些责任与《民法典》第1245条的饲养动物损害责任一样，均以动物危险实现、受害人遭受损害、因果关系为成立要件。因此，本部分不再介绍这三项要件。

一、违反管理规定未对动物采取安全措施时的动物致害责任

《民法典》第1246条规定了违反管理规定未对动物采取安全措施时的动物致害责任。

违反管理规定未对动物采取安全措施时的动物致害责任，是无过错责任。与《民法典》第1245条的饲养动物损害责任相比，违反管理规定未对动物采取安全措施时的动物致害责任是更为严格的无过错责任，因为受害人故意不能免除动物饲养人或者管理人的责任，只能减轻责任。

《民法典》第1246条中的管理规定，是规范性法律文件中对饲养动物的要求。[4]我国各地关于饲养动物的地方立法比较多见，尤其是养犬规定，比如

---

〔1〕邹海林、朱广新主编：《民法典评注：侵权责任编》（第2册），中国法制出版社2020年版，第737页；程啸：《侵权责任法》（第三版），法律出版社2021年版，第715页。

〔2〕Mü KoBGB/Wagner,8. Aufl. 2020,BGB § 833Rn. 32.

〔3〕张新宝：《侵权责任法》（第五版），中国人民大学出版社2020年版，第277页；邹海林、朱广新主编：《民法典评注：侵权责任编》（第2册），中国法制出版社2020年版，第727页。

〔4〕周友军：《侵权法学》，中国人民大学出版社2011年版，第411页。

《北京市养犬管理规定》《上海市养犬管理条例》《天津市养犬管理条例》《广州市养犬管理条例》《深圳市养犬管理条例》，等等。违反管理规定、未对动物采取安全措施，主要是指管理规定中包含了防止动物造成他人损害的安全措施、为动物饲养人或者管理人施加了危险防免的作为义务，但是饲养人或者管理人没有按照管理规定的要求采取安全措施，从而提升了动物致害的风险。[1]比如，没有为犬只束犬链或牵引带、为大型犬只戴嘴套，或者违规携带犬只进入市场、商店、商业街区、饭店、公园、公共绿地、学校、医院、展览馆、影剧院、体育场馆、社区公共健身场所、游乐场、候车室等公共场所，或者没有避让老年人、残疾人、孕妇和儿童。如果被违反的管理规定中没有关于采取安全措施的规定，或者违反了管理规定中不涉及采取安全措施的规定，可能成立行政法上的责任，但不成立《民法典》第1246条的责任。[2]

二、禁止饲养的动物致害责任

《民法典》第1247条规定了禁止饲养的动物致害责任。

禁止饲养的动物致害责任是无过错责任，《民法典》第1247条没有为其规定减轻或者免除责任的事由，因此，一般认为，受害人故意、重大过失不能作为减轻或者免除责任的事由而适用。[3]

禁止饲养某些动物，主要是因为有些动物具有较高的致害风险。禁止饲养的动物，应当按照规范性法律文件确定。我国各地多以地方立法的形式确定禁止饲养的动物的具体范围。以烈性犬、大型犬最为典型。比如，《深圳市市场监督管理局关于公布烈性犬名单的通告》公布的烈性犬品种包括西藏獒犬、比特斗牛梗犬、阿根廷杜高犬、巴西菲勒犬、日本土佐犬、中亚牧羊犬等25个品种，《太原市养犬管理条例》规定的烈性犬只和大型犬只则包括獒犬等12种工作用犬、阿富

---

〔1〕最高人民法院民法典贯彻实施工作领导小组:《中华人民共和国民法典侵权责任编理解与适用》，人民法院出版社 2020 年版，第 652 页。

〔2〕邹海林、朱广新主编 :《民法典评注 : 侵权责任编》(第 2 册)，中国法制出版社 2020 年版，第 747 页。

〔3〕王利明 :《侵权责任法研究》(第二版)(下卷)，中国人民大学出版社 2016 年版，第 624 页 ; 杨立新 :《侵权责任法》(第四版)，法律出版社 2020 年版，第 311 页 ; 张新宝 :《侵权责任法》(第五版)，中国人民大学出版社 2020 年版，第 280 页 ; 最高人民法院民法典贯彻实施工作领导小组 :《中华人民共和国民法典侵权责任编理解与适用》，人民法院出版社 2020 年版，第 658 页。不同观点，参见邹海林、朱广新主编 :《民法典评注 : 侵权责任编》(第 2 册)，中国法制出版社 2020 年版，第 755 页。

汗猎犬等10种猎犬、贝林登梗等5种梗犬、比特犬等4种非运动犬、土佐犬等3种其他类别的犬。大型犬的认定，各地存在不同标准，比如北京以成年体高超过35厘米作为标准，武汉则以成年体高超过45厘米为标准。当然，盲人和肢体重残人饲养的用于导盲和生活扶助的工作犬，军用、警用犬只以及动物园、科研机构等单位特定用途犬只，一般不属于禁止饲养的烈性犬、大型犬。

三、动物园的动物致害责任

《民法典》第1248条规定了动物园的动物致害责任。

动物园的动物致害责任不是无过错责任，而是过错推定责任。在我国，动物园大多是由园林行政主管部门管理的事业单位，经费来源有限，因此，为了避免公立动物园承担过高的责任风险，动物园的动物致害责任采过错推定责任。

依据《城市动物园管理规定》第2条，动物园包括综合性动物园（水族馆）、专类性动物园、野生动物园、城市公园的动物展区、珍稀濒危动物饲养繁殖研究场所，功能在于饲养野生动物的科学研究、野生动物科学普及教育。

动物园的动物致害责任，以动物园的动物造成动物园管理人员、工作人员之外的其他人损害为成立要件。动物园之外其他场所的动物，临时进入动物园但不属于动物园饲养的动物，即使造成了损害，也不成立动物园的动物致害责任。[1]

动物园的动物致害责任，以动物园未尽到管理职责为成立要件。也就是说，动物园未尽到管理职责，具有违法性。对此，《城市动物园管理规定》第21条规定："动物园管理机构应当完善各项安全设施，加强安全管理，确保游人、管理人员和动物的安全。动物园管理机构应当加强对游人的管理，严禁游人在动物展区内惊扰动物和大声喧哗，闭园后禁止在动物展区进行干扰动物的各种活动。"

动物园妥善管理动物、避免他人遭受动物的伤害，实际上是一种安全保障义务。鉴于动物园所承担的独特社会功能，作为专门饲养管理动物的机构，动物园较一般动物饲养人有着更高的注意和管理义务，不应该只是承担善良管理人的注意义务。[2]动物园的注意义务，取决于动物的种类和危险性、动物过去是否具有攻击他人的表现、动物活动场所是否具有一定的隔离性（圈养动物和

---

〔1〕邹海林、朱广新主编：《民法典评注：侵权责任编》（第2册），中国法制出版社2020年版，第760页。

〔2〕《谢某某诉上海动物园饲养动物致人损害纠纷案》，载《最高人民法院公报》2013年第8期。

散养动物）、[1]入园者的特点。[2]具体来说，动物园对于猛兽、曾经攻击过他人的动物、散养动物负有更高的注意义务，同时，应当考虑未成年人的好奇天性从而满足其特殊安全需要，如设置提示牌、安排巡逻人员及时劝阻、通过广播反复提醒游客、缩小防护栏的间距和提高防护栏的高度。

动物园的动物致害责任是过错推定责任，由动物园举证证明自己已经尽到了管理职责。既然动物园的动物致害责任是过错责任，那么，适用于过错责任的减轻和免除责任事由都可以适用于动物园的动物致害责任。[3]因此，依据《民法典》第1174条的规定，受害人故意可以免除动物园的动物致害责任；依据第1173条的规定，受害人的重大过失、轻过失可以减轻动物园的动物致害责任。

四、遗弃、逃逸动物致害责任

《民法典》第1249条规定了遗弃、逃逸动物致害责任。

遗弃的动物，是动物原饲养人自愿放弃所有权或者管理人自愿放弃占有的动物；逃逸的动物，是非基于动物原饲养人或者管理人的意思，动物原饲养人或者管理人暂时丧失占有的动物。由于动物的危险性，动物饲养人或者管理人不得随意遗弃动物，避免动物在遗弃后给他人造成损害。因此，原动物饲养人或者管理人应当对遗弃动物造成的损害负责。此外，动物逃逸一般与动物饲养人或者管理人疏忽大意有关，即动物饲养人或者管理人没有尽到妥善管理的义务，因此，要求原动物饲养人或者管理人对逃逸动物造成的损害负责，与原动物饲养人或者管理人对危险源疏于管理有关，具有正当性。[4]

遗弃、逃逸动物为他人饲养、管理的，他人成为新的饲养人、管理人，原饲养人、管理人不再为其造成的损害负责。

通说认为，遗弃、逃逸动物致害责任的归责原则，是无过错责任。[5]少数

---

〔1〕最高人民法院民法典贯彻实施工作领导小组:《中华人民共和国民法典侵权责任编理解与适用》，人民法院出版社 2020 年版，第 663 页。

〔2〕周友军:《侵权法学》，中国人民大学出版社 2011 年版，第 414—415 页。

〔3〕张新宝:《侵权责任法》(第五版)，中国人民大学出版社 2020 年版，第 282 页。

〔4〕邹海林、朱广新主编:《民法典评注：侵权责任编》(第 2 册)，中国法制出版社 2020 年版，第 769 页。

〔5〕王利明:《侵权责任法研究》(第二版)(下卷)，中国人民大学出版社 2016 年版，第 631 页；杨立新:《侵权责任法》(第四版)，法律出版社 2020 年版，第 312 页；张新宝:《侵权责任法》(第五版)，中国人民大学出版社 2020 年版，第 283 页；邹海林、朱广新主编:《民法典评注：侵权责任编》(第 2 册)，中国法制出版社 2020 年版，第 770 页；最高人民法院民法典贯彻实施工作领导小组:《中华人民共和国民法典侵权责任编理解与适用》，人民法院出版社 2020 年版，第 669 页。

说则认为，遗弃、逃逸动物致害责任的归责原则取决于动物的具体类型。[1]两种观点的分歧在于，动物园的动物被遗弃、逃逸的，动物园对其在遗弃、逃逸期间造成的损害承担过错推定责任还是无过错责任。通说支持无过错责任，[2]少数说支持过错推定责任。但通说和少数说都认为，其他动物被遗弃、逃逸的，原动物饲养人或者管理人承担无过错责任。

遗弃、逃逸动物致害责任的减轻和免除责任事由，取决于动物的具体类型。[3]因此，禁止饲养的烈性犬等危险动物被遗弃、逃逸后，在遗弃、逃逸期间造成他人损害的，原动物饲养人或者管理人不得减轻或免除责任。

法律适用

受害人过错规则在饲养动物损害责任中应该如何适用?

饲养的动物造成他人损害的，动物饲养人或者管理人应当承担侵权责任；但是，动物饲养人或者管理人能够证明损害是因被侵权人故意或者重大过失造成的，可以不承担或者减轻责任。

违反管理规定，未对动物采取安全措施造成他人损害的，动物饲养人或者管理人应当承担侵权责任；但是，动物饲养人或者管理人能够证明损害是因被侵权人故意造成的，可以减轻责任。因此，违反管理规定未对动物采取安全措施时的动物致害责任，只有受害人故意才能作为减轻责任的事由。

禁止饲养的烈性犬等危险动物造成他人损害的，动物饲养人或者管理人应当承担侵权责任。动物饲养人或者管理人不能以受害人具有故意或者重大过失为由主张减轻或者免除责任。

动物园的动物致害责任是过错推定责任，因此，受害人故意可以免除动物园的责任，受害人过失可以减轻动物园的责任。

---

〔1〕 周友军：《侵权法学》，中国人民大学出版社 2011 年版，第 415 页。

〔2〕 王利明：《侵权责任法研究》（第二版）（下卷），中国人民大学出版社 2016 年版，第 629 页。

〔3〕 周友军：《侵权法学》，中国人民大学出版社 2011 年版，第 417 页；最高人民法院民法典贯彻实施工作领导小组：《中华人民共和国民法典侵权责任编理解与适用》，人民法院出版社 2020 年版，第 669 页。

第四十八章　建筑物和物件损害责任

提要

建筑物和物件损害责任，以过错推定责任为主，包括多种类型：（1）建筑物、构筑物或者其他设施倒塌、塌陷致害责任；（2）建筑物、构筑物或者其他设施及其搁置物、悬挂物脱落、坠落致害责任；（3）抛掷物、坠落物致害责任；（4）堆放物致害责任；（5）妨碍通行的物品致害责任；（6）林木致害责任；（7）地面施工致害责任、地下设施致害责任。

重点问题

1. 建筑物、构筑物或者其他设施倒塌、塌陷致害责任的责任主体。

2. 抛掷物、坠落物致害责任的法律后果。

第一节　建筑物和物件损害责任概述

《民法典》侵权责任编第十章规定了建筑物和物件损害责任。建筑物和物件，包括建筑物、构筑物或者其他设施及其搁置物、悬挂物，堆放物，妨碍通行物和林木等。建筑物和物件损害责任，是指建筑物、构筑物或者其他设施及其搁置物、悬挂物，堆放物，妨碍通行物和林木等由于存在缺陷或者疏于管理、维护等，造成他人损害，加害人承担的侵权责任。[1]

《民法典》侵权责任编第十章规定的建筑物和物件损害责任包括：（1）建筑物、构筑物或者其他设施倒塌、塌陷致害责任；（2）建筑物、构筑物或者其他设施及其搁置物、悬挂物脱落、坠落致害责任；（3）抛掷物、坠落物致害责任；（4）堆放物致害责任；（5）妨碍通行的物品致害责任；（6）林木致害责任；（7）地面施工致害责任、地下设施致害责任。

---

〔1〕 黄薇主编：《中华人民共和国民法典侵权责任编解读》，中国法制出版社2020年版，第319页。

建筑物和物件损害责任，大部分是以不作为方式引起的侵权责任，而且归责原则为过错推定责任，因此，责任主体通常违反了作为义务，具有违法性。

第二节 建筑物、构筑物或者其他设施致害责任

一、建筑物、构筑物或者其他设施倒塌、塌陷致害责任

《民法典》第1252条规定了建筑物、构筑物或者其他设施倒塌、塌陷致害责任。

建筑物，是指人工建造的、固定在土地上，其空间用于居住、生产或者存放物品的设施，如住宅、写字楼、仓库。构筑物或者其他设施，是指人工建造的、固定在土地上，除建筑物以外的其他设施，如道路、桥梁、隧道、堤坝等。[1]

建筑物、构筑物或者其他设施倒塌、塌陷致害责任的成立，以建筑物、构筑物或者其他设施倒塌、塌陷为前提，从而区别于《民法典》第1253条的建筑物、构筑物或者其他设施及其搁置物、悬挂物脱落、坠落致害责任。所谓倒塌、塌陷，是指建筑物、构筑物或者其他设施坍塌、倒覆，造成该建筑物、构筑物或者其他设施丧失基本使用功能。例如，楼房倒塌、桥梁的桥墩拥塌、地面塌陷等。[2]倒塌、塌陷一般是突然的、非基于人类意愿而发生的坍塌、倒覆。但是，倒塌是否包括建筑物部分倒塌，如阳台坠落，学界存在争议。一种观点认为，倒塌限于全部倒塌，因此，建筑物部分倒塌，适用《民法典》第1253条的建筑物、构筑物或者其他设施及其搁置物、悬挂物脱落、坠落致害责任；[3]另一种观点则认为，倒塌包括全部倒塌、部分倒塌。[4]

《民法典》第1252条分为两款，针对不同类型的责任主体，设置了不同的

---

〔1〕 最高人民法院民法典贯彻实施工作领导小组:《中华人民共和国民法典侵权责任编理解与适用》，人民法院出版社 2020 年版，第 681—682 页。

〔2〕 黄薇主编 :《中华人民共和国民法典侵权责任编解读》，中国法制出版社 2020 年版，第 321 页。

〔3〕 周友军 :《侵权法学》，中国人民大学出版社 2011 年版，第 229 页。

〔4〕 张新宝 :《侵权责任法》(第五版)，中国人民大学出版社 2020 年版，第 288 页；邹海林、朱广新主编 :《民法典评注 : 侵权责任编》(第 2 册)，中国法制出版社 2020 年版，第 795 页；程啸 :《侵权责任法》(第三版)，法律出版社 2021 年版，第 714 页。

责任成立要件。其中，第1款规定的是建设单位与施工单位的责任，第2款规定的是所有人、管理人、使用人或者第三人的责任。

（一）建设单位与施工单位的责任

1.归责原则

根据《民法典》第1252条第1款，建设单位与施工单位对建筑物、构筑物或者其他设施倒塌、塌陷造成他人损害的，承担侵权责任。这一侵权责任的归责原则，通说采过错推定责任说，[1]但也有学者支持无过错责任说。[2]

两种观点的分歧在于，如何认识质量缺陷和过失的关系。持过错推定说的学者认为，建设单位与施工单位举证证明建筑物不存在质量缺陷的，即证明自己没有过错。[3]也有学者认为，建筑物不存在质量缺陷，表明行为与损害之间没有因果关系。[4]持无过错责任说的学者认为，虽然建设单位与施工单位能够通过证明不存在质量缺陷而不承担责任，但是，建筑物、构筑物或者其他设施的质量是否存在缺陷，与建设单位与施工单位是否存在过错，是两个问题。可能存在的情形是，即使建设单位与施工单位没有违反相关技术规范，在设计、建造时尽到了谨慎的注意义务，建筑物、构筑物或者其他设施仍然存在质量缺陷，此时，建设单位与施工单位仍然应当对由此造成的损害负责。[5]也就是说，如果建筑物、构筑物或者其他设施不存在质量缺陷，但仍然因倒塌、塌陷造成他人损害的，损害的发生与建设单位、施工单位的行为没有因果关系。[6]采纳不同的学说会有不同的体系效应。比如，采过错推定说，建设单位与施工单位可以举证证明受害人具有过失，从而减轻责任。[7]

从《民法典》侵权责任编第十章的体系来看，本书倾向于过错推定责任

〔1〕杨立新：《侵权责任法》（第四版），法律出版社2020年版，第320页；张新宝：《侵权责任法》（第五版），中国人民大学出版社2020年版，第288页；最高人民法院民法典贯彻实施工作领导小组：《中华人民共和国民法典侵权责任编理解与适用》，人民法院出版社2020年版，第684页。

〔2〕邹海林、朱广新主编：《民法典评注：侵权责任编》（第2册），中国法制出版社2020年版，第799页；程啸：《侵权责任法》（第三版），法律出版社2021年版，第724页。

〔3〕张新宝：《侵权责任法》（第五版），中国人民大学出版社2020年版，第288页；最高人民法院民法典贯彻实施工作领导小组：《中华人民共和国民法典侵权责任编理解与适用》，人民法院出版社2020年版，第684页。

〔4〕杨立新：《侵权责任法》（第四版），法律出版社2020年版，第321页。

〔5〕邹海林、朱广新主编：《民法典评注：侵权责任编》（第2册），中国法制出版社2020年版，第800页。

〔6〕程啸：《侵权责任法》（第三版），法律出版社2021年版，第724页。

〔7〕杨立新：《侵权责任法》（第四版），法律出版社2020年版，第323页。

说。据此，建筑物、构筑物或者其他设施倒塌、塌陷造成他人损害的，推定建设单位与施工单位旨在设计、建造、施工等方面未尽到高度注意义务，导致建筑物、构筑物或者其他设施存在质量缺陷，从而建设单位与施工单位对损害负责，但建设单位与施工单位能够证明已尽到高度注意义务从而不存在质量缺陷的除外。

2. 成立要件

建设单位与施工单位的责任成立要件包括：（1）建筑物、构筑物或者其他设施因质量缺陷而倒塌、塌陷；（2）他人遭受损害；（3）因果关系；（4）建设单位与施工单位具有过错。[1]一旦建筑物、构筑物或者其他设施倒塌、塌陷造成他人损害，就推定建设单位与施工单位具有过错且建筑物、构筑物或者其他设施存在缺陷。

他人遭受损害，是指建设单位与施工单位等责任人以外的人遭受损害。损害，系生命权、身体权、健康权、所有权等绝对权益遭受侵害而产生的财产损害和精神损害。一般来说，姓名权、名誉权、人身自由等绝对权益不属于建筑物、构筑物或者其他设施倒塌、塌陷致害责任的保护范围。[2]

3. 责任承担

根据《民法典》第1252条第1款的规定，建设单位、施工单位承担连带责任，但建设单位、施工单位能够证明建筑物、构筑物或者其他设施不存在质量缺陷的，不承担责任。

建筑物、构筑物或者其他设施不存在质量缺陷，是指建筑物、构筑物或者其他设施没有设计缺陷和建造缺陷，勘察、设计、施工与监理等涉及建设工程质量的各个环节都不存在任何问题。[3]一般来说，质量缺陷之有无，按照有关建筑质量的法律法规和部门规章、行业标准进行判断。[4]

建设单位、施工单位承担连带责任后，对其他责任人享有追偿权。所谓其他责任人，是与建筑物、构筑物或者其他设施的建设、施工相关的主体，即参与建筑活动的主体，[5]不仅包括勘察单位、设计单位、监理单位，还包括《建

---

〔1〕 张新宝：《侵权责任法》（第五版），中国人民大学出版社 2020 年版，第 288 页。
〔2〕 杨立新：《侵权责任法》（第四版），法律出版社 2020 年版，第 321 页。
〔3〕 程啸：《侵权责任法》（第三版），法律出版社 2021 年版，第 724 页。
〔4〕 张新宝：《侵权责任法》（第五版），中国人民大学出版社 2020 年版，第 288 页。
〔5〕 邹海林、朱广新主编：《民法典评注：侵权责任编》（第 2 册），中国法制出版社 2020 年版，第 804 页。

筑法》第79条中的负责颁发建筑工程施工许可证的部门及其工作人员。[1]

（二）所有人、管理人、使用人或者第三人的责任

1. 归责原则

根据《民法典》第1252条第2款的规定，所有人、管理人、使用人造成建筑物、构筑物或者其他设施倒塌、塌陷导致他人损害的，承担侵权责任。这一侵权责任的归责原则，学界存在过错推定责任说、[2]一般过错责任说两种立场。[3]

本书认为，建筑物、构筑物或者其他设施的所有人、管理人、使用人，作为危险源的控制者，对建筑物、构筑物或者其他设施造成的损害，无论造成损害的方式是建筑物、构筑物或者其他设施倒塌、坍塌还是脱落、坠落，都应当承担相同的责任。因此，既然《民法典》第1253条就建筑物、构筑物或者其他设施脱落、坠落确立了所有人、管理人、使用人的过错推定责任，那么，《民法典》第1252条第2款规定的所有人、管理人、使用人建筑物、构筑物或者其他设施倒塌、塌陷致害责任，也是过错推定责任。所有人、管理人、使用人的过错在于没有尽到妥善管理、维护、维修等义务。[4]

2. 成立要件

《民法典》第1252条第2款适用的情形，主要是建筑物年久失修、业主擅自改变承重结构等原因造成的建筑物、构筑物或者其他设施倒塌、塌陷，[5]即建筑物竣工并交付后非因质量缺陷而发生倒塌、塌陷，[6]而是因所有人、管理人、使用人或者第三人的管理、维护不当导致的倒塌、塌陷。因此，所有人、管理人、使用人或者第三人的责任成立要件包括：（1）所有人、管理人、使用人或者第三人所有、管理或者使用的建筑物、构筑物或者其他设施倒塌、塌

〔1〕黄薇主编：《中华人民共和国民法典侵权责任编解读》，中国法制出版社2020年版，第325页。

〔2〕杨立新：《侵权责任法》（第四版），法律出版社2020年版，第321页；邹海林、朱广新主编：《民法典评注：侵权责任编》（第2册），中国法制出版社2020年版，第806页；最高人民法院民法典贯彻实施工作领导小组：《中华人民共和国民法典侵权责任编理解与适用》，人民法院出版社2020年版，第684页。

〔3〕张新宝：《侵权责任法》（第五版），中国人民大学出版社2020年版，第289页。

〔4〕杨立新：《侵权责任法》（第四版），法律出版社2020年版，第320页；张新宝：《侵权责任法》（第五版），中国人民大学出版社2020年版，第290页。

〔5〕黄薇主编：《中华人民共和国民法典侵权责任编解读》，中国法制出版社2020年版，第327页。

〔6〕最高人民法院民法典贯彻实施工作领导小组：《中华人民共和国民法典侵权责任编理解与适用》，人民法院出版社2020年版，第686页。

陷；（2）他人遭受损害；（3）建筑物、构筑物或者其他设施倒塌、塌陷与他人损害之间存在因果关系；（4）所有人、管理人、使用人或者第三人具有管理、维护、维修上的过错。

3. 责任承担

《民法典》第1252条第2款的责任主体是所有人、管理人、使用人或者第三人，是对建筑物、构筑物或者其他设施具有控制力，对其负有管理、维护、维修义务的人。

《民法典》第1252条第2款的责任是过错推定责任。适用于过错责任的减轻和免除责任事由，也适用于所有人、管理人、使用人或者第三人的责任。

二、建筑物、构筑物或者其他设施及其搁置物、悬挂物脱落、坠落致害责任

《民法典》第1253条规定了建筑物、构筑物或者其他设施及其搁置物、悬挂物脱落、坠落致害责任。

（一）归责原则

建筑物、构筑物或者其他设施及其搁置物、悬挂物脱落、坠落致害责任，是典型的过错推定责任。一旦建筑物、构筑物或者其他设施及其搁置物、悬挂物发生脱落、坠落造成他人损害，就推定所有人、管理人或者使用人具有过错，即在建筑物、构筑物或者其他设施及其搁置物、悬挂物的管理、维护和使用上未尽到理性人的注意义务。[1] 比如所有人、管理人或者使用人可能疏于检查，没有发现建筑物、构筑物或者其他设施及其搁置物、悬挂物脱落、坠落的风险，或者虽然发现了脱落、坠落的风险但没有采取加固等安全措施。将举证责任分配给所有人、管理人或者使用人的原因在于，受害人通常不了解建筑物、构筑物或者其他设施的管理、维护情况，很难举证证明所有人、管理人或者使用人存在过错。

（二）成立要件

建筑物、构筑物或者其他设施及其搁置物、悬挂物脱落、坠落致害责任成立要件包括：（1）建筑物、构筑物或者其他设施上的搁置物、悬挂物发生脱落、坠落；（2）他人遭受损害；（3）脱落、坠落与损害之间存在因果关系；（4）所有人、管理人或者使用人存在过错。

建筑物、构筑物或者其他设施上的搁置物、悬挂物，是指搁置、悬挂在建

---

〔1〕 张新宝：《侵权责任法》（第五版），中国人民大学出版社 2020 年版，第 291 页。

筑物、构筑物或者其他设施上非建筑物、构筑物或者其他设施本身组成部分的物品。[1]也就是说，搁置物、悬挂物不是建筑物、构筑物的组成部分，但是与建筑物、构筑物具有连接性，且由人力完成搁置、悬挂。[2]因此，窗台上的花盆属于搁置物、悬挂物，但屋檐的冰柱不属于搁置物、悬挂物。

脱落、坠落，是指建筑物、构筑物或者其他设施的组成部分、搁置物、悬挂物与建筑物、构筑物或者其他设施的连接发生松动或者分离，从而脱离建筑物、构筑物或者其他设施，并因重力作用而自发地下落。[3]典型的情形是建筑物外墙面的瓷砖坠落、窗台上的花盆从窗台坠落、屋顶天花板吊灯坠落、空调外机坠落。因此，脱落、坠落不同于因人力而发生的抛掷，后者由《民法典》第1254条规定。[4]

他人遭受的损害，限于因生命权、身体权、健康权以及有体物所有权遭受侵害而发生的财产损害和精神损害。[5]

（三）责任承担

建筑物、构筑物或者其他设施及其搁置物、悬挂物脱落、坠落致害责任的主体是所有人、管理人或者使用人。其中，管理人，是指对建筑物等设施及其搁置物、悬挂物负有管理、维护义务的人，尤其是代表国家管理国有资产的机关或者单位、[6]管理小区共用部分的物业服务公司、遗产管理人。[7]使用人，是指因租赁、借用或者其他情形使用建筑物等设施的人，主要是直接占有建筑物等设施的人，不包括间接占有人。[8]总之，建筑物、构筑物或者其他设施及其搁置物、悬挂物脱落、坠落致害责任的主体，是直接支配、管领、控制建筑物、构筑物或者其他设施，就其承担管理、维护义务的主体。

---

〔1〕黄薇主编:《中华人民共和国民法典侵权责任编解读》，中国法制出版社2020年版，第329页。

〔2〕邹海林、朱广新主编:《民法典评注:侵权责任编》(第2册)，中国法制出版社2020年版，第814页。

〔3〕周友军:《侵权法学》，中国人民大学出版社2011年版，第229页。

〔4〕最高人民法院民法典贯彻实施工作领导小组:《中华人民共和国民法典侵权责任编理解与适用》，人民法院出版社2020年版，第690页。

〔5〕邹海林、朱广新主编:《民法典评注:侵权责任编》(第2册)，中国法制出版社2020年版，第816页。

〔6〕黄薇主编:《中华人民共和国民法典侵权责任编解读》，中国法制出版社2020年版，第330页。

〔7〕最高人民法院民法典贯彻实施工作领导小组:《中华人民共和国民法典侵权责任编理解与适用》，人民法院出版社2020年版，第691页。

〔8〕邹海林、朱广新主编:《民法典评注:侵权责任编》(第2册)，中国法制出版社2020年版，第827页;周友军:《侵权法学》，中国人民大学出版社2011年版，第237页。

如果建筑物、构筑物或者其他设施及其搁置物、悬挂物脱落、坠落因第三人造成，依据《民法典》第1253条第2句的规定，所有人、管理人或者使用人如果不能证明自己没有过错，仍应当向受害人承担过错推定责任。所有人、管理人或者使用人承担责任后，可以向有过错的第三人追偿。因此，第三人的过错不是建筑物、构筑物或者其他设施及其搁置物、悬挂物脱落、坠落致害责任的免责事由。〔1〕

第三节 抛掷物、坠落物致害责任

《民法典》第1254条规定了抛掷物、坠落物致害责任，针对的是社会中频发的高空抛物现象。

抛掷物、坠落物致害责任，适用于建筑物中抛掷物品、建筑物上坠落物品致害的情形。也就是说，抛掷物、坠落物致害责任不适用于从构筑物如桥梁、堤坝上抛掷物、坠落物致害的情形，也不适用于住宅楼、办公楼之外建筑物发生抛掷物、坠落物致害的情形，如体育场、电影院内观众席上的抛掷物致害情形。〔2〕

一、抛掷物的加害人或者坠落物的所有人、管理人、使用人的责任

从建筑物中抛掷物品或者从建筑物上坠落的物品造成他人损害的，公安等机关应当依法及时调查，查清抛掷物品的加害人或者坠落物的所有人、管理人、使用人。如果能够查找到抛掷物品的加害人或者坠落物的所有人、管理人、使用人，那么，应当由其承担侵权责任。具体来说，如果是抛掷物致害，加害人应当依据《民法典》第1165条第1款负过错责任。如果加害人是被监护人、被使用人，那么，监护人、用人者承担监护人责任、用人者责任。如果是坠落物致害，所有人、管理人、使用人依据《民法典》第1253条承担过错推定责任。

---

〔1〕 程啸：《侵权责任法》（第三版），法律出版社2021年版，第725页。

〔2〕 邹海林、朱广新主编：《民法典评注：侵权责任编》（第2册），中国法制出版社2020年版，第833页。

二、可能加害的建筑物使用人的补偿义务

如果不能查找到抛掷物品的加害人，不能查实坠落物的所有人、管理人、使用人，依据《民法典》第1254条第1款的规定，由可能加害的建筑物使用人给予受害人补偿，但是建筑物使用人能够证明自己不是加害人的除外。要求可能加害的建筑物使用人承担补偿义务，是因为在权益侵害发生时使用人实际使用、控制建筑物，最有可能是加害人或者对坠落物负有注意义务的人。[1]

可能加害的建筑物使用人，是指权益侵害发生时的建筑物使用人，不一定是建筑物的所有人，但建筑物使用人必须与权益侵害的发生具有较高可能的因果关系，[2]从而将可能的加害的建筑物使用人范围界定在权益侵害发生地周围合理范围内的建筑物使用人。[3]因此，从塔楼南面坠落的物品致人损害的，塔楼北面的住户就不属于可能加害的建筑物使用人。

可能加害的建筑物使用人负担的是补偿义务，不适用完全赔偿原则，从而仅对受害人遭受的损害提供部分补偿。补偿义务也不是公平责任，[4]因为《民法典》第1186条使用了要求受害人与行为人对损害均无过错，从而以行为人可确定且无过错为前提。可能加害的建筑物使用人不符合这一要求。可能加害的建筑物使用人有多人的，多个可能加害的建筑使用人承担按份责任还是连带责任，学界存在分歧。司法实践多支持按份责任模式，[5]本书从之。[6]可能加害的建筑物使用人举证证明自己不是加害人的，不承担补偿义务。

可能加害的建筑物使用人履行补偿义务之后，查明了真正的责任人的，可能加害的建筑物使用人可以向责任人追偿。

三、物业服务企业违反安全保障义务的责任

依据《民法典》第1254条第2款，物业服务企业等建筑物管理人负有防止抛掷物、坠落物致害的安全保障义务。因此，如果小区存在抛掷物、坠落物致害

---

〔1〕张新宝：《侵权责任法》（第五版），中国人民大学出版社2020年版，第293页。

〔2〕程啸：《侵权责任法》（第三版），法律出版社2021年版，第737页。

〔3〕黄薇主编：《中华人民共和国民法典侵权责任编解读》，中国法制出版社2020年版，第337页。

〔4〕尹志强：《〈民法典〉公平责任的理解与适用》，载《社会科学研究》2020年第5期。

〔5〕参见北京市第一中级人民法院（2018）京01民终1895号民事判决书；天津市第一中级人民法院（2019）津01民终1460号民事判决书。

〔6〕周友军：《侵权法学》，中国人民大学出版社2011年版，第199页。

的可能，比如有小区住户实施过抛掷物品的行为，物业服务企业应当采取相应的安保措施，比如安装摄像头监控设施、警示潜在的受害人、对可能产生坠落物致害的共用部分（如可能发生砖瓦坠落的墙面）采取加固措施、提示住户谨慎行为，制止出现抛掷物或坠落物致害。物业服务企业未尽安全保障义务的，构成不作为侵权，对受害人承担损害赔偿责任。

第四节 其他物件致害责任

一、堆放物致害责任

《民法典》第1255条规定了堆放物致害责任。

堆放物是指堆放在土地上或者其他地方的物品。堆放物须是非固定在其他物体上，如建筑工地上堆放的砖块、木料场堆放的原木等。倒塌、滚落或者滑落，是因堆放物力学结构不稳或者重力因素而发生的整体或者部分的倒塌、脱落、坠落、滑落、滚落等。例如，码头堆放的集装箱倒塌、建筑工地上堆放的建筑材料倒塌、伐木场堆放的原木滚落等。[1]堆放物的地点没有限制，但不能在公共道路上。在公共道路上堆放物品致人损害的，适用《民法典》第1256条妨碍通行的物品致害责任。

堆放物致害责任是过错推定责任，堆放人必须就自己没有过错负举证责任，证明自己基于堆放物的危险性尽到了注意义务，采取了必要的防护措施，比如堆放地点选择合理、堆放高度和规模适当、堆放的结构和方式合理、堆放物稳固、就堆放物已设置警示并履行看护职责。[2]因此，堆放人就堆放物品负有作为义务，堆放物致害责任是不作为侵权责任。

需要注意的是，堆放人可能是所有人，也可能是管理人，包括无因管理人。第三人过错导致堆放物倒塌、滚落或者滑落造成损害的，只有在损害完全由第三人过错引起、堆放人已经尽到了注意义务没有过错时，堆放人才不承担责任。

堆放物致害责任的保护范围，限于生命权、身体权、健康权、有体物的所

---

〔1〕黄薇主编：《中华人民共和国民法典侵权责任编解读》，中国法制出版社2020年版，第342—343页。

〔2〕周友军：《侵权法学》，中国人民大学出版社2011年版，第226页。

有权，不包括精神性人格权。[1]损害的范围则包括财产损害和精神损害。

二、妨碍通行的物品致害责任

《民法典》第1256条规定了妨碍通行的物品致害责任。

妨碍通行的物品致害责任，旨在维护公共交通安全，防止公共交通的参与者因妨碍通行的物品发生交通事故而遭受损害。公共道路，是指公共通行的道路。包括但不局限于《公路法》《公路管理条例》中的公路以及《道路交通安全法》中的道路。公共道路既包括通行机动车的道路，也包括人行道路。另外，广场、停车场等可供公共通行的场地、建筑区划内属于业主共有但允许不特定的公众通行的道路都属于公共道路。[2]

妨碍通行的物品，本质特征在于影响了公共道路的正常使用，提升了公共道路交通的参与者遭受损害的风险。在公共道路上堆放、倾倒、遗撒妨碍通行物，既可以是堆放、倾倒、遗撒固体物，比如在公共道路上晾晒粮食、倾倒垃圾、放置障碍物等；也可以是倾倒液体、排放气体，如运油车将石油泄漏到公路上、热力井向道路散发出大量蒸汽。[3]

就《民法典》第1256条第1句的行为人责任，由于《民法典》第1256条第1句没有明确规定归责原则，学界对归责原则存在争议，有过错责任说、[4]过错推定责任说、[5]无过错责任说三种观点。[6]本书采过错推定责任说。

不过，《民法典》第1256条第2句规定的公共道路管理人责任，学界均认为是过错推定责任。[7]公共道路管理人对自己尽到注意义务、没有过错负证明责任。将举证责任分配给公共道路管理人的原因在于，受害人通常不了解公共道

---

〔1〕最高人民法院民法典贯彻实施工作领导小组:《中华人民共和国民法典侵权责任编理解与适用》，人民法院出版社2020年版，第709页。

〔2〕黄薇主编:《中华人民共和国民法典侵权责任编解读》，中国法制出版社2020年版，第345页。

〔3〕黄薇主编:《中华人民共和国民法典侵权责任编解读》，中国法制出版社2020年版，第346页。

〔4〕张新宝:《侵权责任法》(第五版)，中国人民大学出版社2020年版，第298页。

〔5〕杨立新:《侵权责任法》(第四版)，法律出版社2020年版，第329页。

〔6〕邹海林、朱广新主编:《民法典评注:侵权责任编》(第2册)，中国法制出版社2020年版，第855页;程啸:《侵权责任法》(第三版)，法律出版社2021年版，第739页。

〔7〕黄薇主编:《中华人民共和国民法典侵权责任编解读》，中国法制出版社2020年版，第344页;杨立新:《侵权责任法》(第四版)，法律出版社2020年版，第329页;张新宝:《侵权责任法》(第五版)，中国人民大学出版社2020年版，第299页;程啸:《侵权责任法》(第三版)，法律出版社2021年版，第739页。

路的管理情况和公共道路管理人的巡视养护机制，很难举证证明公共道路管理人存在过错。

公共道路管理人的过错在于没有尽到清理、防护、警示等义务。为了确保公共道路交通安全，公共道路管理人应当建立完善的巡视养护机制，及时清理妨碍交通的物品。公共道路管理人是否尽到清理、防护、警示等义务，取决于致害事故发生的时点、公路通行有偿抑或无偿等因素综合判断。根据《道路交通事故损害赔偿解释》第7条，道路管理者能够证明已经依照法律、法规、规章的规定，或者按照国家标准、行业标准、地方标准的要求尽到安全防护、警示等管理维护义务的，就没有过错。公共道路管理人未尽到清理、防护、警示等义务，导致第三人因妨碍通行的物品遭受损害的，承担不作为侵权责任。需要注意的是，公共道路管理人承担的责任，是与自身过错程度、原因力大小相适应的责任，而非全部责任。

公共道路管理人与行为人对受害人承担责任的形态，学界存在单向连带责任说、[1]不真正连带责任说、[2]补充责任说等不同观点。[3]本书认为，行为人应当对全部损害负责，公共道路管理人仅承担部分责任，但不是补充责任。因此，受害人可以直接请求公共道路管理人承担责任，即公共道路管理人承担责任不以行为人无法查明或者缺乏赔偿能力为前提。[4]公共道路管理人承担责任后，对行为人没有追偿权。

三、林木致害责任

《民法典》第1257条规定了林木致害责任。

林木致害责任的责任主体，是林木的所有人或者管理人。林木的所有人或者管理人，直接控制、管理林木，作为最有能力避免损害发生的主体，对折断、倾倒或者果实坠落等造成的损害负责。

林木致害责任是典型的过错推定责任，由林木的所有人或者管理人举证证明自己没有过错。将举证责任分配给公共道路管理人的原因在于，林木的所有

〔1〕 杨立新：《侵权责任法》（第四版），法律出版社 2020 年版，第 329 页。
〔2〕 张新宝：《侵权责任法》（第五版），中国人民大学出版社 2020 年版，第 299 页。
〔3〕 邹海林、朱广新主编：《民法典评注：侵权责任编》（第 2 册），中国法制出版社 2020 年版，第 861 页。
〔4〕 最高人民法院民法典贯彻实施工作领导小组：《中华人民共和国民法典侵权责任编理解与适用》，人民法院出版社 2020 年版，第 718 页。

人或者管理人更有能力就林木的管理、维护状况提出证据。林木的所有人或者管理人的过错在于，没有尽到管理、维护义务。比如，林木的所有人在种植林木时地点选择不当或者种植不牢导致林木本身具有倾倒的风险，或者林木在种植之后，所有人或者管理人疏于维护，如未能及时修剪枯枝、消除虫害、采摘果实、在林木已经腐朽时未能采取加固措施等，导致林木具有致害的风险。学界也将林木的所有人或者管理人的注意义务称为栽植义务和维护义务。[1]这是林木的所有人或者管理人负有的作为义务。林木的所有人或者管理人违反作为义务造成他人损害的，其负担的林木致害责任实际上是不作为侵权责任。

林木致害责任的成立，以林木折断、倾倒或者果实坠落等造成他人损害为前提。因此，受害人遭受损害的方式具有特殊性，必须是林木折断、倾倒或者果实坠落等自然方式。不过，林木所处区域，不影响林木致害责任的成立，从而包括公共区域和非公共区域的林木。[2]

林木致害责任的成立，以林木所有人、管理人之外的第三人因绝对权受侵害而遭受损害为前提。这里的损害，限于因生命权、身体权、健康权、所有权等绝对权益遭受侵害而产生的财产损害和精神损害。第三人过错导致林木折断、倾倒或者果实坠落等致人损害的，只有在损害完全由第三人过错引起且林木所有人、管理人已经尽到了注意义务没有过错时，如醉驾司机开车撞倒林木砸伤路人，林木所有人、管理人才不承担责任。

四、地面施工致害责任、地下设施致害责任

《民法典》第1258条规定了地面施工致害责任、地下设施致害责任。其中，第1258条第1款是地面施工致害责任，第2款是地下设施致害责任。两种责任均为过错推定责任、不作为侵权责任。

（一）地面施工致害责任

地面施工致害责任的成立要件包括：（1）存在地面施工行为但施工人未采取安全措施；（2）他人遭受损害；（3）施工人未采取安全措施与他人遭受损害之间具有因果关系；（4）管理人具有过错。

在公共场所或者道路上施工，是指在公共场所或者道路上挖坑、修路、修

---

〔1〕 周友军：《侵权法学》，中国人民大学出版社2011年版，第243页。

〔2〕 邹海林、朱广新主编：《民法典评注：侵权责任编》（第2册），中国法制出版社2020年版，第866页；周友军：《侵权法学》，中国人民大学出版社2011年版，第243页。

缮安装地下设施等，如架设电线、铺设管道、维修公路、修缮下水道等。[1]公共场所和道路供不特定人通行和聚集，因此，地面施工行为可能会影响不特定人的人身财产安全，施工人应当尽到高度的注意，通过设置明显标志和采取安全措施以避免给他人造成损害。需要注意的是，地面施工行为不同于高度危险活动责任中的地下挖掘行为。

施工人的作为义务体现在设置明显标志和采取安全措施，从而控制给公众带来的危险。倘若施工人没有设置明显标志和采取安全措施，即构成过失。不过，受害人无须举证证明施工人设置明显标志和采取安全措施，而是由施工人举证证明自己已经设置明显标志和采取充分的安全措施，尽到了谨慎的注意义务，从而没有过错。施工人可能根本没有设置标志，也没有采取任何安全措施。倘若施工人已经设置了标志、采取了一些安全措施，设置标志是否明显和采取安全措施是否充分，取决于个案中的情况，尤其是应当考虑施工行为的危险性、设置标志和安全措施的成本、潜在受害人的数量等因素。一般而言，施工人可以设置警示牌或者绕行标志、设置安全防护围栏、圈定施工现场、安排看护人员、就夜间施工安装照明设备。[2]

地面施工致害责任的主体是施工人。施工人不等于直接从事挖坑、修路、修缮安装地下设施等活动的人。直接从事施工活动的人可能是被使用人，此时，施工人为直接从事施工活动者的用人者。此外，承担地面施工项目的人可能是独立承揽人，从而作为施工人承担责任。[3]

（二）地下设施致害责任

地下设施致害责任的成立要件包括：（1）管理人就地下设施没有尽到管理职责；（2）他人遭受损害；（3）管理人未尽管理职责与他人遭受损害之间具有因果关系；（4）管理人具有过错。

窨井是指上下水道或者其他地下管线工程中，为便于检查或疏通而设置的井状构筑物。其他地下设施包括地窖、水井、下水道以及其他地下坑道等。窨井等地下设施的管理人，是指负责对该地下设施进行管理、维护的单位或者个人。一般来说，城市地下设施包括输水、输油、输气、输电设施等，不同的地下设施可能属于不同的单位管理，不同的地下设施致人损害的责任主体并不一

〔1〕 黄薇主编：《中华人民共和国民法典侵权责任编解读》，中国法制出版社 2020 年版，第 349 页。
〔2〕 周友军：《侵权法学》，中国人民大学出版社 2011 年版，第 201 页。
〔3〕 张新宝：《侵权责任法》（第五版），中国人民大学出版社 2020 年版，第 301 页；程啸：《侵权责任法》（第三版），法律出版社 2021 年版，第 732—733 页。

样。[1]未尽管理职责，是指管理人没有尽到维护、管理义务，[2]通过检查和修理以避免地下设施致人损害。维护、管理义务的限度，取决于地下设施致人损害的可能。因地下设施造成他人损害的，管理人应当举证证明自己已经尽到了地下设施的维护义务，从而不承担责任。在实践中，因地下设施遭受损害的受害人通常都具有过失。

不论是地面施工致害责任还是地下设施致害责任，施工人、管理人并不因第三人过错而当然免责。比如，第三人破坏施工人设置的警示标志或者盗窃、移动、破坏窨井井盖的，施工人、管理人仍然应当举证证明自己没有过错，否则对由此造成的损害负责。也就是说，施工人、管理人须维持警示标志、安全措施、地下设施的正常状态，避免损害的发生。在警示标志、安全措施、地下设施被破坏的情况下，施工人、管理人应当及时修复或者采取替代措施，以控制地面施工、地下设施的致害危险。[3]

| 法律适用 |

1. 建筑物、构筑物或者其他设施及其搁置物、悬挂物脱落、坠落致害责任与抛掷物、坠落物致害责任的关系

建筑物、构筑物或者其他设施的搁置物、悬挂物脱落、坠落致人损害的，应当适用《民法典》第1253条，而不应当适用《民法典》第1254条的抛掷物、坠落物致害责任，从而避免《民法典》第1254条适用范围的扩张。

2. 第三人过错在其他物件致害责任中的适用

其他物件致害责任，包括堆放物致害责任、妨碍通行的物品致害责任、林木致害责任、地面施工致害责任、地下设施致害责任。原则上，第三人过错不是这些责任的免责事由，因为，这些责任的责任主体通常具有过失。只有在损害完全由第三人过错引起且责任主体没有过失时，责任主体才不承担其他物件致害责任。

---

〔1〕 黄薇主编:《中华人民共和国民法典侵权责任编解读》，中国法制出版社 2020 年版，第 349 页。

〔2〕 程啸 :《侵权责任法》(第三版)，法律出版社 2021 年版，第 733 页。

〔3〕 邹海林、朱广新主编 :《民法典评注 : 侵权责任编》(第 2 册)，中国法制出版社 2020 年版，第 880 页 ; 最高人民法院民法典贯彻实施工作领导小组 :《中华人民共和国民法典侵权责任编理解与适用》，人民法院出版社 2020 年版，第 732 页。

第四卷 婚姻继承

新时代法学精品教程

中国民法学

Excellent Textbooks of Law in the New Era

Chinese Civil Law

李永军 主编

尹志强 于飞 刘家安 副主编

金眉 陈汉 本卷执行主编

中国民主法制出版社

全国百佳图书出版单位

本卷编委会

主　　编

李永军

副 主 编

尹志强　于　飞　刘家安

执行主编

金　眉　陈　汉

撰 稿 人（以撰写章节先后为序）

金　眉：第一至四章

缪　宇：第五、六章；第十二章

张兰兰：第七至九章

陈　汉：第十、十一章

尹志强：第十三章

于程远：第十四章

作者简介

（以撰写章节先后为序）

金　眉　法学博士，中国政法大学民商经济法学院教授、博士生导师，兼任中国法学会婚姻家庭法学研究会理事。代表性著作有《中国亲属法的近现代转型》等；代表性论文有《婚姻家庭立法的同一性原理》等。

缪　宇　法学博士，中国政法大学民商经济法学院副教授。代表性论文有《走出夫妻共同债务的误区——以〈婚姻法司法解释（二）〉第24条为分析对象》《论被救助者对见义勇为者所受损害的赔偿义务》等。

张兰兰　法学博士，中国政法大学民商经济法学院师资博士后。代表性论文有《农村集体经济组织形式的立法选择——从〈民法总则〉第99条展开》等。

陈　汉　法学博士，中国政法大学民商经济法学院副教授，兼任中国法学会婚姻家庭法学研究会理事兼副秘书长。代表性著作有《亲属法与继承法案例选》等；代表性论文有《未成年子女利益之保护:意大利法的经验与借鉴》等。

尹志强　法学博士，中国政法大学民商经济法学院教授、博士生导师，兼任中国法学会民法学研究会理事等。代表性著作有《人格权及其救济制度研究》等；代表性论文有《侵权法的地位及与民法典各编关系的协调》等。

于程远　法学博士，中国政法大学民商经济法学院副教授。代表性论文有《论法律行为定性中的“名”与“实”》《民法上目的性限缩的正当性基础与边界》等。

目录

Contents

婚姻家庭编

继承编

婚姻家庭编

第一章 绪论

提 要

婚姻是为当时的社会制度所认可的男女两性的结合，家庭是由一定范围的亲属组成的社会生活单位。关于婚姻的法律性质存在多种学说，国外以婚姻契约说为主流，国内学术界以身份关系说为主流。大陆法系和英美法系都将婚姻家庭法视为私法，但立法编纂模式不同。英美法系的婚姻家庭立法采取单行法形式，大陆法系内部则存在两种不同的编纂体例，即婚姻家庭法作为民法的组成部分和婚姻家庭法作为与民法并列的部门法，前者如法国、德国的民法典，后者如俄罗斯的民法典。婚姻家庭法回归民法有其内在的法理；《民法典》总则编与婚姻家庭编是一般与例外的关系。

婚姻家庭编调整因婚姻家庭产生的民事关系，其具体内容包括身份关系和财产关系；婚姻家庭法具有不同于财产法的特征，其法律渊源与其他法律基本相同但又有其特殊性。

重点问题

1. 婚姻的概念。
2. 家庭的概念。
3. 婚姻在法律上的性质。
4. 婚姻家庭法回归民法典的法理。
5. 《民法典》婚姻家庭编与总则编的关系。

第一节 婚姻家庭的概念与性质

问题示例

甲男与乙女、丙女三人联名向亲朋好友发出了结婚请帖，三人在甲男老家大摆喜宴，举办了热闹的婚礼，开始了共同生活，但未办理结婚登记手续。问：甲男与乙女、丙女是否存在婚姻关系？

一、婚姻与家庭的概念

（一）婚姻的概念

关于婚姻的概念，我国学术界通说认为婚姻是为当时的社会制度所认可的男女两性的结合。[1] 由此概念可以推知如下。

婚姻的主体必须互为异性，即一男一女为婚姻的主体。传统的婚姻观念和法律只承认婚姻的主体是男女当事人，这一情形虽然随着同性婚姻合法化而有所改变，但就绝大多数国家和地区的法律而言，仍然否认同性可以成为婚姻主体，只以男女异性为婚姻的主体，其正当性在于对婚姻自然属性的理解。在传统的婚姻观念看来，男女两性的性差别、性吸引和性本能才是婚姻形成的原始动因，由此决定了婚姻的主体只能是男女异性。在我国，《民法典》第1046条规定“结婚应当男女双方完全自愿”、第1049条规定“要求结婚的男女双方应当亲自到婚姻登记机关申请结婚登记”，由此可以推定我国法律目前只认可婚姻的主体是男女异性，不认可同性可以成为婚姻的主体，也不承认同性伴侣的婚姻地位。

至于变性人能否结婚的问题，一些国家禁止人工改变性别以及改变性别后仍禁止结婚；一些国家允许改变性别但改变性别后仍禁止结婚；还有一些国家允许改变性别后可以与生理上不同性别的人结婚。[2] 对此问题，《民法典》虽无规定，但如果公民在人工改变性别后与异性结婚的，不在法律禁止之列，即公民实施变性手术后，若户口簿与身份证上的性别信息已经依法完成变更，则可以变性后的性别与异性结婚。[3]

男女双方具有结婚的合意。男女双方当事人是否具有缔结婚姻的合意，是将婚姻与其他形式的两性结合相区分的最重要标志。在西方，这一原则起源于罗马法，从中世纪起成为欧洲各国通例。罗马法留给后人的一个智慧就是根据是否具有“婚意”将两性结合区分为婚姻与姘合。“罗马的婚姻是男人和女人以做夫妻为目的而实行的同居，即以生育和抚养子女并在所有方面建立一种持久而亲密的合伙关系为意愿的同居。这种意愿被罗马人称为‘婚意’。”[4] 因

---

〔1〕余延满：《亲属法原论》，法律出版社2007年版，第129页。

〔2〕余延满：《亲属法原论》，法律出版社2007年版，第140页。

〔3〕最高人民法院民法典贯彻实施工作领导小组主编：《中华人民共和国民法典婚姻家庭编继承编理解与适用》，人民法院出版社2020年版，第57页。

〔4〕［意］彼德罗·彭梵得：《罗马法教科书》，黄风译，中国政法大学出版社1992年版，第141页。

此在罗马人看来，“实际上不是结合而是婚意构成婚姻”。〔1〕“罗马婚姻是具有婚意的共同生活。当这两个因素同时具备时，婚姻成立；如果不同时具备，婚姻则不成立。因此，合意不应当只是起始的，而且应当是持续的、连续的。”〔2〕由此可见，在罗马，构成婚姻需要具备婚意和表现为持续性婚意的共同生活两个要件，缺少婚意的男女同居只构成姘合却不构成婚姻。这种将婚姻视为当事人个人事务、以合意为婚姻成立要件的理论为西方近现代法律所继承，并推行于世界。以《法国民法典》为例，该法第146条即规定未经合意不得成立婚姻。类似的规定也见之于其他西方国家的法律。

婚姻需要双方合意才能成立、生效也是传统中国礼教与法律规定的制度，中国古代婚礼从男方向女方下达聘书始，至女方纳聘即在法律上产生生效的效果，此后即便双方未同居，也取得夫妻身份。所以在认定是否具备婚姻的形态上，中西共同的传统皆要求具备结婚的合意。需要指出的是，传统社会的结婚合意不是男女个人的合意，而是男女双方所属的家庭（家族）的合意，也正因如此，近代以后中国法律的改革采用个人主义立法，来自西方的婚姻自由原则为婚姻家庭法所采用，原有的家庭（家族）结婚合意也随之转变为法律要求男女双方具有结婚的合意。

结婚的合意在《民法典》第1046条中规定为“结婚应当男女双方完全自愿”，此处的“双方完全自愿”应当理解为男女双方当事人在婚姻登记机关登记员面前共同作出愿意缔结婚姻的意思表示。是否具有结婚的合意是我们判断男女同居是否是婚姻的本质因素。如果缺少婚姻的合意，即使有同居的事实，也不是法律意义上的婚姻。

与同居关系不同，婚姻的合意包含了以夫妻身份终身共同生活的内容，因而结婚时不得附终期或解除条件，但允许离婚。虽然现实生活中离婚率居高不下，也不是所有的婚姻都能白头到老，但从当事人结婚的意愿而言，正常情形下都是以追求终身共同生活为目的，法律应当尊重民意，对此《德国民法典》第1353条第1项规定：“婚姻是终身缔结的。夫妻双方相互负有婚姻共同生活的义务，其相互承担责任。”〔3〕共同生活是婚姻当事人追求的生活方式，它通常包括“精神的生活共同（互相亲爱）、性的生活共同（肉体的结合）和经济的

〔1〕［意］彼德罗·彭梵得:《罗马法教科书》，黄风译，中国政法大学出版社1992年版，第143页。
〔2〕［意］彼德罗·彭梵得:《罗马法教科书》，黄风译，中国政法大学出版社1992年版，第142页。
〔3〕杜景林、卢谌译:《德国民法典》，中国政法大学出版社2014年版，第308—309页。

生活共同（家计共有）”。[1] 同理，是否存在共同生活，也是婚姻与其他男女两性结合方式相区别之处。在现实生活中，男女两性的结合方式除了婚姻，还有非婚同居、婚外同居，有时还单纯表现为性的关系如通奸等。但这些结合方式都因缺少夫妻终身共同生活的目的，而不能被认定为婚姻。

（二）家庭的概念

家庭是由一定范围的亲属组成的社会生活单位，在某些情形下它仍然承担了生产功能，可以作为法律主体，如农村承包责任户、个体工商户。与其他共同体如单位、社会组织不同，家庭具有下列特征。

1. 家庭是以婚姻、血缘和法律拟制为纽带而形成的生活单位，通常具有同财共居的特点。在婚姻、家庭和血缘三者关系中，婚姻是形成家庭的基础和前提之一，家庭通常是婚姻的结果；家庭因生育而形成新的血缘关系，同时也让家庭扩大和延续。因此，家庭成员之间必然存在婚姻、血缘或者法律拟制关系，而共同居住、共同生活、相互扶助则是家庭生活的重要内容，与此同时，家庭成员还共同创造财富，共同消费，形成同居共财的经济关系。

2. 家庭是由一定范围的亲属构成，其相互之间具有法律上的权利义务关系。在法律上，不是所有的亲属都是家庭成员，此处所言“一定范围”是指法律上具有权利义务关系的亲属。按照《民法典》第1045条第2款的规定，在法律上具有权利义务关系的亲属包括配偶、父母、子女、兄弟姐妹、祖父母、外祖父母、孙子女和外孙子女，他们是法律上的近亲属。不是所有的近亲属都是家庭成员，按照第1045条第3款的规定，家庭成员是由配偶、父母、子女和其他共同生活的近亲属组成，即近亲属中的配偶、父母、子女是当然的家庭成员，不论其是否共同生活；除此之外的其他近亲属，如兄弟姐妹、祖父母、外祖父母、孙子女和外孙子女是否认定为家庭成员，要看其是否在一个家庭中共同生活：如果在一个家庭中共同生活，则属于家庭成员，反之则不是。

二、婚姻的性质

关于婚姻的性质，学者认识不一，在西方国家产生、至今仍在西方法学界占据统治地位的学说是婚姻契约说。通常认为，最早从理论上阐述婚姻契约论的是德国哲学家康德，他在《法的形而上学原理——权利的科学》一书中对契约的定义是：“通过两个人联合意志的行为，把属于一个人的东西转移给另一

---

〔1〕 史尚宽：《亲属法论》，中国政法大学出版社 2000 年版，第 98 页。

个人，这就构成契约（合同）”“婚姻就是两个不同性别的人，为了终身互相占有对方的性官能而产生的结合体……尽管可以认为互相利用性官能的欢乐是婚姻的目的，但是，婚约并不能据此而成为一种专横意志的契约，它是依据人性法则产生其必要性的一种契约”。[1]支持婚姻契约说的理论依据是近代以来西方法律奉行的个人主义，它推翻了以人身依附为前提的封建婚姻家庭观，意在反对宗教对婚姻的干涉，反对封建包办买卖婚姻，由此也确立了个体在婚姻中的主体地位，因此是人类婚姻历史上的一次解放。

婚姻契约说最早为法国宪章所确认，即“法律视婚姻为一种民事契约”，由此确立了婚姻的世俗化和在世界范围内奠定了婚姻自由的法则，也对后世的大陆法系和英美法学的婚姻家庭立法产生了深远的影响。例如，《法国民法典》第146条规定“没有合意，不成婚姻”；[2]《德国民法典》第1310条第1项规定“结婚因结婚人向户政局官员表示要相互缔结婚姻而成立”；《俄罗斯联邦家庭法典》第12条第1项规定“申请结婚的男女双方必须相互自愿同意”。[3]今天的西方学者仍然将婚姻视为特殊的契约，“婚姻基于两个不同性别的人缔结的、具有人身性质的双务合同而成立。当事人必须作出相互缔结婚姻的意思表示。只要合同有效缔结，就立即产生婚姻的法律效果，无论当事人内心是否期望这种法律效果。”[4]“婚姻的缔结是通过合同完成的，然后转化为身份。”[5]“在西方，婚姻是男女两性建立的永久的、性上排他的以及双方彼此并向其他人表达他们建立这种关系的愿望的机制。”[6]

中国婚姻法学界长期以来关于婚姻性质的通说是身份关系说。这一学说认为，“婚姻本质上是一种身份关系，婚姻双方在财产上的权利义务关系附随于人身上的权利义务。创设婚姻的行为是一种身份法上的行为，行为人须有结婚的合意，但是婚姻成立的条件和程序、婚姻的效力、婚姻解除的原因等都是法定的，不是当事人意定的。因此，不应当将婚姻行为视为契约，将婚姻关系视

---

〔1〕［德］康德：《法的形而上学原理——权利的科学》，沈叔平译，商务印书馆1991年版，第88、95页。

〔2〕罗结珍译：《法国民法典》，北京大学出版社2010年版，第53页。

〔3〕中国法学会婚姻法学研究会编：《外国婚姻家庭法汇编》，群众出版社2000年版，第468页。

〔4〕［德］迪特尔·施瓦布：《德国家庭法》，王葆莳译，法律出版社2010年版，第41页。

〔5〕［美］哈里·D.格劳斯：《美国家庭法精要》（第五版，2007年），陈苇译，中国政法大学出版社2010年版，第53页。

〔6〕［英］安东尼·W.丹尼斯、［英］罗伯特·罗森：《结婚与离婚的法经济学分析》，王世贤译，法律出版社2005年版，第161页。

为契约关系”。[1]

在本书看来，婚姻在法律上的性质应当是一种特殊的契约，身份关系只是订立契约的结果。尽管一些学者认为婚姻中的大部分权利、义务和特权是由法律直接规定而不是由婚姻双方当事人选择的，因此婚姻更像是身份关系而不是契约关系，但正如有的学者指出的：“婚姻，之所以是一种契约关系，其本质在于它是由两个符合法定条件的成年人自愿达成的协议。”[2]我们不能无视婚姻成立和解除的常识是婚姻必须基于双方的合意才能成立，如果没有双方当事人的合意，无论外界如何强制，都不能成为法律上的有效婚姻。至于法律对婚姻双方当事人权利义务的强制性规定，我们可以将其理解为双方合意愿意遵守这些规则；同理，当一方或者双方不愿意继续这种合意时，他们有解除这种合意关系的权利，这在近代以来的婚姻法上规定为婚姻自由，包括结婚自由和离婚自由。

将婚姻理解为特殊契约的有益之处，在于有利于婚姻家庭编与《民法典》其他各编在逻辑体系和价值体系上的协调。通说所持的身份关系说因为强调法律的强制性而忽视了婚姻的契约性，结果是婚姻关系中双方当事人创设的契约往往得不到理论与法律上的支持。当下，已经有一些学者不再持通说的观点，而是将婚姻的法律性质解释为契约性与身份性的统一，认为“将婚姻的法律性质归于契约性与身份性的统一，既突出了当代婚姻的自主性，又有利于将身份法上的婚姻与财产法上的契约相区别”。[3]在本书看来，此观点已经突破了通说的局限性，是一个重要的进步，但仅此还不够，因为随着《民法典》的编纂完成，法典所要求的各编体系的内在协调会推动我们对婚姻的法律性质有更客观和更科学的认识。我们需要关注的是，《民法典》第464条“合同是民事主体之间设立、变更、终止民事法律关系的协议。婚姻、收养、监护等有关身份关系的协议，适用有关该身份关系的法律规定；没有规定的，可以根据其性质参照适用本编规定”的规定此条的第2款事实上改变了原《合同法》不调整身份关系的原则，而是确立了在缺乏特别法的情形下，将合同编调整对象的范围扩展到身份关系领域，这在一定程度上意味着法律对婚姻契约性质的认可。

但需要指出的是，财产契约的功能是交易和增值。与财产契约相比，婚姻

---

〔1〕夏吟兰主编：《婚姻家庭继承法》，中国政法大学出版社2012年版，第4页。

〔2〕[英]安东尼·W.丹尼斯、[英]罗伯特·罗森：《结婚与离婚的法经济学分析》，王世贤译，法律出版社2005年版，第12页。

〔3〕薛宁兰、金玉珍主编：《亲属与继承法》，社会科学文献出版社2009年版，第68页。

契约属于身份法上的契约，其特殊性表现为伦理性和身份性，其功能则是生育后代、抚养教育子女、提供情感支持和关怀、家庭成员共同生活消费和维护社会伦常等，因此男女双方结婚的合意内容更多地受到法律的限定，不适用民事契约的等价有偿原则。

第二节 婚姻家庭法根据的调整对象、特征与法律渊源

问题示例

甲男与乙女谈恋爱后同居，后因乙女移情别恋而分手。同居期间甲男出资30万元、乙女出资15万元购买了两居室的一套住房，问：甲男能否请求乙女赔偿损害？购买的住房如何确定产权归属？

一、婚姻家庭法根据的调整对象

婚姻家庭法调整因婚姻家庭产生的民事关系，具体包括夫妻之间、家庭成员之间和其他近亲属之间的身份关系和财产关系。此身份关系因结婚、出生、收养等法律事实而形成，因离婚、死亡、解除收养关系等法律事实而消灭；此财产关系以主体之间存在特定的亲属关系为前提，不体现直接的经济目的，旨在满足共同生活之需要，以养老育幼、相互扶助为目的。

传统婚姻立法最基本的规则是婚姻主体须互为异性，但在当代世界，这一传统社会的基本规则受到了挑战，自20世纪70年代以来，已陆续有20余个国家和地区立法承认同性婚姻合法，赋予同性伴侣类似于婚姻配偶的权利。与此同时，非婚同居在西方国家已经普遍赢得法律的认可和保护。

二、婚姻家庭法的特征

在我国，婚姻家庭法是指调整婚姻家庭关系的法律规范的总和，它具有下列特征。

（一）本土性

婚姻家庭法是一个国家的法律体系中最具民族历史文化传统的法律，因此又被称为固有法，带有本民族自生成、发展的特点，它是一个国家、一个民族对自己婚姻家庭生活中存在的正义观的制度表达。就婚姻家庭法的历史发展

看，它是在各国特有的历史与文化条件下形成、发展，受本民族历史文化传统、宗教、道德、风俗习惯和生活方式的制约，因此，在所有法律中，婚姻家庭法与继承法是最具有民族性的法律，很少受法律继受的影响。婚姻家庭法大多为各国法律体系所固有，受各自社会环境、风俗、人情的影响，各有自己的传统。

（二）调整对象的身份性

与财产法调整陌生人之间的财产关系不同，婚姻家庭法调整的对象之间具有身份性，即婚姻家庭关系的主体是由基于婚姻、血缘、法律拟制而产生的、具有一定身份的人所组成，彼此之间具有特定的身份关系。例如，夫妻具有配偶身份、父母子女之间具有亲子身份、其他家庭成员之间存在亲属身份，这种特定的身份性决定了法律调整的方法与手段应当不同于对普通社会关系的调整。

（三）伦理性

婚姻家庭是人类古老的生存方式，自古以来就受到道德和法律的规范。人类在长期的发展中，形成了众多的调整婚姻家庭的伦理规范，其中一些已经上升为法律规范。即便是没有上升为法律规范的伦理规范，也在现实生活中发挥着重要作用，影响着婚姻家庭立法与司法，从而使婚姻家庭法具有浓厚的伦理色彩。因此，尊重伦理也为各国婚姻家庭立法所坚持，而各国有关婚姻家庭法的原则、精神和条文，也体现了占据主导地位的主流道德的要求，如中国古代的婚姻家庭法，体现的是儒家伦理道德，而现行婚姻家庭法禁止有配偶者与他人同居的规定，也体现了现代婚姻家庭道德的要求。中华民族在自己的历史发展过程中形成了自己民族独特的婚姻家庭伦理，对此，《民法典》婚姻家庭编在基本原则部分作了一定的回应，其第1043条规定：“家庭应当树立优良家风，弘扬家庭美德，重视家庭文明建设。夫妻应当互相忠实，互相尊重，互相关爱；家庭成员应当敬老爱幼，互相帮助，维护平等、和睦、文明的婚姻家庭关系。”伦理性要求婚姻家庭法的规定应当符合基本的伦理规范，契约自由则应当在伦理所允许的范围内方可有效，也要求当事人权利的行使不得违反公序良俗。

（四）强制性

婚姻家庭法虽然属于私法，但强制性特征明显：表现为：（1）婚姻家庭领域的义务多为法定义务，属于强制性规范，如夫妻之间的扶养义务、父母对未成年子女的抚养义务、子女对父母的赡养义务，均为法定义务，不得放弃。（2）当一定的法律事实产生就形成一定的法律后果，如基于结婚，会形成夫妻关系；基于出生的事实，则会形成父母子女关系。（3）有关身份关系的建立与解除都必须符合法律规定的条件与程序，如缔结婚姻关系、建立收养关系，当事人必须符合法定的生效要件、履行法定的程序，才会产生有效的法律效果；同理，婚姻和收养关系的解除，也需要符合法定的要件和程序才能终止与解除。

三、婚姻家庭法的法律渊源

法律渊源在学理上又被称为“法源”，是指法的具体表现形式。因此，婚姻家庭法的法律渊源就是指婚姻家庭法的具体表现形式，它主要来源于各种具有法律效力的规范性文件，具体包括如下。

（一）宪法

宪法是国家的根本大法，在国家法律体系中居于统帅地位，其效力高于其他任何法律。宪法的有关规定是其他部门法立法的根据和必须遵循的原则，也是婚姻家庭法的法律渊源。同时，宪法有关婚姻、家庭的规定也是婚姻家庭法必须遵循的原则，如《宪法》第49条规定：“婚姻、家庭、母亲和儿童受国家的保护。夫妻双方有实行计划生育的义务。父母有抚养教育未成年子女的义务，成年子女有赡养扶助父母的义务。禁止破坏婚姻自由，禁止虐待老人、妇女和儿童。”第48条第1款规定：“中华人民共和国妇女在政治的、经济的、文化的、社会的和家庭的生活等各方面享有同男子平等的权利。”这些条款都是我国婚姻家庭立法的根据和基本原则，婚姻家庭立法与司法均不得违反。

（二）法律

此处所谓的法律是指除宪法外，由全国人民代表大会及其常务委员会制定的规范性文件，包括基本法和基本法以外的法律。作为基本法的《民法典》《刑法》《行政法》等有关涉及婚姻家庭关系的规范是婚姻家庭法的法律渊源；其他法律规范如《妇女权益保障法》《老年人权益保障法》《未成年人保护法》《反家庭暴力法》等涉及婚姻家庭关系的规定，也是我国婚姻家庭法的法律渊源。

（三）行政法规

行政法规是国务院根据并为实施宪法和法律而制定的关于国家行政管理活动的规范性文件，是一种重要的法律渊源。其中有关婚姻家庭的规定，如国务院颁发的《婚姻登记条例》《中国公民收养子女登记办法》等规范性文件，也是婚姻家庭法的法律渊源。

（四）地方性法规和民族自治法规

地方国家机关可以根据本行政区域内的婚姻家庭的实际情况，在不与宪法、法律、行政法规相抵触的前提下，制定地方性法规，以保障婚姻家庭法的贯彻执行。这些地方性法规内容涉及婚姻登记，保护妇女、儿童和老人的合法权益等，也是婚姻家庭法的法律渊源。此外，根据《宪法》第116条的规定，民族自治地方的人民代表大会有权依照当地民族的实际情况，制定有关贯彻执行婚姻家庭法的变通规定文件。根据一国两制的原则，我国香港特别行政区和澳门特别行政区有其独立的法律制度，特别行政区有关婚姻家庭的法律和条例等法律文件，是该行政区婚姻家庭法的法律渊源，也是我国婚姻家庭法的组成部分。

（五）最高人民法院的司法解释

按照《人民法院组织法》第18条的规定："最高人民法院可以对属于审判工作中具体应用法律的问题进行解释。最高人民法院可以发布指导性案例。"最高人民法院在总结审判实践经验的基础上，根据调整婚姻家庭关系法律的基本精神制定的法律解释，也是婚姻家庭法重要的法律渊源，在司法实践中发挥着裁判规范的作用。

为了正确审理婚姻家庭纠纷案件，最高人民法院结合《民法典》的适用和多年审判实践，对有关婚姻家庭领域的司法解释作了系统清理，于2020年12月颁布了《最高人民法院关于适用〈中华人民共和国民法典〉婚姻家庭编的解释（一）》（以下简称《民法典婚姻编解释（一）》），其是审理婚姻家庭纠纷案件的重要法律文献。

（六）我国缔结和参加的国际条约

我国批准加入的有关婚姻家庭内容的国际条约也是婚姻家庭法的法律渊源。例如，1980 年全国人大常委会批准加入的联合国《消除对妇女一切形式歧视公约》中有关消除在婚姻和家庭领域对妇女歧视的规定；1991年我国批准加入的联合国《儿童权利公约》中有关儿童在接受父母、法定监护人等照料时，身心不受伤害、摧残、虐待等规定，均是婚姻家庭法的法律渊源。为了更好地维护被收养的未成年人的合法权益，《民法典》婚姻家庭编吸收了联合国《儿童权利公约》中关于儿童利益最大化的原则，在婚姻家庭编的一般规定中确立了收养的原则，即第1044条："收养应当遵循最有利于被收养人的原则，保障被收养人和收养人的合法权益。禁止借收养名义买卖未成年人。"这是将我国参加的国际公约的内容转换成为国内法的规定，也是婚姻家庭法的法律渊源。

（七）习惯

与其他社会关系有所不同，婚姻家庭关系的一个特点是习俗性，其规则也具有本民族自我形成和发展的特点，各民族在此过程中也形成了诸多的婚姻家庭习惯。中国法律的历史是，现代婚姻家庭法是建立在对西方法律移植的基础上，无论其形式、内容、精神都与传统中国法有很大的背离，但是法律传统虽已中断，内存于民众生活之中的联系却依然存在，它常常以习惯的形态表现出来。事实上，每个人从出生伊始，就会受到习惯的熏陶和教育，人们的衣食住行、婚丧嫁娶，无不存在本民族、本区域、本群体的习惯；与此同时，随着社会的发展，人们又会在日常行为中形成新的习惯，用以满足生活所需。这不仅是因为法律带有保守性，也因为法律不可能包罗万象，每个社会中，由于社会生活的需要，总是会形成一些习惯，为人们普遍接受和遵从，实际上起到法律的作用。这些习惯在生活中长期存在，用于解决纠纷。为此，《民法典》第10条规定："处理民事纠纷，应当依照法律；法律没有规定的，可以适用习惯，但是不得违背公序良俗。"这一条款实际上承认了习惯作为法源的法律地位。这里的"法律"应作广义解释，包括制定法和法律解释。在习惯作为民法法源的地位确立之后，按照总则统摄分则的原理，习惯当然是婚姻家庭法的法律渊源。

第三节 婚姻家庭法在民法体系中的法律地位

问题示例

甲男系同性恋者，但其隐瞒此身份与乙女结婚。乙女能否以存在欺诈为由，向法院主张撤销婚姻？

一、婚姻家庭法回归民法的理由

（一）婚姻家庭法的立法模式

大陆法系和英美法系虽然都视婚姻家庭法为私法，但立法编纂模式不同。

1. 英美法系：以英国和美国为代表的英美法系各国，没有编制统一的民法典，其婚姻家庭立法采取单行法形式，如结婚法、离婚法、家庭法、已婚妇女财产法、收养法等，它们都被视为私法的组成部分。

2. 大陆法系：在具有民法典传统的大陆法系国家，关于婚姻家庭法的立法体例，存在以下两种立法模式。

（1）婚姻家庭法作为民法的组成部分

在此立法模式中，存在法国与德国两种不同的立法例：《法国民法典》继承了罗马法《法学阶梯》的编纂模式，由人法、物法以及取得财产的各种方式三编组成，有关婚姻家庭法的内容主要规定于第一卷人法，而有关婚姻财产的制度则规定于第三卷取得财产的方式中，因而婚姻家庭法律构成了人法中最重要的组成部分。《德国民法典》继承了罗马法《学说汇纂》的编纂体例，发展出总则编，有关婚姻家庭法的内容规定在亲属编中，进而形成了总则、物权、债权、亲属和继承五编制的编纂体例。但无论是法国还是德国的编纂体例，都是将婚姻家庭法视为私法，将其作为民法的有机组成部分。

（2）婚姻家庭法作为与民法并列的部门法

与德国、法国立法体例不同，1918年苏联《苏俄婚姻、家庭及监护法典》的颁布开创了婚姻家庭法作为独立于民法典的编纂体例，此立法例为“二战”后建立的欧亚社会主义国家广泛效仿。苏联解体后，俄罗斯至今仍然沿用这一立法体例。

苏联将婚姻家庭法作为独立法律部门的理由是基于民法与婚姻家庭法调整对象的区分。在苏联的立法者和学者看来，民法的调整对象是财产关系；而婚姻家庭法的调整对象是由婚姻、血缘、收养而形成的关系，在社会主义社会中，财产关系对家庭虽有一定的作用，但它们不是主要的和基本的关系，家庭虽然还保有一些经济职能，但它不是社会的基本经济单位，因此处理婚姻家庭关系需要一些与民法不同的规范；家庭法权关系代表着人身与财产法权关系的密切结合，父母、子女之间的抚养关系与血缘关系相联，夫妻之间的财产关系则与婚姻关系相联，对于这些法权关系，不能离开人身关系来研究，由于婚姻家庭关系是如此特殊，因此不能将其划归为由民法调整的财产关系和人身非财产关系。[1]

（二）中国婚姻家庭法的编纂体例

中国传统的法律体系是诸法合体、民刑不分，所以清末以前，中国并不存在独立的婚姻家庭法，形式上，婚姻家庭法的相关内容集中规定于刑律的户婚篇中。清末变法以后，伴随着中华法系的解体，中国开始了对西方法律的移

---

〔1〕［苏联］斯维尔特洛夫：《苏维埃婚姻——家庭法》，方城译，作家书屋1954年版，第30—31页。

植，同时也开始了婚姻家庭法的近现代转型，即形式上从诸法合体向法律部门分类的转型，内容上从尊卑、性别等差异向平等的转型。

新中国成立后的中国婚姻家庭法效仿苏联的立法体例，从1950年《婚姻法》到1980年《婚姻法》以及2001年《婚姻法》修正案，婚姻家庭法都是以独立法律部门的形式存在。2020年5月通过的《民法典》采七编制的编纂体例，这意味着自此中国的婚姻家庭立法放弃了苏联婚姻家庭法与财产法并列的立法模式，婚姻家庭法成为《民法典》的一个分编。婚姻家庭法对民法的回归意义深远，它在一定程度上标志着苏联式政治意识形态在婚姻家庭法领域的结束，其正当性如下。

1. 婚姻家庭关系主体平等属性的要求。民法是调整市民社会关系的基本法，被誉为社会生活的百科全书，其全部规范都来源于社会生活本身，而市民社会存在两大基本生活即经济生活与婚姻家庭生活，前者意在满足人类自身的物质需求，后者意在满足人类生育延续和相互扶助的需求，由此形成经济关系和婚姻家庭关系。在现代社会，此两大关系的主体在法律上都是平等关系，属于民法调整的对象。

2. 民法科学主义立法的要求。总则与分则相区分是科学主义在民事立法的成就，它将全部的民法规范或者民法制度区分为总则与分则，从具有共同特征的法律规范中抽象出一般规则，按照一定的逻辑整合、编排，代表着立法技术的高峰。现行《民法典》采取总分编纂结构，将婚姻家庭法作为其中的分编，这是对人类优秀法律成果的继受。

3. 对近代以来中国法律改革成果的尊重，符合中国法律编纂的思维传统。中国婚姻家庭法的近代化始于清末变法修律。《大清民律草案》在形式上采纳了西方法律关于公法与私法相区分、民刑分治的制度，同时模仿德日民法的编纂方法，将调整婚姻家庭关系的法律作为民法的一个组成部分，以分编的形式存在，此法虽因清王朝的覆灭而未及实行，但其编纂体例为后来的“中华民国民法”所继受。站在历史的高度看，总分结构并不是德国法律独有，中国法律的历史传统是成文法，其法律体系结构的传统就是总则与分则并存，而总则统摄分则。以唐律为例，其法律十二篇，首篇名例律即为总则，用于统率各编和规定各编共同的规则。现《民法典》采取总分编纂结构，婚姻家庭法以分编的形式成为《民法典》中重要的一个分编，也是对中国传统法律思维的继承。

二、《民法典》总则编与婚姻家庭编的关系

从逻辑上讲，总则编是《民法典》各编的总则，它在《民法典》中居于统帅与核心地位，对包括婚姻家庭编在内的分则各编的具体规范和制度具有统辖的效力，而各分编对于总则编则是处于遵从地位，这意味着分则各编的规定必须遵从总则编的规定。但是婚姻家庭法不同于物权、债权等财产法，它是规定亲属身份的发生、变更、消灭以及基于这些身份关系所产生的权利义务，因此，总则编与婚姻家庭编的关系是一般与例外的关系，具体表现为：

婚姻家庭编有特别规定的，应优先适用婚姻家庭编的特别规定，即排除《民法典》总则编的适用。

婚姻家庭编无特别规定的，在不违反亲属身份行为特性的前提下，可以适用《民法典》总则编的规定，必要时可以作扩张或限缩解释。

完全适用《民法典》总则编的情形：《民法典》总则编关于权利能力、宣告失踪与死亡、代理、民事责任、诉讼时效等一般性规定，均可以适用于婚姻家庭法领域。

第二章　婚姻家庭法的沿革与发展

提　要

中国古代婚姻家庭法律的表现形式为成文的礼（包括国礼与家礼）、成文的法（主要在律、令、例中）和各地不成文的礼俗习惯。婚姻的意义和功能被界定为“合二姓之好，上以事宗庙，下以继后世”，即婚姻的目的是祭祀祖先和延续后代；中国古代婚姻家庭法具有自己独特的制度与特点；罗马私法、教会法对西方婚姻家庭法律产生了深远的影响。从清末变法修律到新中国成立后1950年《婚姻法》的颁行，标志着中国传统婚姻家庭法律制度的解体和新型婚姻家庭制度的建立。新中国成立后的婚姻家庭立法承担了废除封建婚姻家庭制度、建立新的婚姻家庭制度的历史任务，其后则伴随着社会的不断发展，特别是伴随着国家改革开放以后社会的转型，不断修改、完善，至今以《民法典》婚姻家庭编的形式定型。

近代以前西方的婚姻法律制度以古罗马法和中世纪教会婚姻法为典型。罗马婚姻家庭法对后世产生了深远的影响，罗马法关于婚姻的概念、将婚姻存废视为当事人个人意愿的原则和观念、视男女双方个人的合意为婚姻成立与解除的关键条件的观念，严格的一夫一妻等制度，血亲的概念和亲等计算方法均为后世法律所承袭。而近代法律的亲权直接来源于罗马法的家父权制度，罗马法的监护、保佐制度则是现代民法监护和禁治产制度的源流。基督教和教会法不仅对中世纪，也对近代以来的西方法律产生了巨大的影响。

重点问题

1. 中国古代婚姻家庭法的特点。
2. 孝道在现代社会的转型与意义。
3. 实行一夫一妻制的正当性是什么？
4. 近代以来中国婚姻家庭法变迁的实质是什么？
5. 罗马婚姻家庭法对后世的影响。
6. 教会法对西方婚姻家庭法律的影响。

第一节 古代婚姻家庭法

问题示例

《九世纪敦煌放妻文书格式》（甲）：某专甲谨立放妻手书　盖说夫妇之缘，恩深义重。论谈共被之因，结誓幽（悠）远。凡为夫妇之因，前世三年结缘，始配今生夫妇。若结缘不合，比（必）是怨家，故来相对。妻则一言十口，夫则眅（反）木（目）生嫌。似猫鼠相憎，如狼犾一处。既以二心不同，难归一意。快会及诸亲，各还本道。愿妻娘子相离之后，重梳蝉鬓，美扫娥媚，巧逞窈窕之姿，选娉高官之主。解怨释结，更莫相憎。一别两宽，各生欢喜。于时年月日，谨立手书。[1]问：上述文书所论离婚属于中国古代的哪种离婚类型？

一、中国古代婚姻家庭法

中国古代婚姻家庭法起始于第一个国家夏王朝（公元前21世纪），解体于20世纪初清政府变法修律，跨越了奴隶社会和封建社会两个时期，长达四千余年，其表现形式为成文的礼（包括国礼与家礼）、成文的法（主要在律、令、例中）和各地不成文的礼俗习惯。历史上，东亚不同的民族和国家有关婚姻、家庭、亲属、继承的立法都曾经受到传统中国法的影响。传统中国婚姻家庭法经历了长期的发展、变迁，形成了自己独特的制度和特点。

1.婚姻的意义和功能被界定为“合二姓之好，上以事宗庙，下以继后世”，即婚姻的目的是祭祀祖先和延续后代。

2.由于礼教的盛行，聘娶婚取代其他婚姻形式成为占居主流地位的婚姻形式，其主要条件包括：一是要有媒妁之言，父母之命；二是要有许婚书或者聘礼。订婚是婚姻缔结不可缺少的组成部分，男方向女方发出订婚的邀约，女方向男方答书许婚或收受聘礼后，婚约成立，在法律上具有强制履行的效力。除法定解约原因外，女方不得反悔，否则不仅婚约不能解除，还会被视为犯罪，科以刑罚；男方违约，将失去聘财，但不被视为犯罪。由于嫁娶的决定者是双方的家长，这也决定了订婚的决定人也是双方的家长，而不是作为婚姻主体的

〔1〕张传玺主编：《中国历代契约会编考释》（上册），北京大学出版社1995年版，第482页。

男女个人。基于此理，法律上的责任主体也是家长而不是男女个人。

3.奉行一夫一妻多妾制：在古代中国，娶妻与纳妾的目的不同，娶妻的意义在于让两家和好与传宗接代，纳妾则不具有这一功能。妾最初的作用在于供主人劳役，后渐变为供“接幸”，带有偏房、侧室的含义。从形式上看妻妾与夫结合的方式不同，妻是明媒正娶而得，即必须有媒人参与其间，并经过六礼之类的礼仪，而妾则不同，妾不是娶得而是买得，这种买卖只须订立买卖契约，不需要礼节仪式。因此娶妻具有尊敬、隆重、郑重之意，而纳妾则带有买卖的随意性。从法律的规定看，妾具有一定的权利，在某些方面甚至与妻的待遇相同，但与妻相比，妾不仅与妻同受制于夫，同时还要受妻的约束，因此在家庭中，妻为尊长，妾为卑幼，两者相犯，按妻轻妾重原则处理。

4.传统中国法有关结婚主体身份的禁止条件可以归纳为两类：一是一定范围内的血亲和姻亲不得互为婚姻；二是具有特定社会身份的人如良人与贱民、官与民以及僧道等不得结婚。前者是基于宗法血缘身份的限制，后者则是基于社会身份等级的限制。

5.离婚包括七出、和离、义绝、呈诉离婚等多种类型，其中以义绝的法律效力最高，可以排除七出、和离与呈诉离婚的适用。七出的效力又高于和离，只有在不存在七出和义绝的情形时，和离方式才能采用。七出赋予男子单方面享有离婚权，即在妻有七种过错之一时，夫可以单方解除婚姻关系。符合出妻的法定条件共有七项，分别是：无子、淫佚、不事舅姑、口舌、盗窃、妒忌、恶疾。七出作为男子的特权不是绝对的，法律规定在妻存在三不去的条件时，这一特权不能生效，以此作为对“七出”权利的限制，这三项条件是：（1）经持舅姑之丧；（2）娶时贱后贵；（3）有所受无所归。但“三不去”的制度并不具有完全排除七出适用的效力，当妻犯恶疾及奸时，虽存在“三不去”的情形，夫仍可以单方出妻。

6.传统中国的亲属划分为宗亲和外亲两大类，以服制计算亲属关系的远近。宗亲是指源自同一男性祖先的血亲，包括同一宗族内的男性成员及其配偶，以及未嫁或因离异而返的女性。外亲则是与女性相关的亲属，广义的外亲包括母亲方面的亲属和本宗女系亲属的子女以及妻子的本宗亲属。宗亲是全部亲属体系的中心，男性子嗣是这一体系的筋骨，它的范围从直系看，由己身上推至父母、祖父母、曾祖父母、高祖父母，向下推至子、孙、曾孙、玄孙，上下共九代；从旁系看，从己身推至兄弟、姐妹、堂兄弟姐妹、从祖兄弟姐妹、族兄弟姐妹，这样以己身为中心，上下为九、左右为九形成的宗亲，称为九族宗亲。

相对于宗亲，外亲的范围较狭窄。母亲的亲属仅推及上下两世，且同样远近的血亲，其亲等远不及宗亲，如祖父母为二等亲，外祖父母为四等亲；伯叔父为二等亲，舅姨则为四等亲。妻亲的范围更为窄小，亲属关系也更为疏远，如夫与妻的父母为五等亲，与妻的祖父母、伯叔父母则无服。

服制是用服丧时着衣的规格式样和穿着期限长短来表示彼此亲属关系远近的制度。由于服制实行尊尊、亲亲、长幼和男女有别的宗法伦理原则，这就使得自然血缘同等的亲属在亲等上居于不同的等级：尊卑不同服、夫妻不同服、妻妾不同服、父母不同服、嫡庶不同服、在室与出嫁不同服、宗亲外亲不同服。奉行宗法精神的结果使得宗亲严格局限在男系血亲的范围，女性婚后可以因配偶的身份进入夫系宗族，成为夫族的一员，但同时也因结婚而与自己的本宗疏远，表现为服制上的减等，对其本宗而言，女子一旦出嫁就不再是本宗的成员，只有在离异而返后才重新成为本宗的一员。

7. 传统中国调整家庭关系的准则是长幼有别、男尊女卑，父母与子女、夫与妻在法律上处于尊与卑的不平等法律地位。孝道是古代中国礼教与法律规范幼者对长者的行为准则，它确立了子女对父母尊长的行为准则，在为古代社会解决养老、终老提供有效、可持续机制的同时，也存在漠视子女利益的弊端。孝道是下辈对上辈的义务，就儿女对父母尽孝的意义看，父母被视为同一，并无差异，它是不论地位、不论阶级，任何性别、任何年龄的人都要遵从的最高道德，甚至王位也要处于其下。

二、近代以前的西方婚姻家庭法

近代以前西方的婚姻法律制度以古代罗马法和中世纪教会法最为典型。

（一）古代罗马法

1. 婚姻的类型

罗马法上的婚姻包括市民法婚姻和万民法婚姻两大类。市民法上的婚姻又与三种仪式相关，分为三种婚姻：（1）共食婚，即将麦制食品供奉于丘比特神位前，10名证人和僧正为监仪，说一定的言辞，共食麦饼。仪式完成，婚姻即告成立。（2）买卖婚，依“曼兮帕蓄”的买卖方式进行，男方在证人和司秤前说固定套语买下女子，婚姻便成立。（3）时效婚，又名事实婚，指男女结合满一年，女方未曾连续外宿三个晚上，婚姻遂告成立。[1] 市民法上的婚姻就其

---

〔1〕 江平、米健：《罗马法基础》（修订本第三版），中国政法大学出版社2004年版，第164页。

属性而言，均为有夫权婚姻，带有古罗马夫权制社会的明显痕迹。随着罗马共和国对外扩张的成功、海外贸易的发展、社会经济结构的变化和商品经济的发展，进入帝国时代，在市民法婚姻之外，罗马又产生了万民法婚姻，即无夫权婚姻。这种婚姻的成立不以家父的同意为必要，而是以婚姻当事人双方的合意为必要，〔1〕也无须履行复杂的手续和仪式。到帝国时期，共食婚和买卖婚已先后废行，时效婚也渐失效力，帝国后期，以男女双方的合意婚为主要的婚姻方式逐渐取代有夫权婚姻，这一转变在查士丁尼《法学总论》中得到确认："婚姻或者结婚是男与女的结合，包含一种彼此不能分离的生活方式。"〔2〕

罗马法实行一夫一妻制度，妻子在婚姻中的法律地位取决于处于什么类型的婚姻之中。在市民法婚姻中，妻子与娘家脱离法律上的亲属关系，从夫姓，成为夫家的家子，处于夫家家父权的保护之下，其地位近于夫的女儿的地位，但若夫处于父权之下，则妻处于该父权孙儿的地位，发生人格小减等。万民法婚姻则不同，妻子不因结婚而改变其原有的身份，也不因结婚而处于夫权之下，因此夫妻地位相对平等，夫妻双方有各守贞操的义务、同居的义务和互相扶助的义务，同时实行分别财产制，妻子所携来的财产为特有产，可独自保留，而家庭生活的支出则由丈夫的财产负担。〔3〕

2. 离婚制度

存在于罗马法中的离婚可以按照双方是否就离婚达成一致，分为片面离婚与协议离婚两类。前者指夫妻一方主张解除婚姻关系，提出离婚的一方无须对方的同意即可生效。在有夫权婚姻中，只有丈夫有权提出离婚，而在无夫权婚姻中，双方均有权提出离婚。

至于协议离婚，它是以夫妻双方离婚的意思达成一致为要件，只适用于万民法婚姻。〔4〕需要指出的是，自基督教被确立为帝国国教后，受基督教婚姻观的影响，罗马帝国时期的立法日益反对离婚，以至后来的立法对离婚增加了限制并进行了大的修改，仅仅在有充足理由的情况下才允许离婚并且法律对造成离婚理由发生的一方给予制裁。〔5〕

---

〔1〕 当事人不满25岁，且未处于家父保护之下，则须父母同意。

〔2〕［罗马］查士丁尼：《法学总论》，张企泰译，商务印书馆1989年版，第19页。

〔3〕 江平、米健：《罗马法基础》（修订本第三版），中国政法大学出版社2004年版，第160—167页。

〔4〕 江平、米健：《罗马法基础》（修订本第三版），中国政法大学出版社2004年版，第169—171页。

〔5〕 杨振山等主编：《罗马法·中国法与民法法典化》，中国政法大学出版社1995年版，第481页。

3. 亲属制度与家父制度

罗马法将亲属分为宗亲和血亲。宗亲是通过男性即通过父亲而相联系，通过女性而相联系的不是宗亲，而仅仅是自然关系上的血亲，[1]它不分男系和女系。罗马法的血亲亲等计算法不分父系和母系，而是按照自然血亲的远近确定亲等数，亲等越近，其血亲越近，因此它是双系计算法，具体计算方法是：直系血亲从己身往上、下数，每经一代为一亲等。旁系血亲的计算则是从自己上数至双方共同的直系血亲即同源人，每经一代为一亲等，再由共同的直系血亲下数至要计算的亲属，也是每经一代为一亲等，相加之数，就是自己与所要计算的亲属的亲等数。罗马法的亲等计算法，因其能够准确表示血亲关系的亲疏远近，至今仍为现代大多数国家的法律所采用。

罗马社会中的长幼有序和对幼弱的保护是通过设立家父权来实现的，法律赋予家父权力，同时也规定其责任，还在其不能履行责任时通过监护和保佐制度来替代补救其能力。家父权属于绝对权，任何人不得分享，处于家父权下的其他家庭成员在人身和财产方面则受家父权的诸多限制。在早期罗马法中，家父对家子有生杀权、出卖家子权和损害赔偿权，家子订立契约和婚约也须得到家父的允许。在市民法上，家父是家庭财产的唯一所有人，家子取得的财产，不论来源如何，都归于家父。[2]

罗马婚姻家庭法对后世产生了深远的影响，罗马法关于婚姻的概念、将婚姻存废视为当事人个人意愿的原则和观念、视男女双方个人的合意为婚姻成立与解除的关键条件的观念，严格的一夫一妻制度，血亲的概念和亲等计算方法等均为后世法律所承袭。而近代法律的亲权直接来源于罗马法的家父权制度，罗马法的监护、保佐制度则是现代民法监护和禁治产制度的源流。毫不夸张地说，以法国、德国的民法典为代表的大陆法系，其有关婚姻家庭法律的内容，无不带有罗马法的痕迹。

（二）中世纪教会法

教会法是基督教当局为基督教会的组织和管理而制定的规则，它来源于

---

〔1〕查士丁尼是这样定义宗亲和血亲的：“宗亲是通过男性即通过父亲而联系的，例如同父兄弟，兄弟的儿子或其儿子之子；又如叔伯，叔伯的儿子或其儿子之子。通过女性而相联系的不是宗亲，而只是血亲，反过来，你也以同一亲属关系与彼此相联系，因为子女总是隶属于父亲的家而不是母亲的家。”参见［罗马］查士丁尼：《法学总论》，张企泰译，商务印书馆1989年版，第32页。

〔2〕江平、米健：《罗马法基础》（修订本第三版），中国政法大学出版社2004年版，第138—139页。

《新约》、罗马教皇的教令和教谕、宗教会议的决议、法令以及罗马法和日耳曼法的一些原则和制度。基督教和教会法对西方婚姻家庭法律的影响主要表现在以下几个方面。

1. 关于婚姻观念

早期基督教教义对婚姻制度持怀疑甚至否定态度，独身和禁欲被视为人的最高境界，结婚则是万不得已的办法。这种古典的婚姻教义在向世俗社会渗透时无疑遭到了世俗生活的抵制，同时也不能满足教会向世俗社会扩张的要求。于是教会开始接受婚姻作为一种人类机制、一种社会生活必须存在的观念，并开始寻求改变婚姻的形式、性质和制度。公元4—5世纪，神学家圣奥古斯丁对基督教婚姻的目的和性质作了系统的阐述。在他看来，婚姻的好处在于生育、忠诚和圣礼。这一时期的神学家不再将为了生育而进行的性活动视为罪过。〔1〕西方学者的研究表明，至8世纪时，教会不再将婚姻完全视为消极的让步，而将它转化为一种圣礼，婚姻模式内的男女关系从原罪的范畴里升华出来达到神圣的境界，从11世纪开始，教会权威承认了婚姻的积极意义。〔2〕至12世纪，格列西昂的婚姻法最终把生育确定为女性缔结婚姻的唯一目的，任何人为破坏生育的做法——避孕、流产和杀婴，都会受到教会的强烈谴责，也会受到法律的制裁。但是神学家仍然认为，没有性生活的婚姻才是臻于完善的，这种神圣婚姻以童贞女与圣约瑟的婚姻为样板。正是这一除却欲望的观念，给中世纪婚姻蒙上了浓厚的宗教神秘色彩。

2. 关于婚姻的成立

中世纪的教会法学家采纳了罗马法关于合意是构成婚姻有效的必要条件的原则。教会的大多数婚姻法规都规定婚姻必须以感情为基础，而感情则应以双方自由表达同意的话语为体现。同时教会法学家坚持认为任何女性都不应当被迫与自己所不喜爱的男子结婚。〔3〕婚姻必须建立在双方同意的基础上是教会法的原则。12世纪，婚姻以双方自愿为前提的原则最终确立，不是家族间的协议，也不是实际的同居，而是双方的自愿促成婚姻关系的建立。教会发展了这

---

〔1〕 神学家圣奥古斯丁、圣安布罗斯和圣杰罗姆都持这一观点，参见林中泽：《西欧中世纪教会法中的婚姻与性》，载《历史研究》1997年第4期。

〔2〕［以色列］苏拉密斯·萨哈：《第四等级——中世纪欧洲妇女史》，林英译，广东人民出版社2003年版，第70—71页。

〔3〕 林中泽：《西欧中世纪教会法中的婚姻与性》，载《历史研究》1997年第4期。

样一种婚姻观：婚姻要遵从夫妇双方的意愿，而不是家族的利益。[1]双方的合意必须是在自由意识下所作出，任何对自由同意的妨碍，如在认识错误、胁迫、诈欺、恐惧等影响下订立的婚姻都是无效的。此外，教会法还规定了禁止结婚的条件：禁止教士结婚、[2]严禁亲属内婚、禁止天主教徒与异教徒结婚，以及因收养而形成的亲属之间、因共同领受圣洗礼而形成的亲属之间均不得结婚。现今公认的无效婚姻制度始于教会法。与结婚相联的一个形式要件是，教会法规定结婚必须进行结婚预告，在不违反结婚禁规且无人提出异议时，方准结婚。它要求人们在结婚时必须履行宗教仪式，男女双方在上帝面前表明各自是自由合意的结合，并接受主教的祝福，以取得婚姻的合法性。

3. 关于分居与离婚

基督教彻底改变了欧洲各国有关离婚的立法。受圣奥古斯丁的影响，在12世纪时，格拉蒂安和彼得·朗巴德确立了基督徒的有效婚姻不可解除的原则，后由特伦托会议作为教义强调。[3]按照教义，婚姻是一种圣事，是对上帝的承诺，体现着基督与教会的结合，正如基督与教会的结合不可解除一样，婚姻一旦有效也不能解除。

教会法在坚持基督徒婚姻不可解除性的同时，允许夫妻食宿分居，通过这种方式免除双方共同生活的义务，但同时保留夫妻关系，分居期间任何一方不能再婚。按照特伦托会议的规定，引起分居的原因多样，但主要是通奸或与通奸相当的淫欲之罪，而分居的时间可以是有期限的，也可以是无期限的。[4]

4. 关于家庭成员间的关系

按照教义，一方面，在上帝的恩宠和拯救面前，男女并无差别；另一方面，基于女性在上帝造物中的次要作用和在原罪中的主要作用，教会又规定妻子有顺从丈夫的义务、夫妻有彼此相爱的义务。教会法要求夫妻彼此忠诚，对通奸者处以禁食、祈祷、暂时独身、罚金、囚禁等处罚，促使他们悔过。[5]但

〔1〕［以色列］苏拉密斯·萨哈：《第四等级——中世纪欧洲妇女史》，林英译，广东人民出版社2003年版，第90页。

〔2〕［法］安德烈·比尔基埃等：《家庭史》（第1卷）（下册），生活·读书·新知三联书店1998年版，第598页。

〔3〕［芬兰］E.A. 韦斯特马克：《人类婚姻史》（第3卷），李彬、李毅夫译，商务印书馆2002年版，第1206页。

〔4〕［芬兰］E.A. 韦斯特马克：《人类婚姻史》（第3卷），李彬、李毅夫译，商务印书馆2002年版，第1207页。

〔5〕［以色列］苏拉密斯·萨哈：《第四等级——中世纪欧洲妇女史》，林英译，广东人民出版社2003年版，第115页。

教会在多数情况下接受了世俗法关于夫妻地位不平等的规定，承认丈夫是家庭的首脑，妻子则处于从属、依附地位，在法律上被认为是无民事行为能力人，没有独立支配财产和签订契约的能力。至于父母子女关系，教会法规定父亲对子女享有完全的支配权。[1]

基督教和教会法不仅对中世纪，也对近代以来的西方法律产生了巨大的影响。就婚姻家庭领域而言，在欧洲大陆，曾经广泛存在过多妻制，正是因为教会的努力，才确立了一夫一妻制的牢固地位。[2]教会法主张婚姻自由、反对重婚和童婚、禁止近亲结婚，强调对个人价值、对家庭成员及儿童的保护，强调生命的神圣性等，都对后世产生了深远的影响，为近代资本主义国家法律所继受，影响至今。

第二节　近现代婚姻家庭法

问题示例

甲男育有一子二女，均已成家，三子女平常工作忙碌，只是在节假日看望父亲。现甲男年逾七十，生活能够自理，但体弱多病，某日至法院，口头起诉自己的子女，主张“孝顺要两方面，不但给我钱花，还要常回家看看，在身边照顾我”。对此三子女都很理解，认为父亲的要求不过分，但都表示各有各的无奈和苦衷，实际上做不到。问：法律如何回应民众对孝道的需求？

一、中国近现代婚姻家庭法

中国近代婚姻家庭立法始于清末变法修律，它标志着中国传统婚姻家庭法律制度开始解体和新型婚姻家庭制度的孕育。清末之际，中国固有的法律体系在与近代西方法律遭遇后，转而解体并接受对西方法律的移植，即形式上从诸法合体向法律部门分类转型，内容上则从尊卑、性别等差别向人格平等转型，从家族权利本位向个人权利本位转型。在此转型过程中，清末修律、民国南京

〔1〕何勤华、李秀清主编：《外国法制史》，复旦大学出版社2002年版，第117页。

〔2〕杨昌栋：《基督教在中古欧洲的贡献》，社会科学文献出版社2000年版，第120—121页。

政府和中华人民共和国的立法是三个重要的阶段。[1]

（一）清末修律——《大清民律草案·亲属编》

《大清民律草案》在形式上采纳了西方法律关于公法与私法相区分、民刑分治的制度，同时模仿德日民法的编纂方法，将有关婚姻家庭关系的法律作为独立的一编加以规定。其亲属法和继承法的编纂以符合传统礼教为目标，虽然采用了当时近代西方法的夫妻联合财产制和结婚离婚登记制，但有关亲属类别和亲疏远近计算法的规定仍然建立在重男轻女、内亲外亲有别的宗法基础上，夫妻之间、父母子女之间在法律上仍然存在身份和财产关系上的不平等，实质上仍是封建宗法意义上的婚姻家庭制度。

（二）南京民国政府——“中华民国民法”亲属编

民国南京政府民法的制定实现了财产法和身份法在法律精神上的同一，对西方私法精神的接受表现在民国民法的诸多方面：首先是对宗法家族主义的否定。民国民法废除了依照宗法划分亲属和计算亲等的做法，采用西方国家通行的男女双系计算法，以亲属产生的来源为标准将亲属划分为配偶、血亲和姻亲三类，同时采用基于父母双系亲属平等的罗马法亲等计算法来计算亲属的亲疏远近；统一按照婚姻生育的标准，将子女划分为婚生和非婚生，从而消除了父母子女关系和继承关系中的宗法因素。另一重大改革是在总则中确立男女平等的原则，并将其贯串于亲属、继承两编具体的家庭身份关系中。

民国民法对西方法的接受在19世纪二三十年代已经走在世界的前列，其亲属法的某些方面较当时的一些资本主义国家的法律更具革命性和先进性，[2] 如有关已婚妇女的民事行为能力的规定、有关婚生子女与非婚生子女的划分、以建立在共同生活基础上的家制取代宗法家族制度，都较日本民法更体现了近代民法的精神。

（三）中华人民共和国婚姻家庭立法

中华人民共和国成立后的婚姻家庭立法是在革命根据地时期婚姻家庭法律制度的基础上建立，首先承担了废除封建婚姻家庭制度、建立新的婚姻家庭制度的历史任务，其后则伴随着社会的不断发展，特别是伴随着国家改革开放以后社会的转型，不断修改、完善。

---

〔1〕北洋政府因统治时间短暂，其立法暂且不论。

〔2〕直至第二次世界大战后（1947年），日本才在民法中修改关于限制妇女民事行为能力的规定和“庶子、私生子”的称呼。而在欧洲各国，“非法的子女”这一称呼一直存在于第二次世界大战以后。

1. 1950年《婚姻法》

中华人民共和国成立后制定的第一部《婚姻法》于1950年4月由中央人民政府委员会颁行，共8章27条，在编纂体例上继受了苏联的法典编纂模式，婚姻家庭法成为独立于民法之外的部门法。1950年《婚姻法》承担了破旧立新的历史使命，明确规定废除包办强迫、男尊女卑、漠视子女利益的封建主义婚姻家庭制度，实行男女婚姻自由、一夫一妻、男女权利平等、保护妇女和子女合法权益的新民主主义婚姻制度。为保证婚姻家庭制度改革的顺利进行和贯彻新中国第一部《婚姻法》，中共中央和政务院多次发出了关于贯彻《婚姻法》的重要指示，通过自上而下宣传贯彻《婚姻法》的运动，《婚姻法》普及到了千家万户。自20世纪50年代初期到60年代中期，中国婚姻家庭制度实现了从民主主义性质的改革到社会主义性质的转变，社会主义婚姻家庭制度也初步建立起来。

2. 1980年《婚姻法》

自1950年《婚姻法》颁行至20世纪70年代末，中国的婚姻家庭法律实践已经积累了丰富的经验，立法自身存在的缺陷也充分表现出来，其粗糙的立法技术、简单的法律条文、某些基本制度的缺漏，[1]都表明这部法律具有一定的时代局限性。与此同时，社会生活中出现了不少亟待解决的问题，诸如包办、买卖婚姻和其他干涉婚姻自由的行为以及借婚姻索取财物等现象有所抬头，婚姻家庭关系中残存的封建思想有所滋长，残害妇女、遗弃老人的现象时有发生，亟须根据婚姻家庭领域的实践经验和新情况修订原《婚姻法》。1980年9月第五届全国人大第三次会议通过了修改的《中华人民共和国婚姻法》（简称1980年《婚姻法》）。它是在1950年《婚姻法》的基础上修改完成，重申了原《婚姻法》中的基本原则，保留了许多行之有效的规定，同时又在内容上作了以下必要的修改和补充。

（1）在保留原《婚姻法》基本原则的同时，将保护妇女、儿童的合法利益原则扩展为保护妇女、儿童和老人的合法权益原则，增加了计划生育原则；同时在禁止性条款中增加规定禁止家庭成员间的虐待和遗弃。

（2）有关结婚条件的修改。变化最大之处在于：一是提高了结婚年龄，将原男20周岁、女18周岁修改为男22周岁、女20周岁；二是明令禁止中表婚，将

---

〔1〕例如，1950年《婚姻法》对夫妻财产制的形式与性质未作明确规定，只是规定夫妻双方对家庭财产有平等的所有权和处理权，它虽然创设了裁判离婚与行政离婚的双轨制离婚程序，却未规定相应的离婚条件。

原“为同胞的兄弟姊妹和同父异母异父的兄弟姊妹者；其他五代内的旁系血亲间禁止结婚的问题，从习惯”改为“三代以内的旁系血亲禁止结婚”；此外，还删除了“有生理缺陷不能发生性行为者”的条款，增加“患麻风病未经治愈或患其他在医学上认为不应当结婚的疾病。”

（3）扩大了对家庭关系的法律调整范围，增加将祖孙和兄弟姐妹关系也纳入法律调整的范围；同时对家庭成员的扶养以及继父母子女关系等作了更为具体的规定。

（4）首次在立法的层面明确规定了我国的夫妻财产制是法定制与约定制的结合，且法定制实行婚后所得共同制。

（5）改进了离婚制度。修改后的《婚姻法》采用离婚破裂主义的理论，对法院准予离婚的法定条件作了重大修改，明确“感情确已破裂，调解无效”是裁判离婚的实质要件；此外，新法还在离婚程序、离婚纠纷的处理原则，以及离婚后子女的抚养归属、财产分割和对困难一方的生活帮助等方面作了修改和完善。

（6）鉴于某些少数民族的风俗、习惯与汉族地区有较大不同，经济、文化水平也不一样，修改后的《婚姻法》规定，民族自治地方可以依据本法的原则，结合当地民族婚姻家庭的具体情况，制定某些变通的或补充的规定。

3. 2001年《婚姻法》

进入21世纪后，随着改革开放的深入发展，人们的生活方式、思想观念也发生了巨大的变化，婚姻家庭领域也出现了重婚形式复杂化、来自社会要求遏制家庭暴力的呼声日益高涨、夫妻财产日益丰富与复杂等新问题。为了更好地反映社会的变化发展，更好地保障公民的婚姻家庭权益，完善婚姻家庭制度，自20世纪90年代末开始，立法机关就着手对1980年《婚姻法》的修订工作。2001年4月28日，第九届全国人民代表大会常务委员会第二十一次会议通过了关于修改《婚姻法》的决议，其中较大的修正和补充包括以下几个方面。

（1）总则增加规定禁止有配偶者与他人同居和禁止家庭暴力；增加了夫妻应当相互忠实，互相尊重的规定；增加家庭成员间应当敬老爱幼，互相帮助，维护平等、和睦、文明的婚姻家庭关系的倡导性规定。

（2）增设无效婚姻与可撤销婚姻制度，规定了无效婚姻的法定情形和可撤销婚姻的法定事由以及宣告无效与撤销婚姻的机构。

（3）进一步完善夫妻财产制度，明确了夫妻共同财产的范围，对夫妻共同财产的范围作了适当限制；增设个人特有财产制度，列举了个人特有财产的范围；确立了约定财产制的具体程序。

（4）关于诉讼离婚的标准方面，增补了准予离婚的具体情形，使法官认定夫妻感情是否确已破裂有了具体依据。

（5）进一步完善离婚救济制度，在原有离婚经济帮助制度的基础上，增加了离婚损害赔偿制度。

（6）强调保护子女利益，首次规定离婚后，非直接抚养方享有探望子女的权利，另一方有协助的义务。

（7）增设“救助措施与法律责任”一章，扩充了离婚救济的方式，强化了法律责任。

4.《民法典》婚姻家庭编

经过改革开放三十多年的法制建设，我国已经逐步形成了比较完备的民事法律规范体系，民事司法实践积累了丰富的经验，民法理论研究也达到了较高水平，为编纂《民法典》奠定了良好的基础。2020年5月28日，第十三届全国人民代表大会第三次会议通过了《中华人民共和国民法典》，自2021年1月1日起施行。它由总则、物权、合同、人格权、婚姻家庭、继承、侵权责任七编构成，其中第五编“婚姻家庭”共5章，79条，在坚持婚姻自由、一夫一妻等基本原则的前提下，结合社会发展需要，修改完善了部分规定，并增加了新的规定。其主要内容包括以下几个方面。

（1）增加家庭道德原则。《民法典》第1043条第1款规定：“家庭应当树立优良家风，弘扬家庭美德，重视家庭文明建设。”中华民族是一个有着悠久家庭道德传统的民族，近代以来的婚姻家庭立法接受了西方平等的理念与法律制度，对传统家庭道德中的长幼尊卑、男尊女卑属性进行了改造，实现了男女、长幼在法律上的平等，但也存在对本民族优秀家庭道德文化尊重不够的问题。因此，这一条款的增加，代表着立法者在家庭形态与文化复杂、多元的时代，确立了尊重中华民族优秀家庭道德文化的价值取向，将弘扬社会主义核心价值观入法，有利于弘扬夫妻互敬、孝老爱亲、家庭和睦的传统家庭美德。

（2）增加规定最有利于被收养人的原则。为了更好地维护被收养的未成年人的合法权益，在收养中落实联合国《儿童权利公约》关于儿童利益最大化的原则，《民法典》第1044条增加规定：“收养应当遵循最有利于被收养人的原则，保障被收养人和收养人的合法权益。禁止借收养名义买卖未成年人。”

（3）界定了亲属、近亲属、家庭成员的范围。《民法典》第1045条填补了法律漏洞，规定亲属的种类包括配偶、血亲和姻亲；近亲属则包括配偶、父母、子女、兄弟姐妹、祖父母、外祖父母、孙子女、外孙子女；配偶、父母、子女和其他共同生活的近亲属为家庭成员。

（4）完善结婚制度。一是将受胁迫一方请求撤销婚姻的期间起算点由原来的“自结婚登记之日起”修改为“自胁迫行为终止之日起”（第1052条第2款）；二是不再将“患有医学上认为不应当结婚的疾病”作为禁止结婚的情形，并相应增加规定一方隐瞒重大疾病的，另一方可以向人民法院请求撤销婚姻（第1053条）；三是增加规定婚姻无效或者被撤销的，无过错方有权请求损害赔偿（第1054条第2款）。

（5）根据社会发展的需要，在原《婚姻法》的基础上完善了家庭制度的内容。一是吸收了司法解释的规定，明确了夫妻共同债务的范围（第1064条）；二是为了维护家庭的稳定和未成年人的利益，规定了亲子关系确认和否认之诉（第1073条）。

（6）完善离婚制度。一是增加离婚冷静期制度（第1077条）；二是针对离婚诉讼中出现的“久调不判”问题，增加规定，经人民法院判决不准离婚后，双方又分居满一年，一方再次提起离婚诉讼的，应当准予离婚（第1079条第5款）；三是关于离婚后子女的抚养，将原《婚姻法》规定的“哺乳期内的子女，以随哺乳的母亲抚养为原则”修改为“不满两周岁的子女，以由母亲直接抚养为原则”，以增强可操作性（第1084条第3款）；四是将夫妻采用法定共同财产制的，纳入适用离婚经济补偿的范围，即扩大了家务劳动补偿的适用范围，以增强对家庭负担较多义务一方权益的保护（第1088条）；五是增加规定离婚损害赔偿的兜底条款（第1091条第5项），以适应社会生活复杂多样的需要。

（7）在现行收养法的基础上，进一步完善了有关制度。一是扩大被收养人的范围，删除被收养的未成年人仅限于不满14周岁的限制，修改为符合条件的未成年人均可被收养（第1093条）。二是与国家计划生育政策的调整相协调，将收养人须无子女的要求修改为收养人无子女或者只有一名子女（第1098条第1项）。三是为进一步强化对被收养人利益的保护，在收养人的条件中增加规定“无不利于被收养人健康成长的违法犯罪记录”，并增加规定民政部门应当依法进行收养评估（第1098条第4项、第1105条第5款）。

二、外国近现代婚姻家庭法

（一）大陆法系

近代以来大陆法系婚姻家庭法一个最显著的特点是在民法典中系统地规定

了婚姻家庭制度，在编制方法上主要有法国式编制法与德国式编制法，前者将婚姻家庭法的主要内容规定于人法编中，后者则沿用了罗马法《学说汇纂》将婚姻家庭法律独立成卷的体例，有关婚姻家庭的法律集中规定于第四编亲属法中，对婚姻、亲属和监护制度等作了详尽的规范。《德国民法典》将婚姻家庭法从人法中独立出来的做法为后世许多国家所继受。

在20世纪初，欧洲各国制定的民法典普遍带有那个时代资产阶级的保守性：夫妻法律地位不平等；非婚生子女与婚生子女的地位不平等；离婚和非婚生子女受到宗教观念的影响，离婚不自由，离婚采用过错原则事实上很难实现；同居现象被忽视；法律更多是用于规制家庭财产的购买和管理，调整家庭成员之间关系的法律却很少。[1] 从20世纪开始，资本主义经济发展给欧洲各国的生产和生活带来了变化，由此也给家庭法带来了改革的动力。特别是第二次世界大战以后，欧洲国家先后经历了家庭法的改革，其重大发展是确认男女平等原则，家庭成员关系由从属演变为平等，夫妻法律地位平等，非婚生子女取得与婚生子女同等的法律地位和权利；采用破裂主义的离婚原则，离婚在现实中变得容易了许多；重建婚姻财产制度，共同财产制与分别财产制的复合形态成为法定财产制的主流；以子女利益为核心修改亲子关系法，家长对未成年子女的监护权观念发展至责任观念；同居关系逐渐得到法律的认可和规范；确立国家公权力预防和制止家庭暴力的正当性，通过建立完善的法律体系惩治家庭暴力和加强对家庭暴力受害人的保护。欧洲国家对家庭法的改革尤以《法国民法典》和《德国民法典》的修订为代表。

1.《法国民法典》

作为近代社会第一部资产阶级国家民法典，《法国民法典》开辟了一个时代的新篇章。首先是婚姻的世俗化。自法国大革命以来，国家与教会分离的原则在法国得到严格的执行，继1871年的《法国宪法》将婚姻宣告为纯粹的民事契约后，中世纪以来国王与教会对婚姻家庭司法管辖权的斗争，在《法国民法典》中确定下来，民族国家最终取得了对婚姻家庭的管辖权。婚姻被视为世俗事务，国家实行民事身份登记制度和民事婚姻制度，国家的身份吏取代教士和神父成为婚姻仪式的主持人，由此完成了婚姻世俗化的过程。

随着国家法律视婚姻为民事契约之后是婚姻自由原则的确立，《法国民法

---

〔1〕 夏吟兰等主编：《家事法研究》（2012年卷），社会科学文献出版社2012年版，第346页。

典》规定："未经合意不得成立婚姻。"[1]不仅如此，契约自由原则还推及至夫妻财产关系，法律规定："夫妻间的财产关系，仅在无特别约定时，始适用法律的规定；夫与妻只须不违背善良风俗，并依后述各条规定的限制，得随意订立契约。"[2]

另一重大改革是在结婚方面对家父绝对权利的否定。《法国民法典》规定了复杂的结婚制度，用于缓和对家父权的冲击，但在子女经过了多次以"尊敬证书"请求同意后，法律规定在一定条件下可以不需要家父的同意而结婚。[3]

二百多年来，法国立法者在保持法典固有结构和体系的前提下，通过颁布单行法律的方式对婚姻家庭法律进行过多次修改，从而使之不断地适应变化的社会：提高妇女地位，加强对妇女权利和儿童利益的保护；缩小了无效婚姻的范围；保障离婚自由，确立离婚破裂主义原则，取消了离婚法定事由上夫妻地位不平等的规定，建立离婚补偿性给付与离婚后救助制度，对婚姻中的弱者进行扶助；1999年，《法国民法典》"人法"卷增设第12编"民事伴侣契约与非婚同居"，承认同性或异性伴侣制合法化，反映了婚姻制度与同居制度并行的发展趋势。有关亲权的立法也发生了根本性的改变，确立了以未成年子女利益为核心的立法理念，原法典中明显体现传统父权和不利于未成年子女成长的内容被废止，父亲单独行使亲权的旧规定改变为父母在婚姻关系存续期间共同行使亲权；取消了婚生与非婚生子女的区分。

2.《德国民法典》

《德国民法典》的颁行第一次在全德境内统一了家庭法，结束了政治分裂对婚姻家庭法律的影响，自此民法典第四编亲属法成为德国婚姻家庭法的基础。[4]虽然这部法典的保守性广受诟病，但其有关婚姻家庭法的规定也在一定程度上反映了工业革命以来社会变迁的一些新趋势，如妇女地位有明显的改善，表现为妇女在人身法和财产法方面拥有与男子平等的权利，包括平等的权利能力和行为能力；女儿和儿子拥有平等的继承权；妇女和男子一样可以担任

---

〔1〕《法国民法典》第146条，见李浩培等译：《拿破仑法典》，商务印书馆1979年版，第21页。

〔2〕《法国民法典》第1387条，见李浩培等译：《拿破仑法典》，商务印书馆1979年版，第190页。

〔3〕《法国民法典》第151—155条，见李浩培等译：《拿破仑法典》，商务印书馆1979年版，第21—22页。

〔4〕德国历史上曾有一段短暂的时期，即纳粹政府时期将结婚法和离婚法从民法典中分离出来归入特别法，这就是1938年婚姻法，但该法于1998年完全废止。

监护人等。[1] 此外，《德国民法典》对父母的权利作了诸多限制，不仅规定子女满21岁，父亲自动失去亲权，不需要过去“从父权之下解放”的程序；与此同时，《德国民法典》强化了国家的监督职能，禁止父母滥用照顾权损害子女利益，同时通过监护法院的介入职能防止忽视子女的行为。不仅如此，《德国民法典》还对父母在财产领域的法定监护权设立了诸多限制，以保护子女利益。[2]

最初的《德国民法典》与《法国民法典》一样，在婚姻家庭法领域同样带有时代的保守性和家长制的特征，后经时代变迁，亲属法编也历经多次重大修订。特别是第二次世界大战后，鉴于家庭结构与观念的变化，法律修订的指导思想被确定为在婚姻家庭法中实现男女平等和加强对子女权利的保护，表现出向权利平等、反对歧视、注重救济和保护、国家公权力适度干涉家庭自治的现代人权理念和适应社会生活变化的方向发展，婚姻破裂成为唯一的离婚原因，非婚生子女与婚生子女法律地位平等，儿童权利的保护受到重视。为了适应两性生活多元化发展的趋势，2001年德国通过了承认同性结合的法律，为同性伴侣设立了类似婚姻的特殊法律制度。

此外，为了符合专业化审判的国际趋势，立法还规定在基层法院和高等地方法院中设立家庭法院对家庭事件谨慎管辖，同时设立离婚事项的合并程序，以配合家庭法院的审判。

（二）英美法系

与大陆法系相比，英美法系各国没有编制统一的民法典，有关婚姻家庭的立法采取单行法主义，由一系列法律、法规构成，如结婚法、离婚法、已婚妇女财产法、收养法等，在性质上也被认为是私法的组成部分。英美法系最典型的代表当属英国法与美国法。

1. 英国法

近代英国婚姻家庭法突破性的变革大多始于19世纪下半叶，中世纪以来婚姻家庭法所奉行的父权至上、夫妻一体和禁止离异等基本原则受到冲击，呈现世俗化、自由化和平等化的趋势。第二次世界大战以后，婚姻家庭法律的变革步伐加快，先后颁布的80多种婚姻家庭法令极大地改变了英国的婚姻家庭制度，世俗仪式婚姻与宗教仪式婚姻具有同等的合法性；已婚妇女享有与丈夫平

---

〔1〕 夏吟兰等主编：《家事法研究》（2012 年卷），社会科学文献出版社 2012 年版，第 354 页。
〔2〕 夏吟兰等主编：《家事法研究》，社会科学文献出版社 2012 年版，第 354—355 页。

等的权利能力；婚姻关系破裂成为裁判离婚的唯一理由，法律在保障离婚自由的同时，通过设置反省期和分居制度，减少草率离婚；离婚财产的分割强调保护弱者、兼顾公平；保护非婚生子女的利益，确立儿童最大利益原则，父母子女关系的重心由传统的以父母为中心转变为以子女为中心，“父母责任”取代传统的父母权利和义务成为法律的核心概念；收养被视为司法行为，公权力越来越多地介入收养过程，法律对收养的态度从自由放任主义走向严格的国家监督主义，英国也因此成为当今世界收养制度最完备的国家之一。[1]

2. 美国法

美国大多数州的家庭法来源于英国普通法，传统上婚姻家庭关系属于州法律的调整范围，而非联邦法律的调整范围，因此，各州的普通法一直是调整婚姻家庭关系的主要渊源，位居支配地位。除了普通法，制定法、宪法、联邦法律、地方法律规范也是重要的法律渊源。[2]

为了减少州际法律冲突，美国州法律全国统一委员会在家庭法领域先后制定了许多法律，其中的一些法律，如《统一互惠扶养费强制执行法》《州际家庭扶养法》已为所有州认可，成为各州的重要立法，《统一结婚离婚法》则为部分州全部或部分采用，但它对未采用的州也有重要影响。[3]

在联邦与各州家庭立法以及司法判例的积极推动下，现代美国的婚姻家庭制度发生了很大的变化，主要表现在：在结婚制度方面，除了正式婚姻，包括普通法婚姻、推定婚姻、非婚同居等在内的结合模式得到部分州立法的认可，近些年来，各州对婚姻效力制度进行改革，在立法理念上摈弃了传统法对无效婚姻单纯进行制裁的做法，着力于减轻婚姻无效后的法律后果。一些州规定在婚姻瑕疵消除之后，无效婚姻自动生效，但不具有溯及力；另一些州即使不承认有瑕疵婚姻的效力，也开始基于当事人的“推定配偶”身份或者同居者的身份授予他们类似婚姻的财产权，结果是无效婚姻与可撤销婚姻的界限日益模糊，二者与有效婚姻之间的界限也变得模糊起来。与此同时，各州开始保护无效婚姻与可撤销婚姻中生育的子女，赋予其与婚生子女同等的受抚养权和继承权。[4]

在离婚制度方面，在20世纪60年代至70年代，美国对离婚法进行了广泛的

---

〔1〕李喜蕊：《英国家庭法历史研究》，知识产权出版社2009年版，第241—247页。

〔2〕[美]哈里·D.格劳斯、大卫·D.梅耶：《美国家庭法精要》(第五版，2007年)，陈苇等译，中国政法大学出版社2010年版，第5页。

〔3〕夏吟兰：《美国现代婚姻家庭制度》，中国政法大学出版社1999年版，第12—13页。

〔4〕[美]哈里·D.格劳斯、大卫·D.梅耶：《美国家庭法精要》(第五版，2007年)，陈苇等译，中国政法大学出版社2010年版，第41页。

改革，加利福尼亚州于1969年成为美国第一个颁布无过错离婚法的州，至1985年，所有州摈弃了纯粹的过错离婚制度，但过错离婚在离婚制度中仍占有一席之地：仅仅有约1/3的州选择了完全的无过错离婚制度，约30个州则是新旧结合，在传统的过错离婚制度中或多或少地附加了一些无过错离婚的理由。[1] 现在，无论某州采用何种财产模式，通常都要求对婚姻期间一方配偶所获得的财产进行“公平”的分配，而影响公平分配的因素包括：（1）配偶双方对获得婚姻财产的贡献；（2）分配给配偶双方的财产价值大小；（3）婚姻存续时间；（4）配偶双方的经济状况等。[2]

在父母子女关系方面，非婚生子女取得了与婚生子女相同的法律地位，法律对子女权利实行全面的保护。自20世纪70年代中期以来，共同监护[3]概念开始为各州法院所接受，改变了过去一方监护、他方探视的传统模式。

现代美国家庭呈现多元景象，与之相应的婚姻家庭法律也表现出多样化的趋势。个人比过去享有更多的自由，人们通过婚前协议、同居协议、代理合同及其他私人协定就相互之间的亲密关系设定相关条款，2015年美国联邦最高法院通过判决确立了同性婚姻合法。

综上所述，近现代以来，伴随着人权运动、女权运动和儿童保护运动的开展，西方国家的婚姻家庭制度的发展呈现出一定的同质与同步性，两性平等和儿童最佳利益保护成为共同的理念和法律原则；调整婚姻家庭关系的法律渊源日益多元化；在婚姻家庭原属私法的领域，国家加大了对弱者的保护和公权力的适度干预。

---

〔1〕［美］哈里·D.格劳斯、大卫·D.梅耶：《美国家庭法精要》（第五版，2007年），陈苇等译，中国政法大学出版社2010年版，第168页。

〔2〕［美］哈里·D.格劳斯、大卫·D.梅耶：《美国家庭法精要》（第五版，2007年），陈苇等译，中国政法大学出版社2010年版，第216、218页。

〔3〕指父母共同享有对子女成长中的重大事项的决定权。

第三章 婚姻家庭法的基本原则

民法总则编的基本原则是对财产法与身份法共同的基本价值的抽象，各分编的基本原则是总则基本原则的具体化；民法总则编规定的基本原则与各编的关系是统摄与被统摄关系；总则编与婚姻家庭编存在一般与例外关系。婚姻家庭法的基本原则包括婚姻家庭受国家保护，婚姻自由，一夫一妻，男女平等，保护妇女、未成年人、老年人、残疾人的合法权益和倡导性原则。

提 要

1. 婚姻家庭法基本原则与民法基本原则的关系。
2. 婚姻家庭法基本原则的功能。
3. 公序良俗原则在婚姻家庭法领域的适用与限制。
4. 如何理解婚姻自由与意思自治的关系。
5. 如何理解男女平等中的“平等”？

第一节 婚姻家庭法基本原则与民法基本原则的关系

问题示例

乙女与甲男谈恋爱期间怀孕，后因感情不和，双方签署协议，约定由甲男支付乙女5万元用于其堕胎和补偿身体所受伤害，此后双方再无关系。乙女收到甲男支付的5万元，后斟酌再三，选择生育，诞下一女。问：甲男对此女是否需要承担抚养费？

一、民法典基本原则对财产法与身份法基本价值的高度抽象

作为民法典整部法典的基本原则是对民法的基本属性和基本价值的表达，对民事立法与司法具有最高指导意义。基本原则具有两个基本功能：一是表达立法宗旨和基本精神；二是填补法律漏洞。从法理上讲，财产法与婚姻家庭法

因为调整对象不同，所以在基本价值判断上存在差异，如等价有偿和保护交易安全是财产法的基本理念和价值追求，但等价有偿显然不能适用于婚姻家庭法，至于交易安全能否完全适用于婚姻家庭领域，也要视具体情形而定，因此，等价有偿和保护交易安全不能上升为民法基本原则；同理，一夫一妻和保护妇女、儿童、老人的合法权益是婚姻家庭法的特定原则，不能适用于财产法，也不能上升为民法基本原则。财产法与婚姻家庭法虽然各有自己的调整对象和价值追求，但二者作为调整市民社会生活的私法规范，在价值理念上存在共同之处，那就是自由、平等、公平、诚实信用、公序良俗是市民社会中基本的价值追求和道德底线，这决定了二者存在一定的共通性，如财产法中的交易自由、婚姻法中的婚姻自由，彼此有着共通性。所以，民法总则的基本原则是对财产法与身份法共同的基本价值的抽象，各分编的基本原则是总则基本原则的具体化。民法总则编规定的基本原则与各编的关系是统摄与被统摄关系，即总则编的基本原则是对全部民事法律制度蕴含的价值理念的高度概括、抽象，它不仅仅来自对财产法的抽象，也来自对身份法的抽象。

二、婚姻家庭法基本原则与民法典基本原则的衔接

婚姻家庭法回归民法典，意味着它的基本原则应当与民法典的基本原则衔接，总则编的基本原则应当适用于婚姻家庭法领域，但也应当允许存在例外情形，其中最值得关注的是自愿原则（意思自治原则）能否作为婚姻家庭法的基本原则？自愿原则在婚姻家庭领域适用范围广泛，如夫妻关系的成立、终止，收养关系的成立、终止；夫妻财产约定等，但自愿原则在婚姻家庭领域也存在不能适用的情形，这是因为夫妻之间、父母子女之间的权利义务常常是法定的，不允许当事人通过意思自治改变其权利义务关系，也不允许违反公序良俗原则。比如，父母对未成年子女的抚养义务不能约定放弃，父母基于子女出生的事实承担抚养义务，夫妻双方也不得约定放弃双方互负的扶养义务；同理，子女也不能约定放弃赡养父母的义务。因此，意思自治原则在婚姻家庭领域的适用有一定的限制，不能违反婚姻家庭的基本价值。

第二节 婚姻家庭法的基本原则

问题示例

乙女系某机关工作人员，其所在机关长期执行男60岁、女55岁退休的政策，现乙女之子代理其母诉至法院，请求法院裁定此政策无效。问：此政策是否违反男女平等原则？

一、婚姻家庭受国家保护原则

这一原则是我国《宪法》第49条“婚姻、家庭、母亲和儿童受国家的保护”在《民法典》的具体落实，是对《宪法》保护婚姻家庭原则的重申和强调。在共和国的历史上，婚姻家庭曾经在相当长的一段时间受到过来自政治意识形态的冲击，表现为公权力对婚姻家庭的过多干涉。今天，中国社会正在经历由传统社会向现代社会的转型，在此转型过程中，婚姻家庭受到来自多元文化和多元价值的挑战，在此之际，婚姻家庭编规定婚姻家庭受国家保护原则，意味着立法者在多元文化和多元价值中对主流道德价值的肯定与提倡，这将有助于未来法律解释和司法实践坚持正确的方向，同时也具有引领社会生活方向的意义。

二、婚姻自由原则

婚姻自由是社会发展到一定阶段的产物，它是启蒙思想家在反封建、反宗教禁欲主义斗争中提出的一种思想和口号，其影响逐渐从思想文化领域发展到政治、法律领域，在资产阶级革命成功后，它又为国家以法律的形式加以确认，成为一项法律原则。如法国1791年宪法宣告法律视婚姻为民事契约，由此揭开了世界婚姻世俗化和自由化的序幕；在1804年《法国民法典》中，婚姻自由原则集中体现在婚姻的缔结和解除两方面，第146条规定，“未经合意不得成立婚姻”，从资产阶级革命至今，婚姻自由已成为世界上大多数国家普遍认同的一项法律原则，也是衡量婚姻家庭立法进步性的重要标志。

（一）婚姻自由的概念

婚姻自由是指男女当事人在法律规定的范围内，依照自己的意志自主自愿地决定其婚姻事务，不受任何人强制与干涉。婚姻自由是私法上“意思自治原则”在婚姻关系中的体现，这一概念包括下列含义：

1. 婚姻自由是我国《宪法》赋予公民的一项基本权利，也是私法自治原则的内在要求和体现，任何人，包括当事人的父母在内，都不得侵犯这种权利。

2. 婚姻自由权利的行使必须符合法律的规定。婚姻自由不是绝对自由，而是相对自由，当事人必须在法律规定的范围内行使婚姻自由权。凡符合法律规定的行为，为合法行为，受到法律的保护；不符合法律规定的行为，则是违法行为，不受法律保护。

3. 婚姻自由的权利，即不允许任何人侵犯，也不允许当事人滥用。

（二）婚姻自由的内容

婚姻自由是私法意思自治原则在婚姻关系中的体现，包括结婚自由和离婚自由两个方面。

1. 结婚自由：指自然人有依法缔结婚姻关系的自由，包括结婚的自由、不结婚的自由和再婚的自由，即自然人是否结婚、与谁结婚，是其本人的权利，任何人无权干涉。结婚自由要求男女双方当事人达成的结婚意思表示真实，这是实现婚姻自由的前提条件。

2. 离婚自由：指夫妻有依法解除婚姻关系的自由。即夫妻双方都有提出离婚的权利；与结婚相同，离婚必须符合法定条件，履行法定程序，承担相应的法律后果。国家对离婚条件、程序、子女抚养教育的规定，既是对离婚自由的保障，又是对离婚自由权利的约束。

结婚自由与离婚自由共同构成婚姻自由的完整内涵。结婚自由是实现婚姻自由的先决条件，没有结婚自由，就没有离婚自由；离婚自由则是婚姻自由的必要补充，没有离婚自由，就没有真正意义上的结婚自由。保障结婚自由，是为了使当事人能够完全按照自己的意愿选择共同生活的伴侣；保障离婚自由则是为了使无法共同生活的夫妻通过法律途径解除婚姻关系，二者都是为了保障人们婚姻生活的幸福。

（三）保障婚姻自由实现的禁止性规定

婚姻自由是近现代社会的法律原则，现阶段中国政治经济文化发展不平衡，封建残余思想与现实利益在一定程度上阻碍着婚姻自由的实现，为此，《民法典》第1042条第1款明确规定：“禁止包办、买卖婚姻和其他干涉婚姻自由的行为。禁止借婚姻索取财物。”

1. 禁止包办、买卖婚姻和其他干涉婚姻自由的行为

包办婚姻是指第三人（包括父母）违背婚姻自由原则，无视婚姻当事人的

意志，强迫他人缔结的婚姻。买卖婚姻则是指第三人（包括父母）以索取大量财物为目的，包办强迫他人缔结的婚姻。[1]

包办婚姻与买卖婚姻的共同之处是两者都违背当事人的意愿，对婚事包办强迫。不同之处在于是否以索取大量财物为目的。买卖婚姻以索取大量财物为目的，包办婚姻则不以此为目的，所以包办婚姻不一定是买卖婚姻，但买卖婚姻一定是包办婚姻。

其他干涉婚姻自由的行为是指包办、买卖婚姻以外的违反婚姻自由原则的行为，如子女干涉丧偶或离异的父母再婚、干涉男到女家落户等。

根据《民法典》婚姻家庭编和相关司法解释的规定，包办买卖婚姻和其他干涉婚姻自由的行为，都是侵犯婚姻自主权的违法行为，有关部门和法院应当依法分别情况处理：

（1）对于一般干涉婚姻自由的行为，要对违法者给予严肃的批评教育，责令其改正错误，并可视情节和后果予以相应的行政处分。

（2）对于以买卖婚姻索取财物的行为，情节严重的，应依法没收其索取的财物。

（3）对于以暴力干涉婚姻自由构成犯罪的，应依照《刑法》的有关规定，追究刑事责任。

（4）对婚姻关系的处理：包办、买卖婚姻的一方当事人要求离婚的，若当事人共同生活时间不长，或者虽共同生活时间较长，但确实未建立起夫妻感情的，应准予离婚。

2. 禁止借婚姻索取财物

借婚姻索取财物是指男女双方当事人自愿结婚但一方以索取一定财物作为结婚必要条件的行为。其特点是：（1）双方自愿结婚，就结婚达成一致的意思表示；（2）缔结婚姻是附条件的，通常情形是一方或一方的父母（大多数是女方）以索取财物作为结婚的先决条件，条件不成就不结婚。

借婚姻索取财物与买卖婚姻不同，前者基本是自主婚姻，当事人有结婚意愿，没有强迫和不自愿的情形；后者则是包办强迫的婚姻，当事人并无结婚的意愿，二者虽然都是违法行为，但违法的性质、程度不同。因此，对于借婚姻索取财物的情形，虽应给予否定评价，但原则上应认为婚姻效力不受影响。至于对取得的财物的性质是索取还是赠与难以认定的，可按赠与处理，所得财物

〔1〕夏吟兰主编：《婚姻家庭继承法》，中国政法大学出版社2012年版，第49页。

不须返还。

三、一夫一妻原则

在人类历史上，曾经存在过多种婚姻家庭形态，在进入文明社会以后，人类社会普遍实行一夫一妻的婚姻家庭形态，故此，一夫一妻制是人类文明发展的产物，也是人类繁衍生育的选择。它所确立的一夫一妻婚姻家庭形式为男女两性生活提供了健康、安全的空间，也为儿童的健康成长提供了最佳的环境。

（一）一夫一妻制的概念

一夫一妻制又称个体婚制、单偶制，指一男一女结为夫妻的婚姻制度，这一制度要求：任何人，不论其地位高低，财产多少，都不能同时有两个或两个以上的配偶；已婚者在配偶死亡（包括宣告死亡）之前或者双方离婚之前，不得再行结婚；未婚者不得同时与两个或者两个以上的人结婚。

（二）保障一夫一妻制实现的禁止性规定

我国自1950年《婚姻法》开始即实行一夫一妻制的婚姻制度，为了保障一夫一妻制的实现，《民法典》第1042条第2款沿袭了《婚姻法》的规定："禁止重婚。禁止有配偶者与他人同居。"

1. 禁止重婚

重婚是指有配偶或者明知他人有配偶而与之结婚的行为。即某人已经有了一个合法的婚姻关系，后来又与他人缔结第二个婚姻关系，前者称之为前婚，后者称之为后婚，也称重婚。

重婚在理论上可以分为法律重婚与事实重婚两种形式：法律重婚是指前婚未解除，又与他人办理结婚登记。我国是实行单一登记婚制的国家，因此，当事人只要存在第二次结婚登记，不论其是否同居，都构成重婚。事实重婚则是指前婚未解除，又与他人以夫妻名义共同生活，但未办理结婚登记手续。

重婚是严重破坏一夫一妻制的行为，禁止重婚是各国立法的通例。按照《民法典》第1051、1054条的规定，重婚在婚姻家庭法上产生的法律后果分别是：

（1）婚姻无效：重婚是婚姻无效的首要原因；

（2）准予离婚：重婚是认定夫妻感情确已破裂，法院准予离婚的法定情形之一；

（3）无过错方有权请求损害赔偿：在离婚时，重婚是无过错方要求损害赔偿的法定理由之一。

2. 禁止有配偶者与他人同居

“禁止有配偶者与他人同居”，是我国法律针对改革开放后社会生活中出现的变相侵犯一夫一妻制的行为而规定。“有配偶者与他人同居”是指男女一方或者双方有配偶，又与婚外异性不以夫妻名义持续稳定地共同生活。其构成要件是：

（1）在主体上只能是已婚者与婚外异性的同居，这就排除了同性之间的同居和未婚的同居；

（2）名义上不是以夫妻名义同居，这是与事实重婚的主要区别。有配偶者与他人同居与事实重婚既存在相同之处，也存在不同之处。其相同之处是：二者的主体都是一方或者双方有婚姻配偶，二者的当事人有共同的居所或者存在共同生活的事实，二者均有持续稳定的一段时间的同居生活。其不同之处是：前者不以夫妻名义同居，后者则公开以夫妻名义同居；

（3）持续、稳定地共同居住，这是与通奸的主要区别。

“有配偶者与他人同居”的行为和重婚行为都是违反一夫一妻制的违法行为，但二者由于违法情节与后果不同，在性质上存在罪与非罪的区别。有配偶者与他人同居不构成犯罪，但须承担民事责任：

（1）是法院认定夫妻感情破裂、准予离婚的情形之一；

（2）在离婚时，无过错方可以请求对方损害赔偿。

四、男女平等原则

男女平等是我国近代以来社会进步和法律革命的成果，是《宪法》的基本原则和基本国策，也是《民法典》婚姻家庭编的重要原则。从人类历史看，男女在婚姻家庭中的地位与他们的社会地位相一致，取决于一定的社会制度。在古代社会，男子是社会生产的主要承担者，无论是在社会还是婚姻家庭生活中都位居主导地位，享有父权、夫权，女子没有公权利，在婚姻家庭生活中附属于父权、夫权，没有自己的独立地位。资本主义产生后，工业社会给妇女带来了就业机会和经济地位的提高，伴随着“自由、平等、博爱”思想的传播和普及，妇女的社会地位也开始提高，男女在法律上的不平等地位逐渐得到修正。伴随着现代信息时代的到来，两性在社会分工中的差异逐渐缩小，男女平等的社会基础正在形成中。

（一）男女平等的概念

男女平等，是指妇女在政治的、经济的、文化的、社会的和家庭的生活等方面享有同男子平等的权利和义务。婚姻家庭关系中的男女平等是指男女两性在婚姻和家庭关系中，享有同等的权利，承担同等的义务，包括男女平等、夫妻平等、父系和母系平等。

（二）男女平等的内容

在婚姻家庭法领域，男女平等具体表现在以下方面。

1. 在婚姻关系方面权利义务平等：男女有同等的缔结婚姻的权利和请求解除婚姻关系的权利，即享有同等的结婚自由和离婚自由；结婚后，女方可以成为男方的家庭成员，男方也可以成为女方的家庭成员；离婚时双方对共同财产均享有平等分割的权利，对共同债务有平等的清偿义务。

2. 在家庭关系上地位平等，不同性别的家庭成员权利和义务平等：就夫妻关系而言，夫妻在家庭中地位平等，夫妻双方都有各自的姓名权、人身自由权和对遗产的继承权；对夫妻共同财产都享有平等的所有权，对住所享有同等的居住权，双方抚养和教育子女的权利义务平等，相互扶养的权利义务平等。就父母子女关系而言，父和母抚养教育子女的权利义务平等，接受子女赡养的权利义务平等；同理，子和女接受父母抚养教育的权利平等，赡养父母的义务平等，父和母、子和女的继承权平等。离婚后父母对子女的监护权、探望权在条件相同时平等。

3. 其他家庭成员关系方面平等，这主要是指（外）祖父母、（外）孙子女、兄弟姐妹之间的平等：祖父母和外祖父母抚养孙子女、外孙子女的义务平等，接受孙子女、外孙子女赡养的权利平等；兄和姐抚养弟和妹的义务平等，接受弟和妹赡养的权利平等。并且，祖父母、外祖父母继承孙子女、外孙子女遗产的权利平等；兄弟姐妹间继承遗产的权利平等。

五、保护妇女、未成年人、老年人、残疾人的合法权益原则

由于性别、年龄、身体残疾等原因，妇女、未成年人、老年人、残疾人在家庭中相对处于弱势地位，法律需要对其合法权益给予特别的保护，这是婚姻家庭法对宪法基本原则的贯彻落实。

（一）保护妇女的合法权益

鉴于中国社会重男轻女习俗长期存在的现实和女性现阶段谋生能力普遍低于男性的现状，法律不仅要规定男女平等，还要根据社会生活的实际情况，对妇女的合法权益给予特殊的保护，以实现男女两性的实质平等。保护妇女合法权益在婚姻家庭法中主要体现在下列方面。

（1）在离婚程序方面：法律对处于特殊生理时期的女性给予特殊保护，如《民法典》第1082条规定：“女方在怀孕期间、分娩后一年内或者终止妊娠后六个月内，男方不得提出离婚；但是，女方提出离婚或者人民法院认为确有必要受理男方离婚请求的除外。”此处的“确有必要”是指男方有正当理由，女方有重大过错或有重大的紧迫事由时，法院有权受理男方的离婚请求。

（2）离婚分割财产适当照顾：《民法典》第1087条规定，离婚时夫妻共同财产的分割，先由双方协议；协议不成时由法院判决。而法院判决的根据之一就是“照顾子女、女方和无过错方权益的原则”。在同等条件下，可以适当多分给女方一些财产。离婚时，若女方生活困难，男方有负担能力时应给予经济帮助；女方在婚姻关系存续期间因抚育子女、照料老年人、协助对方工作负担较多义务的，在离婚时可以要求男方给予经济补偿。

（二）保护未成年人的合法权益

未成年人是国家、民族和家庭的后代和未来，保护其合法权益是国家、民族和家庭的需要。法律为了未成年人的健康成长，专门设置了监护制度，《民法典》第27条第1款规定父母是未成年子女的监护人，第26条第1款规定父母对未成年子女负有抚养、教育和保护的义务。《民法典》第1068条规定父母有教育、保护未成年子女的义务；第1084条规定离婚后，父母对于子女仍有抚养、教育、保护的权利和义务；离婚时父母双方对抚养问题协议不成的，由人民法院根据双方的具体情况，按照最有利于未成年子女的原则判决。此外，婚姻家庭编还增加规定收养应当遵循最有利于被收养人的原则，这些具体制度都体现了对未成年子女合法权益的保护。

（三）保护老年人的合法权益

保护老年人合法权益是宪法的基本原则，老人为国家、民族和家庭作出了巨大贡献，在他们年老体衰的时候，有权获得来自社会和国家的尊敬和照顾。尊重、赡养和爱护老人是中华民族的传统美德。按照《民法典》婚姻家庭编和《老年人权益保障法》，对老年人婚姻家庭权利的保护包括：

1. 子女对父母有赡养义务，子女不履行赡养义务时，无劳动能力或生活困难的父母，有要求子女给付赡养费的权利；在一定条件下，孙子女或外孙子女有赡养祖父母或者外祖父母的义务。

2. 赡养人应当履行对老年人的经济供养、生活照料和精神慰藉的义务。

3. 老年人的财产权利受法律保护，有权依法处分其个人财产，有权依法继承父母、配偶、子女或者其他亲属的遗产。

4. 老年人的婚姻自由受法律保护，子女或者其他亲属不得干涉老年人离婚、再婚及婚后生活；子女对父母的赡养义务，不因父母婚姻关系的变化而终止。

（四）保护残疾人的合法权益

保护残疾人的合法权益是我国法律的基本原则，《宪法》第45条规定："中华人民共和国公民在年老、疾病或者丧失劳动能力的情况下，有从国家和社会获得物质帮助的权利。国家发展为公民享受这些权利所需要的社会保险、社会救济和医疗卫生事业……"《残疾人保障法》第3条第1款规定："残疾人在政治、经济、文化、社会和家庭生活等方面享有同其他公民平等的权利。"家庭是残疾人主要的生活场所和人生的避风港，《民法典》婚姻家庭编新增保护残疾人合法权益的原则，符合婚姻家庭法律规范的立法宗旨，体现了法律在婚姻家庭领域对残疾人合法权益的保护，有利于实现婚姻家庭养老育幼的功能。

除了上述基本原则之外，《民法典》第1043条第1款还规定："家庭应当树立优良家风，弘扬家庭美德，重视家庭文明建设。"这是一个新增条款，在民间又被称为"家风条款"。增加这一条款的背景是我们当下的家庭形态和价值追求已经多元化。在传统社会，家庭通常是通过婚姻形成，但是今天单纯的同居就可以形成家庭，再婚会形成再婚家庭，还有一些人虽然单身也代表着一个家庭，所以在现代社会，家庭的形态已经复杂多样。与此同时，中国社会经历了近现代转型以后的现实是价值多元，但是在一个价值多元的社会，需要一个占据主流的道德引导，提示、督促当事人自觉合理履行道德义务，所以这一条款虽然没有强制履行力，但它对整个社会起到了一个引导作用。对于法官来讲，这个条款还会推动其进一步去理解如何适用公序良俗原则。

与此同时，《民法典》第1043条第2款还规定："夫妻应当互相忠实，互相尊重，互相关爱；家庭成员应当敬老爱幼，互相帮助，维护平等、和睦、文明的婚姻家庭关系。"这一规定是对夫妻和家庭成员相处之道的引导，是对前款规定的进一步落实，对于树立优良家风、弘扬家庭美德，建立和维护平等、和睦、文明的婚姻家庭关系具有强有力的推动作用。婚姻以夫妻共同生活为目的，夫妻应当互相忠实，互相尊重，互相关爱；家庭成员应当敬老爱幼，互相帮助，这是推进"德法共治"的具体举措，也是对国家保护婚姻、家庭基本原则的进一步落实。

《民法典》第1044条第1款还规定了最有利于被收养人原则，即"收养应当遵循最有利于被收养人的原则，保障被收养人和收养人的合法权益”。“最有利于被收养人的原则”的根据是联合国《儿童权利公约》的儿童利益最大化原则，我国是该公约的参加国，自当贯彻公约规定的原则。收养制度是婚姻家庭制度的重要组成部分，有着悠久的历史，长期以来有关收养人与被收养人利益的平衡与保护一直为法律所关注，自20世纪60年代以来，随着国家观念和儿童权利观念的发展，儿童利益问题受到普遍关注和重视，“儿童最大利益原则”逐渐成为收养法的指导思想，这也是基于被收养人是未成年人，属于弱势群体，难以独立生存，因此法律需要对其给予特别的保护。需要指出的是，《民法典》婚姻家庭编在突出保护被收养人利益的同时，也兼顾保护收养人的利益，只是前者为主，后者为辅。

第四章 亲属关系

提要

法律上的亲属是指既具有婚姻、血缘、法律拟制血亲关系，又具有法律上的权利义务的人。亲属以婚姻、血缘或者法律拟制为纽带；亲属具有固定的身份和称谓；法律上的亲属具有权利义务关系。我国《民法典》将亲属划分为配偶、血亲和姻亲三类；规定配偶、父母、子女、兄弟姐妹、祖父母、外祖父母、孙子女、外孙子女为近亲属；采用代数来计算血亲关系的远近。

亲属关系可以基于法律行为发生，也可以因事件发生。亲属关系的发生原因，血亲和姻亲不同；自然血亲和拟制血亲也不同。亲属关系因一定的法律事实而终止。亲属关系的法律效力十分广泛，除发生民法上的效果，还发生刑法上的效果、诉讼法上的效果、国籍法上的效果等。亲属关系的法律效力在婚姻家庭法上集中表现为一定范围内的亲属有扶养义务、一定范围内的血亲禁止结婚、夫妻共同财产制、亲属相互继承权、亲属是监护人等。

重点问题

1. 比较现行法与罗马法亲等计算法。

2. 直系姻亲之间在法律上有无权利义务关系？

3. 是否应当禁止直系姻亲（包括解除关系的情形）、养亲（包括解除关系的情形）之间结婚？

4. 法官是否可以援用公序良俗原则来否定直系姻亲、养亲之间结婚？

第一节 亲属的概念与特征

问题示例

甲男系乙女的外祖父，想将户口本上乙女的身份改为孙女，姓氏随自己，被当地派出所拒绝。现甲男诉至法院，请求法院裁定派出所的行为违法。问：法院是否应当驳回其起诉？

一、亲属的概念

亲属的概念分为广义和狭义，广义的亲属是指一切具有婚姻、血缘、法律拟制血亲关系的人。法律上的亲属采狭义，其范围比遗传学和社会学意义上的亲属狭窄，指既具有婚姻、血缘、法律拟制血亲关系，又具有法律上的权利义务的人。与亲属相似的概念是家属和家庭成员，但在法律上彼此又有所不同。

1. 亲属与家属：家属是一个传统的概念，与家长相对应，是家长制的产物。传统社会实行家长制，家长通常由家庭成员中辈分高且年长的男性担任，家长独尊，在家庭中拥有广泛的权利，其他家庭成员则是家属，服从于家长，处于从属地位。近代法律实行平权以后，家长与家属的法律地位平等，虽然家长与家属的称谓仍然被广泛适用，但其含义与传统社会已经不同，彼此在法律上的权利义务是按照亲属关系的远近来确定，而不是按照家长与家属的传统性质来确定。

2. 亲属与亲戚：亲戚是我国民间的习惯用语，通常指家庭共同生活之外的亲属。

3. 亲属与家庭成员：家庭成员是指在同一家庭共同生活、相互具有权利义务关系的近亲属。[1]家庭成员与亲属的不同在于，他们不仅具有亲属关系，还存在以家庭为单位的共同生活关系，按照《民法典》第1045条第3款规定："配偶、父母、子女和其他共同生活的近亲属为家庭成员。"因此，在我国，家庭成员都是亲属，但亲属并不一定就是家庭成员，二者以是否存在共同经济和生活关系相区别。

二、亲属的特征

1. 亲属是以婚姻、血缘或者法律拟制为纽带的社会关系。亲属关系的形成与其他社会关系不同，它是基于婚姻和血缘而形成，结婚是亲属关系形成的重要法律事实，男女因结婚而形成夫妻关系，由此与对方的父母、兄弟姐妹等亲属形成姻亲关系；出生是血亲关系形成的法律事实，形成父母子女关系、兄弟姐妹关系、祖孙外祖孙等其他亲属关系；法律拟制则是亲属关系形成的另一原因。通过法律行为或者法律事实，当事人之间形成拟制血亲关系，如通过收养，形成养父母养子女关系；继父母与受其抚养的继子女之间也会形成类似的

〔1〕 薛宁兰、金玉珍主编：《亲属与继承法》，社会科学文献出版社2009年版，第43页。

拟制血亲关系。

2. 亲属是具有固定身份和称谓的社会关系。亲属关系是基于一定的婚姻和血缘关系形成，非经法律规定，亲属关系不得任意变更，因此亲属之间具有固定的身份和称谓，如生育自己的称为父母，自己所生育的称为子女，男性的配偶称为妻，女性的配偶称为夫。亲生父母子女是自然血亲，其关系具有终身性，除非收养，否则不可改变。至于配偶和拟制血亲，虽然不能与自然血亲完全相同，但都具有稳定性，只要彼此的法律关系不改变，相互之间就具有固定的身份和称谓。

3. 法律上的亲属具有权利义务关系。法律确立亲属制度的目的在于在亲属之间设立一定的权利义务关系，以利于亲属的生存、生活和社会的稳定。正如恩格斯所言："父亲、子女、兄弟、姊妹等称呼，并不是单纯的荣誉称号，而是代表着完全确定的、异常郑重的相互义务，这些义务的总和构成这些民族的社会制度的实质部分。"[1]《民法典》第1045条第2款规定："配偶、父母、子女、兄弟姐妹、祖父母、外祖父母、孙子女、外孙子女为近亲属。"按照此条规定，夫妻、父母子女以及兄弟姐妹、祖孙之间具有法律上的权利义务关系，如父母子女之间存在抚养、赡养义务，兄弟姐妹、祖孙之间在特定情形下也存在扶养义务，这种法定的权利义务是亲属关系所特有的。

第二节 亲属的分类

问题示例

《法官法》第23条规定："法官之间有夫妻关系、直系血亲关系、三代以内旁系血亲以及近姻亲关系的，不得同时担任下列职务：（一）同一人民法院的院长、副院长、审判委员会委员、庭长、副庭长；（二）同一人民法院的院长、副院长和审判员；（三）同一审判庭的庭长、副庭长、审判员；（四）上下相邻两级人民法院的院长、副院长。" 问：何为近姻亲？

〔1〕 恩格斯：《家庭、私有制和国家的起源》，中共中央编译局译，人民出版社1999年版，第28页。

一、亲属的类型

亲属的分类又称亲属的种类，它因不同时代、不同国家而异。现代社会各国对亲属的分类主要有两种立法例。

1. 二分法：将亲属分为血亲和姻亲两种，将配偶排除在亲属之外，只认可配偶是血亲关系和姻亲关系形成的源泉，但不认可配偶是亲属的主体，此种立法例以德国、瑞士为代表，其理由是：配偶之间没有亲缘关系，既不能列入亲系，也无法计算其亲等，基于此认识，法律将配偶之间的权利义务规定在“婚姻的效力”和“夫妻关系”中，但在规定亲属之间的扶养义务时，又都规定了配偶的扶养义务。

2. 三分法：将亲属划分为配偶、血亲和姻亲三种，认可配偶是亲属的一类，此立法例以日本、韩国为代表，其理由是：配偶之间的权利义务关系完全是亲属之间的权利义务关系，不将其列为亲属违反亲属制度的本意。特别是在将姻亲列入亲属的情形下，比其他亲属关系更近的配偶不在亲属之列有违现实生活的合理性。

我国自古以来都是将配偶作为重要的亲属对待，《民法典》第1045条第1款规定：“亲属包括配偶、血亲和姻亲。”按照此条款，我国法律关于亲属的分类采用三分法，不仅明确规定配偶是亲属，而且规定配偶是近亲属。

1. 配偶：配偶即夫妻，是男女双方因结婚而形成的亲属关系。配偶不同于其他亲属，它既无亲等可言，也无亲系可循，但它是血亲和姻亲关系赖以发生的基础，因此是最重要的亲属关系之一。配偶的亲属身份因结婚而形成，因双方离婚或者一方死亡而终止。在婚姻关系存续期间，夫妻互为对方的配偶，享有和承担法定的权利与义务。

2. 血亲：血亲是指相互之间有血缘关系的亲属。血亲的本意原指生物学意义上的血亲，但在法律上，血亲关系还可以因法律的拟制而创设，因此，法律上的血亲根据是否存在血缘联系，又可以分为自然血亲和拟制血亲两类，二者的发生与消灭事由有所不同：自然血亲关系因出生而发生、因死亡而终止；拟制血亲关系因收养或者继父母与继子女形成抚养关系而发生，因一方死亡或者养父母子女关系、继父母子女关系依法解除而终止。

（1）自然血亲：又称天然血亲，指源于同一祖先的、存在血缘联系的亲属，如父母子女、兄弟姐妹等。自然血亲又可以分为全血缘的自然血亲与半血缘的自然血亲，前者指同父同母的兄弟姐妹，后者指同父异母或者同母异父的兄弟姐妹。全血缘的自然血亲和半血缘的自然血亲在亲属之间的权利义务上没有区别，《民法典》婚姻家庭编有关兄弟姐妹权利义务的规定，既适用于全血缘的兄弟姐妹，也适用于半血缘的兄弟姐妹。

（2）拟制血亲：又称法定血亲，指相互之间本无血缘联系，经法律确认其具有与自然血亲同等的权利义务的亲属。按照我国法律的规定，拟制血亲包括养父母养子女、继父母和受其抚养的继子女两类。养父母与养子女之间、继父母与受其抚养的继子女之间的权利义务，适用《民法典》婚姻家庭编关于父母子女关系的规定。

3. 姻亲：指因婚姻而产生的亲属。男女结婚后，配偶一方与另一方的亲属之间产生姻亲关系，如儿媳与公婆、女婿与岳父母、丈夫与妻子的兄弟姐妹、妻子与丈夫的兄弟姐妹等，均为姻亲。关于姻亲的概念理论上并无争议，但哪些姻亲应当受法律调整，即姻亲在法律上的范围与分类，在理论与立法例上都存在分歧。关于姻亲的分类主要有下面三种立法例。

（1）两分法：姻亲包括血亲的配偶和配偶的血亲，德国、瑞士等国采用此立法例。

（2）三分法：姻亲包括血亲的配偶、配偶的血亲、配偶的血亲的配偶，其中：

A. 血亲的配偶：自己直系、旁系血亲的配偶，如儿子的妻子、女儿的丈夫是自己直系血亲的配偶；兄弟的妻子、姐妹的丈夫是自己旁系血亲的配偶；

B. 配偶的血亲：指自己配偶的血亲，包括配偶的直系血亲，如丈夫的父母即公婆，妻子的父母即岳父母；还包括配偶的旁系血亲，如妻子和丈夫的兄弟姐妹等；

C. 配偶的血亲的配偶：指自己配偶的血亲的丈夫或者妻子，如丈夫的兄弟的妻子（妯娌）、妻子的姐妹的丈夫（连襟）等。

（3）四分法：姻亲包括血亲的配偶、配偶的血亲、配偶的血亲的配偶和血亲的配偶的血亲（如亲家）。

《民法典》第1045条第1款明确将姻亲认定为亲属，但对姻亲的范围和种类未作界定，本书赞成法律解释宜采四分法立法主义，理由如下：

第一，婚姻家庭法具有习俗性，从我国历史文化传统和现实生活看，民间存在将配偶的血亲的配偶和血亲的配偶的血亲视为姻亲的习俗；

第二，有利于与其他法律部门的衔接，如《法官法》《检察官法》《公务员回避规定》等都涉及近姻亲之间的任职回避，就现实生活而言，亲家、连襟和妯娌之间彼此关系比较近，也存在一定的来往，宜将其列入姻亲的范畴。

二、法定近亲属与家庭成员的范围

近亲属是我国现行法及最高人民法院司法解释常用的概念，如在刑事法律中，刑事自诉案件的自诉人可以委托其近亲属为代理人参加诉讼，在致人死亡的人身侵权损害赔偿案件中，其近亲属有权确定要求赔偿；在诉讼回避制度中，近亲属可以成为诉讼回避的理由。在婚姻家庭法和继承法领域，近亲属是确定彼此之间禁止结婚、承担扶养义务和确定法定继承人范围的依据。

对于近亲属范围的界定，法律首先应当明确亲属的范围，继之才可确定近亲属的范围。为此，各国法律依据本国的历史文化传统和风俗民情，对亲属的范围予以限定，存在两种立法例。

1. 总体概括性限定法。即法律对亲属的范围作出概括限定，在此范围之外的亲属关系不属于法律调整的对象，也不具备亲属的法律效力，如《日本民法典》第725条规定："六亲等以内的血亲和配偶以及三亲等以内的姻亲为亲属。"

2. 个别适用性限定法。即法律对亲属的范围不作概括限定，而是根据不同法律关系的需要，相应地规定亲属的范围，如法国民法。

我国《民法典》第1045条规定："亲属包括配偶、血亲和姻亲。配偶、父母、子女、兄弟姐妹、祖父母、外祖父母、孙子女、外孙子女为近亲属。配偶、父母、子女和其他共同生活的近亲属为家庭成员。"按照此条款，我国法律上的亲属包括配偶、血亲和姻亲；近亲属则是指配偶、父母、子女、兄弟姐妹、祖父母、外祖父母、孙子女、外孙子女；至于家庭成员，则是指配偶、父母、子女和其他共同生活的近亲属。因此，配偶、父母、子女是当然的家庭成员，不以存在共同生活为前提；至于其他近亲属，即（外）祖父母、（外）孙子女、兄弟姐妹，若在一个家庭中共同生活即为家庭成员，若不在一起共同生活，则不是家庭成员，此处的"共同生活"是指长期的共同生活。[1] 由此可见，近亲属与家庭成员的区别是：家庭成员一定是近亲属，但近亲属不一定是家庭成员。

---

〔1〕 黄薇主编：《中华人民共和国民法典婚姻家庭编解读》，中国法制出版社2020年版，第33页。

第三节　亲系与亲等

问题示例

秦琼的父亲与罗成的母亲是兄妹，问：秦琼与罗成是几亲等旁系血亲？几代旁系血亲？

一、亲系

亲系是指亲属之间联络的系别，我国传统社会按照亲属的性别将亲系分为男系亲与女系亲，或者依照亲属与父亲或者母亲的联系而分为父系亲与母系亲，贯彻宗法精神，重男系轻女系、重父系轻母系。我国现行法律没有明确规定亲系，只是从《民法典》第1048条规定“直系血亲或者三代以内的旁系血亲禁止结婚”。在我国当代婚姻家庭法中，具有法律意义的亲系只作直系血亲和旁系血亲的划分。

1. 直系血亲：指彼此有着直接血缘联系的亲属，包括生育自己和自己所生育的上下各代亲属，如父母子女、祖（外祖）父母与孙（外孙）子女等，其中，父母、祖父母、外祖父母、曾祖父母、外曾祖父母是直系尊血亲，子女、孙子女、外孙子女、曾孙子女、外曾孙子女是直系卑血亲，相互之间是直线型关系。

2. 旁系血亲：指与自己出于同源的非直系血亲，在血缘上有着同源关系的血亲，除直系血亲外，都是旁系血亲，如同胞兄弟姐妹、堂表兄弟姐妹、伯叔姑舅姨与侄甥等。

二、亲等

亲属关系存在亲疏远近之别，法律上衡量亲属关系远近的方法是用亲等来计算。亲等是衡量亲属关系亲疏远近的尺度，它适用于血亲之间，并准用于姻亲。按照亲等，在血亲之间，每经一代为一亲等。亲等数越少，表示亲属关系越近；亲等数越多，表示亲属关系越远。世界上主要有两种亲等计算法，一为罗马法亲等计算法，为大多数国家采用；二为寺院法的亲等计算法，为少数国家采用。

在传统中国，计算亲属关系远近的制度是服制，它用服丧时着衣的规格式样和穿着期限长短来表示。由于服制实行尊尊、亲亲、长幼和男女有别的宗法伦理原则，这就使得自然血缘同等的亲属在亲等上居于不同的等级：尊卑不同服、夫妻不同服、妻妾不同服、父母不同服、嫡庶不同服、在室与出嫁不同服、宗亲外亲不同服。奉行宗法精神的结果使得宗亲严格局限在男系血亲的范围，女性婚后可以因配偶的身份进入夫系宗族，成为夫族的一员，但同时也因结婚而与自己的本宗疏远，表现为服制上的减等。对其本宗而言，女子一旦出嫁就不再是本宗的成员，只有在离异而返后才重新成为本宗的一员。服制在历史上曾经伴随着中华文明的对外影响而对东亚诸国产生影响。但进入近代社会以后，它因缺乏生物自然法基础的支持而在近代被双系血亲计算法所取代。20世纪30年代，民国南京政府颁行的“中华民国民法”亲属编采用罗马法亲等计算法，至今仍在我国台湾地区适用。但大陆地区在中华人民共和国成立后制定的两部《婚姻法》都是采用以代为单位的世代计算法，且为《民法典》婚姻家庭编继续延用。

（一）罗马法的亲等计算法

罗马法的亲等计算法不分父系和母系，而是按照自然血亲的远近确定亲等数，亲等越近，其血亲越近，因此它是双系计算法，具体计算方法是：直系血亲从己身往上、下数，每经一代为一亲等，如从己身往上数，父母为一亲等，祖父母、外祖父母为二亲等，曾祖父母、外曾祖父母为三亲等，高祖父母、外高祖父母为四亲等。从己身往下数，子女为一亲等，孙子女、外孙子女为二亲等，曾孙子女、外曾孙子女为三等亲。玄孙、外玄孙子女为四亲等旁系血亲的计算则是从自已上数至双方共同的直系血亲即同源人，每经一代为一亲等，再由共同的直系血亲下数至要计算的亲属，也是每经一代为一亲等，相加之数，即是自己与所要计算的亲属的亲等数。

（二）寺院法亲等计算法

寺院法亲等计算法起源于基督教，它所确立的亲等计算法的基础与罗马法一致，也是以自然血亲的远近为亲等远近的标准，但算法上有所不同：直系血亲的计算与罗马法相同，以一代为一亲等，但旁系血亲的计算与罗马法不同：从自己和所要计算的人，分别上数至双方共同的直系血亲即同源人，若两边的亲等数相同，则采用一边的亲等数；若两边的亲等数不同，就采用多的一方的亲等数。此计算法的不科学之处在于不能准确地表示旁系血亲之间的亲疏远近关系。

（三）我国现行法律的亲等计算法

中华人民共和国成立以后，我国先后颁布的两部《婚姻法》（1950年和1980年《婚姻法》及其修正文本）都没有亲等计算方法的规定，仅仅在有关禁止结婚亲属的规定中有关于代数的规定：1950年《婚姻法》第5条规定，“男女有下列情形之一者，禁止结婚：一、为直系血亲，或为同胞的兄弟姊妹和同父异母或同母异父的兄弟姊妹者；其他五代内的旁系血亲间禁止结婚的问题，从习惯”，根据1980年《婚姻法》第6条规定，禁止直系血亲和三代以内的旁系血亲结婚。都是采用代数计算法来表示亲疏关系的远近，既没有规定亲等计算法，也没有采用国际上通用的罗马亲等计算法。《民法典》婚姻家庭编延续了这一传统，采用简便的代数来表示血亲关系的远近。

1. 直系血亲的计算法：直系血亲是从自己算起为一代，往上、往下一代就算一代，如向上数至父母为二代；至祖父母、外祖父母为三代，至曾祖父母、曾外祖父母为四代；至高祖父母、高外祖父母为五代。往下数亦同，自己至子女为二代；至孙子女、外孙子女为三代，依此类推。

2. 旁系血亲的计算法：首先找到自己与所要计算的旁系血亲的血缘同源人，然后从两边分别往上数至血缘同源人。两边代数相等取同数；若两边代数不同，则取多的一方的数字为亲等数，如自己与兄弟姐妹为两代以内的旁系血亲；与堂兄弟姐妹为三代以内的旁系血亲。现行法律以“代”计算亲等简便易行但不准确，世代越往下繁衍，采用世代法的弊端就越明显。以自己与伯叔姑及其子女的亲疏远近为例，按照世代计算法，都是三代以内的旁系血亲，但实际上自己与伯叔姑的血缘关系更近；又如同源于祖父母、外祖父母的旁系血亲，既有父母的兄弟姐妹、父母的兄弟姐妹的子女，还包括父母的兄弟姐妹的孙子女、外孙子女以及曾孙子女和外曾孙子女，这一人群都因为同源于祖父母、外祖父母而不加区分地属于三代以内的旁系血亲，显然不如罗马法亲等计算法精确。

第四节 亲属关系的发生、终止及其法律效力

问题示例

乙女与甲男婚后生育一子一女，乙女父母与其共同生活，负责接送孩子上下学和其他家务。问：甲男对其岳父母有无赡养义务？

一、亲属关系的发生

亲属关系的发生是指基于一定的法律事实而使当事人之间产生亲属关系，即它可以基于法律行为发生，如结婚、收养，也可以因事件发生，如基于出生的事实而发生父母子女关系。亲属关系的发生原因，血亲和姻亲不同；同理，自然血亲和拟制血亲也不同。

1. 自然血亲因出生而产生：出生是自然血亲关系发生的唯一原因，由此形成父母子女关系、兄弟姐妹关系等。自然血亲关系的发生与父母是否存在婚姻关系无关，不论生父是否认领，非婚生子女与生父之间的血亲关系都客观存在。

2. 拟制血亲因法律行为而产生：拟制血亲一般须经过一定的法律行为而发生，如通过收养法律行为，在原本没有自然血亲关系的养父母与养子女之间形成拟制的父母子女血亲关系。法律推定继父母与受其抚养的继子女之间存在父母子女拟制血亲关系。

3. 配偶关系因结婚法律行为而形成：配偶是结婚行为而发生的亲属关系，结婚是配偶关系产生的唯一原因。按照《民法典》第1049条的规定，男女双方必须亲自到婚姻登记机关申请结婚登记，完成结婚登记后才确立配偶关系。

4. 姻亲因婚姻关系而形成：在法律上，婚姻除可以发生配偶关系外，还可以发生姻亲关系，因此，婚姻关系的成立是姻亲关系发生的基础，而婚姻成立的时间就是姻亲关系发生的时间。

二、亲属关系的终止

亲属关系因一定的法律事实而终止，包括事件和行为。自然血亲关系的终止原因一般是事件，如人的死亡；配偶和姻亲关系的终止原因既包括事件，也

包括行为，如离婚解除婚姻关系的行为。

1. 自然血亲关系因死亡而终止。按照法律规定，死亡包括自然死亡和宣告死亡。自然死亡的时间和法院宣告死亡判决生效的时间就是自然血亲关系终止的时间。由于自然血亲是以生物遗传学规律为依据，因而其终止原因只能是一方死亡，不能通过法律程序或其他方式解除。即使是收养关系成立，终止的也只是被收养人与生父母在法律上的权利义务关系，自然血亲关系仍然存在，法律中有关自然血亲的规定仍然适用，如禁止近亲结婚的规定仍然适用。

2. 拟制血亲除因死亡而终止外，还可因法律行为而终止。对于收养而言，养父母与养子女之间的拟制血亲关系除因一方死亡而终止外，还可以基于法定事由依法定程序而终止。至于基于抚养关系而形成的继父母与继子女之间的拟制血亲关系，由于继父母与继子女之间抚养关系的建立是基于当事人的自愿行为而不是法定义务，所以在再婚关系存续期间，继父母与继子女之间的抚养关系可以根据任何一方的请求和停止抚养的事实而终止，从而终止拟制血亲关系。

3. 配偶关系因一方死亡或离婚而终止。婚姻因死亡而终止的是双方的权利义务关系，身份关系并未消灭。自然死亡和判决宣告死亡的生效时间为配偶关系终止的时间；配偶关系因离婚而终止的，双方完成离婚登记而取得离婚证的时间、法院的离婚调解书或离婚判决书生效的时间，即是配偶关系终止的时间。

4. 姻亲关系一般因离婚而终止，也可以因一方死亡而终止。夫妻离婚后，一方与他方亲属之间的姻亲关系终止；夫妻一方死亡，姻亲关系并非自然终止。按照《民法典》第1129条的规定，丧偶儿媳对公婆、丧偶女婿对岳父母尽了主要赡养义务的，可以作为第一顺序继承人。由此可见，姻亲关系不是因一方死亡而自动终止，在一定程度上，姻亲关系是否终止，取决于当事人的意愿。

三、亲属关系的法律效力

亲属关系的法律效力是指亲属关系形成后产生的法律效果，即一定范围内的亲属所具有的权利与义务。亲属关系的法律效力十分广泛，除发生民法上的效果，还发生刑法上的效果、诉讼法上的效果、国籍法上的效果等。亲属关系的法律效力在婚姻家庭法上集中表现为，一定范围内的亲属有扶养义务、一定范围内的血亲禁止结婚、夫妻共同财产制、亲属相互继承权、亲属是监护人等。

（一）亲属关系在婚姻家庭法上的效力

这是亲属关系效力最直接和最主要的效力。主要表现如下。

1. 禁婚效力：《民法典》第1048条规定：“直系血亲或者三代以内的旁系血亲禁止结婚。”禁止一定范围内的血亲结婚，既是遗传与优生自然规律的要求，也是伦理道德的要求。按照法律的规定，直系血亲之间不论亲等和代数，一律禁止结婚；三代以内的旁系血亲禁止结婚。

2. 夫妻享有法定的财产共同所有权：在我国，按照《民法典》第1062条的规定，在无约定的情形下，夫妻实行婚后所得共同制。

3. 扶养义务：按照是否附有条件，我国亲属之间的扶养义务可以分为两类：一是无条件的扶养义务，包括夫妻之间的扶养义务，父母对未成年子女的抚养义务和子女对父母的赡养义务；二是有条件的扶养义务，即祖父母、外祖父母与孙子女、外孙子女之间，以及兄姐与弟妹之间的扶养义务。

4. 遗产继承权：近亲属之间有相互继承遗产的权利。按照《民法典》第1127条的规定，配偶、子女、父母享有法定的第一顺序的继承权利；兄弟姐妹、祖父母、外祖父母享有第二顺序的继承权利。此外，一定范围内的亲属可以成为遗嘱继承人；被继承人的晚辈直系血亲在特定情形下有代位继承权。

5. 侵权替代责任：《民法典》第1068条规定，未成年子女给他人造成损害的，其父母应当承担民事责任。

（二）亲属关系在其他民事法律上的效力

亲属关系在其他民事法律上的效力主要为：

1. 监护：父母是未成年子女的法定监护人。无民事行为能力人或者限制民事行为能力人的成年人，其近亲属按照法定顺序可以担任其监护人。

2. 法定代理权：一定范围内的亲属对无民事行为能力人或者限制民事行为能力人享有法定代理权。

3. 宣告失踪和宣告死亡请求权：按照《民法典》第40、42条的规定，近亲属对失踪的亲属可以向法院提出宣告失踪和宣告死亡的申请，失踪人的财产由其近亲属保管。

（三）亲属关系在刑法上的效力

亲属关系在刑法上的效力主要表现为两种情形：

1. 某些犯罪的构成必须以存在一定的亲属关系为条件，即只有刑法规定的特定范围的亲属才构成某些犯罪的主体，如虐待罪、遗弃罪；

2. 某些告诉才处理的犯罪，必须由具有一定亲属身份的人才能行使告诉权，如刑法规定暴力干涉他人婚姻自由罪和虐待罪，必须受害者的亲属告诉法院才受理。

（四）亲属关系在诉讼法上的效力

亲属关系在诉讼法上的效力主要有：

1. 亲属任职回避：按照《民事诉讼法》、《刑事诉讼法》和《行政诉讼法》的规定，审判人员、检察人员、侦查人员是本案当事人的近亲属，或者自己的近亲属与本案有利害关系的，应当回避；

2. 近亲属可以担任辩护人：在刑事诉讼中，被告人的近亲属可以担任被告的辩护人，也可以代其上诉或者申诉。

除上述法律效力外，亲属关系在劳动法、社会法、国籍法等领域也会产生一定的权利义务，如在国家机关、企事业单位工作的固定职工，享有探望与其分居两地的配偶、父母的权利。依据我国《国籍法》的规定，一定的亲属关系是自然人取得或者退出中国国籍的依据，如父母双方或者一方为中国公民，本人出生在中国，则拥有中国国籍；外国人或无国籍人是中国公民的近亲属，可以申请批准加入中国国籍。

第五章　结婚

提 要

结婚，是指男女双方按照法律规定的条件和程序，确立夫妻关系的要式民事法律行为。结婚作为民事法律行为，须满足一定的要件。具体而言，结婚应当满足实质要件和形式要件。结婚的实质要件包括：（1）双方当事人具有真实的婚意；（2）双方当事人具有结婚能力，即双方当事人达到法定婚龄、具备完全民事行为能力；（3）不存在禁止结婚的法定事由。禁止结婚的法定事由包括：（1）一方或双方当事人重婚；（2）双方当事人属于直系血亲或者三代以内的旁系血亲。结婚的形式要件是结婚登记。

结婚行为可能无效，也可能撤销。婚姻无效的法定事由包括：（1）一方或双方当事人重婚；（2）当事人双方有禁止结婚的亲属关系，即直系血亲或者三代以内的旁系血亲；（3）当事人一方或双方未到法定婚龄。婚姻可撤销的法定事由包括：（1）胁迫；（2）婚前未如实告知重大疾病。无效的或者被撤销的婚姻自始没有法律约束力，当事人不具有夫妻的权利和义务。同居期间所得的财产，由当事人协议处理；协议不成的，由人民法院根据照顾无过错方的原则判决。当事人所生的子女，与当事人之间的父母子女关系不受影响。

重点问题

1. 结婚的实质要件。
2. 婚姻无效的法定事由。
3. 婚姻可撤销的法定事由。
4. 婚姻被人民法院确认无效或者被人民法院撤销的法律后果。

第一节　结婚概述

一、结婚的概念

结婚，是指男女双方按照法律规定的条件和程序，确立夫妻关系的要式民事法律行为。

结婚属于典型的身份行为，产生身份关系变动的法律效果。婚姻家庭法上的民事法律行为，大致可以分为两类，即影响当事人之间身份关系的身份法律行为和不影响当事人之间身份关系的其他法律行为。前者既包括创设身份关系的身份法律行为，如结婚、收养，也包括消灭身份关系的身份法律行为，如协议离婚、协议解除收养关系；后者如夫妻关于夫妻财产制的约定、夫妻间对日常家事代理权的限制、离婚财产协议。

结婚作为身份法律行为，其特征在于：第一，结婚的双方当事人必须是一男一女。这是婚姻的本质要求。第二，结婚是要式行为，双方当事人须办理结婚登记，才能形成婚姻关系。夫妻关系的创设与消灭，不仅涉及当事人之间的利益安排，还关乎公共利益。因此，将结婚行为规定为要式行为，体现了国家对结婚行为的干预。同时，结婚行为的要式性，有助于确保夫妻关系的清晰明确并起到警示当事人的作用，避免其草率地结婚。第三，结婚行为具有高度人身性，不适用意定代理规则。结婚的双方当事人须亲自、共同向婚姻登记机关申请结婚登记，不得由他人代理。第四，结婚的法律后果是创设身份关系，从而男女之间互为配偶，形成夫妻关系。男女双方结婚的意思表示指向的是创设配偶身份关系、形成永久生活共同体，男女双方因结婚而形成夫妻财产制只是结婚的法定效果。

结婚不同于非婚同居。同居不会在男女之间产生夫妻间的权利和义务。同居的一方当事人向人民法院起诉仅请求解除同居关系的，人民法院不予受理；已经受理的，人民法院应当裁定驳回起诉。当事人因同居期间财产分割或者子女抚养纠纷提起诉讼的，人民法院应当受理。

二、婚约的概念和效力

婚约是男女双方以将来结婚为目的所作的事先约定。婚约虽然并非结婚的必经程序，但在我国一些地区仍然是一种重要的民事习惯。订立婚约的行为被称为订婚；订立婚约的男女双方被称为未婚夫妻。

我国《民法典》婚姻家庭编没有规定婚约，因此，学界就婚约的法律性质存在争议。第一种观点认为，婚约属于合同，双方当事人据此负有结婚的义务，但该义务不可强制执行。[1]第二种观点认为，婚约是无配偶男女之间达成的具有道德约束力的协议，不具有法律效力，[2]仅产生一般的社会关系，[3]订立婚约的行为只是一种情谊行为。[4]第三种观点认为，婚约对双方当事人不产生拘束力，因此不是法律行为，而是事实行为。[5]第四种观点认为，订立婚约的行为并非法律行为，而是准法律行为，[6]从而产生的是“合同准备阶段的法定法律关系”，违反婚约产生类似于缔约过失责任的信赖责任。[7]

学界多认为婚约不会导致当事人负有结婚的义务。即使承认当事人负有结婚的义务，该义务的履行完全取决于当事人的个人意愿，不履行该义务也不会产生违约损害赔偿，因此，对当事人没有拘束力的婚约并不符合合同的特征，合同说不足取。此外，事实行为说也存在不足。因婚约归根到底取决于男女双方达成的合意，男女双方必须将内心意思表达于外，才能订立婚约，且未成年人不得订立婚约，[8]从而婚约不符合事实行为的特征。情谊行为说的优势在于，双方当事人没有履行婚约的请求权和义务，双方当事人不缔结婚姻也不会产生违约责任，这都符合情谊行为的基本原理。问题在于，在情谊行为说模式下，如果一方当事人拒绝结婚，另一方当事人可能因信赖婚姻缔结而支出费用或承担债务的，如一方在订立婚约后预订了婚宴、定制婚纱摄影服务，只能通过侵权损害赔偿获得救济。就上述纯粹经济损失而言，如果不履行婚约的一方当事人没有故意，那么，侵权损害赔偿责任难以成立。反之，如果认为婚约在

〔1〕杨大文、龙翼飞主编：《婚姻家庭法》（第八版），中国人民大学出版社 2020 年版，第 83—84 页。合同说也是德国通说。BGH NJW 1959, 529; Muscheler, Familienrecht, 4. Aufl., Vahlen, 2017, Rn. 228; Gernhuber/Coester—Waltjen, Familienrecht, 7. Aufl., C. H. Beck, 2020, § 8, Rn. 5.

〔2〕杨大文主编：《亲属法》（第五版），法律出版社 2012 年版，第 72 页；杨立新：《亲属法专论》，高等教育出版社 2005 年版，第 88 页；陈苇主编：《婚姻家庭继承法学》（第二版），中国政法大学出版社 2014 年版，第 78 页；许莉主编：《婚姻家庭继承法学》（第三版），北京大学出版社 2019 年版，第 48 页。

〔3〕房绍坤、范李瑛、张洪波编著：《婚姻家庭继承法》（第六版），中国人民大学出版社 2020 年版，第 37 页。

〔4〕余延满：《亲属法原论》，法律出版社 2007 年版，第 153 页。

〔5〕王洪：《婚姻家庭法》，法律出版社 2003 年版，第 72 页；杨遂全编著：《婚姻家庭亲属法学》，清华大学出版社 2011 年版，第 76 页；蒋月主编：《婚姻家庭与继承法》（第三版），厦门大学出版社 2014 年版，第 96 页。

〔6〕Schwab, Familienrecht, 27. Aufl., C. H. Beck, 2019, Rn. 45.

〔7〕Dethloff, Familienrecht, 32. Aufl., C. H. Beck, 2018, § 2, Rn. 7; Wellenhofer, Familienrecht, 5. Aufl., C. H. Beck, 2019, § 5, Rn. 6.

〔8〕杨大文主编：《亲属法》（第五版），法律出版社 2012 年版，第 74 页；陈苇主编：《婚姻家庭继承法学》（第二版），中国政法大学出版社 2014 年版，第 79 页。

当事人之间创设了信赖，从而不履行婚约的一方当事人对另一方负信赖责任，那么，上述纯粹经济损失仍然能够通过信赖责任获得赔偿。

因此，本书认为，婚约虽然不产生结婚的义务，但是违反婚约可能会产生信赖损害赔偿责任。这一责任类似于缔约过失责任。虽然婚约并非结婚的必经程序，当事人是否在结婚前订立婚约，由当事人自行决定，但是，婚约确实能够引起双方当事人对未来缔结婚姻的信赖。当事人可能基于这一信赖支出一定的费用。倘若因一方当事人无正当理由不履行婚约或导致双方无法结婚，如一方与他人另行结婚，承认另一方当事人可以主张信赖损害赔偿，可能更为妥当。

婚约具有高度人身性，因此，婚约的订立必须由男女双方当事人亲自为之，不得由父母代为订立。[1]《未成年人保护法》第17条明确规定，未成年人的父母或者其他监护人不得允许、迫使未成年人结婚或者为未成年人订立婚约。婚约既不会使男女双方当事人负担结婚的义务，也不会在当事人之间创设类似于夫妻的身份关系，如男女双方不负忠实义务。基于婚姻自由原则，在订立婚约后，一方当事人可以拒绝结婚，另一方当事人不得请求强制缔结婚姻。不过，一方当事人对不能缔结婚姻有过错的，应当对另一方当事人承担信赖损害赔偿责任。

第二节　结婚的要件

结婚的要件，即结婚作为民事法律行为应当具备的要件。结婚的条件，按照不同的分类标准，可以分为实质要件和形式要件，必备条件和禁止条件。

实质要件是除了形式要件之外的其他要件，是法律对于结婚当事人自身情况和双方的关系的要求；形式要件也称结婚的程序，是指结婚登记。

实质要件又可分为必备条件和禁止条件。必备条件也称积极条件，是结婚当事人必须具备、缺一不可的条件；禁止条件也称消极条件或者婚姻障碍，是指禁止结婚的事由，即结婚当事人不能具备、必须排除的条件，如重婚、有禁止结婚的亲属关系、未到法定婚龄。

---

〔1〕杨大文主编：《亲属法》（第五版），法律出版社2012年版，第74—75页。另参见福建省宁德市中级人民法院（2017）闽09民终1200号民事判决书。

一、结婚的实质要件

结婚的实质要件包括：（1）双方当事人具有真实的婚意；（2）双方当事人具有结婚能力；（3）不存在禁止结婚的法定事由。

（一）双方当事人具有真实的婚意

双方当事人具有真实的婚意，包含以下几层含义：第一，双方当事人必须是一男一女；第二，双方当事人具有结婚的意思表示；第三，双方当事人结婚的意思表示真实无瑕疵。

1. 双方当事人必须是一男一女

结婚行为以成立婚姻为目的，应当存在一男一女双方当事人。我国不承认同性婚姻，婚姻作为男女两性互为配偶的结合，决定了结婚行为的双方当事人须为异性，即一男一女。

2. 双方当事人具有结婚的意思表示

结婚行为的双方当事人须具有结婚的意思表示。结婚的意思表示也被称为婚意，是双方当事人表达的愿意结婚、以建立婚姻关系为目的的意思表示。结婚行为虽然是双方法律行为，但属于当事人追求同一目的的共同行为。因此，双方当事人应当就建立婚姻关系达成合意，即双方当事人对确立婚姻关系的意思表示并行一致。

结婚的意思表示必须由当事人亲自、同时在婚姻登记机关申请婚姻登记时发出，[1]不得由代理人或使者发出意思表示。[2]结婚行为会在双方当事人之间建立身份关系，具有高度人身性，因此，结婚行为不适用意定代理。此外，我国也不允许法定代理人代理被监护人结婚，因此，结婚行为也不适用法定代理。此外，结婚行为是需要登记的要式行为，双方当事人同意结婚的意思表示必须以法定的方式发出。也就是说，双方当事人同意结婚的意思表示必须在婚姻登记机关申请婚姻登记时发出。双方当事人以其他方式或在其他场合所作的同意结婚的表示，可能成立婚约，但并非婚意，[3]不能成立结婚行为。

3. 双方当事人结婚的意思表示真实无瑕疵

第一，结婚行为的意思表示应当真实。就结婚意思表示是否真实的判断标

---

〔1〕 余延满：《亲属法原论》，法律出版社 2007 年版，第 142 页。
〔2〕 Gernhuber/Coester—Waltjen, Familienrecht, 7. Aufl., C. H. Beck, 2020, § 12, Rn. 2.
〔3〕 杨大文主编：《亲属法》（第五版），法律出版社 2012 年版，第 77 页。

准，学说上存在实质意思说和形式意思说两种立场。按照实质意思说，男女双方须具备形成夫妻关系之真实意思；按照形式意思说，男女双方仅须具备履行结婚方式的真实意思即可。因此，双方当事人为了获取户籍或多取得拆迁补偿，通谋故意为虚伪的结婚意思表示、实施结婚行为的，按照实质意思说，婚姻无效；按照形式意思生活，婚姻有效。[1]我国学界多持实质意思说，或认为通谋虚伪结婚无效，[2]或认为通谋虚伪结婚可撤销。[3]亦有观点认为，通谋虚伪结婚原则上无效，但男女双方结婚后如果已有以夫妻关系同居生活的事实，虚伪的意思表示瑕疵即被治愈。[4]还有观点认为，通谋虚伪结婚，除规避法律被认定无效外，只要构成法律婚或事实婚，应当有效。[5]此外，当事人因重大误解实施结婚行为的，学界多主张该结婚行为可撤销，[6]或认为应当区分当事人同一性认识错误和当事人性质错误分别处理。[7]也有观点认为，因重大误解实施的结婚行为，不可撤销。[8]

《民法典》婚姻家庭编没有就通谋虚假结婚、因重大误解结婚的效力作出规定。本书认为，尽管通谋虚假结婚涉及意思表示的瑕疵，但通谋虚假结婚的双方当事人的意思表示自由并未受到侵害，从而通谋虚假结婚与可撤销婚姻存在本质区别，不宜将通谋虚假结婚认定为可撤销婚姻。因此，通谋虚假结婚应当按照《民法典》第146条第1款的规定认定为无效。

因重大误解结婚的，需要分析重大误解的类型。由于双方当事人须在婚姻登记机关共同申请结婚登记、签署《申请结婚登记声明书》，婚姻登记员需要

---

〔1〕陈棋炎、黄宗乐、郭振恭：《民法亲属新论》，中国台湾地区三民书局股份有限公司2018年版，第79页。

〔2〕夏吟兰主编：《婚姻家庭继承法》，中国政法大学出版社2012年版，第76页；王洪：《婚姻家庭法》，法律出版社2003年版，第76页；李昊、王文娜：《婚姻缔结行为的效力瑕疵——兼评民法典婚姻家庭编草案的相关规定》，载《法学研究》2019年第4期。

〔3〕金眉：《论通谋虚伪结婚的法律效力》，载《政法论坛》2015年第3期；冉克平：《论婚姻缔结中的意思表示瑕疵及其效力》，载《武汉大学学报（哲学社会科学版）》2016年第5期。

〔4〕杨大文主编：《亲属法》（第五版），法律出版社2012年版，第77页；陈苇主编：《婚姻家庭继承法学》（第二版），中国政法大学出版社2014年版，第81页。

〔5〕余延满：《亲属法原论》，法律出版社2007年版，第184页。

〔6〕夏吟兰主编：《婚姻家庭继承法》，中国政法大学出版社2012年版，第76页；陈苇主编：《婚姻家庭继承法学》（第二版），中国政法大学出版社2014年版，第81页。

〔7〕王洪：《婚姻家庭法》，法律出版社2003年版，第75页；蒋月主编：《婚姻家庭与继承法》（第三版），厦门大学出版社2014年版，第98页。

〔8〕李昊、王文娜：《婚姻缔结行为的效力瑕疵——兼评民法典婚姻家庭编草案的相关规定》，载《法学研究》2019年第4期；申晨：《论婚姻无效的制度构建》，载《中外法学》2019年第2期。

询问双方当事人的结婚意愿、核实双方当事人的身份证件，因此，双方当事人不可能因表示错误而结婚。不仅如此，在实践中，几乎很难发生当事人不知道自己从事的是结婚行为的情形。因此，就内容错误而言，当事人也很难出现法律行为性质错误。就当事人同一性错误而言，双方当事人都基于同一性错误而结婚的情形，实难想象。如果只有一方陷入当事人同一性错误，另一方明知对方陷入错误仍然愿意登记结婚的，构成欺诈。[1]进而，当事人对结婚行为的重大误解，主要涉及动机错误。为了保护相对人的利益和交易安全，民事法律行为不得因动机错误而被撤销。[2]虽然结婚行为与交易安全无关，但动机错误不属于撤销结婚行为的事由。允许一方当事人基于动机错误撤销结婚行为，那么，如果一方当事人为了财产而结婚但婚后发现配偶财产状况不佳，一方当事人即可以基于动机错误撤销结婚行为。这不仅会损害结婚行为的严肃性和婚姻关系的稳定性，还可能导致当事人借此规避诉讼离婚，从而当事人无须具备感情确已破裂的情形即可摆脱婚姻关系。因此，原则上，当事人不得以重大误解为由撤销结婚行为。只有在一方当事人隐瞒了足以影响另一方当事人决定是否结婚的事项并导致另一方当事人陷入动机错误时，另一方当事人才可以基于欺诈撤销结婚行为。《民法典》第1053条就属于这种情形。

第二，结婚行为的意思表示须自愿，不能存在意思表示不自由的情形。依据《民法典》第1046条的规定，结婚应当男女双方完全自愿，禁止任何一方对另一方加以强迫，禁止任何组织或者个人加以干涉。申请结婚登记的当事人非双方自愿的，婚姻登记机关根据《婚姻登记条例》第6条不予登记。

结婚行为的意思表示不自由，如欺诈、胁迫，会影响结婚行为的效力。《民法典》婚姻家庭编规定了两类结婚行为的可撤销事由，即胁迫和不如实告知重大疾病。依据《民法典》第1052条的规定，因胁迫结婚的，受胁迫的一方可以向人民法院请求撤销婚姻。此外，《民法典》第1053条改变了之前《婚姻法》的立场，不再将医学上认为不宜结婚作为婚姻无效事由，而是将隐瞒重大疾病作为可撤销婚姻的事由。据此，一方患有重大疾病但未在结婚登记前如实告知另一方的，另一方可以向人民法院请求撤销婚姻。一方知道自己患有重大疾病但不如实告知、隐瞒实情的，成立欺诈，从而导致结婚行为可撤销。

---

〔1〕李昊、王文娜:《婚姻缔结行为的效力瑕疵——兼评民法典婚姻家庭编草案的相关规定》，载《法学研究》2019年第4期。

〔2〕Brox/Walker, Allgemeiner Teil des BGB, 44. Aufl., Vahlen, 2020, § 16，Rn. 8.

然而，一方就重大疾病之外的其他事实欺诈另一方导致双方结婚的，倘若该事由对另一方决定是否结婚具有决定性影响，如果另一方知道真相就不会在登记时同意结婚，[1]如女方怀上他人子女却谎称系男方子女、[2]男方谎称自己具有高薪工作、一方隐瞒婚史或子女，结婚行为能否撤销？就欺诈实施的结婚行为，学界一般不区分欺诈的具体内容直接肯定该结婚行为可撤销。[3]在《民法典》施行后，对这种欺诈的处理，取决于《民法典》总则编关于民事法律行为效力的规定能否适用于结婚行为。对此，本书持肯定意见，认为因欺诈而实施的结婚行为可撤销，[4]但欺诈涉及夫妻一方财产状况的除外。[5]

（二）双方当事人具有结婚能力

结婚行为属于只能有自然人实施的民事法律行为，但是，并非所有自然人都能够实施结婚行为。自然人能否结婚，取决于自然人是否具有结婚能力。自然人结婚能力的取得，不仅要求自然人达到法定婚龄，同时还要求自然人具备一定民事行为能力。[6]

1. 双方当事人已到法定婚龄

法定婚龄不是自然人必须结婚的年龄，而是法律规定的最低结婚年龄，是结婚年龄的下限。法定婚龄制度，旨在防止早婚，维护民众的身体健康。这是因为，自然人只有到达一定年龄，才具备结婚的生理条件和心理条件，才能在结婚后承担起对配偶、子女的义务。精神和身体尚未成熟的自然人结婚，不仅可能损害自身健康，还可能生育体质羸弱的子女。过早结婚的自然人尚且需要父母来供养，也缺乏抚养教育子女的能力。[7]未到法定婚龄的自然人，不得结婚；已到法定婚龄的自然人，可以结婚，但是否结婚、何时结婚，属于婚姻自由的范畴。即使自然人已到法定婚龄，具备了结婚的生理条件和心理条件，也可能

---

〔1〕 MüKoBGB/Wellenhofer, 8. Aufl. 2019, BGB § 1314，Rn. 17 ff.

〔2〕 陈棋炎、黄宗乐、郭振恭：《民法亲属新论》，中国台湾地区三民书局股份有限公司 2018 年版，第 81 页。

〔3〕 巫昌祯主编：《婚姻与继承法学》（第六版），中国政法大学出版社 2017 年版，第 98 页；夏吟兰主编：《婚姻家庭继承法》，中国政法大学出版社 2012 年版，第 76 页；陈苇主编：《婚姻家庭继承法学》（第二版），中国政法大学出版社 2014 年版，第 81 页。

〔4〕 李昊、王文娜：《婚姻缔结行为的效力瑕疵——兼评民法典婚姻家庭编草案的相关规定》，载《法学研究》2019 年第 4 期。

〔5〕 MüKoBGB/Wellenhofer, 8. Aufl. 2019, BGB § 1314，Rn. 19.

〔6〕 杨大文主编：《亲属法》（第五版），法律出版社 2012 年版，第 76 页；陈苇主编：《婚姻家庭继承法学》（第二版），中国政法大学出版社 2014 年版，第 81 页。

〔7〕 林秀雄：《亲属法讲义》，中国台湾地区元照出版有限公司 2020 年版，第 68 页。

不具备组建家庭的物质条件。

法定婚龄的确定，既要考虑人的生理、心理发育状况和智力成熟情况，还要考虑国家的政治、经济、文化和人口发展的要求。《民法典》第1047条规定："结婚年龄，男不得早于二十二周岁，女不得早于二十周岁。"因此，我国男性的法定婚龄为22岁，女性的法定婚龄为20岁。申请结婚登记的当事人未到法定结婚年龄的，婚姻登记机关依据《婚姻登记条例》第6条不予登记。自然人未到法定婚龄而登记结婚的，即使已经具备完全民事行为能力，结婚行为也依据《民法典》第1051条的规定认定为无效。民族自治地方的人民代表大会基于本民族、宗教、风俗习惯等实际情况，可以对法定婚龄作出变通规定。

2. 双方当事人具有相应的民事行为能力

结婚行为以创设男女双方终身共同生活为目的，夫妻双方因婚姻互享权利、互负义务，故自然人须具有认识结婚行为之法律意义及其法律后果的能力。我国《民法典》第1047条设置的法定婚龄高于成年年龄，因此，未成年人不具有结婚能力。

问题在于，已达法定婚龄的无民事行为能力人或限制民事行为能力人，其结婚行为是否发生效力？《民法典》婚姻家庭编对此没有规定。我国学说上多认为，无民事行为能力人不能认识婚姻的意义，故不能结婚。〔1〕因此，无民事行为能力人的结婚行为无效。就限制民事行为能力人而言，根据《母婴保健法》第9条和《异常情况的分类指导标准（试行）》，精神病患者发病期间应当暂缓结婚。这是因为，精神病患者在发病期间无法认识结婚行为的法律意义，没有结婚的行为能力，从而结婚行为无效。〔2〕

学界的分歧在于，限制民事行为能力人精神正常时能否具有结婚的行为能力，实施有效的结婚行为。肯定说认为，能够自主表达缔结婚姻的意思者，即使不具备完全民事行为能力，也具备结婚的行为能力，可以实施有效的结婚行为。〔3〕按照该说，如果结婚行为与限制民事行为能力人的精神健康状况相适应，那么，限制民事行为能力人就具有结婚的行为能力。反之，如果结婚行为

---

〔1〕 王歌雅主编：《婚姻家庭继承法学》（第二版），中国人民大学出版社 2013 年版，第 67 页。另参见江苏省泰州市中级人民法院（2017）苏 12 行终 30 号行政判决书、重庆市万州区人民法院（2016）渝 0101 民初 7317 号民事判决书。

〔2〕 余延满：《亲属法原论》，法律出版社 2007 年版，第 165 页。

〔3〕 许莉主编：《婚姻家庭继承法学》（第三版），北京大学出版社 2019 年版，第 51 页；薛宁兰、谢鸿飞主编：《民法典评注 · 婚姻家庭编》，中国法制出版社 2020 年版，第 63 页。

与限制民事行为能力人的精神健康状况不相适应，该结婚行为无效。[1]否定说则认为，结婚行为的当事人必须具备完全民事行为能力，[2]限制民事行为能力人的结婚行为一概无效或至少是可撤销的。[3]因此，精神病患者不论是否处于发病期间，一概缺乏结婚能力。[4]

对这一争议，司法实践也存在截然不同的立场。有些法院认为，现行法并无“对限制民事行为能力人结婚的禁止性及限制性规定”，因此，限制民事行为能力人的结婚行为一概有效，[5]或者如果结婚行为与限制民事行为能力人的精神健康状况相适应，那么，限制民事行为能力人的结婚行为有效。[6]与此相对，也有法院认为，限制民事行为能力人不能完全理解结婚登记行为的性质、后果和意义，不能充分保护自己的合法权利及承担相应的民事义务，无法满足自愿结婚的要件，从而无法缔结有效的婚姻。[7]

本书认为，在立法论上，应当允许已达法定婚龄的限制民事行为能力人在获得法定代理人同意的前提下缔结婚姻。这一方案能够保护限制民事行为能力人的婚姻自由，同时通过法定代理人的同意补足了限制民事行为能力人在意思能力方面的不足。

（三）不存在禁止结婚的法定事由

禁止结婚的法定事由，也称结婚的消极条件或者禁止条件，是指结婚的双方当事人不得具备的、法律规定的禁止结婚的婚姻障碍，即法律不允许结婚的情况。根据我国《民法典》第1042条第2款、第1048条的规定，禁止婚姻的法定事由包括：（1）一方或双方当事人重婚；（2）双方当事人有禁止结婚的亲属关系。需要注意的是，根据原《婚姻法》第7条的规定，患有医学上认为不应当

---

〔1〕 李昊、王文娜：《婚姻缔结行为的效力瑕疵——兼评民法典婚姻家庭编草案的相关规定》，载《法学研究》2019年第4期。也有观点认为，在这种情况下，结婚行为可撤销而非无效。参见田韶华：《民法典婚姻家庭编瑕疵婚姻制度的立法建议——以〈民法总则〉之瑕疵民事法律行为制度在婚姻家庭编中的适用为视角》，载《苏州大学学报（法学版）》2018年第1期。

〔2〕 杨大文主编：《亲属法》（第五版），法律出版社2012年版，第76页；巫昌祯、夏吟兰主编：《婚姻家庭法学》（第二版），中国政法大学出版社2016年版，第87页；夏吟兰主编：《婚姻家庭继承法》，中国政法大学出版社2012年版，第75页。

〔3〕 马忆南：《民法典视野下婚姻的无效和撤销——兼论结婚要件》，载《妇女研究论丛》2018年第3期。

〔4〕 余延满：《亲属法原论》，法律出版社2007年版，第162、171页。

〔5〕 北京市西城区人民法院（2015）西民初字第8582号民事判决书。

〔6〕 浙江省东阳市人民法院（2018）浙0783民初605号民事判决书。

〔7〕 北京市朝阳区人民法院（2015）朝行初字第831号行政判决书。

结婚的疾病也属于禁止结婚的法定事由。《民法典》改变了这一立场，不再将患有医学上认为不应当结婚的疾病规定为结婚禁止事由，而是将婚前隐瞒重大疾病规定为可撤销婚姻事由。

1. 一方或双方当事人重婚

我国《民法典》婚姻家庭编坚持一夫一妻原则，禁止重婚。重婚，是指一个自然人同时存在两个或两个以上的婚姻关系的情形，即自然人已有婚姻关系后又与他人缔结婚姻关系。前一个婚姻关系被称为前婚，后一个婚姻关系被称为后婚，即重婚。典型的重婚，是一个自然人与他人登记结婚后，又与第三人登记结婚。

申请结婚登记的当事人一方或者双方已有配偶的，婚姻登记机关依据《婚姻登记条例》第6条不予登记；已经登记的，结婚行为依据《民法典》第1051条无效。即使婚姻关系存在无效事由或可撤销事由，在婚姻关系被人民法院依法判决无效或撤销之前，一方另行结婚的，亦构成重婚。〔1〕不过，依据《民法典》第51条， 被宣告死亡的夫妻一方经人民法院撤销死亡宣告，婚姻关系自行恢复，但配偶在夫妻一方被死亡宣告后、人民法院撤销死亡宣告之前再婚的，前婚不恢复，后婚不构成重婚、效力不受影响。

重婚不仅会导致婚姻无效，而且，依据《刑法》第258条的规定，有配偶而重婚的一方当事人，或者明知他人有配偶而与之结婚的另一方当事人还可能成立重婚罪。

2. 双方当事人有禁止结婚的亲属关系

依据《民法典》第1048条的规定，直系血亲或者三代以内的旁系血亲禁止结婚。禁止一定范围内的血亲结婚，主要是基于优生优育、社会伦理道德的考虑。血缘太近的男女结婚容易将疾病或缺陷遗传给子女后代，不利于后代的身体健康。禁止一定范围内的血亲结婚，符合人类社会长期发展形成的伦理道德观念，避免亲属身份的混乱。

直系血亲，包括父母和子女、祖父母和孙子女、外祖父母和外孙子女，不论代数，均禁止结婚。按照学界通说，从伦理的角度来看，拟制直系血亲，如养父母养子女、形成抚养教育关系的继父母继子女，当然属于《民法典》第

---

〔1〕 王洪：《婚姻家庭法》，法律出版社 2003 年版，第 77 页；蒋月主编：《婚姻家庭与继承法》（第三版），厦门大学出版社 2014 年版，第 99 页。

1048条意义上的“直系血亲”，从而不得结婚。[1]拟制直系血亲关系解除后，如果当事人之间并无三代以内旁系血亲的关系，当事人能否结婚，如收养关系解除后的养父母一方和养子女一方能否结婚，学界存在分歧。肯定说有之，[2]否定说亦有之。[3]

三代以内的旁系血亲，是指直系血亲之外、与己身出自同一父母或同一祖父母、外祖父母的血亲，包括：（1）出自同一父母的兄弟姐妹，包括同父母、同父异母或同母异父的兄弟姐妹；（2）出自同一祖父母或外祖父母的辈分不同、性别相异的亲属，如伯、叔、姑与侄子、侄女，舅、姨与外甥、外甥女；（3）出自同一祖父母、外祖父母的辈分相同、性别相异的亲属，如堂兄弟姐妹、表兄弟姐妹。拟制旁系血亲，如养兄弟姐妹、继兄弟姐妹，如果没有三代以内自然旁系血亲关系，可以结婚。[4]

申请结婚登记的双方当事人属于直系血亲或者三代以内旁系血亲的，婚姻登记机关依据《婚姻登记条例》第6条不予登记；已经登记的，结婚行为依据《民法典》第1051条无效。

姻亲能否结婚，《民法典》婚姻家庭编并无规定。学说上认为，旁系姻亲，如果不存在三代以内的旁系血亲关系，如丧偶的女方与大伯子、丧偶的男方与小姨子，可以结婚。[5]直系姻亲之间能否结婚，如丧偶的儿媳和丧偶的公公、丧偶的女婿与丧偶的岳母，学说上有观点认为应当基于伦理的考量予以禁止。[6]

---

〔1〕杨大文主编：《亲属法》（第五版），法律出版社2012年版，第82页；巫昌祯主编：《婚姻与继承法学》（第六版），中国政法大学出版社2017年版，第102页；夏吟兰主编：《婚姻家庭继承法》，中国政法大学出版社2012年版，第77页；陈苇主编：《婚姻家庭继承法学》（第二版），中国政法大学出版社2014年版，第83页。

〔2〕杨大文主编：《亲属法》（第五版），法律出版社2012年版，第93页；房绍坤、范李瑛、张洪波编著：《婚姻家庭继承法》（第六版），中国人民大学出版社2020年版，第33页。另参见《德国民法典》第1308条第1款。

〔3〕王洪：《婚姻家庭法》，法律出版社2003年版，第79页；余延满：《亲属法原论》，法律出版社2007年版，第169页。

〔4〕王洪：《婚姻家庭法》，法律出版社2003年版，第79页；余延满：《亲属法原论》，法律出版社2007年版，第169页。

〔5〕巫昌祯主编：《婚姻与继承法学》（第六版），中国政法大学出版社2017年版，第103页；陈苇主编：《婚姻家庭继承法学》（第二版），中国政法大学出版社2014年版，第84页；王洪：《婚姻家庭法》，法律出版社2003年版，第79页。

〔6〕巫昌祯主编：《婚姻与继承法学》（第六版），中国政法大学出版社2017年版，第102页；余延满：《亲属法原论》，法律出版社2007年版，第169页；蒋月主编：《婚姻家庭与继承法》（第三版），厦门大学出版社2014年版，第101页。不同意见，参见房绍坤、范李瑛、张洪波编著：《婚姻家庭继承法》（第六版），中国人民大学出版社2020年版，第39页。

男女双方即使不存在亲属关系，但存在可以成立直系血亲或三代以内旁系血亲的血缘关系的，也不得结婚。比如，被收养的子女与生父母、亲兄弟姐妹不得结婚，捐精者与使用其精子借助人工生殖技术生育的女子不得结婚。

需要指出的是，结婚行为不得附条件或期限。结婚行为附解除条件或终期，与婚姻创设终身共同生活的目的相违背。实际上，允许结婚行为附解除条件或终期，意味着当事人可以通过《民法典》婚姻家庭编规定的离婚程序之外的方式结束婚姻关系，违反了夫妻双方只能依据《民法典》婚姻家庭编规定的法定条件和程序办理离婚的基本原则。因此，结婚行为附解除条件或终期的，视为不附条件或期限。此外，结婚行为附延缓条件或始期，婚姻成立的时点不明确，当事人之间甚至亲属之间的身份关系处于不确定的状态，影响身份关系的安定性。因此，当事人在申请结婚登记时表示结婚行为附延缓条件或始期的，表明申请结婚登记的双方当事人不愿意在申请当日缔结婚姻关系，依据《婚姻登记工作规范》第28、45条，婚姻登记员应当不予受理结婚登记，从而结婚行为不成立。〔1〕

二、结婚的形式要件

结婚的形式要件，是实施结婚行为、确立夫妻关系的法定方式，也称结婚程序。婚姻关系的成立，不仅要求当事人具备结婚的实质要件，还要求当事人履行法定的程序。只有履行了法定的结婚程序，当事人的结婚行为才告成立，婚姻关系才会确立并得到国家的承认、受到法律的保护。

在我国，结婚登记是结婚的形式要件。男女双方是否举行结婚仪式，由男女双方自行决定。男女双方未办理结婚登记，仅举行结婚仪式的，不能成立婚姻关系。

婚姻成立的依据《民法典》第1049条的规定，要求结婚的男女双方应当亲自到婚姻登记机关申请结婚登记。完成结婚登记，男女双方即确立婚姻关系。因此，男女双方未办理结婚登记的，结婚行为不成立，男女双方之间不发生夫妻关系。同居的男女双方未办理结婚登记的，即使男女双方满足除登记外的结婚要件，仍应当补办登记。〔2〕根据《民法典婚姻编解释（一）》第6条的规定，

---

〔1〕 MüKoBGB/Wellenhofer, 8. Aufl. 2019, BGB § 1311，Rn. 6.

〔2〕 黄薇主编：《中华人民共和国民法典婚姻家庭编解读》，中国法制出版社 2020 年版，第 46 页。按照《民法典婚姻编解释（一）》第 6 条的规定，男女双方补办结婚登记的，婚姻关系的效力从双方均符合结婚的成立要件和生效要件时起算。

男女双方依据《民法典》第1049条规定补办结婚登记的，婚姻关系的效力从双方均符合结婚的实质要件时起算。

结婚登记是确立婚姻关系的唯一途径。未办理结婚登记以夫妻名义共同生活的，不成立婚姻关系。我国司法实践过去曾经承认事实婚姻。所谓事实婚姻，是指男女双方以夫妻名义共同生活的结合，虽然具备结婚的实质要件但未办理登记。根据《民法典婚姻编解释（一）》第7条的规定，未办理登记而以夫妻名义共同生活的男女，在1994年2月1日民政部《婚姻登记管理条例》公布实施以前，已经符合结婚实质要件的，按事实婚姻处理。未办理登记而以夫妻名义共同生活的男女，在1994年2月1日民政部《婚姻登记管理条例》公布实施以后符合结婚实质要件的，如果不补办结婚登记，仅构成同居关系，从而男女双方不享有夫妻间的权利、负担夫妻间的义务。据此，未办理登记而以夫妻名义共同生活的男女双方，在1994年2月1日以后符合结婚的实质要件的，不构成事实婚姻。

实行婚姻登记制度，通过婚姻登记员对当事人结婚条件进行审查，有助于维护婚姻的严肃性、保障婚姻自由、避免无效婚姻和可撤销婚姻。

第三节　结婚的程序

结婚的程序，是结婚的形式要件，是指法律规定结婚必须采取的方式。

在比较法上，结婚的程序包括登记制、仪式制、登记与仪式结合制。登记制要求结婚的当事人必须到婚姻登记机关办理结婚登记。未经登记，婚姻不成立。仪式制则要求结婚必须举办一定的仪式，以便婚姻获得社会的认可。仪式制包括宗教仪式、世俗仪式和法律仪式。登记与仪式结合制则要求结婚的当事人不仅要办理结婚登记，还要举行一定的仪式，从而，登记和仪式缺一不可。我国就结婚程序采纳了登记制，结婚登记是结婚的形式要件。结婚的男女双方办理结婚登记的，婚姻关系成立。

一、办理结婚登记的机关

根据《婚姻登记条例》第2条的规定，我国内地居民办理婚姻登记的机关是县级人民政府民政部门或者乡（镇）人民政府，省、自治区、直辖市人民政府可以按照便民原则确定农村居民办理婚姻登记的具体机关。我国公民同外国人，内地居民同香港特别行政区居民、澳门特别行政区居民、台湾地区居民、华侨办理婚姻登记的机关是省、自治区、直辖市人民政府民政部门或者省、自治区、直辖市人民政府民政部门确定的机关。

婚姻登记机关的管辖范围按照行政区域划分，原则上与户籍管辖范围相适应。根据《婚姻登记条例》第4条和《婚姻登记工作规范》第5条的规定，内地居民结婚，男女双方应当共同到一方当事人常住户口所在地的婚姻登记机关办理结婚登记。我国公民同外国人在中国内地结婚的，内地居民同香港特别行政区居民、澳门特别行政区居民、台湾地区居民、华侨在我国内地结婚的，男女双方应当共同到内地居民常住户口所在地的婚姻登记机关办理结婚登记。现役军人由部队驻地、入伍前常住户口所在地或另一方当事人常住户口所在地婚姻登记机关办理婚姻登记。

二、结婚登记的程序

结婚登记程序分为申请、审查和登记三个环节。

（一）申请

自愿结婚的男女，必须双方亲自到一方户口所在地的婚姻登记管理机关申请结婚登记。结婚申请必须双方当事人亲自到场，不能由一方单独申请，也不能委托他人代理申请。

根据《婚姻登记条例》第5条和《婚姻登记工作规范》第29条的规定，内地居民申请结婚登记的，应当出具下列证件和证明材料：（1）本人的户口簿、身份证；（2）本人无配偶以及与对方当事人没有直系血亲和三代以内旁系血亲关系的签字声明。内地居民办理结婚登记因故不能提交身份证的，可以出具有效的临时身份证。居民身份证与户口簿上的姓名、性别、出生日期、公民身份号码应当一致；不一致的，当事人应当先到有关部门更正。

当事人一方或双方的婚姻状况为离婚的，应当向婚姻登记机关提交能够证明其声明真实性的离婚证、人民法院生效离婚判决书或者调解书等材料。

当事人一方或双方的婚姻状况为丧偶的，应当向婚姻登记机关提交能够证明其声明真实性的结婚证和配偶死亡证明等材料。死亡证明包括宣告死亡的生效法律文书及医院、公安等有关部门出具的《居民死亡医学证明（推断）书》、非正常死亡证明等材料。

（二）审查

婚姻登记员应当询问当事人的结婚意愿、审查当事人出具的证件、证明材料并监督当事人各自在《申请结婚登记声明书》上签字、按指纹，认定当事人是否符合结婚的条件。婚姻登记员对当事人提交的证件和证明材料进行形式审查，无须进行实质审查。[1]

（三）登记

根据《婚姻登记条例》第7条和《婚姻登记工作规范》第37、45条的规定，婚姻登记员对当事人提交的证件、证明、声明进行审查，符合结婚条件的，填写《结婚登记审查处理表》并颁发结婚证；当事人不符合结婚条件的，婚姻登记机关不予登记，并应当向当事人说明理由，[2]应当事人要求出具《不予办理结婚登记告知书》。

依据《民法典》第1083条的规定，复婚也适用结婚登记程序，因此，离婚的男女双方自愿恢复夫妻关系的，应当到婚姻登记机关重新办理结婚登记。同时，复婚的男女也必须满足结婚的实质要件和形式要件。

依据《民法典》第1049条的规定，男女双方当事人从完成结婚登记时起，确立夫妻关系，从而男女双方当事人之间发生夫妻的权利义务。据《民法典婚姻编解释（一）》第7条的规定，未办理结婚登记而以夫妻名义共同生活的男女，如果在1994年2月1日民政部《婚姻登记管理条例》公布实施以前，男女双方已经符合结婚实质要件的，按事实婚姻处理；如果在1994年2月1日民政部《婚姻登记管理条例》公布实施以后，男女双方符合结婚实质要件的，应当补办结婚登记，否则仅构成同居关系。

三、结婚登记瑕疵

在实践中，结婚登记可能会出现登记瑕疵。典型的结婚登记瑕疵包括：（1）利用虚假材料申请结婚登记，如伪造军官证冒充军人申请结婚登记、[3]伪造身

---

〔1〕房绍坤、范李瑛、张洪波编著：《婚姻家庭继承法》（第六版），中国人民大学出版社2020年版，第35页。另参见北京市第三中级人民法院（2015）三中行终字第203号行政判决书、湖南省岳阳市中级人民法院（2016）湘06行终47号行政判决书、湖北省武汉市中级人民法院（2017）鄂01行终162号行政判决书。

〔2〕根据《婚姻登记条例》第6条的规定，在审查中，如果发现申请结婚登记的当事人有下列情形之一的，婚姻登记机关不予登记：（1）一方或者双方未到法定结婚年龄的；（2）非双方自愿的；（3）一方或者双方已有配偶的；（4）双方属于直系血亲或者三代以内旁系血亲的；（5）患有医学上认为不应该当结婚的疾病的。

〔3〕北京市第二中级人民法院（2016）京02行终516号行政判决书。

份证件改变年龄申请结婚登记、[1]利用虚假身份信息申请结婚登记、[2]冒用他人身份信息申请结婚登记；[3]（2）一方申请结婚登记时为无民事行为能力人；[4]（3）一方未亲自到场申请结婚登记；[5]（4）婚姻登记机关超越管辖权办理结婚登记，如县民政局为内地居民同香港特别行政区居民办理结婚登记。[6]

由于结婚登记属于行政行为，结婚登记存在瑕疵的，婚姻当事人、被冒用身份信息登记结婚的被冒用人可以依据《行政诉讼法》第70条的规定向人民法院提起行政诉讼，请求撤销结婚登记。[7]就冒用他人身份信息办理结婚登记而言，被冒用人没有亲自在婚姻登记机关表达结婚的意思表示，且结婚行为不适用代理规则，从而不能将结婚行为的法律效果归属给被冒用人。因此，被冒用人与另一方当事人之间并不存在婚姻关系。如果一方当事人伪造身份证件更改年龄取得结婚证，且另一方当事人提起行政诉讼时更改年龄的一方当事人已到法定婚龄，人民法院应当依据《行政诉讼法》第74条的规定，宣告结婚登记违法而不再撤销结婚登记。

司法实践认为，人民法院判决撤销结婚登记的，男女双方的婚姻关系并不当然无效。虽然登记程序存在瑕疵，但如果男女双方符合结婚的实质要件，具备真实的结婚意愿，结婚登记的瑕疵不影响婚姻的效力。[8]婚姻无效或者可撤销，取决于是否存在婚姻无效或者可撤销的事由。

第四节 无效婚姻与可撤销婚姻

结婚作为民事法律行为，也存在无效和可撤销的可能。《民法典》第1051

〔1〕广西壮族自治区柳州市中级人民法院（2013）行终3号行政判决书。

〔2〕辽宁省沈阳市中级人民法院（2016）辽01行终1042号行政裁定书、重庆市第二中级人民法院（2017）渝02行终127号行政判决书。

〔3〕广东省广州市中级人民法院（2014）穗中法行终字第1554号行政判决书、江苏省南通市中级人民法院（2016）苏06行终200号行政判决书。

〔4〕江苏省泰州市中级人民法院（2017）苏12行终30号行政判决书。

〔5〕福建省莆田市中级人民法院（2018）闽03行终52号行政判决书。

〔6〕重庆市第二中级人民法院（2017）渝02行终133号行政判决书。

〔7〕参见《民法典婚姻编解释（一）》第17条第2款。

〔8〕参见最高人民法院（2015）执复字第3号执行裁定书，上海市第一中级人民法院（2020）沪01行终202号行政裁定书、山东省济南市中级人民法院（2014）济民五终字第185号民事判决书、广东省惠州市中级人民法院（2016）粤13行终97号行政判决书。

条规定了结婚行为的无效事由，第1052条和第1053条规定了结婚行为的可撤销事由。

一、无效婚姻

无效婚姻，即结婚行为无效，是指已经成立，但存在法定的婚姻无效事由，经过人民法院判决，不能发生法律效力的婚姻。

无效婚姻不同于婚姻不成立。首先，无效婚姻是已经成立但存在法定无效事由的婚姻，婚姻关系已经成立，但经过人民法院判决，不能按照当事人的意愿产生夫妻的权利义务关系，如当事人存在重婚、未到法定婚龄、存在禁止结婚的亲属关系等情形；婚姻不成立则是结婚行为欠缺成立要件，婚姻关系尚不存在，如男女双方尚未申请结婚登记。其次，婚姻无效事由包括可治愈的无效事由和不可治愈的无效事由。比如，夫妻一方申请结婚登记时未到法定婚龄但事后达到法定婚龄的，无效婚姻即被治愈转化为有效婚姻；不成立的婚姻不可能转化为有效婚姻。最后，无效婚姻须经人民法院判决，当事人之间虽然不产生夫妻的权利义务关系，但会发生其他方面的权利义务关系，如同居期间所得财产的分割和损害赔偿，在婚姻被判决无效之前，当事人也不得与他人结婚；婚姻不成立无须人民法院判决，当事人有权与他人另行结婚。

（一）无效事由

依据《民法典》第1051条的规定，婚姻无效的法定事由包括：（1）当事人一方或双方重婚；（2）当事人双方有禁止结婚的亲属关系；（3）当事人一方或双方未到法定婚龄。与过去《婚姻法》第10条相比，《民法典》第1051条不再将“婚前患有医学上认为不应当结婚的疾病，婚后尚未治愈的”作为婚姻无效事由。同时，《民法典》第1053条将一方当事人婚前隐瞒重大疾病规定为婚姻可撤销事由。

婚姻无效事由一般涉及公共利益和公序良俗。比如，禁止重婚旨在维护我国的一夫一妻制，禁止一定范围内的亲属结婚旨在维护社会伦理道德并促进优生优育，禁止当事人未到法定婚龄结婚旨在防止早婚维护民众的身体健康。

依据《民法典婚姻编解释（一）》第17条的规定，除了上述情形，当事人以其他理由请求确认婚姻无效的，人民法院应当判决驳回当事人的诉讼请求。这意味着，《民法典》第1051条列举的婚姻无效事由具有封闭性。严格来说，婚姻无效的事由可能还包括一方或双方当事人不具备完全民事行为能力、当事人双方通谋虚伪结婚。因此，不宜将《民法典》第1051条理解为封闭性规定。[1]在《民法典》施行后，坚持婚姻无效事由规定的封闭性是否妥当、结婚行为能否适用《民法典》总则编民事法律行为无效的规定，需要最高人民法院通过司法解释来回应。需要注意的是，在《民法典》施行后，夫妻一方具有精神疾病的，另一方可以依据《民法典》第1053条请求人民法院撤销婚姻。[2]据此，因患有精神疾病而不具有完全民事行为能力的人，如果婚前隐瞒自己的精神疾病，另一方虽然不得请求人民法院确认婚姻无效，但是可以请求人民法院撤销婚姻。不过，另一方明知对方患有精神疾病而不具有完全民事行为能力的，就不能再撤销婚姻。

需要注意的是，按照《民法典婚姻编解释（一）》第10条的规定，当事人向人民法院请求确认婚姻无效的，法定的无效婚姻情形在起诉时已经消失的，人民法院不予支持。因此，婚姻无效事由，可分为可治愈的无效事由和不可治愈的无效事由。从这一点来看，结婚行为的无效与一般民事法律行为的无效存在区别。民事法律行为无效，是自始、绝对、当然的无效，不可能转化为有效；结婚行为的无效，则存在治愈、转化为有效的可能。

当事人一方或双方未到法定婚龄，属于典型的可治愈的无效事由。[3]因此，当事人一方在结婚时未到法定婚龄的，另一方在向人民法院请求确认婚姻无效时，当事人一方已到法定婚龄的，法定的无效婚姻情形已经消失，该婚姻转化为有效婚姻。另一方要求解除婚姻关系的，应当向人民法院起诉要求离婚。

问题在于，当事人一方或双方重婚、当事人双方具有禁止结婚的亲属关系是否属于可治愈的无效事由，学界存在分歧。也就是说，夫妻一方重婚，但重婚配偶向人民法院请求确认重婚无效时，夫妻一方的前婚因离婚或配偶死亡而消灭的，重婚能否因重婚状态消失而被治愈，从而转化为有效的婚姻，有学者

〔1〕我国台湾地区就婚姻无效事由也采取了非限制说，认为民事法律行为无效的一般规则也可以适用于结婚。参见林秀雄：《亲属法讲义》，中国台湾地区元照出版有限公司 2020 年版，第 92 页；陈棋炎、黄宗乐、郭振恭：《民法亲属新论》，中国台湾地区三民书局股份有限公司 2018 年版，第 102 页。

〔2〕参见浙江省台州市路桥区人民法院（2020）浙 1004 民初 5692 号民事判决书，河南省周口市川汇区人民法院（2021）豫 1602 民初 540 号民事判决书。

〔3〕杨大文主编：《亲属法》（第五版），法律出版社 2012 年版，第 93 页；马忆南：《婚姻家庭继承法学》（第四版），北京大学出版社 2019 年版，第 74 页。

持肯定说，[1] 也有学者支持否定说。[2] 对此，我国刑法学界认为，就重婚罪而言，即使一方的前婚具有无效事由，在前婚消灭之前，一方另行结婚仍然构成重婚罪。[3] 倘若认为重婚在民法上可治愈，在前婚消灭时，就会出现重婚在民法上有效但重婚者构成重婚罪的矛盾现象。这意味着，民法和刑法对重婚行为作了完全不同的评价。因此，本书认为，重婚是严重违反一夫一妻制的行为，严重违反了公序良俗，为了保持法秩序的统一、避免民法和刑法的评价矛盾，即使前婚被确认无效、被撤销，或者前婚关系因为前婚配偶死亡、离婚而终止，重婚也不会因此变成有效婚姻。[4] 重婚中的配偶对重婚者前婚无效、被撤销、因离婚或一方死亡而终止的信赖，不受保护。[5]

此外，夫妻双方存在禁止结婚的自然血亲关系的，这种自然血亲关系不会随着时间的推移而消失，因此，对当事人存在禁止结婚的自然血亲关系的婚姻，请求确认婚姻无效不存在阻却事由，该无效婚姻不存在被治愈的可能。[6] 然而，当事人之间存在如收养关系等拟制直系血亲关系的，在收养关系被解除后，如果当事人之间不存在禁止结婚的三代以内旁系血亲关系，当事人的婚姻关系能否被治愈，从而转化为有效婚姻，学界也存在肯定说、[7] 否定说两种立场。[8]

（二）确认婚姻无效的程序

无效婚姻必须经过人民法院依诉讼程序确认。有权确认婚姻无效的机关只有人民法院，不包括婚姻登记机关。

在比较法上，婚姻无效的模式有当然无效主义和宣告无效主义两种。[9] 按照当然无效主义，婚姻当然无效，无须经过法院判决，但当事人对婚姻是否无效存在争议时，可请求法院确认婚姻无效；[10] 按照宣告无效主义，只有经过法定的宣

---

〔1〕余延满：《亲属法原论》，法律出版社 2007 年版，第 192 页。

〔2〕房绍坤、范李瑛、张洪波编著：《婚姻家庭继承法》（第六版），中国人民大学出版社 2020 年版，第 41 页。

〔3〕张明楷：《刑法学》（第五版），法律出版社 2016 年版，第 928 页。

〔4〕Dethloff, Familienrecht, 32. Aufl., C. H. Beck, 2018, § 3, Rn. 39.

〔5〕MüKoBGB/Wellenhofer, 8. Aufl. 2019, BGB § 1314, Rn. 7.

〔6〕余延满：《亲属法原论》，法律出版社 2007 年版，第 193 页。

〔7〕杨大文主编：《亲属法》（第五版），法律出版社 2012 年版，第 93 页；杨大文、龙翼飞主编：《婚姻家庭法》（第八版），中国人民大学出版社 2020 年版，第 98 页。

〔8〕余延满：《亲属法原论》，法律出版社 2007 年版，第 169 页。

〔9〕余延满：《亲属法原论》，法律出版社 2007 年版，第 193—194 页。

〔10〕我国台湾地区就婚姻无效采纳了当然无效主义。参见林秀雄：《亲属法讲义》，中国台湾地区元照出版有限公司 2020 年版，第 95 页；陈棋炎、黄宗乐、郭振恭：《民法亲属新论》，中国台湾地区三民书局股份有限公司 2018 年版，第 104 页。

告无效程序，婚姻才能被认定为无效。[1]无效婚姻采宣告无效主义的理由在于，结婚行为属于身份行为，一旦结婚行为无效，不仅当事人之间的配偶身份丧失，而且当事人基于配偶身份所形成的人身关系和财产关系也会消灭。因此，结婚行为的无效须经人民法院宣告，不适用民事法律行为当然无效规则。[2]

原《最高人民法院关于适用〈中华人民共和国婚姻法〉若干问题的解释（一）》（以下简称《婚姻法司法解释（一）》）就婚姻无效采纳了宣告无效主义。虽然《民法典婚姻编解释（一）》第9、10、12条等规定使用了“确认婚姻无效”的措辞，但是，《民法典婚姻编解释（一）》第20条规定，无效婚姻只有在被人民法院依法确认无效时，该婚姻才自始不受法律保护。因此，《民法典婚姻编解释（一）》没有采纳当然无效主义，而是坚持了宣告无效主义。

基于宣告无效模式，在人民法院判决婚姻无效之前，婚姻即使存在无效事由，登记结婚的男女之间仍然具有夫妻关系，任何一方当事人不得另行结婚。人民法院依法判决确认婚姻无效的，婚姻的效力被彻底否定并溯及既往，从而男女双方自始不享有夫妻间的权利、负担夫妻间的义务。

依据《民法典婚姻编解释（一）》第9条的规定，有权向人民法院请求确认婚姻无效的主体，包括婚姻当事人及利害关系人。依据婚姻无效事由的不同，利害关系人的范围也不同。具体来说，利害关系人包括：（1）以重婚为由的，利害关系人为当事人的近亲属及基层组织，基层组织包括当事人所在单位、住所地居民委员会、村民委员会、民政部门、妇联等；[3]（2）以未到法定婚龄为由的，利害关系人为未到法定婚龄者的近亲属；（3）以有禁止结婚的亲属关系为由的，利害关系人为当事人的近亲属。依据《民法典婚姻编解释（一）》第15条的规定，利害关系人向人民法院请求确认婚姻无效的，利害关系人为原告，婚姻关系当事人双方为被告。夫妻一方死亡的，生存一方为被告。

请求确认婚姻无效，原则上不受时间限制。依据《民法典婚姻编解释（一）》第14条的规定，夫妻一方或者双方死亡后，生存一方或者利害关系人可以请求确认婚姻无效。也就是说，夫妻双方生存时，夫妻双方或者利害关系人可以请求确认婚姻无效；夫妻一方去世后，不论死亡时间是否超过一年，生存一方或者利害关系人均可请求确认婚姻无效；夫妻双方均已去世的，不论死

---

〔1〕参见《德国民法典》第1313条。

〔2〕王洪：《婚姻家庭法》，法律出版社2003年版，第92页。

〔3〕房绍坤、范李瑛、张洪波编著：《婚姻家庭继承法》（第六版），中国人民大学出版社2020年版，第41页。

亡时间是否超过一年，利害关系人均可请求确认婚姻无效。但是，夫妻一方或双方未到法定婚龄的，一旦双方都已到法定婚龄，婚姻即被治愈，无法被人民法院确认无效。

由于婚姻关系无效不仅涉及当事人双方的利益，还可能涉及子女及其亲属的利益和社会公共利益，因此，人民法院审理请求确认婚姻无效案件后，原告申请撤诉的，人民法院不予准许。人民法院审理请求确认婚姻无效案件，对婚姻效力的审理不适用调解，应当依法作出判决。也就是说，《民法典》关于婚姻效力的规定是强制性规定，婚姻是有效还是无效，不能由当事人通过协商、调解来确定，只能由人民法院审理后依法判决。经过人民法院审理，不存在原告主张的婚姻无效事由的，人民法院应当判决驳回原告的诉讼请求；存在婚姻无效事由的，人民法院应当判决婚姻无效。

人民法院就同一婚姻关系分别受理了离婚和请求确认婚姻无效案件的，对于离婚案件的审理，应当待请求确认婚姻无效案件作出判决后进行。因为婚姻一旦被确认无效即自始没有法律拘束力，不存在离婚的问题。

人民法院受理离婚案件后，经审理确属无效婚姻的，应当将婚姻无效的情形告知当事人，并依法作出确认婚姻无效的判决。也就是说，人民法院在审理离婚案件的过程中，发现所涉婚姻存在无效事由的，可以主动否定婚姻的效力，判决婚姻无效。[1]

人民法院判决确认婚姻无效的，涉及财产分割和子女抚养的，可以调解。当事人经调解达成协议的，人民法院另行制作调解书；当事人未达成调解协议的，人民法院应当一并作出判决。对判决不服的，当事人可以上诉。也就是说，就无效婚姻的判决，当事人可以上诉，不再适用一审终审制。

二、可撤销婚姻

可撤销婚姻，是指虽然已经成立，但因一方当事人结婚意思表示不自由而可以被一方当事人请求人民法院撤销的婚姻。在可撤销婚姻中，一方当事人决定结婚的意思表示自由受到了侵害，即一方当事人因受胁迫、因对方不如实告知身患重大疾病而结婚。因此，可撤销婚姻制度旨在保护婚姻自由，确保结婚行为的双方当事人具有真实的结婚意思。一方当事人结婚意思不自由的，依法享有撤销权，能够通过行使撤销权来撤销已经成立的婚姻关系。

---

〔1〕如湖南省长沙市芙蓉区人民法院（2013）芙民初字第2785—1号民事判决书。

可撤销婚姻与无效婚姻具有共同之处。首先，可撤销婚姻与无效婚姻都是已经成立但欠缺生效要件的婚姻。其次，可撤销婚姻与无效婚姻都有转化为终局有效婚姻的可能。就可撤销婚姻而言，撤销权因除斥期间经过而消灭，可撤销婚姻终局地成为有效婚姻；就无效婚姻而言，在当事人提起诉讼请求人民法院确认婚姻无效时，法定的无效婚姻情形已经消失的，无效婚姻转化为有效婚姻。最后，有权撤销婚姻、判决婚姻无效的机关都是人民法院。

可撤销婚姻与无效婚姻存在以下区别。首先，事由不同。婚姻无效事由一般涉及公序良俗，如一方或双方当事人重婚、当事人具有禁止结婚的亲属关系；婚姻可撤销事由则涉及当事人意思表示的不自由。其次，启动主体不同。向人民法院请求确认婚姻无效的主体为婚姻当事人和利害关系人；向人民法院请求撤销婚姻的主体只能是婚姻当事人，且为意思表示存在瑕疵的夫妻一方。再次，期限不同。在无效婚姻中，夫妻一方或者双方死亡后，生存一方或者利害关系人仍然可以请求人民法院确认婚姻无效；在可撤销婚姻中，享有撤销权的一方当事人应当在除斥期间内行使撤销权。最后，人民法院主动性不同。人民法院受理离婚案件后，经审理确属无效婚姻的，应当将婚姻无效的情形告知当事人，并依法作出确认婚姻无效的判决，即人民法院可以依职权主动确认婚姻无效；就可撤销婚姻而言，在享有撤销权的一方当事人没有向人民法院起诉请求撤销婚姻时，人民法院不得依职权主动撤销婚姻。

（一）撤销事由

依据《民法典》第1052条和第1053条的规定，可撤销婚姻包括因胁迫而结婚和因对方婚前未如实告知重大疾病而结婚两类。撤销事由包括胁迫、婚前未如实告知重大疾病两种。

1. 因胁迫而结婚。依据《民法典》第1052条的规定，因胁迫结婚的，受胁迫的一方可以向人民法院请求撤销婚姻。《民法典婚姻编解释（一）》第18条规定，胁迫，是指行为人以给另一方当事人或者其近亲属的生命、身体、健康、名誉、财产等方面造成损害为要挟，迫使另一方当事人违背真实意愿结婚的情况。

胁迫的成立必须具备以下要件：（1）须有胁迫的行为，即行为人以给结婚行为的一方当事人或者其近亲属的生命、身体、健康、名誉、财产等方面造成损害为要挟；（2）胁迫人须有胁迫的故意，即行为人有通过胁迫使结婚行为的一方当事人陷入恐惧并因此而为结婚意思表示的故意；（3）须被胁迫人因胁迫而陷入恐惧，即胁迫行为与结婚行为的一方当事人陷入恐惧具有因果关系；

（4）须被胁迫人因恐惧而为结婚的意思表示，即被胁迫人的恐惧与其所为的结婚意思表示具有因果关系；（5）胁迫须为不法。

胁迫不仅包括结婚行为的一方当事人对另一方实施的胁迫，也包括第三人对结婚行为的一方当事人甚至双方当事人实施的胁迫。

因胁迫而结婚的，被胁迫的一方当事人非基于自愿作出了结婚的意思表示，存在意思表示瑕疵，因此享有撤销权。

2. 因对方婚前未如实告知重大疾病而结婚。《民法典》第1053条将隐瞒重大疾病规定为可撤销婚姻的事由。一方当事人患有重大疾病的，应当在结婚登记前如实告知另一方，以便另一方经过审慎思考后决定是否结婚。另一方明知一方当事人患有重大疾病但仍然愿意与其结婚的，结婚行为效力不受影响。这也是尊重当事人婚姻自由的体现，符合民法的私法自治原则。反之，如果一方当事人患有重大疾病，在结婚登记前故意未如实告知另一方，导致另一方与其结婚的，另一方可以向人民法院请求撤销婚姻。承认另一方享有撤销权的理由在于，一方故意不履行告知义务，隐瞒身患重大疾病的事实，使对方陷入错误认识并因此而为结婚的意思表示，构成欺诈，因此，另一方享有撤销权。

不如实告知重大疾病构成欺诈，其成立应当具备以下要件：（1）须有不如实告知重大疾病的行为，即一方当事人在结婚登记前患有重大疾病，但是没有告知另一方或者虽然告知但没有将真实情况告知另一方，从而没有履行告知义务；（2）须有不如实告知的故意，即一方当事人明知自己患有重大疾病但故意不如实告知；（3）须另一方因不如实告知而陷入错误，即不如实告知与结婚行为的另一方当事人陷入错误具有因果关系；（4）须另一方因错误而为结婚的意思表示，即另一方的错误与其所为的结婚意思表示具有因果关系，如果一方如实告知，另一方不会陷入错误，从而不会或不会在此时作出结婚的意思表示。

《民法典》婚姻家庭编没有列举重大疾病的范围。哪些疾病属于可以撤销婚姻的重大疾病，需要人民法院谨慎判断。认定重大疾病的标准在于，一方当事人的重大疾病必须是足以影响另一方决定是否结婚的疾病，即疾病的严重程度足以影响另一方对结婚的自主决定。因此，重大疾病的范围不限于原《婚姻法》第7条中的“医学上认为不应当结婚的疾病”，[1]还应当包括可以结婚、但

---

〔1〕根据《母婴保健法》第9条规定，自然人患指定传染病在传染期内或者有关精神病在发病期内的，暂缓结婚。其中，指定传染病，是指《传染病防治法》中规定的艾滋病、淋病、梅毒、麻风病以及医学上认为影响结婚和生育的其他传染病；有关精神病，是指精神分裂症、躁狂抑郁型精神病以及其他重型精神病。

足以影响当事人决定是否结婚的疾病，如对夫妻共同生活有不利影响的疾病、危害对方身体健康的疾病、因后代再现风险高的严重遗传性疾病，如艾滋病、淋病、梅毒，以及《母婴保健法》第10条和《异常情况的分类指导标准（试行）》规定的会遗传给子女的严重的常染色体显性遗传性疾病、会遗传给特定性别子女的严重的性链锁隐性遗传性疾病。精神分裂症、双向感情障碍就属于典型的重大疾病。[1]此外，女方隐瞒自己无卵巢、不能生育的事实，也可能被认定为隐瞒重大疾病。[2]一般的疾病，如感冒等，自然不属于《民法典》第1053条的重大疾病。[3]

（二）撤销权的行使

可撤销的婚姻必须由享有撤销权的一方当事人行使撤销权，才能使该婚姻自始失去法律拘束力。在当事人行使撤销权之前，婚姻关系有效，双方当事人之间产生夫妻在人身和财产方面的权利和义务，但婚姻因撤销权的行使自始没有法律拘束力。

在性质上，撤销权属于以诉讼方式实施的形成权。享有撤销权的一方是受胁迫而结婚的一方当事人、因对方不如实告知身患重大疾病而结婚的一方当事人。依据《民法典》第1052条和第1053条的规定，享有撤销权的一方当事人只能向人民法院请求撤销婚姻，不得向婚姻登记机关请求撤销婚姻。也就是说，在《民法典》施行后，只有人民法院能够依诉讼程序撤销婚姻，婚姻登记机关不再享有撤销婚姻的权限，婚姻登记机关不再受理因胁迫结婚的撤销婚姻申请。

撤销权作为形成权，受除斥期间的限制。这有助于督促撤销权人尽快行使权利，避免婚姻关系长期处于不稳定的状态。依据《民法典》第1052条和第1053条的规定，除斥期间为一年，但除斥期间的起算时点根据撤销事由的不同而有所区别：（1）依据《民法典》第1052条第2款和第3款的规定，因受胁迫而请求撤销婚姻的，受胁迫一方应当自胁迫行为终止之日起1年内行使撤销权，即除斥期间的起算时点不是结婚登记之日，而是胁迫行为终止之日。受胁迫一方被非法限制人身自由的，应当自恢复人身自由之日起1年内行使撤销权，即除斥期间的起算时点为恢复人身自由之日。（2）依据《民法典》第1053条第2款的

〔1〕参见浙江省台州市路桥区人民法院（2020）浙1004民初5692号民事判决书、河南省周口市川汇区人民法院（2021）豫1602民初540号民事判决书。

〔2〕参见杭州市萧山区人民法院（2021）浙0109民初452号民事判决书。

〔3〕黄薇主编：《中华人民共和国民法典婚姻家庭编解读》，中国法制出版社2020年版，第63页。

规定，因对方不告知重大疾病而请求撤销婚姻的，受欺诈一方应当自知道或者应当知道撤销事由之日起1年内向人民法院请求撤销婚姻。

该除斥期间为不变期间，不适用诉讼时效中止、中断或者延长的规定。如果撤销权人在除斥期间内不行使撤销权，撤销权归于消灭，从而婚姻终局地有效。

《民法典》婚姻家庭编并未就婚姻撤销权设置最长除斥期间。就胁迫婚而言，只要胁迫行为、非法限制人身自由的行为一直没有终止，无论当事人结婚多少年，被胁迫的夫妻一方在胁迫行为终止之日或者恢复人身自由之日起1年内均可行使撤销权。因此，因胁迫而结婚的，受胁迫方的撤销权不适用最长除斥期间。因此，《民法典婚姻编解释（一）》第19条第2款规定，受胁迫或者被非法限制人身自由的当事人请求撤销婚姻的，不适用《民法典》第152条第2款最长除斥期间的规定。不仅如此，因对方不如实告知重大疾病而结婚的，一方当事人享有的撤销权也不适用最长除斥期间。这一立场的理由在于：最长除斥期间服务于信赖保护，避免撤销权人长期不行使撤销权导致法律关系处于不确定的状态，然而结婚行为属于身份行为，与财产行为不同，无须保护相对人的信赖，不能为了追求法律关系的确定性而牺牲撤销权人的利益。因此，因对方不如实告知重大疾病而结婚的，即使双方结婚满5年，受欺诈的一方当事人仍然享有撤销权，可以请求人民法院撤销婚姻。这一立场有助于保护意思表示有瑕疵的夫妻一方。

三、婚姻无效和被撤销的法律后果

依据《民法典》第1054条第1款第一句，无效婚姻、被撤销的婚姻自始没有法律约束力，当事人自始不具有夫妻在人身及财产方面的权利和义务。依据《民法典婚姻编解释（一）》第20条，所谓自始没有法律约束力，是指无效婚姻或者可撤销婚姻在依法被确认无效或者被撤销时，才确定该婚姻自始不受法律保护。因此，在人民法院依法确认婚姻无效或撤销婚姻之前，婚姻依然受法律保护，当事人之间具有夫妻的权利和义务；在人民法院依法确认婚姻无效或撤销婚姻之后，婚姻无效或被撤销具有溯及力，即当事人结婚之时，婚姻就没有法律效力。

在人身关系方面，婚姻一旦被确认无效或被撤销，婚姻当事人自始不再互为配偶，不适用《民法典》有关夫妻人身关系的规定。

在财产关系方面，婚姻一旦被确认无效或被撤销，婚姻当事人之间自始不互负扶养义务、互不享有继承权，但是，双方当事人之间可能存在扶养事实。从而，一方当事人死亡的，另一方当事人作为继承人以外的依靠被继承人扶养的人，或者继承人以外的对被继承人扶养较多的人，依据《民法典》继承编第1131条可以请求分得适当的遗产。

婚姻一旦被确认无效或被撤销，婚姻当事人之间的夫妻财产关系也随之消灭。婚姻当事人依据《民法典》第1065条所作的夫妻财产制约定，因婚姻被确认无效或被撤销而随之无效。[1]但是，根据《民法典》第1054条第1款和《民法典婚姻编解释（一）》第22条，当事人在同居期间取得的财产，由当事人协议处理。也就是说，当事人在婚姻被确认无效或被撤销后，可以就同居期间所得财产的处理订立协议。这一协议旨在对双方当事人同居期间所得财产进行清算。这一协议须符合民事法律行为的成立要件和生效要件。如果双方当事人无法就处理同居期间所得财产达成协议，同居期间所得的财产按共同共有处理，并由人民法院根据照顾无过错方的原则判决。一方当事人主张特定财产属于个人财产的，对此负举证责任。这意味着，婚姻被确认无效或被撤销的，当事人之间同居期间所得财产可能属于共同共有财产。

依据《民法典》第1054条第1款，婚姻因一方或双当事人重婚被确认无效的，无效婚姻的财产处理，不得侵害合法婚姻当事人的财产权益。这是因为，在婚姻因一方当事人重婚而被确认无效的情形，如果重婚一方与前婚配偶没有就夫妻财产作出特别约定，重婚一方在重婚期间所得的财产，可能属于重婚一方和前婚配偶的夫妻共有财产，如重婚一方在同居期间取得的工资、奖金、劳务报酬和生产、经营、投资的收益。从而，重婚一方和重婚配偶就重婚期间所得财产的处理，不得侵害前婚配偶对夫妻共同财产的权益。在这种情况下，依据《民法典婚姻编解释（一）》第16条，人民法院审理重婚导致的无效婚姻案件时，涉及财产处理的，应当准许重婚一方的前婚配偶作为有独立请求权的第三人参加诉讼。

此外，根据《民法典》第1054条第2款，婚姻无效或者被撤销的，无过错方有权请求损害赔偿。在婚姻无效的场合，无过错方是指本人不具有无效婚姻的情形，且善意相信婚姻有效的一方当事人。[2]因此，婚姻无效时的损害赔偿，

---

〔1〕 余延满：《亲属法原论》，法律出版社 2007 年版，第 214 页；房绍坤、范李瑛、张洪波编著：《婚姻家庭继承法》（第六版），中国人民大学出版社 2020 年版，第 45 页。

〔2〕 王洪：《婚姻家庭法》，法律出版社 2003 年版，第 95 页。

仅适用于因一方当事人的行为导致婚姻无效的情形，如婚姻因一方重婚而被人民法院确认无效。双方当事人均系重婚导致婚姻被确认无效的，不存在损害赔偿的问题。在婚姻被撤销的场合，无过错方是指受胁迫而结婚的一方当事人、因对方不如实告知身患重大疾病而结婚的一方当事人，即享有撤销权的一方。该损害赔偿不以绝对权侵害为前提，从而区别于侵权损害赔偿。因此，夫妻一方胁迫另一方结婚并侵害另一方人格权益的，另一方不能依据《民法典》第1054条第2款主张医疗费赔偿、精神损害赔偿。实际上，该损害赔偿类似于缔约过失的损害赔偿。比如，夫妻一方婚前隐瞒身患重大疾病而与另一方结婚的，构成婚姻缔结中告知义务的违反。此时，赔偿范围主要是因信赖婚姻有效而支出的费用，如婚礼、婚纱拍摄等相关开支，不包括离婚损害赔偿、离婚经济帮助等因离婚而产生的财产救济。[1]

依据《民法典》第1054条第1款，婚姻当事人与所生子女之间的权利义务关系不会因婚姻被确认无效或被撤销而受到影响，仍适用《民法典》关于父母子女关系的规定。子女直接抚养人的确定、抚养费的负担及给付期限和方式、探望权等问题，依据《民法典》婚姻家庭编离婚章节的规定处理。

人民法院根据当事人的请求，依法确认婚姻无效或者撤销婚姻的，应当收缴双方的结婚证书，并将生效的判决书寄送当地婚姻登记管理机关。

法律适用

1. 彩礼

按民间婚俗，订婚的男女通常会有一些财物往来，即一方因婚约向另一方给付一定的彩礼。当然，给付彩礼的约定与订立婚约是两个独立的行为，两者并无必然联系。男女双方可以不订立婚约而约定给付彩礼，也可以订立婚约但约定无须给付彩礼。

实践中，给付彩礼并不单纯是婚姻当事人之间的事情，很多情况下涉及两个家庭之间的来往，因此，彩礼给付人与收受人往往不限于男女双方。彩礼的给付人既可能是婚姻当事人，也可能是婚姻当事人一方的亲属，包括其父母兄姐等。

---

〔1〕 刘征峰：《结婚中的缔约过失责任》，载《政法论坛》2021 年第 3 期。

我国学界一般认为，彩礼属于附解除条件的赠与。[1]双方当事人没有缔结婚姻的，解除条件成就，给付彩礼的一方可以请求接受彩礼的一方返还。因此，男女双方形成婚姻关系的，彩礼原则上不用返还。仅在特殊情况下，即使男女双方已经形成婚姻关系，彩礼仍然应当返还。根据《民法典婚姻编解释（一）》第5条的规定，当事人请求返还彩礼的，如果属于以下情形之一，人民法院应当予以支持：（1）双方未办理结婚登记手续；（2）双方办理结婚登记手续但确未共同生活；（3）婚前给付并导致给付人生活困难。在上述第2项和第3项的情形中，彩礼的返还应当以夫妻双方离婚为条件。未婚男女双方未办理结婚登记手续也没有共同生活的，彩礼应当予以返还。如果未婚男女双方确已共同生活但最终未登记结婚，彩礼返还的具体数额，根据未办理结婚登记手续的原因、双方共同生活的时间、彩礼数额、有无生育子女、财产使用情况、双方经济状况、当地风俗习惯等因素确定。[2]如果双方办理结婚登记手续但确未共同生活，彩礼返还的具体数额，根据双方结婚时间长短、彩礼数额、未共同生活的原因、财产使用情况、双方经济状况、当地风俗习惯等因素确定。婚前给付并导致给付人生活困难的，请求返还彩礼的一方必须陷入生活绝对困难，即彩礼返还以因彩礼的给付导致给付人无法维持当地最基本生活水平为前提。

2. 婚姻被人民法院确认无效或者被人民法院撤销的法律后果

在我国，确认婚姻无效、撤销婚姻的机关是人民法院。婚姻一旦被人民法院依法确认无效或者撤销即自始没有法律约束力，当事人自始不具有夫妻在人身及财产方面的权利和义务。所谓自始没有法律约束力，是指婚姻在依法被人民法院确认无效或者撤销时，才确定该婚姻自始不受法律保护。当事人同居期间所得的财产，由当事人协议处理；协议不成的，当事人同居期间所得的财产，除有证据证明为当事人一方所有的外，按共同共有处理，由人民法院根据照顾无过错方的原则判决。婚姻因一方或双方当事人重婚而被确认无效的，无效婚姻的财产处理，不得侵害合法婚姻当事人的财产权益。人民法院审理重婚导致的无效婚姻案件时，涉及财产处理的，应当准许重婚一方的前婚配偶，即合法婚姻当事人作为有独立请求权的第三人参加诉讼。

---

〔1〕余延满：《亲属法原论》，法律出版社2007年版，第157页；蒋月主编：《婚姻家庭与继承法》（第三版），厦门大学出版社2014年版，第95页；房绍坤、范李瑛、张洪波编著：《婚姻家庭继承法》（第六版），中国人民大学出版社2020年版，第37页。

〔2〕《最高人民法院关于印发〈全国民事审判工作会议纪要〉的通知》（法办〔2011〕442号）第50条，江苏省高级人民法院《家事纠纷案件审理指南（婚姻家庭部分）》（2019年）第8条。

婚姻无效或者被撤销的，无过错方有权请求损害赔偿。在无效婚姻中，无过错方是指不具有无效婚姻情形的一方当事人。无过错方通常对婚姻存在无效事由并不知情，善意相信婚姻有效并对该段婚姻付出。在可撤销婚姻中，无过错方是指受胁迫而结婚的一方当事人、因对方不如实告知身患重大疾病而结婚的一方当事人，即享有撤销权的一方。

婚姻当事人与所生子女之间的权利义务关系，不会因婚姻被撤销而受到影响，仍适用《民法典》关于父母子女关系的规定。

课后复习

1. 婚姻无效的法定事由。

3. 婚姻可撤销的法定事由。

3. 婚姻撤销权的除斥期间。

第六章 夫妻关系

提 要

夫妻关系是男女因结婚而形成的相互间具有权利义务内容的社会关系。夫妻关系包括人身关系和财产关系。夫妻人身关系包括夫妻姓名权、夫妻的人身自由权、婚姻住所决定权、忠实义务、同居义务。夫妻财产关系包括夫妻互负的扶养义务、日常家事代理权、夫妻双方的继承权和夫妻财产制。

夫妻财产制是夫妻关系的重点内容。我国的法定夫妻财产制是婚后所得共同制，也被称为夫妻共同财产制。它是指在婚姻关系存续期间，夫妻任何一方所得的财产和双方共同所得的财产，除夫妻一方个人财产外，均归夫妻双方共同共有的夫妻财产制度。夫妻共同财产的范围包括：（1）工资、奖金、劳务报酬；（2）生产、经营、投资的收益；（3）知识产权的收益；（4）继承或者受赠的财产，但遗嘱或者赠与合同中确定只归一方的财产除外；（5）其他应当归共同所有的财产。其他应当归共同所有的财产包括：（1）一方以个人财产投资取得的收益。除孳息和自然增值外，夫妻一方个人财产在婚后产生的收益，属于夫妻共同财产。（2）男女双方实际取得或者应当取得的住房补贴、住房公积金。（3）男女双方实际取得或者应当取得的养老保险金、破产安置补偿费。（4）军人复员费、自主择业费中属于夫妻共同财产的部分。夫妻双方对夫妻共同财产享有平等的管理权。夫妻一方的个人财产的范围包括：（1）一方的婚前财产；（2）一方因受到人身损害获得的赔偿或者补偿；（3）遗嘱或者赠与合同中确定只归一方的财产；（4）一方专用的生活用品；（5）其他应当归一方的财产。

男女双方可以约定婚姻关系存续期间所得的财产以及婚前财产归各自所有、共同所有或者部分各自所有、部分共同所有。约定应当采用书面形式。夫妻双方对婚姻关系存续期间所得的财产约定归各自所有，夫妻一方对外所负的债务，相对人知道该约定的，以夫妻一方的个人财产清偿。

夫妻共同债务是夫妻双方承担连带责任的债务，包括：（1）夫妻双方共同签名或者夫妻一方事后追认等共同意思表示所负的债务；（2）夫妻一方在婚姻关系存续期间，以个人名义为家庭日常生活需要所负的债务；（3）夫妻一方在婚姻关系存续期间，以个人名义超出家庭日常生活需要所负但用于夫妻共同生活、共同生产经营或者基于夫妻双方共同意思表示的债务。

婚姻关系存续期间，有下列情形之一的，夫妻一方可以向人民法院请求分割共同财产：（1）一方有隐藏、转移、变卖、毁损、挥霍夫妻共同财产，或者伪造夫妻共同债务等严重损害夫妻共同财产利益的行为；（2）一方负有法定扶养义务的人患重大疾病需要医治，另一方不同意支付相关医疗费用。

夫妻关系，是指男女因结婚而形成的相互间具有权利义务内容的社会关系。依据《民法典》第1049条第3句，结婚的男女双方完成结婚登记，即确立婚姻关系。婚姻关系确立，男女双方就成为夫妻，互为配偶，当事人之间形成婚姻生活共同体、发生夫妻的权利义务关系。这一夫妻权利义务关系也被称为婚姻的效力，即婚姻对夫妻双方的法律约束力。

婚姻的效力包括婚姻的人身效力和财产效力。前者是与夫妻人身相关的权利和义务；后者是夫妻财产方面的权利和义务，以夫妻财产制为重心。根据《民法典》婚姻家庭编规定，第1043条第2款和第1050、1056、1057条属于婚姻的人身效力，即夫妻人身关系；从第1059条到第1066条属于婚姻的财产效力，即夫妻财产关系。需要注意的是，婚姻关系是继续性法律关系，夫妻双方在人身和财产方面的权利义务会持续地存在。〔1〕

根据《民法典》婚姻家庭编规定，夫妻在婚姻家庭中地位平等。这是平等原则在《民法典》婚姻家庭编的具体体现，是确定夫妻间权利和义务关系的原则，也是处理夫妻间权利和义务纠纷的基本依据。对于夫妻间的权利和义务纠纷，《民法典》有具体规定的，应按照具体规定处理；没有具体规定的，按照夫妻在婚姻家庭中地位平等原则处理。

重点问题

1. 我国《民法典》婚姻家庭编确立的法定财产制。
2. 夫妻双方日常家事代理权的适用范围和法律效果。
3. 夫妻共同财产、夫妻一方个人财产的范围。
4. 夫妻共同债务的类型及其法律效果。

---

〔1〕 李昊、王文娜：《婚姻缔结行为的效力瑕疵——兼评民法典婚姻家庭编草案的相关规定》，载《法学研究》2019年第4期。

第一节 夫妻人身关系

夫妻人身关系，是指夫妻间不直接表现为经济利益的权利义务关系。根据《民法典》和《民法典婚姻编解释（一）》的相关规定，夫妻人身关系的内容包括夫妻的姓名权、夫妻的人身自由权、夫妻的婚姻住所决定权、夫妻的忠实义务、夫妻的同居义务。

一、夫妻的姓名权

《民法典》第1056条规定："夫妻双方都有各自使用自己姓名的权利。"在古代父系家长制下，妻子嫁入夫家后须遵循"妻从夫姓"的传统，以示妻处于夫权之下。我国婚姻家庭法在夫妻姓名权上贯彻男女平等原则，基于夫妻在婚姻家庭中地位平等的理念，承认夫妻双方的姓名权不受婚姻影响。因此，夫妻各自享有的姓名权，不受婚姻缔结的影响。这意味着，夫妻双方也无须确定一项共同的婚姻姓氏。与此相对，在比较法上，有些立法例要求夫妻双方确定共同的婚姻姓氏，从而夫妻双方应当使用共同的婚姻姓氏，如《德国民法典》第1355条第1款第1句和第2句。总之，在我国，夫妻双方有权依法使用、变更自己的姓名。任何一方不得干涉另一方使用、变更自己的姓名。这也是《民法典》第1012条在婚姻家庭编中的体现。

二、夫妻的人身自由权

《民法典》第1057条规定："夫妻双方都有参加生产、工作、学习和社会活动的自由，一方不得对另一方加以限制或者干涉。"这是夫妻双方各自充分、自由发展的必要和先决条件。

在古代父系家长制下，妻子的行为处于丈夫的严密控制之下。《礼记·郊特牲第十一》就记载，"妇人，从人者也；幼从父兄，嫁从夫，夫死从子"。

我国婚姻家庭法奉行男女平等原则，明确规定了夫妻的人身自由权。按照这一规定，夫妻双方都享有参加生产、工作的权利，都能参加社会职业活动、社会劳动；夫妻双方都有参加学习的权利，都有接受教育的权利，包括学校教育、职业教育、继续教育；夫妻双方都有参加社会活动的权利，包括参政、议政活动，科学、技术、文学、艺术和其他文化活动，各种群众组织、社会团体的活动，以及各种形式的公益活动等。夫妻双方行使人身自由权应当相互尊重，一方不得对另一方行使上述权利加以限制或者干涉。

三、夫妻的婚姻住所决定权

《民法典》第1050条规定："登记结婚后，按照男女双方约定，女方可以成为男方家庭的成员，男方可以成为女方家庭的成员。"在男女平等原则的背景下，夫妻双方平等地享有婚姻住所决定权，夫妻双方可以协商、选择、决定婚后共同生活住所，婚姻住所决定权不再专属于夫，从而男娶女嫁、妇从夫居的传统不再适用。

四、夫妻的忠实义务

依据《民法典》第1043条第2款的规定，夫妻应当互相忠实。这是关于夫妻互负忠实义务的规定。忠实义务，包括广义的忠实义务和狭义的忠实义务。广义的忠实义务是指作为配偶权主体的夫妻不得为婚外之性交，在性生活上互守贞操，保持感情专一，同时，夫妻相互之间一方不得恶意遗弃他方，不得为第三人利益牺牲和损害他方利益。狭义的忠实义务是指夫妻不得为婚外之性交、维持夫妻间性关系专属性和排他性的义务。[1]司法实践主要在狭义上理解忠实义务。[2]

忠实义务是《民法典》婚姻家庭编确立的法定义务。虽然忠实义务因高度人身性不可强制履行，但夫妻一方严重违反忠实义务的行为，如重婚、与他人同居，能够成为人民法院认定夫妻感情确已破裂并判决离婚的理由，同时也是离婚损害赔偿产生的原因。依据《民法典婚姻编解释（一）》第4条规定，根据当事人仅以《民法典》第1043条为依据提起诉讼的，人民法院不予受理；已经受理的，裁定驳回起诉。因此，夫妻一方违反忠实义务的，另一方不得仅以《民法典》第1043条为依据起诉要求离婚或请求离婚损害赔偿，而应当援引《民法典》婚姻家庭编其他规定，尤其是《民法典》第1079、1091条。

男女双方在婚前不负忠实义务，忠实义务因婚姻关系确立而产生。在实践中，男女双方在婚前或婚后，可能自愿订立有关在婚姻存续期间夫妻双方恪守

---

〔1〕 张家骥、缪宇：《夫妻忠实义务的准债务探析》，载《华中师范大学学报（人文社会科学版）》2019年第3期。

〔2〕 如北京市高级人民法院（2018）京民申2334号民事裁定书，江苏省高级人民法院（2015）苏审二民申字第02112号民事裁定书。

夫妻忠实义务的协议，违反忠实义务的一方按照协议承担相应的不利后果。这种协议被称为忠诚协议。

五、夫妻的同居义务

我国《民法典》婚姻家庭编没有正面规定夫妻的同居义务。不过，《民法典》第1042条第2款第二句规定："禁止有配偶者与他人同居。"同时，《民法典》第1079条第3款第4项将因感情不和分居满两年作为认定感情破裂的法定事由。这些可以解释为同居义务的反面规定。实际上，男女双方结婚系为了形成终身的生活共同体，同居义务乃是结婚的当然结果和婚姻关系的本质义务。[1]因此，学界通说一般认为，同居义务也属于婚姻的人身效力。[2]

同居的权利和义务是夫妻双方共同居住、共同生活、生活上互相协助和关照，并进行性生活的权利和义务。因此，同居义务的内容包括共同寝食、共同使用家庭生活用品、互相照顾和精神安慰、共同分担家务、按照个人情况如年龄和健康状况进行性生活。也就是说，同居是指夫妻共同生活的同居，夫妻同处一屋但分房生活不属于同居。同居与住所也不能画等号，夫妻双方不买房而环游世界，仍属于同居。履行同居义务的方式可以由当事人意思自治。作为人身性义务，同居义务不得强制执行。一方向另一方请求履行同居义务须尊重另一方对性的自主决定，另一方在身体不适时可以拒绝履行同房义务。夫妻一方有正当理由，如因工作、学习、就医等原因而暂时分居的，不构成同居义务的违反。

第二节　夫妻财产制

根据《民法典》和《民法典婚姻编解释（一）》的相关规定，夫妻财产关系的内容包括夫妻互负的扶养义务、日常家事代理权、夫妻双方的继承权和夫妻财产制。由于夫妻财产关系的内容较多，本节仅介绍夫妻财产制。夫妻财产关系的其他内容在本章第三节介绍。

---

〔1〕陈棋炎、黄宗乐、郭振恭：《民法亲属新论》，中国台湾地区三民书局股份有限公司 2018 年版，第 118 页；杨大文、龙翼飞主编：《婚姻家庭法》（第八版），中国人民大学出版社 2020 年版，第 111 页。

〔2〕陈苇主编：《婚姻家庭继承法学》（第二版），中国政法大学出版社 2014 年版，第 112 页；蒋月主编：《婚姻家庭与继承法》（第三版），厦门大学出版社 2014 年版，第 116 页。

一、夫妻财产制概述

（一）夫妻财产制的概念

夫妻财产制是夫妻财产关系的核心内容，它主要包括四个方面的内容：(1)夫妻双方财产的归属；（2）夫妻双方财产在婚后的管理和处分；（3）夫妻双方在婚姻关系存续期间甚至婚前所负债务的清偿及责任财产范围；（4）在夫妻财产制解体时，夫妻双方财产的清算、分配。[1]因此，夫妻财产制是关于夫妻婚前财产和婚后所得财产归属、管理、使用、收益、处分，以及债务清偿、婚姻关系终止时财产清算等方面的法律制度。夫妻财产制的核心是夫妻婚前财产和婚后所得财产的归属问题。

（二）夫妻财产制的类型

按照不同的标准，夫妻财产制可以分为以下两种类型。

1. 法定财产制与约定财产制

按照夫妻财产制确立的依据不同，夫妻财产制可分为法定财产制与约定财产制。

法定财产制是在夫妻双方婚前或婚后未就夫妻财产制作出约定或约定无效时，应当直接适用的法律明确规定的夫妻财产制。

约定财产制是夫妻双方依法以约定形式确定的夫妻财产制。约定财产制又分为开放型约定财产制和封闭型约定财产制。前者是指法律没有明文规定典型的约定夫妻财产制，关于夫妻财产制可由当事人自由创设，不违反法律强制性规定或公序良俗即可，也称自由式约定财产制；后者是指法律明文规定的几种典型的夫妻财产制，由当事人选择，至于法律未明文规定的夫妻财产制，不得由当事人任意创造，也称选择式约定财产制。[2]

基于私法自治原则，约定财产制优先于法定财产制适用。

2. 共同财产制与分别财产制

依据夫妻财产制内容的不同，夫妻财产制又可分为共同财产制和分别财产制。

共同财产制，是指夫妻双方的全部财产或部分财产成为共有财产，归夫妻

---

〔1〕 陈棋炎、黄宗乐、郭振恭：《民法亲属新论》，中国台湾地区三民书局股份有限公司 2018 年版，第 130 页。

〔2〕 林秀雄：《亲属法讲义》（修订五版），中国台湾地区元照出版有限公司 2020 年版，第 152—153 页。

双方共同共有，但是个人财产除外。共同财产制，包括一般共同制、所得共同制和劳动所得共同制。一般共同制，是指夫妻双方婚前财产、婚后财产均为夫妻共有的财产制；所得共同制，是指夫妻双方婚后所得财产归夫妻共有的财产制；劳动所得共同制，是指夫妻双方婚后的劳动所得归夫妻共有，非劳动所得的财产，如继承、受赠与获得的财产，归夫妻双方各自所有的财产制。

分别财产制，是指夫妻双方的财产归各自所有，各自对自己的财产进行管理、使用、收益。分别财产制的表现形式可能具有多样化，如德国的增益共同制、瑞士的所得分配制。增益共同制为德国的法定财产制。夫妻双方采增益共同制的，夫妻双方各自的财产为个人财产，夫妻双方在增益共同制存续期间所得的财产，也属于夫妻双方各自的个人财产，并且由各自独立管理。增益共同制的特殊之处在于，在增益共同制解体时，根据夫妻双方各自财产的增益确定双方个人财产增益的差额，取得较多增益的一方，应当向另一方给予双方增益差额之一半的补偿。[1]因此，增益财产制，本质上是分别财产制的具体形态。[2]

（三）我国的夫妻财产制

结合《民法典》第1062、1065条等规定来看，我国现行法对夫妻财产制采纳了法定夫妻财产制与约定夫妻财产制相结合的模式。

我国的法定夫妻财产制是婚后所得共同制，也被称为夫妻共同财产制。它是指在婚姻关系存续期间，夫妻任何一方所得的财产和双方共同所得的财产，除夫妻一方个人财产外，均归夫妻双方共同共有的夫妻财产制度。在婚后所得共同制下，夫妻双方各自的婚前财产为个人财产，由各自管理。夫妻双方婚后所得财产，属于共同共有而非按份共有。夫妻双方对夫妻共同财产，享有平等的管理权。

我国的约定夫妻财产制则包括分别财产制、一般共同制、部分共同制三种类型，从而确立了选择式约定财产制。[3]当事人只能在这三种约定财产制中选择。作为意思自治原则的体现，约定夫妻财产制优先于法定夫妻财产制适用。只有在夫妻双方没有选择约定夫妻财产制或者约定无效时，才适用法定夫妻财产制。

---

〔1〕 Wellenhofer, Familienrecht, 5. Aufl., C. H. Beck, 2019, § 16, Rn. 1.

〔2〕 MüKoBGB/Koch, 8. Aufl. 2019, BGB § 1363，Rn. 1.

〔3〕 余延满：《亲属法原论》，法律出版社 2007 年版，第 286 页。

二、法定财产制

我国法定财产制是婚后所得共同制，夫妻双方在婚姻关系存续期间取得的财产，原则上属于夫妻共同财产，法律规定或当事人另有约定时为个人财产。即使夫妻并未取得一项财产的实际占有，只要该财产取得于婚姻关系存续期间，该财产仍然属于夫妻共有。[1]

采纳婚后所得共同制作为法定财产制的意义在于，夫妻双方在婚姻关系存续期间收入可能存在差距，但是不论夫妻双方的收入差距如何，收入较少的夫妻一方仍然可以就夫妻双方在婚姻关系存续期间的所得享有权利。因此，婚后所得共同制有利于保障婚姻关系中经济能力较弱一方的权益，有利于实现真正的夫妻地位平等，也符合夫妻作为生活共同体的需求。[2]婚后所得共同制的意义还在于，基于男女平等原则，承认男女的劳动具有等值性，双方婚后劳动所得为双方共有，不论哪一方劳动收入更高或更低。从而，即使夫妻一方无业在家全职操持家务，另一方的劳动收入也属于双方共同共有。

（一）夫妻共同财产的范围及认定

依据《民法典》第1062条，夫妻共同财产的范围包括如下。

1. 工资、奖金、劳务报酬。[3]工资，是指个人因任职或者受雇取得的工资、薪金、奖金、[4]年终加薪、劳动分红、津贴、补贴以及与任职或者受雇有关的其他所得；劳务报酬，是指个人从事劳务取得的所得，包括从事设计、装潢、安装、制图、化验、测试、医疗、法律、会计、咨询、讲学、翻译、审稿、书画、雕刻、影视、录音、录像、演出、表演、广告、展览、技术服务、

---

〔1〕 最高人民法院民法典贯彻实施工作领导小组主编：《中华人民共和国民法典婚姻家庭编继承编理解与适用》，人民法院出版社 2020 年版，第 150 页。

〔2〕 胡康生主编：《中华人民共和国婚姻法释义》，法律出版社 2001 年版，第 63 页；黄薇主编：《中华人民共和国民法典婚姻家庭编解读》，中国法制出版社 2020 年版，第 102 页。

〔3〕 运动员获得的奖牌，具有荣誉意义，具有高度人身性，从而属于运动员的个人财产。但是，运动员获得的奖金属于夫妻共同财产还是个人财产，学界存在不同认识。认为奖金属于夫妻共同财产的观点，参见最高人民法院民法典贯彻实施工作领导小组主编：《中华人民共和国民法典婚姻家庭编继承编理解与适用》，人民法院出版社 2020 年版，第 162 页；薛宁兰、谢鸿飞主编：《民法典评注·婚姻家庭编》，中国法制出版社 2020 年版，第 181 页。认为奖金属于运动员个人财产的观点，参见房绍坤、范李瑛、张洪波编著：《婚姻家庭继承法》（第六版），中国人民大学出版社 2020 年版，第 63 页。

〔4〕 奖金，是指支付给职工的超额劳动报酬和增收节支的劳动报酬。参见国家统计局发布的《关于工资总额组成的规定》；中华全国总工会办公厅印发的《关于进一步加强和规范全总直属单位工资基金管理工作的意见》。

介绍服务、经纪服务、代办服务以及其他劳务取得的所得。[1]

2. 生产、经营、投资的收益。生产、经营所得，是指个体工商户从事生产、经营活动取得的所得，个人独资企业投资人、合伙企业的个人合伙人来源于境内注册的个人独资企业、合伙企业生产、经营的所得，个人依法从事办学、医疗、咨询以及其他有偿服务活动取得的所得，个人对企业、事业单位承包经营、承租经营以及转包、转租取得的所得，个人从事其他生产、经营活动取得的所得。投资收益的典型是利息、股息、红利所得，即指个人拥有债权、股权等而取得的利息、股息、红利所得。[2]

此外，按照《民法典婚姻编解释（一）》第25、26条的规定，夫妻一方在婚姻关系存续期间出租房产所得租金，也属于投资所得。因此，投资收益包括财产租赁所得，是指个人出租不动产、机器设备、车船以及其他财产取得的所得。

3. 知识产权的收益。按照《民法典婚姻编解释（一）》第24条的规定，属于夫妻共同财产的知识产权收益，是指婚姻关系存续期间，基于知识产权实际取得或者已经明确可以取得的财产性收益，如发表小说获得的稿酬、许可他人实施专利获得的许可使用费。也就是说，认定知识产权收益是否属于夫妻共同财产，应以该知识产权的财产性收益取得是否在婚姻关系存续期间为判断标准，而不应以该知识产权权利本身的取得的时间为判断依据。知识产权本身是否在婚姻关系存续期间取得，在所不问。

4. 继承或者受赠的财产，但遗嘱或者赠与合同中确定只归一方的财产除外。在婚姻关系存续期间，夫妻一方接受继承或者接受赠与获得的财产，原则上属于夫妻共同财产，但是，被继承人可以在遗嘱中明确财产由夫妻一方继承且为其个人财产、不属于夫妻共同财产，赠与人和受赠人也可以在赠与合同中明确财产属于受赠人一方的个人财产。[3]

依据《民法典婚姻编解释（一）》第29条第2款的规定，男女双方结婚后，父母为双方购置房屋出资的，依照约定处理；没有约定或者约定不明确的，原则上属于父母赠与夫妻双方的共同财产。

5. 其他应当归共同所有的财产。依据《民法典婚姻编解释（一）》第25条

---

〔1〕 参见《中华人民共和国个人所得税法实施条例》第 6 条。

〔2〕 参见《中华人民共和国个人所得税法实施条例》第 6 条。

〔3〕 黄薇主编:《中华人民共和国民法典婚姻家庭编解读》，中国法制出版社 2020 年版，第 105 页。

的规定，其他应当归共同所有的财产包括如下。

第一，一方以个人财产投资取得的收益。夫妻一方以夫妻共同财产投资取得的收益，属于《民法典》第1062条中的生产、经营、投资的收益，归夫妻双方共同共有。夫妻一方以个人财产投资取得的收益，如炒股、购买基金，根据《民法典婚姻编解释（一）》的规定，也属于夫妻共同财产。这一立场的理由在于，投资意味着脑力或者体力劳动的投入，因此，投资收益属于夫妻一方的劳动所得，[1]从而与工资、奖金、劳务报酬一样，属于夫妻共同财产，从而，凡是由一方或双方的劳动付出所获取的财产，原则上属于夫妻共同财产。不过，夫妻一方以个人财产投资的，投资的本金仍然属于夫妻一方的个人财产。[2]

按照《民法典婚姻编解释（一）》第26条的规定，除孳息和自然增值外，夫妻一方个人财产在婚后产生的收益，属于夫妻共同财产。自然增值，与主动增值相对，是指增值因通货膨胀或市场行情的变化而产生，与夫妻一方或双方对该财产是否投入物资、劳动、努力、投资、管理无关，如婚前所有房屋、古董、字画、珠宝、黄金升值；主动增值是指增值因夫妻一方或双方对该财产所付出的劳务、投资、管理而产生，与通货膨胀或市场行情变化无关，如房屋因装修而增值。

不过，《民法典婚姻编解释（一）》第26条的孳息，不同于《民法典》第321条的孳息，限于无须夫妻一方投入物资、劳动即可取得的孳息，即“非投资性、非经营性收益”。[3]因夫妻一方就个人财产投入劳动、人力取得的收益，不再属于这里的孳息。[4]夫妻一方婚后将个人所有房屋出租获得的租金，虽然属于物权法意义上的法定孳息，但是，夫妻一方作为出租人对房屋负有维修等义务，租金的获取与房屋本身的管理状况密切相连，需要夫妻一方投入一定的管理或劳务，故租金属于经营性收益，归夫妻共同所有。据此，夫妻一方个人财产在婚后产生的投资经营收益，如夫妻一方个人房产婚后出租取得的租金、夫妻一方在婚后以个人财产购买股票取得的收益或投资企业取得的分红、夫妻

〔1〕 最高人民法院民法典贯彻实施工作领导小组主编：《中华人民共和国民法典婚姻家庭编继承编理解与适用》，人民法院出版社2020年版，第155页。

〔2〕 薛宁兰、谢鸿飞主编：《民法典评注·婚姻家庭编》，中国法制出版社2020年版，第182页。

〔3〕 薛宁兰、谢鸿飞主编：《民法典评注·婚姻家庭编》，中国法制出版社2020年版，第185页。

〔4〕 对夫妻一方婚前财产婚后孳息归属的详细分析，参见贺剑：《“理论”在司法实践中的影响——以关于夫妻个人财产婚后孳息归属的司法实践为中心》，载《法制与社会发展》2014年第3期。

一方在婚后以个人财产购买商铺门面而获得的增值，属于夫妻共同财产。与此相对，夫妻一方婚前存款在婚后产生的利息，属于孳息，从而属于夫妻一方的个人财产。

第二，男女双方实际取得或者应当取得的住房补贴、住房公积金。

第三，男女双方实际取得或者应当取得的养老保险金、破产安置补偿费。

第四，军人复员费、自主择业费中属于夫妻共同财产的部分。在具体计算上，根据《民法典婚姻编解释（一）》第71条规定，应当将复员费、自主择业费以夫妻婚姻关系存续年限乘以年平均值，所得数额为夫妻共同财产。年平均值，是指将发放到军人名下的上述费用总额按具体年限均分得出的数额。其具体年限为人均寿命70岁与军人入伍时实际年龄的差额。

在判断一项财产属于夫妻共同财产还是夫妻一方个人财产时，不能仅以财产的公示状态为依据，应当考察该财产的取得来源，即夫妻一方或双方以哪一类财产取得该项财产。[1]具体来说，由夫妻共同财产转化的财产仍然是夫妻共同财产，由夫妻一方个人财产转化的财产仍然是夫妻一方个人财产。[2]

这一规则体现在《民法典婚姻编解释（一）》中。比如，根据《民法典婚姻编解释（一）》第31条的规定，除非当事人另有约定，夫妻一方的个人财产，不因婚姻关系的延续而转化为夫妻共同财产。因此，一方婚后用个人财产全款购买房屋，离婚时该房屋属于“个人财产的替代物”，只是原有财产价值形态发生了变化，[3]应当被认定为个人财产，其自然增值也属于个人财产。

此外，根据《民法典婚姻编解释（一）》第27条的规定，由一方婚前承租、婚后用共同财产购买的房屋，登记在一方名下的，应当认定为夫妻共同财产。也就是说，夫妻双方婚后以夫妻共同财产购置的房屋，即使登记在夫妻一方名下，只要夫妻双方没有实行约定财产制，该房屋仍然属于夫妻共同财产而非产权登记的夫妻一方的个人财产。因此，夫妻双方采法定财产制的，一项财产的权属登记状况可能与真实权属不一致。

总之，判断一项财产的归属，应当以区分财产取得来源为基础，不以财产的权属登记、占有状态为依据。公示的权利推定效力并不能决定财产的

---

〔1〕 Mennell & Carrillo，Community Property in a Nutshell，3rd.，West Academic Publishing，2014，p.167.

〔2〕 MüKoBGB/Münch, 8. Aufl. 2019, BGB § 1418，Rn. 11 f.

〔3〕 最高人民法院民法典贯彻实施工作领导小组主编：《中华人民共和国民法典婚姻家庭编继承编理解与适用》，人民法院出版社 2020 年版，第 153 页。

性质。[1]

在举证责任分配上，应当适用夫妻共同财产推定规则。所谓夫妻共同财产推定规则，是指夫妻双方在婚姻关系存续期间取得的财产，被推定为夫妻共同财产，一方主张特定财产为其个人财产的，应当负举证责任。[2]据此，在法定财产制存续期间，夫妻双方取得的财产，无法确定该项财产是共同财产还是个人财产的，该项财产原则上应当被认定为夫妻共同财产。[3]主张特定财产是个人财产的夫妻一方，应当举证证明财产的来源和取得的时间，从而证明该财产是个人财产。[4]

（二）夫妻共同财产的管理

夫妻共同财产的性质是共同共有。在法定夫妻财产制建立以后、终止之前，无论夫妻双方各自的职业、社会地位和收入的差别如何，夫妻双方对全部夫妻共同财产不分份额地平等享有权利、承担义务。夫妻一方在管理夫妻共同财产时，应尽到与处理自己事务同样的注意。

夫妻双方对夫妻共同财产享有平等的处理权。平等的处理权是指：

第一，夫或妻在处理夫妻共同财产上的权利是平等的。因日常生活需要而处理夫妻共同财产的，如以工资支付水电费、购买日用品和米面粮油，任何一方均有权决定。夫妻共同财产的管理与日常家事代理权规则就这样有机结合起来，从而夫妻双方均可以夫妻共同财产负担夫妻共同生活的费用。夫妻一方以个人名义为满足日常家庭生活所需订立合同，属于日常家事代理权的行使；夫妻一方以夫妻共同财产清偿上述合同之债，属于夫妻共同财产的管理；如果夫妻一方没有依约清偿上述合同之债，债权人可以请求夫妻双方承担连带责任，因为夫妻一方行使日常家事代理权所生的债务是夫妻共同债务。

第二，夫或妻非因日常生活需要对夫妻共同财产做重要处理决定的，如转移夫妻共有房屋所有权、以夫妻共有房屋为他人设立抵押，夫妻双方应当平等协商，取得一致意见。未经对方同意，一方不得擅自为之。[5]这一立场的理由

---

〔1〕薛宁兰、谢鸿飞主编：《民法典评注·婚姻家庭编》，中国法制出版社 2020 年版，第 179 页。

〔2〕胡康生主编：《中华人民共和国婚姻法释义》，法律出版社 2001 年版，第 63—64 页。另参见最高人民法院（2013）民申字第 2136 号民事裁定书。

〔3〕最高人民法院民法典贯彻实施工作领导小组主编：《中华人民共和国民法典婚姻家庭编继承编理解与适用》，人民法院出版社 2020 年版，第 158 页。

〔4〕薛宁兰、谢鸿飞主编：《民法典评注·婚姻家庭编》，中国法制出版社 2020 年版，第 220——221 页。

〔5〕黄薇主编:《中华人民共和国民法典婚姻家庭编解读》，中国法制出版社 2020 年版，第 106 页。

在于，夫妻共同财产由夫妻双方共同共有，非因日常生活需要对夫妻共同财产做重要处理决定的，须遵循《民法典》物权编的共同共有规则。依据《民法典》第301条的规定，处分共有财产以及对共有财产作重大修缮、变更性质或者用途的，应当经过全体共同共有人同意。因此，非因日常生活需要对夫妻共同财产做重要处理决定的，须夫妻双方协商一致。

当然，在这种情形下，善意第三人也应当获得保护。因此，依据《民法典婚姻编解释（一）》第28条的规定，夫妻一方未经另一方同意出售夫妻共同共有的房屋，第三人善意购买、支付合理对价并办理产权登记手续的，第三人取得房屋所有权。夫妻一方擅自处分共同共有的房屋造成另一方损失的，侵害了另一方对夫妻共同财产的权利，夫妻双方离婚时，另一方可以请求夫妻一方赔偿损失。就第三人善意的判断而言，司法实践认为，如果夫妻一方已经告知第三人已经取得配偶的同意，而且有一定证据证明其已经取得了配偶的同意，第三人支付了合理的价款，那么，第三人即为善意。[1]反之，倘若第三人并非善意或者法律行为本身违反公序良俗，如出轨的夫妻一方将夫妻共同财产赠送给第三者，第三人就无法获得保护。

夫妻一方隐藏、转移、变卖、毁损、挥霍夫妻共同财产的，另一方可以在婚姻关系存续期间向人民法院请求分割夫妻共同财产，也可以在离婚分割夫妻共同财产时，请求人民法院对该方少分或者不分。

（三）夫妻一方的个人财产

依据《民法典》第1063条的规定，夫妻一方的个人财产的范围包括：

1. 婚前财产，即夫妻双方各自在婚前取得的个人财产，如夫妻一方的婚前存款、夫妻一方婚前全款购置的房屋。婚前财产在婚后的转化和变形也属于夫妻一方的个人财产，如夫妻一方以婚前存款在婚后全款购买的房屋、夫妻一方因婚前个人房屋拆迁获得的拆迁款。婚前财产在婚后产生的孳息、自然增值，如婚前存款在婚后产生的利息、婚前全款购买的房屋在婚后因市场波动发生的升值，也属于夫妻一方的个人财产。

2. 一方因受到人身损害获得的赔偿或者补偿，如医疗费、营养费、残疾辅助器具费、残疾赔偿金等。自然人因身体权、健康权遭受侵害的，其获得的医疗费、营养费旨在填补其遭受的损害、恢复自然人的身体完整和健康状态。残

〔1〕 参见最高人民法院（2014）民申字第3号、（2017）最高法民申2219号、（2018）最高法民申3736号民事裁定书。

疾辅助器具费是残疾的夫妻一方为补偿其遭受创伤的肢体器官功能、辅助其实现生活自理或者从事生产劳动而购置自助器具所需费用，[1]这些赔偿属于自然人的个人财产，在夫妻双方离婚时不参与分割。[2]

3. 遗嘱或者赠与合同中确定只归一方的财产。这是尊重意思自治的体现。如果被继承人在遗嘱中明确指定夫妻一方继承特定财产，而且该特定财产属于其个人财产、赠与人和受赠人明确约定赠与财产属于受赠人一方的个人财产，那么，这些财产就不属于夫妻共同财产，而是夫妻一方的个人财产。

4. 一方专用的生活用品，如夫妻双方各自的衣物、鞋帽，但一方以夫妻共同财产购入的从事职业所必需的高价值专用物品，即使归夫妻一方使用，仍属于夫妻共同财产。此外，婚内以夫妻共同财产购置的首饰是否属于一方专用的生活用品，学界和实践存在争议。[3]

5. 其他应当归一方的财产。依据《民法典婚姻编解释（一）》第26、30条的规定，其他应归一方个人的财产包括：军人的伤亡保险金、伤残补助金、医药生活补助费，军人复员费、自主择业费等一次性费用属于个人财产的部分；夫妻一方个人财产在婚后产生的孳息和自然增值，如婚前个人存款在婚后产生的利息、婚前全款购买的房屋或古玩字画在婚后因市场行情波动而产生的升值，也即夫妻一方以生产、经营之外的其他方式使用自己的婚前个人财产，该个人财产及其自然增值仍为个人财产，夫妻一方个人财产因夫妻一方投入劳动而产生的收益，则属于夫妻共同财产。

夫妻一方的个人财产，由夫妻一方个人管理。夫妻一方按照自己的意愿占有、使用、收益和处分个人财产，无须征得对方同意。

（四）夫妻共同财产与夫妻一方个人财产的关系

夫妻共同财产与夫妻一方个人财产之间可能存在补偿关系。[4]夫妻一方以

---

〔1〕参见吉林省高级人民法院（2018）吉民申1241号民事裁定书、湖北省高级人民法院（2017）鄂民申33号民事裁定书。

〔2〕严格来说，由于夫妻双方在婚姻关系存续期间的劳动所得属于夫妻共同财产，因此，作为劳动所得的替代，误工费赔偿属于夫妻共同财产。同时，倘若就残疾赔偿金的性质采劳动能力丧失说，残疾赔偿金至少部分属于夫妻共同财产。深入分析，参见薛宁兰、谢鸿飞主编：《民法典评注·婚姻家庭编》，中国法制出版社2020年版，第212页；最高人民法院民法典贯彻实施工作领导小组主编：《中华人民共和国民法典婚姻家庭编继承编理解与适用》，人民法院出版社2020年版，第157页。

〔3〕薛宁兰、谢鸿飞主编：《民法典评注·婚姻家庭编》，中国法制出版社2020年版，第216页。黄薇主编：《中华人民共和国民法典婚姻家庭编解读》，中国法制出版社2020年版，第111页。

〔4〕参见《加利福尼亚家庭法》（Family Code）第920、2640条，《德国民法典》第1445、1467条。

夫妻共同财产用于个人财产，如以夫妻共同财产（如工资）对其个人婚前房屋进行装修，导致个人财产增值的，应当以个人财产对夫妻共同财产进行补偿；反之，夫妻一方以个人财产用于夫妻共同财产，如以婚前个人积蓄对夫妻共有房屋进行装修，导致共有房屋增值的，有权从夫妻共同财产中获得补偿。但是，夫妻一方为了履行对配偶的扶养义务、对子女的抚养义务，将婚前个人财产投入婚姻家庭生活之用，导致个人财产自然消耗、灭失的，不得主张以夫妻共同财产补偿。[1]

（五）夫妻在婚姻关系存续期间的负债

1. 夫妻共同债务

（1）夫妻共同债务的类型

《民法典》第1064条列举了夫妻共同债务的基本类型。这一规定主要适用于夫妻一方或双方负担的意定之债，以自然人借款形成的合同债务最为典型。

学说上有观点认为，夫妻一方因侵权行为负担的债务是否构成夫妻共同债务，应当按照夫妻共同利益标准认定。因此，夫妻一方实施的侵权行为系为了家庭利益或事实上使家庭受益的，该侵权行为产生的债务为夫妻共同债务。[2]也有观点认为，应该通过宽泛认定“债务用于夫妻共同生活或共同生产经营”来将夫妻一方的侵权之债认定为共同债务。[3]此外，夫妻双方共同侵权产生的债务也属于夫妻共同债务。在婚姻关系存续期间，夫妻双方作为子女的法定监护人，对子女造成的损害负监护人责任。夫妻双方共同承担的监护人责任也是夫妻共同债务。

根据《民法典》第1064条的规定，夫妻共同债务主要包括：

第一，夫妻双方共同签名或者夫妻一方事后追认等共同意思表示所负的债务，即合意型夫妻共同债务。如果夫妻双方在借条上共同签字，或者一方以个人名义举债后另一方以明示或默示的方式予以追认，如一方事后向债权人明确承诺还款、补签借条、出具还款方案，该债务就属于夫妻共同债务。

第二，夫妻一方在婚姻关系存续期间以个人名义为家庭日常生活需要所负的债务，即日常家事型夫妻共同债务。“家庭日常生活需要”按照日常家事代

---

〔1〕最高人民法院民法典贯彻实施工作领导小组主编：《中华人民共和国民法典婚姻家庭编继承编理解与适用》，人民法院出版社 2020 年版，第 157 页。

〔2〕吴晓芳：《〈婚姻法〉司法解释（三）适用中的疑难问题探析》，载《法律适用》2014 年第 1 期；冉克平：《夫妻团体债务的认定及清偿》，载《中国法学》2017 年第 5 期。

〔3〕叶名怡：《民法典视野下夫妻一方侵权之债的清偿》，载《法商研究》2020 年第 1 期。

理权的范围来确定，涉及通常情况下必要的家庭日常消费，如正常的衣食住行消费、日用品购买、交通通信、医疗保健、子女抚养教育、文化消费等。因此，满足“家庭日常生活所需”负担的债务主要是指满足家庭基本生活需求或必要生活需要负担的债务。判断负债是否超出“家庭日常生活需要”，不能仅以债务金额是否适中来认定，[1]而应当结合债务用途、债务金额、家庭收入状况、消费水平、夫妻感情状况、借贷双方的熟识程度、借款名义、当地经济水平和一般社会生活习惯等因素综合认定。

第三，夫妻一方在婚姻关系存续期间以个人名义负担的超出家庭日常生活需要，但用于夫妻共同生活、共同生产经营的债务，即共同生活、共同生产经营型夫妻共同债务。“夫妻共同生活”在概念外延上大于“家庭日常生活”，只要是夫妻双方共同消费支配，或者用于形成夫妻共同财产的支出，都属于“夫妻共同生活”的范围。因此，夫妻共同生活的消费开支，是指超出家庭日常生活范围的支出，这些支出系夫妻双方共同消费支配，或者用于形成夫妻共同财产，或者基于夫妻共同利益管理共同财产而产生的支出。一般来说，用于夫妻共同生活的消费开支，在金额上高于为家庭日常生活需要所负的债务。夫妻共同生产经营主要是指由夫妻双方共同决定生产经营事项，或者虽由一方决定但另一方进行了授权的情形。[2]实践中，夫妻一方所举债务用于个人生产经营，另一方虽未直接参与生产经营但分享了生产经营收益的，该债务也被认定为夫妻共同债务。[3]学界有观点认为，收益分享是夫妻共同财产制的逻辑结果，不宜作为认定共同生产经营型夫妻共同债务的标准。判断生产经营活动是否属于夫妻共同生产经营，应当根据经营活动的性质以及夫妻双方在其中的地位作用等综合认定。[4]夫妻共同生产经营所负的债务一般包括双方共同从事工商业、共同投资以及购买生产资料等所负的债务。[5]

一项债务是否属于夫妻共同债务，首先，取决于夫妻双方是否具有负债的合意。债权人对夫妻双方具有负债的合意负举证责任。其次，如果夫妻一方在

---

〔1〕 叶名怡：《共债共签原则应写入〈民法典〉》，载《东方法学》2019年第1期。

〔2〕 罗书臻：《妥善审理涉及夫妻债务纠纷案件 依法平等保护各方当事人合法权益》，载《人民法院报》2017年1月18日，第3版。

〔3〕 参见《浙江省高级人民法院关于妥善审理涉夫妻债务纠纷案件的通知》(浙高法〔2018〕89号)。

〔4〕 罗书臻：《完善共同债务认定标准，平衡保护各方合法权益，最高法出台涉夫妻债务司法解释》，载《人民法院报》2018年1月18日，第1版。

〔5〕 黄薇主编：《中华人民共和国民法典婚姻家庭编解读》，中国法制出版社2020年版，第119页。

婚姻关系存续期间以个人名义举债，且夫妻双方没有共同负债的合意，倘若所举债务的金额符合家庭日常生活需要，按照最高人民法院的意见，原则上，该债务应当被推定为为了满足家庭日常生活需要所负的夫妻共同债务；债务人的配偶认为该债务不属于夫妻共同债务的，应当举证证明该债务没有用于家庭日常生活。[1]最后，如果夫妻一方在婚姻关系存续期间以个人名义举债，且夫妻双方没有共同负债的合意，倘若所举债务的金额超出家庭日常生活需要，主张该债务为夫妻共同债务的债权人，应当举证证明该债务已经用于夫妻共同生活或夫妻共同生产、经营，否则该债务就应当被认定为夫妻一方的个人债务。

根据《民法典婚姻编解释（一）》第34条的规定，夫妻一方与第三人串通，虚构债务，第三人主张该债务为夫妻共同债务的，人民法院不予支持。夫妻一方在从事赌博、吸毒等违法犯罪活动中所负债务，第三人主张该债务为夫妻共同债务的，人民法院不予支持。

（2）夫妻共同债务的性质

司法实践认为，夫妻共同债务是发生在婚姻关系存续期间，由夫妻双方承担连带责任的债务，[2]责任财产范围包括夫妻双方的全部财产。因此，债权人既可以要求夫妻任何一方清偿夫妻共同债务，也可以要求夫妻双方清偿夫妻共同债务。夫妻双方采用法定财产制的，夫妻双方以夫妻共同财产和双方全部个人财产对夫妻共同债务负责。夫妻双方的婚前个人财产也属于责任财产范围。夫妻双方离婚后，对夫妻共同债务仍然负连带责任。

依据《民法典婚姻编解释（一）》第35条的规定，涉及夫妻财产分割的协议、判决书、调解书，仅约束离婚后的男女双方，不影响债权人就夫妻共同债务向男女双方主张权利。也就是说，夫妻双方就夫妻共同债务清偿做的安排，只是夫妻双方作为债务人就债务内部分担做的约定，基于债的相对性原理只能拘束夫妻双方，不能拘束债权人。

此外，《民法典婚姻编解释（一）》第36条规定，夫或者妻一方死亡的，生存一方应当对婚姻关系存续期间的夫妻共同债务承担清偿责任。

夫妻共同债务规则不仅适用于法定财产制，也适用于约定财产制。比如，在分别财产制下，夫妻双方共同签名负担的债务、夫妻一方行使日常家事代理

---

〔1〕 罗书臻：《妥善审理涉及夫妻债务纠纷案件 依法平等保护各方当事人合法权益》，载《人民法院报》2017年1月18日，第3版。

〔2〕 最高人民法院（2018）最高法民终866号民事裁定书、最高人民法院（2019）最高法民申2216号民事裁定书。

权所负担的债务，当然属于夫妻共同债务、夫妻连带债务。在这种情况下，债权人以夫妻双方的全部个人财产受偿。但是，夫妻双方实行分别财产制且第三人知道该约定的，夫妻一方为个人财产负担的债务，即使夫妻一方将该个人财产用于夫妻共同生活，该债务仍属于个人债务。

2. 夫妻一方的个人债务

夫妻一方的个人债务包括夫妻一方的婚前债务。此外，夫妻一方在婚姻关系存续期间负担的债务，如果该债务不符合夫妻共同债务的标准，那么，该债务也属于夫妻一方的个人债务。

对于夫妻一方的个人债务，配偶不负连带责任，无须以个人财产负责。因此，债权人就夫妻一方婚前所负个人债务向债务人的配偶主张权利的，人民法院不予支持。夫妻一方应以个人财产清偿个人债务。个人财产不足以清偿个人债务的，债权人可以申请执行夫妻双方的共有财产。然而，夫妻一方个人债务的债权人能否以全部夫妻共同财产受偿，立法没有明确规定。学说上多认为，夫妻一方个人债务的债权人只能就夫妻一方的个人财产和夫妻共同财产的一半受偿。[1]

此外，《民法典婚姻编解释（一）》第33条规定，债权人就一方婚前所负个人债务向债务人的配偶主张权利的，人民法院不予支持。但债权人能够证明所负债务用于婚后家庭共同生活的除外。

（六）法定财产制的终止

婚后所得共同制的终止原因，主要包括婚姻关系因夫妻一方死亡或夫妻双方离婚而终止、夫妻双方通过书面约定放弃婚后所得共同制转为约定夫妻财产制、夫妻一方在婚姻关系存续期间向人民法院请求分割共同财产。婚后所得共同制终止时，夫妻双方须对夫妻共同财产进行清算、分割。

在婚姻关系存续期间，对于共同共有的财产，夫妻双方原则上不得请求分割，但具有重大理由的除外。这也是《民法典》第303条在法定财产制规则中的体现。因此，夫妻一方在具有重大理由时，在不终止婚姻关系的前提下，可以向人民法院请求分割夫妻共同财产。这种请求法院分割夫妻共同财产的权利被称为婚内财产分割请求权。婚内财产分割请求权名为请求权，实为须以诉讼方

---

〔1〕 缪宇：《美国夫妻共同债务制度研究——以美国采行夫妻共同财产制州为中心》，载《法学家》2018年第2期；张学军：《中国夫妻一方“个人债务”的责任财产之立法研究》，载《当代法学》2019年第6期。

式行使的形成权。

为了避免夫妻双方或一方在婚姻关系存续期间随意请求分割共同财产，损害家庭关系稳定及影响夫妻共有财产生活保障功能的实现，依据《民法典》第1066条的规定，请求分割夫妻共同财产的法定理由限于下列两种情形。

其一，一方实施了严重损害夫妻共同财产利益行为，如隐藏、转移、变卖、毁损、挥霍夫妻共同财产或者伪造夫妻共同债务。夫妻一方实施上述行为的，一般具有主观的故意，以侵占夫妻共同财产或损害夫妻共同财产利益为目的。夫妻一方因过失毁损夫妻共同财产、保有数额不大的私房钱，均不属于上述行为。但是，夫妻双方不得利用婚内财产分割请求权逃避债务、损害债权人利益。

其二，一方负有法定扶养义务的人患重大疾病需要医治，另一方不同意支付相关医疗费用。夫妻一方负有法定扶养义务的人，依据《民法典》第26、1074、1075条确定，包括需要赡养的父母、非婚生子女等。夫妻一方负有法定扶养义务的人所患疾病是否重大，应当按照医学标准判断。相关医疗费用主要指为治疗疾病需要支出的必要、合理费用，不包括营养费、护理费等费用。[1]

夫妻一方向人民法院请求婚内分割夫妻共同财产的，对存在上述法定事由负举证责任。允许婚内分割夫妻共同财产的情形，限于《民法典》第1066条规定的两种情形。夫妻一方以上述两种事由之外的其他理由请求婚内分割夫妻共同财产的，人民法院不予支持。夫妻共同财产的分割方式，可以参照适用离婚时夫妻共同财产分割的相关规定。

三、约定财产制

依据《民法典》第1065条的规定，男女双方可以约定婚姻关系存续期间所得的财产以及婚前财产归各自所有、共同所有或者部分各自所有、部分共同所有。约定应当采用书面形式。这是我国关于约定财产制的规定。

（一）约定的要件

夫妻财产制约定应当采用书面形式，属于要式法律行为。夫妻双方就夫妻财产制约定未采纳书面形式的，该约定不成立。但是，夫妻双方以口头形式约定财产归谁所有且双方无争议的，按照《民法典》第490条第2款的精神，夫妻

〔1〕《民法典》第 1066 条针对的是部分共同财产还是全部共同财产，学界存在争议。参见薛宁兰、谢鸿飞主编：《民法典评注·婚姻家庭编》，中国法制出版社 2020 年版，第 259、265 页。

财产制约定仍然成立，夫妻双方离婚时应按约定处理。[1]当然，这种口头约定仅能约束夫妻双方，不得对抗不知情的善意第三人。

男女双方可以在婚姻关系存续期间订立夫妻财产制约定，也可以在婚前订立夫妻财产制约定。男女双方在婚前以书面形式达成夫妻财产制约定的，该约定为附停止条件的民事法律行为。男女双方结婚，停止条件成就，夫妻财产制约定生效；男女双方在约定后没有结婚的，约定不生效力。

夫妻财产制约定调整的是夫妻间的财产关系，属于财产法律行为，也被称为夫妻财产制契约。夫妻财产制约定作为双方法律行为，其无效、撤销适用《民法典》总则编关于民事法律行为的一般规则。[2]学界一般认为，夫妻财产制约定须由夫妻双方亲自订立，不得代理，[3]其生效以夫妻双方具有完全民事行为能力、当事人意思表示真实为要，[4]且夫妻财产制约定具有附随性，依赖于合法有效的婚姻关系，故夫妻财产制约定的生效以存在有效的婚姻关系为前提。[5]

婚前或者婚姻关系存续期间，当事人约定将一方所有的房产赠与另一方的，不属于夫妻财产制约定。赠与方在赠与房产变更登记之前可以依据《民法典》第658条的规定撤销赠与。

（二）约定的内容和范围

我国的约定夫妻财产制包括分别财产制、一般共同制、部分共同制三种类型。

所谓分别财产制，是指夫妻双方婚前财产和婚姻关系存续期间取得的财产归各自所有；所谓一般共同制，是指夫妻双方婚前财产和婚姻关系存续期间取得的财产，全部归双方共同共有；所谓部分共同制，是指夫妻双方婚前财产和婚姻关系存续期间取得的财产，部分归各自所有，部分归双方共同共有。夫妻双方可以选择上述三种财产制中的一种作为约定夫妻财产制。约定财产范围，包括夫妻双方各自的婚前财产，也包括夫妻双方在婚姻关系存续期间取得的财产。

（三）约定的效力

---

〔1〕 最高人民法院民法典贯彻实施工作领导小组主编：《中华人民共和国民法典婚姻家庭编继承编理解与适用》，人民法院出版社2020年版，第176页。

〔2〕 陈苇主编：《婚姻家庭继承法学》（第二版），中国政法大学出版社2014年版，第130页。

〔3〕 余延满：《亲属法原论》，法律出版社2007年版，第291页。

〔4〕 房绍坤、范李瑛、张洪波编著：《婚姻家庭继承法》（第六版），中国人民大学出版社2020年版，第68页。

〔5〕 薛宁兰、谢鸿飞主编：《民法典评注·婚姻家庭编》，中国法制出版社2020年版，第250页。

依据《民法典》第1065条第2款和第3款的规定，夫妻财产制约定具有对内效力和对外效力。

对内效力，是指夫妻双方对婚姻关系存续期间所得的财产以及婚前财产的约定，对双方具有法律约束力。对于夫妻双方来说，夫妻财产制的约定直接导致夫妻财产权属发生变动，即发生物权变动。[1]

对外效力是指夫妻财产制约定对夫妻之外第三人的效力。具体而言，夫妻一方对外以个人名义负担债务的，如果夫妻双方约定采分别财产制且相对人知道该约定，相对人只能就夫妻一方的个人财产受偿，但该债务属于夫妻共同债务的除外。配偶无须以个人财产对相对人负责，但依据《民法典婚姻编解释（一）》第37条的规定，配偶须举证证明相对人知道该约定。善意相对人不知道夫妻采用分别财产制的，夫妻之间关于分别财产制的约定不得对抗善意相对人。为了保护善意相对人，夫妻一方所负债务的清偿，按照夫妻共同财产制下债务清偿规则处理。

第三节 其他夫妻财产关系

一、夫妻的扶养义务

《民法典》第1059条规定："夫妻有相互扶养的义务。需要扶养的一方，在另一方不履行扶养义务时，有要求其给付扶养费的权利。"这是夫妻间互负扶养义务的规定。

男女双方因婚姻形成终身的生活共同体，因此，夫妻间互负扶养义务，是婚姻关系的必然要求。扶养，是指夫妻之间的一方对其配偶负有供养、扶助的权利和义务。夫妻双方互负扶养义务，意味着在婚姻关系存续期间，夫妻双方须互相提供扶养。这一义务始于婚姻关系成立之时，终于婚姻关系消灭之时。

扶养义务属于法定义务，具有强制性。夫妻双方不得通过约定放弃或者排除扶养义务。不论夫妻双方采法定财产制还是约定财产制，夫妻双方都互负扶养义务。故意不履行扶养义务，可能构成遗弃。

一般来说，扶养的方式、扶养费给付的标准和期限等，可以由夫妻双方协

---

〔1〕 薛宁兰、谢鸿飞主编：《民法典评注·婚姻家庭编》，中国法制出版社2020年版，第252页。

商确定。夫妻双方同居生活的，一方提供衣食住行料理家务，即履行了扶养义务；夫妻双方分居的，可以采取定期支付扶养费的方式履行扶养义务。

按照扶养的标准，扶养义务包括生活保持义务和一般生活扶助义务。前者是指，扶养义务人维持权利人的生活就是在维持自己的生活，即使降低自己的生活水平，也应当使权利人的生活水平与自己的生活水平相同，从而扶养义务人须作出较大的自我牺牲。后者是指，在不降低与自己地位相当的生活水平的限度内，扶养义务人若尚有扶养余力，应当给予确有需求的权利人以扶助，使其保持最低生活水平。〔1〕夫妻间的扶养义务属于生活保持义务。〔2〕

扶养费给付请求权具有高度人身性，不得转让、不得继承。扶养费给付请求权以夫妻一方存在扶养需求为前提，如夫妻一方无固定收入并缺乏生活来源、丧失劳动能力生活不能自理、身患重大疾病且入不敷出等。〔3〕因此，学界认为，享有扶养费给付请求权的夫妻一方，是无独立生活能力或生活有困难的一方。〔4〕不过，如果认为夫妻间扶养义务是生活保持义务，那么，不宜严格按照一方陷入贫困或生活有困难等标准认定扶养需求之有无，扶养需要的判断应着眼于夫妻间生活水平的差别。也就是说，扶养需求的判断，不以夫妻一方在经济上陷入贫困为要。〔5〕

扶养费给付义务以另一方有扶养能力但不履行扶养义务为前提。由于扶养义务是生活保持义务，夫妻间扶养义务的履行旨在使夫妻的生活状况处于相同水平，因此，判断扶养能力之有无，不宜以扶养义务人在维持基本生活后是否有经济能力为准。即使一方的收入难以维持基本生活，只要其生活水平高于另一方，一方仍须对另一方承担扶养义务，但可请求减轻其扶养义务。〔6〕夫妻一方不履行扶养义务的，有扶养需求的另一方可以请求一方给付扶养费。在夫妻双方采法定财产制的情形，双方在婚姻关系存续期间取得的收入属于夫妻共同财产，任何一方以收入负担了家庭生活的费用，使夫妻双方处于相同生活水平的，即履行了扶养义务。在夫妻双方采分别财产制且已分居的情形，夫妻双方在婚姻关系存续期间的收入属于个人财产，夫妻双方的生活水平可能存在差

---

〔1〕 林秀雄：《亲属法讲义》，中国台湾地区元照出版有限公司 2020 年版，第 380 页。
〔2〕 陈苇主编：《婚姻家庭继承法学》（第二版），中国政法大学出版社 2014 年版，第 135 页。
〔3〕 蒋月主编：《婚姻家庭与继承法》（第三版），厦门大学出版社 2014 年版，第 128 页。
〔4〕 巫昌祯主编：《婚姻与继承法学》（第六版），中国政法大学出版社 2017 年版，第 219 页。
〔5〕 薛宁兰、谢鸿飞主编：《民法典评注·婚姻家庭编》，中国法制出版社 2020 年版，第 143 页。
〔6〕 林秀雄：《亲属法讲义》，中国台湾地区元照出版有限公司 2020 年版，第 387 页。

别，扶养费给付请求权对于一方维持正常生活水平具有重要意义。

给付扶养费的标准，须综合考虑扶养义务人的生活水平和经济负担能力、扶养权利人的实际需求、当地一般生活水平等因素综合确定。

二、夫妻的日常家事代理权

《民法典》第1060条第1款规定："夫妻一方因家庭日常生活需要而实施的民事法律行为，对夫妻双方发生效力，但是夫妻一方与相对人另有约定的除外。"这是关于日常家事代理权的规定。

夫妻双方的日常家事代理权，是指夫妻双方在为满足家庭日常生活需要而与第三人实施法律行为时互为代理人，互有代理权。日常家事代理权是婚姻的法定效力之一，不受夫妻双方采何种夫妻财产制的影响。[1]不论夫妻双方采法定夫妻财产制还是约定夫妻财产制，双方均享有日常家事代理权。

基于日常家事代理权，夫妻一方因满足家庭日常生活需要而与第三人实施民事法律行为的，如买卖、承揽，无须显示另一方的名义，该民事法律行为即对夫妻双方发生效力，夫妻双方享有连带债权、承担连带债务，不论第三人是否知道其交易相对人已婚，但夫妻一方与相对人另有约定的除外。夫妻一方取得日常家事代理权无须他方授权，故学说上将日常家事代理权界定为法定代理权。[2]然而，夫妻一方行使日常家事代理权无须显示他方名义，因此，日常家事代理权属于婚姻家庭法中的特有权能，[3]不能直接适用《民法典》总则编关于代理的规定。

在功能上，日常家事代理权能够确保夫妻双方在处理家庭事务方面机会均等，在满足夫妻日常生活需求的同时降低婚姻关系中夫妻双方的协商成本，[4]促进交易便捷。进而为满足家庭日常生活需要，夫妻任何一方可以独立实施民事法律行为，无须事事与配偶协商或征得配偶同意。当然，夫妻任何一方非因日常生活需要对夫妻共同财产做重要处理决定，如不动产买卖、金融投资等大

---

〔1〕 王战涛：《日常家事代理权之批判》，载《法学家》2019年第3期。

〔2〕 陈棋炎、黄宗乐、郭振恭：《民法亲属新论》，中国台湾地区三民书局股份有限公司2018年版，第126页。

〔3〕 缪宇：《走出夫妻共同债务的误区——以〈婚姻法司法解释（二）〉第24条为分析对象》，载《中外法学》2018年第1期。

〔4〕 余延满：《亲属法原论》，法律出版社2007年版，第248页。

额交易，不属于日常家事代理权的范围，[1]夫妻双方应当平等协商，取得一致意见。

家庭日常生活需要的范围，可以参考我国城镇居民家庭消费种类，根据夫妻共同生活的状态（如双方的职业、身份、资产、收入、兴趣、家庭人数等）和当地一般社会生活习惯予以认定。[2]一般来说，满足家庭日常生活需要的支出，是指通常情况下必要的家庭日常消费，主要包括正常的衣食消费、日用品购买、子女抚养教育等各项费用，是维系一个家庭正常生活所必需的开支。因此，家庭日常生活需要的范围，与夫妻互负的扶养义务、父母对子女的抚养义务密切相关。[3]

夫妻一方行使日常家事代理权所负的债务属于夫妻共同债务，由夫妻双方承担连带责任。这一类夫妻共同债务被称为日常家事型夫妻共同债务。夫妻一方以个人名义通过法律行为负担的债务，是否属于日常家事型夫妻共同债务，不仅取决于该法律行为是否直接满足家庭日常生活需要，还取决于该法律行为之债的金额大小。也就是说，家庭日常生活需要必须具有适当性。[4]一项法律行为是否适当，采取主观标准判断，即观察法律行为与行为人的家庭向外展示出的经济状况和生活方式是否相符。[5]

夫妻一方在实施法律行为时，可以与第三人约定由此产生的债务为夫妻一方的个人债务，从而排除日常家事代理权的适用。此外，《民法典》第1060条第2款规定："夫妻之间对一方可以实施的民事法律行为范围的限制，不得对抗善意相对人。"因此，对夫妻一方能够独立实施的、满足日常生活需要的民事法律行为范围，夫妻之间可以通过约定加以限制，如禁止夫妻一方购买特定类型生活必需品、限制夫妻一方订立合同的金额。[6]但是，这一限制不得对抗不知情的善意相对人。夫妻一方超越内部限制实施民事法律行为的，善意相对人仍然可以要求夫妻双方对由此产生的债务共同负责。

---

〔1〕 薛宁兰、谢鸿飞主编：《民法典评注·婚姻家庭编》，中国法制出版社 2020 年版，第 155 页。

〔2〕 罗书臻：《妥善审理涉及夫妻债务纠纷案件　依法平等保护各方当事人合法权益》，载《人民法院报》2018 年 1 月 18 日，第 1 版。

〔3〕 Gernhuber/Coester—Waltjen, Familienrecht, 7.Aufl., C.H.Beck, 2020, § 19, Rn.35.

〔4〕 Dethloff, Familienrecht, 32. Aufl., C. H. Beck, 2018, § 4, Rn. 60.

〔5〕 Wellenhofer, Familienrecht, 5. Aufl., C. H. Beck, 2019, § 10, Rn. 9.

〔6〕 林秀雄：《亲属法讲义》，中国台湾地区元照出版有限公司 2020 年版，第 119 页。

三、夫妻的继承权

《民法典》第1061条规定："夫妻有相互继承遗产的权利。"夫妻间相互继承遗产的权利，是指夫和妻基于配偶身份享有的相互继承对方遗产的客观资格，即客观意义上的继承权。在我国，依据《民法典》第1127条的规定，配偶属于第一顺序的法定继承人。据此，自然人死亡的，在其死亡时与其存在合法婚姻关系的配偶，属于法定继承人。

法律适用

1. 认定夫妻共同财产的标准

第一，在婚姻关系存续期间取得的财产，原则上应当被推定为夫妻共同财产。一方主张特定财产为其个人财产的，应当负举证责任。主张特定财产是个人财产的夫妻一方，应当举证证明财产取得的时间是结婚前，或者证明财产取得的来源是个人财产的转化，从而证明该财产是个人财产。

第二，在婚姻关系存续期间取得的财产，判断其归属，还应当考虑财产取得的来源，即夫妻一方或双方以哪一类财产取得该项财产。除非当事人另有约定，由夫妻共同财产转化的财产仍然是夫妻共同财产，由夫妻一方个人财产转化的财产仍然是夫妻一方个人财产。夫妻一方的个人财产，不因婚姻关系的延续而转化为夫妻共同财产。

第三，在婚姻关系存续期间取得的财产，判断其归属，不应仅以财产的权属登记、占有状态为依据。夫妻一方以夫妻共同财产购置的房屋，即使登记在夫妻一方名下，仍然属于夫妻共同财产。因此，夫妻双方采法定财产制的，一项财产的权属登记状况可能与真实权属不一致，进而，不能以公示状态来确定财产的性质。

第四，在婚姻关系存续期间取得的财产，判断其归属，应当考虑夫妻一方或者双方是否有劳动付出。凡是由一方或双方的劳动付出所获取的财产，原则上属于夫妻共同财产。夫妻一方个人财产在婚后产生的投资经营收益，是夫妻一方投入劳动获得的财产，也属于夫妻共同财产，由此产生的收益就属于夫妻共同财产。

2. 夫妻共同债务的类型及举证责任

第一，夫妻双方共同签名或者夫妻一方事后追认等共同意思表示所负的债务，是夫妻共同债务。因此，夫妻双方在合同、借条上共同签名而形成的债务是夫妻共同债务。夫妻一方以个人名义负担债务后，另一方事后追认的，也构成夫妻共同债务。对此，债权人负举证责任。

第二，夫妻一方在婚姻关系存续期间以个人名义为家庭日常生活需要所负的债务，是夫妻共同债务。“家庭日常生活需要”按照日常家事代理权的范围来确定，即夫妻双方及其共同生活的未成年子女在日常生活中的必要开支事项。倘若所举债务的金额符合家庭日常生活需要，该债务原则上应当被推定为为满足家庭日常生活需要所负的夫妻共同债务；债务人的配偶认为该债务不属于夫妻共同债务的，应当举证证明该债务没有用于家庭日常生活。

第三，夫妻一方在婚姻关系存续期间以个人名义超出家庭日常生活需要所负但用于夫妻共同生活、共同生产经营或者基于夫妻双方共同意思表示的债务，是夫妻共同债务。倘若所举债务的金额超出家庭日常生活需要，主张该债务为夫妻共同债务的债权人，应当举证证明该债务已经用于夫妻共同生活、夫妻共同生产经营。

课后复习

1.婚后所得共同制的基本内容。

2.婚后分割夫妻共同财产请求权的成立要件。

3.夫妻约定财产制的类型及效力。

第七章 父母子女关系

提 要

父母子女关系是父母与子女间的权利和义务关系，包括自然血亲的父母子女关系与法律拟制血亲的父母子女关系两类。其中，自然血亲的父母子女关系包括婚生父母子女关系与非婚生父母子女关系；法律拟制血亲的父母子女关系包括养父母子女关系和形成抚养关系的继父母子女关系。父母对未成年子女负有抚养、教育和保护义务；成年子女对父母负有赡养、扶助和保护的义务。该规定适用于所有类型的父母子女关系。不同种类的父母子女关系中，父和母的身份确认规则有所不同。

重点问题

1. 父母子女关系的种类。
2. 父母子女间的权利和义务。
3. 不同种类的父母子女关系中，父的身份和母的身份的确认规则。

第一节 父母子女关系概述

一、父母子女关系的概念和种类

（一）父母子女关系的概念

父母子女关系，又称为亲子关系，“亲”指父母，“子”则指子女。父母子女关系在民法上是指父母和子女之间的权利和义务，规定于《民法典》婚姻家庭编中家庭关系一章第1067条及以下。父母子女关系与夫妻关系共同构成婚姻家庭法的核心调整对象。

调整父母子女关系的法律规范被统称为“父母子女关系法”或者“亲子关系法”。父母子女关系法的演进大概经历了“家本位”到“亲本位”再到“子女本位”三个阶段。第一阶段为早期罗马法和古代中国的家族统治支配时期。这一时期的父母子女关系以家族为本位，完全从属于宗族制度，所有家族成员均须服从家长的绝对支配，此之谓“家本位”。后家长权衰微，家族各成员获得分家分产的自由，家长权逐渐为父权所替代，子不再从其家长，而是从其父。但父权初期仍未失之家长权的本质，如罗马法的父权（patria potestas）最初的内涵仍为家父权。[1]第二阶段为亲本位时期。这一时期的父母子女关系以父权为本位，子女作为父权的客体，其财产方面和人身方面均受家父的支配。法国法中的puissance paternelle、德国法中的väterliche Gewalt均为父权之意。中国宗法家族制度所强调的“父为子纲”、孝道为本即为父权思想的体现。[2]第三阶段为子女本位时期。启蒙运动时期，父母子女关系受启蒙思想的影响，照顾义务（Sorgepflicht）取代了父权，成为父母子女关系的基础。照顾义务的出发点不再是父母权力，而是子女的人权，子女的主体地位及其基本权利排除了父母的支配。[3]20世纪，父母子女关系法发生了根本性变革：一方面，法律在各个领域承认男女平等，父母子女关系法中子女的母可以平等地与父共同享有照顾权并承担责任；另一方面，父母子女关系虽然保留着内部性特征，未成年人对国家和社会所享有的保护和教育请求权，使父母对子女事务的决定权成为实现照顾和教育子女的工具。典型的改革法案如德国1979年《重新规定父母照顾的法律》（Gesetz zur Neuregelung des Rechts der elterlichen Sorge），其强调了父母权利的义务本质，以“父母照顾”（Elterliche Sorge）取代了“父母权力”（Elterliche Gewalt）。1989年11月20日通过的《联合国儿童权利公约》更是以保障和促进儿童权利为目标，成为各国父母子女关系法改革的重要动因。

（二）父母子女关系的种类

在民法上，根据产生原因不同，父母子女关系可以分为自然血亲的父母子女关系与法律拟制血亲的父母子女关系。

第一，自然血亲的父母子女关系是指基于子女出生这一自然事实而产生的父母子女关系。由于此类血亲关系属自然事实，故不能人为解除，而只能始于子女之出生，终于一方之死亡。根据子女出生时父母是否具有民法上的婚姻关系，自然血亲的父母子女关系又可以分为婚生父母子女关系与非婚生父母子女关系。

第二，法律拟制血亲的父母子女关系是指父母子女之间本不存在血缘联

---

〔1〕 史尚宽：《亲属法论》，中国政法大学出版社 2000 年版，第 533 页。

〔2〕 杨大文、龙翼飞主编：《婚姻家庭法》（第八版），中国人民大学出版社 2020 年版，第 162 页。

〔3〕［德］迪特尔·施瓦布：《德国家庭法》，王葆莳译，法律出版社 2010 年版，第 257—260 页；Nina Dethloff, Familienrecht, 32. Aufl., C.H.Beck 2018, S. 277。

系，而是由人为设定且由法律所确认的父母子女关系，包括养父母子女和形成抚养关系的继父母子女。前者是由收养行为形成的父母子女关系，后者是由生父或者生母与继母或者继父结婚，并且继母或者继父与该继子或者继女之间形成事实上的抚养关系而产生。

二、父母子女间的权利和义务

《宪法》第49条第3款规定，父母有抚养教育未成年子女的义务，成年子女有赡养扶助父母的义务。《民法典》中，关于父母子女间的权利和义务规定于总则编“监护”部分，以及婚姻家庭编第1067条至第1073条。这些规定适用于婚生父母子女、非婚生父母子女、养父母子女以及有抚养教育关系的继父母子女。

（一）父母对未成年子女的义务

《民法典》第26条第1款规定，父母对未成年子女负有抚养、教育和保护的义务。该条对父母就未成年子女的法定义务作了统一规定。此外，《民法典》第1067条第1款和第1068条第1款对此作了重申。

1. 父母对未成年子女的抚养义务

抚养，指长辈对未成年晚辈在经济上的供养和在生活上的照料。《民法典》规定了父母对未成年子女的抚养义务（《民法典》第26条第1款），以及有负担能力的祖父母、外祖父母对父母已经死亡或者父母无力抚养的未成年孙子女、外孙子女所负有的抚养义务（《民法典》第1074条）。抚养义务是父母对子女承担的最基本、最主要的义务，为保障子女的基本生活条件和健康成长的权利得以实现提供了法律依据。[1]

父母对未成年子女的抚养义务包括两个方面内容：其一，父母应当对未成年子女进行经济上的供养。父母应当为子女提供基本的生活条件，并承担子女在成长过程中产生的各类花销，包括生活费、教育费、医疗费等费用。至于“合理费用”的判断标准，主流观点认为，父母对子女经济上的供养属于生活保持义务，即父母应当无条件地使父母子女之间保持同一生活水平。[2]其二，父母应当对子女进行生活上的照料。父母应当通过对子女生活上的照料和精神上的鼓励支持，为子女营造一个适于健康成长的生活环境。根据《民法典》第

---

〔1〕 陈苇主编：《婚姻家庭继承法学》（第二版），中国政法大学出版社 2014 年版，第 142 页。

〔2〕 余延满：《亲属法原论》，法律出版社 2007 年版，第 514 页。

1067条第1款的规定，父母不履行抚养义务的，未成年子女有要求父母给付抚养费的权利。

通常而言，父母的抚养义务止于子女之成年。但是，对于不能独立生活的成年子女，父母仍负有抚养义务（《民法典》第1067条第1款）。不能独立生活的成年子女，主要指尚在校接受高中及其以下学历教育，或者丧失、部分丧失劳动能力等非因主观原因而无法维持正常生活的成年子女（《民法典婚姻编解释（一）》第41条）。

2. 父母对未成年子女的教育义务

父母对未成年子女的教育义务，是指父母在精神和心灵方面对子女进行培养的义务。该义务包括两个方面内容：其一，在家庭中，父母应当促进子女精神和心灵上的发展，以培养其独立性、社会生活能力以及经济的自立。[1]父母应当管教未成年子女的行为，根据子女能力和心智的不同发展阶段，不断探索和适用更为恰当的教育方法。未成年子女造成他人损害的，父母应当依法承担民事责任（《民法典》第1068条）。其二，父母应当充分尊重适龄子女受教育的权利，保证未成年子女按时入学接受并完成义务教育，并为其积极创造良好的受教育条件（《义务教育法》第5条第2款）。

3. 父母对未成年子女的保护义务

父母对未成年子女的保护义务，是指父母使子女的人身和财产权益免于来自家庭内部和外部侵害的义务。该义务包括两个方面内容：其一，父母有义务及时制止和纠正来自父母一方或者其他家庭成员对子女实施的家庭暴力、虐待或者遗弃行为。其二，父母有义务及时发现和制止来自家庭外部的对未成年子女的人身和财产权益的侵害行为。父母作为未成年子女的法定监护人，保护未成年子女的人身权利、财产权利及其他合法权益是其法定职责所在。如果未成年子女的人身或者财产受到他人的侵害，父母有权请求该侵权人承担侵权责任。如果未成年子女脱离家庭或者监护人时，父母有权请求归还子女。[2]

（二）成年子女对父母的义务

《宪法》第49条第3款规定，成年子女有赡养扶助父母的义务；该条第4款规定，禁止虐待老人。《民法典》第26条第2款规定，成年子女对父母负有

---

〔1〕［德］迪特尔·施瓦布：《德国家庭法》，王葆莳译，法律出版社2010年版，第261页。

〔2〕房绍坤、范李瑛、张洪波编著：《婚姻家庭继承法》（第六版），中国人民大学出版社2020年版，第116页。

赡养、扶助和保护的义务。《老年人权益保障法》则详细规定了子女的赡养义务。

1. 成年子女对父母的赡养义务

成年子女对父母的赡养义务，是指成年子女对父母在经济上供养的义务。《老年人权益保障法》在广义上使用“赡养”一词，意指赡养人对老年人经济上的供养、生活上的照料和精神上的慰藉（第14条第1款）。《民法典》则在狭义上使用“赡养”一词，将其内涵仅限于经济上的供养，即提供必要的生活费用，给予物质上的帮助。[1]《民法典》第26、1067条以及第1069条中的“赡养”均应作此理解。成年子女不得以放弃继承权或者其他理由，拒绝履行赡养义务，其赡养义务不因父母的婚姻关系变化而消除。根据《民法典》第1067条第2款，成年子女不履行赡养义务的，缺乏劳动能力或者生活困难的父母，有要求成年子女给付赡养费的权利。

2. 成年子女对父母的扶助义务

成年子女对父母的扶助义务，是指成年子女对父母在生活上照料和精神上慰藉的义务。根据《老年人权益保障法》的规定，成年子女对父母在生活上的照料具体表现为：（1）成年子女应当使患病的老年人及时得到治疗和护理；（2）成年子女对生活不能自理的老年人，应当承担照料责任；不能亲自照料的，可以按照老年人的意愿委托他人或者养老机构等照料；（3）成年子女应当妥善安排老年人的住房，不得强迫老年人居住或者迁居条件低劣的房屋；（4）成年子女对老年人自有的住房有维修义务；（5）成年子女有义务耕种或者委托他人耕种老年人承包的田地，照管或者委托他人照管老年人的林木和牲畜等，收益归老年人所有；（6）成年子女不得要求老年人承担力不能及的劳动。成年子女对父母在精神上的慰藉对应于《老年人权益保障法》第18条所规定的精神赡养义务，即成年子女应当关心父母的精神需求，不得忽视、冷落父母。与父母分开居住的成年子女，应当经常看望或者问候老年人。

3. 成年子女对父母的保护义务

成年子女对父母的保护义务，指在父母为限制民事行为能力人或者无民事行为能力人时，成年子女应当使其父母的人身和财产权益免于来自家庭内部和外部的侵害。父母具备完全民事行为能力时，子女无此保护义务。该义务内容与父母对未成年子女的保护义务相仿，但成年子女在履行保护义务时，应当尊

---

〔1〕 陈甦主编：《民法总则评注》（上册），法律出版社2017年版，第181页。

重父母的意愿，不能过度干涉父母的个人事务，甚至假保护之名行限制父母的人身和财产自由之实。例如，《老年人权益保障法》第21条规定，老年人的婚姻自由受法律保护。子女不得干涉老年人离婚、再婚及婚后的生活。该法第22条规定，老年人对个人的财产，依法享有占有、使用、收益和处分的权利，子女不得干涉，不得以窃取、骗取、强行索取等方式侵犯老年人的财产权益。

（三）父母子女相互遗产继承权

父母和子女是亲等关系最近的直系血亲，故《民法典》第1070条规定，父母和子女有相互继承遗产的权利。此外，《民法典》第1127条第1款第1项规定，配偶、父母、子女为第一顺序的法定继承人。德国法上，第一顺位为被继承人的晚辈直系血亲，即子女和子女的子女，父母属于第二顺位法定继承人。这一规定可以避免被继承人遗产由父母继承后再由兄弟姐妹继承而流于旁系，符合大众的继承观念。不过，考虑到我国的孝道文化，《民法典》仍将父母作为第一顺位法定继承人。[1]

第二节　婚生子女

一、婚生子女的概念

人类社会进入一夫一妻制后，为了保证遗产由血统纯正的后代所继承，生育行为有了合法与非法之分，所生子女也被相应地区分为婚生子女与非婚生子女。在现代家庭法中，婚生子女与非婚生子女的法律地位通常相同，父母子女之间的权利和义务并不因是否婚生而有所区别。因此，基于婚生子女和非婚生子女与其父母均存在血缘上的直接联系，有学者使用“亲生子女”一词来统称婚生子女和非婚生子女。[2]

我国《民法典》第1127条第3款使用了“婚生子女”这一表述，但没有规定其内涵。各国法律对此规定有所不同：有的国家以在婚姻关系存续期间出生的子女为婚生子女，如瑞士（《瑞士民法典》第255条）；有的国家和地区以在婚姻关系存续期间怀胎的子女为婚生子女，如日本（《日本民法典》第772条）、

〔1〕谢鸿飞：《后〈民法典〉时代的中国民法学：问题与方法》，载《社会科学研究》2021年第1期，第18页。

〔2〕巫昌祯、夏吟兰主编：《婚姻家庭法学》，中国政法大学出版社2007年版，第136页。

法国（《法国民法典》第312条）以及我国台湾地区（台湾地区“民法”第1061条和第1063条）。

我国学界主流观点认为，婚生子女是指在婚姻关系存续期间受胎或者出生的子女。[1] 婚生子女应符合三个条件：（1）须推定之生父与生母存在婚姻关系；（2）须为婚姻关系中之妻所生；（3）须于婚姻关系存续期间受胎或者出生。

二、婚生子女的推定与否认

（一）婚生子女的推定

婚生子女的推定，是指妻子在婚姻存续期间受胎或者所生的子女推定为丈夫的婚生子女。该制度的目的在于，为婚内出生的子女提供可靠的身份基础，从而保护子女的合法权益，维护法的安定性与家庭关系的稳定。

我国《民法典》没有规定婚生子女的推定标准。司法实践中多认为，婚姻关系存续期间受胎出生的子女，以及婚姻关系存续期间受胎但在婚姻关系终止后所生子女，推定为婚生子女。[2] 此外，《民法典婚姻编解释（一）》第39条第2款规定，父或者母以及成年子女起诉请求确认亲子关系，并提供必要证据予以证明，另一方没有相反证据又拒绝做亲子鉴定的，人民法院可以认定确认亲子关系一方的主张成立。因此，父或者母以及成年子女如果能够提供必要证据证明子女为婚生，另一方没有相反证据又拒绝做亲子鉴定的，亦可推定为婚生子女。

比较法上，婚生子女的推定方法主要有二：其一，子女在婚姻存续期间出生；其二，子女在婚姻存续期间受胎。子女在婚姻关系解除后300日以内出生的，为婚姻期间受胎。例如，《日本民法典》第772条规定，妻子在婚姻期间受胎的子女，推定为丈夫的子女。自婚姻成立之日起经过200日后，或者自婚姻解除或者撤销之日起300日以内出生的子女，推定为在婚姻期间受胎。我国台湾地

---

〔1〕巫昌祯、夏吟兰主编：《婚姻家庭法学》，中国政法大学出版社2007年版，第136页；房绍坤、范李瑛、张洪波编著：《婚姻家庭继承法》（第六版），中国人民大学出版社2020年版，第106页；王歌雅主编：《婚姻家庭继承法学》，中国人民大学出版社2009年版，第122页。

〔2〕参见陆某与陈某继承纠纷案，山东省济宁市中级人民法院（2019）鲁08民终1718号民事判决书；胡某1与胡某2法定继承纠纷案，浙江省杭州市西湖区人民法院（2017）浙0106民初8705号民事判决书；藏某某与姚某某继承纠纷案，重庆市第五中级人民法院（2016）渝05民再17号民事判决书。

区“民法”第1063条规定，妻之受胎，系在婚姻关系存续中者，推定其所生子女为婚生子女。《瑞士民法典》第255条第1款规定，婚姻关系存续期间出生子女者，视夫为子女之父。夫已死亡时，如子女在夫死亡后300日内出生者，或者在迟生之情形，能证明在夫死亡前已受胎者，视夫为子女之父。夫被宣告死亡时，如子女在夫遭受死亡危险或有最后消息后300日内出生者，视夫为子女之父。

（二）婚生子女的否认

既然法律上的亲子关系与基因上的亲子关系可能不一致，那法律应当赋予当事人修改的救济途径，这就是婚生子女的否认制度。婚生子女的推定制度是法律为解决婚生子女事实认定问题所采取的立法技术。如果当事人能够依法证明推定的婚生子女非为己所出，则应当撤销对子女婚生的确认。

1. 婚生子女否认权的主体

关于婚生子女否认权的主体，各国规定不尽相同。传统的“亲本位”的亲子法大多规定否认权只能由丈夫行使，如《日本民法典》第774条。当代亲子法除丈夫之外也保护其他相关主体的权益。例如，德国法上，否认之诉的权利人包括：法律上的父亲、生母、子女及于子女受胎期间与其生母有同居事实者（《德国民法典》第1600条）。法国法上，根据确认亲子关系的方式不同，亲子关系异议之诉的请求权人也不同。如果亲子关系通过身份证明，则由子女、父、母以及真正的父或者母享有请求权（《法国民法典》第333条）；如果子女的身份占有关系与其在亲子关系中的身份不符，则所有利害关系人都享有请求权（《法国民法典》第334条）。

我国《民法典》第1073条规定，对亲子关系有异议且有正当理由的，父或者母可以向人民法院提起诉讼，请求确认或者否认亲子关系。对亲子关系有异议且有正当理由的，成年子女可以向人民法院提起诉讼，请求确认亲子关系。据此，只有父或者母才可以请求否认亲子关系，成年子女只能请求确认亲子关系而不享有否认权。这一规定的原因在于，如果成年子女享有否认权，可能导致其逃避对父母的赡养义务。[1]

2. 婚生子女否认的正当理由

否认子女为婚生，须提供正当理由。如果任凭当事人的怀疑或者猜测就允

---

〔1〕 黄薇主编：《中华人民共和国民法典婚姻家庭编解读》，中国法制出版社2020年版，第158、160—161页。

许否认婚生子女，将不利于婚姻家庭关系的稳定和对未成年人合法权益的保护。[1]一般要求否认权人提供初步怀疑的证据，证明妻受胎期间未与夫同居或者证明妻受胎与夫无关的事实。较常见的如妻受胎期间夫因客观原因与妻分开生活、夫不能发生性行为或者丧失生育能力等。英国普通法上，有证据证明夫有“不接近”的事实，即可否认子女的婚生性。我国法也采取这一模式。根据《民法典婚姻编解释（一）》第39条第1款的规定，父或者母向人民法院起诉请求否认亲子关系，并已提供必要证据予以证明，另一方没有相反证据又拒绝做亲子鉴定的，人民法院可以认定否认亲子关系一方的主张成立。

随着科学技术的发展和对出身知悉权的承认，有的国家在婚生子女否认制度之外赋予当事人要求允许进行基因检验以澄清亲生血缘关系的请求权。当事人得以基因血缘检验结果与婚生推定不符，提起婚生子女否认之诉。例如，德国法上，对亲子关系存在异议的父亲、母亲或者子女享有要求允许进行基因检验以澄清亲生血缘关系的请求权，无须提供对子女出身的初步怀疑即可提出基因血缘检验的申请（《德国民法典》第598a条）。法国法上，除非有不进行生物鉴定的合法理由，当事人享有请求进行生物鉴定的权利。原告可以通过任何方式证明其主张的亲子关系和生物真实性相符，尤其是借助生物技术分析的方式予以证明（《法国民法典》第310-3条第2款）。[2]

3. 婚生子女否认权的限制

否认权人如果不及时主张否认婚生子女，将导致亲子关系处于极度不稳定的状态。比较法上均对此进行了限制，主要包括如下。

第一，设置亲子关系诉讼的时效。例如，《法国民法典》第321条规定，有关亲子关系的诉讼时效期间为10年，自当事人个人被剥夺其主张的身份之日计算，或者自其身份受到异议之日计算，但法律对此诉讼另外规定时效期间的，不在此限。对于子女本身，在其未成年时期，该时效期间中止。《法国民法典》第333条规定，在占有身份与证书相一致时，唯有子女本人、父与母之一或者自认是真正父、母的人可以提起诉讼。此种诉讼时效期间为5年，自停止占有身份或者自亲子关系受到异议的父母一方死亡之日起计算。

第二，否认权因除斥期间经过而消灭。否认权须在一定期间内行使，期间

---

〔1〕 黄薇主编：《中华人民共和国民法典婚姻家庭编解读》，中国法制出版社 2020 年版，第 158、160 页。

〔2〕［法］科琳·雷诺 - 布拉尹思吉：《法国家庭法精要》（第 17 版），石雷译，法律出版社 2019 年版，第 157—159 页。

经过否认权即消灭。这一规定旨在敦促否认权人及时行使权利，以尽快确立亲子关系，维护亲子关系的稳定。例如，《德国民法典》第1600b条第1款规定，父亲身份可以在2年内通过诉讼予以撤销。该期间自权利人知悉不利于父亲身份的情事时起算。《日本民法典》第777条规定，婚生否认之诉，须自知道子女出生之时起一年以提起。《法国民法典》第335条规定，在证书签发之日起10年期限内，任何利益关系人均可提出相反证据，对依公证书确认的占有身份而确立的亲子关系提出异议。

第三，否认权因丈夫的承认而消灭。父或者母在对方不存在欺诈的情况下主动承认亲子关系并进行抚养，构成否认权的放弃，嗣后不能再主张否认。[1]例如，《日本民法典》第776条规定，丈夫在子女出生后承认其为婚生子女的，丧失否认权。

第四，因同意排除否认权的发生。夫妻双方同意妻子进行人工授精怀孕的，不享有否认权。《德国民法典》第1600条第4款规定，子女系经男子和母亲允许，以人工授精方式借助于第三人的精子捐献而被孕育的，父亲身份不得由该男子和母亲撤销。

我国《民法典》没有规定婚生子女的推定和否认制度，但对于特殊情形下的婚生子女否认权也作了相应的限制。《民法典婚姻编解释（一）》第40条规定，婚姻关系存续期间，夫妻双方一致同意进行人工授精，所生子女应视为婚生子女，父母子女间的权利义务关系适用民法典的有关规定。这一规定属于法律拟制，即通过人工授精所生子女属于法律拟制的婚生子女。由于婚生子女否认权是相对于婚姻关系存续期间所生子女为亲生子女这一法律推定而言的，法律拟制却并非否认的对象，故否认权无法适用于人工授精所生子女这一情形。

4. 否认的效力

当否认之诉获得法院支持时，亲子关系溯及既往地消灭。主张否认的一方可以基于不当得利请求抚养费的返还。在母未欺诈的情形下，真正的父和母应当承担不当得利返还；在母故意欺诈的情形下，除了返还不当得利之外，丈夫还可以向真正的父和母主张精神损害赔偿。[2]

---

〔1〕 薛宁兰、谢鸿飞主编：《民法典评注·婚姻家庭编》，中国法制出版社 2020 年版，第 330 页。

〔2〕 薛宁兰、谢鸿飞主编：《民法典评注·婚姻家庭编》，中国法制出版社 2020 年版，第 331 页。另参见谢某某与赵某某离婚纠纷案，云南省昆明市中级人民法院（2015）昆民二终字第 1721 号民事判决书；曾某某与付某某离婚纠纷案，江西省贵溪市人民法院（2013）贵民一初字第 934 号民事判决书。

第三节 非婚生子女

一、非婚生子女的概念

非婚生子女，是指无婚姻关系之男女所生子女。非婚生子女包括未婚男女所生子女和已婚男女与第三人所生子女。至于无效婚姻或者可撤销婚姻的情形，婚姻被撤销或者被宣告无效之前所生子女，有观点认为属于婚生子女[1]，也有观点认为属于非婚生子女[2]。

二、非婚生子女的法律地位

非婚生子女与婚生子女享有同等的法律地位。子女是否婚生，并不影响父母子女间的权利和义务。我国《民法典》第1071条规定，非婚生子女享有与婚生子女同等的权利，任何组织或者个人不得加以危害和歧视。不直接抚养非婚生子女的生父或者生母，应当负担未成年子女或者不能独立生活的成年子女的抚养费。

非婚生子女在法律上长期被歧视，直到晚近才获得与婚生子女平等的地位。欧洲法上，非婚生子女一直受到严重歧视。例如，《德国民法典》最初规定，非婚生子女和生父不具有血统关系，但父仍有扶养子女的义务；在和母及其血亲的关系上，非婚生子女与婚生子女待遇相同。在德国联邦宪法法院的推动下，德国立法者直到1998年才对婚生子女与非婚生子女进行统一立法，不再区分二者，也不再使用“非婚生子女”这一概念。[3]美国法上，1973年《统一亲子关系法》强调对非婚生子女的平等对待，但直到2000年修正案仍未充分平等对待非婚生子女与婚生子女，到2002年修正案才在法律上实现二者的平等地位。日本法上，《日本民法典》第900条第4款规定，子女、直系尊亲属或者兄

---

〔1〕杨立新：《论婚生子女否认和非婚生子女认领及法律疏漏之补充》，载《人民司法》2009 年第 17 期，第 95 页。

〔2〕薛宁兰、谢鸿飞主编：《民法典评注·婚姻家庭编》，中国法制出版社 2020 年版，第 305—306 页；杨大文、龙翼飞主编：《婚姻家庭法》（第八版），中国人民大学出版社 2020 年版，第 173 页；房绍坤、范李瑛、张洪波编著：《婚姻家庭继承法》（第六版），中国人民大学出版社 2020 年版，第 108 页。

〔3〕［德］迪特尔·施瓦布：《德国家庭法》，王葆莳译，法律出版社 2010 年版，第 265—268 页。

弟姐妹有数人时，各自的继承份额相等。但是，仅父母一方相同的兄弟姐妹的继承份额为父母双方相同的兄弟姐妹的继承份额的二分之一。直到2013年，日本最高法院才裁定该规定违宪。相较而言，我国1950年《婚姻法》第15条第1款就已经规定，非婚生子女享受与婚生子女同等的权利，任何人不得加以危害或歧视。可见，我国法对于非婚生子女的保护走在世界前列。

三、非婚生子女的准正与认领

（一）非婚生子女的准正

非婚生子女的准正，是指已出生的非婚生子女因生父母结婚或者司法宣告而取得婚生子女资格的法律制度。该制度始于罗马法，旨在保护非婚生子女的合法权益。准正的要件有二：其一，非婚生父母子女之间存在基因血缘联系；其二，生父母缔结婚姻的行为成立或者司法宣告父母子女关系的成立。

我国《民法典》没有规定非婚生子女的准正制度。德国法自1998年废除了婚生子女与非婚生子女的区分后，也就不存在关于非婚生子女的准正和认领制度。现行德国法采取母亲身份与父亲身份的确认制度，对之前只致力于通过婚生推定确认父亲身份的规则进行了重大革新。改革后的制度可以独立于2008年生效的亲子关系异议程序（VatKlärG）而发挥作用，其创设了确认基因上的出身的独立程序，且不影响父亲身份的效力。但这一制度只适用于男性和女性组成的婚姻。[1]美国《统一亲子关系法》采用亲子关系的承认规则与否认规则。生育子女的女子与该子女所声称的亲生父亲、辅助生育的意向父母、推定的父母，可以签署亲子关系承认书，以确认与该子女的亲子关系（第301条）。

（二）非婚生子女的认领

非婚生子女的认领，是指在非婚生子女尚未准正的情况下，由生父或者生母承认该非婚生子女由己所出。认领的要件有四：其一，须生父或者生母承认该子女由己所出；其二，双方确有基因血缘联系；其三，须不存在另一男子的父亲身份；其四，不得附条件或者附期限。

现代家庭法上，非婚生子女的认领方式主要有两种：一是通过生父或者生母的承认，也称为自愿认领；二是通过法院裁定父亲或者母亲的身份，也称为强制认领。

---

〔1〕 Nina Dethloff, Familienrecht, 32. Aufl., C.H.Beck 2018, S. 283-284.

1. 自愿认领

自愿认领，是指生父或者生母承认该子女由己所出，并自愿承担抚养义务。我国民法典没有规定自愿认领规则。通常而言，作为双方法律行为，认领须取得特定主体的同意。如《德国民法典》第1595条规定：（1）父亲身份的认领，必须得到母亲的同意。（2）母亲不享有父母照顾权利的，该项认领还必须得到子女的同意。（3）同意不得附条件或者附期限。在子女出生之前，认领即被准许。《日本民法典》第782条规定，成年子女，非经其同意，不得认领。《日本民法典》第783条规定，认领胎儿的，父亲须取得母亲的同意。认领已死亡的子女的，生父或者生母唯在有直系卑亲属的情形下，始得认领。于此情形，其直系卑亲属为成年人时，须取得其同意。

对于生父或者生母的认领能力，各国做法不尽相同。日本法上对此不作限制。《日本民法典》第780条规定，认领时，生父或者生母即便是未成年人或者成年被监护人，也无须取得其法定代理人的同意。德国法则对认领能力作了限制。《德国民法典》第1596条第1款规定，限制民事行为能力人只能自行认领，但须法定代理人的同意。经家事法院批准，法定代理人可以为无民事行为能力人进行认领；法定代理人系照管人的，须照管法院批准。

认领须符合一定的形式要件，如德国法要求认领和同意必须公开地做成证书，并送交父亲、母亲、子女和户籍登记机关（《德国民法典》第1597条）。日本法规定了两种认领的方式：一是依《户籍法》的规定，通过登记申请进行；二是通过遗嘱进行。

关于认领的效力存在两种模式：一是认领具有溯及力，溯及至出生时发生效力，如《日本民法典》第784条；二是认领不具有溯及力，只能自认领发生效力时起主张认领的法律效果，如《德国民法典》第1594条。

2. 强制认领

强制认领，是指非婚生子女的生父或者生母不愿意认领时，有关当事人请求法院确认亲子关系存在。只要能从基因上确认子女为其所出，就可以确认特定男子或者女子为子女的生父或者生母。作为子女的法定监护人，母亲或者父亲有义务明确父亲身份或者母亲身份以及子女在法律上的归属，以保护非婚生子女之利益。我国台湾地区“民法”第1067条规定，有事实足认其为非婚生子女之生父者，非婚生子女或其生母或其他法定代理人，得向生父提起认领之诉。前项认领之诉，于生父死亡后，得向生父之继承人为之。生父无继承人者，得向社会福利主管机关为之。

我国法上的强制认领规则见于《民法典婚姻编解释（一）》第39条第2款。根据该规定，父或者母以及成年子女起诉请求确认亲子关系，并提供必要证据予以证明，另一方没有相反证据又拒绝做亲子鉴定的，人民法院可以认定确认亲子关系一方的主张成立。对于亲子关系得到法院确认的，生父母与该非婚生子女成立法律上的亲子关系，适用《民法典》有关父母子女关系的规定。

第四节 继父母子女

一、继父母子女的概念

继父母，是指母之后夫或者父之后妻。继子女，是指夫与前妻或妻与前夫所生的子女。继父母子女关系是由于父或者母再婚而形成的姻亲关系。继父母子女关系的形成条件有二：一是再婚主体之间存在合法有效的婚姻关系；二是继子女是再婚一方在法律上的子女。

继父母子女关系可以分为三类：（1）未形成抚养教育关系。这一情形又分为三种，一是生父或者生母与继母或者继父再婚时，继子女已成年并独立生活；二是继子女虽未成年但不与继父母共同生活，而由其生父或者生母抚养；三是继子女虽与继父母共同生活，但继父母未对其承担全部或者部分抚养教育义务。（2）形成抚养教育关系。生父或者生母与继母或者继父再婚时，继子女尚未成年且随生父母一方与继父或者继母共同生活，继父或者继母对其承担了全部或者部分抚养教育义务。（3）确立收养关系。继父或者继母经继子女的生父母同意，与继子女依法成立收养关系。第一种继父母子女关系属于直系姻亲关系，第二种和第三种继父母子女关系属于法律拟制血亲关系。

二、继父母子女的法律地位

《民法典》第1072条规定，继父母与继子女间，不得虐待或者歧视。继父或者继母和受其抚养教育的继子女间的权利义务关系，适用本法关于父母子女关系的规定。据此，并非所有继父母子女之间都会产生父母子女关系，不同的继父母子女关系之间的权利和义务也不尽相同。

（一）未形成抚养教育关系的继父母子女

未形成抚养关系的继父母子女关系，属于直系姻亲关系，继父母子女关系是以子女生父母的婚姻为基础的，双方不以建立父母子女关系为初衷，相互间的关系只是生父母与他人再婚这一法律行为的附随效力。[1]基于夫妻之间的扶助义务，继父母照顾继子女属于其在生活上协助配偶照顾和管教子女的行为。

在继父母对继子女抚养教育较多但尚未形成抚养教育关系的情形下，(1)继父母不能根据《民法典》第26条第2款的规定，要求继子女履行赡养、扶助和保护义务；继子女自愿赡养的，可以根据《民法典》第1131条主张分得适当的遗产。（2）在继子女死亡时，继父母可以根据《民法典》第1131条的规定，主张分得适当的遗产。

《民法典》第1072条第1款规定，继父母子女间不得虐待或者歧视。继父母与继子女不属于《民法典》第1045条第2款所规定的家庭成员，如果继父母子女共同生活，则属于家庭成员以外共同生活的人。据此，继父母子女违反《民法典》第1072条第1款的法律效果存在特殊性。表现为：（1）继父母与继子女间存在虐待或者歧视行为的，根据《反家庭暴力法》第37条的规定，家庭成员以外共同生活的人之间实施的暴力行为，参照该法规定执行。（2）由于继父母与继子女间不负有法定抚养义务，单纯的不作为不构成遗弃。[2]继父母遗弃继子女的，不适用《民法典》第1079条第3款第2项关于“实施家庭暴力或者虐待、遗弃家庭成员”的规定。因继父母虐待、歧视或者遗弃继子女而导致夫妻感情破裂的情形，可以适用《民法典》第1079条第3款第5项规定。

（二）形成抚养教育关系的继父母子女

根据《民法典》第1072条第2款的规定，继父或者继母和受其抚养教育的继子女间的权利义务关系，适用本法关于父母子女关系的规定。通常而言，法律是根据子女的基因联系（亲生子女）或者法律行为（收养）而非事实联系来确定亲子关系。但在特别情况下，亦须顾及现实中已经产生的联系。[3]然而，并非所有的现实联系都能引起民事法律关系的变动，唯法律事实始能为之。现实联系能否成为法律事实，取决于法律的规定。因此，该款明确规定，继父母对继子女进行抚养教育的事实联系属于形成继父母子女间父母子女关系的法律事实。这一规定属于法律拟制，对于形成抚养教育关系的继父母子女，将其拟制为父母子女关系，从而使之得以直接适用《民法典》关于父母子女关系的规

〔1〕孙若军：《父母离婚后的子女监护问题研究》，载《法学家》2005年第6期，第77—78页。
〔2〕薛宁兰、谢鸿飞主编：《民法典评注·婚姻家庭编》，中国法制出版社2020年版，第314页。
〔3〕［德］迪特尔·施瓦布：《德国家庭法》，王葆莳译，法律出版社2010年版，第270页。

定。

如何认定继父母子女间形成抚养教育关系？抚养是指对子女进行经济上的供养和生活上的照料，教育是指在精神和心灵方面对子女进行培养。可以通过以下方面进行判断：（1）继父母是否为继子女提供基本的生活条件，并承担子女在成长过程中产生的各类花销，包括生活费、教育费、医疗费等费用；(2)继父母是否与继子女共同生活，对继子女进行生活上的照料；（3）继父母是否保证继子女接受并完成义务教育。

在继父母与继子女形成抚养教育关系的情形下，继子女与生父母、继父母之间均存在父母子女间的权利和义务。一方面，继子女与生父母之间的父母子女关系仍然存在。基于血缘联系，生父母婚姻关系的解除并不影响继子女与其生父母之间的父母子女关系。即使未与生父母一方共同生活，继子女与该方生父或者生母之间仍存在父母子女的权利和义务，即该方生父或者生母对其负有抚养、教育和保护义务，继子女对该方生父或者生母负有赡养、扶助和保护义务，继子女与该方生父或者生母之间享有继承权。另一方面，继子女与形成抚养教育关系的继父或者继母之间也存在父母子女关系。继父或者继母对其负有抚养、教育和保护义务，继子女对继父或者继母负有赡养、扶助和保护义务，继子女与继父或者继母之间享有继承权。但须注意的是，与收养不同，继父母对继子女的抚养教育并不会产生继子女与继父母近亲属之间的法律关系。因此，继子女与继父母近亲属之间不适用《民法典》第1074条所规定的祖父母、外祖父母与孙子女、外孙子女间的抚养和赡养规则，以及第1075条所规定的兄弟姐妹之间的扶养规则。[1]但在继承问题上，《民法典》第1127条第5款规定，有扶养关系的继兄弟姐妹，属于第二顺序法定继承人。

（三）成立收养关系的继父母子女

继父母可以通过收养继子女的方式，在继父母子女间成立收养关系。《民法典》第1103条规定，继父或者继母经继子女的生父母同意，可以收养继子女，并可以不受本法第1093条第3项、第1094条第3项、第1098条和第1100条第1款规定的限制。继父母子女之间成立收养关系之后，继父母子女关系转变为养父母子女关系，彼此之间发生父母子女的权利义务关系；同时，继子女与其生父或者生母之间在法律上的亲子关系终止，父母子女间的权利和义务随之消灭。

---

〔1〕 薛宁兰、谢鸿飞主编：《民法典评注·婚姻家庭编》，中国法制出版社 2020 年版，第 318 页。

三、继父母子女关系的终止

在我国法上，“终止”不是意思表示，而是对权利义务消灭的统称。《民法典》没有规定继父母子女关系的终止事由。理论上，继父母子女关系终止的原因多样，可能基于某一自然事实的发生，也可能由继父母子女通过法律行为或者诉讼方式加以解除。不同情形下的继父母子女关系，终止的事由和法律效果不尽相同。

（一）未形成抚养教育关系的继父母子女

对于未形成抚养教育关系的继父母子女，继父母子女关系终止的事由包括：（1）生父与继母或者生母与继父离婚；（2）生父与继母或者生母与继父一方死亡。

（二）形成抚养教育关系的继父母子女

对于形成抚养教育关系的继父母子女，继父母子女关系终止的事由较为复杂，主要包括以下三个方面。

1. 生父与继母或者生母与继父离婚

一般而言，已经形成拟制血亲关系的继父母子女关系并不会因为生父与继母或者生母与继父离婚而消灭。但是，根据《民法典婚姻编解释（一）》第54条的规定，对曾受其抚养教育的继子女，继父或者继母不同意继续抚养的，仍应由生父或者生母抚养。于此情形，继父母子女间的拟制血亲关系终止。

2. 继子女的生父或者生母死亡

这一事由又分为两种情形：（1）继子女未成年的，与继子女共同生活的继父母仍应继续抚养教育继子女，父母子女关系不因继子女的生父或者生母的死亡而消灭。继子女的另一方生父或者生母要求领回，经继父或者继母同意的，继父母子女关系解除。继子女8周岁以上的，应当征得本人同意。于此情形，继父母可以要求生父母适当补偿抚养期间支出的抚养费。（2）继子女已成年的，继父母子女关系不变。经继父母抚养教育的成年继子女，对继母或者继父的赡养义务不因生父或者生母的死亡而消灭。

3. 继父母子女双方自愿解除

一般而言，经继父母抚养教育的继子女成年后，应当履行赡养继父母的义务，继父母子女关系原则上不得解除。但是，如果双方协商一致，可以通过协议解除；因关系恶化等事由一方要求解除的，也可以请求法院判决解除。继父母子女关系解除后，经继父母抚养教育的成年继子女，对缺乏劳动能力又缺乏生活来源的继父母，应当给付生活费。因继子女成年后虐待、遗弃继父母而解除父母子女关系的，继父母可以要求继子女补偿抚养期间支出的抚养费。

（三）成立收养关系的继父母子女

继父母子女间成立收养关系的，其父母子女关系的解除，适用收养关系解除的规定。具体请见下文第八章第四节“收养关系的解除”部分。

第五节 人工生育子女

一、人工生育子女的概念

人工生育子女，是指利用人工生育技术受胎而出生的子女。人工生育的方法主要包括：

（1）人工授精，又称体内受精，即通过人工导入某一男性的精子使女性受孕。如果精子来自该女性的丈夫，则称为“同系授精”（Homologer Insemination，Artificail Insemination by Husband）。如果精子来自其他男性，则称为“异系授精”。

（2）体外受精，指从某一女性体内提取卵细胞，使其在体外受精，再将受精胚胎移植到某一女性的体内由其分娩。当卵子提供者和分娩者是同一人时，称为“同系受精”；当卵子提供者和分娩者不是同一人时，称为“异系受精”。

（3）胚胎移植，即将自然受精的卵细胞从母体中取出，移植到另一个女性体内由其分娩。

传统的生殖方式中，男女两性通过性行为使女性受孕，该男女双方与其所生子女之间存在直接的血缘联系。人工生育技术的进步使受孕与性行为分离，也使卵子提供者与分娩者得以分离，这为亲子关系在法律上对父母的认定带来了新的挑战。

二、人工生育子女的父母身份确认

关于人工生育，法律不仅要面对能否允许进行人工生育的问题，还要解决人工生育所带来的亲子关系问题。在传统家庭法中，子女的母为生该子女的女子，母亲和子女的关系一般不存在法律上的争议（除非医院抱错）；与此不同，父的身份存在法律上的父亲与血缘上的父亲之分，但家庭法对二者发生分离的情形提供了救济制度，即婚生子女的推定与否认、非婚生子女的准正与认领。人工生育技术的发展，使母的身份和父的身份的确认更为复杂。具体而言：

（1）同系人工授精。通过人工方式将丈夫的精子导入妻子体内，由妻子分娩。父母子女关系与传统自然生育方式中的父母子女关系无异。

（2）异系人工授精。通过人工方式将其他男性的精子导入妻子体内，由妻子分娩。对子女而言，存在一个血缘父亲、一个养育父亲。

（3）同系体外受精+丈夫为精子提供者。卵子提供者与分娩者均为妻子，精子提供者与丈夫为同一人的，父母子女关系与传统自然生育方式中的父母子女关系无异；卵子提供者与分娩者均为同一其他女性，精子提供者与丈夫为同一人的，对子女而言，存在一个血缘母亲、一个养育母亲。

（4）同系体外受精+其他男性为精子提供者。卵子提供者与分娩者均为妻子，精子提供者与丈夫不是同一人的，对子女而言，存在一个血缘父亲、一个养育父亲；卵子提供者与分娩者均为同一其他女性，精子提供者与丈夫亦非同一人的，对子女而言，存在一个血缘母亲、一个养育母亲，以及一个血缘父亲、一个养育父亲。

（5）异系体外受精+丈夫为精子提供者。卵子提供者与分娩者不是同一人，精子提供者与丈夫为同一人。对子女而言，存在一个血缘母亲、一个生育母亲。

（6）异系体外受精+其他男性为精子提供者。卵子提供者与分娩者不是同一人，精子提供者与丈夫亦非同一人。对子女而言，存在一个血缘母亲、一个生育母亲，以及一个血缘父亲、一个养育父亲。

（7）胚胎移植。卵子提供者与分娩者不是同一人，精子提供者与丈夫（如果有）亦非同一人。对子女而言，存在一个血缘母亲、一个生育母亲，以及一个血缘父亲、一个养育父亲。于此情形，血缘父亲与养育父亲往往是同一个人，故只需处理母的身份确认。

从民法的视角看，前述人工生育的方法中，精子与卵子均为同系的情形下一般不存在亲子关系认定的问题，因其法律上的父母与血缘上的父母一致；凡精子或者卵子之一为异系的，法律上的父母与血缘上的父母便可能发生分离，就出现两个以上父或者母的复杂情形。其中，存在两个以上母亲身份的情形，即为通常所说的“代孕”。那么，在这些情形中，如何确认人工生殖子女法律上的父母？

我国《民法典》没有对人工生育子女的法律问题加以规定。1991年《最高人民法院关于夫妻关系存续期间以人工授精所生子女的法律地位的函》中指出，“在夫妻关系存续期间，双方一致同意进行人工授精，所生子女应视为夫妻双方的婚生子女，父母子女之间权利义务关系适用《婚姻法》的有关规定”。这一文件属于最高人民法院发布的非司法解释类审判业务规范性文件，虽不能作为判决依据，但可以作为论据论证裁判理由。不过，该文件仅承认“人工授精”情形下（即上述第1、2种情形）的亲子关系，未涉及代孕问题。目前，明确规范代孕问题的规范性文件为卫生部2001年发布的《人类辅助生殖技术管理办法》。该办法第3条规定：“人类辅助生殖技术的应用应当在医疗机构中进行，以医疗为目的，并符合国家计划生育政策、伦理原则和有关法律规定。禁止以任何形式买卖配子、合子、胚胎。医疗机构和医务人员不得实施任何形式的代孕技术。”据此，实施人类辅助生殖技术的场所、目的和实施主体等方面受到严格限制。

德国法上，立法者放弃了婚生与非婚生的区分，转向母的身份与父的身份的确认制度。对于母的身份确认，考虑到人工生育技术的进步，1998年《子女权利改革法》（KindRG）促使立法者增加了相应规定。《德国民法典》第1591条明确规定，子女的母亲是生该子女的女子。因此，法律上的母必须是单一且无疑义的，只能是分娩者。捐献卵子的女性和子女没有法律上的联系，不能分割或者分享母亲身份。卵子提供者和分娩者也不能通过协议处分母的身份。此外，也不存在母的身份的撤销程序。[1]对于父的身份确认，2008年《关于非经撤销程序宣布父的身份的立法》使《民法典》中的相关规定发生了基础性变革。[2]父的身份须经婚姻关系或者承认进行确认，但只要能证明人工生育中使用的精子并非出自丈夫或者承认者，即可撤销。子女系经该男子和母亲允许，以人工授精方式借助于第三人的精子捐献而被孕育的，父亲身份不得由该男子和母亲撤销（《德国民法典》第1600条第4款）。精子捐赠者不得被确定为该子女的父亲（《德国民法典》第1600d条第4款）。关于代孕协议，德国法禁止借腹生子的行为，当事人关于代孕母亲有义务将所生子女交给意向父母的约定无效。[3]然而，德国法院认可经外国法院判决确认的代孕协议下的亲子关系。[4]

美国法上，《统一亲子关系法》专门对辅助生殖和代孕协议作了规定。辅

〔1〕［德］迪特尔·施瓦布：《德国家庭法》，王葆莳译，法律出版社2010年版，第271、290—291页。
〔2〕Vgl. Nina Dethloff, Familienrecht, 32. Aufl., C.H.Beck 2018, S. 283.
〔3〕［德］迪特尔·施瓦布：《德国家庭法》，王葆莳译，法律出版社2010年版，第271、291页。
〔4〕Vgl. Dieter Schwab, Familienrecht, 27. Aufl., C.H.Beck 2019, S. 315, Rn. 712.

助生殖是指采用非性交的方式受孕的一种方法。该法明确规定，同意由女子辅助生殖，并且有意成为该辅助生殖子女的父母的个人，为该子女的父母（第703条）；捐赠者不是通过辅助生殖受孕所生子女的父母（第702条）。代孕协议是指一个或者多个意向父母与同意通过辅助生育受孕的非意向父母的女子之间达成的，约定意向父母为根据本协议受孕所生子女的父母的协议。代孕协议包括妊娠代孕协议和基因代孕协议。妊娠代孕是指以他人的配子进行辅助生殖受孕；基因代孕是指以自己的配子进行辅助生殖受孕。关于代孕协议下的亲子关系，意向父母为该子女的父母，代孕者、其配偶或者前配偶（如果有），均不是该子女的父母。但在基因代孕的情形下，如果基因代孕者在辅助生殖受孕所生子女出生后72小时内撤回对代孕协议的同意的，亲子关系则根据一般的父母子女关系规则进行确认。

法律适用

关于亲子关系异议之诉主要如下。

《民法典》第1073条规定："对亲子关系有异议且有正当理由的，父或者母可以向人民法院提起诉讼，请求确认或者否认亲子关系。对亲子关系有异议且有正当理由的，成年子女可以向人民法院提起诉讼，请求确认亲子关系。"据此，亲子关系异议可以分为亲子关系的确认与亲子关系的否认。

1. 亲子关系的确认

一般而言，母亲的身份通过分娩的事实即可确认，而父亲的身份则基于婚姻的推定。如果潜在的父或者母有正当理由的，可以本人的名义提起诉讼，要求确认父或者母的身份。成年子女亦可作为亲子关系确认之诉的主体。所谓正当理由，一是指提供必要证据，如《民法典婚姻编解释（一）》第39条第2款规定，父或者母以及成年子女起诉请求确认亲子关系，并提供必要证据予以证明，另一方没有相反证据又拒绝做亲子鉴定的，人民法院可以认定确认亲子关系一方的主张成立。二是指具备正当目的，如不能以损害当事人现存的家庭模式和现实生活利益为目的，一味追求血缘真实，又如不能为了使未成年子女获得生父的交通事故损害赔偿为目的而请求确认亲子关系。亲子关系确认的效力溯及至子女出生之时，但第三人已经取得的权利不因此受影响。该效力亦及于父或者母的其他亲属之间。[1]

2. 亲子关系的否认

可以提起亲子关系否认之诉的主体，只包括法律上的父或者母，不包括成年子女以及潜在的生父母。提起亲子关系的否认之诉，需要有正当理由。同理，正当理由包括提供必要证据以及具备正当目的。根据《民法典婚姻编解释（一）》第39条第1款规定，父或者母向人民法院起诉请求否认亲子关系，并已提供必要证据予以证明，另一方没有相反证据又拒绝做亲子鉴定的，人民法院可以认定否认亲子关系一方的主张成立。必要证据主要是指父母双方未同居或者发生性关系的事实或者双方不具有血缘关系的事实。但是，如果存在下列情形，即使父或者母与子女间不存在真实血缘关系，也不能认为其具备正当理由：第一，如果父或者母在知道或者应当知道其与子女不存在真实血缘关系，却长期不提起否认之诉的；第二，在婚姻关系存续期间双方一致同意通过人工授精等方式生育子女的；第三，父或者母在对方不存在欺诈的情况下主动承认亲子关系并进行抚养的。

亲子关系否认的效力溯及既往地消灭，父或者母与子女之间自始不存在亲子关系。该效力亦及于父或者母的其他亲属。主张否认的一方可以请求抚养费用的返还。

课后复习

1. 简述父母子女间的权利和义务。
2. 简述非婚生子女的准正与认领规则。
3. 如何判断继父母子女间形成抚养教育关系？
4. 简述人工生育子女的父母身份确认规则。

---

〔1〕 薛宁兰、谢鸿飞主编：《民法典评注·婚姻家庭编》，中国法制出版社2020年版，第326—327页。

第八章 收养

| 提 要 |

收养即收养行为，是依照法律规定的条件和程序，在收养人与被收养人之间确立法律拟制的父母子女关系的民事法律行为。收养行为旨在成立收养关系。收养关系即养父母子女间的权利义务关系。收养行为作为身份行为，遵循法律行为的一般逻辑，但同时也受到较多的国家干预。在收养制度中，最有利于被收养人原则、保障被收养人和收养人合法权益原则与以意思自治原则为核心的民法基本原则相互权衡，形成一系列不同于财产法上法律行为的收养行为规范。

| 重点问题 |

1. 收养关系的成立要件。
2. 收养的拟制效力与终止效力。
3. 收养的协议解除与法定解除。

第一节 收养概述

一、收养的概念

收养，是指依照法律规定的条件和程序，在收养人与被收养人之间确立法律拟制的父母子女关系的民事法律行为。收养行为成立且生效的，产生收养关系。收养关系，是指养父母与养子女间的权利义务关系。在收养关系中，收养人为养父母，被收养人为养子女。

收养具备如下特征：（1）收养是法律行为。收养是民事主体通过意思表示设立养父母子女关系的法律行为。收养并非收养关系，收养关系乃由收养行为所产生。（2）收养是身份法律行为。收养旨在创设身份法律关系，与以设立、变更或者消灭财产关系为目的的财产法律行为有所不同。收养关系只能发生于自然人之间，且只能发生于非直系血亲的自然人之间。（3）收养是要式法律行为。收养应当向县级以上人民政府民政部门登记。收养行为须符合法律规定的条件和程序始得成立、有效。

二、收养制度的历史沿革

收养制度历史久远。早在公元前18世纪的《汉谟拉比法典》就已经有了明文规定。[1]至古罗马时期，收养制度已经十分完善，养父母子女关系在市民法层面具有与法定自然血亲同等的地位。公元10世纪以后，欧洲地区否认养父母与养子女之间的继承权，收养制度一度衰微。1804年《法国民法典》以契约法的范式重新规定收养制度，将收养归入私法体系，后世民法典莫不从之。

收养制度的价值取向因时代变迁而异，概言之，可以分为三个阶段：(1)为家之收养。即为家族法上血统之继续而收养。以古代中国、罗马法上的收养制度为典型。（2）为亲之收养。家族或者宗族制度衰微，血统观念渐趋淡薄，收养制度更多是为了养老、增加亲方劳力等。《法国民法典》以降至第一次世界大战末期之法国、德国法上的收养制度为典型。（3）为子女之收养。第二次世界大战后，孤儿、非婚生子女数量激增等现象推动现代收养法改以子女利益为重。法国、德国、英国等民法典纷纷改革收养法，以实现子女之福祉。[2]

我国法上，收养法律关系在很长一段时间内仅由《婚姻法》中的原则性规定和相关司法解释调整，收养制度不够完善。1991年《收养法》的颁布，使我国有了较为体系化的收养制度。《民法典》中的收养制度承继《收养法》，并对收养成立条件、程序、解除条件和法律责任等内容作了变更。现行的收养法包括广狭二义，狭义的收养法主要指集中于《民法典》婚姻家庭编的“收养”章、婚姻家庭编“一般规定”部分第1044条所规定的收养原则及其相应的司法解释。关于养父母与养子女间的权利义务关系，适用父母子女关系的相关规定（具体可以参见前文“父母子女关系”部分）。广义的收养法还包括国务院有关部门针对收养问题制定的规范性文件，如民政部发布施行的《中国公民收养子女登记办法》（2019年修订）、《外国人在中华人民共和国收养子女登记办法》、《华侨以及居住在香港、澳门、台湾地区的中国公民办理收养登记的管辖以及所需要出具的证件和证明材料的规定》，以及中华人民共和国签署的相关条约，如《儿童权利公约》和《跨国收养方面保护儿童及合作公约》等。

---

〔1〕 国洪更：《古代两河流域的收养制度》，载《史学月刊》2006年第11期，第85页。
〔2〕 史尚宽：《亲属法论》，中国政法大学出版社2000年版，第585—586页。

第二节 收养关系的成立

《民法典》关于收养的规定并未严格遵循法律行为的理论逻辑。第一，《民法典》没有明确区分收养行为与收养关系。与总则编民事法律行为部分的规定不同，收养章是围绕收养关系而非收养行为加以规定，如在章节命名上，婚姻家庭编第五章第一节为“收养关系的成立”，实际上规定的是收养行为的成立和生效要件。第二，民法典亦未区分收养行为的成立与生效。尤为典型的是，《民法典》第1105条第1款规定：“收养应当向县级以上人民政府民政部门登记。收养关系自登记之日起成立。”收养关系的成立始于收养行为之生效，但根据该款规定，无法确定登记是收养行为的成立要件还是生效要件。对于这一问题，学界尚存争议，故此，本书暂且遵循《民法典》的规定，围绕收养关系加以阐述。

一般而言，法律行为之成立仅要求当事人合意。然收养行为作为身份法律行为，其不仅对收养各方当事人产生重大影响，也关乎公共利益，因此，世界各国无不严格规范收养行为。从发展趋势上看，越来越多的国家放弃合同体系（仅通过收养人和子女间的合同即可成立收养）转而采用宣告体系（通过国家主权行为的收养），[1]我国法亦概莫能外。收养关系的成立，根据《民法典》的规定，除了当事人合意之外，仍要求当事人适格以及进行收养登记。

一、当事人合意

《民法典》第1104条规定：“收养人收养与送养人送养，应当双方自愿。收养八周岁以上未成年人的，应当征得被收养人的同意。”据此，收养须经收养人、送养人和八周岁以上被收养人的同意。收养行为应当体现收养各方当事人的意思自治，这是收养作为法律行为之要义。

关于收养行为包括几方当事人的意思表示，学界存在三种观点：（1）收养人+被收养人。该观点认为，收养是收养人与被收养人之间的法律行为，送养人

---

〔1〕［德］迪特尔·施瓦布：《德国家庭法》，王葆莳译，法律出版社2010年版，第395页。

仅以被收养人的法定代理人身份介入收养关系，并非收养当事人。[1]这一观点主要受到我国台湾地区学者的影响，我国台湾地区"民法"第1076-2条与1976年修正前的《德国民法典》亦如此规定。德国法中，在1976年《收养法》通过之前，收养属于收养人与孩子之间经婚生父母或非婚生母亲同意的合同。（2）收养人+送养人。该观点认为，收养是收养人与送养人之间的法律行为，被收养人不是合同当事人。根据是否承认被收养人同意属于独立法律行为，该观点又分为两类：其一，收养行为乃父母行为，与子女意思无关。具体而言，收养行为是身份行为，是因父母行为而发生或者消灭特定的亲属身份关系这一事实，只不过该亲属身份关系在子女身上发生或者消灭，与因出生或者其他自然事实发生身份得丧的场合相同，而与子女意思之"代理"毫无关联。[2]其二，收养行为的当事人仅包括收养人与送养人，但收养行为是需经被收养人同意的法律行为，其能否约束被收养人仍取决于被收养人的同意。在规范构造上，收养行为类似于亲子关系主体的变更，即送养人将其在亲子关系中的法律地位一并移转给收养人，由收养人概括承受其与被收养人之间的父母子女权利义务关系。收养行为或因缺乏被收养人的同意而无效，或因被收养人同意而对其发生效力。（3）收养人+被收养人+送养人。该观点认为，收养人、被收养人和送养人在收养中各自具有独立主体地位，就收养事项独立表达意愿。三方主体各自就收养事项所作意思表示会于一处，形成互为呼应的连环性的转移亲子权益意思表示。[3]

本书倾向于认同"亲子关系主体的变更"一说。收养行为是需要同意的法律行为，其效力取决于作为独立法律行为的被收养人的同意。8周岁以下的被收养人的同意，由法定代理人代为作出；8周岁以上的被收养人的同意，须由其自行作出。收养行为确实涉及三方主体，即收养人、被收养人和送养人，但是收养行为的当事人仅包括收养人与送养人，被收养人则是收养行为的利害关

---

〔1〕史尚宽：《亲属法论》，中国政法大学出版社2000年版，第584页；江平主编：《民法学》，中国政法大学出版社2019年版，第757页；余延满：《亲属法原论》，法律出版社2007年版，第406页；杨大文主编：《亲属法》（第五版），法律出版社2012年版，第286页；王洪：《婚姻家庭法》，法律出版社2003年版，第265页。

〔2〕杨大文、龙翼飞主编：《婚姻家庭法》（第八版），中国人民大学出版社2021年版，第77页。

〔3〕薛宁兰、谢鸿飞主编：《民法典评注·婚姻家庭编》，中国法制出版社2020年版，第539—542页；杨大文主编：《亲属法与继承法》（第二版），法律出版社2013年版，第197页；陈苇主编：《婚姻家庭继承法学》（第二版），中国政法大学出版社2014年版，第168页；马忆南：《婚姻家庭继承法学》（第四版），北京大学出版社2019年版，第163页。

系人，是收养关系的当事人。理由在于：首先，收养制度设计必须充分尊重被收养人的主体地位。根据《儿童权利公约》第12条所规定的立法应确保有主见能力的儿童有权对影响到其本人的一切事项自由发表自己的意见，以及《民法典》第1044条所规定的收养应当遵循最有利于被收养人的原则，在对收养制度的解释中，为了充分尊重被收养人的意思，更宜将其同意作为独立法律行为。这也是第三种观点即“收养人+被收养人+送养人”的依据所在。其次，“亲子关系主体的变更”一说不仅尊重被收养人的主体地位，也符合法律行为的逻辑构造。对于收养关系的确立而言，收养人、送养人和被收养人都必须作出意思表示，但这种共同参与不需要表现为订立三方承担合同〔1〕，而是由作为亲子关系退出人的送养人与作为亲子关系承担人的收养人之间订立一个合同，且该合同应当由仍处于被承担的亲子关系之中的那一方当事人即被收养人同意。这一构造符合需经同意的法律行为的规则。同时，即使收养行为的当事人不包括被收养人，也不能认为其处于所谓客体地位〔2〕、意志不被尊重。因为根据《民法典》第1113条第1款的规定，如果8周岁以上的被收养人拒绝作出同意的意思表示，收养行为无效，那么也就无从确立收养关系。

二、当事人适格

根据《民法典》的规定，收养行为所涉三方当事人应当满足一定的条件，收养关系始能确立。

（一）被收养人的条件

根据《民法典》第1093条的规定，下列未成年人可以被收养：（1）丧失父母的孤儿。即父母死亡或者被宣告死亡的未成年人。（2）查找不到生父母的未成年人。即被父母遗弃的新生儿和其他未成年人。（3）生父母有特殊困难无力抚养的子女。这一情形主要包括生父母有重特大疾病或重度残疾，被判处有期徒刑或者无期徒刑、死刑，以及经乡镇人民政府、街道办事处证明的存在其他客观原因无力抚养子女等。

---

〔1〕［德］迪特尔·梅迪库斯：《德国债法总论》，杜景林、卢谌译，法律出版社2004年版，第574页。

〔2〕有学者认为如果把被收养人的同意作为收养行为的生效条件，就“意味着收养人与送养人可通过合意处分被收养人的亲子权益”。参见薛宁兰、谢鸿飞主编：《民法典评注·婚姻家庭编》，中国法制出版社2020年版，第541页。

（二）送养人的条件

根据《民法典》第1094条的规定，下列个人、组织可以作送养人。

1. 孤儿的监护人

《民法典》第27条第2款规定，未成年人的父母已经死亡或者没有监护能力的，由有监护能力的祖父母、外祖父母，兄、姐，以及经未成年人住所地的居民委员会、村民委员会或者民政部门同意的其他愿意担任监护人的个人或者组织按顺序担任监护人。被监护人的父母担任监护人的，可以通过遗嘱指定监护人（《民法典》第29条）。上述具有监护资格的人之间亦可在尊重被监护人的真实意愿的前提下协议确定监护人（《民法典》第30条）。

根据《民法典》第1096条的规定，监护人送养孤儿的，应当征得有抚养义务的人同意。有抚养义务的人不同意送养、监护人不愿意继续履行监护职责的，应当依照总则编的规定另行确定监护人。

2. 儿童福利机构

儿童福利机构是民政部门设立的，主要收留抚养由民政部门担任监护人的未满18周岁儿童的机构，包括按照事业单位法人登记的儿童福利院、设有儿童部的社会福利院等。根据《儿童福利机构管理办法》第9条的规定，儿童福利机构应当收留抚养的儿童包括五类，分别是无法查明父母或者其他监护人的儿童、父母死亡或者宣告失踪且没有其他依法具有监护资格的人的儿童、父母没有监护能力且没有其他依法具有监护资格的人的儿童、人民法院指定由民政部门担任监护人的儿童以及法律规定应当由民政部门担任监护人的其他儿童。对于符合条件、适合送养的儿童，儿童福利机构依法安排送养。

3. 有特殊困难无力抚养子女的生父母

生父母有特殊困难无力抚养子女主要是指生父母有重特大疾病或重度残疾，被判处有期徒刑或者无期徒刑、死刑，以及经乡镇人民政府、街道办事处证明的存在其他客观原因无力抚养子女等情形。

由于送养子女是变更亲子关系，对收养各方及其近亲属均意义重大，故民法典对父母送养子女的情形作了特殊规定。其一，为了保护父母双方的身份权益，《民法典》第1097条规定，生父母送养子女，应当双方共同送养。只有生父母一方不明或者查找不到的，才可以单方送养。其二，为了保护未成年子女近亲属的身份权益，对于配偶一方死亡，另一方送养未成年子女的，《民法典》第1108条规定，死亡一方的父母有优先抚养的权利。其三，对于孤儿或者生父母无力抚养的子女，考虑到由其生父母的亲属、朋友抚养可能更有利于未成年人的成长，《民法典》第1107条规定，此类未成年人可以由生父母的亲属、朋友抚养。不过，抚养人与被抚养人的关系不适用收养章的规定。

对于不具备完全民事行为能力且可能严重危害未成年人的父母，根据《民法典》第1095条的规定，可以由该未成年人的监护人作为送养人。这一规定除生父母外，也适用于养父母和形成抚养教育关系的继父母。

（三）收养人的条件

《民法典》第1098条规定，收养人应当同时具备五项条件。

1. 无子女或者只有一名子女

“无子女”是指夫妻双方或者一方因不愿生育或不能生育而无子女，或者因所生子女死亡而失去子女，或者指收养人因无配偶而没有子女的情况。子女包括亲生子女、养子女以及形成抚养教育关系的继子女。这一规定是参照计划生育政策下的家庭模型而设。2015年《人口与计划生育法》根据我国人口和计划生育政策的调整，明确规定“国家提倡一对夫妻生育两个子女”。《民法典》因此在《收养法》关于收养人应无子女的规定上放宽了限制，增加了“只有一名子女”。据此，收养人在只有一名子女的情形下，也可以收养其他子女。相应地，根据《民法典》第1100条的规定，无子女的收养人可以收养两名子女；有子女的收养人只能收养一名子女。收养孤儿、残疾未成年人或者儿童福利机构抚养的查找不到生父母的未成年人，可以不受此限制。

2. 有抚养、教育和保护被收养人的能力

父母对未成年子女负有抚养、教育和保护的义务，因此，收养人须有抚养、教育和保护被收养人的能力。其意指，收养人应当具有完全民事行为能力，在身体、智力、经济、道德品行以及教育子女等各个方面均有能力实现对未成年子女的抚养、教育和保护，能够履行父母对子女应尽的义务，否则，将不利于未成年子女的健康成长。

3. 未患有在医学上认为不应当收养子女的疾病

所谓“医学上认为不应当收养子女的疾病”并没有明确的范围，主要指可能会损害收养人行为能力和照护能力甚至危及未成年人的身心健康的精神疾病和传染性疾病。前者包括精神分裂症、分裂情感性障碍、偏执性精神病、双相（情感）障碍、癫痫所致精神障碍、精神发育迟滞伴发精神障碍等疾病。后者主要指我国《传染病防治法》规定的甲类、乙类和丙类传染病，包括鼠疫、霍乱、传染性非典型肺炎、艾滋病、病毒性肝炎、脊髓灰质炎、人感染高致病性禽流感、麻疹、流行性出血热、狂犬病、流行性乙型脑炎、登革热等疾病。收养人是否患有在医学上认为不应当收养子女的疾病，应当由医学专业人士予以判定。

4. 无不利于被收养人健康成长的违法犯罪记录

为了突出对被收养人利益的保护，《民法典》强化了对收养人品行的要求，新增这一规定。但并非所有有违法犯罪记录的人都不能收养子女，而是从事过不利于未成年人健康成长有关的违法犯罪，才会被限制收养。对此，可以参照《未成年人保护法》第22条第3款的规定。该款规定委托监护中受委托人不得具有下列情形：（1）曾实施性侵害、虐待、遗弃、拐卖、暴力伤害等违法犯罪行为；（2）有吸毒、酗酒、赌博等恶习；（3）曾拒不履行或者长期怠于履行监护、照护职责；（4）其他不适宜担任被委托人的情形。

5. 年满30周岁

收养旨在创设法律拟制的亲子关系，故收养人与被收养人之间应当具有一定的年龄差。有的立法例直接规定年龄差，如《瑞士民法典》第265条第1款规定，子女须至少小于养父母16岁。《民法典》则是通过设置收养人的年龄限制，来实现这一目的。在特殊情形下，这一要求会有所调整。如继父母收养继子女时可以不受此限（《民法典》第1103条），而无配偶者收养异性子女，年龄差应达40周岁以上（《民法典》第1102条）。

须强调的是，对于收养三代以内旁系同辈血亲的子女，《民法典》放宽了条件。根据《民法典》第1099条的规定，（1）收养三代以内旁系同辈血亲的子女，未成年人的生父母不受有特殊困难无力抚养的限制。（2）无配偶者收养异性子女的，也不受年龄应相差40周岁以上的限制。（3）华侨收养三代以内旁系同辈血亲的子女，还可以不受“无子女或者只有一名子女”的限制。

三、收养登记

《民法典》第1105条规定：“收养应当向县级以上人民政府民政部门登记。收养关系自登记之日起成立。收养查找不到生父母的未成年人的，办理登记的民政部门应当在登记前予以公告。收养关系当事人愿意签订收养协议的，可以签订收养协议。收养关系当事人各方或者一方要求办理收养公证的，应当办理收养公证……”

（一）收养登记的程序

1. 办理收养登记的机关

收养应当向县级以上人民政府部门登记。根据《收养子女登记办法》第3条的规定，收养登记的管辖因被收养人的情况而有所区别：收养社会福利机构抚养的查找不到生父母的未成年人和孤儿的，在社会福利机构所在地的收养登记机关办理登记；收养非社会福利机构抚养的查找不到生父母的未成年人的，在未成年人发现地的收养登记机关办理登记；收养生父母有特殊困难无力抚养的子女或者由监护人监护的孤儿的，在被收养人生父母或者监护人常住户口所在地（组织作为监护人的，在该组织所在地）的收养登记机关办理登记；收养三代以内同辈旁系血亲的子女，以及继父或者继母收养继子女的，在被收养人生父或者生母常住户口所在地的收养登记机关办理登记。

2. 亲自办理原则

收养当事人应当亲自到收养登记机关办理收养登记手续。夫妻共同收养子女的，应当共同到收养登记机关办理登记手续；一方因故不能亲自前往的，应当书面委托另一方办理登记手续，委托书应当经过村民委员会或者居民委员会证明或者经过公证。

3. 申请

收养申请书由收养人向收养登记机关提交。同时，收养人应提交下列证件和证明材料：（1）收养人的居民户口簿和居民身份证；（2）由收养人所在单位或者村民委员会、居民委员会出具的本人婚姻状况和抚养教育被收养人的能力等情况的证明，以及收养人出具的子女情况声明；（3）县级以上医疗机构出具的未患有在医学上认为不应当收养子女的疾病的身体健康检查证明。收养查找不到生父母的未成年人的，还应当提交收养人经常居住地计划生育部门出具的收养人生育情况证明；其中收养非社会福利机构抚养的查找不到生父母的未成年人的，收养人还应当提交下列证明材料：（1）收养人经常居住地计划生育部门出具的收养人无子女的证明；（2）公安机关出具的捡拾未成年人报案的证明。收养继子女的，可以只提交居民户口簿、居民身份证和收养人与被收养人生父或者生母结婚的证明。

送养人应当向收养登记机关提交下列证件和证明材料：（1）送养人的居民户口簿和居民身份证（组织作为监护人的，提交其负责人的身份证件）；（2）收养法规定送养时应当征得其他有抚养义务的人同意的，并提交其他有抚养义务的人同意送养的书面意见。社会福利机构为送养人的，并应当提交未成年人进入社会福利机构的原始记录，公安机关出具的捡拾弃婴、儿童报案的证明，或者孤儿的生父母死亡或者宣告死亡的证明。监护人为送养人的，并应当提交实际承担监护责任的证明，孤儿的父母死亡或者宣告死亡的证明，或者被收养人生父母无完全民事行为能力并对被收养人有严重危害的证明。生父母为送养人的，并应当提交与当地计划生育部门签订的不违反计划生育规定的协议；有特殊困难无力抚养子女的，还应当提交送养人有特殊困难的声明。其中，因丧偶或者一方下落不明由单方送养的，还应当提交配偶死亡或者下落不明的证明。对送养人有特殊困难的声明，登记机关可以进行调查核实；子女由三代以内同辈旁系血亲收养的，还应当提交公安机关出具的或者经过公证的与收养人有亲属关系的证明。被收养人是残疾儿童的，还应当提交县级以上医疗机构出具的该儿童的残疾证明。

4. 审查

收养登记机关收到收养登记申请书及有关材料后，应当自次日起30日内进行审查。收养查找不到生父母的未成年人的，收养登记机关应当在登记前公告查找其生父母；自公告之日起满60日，未成年人的生父母或者其他监护人未认领的，视为查找不到生父母的未成年人。公告期间不计算在登记办理期限内。

5. 收养评估

《民法典》第1105条第5款规定，县级以上人民政府民政部门应当依法进行收养评估。根据民政部2021年1月1日施行的《收养评估办法（试行）》的规定，收养评估，是指民政部门对收养申请人是否具备抚养、教育和保护被收养人的能力进行调查、评估，并出具评估报告的专业服务行为。除了收养继子女，中国内地居民在中国境内收养子女的，均应进行收养评估。民政部门进行收养评估，可以自行组织，也可以委托第三方机构开展。收养评估的内容包括收养申请人以下情况：收养动机、道德品行、受教育程度、健康状况、经济及住房条件、婚姻家庭关系、共同生活家庭成员意见、抚育计划、邻里关系、社区环境、与被收养人融合情况等。收养申请人与被收养人融合的时间不少于30日。

收养评估的流程包括书面告知、评估准备、实施评估、出具评估报告。（1）书面告知。民政部门收到收养登记申请有关材料后，经初步审查收养申请人、送养人、被收养人符合《民法典》《中国公民收养子女登记办法》要求的，应当书面告知收养申请人将对其进行收养评估。委托第三方机构开展评估的，民政部门应当同时书面告知受委托的第三方机构。（2）评估准备。收养申请人确认同意进行收养评估的，第三方机构应当选派2名以上具有社会工作、医学、心理学等专业背景或者从事相关工作2年以上的专职工作人员开展评估活动。民政部门自行组织收养评估的，由收养评估小组开展评估活动。（3）实施评估。评估人员根据评估需要，可以采取面谈、查阅资料、实地走访等多种方式进行评估，全面了解收养申请人的情况。（4）出具确认报告。收养评估小组和受委托的第三方机构应当根据评估情况制作书面收养评估报告。收养评估报告包括正文和附件两部分：正文部分包括评估工作的基本情况、评估内容分析、评估结论等；附件部分包括记载评估过程的文字、语音、照片、影像等资料。委托第三方机构评估的，收养评估报告应当由参与评估人员签名，并加盖机构公章。民政部门自行组织评估的，收养评估报告应当由收养评估小组成员共同签名。

收养评估报告应当在收养申请人确认同意进行收养评估之日起60日内作出。收养评估期间不计入收养登记办理期限。收养评估报告应当作为民政部门办理收养登记的参考依据。

6. 登记

对符合法律规定条件的，为当事人办理收养登记，发给收养登记证，收养关系自登记之日起成立；对不符合法律规定条件的，不予登记，并对当事人说明理由。

（二）收养协议与收养公证

收养协议，是指收养行为当事人对收养事项进行协商所达成的合意。收养协议可以是口头的，也可以是书面的。《民法典》第1105条第3款规定：“收养关系当事人愿意签订收养协议的，可以签订收养协议。”此处的“收养协议”应限缩解释为书面收养协议。该条明确表明，书面形式并非收养行为成立的形式要件。由于收养登记是收养登记机关的行政行为，根据其相关业务规范进行，可能无法覆盖收养行为当事人就收养事项进行充分协商和约定的意思表示。因此，收养行为当事人可以另行就其收养合意订立书面收养协议。当事人以书面形式确定收养合意，明确双方的权利义务关系，有助于保护各方权益。[1]

收养公证，是指公证机关对收养协议依法作出的公证证明。《民法典》第1105条第4款规定：“收养关系当事人各方或者一方要求办理收养公证的，应当办理收养公证。”据此，收养公证并非收养行为的成立要件，亦非其生效要件。只有在收养关系当事人要求办理的情况下，才需办理收养公证。如果只办理收养公证，但未进行收养登记的，收养行为不成立。

〔1〕 薛宁兰、谢鸿飞主编：《民法典评注·婚姻家庭编》，中国法制出版社2020年版，第551页。

第三节　收养的效力

一般而言，法律行为成立之后，其效力状态可能会呈现为有效、无效、可撤销或者效力待定。收养行为的效力状态较为特殊，《民法典》只规定了收养行为的有效或者无效两种。收养行为成立后，如果符合生效要件，收养关系即确立，从而产生相应的法律效果，即拟制效力和终止效力；如果存在《民法典》总则编关于民事法律行为无效规定的情形或者违反收养章规定的情形，收养行为就归于无效。由于收养行为属于变更身份关系的法律行为，能否撤销，宜以法律明文规定。然《民法典》收养章没有规定收养行为的可撤销事由，可否适用总则编关于可撤销的规定，尚待研究。本节仅介绍收养行为之有效与无效之法效果。

一、收养的拟制效力

收养行为的拟制效力，是指自收养关系成立之日起，养父母与养子女间产生法律拟制的父母子女关系；养子女与养父母的近亲属间亦产生法律拟制的子女与父母的近亲属关系。

养子女具有与婚生子女相同的法律地位。收养关系成立之后，养父母子女间的权利义务关系，适用《民法典》关于父母子女关系的规定。《民法典》总则编关于未成年人的父母为其法定监护人，以及婚姻家庭编与继承编中关于父母子女关系的规定，均适用于养父母子女关系。例如，养父母是未成年养子女的监护人，承担相应监护责任。养父母对养子女有抚养、教育和保护的义务，不得虐待和遗弃养子女，当养父母不履行抚养义务时，未成年养子女或者不能独立生活的成年养子女有要求养父母给付抚养费的权利。成年养子女对养父母有赡养、扶助和保护的义务，不得虐待和遗弃养父母，缺乏劳动能力或者生活困难的养父母，有要求成年养子女给付赡养费的权利。养父母与养子女有相互继承遗产的权利。

养子女与养父母的近亲属间所产生的法律拟制的子女与父母的近亲属关系，是收养行为的法定效力。据此，养子女与养父母的父母间发生祖孙间的权利和义务，养子女与养父母的子女间发生兄弟姐妹间的权利和义务。上述近亲属间的抚养、赡养和扶养以及继承问题，适用《民法典》之规定。身份关系之变动，须法律明确规定。相较而言，《民法典》第1072条关于继父母子女间的拟制效力仅限于父母子女关系，继子女与继父母的近亲属间则不存在相应的拟制效力。

二、收养的终止效力

收养行为的终止效力，是指养子女与生父母以及其他近亲属间的权利义务关系，因收养关系的成立而终止。具体而言，自收养关系成立之日起，养子女与生父母之间就不再具有法律上的父母子女权利义务关系，养子女与生父母的父母之间不再具有祖孙间的权利义务关系，与生父母的其他子女间亦不再具有兄弟姐妹间的权利义务关系。

然而，收养关系的成立虽然终止了养子女与生父母及其近亲属间法律上的权利义务关系，但因其血缘关系的事实存在，仍须适用禁止近亲婚的规定。

三、收养行为的无效

收养行为的无效，是指收养行为因不具备生效条件而不发生当事人预设的法律效果，即不产生收养关系。《民法典》第1113条规定，有总则编关于民事法律行为无效规定情形或者违反婚姻家庭编规定的收养行为无效。无效的收养行为自始没有法律约束力。

（一）收养行为的无效事由

一般而言，法律行为的无效事由包括：（1）无民事行为能力人实施的民事法律行为（《民法典》第144条）；（2）欠缺法定形式或者约定形式；（3）违反强制性法律规定（《民法典》第153条第1款）；（4）违反公序良俗（《民法典》第153条第2款）；（5）虚假法律行为（《民法典》第146条）；（6）恶意串通、损害他人合法权益（《民法典》第154条）。[1]

结合《民法典》婚姻家庭编尤其是收养章的规定，可以认为收养行为的无效事由包括：（1）当事人不适格，如收养人、被收养人或者送养人不符合法律规定的条件，或者收养人、送养人不具有相应的民事行为能力；（2）未进行收养登记；（3）违反法律、行政法规，如违反《民法典》收养章中的强制性规定；（4）违反公序良俗，如单身男性以蓄妻为目的的收养未成年少女；（5）收

〔1〕 李永军：《民法总则》，中国法制出版社 2018 年版，第 652—688 页。

养主体以虚假的意思表示实施收养行为，如以收养之名行买卖儿童之实；(6)当事人恶意串通、损害他人合法权益，如为侵夺婚姻财产或家庭财产而为收养。[1]

（二）收养行为无效的法律效果

无效的收养行为自始没有法律约束力。如前所述，收养行为是收养人与送养人之间的法律行为。根据《民法典》第157条的规定，收养行为无效的，收养关系自始不存在，送养人应当返还收养人所付出的抚养费。导致收养行为无效的过错方应当赔偿对方由此受到的损失；各方都有过错的，应当各自承担相应的责任。

根据《中国公民收养子女登记办法》第12条的规定，收养关系当事人弄虚作假骗取收养登记的，收养关系无效，由收养登记机关撤销登记，收缴收养登记证。

第四节　收养关系的解除

一、概述

收养关系原则上是终局的，因为新的父母子女关系必须在牢固的法律基础上才得以发展。[2]为了实现收养关系的稳定性，现代收养制度一方面严格限制收养关系的消灭事由，将收养关系的废止或者解除限制在个别情形；另一方面在两个阶段分别限制不同的主体解除收养关系，即在被收养人未成年之前，严格限制收养人解除收养，而在被收养人成年之后，则严格限制被收养人解除收养。其理由在于，现代收养法律制度旨在保护弱势主体，在被收养人成年之前，被收养人作为未成年人，属于弱势群体，需要稳定的成长环境以实现其最佳利益；在被收养人成年之后，收养人已经对被收养人履行了抚养、教育和保护义务，且往往需要子女的赡养、扶助和保护，亦属于弱势群体。《民法典》也采取这一立场，规定收养关系原则上不得解除。同时，例外情形下，如果收养关系不解除将无法保护被收养人或者收养人合法权益的，则允许解除。

根据收养关系解除的原因不同，收养关系的解除可以分为意定解除和法定解除。前者指基于当事人意思而解除合同，是契约自由在合同解除制度上的体

〔1〕 薛宁兰、谢鸿飞主编：《民法典评注·婚姻家庭编》，中国法制出版社2020年版，第591页。

〔2〕［德］迪特尔·施瓦布：《德国家庭法》，王葆莳译，法律出版社2010年版，第406页。

现；后者指基于法律规定的解除事由而解除合同，如《民法典》第563条所规定的解除合同的法定事由。意定解除又可以分为约定解除与协议解除。约定解除是指合同当事人在订立合同之时或者之后约定一方或者双方的解除权发生的情形，当发生该情形时，一方或者双方即享有解除权。协议解除是指合同当事人经协商一致，通过订立一个新的合同以解除原来的合同。

收养关系的解除仅包括协议解除与法定解除，而不包括约定解除。收养行为当事人不得在收养协议中约定解除事由，否则，将有悖于公共利益和基于收养关系形成的共同关系的本质。

二、收养关系的协议解除

（一）解除收养关系的合意

《民法典》规定了两种协议解除收养关系的情形。其一，在被收养人成年以前，《民法典》第1114条规定，收养人不得解除收养关系，但是收养人、送养人双方协议解除的除外。养子女8周岁以上的，应当征得本人同意。其二，在被收养人成年以后，《民法典》第1115条规定，养父母与成年养子女关系恶化、无法共同生活的，可以协议解除收养关系。

在第一种情形中，收养关系解除协议的当事人是收养人与送养人，但该协议之效力取决于被收养人的同意。一般认为，在被收养人成年以前，收养人原则上不得解除收养关系，这是出于确保被收养人能够正常获得生活来源得以健康成长的考虑；但是，如果送养人与收养人能够就解除收养关系达成一致，使被收养人复归于原来的家庭，就不会陷入无人抚养的境地，故允许在此种情形下解除收养关系。[1]于此情形，养子女未满8周岁的，欠缺民事行为能力，由送养人代为作出意思表示；养子女8周岁以上的，已具备相应的民事行为能力，应当由其自行作出意思表示。

在第二种情形中，收养关系解除协议的当事人是收养人与被收养人。双方关系恶化、无法共同生活的，经协商一致，可以解除收养关系，对收养关系存续期间所形成的家庭财产作出分割，合理解决缺乏劳动能力又缺乏生活来源的养父母的生活安置问题。如果双方无法达成协议的，可以向人民法院提起诉讼。

德国法上，收养原则上不得废止，仅在被收养人成年之前，法院可以基于

---

〔1〕 黄薇主编：《中华人民共和国民法典婚姻家庭编解读》，中国法制出版社2020年版，第323页。

儿童最大利益原则废止收养；被收养子女一旦成年，即不能废止在其成年之前成立的收养关系。因为从一般法律原则上看，每个家庭都是持续存在的法律关系，不能因为出现某种重要理由而提前终止。在被收养人成年后，即使在极端情况下，亦不能为之。立法者通过这一限制，追求收养家庭的合法性和制度保障，尽量减少家庭解散的情形，从而尽可能消除亲生子女和被收养子女在法律地位上的区别。[1]我国民法典在该问题上给予当事人更多的自治空间。

（二）解除收养关系登记

协议解除收养关系，相当于收养人与被收养人以新的合同解除原来的合同。盖因解除收养关系将产生重大身份关系的变化，须通过登记加以确认并向社会公示这一变动情况。《民法典》第1116条规定，当事人协议解除收养关系的，应当到民政部门办理解除收养关系登记。收养关系能否解除，亦须经民政部门的审查。唯经民政部门审查，认为符合法律规定，可以解除收养关系并发给解除收养关系证明的，收养关系才解除。

根据《中国公民收养子女登记办法》第9条和第10条的规定，收养关系当事人协议解除收养关系的，应当持居民户口簿、居民身份证、收养登记证和解除收养关系的书面协议，共同到被收养人常住户口所在地的收养登记机关办理解除收养关系登记。收养登记机关收到解除收养关系登记申请书及有关材料后，应当自次日起30日内进行审查；对符合收养法规定的，为当事人办理解除收养关系的登记，收回收养登记证，发给解除收养关系证明。

三、收养关系的法定解除

收养关系的法定解除，是指当事人行使法定解除权而使收养关系消灭的行为。所谓法定解除权，是指依据法律规定的原因而产生的解除权。其与收养关系的协议解除的区别在于，法定解除权的产生原因是由法律直接规定的，而非经当事人协议产生。《民法典》第1114条第2款规定，收养人不履行抚养义务，有虐待、遗弃等侵害未成年养子女合法权益行为的，送养人有权要求解除养父母与养子女间的收养关系。送养人、收养人不能达成解除收养关系协议的，可以向人民法院提起诉讼。这一规定的要点有三。

第一，收养关系的法定解除权的原因是收养人不履行抚养义务，有虐待、

---

〔1〕王葆莳：《德国联邦最高法院典型判例研究·家庭法篇》，法律出版社2019年版，第319—328页。

遗弃等侵害未成年养子女合法权益行为。虐待是指以作为或者不作为的形式对家庭成员进行歧视、折磨、摧残，使其在精神上、肉体上遭受损害的违法行为。遗弃是指负有法定抚养、扶养、赡养义务的家庭成员，拒不履行法定义务，致使需要抚养、扶养、赡养的家庭成员不能得到法定供养，损害其合法利益的违法行为。

第二，收养关系的法定解除权的行使主体是送养人。收养人不履行抚养义务，有虐待、遗弃等侵害未成年养子女合法权益行为的情形下，法定解除权的行使主体是送养人，收养人不得行使该权利。以防止收养人故意为虐待、遗弃等侵害未成年养子女合法权益的行为，以解除收养关系。

第三，收养关系的法定解除权的行使方式是诉讼解除。[1]法定解除权的行使方式一般包括通知解除和诉讼解除。根据《民法典》第565条第1款规定，解除权的行使采取向对方当事人发出解除表示的方式，该解除的意思表示到达对方当事人时发生合同解除的效力。解除收养关系的，法定解除权的行使方式应当为诉讼解除。发生法定解除权的情形下，送养人应当通过诉讼方式行使解除权。然而，如果收养人对解除收养关系没有异议的，诉讼解除的方式显然增加了解除成本，故《民法典》第1114条第2款第二句规定，送养人、收养人可以先行协商，不能达成解除收养关系协议的，可以向人民法院提起诉讼。在达成协议的情形下，仍应当根据协议解除的方式，进行解除收养关系登记之后，收养关系方得解除。

四、收养关系解除的法律效果

收养关系的解除仅向后发生效力，不具有溯及力。《民法典》第1117条和第1118条分别规定了收养关系解除在身份关系和财产关系方面的法律效果。

（一）身份方面

《民法典》第1117条规定："收养关系解除后，养子女与养父母以及其他近亲属间的权利义务关系即行消除，与生父母以及其他近亲属间的权利义务关系自行恢复。但是，成年养子女与生父母以及其他近亲属间的权利义务关系是否恢复，可以协商确定。"

---

〔1〕夏吟兰、龙翼飞、曹思婕、姚邢、郝欣：《中国民法典释评·婚姻家庭编》，中国人民大学出版社2020年版，第346页。

1. 养子女与养父母以及其他近亲属

收养行为具有拟制效力，即自收养关系成立之日起，养父母与养子女间产生法律拟制的父母子女关系；养子女与养父母的近亲属间亦产生法律拟制的子女与父母的近亲属关系。相应地，收养关系之解除则产生相反的效果。收养关系解除之日起，养父母与养子女间法律拟制的父母子女关系归于消灭，养子女与养父母的近亲属间之拟制关系依赖于前者，亦归于消灭。

2. 养子女与生父母以及其他近亲属

收养行为具有终止效力，即自收养关系成立之日起，养子女与生父母之间就不再具有法律上的父母子女权利义务关系，养子女与生父母的父母之间不再具有祖孙间的权利义务关系，与生父母的其他子女间亦不再具有兄弟姐妹间的权利义务关系。相应地，收养关系之解除则产生相反的效果。收养关系解除之日起，上述法律关系即行恢复。

但是，收养关系解除之日，养子女已经成年的，其与生父母以及其他近亲属间的权利义务关系并非当然恢复，而需要通过协商确定。养子女与生父母以及其他近亲属关系之恢复，旨在为养子女确定抚养义务人，使之不因亲子关系之变更而陷入无人抚养之困境。养子女已经成年，无须特殊保护，其亲属关系之确定更应当尊重各方之意思自治。

（二）财产方面

拟制亲子关系之解除，意味着养父母不能请求养子女继续履行赡养、扶助和保护义务；收养关系解除的效力不具有溯及力，又意味着养父母不能请求养子女恢复原状、赔偿损失。然而，收养关系的解除打破了收养制度通过拟制亲子关系而实现的利益均衡，即养父母与养子女相互扶养的均衡，以及养父母与养子女相互继承的均衡。对于已经对养子女尽到抚养、教育和保护义务的养父母而言，收养关系解除后，其对于养子女的赡养、扶助和保护的期待利益落空。因此，为了使双方利益恢复平衡，《民法典》规定了相应的补偿机制。

1. 成年养子女的生活费给付义务

《民法典》第1118条第1款第一句规定，收养关系解除后，经养父母抚养的成年养子女，对缺乏劳动能力又缺乏生活来源的养父母，应当给付生活费。据此，成年养子女给付义务的成立应同时满足两个条件：其一，养子女经养父母抚养至成年；其二，养父母缺乏劳动能力且缺乏生活来源。

关于生活费的数额，应视养父母的实际生活需要和成年养子女的负担能力而定。通常来说，不应当低于当地居民的一般生活费用标准。

2. 养父母的补偿请求权

根据《民法典》第1118条的规定，因养子女成年后虐待、遗弃养父母而解除收养关系的，养父母可以要求养子女补偿收养期间支出的抚养费。生父母要求解除收养关系的，养父母可以要求生父母适当补偿收养期间支出的抚养费；但是，因养父母虐待、遗弃养子女而解除收养关系的除外。

据此，补偿请求权的适用情形有二：其一，因养子女成年后虐待、遗弃养父母而解除收养关系。其二，生父母要求解除收养关系。该情形下，养父母只能请求适当的补偿；因养父母虐待、遗弃养子女而解除的，养父母不享有补偿请求权。

法律适用

1. 收养登记的效力与程序

在我国，收养关系的成立最初并非始于收养登记之完成。根据1991年《收养法》第15条的规定，我国法定收养程序属于登记与协议双轨制，即只有对收养查找不到生父母的弃婴和儿童以及社会福利机构抚养的孤儿，才强制要求登记；生父母的送养只须订立书面收养协议即可。1998年修订的《收养法》对此作了修改，统一了法定收养程序，要求所有收养行为均需进行收养登记方可成立收养关系。签订收养协议、办理收养公证属于任意性规范。《民法典》第1105条延续了这一做法。因此，收养关系的成立必须进行收养登记。

收养登记的程序包括收养人申请、收养登记员审查、进行收养评估、登记四个环节。在申请环节，由收养人向登记机关提交收养申请书，收养人和送养人提交相应的证件和证明材料。在审查环节，收养登记人对前述收养登记申请书和相关证件、材料进行不超过30日的审查。收养查找不到生父母的未成年人，收养登记机关应当公告查找其生父母；自公告之日起满60日，未成年人的生父母或者其他监护人未认领的，视为查找不到生父母的未成年人，该公告期间不计入登记办理期限。收养评估环节包括书面告知、评估准备、实施评估、出具评估报告四个流程。收养评估报告应当在收养申请人确认同意进行收养评估之日起60日内作出。收养评估期间不计入收养登记办理期限。收养评估报告应当作为民政部门办理收养登记的参考依据。登记环节，对符合《民法典》规定条件的，收养登记员为当事人办理收养登记，发给收养登记证，收养关系自登记之日起成立；对不符合《民法典》规定条件的，不予登记，并对当事人说明理由。收养关系成立后，公安机关应当按照国家有关规定为被收养人办理户口登记。

2. 收养关系的解除条件

收养关系原则上不得解除，但《民法典》规定例外情形下可以解除收养关系。根据被收养人是否成年，解除收养关系的条件不同。在被收养人成年以前，两种情形下可以解除收养关系：第一，收养人、送养人双方协议解除的，可以解除收养关系，但养子女在8周岁以上的，应当征得其同意；第二，收养人不履行抚养义务，有虐待、遗弃等侵害未成年养子女合法权益行为的，送养人有权要求解除收养关系。在被收养人成年之后，养父母与养子女关系恶化、无法共同生活的，可以协议解除收养关系。

课后复习

1. 简述收养登记的效力。
2. 简述收养行为的效力。
3. 简述收养关系解除的法律效果。

第九章 其他近亲属关系

提 要

家庭法理论通常包括扶养制度。扶养包括广狭二义，广义的扶养是指近亲属之间法律明确规定的在经济上相互供养、生活上相互扶助的权利义务关系，包括长辈近亲属对晚辈近亲属的抚养（《民法典》第1067条第1款、第1074条第1款）、同辈近亲属之间的扶养（《民法典》第1059条、第1075条）以及晚辈近亲属对长辈近亲属的赡养（《民法典》第1067条第2款、第1074条第2款）；狭义的扶养，仅指同辈近亲属之间的前述权利义务关系。法律根据近亲属关系亲疏远近之不同，规定了扶养义务程度的区别。夫妻关系、父母子女关系间的扶养义务，属于生活保持义务，扶养义务程度强；其他近亲属关系间的扶养义务，属于生活扶助义务，扶养义务程度弱。关于夫妻之间与父母子女之间的扶养义务，其他章节已经作了介绍，本章将围绕其他近亲属关系展开。《民法典》所规定的“其他近亲属关系”包括祖孙关系和兄弟姐妹关系。

重点问题

1. 祖孙间的权利义务关系。
2. 兄弟姐妹间的权利义务关系。

第一节 祖孙关系

一、祖孙关系的概念

祖孙关系，即祖父母、外祖父母与孙子女、外孙子女间的权利义务关系。祖父母、外祖父母与孙子女、外孙子女是隔代的直系血亲关系，在特定条件下，产生抚养和赡养义务。祖孙之间的抚养和赡养义务，能够弥补社会保障之不足，符合《民法典》第1041条所规定的“保护妇女、未成年人、老年人、残疾人的合法权益”原则以及第1043条所规定的“家庭成员应当敬老爱幼，互帮互助”原则。

二、祖父母、外祖父母与孙子女、外孙子女间的权利和义务

（一）祖父母、外祖父母对孙子女、外孙子女的抚养义务

《民法典》第1074条第1款规定，有负担能力的祖父母、外祖父母，对于父母已经死亡或者父母无力抚养的未成年孙子女、外孙子女，有抚养的义务。据此，祖父母、外祖父母对孙子女、外孙子女负有抚养义务的前提条件为：

1. 孙子女、外孙子女的父母已经死亡或者父母无力抚养

此处的“死亡”包括自然死亡和宣告死亡。父母无力抚养，是指父母客观上不具有抚养能力。

2. 孙子女、外孙子女未成年

对于无独立生活能力的成年孙子女、外孙子女，类推适用该条规定。

3. 祖父母、外祖父母有负担能力

祖孙间的抚养与赡养义务，与父母子女间的抚养与赡养义务不同。前者是生活扶助义务，指在一方无力生活时，他方有扶养余力的情形下所负有的偶然的外部受领生活扶助；后者为生活保持义务，指扶养为身份关系本质上不可或缺的要素，维持对方生活即在保持自己生活。换言之，父母子女间的抚养与赡养最后剩下一块肉也要分给对方；祖孙间的抚养与赡养先满足自己后，有余力时才扶助对方。[1]据此，祖父母、外祖父母有负担能力，是指祖父母、外祖父母在不降低与自己身份相当的生活水平的情况下，仍有剩余的经济能力。[2]

如果祖父母、外祖父母均有负担能力，作为同一顺位的抚养义务人，均应履行抚养义务。至于如何分担，由抚养义务人进行协商，协商不成可以请求人民法院判决。

（二）孙子女、外孙子女对祖父母、外祖父母的赡养义务

《民法典》第1074条第2款规定，有负担能力的孙子女、外孙子女，对于子女已经死亡或者子女无力赡养的祖父母、外祖父母，有赡养的义务。据此，孙子女、外孙子女对祖父母、外祖父母负有抚养义务的前提条件为：

1. 祖父母、外祖父母的子女已经死亡或者子女无力赡养

此处的“子女”包括祖父母、外祖父母的生子女、养子女以及有抚养教育

---

〔1〕林秀雄：《亲属法讲义》（修订五版），中国台湾地区元照出版有限公司2020年版，第379—380页。

〔2〕薛宁兰、谢鸿飞主编：《民法典评注·婚姻家庭编》，中国法制出版社2020年版，第337页。

关系的继子女。“死亡”包括自然死亡和宣告死亡。“子女无力赡养”，是以生活保持义务为判断标准，意指即使子女缺乏足够的经济能力，也不能免除其赡养义务。仅在子女由于确实无法改变的客观原因，不能为父母提供最低要求的物质保障时，才能构成无力赡养。如子女患严重疾病或者身体残疾，丧失劳动能力，没有经济来源。[1]

2. 孙子女、外孙子女有负担能力

此处的“负担能力”是以生活扶助义务为标准，指孙子女、外孙子女在不降低与自己身份相当的生活水平的情况下，仍有剩余的经济能力。

（三）祖孙间的继承权

根据《民法典》第1127条的规定，祖父母、外祖父母属于第二顺位继承人，继承开始后，没有第一顺位继承人继承的，被继承人的祖父母、外祖父母可以继承遗产。

根据《民法典》第1128条的规定，祖父母、外祖父母的子女先于其死亡的，由孙子女、外孙子女代位继承。于此情形，被继承人的孙子女、外孙子女可以作为第一顺位继承人继承遗产。

第二节 兄弟姐妹关系

一、兄弟姐妹关系的概念

兄弟姐妹关系，即兄弟姐妹间的权利义务关系。兄弟姐妹，包括同父母的兄弟姐妹、同父异母或者同母异父的兄弟姐妹、养兄弟姐妹、有扶养关系的继兄弟姐妹（《民法典》第1127条第5款）。

兄弟姐妹是旁系血亲关系，在特定条件下，产生扶养义务。兄弟姐妹之间的扶养义务，能够弥补社会保障之不足，符合《民法典》第1041条所规定的“保护妇女、未成年人、老年人、残疾人的合法权益”原则以及第1043条所规定的“家庭成员应当敬老爱幼，互帮互助”原则。

---

〔1〕 薛宁兰、谢鸿飞主编：《民法典评注·婚姻家庭编》，中国法制出版社2020年版，第342页。

二、兄弟姐妹间的权利和义务

（一）兄、姐对弟、妹的扶养义务

根据《民法典》第1075条第1款的规定，有负担能力的兄、姐，对于父母已经死亡或者父母无力抚养的未成年弟、妹有扶养的义务。据此，兄、姐对弟、妹负有扶养义务的前提条件如下。

1. 父母已经死亡或者父母无力抚养

此处的“死亡”包括自然死亡和宣告死亡。父母无力抚养，是指父母客观上不具有抚养能力。

2. 弟、妹未成年

对于无独立生活能力的成年弟、妹，类推适用该条规定。

3. 兄、姐有负担能力

兄、姐有负担能力，是指兄、姐在不降低与自己身份相当的生活水平的情况下，仍有剩余的经济能力。

如果兄、姐均有负担能力，作为同一顺位的扶养义务人，均应履行抚养义务。至于如何分担，由扶养义务人进行协商，协商不成可以请求人民法院判决。

（二）弟、妹对兄、姐的扶养义务

根据《民法典》第1075条第2款的规定，由兄、姐扶养长大的有负担能力的弟、妹，对于缺乏劳动能力又缺乏生活来源的兄、姐有扶养的义务。据此，弟、妹对兄、姐负有扶养义务的前提条件如下。

1. 兄、姐缺乏劳动能力又缺乏生活来源

兄、姐必须同时具备缺乏劳动能力与缺乏生活来源两项要素，才产生弟、妹的扶养义务。

2. 弟、妹由兄、姐扶养长大

由兄、姐扶养长大，是弟、妹长期依靠兄、姐提供全部或者主要扶养费用直到以自己的收入作为主要生活来源。[1]

3. 弟、妹有负担能力

有负担能力，须以生活扶助义务为标准，就是指弟、妹在不降低与自己身份相当的生活水平的情况下，仍有剩余的经济能力。

（三）兄弟姐妹间的继承权

根据《民法典》第1127条的规定，兄弟姐妹属于第二顺位继承人，继承开

---

〔1〕 马忆南：《婚姻家庭继承法学》（第三版），北京大学出版社2014年版，第188页。

始后，没有第一顺位继承人继承的，被继承人的兄弟姐妹可以继承遗产。

法律适用

其他近亲属间扶养义务程度如何确定？

《民法典》第1074条和第1075条没有规定祖孙间和兄弟姐妹间扶养义务应当达到何种程度。实践中，扶养的方式主要有两种，当事人可以根据自身情况进行选择：第一，共同生活扶养，即被扶养人与扶养义务人共同居住，进行直接的扶养；第二，通过给付抚养费、赡养费或者扶养费、探视、扶助等方式完成扶养义务。当事人可以就扶养方式、程度进行协商，达成对当事人均具有约束力的扶养协议。达不成协议的，可以请求人民法院判决确定权利和义务。通常而言，其他近亲属间扶养义务的程度较弱，达到生活扶助的程度即可。换言之，在一方无力生活时，他方在不降低与自己身份相当的生活水平的情况下，仍有剩余的经济能力的，始有扶养义务。然而，《民法典》第1043条规定，家庭应当树立优良家风，弘扬家庭美德，重视家庭文明建设。家庭成员应当敬老爱幼，互相帮助。其他近亲属之间，在对方没有困难的情况下仍愿承担扶养义务，或者承担生活保持义务，是一种值得发扬和提倡的美德。

第十章 离婚

提 要

离婚是婚姻关系的结束。离婚制度一方面体现了离婚自由，即任何一方都有单方面解除离婚的自由，因此在协议离婚之外尚有诉讼离婚可供选择；另一方则体现了国家对婚姻家庭的介入，即对离婚自由在程序上及实体上的若干限制，避免离婚过于自由对家庭、社会带来的负面影响。

《民法典》对协议离婚进行了程序性的规定，即需要在民政部门先后登记两次，且有一个月的间隔期，俗称“冷静期”，这是国家对离婚自由的适当限制，也是给予当事人充分考虑的时间与机会。现行立法对离婚协议的内容不做实质性审查，以当事人自由约定为主，但涉及未成年人利益的，则适用特别的规范，以示法律对未成年人的特别保护。

当双方无法达成协议离婚之时，诉讼离婚则是实现离婚自由的主要路径。相对于民政部门，人民法院在审理夫妻离婚之时，对于夫妻之间的人身关系（即感情是否破裂）及财产关系，以及未成年人利益，都会进行实质性审查。

无论是协议离婚还是诉讼离婚，对于立法认定的重大过错行为，现行立法通过赋予离婚损害赔偿请求权的模式予以救济。

离婚后，夫妻之间的人身关系基本终止，但是父母子女关系并不因此终止。直接抚养子女的一方具有抚育子女的义务，同时另一方则有支付抚养费的义务及探视的权利。

重点问题

1. 离婚自由及其限制。
2. 离婚协议的效力。
3. 离婚救济制度。
4. 离婚损害赔偿。
5. 离婚后父母子女关系。

第一节 离婚概述

一、婚姻关系之消灭

（一）婚姻关系消灭的事由

婚姻关系消灭的事由包括婚姻被宣告无效、被宣告撤销、离婚以及一方当事人死亡。婚姻关系被宣告撤销或无效的，前文已述。本章在重点阐述离婚制度之前，先简单地介绍死亡作为婚姻关系消灭的事由。

婚姻关系之一方当事人死亡的，婚姻关系也因主体之消灭而自动消灭。这一点，虽然法律并未直接规定，但考虑到婚姻关系的人身法律关系性质，其后果也是不言而喻的。

民法中的死亡，包括自然死亡与宣告死亡。前者是指生物学上的自然人死亡，其后果构成婚姻关系之消灭，不存在例外之情况。较为复杂的则是宣告死亡之情形。

宣告死亡之人，因其死亡状态仅仅是法律拟制而非真实确定，因此其婚姻关系是否完全、永久消灭，存在多种可能性。《民法典》第51条规定："被宣告死亡的人的婚姻关系，自死亡宣告之日起消除。死亡宣告被撤销的，婚姻关系自撤销死亡宣告之日起自行恢复。但是，其配偶再婚或者向婚姻登记机关书面声明不愿意恢复的除外。"这项规定，所消灭的婚姻关系存在着两个方面的"不确定性"：第一，如若被宣告死亡之人之死亡宣告被撤销，则其婚姻关系自动恢复，除非配偶再婚或书面声明不愿意。第二，此项推定的消灭是对被宣告死亡之人配偶的一种保护，赋予其再婚之自由。但是对于被宣告死亡的人，婚姻之约束力依然存在，如果其在异地再次结婚，应当构成重婚。

（二）离婚与婚姻撤销

离婚与婚姻撤销均构成婚姻关系消灭之事由。从证据角度考虑，实践中也有当事人需要选择向人民法院起诉离婚或者起诉撤销婚姻。从制度角度看，二者有着显著的不同，需要予以区分。

1. 适用的前提不同

离婚以婚姻关系之有效存在即无效力瑕疵为前提，其目的是使得婚姻关系向未来归于消灭。而婚姻撤销则是以因婚姻关系存在效力瑕疵为前提，现行立法规定的情形包括胁迫婚姻以及隐瞒重大疾病之婚姻。

2. 行使方式不同

离婚不仅可以通过诉讼的方式提出，也可以通过双方合意之方式向婚姻登记机关提出。而撤销婚姻必须以诉讼的方式提出，由法院审理判决。《民法典》生效之前，婚姻登记机关也有撤销婚姻之权力，但实务中并不多见，因为民政部门无调查之权限，往往无法确定是否存在引起撤销权的事实。随着《民法典》的修改，将撤销婚姻之权力全部收归法院所有，无论在理论上还是实践中，都更为合适。

3. 效力后果不同

离婚将导致婚姻关系向后不再发生法律效力；而被宣告撤销之婚姻，自始不发生任何法律效力，亦即如果婚姻被撤销，视为双方从未形成夫妻关系，对于双方在该期间内所取得的财产，需要重新鉴定其属于共同财产抑或个人财产，再确定归属。

4. 起诉之主体不同

如若选择诉讼离婚，则起诉离婚的适格主体为婚姻关系之任一当事人；而请求撤销婚姻之适格主体，仅包括“受害方”，即被胁迫或被隐瞒之一方。

5. 权利期间不同

选择诉讼离婚的，离婚请求权目前并无时间限制；而撤销婚姻之撤销权，本质上属于形成权，受一年主观除斥期间的限制。

（三）离婚与婚姻无效

离婚与婚姻无效均构成婚姻关系消灭之事由。但二者有明显不同，需要予以区分。

1. 适用前提不同

离婚以婚姻关系无效力瑕疵为前提，它使有效的婚姻关系归于消灭；而婚姻无效则是以婚姻关系存在严重的效力瑕疵为前提，目前包括禁亲婚、未达法定婚龄、重婚以及结婚之时无民事行为能力几种情况。

2. 行使方式不同

离婚不仅可以通过诉讼的方式提出，也可以通过双方合意之方式向婚姻登记机关提出；而宣告婚姻无效必须以诉讼的方式提出，由法院查明事实之后判决。

3. 效力不同

离婚将导致婚姻关系向后不再发生法律效力；而被宣告无效之婚姻，自始不发生任何法律效力，这一点与婚姻之撤销一致。

4. 起诉主体不同

如若选择诉讼离婚，则起诉离婚的适格主体为婚姻关系当事人双方。而请求宣告婚姻无效之适格主体则包括婚姻关系当事人和利害关系人。其中，利害关系人根据宣告无效之理由不同而有所不同：根据《民法典婚姻编解释（一）》第9条的规定，以重婚为由的，利害关系人为当事人的近亲属及基层组织；以未到法定婚龄为由的，利害关系人为未到法定婚龄方之近亲属；以有禁止结婚的亲属关系为由的，利害关系人为当事人之近亲属。赋予利害关系人此项诉求，也就意味着其可在一方当事人死亡之后提起宣告婚姻无效的诉讼，这一点对于继承人范围的确定至关重要。

（四）离婚之方式

离婚的方式可以分为协议离婚和诉讼离婚。协议离婚以双方自由意愿为前提，以方便、快捷为特点，其管辖归于负责登记结婚的民政部门。从比较法角度看，允许当事人合意而不经过司法程序离婚的立法例其实并不多。诉讼离婚则主要是在双方无法完全达成一致情况下的离婚方式。两种方式的具体内容，下文将详细予以说明。

二、离婚自由及其限制

根据中国古代的文化传统，父母之命、媒妁之言是缔结婚姻的“前置程序”，因此难言婚姻自由。相应地，中国古代的离婚自由，不仅受限于“糟糠之妻不下堂”“宁拆十座庙，不毁一门亲”等文化观念的盛行，从法律上也要受限于“七出三不去”的规定。因此，离婚自由也是非常受限制的。到了近现代之中国，不轻易离婚的文化依然影响着社会。

回归到《民法典》，一方面，离婚自由是意思自治的当然内涵之一，是个人生活选择之重要内容，因此要将之作为婚姻自由这一基本原则的内容。

肯定离婚自由，在一定程度上是对女性的特殊保护。中国古代文化及立法所允许的离婚自由，本质上是赋予男性单方的离婚自由。而自中华人民共和国成立以来，从第一部《婚姻法》到2021年施行的《民法典》，都肯定了夫妻任何一方提出离婚的自由，这一点是具有重要意义的。离婚自由，在某种程度上是赋予女性离开不愉快家庭环境的重要出路。

另一方面，我们不能完全忽视历史文化传统的影响，而将离婚视为仅属于个人层面的事项：婚姻家庭还涉及家庭其他成员特别是未成年子女利益之保障问题，更涉及社会与国家的利益。因此，离婚自由的限制，既体现在程序上，也体现在实体上，下文将具体予以展开说明。

三、复婚与重新登记

婚姻自由，也体现在同一对男女在解除婚姻关系之后，依然可以重新登记的方式进行再次结婚，通俗地讲就是“复婚”。

但是复婚是一个具有一定误导性或者法律效力不够清晰的表述。现行《民法典》第1083条规定：离婚后，男女双方自愿恢复婚姻关系的，应当到婚姻登记机关重新进行结婚登记。这一表述，删除了原《婚姻法》第35条关于“复婚登记”的表述。

对于复婚是否需要特别对待，这是一个学理问题。从婚姻自由的角度，离婚后恢复单身的男女，自愿再次登记结婚，法律应当采取一个不鼓励也不反对的中立状态。正是因为使用了“恢复”这样的措辞，导致在司法审判实践中出现了疑问。

例如，某男女在2008年1月初登记结婚，2013年因故离婚，双方签署了离婚协议，并对共同财产等进行了分割。2015年进行了复婚登记，2019年再次诉讼离婚。如果认可是复婚制度，是否意味着当事人的共同财产是从2008年开始起算，而不是2015年？如果是从2015年起算，那么“恢复”这样的表述是否就没有任何意义？

本书的观点为：复婚仅仅是男女双方重新设立了新的夫妻关系，并不是原有婚姻关系效力终止后的恢复和延续原有婚姻关系。复婚是另一个新的法律关系，因此应当视为一个新的、独立的法律关系。

第二节　协议离婚

一、概述

协议离婚是指夫妻双方自愿结束婚姻关系，并亲自前往婚姻登记机关予以登记公示的离婚形式。

相比诉讼离婚，协议离婚的方式更加便捷、迅速。在尊重当事人意思表示的前提下，速战速决，快速解除婚姻关系，以双方合意的方式简化处理财产分割问题，尊重双方对未成年子女抚养的安排。在经济条件较发达，男女普遍就业且有独立经济生活的当今社会，协议离婚作为快速终止夫妻关系、开启新生活的最佳手段，自然必不可少。

二、协议离婚的条件

（一）实质要件

1. 双方均有离婚的意思表示

协议离婚需双方当事人均具有离婚的意思表示，即有离婚的合意。协议离婚是一种双方达成解除婚姻关系共识的离婚方式。如若仅一方具有离婚的意思表示，而另一方不管出于任何动机依然希望保持婚姻关系，就无法通过协议离婚的方式解除婚姻关系。婚姻关系的解除，不仅涉及夫妻共同财产、债务等财产事项的安排，往往还涉及未成年子女的抚养等事项。因此，实践中存在诸多双方有离婚合意，但是对于夫妻共同财产的认定、分割无法达成一致，或者对于未成年子女的直接抚养权及抚养费支付的问题无法达成一致，因而不得不诉请法院申请诉讼离婚的情形。

再者，这里离婚的意思表示在学理上分形式意思说和实质意思说两类。形式意思说顾名思义，即夫妻双方只要有满足形式上的离婚要件即可离婚，无须探求当事人是否真的有消灭婚姻关系之意思。而实质意思说恰好相反，不仅要求满足形式上的离婚要件，而且要有消灭婚姻关系的实质意思。关于此问题，台湾地区的实务见解以及大多学者均采实质意思说。其中，林秀雄学者认为采形式意思说而将通谋虚伪之离婚视为有效，有为保护信赖婚姻登记之第三人而牺牲原配偶利益之嫌，不甚妥当。〔1〕意思表示真实是法律行为生效的要件，离婚也不应该例外。《民法典》第1078条〔2〕也要求婚姻登记机关发给离婚证时，需要以查明双方确是自愿离婚为前提。

然而如何确定当事人是否“自愿”，抑或法律上是否承认“假离婚”，在当代中国是一个现实的问题。民间因房屋限购令而进行所谓的“假离婚”，或者因拆迁补偿、优惠的贷款利率等原因而进行的“假离婚”，都不罕见。如何从法律角度看待当事人基于特定目的办理离婚手续，但依然维持共同生活的

〔1〕 林秀雄：《亲属法讲义》（修订五版），中国台湾地区元照出版有限公司2020年版，第170页。

〔2〕《民法典》第1078条规定：“婚姻登记机关查明双方确实是自愿离婚，并已经对子女抚养、财产以及债务处理等事项协商一致的，予以登记，发给离婚证。”

"假离婚"现象，是一个司法上的难题。实际上，无论从法律行为须以真实意思表示为要件的角度考虑，还是就打击"假离婚"现象而言，实质意思说都具有意义。然而，在实践中实质意思说却难以落实，因为进行婚姻登记的民政部门无法进行实质审查，他们无法也无权调查涉及当事人隐私的真实离婚原因，从而只能进行形式审查。

2. 具有完全民事行为能力

协议解除婚姻关系作为双方法律行为，双方当事人均应具有完全民事行为能力。大陆地区的法定婚龄是高于18周岁这一民事行为能力的年龄段要求，因此能够离婚的夫妻必然在年龄上满足民事行为能力的要求，无须考虑年龄因素。然因精神、智力等因素导致婚姻关系当事人变成限制民事行为能力人或无民事行为能力人的，应当不能通过协议离婚的方式解除婚姻关系。

实务中出现过不少当事人在离婚后以办理离婚登记手续之时无民事行为能力为由提起行政诉讼要求撤销离婚登记的案件。这类案件的当事人往往是精神病患者。但关于精神病患者的民事行为能力认定的问题非常复杂。有过精神病史者，也并不绝对等同于其申请办理离婚登记之时一定属于无民事行为能力人或者限制民事行为能力人。民政部门在办理双方当事人离婚登记过程中，需要对双方当事人出具的证件、证明材料进行审查并询问是否自愿离婚。民政部门如果能从询问中确定得知双方当事人属自愿离婚并对财产、子女抚养等问题达成一致处理意见，则其已尽到法定审查义务，应当予以颁发离婚证。如果发现当事人无法清晰表达意愿，那么依法应当不予以登记离婚。

3. 亲自向登记机关作出离婚申请

协议离婚需要当事人亲自为之，不得由代理人为之。一方面这是基于协议离婚是有关身份性的法律行为所决定的；另一方面要求当事人亲自办理手续也是为了让民政部门的现场登记工作人员能有机会亲自询问，以便对当事人的民事行为能力、离婚意愿等事项作出直接的判断。

（二）形式要件

1. 书面的离婚协议

首先，离婚协议是协议离婚的形式要件之一。根据《民法典》第1076条[1]

---

〔1〕《民法典》第1076条规定："夫妻双方自愿离婚的，应当签订书面离婚协议，并亲自到婚姻登记机关申请离婚登记。离婚协议应当载明双方自愿离婚的意思表示和对子女抚养、财产以及债务处理等事项协商一致的意见。"

的规定，离婚协议以书面形式呈现，这是为了使双方的意思表示明确化、清晰化，也便于以后争议出现时的纠纷解决。离婚协议的内容应当包括但不限于双方自愿离婚的意思表示、未成年子女抚养、共有财产的分割以及债务处理等事项。《民法典》第1078条规定："婚姻登记机关查明双方确实是自愿离婚，并已经对子女抚养、财产以及债务处理等事项协商一致的，予以登记，发给离婚证。"即离婚协议的内容不仅涉及子女扶养、财产、债务处理，且均须达成一致。婚姻关系不仅涉及夫妻二人的身份关系与财产关系，还涉及父母子女间的身份关系。协议离婚虽然仅需夫妻双方达成离婚合意，但若未对子女扶养等问题进行合理安排、协商即完成离婚，则容易造成子女被争抢抚养或无人抚养的情况，影响子女的身心健康发展。关于财产、债务的事项同样须达成合意并体现于书面的离婚协议，这不仅有利于离婚后的财产分割，也有利于对离婚后第三方交易安全的保障。

2. 婚姻登记机关登记程序

在《民法典》施行之前，符合条件的协议离婚登记手续，在民政局登记机构现场一次性就能办理完毕，婚姻登记机关现场颁发离婚证，双方当即解除婚姻关系。《民法典》引入了新的登记程序，即所谓的"冷静期"制度。

《民法典》第1077条规定："自婚姻登记机关收到离婚登记申请之日起三十日内，任何一方不愿意离婚的，可以向婚姻登记机关撤回离婚登记申请。前款规定期限届满后三十日内，双方应当亲自到婚姻登记机关申请发给离婚证；未申请的，视为撤回离婚登记申请。"本项规定是《民法典》所新增的内容，协议离婚的夫妻双方需要经过一定时间的"离婚冷静期"，才可以完成离婚登记，"冷静期"内享有任意撤回离婚申请的权利。

依据该条规定，夫妻双方在达成协议之后，应当共同向婚姻登记机关申请离婚。在向婚姻登记机关申请后的30日内，各方均有反悔的机会，即双方均可在这30日内主动选择撤回离婚申请。任意一方或者双方共同撤回申请的，则视为未申请，其婚姻关系继续存续。根据《民政部关于贯彻落实〈中华人民共和国民法典〉中有关婚姻登记规定的通知》选择撤回申请的，需要持本人有效身份证件和《离婚登记申请受理回执单》（遗失的可不提供，但需书面说明情况），向受理离婚登记申请的婚姻登记机关撤回离婚登记申请，并亲自填写《撤回离婚登记申请书》。这个可以撤回的期限，就是民间所谓的"冷静期"之第一阶段。

如果第一个阶段的30日过去，没有撤回之情形，则进入第二阶段，即在

"冷静期"届满之后的30内，双方依然确定离婚并依然对离婚协议的具体内容保有合意的，则双方应当持《婚姻登记工作规范》第55条第4项至第7项规定的证件和材料，共同到婚姻登记机关申请发给离婚证。[1] 若30日期限届满（期间届满的最后一日是节假日的，以节假日后的第一日为期限届满的日期），双方并未亲自前往，也视为撤回离婚申请。即整个离婚登记申请过程中可以有两个30的"冷静期"选择撤回申请。如此计算，从向婚姻登记机关申请离婚起，最早要经过一个30的"冷静期"，双方亲自在第31日前往登记机关领取离婚证；最晚可以在申请后的59日内，进行考虑、"冷静"，并在申请后的第60日领取离婚证。

《民法典》本身并未采用"冷静期"这样的文字表述。"冷静期"的表述，事实上来源于最高人民法院的一个规范性文件，即《关于进一步深化家事审判方式和工作机制改革的意见（试行）》（法发〔2018〕12号）。根据该意见之第40条的规定："人民法院审理离婚案件，经双方当事人同意，可以设置不超过3个月的冷静期。在冷静期内，人民法院可以根据案件情况开展调解、家事调查、心理疏导等工作。冷静期结束，人民法院应通知双方当事人。"源于家事审判改革的"冷静期"制度，以"双方当事人同意"为前提，以3个月期间为上限，具体由法官酌情确定适用。这种"冷静期"制度，对于消除双方对抗情绪，积极解决矛盾，具有现实意义。

从立法本意上看，本次《民法典》第1077条在协议离婚中引入冷静期制度，具有同样的功能与意义。设立"离婚冷静期"的主要目的就是让准备离婚的夫妻双方能够有充分的时间去考虑，去处理感情冲突、未成年子女抚养、财产、债务等一系列问题，保证最后离婚与否的决定是双方冷静、理性共同作出的，减少冲动离婚的可能，更减少离婚后的持续性纠纷与冲突。此外，相比诉讼离婚较长的审理期限，协议离婚对于财产分配、子女抚养等一系列繁杂事项也需要一定时间予以考虑和决定。因此，冷静期制度原则上具有合理性，比较法上也有类似的制度。

当然，对于该制度的批评也不罕见。部分人士认为，冲动离婚之后如果双方依然愿意在一起，法律允许其重新登记结婚，完全不需要冷静期制度；也有批评意见认为，一刀切的冷静期制度并不符合离婚样态的多样化，应当予以一定的法定情形豁免适用。

---

〔1〕 参见《民政部关于贯彻落实〈中华人民共和国民法典〉中有关婚姻登记规定的通知》。

三、诉讼中的调解离婚

即使因无法达成协议而诉诸法院，通常还有两次“调解”离婚的机会。

诉前调解程序属于近些年最高人民法院推行的家事审判改革的重要内容之一，甚至部分地区的法院将之设定为强制前置程序。在“案多人少”的司法资源困局下，诉前强制调解程序的设置，一方面，可借以前置性程序而对家事案件当事人进入诉讼程序设定附加要件，未经诉前调解程序并取得调解失败证明就提请诉讼的，人民法院不予受理；另一方面，亦可借以前置性程序而为家事诉讼当事人提供沟通交流、互换意见、理性思考的平台，以非对抗性的方式推动纷争的化解，无论是对家事诉讼纠纷的“暂时阻隔”，抑或“实质消化”，诉前调解程序均呈现与审判程序高度统一的程序功能。实践中，诉前强制调解可借以司法授权形式由非司法人员（如退休的法官、社会生活经验丰富的人民调解员等）实施完成，如此，即可完成对司法资源的潜在补给与扩充。调解离婚的内容，以当事人的合意确认为前提，因此本质上属于协议离婚的性质。从形式上看，则可以通过对调解协议进行司法确认，最终由人民法院以裁定书（而非判决）的形式裁定调解协议有效。

此外，在诉讼过程中，法院查明事实，释明法律适用问题后，往往也会继续予以调解，即诉讼中的调解。诉讼中的调解，法院往往以调解书的形式确定双方的权利义务。

不论是诉前的调解离婚，还是诉讼中的调解离婚，均是在尊重双方意愿的前提下，尽力推进二人协商的进度。调解离婚不仅有利于节约司法成本，而且有利于化解当事人之间的矛盾，更有利于促进离婚后相关权利义务的执行。

四、离婚协议的效力问题

（一）离婚协议的约束力

离婚协议，顾名思义，必须以双方离婚作为生效之条件。因此，当事人达成的以协议离婚或者到人民法院调解离婚为前提的财产、债务处理协议，如果双方未能离婚，或一方在离婚诉讼中反悔的，人民法院应当认定该财产债务处理协议不生效力。

签订的离婚协议中关于财产以及债务处理的条款，对男女双方均具有法律约束力。这种法律约束力，主要体现在如下方面。

首先，登记离婚后当事人因履行离婚协议发生纠纷提起诉讼的，人民法院应当受理。换言之，此协议是一个可以就履行问题提起诉讼获得司法救济的协议，而并非一个道德性质的约定。

其次，夫妻双方协议离婚后就财产分割问题，一方反悔，请求撤销财产分割协议的，人民法院应当受理。人民法院审理后，未发现订立财产分割协议时存在欺诈、胁迫等情形的，应当依法驳回当事人的诉讼请求。签订离婚协议时，双方在婚姻关系存续期间内的日常生活表现、感情基础、子女抚养教育、过错行为甚至一方父母对这个家庭的付出（典型的如资助购房、协助照看孩子）等因素，均会对离婚协议的内容产生不同程度的影响。因此，离婚协议的内容难以遵循交易中的等价有偿原则或一般逻辑进行衡量和判断。

如果存在胁迫、欺诈等情形，则属于可撤销的法律行为，原则上适用民法总则中关于可撤销法律行为的相关规则。《民法典婚姻编解释（一）》第18条规定：行为人以给另一方当事人或者其近亲属的生命、身体、健康、名誉、财产等方面造成损害为要挟，迫使另一方当事人违背真实意愿结婚的，可以认定为《民法典》第1052条所称的“胁迫”。关于胁迫离婚的，也应当采用同样的解释。

关于欺诈，相对更为复杂。在实务中，协议离婚中的欺诈，主要存在两种情形：一种是离婚考虑因素方面的欺诈，典型的如一方隐瞒婚外情等，这将对财产的分割、补偿等事项产生影响；另一种则是直接隐瞒婚内共同财产，或者虚构共同债务，在财产方面进行欺诈。对于后一种情况，《民法典》第1092条有着明确规定，即“夫妻一方隐藏、转移、变卖、毁损、挥霍夫妻共同财产，或者伪造夫妻共同债务企图侵占另一方财产的，在离婚分割夫妻共同财产时，对该方可以少分或者不分。离婚后，另一方发现有上述行为的，可以向人民法院提起诉讼，请求再次分割夫妻共同财产。”

（二）离婚协议中赠与未成年子女财产条款的效力

夫妻在离婚协议中，约定将特定的财产赠与双方的婚生子女，这是一种常见的离婚财产安排。如果在离婚当时没有交付或者过户所赠与的财产，并且一方在离婚后后悔，要求撤销对未成年子女的赠与，由此引发的争议并不罕见。

部分意见认为，该赠与能撤销。无论是依据过去的《合同法》还是现在的《民法典》，“赠与人在赠与财产的权利转移之前可以撤销赠与”，只有经过公证的赠与合同，或者依法不得撤销的具有救灾、扶贫、助残等公益、道德义务性质的赠与合同，才不适用前款的任意撤销权。而离婚协议中的该类赠与，并非属于具有救灾、扶贫等社会公益、道德义务性质的赠与或者经过公证的赠与，故认为赠与人有权予以撤销。

相反的观点则认为该赠与不可撤销。离婚协议中夫妻双方将共同财产赠与子女，与解除婚姻关系、子女抚养、共同财产分割、共同债务清偿、离婚损害赔偿等内容，互为前提、互为结果，是一个难以清晰划分的整体。如果允许一方反悔，那么既有整体将被打破，甚至会助长部分当事人通过此方式达到降低所谓的“损失”的目的，故一方当事人不得行使任意撤销权。

由于没有相关的具体规定，学理上确实存在着赠与条款适用的“困境”，然而从离婚协议的功能角度考虑，不应当直接适用赠与合同的任意撤销权。我们关注到在司法审判实践中，也是不支持任意撤销权的司法判决占比更多。这个问题的解决，要么是在婚姻家庭编增补一个条款，作为《民法典》第658条之特别规定；要么是将这个赠与的条款不再定性为赠与合同。综合看离婚协议，应当将其包含的所有条款定性为一揽子协议，共同组成一个非典型合同，因此任何一方不得任意否定其中某具体条款对其的约束，尤其不得以赠与合同为由任意撤销协议中既定的赠与约定。

（三）离婚协议中的意思自治限制

协议离婚虽然属于离婚时男女双方约定的范畴，但是离婚协议毕竟具有一定的人身性，与一个单纯的买卖合同有着根本性的区别，因此予以一定的限制是必然的。

依据《民法典婚姻编解释（一）》第52条之规定：父母双方可以协议由一方直接抚养子女并由直接抚养方负担子女全部抚养费。但是，直接抚养方的抚养能力明显不能保障子女所需费用，影响子女健康成长的，人民法院不予支持。本条是关于对父母意思自治受限于子女基本保障的规定，避免父母在离婚之时的不冷静与意气用事，从而损害了未成年子女的健康成长的基本生活保障。

离婚协议中如果有涉及“限制再婚”的条款，则也往往是无效的。例如在“张某与兰某抚养纠纷”一案［（2014）鄂应城民初字第01157号］中，男女双方在离婚协议中约定，“男孩张某宝（时年5岁）由男方抚养，所有费用由男方承担，女方对孩子有探视权可看望孩子；离婚后双方不得干涉对方的交友自由，男方不得再婚再育，否则张某宝的抚养权无条件归女方所有”。对此，应城市人民法院认为：双方当事人在原离婚协议中以是否再婚作为能否抚养孩子的条件，没有考虑到哪方抚养子女有利其成长的实际情况，且限制了抚养子女一方的再婚自由，所以该条款是违背法律规定的。

与“限制再婚”所不同的是，如果双方将另一方的再婚作为某项法律行为的条件，则往往是被司法机关所认可的。例如在“张某军与贺某燕离婚后财产纠纷”一案［（2016）云23民终404号］中，双方在协议中约定：“房屋：夫妻共同所有的位于某县某镇中马街31号6幢3号房屋中马街31号面积71.4平方的一套住房产权、使用权归女方所有。若女方再婚或者房屋产权证业主姓名变更、变卖，男方拥有50%的产权。”最终法院认为：离婚协议系双方自愿达成，“若女方再婚”的设定即表明女方可以再婚，并非不准女方再婚，且上诉人贺某燕未提供证据证明张某军具有“其他干涉婚姻自由”的行为，且根据查明的事实，贺某燕与张某军离婚后已再婚。在本案中，虽然当事人的约定表述相对不规范且粗糙，但本质上是将一方的再婚作为法律行为中的条件，并非限制或者干涉另一方再婚。

第三节 诉讼离婚

一、概述

当事人双方无法达成协议离婚之时，诉诸法院是另外一种消灭婚姻的实现方式。诉讼离婚往往是协议离婚无法实现的无奈选择。

从当事人的角度而言，启动诉讼离婚需要从如下几个方面进行准备：

1. 当事人夫妻关系成立的证据。如果双方当事人在中国大陆的婚姻登记机关登记过，那么提供结婚证即可。即使结婚证遗失，也可以在曾经登记过的婚姻登记机关申请开具婚姻关系证明。比较特殊的是在域外进行登记的婚姻及国内的事实婚姻。对于域外登记结婚的，需要提供中国驻外使领馆的认证材料。而主张事实婚姻的，则需要提供1994年2月1日民政部《婚姻登记管理条例》公布实施之前，男女双方就已符合结婚实质要件且以夫妻名义共同生活的现实证据。

2. 证实当事人双方夫妻感情状况的证据，即证明夫妻双方感情确已破裂的证据，例如存在家庭暴力行为、分居等事项的初步证据。

3. 如果双方于婚姻关系存续期间生育有子女且子女未成年的，则需要提供抚养权归属的相关证据，拟起诉的一方希望取得直接抚养权且要求对方支付抚养费的，应提供自己具有一定经济能力以抚养子女的证明以及过去与子女共同生活融洽的相关证据，核心是证明子女与自己一起生活对子女的未来更好；反之亦然。

4. 如果夫妻双方存在共同财产待分割，也需要提供财产属于夫妻共有的相关证据。

5. 如果对方当事人存在过错，则须提供其存在过错行为的证据。此项证据不仅有助于诉方获得准予离婚的判决，同时也是其主张离婚损害赔偿的重要前提和依据。

6. 从程序角度，诉讼离婚还需要确定诉讼管辖。离婚诉讼案件原则上也适用原告就被告的管辖原则。然而，如果夫妻一方离开住所地超过一年，另一方起诉离婚的案件，可以由原告住所地人民法院管辖。夫妻双方离开住所地超过一年，一方起诉离婚的案件，由被告经常居住地人民法院管辖；没有经常居住地的，由原告起诉时被告居住地人民法院管辖。

二、准予离婚的考虑因素

当一方诉诸法院请求离婚之时，法院进行裁判的主要依据是《民法典》第1079条的规定："夫妻一方要求离婚的，可以由有关组织进行调解或者直接向人民法院提起离婚诉讼。人民法院审理离婚案件，应当进行调解；如果感情确已破裂，调解无效的，应当准予离婚。有下列情形之一，调解无效的，应当准予离婚：（一）重婚或者与他人同居；（二）实施家庭暴力或者虐待、遗弃家庭成员；（三）有赌博、吸毒等恶习屡教不改；（四）因感情不和分居满二年；（五）其他导致夫妻感情破裂的情形。一方被宣告失踪，另一方提起离婚诉讼的，应当准予离婚。经人民法院判决不准离婚后，双方又分居满一年，一方再次提起离婚诉讼的，应当准予离婚。"

本条第1款规定了非强制性的调解前置。本款的立法目的并不在于限制当事人的诉求，而在于指引当事人根据实际情况自主选择是否直接向人民法院提起离婚诉讼。

本条的第2款，首先明确了离婚案件"应当进行调解"。如前文所述，这种调解，既包括促进诉讼分流的诉前调解，也包括诉讼中主审法官在法庭现场进行的调解。通常由法官自由裁量确定调解所需时间。在部分案件中，如果双方当事人矛盾冲突严重，那么法院在获知当事人无调解意愿后就应立即确认结束调解，进入实体审判阶段。

本条第3款，通过四种典型类型及兜底模式，明确了具体哪些情况应当被准予离婚，其中的四种情形都与实体认定相关。而本条的第4、5两款，则涵盖了两种从程序角度考虑而无须进行实体认定即应当准予离婚的情形。

（一）实体认定准予离婚的情形

现行立法延续了原《婚姻法》所确定的“感情破裂说”，这种立法例下，当事人诉请离婚不再需要具备以往法律所规定的某些特定理由，只须对法院提供相应证据说明婚姻存在不可挽救的破裂即可。然而在实务中，“感情破裂”是一个描述过于抽象、认定存在困难的问题。因此现行立法延续了原《婚姻法》既有的立法模式，即列举加兜底的模式，赋予法官一定限度的判断当事人“感情破裂”的自由裁量权。下文将逐一分析所列举的四种法定情形。

1. 重婚或者与他人同居

夫妻忠诚义务是夫妻道德层面最为根本的义务；同时，一夫一妻原则也是婚姻家庭编所确立的基本原则，是现代社会文明的重要标志。

重婚、与他人同居是严重违反一夫一妻原则，有悖于社会伦理、善良风俗的行为。当这种不忠诚的情形发生时，没有强求另一方配偶忍辱负重、继续维持婚姻关系之道理，应当给予其解脱的机会，准予离婚。

重婚是指有配偶者又与他人形成婚姻关系，一般有两种情形：一是法律上的重婚，即有配偶者又与其他人进行结婚登记，形成两段法律上的婚姻关系。二是事实上的重婚，即有配偶者虽未与其他人进行结婚登记，但通过以夫妻名义与他人同居的方式与他人形成事实上的婚姻关系，也构成重婚。只是在现实生活中，因婚姻登记机关的管理逐渐严格，且互联网技术使得各地登记机关可以达成信息共享，法律上的重婚将越来越少，以事实重婚居多。“与他人同居”根据《民法典婚姻编解释（一）》第2条的规定，是指有配偶者与婚外异性，不以夫妻名义，持续、稳定地共同居住。

这里“事实上的重婚”和“与他人同居”其实情况极为相似，唯一差别即为是否“以夫妻名义”这一事实的认定。而判断是否“以夫妻名义”主要看是否对外宣称二者为夫妻关系而进行同居，换言之，即周围人是否将二人视为夫妻。然当今社会，邻里关系非似以往之密切，且选择未婚同居的也大有人在，是否“以夫妻名义”实际难以举证。因此现行立法将“重婚”和“与他人同居”归于同一大类型。然若能将重婚仅理解为法律上的重婚，而将“与他人同居”内涵中的“不以夫妻名义”的限制删除，则将更加简洁明了。

该项规定虽然看似清晰明确，但也有诸多问题。首先，从举证角度而言，在个人信息受到严格保护的今天，无论是举证对方同时结婚的重婚，还是事实重婚或者与他人同居，想要合法地收集相关证据都十分艰难。其次，不论是否以夫妻名义，同居均需达到一个持续、稳定共同居住的状态。具体多久才算持续、稳定地共同居住，似乎也只能由法官行使自由裁量权来确定，缺乏指示性标准。最后，适用范围依然过于狭窄。如果一方持续与多人发生性关系，或与同一人未进行同居生活但长期保持性关系，这些情况均已严重违背忠诚义务，但是依然未被纳入本类型。

2. 实施家庭暴力或者虐待、遗弃家庭成员

《民法典》第1043条规定："家庭应当树立优良家风，弘扬家庭美德，重视家庭文明建设。夫妻应当互相忠实，互相尊重，互相关爱；家庭成员应当敬老爱幼，互相帮助，维护平等、和睦、文明的婚姻家庭关系。"本条虽非裁判规范，但宣示了立法者的价值判断，也体现了立法者对于家庭成员之行为的期待。家庭是社会的最小单位，幸福的家庭需要各个成员相互尊重、相互照顾，共同构建。对家庭成员实施家庭暴力、虐待或遗弃等行为，显然违背以上规则，不仅构成直接的侵权责任，在离婚之时也具有法律意义。

根据《反家庭暴力法》第2条的规定，家庭暴力是指家庭成员之间以殴打、捆绑、残害、限制人身自由以及经常性谩骂、恐吓等方式实施的身体、精神等侵害行为。根据《民法典婚姻编解释（一）》第1条的规定，虐待是指持续性、经常性的家庭暴力。而遗弃则是指对某一或某些家庭成员负有扶养义务却拒绝扶养的行为，包括将其逐出家门等作为行为，以及不提供经济、生活上的帮助而放任其自生自灭等不作为行为。

根据《民法典》第1045条第3款规定，家庭成员是指配偶、父母、子女和其他共同生活的近亲属，而并不仅限于配偶。将家庭暴力等恶劣行为之对象扩展到共同生活的家庭成员是否合适，对此仍有争议。学界有观点认为，这里实施家庭暴力、虐待、遗弃等行为之对象应当予以限缩。[1] 夫妻及婚姻从来不仅仅是两个人的事情，婚姻是家庭的一部分，而家庭是维系人伦关系的重要环境。一方无论是针对自己的子女，或者是针对配偶之其他直系亲属实施以上严重不当行为的，都是对家庭伦理的极大挑战，也是对《民法典》婚姻家庭编所保障之家庭关系的破坏，因此构成法定的夫妻离婚之理由。

同时，根据举轻以明重的原则，对家庭成员实施家庭暴力、虐待等行为尚且会导致婚姻关系无法继续存续，那么故意伤害、杀害家庭成员的行为则更应成为诉讼离婚之事由。

---

〔1〕 薛宁兰、谢鸿飞主编：《民法典评注·婚姻家庭编》，中国法制出版社2020年版，第388页。

3. 有赌博、吸毒等恶习屡教不改

赌博与吸毒，不仅是个人品性之负面评价，也是正常家庭生活的巨大危险。赌博、吸毒这两种恶习之所以会构成诉讼离婚的原因，就是因为它们对人及其生活破坏极大。这两种行为极易成瘾，成瘾之人的生活重心自然会从正常的家庭生活中转移到赌博、吸毒行为之上。且具有赌博、吸毒恶习之人，不仅其精力、时间会尽数倾注其中，金钱投入更是必不可少。而金钱往往是普通家庭生活质量的保障。挪移本该用于家庭生活的钱财或是夫妻共同财产，更有甚者不惜举债赌博、吸毒，严重影响行为人及其配偶的正常生活。对子女未成年的家庭而言，如此行为更不利于孩子身心的健康发展。

从立法之措辞来看，该情形需要满足以下两个要件：首先，一方具有赌博、吸毒等恶习。其次，行为人具有恶习且屡教不改。屡教不改说明行为人配偶需要给对方多次机会予以改正。关于第二项构成要件是否恰当，确实颇有争议。从正面角度来看，立法者秉承了尽量保障婚姻家庭完整的传统观念，给予行为人改正之机会。从反面角度而言，染上赌博、吸毒等恶习即使从感情上可被原谅，但从行为结果和损害的角度考虑不应姑息，发现恶习后若不准予离婚，很有可能会进一步加大对家庭的破坏。这一点，特别需要法官在个案中行使自由裁量权加以判断，综合评估染上恶习之人的日常行为和状态，避免判决不离婚而让原告方陷入不安、恐惧之中。

此外，立法者用了“等恶习”的措辞，似乎应当包括其他类似恶习。我们认为，以“有赌博、吸毒等恶习”为例示性规范，除了明确列举的赌博、吸毒恶习之外，还应包括其他会严重危害夫妻感情的恶习，诸如酗酒、嫖娼、卖淫等。

4. 因感情不和分居满2年

现行立法虽然没有明确规定夫妻有同居的义务，但共同生活应当是夫妻之常态。因此，立法将因感情不和分居满2年作为离婚的法定事由之一。

从构成要件上看，需要满足如下要件。

首先，要有分居满2年的事实。比较法上，诸多立法例都将分居作为法定程序，需要经过法院的宣告才予以开始。我国立法并无法定的程序来确认分居的启动，也未规定分居的具体形式。在司法实践中，法院主要是审查夫妻共同生活状态的变化情况，即从夫妻同居行为的中断情况加以判断。生活空间的隔离或者共同生活行为的隔断则表明夫妻各自进行日常生活，夫妻性生活中断，同时夫妻互相扶助亦不存在，生病或者意外发生时相互照顾等义务暂时没有履行[1]。而分居的具体表现形式，在现代生活中多种多样，比较典型的为分房间睡觉、异房居住、外出租房、外出打工、搬回父母家、离家出走下落不明等。此外，部分情况下起算时间的认定也比较困难，特别是分房间睡觉或者居住于家庭的不同房产中。此项举证责任在原告。

其次，分居的动因应当是双方感情不和。外观上夫妻共同生活行为的中断，并不意味都属于本项规定。现实生活中夫妻分开居住的情况非常多见，工作原因上的外派、异地求学进修等因素，都可能导致夫妻处于分居的生活状态，但都不属于“因感情不和”导致的分居。“感情不和”主要表现为以下几个方面：一是因性格原因而致的屡次冲突，即双方因性格不和在婚后共同生活期间多次产生冲突，感情最后走向破裂。二是家庭暴力，在诸多的案例中夫妻分居都是由家庭暴力引起的，一方无法忍受对方施暴而选择分开居住。三是因一方不忠引起的分居，既包括一方无法忍受对方出轨等背叛行为而离家出走，也包括出轨方长期不回家而形成的分居。

司法审判实践中，法官需要当事人一方证明感情不和引起分居，即两者存在因果关系。现实中因长期两地分居而引起感情变淡直至感情不和的现象并不罕见。因此，法官需要通过当事人陈述及依职权调查，来确定哪个是因、哪个是果。

（二）程序性认定准予离婚的情形

1. 对被宣告失踪方提起的离婚诉讼

当一方被宣告失踪时，其配偶可通过诉讼离婚解除婚姻关系。宣告失踪是指自然人下落不明满2年，法院经利害关系人申请而宣告该人为失踪人的制度。当一方被宣告失踪时，意味着此人至少已经下落不明2年以上。对夫妻双方而言，这说明二人已有2年以上无共同生活的事实。从另外一个角度，对于失踪人配偶一方而言，已被宣告失踪之人未来能否回来存在着极大的不确定性，法律自然不得绑架其未来的生活。因此在对被宣告失踪方的配偶提起的离婚诉讼中，法官不需要审查夫妻感情是否破裂。一旦查明被宣告失踪的情况属实，则应当径直判决准予离婚。

若失踪人于诉讼之时现身、返家，则法院不得再依据此项内容判决准予离婚，因为此时失踪人已归，其配偶之生活困境得以暂时解决，不再符合失踪宣告人的要求。

---

〔1〕 陈苇：《中国婚姻家庭法立法研究》（第二版），群众出版社 2010 年版，第 102 页。

略有不同的是，如若夫妻一方下落不明，另一方诉至人民法院，只要求离婚，不申请宣告下落不明人失踪的，人民法院也应当受理，对下落不明人用公告送达诉讼文书。理论上，此时法官依然需要对夫妻感情是否破裂进行审查，进而作出是否准予离婚的判决。也就是说，对于一方下落不明而其配偶诉请离婚的情况，并非以对其进行宣告失踪为诉请离婚之前置程序。

2. 经人民法院判决不准离婚后，双方又分居满1年，一方再次提起离婚诉讼

在过去的司法审判实践中，形成了第一次起诉离婚原则上不予准许的惯例，除非被告在诉讼中同意离婚，或者符合上述法定情形。在《婚姻法》时代，也出现过久拖不离，一方多次起诉之后依然无法解除婚姻的个案。这本质上是有违婚姻自由之离婚自由的。

《民法典》本次立法，引入了二次起诉离婚原则上准予离婚的具体规则，将并不明确的实践情况以立法之模式予以确定，较好地实现了“挽救婚姻”与“离婚自由”之间的平衡。

此类型需要满足以下三个要件：

首先，须曾经法院判决不准离婚，现在属于第二次提起离婚诉讼。严格从立法措辞来看，如果前一次离婚以撤诉而终止的，并不适用本款之规定。

其次，需要由第一次提起离婚诉讼之人，再次提起第二次离婚诉讼。如果是第一次起诉中的被告提出了第二次离婚诉讼，而第一次起诉的原告此时又不再同意离婚，那么也不能适用这一规则。

最后，再次起诉的时间，必须在第一次判决不准离婚之后至少分居满1年。

从理论上看，如果第一次判决不准予离婚，双方又分居满1年，这本身足以证明夫妻共同生活之彻底解体，原先不同意离婚的一方挽救婚姻失败，夫妻感情已经彻底破裂，无须再用其他证据予以证明。

（三）其他应当准予离婚的事由

除了以上具体的引起诉讼离婚的原因以外，还有一个抽象概括的原因可以判决准予离婚，即《民法典》第1079条第3款第5项所规定的“其他导致夫妻感情破裂的情形”。

最高人民法院早在20世纪80年代末就注意到抽象地认定“夫妻感情破裂”是一件非常难的事，因此颁发过《最高人民法院关于人民法院审理离婚案件如何认定夫妻感情确已破裂的若干具体意见》这一规范性文件，对“夫妻感情破裂”进行类型化的尝试。随着社会变迁，当年最高人民法院所列举的情形，部

分已经失去了与时代的相适应性，而部分则依然具有参考价值。下列情形是司法审判实践中认可度较高的情形：

（1）因生理或者疾病原因不能人道，即夫妻之间无法顺利进行性生活的。稳定而和谐的夫妻生活是增进夫妻感情、维系婚姻家庭关系的基础。尤其对于年轻夫妻而言，如果一方因生理或者疾病原因而不能人道，应当构成离婚之当然事由。只是此类事项较为私密，当事人往往难以举证。

（2）一方为同性恋或者双性恋。同性恋或者双性恋不是错误，只是个人选择。但是不能以婚姻束缚另一方被动接受一方的个人选择。因此，如果婚后一方发现配偶为同性恋或者双性恋，应当认定婚姻之基础不再存在，构成离婚之当然事由。

（3）一方被依法判处中长期徒刑，或其故意违法、犯罪行为严重伤害夫妻感情的。如果一方被依法判处中长期徒刑，那么夫妻必然“分居”，无法形成共同生活，婚姻家庭之共同生活的基础不在，应当准予离婚。此外，如果存在一方强奸或者卖淫等严重伤害夫妻感情的违法犯罪行为，也应当准予离婚。

（4）存在欺诈性抚养或女方因通奸怀孕的。所谓欺诈性抚养，是指在夫妻关系存续期间乃至离婚后，女方故意隐瞒其子女非与男方所生之事实，使男方误将子女视为亲生子女予以抚养的行为。对于欺诈性抚养关系的认定和处理，我国法律并未明确规定，但是学理及司法审判实践多肯定其为应当准予离婚之法定事由。类似的情况还包括女方在婚姻关系存续期间因通奸而怀孕的。

最高人民法院曾经在《关于人民法院审理离婚案件如何认定夫妻感情确已破裂的若干具体意见》这一规范性文件中提出，对于离婚案件总体的指导意见，即为“判断夫妻感情是否确已破裂，应当从婚姻基础、婚后感情、离婚原因、夫妻关系的现状和有无和好的可能等方面综合分析”。这一指导意见在今天依然还有较大的意义。

三、离婚自由之相对限制

除了上述几种情形可以通过诉讼离婚的方式解除婚姻关系以外，法律还规定了两种不得准予离婚的情形。如此规定，主要是出于对某一类人群的特别保护。

（一）军婚

我国对军人婚姻实行特殊保护由来已久。《民法典》第1081条规定：“现役军人的配偶要求离婚，应当征得军人同意，但是军人一方有重大过错的除外。”该条是对现役军人和军婚的特别保护。

该条是针对现役军人的配偶提出的要求，即本条仅特别保护现役军人。现役军人是指正在中国人民解放军和中国人民武装警察部队服现役、具有现役军籍，尚未退伍、转业、复员的军人。在军队工作未取得军籍的职工和其他人员及退役、复员和转业人员均不属于现役军人的范畴。在未征得现役军人同意的情况下，其配偶不得要求离婚，除非军人一方有重大过错。根据《民法典婚姻编解释（一）》第64条的规定，这里的军人一方有重大过错，是指《民法典》第1079条第3款第1项至第3项以及第5项规定的过错行为，包括军人一方有重婚、与他人同居，实施家庭暴力或者虐待、遗弃家庭成员，有赌博、吸毒等恶习屡教不改，以及其他重大过错导致夫妻感情破裂之行为。

从立法的历史沿革来看，2001年修正的《婚姻法》增加了“但是军人一方有重大过错的除外”的但书，在一定程度上相对弱化了对军婚无条件保护的历史态度。对军婚的保护事实上确实也限制了非军人一方的权利，其在维系军人权利平衡的同时又导致了非军人一方权利的失衡。军婚保护条款可能会对军人的婚姻起到阻碍作用，也与夫妻平等、离婚自由等基本法理相悖。但考虑到军人家庭稳定对国家、国防的重要意义，这一限制性规定还是具有正当性的。

特别需要指出的是，本项规定的适用，优先于上文的程序性规定，即针对军人的诉讼离婚，即使属于第一次判决不准予离婚又分居满一年后的第二次起诉，也不能直接予以判决离婚。

（二）女方处于法定特殊时期

《民法典》第1082条规定：“女方在怀孕期间、分娩后一年内或者终止妊娠后六个月内，男方不得提出离婚；但是，女方提出离婚或者人民法院认为确有必要受理男方离婚请求的除外。”该条是对处于特殊时期女性的特别保护，同时以但书对特别的情形作例外之规定。

从积极的构成要件来看，本条的适用需要满足如下条件：

首先，女方要处于怀孕期间、分娩后1年内或者终止妊娠后6个月内。这主要是考虑到女方在这些特殊期间内身体较为虚弱、精神较为脆弱，亟须丈夫的照顾和关心，以及物质和精神上的扶持。并且这三个特殊时期，都是与生育这一家庭利益紧密相关的。

其次，不得提出离婚的一方为男方，并且仅限于诉讼离婚。如果双方协议离婚，或者女方起诉离婚，说明女方基于其自由意志主动放弃法律的特别保护，也就没有再倾斜保护的必要了。

考虑到社会生活的多元性，立法以但书的形式明确了例外情况，并且将判断的权利交给了法院，由法院判断是否存在确有必要受理男方离婚请求的情形。这里确有必要受理的情形主要是女方有重大过错，且致使夫妻无法共同生活。实际中，法院认为有必要审理的情形主要是该期间女方怀孕、分娩的孩子并非男方亲生，以及女方有家庭暴力、虐待等情形。

从诉讼的角度来看，本项规定并非限制男方的诉权，而是限制了男方的胜诉权。因为如果限制男方之诉权，法院不予立案，则男方失去了立法者赋予其适用但书情形的法定权利。因此，从解释上看，应当予以立案，并在诉讼中进行审查是否属于但书所保护的特别情况。

第四节　离婚后的身份关系

离婚效力的发生时点依据离婚的不同形式而有所不同。根据《民法典》第1080条[1]的规定，协议离婚，自双方在婚姻登记机关完成离婚登记之时解除婚姻关系；调解离婚，自法院的调解书生效之时解除婚姻关系；诉讼离婚，自离婚判决书生效之时解除婚姻关系。

离婚是婚姻关系的终止与消灭，将产生身份法上与财产法上的效力，前者包括夫妻身份关系以及姻亲关系的消灭，广义上还包括亲子关系具体内容方面的变化；后者包括夫妻共同财产的分割、共同债务的分担，以及或有的相互之间的损害赔偿请求及其他请求权。下文将分述之。

一、夫妻身份关系及姻亲关系的消灭

婚姻关系因离婚而消灭，随之导致夫妻关系的消灭。夫妻关系消灭不仅指身份关系上不再是彼此的配偶，也将导致因婚姻关系所产生之权利义务的消灭。更具体而言，原本夫妻之间的家事代理权、继承权、同居义务、相互扶养之义务等皆随之消灭。自此之后，男婚女嫁各不相干。

婚姻关系消灭之后，除了履行离婚协议、调解书或法院判决所确定的义务之外，还有根据公序良俗所确定的后婚姻义务。后婚姻义务，从性质上看类似

[1]《民法典》第1080条规定："完成离婚登记，或者离婚判决书、调解书生效，即解除婚姻关系。"

于基于诚实信用原则所产生的后契约义务；从内容上看，主要是保密义务，如不得披露因婚姻关系而获得的另一方的个人信息（包括但不限于财务信息、生理特征、疾病等），更不得发布对方的裸照或亲密视频，即使该等裸照或者视频之拍摄是曾经夫妻之合意。

姻亲关系因子女或者父母的婚姻而产生，也因子女或者父母的离婚而消灭。同时，随着婚姻关系之终止，家庭成员的身份也随之消灭。

二、离婚后父母子女关系

婚姻家庭编中的父母子女关系，从类型上看，可以区分为成年子女与父母之间的关系，以及未成年人子女与其父母的关系。就前者而言，父母之离婚对其并不产生影响，其应当继续履行赡养扶助之义务。

本节主要讨论的是离婚后父母子女关系中与未成年子女相关的法律问题。唯一有些特别的是，如果成年子女属于限制民事行为能力人、无民事行为能力人等需要父母行使监护职责的，在父母离婚时，需要作出类似于未成年子女的安排。

离婚后父母子女关系的立法规范主要是《民法典》第1084条。该条规定："父母与子女间的关系，不因父母离婚而消除。离婚后，子女无论由父或者母直接抚养，仍是父母双方的子女。离婚后，父母对于子女仍有抚养、教育、保护的权利和义务。离婚后，不满两周岁的子女，以由母亲直接抚养为原则。已满两周岁的子女，父母双方对抚养问题协议不成的，由人民法院根据双方的具体情况，按照最有利于未成年子女的原则判决。子女已满八周岁的，应当尊重其真实意愿。"

本条分为三款，我们将依次予以解读。

第1款属于定性性质，立法者用了非常精准的表述——"消除"，明确了父母与子女间的关系，不因父母离婚而消除；同时也表明了具体的抚养内容将发生变化，但是不影响其关系的本质。

严格来讲，本条所指的父母与子女中的子女，仅指亲生即自然血亲子女及依法收养的子女，不包括具有姻亲性质的继子女。然而有一种特殊的婚生子即人工介入的孩子，司法解释对此进行了补充性的规定。根据《民法典婚姻编解释（一）》第40条的规定，婚姻关系存续期间，夫妻双方一致同意进行人工授精，所生子女应视为婚生子女。无论供精方是否为女方配偶，人工授精所生子女均为夫妻的子女，即便夫妻事后离婚，男方也不得以子女与自己无血缘关系为由主张免除父母子女间的权利义务关系。

对于未成年子女而言，即使父母离婚，子女仍是父母双方的子女，离异的父母仍分别是子女的父亲和母亲。

第2款明确了父母对子女仍有抚养、教育、保护的权利和义务。按照对等的原则，成年之后子女对父母的赡养义务也不会因为父母之离婚而发生变化。相对于父母正常情况下（未离婚）的父母子女关系，离婚之后，毕竟子女与一方父母共同生活而未与另一方共同生活，这种现实的“距离”状态下，经常发生的争议问题，是变更子女姓名引发的争议。

《民法典》第1015条确认了“自然人应当随父姓或者母姓”，这里通常是子女上户口之时的安排。在离婚之后，不乏与子女共同生活的一方父母，要求变更子女姓氏使之与自己的姓氏一致的情形。关于这个问题，是否需要经过另一方父母的同意？《民法典婚姻编解释（一）》第59条对此有倾向性的规定：“父母不得因子女变更姓氏而拒付子女抚养费。父或者母擅自将子女姓氏改为继母或继父姓氏而引起纠纷的，应当责令恢复原姓氏。”但是这个问题是值得探讨的。

从法理上看，所有未成年子女的姓名权均由其父母代为行使。子女姓氏一旦确定，父母之任何一方都不得单方改变。离婚后一方具有直接抚养权，也不代表其有权单方改变子女的姓氏。从实务角度看，最高人民法院曾在《关于人民法院审理离婚案件处理子女抚养问题的若干具体意见》第19条规定：“父母不得因子女变更姓氏而拒付子女抚育费。父或母一方擅自将子女姓氏改为继母或继父姓氏而引起纠纷的，应责令恢复原姓氏。”《户口登记条例》第18条规定：“公民变更姓名，依照下列规定办理：1. 未满十八周岁的人需要变更姓名的时候，由本人或者父母、收养人向户口登记机关申请变更登记；2. 十八周岁以上的人需要变更姓名的时候，由本人向户口登记机关申请变更登记。”《公安部关于父母离婚后子女姓名变更有关问题的批复》中规定，“对于离婚双方未经协商或协商未达成一致意见而其中一方要求变更子女姓名的，公安机关可以拒绝受理；对一方因向公安机关隐瞒离婚事实，而取得子女姓名变更的，若另一方要求恢复其子女原姓名且离婚双方协商不成，公安机关应予恢复”。同时，《公安部关于父母一方亡故另一方再婚未成年子女姓名变更有关问题处理意见的通知》规定，“以本人的劳动收入为主要生活来源的十六周岁以上未满十八周岁的未成年人，自主决定本人姓名的变更”。由此可以看出，未成年人变更姓名须有父母双方共同协商一致，成年后姓名的变更可以自主决定。但最终姓名能否变更要由户口登记机关决定。

在过去的观点中，无论是最高人民法院，还是公安机关，都关注到了未与子女共同生活的一方的情感，也关注到了若变更姓名可能会给孩子学习、生活及日常人际交往等带来不便，故往往从有利于未成年人身心健康的角度出发，裁定不准予变更未成年子女的姓名。这种看法原则上并无问题，但理论上并非毫无质疑的空间：限制民事行为能力人能否就自己的姓名变更作出意思表示，换言之，变更姓名是否属于限制民事行为能力人特别是接近成年的人士所认识与理解范围的事项。

关于《民法典》第1084条第3款提到的直接抚养权问题，我们下文专门论述。

三、抚养与探望

（一）直接抚养方的夫妻约定

当夫妻离婚后不再共同生活时，其子女一般仅会与父或母之一方共同生活。虽然现实中已经存在，但从立法角度而言，我国并未承认比较法上的共同直接抚养。

在这种情况下，与子女共同生活的父或母作为直接抚养子女的一方，具体行使亲权或监护职责较为自然和便利；而另一方虽也有相当之权利义务，但现实中很难完全行使和履行相关职责。因此，选择对子女生活、成长更为有利的一方作为直接抚养人，使其教养、照顾的权利义务得到完全发挥，才是最有利于子女健康发展的。因此，立法者在抚养这一表述之前增加了“直接”二字，同时再次强调即使由一方抚养，也并不意味着另一方抚养义务的消除，另一方也要处于间接抚养的状态，需要尽力行使亲权，给予子女相应的物质支持和情感关怀。

子女抚养问题应属家庭自治之范畴，因此原则上应当由夫妻协商决定由谁作为直接抚养方抚养子女。对子女健康成长无不利影响时，夫妻也可以协商由男方直接抚养未满2周岁的子女，无论是民政部门还是法院，原则上都不会加以干涉，因为理论上没有人比父母更了解什么样的抚养安排最有利于子女。若双方能够通过协议就夫妻轮流直接抚养子女达成一致，或约定某些事项须双方共同决定，只要在保护子女利益的前提下就并无不可。正如林秀雄教授所言：“父母若愿意摒弃彼此间之憎恶与敌意共同为子女之利益而保护教养子女时，法律实无禁止之必要。”[1] 即便二人通过协议确定了子女的抚养问题，之后也可以通过协议再行变更，法院应予准许。

（二）直接抚养方的法院酌定

在诉讼离婚案件中，子女抚养问题难以直接达成一致意见的可能性更大，其中大部分案件是双方都希望直接抚养，而也有部分案件是双方都希望对方直接抚养。此时考虑到子女的健康成长，法院不得不介入并作出阶段性的决断，依职权酌定哪一方为直接抚养方。《民法典》第1084条第3款对此作了原则性的规定，即子女未满2周岁的，应当以由母亲直接抚养为原则；已满2周岁的，按照最有利于未成年子女的原则判决；已满8周岁的，应当尊重其真实意愿。

“最有利于未成年子女的原则”是本次《民法典》新增的内容，是将过去在司法解释中出现的原则直接认可为立法之规范。该项规定中的“最有利于”意味着法律是将未成年子女的利益放在首位，而非仅将其作为考虑因素之一，如此体现了尊重子女这个独立个体而非将其视为父母附属的立法态度。同时，虽然法条将年龄作为划分直接扶养方的依据之一，但是实际上不论子女的年龄，只要未成年，均应以“最有利于未成年子女”的原则确定直接抚养方。

具体而言，现行立法规定了三个阶段。

第一阶段，不满2周岁的子女以由母亲直接抚养为原则。这主要考虑到此阶段是孩子最需要母爱关怀和母亲陪伴的时间段，因为此时他们才脱离母体不久，极度缺乏安全感；同时这个时期的婴幼儿也需依赖于母亲哺乳才能健康生长。因此，从孩子需求的角度而言，由母亲直接抚养是最有利于未成年子女成长的。然而，以母亲直接抚养为原则并非意味着只要子女未满2周岁即一定由母亲直接抚养。有原则必有例外，当母亲不适宜抚养孩子时也可以由孩子父亲直接抚养。根据《民法典婚姻编解释（一）》第44条的规定，由父亲直接抚养的情况包括：母亲患有久治不愈的传染性疾病或者其他严重疾病，子女不宜与其共同生活；母亲有抚养条件不尽抚养义务，而父亲要求子女随其生活；因其他原因，子女确实不宜与母亲共同生活。同时，此次《民法典》将原来的“哺乳期内的子女”改为现在的“不满两周岁的子女” 。虽然从时间来看这两者表达的时间段相似，均为子女最需要哺乳和母爱的时期；但“两周岁”所划定的时间更为客观、明确，而“哺乳期”这个不确定的时间段可能会为一方当事人利用，成为其争夺子女抚养权的工具，不利于子女成长。

---

[1] 林秀雄：《亲属法讲义》（修订五版），中国台湾地区元照出版有限公司2020年版，第205页。

第二阶段，已满2周岁子女的抚养要基于最有利于子女的原则，在此原则上要适当考虑夫妻双方的生活状况、生育状况，综合判断子女的直接抚养方。《民法典婚姻编解释（一）》第47条就规定："父母抚养子女的条件基本相同，双方均要求直接抚养子女，但子女单独随祖父母或者外祖父母共同生活多年，且祖父母或者外祖父母要求并且有能力帮助子女照顾孙子女或者外孙子女的，可以作为父或者母直接抚养子女的优先条件予以考虑。"这里并未限制子女年龄，而主要是从如何最有利于未成年人成长的角度考量。若子女已单独随祖父母或外祖父母共同生活多年，对其最有利的选择实际并非与父或母共同生活，而是需要保证其能与共同生活多年的祖父母或外祖父母经常来往甚至继续共同生活，因此可予以作为父或母直接抚养的优先条件考量。

第三阶段，对于"子女已满八周岁的，应当尊重其真实意愿"，这也是本次《民法典》所明确的内容。此处的"八周岁"与无民事行为能力人和限制民事行为能力人区分标准之一的8周岁相呼应。允许8周岁以上的未成年人从事符合其年龄、智力水平的民事法律行为，说明法律认可8周岁以上未成年人理解、认识、表达事物的能力。虽然表达愿与哪方共同生活并非行使民事法律行为，但这种意愿的表达确实需要其年龄、智力达到一定程度，因此可以借鉴适用该标准。当然，考虑到有时候子女的意愿会受父母一方的影响，只能作为参考。

父或者母的利益，事实上也应当予以考虑。根据《民法典婚姻编解释（一）》第46条的规定，夫妻双方均要求直接抚养已满2周岁的未成年子女时，一方出现以下情形之一的可予以优先考虑：（1）已做绝育手术或者因其他原因丧失生育能力；（2）子女随其生活时间较长，改变生活环境对子女健康成长明显不利；（3）无其他子女，而另一方有其他子女；（4）子女随其生活，对子女成长有利，而另一方患有久治不愈的传染性疾病或者其他严重疾病，或者有其他不利于子女身心健康的情形，不宜与子女共同生活。这里的第2项和第4项规定明显是基于最有利于子女的角度考虑的，而第1项和第3项适当照顾了无法生育或没有后代的一方。这样的规定其实是在平衡子女、父母双方的利益，在优先最大化照顾子女利益之后，父母的利益也应当予以考虑。同时，这样更符合中国的传统文化，特别是与"老有所依"的文化相关。

（三）探望权

法院在确定父母之一方获得直接抚养权之后，也需要确认另一方之探望权。关于探望权的规定，主要存在于《民法典》第1086条。该条规定："离婚后，不直接抚养子女的父或者母，有探望子女的权利，另一方有协助的义务。

行使探望权利的方式、时间由当事人协议；协议不成的，由人民法院判决。父或者母探望子女，不利于子女身心健康的，由人民法院依法中止探望；中止的事由消失后，应当恢复探望。”

探望权的意义主要在于两点：情感的需求及监护职责的需要。非直接抚养方探望权并非仅基于其所具有的亲权人身份；还考虑到其作为父母，与子女血脉相连、感情相近，有与子女进行情感交流的需求。同时，作为监护人，非直接抚养方有权利也有义务关注未成年子女身心健康发展，并予以陪伴。在子女成长的整个过程中，父亲和母亲所扮演的角色不同，子女对父母的需求也不同，具有父母双方的陪伴和爱意的孩子，更容易形成健全的人格和正确的是非观。因此只要无不当或过分的行为或恶意，非直接抚养方的探望对子女的健康成长都是有利的。监护职责所需表现在，探望权事实上也是对直接抚养方的一种“监督”，确保孩子处于正常的照顾之下，对于孩子的各种情况可以阶段性地获得第一手信息。

有权利必有对应的义务。因此《民法典》第1086条也规定直接抚养方的协助义务。直接抚养方作为与子女共同生活的一方，往往对子女的生活空间有一定决定权和控制权。《民法典婚姻编解释（一）》第68条也规定：“对于拒不协助另一方行使探望权的有关个人或者组织，可以由人民法院依法采取拘留、罚款等强制措施，但是不能对子女的人身、探望行为进行强制执行。”不能对子女的人身、探望行为进行强制执行，一方面是因为身份行为不得强制，否则行政行为将变成限制子女人身自由的不法行为；另一方面设置探望权主要也是为了子女健康成长，而若强制执行将反而有损子女的身心健康，有悖立法初衷。

同样出于对未成年子女利益的考量，法律虽然给予了非直接抚养方探望权，但是仍对这种探望权进行了限制。探望的前提是监护权，如果有丧失监护权的情形，例如监护人对未成年子女实施性侵害、出卖、遗弃、虐待、暴力伤害等不法行为，或者有吸毒、赌博、长期酗酒等恶习，严重侵害或者影响被监护人合法权益的，则应当终止或者至少中止探望。如果不构成丧失监护权，但有其他“不利于子女身心健康”的情形，也应当暂停、中止行使探望权。需要明确的是，仅仅是婚姻中的其他过错，不能当然成为限制探望的理由。关于可以主张中止探望之主体不仅包括直接抚养方，根据《民法典婚姻编解释（一）》第67条的规定，还包括未成年子女以及其他对未成年子女负担抚养、教育、保护义务的法定监护人。

当出现不利于子女身心健康之情形，自然需要中止其继续进行探望，以减少对子女的侵害。但是《民法典》该条第3款也规定了这种中止的限制是暂时的，中止事由消灭后仍要恢复其探望权，而不能因偶然的不利情形永久剥夺其探望权。根据《民法典婚姻编解释（一）》第66条[1]的规定，这个暂时中止探望的决定由法院通过裁定作出，而非由直接抚养方单方直接拒绝即可完成。且该条后半句规定："中止探望的情形消失后，人民法院应当根据当事人的请求书面通知其恢复探望。"这说明法院不得依职权直接恢复，而须有一个当事人申请恢复的前置条件才可恢复探望。这里"当事人"应不限于非直接抚养方，且法院在决定恢复探望时需以书面形式对双方予以通知。

关于享有探望权的主体是否可以包括父母之外的其他主体，仍有争议。除了以上非直接抚养子女的一方享有探望权，《民法典》未规定子女的其他亲属享有探望权，这里的其他亲属一般指非直接抚养子女方之直系长辈血亲。出于子女利益最大化的角度考虑，有学者认为除子女亲权人享有探望权外，子女的其他亲属也享有探望权，尤其是隔代亲属的探望权有利于子女的成长。这种观点认为探望权是基于身份关系而天然产生的权利。[2]最高人民法院曾经在《2015年全国民事审判工作会议纪要》中提到"抚养孙子女、外孙子女的祖父母、外祖父母主张探望孙子女、外孙子女的，一般应予保护"。司法审判实践中，在一些特定情形下，有支持隔代探望权的案例，例如：（1）祖父母、外祖父母曾长期抚养（外）孙子女。基于抚养经历，（外）孙子女与（外）祖父母间的关系亲密，感情浓厚，相互依赖。此种情形下，行使隔代探望权既符合伦理价值取向，也符合社会善良风俗。（2）夫或妻一方死亡，死亡一方的父母对（外）孙子女的探望，一般也应给予支持。子女离世后，其父母一般将孙子女或外孙子女视为子女血脉的延续，作为情感寄托，此种情形中，也应对隔代探望权予以支持。

从另外一个角度看，探望权相对的义务是直接抚养方的协助探望义务。若赋予太多人探望权，将大大加大抚养方的时间成本，给本就独自抚养子女的夫或妻一方造成更多的不便。从这个角度看，《民法典》未赋予隔代探望权，是值得肯定的。隔代探望，从道德上值得鼓励，但是不能因此成为法律上的权利与义务。

---

[1] 《民法典婚姻编解释（一）》第66条规定："当事人在履行生效判决、裁定或者调解书的过程中，一方请求中止探望的，人民法院在征询双方当事人意见后，认为需要中止探望的，依法作出裁定；中止探望的情形消失后，人民法院应当根据当事人的请求书面通知其恢复探望。"

[2] 薛宁兰、谢鸿飞主编：《民法典评注·婚姻家庭编》，中国法制出版社2020年版，第420页。

（四）直接抚养权的变更

直接抚养权是一个长期的事项，直至未成年子女到18周岁成年为止。在这个期限中，父母双方的抚养条件可能发生变化，因此直接抚养权存在变更的客观需求。根据《民法典婚姻编解释（一）》第56条规定，出现以下情形之一，父母一方要求变更女子抚养关系的可得到支持：（1）与子女共同生活的一方因患严重疾病或者因伤残无力继续抚养子女；（2）与子女共同生活的一方不尽抚养义务或有虐待子女行为，或者其与子女共同生活对子女身心健康确有不利影响；（3）已满8周岁的子女，愿随另一方生活，该方又有抚养能力；（4）有其他正当理由需要变更。

上述规定中几种情形均是从最有利于子女的原则出发，考虑到直接抚养方的状态不宜抚养或者子女有变更意愿等合理因素，可变更直接抚养人。不足之处在于，此项规定中有权要求法院变更直接抚养权的主体只有父与母。然而很多时候非直接抚养方因怠于行使探望权，而并不了解直接抚养方的具体情况，自然也无法要求变更子女抚养关系，因此仅仅赋予父母二人请求变更的权利并不足够。关于这一点，我国台湾地区规定：当亲权人未尽保护教养之义务或对未成年人子女有不利之情事的，未成年子女、主管机关、社会福利机构或其他利害关系人得为子女之利益，请求法院改定亲权人。[1] 换言之，我国台湾地区有权请求变更亲权人的主体扩大到未成年子女本身、主管机关、社会福利机构以及其他利害关系人。《民法典》已经在撤销监护的情形中，突破了父母与家庭成员的范围，扩展到其他依法具有监护资格的人，居民委员会、村民委员会、学校、医疗机构、妇女联合会、残疾人联合会、未成年人保护组织、依法设立的老年人组织、民政部门等。在变更直接抚养权的情形中，理论上也应当作出类似的规定，让更多的主体关注未成年人的成长环境以及身心健康发展。

（五）抚养费的确定及变更

未直接抚养的一方，履行其抚养、教育职责的重要方式之一，就是支付抚养费。对此，《民法典》第1085条也作出了明确的规定：“离婚后，子女由一方直接抚养的，另一方应当负担部分或者全部抚养费。负担费用的多少和期限的长短，由双方协议；协议不成的，由人民法院判决。 前款规定的协议或者判决，不妨碍子女在必要时向父母任何一方提出超过协议或者判决原定数额的合

---

〔1〕 中国台湾地区“民法”第1055条第3款规定：“行使、负担权利义务之一方未尽保护教养之义务或对未成年子女有不利之情事者，他方、未成年子女、主管机关、社会福利机构或其他利害关系人得为子女之利益，请求法院改定之。”

理要求。”

抚养费是一项综合性的费用，包括子女生活费、教育费、医疗费等费用。作为直接影响子女物质生活质量以及夫妻各自生活水平的事项，抚养费的给付也属于家庭自治范围内的事项，如果在离婚之时双方达成了协议，原则上不应当干涉。但是这种意思自治的边界，在于不损害未成年子女的利益。根据《民法典婚姻编解释（一）》第52条规定，若双方约定仅由一方直接抚养子女并由其负担子女全部抚养费，但实际直接抚养方的抚养能力明显不能保障子女所需费用，影响子女健康成长的，人民法院不应支持。

当双方就抚养费问题协商不成，难以达成一致意见的，抚养费应当由法院判决。抚养费的数额应根据子女的实际需要、父母双方的负担能力和当地的实际生活水平综合确定。根据《民法典婚姻编解释（一）》第49条规定：“……有固定收入的，抚养费一般可以按其月总收入的百分之二十至三十的比例给付。负担两个以上子女抚养费的，比例可以适当提高，但一般不得超过月总收入的百分之五十。无固定收入的，抚养费的数额可以依据当年总收入或者同行业平均收入，参照上述比例确定。有特殊情况的，可以适当提高或者降低上述比例。”

原则上，抚养费以定期支付为原则，一次性支付为例外。对此，《民法典婚姻编解释（一）》第50条也有相关规定：抚养费应当定期给付，有条件的可以一次性给付。如此规定主要是考虑到非直接抚养方的经济状况，定期给付比一次性给付的难度小，不容易给支付抚养费一方的正常生活造成影响。为了防止直接抚养方在获得一次性支付后管理不善或者有其他挥霍行为，现实中支持一次性支付的案例也不多，法院既需要审查支付方是否有一次性支付的经济能力，也需要审查一次性支付的必要性，如父或者母一方因工作或者其他原因移居境外，为了避免未来执行的困难，申请法院支持一次性支付具有必要性。当一方无经济收入或者下落不明之时，可用其财物折抵抚养费。[1]

抚养费的给付期限，如果在离婚协议或者调解书中有明确约定的，从其约定。部分约定以“完成全日制学习”或者“独立生活”为止，时间上会超过18周岁，此类约定是具有法律约束力的。如果没有约定或者约定不明的，一般应以子女满18周岁为止；16周岁以上不满18周岁，以其劳动收入为主要生活来

〔1〕《民法典婚姻编解释（一）》第51条规定：“父母一方无经济收入或者下落不明的，可以用其财物折抵抚养费。”

源，并能维持当地一般生活水平的，父母可以停止给付抚养费。虽然大多数父母基于情感、道德、习惯仍将为虽已成年但还在大学接受教育的子女提供生活费和教育费视为自己的责任，但此为父母的道德选择，而非法定义务。享受着父母供养的成年大学生要心存感恩。

无论是通过夫妻双方的协议还是法院判决所确定的抚养费，若发生了影响抚养费需求的事件或其他情况，如子女患病、上学所需费用远超原定的抚养费及通货膨胀等，可通过再次协议约定变更抚养费或抚养费给付的期限、频率等。出于对未成年人利益的保护，《民法典》第1085条第2款未将变更抚养费的请求权赋予父或母，而是赋予了子女。即便是其父母协议达成的抚养费约定或是法院通过生效判决确定的抚养费事项，子女在必要时也可基于合理理由要求变更。一方面，这体现了现代法律对未成年人的重视，子女不再仅仅是父母的附属，而是独立个体。另一方面，也考虑到长期生活中存在不确定性，不能以此前的约定或者法院判决的既判力来排除抚养费的变更需求。

当然，为了避免滥用此项变更请求权，《民法典》以“必要时”和“合理理由”对请求权进行了限制，同时《民法典婚姻编解释（一）》第58条也对请求权增加了限制——被子女要求增加抚养费之父母一方需有负担能力。此外，还明确规定了子女可以请求变更的三种法定情形：（1）原定抚养费数额不足以维持当地实际生活水平；（2）因子女患病、上学，实际需要已超过原定数额；（3）有其他正当理由应当增加。至于“其他正当理由”究竟是哪些理由，“合理要求”“必要时”还可指何种情况，均要结合子女成长、生活的具体状态和具体需要予以考虑。

第五节　离婚财产分割与离婚救济

一、离婚财产分割

离婚后，夫妻从共同一体再次走向两个独立个体。现代社会实现了从农业社会的大家庭财产模式到夫妻财产模式的过渡，在大家庭模式中是不存在个人或者夫妻财产的观念的。而在现代社会，对于大部分夫妻而言，离婚都存在着夫妻共同财产需要分割的问题；此外，满足特定条件的，还有包括损害赔偿、家务劳动补偿、经济帮助等在内的离婚救济制度的存在。

（一）财产分割中的照顾特定主体原则

关于离婚时夫妻共同财产的分割，主要的规定源于《民法典》第1087条。该条规定："离婚时，夫妻的共同财产由双方协议处理；协议不成的，由人民法院根据财产的具体情况，按照照顾子女、女方和无过错方权益的原则判决。对夫或者妻在家庭土地承包经营中享有的权益等，应当依法予以保护。"该条第1款的后半句点明了法官处理财产分割问题的三个基本原则：照顾子女权益原则、照顾女方权益原则以及照顾无过错方权益原则。

第一，照顾子女权益原则，是指分割夫妻财产时给予直接抚养子女一方一定程度的倾斜保护。由于子女不是分割夫妻共同财产的主体，因此该原则更准确的表述应该是照顾直接抚养子女一方的原则。夫妻离婚后，虽双方均为子女的亲权人和监护人；但毋庸置疑，直接抚养子女一方对子女的成长、教育所付出的金钱、时间和精力要远大于非直接抚养方。即便非直接抚养方具有给付抚养费的义务，但仅是抚养费的给付对于子女成长还远远不够，金钱、物质仅是子女成长的部分需求，更别提很多时候非直接抚养方给付的抚养费连子女生活的正常物质需要都不能满足。从这个角度而言，在财产分割事项上更多照顾直接抚养方，是对其超额付出，尤其是非物质付出的一种物质上的变相鼓励及补偿。该照顾原则，不仅仅表现为财产数额上的倾斜分割，有时候也表现为选择权利的优先。例如，当双方都希望通过给予对方相应补偿以获得与未成年子女一起居住的房产时，直接抚养子女的一方应当优先取得房产以方便子女生活，避免子女因为迁徙、奔波而发生生活不便、不适环境等不利影响。

第二，照顾女方权益原则。一般认为女方无论是在生活中，还是在婚姻关系中都属于弱势群体，处于弱势地位，需要法律的特别照顾。虽然一方面在就业机会等方面崇尚男女平等，但是无论是基于传统观念，还是基于性别的分工，女性都往往对家庭作出了更多的贡献与牺牲，如为怀孕、抚养后代而放弃晋升机会甚至中断工作以致无独立经济收入。因此，照顾女方权益也是一个分割共同财产的基本原则。

第三，照顾无过错方权益原则。这里的无过错方应为过错方的配偶，即实施《民法典》第1091条所规定的重婚、与他人同居、家庭暴力等重大过错行为者之配偶。实际上，照顾无过错方原则并无什么理论依据，无过错方在财产分割方面也没有特别救济之必要。因为过错方的过错行为给其配偶造成损害的，无过错方可以通过《民法典》第1091条请求对方承担损害赔偿责任。然而，法条如此规定可认为是对过错方的间接惩罚，从而抑制婚姻中肆无忌惮的过错方，有助于保障婚姻关系中的受害人。

上述原则的适用并不是机械的，而是根据个案情况由法官酌情予以适用。如果过错方是女方，自然无法再适用照顾女方权益的原则；在照顾程度上，也需要综合考虑婚姻的存续期间、双方对家庭的贡献等多种因素。

（二）财产分割中的诚信原则

除了上述对特定主体的照顾，《民法典》还通过对不诚信行为人施加惩罚而确立了一项诚信原则。本项原则在过去的司法解释中已经有所体现，本次《民法典》通过第1092条将之确认下来。该条规定：“夫妻一方隐藏、转移、变卖、毁损、挥霍夫妻共同财产，或者伪造夫妻共同债务企图侵占另一方财产的，在离婚分割夫妻共同财产时，对该方可以少分或者不分。离婚后，另一方发现有上述行为的，可以向人民法院提起诉讼，请求再次分割夫妻共同财产。”

对企图侵占配偶财产一方应予不分或者少分，本质上是对侵占财产方的一种间接惩罚。考虑到现代社会经济生活的多元化，财产不再仅限于农业社会的土地及农作物，加上夫妻彼此之间的知情权在事实上很难实现，由此导致隐藏、转移财产并不是一件困难的事项。依据《民法典》第1092条规定，侵占配偶财产的具体情形包括隐藏、转移、变卖、毁损、挥霍夫妻共同财产，或者伪造夫妻共同债务的行为。

这几种类型中，隐藏、转移财产是较为常见也较易得逞的手段。典型的如将贵重的珠宝首饰进行隐藏，使得对方无法举证这些共同财产的存在；将银行账号上的资金提前转移给自己信任之人，使得离婚之时能拿出来分割的部分大大减少。这些都是比较好理解的情况。

关于变卖是否应当列入本条是有争议的。因为如果变卖之后获得了公平合理的对价，那么并不导致夫妻共同财产的减少。因此立法的本意可能是为了规制将财产贱卖给特定关系人以变相转移财产的行为。

关于毁损，主要是指损人不利己的行为，将共同财产予以毁损，意图减少对方能获得的部分。

最有争议的是挥霍夫妻共同财产的行为，因为在现实生活中很难精准定义“挥霍”一词。不同社会阶层的人，消费习惯与消费水平都是不同的。因此，很难用社会一般人的消费水平去评价某一个体的消费行为是否属于挥霍。因此，在实务中法官需要考虑当事人的个人收入情况、家庭总资产情况、社会地位以及消费用途等多方因素，综合判断其行为是否属于挥霍。对于一位事业有成的企业家，开一瓶数万元人民币的进口红酒谈不上挥霍；而对于一个嗜酒的工薪阶层而言，就可以算是挥霍。此外，在各种在线平台向主播大肆打赏的行为，也应该视为一种挥霍。

伪造夫妻共同债务，包括虚构债务、夸大债务等情形。这种侵占财产的方式在现实生活中也较为常见，如在婚姻产生危机之时，通过“补签”欠条，而将父母一方在夫妻购房之时的赠与重新认定为共同债务。

从时间上看，并不一定上述行为发生于离婚之时为必要，改变了过去司法解释中以离婚之时为限的过于狭隘的规定。这主要是因为部分人士对于离婚的“谋划”是长期的，可能离婚之前已经完成上述不诚信的行为，坐等离婚之时的“损人”或者“利己”。

（三）向第三者赠与的追回

除上述财产分割的基本原则外，还有一种特殊情形需要在分割夫妻共同财产时予以考虑。司法实践中常有这样一种纠纷：一方在婚姻关系存续期间向婚外非亲属的第三者给付金钱、贵重物品，甚至房产等不菲财物，事后配偶发现并要求追索。各地法院都受理过此类案件，已经成为一种较为典型的案例类型。此类案件并不限于离婚之时发生，但确多发生于离婚之时，因此本书在此予以专门论述。

由于缺乏专门的立法规范，并且涉及夫妻共有财产制度、赠与规则、民法中的公序良俗原则等多方面内容，因而此类案件在实践中出现了类案不同判的现象。

立案案由的不同：有法院以不当得利纠纷立案，也有法院以赠与纠纷立案，还有法院以无权处分立案。

对诉讼主体的要求不同：部分法院要求必须是“受害方”配偶起诉；部分法院则可以接受赠与方单独起诉。

判决结果的不一样：部分法院认定赠与无效，应当返回全部赠与；部分法院认定内外有别，维持赠与有效，但是夫妻一方可以向另一方追索；也有个别法院认为赠与部分无效，只返回“受害”配偶的部分。

法律规范适用的不同：有以公序良俗原则作为判决赠与无效的案例；也有以无权处分并且不构成善意取得来否定赠与的效力。下文将从公序良俗原则与无权处分两条不同的路径进行分析。

此类赠与的背景都是夫妻之一方与受赠人存在不正当婚外关系，违反公序良俗，但这是否直接决定了赠与这一法律行为也违反公序良俗而构成无效呢？

这是一个非常困难的价值判断问题。在大部分情况下，法院旗帜鲜明地持牵连说，即婚外情违反公序良俗也牵连至赠与行为违反公序良俗。这种牵连说的观点实质上是原因论的体现，即婚外情是赠与的原因，若无婚外情，则无赠与，进而认定婚外情的行为和赠与行为严格来说是一体的，两者都违背公序良俗。诚然，婚外情并不必然以金钱给付为要件，但是反过来保持婚外不正当关系的当事人之间的单向大额金钱或者实物给付，很难说与婚外情无关。

相比“违反公序良俗原则”，法院似乎更倾向于适用“无权处分”这个规则来判决赠与行为的无效。大部分法院的逻辑是：首先，所处分的财产是夫妻共同财产，因此构成无权处分；其次，第三者是无偿取得，不适用善意取得；最后，构成无权处分而共有人（配偶另一方）又不追认时，处分行为自始无效。大部分法院都是用这种逻辑和判案思路来实现其实体的正义，即第三者不应该从他人婚姻中获得物质上的利益。

考虑到赠与的标的物可能需要区分可分物（如金钱）与不可分物（如不动产），在可分物的婚外情赠与中适用无权处分可能会存在障碍。因此也存在部分法院判决只返还50%即受害配偶一方的部分。

从赠与合同的角度看，适用无权处分当然没问题。但是此类赠与不能脱离婚外情之存在，不能脱离赠与方处分婚内共同财产的语境。因此，适用公序良俗可能更为恰当。

（四）不动产的分割

不动产是中国普通家庭中最为常见也最为重要的夫妻共同资产，也是过去司法解释规定得最为细致的一种共同财产。

关于不动产的分割，如果双方能达成协议，包括合意赠与给第三方（通常为未成年子女），则按照双方的协议办理。如果双方未能达成协议，则法院不得不作出裁判。对此，《民法典婚姻编解释（一）》第76条也作了明确的规定：“双方对夫妻共同财产中的房屋价值及归属无法达成协议时，人民法院按以下情形分别处理：（一）双方均主张房屋所有权并且同意竞价取得的，应当准许；（二）一方主张房屋所有权的，由评估机构按市场价格对房屋作出评估，取得房屋所有权的一方应当给予另一方相应的补偿；（三）双方均不主张房屋所有权的，根据当事人的申请拍卖、变卖房屋，就所得价款进行分割。”

据此，对于确定属于夫妻共同财产的房屋，当双方对其价值及归属无法达成协议时，首先可以考虑竞价取得。即双方就该房屋各自估价，价高者得，获得房屋所有权一方再按最后竞价之一半补偿给对方。当仅有一方主张房屋所有权且双方对房屋的价值无法达成共识时，则由法院依照法定程序指定评估机构对房屋之市场价格进行评估，评估后由主张方获得房屋所有权，并给予对方相应补偿。而双方均不主张房屋所有权时，则须根据拍卖、变卖房屋的价款，对半获得即可。

夫妻关系存续期间，因一方父母有参加房改之机会，夫妻双方以共同财产出资购置并登记在该方父母名下的房屋，根据《民法典婚姻编解释（一）》第79条〔1〕的规定，在离婚时当事人不得主张按照夫妻共同财产对其进行分割，只能将购买房屋时提供的出资作为债权处理。由此可知，法律规定此情况下房屋属于该方父母而非出资的夫妻，不得通过离婚诉讼分割他人的房屋。而购买房屋时使用的夫妻共同财产应当被视为夫妻共同债权，作为离婚财产分割的对象。如此规定主要是考虑到，购买该房屋的机会是由一方父母专享的，也登记在该方父母的名下；同时，从外观角度而言，该房屋也毫无属于夫妻共同所有之痕迹。基于房屋资格和登记公信力的双重考虑，应将此房屋视为归于该方父母。而夫妻双方的出资损失也可以折合成债权而被填平。司法解释很好地区分了物权问题与债权问题，使得问题简化，有利于司法裁判。

（五）商业投资的分割

随着经济的发展，现代社会的诸多家庭都积累了财富，这些财富除了用于购置家庭自住的房产之外，进行投资也成为一种新常态。在夫妻离婚之时，如果投资属于夫妻共同财产，则需要以直接或者间接的方式予以分割。

部分投资，如股票、债券、投资基金份额等有价证券以及未上市股份有限公司股份，是方便分割且原则上不涉及第三方利益的，因此根据《民法典婚姻编解释（一）》第72条的规定，在协商不成或者按市价分配有困难时，人民法院可以根据数量按比例分配。相对来说，它们都是一种比较方便分割的资产。

比较复杂的是仅以夫妻一方名义在有限责任公司享有的股权。夫妻在分割此类共同财产之时，还涉及有限责任公司的人合性问题与优先购买权的问题。《民法典婚姻编解释（一）》第73条对此问题进行了粗糙的原则性规定，即（1）夫妻双方协商一致将出资额部分或者全部转让给该股东的配偶，其他股东过半数同意，并且其他股东均明确表示放弃优先购买权的，该股东的配偶可以

---

〔1〕《民法典婚姻编解释（一）》第79条规定："婚姻关系存续期间，双方用夫妻共同财产出资购买以一方父母名义参加房改的房屋，登记在一方父母名下，离婚时另一方主张按照夫妻共同财产对该房屋进行分割的，人民法院不予支持。购买该房屋时的出资，可以作为债权处理。"

成为该公司股东；（2）夫妻双方就出资额转让份额和转让价格等事项协商一致后，其他股东半数以上不同意转让，但愿意以同等条件购买该出资额的，人民法院可以对转让出资所得财产进行分割。其他股东半数以上不同意转让，也不愿意以同等条件购买该出资额的，视为其同意转让，该股东的配偶可以成为该公司股东。这里证明股东同意的证据，可以是股东会议材料，也可以是当事人通过其他合法途径取得的股东的书面声明材料。

现实中，除了上述司法解释所讨论的“仅以夫妻一方名义在有限责任公司持股”的情形，还有“夫妻公司”的问题，即有限责任公司的股东仅有夫妻两人。此种夫妻双方持有公司全部股份的情况下，离婚诉讼中最大的争议点在于：“夫妻公司”工商登记的持股比例是否应视为夫妻双方对夫妻共同财产份额的约定？对此问题并无明确的法律规定，而司法实践中的观点也不尽相同。对于这类案件，需要在个案中进行审查，即法院需要探究夫妻确定持股比例是否基于一定的家庭协议或者其他理由，如果有，则应当认定夫妻对于股权投资的比例约定不应视为对共有财产归属的约定，在夫妻离婚之时应按照工商登记的比例进行分割。如果能证明持股比例是随机的，则应当调整为各占50%:50%的比例进行分割。

与有限责任公司股份类似的是，合伙企业的出资。当夫妻双方以一方名义出资设立、加入合伙企业中的，且离婚时夫妻一致同意将合伙企业中的财产全部或部分转让给对方时，根据《民法典婚姻编解释（一）》第74条的规定，应当按以下情形分别处理：（1）其他合伙人一致同意的，该配偶依法取得合伙人地位；（2）其他合伙人不同意转让，在同等条件下行使优先购买权的，可以对转让所得的财产进行分割；（3）其他合伙人不同意转让，也不行使优先购买权，但同意该合伙人退伙或者削减部分财产份额的，可以对结算后的财产进行分割；（4）其他合伙人既不同意转让，也不行使优先购买权，又不同意该合伙人退伙或者削减部分财产份额的，视为全体合伙人同意转让，该配偶依法取得合伙人地位。

合伙企业中的出资相比有限责任公司的出资额，更加不易分割。因为合伙企业一般需要各合伙人就自己财产对合伙企业承担连带责任，是人合性最强的企业。因此，对合伙企业各种重要事项的决定并非采用普通公司常用的多数决，而是全数决。对于合伙企业的财产分割以及外人入伙的问题自然也须全体合伙人一致同意。同时，为了保证合伙企业的封闭性和人合性，当全体合伙人不同意该合伙人之配偶入伙又不行使优先购买权时，还可以选择同意该合伙人退伙或削减部分财产份额，而不像有限责任公司那样只能任由该合伙人配偶成为股东。

最后，当夫妻以一方名义投资设立个人独资企业，需要分割该个人独资企业中属于夫妻共同财产的部分时，根据《民法典婚姻编解释（一）》第75条[1]的规定，应当先考虑由夫妻中的一方继续经营该企业。如果二者中仅有一方主张经营该企业的，需要先对企业资产进行评估，由主张方取得该企业并按评估价格给予对方相应补偿。若双方均主张经营该企业，则应当由双方自主竞价，价高者得，取得企业一方按照最后价格给予对方相应补偿。若双方均不愿经营该企业的，应当进行清算、解散，并将清算结束后所剩企业财产作为共同财产进行分割。

以上均属于涉及投资类财产的分割。此类型财产的分割一般应当根据财产数额按比例分割，唯有直接依据数额分割会有损于被投资企业人合性时，才需要综合考虑人合性、实际经营需要等多项因素。

（六）商业保险的分割

现代社会下，商业保险逐渐进入普通老百姓的家庭，因此夫妻离婚时经常会有人寿保险的分割问题。人寿保险的产品是非常多元化的，既有具有保障性质的产品，也有诸多具有理财性质的产品。同时，人寿保险本身既具有金融资产的属性，又具有一定的人身性，因此在离婚分割之时，需要特别对待。《民法典》对此没有直接明确的规定。近年来较为权威的规定来自最高人民法院颁布的《第八次全国法院民事商事审判工作会议（民事部分）纪要》这一规范性文件。该会议纪要第4条规定：“婚姻关系存续期间以夫妻共同财产投保，投保人和被保险人同为夫妻一方，离婚时处于保险期内，投保人不愿意继续投保的，保险人退还的保险单现金价值部分应按照夫妻共同财产处理；离婚时投保人选择继续投保的，投保人应当支付保险单现金价值的一半给另一方。”从该条的规定看，若保险是以夫妻共同财产投保，且投保人和被保险人都是夫妻一方或双方，则保险单现金价值被认定为夫妻共同财产。在离婚分割时，应考虑到投保人是否有继续投保的意愿，并据此分别采取具体分割或补偿的不同措

---

〔1〕《民法典婚姻编解释（一）》第75条规定：“夫妻以一方名义投资设立个人独资企业的，人民法院分割夫妻在该个人独资企业中的共同财产时，应当按照以下情形分别处理：（一）一方主张经营该企业的，对企业资产进行评估后，由取得企业资产所有权一方给予另一方相应的补偿；（二）双方均主张经营该企业的，在双方竞价基础上，由取得企业资产所有权的一方给予另一方相应的补偿；（三）双方均不愿意经营该企业的，按照《中华人民共和国个人独资企业法》等有关规定办理。”

施。该会议纪要第5条还规定："婚姻关系存续期间，夫妻一方作为被保险人依据意外伤害保险合同、健康保险合同获得的具有人身性质的保险金，或者夫妻一方作为受益人依据以死亡为给付条件的人寿保险合同获得的保险金，宜认定为个人财产，但双方另有约定的除外。婚姻关系存续期间，夫妻一方依据以生存到一定年龄为给付条件的具有现金价值的保险合同获得的保险金，宜认定为夫妻共同财产，但双方另有约定的除外。"

从上述规定看，该条按不同的保险合同，对保险金的性质进行了分别认定，对于具有人身性质的保险金，或者夫妻一方作为受益人依据以死亡为给付条件的人寿保险合同获得的保险金一般认定为个人财产。从立法逻辑来说，对于人身性质的保险金而言，其本质与"一方因受到人身损害获得的赔偿和补偿"一致，都贯彻了人身专属性财产属于个人财产的理念。就夫妻一方作为受益人依据以死亡为给付条件的人寿保险合同获得的保险金而言，由于死亡导致夫妻关系消灭，夫妻共同财产的根基不再存在，所以因死亡而获得的保险金也一般认定为个人财产。而对于夫妻一方依据以生存到一定年龄为给付条件的具有现金价值的保险合同获得的保险金，则一般认定为夫妻共同财产。

相对特殊的是为子女购买的保险。婚姻关系存续期间，夫妻一方或者双方为未成年子女购买的人身保险获得的保险金，如果未成年子女在父母离婚之时健在，应当视为不再属于夫妻共同财产，而是专属于未成年子女所有。当夫妻离婚时，如果为未成年子女购买的人身保险合同尚处于保险有效期的，因保险的最终利益归属于未成年子女，该保险应当视为对未成年子女的赠与，不再作为夫妻共同财产分割。这是因为我们需要考虑购买保险是父母履行抚养义务的形式之一，即使以夫妻共同财产支付保费，也不应该再予以分割。

（七）其他特殊财产的分割

除了房产、投资、商业保险等较为普遍的具体财产的分割规则，离婚时往往还有一些特殊的夫妻共同财产需要考虑。

基本养老金的分割。基本养老金本质上属于劳动报酬的一部分，因此应当认定为夫妻共同所有。然而，基本养老金虽具有资产的属性，但并不如现金或者存款那样随时方便分割。据此，《民法典婚姻编解释（一）》第25条[1]对

---

[1]《民法典婚姻编解释（一）》第 25 条规定："婚姻关系存续期间，下列财产属于民法典第一千零六十二条规定的'其他应当归共同所有的财产'：（一）一方以个人财产投资取得的收益；（二）男女双方实际取得或者应当取得的住房补贴、住房公积金；（三）男女双方实际取得或者应当取得的基本养老金、破产安置补偿费。"

此作了规定：婚姻关系存续期间实际取得或应当取得的基本养老金属于夫妻共同财产。然而，当夫妻一方尚未退休、不符合领取基本养老金条件时，另一方是无法通过主张无法获得之养老金为夫妻共同财产而请求分割的，这自然是因为该部分养老金还不符合“实际取得或应当取得”的条件。然而夫妻关系存续期间，确实存在使用夫妻共同财产缴纳一方基本养老保险费的现实情况，离婚时又因达不到领取条件而不允许分割养老金，似有对其配偶不公平之嫌。因此《民法典婚姻编解释（一）》第80条规定，此情况下，离婚时一方配偶主张将养老金账户中婚姻关系存续期间个人实际缴纳部分及利息作为夫妻共同财产要求分割的，人民法院应予以支持。

待继承遗产。夫妻关系存续期间，一方享有作为继承人而可以依法继承的遗产时，应当将遗产作为夫妻共同财产参与分割。然而，一方虽作为继承人享有继承权，但遗产未进行实际分割的，归所有继承人共同所有，不直接归属各继承人，自然也不得将该部分遗产直接视为夫妻共同财产。只有继承人之间就遗产进行分割完毕后，遗产才由各继承人单独所有，才能作为夫妻共同财产参与分割。因此《民法典婚姻编解释（一）》第81条也规定，起诉离婚时若其配偶请求分割该部分未分割遗产，人民法院应当告知其在继承人之间实际分割遗产后再另行起诉。

类似的还有尚未取得房产证的房产。离婚时双方对尚未取得所有权或者尚未取得完全所有权的房屋有争议且协商不成的，人民法院不宜判决房屋所有权的归属，应当根据实际情况判决由当事人使用。事后当事人就该房屋取得完全所有权后，有争议的，可以另行向人民法院提起诉讼。

二、离婚时债务清偿

《民法典》及其司法解释，对于哪些债务属于夫妻共同债务，哪些债务属于一方个人债务，有着较为明确的判断标准。但是离婚之后，男女双方各自的责任财产会做进一步的分割并发生改变，因此有必要对这个问题进行说明。

（一）债务分担协议的效力

夫妻双方在离婚之时，可以在离婚协议中对相关债务作出内部分担的约定。《民法典》第1089条对此作了原则性但不够清晰的规定：“离婚时，夫妻共同债务应当共同偿还。共同财产不足清偿或者财产归各自所有的，由双方协议清偿；协议不成的，由人民法院判决。”本条第一句话中“应当共同偿还”是倡导性的，如果协议约定由一方单独偿还且其具有偿还能力，这样的协议约定是有效力的。关于本条，特别需要注意的是，无论是离婚协议中的约定，还是法院的判决，只发生对内的效力，即只能约束离婚后的男女双方，对债权人并不发生效力。对此，《民法典婚姻编解释（一）》第35条作了非常清晰的规定："当事人的离婚协议或者人民法院生效判决、裁定、调解书已经对夫妻财产分割问题作出处理的，债权人仍有权就夫妻共同债务向男女双方主张权利。一方就夫妻共同债务承担清偿责任后，主张由另一方按照离婚协议或者人民法院的法律文书承担相应债务的，人民法院应予支持。"

内外有别的规则，既符合债的相对性规则，也保障了债权人的利益。

（二）"假离婚"与个人债务

夫妻在离婚协议中关于共同债务的分担安排，司法解释已经明确了对债权人不发生拘束力。但是对于个人债务，可能存在另外一个问题：如果离婚协议中做了倾向性的分割且没有正当理由，那么将会导致债务人的责任财产减少，不利于债权人的债权实现。对于此类情形，《民法典》第539条的规定提供了救济。根据该条规定：债务人以明显不合理的低价转让财产、以明显不合理的高价受让他人财产或者为他人的债务提供担保，影响债权人的债权实现，债务人的相对人知道或者应当知道该情形的，债权人可以请求人民法院撤销债务人的行为。若一方在负债的前提下通过离婚协议将资产转给前配偶，离婚协议的相关条款可能会被撤销。如在"曾某生与袁某龙、谢某红债权人撤销权纠纷"一案［（2019）湘0525民初1741号］中，法院认为："恶意串通，损害他人合法权益的民事法律行为无效。袁某龙与谢某红离婚时约定将夫妻共同财产即所购买的位于长沙市的房屋归谢某红所有，系无偿转让财产，仅在离婚协议的当事人双方之间发生效力，但不能对抗第三人；且离婚协议签订时袁某龙与曾某生之间的债权债务关系已经发生，该协议约定损害了袁某龙的债权人曾某生的合法权益，应属无效。"据此法院判决"撤销被告袁某龙、谢某红于2016年3月1日签订的《离婚协议书》中第3条'夫妻婚后共同购买的位于长沙市的房屋归女方所有'的约定"，所涉房产再次回到了债务人的责任财产范畴。

三、离婚救济

广义而言，离婚救济制度是对因离婚受到损害或生活出现困难的一方的救济。具体而言，离婚救济制度由家务劳动补偿、经济帮助和离婚损害赔偿三部分组成，离婚救济的对象分别为家务贡献者、经济困难者、权益受损者。之所以称之为离婚救济，盖因此项救济只能在离婚之时提出，不得单独诉请。下文将分别论述。

（一）家务劳动补偿

《民法典》第1088条规定："夫妻一方因抚育子女、照料老年人、协助另一方工作等负担较多义务的，离婚时有权向另一方请求补偿，另一方应当给予补偿。具体办法由双方协议；协议不成的，由人民法院判决。"这是关于家务劳动补偿的规定，即对家务劳动者在离婚之时的一种补偿。

家务劳动补偿，指的是离婚时夫妻一方就其配偶在婚姻关系存续期间抚育子女、照料老年人、协助自己工作等负担较多义务而给予其配偶的补偿。家务劳动补偿制度主要是为了保护在家庭中贡献很大却难以用金钱衡量贡献并且牺牲了职业发展的一方。抚育子女、照料老人、协助另一方工作都属于为了家庭负担义务的行为，这些行为不直接产生经济收益，但可能牺牲自己的职业发展，进一步影响了其在离婚后的收入与生活。法律为了肯定这部分人的付出，保障他们在离婚之后的生活，赋予了他们要求家务劳动补偿的权利。

原《婚姻法》第40条以夫妻财产归各自所有的分别财产制，作为赋予家务劳动补偿之适用前提，这导致了该条款之适用非常罕见。本次《民法典》删除了"分别财产制"的适用前提，促使法条扩大适用范围，激发法条的生命力，使得更多的人有机会得到保护。

在夫妻共同财产制下，离婚之时，所有的夫妻共同财产原则上都是平均分割的。从这个逻辑上，承担家务者也获得了"间接的补偿"：假设男方工作月入3万元，而女方主要照顾家庭的子女，一旦他们离婚，女方本质上也已获得了每月1.5万元的收入，如果无条件地适用家务劳动补偿规则，可能将造成另外一种不公平。因此，请求家务补偿应以通过分割夫妻共同财产不能得到适当补偿为前提。现实生活中的家庭关系千姿百态，对家务劳动的补偿需要在个案中进行利益衡量，以确保双方之间的利益平衡。

为防止法官在个案中恣意进行利益衡量，需要限定家务劳动补偿规则的适用情形，主要集中在以下几种情形：（1）婚姻关系结束，但因婚姻带来的家务劳动没有结束的；（2）婚姻关系结束，但因全部或过多地承担家务劳动所带来的负面影响没有结束的，如职业的中断；（3）有证据证明一方对家庭没有任何贡献，均分财产不公平的。

（二）经济帮助

经济帮助制度是离婚时夫妻之中有负担能力的一方为生活困难方提供适当帮助的制度。经济帮助的性质不同于婚姻中的扶养义务，不是夫妻扶养义务的延伸，需要经济帮助的原因也不是婚姻造成的，与困难者对婚姻家庭的贡献无关。法律之所以要求夫妻一方在离婚时给予经济困难的一方一定的帮助，既是因夫妻共同生活所产生的道义上的责任，也是因为对财产关系的处理应当本着人的生存利益优先于财产利益的规则。据此，经济帮助的功能定位应当仅限于帮助弱势群体解决生活困难，不应设计为“均平富”的制度。

经济帮助制度来源于《民法典》第1090条，该条规定：“离婚时，如果一方生活困难，有负担能力的另一方应当给予适当帮助。具体办法由双方协议；协议不成的，由人民法院判决。”相对于过去《婚姻法》的相关规定，《民法典》进一步明确了经济帮助应当兼顾“需要”和“可能”，即一方面，受帮助方确实存在经济困难；另一方面，其配偶一方应当具备帮助的能力，即有负担的能力。

主张经济帮助一方须于离婚时处于生活困难境地的标准，具体如何确定，立法者并未明确。《婚姻法司法解释（一）》第27条曾经有过规定，“一方生活困难”，是指依靠个人财产和离婚时分得的财产无法维持当地基本生活水平或者一方离婚后没有住处的情况。只是随着现在人民群众生活质量普遍日渐提高，仍将主张经济帮助的条件之一定为“无法维持当地基本生活水平”，是否会使得该制度没有用武之地，仍有疑问。有学者认为，若主张经济帮助之人的经济、生活状态需要满足绝对困难的标准，过于严苛，应当将生活困难的标准改为相对困难，扩大经济帮助的适用范围。[1]

被请求方需要具有负担能力。这里的“负担能力”究竟指何种程度，需要根据当事人的生活水平、当地基本生活水平综合判断，且标准不宜过高。原则上是在提供了帮助之后，其个人生活基本不受影响。

关于帮助的具体形式，现行立法未有明确的规定，应当理解为多样式、形态化，可以一次性给付或定期给付一定的钱款，也可以暂时为对方提供住所居住或设立居住权等。司法实践中，一般以金钱给付为主要方式。

经济帮助的期限，需要结合夫妻双方感情、双方共同生活时的生活状况、负担给付义务一方的经济能力、享有权利一方的谋生能力等因素综合考虑。

最后，立法者并未明确说“过错”的意义。结合本项制度的宗旨，我们认为请求经济帮助，并不一定以被请求方对婚姻有过错为前提；但是如果因请求方本身的过错导致婚姻的结束，那么就不能请求对方提供经济帮助。

---

〔1〕 薛宁兰、谢鸿飞主编：《民法典评注·婚姻家庭编》，中国法制出版社 2020 年版，第 445 页。

从性质上看，此制度属于酌情性质的离婚救济，这种救济不是替代国家与社会对困难人士的救助，而是应当定性为一种过渡性质的救助。当一个人处于无法获得基本生活保障之困境，原本能够提供保障的婚姻又面临终止之时，其有权获得国家与社会之救济。但是后者的申请可能需要时间，此时由前配偶予以临时、过渡性质的救助，是值得肯定的一项法律制度，但是不能过于苛刻地要求前配偶。

（三）离婚损害赔偿

1. 离婚损害赔偿概述

离婚损害赔偿是离婚救济中最为重要的一种救济制度，并且区别于前两种酌情救济制度，这是一种法定的救济制度。

简单而言，夫妻一方有过错行为且该过错行为最终导致诉讼离婚的，无过错方有权请求损害赔偿。这是对婚姻中无过错方的救济，也是对过错方的一种制裁。

关于离婚损害赔偿的性质，首先排除违约责任。本条的适用，并不以夫妻签署过任何协议为前提，并且与夫妻财产制度无关。无论夫妻之间是适用法定的婚后所得共有，还是约定的分别财产制，在符合构成要件的前提下，都应该适用。并且，即使夫妻之间签署过类似于“忠诚协议”的文件，也不能排除离婚损害赔偿的适用，换言之，约定排除适用的条款无效。

关于本项规定是否属于侵权责任也是值得探讨的。从构成要件看，更类似于一种侵权责任，但属于一种特殊的侵权责任。

2. 离婚损害赔偿的构成要件

离婚损害赔偿，从其请求权之构成角度，分析如下。

首先，请求的主体需为无过错方，如果一方本身也有过错，则丧失本项请求权。这是区别于普通侵权责任的一点：在普通侵权责任中，请求方的过错有可能构成过错相抵，但请求方不会因此丧失请求权。从比较法的立法例看，这样的立法例是较少的，更多国家与地区的立法并不要求只能由无过错方予以请求。

其次，需有损害之存在。损害结果的发生是赔偿的前提条件，明确损害结果对于赔偿数额的确定有决定性的意义，因此有必要明确损害的范围或者损害的计算标准。《民法典》第1091条对此问题并没有作出详细规定，《民法典婚姻编解释（一）》第86条规定：“民法典第一千零九十一条规定的‘损害赔偿’，包括物质损害赔偿和精神损害赔偿。涉及精神损害赔偿的，适用《最高人民法院关于确定民事侵权精神损害赔偿责任若干问题的解释》的有关规定。”这里需要明确的是，依据离婚自由原则，离婚本身不构成任何损害，不能将因为婚姻终止而承受的不利益，认定为本条所言的损害。本条的损害，应该对应具体的过错行为所造成的损害。例如，因家庭暴力造成的损害，其中物质损害主要包括由于身体、精神受到伤害而产生的医疗费、误工费等，精神损害则依据严重程度酌情确定。

再次，需要有因果关系，即过错行为与离婚之间具有直接的因果关系。如果虽有《民法典》第1091条所列情形之一，但无过错方宥恕对方的侵害行为，并没有及时提出离婚请求的，其后不得请求损害赔偿，这就否定了婚内赔偿的可能性。同样，并非由于这些情形而是由于其他原因（如长期分居）导致离婚的，受害方亦不得请求损害赔偿。

又次，行为人实施了重婚、与他人同居、家庭暴力或虐待遗弃家庭成员等法定过错行为。与原《婚姻法》第46条相比，《民法典》第1091条在以上几种行为的基础上增加了“有其他重大过错”的兜底规定。这相比过去立法的封闭规定，是一项显著的立法进步。

新增的兜底规定主要有以下两方面作用：一方面，这增加了该条的适用范围，可改变明明配偶出现其他恶劣行为致使离婚的被迫发生，自己却无从主张损害赔偿请求权的尴尬境地。另一方面，这里的“其他重大”对恶劣行为予以了限定，即要求行为的恶劣程度与前述重婚等行为相看齐，这一点也是法官行使自由裁量权的标准和限制。在过去的司法审判实践中，确实出现过一些恶劣的行为，但是苦于没有兜底性规定而无法直接主张。典型的如欺诈性抚养，即婚姻关系存续期间乃至离婚以后，妻子一方明知其所生之子女为非婚生子女，却未告知丈夫，而使丈夫误认为己出而被动承担了该非婚生子女的抚养与教育义务。其他类型还包括一方与多人发生性关系患上性病，并将其传染给配偶，或是强奸继子女等。从以上行为可以总结出“重大过错行为”的几个要点：严重违背家庭伦理，严重伤害家庭成员的身心健康，或者严重影响家庭正常生活；实施该行为时具有主观故意或重大过失。而普通的过错行为，如一夜情、赌博等，恶劣程度远不及重婚、与他人同居的，不应当引发此处的离婚损害赔偿请求权。

最后，此项诉讼必须在离婚之时才能提出，不得单独提出。夫妻之一方提起离婚诉讼且基于《民法典》第1091条同时提出损害赔偿请求的，法院若判决不准离婚，则对于离婚损害赔偿之请求，也不应予以支持。在婚姻关系存续期间，如夫妻一方不起诉离婚而单独依据《民法典》第1091条提起损害赔偿请求的，人民法院不予受理。当事人在婚姻登记机关办理离婚登记手续后，以《民法典》第1091条规定为由向人民法院提出损害赔偿请求的，人民法院应当受理。但当事人在协议离婚时已经明确表示放弃该项请求的，人民法院不予支持。

课后复习

1. 协议离婚的程序。
2. 离婚协议的内部效力与外部效力。
3. 离婚损害赔偿制度。

继承编

第十一章　概述

提 要

继承法是《民法典》的重要组成部分，当代继承制度已经从传统的身份继承为主发展为基于身份关系的财产继承，继承法的财产性已经得到了普通重视。继承法一方面肯定了意思自治与遗嘱自由，在另一方面则是《民法典》中强制性规定与限制最多的私法领域。继承法解决的问题，主要是被继承人去世之后财产的归属及其他相对法律关系的终止与清算。

继承开始于被继承人的死亡，而死亡又区分为自然死亡与宣告死亡。在同一事故中互有继承关系的多人死亡且无法从事实上判断死亡先后顺序的，则需要从继承的角度推定死亡的先后顺序，以尽量避免陷入无人继承或者多次转继承的复杂局面。

继承人也有接受与放弃的自由，这是其人格独立的体现；而继承权的丧失，则是继承法强制性特征的体现。

重点问题

1. 身份继承与财产继承。
2. 死亡时间的推定。
3. 放弃继承。
4. 继承权。
5. 继承权的丧失。

第一节　继承制度及立法的历史沿革

近现代的继承法，虽然依旧保留了身份法的诸多内容，但财产法的特征已经成为其主要的特征。但是从历史上来看，则是经历了从广义继承制度发展到狭义继承制度的漫长历史。广义的继承，在内容上是集身份继承与财产继承为一体的，适应古代宗法制度和等级制度的要求，这是封建时代继承制度的最大特色。除了财产继承以外，还有祭祀权的继承，王位、爵位的继承，族长、家长地位的继承等。我国历史上的宗祧继承是明显的例证。而狭义的“继承法”在内容上仅以财产继承为限。这种意义上的继承法，是近现代社会公法与私法相分离之后、民法法典化之后确立形成的，是近、现代大陆法系国家立法的通例。

一、我国古代的继承制度

在我国古代，最初确立的是“父死子继、嫡庶有别”的宗法继承原则。当时实行嫡长继承制，以嫡长子为主要继承人。嫡长继承和兄弟相宗一起，构成宗法制度的两大支柱。无论是王位、爵位、封地还是其他财产，主要由死者的嫡长子承受，即只有正妻所生的长子才被认为具有承父之重的资格。其余的儿子仅享有处于次要地位的继承权。嫡长子被称为“世子”，在诸侯死后，只有世子有资格继承诸侯的身份。其他儿子称“别子”，只能继承分封的土地，不能继承家长身份。嫡长子为大宗，其他儿子为小宗。这种嫡长继承制是奴隶、封建制的宗法等级制度在继承问题上的必然要求，它又是同一夫一妻多妾制紧密联系在一起的。

中国古代的继承，是原则性地将女性排除在外的一种继承制度。女儿除在出嫁时得到一定妆奁外，原则上不得与其兄弟一起继承家业，只有在成为“绝户产”时，女子才能继承遗产。而立嗣制度在一定程度上，又进一步取代、排斥了女子的财产继承：立嗣继后，按亲等远近，从旁系血亲卑亲属中寻找继承人，直至远房和同姓为嗣，从而排斥女子的继承可能。

这是一种以身份为基础的继承，财产之继承不过是身份继承的附带性后果。

二、近代中国的继承制度

清末宣统三年（公元1911年）完成编纂的《大清民律草案》，其第五编即为继承编，共分为6章，包括通则、继承、遗嘱、特留财产、无人承认之继承、债权人或受遗赠人之权利，共计110条。从体例上看，《大清民律草案》是继受大陆法系民法典之体例，其内容已经相当现代化，远远比当时之社会生活更为先进。但考虑到该草案基本停留在纸面，对中国近现代继承制度的影响更多是学术性质，难言在社会生活方式方面有深厚的影响。

中华民国成立之后，北洋政府于1925—1926年制定了《民国民律草案》，其中的继承编，共分为7章225条，特设专章规定了宗祧继承制度，这部法律草案也未经正式通过。1930年12月，中华民国政府颁布了民法继承编，并于1931年5月施行。该继承编分为遗产继承人、遗产之继承、遗嘱3章，共计88条。该法的特点为：废除宗祧继承；遗产继承权不分男女；承认配偶有相互继承遗产的权利；原则上采用法定继承制，规定了特留份以限制遗嘱自由；规定限定继承，即继承人对偿还被继承人的债务负有限责任等。

三、新中国继承制度的发展

中华人民共和国成立之后，我国开始进行社会主义立法。1954年《宪法》第12条规定："国家依照法律保护公民的私有财产的继承权。"这一表述是现行宪法中"国家依照法律规定保护公民的私有财产权和继承权"之历史渊源。

改革开放后的1979年2月，最高人民法院在《关于贯彻执行民事政策法律的意见》的第三部分，分7段较为系统也相当简陋地对继承问题作出了规定。对继承的基本原则、法定继承、遗嘱自由及其限制、特定群体（烈属、五保户、寡妇）的继承及遗产债务问题，都有所覆盖。最高人民法院的该项规范性文件，体现了改革开放之初对财产所有权的肯定，也反映了当时的社会生活现实。

到了1984年，随着《最高人民法院关于贯彻执行民事政策法律若干问题的意见》的颁布，继承制度的相关规范出现在其第五部分（第34条至第52条）中。该意见对继承的基本原则、继承开始即死亡的认定、遗产与夫妻共同财产的析产、继承权的放弃、代位继承、遗嘱继承、遗产债务的清偿、转继承、继承权的剥夺等问题都作了明确规定。以上两个规范性文件，构成了在《继承法》颁布之前继承制度的基本内容，是调整继承关系的基本依据。

1985年4月10日，第六届全国人大第三次会议通过了《中华人民共和国继承法》（简称《继承法》）。《继承法》的颁布，是继1980年《中华人民共和国婚姻法》之后又一部民事单行法，并且早于《中华人民共和国民法通则》。这种单行立法的方式，一方面说明了在20世纪80年代婚姻、继承等老百姓最基本的生活急迫地需要法律的规范，另一方面则正式开启了婚姻家庭与继承制度游离于民法之外的发展路径。

1985年颁布的《继承法》共计5章37条，内容依然相对简陋。为了对未尽事宜的规范及正确贯彻执行《继承法》，最高人民法院于1985年9月11日发布了《最高人民法院关于贯彻执行〈中华人民共和国继承法〉若干问题的意见》，对审理继承案件中具体适用《继承法》的问题，提出了一些更为具体的意见。

2000年，司法部部长办公会议通过并颁布了《遗嘱公证细则》，对遗嘱相关的公证业务进行了指导性规范。

在《民法典》颁布之前，上述法律与规范性文件，构成了我国继承制度的基本法律框架。

第二节 继承的概念与特征

继承制度不仅仅是民法学者所关注的问题，同时也是社会学学者所关注的问题。限于本书的目的，我们从民法的角度来认识一下继承。

民法中的继承，从技术角度而言，本质上是一种财产的取得方式，以及法定继承人或者受遗赠人取得并保有被继承人遗留的财产的一种方式。在诸多的立法例中，继承与赠与是并列立法，作为非交易的无偿取得财产的方式。

需要特别说明的是，所谓财产的取得，并不限于绝对权意义上的取得，而是更为广义的“取得”，具体而言，至少包括以下三个类型的取得。

第一，绝对权的取得。例如，儿子通过法定继承取得了原属于父亲的不动产的所有权；外甥通过受遗赠取得了一辆汽车。在早期社会经济不发达的时代，绝对权的取得，是继承的最主要的类型。

第二，债务的豁免。这本质上也是一种变相的财产的取得，如张三在遗嘱中明确豁免了朋友李四欠他的3万元的借款。对于李四来说就是一种特殊的受遗赠。这种通过遗嘱进行的豁免，早在罗马法时代就为法学家们所记录。

第三，债务的清偿。债务的清偿，即继承人代为清偿被继承人生前的债务。从继承人角度看是一种不利益，但是从这种不利益受限定继承的保护，并不是一种不利益。从债权人的角度看，则是在债务人死亡之后其债权的现实路径。

此外，继承制度中也不乏继承人去世之后依旧“履行抚养义务”的实质性内容。无论是我国立法上的必留份，还是比较法上的特留份，本质上都是对家庭成员抚养赡养义务之继续，从这个意义上讲，继承也是被抚养人或被赡养人取得被抚养赡养之财产的方式。

继承制度同时也是一种财产权利保护的体现。无论是意思自治为核心的遗嘱继承，还是推定意思自治（即推定被继承人希望将其财产在身后归属于关系最紧密的近亲属）的法定继承，本质上都是对个人所有权处分之法律保障。更进一步讲，随着遗产管理人制度的建构与完善，继承制度也越来越重视对遗产债权的保障，保障债权人之实体权利能通过诉讼等方式在继承开始之后依然能获得保护。

基于以上继承制度的本质，我们可以说，继承法有如下特征：

首先，继承法是与亲属身份关联最为密切的财产法。从财产法角度看，继承是财产取得的方式之一，财产法的规范内容是继承法的主要内容。但是继承法具有显著的身份法和财产法相结合的特征，因为由于特定的亲属身份是继承权的发生根据，部分遗产分割请求权之来源，也基于家庭中的共同生活关系，典型的例如，丧偶的儿媳或者女婿应履行道德而非法律上的赡养义务而获得第一顺位的继承人地位。

随着现代社会自然人社会经济生活的多样化与外在化，遗产也呈现出多元化的特点，不再限于单纯无物上负担的物权，还延伸至债权、公司股权及物上负担（如向银行按揭贷款而进行了抵押的不动产）。在这样的形势下，继承已经超越了家庭成员，成为社会陌生人之间财产关系的清算与重新安排。财产法的色彩因此也进一步得到强化。

其次，继承法也具有强行法的特征。继承法中部分规范是指引性质，而更多的规范则带有强行性质。可以说，继承编是整个《民法典》中强制性规范比例最高的一编。典型的如关于遗嘱形式的规定，属于《民法典》中为数不多的要式法律行为，且不得通过当事人的意思自治创设新的遗嘱形式。关于法定继承人的范围和顺序的规定，虽然可以通过遗嘱所变更，但也是国家意识的一种体现：法定继承人的范围与顺位，对经济、政治、道德等都有重大影响，关系到普通民众的切身利益。

最后，继承法具有程序法的性质。从被继承人的角度看，继承也是对其生前的各项法律关系的清算，类似于法人终止之时的清算。因此需要秉承特定的程序，如制作遗产清单等，保障债权人的利益，保障必留份人的优先所得，避免进入先占先得的无序状态。

第三节 继承的开始

自然人之死亡是继承的开始。因此属于首先需要讨论的问题。确定继承开始时间的意义在于，一旦继承开始，继承人的继承权即由期待权转化为既得权，遗产范围、继承人范围以及遗产转移方式等继承具体事项均得以确定。

自然人之死亡又进一步区分为生理死亡与宣告死亡。生理死亡又称自然死亡，是自然人生命现象的终结。生理死亡首先是一个医学问题，现行立法并未明确死亡的具体标准采用“停止呼吸说”还是“脑死亡说”。在医学尚不发达时期，没有医疗设备的介入，停止呼吸与脑死亡几乎是同一时间发生的。但是随着科技的发展，脑死亡之后依然可以依靠呼吸机生存若干时间，因此若在医院死亡，判断的标准在于医生所出具的死亡证明。根据《民法典》第15条的规定，自然人的死亡时间，以死亡证明记载的时间为准；没有死亡证明的，以户籍登记或者其他有效身份登记记载的时间为准。有其他证据足以推翻以上记载时间的，以该证据证明的时间为准。事实上，只有在医院去世才能出具死亡证明，在医院之外，并没有权威机构出具相关证明，因此只能推定以特定文件的记载为准。

宣告死亡又称拟制死亡，是指自然人失踪达到法定期间，经利害关系人申请，由法院依法定程序宣告其死亡，从而在法律上结束其生前的人身关系与财产关系的制度。[1] 宣告死亡通常要具备以下条件：（1）自然人下落不明满法定期间；（2）须经利害关系人申请；（3）须由人民法院依法定程序判决宣告。宣告死亡由于无法确定自然人是否真实死亡，更不能确定死亡的时间，只是出于其配偶的再婚利益、继承人的继承利益等因素的考量而推定该自然人在法律上死亡，因此死亡的时点不是自然的，为了便于后续继承中遗产和继承人范围的确定，也须由法律事前进行规定。依据《民法典》第48条的规定，宣告死亡的时间确定又进一步区分为两类：“被宣告死亡的人，人民法院宣告死亡的判决作出之日视为其死亡的日期；因意外事件下落不明宣告死亡的，意外事件发生之日视为其死亡的日期。”意外事件的发生使得其死亡有迹可循，在意外事

---

〔1〕 江平主编：《民法学》，中国政法大学出版社 2019 年版，第 63 页。

件发生时生还可能性过小，以此为时间节点更符合一般人的认识。

相对复杂的是，相互有继承关系的人于同一事件中死亡，如果能够判断死亡时间，自然可以依照死亡时间确定继承人，即使继承人之后死亡也不影响其先继承被继承人的遗产并纳入自己的遗产范围供自己的继承人继承。但如果无法依据死亡证明等判断死亡的先后时间的，为解决相互之间的继承关系，法律上不得不作出推定。按照《民法典》第1121条第2款的规定：应推定没有其他继承人的人先死亡。都有其他继承人，辈分不同的，推定长辈先死亡；辈分相同的，推定同时死亡，相互不发生继承。这里“没有其他继承人”是指于死亡之人除与同一事件中死亡的其他人互为继承人外，无其他继承人的，推定其先死亡。这样的推定规则是为了尽量使得遗产能在其他亲属之间获得继承，避免最后能获得遗产的继承人因无其他继承人而不得不由国家取得其遗产。辈分不同推定长辈死亡，辈分相同推定同时死亡，本质目的都是尽量使财产在被继承人的家族中流传下去，而不是因无人继承而收归国有。且推定长辈先死亡有利于财产向下流动、福泽后辈；推定辈分相同同时死亡则可避免相互继承而致部分遗产形成继承死循环无法外流。我国台湾地区对这种不能确定死亡时间的继承问题，直接推定同时死亡且相互之间不得继承。我国台湾地区的这种规定，相比大陆而言更加简洁、易操作；而大陆的规定虽然稍显复杂，但可保证遗产在家族内延续的同时尽可能不破坏继承原有的顺序和走势，二者各有特色，只是不同的立法选择。

需要关注的是特别法的规定，考虑《民法典》第1121条与《保险法》第42条第2款“受益人与被保险人在同一事件中死亡，且不能确定死亡先后顺序的，推定受益人死亡在先”规则的关系。在涉及保险金的继承案件中，这两条在适用上可能存在重合。但根据最高院的相关司法观点，有关保险金继承中可能涉及的死亡时间推定以适用《保险法》第42条的规定为宜。根据特别法优于一般法的原则，保险金作为与被保险人相关的一种特殊性质的财产，其继承问题应优先适用《保险法》的规定。并且《保险法》第42条第1款已经明确保险金作为遗产继承的几种情形，第2款则单独就被保险人和受益人的死亡时间推定问题作出不同于继承编的特别规定。由此可知，《保险法》第42条第2款有关死亡时间的规定仅针对保险金作为遗产继承的情况。

第四节 继承权

继承权是继承法律关系中的重要概念，是构建继承制度的核心内容之一，同时也是民法中相对难以清晰说明的概念之一。

一、继承权的分类

在学理上，继承权可以分为客观和主观意义上的继承权两种。

客观意义上的继承权，从时间的维度看，发生于继承开始之前，是指继承人按照法律规定或遗嘱的指定，接受被继承人遗产的资格，属于权利能力范畴。只有当出现了继承开始的法律事实时，才有可能给继承人带来实际的财产利益。因此，它又被称为“继承期待权”。享有这种继承权的继承人称为推定继承人。主观意义上的继承权，是指继承开始后，在继承人没有丧失继承权并且被继承人留有遗产的情况下，继承人依照法定或遗嘱指定而实际取得遗产的权利。这种权利是现实的实体权利，又称“继承既得权”。享有这种继承权的继承人称为实质继承人。这种现实的权利既可以依法行使，也可以自由放弃。一经取得，就可以对遗产实际享有所有权。

二、继承权的性质

关于继承权的性质，究竟属于财产权，还是身份权性质？这是一个值得探讨的问题。一方面，继承权源于身份关系，非基于身份关系的，如丧偶的儿媳或者女婿对公婆或者岳父母因持续赡养而取得遗产，一般认为是一种酌情取得遗产的权利，并不是一种严格意义上的继承权。从这个角度看，继承权具有身份权的特征。但是从内容上看，继承权更接近财产权的性质，是衔接所有权的前提性权利。

《最高人民法院关于适用〈中华人民共和国民法典〉继承编的解释（一）》（以下简称《民法典继承编解释（一）》）第32条规定：“继承人因放弃继承权，致其不能履行法定义务的，放弃继承权的行为无效。”从这个角度看，继承权应该是属于财产权性质。如果是属于身份权性质，其是否放弃应该具有更高的自由，而不是受制于债权人。

在继承制度中，我们注意到，一方面继承权与所有权有着密切的联系，另一方面两者有着本质的区别。

首先，继承权是取得所有权的依据。这种依据，是指因继承而取得所有权，意味着阻却了不当得利请求权，继承人能确定性地获得物之所有权。

其次，放弃继承权与放弃所有权存在着一定的区别。《民法典继承编解释（一）》第35条规定："继承人放弃继承的意思表示，应当在继承开始后、遗产分割前作出。遗产分割后表示放弃的不再是继承权，而是所有权。"关于该条规定的认识，需要结合《民法典》第230条的规定即"因继承取得物权的，自继承开始时发生效力"来认识。《民法典》第230条的规定是一种法律上的拟制，是为了衔接被继承人与继承人对所有权的先后关系。但是法律允许在遗产分割之前，由继承人来自由决定是接受继承还是放弃继承。因此，司法解释的规定，明确了在继承开始之后与遗产分割之前存在着"继承权"而不是所有权。但是一旦决定接受继承或者放弃继承，则其效力通过法律的拟制而溯及至开始。因此，不能机械地依据《民法典》第230条的规定，认为继承直接发生所有权的变更，而否认继承权的短暂存在。

第五节　继承之接受和放弃

一、概述

继承制度之设计，是以被继承人为核心的财产流向安排：法定继承是立法者对被继承人意愿之推定，而遗嘱继承与遗赠则是被继承人意愿之直接表现。除了属于双方法律行为的遗赠抚养协议，继承人及受遗赠人在继承开始之前，是处于相对"被动"的地位。所以，选择接受或者放弃继受遗产，是继承人和受遗赠人的一种权利而非义务，法律无须且不应强迫人得利。

因此，是接受继承还是放弃继承，首先是一个当事人之意思自治的问题；其次是一个利弊衡量的问题。

从实体上看，接受继承可能并非完全获利。特别是在遗嘱继承或者受遗赠之时，遗嘱人可能在遗嘱中附上了义务，如果接受了该项继承，本质上是进入了一个准"双务合同"关系，类似于需要凭空接受一个没有完整缔约过程且无法"讨价还价"的邀约，因此必须赋予继承人放弃继承或接受继承的选择权，否则就有可能构成“强买强卖”。

从程序上看，接受继承意味着需要应对债权人可能提起的诉讼。《民法典》第1163条规定：“既有法定继承又有遗嘱继承、遗赠的，由法定继承人清偿被继承人依法应当缴纳的税款和债务；超过法定继承遗产实际价值部分，由遗嘱继承人和受遗赠人按比例以所得遗产清偿。”按照此项规定，即使最终所继承的遗产在扣减债务与税款之后尚有余额，但从程序上继承人仍不得不协助遗产管理人编制财产清单，应对可能的债务诉讼等。对于不想介入这些遗产管理清算程序或者诉讼程序者，可以通过放弃而免于成为诉讼之当事人。

现实中，也不乏继承人之间关系和睦，为照顾其他更需要遗产的继承人而自愿放弃的情况，如长辈的放弃是为了将资产传承给晚辈。也会有与被继承人关系恶劣从而不想与被继承人有任何关联而自愿放弃的情况。同时，自然也有不愿白白接受恩惠而自愿放弃受遗赠的情况。

二、接受继承与放弃继承之一般规则

虽然继承人、受遗赠人有接受继承与拒绝继承的选择，但是此项选择也非可以任意为之。

《民法典》第1124条规定：“继承开始后，继承人放弃继承的，应当在遗产处理前，以书面形式作出放弃继承的表示；没有表示的，视为接受继承。受遗赠人应当在知道受遗赠后六十日内，作出接受或者放弃受遗赠的表示；到期没有表示的，视为放弃受遗赠。”本条是关于接受继承与放弃继承的基本规定。

首先，立法就接受继承与放弃继承的推定，对继承人与受遗赠人作了不同的规定：法律推定继承人有继承之意思，但推定受遗赠人有放弃之意思。这样的不同规则，主要是因为两者与被继承人之亲属关系或者亲密疏远度不同。

其次，对接受继承及放弃继承的形式，要求以书面方式为准。虽然从措辞来看，只明确了继承人放弃继承需要以书面形式作出表示；而受遗赠人没有书面表示的要求。考虑到制度的一致性，应当解释为对受遗赠人适用同样的规则。盖因无论是接受继承还是放弃继承，对继承人而言均有重大的利害关系，因此要求以书面形式表示会显得更为严肃与郑重，并且容易举证。如果在诉讼中某继承人口头表示放弃继承的，根据《民法典继承编解释（一）》第34条[1]

〔1〕《民法典继承编解释（一）》第34条规定：“在诉讼中，继承人向人民法院以口头方式表示放弃继承的，要制作笔录，由放弃继承的人签名。”

的规定，须制作笔录并要求该继承人签名，以此代表书面形式。在公证处进行继承权公证之时，如果向公证员作出接受继承或者放弃继承的意思表示，并且记录在笔录中，也应当承认这种书面形式。在过去的司法实践中，承认以“占有遗产”这一事实行为作为接受遗赠的意思表示，这是值得肯定的。

再次，对于选择接受继承或放弃继承的时间进行了规定；继承人选择放弃继承权的期间较长，从继承开始后到遗产分割前均可以作出表示；而受遗赠人必须在知道受遗赠之日起60日内作出表示。这里继承人可以作选择的期间虽长于受遗赠人，但也不得超过遗产分割的时间。因为一旦遗产进行分割，遗产将变成继承人的所有物，继承人此时作出的放弃表示将视为对所有权的放弃而非对继承的放弃〔1〕，且分割完毕后即使放弃所有权，这部分财产如何处理也将成为问题。

最后，法律规定了作出接受继承或者放弃继承的意思表示的对象，根据《民法典继承编解释（一）》第33条〔2〕的规定，放弃继承的表示须面向遗产管理人或者其他继承人作出。这是一个立法之进步，弥补了过去《继承法》时代具体向谁作出意思表示不明确的问题。

关于放弃反悔的问题，《民法典继承编解释（一）》第36条对此有所规定，即“遗产处理前或者在诉讼进行中，继承人对放弃继承反悔的，由人民法院根据其提出的具体理由，决定是否承认。遗产处理后，继承人对放弃继承反悔的，不予承认”。遗憾的是，最高人民法院只规定了程序问题（即时间限制），并未规定什么样的具体理由可以被承认。最高人民法院用“反悔”这样的非法律术语，从历史上看可能是一种通俗易懂的表述，但依然不得不说这样的措辞相当不严谨。严格来说，放弃继承这一意思表示也应当受《民法典》中意思表示规则的规制，即只有发生受胁迫、受欺诈、重大误解等影响意思表示效力的事实时，才能撤销该放弃继承的意思表示。

三、放弃继承之特别规则

（一）继承开始前放弃的效力

部分立法例明确规定继承开始之前的放弃不发生法律效力，典型的如《法

〔1〕《民法典继承编解释（一）》第 35 条规定：“继承人放弃继承的意思表示，应当在继承开始后、遗产分割前作出。遗产分割后表示放弃的不再是继承权，而是所有权。”

〔2〕《民法典继承编解释（一）》第 33 条规定：“继承人放弃继承应当以书面形式向遗产管理人或者其他继承人表示。”

国民法典》第791条：“任何人，即使通过订立夫妻财产契约，亦不得放弃对仍然活着的人将来的遗产的继承，也不得让与可能对此种遗产继承享有的权利。”关于这个问题，我国现行立法并未明确规定予以禁止。从意思自治的角度来说，放弃继承本身属于私权利范畴，当事人有处分权。虽然继承法因其特殊性而有较多的强行性规范，但毕竟仍属于私法，在法律没有禁止继承权预先放弃的情况下，应有缓和解释之余地。正如学者陈苇教授所言，“要求继承人仅得于继承开始后放弃继承，立法侧重于保护继承人的利益，以使其根据继承开始后的遗产状况审慎地作出决定。而通过承认继承合同的效力，继而允许继承人可于继承开始前放弃继承，则侧重于尊重当事人的自由意志。此种抛弃并不违反法律之强制性规定，也不违反社会公共利益，因此应当充分尊重当事人对自己继承事务的安排”。[1]

对于这个问题，李军法官持区别对待单方意思表示与协议方式的观点，殊值赞同：

关于单方意思表示作出的预先放弃继承，虽然从形式上看，此种放弃是以单方意思表示作出，并不涉及与他人的权利义务关系，但往往仍然是当事人进行利益衡量的结果。因此，从维护其合法继承权的角度出发，如果其在继承开始前以单方意思表示作出放弃继承，又于继承开始前撤回，因为继承仍未开始，应允许其随时撤回，当事人之间因此出现其他利益纠纷的另行解决；但如果其作出预先放弃继承的意思表示，并在继承开始后才主张撤回、撤销或主张无效，应当认为其放弃继承的意思表示虽然在继承开始前作出，但一直延续到继承开始后，视为“继承开始后作出的意思表示”予以处理，不能任意反悔。

以协议方式作出的预先放弃继承，由于协议通常是与被继承人或者其他继承人（们）所达成，往往都牵涉相互间的利益交换和利益衡量，不能任意反悔。从诚实信用以及维护和谐家庭秩序、减少纠纷的角度而言，协议从订立时即应当生效。

从维护各方合法继承权的角度出发，在继承开始前，作出放弃继承意思表示的一方可以随时要求解除，但应承担相应的合同责任，对此，有约定的从约定，无约定的，倾向于认为其他方可以主张信赖利益的损失；在继承开始后，该方主张无效或者解除的，同样应认为其放弃的意思表示虽然在继承开始前作出，但一直延续到继承开始后，视为继承开始后作出的意思表示予以处理，不

〔1〕 陈苇：《当代中国民众继承习惯调查实证研究》，群众出版社2008年版，第479页。

能任意反悔。

（二）债权人对放弃继承行为的撤销权

放弃继承行为能否成为债权人撤销权之标的？在过去司法审判实践中此类问题多有发生，但无论是合同编还是继承编，对这一问题都未予以明确规定。法院判决支持债权人撤销放弃继承的诉讼请求的案例不少，也有部分法院否定了此类诉请。

从理论上看，放弃继承行为以人格独立为基础，旨在实现继承人的意志自由。现代继承法中的继承虽已由“身份继承”过渡至“财产继承”，但仍然关乎继承人人格的基本自由及尊严，故放弃继承行为具有财产行为与身份行为的双重属性而非纯粹的财产行为。此外，放弃继承行为只是阻止继承人将来责任财产的增加，即放弃增加责任财产的机会，与放弃继承人自身现有责任财产的行为还是有区别的。如果肯定放弃继承可以成为债权人撤销权行使的对象，则属于干涉继承人意志自由，导致变相地强迫继承，有悖现代继承法尊重继承人意志自由之立法理念。

（三）行为民事能力欠缺者的放弃代理

关于民事行为能力欠缺者的继承代理的规定。《民法典》第19条规定：“八周岁以上的未成年人为限制民事行为能力人，实施民事法律行为由其法定代理人代理或者经其法定代理人同意、追认；但是，可以独立实施纯获利益的民事法律行为或者与其年龄、智力相适应的民事法律行为。”第20条规定：“不满八周岁的未成年人为无民事行为能力人，由其法定代理人代理实施民事法律行为。”在几乎无条件适用限定继承的中国法下，法定代理人不得损害被代理人的继承利益，明显损害被代理人利益的，应当认定其代理行为无效。

无民事行为能力人的继承、受遗赠之接受，由其法定代理人代为行使。限制民事行为能力人的继承、受遗赠之接受，由其法定代理人代为行使，或征得法定代理人同意后亲自行使。法定代理人不得损害被代理人的继承利益，不得放弃或者部分放弃继承，但是继承财产中附有负担或者被继承人负有债务的除外。关于后者，如未履行出资义务的股权的继承，以及被继承人负有重大债务之时，应当赋予继承人的法定代理人酌情放弃的权利。

第六节　继承权的丧失

一、概述

继承权丧失，是指本可依法定继承或遗嘱获得遗产的继承人，由于某些缘由而失去继承资格从而无法获得遗产的情况，不仅针对法定继承，也包括遗嘱继承。各国立法都规定了特定情形下继承权的丧失。从制度价值角度来看，规定继承权之丧失的主要理由如下。

其一，维持社会伦理道德，维护公序良俗。如果发生继承人针对被继承人之恶意行为，典型的如道德上的逆选择——杀害被继承人以期尽快获得遗产，那么丧失继承权制度将较好地防范此类逆选择。类似的规定也出现在了《保险法》中：受益人因杀害被保险人而丧失保险受益权。这是维护社会伦理道德与公序良俗的基本要求。

其二，维护继承秩序。继承应当按照被继承人之遗嘱，或者法律之推定，进行遗产之分配。如果纵容继承人通过伤害其他继承人而多分得遗产，将破坏继承之有序进行。

其三，维护遗嘱人的意思自治。通过伪造、篡改、隐匿、销毁遗嘱，或者是干扰遗嘱人设立、变更遗嘱的行为也是法律应当严格规制的。设立遗嘱实为离世之人生前的一项重大意思自治行为。无论是否为了自己的利益，采取不当行为导致遗嘱人被动设立、变更遗嘱内容，均是对遗嘱人自由意志的亵渎。更何况大部分导致继承权丧失的不当行为就是为了自己早日或超额获得利益。

总之，继承权之丧失的规定，体现了继承并不是家事，继承需要国家公权力直接介入。

二、继承权丧失的事由

比较法上，多以列举之模式来规定继承权丧失之事由，我国从《继承法》到现行《民法典》，都采用了这种立法模式，并且《民法典》根据社会生活的形态，丰富了继承权丧失的相关事由。

《民法典》第1125条对继承权的丧失作了明确规定，即“继承人有下列行为之一的，丧失继承权：（一）故意杀害被继承人；（二）为争夺遗产而杀害其他继承人；（三）遗弃被继承人，或者虐待被继承人情节严重；（四）伪造、篡改、隐匿或者销毁遗嘱，情节严重；(五)以欺诈、胁迫手段迫使或者妨碍被继承人设立、变更或者撤回遗嘱，情节严重。继承人有前款第三项至第五项行为，确有悔改表现，被继承人表示宽恕或者事后在遗嘱中将其列为继承人的，该继承人不丧失继承权。受遗赠人有本条第一款规定行为的,丧失受遗赠权”。同时《民法典继承编解释（一）》第5条规定，遗产继承中，若继承人之间就是否丧失继承权产生争议提起诉讼的，法院也需要依据《民法典》的该条规定予以认定。[1]

这里的继承权丧失，是指失去继承资格，法律不再允许其继受被继承人的遗产。具体包括被继承人未立遗嘱，法定继承人法定继承的资格丧失；还包括遗嘱人设立遗嘱后，被列为遗嘱继承人所拥有的继承权的丧失。

导致继承权丧失的事由，又进一步可细分为绝对事项和相对事项。

（一）绝对丧失事项

绝对丧失继承权的事项有两个，一是故意杀害被继承人，二是为了争夺遗产故意杀害其他继承人，即《民法典》第1125条第1款第1、2项的规定。这两种行为不仅表示出对财产的觊觎，更是对他人生命权的漠视，行为性质非常恶劣。因此这二者为绝对丧失继承权的事项，即便被继承人表示宽恕也不能恢复其继承权。

1. 故意杀害被继承人

故意杀害被继承人的要件有三：一是有杀人的主观故意，即主观上希望自己的行为导致被继承人死亡，若是过失致被继承人死亡则不属于该情形，即故意伤害致人死亡不属于此情形。二是有杀人的行为，即确实为杀人实施了危及被继承人生命权的行为。但并不要求最终造成被继承人死亡的结果，即无论杀人行为是既遂还是未遂均应丧失继承权。[2] 至于处于犯罪预备状态未造成任何损害是否也属于此类情况法律并未规定。我国台湾地区针对绝对失权的情况以“受刑之宣告”为限制，处于犯罪预备状态既然有可能获得刑罚，自应包含其中。我们也认为进入犯罪预备状态已对被继承人生命构成威胁，自然也应丧失继承权。三是故意杀害的对象应为被继承人，既包括未立遗嘱的被继承人，也包括已立遗嘱的遗嘱人。

---

〔1〕《民法典继承编解释（一）》第5条规定：“在遗产继承中，继承人之间因是否丧失继承权发生纠纷，向人民法院提起诉讼的，由人民法院依据民法典第一千一百二十五条的规定，判决确认其是否丧失继承权。”

〔2〕《民法典继承编解释（一）》第7条规定：“继承人故意杀害被继承人的，不论是既遂还是未遂，均应当确认其丧失继承权。”

需要明确的是，立法未规定必须以继承遗产为目的，即动机上并不限于继承相关目的。有学者认为故意杀害被继承人之所以罪大恶极应丧失继承权，是因为他们企图继承之早日实现或图谋遗产之非分继承，因此故意杀害被继承人应以谋划遗产为前提。但多数学者还是认为谋划遗产并非必要条件。[1] 因为无论任何理由的杀害均会对被继承人造成生理或精神上的伤害，这种从自己错误行为中获益的做法应为法律所排斥。且根据文义解释和体系解释，同条同款第2项规定“为争夺遗产而杀害其他继承人”，即绝对失权的另一事项明确了要以“争夺遗产”为前提，而本项规定却未提及以谋划遗产为目的，应认为无须以此为必要前提。

另外，根据《民法典》第1125条第3款的规定，法定继承人以外的人，虽因遗嘱人的遗嘱获得受遗赠权，但若实施故意杀害遗嘱人的行为，也会丧失其受遗赠权。

2. 为争夺遗产而杀害其他继承人

此情形的成立要件有三：一是需要有故意杀害的主观因素，同上一情形相似，过失致人死亡的不属于此情形。二是故意杀害的目的为争夺遗产，即其他目的杀害继承人的不属于此种情形。因为构成此情形的后果是剥夺其继承权，杀害继承人的原因若与继承遗产无关，不应该用丧失继承权惩罚他。三是故意杀害的对象为其他继承人。这里的“其他继承人”应该做广义解释，不论是否立有遗嘱，均泛指全体继承人。同时，并不一定以知晓是否订立遗嘱或知晓遗嘱之内容为前提。换句话说，如果继承人之一错误认为父亲意图将所有遗产以遗嘱方式交给其弟，并因此杀害其弟。这种出于错误认识而为杀害行为的，并不影响丧失继承权规则之适用。

此情形与前一情形相比，可能最重要的一个区别是动机，即此情形是以争夺遗产为目的而为的杀害。关于这个动机的查明，具体是通过刑事程序查明，还是在民事诉讼中查明，并无规定。可以参考的是我国台湾地区的规定，其关于绝对失权事项规定了“故意致被继承人或应继承人于死或虽未致死因而受刑之宣告者”。[2] 这里提到的“受刑之宣告”可以排除一些因正当防卫、紧急避险、无犯罪行为能力等因素而故意杀害被继承人或其他继承人的情况。既然构成了刑事案件，于刑事诉讼中查明，并在民事诉讼中予以援引，可能是一个更

---

〔1〕 林秀雄：《继承法讲义》（第八版），中国台湾地区元照出版有限公司 2019 年版，第 38 页。

〔2〕 参见中国台湾地区“民法”第 1145 条第 1 项 A。

为谨慎恰当的做法。当然，也存在着极端情况，即继承人之一杀害了其他继承人后自杀，刑事程序因无当事人而不再提起，此时只能依靠民事诉讼来确定其动机。

（二）相对丧失事项

《民法典》第1125条第1款的第3、4、5项规定了相对丧失继承权的事项。相比上文绝对失权的事项，造成相对失权的行为没有恶劣到不可挽回的地步，若被继承人表示谅解、宽恕，仍有恢复继承权的机会。

1. 遗弃被继承人，或者虐待被继承人，情节严重

遗弃或虐待被继承人，情节严重的可构成刑事犯罪。遗弃被继承人是指对被继承人负有扶养义务而拒绝扶养的行为，包括将其逐出家门等作为行为，以及不提供经济、生活上的帮助而放任其自生自灭等不作为行为。虐待被继承人可以参考《民法典婚姻编解释（一）》第1条规定，持续性、经常性的家庭暴力可以认定为虐待，即对被继承人持续性、经常性地以殴打、捆绑、残害、限制人身自由以及经常性谩骂、恐吓等方式实施的身体、精神等侵害行为。

不论是遗弃还是虐待，均需要达到情节严重的程度。虐待行为是否达到情节严重，依《民法典继承编解释（一）》第6条的规定，可以从实施虐待行为的时间、手段、后果和社会影响等方面综合予以认定，且不论是否追究刑事责任均可确认其丧失继承权。[1] 那么遗弃行为是否达到情节严重也可参考该解释，考虑行为的时间、手段、后果和社会影响等方面因素综合认定。

2. 伪造、篡改、隐匿或者销毁遗嘱，情节严重

此情形丧失继承权需要满足三个要件：一是存在合法有效的遗嘱。《民法典》第1143条规定了遗嘱无效的几种情形：无民事行为能力人和限制民事行为能力人订立的遗嘱无效；非遗嘱人真实意思而受欺诈、胁迫订立的遗嘱无效；伪造的遗嘱无效；篡改遗嘱的，篡改部分无效。若遗嘱或遗嘱因为出现以上行为而当然无效时，在此基础上的篡改、隐匿、销毁行为无不正当实现继承目的之可能，不应导致继承权丧失。二是需要有伪造、篡改、隐匿或销毁遗嘱的行为，其中隐匿遗嘱的行为是本次民法典新增的内容。三是达到情节严重的程度。

---

〔1〕《民法典继承编解释（一）》第6条规定："继承人是否符合民法典第一千一百二十五条第一款第三项规定的'虐待被继承人情节严重'，可以从实施虐待行为的时间、手段、后果和社会影响等方面认定。虐待被继承人情节严重的，不论是否追究刑事责任，均可确认其丧失继承权。"

以“情节严重”作为构成要件之一，事实上并不妥当。依照《民法典继承编解释（一）》第9条的规定，“侵害了缺乏劳动能力又无生活来源的继承人的利益，并造成其生活困难”属于情节严重。如果参考这一标准，本条之适用将成为极小概率。因为缺乏劳动能力又无生活来源的继承人本来在社会生活中就越来越少。在这样的规则下，大部分情况都无法到达情节严重之要件，从而可能会变相鼓励伪造、篡改、隐匿或者销毁遗嘱行为的发生。

3. 以欺诈、胁迫手段迫使或者妨碍被继承人设立、变更或者撤回遗嘱，情节严重

该情形是本次《民法典》新增的一条关于相对丧失继承权的事项，主要是列举了若干妨碍遗嘱自由的具体行为。

遗嘱自由是继承法的基本原则，任何妨碍遗嘱自由的行为都应该受到法律之规制。而从动机角度看，继承人是最有动机来妨碍遗嘱自由的，因此需要法律予以严厉的“制裁”。

关于“情节严重”的规定，与上款规定一致，不再赘述。

《民法典》第1125条的规定，延续了此前《继承法》之规定，对丧失继承权的事由作了列举但未兜底的规定，这是值得商榷的。从立法的事由来看，现实中严重侵犯其他继承人利益的实例并不限于立法之规定；从恶劣程度来看，也并不亚于所列举的情形。例如，过去司法审判实践中出现的伪造其他继承人放弃继承的公证文书，从效果上看，与伪造遗嘱并无不同；另外有些案例中，部分继承人利用信息不对称、不共享的现实情况，私自隐匿遗产以期独吞。这些行为无法产生刑法上的责任，如果继承相关规则也不予以制裁，只会助长恶劣风气，鼓励不当行为。

三、继承权丧失的法律效果

绝对失权的事由出现，行为人继承权的丧失是绝对的、永久的、不可恢复的。《民法典继承编解释（一）》第8条规定：“继承人有民法典第一千一百二十五条第一款第一项或者第二项所列之行为，而被继承人以遗嘱将遗产指定由该继承人继承的，可以确认遗嘱无效，并确认该继承人丧失继承权。”这说明即便被继承人事后表示原谅，或事后在遗嘱中（仍）将其列为遗嘱继承人，行为人也不可以凭借遗嘱完成遗产的继受，其已彻底失去继承资格。

相对失权的事由出现时，行为人继承权的丧失是相对的、有可能恢复的。《民法典》第1125条第2款规定：“继承人有前款第三项至第五项行为，确有悔

改表现，被继承人表示宽恕或者事后在遗嘱中将其列为继承人的，该继承人不丧失继承权。”

这里的“该继承人不丧失继承权”，实际应当理解为继承权的恢复。因为一旦出现上述相对失权事由，即导致继承人丧失继承权。继承权之恢复，需要满足两个构成要件：其一，实施不当行为的继承人需要“确有悔改表现”。这里的“确有悔改表现”可能表现为善待被继承人，主动交代篡改、隐匿遗嘱等行为，在诉讼中应由主张自己有悔改表现一方承担举证责任。其二，被继承人之直接或者间接宽恕行为。所谓直接，是指被继承人明确表示宽恕该继承人之不当行为；所谓间接，是指事后在遗嘱中将其列为继承人。允许宽恕，在一定程度上体现了继承法属于家庭法之一部分，处理家庭关系之时允许有一定的柔和性。

丧失继承权又无法恢复的，将失去继承被继承人遗产的资格。与此同时，该行为人的晚辈直系血亲也会失去代位继承的资格和权利。即当该行为人先于被继承人死亡且被继承人死亡时无有效遗嘱而须实行法定继承时，行为人之晚辈直系血亲也无法代位继承到该行为人本可获得的继承份额，因为行为人已丧失继承权，代位继承失去前提。部分国家的立法例明确规定了丧失继承权并不影响其直系卑亲属的代位权，但我国立法作了相反的规定，这是值得肯定的。这样的规定，是为了避免出现某个继承人发觉自己无法继承后以牺牲自己的方式最终让自己子女受益的情形。

考虑到继承之养老育幼功能，现行的司法解释也做了一个柔性的例外规定，即若行为人的晚辈直系血亲缺乏劳动能力又没有生活来源，或者对被继承人尽赡养义务较多的，可以根据《民法典继承编解释（一）》第17条的规定适当分给遗产，以免行为人之不当行为殃及后辈，造成其晚辈直系血亲生活困难。

课后复习

1. 简述继承权的特征。

2. 简述继承权放弃的程序。

3. 简述继承权丧失的法律后果。

第十二章　法定继承

提要

法定继承，是指依据法律规定确定的继承人范围、继承顺序、继承份额以及遗产分配原则，将被继承人遗产转移给继承人的继承方式。法定继承是与遗嘱继承相对的继承方式，主要适用于没有遗嘱或者遗嘱无效的情形。我国法定继承人包括配偶、子女、父母、兄弟姐妹、祖父母、外祖父母。丧偶儿媳对公婆，丧偶女婿对岳父母，尽了主要赡养义务的，也是公婆、岳父母的继承人。第一顺序的法定继承人包括配偶、子女、父母、对公婆或岳父母尽了主要赡养义务的丧偶儿媳或丧偶女婿，第二顺序的法定继承人包括兄弟姐妹、祖父母、外祖父母。在法定继承中，继承开始后，被继承人的遗产由第一顺序继承人继承；没有第一顺序继承人或者全部第一顺序继承人放弃继承的，由第二顺序继承人继承。同一顺序继承人继承遗产的份额，一般应当均等。

代位继承，是指在法定继承中，依据法律规定，在被继承人的血亲继承人先于被继承人死亡而不能继承时，由该继承人的直系晚辈亲属按照其继承地位和顺序，直接继承被继承人遗产的继承制度。在我国，代位继承人是被继承人的子女的直系晚辈血亲或被继承人的兄弟姐妹的子女。

转继承，是指继承人在继承开始后、遗产分割前死亡，继承人没有放弃继承的，其应继承的遗产份额转由其继承人来继承的制度。转继承实际上是连续发生的二次继承，即继承人因被继承人死亡先概括承受被继承人的遗产，然后继承人在遗产分割前死亡，由继承人的继承人作为转继承人承受继承人应当取得的遗产。

遗产酌给请求权，是指在法定继承中，除了法定继承人以外，与被继承人生前形成一定扶养关系的人，依法享有的可以酌情分得适当遗产的请求权。

重点问题

1. 法定继承适用的范围。
2. 法定继承人的范围与顺序。
3. 代位继承的条件。

4.转继承的条件。

第一节　法定继承概述

一、法定继承的概念和特征

法定继承，也称无遗嘱继承，是指依据法律规定确定的继承人范围、继承顺序、继承份额以及遗产分配原则来将被继承人遗产转移给继承人的继承方式。

与遗嘱继承相比，法定继承具有如下特征：

第一，法定继承规定具有强行性。法定继承的继承人范围、继承顺序、继承份额、遗产分配原则都由法律明确规定，不直接体现被继承人的意愿。关于继承人范围、继承顺序的规定属于强行性规定，无法由继承人通过协议来变更。虽然《民法典》第1130条第1款规定，同一顺序继承人继承遗产的份额一般应当均等，但是第5款允许继承人协商不以均等的方式分割遗产份额。

第二，法定继承以特定的亲属关系为前提。法定继承的适用，以继承人与被继承人之间存在特定的亲属关系为前提。法定继承人的范围通常限于被继承人的配偶、血亲。法定继承人的继承顺序也取决于继承人与被继承人之间亲属关系的远近。因此，法定继承实际上体现了家庭继承的理念，即将被继承人的遗产留给与被继承人具有亲属关系的自然人。

第三，法定继承具有补充性。法定继承和遗嘱继承是继承的两种方式。由于遗嘱继承直接体现了被继承人的意愿，基于私法自治原则，法定继承在适用上劣后于遗嘱继承，是对遗嘱继承的补充。继承开始后，被继承人留下有效遗嘱的，先适用遗嘱继承；被继承人没有留下有效遗嘱或者遗嘱没有处分的财产，适用法定继承。

二、法定继承的适用情形

结合《民法典》第1154条规定，法定继承主要适用于以下情形。

第一，被继承人没有订立遗嘱。

被继承人生前没有订立遗嘱，因此，在被继承人死亡时，不可能适用遗嘱继承，只能适用法定继承。

第二，遗嘱未处分的遗产。

被继承人虽然订立了遗嘱，但遗嘱仅处分了部分遗产，因此，遗嘱未处分的部分遗产适用法定继承。这意味着，遗嘱处分的部分遗产，适用遗嘱继承；遗嘱未处分的部分遗产，适用法定继承。

第三，遗嘱无效部分所涉及的遗产。

被继承人虽然订立了遗嘱，但遗嘱全部无效或部分无效。遗嘱全部无效的，全部遗产适用法定继承；遗嘱部分无效的，遗嘱无效部分所涉及的遗产适用法定继承。遗嘱无效的情形主要是被继承人订立遗嘱时为无民事行为能力人或者限制民事行为能力人。需要注意的是，被继承人生前与他人订立了遗赠扶养协议，遗嘱全部或部分内容与遗赠扶养协议的内容存在抵触的，遗嘱全部或者部分内容无效，无效部分涉及遗产的归属，根据遗赠扶养协议确定，不适用法定继承。此外，被继承人以遗嘱处分了国家、集体或者他人财产的，该部分遗嘱无效，但不适用法定继承。

第四，遗嘱继承人丧失继承权或者受遗赠人丧失受遗赠权。

依据《民法典》第1125条的规定，遗嘱继承人丧失继承权或者受遗赠人丧失受遗赠权，遗嘱指定由其继承或受遗赠的部分遗产适用法定继承。遗嘱继承人丧失继承权的情形，按照《民法典》第1125条第1、2款确定。因此，继承人故意杀害被继承人、为争夺遗产而杀害其他继承人的，终局地丧失继承权。被继承人以遗嘱将遗产指定由该继承人继承的，涉及该被继承人的遗嘱部分无效，从而，遗嘱为其保留的遗产适用法定继承。此外，在下列情形下，如果继承人确有悔改表现，被继承人表示宽恕或者事后在遗嘱中将其列为继承人的，继承人的继承权不丧失，从而遗嘱指定由其继承的部分不适用法定继承：（1）遗弃被继承人，或者虐待被继承人情节严重；（2）伪造、篡改、隐匿或者销毁遗嘱，情节严重；（3）以欺诈、胁迫手段迫使或者妨碍被继承人设立、变更或者撤回遗嘱，情节严重。

受遗赠人有上述行为的也丧失继承权。需要注意的是，受遗赠人一旦实施上述行为之一，其受遗赠权即终局地丧失，不可能因被继承人的宽恕而恢复，从而其本应受遗赠的部分遗产适用法定继承。

第五，遗嘱继承人、受遗赠人先于遗嘱人死亡或者终止。

遗嘱继承人、受遗赠人先于遗嘱人死亡或者终止，遗嘱指定由其继承或受遗赠的部分适用法定继承。在法定继承中，继承人先于被继承人死亡的，可能发生代位继承，由继承人的直系晚辈血亲继承继承人的应继份额。在遗嘱继承中，遗嘱继承人先于遗嘱人死亡的，遗嘱继承人丧失继承能力，遗产相关部分适用法定继承。也就是说，在遗嘱继承中，代位继承没有适用的余地。遗嘱继承人先于遗嘱人死亡的，即使遗嘱继承人是遗嘱人的子女或者兄弟姐妹，其直系晚辈血亲或者子女也不能代位继承。

受遗赠人先于遗嘱人死亡或者终止的，丧失民事主体资格，无法再作出接受遗赠的意思表示，遗产相关部分适用法定继承。受遗赠人终止，是指作为受遗赠人的集体、组织终止。

第六，遗嘱继承人放弃继承或者受遗赠人放弃受遗赠。

遗嘱继承人放弃继承或者受遗赠人放弃受遗赠，遗嘱指定由其继承或受遗赠的部分遗产适用法定继承。依据《民法典》第1124条的规定，继承开始后，继承人可以放弃继承。在遗产处理前，继承人以书面形式向遗产管理人或其他继承人作出了放弃继承的意思表示，就构成放弃继承，从而，本应由该继承人继承的部分遗产就适用法定继承，由被继承人的其他法定继承人继承。在继承开始后，受遗赠人在知道受遗赠的60日内，作出放弃受遗赠的表示的，构成放弃受遗赠。受遗赠人在知道受遗赠的60日内，没有作出表示的，视为放弃受遗赠。受遗赠人放弃遗赠部分的遗产，适用法定继承。

如果继承人放弃继承的意思表示、受遗赠人放弃受遗赠的意思表示系受胁迫、欺诈而作出，继承人、受遗赠人可以请求撤销放弃继承、放弃受遗赠的单方法律行为，从而放弃继承的部分遗产、放弃受遗赠的部分遗产不适用法定继承。

三、法定继承人的范围

法定继承人，是指由法律直接规定的可以依法继承被继承人遗产的人。我国《民法典》第1127条以婚姻关系和血亲关系为基础来确定法定继承人范围，同时考虑扶养关系，且法定继承人的范围限于近亲属。依据该规定，我国法定继承人包括配偶、子女、父母、兄弟姐妹、祖父母、外祖父母。也就是说，孙子女、外孙子女之外的近亲属，均为法定继承人。同时，为了鼓励赡养老人、醇化社会风俗，《民法典》第1129条还规定，丧偶儿媳对公婆，丧偶女婿对岳父母，尽了主要赡养义务的，也是公婆、岳父母的继承人。

在比较法上，法定继承人的范围一般更大。比如，根据《德国民法典》第1924—1931条的规定，德国法中的法定继承人至少包括五个顺序，同时，配偶无固定顺序。具体来说，第一顺序继承人为被继承人的晚辈直系血亲，第二顺序继承人为被继承人的父母和父母的晚辈直系血亲，第三顺序继承人为被继承人的祖父母、外祖父母及其晚辈直系血亲，第四顺序被继承人的曾祖父母及其晚辈直系血亲、外曾祖父母及其晚辈直系血亲。扩大法定继承人的范围，可以避免出现被继承人的遗产无人继承的情形，有助于将遗产尽可能地留给与被继承人有血缘关系的亲属。我国《民法典》规定的法定继承人范围比较狭窄，家庭人口数量逐渐减少。这意味着法定继承人的数量较少，从而在实践中可能出现遗产无人继承的现象。[1]因此，未来应当考虑扩大法定继承人的范围。

（一）配偶

男女结婚形成夫妻关系，夫妻互为配偶。依据《民法典》第1061条的规定，夫妻有相互继承遗产的权利。夫妻一方未立遗嘱而死亡的，另一方作为第一顺序法定继承人继承遗产。作为法定继承人的配偶，须于被继承人死亡时与被继承人存在合法有效的婚姻关系。

婚姻关系因离婚而终止后，男女双方也不再互为第一顺序继承人。与此相对，即使夫妻一方在离婚诉讼期间、人民法院判决离婚之前死亡，在夫妻一方死亡之前婚姻关系尚未终止，生存的另一方仍具有配偶身份，从而是去世一方的法定继承人。夫妻双方分居的，即使分居已满2年，但只要夫妻双方尚未离婚，夫妻双方仍然互为法定继承人。此外，如果夫妻一方在离婚冷静期内死亡，配偶仍然是其法定继承人。

婚姻被人民法院确认无效或者被撤销的，男女双方自始不具有夫妻的权利和义务，从而不能互为第一顺序继承人。由于请求人民法院确认婚姻无效不受时间限制，在夫妻一方去世后，利害关系人和另一方仍然可以请求人民法院确认婚姻无效，因此，一旦人民法院依申请确认婚姻无效，另一方溯及既往地丧失法定继承人身份。另一方只能依据《民法典》第1131条的规定请求分给适当遗产。此外，在可撤销婚姻中，享有撤销权的一方在行使撤销权之前死亡的，由于撤销权具有高度人身性无法继承，婚姻无法被撤销，因此，另一方仍具有法定继承人的身份。反之，对婚姻可撤销具有过错的一方死亡的，享有撤销权的一方行使撤销权，就会溯及既往地丧失法定继承人身份。

根据《民法典婚姻编解释（一）》第7条的规定，未办理登记而以夫妻名义共同生活的男女，在1994年2月1日民政部《婚姻登记管理条例》公布实施以后才符合结婚的实质要件的，如果不补办结婚登记，仅构成同居关系，从而男

---

〔1〕 陈甦、谢鸿飞主编：《民法典评注·继承编》，中国法制出版社 2020 年版，第 60 页。

女双方不享有夫妻间的权利、负担夫妻间的义务，不成立所谓的事实婚姻。因此，未办理登记而以夫妻名义共同生活的男女，在1994年2月1日以后符合结婚实质要件的，不论是否举办过结婚仪式，都没有相互继承遗产的权利，不属于《民法典》第1127条意义上的配偶。在1994年2月1日以后未办理登记而以夫妻名义共同生活的男女，也不成立事实婚姻，没有相互继承遗产的权利。当然，如果同居的男女双方符合结婚实质要件并补办登记，男女双方即属于《民法典》第1127条意义上的配偶，从而互为法定继承人。

（二）子女

依据《民法典》第1127条的规定，作为法定继承人的子女，包括婚生子女、非婚生子女、养子女和有扶养关系的继子女。

1. 婚生子女和非婚生子女

依据《民法典》第1070条的规定，婚生子女，不论男女，不论随父姓还是随母姓，不论已婚还是未婚，均有继承父母遗产的权利，都是父母的法定继承人。同时，依据《民法典》第1071条的规定，非婚生子女与婚生子女具有同等的法律地位。因此，非婚生子女对生父和生母也享有继承权，是生父和生母的法定继承人。

2. 养子女

养父母子女关系是基于收养法律行为形成的拟制血亲关系。养父母和养子女的关系适用《民法典》关于父母子女关系的规定。因此，养子女享有继承养父母遗产的权利。如果收养行为因未办理收养登记而不成立、收养行为无效、收养关系被解除，养子女就不再是养父母的法定继承人。在这些情形下，养子女是生父母的法定继承人，但养子女已成年且不同意恢复其与生父母以及其他近亲属间的权利义务关系的除外。

需要注意的是，养子女与生父母的父母子女关系因收养而消除，因此，养子女对生父母没有继承权，不再是生父母的法定继承人。依据《民法典继承编解释（一）》第10条的规定，虽然养子女不再是生父母的法定继承人，但是，养子女对养父母尽了赡养义务，同时又对生父母扶养较多的，除可以继承养父母的遗产外，还可以根据《民法典》第1131条的规定适当分得生父母的遗产。

3. 继子女

未受继父母教育扶养的继子女，仅与继子女形成姻亲关系，当然不属于继父母的法定继承人。只有与继父母形成扶养关系的继子女，才能作为继父母的法定继承人继承继父母的遗产。如何理解这里的扶养关系，学界和司法实践至少存在三种不同的立场。

第一种观点认为，这里的扶养关系不同于《民法典》婚姻家庭编中的抚养教育关系，[1]它不仅包括继子女受继父母抚养教育的情形，还包括未受继父母抚养的成年继子女赡养继父母的情形。[2]问题在于，未受继父母抚养的成年继子女赡养扶助继父母的，不属于《民法典》婚姻家庭编第1072条第2款规定的"继父或者继母和受其抚养教育的继子女"的情形，从而不能形成拟制父母子女关系。不仅如此，婚姻家庭法上的亲属关系适用类型强制原则，[3]不应超越现行法的规定，以成年继子女赡养扶助继父母为由在两者之间创设拟制父母子女关系。因此，未受继父母抚养的成年继子女赡养扶助继父母的，成年继子女与继父母之间仍然只是姻亲关系。进而，未受继父母抚养的成年继子女并非《民法典》第1127条意义上的子女，与婚生子女、非婚生子女、养子女不具有同等地位。成年继子女赡养、扶助继父母的，属于"继承人以外的对被继承人扶养较多的人"，可以依据《民法典》第1131条适当分得遗产。

第二种观点认为，这里的扶养关系是一种双向扶养关系，即继父母抚养了继子女且继子女赡养了继父母，如果只有继父母抚养继子女或成年继子女赡养继父母这样的单向扶养关系，被扶养的一方并不必然享有继承对方遗产的权利。[4]然而，依据《民法典》第1072条第2款的规定，继父或者继母和受其抚养教育的继子女间的权利义务关系，适用《民法典》关于父母子女关系的规定。据此，依据《民法典》第1070条的规定，继父或者继母和受其抚养教育的继子女有相互继承遗产的权利。也就是说，继子女对继父母的继承权，不以继子女对继父母尽到赡养义务为前提。实际上，受继父母抚养教育的继子女对继父母负有法定的赡养义务，其是否履行赡养义务仅影响其应继份额的多寡。

第三种观点则认为，这里的扶养关系应当按照《民法典》婚姻家庭编中

---

〔1〕 郭明瑞、房绍坤：《继承法》《第二版》，法律出版社2003年版，第103页；张平华、刘耀东：《继承法原理》，中国法制出版社2009年版，第169页；杨大文主编：《亲属法与继承法》，法律出版社2013年版，第341页。

〔2〕 黄薇主编：《中华人民共和国民法典继承编解读》，中国法制出版社2020年版，第50页；刘春茂主编：《中国民法学·财产继承》(修订版)，人民法院出版社2008年版，第163页。

〔3〕 Muscheler, Familienrecht, 4.Aufl., Vahlen, 2017, Rn.157.

〔4〕 参见四川省高级人民法院（2017）川民申3930号民事裁定书、云南省高级人民法院（2018）云民申1536号民事裁定书。

的继父母继子女关系来判断，是指继父母抚养教育继子女。[1]为了避免《民法典》婚姻家庭编和继承编的内部冲突，本书采第三种观点，即将有扶养关系的继子女界定为受继父母抚养教育的继子女。[2]只要继子女受继父母抚养教育，继子女和继父母之间就成立拟制父母子女关系，从而依据《民法典》婚姻家庭编第1070条的规定相互享有继承权。未受继父母抚养教育但赡养、扶助继父母的成年继子女，依据《民法典》第1131条的规定享有遗产酌给请求权。

需要注意的是，继子女的特殊之处在于，继子女虽然与对其抚养教育的继父母形成拟制父母子女关系，但同时与生父母之间的父母子女关系并不消除。因此，依据《民法典继承编解释（一）》第11条的规定，继子女不仅可以继承与其有扶养关系的继父母一方的遗产，还可以继承其生父母的遗产。学说上也将继子女的继承权称为“双重继承权”。

（三）父母

依据《民法典》第1127条第4款的规定，父母包括生父母、养父母和有扶养关系的继父母。

生父母对生子女享有继承权，不论生子女是婚生子女还是非婚生子女，只要生子女并未被他人收养即可。生子女被他人收养后但收养关系解除的，生父母是生子女的法定继承人，但生子女已成年且不同意恢复其与生父母以及其他近亲属间的权利义务关系的除外。

养父母对养子女享有继承权，但是，收养关系解除的，养父母子女关系终止，养父母不再是养子女的法定继承人。

继父母对已经形成抚养教育关系的继子女享有继承权，同时还对生子女和养子女享有继承权。因此，依据《民法典继承编解释（一）》第11条的规定，继父母继承了继子女遗产的，不影响其继承生子女的遗产。

（四）兄弟姐妹

依据《民法典》第1127条第5款的规定，作为法定继承人的兄弟姐妹，包括同父母的兄弟姐妹、同父异母或者同母异父的兄弟姐妹、养兄弟姐妹、有扶养关系的继兄弟姐妹。

需要注意的是，养子女与养父母之间基于收养行为形成拟制父母子女关

---

〔1〕 蒋月主编：《婚姻家庭与继承法》（第三版），厦门大学出版社 2014 年版，第 320 页；陈苇主编：《婚姻家庭继承法学》（第二版），中国政法大学出版社 2014 年版，第 305 页；许莉主编：《婚姻家庭继承法学》（第三版），北京大学出版社 2019 年版，第 193、241 页。

〔2〕 薛宁兰、谢鸿飞主编：《民法典评注·婚姻家庭编》，中国法制出版社 2020 年版，第 300 页。

系，从而，养子女和养父母的生子女、养子女和养父母的其他养子女均为养兄弟姐妹，互为法定继承人。依据《民法典继承编解释（一）》第12条的规定，养子女与其亲兄弟姐妹之间的权利义务关系因收养而被消除，因此，养子女与其亲兄弟姐妹不能互为法定继承人。

此外，按照《民法典继承编解释（一）》第13条的规定，继兄弟姐妹之间的继承权，因继兄弟姐妹之间的扶养关系而发生。这里的扶养关系既包括被继承人扶养继兄弟姐妹，也包括继兄弟姐妹扶养被继承人。继兄弟姐妹之间没有扶养关系的，不能互为法定继承人。继兄弟姐妹之间相互继承了遗产的，不影响其继承亲兄弟姐妹的遗产。

（五）祖父母、外祖父母

祖父母、外祖父母包括亲祖父母、亲外祖父母、养祖父母、养外祖父母、有扶养关系的继祖父母、有扶养关系的继外祖父母。[1] 祖父母、外祖父母对孙子女、外孙子女有继承权，但孙子女、外孙子女对祖父母、外祖父母无继承权，只能通过代位继承来继承祖父母、外祖父母的遗产。

（六）丧偶儿媳、丧偶女婿

丧偶儿媳对公婆，丧偶女婿对岳父母，尽了主要赡养义务的，不论是否再婚，均可作为法定继承人参与继承。严格来说，丧偶儿媳、丧偶女婿对公婆、岳父母本来没有法定的赡养义务，其对公婆、岳父母的赡养更多的是基于道德的给付。按照《民法典继承编解释（一）》第19条的规定，所谓尽了主要赡养义务，是指丧偶儿媳为公婆、丧偶女婿为岳父母在生活上提供了主要经济来源，或者在劳务等方面给予了主要扶助。提供了主要经济来源，一般是指丧偶儿媳、丧偶女婿承担了较大部分的赡养费，或者公婆、岳父母主要依靠丧偶儿媳、丧偶女婿生活。一般来说，赡养须具有持续性。如果丧偶儿媳、丧偶女婿曾经与公婆、岳父母共同居住并提供了主要经济来源，随后双方不再共同居住，丧偶儿媳、丧偶女婿也没有对公婆、岳父母尽到主要赡养义务的，丧偶儿媳、丧偶女婿就不再是第一顺序法定继承人。[2]

不过，即使丧偶儿媳对公婆，丧偶女婿对岳父母没有尽到主要赡养义务，也可能属于“继承人以外的对被继承人扶养较多的人”，从而依据《民法典》

---

〔1〕郭明瑞、房绍坤：《继承法》（第二版），法律出版社2003年版，第107页；杨大文主编：《亲属法与继承法》，法律出版社2013年版，第342页。

〔2〕北京市第二中级人民法院（2017）京02民终12409号民事判决书、广东省广州市中级人民法院（2016）粤01民终9479号民事判决书。

1131条的规定享有遗产酌给请求权。

此外，在法定继承中，按照《民法典继承编解释（一）》第18条的规定，女婿、儿媳丧偶的，在岳父母、公婆去世时，不仅尽了主要赡养义务的女婿、儿媳可以直接参与继承，女婿、儿媳的子女作为岳父母、公婆的外孙子女、孙子女还可以代替其已经去世的母亲、父亲代位继承岳父母、公婆的遗产。[1]

我国司法实践认为，女婿、儿媳没有丧偶的，即使对岳父母、公婆承担了主要的赡养义务，也不属于第一顺序法定继承人。这是因为，在婚姻关系存续期间，女婿、儿媳的赡养行为是夫妻双方共同的赡养行为，因此，在被继承人死亡时，应当由女儿、儿子作为第一顺序法定继承人参与继承。[2]

丧偶儿媳、丧偶女婿在依法继承公婆、岳父母的遗产后，仍有权继承其父母的遗产。

四、法定继承人的继承顺序

法定继承人的继承顺序，是指法律直接规定的法定继承人参加继承的先后次序，又被称为法定继承人的顺位。

我国法定继承人的继承顺序，按照血缘关系、婚姻关系、扶养关系来确定。其中，配偶是固定第一顺序的法定继承人，血亲则按照亲等的远近确定继承顺序。依据《民法典》继承编第1127条的规定，配偶、子女、父母为第一顺序法定继承人，兄弟姐妹、祖父母、外祖父母为第二顺序法定继承人。同时，依据《民法典》继承编第1129条的规定，丧偶儿媳对公婆，丧偶女婿对岳父母，尽了主要赡养义务的，作为第一顺序法定继承人。因此，第一顺序的法定继承人包括配偶、子女、父母、对公婆或岳父母尽了主要赡养义务的丧偶儿媳或丧偶女婿，第二顺序的法定继承人包括兄弟姐妹、祖父母、外祖父母。

在法定继承中，依据《民法典》继承编第1127条第2款的规定，继承开始后，由第一顺序法定继承人继承，第二顺序法定继承人不继承；没有第一顺序法定继承人继承的，由第二顺序法定继承人继承。这意味着，法定继承人的顺序具有排他性。只有在第一顺序的法定继承人全部死亡、全部丧失继承权或全部放弃继承时，第二顺序的继承人才能继承。此外，《民法典》第1127条确立的法定继承人的顺序具有强行性，法定继承人不得通过约定改变自己或他人的

---

〔1〕 张平华、刘耀东：《继承法原理》，中国法制出版社 2009 年版，第 181 页。

〔2〕 上海市第一中级人民法院（2018）沪 01 民终 754 号民事判决书。

顺序。法定继承人可以放弃继承，但是不能改变法定继承的顺序。

第二节 代位继承

一、代位继承的概念和特征

代位继承，是指在法定继承中，依据法律规定，在被继承人的血亲继承人先于被继承人死亡而不能继承时，由该继承人的直系晚辈亲属按照其继承地位和顺序，直接继承被继承人遗产的继承制度。其中，先于被继承人死亡的继承人是被代位继承人或被代位人，代替被代位人继承遗产的人是代位继承人或代位人，代位继承人代替被代位继承人继承遗产的权利，是代位继承权。代位继承只适用于法定继承，代位继承人一般只能继承被代位继承人有权继承的遗产份额。

《民法典》第1128条第1、2款规定："被继承人的子女先于被继承人死亡的，由被继承人的子女的直系晚辈血亲代位继承。被继承人的兄弟姐妹先于被继承人死亡的，由被继承人的兄弟姐妹的子女代位继承。"与《继承法》相比，《民法典》继承编承认被继承人兄弟姐妹的子女也可以代位继承，从而有利于避免出现遗产无人继承的情况。也就是说，即使被继承人的子女没有直系晚辈血亲或者丧失继承权，被继承人也没有其他第一顺序和第二顺序法定继承人，被继承人的遗产并不会作为无人继承的遗产直接归国家所有，而是由被继承人的兄弟姐妹的子女代位继承。因此，在我国，被代位继承人限于被继承人的子女和兄弟姐妹，代位继承人限于被继承人的子女的直系晚辈血亲、被继承人的兄弟姐妹的子女（被继承人的侄、甥）。被继承人的子女的配偶，被继承人的兄弟姐妹除子女外的其他直系晚辈血亲，如被继承人的兄弟姐妹的孙子女、外孙子女不属于代位继承人。

因此，在我国，代位继承是指在法定继承中，被继承人的子女或者兄弟姐妹先于被继承人死亡而不能继承时，由被继承人子女的直系晚辈血亲或者被继承人的兄弟姐妹的子女，按照被继承人子女或者被继承人的兄弟姐妹的继承地位和顺序，代替其继承其应继份的继承制度。

代位继承有如下特征：

第一，代位继承只适用于法定继承，不适用于遗嘱继承。遗嘱继承人先于遗嘱人死亡的，不发生代位继承，遗嘱中相关部分遗产按照法定遗嘱处理。

第二，代位继承是被继承人的子女或者被继承人的兄弟姐妹先于被继承人死亡时的继承制度。被继承人的子女倘若在被继承人死亡时生存，作为第一顺序法定继承人直接参与继承，不发生代位继承。被继承人没有第一顺序法定继承人，其兄弟姐妹在被继承人死亡时生存的，其兄弟姐妹作为第二顺序法定继承人直接参与继承，也不发生代位继承。根据《民法典》继承编第1128条的文义，被继承人与被继承人的子女或者被继承人的兄弟姐妹同时死亡的，不发生代位继承。

第三，代位继承人限于被继承人的子女的直系晚辈血亲或者被继承人的兄弟姐妹的子女。

第四，代位继承是代位继承人代位继承被代位继承人应继份额的制度。

在实践中，代位继承的典型情形是，父先于祖父去世且祖父去世未留下遗嘱，孙作为第一顺序法定继承人代位继承祖父的遗产。其中，父是被代位继承人，孙是代位继承人，祖父是被继承人。此外，被继承人死亡且未留下遗嘱的，如果被继承人的配偶、子女、父母均已死亡且其子女没有晚辈直系血亲，在被继承人的兄弟姐妹先死亡时，被继承人的兄弟姐妹的子女作为第二顺序法定继承人代位继承被继承人的遗产。

二、代位继承的性质

关于代位继承权的性质，学说上存在固有权说和代表权说两种不同的观点。[1]

按照固有权说，代位继承权是代位继承人自身固有的权利，与被代位继承人的继承权无关。只要被代位继承人不能继承，即使被代位继承人丧失继承权，代位继承人仍然可以代位继承被继承人的遗产。

按照代表权说，代位继承人继承被继承人的遗产，不是基于自身固有的权利，而是代表被代位继承人参与继承，即代替被代位继承人继承被继承人的遗产。代位继承人只有在被代位继承人享有继承权的前提下才能代位继承。因此，被代位继承人丧失继承权的，不发生代位继承。

依据《民法典》第1128条第3款的规定，代位继承人一般只能继承被代位继承人有权继承的遗产份额。此外，《民法典继承编解释（一）》第17条规定：

〔1〕 林秀雄：《继承法讲义》，中国台湾地区元照出版有限公司2019年版，第27—28页。

“继承人丧失继承权的，其晚辈直系血亲不得代位继承。如该代位继承人缺乏劳动能力又没有生活来源，或者对被继承人尽赡养义务较多的，可以适当分给遗产。”结合上述规定来看，我国采纳的是代表权说，因此，被代位继承人丧失继承权的，不发生代位继承。[1]

对此，学界多持批判意见，主张放弃代表权说，转采固有权说，以避免代位继承人对被代位继承人的不法行为代为受过。[2]实际上，代表权说存在诸多弊端：（1）为什么只有被代位人的晚辈直系亲属享有代位继承权，被代位人的配偶没有代位继承权，代表权说无法解释；（2）依据代表权说，父丧失对祖父的继承权的，孙不得代位继承，这无异于迫使孙代父受过，有违反责任自负原则之嫌，此时，如果父是祖父的唯一继承人，孙不得代位继承，那么，遗产就无人继承；（3）依据代表权说，父去世后，孙杀害祖父母的，如果父亲未丧失继承权，孙仍然可以代位继承祖父母的遗产；（4）依据代表权说，在祖父母去世前，孙为了争夺祖父母的财产而杀害父的，如果父未丧失继承权，孙仍然可以代位继承祖父母的遗产。[3]需要注意的是，虽然学说上多认为被代位继承人放弃继承的，根据代表权说，不发生代位继承。然而，放弃继承须在继承开始后为之，在继承开始前放弃继承的意思表示不会产生放弃继承的法律效果。因此，放弃继承的前提，是继承人在被继承人死亡时生存，从而继承人可以作出放弃继承的意思表示。代位继承则恰好发生于继承人先于被继承人死亡的情形，因此，放弃继承不存在代位继承的问题。

三、代位继承的条件

依据《民法典》第1128条的规定，代位继承的发生应当具备以下条件。

（一）被代位继承人先于被继承人死亡

在法定继承中，被代位继承人先于被继承人死亡，即在继承前开始死亡。被代位继承人须先于被继承人死亡，包括自然死亡和宣告死亡。如果被代位继承人在被继承人死亡之后死亡，由于被继承人死亡导致继承开始，被代位继承

〔1〕 黄薇主编：《中华人民共和国民法典继承编解读》，中国法制出版社 2020 年版，第 54—56 页。

〔2〕 郭明瑞、房绍坤：《继承法》（第二版），法律出版社 2003 年版，第 107 页；张平华、刘耀东：《继承法原理》，中国法制出版社 2009 年版，第 197 页；杨大文主编：《亲属法与继承法》，法律出版社 2013 年版，第 349 页；陈甦、谢鸿飞主编：《民法典评注 · 继承编》，中国法制出版社 2020 年版，第 68 页。

〔3〕 张平华、刘耀东：《继承法原理》，中国法制出版社 2009 年版，第 196—197 页。

人已经概括继承被继承人的遗产，不发生代位继承，只能发生转继承。

（二）被代位继承人是被继承人的子女或兄弟姐妹

被代位继承人必须是被继承人的子女或兄弟姐妹。被代位继承人是被继承人子女的，是被继承人的第一顺序法定继承人，包括婚生子女、非婚生子女、养子女和有扶养关系的继子女。被代位继承人是被继承人兄弟姐妹的，是被继承人的第二顺序法定继承人，包括同父母的兄弟姐妹、同父异母或者同母异父的兄弟姐妹、养兄弟姐妹、有扶养关系的继兄弟姐妹。

（三）被代位继承人未丧失继承权

我国《民法典》继承编就代位继承权的性质采代表权说，因此，被代位继承人丧失继承权的，不发生代位继承。被代位继承人丧失继承权的，如果代位继承人依靠被继承人扶养或者对被继承人扶养较多，代位继承人可能享有遗产酌给请求权。

（四）代位继承人是被继承人的子女的直系晚辈血亲或被继承人的兄弟姐妹的子女

代位继承人是被继承人的子女的直系晚辈血亲的，包括被继承人的孙子女、外孙子女、曾孙子女、外曾孙子女。依据《民法典继承编解释（一）》第14条的规定，被代位继承人的直系晚辈自然血亲进行代位继承，不受辈分、代数限制，但在代位继承时以辈分大者优先。

此外，按照《民法典继承编解释（一）》第15条的规定，被继承人的生子女的养子女、被继承人的养子女的生子女、被继承人的养子女的养子女、与被继承人已形成扶养关系的继子女的生子女、与被继承人已形成扶养关系的继子女的养子女也可以代位继承。最高人民法院似乎认为，与被继承人的生子女已形成扶养关系的继子女、[1]与被继承人的养子女已形成扶养关系的继子女、与被继承人已形成扶养关系的继子女的继子女，不属于代位继承人的范围。

被继承人的子女是第一顺序法定继承人，因此，被继承人的子女的直系晚辈血亲作为第一顺序法定继承人参与继承。承认被继承人的子女的直系晚辈血亲可以作为第一顺序法定继承人代位继承，能够确保被继承人的遗产在直系血亲范围内不断向下传递，从而，即使被继承人的子女先于被继承人死亡、即使

〔1〕参见陕西省西安市中级人民法院（2020）陕01民终407号民事判决书、北京市第二中级人民法院（2014）二中民终字第06570号民事判决书、天津市河东区人民法院（2020）津0102民初408号民事判决书、云南省昆明市盘龙区人民法院（2020）云0103民初6742号民事判决书。

被继承人没有其他第一顺序法定继承人，被继承人的遗产仍然优先在直系血亲范围内流动，而不是直接由第二顺序的旁系血亲继承。

被继承人的子女先于被继承人死亡的，丧偶儿媳、丧偶女婿对被继承人尽了主要赡养义务的，丧偶儿媳、丧偶女婿作为第一顺序继承人参与继承，不影响丧偶儿媳、丧偶女婿的子女作为代位继承人参与继承。这两类主体参与继承的依据不同。丧偶儿媳、丧偶女婿参与继承源于扶养关系，体现的是权利义务相一致原则；孙子女、外孙子女参与继承源于其直系晚辈血亲身份，是代位继承的体现。

代位继承人是被继承人的兄弟姐妹的子女的，包括被继承人的兄弟姐妹的婚生子女、非婚生子女、养子女和有扶养关系的继子女。被继承人的兄弟姐妹的代位继承人限于子女，主要是由于兄弟姐妹属于旁系血亲，如果将旁系血亲的代位继承人范围规定得过宽，会使与被继承人血缘关系和情感联系疏远的人取得遗产。〔1〕

被继承人的兄弟姐妹是第二顺序法定继承人，因此，被继承人的兄弟姐妹的子女只能作为第二顺序法定继承人参与继承。只有在继承开始时，没有第一顺序法定继承人继承且没有被继承人的子女的直系晚辈血亲代位继承时，被继承人的兄弟姐妹的子女才能代位继承。也就是说，被继承人的子女的直系晚辈血亲、被继承人的兄弟姐妹的子女不能同时代位继承。

四、代位继承的法律后果

在代位继承中，代位继承人只能按照被代位继承人的继承顺序，继承被代位继承人有权继承的遗产份额。也就是说，如果被代位继承人在继承开始时仍然生存，他能够取得的遗产份额，就是代位继承人能够取得的遗产份额。

原则上，代位继承人只能继承被代位继承人有权继承的遗产份额。即使代位继承人有多人，多个代位继承人也只能共同继承被代位继承人的应继份额。如果存在《民法典》继承编第1130条规定的多分、少分或者不分的情形，代位继承人取得的遗产份额可能会有所变化。因此，按照《民法典继承编解释（一）》第16条的规定，代位继承人生活有特殊困难又缺乏劳动能力的，分配遗产时，应当予以照顾。代位继承人对被继承人尽过主要赡养义务或者与被继承人共同生活的，分配遗产时，可以多分。

---

〔1〕 黄薇主编：《中华人民共和国民法典继承编解读》，中国法制出版社 2020 年版，第 57 页。

第三节 法定继承中的遗产分配

一、法定继承中遗产分配的原则

在法定继承中，继承开始后，被继承人的遗产由第一顺序继承人继承；没有第一顺序继承人或者全部第一顺序继承人放弃继承的，由第二顺序继承人继承。因此，如果第一顺序有多个继承人，多个继承人共同继承被继承人的遗产，多个继承人之间应当分配遗产；如果第一顺序中只有一个继承人，该继承人继承被继承人全部遗产，无须进行遗产分配。也就是说，只有同一顺序中存在多个继承人时，才有遗产分配的必要，从而须确定每个继承人能够取得的份额。因此，法定继承中的遗产分配，是指在法定继承中，同一顺序多个继承人共同继承被继承人的遗产时，确定各个继承人应当继承的遗产份额，即各个继承人的应继份。

确定各个继承人应当继承的遗产份额，首先应当确定被继承人的遗产范围。夫妻双方采法定夫妻财产制的，夫妻双方婚后所得为夫妻共同财产，因此，根据《民法典》继承编第1153条的规定，夫妻一方死亡时，确定夫妻一方的遗产，应当先将夫妻共同所有的财产的一半分出为配偶所有，其余的为夫妻一方的遗产。与此类似，家庭成员死亡的，如果遗产在家庭共有财产之中的，遗产分割时，应当先分出他人的财产。

在确定被继承人的遗产范围之后，应确定各个继承人应当继承的遗产份额。对此，《民法典》继承编第1130条第1款规定："同一顺序继承人继承遗产的份额，一般应当均等。"因此，在法定继承中，应当按照同一顺序中法定继承人的人数来平均分配遗产。但是，基于私法自治理念，依据《民法典》继承编第1130条第5款的规定，如果同一顺序中的全部法定继承人协商一致的，可以不平均分配遗产。全部法定继承人对遗产的共有为共同共有，因此，全部法定继承人协商一致不平均分配遗产的，遗产分割方案属于全体法定继承人合意达成的合同，从而，协议分割不等于决议分割，遗产分割方案必须取得全体法定继承人一致同意，不适用多数决原则。[1]

---

〔1〕 孙宪忠、朱广新主编：《民法典评注·物权编》(第二册)，中国法制出版社2020年版，第387页。

需要注意的是，《民法典》继承编第1130条第2、3、4款规定了平均分配原则的例外，即特殊情况下各个继承人分得的遗产份额可以不均等。

第一，对生活有特殊困难又缺乏劳动能力的继承人，分配遗产时，应当予以照顾。这一例外旨在保证生活有特殊困难又缺乏劳动能力的继承人的基本生活需要。生活有特殊困难，主要是指继承人没有独立、稳定的生活来源，或者经济收入不足以维持最基本的生活水平；缺乏劳动能力，主要是指继承人因年龄或者身体原因而部分或全部丧失劳动能力。[1]应予照顾的继承人必须是生活有特殊困难的继承人，而不是有一般困难，且必须缺乏劳动能力，而非劳动能力不强。因此，继承人虽然生活有特殊困难但有劳动能力，或者虽无劳动能力但生活并无特殊困难的，不属于《民法典》继承编第1130条第2款可以多分的情况。继承人是否生活有特殊困难、是否缺乏劳动能力，以遗产分割时为判断时点。[2]

第二，对被继承人尽了主要扶养义务或者与被继承人共同生活的继承人，分配遗产时，可以多分。按照司法解释的规定，对被继承人尽了主要扶养义务的继承人，是指对被继承人在生活上提供了主要经济来源，或者在劳务等方面给予了主要扶助的继承人。对这类继承人多分遗产，体现了权利义务相一致原则，从而就继承人提供的扶养给予一定补偿，并有激励继承人积极履行扶养义务的功能。与被继承人共同生活的继承人，如配偶、未成年子女，通常与被继承人在经济、生活、情感上具有更密切的联系，故可以多分。需要注意的是，对被继承人尽了主要扶养义务或者与被继承人共同生活的继承人，只是“可以”多分遗产，而非“应当”或者“必须”多分遗产。[3]如果同时存在对生活有特殊困难又缺乏劳动能力的继承人，且被继承人留下的遗产不多，应当优先照顾生活有特殊困难又缺乏劳动能力的继承人，对其多分。[4]

第三，有扶养能力和扶养条件的继承人虽然与被继承人共同生活，但对需要扶养的被继承人不尽扶养义务的，分配遗产时，应当不分或者少分。应当不分或者少分遗产的继承人，须同时具备两个条件。一方面，这类继承人有扶养能力和扶养条件；另一方面，这类继承人没有尽到扶养义务，即被继承人需要

---

〔1〕陈甦、谢鸿飞主编：《民法典评注·继承编》，中国法制出版社2020年版，第79页。

〔2〕房绍坤、范李瑛、张洪波编著：《婚姻家庭继承法》（第六版），中国人民大学出版社2020年版，第196页。

〔3〕杨大文主编：《亲属法与继承法》，法律出版社2013年版，第338页。

〔4〕陈甦、谢鸿飞主编：《民法典评注·继承编》，中国法制出版社2020年版，第79页。

扶养，如需要在经济上予以支持、劳务上予以扶助和生活上予以照顾，但这类继承人没有扶养。因此，继承人有扶养能力和扶养条件，愿意尽扶养义务，但被继承人因有固定收入和劳动能力，明确表示不要求其扶养的，继承人不构成不尽扶养义务，不应当对继承人少分或者不分。[1]在实践中，人民法院在分割遗产时，对有扶养能力但不尽扶养义务的继承人不分遗产，在结果上达到了与继承权丧失相同的法律效果。

第四，根据《民法典继承编解释（一）》第43条的规定，对故意隐匿、侵吞或者争抢遗产的继承人，人民法院可以酌情减少其应继承的遗产。

总之，各个继承人可以取得的遗产份额，按照上述原则处理。此外，遗产分割的时间、方式需要继承人协商。《民法典》继承编第1132条规定，继承人应当本着互谅互让、和睦团结的精神，协商处理继承问题。继承人无法达成一致的，可以向人民法院提起诉讼，请求分割遗产。

二、遗产酌给请求权

（一）遗产酌给请求权的概念和特征

遗产酌给请求权，也称酌情分得遗产权，是指在法定继承中，除了法定继承人以外，与被继承人生前形成一定扶养关系的人，依法享有的可以酌情分得适当遗产的请求权。《民法典》继承编第1131条规定："对继承人以外的依靠被继承人扶养的人，或者继承人以外的对被继承人扶养较多的人，可以分给适当的遗产。"这是关于对继承人以外的人酌情分得遗产的规定，从而，对继承人以外、与被继承人之间具有扶养关系的人，可以分给适当遗产。这就是我国的遗产酌给请求权制度。[2]

遗产酌给请求权有以下特点：

第一，遗产酌给请求权的权利人，是法定继承人之外的自然人，对被继承

---

〔1〕《民法典继承编解释（一）》第22、23条。

〔2〕我国学界多将这一权利称为遗产酌给请求权。参见郭明瑞、房绍坤：《继承法》（第二版），法律出版社2003年版，第123页；张平华、刘耀东：《继承法原理》，中国法制出版社2009年版，第211页；马忆南：《婚姻家庭继承法学》（第四版），北京大学出版社2019年版，第300页；陈甦、谢鸿飞主编：《民法典评注·继承编》，中国法制出版社2020年版，第81页。也有学者称为"酌分遗产权""酌给请求权"。参见陈苇主编：《婚姻家庭继承法学》（第二版），中国政法大学出版社2014年版，第310页；夏吟兰主编：《婚姻家庭继承法》，中国政法大学出版社2012年版，第255页。还有学者称为"酌情分得遗产权"。参见房绍坤、范李瑛、张洪波编著：《婚姻家庭继承法》（第六版），中国人民大学出版社2020年版，第198页。

人不享有继承权。当然，学界认为，享有遗产酌给请求权的权利人，其本质特征在于，继承开始后，他们不能参加继承、不享有应继份额。因此，如果被继承人存在第一顺序法定继承人，第二顺序的法定继承人就不能参与继承，从而可以成为遗产酌给请求权的权利人。[1]

第二，遗产酌给请求权仅适用于法定继承，不适用于遗嘱继承。如果被继承人希望将部分遗产留给继承人之外的人，被继承人可以通过遗嘱设立遗赠来实现这一目的。

第三，遗产酌给请求权的性质是债权而非继承权，权利人是与被继承人生前形成一定扶养关系的人，义务人是继承人。[2]在继承开始后，对继承人以外的依靠被继承人扶养的人，或者继承人以外的对被继承人扶养较多的人应当向继承人提出酌给遗产的请求。

第四，遗产酌给请求权的宗旨在于生活维持和权利义务相一致，克服法定继承的局限性。

赋予继承人以外、依靠被继承人扶养的人遗产酌给请求权，是生活维持理念的体现，确保被继承人生前扶养的人，在被继承人死亡后仍然能够获得扶养，避免其因被继承人死亡而生活水平大幅下降；[3]承认继承人以外对被继承人扶养较多的人享有遗产酌给请求权，旨在鼓励人与人之间的相互扶助行为，体现的是权利与义务相一致原则，即报偿理念。[4]进而，遗产酌给请求权规则与法定继承中的遗产分配规则形成互补关系。

法定继承人范围按照婚姻关系和血缘关系确定。与被继承人形成扶养关系的自然人并不一定是法定继承人，但是他们可能与被继承人在经济、生活和情感上形成了密切的联系。赋予这类主体遗产酌给请求权，能够确保他们在被继承人没有订立遗嘱时获得一定的遗产，从而克服法定继承的局限性。[5]

（二）遗产酌给请求权的主体

遗产酌给请求权的权利人是与被继承人之间存在扶养关系的人，包括继承人

---

〔1〕 陈甦、谢鸿飞主编：《民法典评注·继承编》，中国法制出版社 2020 年版，第 82 页；房绍坤、范李瑛、张洪波编著：《婚姻家庭继承法》（第六版），中国人民大学出版社 2020 年版，第 198 页。

〔2〕 郭明瑞、房绍坤：《继承法》（第二版），法律出版社 2003 年版，第 124 页；张平华、刘耀东：《继承法原理》，中国法制出版社 2009 年版，第 212 页。

〔3〕 黄薇主编：《中华人民共和国民法典继承编解读》，中国法制出版社 2020 年版，第 67 页。

〔4〕 张玉敏：《继承法律制度研究》，法律出版社 1999 年版，第 89 页。

〔5〕 郭明瑞、房绍坤：《继承法》（第二版），法律出版社 2003 年版，第 123 页。

以外依靠被继承人扶养的人、继承人以外对被继承人扶养较多的人。

依靠被继承人扶养的人，通常是被继承人不负扶养义务的人，但也有例外，如父母去世后依靠兄姐扶养的未成年弟妹、父亲去世且丧失继承权从而依靠祖父母扶养的未成年孙子女。如何判断“依靠”，需要从请求权人对被继承人在经济和生活上的依赖程度，以及这种依赖关系的持续时间来判断。[1]与原《继承法》不同，《民法典》继承编不再要求继承人以外依靠被继承人扶养的人必须缺乏劳动能力又没有生活来源。按照《民法典》继承编第1131条规定，受被继承人扶养、享有遗产酌给请求权的人，可以是有劳动能力或有生活来源的人。但是，享有遗产酌给请求权的主体，必须与被继承人形成扶养关系。这种扶养必须持续一段时间且不间断，具有长期性。

继承人以外对被继承人扶养较多的人，主要是指请求权人在经济上、生活上为被继承人提供了较多的支持，但无须达到“尽了主要扶养义务”的程度。因为赋予继承人以外对被继承人扶养较多的人以遗产酌给请求权，是报偿理念的体现，从而，只要是对被继承人扶养较多的人，均享有遗产酌给请求权。[2]

遗产酌给请求权的权利人可能与被继承人具有亲属关系，如是被继承人的侄子、外甥。如果被继承人有第一顺序法定继承人，被继承人的第二顺序法定继承人，如兄弟姐妹，也可以享有遗产酌给请求权。遗产酌给请求权的权利人也可能与被继承人不具有亲属关系，如同居生活者。[3]

除此以外，遗产酌给请求权成立的情形还可能包括：(1) 被他人收养但赡养、扶助生父母较多的子女，对生父母没有继承权，但享有遗产酌给请求权；(2) 被继承人的子女先于被继承人死亡且丧失继承权，被继承人的子女的直系晚辈血亲对被继承人赡养较多的，虽无代位继承权，但享有遗产酌给请求权；(3) 未受继父母抚养的成年继子女，对继父母赡养、扶助较多的，虽然对继父母一方没有继承权，但享有遗产酌给请求权。

（三）遗产酌给请求权行使的法律后果

权利人行使遗产酌给请求权能够分得的遗产份额，具有不确定性。一般来说，确定权利人应当取得的份额，需要考虑被继承人与权利人之间的身份关系、情谊深厚，权利人的性别、年龄、身体状况和生活状况，依靠被继承人扶养的程

〔1〕陈甦、谢鸿飞主编：《民法典评注·继承编》，中国法制出版社2020年版，第83页。
〔2〕陈甦、谢鸿飞主编：《民法典评注·继承编》，中国法制出版社2020年版，第84页。
〔3〕参见广东省高级人民法院（2011）粤高法民一终字第58号民事判决书、四川省高级人民法院（2017）川民申1267号民事裁定书。

度或对被继承人扶养的程度，被继承人的扶养情况以及遗产总额的多少。依据《民法典继承编解释（一）》第20条的规定，结合个案的具体情况，遗产酌给请求权人取得的份额，可以多于或少于继承人。

遗产酌给请求权的性质是债权，适用《民法典》总则编诉讼时效的一般规定。

法律适用

1. 法定继承中遗产分配的原则

法定继承中的遗产分配，应当遵循如下原则：

第一，同一顺序继承人继承遗产的份额，一般应当均等。

第二，对生活有特殊困难又缺乏劳动能力的继承人，分配遗产时，应当予以照顾。

第三，对被继承人尽了主要扶养义务或者与被继承人共同生活的继承人，分配遗产时，可以多分。

第四，有扶养能力和有扶养条件的继承人，不尽扶养义务的，分配遗产时，应当不分或者少分。

第五，继承人协商同意的，也可以不均等。

2. 转继承与代位继承的区别

转继承与代位继承存在如下区别：

第一，适用条件不同。转继承适用于继承人在继承开始后、遗产分割前死亡的情形，即继承人后于被继承人死亡；代位继承适用于继承人在继承开始前死亡的情形，即继承人先于被继承人死亡。

第二，主体范围不同。转继承中，转继承人是被转继承人的继承人，被转继承人是被继承人的继承人；代位继承中，代位继承人是被继承人的子女的直系晚辈血亲或被继承人的兄弟姐妹的子女，即被代位继承人的直系晚辈血亲或子女，被代位继承人则是被继承人的子女或被继承人的兄弟姐妹。

第三，适用范围不同。转继承适用于遗嘱继承和法定继承；代位继承只能适用于法定继承。

第四，性质不同。转继承实际上是连续发生的二次继承，即继承人因被继承人死亡先概括承受被继承人的遗产，然后继承人在遗产分割前死亡，由继承人的继承人作为转继承人承受继承人应当取得的遗产；代位继承是一次继承、直接继承，即代位继承人代替继承人按照继承人的顺序参与被继承人遗产的继承。

第五，继承对象不同。在转继承中，转继承人基于自己对被转继承人的继承权，继承被转继承人应当继承的被继承人遗产；在代位继承中，代位继承人基于继承人对被继承人的继承权，与其他继承人按照法定继承规则分割被继承人的遗产，取得继承人的应继份额。

课后复习

1. 法定继承人的范围与顺序。

2. 代位继承的性质。

3. 遗产酌给请求权的主体。

第十三章 遗嘱继承与遗赠

提 要

遗嘱是指自然人依照法律规定的方式处分自己的财产及相关事务，并于死后发生法律效力的民事法律行为。遗嘱是死因行为、要式法律行为、单方法律行为。遗嘱继承是继承人按照被继承人生前所立的合法有效遗嘱继承被继承人遗产的法律制度，遗嘱继承中的继承人范围限于法定继承人，其效力优先于法定继承。

遗嘱须具备下列条件才能有效：（1）遗嘱内容合法，即遗嘱处分的财产须为立遗嘱人个人合法财产，处分他人财产的遗嘱无效；（2）遗嘱人须有遗嘱能力，即遗嘱人依法享有以遗嘱方式处分自己死后财产的资格，根据《民法典》第1143条第1款的规定，在我国无民事行为能力人或者限制民事行为能力人所立的遗嘱无效；（3）意思表示真实，根据《民法典》第1143条第2款的规定，遗嘱必须表示遗嘱人的真实意思，受欺诈、胁迫所立的遗嘱无效，根据该条第3、4款的规定，伪造的遗嘱、被篡改的遗嘱也是无效的；（4）遗嘱的形式合法，遗嘱是要式的法律行为，法律对各类型遗嘱形式要件都有明确规定，不符合相关要求的遗嘱，被认定为不符合遗嘱的形式要件而无效。对立有内容相抵触的数份遗嘱的情形，遗嘱的效力以最后的遗嘱为准。

根据遗嘱自由原则，遗嘱人有权对原遗嘱内容进行部分修改，也有权取消遗嘱全部内容。遗嘱需要执行人的执行才能最终归属继承人，遗嘱执行人由立遗嘱人在遗嘱中指定，于遗嘱生效后，按照遗嘱人的意愿执行遗嘱内容。

遗赠，是指自然人以遗嘱方式将其个人财产赠与给国家、集体或法定继承人以外的组织、个人，并于其死后发生法律效力的民事法律行为。

遗赠扶养协议，是指自然人与继承人之外的组织或个人签订的有关该自然人生养死葬以及遗赠财产给相对人的协议。在有法定继承、遗嘱继承和遗赠的情况下，遗赠扶养协议具有优先效力。

重点问题

1. 遗嘱的有效条件。

2. 如何判断遗嘱是否违背公序良俗？

3. 如何对待共同遗嘱?

4. 附义务的遗赠与遗赠扶养协议的本质区别。

第一节 遗嘱继承概述

一、遗嘱继承的概念与特征

(一)遗嘱继承的概念

遗嘱继承，是指继承开始后，继承人按照被继承人生前所立的合法有效遗嘱继承被继承人遗产的法律制度。因遗嘱继承中的继承人范围、继承顺序和继承的遗产种类、份额乃至遗产管理人等系按照遗嘱的指定来确定的，为与法定继承对应，理论上遗嘱继承也称“指定继承”。遗嘱继承中，立遗嘱的被继承人称遗嘱人，依照遗嘱的指定享有继承权的人称为遗嘱继承人。在我国，根据《民法典》第1133条第2款规定，只有法定继承人才可成为遗嘱继承人，如果遗嘱人通过遗嘱将个人财产赠与国家、集体或者法定继承人以外的组织或个人，则被称为遗赠，该部分接受遗产的组织或个人被称为受遗赠人。我国《民法典》于第六编的第三章对遗嘱继承和遗赠进行了规定。我国遗嘱继承位列法定继承之后，而有些国家，如《俄罗斯联邦民法典》则一改《苏俄民法典》的做法，而将遗嘱继承置于法定继承之前，此举被认为是意思自治原则在继承法规范中的体现，强调了当事人意思表示在继承法中的主导地位。[1]法定继承是对被继承人意思的推定，因此，实践中，继承开始后有遗嘱的，自然首先要考虑遗嘱继承和遗赠的适用，即遗嘱继承或遗赠的效力高于法定继承，各制度在法典中的位置于实务中并不重要。

(二)遗嘱继承的特征

与法定继承相比较遗嘱继承具有如下特征。

1. 遗嘱继承以遗嘱存在为前提

在法定继承中，对继承人范围和继承份额都由法律规定，而这种规定实际是立法对被继承人意志的推定。就法律事实而言，引起法定继承的法律事实是被继承人死亡。而遗嘱继承中，关于继承人范围、继承顺序、继承遗产的份额

〔1〕 鄢一美:《俄罗斯民法典中继承法律规范的新变化》，载《比较法研究》2004 年第 2 期。

等皆源自被继承人的明确意思表示，直接体现对遗嘱人个人意志的尊重。就法律事实而言，遗嘱继承除被继承人死亡外，尚须有其生前所立的合法有效的遗嘱存在，即引起遗嘱继承的法律事实构成要件为两个。遗嘱是遗嘱继承的前提，没有遗嘱就没有遗嘱继承，被继承人的遗产即按照法定继承处理。

2. 遗嘱继承具有优先适用的效力

根据《民法典》第1123条和第1154条的规定，在被继承人未立遗嘱，或者所立遗嘱无效或有其他无法按照遗嘱处理的遗产时，遗产中的有关部分按照法定继承办理。所以，遗嘱继承的效力优先于法定继承，在继承开始后，按照法定继承办理，但如果有遗嘱的，则应按照遗嘱继承或遗赠办理。法定继承也因此被称为“无遗嘱继承”。

3. 遗嘱继承人具有特定性

遗嘱继承是由立遗嘱人确定将遗产分配给特定人的继承方式，遗嘱继承人具有不可替代性，遗嘱继承人不得转让继承权，而如果遗嘱继承人先于遗嘱人死亡，或者其放弃、丧失继承权，相关财产并不由遗嘱继承人的继承人继承，而是由立遗嘱人的法定继承人继承。当然，如果立遗嘱人在遗嘱中对继承顺位有明确的意思表示，即在遗嘱继承人先于立遗嘱人死亡，或者丧失、放弃继承时由该遗嘱继承人的继承人继承的，对该意思表示也应当尊重。

值得注意的是：遗嘱继承人先于被继承人死亡时，其直系晚辈血亲是否有权代位继承？遗嘱是死因行为，只有立遗嘱人死亡时才发生法律效力，也只有在遗嘱生效时才能最终确定遗产范围等，在遗嘱生效前已经死亡的人无法取得遗嘱确定的遗产权利，其继承人也无法从中获得遗产；另外，虽然《民法典》第1128条规定的代位继承内容中没有明确限制遗嘱继承的代位继承，但就性质而言，代位继承属于法定继承范围，因此，遗嘱继承人先于立遗嘱人死亡的不能适用代位继承。

二、遗嘱继承的演进

现代遗嘱继承一般认为发源于罗马，在公元前5世纪的《十二铜表法》已有遗嘱继承的规定。[1]马克思在考察遗嘱继承的起源时也指出：“继承权或者按照遗嘱继承起源于罗马。”[2]但是，罗马法中的遗嘱继承与现代意义上的遗

---

〔1〕 郭明瑞、房绍坤：《继承法》，法律出版社1996年版，第138页。
〔2〕 中共中央编译局编译：《马克思恩格斯全集》（第16卷），人民出版社2005年版，第650页。

嘱继承宗旨并不相同。在罗马法上，遗嘱继承的目的在于保持人格继承、祭祀继续及家产，而不是为了将财产从家族中分离出去，遗嘱继承是把家族代表权转移给指定继承人的手段；其主要作用是决定继承人，而不是单纯财产的分配。[1] 日耳曼人消灭罗马帝国后，实行以分封制及嫡长子继承制为核心的法定继承制度，彼时，西欧事实上不存在遗嘱继承制度。中世纪后期，教会法庭支持信徒将动产遗赠给教会，因此，在动产上适用遗嘱，以后扩展至不动产，罗马式的遗嘱制度才被恢复，并沿用至今。[2]

我国近代之前因政治上维护封建家族制度，遗产继承法律上采取以嫡长子继承为核心的宗祧继承方式，遗嘱继承几乎无立足之地。近代以后，随着对西方法律思想的接受，遗嘱继承制度逐渐得到发展。就法律制度而言，1930年公布的“中华民国民法”第五编（继承）中有详细的遗嘱继承规范。中华人民共和国成立后在相当长的时间内，对是否确立遗嘱继承一直有不同意见，到1979年的《最高人民法院关于贯彻执行民事政策法律的意见》中明确规定了“遗嘱继承应当承认”，1984年8月的《最高人民法院关于贯彻执行民事政策法律若干问题的意见》中明确规定“公民依法用遗嘱处分自己的财产，应予承认和保护”；到1985年颁布的《继承法》中正式以立法承认了遗嘱继承。当然，在实践中，受封建思想的影响，遗嘱继承并未被人们作为主要的继承方式。近年来，个人自由思想得到充分发展和尊重，通过遗嘱方式处分身后财产的遗嘱继承和遗赠逐渐受到重视。我国《民法典》第六编设专章对遗嘱继承和遗赠予以规定。

三、我国遗嘱继承的适用条件

遗嘱继承虽然具有优先适用效力，但并非任何情况下都能够适用，根据我国《民法典》相关规定，遗嘱继承的适用需要具备下列条件。

（一）遗嘱合法有效

只有合法有效的遗嘱才能准确反映立遗嘱人的真实意志，才能发生效力并受法律保护，遗嘱的合法有效是遗嘱继承的必备条件。遗嘱无效与未立遗嘱的后果相同。

---

〔1〕郭明瑞、房绍坤：《继承法》，法律出版社1996年版，第139页。

〔2〕陈甦、谢鸿飞主编：《民法典评注·继承编》，中国法制出版社2020年版，第101页。

（二）被指定的继承人有继承权且未放弃

遗嘱虽为单方法律行为，仅有立遗嘱人意思表示即可，但遗嘱继承尚涉及继承人的资格以及意思表示。如果遗嘱继承人的继承权被剥夺，或者明确表示放弃继承也不能按照遗嘱继承分配遗产。

（三）遗嘱内容与遗赠扶养协议不冲突

根据《民法典》第1123条规定，遗赠扶养协议具有优先于遗嘱继承的效力，所以，如果被继承人生前有遗嘱又与他人签订有遗赠扶养协议，继承开始后应当先执行遗赠扶养协议，遗赠扶养协议涉及的财产与遗赠处分的财产冲突的，冲突部分的遗嘱内容无效。没有遗赠扶养协议，或者协议未处分的财产才可以适用遗嘱继承。

第二节 遗嘱

一、遗嘱的概念与特征

（一）遗嘱的概念

遗嘱是指自然人依照法律规定的方式处分自己的财产及相关事务，并于死后发生法律效力的单方法律行为。遗嘱在我国古代汉语中有多种称谓，如"遗书""遗命""遗言"等，作为专门法律用语"遗嘱"仅为当事人对身后财产处分的一种单方意思表示，一份有效的遗嘱的生效时间为遗嘱人死亡时，所以，遗嘱属于死因行为。

如前所述，自然人通过遗嘱方式可以将自己财产的一部或全部给法定继承人中的一人或多人，也可以将财产给法定继承人以外的人。前者称遗嘱继承，后者称遗赠。遗嘱不仅是对人们处分自己财产自由的尊重，同时也为准确确定遗产范围、继承份额，减少因遗产继承而产生的矛盾等有重要意义。除此之外，我国《民法典》第1133条第4款还规定了遗嘱信托。即委托人以遗嘱方式交付信托，将财产的规划内容，包括财产管理、分配、运用等列明，立遗嘱人死亡后，按照信托内容将财产移转至受托人，由受托人依信托内容为受益人或特定目的管理和处分相关财产的行为。

根据《民法典》第3、5条和第130条规定，民事活动应当遵循自愿原则，民事主体按照自己的意愿依法行使民事权利，不受干涉。在遗嘱中应当贯彻遗嘱自由原则，立遗嘱人有权按照自己的意愿处分自己的身后财产，而不受干涉。即立遗嘱人不仅可以通过遗嘱确定继承人的范围、顺序、份额等，也可以取消法定继承人对自己财产的继承，还可以通过遗嘱将财产遗赠给法定继承人以外的组织、个人或者国家。当然，遗嘱自由并非无限制，如有些国家规定遗嘱有“特留份”限制，通过对法定继承人继承权一定程度的保护，限制遗嘱继承的适用。我国立法上对遗嘱的限制主要表现在：遗嘱不得违反法律；遗嘱不得违背公序良俗；遗嘱应当为缺乏劳动能力又没有生活来源的继承人保留必要的遗产份额。如果遗嘱人未为这类继承人保留遗产，在进行遗产处理时，应当为该继承人留下必要的遗产，剩余部分才可参照遗嘱确定的分配原则处理；除此之外，根据《民法典》第1155条的规定，遗嘱也须给胎儿保留必要的遗产份额等。

（二）遗嘱的特征

1.遗嘱是单方法律行为

遗嘱是遗嘱人处分自己财产的法律行为，无须征求他人意见，只须立遗嘱人单方意思表示即可成立。基于此，遗嘱人也可以随时变更甚至撤销所立遗嘱。

遗嘱是具有身份性的法律行为，须立遗嘱人亲自完成，他人不得代理。所谓代书遗嘱，仅仅是由他人代为书写而已，遗嘱内容仍系立遗嘱人自己的意思表示。

2.遗嘱是要式的法律行为

遗嘱属于对财产处分的重大法律行为，为防范不当处分，我国立法上历来将遗嘱作为要式法律行为来规定。从《民法典》对各种遗嘱类型的规定要求看，遗嘱必须符合法律规定的形式要件，否则遗嘱无效。

3.遗嘱是立遗嘱人死后生效的法律行为

有效成立的遗嘱并非自订立时即可生效，而是在被继承人死亡时才开始生效，遗嘱属于死因行为。继承人不得在立遗嘱人生前要求按照遗嘱分配财产。

二、遗嘱的有效条件

作为一种法律行为，遗嘱的有效条件除符合民法典有关民事法律行为的要求外，还有其独特的条件限制。根据《民法典》第六编第三章的规定，遗嘱的有效条件包括下列内容。

（一）遗嘱内容合法

所谓遗嘱内容合法是指遗嘱处分的财产须为立遗嘱人个人合法财产，处分他人财产的遗嘱无效，处分共有财产的，仅对属于自己的部分有效。根据《民法典继承编解释（一）》第26条规定，遗嘱人以遗嘱处分了国家、集体或者他人财产的，应当认定该部分遗嘱无效。

因我国立法明确规定“遗嘱应当为缺乏劳动能力又没有生活来源的继承人保留必要的遗产份额”“遗产分割时，应当保留胎儿的继承份额”，所以，遗嘱中如果没有保留该两项遗产份额的，该部分遗嘱因与法律规定冲突而无效。

遗嘱内容也不得违背善良风俗，例如为继续与他人保持不正当关系，或为感谢他人与自己保持不正当关系而通过遗嘱方式给予对方财产等，这类遗嘱即属于违背公序良俗，应被认定为无效。当然，毕竟立法对遗嘱的效力有明确的规定，通常符合相关规定的，应该认定遗嘱有效。以违背公序良俗为由否定遗嘱的效力，属于通过基本原则否定法律行为的效力，须综合案件的具体情况慎重裁判。[1]

（二）立遗嘱人须有遗嘱能力

所谓遗嘱能力是指自然人依法享有以遗嘱方式处分自己死后财产的资格。遗嘱属于法律行为，所以，关于遗嘱能力各国和地区皆以民事行为能力为判断标准，而且除个别特殊情况外，一般都以完全民事行为能力作为遗嘱能力的标准。我国台湾地区“民法”第1186条规定：“无行为能力人，不得为遗嘱。限制行为能力人，无须经法定代理人之允许，得为遗嘱。但未满十六岁者，不得为遗嘱。我国《民法典》第1143条第1款也明确规定：“无民事行为能力人或者限制民事行为能力人所立的遗嘱无效。”需要注意的是，立遗嘱人遗嘱能力有无的判断时间应该以其订立遗嘱时的能力为准，也就是说，如果立遗嘱时系完全民事行为能力人，之后成为限制民事行为能力人或无民事行为能力人的，其遗嘱有效；相反，如果无民事行为能力人或限制民事行为能力人订立遗嘱，即便后来其成为完全民事行为能力人，该遗嘱也是无效的。

（三）意思表示真实

法律行为以意思表示为要素，意思表示真实与否直接影响法律行为的效力。立遗嘱人意思表示真实也是遗嘱有效的基本条件。《民法典》第1143条第2款规定：“遗嘱必须表示遗嘱人的真实意思，受欺诈、胁迫所立的遗嘱无效。”此与本法第148、150条因欺诈、胁迫而实施的一般法律行为为可撤销的法律行为的规定还有不同。除此之外，根据《民法典》第1143条第3、4款的规定，伪造的遗嘱、被篡改的遗嘱都是无效的。上述规定无效的情形皆因遗嘱并非立遗嘱人真实意思表示所致。

---

〔1〕 参见四川省泸州市中级人民法院（2001）卢民一终字第621号民事判决书。

（四）遗嘱的形式合法

如前所述，遗嘱是要式的法律行为，法律对遗嘱的类型都有明确规定，如有关见证人、签名、日期等的要求，不符合相关要求的遗嘱，被认定为不符合遗嘱的形式要件而无效。有关各类遗嘱类型的形式要件可参见《民法典》第1134—1139条规定。

三、遗嘱的类型

关于遗嘱的类型，理论上按照不同的标准，可以有不同的类型，如按照立遗嘱人的人数可以分为单独遗嘱与合立遗嘱（共同遗嘱），按照立遗嘱人死亡之前是否公开遗嘱内容，可以把遗嘱分为密封遗嘱和公开遗嘱。我国《民法典》则按照遗嘱的形成模式规定了以下六种遗嘱。

（一）自书遗嘱

自书遗嘱是指由立遗嘱人亲自书写的遗嘱。自书遗嘱因系遗嘱人亲自将处分遗产的意思以书面方式表示出来的，其内容真实性更高，法律上的要求更宽松，与代书遗嘱、口头遗嘱等相比较，自书遗嘱并不需要见证人的见证。尽管如此，实践中有关自书遗嘱的纠纷也非少见，主要争议在于对是否为立遗嘱人亲笔书写，以及是否为其真实意思，对此根据民事诉讼法的规定，应当由提出异议的人承担举证责任。在《民法典》之前，因为没有规定打印遗嘱，所以，实践中对通过打印机打印的遗嘱，即便立遗嘱人在其上签字并注明年、月、日，通常也多不认为符合自书遗嘱的形式要件。而对遗书中涉及死后个人财产处分的，确为死者真实意思，又有死者的签名和年、月、日，没有相反证据的，则按照自书遗嘱对待。[1]

当然，作为要式的法律行为，立法对自书遗嘱也有形式要求，根据《民法典》第1134条规定，自书遗嘱除“亲笔书写”外，立遗嘱人还必须在遗嘱中签名，并注明年、月、日。需要注意的是，法律规定中仅有“签名”，并无“盖章”“按指印”等内容，因此，自书遗嘱中，如果没有“签名”，即便有“盖章”或“按指印”也不能认为符合自书遗嘱形式要件要求。至于是否需在每一页都签名及注明年、月、日问题，因为立法上并无此要求，因此，在遗嘱最后一页签名并注明年、月、日即可。

---

〔1〕 参见《民法典继承编解释（一）》第27条。

（二）代书遗嘱

代书遗嘱，是指有他人代为书写的遗嘱。实际生活中，如果立遗嘱人不会或不愿亲自书写，可以由他人代笔书写遗嘱。因系他人书写，法律对代书遗嘱的要求要比自书遗嘱严格。按照《民法典》第1135条规定，代书遗嘱需要有两个以上的见证人在场见证，除一人代书外，遗嘱人、代书人、其他见证人，均须在遗嘱上签字，并注明年、月、日。

理解代书遗嘱必须明确的是，遗嘱是立遗嘱人的意思表示，代书人仅仅是按照立遗嘱人的陈述代为书写并在场见证而已，代书人不是立遗嘱人，也不是代理人；代书遗嘱须有两个以上的见证人在场见证，并在遗嘱上签名。

对见证人资格，《民法典》第1140条有明确的规定。根据该规定主要有两类人受到限制：一类是无民事行为能力人、限制民事行为能力人以及其他不具有见证能力的人不能作为见证人；另一类是继承人和受遗赠人以及与继承人、受遗赠人有利害关系的人也不能作为见证人，这里的利害关系人如继承人或受遗赠人的债权人、债务人、合伙人等。前一类人因为心智不成熟，不能理解见证意义或其他原因（如盲人）而不能作为见证人；后一类人则因为遗嘱内容与其有利害关系，不能保证其见证的遗嘱的真实性而不能作为见证人。

实践中，代书遗嘱争议多为见证人资格以及是否存在欺诈、胁迫、伪造遗嘱等问题。其举证责任由对此提出异议的人负担。

（三）打印遗嘱

顾名思义，打印遗嘱是指遗嘱内容由打印机打印而成的遗嘱。打印遗嘱是随着打印机的普及而逐渐采用的一种遗嘱类型，但因为遗嘱为要式法律行为，在《民法典》之前，我国立法并未规定打印遗嘱，导致该类遗嘱效力在实践中争议巨大[1]。《民法典》顺应实际生活需要，于第1136条专门规定了打印遗嘱。

打印遗嘱除符合法律对一般遗嘱的要求外，根据《民法典》第1136条的规定，打印遗嘱需具备以下要件。

1. 有两个以上的见证人在场见证

见证人资格与前述代书遗嘱见证人一致，见证人需在遗嘱形成、打印过程中在场，并在打印好的书面遗嘱上每页签名，注明年、月、日。实践中，如果没有

---

〔1〕 参见浙江省高级人民法院（2008）浙民申字第104号民事裁定书、湖北省高级人民法院（2014）鄂监二抗终字第00022号民事判决书。

见证人在场见证，遗嘱人通过电脑打印方式处分身后财产，即便有自己的签名，注明年、月、日，也不能认定为打印遗嘱，甚至不能认定为自书遗嘱。

2. 遗嘱人表述遗嘱并签名

打印遗嘱是立遗嘱人通过打印方式作出的意思表示，遗嘱内容须为立遗嘱人的真实意思，打印遗嘱的形成过程虽然可由他人代为打字，帮助打印、复印等，但遗嘱内容不得由他人代为表达。因为打印遗嘱的复制简便性，为防止复制伪造遗嘱，《民法典》对打印遗嘱形式要求更加严格，如果打印遗嘱有多页时，根据第1136条规定，遗嘱人和见证人需在遗嘱每一页签名，注明年、月、日。

（四）录音、录像遗嘱

录音、录像遗嘱，是指立遗嘱人通过录音、录像方式录制下自己的口述遗嘱。这是随着录音、录像科技的发展逐渐被采纳的一种遗嘱方式，与口头遗嘱相比较，录音、录像遗嘱更方便取证，也更真实可靠。在《民法典》之前的《继承法》中仅规定了录音遗嘱，但因录像遗嘱中，既有录音，又有录像，与录音遗嘱不冲突，所以实践中对录像遗嘱的效力也认可。[1]《民法典》顺应实际需要，明确规定了录像遗嘱。

根据《民法典》第1137条规定，录音、录像遗嘱须有两个以上的见证人在场见证，并在录音、录像中记录其姓名或肖像以及年、月、日。在程序上，立遗嘱人须在录音或录像中记录自己口述的遗嘱内容、肖像，以及年、月、日。

（五）口头遗嘱

口头遗嘱，是指立遗嘱人以口头形式表达遗嘱内容的遗嘱。口头遗嘱简便易行，实践中也多被适用，大多数国家都承认口头遗嘱的效力。但因缺乏其他有力证据，见证人记忆、表述等也容易产生问题，实践中口头遗嘱易起纠纷。因此，立法对口头遗嘱要求严格。

根据《民法典》第1138条规定，口头遗嘱须受下列条件限制。

1. 口头遗嘱只有遗嘱人在危急情况下才可适用

危急情况下才能适用是口头遗嘱与其他类型遗嘱的明显区别。何为“危急情况”立法未明确，一般应理解为遗嘱人生命垂危，或因战争以及自然灾害、意外事件等随时都有生命危险，时间上来不及，客观条件不允许采用其他遗嘱方式的情形。如果能用其他方式立遗嘱，就不能采用口头遗嘱方式，所以，也

---

〔1〕 参见黑龙江省高级人民法院（2019）黑民申649号民事裁定书。

可以说“危急情况”是口头遗嘱的前提。也正因如此，如果危急情况消除，遗嘱人能够以书面或录音、录像形式立遗嘱的，所立的口头遗嘱失效。[1]对此，《瑞士民法典》第506条也有类似的规定，所谓“不能采取其他方式订立遗嘱时，得口授遗嘱”。

关于口头遗嘱失效的规定，《民法典》制定过程中，于二审稿第917条除有“危急情况消除后，遗嘱人能够以书面或录音录像形式立遗嘱的”限制外，尚有“经过三个月”的限制，三审稿后将该三个月的限制删除。

2. 两个以上的见证人在场见证

如前所述，口头遗嘱形式简单，但也易生争议，所以立法上要求有两个以上的见证人在场见证。

当然，在实际生活中，仅依据现有立法规定，仍难免产生纠纷，所以，有些国家对口头遗嘱尚有其他限制，如瑞士民法中要求见证人为口述遗嘱做成必要的证书，日本民法规定口头遗嘱还需经过家庭法院确认方可有效。实际生活中，如果见证人能将口头遗嘱制作成笔录，对减少纠纷会有裨益。

（六）公证遗嘱

公证遗嘱，是经过公证机构公证的遗嘱。公证遗嘱历史悠久，14世纪的日耳曼即有了在公证人和证人面前订立的公证遗嘱。[2]在我国，1985年的《继承法》中明确规定了公证遗嘱，《民法典》延续了这种规定，明确“公证遗嘱由遗嘱人经公证机构办理”。

根据《公证法》的相关规定，公证具有严格的审核程序和档案管理制度，公证遗嘱更不易被篡改和伪造，如果没有相反的证据证明，经过公证的遗嘱具有推定真实存在的效力。

在程序上，公证遗嘱须按照《公证法》和《遗嘱公证细则》相关规定进行，须经过：申请、受理、核实、文书制作、出具公证书、遗嘱人签名。有的公证机构还可以应立遗嘱人申请对公证遗嘱予以保管等。办理遗嘱公证须由两名公证员共同办理，有其中一人在公证书中署名。

公证遗嘱的效力，在《民法典》之前，根据原《继承法》第20条第3款的规定：“自书、代书、录音、口头遗嘱，不得撤销、变更公证遗嘱。”说明公证遗嘱的效力最高，为此，最高人民法院在原《关于贯彻执行〈 中华人民共和国

〔1〕《民法典》第1138条采用“无效”表述并非准确。

〔2〕刘春茂主编：《中国民法学·财产继承》，中国人民公安大学出版社1990年版，第265页。

继承法〉若干问题的意见》中更明确规定：遗嘱人以不同形式立有数份内容相抵触的遗嘱，其中有公证遗嘱的，以最后所立公证遗嘱为准。

在继承法中贯彻遗嘱自由原则，遗嘱人可以随时变更甚至撤销原有遗嘱，不能因为遗嘱方式而限制遗嘱自由，考虑到公证遗嘱程序的复杂性，立法应尊重当事人的意愿。为此，《民法典》第1142条未再坚持公证遗嘱效力优先规则，而是以时间为标准确定数份遗嘱的效力。其第3款规定："立有数份遗嘱，内容相抵触的，以最后的遗嘱为准。"

四、共同遗嘱

（一）共同遗嘱概述

共同遗嘱，是指两个或两个以上的遗嘱人共同订立一份遗嘱，又称合立遗嘱。从概念界定的角度来看，理论上共同遗嘱包括形式意义上的共同遗嘱和实质意义上的共同遗嘱。前者是指内容各自独立的两个或两个以上的遗嘱记载于同一遗嘱之中，又被称为"单纯的共同遗嘱"。例如，甲乙二人为夫妻，两人在一份遗嘱中写明，甲将自己所有财产指定其子女中的丙继承，而乙将自己所有的财产指定其子女中的丁继承。此种遗嘱仅有形式上的"同一"而无内容上的"共同"，与单独遗嘱仅在设立方式上有所不同，并不存在实质上的差异，即本质上是多个遗嘱的组合，是各遗嘱人独立的意思表示，并根据各自的意思产生相应的法律效果，相互并不存在制约和牵连。所以，形式意义上的遗嘱并不具有特别的价值。

实质意义上的共同遗嘱则是指两个或两个以上的遗嘱人基于共同一致的意思表示，形成的内容共同或相互关联、形式同一的遗嘱类型。严格而言，只有实质意义上的共同遗嘱才是共同遗嘱之"共同"的真正内涵。

对共同遗嘱，各国态度不同，《德国民法典》设专节于第2265—2273条明确规定共同继承，并仅限于配偶之间的共同遗嘱。而《法国民法典》则明确禁止共同遗嘱，其第968条规定：二人或二人以上不得以同一证书订立遗嘱，不问为第三人的利益，或为相互的遗产处分。《奥地利普通民法典》采取原则加例外的做法，其第583条规定："同一份文书，原则上仅得记载一个被继承人的遗嘱。但夫妻得例外地共同订立一份遗嘱。" 而瑞士民法虽未在立法上明确禁止共同遗嘱，但在解释上认为共同遗嘱无效。禁止共同遗嘱，主要是因为解释上存在的困难，以及对当事人遗嘱自由的限制过大。近年来，一些国家的禁止立场有所松动。例如，西班牙在加利西亚等4个地区试点承认夫妻共同遗嘱获得成功，并通过法定担保等工具法律降低了共同遗嘱带来的风险。[1]

我国在立法中没有明确规定共同遗嘱，但共同遗嘱尤其是夫妻共同遗嘱在实践中大量存在，司法实践中迫切需求共同遗嘱的相关规则。《北京市高级人民法院关于审理继承纠纷案件若干疑难问题的解答》第19条规定："……夫妻一方先死亡的，在世一方有权撤销、变更遗嘱中涉及其财产部分的内容；但该共同遗嘱中存在不可分割的共同意思表示，上述撤销、变更遗嘱行为违背该共同意思表示的除外。"说明其已认可共同遗嘱。《民法典》制定过程中，理论界有将共同遗嘱明确规定的建议，如中国法学会主持的"民法典分则继承编建议稿"中，建议采取德国立法例，在夫妻共同遗嘱符合法定条件时确认其效力。其确定的规则是: 夫妻可以设立共同遗嘱。共同遗嘱的效力以配偶一方死亡前婚姻关系存续为前提。夫妻互相指定对方为继承人的遗嘱，自配偶一方死亡时生效；配偶一方撤回指定的，另一方的指定失效。夫妻可以共同指定遗嘱继承人或者受遗赠人，若无相反内容，共同遗嘱在夫妻一方生存时，对遗嘱继承人和受遗赠人不发生效力。但最终《民法典》并未对共同遗嘱作出明确规定。

（二）共同遗嘱的特征

1. 各遗嘱人在遗嘱中的意思表示具有关联性

共同遗嘱的实质特征是双方于遗嘱中的意思表示具有关联性。[2] "关联性处分"是对多个死因处分之间关系的描述，即假如没有配偶另一方的处分，配偶一方的处分就不会为之，其中一项处分之无效或被撤回，导致另一项处分不生效力。

2. 共同遗嘱为各遗嘱人的共同法律行为

共同遗嘱的"共同"二字表征多个主体之间的合意，且各意思表示的效力彼此关联牵制，这与单方法律行为效力不受他人影响的特征不符。鉴于共同遗嘱所具有的表意人身份相同、意思表示内容相同、方向相同等特征，教科书多将其定性为共同行为，即同方向平行的多个意思表示一致而成立的法律行为。[3]

3. 共同遗嘱的撤回具有限制性

订立共同遗嘱的夫妻均在世时，各自死因处分尚未生效，可以协商一致明示撤回或变更共同遗嘱，或者以新的共同遗嘱替代之。一方也可以单方撤回或

---

〔1〕 汪洋：《民法典时代共同遗嘱的理论构造》，载《法商研究》2020 年第 6 期，第 49 页。

〔2〕［德］雷纳·弗兰克、［德］托比亚斯·海尔姆斯：《德国继承法》，王葆莳、林佳业译，中国政法大学出版社 2015 年版，第 108 页。

〔3〕 许莉主编：《婚姻家庭继承法学》（第三版），北京大学出版社 2019 年版，第 257 页。

变更共同遗嘱中己方的死因处分，通知另一方即可，无须另一方同意。另一方可以选择维持或更改死因处分，并可能因此造成信赖利益损失。例如，因订立共同遗嘱而做了准备工作，则有权要求撤回方损害赔偿。但是对于共同遗嘱中关联性处分，需协调一方的撤回自由须与另一方的信赖利益进行协调，其中信赖利益体现为继承人的指定和遗产分配的方案。学理上认为，共同遗嘱的变更撤回具有非自由性，基于先死亡方的信赖利益，关联性处分实际上具有类似合同约束力的特殊性质，生存配偶原则上不得撤回遗嘱。即使生存配偶在数十年间想法和生活状况发生重大变化，亦不得修改其处分。[1]但是关联性处分的约束力不是绝对的，为了避免对生存配偶限制过于严苛，可以基于法定事由如意思表示瑕疵（动机错误或内容错误）主张撤销，或者以放弃接受继承为代价免受共同遗嘱约束。

（三）共同遗嘱的类型

共同遗嘱主要存在四种类型：（1）相互指定型遗嘱，即相互指定对方为继承人的遗嘱，最为典型的即为夫妻二人在遗嘱中约定，任何一方先去世的，另一方为其遗产的单独继承人。（2）共同指定型遗嘱，共同指定第三人为继承人的遗嘱，针对的多为遗嘱人的共同财产，约定遗嘱人之间不发生继承，待双方均死亡后，由共同指定的第三人继承遗产。（3）混合型遗嘱，即上述两种形式的综合，相互指定对方为继承人，同时约定双方均去世后遗产由第三人继承。（4）关联型遗嘱，即形式上虽然各自独立，但实质上互为条件的遗嘱，若任何一方变更或撤销其遗嘱，则另一方的遗嘱当然失效。

（四）共同遗嘱的成立要件

1. 主体要件

共同遗嘱的订立主体限定为夫妻双方。现实生活中存在的共同遗嘱多数是夫妻之间订立的，但也有极少数情况是父母与子女之间订立的，以及其他家庭成员之间（如兄妹）订立的。但是，结合比较法上承认共同遗嘱效力的经验来看，应将共同遗嘱的订立主体限定为夫妻双方，即在我国现行的法律制度框架下，除具有合法夫妻身份的人订立的共同遗嘱外，其他主体订立的共同遗嘱无效。[2]原因在于，鉴于共同遗嘱的特殊性，一旦设立任何一方不可随意变更或撤销，这需要遗嘱人之间具有相当程度的信任关系，而在所有的社会关系中，

---

〔1〕 李昊：《民法典继承编草案的反思与重构》，载《当代法学》2019年第4期。
〔2〕 杨立新：《民法分则继承编立法研究》，载《中国法学》2017年第2期，第83页。

唯有夫妻之间的利益关系和心理关系最为密切。而且，夫妻共同遗嘱的最终受益人一般为其子女，且多以法定的共同财产为基础，与其他主体相比，共同遗嘱在夫妻之间最具有目标的共同性。因此可以说，唯有夫妻之间最能达致共同遗嘱的合意条件，从而使得夫妻共同遗嘱具有理论上的正当性。

2. 形式要件

对共同遗嘱的形式，理论界有不同观点，主要涉及口头遗嘱和录音、录像遗嘱是否适用问题。[1]相较于作为单方法律行为的单独遗嘱，共同遗嘱因属于共同法律行为或双方法律行为而涉及多个主体意思表示的一致。因此，作为要式法律行为，包括自书遗嘱、代书遗嘱、公证遗嘱均可适用于共同遗嘱，且应当分别符合《民法典》对该种遗嘱形式的具体要求。需要注意的是，对于自书的共同遗嘱，由于其性质决定了遗嘱内容不可能由夫妻双方一起书写，所以可由夫妻一方书写，双方共同签字署名，即可认定为符合自书遗嘱的要求。除此之外，《民法典》第1136—1138条规定，打印遗嘱、录音录像遗嘱与危急情形下的口头遗嘱均需要具备两个见证人在场见证等要件。因此，只要共同遗嘱满足了打印遗嘱形式规定的要件，没有理由与自书、代书形式作区分处理，应认同打印的共同遗嘱的效力。但是，对于录音录像遗嘱而言：一方面，遗嘱人在口头语言表达上是否清楚明确无法保证；另一方面，当一方作为主陈述人而另一方仅表示同意时，另一方的同意能否认定为双方合意很难判断，为法院在夫妻意思表示一致的认定上增加了难度。因此，应当排除录音录像形式的共同遗嘱。口头遗嘱中见证人是否了解共同遗嘱的法律特点、是否知晓夫妻双方关联性处分的意思表示，实践中可能难以把握，从而导致事后对夫妻双方真实意思的解释困难，也应予以排除。同时，口头遗嘱是当事人在紧急情况下设立的，且应在紧急情况消除后订立正式遗嘱，因而这与共同遗嘱需要双方协商一致达成合意才能设立的本质要求不符，故不能采用此种形式。

3. 内容要件

即遗嘱的内容须符合法律规定，并不得违背公序良俗，根据共同遗嘱的类型确定遗嘱处分的财产。与单独订立遗嘱不同的是，为避免纠纷，共同遗嘱中

---

〔1〕 对此问题，理论上有不同观点。有学者认为，共同遗嘱可以采取公证、自书、代书、录音、口头等各种法定形式订立。有学者认为，共同遗嘱只能采用自书、代书和公证三种形式。还有学者认为自书遗嘱、代书遗嘱、公证遗嘱、录音遗嘱均可适用于共同遗嘱。具体参见汪洋：《民法典时代共同遗嘱的理论构造》，载《法商研究》2020年第6期，第55页。王毅纯：《共同遗嘱的效力认定与制度构造》，载《四川大学学报（哲学社会科学版）》2018年第1期，第184页。

应明确遗嘱变更、撤销的条件。对此，我国司法部《遗嘱公证细则》的规定可作参考，其第15条规定："两个以上的遗嘱人申请办理共同遗嘱公证的，公证处应当引导他们分别设立遗嘱。遗嘱人坚持申请办理共同遗嘱公证的，共同遗嘱中应当明确遗嘱变更、撤销及生效的条件。"

五、遗嘱的内容

遗嘱是立遗嘱人处分其身后财产的意思表示，遗嘱内容自然也是围绕遗产分配展开，但作为一项重要的法律行为，遗嘱的内容明确、具体是其基本特征。我国《民法典》对遗嘱内容未作具体规定，但根据遗嘱的目的和基本特征，参考相关规定，遗嘱通常应包括下列内容。

（一）立遗嘱人的基本情况

根据司法部2000年颁布的《遗嘱公证细则》第13条规定，遗嘱应当包括遗嘱人的姓名、性别、出生日期、住址。遗嘱是特定人的意思表示，立遗嘱人必须明确具体。当然，上述内容在不同的遗嘱类型中要求并非统一，如在代书遗嘱中，上述内容应尽量完整，而在口头遗嘱中则无须严格。

（二）指定继承人、受遗赠人

遗嘱继承、遗赠是将遗产由特定的人承受的一种制度，遗嘱中的继承人、受遗赠人必须是明确的。遗嘱继承是在法定继承人范围内分配遗产的继承类型，法定继承人为两个以上的人时，究竟谁有权利作为遗嘱继承人，需要在遗嘱中明确指定。受遗赠人的范围更广，受遗赠人不明将无法按照遗嘱分配遗产。比如，遗嘱人因村集体组织照顾自己很多，欲将财产于自己死后遗赠给村集体组织，但遗嘱中却含糊地表示将遗产遗赠给"村里"，这里可能涉及受遗嘱人是"村委会"，还是"村集体经济组织"，抑或"农村合作经济组织"等。

（三）指明遗产的名称、范围及集成份额

遗产是自然人死亡时遗留的个人合法财产，是遗嘱继承处分的对象，但遗嘱并不一定处分所有的遗产，遗嘱未处分的遗产，适用法定继承，所以指明遗嘱处分的财产名称、范围和份额与其他继承人利益关系重大。

（四）明确遗产分割方法和份额

遗产的分割方法和份额是遗嘱内容的核心。遗嘱人在遗嘱中明确了具体份额和分割方法的，应尊重其意愿，如果未明确份额和分割方法，如遗嘱中仅概括地表示遗产中某一处住宅及其宅内财产由五位继承人中的某具体两位继承，对该处住宅及宅内财产的归属，可以类推适用《民法典》第1132条规定，由遗

嘱继承人以协议方法确定；协商不成的，可以由人民调解委员会调解或者向人民法院提起诉讼。具体分割遗产时要遵照《民法典》第1156条规定：应当有利于生产和生活需要，不损害遗产的效用；不宜分割的遗产，可以采取折价、适当补偿或者共有等方法处理。

（五）指定遗嘱执行人

遗嘱的执行是最终实现遗嘱人意愿的必要程序，我国《民法典》对遗嘱执行人及其职责等仅有概括规定。通常遗嘱执行人在遗嘱中直接指定，并确定其职责。如果遗嘱中没有指定遗嘱执行人，则通过确定遗产管理人处理遗产问题。

（六）指定遗嘱信托人和受益人

如果遗嘱人意对遗产设立遗嘱信托，则遗嘱内容中尚需明确信托财产范围、受托人和受益人等。

六、遗嘱的变更和撤回

（一）遗嘱的变更和撤回的概念

遗嘱的变更，是指遗嘱订立后，遗嘱人对原遗嘱内容的部分修改的民事法律行为；遗嘱的撤回，是指遗嘱订立后，遗嘱人又取消遗嘱全部内容的民事法律行为。根据遗嘱自由原则，遗嘱人有权依法订立遗嘱，当然也有权变更和撤回遗嘱，遗嘱的变更与撤回的区别在于对原立遗嘱内容修改的程度不同，可以说遗嘱的变更是对原立遗嘱的部分撤回，而遗嘱的撤回则是对原立遗嘱的全部变更。对于“遗嘱的撤回”，原《继承法》使用“遗嘱的撤销”，《民法典》编纂过程中认为“撤销”在法律行为中通常针对的是已经生效的法律行为，而遗嘱系立遗嘱人死后才生效的，其生前的反悔不宜用“撤销”，因此在概念上采用“遗嘱的撤回”。

遗嘱人可以通过遗嘱的方式明确撤回遗嘱的全部或一部分，同时，根据《民法典》第1142条第2、3款的规定，立遗嘱人实施与遗嘱内容相反的民事法律行为的，视为对遗嘱相关内容的撤回；立有数份遗嘱，内容相抵触的，以最后的遗嘱为准，这就意味着遗嘱人通过最后的遗嘱撤回或变更了以前所立的遗嘱。除此之外，虽然我国立法未明确规定，但实践中，如果立遗嘱人故意毁损、涂销遗嘱，或者在遗嘱上明确标记废弃遗嘱的意思等，也应视为遗嘱的撤回。因此，遗嘱的变更、撤回可以通过明示的方式，也可以通过默示的方式。

虽然，遗嘱的变更、撤回属于明示法律行为，但基于遗嘱本身的特点，与一般民事法律行为的撤销有所不同。根据《民法典》第147—151条规定，一般民事法律行为的撤销须有法律规定的条件，不符合相关条件的，不得撤销，而遗嘱的撤回，不论是全部撤回还是部分撤回（变更）都不需要这类条件限制，只要立遗嘱人愿意，其就有权撤回。另外，根据《民法典》第152条规定，一般民事法律行为的撤销权都有除斥期间，超过法律规定的期间，撤销权消灭，而遗嘱的撤回没有除斥期间，在遗嘱生效前，遗嘱人可以随时撤回原立遗嘱。

（二）遗嘱的变更、撤回的条件

虽然在遗嘱自由原则下，遗嘱的变更、撤回也是自由的，但作为民事法律行为，变更、撤回也受一定条件限制。

1.遗嘱人须具有遗嘱能力

遗嘱属于民事法律行为，根据《民法典》第1143条规定，无民事行为能力人、限制民事行为能力人所立的遗嘱无效，因此如果要变更部分遗嘱内容或撤回全部遗嘱也须要求遗嘱人具有完全民事行为能力，无民事行为能力人、限制民事行为能力人对遗嘱的变更、撤回意思表示无效。其判断的时间节点为变更、撤回时。

2.变更、撤回遗嘱的意思表示真实

遗嘱人因受欺诈、胁迫时作出的变更、撤回遗嘱的意思表示无效。虽然《民法典》第1143条没有列举，但如果变更、撤回遗嘱是在立遗嘱人处于缺乏判断能力的情况下作出的意思表示，也应该认为非其真实意思表示，该变更、撤回遗嘱的行为也是无效的。

3.变更、撤回遗嘱行为不得代理

遗嘱是具有身份特性的法律行为，立遗嘱需遗嘱人本人为之，不得由他人代理。变更、撤回遗嘱也须本人亲自为之，同样不适用代理。

4.变更、撤回遗嘱的方式合法

变更、撤回遗嘱可以明示的方式进行，如通过声明方式直接变更、撤回，也可以通过订立新的遗嘱这种默示的方式变更、撤回。根据《民法典》第1142条第2款的规定，立遗嘱后，遗嘱人实施与遗嘱内容相反的民事法律行为的，视为对遗嘱相关内容的撤回。如遗嘱人生前将遗嘱中已经处分的财产转让他人，或者自己消费、毁损等。《民法典》之前的立法规定公证遗嘱具有较高的效力，所以，变更、撤回公证遗嘱须通过公证遗嘱的方式，《民法典》则取消了公证遗嘱的优先效力，对立有数份遗嘱、内容相抵触的，最后所立遗嘱被视为变更、撤回之前所立遗嘱。司法实践中，如果遗嘱人故意销毁遗嘱，也被视为撤回遗嘱，当然，如果遗嘱人非故意，或者非遗嘱人销毁遗嘱则不能认定撤回遗嘱。

七、遗嘱的执行人

遗嘱执行人，是指立遗嘱人在遗嘱中指定的，于遗嘱生效后，有权按照遗嘱人的意愿执行遗嘱内容的人。遗嘱只有通过执行才能最终实现立遗嘱人的意愿，遗嘱因立遗嘱人死亡时生效，所以，遗嘱人本人无法执行遗嘱，只能由他人执行。如前所述，我国立法对遗嘱执行仅有概括规定，根据遗嘱执行的目的及特征，须明确下列问题。

第一，遗嘱执行人的资格。因遗产处理系非常复杂的法律问题，遗嘱执行人必须为完全民事行为能力人，限制民事行为能力人、无民事行为能力人不能被指定为遗嘱执行人。同时，遗嘱执行人可以是继承人，也可以是继承人以外的人。除自然人外，考虑到某些专门机构对于遗产处理的专业性更强，法律也未禁止等，应当认为法人和非法人组织也可以作为遗嘱执行人。

第二，被指定为遗嘱执行人的人可以接受指定，也可以不接受。当然，如果不接受应及时通知利害关系人。

第三，遗嘱执行人系遗产管理人，须承担《民法典》第1147条规定的各项遗产管理人的职责。

八、遗嘱的生效

（一）遗嘱生效的时间

依法成立的遗嘱，自成立时有效，但遗嘱发生法律效力须有立遗嘱人死亡事实出现。死亡于民法中包括生理死亡（自然死亡）和宣告死亡（拟制死亡），根据《民法典》第15条规定，通常情况下，自然人死亡以死亡证明记载的时间为准；没有死亡证明的，以户籍登记的时间或其他有效身份登记记载的时间为准；有其他证据足以推翻以上记载时间的，以该证据证明的时间为准。对宣告死亡，根据《民法典》第48条规定，以人民法院判决作出之日为其死亡的日期，因意外事件下落不明宣告死亡的，意外事件发生之日为死亡的日期。上述相关时间是被继承人的财产成为遗产的时间，也是遗嘱生效的时间，此时，遗嘱继承人或受遗赠人才有权要求遗产管理人按照遗嘱将相关遗产转移给自己。

（二）遗嘱不生效

实际生活中，在遗嘱生效之前，可能因各种原因导致遗嘱不能发生法律效力，这类遗嘱称“不生效遗嘱”，其情况包括如下。

1. 遗嘱继承人、受遗赠人在继承开始前死亡

遗嘱是立遗嘱人将财产赠予给特定的人，而以死后生效的法律行为。遗嘱生效前，特定的遗嘱继承人、受遗赠人死亡，遗嘱自然也就无从执行，也无须生效。我国台湾地区“民法”第1201条就明确规定：受遗赠人于遗嘱发生效力前死亡的，其遗嘱不发生效力。

2. 附解除条件的遗嘱，在遗嘱人死亡前，条件成就

例如，立遗嘱人在遗嘱中表示，其死后每年资助某人1万元学习费用，直到其独立工作，而在立遗嘱人死亡前，该被资助人已经独立工作，此时的遗嘱就不需要再生效。

3. 遗嘱生效前，遗嘱继承人、受遗赠人丧失继承权、受遗赠权

遗嘱中的继承人、受遗赠人被剥夺继承权、受遗赠权后，即不能再根据遗嘱取得遗产，立遗嘱人死亡时，遗嘱也无须生效。

4. 遗嘱生效前，遗嘱涉及的财产已不存在

遗嘱继承或遗赠是以财产为内容的制度，如果相关财产已不存在，将出现无遗产状态，遗嘱也就无须执行。当然，如果有遗产转化财产的，该项财产可以作为遗产，此时遗嘱发生法律效力。

第三节 遗赠

一、遗赠的概念及特征

（一）遗赠的概念

遗赠，是指自然人以遗嘱方式将其个人财产赠与国家、集体或法定继承人以外的组织、个人，并于其死后发生法律效力的民事法律行为。立遗嘱的人为遗赠人，限定为自然人，遗嘱中被指定接受遗产的人为受遗赠人，遗嘱中指定给受遗赠人的财产为遗赠财产或遗赠物。我国《民法典》将遗赠与遗嘱继承共同规定于一章，并于同一条文中分别规定，说明遗嘱继承与遗赠之间具有同质性，二者的差异仅仅在于接受财产的人范围不同。

（二）遗赠的法律特征

1. 遗赠是一种单方民事法律行为

与遗嘱继承相同，遗赠也是通过遗嘱的方式将财产赠与他人，遗赠的成立仅以遗嘱人单方意思表示即可，遗嘱人死亡时遗嘱生效，遗赠就生效，遗赠人遗赠财产的意思表示不受任何人意志的制约，不需要受遗赠人的同意。此与赠与合同不同。

2. 遗赠是无偿民事法律行为

遗赠是遗赠人单方面给受赠人财产利益的行为，理论上包括直接给予财产利益，也包括免除财产债务，遗赠人的财产利益给予不需要受遗赠人支付对价，是无偿民事法律行为。

3. 遗赠是遗赠人死后生效的民事法律行为

与遗嘱继承相同，遗赠虽然是遗赠人生前作出的意思表示，但须在遗赠人死后才能发生法律效力。受遗赠人取得遗赠财产的权利于遗嘱生效时才转变为既得权。需要特别注意的是，遗赠与以赠与人死亡为停止条件的赠与合同不同，后者是附条件的民事法律行为，其成立以双方意思表示一致为前提，是双方法律行为，赠与人的死亡是条件成就的标志，其变更、消灭等与遗赠都有所不同。

4. 受遗赠人的范围是继承人以外的组织或个人

根据《民法典》第1133条第3款的规定，受遗赠人的范围是国家、集体或法定继承人以外的组织或个人，此与遗嘱继承人的范围限定于法定继承人明显不同。即如果遗嘱将身后财产给予法定继承人，则被称为遗嘱继承，而不能称为遗赠。区别遗赠与遗嘱继承并非单纯概念游戏，二者的区别是有法律意义的。根据我国法律规定，虽然“执行遗赠不得妨碍清偿遗赠人依法应当缴纳的税款和债务”，但遗赠本身或受遗赠权的客体仅是遗产中的财产权利，并不承担遗产中的债务。但是，在我国继承（包括遗嘱继承）属于概括继承，既享受遗产权利，也承受遗产义务，只不过以继承遗产数额为限为强制承担，对于超过遗产部分的债务为自愿承担而已。除此之外，因为《民法典》第1124条规定，继承开始后，继承人放弃继承的，应当在遗产处理前，以书面形式作出放弃继承的表示；没有表示的，视为接受继承。而对遗赠则规定“受遗赠人应当在知道受遗赠后六十日内，作出接受或者放弃受遗赠的表示；到期没有表示的，视为放弃受遗赠”。所以，必须明确区分遗赠与遗嘱继承。

除此之外，在实践中尚有一个具体问题：儿媳、女婿是否可以作为受遗赠人？因为，根据《民法典》第1129条规定：丧偶儿媳对公婆，丧偶女婿对岳父母,尽了主要赡养义务的,作为第一顺序继承人。此时，遗嘱中将财产给该儿媳、女婿应属于遗嘱继承。没有尽主要赡养义务，或虽然尽了主要赡养义务但没有丧偶的儿媳、女婿显然不属于法定继承人，不能作为遗嘱继承人，但作为受遗赠人显然没有障碍。

二、遗赠与赠与的区别

遗赠与赠与都是将财产无偿给予他人的行为，但二者存在诸多区别。

（一）发生效力的时间不同

遗赠是通过遗嘱方式赠予他人财产，并以死后才生效的法律行为，遗嘱人生前，受遗赠人物权请求转移相关财产。赠与是赠与人将自己的财产无偿给予受赠人，受赠人表示接受的合同。赠与合同是诺诚性法律行为，于双方自意思表示一致时即成立并生效，而不是等到赠与人死亡后生效的行为。

实际生活中，也有赠与人与他人订立赠与合同，同时以赠与人死亡作为扶养停止条件的情形，理论上称之为“死因赠与”。死因赠与属于一种特殊的赠与合同，仍需要双方意思表示一致，属于双方法律行为，而不能视其为遗赠。

（二）法律行为的性质不同

遗赠是单方民事法律行为，只要立遗嘱人作出意思表示即可成立，不需要征得受遗赠人的意见。而赠与双方是合同关系，赠与人的赠与意思表示，需要“受赠与人表示接受”才能成立，所以，赠与是双方民事法律行为。

根据立法对遗嘱形式的要求，遗赠是要式的法律行为，遗嘱不符合立法规定的形式要件的，遗嘱无效。而赠与是不要式的法律行为，当事人可以口头赠与，也可以采取书面形式进行赠与。

（三）处分财产的范围不同

遗赠是遗嘱人处分其死后财产的行为，而且对遗赠处分的财产立法上也有限制，如要为缺乏劳动能力又没有生活来源的继承人保留必要的遗产，要为胎儿保留必要的遗产等。而赠与则是生前处分财产的行为，而且对赠与财产没有限制。

第四节 遗赠扶养协议

一、遗赠扶养协议的概念与特征

（一）遗赠扶养协议的概念

遗赠扶养协议，是指自然人与继承人之外的组织或个人签订的有关该自然人生养死葬以及遗赠财产给相对人的协议。也有人认为遗赠扶养协议是一种服务协议，是自然人于生前购买生养死葬的有偿服务，于其死后以遗产支付服务报酬的合同。[1]

遗赠扶养协议是我国独特的法律制度，是在我国农村“五保”制度基础上形成和发展起来的。[2]“五保”是指在农村中无亲属供养而依靠社会保障救济的农户，与农村集体经济组织或供养户签订供养协议，供养人对该农户提供：保吃、保穿、保住、保医、保葬等[3]，被供养农户死亡后，其遗产归集体组织或其他供养人。与法定继承人以外订立遗赠扶养协议，这种新型的社会保障措施适合我国实际生活，在法律上也是独特的法律制度。[4]我国1985年的《继承法》确认了这种制度，《民法典》在个别修改的基础上，保留了原《继承法》中的遗赠扶养协议制度。

（二）遗赠扶养协议的特征

1. 遗赠扶养协议系双方、有偿法律行为

遗赠扶养协议是遗赠人与扶养人之间基于意思自治而签订的协议，需双方意思表示一致才能成立。此与遗赠不同，遗赠是单方法律行为，遗赠人通过遗嘱方式单方作出意思表示即可成立。就此而言，遗赠人生前可以自由修改或取消遗赠，而遗赠扶养协议的修改或撤销、解除则非单方意思表示即可实现。遗赠扶养协议中的受扶养人接受扶养人的扶养照顾，是以死后财产归属为代价

---

〔1〕 陈甦、谢鸿飞主编：《民法典评注·继承编》，中国法制出版社 2020 年版，第 294 页。

〔2〕 刘春茂主编：《中国民法学·财产继承》，中国人民公安大学出版社 1990 年版，第 491 页。

〔3〕 各地因五保户个人具体情况不同，“五保”的内容也有所区别，如五保户有房屋的，就无须“保住”，有些地方因为五保户烧火做饭困难，还专门设有“保烧”。

〔4〕 我国的遗赠扶养协议与德国及瑞士的“继承契约”不同。在遗嘱契约中，相对人多为继承人，受益人与遗嘱负担人可以为不同的人。参见《德国民法典》第 1941 条，《瑞士民法典》第 494 条。

的，尽管实践中扶养人的扶养照顾与其接受的遗赠并非对等，但显然不是无偿的。此与遗赠这种一方仅有义务，另一方仅享有权利的无偿法律行为不同。

2. 遗赠扶养协议是双务、诺成性法律行为

遗赠扶养协议是诺成性法律行为，自双方意思表示达成一致起即可发生效力。受扶养人即可请求扶养人履行扶养义务，只不过，基于其本身的特点，扶养人实际接受遗赠的权利需待受扶养人死亡后才能实现。就此而言，遗赠扶养协议是当事人双方都负有义务的行为。扶养人负有对受扶养人生养死葬的义务，受扶养人有将自己财产遗赠给扶养人的义务。

3. 遗赠扶养协议的扶养人为继承人以外的人

根据《民法典》第1158条规定，遗赠扶养协议的扶养人为“继承人以外的组织或者个人”，此与遗嘱继承中继承人须为法定继承人不同。这里的“组织”可以是法人，也可以是非法人组织。我国《老年人权益保障法》第36条更明确规定：老年人可以与集体经济组织、基层群众性自治组织、养老机构等组织签订遗赠扶养协议。说明实际生活中的作为扶养人的“组织”常为集体经济组织和村民委员会、居民委员会，以及专门的养老机构。这里的“个人”是否将所有的继承人都置于范围之外有可再讨论的余地。一般而言，对受扶养人有法定扶养义务的人，无须签订遗嘱扶养协议，也须承担其生养死葬义务，但是根据我国《民法典》的相关规定，基于第二顺位继承人（兄弟姐妹、祖父母、外祖父母）对被继承人承担法定扶养义务的有条件性，在有第一顺位继承人（配偶、父母、子女）时，第二顺位的继承人并不一定为实际的扶养人，相比较于在有法定扶养人时，被继承人仍有权与法定继承人之外的组织或个人签订遗赠扶养协议，应该认为，第二顺位的继承人可以有条件地成为遗赠扶养协议中的扶养人。

4. 遗赠扶养协议具有优先效力

《民法典》第1123条规定，继承开始后，按照法定继承办理；有遗嘱的，按照遗嘱继承或者遗赠办理；有遗赠扶养协议的，按照协议办理。据此，与法定继承或遗嘱继承以及遗赠相比较，在遗产的处理上，遗赠扶养协议的效力具有优先性。实际上遗赠扶养协议中扶养人接受遗赠的权利与受扶养人的其他一般债权人的债权相比较也具有优先性。这与遗赠扶养协议本身所具有的承担社会保障功能相关。

二、遗赠扶养协议的有效条件

作为一种双方民事法律行为，遗赠扶养协议必须符合《民法典》对法律行为效力的要求才能有效，这些要求包括：行为人具有相应的民事行为能力；意思表示真实；不违反法律、行政法规的强制性规定，不违背公序良俗。同时，作为一种具体的法律行为，遗赠扶养协议的效力也有其特征。

1. 遗赠扶养协议的当事人须为完全民事行为能力人

相比遗嘱而言，遗赠扶养协议涉及的民事法律关系更加复杂，所以，以受扶养人和扶养人为自然人的主体须为完全民事行为能力人。

2. 当事人意思表示真实

在遗赠扶养协议中，受扶养人往往处于弱势地位，如果因受欺诈、胁迫、重大误解或者因处于危困状态、缺乏判断能力而作出非真实意思表示，应按照可撤销民事法律行为处理。因为立法中并无如同遗嘱那样的特别规范，所以，如果因上述情形而导致意思表示不真实，应按照一般法律行为效力对待，属于可撤销的法律行为，不属于无效法律行为。

3. 遗赠扶养协议的内容合法，且不违背公序良俗

遗赠扶养协议是为解决受扶养人生养死葬问题而确立的制度，协议内容必须符合法律规定，符合公序良俗才能得到法律的认可，也才能实现协议目的。

三、遗赠扶养协议的内容

（一）遗赠人的权利义务

根据遗赠扶养协议的目的，遗赠人的权利是请求扶养人按照协议履行“生养死葬”的义务。具体而言，包括生活费的支付、日常生活照料、日常生活事务的处理等。遗赠人的义务是死后将财产遗赠给扶养人，为此，要求遗赠人生前不得处分相关财产。例如，遗赠扶养协议中明确遗赠财产为特定房屋，遗赠人生前不得将该房屋进行出卖或转赠他人。

（二）扶养人的权利义务

扶养人的权利是受扶养人死后取得协议中约定的财产；其义务则是对受扶养人的“生养死葬”。在受扶养人生前按照约定提供扶养，约定不明确的，按照保证受扶养人享受当地一般生活标准确定。在受扶养人死后，负责为其办理相关丧葬事务。

四、遗赠扶养协议的终止

遗赠扶养协议可以因协议中的权利义务履行完毕而终止，即因协议目的实现而终止。在履行过程中，如果出现特殊情况无法继续履行，协议对解除有约定的按照约定处理，如果没有约定，基于遗赠扶养协议的人身属性，应该确定双方有任意解除遗赠扶养协议的权利。对于解除后果，2021年1月1日施行的《民法典继承编解释（一）》第40条规定：继承人以外的组织或者个人与自然人签订遗赠扶养协议后，无正当理由不履行，导致协议解除的，不能享有受遗赠的权利，其支付的供养费用一般不予补偿；遗赠人无正当理由不履行导致协议解除的，则应当偿还继承人以外的组织或个人已支付的供养费用。此处“一般不予补偿”主要是考虑在个案中有可能扶养人已经尽了较多扶养义务，完全不补偿有失公平。

| 法律适用 |

我国共同遗嘱的司法实践：

关于共同遗嘱的效力，我国各地的实践中态度不同。有法院完全否定共同遗嘱的效力。[1]其中少数案件是因为缺乏共同意思表示、遗嘱真实性不明等法律规定的遗嘱当然无效的事由而被认定为无效遗嘱，不承认共同遗嘱效力的裁判理由主要是共同遗嘱不符合遗嘱的法定形式要件，即应为遗嘱被认为是要式的法律行为，而原《继承法》缺乏对共同遗嘱的明确规定。更多法院确认共同遗嘱的效力，但是由于实证法未明文规定共同遗嘱，无统一的裁判标准，导致其裁判理由也不尽相同。例如，“涉案遗嘱内容表明陈某和李某基于共同的意思表示对夫妻共同财产作出处理，约定一方去世后共同财产由健在者继承，该遗嘱为共同遗嘱，不违反遗嘱效力的强制性规定”[2]“夫妻双方基于共同的意思表示对夫妻共同财产订立遗嘱，一方书写遗嘱内容并由双方签名确认的，系双方对其共同财产进行的处分，应认定双方所立遗嘱合法有效，不适用有关代书遗嘱的规定”[3]“两位遗嘱人共同订立一份遗嘱，由一位遗嘱人书写主文，两位遗嘱人分别签字，对书写主文同时签字的遗嘱人而言认定为自书遗嘱，对

---

〔1〕 例如，湖南省桂东县人民法院（2014）桂民一初字第 78 号民事判决书、北京市海淀区人民法院（2014）海民初字第 22552 号民事判决书、北京市朝阳区人民法院（2014）朝民初字第 01589 号民事判决书、上海市浦东新区人民法院（2013）浦民一（民）初字第 9422 号民事判决书。

〔2〕 北京市高级人民法院（2016）京民申 3418 号民事裁定书。

〔3〕 北京市朝阳区人民法院（2013）朝民初字第 11488 号民事判决书。

未参与书写主文仅落款签名的遗嘱人而言则认定为代书遗嘱”。[1]

关于共同遗嘱的生效时间问题，不同类型的共同遗嘱生效时间不同。在相互指定型共同遗嘱中，法院基本认为遗嘱人一方死亡共同遗嘱即发生法律效力。[2]但在共同指定型和混合型共同遗嘱中，由于多个遗嘱人的死亡时间有先后之分，各法院对于共同遗嘱的生效时间的界定则存在不同观点。有的法院认为，在其中一个遗嘱人死亡时，共同遗嘱部分生效，即二人共同财产中属于该遗嘱人的份额继承开始，属于另一遗嘱人的份额则因其尚在世而不发生继承。[3]有的法院则认为，共同遗嘱人中的一人死亡后，该共同遗嘱仅仅处于成立而未生效的状态，待共同遗嘱人全部死亡后才生效。[4]还有的法院认为，共同遗嘱人的一方死亡后，继承虽然已经发生，仅由后去世一方管理和使用共有遗产，但整个遗嘱的效力尚未发生，待共同遗嘱人全部死亡后才发生法律效力。[5]

对共同遗嘱的撤回。对于遗嘱人均在世时双方协商一致对共同遗嘱所做的变更和撤回，其有效性并不存在争议，而对于遗嘱人一方死亡后，另一方对共同遗嘱所做的变更和撤回是否有效存在不同的理解。司法裁判中，有裁决指出：“共同遗嘱的效力具有整体性，若生存配偶可以变更或撤销共同遗嘱，则违背了死亡一方的生前意愿，使得共同遗嘱失去意义。”[6]有裁决指出：“生存配偶无权撤销涉及夫妻共同财产的内容，只能撤销涉及个人财产的内容。”[7]多数裁决肯定生存配偶有权撤回或变更共同遗嘱中涉及自己所有的财产的内容。[8]针对夫妻是否可以预先约定放弃遗嘱撤回权，裁判观点倾向于认

---

〔1〕北京市西城区人民法院（2014）西民初字第10510号民事判决书。

〔2〕上海市静安区人民法院（2013）静民三（民）初字第22号民事判决书、河北省邢台市中级人民法院（2014）邢民四终字第213号民事判决书。

〔3〕重庆市南岸区人民法院（2013）南法民初字第08764号民事判决书、四川省成都市温江区人民法院（2015）温江民初字第1781号民事判决书。

〔4〕浙江省杭州市滨江区人民法院（2011）杭滨民初字第80号民事裁定书、河南省平顶山市中级人民法院（2014）平民再终字第59号民事判决书、贵州省贵阳市中级人民法院（2014）筑民一终字第18号民事判决书、广东省珠海市斗门区人民法院（2015）珠斗法民一初字第291号民事判决书。

〔5〕山东省日照市中级人民法院（2011）日民一终字第553号民事判决书。

〔6〕参见山东省青岛市中级人民法院（2014）青民再终字第165号民事判决书、上海市徐汇区人民法院（2016）沪0104民初13058号民事判决书、北京市朝阳区人民法院（2019）京0105民初48598号民事判决书。

〔7〕上海市静安区人民法院（2015）静民一（民）初字第1658号民事判决书。

〔8〕参见江苏省南京市中级人民法院（2015）宁民再终字第38号民事判决书、上海市第二中级人民法院（2016）沪02民终4931号民事判决书、上海市第二中级人民法院（2017）沪02民终1788号民事判决书。

可遗嘱不可撤回的约定，[1]或者只有双方才可以变更或撤回的约定。[2]

综合我国司法实践中出现的问题，我国立法上对共同遗嘱应有明确的态度，笔者倾向于承认夫妻之间订立共同遗嘱的效力，这不仅是对个人处分财产自由的尊重，更是提供解决实际问题方法的需要。对遗嘱生效时间，针对不同类型的共同遗嘱确立生效时间应有所差异，对相互指定型共同遗嘱，任何一个人死亡都会触发遗嘱生效条件；对共同指定型共同遗嘱，应考虑遗嘱的整体性，以全体遗嘱人死亡作为共同遗嘱生效时间更为合适。而对共同遗嘱变更和撤销，原则上应该允许生存配偶对自己财产部分的变更或撤销，但如果该部分财产与死亡配偶的遗产处分有牵连关系，则其变更或撤销不得实质影响死亡配偶原有意思表示。如甲乙为夫妻，立共同遗嘱，内容为夫妻共有的房屋于二人死亡后指定由甲的父母继承，银行存款由乙的父母继承。甲死亡后，乙不能变更该遗嘱中对房屋的处分表示。

第五节 遗嘱信托

一、法律渊源

遗嘱信托，是指委托人通过遗嘱的方式，将财产权委托给受托人，由受托人按照委托人的意愿以自己的名义，为受益人的利益或者特定的目的，对财产进行管理和处分的行为[3]。

关于遗嘱信托的规定，最早见于《信托法》。《信托法》第8条规定如下："设立信托，应当采取书面形式。书面形式包括信托合同、遗嘱或者法律、行政法规规定的其他书面文件等。采取信托合同形式设立信托的，信托合同签订时，信托成立。采取其他书面形式设立信托的，受托人承诺信托时，信托成立。"同时《信托法》第13条又作了进一步的规定："设立遗嘱信托，应当遵守继承法关于遗嘱的规定。遗嘱指定的人拒绝或者无能力担任受托人的，由受益人另行选任受托人；受益人为无民事行为能力人或者限制民事行为能力人

〔1〕参见贵州省贵阳市中级人民法院（2015）筑民一终字第1897号民事判决书、广东省广州市越秀区人民法院（2016）粤0104民初4749号民事判决书、上海市浦东新区人民法院（2016）沪0115民初83197号民事判决书。

〔2〕参见上海市浦东新区人民法院（2016）沪0115民初53230号民事判决书。

〔3〕李岩：《遗嘱制度论》，法律出版社2013年版，第309页。

的，依法由其监护人代行选任。遗嘱对选任受托人另有规定的，从其规定。”

2021年生效的《民法典》，则进一步对《信托法》的规定进行了简单的回应，认可以遗嘱方式设立信托[1]。

遗嘱是设立信托的方式之一，因此遗嘱信托的当事人即委托人、受托人及受益人之间的权利义务关系也受《信托法》所调整。即当事人有约定的从约定，当事人无约定的则直接适用《信托法》的相关规定及所确定的基本原则。

从信托法律关系的构造来看，遗嘱信托的当事人包括：

委托人，即遗嘱人。委托人以遗嘱的形式确定受托人、受益人及信托财产分配的基本规则。考虑到《信托法》对信托的“书面格式”要求，因此我们认为遗嘱信托中的遗嘱形式，应该不包括“口头遗嘱”这一类型。

受托人，即遗嘱人在遗嘱中所确定的其所信任的人。受托人一方面因遗嘱信托而取得信托财产的所有权，另一方则因接受信托法律关系而承担信义义务，即管理好遗产，并将遗产按照委托人的指示进行分配。

受益人，即遗嘱信托中所明确的最终获得财产的人，通常为遗嘱人的近亲属。

二、遗嘱信托的订立

依据《信托法》的规定，信托设立必须采取书面形式，合同信托和遗嘱信托均如此。但法定的遗嘱形式，除典型的书面遗嘱外，还有非书面形式的录音录像遗嘱和口头遗嘱。关于录音录像遗嘱，虽然采取的是口头叙述的形式，但是录音录像都是可以保存的载体，可以作为特殊的书面形式。关于口头遗嘱，如果在订立遗嘱之后见证人将之书面记录下来，也应该认可以此作为设立信托的合法形式。

按照《信托法》第8条第3款的规定，遗嘱信托自受托人承诺时成立。多数情况下，被继承人在订立遗嘱之前会先征求受托人的意见。但是也存在一些情形，因为实际状况限制受托人并不知情，如被继承人订立遗嘱时出于保密需要，或者出于对受托人的信任推定后者会接受。在这种事先无合意的情况下，该等受托人并没有承诺的义务，遗嘱信托设立与否处于不稳定的状况。

从法律性质上看，遗嘱是单方、死因行为，相对人的承诺不应当成为遗嘱

---

〔1〕《民法典》第1133条规定：“自然人可以依照本法规定立遗嘱处分个人财产，并可以指定遗嘱执行人。自然人可以立遗嘱将个人财产指定由法定继承人中的一人或者数人继承。自然人可以立遗嘱将个人财产赠与国家、集体或者法定继承人以外的组织、个人。自然人可以依法设立遗嘱信托。”

成立和生效的要件。如果严格按照上述《信托法》的规定，会混淆双方行为和单方行为。另外，《信托法》第13条规定了遗嘱指定的受托人客观不能或者主观不能履行职责时新受托人的选任，可见受托人缺位并不必然导致信托的不成立和无效。从此可以看出，遗嘱信托的设立不应以受托人承诺为要件。《信托法》第8条和第13条是相互矛盾的。

从遗产取得的角度来看，相对于普通遗嘱继承，遗嘱信托最大的特点是“非一次性取得遗产”。即遗产的所有权发生了两次变更：首先从遗嘱人到受托人，由所有人取得遗产的所有权。只是这种所有权从性质上看是一种信托所有权，即受托人有管理的权限，但是处分权限受信托法律关系的限制；当信托财产分配给受益人之时，原来的遗产即遗嘱信托中的信托财产，其所有权从受托人手中转移至受益人，而受益人取得了一种普通的所有权。

法律适用

在域外，作为遗产的安排方式之一，遗嘱信托的案例并不罕见，如戴安娜王妃的遗嘱就是一个典型的遗嘱信托。在《民法典》颁布之前，事实上我们在司法实践中也不乏这样的案例，如发生在河南者罗山县的一个案件[1]就具有典型意义。

在这个案件中，法院查明的事实如下：

经审理查明，原告胡某玲的丈夫尹某伍于2016年得肝硬化去世，在去世前几天，尹某伍让其女儿尹某婷将其大哥尹某志、二哥尹某新等叫到其家中，后尹某伍从衣柜中拿出24万元，当场给原告胡某玲4万元，剩余的20万元交给其二哥尹某新保管，说要留给女儿尹某婷上大学用，存起来的利息用于父母和妻女的生活费。后尹某新将20万元存到了金店，每月利息2000元，给其父母1000元，给原告胡某玲1000元。原、被告双方对上述事实均予以认可。尹某伍病重期间主要由尹某婷大哥尹某志、二哥尹某新照顾，原告胡某玲照顾一个月后尹某伍即去世。尹某伍生前于2016年11月13日在罗山县人民医院写有一份《遗愿》，内容为：“20万元作为女儿小婷以后上学所用，20万元存款利息在父母妻儿同住期间，用作生活开支，房子妻儿共同所有，妻子有居住权，但不得处理变卖。”

---

〔1〕 河南省罗山县人民法院（2017）豫1521民初1541号民事判决书。

在遗嘱人去世之后，遗嘱人的遗孀即原告胡某玲要求返还这些已经由二哥尹某新保管并管理的资产，二哥尹某新则认为这些钱的归属应当归受益人尹某婷，而不是遗孀胡某玲。就此，法院认为：

“本院认为，原告胡某玲的丈夫尹某伍（已故）生前将其夫妻共同财产20万元留给其女儿尹某婷，但由于尹某婷系未成年人，尹某伍在生前将该款交由其二哥尹某新保管，待尹某婷长大年满十八周岁后再由尹某婷自己保管。关于该行为的性质，原告的代理人认为是一种保管合同关系，但保管合同是保管人有偿或无偿地为寄存人保管物品，并在约定期限内或应寄存人的请求，返还保管物品的合同，涉及的是两方当事人，即保管人和寄存人。而此案中涉及三方当事人，即委托人（尹某伍）、受托人（尹某新）、受益人（尹某婷），符合信托的构成要件，即委托人基于对受托人的信任，将其财产委托给受托人，由受托人按委托人的意愿以自己的名义，为受益人的利益或者特定目的，进行管理或处分的行为。本案中的情形属于民事信托，就是以完成一般的民事法律行为为内容的信托，通常是以个人财产为抚养、赡养、遗产继承等目的而设立的信托。信托财产是委托人合法所有的财产，采用的是书面形式（本案中采用的是遗嘱的形式），信托的核心内容是“受人之托，代人理财”，这种托付是以信任为基础的，有信任才有托付，这种托付是一种委托，委托的内容是理财，理财的目的是受益人的利益，它体现了委托人的意愿。本案中的信托财产属于夫妻共同财产，但委托人对该共同财产的处分不仅是在当时且事后已经得到了原告胡某玲的同意（其在庭审中也称同意其丈夫尹某伍将20万元留给其女儿），委托人尹某伍为了其女儿的利益将财产交由其二哥尹某新进行管理，尹某新在管理信托财产的过程中，并未违反信托目的处分信托财产，其尽到了诚实、信用、谨慎、有效管理的义务，综上，现原告胡某玲要求被告尹某新返还20万元没有事实和法律依据。”

这是一个典型的遗嘱信托案例。从这个案例中，充分体现了信托的本质：信托是一种信任，即本案中遗嘱人对尹某婷二哥的信任；同时信托也是一种不信任与顾虑，即担心遗孀胡某玲不会按照他的意愿来照顾老人，也担心孩子还小不会管理自己的财产。

总之，遗嘱信托也是一种“轻便”的信托，同时也是一种遗产安排方式。从过去的实务案例来看遗嘱信托，主要是遗嘱人对继承人（通常是年幼的子女）不放心，所以将遗产托付给其信任的人士，待继承人成年之后再交付给他们。这种本质上是继承中遗产的管理与交付方式，与本书后文讨论的家族信托，在功能上还是存在区别的，从所涉及的财富的体量方面也有较大的差别。

课后复习

1. 简述遗产的要件。
2. 简述遗产管理人的职权与义务。
3. 简述转继承与代位继承的区别。
4. 简述遗产债务的清偿。

第十四章 遗产的处理

第一节 遗产及其范围

重点问题

1. 遗产的概念。

2. 遗产性质和处分限制的区分。

3. 遗产的积极与消极要件。

一、遗产的概念

遗产是自然人死亡时遗留的个人合法财产。根据我国《民法典》第1122条规定，遗产是自然人死亡时遗留的个人合法财产，但是依照法律规定或者根据其性质不得继承的除外。[1] 该规定既明确了我国民法中遗产的概念，又确定了我国民法中遗产的范围，是《民法典》继承编中的核心条款之一。

遗产的认定在继承程序中居于重要地位，无论是依据法定继承、遗嘱继承，还是遗赠或遗赠扶养协议获得遗产，都必须首先明确当事人所主张的财产是否属于遗产。如果该财产根本不在遗产范围内，则就该财产不发生继承问题。实践中此类争议继承发生在如立遗嘱的夫妻一方在遗嘱中处分了夫妻共同财产中属于配偶的部分，或在遗嘱中处分了已经灭失的财产等情况，此时便需要先对遗产的范围进行辨别。

二、遗产的范围

（一）积极要件：“自然死亡时遗留的合法财产”

1. 判断时点：死亡时

---

〔1〕 本条承袭自1985年《继承法》第3条之规定，后者采取列举式的方式，罗列出公民合法财产的各种来源，包括“（一）公民的收入；（二）公民的房屋、储蓄和生活用品；（三）公民的林木、牲畜和家禽；（四）公民的文物、图书资料；（五）法律允许公民所有的生产资料；（六）公民的著作权、专利权中的财产权利；（七）公民的其他合法财产”。本条虽然从立法模式上摒弃了此种明示列举的方法，而仅高度抽象地规定“遗产是自然人死亡时遗留的个人合法财产”，但其内容不应发生实质改变，在具体理解时，仍然可以从上述七个方面加以剖析。

判断遗产的时间点是公民死亡时。公民死亡之前，其财产不能算作遗产，不能发生继承，仅当公民死亡之后，才产生遗产。

这意味着公民在死亡之前已经处分的收入不能再计算入遗产之中。例如夫妻两人生前售卖属于共同财产的住房，得到售房款8万元，后来赠与其子3万元用以购房，其后丈夫死亡，则此时丈夫的财产并非8万元的一半4万元，而是尚存的5万元的一半，即2.5万元。

2. 遗留的个人财产

遗产仅包含公民死亡时遗留的个人财产。该财产必须由死亡的公民生前享有，仅当该财产在公民生前属于该公民时，才成为遗产，而若死亡公民生前仅占有该财产，则该财产不属于遗产，若死亡公民生前与他人共有某财产，则不属于该公民的部分也不属于遗产，需要先将公民个人财产从共有财产中析出，才能进而发生继承。

此外，有时夫妻会在婚内以财产协议的方式对财产进行分割，在不涉及其他情况时，不应以产权登记作为认定该房屋权属的唯一依据，而应当尊重夫妻双方的意思自治，按照协议认定遗产范围。例如唐某诉李某某、唐某乙法定继承纠纷案中，[1]一审法院认为："关于财富中心房屋，唐某甲与李某某虽然在《分居协议书》中约定了该房屋归李某某拥有，但直至唐某甲去世，该房屋仍登记在唐某甲名下。故该协议书并未实际履行，因此应根据物权登记主义原则，确认该房屋属于唐某甲与李某某夫妻共同财产。"二审法院则并未采纳该意见，而是认为："该问题首先要厘清物权法与婚姻法在调整婚姻家庭领域内财产关系时的衔接与适用问题，就本案而言，应以优先适用婚姻法的相关规定处理为宜。"在说理部分，二审法院进而指出："物权领域，法律主体因物而产生联系，物权法作为调整平等主体之间因物之归属和利用而产生的财产关系的基础性法律，重点关注主体对物的关系，其立法旨在保护交易安全以促进资源的有效利用。而婚姻法作为身份法，旨在调整规制夫妻之间的人身关系和财产关系，其中财产关系则依附于人身关系而产生，仅限于异性之间或家庭成员之间因身份而产生的权利义务关系，不体现直接的经济目的，而是凸显亲属共同生活和家庭职能的要求。故婚姻法关于夫妻子女等特别人伦或财产关系

〔1〕 唐某诉李某某、唐某乙法定继承纠纷案，北京市第三中级人民法院民事判决书，《中华人民共和国最高人民法院公报》2014年第12期。

的规定不是出于功利目的创设和存在，而是带有‘公法’意味和社会保障、制度福利的色彩，将保护‘弱者’和‘利他’价值取向直接纳入权利义务关系的考量。”进而得出初步结论：“婚姻家庭的团体性特点决定了婚姻法不可能完全以个人为本位，必须考虑夫妻共同体、家庭共同体的利益，与物权法突出个人本位主义有所不同。在调整夫妻财产关系领域，物权法应当保持谦抑性，对婚姻法的适用空间和规制功能予以尊重，尤其是夫妻之间关于具体财产制度的约定不宜由物权法过度调整，应当由婚姻法去规范评价。本案中，唐某甲与上诉人李某某所签协议关于财富中心房屋的分割，属于夫妻内部对财产的约定，不涉及家庭外部关系，应当优先和主要适用婚姻法的相关规定，《物权法》等调整一般主体之间财产关系的相关法律规定应作为补充。”而在物权登记的公示效力问题上，二审法院认为：物权法以登记作为不动产物权变动的法定公示要件，赋予登记以公信力，旨在明晰物权归属，保护交易安全和交易秩序，提高交易效率。但实践中，由于法律的例外规定、错误登记的存在、法律行为的效力变动、当事人的真实意思保留以及对交易习惯的遵从等原因，存在大量欠缺登记外观形式，但依法、依情、依理应当给予法律保护的事实物权。《物权法》第28条至第30条对于非基于法律行为所引起的物权变动亦进行了例示性规定，列举了无须公示即可直接发生物权变动的情形。当然，这种例示性规定并未穷尽非因法律行为而发生物权变动的所有情形，婚姻法及其司法解释规定的相关情形亦应包括在内。在夫妻财产领域，存在大量夫妻婚后由一方签订买房合同，并将房屋产权登记在该方名下的情形，但实际上只要夫妻之间没有另行约定，双方对婚后所得的财产即享有共同所有权，这是基于婚姻法规定的法定财产制而非当事人之间的法律行为。因为结婚作为客观事实，已经具备了公示特征，无须另外再进行公示。而夫妻之间的约定财产制，是夫妻双方通过书面形式，在平等、自愿、意思表示真实的前提下对婚后共有财产归属作出的明确约定。此种约定充分体现了夫妻真实意愿，系意思自治的结果，应当受到法律尊重和保护，故就法理而言，亦应纳入非依法律行为即可发生物权变动效力的范畴。因此，当夫妻婚后共同取得的不动产物权归属发生争议时，应当根据不动产物权变动的原因行为是否有效、有无涉及第三人利益等因素进行综合判断，不宜以产权登记作为确认不动产权属的唯一依据，只要有充分证据足以确定该不动产的权属状况，且不涉及第三人利益，就应当尊重夫妻之间的真实意思表示，按照双方达成的婚内财产分割协议履行，优先保护事实物权人。需要指出的是，此处的第三人主要是相对于婚姻家庭关系外部而言，如夫妻财产涉及向家庭以外的第三人处分物权，就应当适用物权法等调整一般主体之间财产关系的相关法律规定。而对于夫妻家庭关系内的财产问题，应当优先适用婚姻法的相关规定。

3. 合法财产

遗产包括公民死亡时遗留的全部财产权利和财产义务。[1]这一规则应当从两个方面进行理解，一方面遗产不仅包含权利，还包含义务，继承人需要对权利义务一并承担；另一方面仅财产上的权利义务可以作为遗产被继承，而公民生前享有的人身权利以及相应义务则不能被继承下来。[2]

（二）消极要件："依法律规定及其性质不能继承的财产"

1. 依法律规定不能继承的财产

原则上财产性质的利益和权利都可以被列为遗产从而发生继承，但在某些特殊领域，法律出于特殊考虑作出特别规定，限制相关权利和利益的继承，这主要发生在国有资源使用权、土地承包经营权与宅基地使用权等领域。所谓国有资源使用权，指的是公民依法使用国有资源的权利，如采矿权、探矿权、取水权、捕捞权、养殖权等。这些权利仅由特定人享有，其取得需要经过特殊的法律程序，权利人在享有使用权的同时，还承担管理、保护和合理利用的义务，该权利不得转让，也不得继承，若权利人死亡，继承人需要重新取得国有资源使用权，并经有关部门核准之后，才可继续从事相关业务，而不因继承人身份当然取得国有资源使用权。[3]

土地承包经营权指的是公民对集体所有的土地或者国家所有由集体使用的土地进行占有、使用、收益的权利。在李某祥诉李某梅继承权纠纷案中，[4]法院明确指出："以家庭承包方式实行农村土地承包经营，主要目的在于为农村集体经济组织的每一位成员提供基本的生活保障。根据《农村土地承包法》第十五条的规定，家庭承包方式的农村土地承包经营权，其承包方是本集体经济组织的农户，其本质特征是以本集体经济组织内部的农户家庭为单位实行农村土地承包经营。因此，这种形式的农村土地承包经营权只能属于农户家庭，而不可能属于某一个家庭成员。……农村土地承包经营权不属于个人财产，故不发生继承问题。"《民法典继承编解释（一）》第2条规定："承包人死亡时尚

---

〔1〕 蒋月主编：《婚姻家庭与继承法》（第三版），厦门大学出版社 2014 年版，第 309 页。

〔2〕 夏吟兰主编：《婚姻家庭继承法》，中国政法大学出版社 2012 年版，第 237 页。

〔3〕 房绍坤主编：《亲属与继承法》，科学出版社 2015 年版，第 170 页。

〔4〕 李某祥诉李某梅继承权纠纷案，江苏省南京市江宁区（县）人民法院民事判决书，《中华人民共和国最高人民法院公报》2009 年第 12 期。

未取得承包收益的，可以将死者生前对承包所投入的资金和所付出的劳动及其增值和孳息，由发包单位或者接续承包合同的人合理折价、补偿。其价额作为遗产。”由此可见，土地承包经营关系中，可以继承的是承包应得的“个人收益”，但土地承包经营权本身是否可以继承，还需要依据相关法规进行判断，若属于“依照法律允许由继承人继续承包的”，则应当按照承包合同办理。如《农村土地承包法》（2018年版）第32条规定：“承包人应得的承包收益，依照继承法的规定继承。林地承包的承包人死亡，其继承人可以在承包期内继续承包。”同法第54条规定：“依照本章规定通过招标、拍卖、公开协商等方式取得土地经营权的，该承包人死亡，其应得的承包收益，依照继承法的规定继承；在承包期内，其继承人可以继续承包。”又如宅基地使用权，通常认为虽然被继承人死后，宅基地依然由被继承人的其他家庭成员使用，但该使用权并非被继承人的遗产，继承人因房屋所有权的继承而取得宅基地使用权。

2. 依性质不能继承的财产

（1）与人身有关的专属性财产

人身专属性的权利或利益，纵然其具备财产价值，亦不得继承，典型的如姓名、荣誉等，但由姓名、荣誉本身衍生出的财产利益则可以继承，又如领取养老金的权利是专属于个人的权利，被继承人死后，继承人显然不能代替被继承人继续领取养老金。

（2）虚拟财产的继承

对于网络虚拟财产能否继承，学界与司法实践中存在诸多分歧，相关的问题主要集中在两个方面，第一是网络虚拟财产究竟是什么性质的财产；第二是运营商通过与被继承人约定“该账户不得继承”是否可以有效排除该虚拟财产的遗产属性?

关于网络虚拟财产的属性，学界存在物权说、债权说、知识产权说等不同观点，[1]《民法典》第127条规定：“法律对数据、网络虚拟财产的保护有规定的，依照其规定。”该条以明文将“网络虚拟财产”这一概念纳入总则之中，承认了网络虚拟财产的“财产”属性，自此，网络虚拟财产可以作为遗产继承，从文义解释上当无疑义。但这并不意味着关于网络虚拟财产属性的争论就此可以止息，在承认了网络虚拟财产可继承性的基础上，这一财产该如何继

---

〔1〕 杨立新：《民法总则规定网络虚拟财产的含义及重要价值》，载《东方法学》2017年第3期，第68页。

承的问题会在几大学说之间引发更为尖锐的矛盾。例如若依物权说，在网络虚拟财产之上直接成立物权，[1]则当被继承人死亡后，继承人直接获得网络虚拟财产的所有权；若依债权说，则继承人代替被继承人，成为网络运营商的债权人。[2]本书支持债权说，在这一问题中必须区分，网络虚拟财产“具备财产价值”“可独立交易”的属性与物权并不能直接画等号，因为债权同样具备这一性质。而如果承认网络虚拟财产的物权属性，则会带来更多的理论难题：例如一网络游戏运营商破产，其玩家可否基于物上返还请求权，请求返还其游戏中获得的装备，并且在不能返还时请求价值补偿？玩家可否基于这一物权对抗运营商的其他债权人？同样，当玩家决定不再继续玩某个游戏时，他能否请求取回游戏装备或者补偿相应价值？若采纳债权说，则不会存在此类问题，网络平台运营商与客户之间订立的是一种混合型的合同，可能存在服务、保管甚至金融理财等方面的内容，以网络游戏为例，它更多地表现出服务合同的属性，无论是玩家花钱购买的游戏货币，还是玩家在游戏中获得的装备，即便其具备财产价值，也是以“运营商的服务的财产价值”的形态存在的，换言之，是以玩家对运营商债权的形式存在的，运营商基于合同承担为玩家提供相应游戏服务的义务，无论装备也好，游戏币也好，都是整个游戏的一部分，是运营商服务的一部分，决定这一点的最核心要素是——游戏币和装备仅能在玩家之间交易，但却不能直接与货币互通，玩家只能用人民币购买游戏币，却不能用游戏币代替人民币。一切的交易，都要在运营商提供的“服务”的框架下进行，脱离这个框架，则不存在进行交易的现实基础。

另一个棘手的问题是，当事人是否可以通过约定将特定财产排除在遗产之外？如今无论是网店还是社交账号注册时，服务商大多会同用户在合同中订立诸如“本账户不得赠与、借用、租用、转让、继承”的条款。本文认为这样的条款并不能够产生继承法上的效力，具体而言，继承人依旧可以依据继承法继承死者对服务商的债权，成为新的债权人，[3]因为本条明确规定公民个人合法财产不能成为遗产的情况仅有两种，即“依照法律规定”或者“根据其性质不

〔1〕 许可：《网络虚拟财产物权定位的证立——一个后果论的进路》，载《政法论坛》2016年第5期，第47—57页。

〔2〕 王雷：《网络虚拟财产权债权说之坚持——兼论网络虚拟财产在我国民法典中的体系位置》，载《江汉论坛》2017年第1期，第121—129页。

〔3〕 如在夏某1与王某1继承纠纷一案中，法院就认为网店理应属于遗产可以继承。参见夏某1与王某1继承纠纷案，广东省广州市中级人民法院（2018）粤01民终3262号二审民事判决书。

得继承”。虚拟财产显然不属于依照法律规定不得继承的情形，那么便需要考察当事人之间“不得继承”的约定是否导致该债权“根据其性质不得继承”。此处的疑问便集中在，当事人约定是否改变该债权的“性质”？对问题的回答需要从民法典的规范体系中寻找答案，《民法典》第545条规定：“债权人可以将债权的全部或者部分转让给第三人，但是有下列情形之一的除外：（一）根据债权性质不得转让；（二）按照当事人约定不得转让；（三）依照法律规定不得转让。当事人约定非金钱债权不得转让的，不得对抗善意第三人。当事人约定金钱债权不得转让的，不得对抗第三人。”其中第1款第1、2项将债权性质与当事人约定分别规定，显然是认为当事人约定不得转让与依债权性质不得转让属于不同的情形，比较两条规定，本条显然是仅将第545条第1款的第1、3项纳入了但书之中，而不认为当事人的约定可以排除遗产的性质。

法律适用

在对具体问题进行分析时需要区分“可继承性”与“可处分性”两个问题。遗产必然是可以继承的，但在继承之后却可能受到处分上的限制。此种限制既有可能来源于遗产本身的性质（如遗体、骨灰等与人格尊严高度相关），关于冷冻胚胎的继承问题亦属此类。在被继承人死亡后，如果一味地出于对人格尊严的保护不承认其可继承性，实际上只会造成争议发生时法院在适用法律上的无所适从。但继承人在依法继承此类客体之后必然要受到处分权上的限制，如此类客体不得在市场流通，必须按照符合公序良俗的方式进行处置（如遗体、骨灰的安葬）。此种限制还可能来源于被继承人自身的意思，如附义务遗嘱中的禁止转让条款，此时该遗产依旧可以被继承，但是继承人不可将其转让。

课后复习

1. 被继承人死亡前尚未收回的借款是否可以继承？

2. 被继承人的日记是否可以继承？

第二节 遗产管理人

重点问题

1. 遗产管理人的确定方式。
2. 遗产管理人的权利义务。
3. 遗产管理人的责任。

一、遗产管理人的确定

《民法典》颁布之前，1985 年《继承法》中并未规定遗产管理人制度，根据 1985 年《继承法》第 23 条规定："继承开始后，知道被继承人死亡的继承人应当及时通知其他继承人和遗嘱执行人。继承人中无人知道被继承人死亡或者知道被继承人死亡而不能通知的，由被继承人生前所在单位或者住所地的居民委员会、村民委员会负责通知。"该条通过确立率先知道被继承人死亡的继承人"通知"其他继承人以及遗嘱执行人的义务来解决相关问题，但是对于率先知道被继承人死亡的继承人在通知之外是否承担其他责任、遗产的分割是否有人负责执行等问题并未明确规定。该条在《民法典》第 1150 条中被延续下来。

1985年《继承法》中关于遗产执行问题并非完全没有规定，根据该法第16条第1款规定：公民可以依照本法规定立遗嘱处分个人财产，并可以指定遗嘱执行人。因此，在1985年《继承法》中，存在遗嘱执行人制度，但对于被继承人未立遗嘱的情况下，遗产的分割、遗产债务、税务的偿还与清缴等问题由谁负责处理，在旧法制度中并不清晰。本条规定确立了遗产管理人制度，填补了旧法关于遗产管理问题规定上的空白。

（一）遗产管理人的选任

《民法典》第1145条规定："继承开始后，遗嘱执行人为遗产管理人；没有遗嘱执行人的，继承人应当及时推选遗产管理人；继承人未推选的，由继承人共同担任遗产管理人；没有继承人或者继承人均放弃继承的，由被继承人生前住所地的民政部门或者村民委员会担任遗产管理人。"

1. 遗嘱执行人为遗产管理人

《民法典》第1145条引入遗产管理人作为遗嘱执行人的上位概念，被继承人订立了遗嘱，并且指定了遗嘱执行人的，由遗嘱执行人担任遗产管理人。遗产管理人不一定是被继承人的法定继承人，法定继承人以外的人，如朋友、律师等，也可以成为遗产管理人。该条解决的一方面是在被继承人未直接指定遗产管理人的情形下遗产管理人的确定问题，而从另一方面看，该问题在实践中可能转化为“谁有权指定或决定遗产管理人”的问题。那么根据该条第一句的规定，被继承人首先对于遗产管理人有优先决定权，被继承人在遗嘱中指定了遗嘱执行人的，遗嘱执行人便为遗产管理人。

2. 继承人推选遗产管理人

若被继承人并未订立遗嘱，又或者虽然订立遗嘱，但是未指定遗嘱执行人。此种情形下，继承人应当及时推选遗产管理人。此处的继承人所指的应当是根据法定继承规则或者根据遗嘱有资格获得遗产的继承人，即拥有继承既得权的继承人。换言之，受遗赠人无权推选遗产管理人，在法定继承的情形下，存在第一顺位法定继承时，第二顺位法定继承人无权推选遗产管理人。

实践中也可能发生继承人均怠于推选遗产管理人的情形，此时根据《民法典》第1145条第三句规定，继承人未推选的，由继承人共同担任遗产管理人。此时继承人应当共同执行管理事务，并且共同承担相应责任。

3. 民政部门或者村民委员会担任遗产管理人

对于无主遗产，《民法典》第1145条亦作出了相应规范：“……没有继承人或者继承人均放弃继承的，由被继承人生前住所地的民政部门或者村民委员会担任遗产管理人。”所谓没有继承人，指被继承人没有法定继承人的情形。该条规定没有继承人或者继承人均放弃继承的，由被继承人生前住所地的民政部门或者村民委员会担任遗产管理人，这意味着法定继承的情形中，酌分遗产人不能自动成为遗产管理人。根据《民法典》第1127条至第1129条的规定，法定继承人可能包括配偶、子女、父母、兄弟姐妹、祖父母、外祖父母以及对公婆或岳父母尽了主要赡养义务的丧偶儿媳、丧偶女婿。

所谓继承人均放弃继承，是指依据《民法典》第1124条第1款规定：“继承开始后，继承人放弃继承的，应当在遗产处理前，以书面形式作出放弃继承的表示；没有表示的，视为接受继承。”继承人可以以书面形式放弃继承，从而摆脱继承带来的诸如偿还遗产债务、拖欠税款等相关义务对自身的拖累。如果所有继承人均放弃继承，那么此时由民政部门或者村民委员会担任遗产管理人，负责遗产债务、税款的清偿问题。

法律没有明确规定但同样需要予以说明的是全部继承人丧失继承权的情

形。依据《民法典》第1125条的规定，继承人有下列行为之一的，丧失继承权：故意杀害被继承人；为争夺遗产而杀害其他继承人；遗弃被继承人，或者虐待被继承人情节严重；伪造、篡改、隐匿或者销毁遗嘱，情节严重；以欺诈、胁迫手段迫使或者妨碍被继承人设立、变更或者撤回遗嘱，情节严重。此种情形并非第1145条第四句所规定的“没有继承人”或“继承人均放弃继承”的情形，而是独自构成一种案例类型，即全部继承人丧失继承权的情形。如果发生此种情形，则应当类推第1145条第四句的规定，由民政部门或者村民委员会担任遗产管理人，负责遗产债务、税款的清偿问题。

（二）遗产管理人的指定

遗产管理人也可能通过诉讼方式确定。《民法典》第1146条规定：“对遗产管理人的确定有争议的，利害关系人可以向人民法院申请指定遗产管理人。”为了解决实践中可能出现的对于遗产管理人的确定久拖未决的问题，该条规范将权利明晰到具体的当事人，利害关系人可以向人民法院申请指定遗产管理人。

利害关系人指的是对遗产的分割有经济上利益关系的人。利害关系人包含获得继承既得权的遗嘱继承人、获得继承既得权的法定继承人、遗赠中的受遗赠人，遗赠扶养协议中的扶养人，以及依酌分遗产制度等《民法典》继承编的其他规则有资格分得遗产的人。在此之外，遗嘱继承人、法定继承人、受遗赠人的配偶基于夫妻共同财产制也属于利害关系人，因为根据《民法典》第1062条规定：“夫妻在婚姻关系存续期间所得的下列财产，为夫妻的共同财产，归夫妻共同所有：……（四）继承或者受赠的财产，但是本法第一千零六十三条第三项规定的除外……”除非遗嘱中确定只归夫妻一方，否则基于继承或受遗赠所得的财产是夫妻共同财产，尤其是在离婚的情形下，其配偶对于财产的分割尤其具有利害关系。原《最高人民法院关于适用〈中华人民共和国婚姻法〉若干问题的解释（三）》第15条所处理的便是此种情形：“婚姻关系存续期间，夫妻一方作为继承人依法可以继承的遗产，在继承人之间尚未实际分割，起诉离婚时另一方请求分割的，人民法院应当告知当事人在继承人之间实际分割遗产后另行起诉。”最后，遗产债权人、继承人，受遗赠人的债权人、债务人，共同经营的合伙人等，也属于利害关系人的范畴。

最后，法院指定遗产管理人后，由法院指定的遗产管理人执行遗产管理事务，并依据《民法典》的规定承担责任。根据《民法典》第1148条规定：“遗产管理人应当依法履行职责，因故意或者重大过失造成继承人、受遗赠人、债权人损害的，应当承担民事责任。”

二、遗产管理人的权利及职责义务

（一）遗产管理人的权利

《民法典》第1149条规定：“遗产管理人可以依照法律规定或者按照约定获得报酬。”这是关于遗产管理人报酬请求权的规定，即在法律有规定或当事人之间有约定的情况下，遗产管理人可以请求报酬。遗产管理人执行遗产管理事务，以无偿为原则，有偿为例外，在没有法律有规定或当事人之间有约定的情况下，遗产管理为无偿行为。

（二）遗产管理人的职责、义务

我国《民法典》第1147条是关于遗产管理人法定职责的规定：“遗产管理人应当履行下列职责：（一）清理遗产并制作遗产清单；（二）向继承人报告遗产情况；（三）采取必要措施防止遗产毁损、灭失；（四）处理被继承人的债权债务；（五）按照遗嘱或者依照法律规定分割遗产；（六）实施与管理遗产有关的其他必要行为。”其中第1项到第5项规定了遗产管理人的基本职责，第6项作为兜底性规定，为容纳实践中出现的特殊情形预留了解释的空间。

遗产管理人有责任实施与管理遗产有关的必要行为，这些行为可能包括下列事项。

1. 清理遗产并制作遗产清单

清理遗产，是指查明遗产的名称、种类、数量、所处地点、市场价值、所处状态等有关情况。在查明遗产状况之后，遗产管理人应当制作遗产清单，确认遗产范围，并且将遗产清单向继承人进行告知和披露。

2. 向继承人报告遗产情况

在查清遗产状态之后，遗产管理人应当向继承人如实、全面地报告遗产状况。继承人有权就遗产状况向遗产管理人进行询问，遗产管理人对于其已知的信息，应当予以披露，对于其未知但为履行职责而应当知晓的信息，遗产管理人应当主动获取之后进行披露。

3. 取必要措施防止遗产毁损

遗产管理人应当妥善管理遗产，当遗产存在毁损、灭失的危险时，遗产管理人应当及时采取措施以防止遗产毁损。

4. 处理被继承人的债权债务

遗产管理人应当处理被继承人的债权债务，对于届期债权，遗产管理人应当且有权予以实现，对于届期债务，遗产管理人应当且有权从遗产价值中予以偿还。对于被他人非法占有的遗产，遗产管理人有权予以取回。在存在遗赠扶养协议时，依据《民法典》第1123条的规定，遗赠扶养协议的效力优先于遗嘱继承、遗赠以及法定继承，遗产管理人应当对遗赠扶养协议优先办理。

5. 按照遗嘱或者依照法律规定分割遗产

遗产管理人应当按照遗嘱或者依照法律规定分割遗产。在存在遗嘱的情况下，遗产管理人应当审查遗嘱的合法性、有效性。具备《民法典》第1143条规定情形的遗嘱、违反法律强制性规定和公序良俗的遗嘱、不具备《民法典》第1134条至第1140条规定的形式要件的遗嘱都属于无效遗嘱，除此之外违反《民法典》第1141条必留份规定的遗嘱，其与必留份抵触的部分无效。在存在多份内容冲突的遗嘱时，还须依据第1142条的规则确定最终发生效力的遗嘱。在不存在遗嘱的情况下，则应当依据法定继承规则分割遗产。对于无主遗产，则应当按照《民法典》第1160条的规定处理：“无人继承又无人受遗赠的遗产，归国家所有，用于公益事业；死者生前是集体所有制组织成员的，归所在集体所有制组织所有。”

6. 实施与管理遗产有关的其他必要行为

遗产管理人的职责还包括实施与管理遗产有关的其他必要行为，如果某一行为对于管理遗产而言是必要的，那么遗产管理人亦应当且有权实施。

三、遗产管理人的责任承担

《民法典》第1148条规定：“遗产管理人应当依法履行职责，因故意或者重大过失造成继承人、受遗赠人、债权人损害的，应当承担民事责任。”这是关于遗产管理人履行职责不当，给继承人、受遗赠人、债权人造成损害的情况下责任承担的规定。依据该条规定，遗产管理人仅对因故意或者重大过失给继承人、受遗赠人、债权人造成的损害负责，这意味着遗产管理人因一般过失或轻过失给继承人、受遗赠人、债权人造成损害的，可以依该条主张免除责任。

遗产管理涉及的问题可能范围广泛，需要处理的遗产也存在各种不同的性质与样态，特别是在无偿的遗产管理的情形下，如果因为遗产管理人的一般过失与轻过失便对其施以赔偿责任，可能会对遗产管理人的管理能力提出过高的要求，也会使得非专业的遗产管理人（如没有专业能力的继承人）因担心承担赔偿责任而不愿担任遗产管理人。将赔偿责任限制在故意和重大过失的情况下，令遗产管理人仅承担所有人处于相同位置都必须承担的注意义务，增强了该制度的可行性。

但是，在有偿的遗产管理的情形下，如果遗产管理人对自身的专业能力作出了特殊的保证，使被继承人或继承人信赖其管理能力而指定其为遗产管理人，对遗产管理事务约定了合理对价，那么此时基于此种特殊的信赖，遗产管理人可能例外地对自身的一般过失承担赔偿责任。

法律适用

遗产管理人制度作为《民法典》新创设的制度，其规则还有待司法实践不断进行完善和补充。尤其是对于有偿管理与无偿管理、专业管理与非专业管理，法条中并未作出明确的区分，但是在实践中以此为业的专业律师与只是被亲属推举出来进行管理的非专业人士显然不宜同等对待，二者在权利义务范围、注意义务程度、责任减免等方面均应有所差别。

课后复习

1. 遗产管理人与遗嘱执行人的关系。

2. 遗产管理人的责任减免。

第三节 遗产债务的清偿

重点问题

1. 遗产债务的清偿原则。

2. 遗产债务的清偿顺位。

一、遗产债务的确定

继承关系发生后，属于被继承人的全部合法个人财产以及其财产性义务发生转移，由继承人享有或承受。继承人获得财产利益的同时，也需要继承被继承人所承担的财产性义务，如其尚未清偿的债务。

二、遗产债务的清偿原则

继承人继承遗产，同时需要承担清偿遗产债务的义务，在此过程中需要遵循以下三项原则。

（一）限定继承原则

《民法典》第1161条是关于限定继承原则的规定："继承人以所得遗产实际价值为限清偿被继承人依法应当缴纳的税款和债务。超过遗产实际价值部分，继承人自愿偿还的不在此限。继承人放弃继承的，对被继承人依法应当缴纳的税款和债务可以不负清偿责任。"

限定继承这一概念是相对于无限继承的概念而言的。所谓限定继承，是指继承人对遗产债务的偿还以所得遗产实际价值为限的原则。与之相对，无限继承指的是"继承人以其所有继承财产上的积极财产和本人固有财产对被继承人的债权人债权进行清偿"。[1]二者相比，无限继承更倾向于保护债权人的利益，也更为符合传统的"父债子偿"的观念；限定继承则更为尊重继承人的独立人格，不使继承人的人格发展因父辈的负债而受到负面影响。我国采取的是无条件限定继承的立场，即无论继承人是否制定遗产清单，是否存在伪造遗产清单、隐匿遗产的情形，只要继承人接受继承，便受到限定继承原则的保护。

根据限定继承原则，继承人在遗产实际价值范围内承担偿还被继承人生前所欠债务以及欠缴税款的义务，与之相对的，遗赠表现为无负担的财产利益让与，受遗赠人仅在因遗赠导致债务清偿困难、债权人利益无法保障时才在接受遗赠的财产价值范围内偿还被继承人生前所欠债务。[2]

在具体清偿时，继承人只须以所得遗产的实际价值为限进行清偿，而无须在遗产价值之外以自身财产负担被继承人生前所欠税款和债务。但是，如果继承人自愿以自身财产进行清偿，则不得在发生纠纷的时候以限定继承为由，向债权人主张返还给付，此处法条以明文排除了不当得利的返还，因此也无须讨论继承人清偿被继承人债务是否属于为道德义务而为的给付。继承人的继承是对被继承人财产上权利义务的一并继承，虽然其偿还以其继承的财产价值为限，但是若继承人不想偿还遗产债务，则须放弃继承。例如"王某华等诉唐某英等缔约过失责任纠纷案"中，法院便曾指出："被告唐某英与谭某长在夫妻关系存续期间产生的债务为连带债务，因谭某长在诉讼中已死亡，被告谭某阳、谭某春、谭某梅均为谭某长的法定继承人，且明确表示不放弃对谭某长遗

---

[1] 于晓：《论我国限定继承制度的完善——以我国台湾地区"民法"继承编为参照》，载《东岳论丛》2015年第6期，第185页。

[2] 蒋月主编：《婚姻家庭与继承法》（第三版），厦门大学出版社2014年版，第278页。

产的继承。因此，以上债务应由被告谭某阳、谭某春、谭某梅在其实际继承谭某长的遗产范围内与被告唐某英承担连带赔偿责任。”[1]

（二）保留必留份额原则

《民法典》第1159条明确了遗产债务清偿需遵循保留必留份额原则，该条规定：“分割遗产，应当清偿被继承人依法应当缴纳的税款和债务；但是，应当为缺乏劳动能力又没有生活来源的继承人保留必要的遗产。”这是法律对生存面临特殊困难的继承人给予的特殊保障，是养老育幼原则在继承法规则中最为强烈的表达。根据上述规定，无论是在法定继承还是在遗嘱继承中，都应当先为缺乏劳动能力又没有生活来源的继承人保留维持其生活所需的必要份额，其后剩余部分才可用以清偿债务。

（三）遗产债务优先于执行遗赠原则

《民法典》第1162条规定：“执行遗赠不得妨碍清偿遗赠人依法应当缴纳的税款和债务。”主流意见通常认为遗赠是不负任何负担的财产给付，即被继承人遗赠的只能是积极的财产权利，而不附带任何消极的义务。但为了避免现实中被继承人在自身依旧负担未缴纳的税款和债务的情况下，将全部遗产遗赠出去从而导致税款和债务无法清偿，从而损害债权人的利益，本条规定执行遗赠不得妨碍清偿遗赠人依法应当缴纳的税款和债务，依据《民法典》第1163条之规定，尽管在既有法定继承又有遗嘱继承、遗赠的情况下由法定继承人清偿被继承人依法应当缴纳的税款和债务，在限定继承的框架下，法定继承人是第一位的遗产债务偿还人，但如果法定继承人所继承的遗产价值不足以偿还债务，那么超过法定继承遗产实际价值部分，由遗嘱继承人和受遗赠人按比例以所得遗产进行清偿。

三、遗产债务的清偿顺位

《民法典》第1163条规定：“既有法定继承又有遗嘱继承、遗赠的，由法定继承人清偿被继承人依法应当缴纳的税款和债务；超过法定继承遗产实际价值部分，由遗嘱继承人和受遗赠人按比例以所得遗产清偿。”

遗赠在理论上分为概括遗赠与特定遗赠。所谓概括遗赠，是指遗赠人将遗产的权利与义务一并遗赠给受遗赠人；而特定遗赠则指的是遗赠人仅将特定的

[1] 王某华等诉唐某英等缔约过失责任纠纷案，重庆市第四中级人民法院（2014）渝四中法民终字第442号民事判决书。

积极财产遗赠给受遗赠人，而不能将消极的财产义务一并遗赠，换言之，受遗赠人获得的仅是积极的财产利益，而不承担任何遗产债务。我国通说认为，我国仅承认特定遗赠，而不承认概括遗赠。[1]这就决定了受遗赠人的清偿义务顺位原则上劣后于继承人。而在遗嘱继承的情形下，被继承人以明确的意思对遗产作出了安排，在法定继承部分的财产足以清偿拖欠税收与债务的情形下，被继承人的意思自治得到充分尊重，因此遗嘱继承人的清偿义务顺位劣后于法定继承人。但需要注意的是，《民法典》第1163条并未在遗嘱继承人与受遗赠人之间进行进一步的区分，而是规定超过法定继承遗产实际价值部分，由遗嘱继承人和受遗赠人按比例以所得遗产清偿。

法律适用

遗产债务的清偿顺位是实践中必须关注的问题。继承开始后，应当先为缺乏劳动能力又没有生活来源的继承人保留必要份额，剩余部分则应当优先清偿被继承人依法应当缴纳的税款和债务，但是以剩余遗产实际价值为限。清偿完毕后，若还有剩余遗产，则应当依照《民法典》第1123条办理："继承开始后，按照法定继承办理；有遗嘱的，按照遗嘱继承或者遗赠办理；有遗赠扶养协议的，按照协议办理。"

课后复习

1. 我国《民法典》继承编是否承认"父债子偿"？

2. 既有法定继承又有遗嘱继承时，由谁优先清偿债务？

---

〔1〕 蒋月主编：《婚姻家庭与继承法》（第三版），厦门大学出版社2014年版，第366页。

第四节 遗产的分割

重点问题

1. 遗产分割的基本原则。

2. 胎儿继承份额的保留。

遗产的分割对我国继承法制度意义重大。我国采当然继承主义，继承发生后，全部继承人以一个整体对全部遗产概括继承，成立共有以待分割。就此，遗产继承的整个过程实际上分为两个阶段，第一个阶段是在被继承人死亡后，遗产分割前，全部继承人通过共有的方式概括继承全部遗产；第二个阶段则是遗产分割后，按照遗嘱或法律规定的方案，个别继承人分别获得属于自己部分的遗产。[1]

一、遗产分割的前提

遗产分割的前提应当是明确遗产的范围，即应当将遗产与他人的财产区分开来，由此确保遗产分割的合理性与正当性。我国《民法典》第1153条规定：“夫妻共同所有的财产，除有约定的外，遗产分割时，应当先将共同所有的财产的一半分出为配偶所有，其余的为被继承人的遗产。遗产在家庭共有财产之中的，遗产分割时，应当先分出他人的财产。”本条为夫妻共同财产在发生继承时的分割析产规定。因为遗产为自然人死亡时遗留的个人合法财产，而夫妻共同财产并非由夫妻一方单独所有，所以当夫妻一方死亡时，应当先从夫妻共同财产中析出属于死亡的夫妻一方的份额，就该部分财产发生继承。

判断夫妻共同财产与个人财产的范围，需要借助《民法典》婚姻家庭编的规定。婚姻家庭编先是以第1062条第1款从正面确定了夫妻共同财产的范畴：“夫妻在婚姻关系存续期间所得的下列财产，为夫妻的共同财产，归夫妻共同所有：（一）工资、奖金、劳务报酬；（二）生产、经营、投资的收益；（三）知识产权的收益；（四）继承或者受赠的财产，但是本法第一千零

---

〔1〕 肖立梅：《从比较法角度解析和构建遗产的物权变动过程——兼评〈继承法〉及〈物权法〉第29条》，载《法学论坛》2015年第3期，第89页。

六十三条第三项规定的除外；（五）其他应当归共同所有的财产。”继而又以第1063条明示列举了夫妻一方个人财产的典型情况：“下列财产为夫妻一方的个人财产：（一）一方的婚前财产；（二）一方因受到人身损害获得的赔偿或者补偿；（三）遗嘱或者赠与合同中确定只归一方的财产；（四）一方专用的生活用品；（五）其他应当归一方的财产。”继承开始后，存在夫妻共同财产的，应当先将夫妻共同财产分出一半，这一半属于尚生存的夫妻一方的财产，而非遗产，因而不发生继承。在法定继承的情形下，配偶作为第一顺位法定继承人，还可以基于法定继承的规则参与夫妻共同财产析产后被纳入遗产中的那部分遗产的继承。如果遗产在家庭共有财产之中的，遗产分割时，应当先分出他人的财产，再就遗产部分进行继承。

二、遗产分割的原则

（一）保留胎儿继承份额的原则

我国《民法典》第1155条规定：“遗产分割时，应当保留胎儿的继承份额。胎儿娩出时是死体的，保留的份额按照法定继承办理。”这是关于遗产分割时对胎儿应得份额特殊处理方式的重要依据，胎儿虽然尚未出生，但是如果其有权继承遗产份额，则应当在遗产分割时为其保留份额。待胎儿出生之后进行移转，但毕竟胎儿是否能够顺利降生尚未可知，如果最终结果是胎儿并未顺利降生，或降生时是死体的，那么原本为胎儿保留的份额应当按照法定继承办理。

分割遗产时，对胎儿遗产份额的保留是附有条件的，即胎儿顺利降生；如果胎儿并未降生，或胎儿娩出时为死体的，则保留的份额按照法定继承办理。对于自然人出生的判断，我国通说采独立呼吸说。此处可能存在法律上关键的一秒：如果依据独立呼吸说，胎儿已经成功降生，但仅存活了一秒即死亡，那么此时其依旧成功继承了遗产，这部分遗产则应当作为胎儿的遗产再次发生继承。但如果不具备法律上的关键一秒，胎儿根本未存活，则保留的份额按照法定继承办理。

（二）物尽其用原则

《民法典》第1156条规定：“遗产分割应当有利于生产和生活需要，不损害遗产的效用。不宜分割的遗产，可以采取折价、适当补偿或者共有等方法处理。”这便是遗产处理的重要原则之一，即所谓的“物尽其用原则”。《民法典继承编解释（一）》第42条也规定：“人民法院在分割遗产中的房屋、生产资料和特定职业所需要的财产时，应当依据有利于发挥其使用效益和继承人的实际需要，兼顾各继承人的利益进行处理。”

物尽其用原则在实践中得到了广泛的运用，如在杨某康等诉方某兰继承案中，法院便依据当事人住房情况以及房屋适用现状对遗产的所有权归属进行判决：“在本案中，由于杨某禄无配偶、子女等第一顺序继承人，杨某禄的份额由其兄姐继承，所以本案的遗产应按五份进行分割；因为该房屋现由方某兰使用，且取得了集体土地使用权证，而原告杨某康等人又各有居所，所以该房屋应归方某兰所有，并由方某兰补偿四原告各1000元的房屋折价款。”〔1〕又如张某兰等诉刘某明等房屋拆迁纠纷案中，法院亦曾指出：“本院考虑现有实际居住状况并参考拆迁时各被安置人员应享有的安置购房指标及应取得的拆迁补偿款数额，确定各被安置人员居住使用现有房屋为宜。”〔2〕

（三）协商分割原则

这一原则的依据在《民法典》第1132条，该条规定：“继承人应当本着互谅互让、和睦团结的精神，协商处理继承问题。遗产分割的时间、办法和份额，由继承人协商确定；协商不成的，可以由人民调解委员会调解或者向人民法院提起诉讼。”本条规定了法定继承情形中遗产处理的基本原则和精神。继承人之间应当互谅互让、和睦团结、充分协商，贯彻落实社会主义核心价值观。

该条规定的精神与《民法典》婚姻家庭编第1043条规定之精神存在一致性：“家庭应当树立优良家风，弘扬家庭美德，重视家庭文明建设。……家庭成员应当敬老爱幼，互相帮助，维护平等、和睦、文明的婚姻家庭关系。”继承人之间互谅互让、和睦团结是建设文明家庭的题中之义，如果继承人之间为了遗产罔顾亲情，你争我夺，那么平等、和睦、文明的婚姻家庭关系也就无从谈起了。当事人应当在友好的基础上充分协商，本着敬老爱幼、互相帮助的精神，充分考虑每个继承人的特殊情况以及对被继承人尽到扶养义务的情况，建设社会主义文明家庭。

三、遗产的分割与放弃继承

遗产的继承与遗产的分割紧密关联，因此放弃继承对后续遗产分割的影响与效力问题十分重要。

---

〔1〕杨某康等诉方某兰继承案，云南省腾冲县人民法院（2007）腾民一初字第142号民事判决书。

〔2〕张某兰等诉刘某明等房屋拆迁纠纷案，北京市丰台区人民法院（2008）丰民初字第19124号民事判决书。

（一）放弃继承的时间点

放弃继承，是指继承人在继承开始之后、遗产被分割之前作出不继承死者遗产的意思表示。[1] 根据《民法典》第1124条第1款之规定："继承开始后，继承人放弃继承的，应当在遗产处理前，以书面形式作出放弃继承的表示；没有表示的，视为接受继承。受遗赠人应当在知道受遗赠后六十日内，作出接受或者放弃受遗赠的表示；到期没有表示的，视为放弃受遗赠。"通常而言，仅继承既得权可以放弃，放弃开始的时间是继承开始后、遗产处理前，且放弃继承的意思表示需要以书面形式作出。对此，《民法典继承编解释（一）》第35条规定："继承人放弃继承的意思表示，应当在继承开始后、遗产分割前作出。遗产分割后表示放弃的不再是继承权，而是所有权。"

此处需要注意的是放弃继承与放弃遗赠的区分。首先，放弃继承，无论是法定继承还是遗嘱继承，均采"不明示放弃，即接受"的判定方式，而放弃遗赠则采"不明示接受，即放弃"的判定方式，二者均属于拟制规范。其次，放弃继承的表示可以在继承开始后、遗产处理前作出，而接受遗赠的表示必须在受赠人知道受遗赠60日内作出。最后，放弃继承的表示必须以书面形式作出，否则无效，而接受遗赠或放弃受遗赠的表示则无形式要求。在举证责任上，遗赠人应当证明自己作出过接受遗赠的表示。例如，在张某军诉蔡某珍遗赠纠纷案中，法院曾正确指出："即使张某元的遗赠行为有效，根据法律规定，受遗赠人应当在知道受遗赠后两个月内，作出接受或者放弃受遗赠的表示。到期没有表示的，视为放弃受遗赠。本案中张某元死亡后，蔡某珍与某平于2007年6月起在原蔡某珍与张某元共同生活的房屋中结婚、共同生活、修缮房屋，且于2008年11月生育女儿并举办'百日酒'。张某军作为遗书持有人并居住在同村，应当知道张某元遗产内容中其受遗赠的'条件'成就，但张某军未举证证明其在'条件'成就后两个月内作出接受遗赠的表示，亦应视为放弃受遗赠。"[2]

（二）放弃继承的效力

继承人放弃继承之后，自始不具有继承人身份，不承担遗产债务，也不享有遗产权利。《民法典继承编解释（一）》第37条规定："放弃继承的效力，追溯到继承开始的时间。"继承人放弃继承具有溯及力，放弃继承导致其自始

---

〔1〕 夏吟兰主编：《婚姻家庭继承法》，中国政法大学出版社 2012 年版，第 238 页。
〔2〕 张某军诉蔡某珍遗赠纠纷案，江苏省无锡市中级人民法院（2013）锡民终字第 0453 号民事判决书。

（自继承开始）退出继承关系。

但是继承人放弃继承并非毫无限制，根据《民法典继承编解释（一）》第32条的规定："继承人因放弃继承权，致其不能履行法定义务的，放弃继承权的行为无效。"此处的法定义务主要指对父母的赡养义务、夫妻间扶养义务、对子女的抚养义务等。[1]

在遗产分割之前，若继承人对于放弃继承表示反悔，则由法院审查其理由，决定是否允许，而分割完毕之后，遗产归属已确定，继承程序已进行完毕，继承人无法再反悔。《民法典继承编解释（一）》第36条规定："遗产处理前或者在诉讼进行中，继承人对放弃继承反悔的，由人民法院根据其提出的具体理由，决定是否承认。遗产处理后，继承人对放弃继承反悔的，不予承认。"此处的具体理由，应当包括但不限于总则编对意思表示瑕疵的救济，如欺诈、胁迫、重大误解等相关规则当然得以适用，但在总则编提供的对意思表示瑕疵进行救济的途径之外，是否还存在其他应当允许反悔的正当理由，尚有待进一步类型化，如在某些特殊情形下对于继承人动机错误的救济，如为子女利益放弃继承权，后发现子女非自己亲生，又如继承人作出放弃继承的意思表示时与其他人商议的利益补偿并未达成等。在方某1与方某2继承纠纷案中，[2]二审法院就正确指出："本案涉及的遗产并未实际处理，且方某2在诉讼前即已经对放弃继承表示反悔。二审审理中根据双方当事人的陈述，在办理公证之前双方就遗产分割确曾进行过协商，但双方对协商的补偿款内容各执一词。方某2表示其放弃方某1所占有房屋的继承权是附有一定条件的，即方某1须得向方某2支付一定数额补偿，由于双方最终未能达成一致，故其对放弃继承表示反悔。综合考虑各方在办理公证前的协商过程、涉案两套房屋的市场价值以及正常情况下遗产分割份额等因素，本院对方某2反悔的意思表示予以承认。"再如姚某与姚某2等法定继承纠纷上诉案中，[3]二审法院指出："姚某3、姚某2、姚某1在2005年3月1日签字确认《供养协议》时作出放弃继承的意思表示，是以姚某将负责姚某3晚年的生活起居及其后事安排为对应条件，但协议签订后，姚某3实际仍在其打工处独自居住生活直到2014年2月，在此期间，姚某并未实际照顾姚某3的生活。姚某3自2014年3月起与姚某一家共同生活，至2014

---

〔1〕 蒋月主编：《婚姻家庭与继承法》（第三版），厦门大学出版社 2014 年版，第 304 页。

〔2〕 方某 1 与方某 2 继承纠纷案，北京市第三中级人民法院 (2020) 京 03 民终 3366 号民事判决书。

〔3〕 姚某与姚某 2 等法定继承纠纷上诉案，重庆市第五中级人民法院（2014）渝五中法民终字第 05313 号民事判决书。

年10月初双方产生矛盾后即离开，说明双方履行《供养协议》约定的‘姚某负责姚某3晚年生活起居及后事处理’存在障碍。并且，按《供养协议》的约定形成的扶养关系对于被扶养人姚某3而言具有人身依附性，姚某3作为完全民事行为能力人，对其人身权利具有自主权，姚某3已明确表示不愿接受姚某的扶养，在此情况下，姚某3、姚某2、姚某1对于其曾经表示的放弃继承作出翻悔，应当得到承认。”

另须注意的是，婚姻关系存续期间，夫或妻一方放弃继承的，无须征得另一方的同意。对此，《浙江省高级人民法院民一庭关于审理婚姻家庭案件若干问题的解答》（高法民一〔2016〕2号）明确指出：“继承开始后，继承人可以在遗产处理前放弃继承。作为继承人的夫或妻一方对继承权利的处分，无须征得另一方的同意。另一方主张对方放弃继承无效或者以对方放弃继承为由请求赔偿的，不予支持。有证据证明作为继承人的夫或妻一方放弃继承系虚假意思表示，其实际取得继承财产的，另一方可以根据《婚姻法》第四十七条的规定，请求分割夫妻共同财产。”2001年《婚姻法》第47条规定：“离婚时，一方隐藏、转移、变卖、毁损夫妻共同财产，或伪造债务企图侵占另一方财产的，分割夫妻共同财产时，对隐藏、转移、变卖、毁损夫妻共同财产或伪造债务的一方，可以少分或不分。离婚后，另一方发现有上述行为的，可以向人民法院提起诉讼，请求再次分割夫妻共同财产。人民法院对前款规定的妨害民事诉讼的行为，依照民事诉讼法的规定予以制裁。”

此外，《上海市高级人民法院对贯彻最高人民法院关于执行继承法若干意见的意见》中指出：“放弃继承是指放弃继承权。因此，不能放弃部分继承权。继承人可以放弃部分可以取得的遗产，但不能因此而免除其应承担的义务。”据此，继承人无法通过放弃遗产中特定的“不良资产”达到“挑肥拣瘦”或规避债务的目的，一旦放弃继承，便意味着对继承权的彻底放弃。虽然继承开始后，继承人可以放弃取得特定的遗产，但其不得以此为由进行抗辩以期达到减免其所应承担的遗产债务的目的。举例而言，被继承人甲死亡后，其遗产包括价值1000万元的房屋、价值50万元的贵金属、价值600万元的股票，甲欠债务500万元。此时其继承人乙不得主张自己放弃500万元股票的继承，从而在继承房屋、贵金属以及剩余100万元股票的基础上拒绝偿还甲所拖欠的500万元债务。

四、遗产的保管

《民法典》第1151条规定："存有遗产的人，应当妥善保管遗产，任何组织或者个人不得侵吞或者争抢。"继承开始后，遗产可能由特定的人先行占有，该占有遗产的人为遗产保管人，应当妥善保管遗产，任何组织或者个人不得侵吞或者争抢。

在《民法典》颁布之前，遗产保管人在实践中经常负有遗产管理人的义务，需要清偿遗产债务。例如张某兰诉魏某兴被继承人债务清偿纠纷案中，法院指出："《继承法》第24条规定：'存有遗产的人，应当妥善保管遗产，任何人不得侵吞或者争抢。'据此，遗产管理人负有保管遗产的义务。魏某兴虽在本案诉讼中声明放弃继承，但胡雪梅的遗产仍由魏某兴实际占有、管理和控制，魏某兴并未根据《继承法》第32条'无人继承又无人受遗赠的遗产，归国家所有；死者生前是集体所有制组织成员的，归所在集体所有制组织所有'的规定，将遗产依法移交给有关国家机关或集体组织接管，故其作为遗产管理人，负有以遗产清偿债务的义务。"[1]其内在原因大概在于1985年《继承法》并未明文设立遗产管理人制度，因此"遗产保管人"在一定程度上承担了遗产管理人的部分职能。在《民法典》明确设立遗产管理人制度的基础上，应当对遗产保管人与遗产管理人进行区分，前者指任何在事实上占有遗产的人，不限于遗产管理人。遗产保管人若保管不善，给其他继承人造成损失的，应当承担相应责任。

五、继承开始后的通知义务

《民法典》第1150条规定："继承开始后，知道被继承人死亡的继承人应当及时通知其他继承人和遗嘱执行人。继承人中无人知道被继承人死亡或者知道被继承人死亡而不能通知的，由被继承人生前所在单位或者住所地的居民委员会、村民委员会负责通知。"

通知义务的义务人为"知道被继承人死亡的继承人"。首先，该义务人须为被继承人的继承人，此处的继承人所指为法定继承人，而不问其是否确定获得继承权。其次，该义务的产生以继承人知晓被继承人死亡为前提。如果继承人根本不知道被继承人死亡的事实，则无从通知，也就不负任何通知义务。最

---

〔1〕张某兰诉魏某兴被继承人债务清偿纠纷案，福建省漳州市中级人民法院（2018）闽06民终1927号民事判决书。

后，义务人数量可能为复数。这意味着有继承人在先获悉被继承人死亡的事实，并不免除在其后获悉此事的继承人对其他不知晓该消息的继承人以及遗嘱执行人承担通知义务。继承人自知晓继承开始的那一刻起，便承担了通知其他不知情的继承人以及遗嘱执行人的义务。至于遗嘱执行人，执行遗嘱原本就是遗嘱执行人的责任，通知继承人以及受遗赠人是其自身职责，因此遗嘱执行人并非该“通知义务”的义务主体。

根据《民法典》第1121条第1款规定：“继承从被继承人死亡时开始。”但是继承开始后，未必所有有资格获得遗产的人都能够及时得知继承开始的事实，如继承人与被继承人并非在同一处居住，甚至不在同一城市、同一国家，就可能无法及时得知被继承人离世的消息。而遗嘱执行人也未必能够及时得知被继承人的死讯，特别是当被继承人指定亲属以外的人作为遗嘱执行人的时候。在此种情形下，知道被继承人死亡的继承人应当及时通知其他继承人和遗嘱执行人。

继承人中无人知道被继承人死亡或者知道被继承人死亡而不能通知的，由被继承人生前所在单位或者住所地的居民委员会、村民委员会负责通知。如果被继承人离世时所有继承人均未在身边，对被继承人过世的消息并不知晓，那么一旦被继承人生前所在单位或者住所地的居民委员会、村民委员会知晓相关情况，则应当履行通知义务，通知继承人以及遗嘱执行人被继承人的死讯。所谓知道被继承人死亡而不能通知，可能包含多种情况：该条规定的通知行为属于准法律行为，因此无民事行为能力人和限制民事行为能力人无法进行通知，也不会因怠于通知而承担法律上的责任。此外，继承人可能虽然知晓被继承人死亡，但是却并无其他继承人的联系方式，或者并不知晓其他继承人的存在（如私生子），则不承担任何针对后者的通知义务。最后，如果受通信手段所限，导致知晓此事的继承人无法通知的，亦属于“不能通知”的情形。

法律适用

遗产分割的处理过程应当注意基本原则的指导意义，妥善分割遗产，兼顾效率与公平，在物的效用、亲情伦理、个别需求之间寻求平衡的处理方案。

课后复习

1. 胎儿出生后为死体时，保留的继承份额如何处理？

2. 当事人是否可就遗产分割的时间进行协商？

第五节 转继承

重点问题

1. 转继承与代位继承的区分。

2. 转继承的条件。

一、转继承的概念和性质

依据《民法典》第1152条的规定，所谓转继承，是指继承人在继承开始后、遗产分割前死亡，继承人没有放弃继承的，其应继承的遗产份额转由其继承人来继承的制度。在继承开始后、遗产分割前死亡的继承人是被转继承人，实际接受遗产的人是转继承人，即继承人的继承人。

在实践中，转继承的典型情形是，在祖父去世后、祖父遗产分割前，父因故去世，父应当继承的祖父的遗产份额，由孙作为父的继承人继承。其中，祖父是被继承人，父是继承人、被转继承人，孙是继承人的继承人、转继承人。

不论被转继承人是法定继承人还是遗嘱继承人，在继承开始时，没有丧失继承权的被转继承人当然承受被继承人的遗产。被转继承人没有放弃继承的，终局地成为遗产的权利人。一旦被转继承人在遗产实际分割前死亡，被转继承人的继承人没有丧失对被转继承人的继承权的，在被转继承人死亡时，被转继承人的继承人作为转继承人当然承受被转继承人的全部遗产，包括被转继承人对被继承人遗产应继份额。转继承人可能基于被转继承人的生效遗嘱取得被转继承人的遗产份额，也可能是基于法定继承取得被转继承人的遗产份额。[1]因此，在转继承中，实际上存在两次继承，从而转继承是被转继承人应当取得的遗产份额的再继承：第一次是被继承人死亡，被转继承人作为继承人，继承被继承人的遗产；第二次是被转继承人死亡，转继承人作为被转继承人的继承人，继承被转继承人应当取得的遗产份额。因此，转继承的客体是被转继承人应当取得的遗产份额，而非被转继承人的继承权。[2]

---

〔1〕 张平华、刘耀东：《继承法原理》，中国法制出版社 2009 年版，第 210 页。

〔2〕 郭明瑞、房绍坤：《继承法》（第二版），法律出版社 2003 年版，第 126 页。

二、转继承的条件

依据《民法典》第1152条的规定，转继承的发生应当具备以下条件。

（一）继承人在继承开始后、遗产分割前死亡

转继承是继承人在继承开始后、遗产实际分割前死亡的继承制度。只有继承人在继承开始后、遗产实际分割前死亡的，转继承才有可能发生。如果继承人在继承开始前死亡，可能发生代位继承，但不会发生转继承。如果继承在遗产实际分割后死亡，继承人的继承权已经转化为单独财产权，继承人的继承人直接继承继承人的遗产，无须参加被继承人遗产的分割，从而不发生转继承。

（二）继承人没有丧失继承权或放弃继承

转继承是继承人应当取得的遗产份额的二次转移、连续转移，因此，转继承必须以继承人（被转继承人）接受继承、享有遗产份额为前提。如果继承人（被转继承人）丧失继承权或者放弃继承，继承人（被转继承人）就不可能享有遗产份额，从而不发生转继承。因此，转继承以继承人（被转继承人）没有丧失继承权或放弃继承为前提。

（三）被继承人的遗嘱没有其他安排

依据《民法典》第1152条的规定，如果被继承人在遗嘱中另有安排，如被继承人在遗嘱中强调所留遗产必须由继承人本人继承，或者被继承人在遗嘱中规定，倘若继承人在遗产分割前死亡的，由其他继承人取得继承人的应继份额，继承人就无法取得遗产份额，从而转继承就不会发生。因此，转继承以被继承人的遗嘱没有其他安排为前提。

三、转继承与代位继承的区别

转继承与代位继承存在如下区别：

第一，适用条件不同。转继承适用于继承人在继承开始后、遗产分割前死亡的情形，即继承人后于被继承人死亡；代位继承适用于继承人在继承开始前死亡的情形，即继承人先于被继承人死亡。

第二，主体范围不同。转继承中，转继承人是被转继承人的继承人，被转继承人是被继承人的继承人；代位继承中，代位继承人是被继承人的子女的直系晚辈血亲或被继承人的兄弟姐妹的子女，即被代位继承人的直系晚辈血亲或子女，被代位继承人则是被继承人的子女或被继承人的兄弟姐妹。

第三，适用范围不同。转继承适用于遗嘱继承和法定继承；代位继承只能适用于法定继承。

第四，性质不同。转继承实际上是连续发生的二次继承，即继承人因被继承人死亡先概括承受被继承人的遗产，然后继承人在遗产分割前死亡，由继承人的继承人作为转继承人承受继承人应当取得的遗产；代位继承是一次继承、直接继承，即代位继承人代替继承人按照继承人的顺序参与被继承人遗产的继承。

第五，继承对象不同。在转继承中，转继承人基于自己对被转继承人的继承权，继承被转继承人应当继承的被继承人遗产；在代位继承中，代位继承人基于继承人对被继承人的继承权，与其他继承人按照法定继承规则分割被继承人的遗产，取得继承人的应继份额。

课后复习

1. 在转继承中，转继承人可继承的份额如何确定？
2. 转继承和代位继承有何区别？

第六节 无人承受的遗产的处理

重点问题

1. 无人继承的遗产的归属。
2. 酌分遗产制度的适用可能。

一、无人承受的遗产的含义

无人承受的遗产即没有继承人或者受遗赠人接收的遗产。我国《民法典》第1160条是关于无人承受遗产的规定，该条规定：“无人继承又无人受遗赠的遗产，归国家所有，用于公益事业；死者生前是集体所有制组织成员的，归所在集体所有制组织所有。”

二、无人承受的遗产的归属

在实践中，可能会出现找不到任何继承人、受遗赠人的情况，法院可能因此发布公告寻找继承人，在寻找无果的情况下，则可依据《民法典》第1160条规定判决将该财产收归国有。例如，上海市机械施工公司申请确认财产无主案中，法院在判决书中申明：“该遗产未发现合法继承人和受遗赠人，应作为无人继承的遗产，收归国家所有。为查清江某元是否有合法继承人，申请人做了大量的调查寻找工作。上海市杨浦区人民法院在公告栏贴出公告，又在《法制日报》上刊登了公告。公告满一年后，仍未发现合法继承人，应确认该遗产属于无人继承的又无人受遗赠的遗产，依法收归国家所有。”[1]又如苍梧县大坡镇大坡村大坡组诉林某生等遗产归属案中，[2]法院经审理查明：“林某昌生前未婚，无妻儿、兄弟姐妹，父母、祖父母、外祖父母先于其死亡。自其母黄某英于1993年1月病故后，就过着自食其力的单身汉生活。林某昌因交通事故死亡后，户口被注销，该户成为绝亡户。”而主张继承的当事人“林某生之父林某贤与林某昌之父林某记是林某华所生的同胞兄弟，林某生与林某昌是同源祖父（林某华）堂兄弟关系，即三代旁系血亲”，因此无继承资格，该遗产属于无主遗产，应当收归国有。

在具体的遗产归属层面，《民法典》第1160条的规定按照被继承人的身份规定了两种不同的遗产归属方式。死者生前是集体所有制组织成员的，归所在集体所有制组织所有，死者生前不具备集体所有制组织成员身份的，归国家所有。无人继承的遗产也许要先清偿遗产债务之后，剩余的部分才能归国家或集体所有。

本条的适用并不排斥《民法典》第1131条酌分遗产制度的适用：“对继承人以外的依靠被继承人扶养的人，或者继承人以外的对被继承人扶养较多的人，可以分给适当的遗产。”基于此，例如实践中发生较多的法定继承人范围外被继承人的“远亲”对被继承人扶养较多的情况，一方面其酌分遗产请求权并不因该遗产变为无主财产而被排斥，但另一方面该酌分遗产人也不能基于扶养+远亲的关系而直接获得法定继承人的资格，而仅能在酌分遗产制度的框架下由法院酌定其可以分得的份额。此点也得到《民法典继承编解释（一）》第41条的确认：“遗产因无人继承又无人受遗赠归国家或者集体所有制组织所有时，按照民法典第一千一百三十一条规定可以分给适当遗产的人提出取得遗产的诉讼请求，人民法院应当视情况适当分给遗产。”

---

〔1〕上海市机械施工公司申请确认财产无主案，上海市杨浦区人民法院（1992）杨法民字第1409号民事判决书。

〔2〕苍梧县大坡镇大坡村大坡组诉林某生等遗产归属案，广西壮族自治区苍梧县人民法院（2002）苍民初字第215号民事判决书。

课后复习

1. 何为无人继承的遗产？

2. 无人继承的遗产如何分配？